■ COMPACT ■

DICTIONNAIRE
DES
NOMS PROPRES

18 000
articles complets

LAROUSSE

17 RUE DU MONTPARNASSE 75298 PARIS CEDEX 06

DIRECTION
François DEMAY

RESPONSABLE ÉDITORIAL
Jacques FLORENT

RÉDACTION
Charles BALADIER ; Michèle BEAUCOURT ; Astrid BONIFACJ ; Didier CASALIS ;
Jean-Noël CHARNIOT ; Anne CHARRIER ; Pierre CHIESA ; Christine DAUPHANT ;
Françoise DELACROIX ; Philippe de LA COTARDIÈRE ; Fabienne LAURE ;
Éric MARTIN ; Éric MATHIVET ; René OIZON ; Anne OLLIER ; Patrick PASQUES ;
Bernard ROUX ; Laure TALAMON ; Jean-Chistophe TAMISIER ;
Marc VIGNAL ; Mady VINCIGUERRA ; Édith YBERT

INFORMATIQUE ÉDITORIALE
Jocelyne REBENA ; Marion PÉPIN

LECTURE-CORRECTION
direction : Annick VALADE
Monique BAGAÏNI ; Chantal BARBOT ; Madeleine BIAUJEAUD-SOIZE ; Claude DHORBAIS ;
Isabelle DUPRÉ ; Françoise MOUSNIER ; Bruno VANDENBROUCQUE

DIRECTION ARTISTIQUE
Frédérique LONGUÉPÉE

SUIVI TECHNIQUE
Claudine RIDOUARD ; Michel VIZET

COUVERTURE
Véronique LAPORTE

© Larousse, 1996

ISBN 2-03-100601-0

PRÉSENTATION DU DICTIONNAIRE

Le *Dictionnaire des noms propres* est un dictionnaire à caractère encyclopédique qui offre à ses lecteurs les références de base d'une bonne culture générale. Dictionnaire, il l'est par sa présentation alphabétique et ses nombreuses entrées. Encyclopédique, il l'est par le contenu détaillé et par la taille de ses articles, qui, le plus souvent, sont non pas de simples notices définitionnelles mais de réels développements explicatifs. Les 18 000 entrées de cet ouvrage sont constituées de ce qu'il est convenu d'appeler des « noms propres », c'est-à-dire des dénominations servant à désigner un objet (ou une personne) unique. Ce caractère les fait exclure des dictionnaires de langue (comme le Dictionnaire de la langue française, Larousse-Compact), qui, eux, rassemblent les noms dits « communs » propres à une langue. C'est ainsi que le *dictionnaire des noms propres* regroupe notamment des noms de **personnes**, de **lieux**, d'**œuvres**, d'**institutions** ou d'**organismes**, d'**événements** ou de **périodes**...

Chaque entrée, **en caractères gras**, commence dans la plupart des cas par une majuscule. Le schéma des articles est le suivant :

Personnages historiques ou contemporains

nom ; prénom(s) ; titulature (éventuellement) ; *fonction ou activité principale ; lieu de naissance ; date de naissance ; lieu de décès ; date de décès ; avec, en outre, pour les souverains, dates de début et de fin de règne.*

Œuvres

titre (pour les œuvres étrangères, on a choisi le titre sous lequel l'œuvre est le plus connue dans la communauté francophone) ; *auteur(s) ; nature* (roman, drame, poème, ballet, symphonie, film, etc.) ; *date de création.*

Lieux

• États et pays, villes, provinces, régions, départements :
nom ; localisation géographique ; superficie ; nombre d'habitants ; nom des habitants ; capitale ; langue(s) officielle(s) ; développements géographiques et historique.
L'histoire des pays, actuels ou anciens, est traitée sous forme de chronologies développées, de façon à mettre en lumière les dates-clés autour desquelles s'articule la vie de ces pays.
• Rivières, fleuves, montagnes, lacs, etc. :
nom ; pays d'appartenance ; localisation géographique ; données chiffrées (longueur, hauteur, superficie) ; si nécessaire *informations économiques et courtes indications historiques.*
• Planètes et astres :
nom ; nom latin ; principales données physiques.

Institutions

nom ; pays d'appartenance ; date de création ; lieu de création ; fonction ; activité ; historique.

Événements

nom ; date ; développement historique.

Soucieux de ménager à nos lecteurs un confort maximal dans la consultation de cet ouvrage, nous n'avons pas abusé des renvois, qui imposent un feuilletage souvent fastidieux. Nous avons préféré offrir à chaque entrée un développement substantiel et complet, sachant bien que tout article constitue par nature un ensemble de renvois potentiels implicites que chacun utilise selon ses besoins propres.

ABRÉVIATIONS COURANTES UTILISÉES DANS L'OUVRAGE

A-B
Acad. — Académie
Acad. fr. — Académie française
Acad. des Sc. — Académie des sciences
affl. — affluent
all. — allemand
amér. — américain
anc. — ancien, anciennement
angl. — anglais
apr. — après
ar. — arabe
arr. — arrondissement
auj. — aujourd'hui
autref. — autrefois
av. — avant
avr. — avril
B.N. — Bibliothèque nationale
byz. — byzantin

C
c., cant. — canton
cap. ou CAP — capitale
celt. — celtique
chap. — chapitre
chin. — chinois
ch.-l. — chef-lieu
coll. — collection
coll. priv. — collection privée
comm. — commune

D-E
dan. — danois
déc. — décembre
dép. — département
E. — Est
égl. — église
env. — environ
esp. — espagnol
europ. — européen

F-G
févr. — février
fl. — fleuve
flam. — flamand
fr. — français

frq. — francique
fut. — futur
gaél. — gaélique
gal. — galerie
gasc. — gascon
gaul. — gaulois
germ. — germanique
gotiq. — gotique
gouvern. — gouvernement
gr. — grec

H-I
hab. — habitants
hébr. — hébreu, hébraïque
hongr. — hongr
irland. — irlandais
ital. — italien

J
janv. — janvier
jap. — japonais
J.-C. — Jésus-Christ
juill. — juillet

L
lat. — latin ou latitude
long. — longitude

M-N
M. — Monsieur
Mlle — Mademoiselle
Mme — Madame
Mgr — Monseigneur
mill. — millénaire
minim. — minimum, minimal
mus. — musée, muséum
myth. — mythologique
n. — nom
N. — Nord
nat. — national
N.-D. — Notre-Dame
néerl. — néerlandais
n^o — numéro
norm. — normand
norv. — norvégien
nov. — novembre

O-P
O. — ouest
oct. — octobre
op. — opus
orig. — origine
p. — page
p.-ê. — peut-être
polon. — polonais
port. — portugais
précéd. — précédent
princ. — principal, principalement
prov. — province
provenç. — provençal

R-S
r.dr. — rive droite
RÉGION. — régional
rép. — république
r.g. — rive gauche
riv. — rivière
rom. — romain
roum. — roumain
s. — siècle
S. — San ; Sant ; Santo ; Santa ; Sankt ; São
S. — sud
sanskr. — sanskrit
sc. — scientifique
scand. — scandinave
sept. — septembre
St, Ste — Saint ; Sainte
suéd. — suédois
suiv. — suivant
syr. — syriaque

T
t. — tome
territ. — territoire
trad. — traduction, traduit

V
v. — ville ; vers
viet. — vietnamien
vol. — volume
v. princ. — ville pricipale
vx — vieux

les Propylées et le Parthénon s'élevaient le sanctuaire d'Artémis Braurônia (Braurônion) et la Chalcothèque, où étaient déposées les offrandes de bronze.

Au pied de l'Acropole se trouvent le théâtre de Dionysos (ve-ive s. av. J.-C., modifié à l'époque romaine), le sanctuaire d'Asclépios, l'Odéon d'Hérode Atticus (iie s. apr. J.-C.), etc. Parthénon, Érechthéion et temple d'Héphaïstos seront consacrés au culte chrétien avant que ne soient édifiées, au xie et au xiie siècle, des églises byzantines (Saints-Apôtres, Kapnikaréa, les Saints-Théodores et la Petite-Métropole).

Actes des Apôtres, livre du Nouveau Testament, qui constitue, avec les Épîtres de Paul, la source principale de l'histoire de la communauté chrétienne primitive depuis l'ascension de Jésus-Christ jusqu'à l'arrivée de Paul à Rome. Il aurait été rédigé — entre 80 et 90 — par l'évangéliste Luc.

Acte unique européen, traité signé en février 1986 par les États membres de la Communauté européenne. Entré en vigueur le 1er juillet 1987, l'Acte unique réforme le traité de Rome du 25 mars 1957, en vertu duquel avait été créée la C. E. E. Il était ainsi destiné, sur le plan juridique, à faciliter l'achèvement du marché intérieur au 31 décembre 1992 ainsi que le processus d'intégration.

Action catholique, organisation créée d'après les consignes des papes (et développée surtout à partir de Pie XI) en vue de faire collaborer les laïques catholiques à l'action apostolique. Ainsi naquirent d'abord l'Association catholique de la jeunesse française, ou A. C. J. F. (1886), puis, à partir de 1925, les mouvements de jeunesse spécialisés — Jeunesse ouvrière chrétienne (J. O. C.), Jeunesse étudiante chrétienne (J. E. C.), etc. —, qui s'implantèrent dans de nombreux pays. Vers le milieu des années 50, le problème de l'autonomie des mouvements par rapport à la hiérarchie provoqua le déclin de l'Action catholique.

Action française (l'), mouvement nationaliste et royaliste. Née en France au moment de l'Affaire Dreyfus, elle se développa à partir de 1905 autour de Charles Maurras, partisan d'un nationalisme intégral et de l'établissement d'une monarchie antiparlementaire et décentralisée. Elle s'exprima dans un journal quotidien, *l'Action française,* créé en 1908 et qui parut jusqu'en 1944.

Actium *(bataille d')* [31 av. J.-C.], victoire navale d'Octavien et d'Agrippa sur Antoine, ancien lieutenant de César. Elle eut lieu à l'entrée du golfe d'Ambracie (aujourd'hui d'Árta), en Grèce, au sud de Corfou. Elle assura à Octavien, le futur Auguste, la domination du monde romain.

Actors Studio, école d'art dramatique fondée en 1947 à New York et dirigée de 1951 à 1982 par Lee Strasberg. Sa méthode, inspirée des leçons de Stanislavski, repose sur la concentration et la recherche intérieure des émotions.

Actuel, mensuel français lancé en 1979 pour faire revivre « un journalisme à l'Albert Londres, où le journaliste se fait écrivain ». Il a cessé de paraître en 1994.

Adal, ancien royaume musulman d'Afrique orientale, qui s'affirma au xve siècle et joua un rôle important dans les luttes qui opposèrent le royaume chrétien d'Éthiopie et les États musulmans de la région.

Adam, le premier homme, considéré comme l'unique ancêtre du genre humain. Le récit biblique de la Genèse le décrit vivant avec Ève, sa femme, dans l'Éden, ou Paradis terrestre. Dieu les en chassa à la suite de leur désobéissance à un interdit posé par lui.

Adam (les), sculpteurs français du xviiie s. **Jacob Sigisbert** (Nancy 1670 - Paris 1747), actif en Lorraine, fut le professeur de ses trois fils. Le premier, **Lambert Sigisbert** (Nancy 1700 - Paris 1759), s'éprit, à Rome, de l'art du Bernin ; artiste officiel, fécond et véhément, il est le meilleur représentant de la sculpture rocaille en France (*Neptune et Amphitrite,* groupe du bassin de Neptune à Versailles). **Nicolas Sébastien** (Nancy 1705 - Paris 1778), qui seconda parfois son aîné, est plus sensible (décors de l'hôtel de Soubise, Paris ; tombeau de la reine Catherine Opalinska à Nancy). **François Gaspard** (Nancy 1710 - Paris 1761) fut l'un des introducteurs du goût français en Allemagne, à la cour de Potsdam.

Adam *(pont d')* ou **Rama** *(pont de),* chaîne de récifs entre Sri Lanka et l'Inde.

Adam *(Robert),* architecte et décorateur britannique (Kirkcaldy, Écosse, 1728 - Londres 1792). Après avoir étudié les monuments antiques en Italie et en Dalmatie (Split), il construisit, assisté de son frère **James** (1730 - 1794), dans la campagne anglaise, à Londres et, après 1770, en Écosse. Décorateur épris d'élégance, de clarté et de mouvement, il a donné son nom *(style Adam)* à la nouvelle mode « pompéienne ». Le recueil des deux frères, *Works in Architecture* (1er vol., 1778), eut une grande influence.

Adamaoua, haut plateau du Cameroun.

Adam de la Halle ou **Adam le Bossu,** trouvère picard (Arras v. 1240 - v. 1287). Un des maîtres de l'école musicale d'Arras, il fut le créateur du théâtre lyrique profane en France et adapta la technique polyphonique à l'écriture du rondeau. Le *Jeu de la feuillée,* représenté à Arras vers 1276, est la première des sotties et l'ancêtre des revues satiriques modernes. La pastorale dramatique du *Jeu de Robin et Marion,* créée à Naples à la cour de Charles d'Anjou vers 1285, est souvent qualifiée de premier opéra-comique français.

Adamov *(Arthur),* auteur dramatique français d'origine russe (Kislovodsk 1908 - Paris 1970). Son théâtre évolua du symbolisme tragique (*la Parodie,* 1952 ; *le Professeur Taranne,* 1953) au réalisme politique (*le Ping-Pong,* 1955 ; *Printemps 71,* 1963).

Adams, famille américaine qui joua un grand rôle dans l'histoire des États-Unis. Ses membres les plus connus sont : **Samuel** (Boston 1722 - *id.* 1803), un des pionniers de l'indépendance américaine ; **John,** son cousin (Braintree 1735 - *id.* 1826), qui participa à la rédaction de la Constitution et devint le deuxième président des États-Unis (1797-1801) ; **John Quincy,** fils de ce dernier (Braintree 1767 - Washington 1848), qui fut le sixième président des États-Unis (1825-1829).

Adams *(Ansel),* photographe américain (San Francisco 1902 - Monterey 1984). L'un des membres du groupe *f : 64* (diaphragme le plus étroit, qui permet une parfaite netteté), fondé par Weston, il reste célèbre pour l'ampleur de ses paysages (*Illustrated Guide to Yosemite Valley,* 1940), à l'écriture rigoureuse et sensible.

Adams *(John),* compositeur américain (Worcester, Massachusetts, 1947). Directeur du Conservatoire de San Francisco, il s'est fait connaître surtout par deux opéras, *Nixon in China* (Houston, 1987) et *The Death of Klinghoffer* (Bruxelles, 1991).

Adams *(John Couch),* astronome britannique (Laneast, Cornwall, 1819 - Cambridge 1892). À partir de l'étude des perturbations du mouvement d'Uranus, il démontra par le calcul en 1845 l'existence d'une planète plus lointaine, dont il détermina la masse et l'orbite indépendamment de Le Verrier, mais son travail ne fut pas pris en considération.

Adana, v. du sud de la Turquie, dans la plaine de Cilicie ; 916 150 hab. Université. Textile.

Adda, riv. d'Italie, affl. du Pô (r. g.) ; 313 km. Née au nord-est de la Bernina, elle draine la Valteline et traverse le lac de Côme.

Addis-Abeba ou **Addis-Ababa,** cap. de l'Éthiopie, à 2 500 m d'alt. ; 1 413 000 hab. Centre administratif, commercial et culturel ; siège de l'Organisation de l'unité africaine. — Musée.

Addison *(Joseph),* écrivain et publiciste anglais (Milston 1672 - Kensington 1719). Ses articles du *Spectator* contribuèrent à former le type idéal du « gentleman » et furent considérés comme des modèles de l'essai. Le succès de sa tragédie *Caton* (1713) lui valut une courte carrière politique (secrétaire d'État en 1717).

Adélaïde, v. d'Australie, sur l'océan Indien, cap. de l'Australie-Méridionale ; 1 023 700 hab. Université. Métallurgie.

Adélaïde de France ou **Madame Adélaïde** (Versailles 1732 - Trieste 1800), quatrième fille de Louis XV. Elle anima le parti dévot et contribua au renvoi de Choiseul.

Adélie *(terre),* terre antarctique française située à 2 500 km au sud de la Tasmanie, couvrant environ 350 000 km². Elle a été découverte en 1840 par Dumont d'Urville, qui lui donna le prénom de sa femme. Élément le plus vaste des Terres australes et antarctiques françaises, presque totalement englacée, la terre Adélie a fait l'objet d'expéditions scientifiques, dirigées par Paul-Émile Victor, à partir de 1950. Y est installée, sur l'archipel côtier de Pointe-Géologie, la base scientifique Dumont-d'Urville, complétée par une base non permanente, à l'intérieur même du continent, dite « Commandant-Charcot ».

Aden, principal port et centre industriel du Yémen, sur le *golfe d'Aden* ; 417 000 hab. La ville, conquise par les Britanniques en 1839, a été le centre d'une colonie de la Couronne (→ Aden [*protectorat d'*]) puis la capitale de la République du Yémen du Sud de 1967 à 1990.

Aden *(golfe d'),* partie nord-ouest de l'océan Indien, entre le sud de l'Arabie et le nord-est de l'Afrique. Il communique avec la mer Rouge par le détroit de Bab al-Mandab.

Aden *(protectorat d'),* anciens territoires sous protectorat britannique sur le golfe d'Aden. Aden et ses environs devinrent une colonie de la Couronne en 1937. De 1959 à 1963, cette colonie et la majorité des sultanats constituant le protectorat entrèrent dans une fédération d'États qui obtint son indépendance en 1967. (→ Yémen.)

Adena, village de l'Ohio, au S.-O. de Steubenville, site éponyme d'une phase culturelle préhistorique de l'est des États-Unis qui s'étend de 1000 à 300 av. J.-C. Première période de la séquence des *burial mounds,* qui se poursuivit jusqu'à 700 de notre ère, elle est caractérisée par la présence de tumulus de terre érigés au-dessus de tombes élaborées, de lieux de crémation ou d'ossuaires.

Adenauer *(Konrad),* homme politique allemand (Cologne 1876 - Rhöndorf 1967). Chancelier de la République fédérale d'Allemagne de 1949 à 1963, président de l'Union chrétienne-démocrate (CDU), il initia le redressement économique de l'Allemagne. Il fut un des partisans les plus actifs de la création de la Communauté économique européenne et accéléra, en 1962-63, le rapprochement franco-allemand.

Adenet *dit* le Roi ou **Adam,** trouvère brabançon (v. 1240 - v. 1300). Il adapta les chansons de geste à la technique du récit romanesque *(Berthe au grand pied, Cléomadès).*

Ader *(Clément),* ingénieur français (Muret 1841 - Toulouse 1925). Précurseur de l'aviation, il construisit plusieurs appareils volants dont l'*Éole,* avec lequel il put décoller et parcourir quelques dizaines de mètres au-dessus du sol en 1890. Il est l'inventeur du mot *avion.*

Adige, fl. d'Italie ; 410 km. Né dans les Alpes, aux confins de la Suisse et de l'Autriche, il traverse le Trentin et la Vénétie, passe à Trente et à Vérone puis se jette dans l'Adriatique.

Adirondack ou **Adirondacks** *(monts),* massif du nord-est des États-Unis (État de New York) ; 1 629 m.

Adjarie, République autonome de Géorgie, sur la mer Noire ; 393 000 hab. Cap. *Batoumi.*

Adler *(Alfred),* médecin et psychologue autrichien (Vienne 1870 - Aberdeen 1937). Élève de S. Freud dès 1902, il se sépara rapidement (1910) du mouvement psychanalytique, car il ne reconnaissait pas le rôle de la libido et pensait que l'on pouvait rendre compte de la vie psychique de l'individu à partir d'un sentiment d'infériorité *(complexe d'infériorité)* résultant de l'état de dépendance dont chacun fait l'expérience dans son enfance.

Adlercreutz *(Carl Johan),* général suédois (Kiala, Finlande, 1757 - Stockholm 1815), un des chefs du coup d'État contre Gustave IV Adolphe (1809).

Adolphe, roman de B. Constant (1816). Ce récit autobiographique, concentré à la manière d'une tragédie sur la passion naissante puis pesante et souffrante d'Adolphe pour Ellénore, est aussi un essai sur la destinée humaine et une réponse au *René* de Chateaubriand.

Adonis, dieu phénicien tué par un sanglier et que son amante Astarté va rechercher aux Enfers. De Byblos, son culte gagna la Grèce et Alexandrie, où sa légende évoque le cycle de la végétation : tué à la chasse, Adonis séjourne une partie de l'année auprès de Perséphone, dans le royaume des morts, et à chaque printemps il revient auprès d'Aphrodite, parmi les vivants.

Ador *(Gustave),* homme d'État suisse (Genève 1845 - Cologny, près de Genève, 1928). Président du Comité international de la Croix-Rouge en 1910, il fut président de la Confédération en 1919 puis représentant de la Suisse à la S. D. N. (1920-1924).

Adorno *(Theodor Wiesengrund),* philosophe, sociologue et musicologue allemand (Francfort-sur-le-Main 1903 - Viège, Suisse, 1969). Musicologue, élève de A. Berg, il rejoignit après la Première Guerre mondiale l'école philosophique de Francfort. Marxiste de formation, il tenta de réinterpréter la psychanalyse dans la perspective de la théorie critique. Il a notamment écrit *la Personnalité autoritaire* (1950). Il a laissé inachevée une *Théorie esthétique* (1970).

Adoua ou **Adwa** *(bataille d')* [1896], victoire des Éthiopiens sur les Italiens (Éthiopie).

Adour, fl. du sud-ouest de la France ; 335 km. Né près du Tourmalet, il décrit une vaste courbe, passe à Tarbes, Dax et Bayonne et rejoint l'Atlantique dans le Pays basque.

Adrets *(François* de Beaumont, *baron* des), capitaine dauphinois (La Frette 1513 - *id.* 1587). Il abjura le catholicisme en 1562, dévasta le midi de la France, puis revint au catholicisme et combattit les protestants.

Adriatique *(mer),* mer annexe de la Méditerranée en forme de golfe étroit (200 km) et allongé (800 km) entre les péninsules italienne et balkanique, jusqu'au canal d'Otrante. Le long de la côte italienne, les plaines sont deltaïques et marécageuses, principalement celle du Pô, où les lagunes sont menacées de comblement par la progression des lidos. Le littoral oriental est précédé d'îles (archipel dalmate). L'Adriatique n'a plus l'importance commerciale qu'elle eut jusqu'au XVIIe siècle. Les ports n'assurent plus qu'une desserte locale, sauf ceux qu'animent la pêche ou l'industrie (Venise, Trieste, Bari), ainsi que les sites touristiques (Venise, Split et Dubrovnik).

Adunis ou **Adonis** *(Ali Ahmad* Said, dit*),* écrivain libanais d'origine syrienne (Qasabin 1930). On lui doit des recueils lyriques (*Premiers Poèmes,* 1957 ; *le Théâtre et les Miroirs,* 1968), une *Anthologie de la poésie arabe* (1964-1968) et des essais (*Introduction à la poésie arabe,* 1971).

Adwa → **Adoua.**

Ady *(Endre),* poète hongrois (Érmindszent 1877 - Budapest 1919). Auteur de *Sang et Or* (1907), *Sur le char d'Élie* (1909), *En tête des morts* (1918), il a inauguré l'ère du lyrisme moderne dans son pays.

Adyguéens, république de la Fédération de Russie, au nord du Caucase ; 7 600 km² ; 432 000 hab. Cap. *Maïkop.*

A.-É. F. → **Afrique-Équatoriale française.**

AEG *(Allgemeine Elektricitäts-Gesellschaft),* firme de fabrication électrique allemande, une des plus importantes de son secteur. Elle fut fondée en 1883.

Ægates → **Égates.**

AEIOU, abrév. de la devise de la maison des Habsbourg, qui peut se lire à la fois en latin (*Austriae est imperare orbi universo :* « Il appartient à l'Autriche de régner sur tout l'univers ») et en allemand (*Alles Erdreich ist Österreich untertan :* « Toute la Terre est sujette de l'Autriche »).

A. E. L. E. *(Association européenne de libreéchange),* groupement d'États européens constitué en 1960 pour favoriser entre eux la libre circulation des marchandises. Après l'adhésion du Danemark, de la Grande-Bretagne, du Portugal, de l'Autriche, de la Finlande et de la Suède à la Communauté européenne, l'A. E. L. E. — dont le siège est à Genève — ne compte plus, en 1995, que quatre membres : Islande, Liechtenstein, Norvège et Suisse. Les États de l'A.E.L.E. (Suisse exceptée) et de l'U.E. forment l'Espace économique européen (E. E. E.).

Aemilius Lepidus *(Marcus)* → **Lépide.**

Aepinus *(Franz Ulrich* Hoch, dit*),* physicien et médecin allemand (Rostock 1724 - Dorpat 1802). On lui attribue la première idée du condensateur électrique.

Aerospatiale, société aéronautique française créée en 1970 avec la dénomination

Société nationale industrielle aérospatiale. Son capital est détenu à 99,5 % par l'État. Elle produit des avions civils et militaires, des hélicoptères, des engins tactiques et des systèmes balistiques et spatiaux.

Aertsen *(Pieter),* peintre néerlandais (Amsterdam 1508 - *id.* 1575). La nature morte de victuailles, traitée dans un style réaliste et opulent, prédomine dans son œuvre, quel que soit le sujet (*le Christ et la Samaritaine,* Institut Städel, Francfort).

Aetius, général romain (Durostorum, Mésie, ? - 454). Maître incontesté de l'Empire romain d'Occident de 434 à 454, il défendit la Gaule contre les Francs et les Burgondes, puis contribua à la défaite d'Attila aux champs Catalauniques en 451. Il fut assassiné par l'empereur d'Orient Valentinien III, qui craignait sa puissance.

Afar ou **Danakil,** groupe ethnique couchitique occupant la région comprise entre la mer Rouge et le plateau éthiopien.

Afghanistan, État d'Asie, entre l'Iran et le Pakistan ; 650 000 km² ; 16 600 000 hab. *(Afghans).* CAP. *Kaboul.* LANGUES : *pachto* et *dari.* MONNAIE : *afghani.*

GÉOGRAPHIE

L'Afghanistan est un pays montagneux (plus de 40% de la superficie au-dessus de 1 800 m), surtout au N.-E., occupé par l'Hindu Kuch. Des plaines descendent vers le N. jusqu'à 250-300 m, tandis qu'au S.-O. la dépression de Sistan est parcourue par le Helmand. Deux autres cours d'eau désenclavent ce pays continental : le Hari Rud vers l'Iran et le Turkménistan, la rivière de Kaboul vers le Pakistan (passe de Khaybar). Le climat est rude : froid en hiver, parfois torride (au S.-O.) en été, presque toujours aride. La steppe domine. Les précipitations ne sont appréciables que sur l'Hindu Kuch et les chaînes du Sud-Est.

Dans la mosaïque de populations, l'ethnie numériquement dominante est celle des Pachtous, ou Pathans. Les autres ethnies notables sont les Ouzbeks et les Turkmènes au N.-E., les Tadjiks au N., les Baloutches au S.-E., les Hazaras au centre. La population est faiblement urbanisée. En dehors de Kaboul, les grandes villes sont Kandahar et Harat. La guerre a entraîné, dans les années 1980, d'importants déplacements de population : plusieurs millions d'Afghans ont quitté leur pays pour le Pakistan et l'Iran.

L'Afghanistan reste sous-développé. L'agriculture occupe la majorité de la population et le nomadisme pastoral persiste. L'agriculture sédentaire partiellement irriguée est fondée sur le blé, l'orge, les fruits et le coton. Si l'artisanat (tapis, soieries, orfèvrerie) reste actif, l'industrie est limitée au textile et à l'agroalimentaire, et à une pétrochimie naissante à partir du gaz naturel.

HISTOIRE

L'histoire de l'Afghanistan antique et médiéval est liée à celle de l'Iran, de l'Inde, de la Chine et des Turcs. Après la conquête d'Alexandre le Grand (329 av. J.-C.), la région est fortement marquée par la civilisation grecque, surtout en Bactriane. Elle est également influencée par le bouddhisme venu de l'Inde, sans doute dès le IIIᵉ s. av. J.-C. Puis l'Afghanistan est progressivement intégré au monde musulman : la conversion à l'islam, commencée en 651, fait des progrès décisifs aux XIᵉ-XIIᵉ s. Ce sont des dynasties turques d'Afghanistan qui vont conquérir et islamiser en profondeur le sous-continent indien (actuels Inde et Pakistan). La région est ravagée par les Mongols (1221-1222). Elle est dominée aux XVIᵉ-XVIIᵉ s. par l'Inde et l'Iran, qui se la partagent.

1747. Fondation de la première dynastie nationale afghane.

1838-1842. Première guerre anglo-afghane.

1878-1880. Deuxième guerre anglo-afghane.

1921. Traité d'amitié avec la Russie soviétique et reconnaissance de l'indépendance de l'Afghanistan.

1973. Coup d'État qui renverse le roi Zaher Chah. Proclamation de la république.

1978. Coup d'État communiste.

1979-1989. Intervention des troupes soviétiques dans la guerre qui oppose le gouvernement de Kaboul à des résistants qui luttent au nom de l'islam (moudjahidin).

1986. Mohammad Nadjibollah accède au pouvoir.

1992. Les moudjahidin renversent le gouvernement communiste et mettent en place un régime islamiste. Mais les luttes continuent entre factions rivales de moudjahidin.

AFL-CIO *(American Federation of Labor - Congress of Industrial Organizations),* organisation syndicale américaine, créée en 1886 sur le modèle britannique des trade-unions et regroupant environ 90 % des salariés syndiqués.

AFNOR *(Association française de normalisation),* organisme qui centralise et coordonne, sous l'autorité et le contrôle des pouvoirs publics, tous les travaux et études concernant la normalisation. Créée en 1926, l'AFNOR gère la marque nationale de conformité aux normes françaises, la marque NF.

A. F.-P. *(Agence France-Presse),* agence de presse née en 1944 de l'ancienne Agence Havas, nationalisée par le gouvernement de Vichy sous le nom d'*Office français d'information.* Son statut actuel est régi par la loi du 10 janvier 1957. La quasi-totalité des quotidiens français est abonnée à l'A. F.-P.

African National Congress *(ANC),* en fr. *Congrès national africain,* organisation politique d'Afrique du Sud, créée en 1912. Fer de lance de la lutte contre l'apartheid, l'ANC a été interdit de 1960 à 1990. Interlocuteur privilégié du gouvernement dans les négociations qui ont abouti à l'instauration d'une démocratie multiraciale en Afrique du Sud, il a accédé au pouvoir au terme des élections de 1994 (son leader, Nelson Mandela, devenant président de la République).

Afrikakorps, nom donné aux formations allemandes qui, de 1941 à 1943, sous le commandement de Rommel, soutinrent les Italiens contre les Britanniques en Libye, en Égypte et en Tunisie.

Afrique, continent couvrant (avec les dépendances insulaires) un peu plus de 30 millions de km² et comptant 677 millions d'habitants.

GÉOGRAPHIE

Traversée presque en son milieu par l'équateur, mais s'étendant pour plus des deux tiers dans l'hémisphère Nord, l'Afrique est un continent chaud.

La chaleur est naturellement liée à la situation en latitude. Les températures moyennes annuelles entre les tropiques et au-delà dans l'hémisphère Nord avoisinent 20 à 25 °C et l'amplitude saisonnière est faible, augmentant toutefois avec la latitude. Cette chaleur constante s'accompagne ou non de pluies : de part et d'autre des tropiques, zones désertiques (moins de 200 et souvent de 100 mm de pluies) plus (Sahara) ou moins (Kalahari, Namib) vastes ; aux latitudes équatoriales, abondamment et constamment arrosées (plus de 1 500 mm par an), régions de forêt dense (cuvette du Zaïre essentiellement). Les transitions s'opèrent par l'apparition et l'allongement d'une saison sèche avec développement de la forêt sèche et claire, puis de la savane (de moins en moins arborée) et de la steppe. Seules les extrémités nord-ouest (Maghreb), nord-est (delta du Nil) et australe échappent au monde tropical, avec l'apparition locale (littoral nord-ouest surtout et région du Cap) du climat méditerranéen. La zonalité climatique est favorisée par la massivité du relief. De vastes dépressions, plus ou moins drainées par de grands fleuves (Niger, Tchad, Congo ou Zaïre), sont séparées par des dorsales aplanies par une longue érosion, mais sont souvent isolées de l'océan par des bourrelets périphériques, limitant parfois d'étroites plaines côtières. Toutefois, en Afrique orientale, le socle a été affecté de grandes fractures (Rift Valley, jalonnée de lacs), accompagnées d'éruptions volcaniques (le Kilimandjaro, point culminant du continent, est un volcan). La montagne y apparaît, atténuant la chaleur, interrompant la disposition zonale des climats.

Souvent appelée le « continent noir », l'Afrique n'est noire qu'en partie, puisque l'« Afrique blanche » au N. du Sahara compte (Égypte incluse) plus de 120 millions d'habitants. Le continent est surtout caractérisé par l'héritage de la colonisation. Il en résulte d'abord une mosaïque politique actuelle (plus de 50 États indépendants), ne tenant guère compte des ethnies, et expliquant la juxtaposition de pays de superficies, de poids démographiques et économiques très inégaux. La colonisation a aussi provoqué le développement de l'agriculture commerciale, des plantations (étendues aux dépens de cultures vivrières et, plus globalement, de la conservation des sols), et a été à la base de l'industrialisation, en premier lieu de l'exploitation du sous-sol. Les problèmes politiques et économiques qui ont résulté expliquent souvent le dualisme de la société, avec l'apparition fréquente d'une classe dirigeante ayant succédé à la puissance coloniale, dont elle maintient souvent les comportements.

Afrique du Nord, autre appellation du Maghreb.

Afrique du Sud (*République d'*), État de l'Afrique australe constitué par neuf provinces (*Cap-Nord, Cap-Est, Cap-Ouest, Nord-Ouest, Nord, Kwazulu-Natal, Mpumalanga, Gauteng et État libre*) ; 1 223 000 km² ; 43 500 000 hab. *(Sud-Africains).* CAP. *Le Cap* et *Pretoria.* LANGUES : *afrikaans, anglais, ndebele, sotho du Nord, sotho du Sud, swazi, tsonga, tswana, venda, xhosa, zoulou.* MONNAIE : *rand.*

GÉOGRAPHIE

L'Afrique du Sud est la première puissance économique du continent africain, mais sa relative prospérité est encore menacée par les tensions raciales. Celles-ci sont liées à la longue prépondérance politique et économique de la minorité blanche (13 % de la population) sur les Noirs (75 % de la population), les métis (9 %) et les Asiatiques (3 %). La disparition de l'apartheid, sur lequel s'appuyait cette prépondérance, et l'accession des Noirs au pouvoir en 1994 n'ont pas entraîné l'uniformisation des genres et des niveaux de vie, qui sera longue à venir. L'importance relative du peuplement d'origine européenne est liée à des circonstances historiques, mais aussi à des conditions naturelles, climatiques, plus favorables que sur la majeure partie du continent. Par la latitude, l'Afrique du Sud échappe largement à la zone tropicale et l'altitude (haut plateau intérieur entre 1 200 et 1 800 m, bordé de régions basses) modère les températures. Les précipitations sont plus abondantes sur le versant de l'océan Indien, amenées par l'alizé du sud-est. La barrière du Drakensberg provoque la semi-aridité d'une grande partie du bassin de l'Orange. Cette semi-aridité (combattue par les aménagements hydrauliques) explique la prépondérance de l'élevage, souvent extensif, bovin et surtout ovin, devant les cultures (sucre, blé et surtout maïs, vigne, vergers [agrumes notamment]). L'agriculture satisfait la majeure partie des besoins nationaux et permet de notables exportations.

Le secteur minier, fondement du développement, demeure essentiel et ne se limite pas à l'or (environ la moitié de la production mondiale). Le pays figure aussi parmi les premiers producteurs mondiaux de platine, de diamants, d'uranium, de chrome, d'amiante, de manganèse. La houille est la base énergétique nationale et alimente une sidérurgie favorisée par l'abondance du minerai de fer. L'énergie et la sidérurgie sont contrôlées par le secteur public, qui participe pour plus d'un tiers à l'ensemble de la production industrielle, diversifiée (agroalimentaire, textile, chimie, constructions mécaniques), provenant essentiellement, en dehors de la grande région urbaine dominée par Johannesburg (le Witwatersrand), des zones portuaires du Cap, de Port Elizabeth et de Durban, les principales villes (avec Pretoria) du pays, fortement urbanisé. Cette production est destinée en majeure partie au marché intérieur.

HISTOIRE

Les plus anciens peuples d'Afrique australe, les Bochimans et les Hottentots, ont été refoulés par les Bantous, arrivés au XVe s.
1487. Le Portugais Dias, le premier, contourne les côtes sud-africaines, en doublant le cap de Bonne-Espérance.
1652. Les Hollandais s'installent au Cap.

1685. Immigration de nombreux protestants français.

L'occupation des terres par les colons hollandais (Boers) provoque de nombreux conflits avec les Africains (guerre « cafre », 1779-80).

■ **La domination britannique.**

1814. La colonie passe sous administration britannique.

Mais les causes de désaccord se multiplient entre Boers et Anglais ; des colonies de Boers quittent le sud-est du pays en direction de l'Orange, puis, après une guerre contre les Noirs Zoulous, vers le Natal. Ce mouvement de migration appelé *Grand Trek* se poursuit de 1834 à 1852.

1852. Les Boers fondent la république du Transvaal.

1853. Fondation de la colonie britannique du Cap.

1854. Création par les Boers de la république d'Orange.

1856. Le Natal devient une colonie britannique.

La découverte de mines de diamants en Orange (1867) et d'or au Transvaal (1885) suscite la convoitise des Britanniques, qui déclenchent un premier conflit armé de 1877 à 1884, puis la guerre des Boers (1899-1902).

1910. Les États du Cap, du Natal, d'Orange et du Transvaal se fédèrent, créant ainsi un nouvel État, l'Union sud-africaine, qui demeure sous tutelle britannique, dans le cadre du Commonwealth.

Les principaux problèmes concernent les rapports entre Britanniques et Boers d'une part, l'ensemble des Blancs et les peuples de couleur d'autre part.

1912. Création de l'African National Congress (ANC), mouvement de lutte pour la défense des Noirs.

Privés du pouvoir politique, les Noirs, majoritaires, sont affectés dès 1913 par les premières lois de ségrégation (apartheid), votées par le parti afrikaner au pouvoir.

1920. L'Union sud-africaine reçoit un mandat de la S. D. N. sur le Sud-Ouest africain. Gouvernée par les nationalistes (1924-1939), qui renforcent la ségrégation entre Noirs et Blancs, puis par leurs éléments les plus extrémistes (1948-1961), l'Union sud-africaine est vivement critiquée par l'O. N. U. et la Grande-Bretagne, à partir de 1945.

■ **La République d'Afrique du Sud.**

1961. Création de la République d'Afrique du Sud, qui ne conserve aucun lien politique avec le Commonwealth.

À partir des années 1970, le gouvernement accentue la politique de création des bantoustans et accorde son appui aux mouvements de guérilla en Angola et au Mozambique.

1976. Graves émeutes dans les quartiers noirs.

1978. Pieter Botha devient Premier ministre.

1983. Nouvelle Constitution accordant certains droits aux métis et aux Indiens.

1984. P. Botha est élu président de la République.

1985. Multiplication des manifestations contre l'apartheid et des affrontements dans les cités noires.

1986. L'instauration de l'état d'urgence entraîne l'adoption, par nombre de pays occidentaux, de sanctions économiques contre l'Afrique du Sud.

1989. Frederik De Klerk succède à P. Botha.

1990. Libération de Nelson Mandela, chef de l'ANC, légalisation des organisations antiapartheid, abolition de la ségrégation raciale dans les lieux publics et levée de l'état d'urgence. Indépendance du Sud-Ouest africain sous le nom de Namibie.

1991. Les dernières lois instituant l'apartheid sont abrogées.

1993. L'adoption d'une nouvelle Constitution ouvre la voie aux premières élections multiraciales, prévues en avril 1994.

1994. Les premières élections multiraciales portent la majorité noire au pouvoir et Nelson Mandela à la présidence de l'État.

Afrique-Équatoriale française (A.-É. F.), fédération qui regroupa, de 1910 à 1958, les colonies françaises du Gabon, du Moyen-Congo, de l'Oubangui-Chari et du Tchad ; 2 510 000 km².

Afrique et d'Océanie *(musée des Arts d'),* musée installé à Paris, porte Dorée. Il a pour missions l'inventaire, la conservation et la diffusion des arts et cultures d'Afrique et d'Océanie, de Madagascar et d'Indonésie.

Afrique noire, partie du continent africain habitée essentiellement par des populations noires et située au S. du Sahara.

Afrique-Occidentale française (A.-O. F.), fédération qui regroupa, de 1895 à 1958, les colonies françaises du Sénégal, de la Mauritanie, du Soudan, de la Haute-Volta, de la Guinée, du Niger, de la Côte d'Ivoire et du Dahomey ; 4 425 000 km².

Afrique-Orientale allemande, ancienne colonie allemande en Afrique orientale (1884-1919). Son territoire fut partagé entre le Tanganyika et le Ruanda-Urundi.

Afrique-Orientale anglaise, anciennes possessions britanniques de l'Afrique orientale : Kenya, Ouganda, Zanzibar, Tanganyika.

Afrique romaine, ensemble des territoires de l'Afrique du Nord colonisés par les Romains après la chute de Carthage (146 av. J.-C.) et qui restèrent dans l'Empire jusqu'à l'arrivée des Vandales (ve s.). Des villes prospères (Leptis Magna, Timgad, Dougga, Volubilis) s'y développèrent, favorisant une vie littéraire intense (Augustin, Apulée, Tertullien).

Aftalion (*Albert*), économiste français (Ruse, Bulgarie, 1874 - Chambéry 1956). Étudiant les crises de surproduction, il a mis en lumière le principe d'accélération. Il a publié en 1899 l'*Œuvre économique de Simonde de Sismondi*.

Agadir, port du Maroc méridional, sur l'Atlantique ; 110 000 hab. Station balnéaire. Pêche. HIST. En 1911, l'envoi d'une canonnière allemande (la *Panther*) dans ce port fut le point de départ d'un incident franco-allemand qui fut conclu par un accord entre Berlin et Paris. Les Allemands ne s'opposèrent plus au protectorat français sur le Maroc, mais ils obtinrent un accès au Congo, à travers les territoires contrôlés par les Français. En 1960, la ville fut détruite par un tremblement de terre.

Agamemnon, roi légendaire de Mycènes et d'Argos qui fut le chef des Grecs dans la guerre de Troie. Fils d'Atrée et frère de Ménélas, il épousa Clytemnestre, sœur d'Hélène, dont il eut trois enfants : Iphigénie, Électre et Oreste. Pour apaiser l'hostilité d'Artémis à son égard, il accepta de sacrifier sa fille Iphigénie. Quand il rentra chez lui, à la fin de la guerre, il fut assassiné par Clytemnestre et son amant Égisthe.

Agamemnon → Orestie.

Agassiz (*Louis*), naturaliste américain d'origine suisse (Môtier, cant. de Fribourg, 1807 - Cambridge, Massachusetts, 1873). On lui doit des recherches sur les fossiles et sur l'action des glaciers.

Agathocle, tyran, puis roi de Syracuse (Thermae v. 361 - 289 av. J.-C.). Il restaura l'hégémonie de la cité en Sicile et lutta contre la suprématie de Carthage.

Agde, ch.-l. de c. de l'Hérault, sur l'Hérault et le canal du Midi ; 17 784 hab. (*Agathois*). Tourisme, au *cap d'Agde,* sur la Méditerranée. — Église romane fortifiée, ancienne cathédrale (xiie s.). Musée agathois.

Agen [aʒɛ̃], ch.-l. du dép. de Lot-et-Garonne, à 609 km au sud-sud-ouest de Paris, sur la Garonne ; 32 223 hab. (*Agenais*). Évêché. Cour d'appel. Marché (prunes, chasselas). Conserves. Produits pharmaceutiques. — Églises médiévales, dont la cathédrale St-Caprais, romane et gothique. Musée (archéologie, beaux-arts [Goya], arts décoratifs).

Agenais, pays de France, dans la Guyenne, réuni à la Couronne en 1592.

Agence internationale de l'énergie atomique → A. I. E. A.

Agence spatiale européenne → ESA.

Agésilas II, roi de Sparte (399 - 360 av. J.-C.). Il lutta avec succès contre les Perses et triompha à Coronée, en Béotie (394), de Thèbes, d'Athènes et de leurs alliés.

Agha Khan III, prince et chef religieux d'une partie des ismaéliens (Karachi 1877 - Versoix, Suisse, 1957). **Agha Khan IV** (Creux-de-Genthod, Suisse, 1936), son petit-fils, lui a succédé en 1957.

Agis, nom de plusieurs rois de Sparte. **Agis IV** régna de 244 à 241 av. J.-C. Il tenta vainement de restaurer la puissance de Sparte. Sa réforme agraire lui coûta le trône et la vie.

Agneau mystique (*retable de l'*), polyptyque de Jan (ou de Hubert et Jan) Van Eyck, inauguré en 1432 à l'église St-Bavon de Gand.

Agnès de Méran (m. à Poissy en 1201), reine de France. Elle épousa Philippe Auguste (1196), qui répudia pour elle Isambour. Innocent III obligea le roi à la renvoyer.

Agni, une des principales divinités de l'Inde. D'après les anciens textes védiques, il est la personnification du feu sous toutes ses formes, mais surtout de celui qui embrase l'autel du sacrifice. Ainsi identifié au feu sacrificiel, Agni est, dans l'hindouisme, le dieu suprême des Rites et des Offrandes.

Agni ou **Anyi,** population du groupe akan qui habite le sud-ouest forestier de la Côte d'Ivoire.

Agnon (*Samuel Joseph*), écrivain israélien (Buczacz, Galicie, 1888 - Rehovoth 1970). Il est l'auteur de romans et de nouvelles consacrés à la vie des juifs de Pologne et aux pionniers de la colonisation de la Palestine (*le Livre des exploits,* 1931 ; *le Chien Balak,* 1943). [Prix Nobel 1966.]

Agoult (*Marie de Flavigny, comtesse d'*), écrivain français (Francfort-sur-le-Main 1805 - Paris 1876). Sous le nom de **Daniel Stern,** elle publia des ouvrages historiques et philosophiques. De sa liaison avec Liszt elle eut trois enfants, dont deux filles : l'une épousa É. Ollivier, l'autre R. Wagner.

Agra, v. de l'Inde (Uttar Pradesh), sur la Yamuna ; 955 694 hab. Université. ARTS. Les souverains moghols Akbar, Djahangir et Chah Djahan ont enrichi la ville de prestigieuses constructions (fort de grès rouge fondé en 1565, palais, salle d'audience, mosquée de la Perle [1654] et divers tombeaux, dont le célèbre Tadj Mahall). À 38 km, Fathpur-Sikri, ville morte, construite (1569-1574) par Akbar et qui devint sa capitale (1574-1586), représente par son unité de style l'une des plus parfaites réussites de l'art des Moghols.

Agricola (*Cnaeus Julius*), général romain (Forum Julii [Fréjus] 40 - 93 apr. J.-C.). Gouverneur (77-84), il acheva la conquête de la Grande-Bretagne. Il fut le beau-père de Tacite, qui écrivit sa biographie.

Agricola (*Georg Bauer, dit*), minéralogiste allemand (Glauchau, Saxe, 1494 - Chemnitz 1555). Médecin, il s'intéressa à la minéralogie et à la métallurgie, faisant dans ces sciences figure de créateur. Son ouvrage le plus célèbre, *De re metallica* (1556), est une description des connaissances géologiques, minières et métallurgiques de son temps.

Agricola (*Mikael*), écrivain finnois et évêque de Turku (Pernaja v. 1510 - Kuolemajärvi 1557). Il introduisit la Réforme en Finlande et publia le premier livre imprimé en finnois.

Agrigente, v. d'Italie (Sicile), ch.-l. de prov. ; 54 603 hab. Elle s'est appelée *Girgenti* jusqu'en 1927, date à laquelle elle a repris son nom ancien. — Fondée vers 580 av. J.-C., elle subit la tyrannie cruelle de Phalaris. Théron, en 480 av. J.-C., la libéra de la tutelle de Carthage ; prise et pillée en 406 av. J.-C. par les Carthaginois, elle ne retrouva jamais sa splendeur passée. — Parmi d'imposantes ruines du VIᵉ et du Vᵉ s. av. J.-C., les temples de la Concorde ou d'Héra Lacinia, témoins de l'âge d'or de la cité, montrent l'épanouissement et l'équilibre de l'ordre dorique. Musée archéologique national. Monuments médiévaux et baroques.

Agrippa (*Marcus Vipsanius*), général romain (63 - 12 av. J.-C.). Il fut le meilleur collaborateur d'Auguste, qui organisa pour lui une sorte de corégence. Il s'illustra à Actium (31 av. J.-C.) et inaugura à Rome l'œuvre monumentale de l'époque impériale (le Panthéon). Il avait épousé Julie, fille d'Auguste.

Agrippine l'Aînée, princesse romaine (14 av. J.-C. - 33 apr. J.-C.), petite-fille d'Auguste, fille d'Agrippa et de Julie ; elle épousa Germani-

cus, fils adoptif de l'empereur Tibère, dont elle eut Caligula et Agrippine la Jeune.

Agrippine la Jeune, princesse romaine (v. 15 - 59 apr. J.-C.), fille de la précédente et de Germanicus. Ambitieuse, elle épousa en troisièmes noces l'empereur Claude, son oncle, et lui fit adopter son fils, Néron. À la mort de Claude, empoisonné, elle plaça Néron sur le trône ; mais celui-ci la fit assassiner.

Aguascalientes, v. du Mexique, au N.-O. de Mexico ; 506 384 hab. Station thermale et métallurgie.

Aguesseau (*Henri François* d'), magistrat français (Limoges 1668 - Paris 1751). Chancelier de 1717 à 1750, il fut en disgrâce de 1718 à 1727 pour son opposition à Law. Son œuvre de juriste tend à substituer le droit écrit à la coutume.

Ahasvérus, personnage légendaire, plus connu sous le nom de *Juif errant*.

Ahidjo (*Ahmadou*), homme d'État camerounais (Garoua 1924 - Dakar 1989). Il négocia l'indépendance du Cameroun et fut président de la République de 1961 à 1982.

Ahlin (*Lars Gustav*), écrivain suédois (Sundsvall 1915). Rénovateur du roman prolétarien (*Tåbb au manifeste*, 1943), il évolue du marxisme vers un réalisme mystique et visionnaire.

Ahmadabad ou **Ahmedabad,** v. de l'Inde, anc. cap. du Gujerat ; 3 297 655 hab. Important centre textile, elle commande la deuxième région industrielle de l'Inde après Bombay. — Nombreux monuments (XVᵉ-XVIIᵉ s.) représentatifs de la luxuriance raffinée de l'architecture islamique du Gujerat (Grande Mosquée, 1423 ; mosquée de Sidi Sayyid, 1515).

Ahmosis, roi d'Égypte (1580-1558 av. J.-C.). Il acheva de chasser les Hyksos hors d'Égypte et fonda la XVIIIᵉ dynastie.

Aho (*Juhani Brofeldt, dit Juhani*), écrivain finlandais (Lapinlahti 1861 - Helsinki 1921), romancier d'inspiration naturaliste (*l'Écume des rapides*, 1911).

Ahram (al-), le plus important quotidien égyptien, créé en 1876.

Ahriman ou **Angra Mainyu,** dieu qui représente, dans la religion de l'Iran ancien (mazdéisme ou zoroastrisme), l'esprit du mal et qui s'oppose au principe divin du bien, Ahura-Mazda.

Ahura-Mazda ou **Ormuzd,** dieu suprême de l'Iran ancien. Dénommé « le Seigneur sage », il est l'ordonnateur et le souverain unique de la création. Quand la religion mazdéenne évolua dans le sens d'un dualisme, il eut pour adversaire l'esprit du mal, Ahriman ou Angra Mainyu.

Ahvaz, v. d'Iran, cap. du Khuzestan, au N. d'Abadan ; 329 000 hab.

Ahvenanmaa, *en suédois* **Aland,** archipel finlandais de la Baltique, limitant au S. le golfe de Botnie ; 1 505 km² ; 23 000 hab.

Aicard *(Jean),* écrivain français (Toulon 1848 - Paris 1921). Poète et romancier régionaliste, il fut célèbre pour son roman *Maurin des Maures* (1908). [Acad. fr. 1909.]

Aïda, opéra de Verdi en quatre actes, livret d'A. Ghislanzoni d'après A. Mariette (Le Caire, 1871). Le livret repose sur la rivalité d'Amnéris, fille du Pharaon, et de la captive Aïda, fille du roi d'Éthiopie, Amonasro, dont Radamès, aimé des deux femmes, fut vainqueur. Ayant trahi sa patrie pour Aïda, Radamès est enseveli vivant avec elle.

A. I. E. A. *(Agence internationale de l'énergie atomique),* organisation intergouvernementale à vocation autonome, placée sous l'égide des Nations unies. Créée en 1957, elle a pour but de promouvoir les applications pacifiques de l'énergie atomique en veillant, notamment, à ce qu'elles ne conduisent pas à la fabrication d'armes nucléaires. Son siège est à Vienne.

Aigos-Potamos *(bataille d')* [405 av. J.-C.], victoire du Spartiate Lysandre sur la flotte athénienne à la fin de la guerre du Péloponnèse.

Aigoual, massif des Cévennes, entre le Gard et la Lozère ; 1 565 m. Forêt. Observatoire.

Aigues-Mortes, ch.-l. de c. du Gard, à l'O. de la Camargue ; 5 033 hab. *(Aigues-Mortais).* Salines. — Jadis port de mer, où Saint Louis s'embarqua pour l'Égypte (septième croisade, 1248) et Tunis (1270). — Belle enceinte médiévale quadrangulaire, construite dans le dernier quart du XIIIᵉ siècle.

Aiguilles *(cap des),* extrémité sud de l'Afrique, à l'est du cap de Bonne-Espérance.

Aiguilles-Rouges *(les),* massif des Alpes françaises du Nord, au nord du massif du Mont-Blanc ; 2 965 m.

Aiguillon *(Emmanuel Armand* de Vignerot du Plessis de Richelieu, *duc* d'), ministre français (Paris 1720 - *id.* 1788). Commandant en chef en Bretagne, il eut de graves démêlés avec le parlement de Rennes. Au sein du triumvirat qu'il forma avec Maupeou et Terray, il fut chargé par Louis XV des Affaires étrangères et de la Guerre (1771-1774).

Aiguillon *(Marie-Madeleine* de Vignerot, *duchesse* d'), nièce de Richelieu (Le Glenay 1604 - Paris 1675), auxiliaire de saint Vincent de Paul et bienfaitrice des missions du Canada.

Aiken *(Howard Hathaway),* informaticien américain (Hoboken, New Jersey, 1900 - Saint Louis, Missouri, 1973). Pour résoudre des problèmes complexes de calcul numérique, il imagina d'utiliser en séquence des systèmes à cartes perforées et de contrôler le déroulement des opérations par le même procédé.

Aï-Khanoum, cité hellénistique d'Afghanistan, découverte en 1964 par D. Schlumberger. Les ruines de la ville basse (plan en damier) et celles de l'acropole attestent la profonde influence de la Grèce entre le IIIᵉ siècle et 50 av. J.-C., date présumée de l'abandon du site.

Ailey *(Alvin),* danseur, chorégraphe et directeur de troupe américain (Rogers, Texas, 1931 - New York 1989). Disciple de Lester Horton, il étudie aussi la danse académique et complète sa formation auprès des grands maîtres de la modern dance (M. Graham, H. Holm, D. Humphrey). Après s'être produit à Broadway, il fonde en 1959 sa propre compagnie (composée à l'origine uniquement d'artistes noirs). Ses œuvres, telle *Revelations* (1960), font référence à la culture afro-américaine et son style réalise une synthèse entre les techniques moderne, classique et jazz.

Aimeri de Narbonne, chanson épique (entre 1205 et 1225) du cycle de Garin de Monglane.

Ain, riv. de France qui sort du Jura et rejoint le Rhône en amont de Lyon (r. dr.) ; 200 km. Aménagements hydroélectriques.

Ain [01], dép. de la Région Rhône-Alpes ; ch.-l. de dép. *Bourg-en-Bresse* ; ch.-l. d'arr. *Belley, Gex, Nantua* ; 4 arr., 43 cant., 419 comm. ; 5 762 km² ; 471 019 hab. Il est rattaché à l'académie et à + la cour d'appel de Lyon, à la région militaire Méditerranée.

Aïnous, population de l'Asie extrême-orientale habitant les îles de Sakhaline, des Kouriles et d'Hokkaido.

Ainsi parlait Zarathoustra, poème philosophique de F. Nietzsche (1883-1885).

Aïr, massif montagneux du Sahara méridional (Niger). Centre princ. *Agadès.*

Air Afrique, compagnie aérienne africaine, créée en 1961 pour reprendre les lignes africaines auparavant exploitées par U. T. A.

Airbus, famille d'avions moyen-courriers ou long-courriers européens. Le biréacteur moyen-courrier commercialisé depuis 1974 existe en diverses versions appartenant à deux types : A-300 (250-300 passagers) et A-310 (200-240 passagers). Sa masse au décollage varie entre 130 et 165 t ; son envergure est de 44 m ; la longueur du fuselage est comprise entre 46 et 52 m. En 1988 est entré en service l'A-320, à capacité plus réduite (140-160 passagers), mais qui bénéficie des technologies de pointe. Le quadriréacteur très long-courrier A-340 (260-440 passagers) est entré en service commercial en 1992 et son dérivé, le biréacteur moyen-courrier A-330 (335-440 passagers), en 1993.

Air Canada, compagnie canadienne de transports aériens fondée à Montréal, en 1937, sous le nom de « Trans-Canada Air Lines ». Elle a été privatisée en deux étapes en 1988 et 1989.

Air et de l'Espace (musée de l'), musée créé en 1919 à Chalais-Meudon et transféré au Bourget.

Air France, compagnie nationale de transports aériens, constituée en 1948 et qui a pris la suite d'une société anonyme fondée en 1933. En 1990, Air France s'est notablement renforcée en rachetant la compagnie U. T. A. (Union des transports aériens) au groupe Chargeurs S. A. et en prenant, de ce fait, le contrôle d'Air Inter. En 1992, Air France et U. T. A. ont fusionné pour former la *Compagnie nationale Air France.* En 1996, Air Inter change de dénomination sociale pour devenir Air France Europe (commercialisant ses produits sous la marque Air Inter Europe).

Air liquide (l'), société anonyme française fondée en 1902 pour l'exploitation industrielle du procédé de liquéfaction de l'air, mis au point par Georges Claude. Elle exerce ses activités dans quatre secteurs principaux : le gaz industriel, la construction et l'ingénierie, le matériel de soudage, de coupage et de traitement des métaux, les activités chimiques.

Airy (sir George Biddell), astronome britannique (Alnwick, Northumberland, 1801 - Londres 1892). Auteur de nombreuses contributions en physique et en mécanique céleste, il a donné le premier la théorie complète de la formation de l'arc-en-ciel et introduit la théorie de l'isostasie. Directeur de l'observatoire de Greenwich de 1835 à 1881, il le réorganisa et lui donna un rayonnement international dans le domaine de l'astrométrie.

Aisne [en], riv. de France, née dans l'Argonne, qui passe à Soissons et se jette dans l'Oise (r. g.) en amont de Compiègne ; 280 km.

Aisne [02], dép. de la Région Picardie ; ch.-l. de dép. Laon ; ch.-l. d'arr. *Château-Thierry, Saint-Quentin, Soissons, Vervins ;* 5 arr., 42 cant., 817 comm. ; 7 369 km² ; 537 259 hab. Il est rattaché à l'académie et à la cour d'appel d'Amiens, à la région militaire Nord-Est.

Aistolf ou **Astolphe,** roi des Lombards (749-756), battu par Pépin le Bref.

Aiun (El-), v. du Sahara occidental ; 6 000 hab. Oasis.

Aix-en-Provence, ch.-l. d'arr. des Bouches-du-Rhône ; 126 854 hab. *(Aixois).* Archevêché. Université. Cour d'appel. Festival musical. Station thermale. Industries alimentaires. HIST. Aix *(Aquae Sextiae)* fut fondée par les Romains en 123 av. J.-C. Aux environs, le général romain Marius vainquit les Teutons (102 av. J.-C.). ARTS. Cathédrale St-Sauveur (XIe-XVe s. ; triptyque du *Buisson ardent* de N. Froment) avec baptistère remontant au Ve siècle et cloître du XIIe. Célèbre *Annonciation* de l'église de la Madeleine (1443). Monuments divers, beaux hôtels des XVIIe et XVIIIe siècles. Musées, dont celui des Tapisseries et le musée des beaux-arts « Granet ».

Aix-la-Chapelle, en all. Aachen, v. d'Allemagne (Rhénanie-du-Nord-Westphalie) ; 236 987 hab. Station thermale. HIST. Ce fut la résidence préférée de Charlemagne. Deux traités y furent signés, en 1668 et 1748, qui mirent fin aux guerres de Dévolution et de la Succession d'Autriche. En 1818, un congrès consacra la fin de l'occupation des Alliés en France et l'entrée du gouvernement de Louis XVIII dans le système de la Sainte-Alliance. ARTS. De l'ensemble palatial de Charlemagne subsistent la chapelle octogonale (consacrée en 805) et la « salle du couronnement », devenues respectivement le noyau de la cathédrale (important trésor) et celui de l'hôtel de ville, tous deux gothiques. Musées, dont le musée municipal Suermondt-Ludwig (peinture néerlandaise et allemande, sculpture médiévale, objets d'art) et la Nouvelle Galerie (art contemporain).

Aix-les-Bains, ch.-l. de c. de la Savoie, sur la rive est du lac du Bourget ; 24 826 hab. *(Aixois).* Station thermale. Constructions électriques. Vestiges romains.

Ajaccio, ch.-l. de la Corse et du dép. de la Corse-du-Sud, sur la côte ouest de l'île ;

59 318 hab. *(Ajacciens)*. Évêché. Située sur une rade magnifique, la ville est un centre touristique et commercial. — Cathédrale (seconde moitié du XVIᵉ s.). Musée municipal Fesch (peinture italienne), maison natale de Napoléon et Musée napoléonien.

Ajanta *(monts)*, montagnes de l'Inde, dans le Deccan septentrional, au N.-E. de Bombay. ARCHÉOL. Trente sanctuaires rupestres — œuvre de religieux bouddhistes — réunissant des *caitya* et des *vihara* ont été creusés (IIᵉ s. av. J.-C. - déb. VIIᵉ s. apr. J.-C.) dans la falaise du même nom. Structures architecturales, décor peint et sculpté suivent une évolution parallèle et aboutissent malgré leur abondance et leur somptuosité à un parfait équilibre. Celui-ci est particulièrement sensible dans les réalisations de l'époque gupta, empreintes de douceur et d'intériorité.

Ajax, héros grec, fils de Télamon, roi de Salamine. Il prit part à la guerre de Troie, mais, n'ayant pu reprendre à Ulysse les armes d'Achille qu'il convoitait, il devint fou et se donna la mort.

Ajjer *(tassili des)*, massif au nord du Hoggar (Sahara algérien). En partie volcanique, il culmine à plus de 2 000 m d'altitude.

Ajmer, v. de l'Inde (Rajasthan) ; 401 930 hab. Monuments anciens. Rajputana Museum.

Akaba → Aqaba.

Akademgorodok, v. de Russie, en Sibérie, près de Novossibirsk ; 60 000 hab. Instituts de recherche scientifique.

Akan, peuple habitant le Ghana et l'est de la Côte d'Ivoire, parlant l'*akan*, ou *twi*.

Akashi, v. du Japon (Honshu), sur la mer Intérieure ; 270 722 hab.

Akbar (Umarkot 1542 - Agra 1605), empereur moghol de l'Inde (1556-1605). Il agrandit son empire et le dota d'une administration régulière et tolérante.

Akhenaton → Aménophis IV.

Akhmatova *(Anna Andreïevna)*, poétesse russe (Odessa 1889 - Moscou 1966). L'un des principaux représentants de l'acméisme *(le Rosaire*, 1914), elle évolua d'un lyrisme intimiste à un style plus classique, aux accents patriotiques (*Vents de guerre*, 1942-1944).

Akhtal (al-), poète arabe (Hira ou Rusafa de Syrie v. 640 - Kufa v. 710). Chrétien nestorien, il vécut à la cour des Omeyyades de Damas et fut le rival de Djarir.

Akihito, empereur du Japon (Tokyo 1933). À la mort de son père Hirohito (1989), il lui succède.

Akinari (Ueda Akinari, dit), écrivain japonais (Osaka 1734 - Kyoto 1809). Il a donné un style nouveau aux légendes traditionnelles (*Contes de pluie et de lune*, 1776) [→ Contes].

Akita, v. du Japon, dans le nord de Honshu ; 302 362 hab.

Akkad, ville, État et dynastie de la basse Mésopotamie (v. 2325 - 2160 av. J.-C.). L'empire d'Akkad fut fondé par Sargon l'Ancien. Il s'étendit au pays de Sumer, à l'Élam, aux pays situés à l'est du Tigre, à l'Assyrie et s'avança jusqu'en Syrie et en Anatolie. Cet empire devait être détruit par des envahisseurs barbares venus du Zagros. ARTS. L'art akkadien — caractérisé par une liberté d'expression et un sens inné de la composition alliés à une parfaite assimilation des traditions sumériennes — est connu par de beaux vestiges. Parmi les principaux : au musée de Bagdad, une tête en bronze, probable portrait idéalisé d'un roi (Sargon ou Naram-Sin) ; au Louvre, la statue et l'obélisque de Manishtousou, le cylindre de Sharkali-sharri et, surtout, la stèle de Naram-Sin.

Akmola, *anc.* Tselinograd, v. du Kazakhstan ; 277 000 hab.

Akola, v. de l'Inde (Maharashtra) ; 327 946 hab. Marché cotonnier.

Akosombo, localité du Ghana, sur la Volta. Importante retenue (lac Volta) et centrale hydroélectrique.

Akron, v. des États-Unis (Ohio), près du lac Érié ; 223 019 hab. Centre de l'industrie des pneumatiques.

Aksakov *(Sergueï Timofeïevitch)*, écrivain russe (Oufa 1791 - Moscou 1859), peintre de la vie patriarcale russe. L'un de ses fils, **Ivan** (Nadejdino 1823 - Moscou 1886), fonda le journal slavophile *Rous (la Russie)*.

Aksoum ou **Axoum**, ancien royaume d'Éthiopie, qui a existé probablement du Iᵉʳ au Xᵉ siècle ; il devait sa prospérité à son commerce. Berceau de la civilisation et de l'Église éthiopiennes, il fut détruit par les Arabes. — Des monnaies et de nombreux vestiges, dont de remarquables obélisques monolithes, témoignent de la prospérité du vieux royaume.

Aktioubinsk, v. du Kazakhstan ; 253 000 hab. Industrie chimique.

Akutagawa Ryunosuke, écrivain japonais (Tokyo 1892 - *id.* 1927). Il est l'auteur de nouvelles qui peignent des êtres en proie à l'angoisse ou à la folie (*Rashomon*, 1915 ; *les Kappa*, 1927).

Akyab → Sittwe.

Alabama, État du Sud historique des États-Unis ; 4 040 587 hab. Cap. *Montgomery.* L'élevage s'est largement substitué au coton, dont le développement explique l'importance de la minorité noire : le quart de la population totale.

A. L. A. D. I. *(sigle de Association latino-américaine d'intégration),* association créée à Montevideo en 1980 par 11 pays d'Amérique latine en vue d'établir un marché commun sud-américain. Elle remplace l'Association latino-américaine de libre-commerce, créée en 1961.

Aladin, un des héros des *Mille et Une Nuits.* Fils d'un tailleur pauvre, Aladin va chercher au centre de la Terre une lampe magique qui lui assure la fortune.

Alagoas, État du nord-est du Brésil ; 2 512 515 hab. Cap. *Maceió.*

Alain *(Émile* Chartier, dit*),* philosophe français (Mortagne-au-Perche 1868 - Le Vésinet 1951). Il est l'auteur d'une philosophie idéaliste, qui, par son côté humaniste et cartésien, a longtemps servi de référence pour l'enseignement français (*Propos d'Alain,* 1908-1920).

Alain, famille de compositeurs et interprètes français. **Jehan** (Saint-Germain-en-Laye 1911 - tué près de Saumur 1940), auteur notamment de pièces pour orgue. **Marie-Claire,** organiste (Saint-Germain-en-Laye 1926), sœur du précédent, a réalisé l'enregistrement intégral de l'œuvre pour orgue de Bach, Händel et Grigny.

Alain-Fournier *(Henri Alban* Fournier, dit*),* romancier français (La Chapelle-d'Angillon 1886 - mort au combat dans le bois de Saint-Rémy 1914). Son unique roman, *le Grand Meaulnes* (1913), décrit le parcours d'initiation au merveilleux et au rêve du jeune Augustin Meaulnes, parti à la recherche de l'infini à travers l'amour.

Alains, barbares issus de la Caspienne qui, refoulés par les Huns, envahirent la Gaule en 406. Passés en Espagne (v. 409), ils furent vaincus par les Wisigoths.

Alamans, tribus germaniques réunies en une confédération établie sur la rive droite du Rhin au IIIe siècle. Leur progression fut brisée en Alsace par Clovis (496 ou 506).

Alamein *(bataille d'El-)* [23 oct. 1942], victoire décisive de l'armée britannique commandée par Montgomery sur les forces germano-italiennes de Rommel, à 110 km à l'ouest d'Alexandrie (Égypte).

Alamo, ancien fort situé sur la rivière San Antonio, au Texas. Les Mexicains y remportèrent sur les Texans (6 mars 1836) une bataille où fut tué le célèbre pionnier Davy Crockett.

Åland, nom suédois de l'archipel et de la province finlandais d'Ahvenanmaa.

Alaouites → Alawites.

Alarcón *(Hernando* de*),* navigateur espagnol (XVIe s.). Il visita le premier la Californie (1540) et découvrit le Colorado.

À la recherche du temps perdu → Proust.

Alaric Ier (delta du Danube v. 370 - Cosenza 410), roi des Wisigoths (396-410). Il ravagea les régions balkaniques (Empire romain d'Orient) et envahit l'Italie. Le sac de Rome par ses troupes (410) eut un immense retentissement dans l'Empire romain d'Occident. **Alaric II,** roi des Wisigoths (484-507), fut battu et tué par Clovis à la bataille de Vouillé (507), après laquelle les Wisigoths durent se replier en Espagne. Il promulgua le *Bréviaire d'Alaric* (506), recueil de lois.

Alaska, État des États-Unis, à l'extrémité nord-ouest de l'Amérique du Nord ; 1 530 000 km^2 ; 550 043 hab. *(Alaskiens).* Cap. *Juneau.* **GÉOGR.** Le plus vaste État de la Fédération (presque trois fois la France) occupe une position stratégique importante. L'exploitation des hydrocarbures (1 600 Mt de pétrole et 900 milliards de m^3 de gaz de réserve), en particulier sur la côte arctique, constitue la richesse essentielle de cet État et a favorisé un notable essor démographique. Le pétrole extrait à Prudhoe Bay est amené par oléoduc au terminal méridional de Valdez ; un gazoduc doit aussi permettre l'évacuation du méthane. Cependant l'exploitation minière et pétrolière menace un milieu écologique fragile (marée noire de l'*Exxon Valdez*). L'exploitation forestière (conifères) et la pêche (saumons, crustacés) sont des ressources traditionnelles de la région, dont les conditions naturelles expliquent cette faiblesse du peuplement, essentiellement ponctuel, urbanisé, dans des sites miniers, commerciaux (Fairbanks) et surtout portuaires (Anchorage et Juneau). Traversé par le cercle polaire, l'Alaska a un climat rigoureux dans la cuvette intérieure (correspondant au bassin du Yukon), encadrée d'une part par la chaîne de l'Alaska au S., qui domine un littoral relativement doux mais très humide, et d'autre part par la chaîne de Brooks au N., au-dessus d'une côte arctique franchement polaire. **HIST.** En 1741, un Danois, Bering, au service des Russes, explora l'Alaska. La Compagnie russo-américaine reçut le monopole du trafic des fourrures en 1799. Les États-Unis achetèrent ce territoire en 1867. L'Alaska entra officiellement dans l'Union, comme État, en 1959.

Álava, l'une des prov. basques de l'Espagne ; 274 720 hab. Ch.-l. *Vitoria.*

Alawites ou **Alaouites,** nom dérivé de l'arabe *'alawī* (« descendant de Ali ») et donné à deux groupes musulmans bien distincts : d'une part, aux chérifs marocains issus de Hasan, fils de Ali, qui fondèrent leur dynastie au XVIIᵉ siècle dans le Tafilalet ; d'autre part, à une secte de l'islam chiite apparue au Xᵉ siècle et qui constitue en Syrie une minorité importante.

Albacete, v. d'Espagne (Castille-La Manche), ch.-l. de prov., au sud-est de Madrid ; 130 023 hab. Marché agricole et coutellerie.

Alba Iulia, v. de Roumanie (Transylvanie) ; 51 000 hab. — Cathédrale romano-gothique. Riche bibliothèque dans une ancienne église baroque.

Albane *(Francesco* Albani, dit en fr. I'*)*, peintre italien (Bologne 1578 - *id.* 1660). Élève des Carrache, il a donné des compositions décoratives (S. Maria della Pace, Rome), des tableaux d'autel (Bologne) et des peintures mythologiques aux paysages sereins et délicats.

Albanie, *en albanais* Shqipëria, État de la péninsule balkanique ; 28 738 km² ; 3 300 000 hab. *(Albanais).* CAP. Tirana. LANGUE : *albanais.* MONNAIE : *lek.*

GÉOGRAPHIE

Au N.-O. de la Yougoslavie et la Grèce, largement ouvert sur la Méditerranée, en face de l'Italie péninsulaire, ce petit État sort d'un long isolement politique et économique. Les conditions naturelles ne sont pas exceptionnellement favorables. En arrière d'une frange de plaines littorales, l'intérieur est montagneux (aéré toutefois par quelques bassins et vallées). Le climat se durcit avec l'altitude et la sécheresse (surtout estivale) s'accroît vers le sud. La population, qui possède le taux de natalité le plus élevé d'Europe, travaille majoritairement dans l'agriculture, laquelle a bénéficié du drainage des secteurs marécageux et du développement de la mécanisation ; la production nationale satisfait les besoins en céréales, en viande, lait, fruits et légumes, cependant que l'extension des vergers, des oliveraies, des vignobles permet quelques exportations. L'industrie exploite surtout les ressources du sous-sol, assez variées (lignite et pétrole [complétant l'apport hydroélec-

trique], chrome, cuivre, nickel, fer), mais les branches de transformation sont peu développées. La population rurale demeure majoritaire, malgré l'essor relatif des villes, dont les principales (derrière Tirana) sont Shkodër, Durrës et Vlorë, situées, comme la capitale, sur ou à proximité de la bande littorale.

HISTOIRE

D'abord occupé par les Illyriens, le pays est colonisé par les Grecs (VIIᵉ s. av. J.-C.), puis par Rome (IIᵉ s. av. J.-C.).

À la fin du VIᵉ s., de nombreux Slaves s'y installent.

1443-1468. Résistance de Skanderbeg à la domination turque.

1912. L'Albanie devient une principauté indépendante.

1939. Invasion de l'Albanie par les troupes italiennes.

1946. L'Albanie devient une république populaire sous la direction de Enver Hoxha.

1961. L'Albanie rompt avec l'U. R. S. S. et s'appuie sur la Chine.

1978. Rupture idéologique avec la Chine.

1985. Mort de Enver Hoxha. Ramiz Alia lui succède.

Sous sa conduite, le pays sort de son isolement économique et politique et se démocratise à partir de 1990.

1992. L'opposition démocratique accède au pouvoir.

Albe *(Fernando Álvarez de Toledo, duc d'),* général de Charles Quint et de Philippe II (Piedrahíta 1508 - Lisbonne 1582). Gouverneur des Flandres (1567-1573), il exerça par l'intermédiaire du Conseil des troubles une violente répression contre les protestants, qui fut à l'origine de la révolte des Pays-Bas. Rappelé en Espagne, il fut chargé d'écraser le soulèvement du Portugal.

Albe la Longue, ville du Latium, fondée, selon la légende, par Ascagne, fils d'Énée. Elle fut la rivale de Rome naissante. Cette rivalité, illustrée par la légende des Horaces (champions de Rome) et des Curiaces (champions d'Albe), se termina par la victoire de Rome (VIIᵉ s. av. J.-C.).

Albee *(Edward),* auteur dramatique américain (Washington 1928). Ses pièces traitent le thème de l'incommunicabilité et font une peinture satirique des problèmes familiaux et sociaux dans son pays (*Zoo Story,* 1959 ; *Qui a peur de Virginia Woolf ?,* 1962).

Albéniz *(Isaac),* compositeur et pianiste espagnol (Camprodón 1860 - Cambo-les-Bains 1909). Enfant prodige, il a travaillé avec F. Liszt et V. d'Indy, et a fondé l'école espagnole moderne en s'inspirant des rythmes et thèmes populaires. Sa plus grande œuvre est *Iberia* (quatre cahiers pour piano de trois pièces chacun, 1905-1908).

Albères *(monts),* chaîne des Pyrénées (Pyrénées-Orientales), entre le col du Perthus et la mer ; 1 256 m au pic Neulos.

Alberoni *(Julio* ou *Giulio),* cardinal italien et ministre du roi d'Espagne (Fiorenzuola d'Arda 1664 - Plaisance 1752). Premier ministre de Philippe V (1716), favori d'Élisabeth Farnèse, il chercha à relever l'Espagne de sa décadence et à faire donner à son souverain la régence de Louis XV ; mais il échoua et fut écarté (1719).

Albert *(canal),* canal de Belgique, faisant communiquer l'Escaut et la Meuse entre Anvers et Liège ; 129 km.

Albert *(lac)* → **Mobutu** *(lac).*

SAINT

Albert le Grand *(saint),* théologien, philosophe et savant allemand (Lauingen, Bavière, v. 1200 - Cologne 1280). Dominicain, il enseigna à Paris, où il eut comme disciple Thomas d'Aquin, puis à Cologne, où son influence devait marquer les spéculations de la mystique allemande. Partisan d'Aristote, il fut le premier théologien médiéval à entrer en dialogue avec les philosophies grecque, byzantine, arabe et juive. Il innova par rapport à Aristote en soulignant l'importance de la connaissance fondée sur l'observation.

BELGIQUE

Albert I er (Bruxelles 1875 - Marche-les-Dames 1934), roi des Belges (1909-1934). Son attitude lors de la Première Guerre mondiale, où il fit preuve de fermeté vis-à-vis de l'Allemagne et dirigea les troupes belges aux côtés des armées alliées, lui valut le surnom de *Roi-Chevalier.*

Albert II (Bruxelles 1934), roi des Belges. Prince de Liège, il monte sur le trône après la mort de son frère aîné Baudoin Ier (1993).

GRANDE-BRETAGNE

Albert, prince consort du Royaume-Uni (Rosenau, Thuringe, 1819 - Windsor 1861), deuxième fils du duc de Saxe-Cobourg-Gotha. Il épousa en 1840 la reine Victoria Ire, sa cousine.

MONACO

Albert Ier *(Honoré Charles* Grimaldi, prince de Monaco [1889-1922] sous le nom de*)* [Paris 1848 - *id.* 1922], fondateur de l'Institut océanographique de Paris et du Musée océanographique de Monaco.

PRUSSE

Albert de Brandebourg (Ansbach 1490 - Tapiau 1568), premier duc de Prusse. Grand maître de l'ordre Teutonique, il fut reconnu comme duc héréditaire de Prusse en 1525.

Alberta, province du Canada, entre la Colombie-Britannique et la Saskatchewan ; 661 185 km² ; 2 545 553 hab. Cap. *Edmonton.* GÉOGR. Bien qu'atteignant les Rocheuses au S.-O., l'Alberta, plus vaste que la France, est une province de la Prairie canadienne. Elle est formée d'une haute plaine s'élevant vers l'O., boisée au N., steppique dans le S., relativement aride et consacrée au centre à la grande culture céréalière (blé et orge), parfois associée à l'élevage bovin. La province fournit plus de 85 % de la production nationale d'hydrocarbures, à laquelle s'ajoute une notable extraction du charbon, destiné au Japon. L'accroissement démographique, rapide, profite surtout à Calgary et à Edmonton, qui regroupent la moitié de la population totale environ.

Alberti *(Leon Battista),* humaniste et architecte florentin (Gênes 1404 - Rome 1472). Ses traités de peinture et d'architecture font de lui le premier grand théoricien des arts de la Renaissance. Il a donné plans ou maquettes pour des édifices de Rimini (temple Malatesta, remodelage d'une église gothique, 1447-1468), Florence (palais Rucellai et façade de S. Maria Novella), Mantoue (église S. Andrea, 1470).

Alberti *(Rafael),* poète et peintre espagnol (Puerto de Santa María 1902). Il unit l'inspiration populaire à une forme raffinée (*Marin à terre,* 1925), qu'il mit au service de ses convictions esthétiques ou politiques (*Sur les anges,* 1929 ; *Mépris et merveille,* 1974).

Albertina, collection publique de dessins et d'estampes, à Vienne (Autriche), célèbre notamment pour ses œuvres de Dürer, Rubens, Rembrandt.

Albertville, ch.-l. d'arr. de la Savoie, au confluent de l'Isère et de l'Arly ; 18 121 hab. *(Albertvillois).* Centre commercial. Constructions électriques. Site des jeux Olympiques d'hiver en 1992. — Ancienne ville forte de *Conflans,* avec Musée savoyard.

Albi, ch.-l. du dép. du Tarn, sur le Tarn, à 667 km au sud de Paris ; 48 707 hab. *(Albigeois).* Archevêché. Verrerie. Centre thermique. — Cathédrale fortifiée, en brique, typique du gothique méridional (XIIIe-XVe s. ; porche et clôture du chœur flamboyants ; décor peint des XVe et XVIe s.). Palais de la Berbie abritant le musée municipal « Toulouse-Lautrec » (important ensemble de l'artiste).

Albigeois, région de plateaux dominant le Tarn, en aval d'Albi.

albigeois *(croisade des)* [1209-1244], guerre menée à l'initiative du pape Innocent III contre le comte de Toulouse Raimond VI et les albigeois, ou cathares, secte religieuse prêchant un retour à la pureté des premiers temps du christianisme. Elle fut déclenchée à l'occasion de l'assassinat de Pierre de Castelnau, légat pontifical. Conduite par les barons du Nord sous le commandement de Simon de Montfort, elle fut marquée d'atrocités de part et d'autre, et s'acheva par la prise de Montségur. Elle contribua au renforcement de la monarchie capétienne.

Albinoni *(Tomaso),* compositeur italien (Venise 1675 - *id.* 1750). Célèbre représentant de l'école vénitienne, il a laissé de nombreux opéras, des sonates et des concertos. L'*Adagio d'Albinoni* est une œuvre pastiche du XXe siècle due à R. Giazotto.

Albion, nom traditionnel de la Grande-Bretagne, depuis Ptolémée.

Albion *(plateau* ou *montagne d'),* plateau calcaire du sud-est de la France, à l'est du Ventoux. — Base, depuis 1971, des missiles sol-sol balistiques stratégiques de la force nucléaire française.

Albizzi, famille florentine qui fut l'adversaire des Médicis, aux XIVe-XVe siècles, et dont l'un des principaux représentants fut **Rinaldo degli Albizzi** (Florence 1370 - Ancône 1442). Chef du parti oligarchique de Florence, il s'opposa à Cosme de Médicis, qui l'exila en 1434.

Ålborg, port du Danemark, dans le nord du Jylland ; 154 000 hab. — Cathédrale des XIVe-XVIIIe siècles. Musée du Jylland du Nord, construit sur plans d'Aalto (art moderne).

Albret, pays de Gascogne, ancienne vicomté, érigée en duché par Henri II.

Albret, famille gasconne à laquelle appartenait Jeanne d'Albret, mère de Henri IV.

Albuquerque, v. des États-Unis (Nouveau-Mexique), sur le Rio Grande ; 384 736 hab.

Albuquerque *(Afonso* de), conquistador portugais (Alhandra, près de Lisbonne, 1453 - Goa 1515). Vice-roi des Indes (1509), il prit Goa et Malacca, fondant ainsi la puissance portugaise aux Indes.

Alcalá de Henares, v. d'Espagne, au N.-E. de Madrid ; 159 355 hab. — Monuments des XVIe-XVIIe siècles.

Alcalá Zamora *(Niceto),* homme d'État espagnol (Priego 1877 - Buenos Aires 1949), président de la République de 1931 à 1936.

Alcántara *(ordre d'),* ordre militaire et religieux d'Espagne, fondé en 1156 ou en 1166 à l'imitation de celui des Templiers.

Alcatel Alsthom Compagnie générale d'électricité (dénomination couramment abrégée en **Alcatel Alsthom**), société française fondée en 1898 sous la dénomination de *Compagnie générale d'électricité* (C. G. E.). En 1991, les noms de ses deux principales filiales, *Alcatel* et *Alsthom,* y ont été accolés pour former l'appellation actuelle. Ses activités s'exercent essentiellement dans les systèmes de communication (Alcatel), l'énergie et les transports (GEC Alsthom).

Alcée, poète lyrique grec (Lesbos VIIe s. av. J.-C.), inventeur de la strophe *alcaïque.*

Alceste, principal personnage du *Misanthrope* de Molière.

Alciat *(André),* en ital. Alciati (Andrea), jurisconsulte italien (Alzate 1492 - Pavie 1550). Il approfondit l'étude du droit romain. Il est l'auteur des *Emblèmes* (1531).

Alcibiade, général athénien (v. 450 - en Phrygie 404 av. J.-C.). Il fut l'élève de Socrate. Chef du parti démocratique, il entraîna sa patrie dans l'aventureuse expédition contre la Sicile (415). Accusé de sacrilège (mutilation des statues d'Hermès), il s'enfuit et vécut quelque temps à Sparte ; il se réfugia ensuite auprès du satrape Tissapherne, puis se réconcilia avec Athènes ; à nouveau exilé, il mourut assassiné.

Alcman, poète grec (Sardes VIIe s. av. J.-C.), un des fondateurs de la poésie chorale.

Alcobaça, localité du Portugal (Estrémadure) ; 5 235 hab. — Monastère cistercien remontant à la fin du XIIe siècle ; importante église romano-gothique, cloître gothique du XIVe siècle.

Alcools, recueil poétique de Guillaume Apollinaire (1913). L'ouvrage, qui étonna surtout par la suppression de toute ponctuation, traite des thèmes traditionnels de l'amour et de la mort à travers une très grande diversité de style : rythme mélodique de la chanson populaire, influences de Verlaine et de Rimbaud, tentative d'appliquer à la poésie le cubisme pictural (« Zone », « le Pont Mirabeau », « la Chanson du mal-aimé », « Rhénanes »).

Alcuin, en lat. Albinus Flaccus, savant religieux anglo-saxon (York v. 735 - Tours 804). Abbé du monastère bénédictin de Saint-Martin de Tours en 796, il fut chargé par Charlemagne de diriger l'école du palais d'Aix-la-Chapelle et celle de Tours. Son influence intellectuelle a été importante au sein de la renaissance carolingienne.

Aldabra, îles de l'océan Indien, dépendances des Seychelles.

Aldan, riv. de Russie, en Sibérie, affl. de la Lena (r. dr.) ; 2 242 km.

Alde, prénom du chef de la famille des Manuce, imprimeurs italiens du XVIe siècle, dont les éditions sont appelées *aldines.*

Aldrich *(Robert),* cinéaste américain (Cranston, Rhode Island, 1918 - Los Angeles 1983). Privilégiant l'action brutale et frénétique, les climats oppressants ou paroxystiques, il a réalisé *Vera Cruz* (1954), *En quatrième vitesse* (1955), *le Grand Couteau* (1955), *Qu'est-il arrivé à Baby Jane ?* (1962), *les Douze Salopards* (1967).

Aldrin *(Edwin),* astronaute et officier américain (Montclair, New Jersey, 1930). Copilote du module lunaire lors de la mission Apollo 11, il fut le deuxième homme, après Neil Armstrong, à poser le pied sur la Lune (21 juill. 1969).

Aldrovandi *(Ulisse),* botaniste italien (Bologne 1522 - id. 1605). Il a créé le premier jardin botanique.

Alechinsky *(Pierre),* peintre et graveur belge (Bruxelles 1927). Issu du mouvement Cobra, installé en France, il se signale par ses dons de calligraphie et de coloriste, ainsi que par un humour truculent.

Alegría *(Ciro),* écrivain péruvien (Sartimbamba 1909 - Lima 1967), auteur de romans indianistes (*le Serpent d'or,* 1935).

Aleijadinho *(Antônio Francisco* Lisboa, dit l'*),* sculpteur, décorateur et architecte brésilien (Ouro Preto 1730 ? - id. 1814). Il a orné les églises du Minas Gerais d'œuvres d'un baroque très expressif (S. Francisco de Assis, à Ouro Preto ; terrasses du Bom Jesus de Congonhas do Campo).

Aleixandre *(Vicente),* poète espagnol (Séville 1898 - Madrid 1984). D'une extrême inspiration surréaliste (*la Destruction ou l'Amour,* 1933), sa poésie s'ouvre à l'expression de la solidarité humaine (*Histoire du cœur,* 1954). [Prix Nobel 1977.]

Aleksandropol → Gumri.

Alemán *(Mateo),* écrivain espagnol (Séville 1547 - au Mexique v. 1614). Il doit la célébrité à son roman picaresque *Guzmán de Alfarache* (1599).

Alembert *(Jean* Le Rond d'*),* mathématicien et philosophe français (Paris 1717 - id. 1783). Élu à vingt-trois ans à l'Académie des scien-

ces, il y exerça son influence pendant toute une génération. Ses recherches en physique concernèrent la mécanique rationnelle (principe fondamental de la dynamique, problème des trois corps, cordes vibrantes) et l'hydrodynamique. En mathématiques, il étudia les équations aux dérivées partielles, les équations différentielles ordinaires, définit la notion de limite, inventa un critère de convergence des séries, donna un premier énoncé du théorème fondamental de l'algèbre affirmant que toute équation algébrique a au moins une racine réelle ou imaginaire (sans pouvoir le démontrer aussi rigoureusement que le fera Gauss). D'Alembert fut également le principal animateur, avec Diderot, de l'*Encyclopédie,* dont il rédigea le *Discours préliminaire* (1751) [→ **Encyclopédie**]. Son indépendance d'esprit l'entraîna à se quereller avec les Jésuites ; il fut également l'ami de Frédéric II et de Catherine II de Russie.

A. L. E. N. A. *(Accord de libre-échange nord-américain)* → **NAFTA.**

Alencar *(José Martiniano* de*),* écrivain et homme politique brésilien (Mecejana 1829 - Rio de Janeiro 1877), auteur de romans historiques et indianistes (*le Guarani,* 1857).

Alençon, ch.-l. du dép. de l'Orne, sur la Sarthe, dans la *campagne d'Alençon,* à 195 km à l'ouest de Paris ; 31 139 hab. (*Alençonnais*). Appareils ménagers. — Église Notre-Dame (porche flamboyant et vitraux, début XVIe s.) et autres monuments. Musée des Beaux-Arts et de la Dentelle. Dentelles, dites *point d'Alençon.*

Alentejo, région du Portugal, au sud du Tage.

Aléoutiennes *(îles),* chapelet d'îles volcaniques, sur la côte nord-ouest de l'Amérique du Nord, prolongeant l'Alaska et appartenant aux États-Unis. Bases aériennes. Pêche.

Alep, v. du nord-ouest de la Syrie ; 1 308 000 hab. — La ville, dont l'existence est attestée depuis le XXe s. av. J.-C., fut une ville arabe prospère aux XIIe-XIIIe siècles et une des principales échelles du Levant (XVe-XVIIIe s.). — Important musée archéologique. Grande mosquée fondée en 715 et reconstruite sous les Seldjoukides (XIIe s.). Citadelle, l'un des plus impressionnants ouvrages militaires du Moyen Âge.

Alès, ch.-l. d'arr. du Gard, en bordure des Cévennes, sur le *Gardon d'Alès* ; 42 296 hab. (*Alésiens*). Constructions mécaniques et électriques. — En 1629, Richelieu y conclut avec les protestants un traité, ou *Édit de grâce,* qui leur laissait leurs avantages religieux, civils et judiciaires accordés par l'édit de Nantes, mais supprimait leurs privilèges politiques et militaires (places de sûreté). — Église St-Jean, ancienne cathédrale, surtout du XVIIIᵉ siècle. Musées.

Alésia, oppidum (place forte) gaulois, où César assiégea et prit Vercingétorix (52 av. J.-C.), et dont le site domine Alise-Sainte-Reine (Côte-d'Or). L'existence de l'oppidum à cet endroit a été confirmée lors des fouilles archéologiques (1861-1864) par la mise au jour d'ossements de combattants et de chevaux, de harnachements, d'armes, de monnaies toutes antérieures à l'an 52 et aussi par de savantes fortifications.

Alessi *(Galeazzo)*, architecte et urbaniste italien (Pérouse 1512 - *id.* 1572). Formé à Rome et influencé par Bramante, il a surtout travaillé à Gênes (actuelle via Garibaldi) et à Milan.

Aletsch, grand glacier des Alpes (Suisse), dans le Valais, long de 27 km.

Alexander *(Franz)*, psychanalyste américain d'origine allemande (Budapest 1891 - New York 1964). Il fut l'un des fondateurs de la médecine psychosomatique.

Alexander *(Harold George)*, *1ᵉʳ comte* **Alexander of Tunis**, maréchal britannique (Londres 1891 - Slough, Buckinghamshire, 1969). Commandant les forces alliées en Italie (1943-44), puis en Méditerranée (1944-45), il fut gouverneur du Canada (1946-1952), puis ministre de la Défense dans le cabinet Churchill (1952-1954).

Alexandra Fedorovna (Darmstadt 1872 - Iekaterinbourg 1918). Fille du duc de Hesse, Louis IV, épouse du tsar Nicolas II, elle fut exécutée avec lui et leurs enfants en 1918.

PAPES

Alexandre III *(Rolando* Bandinelli*)* [Sienne - m. à Civita Castellane en 1181], pape de 1159 à 1181. Élu pape en 1159, il se vit opposer un antipape par Frédéric Barberousse. Menant la lutte contre celui-ci avec l'appui des villes lombardes, il obtint la soumission de l'empereur (1177) et convoqua le troisième concile du Latran (1179), qui fixa les modalités de l'élection du pape et accentua la centralisation de l'Église romaine.

Alexandre VI *(Rodrigo* Borgia*)* [Játiva, Espagne, 1431 - Rome 1503], pape de 1492 à 1503. Célèbre pour sa vie dissolue, il prit part aux luttes politiques plus en souverain temporel qu'en pasteur de l'Église. Par sa bulle de 1493, il partagea entre l'Espagne et le Portugal les nouveaux mondes découverts et en confia l'évangélisation aux rois de ces deux pays. En 1497, il excommunia Savonarole, qui dénonçait ses scandales.

ANTIQUITÉ

Alexandre III le Grand (Pella, Macédoine, 356 av. J.-C. - Babylone 323), roi de Macédoine (336-323), fils de Philippe II et d'Olympias. Aristote fut son précepteur et il apprit l'art militaire dans des campagnes contre les Thraces et les Illyriens et participa à la bataille de Chéronée. Il succéda en 336 à son père, assassiné, dont il reprit les projets de conquête asiatique. Au début de 334 av. J.-C., il franchit l'Hellespont (les Dardanelles). L'armée de Darios III, très supérieure en nombre, attendait les Macédoniens sur les bords du Granique, petit fleuve côtier de Phrygie. C'est là qu'Alexandre remporta sa première victoire en Asie (printemps de 334), se rendant maître de l'Asie Mineure. Au printemps de 333, ayant franchi les montagnes de Cilicie, il écrasa dans la plaine d'Issos l'armée perse. Alexandre, se refusant à toute négociation, poursuivit son plan d'encerclement méthodique de la Méditerranée orientale. Il soumit le littoral syrien (prise de Tyr et de Gaza en 332) et pénétra en Égypte, pays qui, supportant mal le joug des Perses, l'accueillit en libérateur. Au printemps de 331, il quitta l'Égypte après avoir fondé Alexandrie, traversa le Tigre et l'Euphrate, au-delà duquel Darios III avait concentré toutes ses troupes. La bataille décisive eut lieu entre Gaugamèles et Arbèles, en octobre 331, et marqua la fin du pouvoir et de la dynastie des Achéménides. Il s'empara de Babylone et de Suse, brûla Paras (Persépolis) et atteignit l'Indus. Mais, son armée étant épuisée, il revint à Suse (324), où il réorganisa son empire en s'efforçant de fondre les civilisations grecque et perse. Cependant, cet empire qu'il avait créé et que seule maintenait sa puissante personnalité, ne lui survécut pas et fut, aussitôt après sa mort (juin 323), partagé entre ses généraux, qui donnèrent leur nom aux différentes dynasties qu'ils créèrent (Achéménides, Séleucides, etc.).

RUSSIE

Alexandre Iᵉʳ (Saint-Pétersbourg 1777 - Taganrog 1825), empereur de Russie (1801-1825), fils de Paul Iᵉʳ. Nourri de la philosophie des Lumières, il commença par gouverner de façon libérale. Il adhéra à la 3ᵉ coalition contre Napoléon Iᵉʳ. Vaincu à Austerlitz, il composa avec lui (Tilsit, 1807). Après l'échec de la campagne de Russie (1812), il participa à la libération de l'Europe (campagne de France, 1814) et conclut avec les souverains d'Autriche et de Prusse la Sainte-Alliance (1815). Il acheva son règne en menant une politique réactionnaire.

Alexandre II (Moscou 1818 - Saint-Pétersbourg 1881), empereur de Russie (1855-1881), fils de Nicolas Ier. Il accomplit de grandes réformes : abolition du servage (1861), institution d'assemblées locales (1864), justice égale pour tous et service militaire obligatoire (1874). Vainqueur des Ottomans dans la guerre de 1877-78, il dut accepter les dispositions du congrès de Berlin (1878) limitant l'influence russe dans les Balkans. Il fut assassiné par des nihilistes.

Alexandre III (Saint-Pétersbourg 1845 - Livadia 1894), empereur de Russie (1881-1894), fils d'Alexandre II. Il pratiqua une politique réactionnaire fondée sur l'autocratie, la supériorité de l'orthodoxie et de la nation russe, et favorisa un rapprochement avec la France (alliance franco-russe). L'empire connut sous son règne un rapide essor économique.

Alexandre Farnèse (Rome 1545 - Arras 1592), duc de Parme (1586-1592), gouverneur général des Pays-Bas (1578). Envoyé par Philippe II d'Espagne au secours des catholiques français, il fut l'adversaire d'Henri IV.

Alexandre Ier Karadjordjević (Cetinje 1888 - Marseille 1934), roi des Serbes, Croates et Slovènes (1921-1929), roi de Yougoslavie (1929-1934), fils de Pierre Ier. Il pratiqua une politique centralisatrice et autoritaire, et fut assassiné (oct. 1934) lors d'une visite officielle en France.

Alexandre Nevski (v. 1220 - Gorodets 1263), prince de Novgorod (1236-1252), grand-prince de Vladimir (1252-1263). Il battit les Suédois (1240) sur les bords de la Neva, puis les chevaliers Porte-Glaive (1242), ordre de chevalerie allemand. Il dut cependant reconnaître la suzeraineté mongole. Il fut canonisé par l'Église orthodoxe.

Alexandre Nevski (ordre d'), ordre russe (1725-1917). En 1942 fut constitué un ordre militaire soviétique du même nom.

Alexandre Sévère → Sévère Alexandre.

Alexandrette → Iskenderun.

Alexandrie, port d'Égypte, à l'ouest du delta du Nil ; 2 917 000 hab. Centre commercial et financier, intellectuel (université) et industriel (métallurgie, textile). — Cette ville, fondée par Alexandre le Grand (332 av. J.-C.), célèbre par un phare haut de plus de 120 m, fut, au temps des Ptolémées, le centre artistique et littéraire de l'Orient, et l'un des principaux foyers de la civilisation hellénistique.

Alexis (saint), saint personnage qui aurait vécu au Ve siècle mais que le caractère légendaire de sa biographie a fait écarter du nouveau calendrier catholique (1970). Il aurait abandonné son épouse le jour de ses noces pour vivre à Édesse dans la mendicité et serait revenu mener, inconnu dans sa propre maison, l'existence d'un pauvre familier. Cette histoire a inspiré plusieurs œuvres littéraires, dont la Vie de saint Alexis (XIe s.).

Alexis Ier Comnène (Constantinople 1058 - id. 1118), empereur byzantin de 1081 à 1118. Son règne fut marqué par un énergique redressement de la puissance byzantine.

Alexis Mikhaïlovitch (Moscou 1629 - id. 1676), tsar de Russie (1645-1676). Il fit adopter le Code de 1649 et les réformes liturgiques de 1666-67, à l'origine du schisme des vieux-croyants.

Alfa-Romeo, firme italienne de construction automobile créée en 1903. Rachetée par Fiat en 1986, Alfa-Romeo a fusionné avec Lancia (Alfa Lancia Industriale), les marques demeurant séparées.

Alfieri (Vittorio), écrivain italien (Asti 1749 - Florence 1803). Auteur de tragédies mettant en scène des caractères énergiques (Saül, Mérope, 1782 ; Mirra, 1784-1786), il exalte un idéal de justice et de liberté qui deviendra celui des patriotes du Risorgimento.

Alföld, vaste plaine de la Hongrie, entre le Danube et la Roumanie.

Alfonsín (Raúl), homme d'État argentin (Chascomus 1926). Leader du Parti radical, il a été président de la République de 1983 à 1989, après plus de sept années de dictature militaire.

Alfortville, ch.-l. de c. du Val-de-Marne, au sud-est de Paris ; 36 240 hab. (Alfortvillais). Traitement du gaz naturel. Verrerie. Chimie. Centre d'échanges franco-chinois (Chinagora).

Alfred le Grand (Wantage, Berkshire, 849 ? - 899), roi de Wessex (871-878), roi des Anglo-Saxons (878-899). Vainqueur des Danois établis en Angleterre, il restaura l'autorité royale et prépara l'unité du pays. Il favorisa une véritable renaissance de l'Église et de la culture anglo-saxonne.

Alfvén (Hannes), physicien suédois (Norrköping 1908 - Stockholm 1995). Il étudia le plasma de la magnétosphère et découvrit les ondes qui se propagent dans ce milieu et qui portent son nom. (Prix Nobel 1970.)

Algarde (*Alessandro* **Algardi**, dit en fr. l'*),* sculpteur italien (Bologne v. 1595 - Rome 1654), élève de L. Carrache et rival du Bernin. Sa manière, chargée d'éléments baroques, s'oriente pourtant vers l'équilibre et la sobriété (tombeau de Léon XI et relief d'*Attila et saint Léon* à St-Pierre de Rome ; bustes).

Algarve, région constituant l'extrémité méridionale du Portugal.

Alger, *en ar.* al-Djazâ'ir ou El-Djazaïr, cap. de l'Algérie et ch.-l. de wilaya, 786 km² ; 2 600 000 hab. *(Algérois).* **GÉOGR.** Sur la Méditerranée, adossée aux hauteurs du Sahel, Alger est située à mi-chemin des frontières marocaine et tunisienne. L'agglomération, la plus peuplée du pays, juxtapose des quartiers contrastés (Casbah et ancien quartier européen au centre, dominés ou bordés par les résidences des hauteurs ou les récentes extensions ouvrières et industrielles), témoignant surtout d'une histoire mouvementée et aussi d'un fort mouvement d'immigration. Alger est une capitale administrative et politique, culturelle (université), financière, une plaque tournante des transports et une ville (relativement) industrialisée (raffinage du pétrole et chimie, construction mécanique, agroalimentaire et bâtiment). **HIST.** Capitale d'un État algérien sous la domination ottomane depuis le XVIᵉ siècle, Alger fut prise par les Français en 1830. En 1943 est constitué le Comité français de libération nationale dont de Gaulle devient rapidement le seul dirigeant. C'est d'Alger que partirent les événements responsables de la chute de la IVᵉ République (13 mai 1958). **ARTS.** Grande Mosquée (XIᵉ s.) et pittoresque ville arabe d'époque ottomane.

Algérie, État du nord-ouest de l'Afrique, sur la Méditerranée, entre le Maroc à l'ouest et la Tunisie à l'est ; 2 380 000 km² ; 26 millions d'hab. *(Algériens).* CAP. *Alger.* LANGUE : *arabe.* MONNAIE : *dinar algérien.*

GÉOGRAPHIE

■ **Le milieu naturel.** La majeure partie du vaste territoire de l'Algérie (plus de quatre fois celui de la France), appartenant au Sahara, est désertique, presque inhabitée en dehors des oasis et des sites d'extraction des hydrocarbures, principale richesse du pays. L'Atlas saharien et ses prolongements limitent le désert et dominent (au N.) l'ensemble des Hautes Plaines (entre 500 et 1 200 m) au climat contrasté (humide et froid en hiver, chaud et sec en été). C'est le

domaine de la steppe. Au N., un bourrelet presque continu (d'O. en E. : monts de Tilimsen, Ouarsenis, Kabylie) s'élève à proximité du littoral. Souvent forestiers, ces massifs dominent plaines et bassins intérieurs. La frange littorale possède un climat méditerranéen, des précipitations accrues vers l'E.

■ **La population et l'économie.** La densité moyenne, avoisinant 12 hab. au km², ne reflète pas l'inégalité spatiale du peuplement, de plus en plus dense vers le N. En dehors de Constantine, les trois principales villes (Alger, Oran et Annaba) sont des ports. La rapide urbanisation est un autre trait caractéristique lié à la pression démographique des campagnes résultant d'une natalité élevée (700 000 à 800 000 personnes de plus par an). La population est marquée par le dualisme entre arabophones (largement majoritaires) et berbérophones.

La production agricole est loin de satisfaire les besoins alimentaires. Le blé est la principale céréale. Les agrumes, le vin (en régression) assurent quelques exportations. L'élevage ovin demeure notable sur les Hautes Plaines. L'irrigation permet localement encore les primeurs et les cultures maraîchères, mais demeure très limitée.

L'industrie est dominée par le secteur des hydrocarbures, dont la prospection et l'exploitation ont commencé pendant la période française. L'Algérie (dont toutes les grandes branches industrielles sont nationalisées) est un notable producteur de pétrole et de gaz. Le gaz est exporté liquéfié, le pétrole, brut, parfois raffiné. Pétrole et gaz constituent l'essentiel des exportations.

La C. E. est le premier partenaire commercial de l'Algérie (France en tête), tandis que les États-Unis sont un client important pour les hydrocarbures. Mais le pays est endetté, le sous-emploi est important, surtout chez les jeunes. Les difficultés économiques expliquent, en partie, la montée de l'intégrisme musulman.

HISTOIRE

■ **L'Algérie antique.** Peuplée par les Berbères, l'Algérie est dès la haute antiquité influencée par les brillantes civilisations des Phéniciens (à partir de la fin du IIᵉ millénaire av. J.-C.) puis des Carthaginois (VIIᵉ s.- IIIᵉ s. av. J.-C.), qui établissent des comptoirs prospères sur ses côtes. Des Berbères, les Maures et les Numides, organisent des royaumes puissants en Numidie et en Mauritanie, que Rome soumet (victoire de Marius sur Jugurtha en 105 av. J.-C.). Sous la domination romaine (IIᵉ s. av. J.-C.-Vᵉ s.

apr. J.-C.), l'Algérie connaît un réel essor :
de nombreuses villes, comme Tbessa et
Timgad, s'y développent. Le pays est christianisé.

Vᵉ s. Les Vandales dévastent le pays.

VIᵉ-VIIᵉ s. Domination de Byzance.

■ **De la conquête arabe à la domination
turque.**

681-682. Raids arabes d'Uqba ibn Nafi.
L'Algérie est islamisée et gouvernée de
Damas (par les califes omeyyades) puis de
Bagdad (par les califes abbassides). Les Ber-
bères résistent à la domination arabe.

Xᵉ-XIᵉ s. Suzeraineté des Fatimides (dynastie
chiite du Maghreb et d'Égypte).

XIᵉ-XIIIᵉ s. Deux dynasties berbères, celle
des Almoravides et celle des Almohades,
dominent le Maghreb et une partie de
l'Espagne.
Les villes du littoral s'ouvrent à la civilisation andalouse.

XIVᵉ-XVᵉ s. Le pays est morcelé en de nombreuses principautés (dont une des plus
importantes a Tlemcen pour capitale),
confédérations tribales ou ports libres.

1518. Le corsaire turc Barberousse place
Alger sous la protection du sultan ottoman
d'Istanbul.
Sous la domination turque, l'Algérie forme
la régence d'Alger. Elle est gouvernée à partir du XVIIᵉ s. par des deys. Elle vit essentiellement de la course des navires corsaires
en Méditerranée.

■ **L'Algérie française.**

Juillet 1830. Début de la conquête française : le gouvernement de Charles X fait
occuper Alger.

1832-1837. Révolte de l'émir Abd el-Kader,
qui fait reconnaître son autorité sur le centre et l'ouest de l'Algérie tandis que les Français s'installent dans le Constantinois et
l'Oranais.

1840-1847. Le général Bugeaud, gouverneur de l'Algérie, finit par venir à bout de la
résistance d'Abd el-Kader.

1852-1870. La conquête est achevée avec
l'occupation des oasis du Sud (Laghouat,
Ouargla, Touggourt) et des régions montagneuses de Kabylie.
Des colons individuels puis, sous Napoléon III, de puissantes sociétés financières
reçoivent des lots de terres, enlevées aux
tribus. La population européenne s'accroît
rapidement. Sous la IIIᵉ République, une
économie moderne se développe dans certains domaines, en particulier la culture de
la vigne. Mais la condition des indigènes ne
s'améliore guère. Entre les deux guerres
mondiales, des mouvements favorables à

l'autonomie ou même à l'indépendance
apparaissent. Ferhat Abbas demande la
citoyenneté française pour les musulmans.

1943. Le « Manifeste du peuple algérien »
réclame l'égalité entre les communautés
musulmane et européenne.

1945. Le mouvement nationaliste se radicalise : soulèvement du Constantinois, sévèrement réprimé.

1ᵉʳ nov. 1954. Début de la guerre d'Algérie.
Ben Bella fonde le « Front de libération nationale » (F. L. N.), qui dirige l'insurrection.

13 mai 1958. Les Européens manifestent à
Alger pour le maintien de « l'Algérie française ». Le général de Gaulle met peu à peu
en œuvre une politique d'autodétermination pour l'Algérie.

19 mars 1962. Les accords d'Évian mettent
fin à la guerre d'Algérie.

■ **L'Algérie indépendante.**

1ᵉʳ juill. 1962. L'Algérie choisit l'indépendance lors d'un référendum. La plupart des
Européens quittent le pays.

1963. Ben Bella est élu président de la
République. Il établit un régime socialiste à
parti unique (le F. L. N.).

1965. Le colonel Boumediene renverse Ben
Bella.
Le gouvernement nationalise la majeure partie des exploitations de pétrole et de gaz
(1967-1971) et lance une réforme agraire. La
politique extérieure évolue de l'anti-impéria-
lisme au non-alignement.

1979. Après la mort de Boumediene, le
colonel Chadli lui succède.
Il tente de promouvoir des réformes en vue
d'une plus grande efficacité économique.
Mais l'essor démographique, la cherté de la
vie et les pénuries créent un grave malaise
social. L'islamisme se développe.

1988. De graves émeutes éclatent (oct.).

1989. Une nouvelle Constitution est adoptée. Le F. L. N. perd le statut du parti unique.

1990. Le Front islamique du salut (F. I. S.)
remporte les élections locales.

1992. Après le succès remporté par le
F. I. S. lors des élections, Chadli démissionne et un Haut Comité d'État est instauré. Le pouvoir doit faire face à la montée
du terrorisme islamiste.

1994. Un nouveau régime de transition est
mis en place avec à la tête de l'État le général Liamine Zeroual.

1995. Une élection présidentielle pluraliste
confirme L. Zeroual à la tête de l'État (nov.).

Algésiras, port d'Espagne (Andalousie), sur
le détroit de Gibraltar ; 101 256 hab. Tête
de ligne pour le Maroc. — En 1906, se tint

à Algésiras une conférence internationale qui accorda à la France et à l'Espagne une situation privilégiée au Maroc, ce qui prépara le protectorat de ces deux puissances sur le pays.

Algonquins, ensemble de peuples indiens d'Amérique du Nord qui parlaient la même langue et qui comprenaient les Ojibwa, les Cheyenne, les Arapaho, etc. Ils vivaient surtout de la chasse des bisons et pratiquaient la culture du maïs dans le Sud-Est. Ceux de la taïga (Labrador) étaient des chasseurs-pêcheurs (Cri, Naskapi).

Alhambra *(de l'ar. al-Ḥamrā', la rouge),* palais et forteresse des derniers souverains arabes de Grenade, sur une hauteur dominant la ville. Alcazaba du XIIIᵉ siècle. Ensemble palatial du XIVᵉ siècle, d'une richesse décorative exubérante, organisé autour des deux cours « des Lions » et « des Myrtes ». Palais Renaissance de Charles Quint, entrepris en 1527 et non achevé. Beaux jardins.

Alhazen → Ibn al-Haytham.

Ali, cousin et gendre du prophète Mahomet, dont il épousa la fille, Fatima. Après la mort de son beau-père, il refusa de reconnaître l'élection d'Abu Bakr comme calife. Il sera lui-même le quatrième calife de l'islam (656-661). Mais il entra en conflit avec la veuve du Prophète, Aïcha, et avec l'Omeyyade Muawiya et ses partisans. Il fut assassiné par l'un d'entre eux devant la mosquée de Kufa en 661. Par suite, on localisa son tombeau à Nadjaf, devenu un des lieux saints du chiisme, branche de l'islam qui continue de se réclamer d'Ali.

Ali *(Cassius* Clay, puis **Muhammad***),* boxeur américain (Louisville 1942), plusieurs fois champion du monde des poids lourds.

Ali Baba, un des héros des *Mille et Une Nuits.* Grâce à la formule magique « Sésame ouvre-toi », Ali Baba ouvre la caverne où 40 voleurs ont entassé un fabuleux butin.

Alicante, port d'Espagne (région de Valence), ch.-l. de prov., sur la Méditerranée ; 265 473 hab.

Alice au pays des merveilles, récit de Lewis Carroll (1865), qui reproduit le rythme des comptines et les fantaisies de la logique enfantine.

Alides, descendants d'Ali, fils d'Abu Talib. Ils représentent pour les chiites les héritiers spirituels les plus authentiques du Prophète, possédant plus de droits à sa succession que les califes régnants. La plupart des Alides furent victimes du massacre de Karbala en 680, à la suite de la révolte d'al-Husayn.

Aliénor d'Aquitaine (1122 - Fontevraud 1204), duchesse d'Aquitaine et comtesse de Poitou (1137-1204). Elle épousa, en 1137, le roi de France, Louis VII, qui la répudia en 1152. Elle se remaria à Henri Plantagenêt, futur roi d'Angleterre (Henri II), à qui elle apporta tous les territoires du sud-ouest de la France, et complota contre lui. Elle favorisa par ailleurs le développement de la poésie courtoise.

Aligarh, v. de l'Inde, dans l'Uttar Pradesh, au S.-E. de Delhi ; 479 978 hab. Université.

Ali Pacha de Tebelen, gouverneur ottoman de Ioánnina (Tebelen v. 1744 - Ioánnina 1822). Révoqué par le gouvernement ottoman en 1820, il résista deux ans dans Ioánnina assiégée.

Alise-Sainte-Reine, comm. de la Côte-d'Or, au pied de l'emplacement d'Alésia ; 717 hab. — Musée.

Aljubarrota *(bataille de)* [14 août 1385], victoire que remporta le roi de Portugal, Jean Iᵉʳ, sur le roi de Castille, Jean Iᵉʳ, à Aljubarrota (Estrémadure), consacrant ainsi l'indépendance du Portugal.

Allah, nom par lequel l'islam désigne le Dieu unique et transcendant qui lui a révélé son existence, ses commandements et ses promesses depuis Adam jusqu'au plus grand des prophètes, Mahomet. Allah est sans faille et éternel, sans pareil et sans égal. Il n'est pas engendré et n'engendre pas. Cependant, étant naturellement pourvu de toutes les perfections imaginables, il peut recevoir un grand nombre (99 selon le Coran) d'autres « noms » ou qualificatifs (« très grand », « très haut », « protecteur », « donateur », etc.). La prière rituelle des musulmans débute toujours par l'invocation d'Allah avec la formule *Allahu akbar,* qui signifie : « Dieu est le plus grand ». Allah est aussi le nom par lequel les chrétiens arabophones désignent Dieu.

Allahabad, v. de l'Inde, dans l'Uttar Pradesh, au confluent du Gange et de la Yamuna ; 858 213 hab. — Colonne d'Ashoka. Fort d'Akbar. Musée.

Allais *(Alphonse),* écrivain français (Honfleur 1854 - Paris 1905). L'un des fondateurs du cabaret du Chat-Noir, il imposa sans ses récits un comique particulier fondé sur l'absurde et la mystification (*On n'est pas des bœufs,* 1896 ; *le Captain Cap,* 1902).

Allais *(Maurice),* économiste français (Paris 1911). Il a contribué au développement de l'économie mathématique et à l'étude de l'équilibre économique de la monnaie et du crédit. Parmi ses ouvrages, il faut citer *la Théorie générale des surplus* (1981), *les Fondements d'une théorie de l'utilité et du risque* (1984). [Prix Nobel 1988.]

Allegheny ou **Alleghany,** partie centrale des Appalaches (États-Unis).

Allègre *(Claude),* géochimiste français (Paris 1937). Ses travaux de géologie isotopique contribuent à la compréhension du fonctionnement global de la Terre d'un point de vue chimique (évolution du manteau, formation de la croûte continentale). Il est l'auteur de plusieurs ouvrages de vulgarisation.

Allemagne, *en all.* Deutschland, État d'Europe ; 357 000 km² ; 81,1 millions d'hab. *(Allemands).* CAP. *Berlin.* LANGUE : *allemand.* MONNAIE : *Deutsche Mark.* Le pays, dont le nom officiel est République fédérale d'Allemagne (R. F. A., en all. *Bundesrepublik Deutschland*), est une fédération constituée de 16 *Länder* (ou États).

GÉOGRAPHIE

État le plus peuplé d'Europe, l'Allemagne en est surtout la première puissance économique. Elle le doit essentiellement au développement d'une industrie qui explique largement, par sa capacité d'exportation, le niveau élevé des échanges et le traditionnel excédent de la balance commerciale et, finalement, la solidité de la monnaie, garantie également par des réserves de change abondantes.

■ **Le milieu naturel.** Les bases territoriales de cette puissance ne sont pas exceptionnelles. La superficie ne représente pas les deux tiers de celle de la France. Le nord du pays est une région basse, avec un littoral souvent précédé d'îles. Celui-ci est entaillé par les estuaires de la Weser, de l'Elbe, de la Warnow, sites de grands ports : Brême et Bremethaven, Hambourg, Rostock. Il est parfois bordé de polders. Au S., la bande lœssique des Börden, riche région agricole, forme la transition vers l'Allemagne moyenne (le Mittelgebirge). Du Massif schisteux rhénan à l'Erzgebirge, en passant par le Harz, c'est une succession de petits massifs, encore partiellement boisés, anciens centres d'exploitation minière souvent, séparés ou entaillés par de nombreuses vallées. Au S. du Danube, le plateau bavarois s'élève vers les Alpes, dont le pays ne possède qu'une frange. Au point de vue climatique, l'Allemagne est une zone de transition, partagée entre influences maritimes (favorisées par la relative proximité de l'océan et l'absence de reliefs limitant la pénétration des perturba-

tions océaniques) et continentales (hautes pressions de Sibérie). Les écarts thermiques sont encore relativement modérés ; les hivers ne sont vraiment rudes qu'en altitude. Les précipitations oscillent entre 600 et 800 mm, assez régulièrement réparties dans le temps et l'espace, conditions favorables pour l'agriculture.

■ **La population.** La densité moyenne est de l'ordre de 220 hab. au km² (plus du double de la densité française), chiffre élevé, lié à l'ancienneté de l'urbanisation et de l'industrialisation et à l'afflux, après la Seconde Guerre mondiale, de millions de réfugiés ou expulsés. Le taux de natalité (11 ‰) est l'un des plus bas du monde, et la population a commencé à décroître, d'autant que l'immigration (plus de 2 millions de travailleurs étrangers, Turcs surtout) a été ralentie par le freinage de l'activité, du moins avant l'arrivée des réfugiés de l'Europe de l'Est et surtout du Sud. Cette population est urbanisée à plus de 80 %. L'armature urbaine est caractérisée par la multiplicité des grandes villes. Berlin apparaît une métropole incontestable, mais Hambourg, Munich et Francfort-sur-le-Main pèsent d'un poids démographique, économique, culturel non négligeable.

■ **L'économie.** L'industrie est la base de la puissance allemande. De tradition ancienne, elle a été stimulée au XIXᵉ s. par la présence massive de charbon (Ruhr) et surtout par les initiatives de quelques hommes (Krupp, Siemens, Bosch, Daimler, Thyssen, Mannesmann, Grundig, etc.) qui ont créé de véritables konzerns bénéficiant précocement d'économies d'échelle. La production est très variée, dominée toutefois par la métallurgie de transformation et la chimie ; celle-ci est contrôlée par trois firmes géantes (BASF, Hoechst et Bayer). La construction automobile (Volkswagen, grande firme nationale, filiales de Ford et de General Motors [Opel]) livre plus de 4 millions de voitures de tourisme. La sidérurgie a reculé, comme le textile, la construction navale et l'extraction de la houille. Celle-ci reste la principale source d'énergie nationale, avec le lignite ; la production de pétrole est très faible, celle de gaz naturel, plus notable, mais insuffisante ; l'électricité nucléaire représente encore moins du tiers de la production totale d'électricité.

L'agriculture, pratiquée surtout dans le cadre d'exploitations familiales, parfois à temps partiel, est intensive. La production couvre la majeure partie des besoins alimentaires. Le réseau de transports est d'une grande densité : environ 40 000 km de voies ferrées (dont environ 15 000 électrifiés), 6 000 km de voies navigables (souvent au gabarit européen), plus de 10 000 km d'autoroutes.

L'Allemagne vient au deuxième rang mondial pour le volume du commerce international. Les exportations (produits industriels, métallurgiques et chimiques notamment) représentent environ le quart du P.I.B., effectuées en priorité avec les partenaires de la C.E., mais dirigées aussi vers le tiers-monde, plus que vers l'Est. La réalité de la puissance économique de l'Allemagne unifiée doit être nuancée, compte tenu du retard de la partie orientale, souffrant de la vétusté des équipements de toute nature (usines, habitat), de la médiocre productivité de la main-d'œuvre. Des investissements considérables sont nécessaires pour combler les handicaps et harmoniser géographiquement le développement et aussi les comportements. L'unification, rapide sur le plan politique, sera plus longue à réaliser dans les domaines économique et social.

HISTOIRE

Les premiers Germains s'établissent entre le Rhin et l'Elbe et refoulent les Celtes en Gaule ; ils sont à leur tour repoussés vers l'E. par les Romains, qui construisent une frontière fortifiée, le *limes,* entre *Confluentes* (Coblence, sur le Rhin) et *Regina Castra* (Ratisbonne, sur le Danube).

IVᵉ-VIᵉ s. Les Grandes Invasions permettent aux Barbares germaniques de s'installer de part et d'autre du Rhin.

Le royaume franc s'impose aux autres peuplades (Alamans, Thuringiens, Bavarois, Saxons, etc.).

800. Charlemagne fonde l'Empire d'Occident.

843. Traité de Verdun : partage de l'Empire en trois royaumes.

Le régime féodal et les partages familiaux aboutissent à la création de duchés : Bavière, Souabe, Franconie, Lorraine, Saxe.

919-1024. Dynastie saxonne.

Le mot « Allemagne » apparaît.

■ **Le Saint Empire (962-1806).**

962. Otton Iᵉʳ fonde le Saint Empire romain germanique.

1024-1138. La querelle des Investitures affaiblit l'autorité impériale.

1138-1250. La dynastie souabe (Hohenstaufen) est illustrée par Frédéric Iᵉʳ Barberousse et par Frédéric II. La lutte du Sacerdoce et de l'Empire oppose les « guelfes » (partisans des papes) et les « gibelins » (partisans des empereurs).

De 1273 à 1438, la couronne impériale passe aux Habsbourg, puis aux maisons de Bavière et de Luxembourg.

1356. La Bulle d'or donne sa forme constitutionnelle définitive à l'Empire.

À la fin du Moyen Âge, l'Allemagne est un grand foyer de développement économique (Hanse au N. ; Bavière au S. ; Rhénanie à l'O.). Mais la Réforme luthérienne, au XVIᵉ s. brise l'unité religieuse.

1519-1556. Règne de Charles Quint, empereur germanique et roi d'Espagne.

1618-1648. La guerre de Trente Ans dévaste les régions constituant l'Allemagne, qui restent divisées politiquement et religieusement.

1648. Les traités de Westphalie confirment la faiblesse du pouvoir impérial.

Au XVIIIᵉ s., la Prusse s'agrandit et devient une grande puissance sous Frédéric II.

1806. Napoléon écrase la Prusse à Iéna et décide de supprimer le Saint Empire, qui est remplacé par une Confédération du Rhin dont l'Autriche et la Prusse sont exclues.

■ **L'unité allemande.**

1815. Le congrès de Vienne crée la Confédération germanique (39 États dont la Prusse et l'Autriche).

1834. Union douanière entre les États allemands : le « Zollverein ».

1848-1850. Échec des révolutions libérales et nationales.

Le chancelier prussien Otto von Bismarck réalise l'unité allemande en battant l'Autriche (Sadowa, 1866), puis la France (Sedan, 1870).

1871. Proclamation de l'Empire allemand (le roi de Prusse devient Kaiser).

À la fin du XIXᵉ s. et au début du XXᵉ s., l'Allemagne connaît de grands progrès économiques et politiques (expansion coloniale). Elle se rapproche de l'Autriche-Hongrie et de l'Italie (Triple-Alliance) face à la Triple-Entente anglo-franco-russe.

1914-1918. Première Guerre mondiale.

L'Allemagne, vaincue, doit subir les conséquences du traité de Versailles (1919) et payer des réparations.

■ **De Weimar au IIIᵉ Reich.**

1919-1933. La République de Weimar connaît des troubles politiques (écrasement des spartakistes, naissance du nazisme) et économiques (crises de 1923 et de 1929).

1933. Adolf Hitler devient chancelier du Reich.

1934. Il cumule tous les pouvoirs à la mort de Hindenburg : il est le Führer (guide). Il crée le IIIᵉ Reich, troisième empire allemand.

1936. Il intervient aux côtés de Franco dans la guerre d'Espagne et signe une alliance avec Mussolini (l'axe Rome-Berlin).

1938-1939. L'Allemagne annexe successivement l'Autriche (Anschluss) et une partie de la Tchécoslovaquie, puis attaque la Pologne.

1939-1945. Seconde Guerre mondiale.

1945-1949. L'Allemagne, vaincue, est occupée par les troupes alliées. La frontière nouvelle avec la Pologne est refoulée vers l'O. (ligne Oder-Neisse).

1949. Création de la République démocratique allemande ou R. D. A. (→ **Allemagne de l'Est**) et de la République fédérale d'Allemagne ou R. F. A., à l'ouest. Chacun des deux États allemands se donne pour but de refaire l'unité allemande à son profit.

■ **La République fédérale d'Allemagne.** La R. F. A. naît de la fusion des trois zones d'occupation américaine, anglaise et française. Bénéficiant de l'aide économique européenne (plan Marshall), elle va connaître un redressement rapide.

1949. Konrad Adenauer devient chancelier.

1951. Révision du statut d'occupation (fin du démontage des usines). La R. F. A. entre dans la C. E. C. A.

1955. La R. F. A. entre à l'OTAN.

1956. Création de la Bundeswehr (armée fédérale).

1957. La Sarre redevient allemande à la suite d'un référendum. La R. F. A. signe le traité de Rome, qui donne naissance au Marché commun.

1963. Traité franco-allemand. Adenauer est remplacé par Ludwig Erhard, père du « miracle économique allemand ».

1966. Kurt Georg Kiesinger devient chancelier.

1969. Le socialiste Willy Brandt devient chancelier et pratique une politique de meilleure entente avec l'Est.

1970. Reconnaissance de la ligne Oder-Neisse comme frontière germano-polonaise.

1972. Les deux Allemagnes se reconnaissent mutuellement.

1974. Le socialiste Helmut Schmidt est élu chancelier.

1982. Le chrétien-démocrate Helmut Kohl devient chancelier.

1989. La R. F. A. est confrontée aux problèmes posés par un afflux massif de réfugiés est-allemands et par les profonds changements survenus en R. D. A.

1990. Les États (Länder) reconstitués en Allemagne de l'Est adhèrent à la R. F. A. L'unification de l'Allemagne est proclamée le 3 octobre.

1991. H. Kohl est réélu chancelier. Sous sa conduite, l'Allemagne réunifiée se consacre à la « reconstruction » économique des cinq Länder de l'Est.

Allemagne de l'Est ou **République démocratique allemande,** *en all.* Deutsche Demokratische Republik (DDR), nom porté par la partie orientale de l'Allemagne de 1949 à 1990. Sa capitale était Berlin-Est. Fondée dans la zone d'occupation soviétique, la République démocratique allemande (R. D. A.) était organisée économiquement et politiquement sur le modèle soviétique. Le Parti socialiste unifié (SED), communiste, y détenait un rôle dirigeant.

HISTOIRE

1949 : Wilhelm Pieck devient président de la République, Otto Grotewohl étant président du Conseil.

1953 : manifestations ouvrières pour protester contre les conditions de vie.

1960 : mort de W. Pieck. La fonction de président de la République est remplacée par un organe collectif, le Conseil d'État, dont Walter Ulbricht devient président.

1961 : construction du « mur » de Berlin, qui coupe la ville en deux, pour empêcher l'émigration de nombreux Allemands à l'Ouest.

1964 : Willi Stoph succède à Grotewohl à la présidence du Conseil.

1970 : une politique de détente avec l'Allemagne de l'Ouest est mise en œuvre.

1972 : la R. D. A. est reconnue par la R. F. A. puis par les autres États de l'Europe occidentale.

1973 : mort de W. Ulbricht. W. Stoph lui succède à la tête de l'État.

1974 : une nouvelle Constitution supprime toute allusion à la réunification de l'Allemagne.

1976 : Erich Honecker succède à W. Stoph, qui devient chef du gouvernement.

1989 : un exode massif de citoyens est-allemands vers la R. F. A. et d'importantes manifestations réclamant la démocratisation du régime provoquent, à partir d'octobre, de profonds bouleversements : démission des principaux dirigeants (dont Honecker et Stoph), ouverture du mur de Berlin et de la frontière interallemande, abandon de toute référence au rôle dirigeant du SED.

1990 : les États *(Länder)* reconstitués sont intégrés à l'Allemagne de l'Ouest. (→ **Allemagne.**)

Allen *(Allen Stewart* Konigsberg, dit Woody*),* cinéaste et acteur américain (Brooklyn, New York, 1935). Auteur de sketches comiques, il débute au cabaret, puis, en 1965, il écrit le scénario de *Quoi de neuf Pussycat ?,* comédie dans laquelle il tient son premier rôle d'acteur de cinéma. Mais il se lance véritablement dans le cinéma en 1969 en réalisant et en interprétant *Prends l'oseille et tire-toi.* Ce succès sera suivi de *Bananas* (1971), *Tout ce que vous avez toujours voulu savoir sur le sexe sans jamais oser le demander* (1972). Propagateur d'une certaine forme d'humour juif new-yorkais, Woody Allen entreprend de nouvelles œuvres plus graves, plus ambitieuses, mais toujours marquées d'un grand sens de l'observation et parfois d'une causticité mordante : *Annie Hall* (1977), *Intérieurs* (1978), *Manhattan* (1979), *Comédie érotique d'une nuit d'été* (1982), *Zelig* (1983), *Hannah et ses sœurs* (1986), *Une autre femme* (1988), *Crimes et délits* (1989), *Alice* (1990), *Ombres et brouillard* (1992), *Maris et femmes* (1992), *Meurtre mystérieux à Manhattan* (1993), *Coups de feu sur Broadway* (1994).

Allenby *(Edmund),* maréchal britannique (Brackenhurst, Nottinghamshire, 1861 - Londres 1936). Commandant les forces britanniques en Palestine (1917-18), il prit Jérusalem, Damas et Alep, puis contraignit les Turcs à capituler. Il contribua à élaborer le traité d'indépendance de l'Égypte (1922).

Allende *(Salvador),* homme d'État chilien (Valparaíso 1908 - Santiago 1973). Membre fondateur du Parti socialiste chilien, il est élu président de la République en 1970 et met en œuvre une réforme agraire et un programme de nationalisations. Il se suicide, lors du putsch militaire dirigé par le général Pinochet.

Alliance *(Sainte-)* [26 sept. 1815], pacte de fraternité et d'assistance mutuelle conclu, au nom des principes du christianisme, entre les souverains de Russie, d'Autriche et de Prusse. Elle eut un rôle limité, car à l'initiative de la Grande-Bretagne, fut créée la **Quadruple-Alliance** en novembre 1815. C'est elle qui combattit les mouvements nationalistes, libéraux ou révolutionnaires afin de préserver l'équilibre européen.

Alliance *(Triple-)* ou **Triplice,** accord défensif conclu en 1882 entre l'Allemagne, l'Autriche-Hongrie et l'Italie. La France, d'abord isolée, lui opposa la Triple-Entente. La Triplice cessa lors de l'entrée en guerre de l'Italie aux côtés des Alliés, en 1915.

Allier, riv. du Massif central ; 410 km. Né dans l'est de la Lozère, l'Allier draine les Limagnes puis le Bourbonnais, passant à Vichy et à Moulins, avant de rejoindre la Loire (r. g.), près de Nevers, au *bec d'Allier.*

Allier [03], dép. de la Région Auvergne, formé par le Bourbonnais ; ch.-l. de dép. *Moulins ;* ch.-l. d'arr. *Montluçon, Vichy ;* 3 arr., 35 cant., 320 comm. ; 7 340 km² ; 357 710 hab. Il est rattaché à l'académie de Clermont-Ferrand, à la cour d'appel de Riom et à la région militaire Méditerranée.

Allobroges, peuple de la Gaule établi entre le Rhône et l'Isère, et qui avait pour villes principales Vienne, Genève et Grenoble.

Alma, *anc.* Saint-Joseph d'Alma, v. du Canada (Québec), à l'est du lac Saint-Jean ; 23 160 hab.

Alma *(bataille de l')* [20 sept. 1854], première victoire remportée par les troupes franco-britanniques sur les Russes, à 10 km de l'embouchure de l'Alma, pendant la guerre de Crimée.

Alma-Ata, en kazakh Almaty, cap. du Kazakhstan, au sud du lac Balkhach ; 1 128 000 hab. Université. Centre industriel.

Almageste *(ar. al-midjistī,* du gr. *megistos* [*biblos*]*,* très grand [livre]*),* traité composé par Claude Ptolémée, au IIe siècle, qui résume les connaissances astronomiques et mathématiques de l'Antiquité grecque.

Almagro *(Diego de),* conquistador espagnol (Almagro, prov. de Ciudad Real, 1475 - Cuzco 1538). Compagnon de Pizarro dans la conquête du Pérou, il fut étranglé sur son ordre.

Almeida Garrett *(João Baptista de),* écrivain et homme politique portugais (Porto 1799 - Lisbonne 1854), auteur d'un théâtre nationaliste et romantique (*Un auto de Gil Vicente,* 1838 ; *Frei Luís de Sousa,* 1844).

Almendros *(Nestor),* chef opérateur français d'origine espagnole (Barcelone 1930 - New York 1992). Lié aux réalisateurs de la « nouvelle vague », il s'est imposé comme directeur de la photographie de plusieurs films de E. Rohmer *(la Collectionneuse),* B. Schröder *(More)* ou F. Truffaut *(le Dernier Métro, Vivement dimanche).* Il a aussi travaillé avec de nombreux cinéastes américains.

Almería, port d'Espagne, en Andalousie, ch.-l. de prov., sur la Méditerranée ; 155 120 hab. — Ancienne forteresse mauresque (Alcazaba) ; cathédrale gothique (XVIe s.).

Almodóvar *(Pedro),* cinéaste espagnol (Calzada de Calatrava 1949). En quelques films, où se rejoignent la provocation et l'humour noir, il s'est imposé comme le chef de file du nouveau cinéma espagnol : *Qu'est-ce que j'ai fait pour mériter ça !* (1984), *Dans les tênè-*

bres (1984), *Matador* (1986), *la Loi du désir*
(1986), *Femmes au bord de la crise de nerfs*
(1988), *Attache-moi* (1990), *Talons aiguilles*
(1991), *Kika* (1993), *la Fleur de mon secret*
(1995).

Almohades, adeptes du mouvement réformiste lancé par Muhammad ibn Tumart
(entre 1078 et 1081-1130), dont les dirigeants ont fondé une dynastie berbère qui
détrôna les Almoravides et régna sur le nord
de l'Afrique et sur l'Andalousie de 1147 à
1269. Battus en Espagne par les royaumes
chrétiens à la bataille de Las Navas de
Tolosa (1212), les Almohades furent éliminés de l'Afrique du Nord de 1229 à 1269
par diverses dynasties.

Almoravides, confrérie de moines guerriers
et dynastie berbère qui régna sur le Maghreb
et l'Andalousie aux XIᵉ et XIIᵉ siècles. Yusuf
ibn Tachfin, fondateur de la dynastie en
1061, installa sa capitale à Marrakech. Les
Almoravides refirent l'unité de l'Espagne
musulmane menacée par les royaumes chrétiens et recueillirent l'héritage culturel andalou. Ils furent renversés par les Almohades
(prise de Marrakech en 1147).

Almquist (*Carl Jonas Love*), écrivain suédois
(Stockholm 1793 - Brême 1866). Son œuvre
poétique et romanesque est l'une des plus
originales du romantisme suédois (*le Livre de
l'églantier,* 1832-1850).

Along (*baie d'*), baie du Viêt Nam, au nord-
est d'Haiphong, semée de rochers calcaires.

Alost → **Aalst.**

Alpe-d'Huez (l'), station de sports d'hiver
de l'Isère (comm. d'Huez), dans l'Oisans
(1 860-3 350 m).

Alpes, le plus grand massif montagneux
de l'Europe.

GÉOGRAPHIE
Principal système montagneux de l'Europe,
les Alpes s'allongent en un vaste arc aux
bords dissymétriques, sur une longueur de
1 200 km de la Méditerranée au bassin de
Vienne et sur une largeur variant de 130 à
250 km. Couvrant 300 000 km², les Alpes
sont partagées entre la France, l'Italie, la
Suisse, l'Allemagne, le Liechtenstein, l'Autriche et la Slovénie ; mais elles n'occupent plus
de la moitié du territoire que dans trois pays :
la Suisse, l'Autriche et le Liechtenstein.

■ **La formation.** Les Alpes se sont formées
à partir de la fin du secondaire et tout au
long du tertiaire et résultent de la convergence, puis de la collision des plaques
Europe et Afrique. Les mouvements qui ont
affecté des masses sédimentaires marines et

des fragments du socle hercynien ont mis
en place la structure actuelle du système
alpin : dissymétrie des versants (extension
des Préalpes sur le versant externe et effondrement dans l'arrière-pays [plaine du Pô]),
séparés par les massifs cristallins centraux,
où sont situés les sommets de plus de
4 000 m : mont Blanc, mont Rose, Cervin,
Jungfrau, barre des Écrins.
La chaîne a été recouverte au quaternaire
par des glaciers qui n'occupent plus qu'une
superficie restreinte (4 000 km² environ),
mais qui ont marqué le relief (creusement
des lacs et des vallées). Avec les précipitations, ils alimentent notamment le Rhône,
le Rhin, le Pô, l'Adige, la Save et l'Inn.

■ **Le climat.** Dans la zone tempérée, les
Alpes ont un climat caractérisé par l'abaissement des températures dû à l'altitude
(environ 1 ⁰C pour 200 m) et par l'accroissement des précipitations, qui tombent en
partie sous forme de neige, l'ouest de la
chaîne, exposé aux influences océaniques,
étant le plus arrosé. La végétation s'étage,
les cultures laissant place à la forêt de
feuillus et de conifères, puis aux alpages de
1 700 à 2 300 m. Plus haut, la neige est
persistante. Localement, des microclimats
se créent surtout en fonction de l'exposition des pentes : celles de l'adret, exposées
au sud, sont plus favorisées que celles de
l'ubac, exposées au nord.

■ **Le peuplement.** Relief massif au cœur
de l'Europe occidentale, les Alpes sont
aérées cependant par des vallées, voies de
passage qui ont été utilisées très tôt, la présence humaine remontant au néolithique.
Jusqu'au milieu du XIXᵉ siècle se sont maintenus des modes de vie traditionnels, fondés sur les ressources de l'agriculture et de
l'élevage transhumant auxquelles s'ajou-
taient des productions artisanales (travail du
bois notamment) réalisées durant l'hiver. La
pénétration du massif par les chemins de fer
(tunnels), l'accroissement du nombre et de
la qualité des routes depuis la fin du XIXᵉ siècle ont compté parmi les facteurs essentiels
du développement.

■ **L'économie.** L'économie de la montagne
alpine associe aujourd'hui l'agriculture,
l'exploitation forestière, l'industrie et le tourisme. L'agriculture, dominée par l'élevage,
est souvent largement subventionnée : par
l'État en Suisse et en Autriche, où les choix
de protection des paysages ont été faits
depuis de nombreuses années ; par l'Union
européenne en Allemagne, en France et en
Italie. L'exploitation forestière est aussi une
activité traditionnelle des Alpes. Elle est très

réglementée et la régénération des forêts fait l'objet de soins attentifs.

Les activités industrielles se sont installées auprès des centrales hydroélectriques. Les installations sont nombreuses et une partie de l'électricité est d'ailleurs exportée hors de la région. La branche industrielle la mieux représentée actuellement est l'électrométallurgie. Aux aciers spéciaux, à l'aluminium, au matériel électrique s'ajoutent de plus en plus des produits de haute technologie. Les localisations industrielles sont des sites de vallée ou, de plus en plus, de la bordure de la montagne en France (Maurienne, Tarentaise), en Suisse (vallée de l'Aar, régions de Zurich et de Lucerne), en Autriche (haute vallée de la Mur) et en Italie. Les établissements industriels souffrent souvent toutefois de l'éloignement des marchés, surtout de leur fréquente vétusté, des difficultés d'extension.

L'essor du tourisme date du début du XXᵉ siècle ; d'abord aristocratique et estival, il est maintenant aussi hivernal qu'estival. Les activités qu'il a générées ont freiné l'exode rural. C'est cependant un secteur fragile, très sensible à la conjoncture économique, à la concurrence des autres destinations de vacances et aux aléas climatiques.

■ **La protection de l'environnement.** La montagne constituant un milieu relativement fragile, on a cherché à pallier les atteintes qu'elle pouvait subir, d'abord par une politique de protection de certains espaces. Des parcs nationaux et régionaux, des réserves de faune et de flore ont été créés. Actuellement, on envisage une prise en compte plus globale de l'environnement, comme en témoigne en Suisse la limitation de la charge des poids lourds.

Alpes (Hautes-) [05], dép. de la Région Provence-Alpes-Côte d'Azur ; ch.-l. de dép. *Gap* ; ch.-l. d'arr. *Briançon* ; 2 arr. ; 30 cant., 177 comm. ; 5 549 km² ; 113 300 hab. Il est rattaché à l'académie d'Aix-en-Provence-Marseille, à la cour d'appel de Grenoble et à la région militaire Méditerranée.

Alpes australiennes, partie méridionale de la Cordillère australienne.

Alpes-de-Haute-Provence [04], dép. de la Région Provence-Alpes-Côte d'Azur ; ch.-l. de dép. *Digne-les-Bains* ; ch.-l. d'arr. *Barcelonnette, Castellane, Forcalquier* ; 4 arr., 30 cant., 200 comm. ; 6 925 km² ; 130 883 hab. Il est rattaché à l'académie d'Aix-en-Provence-Marseille, à la cour d'appel d'Aix-en-Provence et à la région militaire Méditerranée.

Alpes françaises, partie la plus développée des Alpes occidentales, divisée en deux ensembles.

■ **Le milieu naturel.** Les *Alpes du Nord* possèdent un relief ordonné, où se succèdent d'ouest en est : les Préalpes (Chablais, Bornes, Bauges, Chartreuse, Vercors), calcaires, aux plis généralement simples ; le Sillon alpin, longue dépression drainée par l'Arly et l'Isère (Combe de Savoie, Grésivaudan) ; les massifs centraux (Mont-Blanc, Beaufortin, Belledonne, Oisans, Pelvoux), cristallins, partie la plus élevée ; la zone intra-alpine, aérée par les vallées de l'Isère supérieure (Tarentaise), de l'Arc (Maurienne) et de la Romanche. Les *Alpes du Sud* ne présentent pas une disposition aussi simple : il n'existe pas de dépression analogue au Sillon alpin et surtout les Préalpes s'étendent démesurément, dessinant un vaste arc de cercle (du Diois et des Baronnies aux Préalpes de Nice), ouvert par la Durance.

■ **Les ressources.** Les Alpes du Nord ont un climat humide qui a favorisé l'extension de la forêt et de la prairie. L'élevage bovin (pour les produits laitiers) constitue la principale ressource de la montagne, avec le tourisme estival et hivernal. Les cultures se réfugient dans les vallées, où, grâce à l'hydroélectricité, s'est développée la vie industrielle (électrométallurgie et électrochimie) et urbaine (Grenoble). Les Alpes du Sud, plus sèches, mal aérées, vouées surtout à l'élevage ovin, aux cultures céréalières et à l'arboriculture fruitière (vallée de la Durance), se sont longtemps dépeuplées, avant que l'essor du tourisme et les aménagements hydrauliques ne contribuent à enrayer, au moins localement, ce déclin.

Alpes Grées et Pennines, province de l'Empire romain créée par Auguste. Sa capitale était Moûtiers-en-Tarentaise, sur l'Isère.

Alpes-Maritimes [06], dép. de la Région Provence-Alpes-Côte d'Azur ; ch.-l. de dép. *Nice*, ch.-l. d'arr. *Grasse* ; 2 arr., 51 cant., 163 comm. ; 4 299 km² ; 971 829 hab. Il est rattaché à l'académie de Nice, à la cour d'appel d'Aix-en-Provence et à la région militaire Méditerranée.

Alpes néo-zélandaises, chaîne de montagnes de Nouvelle-Zélande, dans l'île du Sud.

Alpes scandinaves, nom parfois donné aux montagnes des confins de la Suède et de la Norvège.

ARAGON

Alphonse Iᵉʳ le Batailleur (v. 1073-1134), roi d'Aragon et de Navarre (1104-1134). Il reconquit Saragosse sur les musulmans (1118) et lança un raid en Andalousie (1125). **Alphonse II le Chaste** (1152 - Perpignan 1196), roi d'Aragon (1162-1196). Il imposa sa domination sur le Roussillon et hérita en 1166 du comté de Provence. **Alphonse V le Magnanime** (1396 - Naples 1458), roi d'Aragon et de Sicile (1416-1458), roi (sous le nom d'Alphonse Iᵉʳ) des Deux-Siciles (1442-1458). Il conquit le royaume de Naples (1435-1442).

ASTURIES ET CASTILLE

Alphonse III le Grand (838 - Zamora 910), roi des Asturies (866-910). Il unifia les provinces chrétiennes du Nord-Ouest.

Alphonse VI (1040-1109), roi de León (1065-1109), de Castille (1072-1109) et de Galice (1073-1109). Il conquit le royaume de Tolède (1085) puis fut écrasé par les musulmans à Zalaca (Sagrajas), près de Badajoz, en 1086. **Alphonse VIII le Noble** (Soria 1155 - Ávila 1214), roi de Castille (1158-1214). Il vainquit les musulmans à Las Navas de Tolosa (1212). **Alphonse IX** (Zamora 1171 - Villanueva de Sarria 1230), roi de León (1188-1230). Il reconquit l'Estrémadure et réunit les premières Cortes (1188). **Alphonse X le Sage** (Tolède 1221 - Séville 1284), roi de Castille et de León (1252-1284) et empereur germanique (1257-1272). Prince éclairé, il fit dresser des tables astronomiques *(tables Alphonsines)* et composa des cantiques à la Vierge.

ESPAGNE

Alphonse XII (Madrid 1857 - *id.* 1885), roi d'Espagne (1874-1885). Il restaura la monarchie et mit fin à la guerre carliste (1876).

Alphonse XIII (Madrid 1886 - Rome 1941), roi d'Espagne (1886-1931). Monarque constitutionnel, il dut accepter à partir de 1923 la dictature du général Primo de Rivera. Il quitta son pays après les élections municipales de 1931, à l'issue desquelles fut proclamée la république.

PORTUGAL

Alphonse Iᵉʳ Henriques (Guimarães v. 1110 - Coimbra 1185), roi de Portugal (1139-1185). Proclamé roi à la suite de ses succès contre les musulmans, il obtint l'indépendance du Portugal. **Alphonse VI** (Lisbonne 1643 - Sintra 1683), roi de Portugal (1656-1683). Ses victoires sur l'Espagne assurèrent l'indépendance du Portugal, reconnue au traité de Lisbonne (1668). Il fut déposé en 1667.

DIVERS

Alphonse de Poitiers, prince capétien (1220-1271), comte de Poitiers et de Toulouse (1249-1271), fils de Louis VIII et époux de Jeanne, comtesse de Toulouse. Il participa à deux croisades et fut un remarquable administrateur.

Alsace, Région de l'est de la France, sur le Rhin, formée des dép. du Bas-Rhin et du Haut-Rhin ; 8 280 km² ; 1 624 372 hab. *(Alsaciens).* Ch.-l. *Strasbourg.*

GÉOGRAPHIE

C'est la plus petite, mais non la moins peuplée, des Régions françaises. Elle possède une densité de population presque double de la moyenne nationale, situation qui est liée à la forte urbanisation, à la présence de trois agglomérations majeures (Strasbourg, Mulhouse et Colmar) qui concentrent environ 45 % de la population régionale, dominant un semis dense de villes petites et moyennes.

La plaine d'Alsace, parfois boisée (Hardt, ou Harth, au S.), est souvent intensément cultivée (dans l'Ackerland, le Kochersberg) et porte des champs de blé, de betterave à sucre, de houblon, de tabac, de chou à choucroute, de maïs (lié aux progrès de l'élevage). Elle est bordée par les collines sous-vosgiennes, site d'un vignoble réduit (12 000 ha) mais réputé (vins blancs). La montagne vosgienne boisée, avec toutefois des prairies d'altitude, est dépeuplée, mais localement revivifiée par le tourisme. L'Alsace est le site (au moins partiel) de deux parcs naturels régionaux.

L'industrie, représentée par les constructions mécaniques et électriques, précédant le textile (en déclin), l'agroalimentaire, la chimie, bénéficie de l'électricité raffiné près de Strasbourg, de l'électricité d'origine hydraulique et nucléaire du grand canal d'Alsace. La potasse est extraite près de Mulhouse. En dépit d'une situation géographique privilégiée, au cœur de l'Europe communautaire (dont Strasbourg est l'une des capitales), d'investissements étrangers (allemands, mais aussi japonais), le plein emploi n'est pas assuré et des dizaines de milliers d'Alsaciens vont quotidiennement travailler en Allemagne et en Suisse (aux salaires attractifs).

HISTOIRE

Peuplée dès l'époque celtique, l'Alsace subit la domination romaine, est envahie par les Alamans, puis conquise par les Francs. Au traité de Verdun (843), le comté est attribué à la Lotharingie. Passée au roi de Germanie (870), l'Alsace est dès cette époque une des régions les plus prospères de l'Europe. Au XIVᵉ siècle, dix villes alsaciennes constituent la Décapole, pratiquement indépendante. C'est à Strasbourg, grand foyer d'humanisme, qu'est inventée l'imprimerie en

1434. La Réforme y trouve un terrain propice, et la province est ravagée pendant la guerre de Trente Ans. En 1648, les traités de Westphalie transfèrent au roi de France les droits des Habsbourg en Alsace, à l'exception de Strasbourg. La province devient française en 1678 et Strasbourg est annexée en 1681. Après la guerre franco-prussienne, l'Alsace est intégrée avec le nord de la Lorraine à l'Empire allemand (1871) et proclamée « terre d'Empire » (Reichsland). De nouveau française à l'issue de la Première Guerre mondiale (1919), elle redevient allemande en 1940. Elle est de nouveau rattachée à la France après la libération de Strasbourg par le général Leclerc (1944).

Alsace *(grand canal d')*, canal latéral au Rhin à l'amont et formé, à partir de Vogelgrun, de biefs séparés.Il est jalonné notamment par les centrales de Kembs, Ottmarsheim, Fessenheim, Vogelgrun, Marckolsheim, Rhinau, Gerstheim, Strasbourg et est bordé de zones industrielles et portuaires.

Alsace-Lorraine, partie des anciennes provinces françaises d'Alsace et de Lorraine annexée par l'Allemagne de 1871 à 1919, puis de 1940 à 1944-45. Elle comprenait les départements actuels de la Moselle, du Bas-Rhin et du Haut-Rhin.

Alsama, sigle désignant l'ensemble des provinces de la Prairie canadienne (Alberta, Saskatchewan, Manitoba).

Alsina *(Carlos Roqué)*, pianiste et compositeur argentin (Buenos Aires 1941). Cofondateur en 1969 du New Phonic Art, il s'est souvent orienté vers le théâtre musical et s'est imposé avec des œuvres comme *Überwindung* (1970), le ballet *Fusion* (1973-74), *Suite indirecte* pour orchestre (1989).

Alsop *(les frères)*, **Joseph Wright** (Avon 1910 - Washington 1989) et **Stewart Johonnot Oliver** (Avon 1914 - Bethesda, Maryland, 1974), journalistes politiques américains au *New York Herald Tribune,* dont les articles, au lendemain de la Seconde Guerre mondiale, ont joué un rôle important dans l'opinion publique américaine et internationale.

Alsthom → **Alcatel Alsthom Compagnie générale d'électricité.**

Altaï, massif montagneux de l'Asie centrale russe, chinoise et mongole ; 4 506 m.

Altamira, station préhistorique d'Espagne, dans la province de Santander. Les grottes, ornées de peintures largement cernées de noir, sont datées du magdalénien moyen (XIIIᵉ-XIIᵉ millénaire). Découvertes en 1879, leur authenticité préhistorique ne fut admise qu'en 1902.

Altdorfer *(Albrecht)*, peintre et graveur allemand (? v. 1480 - Ratisbonne 1538). Principal maître du « style danubien », s'exprimant surtout dans le petit format, avec minutie, il se distingue par sa fantaisie poétique, son sentiment aigu de la nature et la virtuosité de ses éclairages (*Naissance de la Vierge* et *la Bataille d'Alexandre,* Vieille Pinacothèque de Munich).

Althusser *(Louis)*, philosophe français (Birmandreis, Algérie, 1918 - La Verrière, Yvelines, 1990). Il s'est efforcé de dissocier les œuvres de jeunesse de Marx du *Capital,* dans lequel il voit la naissance de l'économie politique scientifique. Althusser définit la philosophie marxiste comme une pratique nouvelle de la philosophie, qui a pour tâche principale de distinguer les sciences de l'idéologie (*Lire* « *le Capital* », 1965 ; *Ce qui ne peut plus durer dans le Parti communiste,* 1978). Il a retracé sa vie douloureuse dans *L'avenir dure longtemps,* paru en 1992.

Altiplano, haute plaine (à plus de 4 000 m) des Andes de Bolivie.

Altkirch, ch.-l. d'arr. du Haut-Rhin, sur l'Ill ; 5 869 hab.

Altman *(Robert)*, cinéaste américain (Kansas City 1925). Réflexion critique sur la société américaine, son œuvre témoigne d'une audace et d'une esthétique brillante qui lui ont assuré un succès durable (*M. A. S. H.,* 1970 ; *le Privé,* 1973 ; *Nashville,* 1975 ; *Quintet,* 1979 ; *Beyond Therapy,* 1987 ; *The Player,* 1991 ; *Short Cuts,* 1993 ; *Prêt-à-porter,* 1994).

Altyntagh, massif séparant le Tibet et le Xinjiang ; il dépasse localement 5 000 m.

Alvarado *(Pedro de)*, conquistador espagnol (Badajoz 1485 - Guadalajara, Mexique, 1541), lieutenant de Cortés.

Amadis de Gaule, roman de chevalerie espagnol d'inspiration portugaise (XIIIᵉ s.), publié par Garcia Rodríguez (ou Ordóñez) de Montalvo (1508). Le héros de ce livre, Amadis, surnommé *le Beau Ténébreux,* est resté le type des amants fidèles et des chevaliers errants.

Amado *(Jorge)*, écrivain brésilien (Pirangi, Bahia, 1912). Ses romans unissent la critique sociale et l'inspiration folklorique (*Terre violente,* 1942 ; *Tereza Batista,* 1973 ; *la Boutique aux miracles,* 1971 ; *Tocaia Grande,* 1984).

Amadou, souverain toucouleur (1833 - Maïkouli, Sokoto, 1898). Fils et successeur (1864) de El-Hadj Omar, il fut dépossédé par les Français à partir de 1889.

Amagasaki, v. du Japon (Honshu), sur la baie d'Osaka ; 498 999 hab. Centre industriel.

Amager, île danoise, partiellement banlieue de Copenhague.

Amalfi, station balnéaire d'Italie (Campanie), au sud de Naples, sur le golfe de Salerne ; 5 585 hab. — Cathédrale de style arabo-normand ; cloître « du Paradis » (XIIIe s.).

Aman Allah Khan (Paghman 1892 - Zurich 1960), émir puis roi d'Afghanistan (1919-1929). Il obtint de l'Angleterre la reconnaissance de l'indépendance de l'Afghanistan (1921). Il tenta d'imposer des réformes modernisatrices et dut abdiquer.

Amapá, État du Brésil septentrional, au N. des bouches de l'Amazone ; 140 276 km² ; 289 050 hab. Cap. *Macapá.* Manganèse.

Amaravati, site archéologique du sud-est de l'Inde, qui, dès le IIe s. av. J.-C., dans le royaume des Andhra (Deccan), abrite une école artistique sensiblement contemporaine de celles de Mathura et du Gandhara et dont l'influence se retrouve dans l'Asie du Sud-Est, notamment à Anuradhapura. Le style d'Amaravati est surtout marqué par des stupas de très vastes dimensions et un enrichissement de l'iconographie du Bouddha.

Amarna ou **Tell al-Amarna,** nom moderne du site où Aménophis IV Akhenaton fit construire, après 1370 av. J.-C., son éphémère capitale, Akhetaton. On y a découvert, en 1887, la correspondance d'Aménophis III et d'Aménophis IV avec leurs vassaux d'Orient, sous la forme de 358 tablettes d'argile, qui sont écrites en akkadien, langue diplomatique du temps. Temples, palais et quartiers d'habitation des ouvriers ont été mis au jour. Dans l'atelier du sculpteur Thoutmès, on a découvert (1913) les portraits de Néfertiti, admirables témoignages de l'art original, vibrant et intime de la période amarnienne.

Amaterasu, déesse du Soleil et de la Fertilité dans le panthéon du shintoïsme ; la dynastie impériale du Japon affirme descendre d'elle ; la déesse est vénérée à Ise, principal sanctuaire shinto.

Amati, nom d'une célèbre fam. luthiers de Crémone, dont un des men. **Nicola** (1596-1684), fut le maître de Stradivari.

Amaury ou **Amauri Ier** (1135-1174), roi de Jérusalem (1163-1174). **Amaury II** (v. 1144 - Saint-Jean-d'Acre 1205), roi de Chypre (1194-1205) et de Jérusalem (1197-1205).

Amazonas, État du Brésil ; 1 564 000 km² ; 2 088 682 hab. Cap. *Manaus.*

Amazone, en esp. et en port. Amazonas, fl. de l'Amérique du Sud, le plus important du globe par la masse de ses eaux (7 000 km environ depuis les sources de l'Apurímac) et son débit (près de 200 000 m³/s à l'embouchure dans l'Atlantique). Le bassin (correspondant en majeure partie à l'*Amazonie*) couvre près de 7 millions de km², essentiellement au Brésil. L'Amazone proprement dite prend sa source dans les Andes, traverse le Pérou et le Brésil et se jette dans l'Atlantique (en amont d'Iquitos). Son cours brésilien s'étale dans un lit majeur très large (avec méandres, bras morts et marécages). Le régime, toujours abondant (à proximité de l'équateur, fortement arrosé), est caractérisé par une crue survenant à la mi-juin, liée à l'apport des grands affluents de rive droite (Madeira, Tapajós).

Amazones, femmes guerrières dont la mythologie grecque situait la tribu sur les bords de la mer Noire et qui ne laissaient s'approcher les hommes qu'une fois l'an, pour assurer la continuité de leur race. Elles tuaient leurs enfants mâles. Combattant à cheval et redoutables au tir à l'arc, on prétend qu'elles brûlaient le sein droit de leurs filles pour celles-ci aient plus de force au moment de tendre cette arme.

Amazonie, vaste région de l'Amérique du Sud, correspondant aux bassins moyen et inférieur de l'Amazone, s'étendant principalement au Brésil.

L'*Amazonie brésilienne* couvre plus de 4,5 millions de km², soit près de 60 % de la superficie totale du pays, mais à peine 4 % de la population brésilienne y vit. L'Amazonie est couverte presque entièrement par une épaisse forêt pluviale, développée sous un climat tropical humide (précipitations annuelles toujours supérieures à 2 m) et chaud (autour de 25 ºC). Les plateaux constituent l'essentiel du relief.

La vie s'est concentrée initialement dans les vallées, surtout dans les *várzeas,* terrasses inondables fertiles. Les genres de vie traditionnels sont adaptés au milieu naturel, associant la chasse et la pêche aux cultures vivrières (maïs, manioc), à la cueillette, celle-ci parfois (châtaigne, latex) à but commercial. Mais l'économie est localement bouleversée (avec de pénibles conséquences pour les populations indiennes et une dégradation de la forêt équatoriale), depuis 1970, avec la construction des routes transamazoniennes, amenant la création de fronts pionniers agropastoraux, ayant visé aussi l'exploitation du sous-sol (fer, bauxite, étain, manganèse, etc.).

Ambartsoumian *(Viktor Amazaspovitch),* astrophysicien arménien (Tiflis 1908). Il a découvert les associations stellaires, apporté une contribution fondamentale à leur étude dynamique ainsi qu'à celle des amas ouverts et a été le premier à soupçonner l'existence de phénomènes explosifs dans les noyaux des galaxies.

Ambato, v. de l'Équateur, au N.-E. du Chimborazo ; 124 166 hab.

Ambert, ch.-l. d'arr. du Puy-de-Dôme, sur la Dore ; 7 779 hab. *(Ambertois).* — Église gothique (autour de 1500). Musée historique du Papier et musée de la Machine agricole.

Amboine, une des îles Moluques (Indonésie). V. princ. *Amboine* (209 000 hab.), cap. des Moluques.

Amboise, ch.-l. de c. d'Indre-et-Loire, sur la Loire ; 11 541 hab. *(Amboisiens).* — En 1563 y fut proclamé l'*édit d'Amboise* permettant aux protestants le libre exercice de leur culte. — Important château gothique et Renaissance. Manoir du Clos-Lucé, où Léonard de Vinci termina sa vie. Musée de la Poste.

Amboise *(conjuration d')* [1560], conjuration formée par Condé et les huguenots, dirigée par un gentilhomme périgourdin, La Renaudie, pour soustraire François II à l'influence des Guises. Elle échoua et fut cruellement réprimée.

Amboise *(Georges d'),* prélat français (Chaumont-sur-Loire 1460 - Lyon 1510). Archevêque de Narbonne (1492) et de Rouen (1494), cardinal (1498), il fut ministre de Louis XII.

Ambroise *(saint),* Père et docteur de l'Église latine (Trèves v. 340 - Milan 397). Fils du gouverneur des Gaules à Trèves, il était lui-même fonctionnaire impérial lorsqu'il fut élu évêque de Milan en 374. Homme d'action et de culture, grand orateur dont l'éloquence séduira Augustin, qui enseigne à Milan vers 386, il s'attacha à christianiser

les traditions stoïciennes de la civilisation romaine et à assurer la suprématie de l'Église sur l'empereur dans le domaine religieux. Ses écrits théologiques s'inspirent de la tradition exégétique des auteurs grecs, notamment de Philon d'Alexandrie et d'Origène. Son œuvre en matière de liturgie a valu au diocèse de Milan d'avoir un rite propre, qui est dit « ambrosien » et dont la tradition s'est maintenue en dépit de nombreuses altérations.

Ambrosienne *(bibliothèque),* bibliothèque de Milan, fondée par le cardinal Frédéric Borromée, ouverte en 1609, et qui possède de nombreux manuscrits précieux et livres rares. Une pinacothèque lui est annexée.

Amédée, nom de plusieurs comtes et ducs de Savoie, notamment **Amédée VIII** (Chambéry 1383 - Ripaille 1451), véritable créateur de l'État savoyard et dernier antipape (1439-1449), sous le nom de Félix V.

Amédée de Savoie (Turin 1845 - *id.* 1890), duc d'Aoste, roi d'Espagne (1870-1873), second fils de Victor-Emmanuel II d'Italie.

Aménophis, nom de quatre pharaons de la XVIIIe dynastie (1580-1320 av. J.-C.). **Aménophis IV,** ou **Akhenaton** (« Celui qui plaît à Aton »), roi d'Égypte (1372-1354). D'un tempérament mystique, il instaura, avec l'appui de la reine Néfertiti, le culte d'Aton, dieu solaire suprême et unique, tandis que le culte d'Amon, le dieu dynastique, était proscrit. Aménophis IV transporta sa capitale de Thèbes (ville du dieu Amon) à Akhetaton (Amarna), mais sa réforme ne lui survécut pas.

America *(Coupe de l'),* en angl. America's Cup (du nom d'un voilier américain), régate disputée tous les 4 ans, dont l'origine remonte à 1851.

American Federation of Labor → AFL-CIO.

Améric Vespuce → Vespucci.

Amérique, continent couvrant 42 millions de km^2 et peuplé d'environ 730 millions d'hab. On y a distingué trois grands ensembles : l'*Amérique du Nord* et l'*Amérique du Sud,* constituant l'essentiel du continent et séparées par un isthme formant (avec les Antilles, pour certains) l'*Amérique centrale.* Étiré sur plus de 15 000 km du N. au S., le continent juxtapose d'O. en E. trois grands types de paysages. La façade pacifique est dominée par de hautes chaînes (l'Aconcagua culmine à 6 959 m), étirées, les cordillères (Rocheuses au N. et Andes au S. notamment), partiellement volcaniques, enserrant souvent des plateaux d'altitude (Grand Bassin américain ou Altiplano bolivien). La façade atlantique, parfois bordée de plaines littorales, est dominée par de moyennes montagnes (au-dessous de 3 000 m), comme les Appalaches au N., ou de hauts plateaux, comme le plateau brésilien au S. Le centre est occupé par de vastes régions basses, comme la Prairie américaine (débordant au Canada) ou la forêt amazonienne, correspondant souvent aux bassins de gigantesques organismes fluviaux (Mississippi-Missouri au N., Amazone au S.). La végétation varie avec le relief et la latitude. Une grande partie de l'Amérique du Nord est dans le domaine tempéré. Les hivers sont souvent rudes en altitude et dans l'intérieur. Les précipitations, abondantes dans l'Ouest montagneux, se raréfient vers l'Est plus abrité et se relèvent en bordure de l'Atlantique. On passe de la toundra de l'extrême nord à la forêt et rapidement dans l'intérieur, plus sec, à la steppe.

L'Amérique centrale montagneuse, étroite, est abondamment arrosée, comme le sont les îles ou versants au vent des Antilles. La forêt a souvent été défrichée par les plantations commerciales à des latitudes tropicales. Elle domine en revanche dans l'Amazonie équatoriale, abondamment arrosée, toujours chaude. Elle cède la place à une forêt plus clairsemée, puis à la savane et à la steppe sur le plateau brésilien, à la prairie plus au S. (Pampa). La steppe réapparaît dans la Patagonie abritée par les Andes. La façade pacifique présente une succession de climats influencés par la latitude (climat méditerranéen de la Californie et du littoral chilien à la hauteur de Santiago), mais aussi par des courants marins (comme le courant de Humboldt) expliquant la bande désertique de l'Atacama.

La densité moyenne de peuplement est faible, environ 18 habitants au km², chiffre sans grande signification sur un espace aussi vaste et aussi diversifié. À des secteurs très peuplés, comme le Nord-Est américain et le pourtour oriental des Grands Lacs, ou le sud-est du Brésil (triangle São Paulo-Rio de Janeiro-Belo Horizonte) et certaines îles des Antilles, s'opposent d'immenses régions presque vides, comme le Nord canadien ou l'Amazonie. Le peuplement précolombien s'est souvent maintenu dans les Andes, site de quelques métropoles (Bogotá, Quito, La Paz), bien que des migrations se soient produites vers le littoral, jalonné sur l'ensemble du continent de très grandes aggloméra-

tions (San Francisco, Los Angeles, mégalopolis de Boston à Washington, Buenos Aires et Montevideo, Rio de Janeiro, Recife) ; Caracas, Lima et Santiago sont proches du littoral. Mais, humainement et économiquement, pour des raisons tenant à l'histoire surtout (peuplement portugais et surtout espagnol, pour le sud de l'Amérique, peuplement à dominante britannique des actuels États-Unis et Canada), plus accessoirement à des considérations physiques, comme le poids du relief et surtout du climat, s'opposent Amérique du Nord et Amérique latine.

Amérique centrale, partie la plus étroite de l'Amérique, comprise entre les isthmes de Tehuantepec (Mexique) et de Panamá, à laquelle on rattache parfois les Antilles.

Amérique du Nord, partie nord du continent américain, comprenant le Canada, les États-Unis et la plus grande partie du Mexique (au nord de l'isthme de Tehuantepec).

Amérique du Sud, partie méridionale du continent américain, au sud de l'isthme de Panamá.

Amérique latine, ensemble des pays de l'Amérique du Sud et de l'Amérique centrale (plus le Mexique) qui ont été des colonies espagnoles ou portugaises (Brésil).

Âmes mortes *(les),* roman de N. Gogol (1842 ; 2ᵉ partie, inachevée et posthume, 1852). Un aventurier obtient des prêts d'État sur les serfs (les « âmes ») décédés depuis le dernier recensement mais toujours vivants sur les listes du fisc.

Amhara, population démographiquement la plus importante de l'Éthiopie, parlant l'amharique.

Amherst *(Jeffrey, baron),* maréchal britannique (Sevenoaks 1717 - *id.* 1797). Il acheva la conquête du Canada (1758-1760).

Amici *(Giovanni Battista),* astronome et opticien italien (Modène 1786 - Florence 1863). Il inventa la technique du microscope à immersion.

Ami du peuple *(l'),* feuille révolutionnaire rédigée par Marat, qui parut du 12 septembre 1789 au 14 juillet 1793.

Amiel *(Henri Frédéric),* écrivain suisse d'expression française (Genève 1821 - *id.* 1881). Son *Journal intime* analyse avec minutie son inquiétude et sa timidité fondamentales devant la vie.

Amiens, ch.-l. de la Région Picardie et du dép. de la Somme, sur la Somme, à 132 km au nord de Paris ; 136 234 hab. *(Amiénois).* Évêché. Académie et université. Cour d'appel. Centre administratif, commercial et industriel. **HIST.** La ville fut un important centre commercial et drapier au Moyen Âge. **ARTS.** Cathédrale gothique, la plus vaste de France, exemple majeur du style rayonnant (1220-1270 pour l'essentiel) ; l'élancement vertical de la nef rompt avec les proportions chartraines ; la sculpture des portails est conservée, mais non les vitraux ; stalles de bois sculpté (début du XVIᵉ s.). Autres édifices anciens. Musée des beaux-arts et d'archéologie dit *musée de Picardie* (riche collection de peintures) ; musée d'Art local et d'Histoire régionale.

Amin *(Samir),* économiste égyptien (Le Caire 1931). Spécialiste des problèmes du tiers-monde, il dirige l'Institut africain de développement économique et de planification à Dakar. Il a analysé le processus du sous-développement à partir de toutes les formes prises par l'impérialisme et notamment approfondi les concepts nouveaux de « centre » et de « périphérie ». Il préconise pour les pays en voie de développement une politique de rupture avec le marché mondial. Il a écrit en particulier *l'Accumulation à l'échelle mondiale* (1970), *le Développement inégal* (1973), *l'Impérialisme et le développement inégal* (1976), *la Déconnexion* (1986).

Amin Dada *(Idi),* homme d'État ougandais (Koboko 1925). Président de la République (1971-1979), il établit un régime de terreur.

Amirantes *(îles),* archipel corallien de l'océan Indien, dépendance des Seychelles.

Amirauté *(îles de l'),* archipel de la Mélanésie, dépendance de la Papouasie-Nouvelle-Guinée ; 30 000 hab. L'île principale est *Manus.*

Amis *(îles des)* → *Tonga.*

Amitabha, nom qui signifie « Bouddha de la Lumière infinie » et que prit le moine Dharmakara quand, décidant de devenir bodhisattva, il s'arrêta sur le chemin de l'illumination pour venir en aide à ses semblables. Son culte apparut en Chine au milieu du VIIᵉ s. apr. J.-C. Au Japon, où il est vénéré sous le nom d'Amida, son influence donna naissance, du XIIᵉ au XIVᵉ siècle, à deux écoles se réclamant de sa mystique de la « Terre pure » (Jodo).

Amitié *(pipeline de l'),* oléoduc desservant, à partir de la Russie, des raffineries polonaises, allemandes, slovaques, tchèques et hongroises.

Amman, cap. de la Jordanie ; 1 160 000 hab. — Elle devint la capitale de la Transjordanie en 1921. — Théâtre romain. Musées.

Ammien Marcellin, historien latin (Antioche v. 330 - v. 400). Il poursuivit l'œuvre de Tacite.

Amnesty International, organisation humanitaire, privée et internationale, fondée en 1961 par Peter Benenson, pour la défense des personnes emprisonnées à cause de leurs opinions, de leur race ou de leur religion et pour la lutte contre la torture. (Prix Nobel de la paix 1977.)

Amon, dieu égyptien qui était originellement la divinité locale de Thèbes, maîtresse de l'Air et de la Fécondité. Il fut assimilé, au temps du Moyen Empire, à Rê, le dieu d'Héliopolis, qui est l'incarnation du Soleil. Le culte d'Amon-Rê se développa considérablement, ainsi que le pouvoir de son clergé, avec lequel les pharaons devaient compter. L'étendue et la richesse de son sanctuaire de Karnak témoignent de l'importance historique de ce « roi des dieux ».

Amontons *(Guillaume),* physicien français (Paris 1663 - *id.* 1705). Le premier, il utilisa comme points fixes dans les thermomètres les températures des changements d'état de l'eau.

Amoroso *(Luigi),* économiste et sociologue italien (Naples 1886 - Rome 1965). Il s'est intéressé aux applications des mathématiques aux sciences économiques et est l'auteur d'importantes contributions dans les domaines des équilibres partiels et de l'équilibre général. On lui doit, notamment, *Leçons de mécanique économique* (1940-41), *l'Économie de marché* (1949) et les *Lois naturelles de l'économie* (1960), œuvre de vulgarisation.

Amorrites, peuple sémitique d'origine nomade, installé en Syrie v. 2000 av. J.-C., puis v. 1900 av. J.-C. en Mésopotamie. Une dynastie amorrite (XIXᵉ-XVIᵉ s.) assura à Babylone, avec le règne d'Hammourabi, la prédominance politique. Les Amorrites disparurent au XIIᵉ s. av. J.-C. avec l'invasion des Araméens.

Amos, prophète biblique qui exerça son ministère v. 750 av. J.-C. dans le royaume d'Israël. S'exprimant dans une langue rude et spontanée, il s'élevait contre les injustices sociales et le formalisme religieux. Le *Livre d'Amos,* qui recueille ses prophéties, a été mis en forme vers le VIᵉ s. av. J.-C.

Amou-Daria *(l'anc. Oxus),* fl. d'Asie centrale, qui naît dans le Pamir et se jette dans la mer d'Aral ; 2 540 km. Il est utilisé pour l'irrigation (culture du coton).

Amour, *en chin.* Heilong Jiang, fl. du nord-est de l'Asie, formé par la réunion de l'Argoun et de la Chilka. Il sépare la Sibérie de la Chine du Nord-Est et se jette dans la mer d'Okhotsk ; 4 440 km.

amour *(De l')*, essai de Stendhal (1822).

Amour *(djebel)*, massif de l'Atlas saharien, en Algérie ; 1 977 m.

Amoy ou **Xiamen,** port de Chine (Fujian), dans une île située en face de Taïwan ; 260 000 hab.

Ampère *(André Marie)*, physicien français (Lyon 1775 - Marseille 1836). Professeur de physique, il s'intéresse aussi aux grands problèmes de la chimie : en 1814, il distingue atomes et molécules et développe l'hypothèse (déjà formulée indépendamment par Avogadro) selon laquelle tous les gaz renferment, à volume égal, le même nombre de molécules. En 1820, après avoir vu l'expérience d'Œrsted (déviation de l'aiguille aimantée par un courant électrique), il en édifie en quelques jours la théorie, montrant, dans l'électricité en mouvement, la source des actions magnétiques. Il étudie les actions réciproques des courants et des aimants et donne la règle de cette déviation par rapport à un observateur couché dans le sens du courant. Il prouve que deux courants fermés agissent l'un sur l'autre, créant ainsi toute l'électrodynamique. Dès 1821, il émet l'hypothèse que les molécules des corps sont l'objet de « courants particulaires », que l'aimantation peut diriger. Il imagine le galvanomètre, invente le premier télégraphe électrique et, avec Arago, l'électroaimant.

Amphitryon, héros de la mythologie grecque, dont Zeus prit les traits pour séduire son épouse, Alcmène. Celle-ci, à la suite de cette aventure, donna naissance à des jumeaux : l'un, Iphiclès, était le fils d'Amphitryon ; l'autre, fils de Zeus, était le divin Héraclès. — La légende d'Amphitryon a inspiré à Plaute une comédie, imitée, notamment, par Rotrou, Molière, J. Giraudoux.

Ampurdán, petite région d'Espagne, dans le nord-est de la Catalogne.

Ampurias, bourgade espagnole (Catalogne, prov. de Gérone), sur le golfe de Rosas. — C'est l'antique *Emporion,* colonie grecque fondée par les Phocéens au VIᵉ s. av. J.-C. — Traces de la ville grecque et vestiges de nombreux monuments romains (forum, gymnase, amphithéâtre).

Amr (m. v. 663), compagnon de Mahomet et conquérant de l'Égypte (640-642).

Amravati, v. de l'Inde (Maharashtra) ; 433 746 hab. Centre commercial (coton).

Amritsar, v. de l'Inde (Pendjab) ; 709 456 hab. — C'est la ville sainte des sikhs. Temple d'or (XVIᵉ s.).

Amsterdam, cap. des Pays-Bas, en Hollande-Septentrionale, au confluent de l'Amstel et de l'IJ ; 702 444 hab. GÉOGR. Noyau d'une agglomération millionnaire, Amsterdam est un centre administratif, commercial et financier (Bourse, banques), culturel (universités et musées) et touristique (surtout dans le centre historique, coupé de canaux), site du principal aéroport néerlandais (Schiphol). La ville, bien desservie par le rail et la route, est reliée par canaux à la mer du Nord (vers IJmuiden) et au Rhin (vers Rotterdam), mais le rôle portuaire a décliné ainsi que la fonction industrielle (encore représentée par l'agroalimentaire, la taille des diamants, l'édition et surtout la métallurgie de transformation). HIST. Au XIVᵉ siècle, les comtes de Hollande en firent un instrument de leur politique de monopole économique dans l'Europe du Nord-Est. Ayant rompu, en 1578, avec l'Espagne, Amsterdam connut au XVIIᵉ siècle une grande prospérité et joua un rôle important dans le commerce international. ARTS. Oude Kerk (XIVᵉ-XVIᵉ s.) et Nieuwe Kerk (XVᵉ-XVIIᵉ s.), églises gothiques à voûtes de bois, abritant de nombreux tombeaux. Palais royal (ancien hôtel de ville) de style classique par J. Van Campen (milieu du XVIIᵉ s.). Demeures anciennes le long des canaux. Bourse par Berlage. Principaux musées : Rijksmuseum, fondé en 1808, spécialement riche en peintures de l'école hollandaise, en dessins et en estampes ; Musée historique ; maison de Rembrandt ; musée Van Gogh, qui abrite quelque 200 toiles et 500 dessins de l'artiste ; Stedelijk Museum, centre de promotion de l'art contemporain.

Amundsen *(Roald)*, explorateur norvégien (Borge 1872 - dans l'Arctique 1928). Il franchit le premier le passage du Nord-Ouest, au N. du continent américain (1906), et atteignit le pôle Sud en 1911. Il disparut au cours d'une expédition au pôle Nord.

Amy *(Gilbert)*, compositeur et chef d'orchestre français (Paris 1936), représentant des courants sériels et postsériels. Son tempérament de poète s'épanouit dans *Chant,* pour un orchestre (1969), *Une saison en enfer,* d'après Rimbaud (1980), la messe *Cum jubilo* (1981-1983).

Amyot *(Jacques),* humaniste français (Melun 1513 - Auxerre 1593), précepteur, puis grand aumônier de Charles IX et d'Henri III et évêque d'Auxerre. Par ses traductions de Plutarque (*Vies parallèles,* 1559), de Longus et d'Héliodore, il fut un des créateurs de la prose classique.

Anabar, plateau de la Sibérie orientale, partie la plus ancienne du socle sibérien, où naît l'*Anabar,* tributaire de la mer des Laptev (long de 897 km).

Anabase *(l'),* récit, par Xénophon, de l'expédition de Cyrus le Jeune contre Artaxerxès II et de la retraite des mercenaires grecs (les Dix Mille), que l'auteur avait lui-même conduite (IVᵉ s. av. J.-C.).

Anacréon, poète lyrique grec (Téos, Ionie, VIᵉ s. av. J.-C.). Les *Odes* qui lui ont été attribuées célèbrent l'amour, la bonne chère et inspirèrent la poésie dite *anacréontique* de la Renaissance.

Anadyr, fl. de Sibérie, qui rejoint, par le *golfe d'Anadyr,* la mer de Béring ; 1 145 km.

Anagni, v. d'Italie, dans le Latium ; 18 000 hab. — Le pape Boniface VIII y fut arrêté par les envoyés de Philippe le Bel (1303).

Anaheim, v. des États-Unis (Californie) ; 266 406 hab. Tourisme (Disneyland).

Anáhuac, nom aztèque du Mexique, appliqué aujourd'hui au plateau des environs de Mexico.

Anasazi *(culture d'),* séquence culturelle (100 av. J.-C. - 1700 apr. J.-C.) du sud-ouest des États-Unis, qui regroupe plusieurs périodes successives : période « Basket makers » (« fabricants de paniers »), de 100 av. J.-C. à 700 apr. J.-C. (début de sédentarisation, agriculture, céramique et vannerie) ; phase Pueblo (apr. 700) avec, de 1100 à 1300, la phase Grand Pueblo, célèbre pour la construction de grands complexes architecturaux tels que Pueblo Bonito ou Mesa Verde.

Anastasie, nom plaisant donné à la censure sur les écrits, les spectacles.

Anatolie, *en turc* Anadolu, du gr. Anatolê (le Levant, l'Orient, c'est-à-dire les pays à l'est de Constantinople), péninsule occidentale de l'Asie, appelée également *Asie Mineure.* ARCHÉOLOGIE Le nom « Anatolie » est employé aujourd'hui en Turquie pour désigner tout le territoire asiatique de la république (y compris Arménie et Kurdistan) et est utilisé par les archéologues qui étudient les premières civilisations de cette région.

■ **Les origines.** *Les villages (jusqu'au IVᵉ millénaire).* Des industries lithiques appartiennent au paléolithique moyen et supérieur attestent de la présence humaine à une époque très reculée.

Probablement due à des agriculteurs venus du moyen Euphrate, la néolithisation se met en place vers — 7200 avec un passage progressif de l'économie de chasse à celle de la production par la domestication des animaux et des plantes. Plusieurs sites (Çayönü, Cafer Höyük, Çatal Höyük, Hacilar, etc.) permettent de suivre les stades de cette évolution : utilisation très précoce du cuivre à Çayönü, pratiques cultuelles et funéraires, architecture des maisons à Çatal Höyük entre — 6500 et — 5500, passage d'une agriculture sèche à une agriculture irriguée, divers styles céramiques de Hacilar. Grâce à des analyses chimiques, il a été prouvé que, jusqu'aux environs de — 7500, l'Anatolie fournit la majorité de l'obsidienne utilisée au Proche-Orient. À partir du VIᵉ millénaire et pendant le chalcolithique, les fortifications se développent ; parallèlement, on trouve de plus en plus de traces d'incendies et de destructions.

De la forteresse à la ville (v. 3600 à 1700 av. J.-C.). La zone de peuplement se déplace vers le nord. Progrès locaux mais surtout apports étrangers sont liés à l'essor de la métallurgie et à l'exploitation des richesses minières (or, argent, cuivre) de la région. Indépendantes des villages anciens, des forteresses apparaissent aussi dans le reste de l'Anatolie. Les chefs des guerriers qui les occupent édifient de grandes demeures et accumulent les objets précieux, que l'on retrouvera dans les tombes royales d'Alaca Höyük. Les premières villes apparaissent vers 2000 av. J.-C.

■ **Les Hittites et les Néo-Hittites.** À partir du XVIIIᵉ s. av. J.-C., une dynastie des Hittites, peuple indo-européen, unifie le Hatti (Cappadoce) et cherche notamment à assujettir les Hourrites, qui de l'Anti-Taurus ont débordé en Cappadoce orientale et contrôlent de nombreux royaumes en Syrie, Mésopotamie, Anatolie orientale. L'Empire hourrite du Mitanni est ruiné par les Hittites vers 1371-1345 av. J.-C. Mais, vers 1191, les États anatoliens, épuisés par les guerres, sont ruinés par les Peuples de la Mer. Ceux-ci font place à des groupes guerriers qui s'installent sur les ruines des cités. Des États « néo-hittites » occupent la Cilicie et la région du Taurus. Ils seront annexés par l'Assyrie, qui les attaque à partir du IXᵉ s. av. J.-C. À l'est, des descendants ou parents des Hourrites forment le grand royaume de l'Ourartou (v. 870-600). Au centre de l'Anatolie, les Phrygiens constituent vers le milieu du VIIIᵉ siècle un État puissant, ruiné par les Cimmériens (début du VIIᵉ s. av. J.-C.). Après Cyrus, la domination perse ne sera que nominale, laissant le champ libre à l'hellénisme venu des cités grecques de la côte occidentale : l'Anatolie devient l'*Asie Mineure*. (→ Asie Mineure, Hittites.)

Anaxagore, philosophe grec (Clazomènes v. 500 av. J.-C. - Lampsaque v. 428). Selon Anaxagore, la nature est constituée d'un nombre infini d'éléments semblables, dont la composition est à l'origine de toute chose. Tout est dans tout et rien ne naît de rien. C'est l'esprit qui donne mouvement à l'ensemble de la chose matérielle, c'est-à-dire l'Univers, et l'esprit est lui-même conçu par Anaxagore comme une sorte de matière plus subtile.

Anaximandre, philosophe et astronome grec (Milet v. 610 av. J.-C. - v. 547). Il considérait que la Terre a la forme d'un disque. Il définit l'essence de l'Univers comme un ensemble indéterminé, qui contient en lui-même ses propres contraires. Pour lui, toute naissance est la séparation des contraires ; toute mort est leur réunion.

Anaximène de Milet, philosophe ionien (v. 585 - v. 525 av. J.-C.). Il retient de son maître Anaximandre l'idée que le principe de l'Univers est indéterminé : ce principe, comme l'avait affirmé Thalès, est observable. Pour Anaximène, tout provient de l'air et y retourne.

ANC → African National Congress.

Ancenis, ch.-l. d'arr. de la Loire-Atlantique, sur la Loire ; 7 061 hab. (*Anceniens*). Constructions mécaniques. Industrie alimentaire.

Anchorage, v. du littoral méridional de l'Alaska ; 226 338 hab. Aéroport international.

Ancien Empire → Égypte.

Ancien Régime, régime politique et social de la France depuis le XVIᵉ s. jusqu'à la Révolution de 1789. La société d'Ancien Régime est divisée en trois ordres juridiquement inégaux, les deux premiers (clergé et noblesse) bénéficiant de privilèges (notamment fiscaux) dont est privé le troisième (tiers état). Le régime est, en théorie, une monarchie absolue de droit divin ; dans les faits, l'absolutisme royal se heurte à la résistance des corps intermédiaires (états provinciaux, parlements, municipalités).

Anciens (*Conseil des*) → Directoire.

Anciens et des Modernes (*querelle des*), polémique littéraire et artistique sur les mérites comparés des écrivains et artistes de l'Antiquité et de ceux du siècle de Louis XIV. Elle prit une forme aiguë avec Charles Perrault (*Parallèles des Anciens et des Modernes,* 1688) et annonça le débat entre classiques et romantiques.

Ancône, port d'Italie, cap. des Marches et ch.-l. de prov., sur l'Adriatique ; 101 179 hab. — Arc de Trajan. Cathédrale romano-byzantine. Églises et palais médiévaux, baroques, etc. Musées.

Ancre (*maréchal* d') → Concini.

Andalousie, en esp. Andalucía, communauté autonome du sud de l'Espagne, divisée en 8 prov. : Almería, Cadix, Cordoue, Grenade, Huelva, Jaén, Málaga, Séville ; 87 268 km² ; 6 963 116 hab. (*Andalous*). GÉOGR. Encore densément peuplée (malgré une émigration persistante), l'Andalousie juxtapose, sous un climat chaud et sec, des paysages variés : montagnes de la sierra Morena (extraction minière) et de la cordillère Bétique (sierra Nevada), dépression du Guadalquivir (riz, coton, canne à sucre, agrumes, vins, olives), frange littorale, animée par le tourisme (actif également dans les grandes villes de l'intérieur : Séville, Cordoue et Grenade). HIST. Colonisée par les Phéniciens à partir du VIᵉ s. av. J.-C. puis par les Carthaginois, conquise en 206 av. J.-C. par Rome, qui créa la province de Bétique, la région fut du VIIIᵉ aux XIIIᵉ-XVᵉ siècles le principal foyer de la culture musulmane en Espagne.

Andaman (*îles*), archipel du golfe du Bengale, au sud de la Birmanie, formant, avec les îles Nicobar, un territoire de l'Inde ; 8 293 km² ; 240 089 hab. Ch.-l. *Port Blair*.

Andelys [-li] (**Les**), ch.-l. d'arr. de l'Eure, sur la Seine ; 8 580 hab. (*Andelysiens*). Constructions électriques. — Puissantes ruines du Château-Gaillard de Richard Cœur de Lion. Églises St-Sauveur (XIIIᵉ s.) et Notre-Dame (XIIIᵉ-XVIIᵉ s. ; vitraux, belle tribune d'orgues).

Anderlecht, comm. de Belgique, banlieue sud-ouest de Bruxelles, sur la Senne ; 87 884 hab. — Maison où séjourna Érasme, aujourd'hui musée.

Anders (*Władysław*), général polonais (Błonie 1892 - Londres 1970). Il commanda les forces polonaises reconstituées en U. R. S. S., qui s'illustrèrent en Italie (1943-1945).

Andersch *(Alfred)*, écrivain allemand naturalisé suisse (Munich 1914 - Berzona 1980). Communiste, interné à Dachau (1933), cofondateur du Groupe 47, il poursuivit dans ses romans (*les Cerises de la liberté*, 1952) et ses nouvelles (*Un amateur de demi-teintes*, 1963) une méditation sur la solitude.

Andersen *(Hans Christian)*, écrivain danois (Odense 1805 - Copenhague 1875). Sa vie fut, selon sa propre expression, « un beau conte » : fils d'un pauvre cordonnier, il tenta dès quatorze ans sa chance au théâtre, parcourut l'Europe, s'entoura d'amitiés célèbres (Dickens, Hugo, Liszt, Wagner) pour finir familier des souverains danois et statufié de son vivant. Son immense célébrité ne lui vint pas du théâtre, de la poésie, du roman ou des récits de voyage, mais de ses *Contes* (1835-1872) [→ **Contes**], inspirés de récits populaires ou de sa propre vie.

Andersen Nexø *(Martin)*, écrivain danois (Copenhague 1869 - Dresde 1954), le principal représentant du roman prolétarien (*Pelle le conquérant*, 1906-1910 ; *Ditte, enfant des hommes*, 1917-1921).

Anderson *(Carl David)*, physicien américain (New York 1905 - San Marino, Californie, 1991). Il a découvert l'électron positif, ou positron, lors de ses études sur les rayons cosmiques. (Prix Nobel 1936.)

Anderson *(Lindsay)*, cinéaste britannique (Bangalore, Inde, 1923 - Saint-Saud-Lacoussière, Dordogne, 1994). Principal animateur du mouvement « free cinema », il a notamment réalisé *If...* (1968), *Britannia Hospital* (1982), *les Baleines du mois d'août* (1987).

Anderson *(Sherwood)*, écrivain américain (Camden 1876 - Colón, Panamá, 1941). Il fut l'un des créateurs de la nouvelle américaine moderne (*Winesburg, Ohio,* 1919).

Andes *(cordillère des)*, grande chaîne de montagnes de l'Amérique du Sud, s'étendant sur sept pays (Argentine, Bolivie, Chili, Colombie, Équateur, Pérou et Venezuela) ; 6 959 m à l'Aconcagua.

■ **Le relief.** Du Venezuela à la Terre de Feu, les Andes s'allongent sur près de 8 000 km en bordure du Pacifique, constituant le plus grand relief du monde, entre des sommets à près de 7 000 m et des fosses océaniques d'une profondeur comparable. Au N., au Venezuela et en Colombie, s'individualisent trois cordillères séparées par les fossés du Cauca et du Magdalena. En Équateur et surtout au Pérou et en Bolivie, où la chaîne s'élargit, deux cordillères, occidentale et orientale, portant de hauts volcans (Chimborazo, Cotopaxi), enserrent une haute plaine (l'Altiplano), encore partiellement lacustre (Titicaca, Poopó). Au S. (Chili et Argentine), la chaîne, unifiée, se rétrécit mais demeure élevée (Aconcagua) jusqu'à Santiago ; au-delà, elle ne dépasse plus qu'exceptionnellement 4 000 m, découpée en archipels.

■ **Le climat et l'occupation du sol.** L'étirement en latitude sur 66⁰ (de 10⁰ N. à 56⁰ S.), l'altitude, l'exposition, le rôle du courant froid de Humboldt sur la côte du Pérou et du Nord chilien expliquent la variété des climats et des formations végétales.

Le Nord. Dans le Nord tropical humide et équatorial, la forêt dense monte (dégradée) jusqu'à près de 4 000 m. L'étagement des cultures est le suivant : jusqu'à 900 m, *tierras calientes* (terres chaudes), avec le cacaoyer, la canne à sucre ; jusqu'à 2 000 m, *tierras templadas* (terres tempérées), avec la canne à sucre, le maïs, les caféiers ; jusqu'à 3 000 m, *tierras frías* (terres froides), avec le blé, l'orge et la pomme de terre ; au-dessus de 3 000 m, c'est le *páramo,* prairie humide avec des tourbières ; au-delà de 4 500 m, les neiges éternelles.

Le Centre et le Sud. Les Andes centrales sont plus sèches, parfois arides, avec des cactées au-dessous de 2 500 m, des céréales jusqu'à 3 500 m, les tubercules jusqu'à près de 4 000 m ; au-delà (jusqu'à 4 800 m), la *puna* est le domaine de l'élevage. À la latitude de Santiago, le climat méditerranéen (blé, vigne, arboriculture irriguée) succède au désert côtier. Le climat devient océanique au S., puis froid. Dans l'extrême Sud chilien, les glaciers descendent jusqu'à la mer.

■ **Le peuplement.** Partie autrefois la plus peuplée de l'Amérique du Sud avec une population et une exploitation agricoles adaptées à l'altitude, les Andes se sont partiellement dépeuplées au profit du littoral. Il y subsiste cependant quelques grandes villes (Bogotá, Medellín, Quito, La Paz), des exploitations minières (fer et cuivre notamment, pétrole surtout dans l'avant-pays).

Andhra Pradesh, État de l'Inde, dans le Deccan, sur le golfe du Bengale ; 275 000 km² ; 66 304 854 hab. Cap. *Hyderabad.*

Andijan, v. de l'Ouzbékistan, dans le Fergana ; 293 000 hab.

andin *(Pacte)*, organisation issue du pacte signé à Cartagena en 1969 par différents pays latino-américains en vue d'organiser une meilleure intégration économique. Le programme ambitieux adopté par les présidents des 5 États membres (Bolivie, Colombie, Équateur, Pérou et Venezuela) lors de la réunion de Caracas en mai 1991 (création d'une zone de libre-échange dès 1992 et mise en place d'un marché commun andin en 1995) tarde à se concrétiser.

Andong, port de Chine (Liaoning), à l'embouchure du Yalu ; 420 000 hab.

Andorre *(principauté d'),* État d'Europe, dans les Pyrénées, placé depuis 1607 sous la souveraineté conjointe du roi (ou du chef d'État) de France et de l'évêque de Seo de Urgel (Espagne) ; 465 km² ; 47 000 hab. *(Andorrans).* LANGUE : catalan. MONNAIES : *franc* (français) et *peseta.* Union postale avec l'Espagne et la France. CAP. *Andorre-la-Vieille (Andorra la Vella)* [15 000 hab.].

GÉOGRAPHIE

L'Andorre est un pays montagneux (altitude moyenne de 1 800 m), au climat rude, qui vit de l'élevage, de quelques rares cultures (dont le tabac), et surtout du tourisme, favorisé par la modernisation des communications et par la vente de produits importés en franchise. La principauté accueille annuellement environ 7 millions de visiteurs.

HISTOIRE

Au IXᵉ s., l'Andorre appartient aux comtes d'Urgel (ville d'Espagne), qui la cèdent à l'évêque d'Urgel. En 1278, un jugement met fin à la lutte entre Français et Espagnols pour la domination du territoire : le pays est défini comme une principauté placée sous la double suzeraineté de l'évêque d'Urgel et du comte de Foix, dont les droits passent au roi de France en 1607. En 1993, une Constitution, approuvée par référendum, établit un régime parlementaire. La principauté d'Andorre est admise à l'O. N. U.

Ando Tadao, architecte japonais (Osaka 1941). Épris de dépouillement, jouant des variations de la lumière sur quelques figures géométriques d'un béton brut très soigné, il est surtout connu pour des maisons individuelles, des chapelles (celle du mont Rokko, près de Kobe, 1986), des musées et pour le pavillon du Japon à l'Exposition universelle de Séville (1992), d'une sobre envolée.

Andrade *(Mário de),* poète brésilien (São Paulo 1893 - *id.* 1945). Il fut l'un des initiateurs du « modernisme » *(Pauliceia Desvairada,* 1922).

Andrade *(Olegario),* poète argentin (Alegrete, Brésil, 1839 - Buenos Aires 1882). Disciple de Hugo, il donna une forme épique au sentiment national *(Prometeo,* 1877).

Andrade *(Oswald de),* écrivain brésilien (São Paulo 1890 - *id.* 1954). Il fut l'un des

initiateurs du « modernisme » *(Pau-Brasil,* 1925) et du retour aux sources indigènes (« mouvement anthropophagique »).

Andrássy *(Gyula, comte),* homme politique hongrois (Kassa 1823 - Volosca 1890), président du Conseil en Hongrie (1867), puis ministre des Affaires étrangères de l'Autriche-Hongrie (1871-1879).

André *(saint),* l'un des douze apôtres. Pêcheur de son état, il faisait partie des disciples de Jean-Baptiste lorsque, avec son frère Pierre, il décida de suivre Jésus. Selon la tradition, il serait mort à Patras sur une croix en forme d'X (d'où le nom de *croix de saint André*).

Andrea del Castagno, peintre italien (dans le Mugello, [Toscane], v. 1420 - Florence 1457). Continuateur de Masaccio et de Donatello, d'une âpre puissance, il est épris de rigueur géométrique, cherche le relief jusqu'au trompe-l'œil, mais aussi le mouvement. Il a travaillé à Florence (fresques à l'anc. monastère de S. Apollonia) et à Venise.

Andrea del Sarto, peintre italien (Florence 1486 - *id.* 1530). Il marque à la fois l'aboutissement de la Renaissance classique et le point de départ du maniérisme toscan dans ses fresques des couvents de Florence et ses tableaux, faits d'eurythmie et de sereine grandeur.

Andrea Pisano ou **da Pontedera,** sculpteur et architecte italien (Pontedera, près de Pise, v. 1290 - Orvieto v. 1348). Ses reliefs, à Florence (1ʳᵉ porte en bronze du baptistère, 1330-1336, puis médaillons du campanile), réalisent une harmonieuse synthèse de l'élégance gothique et du classicisme de Giotto. Il fut maître d'œuvre des cathédrales de Florence (1340) et d'Orvieto (1347). Son fils, **Nino Pisano** (m. v. 1368), qui lui succéda à Orvieto, fut le créateur de souples madones déhanchées à la française.

Andreïev *(Leonid Nikolaïevitch),* écrivain russe (Orel 1871 - Mustamäggi, Finlande, 1919). Ses nouvelles *(le Gouffre,* 1902) et son théâtre *(la Vie humaine,* 1907) font de lui l'un des meilleurs représentants du symbolisme russe.

Andreotti *(Giulio),* homme politique italien (Rome 1919). Député démocrate-chrétien dès 1945, il est président du Conseil (1972-73 et 1976-1979), ministre des Affaires étrangères (1983-1989), puis de nouveau président du Conseil (1989-1992).

Andrews *(Thomas),* physicien irlandais (Belfast 1813 - *id.* 1885). Il a découvert la température critique et reconnu la continuité des états liquide et gazeux.

Andrić *(Ivo),* écrivain serbe (Dolac 1892 - Belgrade 1975). Ses recueils lyriques (*Ex Ponto,* 1918), ses romans (*le Pont sur la Drina,* 1945), ses nouvelles (*l'Éléphant du vizir,* 1977) évoquent sa Bosnie natale et les luttes politiques de son pays. (Prix Nobel 1961.)

Andrieu *(Jean-François d')* → Dandrieu.

Andrinople, ancien nom de la ville turque d'Edirne. D'abord appelée Hadrianopolis en l'honneur de l'empereur Hadrien, qui la reconstruisit vers 125, elle fut le théâtre de deux batailles décisives : en 324, Constantin y battit Licinius ; en 378, l'empereur Valens y fut vaincu et tué par les Goths. Conquise par les Turcs (1362), elle devint au XVe siècle le siège de la cour ottomane. Le tsar y signa avec les Turcs un traité reconnaissant l'indépendance de la Grèce (1829).

Andromaque, héroïne de la mythologie grecque, épouse d'Hector, la captive troyenne de *l'Iliade.* Après la mort de celui-ci et celle de son fils Astyanax, elle fut remise au fils d'Achille, Néoptolème, à qui elle donna des fils. — Le personnage d'Andromaque a inspiré notamment Euripide et Racine.

Andronic Ier Comnène (Constantinople 1122 - 1185), empereur byzantin (1183-1185). Il fit étrangler Alexis II pour s'emparer du trône et fut renversé par Isaac II Ange. **Andronic II Paléologue** (Nicée 1256 - Constantinople 1332), empereur de 1282 à 1328. Il lutta sans succès contre les Turcs et contre son petit-fils, et abdiqua. **Andronic III Paléologue** (Constantinople v. 1296 - *id.* 1341), son petit-fils, empereur de 1328 à 1341. Il ne put s'opposer aux Turcs en Asie Mineure.

Andropov *(Iouri Vladimirovitch),* homme d'État soviétique (Nagoutskaïa, région de Stavropol, 1914 - Moscou 1984). Chef du KGB (1967-1982), il fut secrétaire général du Parti (1982-1984) et président du Soviet suprême (1983-84).

Andros ou **Ándhros,** une des Cyclades (Grèce).

Androuet Du Cerceau → Du Cerceau.

Andrzejewski *(Jerzy),* écrivain polonais (Varsovie 1909 - *id.* 1983). Il fut l'un des initiateurs du mouvement de révolte des intellectuels en 1956 (*Cendres et diamant,* 1948 ; *la Pulpe,* 1980).

Âne d'or *(l')* ou **les Métamorphoses,** roman d'Apulée (IIe s. apr. J.-C.). L'auteur narre les mésaventures d'un jeune homme transformé en âne par une sorcière et rendu à sa forme humaine par la déesse Isis, en alternant scènes réalistes, contes licencieux et aventures dramatiques ou comiques.

Anet, ch.-l. de cant. d'Eure-et-Loir, près de l'Eure ; 2 813 hab. *(Anétais).* — Du château dessiné en 1548 par P. Delorme pour Diane de Poitiers subsistent le portail d'entrée, une aile (remaniée au XVIIe s.), la remarquable chapelle coiffée d'une coupole.

Aneto *(pic d'),* point culminant des Pyrénées, en Espagne, dans la Maladeta ; 3 404 m.

Angara, riv. de Sibérie, qui sort du lac Baïkal, affl. de l'Ienisseï (r. dr.) ; 1 826 km. Aménagements hydroélectriques (dont Bratsk).

Angarsk, v. de Russie, sur l'Angara ; 266 000 hab.

Ange bleu *(l'),* film allemand de J. von Sternberg (1930).

Angeles, v. des Philippines, au nord-ouest de Manille ; 236 000 hab.

Angelico *(Guidolino di Pietro, dit Fra* ou *Beato),* peintre italien (dans le Mugello [Toscane] v. 1400 - Rome 1455). Dominicain à Fiesole et au couvent S. Marco de Florence, il a travaillé aussi à Orvieto et à Rome (chapelle de Nicolas V). Formé au style gothique courtois, qu'il n'ignore pas, il s'inspire aussi de la leçon d'un Masaccio, mais choisit l'évocation d'un espace spirituel où prime soit l'intensité lumineuse du coloris (retables), soit un dépouillement propre à la méditation (fresques du couvent S. Marco).

Angélique, nom de deux héroïnes de la poésie épique italienne : celle du *Roland amoureux* de Boiardo et celle du *Roland furieux* de l'Arioste.

Angelopoulos *(Theodhoros),* cinéaste grec (Athènes 1936). Ses premiers films évoquent l'histoire politique de son pays et ont fait de lui le chef de file du cinéma grec contemporain (*le Voyage des comédiens,* 1975 ; *Alexandre le Grand,* 1980). Depuis, délaissant la veine politique, il peint l'attente, l'espace, la solitude (*Voyage à Cythère,* 1984 ; *l'Apiculteur,* 1986 ; *Paysage dans le brouillard,* 1988 ; *le Pas suspendu de la cigogne,* 1991 ; *le Regard d'Ulysse,* 1995).

Angers, ch.-l. du dép. de Maine-et-Loire, anc. cap. de l'Anjou, sur la Maine, à 296 km au sud-ouest de Paris ; 146 163 hab. *(Angevins).* Évêché. Cour d'appel. Université. École d'application du génie, école d'arts et métiers. Centre commercial et industriel d'une agglomération d'environ 210 000 hab. HIST. Oppidum gaulois puis riche cité romaine, la ville fut la capitale de l'État féodal des Plantagenêts. **ARTS.** Château, puissante forteresse de Foulques Nerra reconstruite par Louis IX ; chapelle du XVe siècle ; musée de tapisseries : tenture de l'*Apocalypse* (→ **Apocalypse**). Édifices gothiques à voûtes bombées dites « angevines » (XIIe-XIIIe s.) : cathédrale (vitraux), églises de la Trinité et St-Serge, hôpital St-Jean. Riche musée des Beaux-Arts dans le logis Barrault, de la fin du XVe siècle ; musée Turpin de Crissé dans l'hôtel Pincé, de la Renaissance (arts chinois et japonais, vases grecs, etc.) ; galerie David d'Angers dans une ancienne église ; l'hôpital St-Jean abrite le musée Jean-Lurçat et de la Tapisserie contemporaine.

Anges *(dynastie des),* dynastie byzantine qui régna de 1185 à 1204 et sous laquelle s'effondra la puissance de l'Empire byzantin.

Angkor, site archéologique du Cambodge, au nord de Siem Reap. Capitale presque sans interruption depuis sa fondation par Yashovarman Ier (889-v. 900) jusqu'à 1431 (sujétion au royaume d'Ayuthia), elle comprend plus de 80 monuments élevés du VIIe au XIIIe siècle. Les temples royaux dits *temples-montagnes,* l'importance des aménagements hydrauliques (sacrés plus qu'utilitaires) et une volonté de géométrie font l'unité de l'ensemble centré une première fois sur le Phnom Bakheng (temple-montagne au symbolisme complexe), puis sur l'énorme temple-montagne du Bayon pour Angkor Thom, la capitale édifiée par Jayavarman VII (1181-v. 1218) au nord du Phnom Bakheng. Au sud d'Angkor Thom se trouve Angkor Vat, temple consacré à Vishnou par Suryavarman II (1113-apr. 1144) et qui est considéré comme son mausolée. Ses galeries pourtournantes — ornées de bas-reliefs illustrant l'épopée du dieu — relient les cinq tours disposées en quinconce. Vers le XVe siècle, il devint un sanctuaire bouddhique.

Anglebert *(Jean-Henri d')* → **Danglebert.**

Angles, peuple germanique venu du Schleswig (N. de l'Allemagne), qui envahit la Grande-Bretagne au Ve siècle et donna son nom à l'Angleterre.

Anglesey, île de Grande-Bretagne (pays de Galles), dans la mer d'Irlande ; 715 km² ; 67 800 hab. V. princ. *Holyhead.*

Anglet, ch.-l. de c. des Pyrénées-Atlantiques ; 33 956 hab. *(Angloys).* Station balnéaire. Constructions aéronautiques.

Angleterre, partie sud de la Grande-Bretagne, limitée par l'Écosse au nord et le pays de Galles à l'ouest ; 130 400 km² ; 46 170 300 hab. *(Anglais).* Cap. *Londres.*

HISTOIRE

L'Angleterre jusqu'à la conquête normande.

Peuplée dès la préhistoire (monuments mégalithiques de Stonehenge), l'Angleterre était appelée *Bretagne* dans l'Antiquité. Elle fut peuplée par les Celtes. La conquête romaine est centrée sur le bassin de Londres.

Ve s. apr. J.-C. : invasion des peuples germaniques (Jutes, Angles et Saxons). Ils fondent plusieurs royaumes et repoussent les populations celtiques à l'est.

Christianisée par Rome et l'Irlande, l'Angleterre exerce une forte influence culturelle sur le continent à l'époque carolingienne.

début du IXe s. : invasion des Danois.

871-878 : règne d'Alfred le Grand, roi anglo-saxon vainqueur des Danois.

1016 : le Danois Knud le Grand devient roi de toute l'Angleterre.

1042-1066 : règne d'Édouard le Confesseur, restaurateur de la dynastie anglo-saxonne.

Les dynasties normande et angevine.

1066 : Harold est battu et tué à la bataille d'Hastings par Guillaume le Conquérant, duc de Normandie.

Le nouveau maître du pays organise ce royaume anglo-normand en constituant une noblesse militaire très fortement hiérarchisée et en faisant rédiger le *Domesday Book* (cadastre).

1154 : le duc d'Anjou, arrière-petit-fils de Guillaume le Conquérant, devient roi d'Angleterre sous le nom d'Henri II (son mariage avec Aliénor lui apporte l'Aquitaine et le met à la tête du puissant Empire angevin ; il est le fondateur de la dynastie angevine des Plantagenêts [1154-1399]).

Après le règne de Richard Cœur de Lion, Jean sans Terre (1199-1216) perd toutes ses possessions françaises (sauf la Guyenne).

1215 : la Grande Charte, reconnaissance écrite des libertés traditionnelles, est octroyée par Jean sans Terre.

Au XIVe siècle, les prétentions des rois d'Angleterre au trône de France, jointes à des rivalités économiques et stratégiques, déclenchent la guerre de Cent Ans (1337-1453), au cours de laquelle les Anglais remportent de nombreux succès : Crécy (1346), Azincourt (1415). Mais, finalement, seul le port de Calais reste entre leurs mains.

1450-1485 : la guerre des Deux-Roses oppose les deux branches de la dynastie angevine : York et Lancastre. Richard III d'York est battu à Bosworth (1485) par Henri VII Tudor.

Les Tudors.
Henri VII rétablit l'ordre et la prospérité dans le royaume. Le XVIᵉ siècle anglais est marqué par la personnalité du roi Henri VIII (1509-1547).
1534 : il rompt avec l'Église catholique et se proclame chef de l'Église d'Angleterre.
Son fils Édouard VI établit le protestantisme, sa fille Marie Tudor rétablit le catholicisme et épouse Philippe II d'Espagne ; une autre de ses filles, Élisabeth Iʳᵉ (1558-1603), rétablit l'anglicanisme, abat la résistance des catholiques, fait exécuter sa rivale Marie Stuart, détruit l'Invincible Armada du roi d'Espagne et soumet l'Irlande. Un remarquable essor littéraire marque son règne.
La dynastie des Stuarts et les révolutions anglaises.
1603 : mort d'Élisabeth, qui a pour successeur le fils de Marie Stuart, déjà roi d'Écosse : Jacques Iᵉʳ réunit les deux couronnes d'Angleterre et d'Écosse.
Jacques Iᵉʳ et son successeur Charles Iᵉʳ ont à lutter contre le Parlement, puis contre une opposition puritaine (protestants hostiles à l'anglicanisme) de plus en plus violente. La colonisation de l'Amérique du Nord est amorcée.
1649 : exécution de Charles Iᵉʳ.
La république est proclamée. Oliver Cromwell en devient le lord-protecteur et établit une véritable dictature des puritains. Il triomphe des Provinces-Unies et de l'Espagne. Son fils Richard, qui lui succède à sa mort (1658), doit se démettre ; le général Monk rétablit la monarchie.
1660-1685 : Charles II restaure l'Église anglicane et persécute les puritains.
1679 : le « bill » (loi) de l'habeas corpus protège les citoyens contre les arrestations arbitraires.
Le Parlement anglais est désormais divisé en deux grands partis : les *whigs* (libéraux, adversaires des Stuarts) et les *tories* (conservateurs, anglicans, fidèles au roi).
1685-1688 : Jacques II tente de restaurer le catholicisme. Sa politique provoque une seconde révolution.
1688 : le Parlement fait appel au stathouder (gouverneur) de Hollande, Guillaume d'Orange, époux de la reine Marie, qui devient roi d'Angleterre sous le nom de Guillaume II.
La monarchie constitutionnelle remplace l'absolutisme et la puissance économique de l'Angleterre s'affirme. Les nouveaux souverains mènent la lutte contre Louis XIV, prélude à une période d'hostilité coloniale franco-anglaise.
1701 : sous le règne de la reine Anne, l'Acte d'établissement assure une succession protestante au trône d'Angleterre.
1707 : l'union de l'Angleterre et de l'Écosse est scellée sous le nom de « Grande-Bretagne ». (→ Cent Ans [guerre de], Cromwell, Élisabeth Iʳᵉ, Grande-Bretagne, Guillaume Iᵉʳ le Conquérant, Henri II, Henri VIII.)

Angleterre *(bataille d'),* opérations aériennes menées d'août à octobre 1940 par l'aviation allemande *(Luftwaffe)* contre l'Angleterre pour préparer une invasion de ce pays, visant particulièrement les bases aériennes et l'industrie aéronautique britanniques. La résistance de la Royal Air Force (RAF) contraignit Hitler à y renoncer.

Anglo-Normandes *(îles),* en angl. **Channel Islands,** archipel britannique de la Manche, à l'O. du Cotentin, dépendance de la Couronne britannique ; 195 km² ; 136 000 hab. Le groupe comprend deux îles principales, Jersey au S.-E. et Guernesey au N.-O., et sept îlots dont Sercq (Sark) et Aurigny (Alderney). **GÉOGR.** Le climat océanique est doux, ensoleillé, modérément humide, favorisant le développement du tourisme. L'agriculture reste une ressource importante à Guernesey (tomates et fleurs). L'industrie est représentée par le textile, la mécanique de précision et l'électronique. Un régime fiscal privilégié a stimulé l'essor de services financiers (implantation de sièges sociaux). **HIST.** La Couronne d'Angleterre exerce la souveraineté sur les îles Anglo-Normandes au titre de descendante des ducs normands.

Anglo-Saxons, peuples germaniques (Angles, Jutes, Saxons) de la Frise et de l'Allemagne du Nord qui envahirent les îles Britanniques, au Vᵉ siècle, et organisèrent des royaumes indépendants.

Ango ou **Angot** *(Jean),* armateur français (Dieppe 1480 - id. 1551). Il envoya des navires dans le monde entier et se ruina en aidant François Iᵉʳ à s'armer contre l'Angleterre.

Angola, État de l'Afrique australe, sur l'Atlantique ; 1 246 700 km² ; 8 500 000 hab. *(Angolais).* CAP. *Luanda.* LANGUE : *portugais.* MONNAIE : *kwanza.*
GÉOGRAPHIE
Pays tropical, juxtaposant une étroite plaine côtière, assez sèche et chaude, et un vaste haut plateau, où l'altitude augmente les précipitations et modère les températures

(18 à 20 °C en moyenne), l'Angola est relativement peu peuplé, sinon ponctuellement (ports de Luanda, Lobito, Benguela, Cabinda). L'économie coloniale (avec la présence de 500 000 Portugais, dominant la majorité noire, bantoue) associait cultures vivrières (manioc, maïs), plantations (café surtout, sucre, coton, sisal) et extraction minière (pétrole de l'enclave de Cabinda, diamants). La guerre civile, ouverte ou latente depuis 1975, a ruiné l'économie, au potentiel agricole et minier pourtant notable.

HISTOIRE

Le Portugais Diogo Cão découvre le pays en 1482. Des relations sont établies avec le royaume du Kongo, qui décline au XVIe s. La traite des Noirs se développe.

1889-1901. Des traités fixent les limites de la colonie portugaise.

1961. Plusieurs mouvements nationalistes déclenchent une insurrection en vue d'obtenir l'indépendance du pays.

1975. L'Angola devient indépendant.

1976-1988. Des troupes cubaines soutiennent le gouvernement dans sa lutte contre la guérilla.

1991. Le gouvernement abandonne le marxisme-léninisme ; un accord politique est signé avec la guérilla.

1992. Le parti gouvernemental remporte les premières élections libres. La guerre civile reprend.

1994. Accord de paix entre le gouvernement et la guérilla.

Angora → Ankara.

Angoulême, ch.-l. du dép. de la Charente, sur la Charente, à 439 km au sud-ouest de Paris ; 46 194 hab. *(Angoumoisins).* Ancienne capitale de l'Angoumois. Évêché. Centre d'une agglomération de plus de 100 000 hab., industrialisée (constructions électriques, papeterie, bijouterie, cimenterie, etc.). **ARTS.** La cathédrale, commencée vers 1110 (altérée au XIXe s.), est un des plus anciens édifices à nef unique couverte d'une file de coupoles de l'ouest de la France ; façade sculptée, authentique dans ses parties inférieure et médiane seulement. Musée municipal, riche notamment d'une importante collection d'ethnographie africaine et océanienne. Centre national et festival international de la bande dessinée et de l'image.

Angoulême *(Louis* de Bourbon, *duc* d'*),* dernier dauphin de France (Versailles 1775 - Görz, Autriche, 1844). Fils du comte d'Artois (Charles X), il commanda l'expédition d'Espagne (1823) et mourut en exil.

Angoulême *(Marie-Thérèse* de Bourbon, *duchesse* d'*),* princesse française (Versailles 1778 - Görz, Autriche, 1851), appelée **Madame Royale,** fille de Louis XVI et femme du précédent. Elle eut une grande influence sur Louis XVIII et Charles X.

Angoumois ou **comté d'Angoumois,** pays de France. Incorporé au royaume en 1308, donné en apanage à divers princes, il revint à la Couronne en 1515. Cap. *Angoulême (Angoumoisins).*

Ångström *(Anders Jonas),* physicien suédois (Lödgö 1814 - Uppsala 1874). Spécialiste de l'analyse spectrale, il est le premier à avoir mesuré des longueurs d'onde et déterminé les limites du spectre visible.

Anguier, nom de deux frères **(François** [1604-1669] et **Michel** [1612-1686]) sculpteurs français, nés à Eu et morts à Paris. Passés par Rome, ils sont à la charnière du style de la Renaissance, réaliste et maniériste, et du classicisme antiquisant du règne de Louis XIV (mausolée d'Henri II de Montmorency à Moulins et décors du Louvre, par les deux frères ; priant de Gaspard de La Châtre [François] et *Amphitrite* [Michel], au Louvre ; décors du Val-de-Grâce et de la porte Saint-Denis à Paris [Michel]).

Anguilla, île des Petites Antilles britanniques ; 7 000 hab. — Occupée par les Anglais à partir de 1666, elle jouit de l'autonomie depuis 1976.

Anhalt, principauté allemande créée au début du XIIIe siècle ; elle fut un duché de 1806-07 à 1918.

Anhui, prov. de la Chine orientale, sur le Yangzi Jiang ; 140 000 km² ; 52 170 000 hab. Cap. *Hefei.*

Ani, ancienne ville d'Arménie. Forteresse (Ve s.), elle devint la capitale de la dynastie des Bagratides et fut mise à sac par Alp Arslan en 1064. Elle fut détruite par un tremblement de terre en 1319. Importantes ruines : deux enceintes successives, plusieurs ponts et églises dont la cathédrale, élevée entre 989 et 1001, caractéristique de l'architecture arménienne.

Anjou, anc. prov. de France, qui a formé le dép. de Maine-et-Loire et une partie des dép. d'Indre-et-Loire, de la Mayenne et de la Sarthe. (Hab. *Angevins.*) **GÉOGR.** Partagé entre le Bassin parisien *(Anjou blanc)* et le Massif armoricain *(Anjou noir),* c'est un carrefour de rivières : le Loir, la Sarthe et la Mayenne y forment la Maine, affluent de la Loire. Les vallées, favorisées par la douceur du climat, constituent des secteurs agricoles très riches

(vignobles sur les versants, cultures fruitières et maraîchères, pépinières et élevage
dans les parties alluviales). Le sous-sol fournit des schistes ardoisiers. **HIST.** Créé au
IXe siècle, le comté d'Angers devient l'un des
principaux fiefs de France. Uni au Maine, il
est, au XIIe siècle, au cœur de l'Empire angevin du roi d'Angleterre Henri II Plantagenêt.
Conquis par Philippe II Auguste (1205) puis
donné en apanage à Charles Ier d'Anjou
(1246), il est alors inclus dans l'Empire
angevin centré sur le royaume de Sicile.
Réincorporé au domaine royal à l'avènement de Philippe VI de Valois (1328), il est
de nouveau constitué en apanage et érigé en
duché par Jean le Bon (1360) en faveur de
Louis Ier, roi de Sicile. À la mort du roi
René Ier, il est rattaché à la Couronne par
Louis XI (1481).

Anjou *(maison d'),* titre porté par trois
familles, du Xe au XVe siècle.
■ **La première maison d'Anjou.** Elle est
issue d'Ingelger, vicomte d'Angers (v. 870),
dont le fils Foulques Ier le Roux prit le titre
de comte d'Anjou en 929. Des mariages
de Foulques V, devenu roi de Jérusalem en
1131, sont issues deux branches. La première occupa le trône de Jérusalem jusqu'en
1186. La seconde fut la souche de la dynastie anglo-angevine des Plantagenêts. Elle
accéda au trône d'Angleterre en 1154 avec
Henri II, fils de Geoffroi V Plantagenêt, et
s'y maintint jusqu'en 1485.
■ **La deuxième maison d'Anjou.** Elle eut
pour fondateur l'un des frères de Louis IX,
Charles Ier, qui reçut le Maine et l'Anjou en
apanage (1246) et la Provence par mariage.
La politique expansionniste de ce prince, roi
de Sicile de 1266 à 1282, explique la multiplication des branches de cette maison. La
branche de Hongrie régna à la fois sur la
Hongrie (1308-1387) et la Pologne (1370-
1386). La branche de Naples régna sur le
royaume de Naples de 1309 à 1382. Celle
de Tarente fut à la tête d'une principauté
grecque (Achaïe) et celle de Durazzo
occupa également le trône de Naples de
1382 à 1435.
■ **La troisième maison d'Anjou.** Elle est
issue de Charles de Valois, frère de Philippe IV le Bel et père de Philippe VI. Son
mariage avec la petite-fille de Charles Ier
d'Anjou lui apporta l'Anjou et le Maine
(1290). Jean II le Bon les donna en apanage,
avec la qualité de duc, à son second fils,
Louis Ier d'Anjou. Cette maison intervint à
son tour à Naples, après l'adoption de
Louis Ier par Jeanne Ire de Naples en 1380,
puis celle de ses petits-fils Louis III (1423) et

René (1434) par Jeanne II. Le dernier représentant de cette famille, Charles V d'Anjou
(1436-1481), neveu du roi René, légua à
Louis XI ses possessions françaises ainsi que
ses droits sur le royaume de Naples, droits
que Charles VIII fit valoir lors des guerres
d'Italie.

Anjouan → Ndzouani.

Ankara, anc. Angora, cap. de la Turquie ;
2 559 471 hab. De climat rude, à 950-
1 000 m d'altitude, comportant, autour
d'un noyau central planifié, d'immenses
quartiers périphériques d'habitat sommaire,
Ankara est surtout un centre politique, artisanal et universitaire. — Important musée
(art hittite).

an mille → mille.

Annaba, anc. Bône, port de l'Algérie orientale, ch.-l. de wilaya ; 228 000 hab. Université. Métallurgie.

Anna Karénine, roman de L. Tolstoï (1875-
1877), où l'auteur oppose les ravages d'une
passion illégitime à l'image paisible d'un
couple uni.

Annales, récit de Tacite (IIe s.).

Annales, revue historique française, créée en
1929, sous le titre *Annales d'histoire économique et sociale,* par Lucien Febvre et Marc
Bloch, pour substituer à l'histoire événementielle une histoire intégrée à l'ensemble des
sciences humaines. À partir de 1946, les
Annales ont porté le sous-titre : « Économies,
Sociétés, Civilisations », auquel a été substitué en 1994 celui de « Histoire, Sciences
sociales ».

Annam, région centrale du Viêt Nam, entre
le Tonkin et la Cochinchine. V. princ. *Huê,
Da Nang.* L'Annam est formé de petites
plaines rizicoles sur la mer de Chine, dominées à l'ouest par les montagnes, peu peuplées, de la *Cordillère annamitique.*

Annapurna, un des sommets de l'Himalaya ; 8 078 m. Premier « 8 000 » gravi en
1950 par l'expédition française de Maurice
Herzog.

Anne *(sainte),* mère de la Vierge Marie et
épouse de Joachim, selon d'anciennes traditions chrétiennes. Elle est spécialement
vénérée en Bretagne.

Anne Boleyn (v. 1507 - Londres 1536),
deuxième femme d'Henri VIII, roi d'Angleterre. Celui-ci l'épousa en 1533 après avoir
répudié Catherine d'Aragon et n'eut d'elle
qu'une fille, la future Élisabeth. Accusée
d'adultère, Anne Boleyn fut décapitée.

Anne Comnène, princesse byzantine (1083-1148). Elle fut l'historienne du règne de son père, Alexis Ier Comnène *(Alexiade).*

Anne d'Autriche, reine de France (Valladolid 1601 - Paris 1666), fille de Philippe III d'Espagne, épouse de Louis XIII (1615). Elle s'opposa à Richelieu et fut régente (1643-1661) pendant la minorité de Louis XIV, son fils. Elle gouverna avec le concours de Mazarin, qu'elle assura de son soutien au moment de la Fronde.

Anne de Beaujeu (Genappe 1461 - Chantelle 1522), fille aînée de Louis XI. Pendant la minorité de Charles VIII (1483-1491), elle exerça la régence avec son mari, Pierre de Beaujeu, et poursuivit la lutte contre les grands seigneurs *(Guerre folle,* 1485-1488).

Anne de Bretagne (Nantes 1477 - Blois 1514), duchesse de Bretagne (1488-1514). Fille du duc François II, elle épousa le roi de France, Charles VIII (1491), puis, à la mort de ce dernier, son successeur Louis XII (1499). Elle apporta en dot la Bretagne à la France.

Anne de Clèves (Düsseldorf 1515 - Chelsea 1557), quatrième femme d'Henri VIII, qui l'épousa et la répudia la même année (1540).

Anne Stuart (Londres 1665 - *id.* 1714), reine d'Angleterre et d'Irlande (1702-1714), fille de Jacques II. Fervente protestante, elle succéda à sa sœur Marie et à Guillaume III. Elle lutta victorieusement contre Louis XIV et réunit l'Écosse et l'Angleterre sous le nom de Grande-Bretagne *(Acte d'union,* 1707). À sa mort, la couronne passa de la dynastie des Stuarts à celle de Hanovre.

Anneau du Nibelung *(l')* → **Tétralogie** (la).

Annecy, ch.-l. du dép. de la Haute-Savoie, sur le lac d'Annecy, à 540 km au sud-est de Paris ; 51 143 hab. *(Anneciens).* Évêché. Centre d'une agglomération industrialisée (constructions mécaniques et électriques) de plus de 125 000 hab. Le *lac d'Annecy,* site touristique, couvre 27 km^2 et occupe une partie de la *cluse d'Annecy,* dépression ouverte en partie par le Fier, entre les massifs des Bornes et des Bauges. — Château des XIIIe-XVIe siècles (musée). « Palais de l'Île », remontant au XIIe siècle. Cathédrale du XVIe et autres églises. Maisons anciennes.

Annemasse, ch.-l. de c. de la Haute-Savoie, près de l'Arve ; 27 927 hab. *(Annemassiens).* Mécanique de précision.

Annenski *(Innokenti Fedorovitch),* poète russe (Omsk 1856 - Saint-Pétersbourg 1909), l'un des inspirateurs du symbolisme russe *(le Coffret de cyprès,* 1910).

Annobón *(île),* île de la Guinée équatoriale, appelée *Pagalu* de 1973 à 1979.

Annonay, ch.-l. de c. du nord de l'Ardèche ; 19 155 hab. *(Annonéens).* Carrosseries. Papeterie.

Annonce faite à Marie *(l'),* drame en 4 actes de Paul Claudel (1912). Dans cette œuvre mystique, proche du mystère médiéval, un équilibre, rompu par les passions humaines, est rétabli par le sacrifice d'une âme prédestinée, « la jeune fille Violaine ».

Annonciade *(ordre de l'),* ancien ordre de chevalerie italien fondé en 1364 par le duc Amédée VI de Savoie.

Anouilh *(Jean),* auteur dramatique français (Bordeaux 1910 - Lausanne 1987). Son théâtre est caractérisé par un pessimisme fondamental, dans lequel médiocrité et avilissement court-circuitent pureté et tendresse. Son œuvre a été rassemblée en *Pièces noires* (*le Voyageur sans bagages,* 1937 ; *Antigone,* 1944), *Pièces roses* (*le Bal des voleurs,* 1938), *Pièces brillantes* (*la Répétition ou l'Amour puni,* 1950), *Pièces grinçantes* (*Pauvre Bitos ou le Dîner de têtes,* 1956), *Pièces costumées* (*l'Alouette,* 1953), *Pièces baroques* (*Cher Antoine,* 1969), *Pièces secrètes* (*l'Arrestation,* 1975), *Pièces farceuses* (*le Nombril,* 1981).

A. N. P. E. *(Agence nationale pour l'emploi),* établissement public créé en 1967, et qui, sous l'autorité du ministre du Travail, a pour mission de maîtriser le marché de l'emploi. L'A. N. P. E. est structurée en un organisme central et en agences locales, en sections départementales et en centres régionaux. Depuis 1987, l'Agence peut déléguer le placement des demandeurs d'emploi à des établissements publics ou à des organismes privés en passant une convention avec eux.

Anquetil *(Jacques),* coureur cycliste français (Mont-Saint-Aignan 1934 - Rouen 1987). Rouleur remarquable (recordman du monde de l'heure en 1956 avec 46,159 km), mais coureur très complet, il a notamment remporté 5 Tours de France (1957 et 1961 à 1964) et 2 Tours d'Italie (1960 et 1964).

Ansariyya ou **Ansarieh** *(djabal),* montagne de Syrie (1 583 m), dominant le Ghab.

Anschluss, rattachement de l'Autriche à l'Allemagne imposé par Hitler en 1938 et qui cessa en 1945.

Anselme *(saint)*, moine, évêque et théologien (Aoste 1033 - Canterbury 1109). Abbé du monastère bénédictin du Bec (Le Bec-Hellouin, Normandie) en 1078 et archevêque de Canterbury (1093), il fut exilé pour le pouvoir royal. Ses œuvres principales sont le *Proslogion* et le *Monologion*. Son influence a été grande, notamment par sa conception de la philosophie comme explication de la foi *(fides quaerens intellectum)* et par sa célèbre démonstration de l'existence de Dieu, connue sous le nom de « preuve ontologique » et selon laquelle on est nécessairement conduit à poser comme existant l'être parfait du seul fait qu'on a l'idée d'un tel être.

Ansermet *(Ernest)*, chef d'orchestre suisse (Vevey 1883 - Genève 1969). Il dirigea les Ballets russes de 1915 à 1923. À la tête de l'Orchestre de la Suisse romande, il révéla les répertoires russe et français.

Anshan, v. de Chine (Liaoning) ; 1 278 000 hab. Sidérurgie.

Anson *(sir William Reynell)*, juriste britannique (Walberton, Sussex, 1843 - Oxford 1914). Vice-chancelier de l'université d'Oxford, il fut élu député en 1899. Son ouvrage *Loi et pratique constitutionnelle de l'Angleterre* (1886-1892) est resté l'une des œuvres fondamentales du droit public anglais.

Antakya → Antioche.

Antalya, anc. Adalia, port de Turquie, sur la Méditerranée ; 378 208 hab.

Antananarivo, anc. Tananarive, cap. de Madagascar, sur les hautes terres centrales, au cœur de l'Imérina, entre 1 250 m et 1 460 m d'altitude ; 1 050 000 hab. Archevêché. Université. Centre administratif, commercial et culturel avec quelques industries (agroalimentaire, textile et travail du cuir, constructions mécaniques).

Antar ou **Antara**, guerrier et poète arabe du VIe siècle, héros de l'épopée *le Roman d'Antar*.

Antarctique, vaste ensemble de terres presque entièrement compris au-delà du cercle polaire austral (dit aussi *antarctique*) ; 13 millions de km².

GÉOGRAPHIE
Une calotte glaciaire, dont la formation paraît remonter à l'ère tertiaire, recouvre presque tout l'Antarctique, atteignant 4 000 m d'altitude au centre. Des langues glaciaires en divergent et rejoignent l'océan, où elles se débitent en blocs énormes, les icebergs, qui sont emportés par les courants marins.

■ **Le climat.** L'Antarctique, parfois qualifié de continent, est marqué par l'extrême rigueur de son climat. Pendant la nuit polaire hivernale, les températures moyennes oscillent autour de — 60 °C et l'on a enregistré les minimums de la planète, près de — 90 °C. En été, le réchauffement est médiocre et, sauf sur les côtes, les températures dépassent rarement — 10 °C. L'air froid persistant entraîne la permanence, au-dessus du pôle, d'un anticyclone d'où s'échappent les vents qui balaient le continent. Ceux-ci empêchent la pénétration des influences maritimes, ce qui explique la faiblesse des précipitations.

■ **Le relief.** On distingue deux parties séparées par une grande faille jalonnée de volcans (dont l'Erebus), qui détermine les échancrures de la mer de Weddell et de la mer de Ross. L'Antarctique oriental est un socle ancien raboté par l'érosion et partiellement couvert de sédiments. L'Antarctique occidental, chaîne de type alpin prolongeant les Andes, constitue la terminaison de la ceinture de feu du Pacifique, secouée de tremblements de terre et accidentée de volcans. Autour de cet énorme réservoir de froid, l'océan gèle et forme la banquise. Au contact du continent, celle-ci est permanente, se disloquant à peine en été. Au-delà, elle devient saisonnière, s'étendant jusque vers 60° S.

■ **La vie dans l'Antarctique.** En raison des conditions physiques extrêmement dures, la vie est presque absente du continent. Elle se concentre dans la frange côtière, en particulier dans la mer, dont les eaux, riches en plancton, entretiennent une faune de poissons, de phoques, d'éléphants de mer, etc. Les côtes sont peuplées par des colonies de manchots. L'homme est (très ponctuellement) présent dans les stations scientifiques. Une exploitation des ressources minières a tout de même été envisagée en dépit des contraintes climatiques (et de l'éloignement des marchés).

DROIT INTERNATIONAL
Conformément aux dispositions du traité de Washington du 1er octobre 1959, les 25 États parties consultatives ont tenu une conférence consacrée à la protection de l'environnement dans l'Antarctique (Wellington, Nouvelle-Zélande, 1988-Paris, oct. 1989). Le traité de Washington stipule une internationalisation fonctionnelle de la zone, caractérisée par la liberté de recherche scientifique et l'interdiction de toute activité à des fins militaires. Depuis 1991, suite aux réunions du traité de l'Antarctique (ratifié en 1991 par une quarantaine d'États), est

intervenu un accord sur l'interdiction, pendant 50 ans, de l'exploitation minière du continent.

Antarctique ou **Austral** *(océan)*, nom donné à la partie des océans Atlantique, Pacifique et Indien comprise entre le cercle polaire antarctique et le continent polaire.

Antarctique britannique *(territoire de l')*, colonie britannique regroupant le secteur britannique de l'Antarctique, les Shetland du Sud et les Orcades du Sud.

Antée, géant de la mythologie grecque, fils de Gaia (la Terre) et de Poséidon. Il tirait sa force du contact qu'il entretenait en permanence avec la Terre. Établi en Libye, où il tuait les voyageurs, il fut éliminé par Héraclès, qui l'étouffa en le maintenant au-dessus du sol.

Anthémios de Tralles, mathématicien et architecte lydien (VIᵉ s.). Appelé par Justinien, il a donné les plans de la basilique Sainte-Sophie de Constantinople.

Anti-Atlas, massif du Maroc méridional, entre les oueds Draa et Sous ; 2 531 m.

Antibes, ch.-l. de c. des Alpes-Maritimes, sur la Côte d'Azur ; 70 688 hab. *(Antibois).* Station touristique. Cultures florales. Parfumerie. — Musée du château Grimaldi (reconstruit au XVIᵉ s.), consacré à Picasso et à l'art contemporain ; musée d'Histoire et d'Archéologie au bastion St-André.

Anticosti *(île d')*, île du Canada (Québec), à l'entrée du Saint-Laurent ; 8 160 km² ; 230 hab.

Antifer *(cap d')*, promontoire de la Seine-Maritime, au nord du Havre. Terminal pétrolier.

Antigone, héroïne de la légende grecque de Thèbes, fille d'Œdipe et de Jocaste, sœur d'Étéocle et de Polynice. Elle accompagna son père aveugle à Colone. Le roi Créon, nouvel époux de Jocaste, ayant ordonné de laisser le corps de Polynice sans sépulture, Antigone s'employa à ensevelir son frère et, pour cette désobéissance, fut condamnée à être enterrée vive. Mais elle se pendit. — La légende inspira de nombreux auteurs, parmi lesquels Sophocle, Alfieri, Cocteau et Anouilh.

Antigonides, dynastie fondée par l'un des successeurs d'Alexandre, Antigonos Monophtalmos. Ils régnèrent sur la Macédoine de la fin du IVᵉ siècle à la conquête romaine (168 av. J.-C.).

Antigonos Monophtalmos (le Borgne) [381-301 av. J.-C.], lieutenant d'Alexandre le Grand. Il essaya de fonder un empire en Asie, mais fut vaincu et tué à Ipsos en 301.

Antigua, v. du Guatemala, anc. cap. du pays ; 27 000 hab. — Importants témoignages monumentaux du baroque colonial (XVIIᵉ-XVIIIᵉ s.), en partie endommagés par des séismes.

Antigua-et-Barbuda, État des Antilles, formé des îles d'Antigua et de Barbuda et de l'îlot inhabité de Redonda, constituant un État associé à la Grande-Bretagne de 1967 à 1981, puis indépendant depuis 1981 ; 442 km² ; 80 000 hab. CAP. *Saint John's* (sur Antigua). LANGUE : *anglais.* MONNAIE : *dollar des Caraïbes orientales.* Canne à sucre et coton. Tourisme. Raffinerie de pétrole.

Antikomintern *(pacte)* [25 nov. 1936], pacte conclu entre l'Allemagne et le Japon contre l'Internationale communiste.

Anti-Liban, massif de l'Asie occidentale, entre la Syrie et le Liban ; 2 629 m à la frontière libano-syrienne.

Antilles, archipel de l'Amérique moyenne, étiré sur 2 500 km, du golfe du Mexique au large du Venezuela, qui sépare la mer des Antilles de l'océan Atlantique. GÉOGR. Le Nord est constitué de quatre îles qui forment les Grandes Antilles : Cuba, Jamaïque, Haïti (ou Saint-Domingue), Porto Rico. On y rattache l'archipel des Bahamas et celui des Turks et Caicos, qui s'émiettent en de nombreuses îles entre la Floride et Haïti. À l'E., les Petites Antilles sont disposées en arc de cercle des îles Vierges à la Grenade. Au S., en avant de la côte vénézuélienne, se localisent notamment les Antilles néerlandaises et les deux îles de Trinité et Tobago. Les Antilles s'étendent sur près de 240 000 km² et regroupent environ 34 millions d'habitants *(Antillais).* Souvent montagneuses et volcaniques, les Antilles ont un climat chaud et assez humide. Une saison pluvieuse (de mai-juin à nov.-déc.) alterne avec une saison plus sèche. Des cyclones affectent la région au moment de la saison des pluies. La chaleur et l'humidité, la fertilité aussi de sols volcaniques expliquent le développement des plantations (caféiers, cacaoyers, bananiers et surtout canne à sucre). Ces ressources sont complétées par les revenus d'un tourisme très développé. La composition ethnique de la population présente un fréquent métissage (d'ordre également culturel).

Antilles *(mer des)* ou **mer Caraïbe** ou **mer des Caraïbes,** dépendance de l'Atlantique, entre l'Amérique centrale, l'Amérique du Sud et l'arc des Antilles.

Antilles françaises, la Guadeloupe et la Martinique.

Antilles néerlandaises, possessions néerlandaises des Antilles, correspondant essentiellement aux deux îles (Curaçao et Bonaire) situées au large du Venezuela ; env. 800 km² ; 200 000 hab. Ch.-l. *Willemstad* (dans l'île de Curaçao).

Antin *(Louis Antoine* de Pardaillan de Gondrin, *duc d'),* fils légitime de Mme de Montespan (Paris 1665 - *id.* 1736), surintendant des Bâtiments du roi et modèle du parfait courtisan.

Antinoüs [-nɔys], jeune Grec, favori de l'empereur Hadrien, qui le déifia après sa noyade dans le Nil (130).

Antioche, *en turc* Antakya, v. de Turquie, sur l'Oronte inférieur ; 123 871 hab. **HIST.** Capitale du royaume séleucide (issu des conquêtes d'Alexandre le Grand) puis de la province romaine de Syrie, la ville fut une des grandes métropoles de l'Orient et joua un rôle primordial dans les débuts du christianisme. Elle déclina après l'invasion perse (540) et la conquête arabe (636). Les croisés en firent la capitale d'un État latin (1098), conquis par les Mamelouks en 1268. **ARTS.** Le plan en damier, l'hippodrome, les thermes et des habitations ont été mis au jour. À Daphné, faubourg de la ville, plusieurs édifices publics et privés ont livré d'intéressantes mosaïques de pavement.

Antiochos, nom porté par treize rois séleucides. Les plus importants sont : **Antiochos Ier Sôtêr** (281-261 av. J.-C.), qui fut le vainqueur des Galates. **Antiochos II Théos** (261-246 av. J.-C.), sous le règne de qui le royaume séleucide perdit les satrapies d'Orient. **Antiochos III Mégas** (« le Grand »), roi de 223 à 187 av. J.-C. Ses visées expansionnistes, d'abord couronnées de succès en Orient contre les Parthes, le mirent en conflit avec l'Égypte et surtout avec Rome, qui, en 188 av. J.-C. (paix d'Apamée), le contraignit à livrer sa flotte et à renoncer à ses conquêtes d'Asie Mineure. **Antiochos IV Épiphane** (« l'Illustre »), roi de 175 à 164 av. J.-C. Profitant de la jeunesse du roi d'Égypte Ptolémée VI, il prit pied à Alexandrie, qu'il dut abandonner sous la pression de Rome. Sa volonté d'imposer la culture grecque provoqua en Judée le soulèvement du peuple juif (révolte des Maccabées, 167), à l'issue duquel la Palestine retrouva, avec son indépendance, la paix religieuse.

Antiope *(sigle de Acquisition numérique et télévisualisation d'images organisées en pages d'écriture),* système français de télétexte.

Antisthène, philosophe grec (Athènes v. 444 - 365 av. J.-C.), fondateur de l'école cynique. Il pense que la vertu réside dans l'indépendance à l'égard de tout et qu'elle consiste de ce fait, pour l'homme, à vivre comme il l'entend, selon ses propres désirs et non selon les normes et les attentes de la société.

Antofagasta, port du nord du Chili ; 226 749 hab. Métallurgie et exportation du cuivre.

Antoine de Padoue *(saint),* franciscain portugais (Lisbonne v. 1195 - Padoue 1231). Après un bref séjour au Maroc, il prêcha en Italie et en France, notamment contre les doctrines cathares, et devint provincial de son ordre en Italie. Proclamé docteur de l'Église en 1946, il est invoqué en particulier pour retrouver un objet perdu.

Antoine le Grand *(saint),* patriarche du monachisme chrétien (Qeman, Haute-Égypte, 250 - mont Golzim 356). Se retirant vers l'âge de vingt ans dans les déserts de la Thébaïde, où il se suivirent un grand nombre de chrétiens, il fonda, sur la rive gauche du Nil, les deux premiers monastères connus de l'histoire du christianisme. Les tentations qui, sous forme de visions hallucinantes, l'auraient mis à l'épreuve dans les premières années de sa vie érémitique ont inspiré beaucoup de peintres et d'écrivains. Sa biographie a été rédigée vers 360 par Athanase d'Alexandrie.

Antoine *(André),* acteur et directeur de théâtre français (Limoges 1858 - Le Pouliguen 1943). Fondateur du Théâtre-Libre en 1887, il transposa au théâtre l'esthétique naturaliste de Zola.

Antoine *(Jacques Denis),* architecte français (Paris 1733 - *id.* 1801). Un des premiers maîtres du néoclassicisme, il a donné son chef-d'œuvre avec l'hôtel de la Monnaie de Paris (1768-1777).

Antoine *(Marc), en lat.* Marcus Antonius, général romain (83-30 av. J.-C.). Lieutenant de César en Gaule (52 av. J.-C.), il exerce avec lui le consulat en 44. Après l'assassinat de César, il entre en conflit avec Octavien, le futur Auguste, l'un et l'autre revendiquant la succession. Mais, comprenant qu'un conflit est inutile, il s'associe avec lui et Lépide pour former un second triumvirat. En 40, la paix de Brindes, qui partage le monde entre les membres du triumvirat, lui donne l'Orient, où il poursuit la politique de conquête de Pompée. Antoine épouse la reine d'Égypte Cléopâtre VII, répudiant Octavie, sœur d'Octavien. Il établit sa capitale à Alexandrie, où il prend de plus en plus les allures d'un souverain hellénistique. Sa politique et ses ambitions inquiétant Rome, Octavien lui déclare la guerre. Vaincu à Actium en 31, il se tue.

Antoine de Bourbon (1518 - Les Andelys 1562), duc de Vendôme (1537-1562), roi de Navarre (1555-1562) par son mariage avec Jeanne III d'Albret, dont il eut un fils, le futur Henri IV. Il prit part aux guerres de Religion, abandonna le parti protestant pour le parti catholique et fut tué au siège de Rouen.

Antonello da Messina, peintre italien (Messine v. 1430 - id. v. 1479). Formé dans le milieu cosmopolite de Naples, il unit le sens méditerranéen des volumes et de la composition ample à l'observation méticuleuse des primitifs flamands (sujets religieux, portraits d'hommes). Son voyage à Venise (1475-76) fut l'occasion de fructueux échanges d'influence avec, notamment, les Bellini.

Antonescu (Ion), maréchal roumain (Piteşti 1882 - Jilava, auj. dans Bucarest, 1946). Exerçant une véritable dictature à partir de 1940, il engagea son pays en 1941, aux côtés de Hitler, contre l'U. R. S. S. Arrêté en 1944, il fut exécuté.

Antonin le Pieux, en lat. Titus Aelius Hadrianus Antoninus Pius (Lanuvium 86 - 161), empereur romain (138-161). Membre d'une riche famille sénatoriale, consul en 120, proconsul d'Asie (133-136), il déploya des compétences d'administrateur et fut remarqué par Hadrien, qui l'adopta en 138. Empereur pacifique, humain et économe des deniers publics, il assura la paix aux provinces de l'Empire romain, dont son règne a marqué l'apogée.

Antonins (les), nom donné à sept empereurs romains (Nerva, Trajan, Hadrien, Antonin, Marc Aurèle, Verus, Commode) qui régnèrent de 96 à 192 apr. J.-C. Leur règne correspond à l'apogée économique du monde romain.

Antonioni (Michelangelo), cinéaste italien (Ferrare 1912). Il tourne son premier long métrage, Chronique d'un amour, en 1950. Sa filmographie, relativement peu abondante, héritière pour une part du néoréalisme dans ses constats d'échecs sociaux, se nourrit aussi de l'interrogation de C. Pavese sur la solitude et l'incommunicabilité. Après Femmes entre elles (1955) et le Cri (1957), la modernité controversée de l'Avventura (1959), premier volet d'un triptyque comportant encore la Nuit (1961) et l'Éclipse (1962), lui apporte la consécration internationale. Dès lors, Anto-nioni s'efforcera dans ses œuvres d'approfondir ses thèmes de prédilection : la modification des sentiments, l'opacité des êtres, l'isolement, la soumission des individus à l'environnement, le malaise d'une société devant les incertitudes de l'avenir (le Désert rouge, 1964 ; Blow up, 1967 ; Zabriskie Point, 1970 ; Profession : reporter, 1975 ; Identification d'une femme, 1982 ; Par-delà les nuages, 1995).

Antony, ch.-l. d'arr. des Hauts-de-Seine, au sud de Paris ; 57 916 hab. (Antoniens). Résidence universitaire.

Antraigues (Emmanuel de Launay, comte d'), homme politique français (Villeneuve-de-Berg 1753 - Londres 1812), agent secret au service de la contre-révolution.

Antseranana, anc. Diégo-Suarez, port du nord de Madagascar, sur la baie d'Antseranana ; 55 000 hab.

Antsirabé, v. de Madagascar ; 79 000 hab.

Antwerpen → Anvers.

Anubis, dieu égyptien qui présidait aux rites funéraires. Représenté sous la forme d'un chacal (ou d'un chien) ou comme un homme avec une tête de chacal, c'est pour avoir aidé Isis à embaumer Osiris qu'il devint le dieu des Morts et le conducteur des âmes dans l'au-delà.

Anuradhapura, v. de Sri Lanka, ch.-l. de prov. ; 36 000 hab. — Fondée au Ve s. av. J.-C., elle connut un grand éclat et fut la capitale de Ceylan jusqu'au Xe siècle, puis fut abandonnée au XIe s. après avoir subi plusieurs raids tamouls. — Monastères, palais, installations hydrauliques, grands stupas (Thuparama, IIIe s. av. J.-C. ; Ruvanvaliseya, IIe s. av. J.-C., etc.) en font un important site archéologique. Musée.

Anvers, en néerl. Antwerpen, port de Belgique, sur la r. dr. de l'Escaut, ch.-l. de la province d'Anvers ; 467 518 hab. (Anversois) [env. 800 000 hab. dans l'agglomération]. GÉOGR. Ce grand port et l'arrière-pays attenant sont largement ouverts sur l'Europe (nombreuses voies de communication) et Anvers concentre le dixième du potentiel industriel du pays (raffinage et pétrochimie, automobile, agroalimentaire, taille des diamants, etc.). HIST. Capitale économique de l'Occident au XVe siècle, Anvers fut détrônée au XVIe par Amsterdam. Son importance stratégique en fit l'enjeu de nombreuses batailles. Elle connut un nouvel essor après 1833, quand elle devint le principal port du jeune royaume de Belgique. Elle fut occupée par les Allemands en 1914 et en 1940. ARTS. Vaste cathédrale gothique à sept nefs et à tour de 123 m, construite de 1350 à 1530 environ (chefs-d'œuvre de Rubens). Églises gothiques. Sur le Grote Markt, maisons de guildes et monumental hôtel de ville par C. Floris de Vriendt (1565). Églises baroques St-Augustin et St-Charles-Borromée (début du XVIIᵉ s.). Principaux musées : royal des Beaux-Arts, prestigieux rassemblement de l'école flamande du XVᵉ au XXᵉ siècle ; d'Archéologie et des Arts appliqués ; Mayèr Van den Bergh (sculptures, miniatures, peintures, dessins) ; de la maison de Rubens ; Plantin-Moretus (imprimerie) ; de la Marine ; de Sculpture du XXᵉ siècle, au parc de Middelheim.

Anvers *(province d')*, prov. de la Belgique ; 2 867 km² ; 1 605 167 hab. Ch.-l. *Anvers.* Dans cette province, à l'ouest de l'Escaut, l'agriculture (élevage bovin) est éclipsée par l'industrie (métallurgie lourde et de transformation, constructions électriques, chimie, textile, etc.) et les services, concentrés surtout dans l'agglomération d'Anvers.

Anyang ou **Ngan-yang,** v. de Chine, dans le nord du Henan. Capitale des Shang, deuxième dynastie chinoise (XVIᵉ-XIᵉ s. av. J.-C.). Nombreux vestiges d'une nécropole royale avec un mobilier funéraire riche et abondant, comprenant des bronzes rituels, des os gravés, parmi les plus vieux exemples d'écriture chinoise.

ANZUS → **Pacifique (Conseil du).**

A.-O. F. → **Afrique-Occidentale française.**

Aomori, port du Japon, dans le nord de Honshu ; 287 808 hab.

Aoste, v. d'Italie, ch.-l. du *Val d'Aoste,* sur la Doire Baltée ; 35 895 hab. — Monuments romains ; collégiale S. Orso, des XIᵉ-XVIᵉ siècles.

Aoste *(Val d'),* région administrative du nord-ouest de l'Italie, dans les Alpes ; 3 262 km² ; 115 397 hab. *(Valdôtains).* Une partie de la population parle encore le français. Ch.-l. *Aoste.* GÉOGR. Cette région élevée (plus de 2 000 m d'alt. en moyenne) bénéficie d'un climat propice (précipitations modérées et fort ensoleillement). Le tourisme est devenu la ressource essentielle (Courmayeur, Breuil-Cervinia, Saint-Vincent, etc. ; parc national du Grand-Paradis), favorisé par l'ouverture des tunnels transalpins du Grand-Saint-Bernard et du Mont-Blanc. HIST. De 1032 à 1945, le Val d'Aoste appartint à la maison de Savoie. En 1948, il reçut le statut de région autonome.

Aoudh ou **Oudh,** région historique de l'Inde, auj. dans l'Uttar Pradesh.

août 1789 *(nuit du 4),* nuit pendant laquelle l'Assemblée constituante abolit les privilèges féodaux. En même temps fut décidée l'égalité devant l'impôt.

août 1792 *(journée du 10),* insurrection parisienne, qui entraîna la chute de la royauté et la constitution de la Commune insurrectionnelle (gouvernement municipal de Paris).

Aozou *(bande d'),* extrémité septentrionale du Tchad. Revendiquée et occupée par la Libye à partir de 1973, elle est rétablie, en 1994, sous souveraineté tchadienne par un jugement de la Cour internationale de justice de La Haye.

Apaches, ensemble de peuples indiens venus du nord de l'Amérique vers 1000 apr. J.-C., et qui opposèrent, avec leurs chefs Cochise vers 1850 puis Geronimo après 1880, une résistance farouche aux conquérants américains. Ils vivaient surtout de la chasse des bisons, pour laquelle ils s'organisaient en bandes structurées. Ils pratiquaient un chamanisme très élaboré. Ils sont aujourd'hui regroupés dans des réserves du Nouveau-Mexique, du Colorado et de l'Arizona.

Apamée *(paix d')* [188 av. J.-C.], traité signé par Antiochos III de Syrie, à Apamée Kibôtos (auj. Afyon, au S.-E. d'Izmir), et qui assurait aux Romains la mainmise sur l'Asie Mineure.

Apamée-sur-l'Oronte, en Syrie, important centre commercial de l'Empire romain, où subsistent des ruines romaines et des monuments paléochrétiens ornés de mosaïques.

Apchéron *(presqu'île d'),* extrémité orientale du Caucase (Azerbaïdjan) s'avançant dans la Caspienne.

Apeldoorn, v. des Pays-Bas (Gueldre) ; 148 204 hab. Résidence d'été de la famille royale. Électronique. — Palais royal *Het Loo* (peintures, mobilier).

Apelle, peintre grec (m. Cos IVᵉ s. av. J.-C.). Il étudia à Sicyone puis fut appelé à la cour de Macédoine par Philippe, où il devint l'ami et le portraitiste d'Alexandre. Ses œuvres ne sont connues que par les descriptions qu'en ont faites les Anciens.

Apennin *(l')* ou **Apennins** *(les),* massif qui forme la dorsale de la péninsule italienne et qui culmine dans les Abruzzes au Gran Sasso (2 914 m).

Aperghis *(Georges),* compositeur grec (Athènes 1945). Il a contribué à l'essor du théâtre musical (*Pandaemonium,* 1973 ; *Je vous dis que* *je suis mort,* d'après Edgar Poe, 1979 ; *Énumérations,* 1988).

Aphrodite, déesse de l'Amour et de la Séduction dans la mythologie grecque. Née dans un tourbillon marin (d'où son nom d'Aphrodite Anadyomène), là où étaient tombés le sang et les organes génitaux d'Ouranos, elle est l'épouse infidèle d'Héphaïstos, le dieu boiteux, et la mère d'Éros et d'Antéros. C'est par elle, à la suite du jugement de Pâris, où elle triomphe d'Héra et d'Athéna en offrant à celui-ci Hélène, que va se déclencher la guerre de Troie. Elle sera adoptée par les Romains sous le nom de Vénus.

Apicius, nom de trois gastronomes romains, dont Marcus Gavius **Apicius** (né v. 25 av. J.-C.), auteur présumé des *Dix Livres de la cuisine,* inventaire de nombreuses recettes insolites ou déjà mises au point sous leur forme actuelle (boudin, civet).

Apis [apis], taureau divinisé de la mythologie égyptienne. Vénéré très anciennement à Memphis, il fut assimilé successivement à Ptah et à Rê. Sa figure fut, enfin, rapprochée de celles d'Osiris — ce qui lui conférait un caractère funéraire — et de Sérapis. C'est dans le serapeum que le taureau sacré était enseveli, après avoir été momifié. Il devait renaître dans une autre enveloppe mortelle, des prêtres ayant la charge de reconnaître à certains signes distinctifs le nouvel Apis parmi les pâturages.

Apocalypse *(tenture de l'),* au château d'Angers, l'un des premiers ensembles de tapisseries historiées du Moyen Âge et le plus vaste qui subsiste, en 6 pièces totalisant 107 m de long et regroupant 69 scènes (à l'origine, plus de 80). L'œuvre fut exécutée de 1375-1380, par les soins du tapissier parisien Nicolas Bataille, pour Louis Ier d'Anjou, sur les cartons d'Hennequin (Jean) de Bruges, peintre de Charles V. Celui-ci a su donner aux scènes de l'Apocalypse, déjà traitées par les miniaturistes, intensité, saveur et monumentalité.

Apocalypse de Jean, le dernier livre du canon du Nouveau Testament, rédigé, vers 96, par un certain Jean, qui n'est peut-être pas, comme on l'a cru, l'auteur du quatrième Évangile. Conforme au genre littéraire, courant alors, des apocalypses, ce livre rapporte des visions qui, évoquant des événements contemporains tels que la persécution des chrétiens sous l'empereur Domitien, annoncent le triomphe prochain du Christ et le jugement de Dieu contre les puissances du mal.

Apollinaire *(Wilhelm Apollinaris* de Kostrowitzky, dit *Guillaume),* écrivain français (Rome 1880 - Paris 1918). Il collabora à la *Revue blanche,* à la *Plume,* au *Mercure de France* et témoigna de toutes les découvertes et avant-gardes de son temps : l'art naïf (le Douanier Rousseau), l'art nègre, le fauvisme, le cubisme avec Braque et Picasso (*les Peintres cubistes,* 1913). Plus encore que ses contes, pleins de fantaisie et d'humour (*l'Enchanteur pourrissant,* 1909 ; *l'Hérésiarque et Cie,* 1910 ; *le Poète assassiné,* 1916), ses recueils poétiques, d'inspiration autobiographique et où le mystère est une constante (*le Bestiaire ou Cortège d'Orphée,* 1911 ; *Alcools,* 1913 [→ Alcools] ; *Calligrammes,* 1918), constituent une quête constante de la beauté et une tentative d'association immédiate entre l'image et son expression verbale. Porte-parole de la modernité et de la « surprise » (*l'Esprit nouveau et les poètes,* 1917), il annonça le surréalisme (*les Mamelles de Tirésias,* « drame surréaliste », 1917).

Apollo, programme américain d'exploration humaine de la Lune.

Apollodore de Damas, dit le Damascène, architecte d'origine syrienne, qui travailla à Rome au IIe s. apr. J.-C. : forum de Trajan et basilique Ulpienne. Il est aussi l'auteur d'un ouvrage sur les machines de guerre.

Apollon, dieu grec de la Beauté, de la Lumière et des Arts. Fils de Zeus et de Léto, frère d'Artémis, il est né à Délos. Après un séjour chez les Hyperboréens, il s'établit à Delphes, où il tue le dragon Python. C'est sur ces lieux que s'élève désormais son sanctuaire, d'où sont proférés ses oracles par sa prêtresse, la Pythie, juchée sur un trépied. Il cherche à séduire tantôt une des Muses (il est, d'ailleurs, le chef de leur chœur), tantôt une nymphe (telle Daphné, qui, pour lui échapper, se métamorphose en laurier, l'arbre consacré à ce dieu de la Séduction). Avec la muse Thalie, il engendre les Corybantes ; avec Uranie, les musiciens Linos et Orphée. Dieu de la Musique et de la Poésie, dieu solaire (les Romains l'appelleront Phœbus, « le Brillant »), protecteur des troupeaux, ami des fêtes et des chœurs, Apollon est une personnalité multiple, comme si, par une sorte de syncrétisme, plusieurs divinités fusionnaient en lui.

Apollonios ou **Apollonius de Perga,** mathématicien et astronome grec (Perga v. 262 - v. 190 av. J.-C.). Son principal ouvrage, *les Coniques,* systématise les connaissances antérieures sur les sections coniques. Il fonde sa théorie sur les sections d'un seul cône circulaire, droit ou oblique. Il propose un exposé méthodique qui intègre les résultats de ses prédécesseurs à ses propositions originales. Ses autres travaux, perdus, ont pu être restitués, en partie, grâce à Pappus.

Apollonios de Rhodes, poète grec (Alexandrie v. 295 - v. 230 av. J.-C.), auteur de l'épopée *les Argonautiques.*

Apollonios de Tyane, philosophe grec (Tyane, Cappadoce - Éphèse 97 apr. J.-C.). Il propagea les idées de Pythagore.

Appalaches, chaîne de montagnes des États-Unis qui culmine à 2 037 m, au mont Mitchell, et qui s'étend de la dépression Hudson-Mohawk aux plaines de l'Alabama méridional. Cette chaîne appartient au système appalachien, qui inclut son prolongement vers le N.-E. jusqu'à Terre-Neuve comprise. Région souvent boisée et encore localement domaine d'une polyculture médiocre, les Appalaches constituent surtout le premier bassin houiller américain.

Appenzell, canton de Suisse, enclavé dans celui de Saint-Gall, au sud du lac de Constance ; 415 km² ; 66 099 hab. de langue allemande. Ce canton, densément peuplé, vit de l'élevage, du textile (en déclin) et du tourisme. Le canton est constitué de deux demicantons : *Rhodes-Extérieures,* à majorité protestante (243 km² ; 52 229 hab. ; ch.-l. *Herisau,*) et *Rhodes-Intérieures,* à majorité catholique (172 km² ; 13 870 hab. ; ch.-l. *Appenzell* [5 194 hab.]).

Appert *(Nicolas),* industriel français (Châlons, Champagne, 1749 - Massy 1841). On lui doit le procédé de la conservation des aliments par chauffage en récipient clos (dit *appertisation*), à l'origine de l'industrie de la conserve.

Appia *(Adolphe),* théoricien et metteur en scène de théâtre suisse (Genève 1862 - Nyon 1928). Réagissant contre l'esthétique naturaliste, il privilégia les éléments expressifs du théâtre (acteur, lumière, rythme) et préconisa un décor à trois dimensions.

Appia *(via)* ou **Appienne** *(voie),* ancienne voie romaine qui allait de Rome à Brindisi. Elle était bordée de tombeaux dont plusieurs subsistent encore. Le plus célèbre est celui de Caecilia Metella.

Apple, société américaine fondée en 1977, qui commercialisa le premier micro-ordinateur personnel et le premier ordinateur personnel doté d'une souris et d'une interface graphique.

Appleton *(sir Edward Victor),* physicien britannique (Bradford 1892 - Édimbourg 1965).

Il a mesuré l'altitude de l'ionosphère et participé à la réalisation du radar. (Prix Nobel 1947.)

Appomattox, village de Virginie (États-Unis). En 1865, la reddition des confédérés de Lee au général Grant y mit fin à la guerre de Sécession.

Apponyi *(Albert, comte)* [Vienne 1846 - Genève 1933]. Chef de l'opposition conservatrice, il représenta la Hongrie à la Conférence de la paix (1919-20), puis à la S. D. N.

Apprenti sorcier *(l'),* poème symphonique de Paul Dukas (1897), d'après une ballade de Goethe.

Après-midi d'un faune *(l'),* ballet de V. Nijinski, inspiré du poème de Mallarmé, créé à Paris en 1912 par les Ballets russes de Diaghilev et l'auteur, sur la musique du *Prélude à l'après-midi d'un faune* de Debussy (1894).

Apt, ch.-l. d'arr. de Vaucluse, dans le bassin d'Apt, au pied du Luberon ; 11 702 hab. *(Aptésiens ou Aptois).* Confiserie. Ocre. — Église Ste-Anne, des XIIe-XVIIIe siècles (œuvres d'art). Musée.

Apulée, écrivain latin (Madaure, Numidie, 125 - v. 180). Il est l'auteur de *l'Âne d'or ou les Métamorphoses* (→ **Âne**), roman en 11 livres, d'inspiration satirique et mystique.

Apulie, contrée de l'ancienne Italie méridionale, colonisée par les Grecs, qui y fondèrent Tarente (v. 708 av. J.-C.), et formant aujourd'hui la Pouille.

Apurímac, riv. du Pérou, l'une des branches mères de l'Amazone.

Apuseni *(monts),* anc. Bihar ou Bihor, massif de l'ouest de la Roumanie ; 1 848 m.

Aqaba ou **Akaba** *(golfe d'),* golfe de l'extrémité nord-est de la mer Rouge, au fond duquel est situé le port jordanien d'*al-Aqaba* (10 000 hab.).

Aquilée, *en ital.* Aquileia, v. d'Italie, sur la mer Adriatique (prov. d'Udine) ; 3 359 hab. — Fondée en 181 av. J.-C., elle fut détruite par Attila (452). — Elle fut le siège d'un patriarcat ecclésiastique dont dépendait la Vénétie (554-1751). — Imposant forum d'époque impériale, mausolées et basilique d'époque constantinienne (IVe s.; reconstruite à partir du XIe s.), pavée de mosaïques. Musées.

Aquin *(Louis Claude d')* → **Daquin.**

Aquino *(Corazón, dite Cory),* chef d'État philippin (Manille 1933). Leader de l'opposition après l'assassinat de son mari, Benigno Aquino (1983), présidente des Philippines de 1986 à 1992, elle y a restauré les libertés fondamentales.

Aquitain (*Bassin*) ou **Aquitaine** (*bassin d'*), bassin sédimentaire de forme triangulaire, compris entre le Massif armoricain, le Massif central, les Pyrénées et l'océan Atlantique. Correspondant en majeure partie au bassin de la Garonne, c'est un pays de plateaux et de collines.

Aquitaine, Région du sud-ouest de la France, regroupant cinq départements (Dordogne, Gironde, Landes, Lot-et-Garonne et Pyrénées-Atlantiques) ; 41 308 km² ; 2 795 830 hab. Ch.-l. *Bordeaux.*

GÉOGRAPHIE

Vaste région, mais assez peu peuplée, elle correspond approximativement à la partie occidentale du bassin d'Aquitaine, du Périgord aux Pyrénées occidentales, Périgord et Pyrénées étant séparés par la forêt landaise et la vallée de la Garonne.

L'extension de la forêt explique, en partie, la faiblesse du peuplement. Son exploitation est à la base d'une industrie du bois, moins active aujourd'hui que l'agroalimentaire, diversifié. Des branches plus modernes se sont développées (aéronautique, électronique), alors que le raffinage du pétrole importé a disparu et que l'extraction du gaz naturel (à Lacq) s'éteint. En fait, l'agriculture (à la base d'ailleurs de l'agroalimentaire) demeure une activité essentielle et l'Aquitaine constitue encore largement une mosaïque de terroirs aux productions variées et souvent de qualité (fruits et légumes, vins du Bordelais, aviculture, etc.).

Excentrée, adossée aux Pyrénées, avec une métropole (Bordeaux) longtemps plus maritime que terrienne, sans grandes ressources minières, délaissée par les grands axes de circulation, l'Aquitaine peut aujourd'hui bénéficier de l'incorporation de l'Espagne et du Portugal dans la Communauté européenne, et de l'amélioration récente des dessertes autoroutières, ferroviaires (T. G. V.) et aériennes. Celle-ci a stimulé le tourisme estival, balnéaire, mais aussi gastronomique, alors que se sont multipliées les résidences secondaires dans l'intérieur. Le secteur tertiaire occupe déjà plus de 60 % des actifs, malgré une urbanisation modeste.

HISTOIRE

L'Aquitaine primitive s'étendait de la Loire aux Pyrénées et des Cévennes à l'Atlantique. Constituée en province par les Romains, elle est occupée par les Wisigoths au ve siècle. Après la victoire de Clovis à Vouillé (507), elle est intégrée au royaume franc, puis devient un duché indépendant à la fin du VIIe siècle. Le mariage d'Aliénor avec Louis VII en 1137 fait entrer l'Aquitaine dans le domaine royal. Mais, dès 1152, elle passe sous domination anglaise à la suite du remariage d'Aliénor avec Henri II Plantagenêt. Elle est reconnue possession anglaise au traité de Paris (1258-59) et prend le nom de Guyenne. La bataille de Castillon (1453) mettant fin à la guerre de Cent Ans rend la Guyenne à la France, et le duché revient définitivement à la Couronne en 1472.

arabe (*Ligue*), organisation d'États arabes indépendants, destinée à promouvoir leur coopération, constituée en 1945 par l'Égypte, l'Iraq, la Transjordanie, la Syrie, le Liban, l'Arabie saoudite, le Yémen. 14 États nouveaux et l'O. L. P. y ont adhéré de 1953 à 1993. L'Égypte, suspendue en 1979, y a été réintégrée en 1989. Son siège est au Caire.

Arabes unis (*Émirats*) → **Émirats arabes unis.**

Arabe unie (*République*) [R. A. U.], fédération de l'Égypte et de la Syrie (1958-1961). L'Égypte garda jusqu'en 1971 le nom de République arabe unie.

Arabie, en ar. Djazīrat al-'Arab, péninsule du sud-ouest de l'Asie, entre la mer Rouge et le golfe Persique ; 3 millions de km² ; 32 millions d'hab. env.

GÉOGRAPHIE

L'Arabie est partagée entre l'Arabie saoudite (qui en occupe la majeure partie), le Yémen, le sultanat d'Oman, la fédération des Émirats arabes unis et les principautés de Qatar, Bahreïn, Koweït.

La péninsule a un climat de désert chaud, altéré toutefois par l'altitude et l'exposition qui valorisent, par un accroissement des précipitations, certaines régions (reliefs du Yémen, du Dhofar et de l'Oman, voire l'Asir). C'est ainsi que l'on a pu opposer une Arabie méridionale, l'« Arabie heureuse » à la population sédentaire (agricole ou citadine), et une Arabie centrale et septentrionale, véritablement désertique, domaine du traditionnel nomadisme pastoral et parsemée de quelques oasis, dont les villes saintes islamiques du Hedjaz (La Mecque et Médine). Le nomadisme a pratiquement disparu avec les retombées de l'exploitation pétrolière, bouleversant localement l'économie, sinon la structure sociale et religieuse de la péninsule. L'abondance des réserves de pétrole a fait de l'Arabie un enjeu stratégique.

PRÉHISTOIRE ET ARCHÉOLOGIE

Pont entre l'Afrique et l'Asie, l'Arabie est d'un intérêt capital pour la haute préhistoire. Ainsi, au Yémen, des niveaux de la grotte d'al-Guzah (Hadramaout) dateraient d'un million d'années, et de nombreux sites de type moustérien sont mentionnés sur l'ensemble de la péninsule.

■ **Le néolithique.** Une période néolithique a été reconnue dans plusieurs régions. L'élevage, surtout celui des bovins, et l'agriculture s'y développent. Le très riche art rupestre, notamment dans la région de Sada, comprend d'abondantes représentations de bovidés. Des poteries peintes en provenance de la culture mésopotamienne d'Obeïd attestent de contacts maritimes réguliers entre cette région et la côte du Golfe à partir du Vᵉ millénaire avant notre ère.

■ **L'âge du bronze.** Les premiers sites de l'âge du bronze datent des environs de — 3000. Dans l'intérieur de la péninsule d'Oman, Bat, Hili et Maysar sont des oasis fondées sur l'irrigation et le palmier-dattier. Le cuivre des montagnes d'Oman, exporté dès cette date vers les cités sumériennes, les villages côtiers (Ras al-Djunayz) sur l'océan Indien jouent également un rôle dans le commerce maritime. À partir du milieu du IIIᵉ millénaire av. J.-C., les contacts continuent avec Sumer et s'intensifient avec la civilisation de l'Indus. Au Yémen, les nombreux villages ou hameaux de l'âge du bronze (IIIᵉ-IIᵉ millénaire av. J.-C.) pratiquent une agriculture céréalière (sorgho, orge). Cuivre et poterie y sont utilisés, la poterie présentant des affinités avec celle de Palestine mais aussi, par son décor au peigne, avec les cultures contemporaines du Soudan. On attribue aussi à cette époque des alignements de pierres dressées.

Du Koweït à Bahreïn, la culture de Dilmoun, du nom donné à cette région par les Sumériens, connaît une évolution parallèle et cela dès la fin du IVᵉ millénaire. Mais on en connaît surtout la phase finale, entre 2200 et 1750 av. J.-C., le long des côtes, de Faylaka à Bahreïn et au Qatar. Les sites présentent un aspect urbain et la culture matérielle, bien qu'influencée par la Mésopotamie, offre de nombreux aspects originaux, notamment de petits cachets ronds, dits « du Golfe ». Au IIᵉ millénaire, la région est dominée par les dynasties kassites de Mésopotamie.

HISTOIRE

■ **La période préislamique.** Au IIᵉ millénaire av. J.-C. se produit la domestication du chameau, puis l'invention d'une écriture alphabétique. Dans la seconde moitié du Iᵉʳ millénaire, des États organisés prennent naissance en Arabie du Sud, parmi lesquels les royaumes d'Hadramaout et de Saba (IXᵉ s. av. J.-C. - Iᵉʳ s. apr. J.-C.). Les négociants de l'Arabie du Sud monopolisent le commerce entre l'Inde et l'Occident, mais les échanges déclinent vers le IIᵉ s. av. J.-C. Les Bédouins de l'Arabie du Nord pratiquent une économie précaire, qui ne peut être autarcique. Les oasis du Hedjaz sont d'actifs centres commerciaux. Avec la présence romaine en Orient (IIᵉ s. av. J.-C.-IVᵉ s. apr. J.-C.) se développent des cités-États au débouché des routes caravanières : Pétra, capitale des Nabatéens, puis de la province romaine d'Arabie (106 apr. J.-C.), Bosra, Palmyre (IIIᵉ s.). Le déclin du commerce aux IVᵉ et Vᵉ siècles coïncide avec la décadence de Rome et la désorganisation de l'Arabie du Sud. Alors que le christianisme et le judaïsme se répandent, La Mecque, centre de pèlerinage autour de la Kaaba et de la Pierre noire, se développe grâce au commerce prospère des Qurayichites.

■ **La naissance de l'islam.** Mahomet commence sa prédication au début du VIIᵉ siècle. Celle-ci, recueillie dans le Coran, est capable d'unir l'Arabie autour d'une nouvelle religion et de donner une impulsion décisive nouvelle à l'expansion vers les terres plus riches, vocation éternelle des nomades. Yathrib (Médine), où la communauté a dû émigrer en 622, devient le centre de l'islam. Vers 630, des tribus de toute la péninsule se convertissent.

À la mort de Mahomet, en 632, se pose le problème de sa succession , qui divisera la communauté tant sur le plan doctrinal que sur le plan politique. Les quatre premiers califes, Abu Bakr, Umar Iᵉʳ, Uthman ibn Affan et Ali, sont dits « inspirés ». Après l'assassinat d'Ali, le gouverneur de Syrie Muawiya s'empare du pouvoir et fonde la dynastie omeyyade. Le centre de l'empire se déplace vers la Syrie, puis vers la Mésopotamie, où s'opéreront les synthèses qui donneront naissance à la civilisation arabo-islamique classique. Gouvernée par les Omeyyades, l'Arabie et surtout les villes saintes profitent de la prospérité de l'empire. Cependant, les Abbassides ne peuvent maintenir leur autorité après 860.

■ **Le déclin.** Les Ismaéliens, ou Qarmates, sont, au Xᵉ siècle, les maîtres du Yémen, de l'Oman et du Hasa, et menacent l'Iraq à partir de ces bases. Vers 960, des chérifs hasanides prennent le pouvoir à La Mecque, où plusieurs lignées d'entre eux se succéderont jusqu'en 1924. L'Arabie, divisée en une multitude de principautés ou de cités-États, vit dans l'anarchie et l'isolement, à l'écart de l'évolution du reste du monde. À partir de la fin du XVᵉ siècle, les Portugais s'assurent des bases (Ormuz, Bahreïn) sur le golfe Persique. Ils se heurtent aux prétentions des

Ottomans (XVIᵉ s.), puis à celles des Hollandais et des Britanniques (XVIIᵉ s.).

■ **La formation des États contemporains.**
Un réformateur religieux du Nadjd, Muhammad ibn Abd al-Wahhab (1703-1792), s'allie aux Saoudites pour regrouper les Arabes autour d'un idéal religieux, le wahhabisme. Un premier État saoudite étend son emprise sur la majeure partie de l'Arabie. Après l'occupation de La Mecque (1803 ; 1806-1813), il se heurte aux Ottomans qui envoient Méhémet Ali écraser ce royaume (1811-1819) et rétablir leur autorité. De leur côté, les Britanniques installent leurs protectorats sur les côtes de l'océan Indien et du golfe Persique (Aden, Oman, Trucial States, Bahreïn). Le wahhabisme a cependant réveillé le nationalisme arabe : Abd al-Aziz III ibn Saud conquiert sur les Ottomans et sur les Hachémites les régions de la future Arabie saoudite (fondée en 1932). Les autres pays se libèrent les uns après les autres de la tutelle britannique dans les années 1960 et au début des années 1970, et forment les États indépendants de l'Arabie contemporaine. La majorité de ces États possède d'importants gisements de pétrole, ce qui leur confère un rôle économique et stratégique important. L'Arabie saoudite, Bahreïn, les Émirats arabes unis, Koweït, Oman et Qatar participent à la coalition internationale engagée contre l'Iraq dans la guerre du Golfe (août 1990-févr. 1991).

Arabie saoudite, État occupant la majeure partie de la péninsule d'Arabie ; 2 150 000 km² ; 15 500 000 hab. *(Saoudiens).* CAP. *Riyad.* LANGUE : *arabe.* MONNAIE : *riyal.*

GÉOGRAPHIE

Issu des tribus nomades de l'Arabie centrale, peuplé initialement presque exclusivement d'Arabes islamisés (de confession dominante sunnite wahhabite), l'État saoudien a d'abord rempli le rôle de gardien des lieux saints et d'organisateur du pèlerinage de La Mecque. Il conserve ce rôle, mais l'exploitation pétrolière (à partir des années 1940), dont la production approchait 340 Mt en 1990, ajoutée aux revenus du pétrole (le pays est le premier exportateur mondial) a accéléré la sédentarisation (urbanisation rapidement croissante), l'intensification de l'élevage (ovins) et localement (grâce à l'irrigation) celle des cultures, et permis aussi une amorce d'industrialisation (raffinage et pétrochimie, biens de consommation). Parallèlement, le nombre des immigrés (qui représentent 3 actifs sur 4) s'est considérablement accru, ce qui, à terme, peut modifier une organisation sociale et politique qui a encore peu évolué.

HISTOIRE

L'Arabie saoudite est née des conquêtes de l'émir du Nadjd, ʻAbd al-Aziz ibn Saud, faites à partir de 1902 sur les régions possédées par des Turcs.

1932. Création du royaume d'Arabie saoudite, qu'ʻAbd al-Aziz ibn Saud modernise grâce aux revenus du pétrole.

1953. Saud ibn ʻAbd al-Aziz succède à son père, ʻAbd al-Aziz.

1964. Faysal dépose son frère Saud, à qui il succède.

1975. Après l'assassinat de Faysal, son frère, Khaled, lui succède.

1982. Début du règne de Fahd, frère de Khaled.

1991. Une force multinationale à prépondérance américaine déployée sur le territoire saoudien intervient contre l'Iraq (guerre du Golfe).

Arabique *(golfe)* → **Rouge** *(mer).*

Arabique *(mer)* → **Oman** *(mer d').*

Aracaju, port du Brésil, cap. de l'État de Sergipe ; 401 244 hab.

Arad, v. de Roumanie, près de la Hongrie ; 190 088 hab. Métallurgie.

Arafat *(Yasser* ou *Yasir),* homme politique palestinien (Jérusalem 1929), président, depuis 1969, de l'Organisation de libération de la Palestine (O. L. P.). Il est nommé en 1989 président de l'« État palestinien » proclamé par l'O. L. P. Un des principaux artisans de l'accord israélo-palestinien signé à Washington en 1993 (qui lui vaut l'année suivante le prix Nobel de la paix avec Y. Rabin et S. Peres), il devient, en 1994, président de l'Autorité nationale palestinienne.

Arago *(François),* astronome, physicien et homme politique français (Estagel, Roussillon, 1786 - Paris 1853). Avec Biot, il achève la mesure d'un arc de méridien terrestre et effectue les premières mesures précises de la densité de l'air et de divers gaz (1806). Directeur de l'Observatoire de Paris, il y donne des cours d'astronomie célèbres. Esprit libéral, très populaire, il est élu député des Pyrénées-Orientales en 1832 et devient membre du gouvernement provisoire (1848), comme ministre de la Marine et de la Guerre, et fait abolir l'esclavage dans les colonies françaises. En optique, il adopta et propagea la théorie ondulatoire. On lui doit la découverte des phénomènes de polarisation rotatoire et de polarisation chromatique (1811), de l'aimantation du fer au voisinage d'un courant électrique (1820), de la chromo-sphère solaire (1840), etc.

Aragon, *en esp.* Aragón, communauté auto-nome du nord-est de l'Espagne, comprenant les prov. de Huesca, Saragosse et Teruel ; 1 212 025 hab. *(Aragonais).* Cap. *Saragosse.* GÉOGR. Cette région historique, axée sur le cours de l'Èbre entre les Pyrénées et les monts Celtibériques, englobe Saragosse (regroupant la moitié de la population régio-nale) et des campagnes désertiques. La mon-tagne, dépeuplée, associe élevage et sylvicul-ture, et fournit de l'hydroélectricité. Dans le bassin de l'Èbre, l'irrigation a permis l'ex-tension des cultures (céréales, betteraves, luzerne). HIST. Apparu au IXᵉ siècle, le comté d'Aragon se constitue en royaume au XIᵉ. Après la réunion avec le comté de Barcelone (1137), le royaume d'Aragon devient une puissance méditerranéenne de premier plan. (→ Aragon [Couronne d'].) La région est dotée d'un statut d'autonomie entré en vigueur en 1982.

Aragon *(Couronne d'),* confédération d'États, sous des rois communs, qui regroupa, à par-tir du XIIᵉ siècle, le royaume d'Aragon et le comté de Barcelone, puis les royaumes de Valence, de Majorque, de Sicile, de Sardaigne et de Naples, et disparut au XVIIIᵉ siècle.
■ **Les débuts de la Couronne d'Aragon.** La Couronne d'Aragon trouve son origine en 1137, dans le mariage de Pétronille d'Aragon avec le comte de Barcelone, Rai-mond Bérenger IV. Dès cette époque, ses souverains mènent deux politiques parallè-les, l'une de reconquête et de repeuplement dans la péninsule Ibérique ; l'autre d'expan-sion dans le midi de la France, où les Cata-lans sont en possession de la Provence depuis 1112. Alphonse II parvient à étendre sa suzeraineté sur les régions occitanes de Montpellier, du Rouergue et du Gévaudan. Mais la croisade des albigeois, dirigée par des barons français, met un terme aux ambi-tions aragonaises et catalanes (défaite de Muret, 1213), désormais orientées vers d'autres directions. En 1258, la Couronne d'Aragon ne possède plus en France que Montpellier, le Roussillon et la Cerdagne.
■ **Une grande puissance méditerra-néenne.** Ayant pris possession des Baléares (Palma de Majorque, 1229) et de Valence (1238), puis atteint les limites qu'ils s'étaient fixées avec la Castille, Aragonais et Catalans poursuivent leur politique d'expansion plus

à l'est. L'explosion des Vêpres siciliennes (1282) donne la Sicile à Pierre III d'Aragon, qui conquiert également la Sardaigne en 1323. Au XIVᵉ siècle, grâce à ses marins cata-lans, la Couronne d'Aragon domine, soit directement soit par l'intermédiaire de ses branches cadettes, toute la Méditerranée occidentale ainsi que deux duchés en Grèce, constitués par des mercenaires, les Almuga-vares, en 1311 et 1318. Sous le règne de Pierre IV (1336-1387), tous ses territoires sont rassemblés sous l'autorité d'un même souverain. En 1442, Alphonse V réalise la conquête du royaume de Naples.
■ **L'union avec la Castille.** Uni à la Castille en 1479, l'Aragon maintient sa structure pro-pre, avec des possessions réduites, jusqu'à la guerre de la Succession d'Espagne. Les États ayant pris parti pour l'archiduc Charles de Habsbourg, les Bourbons font disparaître par décrets (1707, 1716) les royaumes d'Ara-gon et de Valence et le comté de Barcelone.

Aragon *(Louis),* écrivain français (Paris 1897 - id. 1982). Un des fondateurs du surréalisme (*le Paysan de Paris,* 1926), il adhère ensuite au communisme, et ses idées politiques sont à la base de ses romans, qui peignent la société française, en mêlant personnages historiques et imaginaires (*les Cloches de Bâle,* 1933 ; *les Beaux Quartiers,* 1936 ; *Aurélien,* 1945 ; *les Communistes,* 1949-1951). Il a été, avec Paul Eluard, un des poètes de la Résistance (*le Crè-ve-cœur,* 1941) et a célébré sur le mode du lyrisme traditionnel l'amour absolu (*les Yeux d'Elsa,* 1942 ; *le Fou d'Elsa,* 1963 : recueils dédiés à sa femme Elsa Triolet) comme l'action politique (*Élégie à Pablo Neruda,* 1966). Directeur de l'hebdomadaire *les Let-tres françaises* (1953-1972), il élabore une réflexion sur la création artistique (*Collages,* 1965 ; *Henri Matisse, roman,* 1971) et littéraire (*Je n'ai jamais appris à écrire ou les Incipit,* 1969), qui anime ses derniers romans (*la Semaine sainte,* 1958 ; *la Mise à mort,* 1965 ; *Blanche ou l'Oubli,* 1967 ; *Théâtre/Roman,* 1974).

Araguaia, riv. du Brésil, affl. du Tocantins (r. g.) ; 2 640 km.

Arakan, chaîne de montagnes de Birmanie, entre l'Irrawaddy et le golfe du Bengale.

Aral *(mer d'),* grand lac salé d'Asie centrale, qui reçoit le Syr-Daria et l'Amou-Daria. D'une profondeur moyenne de 20-25 m, la mer d'Aral, à 53 m d'altitude, couvre envi-ron 39 000 km². Les prélèvements de l'irri-gation ont accru la salinité et provoqué un abaissement du niveau d'eau (et donc la réduction de la superficie), alors que la pollution a détruit la flore et la faune aquatiques, développant même des pathologies chez les riverains.

Araméens, populations sémitiques qui, d'abord nomades, fondèrent divers États en Syrie. Leur langue devint la langue internationale de l'Orient ancien à partir du VIIIe s. av. J.-C. et disparut presque entièrement après la conquête arabe (VIIe s. apr. J.-C.).

Aran (val d'), vallée des Pyrénées espagnoles (Catalogne), où naît la Garonne.

Aranda (Pedro, comte d'), général et homme politique espagnol (Huesca 1719 - Épila 1798). Président du Conseil de Castille (1766-1773), il expulsa les jésuites d'Espagne (1767).

Aranjuez, v. d'Espagne (prov. de Madrid), sur le Tage ; 36 162 hab. — C'est là qu'éclata, dans la nuit du 17 au 18 mars 1808, une révolte (l'insurrection d'Aranjuez) contre Charles IV, allié de Napoléon Ier. — Palais royal des XVIe-XVIIIe siècles (beaux jardins).

Arany (János), poète hongrois (Nagyszalonta, auj. Salonta, Roumanie, 1817 - Budapest 1882), auteur de l'épopée nationale de Toldi (1847-1879).

Arapaho, tribu indienne de la Prairie nordaméricaine appartenant à la famille des Algonquins. Ils vivent aujourd'hui dans le Wyoming et l'Oklahoma.

Ararat (mont), massif volcanique de la Turquie orientale, proche des frontières arménienne et iranienne ; c'est le point culminant de la Turquie (5 165 m). — C'est là que, suivant la Bible, s'arrêta l'arche de Noé.

Araucans, nom générique donné au XVIe siècle par les Espagnols aux Indiens du Chili central (notamm. les Mapuche, les Puelche), qui leur opposèrent une résistance acharnée. Ils furent définitivement soumis dans la seconde moitié du XIXe siècle.

Aravalli (monts), massif du nord-ouest de l'Inde (Rajasthan), bordant le Deccan.

Aravis (chaîne des), chaîne calcaire du massif préalpin des Bornes, franchie à 1 498 m par le col des Aravis ; 2 752 m.

Arawak, peuples indiens d'Amérique répartis au Pérou, au Venezuela, au Guyana et au Suriname. Installés jadis aux Antilles, ils furent refoulés par les Carib dans les seules grandes Antilles, où, après la conquête espagnole, ils ne survécurent, acculturés, qu'à Cuba.

Araxe, riv. d'Asie, née en Turquie, qui sert notamment de frontière entre l'Iran et l'Azerbaïdjan ; elle rejoint la Koura (r. dr.) dans l'Azerbaïdjan ; 994 km.

Arbèles (bataille d') [331 av. J.-C.], victoire décisive d'Alexandre le Grand en Assyrie sur le roi de Perse Darios III.

Arbil ou **Erbil,** v. d'Iraq, au pied du Zagros ; 334 000 hab. C'est l'antique Arbèles.

Arbois (vignoble d'), vignoble du Jura bénéficiant d'une appellation contrôlée, produisant des vins rouges, des vins blancs secs, le vin de paille et du vin jaune.

Arbus (Diane), photographe américaine (New York 1923 - id. 1971). Élève de Lisette Model, elle a réalisé, avant de se suicider, le portrait d'une humanité contrefaite, déchue et solitaire, étrange antithèse de la norme d'une Amérique triomphante.

Arcachon, ch.-l. de c. de la Gironde, sur le bassin d'Arcachon ; 12 164 hab. (Arcachonnais). Station balnéaire et climatique. Casino. Ostréiculture.

Arcadie, région de la Grèce ancienne, dans la partie centrale du Péloponnèse, dont la tradition poétique a fait un pays idyllique.

Arcadius (v. 377 - 408), empereur romain d'Orient (395-408), fils aîné de Théodose Ier.

Arcand (Denys), cinéaste canadien (Deschambault, Québec, 1941). Après quelques films politiques (la Maudite Galette, 1970 ; Réjeanne Padovani, 1973), cet homme est devenu un cinéaste majeur, peintre subtil et lyrique, parfois cruel, du Québec contemporain : le Déclin de l'empire américain (1986), Jésus de Montréal (1989).

Arc-et-Senans, comm. du Doubs, sur la Loue ; 1 291 hab. — Édifices de la « Saline royale de Chaux » (1775-1779), œuvre de C. N. Ledoux, abritant un centre culturel et un musée consacré à l'architecte.

Archiloque, poète grec (Paros 712 - v. 664 av. J.-C.). Un des plus grands poètes lyriques ioniens, il passe pour avoir inventé le vers iambique.

Archimède, mathématicien, physicien et ingénieur grec (Syracuse v. 287 av. J.-C. - id. 212).

■ **Les travaux mathématiques.** Il est le premier à donner une méthode très précise d'approximation de π, rapport de la longueur du cercle à son diamètre ; elle consiste à encadrer le cercle avec deux polygones réguliers (un inscrit et un exinscrit) dont on augmente progressivement le nombre de côtés. Il perfectionne le système numéral grec en donnant un procédé commode pour représenter de très grands nombres (de l'ordre de 10^{63}), fait les premiers travaux de géométrie infinitésimale, et traite de nombreux problèmes. Il trouve les formules d'addition et de soustraction des arcs, calcule l'aire d'un segment de parabole, d'un secteur de la spirale qui porte son nom, de la sphère, du cylindre, etc. Sous le nom de *sphéroïdes* et de *conoïdes,* il étudie les solides engendrés par la rotation d'ellipses, de paraboles et d'hyperboles autour de leurs axes.

■ **La mécanique et la physique.** En mécanique, on attribue à Archimède l'invention de la vis sans fin, de la poulie mobile, des moufles, des roues dentées ; il établit la théorie du levier, ne demandant, dit-on, qu'« un point d'appui pour soulever le monde ». En physique, Archimède est le fondateur de la statique des solides, avec sa théorie du centre de gravité, ainsi que de l'hydrostatique, dont il établit les lois fondamentales dans son *Traité des corps flottants.* Il énonce le fameux théorème qui porte son nom : « Tout corps plongé dans un fluide subit une poussée verticale, dirigée de bas en haut, égale au poids du fluide qu'il déplace et appliquée au centre de gravité du fluide déplacé, ou centre de poussée », qui reste associé à la célèbre exclamation : « Eurêka ! » (« J'ai trouvé ! »).

■ **Les machines de guerre.** Archimède dirige la défense de Syracuse attaquée par Rome. Pendant trois ans, il tient en échec l'armée de Marcellus ; il fait construire des machines pour lancer à grandes distances des traits ou des pierres ; au moyen de miroirs ardents formés par des miroirs plans, judicieusement associés, il enflamme, dit-on, les vaisseaux des assiégeants, mais la chose, si elle est possible, n'a jamais été formellement prouvée. Les Romains étant entrés dans Syracuse par surprise, Marcellus ordonnera qu'on épargne le grand homme ; mais celui-ci, absorbé par la recherche d'un problème, sera tué par un soldat qui, ne le connaissant pas, s'irritera de ne pouvoir obtenir de lui une réponse.

Archinard *(Louis),* général français (Le Havre 1850 - Villiers-le-Bel 1932). Vainqueur d'Amadou (1890) et de Samory Touré (1891), il permit la pénétration française au Soudan.

Archipel du Goulag *(l'),* par A. Soljenitsyne (1973-1976), dossier d'accusation sur la répression politique et culturelle en U. R. S. S.

Archipenko *(Alexander),* sculpteur américain d'origine russe (Kiev 1887 - New York 1964). C'est à Paris, vers 1910-1914, que se place sa production la plus novatrice. De caractère dynamique, elle fait appel à l'évidement des formes, à la polychromie (reliefs dits « sculpto-peintures ») et à l'assemblage de matériaux divers (*Médrano,* 1913, musée Guggenheim, New York). Aux États-Unis, à partir de 1923, sa manière se stabilise dans l'élégance.

Arcimboldo ou **Arcimboldi** *(Giuseppe),* peintre italien (Milan 1527 - *id.* 1593). Il fut, dans le climat maniériste de la cour de Prague, l'inventif metteur en scène des fêtes des Habsbourg. Ses peintures sont d'étranges caprices où végétaux, fruits, crustacés, etc., composent des figures humaines.

Arcole *(bataille du pont d')* [15-17 nov. 1796], difficile victoire de Bonaparte pendant la campagne d'Italie, sur les Autrichiens, près de Vérone, sur un petit affluent de l'Adige.

Arctique *(archipel),* ensemble des îles du Canada, entre le continent et le Groenland.

Arctique *(océan),* ensemble des mers situées dans la partie boréale du globe, limité par les côtes septentrionales de l'Asie, de l'Amérique et de l'Europe, et par le cercle polaire boréal.

Arctiques *(terres)* ou **Arctique,** ensemble des régions continentales (Amérique et Eurasie) et insulaires situées au nord du cercle arctique. Les régions insulaires sont : l'archipel canadien ; le Groenland (Danemark) ; le Spitzberg, ou Svalbard (Norvège) ; la Nouvelle-Zemble, l'archipel François-Joseph, la Severnaïa Zemlia et les îles de Nouvelle-Sibérie (Russie). GÉOGR. Le froid de l'hiver (moyennes mensuelles souvent inférieures à — 10 ºC ou même — 20 ºC) conditionne toute la vie. Il explique : la présence d'un sol gelé jusqu'à une grande profondeur ; la durée du manteau neigeux ; l'importance d'une banquise interdisant l'écoulement en surface des précipitations pendant près de 200 jours par an ; la persistance d'inlandsis et de calottes insulaires dont les émissaires donnent naissance à des icebergs. En été, les eaux de fonte et les débâcles transforment les plaines en un immense champ de boue semé de marais et de lacs, et, sur les terres non inondées, les fontes redonnent vie aux plantes de la toundra. Les formes traditionnelles de l'élevage, de la chasse et de la pêche ont subi de profonds bouleversements. La vie industrielle et commerciale est localement parvenue à se développer (sites miniers notamment, ports jalonnant la voie maritime du Nord en Russie, aéroports et bases stratégiques).

Arcy *(Jean d'),* administrateur français (Versailles 1913 - Paris 1983). Ministre de l'Information aux côtés de F. Mitterrand en 1948-49, directeur des programmes de la télévision française de 1952 à 1959, il crée l'Eurovision en 1954. En 1971, il devient président de l'Institut international des communications et siège au Haut Conseil de l'audiovisuel.

Arcy-sur-Cure, comm. de l'Yonne ; 527 hab. Dans un ensemble de grottes occupées du paléolithique (— 35000) à l'époque gallo-romaine, A. Leroi-Gourhan a étudié des sols d'habitats du paléolithique intacts, avec foyers, trous de poteaux, ainsi que nombre d'outils en pierre, en os et des gravures pariétales qui font de ce site l'un des plus importants gisements du nord de la Loire.

Ardabil, v. de l'Iran, dans l'Azerbaïdjan ; 282 000 hab.

Ardant du Picq *(Charles),* écrivain militaire français (Périgueux 1821 - près de Gravelotte 1870). Ses écrits sur le moral de la troupe eurent une grande influence sur les cadres de l'armée de 1914.

Ardèche, riv. de France, née dans les Cévennes. Elle traverse en cañons pittoresques le bas Vivarais calcaire, passe sous le pont d'Arc et se jette dans le Rhône (r. dr.) ; 120 km.

Ardèche [07], dép. de la Région Rhône-Alpes ; ch.-l. de dép. *Privas* ; ch.-l. d'arr. *Largentière, Tournon-sur-Rhône* ; 3 arr. ; 33 cant., 339 comm. ; 5 529 km² ; 277 581 hab. *(Ardéchois).* Il est rattaché à l'académie de Grenoble, à la cour d'appel de Nîmes et à la région militaire Méditerranée.

Arden *(John),* auteur dramatique britannique (Barnsley 1930), influencé par la conception théâtrale de Brecht (*la Danse du sergent Musgrave,* 1959 ; *l'Âne de l'hospice,* 1963).

Ardenne ou **Ardennes,** région naturelle située dans la partie orientale de la Belgique, le nord du grand-duché de Luxembourg et le tiers septentrional du département français des Ardennes. **GÉOGR.** S'étendant sur plus de 10 000 km², l'Ardenne est un plateau froid et humide, couvert de forêts, landes ou tourbières, coupé de vallées encaissées (Meuse) et dont l'altitude oscille entre 400 et près de 700 m. La région, peu peuplée, vidée en partie par une persistante émigration, vit surtout de l'élevage laitier et aussi, localement, du tourisme. **HIST.** La région fut le théâtre, en août 1914, de combats de rencontre entre Français et Allemands, puis, en mai 1940, de la percée de la Meuse par la Wehrmacht, et enfin, en décembre 1944, de l'ultime contre-offensive des blindés allemands (Bastogne).

Ardennes [08], dép. de la Région Champagne-Ardenne ; ch.-l. de dép. *Charleville-Mézières* ; ch.-l. d'arr. *Rethel, Sedan, Vouziers* ; 4 arr. ; 37 cant., 462 comm. ; 5 229 km² ; 296 357 hab. *(Ardennais).* Il est rattaché à l'académie et à la cour d'appel de Reims, à la région militaire Nord-Est.

Ardents *(bal des),* bal masqué donné en 1393 en présence de Charles VI, au cours duquel de jeunes seigneurs, déguisés en sauvages, furent brûlés vifs accidentellement.

Arecibo, v. de la côte nord de Porto Rico ; 87 000 hab. — Radiotélescope paraboloïdal de 300 m de diamètre.

Arendt *(Hannah),* philosophe américaine d'origine allemande (Hanovre 1906 - New York 1975). Élève de Husserl, de Bultmann, de Jaspers et, surtout, de Heidegger, elle a étudié les systèmes totalitaires (*les Origines du totalitarisme,* 1951), qu'elle aborde en termes politiques plutôt que sociologiques. Mais elle n'a pas pu terminer sa grande œuvre philosophique, dont seulement deux livres sont parus, *la Pensée* (1978 ; trad. fr. 1981) et *le Vouloir* (1978 ; trad. fr. 1983). Un ouvrage également important est *le Concept d'amour chez Augustin* (1929 ; trad. fr. 1991). Hostile à l'introspection, elle affirme que l'activité doit se tourner vers les autres et procède par analyses phénoménologiques, sans dissection psychologique.

Arequipa, v. du Pérou méridional, fondée par Pizarro en 1540 ; 634 000 hab. Centre commercial et industriel. — Ville pittoresque conservant des édifices religieux de la période coloniale (église de la Compañía [des Jésuites], vaste ensemble monastique de S. Catalina).

Arès, dieu grec de la Guerre. Originaire de Thrace, il est représenté comme un guerrier en armes. Fils de Zeus et d'Héra, il s'oppose en particulier à Athéna, dont l'intelligence triomphe de sa force guerrière. Les Romains l'assimilèrent à leur dieu Mars.

Arétin *(Pietro* Aretino, dit l'*),* écrivain italien (Arezzo 1492 - Venise 1556). Protégé des princes et des prélats, il poursuit à Rome puis à Venise une carrière de pamphlétaire licencieux, laissant surtout des *Lettres* (1537-1557) sur la vie politique et culturelle de son temps, fondée sur la courtisanerie.

Arezzo, v. d'Italie (Toscane), ch.-l. de prov. ; 90 577 hab. — Églises de la Pieve di

S. Maria (XIIᵉ-XIIIᵉ s.), S. Francesco (célèbres fresques de Piero della Francesca), S. Maria delle Grazie (XVᵉ s.), etc. Palais des XIVᵉ-XVIᵉ siècles. Piazza Grande, remodelée par Vasari. Musées.

Argand *(Jean Robert),* mathématicien suisse (Genève 1768 - Paris 1822). Il a conçu une représentation géométrique des nombres complexes.

Argelander *(Friedrich),* astronome allemand (Memel 1799 - Bonn 1875). Il contribua à développer l'étude des étoiles variables, et ses observations confirmèrent l'existence des mouvements propres stellaires ainsi que le déplacement du système solaire dans la Galaxie. On lui doit le plus important catalogue d'étoiles jamais réalisé, le *Bonner Durchmusterung* (1857-1863), donnant la position et l'éclat de plus de 324 000 étoiles, et l'atlas céleste correspondant.

Argelès-Gazost, ch.-l. d'arr. des Hautes-Pyrénées, sur le gave d'Azun ; 3 419 hab. *(Argelésiens).* Station thermale.

Argenlieu *(Georges Thierry d'),* en religion R.P. **Louis de la Trinité,** amiral français (Brest 1889 - carmel de Relecq-Kerhuon 1964). Ancien officier de marine devenu carme, il rejoignit de Gaulle à Londres (1940). Il fut haut-commissaire en Indochine (1945-1947) et grand chancelier de l'ordre de la Libération (1940-1958).

Argenson *(de Voyer d'),* famille française dont plusieurs membres s'illustrèrent dans la politique, en particulier le marquis **René Louis,** secrétaire d'État aux Affaires étrangères (1744-1747), et qui fut surnommé la **Bête** en raison de ses manières très frustes.

Argentan, ch.-l. d'arr. de l'Orne, dans la *plaine* ou *campagne d'Argentan,* sur l'Orne ; 17 157 hab. *(Argentanais).* Constructions mécaniques. Agroalimentaire. — Monuments médiévaux.

Argenteuil, ch.-l. d'arr. du Val-d'Oise, sur la Seine ; 94 162 hab. *(Argenteuillais).* Centre résidentiel et industriel.

Argentine, *en esp.* Argentina, État fédéral d'Amérique du Sud ; 2 780 000 km² ; 32 700 000 hab. *(Argentins).* CAP. *Buenos Aires.* LANGUE : espagnol. MONNAIE : *peso.*

GÉOGRAPHIE

L'Argentine est cinq fois plus étendue que la France, mais presque dix fois moins densément peuplée. Buenos Aires regroupe le tiers de la population du pays, qui comprend de vastes espaces presque vides. Le peuplement est en majeure partie d'origine européenne. Le développement a été relativement précoce, le pays a une vocation largement agricole : les produits du sol (blé, maïs, sorgho, etc.) et de l'élevage (laine et surtout viande) sont prépondérants dans les exportations.

Entre les Andes et l'Atlantique, étirée sur près de 4 000 km du tropique à la Terre de Feu, l'Argentine est formée surtout de plaines et de plateaux : Chaco subtropical au nord, couvert par la savane ou portant des forêts de quebrachos ; Pampa au centre, domaine de la prairie (au climat de type tempéré vers le Río de la Plata) qui cède la place au *monte* (formation forestière médiocre) vers les Andes ; Patagonie, froide et souvent aride, au sud.

L'étendue des surfaces disponibles a été une cause du développement de l'élevage bovin et ovin, de l'importance des récoltes de blé et de vin souvent liées aussi à l'élevage (maïs, sorgho, soja). Elle explique également la prépondérance des grandes exploitations, et la relative faiblesse des rendements. Le pays dispose de ressources énergétiques notables (pétrole et gaz naturel, électricité hydraulique, importantes réserves d'uranium), mais insuffisantes (très peu de houille, importations de pétrole nécessaires). En revanche, les minerais métalliques sont rares et peu abondants. L'industrie valorise en priorité les produits de l'agriculture et de l'élevage, mais s'est diversifiée (métallurgie de transformation surtout), avec l'apport de capitaux étrangers. Elle est concentrée dans l'agglomération de Buenos Aires (débouché maritime du pays), présente toutefois aussi à Rosario et Córdoba, principales villes, avec les cités du piémont andin (San Miguel de Tucumán, Mendoza [centre du vignoble]) et les ports (Bahía Blanca) ou stations (Mar del Plata) du littoral. L'urbanisation concerne plus de 80 % d'une population qui s'accroît aujourd'hui en raison plus d'un notable excédent naturel (le taux de natalité dépasse encore 20 ‰) que de l'immigration (à la base du peuplement, et intense au XIXᵉ et au début du XXᵉ s.).

HISTOIRE

1516. L'Espagnol Díaz de Solís aborde dans le Río de la Plata.

1580. Fondation de Buenos Aires.

Les Espagnols s'établissent progressivement à l'intérieur du pays. Ils y introduisent le cheval et les bovins, qui s'y multiplient rapidement. Au XVIIIᵉ s. se créent d'immenses

propriétés, ou estancias. Les propriétaires de grands troupeaux tiennent une place prépondérante dans la hiérarchie sociale.
1776. Création de la vice-royauté de La Plata.
1810. Le vice-roi, représentant du roi d'Espagne, est déposé.
1816. José de San Martín fait proclamer l'indépendance du pays par le congrès de Tucumán.
1853. L'Argentine se donne une Constitution libérale et fédérale.
De 1850 à 1929, la croissance économique s'accompagne d'une très forte immigration européenne.
1929-1943. Période de crise économique, de tensions sociales et de dictatures militaires.
1946-1955. Gouvernement autoritaire de Perón, qui, assisté de sa femme Eva Duarte, met en œuvre un programme de réformes sociales et économiques fondamentales et s'efforce de rendre l'Argentine économiquement indépendant, en particulier à l'égard des États-Unis. Mais l'opposition de la bourgeoisie, de l'Église et de l'armée provoque le départ de Perón.
1966. L'armée prend le pouvoir.
Des difficultés politiques et économiques l'amènent à organiser des élections qui aboutissent au retour au pouvoir de Perón (1973). Mais Perón meurt en 1974 et sa seconde femme, Isabel, lui succède.
1976. Isabel Perón, incapable de faire face au chaos économique et politique, est renversée par une junte militaire.
1982. Échec d'une tentative de conquête des îles Malouines (ou Falkland), possession britannique.
1983. Retour des civils au pouvoir. Raúl Alfonsín, leader du parti radical, est élu président de la République.
L'équilibre entre le pouvoir civil, confronté à une grave crise économique et sociale, et l'armée reste cependant fragile.
1989. Le péroniste Carlos Saúl Menem est élu président de la République.
1995. C. Menem est réélu à la présidence.

Arghezi *(Ion N.* **Theodorescu,** dit **Tudor)**, poète roumain (Bucarest 1880 - *id.* 1967). Il unit la double expérience de la vie monastique et des luttes politiques (*Cantique à l'homme,* 1956).

Argolide, contrée montagneuse de l'ancienne Grèce, dans le nord-est du Péloponnèse. À l'époque achéenne, elle fut le siège, entre 1400 et 1200 av. J.-C., d'une brillante civilisation, dont témoignent les fouilles de Mycènes, d'Argos, de Tirynthe et d'Épidaure.

Argonautes, groupe de héros de la mythologie grecque qui, sous la conduite de Jason, entreprirent une expédition en Colchide en vue de conquérir la Toison d'or et qui y parvinrent grâce aux sortilèges de Médée.

Argonne, région de collines boisées, aux confins de la Champagne et de la Lorraine, entre l'Aisne et l'Aire. (Hab. *Argonnais.*) — Difficile à franchir hors de quelques défilés, l'Argonne reste célèbre par ses combats de 1914-15 (Vauquois, la Gruerie, etc.) et de 1918 (Montfaucon).

Argos, v. de Grèce (Péloponnèse), près du golfe de Nauplie ; 22 256 hab. *(Argiens).* — Ancienne capitale de l'Argolide, à qui les Doriens donnèrent la suprématie sur les centres mycéniens.

Argos ou **Argus,** prince de la mythologie grecque qui avait cent yeux et qui était, pour cela, surnommé Panoptès (« Qui voit tout »). Héra le chargea de veiller sur la vache Io et, quand Hermès l'eut tué après l'avoir endormi au son de sa flûte, elle sema ses yeux sur la queue du paon.

Argoun, riv. de la Chine, branche mère de l'Amour ; 1 530 km.

Argovie, *en all.* Aargau, un des cantons de la Suisse, dans le bassin de confluence Rhin-Aar-Limmat-Reuss ; 1 404 km² ; 507 508 hab. *(Argoviens).* Ch.-l. Aarau. Formé en 1803, sans grande ville, mais très densément peuplé, le canton est dominé par l'industrie (constructions mécaniques surtout), stimulée par la proximité de Zurich.

Árguedas *(Alcides),* écrivain bolivien (La Paz 1879 - Santiago, Chili, 1946), initiateur de la littérature « indigéniste » (*Race de bronze,* 1919).

Arguedas *(José María),* écrivain péruvien (Andahuaylas 1911 - Lima 1969), peintre de la désagrégation de la culture indienne (*Tous sangs mêlés,* 1964).

Århus, port du Danemark, sur la côte est du Jylland ; 259 000 hab. — Cathédrale romane et gothique. Musées, dont celui des Beaux-Arts et le musée de plein air « la Vieille Ville » ; aux environs, musée d'Archéologie du domaine de Moesgård (du néolithique aux Vikings).

Ariane, fille de Minos et de Pasiphaé, dans la mythologie grecque. Lorsque Thésée eut tué le Minotaure, elle lui donna le fil à l'aide duquel il put sortir du Labyrinthe. Elle fut alors enlevée par le héros athénien, qui néanmoins l'abandonna dans l'île de Naxos.

Ariane, lanceur spatial européen. Inauguré en 1979, il a connu plusieurs versions (Ariane 1 à 4), comportant toutes trois étages à ergols liquides, le troisième utilisant la propulsion cryotechnique. Sa capacité de lancement varie de 2 020 kg à 4 460 kg avec les six versions Ariane 4, seules utilisées depuis 1989, qui diffèrent par le nombre (4, 2 ou 0) et par le type (à ergols liquides ou à poudre) des propulseurs d'appoint utilisés au niveau du premier étage. Ariane 5, qui sera mis en service en 1995 ou 1996, sera un lanceur lourd bi-étage, associant deux gros propulseurs d'appoint à poudre à un corps central doté d'un puissant moteur à oxygène et hydrogène liquides. Sa capacité de lancement sera de 18 t en orbite basse et de 5,9 t (lancement double) à 6,9 t (lancement simple) en orbite de transfert géostationnaire.

Arias Sánchez *(Óscar),* homme d'État costaricien (Heredia 1941). Président de la République de 1986 à 1990, il a obtenu le prix Nobel de la paix en 1987 pour son action en faveur de la paix en Amérique centrale.

Arica, port du Chili septentrional ; 169 217 hab.

Ariège, riv. de France, née dans les Pyrénées, près du Carlitte, affl. de la Garonne (r. dr.) ; 170 km. Elle passe à Foix et à Pamiers.

Ariège [09], dép. de la Région Midi-Pyrénées ; ch.-l. de dép. *Foix* ; ch.-l. d'arr. *Pamiers, Saint-Girons ;* 3 arr., 22 cant., 332 comm. ; 4 890 km² ; 136 455 hab. *(Ariégeois).* Il est rattaché à l'académie et à la cour d'appel de Toulouse, à la région militaire Atlantique.

Ariès *(Philippe),* historien français (Blois 1914 - Toulouse 1984). Il a orienté l'histoire vers l'étude des mentalités *(Histoire des populations françaises et de leurs attitudes devant la vie depuis le XVIIIᵉ siècle,* 1948 ; *l'Enfant et la Vie familiale sous l'Ancien Régime,* 1960 ; *l'Homme devant la mort,* 1977).

Arion, poète lyrique grec (Lesbos VIIᵉ s. av. J.-C.). Auteur présumé de la forme littéraire du dithyrambe, il aurait été, d'après Hérodote, jeté à la mer par des pirates et sauvé par des dauphins, que sa lyre avait charmés.

Arioste *(Ludovico* Ariosto, dit l'*),* poète italien (Reggio nell'Emilia 1474 - Ferrare 1533). Il est l'auteur du poème épique *Roland furieux,* une des œuvres les plus représentatives de la Renaissance italienne.

Arioviste, Germain, chef des Suèves. Il fut vaincu par César en 58 av. J.-C.

Aristarque de Samos, astronome grec (Samos 310 - v. 230 av. J.-C.). Précurseur de Copernic, il eut le premier l'idée de la rotation de la Terre sur elle-même et en même temps autour du Soleil. Il inventa aussi une méthode permettant de calculer les distances relatives de la Terre au Soleil et à la Lune.

Aristide, général et homme d'État athénien, surnommé le Juste (v. 540 - v. 468 av. J.-C.). Il se couvrit de gloire à Marathon, mais fut, à l'instigation de Thémistocle, son rival, frappé d'ostracisme (483 av. J.-C.). Rappelé lors de la seconde invasion perse, il combattit à Salamine (480) et à Platées (479), puis participa à la formation de la Ligue de Délos, dont il géra les finances.

Aristide *(Jean-Bertrand),* homme politique haïtien (Port-Salut, Haïti, 1953). Premier président de la République démocratiquement élu (1990), renversé par un coup d'État militaire (1991), il est rétabli dans ses fonctions, en 1994, avec l'aide de l'armée américaine. Son mandat s'achève en 1996.

Aristophane, poète comique grec (Athènes v. 445 - v. 386 av. J.-C.). Ses onze pièces, dont le ton va de la bouffonnerie la plus grossière à la plus délicate poésie, sont pour la plupart inspirées par des questions d'actualité et défendent les traditions contre les idées nouvelles : il raille Socrate dans *les Nuées,* Euripide dans *les Grenouilles,* préconise une politique de paix dans *les Acharniens, la Paix, Lysistrata,* critique la justice athénienne dans *les Guêpes,* les utopies politiques de Platon dans *l'Assemblée des femmes ;* mais il sait aussi, comme dans *les Oiseaux,* faire la part de la féerie.

Aristote, philosophe grec (Stagire 384 - Chalcis 322 av. J.-C.). Il quitte la Macédoine à 17 ans pour Athènes, et rejoint l'Académie où enseigne Platon. Il y reste vingt ans, jusqu'à ce que, outré de ne pas succéder à Platon, il parte pour l'Asie Mineure (Assos). Puis il accepte l'invitation du roi Philippe II de Macédoine de devenir précepteur d'Alexandre, alors âgé de 13 ans. Après l'avènement d'Alexandre, Aristote reprend le chemin d'Athènes. Il y fonde le Lycée, également appelé *école péripatéticienne.* À l'annonce de la disparition brutale d'Alexandre, à 33 ans, Aristote quitte la ville, mais il ne survivra guère à sa retraite forcée.
C'est essentiellement grâce à Aristote que nous connaissons la science positive de son époque. Aristote a laissé la description de

plus de 400 espèces animales. Il a été le premier à définir l'espèce et à classer les animaux en vertébrés et invertébrés. Outre l'immense œuvre documentaire, Aristote a laissé une vaste entreprise d'interprétation systématique. Il a été amené à poser des questions de fond : la structure de la matière, l'organisation de la vie, le pouvoir de l'esprit et ses limites, la liberté de l'homme et son sens, la transcendance. En distinguant quatre éléments, d'une part, et quatre propriétés, d'autre part, caractéristiques par couples de chaque élément, et en postulant la quintessence, source inépuisable d'énergie, Aristote parvient à constituer un système du monde qui intègre les transformations dans une organisation qui avantage l'état stable. Plus biologiste que mathématicien, Aristote fonde l'anatomie et la physiologie comparées. Il a créé la logique en tant que système formel. Il est à l'origine de concepts dont vivront des siècles de science et de philosophie : contenu et fonction, acte et puissance, matière et forme. Sous le nom d'*Organon,* la tradition rassemble les ouvrages de logique : les *Catégories, De l'interprétation, Premiers et Seconds Analytiques, Topiques, Réfutation des sophismes.* Outre la *Rhétorique* et la *Poétique,* et *Sur l'âme,* l'anthropologie d'Aristote comprend l'*Éthique à Eudème,* l'*Éthique à Nicomaque, Politique, Constitution d'Athènes.* Les ouvrages sur la nature sont nombreux : *De la génération et de la corruption, Du ciel, Des parties des animaux, Sur le mouvement,* etc. En plusieurs livres, *Physique* et *Métaphysique* fondent et couronnent l'ensemble.

Arius, prêtre d'Alexandrie (v. 256 - 336) qui, en niant la divinité du Christ, provoqua une grave crise dans l'Église. Sa doctrine, l'arianisme, fut combattue en particulier par Athanase d'Alexandrie et condamnée comme hérétique par le concile de Nicée (325).

Arizona, État du sud-ouest des États-Unis ; 295 000 km² ; 3 665 228 hab. Cap. *Phoenix.* L'Arizona est souvent montagneux et aride, avec des paysages désertiques ayant favorisé le tourisme, tel le Grand Canyon. Le peuplement, en dehors des vastes réserves d'Indiens, est ponctuel : périmètres irrigués (coton et fruits), sites miniers (cuivre surtout) et villes (Phoenix et Tucson) groupent plus de 80 % de la population.

Arkansas, État du sud des États-Unis, 138 000 km² ; 2 350 725 hab. Cap. *Little Rock.* Dans cet État du Sud historique, bordant le Mississippi, le coton a été éclipsé par le riz, puis par le soja. Le sous-sol fournit la quasi-totalité de la bauxite américaine.

Arkhangelsk, port de Russie, sur la mer Blanche ; 416 000 hab. Industries du bois.

Arkwright *(sir Richard),* mécanicien britannique (Preston, Lancashire, 1732 - Cromford, Derbyshire, 1792). L'un des créateurs de l'industrie cotonnière anglaise, il diffusa l'emploi de la mule-jenny, machine de filature semi-mécanique.

Arland *(Marcel),* écrivain français (Varennes-sur-Amance 1899 - Saint-Sauveur-sur-École 1986). Codirecteur avec J. Paulhan de la N. R. F., il est l'auteur de romans (*l'Ordre,* 1929), de nouvelles (*le Grand Pardon,* 1965) et d'essais critiques dans la ligne de l'analyse et du moralisme classiques. (Acad. fr. 1968.)

Arlandes *(François, marquis* d'*),* aéronaute français (Anneyron, Drôme, 1742 - ? 1809). Il effectua avec Pilâtre de Rozier la première ascension en ballon libre (21 nov. 1783).

Arlberg, col d'Autriche (alt. 1 802 m), entre le Tyrol et le Vorarlberg. Tunnel ferroviaire (ouvert en 1884) et tunnel routier (ouvert en 1978).

Arlequin, personnage de la commedia dell'arte. Il porte un habit composé de petits morceaux de drap triangulaires de diverses couleurs, un masque noir et un sabre de bois nommé *latte* ou *batte.* Bouffon balourd, chapardeur et glouton, il devient, notamment chez Marivaux, le type du valet de comédie.

Arles, ch.-l. d'arr. des Bouches-du-Rhône, sur le Rhône ; 52 593 hab. *(Arlésiens).* Englobant la majeure partie de la Camargue, c'est la plus grande commune de France (750 km²). Centre touristique. HIST. Évangélisée au IIIᵉ siècle, Arles fut le siège du primat des Gaules et le lieu de plusieurs conciles. ARTS. Remarquables édifices gallo-romains, dont le théâtre et les arènes (de l'époque d'Auguste). Église St-Trophime, romane, du XIIᵉ siècle (portail historié de tradition antique ; cloître). Musée de l'Arles antique. Musées lapidaires païen et chrétien (sarcophages), musée Arlaten, fondé par F. Mistral (ethnographie provençale), musée Réattu (beaux-arts), tous installés dans des chapelles ou demeures anciennes. Au S.-E. de la ville, allée des Alyscamps, reste d'une nécropole antique et médiévale, aboutissant à l'église St-Honorat, en partie ruinée. À 6 km au N.-E., ancienne abbaye romane de Montmajour. — La ville est le siège des Rencontres photographiques annuelles, fondées par L. Clergue en 1970.

Arletty *(Léonie* Bathiat, dite*),* actrice française (Courbevoie 1898 - Paris 1992). Dans un registre populaire, elle s'est imposée avec les films de M. Carné : *Hôtel du Nord* (1938), *Le jour se lève* (1939), *les Visiteurs du soir* (1942), *les Enfants du paradis* (1945).

Arlington *(cimetière d'),* nécropole nationale des États-Unis, sur les bords du Potomac (Virginie), en face de Washington.

Arloing *(Saturnin),* vétérinaire français (Cusset 1846 - Lyon 1911). Il mit au point le premier vaccin antituberculeux efficace chez les bovins.

Arlon, v. de Belgique, ch.-l. de la prov. de Luxembourg, sur la Semois ; 23 422 hab. — Vestiges romains. Musée luxembourgeois, avec une riche section d'archéologie gallo-romaine.

Armada *(l'Invincible),* flotte de 130 vaisseaux envoyée en 1588 par Philippe II, roi d'Espagne, contre l'Angleterre, dans le but de détrôner Élisabeth Ire et de rétablir le catholicisme. Les tempêtes et la supériorité tactique des marins anglais firent échouer l'expédition.

Armagnac, région de collines occupant la majeure partie du dép. du Gers et vouées à la polyculture (céréales, élevage et vigne [la base de la production d'eau-de-vie d'armagnac]). — Ancien comté de France constitué en 960, il devint l'une des plus puissantes principautés du sud-ouest de la France et fut réuni à la Couronne par Henri IV en 1607.

Armagnacs *(faction des),* parti de la maison d'Orléans, opposé durant la guerre de Cent Ans à celui des Bourguignons. Son chef fut Bernard VII d'Armagnac, beau-père du duc Charles Ier d'Orléans, dont le père Louis Ier avait été assassiné par le duc de Bourgogne, Jean sans Peur, en 1407. La lutte qui opposa les Armagnacs aux Bourguignons, alliés des Anglais, eut lieu sous les règnes de Charles VI et de Charles VII et prit fin au traité d'Arras (1435).

Arman *(Armand* Fernandez, dit*),* plasticien français naturalisé américain (Nice 1928). Membre fondateur du groupe des Nouveaux Réalistes en 1960, il a traité l'objet quotidien selon des partis tels que *l'accumulation, l'inclusion, la coupe* ou la *combustion.*

Armavir, v. de Russie, au pied nord du Caucase ; 161 000 hab.

Armée *(musée de l'),* musée constitué en 1905 à l'hôtel des Invalides, à Paris. Il contient de très riches collections d'armes, d'uniformes et de souvenirs militaires.

Arménie, État du Caucase ; 29 800 km² ; 3 300 000 hab. *(Arméniens).* CAP. *Erevan .* LANGUE : *arménien.* MONNAIE : *dram.* L'Arménie historique était une région de l'Asie occidentale, s'étendant sur un territoire aujourd'hui partagé entre la Turquie, l'Iran et la république d'Arménie.

GÉOGRAPHIE

Dans le Petit Caucase, limitrophe de la Turquie, c'est un pays montagneux (90 % du territoire au-dessus de 1 000 m), coupé de dépressions (dont celle de l'Araxe), où se concentrent hommes et activités (coton, fruits), enclavé, dans un environnement souvent hostile. L'industrie est représentée par les mines, l'agroalimentaire, la chimie et la métallurgie de transformation. Erevan regroupe plus du tiers d'une population augmentant rapidement et constituée d'environ 90 % d'Arméniens de souche.

HISTOIRE

L'Arménie, convertie au christianisme dès la fin du IIIe s., passe sous domination romaine puis parthe avant d'être envahie par les Arabes en 640. Du milieu du XIe s. au début du XVe s., la Grande Arménie est ravagée par les invasions turques et mongoles, tandis que la Petite Arménie, créée en Cilicie sur la Méditerranée par Rouben, soutient les croisés dans leur lutte contre l'islam puis succombe sous les coups des Mamelouks en 1375. Les Ottomans soumettent toute l'Arménie (sauf quelques khanats rattachés à l'Iran) et placent les Arméniens sous l'autorité du patriarche arménien de Constantinople.

1813-1828. Les Russes conquièrent l'Arménie orientale.

1915. Le gouvernement jeune-turc fait perpétrer le génocide de la population arménienne (1 500 000 victimes).

1918. Une république indépendante d'Arménie est proclamée.

1920. Les Alliés se prononcent pour la création d'une Grande Arménie (traité de Sèvres, août), mais les troupes turques kémalistes et l'Armée rouge occupent le pays.

1922-1991. La république d'Arménie fait partie de l'U. R. S. S.

1991. Elle devient indépendante.

Arméniens, peuple du groupe indo-européen habitant la République d'Arménie et diverses régions du Caucase et de Russie et formant une importante diaspora (États-Unis, Proche-Orient et Europe occidentale [France partic.]).

Armentières, ch.-l. de c. du Nord, sur la Lys ; 26 240 hab. *(Armentiérois).* Brasserie.

Arminius (v. 18 av. J.-C. - 19 apr. J.-C.), chef du peuple germain des Chérusques, au temps d'Auguste et de Tibère. Il détruisit les légions de Varus (9 apr. J.-C.) dans la forêt de Teutoburg, mais fut vaincu (16) par Germanicus. Il est resté en Allemagne un héros populaire sous le nom de *Hermann*.

Arminius *(Jacobus)*, nom latinisé de Jacob Harmensz., théologien protestant hollandais (Oudewater 1560 - Leyde 1609), fondateur de la secte des arminiens. L'arminianisme atténuait la doctrine de Calvin sur la prédestination et fut combattu par les rigoristes gomaristes. Il fut condamné, ainsi que ses principaux chefs (dont Oldenbarnevelt et Grotius), par le synode de Dordrecht (1618-19).

Armoire de fer *(l')*, coffre dissimulé dans le mur d'un corridor des Tuileries, qui révéla des correspondances de Louis XVI avec les ennemis de la nation.

Armor (le « pays de la mer »), nom celtique de la Bretagne, qui désigne aujourd'hui le littoral de cette région.

Armoricain *(Massif)*, région géologique de l'ouest de la France, occupant la totalité de la Bretagne, la Normandie occidentale et la Vendée. C'est un massif hercynien aplani par l'érosion, où les ensembles de plateaux et de hauteurs de la Bretagne (384 m dans les monts d'Arrée) se prolongent, au sud-est, dans le Bocage vendéen (285 m au mont Mercure) et, à l'est, en Normandie (417 m au signal des Avaloirs et dans la forêt d'Écouves).

Armorique, partie de la Gaule formant aujourd'hui la Bretagne.

Armorique *(parc naturel régional d')*, parc naturel de la Bretagne occidentale englobant notamment les monts d'Arrée et Ouessant.

Arm's Park, stade de rugby de Cardiff (pays de Galles).

Armstrong *(Louis)*, surnommé Satchmo, trompettiste, chanteur et chef d'orchestre américain (La Nouvelle-Orléans vers 1898 - New York 1971). Au sortir d'une enfance difficile, il se produit dans des cabarets de Storyville, le quartier du jazz, et intègre l'orchestre de Kid Ory en 1918. En 1922, il rejoint King Oliver à Chicago puis, en 1924, Fletcher Henderson à New York. Il accompagne des chanteuses, comme Ma Rayney et Bessie Smith, participe à l'orchestre de la pianiste Lil Hardin, qui sera son épouse de 1924 à 1938. De 1925 à 1928, il réalise ses premiers enregistrements sous son nom avec le Hot Five puis le Hot Seven. Il passe du cornet à la trompette, joue avec les pianistes Fats Waller, Earl Hines. De 1934 à 1936, il fait plusieurs tournées en Europe avec son grand orchestre. En 1947, il forme son All Stars, avec lequel il parcourt le monde entier jusqu'à la fin des années 50. Armstrong a inventé le jazz : il en fixa durablement le discours et donna au soliste toute la place que mérite l'improvisation. Ce rôle, son jeu et sa personnalité font de lui la figure la plus importante du jazz : *St James Infirmary, West End Blues, Tight Like This* (1928), *Mahogany Hall Stomp, Basin Street Blues* (1933), *The Good Book, All Stars Dates* (1947-1950).

Armstrong *(Neil Alden)*, astronaute américain (Wapakoneta, Ohio, 1930). Il commanda en 1966 la mission Gemini 8, au cours de laquelle fut réalisé le premier amarrage de deux véhicules spatiaux. Commandant de bord de la mission Apollo 11, il fut le premier homme à marcher sur la Lune (21 juill. 1969).

Arnaud de Brescia, agitateur et réformateur italien (Brescia fin du XIe s. - Rome 1155). Disciple d'Abélard, il lutta contre la corruption du clergé, pour le retour à la simplicité de l'Église primitive et souleva Rome contre le pape. Livré par Frédéric Barberousse, il fut exécuté.

Arnaud de Villeneuve, alchimiste, astrologue et médecin catalan (près de Lérida v. 1240 ou 1250 - av. 1312). Formé à l'école de médecine de Salerne en Italie, il fréquenta différentes universités européennes avant de se fixer à Montpellier. Homme politique et diplomate, il fut accusé de sorcellerie et sauvé par le pape, qu'il avait soigné. On lui doit un bréviaire médical, un « régime de santé » (préceptes d'hygiène et de diététique), un traité sur le vin (dont il vanta les « bienfaits »), un commentaire des célèbres textes de Salerne. Il tenta de concilier les différentes théories médicales de son époque.

Arnauld, Arnaud ou **Arnaut,** famille française dont plusieurs membres ont marqué l'histoire du jansénisme et de Port-Royal. Les plus connus sont : **Robert Arnauld d'Andilly** (Paris 1589 - ? 1674), le fils aîné d'une famille de 20 enfants dont 6 filles, qui entrèrent toutes à Port-Royal ; il a laissé des *Mémoires,* un *Journal* et une traduction des *Confessions* de saint Augustin. **Jacqueline Marie Angélique** (Paris 1591 - Port-Royal 1661), dite **Mère Angélique,** la sœur de Robert, qui fut abbesse de Port-Royal ; elle y imposa une règle très stricte et y introduisit le jansénisme, faisant de l'abbé de Saint-Cyran le directeur du monastère. **Jeanne Catherine Agnès,** connue sous le nom de **Mère Agnès** (Paris 1593 - ? 1671), une autre sœur, qui fut elle aussi abbesse de Port-Royal et qui, pour avoir refusé en 1661 de signer le formulaire exigé par le pape, fut enfermée jusqu'en 1665. **Antoine,** frère des précédents, surnommé le **Grand Arnauld** (Paris 1612 - Bruxelles 1694) ; théologien, docteur en Sorbonne, il fit paraître en 1643 un traité intitulé *De la fréquente communion,* où il attaquait la morale des Jésuites et vulgarisait les thèses de l'*Augustinus* de Jansénius ; il rédigea aussi des ouvrages contre les protestants et, en collaboration avec deux autres jansénistes, la *Grammaire* et la *Logique* dites *de Port-Royal.*

Arndt *(Ernst Moritz),* poète allemand (Schoritz 1769 - Bonn 1860). Ses *Chants de guerre* contribuèrent, en 1812, à soulever l'Allemagne contre Napoléon Ier.

Arnhem, v. des Pays-Bas, ch.-l. de la Gueldre, sur le Rhin ; 131 703 hab. — La ville a été l'objectif, en 1944, d'une opération aéroportée alliée. — Musée ethnographique néerlandais de plein air.

Arnim *(Ludwig Joachim,* dit **Achim von),** écrivain allemand (Berlin 1781 - Wiepersdorf 1831). Auteur de contes fantastiques, il recueillit, avec C. Brentano, les chansons populaires allemandes (*le Cor merveilleux,* 1806-1808). Sa femme, **Elisabeth Brentano,** dite **Bettina** (Francfort-sur-le-Main 1785 - Berlin 1859), fut la correspondante de Goethe et consacra la fin de sa vie à des études sociales.

Arno, fl. d'Italie qui passe à Florence et à Pise, et se jette dans la Méditerranée ; 241 km.

Arnold de Winkelried, héros suisse, paysan du canton d'Unterwald, qui se distingua à la bataille de Sempach (1386), où il fut tué.

Arnolfo di Cambio, sculpteur et architecte italien (près de Florence v. 1240 - Florence 1302). Collaborateur de Nicola Pisano, averti du gothique français comme de l'art antique, il renouvela le genre funéraire (tombeau du cardinal de Braye à Orvieto, 1282). Actif à Rome, il revint en 1296 à Florence, où il donna l'impulsion à un renouveau architectural.

Aron *(Raymond),* sociologue et essayiste français (Paris 1905 - id. 1983). Profondément antimarxiste, il a tenté de démontrer que le devoir doit correspondre au devenir même de l'histoire et entreprit une étude comparée des régimes occidentaux et du régime soviétique. Historien de son domaine, il a écrit *les Étapes de la pensée sociologique* (1967).

Arouet → **Voltaire.**

Arp *(Hans* ou *Jean),* peintre, sculpteur et poète français (Strasbourg 1887 - Bâle 1966). Cofondateur de dada à Zurich et à Cologne, il épouse en 1921 le peintre abstrait suisse Sophie Taeuber (1889-1943), s'installe en 1926 à Meudon et conjugue désormais surréalisme et abstraction. Les formes embryonnaires de ses reliefs peints (depuis 1916) et de ses rondes-bosses (depuis 1930) sont d'une invention aussi savoureuse qu'épurée.

Árpád, dynastie qui régna sur la Hongrie de 904 environ à 1301. Son fondateur, Árpád (m. en 907), dirigea la conquête de la Pannonie.

Arques *(bataille d')* [1589], bataille qui eut lieu près de Dieppe ; Henri IV y vainquit le duc de Mayenne en 1589 (auj. Arques-la-Bataille, en Seine-Maritime).

Arrabal *(Fernando),* écrivain et cinéaste espagnol d'expression française (Melilla 1932). Son théâtre « panique », volontiers profanateur, met en œuvre un cérémonial sadomasochiste (*le Cimetière des voitures,* 1966). Au cinéma, on lui doit notamment *Viva la muerte* (1971).

Arras, ch.-l. du dép. du Pas-de-Calais, à 178 km au nord de Paris, sur la Scarpe ; 42 715 hab. *(Arrageois).* Anc. cap. de l'Artois. Évêché. Industries mécaniques, textiles et alimentaires. **HIST.** La fondation, au VIIIe siècle, de l'abbaye de Saint-Vaast, détermina l'essor de la ville, qui devint une cité active au Moyen Âge (draperie, tapisserie). Les guerres du XVe siècle, notamment sa dévastation par Louis XI en 1477, marquèrent son déclin. Arras devint définitivement française en 1659 (traité des Pyrénées). De 1914 à 1918, elle fut dévastée par les bombardements. **ARTS.** Grand-Place et Petite-Place restaurées ou reconstruites après 1918 (maisons de style Renaissance flamande du XVIIe s. ; beffroi des XVe et XVIe s. ; hôtel de ville). Abbaye St-Vaast rebâtie au XVIIIe siècle (palais, auj. musée des Beaux-Arts, 1746-1783 ; abbatiale néoclassique, auj. cathédrale, 1755-1833, sur plans de l'architecte Contant d'Ivry). Centre majeur de la tapisserie aux XIVe et XVe siècles.

Arrau *(Claudio),* pianiste chilien (Chillán 1903 - Vienne 1991), un des plus grands interprètes de Brahms et de Schumann.

Arrhenius *(Svante),* physicien et chimiste suédois (Wijk, près d'Uppsala, 1859 - Stockholm 1927). Il est l'auteur de la théorie de l'ionisation des électrolytes et d'une définition des acides (1887), d'une théorie de la queue des comètes (1900), fondée sur l'existence de la pression de rayonnement, et de l'hypothèse de la *panspermie,* selon laquelle des germes de vie pourraient se transmettre d'une planète à l'autre, ainsi que d'une théorie cosmogonique. (Prix Nobel de chimie 1903.)

Arrien, *en lat.* Flavius Arrianus, historien et philosophe grec (Nicomédie v. 95 - v. 175). Disciple d'Épictète, dont il rapporta les enseignements dans les *Entretiens* et le *Manuel,* il rédigea à la fin de sa vie un récit de voyage en Inde et une *Anabase* sur l'expédition d'Alexandre.

Arrigo *(Girolamo),* compositeur italien (Palerme 1930). Directeur du Teatro Massimo de Palerme, il fut parmi les premiers à se consacrer au théâtre musical *(Fluxus,* 1961 ; *Orden,* 1969 ; *Addio Garibaldi,* 1972).

Arromanches-les-Bains, comm. du Calvados, sur la Manche ; 411 hab. — Les Alliés y débarquèrent le 6 juin 1944 et y établirent un port artificiel. — Musée du Débarquement.

Arrow *(Kenneth Joseph),* économiste américain (New York 1921). Professeur à Harvard, spécialiste de l'étude des choix collectifs et de la théorie du bien-être collectif, il a partagé le prix Nobel de sciences économiques, en 1972, avec le Britannique sir John R. Hicks. Il a publié notamment *Social Choices and Individual Values* (1951), où il montre qu'il ne peut exister de procédures constitutionnelles respectant certaines exigences démocratiques, *The Limits of Organization* (1971), *Essays in the Theory of Risk Bearing* (1972).

Ars *(curé d')* → Jean-Marie Vianney.

Arsinoé, nom de quatre princesses égyptiennes de la dynastie des Lagides, dont la plus célèbre fut **Arsinoé II Philadelphe** (v. 316 - v. 270).

Arsonval *(Arsène d'),* physicien français (près de La Porcherie, Haute-Vienne, 1851 - *id.* 1940). Il perfectionna le téléphone et le galvanomètre, et préconisa l'emploi thérapeutique des courants de haute fréquence (darsonvalisation).

Artaban, héros d'un roman de La Calprenède *(Cléopâtre),* dont le caractère est passé en proverbe : « Fier comme Artaban. »

Artagnan *(Charles de Batz, comte d'),* gentilhomme gascon (Castelmore entre 1610-1620 - Maastricht 1673), capitaine chez les mousquetaires du roi (Louis XIV), puis maréchal de camp, tué au combat. Les romans d'A. Dumas l'ont rendu célèbre *(les Trois Mousquetaires).*

Artaud *(Antonin),* écrivain français (Marseille 1896 - Ivry-sur-Seine 1948). Poète, il participa au groupe surréaliste *(l'Ombilic des limbes,* 1925 ; *le Pèse-nerfs,* 1925) puis se tourna vers le théâtre. Comédien formé par Dullin, acteur de cinéma, scénariste, il fonda le théâtre Alfred-Jarry (1926-1930) et illustra sans succès *(les Cenci,* 1935) son esthétique du « théâtre de la cruauté », puisée aux sources du théâtre balinais. Ses écrits théoriques *(le Théâtre et son double,* 1938), appelant à un changement radical de l'exercice du théâtre, continuent d'avoir une profonde influence. Par son désir d'expérience absolue, qui le conduisit à la folie, Artaud s'est placé lui-même dans la lignée de Hölderlin, de Nietzsche et de Van Gogh *(Van Gogh, le suicidé de la société,* 1947).

Artaxerxès Ier Longue-Main, roi perse achéménide (465 - 424 av. J.-C.), fils de Xerxès Ier. Il signa avec les Athéniens la paix de Callias (449), qui mit fin aux guerres médiques. Son règne marqua le début de la déchéance de l'Empire achéménide. **Artaxerxès II Mnémon,** roi perse achéménide (404 - 358 av. J.-C.), fils aîné et successeur de Darios II. Dès son avènement, il dut faire face à la révolte de son père, Cyrus le Jeune, qu'il vainquit et tua à Counaxa (401). Xénophon, dans *l'Anabase,* décrit l'odyssée des dix mille mercenaires grecs à la solde de Cyrus. **Artaxerxès III Okhos,** roi perse achéménide (358 - 338 av. J.-C.), fils du précédent. Il rétablit l'autorité royale sur les satrapes d'Asie occidentale et reconquit l'Égypte (343).

Art déco ou **Arts déco,** style mis en vedette en 1925 par l'« Exposition internationale des arts décoratifs et industriels modernes » de Paris, mais dont les fondements étaient établis dès avant la Première Guerre mondiale. Prévue dès 1906 par des décorateurs soucieux de réagir contre le style 1900 (l'Art nouveau), retardée par la guerre, l'exposition de Paris vit deux courants s'affronter, tous deux influencés plus ou moins par le fauvisme, les Ballets russes, l'art nègre, le cubisme.

■ **Le courant avant-gardiste.** Minoritaire, il était proche du Stijl néerlandais et du Bauhaus ; soucieux des réalités sociales et techniques, il visait à une symbiose avec l'industrie (naissance du *design* moderne : meubles en tubes de métal, etc.).

■ **Le courant traditionaliste.** Majoritaire, il proposait un nouveau répertoire ornemental qui définit ce qu'on appellera désormais l'« Art déco ». Goût de la ligne droite, interprétation moderniste des formes de la nature, une certaine simplicité mais aussi fidélité à la tradition française élégante en sont les caractères principaux. Les grands décorateurs Ruhlmann, Louis Süe (1875-1968) et André Mare (1885-1932), fondateurs tous deux de la « Compagnie des Arts français » en 1919, Maurice Dufrêne (1876-1955), Paul Follot (1877-1941), Paul Iribe (1883-1935, également caricaturiste), etc., créent ou dessinent, surtout pour une clientèle privilégiée, des meubles aux lignes franches et aux matières contrastées précieuses. L'opposition des surfaces et des couleurs, le goût des motifs géométrisés font l'originalité de la production des céramistes, des verriers, des orfèvres, des joailliers, des relieurs, qui travaillent de façon soit artisanale (le céramiste Émile Decœur [1876-1953], le verrier François Émile Décorchemont [1880-1971]), soit semi-industrielle (Haviland, manufacture de Sèvres, Baccarat, Daum, Lalique, Christofle). Ces artisans ou ces firmes ont leurs équivalents à l'étranger. L'architecture est également touchée (pans coupés ; stylisation particulière du décor).

Art de la fugue *(l'),* dernier recueil de J.S. Bach (1749-50).

Arte (Association relative aux télévisions européennes), chaîne de télévision culturelle européenne, opérationnelle depuis 1992. Elle est issue du rapprochement des sociétés d'édition de programmes française et allemande, *La Sept* (auj. *La Sept-Arte*) et *Arte Deutschland TV GmbH.* Reçue par câble en Allemagne, elle est diffusée en France à la fois par câble et par voie hertzienne sur le canal précédemment occupé par La Cinq, qu'elle partage avec La Cinquième.

Artémis, déesse grecque de la Nature et de la Chasse. Fille de Zeus et de Léto, sœur aînée d'Apollon, elle est armée d'un arc et de flèches forgés par Héphaïstos, se fait accompagner des chiens que Pan lui a donnés et habite dans les montagnes ou les bois. « Inviolable et inviolée », elle exprime sa colère contre les vierges qui cèdent à l'amour et favorise celles qui s'y refusent en faisant d'elles ses prêtresses. Les Romains l'ont adoptée sous le nom de Diane.

Artémision *(cap),* promontoire au nord de l'île d'Eubée, près duquel eut lieu un combat indécis entre la flotte des Grecs et celle de Xerxès (480 av. J.-C.).

Artevelde (Van) → Van Artevelde.

Arthur ou **Artus,** roi légendaire du pays de Galles, qui passe pour avoir animé la résistance des Celtes à la conquête anglo-saxonne (fin du Ve s.-début du VIe s.) et dont les aventures ont donné naissance aux romans courtois du *cycle d'Arthur,* appelé aussi *cycle breton* ou *cycle de la Table ronde.* Le personnage doit beaucoup aux conteurs bretons (*Historia Britonum* de Nennius, 826), mais aussi à la propagande anglo-normande (*Historia regum Britanniae* de Geoffroi de Monmouth, 1136), dont l'adaptation par Wace (*le Roman de Brut,* 1155) fit connaître en France la « matière celtique », le « cycle breton ». De Chrétien de Troyes, Béroul et Marie de France à la *Mort Arthur,* tout un rêve collectif s'organisa autour de la Table ronde, animé par la mystique du Graal.

Arthur Ier (Nantes 1187 - Rouen 1203), comte, ou duc, de Bretagne (1196-1203). Enfant posthume de Geoffroi (fils d'Henri II Plantagenêt) et de Constance, duchesse de Bretagne. Prétendant au trône d'Angleterre à la mort de son oncle Richard Cœur de Lion, il fut tué par Jean sans Terre, frère de Richard.

Artigas *(José),* héros national uruguayen (Montevideo 1764 - Ibiray 1850). Chef révolutionnaire, il lutta à partir de 1810 pour l'indépendance de l'Uruguay. Il s'exila après sa défaite de 1820. Il est considéré comme le père de l'indépendance de l'Uruguay, proclamée en 1828.

Artin *(Emil),* mathématicien allemand (Vienne 1898-Hambourg 1962). Il est, avec Emmy Noether, l'un des fondateurs de l'algèbre abstraite.

Artistes associés (United Artists Corporation), firme américaine de production et de distribution de films, fondée en 1919 par Charles Chaplin, Douglas Fairbanks, David Wark Griffith et Mary Pickford.

Art moderne *(musée national d'),* à Paris. Depuis 1937 au palais de Tokyo (qui avait lui-même succédé au musée du Luxembourg), il a été transféré en 1977 au Centre national d'art et de culture G.-Pompidou. Il présente les arts plastiques et graphiques du XXe siècle, depuis le fauvisme.

Art nouveau ou **Modern style,** mouvement de rénovation des arts décoratifs et de l'architecture survenu en Occident dans la dernière décennie du XIXe siècle.
Culminant dans la dernière décennie du XIXe siècle, l'Art nouveau est étroitement lié aux recherches architecturales d'alors,

comme à presque tout ce qui domine dans les arts plastiques, cubisme exclu, de Gauguin à Kandinsky, du symbolisme au futurisme. Préparé par le Britannique W. Morris, nostalgique d'un artisanat qui fut « un bonheur pour le créateur et pour l'usager », par les premiers tissus, meubles et typographies de son compatriote Arthur H. Mackmurdo (1851-1942), par l'influence de l'estampe japonaise aussi, le mouvement — dont le nom usuel est celui d'une boutique ouverte à Paris, en 1895, par Samuel Bing, mais qui s'appelle aussi *modern style* ou *style 1900* en France et en Belgique, *Secession-Stil* en Autriche, *Jugendstil* en Allemagne, *Stile floreale* ou *Liberty* en Italie — a accompli la décisive rupture avec l'académisme et l'éclectisme du XIXᵉ siècle, c'est-à-dire avec le ressassement des styles du passé.

■ **Une exubérance inspirée par le règne végétal.** Reconnaissable à son emploi, tant structurel que décoratif, de l'arabesque souvent empruntée à une flore plus ou moins stylisée, il surgit à Nancy avec Gallé, à Paris avec, notamment, les immeubles et les bouches de métro de Guimard, à Bruxelles avec Horta à son usage du fer, à Munich avec le sculpteur suisse Hermann Obrist (1863-1927), célèbre pour ses tissus brodés, et l'architecte August Endell (1871-1925), à Barcelone avec l'œuvre très personnelle de Gaudí, etc. Affiche, verrerie (Gallé ; L. C. Tiffany à New York), bijou (en France, Lalique), meuble — de façon plus laborieuse — reflètent l'exaltation plastique et symbolique du mouvement.

■ **Les tendances divergentes.** Cependant, à Glasgow Mackintosh, à Vienne O. Wagner et J. Hoffmann, en Allemagne H. Van de Velde et Behrens s'expriment bientôt avec plus de retenue, répudiant l'exubérance de la ligne jusqu'à participer, pour certains d'entre eux, à ce qui est le contraire de l'Art nouveau, une tendance puriste et technicienne annonciatrice, en architecture, du *mouvement moderne*, ou *style international.* En matière d'arts appliqués, c'est le style *Art déco* qui se profile.

Artois, région de plateaux et de collines, souvent limoneux (blé, betterave à sucre), entre le Bassin parisien et la plaine de Flandre. (Hab. *Artésiens.*) **HIST.** Le comté d'Artois est issu, au XIIᵉ siècle, du comté de Flandre. Incorporé au domaine royal par Louis VIII en 1223, l'Artois est donné en apanage (1237) par Saint Louis à son frère Robert. À la mort de Louis de Mâle, en 1384, il devient possession des ducs de Bourgogne puis revient à la maison d'Autriche à la mort de Charles le Téméraire (1477). Rattaché un temps à la France (1482-1493),

l'Artois passe des Habsbourg d'Autriche à ceux d'Espagne en 1529. Une partie de l'Artois fait retour à la France au traité des Pyrénées (1659) et le reste de la province est récupéré par Louis XIV au traité de Nimègue (1678). — La région fut le théâtre, entre Arras et Lens, de violents combats en 1914 (course à la mer), en 1915 (Notre-Dame-de-Lorette, Souchez, etc.) et en 1917 (Vimy).

Artois *(Charles Philippe* de Bourbon, comte d') → **Charles X.**

Art poétique *(l'),* poème didactique de Boileau, imité d'Horace, en quatre chants (1674), qui définit le classicisme.

Arts décoratifs *(musée des),* à Paris, musée fondé par l'Union centrale des arts décoratifs en 1882, installé au pavillon de Marsan, au Louvre, en 1905. Collections relatives aux arts appliqués et au décor du Moyen Âge à nos jours ; musées de la Publicité et des Arts de la mode ; bibliothèque.

Arts de la mode *(musée des),* musée ouvert en 1986 dans le cadre de l'Union des arts décoratifs, au palais du Louvre (pavillon de Marsan). Il rassemble plusieurs fonds ainsi que des donations (Vionnet, Schiaparelli, Poiret) et témoigne de l'évolution du costume historique, des textiles mais aussi de la mode actuelle.

Arts et Lettres *(ordre des),* ordre français créé en 1957 pour récompenser les mérites littéraires et artistiques.

arts et métiers *(Conservatoire national des)* ou **C. N. A. M.,** établissement public d'enseignement supérieur technique visant à l'application des sciences à l'industrie et délivrant des diplômes, notamment d'ingénieur ; c'est également un laboratoire spécialisé pour les essais, les mesures et les étalonnages. Il fut installé sous la Révolution dans l'ancien prieuré de St-Martin-des-Champs, à Paris. Un Musée national des techniques lui est annexé, qui détient de nombreuses machines, dessins, appareils et collections.

arts et métiers *(École nationale supérieure d')* ou **E. N. S. A. M.,** école nationale d'enseignement technique supérieur, placée sous l'autorité du ministère de l'Éducation nationale et formant des ingénieurs. Fondée en 1801, à Compiègne, elle fut transférée à Châlons-sur-Marne en 1806. Une deuxième école fut établie en 1814 à Angers. Cinq autres écoles furent créées, de 1843 à 1963, à Aix-en-Provence, Cluny, Lille, Paris et Bordeaux. L'ensemble constitue depuis 1963 une seule grande école.

Arts et Traditions populaires *(musée national des),* au bois de Boulogne, à Paris.

Ouvert en 1972, il est consacré à l'ethnologie, aux métiers et aux arts populaires français, surtout dans leurs dernières phases, contemporaines des débuts de la révolution industrielle.

Aruba, île néerlandaise de la mer des Antilles ; 62 500 hab.

Arunachal Pradesh, État du nord-est de l'Inde, limitrophe de la Chine ; 83 578 km² ; 858 392 hab. Cap. *Itanagar.*

Arvernes, peuple de la Gaule qui occupait l'Auvergne actuelle. Dirigés par Vercingétorix, les Arvernes prirent, en 52 av. J.-C., la direction de la révolte gauloise contre Rome.

Aryens, populations d'origine indo-européenne qui, à partir du XVIIIᵉ s. av. J.-C., se répandirent, d'une part en Iran, d'autre part dans le nord de l'Inde. Leur langue est l'ancêtre commun des langues indiennes (sanskrit, pali) et iraniennes (avestique, vieux perse).

Arziw, *anc.* Arzew, v. d'Algérie, sur le *golfe d'Arziw,* au nord-est d'Oran ; 22 000 hab. Port au débouché du gaz saharien d'Hassi-R'Mel et du pétrole d'Hassi-Messaoud. Liquéfaction du gaz. Raffinage du pétrole.

Asad *(Hafiz* al-*),* général et homme d'État syrien (près de Lattaquié 1928). Il a pris le pouvoir en 1970 et est devenu en 1971 le président de la République syrienne.

Asad *(lac),* lac de Syrie, créé par un barrage sur l'Euphrate ; 640 km².

Asahigawa ou **Asahikawa,** v. du Japon (Hokaido) ; 359 071 hab.

Asahi Shimbun (littéralement, « Journal du soleil levant »), quotidien japonais, groupe de presse et l'un des plus importants groupes mondiaux de l'édition. Le journal fut fondé en 1879. Il est, par son tirage, l'un des premiers quotidiens du Japon.

Asam (les frères), artistes allemands : **Cosmas Damian,** peintre et architecte (Benediktbeuern 1686 - Munich 1739), et **Egid Quirin,** sculpteur et stucateur (Tegernsee 1692 - Mannheim 1750), figures exemplaires du baroque de l'Allemagne du Sud. Formés auprès de leur père, Hans Georg, peintre fresquiste, et à Rome (1712-13), ils ont travaillé ensemble aux abbayes de Weltenburg, Rohr, Osterhofen. Foisonnement décoratif et effets théâtraux culminent à l'église St-Jean-Népomucène de Munich (« Asamkirche », v. 1733).

Asansol, v. de l'Inde (Bengale-Occidental) ; 763 845 hab. Gisement houiller. Métallurgie.

Ascalon, port de l'ancienne Palestine (auj. *Ashkelon*).

Ascension *(île de l'),* île britannique de l'Atlantique austral ; 88 km² ; 1 000 hab. — Découverte le jour de l'Ascension 1501 par João da Nova.

Asclépiade, médecin grec (Prousa, Bithynie, 124-40 av. J.-C.). Formé à Athènes et à Alexandrie, il implanta l'intellectualisme de la Grèce vaincue (notamment les conceptions de l'atomisme) dans une médecine romaine dominée par la magie.

Asclépios, dieu grec de la Santé et de la Médecine. La tradition la plus courante fait de lui un fils d'Apollon. Chez Homère, il n'est qu'un héros initié à l'art de guérir par le centaure Chiron. Plus tard, il fut vénéré comme un dieu, particulièrement dans le grand sanctuaire d'Épidaure, où il guérissait les malades en venant les visiter pendant leur sommeil par des songes. Il avait pour attributs le serpent, le bâton, le coq, la coupe. Il fut adopté par les Romains comme le dieu de la Guérison sous le nom d'Esculape.

Ascoli Piceno, v. d'Italie (Marches), ch.-l. de province ; 52 371 hab. — Nombreux monuments, de l'époque romaine à la Renaissance surtout ; ensembles des places del Popolo et Arringo.

Ascot, localité de Grande-Bretagne, près de Windsor. Hippodrome.

ASEAN, sigle de Association of South East Asian Nations, en fr. Association des nations de l'Asie du Sud-Est (A. N. A. S. E.), organisation régionale fondée en 1967 à Bangkok et regroupant l'Indonésie, la Malaisie, les Philippines, Singapour, la Thaïlande, Brunei (1984) et le Viêt Nam (1995).

Ases, un des deux groupes de dieux de la mythologie scandinave, l'autre étant celui des Vanes. Les Ases détiennent les pouvoirs de justice, de guerre, de science, de poésie et de magie.

Ashdod, port d'Israël, au sud de Tel-Aviv-Jaffa ; 75 000 hab.

Ashikaga, famille de shoguns japonais, fondée par Ashikaga Takauji en 1338 et qui exerça le pouvoir à Kyoto jusqu'en 1573.

Ashkelon ou **Ashqelon,** port pétrolier d'Israël ; 56 000 hab.

Ashoka ou **Açoka,** souverain de l'Inde (v. 269 - 232 av. J.-C.) de la dynastie maurya. Il régna sur la quasi-totalité de l'Inde à l'exception du sud du Deccan et sur une partie de l'Afghanistan. Il joua un rôle décisif dans l'organisation et le développement du bouddhisme, dont l'esprit inspira sa politique (principe de non-violence).

Ashtart ou **Astarté,** nom donné dans la Syrie euphratéenne à Ishtar, la Grande Déesse du panthéon assyro-babylonien. Dans le monde hellénistique, l'Ashtart phénicienne devient une déesse de l'Amour, en laquelle s'unissent le désir de séduction et le désordre érotique.

Asie, le plus vaste des continents (44 millions de km², 30 % des terres émergées) et surtout le plus peuplé (3,3 milliards d'hab., environ 60 % de la population mondiale).

■ **Conditions naturelles.** Les limites sont nettes au N. (océan Arctique), à l'E. (océan Pacifique) et au S. (océan Indien). Par convention, on considère que l'Oural sépare l'Asie de l'Europe à l'O., et que l'isthme de Suez la sépare de l'Afrique au S.-O. Toute la partie continentale est dans l'hémisphère Nord (entre 1° et 77° de latitude) ; seules des îles d'Indonésie sont situées au S. de l'équateur. De l'O. à l'E., le continent s'étire sur 164° de longitude. L'altitude moyenne (env. 950 m) est la plus élevée pour un continent. Le centre est en effet occupé par le plus important ensemble montagneux de la planète, étiré du Taurus à l'archipel de la Sonde et englobant notamment l'Himalaya (8 846 m à l'Everest). Parfois volcaniques (surtout à l'E. et dans le S.-E. insulaire), les montagnes enserrent des plaines ou plateaux : Anatolie, plateau iranien, Tibet, Ordos, plaine de Mandchourie. Les grands fleuves de l'Asie des moussons y ont trouvé les matériaux des plaines alluviales et deltaïques (plaine indo-gangétique, delta du Mékong, grandes plaines de Chine). Au N. et au S., de vastes régions de plaines et de plateaux correspondent à la présence de boucliers cristallins précambriens (Arabie, Deccan, Sibérie orientale), parfois recouverts d'épais sédiments (Sibérie occidentale).
L'extension en latitude explique la diversité des climats. Le Nord est le domaine du climat sibérien, très rude en hiver. Le sol, constamment gelé en profondeur, porte une maigre végétation, la toundra (à laquelle succède, vers le S., la taïga). Au sud, de l'Arabie et de la Caspienne au Gobi, c'est un climat désertique ou du moins aride (avec une maigre steppe). Tout le Sud-Est, plus chaud, est surtout affecté par la mousson, qui apporte des pluies d'été, essentielles pour l'agriculture. La forêt dense recouvre partiellement l'Insulinde, constamment et abondamment arrosée.

■ **Population et économie.** La Chine et l'Inde sont les deux pays les plus peuplés de la planète. L'Indonésie vient au quatrième rang, le Japon au septième. De plus, la crois-

sance démographique demeure globalement élevée. La population est encore essentiellement rurale. Si la densité moyenne dépasse 60 hab. au km², de très vastes régions sont sous-peuplées : la Sibérie et certains pays du Moyen-Orient. Par contre, les densités sont fortes en Asie des moussons (Inde, Japon, Bangladesh, Chine orientale).
Le poids démographique global et la prépondérance de la population rurale expliquent la prédominance des cultures vivrières et souvent leur caractère intensif (notamment dans les deltas). Le riz est la céréale de l'Asie des moussons, le blé tient une place essentielle dans les régions moins chaudes et moins arrosées (Asie occidentale et surtout ouest de la plaine indo-gangétique et moitié septentrionale de la Chine). L'Asie possède toutefois quelques grandes cultures de plantations, fournissant l'essentiel des productions mondiales de thé, de caoutchouc naturel. Les ressources énergétiques sont localement importantes (hydrocarbures au Moyen-Orient, en Sibérie occidentale, en Indonésie ; houille en Sibérie méridionale, en Chine et en Inde), mais absentes dans le seul grand pays industrialisé, le Japon.

Asie centrale, partie de l'Asie, de la Caspienne à la Chine, englobant le Kazakhstan, le Turkménistan, l'Ouzbékistan, le Kirghizistan, le Tadjikistan et l'ouest du Xinjiang chinois. (→ Asie.)

Asie du Sud-Est, ensemble continental (Việt Nam, Laos, Cambodge, Thaïlande, Birmanie, Malaisie occidentale et Singapour) et insulaire (Indonésie, Malaisie orientale, Brunei et Philippines), correspondant à l'Indochine et à l'Insulinde traditionnelles.

Asie du Sud-Est *(Association des nations de l')* → ASEAN.

Asie du Sud-Est *(Organisation du traité de l')* → O.T.A.S.E.

Asie méridionale, partie de l'Asie englobant l'Inde, le Bangladesh, Sri Lanka et, souvent, l'Asie du Sud-Est.

Asie Mineure, nom que donnaient les Anciens à la partie occidentale de l'Asie au sud de la mer Noire. Elle correspondait approximativement au territoire de la Turquie actuelle. (→ Asie.)

Asimov *(Isaac),* biochimiste et écrivain américain d'origine russe (Petrovitchi 1920 - New York 1992). Il est l'auteur d'un classique de la science-fiction : *Fondation* (1942-1982), et fut un vulgarisateur scientifique prolifique.

Asir, anc. émirat de l'Arabie, au sud du Hedjaz, auj. prov. de l'Arabie saoudite.

Askia, titre dynastique des souverains de l'Empire songhaï. Fondée en 1492, leur dynastie fut éliminée par les Marocains en 1591.

Asmara, cap. de l'Érythrée, à 2 400 m d'alt. ; 275 000 hab.

Asmodée, démon qui, d'après le livre biblique de Tobie, tua les sept maris de Sara. Dans la littérature juive, notamment dans le Talmud, il est le roi des mauvais esprits mâles, qui trouble le bonheur conjugal.

Asmonéens ou **Hasmonéens,** dynastie issue des Maccabées et qui régna sur la Palestine de 134 à 37 av. J.-C.

Asnam (El-) → Cheliff (Ech-).

Asnières-sur-Seine, ch.-l. de c. des Hauts-de-Seine, sur la Seine ; 72 250 hab. *(Asniérois).* Industrie automobile.

Aso, volcan actif du Japon (Kyushu) ; 1 592 m. Parc national.

Aspasie, femme grecque (Milet, seconde moitié du V\ s. av. J.-C.). Compagne de Périclès, célèbre par sa beauté et son esprit.

Aspromonte, massif granitique d'Italie, dans la partie méridionale de la Calabre ; 1 956 m.

Asquith *(Herbert Henry),* comte d'Oxford et Asquith, homme politique britannique (Morley 1852 - Londres 1928). Chef du Parti libéral, Premier ministre de 1908 à 1916, il fit adopter le Home Rule accordant à l'Irlande un statut d'autonomie et fit entrer la Grande-Bretagne dans la Première Guerre mondiale (1914).

Assab, principal port d'Érythrée, sur la mer Rouge ; 22 000 hab. Raffinage du pétrole.

Assam, État de l'Inde entre le Bangladesh et la Birmanie ; 78 500 km² ; 22 294 562 hab. Cap. *Dispur.* Correspondant surtout à la longue vallée encaissée du Brahmapoutre, c'est un pays humide et forestier, marécageux, difficilement pénétrable, possédant toutefois d'importantes plantations de théiers.

Assarhaddon, roi d'Assyrie (680 - 669 av. J.-C.). Il étendit sa puissance en conquérant l'Égypte du Nord.

Assas *(Nicolas Louis, chevalier* d'*),* officier français (Le Vigan 1733 - Clostercamp 1760). Capitaine au régiment d'Auvergne, il se serait sacrifié en donnant l'alarme (« À moi, Auvergne ! »), sauvant ainsi l'armée.

ASSEDIC (Association pour l'emploi dans l'industrie et le commerce), association départementale créée par une convention collective nationale interprofessionnelle de 1958, dans le but d'assurer aux chômeurs

une indemnisation complémentaire de l'aide publique. Depuis 1984, les ASSEDIC, financées par les cotisations des employeurs et des salariés, gèrent l'assurance chômage.

Assemblée constituante de 1848, assemblée élue au lendemain de la révolution de février 1848. Elle siégea du 4 mai 1848 au 27 mai 1849. Première assemblée élue au suffrage universel, elle élabora la Constitution de la IIᵉ République (promulguée le 12 nov. 1848).

Assemblée législative → Législative (Assemblée).

Assemblée législative (1849-1851), assemblée qui succéda à la Constituante le 28 mai 1849 et qui fut dissoute par le coup d'État du 2 décembre 1851.

Assemblée nationale, assemblée élue le 8 février 1871, pendant la guerre franco-allemande, et qui siégea jusqu'au 30 décembre 1875.

Assemblée nationale, dénomination donnée depuis 1946 à l'Assemblée législative, qui avec le Sénat constitue le Parlement français. Ses membres, les députés (577), sont élus pour 5 ans au suffrage universel direct selon un scrutin majoritaire. L'assemblée partage avec le Sénat le pouvoir législatif : elle a l'initiative des lois et dispose du droit d'amendement. Les députés, par le biais de la motion de censure, peuvent, en cas de désaccord avec le gouvernement, le renverser. L'assemblée peut être dissoute par le président de la République, après consultation du Premier ministre et des présidents du Sénat et de l'Assemblée.

Assemblée nationale constituante → Constituante.

Assen, v. des Pays-Bas, ch.-l. de la Drenthe ; 50 357 hab. — Musée provincial. Aux environs, nombreux dolmens et allées couvertes mégalithiques.

Asser *(Tobias Michael Carel),* juriste néerlandais (Amsterdam 1838 - La Haye 1913). Professeur de droit international privé à l'université d'Amsterdam, il représenta les Pays-Bas à la convention de La Haye en 1899. (Prix Nobel de la paix 1911.)

Assiniboine, riv. du Canada qui traverse la Saskatchewan et le Manitoba, affl. de la rivière Rouge (r. g.), à Winnipeg ; 960 km.

Assiniboins, Indiens de l'Amérique du Nord parlant un dialecte sioux, qui habitaient la Saskatchewan (Canada) et les États du Montana et du Dakota du Nord. Aujourd'hui, ils sont environ 5 000 (au Canada et aux États-Unis).

Assiout ou **Asyut,** v. de l'Égypte centrale ; 291 000 hab. Barrage sur le Nil.

Assise, *en ital.* Assisi, v. d'Italie, en Ombrie (prov. de Pérouse) ; 24 088 hab. — Patrie de saint François d'Assise. — Ville pittoresque ; ancien temple romain, basilique S. Francesco, formée de deux églises superposées (XIIIᵉ s. ; fresques de Cimabue, Giotto, P. Lorenzetti, S. Martini...), cathédrale (XIIᵉ-XIIIᵉ s.), église S. Chiara (XIIIᵉ s.).

Associated Press *(AP),* agence de presse fondée en 1848 sous le nom de New York Associated Press, et sous forme d'association coopérative, par un groupe de six quotidiens new-yorkais. L'Associated Press domine le marché tant pour la collecte que pour la diffusion des nouvelles et dispose d'un réseau mondial.

Assommoir *(l'),* roman de É. Zola (1877).

Assouan, v. de l'Égypte méridionale, sur le Nil, près de la première cataracte ; 196 000 hab. Barrage-réservoir de « Sadd al-Ali », ou *haut barrage d'Assouan,* l'un des plus grands du monde, créant la retenue du lac Nasser. — Ancien obélisque inachevé. À proximité : monastère copte de Saint-Siméon, tombes rupestres (VIᵉ-XIIᵉ dynasties).

Assour, cité de Mésopotamie, sur la rive droite du Tigre. Elle fut le berceau et l'une des capitales de l'Empire assyrien (XIVᵉ-XIIᵉ s. av. J.-C.). — Elle a été mise au jour entre 1903 et 1914. On connaît le tracé de la cité, la double enceinte plusieurs fois reconstruite (première construction datant des XXIIIᵉ et XXIIᵉ s. av. J.-C.), le quai le long du Tigre, deux palais ainsi que les vestiges de plusieurs sanctuaires et ziggourats. De nombreux objets ont été recueillis.

Assour, dieu principal de la cité mésopotamienne du même nom. Il acquit des traits guerriers lors de la fondation du premier Empire assyrien (XIVᵉ s. av. J.-C.). Reprenant les fonctions d'Enlil, puis de Mardouk, il apparaît comme un dieu créateur et universel.

Assourbanipal, dernier grand roi d'Assyrie (669 - v. 627 av. J.-C.). Par la conquête totale de l'Égypte, la soumission de Babylone et la destruction de l'Empire élamite, il porta à son apogée la puissance assyrienne. Dans les vestiges de son palais de Ninive, sa bibliothèque, où sont représentés les chefs-d'œuvre de la littérature orientale, a été en partie retrouvée (20 000 tablettes environ).

Assyrie, Empire mésopotamien qui, aux XIVᵉ-XIIIᵉ s. et aux IXᵉ-VIIᵉ s. av. J.-C., domina l'Orient ancien.

HISTOIRE

Du IIIᵉ à la seconde moitié du IIᵉ millénaire, la cité-État d'Assour fonda un empire en butte à la rivalité des Akkadiens, de Babylone et du Mitanni. Du XIVᵉ au XIᵉ s. av. J.-C., avec le premier Empire assyrien, l'Assyrie devint un État puissant de l'Asie occidentale, notamment sous le règne de Salmanasar Iᵉʳ (1275-1245). Mais cet empire fut submergé par les invasions araméennes. Du IXᵉ au VIIᵉ siècle, avec le second Empire assyrien, l'Assyrie retrouva sa puissance et atteignit son apogée sous le règne d'Assourbanipal (669-627 env.). En 612 av. J.-C., la chute de Ninive, succombant aux coups portés par les Mèdes aux Babyloniens, mit définitivement fin à la puissance assyrienne.

ARTS

Même si les Assyriens sont déjà d'actifs commerçants à la fin du IIIᵉ millénaire, comme l'attestent des tablettes de Kültepe, en Anatolie, c'est entre le XIIIᵉ et le VIIᵉ s. av. J.-C. que leur art connaît sa pleine expansion.

En *architecture,* les Assyriens adoptent les moyens techniques de Sumer et des autres civilisations de l'ancienne Mésopotamie, mais on est frappé par le gigantisme architectural d'Assour, de Ninive — dont on a relevé le tracé des fondations — et de Khursabad (Dour-Sharroukên). La contrainte d'un matériau fragile, la brique crue, marque les ziggourats (tours à étages), les sanctuaires et les palais, dont le plan est un simple parallélépipède où se juxtaposent les quartiers (sanctuaires, salle d'apparat, appartements royaux et communs).

En *sculpture,* pour orner ces énormes façades, les Assyriens font appel à la brique émaillée et à l'alternance de redans et de saillants, mais, à l'intérieur, le décor plaqué — énormes orthostates souvent en albâtre gypseux et sculptés en léger relief — reste leur grande innovation et se développe entre le IXᵉ et le VIIᵉ siècle. Le récit mythologique mais surtout la grandeur et les exploits du souverain sont la principale source d'inspiration des sculpteurs. Malgré la rigidité des conventions, on distingue une certaine évolution entre les reliefs du IXᵉ siècle (nombre restreint de personnages aux musculatures outrancières, pas de recherche de perspective) et ceux du VIIᵉ siècle, où les personnages se multiplient, évoluent parfois au cœur de paysages ou transparaît une certaine sensibilité (*Lionne blessée,* British Museum).

Les *arts appliqués,* glyptique, reliefs de bronze (portes de Balawat, British Museum), sont empreints d'originalité ; les ivoires, découverts en grand nombre (Nimroud, Arslan Tash [Hadatou]), sont divisés en deux groupes : créations autochtones et importations de Syrie ou de Phénicie. Une multitude de tablettes constituaient la bibliothèque (British Museum) du roi Assourbanipal, découverte à Ninive. L'objectif unique de cet art de cour a été d'imposer la suprématie d'une civilisation essentiellement militaire, et tout naturellement il disparut avec elle. (→ **Mésopotamie**.)

Astaire *(Frederick E.* Austerlitz, dit Fred*),* danseur, chanteur et acteur américain (Omaha, Nebraska, 1899 - Los Angeles 1987). Virtuose des claquettes, il parut dans de nombreux films et forma avec Ginger Rogers le couple symbole de la comédie musicale dans les années 1930.

Astérix, héros de bande dessinée, créé en 1959 par le scénariste René Goscinny et le dessinateur Albert Uderzo pour l'hebdomadaire *Pilote.* Les aventures de ce petit guerrier gaulois, luttant avec son ami Obélix contre les occupants romains, mettent en scène les stéréotypes nationaux français.

Asti, v. d'Italie (Piémont), ch.-l. de prov. ; 72 384 hab. Vins blancs. — Beaux monuments religieux et maisons du Moyen Âge.

Aston *(Francis William),* physicien britannique (Harbone 1877 - Cambridge 1945). Il découvrit l'existence des isotopes des éléments chimiques. (Prix Nobel 1922.)

Astrakhan ou **Astrakan,** port de Russie, près de l'embouchure de la Volga, dans la Caspienne ; 509 000 hab. Conserves de poissons.

Astrée, divinité grecque qui répandait la justice et la vertu sur la Terre au temps de l'Âge d'or et qui, montée au ciel, devint la constellation de la Vierge.

Astrée *(l'),* roman pastoral d'Honoré d'Urfé (1607-1628), qui retrace les amours contrariées puis triomphantes du berger Céladon et de la bergère Astrée. Son influence fut considérable sur la préciosité au XVIIᵉ siècle.

Astrid, reine des Belges (Stockholm 1905 - près de Lucerne 1935). Elle épousa en 1926 le futur Léopold III, roi des Belges en 1934.

Asturias *(Miguel Ángel),* écrivain guatémaltèque (Guatemala 1899 - Madrid 1974). Il fait revivre la splendeur des mythes mayas dans ses *Légendes du Guatemala* (1930) puis consacre ses poèmes et romans, où réalisme et magie interfèrent sans cesse, à l'histoire et aux problèmes sociaux de son pays (*Monsieur le Président,* 1946). Son inspiration devient essentiellement lyrique et incanta-

toire dans *Une certaine mulâtresse* (1963). [Prix Nobel 1967.]

Asturies, communauté autonome du nord de l'Espagne (correspondant à la prov. d'Oviedo) ; 1 096 155 hab. Houille. Sidérurgie. **HIST.** Les peintures rupestres d'Altamira attestent une très ancienne implantation humaine. Relativement peu marqué par la civilisation romaine, ce pays montagneux est occupé par les Wisigoths à partir de 573. Après l'invasion arabe (711), il est le refuge des derniers partisans de la monarchie wisigothique et Oviedo devient la capitale d'un puissant royaume chrétien, dont l'apogée se situe sous le règne d'Alphonse III (866-910). L'État comprend alors la Galice, les Asturies et le León, qui, vers 920, donne son nom au royaume. Depuis 1388, l'héritier présomptif de la couronne de Castille puis d'Espagne porte le titre de « prince des Asturies ». La région est dotée en 1982 du statut de communauté autonome.

Asunción, cap. du Paraguay, sur le río Paraguay ; 729 000 hab.

Atacama, région désertique du nord du Chili. Cuivre.

Atahualpa (v. 1500 - Cajamarca 1533), souverain inca (v. 1528-1533). Il fut capturé et exécuté par Pizarro, qui affirma ainsi la domination espagnole sur le Pérou.

Atala, roman de Chateaubriand (1801). C'est le récit d'une passion religieuse et romantique qui a pour cadre les paysages exotiques d'Amérique.

Atalante *(l'),* film de Jean Vigo (1934). Un marinier épouse une jeune villageoise qui s'acclimate mal à la vie sur l'*Atalante,* péniche où règne un vieil excentrique (M. Simon). C'est un poème d'amour fou baigné de fantastique social.

Atatürk *(Mustafa Kemal),* homme politique turc (Salonique 1881 - Istanbul 1938). Promu général en 1917, il prend la tête du mouvement nationaliste, opposé aux exigences des vainqueurs de la Première Guerre mondiale. En 1920, il est élu président du comité exécutif de la Grande Assemblée nationale réunie à Ankara. À la suite des victoires qu'il remporte sur les Arméniens, les Kurdes et les Grecs (1920-1922), il donne à la Turquie des frontières que les Alliés reconnaissent au traité de Lausanne en 1923. Détenteur de tous les pouvoirs, il s'efforce de créer un État de type occidental. Dans ce but, il laïcise les institutions (abolition du califat, 1924) et impose l'alphabet latin (1928).

Atbara, riv. d'Éthiopie et du Soudan, affl. du Nil (r. dr.) ; 1 100 km.

Ateliers nationaux, chantiers établis à Paris par le Gouvernement provisoire, le 27 février 1848, pour les ouvriers sans travail. Leur dissolution, le 21 juin, provoqua une violente insurrection ouvrière.

Ateni, v. de Géorgie, à l'ouest de Tbilissi, qui abrite l'une des plus belles églises de l'architecture géorgienne du vii⁰ siècle. (À l'intérieur, peintures murales du xi⁰ s.)

Atget *(Eugène),* photographe français (Libourne 1856 - Paris 1927). Avec un appareil de grand format, il a pratiqué une technique très simple. Sa principale source d'inspiration : un Paris souvent désert, presque irréel, dont il a capté l'atmosphère magique.

Ath, v. de Belgique (Hainaut), sur la Dendre ; 24 080 hab. — Donjon du xii⁰ siècle. Musée.

Athabasca ou **Athabaska,** riv. du Canada occidental, qui finit dans le lac d'Athabasca, constituant ainsi la section supérieure du Mackenzie ; 1 200 km. Importants gisements de sables bitumineux.

Athalie, tragédie de Racine (1691).

Athanase *(saint),* patriarche chrétien d'Alexandrie (Alexandrie v. 295 - id. 373). Il succéda en 328 au patriarche Alexandre, qu'il avait accompagné en 325 au concile de Nicée. Toute sa vie, il continua de lutter contre les doctrines d'Arius avec une intransigeance qui lui valut le titre de champion de l'orthodoxie, mais aussi beaucoup de persécutions et de bannissements. Il compte parmi les grands écrivains de la patristique grecque.

Athaulf, roi des Wisigoths (410-415). Il conquit le sud de la Gaule.

Athéna, déesse grecque de la Sagesse, des Sciences et des Arts. Fille de Zeus, sortie tout armée du cerveau de celui-ci, elle personnifie ainsi la vivacité de l'intelligence créatrice. Avec la chouette comme emblème, elle préside à toutes les manifestations du génie humain. Elle est aussi une déesse guerrière, représentée debout, casquée, portant une cuirasse, l'égide, et armée d'une lance. Déesse éternellement jeune, elle est la vierge *(Parthénos)* en l'honneur de laquelle fut érigé le Parthénon d'Athènes, ville dont, sous le nom d'Athéna Pallas, elle protège les habitants à l'ombre de sa statue, ou Palladion. À Rome, Minerve, déesse d'origine étrusque, lui fut assimilée.

Athênagoras, prélat orthodoxe (Tsaraplana, auj. Vassilikón, Épire, 1886 - Istanbul 1972). Élu patriarche œcuménique de Constantinople (1948), il lutta pour l'unité du monde orthodoxe en dehors de l'influence de Moscou. Soucieux de renouer les liens entre Constantinople et Rome, il rencontra le pape Paul VI à Jérusalem en janvier 1964. En accord avec ce dernier furent levés, le 7 décembre 1965, les anathèmes réciproques lancés, au xi⁰ siècle, par les deux Églises. En juillet 1967, le patriarche reçut Paul VI à Constantinople et, peu après, se rendit à Rome lors du synode épiscopal.

Athénée, écrivain grec (Naucratis, Égypte, ii⁰-iii⁰ s. apr. J.-C.), auteur du *Banquet des sophistes,* recueil de curiosités relevées au cours de ses lectures, qui conserve des citations de 1 500 ouvrages perdus.

Athènes, *en gr.* Athinai, cap. de la Grèce ; 748 110 hab. *(Athéniens)* pour la ville seule ; 3 096 775 dans l'agglomération.

GÉOGRAPHIE

L'agglomération, débordant largement la plaine de l'Attique, concentre près du tiers de la population du pays, dont elle est la métropole incontestée, le centre administratif, commercial (port du Pirée, aéroport d'Ellinikón), universitaire et aussi industriel (métallurgie, chimie, textile, agroalimentaire). Le rayonnement dépasse le cadre national dans les domaines culturel et financier et, bien sûr, touristique en raison du rôle éminent qu'a joué Athènes dans la Grèce antique.

HISTOIRE

Établie à l'époque achéenne (xx⁰-xii⁰ s. av. J.-C.) sur le rocher de l'Acropole, la ville s'étendit peu à peu au pied de l'ancienne forteresse, réunissant toutes les petites tribus des environs.

683 av. J.-C. : la noblesse terrienne des Eupatrides évince la monarchie et dirige la ville.

594 av. J.-C. : Solon réduit les pouvoirs de l'aristocratie par une série de réformes et met en place les organismes politiques : la « boulé » (sénat), l'« ecclésia » (assemblée générale des citoyens) et le tribunal de l'« héliée ».

v. 560-527 av. J.-C. : à l'époque de Pisistrate, la cité devient une puissance politique et un centre de rayonnement intellectuel.

507 av. J.-C. : les réformes de Clisthène achèvent de faire d'Athènes une démocratie.

490-479 av. J.-C. : les guerres médiques, qui se terminent par la victoire d'Athènes, en font la première ville de la Grèce.

La période qui suit ces guerres est la plus brillante de l'histoire d'Athènes : maîtresse des mers grecques, elle dirige la Confédération de Délos et connaît, au temps de Périclès (461-429), un essor incomparable.

431-404 av. J.-C. : la guerre du Péloponnèse fait perdre à Athènes sa puissance politique et maritime au profit de Sparte tout en lui laissant sa suprématie intellectuelle et artistique.

338 av. J.-C. : vaincus à Chéronée par Philippe II de Macédoine, les Athéniens doivent subir la tutelle macédonienne.

Tentant en vain d'organiser la résistance contre les successeurs d'Alexandre, Athènes tombe, avec toute la Grèce, sous la domination romaine (146). Mais elle reste l'un des centres de la culture hellénistique. Après des occupations successives au cours de l'histoire, elle passe sous la domination des Turcs en 1456. Athènes devient la capitale du royaume de Grèce (1834) puis de la république. (→ Grèce, Périclès.)

ARCHÉOLOGIE ET ARTS

Au pied de l'Acropole (→ **Acropole**) se trouvent le théâtre de Dionysos (v^e-IVe s. av. J.-C., modifié à l'époque romaine), le sanctuaire d'Asclépios, l'Odéon d'Hérode Atticus (IIe s. apr. J.-C.), etc. Parthénon, Érechthéion et temple d'Héphaïstos seront consacrés au culte chrétien avant que ne soient édifiées, au XIe et au XIIe siècle, des églises byzantines (Saints-Apôtres, Kapnikaréa, les Saints-Théodores et la Petite-Métropole).

En plus du *Musée national,* le plus riche du monde en antiquités grecques, deux musées sont spécialement consacrés aux objets recueillis à Athènes : le *musée de l'Acropole,* près du Parthénon, et le *musée de l'Agora,* aménagé dans le vaste portique d'Attale (Attalos), reconstruit sur l'Agora. Ces collections illustrent l'histoire d'Athènes depuis le néolithique jusqu'à l'époque turque.

Par ailleurs, citons aussi le *Musée byzantin,* le *musée d'Art cycladique* (fondation Nikólaos P. Ghoulandhrís) et le *musée Benaki* (consacré aux arts décoratifs proche-orientaux).

Athis-Mons, ch.-l. de c. de l'Essonne, au sud d'Orly ; 29 695 hab. *(Athégiens).* Centre de contrôle de la navigation aérienne.

Athos, montagne de la Grèce (Macédoine), dans le sud de la péninsule la plus orientale de la Chalcidique. **RELIG.** Dès la fin du VIIe siècle, des ermites s'établirent sur l'Athos, qui compta à son apogée (XVe s.) trente couvents de mille moines chacun.

Cœur de l'orthodoxie, il constitue une république confédérale autonome sous la juridiction canonique du patriarcat de Constantinople et le protectorat politique de la Grèce. **ARTS.** Entourés de murailles, les bâtiments monastiques ont subi d'importantes modifications au XVIIe siècle. Les constructions s'échelonnent entre le XIIIe et le XXe siècle, avec des vestiges du IXe. Le plan le plus fréquent est conforme aux normes byzantines. La fresque illustre l'art des Paléologues, mais surtout l'école dite « crétoise » (grands ensembles datés de 1535 à 1560). Les monastères abritent de très riches collections d'arts mineurs et des manuscrits du VIIIe au XVe siècle.

Atlan *(Jean-Michel),* peintre français (Constantine 1913 - Paris 1960). Il fut vers 1944, à Paris, un des initiateurs des courants informel et gestuel. Son lyrisme, âpre et passionné, se nourrit de sources magiques et ésotériques (la Kabbale) autant que d'exemples primitifs (océaniens, africains).

Atlanta, v. des États-Unis, cap. de la Géorgie, sur le piémont des Appalaches ; 394 017 hab. (2 833 511 avec les banlieues). Carrefour de voies de communications (important aéroport), Atlanta est aussi un centre commercial, industriel (constructions mécaniques, boissons, textile) et universitaire. — Musée de beaux-arts.

Atlantic City, station balnéaire des États-Unis (New Jersey) ; 37 986 hab.

Atlantide, île hypothétique de l'Atlantique, jadis engloutie et qui a inspiré depuis Platon de nombreux récits légendaires.

Atlantique *(bataille de l'),* ensemble des combats menés dans l'océan Atlantique et les mers adjacentes par les Allemands et les Alliés durant toute la Seconde Guerre mondiale pour le contrôle des voies de communication. Occupant toute la façade maritime de l'Europe, les Allemands firent peser jusqu'en 1945 une menace sur l'Atlantique (notamment par l'action de leurs sous-marins), dont la maîtrise était absolument indispensable au soutien de l'U. R. S. S. et des forces alliées engagées en Europe.

Atlantique *(mur de l'),* ensemble de fortifications construites par les Allemands, de 1941 à 1944, sur les côtes de la mer du Nord, de la Manche et de l'Atlantique en vue de repousser un débarquement anglo-américain.

Atlantique *(océan),* une des subdivisions majeures de l'océan mondial, qui sépare l'Europe et l'Afrique de l'Amérique (106 millions de km² avec ses dépendances). Ses principales caractéristiques sont : un étirement méridien qui lui assure une grande diversité climatique et hydrologique ; une profondeur modérée, comparée à la moyenne mondiale ; un drainage étendu aux deux tiers des continents, qui lui fait jouer un rôle considérable dans le maintien de l'équilibre hydrologique de la planète. L'océan Atlantique est constitué d'une série de grandes cuvettes en contrebas de la plate-forme continentale, particulièrement développées dans l'hémisphère Nord. Dans ces cuvettes se localisent la Méditerranée, la mer du Nord, la Baltique et la mer des Antilles. Elles sont séparées par une longue dorsale sous-marine, dont les sommets sont les îles (Açores, Ascension, Sainte-Hélène, Tristan da Cunha).

Relativement chaudes et salées, les eaux sont soumises à la double influence de l'onde de marée et des courants produits par les vents ou les différences de densité. En surface ou à sa proximité, dans le domaine tropical, deux courants (nord-et sud-équatorial) dirigés vers l'ouest sont compensés par un contre-courant équatorial ramenant en partie les eaux vers l'Afrique ; dans le domaine tempéré, les vents d'ouest dominants envoient vers l'Europe (dans l'hémisphère Nord) des eaux tièdes ou chaudes, c'est le Gulf Stream. En profondeur circulent des courants naturellement de sens contraire, qui, surtout partiellement méridiens, assurent un brassage actif entre les latitudes.

■ **Les ressources et le rôle économique.**
L'Atlantique offre des conditions très favorables au développement de la vie, notamment en raison de l'abondance des substances nutritives apportées par les fleuves et de l'intensité des échanges hydrologiques. La richesse planctonique a permis le développement d'une pêche active (40 % des captures mondiales). Les réseaux d'échanges commerciaux établis depuis cinq siècles en font le trait d'union de civilisations complémentaires. La partie nord sépare (ou relie) des régions peuplées et industrialisées, entre lesquelles s'est établie la plus intense circulation maritime et aérienne du monde à partir d'un réseau dense de ports et d'aéroports.

Atlantique Nord *(pacte de l')* → O. T. A. N.

Atlas, ensemble montagneux de l'Afrique du Nord, formé de plusieurs chaînes. Au Maroc, le *Haut Atlas,* ou *Grand Atlas,* partie la plus élevée du système (4 165 m au djebel Toubkal), est séparé du *Moyen Atlas,* au

nord, par la Moulouya et de l'*Anti-Atlas,* au sud, par l'oued Sous. En Algérie, l'*Atlas tellien* et l'*Atlas saharien* ou *présaharien* enserrent les Hautes Plaines.

Atlas, géant de la mythologie grecque. Fils de Japet, l'un des Titans, il avait pris parti pour ces derniers dans leur lutte contre les dieux ; pour cette raison, Zeus le condamna à soutenir le ciel sur ses épaules.

Aton, dieu égyptien conçu comme unique et représenté sous la forme du disque solaire donnant vie par ses rayons à l'humanité entière. Sous la XVIIIᵉ dynastie, le pharaon Aménophis IV, qui prit pour cela le nom d'Akhenaton, se fit le prophète de ce dieu et l'imposa à la vénération du peuple durant les quatorze années de son règne. Mais le clergé d'Amon rétablit ensuite le culte et les croyances traditionnels.

Atrides, descendants d'Atrée, qui, dans la mythologie grecque, était fils de Pélops, comme Thyeste, et qui devint roi de Mycènes. Les deux frères se livrèrent, notamment l'un contre l'autre ou contre leur progéniture, à une série de meurtres, parmi d'autres forfaits dans lesquels les Grecs voyaient un destin de malédiction. Ce destin allait se prolonger dans la vie d'Agamemnon, lui-même fils d'Atrée.

ATT (American Telephone and Telegraph), société américaine fondée en 1885. En 1982, elle a renoncé au quasi-monopole qu'elle détenait sur l'exploitation du réseau téléphonique aux États-Unis pour s'implanter à l'étranger, notamment en Europe. En 1995, elle s'est scindée en trois entités distinctes : Services de communications (secteurs, les plus rentables, du téléphone et des cartes de crédit), Technologies de télécommunications et Informatique.

Attalos ou **Attale,** nom de trois rois de Pergame. **Attalos Iᵉʳ** (241 - 197 av. J.-C.) lutta avec les Romains contre Philippe V de Macédoine. **Attalos II Philadelphe** (159 - 138 av. J.-C.) participa aux côtés des Romains à l'écrasement de la ligue Achéenne (146). **Attalos III** (138 - 133 av. J.-C.) légua son royaume aux Romains.

Attar *(Farid al-Din),* poète persan (Nichapur v. 1119 - v. 1190 ou v. 1220). À travers une œuvre d'inspiration mystique *(le Colloque des oiseaux),* il réalisa un parfait équilibre entre l'islam triomphant et le génie persan.

Attila (m. en 453), roi des Huns (434-453). Il ravagea l'Empire d'Orient (441-443) puis envahit la Gaule, mais fut défait aux champs Catalauniques, non loin de Troyes (451), par les armées du Romain Aetius et du Wisigoth Alaric. En 452, il pilla l'Italie mais épargna Rome à la prière du pape Léon Iᵉʳ. Son empire s'effondra après lui.

Attique, péninsule de la Grèce où se trouve Athènes.

Attis ou **Atys,** dieu grec de la Végétation, d'origine phrygienne. Pris de folie, il s'émascula pour résister à l'amour de Cybèle, la Mère des dieux. Il mourut de sa mutilation ; mais, dans la mort, il gardait un rôle fertilisateur. Il était l'objet d'un culte initiatique, dont les prêtres, les Galles, se flagellaient et parfois se mutilaient, comme leur dieu.

Attlee *(Clement, comte),* homme politique britannique (Londres 1883 - *id.* 1967). Chef du parti travailliste, il détint de 1945 à 1951 le poste de Premier ministre. Il mit alors en place les structures d'un État providence *(Welfare State),* donnant au gouvernement les moyens d'intervenir activement dans les domaines économique et social.

Atwood *(George),* physicien britannique (Londres 1746 - *id.* 1807). Il est l'inventeur d'un appareil pour l'étude de la chute des corps *(machine d'Atwood).*

Atwood *(Margaret),* femme de lettres canadienne d'expression anglaise (Ottawa 1939).Son œuvre poétique *(The Journals of Susanna Moodie,* 1970), critique et romanesque *(la Servante écarlate,* 1985 ; *Œil-de-chat,* 1988) traduit la difficulté d'être face à une nature hostile et à la vie déshumanisante.

Aubagne, ch.-l. de c. des Bouches-du-Rhône, sur l'Huveaune ; 41 187 hab. *(Aubagnais).* — Siège depuis 1962 du commandement de la Légion étrangère.

Aubanel *(Théodore),* poète français d'expression provençale (Avignon 1829 - *id.* 1886), l'un des fondateurs du félibrige.

Aube, affl. de la Seine (r. dr.), qui naît sur le plateau de Langres et traverse la Champagne ; 248 km.

Aube [10], dép. de la Région Champagne-Ardenne ; ch.-l. de dép. Troyes ; ch.-l. d'arr. *Bar-sur-Aube, Nogent-sur-Seine* ; 3 arr., 33 cant. ; 431 comm. ; 6 004 km² ; 289 207 hab. *(Aubois).* Il est rattaché à l'académie et à la cour d'appel de Reims ainsi qu'à la région militaire Nord-Est.

Aubenas, ch.-l. de c. de l'Ardèche, sur l'Ardèche ; 12 379 hab. *(Albenassiens).* Industries textiles et alimentaires. — Monuments anciens.

Auber *(Esprit),* compositeur français (Caen 1782 - Paris 1871). Connu dès 1806 par sa musique de chambre et ses concertos, il se tourna vers le théâtre à partir de 1812 et écrivit de nombreux opéras ou opéras-comiques avec Scribe : *la Muette de Portici* (1828), *Fra Diavolo* (1830), *Manon Lescaut* (1856).

Auberges de la Jeunesse *(A. J.),* centres d'accueil et vacances organisés pour les jeunes. La première auberge s'ouvrit en 1909.

Aubert de Gaspé *(Philippe Joseph),* écrivain canadien d'expression française (Saint-Jean-Port-Joli 1786 - Québec 1871), peintre des mœurs ancestrales *(les Anciens Canadiens,* 1863).

Aubervilliers, ch.-l. de c. de la Seine-Saint-Denis, banlieue nord de Paris ; 67 836 hab. *(Albertivilliariens).* Métallurgie. Chimie.

Aubignac *(abbé François d'),* critique dramatique français (Paris 1604 - Nemours 1676). Dans sa *Pratique du théâtre* (1657), il fixa la règle classique des trois unités.

Aubigné *(Agrippa d'),* écrivain français (près de Pons 1552 - Genève 1630). Calviniste ardent, compagnon d'armes d'Henri IV, il mit son talent au service de ses convictions en écrivant une épopée mystique *(les Tragiques,* 1616), une *Histoire universelle* (1616-1620), un roman satirique *(les Aventures du baron de Faeneste,* 1617). Ses poèmes d'amour *(le Printemps,* 1570-1573) sont une des premières manifestations du baroque littéraire. Il fut le grand-père de Mᵐᵉ de Maintenon.

Aubrac, haut plateau de l'Auvergne méridionale, entre les vallées du Lot et de la Truyère ; 1469 m au Mailhebiau. Élevage bovin.

Aubusson, ch.-l. d'arr. de la Creuse, sur la Creuse ; 5 546 hab. *(Aubussonnais).* École nationale des arts décoratifs. Constructions électriques. — Ateliers de tapisserie, surtout depuis le xvıᵉ siècle ; musée (tapisseries d'Aubusson et de Felletin, anciennes et du xxᵉ s. [Lurçat]).

Aucassin et Nicolette, « chantefable », roman en prose mêlée de vers (xııɪᵉ s.), racontant les amours du fils du comte de Beaucaire et d'une esclave sarrasine.

Auch [oʃ], ch.-l. du dép. du Gers, sur le Gers, à 680 km au sud-ouest de Paris ; 24 728 hab. *(Auscitains).* Archevêché. Marché. — Cathédrale de style gothique flamboyant, à façade classique (vitraux [renaissants] et stalles [gothiques] du premier tiers du xvıᵉ s.). Musée dans l'ancien couvent des Jacobins.

Auckland, v. de Nouvelle-Zélande, dans l'île du Nord ; 888 000 hab. Célèbre musée maori et université. Port de commerce. Principale ville et centre industriel (alimentation, textile, métallurgie) du pays, dont elle concentre plus du quart de la population.

Aude, fl. de France, né dans le massif du Carlitte, qui passe à Quillan, Limoux et Carcassonne avant de rejoindre la Méditerranée ; 220 km.

Aude [11], dép. de la Région Languedoc-Roussillon ; ch.-l. de dép. *Carcassonne* ; ch.-l. d'arr. *Limoux, Narbonne* ; 3 arr., 34 cant., 438 comm. ; 6 139 km² ; 298 712 hab. *(Audois).* Il est rattaché à l'académie et à la cour d'appel de Montpellier ainsi qu'à la région militaire Méditerranée.

Au-delà du principe de plaisir, ouvrage de Freud (1920).

Auden *(Wystan Hugh),* écrivain américain d'origine anglaise (York 1907 - Vienne 1973). Son œuvre poétique évolue de la critique et de l'engagement politiques à la méditation religieuse *(le Bouclier d'Achille,* 1955).

Audenarde → Oudenaarde.

Audiberti *(Jacques),* écrivain français (Antibes 1899 - Paris 1965). Ses poèmes, romans et pièces de théâtre *(Le mal court,* 1947; *l'Effet Glapion,* 1959; *la Fourmi dans le corps,* 1962; *Cavalier seul,* 1963) interrogent la raison d'être du mal, dans une langue néobaroque.

Audierne *(baie d'),* baie du Finistère, entre la pointe du Raz et la pointe de Penmarch.

Audran, famille d'artistes français des XVIIᵉ et XVIIIᵉ siècles, dont les plus illustres sont **Gérard II** (Lyon 1640 - Paris 1703), « graveur ordinaire du roi » et rénovateur de l'estampe de reproduction (à l'eau-forte et au burin, non plus au burin seul), d'après les œuvres de Raphaël, Le Brun, Mignard, Poussin..., et **Claude III** (Lyon 1657 - Paris 1734), qui contribua à libérer l'art ornemental de la pompe classique par l'usage d'arabesques et de grotesques allégées (décors muraux, perdus ; tapisseries).

Auer *(Carl),* baron **von Welsbach,** chimiste autrichien (Vienne 1858 -- château de Welsbach, Carinthie, 1929). Il inventa le manchon de la lampe à gaz dite *bec Auer* et isola le cérium.

Auerstedt *(bataille d')* [14 oct. 1806], victoire des troupes françaises commandées par le maréchal Davout sur les Prussiens, à 20 km au N. d'Iéna, lors de la 4ᵉ coalition.

Aufklärung *(Zeitalter der)* [« siècle des Lumières »], mouvement de pensée rationaliste, qui s'efforça de promouvoir une émancipation

intellectuelle dans l'Allemagne du XVIIIᵉ siècle. Ses principaux représentants sont C. von Wolff, Gottsched, Lessing, Wieland.

Auge *(pays d'),* région bocagère de Normandie, entre les vallées de la Touques et de la Dives. V. princ. *Lisieux.* Région d'élevage, à l'origine de fromages réputés (camembert, livarot, pont-l'évêque).

Augé *(Claude),* éditeur et lexicographe français (L'Isle-Jourdain 1854 - Fontainebleau 1924), auteur d'ouvrages d'enseignement, créateur du *Dictionnaire complet illustré* (1889), qui devint, en 1905, le *Petit Larousse illustré.*

Augereau *(Pierre), duc* de Castiglione, maréchal et pair de France (Paris 1757 - La Houssaye, Seine-et-Marne, 1816). Il se distingua pendant la campagne d'Italie (1796-97), exécuta en 1797 le coup d'État du 18-Fructidor (4 sept.) et participa à toutes les campagnes de l'Empire. Il fut l'un des premiers à se rallier à Louis XVIII.

Augias, roi d'Élide, selon la mythologie grecque. Il fit nettoyer ses immenses écuries par Héraclès en lui promettant le dixième du troupeau. Le héros y fit alors passer les eaux de l'Alphée et du Pénée ; mais, ensuite, le roi ne tenant pas sa promesse, il le tua.

Augsbourg, *en all.* Augsburg, v. d'Allemagne, en Bavière, sur le Lech ; 250 197 hab. Industries mécaniques et textiles. **ARTS.** Cathédrale des XIᵉ-XVᵉ siècles (précieux vitraux du XIIᵉ s.) et autres églises médiévales. Hôtel de ville (1615) dû à l'architecte Elias Holl. Souvenirs de la famille des banquiers Fugger (XVᵉ-XVIᵉ s.). Musées, dont la Galerie municipale (Burgkmair, Holbein l'Ancien, etc.) et le palais Schaezler (art baroque allemand).

Augsbourg *(Confession d'),* formulaire rédigé par Philip Melanchthon et présenté à la diète réunie par Charles Quint en 1530 à Augsbourg. Composée de 28 articles et écrite en allemand et en latin, elle constitue la principale profession de foi des luthériens.

Augsbourg *(guerre de la ligue d'),* conflit qui opposa, de 1688 à 1697, la France à la ligue d'Augsbourg (formée par l'empereur, des princes allemands, l'Espagne et la Suède, auxquels se joignirent les Provinces-Unies, l'Angleterre et la Savoie). La guerre fut marquée par les victoires françaises de Fleurus (1690), de Steinkerque (1692), de La Marsaille (1693), en Italie, et par la défaite navale de la Hougue (1692) ; elle se termina par la paix de Ryswick.

Auguste, *en lat.* Caius Julius Caesar Octavianus Augustus, empereur romain (Rome 63 av. J.-C. - Nola 14 apr. J.-C.). Par sa mère petit-neveu de César, il porta d'abord le nom d'Octave ; il deviendra Octavien quand son adoption par César (45) sera officiellement reconnue, en 43. À la mort de César (44), il revendiqua l'héritage de son père adoptif et se posa en rival d'Antoine, ancien lieutenant de César et le maître de Rome. En 43, il forma avec Antoine et Lépide un triumvirat, solution de compromis qui partagea le monde romain entre les trois hommes : l'Occident revint à Octavien, l'Orient à Antoine et l'Afrique à Lépide, qui fut dépouillé de ses pouvoirs en 36. En 42, Octavien vengea la mort de César à la bataille de Philippes, où il défit l'armée républicaine de Brutus et de Cassius. Seul maître du pouvoir après sa victoire d'Actium (31) sur Antoine et Cléopâtre VII, reine d'Égypte, il reçut du sénat, avec les titres d'Auguste et de Princeps (27), les pouvoirs répartis jusqu'alors entre les diverses magistratures. Un nouveau régime était fondé, le principat, qui était en fait une monarchie organisée derrière une façade républicaine. De nouvelles institutions consolidèrent le nouvel État. Auguste s'entoura d'un conseil impérial et le sénat réformé fut dépouillé de la majeure partie de ses pouvoirs politiques ; il organisa une société fondée sur le retour aux traditions antiques et administrée par un corps de fonctionnaires recrutés dans les classes supérieures (ordre sénatorial et ordre équestre), divisa Rome en 14 régions pour en faciliter l'administration et la police. Il réorganisa les provinces, partagées en provinces sénatoriales et provinces impériales, celles-ci nécessitant la présence de troupes, et où l'empereur envoyait ses légats. Élu grand pontife à la mort de Lépide, en 12 av. J.-C., il rétablit les formes traditionnelles de la religion. En politique extérieure, Auguste préféra aux conquêtes la sécurité des frontières. Il acheva cependant la conquête de l'Espagne et porta la frontière de l'Empire sur le Rhin, qu'il fortifia. Mais, en Germanie, son lieutenant Varus subit un désastre (9 apr. J.-C.). Auguste n'ayant pas d'héritier direct, il adopta son beau-fils Tibère, qui lui succédera. Fondateur du régime impérial, il a laissé derrière lui une œuvre durable et fut, à sa mort, honoré comme un dieu. Le principat d'Auguste apparaît comme l'une des époques les plus brillantes de l'histoire de la grandeur de Rome (le *siècle d'Auguste*).

Auguste II (Dresde 1670 - Varsovie 1733), Électeur de Saxe et roi de Pologne (1697-1733). Détrôné par Charles XII (1704), il fut rétabli par les troupes russes (1710).

Auguste III (Dresde 1696 - *id.* 1763), fils du précédent, Électeur de Saxe et roi de Pologne (1733-1763).

Auguste, orfèvres parisiens : **Robert Joseph** (Mons v. 1725 - Paris apr. 1795) travailla pour les cours de France, d'Angleterre et de Suède et fut l'un des premiers à rompre avec la rocaille ; son fils **Henri** (Paris 1759 - Port-au-Prince 1816) innova sur le plan de la technique (pièces coulées, voire embouties, au lieu d'être travaillées au marteau ; usage de vis et d'écrous) comme sur celui du style, solennel et monumental (commandes de Napoléon).

Augustin *(saint),* théologien, Père de l'Église latine (Tagaste, auj. Souq Ahras, 354 - Hippone 430). Né d'un père païen, Patricius, et d'une mère chrétienne, Monique, il enseigne l'éloquence successivement à Tagaste, à Carthage, à Rome et à Milan. Adepte du manichéisme, il se rapproche peu à peu du christianisme et s'y convertit, notamment, sous l'influence de la prédication d'Ambroise, l'évêque de Milan, de qui il reçoit le baptême en 387. Rentré en Afrique, il est ordonné prêtre à Hippone en 391 et devient évêque de cette cité en 396. Jusqu'à sa mort, il s'y consacre à l'administration du diocèse, à la prédication, à la lutte contre les hérésies (manichéisme, donatisme, pélagianisme), à la rédaction de très nombreux ouvrages de théologie et de philosophie, dont les plus connus sont les *Confessions* et *la Cité de Dieu.* Son œuvre, centrée sur l'exégèse biblique et marquée par la pensée néoplatonicienne, sera de la plus grande importance pour la réflexion chrétienne ultérieure, par exemple sur la conception du péché et du libre arbitre ou sur la théologie de l'histoire.

Augustinus *(l'),* ouvrage posthume de Jansénius (1640), ainsi nommé parce que celui-ci y exposait la doctrine de saint Augustin sur la grâce et la prédestination. Condamné par Urbain VIII en 1642, ce livre resta au centre de la querelle janséniste en France. La polémique s'envenima lorsque les adversaires de Jansénius prétendirent en tirer *Cinq Propositions,* déclarées hérétiques en 1653.

Augustule → Romulus Augustule.

Aulnay, ch.-l. de c. du nord-est de la Charente-Maritime ; 1 470 hab. — Église exemplaire de l'art roman saintongeais (début du XIIe s.).

Aulnay-sous-Bois, ch.-l. de c. de la Seine-Saint-Denis, banlieue nord-est de Paris ; 82 537 hab. *(Aulnaisiens).* Construction automobile. Chimie.

Aulnoy *(Marie Catherine, comtesse* d*'),* femme de lettres française (Barneville v. 1650 - Paris 1705), auteur de *Contes de fées.*

Aulu-Gelle, grammairien latin (IIe s. apr. J.-C.), auteur des *Nuits attiques,* source de renseignements sur la littérature et la civilisation antiques.

Aumale *(Henri* d'Orléans, *duc* d*'),* général et historien français (Paris 1822 - Zucco, Sicile, 1897), quatrième fils de Louis-Philippe. Il se distingua en Algérie, où il prit, en 1843, la smala d'Abd el-Kader, et devint lieutenant général puis gouverneur des possessions françaises d'Afrique (1847). Exilé en Grande-Bretagne en 1848, il fut élu député à l'Assemblée nationale en 1871. Il a légué à l'Institut son domaine de Chantilly. (Acad. fr. 1871.)

Aung San Suu Kyi, femme politique birmane (Rangoon 1945). Leader de l'opposition démocratique, elle a été maintenue en résidence surveillée par le pouvoir militaire de 1989 à 1995. (Prix Nobel de la paix 1991.)

Aunis, anc. prov. de France ; cap. La Rochelle. Elle forme le nord-ouest du dép. de la Charente-Maritime. *(Aunisiens.)* HIST. Intégrée au royaume franc par Clovis, l'Aunis appartint successivement aux ducs d'Aquitaine et aux Plantagenêts. Réunie au domaine royal en 1271, elle fut en possession anglaise en 1360 jusqu'à la reconquête de Du Guesclin (1373). Foyer du parti protestant, La Rochelle, sa capitale, fut prise par Richelieu en 1628.

Aurangabad, v. de l'Inde, dans l'État du Maharashtra, au N.-E. de Bombay ; 592 052 hab. Grottes bouddhiques décorées et aménagées au VIe siècle dans un style très voisin de celui d'Ajanta.

Aurangzeb (1618 - Aurangabad 1707), empereur moghol de l'Inde (1658-1707). Par ses conquêtes, il porta l'Empire à son apogée mais aggrava la fiscalité et pratiqua une politique musulmane intransigeante à l'égard des hindous, ce qui amorça la décadence de l'Empire.

Aurelia *(via),* voie romaine.

Aurélien, *en lat.* Lucius Domitius Aurelianus (v. 214 - 275), empereur romain (270-275). Pour faire face aux invasions barbares, il fit édifier autour de Rome une enceinte fortifiée (mur d'Aurélien). Puis il se consa-cra à la réunification de l'Empire, menacé de toutes parts. Il battit les Goths sur le Danube en 271, triompha de Zénobie, reine de Palmyre (273), et obtint enfin, la même année, l'abdication de Tétricus, maître de l'empire des Gaules. Ses réformes administratives et religieuses marquèrent un renforcement de l'autorité impériale et furent à l'origine du redressement de l'Empire.

Aurès, massif de l'Algérie orientale, culminant à 2 328 m au *djebel Chelia,* point le plus élevé de l'Algérie non saharienne. De relief très contrasté, relativement humide et forestier, l'Aurès est peuplé de Berbères (les Chaouïa), traditionnellement rebelles aux influences extérieures, à la colonisation (l'Aurès fut le point de départ de l'insurrection algérienne de 1954). L'économie associe toujours élevage ovin, céréaliculture sèche et, localement, agriculture irriguée.

Auric *(Georges),* compositeur français (Lodève 1899 - Paris 1983). Membre du groupe des Six, il est l'auteur du ballet *les Fâcheux* (1924), de la tragédie chorégraphique *Phèdre* (1950) et de musiques de film. Il a été président de la S. A. C. E. M. (1954-1978) et administrateur général de la Réunion des théâtres lyriques nationaux (1962-1968).

Aurignac, ch.-l. de c. de la Haute-Garonne ; 1 106 hab. *(Aurignaciens).* — Gisement préhistorique éponyme de l'aurignacien.

Aurigny, *en angl.* Alderney, une des îles Anglo-Normandes, à la pointe du Cotentin ; 1 700 hab. Ch.-l. *Sainte-Anne.* Tourisme.

Aurillac, ch.-l. du dép. du Cantal, sur la Jordanne, à 631 m d'alt., à 547 km au sud de Paris ; 32 654 hab. *(Aurillacois).* Centre commercial. Mobilier. Produits laitiers et pharmaceutiques. ARTS. Églises St-Géraud (anc. abbatiale, reconstruite aux XVIIe et XIXe s.) et N.-D.-des-Neiges (XIVe-XVIIe s.). Maison des Volcans et musée des Sciences (naturelles) dans le château St-Étienne. Musées du Vieil-Aurillac dans la maison des Consuls, d'Art et d'Archéologie dans les anciens haras.

Auriol *(Vincent),* homme politique français (Revel 1884 - Paris 1966). Socialiste, ministre des Finances du Front populaire (1936-37), il fut le premier président de la IVe République (1947-1954).

Aurobindo *(Sri),* mystique et philosophe indien (Calcutta 1872 - Pondichéry 1950). Il commença à suivre des études en Grande-Bretagne puis se consacra à la cause indienne. Participant d'abord au mouvement nationaliste, il se retira de toute action politique et vécut dans un ashram qu'il fonda à Pondichéry en 1914. Sa doctrine s'exprime notamment dans *Synthèse des yogas* et *Vie divine*. Le yoga est au centre de sa réflexion. C'est grâce à son impulsion qu'a pu être élevée la cité d'Auroville.

Aurore *(l'),* quotidien républicain-socialiste (1897-1914) qui, lors de l'affaire Dreyfus, publia le fameux pamphlet d'É. Zola « J'accuse » (1898). Le quotidien, qui parut sous le même titre en 1944, est devenu en 1984 une édition parisienne du *Figaro*.

Aurore *(l'),* film américain de F. W. Murnau (1927).

Auschwitz, en polon. Oświęcim, v. de Pologne, près de Katowice ; 30 000 hab. — À proximité, les Allemands créèrent le plus grand des camps d'extermination. Entre 1940 et 1945, environ 4 millions de détenus y périrent, en majorité des Juifs et des Polonais. Musée de la Déportation.

Ausone, poète latin (Burdigala, auj. Bordeaux, v. 310 - v. 395). Il a célébré les paysages de la Moselle et de la Gaule méridionale.

Austen *(Jane),* romancière britannique (Steventon 1775 - Winchester 1817). Ses romans peignent la petite bourgeoisie provinciale anglaise (*Orgueil et préjugé,* 1813; *Northanger Abbey,* 1818).

Austerlitz *(bataille d')* [2 déc. 1805], victoire de Napoléon, remportée sur les empereurs d'Autriche et de Russie (bataille dite « des Trois Empereurs »), à Austerlitz, aujourd'hui Slavkov (Moravie). Elle mit fin à la troisième coalition (1805).

Austin, v. des États-Unis, cap. du Texas, sur le Colorado ; 465 622 hab. Université.

Austin *(John Langshaw),* logicien britannique (Lancaster 1911 - Oxford 1960). Son principal ouvrage (*Quand dire, c'est faire,* 1962) a été publié après sa mort. Convaincu qu'un inventaire exhaustif des situations où se posent certains emplois du langage est possible, il distingue l'énoncé constatif (une chose est vraie ou fausse) de l'énoncé performatif (l'acte de parole constitue un acte au même titre que les autres actes humains).

Austral *(océan),* partie des trois océans formant une ceinture continue autour de l'Antarctique. Le continent antarctique est bordé par une large marge sous-marine formée par : une plate-forme creusée de cuvettes profondes et encadrée de bancs élevés et étendus ; une pente continentale entaillée de cañons ; un glacis étendu. Plus au large, les dorsales médio-océaniques individuali-

sent une couronne de bassins. Les vents violents et le froid imposent la formation de glaces flottantes (banquise, icebergs) dont la concentration autour du continent en rend l'accès difficile ou impossible.

Australes *(îles),* archipel du Pacifique, partie de la Polynésie française, de part et d'autre du tropique, au S. de Tahiti ; 164 km² ; 6 509 hab. On compte quatre îles principales, volcaniques : Rimatara, Rurutu, Tubuaï (qui donne parfois son nom à l'archipel) et Raïvavae, auxquelles s'ajoutent l'île isolée de Rapa et quelques atolls. Le climat tropical, humide, est un peu plus frais qu'à Tahiti (22,8 °C à Tubuaï, 20,5 °C à Rapa).

Australes et Antarctiques françaises *(terres),* territoire français d'outre-mer, groupant l'archipel des Kerguelen, la terre Adélie, les îles Saint-Paul et Nouvelle-Amsterdam, l'archipel Crozet.

Australie, *en angl.* Australia, État de l'Océanie, formé de six États (Australie-Méridionale, Australie-Occidentale, Nouvelle-Galles du Sud, Queensland, Tasmanie, Victoria) et de deux territoires (Territoire du Nord et Territoire de la Capitale australienne) ; 7 700 000 km² ; 17 500 000 hab. *(Australiens).* CAP. *Canberra.* V. princ. *Sydney* et *Melbourne.* LANGUE : *anglais.* MONNAIE : *dollar australien.*

GÉOGRAPHIE

■ **Le milieu naturel.** L'Australie est un pays de plaines et de plateaux, si l'on excepte sa bordure orientale montagneuse (Cordillère australienne), traversé en son milieu par le tropique. Le climat est à dominante aride dans l'intérieur (70 % du territoire reçoivent moins de 500 mm d'eau par an et 40 % moins de 250 mm), tropical au N.-E. (Queensland, chaud, mais humide en été austral), tempéré au S.-E. (dans le Victoria et la Tasmanie, aux températures modérées et aux précipitations tombant en toutes saisons), méditerranéen enfin au S.-O. (vers Perth) et au S. (Adélaïde). Le désert occupe de vastes espaces au centre. Par les formations steppiques et la savane, on passe (au moins à la périphérie orientale, arrosée) à la véritable forêt (tropicale au N., à boisements d'eucalyptus au S.). L'aridité fréquente explique la faiblesse des écoulements et l'existence d'un seul réseau hydrographique notable, celui du Murray.

■ **La population.** Avec 2 hab. en moyenne au km², le pays apparaît sous-peuplé. Il juxtapose en fait de vastes régions pratiquement inhabitées (sinon par des aborigènes, au nombre de 250 000, 1 à 2 % de la population totale environ, ou des mineurs) et des bandes littorales (notamment de Brisbane à Adélaïde) plus ou moins larges, fortement urbanisées : 85 % des Australiens vivent en ville, plus de 40 % même dans les deux seules métropoles de Sydney et Melbourne. D'origine européenne, la population s'est accrue surtout par immigration. Celle-ci a toutefois diminué, et, comme le taux de natalité a fortement baissé depuis 1970 (de l'ordre de 15 ‰ aujourd'hui), la croissance démographique s'est ralentie.

■ **L'économie.** L'agriculture n'occupe plus guère que 6 % de la population active et contribue pour une part équivalente à la formation du produit intérieur brut (P. I. B.). Pourtant, en raison des surfaces disponibles, de la modernisation des techniques et des matériels, la production est notable. Le blé est de loin la culture dominante ; localement apparaissent le vignoble (en zone « méditerranéenne ») et la canne à sucre (en zone tropicale). Mais l'élevage domine largement. Le troupeau ovin est le premier du monde, assurant notamment le quart de la production mondiale de laine brute. L'Australie dispose de richesses minières exceptionnelles, souvent récemment découvertes. Elle est devenue le deuxième producteur (et premier exportateur) de minerai de fer, le premier producteur de bauxite et d'alumine, et figure parmi les 5 premiers producteurs mondiaux de cobalt, manganèse, plomb, zinc, argent. Ses ressources énergétiques ne sont pas négligeables : une extraction houillère en progression, complétée par un apport de lignite ; des ressources en hydrocarbures, toutefois encore incomplètement prospectées (mais déjà près de 25 Mt de pétrole et plus de 10 milliards de m³ de gaz naturel), et d'abondants gisements d'uranium (près de 20 % des réserves mondiales).

L'industrie a naturellement profité de ces bases agricoles et minières. L'agroalimentaire et la métallurgie (sidérurgie, construction mécanique, automobile) se sont développées, puis la chimie. L'ensemble de l'industrie assure près de 40 % du P. I. B., dont la majeure partie provient du secteur des services qui occupe environ 60 % de la population active (à peine le tiers dans l'industrie). L'industrie (extractive ou de transformation) est en grande partie sous contrôle étranger (essentiellement américain), notamment pour l'exploitation de la bauxite, le montage automobile, le raffinage du pétrole et la chimie.

L'avion est le mode de transport privilégié pour les personnes, tandis que les marchandises sont transportées par route plutôt que par voie ferrée. Le cabotage est également utilisé pour les pondéreux. L'équilibre de la balance commerciale dépend beaucoup des variations des cours de matières premières puisque 60 % des exportations sont des produits agricoles ou miniers, alors que les produits manufacturés constituent encore la majeure partie des importations du pays, dont les États-Unis sont le premier fournisseur. À ce point de vue, l'Australie demeure un pays (relativement) neuf, ce qui n'empêche pas un niveau de vie élevé, à l'avenir prometteur du fait d'un potentiel naturel exceptionnel.

HISTOIRE

Occupée partiellement par des populations dites « australoïdes » (aborigènes), l'Australie fut atteinte par les Hollandais au XVIIe s.

1770. James Cook aborde le continent.

1788. Début de la colonisation anglaise, qui va s'étendre progressivement sur tout le continent au cours du XIXe s.

L'Australie est tout d'abord une terre de bagne pour les condamnés britanniques. En 1851, la découverte de mines d'or près de Melbourne attire une abondante immigration, en grande majorité britannique. Celle des Noirs et des Asiatiques est limitée par la loi. Cultivateurs et éleveurs de moutons rivalisent pour l'occupation du sol. De nouvelles colonies sont progressivement créées.

1901. Après s'être fédérées, les colonies australiennes forment le Commonwealth australien. Membres du Commonwealth britannique, elles accentuent leur politique protectionniste.

Au XXe s., l'Australie maintient sa tradition démocratique. Elle participe activement aux deux guerres mondiales aux côtés des Alliés. Depuis 1945, l'économie progresse rapidement. L'immigration demeure importante. L'île soutient l'action des États-Unis dans le Sud-Est asiatique et envoie des troupes en Corée et au Viêt Nam, mais elle s'efforce également d'accroître ses relations économiques avec le Japon, vaste débouché pour ses exportations, et établit des relations avec la Chine et le Viêt Nam. Elle est une des grandes puissances du Pacifique.

1986. L'Australia Act abolit les derniers pouvoirs d'intervention directe de la Grande-Bretagne dans les affaires australiennes.

Australie-Méridionale, État de l'Australie ; 984 000 km² ; 1 400 656 hab. Cap. *Adélaïde.*

Australie-Occidentale, État de l'Australie ; 2 530 000 km² ; 1 586 393 hab. Cap. *Perth.*

Austrasie, royaume mérovingien (561-751) qui comprenait les territoires du N.-E. de la Gaule et dont Metz fut la capitale. Elle fut rivale de la Neustrie (située au N.-O.), qu'elle supplanta grâce à la victoire que Pépin de Herstal remporta en 687. C'est autour de l'Austrasie que se reconstitua l'unité des Francs (→ **Carolingiens.**)

austro-prussienne *(guerre),* conflit qui opposa en 1866 la Prusse, soutenue par l'Italie, à l'Autriche, appuyée par les principaux États allemands. Voulue par Bismarck, cette guerre eut pour but d'évincer l'Autriche de sa position de puissance dominante en Allemagne au profit de la Prusse. La victoire prussienne fut facilement acquise, notamment après la bataille décisive de Sadowa. L'Autriche fut exclue de l'Allemagne (traité de Prague, 23 août 1866), tandis que se constituait la Confédération de l'Allemagne du Nord, présidée par le roi de Prusse. L'Autriche dut, en outre, céder la Vénétie à l'Italie.

Autant en emporte le vent, roman de Margaret Mitchell (1936), vaste fresque historique et romanesque des États du Sud pendant la guerre de Sécession. — Film de Victor Fleming (1939), avec Clark Gable et Vivien Leigh. Cette superproduction en Technicolor fut l'un des plus grands succès commerciaux de l'histoire du cinéma américain.

Autant-Lara *(Claude),* cinéaste français (Luzarches 1901). Un humour caustique et de réelles qualités d'écriture caractérisent ses meilleures œuvres : *Douce* (1943), *le Diable au corps* (1946), *l'Auberge rouge* (1951), *le Blé en herbe* (1953), *la Traversée de Paris* (1956).

Auteuil, quartier résidentiel de Paris entre le bois de Boulogne et la Seine. Hippodrome.

Autriche, *en all.* Österreich, État de l'Europe centrale, formé de neuf provinces ou Länder (Basse-Autriche, Haute-Autriche, Burgenland, Carinthie, Salzbourg, Styrie, Tyrol, Vienne et Vorarlberg) ; 84 000 km² ; 7 700 000 hab. *(Autrichiens).* CAP. *Vienne.* LANGUE : *allemand.* MONNAIE : *Schilling.*

GÉOGRAPHIE

Dans une situation historique de carrefour, l'Autriche, plus que la Suisse, est le véritable pays alpin. La chaîne (massifs de l'Ötztal, des Tauern, etc.) occupe plus des deux tiers du territoire, touchant au bassin pannonien à son extrémité orientale, à l'Europe centrale, hercynienne, au N., parcourue ici par la vallée unificatrice du Danube. La montagne est humide, portant au-dessous de 2 200-2 500 m des forêts et des pâturages, mais aussi souvent ensoleillée. La continentalité du climat (forts écarts thermiques) augmente vers l'E., où apparaît une relative sécheresse dans une situation climatique d'abri.

La densité est élevée (90 hab. au km²) pour un pays montagneux. L'existence de villes notables non alpines (Vienne, Graz, Linz) explique en partie seulement cette moyenne, la montagne (Vorarlberg plus que Tyrol) demeurant peuplée. La population ne s'accroît plus guère, en raison de la chute du taux de natalité (12,5 ‰).

L'agriculture n'emploie plus que 8 % de la population active et assure un pourcentage encore moindre du P. I. B. Les cultures (céréales, betterave à sucre, localement vigne) sont localisées dans les plaines ou collines de l'Autriche danubienne. L'élevage (bovins et porcins) est la ressource presque exclusive de la montagne avec le tourisme estival et hivernal, dont les revenus aident à combler le traditionnel déficit de la balance commerciale.

L'industrie emploie près de 40 % de la population active et contribue pour une part à peu près égale à la formation du P. I. B. En partie contrôlée par l'État (le cinquième de la valeur de la production [énergie, métallurgie lourde, chimie] et de la main-d'œuvre), elle est dominée par les constructions mécaniques et électriques, devant la chimie et des branches plus traditionnelles (agroalimentaire, textile, travail du bois, verrerie, etc.). Cette industrie est souvent tributaire des importations imposées par la pauvreté minérale (un peu de fer) et énergétique (peu de pétrole et de gaz) du sous-sol, que ne pallie pas le développement de l'hydroélectricité.

HISTOIRE

■ **Les origines.** Très anciennement peuplés, les territoires qui ont constitué l'Autriche ont été occupés par Rome avant l'ère chrétienne, puis envahis par les Barbares.

803. Charlemagne forme la marche de l'Est.

Au Xᵉ s., le pays est attribué à la famille des Babenberg. Le nom d'Österreich (Autriche) apparaît en 996.

■ **L'Autriche des Habsbourg.**

1156. La marche est constituée en duché héréditaire.

Au XIIIᵉ s., le duché devient possession de Rodolphe Iᵉʳ de Habsbourg, à la tête du Saint Empire depuis 1273. Le sort de l'Autriche est désormais lié à celui de la maison de Habsbourg, qui va agrandir ses territoires (acquisition de la Carinthie et du Tyrol au XIVᵉ s.). Héritier de tous les territoires des Habsbourg et de la couronne du Saint Empire (restée dans la famille depuis 1438), Maximilien Iᵉʳ (1493-1519) y ajoute la Franche-Comté et les Pays-Bas et jette les bases du futur empire de Charles Quint.

1521-22. Charles Quint abandonne le domaine autrichien à son frère Ferdinand, qui reçoit l'héritage des royaumes de Bohême et de Hongrie en 1526.

1529. Les Turcs assiègent Vienne.

1618-1648. Guerre de Trente Ans.
Les Habsbourg perdent tout espoir de refaire l'unité religieuse de l'Empire mais combattent efficacement le protestantisme dans leurs États (Contre-Réforme).

1683. Les Turcs assiègent de nouveau Vienne.
Le XVIIIᵉ s. voit l'apogée de la maison d'Autriche et le début du recul des Ottomans.

1714. Au traité de Rastatt, la maison d'Autriche obtient les Pays-Bas, le Milanais et Naples, après sa victoire contre Louis XIV.
De 1740 à 1790, Marie-Thérèse, puis son fils Joseph II réorganisent le pays et pratiquent une politique de centralisation et de germanisation, en appliquant les principes du despotisme éclairé.

1742. L'Autriche cède la Silésie à la Prusse.

1772. Le premier partage de la Pologne attribue à l'Autriche la Galicie.
À partir de 1791 (déclaration de Pillnitz), l'Autriche lutte contre la France révolutionnaire puis impériale.

1804. François II prend le titre d'empereur héréditaire d'Autriche.

1806. Napoléon Iᵉʳ supprime le Saint Empire.
Au congrès de Vienne (1815), l'Autriche recouvre finalement les territoires perdus au cours de ses défaites successives et obtient une situation prépondérante en Italie et dans la Confédération germanique. Puis, jusqu'en 1848, l'Autriche est dirigée en fait par le chancelier Metternich : elle est l'arbitre de l'Europe et la championne de la réaction antilibérale.

1866. La défaite de Sadowa devant les Prussiens consacre l'effacement des Habsbourg en Allemagne.

1867-1918. L'Autriche forme avec la Hongrie la double monarchie (→ **Autriche-Hongrie**), avec un seul souverain, François-Joseph (qui meurt en 1916), et doit compter avec l'agitation de nombreuses nationalités qui la composent.

En 1918, à l'issue de la Première Guerre mondiale, l'empire des Habsbourg, démantelé, disparaît.

■ **La République autrichienne.**

1920. La République autrichienne est proclamée et forme un État fédéral.

1938. L'Autriche est absorbée par l'Allemagne de Hitler *(Anschluss)* et fait partie du Reich jusqu'en 1945.

1955. Après dix ans d'occupation par les puissances alliées, l'Autriche devient un État neutre.
Elle est dirigée par deux grands partis, le Parti populiste (ou chrétien-démocrate) et le Parti socialiste, qui fournissent les chanceliers (dont Bruno Kreisky, de 1970 à 1983, et Franz Vranitzky, depuis 1986) et les présidents de la République (dont Kurt Waldheim, de 1986 à 1992, puis Thomas Klestil).

1995. L'Autriche entre dans l'Union européenne.

Autriche (Basse-), prov. d'Autriche ; 1 430 000 hab. Ch.-l. *Sankt Pölten.*

Autriche (Haute-), prov. d'Autriche ; 1 306 000 hab. Ch.-l. *Linz.*

Autriche-Hongrie, nom donné, de 1867 à 1918, à la monarchie double comprenant : l'empire d'Autriche, ou Cisleithanie (cap. *Vienne*), et le royaume de Hongrie, ou Transleithanie (cap. *Budapest*), mais gardant une dynastie commune, celle des Habsbourg. L'Autriche-Hongrie était peuplée d'Autrichiens, de Hongrois, de Tchèques, de Slovaques, de Croates, de Serbes, de Slovènes, de Polonais, de Ruthènes, etc. Après la défaite des empires centraux (1918), le traité de Saint-Germain-en-Laye (1919) fit disparaître l'Empire, que remplacèrent des États successeurs indépendants.

Autun, ch.-l. d'arr. de Saône-et-Loire, sur l'Arroux ; 19 422 hab. *(Autunois).* Évêché. Textile. Parapluies. — Portes monumentales et vestiges de l'époque gallo-romaine (temple dit « de Janus »). Cathédrale St-Lazare, chef-d'œuvre du roman bourguignon (v. 1120-1140 ; tympan du Jugement dernier, signé Gislebertus). Riche musée dans l'hôtel du chancelier Rolin (XVᵉ s.).

Auvergne, Région formée de quatre départements (Allier, Cantal, Haute-Loire et Puy-de-Dôme ; 26 013 km² ; 1 321 214 hab. *(Auvergnats).* Ch.-l. *Clermont-Ferrand.*

■ **Le milieu naturel.** L'Auvergne occupe la partie la plus élevée du Massif central, avec notamment plusieurs ensembles volcaniques, du puy de Dôme au massif du Cantal en passant par les monts Dore (massif le plus élevé). Le climat est souvent rude en hiver dans la montagne, ouverte par de nombreuses vallées, dont celles de la Loire et de l'Allier. Au N., le Bourbonnais fait transition avec les plaines du sud du Bassin parisien.

■ **Le peuplement et l'économie.** La Région est globalement peu peuplée avec une densité à peine supérieure à 50 hab. au km² (moins de 30 même pour le Cantal), approchant seulement la moitié de la moyenne nationale. Un long exode rural a vidé les hautes terres, au climat ingrat : massifs volcaniques, Velay, Margeride, Livradois.

La vie s'est concentrée dans la vallée de l'Allier, ouvrant les fertiles Limagnes et devenue l'axe vital de la Région, de Brioude à Moulins, relativement industrialisée. La vie urbaine (et industrielle) est dominée par Clermont-Ferrand, éclipsant les villes du Bourbonnais (Montluçon, Vichy et Moulins) et du sud de la Région (Aurillac et Le Puy-en-Velay). L'élevage bovin (hors des Limagnes cultivées) est l'activité agricole dominante, alors que le tourisme s'est ajouté à (ou a parfois relayé) un traditionnel thermalisme.

Longtemps enclavée, la Région a bénéficié comme d'autres d'une amélioration des voies de communication, de la voie ferrée (du moins jusqu'à Clermont-Ferrand) et surtout routière (l'autoroute traverse aujourd'hui l'Auvergne, des environs de Montluçon au-delà de Saint-Flour, vers Montpellier). Mais l'industrie est souvent en crise (c'est le cas de la branche dominante, le caoutchouc). La Région a continué à se dépeupler dans les années 1980 ; le Cantal a perdu 40 % de sa population et la Haute-Loire, le tiers, depuis le milieu du XIXᵉ siècle.

Auvergne, région historique du centre de la France, correspondant aux départements du Cantal, du Puy-de-Dôme et au nord de la Haute-Loire.

Peuplée depuis le VIᵉ s. av. J.-C. par les Arvernes (Celtes), auxquels elle doit son nom, l'Auvergne est conquise par César (défaite de Vercingétorix à Alésia, 52 av. J.-C.). Rattachée à la province romaine d'Aquitaine, elle passe sous la domination wisigothique puis est incorporée au royaume franc (507). Rattachée au royaume d'Aquitaine (781), elle forme à partir de 980 un comté indépendant. Au XIIIᵉ siècle, l'Auvergne est divisée en quatre grands fiefs, dont une partie (le duché et le Dauphiné d'Auvergne) devient possession de la maison de Bourbon au XVᵉ siècle.

En 1531, duché et Dauphiné d'Auvergne sont réunis à la Couronne, suivis en 1610 du comté épiscopal de Clermont.

Auvergne *(Antoine* d') → **Dauvergne.**

Auvers-sur-Oise, ch.-l. de c. du Val-d'Oise ; 6 156 hab. — Église des XIIᵉ et XIIIᵉ siècles ; Van Gogh et d'autres peintres ont rendu la localité célèbre.

Auxerre, ch.-l. du dép. de l'Yonne, sur l'Yonne, à 162 km au sud-est de Paris ; 40 597 hab. *(Auxerrois).* Constructions mécaniques et électriques. — Cathédrale gothique avec vitraux du XIIIᵉ siècle. Autres églises ; vieilles maisons. Musée d'Art et d'Histoire dans l'ancienne abbaye St-Germain (dont une crypte conserve des fresques carolingiennes [milieu du IXᵉ s.]).

Auzout *(Adrien),* astronome et mathématicien français (1622 - Rome 1691). Il développa l'usage systématique de la lunette astronomique après avoir contribué au perfectionnement de cet instrument par la mise au point du micromètre à fils, dispositif qui, placé au foyer, permet la mesure de petites distances angulaires. Il fut l'un des premiers membres de l'Académie des sciences (1666).

Avallon, ch.-l. d'arr. de l'Yonne, sur le Cousin ; 48 948 hab. *(Avallonnais).* Industrie du caoutchouc. — Église St-Lazare, des XIᵉ-XIIᵉ siècles (portails sculptés), restes de fortifications, maisons anciennes. Musée régional.

Avalokiteshvara, un des principaux bodhisattvas du bouddhisme du Grand Véhicule. Il est celui qui, par miséricorde, abaisse son regard sur le monde humain. Né en Inde au IIᵉ siècle, son culte est surtout répandu au Japon et au Tibet.

Avalon, péninsule du sud-est de Terre-Neuve, qui s'y rattache par l'isthme du même nom. Ville et port principal : Saint John's.

Avare *(l'),* comédie de Molière (1668).

Avars, peuple originaire de l'Asie centrale, qui occupa la plaine hongroise au VIIᵉ s. apr. J.-C. Charlemagne les vainquit en 796 et les intégra à l'Empire.

Avellaneda *(Nicolás),* homme politique argentin (Tucumán 1836 - océan Atlantique 1885). Président de la République, il réprima l'insurrection de Mitre (1874) et fit accepter Buenos Aires comme capitale fédérale.

Avellino, v. d'Italie (Campanie), ch.-l. de prov. ; 54 343 hab. — Musée (archéologie, etc.).

Avempace ou **Ibn Badjdja,** philosophe arabe (Saragosse fin du XIᵉ s. - Fès 1138). Il a étudié les différentes constitutions possibles pour le fonctionnement de la Cité et analysé les qualités nécessaires que chaque homme doit avoir pour chacune d'elles de façon qu'elles puissent fonctionner au mieux *(Régime du solitaire).*

Avenarius *(Richard),* philosophe et épistémologue allemand (Paris 1843 - Zurich 1896), créateur, avec Ernst Mach, de l'*empiriocriticisme,* doctrine positiviste d'inspiration néokantienne, idéaliste et empiriste.

Avenir *(l'),* journal rédigé par La Mennais, Montalembert, Lacordaire. Il tendait à concilier le libéralisme politique avec le catholicisme (oct. 1830 - nov. 1831).

Aventin *(mont),* l'une des sept collines de Rome, sur laquelle la plèbe romaine révoltée contre le patriciat se retira jusqu'à ce qu'elle obtînt la reconnaissance de ses droits (494 av. J.-C.).

Avenzoar, *en ar.* Abū Marwān ibn Zuhr, médecin arabe (Peñaflor, Andalousie, 1073 - Séville 1162). Il fut ministre du premier des Almohades d'Andalousie. En médecine, il s'opposa aux idées de Galien et d'Avicenne et fut le maître d'Averroès. Il a laissé des écrits sur la cardiologie et sur la thérapeutique.

Avercamp *(Hendrick),* peintre néerlandais (Amsterdam 1585 - Kampen 1634). Ses paysages d'hiver sont animés de petits personnages dont il évoque la vie sur un mode spirituel.

Averroès ou **Ibn Ruchd,** philosophe arabe (Cordoue 1126 - Marrakech 1198). Il a montré que la vérité est susceptible d'être interprétée à trois niveaux possibles : la philosophie, la théologie et enfin la foi *(l'Incohérence des incohérences).*

Avery *(Tex),* dessinateur et cinéaste d'animation américain (Dallas 1907 - Burbank 1980). Doté d'un humour féroce et exubérant, maître satiriste de l'absurde, il a su s'imposer finalement comme l'anti-Disney. Il a marqué un style de récit, que beaucoup ont copié, à base, notamment, de répétitions folles, d'obsession de vacarme ou d'insomnie, de boulimie extraordinaire. Il a contribué à l'invention du lièvre Bugs Bunny et a créé aussi le chien Droopy, le canard Daffy Duck.

Avesnes-sur-Helpe, ch.-l. d'arr. du Nord, sur l'Helpe Majeure, dans l'Avesnois ; 5 612 hab. *(Avesnois).* Textile. — Fortifications de Vauban, église gothique, hôtel de ville du XVIIIᵉ siècle.

Avesta, livre saint des zoroastriens. Le texte canonique en a été fixé au IVᵉ s. apr. J.-C. Il comprend plusieurs sections, dont la première contient en particulier les *Gathas,* hymnes attribués à Zarathushtra.

Aveyron, riv. de France, qui naît près de Sévérac-le-Château, passe à Rodez, Villefranche-de-Rouergue et rejoint le Tarn (r. dr.), au nord-ouest de Montauban ; 250 km.

Aveyron [12], dép. de la Région Midi-Pyrénées, correspondant approximativement au Rouergue historique ; ch.-l. de dép. *Rodez* ; ch.-l. d'arr. *Millau, Villefranche-de-Rouergue* ; 3 arr., 46 cant., 304 comm. ; 8 735 km² ; 270 141 hab. *(Aveyronnais).* Il est rattaché à l'académie de Toulouse, à la cour d'appel de Montpellier et à la région militaire Atlantique.

Avicébron ou **Ibn Gabirol,** philosophe juif espagnol (Málaga v. 1020 - Valence v. 1058). Il affirme que les êtres sont hiérarchisés suivant leur plus ou moins grande unité : en haut de l'échelle ontologique, les êtres sont unis dans une forme universelle ; au fur et à mesure que l'on descend l'échelle, les êtres se séparent ; au niveau de l'intelligence, les formes se distinguent, quoiqu'elles aient une nature identique ; au niveau du mode sensible, les formes sont entièrement séparées les unes des autres. Nous n'avons de son ouvrage le plus important, *la Source de vie,* qu'une adaptation en latin.

Avicenne ou **Ibn Sina,** médecin et philosophe iranien (Afchana, près de Boukhara, 980 - Hamadhan 1037). Son œuvre philosophique, influencée par Aristote et Platon, fut une référence jusqu'en Europe. Il a cherché à fonder une cosmologie qui repose sur les êtres possibles et sur les êtres nécessaires : ces derniers n'arriveraient à l'existence qu'en vertu d'une cause et la seule cause possible est Dieu. Son œuvre médicale, reprenant les idées de Galien, bien que dogmatique et obscure, fut enseignée dans les universités d'Europe jusqu'au XVIIᵉ siècle et en Iran plus longtemps encore. Son livre le plus connu, le *Canon de la médecine,* décrit l'ensemble des maladies connues de l'époque.

Avignon, ch.-l. du dép. de Vaucluse, sur le Rhône, à 683 km au sud-est de Paris ; 89 440 hab. *(Avignonnais).* Archevêché. Centre commercial et touristique. L'agglomération compte plus de 180 000 hab. et est industrialisée (produits réfractaires, poudrerie, papeterie, alimentation). HIST. Siège de la papauté de 1309 à 1376, Avignon fut acheté en 1348 par Clément VI à Jeanne Iʳᵉ, reine de

Sicile, comtesse de Provence. Résidence des papes dits « d'Avignon » lors du Grand Schisme d'Occident (1378-1417), la ville, demeurée à l'Église jusqu'en 1791, fut alors réunie à la France en même temps que le Comtat Venaissin. **ARTS.** Sur le rocher des Doms, cathédrale romane et palais-forteresse des papes du XIVᵉ siècle : austère Palais-Vieux de Benoît XII, complété par le Palais-Neuf de Clément VI (fresques exécutées sous la direction de M. Giovannetti). La ville a un riche capital monumental : restes du pont Saint-Bénezet (XIIᵉ s.) ; églises gothiques ; Petit Palais des légats italiens (XVᵉ s., auj. musée : primitifs italiens et avignonnais) ; hôtels et chapelles du XVIIᵉ siècle, dont celle du collège des Jésuites, auj. musée lapidaire ; hôtels du XVIIIᵉ siècle, dont l'un abrite le musée Calvet (archéologie, arts décoratifs, sculptures, riche collection de peinture du XVIIᵉ au XXᵉ s.).

Avignon *(festival d'),* festival de théâtre créé en 1947 par Jean Vilar et qui fut le lieu privilégié d'expression et de réflexion du T. N. P. Il s'est ouvert depuis 1966 à d'autres troupes ainsi qu'à la danse, à la musique et au cinéma.

Avignon *(papes d'),* les neuf papes qui, de 1309 à 1403, à cause de l'insécurité politique qui régnait alors en Italie puis dans le cadre des troubles du Grand Schisme d'Occident, décidèrent de faire d'Avignon la capitale provisoire de la chrétienté. Ce sont Clément V, Jean XXII puis, durant le Grand Schisme, Benoît XII, Clément VI, Innocent VI, Urbain V, Grégoire XI, Clément VII, Benoît XIII.

Ávila, v. d'Espagne, en Castille, ch.-l. de prov. ; 45 977 hab. **ARTS.** Derrière son enceinte médiévale restaurée aux 88 tours de granite, la ville conserve une cathédrale gothique des XIIᵉ-XIVᵉ siècles (œuvres d'art), des églises, des couvents, etc. Plusieurs églises romanes, dont S. Vincente et le couvent S. Tomás, en gothique tardif, sont hors les murs, de même que le Musée provincial (dans une demeure de la Renaissance).

Avilés, port d'Espagne (Asturies) ; 85 351 hab. Centre sidérurgique et métallurgique. — Ensemble de maisons et de monuments anciens.

Aviz *(dynastie d'),* dynastie qui régna sur le Portugal de 1385 à 1580.

Avogadro *(Amedeo* di Quaregna e Ceretto, *comte),* chimiste et physicien italien (Turin 1776 - *id.* 1856). Il interpréta les lois de Gay-Lussac sur les combinaisons gazeuses par la théorie moléculaire des gaz et émit,

en 1811, l'hypothèse selon laquelle il y a toujours le même nombre de molécules dans des volumes égaux de gaz différents, à la même température et à la même pression. La *loi d'Avogadro,* qui établit une relation de proportionnalité entre la masse molaire moléculaire et la densité d'un gaz, est l'une des bases de la chimie.

Avon, firme américaine de cosmétiques, célèbre par son réseau de vente exclusive en direct par des « conseillères », clientes-vendeuses rétribuées à la commission. Avon est la première société dans son secteur aux États-Unis.

Avoriaz, station de sports d'hiver (alt. 1 800-2 275 m) de Haute-Savoie, sur la commune de Morzine. Festival du film français.

Avranches, ch.-l. d'arr. de la Manche, près de l'embouchure de la Sée ; 9 523 hab. *(Avranchins).* Confection. — Percée décisive du front allemand par les blindés américains (31 juill. 1944), en direction de la Bretagne et du Bassin parisien.

Avvakoum, archiprêtre et écrivain russe (Grigorovo v. 1620 - Poustozersk 1682). Il a écrit le récit de sa vie, une des premières œuvres de la littérature russe en langue populaire. Son refus des réformes liturgiques du patriarche Nikon provoqua le schisme des vieux-croyants *(raskol).* Condamné à mort, il fut brûlé.

Avventura *(l'),* film italien de M. Antonioni (1969).

Axa, groupe privé français d'assurances issu des Mutuelles unies. Il rachète en 1982 le groupe Drouot, en 1987 la Providence et le Secours et fusionne, en 1988, ses activités avec celles de la Compagnie du Midi-A. G. P.

Axe *(l'),* alliance formée en 1936 par l'Allemagne et l'Italie (Axe Rome-Berlin). On donne le nom de « puissances de l'Axe » à l'ensemble constitué par l'Allemagne, l'Italie et leurs alliés pendant la Seconde Guerre mondiale : Japon, Hongrie, Bulgarie, Roumanie.

Ayacucho, v. du Pérou ; 102 000 hab. — Aux environs, victoire de Sucre au Pérou sur les Espagnols (déc. 1824), qui consacra l'indépendance de l'Amérique du Sud.

Ayers Rock, relief gréseux du centre de l'Australie, au S.-O. d'Alice Springs ; 867 m. Montagne sacrée des aborigènes et site touristique.

Aylwin Azócar *(Patricio),* homme politique chilien (Viña del Mar 1918). Succédant à Pinochet, il a été président de la République de 1990 à 1994.

Aymara, Indiens de Bolivie et du Pérou. Leur civilisation compte parmi les plus anciennes d'Amérique du Sud. Pêcheurs, agriculteurs, ils pratiquent également le tissage et le travail des métaux. Leurs croyances mêlent le culte des saints catholiques à celui des forces naturelles.

Aymé *(Marcel),* écrivain français (Joigny 1902 - Paris 1967). Ses romans et ses nouvelles (*la Jument verte,* 1933 ; *le Passe-Muraille,* 1943) allient l'attendrissement à l'ironie dans la peinture de la société française. Son anticonformisme s'est également exprimé au théâtre (*Clérambard,* 1950 ; *la Tête des autres,* 1952). Il a écrit pour les enfants des *Contes du chat perché* (1934).

Ayuthia, v. de la Thaïlande, ch.-l. de prov., au N. de Bangkok, sur une île de la Chao Phraya ; 47 000 hab. — Capitale du Siam (1350-1767) à la place de Sukhothai, elle fut détruite par les Birmans et remplacée par Thonburi. — Temples, stupas, en partie restaurés. Riches collections au musée national Chao Sam Phraya.

Ayyubides, dynastie musulmane fondée par Saladin, qui régna aux XIIᵉ-XIIIᵉ siècles sur l'Égypte, la Syrie et une grande partie de la Mésopotamie, de l'Arabie et du Yémen.

Azaña y Díaz *(Manuel),* homme politique espagnol (Alcalá de Henares 1880 - Montauban 1940). Président du Conseil de 1931 à 1933, il fut président de la République espagnole de 1936 à 1939.

Azay-le-Rideau, ch.-l. de c. d'Indre-et-Loire, sur l'Indre ; 3 116 hab. *(Ridellois).* — Château de la première Renaissance (1518-1529) ; église à façade carolingienne.

Azeglio *(Massimo, marquis* d'*),* écrivain et homme d'État italien (Turin 1798 - *id.* 1866), un des chefs modérés du Risorgimento.

Azerbaïdjan, État d'Asie, sur la mer Caspienne ; 87 000 km² ; 7 millions d'hab. *(Azerbaïdjanais).* CAP. *Bakou.* LANGUE : *azéri.* MONNAIE : *rouble.*

GÉOGRAPHIE

L'État possède une petite enclave entre Arménie et Iran, le Nakhitchevan, mais il occupe surtout l'est de la Transcaucasie, correspondant à la vaste plaine de la Koura et à son encadrement montagneux (Grand Caucase au N., Petit Caucase aux confins de l'Arménie au S.), l'Azerbaïdjan connaît une rapide croissance démographique. L'aménagement de la plaine a permis l'extension des cultures (coton surtout, fruits et légumes, vigne, riz, tabac). L'industrie est née de l'extraction, aujourd'hui en déclin, du pétrole de la région de Bakou et est représentée principalement par la chimie (pétrochimie), la métallurgie de transformation et l'agroalimentaire.

HISTOIRE

1828. L'Iran cède l'Azerbaïdjan septentrional à la Russie.

1918. Une république indépendante est proclamée.

1920. Elle est occupée par l'Armée rouge.

1922-1991. La république d'Azerbaïdjan fait partie de l'U. R. S. S.

1991. Elle devient indépendante. Parallèlement, la région du Haut-Karabakh peuplée minoritairement d'Arméniens, proclame aussi son indépendance. Depuis lors, l'Azerbaïdjan est en état de guerre.

Azéris, peuple turc musulman vivant en Azerbaïdjan et en Iran.

Azevedo *(Aluísio),* écrivain brésilien (São Luís 1857 - Buenos Aires 1913), auteur du premier roman naturaliste de son pays, *le Mulâtre* (1881).

Azhar (al-), mosquée fondée au Caire par les Fatimides en 973 et devenue, par les nombreuses adjonctions faites au bâtiment initial, un véritable répertoire de l'architecture islamique en Égypte. Elle abrite l'une des grandes universités du monde musulman.

Azincourt *(bataille d')* [25 oct. 1415], une des principales défaites françaises de la guerre de Cent Ans, subie à Azincourt (Pas-de-Calais), devant le roi d'Angleterre Henri V.

Aznar López *(José María),* homme politique espagnol (Madrid 1953). Depuis 1990, il est président du Parti populaire qui remporte les élections législatives en 1996.

Aznavour *(Varenagh Aznavourian, dit Charles),* chanteur, auteur-compositeur et acteur de cinéma français (Paris 1924). Remarqué à ses débuts par Édith Piaf, il a su imposer un style de chanson réaliste et poétique, servi par un sens aigu de l'interprétation dramatique (*Je m'voyais déjà, les Comédiens*).

Azorín *(José Martínez Ruiz, dit),* écrivain espagnol (Monóvar 1874 - Madrid 1967). Membre de la « génération de 98 », il s'est efforcé de donner à sentir l'âme réelle de l'Espagne (*Castilla,* 1912).

Azov *(mer d')*, golfe formé par la mer Noire ; 38 000 km². Il s'enfonce entre l'Ukraine et la Russie méridionale et reçoit le Don.

Aztèques, anc. peuple du Mexique, qui, v. 1325, a fondé Tenochtitlán, près de l'actuelle Mexico, et qui domina le pays jusqu'à la conquête espagnole, dirigée par Cortés (1521). Formant une société militaire et conquérante, fortement hiérarchisée et dominée par la religion, ils assimilèrent l'apport culturel (écriture idéographique, arts mineurs, etc.) des peuples qu'ils soumirent. Ils laissent, hors une puissante architecture militaire, peu de vestiges si ce n'est le noyau culturel de leur capitale Tenochtilán avec les temples jumelés de Huitzilopochtli et Tlaloc. Leur vocation religieuse s'exprime aussi par la sculpture, où réalisme et sévérité sont associés à une accumulation de symboles et à un indéniable sens de la matière (monolithe de Coatlicue, musée de Mexico ; calendrier aztèque ; statue de Quetzalcóatl, musée de l'Homme, Paris).

B

Bâ *(Amadou Hampaté),* écrivain malien d'expression française (Bandiagara 1901 - Abidjan 1991). Défenseur de la tradition africaine, il a contribué à sauver de l'oubli les trésors de la mémoire populaire en recueillant des récits initiatiques peul.

Baade *(Walter),* astronome américain d'origine allemande (Schröttinghausen 1893 - Göttingen 1960). Sa découverte de l'existence de deux types de populations stellaires (1944) a conduit à réviser l'échelle de mesure des distances des galaxies.

Baal, terme signifiant « Seigneur » dans les langues ouest-sémitiques. Dans les mythes ougaritiques, il désigne le dieu de l'Orage, de la Pluie, de la Montagne, de la Fécondité. Chez les Phéniciens, le nom de *Baal* s'applique à des divinités diverses et, dans la Bible, il désigne tous les faux dieux.

Baalbek ou **Balbek,** v. du Liban, dans la Beqaa ; 18 000 hab. — Ancienne cité phénicienne, elle devint colonie romaine sous Auguste. — Importantes ruines romaines des IIe-IIIe siècles (notamment le grand temple du Jupiter Héliopolitain).

Baath ou **Bath,** parti socialiste fondé en 1953 par le Syrien Michel Aflak afin de regrouper en une seule nation tous les États arabes du Proche-Orient. Il est au pouvoir en Syrie depuis 1963 et en Iraq depuis 1968.

Bab al-Mandab ou **Bab el-Mandeb** (« porte des pleurs »), détroit entre l'Arabie et l'Afrique, qui réunit la mer Rouge au golfe d'Aden.

Babangida *(Ibrahim),* général et homme d'État nigérian (Minna 1941). Chef de l'armée de terre (1984), il dirige le coup d'État à l'issue duquel il devient président de la République, en 1985. En 1993, il abandonne le pouvoir.

Babbage *(Charles),* mathématicien britannique (Teignmouth, Devon, 1792 - Londres 1871). Il conçut et tenta de réaliser, sans y parvenir, une machine à calculer commandée par un programme enregistré sur des cartes perforées, qui peut être regardée comme l'ancêtre des ordinateurs.

Babel *(Issaak Emmanouilovitch),* écrivain soviétique (Odessa 1894 - Moscou 1940). Ses nouvelles *(Cavalerie rouge,* 1926) et ses drames peignent les épisodes de la révolution russe et de la guerre civile.

Babel *(tour de),* construction que, selon le livre biblique de la Genèse, les descendants de Noé tentèrent d'élever pour escalader le ciel. Mais la multiplicité des langues que parlaient ces peuples d'origines si diverses les empêcha de s'entendre et fit échouer l'entreprise.

Babenberg, famille de Franconie qui a régné sur la marche puis le duché (1156) d'Autriche jusqu'à son extinction (1246).

Baber ou **Babur,** fondateur de l'Empire moghol de l'Inde (Andijan 1483 - Agra 1530). Descendant de Tamerlan, il partit de Kaboul pour conquérir l'Inde (1526-1530).

Babeuf *(François Noël,* dit **Gracchus),* révolutionnaire français (Saint-Quentin 1760 - Vendôme 1797). Il conspira contre le Directoire (« conjuration des Égaux ») et fut exécuté. Sa doctrine *(babouvisme),* qui préconise la collectivisation des terres, est proche du communisme.

Babinet *(Jacques)*, physicien et astronome français (Lusignan 1794 - Paris 1872). Il mit au point un goniomètre et un polariscope.

Babits *(Mihály)*, écrivain hongrois (Szekszárd 1883 - Budapest 1941). Directeur de la revue *Nyugat (Occident)*, il est l'auteur de poèmes s'inspirant de l'Antiquité et des grands lyriques anglais (*le Livre de Jonas*, 1941).

Babylone, v. de basse Mésopotamie, dont les imposantes ruines, au bord de l'Euphrate, sont à 160 km au sud-est de Bagdad. **HIST**. Sa fondation doit être attribuée aux Akkadiens (2325-2160 av. J.-C.). La Iʳᵉ dynastie amorrite s'y établit vers 1894-1881 av. J.-C. Hammourabi, 6ᵉ roi de cette dynastie, en fait sa capitale. Souvent soumise par l'Assyrie, Babylone reste la capitale intellectuelle et religieuse de la Mésopotamie. À la fin du VIIᵉ siècle, une dynastie indépendante, dite « chaldéenne », s'établit à Babylone. Son fondateur, Nabopolassar, prend part avec les Mèdes à la ruine de l'Assyrie. Son fils, Nabuchodonosor II, s'empare de Jérusalem (587 av. J.-C.) et déporte beaucoup de ses habitants. De son règne datent les principaux monuments de Babylone. La ville est prise par Cyrus II en 539, qui fait de la Babylonie une province de l'Empire perse. Xerxès démantèle Babylone après sa révolte. Alexandre la choisit comme capitale de l'Asie et y meurt en 323 av. J.-C. Babylone décline après la fondation par les Séleucides de la ville de Séleucie sur le Tigre. **ARCHÉOL**. Les premières fouilles systématiques ont été menées par une mission allemande (1889-1917) ; le Service des antiquités d'Iraq les a poursuivies. La ville mise au jour est surtout néo-babylonienne. De plan rectangulaire, la cité du Iᵉʳ millénaire était entourée de fortifications colossales. Ouvrant la voie processionnelle, la porte d'Ishtar (reconstituée à Berlin) était la plus importante. Un revêtement de briques émaillées en formait le décor. D'autres monuments étaient célèbres dans l'Antiquité ; ziggourat (tour à étages), palais et jardins de Sémiramis.

Babylonie, nom donné à la basse Mésopotamie, appelée très tardivement *Chaldée*. Villes principales : Babylone, Our, Béhistoun.

Bacău, v. de l'est de la Roumanie ; 204 495 hab.

Baccarat, ch.-l. de c. de Meurthe-et-Moselle, sur la Meurthe ; 5 049 hab. *(Bachamois)*. — Cristallerie (dont la production remonte à 1817) et musée du Cristal de Baccarat. Église moderne (1957).

Bacchantes *(les)*, tragédie d'Euripide (405 av. J.-C.), sur la mort de Penthée, roi de Thèbes, déchiré par les Bacchantes pour s'être opposé au culte de Dionysos.

Bacchus, nom donné tardivement à Dionysos, dieu grec du Vin, et utilisé préférentiellement par les Romains. À partir du IVᵉ s. av. J.-C., les mystères dionysiaques pénétrèrent à Rome sous la forme des bacchanales.

Bacchylide, poète lyrique grec (Céos v. 500 av. J.-C. - v. 450 av. J.-C.). Il fut le rival de Pindare.

Bach, *(Johann Sebastian* ou *Jean-Sébastien)* compositeur allemand (Eisenach 1685 - Leipzig 1750). Sans doute le plus grand génie de la musique occidentale, il a laissé une œuvre immense, à la fois puissamment originale et synthèse de la musique de son temps, mais aussi aboutissement de plus de trois siècles d'histoire musicale en Occident, en même temps que source de références pour bien des maîtres des XIXᵉ et XXᵉ s. (Beethoven, Liszt, Schönberg, Stravinsky). Bach fit de brillantes études générales et ses études musicales avec son frère. En 1703, il est nommé organiste à St-Boniface d'Arnstadt, où il compose ses premières œuvres religieuses et des pages pour clavier. Il s'essaie alors à la toccata, au prélude et à la fugue. De 1708 à 1717, il est musicien de chambre et organiste à la cour de Weimar, où il compose ses premières grandes œuvres pour orgue et plusieurs cantates. En 1717, il va à Köthene où, jusqu'en 1723, il dirigera l'orchestre du prince Leopold d'Anhalt. Il y compose beaucoup de musique instrumentale (suites, sonates, etc.). En 1723, il accepte le poste de cantor de l'église St-Thomas de Leipzig, où il restera jusqu'à sa mort. Là, outre des fonctions d'enseignement, il est chargé de la musique de l'église mais aussi de celle de la ville.

De ses deux mariages, il eut 20 enfants, dont quatre devinrent également compositeurs : Wilhelm Friedemann (1710-1784), Carl Philipp Emanuel (1714-1788), Johann Christoph Friedrich (1732-1795) et Johann Christian ou Jean-Chrétien (1735-1782). J.-S. Bach a touché à tous les genres, sauf à l'opéra. Toute sa musique est fonctionnelle et de commande ; elle correspond aux trois aspects de sa carrière : le musicien d'église, l'homme de cour, le professeur.

Musique sacrée. D'inspiration luthérienne, elle comporte :
— des *œuvres vocales* : chorals harmonisés, oratorios, Passions (saint Jean, 1723 ; saint Matthieu, 1729), motets ; environ 200 cantates d'église et des cantates profanes ; deux

œuvres qui relèvent du culte catholique : un *Magnificat* (1723) et une *Messe en « si » mineur* (1724-1747) ;
— des *œuvres instrumentales* : il privilégie notamment l'orgue, pour lequel il écrit la célèbre *Toccata et fugue en « ré » mineur* (1708), mais aussi 145 chorals *(Orgelbüchlein)*, 50 préludes ou toccatas, ou fantaisies et fugues, partitas et variations.

Musique profane. Elle concerne surtout le clavier (clavecin) : inventions et symphonies, suites françaises, suites anglaises, partitas, 2 vol. du *Clavier bien tempéré* (I : 1722 ; II : 1744), *Variations Goldberg* (1742), *Concert dans le goût italien* (1735), *Fantaisie chromatique et fugue* ; des concertos originaux ou transcrits. On trouve également plusieurs recueils de musique de chambre et de musique pour orchestre (6 *Concertos brandebourgeois* [1721] ; 4 suites).

Le théoricien a donné toute la mesure de sa science de l'écriture avec les *Variations canoniques*, l'*Offrande musicale* (1747), l'*Art de la fugue* (1748-1750).

Bach *(Carl Philipp Emanuel)*, compositeur allemand (Weimar 1714 - Hambourg 1788), cinquième enfant de J. S. Bach. Musicien de Frédéric II, il est l'un des créateurs de la sonate à deux thèmes, de la symphonie et l'un des premiers maîtres de la musique de chambre et du concerto pour clavier.

Bach *(Johann Christian ou Jean-Chrétien)*, compositeur allemand (Leipzig 1735 - Londres 1782), dernier enfant de J. S. Bach. Après un séjour à Milan comme organiste, il s'installa à Londres, écrivant quantité de partitions lyriques ou d'orchestre annonciatrices du style galant (concertos, sonates, symphonies).

Bach *(Johann Christoph Friedrich)*, compositeur allemand (Leipzig 1732 - Bückeburg 1795), fils aîné du second mariage de J. S. Bach. Musicien classique à la cour de Bückeburg, il a écrit des oratorios, des cantates, des symphonies, des concertos.

Bach *(Wilhelm Friedemann)*, compositeur allemand (Weimar 1710 - Berlin 1784), fils aîné de J. S. Bach. En poste à Dresde puis à Halle, enfin organiste à Berlin, il est auteur de fugues, sonates, fantaisies, polonaises pour clavier.

Bach *(Alexander, baron von)*, homme d'État autrichien (Loosdorf 1813 - Schöngrabern 1893). Ministre de l'Intérieur (1849-1859), il mena une politique centralisatrice.

Bachchar ibn Burd, poète arabo-irakien (Bassora v. 714 - v. 784), célèbre pour ses élégies amoureuses et ses épigrammes féroces.

Bachelard *(Gaston)*, philosophe français (Bar-sur-Aube 1884 - Paris 1962). Il est l'auteur d'une épistémologie historique et d'une psychanalyse de la connaissance scientifique (*la Formation de l'esprit scientifique*, 1938). Il s'est appuyé sur la notion de mode de production théorique et a analysé certains concepts préscientifiques pour fonder la notion de scientificité, qui repose sur un substrat affectif et fort. C'est fréquemment sur de tels fondements que les méthodes les plus rationnelles s'appuient. On doit également à Bachelard des analyses de l'imaginaire poétique, pour lequel il a établi une classification des symboles poétiques (*l'Eau et les Rêves*, 1942 ; *la Poétique de l'espace*, 1957).

Bachelier *(Nicolas)*, sculpteur et architecte français (? v. 1487 - Toulouse 1556/57). Il a travaillé dans le style de la Renaissance à Toulouse (hôtel de Bagis, 1538) et dans la région.

Bachkirie, république de la Fédération de Russie ; 143 600 km² ; 3 952 000 hab. Cap. *Oufa.* Au contact de l'Oural et des pays de la Volga, le territoire (où les Bachkirs représentent à peine le quart de la population) juxtapose sylviculture, élevage (dans la montagne) et céréales (dans l'Ouest) mais l'extraction du pétrole (Second-Bakou) demeure la ressource essentielle.

Bachkirs, peuple turc de l'Oural méridional. Islamisés entre le XIᵉ et le XIIIᵉ siècle, les Bachkirs devinrent des sujets de l'État russe entre 1552 et les premières années du XVIIIᵉ siècle. Ils se révoltèrent à plusieurs reprises aux XVIIᵉ-XVIIIᵉ siècles.

Bachmann *(Ingeborg)*, femme de lettres autrichienne (Klagenfurt 1926 - Rome 1973). Son œuvre poétique et romanesque est marquée par l'influence de Heidegger et la réflexion sur la condition féminine face à la violence et à l'écriture (*Malina,* 1971).

Baciccia ou **Baciccio** *(Giovanni Batista Gaulli, dit il)*, peintre italien (Gênes 1639 - Rome 1709). Il fut, à Rome, le plus brillant décorateur baroque de la seconde moitié du XVIIᵉ siècle (*la Gloire du nom de Jésus,* plafond de l'église du Gesù, 1672-1679).

Backhaus *(Wilhelm)*, pianiste allemand (Leipzig 1884 - Villach, Autriche, 1969). Lauréat en 1905 du prix Rubinstein, il se spécialisa dans les œuvres de Beethoven.

Bacolod, port des Philippines, dans l'île de Negros ; 364 000 hab.

Bacon *(Francis, baron* Verulam, chancelier d'Angleterre sous Jacques Iᵉʳ et philosophe

(Londres 1561 - *id.* 1626). Son ouvrage *la Grande Reconstitution* (1623) développe une théorie empiriste de la connaissance, et son *Novum Organum* (1620) propose une classification des sciences. Son système réside essentiellement dans la substitution d'une nouvelle logique, expérimentale et inductive, à la déduction. Il propose, à l'inverse de l'ancienne méthode, de partir des sensations et des petits faits pour arriver à la découverte et à l'énoncé des lois les plus générales. Il écrit qu'il faut partir de l'expérimentation pour comprendre la nature. Or, et c'est là l'apport le plus original de Bacon, il affirme qu'on doit fixer préalablement les règles de l'expérimentation pour arriver à la vraie science, la « science des causes ». La loi générale est ainsi l'induction dite « amplifiante », celle qui permet valablement de dépasser les seuls faits immédiats pour accéder aux causes.

Bacon *(Francis),* peintre britannique (Dublin 1909 - Madrid 1992). Exprimant, depuis 1944, l'inadaptation et le malaise des êtres par de violentes déformations, des « tremblés » de l'image, l'acidité ou la stridence du coloris, il a influencé, notamment, la nouvelle figuration internationale. (*Trois Études pour une crucifixion,* triptyque, 1962 [musée Guggenheim, New York].)

Bacon *(Roger),* philosophe anglais, surnommé **le Docteur admirable** (Ilchester, Somerset, ou Bisley, Gloucester, v. 1220 - Oxford 1292). C'est un des plus grands savants du Moyen Âge, esprit universel, versé dans les lettres comme dans les sciences exactes, sans oublier l'alchimie. Le premier, il s'aperçut que le calendrier julien était erroné. Il signala les points vulnérables du système de Ptolémée et préconisa la science expérimentale. Il annonça le rôle fondamental des mathématiques dans les sciences. Il décrivit plusieurs inventions mécaniques : bateaux, voitures, machines volantes. En optique, il indiqua les lois de la réflexion et observa les phénomènes de réfraction. Il pensait que la science est en progrès constant : tout en restant attentif à la pensée aristotélicienne, il s'efforça de la dépasser, notamment par le recours à la méthode expérimentale.

Bactriane, ancienne région de l'Asie centrale, dans le nord de l'Afghanistan, qui avait Bactres (auj. Balkh) pour capitale. Satrapie de l'Empire perse puis séleucide, siège d'un royaume grec (IIIe-IIe s. av. J.-C.), le pays a joué un rôle commercial important sur la route de la soie reliant l'Occident à la Chine.

Badajoz, v. d'Espagne (Estrémadure), ch.-l. de prov., sur le Guadiana ; 122 225 hab. — Vestiges arabes. Cathédrale (XIIIe-XVIe s.), autres monuments et demeures anciennes.

Badalona, v. d'Espagne, banlieue industrielle de Barcelone ; 218 725 hab.

Badami, site archéologique du Deccan, ancienne capitale des Calukya occidentaux (VIIe-IXe s.). Architecture rupestre et décor peint et sculpté — d'inspiration bouddhique et brahmanique — représentant le renouveau caractéristique de cette dynastie, héritière de la tradition gupta.

Bada Shanren → **Zhu Da.**

Bade, *en all.* Baden, ancien État de l'Allemagne rhénane, auj. partie du Bade-Wurtemberg. Margraviat en 1112, grand-duché en 1806, république en 1919.

Bade *(Maximilien de)* → **Maximilien de Bade.**

Bad Ems → **Ems.**

Baden-Powell *(Robert, baron),* général britannique (Londres 1857 - Nyeri, Kenya, 1941), fondateur du scoutisme (1908).

Bade-Wurtemberg, *en all.* Baden-Württemberg, État (Land) d'Allemagne ; 35 750 km² ; 9 618 696 hab. Cap. *Stuttgart.* Occupant le sud-ouest du pays, densément peuplé, le Land juxtapose des régions variées : plaine de Bade (agricole), massif de la Forêt-Noire (forestier et touristique), paysages souvent tabulaires du Jura et du Plateau souabes (élevage) ; villes et activités se concentrent dans les vallées, celle du Neckar surtout, plus urbanisée que celles du Rhin et du Danube naissant. L'industrie, anciennement implantée et soutenue par un excellent réseau de communications ferroviaires, autoroutières et aussi fluviales, domine, représentée surtout par la construction automobile et l'électrotechnique, notamment à Stuttgart.

Badinguet, surnom de Napoléon III (du nom de l'ouvrier qui lui avait prêté ses habits lorsqu'il s'évada du fort de Ham).

Badinter *(Robert),* avocat et homme politique français (Paris 1928). Ministre de la Justice dans les gouvernements Mauroy (1981-1984) et Fabius (1984-1986), il a fait voter l'abolition de la peine de mort (9 oct. 1981). Il a été président du Conseil constitutionnel de 1986 à 1995.

Badoglio *(Pietro),* maréchal italien (Grazzano Monferrato 1871 - *id.* 1956). Gouverneur de Libye (1929), vice-roi d'Éthiopie (1938), il devint président du Conseil après la chute de Mussolini et négocia l'armistice avec les Alliés (1943).

Badura-Skoda *(Paul)*, pianiste autrichien (Vienne 1927), interprète du répertoire viennois classique et romantique, notamment sur pianoforte.

Baedeker *(Karl)*, libraire et écrivain allemand (Essen 1801 - Coblence 1859), célèbre pour sa collection de guides de voyage.

Baekeland *(Leo Hendrik)*, chimiste belge, naturalisé américain (Gand 1863 - Beacon, État de New York, 1944), inventeur de la Bakélite.

Baeyer *(Adolf* von*)*, chimiste allemand (Berlin 1835 - Starnberg, Bavière, 1917). Il réalisa la synthèse de l'indigo. (Prix Nobel 1905.)

Baez *(Joan)*, auteur-compositeur, chanteuse et guitariste américaine (Staten Island, New York, 1941). Elle a impulsé la musique populaire d'inspiration folk-rock des années 1960. Pacifistes et antiracistes, ses textes accompagnèrent l'éveil d'une nouvelle sensibilité politique dans le monde *(We shall overcome, Farewell Angelina)*.

Baffin *(terre de)*, grande île de l'archipel Arctique canadien (environ 470 000 km²), séparée du Groenland par la mer de Baffin et le détroit de Davis.

Baffin *(William)*, navigateur anglais (Londres ? v. 1584 - golfe Persique 1622). En 1616, il pénétra pour la première fois, par le détroit de Davis, dans la mer qui porte aujourd'hui son nom.

Bafoussam, v. de l'ouest du Cameroun ; 113 000 hab.

Baganda → **Ganda**.

Bagaudes, bandes de paysans de la Gaule romaine, qui, ruinés par les guerres, se révoltèrent plusieurs fois et furent chaque fois écrasés (IIIᵉ-Vᵉ s.).

Bagdad, cap. de l'Iraq, sur le Tigre ; 3 842 000 hab. **HIST**. La ville connut sa plus grande prospérité comme capitale des Abbassides (VIIIᵉ-XIIIᵉ s.) et fut détruite par les Mongols en 1258. **ARTS**. Parmi les principaux monuments, citons la madrasa al-Mustansiriyya et la madrasa Mirdjaniyya. À la fin du XIIᵉ siècle et au début du XIIIᵉ, une école de miniaturistes s'épanouit dans la ville avec pour chef de file Yaha al-Wasiti. Important musée d'archéologie mésopotamienne et islamique.

Bagehot *(Walter)*, économiste britannique (Langport, Somerset, 1826 - *id.* 1877). On lui doit des travaux sur l'organisation du marché financier de Londres et la Constitution anglaise.

Bagnères-de-Bigorre, ch.-l. d'arr. des Hautes-Pyrénées, sur l'Adour ; 9 093 hab. *(Bagnérais)*. Station thermale (affections respiratoires, rhumatismales et nerveuses).

Bagnères-de-Luchon ou **Luchon**, ch.-l. de c. du sud de la Haute-Garonne ; 3 219 hab. *(Luchonnais)*. Station thermale (voies respiratoires, rhumatismes). Sports d'hiver à Superbagnères.

Bagneux, ch.-l. de c. des Hauts-de-Seine, au sud de Paris ; 36 453 hab. *(Balnéolais)*. Cimetière parisien.

Bagnolet, ch.-l. de c. de la Seine-Saint-Denis ; 32 739 hab.

Bagnols-sur-Cèze, ch.-l. de c. du Gard ; 18 179 hab. *(Bagnolais)*. Métallurgie. — Musée Léon-Alègre (peintures postimpressionnistes).

Bagot *(sir* Charles*)*, homme politique britannique (Rugeley 1781 - Kingston, Canada, 1843), gouverneur général du Canada de 1841 à 1843.

Bagration *(Petr Ivanovitch, prince)*, général russe (Kizliar, Daguestan, 1765 - Sima 1812). Luttant contre Napoléon, il s'illustra à Austerlitz (1805), à Eylau et à Friedland (1807) et fut tué à la bataille de la Moskova.

Baguio, v. des Philippines, dans l'île de Luçon, à environ 1 500 m d'alt. ; 119 000 hab.

Baguirmi, ancien sultanat musulman du Soudan central (auj. au Tchad), fondé au XVIᵉ siècle.

Bahamas, *anc.* Lucayes, État insulaire de l'Atlantique, au sud-est de la Floride ; 13 900 km² ; 250 000 hab. **CAP**. *Nassau*. LANGUE : *anglais*. MONNAIE : *dollar des Bahamas*.

GÉOGRAPHIE

L'archipel, formé de calcaires coralliens, comprend environ 700 îles ou îlots et 2 000 rochers qui émergent d'un plateau n'atteignant pas 100 m de profondeur. Les îles principales sont : Grand Bahama et New Providence. L'archipel vit essentiellement du tourisme, qui a provoqué le déclin de l'agriculture. L'industrialisation est récente. Le rôle de place financière (pour les banques américaines) s'est développé avec l'exonération de taxes.

HISTOIRE

1492. Christophe Colomb arrive dans le Nouveau Monde à l'île « San Salvador » (vraisemblablement l'île de Samana Cay), l'une des Lucayes.

1973. Occupé par les Anglais depuis le début du XVIIᵉ s., l'archipel accède à l'indépendance.

Bahawalpur, v. de l'est du Pakistan ; 178 000 hab.

Bahia, État du Brésil ; 561 026 km² ; 11 801 810 hab. Cap. *Salvador*. C'est le plus vaste et le plus peuplé des États du Nordeste. Une bande littorale humide et chaude est le domaine des plantations (cacaoyer, canne à sucre). L'intérieur, semi-aride, juxtapose une médiocre agriculture vivrière à un élevage extensif, hors des périmètres irrigués du São Francisco (également fournisseur d'électricité). La vie urbaine (et portuaire) est dominée par Salvador.

Bahía Blanca, port de l'Argentine, près de la baie de Bahía Blanca ; 271 467 hab.

Bahreïn ou **Bahrayn** *(îles)*, archipel et État du golfe Persique, près de la côte d'Arabie (relié à l'Arabie saoudite par un pont depuis 1986) ; 660 km² ; 500 000 hab. CAP. *Manama*. LANGUE : *arabe*. MONNAIE : *dinar de Bahreïn*. Les deux îles principales sont celle de Bahreïn proprement dite, où se trouve la capitale, Manama, et la petite île voisine de Muharraq, qui lui est reliée par une jetée. Partagée entre chiites (majoritaires) et sunnites (dominant politiquement), avec relativement peu d'immigrés, cette oasis possède un peu de pétrole et du gaz naturel. Les hydrocarbures ont favorisé l'industrialisation et l'accession au rang de place bancaire internationale. Protectorat britannique en 1914, il est devenu indépendant en 1971.

Bahr el-Abiad, nom arabe du Nil Blanc.

Bahr el-Azrak, nom arabe du Nil Bleu.

Bahr el-Ghazal, cours d'eau du sud du Soudan, exutoire d'une cuvette marécageuse.

Baia Mare, v. du nord-ouest de la Roumanie ; 148 815 hab.

Baie-Comeau, port du Canada (Québec), sur l'estuaire du Saint-Laurent ; 25 957 hab.

Baïf *(Lazare* de*),* diplomate et humaniste français (près de La Flèche 1496 - Paris 1547). Son fils **Jean Antoine,** poète français (Venise 1532 - Paris 1589), membre de la Pléiade, expérimenta une versification fondée sur la durée et dépourvue de rime, dans le but de produire une poésie plus adaptée au langage musical.

Baïkal, lac de Sibérie méridionale ; 31 500 km². GÉOGR. Long de 636 km, atteignant 1 620 m de profondeur, gelé six mois par an, il occupe entre de hautes chaînes (plus de 2 500 m) un fossé d'effondrement et constitue la plus grande réserve d'eau

douce existante (23 000 km³). Alimenté par 336 rivières, il n'a qu'un seul émissaire, l'Angara. Originales, la flore et la faune comportent un grand nombre d'espèces endémiques. ARCHÉOL. Une culture sibérienne s'est développée dans la région au paléolithique supérieur.

Baïkonour *(cosmodrome de),* base de lancement d'engins spatiaux et de missiles intercontinentaux, située près de la ville de Tiouratam, dans le Kazakhstan, à 400 km au sud-ouest de Baïkonour. Après l'éclatement de l'U. R. S. S., le complexe spatial a été loué aux Russes.

Baillairgé ou **Baillargé,** famille d'architectes, sculpteurs et peintres québécois d'origine française (XVIIIᵉ-XIXᵉ s.).

Bailly *(Jean Sylvain),* astronome et homme politique français (Paris 1736 - *id.* 1793). Doyen du tiers état, il lut le serment du Jeu de paume (20 juin 1789). Maire de Paris (1789-1791), il fit tirer sur les manifestants assemblés au Champ-de-Mars pour demander l'abdication du roi (juill. 1791). Arrêté en 1793, il fut exécuté.

Bailly *(Vincent de Paul),* religieux et journaliste français (Berteaucourt-lès-Thennes, Somme, 1832 - Paris 1912). Assomptionniste depuis 1860, il s'occupa d'œuvres ouvrières, de pèlerinages, et surtout de presse catholique populaire. Il fonda *le Pèlerin* en 1873, *la Croix* en 1880.

Bain *(ordre du),* ordre de chevalerie britannique institué en 1725 par le roi George Iᵉʳ.

Baird *(John Logie),* ingénieur et physicien britannique (Helensburgh, Écosse, 1888 - Bexhill, Sussex, 1946). Pionnier de la télévision, il en fit une démonstration dès 1926, puis en organisa l'exploitation en Angleterre et en Allemagne. Il imagina également des procédés de télévision en relief et en couleurs.

Baire *(René),* mathématicien français (Paris 1874 - Chambéry 1932). Il a créé le cadre de la théorie moderne des fonctions d'une variable réelle.

Bajazet, nom français de deux sultans ottomans (→ Bayezid) ou *fils* du sultan ottoman Ahmed Iᵉʳ, **Bayezid** (1612 - Istanbul 1635). La vie de ce dernier a inspiré à Racine sa tragédie de *Bajazet* (1672).

Ba Jin ou **Pa Kin,** écrivain chinois (Chengdu 1904). Il décrit les transformations sociales de la Chine (*Famille,* 1933).

Baker *(James Addison),* homme politique américain (Houston 1930). Républicain, secrétaire au Trésor (1985-1988), il est secrétaire d'État de 1989 à 1992.

Baker *(Joséphine)*, artiste de music-hall américaine et française (Saint Louis 1906 - Paris 1975). Révélée à Paris en 1925 dans *la Revue nègre*, elle connut la célébrité comme chanteuse *(J'ai deux amours)*, danseuse, animatrice de revues et actrice de cinéma.

Baker *(Ray Stannard)*, journaliste américain (Lansing, Michigan, 1870 - Amherst, Massachusetts, 1946). Il publia des articles dans plusieurs périodiques sous le pseudonyme de David Grayson et dénonça les scandales de la société industrielle. Il écrivit une biographie du président Wilson, qui obtint le prix Pulitzer (1940).

Baker *(sir Samuel)*, voyageur britannique (Londres 1821 - Sandford Orleigh 1893). Il explora l'Afrique centrale et découvrit le lac Albert en 1864.

Bakhtaran → **Kermanchah**.

Baki *(Abdulbaki Mahmud, dit)*, poète lyrique turc (Istanbul 1526 - *id.* 1600). Son *Ode funèbre de Soliman le Magnifique* est un classique de la poésie ottomane.

Bakin *(Takizawa Kai, dit Kyokutei)*, écrivain japonais (Edo 1767 - *id.* 1848). Il est l'auteur d'une œuvre très abondante, influencée par les modèles romanesques chinois (*Histoire des huit chiens*, 1814-1841).

Bakongo → **Kongo**.

Bakony *(monts)*, hauteurs boisées de Hongrie, au nord du lac Balaton ; 704 m. Bauxite.

Bakou, cap. de l'Azerbaïdjan, sur la Caspienne, dans la péninsule d'Apchéron ; 1 757 000 hab. Centre administratif et pétrolier.

Bakou (Second-), région pétrolifère de la Russie, entre l'Oural et la Volga.

Bakounine *(Mikhaïl Aleksandrovitch)*, révolutionnaire russe (Priamoukhino 1814 - Berne 1876). Il participa aux révolutions de 1848 à Paris et à Prague. Théoricien de l'anarchisme, il s'opposa à Marx, notamment dans le cadre de la Ire Internationale, dont il fut membre de 1868 à 1872. Ses idées eurent une grande influence sur le mouvement ouvrier (anarcho-syndicalisme).

Balaguer *(Joaquín)*, homme d'État dominicain (Santiago de los Caballeros 1907), président de la République de 1960 à 1962, de 1966 à 1978 et depuis 1986.

Balakirev *(Mili Alekseïevitch)*, compositeur russe (Nijni Novgorod 1837 - Saint-Pétersbourg 1910). Sa profonde admiration pour Glinka le poussa à former le « groupe des Cinq », qui a favorisé l'éclosion d'une école nationale basée sur le folklore. Il a laissé des pages symphoniques et de musique de chambre, ainsi qu'une célèbre fantaisie orientale pour piano, *Islamey* (1868).

Balaklava *(bataille de)* [25 oct. 1854], bataille livrée par les troupes russes aux Anglo-Franco-Turcs pendant la guerre de Crimée, et au cours de laquelle s'illustra la cavalerie anglaise (charge de la brigade légère).

Balakovo, v. de Russie, sur la Volga ; 198 000 hab. Centre hydroélectrique et centrale nucléaire.

Balance, constellation zodiacale. — Septième signe du zodiaque, dans lequel le Soleil entre à l'équinoxe d'automne.

Balanchine *(Gueorgui Melitonovitch* Balanchivadze, dit George)*, danseur et chorégraphe russe naturalisé américain (Saint-Pétersbourg 1904 - New York 1983). Élève à l'école impériale de danse de Saint-Pétersbourg (1914-1921), Balanchine quitte l'U. R. S. S. en 1924, devient chorégraphe des Ballets russes de Diaghilev (1925-1929) pour lesquels il signe des œuvres accomplies (*Apollon Musagète*, 1928 ; *le Fils prodigue*, 1929). En 1934, il est appelé à New York. À la tête de plusieurs compagnies américaines, il devient finalement l'animateur du New York City Ballet (1948-1983). Jusqu'en 1982, il y réalise plus de cent créations parmi lesquelles figurent plusieurs pièces maîtresses du répertoire du XXe siècle.

■ **Le ballet selon Balanchine.** Balanchine s'avère le maître du ballet sans intrigue. Construites avec précision et subtilité, ses œuvres les plus caractéristiques (*The Four Temperaments*, 1946 ; *Agon*, 1957 ; *Jewels*, 1967 ; *Violin Concerto*, 1972) sont celles dont la chorégraphie est mise au service de grandes partitions musicales, surtout celles de Stravinsky. Il privilégie les plateaux nus, impose sur scène les collants et tuniques académiques, et fait évoluer la technique en l'enrichissant d'une façon personnelle.

Balandier *(Georges)*, sociologue et ethnologue français (Aillevillers, auj. Aillevillers-et-Lyaumont, Haute-Saône, 1920). Chef de file de la sociologie dynamique, il cherche à dépasser l'opposition du structuralisme et de l'historicisme dans le champ de l'ethnologie. Dans son ouvrage fondamental, *Sens et Puissance, les dynamiques sociales* (1971), il tente de détruire le mythe des « sociétés sans histoire » et de dégager la dynamique sociale des sociétés non industrielles. Il a écrit également *Anthropo-logiques* (1974), *le*

Détour, pouvoir et modernité (1985), *le Désordre, éloge du mouvement* (1988).

Balard *(Antoine Jérôme),* chimiste français (Montpellier 1802 - Paris 1876). Il découvrit le brome (1826) et tira la soude et la potasse de l'eau de mer.

Balassi ou **Balassa** *(Bálint),* poète hongrois (Zólyom 1554 - Esztergom 1594), le premier en date des grands lyriques hongrois.

Balaton, lac de Hongrie, au pied des monts Bakony, à l'ouest du Danube ; 596 km². Tourisme.

Balbek → Baalbek.

Balbo *(Cesare), comte* de Vinadio, homme d'État italien (Turin 1789 - *id.* 1853), un des chefs du Risorgimento.

Balbo *(Italo),* maréchal italien (Ferrare 1896 - près de Tobrouk 1940). Un des promoteurs du fascisme, ministre de l'Air (1926-1935), il dirigea de nombreux raids aériens, puis fut gouverneur de la Libye (1939).

Balboa *(Vasco* Núñez *de),* conquistador espagnol (Jerez 1475 - Acla, Panamá, 1517). Il découvrit l'océan Pacifique en 1513, après avoir traversé l'isthme de Panamá.

Baldung *(Hans),* surnommé **Grien,** peintre et graveur allemand (Gmünd 1484/85 - Strasbourg 1545). Il travailla auprès de Dürer à Nuremberg, puis se fixa à Strasbourg (1509). Dans ses tableaux, au coloris précieux, il aime associer des nus sensuels à des allégories macabres ou fantastiques. Son chef-d'œuvre est le polyptyque du *Couronnement de la Vierge* à la cathédrale de Fribourg (1512-1516).

Baldwin *(James),* écrivain américain (New York 1924 - Saint-Paul-de-Vence 1987). Fils d'un pasteur noir, porte-parole du Mouvement des droits civiques dans les années 60, il a cherché la solution des conflits raciaux dans une révolution morale *(les Élus du Seigneur,* 1953).

Baldwin *(James Mark),* psychologue et sociologue américain (Columbia, Caroline du Sud, 1861 - Paris 1934). Ses travaux ont porté sur la psychologie de l'enfant et la psychologie sociale. Son orientation fut essentiellement fonctionnaliste et darwinienne.

Baldwin *(Robert),* homme politique canadien (Toronto 1804 - *id.* 1858). Il fut Premier ministre de 1842 à 1843 et de 1848 à 1851.

Baldwin *(Stanley),* homme politique britannique (Bewdley 1867 - Stourport 1947). Conservateur, il fut Premier ministre en 1923, de 1924 à 1929, puis de 1935 à 1937.

Bâle, *en all.* Basel, v. de Suisse, ch.-l. d'un demi-canton urbain (37 km² ; 199 411 hab.), sur le Rhin ; 365 000 hab. (avec les banlieues). Important port fluvial. Industries mécaniques et surtout chimiques. Le demi-canton de *Bâle-Campagne* (428 km² ; 233 488 hab.) a pour ch.-l. Liestal. Les deux demi-cantons constituent le canton de Bâle. HIST. Ancienne cité romaine, siège d'un évêché au VIIᵉ siècle, Bâle entra dans la Confédération suisse en 1501 et adopta la Réforme en 1529. En 1833, à l'issue d'une guerre civile, le canton a été divisé en deux demi-cantons : *Bâle-Ville* et *Bâle-Campagne.* ARTS. Remarquable cathédrale romane et gothique, en grès rouge. Églises médiévales (XIIIᵉ-XVIᵉ s.). Hôtel de ville du XVIᵉ siècle, vieilles rues pittoresques, demeures du XVIIIᵉ siècle aux belles ferronneries. Musées, dont le Musée historique (sculptures, tapisseries, orfèvrerie), celui des Beaux-Arts (peintres anciens : Witz, Holbein, Baldung, Grünewald, et modernes : Böcklin, école française), ceux des Antiquités classiques (vases grecs), d'Ethnographie (toutes les parties du monde) et d'Art contemporain.

Bâle *(traité de)* [22 juill. 1795], traité conclu par la France avec l'Espagne, aux termes duquel l'Espagne concédait à la France la partie espagnole de Saint-Domingue en échange des territoires conquis au-delà des Pyrénées.

Baléares *(îles), en esp.* Baleares, archipel espagnol de la Méditerranée occidentale, formé de quatre îles principales *Majorque, Minorque, Ibiza* et *Formentera,* qui constituent une communauté autonome correspondant à une prov. ; 5 014 km² ; 739 501 hab. ; ch.-l. *Palma de Majorque.* GÉOGR. L'archipel, au relief accidenté, possède un climat méditerranéen qui explique le développement du tourisme de masse. Celui-ci est devenu la ressource essentielle, loin devant les traditionnelles cultures céréalières, fruitières et légumières, le vignoble et l'élevage bovin. HIST. Occupées très anciennement (env. 4000 av. J.-C.), elles furent conquises par Jacques Iᵉʳ le Conquérant, roi d'Aragon. Constituées en royaume de Majorque (1276), elles furent, en 1343, réunies à la Couronne d'Aragon.

Balenciaga *(Cristobal),* couturier espagnol (Guetaria, Espagne, 1895 - Valence, Espagne, 1972). Installé à Paris depuis 1937, il a marqué toute une génération de couturiers par sa richesse créative développée à partir d'une remarquable maîtrise de la coupe.

Balfour *(Arthur James, comte),* homme politique britannique (Whittingehame, Écosse,

1848 - Woking 1930). Premier ministre conservateur (1902-1906) à la tête d'un gouvernement unioniste (hostile à l'autonomie de l'Irlande), puis secrétaire d'État aux Affaires étrangères (1916-1922), il préconisa, en 1917, la constitution en Palestine d'un foyer national pour le peuple juif *(déclaration Balfour).*

Bali, île d'Indonésie ; 5 561 km^2, 2 782 000 hab. *(Balinais) ;* ch.-l. *Denpasar.* À l'est de Java, la plus occidentale des petites îles de la Sonde possède un relief montagneux et volcanique. Le riz (souvent cultivé en terrasses) constitue la base de l'alimentation, mais la ressource essentielle est le tourisme international (qui a stimulé l'artisanat).

Balikesir, v. de l'ouest de la Turquie ; 170 589 hab.

Balikpapan, v. d'Indonésie, sur la côte orientale de Bornéo ; 281 000 hab. Port pétrolier.

Balint *(Michael),* psychiatre et psychanalyste britannique d'origine hongroise (Budapest 1896 - Londres 1970). Il a exercé à Londres, où il a fondé la Tavistock Clinic. Il est à l'origine de la méthode du *groupe Balint,* dans laquelle quelques médecins généralistes se réunissent sous la conduite d'un psychanalyste, afin de comprendre les éléments psychiques qui influencent leur comportement vis-à-vis des malades. Il a notamment écrit *le Médecin, son malade et la maladie* (1957).

Balkan *(mont)* [turc *balkan,* montagne], massif de la Bulgarie, qui a donné son nom à la péninsule des Balkans bien qu'il n'en soit que la bordure nord-est. Long de 600 km des Portes de Fer à la mer Noire, assez facilement franchissable (passe de Šipka à 1 333 m), il constitue tout de même une limite climatique entre le bassin danubien, aux caractères continentaux, et les plaines de la Marica, aux nuances déjà méditerranéennes. Humide et boisée, coupée de bassins intérieurs (dont la « Vallée des roses » de Kazanlǎk) et pénétrée par la civilisation thrace, refuge devant les invasions, la montagne est très humanisée.

Balkans *(péninsule des)* ou **péninsule balkanique,** la plus orientale des péninsules méditerranéennes, développée entre l'Adriatique et la mer Noire, au sud des vallées de la Save et du Danube, séparant au sud, dans un éparpillement d'îles et de presqu'îles, la Méditerranée occidentale et la Méditerranée orientale. **GÉOGR.** Peuplée de plus de 50 millions d'habitants, la péninsule englobe la Bulgarie, la Grèce, la Macédoine et l'Albanie, la Croatie, la Bosnie-Herzégovine, la Yougoslavie et la Turquie d'Europe. Montagneuse

(chaînes dinariques, mont Balkan, Rhodope, Pinde), ayant servi de refuge, elle est cependant entaillée par quelques vallées, ouvertes vers le Danube (Morava) ou la mer Égée (Vardar, Marica). Le climat n'est méditerranéen que sur le littoral et les îles ; il est à dominante continentale (accentuée vers l'E.) dans l'intérieur. Enjeu stratégique (porte de l'Asie et de la Méditerranée orientale), la péninsule est morcelée politiquement, régionalement au moins, ravagée par des conflits ethniques et/ou religieux, issus de la désintégration de la Yougoslavie. **HIST.** Creuset où se mêlèrent divers peuples, la péninsule balkanique fut soumise aux Turcs à partir de la fin du XIVe siècle. L'Europe chrétienne (et particulièrement la maison d'Autriche et la Russie) amorça sa reconquête au XVIIIe siècle. La lutte des peuples balkaniques contre la domination ottomane, les dissensions qui les opposèrent entre eux et la rivalité des grandes puissances donnèrent lieu à de nombreux conflits dans les Balkans : guerres russo-turque (1877-78) et gréco-turque (1897), guerres balkaniques (1912-13), campagnes des Dardanelles, de Serbie et de Macédoine pendant la Première Guerre mondiale, campagne des Balkans (1940-41), éclatement de la Yougoslavie (depuis 1991).

Balkars, peuple turc et musulman du Caucase du Nord. Déportés en 1943-44, les Balkars purent, après 1957, regagner la *République de Kabardino-Balkarie* (Russie) [768 000 hab. ; cap. *Naltchik*].

Balkhach, grand lac du Kazakhstan ; 17 300 km^2.

Ball *(John),* prêtre anglais (m. à Saint Albans en 1381). Il prêcha une doctrine égalitaire aux paysans révoltés à Londres en 1381.

Balla *(Giacomo),* peintre italien (Turin 1871 - Rome 1958). Peintre divisionniste, il fut signataire, en 1910, des manifestes du futurisme, dont il devint l'un des maîtres par ses études de décomposition de la lumière et du mouvement *(Vitesse d'automobile + lumière + bruit,* 1913, Kunsthaus de Zurich). Après la guerre, il tendit à une abstraction puriste, pour revenir ensuite à la figuration.

Balladur *(Édouard),* homme politique français (Izmir 1929). Membre du R. P. R., ministre de l'Économie, des Finances et de la Privatisation de 1986 à 1988, il a été Premier ministre de 1993 à 1995.

Ballard, famille d'imprimeurs de musique parisiens qui, à partir de 1552, eut le monopole de l'imprimerie musicale pendant plus de deux siècles.

Ballets russes, compagnie de ballet itinérante (1909-1929). Créés par Serge de Diaghilev, composés à l'origine de danseurs de la troupe impériale de Saint-Pétersbourg, les Ballets russes se produisent en Europe occidentale et en Amérique. Les plus grands peintres et musiciens de l'époque collaborent avec les chorégraphes Fokine, Nijinski, Massine, Nijinska et Balanchine à la réalisation d'œuvres hautes en couleur, souvent novatrices. De prestigieux interprètes (Pavlova, Nijinski, Karsavina, Dolin, Markova, Danilova, Spessivtseva, Lifar) y font une éblouissante carrière. Revendiquant l'héritage de Diaghilev, plusieurs troupes utiliseront le glorieux nom de sa compagnie : Ballets russes de Monte-Carlo (1932-1936), Ballets russes du colonel de Basil (1936-1940), Ballets russes de Monte-Carlo (1939-1962) et Original Ballet russe (1940-1951).

Ballif (Claude), compositeur français (Paris 1924). Il a publié notamment Introduction à la métatonalité (1956). On lui doit une série d'Imaginaires, des œuvres religieuses (l'oratorio la Vie du monde qui vient, 1974), des œuvres pour orchestre (Lovecraft, 1955-1960 ; À cor et à cri, 1965), des mélodies, un opéra (Dracoula, 1984).

Ballons des Vosges, parc naturel régional englobant la partie méridionale, la plus élevée, du massif des Vosges et couvrant plus de 300 000 hectares.

Bally (Charles), linguiste suisse (Genève 1865 - id. 1947). Disciple de F. de Saussure, il publia son Cours de linguistique générale (1916). Il a voulu fonder une linguistique de la parole, science des moyens d'expression qu'il appelle « stylistique » (Précis de stylistique, 1905 ; Traité de stylistique française, 1909-10).

Balmat (Jacques), guide français (Chamonix 1762 - vallée de Sixt 1834). En 1786, il a atteint, le premier, le sommet du mont Blanc (avec le docteur M. G. Paccard), y retournant en 1787, avec H. B. de Saussure.

Balmer (Johann Jakob), physicien suisse (Lausen 1825 - Bâle 1898). Il expliqua la répartition des raies du spectre de l'hydrogène.

Balmont (Konstantine Dmitrievitch), poète russe (Goumnichtchi 1867 - Noisy-le-Grand 1942). Il fut l'un des principaux représentants du symbolisme (Dans l'infini, 1895).

Baloutchistan, Baluchistan ou **Béloutchistan,** région de l'Asie sud-occidentale, partagée entre l'Iran sud-oriental et le Pakistan occidental (dont elle constitue une province [347 000 km² ; 4 900 000 hab. ; ch.-l. Quetta]), au nord de la mer d'Oman.

Baltard (Victor), architecte français (Paris 1805 - id. 1874). Reprenant les idées d'Hector Horeau (1801-1872), il édifia en fer et fonte, selon la volonté de Napoléon III, les Halles centrales de Paris (1851-1857 ; démolies en 1971). Il a également construit l'église St-Augustin (1860).

Baltes (pays), nom donné à l'ensemble formé par les républiques d'Estonie, de Lettonie et de Lituanie, situées sur la Baltique.

Balthasar (Hans Urs von), théologien catholique suisse (Lucerne 1905 - Bâle 1988). Ordonné prêtre (1936), marqué par les idées de H. de Lubac et de K. Barth, il s'est efforcé de constituer une théologie axée sur le Christ (la Gloire et la Croix, 1965-1983).

Balthazar, nom que la tradition donna à l'un des trois mages venus, selon l'Évangile de Matthieu, adorer Jésus enfant à Bethléem.

Balthazar, régent de Babylone, fils du roi Nabonide. Il fut vaincu et tué en 539 av. J.-C. lors de la prise de Babylone par Cyrus.

Balthus (Balthasar Klossowski de Rola, dit), peintre français (Paris 1908). Très construits, mais souvent baignés d'une lumière pâle ou sourde qui mange la couleur, ses paysages, ses intérieurs avec leurs figures de jeunes filles ont une qualité troublante. Il a été directeur de l'Académie de France à Rome de 1961 à 1976.

Bălţi, v. de Moldavie ; 159 000 hab.

Baltimore, port des États-Unis (Maryland), sur la baie de Chesapeake ; 736 014 hab. (2 382 172 dans l'agglomération). Université Johns Hopkins. Centre industriel. — Importants musées d'art.

Baltique (mer), dépendance de l'Atlantique, bordant la Finlande, la Russie, les pays Baltes, la Pologne, l'Allemagne, le Danemark et la Suède. Elle communique avec la mer du Nord par les détroits danois, avec le golfe de Botnie par la mer d'Aland ; 384 700 km². Peu profonde (maximum 459 m), peu salée (15-16 ‰), connaissant une forte amplitude thermique annuelle (avec congélation littorale fréquente), peu poissonneuse, la Baltique est bordée de côtes souvent basses, parfois rocheuses, jalonnées de ports commerciaux et/ou militaires.

Baltrusaïtis (Jurgis), historien d'art français d'origine lituanienne (près de Kaunas 1903 - Paris 1988). Il a prospecté un vaste domaine irréaliste de la création artistique : le Moyen Âge fantastique et Anamorphoses (1955), la Quête d'Isis (1967), le Miroir (1978).

Balue *(Jean)*, prélat français (Angles-sur-l'Anglin v. 1421 - Ripatransone, près d'Ancône, 1491). Il fut le conseiller de Louis XI, qui l'emprisonna de 1469 à 1480 après qu'il l'eut trahi pour Charles le Téméraire.

Balzac *(Honoré, dit de)*, écrivain français (Tours 1799 - Paris 1850). Après des études dans un collège de Vendôme et quelques essais dans le droit et le notariat, il proclame à vingt ans sa vocation littéraire. Marqué par le renouveau scientifique et universitaire du début de son siècle, il entreprend d'écrire une œuvre de nature théorique et philosophique. Cependant, il publie de 1822 à 1825, sous des pseudonymes, des romans alimentaires et se fourvoie dans des affaires (édition, imprimerie, fonderie) qui le laisseront, en 1828, sous le coup d'un énorme endettement. En 1829, encouragé par Mme deBerny, il publie, sous sa signature, *le Dernier Chouan,* qui deviendra *les Chouans.* Désormais célèbre, il mène de front une existence de forçat de l'écriture et une intense vie personnelle, dominée par sa longue liaison avec Mme Hanska, qu'il épousera en 1850, peu avant sa mort.

Tout en se livrant dans ses romans à une étude assidue des comportements humains, d'après un modèle scientifique, il dénonce, dans de nombreux textes d'inspiration « fantastique » comme *la Peau de chagrin* (1831), le dilemme de la vie sociale : l'obéissance au désir, conforme aux exigences profondes de la modernité, conduit à la mort (physique, par l'usure, ou morale, par la compromission avec l'ordre de l'argent) [*Illusions perdues*, 1837-1843] ; mais aussi le non-désir, l'abstention, la fuite, la retraite sont d'autres formes de la mort, de la non-vie à laquelle on tente d'échapper par l'utopie (*le Médecin de campagne,* 1833 ; *le Curé de village,* 1838-39). Dans le même temps, s'opposant au romantisme flamboyant des années 1830, Balzac recherche l'exactitude dans ses descriptions et ses narrations qui naturalisent des sujets jusqu'alors interdits ou suspects : l'argent, la famille, la constitution de vrais pouvoirs dans la France libérale bourgeoise (*Eugénie Grandet,* 1833 ; *le Père Goriot,* 1834-35).

Dès 1833, Balzac imagine le procédé du retour des personnages d'une œuvre à l'autre, et, en 1836, le roman-feuilleton offre à Balzac de nouvelles possibilités et contribue à réorienter sa production : disparition des sujets «philosophiques», relative puis massive priorité donnée aux sujets « parisiens » (*César Birotteau,* 1837 ; *Splendeurs et misères des courtisanes,* 1838-1847). En 1842, il systématise son œuvre en publiant le premier volume de la *Comédie humaine,* précédé d'un *Avant-propos,* qui est la première grande charte théorique du roman comme genre majeur.

La Comédie humaine devait former une vaste fresque, restée incomplète, de la société française —représentée par plus de 2 000 personnages —, de la Révolution à la fin de la monarchie de Juillet. Balzac y répartit ses œuvres en trois grandes catégories : Études de mœurs, Études philosophiques (*la Peau de chagrin,* 1831 ; *la Recherche de l'absolu,* 1834) et Études analytiques (*Physiologie du mariage,* 1829). Les Études de mœurs comprennent : les Scènes de la vie privée : *la Femme de trente ans* (1831-1834), *le Père Goriot* (1834-35) ; les Scènes de la vie de province : *Eugénie Grandet* (1833), *le Lys dans la vallée* (1835), *Illusions perdues* (1837-1843) ; les Scènes de la vie parisienne : *César Birotteau (1837),* la *Maison Nucingen* (1838), *Splendeurs et misères des courtisanes* (1838-1847), *la Cousine Bette* (1846), *le Cousin Pons* (1847) ; les Scènes de la vie militaire : *les Chouans* (1829) ; les Scènes de la vie de campagne : *le Médecin de campagne* (1833), *les Paysans* (1844).

Balzac *(Jean-Louis* Guez *de)*, écrivain français (Angoulême 1595 - *id.* 1654). Épistolier célèbre en son temps, il est l'auteur d'essais politiques (*le Prince,* 1631) et critiques (*le Socrate chrétien,* 1652) qui contribuèrent avec ses *Lettres* à la formation de la prose classique. (Acad. fr. 1634.)

Bamako, cap. du Mali, sur le Niger ; 404 000 hab.

Bambara, peuple du groupe mandé, présent au Sénégal et au Mali. Les Bambara constituèrent des royaumes qui furent détruits au XIXe siècle par les Toucouleur.

Bamberg, v. d'Allemagne, en Bavière ; 69 980 hab. Port fluvial (sur le canal Rhin-Main-Danube). ARTS. Exemplaire de l'urbanisme allemand médiéval et baroque, la ville conserve d'importants monuments, dont sa cathédrale (célèbre ensemble de sculptures du XIIIe s.) et les Résidences, Ancienne et Nouvelle, des princes-évêques (musées).

Bamboccio ou **Bamboche** → **Van Laer.**

Bamiléké, peuple du sud du Cameroun, parlant une langue bantoïde.

Bamiyan, v. de l'Afghanistan, à l'O.-N.-O. de Kaboul ; 7 700 hab. ARTS. Situé sur la route des caravanes, cet important centre bouddhique (IIe-VIIe s.) a été un trait d'union entre la Chine, l'Inde et l'Occident. Sanctuaires et monastères rupestres attestent par leurs décorations peintes les influences de l'Inde gupta et de l'Iran sassanide.

Bana, écrivain indien de langue sanskrite (VIIᵉ s.), auteur d'ouvrages historiques et d'un roman *(Kadambari)*.

Banach *(Stefan),* mathématicien polonais (Cracovie 1892 - Lvov 1945). Créateur de l'école de Lvov, il a hissé la science mathématique polonaise aux premiers rangs mondiaux. Il est le fondateur de l'analyse fonctionnelle moderne. Ses travaux sur les espaces vectoriels topologiques l'ont amené à introduire les espaces normés complets qui portent son nom.

Banat, région d'Europe, aux confins de la Hongrie, de la Roumanie et de la Yougoslavie (Vojvodine).

Bancquart *(Alain),* compositeur français (Dieppe 1934). Altiste, son expérience a fortement influencé sa musique : concerto pour alto (1964), *l'Amant déserté* (1978), *Tarots d'Ulysse,* opéra de chambre (1984).

Bancroft *(George),* historien et homme politique américain (Worcester, Massachusetts, 1800 - Washington 1891). Il négocia les *traités Bancroft,* qui reconnaissaient aux immigrants le droit de renoncer à leur nationalité d'origine et d'échapper ainsi au service militaire. Il rédigea une *Histoire des États-Unis* (1834-1874).

Bandar Abbas, port d'Iran, sur le détroit d'Ormuz ; 88 000 hab.

Bandar Seri Begawan, cap. de Brunei ; 55 000 hab.

Bandeira *(Manuel),* poète brésilien (Recife 1886 - Rio de Janeiro 1968). Il joint la virtuosité formelle à la simplicité des thèmes quotidiens *(Carnaval,* 1919 ; *Étoile du soir,* 1958).

Bandiagara, localité du Mali, sur le *plateau de Bandiagara,* limité par de hautes falaises, au pied desquelles habitent les Dogon.

Bandinelli *(Baccio),* sculpteur italien (Florence 1488 - *id.* 1560). Il fut, à Florence, l'émule et le rival de Michel-Ange (groupe d'*Hercule et Cacus,* 1534, place de la Seigneurie).

Bandundu, v. du Zaïre, ch.-l. de prov., sur le Kasaï ; 75 000 hab.

Bandung, v. d'Indonésie, dans l'ouest de Java ; 1 463 000 hab.

Bandung *(conférence de)* [18-24 avr. 1955], conférence réunissant les représentants de 29 États d'Afrique et d'Asie, qui proclamèrent leur anticolonialisme, leur volonté d'émancipation et leur refus d'être les instruments de la rivalité des grandes puissances (neutralisme). Elle marquait l'entrée en scène du tiers-monde et préludait à la formation du mouvement des non-alignés. (→ non-aligné.)

Banff *(parc national de),* situé au Canada (Alberta), dans les Rocheuses.

Bangalore, v. du sud de l'Inde, cap. du Karnataka ; 4 086 548 hab.

Bange *(Charles Ragon de),* officier français (Balignicourt, Aube, 1833 - Le Chesnay 1914). Il mit au point un système d'artillerie dont les matériels lourds furent employés en 1914-1918.

Bangka, île d'Indonésie, au sud-est de Sumatra. Étain.

Bangkok, *en thaï* Krung Thep (« Cité des Anges »), cap. de la Thaïlande, sur le delta de la Chao Phraya (ou Ménam), proche du golfe de Thaïlande. C'est l'élément essentiel d'une agglomération de plus de 5 millions d'habitants, métropole administrative, commerciale, culturelle et industrielle, débouché maritime (avant-port de Khlong Toei) et centre touristique (aéroport de Don Muang). La ville fut choisie comme capitale en 1782 par le roi Rama Iᵉʳ. — Beaux monuments du XVIIIᵉ siècle, dont le sanctuaire Wat Phra Keo et le temple Wat Pô ; palais de Wang Na, abritant le Musée national.

Bangladesh, État d'Asie, sur le golfe du Bengale ; 143 000 km² ; 116 600 000 hab. *(Bangladais).* CAP. *Dacca.* LANGUE : *bengali.* MONNAIE : *taka.*

GÉOGRAPHIE

Avec une superficie égale au quart de celle de la France, le Bangladesh est deux fois plus peuplé. La densité moyenne atteint 800 hab. au km², chiffre énorme pour un pays presque exclusivement rural (hors l'agglomération de Dacca, seules Chittagong et Khulna dépassent 200 000 hab.), où l'agriculture (dominée par des grands propriétaires exploitant une masse de paysans sans terre) occupe environ les trois quarts de la population active.

Les conditions naturelles ne sont pas très favorables. La majeure partie du pays occupe la moitié orientale du delta du Gange et du Brahmapoutre, en grande partie inondée pendant l'été (saison de la mousson, très pluvieuse ici), et est périodiquement ravagée par des cyclones. Le riz couvre l'essentiel des terres cultivées et constitue la base de l'alimentation. Le jute est la principale culture commerciale, aux débouchés stagnants aujourd'hui. La canne à sucre est cultivée dans le Nord, le thé est récolté sur les hauteurs de l'Est (« monts » de Chittagong). Le troupeau bovin a un faible rendement ; la pêche est un complément alimentaire notable. L'industrie valorise surtout les produits de l'agriculture (jute, thé, sucre) et de l'élevage (cuirs et peaux). Pénalisée par le manque de capitaux, de techniciens et aussi par la pauvreté du sous-sol, si l'on excepte le modeste gisement de gaz naturel de la région de Sylhet, elle n'occupe guère que le dixième de la population active. Le commerce extérieur est fortement défi-citaire, et les envois de travailleurs émigrés sont loin de combler l'écart. Le pays, tribu-taire de l'aide extérieure, est l'un des plus pauvres du monde. La population, consti-tuée de Bengalis musulmans, continue à s'accroître à un taux annuel voisin de 2 %.

HISTOIRE

Le Bangladesh correspond au Bengale-Oriental, région issue du partage du Bengale entre l'Inde et le Pakistan en 1947. Il cons-titue alors le Pakistan oriental.

1971. Indépendance du Pakistan oriental qui devient le Bangladesh (ou Bengale libre), après la victoire sur le Pakistan des partisans de l'indépendance (appuyés par l'Inde).

1975. À la tête du pays depuis 1971, Muji-bur Rahman meurt lors d'un coup d'État militaire.

1982-1990. Gouvernement autoritaire du général Ershad.

1991. Rétablissement du système parle-mentaire.

Bangui, cap. de la République centrafri-caine, sur l'Oubangui ; 386 000 hab.

Bangweulu ou **Bangouélo,** lac marécageux de la Zambie ; 5 000 km².

Banja Luka, v. du nord de la Bosnie-Herzé-govine ; 124 000 hab. — Ancienne forte-resse ; mosquée du XVIᵉ siècle.

Banjermassin, port d'Indonésie, dans le sud de Bornéo ; 381 000 hab.

Banjul, *anc.* Bathurst, cap. de la Gambie, sur l'estuaire du fleuve Gambie ; 146 000 hab.

Banks *(île de),* île de l'ouest de l'archipel Arctique canadien.

Bannockburn *(bataille de)* [24 juin 1314], vic-toire remportée dans cette localité du comté de Stirling par Robert Bruce sur les Anglais, assurant l'indépendance de l'Écosse.

Banque de France, organisme bancaire, créé en 1800, qui détient depuis 1803 pour Paris, et depuis 1848 pour le territoire métro-politain, le privilège de l'émission des billets de banque. Nationalisée en 1945, la Banque est devenue, en 1993, indépendante du gou-vernement pour la définition de la politique monétaire de la France.

Banque européenne pour la reconstruc-tion et le développement de l'Europe de l'Est *(B. E. R. D.),* institution bancaire créée en 1990, regroupant une soixantaine de pays (États européens et extérieurs à la région, dont les États-Unis et le Japon) et deux institutions communautaires (Banque européenne d'investissement et Commis-sion européenne). Son capital est détenu à hauteur de 52 % par l'Union européenne. La B. E. R. D. a pour mission de faciliter, grâce à des prêts, la transition des économies des pays de l'Europe centrale et de l'Est vers des économies ouvertes de marché, le dévelop-pement de l'entreprise privée individuelle et la mise en place d'un système financier moderne. Son siège est à Londres.

Banque mondiale, ensemble de quatre ins-titutions (B. I. R. D., A. I. D., S. F. I. et A. M. G. I.) qui apportent une assistance technique et financière aux pays en voie de développement. Si la lutte contre la pau-vreté est le principal axe des travaux de la Banque, son action s'étend à de multiples secteurs et ses investissements sont desti-nés, entre autres, à améliorer l'éducation, à préserver l'environnement et à renforcer les services de santé. Le groupe est souvent assi-milé à la B. I. R. D.

— La B. I. R. D. Créée en 1945 à la suite des accords de Bretton Woods, la B. I. R. D. (Banque internationale pour la reconstruc-tion et le développement) consacre tous ses concours aux pays en voie de développe-ment, pour la réalisation de projets destinés à améliorer leur capacité de production et leur productivité. Nul État ne peut être membre de la B. I. R. D. s'il n'a été aupa-ravant membre du F. M. I. La souscription d'un pays, fixée après consultation de celui-ci, tient compte de sa situation économique et financière ainsi que de sa quote-part au F. M. I. Le siège principal de la B. I. R. D. est à Washington.

— L'A. I. D. Affiliée à la B. I. R. D., l'A. I. D. (Association internationale de développe-ment) a été créée en 1960 pour aider les pays les plus pauvres à des conditions très avanta-geuses.

— La S. F. I. Créée en 1956, la S. F. I. (Société financière internationale) a pour objet la promotion du secteur productif privé, par des prêts à des entreprises ou par des prises de participation dans leur capital.

— L'A. M. G. I. Créée en 1988, l'A. M. G. I. (Agence multilatérale de garantie des inves-tissements) a pour principale mission d'en-courager les investissements favorisant le développement économique de ses pays membres. Seuls la Suisse et les membres de la B. I. R. D. peuvent en faire partie.

Banque nationale de Paris *(B. N. P.),* établissement bancaire français procédant de la fusion, en 1966, du Comptoir national d'escompte de Paris et de la Banque nationale pour le commerce et l'industrie (B. N. C. I.). Elle figure parmi les dix premières banques mondiales. La B. N. P. a été privatisée en 1993.

Banquet *(le),* dialogue de Platon.

banquets *(campagne des),* banquets organisés par l'opposition au régime de Louis-Philippe en 1847-48, afin de propager les idées de réformes.

Banská Bystrica, v. de Slovaquie ; 85 007 hab. — Monuments et demeures des XVᵉ-XVIᵉ siècles.

Banting *(sir Frederick Grant),* médecin canadien (Alliston 1891 - Musgrave Harbor 1941). Il participa à la découverte de l'insuline. (Prix Nobel 1923.)

Bantous, ensemble de peuples de l'Afrique, au sud de l'équateur, parlant des langues de la même famille. Le terme de « bantou » désigne pratiquement tous les peuples de cette région à l'exception des Bochiman et des Hottentots.

Banville *(Théodore de),* poète français (Moulins 1823 - Paris 1891). Auteur des *Odes funambulesques* (1857), il fut membre de l'école du Parnasse.

Banzer Suárez *(Hugo),* homme d'État bolivien (Santa Cruz 1921), président de la République de 1971 à 1978.

Bao Dai (Hué 1913), empereur du Viêt Nam (1932-1945). Contraint par le Viêt-minh d'abdiquer (1945), il fut de 1949 à 1955 chef de l'État vietnamien.

Baotou, v. de Chine en Mongolie-Intérieure, sur le Huang He ; 1 160 000 hab. Sidérurgie.

Baoulé, importante population, de langue akan, habitant en Côte d'Ivoire.

Bar *(comté, duché de)* → **Barrois.**

Bara *(Joseph),* enfant célèbre par son héroïsme (Palaiseau 1779 - près de Cholet 1793). Selon la légende créée par Robespierre, il fut pris dans une embuscade et, sommé de crier : « Vive le roi ! », il s'écria : « Vive la république ! » et fut tué.

Barabbas ou **Barrabas,** agitateur dont la foule de Jérusalem, lors du procès de Jésus, demanda qu'il fût libéré à la place de celui-ci.

Barabudur, grand temple bouddhique de Java central dont la construction s'acheva vers le IXᵉ siècle. Chacune des quatre galeries de cet immense sanctuaire à étagement pyramidal est décorée de bas-reliefs évoquant la vie du Bouddha, tandis que l'ensemble de l'édifice recèle un symbolisme cosmique très complexe illustrant les concepts du mahayana tardif. Un vaste programme de sauvegarde de ce temple a été réalisé sous l'égide de l'Unesco.

Baracaldo, v. d'Espagne, banlieue de Bilbao ; 105 088 hab. Métallurgie.

Barajas, aéroport de Madrid.

Baran *(Paul Alexander),* économiste et sociologue américain d'origine russe (Nikolaïev, Ukraine, 1910 - San Francisco 1964). On lui doit des contributions sur la croissance et sur le capitalisme américain. Ses principaux ouvrages sont *The Political Economy of Growth* (1957), *le Capitalisme monopoliste* (en collab. avec P. M. Sweezy) [1966].

Bárány *(Robert),* médecin autrichien (Vienne 1876 - Uppsala 1936). Il obtint en 1914 le prix Nobel pour ses travaux sur la physiologie et les maladies de l'oreille.

Baratieri *(Oreste),* général italien (Condino 1841 - Sterzing, auj. Vipiteno, 1901). Gouverneur de l'Érythrée, il fut vaincu par Ménélik à Adoua (1896).

bar aux Folies-Bergère *(Un),* toile de E. Manet (1881-82).

Barbade *(la), en angl.* Barbados, une des Petites Antilles, formant un État indépendant depuis 1966 ; 431 km² ; 260 000 hab. CAP. *Bridgetown.* LANGUE : *anglais.* MONNAIE : *dollar de la Barbade.* Tourisme.

Barbares, nom donné par les Grecs à tous les peuples, y compris les Romains, restés en dehors de leur civilisation, puis par les Romains à tous ceux qui ne participaient pas à la civilisation gréco-romaine.

■ **Les peuples barbares.** Ce sont essentiellement des Germains : sur les rives de la mer du Nord vivent les Jutes, les Angles, les Saxons, les Frisons ; plus au sud, les Francs et les Alamans ; plus à l'est, les Burgondes et les Vandales (sur le Danube moyen), voisins des Suèves, localisés sur l'Oder, où ils jouxtent les Lombards ; au N.-O. de la mer Noire, les Goths sont divisés en deux groupes politico-militaires, les Wisigoths et les Ostrogoths.

■ **Rome face aux Barbares.** Prenant conscience du danger germain, Rome organise solidement ses frontières naturelles (Rhin-Danube), qu'elle couvre d'une ligne fortifiée, le limes. La lutte fait apparaître l'insuffisance de l'armée romaine, qui réussit difficilement à refouler la série d'invasions du IIIᵉ siècle.

■ **Les royaumes barbares.** Au début du
ve siècle, l'Empire romain est envahi. Chassés par les Huns, les Wisigoths s'installent
en Aquitaine (412) puis en Espagne. Dans
une deuxième étape, les Vandales, les Suèves et les Burgondes traversent le Rhin et,
en 439, les Vandales s'installent en Afrique.
À la fin du v^{e}siècle, Clovis entreprend
d'étendre son autorité sur l'ensemble de la
Gaule, tandis qu'une troisième vague voit
les Ostrogoths s'implanter en Italie, les
Anglo-Saxons, en Grande-Bretagne. Tous
ces royaumes se stabilisent au VIe et au VIIe.
siècle, s'appuyant sur l'héritage administratif romain et sur les structures de l'Église
catholique.

Barbarie ou **États barbaresques,** nom
donné jadis aux régions de l'Afrique du
Nord situées à l'ouest de l'Égypte : Maroc,
Algérie, Tunisie, régence de Tripoli.

Barbe *(sainte),* vierge et martyre légendaire,
qui serait morte décapitée par son père.
Patronne des artilleurs, des sapeurs et des
pompiers.

Barbe-Bleue, conte de Perrault. Meurtrier
de ses six premières épouses, Barbe-Bleue
tombe sous les coups des frères de la septième.

Barberini, famille romaine d'origine florentine, dont un des membres, le cardinal **Maffeo Barberini,** fut élu pape sous le nom
d'Urbain VIII (1623-1644).

Barberousse → **Frédéric Ier,** empereur germanique.

Barberousse (Khayr al-Din, dit), corsaire
turc (m. à Istanbul en 1546). Maître d'Alger,
qu'il plaça sous la suzeraineté ottomane
(1518), puis grand amiral de la flotte ottomane (1533), il combattit Charles Quint
avec son frère Arudj ou Baba Arudj.

Barberousse ou **Barbarossa** *(plan),* plan
d'attaque de l'U. R. S. S. conçu par Hitler
en décembre 1940.

Barbès *(Armand),* homme politique français
(Pointe-à-Pitre 1809 - La Haye 1870). Républicain, il conspira contre la monarchie de Juillet
puis fut élu député d'extrême gauche sous la
IIe République. Il tenta de constituer un gouvernement insurrectionnel (mai 1848), fut
emprisonné jusqu'en 1854 et mourut en exil.

Barbey d'Aurevilly *(Jules),* écrivain français
(Saint-Sauveur-le-Vicomte 1808 - Paris
1889). Par son élégance de dandy, ses articles féroces, ses duels, il se composa un personnage de « connétable des lettres », avant
de professer un catholicisme intransigeant.
Ses romans (*Une vieille maîtresse,* 1851 ; *le*

Chevalier Des Touches, 1864 ; *Un prêtre marié,*
1865) et ses nouvelles (*les Diaboliques,* 1874)
dessinent un univers mélodramatique et
démoniaque où la fascination de Satan
paraît le meilleur chemin de la découverte de
Dieu : en cela, il a exercé une profonde
influence sur Léon Bloy et Bernanos.

Barbier de Séville *(le),* comédie en quatre
actes, en prose, de Beaumarchais (1775).
Grâce à Figaro, le comte Almaviva enlève la
jeune Rosine à son vieux tuteur jaloux, Bar-
tholo. Sur les données de cette pièce a été
écrit un opéra, avec une musique de Rossini
(1816).

Barbizon *(école de),* nom donné à un ensemble de peintres qui, à partir de 1830, avec
Corot et T. Rousseau pour guides, introduisirent plus de naturel dans la peinture de
paysage. Rousseau s'installa en 1835 à Barbizon, dans la forêt de Fontainebleau, où
Millet le rejoignit en 1849 et où l'on vit se
fixer tour à tour Narcisse Diaz de la Peña
(1807-1878), dont l'œuvre est faite pour
une large part de sujets d'inspiration romantique et orientale, précieux de matière et de
couleur, Constant Troyon (1810-1865), qui
s'inspira des Hollandais pour introduire des
animaux dans ses sujets champêtres, d'une
belle vigueur, et Charles Jacque (1813-
1894), graveur puis peintre de scènes agrestes. P. Huet, C. F. Daubigny et Jules Dupré
(1811-1889) ont également fait évoluer l'art
paysagiste dans un rapport plus ou moins
proche avec Barbizon et son esprit.

Barbuda, île des Antilles, partie de l'État
d'Antigua-et-Barbuda.

Barbusse *(Henri),* écrivain français (Asnières
1873 - Moscou 1935). Il est l'auteur du *Feu*
(1916), première peinture non conventionnelle de la vie des combattants.

Barcelone, *en esp.* Barcelona, deuxième
ville d'Espagne, cap. de la Catalogne et ch.-l.
de la *province de Barcelone* (7 733 km² et
4 714 302 hab.), sur la Méditerranée ;
1 643 542 hab. *(Barcelonais).* GÉOGR. Barcelone commande une agglomération d'environ 3 millions d'habitants. Métropole
incontestée de la Catalogne, premier port
d'Espagne (hydrocarbures exclus), c'est une
grande ville industrielle (métallurgie de
transformation et textile, chimie, édition),
un centre commercial, intellectuel et aussi
touristique. La ville a été le site des jeux
Olympiques de 1992. HIST. Très prospère
sous la domination aragonaise (XIIe-XVe s.),
Barcelone ne retrouva son importance
qu'au milieu du XIXe siècle. Elle fut le centre
de la résistance des républicains pendant la

guerre civile (1936-1939). **ARTS.** Nombreux édifices des XIIIᵉ-XVᵉ siècles du « barrio gótico », dont la cathédrale, l'église S. María del Mar, l'Ayuntamiento, le Palais de la Generalitat. Édifices de A. Gaudí et d'autres architectes du « modernisme » catalan. Parmi les musées, citons le Musée archéologique et le prestigieux musée d'Art de Catalogne (peinture romane et retables gothiques) de Montjuich, le musée Marés, la collection Cambó, le musée d'Art moderne (peintres catalans), le Musée maritime, le Musée ethnologique, le musée Picasso ainsi que les fondations Miró et Tàpies.

Barcelonnette, ch.-l. d'arr. des Alpes-de-Haute-Provence, sur l'Ubaye ; 3 631 hab. Station d'altitude (1 132 m). Sports d'hiver à proximité. — Centre d'émigration vers le Mexique au XIXᵉ siècle.

Barclay de Tolly (*Mikhaïl Bogdanovitch, prince),* maréchal russe, d'origine écossaise (Luhde-Grosshoff, Livonie, 1761 - Insterburg 1818). Habile adversaire de Napoléon Iᵉʳ, il fut en 1815 commandant en chef des armées russes.

Barco Vargas (*Virgilio),* homme d'État colombien (Cúcuta 1921), président de la République de 1986 à 1990.

Barddhaman, *anc.* Burdwan, v. de l'Inde (Bengale-Occidental) ; 244 789 hab.

Bardeen (*John),* physicien américain (Madison, Wisconsin, 1908 - Boston 1991). Il a partagé deux fois le prix Nobel de physique : en 1956, pour la mise au point du transistor à germanium, et en 1972, pour sa théorie de la supraconductivité.

Bardem (*Juan Antonio),* cinéaste espagnol (Madrid 1922). L'un des premiers à tenter d'exprimer la réalité sociale de son pays, il obtint une consécration internationale avec *Mort d'un cycliste* (1955) et *Grand'Rue* (1956).

Bardi, famille florentine qui tira sa fortune d'une compagnie marchande, l'une des plus puissantes d'Europe entre 1250 et 1350.

Bardo (Le), banlieue de Tunis ; 66 000 hab. — Ancien palais du bey, où fut signé en 1881 le traité établissant le protectorat français. — Musée.

Bardot (*Brigitte),* actrice française (Paris 1934). Consacrée par le film de R. Vadim *Et Dieu créa la femme* (1956), sa popularité repose sur le mythe qu'elle a incarné, femme-enfant à la sensualité libre et joyeuse (*la Vérité,* de H. G. Clouzot, 1960 ; *Vie privée,* de L. Malle, 1962 ; *le Mépris,* de J.-L. Godard, 1963).

Bareilly, v. de l'Inde (Uttar Pradesh), à l'est de Delhi ; 607 652 hab.

Barenboïm (*Daniel),* chef d'orchestre et pianiste israélien (Buenos Aires 1942). Successeur de Georg Solti à la tête de l'Orchestre de Paris (1975-1989), il devient directeur musical de l'Orchestre symphonique de Chicago en 1991 et prend la direction artistique du Staatsoper de Berlin en 1992.

Barents ou **Barentsz.** (*Willem),* navigateur néerlandais (île de Terschelling v. 1550 -région de la Nouvelle-Zemble 1597). Il découvrit la Nouvelle-Zemble (1594) et le Spitzberg (1596). Il a donné son nom à la mer située dans l'océan Arctique entre le Svalbard et la Nouvelle-Zemble.

Barents (*mer de),* partie de l'océan Arctique, entre la Nouvelle-Zemble et le Svalbard.

Barère de Vieuzac (*Bertrand),* homme politique français (Tarbes 1755 - *id.* 1841). Député aux États généraux (1789) et à la Convention (1792), il fut membre du Comité de salut public.

Bar-Hillel (*Yehoshua),* logicien israélien d'origine polonaise (Vienne 1915 - Jérusalem 1975). Sa conception philosophique est inspirée du néopositivisme de Vienne ; son centre d'intérêt est la philosophie du langage et la linguistique. Il a étudié divers aspects de la structure logique du langage ; il a été également l'un des principaux théoriciens de la traduction et de la documentation automatiques, qu'il a contestées par la suite. Il a écrit *Aspects of Language* (1970).

Bari, port d'Italie, cap. de la Pouille et ch.-l. de prov., sur l'Adriatique ; 341 273 hab. Archevêché. Université. Centre industriel. — Majestueuse basilique S. Nicola et cathédrale (remaniée) typiques du roman de la Pouille (XIᵉ-XIIᵉ s.). Château fort. Musée archéologique et Pinacothèque provinciale. — La ville fut un port important au Moyen Âge, point de départ pour la Terre sainte.

Barisal, v. du Bangladesh, dans le delta du Gange ; 159 000 hab.

Barisan (*monts),* chaîne volcanique d'Indonésie, dans le sud de Sumatra ; 3 801 m au Kerinci.

Barjavel (*René),* écrivain français (Nyons 1911 - Paris 1985). Journaliste et dialoguiste de films, il s'est surtout imposé comme l'un des meilleurs auteurs de science-fiction en France (*Ravage,* 1943 ; *le Voyageur imprudent,* 1944 ; *Tarendol,* 1946) en renouvelant le thème du voyage dans le temps.

Barkla (*Charles Glover),* physicien britannique (Widnes, Lancashire, 1877 - Édimbourg

1944). Prix Nobel (1917) pour ses recherches sur les rayons X et les ondes radioélectriques.

Bar-Kokhba ou **Bar Kochba,** surnom à signification messianique (« Fils de l'étoile ») donné à Simon Bar Koziba, chef de la deuxième révolte juive (132-135) au temps de l'empereur Hadrien. Après avoir pris Jérusalem, il fut vaincu et enfermé dans la forteresse de Béthar, où il mourut.

Barlach *(Ernst),* sculpteur, graveur et poète allemand (Wedel, Holstein, 1870 - Rostock 1938). Caractérisé à la fois par la compacité et l'énergie, son expressionnisme allie la stylisation du xxᵉ siècle au souvenir des imagiers médiévaux.

Bar-le-Duc, ch.-l. du dép. de la Meuse, dans le sud du Barrois, sur l'Ornain, à 231 km à l'est de Paris ; 18 577 hab. *(Barisiens).* Textile. ARTS. Dans la ville haute, ensemble de demeures anciennes, château médiéval et classique (musée), église St-Étienne (XIVᵉ s. ; célèbre *Décharné* de René de Chalon par L. Richier). Dans la ville basse, église Notre-Dame (XIIIᵉ-XVIIIᵉ s.), ancien collège Gilles de Trèves (XVIᵉ s.).

Barlow *(Peter),* mathématicien et physicien britannique (Norwich 1776 - Woolwich 1862). Il imagina la *roue de Barlow,* prototype du moteur électrique (1828), et la *lentille de Barlow,* utilisée pour amplifier le grossissement des lunettes astronomiques et des télescopes.

Barnabé *(saint),* très proche compagnon d'apostolat de saint Paul, qu'il avait fait accepter par la communauté de Jérusalem. — La lettre intitulée *Épître catholique de Barnabé,* qui date du IIᵉ siècle, est d'un auteur inconnu ; elle est classée parmi les premiers écrits patristiques.

Barnaoul, v. de Russie, en Sibérie, sur l'Ob ; 602 000 hab. Métallurgie. Chimie.

Barnard *(Christian),* chirurgien sud-africain naturalisé grec (Beaufort West, prov. du Cap, 1922). Il réalisa la première transplantation cardiaque en 1967.

Barnard *(Edward Emerson),* astronome américain (Nashville 1857 - Williams Bay, Wisconsin, 1923). On lui doit des milliers de photographies de la Voie lactée, ainsi que la découverte de 19 comètes et d'un satellite de Jupiter (1892).

Barnave *(Antoine),* homme politique français (Grenoble 1761 - Paris 1793). Député du Dauphiné en 1789, il exerça une influence prépondérante aux États généraux. Partisan

d'une monarchie constitutionnelle, il fut décapité sous la Terreur.

Barnes *(Julian),* écrivain britannique (Leicester 1946). Auteur de romans policiers sous le pseudonyme de Dan Kavanagh (*La nuit est sale,* 1980), il s'est imposé comme un maître de la mystification avec des récits jouant le mélange des genres (*le Perroquet de Flaubert,* 1984 ; *Love, etc.,* 1991).

Barnum *(Phineas Taylor),* imprésario et entrepreneur de spectacles américain (Bethel, Connecticut, 1810 - Bridgeport 1891). Il dirigea, à partir de 1871, un grand cirque itinérant et fut l'initiateur du cirque à triple piste. Sa ménagerie (dont le pensionnaire le plus célèbre demeura longtemps l'éléphant Jumbo) eut également une grande renommée.

Barocci ou **Baroccio** *(Federico* Fiori, dit*), en fr.* (le) Baroche, peintre et graveur italien (Urbino v. 1535 - *id.* 1612). Il est l'auteur de tableaux religieux remarquables par leur coloris subtil et par des recherches spatiales qui annoncent l'art baroque.

Baroja *(Pío),* écrivain espagnol (Saint-Sébastien 1872 - Madrid 1956). Anticlérical, nietzschéen, s'insurgeant contre toute atteinte à la liberté individuelle, Baroja donne, après sa trilogie *Tierra vasca* (1900-1909), consacrée à son pays natal, une peinture d'êtres en marge de la société ou de leur époque dans une seconde trilogie (1904) ainsi que dans ses *Mémoires d'un homme d'action* (1913-1935).

Baron *(Michel* Boyron, dit*),* acteur et auteur dramatique français (Paris 1653 - *id.* 1729). Membre de la troupe de Molière puis de celle de l'Hôtel de Bourgogne, il a laissé des comédies (*l'Homme à bonnes fortunes,* 1686).

Baronius ou **Baronio** *(Cesare),* oratorien, cardinal et historien italien (Sora 1538 - Rome 1607). Il a laissé 12 volumes d'*Annales ecclésiastiques* (1588-1607), qui retracent l'histoire de l'Église jusqu'à 1198.

Baronnies *(les),* massif des Préalpes du Sud (Drôme) ; 1 532 m.

Barquisimeto, v. du Venezuela, cap. de l'État de Lara ; 703 000 hab.

Barrancabermeja, v. de Colombie, sur le Magdalena ; 213 000 hab.

Barranquilla, port de Colombie, sur l'Atlantique, à l'embouchure du Magdalena ; 897 000 hab.

Barraqué *(Jean),* compositeur français (Paris 1928 - *id.* 1973), l'un des principaux représentants du mouvement sériel (*Sonate pour piano,* 1950-1952 ; *Chant après chant,* 1966).

Barras *(Paul, vicomte de)*, homme politique français (Fox-Amphoux, Var, 1755 - Paris 1829). Élu député à la Convention en 1792, il contribua à la chute de Robespierre (1794). Il fut un membre influent du Directoire (1795-1799) et favorisa l'ascension de Bonaparte.

Barraud *(Henry)*, compositeur français (Bordeaux 1900), auteur de *Numance* (1955) et de *Tête d'or* (1979), drames lyriques.

Barrault *(Jean-Louis)*, acteur de théâtre et de cinéma et metteur en scène français (Le Vésinet 1910 - Paris 1994). À la Comédie-Française, comme dans la compagnie qu'il fonda (1946) avec Madeleine Renaud, son épouse, il a monté et interprété aussi bien des œuvres modernes (Claudel, Beckett, Genet) que classiques (Molière, Tchekhov), recherchant un langage dramatique de plus en plus « corporel », dans la lignée d'Artaud. Au cinéma, il s'est imposé dans *Drôle de drame* (1937) et *les Enfants du paradis* (1945).

Barre *(Raymond)*, économiste et homme politique français (Saint-Denis, la Réunion, 1924), Premier ministre (1976-1981) et ministre de l'Économie et des Finances (1976-1978), maire de Lyon depuis 1995.

Barreiro, v. industrielle du Portugal, sur le Tage, en face de Lisbonne ; 47 770 hab.

Barrès *(Maurice)*, écrivain français (Charmes, Vosges, 1862 - Neuilly-sur-Seine 1923). Guide intellectuel du mouvement nationaliste, il chercha à concilier l'élan romantique avec les déterminations provinciales et héréditaires (*Du sang, de la volupté et de la mort*, 1893-1909 ; *les Déracinés*, 1897 ; *la Colline inspirée*, 1913), passant du culte du moi au besoin de tradition et de discipline pour aboutir à un constat de désenchantement (*Un jardin sur l'Oronte, Mes cahiers*). [Acad. fr. 1906.]

Barricades *(journées des)*, nom donné à deux insurrections parisiennes : la première, le 12 mai 1588, fut une manifestation des Ligueurs contre Henri III ; la seconde, le 26 août 1648, marqua le début de la Fronde.

Barrie *(James Matthew)*, romancier et auteur dramatique britannique (Kirriemuir, Écosse, 1860 - Londres 1937), créateur du personnage de *Peter Pan*.

Barrière (Grande), édifice corallien bordant la côte nord-est de l'Australie, sur plus de 2 000 km.

Barrois ou **Bar,** région de la Lorraine (Meuse), aux confins de la Champagne. V. princ. *Bar-le-Duc.* Le comté (puis duché)

de Bar fut uni à la Lorraine en 1480 et annexé avec elle à la France en 1766. Une partie de la région (Barrois mouvant sur la rive gauche de la Meuse) était dans la vassalité française depuis 1301.

Barrot *(Odilon)*, homme politique français (Villefort, Lozère, 1791 - Bougival 1873). Partisan d'une réforme de la monarchie constitutionnelle, il contribua à la chute de Louis-Philippe par sa participation à la *campagne des banquets* (1847-48). Il fut ministre de la Justice de Louis Napoléon en 1849, puis retourna dans l'opposition.

Barrow *(Isaac)*, mathématicien et théologien anglais (Londres 1630 - *id.* 1677). Il a été le maître de Newton et l'un des précurseurs du calcul différentiel.

Barry *(Jeanne Bécu, comtesse du)*, favorite de Louis XV (Vaucouleurs 1743 - Paris 1793). Elle devint la favorite du roi en 1769, après la mort de la marquise de Pompadour. Elle fut guillotinée sous la Terreur.

Bar-sur-Aube, ch.-l. d'arr. de l'Aube ; 6 967 hab. *(Barsuraubois* ou *Baralbins).* — Deux églises remontant au XIIᵉ siècle.

Bart [bar] *(Jean)*, marin français (Dunkerque 1650 - *id.* 1702). Marin dans la flotte de l'amiral hollandais Ruyter, corsaire (1674) puis officier de la marine royale française, il remporta de nombreuses victoires contre les Anglais et les Hollandais (dont celle de 1696).

Bartas *(Guillaume de Salluste, seigneur du)*, poète français (Montfort, près d'Auch, 1544 - Condom 1590). Protestant et disciple de Ronsard, il est l'auteur de *la Semaine* (1579), puis de *la Seconde Semaine* (1585, inachevée), poèmes d'inspiration biblique et encyclopédique.

Barth *(Heinrich)*, explorateur et géographe allemand (Hambourg 1821 - Berlin 1865). Il rapporta une précieuse documentation ethnographique de son expédition en Afrique centrale (1850-1855).

Barth *(Karl)*, théologien calviniste suisse (Bâle 1886 - *id.* 1968). Centrant sa réflexion sur la transcendance d'un Dieu tout autre (par rapport à la culture, à la morale, à l'histoire), il a eu une influence considérable, et bien au-delà du monde protestant. Auteur d'un ouvrage monumental intitulé *Dogmatique,* il définit la théologie comme une activité de la foi travaillant « sous le toit de l'Église » à se comprendre elle-même, selon la formule d'Anselme de Canterbury.

Barthélemy *(saint)*, l'un des douze apôtres de Jésus-Christ. Certains l'identifient avec le

Nathanaël de l'Évangile de Jean et, selon la légende, il aurait apporté la foi chrétienne dans les pays d'Orient, où il mourut martyr.

Barthélemy *(François, marquis de)*, homme politique français (Aubagne 1747 - Paris 1830). Il négocia la paix de Bâle en 1795, fut membre du Directoire (1797), sénateur et comte d'Empire, marquis sous Louis XVIII.

Barthélemy *(abbé Jean-Jacques)*, écrivain français (Cassis 1716 - Paris 1795). Il combla le goût du public de son temps pour le passé et l'exotisme avec son *Voyage du jeune Anacharsis en Grèce* (1788). [Acad. fr. 1789.]

Barthélemy *(René)*, physicien français (Nangis 1889 - Antibes 1954). Ses travaux ont perfectionné la télévision.

Barthes *(Roland)*, critique français (Cherbourg 1915 - Paris 1980). L'analyse du phénomène littéraire (*le Degré zéro de l'écriture*, 1953 ; *Sur Racine*, 1963 ; *Critique et Vérité*, 1966 ; *le Plaisir du texte*, 1973) et l'élaboration d'une sémiologie sociale (*Mythologies*, 1957 ; *le Système de la mode*, 1967 ; *S/Z*, 1970 ; *l'Empire des signes*, 1970) forment les objectifs principaux de son œuvre critique, inspirée des travaux de la linguistique, de la psychanalyse et de l'anthropologie modernes.

Barthez [-tɛs] *(Paul Joseph)*, médecin français (Montpellier 1734 - Paris 1806). Il fut l'un des fondateurs du vitalisme, qui se développa surtout à Montpellier, et selon lequel la vie est due à un « principe vital » unique et spécifique, de nature imprécise. Cette théorie s'opposait au « mécanisme » (l'homme-machine), selon lequel le corps humain est totalement expliqué par la physique et la chimie.

Bartholdi *(Frédéric Auguste)*, sculpteur français (Colmar 1834 - Paris 1904). Ses œuvres les plus célèbres, colossales, sont *le Lion* de Belfort (grès rouge, 1875-1880) et *la Liberté éclairant le monde*, à New York. (→ **Liberté**.)

Barthou *(Louis)*, homme politique français (Oloron-Sainte-Marie 1862 - Marseille 1934). Président du Conseil en 1913, ministre des Affaires étrangères en 1934, il fut assassiné avec le roi Alexandre Ier de Yougoslavie. (Acad. fr. 1918.)

Bartók *(Béla)*, compositeur et pianiste hongrois (Nagyszentmiklós, auj. en Roumanie, 1881 - New York 1945), l'un des plus éminents représentants de la musique du XXe siècle. Influencé au départ par Liszt, R. Strauss puis par Debussy, il se passionna pour le folklore, dont l'impact sur son esthétique fut déterminant, et réussit une synthèse entre la musique populaire et l'écriture savante. Après avoir poussé jusqu'à l'excès l'abstraction, il revint, à la fin de sa vie, à un style romantique qui lui valut ses vrais grands succès. Sa première période créatrice est marquée notamment par *14 Bagatelles* pour piano (1908), instrument dont il joue en virtuose ; un opéra, *le Château de Barbe-Bleue* (1918) ; une pantomime, *le Mandarin merveilleux* (1919) ; et des pages pour piano, dont l'*Allegro barbaro* (1911), marqué par une technique nouvelle fondée sur le dynamisme rythmique. Inaugurée en 1926, sa période dite « européenne » s'épanouit avec la *Musique pour instruments à cordes, percussion et célesta* (1936) et la *Sonate pour deux pianos et percussion* (1937). Elle se termine par la composition des six recueils du *Mikrokosmos* (1926-1937), du *Divertimento* pour cordes (1939) et du dernier de ses six quatuors à cordes (1908-1939). De sa période « américaine » datent essentiellement le *Concerto pour orchestre* (1943) et le troisième concerto pour piano (1945).

Bartolomeo *(Fra)*, peintre italien (Florence 1472 - id. 1517). Moine au couvent florentin de S. Marco, influencé par le Pérugin, Raphaël, Léonard de Vinci, il s'impose par l'ampleur et la clarté stylistique de ses œuvres (*retable Carondelet*, en collab. avec Mariotto Albertinelli, 1511-12, cathédrale de Besançon).

Baruch, disciple et secrétaire du prophète Jérémie ; son nom a été donné à un livre écrit tardivement (Ier s. apr. J.-C.) et adopté comme canonique par les catholiques, mais non par la Bible hébraïque ni par les protestants.

Barychnikov *(Mikhaïl Nikolaïevitch)*, danseur et chorégraphe américain d'origine soviétique (Riga 1948). Brillant soliste du Kirov de Leningrad, il passe à l'Ouest en 1974 et cherche à assimiler d'autres styles (Balanchine, Tharp, Graham). Directeur de l'American Ballet Theatre (1980-1989), il est aussi l'interprète de plusieurs rôles au cinéma et au théâtre.

Barye *(Antoine Louis)*, sculpteur et aquarelliste français (Paris 1795 - id. 1875). Élève de Bosio et de Gros, il se spécialisa dans l'art du bronze animalier, alliant à un sens romantique de l'énergie des bêtes sauvages la volonté classique de trouver une vérité qui dépasse l'anecdote (*Lion au serpent*, 1833 ; *Centaure et Lapithe*, 1850).

Basarab Iᵉʳ, prince de Valachie (v. 1310-1352). Il réunit sous son autorité toute la Valachie.

Basdevant *(Jules),* juriste français (Anost, Saône-et-Loire, 1877 - id. 1968). Spécialiste du droit international, il a été de 1949 à 1952 président de la Cour internationale de justice.

Bas-Empire ou **Empire romain tardif,** période de l'histoire romaine s'étendant de la mort de Sévère Alexandre (235) à la fin de l'Empire d'Occident (476). Après une longue période d'anarchie militaire (235-284), la grandeur romaine est rétablie à partir du règne de Dioclétien (284-305). Cette période est caractérisée par l'établissement d'un pouvoir impérial absolu, la victoire progressive du christianisme et l'éclatement de l'Empire entre l'Orient et l'Occident.

BASF (Badische Anilin und Soda Fabrik), société allemande (remontant à 1865), l'une des premières entreprises chimiques européennes.

Basho (Matsuo Munefusa, dit), poète japonais (Ueno 1644 - Osaka 1694), l'un des grands classiques de la littérature japonaise (*la Sente étroite du bout du monde,* 1689-1692).

Basie *(William Bill,* dit Count*),* pianiste, organiste, compositeur et chef d'orchestre de jazz américain (Red Bank, New Jersey, 1904 - Hollywood, Floride, 1984). Il fonda en 1935 un orchestre qui s'imposa comme le rival des formations de Duke Ellington et de Jimmy Lunceford. Pianiste discret et délicat, il conduisit cette « machine à swing », où se révélèrent de nombreux solistes de qualité (Lester Young, Roy Eldridge).

Basildon, v. de Grande-Bretagne, au nord-est de Londres ; 157 000 hab.

Basile *(saint),* surnommé **le Grand,** Père de l'Église grecque (Césarée 329 - id. 379). Après avoir étudié la rhétorique à Constantinople, puis à Athènes, il rentre en 356 à Césarée et adopte bientôt la vie monastique. Il rédige alors des recueils d'instructions, ou *Règles,* dont s'inspireront les deux législateurs du monachisme d'Occident, Cassien et saint Benoît. Élu évêque de Césarée en 370, il se trouve confronté à l'arianisme et travaille à l'unité de la foi, aux côtés de son frère Grégoire de Nysse et de son ami Grégoire de Nazianze.

Basile Iᵉʳ le Macédonien (Andrinople v. 812 - 886), empereur byzantin (867-886), fondateur de la dynastie macédonienne. **Basile II le Bulgaroctone** (957-1025), empereur byzantin (963-1025), de la dynastie macédonienne. Après avoir soumis l'aristocratie et vaincu en Syrie les Fatimides (dynastie musulmane d'Égypte), il lutta victorieusement contre les Bulgares, se rendant ainsi maître de toute la péninsule balkanique.

Basilicate, *en ital.* Basilicata, région de l'Italie du Sud, formée des provinces de Potenza et Matera ; 9 992 km² ; 605 940 hab. Juxtaposant montagnes calcaires, collines argileuses et plaines longtemps insalubres, terre d'émigration, c'est l'une des régions les plus pauvres du pays.

basque *(Pays),* **en esp.** País Vasco, communauté autonome de l'Espagne formée des provinces de Biscaye, Guipúzcoa et Álava. Il constitue, avec une partie de la Navarre, le Pays basque espagnol. 17 500 km² ; 2 099 978 hab. Cap. Vitoria. **GÉOGR.** Cette région de moyenne montagne (1 500 m d'altitude en moyenne) bénéficie d'un climat doux et humide. Les conditions naturelles ont favorisé l'élevage, principale ressource agricole. L'industrie (sidérurgie et métallurgie de transformation, chimie) s'est développée dans les centres urbains (notamment à Bilbao), qui regroupent la majeure partie de la population, ainsi que le tourisme (Saint-Sébastien), principale activité (avec la pêche) du littoral. **HIST.** Rattachées à la Castille aux XIIIᵉ et XIVᵉ siècles, les trois provinces basques espagnoles n'ont jamais connu l'indépendance politique, mais elles ont bénéficié jusqu'au XIXᵉ siècle d'une large autonomie. Confrontées, par la suite, au centralisme des Bourbons, de Primo de Rivera, puis du franquisme, elles deviennent le siège de mouvements nationalistes revendiquant, en recourant parfois au terrorisme, l'autonomie ou même l'indépendance. En 1959 est créée l'E. T. A., aile extrémiste du mouvement nationaliste basque. Malgré l'accession à l'autonomie (1980) fixée à Vitoria, la fraction indépendantiste poursuit sa lutte.

basque *(Pays),* région française, qui s'étend sur l'extrémité occidentale des Pyrénées et sur la basse vallée de l'Adour. Il regroupe la Soule, le Labourd (réunis à la France en 1451) et la Basse-Navarre (réunie en 1620). L'intérieur, voué à l'élevage et à la polyculture, est moins peuplé que la côte, animée par l'industrie et le commerce (Bayonne), par la pêche (Saint-Jean-de-Luz) et par le tourisme (Biarritz).

Bass *(détroit de),* détroit séparant l'Australie continentale de la Tasmanie.

Bassæ, *en gr.* Bassai, lieu-dit des plateaux d'Arcadie. Restes d'un temple d'Apollon

Épikourios (« Secourable »), construit par Ictinos (fin du Vᵉ s. av. J.-C.). Il associe le dorique et l'ionique. Sa frise est au British Museum.

Bassano *(Jacopo da Ponte, dit Jacopo)*, peintre italien (Bassano v. 1515 - *id.* 1592). D'abord élève de son père, **Francesco,** lié à l'école vénitienne et influencé tour à tour par le Pordenone, Titien, puis le Tintoret, il est l'initiateur d'une formule qui transpose les sujets religieux en scènes agrestes naturalistes (*Repos pendant la fuite en Égypte,* pinacothèque Ambrosienne, Milan ; *Suzanne et les vieillards,* Nîmes). De ses quatre fils peintres, **Francesco II** et **Leandro,** installés à Venise, sont ceux qui ont le mieux diffusé sa manière.

Bassas da India, îlot français de l'océan Indien, dans le canal de Mozambique.

Basse Époque → **Égypte.**

Bassein, v. de Birmanie ; 356 000 hab.

Basse-Terre, ch.-l. de la Guadeloupe, sur la côte sud-ouest de l'île de Basse-Terre ; 14 107 hab. *(Basse-Terriens).* Port. Centre commercial. Évêché.

Bassigny, région de la Haute-Marne, au nord-est de Langres. Petite métallurgie.

Bassin rouge, région déprimée de la Chine (Sichuan), traversée par le Yangzi Jiang, intensément mise en culture.

Bassora, port de l'Iraq, sur le Chatt al-Arab ; 617 000 hab. Grande palmeraie. Industries chimiques et alimentaires.

Bassov *(Nikolaï Guennadievitch),* physicien russe (Ousman, près de Voronej, 1922). Il a réalisé en 1956 un oscillateur moléculaire à ammoniac, puis travaillé sur les lasers à gaz et les lasers semi-conducteurs. (Prix Nobel 1964.)

Bastia, ch.-l. du dép. de la Haute-Corse ; 38 728 hab. *(Bastiais).* Cour d'appel. Port. Aéroport. Centre commercial et étape touristique. **ARTS.** Citadelle enserrant le palais des Gouverneurs (auj. musée d'Ethnographie) et l'ancienne cathédrale (reconstruite au début du XVIIᵉ s.). Église St-Jean-Baptiste (1640, décors baroques) et chapelles de confréries (XVIᵉ-XVIIIᵉ s.).

Bastiat *(Frédéric),* économiste français (Bayonne 1801 - Rome 1850). Défenseur de la liberté du travail et du libre-échange, auteur des *Harmonies économiques,* il croit à l'existence de lois économiques providentielles, ce qui lui a valu la qualification d'« optimiste », par opposition à la qualification de « pessimiste » donnée à l'école libérale classique anglaise de Malthus et Ricardo.

Bastide *(Roger),* sociologue et anthropologue français (Nîmes 1898 - Maisons-Laffitte 1974). Ses recherches sur l'acculturation et la déviance culturelle l'amenèrent à réfléchir sur les rapports entre infrastructures économiques et superstructures idéologiques, entre l'idéologie, comme expression subjective des intérêts, et la religion, comme expression d'une communauté de valeurs et base du sacré. On lui doit, notamment, *Sociologie et Psychanalyse* (1950) et *les Religions africaines au Brésil* (1960).

Bastié *(Maryse),* aviatrice française (Limoges 1898 - Lyon 1952). Elle traversa seule l'Atlantique sud en 1936 et fut détentrice de dix records internationaux de distance et de durée.

Bastille *(la),* forteresse construite dans l'est de Paris (1370-1382). D'abord utilisée à des fins militaires, elle fut transformée sous Louis XIII en prison d'État, où les détenus étaient envoyés sur lettre de cachet du roi. La prise de la Bastille par les émeutiers le 14 juillet 1789 devint le symbole de la victoire du peuple sur l'arbitraire royal. La forteresse fut détruite l'année suivante.

Bastogne, v. de Belgique, ch.-l. d'arr. de la prov. de Luxembourg, dans l'Ardenne ; 12 187 hab. Station estivale. — Centre de la résistance américaine à l'offensive allemande des Ardennes (1944). — Église romane et gothique. Petits musées.

Basutoland, protectorat britannique de l'Afrique australe (1868-1966).

Bata, port de la Guinée équatoriale, ch.-l. du Mbini ; 27 000 hab. Aéroport.

Bat'a *(Tomáš),* industriel tchèque (Zlín 1876 - Otrokovice 1932). Il fut l'un des premiers industriels à faire participer son personnel aux bénéfices, en imaginant l'autonomie comptable des ateliers.

Bataille *(Georges),* écrivain français (Billom 1897 - Paris 1962). Fondateur de plusieurs revues (*Acéphale,* 1937), il anime les travaux du « Collège de sociologie » (1937-1939). Il réfléchit sur l'art et la littérature (*Lascaux, ou la Naissance de l'art,* 1955 ; *la Littérature et le mal,* 1957) et leur double rapport à la société et à l'artiste. Plaçant le lieu de toute création dans l'érotisme (*Histoire de l'œil,* 1928 ; *le Bleu du ciel,* 1957 ; *l'Érotisme,* 1957) et la mort (*les Larmes d'Éros,* 1961), il fait de la coïncidence du plaisir et de l'intolérable l'aboutissement de *l'Expérience intérieure*

(1943) et renverse la finalité des explorations physiques et religieuses (*la Part maudite,* 1949).

Bataille *(Henry),* auteur dramatique français (Nîmes 1872 - Malmaison 1922), peintre des « instincts » d'une société décadente (*Maman Colibri,* 1904).

Batak, peuple du groupe indonésien, du centre nord de l'île de Sumatra (Indonésie).

Batalha, v. du Portugal, dans l'Estrémadure ; 6 390 hab. **ARTS.** Remarquable monastère élevé à la suite d'un vœu fait par le roi Jean Ier en remerciement d'une victoire décisive remportée sur l'armée espagnole en 1385. Chef-d'œuvre de l'architecture gothique, de tendance flamboyante puis manuéline, dont la construction s'est étalée de la fin du XIVe au début du XVIe siècle.

Batangas, port des Philippines (Luçon) ; 184 000 hab.

batave *(République),* nom que prirent les Provinces-Unies de 1795 à 1806, après la victoire de l'armée du Directoire sur les troupes néerlandaises.

Bataves, peuple germanique fixé primitivement à l'embouchure du Rhin (la Hollande méridionale actuelle).

Batavia, ancienne capitale des Indes néerlandaises fondée en 1619. Elle reprit son ancien nom de *Jakarta* lors de l'indépendance de l'Indonésie.

Bateson *(Gregory),* anthropologue américain d'origine britannique (Cambridge, Grande-Bretagne, 1904 - San Francisco 1980). Après la Seconde Guerre mondiale, il s'orienta vers la cybernétique et appliqua la théorie de la communication au champ psychiatrique ; il élabora la théorie du « double bind » et étudia la communication animale. Il est l'auteur de *Communication* (1950).

Bath, v. de Grande-Bretagne, au sud-est de Bristol, sur l'Avon ; 79 900 hab. Station thermale qui fut très fréquentée par la société londonienne du XVIIIe siècle. Un urbanisme remarquable y a été développé au long du siècle par les architectes John Wood l'Aîné et John Wood le Jeune, qui ont élevé des ensembles (*Queen Square,* 1729 ; le *Circus,* 1754 et suiv. ; le *Royal Crescent,* 1767 et suiv.) caractérisés par leur élégante architecture palladienne et leur habile liaison avec le cadre naturel.

Bath → Baath.

Báthory, famille hongroise à laquelle appartenait Étienne Ier, roi de Pologne, et qui donna deux princes à la Transylvanie.

Bathurst, v. du Canada (Nouveau-Brunswick), sur la baie des Chaleurs ; 11 730 hab.

Bathurst → Banjul.

Batista *(Fulgencio),* officier et homme d'État cubain (Banes 1901 - Guadalmina 1973). Président de la République (1940-1944 ; 1952-1959), il fut renversé par Fidel Castro.

Batna, v. d'Algérie, ch.-l. de wilaya, au N. de l'Aurès ; 185 000 hab.

Baton Rouge, v. des États-Unis, cap. de la Louisiane, sur le Mississippi ; 219 531 hab. Raffinage du pétrole et chimie.

Batoumi ou **Batoum,** port de Géorgie, sur la mer Noire, cap. de l'Adjarie ; 136 000 hab.

Battani (al-), astronome arabe (Harran, Mésopotamie, auj. Turquie, v. 858 - Qasr al-Djiss, près de Samarra, 929). Ses observations permirent une meilleure connaissance des mouvements apparents du Soleil et des planètes. Il a laissé un grand traité d'astronomie, le *Zidj.*

Batthyány *(Lajos),* homme politique hongrois (Presbourg 1806 - Pest 1849). Président du Conseil dans le premier ministère hongrois issu de la révolution de 1848, il fut fusillé par les Autrichiens.

Batu, prince mongol (1204 - v. 1255), fondateur de la Horde d'Or. Petit-fils de Gengis Khan, il conquit la Russie (1238-1240), la Hongrie et atteignit l'Adriatique (1242).

Baty *(Gaston),* metteur en scène de théâtre français (Pélussin 1885 - *id.* 1952), l'un des animateurs du « Cartel ». Contestant la primauté du texte et celle de l'acteur, il a donné aux décors et aux éclairages un rôle de plus en plus important.

Bauchant *(André),* peintre français (Château-Renault 1873 - Montoire 1958). D'abord pépiniériste, il débuta au salon d'Automne en 1921. On doit à cet autodidacte des tableaux de fleurs, des paysages et des compositions historiques ou mythologiques d'un coloris brillant et d'une sérénité familière.

Baudeau *(abbé Nicolas),* économiste français (Amboise 1730 - Paris 1792), propagandiste des idées des physiocrates. Son principal ouvrage, *Première Introduction à la philosophie économique ou Analyse des États policés* (1771), est une explication du système de Quesnay.

Baudelaire *(Charles),* poète français (Paris 1821 - *id.* 1867). Si sa vie le rattache au romantisme le plus traditionnel (révolte précoce contre le remariage rapide de sa mère avec le général Aupick, vie de dandy dissipateur, voyage dans l'océan Indien qui éveille en lui le goût de l'exotisme, syphilis qui le conduira à la paralysie totale, tentative de suicide, conseil judiciaire, condamnation en correctionnelle des *Fleurs du mal*), sa réflexion invente le symbolisme et, par-delà, la «modernité» : grand critique d'art (*Curiosités esthétiques ; l'Art romantique,* 1868), il préfère le symbole à la chose, la nature imagée à la nature réelle, le tableau au modèle. Le système de «correspondances» qu'il découvre dans la nature (« Les parfums, les couleurs et les sons se répondent ») aboutit, à travers une étude précise de « mouvements » et de rythmes en littérature (Hoffmann, De Quincey, surtout Edgar Poe, qu'on lit toujours dans sa traduction) comme en peinture (Delacroix, Catlin, Constantin Guys) et en musique (Wagner), à une conception statique de la beauté (le «rêve de pierre»), qu'il n'atteint vraiment que dans les «tableaux » du *Spleen de Paris* (1864) et des *Petits Poèmes en prose* (1869), tentative pour réaliser l'adéquation absolue entre la sensation et son expression temporelle et spatiale.

— **Les Fleurs du mal.** Les 136 poèmes de ce recueil, divisé en six parties (*Spleen et Idéal, Tableaux parisiens, le Vin, les Fleurs du mal, Révolte, la Mort*), sont groupés selon un plan fondé sur la constatation de la misère de l'homme et de ses efforts pour sortir de cet état. Paru en 1857, le livre fut condamné en 1858 pour immoralité, et certaines pièces « lesbiennes » durent être retranchées.

Baudelocque (*Jean-Louis*), médecin accoucheur français (Heilly, Somme, 1745 - Paris 1810). Il participa à la transformation de l'obstétrique en une véritable spécialité médicale. Il fonda une maternité et une école de sages-femmes.

Baudot (*Anatole* de), architecte et théoricien français (Sarrebourg 1834 - Paris 1915). Disciple de Viollet-le-Duc et chef du mouvement rationaliste au tournant des XIXe et XXe siècles, il a restauré des monuments historiques et a construit, en ciment armé, l'église St-Jean de Montmartre (1897-1902).

Baudot (*Émile*), ingénieur français (Magneux, Haute-Marne, 1845 - Sceaux 1903). Il est l'inventeur du télégraphe multiple imprimeur (1874) et d'un appareil de transmission automatique (1894).

Baudouin, nom de deux empereurs latins de Constantinople : **Baudouin Ier** (Valenciennes 1171 - 1205), comte de Flandre et de Hainaut, empereur latin de Constantinople

(1204-1205). Un des chefs de la 4e croisade, il fut élu empereur après la prise de Constantinople par les croisés. **Baudouin II** (Constantinople v. 1217 - 1273), empereur (1228-1261).

Baudouin, nom de cinq rois de Jérusalem parmi lesquels **Baudouin Ier de Boulogne,** roi de Jérusalem (1100-1118). Frère de Godefroi de Bouillon, il fut le fondateur du royaume de Jérusalem, qu'il agrandit et dota d'institutions solides.

Baudouin Ier (Bruxelles 1930 - Motril, Espagne, 1993), roi des Belges (1951-1993). Il devint roi en 1951, à la suite de l'abdication de son père, Léopold III. Il avait épousé Fabiola de Mora y Aragón en 1960.

Baudouin de Courtenay (*Jan Ignacy*), linguiste polonais (Radzymin, région de Varsovie, 1845 - Varsovie 1929). Professeur à Kazan, à Dorpat, à Cracovie, à Saint-Pétersbourg et à Varsovie, il fut méconnu de son vivant mais est aujourd'hui considéré comme le précurseur de la phonologie (*Versuch einer Theorie phonetischer Alternationen,* 1895).

Baudricourt (*Robert* de), capitaine de Vaucouleurs (XVe s.). Il fit conduire Jeanne d'Arc auprès de Charles VII à Chinon (1429).

Bauer (*Bruno*), théoricien et philosophe allemand (Eisenberg 1809 - Rixdorf, près de Berlin, 1882). Influencé par l'hégélianisme, il critiqua le christianisme (*Christianisme dévoilé,* 1843) puis aborda la politique et l'histoire dans une série d'ouvrages constamment combattus par Marx et Engels.

Bauer (*Eddy*), historien suisse (Neuchâtel 1902 - *id.* 1972), auteur d'études sur la Seconde Guerre mondiale.

Bauer (*Otto*), homme politique et théoricien autrichien (Vienne 1881 - Paris 1938), l'un des dirigeants du Parti social-démocrate autrichien.

Bauges (*les*), massif des Préalpes, en Savoie ; 2 217 m.

Bauhaus (« maison de l'œuvre bâtie »), école allemande d'enseignement artistique, fondée par W. Gropius, à Weimar, en 1919. Pour des raisons politiques, elle fut ensuite transportée à Dessau (1925-1932), et c'est à Berlin (1933) qu'elle fut définitivement fermée par les nazis. Tendant à une union de tous les arts dans une synthèse à la fois fonctionnelle et spirituelle, elle a influencé l'architecture, les arts plastiques (surtout l'abstraction) et le design pendant près d'un demi-siècle. Y furent maîtres les peintres Johannes Itten (théoricien suisse de la couleur, 1888-1967),

Feininger, Oskar Schlemmer (également scénographe, 1888-1943), Kandinsky, Klee, Moholy-Nagy ; « apprentis », puis maîtres : l'architecte et designer M. Breuer, le peintre Josef Albers (1888-1976), le graphiste autrichien Herbert Bayer (1900-1985). À Gropius succédèrent comme directeurs, en 1928, l'architecte suisse Hannes Meyer (1889-1954) et, en 1930, Mies van der Rohe. Beaucoup de ces personnalités émigrèrent aux États-Unis après 1933. Moholy-Nagy fonda à Chicago le New Bauhaus, devenu l'Institute of Design.

Baule-Escoublac (La), ch.-l. de c. de la Loire-Atlantique ; 15 018 hab. *(Baulois).* Station balnéaire.

Baulieu *(Étienne Émile),* médecin endocrinologue français (Strasbourg 1926). Auteur de nombreux travaux sur les hormones stéroïdes, il a notamment mis au point la pilule abortive RU 486.

Baumé *(Antoine),* pharmacien et chimiste français (Senlis 1728 - Paris 1804). Il imagina l'aréomètre qui porte son nom.

Baumgarten *(Alexander Gottlieb),* philosophe allemand (Berlin 1714 - Francfort-sur-l'Oder 1762). Le premier, il a séparé, sous le nom d'*esthétique,* la science du beau des autres parties de la philosophie.

Baumgartner *(Gallus Jakob),* publiciste et homme politique suisse (Altstätten 1797 - Saint-Gall 1869). Protagoniste actif dans les luttes qui agitèrent le canton de Saint-Gall, il est l'auteur d'un ouvrage sur l'histoire de la Suisse entre 1830 et 1850.

Bausch *(Philippine,* dite Pina*),* danseuse et chorégraphe allemande (Solingen 1940). Formée auprès de Kurt Jooss à la Folkwangschule d'Essen, puis à la Juilliard School à New York, elle devient, en 1973, directrice du Tanztheater Wuppertal. Chorégraphe à la personnalité originale, elle s'est imposée dans un genre spécifique (le *Tanztheater,* ou théâtre dansé) en un style percutant. Ne cherchant pas à séduire, elle construit un univers d'incommunicabilité et de misère morale, réalisant des ouvrages prenants et angoissants dans lesquels elle exprime les injustices et les absurdités de notre société. Ses œuvres sont autant de fragments de vie où chacun peut retrouver sa propre histoire (*le Sacre du printemps,* 1975 ; *les Sept Péchés capitaux,* 1976 ; *Barbe-Bleue,* 1977 ; *Nelken,* 1982 ; *Palermo, Palermo,* 1989 ; *Tanzabend II,* 1991).

Bautzen, v. d'Allemagne, en Saxe, à l'est de Dresde ; 50 627 hab.

Bauwens *(Liévin),* industriel belge (Gand 1769 - Paris 1822). Il introduisit en France le procédé de filature mécanique du coton au moyen de la mule-jenny (1799).

Baux-de-Provence (Les), comm. des Bouches-du-Rhône, sur un éperon des Alpilles ; 458 hab. Le village a donné son nom à la bauxite. — Ruines d'une importante cité du Moyen Âge ; demeures du XVIe siècle.

Bavay, ch.-l. de c. du Nord ; 3 869 hab. *(Bavaysiens).* ARCHÉOL. *Bagacum,* chef-lieu des Nerviens, fut une ville importante à l'époque gallo-romaine. Le centre urbain, avec double forum, basilique, portiques et cryptoportiques, a été dégagé. Des bronzes et des objets domestiques ont été exhumés. Au Bas-Empire, Bavay fut supplantée par Cambrai. Musée archéologique.

Bavière, *en all.* Bayern, Land d'Allemagne ; 70 550 km² ; 11 220 735 hab. *(Bavarois).* Cap. *Munich.* GÉOGR. De la vallée du Main aux Alpes, le Land de Bavière est le plus vaste du pays. L'agriculture, intensive, demeure importante, en particulier sur les plateaux et dans les vallées de la Franconie, sur le plateau bavarois, également parsemé de lacs. L'industrie est représentée par les constructions mécaniques et électriques, et implantée notamment dans des villes (Nuremberg, Augsbourg, Ratisbonne et surtout Munich, métropole de l'Allemagne du Sud), cités historiques (bénéficiant d'une fréquentation touristique, ressource essentielle, avec l'élevage, de la frange alpestre) et commerciales. HIST. Au début du Xe siècle, la Bavière est l'un des plus importants duchés du royaume de Germanie. La dynastie des Guelfes (1070-1180) est spoliée au profit des Wittelsbach, qui règnent jusqu'en 1918. Au service du camp catholique pendant la guerre de Trente Ans, le duc de Bavière obtient le titre d'Électeur en 1623. La Bavière est érigée en royaume en 1806, à la suite de son alliance avec Napoléon. Allié à l'Autriche, le nouveau royaume est battu par la Prusse en 1866, puis incorporé dans l'Empire allemand en 1871. Ses souverains Louis Ier (1825-1848) et Louis II (1864-1886) font bâtir des édifices prestigieux. En 1949, l'État libre de Bavière forme un Land de la R. F. A.

Bâville *(Nicolas de Lamoignon de),* administrateur français (Paris 1648 - *id.* 1724). Intendant du Languedoc, il fut l'adversaire farouche des protestants, notamment pendant la guerre des camisards (1703).

Bayamo, v. du sud-est de Cuba ; 105 300 hab.

Bayard *(Hippolyte),* photographe français (Breteuil, Oise, 1801 - Nemours 1887). Il améliore le procédé de W. H. F. Talbot et réalise les premiers travaux en France sur négatif-papier (chlorure d'argent noirci puis plongé dans l'iodure de potassium, et blanchiment du papier par exposition à la lumière). Dès 1839, il obtient les premiers positifs directs sur papier, mais, victime de la célébrité de Daguerre, sa découverte passe totalement inaperçue.

Bayard (*Pierre* Terrail, *seigneur* de), homme de guerre français (Pontcharra 1476 - Romagnano Sesia 1524). Célèbre pour sa bravoure lors des guerres d'Italie (défense du pont du Garigliano, 1503), il fut surnommé le *Chevalier sans peur et sans reproche*. François Ier voulut être armé chevalier de sa main sur le champ de bataille de Marignan.

Bayer, société allemande (remontant à 1863), l'une des premières entreprises chimiques mondiales.

Bayer (*Johann*), astronome allemand (Rain, Bavière, 1572 - Augsbourg 1625). Auteur du premier atlas céleste imprimé (1603), il a introduit 12 constellations nouvelles ainsi que l'usage de désigner les étoiles de chaque constellation par des lettres grecques, d'après leur éclat apparent.

Bayes (*Thomas*), mathématicien anglais (Londres 1702 - Tunbridge Wells 1761). Il tenta de déterminer la probabilité des causes par les effets observés, étude reprise par Laplace puis par Condorcet.

Bayeux, ch.-l. d'arr. du Calvados, dans le Bessin, sur l'Aure ; 15 106 hab. (*Bayeusains* ou *Bajocasses*). Évêché. Centre bancaire. **HIST.** Première ville française libérée par les Alliés, le 8 juin 1944. De Gaulle y prononça, le 16 juin 1946, un important discours, exposé des idées qui inspirèrent la Constitution de 1958. **ARTS.** Belle cathédrale de styles roman et gothique normands (XIIe-XIVe s.). Le Centre Guillaume-le-Conquérant abrite la « tapisserie de la reine Mathilde », broderie sur toile (70 m de long) qui représente en 58 scènes la conquête de l'Angleterre par les Normands (œuvre de l'époque). Musée Baron-Gérard (peintures ; porcelaines et dentelles de Bayeux ; etc.).

Bayezid Ier, *en fr.* Bajazet (v. 1360 - Akşehir 1403), sultan ottoman (1389-1402). Il défit les croisés à Nicopolis (1396) mais fut vaincu et fait prisonnier par Tamerlan à Ankara (1402). **Bayezid II** (v. 1447 - Dimetoka 1512), sultan ottoman (1481-1512).

Bayle (*Pierre*), écrivain français (Le Carla, Ariège, 1647 - Rotterdam 1706). Son analyse des superstitions populaires (*Pensées sur la comète*, 1694) et son *Dictionnaire historique et critique* (1696-97) annoncent l'esprit philosophique du XVIIIe siècle.

Bayonne, ch.-l. d'arr. des Pyrénées-Atlantiques, sur l'Adour ; 41 846 hab. (*Bayonnais*) [plus de 160 000 hab. dans l'agglomération]. Évêché. Port (exportation de soufre) et centre industriel (métallurgie, chimie). **HIST.** Au cours de l'*entrevue de Bayonne* (1808), les souverains espagnols (Charles IV et Ferdinand VII) abdiquèrent en faveur de Napoléon Ier. **ARTS.** Restes de fortifications gallo-romaines, médiévales et classiques. Cathédrale gothique des XIIIe-XVIe siècles, de type septentrional. Musée basque et musée Bonnat (antiquités, objets d'art, peintures et riche cabinet de dessins).

Bayreuth, v. d'Allemagne (Bavière), sur le Main ; 71 527 hab. — Monuments anciens, dont l'Opéra margravial et le Nouveau Château, du XVIIIe siècle. Festspielhaus, théâtre lyrique construit pour Wagner.

Bazaine (*Achille*), maréchal de France (Versailles 1811 - Madrid 1888). Général, il participe à la guerre de Crimée (1855) et à la guerre d'Italie (1859). Commandant en chef lors de l'intervention française au Mexique (1863-1867), il est nommé maréchal de France en 1869. Mis à la tête de l'armée de Lorraine (1870), il se replie sur Metz, où il reste inactif, et doit capituler (oct.). Condamné à mort par un conseil de guerre (1873), il voit sa peine aussitôt commuée en détention. Il s'évade en 1874 et se réfugie à Madrid.

Bazaine (*Jean*), peintre français (Paris 1904). Il est venu à la non-figuration vers 1945, développant un chromatisme et des rythmes issus du spectacle de la nature. Des vitraux, surtout, représentent son inspiration religieuse.

Bazas, ch.-l. de c. du sud-est de la Gironde ; 4 810 hab. (*Bazadais*). — Cathédrale du XIIIe siècle (portails sculptés).

Bazille (*Frédéric*), peintre français (Montpellier 1841 - tué à l'attaque de Beaune-la-Rolande 1870). Il joua un rôle important dans la gestation de l'impressionnisme à Paris, à partir de 1863. Il a peint, notamment, des figures en plein air dans le cadre de la propriété de sa famille à Méric (musée de Montpellier ; musée d'Orsay).

Bazin (*André*), critique français de cinéma (Angers 1918 - Nogent-sur-Marne 1958). Il fonda avec J. Doniol-Valcroze, en 1952, les *Cahiers du cinéma* et fut le grand critique français des années 1945-1950 et le maître à penser de la « nouvelle vague ». Il est l'auteur, entre autres, de *Qu'est-ce que le cinéma ?* (1958).

Bazin *(Jean-Pierre Hervé-Bazin, dit Hervé),* écrivain français (Angers 1911-*id.* 1996). Ses romans forment une satire violente des oppressions familiales et sociales (*Vipère au poing,* 1948 ; *Madame Ex,* 1975).

Bazin *(René),* écrivain français (Angers 1853 - Paris 1932), d'inspiration catholique et terrienne (*les Oberlé,* 1901). [Acad. fr. 1903.]

BBC (British Broadcasting Corporation), organisme britannique de radio et de télévision créé en 1922. Elle joua un grand rôle pendant la Résistance par ses émissions à destination de la France.

Beachy Head, *en fr.* Bévéziers, promontoire de la côte sud de l'Angleterre, où Tourville écrasa la flotte anglo-hollandaise (1690).

Beagle *(canal),* détroit reliant l'Atlantique au Pacifique, au sud de l'île principale de la Terre de Feu.

Beardsley *(Aubrey),* dessinateur et affichiste britannique (Brighton 1872 - Menton 1898). Esthète fiévreux, il s'est acquis une grande célébrité en illustrant la *Salomé* de Wilde (1894), les *Contes* de Poe, le *Volpone* de Ben Jonson, etc., de dessins auxquels une ligne précise et ornée, dans l'esprit de l'Art nouveau, donne toute leur charge de sensualité volontiers sulfureuse.

Béarn, anc. prov. française constituant la partie orientale du dép. des Pyrénées-Atlantiques. (Hab. *Béarnais.*) V. princ. *Pau.* HIST. Le Béarn devint au XIᵉ siècle une vicomté dépendant du duché de Gascogne. Uni au comté de Foix à partir de 1290, il passa avec celui-ci aux maisons d'Albret, puis de Navarre (1481). Au XVIᵉ siècle, la Réforme pénétra dans la région. Devenu roi de Navarre en 1572, le futur Henri IV fut le dernier comte de Béarn. La province fut réunie à la Couronne en 1620.

Beat generation, mouvement littéraire et culturel qui se développa aux États-Unis dans les années 1950-1960. Il proclama son refus de la société industrielle et son désir de retrouver les racines américaines dans le voyage (*Sur la route,* 1957, de J. Kerouac), la méditation (influencée par le bouddhisme zen), les expériences extatiques (la drogue). Les écrivains A. Ginsberg, J. Kerouac, W. Burroughs et L. Ferlinghetti en sont les principaux représentants.

Beatles (The), groupe vocal britannique de rock, composé de Paul McCartney (Liverpool 1942) à la guitare basse, John Lennon (Liverpool 1940 - New York 1980) et George Harrison (Liverpool 1943) à la guitare, et Ringo Starr, pseudonyme de Richard Star-

key (Liverpool 1940) à la batterie ; J. Lennon compositeur, P. McCartney parolier. Groupe mythique de la musique rock, doués d'un sens convaincant de la mélodie et du dynamisme, les Beatles impulsent, au début des années 60, la musique pop, qui s'imposera dans le monde entier comme le vecteur des aspirations et des révoltes de la jeunesse. Le groupe s'est dissous en 1970.

Béatrice ou **Beatrix,** reine des Pays-Bas (Soestdijk 1938). Elle a succédé à sa mère, Juliana, en 1980.

Béatrice, personnage de *la Divine Comédie,* inspiré à Dante par la Florentine Beatrice Portinari (v. 1265-1290).

Beatty *(David),* amiral britannique (Borodale, Irlande, 1871 - Londres 1936). Après s'être distingué à la bataille du Jütland (1916), il commanda la flotte britannique (1916-1918).

Beaubourg *(Centre)* → **Centre national d'art et de culture Georges-Pompidou.**

Beaucaire, ch.-l. de c. du Gard, sur le Rhône ; 13 600 hab. *(Beaucairois).* Centrale hydroélectrique sur le Rhône. — Château des XIIIᵉ-XIVᵉ siècles et monuments d'époque classique. — Foires célèbres du XIIIᵉ au XIXᵉ siècle.

Beauce, plaine limoneuse du Bassin parisien, entre Chartres et la forêt d'Orléans, domaine de la grande culture mécanisée (blé surtout).

Beauchamp *(Pierre),* danseur et chorégraphe français (Paris 1631 - *id.* 1705). Maître à danser de Louis XIV, il est l'un des plus brillants danseurs de son temps. Collaborateur de Molière et de Lully, il devient le premier maître de ballet à l'Opéra de Paris (1672-1687). Il est aussi appelé, en 1680, à diriger l'Académie royale de danse et participe ainsi au travail de réflexion, de normalisation et de codification de cet art.

Beau de Rochas *(Alphonse),* ingénieur français (Digne 1815 - Vincennes 1893). En 1862, il fit breveter le cycle (qui porte son nom) de transformation en énergie mécanique de l'énergie thermique provenant de la combustion en vase clos d'un mélange carburé air-essence.

Beaudouin *(Eugène)* → **Lods (Marcel).**

Beaufort *(massif de)* ou **Beaufortin,** massif des Alpes (en Savoie essentiellement) entre l'Arly et la Tarentaise ; 2 889 m.

Beaufort *(mer de),* partie de l'océan Arctique au nord de l'Alaska et du Canada.

Beaufort *(François de Bourbon, duc de)* [Paris 1616 - Candie 1669]. Petit-fils d'Henri IV, il conspira à plusieurs reprises, soutint le cardinal de Retz pendant la Fronde, où sa popularité le fit surnommer « le roi des Halles ».

Beaufre *(André)*, général français (Neuilly-sur-Seine 1902 - Belgrade 1975). Il commande la force terrestre d'intervention de Suez (1956) et représente la France auprès de l'O. T. A. N. (1960). Il crée en 1963 l'Institut français d'études stratégiques (I. F. D. E. S.), dont la revue, *Stratégie*, publie la synthèse des travaux. À travers plusieurs ouvrages (*Introduction à la stratégie*, 1963 ; *Dissuasion et stratégie*, 1964 ; *la Guerre révolutionnaire*, 1972), il expose les modifications essentielles que l'irruption de l'arme nucléaire imprime à la stratégie classique.

Beauharnais *(Alexandre, vicomte de)*, général français (Fort-Royal de la Martinique 1760 - Paris 1794), époux de Joséphine (1779), future impératrice des Français. Général en chef de l'armée du Rhin en 1793, il ne réussit pas à sauver Mayence. Il fut exécuté durant la Terreur.

Beauharnais *(Eugène de)*, fils du précédent et de Joséphine (Paris 1781 - Munich 1824), beau-fils de Napoléon Ier et vice-roi d'Italie (1805-1814).

Beauharnais *(Hortense de)* → **Hortense de Beauharnais.**

Beauharnais *(Joséphine de)* → **Joséphine.**

Beauharnois ou **Beauharnais** *(Charles, marquis de)*, administrateur français (Orléans 1670 - Paris 1759), gouverneur de la Nouvelle-France (1726-1746).

Beaujolais, région de la bordure orientale du Massif central, au-dessus de la plaine de la Saône, entre les monts du Charolais et du Mâconnais au nord et ceux du Lyonnais au sud. Le Beaujolais se trouve, pour l'essentiel, dans le dép. du Rhône et, secondairement, dans la Loire (à l'E. de Roanne). La polyculture, l'élevage bovin et l'industrie textile sont les ressources de la « montagne ». La partie orientale, ou « Côte », est une région viticole réputée (près de 20 000 ha).

Beaujon *(Nicolas)*, financier français (Bordeaux 1718 - Paris 1786). Il fonda à Paris, en 1784, un établissement pour l'éducation d'enfants, transformé plus tard en hôpital.

Beaulieu *(paix de)* → **Monsieur (paix de).**

Beaulieu *(Victor-Lévy)*, écrivain québécois (Saint-Jean-de-Dieu, près de Rimouski, 1945).Il est un des chefs de file d'une école

ouverte à tous les fantasmes de l'imagination et du langage (*Blanche forcée*, 1975).

Beaumanoir *(Philippe de Rémi, sire de)*, écrivain et légiste français (v. 1250 - Pont-Sainte-Maxence 1296), auteur des *Coutumes du Beauvaisis*, exposé du droit privé contemporain.

Beaumarchais *(Pierre Augustin Caron de)*, écrivain français (Paris 1732 - id. 1799). À travers une existence aventureuse : fils d'horloger, professeur de harpe des filles de Louis XV, trafiquant en Espagne, dénonciateur des abus judiciaires (*Mémoires*, 1773-74), éditeur de Voltaire, fondateur de la Société des auteurs dramatiques (1777), il voua une passion constante au théâtre. Si Diderot inspira ses premiers drames, sensibles et bourgeois (*Eugénie*, 1767 ; *les Deux Amis*, 1770), Beaumarchais sut aussi tirer de situations comiques éprouvées et du tempo allègre des parades du théâtre de la Foire une comédie à rebondissements et à surprises comme *le Barbier de Séville* (1775) [→ **Barbier**], à l'image d'une époque dont il sut prendre le vent. Il se fit le critique violent d'une société qui applaudissait sa propre dénonciation (*le Mariage de Figaro*, 1784) [→ **Mariage**] et le drame larmoyant de la nouvelle morale révolutionnaire (*la Mère coupable*, 1792).

Beaumont, v. des États-Unis (Texas) ; 114 323 hab. Port pétrolier. Chimie.

Beaumont *(Francis)*, poète dramatique anglais (Grace-Dieu 1584 - Londres 1616). Il fut avec Fletcher l'auteur de tragédies et de comédies d'intrigue chargées d'une violence baroque (*le Chevalier au pilon ardent*, 1607).

Beaumont *(Léonce Élie de)* → **Élie de Beaumont.**

Beaune, ch.-l. d'arr. de la Côte-d'Or ; 22 171 hab. *(Beaunois)*. Vins de la côte de Beaune. — Remarquable hôtel-Dieu, édifice gothique du milieu du XVe siècle (grand polyptique du *Jugement dernier* par Van der Weyden). Église romane Notre-Dame (tenture de la *Vie de la Vierge*, fin du XVe s.). Musée du Vin dans l'hôtel des ducs de Bourgogne (XIVe-XVIe s.).

Beauneveu *(André)*, sculpteur et peintre français originaire de Valenciennes, mentionné de 1360 à 1400. Il exécuta le gisant de Charles V à Saint-Denis (commandé en 1364), ainsi que diverses sculptures dans les Flandres et le nord de la France, avant d'entrer, en 1386, au service du duc de Berry, pour lequel il illustra un psautier

(B. N., Paris) de 24 prophètes et apôtres en grisaille. Son art, ferme et harmonieux, innove par sa sensibilité naturaliste.

Beauperthuy (*Louis Daniel*), médecin français (la Guadeloupe 1807 - Bartica Grove, Guyana, 1871). Il a démontré, le premier, que la fièvre jaune est transmise par un moustique (1854).

Beauport, v. du Canada, banlieue de Québec, sur le Saint-Laurent ; 69 158 hab.

Beaupré (*côte de*), littoral nord du Saint-Laurent (Canada), entre la rivière Montmorency et le cap Tourmente.

Beausoleil, ch.-l. de c. des Alpes-Maritimes ; 12 357 hab. (*Beausoleillais*). Station balnéaire.

Beauté (*île de*), nom parfois donné à la Corse.

Beauvais, ch.-l. du dép. de l'Oise, sur le Thérain, à 76 km au nord de Paris ; 56 278 hab. (*Beauvaisiens*). Évêché. Industries mécaniques, alimentaires, textiles et chimiques. ARTS. Cathédrale, la plus audacieuse de l'art gothique (48 m de hauteur de voûte), dont seuls furent construits le chœur et le transept (XIIIᵉ-XVIᵉ s.) [vitraux, notamm. des Leprince, tapisseries] ; *Basse-Œuvre* du Xᵉ siècle ; palais épiscopal de la fin du gothique, auj. Musée départemental. Église St-Étienne, romane et gothique (vitraux). Production de tapisseries depuis le XVᵉ et surtout le XVIIᵉ siècle (manufacture instituée par Colbert en 1664). Galerie nationale de la tapisserie.

Beauvaisis, petit pays de l'ancienne France. Cap. *Beauvais.*

Beauvoir (*Simone* de), femme de lettres française (Paris 1908 - *id.* 1986). Disciple et compagne de Sartre, ardente féministe, elle est l'auteur d'essais (*le Deuxième Sexe*, 1949), de romans (*les Mandarins*, 1954), de pièces de théâtre et de Mémoires.

beaux-arts (*École nationale supérieure des*) [E. N. S. B. A.], établissement d'enseignement supérieur, situé à Paris, rue Bonaparte et quai Malaquais. On y travaille toutes les disciplines des arts plastiques. L'architecture n'y est plus enseignée depuis 1968.

Beazley (*sir John David*), archéologue britannique (Glasgow 1885 - Oxford 1970) dont le nom reste attaché à la céramique grecque du VIIᵉ au IVᵉ s. av. J.-C. et, tout particulièrement, à la céramique attique à figures noires et à figures rouges.

Bebel (*August*), homme politique allemand (Cologne 1840 - Passugg, Suisse, 1913), un des chefs de la social-démocratie.

Bécassine, héroïne d'une des premières bandes dessinées (1905), créée par Pinchon

et Caumery. Son personnage est celui d'une employée de maison d'origine bretonne, naïve mais dévouée, peu futée mais optimiste.

Beccaria (*Cesare* Bonesana, *marquis* de), économiste et criminologue italien (Milan 1738 - *id.* 1794), auteur d'un ouvrage, *Des délits et des peines* (1764), dont les principes ont renouvelé le droit pénal. Il a été l'un des premiers économistes à analyser les fonctions des capitaux et la division du travail.

Bechar, anc. Colomb-Béchar, v. du Sahara algérien, ch.-l. de wilaya ; 107 000 hab.

Becher (*Johann Joachim*), alchimiste allemand (Spire 1635 - Londres 1682). Il fut un précurseur de la théorie du phlogistique.

Bechet (*Sidney*), clarinettiste, saxophoniste et chef d'orchestre de jazz américain (La Nouvelle-Orléans 1897 - Garches 1959). Personnalité illustre des débuts du jazz, il représente le style Nouvelle-Orléans. Virtuose à la clarinette comme au saxo soprano, il a joué avec une grande chaleur de ton. Après avoir travaillé dans l'orchestre de King Oliver, il a parcouru le monde en tournées, puis s'est installé en France.

Bechterev (*Vladimir Mikhaïlovitch*), psychophysiologiste russe (Sorali, gouvern. de Viatka, 1857 - Leningrad 1927). Il s'intéressa à la psychiatrie et à la neuropsychologie, et utilisa la méthode des réflexes conditionnés ; il créa le terme de « réflexologie » et développa, avant Watson, l'idée d'une psychologie objective.

Bechuanaland → Botswana.

Becker (*Gary Stanley*), économiste américain (Pottsville, Pennsylvanie, 1930). Il a contribué à un profond renouvellement de la science économique en étendant l'analyse économique à l'étude des relations et des comportements humains. (Prix Nobel 1992.)

Becker (*Jacques*), cinéaste français (Paris 1906 - *id.* 1960), auteur de chroniques sociales et psychologiques : *Goupi Mains rouges* (1943), *Falbalas* (1945), *Antoine et Antoinette* (1947), *Rendez-vous de juillet* (1949), *Casque d'or* (1952), *le Trou* (1960).

Beckett (*Samuel*), écrivain irlandais (Foxrock, près de Dublin, 1906 - Paris 1989). Fils d'austères bourgeois protestants, secrétaire de Joyce, il se consacre à partir de 1945 à une « œuvre pour rien », pour dire le rien : la tragédie du monde moderne. Menée en deux langues (anglais, français), sur au moins deux registres (théâtre, fiction romanesque), l'œuvre de Beckett met en jeu des couples déliquescents (homme/femme, maître/ esclave) dans une action divisée en deux temps (dramatique, parodique), de plus en plus courts, et où la parole, élément fondamental de la profération de soi pour durer, devient à travers diverses formes d'expression une course contre la mort, gagnante, et le silence, menaçant (*Molloy*, 1951 ; *Watt*, 1953 ; *En attendant Godot*, 1953 [→ **En attendant Godot**] ; *Fin de partie*, 1957 ; *Oh les beaux jours*, 1961 ; *le Dépeupleur*, 1971 ; *Compagnie*, 1980). [Prix Nobel 1969.]

Beckmann *(Max)*, peintre allemand (Leipzig 1884 - New York 1950). Expressionniste marqué par une tendance au symbolisme, il développa un style linéaire personnel et reprit la formule du triptyque du Moyen Âge, cependant que sa participation à la Nouvelle Objectivité de 1925 en faisait un témoin de son temps.

Béclère *(Antoine)*, médecin français (Paris 1856 - *id.* 1939). Il créa, en France, l'enseignement de la radiologie (1897). Il apporta une contribution importante à la technique et au diagnostic radiologique, ainsi qu'à la radiothérapie.

Becque *(Henry)*, auteur dramatique français (Paris 1837 - *id.* 1899). Il est l'auteur de comédies « rosses » (*la Parisienne*, 1885) et de drames réalistes (*les Corbeaux*, 1882).

Becquerel *(Antoine)*, physicien français (Châtillon-sur-Loing, auj. Châtillon-Coligny, 1788 - Paris 1878). Il observa le premier l'existence de corps diamagnétiques (1827), imagina en 1829 la première pile impolarisable à deux liquides et découvrit en 1839 la pile photovoltaïque. Son deuxième fils, **Alexandre Edmond** (Paris 1820 - *id.* 1891), physicien français, utilisa la plaque photographique pour étudier le spectre ultraviolet et fit, en 1866, les premières mesures de température à l'aide de la pile thermoélectrique. **Henri** (Paris 1852 - Le Croisic 1908), physicien français, fils du précédent, découvrit en 1896, sur les sels d'uranium, le phénomène de radioactivité, montrant qu'il s'agit d'une propriété de l'atome d'uranium et que le rayonnement émis provoque l'ionisation des gaz. (Prix Nobel 1903.)

Bedaux *(Charles)*, ingénieur français (Paris v. 1887 - Miami 1944). Ayant débuté comme ouvrier et observé son propre travail, il mit au point un système de mesure du travail qui porte son nom.

Beddoes *(Thomas Lovell)*, écrivain britannique (Clifton 1803 - Bâle 1849). Son œuvre poétique et dramatique reflète toutes les tendances du romantisme (*les Facéties de la mort*, drame, 1850).

Bède le Vénérable *(saint)*, bénédictin anglo-saxon (Wearmouth v. 672 - Jarrow 735). Poète, théologien, historien, il fut le premier lettré insulaire à avoir exercé une grande influence sur l'Occident latin. Il a laissé une importante *Histoire ecclésiastique de la nation anglaise*.

Bedford, v. de Grande-Bretagne, au N. de Londres, ch.-l. du *Bedfordshire* ; 74 000 hab. — Musées.

Bedford *(Jean* de Lancastre, *duc* de*)* → Lancastre.

Bédié *(Henri Konan)*, homme politique ivoirien (Dadiékro, dép. de Daoukro 1934). Président de l'Assemblée nationale (1980-1993), il devient président de la République après la mort d'Houphouët-Boigny (1993).

Bednorz *(Johannes Georg)*, physicien allemand (Neuenkirchen 1950). Avec K. Müller, il a partagé le prix Nobel 1987, récompensant leurs recherches sur les céramiques supraconductrices à haute température.

Bédos de Celles *(dom* François de*)*, facteur d'orgues français (Caux 1709 - Saint-Denis 1779). Il publia un grand traité intitulé *l'Art du facteur d'orgues* (3 vol., 1766-1778).

Bédouins, population arabe regroupant les tribus nomades chamelières de la péninsule arabique. L'organisation tribale comprend de nombreuses divisions intermédiaires entre la tribu et la famille étendue, auxquelles correspond une chefferie tempérée par un conseil qui décide des migrations, de la justice et de la guerre.

Beecham *(sir Thomas)*, chef d'orchestre britannique (Saint Helens, Lancashire, 1879 - Londres 1961). Il fonda en 1932 le London Philharmonic Orchestra et, en 1946, le Royal Philharmonic Orchestra.

Beecher-Stowe *(Harriet* Beecher, *Mrs.* Stowe, dite Mrs.*)*, romancière américaine (Litchfield, Connecticut, 1811 - Hartford 1896). Son roman *la Case de l'oncle Tom* (1852) popularisa le mouvement antiesclavagiste.

Beernaert *(Auguste)*, homme politique belge (Ostende 1829 - Lucerne 1912), un des chefs du parti catholique, président du Conseil de 1884 à 1894. (Prix Nobel de la paix 1909.)

Beersheba ou **Beer-Sheva**, v. d'Israël, en bordure du Néguev ; 113 000 hab. **ARCHÉOL.** Ancienne *Bersabée,* elle marquait la limite sud de la Terre promise. Des vestiges de l'époque royale, puis des époques perse, hellénistique et romaine ont été dégagés ; mais l'ensemble des sites qui l'entourent a révélé une culture (IVe millénaire) de pasteurs-éleveurs, qui pratiquaient l'agriculture, et par la suite la métallurgie du cuivre pur, et qui possédaient des coutumes funéraires.

Beethoven *(Ludwig van),* compositeur allemand (Bonn 1770 - Vienne 1827). La destinée de ce musicien se situe à la jonction entre un classicisme viennois dont il représente l'aboutissement et un romantisme germanique dont il favorise l'éveil. Après avoir vécu ses premières années à Bonn, il se fixe à Vienne en 1792 pour étudier avec J. Haydn et A. Salieri. Attiré par les idées républicaines, il défend les idées de liberté et de justice véhiculées par la Révolution française et les exprime dans sa musique. Dès 1802, il est frappé de surdité, mais il se manifeste comme chantre de la joie, en dépit d'une existence recluse et de déceptions sentimentales. Ses dernières années seront assombries par les soucis causés par son neveu Karl, dont il est le tuteur, ainsi que par sa surdité devenue totale.
On peut diviser son œuvre en trois périodes. La première (jusque vers 1804) relève approximativement de Haydn, Mozart et Clementi ; la deuxième révèle une pensée plus ample et plus subjective ; la troisième, à partir de 1819, fait état d'une forme libre et d'un langage plus hardi.
Dans le domaine vocal, Beethoven a laissé trois ouvrages majeurs : le cycle de lieder *À la bien-aimée lointaine* (1816), l'opéra *Fidelio* (1805-1814) et ses 4 ouvertures *(Leonore),* et la grandiose *Missa solemnis* (1823).
De son œuvre instrumentale se détachent les 32 sonates pour piano (1795-1822), dont l'« Appassionata », la « Hammerklavier », les 33 *Variations sur une valse de Diabelli* (1823), les 10 sonates pour piano et violon, les 5 sonates pour piano et violoncelle, les 9 symphonies (1800-1824), notamment la 3e dite *« Héroïque »,* la 6e dite *« Pastorale »* et la 9e avec solistes et chœurs.
Si Beethoven reste très attaché aux structures traditionnelles (sonate, symphonie, lied, opéra, etc.), il les agrandit jusqu'à leur donner une dimension démesurée. Cette nouvelle conception musicale, il l'atteint par l'intensité de son langage, l'expressivité de sa mélodie, la vigueur de son rythme, la couleur de son orchestre.

Beghin-Say, société française qui résulte de la fusion, en 1973, de la société des « Raffineries et sucreries Say » et de la société

F. Beghin. L'ensemble actuel constitue le premier groupe sucrier européen, spécialisé dans la transformation de produits d'origine agricole.

Begin *(Menahem),* homme politique israélien (Brest-Litovsk 1913 - Tel-Aviv-Jaffa 1992). Chef de l'Irgoun (organisation militaire) [1942], puis leader du Likoud (coalition de partis du centre et de la droite), il fut Premier ministre (1977-1983) et signa un traité de paix avec l'Égypte en 1979. (Prix Nobel de la paix 1978.)

Bégin *(Louis),* chirurgien militaire français (Liège 1793 - Locronan 1859). Son nom a été donné à l'hôpital militaire de Saint-Mandé (Val-de-Marne), créé en 1855 et rénové en 1970.

Bègles, ch.-l. de c. de la Gironde, banlieue sud de Bordeaux ; 22 735 hab. *(Béglais).*

Bego *(mont),* massif des Alpes-Maritimes, près de Tende ; 2 873 m. — Dans la vallée des Merveilles, milliers de figures (hommes, animaux et scènes de labourage avec araire), gravées ou piquetées sur les rochers. Les plus anciennes datent du début de l'âge du bronze.

Behan *(Brendan),* écrivain irlandais (Dublin 1923 - *id.* 1964). Il est l'auteur de récits autobiographiques *(Un peuple partisan,* 1960) et de pièces de théâtre *(le Client du matin,* 1954).

Béhanzin (1844 - Alger 1906), dernier roi du Dahomey (1889-1894). Il fut déporté en Algérie après la conquête de son royaume par les Français (effectuée à l'issue de deux campagnes : 1890 et 1892-1893).

Béhistoun, site archéologique du Kurdistan iranien, près de Kermanchah. Darios Ier, en 516 av. J.-C., y fit sculpter un relief accompagné d'un texte en cunéiforme rédigé en trois langues. Le déchiffrement, par H. Rawlinson en 1837, de l'une d'entre elles (vieux perse) servit de base à l'étude du cunéiforme.

Behrens *(Peter),* architecte et designer allemand (Hambourg 1868 - Berlin 1940). Directeur de l'École d'art industriel de Düsseldorf (1903), il joua un grand rôle dans la rénovation des arts appliqués et de l'architecture. Fonctionnaliste, mais d'esprit classique, il construisit notamment la fabrique de turbines de l'AEG à Berlin (1908). Gropius, Mies van der Rohe et Le Corbusier ont fait des stages dans son atelier.

Behring *(Emil von),* médecin et bactériologiste allemand (Hansdorf 1854 - Marbourg 1917). Il fut directeur de l'Institut hygiénique de Marbourg. Il découvrit, avec ses collaborateurs, les antitoxines (anticorps) du tétanos et de la diphtérie en 1890, ainsi que les possibilités de la sérothérapie, qui consiste à administrer un sérum animal riche en antitoxine. (Prix Nobel 1901.)

Behzad ou **Bihzad** *(Kamal al-Din),* l'un des grands maîtres de la miniature persane (v. 1455 - v. 1536), qui exerça une profonde influence sur celle-ci par ses innovations (complexité et audace de la composition, personnalisation du visage, sens du mouvement et richesse de la palette). Après avoir travaillé à Harat, il fut à l'origine de la grande école séfévide de Tabriz.

Beida (El-), v. du nord-est de la Libye ; 60 000 hab.

Beijing → Pékin.

Beira, port du Mozambique, sur l'océan Indien ; 269 700 hab.

Beira, région du Portugal central, entre le Tage et le Douro.

Béja, v. du nord de la Tunisie ; 46 700 hab. Sucrerie.

Bejaia, *anc.* Bougie, v. d'Algérie, ch.-l. de wilaya, sur le golfe de Bejaia ; 119 000 hab. Port pétrolier. Raffinerie.

Béjart, famille de comédiens à laquelle appartenaient **Madeleine** *(Paris 1618 - id. 1672)* et **Armande** *(1642 ? - Paris 1700),* qui épousa Molière en 1662.

Béjart *(Maurice* Berger, dit *Maurice),* danseur et chorégraphe français (Marseille 1927). Il débute comme danseur en 1945 et s'impose comme chorégraphe novateur avec *Symphonie pour un homme seul* en 1955. Animateur à Bruxelles du Ballet du XXᵉ siècle (1960-1987) et de l'école Mudra (1970-1988), puis du Béjart Ballet Lausanne (1987-1992), il fonde (Lausanne, 1992) Rudra, école doublée d'une compagnie réduite. Béjart a fait du ballet un art populaire. Ses œuvres sont autant de jalons d'un journal intime où s'expriment ses goûts pour la philosophie et le mysticisme, ses interrogations sur le devenir de l'homme comme sa foi dans le métissage des cultures *(le Sacre du printemps,* 1959 ; *Boléro,* 1961 ; *Neuvième Symphonie,* 1964 ; *Messe pour le temps présent,* 1967 ; *Golestan,* 1973 ; *1789... et nous,* 1989 ; *Pyramide,* 1990 ; *Mr C...,* 1992). Attiré par le spectacle total, il réalise des ouvrages où la parole suscite l'action dansée *(Casta diva,* 1980). Il est aussi l'auteur de mises en scène lyriques et théâtrales.

Bekaa → Beqaa.

Béla, nom de plusieurs rois de Hongrie (dynastie des Árpád). Sous **Béla IV** (1235 - 1270), la Hongrie fut dévastée par les Mongols (1241).

Bélanger *(François Joseph),* architecte français (Paris 1744 - id. 1818). Il construisit et décora la folie de Bagatelle (au bois de Boulogne, 1777) ainsi que de nombreuses demeures parisiennes dans un style antiquisant gracieux. Il aménagea aussi des jardins paysagers (Bagatelle, Méréville) et, sous l'Empire, couvrit la halle aux blés de Paris d'une coupole en fonte et cuivre apparents.

Belau → Palau.

Belém, *anc.* Pará, v. du Brésil, cap. de l'État de Pará, port sur l'Amazone ; 1 246 435 hab.

Belém, faubourg de l'ouest de Lisbonne. (→ Lisbonne.)

Belfast, cap. et port de l'Irlande du Nord ; 300 000 hab. (près de 600 000 dans l'agglomération). Centre commercial et industriel. — Musée et galerie d'art de l'Ulster.

Belfort, ch.-l. du Territoire de Belfort, à 423 km à l'est de Paris ; 51 913 hab. *(Belfortains).* Constructions mécaniques et électriques. — Place forte illustrée par la belle défense de Denfert-Rochereau (1870-71). — *Lion de Belfort,* haut-relief colossal en grès rouge de Bartholdi, commémorant la résistance militaire de 1870. Musée d'Art et d'Histoire dans la citadelle.

Belfort *(Territoire de)* [90], département de la Région Franche-Comté, correspondant à la partie du Haut-Rhin (anc. arr. de Belfort) restée française après 1871 ; 609 km² ; 134 097 hab. (répartis en 1 arr. [Belfort, le ch.-l.], 15 cant. et 101 comm.). Le Territoire de Belfort est rattaché à l'académie et à la cour d'appel de Besançon, à la région militaire Nord-Est.

Belgaum, v. de l'Inde (Karnataka) ; 401 619 hab.

Belgiojoso *(Cristina* Trivulzio, *princesse* de), patriote et femme de lettres italienne (Milan 1808 - id. 1871). De son exil parisien, elle soutint les efforts du Risorgimento.

Belgique, en néerl. **België,** État de l'Europe occidentale, sur la mer du Nord, limité par les Pays-Bas au nord, l'Allemagne et le Luxembourg à l'est, la France au sud ; 30 500 km² ; 9 980 000 hab. *(Belges).* CAP. Bruxelles. V. princ. Anvers, Gand, Charleroi, Liège. La Belgique comprend trois Communautés culturelles *(flamande, française, germanophone)* et trois Régions *(Flandre, Wallonie,*

Bruxelles-Capitale), et compte dix provinces *(Anvers, Brabant flamand, Brabant wallon, Flandre-Occidentale, Flandre-Orientale, Hainaut, Liège, Limbourg, Luxembourg, Namur).* LANGUES : *néerlandais, français* et *allemand.* MONNAIE : *franc belge.*

GÉOGRAPHIE

Disposant d'une façade maritime sur la mer du Nord, la Belgique est un pays de plaines et de bas plateaux s'élevant au S.-E., vers le massif ardennais. Le climat océanique, tempéré, aux amplitudes thermiques réduites, aux précipitations régulières et bien réparties sur l'année, domine ; il se durcit toutefois dans l'Ardenne, souvent boisée, parfois humide (fagnes).

■ **Population.** État très densément peuplé (près de 330 hab./km², chiffre stable compte tenu de la baisse du taux de natalité), très ouvert aux échanges internationaux (exportant plus de la moitié de son P. I. B.), la Belgique connaît deux problèmes majeurs, partiellement liés, l'impact de la crise économique mondiale, la permanence de la tension entre les Flamands, néerlandophones, et les Wallons, francophones. En réalité, il existe 4 régions linguistiques si on leur ajoute quelques communes de l'extrémité orientale, de langue allemande (moins de 1% de la population), et surtout l'agglomération de Bruxelles, officiellement bilingue, en réalité à large majorité francophone. Mais les Flamands sont aujourd'hui les plus nombreux et contribuent pour une part plus grande au P. I. B.

■ **Économie.** Dans celui-ci, le poids de l'industrie, tôt développée, a diminué. L'extraction houillère a cessé, la sidérurgie a reculé, mais mieux résisté. Le nucléaire fournit plus de la moitié de l'électricité. La métallurgie des non-ferreux, héritage de la période coloniale, demeure plus active (cuivre, plomb, zinc). Dans la métallurgie de transformation, le montage d'automobiles et la construction navale stagnent. Le textile se maintient difficilement. La chimie (à base de pétrole importé) est la branche la plus dynamique. L'évolution industrielle récente est à la base de la prépondérance flamande, la Wallonie ayant notamment souffert de l'arrêt de l'extraction houillère et du déclin de la métallurgie lourde. Le chômage y sévit plus lourdement.

L'agriculture n'emploie guère que 3% des actifs et assure une part encore inférieure du P. I. B. Les produits de l'élevage satisfont les besoins nationaux, mais des importations de céréales, de pommes de terre et de fruits sont indispensables. Les services occupent

plus de la moitié de la population active et fournissent aussi la majeure partie du P. I. B. Leur importance est liée à l'ancienneté de l'urbanisation (caractérisée par un tissu serré de villes petites ou moyennes dominées par les agglomérations de Bruxelles, Anvers, Liège et Gand), du commerce (Anvers demeure l'un des grands ports européens). Le réseau de transports est particulièrement dense.

Petit pays donc, au marché intérieur relativement étroit, la Belgique exporte la majeure partie de sa production industrielle (produits métallurgiques variés, textiles et chimiques), importe des denrées alimentaires et surtout des matières premières (minerais et hydrocarbures). Le commerce extérieur s'effectue principalement avec les partenaires de la C. E. E. (Allemagne, France, Pays-Bas, Grande-Bretagne essentiellement).

HISTOIRE

Peuplé par des Celtes, le territoire de la Belgique est conquis par César au Ier s. av. J.-C. Envahi à partir du IVes. par les Francs, il fait ensuite partie de l'Empire d'Occident fondé par Charlemagne.

843. Au traité de Verdun, le pays est partagé entre la France et la Lotharingie, l'Escaut servant de frontière.

■ **Les principautés et les villes.** Dès le XIIe s., les villes flamandes (Bruges, Gand, Anvers) se développent et s'enrichissent grâce à l'industrie textile.

À partir du XIVes., le territoire passe progressivement sous le contrôle des ducs de Bourgogne et devient une des composantes des Pays-Bas.

1477. Les différents fiefs de la région (Flandre, Brabant, Hainaut) passent après la mort de Charles le Téméraire à la maison de Habsbourg.

Le règne de Charles Quint est marqué par un grand essor économique. Devenu possession des Habsbourg d'Espagne sous Philippe II, le territoire est un des principaux foyers de la Réforme. L'absolutisme espagnol, incarné par le duc d'Albe, provoque l'insurrection des provinces du Nord (actuels Pays-Bas).

1579. Proclamation de l'indépendance de la république des Provinces-Unies.

Les provinces du Sud (l'actuelle Belgique), de religion catholique, restent sous la domination espagnole. Le cadre territorial de la future Belgique se précise au XVIIe s. avec la cession de territoires aux Provinces-Unies et à la France (notamment le Brabant septentrional, l'Artois et une partie de la Flandre et du Hainaut).

1713. Le territoire belge passe à l'Autriche. Le « despote éclairé » Joseph II veut réorganiser la Belgique ; une révolution brabançonne chasse les Autrichiens.
1790. Proclamation de l'indépendance des États belgiques unis.
1795. La France annexe la Belgique à la suite des guerres révolutionnaires contre l'Autriche. Les provinces belges deviennent françaises.
1815. Le congrès de Vienne décide la réunion de la Belgique et de la Hollande en un royaume des Pays-Bas.
L'union, artificielle, provoque une opposition culturelle, religieuse et linguistique de la part des Belges.

■ **Le royaume de Belgique.**
1830. Une insurrection bruxelloise amène la proclamation de l'indépendance de la Belgique.
La neutralité du nouvel État est garantie par les grandes puissances.
1831-1865. Règne de Léopold Ier.
1865-1909. Règne de Léopold II, qui acquiert à titre personnel l'État du Congo (l'actuel Zaïre), puis le cède à la Belgique (1908).
Au XIXe s., la lutte entre libéraux et cléricaux domine la vie politique ; le parti ouvrier belge est fondé en 1885 à Bruxelles.
1909-1934. Règne d'Albert Ier.
Pendant la Première Guerre mondiale (1914-1918), la Belgique reste presque tout entière sous occupation allemande. La paix revenue, elle se voit confier par la Société des Nations un mandat sur le territoire africain du Rwanda-Urundi, anc. possession allemande.
28 mai 1940. La Belgique capitule : les Allemands occupent le pays jusqu'en septembre 1944.
1951. Léopold III, accusé d'une attitude équivoque à l'égard des Allemands, abdique. Son fils Baudouin Ier lui succède.
La vie politique belge contemporaine est marquée par l'alternance au pouvoir des socialistes et des sociaux-chrétiens, parfois regroupés dans un gouvernement de coalition.
1958. Le pacte scolaire apporte une solution au problème qui oppose l'Église aux libéraux et aux socialistes depuis le XIXe s. La Belgique a réalisé avec le Luxembourg et les Pays-Bas une union douanière et économique : le Benelux (1948). Elle est membre fondateur de la Communauté économique européenne (1958), dont Bruxelles est la capitale. La décolonisation a fait perdre à la Belgique le Congo belge. Sur le plan écono-

mique, le déclin du charbon a provoqué une grave crise dans les houillères wallonnes. Le « problème linguistique », enfin, oppose Flamands et Wallons.
1980. La loi sur la régionalisation est adoptée pour la Flandre et la Wallonie.
1988. Engagement d'un processus de décentralisation.
1993. La révision constitutionnelle transforme la Belgique en un État fédéral aux pouvoirs décentralisés. À la mort de Baudouin Ier, son frère Albert II lui succède.

Belgorod ou **Bielgorod,** v. de Russie, au nord de Kharkov ; 300 000 hab.

Belgrade, *en serbe* Beograd, cap. de la Yougoslavie, au confluent du Danube et de la Save ; 1 470 000 hab. Centre commercial et industriel. — Occupée par les Ottomans (1521-1867), la ville devint la capitale de la Serbie en 1878. — Antique citadelle reconstruite au XVIIIe siècle. Importants musées.

Belgrand *(Eugène),* ingénieur et géologue français (Ervy, Aube, 1810 - Paris 1878). Il installa le système d'égouts de la Ville de Paris.

Belgrano *(Manuel),* général argentin (Buenos Aires 1770 - id. 1820), artisan de l'indépendance sud-américaine.

Bélier *(le),* constellation zodiacale. — Premier signe du zodiaque, dans lequel le Soleil entre à l'équinoxe de printemps.

Belin *(Édouard),* inventeur français (Vesoul 1876 - Territet, canton de Vaud, 1963). Il inventa un appareil de phototélégraphie (*bélinographe,* 1907) et perfectionna les procédés de transmission des images fixes.

Belinski ou **Bielinski** *(Vissarion Grigorievitch),* critique et publiciste russe (Sveaborg, auj. Suomenlinna, 1811 - Saint-Pétersbourg 1848). Il contribua à faire triompher le réalisme dans la littérature russe.

Bélisaire, général byzantin (en Thrace v. 500 - Constantinople 565). Sous le règne de l'empereur Justinien, il fut l'artisan de la reconquête de l'Occident grâce à ses victoires en Afrique, sur les Vandales, en Sicile et en Italie (où il combattit les Ostrogoths).

Belitung ou **Billiton,** île de l'Indonésie, entre Sumatra et Bornéo. Étain.

Belize, *anc.* Honduras britannique, État de l'Amérique centrale, sur la mer des Antilles ; 23 000 km² ; 180 000 hab. CAP. *Belmopan.* V. princ. *Belize* (40 000 hab.). LANGUE : *anglais.* MONNAIE : *dollar de Belize.*
GÉOGRAPHIE
Montagneux au S., bas et souvent marécageux au N., chaud et humide, recouvert à

plus de 40 % de forêts, le Belize, peu peuplé, comprend des Noirs (d'origine antillaise) et des mulâtres, majoritaires, des Amérindiens (Mayas) et des métis d'Amérindiens et d'Espagnols.

L'exploitation de la forêt a reculé devant l'extension des cultures et de l'élevage (bovins). Le sucre constitue la base d'exportations, très inférieures aux importations.

HISTOIRE

1973. La colonie britannique du Honduras devient le Belize.

1981. Le Bélize accède à l'indépendance.

1991. Le pays noue des relations diplomatiques avec le Guatemala.

Bell (*Alexander Graham*), inventeur américain d'origine britannique (Édimbourg 1847 - Baddeck, Canada, 1922). Chargé d'enseigner aux sourds-muets, il construisit une oreille artificielle qui enregistrait les sons sur une plaque de verre enduite de noir de fumée (1874) puis inventa le téléphone (1876), mais se vit ensuite contester la priorité de cette invention et dut soutenir de nombreux procès pour défendre ses droits. Il préconisa l'usage de la cire pour les disques de phonographe et imagina un procédé électrique de localisation des objets métalliques dans le corps humain.

Bell (*sir Charles*), physiologiste britannique (Édimbourg 1774 - North Hallow 1842). Il fut anatomiste et chirurgien, puis professeur de physiologie. Auteur de recherches sur le système nerveux, il découvrit notamment le rôle des racines antérieures de la moelle épinière dans la motricité et décrivit la paralysie du nerf facial.

Bellac, ch.-l. d' arr. de la Haute-Vienne ; 5 281 hab. (*Bellacquais*). — Église des XIIe et XIVe siècles.

Bellary, v. de l'Inde (Karnataka) ; 245 758 hab.

Bellavitis (*comte Giusto*), mathématicien italien (Bassano 1803 - Tezze, prov. de Vicence, 1880). Il créa la théorie des équipollences, une des premières formes de calcul vectoriel dans le plan.

Bellay [bele] (*du*), famille angevine. **Guillaume,** seigneur de Langey (Glatigny 1491 - Saint-Symphorien-de-Lay 1543), général de François Ier. Il laissa des *Mémoires*. **Jean,** cardinal (Glatigny 1492 ou 1498 - Rome 1560), frère du précédent, protecteur de Rabelais. **Joachim,** poète français (près de Liré 1522 - Paris 1560), cousin du précédent. Ami et collaborateur de Ronsard, il rédigea le manifeste de la Pléiade, *Défense et Illustration de la langue française* (1549) [→ **Défense**]. Du

séjour qu'il fit à Rome comme secrétaire de son cousin le cardinal, il rapporta deux recueils poétiques : *les Antiquités de Rome* et *les Regrets* (1558), suite de sonnets qui expriment sa déception devant la vie de la cour pontificale et sa nostalgie du pays natal.

Belleau (*Rémy*), poète français (Nogent-le-Rotrou 1528 - Paris 1577). Membre de la Pléiade, il pratiqua une poésie précieuse dans ses blasons, sa pastorale en prose mêlée de vers (*la Bergerie*, 1565 et 1572), et prolongea dans son lapidaire, *les Amours et nouveaux échanges des pierres précieuses* (1576), la science ésotérique des Anciens.

Belle au bois dormant (*la*), conte de Perrault.

Belledonne (*massif de*), massif des Alpes, dominant le Grésivaudan ; 2 978 m.

Bellegambe (*Jean*), peintre flamand (Douai v. 1470 - *id.* ? 1534/1540). Son œuvre la plus célèbre est le *Polyptyque d'Anchin* (v. 1508-1514, musée de Douai), qui prolonge l'art des primitifs flamands dans un style monumental et apaisé.

Bellegarde-sur-Valserine, ch.-l. de c. de l'Ain, au confl. du Rhône et de la Valserine ; 11 696 hab. (*Bellegardiens*).

Belle-Île, île de Bretagne (Morbihan), en face de Quiberon ; 90 km² ; 4 519 hab. (*Bellilois*). Ch.-l. *Le Palais*. Tourisme.

Belle-Isle [bɛlil] (*Charles Fouquet, comte, puis duc de*), maréchal de France (Villefranche-de-Rouergue 1684 - Versailles 1761), petit-fils de Fouquet. Il combattit l'Autriche et fut ministre de la Guerre (1758-1761). [Acad. fr. 1749.]

Belle-Isle (*détroit de*), bras de mer, large de 20 km, qui sépare le Labrador et l'île de Terre-Neuve.

Belley, ch.-l. d'arr. de l'Ain ; 8 169 hab. (*Belleysans*). Évêché. Travail du cuir. Ancienne capitale du Bugey. — Cathédrale des XVe et XIXe siècles.

Bellini (*les*), famille de peintres italiens, nés et morts à Venise. **Iacopo** (v. 1400 - 1470), dont on conserve surtout des dessins, rompit avec la tradition gothique en se livrant à l'étude de la composition dans l'espace. Son fils **Gentile** (v. 1429 - 1507), peintre de portraits et de cycles narratifs, se signale par son réalisme, qui emprunte à la vie vénitienne et à l'Orient (il alla à Constantinople en 1479). **Giovanni** (v. 1430 - 1516), frère de Gentile, reçut de son beau-frère Mantegna une influence décisive, mais qu'il sut assouplir. Surtout peintre de tableaux d'autels, il a enseigné à l'école de Venise la plénitude de la forme, l'harmonie des couleurs, le modelé des contours dans la lumière, le goût du paysage, l'expression du sentiment. Il a donné, mais aussi emprunté à Antonello da Messina, puis à Giorgione et à Titien.

Bellini *(Vincenzo),* compositeur italien (Catane 1801 - Puteaux 1835). Disciple de Zingarelli (1752-1837) au conservatoire de Naples, il a voué sa brève carrière au théâtre. Doué d'une grande spontanéité mélodique, il a trouvé dans l'expression du drame musical des accents poignants de vérité. Ses opéras : *Norma* (1831) [→ **Norma**], dans lequel la mélodie italienne grâce à son lyrisme et à son ornementation trouve son apogée, *la Somnambule* (1831) et *les Puritains* (1835), lui valent une faveur constante.

Bellinzona, v. de Suisse, ch.-l. du Tessin, sur la ligne ferroviaire du Saint-Gothard ; 16 849 hab. — Trois anciennes forteresses dominent la ville. Églises du Moyen Âge et de la Renaissance (beaux décors).

Bellman *(Carl Michael),* poète suédois (Stockholm 1740 - *id.* 1795), auteur de poèmes populaires et idylliques *(Épîtres de Fredman,* 1790).

Bellmer *(Hans),* dessinateur, graveur, sculpteur-assemblagiste, photographe et peintre allemand (Katowice 1902 - Paris 1975). Un érotisme exacerbé, salué par les surréalistes, s'exprime dans ses « Poupées » articulées (1932-1965) comme dans le climat troublant et la virtuosité graphique de ses œuvres à deux dimensions, où il s'inspire parfois des vieux maîtres allemands.

Bello *(Andrés),* écrivain, grammairien et homme politique chilien (Caracas 1781 - Santiago du Chili 1865). Il fut l'un des guides spirituels de l'Amérique latine dans la conquête de son indépendance.

Bellonte *(Maurice),* aviateur français (Méru, Oise, 1896 - Paris 1984). Il effectua avec Dieudonné Costes la première liaison aérienne Paris-New York (1er-2 sept. 1930), à bord du Breguet 19 *Point-d'Interrogation.*

Bellow *(Saul),* écrivain américain (Lachine, Québec, 1915). Ses romans font des vicissitudes de la communauté juive nord-américaine un modèle des angoisses et de la destinée humaines *(les Aventures d'Augie March,* 1953 ; *Herzog,* 1964 ; *le Don de Humboldt,* 1975). [Prix Nobel 1976.]

Bell System, groupe d'entreprises privées qui assure une part importante du service téléphonique intérieur des États-Unis. Il a constitué un département de l'American Telegraph and Telephone (ATT) jusqu'à sa réorganisation, en 1984.

Belmondo *(Jean-Paul),* acteur français (Neuilly-sur-Seine 1933). Lancé par la «nouvelle vague» *(À bout de souffle,* de J.-L. Godard, 1960 ; *Pierrot le fou,* id., 1965), sa désinvolture et sa gouaille ont fait de lui l'un des acteurs français les plus populaires.

Belmopan, cap. du Belize ; 5 000 hab.

Belo Horizonte, v. du Brésil, cap. du Minas Gerais ; 2 048 861 hab. Centre industriel. — Aux environs, à Pampulha, édifices de Niemeyer.

Béloutchistan → **Baloutchistan.**

Belphégor ou **Beelphegor,** divinité moabite à laquelle, d'après le livre biblique des Nombres, on rendait un culte licencieux. On honorait ce "Seigneur de Phégor" sur le mont qui porte ce nom.

Belt (Grand- et **Petit-),** nom de deux détroits : le premier entre les îles de Fionie et de Sjaelland ; le second entre la Fionie et le Jylland. Prolongés par le Cattégat et le Skagerrak, ils réunissent la Baltique à la mer du Nord.

Beltrami *(Eugenio),* mathématicien italien (Crémone 1835 - Rome 1900). On lui doit un modèle euclidien de la géométrie non euclidienne de Lobatchevski.

Belyï ou **Bielyï** *(Boris Nikolaïevitch Bougaïev, dit Andreï),* écrivain russe (Moscou 1880 - *id.* 1934). Théoricien du symbolisme *(Symphonies,* 1904-1908 ; *le Pigeon d'argent,* 1910 ; *Pétersbourg,* 1914), il se rallia à la révolution, qu'il interpréta comme l'héritage lointain des Scythes, à égale distance entre l'Orient et l'Occident.

Belzébuth ou **Belzébul,** divinité cananéenne. Les démonologies juive et chrétienne en ont fait le prince des puissances du mal.

Belzec, v. de Pologne, au sud-est de Lublin. — Camp d'extermination allemand (1942-43) ; 550 000 Juifs y périrent.

Bembo *(Pietro),* cardinal et humaniste italien (Venise 1470 - Rome 1547). Secrétaire de Léon X, il codifia les règles grammaticales et esthétiques de la langue « vulgaire », le toscan.

Ben Ali *(Zine el-Abidine),* en ar. Zin al-'Abidîn Bin 'Alî, homme d'État tunisien (Hammam-Sousse 1936). Devenu président de la République après la destitution de Bourguiba (1987), il est confirmé à la tête de l'État par les élections de 1989 et de 1994.

Bénarès ou **Varanasi**, v. de l'Inde (Uttar Pradesh), sur le Gange ; 1 026 467 hab. Ville sainte de l'hindouisme.

Benavente *(Jacinto),* auteur dramatique espagnol (Madrid 1866 - *id.* 1954). Son théâtre de mœurs dut son succès à ses sujets à scandale et à l'habileté de ses intrigues. (Prix Nobel 1922.)

Ben Badis *(Abd al-Hamid),* réformiste islamique et écrivain algérien (Constantine 1889 - *id.* 1940), promoteur d'un renouveau religieux et national à travers son mensuel *al-Chihab* (1925-1940).

Ben Bella *(Ahmed),* homme d'État algérien (Maghnia 1916). L'un des dirigeants de l'insurrection de 1954 contre la France, interné par les autorités françaises de 1956 à 1962, il fut le premier président de la République algérienne (1963-1965). Renversé par Boumediene, il fut emprisonné jusqu'en 1980. Il revient sur la scène politique algérienne en 1990.

Benda *(Julien),* écrivain français (Paris 1867 - Fontenay-aux-Roses 1956). Il combattit les tendances de la littérature à l'engagement (*la Trahison des clercs,* 1927).

Bender, v. de Moldavie, sur le Dniestr ; 101 000 hab.

Benedetti Michelangeli *(Arturo),* pianiste italien (Brescia 1920 - Lugano 1995). Lauréat du Concours international de Genève en 1939, il affectionne les sonorités denses et colorées.

Benedetto da Maiano → **Giuliano da Maiano.**

Benelux (BElgique, NEderland, LUXembourg), union monétaire et douanière signée à Londres en 1943 et 1944 entre la Belgique, les Pays-Bas et le Luxembourg et élargie par la suite en union économique. Bien que les trois États intéressés soient membres de l'Union européenne, les accords relatifs au développement du Benelux restent en vigueur.

Beneš *(Edvard),* homme d'État tchécoslovaque (Kožlany 1884 - Sezimovo-Ústí 1948). Ministre des Affaires étrangères (1918-1935), il fut président de la République de 1935 à 1938 puis de 1945 jusqu'à 1948, année de la prise du pouvoir par les communistes.

Bénévent, *en ital.* Benevento, v. d'Italie (Campanie), ch.-l. de prov. ; 62 683 hab. — Pyrrhos II y fut vaincu par les Romains en 275 av. J.-C. — Arc de Trajan ; théâtre du temps d'Hadrien. Église S. Sofia, remontant au VIIIᵉ siècle. Cathédrale romane, très endommagée en 1943. Musée.

Bénévent *(prince de)* → **Talleyrand.**

Bengale, région d'Asie méridionale, partagée entre la République indienne (Bengale-Occidental ; 67 982 732 hab.) et le Bangladesh, située entre l'Himalaya et le *golfe du Bengale.* GÉOGR. Le Bengale est constitué essentiellement par le plus vaste delta du monde (140 000 km²), où se rassemblent les eaux du Gange, du Brahmapoutre, de la Tista et de la Meghna. C'est une région basse, abondamment arrosée, périodiquement ravagée par les inondations et les raz de marée, où la population, unie seulement par la langue (le bengali), très dense, vit misérablement d'une culture intensive, du riz surtout. HIST. Conquis par les musulmans à la fin du XIIᵉ siècle, le Bengale passa sous domination britannique après 1757. En 1947, le Bengale-Occidental (Calcutta) fut rattaché à l'Union indienne et le Bengale-Oriental (Dacca) devint le Pakistan oriental, aujourd'hui Bangladesh.

Bengale *(golfe du),* golfe de l'océan Indien, entre les côtes de l'Inde, du Bangladesh et de la Birmanie ; 2 200 000 km². Le plus grand glacis continental du monde occupe la partie nord et est alimenté par les apports fluviatiles du Gange et du Brahmapoutre. L'alternance des vents rythme l'hydrologie : en hiver, courants portant vers l'O. et le S.-O. ; en été, mouvement inverse accompagné de pluies et de vents forts (cyclones).

Bengbu, v. de Chine (Anhui) ; 253 000 hab.

Benghazi, v. de Libye, en Cyrénaïque ; 485 000 hab.

Ben Gourion *(David),* homme politique israélien (Płońsk, Pologne, 1886 - Tel-Aviv 1973), un des fondateurs de l'État d'Israël, chef du gouvernement de 1948 à 1953 et de 1955 à 1963.

Ben Gourion, aéroport de Tel-Aviv-Jaffa.

Benguela, port de l'Angola, sur l'Atlantique ; 42 000 hab.

Benguela *(courant de),* courant marin froid de l'Atlantique méridional, qui remonte vers l'équateur le long de la côte d'Afrique.

Beni *(río),* riv. de Bolivie, branche mère du Madeira ; 1 600 km.

Benidorm, station balnéaire d'Espagne, près d'Alicante ; 42 442 hab.

Beni Mellal, v. du Maroc, dans la plaine du Tadla ; 95 000 hab.

Bénin, ancien royaume de la côte du golfe de Guinée, situé à l'ouest du delta du Niger.

Fondé entre le XIe et le XVIe siècle, il connut la prospérité jusqu'au XIXe ; les Britanniques le détruisirent entre 1892 et 1897. **ARTS.** Voué à la gloire du souverain, l'art du Bénin, comme celui d'Ife, est essentiellement un art de cour. Selon la tradition, c'est par un fondeur d'Ife que les habitants du Bénin auraient appris vers le XIIIe siècle l'art de couler le bronze à cire perdue. Les bronzes du XVe et du XVIe siècle (série des têtes de reines mères), fins et de très belle facture, sont partagés entre le naturalisme (hérité d'Ife) et une tendance à l'abstraction. L'arrivée des Portugais, pourvoyeurs de métal, suscita une abondante production d'œuvres de plus en plus lourdes.

Bénin, *anc.* Dahomey, État de l'Afrique occidentale, sur le *golfe du Bénin* ; 113 000 km^2 ; 4 800 000 hab. *(Béninois).* CAP. *Porto-Novo.* LANGUE (officielle) : *français.* MONNAIE : *franc C. F. A.*

GÉOGRAPHIE
Étroite bande de terre, étirée sur près de 700 km du golfe de Guinée au fleuve Niger, c'est un pays de plaines et de plateaux, au climat équatorial au sud, aussi chaud, mais plus sec vers le nord. Ici, l'élevage domine, les cultures (palmier à huile, cacaoyer, manioc et maïs) ont remplacé la forêt dans le Sud.
La population (environ 60 ethnies), en accroissement rapide, vit de l'agriculture (l'agroalimentaire est la seule branche industrielle notable). Les deux principales villes sont la capitale, centre administratif, et surtout Cotonou, le port, par lequel passe la majeure partie d'un commerce extérieur, très lourdement déficitaire.

HISTOIRE
Le pays a été divisé en trois royaumes, dont celui du Dahomey fondé v. 1625. À partir de la seconde moitié du XIXe s., la France s'installe progressivement au Dahomey.
1893-94. La France élimine le roi Béhanzin et occupe le pays. Elle organise la colonie du Dahomey au sein de l'Afrique-Occidentale française.
1960. Le Dahomey devient une république indépendante.
1975. Le pays reprend le vieux nom africain de Bénin.
1990. Début de la démocratisation du régime.

Bénin *(golfe du),* partie du golfe de Guinée, à l'ouest du delta du Niger.

Benioff *(Hugo),* géophysicien américain (Los Angeles 1899 - Mendocino, Californie, 1968). En étudiant les tremblements de terre, il a mis en évidence le *plan de Benioff,* zone peu épaisse, inclinée de 15 à 75⁰, définie par les foyers des séismes et qui correspond à la subduction d'une plaque sous une marge continentale ou un arc insulaire.

Benjamin, le dernier des douze fils de Jacob et Rachel, d'après le livre biblique de la Genèse ; la tribu dont il est l'ancêtre éponyme s'installa dans le sud de la Palestine.

Benjamin *(Walter),* écrivain et philosophe allemand (Berlin 1892 - près de Port-Bou 1940). Énonciateur des principes d'une esthétique liée à la modernité (*l'Œuvre d'art à l'époque de sa reproduction technique,* 1936), il fut membre de l'école de Francfort et développa une réflexion sur la philosophie de l'histoire. Fuyant les nazis, il se donna la mort.

Ben Jelloun *(Tahar),* écrivain marocain d'expression française (Fès 1944). Poète, romancier ou essayiste, il est toujours préoccupé par les blessures qu'infligent à l'homme le déracinement, le racisme, les oppressions de toute nature (*l'Enfant de sable,* 1985 ; *la Nuit sacrée,* 1987 ; *les Yeux baissés,* 1991).

Ben Jonson → Jonson.

Benn *(Gottfried),* écrivain allemand (Mansfeld 1886 - Berlin 1956). Influencé d'abord par Nietzsche et par le national-socialisme, il chercha dans le lyrisme la solution à ses problèmes d'homme et d'écrivain (*Double Vie,* 1950 ; *Distillations,* 1953).

Bennett *(James Gordon),* journaliste américain (Newmill, Écosse, 1795 - New York 1872), fondateur en 1835 du *New York Herald,* qui devint le *New York Herald Tribune* (1924-1966). Il fut le premier à utiliser régulièrement le télégraphe pour les besoins de la presse.

Bennett *(Richard Bedford),* homme politique canadien (Hopwell 1870 - Mickleham 1947), leader du Parti conservateur (1927-1938), Premier ministre (1930-1935).

Ben Nevis, point culminant de la Grande-Bretagne, en Écosse, dans les Grampians ; 1 344 m.

Bennigsen *(Leonti Leontievitch),* général russe (Brunswick 1745 - Banteln 1826). Battu par Napoléon à Eylau (1807), il s'illustra à Leipzig (1813).

Benoît d'Aniane *(saint),* réformateur de l'ordre bénédictin (v. 750-821). Fondateur de l'abbaye d'Aniane, dans le Languedoc, il reprit la *Règle* attribuée à Benoît de Nursie en insistant sur la séparation d'avec le monde et sur l'uniformité des coutumes.

Benoît de Nursie *(saint)*, père et législateur du monachisme chrétien d'Occident (Nursie v. 480 - Mont-Cassin v. 547). Élevé dans une famille de la noblesse romaine, il devint ermite à Subiaco puis s'établit au mont Cassin, où il fonda le monastère qui fut ainsi le berceau de l'ordre des Bénédictins. Il y rédigea la règle monastique qui porte son nom.

Benoît XV *(Giacomo Della Chiesa)* [Gênes 1854 - Rome 1922], pape de 1914 à 1922. Durant la Première Guerre mondiale, en 1917, il fit sans succès des propositions de paix. Il contribua au développement des missions et assura la publication du *Code de droit canonique* de 1917.

Benoit *(Pierre)*, romancier français (Albi 1886 - Ciboure 1962). Ses récits mêlent l'exotisme à une intrigue mouvementée (*Kœnigsmark,* 1917-18 ; *l'Atlantide,* 1919). [Acad. fr. 1931.]

Benoît de Sainte-Maure, poète français (XIIᵉ s.), auteur d'une *Histoire des ducs de Normandie* et d'un des prototypes du roman courtois, le *Roman de Troie* (1160).

Benoni, v. de l'Afrique du Sud, près de Johannesburg ; 207 000 hab. Mines d'or.

Bénoué *(la),* riv. du Cameroun et du Nigeria, affl. du Niger (r. g.) ; 1 400 km.

Benqi → Benxi.

Benserade [bɛ̃srad] *(Isaac de)*, poète français (Paris 1613 ? - Gentilly 1691), poète de salon et de cour, rival de Voiture. (Acad. fr. 1674.)

Bentham *(Jeremy)*, moraliste et législateur britannique (Londres 1748 - *id.* 1832). Il s'est attaché à décrire dans une architecture imaginaire la structure sociale, notamment la hiérarchie institutionnelle, d'une prison (*Panopticon,* 1787). Il est surtout connu pour sa morale, qui repose sur le principe de l'utilité, le calcul du plaisir par rapport à la peine ; ce rapport est le fondement du système économique et social idéal (*Déontologie ou Science de la morale,* 1834). Bentham s'est aussi préoccupé de pénologie (*Traité des peines et des récompenses,* 1811).

Bentivoglio, famille princière italienne, souveraine de Bologne aux XVᵉ et XVIᵉ siècles. L'un de ses représentants les plus célèbres fut **Jean II** (Bologne 1443 - Milan 1508). Président à vie du Sénat de Bologne, il embellit la ville, dont il fut chassé par le pape Jules II en 1506.

Benveniste *(Émile),* linguiste français (Alep 1902 - Versailles 1976). Professeur de grammaire comparée au Collège de France, il est l'auteur d'importants travaux sur les langues indo-européennes : *Origine de la formation des noms en indo-européen* (thèse, 1935). Son apport théorique en linguistique est dispersé dans de nombreux articles, rassemblés dans *Problèmes de linguistique générale* (1966-1974).

Benxi ou **Benqi,** v. de Chine (Liaoning) ; 826 000 hab. Métallurgie.

Ben Yehuda *(Eliezer* Perelman, dit Eliezer*)*, écrivain et lexicographe hébreu (Louchki, Lituanie, 1858 - Jérusalem 1922). Établi en Palestine dès 1881, il fit pénétrer la langue hébraïque dans la vie quotidienne. Il prépara le *Grand Dictionnaire de la langue hébraïque ancienne et moderne.*

Benz *(Carl),* ingénieur allemand (Karlsruhe 1844 - Ladenburg 1929). Il mit au point un moteur à gaz à deux temps (1878) et fit breveter en 1886 sa première voiture, un tricycle mû par un moteur à essence.

Beograd → Belgrade.

Béotie, contrée de la Grèce ancienne, au nord-est du golfe de Corinthe, dont le centre principal était Thèbes. Au IVᵉ s. av. J.-C., la Béotie, avec Épaminondas, imposa son hégémonie sur la Grèce (ligue Béotienne).

Beowulf, héros légendaire d'un poème épique anglo-saxon rédigé entre le VIIIᵉ et le Xᵉ siècle. Beowulf, fils d'un roi de l'île de Gotland, tue le monstre Grendel, qui terrorise le Danemark, puis la mère du monstre en un duel sous les eaux. Ayant succédé à son oncle, il affronte, vieillissant, un reptile, mais ne survit pas à sa victoire.

Beqaa ou **Bekaa,** haute plaine aride (mais partiellement irriguée) du Liban entre le mont Liban et l'Anti-Liban.

Berain *(Jean),* ornemaniste français (Saint-Mihiel 1639 - Paris 1711). « Dessinateur de la Chambre et du Cabinet du roi » (1674), il dirigea les fêtes de la cour de Louis XIV et créa pour la manufacture de Beauvais les tentures des *Grotesques* et des *Triomphes marins.* D'une grande fantaisie, ses dessins de meubles et d'ornements reflètent encore la solennité du règne (recueil gravé de 1711).

Berbera, port de la Somalie ; 65 000 hab.

Berberati, v. de la République centrafricaine ; 45 000 hab.

Berbères, ensemble de peuples musulmans d'Afrique du Nord (Algérie, Maroc principalement) qui se nomment eux-mêmes « hommes libres » (*imazighen,* sing. *amazigh*) et parlent le berbère (différents dialectes, dont le *tamazight* en Kabylie). Leur histoire est marquée par une longue tradition de résistance (notamment dans les Aurès, en Kabylie, dans le Rif et au Sahara).

Berberova *(Nina Nikolaïevna),* écrivain russe naturalisé américain (Saint-Pétersbourg 1901 - Philadelphie 1993). Ses romans (*l'Accompagnatrice,* 1935 ; *le Roseau révolté,* 1958) peignent le sort des émigrés. Elle a également écrit des biographies (*Tchaïkovski,* 1936) et une autobiographie (*C'est moi qui souligne,* 1969).

Berchem *(Nicolaes),* peintre et graveur néerlandais (Haarlem 1620 - Amsterdam 1683). Fils du peintre P. Claesz., il est célèbre pour ses paysages italianisants, animés par des contrastes de lumière et oscillant entre la simplicité rustique et une verve fantasque.

Berchet *(Giovanni),* écrivain italien (Milan 1783 - Turin 1851), l'un des animateurs du mouvement romantique et patriotique.

Berchtesgaden, v. d'Allemagne (Bavière) dans les Alpes bavaroises ; 7 720 hab. — Résidence de Hitler (le « nid d'aigle »).

Berck, ch.-l. de c. du Pas-de-Calais ; 14 730 hab. *(Berckois).* Station balnéaire et climatique à Berck-Plage.

Bercy, quartier de l'est de Paris, sur la rive droite de la Seine. Anciens entrepôts pour les vins. Le quartier a fait l'objet de grands travaux d'urbanisme (Palais omnisports, ministère de l'Économie et des Finances).

B. E. R. D. → Banque européenne pour la reconstruction et le développement de l'Europe de l'Est.

Bérégovoy *(Pierre),* homme politique français (Déville-lès-Rouen 1925 - au-dessus de Pithiviers, 1993). Ministre des Affaires sociales et de la Solidarité nationale (1982-1984), puis de l'Économie, des Finances et du Budget (1984-1986 et 1988-1992), il fut Premier ministre en 1992-93. Il se suicida.

Bérenger Ier (m. à Vérone en 924), roi d'Italie (888-924), empereur d'Occident (915-924), battu à Plaisance par Rodolphe de Bourgogne. **Bérenger II** (m. à Bamberg en 966), roi d'Italie en 950, petit-fils du précédent, détrôné par Otton Ier le Grand (961).

Bérénice, princesse juive. Elle fut emmenée à Rome par l'empereur Titus après la prise de Jérusalem (70), mais celui-ci renonça à l'épouser pour ne pas déplaire au peuple romain. Racine en fit l'héroïne d'une de ses tragédies (*Bérénice,* 1670), après que Corneille eut lui-même écrit *Tite et Bérénice.*

Berenson *(Bernard),* historien d'art, expert et esthéticien américain, originaire de Litua-

nie (près de Vilnius 1865 - Settignano, près de Florence, 1959). Il se consacra à l'étude de la peinture italienne du XIIIe à la fin du XVIe siècle, dont il réétudia toutes les attributions en se fondant notamment sur la notion de « valeurs tactiles » de l'œuvre. Il s'installa définitivement près de Florence en 1920. Son ouvrage le plus connu est *les Peintres italiens de la Renaissance* (1926).

Berezina *(la),* riv. de Biélorussie, affl. du Dniepr (r. dr.) ; 613 km. HIST. À la fin de la campagne de Russie, en novembre 1812, les rescapés de la Grande Armée, cernés entre trois armées russes, traversèrent la Berezina, dégelée, grâce à deux ponts de chevalets. Pendant vingt-quatre heures, nuit et jour (25-26 nov.), les pontonniers du général Éblé durent travailler dans l'eau glacée, permettant à la plupart des soldats français de passer (27-29 nov.).

Berezniki, v. de Russie, dans l'Oural ; 201 000 hab. Traitement de la potasse.

Berg *(duché de),* ancien État de l'Allemagne, sur la rive droite du Rhin. Cap. *Düsseldorf.* Créé en 1101, il fut, de 1806 à 1815, un grand-duché de la Confédération du Rhin.

Berg *(Alban),* compositeur autrichien (Vienne 1885 - id. 1935). Avec son maître Schönberg et avec Webern, il forme la « seconde école de Vienne ». Dès 1906, il se consacre à la musique et ses premières œuvres, notamment les *Altenberg Lieder,* témoignent de l'influence de l'enseignement de Schönberg et de l'empreinte de Schumann, Brahms et Mahler, dont il est proche par la pensée, le souci formel et la recherche d'une sonorité orchestrale nouvelle. En 1914, il entreprend la composition de son opéra *Wozzeck* (→ Wozzeck), qui, représenté en 1925, fait éclater la spécificité de son tempérament musical, marqué par un profond sens dramatique. La même année, il termine le *Concert de chambre* et commence la *Suite lyrique.* Parallèlement, son activité pédagogique est intense. En 1933, dans un climat politique et artistique qui se dégrade, Berg se sent de plus en plus étranger dans son pays. Il travaille à la composition de son second opéra, *Lulu* (→ Lulu), qu'il n'achèvera pas, et mène à bien le concerto pour violon *À la mémoire d'un ange* (1935). Conservant une expression romantique dans des structures rigoureuses, conciliant dodécaphonisme, libre atonalité et tonalité, il a su maîtriser l'usage de la citation, qui est pour lui une manière de s'enraciner dans la tradition. Berg fut longtemps, pour le public, le plus

« accessible » des dodécaphonistes. Il a influencé Chostakovitch et Britten.

Bergame, v. d'Italie (Lombardie), ch.-l. de prov., en bordure des Alpes ; 115 655 hab. *(Bergamasques).* — Dans la ville haute, citadelle et palais, église S. Maria Maggiore (XIIᵉ-XVIᵉ s.), chapelle Colleoni (XVᵉ s.). Accademia Carrara, riche musée de peinture.

Bergen, port de Norvège, sur l'Atlantique ; 216 066 hab. — Monuments anciens, musées.

Bergen-Belsen, camp de concentration créé par les Allemands en 1943, à 65 km de Hanovre.

Berger *(gouffre),* gouffre du Vercors, où l'on a atteint la profondeur de - 1 141 m.

Bergerac, ch.-l. d'arr. de la Dordogne, sur la Dordogne, dans le Bergeracois ; 27 886 hab. *(Bergeracois).* Poudrerie. — Musée du Tabac.

Bergeron *(André),* syndicaliste français (Suarce, Territoire de Belfort, 1922), secrétaire général de la C. G. T.-F. O. de 1963 à 1989.

Bergers d'Arcadie *(les),* titre de deux toiles de Poussin (v. 1630).

Bergès *(Aristide),* ingénieur français (Lorp, Ariège, 1833 - Lancey, Isère, 1904). Il fut l'un des premiers à utiliser, à partir de 1869, les hautes chutes de montagne pour la production d'énergie électrique. On lui doit la création de l'expression « houille blanche ».

Bergius *(Friedrich),* chimiste allemand (Goldschmieden, près de Wrocław, 1884 - Buenos Aires 1949). Il réalisa la synthèse industrielle de carburants par hydrogénation catalytique (1921). [Prix Nobel 1931.]

Bergman *(Ingmar),* cinéaste et metteur en scène de théâtre suédois (Uppsala 1918). ■ **Les débuts.** Fils d'un pasteur de Stockholm, il se passionne, très jeune, pour le théâtre. En 1944, il dirige le Théâtre municipal de Hälsingborg et, en 1945, réalise son premier film, *Crise.* La consécration lui vient au festival de Cannes de 1956 avec *Sourires d'une nuit d'été.* Dès lors, il demeure fidèle à une petite équipe de techniciens et de comédiens, au théâtre comme au cinéma. ■ **Une œuvre éclatée.** Dans son œuvre (44 films ou téléfilms en 40 ans), Bergman semble cultiver une double inspiration : la veine intimiste, autobiographique de ses débuts, toujours vivante *(Jeux d'été,* 1951 ; *Monika,* 1953 ; *À travers le miroir,* 1961 ; *les Communiants,* 1963 ; *Persona,* 1966 ; *Scènes de la vie conjugale,* 1973 ; *Sonate d'automne,* 1978), et la réflexion sur le sens de la vie *(le Septième Sceau,* 1957 ; *les Fraises sauvages,*

1957 ; *Cris et Chuchotements,* 1972 ; *la Flûte enchantée,* 1975 ; *l'Œuf du serpent,* 1977). Tantôt l'inspiration semble très personnelle, tantôt on note de multiples influences (surtout théâtrales : Shakespeare, Marivaux, Anouilh et Strindberg, à qui Bergman rend un dernier hommage dans *Après la répétition,* 1984). ■ **La magie de l'image.** L'unité secrète qui anime cette démarche singulière n'est pas seulement dans les thèmes : la fragilité du couple, l'omniprésence du mal et l'absence de Dieu, la solitude jamais acceptée, la fascination du visage féminin et la douleur d'aimer, elle est aussi dans sa conception même du cinéma, instrument merveilleux dont les images nous enchantent, le temps d'une histoire, et nous laissent le goût amer d'un songe évanoui qui rend invivable le monde réel.

Bergman *(Ingrid),* actrice suédoise (Stockholm 1915 - Londres 1982). Vedette de Hollywood dans les années 40 *(Casablanca,* 1943, de Curtiz ; *Hantise,* 1944, de Cukor ; *les Enchaînés,* 1946, de Hitchcock), elle collabore aux films les plus novateurs de Rossellini *(Stromboli,* 1949 ; *Voyage en Italie,* 1954) et poursuit ensuite une prestigieuse carrière internationale *(Elena et les hommes,* 1956, de Renoir ; *Sonate d'Automne,* 1978, de Bergman).

Bergman *(Torbern),* chimiste suédois (Katrineberg 1735 - Medevi 1784). Il établit la constitution des carbonates, distingua la chaux de la baryte, introduisit le concept d'« affinité élective ». Il identifia le manganèse, isola le tungstène et obtint, par oxydation du sucre, l'acide oxalique. Il développa une théorie réticulaire des cristaux et il est l'auteur d'une classification des minéraux.

Bergson [bɛrksɔn] *(Henri),* philosophe français (Paris 1859 - id. 1941). Avec sa thèse, *l'Essai sur les données immédiates de la conscience* (1889), Bergson pose les problèmes de l'insertion de l'esprit dans la matière *(Matière et Mémoire,* 1896), de la signification du comique *(le Rire,* 1900), de la nature de la vie *(l'Évolution créatrice,* 1907), de l'origine de la morale et de la religion *(les Deux Sources de la morale et de la religion,* 1932). Dans *la Pensée et le Mouvant* (1934), il rassemble les textes qui explicitent le mieux sa métaphysique. La doctrine de Bergson est à la fois une critique de l'intelligence et une méthode pour ressaisir intuitivement le commencement de l'expérience humaine. (Prix Nobel de littérature 1927.)

Bergues, ch.-l. de c. du Nord, sur une hauteur au-dessus des marais de la Flandre ; 4 282 hab. *(Berguois).* — Constituée autour d'une abbaye médiévale, la ville fut incorporée à la France en 1668 et fortifiée par Vauban. — Mont-de-piété du XVIIᵉ siècle (auj. musée) et autres monuments ou vestiges.

Beria *(Lavrenti Pavlovitch),* homme politique soviétique (Merkheouli, Géorgie, 1899 - Moscou 1953). Chef du N. K. V. D. à partir de 1938, il fut exécuté en 1953, après la mort de Staline.

Béring *(détroit de),* détroit entre l'Asie et l'Amérique, réunissant l'océan Pacifique à l'océan Arctique. Il doit son nom au navigateur danois Vitus Bering (1681-1741).

Béring *(mer de),* partie nord du Pacifique, entre l'Asie et l'Amérique.

Berio *(Luciano),* compositeur italien (Oneglia 1925). Adepte du sérialisme *(Nones,* 1954), il se livre ensuite à des recherches sur les sonorités d'instruments et de la voix *(Sequenzas,* 1958-1988). Pionnier de la musique électroacoustique en Italie, il associe souvent sons électroniques et sons traditionnels *(Laborintus 2,* 1965). Pour le théâtre musical, il a donné *Opera* (Lyon 1979) et, pour le théâtre lyrique, *La Vera Storia* (Milan 1982) et *Un Re in Ascolto* (Salzbourg 1984).

Berkeley, v. des États-Unis (Californie), près de San Francisco ; 102 724 hab. Université.

Berkeley *(George),* évêque et philosophe irlandais (près de Kilkenny 1685 - Oxford 1753). De sa lutte contre l'incroyance et le matérialisme, il a déduit une théorie selon laquelle le monde n'existerait qu'en pensée et il n'y aurait que des esprits *(immatérialisme).* Dieu est la cause ultime des modifications que nous percevons et la nature, le *langage* qu'il nous parle. Il a écrit notamment *Dialogues entre Hylas et Philonous* [Hylas désigne en grec la « matière » et Nous, l'« esprit »] (1713).

Berlage *(Hendrik Petrus),* architecte néerlandais (Amsterdam 1856 - La Haye 1934). Rationaliste, il a mis l'accent sur une utilisation probe des matériaux (brique) et sur la lisibilité des plans dans l'aspect extérieur des édifices. (Bourse d'Amsterdam, 1897-1904).

Berlichingen *(Götz* ou *Gottfried* von), chevalier allemand (Jagsthausen, Wurtemberg, 1480 - Hornberg 1562), héros d'un drame de Goethe et d'une pièce de Sartre.

Berlier *(Jean-Baptiste),* ingénieur français (Rive-de-Gier, Loire, 1841 - Deauville 1911). Il imagina le système de transmission pneumatique de cartes-télégrammes, qu'il installa à Paris, et conçut un projet de tramway souterrain, réalisé depuis par le « Métropolitain ».

Berliet *(Marius),* industriel français (Lyon 1866 - Cannes 1949). Après avoir construit des voitures légères, il érigea à Lyon l'un des plus importants complexes industriels d'Europe pour la production de poids lourds. La société Berliet a été reprise en 1974 par la Régie Renault, et la marque a disparu.

Berlin, cap. de l'Allemagne, sur la Spree. La ville constitue aussi un Land, qui couvre 883 km² et compte 3 409 737 hab. *(Berlinois).* **GÉOGR.** La ville, qui était au cœur de l'ancienne R. D. A., apparaît aujourd'hui d'autant plus excentrée qu'elle est éloignée de l'axe rhénan et des régions dynamiques du sud du pays (Bade-Wurtemberg et Bavière). Elle est encore plus périphérique dans le cadre de l'U. E. (loin de Strasbourg, de Luxembourg ou de Bruxelles), mais constitue une ouverture sur l'Europe orientale. Après l'unification allemande et la décision du Bundestag en juin 1991, Berlin constitue de nouveau, progressivement, un centre de décision politique. Elle retrouve également son rôle de grande métropole européenne (après Paris, Londres et Moscou).

La scission de la ville liée à la dualité de l'Allemagne avant 1990 reste encore marquée dans le cadre urbain. Les disparités entre quartiers occidentaux, densément peuplés et opulents, et quartiers orientaux, plus pauvres, reflètent les niveaux de développement inégaux des deux anciennes parties de l'Allemagne. Toutefois, le transfert des fonctions de capitale peut être un atout pour l'avenir et pour l'unité réelle de la ville. **HIST.** La fortune de Berlin date de son choix comme capitale du Brandebourg (1415). Capitale du royaume de Prusse, elle devient celle de l'Empire allemand (1871) puis des IIᵉ et IIIᵉ Reich. Conquise par les troupes soviétiques en 1945, la ville est divisée en quatre secteurs d'occupation administrés par les Alliés — États-Unis, France, Grande-Bretagne, U. R. S. S. (statut quadripartite). Les trois secteurs d'occupation occidentaux sont unifiés en 1948, et l'U. R. S. S. riposte en entreprenant le blocus de Berlin (jusqu'en 1949). Tandis que le secteur d'occupation soviétique, Berlin-Est, est proclamé capitale de la R. D. A. en 1949, Berlin-Ouest devient une dépendance de fait de la R. F. A. En 1958, l'U. R. S. S. abolit unilatéralement le statut quadripartite de Berlin. Pour enrayer l'exode de ses citoyens, la R. D. A. construit en 1961 un mur séparant Berlin-Est de Berlin-Ouest. La libre circulation entre les deux parties de la ville est rétablie en 1989 (ouverture le 10 nov. par la R. D. A. de la frontière interallemande). En 1990, Berlin redevient la capitale de l'Allemagne, appelée à devenir le siège du Bundestag et du gouvernement d'ici à l'an 2000. Les dernières troupes alliées quittent la ville en 1994. ARTS. La ville conserve principalement le château de Charlottenburg (fin du XVIIe-XVIIIe s.) ainsi qu'un ensemble monumental néoclassique (fin XVIIIe - début du XIXe s.), restauré, avec la porte de Brandebourg, l'Opéra, le Corps de garde de Schinkel, etc. Nombreux musées, dont ceux de l'île de la Spree (Musée ancien, Pergamonmuseum [archéologie méditerranéenne]), ceux du faubourg de Dahlem (riche musée de peinture [toutes les écoles européennes], musées d'arts extra-européens et d'ethnographie), la Nouvelle Galerie de Mies van der Rohe (art des XIXe et XXe s.).

Berlin (conférence de) [15 nov. 1884 - 1885], conférence internationale réunie à Berlin, à l'initiative de Bismarck, et qui préluda au partage du continent africain par les Européens.

Berlin (congrès de) [13 juin - 13 juill. 1878], congrès réuni à Berlin pour réviser le traité de San Stefano et qui rétablit l'équilibre européen aux dépens de la Russie.

Berliner Ensemble, troupe théâtrale fondée par B. Brecht en 1949.

Berlinguer (Enrico), homme politique italien (Sassari 1922 - Padoue 1984). Secrétaire général du Parti communiste italien après 1972, il préconisa le « compromis historique » avec la Démocratie chrétienne.

Berlioz [-oz] (Hector), compositeur français (La Côte-Saint-André 1803 - Paris 1869). Il commence à Paris des études de médecine (1821), qu'il abandonne pour la musique. Il publie Huit Scènes de Faust (1829), assiste à la première d'Hernani (1830) et, la même année, obtient le prix de Rome et compose le « coup de tonnerre » qu'est la Symphonie fantastique (→ Symphonie). Il séjourne en Italie (1831-32) et, en 1833, épouse Harriet Smithson, actrice anglaise que, dès 1827, il avait admirée dans les pièces de Shakespeare. Il compose ensuite Harold en Italie (1834), l'opéra Benvenuto Cellini (1836), la Grande Messe des morts (1837), la symphonie dramatique Roméo et Juliette (1839), la Grande Symphonie funèbre et triomphale (1840) et, en 1841, termine le cycle de mélodies les Nuits d'été. Critique au Journal des débats de

1834 à 1864, il entreprend de 1842 à 1868 de grandes tournées en qualité de chef d'orchestre à travers l'Europe. Ses œuvres marquantes sont alors la Damnation de Faust (1845-46), le Te Deum (1849), l'Enfance du Christ (1854). En 1852, Liszt fait représenter avec succès Benvenuto Cellini à Weimar. Élu à l'Institut en 1856, Berlioz se tourne de nouveau vers l'opéra : il achève les Troyens en 1858 et Béatrice et Bénédict en 1862. Il laisse aussi de nombreux écrits (le Grand Traité d'instrumentation et d'orchestration moderne, 1843 ; le Chef d'orchestre : théorie de son art, 1856 ; Mémoires, 1870). En 1855, Peter Cornelius dressa de Berlioz un portrait d'une extraordinaire pénétration : « Les musiciens de Weimar saluent en lui le maître de l'orchestration moderne, un polyphoniste aux ressources infinies, un polyrythmicien de la plus haute qualité [...] Comme critique, il dispense l'enthousiasme et le mépris de la plume la plus acérée [...] Mais ils l'acclament surtout comme le héros qui a eu la force d'endurer le discrédit, la haine et la calomnie dans son propre pays, [et] qui n'a jamais écrit une note non offerte en hommage à l'idéal de beauté toujours présent à ses yeux. »

Berlusconi (Silvio), homme d'affaires et homme politique italien (Milan 1936). Propriétaire d'un puissant groupe financier et de plusieurs chaînes de télévision, fondateur (déc. 1993-janv. 1994) du mouvement ultralibéral Forza Italia, il est nommé président du Conseil en avril 1994. Il démissionne en décembre.

Bermejo (le), riv. de l'Amérique du Sud, affl. du Paraguay (r. dr.) ; 1 500 km.

Bermejo (Bartolomé), peintre espagnol, actif dans le dernier tiers du XVe siècle. Né à Cordoue, il se mit à l'école de la Flandre et de l'Italie et travailla surtout en Aragon et en Catalogne (Pietà de la cathédrale de Barcelone, à fond de paysage, d'une expression puissante).

Bermudes, en angl. Bermuda, archipel britannique situé dans l'Atlantique, à 1 000 km à l'E.-S.-E. du cap Hatteras, formant une colonie de la Couronne ; 53 km^2 ; 70 000 hab. Ch.-l. Hamilton, sur l'île principale (Main Island). GÉOGR. Une multitude d'îlots coralliens reposant sur un socle volcanique constitue l'archipel. Avec plus de 500 000 visiteurs par an, le tourisme est l'activité principale, complétée par les cultures de plantation (bananiers et agrumes). De grandes bases navales et aériennes américaines sont installées sur l'archipel. HIST.

Découvert vers 1515 par les Espagnols, anglais en 1612, l'archipel des Bermudes bénéficie depuis 1968 d'un régime d'autonomie interne.

Bernácer *(Germán),* économiste espagnol (Alicante 1883 - San Juan de Alicante 1965). Ses importantes contributions à la science économique annoncent les travaux de Keynes.

Bernadette Soubirous *(sainte)* [Lourdes 1844 - Nevers 1879]. Les visions qu'elle déclara avoir eues de la Vierge Marie en 1858 sont à l'origine du pèlerinage de Lourdes. Elle entra, en 1866, chez les sœurs de la Charité de Nevers et fut canonisée en 1933.

Bernadotte *(Jean-Baptiste)* → **Charles XIV,** roi de Suède.

Bernanos *(Georges),* écrivain français (Paris 1888 - Neuilly-sur-Seine 1948). Issu d'une humble famille chrétienne de l'Artois, il connaît la vanité de l'orgueil et de la colère, d'où son déchirement entre le mysticisme et la révolte *(Sous le soleil de Satan,* 1926), son admiration pour Maurras et sa condamnation de Franco *(les Grands Cimetières sous la lune,* 1938). L'important est pour lui la lutte contre tous les obstacles qui barrent le chemin de Dieu : l'argent, le mensonge, l'iniquité, la peur de la mort *(l'Imposture,* 1927 ; *la Joie,* 1929 ; *Un crime,* 1935 ; *le Journal d'un curé de campagne,* 1936 ; *la Nouvelle Histoire de Mouchette,* 1937 ; *Monsieur Ouine,* 1943 ; *le Dialogue des carmélites,* 1949), le péché suprême étant la tiédeur, la médiocrité *(la Grande Peur des bien-pensants,* 1931), l'indifférence *(Nous autres Français,* 1939). C'est dans les faibles et leur désir d'insurrection que Bernanos placera l'avenir du monde *(les Enfants humiliés,* 1949).

Bernard de Clairvaux *(saint),* moine, théologien et docteur de l'Église (Fontaine-lès-Dijon 1090 - Clairvaux 1153). Entré en 1112 avec d'autres jeunes nobles au monastère de Cîteaux, où prenait naissance une réforme, dite « cistercienne », de l'ordre bénédictin, il fonde en 1115 l'abbaye de Clairvaux, dont il fait le centre d'un prodigieux développement du monachisme cistercien. Il prend parti dans les querelles théologiques (notamment contre Abélard) et dans les affaires temporelles ; il conseille les rois et les papes ; il assume la prédication de la deuxième croisade à Vézelay et à Spire (1146). Ses traités, sermons et poésies font de lui un théoricien de l'amour surnaturel et un maître de la vie contemplative.

Bernard, *duc* de Saxe-Weimar, général allemand (Weimar 1604 - Neuenburg 1639). Pendant la guerre de Trente Ans, il succéda à Gustave-Adolphe à la tête de l'armée suédoise ; vaincu à Nördlingen (1634), il passa au service de la France et enleva Brisach (1638) aux impériaux.

Bernard de Ventadour, troubadour limousin (château de Ventadour, Corrèze, v. 1125 - abbaye de Dalon, Dordogne, fin du XIIᵉ s.). Il vécut à la cour d'Aliénor d'Aquitaine et fut l'un des maîtres de la monodie profane au Moyen Âge.

Bernard *(Claude),* physiologiste français (Saint-Julien, Rhône, 1813 - Paris 1878). Il entreprend des études médicales à Paris, comme élève du physiologiste Magendie, et obtient son doctorat en 1843. Il devient en 1855 professeur au Collège de France puis, en 1868, professeur de physiologie comparée au Muséum. Il devient sénateur en 1869.

■ **La révolution expérimentale.** Pour C. Bernard, l'étude du corps humain et la réflexion sur Dieu sont indépendantes l'une de l'autre. Les écrits de C. Bernard sont positivistes (la connaissance vient de faits réels vérifiables), mais ne nient pas l'existence de Dieu. Du point de vue médical, C. Bernard doit se battre contre les résurgences des systèmes médicaux, ensembles d'explications, parfois issues de la philosophie, satisfaisantes uniquement du point de vue intellectuel et ne reposant pas sur la réalité. Profitant, notamment, des récentes découvertes des chimistes et des physiciens, Magendie a créé la médecine expérimentale (en utilisant des animaux), au moins en ce qui concerne la physiologie et la pharmacologie. C. Bernard, son élève, la transforme en une science. Il attire, par exemple, l'attention sur la nécessité de la rigueur, sur le doute en tant que méthode, sur le rôle de l'hypothèse (celle-ci ne doit pas intervenir au cours de l'expérience ni influencer le chercheur). Son livre *Introduction à l'étude de la médecine expérimentale* (1865) deviendra un grand classique.

■ **L'œuvre physiologique.** C. Bernard définit la notion de fonction (rôle précis d'un organe), entrevue par Bichat. Il décrit le milieu intérieur (liquide qui entoure les cellules et permet leur survie ainsi que leur fonctionnement) et l'homéostasie (fonction de l'organisme qui consiste à maintenir ce milieu intérieur constant : température, concentration du glucose, etc.). Il étudie le système nerveux végétatif (qui commande les viscères) et découvre l'action de ce dernier sur le diamètre des vaisseaux sanguins. Il démontre que le foie a une fonction glycogénique. Enfin, C. Bernard prouve que le curare bloque la contraction au niveau de la commande nerveuse. (Acad. fr. 1868.)

Bernard *(Émile),* peintre et écrivain français (Lille 1868 - Paris 1941). Il fut à Pont-Aven l'ami de Gauguin, qu'il a sans doute influencé (élaboration du synthétisme, 1888), puis revint à un art plus traditionnel, guidé par le culte des maîtres du passé, qui transparaît dans ses écrits. Son importante correspondance avec Van Gogh, Cézanne, Gauguin a été publiée.

Bernard *(Jean),* médecin hématologiste français (Paris 1907). Il étudia les causes et les traitements des leucémies et d'autres maladies sanguines. Il fut directeur du centre de recherches où ont été obtenues les premières guérisons de leucémies aiguës. Il a présidé le Comité national d'éthique de 1983 à 1992. (Acad. fr. 1975.)

Bernard *(Samuel),* financier français (Paris 1651 - id. 1739). Louis XIV eut souvent recours à lui.

Bernard *(Paul, dit* Tristan*),* écrivain français (Besançon 1866 - Paris 1947), incarnation de l'esprit parisien et boulevardier par ses romans et ses pièces humoristiques.

Bernard Gui, dominicain français (Royère, Limousin, v. 1261 - Lauroux, Languedoc, 1331), inquisiteur de Toulouse (1307-1323) et évêque de Lodève, auteur d'un *Manuel de l'inquisiteur.*

Bernardin de Saint-Pierre *(Henri),* écrivain français (Le Havre 1737 - Éragny-sur-Oise 1814). Simplificateur larmoyant et naïf des idées de Rousseau dans les *Études de la nature* (1784), il est surtout célèbre pour son idylle colorée de *Paul et Virginie* (1788) [→ Paul], qui vulgarisa les thèmes culturels et poétiques (correspondance, exotisme, émotions religieuses) qui sont à la source du romantisme. (Acad. fr. 1803.)

Bernardin de Sienne *(saint),* franciscain italien (Massa Marittima 1380 - L'Aquila 1444). Il prêcha la réforme des mœurs et, le premier, la dévotion au saint nom de Jésus.

Bernay, ch.-l. d'arr. de l'Eure ; 11 048 hab. *(Bernayens).* Produits de beauté. Fermetures à glissière. — Églises anciennes, dont une ex-abbatiale du XIe siècle.

Berne, *en all.* Bern, cap. fédérale de la Suisse, ch.-l. du *canton de Berne,* sur l'Aar ; 136 338 hab. *(Bernois).* Université. Siège de bureaux internationaux (notamment l'Union

postale universelle). Le *canton de Berne,* le deuxième pour la population (958 192 hab.), s'étend sur 6 049 km², englobant une partie des Alpes (Oberland et Préalpes bernoises), du Mittelland et même du Jura. Le tourisme, la polyculture (céréales, betterave à sucre, tabac) et l'élevage (Emmental) sont juxtaposés à l'industrie (horlogie et constructions mécaniques). — Ville impériale en 1218, Berne entra, ainsi que son canton, dans la Confédération suisse en 1353. Elle devint la capitale fédérale en 1848. — Hôtel de ville remontant au XVe siècle, cathédrale de style gothique tardif, fontaines et maisons anciennes. Musées (Kunstmuseum : peinture ancienne ; coll. d'œuvres de P. Klee).

Berne *(convention de),* convention internationale établie le 9 octobre 1886, relative à la propriété littéraire, scientifique et artistique.

Berne *(conventions de),* conventions internationales élaborées en 1971, relatives au transport par chemin de fer.

Bernard *(Thomas),* écrivain autrichien (Heerlen, Pays-Bas, 1931 - Gmunden, Autriche, 1989). Son œuvre poétique, romanesque (*la Plâtrière,* 1970 ; *Oui,* 1978 ; *Extinction,* 1986) et dramatique (*le Faiseur de théâtre,* 1985 ; *Place des héros,* 1988) compose une longue méditation sur le désespoir et l'autodestruction.

Bernhardt *(Rosine* Bernard, *dite* Sarah*),* actrice française (Paris 1844 - id. 1923). Sa « voix d'or » et sa sensibilité dramatique firent d'elle l'idéal de l'actrice des années 1870-1900.

Berni *(Francesco),* poète italien (Lamporecchio v. 1497 - Florence 1535). Rival de l'Arétin, il est l'auteur de poèmes satiriques (*Roland amoureux,* v. 1530) et parodiques.

Bernin *(Gian Lorenzo* Bernini, dit, en France, **le Cavalier***),* sculpteur et architecte italien (Naples 1598 - Rome 1680). Maître du baroque monumental et décoratif, il réalisa, à Rome, de nombreux travaux pour les églises (baldaquin de Saint-Pierre, 1624 ; *l'Extase de sainte Thérèse,* à S. Maria della Vittoria, 1645-1652), des fontaines (du Triton, des Quatre-Fleuves...), la double colonnade devant la basilique Saint-Pierre, etc. Son style de sculpteur (statues mythologiques, bustes, tombeaux) se caractérise par un mouvement intense, le frémissement des draperies, une expression souvent théâtrale.

Bernina *(la),* massif des Alpes, aux confins de la Suisse et de l'Italie, entre l'Inn et l'Adda ; 4 052 m. Le *col de la Bernina* (2 323 m) relie l'Engadine (Suisse) à la Valteline (Italie).

Bernis *(François Joachim de Pierre de)*, prélat français (Saint-Marcel-en-Vivarais 1715 - Rome 1794). Protégé par Mme de Pompadour, il fut ministre des Affaires étrangères sous Louis XV, cardinal (1758), archevêque d'Albi puis ambassadeur à Rome (1768-1791).

Bernoulli *(les)*, famille suisse de savants, originaire d'Anvers, réfugiée à Bâle depuis la fin du XVIe siècle. **Jacques Ier** (Bâle 1654 - id. 1705), maîtrisant parfaitement le calcul infinitésimal leibnizien, le compléta en de nombreux points, publia la première intégration d'une équation différentielle et fut à l'origine du calcul des variations. Son ouvrage posthume *Ars conjectandi* (1713) est fondamental pour la théorie des probabilités. Son frère **Jean Ier** (Bâle 1667 - id. 1748), correspondant et ami de Leibniz, développa et systématisa le calcul différentiel et intégral. En mécanique, on lui doit le principe des déplacements virtuels. **Daniel Ier** (Groningue 1700 - Bâle 1782), second fils de Jean Ier, appelé avec son frère Nicolas à l'académie de Saint-Pétersbourg (1725-1733), y conduisit des recherches fondamentales en théorie de l'élasticité et en hydrodynamique (théorème de Bernoulli) ; il donna les premiers principes de la théorie cinétique des gaz. Il trouva la solution du problème des cordes vibrantes sous forme d'un développement trigonométrique.

Bernstein *(Eduard)*, théoricien socialiste allemand (Berlin 1850 - id. 1932). Il introduisit un courant réformiste au sein de la social-démocratie allemande.

Bernstein *(Henry)*, auteur dramatique français (Paris 1876 - id. 1953), un des maîtres du théâtre de boulevard (*le Voleur*, 1906 ; *Judith*, 1922 ; *Mélo*, 1929 ; *la Soif*, 1949).

Bernstein *(Leonard)*, compositeur et chef d'orchestre américain (Lawrence, Massachusetts, 1918 - New York 1990). Pianiste de talent, compositeur populaire, il a notamment écrit la célèbre comédie musicale *West Side Story* (1957).

Béroul, trouvère anglo-normand (XIIe s.). Il est l'auteur de la version de *Tristan et Yseult* présentant le plus de traits archaïques (entre 1150 et 1195).

Berque *(Jacques)*, orientaliste français (Molière, Algérie, 1910 - Saint-Julien-en-Born, Landes, 1995). Il a apporté une contribution majeure à la connaissance et à la compréhension du monde araboislamique (*les Arabes d'hier à demain*, 1960 ; *Mémoire des deux rives*, 1989).

Berquin *(Arnaud)*, écrivain français (Bordeaux 1747 - Paris 1791), auteur de poèmes et de récits moralisateurs pour la jeunesse.

Berr *(Henri)*, philosophe et historien français (Lunéville 1863 - Paris 1954), fondateur de la *Revue de synthèse historique* (1900) et de la collection « Évolution de l'humanité » (1920).

Berre *(étang de)*, étang des Bouches-du-Rhône, communiquant avec la Méditerranée par le chenal de Caronte. Sur les bords de l'étang de Berre s'est créé un important complexe de raffinage du pétrole et de pétrochimie.

Berre-l'Étang, ch.-l. de c. des Bouches-du-Rhône, sur l'étang de Berre ; 12 723 hab. *(Berratins)*. Raffinage du pétrole. Pétrochimie.

Berruguete *(Pedro)*, peintre espagnol (Paredes de Nava, Vieille-Castille, v. 1450 - id. 1503/1504). Artiste de transition, il séjourna en Italie (portraits d'hommes célèbres du palais d'Urbino) ; ses retables associent solidité plastique, sens flamand de l'observation et accent mystique proprement espagnol. Son fils **Alonso**, sculpteur et peintre (Paredes de Nava v. 1488 - Tolède 1561), exprime sa spiritualité dans les statues en bois polychrome de ses retables, où la véhémence se dispute aux influences italiennes classique et maniériste.

Berry, région du sud du Bassin parisien (dép. du Cher et de l'Indre), entre la Sologne et le Massif central, formée par la Champagne berrichonne, le Boischaut, la Brenne et le Sancerrois. *(Berrichons.)* **HIST**. Pays des Bituriges à l'époque gauloise, le territoire et sa capitale Avaricum (Bourges) sont conquis par les Romains au Ier s. av. J.-C. Intégré à l'Aquitaine puis comté indépendant sous les Carolingiens, le Berry perd son unité au Xe siècle. Il retourne à la Couronne au XIIIe siècle. En 1360, Jean II le Bon l'érige en duché et le donne en apanage à son fils Jean. Pendant la guerre de Cent Ans, Charles VII, dit « le roi de Bourges », se réfugie dans le Berry, d'où il amorce la reconquête du royaume. En 1584, le duché est définitivement réuni à la Couronne. Le titre de « duc de Berry » sera encore porté par plusieurs princes, dont le second fils de Charles X.

Berry *(Jean de France, duc de)*, prince capétien (Vincennes 1340 - Paris 1416), troisième fils de Jean II le Bon. Il fut associé au gouvernement pendant la minorité de son neveu Charles VI et lorsque celui-ci fut atteint de folie. La célèbre « librairie » (bibliothèque) de ce mécène fastueux contenait quelques-uns des plus beaux manuscrits du siècle, notamment les *Très Riches*

Heures, enluminés par les frères de Limbourg. **Charles Ferdinand de Bourbon,** *duc* de **Berry,** prince français (Versailles 1778 - Paris 1820). Second fils de Charles X et héritier du trône, il fut assassiné par un fanatique, Louvel. **Marie-Caroline de Bourbon-Sicile,** *duchesse* de Berry, femme du précédent (Palerme 1798 - Brünnsee, Autriche, 1870). Fille de François Ier, rois des Deux-Siciles, elle fut la mère du futur comte de Chambord, suivit Charles X dans son exil (1830) et essaya, en vain, de soulever la Vendée contre Louis-Philippe (1832).

Berry *(Jules),* acteur français (Poitiers 1883 - Paris 1951). Après une brillante carrière au Boulevard, il interpréta au cinéma les escrocs cyniques et les personnages diaboliques *(le Crime de M. Lange,* J. Renoir, 1936 ; *les Visiteurs du soir,* M. Carné, 1942).

Berryer [-rje] *(Pierre Antoine),* avocat et homme politique français (Paris 1790 - Augerville-la-Rivière, Loiret, 1868). Orateur légitimiste, il mit cependant son éloquence au service des causes libérales. (Acad. fr. 1852.)

Bert *(Paul),* physiologiste et homme politique français (Auxerre 1833 - Hanoï 1886). Défenseur de la république radicale et laïque, il fut ministre de l'Instruction publique (1881-82). Il étudia la physiologie de la respiration (influence de l'altitude, notamment).

Bertaut *(Jean),* poète français (Donnay, Calvados, 1552 - Séez, auj. Sées, Orne, 1611). Disciple de Ronsard, auteur de poésies d'amour, il fut évêque de Séez.

Bertelsmann, groupe allemand fondé en 1835, l'un des plus grands groupes mondiaux d'édition et de communication.

Bertha (de *Bertha* Krupp, fille de l'industriel allemand d'Essen), surnom des canons lourds allemands qui, à plus de 100 km, tirèrent sur Paris en 1918. Ce surnom reprenait celui donné par les Allemands au mortier de 420 mm employé contre Anvers en 1914.

Berthe ou **Bertrade,** dite Berthe au grand pied (m. à Choisy-au-Bac, Oise, en 783), épouse de Pépin le Bref, mère de Charlemagne et de Carloman.

Berthelot *(Marcellin),* chimiste français (Paris 1827 - id. 1907). Il étudia l'estérification, réalisa de nombreuses synthèses organiques et créa la thermochimie. (Acad. fr. 1901.)

Berthier *(Louis Alexandre),* prince de Neuchâtel et de Wagram, maréchal de France (Versailles 1753 - Bamberg 1815). Attaché à Bonaparte à partir de la campagne d'Italie (1796), il fut ministre de la Guerre (1800-1807). Major général de la Grande Armée de 1805 à 1814, il fut un fidèle collaborateur de Napoléon, qui le nomma maréchal en 1804. Il se rallia néanmoins à Louis XVIII, qui le nomma pair de France.

Berthollet *(Claude, comte),* chimiste français (Talloires 1748 - Arcueil 1822). On lui doit la découverte des hypochlorites et leur application au blanchiment des toiles, la mise au point des explosifs chloratés, l'énoncé des lois de la double décomposition des sels, etc. Il accompagna Bonaparte en Égypte.

Bertillon *(Alphonse),* criminologue français (Paris 1853 - id. 1914). Il créa, en 1879, le système d'identification des criminels par leurs mensurations, connu sous le nom d'*anthropométrie* ou de *bertillonnage.*

Bertin *(Jean),* ingénieur français (Druyes-les-Belles-Fontaines, Yonne, 1917 - Neuilly 1975). D'abord spécialiste des moteurs pour l'aviation, il créa, à partir de 1956, toute une série de véhicules sur coussin d'air (Terraplane, Naviplane, Aérotrain).

Bertin *(Louis François),* dit Bertin l'Aîné, journaliste français (Paris 1766 - id. 1841). Il fit du *Journal des débats* le porte-parole du royalisme constitutionnel, puis de la monarchie de Juillet.

Bertolucci *(Bernardo),* cinéaste italien (Parme 1940). Évocation de ses obsessions ou représentation de l'histoire, ses films révèlent un constant souci formel *(la Stratégie de l'araignée,* 1970 ; *le Dernier Tango à Paris,* 1972 ; *1900,* 1976 ; *le Dernier Empereur,* 1987 ; *Un thé au Sahara,* 1990 ; *Little Buddha,* 1993).

Bertrade de Montfort (1070 ? - Fontevrault 1117 ?), épouse de Philippe Ier, qui l'enleva à son mari Foulques IV le Réchin et l'épousa malgré l'opposition de l'Église (1092).

Bertran de Born, troubadour périgourdin (v. 1140 - abbaye de Dalon, Dordogne, av. 1215), auteur de sirventès, pièces d'inspiration politique et morale.

Bertrand *(Louis, dit* Aloysius*),* écrivain français (Ceva, Piémont, 1807 - Paris 1841). La conception de ses poèmes en prose, mêlant le rêve et l'inconscient *(Gaspard de la nuit,* 1842), enthousiasma Baudelaire, Rimbaud et les surréalistes.

Bertrand *(Henri, comte),* général français (Châteauroux 1773 - id. 1844). Fidèle à Napoléon Ier, il le suivit à l'île d'Elbe et à

Sainte-Hélène puis, en 1840, organisa le retour de ses cendres.

Bertrand *(Marcel),* géologue français (Paris 1847 - *id.* 1907). Fondateur de la tectonique moderne, il a étudié les charriages.

Bérulle *(Pierre* de*),* prêtre français (château de Sérilly, Champagne, 1575 - Paris 1629). Ordonné prêtre en 1599 et créé cardinal en 1627, il introduisit le Carmel en France (1604) et fonda, en 1611, une association de prêtres séculiers, la congrégation de l'Oratoire, en vue de restaurer la dignité de l'état sacerdotal. Sa doctrine, d'une grande élévation théologique et mystique, est considérée comme la pièce maîtresse de l'école française de spiritualité.

Berwald *(Franz Adolf),* compositeur suédois (Stockholm 1796 - *id.* 1868). Ses 4 symphonies (la « Sérieuse », 1842 ; la « Singulière », 1845), ses opéras (*Estrella de Soria,* 1862), sa musique de chambre et ses œuvres pour piano dénotent un tempérament romantique.

Berwick *(James* Stuart Fitz-James ou *en fr.* Jacques Stuart, *duc* de*),* maréchal de France (Moulins 1670 - Philippsburg 1734). Fils naturel de Jacques II, roi d'Angleterre, il ne parvint pas à rétablir son père sur le trône (1689) et entra au service de Louis XIV. Maréchal de France (1706), il remporta en Espagne la victoire d'Almansa (1707).

Berzelius *(Jöns Jacob, baron),* chimiste suédois (Väversunda Sörgård, près de Linköping, 1779 - Stockholm 1848). Son rôle a été fondamental dans l'élaboration de la chimie moderne. Il distingua chimie minérale et chimie organique, introduisit l'usage de lettres comme symboles des éléments et choisit l'oxygène comme élément de base. Il présenta un premier tableau des équivalents, introduisit les concepts d'isomérie, de polymérie et d'allotropie, étudia la catalyse, énonça les lois de l'électrochimie et isola de nombreux corps simples.

Besançon, ch.-l. de la Région Franche-Comté et du dép. du Doubs, sur le Doubs, en bordure du Jura, à 393 km au sud-est de Paris ; 119 194 hab. *(Bisontins).* Archevêché, académie et université, cour d'appel. Centre de l'industrie horlogère. Textile. **ARTS.** Vestiges romains (« Porte Noire »). Cathédrale romane et gothique. Palais Granvelle (Musée historique), hôtel de ville et palais de justice de la Renaissance. Citadelle de Vauban (Musée comtois et autres musées). Beaux monuments du XVIIIe siècle, dont la préfecture et le théâtre (Ledoux, 1778). Riche musée des Beaux-Arts (archéologie ; pein-

ture européenne et dessins ; objets d'art ; section d'horlogerie).

Beskides, chaîne du nord-ouest des Carpates (Slovaquie et Pologne).

Beskra, *anc.* Biskra, v. d'Algérie, ch.-l. de wilaya, en bordure de l'Aurès ; 130 000 hab. Oasis. Tourisme.

Bessarabie, région d'Ukraine et de Moldavie, entre le Prout et le Dniestr. — Annexée par la Russie (1812), elle fut réunie à la Roumanie de 1918 à 1940.

Bessarion *(Jean),* humaniste byzantin (Trébizonde 1403 - Ravenne 1472). Cardinal, partisan de l'Union des Églises, il fut l'un des promoteurs de la renaissance de l'hellénisme en Occident.

Bessel *(Friedrich Wilhelm),* astronome allemand (Minden 1784 - Königsberg 1846). Il effectua, en 1838, la première mesure précise d'une distance stellaire et donna un essor considérable à l'astrométrie. Pour l'analyse des perturbations du mouvement des planètes et des étoiles, il développa les fonctions mathématiques qui portent à présent son nom et qui trouvent de nombreuses applications en physique.

Bessemer *(sir Henry),* industriel et métallurgiste britannique (Charlton, Hertfordshire, 1813 - Londres 1898). Il est l'inventeur d'un procédé pour la transformation de la fonte en acier (1855) par insufflation d'air sous pression dans un appareil à revêtement intérieur spécial ; ce procédé s'est imposé partout en raison de son faible prix de revient.

Bessières *(Jean-Baptiste), duc d'*Istrie, maréchal de France (Prayssac, près de Cahors, 1768 - Rippach 1813). Commandant la cavalerie de la Garde (1805 et 1812) puis de toute la Garde (1807, 1810 et 1813), il fut tué la veille de la bataille de Lützen.

Bessin, région herbagère de la Normandie, dans le Calvados. (Hab. *Bessins.*)

Betancourt *(Rómulo),* homme d'État vénézuélien (Guatire 1908 - New York 1981), président de la République de 1959 à 1964.

Bethe *(Hans Albrecht),* physicien américain d'origine allemande (Strasbourg 1906). Il a découvert, en 1938, le cycle de transformations thermonucléaires pouvant expliquer l'origine de l'énergie du Soleil et des étoiles. (Prix Nobel 1967.)

Béthencourt *(Jean* de*),* navigateur normand (Grainville-la-Teinturière v. 1360 - *id.* 1425), colonisateur des Canaries.

Bethenod *(Joseph),* électrotechnicien français (Lyon 1883 - Paris 1944). Il est l'auteur de travaux sur les transformateurs et les alternateurs et d'inventions relatives à la radiotélégraphie.

Bethléem, *en ar.* Bayt Laḥm, v. de Cisjordanie, au sud de Jérusalem ; 24 100 hab. RELIG. Mentionnée en tant que ville royale par les documents découverts dans le site égyptien de Tell al-Amarna (XIVᵉ s. av. J.-C.), elle était la patrie de David, qui y fut sacré par Samuel. Selon les Évangiles de Matthieu et de Luc, Bethléem (« Maison du pain », d'après une étymologie hébraïque) fut le lieu de naissance de Jésus.

Bethlen *(Gabriel* ou *Gábor)* [Illye 1580 - Gyulafehérvár 1629], prince de Transylvanie (1613-1629). Il intervint dans la guerre de Trente Ans aux côtés des puissances protestantes.

Bethmann-Hollweg *(Theobald* von*),* homme politique allemand (Hohenfinow, Brandebourg, 1856 - *id.* 1921), chancelier de l'Empire allemand (1909-1917).

Bethsabée, mère de Salomon. David en tomba amoureux après l'avoir vue en train de se baigner (II Samuel, XI, 2-4) et, pour l'épouser, envoya son mari Urie se faire tuer au combat.

Béthune, ch.-l. d'arr. du Pas-de-Calais ; 25 261 hab. *(Béthunois).* Constructions mécaniques. Pneumatiques. — Beffroi du XIVᵉ siècle, restauré.

Bétique, province romaine de la péninsule Ibérique, avec Cordoue pour capitale.

Bétiques *(chaînes* ou *cordillères),* massif de l'Espagne méridionale ; 3 478 m au Mulhacén, dans la sierra Nevada.

Betsiléo, peuple de langue malgache vivant sur le plateau central de Madagascar.

Bettelheim *(Bruno),* psychanalyste américain d'origine autrichienne (Vienne 1903 - Silver Spring, Maryland, 1990). Son expérience des camps nazis le convainc de faire fond sur l'extraordinaire capacité de résistance qui subsiste en l'homme dans les pires situations d'aliénation. Il s'est consacré au traitement des psychoses infantiles et de l'autisme (*la Forteresse vide,* 1967). Il s'est aussi intéressé aux contes de fées (*Psychanalyse des contes de fées,* 1973).

Bettignies *(Louise* de*),* héroïne française (près de Saint-Amand-les-Eaux 1880 - Cologne 1918). Créatrice d'un service de renseignements, elle fut arrêtée par les Allemands (1915) et mourut en captivité.

Beuve-Méry *(Hubert),* journaliste français (Paris 1902 - Fontainebleau 1989), fondateur (déc. 1944) du journal *le Monde.*

Beuvray *(mont)* → **Bibracte.**

Beuys *(Joseph),* artiste allemand (Clèves 1921 - Düsseldorf 1986). Protagoniste majeur de l'avant-garde à partir du début des années 60 (avec le groupe Fluxus), il a fait appel à des matériaux (feutre, graisse, objets de toute sorte) et à des modes d'expression (interventions, environnements-actions) non traditionnels, mêlant création et enseignement, art, sociologie et politique avec un sens fructueux de la provocation.

Bevan *(Aneurin),* homme politique britannique (Tredegar 1897 - Asheridge Farm 1960), l'un des chefs du Parti travailliste.

Beveland *(îles),* anciennes îles des Pays-Bas (Zélande), aujourd'hui reliées au continent.

Beveren, comm. de Belgique (Flandre-Orientale) ; 42 627 hab. — Église des XVᵉ et XVIIᵉ siècles.

Beveridge *(lord William Henry),* économiste et administrateur britannique (Rangpur, Bengale, 1879 - Oxford 1963). Il fut l'auteur d'un plan de sécurité sociale (1942) en Grande-Bretagne et de travaux sur le « plein emploi » de la main-d'œuvre et la sécurité du revenu (1944).

Bevin *(Ernest),* homme politique britannique (Winsford 1881 - Londres 1951). Syndicaliste, travailliste, ministre du Travail (1940-1945), il fut secrétaire d'État aux Affaires étrangères (1945-1951).

Beyle *(Henri)* → **Stendhal.**

Beyrouth [berut], en ar. Bayrūt, cap. du Liban, sur la Méditerranée ; 1 100 000 hab. La guerre civile des années 1970 et 1980 a ruiné une prospérité fondée sur les activités commerciales (port national et de transit vers la Syrie, la Jordanie et l'Iraq) et financières (zone franche et important réseau bancaire). — Musée archéologique.

Bèze *(Théodore* de*),* théologien protestant français, lieutenant de Calvin (Vézelay 1519 - Genève 1605). Abjurant le catholicisme en 1548, il devient en 1558 professeur de théologie et pasteur à Genève. Il participe à différentes missions diplomatiques et disputes doctrinales, notamment au colloque de Poissy (1561). À la mort de Calvin (1564), il le remplace à la tête du protestantisme genevois. Il fut l'un des initiateurs de la tragédie humaniste avec *Abraham sacrifiant* (1550).

Béziers [-zje], ch.-l. d'arr. de l'Hérault, sur l'Orb et le canal du Midi ; 72 362 hab. *(Biterrois).* Marché viticole. — Église St-Nazaire, ancienne cathédrale fortifiée (XIIᵉ-XIVᵉ s.) et autres monuments. Riches musée des Beaux-Arts et musée du Biterrois.

Bézout (*Étienne*), mathématicien français (Nemours 1730 - Les Basses-Loges, près de Fontainebleau, 1783). Il est l'auteur d'une théorie générale des équations algébriques.

Bhadgaun ou **Bhatgaon**, v. du Népal ; 84 000 hab. — Fondée au IXe siècle, elle devint au XVe la capitale de l'un des royaumes de la vallée de Katmandou. Remarquable ensemble monumental (temples et palais) du XVIIe siècle.

Bhagalpur, v. de l'Inde (Bihar), sur le Gange ; 261 855 hab.

Bharat, nom hindi de l'Inde.

Bharhut, site archéologique de l'Inde centrale, dans l'État du Madhya Pradesh, où les fragments de l'un des plus anciens stupas connus ont été découverts. Les bas-reliefs (Musée indien de Calcutta) qui ornaient la balustrade et le porche illustrent avec verve les vies antérieures du Bouddha, dans un style encore archaïque qui préfigure celui de Sanci.

Bhartrihari, poète et grammairien indien d'expression sanskrite du VIIe siècle.

Bhatgaon → Bhadgaun.

Bhatpara, v. de l'Inde (Bengale-Occidental) ; 265 000 hab.

Bhavabhuti, auteur dramatique indien d'expression sanskrite (VIIe-VIIIe s.).

Bhavnagar, port de l'Inde (Gujerat), dans la presqu'île de Kathiawar ; 403 521 hab.

Bhilainagar → Durg-Bhilainagar.

Bhopal, v. de l'Inde, cap. du Madhya Pradesh ; 1 063 662 hab. Une fuite de gaz toxique a provoqué la mort de plus de 2 000 personnes en 1984.

Bhoutan, État d'Asie, en bordure de l'Himalaya. 47 000 km² ; 1,4 million d'hab. (*Bhoutanais*). CAP. *Thimbu*. LANGUE : *tibétain*. MONNAIES : *ngultrum* et *roupie* (indienne). Il est en majeure partie couvert par la forêt. Élevage. Riz et maïs.

HISTOIRE

Occupé au XVIIe s. par les Tibétains, le Bhoutan devient vassal de l'Inde à partir de 1865.
1910-1949. Le pays est contrôlé par les Britanniques.
1949. Il est soumis à un semi-protectorat indien.
1971. Le Bhoutan devient indépendant.

Bhubaneswar, v. de l'Inde, cap. de l'Orissa ; 411 542 hab. ARTS. Centre shivaïte important depuis le Ve siècle, dont les très nombreux temples, édifiés entre le VIIIe et le

XIIIe siècle, présentent l'évolution complète de l'architecture caractéristique de l'Orissa (Parashurameshvara, VIIIe s. ; Mukteshvara, Xe s. ; Lingaraja, à la haute tour sanctuaire à superstructure curviligne, XIe s.).

Bhumibol Adulyadej (Cambridge, Massachusetts, 1927), roi de Thaïlande depuis 1950 sous le nom de Rama IX.

Bhutto (*Zulfikar Ali*), homme politique pakistanais (Larkana 1928 - Rawalpindi 1979). Président de la République (1971-1973), puis Premier ministre jusqu'en 1977, il fut renversé et exécuté par le général Zia ul-Haq. Sa fille **Benazir** (Karachi 1953), première femme chef de gouvernement dans un pays musulman, est Premier ministre de 1988 à 1990 et de nouveau à partir de 1993.

Biache-Saint-Vaast, comm. du Pas-de-Calais ; 4 000 hab. Métallurgie. Cimenterie. — Gisement préhistorique remontant à 170 000 ans (crâne « prénéandertalien », silex type Levallois, zone d'habitat, utilisation du feu).

Biafra (*République du*), nom que prit la région sud-est du Nigeria, peuplée majoritairement par l'ethnie des Ibo, lorsqu'elle fit sécession (1967-1970).

Bialik (*Hayim Nahman*), poète d'expression hébraïque (Rady, Ukraine, 1873 - Vienne 1934). Il exerça une influence profonde sur le mouvement sioniste (*le Rouleau de feu*, 1905).

Białystok, v. du nord-est de la Pologne, ch.-l. de voïévodie ; 264 000 hab.

Bianciotti (*Hector*), écrivain argentin naturalisé français (Córdoba 1930). Parisien depuis 1961, il est l'auteur de romans à la lisière du fantastique, en espagnol (*les Déserts dorés*, 1967) puis en français (*Sans la miséricorde du Christ*, 1985 ; *Ce que la nuit raconte au jour*, 1992).

Biarritz [-rits], ch.-l. de c. des Pyrénées-Atlantiques, sur le golfe de Gascogne ; 28 897 hab. (*Biarrots*). Station balnéaire et climatique. — Musée de la Mer.

Biber ou **von Bibern** (*Heinrich Ignaz Franz*), violoniste et compositeur autrichien (Wartenberg, Bohême, 1644 - Salzbourg 1704), auteur de sonates pour violon (*les Mystères de la vie de Marie*, ou *Sonates du rosaire*, v. 1676) et de musique d'église.

Bibiena, surnom (emprunté à sa ville d'origine, Bibbiena, près d'Arezzo) de la famille des Galli, architectes scénographes, peintres et graveurs italiens, parmi lesquels **Ferdinando** (Bologne 1657 - id. 1743), actif dans différentes cours d'Europe et auteur de traités de perspective scénique, ses fils **Giuseppe** (Parme 1696 - Berlin 1756) et **Antonio** (Parme 1700 - Milan 1774, architecte du théâtre de Bologne), tous virtuoses du décor monumental imaginaire.

Bibliothèque nationale de France (B. N. F.), établissement public créé en 1994 pour succéder aux établissements publics de la Bibliothèque nationale (B. N.), créé en 1926, et de la Bibliothèque de France (B. D. F.), créé en 1989.
La Bibliothèque nationale, située à Paris (rue de Richelieu, IIᵉ arr.), dont l'origine remonte à Charles V, conserve l'ensemble des imprimés (livres et périodiques), estampes, cartes, médailles, etc., parus en France. La Bibliothèque de France, construite sur la rive gauche de la Seine, entre les ponts de Bercy et de Tolbiac (XIIIᵉ arr. ; architecte : Dominique Perrault), recevra notamment, lors de son ouverture au public — prévue pour 1996 —, les imprimés auj. conservés à la Bibliothèque nationale.

Bibracte, v. de Gaule, capitale et oppidum des Éduens, sur le mont Beuvray. ARCHÉOL. Après les fouilles du XIXᵉ siècle, le programme de recherches pluridisciplinaires entrepris en 1984 a permis notamment de mieux étudier l'enceinte, les défenses et l'organisation urbaine de l'oppidum (quartier des artisans, cœur de la cité, etc.). Musée.

Bicêtre, localité du Val-de-Marne (comm. du Kremlin-Bicêtre). — Hôpital pluridisciplinaire (en partie du XVIIᵉ et du XVIIIᵉ s.).

Bich (*Marcel*), industriel français d'origine italienne (Turin 1914 - Paris 1994). Ayant repris, avec un associé, l'exploitation d'un atelier de montures de stylographes et de portemines, il met au point la mécanisation complète de ce genre de fabrication. Après la Seconde Guerre mondiale, il se fait connaître avec la diffusion du stylo à bille « Bic ». Il a fondé en 1953 l'entreprise Bic.

Bichat (*Xavier*), anatomiste et physiologiste français (Thoirette, Jura, 1771 - Paris 1802). Il fut le premier à décrire les tissus (ensembles de cellules spécialisées), leur classification, leur répartition dans les organes, leurs principales lésions et il entrevit la notion moderne de fonction (rôle précis dans l'organisme). Il a écrit *Recherches physiologiques sur la vie et la mort* (1799).

Bichkek, jusqu'en 1991 Frounze, cap. du Kirghizistan ; 616 000 hab. Constructions mécaniques.

Bickford (*William*), ingénieur britannique (Bickington, Devon, 1774 - Camborne, Corn-

wall, 1834), inventeur de la mèche de sûreté pour mineurs (1831).

Bidault (*Georges*), homme politique français (Moulins 1899 - Cambo-les-Bains 1983). Président du Conseil national de la Résistance et l'un des fondateurs du Mouvement républicain populaire (M. R. P.), il fut président du Conseil (1949-50) et ministre des Affaires étrangères sous la IVᵉ République. Opposé à la politique algérienne du général de Gaulle, il s'exila de 1962 à 1968.

Bidpai ou **Pilpay,** brahmane hindou (IIIᵉ s. ?) qui aurait rédigé en sanskrit un recueil d'apologues dont s'inspira La Fontaine.

Biedermeier (de *Bieder[mann]* et *[Bummel]meier,* personnages littéraires), nom donné au style de la peinture et des arts décoratifs s'adressant aux classes moyennes, en Allemagne et en Autriche, dans les années 1815-1848.

Bielefeld, v. d'Allemagne (Rhénanie-du-Nord-Westphalie) ; 315 096 hab. — Château fort. Musée des Beaux-Arts (XXᵉ s.).

Bielgorod → Belgorod.

Bielinski → Belinski.

Biélorussie, anc. Russie Blanche, État d'Europe orientale ; 208 000 km² ; 10 200 000 hab. (*Biélorusses*). CAP. *Minsk.* LANGUES : biélorusse et russe. MONNAIE : *rouble.*

GÉOGRAPHIE
Entité historique, peuplée à près de 80 % de Biélorusses de souche, aux confins de la Pologne et des Républiques baltes, la Biélorussie est un pays peu accidenté, humide et frais, en partie boisé, parsemé de marécages et de lacs. L'agriculture est dominée par les cultures du lin et de la pomme de terre, l'élevage bovin et porcin. Le sous-sol recèle de la potasse. L'importation d'hydrocarbures a stimulé l'industrie (chimie, constructions mécaniques et électriques), implantée notamment à Minsk, Grodno, Gomel, Moguilev et Vitebsk, les principales villes.
HISTOIRE
La région, peuplée de Slaves orientaux, fait partie de la Russie kiévienne du IXᵉ au XIIᵉ s. Elle est intégrée au XIIIᵉs. dans le grand-duché de Lituanie, uni à la Pologne à partir de 1385. La différenciation entre les trois branches de Slaves orientaux, Biélorusses, Russes et Ukrainiens, se précise entre le XIVᵉ et le XVIIᵉs.
1772-1793. Les deux premiers partages de la Pologne donnent la Biélorussie à l'Empire russe.
1919. Une république socialiste soviétique (R.S.S.) de Biélorussie, indépendante, est

proclamée. La R.S.S. de Biélorussie fait partie de l'U.R.S.S. de 1922 à 1991. Elle s'agrandit en 1939 de la Biélorussie occidentale, enlevée à la Pologne.
1991. L'indépendance est proclamée (août). La Biélorussie adhère à la Communauté d'États indépendants (déc.).
1994. La Biélorussie se dote d'un régime présidentiel et s'engage sur la voie d'un rapprochement de plus en plus marqué avec la Russie.

Bielsko-Biała, v. de Pologne, en Silésie, ch.-l. de voïévodie ; 180 000 hab.

Bielyï *(Andreï)* → Belyï.

Bienaymé *(Jules),* statisticien français (Paris 1796 - id. 1878). Il étudia le calcul des probabilités et ses applications aux sciences financières. Il découvrit une inégalité fondamentale qui servit à Tchebychev pour l'étude de la convergence en probabilité.

Bienne, *en all.* Biel, v. de Suisse (canton de Berne), sur le *lac de Bienne* (40 km²), qui communique avec le lac de Neuchâtel par la Thièle ; 51 893 hab. Horlogerie. — Noyau médiéval sur une hauteur. Musée d'Archéologie.

Bien public *(ligue du),* coalition féodale dirigée contre le gouvernement autoritaire de Louis XI. Elle fut dissoute après la bataille de Montlhéry (1465).

Bienvenüe [-ny] *(Fulgence),* ingénieur français (Uzel 1852 - Paris 1936). Ingénieur en chef au service municipal de la Ville de Paris en 1891, il dirigea le service d'adduction des nouvelles eaux de source et créa à Gennevilliers un port de Paris. Il conçut (1896) puis dirigea la réalisation du métro de Paris.

Bierut *(Bolesław),* homme d'État polonais (près de Lublin 1892 - Moscou 1956). Président de la République à partir de 1945 et premier secrétaire du Parti ouvrier polonais (1948-1956), il présida à l'alignement de son pays sur le modèle soviétique.

Bièvres, ch.-l. de c. de l'Essonne, sur la Bièvre, à 11 km au S.-O. de Paris ; 4 308 hab. — Musée français de la Photographie, fondé en 1960, conservant d'importantes collections d'appareils photographiques, de daguerréotypes et de photographies.

Bigorre *(la),* comté français réuni au Béarn en 1425. Cap. *Tarbes.* (Hab. *Bigourdans.*)

Bigot de Préameneu *(Félix),* jurisconsulte français (Rennes 1747 - Paris 1825), un des rédacteurs du Code civil. (Acad. fr. 1803.)

Bihar, État de l'Inde, dans le nord-est du Deccan et dans l'est de la plaine du Gange ; 174 000 km² ; 86 338 853 hab. Cap. *Patna.*

Bihor ou **Bihar** → Apuseni.

Biisk, v. de Russie, en Sibérie, sur l'Ob ; 233 000 hab.

Bijapur, v. de l'Inde (Karnataka) ; 193 038 hab. — L'importance ancienne de la ville est attestée par les vestiges de temples préislamiques, mais aussi par 50 mosquées, 20 palais et autant de tombeaux construits alors qu'elle était la capitale d'un État indépendant.

Bikaner, v. de l'Inde (Rajasthan) ; 415 355 hab. Textile. — Forteresse (XVᵉ s.).

Bikini, îlot du Pacifique (îles Marshall), où eurent lieu à partir de 1946 des expérimentations nucléaires américaines.

Bilaspur, v. de l'Inde (Madhya Pradesh) ; 233 570 hab.

Bilbao, v. d'Espagne, principale ville du Pays basque, ch.-l. de la Biscaye, port sur le Nervión canalisé ; 369 839 hab. (plus de 800 000 hab. avec les banlieues). Centre industriel. Musées.

Bildt *(Carl),* homme politique suédois (Halmstad 1949). Premier ministre de 1991 à 1994, il est investi en 1995 de missions de médiation (au nom de l'Union européenne) puis de contrôle des aspects civils du rétablissement de la paix dans l'ex-Yougoslavie.

Bild Zeitung, le plus important quotidien d'Allemagne par son tirage, créé en 1952 par A. Springer sous le titre de *10 Pf. Bild Zeitung* (le Journal à 10 pfennigs) et qui prit son titre actuel en 1960.

Bill *(Max),* architecte, designer, peintre, sculpteur et théoricien suisse (Winterthur 1908 - Berlin 1994). Formé à Zurich et au Bauhaus de Dessau, membre du groupe Abstraction-Création (1932), il développe les principes d'un art concret (1936), s'attache à la synthèse des différentes disciplines et mène d'importantes activités pédagogiques (fondation en 1950 de l'École d'esthétique pratique d'Ulm).

Billaud-Varenne *(Jean Nicolas),* révolutionnaire français (La Rochelle 1756 - Port-au-Prince 1819). Membre du Comité de salut public (1793), il fut d'abord partisan de Robespierre mais se retourna contre lui au 9-Thermidor. Adversaire de la réaction qui suivit, il fut déporté à Cayenne (1795).

Billiton → Belitung.

Binche, v. de Belgique (Hainaut) ; 32 837 hab. — Importants vestiges d'une enceinte médiévale garnie de tours. Célèbre carnaval. Musée du Carnaval et du Masque.

Binchois *(Gilles),* compositeur flamand (Mons v. 1400 - Soignies 1460). Musicien de Philippe le Bon, il a composé surtout des chansons, écrites dans la forme du rondeau, et des motets polyphoniques.

Binet *(Alfred)*, psychologue français (Nice 1857 - Paris 1911). Il a fondé la psychologie expérimentale en France et créé la méthode des tests de niveau intellectuel *(échelle de Binet-Simon)*.

Binet *(Léon)*, médecin et physiologiste français (Saint-Martin, Seine-et-Marne, 1891 - Paris 1971). Il travailla sur les traitements de réanimation au cours des asphyxies, des hémorragies, des occlusions intestinales. Il étudia la physiologie et l'exploration fonctionnelle du poumon. Il a laissé des ouvrages de technique et de réflexion sur la vie.

Binford *(Lewis)*, préhistorien américain (1930). Il assigne pour but à l'archéologie l'explication des processus d'évolution culturelle (*New Perspectives in Archaeology*, 1968). Travaillant sur le paléolithique de l'Ancien Monde et les sites paléo-indiens d'Amérique du Nord, il est l'un des principaux promoteurs de l'ethnoarchéologie comme instrument d'interprétation (*Nunamiut Ethnoarchaeology*, 1978).

Binger *(Louis Gustave)*, officier français (Strasbourg 1856 - L'Isle-Adam 1936). Il explora la boucle du Niger (1887-1889) et la Côte d'Ivoire, dont il fut gouverneur (1893-1897).

Binnig *(Gerd)*, physicien allemand (Francfort 1947). Il a conçu, avec H. Rohrer, le premier microscope électronique à effet tunnel. (Prix Nobel 1986.)

Bioko ou **Bioco**, *anc.* Fernando Poo, île de la Guinée équatoriale ; 2 017 km² ; 100 000 hab. V. princ. *Malabo*.

Biot *(Jean-Baptiste)*, physicien français (Paris 1774 - *id.* 1862). Il a reconnu l'origine céleste des météorites, établi une théorie de la conductibilité calorifique et effectué la première ascension scientifique en ballon pour étudier le magnétisme terrestre. Il a découvert, en 1815, le pouvoir rotatoire de certains liquides, mesuré la vitesse du son dans les solides et déterminé avec Savart, en 1820, la valeur du champ magnétique engendré par un courant rectiligne. (Acad. fr. 1856.)

Bioy Casares *(Adolfo)*, écrivain argentin (Buenos Aires 1914). L'un des maîtres du récit fantastique, où l'étrange se teinte d'humour (*l'Invention de Morel*, 1940 ; *Dormir au soleil*, 1973), il a composé avec J. L. Borges une *Anthologie de la littérature fantastique* (1940).

Bird *(Junius Bouton)*, archéologue américain (Rye, État de New York, 1907 - New York 1982). Ses travaux sur des sites de chasseurs-cueilleurs, en Patagonie chilienne (grotte de Fell), ont démontré à la fois leur ancienneté et l'expansion du peuplement paléo-indien dans le continent sud-américain. À partir des années 40, il travaille sur la zone côtière du Pérou et met au point des techniques d'études et de conservation des vestiges archéologiques.

Bir Hakeim *(bataille de)*, bataille de la campagne de Libye, durant la Seconde Guerre mondiale, en 1942, qui eut lieu à 60 km au sud-ouest de Tobrouk. Un détachement des Forces françaises libres, commandé par Kœnig, y résista aux Allemands et aux Italiens commandés par Rommel, puis réussit à rejoindre les lignes britanniques.

Birkenau, *en polon.* Brzezinka, localité de Pologne, près d'Auschwitz. Camp de concentration allemand (1941-1945).

Birkenhead, v. de Grande-Bretagne, sur l'estuaire de la Mersey ; 280 000 hab.

Birkhoff *(George David)*, mathématicien américain (Overisel, Michigan, 1884 - Cambridge, Massachusetts, 1944). Il s'est particulièrement intéressé à l'analyse et au problème des trois corps.

Birmanie, en birman **Myanmar**, État de l'Indochine occidentale, groupant en une fédération l'anc. colonie anglaise de Birmanie et sept États « périphériques » peuplés de minorités ethniques (20 % au total de la population) ; 678 000 km² ; 42 100 000 hab. *(Birmans.)* CAP. *Rangoon.* LANGUE : *birman.* MONNAIE : *kyat.*
GÉOGRAPHIE
Le cœur de ce pays, coupé par le tropique et dans le domaine de la mousson (pluies d'été), est une longue dépression drainée par l'Irrawaddy, plus humide au S. (dans la basse Birmanie, correspondant approximativement au delta du fleuve) qu'au N. (haute Birmanie, autour de Mandalay). Le pourtour est montagneux (chaîne de l'Arakan à l'O., monts des Kachins au N., plateau Chan (Tenasserim à l'E.), souvent très arrosé et boisé, difficilement pénétrable. C'est ici que vivent essentiellement les minorités, parfois remuantes, dans des États « périphériques ». La majeure partie de la population proprement birmane, en accroissement assez rapide, se groupe dans la dépression centrale.
Le delta est une grande région rizicole, alors que le riz est juxtaposé au millet, au coton, à l'arachide, au tabac dans la haute Birmanie. L'exploitation de la forêt (teck) est la res-

source essentielle de la montagne. La Birmanie produit un peu de pétrole et de gaz naturel, recèle quelques minerais métalliques (plomb, étain, tungstène), mais l'industrie est très peu développée (excepté l'agroalimentaire), guère stimulée d'ailleurs (comme le tourisme) par la socialisation de l'économie. L'accroissement de population a pratiquement supprimé les exportations de riz et contribué au déficit de la balance commerciale.

HISTOIRE

Au cours de l'histoire, la Birmanie a été occupée par des peuples d'origines variées. Les Birmans sont arrivés au début du IXᵉ s. **XIᵉ s.** Constitution d'un État birman.
1287-1299. Cet État est détruit par des Mongols de Chine et des Chan (ethnie de langue thaïe).
Au cours du XIXᵉs., les Anglais conquièrent le pays qui est englobé dans l'empire des Indes.
1942-1945. Occupation japonaise au cours de la Seconde Guerre mondiale.
1948. Indépendance de la Birmanie.
Elle pratique une politique de stricte neutralité et à tendance socialiste (nationalisations). L'État est régulièrement confronté à des rébellions des minorités ethniques.
1962. Le général Ne Win prend le pouvoir.
1981. Ne Win est remplacé par le général San Yu, mais il conserve la réalité du pouvoir.
1988. Dans un contexte de crise grave, Ne Win et San Yu quittent leurs fonctions. Les gouvernements militaires se succèdent.
1990. L'opposition remporte les élections, mais les militaires gardent le pouvoir.
1995. Une décrispation s'amorce avec la libération de Aung San Suu Kyi, leader de l'opposition.

Birmanie *(route de),* route reliant Rangoon à Kunming (Yunnan), construite en 1938. — Elle permit aux Alliés de ravitailler en Chine l'armée de Jiang Jieshi (1943-1945).

Birmingham, v. de Grande-Bretagne, dans les Midlands, sur la Rea. Élément essentiel de la conurbation des West Midlands (plus de 2,6 millions d'hab.), la ville compte 993 000 hab. La sidérurgie, développée au XVIIIᵉ siècle grâce à la présence de charbon et de fer, a disparu, mais la métallurgie de transformation, diversifiée, demeure importante, bien que souvent en difficulté. — Riche musée.

Birmingham, v. des États-Unis (Alabama) ; 265 968 hab. Métallurgie.

Birobidjan, v. de Russie, ch.-l. de la région autonome des Juifs (l'anc. *Birobidjan*), à l'ouest de Khabarovsk ; 82 000 hab.

Biron, famille française dont le berceau fut le château de Biron (Dordogne). Ses membres les plus célèbres sont : **Armand de Gontaut** *(baron* de Biron*),* maréchal de France (v. 1524 - Épernay 1592), qui mourut en combattant aux côtés d'Henri IV contre les ligueurs ; **Charles,** son fils, *duc* de Biron (1562 - Paris 1602), qui défendit d'abord la cause d'Henri IV puis complota avec le duc de Savoie et l'Espagne contre la France et fut décapité.

Biruni (al-), un des plus grands savants de l'islam médiéval (Kath, capitale du Kharezm, 973 - Ghazni ? apr. 1050). Iranien d'origine, il reçut une formation scientifique et voyagea beaucoup. Il séjourna chez le sultan Mahmud de Ghazni (1017). Il a laissé de nombreux traités concernant les mathématiques, l'astronomie, la médecine, l'histoire des civilisations.

Bisayan → Visaya.

Biscaye [-kaj], *en esp.* Vizcaya, l'une des provinces basques d'Espagne ; 1 153 515 hab. Ch.-l. *Bilbao.*

Biskra → Beskra.

Bismarck *(archipel),* archipel de la Papouasie-Nouvelle-Guinée, au nord-est de la Nouvelle-Guinée. L'île principale est la Nouvelle-Bretagne. — Ancienne colonie allemande (1884-1914). Confié en mandat à l'Australie en 1921, l'archipel est rattaché à la partie orientale de la Nouvelle-Guinée, qui devint indépendante en 1975 sous le nom de Papouasie-Nouvelle-Guinée.

Bismarck *(Otto, prince von),* ou, plus précisément, von Bismarck-Schönhausen, homme d'État allemand (Schönhausen 1815 - Friedrichsruh 1898). Hobereau luthérien, député au Landtag (assemblée) de Prusse (1847), il s'oppose à la révolution de 1848. Appelé, en 1862, à la présidence du Conseil par Guillaume Iᵉʳ, qui ne peut obtenir du Landtag les crédits militaires exigés par la réforme de Moltke, il fait voter ces crédits — qui dotent la Prusse d'une armée modèle — et instaure en Prusse un régime autoritaire.
De 1864 à 1871, Bismarck réalise l'unité allemande, au profit de la Prusse, en plusieurs temps : ayant battu l'Autriche à Sadowa (1866), il l'élimine de la nouvelle confédération germanique (la Confédération de l'Allemagne du Nord) ; remportant une victoire complète dans la guerre franco-allemande, il annexe l'Alsace-Lorraine et fait proclamer à

Versailles, le 18 janv. 1871, l'Empire allemand. Chancelier de cet empire et président
du Conseil de Prusse, il renforce l'autorité
impériale à l'égard des États allemands et
impose une unité monétaire, le mark (1873).
Bismarck domine durant vingt ans la scène
diplomatique, imposant à l'Europe un système d'alliances fondé sur l'isolement de la
France. Pour cela, il s'allie avec les puissances continentales et conservatrices, l'Autriche-Hongrie et la Russie. En Allemagne, son
autoritarisme doit compter avec les catholiques, qu'il affronte d'abord brutalement
(*Kulturkampf*), avec les Alsaciens-Lorrains,
qui acceptent difficilement d'être sujets allemands ; avec la social-démocratie, qu'il
s'efforce de neutraliser par la répression et
par l'application d'une législation sociale
avancée. Ne pouvant supporter le jeune
empereur Guillaume II (1888), Bismarck
quitte le pouvoir en 1890.

Bissagos (*îles*), archipel de la Guinée-Bissau.

Bissau, cap. de la Guinée-Bissau ;
110 000 hab. Aéroport.

Bissière (*Roger*), peintre français (Villeréal,
Lot-et-Garonne, 1886 - Boissiérette, Lot,
1964). Pratiquant un cubisme modéré dans
les années 1920 et 1930, il parvint après la
guerre à la célébrité avec des œuvres non
figuratives de petit format, trames souples
d'horizontales et de verticales où la couleur
joue comme une effusion, une confidence.

B. I. T., sigle de Bureau international du travail (Organisation internationale du travail).

Bithynie, région et royaume du nord-ouest
de l'Asie Mineure, en bordure de la mer
Noire et de la mer de Marmara. Indépendante au IIIᵉ siècle, elle eut pour dernier
souverain Nicomède IV, qui la légua aux
Romains (74 av. J.-C.).

Bitola ou **Bitolj,** *anc.* Monastir, v. du sud
de la Macédoine ; 80 000 hab.

Bituriges (« rois du monde »), peuple de la
Gaule dont les deux principaux groupes
avaient pour centres, l'un, Burdigala (Bordeaux), l'autre, Avaricum (Bourges).

Bizerte, v. de Tunisie, sur le détroit de
Sicile : 94 500 hab. Raffinage du pétrole. —
Base navale de la Méditerranée, au débouché du *lac de Bizerte*, utilisée par la France de
1882 à 1963.

Bizet (*Georges*), compositeur français (Paris
1838 - Bougival 1875). Sa musique est claire,
élégante et d'un langage harmonique très
personnel. Prix de Rome en 1857, il se consacre à l'art lyrique mais n'est reconnu qu'avec
Carmen, en 1875. Après sa mort, ses princi-

paux ouvrages remportent un vif succès (*les
Pêcheurs de perles,* 1863 ; *la Jolie Fille de Perth,*
1866 ; *l'Arlésienne,* 1872), révélant un musicien original, brillant orchestrateur et fin dramaturge.

Bjørnson (*Bjørnstjerne*), écrivain norvégien
(Kvikne 1832 - Paris 1910). Comme Ibsen,
il évolua du romantisme vers une inspiration réaliste et sociale. À travers la littérature, le théâtre (*Une faillite,* 1875 ; *Au-delà des
forces,* 1883-1895), la presse et la politique, il
mena un combat destiné à réveiller en Norvège la conscience nationale d'une prestigieuse culture passée et à ouvrir son pays au
libéralisme, au socialisme et au naturalisme.
(Prix Nobel 1903.)

Black (*Joseph*), physicien et chimiste britannique (Bordeaux 1728 - Édimbourg 1799). Il
étudia le gaz carbonique et découvrit la
magnésie. Il fut le premier à distinguer nettement température et quantité de chaleur.

Blackett (*Patrick*), physicien britannique
(Londres 1897 - *id.* 1974), spécialiste des
rayons cosmiques. (Prix Nobel 1948.)

Blackfoot, Indiens de l'Amérique du Nord
(Alberta et Montana), dont la langue appartient au groupe algonquin.

Black Muslims (« *Musulmans noirs* »), mouvement séparatiste noir nord-américain,
fondé en 1930. Se réclamant de l'islam, ce
mouvement est hostile à l'intégration des
Noirs dans la société américaine.

Black Panthers (« *Panthères noires* »), organisation paramilitaire formée en 1966, aux
États-Unis, par des militants noirs révolutionnaires revendiquant le « pouvoir noir »
(*black power*).

Blackpool, v. de Grande-Bretagne, sur la
mer d'Irlande ; 144 500 hab. Station balnéaire.

Blackstone (*sir William*), juriste britannique
(Londres 1723 - *id.* 1780). Ses *Commentaries
on the Laws of England* (1765-1769) vulgari-
sèrent le droit anglais et exercèrent une vive
influence sur les idées constitutionnelles en
Angleterre.

Blagnac, comm. de la Haute-Garonne ;
17 249 hab. (*Blagnacais*). Aéroport de Toulouse. Constructions aéronautiques.

Blagovechtchensk, v. de Russie, à la frontière chinoise ; 206 000 hab.

Blainville (*Henri* Ducrotay de), naturaliste
français (Arques 1777 - Paris 1850), élève de
Cuvier, dont il combattit les idées.

Blais (*Marie-Claire*), femme de lettres canadienne d'expression française (Québec

1939). Elle livre dans ses romans (*Une saison dans la vie d'Emmanuel*, 1965) sa critique amère et désabusée d'un monde livré aux conformismes sociaux et esthétiques.

Blake *(Robert)*, amiral anglais (Bridgwater 1599 - au large de Plymouth 1657). Il commanda la flotte sous Cromwell, assurant à l'Angleterre la maîtrise de la Manche.

Blake *(William)*, poète et peintre britannique (Londres 1757 - id. 1827). Il est l'auteur de poèmes lyriques et épiques (*Chants d'innocence*, 1789 ; *Chants d'expérience*, 1794), qu'il illustra lui-même d'aquarelles et de gravures visionnaires. Son œuvre est l'incarnation, dans toute sa pureté, de la révolte et de la prophétie romantiques.

Blakey *(Art)* [il a adopté le nom musulman de Abdullah ibn Buhaina], batteur de jazz américain (Pittsburgh 1919 - New York 1990). Il fonda en 1955 les Jazz Messengers, formation au fréquent renouvellement, qui vit passer de nombreux jeunes talents. Son jeu de batterie, d'inspiration be-bop, est très dynamique.

Blanc *(cap)*, cap d'Afrique, en Mauritanie.

Blanc *(mont)*, sommet le plus élevé des Alpes, en France (Haute-Savoie), près de la frontière italienne, dans le massif du Mont-Blanc ; 4 807 m. Il fut gravi pour la première fois en 1786 par le Dr Paccard et le guide Balmat. Tunnel routier entre Chamonix et Courmayeur (long. 11,6 km).

Blanc (Le), ch.-l. d'arr. de l'Indre, sur la Creuse ; 7 802 hab. *(Blancois)*. Confection.

Blanc *(Louis)*, historien et homme politique français (Madrid 1811 - Cannes 1882). Gagné aux idées socialistes, il contribua par ses écrits à grossir l'opposition contre la monarchie de Juillet. Membre du gouvernement provisoire en février 1848, il vit son projet d'ateliers sociaux échouer et dut s'exiler après les émeutes de juin.

Blanchard *(Jacques)*, peintre français (Paris 1600 - id. 1638). Il séjourna à Rome et à Venise. Après son retour à Paris (1629), son style oscilla entre une peinture d'obédience classique, inspirée des maîtres romano-bolonais (les Carrache, Reni), et une autre, brillante et baroquisante, se souvenant notamment de Titien. (Au Louvre : *Sainte Famille, la Charité, Vénus et les Grâces*.)

Blanchard *(Jean-Pierre)*, aéronaute français (Les Andelys 1753 - Paris 1809). Inventeur du parachute, il l'expérimenta avec des animaux ; il fut le premier à traverser la Manche en ballon (1785).

Blanche *(mer)*, mer formée par l'océan Arctique, au nord-ouest de la Russie.

Blanche *(vallée)*, haute vallée du massif du Mont-Blanc, occupée par un glacier.

Blanche de Castille, reine de France (Palencia 1188 - Paris 1252), femme de Louis VIII et mère de Saint Louis. Elle exerça la régence durant la minorité de son fils (1226-1234) et pendant la septième croisade, entreprise par ce dernier (1248-1252).

Blanchot *(Maurice)*, écrivain français (Quain, Saône-et-Loire, 1907). Son œuvre critique établit les rapports entre l'activité créative et l'expérience de l'absence et du vide (*l'Espace littéraire*, 1955 ; *le Livre à venir*, 1959).

Blanc-Mesnil [-mɛ-] (Le), ch.-l. de c. de la Seine-Saint-Denis ; 47 093 hab. *(Blancmesnilois)*. Métallurgie. Chimie.

Blanc-Nez *(cap)*, promontoire calcaire du Boulonnais, sur le pas de Calais.

Blandine *(sainte)*, martyre à Lyon, elle fut livrée aux bêtes (177). Une lettre des chrétiens de Lyon relate son martyre.

Blanqui *(Adolphe)*, économiste français (Nice 1798 - Paris 1854). Libre-échangiste, il succéda à J.-B. Say dans la chaire d'économie politique au Conservatoire des arts et métiers (1833). Il se rattache à l'école libérale moderne, préconisant une équitable distribution de la richesse.

Blanqui *(Louis Auguste)*, théoricien socialiste et homme politique français, frère du précédent (Puget-Théniers 1805 - Paris 1881). Affilié au carbonarisme (mouvement nationaliste et républicain italien), chef de l'opposition républicaine puis socialiste après 1830, il fut l'un des dirigeants des manifestations ouvrières de février à mai 1848. Plusieurs fois incarcéré, il passa 36 années de sa vie en prison. Blanqui élabora une stratégie de la prise du pouvoir et de l'établissement d'une dictature ouvrière. Il est l'inspirateur d'une doctrine politique, le *blanquisme*.

Blantyre, v. du Malawi ; 331 000 hab.

Blasco Ibáñez *(Vicente)*, écrivain espagnol (Valence 1867 - Menton 1928). Il est l'auteur de romans d'action et de mœurs (*Arènes sanglantes*, 1908 ; *les Quatre Cavaliers de l'Apocalypse*, 1916).

Blaue Reiter *(Der)*, *en fr.* le Cavalier bleu, groupe artistique constitué à Munich (1911-1914) par Kandinsky, les peintres allemands Marc, August Macke (1887-1914), Gabriele Münter (1877-1962), le Russe Alexeï von Jawlensky (1864-1941). Son registre esthétique et éthique se situait au confluent du fauvisme, de l'expressionnisme, d'une spontanéité lyrique et primitiviste et de l'abstraction. Heinrich Campendonk (1889-1957), Delaunay, Klee, notamment, participèrent aux expositions du mouvement, qui publia en 1912 un *Almanach* au contenu significatif (mise à contribution des arts archaïques et extra-européens, ébauche de concertation entre arts plastiques, théâtre, musique).

Blavet *(Michel),* flûtiste et compositeur français (Besançon 1700 - Paris 1768). Outre des sonates pour 1 ou 2 flûtes (1728-1740), il a composé un concerto pour flûte, 2 violons et basse (vers 1745), des opéras-bouffes (*le Jaloux corrigé,* 1752).

Blaye [blaj], ch.-l. d'arr. de la Gironde, 4 413 hab. *(Blayais).* Vins. — Vaste citadelle en partie de Vauban (musée). — À proximité, centrale nucléaire.

Blenheim *(bataille de),* nom que les Anglais donnent à la bataille de Höchstädt (13 août 1704).

Blenkinsop *(John),* ingénieur britannique (Leeds 1783 - *id.* 1831). Il construisit à partir de 1811 les premières locomotives qui aient effectué un service régulier dans les mines de houille.

Blériot *(Louis),* aviateur et constructeur d'avions français (Cambrai 1872 - Paris 1936). Il effectua la première traversée aérienne de la Manche, de Calais à Douvres, le 25 juillet 1909, et fut l'un des premiers industriels de l'aviation en France.

Bleu *(fleuve)* → **Yangzi Jiang.**

Bleuler *(Eugen),* psychiatre suisse (Zollikon, près de Zurich, 1857 - *id.* 1939). Il a formulé le concept de schizophrénie, dont il voit dans la dissociation le symptôme fondamental. Il subit un temps l'influence des idées psychanalytiques grâce à C. G. Jung puis revint à une conception plus organogénétique des troubles psychiques.

Bleustein-Blanchet *(Marcel),* publicitaire français (Enghien-les-Bains 1906). Après avoir fondé, en 1927, la société Publicis, il crée, en 1935, la société d'émissions radiophoniques « Radio-Cité » puis, en 1938, la société Régie-Presse (régie publicitaire de journaux et périodiques) et, en 1958, la société des drugstores Publicis.

Blida → **Boulaïda (El-).**

Blier *(Bernard),* acteur français (Buenos Aires 1916 - Saint-Cloud 1989). Il débuta au théâtre avant d'entamer au cinéma une carrière riche en rôles de composition : *Entrée des artistes* (M. Allégret, 1938), *Le jour se lève* (M. Carné,

1939), *les Tontons flingueurs* (G. Grangier, 1963), *Buffet froid* (Bertrand Blier, 1979). Son fils **Bertrand,** cinéaste et romancier (Boulogne-Billancourt 1939), s'est imposé au cinéma avec *les Valseuses* (1974), *Buffet froid* (1979), *Trop belle pour toi* (1989), *Merci la vie* (1991), *Un, deux, trois, soleil* (1993).

Blixen *(Karen),* femme de lettres danoise (Rungsted 1885 - *id.* 1962). Elle a publié des récits à caractère fantastique (*Sept Contes gothiques,* 1934) et a décrit sa vie au Kenya (*la Ferme africaine,* 1937).

Bloc des gauches ou **Bloc républicain,** groupement politique qui unit radicaux et socialistes français de 1899 à 1904.

Bloch *(Ernest),* compositeur suisse naturalisé américain (Genève 1880 - Portland 1959). Inspirée par l'orientalisme hébraïque ancien et par le folklore juif, son œuvre influença la jeune école américaine (rhapsodie pour violoncelle et orchestre *Schelomo,* 1916 ; symphonie chorale *Israël,* 1916 ; opéra *Macbeth,* 1909).

Bloch *(Ernst),* philosophe allemand (Ludwigshafen 1885 - Tübingen 1977). Opposé au nazisme, il s'exila en 1933 puis revint à Leipzig en 1949. Lors de la construction du mur de Berlin, en 1961, il séjournait en Allemagne fédérale, où il décida de rester. Son œuvre capitale est *le Principe espérance* (1954-1959). Dans une perspective marxiste, il a montré que les utopies sont nécessaires à la maîtrise par l'homme de sa propre histoire.

Bloch *(Marc),* historien français (Lyon 1886 - Saint-Didier-de-Formans, Ain, 1944). Il exerça une influence décisive sur le renouvellement de la science historique en l'ouvrant aux méthodes des autres sciences sociales. Auteur des *Rois thaumaturges* (1924) et de *la Société féodale* (1939), il fonda, avec Lucien Febvre, la revue des *Annales d'histoire économique et sociale* (1929). Il fut fusillé par les Allemands.

Bloc national, groupement des partis de droite qui, de 1919 à 1924, constituèrent la majorité à la Chambre des députés française.

Blocus continental, ensemble des mesures prises entre 1806 et 1808 par Napoléon Ier pour fermer au commerce de la Grande-Bretagne les ports du continent et ruiner la marine de ce pays. Son application contribua à faire naître un sentiment antifrançais et à liguer l'Europe contre Napoléon.

Bloemaert *(Abraham Cornelisz.),* peintre et graveur néerlandais (Gorinchem 1564 -

Utrecht 1651). Formé à Paris et à Utrecht, il se fixa dans cette dernière ville en 1593. Son œuvre, très variée, d'un maniérisme exacerbé, a exercé une grande influence ; Van Honthorst, J. B. Weenix, etc., sont passés dans son atelier.

Bloemfontein, v. de l'Afrique du Sud, ch.-l. de la province de l'État libre ; 233 000 hab.

Blois, ch.-l. du dép. de Loir-et-Cher, sur la Loire, à 177 km au sud-ouest de Paris ; 51 549 hab. *(Blésois).* Évêché. Constructions mécaniques. Industries alimentaires (chocolaterie). Imprimerie. **HIST.** Au XVIᵉ siècle, Blois fut la résidence favorite des rois de France, qui y réunirent les états généraux (lors de ceux de 1588, Henri III fit assassiner le duc de Guise). **ARTS.** Château, très restauré, des comtes de Châtillon (XIIIᵉ s.), puis des ducs d'Orléans (XVᵉ s.), repris par Louis XII (aile en brique et pierre), François Iᵉʳ (célèbre escalier sur cour, façade des Loges vers la Loire) et Gaston d'Orléans (aile bâtie par Mansart) ; les musées des Beaux-Arts et d'Archéologie de la ville y sont abrités. Église St-Nicolas (anc. abbatiale St-Laumer, XIIᵉ-XIIIᵉ s.), cathédrale (XVIᵉ-XVIIᵉ s., crypte du Xᵉ s.), ancien couvent des jacobins, hôtels de la Renaissance.

Blok *(Aleksandr Aleksandrovitch),* poète russe (Saint-Pétersbourg 1880 - *id.* 1921). Il fut le principal représentant du symbolisme russe *(la Ville,* 1904-1911 ; *les Douze,* 1918).

Blondel *(André),* physicien français (Chaumont 1863 - Paris 1938), inventeur de l'oscillographe et des radiophares.

Blondel *(François),* architecte français (Ribemont, Aisne, 1618 - Paris 1686). Mathématicien, il s'éprit d'architecture, reconstruisit en 1665 le pont de Saintes et travailla à Rochefort comme ingénieur militaire. Il fut directeur de l'Académie royale d'architecture à sa fondation, en 1671. Son *Cours d'architecture* (1675) exprime la doctrine classique avec une rigueur qu'il assouplit dans ses propres réalisations (porte Saint-Denis, Paris, 1672).

Blondel *(Jacques François),* architecte français (Rouen 1705 - Paris 1774). Neveu de l'architecte François **Blondel** (Rouen 1683-Paris 1756), il fonda à Paris sa propre école d'architecture puis devint professeur à l'Académie royale (1756). Il travailla à l'embellissement de Metz (1764) mais est surtout connu pour ses écrits, dont *l'Architecture française* (1752-1756) et le *Cours d'architecture civile* (1771-1777), qui servit aux étudiants jusqu'à la fin du XIXᵉ siècle.

Blondel *(Maurice),* philosophe français (Dijon 1861 - Aix-en-Provence 1949). Il refuse de voir un hiatus entre pensée et action et propose une philosophie de l'immanence, qui rejoint le mouvement catholique du modernisme *(l'Action,* 1893 ; éd. remaniée en 1936-37).

Blondin *(Antoine),* écrivain et journaliste français (Paris 1922 - *id.* 1991). À distance de l'engagement comme des conformismes, il a placé son œuvre sous le signe de l'amitié, des rencontres sportives, des bons mots et des bistrots *(l'Europe buissonnière,* 1949 ; *Monsieur Jadis ou l'École du soir,* 1970 ; *l'Ironie du sport,* 1988).

Bloomfield *(Leonard),* linguiste américain (Chicago 1887 - New Haven, Connecticut, 1949). Influencé par le béhaviorisme, il a écrit *le Langage* (1933), qui est à la base de l'école structuraliste américaine en linguistique. Il a fondé la Société américaine de linguistique et créé la revue *Language.* Il est notamment à l'origine de l'analyse phonologique et de l'analyse en constituants immédiats.

Blow *(John),* compositeur anglais (Newark 1649 - Londres 1708). Il a écrit un grand nombre d'œuvres religieuses et l'opéra *Vénus et Adonis* (vers 1685).

Bloy [blwa] *(Léon),* écrivain français (Périgueux 1846 - Bourg-la-Reine 1917). D'inspiration catholique, il est l'auteur de pamphlets, de romans *(le Désespéré,* 1886 ; *la Femme pauvre,* 1897) et d'un *Journal* (1892-1917) qui mêlent à l'effusion mystique l'invective contre le matérialisme, la démocratie et le positivisme.

Blücher *(Gebhard Leberecht), prince* **Blücher von Wahlstatt,** maréchal prussien (Rostock 1742 - Krieblowitz 1819). Combattant en 1813 en Silésie, il contribua à la victoire des coalisés à Leipzig. Il se distingua pendant la campagne de France (1814), fut battu par Napoléon à Ligny (1815) mais intervint de façon décisive à Waterloo.

Blum *(Léon),* homme politique français (Paris 1872 - Jouy-en-Josas 1950). Membre du Parti socialiste français à partir de 1902, il fit partie, en 1920, au congrès de Tours, de la minorité qui refusa d'adhérer à l'Internationale communiste. Chef du Parti socialiste (S. F. I. O.), il constitua un gouvernement dit « de Front populaire » (1936-37) qui réalisa d'importantes réformes sociales et revint au pouvoir en 1938. Arrêté en 1940, accusé au procès de Riom (1942), il

fut déporté en Allemagne (1943) puis redevint chef du gouvernement (déc. 1946 -
janv. 1947).

Blumenau, v. du sud-est du Brésil ;
211 677 hab.

Blunt *(Anthony),* historien d'art britannique
(Bournemouth 1907 - Londres 1983). Il a
dirigé de 1947 à 1974 l'Institut Courtauld,
important centre londonien d'enseignement
de l'histoire de l'art. Parmi ses ouvrages,
citons *la Théorie des arts en Italie de 1450 à
1600* (1940), *Art et architecture en France 1500-
1700* (1953), *Nicolas Poussin* (1967), *Picasso's
Guernica* (1969).

Bluntschli *(Johann Kaspar),* jurisconsulte
allemand d'origine suisse (Zurich 1808 -
Karlsruhe 1881), l'un des fondateurs de
l'Institut de droit international.

Boabdil, nom déformé de Abu Abd Allah,
roi musulman de Grenade sous le nom de
Muhammad XI (1482-83 et 1486-1492). Il
fut vaincu par les Rois Catholiques.

Boas *(Franz),* anthropologue américain d'origine allemande (Minden, Westphalie, 1858 -
New York 1942). Il a étudié de nombreux
peuples indiens d'Amérique du Nord. Principal représentant du diffusionnisme, il a
souligné le caractère irréductible de chaque
culture. Il s'est également intéressé à l'anthropologie physique et a démontré l'indépendance absolue entre les caractéristiques
physiques de l'homme et les traits culturels
des sociétés. Enfin, il a étudié de nombreuses langues indiennes et est l'un des tout
premiers à avoir mis en lumière leurs structures.

Bobet *(Louis,* dit **Louison**), coureur cycliste
français (Saint-Méen-le-Grand 1925 - Biarritz
1983), triple vainqueur du Tour de France
(1953 à 1955) et champion du monde
(1954).

Bobigny, ch.-l. de la Seine-Saint-Denis, au
nord-est de Paris : 44 881 hab. *(Balbyniens).*
Industrie automobile.

Bobo-Dioulasso, v. du sud-ouest du Burkina ; 231 000 hab.

Bobrouïsk, v. de Biélorussie, sur la Berezina ; 223 000 hab. Pneumatiques.

Bocage *(le),* nom de plusieurs régions de
France où le paysage caractéristique est surtout formé de champs et de prairies enclos
par des haies épaisses : le *Bocage vendéen ;* le
Bocage normand dans la partie occidentale de
la Normandie.

Boccace *(Giovanni* Boccaccio, dit), écrivain
italien (Florence ou Certaldo 1313 - Cer-

taldo 1375). Auteur d'idylles mythologiques, allégoriques *(le Nymphée de Fiesole)* ou
psychologiques *(Fiammetta),* il fut le premier
grand prosateur italien. Son chef-d'œuvre
est le *Décaméron* (1348-1353) [→ **Décaméron**], recueil de nouvelles qui dépeignent les
mœurs au XIVᵉ siècle.

Boccanegra, famille génoise dont un membre, **Simone** (m. en 1363), fut le premier
doge de Gênes et mourut empoisonné. Il
inspira un opéra à Verdi.

Boccherini *(Luigi),* compositeur et violoncelliste italien (Lucques 1743 - Madrid 1805).
Sa production est abondante et diverse (oratorios, cantates), mais il fut surtout l'un des
maîtres de la musique de chambre du
XVIIIᵉ siècle (quatuors et quintettes à cordes).
On lui doit aussi des symphonies.

Boccioni *(Umberto),* peintre, sculpteur et
théoricien italien (Reggio di Calabria 1882 -
Vérone 1916). Figure majeure du futurisme,
coauteur ou auteur de plusieurs manifestes,
il a emprunté au divisionnisme, à l'arabesque de l'Art nouveau et au cubisme des
moyens d'exprimer le mouvement dans sa
peinture (série des « États d'âme », 1911) et
dans sa sculpture *(Formes uniques dans la
continuité de l'espace,* bronze, 1913).

Bochiman, *en angl.* Bushmen, peuple
nomade vivant de chasse et de cueillette
dans le désert de Kalahari, parlant une langue du groupe khoisan. Ils habitaient autrefois une vaste zone de l'Afrique australe
mais ils ont été refoulés dans le Kalahari par
les Bantous.

Bochum, v. d'Allemagne (Rhénanie-
du-Nord-Westphalie), dans la Ruhr ;
393 053 hab. Université. Métallurgie (automobile). Chimie. — Musées, dont celui de la
Mine.

Bock *(Fedor* von), maréchal allemand (Küstrin 1880 - Lehnsahn, Holstein, 1945). Il
commanda un groupe d'armées en Pologne,
en France et en Russie (1939-1942) puis fut
disgracié par Hitler.

Böcklin *(Arnold),* peintre suisse (Bâle 1827 -
près de Fiesole 1901). Rome, en 1850, lui
révéla sa vocation. Symboliste parfois naïf,
il a mis sa facture robuste et sensuelle au
service de ses visions mythologiques et de
son sentiment de la nature. De Chirico a
vanté la puissance d'« apparition » de ses
meilleures toiles *(l'Île des morts,* plusieurs
versions, 1880-1890).

Bocuse *(Paul),* cuisinier français (Collonges-
au-Mont-d'Or 1926). Il a fait de son hôtel-
restaurant familial à Collonges, au nord de
Lyon, un haut lieu de la gastronomie.

Bodel *(Jean)* → Jean Bodel.

Bodensee → Constance *(lac de).*

Bodh-Gaya, localité de l'Inde (Bihar), l'un des plus vénérés parmi les lieux saints du bouddhisme, où Shakyamuni parvint à l'état de bouddha, après l'illumination *(bodhi).* Sanctuaires d'Ashoka, remplacés par le temple Mahabodhi (XIIᵉ, XIIIᵉ et XIXᵉ s.) ; dalle sculptée, dite « Trône de diamant », et reliefs dans un style proche de celui de Bharhut ; vestiges d'un monastère du IVᵉ siècle.

Bodin *(Jean),* philosophe et magistrat français (Angers 1530 - Laon 1596). Procureur du roi, il est d'abord réformé puis se range dans le parti catholique à Alon en 1589. Il a étudié l'inflation, qu'il considère comme source d'enrichissement : c'est l'époque de la découverte de l'or des mines de Potosí au Mexique. Dans son traité *la République* (1576), il développe les principes d'une monarchie tempérée par les états généraux et par le Parlement, qui accepte ou refuse les impôts. Les corporations et les collèges constituent également des « pouvoirs intermédiaires » dont la mission est de tempérer l'arbitraire royal.

Bodléienne *(bibliothèque),* bibliothèque d'Oxford organisée par sir *Thomas Bodley* (Exeter 1545 - Londres 1613) ; elle a puissamment contribué au mouvement intellectuel de la Renaissance anglaise.

Bodmer *(Johann Jakob),* écrivain suisse d'expression allemande (Greifensee, près de Zurich, 1698 - Zurich 1783). Avec J. J. Breitinger, il défendit la littérature anglaise et la poésie médiévale allemande *(Collection des Minnesänger,* 1758-59).

Bodoni *(Giambattista),* imprimeur italien (Saluces 1740 - Parme 1813). Il fut directeur de l'imprimerie du grand-duc de Parme et de sa propre imprimerie. Les ouvrages sortis de ses presses sont célèbres par la beauté de leurs caractères. Il créa des caractères romains de 143 types adoptés par de nombreuses imprimeries d'Europe.

Boèce, *en lat.* Anicius Manlius Torquatus Severinus Boetius, homme politique, philosophe et poète latin (Rome v. 480 - près de Pavie 524). Nommé consul par Théodoric (510), il fut accusé de trahison, enfermé et exécuté. Il mit au point la méthode des commentaires philosophiques, notamment sur Aristote. Il a écrit *De la consolation de la philosophie.*

Boeing Company, société de constructions aéronautiques américaine fondée en 1916, devenue le plus grand constructeur aéronautique du monde. Depuis la Seconde Guerre mondiale, elle construit des appareils civils ainsi que du matériel militaire (avions et missiles).

Boëly *(Alexandre Pierre François),* compositeur et organiste français (Versailles 1785 - Paris 1858). Il a écrit 400 pièces pour orgue et de nombreuses pages pour piano (4 *Suites,* 1854), renouant avec l'écriture contrapuntique des maîtres anciens, dont Bach.

Boers [bur] (mot néerl. signif. *paysans),* colons de l'Afrique australe, d'origine néerlandaise. Après avoir quitté la région du Cap sous la pression des Britanniques, ils fondèrent, plus au nord, les républiques d'Orange et du Transvaal. La *guerre des Boers* (1899-1902) les opposa de nouveau aux Britanniques, qui, victorieux, annexèrent leurs États.

Boesmans *(Philippe),* compositeur belge (Tongres 1936). On lui doit *Sur mi* pour 2 pianos, orgue électrique, crotale et tam-tam (1974), *Attitudes,* théâtre musical (1979), *Conversions* pour orchestre (1980) les opéras, la *Passion de Gilles* (1983) et *la Ronde* (1993).

Boesset ou **Boysset** *(Antoine),* sieur de Villedieu, compositeur et chanteur français (Blois 1586 - Paris 1643). Surintendant de la Musique de Louis XIII (1622), il collabora durant trente ans aux ballets de cour.

Boétie *(Étienne de La)* → La Boétie.

Boff *(Leonardo),* théologien catholique brésilien (Concordia, Santa Catarina, 1938). Devenu franciscain, il se met au service des pauvres et des opprimés. Il a élaboré une nouvelle orientation de la pratique religieuse, basée sur la libération à l'égard de toutes les servitudes, celles de l'argent et de l'étranger, la *théologie de la libération.* Il a écrit notamment *Jésus-Christ libérateur* (1974), *Chemin de croix de la justice* (1979).

Boffrand *(Germain),* architecte français (Nantes 1667 - Paris 1754). Dans ses travaux pour le duc de Lorraine (château de Lunéville, 1702-1706) et, surtout, dans ses hôtels parisiens, il associe à la retenue des façades la virtuosité de l'organisation et une invention pleine de fantaisie dans les décors intérieurs, de tendance rocaille (hôtel de Soubise, 1735). Inspecteur des Ponts et Chaussées, il a montré son intérêt pour les techniques dans son *Livre d'architecture* (1745).

Bofill *(Ricardo),* architecte espagnol (Barcelone 1939). Il fonde en 1964 le « Taller de Arquitectura », atelier pluridisciplinaire qui donne son chef-d'œuvre avec l'ensemble *Walden 7* près de Barcelone (1973), d'une modernité complexe. En France, il réalise, en préfabrication lourde, des ensembles classico-baroques solennels (*Antigone* à Montpellier, années 1980).

Bogarde *(Derek* Van Den Bogaerde, dit **Dirk***),* acteur de théâtre et de cinéma britannique (Hampstead, Londres, 1920). Son élégance, son jeu direct et intériorisé ont été appréciés par les plus grands cinéastes : *le Bal des adieux* (K. Vidor, 1960), *The Servant* (J. Losey, 1963), *Pour l'exemple* (J. Losey, 1964), *Mort à Venise* (L. Visconti, 1971), *Providence* (A. Resnais, 1977), *Daddy Nostalgie* (B. Tavernier, 1990).

Bogart *(Humphrey),* acteur de cinéma américain (New York 1899 - Hollywood 1957). Incarnation du détective privé ou de l'aventurier, il a imposé un nouveau style de héros, caustique et désabusé, mais vulnérable à l'amour. Il a tourné notamment avec J. Huston (*le Faucon maltais,* 1941 ; *African Queen,* 1952), M. Curtiz (*Casablanca,* 1943), H. Hawks (*le Grand Sommeil,* 1946), J. Mankiewicz (*la Comtesse aux pieds nus,* 1954).

Boğazköy → Hattousa.

Bogdan Ier, prince de Moldavie (1359-1365). Il émancipa la Moldavie de la suzeraineté hongroise (1359).

Bogor, *anc.* Buitenzorg, v. d'Indonésie (Java) ; 247 000 hab. Jardin botanique.

Bogotá ou **Santa Fe de Bogotá,** cap. de la Colombie, dans la Cordillère orientale, à 2 600 m d'altitude ; 4 820 000 hab. **GÉOGR.** Bogotá est la plus grande ville des Andes, la métropole administrative, commerciale et industrielle du pays, où l'accroissement rapide de la population soulève de redoutables problèmes sociaux. **HIST.** Fondée en 1538, la ville fut la capitale de la vice-royauté espagnole de la Nouvelle-Grenade (1739) puis de la république de Grande-Colombie jusqu'en 1831 et de la Colombie (depuis 1886). **ARTS.** Beaux monuments d'époque coloniale (église S. Francisco, XVIe s.). Le Museo del Oro abrite la plus riche collection d'orfèvrerie et de bijouterie préhispanique.

Bohai ou **Po-hai** *(golfe du),* golfe de Chine, sur la mer Jaune.

Bohême, région occidentale de la République tchèque. Cap. *Prague.*

HISTOIRE

■ **La Bohême médiévale.** Occupée successivement par des Celtes *Boïens,* auxquels elle doit son nom, puis par des Germains, les Marcomans, et des Slaves, la Bohême fait partie de l'État slave de Grande-Moravie (fin du VIIIe s.-début du Xe s.). Puis les princes

tchèques přemyslides unifient les diverses tribus slaves de la région. Vassaux du Saint Empire, ils obtiennent le titre de roi en 1212, accordé à Otakar Ier Přemysl (1198-1230). Leur dynastie s'éteint en 1306 et la dynastie de Luxembourg (1310-1437) dirige le pays, qui atteint son apogée sous Charles IV (1346-1378). Celui-ci fait de Prague, qu'il dote d'une université, la capitale du Saint Empire. La Bohême médiévale connaît alors son apogée. Sa prospérité est liée à l'exploitation des mines d'argent. Les colons allemands, qui s'y établissent à partir du XIIIe siècle, profitent particulièrement de son essor. La protestation de Jan Hus contre la richesse du clergé et la puissance des Allemands entraîne une guerre civile (1420-1436).

■ **La domination des Habsbourg.** Après la proclamation de Ferdinand Ier de Habsbourg roi de Bohême, en 1526, l'union avec l'Autriche est renouvelée à chaque élection royale. Elle est renforcée par la Constitution de 1627, qui donne la couronne de Bohême à titre héréditaire aux Habsbourg. La Réforme fait de nombreux adeptes dans le pays, et une partie de la noblesse protestante se révolte contre Ferdinand II de Habsbourg (défenestration de Prague, 1618). Les insurgés sont vaincus à la Montagne-Blanche (1620). Le pays est ruiné par la guerre de Trente Ans (1618-1648). Au XIXe siècle, les Tchèques participent à la révolution de 1848. Ils réclament l'égalité avec les Allemands puis, après le compromis austro-hongrois (1867), un régime analogue à celui de la Hongrie.

■ **L'époque contemporaine.** En 1918, la Bohême accède à l'indépendance et forme avec la Slovaquie la Tchécoslovaquie. À partir de 1969, elle constitue avec la Moravie la République tchèque, l'une des deux républiques fédérées de Tchécoslovaquie jusqu'à la partition de 1993.

Bohémond, nom de plusieurs princes d'Antioche et comtes de Tripoli. Le plus célèbre fut **Bohémond Ier** (v. 1050 - Canosa di Puglia 1111), prince d'Antioche (1098-1111). Fils de Robert Guiscard, il fut un des chefs de la première croisade et fonda la principauté d'Antioche.

Böhm *(Karl),* chef d'orchestre autrichien (Graz 1894 - Salzbourg 1981). Directeur de l'Opéra de Vienne, interprète de la *Tétralogie* de Wagner à Bayreuth, il fut aussi un spécialiste de Mozart et de Richard Strauss.

Böhm-Bawerk *(Eugen* von*)*, économiste autrichien (Brünn, auj. Brno, 1851 - Vienne 1914), l'un des chefs de l'école marginaliste autrichienne.

Böhme ou **Boehme** *(Jakob)*, mystique allemand (Altseidenberg 1575 - Görlitz 1624). Auteur de plusieurs ouvrages, dont *Aurora* et *Mysterium magnum*, où il fait état de ses révélations sur Dieu, l'homme et la nature, il considère que la condition première de toute connaissance est une illumination divine. Il eut une grande influence sur la philosophie allemande comme sur tout le courant romantique.

Bohr *(Aage)*, physicien danois (Copenhague 1922), fils de Niels Bohr. Il a élaboré, avec B. Mottelson (né en 1926), une théorie de la structure en couches du noyau de l'atome et de la répartition des nucléons, description connue sous le nom de « modèle unifié ». Tous deux ont partagé avec J. Rainwater (né en 1917) le prix Nobel de physique pour 1975.

Bohr *(Niels Henrik David)*, physicien danois (Copenhague 1885 - *id.* 1962). En 1913, il élabore une théorie de la structure de l'atome incorporant à la fois le modèle planétaire de Rutherford et la notion de quantum d'action introduite par Planck. Nommé, en 1920, directeur de l'Institut de physique, il y reçoit de nombreux physiciens qui sont à l'origine de la théorie quantique.
Pour résoudre les difficultés posées par cette théorie, il établit le « principe de correspondance », qui raccorde théorie classique et théorie quantique, et le « principe de complémentarité », selon lequel un objet quantique peut, selon les conditions expérimentales, être décrit soit en termes d'ondes, soit en termes de particules. En 1933, il élabore une théorie des phénomènes de désintégration nucléaire. Réfugié aux États-Unis pendant la Seconde Guerre mondiale, il participe, comme conseiller, à la fabrication de la première bombe atomique avant de retourner au Danemark, en 1945. (Prix Nobel 1922.)

Boiardo *(Matteo Maria)*, poète italien (Scandiano 1441 - Reggio nell'Emilia 1494). Il est l'auteur d'un roman de chevalerie inachevé, le *Roland amoureux* (1495), qui combine les thèmes de la geste carolingienne du cycle breton et que poursuivra l'Arioste avec son *Roland furieux.*

Boieldieu [bojɛldjø] *(François Adrien)*, compositeur français (Rouen 1775 - Jarcy 1834). Il écrivit des opéras-comiques qui eurent un grand succès : *la Fille coupable* (1793), le *Calife de Bagdad* (1800), *la Dame blanche* (1825).

Boileau *(Nicolas)*, *dit* Boileau-Despréaux, écrivain français (Paris 1636 - *id.* 1711). Il exprime d'abord son mépris pour la littérature galante et son admiration pour Molière et Racine (*Satires,* 1666-1668), puis écrit des poèmes moraux (*Épîtres,* 1669-1695). Son *Art poétique* (1674) [→ **Art poétique**] expose les préceptes généraux de la doctrine classique ainsi que les règles des principaux genres, réflexion illustrée par l'épopée parodique du *Lutrin* (1674-1683). Nommé historiographe du roi (1677), il prend parti dans la querelle des Anciens et des Modernes en faveur des écrivains antiques.

Boilly *(Louis Léopold)*, peintre et lithographe français (La Bassée, Nord, 1761 - Paris 1845). Spécialisé dans le portrait et les scènes de la vie parisienne, il est un bon représentant de la peinture anecdotique de l'époque, avec des petits formats d'une technique lisse et brillante. Son humour s'exprime dans les *Grimaces,* lithographies de 1823-1828.

Boischaut, région du Berry, en bordure du Massif central. Élevage bovin.

Bois-Colombes, ch.-l. de c. des Hauts-de-Seine, banlieue nord-ouest de Paris ; 24 500 hab. Industrie aéronautique.

Boise, v. des États-Unis, cap. de l'Idaho ; 125 738 hab.

Boisguilbert ou **Boisguillebert** *(Pierre* Le Pesant, *seigneur* de*)*, économiste français (Rouen 1646 - *id.* 1714). Il rechercha les causes de la misère et les moyens d'y remédier, notamment par une meilleure répartition des impôts.

Bois-le-Duc, *en néerl.* 's-Hertogenbosch, v. des Pays-Bas, ch.-l. du Brabant-Septentrional ; 92 057 hab. — Belle cathédrale gothique, surtout du XVe siècle. Musée du Nord-Brabant.

Boismortier *(Joseph* Bodin de*)*, compositeur français (Thionville 1689 - Roissy-en-Brie 1755), auteur de concerts pour flûte, de sonates et de cantates.

Boissy d'Anglas [-as] *(Francois, comte* de*)*, homme politique français (Saint-Jean-Chambre, Ardèche, 1756 - Paris 1826). Président de la Convention après Thermidor, il fit preuve d'une remarquable fermeté face aux émeutiers du 1er prairial an III (20 mai 1795).

Boito *(Arrigo)*, compositeur, poète et librettiste italien (Padoue 1842 - Milan 1918). Journaliste et homme de théâtre, il a écrit pour Verdi les livrets d'*Otello* et de *Falstaff,* non sans s'être essayé lui-même à écrire des opéras (*Mefistofele,* 1868, révisé en 1875).

Bojador *(cap),* cap du Sahara occidental.

Bojer *(Johan),* écrivain norvégien (Orkanger, près de Trondheim, 1872 - Oslo 1959), auteur de drames et de romans réalistes (*le Dernier Viking,* 1921).

Bo Juyi ou **Po Kiu-yi,** poète chinois (Xinzheng 772 - Luoyang 846). Il réagit contre la poésie érudite et s'attacha à la peinture de la vie quotidienne (*le Chant de l'amour éternel*).

Bokassa *(Jean* Bédel*),* homme d'État centrafricain (Bobangui 1921). Président de la République centrafricaine (1966) il se proclama empereur (1976), mais fut renversé en 1979.

Boké, v. de Guinée ; 10 000 hab. Bauxite.

Boksburg, v. d'Afrique du Sud, près de Johannesburg ; 150 000 hab. Mines d'or.

Boleslas, en polon. Bolesław, nom de plusieurs souverains de Pologne, dont **Boleslas Ier le Vaillant** (967 - 1025), duc de Pologne (992-1024), roi de Pologne (1025). Fils et successeur de Mieszko, il étendit ses possessions jusqu'aux rives de la Baltique et enleva la Moravie au duc de Bohême.

Bolingbroke *(Henry* Saint John, *vicomte),* homme d'État et écrivain britannique (Battersea 1678 - *id.* 1751). Premier ministre tory en 1714-15, il combattit, à partir de 1723, la politique de Walpole. Ami de Pope et de Swift, il influença Voltaire et Rousseau par son déisme et sa philosophie de l'histoire.

Bolívar *(Simón),* général et homme d'État sud-américain (Caracas 1783 - Santa Marta, Colombie, 1830). Issu d'une riche famille, gagné aux idées de la Révolution française, il participe à l'insurrection anti-espagnole et fait proclamer l'indépendance du Venezuela en 1811. Après une réaction espagnole l'obligeant à l'exil, il remporte la victoire de Taguanes (1813) et entre à Caracas, où il reçoit le titre de *Libertador,* puis de dictateur (1814). À nouveau contraint à l'exil, il rédige la charte de la Jamaïque, programme pour une Amérique indépendante, avec des régimes républicains et une alliance entre les peuples américains. De retour au Venezuela (déc. 1816), il établit un gouvernement à Angostura, où il convoque en 1819 un congrès constituant qui l'élit président de la République du Venezuela. Après les victoires de Boyacá et de Carabobo sur les Espagnols, il fédère sous le nom de Grande-Colombie les régions libérées : Nou-velle-Grenade, Venezuela puis Équateur (où son lieutenant Sucre remporte la victoire en 1822). Puis Bolívar entre à Lima, est proclamé dictateur du Pérou (1823) et y assoit son autorité par les victoires de Junín et de Ayacucho (1824). Dans le Haut-Pérou, qu'il libère, est créé l'État de Bolivie, d'après le nom de Bolívar, qui, président de trois républiques (six États aujourd'hui), est au zénith de sa gloire. Il rêve de constituer une vaste confédération, ou république, des États-Unis du Sud, régie par des institutions stables. Mais les tendances centrifuges et l'anarchie des nouveaux États font échouer son projet et remettent en cause son œuvre. Il démissionne en 1830.

Bolivie, *en esp.* Bolivia, État de l'Amérique du Sud, qui doit son nom à *Bolívar ;* 1 100 000 km² ; 7 500 000 hab. *(Boliviens).* CAP. (constitutionnelle) *Sucre ;* siège du gouvernement : *La Paz.* LANGUE : *espagnol.* MONNAIE : *boliviano.*

GÉOGRAPHIE

État continental, tropical, avec un climat où la pluviosité décroît vers le S., la Bolivie juxtapose deux régions s'opposant par le milieu naturel et l'occupation humaine : les Andes et l'Oriente (70 % du pays, mais 20 % seulement de la population). Dans les Andes, des hautes chaînes, couronnées de volcans, dominent une étendue plus plate, l'Altiplano, partiellement occupé par des lacs (Titicaca, Poopó) et des salines (salar de Uyuni). Ici, entre 3 000 et 4 000 m, à côté d'un élevage dominant (ovins, lamas), viennent la pomme de terre, l'orge. Dans les vallées, sur des terres plus basses, sont cultivés le blé, le maïs ; plus bas encore, le caféier, la canne à sucre, le coca. La population, en majorité d'origine indienne, est encore largement rurale. En dehors de La Paz, Cochabamba et Santa Cruz, les villes sont d'importance moyenne ou faible. La colonisation de l'Oriente a progressé, mais n'a pas tari une traditionnelle émigration liée à la faiblesse de l'industrialisation. Celle-ci est toujours dominée par l'extraction minière, l'étain surtout, dont la production, bien que déclinante, assure la majeure partie des exportations.

HISTOIRE

Siège d'importantes cultures depuis l'époque préhistorique, le territoire bolivien est incorporé au XVe s. à l'Empire inca fondé à Cuzco (Pérou). Au XVIe s., le territoire est conquis par les Espagnols, qui y fondent La Paz (1548). Les riches mines d'argent découvertes à Potosí font de la région la province la plus riche de l'Empire espagnol.

1825. L'indépendance de la Bolivie est proclamée, après la victoire de Bolívar et de son lieutenant Sucre.

1836-1839. Le Pérou et la Bolivie constituent une confédération.

1879-1884. Guerre du Pacifique à l'issue de laquelle la Bolivie abandonne au Chili sa façade océanique.

1932-1935. Guerre avec le Paraguay pour la possession du désert du Chaco, qui échappe finalement à la Bolivie.

À partir de 1936, la Bolivie est gouvernée par les militaires.

1952-1964. Le président Víctor Paz Estenssoro nationalise les mines (notamm. d'étain) et amorce une réforme agraire.

À partir de 1964, les militaires reviennent au pouvoir tandis que se développe une guérilla dont Che Guevara est l'un des chefs.

1971-1978. Présidence de Hugo Banzer Suárez.

Des putschs militaires se succèdent jusqu'en 1982.

1982. Élection de Hernán Siles Zuazo à la présidence ; il tente d'établir un régime démocratique de gauche.

1985. Retour au pouvoir de Paz Estenssoro.

1989. Élection de Jaime Paz Zamora à la présidence de la République.

1993. Gonzalo Sánchez de Lozada est élu à la tête de l'État.

Böll *(Heinrich)*, écrivain allemand (Cologne 1917 - Langenbroich, district de Düren, 1985). Marqué par ses convictions catholiques, il a peint l'Allemagne de l'après-guerre, dans l'effondrement de la défaite (*Le train était à l'heure*, 1949) et dans sa renaissance fondée sur les jouissances matérielles (*Portrait de groupe avec dame*, 1971 ; *l'Honneur perdu de Katharina Blum*, 1975). [Prix Nobel 1972.]

Bolland *(Adrienne)*, aviatrice française (Arcueil, Val-de-Marne, 1895 - Paris 1975). Elle a été la première femme à survoler de part en part la cordillère des Andes (1921) et à réussir le looping.

Bolland *(Jean)*, dit **Bollandus**, jésuite des Pays-Bas du Sud (Julémont 1596 - Anvers 1665). Il commença le vaste recueil des *Acta sanctorum*. Ses continuateurs prirent le nom de *bollandistes*.

Bollée, famille de constructeurs automobiles français. **Amédée** (Le Mans 1844 - Paris 1917) réalisa une série de voitures à vapeur (1873-1885). **Ses fils, Léon** (Le Mans 1870 - Neuilly-sur-Seine 1913) et **Amédée** (Le Mans 1872 - Paris 1926), perfectionnèrent la technique automobile (transmission, graissage, carburateur, etc.).

Bologne, *en ital.* Bologna, v. d'Italie, cap. de l'Émilie et ch.-l. de prov. ; 404 322 hab. — Siège d'une importante école de droit aux XIIᵉ et XIIIᵉ siècles. **GÉOGR.** Carrefour ferroviaire et routier, Bologne est une métropole régionale de l'Italie centrale, administrative, commerciale, culturelle et touristique, également industrialisée (mécanique). **ARTS.** Important ensemble de monuments du Moyen Âge et de la Renaissance : tours penchées de maisons nobles ; palais communal, du podestat, della Mercanza, Bevilacqua ; églises, dont la basilique S. Petronio (XIVᵉ-XVIᵉ s.), sculptures du portail par Jacopo della Quercia), S. Stefano (assemblage de petites églises de tradition romane lombarde), S. Domenico (XIIIᵉ-XVIIIᵉ s.). Fontaine de Neptune par Giambologna. Musée municipal archéologique et Musée municipal médiéval ; Pinacothèque nationale, surtout consacrée aux peintres de l'école bolonaise du XVIIᵉ siècle (les Carrache, G. Reni, le Dominiquin, le Guerchin, l'Albane) et du XVIIIᵉ siècle (G. M. Crespi).

Bologne *(école de),* groupe de jurisconsultes qui enseignèrent le droit à l'université de Bologne, aux XIIᵉ et XIIIᵉ siècles, et rénovèrent le droit romain. Son influence dépassa l'Italie et la France méridionale et fit pénétrer les principes du droit romain dans les pays de droit coutumier.

Bologne *(Jean)* → **Giambologna.**

Bolognini *(Mauro),* metteur en scène de cinéma italien (Pistoia 1922). Il se fait connaître en 1955 en réalisant *les Amoureux*. Ses mises en scène parfois précieuses et recherchées ont fait de lui l'un des chefs de file d'une tendance néoformaliste (*le Bel Antonio*, 1960 ; *Ça s'est passé à Rome*, 1960 ; *La Viaccia*, 1961 ; *Bubu de Montparnasse*, 1971 ; *l'Héritage*, 1976 ; *Adieu Moscou*, 1987).

Bolsena, lac d'Italie, au nord de Viterbe ; 115 km².

Boltanski *(Christian),* artiste français (Paris 1944). Reconstitution du passé, inventaire du vécu (séries de documents et objets de sa prétendue propre enfance ou d'individus pris au hasard), confection de petits objets dérisoires ou, à partir de la fin des années 70, « Compositions » photographiques puis « Monuments » à l'allure d'iconostases, son œuvre est une quête de l'identité des êtres et de la vie, minée par la répétition, le dérisoire, l'oubli.

Bolton, v. de Grande-Bretagne (Lancashire) ; 264 000 hab. Textile.

Boltzmann *(Ludwig),* physicien et philosophe des sciences autrichien (Vienne 1844 - Duino, près de Trieste, 1906). Il est le principal créateur de la théorie cinétique des gaz, qu'il élargit ensuite en une mécanique statistique. Il a introduit le concept de probabilité des états macroscopiques d'un gaz. Il en déduisit en 1876 une expression de l'entropie, équivalente, à une constante près (k, dite *constante de Boltzmann),* au logarithme de la probabilité de l'état du gaz. Ces vues, qui donnèrent lieu à des controverses sur la notion d'irréversibilité, devaient jouer un rôle important dans la découverte des quanta par Planck et dans celle du photon par Einstein.

Bolyai *(János),* mathématicien hongrois (Kolozsvár, auj. Cluj-Napoca, 1802 - Marosvásárhely 1860). Il construisit une géométrie non euclidienne, fondée sur l'hypothèse de l'existence d'une infinité de parallèles à une droite passant par un point extérieur à la droite.

Bolzano, *en all.* Bozen, v. d'Italie (Haut-Adige), ch.-l. de prov. ; 98 233 hab. Centre touristique. Métallurgie. — Cathédrale gothique, très restaurée, et autres monuments. Musées (arts et traditions populaires, etc.).

Bolzano *(Bernard),* philosophe, logicien et mathématicien tchèque d'origine italienne (Prague 1781 - *id.* 1848). Prêtre, enseignant à Prague, il dut quitter sa chaire sous l'accusation de rationalisme. Il est l'auteur de concepts fondamentaux en sémantique (*Théorie de la science,* 1837). Son ouvrage *les Paradoxes de l'infini* (1848) est à l'origine de la théorie moderne des ensembles.

Bombay, port de l'Inde, cap. de l'État de Maharashtra, sur l'océan Indien ; 12 571 720 hab. Industries textiles, mécaniques et chimiques. — La ville fut aménagée par la Compagnie anglaise des Indes orientales à partir de 1668. — Musée.

Bombelli *(Raffaele),* ingénieur et mathématicien italien (Borgo Panigale, près de Bologne, 1526 - Bologne 1572). Il a formulé les règles de calcul des nombres complexes.

Bon *(cap),* cap et péninsule du nord-est de la Tunisie.

Bonald [-nald] *(Louis, vicomte* de*),* écrivain politique français (près de Millau 1754 - *id.* 1840). Pour lui, la France doit redevenir une monarchie afin de rétablir l'harmonie entre le religieux et le social que la Révolution de 1789 a brisée. Le pouvoir politique ne vient pas des hommes mais de Dieu et la société

civile ne doit pas être séparée de la société religieuse. Ses idées ont exercé une profonde influence sur la pensée monarchiste française au XIXᵉ siècle. Il a notamment écrit *Théorie du pouvoir politique et religieux* (1796).

Bonampak, centre cérémoniel maya du classique récent (600-950 apr. J.-C.) au Mexique (Chiapas). En 1946, de remarquables fresques du VIIᵉ siècle — représentant les épisodes d'une grande cérémonie religieuse avec attaque d'une tribu voisine — ont été découvertes.

Bonaparte, famille française d'origine italienne dont une branche s'établit en Corse au XVIᵉ siècle. Du mariage de **Charles Marie** (Ajaccio 1746 - Montpellier 1785) avec **Maria Letizia Ramolino** (Ajaccio 1750 - Rome 1836), en 1764, est issue une nombreuse descendance : **Joseph** (Corte 1768 - Florence 1844), roi de Naples (1806-1808) puis roi d'Espagne (1808-1813) ; **Napoléon → Napoléon Iᵉʳ,** père de **Napoléon François Charles Joseph → Napoléon II ; Lucien** (Ajaccio 1775 - Viterbe 1840), prince de Canino, qui joua un rôle décisif lors du coup d'État de Napoléon ; **Maria-Anna,** dite **Élisa** (Ajaccio 1777 - près de Trieste 1820), princesse de Lucques et Piombino puis grande-duchesse de Toscane (1809-1814) ; **Louis** (Ajaccio 1778 - Livourne 1846), roi de Hollande à partir de 1806, qui dut abdiquer sous la pression de Napoléon en 1810 ; de son mariage avec Hortense de Beauharnais en 1802 est né Napoléon III. (→ **Napoléon III**) ; le fils de ce dernier, **Eugène Louis Napoléon** (Paris 1856 - Ulundi, Kwazulu, 1879), prince impérial, candidat bonapartiste à la mort de son père, fut tué par les Zoulous en Afrique australe ; **Marie Paulette,** dite **Pauline** (Ajaccio 1780 - Florence 1825), épouse du général Leclerc puis, par remariage, princesse Borghèse et duchesse de Guastalla ; **Marie-Annonciade,** dite **Caroline** (Ajaccio 1782 - Florence 1839), épouse de Joachim Murat, grande duchesse de Clèves et de Berg puis reine de Naples (1808-1814) ; **Jérôme** (Ajaccio 1784 - Villegénis [Massy] 1860), roi de Westphalie (1807-1813), maréchal de France en 1850 ; il fut le père de **Mathilde** (Trieste 1820 - Paris 1904), qui tint à Paris un salon célèbre, et de **Napoléon,** dit le prince Jérôme (Trieste 1822 - Rome 1891) ; ce dernier eut pour fils **Victor** (Meudon 1862 - Bruxelles 1926), prétendant au trône impérial à partir de 1879 et père de **Louis** (Bruxelles 1914), prétendant depuis 1926.

Bonaventure *(saint)* [Giovanni **Fidenza**], théologien italien (Bagnorea, auj. Bagnoregio, Toscane, 1221 - Lyon 1274). Entré en 1243 dans l'ordre des frères mineurs fondé par François d'Assise, il en est élu supérieur général en 1257. Il défend les ordres mendiants contre l'offensive des séculiers orchestrée par Guillaume de Saint-Amour et travaille à réduire les tensions qui agitent la famille franciscaine. Nommé par Grégoire X en 1273 évêque d'Albano puis cardinal, il se rend à titre de légat au concile de Lyon, où il meurt. Celui qu'on a appelé « le Docteur séraphique » développe une théologie d'inspiration augustinienne qui l'amène à discuter parfois les thèses de son contemporain Thomas d'Aquin.

Bond *(Edward),* auteur dramatique britannique (Londres 1934). Dans la lignée de Brecht, son théâtre vise à transformer le monde *(Sauvés,* 1965 ; *Été,* 1982 ; *la Compagnie des hommes,* 1992).

Bond *(James),* héros des romans d'espionnage du Britannique Ian Fleming (Londres 1908 - Canterbury 1964), créé en 1953 et popularisé par le cinéma.

Bondy, ch.-l. de c. de la Seine-Saint-Denis ; 46 880 hab. Industrie automobile.

Bône → Annaba.

Bongo *(Omar),* homme d'État gabonais (Lewai 1935), président de la République depuis 1967.

Bonhoeffer *(Dietrich),* théologien protestant allemand (Breslau 1906 - camp de Flossenbürg 1945), exécuté par les nazis. Il défendit les Juifs contre le racisme hitlérien et développa une théologie originale par la place qu'il donne au christianisme dans une société sécularisée. Son *Éthique* (1949) et ses lettres de captivité *(Résistance et Soumission,* 1951) ont connu un succès mondial.

Boniface *(Wynfrith,* dit*) [saint],* apôtre de la Germanie (Kirton, Wessex, v. 675 - près de Dokkum 754). Avec l'appui de Charles Martel, il évangélisa la Frise, la Thuringe et la Hesse, puis réorganisa le clergé franc. Nommé archevêque en 732, il fit établir son siège à Mayence en 746.

Boniface VIII *(Benedetto* **Caetani)** [Anagni v. 1235 - Rome 1303], pape de 1294 à 1303. Successeur de Célestin V, seul pape à avoir démissionné, il s'oppose d'emblée à Philippe le Bel, qui veut imposer les clercs. Après une accalmie, pendant laquelle il procède à la canonisation de Louis IX (1297), il entre de nouveau en conflit avec Philippe, qu'il s'apprête à excommunier (1303) en

proclamant la supériorité du pape sur tous les princes. Conseillé par Nogaret, le roi de France en appelle au concile et organise l'expédition d'Anagni pour s'emparer de Boniface. Libéré de justesse, celui-ci rentre à Rome et y meurt.

Bonifacio, ch.-l. de c. de la Corse-du-Sud ; sur les *bouches de Bonifacio* (détroit entre la Corse et la Sardaigne) ; 2 701 hab. *(Bonifaciens).* Port. Tourisme. — Ville haute à ruelles étroites et passages voûtés ; citadelle, trois églises gothiques.

Bonin, *en jap.* Ogasawara, archipel japonais du Pacifique, au sud-est du Japon. — À l'est, profonde fosse marine (10 347 m).

Bonington *(Richard Parkes),* peintre britannique (Arnold, près de Nottingham, 1802 - Londres 1828). Sa famille s'étant installée à Paris (1818), il fut élève de Gros à l'École des beaux-arts. Il voyagea beaucoup — en France, en Angleterre avec Delacroix, en Italie (Venise) —, exécutant toiles, aquarelles et lithographies, qui se partagent entre sujets romantico-historiques et paysages d'une frémissante qualité atmosphérique.

Bonn, v. d'Allemagne (Rhénanie-du-Nord-Westphalie), sur le Rhin ; 287 117 hab. Université. — La ville a été la capitale de la République fédérale d'Allemagne de 1949 à 1990. — Remarquable cathédrale romane des XIe-XIIIe siècles, église de Schwarzrheindorf (fresques romanes), château des princes-électeurs (XVIIIe s., très restauré après 1945) et autres monuments. Maison natale de Beethoven. Musée Rhénan, musée municipal des Beaux-Arts, musée d'Art moderne, musée A. Koenig (zoologie).

Bonnard *(Pierre),* peintre français (Fontenay-aux-Roses 1867 - Le Cannet 1947). L'un des nabis, influencé par l'estampe japonaise, il se lance dans une transposition du visible fondée sur la vivacité du trait, les libertés de perspective et de cadrage, la subtilité du coloris. Son affiche lithographique *France-Champagne* paraît en 1890, celle de *la Revue blanche* en 1894. Bonnard expose chez Durand-Ruel et dans les Salons, professe à l'académie Ranson dès sa fondation (1908). Il peint des scènes de rue et d'intérieur, des paysages, des nus d'après sa femme, Marthe, et illustre en dessinateur lithographe aigu Jarry, Verlaine, J. Renard. Son coloris, très personnel, aux contrastes de tons froids et chauds, aux luminescences d'accords acides qu'amortissent des blancs floconneux, devient de plus en plus solaire vers 1935, époque de la tardive célébrité de l'artiste, qui aura une foule de plagiaires. Parmi ses toiles, signalons *la Partie* *de croquet au crépuscule,* 1892 (musée d'Orsay), *Place Clichy,* 1912, et *le Café du Petit Poucet,* 1928 (musée de Besançon), *Intérieur blanc,* 1933 (Grenoble), *Nu dans le bain,* 1937 (Petit Palais, Paris), *l'Atelier au mimosa,* 1939-1946 (M. N. A. M.).

Bonnat *(Léon),* peintre et collectionneur français (Bayonne 1833 - Monchy-Saint-Éloi, Oise, 1922). Il fit une carrière officielle surtout comme portraitiste.

Bonne-Espérance *(cap de),* autref. **cap des Tempêtes,** cap du sud de l'Afrique, découvert par le Portugais Bartolomeu Dias en 1488 et doublé par Vasco de Gama en 1497, en route pour les Indes.

Bonnefoy *(Yves),* poète français (Tours 1923). Essayiste (*Un rêve fait à Mantoue,* 1967), critique d'art (*les Tombeaux de Ravenne,* 1953), il voit dans la poésie une « incessante bataille » contre la tentation gnostique et la pensée conceptuelle, et un lieu de présence au monde (*Du mouvement et de l'immobilité de Douve,* 1953 ; *Dans le leurre du seuil,* 1975).

Bonnet *(Charles),* philosophe et naturaliste suisse (Genève 1720 - Genthod, près de Genève, 1793). Il a découvert la parthénogenèse naturelle.

Bonnets et des Chapeaux *(faction des)* → Chapeaux et Bonnets.

Bonneville, ch.-l. d'arr. de la Haute-Savoie, sur l'Arve ; 10 351 hab. Matériel téléphonique.

Bonneville de Marsangy *(Arnould),* magistrat français (Mons 1802 - Paris 1894). Il a fait instituer le casier judiciaire et la libération conditionnelle.

Bonnot *(la bande à),* groupe d'anarchistes conduit par Jules Joseph **Bonnot** (Pont-de-Roide 1876 - Choisy-le-Roi 1912), qui se rendit célèbre en accomplissant plusieurs attaques de banques accompagnées de meurtres. Ses chefs furent abattus au moment de leur arrestation et le reste de la bande fut jugé en 1913.

Bontemps *(Pierre),* sculpteur français (Paris v. 1505/1510 - ? v. 1568/1570). Il a exécuté la plus grande partie du tombeau de François Ier à Saint-Denis (gisants, d'un réalisme saisissant, et 54 bas-reliefs de la campagne d'Italie), a sculpté le monument du cœur de ce roi (*ibid.*) et la statue assise de Ch. de Maigny (1557, Louvre), vigoureuse mais gauche.

Book of Common Prayer (The) [« le livre des prières communes »], à la fois missel,

bréviaire et rituel de l'Église anglicane (1549, révisé en 1552, 1559, 1604 et 1662).

Boole *(George),* mathématicien et logicien britannique (Lincoln 1815 - Ballintemple, près de Cork, 1864). Il est surtout connu pour ses deux ouvrages fondamentaux : *l'Analyse mathématique de la logique* (1847) et *Recherches sur les lois de la pensée* (1854). Il s'y efforce de rapprocher la logique des mathématiques tout en considérant qu'il n'est pas dans la nature des mathématiques de s'occuper des notions de nombre et de quantité. Cette application de l'algèbre à la logique des classes a donné naissance à ce que l'on appelle *algèbre* ou *treillis de Boole.*

Boone *(Daniel),* colonisateur américain (près de Reading, Pennsylvanie, 1734 - près de Saint Charles, Missouri, 1820). Fenimore Cooper l'a immortalisé sous les noms de **Bas-de-Cuir** et de **Longue-Carabine.**

Boorman *(John),* cinéaste britannique (Shepperton, Surrey, 1933). Il se livre à une réflexion allégorique sur le devenir des civilisations (*Délivrance,* 1972 ; *Zardoz,* 1974 ; *Excalibur,* 1981 ; *la Forêt d'émeraude,* 1985 ; *Hope and Glory,* 1987 ; *Rangoon,* 1995).

Booth *(William),* prédicateur évangélique britannique (Nottingham 1829 - Londres 1912). Issu d'une famille méthodiste, il fonda en 1865 la Mission chrétienne, qui devint en 1878 l'Armée du salut.

Boothia, péninsule du nord du Canada, séparée de la terre de Baffin par le *golfe de Boothia.*

Booz, personnage biblique, époux de Ruth. Aïeul de David, il figure à ce titre, selon les Évangiles de Matthieu et de Luc, dans la généalogie de Jésus.

Bophuthatswana, ancien bantoustan d'Afrique du Sud.

Bopp *(Franz),* linguiste allemand (Mayence 1791 - Berlin 1867). Sa *Grammaire comparée des langues indo-européennes* (1833-1852) est aux origines de la linguistique comparatiste, en particulier par l'attention qu'il porte aux formes et aux flexions des langues. Il a notamment montré l'origine commune du sanskrit et du latin, du grec, du persan, du germanique, de l'arménien, du celte.

Bora Bora, île de la Polynésie française ; 4 225 hab. Tombeau d'Alain Gerbault.

Borås, v. de Suède ; 101 466 hab. Textile.

Borda *(Charles* de*),* mathématicien et marin français (Dax 1733 - Paris 1799). Il participa à la mesure de la longueur d'un arc de méridien pour l'établissement du système métrique.

Bordeaux, ch.-l. de la Région Aquitaine et du dép. de la Gironde, sur la Garonne, à 557 km au S.-O. de Paris ; 213 274 hab. *(Bordelais).* **GÉOGR.** Commandant une agglomération de 700 000 habitants bien desservie par le rail, la route (autoroute Aquitaine) et l'air (aéroport de Mérignac), port de commerce notable, Bordeaux est une véritable capitale régionale et, avec Toulouse, la métropole du Sud-Ouest. C'est un centre administratif, commercial (au cœur du vignoble bordelais) et universitaire. Il est le siège, en outre, d'une académie, d'une région militaire, d'une cour d'appel et d'un archevêché. L'industrie, développée surtout en banlieue et partiellement liée au port, est dominée par la métallurgie de transformation. **HIST.** Capitale du duché d'Aquitaine (1032) puis port anglais (1154-1453), Bordeaux tira sa prospérité du commerce des Îles au XVIIIᵉ siècle (sucre et traite des Noirs). Le gouvernement s'y transporta en 1870, en 1914 et en 1940. **ARTS.** Vestiges des arènes romaines (« palais Gallien »). Monuments du Moyen Âge : collégiale St-Seurin (XIIᵉ s., crypte du XIᵉ), ancienne abbatiale Ste-Croix (XIIᵉ-XIIIᵉ s.), église St-Michel (XIVᵉ-XVᵉ s.), avec haut clocher isolé, cathédrale St-André (XIIᵉ-XIVᵉ s., portail sculpté du XIIIᵉ) et tour Pey-Berland (1440). Église baroque Notre-Dame. Bel ensemble monumental du XVIIIᵉ siècle : places de la Bourse (par les Gabriel), de Tourny, Gambetta et de la Comédie (Grand-Théâtre par V. Louis), hôtel de ville (ancien archevêché). Importants musées : d'Aquitaine (préhistoire, histoire, ethnographie), des Beaux-Arts, des Arts décoratifs (dans un hôtel du XVIIIᵉ s.), d'Art contemporain (dans l'entrepôt Lainé, du XIXᵉ s.).

Bordeaux *(duc de)* → **Chambord.**

Bordelais, région géographique et viticole du Bassin aquitain, correspondant à la partie non forestière et non marécageuse (palus) du département de la Gironde. Il englobe notamment les vignobles du Médoc, des Graves, du Sauternais et du Saint-Émilionnais.

Bordet *(Jules),* médecin et microbiologiste belge (Soignies 1870 - Bruxelles 1961). Il fut directeur de l'Institut Pasteur du Brabant. Il découvrit, en collaboration, le bacille de la coqueluche. Il publia d'importants travaux en immunologie et inventa un test diagnostic. (Prix Nobel 1919.)

Bordeu *(Théophile* de*),* médecin français (Izeste, Pyrénées-Atlantiques, 1722 - Paris 1776). Avec P. J. Barthez, il fut un défenseur du vitalisme propagé par l'école de Montpel-

lier. Il fit des recherches sur les eaux thermales. Il collabora à l'*Encyclopédie* de Diderot et de d'Alembert et laissa un ouvrage sur l'anatomie et la physiologie des glandes.

Bordighera, station balnéaire d'Italie (Ligurie), sur la Riviera ; 11 559 hab.

Borduas *(Paul Émile),* peintre canadien (Saint-Hilaire, Québec, 1905 - Paris 1960). Élève du peintre et décorateur d'églises Ozias Leduc, il se consacra à l'enseignement, découvrit le surréalisme vers 1938 et, en 1948, s'affirma comme le chef de file des « automatistes » de Montréal avec le manifeste *Refus global.* Sa peinture, spontanée, atteint un maximum d'intensité expressive à New York (1953) puis se dépouille à partir de 1955, à Paris.

Borel *(Émile),* mathématicien et homme politique français (Saint-Affrique 1871 - Paris 1956), l'un des chefs de file de l'école française de la théorie des fonctions.

Borel *(Pétrus),* écrivain français (Lyon 1809 - Mostaganem 1859). Ce romantique marginal *(Champavert,* 1833 ; *Madame Putiphar,* 1839), surnommé le **Lycanthrope,** fut célébré par les surréalistes.

Borg *(Björn),* joueur de tennis suédois (Södertälje, près de Stockholm, 1956), vainqueur notamment cinq fois à Wimbledon (1976 à 1980) et six fois à Roland-Garros (1974 et 1975, 1978 à 1981).

Borges *(Jorge Luis),* écrivain argentin (Buenos Aires 1899 - Genève 1986). Se situant délibérément en marge des préoccupations sociales propres à la plupart des auteurs hispano-américains d'aujourd'hui, il est familier de la kabbale, des littératures anglo-saxonne, germanique et scandinave, féru d'auteurs oubliés ou apocryphes. Il a écrit des poèmes *(Fervor de Buenos Aires,* 1923 ; *Cuaderno San Martín,* 1929 ; *l'Or des tigres,* 1972), des nouvelles *(Fictions,* 1944 ; *l'Aleph,* 1949 ; *le Livre de sable,* 1975), où réapparaissent les mêmes symboles du labyrinthe, des miroirs, des épées, des tigres, et surtout des essais critiques *(Enquêtes,* 1925 ; *Discussions,* 1932 ; *Histoire de l'infamie,* 1935 ; *Histoire de l'éternité,* 1936 ; *l'Auteur,* 1960 ; *Chroniques de Bustos Domecq,* 1967). Il témoigne dans ses œuvres et sa tentative unique de nier le temps grâce à l'écriture même.

Borghèse, famille italienne originaire de Sienne et établie à Rome. Sa fortune commença lorsqu'un de ses membres devint pape, en 1605, sous le nom de Paul V. **Camillo** (Rome 1775 - Florence 1832) épousa Pauline Bonaparte, sœur de Napoléon.

Borghèse *(villa),* grand parc public de Rome, agrémenté de fontaines, de lacs, de statues. Dans cet ensemble, la *palazzina* (petit palais) *Borghèse,* bâtie en 1615 pour le cardinal Scipione Caffarelli Borghèse, abrite le *musée Borghèse,* consacré à la sculpture (chefs-d'œuvre de Bernin), ainsi que la *galerie Borghèse* et sa riche collection de peinture (*l'Amour sacré et l'Amour profane* de Titien, la *Madone des palefreniers* du Caravage). Dans les jardins de la villa Borghèse se situent encore le *Musée national de la villa Giulia* (art étrusque) et la *Galerie nationale d'art moderne.*

Borgia, famille italienne d'origine espagnole, dont les membres les plus connus sont : le pape **Alexandre VI** ; son fils **César** (Rome v. 1475 - Pampelune 1507), duc de Valentinois (région de Valence en France), qui chercha à se constituer une principauté héréditaire en Italie centrale ; homme d'État habile et sans scrupules, il a servi de modèle au *Prince* de Machiavel ; **Lucrèce** (Rome 1480 - Ferrare 1519), sœur du précédent, célèbre par sa beauté, protectrice des arts et des lettres, qui fut l'instrument de la politique de sa famille plutôt qu'une criminelle comme le veut la tradition.

Boris Ier (m. en 907), khan des Bulgares (852-889). Il proclama le christianisme religion officielle de son État (865).

Boris Godounov (v. 1552 - Moscou 1605), tsar de Russie (1598-1605). Son règne fut marqué par des troubles liés à la famine de 1601-1603.

Boris Godounov, tragédie historique de Pouchkine, écrite en 1825. À partir d'un sujet emprunté à Karamzine, l'auteur crée le premier grand drame national de la littérature russe. S'inspirant de cette tragédie, Moussorgski a composé un drame musical (1869-1872), qui est l'un des sommets de l'opéra russe.

Borkou, région du Tchad, au pied du Tibesti.

Bormann *(Martin),* homme politique allemand (Halberstadt 1900 - Berlin 1945 ?). Un des chefs du Parti nazi, général des SS en 1933 et chef d'état-major de R. Hess, il disparut en 1945 lors des combats de Berlin.

Born *(Bertran* de) → Bertran de Born.

Born *(Max),* physicien allemand naturalisé britannique en 1939 (Breslau 1882 - Göttingen 1970). Professeur de physique théorique à Göttingen (1921), il quitta l'Allemagne en 1933, pour se réfugier en Angleterre, puis y retourna en 1953. Il est à l'origine de l'interprétation probabiliste de la mécanique quantique, selon laquelle le carré du module de la fonction d'onde d'un quanton représente sa densité de probabilité de localisation. (Prix Nobel 1954.)

Bornéo, la troisième île du monde, la plus grande et la plus massive de l'Insulinde ; environ 750 000 km². Bornéo est partagé administrativement en plusieurs territoires. La majeure partie (540 000 km²), au sud (Kalimantan), appartient à la République d'Indonésie (8 678 000 hab.) ; le nord de l'île forme deux territoires membres de la Malaisie (Sabah [anc. Bornéo-Septentrional] et Sarawak) séparés par un sultanat indépendant (Brunei). GÉOGR. Traversée par l'équateur, constamment chaude (26 ºC en moyenne) et humide, l'île est en grande partie recouverte par une forêt dense. Elle présente des paysages accidentés dans l'intérieur (encore souvent le domaine d'une culture itinérante sur brûlis et de la cueillette). Le littoral est jalonné de plaines alluviales et deltaïques où se concentrent les activités agricoles (caoutchouc, poivre, coprah) et les villes (dont Pontianak et Banjermassin). Sur la côte et au large sont extraits des hydrocarbures.

Bornes *(massif des),* massif des Préalpes françaises (Haute-Savoie), entre l'Arve et le lac d'Annecy ; 2 437 m.

Bornou, ancien empire de la zone soudanaise, au sud-ouest du lac Tchad. Il prit au XVIe siècle le nom de *Kanem-Bornou* et fut anéanti lors de la défaite de l'émir soudanais Rabah devant les Français (1900).

Borobudur → Barabudur.

Borodine *(Aleksandr),* compositeur russe (Saint-Pétersbourg 1833 - *id.* 1887). Admis en 1863 dans le groupe des « Cinq », il a composé *le Prince Igor* (1869-1887), son unique opéra, resté inachevé, de la musique de chambre, trois symphonies, deux quatuors et le poème symphonique *Dans les steppes de l'Asie centrale* (1880). Tour à tour brillantes ou mélancoliques, ses œuvres sont le reflet du caractère slave.

Borodino, village de Russie, entre Moscou et Smolensk, à 5 km de la Moskova. Les Russes donnent ce nom à la *bataille de la Moskova* (7 sept. 1812).

Bororo, Indiens du Mato Grosso (Brésil).

Borotra *(Jean),* joueur de tennis français (Biarritz 1898 - Arbonne, près de Biarritz, 1994), vainqueur deux fois à Wimbledon (1924 et 1926) et à Paris (1924 et 1931) et six fois en coupe Davis (1927 à 1932).

Borrassà *(Lluis),* peintre catalan (Gérone v. 1360 - Barcelone v. 1425). Installé à Barcelone, il y fut le premier représentant du style gothique international. On lui attribue, ainsi qu'à son atelier, de nombreux retables d'un style narratif animé et précieux (musée de Vich ; musée des Arts décoratifs, Paris).

Borromées *(îles),* groupe de quatre îles pittoresques, situées dans le lac Majeur (Italie).

Borromini *(Francesco),* architecte italien d'origine suisse (Bissone, Tessin, 1599 - Rome 1667). Déjà apprenti sculpteur, il part à quinze ans pour Rome, où l'attirent les travaux de Saint-Pierre et la protection de Maderno, son parent, qui lui enseigne les mathématiques. Écarté du chantier de la basilique à la suite d'un conflit de préséance avec Bernin, il n'en fera pas moins une grande carrière romaine au service de l'Église. Il travaille aux palais des pontifes, à St-Jean-de-Latran et à Ste-Agnès, mais se consacre surtout aux congrégations : couvent des pères trinitaires (1634) et son église, St-Charles-aux-Quatre-Fontaines (1638, façade 1665) ; couvent des Philippins ; église St-Yves (1642) pour le collège de la Sapience ; immense palais de la Propagande de la foi (1662) pour les Jésuites. Esprit anxieux, épris d'absolu, il substitue au repliement classique des églises à plan central le dynamisme de volumes rayonnants aux subtils effets perspectifs, rompt les surfaces pour les intégrer à l'espace ambiant, fait interférer les figures géométriques et accuse la structure à la façon de l'art gothique. Accusé de détruire les règles, il a eu peu d'influence immédiate en Italie, sauf sur l'ornementation (et Guarini mis à part), mais le baroque de l'Europe centrale lui doit beaucoup.

Borzage *(Frank),* cinéaste américain (Salt Lake City 1893 - Hollywood 1962). Ses films exaltent, dans un cadre réaliste, la puissance de l'amour (*l'Heure suprême,* 1927 ; *la Femme au corbeau,* 1929 ; *Ceux de la zone,* 1933 ; *Trois Camarades,* 1938).

Bosch *(Carl),* chimiste et industriel allemand (Cologne 1874 - Heidelberg 1940). Il mit au point avec Haber, en 1909, la synthèse industrielle de l'ammoniac. (Prix Nobel 1931.)

Bosch *(Jheronimus Van Aken, dit Jheronimus [en fr. Jérôme]),* peintre brabançon (Bois-le-Duc v. 1450 - *id.* 1516). Sa biographie comporte de nombreuses lacunes, et la chronologie de son œuvre est hypothétique. On sait que, résidant à Bois-le-Duc, il fut membre, de 1486 à sa mort, de la Confrérie de Notre-Dame. Issu d'une famille de peintres, il se place à ses débuts sous le signe du gothique international. Travaillant à l'huile sur panneaux, il manifeste dès les œuvres de sa jeunesse (v. 1475-1485 : *Ecce Homo,* Institut Städel, Francfort) une vigueur personnelle qui se développe dans sa première maturité (v. 1485-1500 : plans juxtaposés verticalement, nouvelle gamme chromatique, touche audacieuse [*la Nef des fous,* Louvre]) et dans la période suivante (v. 1500-1510 : peinture tonale des triptyques du *Chariot de foin,* du *Jardin des délices* [Prado, Madrid] et de *la Tentation de saint Antoine* [Musée nat. de Lisbonne]), avant la monumentalité sereine du triptyque de *l'Épiphanie* (Prado, Madrid) ou la terrible vision du *Portement de croix* (Gand). Au-delà des sources multiples et complexes de son iconographie (alchimie, magie, mystique, diableries, farces, théâtre, etc.), qui nourrissent tout à la fois son réalisme et un symbolisme dont nous n'avons pas toutes les clefs, semble émerger une lutte du Bien et du Mal avec son cortège de sottises, d'égarements, de vanités et d'hypocrisies, expression du désarroi spirituel et social de la fin du Moyen Âge.

Bosco *(Henri),* écrivain français (Avignon 1888 - Nice 1976). Il est l'auteur de romans de terroir (*l'Âne Culotte,* 1937 ; *le Mas Théotime,* 1946).

Bose *(Satyendranath),* physicien indien (Calcutta 1894 - *id.* 1974). Il a élaboré une théorie statistique applicable aux photons, qu'Einstein reprendra pour l'appliquer aux bosons *(statistique de Bose-Einstein).*

Bosio *(François Joseph),* sculpteur français (Monaco 1768 - Paris 1845). Élève de Pajou et de Canova, artiste officiel sous l'Empire et la Restauration, il est l'auteur de bustes, de statues et de compositions d'un style académique.

Bosnie-Herzégovine, État d'Europe entre l'Adriatique et la Save ; 51 100 km² ; 4 200 000 hab. *(Bosniaques).* CAP. *Sarajevo.* LANGUE : *serbo-croate.*
GÉOGRAPHIE
C'est, en dehors de plaines bordant (au S.) la Save, une région accidentée, montagneuse, associant forêts (industries du bois) et pâturages, exploitations minières et quelques cultures. L'industrie, malgré la présence du fer et du charbon, a été insuffisamment développée, comme les services pour enrayer une traditionnelle émigration. La structure composite de la population — mêlant des « Musulmans », qui forment une

nationalité, des Serbes et des Croates — explique, en partie, la guerre civile, menaçant l'existence de l'État.

HISTOIRE

1463-1878. La région fait partie de l'Empire ottoman. Elle est islamisée.

1878-1918. Administrée par l'Empire austro-hongrois, la région est annexée à celui-ci en 1908.

1918. La Bosnie-Herzégovine est intégrée au royaume des Serbes, Croates et Slovènes.

1945-46. Elle devient une république fédérée de la Yougoslavie.

1992. Proclamation de l'indépendance, suivie du déclenchement d'une guerre meurtrière entre Musulmans, Croates et Serbes.

1994. Les Croates et les Musulmans forment une fédération croato-musulmane en Bosnie. Les représentants de l'Allemagne, des États-Unis, de la France, de la Grande-Bretagne et de la Russie (groupe de contact) tentent d'imposer un nouveau plan de partage.

1995. Une force de réaction rapide est créée pour soutenir la force de protection de l'O.N.U. (FORPRONU). Après la prise des zones de sécurité de Srebrenica et de Zepa par les Serbes (juill.), les troupes croato-musulmanes, aidées par l'armée croate, mènent une vaste contre-offensive (août-sept.) et parviennent à reconquérir la moitié du territoire. Un cessez-le-feu est proclamé (oct.). Sous l'égide des États-Unis, un accord est conclu à Dayton (nov.) entre les présidents – serbe représentant les Serbes de Bosnie –, croate et bosniaque, qui prévoit le maintien d'un État unique de Bosnie-Herzégovine, composé de deux entités : la Fédération croato-musulmane et la République serbe de Bosnie.

Boson (m. en 887), roi de Provence (879-887), beau-frère de Charles le Chauve.

Bosphore (« Passage du Bœuf »), ancien détroit de Constantinople, entre l'Europe et l'Asie, reliant la mer de Marmara et la mer Noire. Depuis 1973, il est franchi par un pont routier. Sur la rive ouest est établie Istanbul.

Bosphore *(royaume du)*, royaume grec établi en Crimée (cap. *Panticapée*). Fondé au Ve s. av. J.-C., il passa sous protectorat romain en 63 av. J.-C.

Bosschère *(Jean de)*, écrivain belge d'expression française (Uccle 1878 - Châteauroux, Indre, 1953). Son œuvre est marquée par le mysticisme et l'ésotérisme (*Job le Pauvre,* 1922 ; *Héritiers de l'abîme,* 1950).

Bosse *(Abraham),* graveur français (Tours 1602 - Paris 1676). Il apprit de Callot l'usage d'un vernis dur permettant d'obtenir, à l'eau-forte, un trait aussi fin qu'au burin. Toutefois, il ne s'écarta pas du style posé et réfléchi du burin dans ses quelque 1 500 planches, qui forment un tableau fidèle de la société française (urbaine surtout) à l'époque de Louis XIII. Il enseigna la perspective à l'Académie royale et publia de nombreux textes, dont un *Traité des manières de graver en taille-douce* (1645) et *le Peintre converti aux précises et universelles règles de son art* (1667).

Bossoutrot *(Lucien),* aviateur français (Tulle 1890 - Paris 1958). Pilote du premier transport aérien public sur Paris-Londres (1919), il détint deux fois le record du monde de vol en circuit fermé (8 805 km en 1931 et 10 601 km en 1932).

Bossuet *(Jacques Bénigne),* prélat, prédicateur et écrivain français (Dijon 1627 - Paris 1704). Célèbre dès 1659 pour ses prédications, évêque de Condom (1669), il est choisi comme précepteur du Dauphin, pour qui il écrit le *Discours sur l'histoire universelle.* Évêque de Meaux en 1681, il soutient la politique religieuse de Louis XIV en combattant les protestants (*Histoire des variations des Églises protestantes,* 1688), en inspirant en 1682 la déclaration sur les libertés gallicanes et en faisant condamner le quiétisme de Fénelon. Son prestige tient surtout à son génie oratoire : il crée, dans ses *Sermons (Sur la mort, Sur l'éminente dignité des pauvres)* et ses *Oraisons funèbres,* un style dont la musicalité et la richesse des images tranchent avec la clarté géométrique alors prisée dans ces deux genres. (Acad. fr. 1671.)

Boston, v. des États-Unis, cap. du Massachusetts : 574 283 hab. ; 2 870 669 hab. dans l'agglomération. Métropole de la Nouvelle-Angleterre, port, centre touristique et financier, ville industrielle où les industries de pointe (électronique) ont largement relayé le traditionnel textile. Foyer universitaire et scientifique (Harvard, Massachusetts Institute of Technology). — Musées, dont celui des Beaux-Arts (dans ses collections, presque universelles, brille notamment la section du Japon).

Bosworth *(bataille de)* [22 août 1485], bataille qui se déroula à l'ouest de Leicester et qui mit fin à la guerre des Deux-Roses. Richard III y fut vaincu et tué.

Botev *(Hristo),* écrivain et patriote bulgare (Kalofer 1848 - Jolkovica 1876), auteur de poésies d'inspiration révolutionnaire et nationale.

Botha *(Louis),* général et homme politique sud-africain (Greytown 1862 - Pretoria 1919). Réorganisateur de l'armée boer, adversaire acharné des Anglais, il fut Premier ministre du Transvaal (1907-1910), puis de l'Union sud-africaine (1910-1919).

Botha *(Pieter Willem),* homme d'État sud-africain (Paul Roux, État libre d'Orange, 1916). Premier ministre (1978-1984), il est ensuite président de la République (1984-1989).

Bothe *(Walter),* physicien allemand (Oranienburg, près de Berlin, 1891 - Heidelberg 1957). Avec H. Becker, il a obtenu en 1939, par action des rayons alpha sur le béryllium, un rayonnement pénétrant que l'on montra plus tard comme formé de neutrons. (Prix Nobel 1954.)

Bothwell *(James* Hepburn, *comte* de*),* seigneur écossais (1535 ? - Dragsholm, Danemark, 1578). Il fit périr Henry Stuart, comte de Darnley, second époux de Marie Stuart (1567), qu'il épousa, mais dut s'exiler peu après.

Botnie *(golfe de),* extrémité septentrionale de la Baltique, entre la Suède et la Finlande.

Botrange *(signal de),* point culminant de la Belgique, dans l'Ardenne ; 694 m.

Botswana, *anc.* Bechuanaland, État de l'Afrique australe ; 570 000 km² ; 1 300 000 hab. CAP. *Gaborone.* LANGUE : *anglais.* MONNAIE : *pula.*
Plus vaste que la France, enclavé, il possède un climat semi-aride ou aride (désert du Kalahari) ; la sécheresse menace en permanence l'activité dominante, l'élevage bovin. L'économie reste largement dépendante de l'Afrique du Sud, d'ailleurs associée à l'exploitation des mines de diamants. Protectorat britannique à partir de 1885, il obtint son indépendance en 1966.

Botticelli *(Sandro* Filipepi, dit*),* peintre italien (Florence 1445 - *id.* 1510). Élève de Filippo Lippi, il profite aussi de l'accentuation mélodieuse des contours chez Verrocchio, de la tension d'un P. Pollaiolo, de la manière ondoyante du sculpteur Agostino di Duccio. Il travaille à Rome en 1481-82 (trois fresques à la chapelle Sixtine), mais c'est à Florence que se déroule presque toute sa carrière, favorisée par les Médicis. C'est pour la famille de ceux-ci qu'il exécute le *Printemps* (v. 1478) puis *Minerve et le Centaure* et la *Naissance de Vénus* (gal. des Offices). Il peint de nombreux tableaux religieux pour les églises, les confréries ou de simples particuliers (*Histoire de Judith,* deux

petits panneaux d'une facture précieuse, v. 1472, Offices ; *Adoration des Mages,* avec les figures des Médicis, v. 1477, *ibid.*). On lui doit encore des *Madones,* prétextes à des compositions élégantes et lumineuses. Ses dernières œuvres révèlent un expressionnisme tragique ou un frémissement visionnaire sans doute liés à la prédication de Savonarole (*Pietà,* 1498, Munich ; *Nativité mystique,* 1501, National Gallery de Londres). Humanisme et religion sont pour lui les deux faces d'une même recherche spirituelle, qui s'exprime dans un espace assez arbitraire, d'une poésie fascinante, où l'harmonie dansante de la ligne s'accorde à celle, transparente, du coloris.

Bottin *(Sébastien),* administrateur et statisticien français (Grimonviller, Meurthe-et-Moselle, 1764 - Paris 1853). Il a donné son nom à un annuaire du commerce et de l'industrie.

Bottrop, v. d'Allemagne (Rhénanie-du-Nord-Westphalie), dans la Ruhr ; 117 464 hab. Houille. Chimie.

Botzaris ou **Bótsaris** *(Márkos),* un des héros de la guerre de l'Indépendance grecque (Soúli 1786 - Karpenísion 1823), défenseur de Missolonghi.

Bouaké, v. de la Côte d'Ivoire ; 175 000 hab.

Bouchard *(Lucien),* homme politique canadien (Saint-Cœur-de-Marie, Québec, 1938). Fondateur (1990) et chef du Bloc québécois, il dirige l'opposition officielle au Parlement d'Ottawa après les élections fédérales de 1993. En 1996, il devient chef du Parti québécois et Premier ministre du Québec.

Bouchardon, sculpteurs français du XVIIIe siècle. **Edme** (Chaumont 1698 - Paris 1762), fils de **Jean-Baptiste** (1667-1742), fut élève de G. Coustou à Paris et, de 1723 à 1732, pensionnaire de l'Académie de France à Rome. Il est plus spontané dans son important œuvre de dessinateur (Louvre) que dans ses sculptures, commandes publiques où il joint à une recherche acharnée de la perfection la volonté de lutter contre le goût rocaille (dix statues à l'église St-Sulpice, à Paris ; fontaine de la rue de Grenelle, 1739-1745 ; figure de l'*Amour se faisant un arc dans la massue d'Hercule,* 1750, Louvre ; statue équestre de Louis XV [détruite]). Son frère **Jacques Philippe** (Chaumont 1711 - Stockholm 1753) fit une carrière officielle en Suède.

Boucher *(François),* peintre et graveur français (Paris 1703 - *id.* 1770). Protégé par Mme de Pompadour, il a pratiqué tous les genres avec virtuosité, exprimant une sensualité aimable. Outre son abondante production de tableaux de chevalet, il a gravé au début de sa carrière des eaux-fortes d'après Watteau, qui l'influença, et d'après ses propres compositions, a décoré plusieurs appartements royaux et demeures privées (hôtel de Soubise), a donné des cartons aux manufactures de tapisseries de Beauvais et des Gobelins ainsi que des dessins pour les biscuits de Sèvres. Grand prix de Rome (1723), il fut nommé premier peintre du roi et directeur de l'Académie (qui l'avait reçu en 1734 avec son *Renaud et Armide* [Louvre]) à la mort de C. Van Loo (1765), à un moment où sa notoriété déclinait devant les progrès d'un goût plus sévère.

Boucher *(Hélène),* aviatrice française (Paris 1908 - Versailles 1934). Après avoir accompli seule, en 1931, un raid Paris-Ramadi (Iraq), elle conquit sept records internationaux mais se tua en vol d'entraînement.

Boucher *(Pierre),* officier français (Mortagne 1622 - Boucherville, Canada, 1717). Établi à Trois-Rivières, il accomplit en 1661 une mission auprès de Louis XIV, qui fut suivie par le rattachement de la Nouvelle-France au domaine royal (1663).

Boucher de Crèvecœur de Perthes *(Jacques),* préhistorien français (Rethel 1788 - Abbeville 1868). Fondateur de la science préhistorique, il découvrit, dans une couche d'alluvions de la Somme, un outillage lithique associé à des ossements de grands mammifères disparus, qu'il attribua à l'homme antédiluvien. Il fut aussi le premier à établir la distinction entre le paléolithique (antédiluvien) et le néolithique, qu'il nomme « celtique ».

Boucherot *(Paul),* ingénieur français (Paris 1869 - 1943). Il imagina la distribution du courant électrique à intensité constante, puis s'intéressa aux premières applications des courants polyphasés.

Bouches-du-Rhône [13], dép. de la Région Provence-Alpes-Côte d'Azur ; ch.-l. de dép. *Marseille ;* ch.-l. d'arr. *Aix-en-Provence, Arles, Istres ;* 4 arr., 53 cant., 119 comm. ; 5 087 km^2 ; 1 759 371 hab. Le département est rattaché à l'académie d'Aix-en-Provence-Marseille, à la cour d'appel d'Aix-en-Provence-Marseille et à la région militaire Méditerranée.

Boucicaut *(Aristide),* négociant français (Bellême 1810 - Paris 1877), fondateur du grand magasin « Au Bon Marché » à Paris.

Boucicaut *(Jean* Le Meingre, dit*),* maréchal de France et grand connétable de l'empire d'Orient (v. 1366 - Yorkshire 1421). Il défendit Constantinople contre les Turcs (1399) et gouverna Gênes (1401-1409). Fait prisonnier par les Anglais à Azincourt, il mourut en captivité.

Boucourechliev *(André),* compositeur français d'origine bulgare (Sofia 1925). Sa série d'*Archipels* (1967-1972) pour divers instruments est une des réussites de la musique aléatoire. On lui doit encore notamment *le Nom d'Œdipe,* sur un livret d'Hélène Cixous (1978), *Orion,* pour orgue (1980), et *les Cheveux de Bérénice* (1988).

Bou Craa, site du Sahara occidental. Gisement de phosphates.

Bouddha, nom que prit, quand il fut parvenu à son «illumination » ou « éveil » *(bodhi),* Siddharta Gautama, sage de la tribu shakya *(Shakyamuni),* qui allait alors se mettre à prêcher sa doctrine, le bouddhisme.

Boudicca ou **Boadicée,** femme d'un roi de l'île de Bretagne. Elle lutta contre les Romains et, vaincue, s'empoisonna en 61 apr. J.-C.

Boudin *(Eugène),* peintre français (Honfleur 1824 - Deauville 1898). Surnommé par Corot « le roi des ciels », il a peint surtout des paysages et des marines de l'estuaire de la Seine et de la Bretagne. Premier maître de Monet, il annonce l'impressionnisme (musées du Havre et de Honfleur ; cabinet des Dessins du Louvre).

Boudjedra *(Rachid),* écrivain algérien d'expression française et arabe (Aïn El-Beïda 1941). Il se veut dans ses romans l'éveilleur de la conscience de ses contemporains (*la Répudiation,* 1969 ; *l'Escargot entêté,* 1977 ; *le Démantèlement,* 1981 ; *Timimoun,* 1994).

Boudon *(Raymond),* sociologue français (Paris 1934). Après une tentative méthodologique (*l'Analyse mathématique des faits sociaux,* 1967), il préconise une analyse des notions sociologiques, située entre la description et l'explication (*la Logique du social,* 1979 ; *l'Idéologie,* 1986).

Boué de Lapeyrère *(Augustin),* amiral français (Castéra-Lectourois 1852 - Pau 1924). Ministre de la Marine (1909-1911), il mit sur pied un vaste programme naval afin de rattraper en partie le retard de la marine française.

Boufflers [buflɛr] *(Louis François, duc* de*),* maréchal de France (Cagny, auj. Crillon,

Oise, 1644 - Fontainebleau 1711). Il défendit Lille (1708) et dirigea la retraite de Malplaquet (1709).

Boug (parfois **Bug**) ou **Boug méridional,** fl. de l'Ukraine, tributaire de la mer Noire ; 806 km.

Boug (parfois **Bug**) ou **Boug occidental,** riv. d'Europe orientale, née en Ukraine, qui rejoint le Narew (r. g.) près de Varsovie ; 810 km.

Bougainville *(île),* la plus grande île de l'archipel des Salomon, appartenant, depuis 1975, à la Papouasie-Nouvelle-Guinée ; 10 600 km^2 ; 100 000 hab. Gisement de cuivre. — L'île a été découverte par Bougainville en 1768.

Bougainville *(Louis Antoine* de), navigateur français (Paris 1729 - *id.* 1811). Il a écrit le récit du célèbre *Voyage autour du monde* qu'il fit de 1766 à 1769 à bord de la *Boudeuse.*

Bougie → Bejaia.

Bouglione, famille de banquistes d'origine italienne et gitane, qui dirigea, de 1934 à 1987, le cirque d'Hiver à Paris.

Bouguer *(Pierre),* savant français (Le Croisic 1698 - Paris 1758). Il participa à la mission au Pérou chargée de mesurer un arc de méridien au niveau de l'équateur et fit, à cette occasion, des observations d'ordre gravimétrique (mise en évidence de l'anomalie qui porte son nom). Il a fondé la photométrie et inventé l'héliomètre (1748).

Bouhours *(Dominique),* jésuite et grammairien français (Paris 1628 - *id.* 1702), défenseur de la doctrine classique et de la pureté de la langue *(Entretiens d'Ariste et d'Eugène,* 1671).

Bouillaud *(Jean-Baptiste),* médecin français (Garat, Charente, 1796 - Paris 1881). Il fit partie des propagateurs de la méthode anatomo-clinique. En neurologie, il étudia les troubles du langage et ouvrit la voie à Broca. En cardiologie, il confirma les rapports entre rhumatisme articulaire aigu (ou *maladie de Bouillaud*) et lésions cardiaques.

Bouillon *(Godefroi* de) → Godefroi IV.

Bouillon *(Henri* de La Tour d'Auvergne, *vicomte* de Turenne, *duc* de), maréchal de France (Joze 1555 - Sedan 1623). Calviniste, il se rallia en 1576 à Henri de Navarre (futur Henri IV), combattit les ligueurs et fut nommé maréchal (1592).

Boukhara, v. d'Ouzbékistan, en Asie centrale ; 224 000 hab. Tourisme. **ARTS.** Mausolée d'Ismaïl al-Samani, édifié entre 892 et 907, remarquable par l'agencement décora-

tif des briques et par son influence sur l'art funéraire du monde iranien. Autres beaux monuments de l'époque des khans ouzbeks du xvie siècle. Les tapis dits « de Boukhara » proviennent en fait d'autres grands centres du Turkestan.

Boukharine *(Nikolaï Ivanovitch),* économiste et homme politique soviétique (Moscou 1888 - *id.* 1938). Théoricien du parti, adepte d'une politique économique modérée, il fut éliminé par Staline de la présidence de l'Internationale communiste (1928), puis condamné et exécuté (1938). Il a été réhabilité en 1988.

Boulaïda (El-), *anc.* Blida, v. d'Algérie, ch.-l. de wilaya, au pied de l'*Atlas d'El-Boulaïda ;* 161 000 hab.

Boulainvilliers *(Henri, comte* de), historien et philosophe français (Saint-Saire, Seine-Maritime, 1658 - Paris 1722), auteur d'un *Essai sur la noblesse de France* (1732).

Boulanger *(Georges),* général et homme politique français (Rennes 1837 - Ixelles, Belgique, 1891). Ministre de la Guerre (1886-87), très populaire, il regroupa autour de lui les patriotes « revanchards » et tous les mécontents réclamant une révision de la Constitution. Mis d'office à la retraite par le gouvernement, il fut triomphalement élu dans plusieurs départements et à Paris. Renonçant au coup d'État projeté (1889), il s'enfuit en Belgique, où il se suicida sur la tombe de sa maîtresse.

Boulanger *(Nadia),* pédagogue et compositrice française (Paris 1887 - *id.* 1979). Directrice du Conservatoire américain de Fontainebleau, elle a joué un rôle pédagogique considérable en France et aux États-Unis. Sa sœur **Lili,** compositrice (Paris 1893 - Mézysur-Seine, Yvelines, 1918), fut la première femme à obtenir le premier grand prix de Rome *(Faust et Hélène,* 1913).

Boulay-Moselle, ch.-l. d'arr. de la Moselle ; 4 556 hab. *(Boulageois).*

Boule *(Marcellin),* géologue et paléontologiste français (Montsalvyn, Cantal, 1861 - *id.* 1942). Directeur de l'Institut de paléontologie humaine de Paris (1920), auteur d'un traité sur les *Hommes fossiles* (1921), il est le fondateur de l'école française de paléontologie humaine.

Boulez *(Pierre),* compositeur et chef d'orchestre français (Montbrison 1925). Héritier de Debussy, Webern et Messiaen, devenu chef de file des mouvements sériel et postsériel *(Deuxième Sonate* pour piano, 1948 ; *Polyphonie X* pour 18 instruments solistes, 1951), il s'intéresse aussi aux rapports du texte et de la musique. Dans *le Marteau sans maître*, d'après R. Char (1954), œuvre marquante, le texte et son contenu conditionnent la structure. Avec *Deux Improvisations sur Mallarmé* (1957), il tente une « transmutation » de Mallarmé en musique. À partir de 1964, Boulez poursuit principalement son idée de « work in progress », d'œuvre en devenir, c'est-à-dire d'une musique pouvant être développée, transformée à l'infini. Il s'intéresse à la synthèse des sons (*Éclat-Multiples*, 1970 ; *Explosante-Fixe*, 1972-1974). *Répons* pour ensemble instrumental, soliste et dispositif électroacoustique (1981-1988) est une œuvre majeure concrétisant plusieurs années de travail à l'I. R. C. A. M., dont il fut le directeur de 1976 à 1991. Boulez a été chef principal de la Philharmonie de New York et de l'orchestre de la BBC, a dirigé de 1976 à 1980 *la Tétralogie* de Wagner à Bayreuth. Il préside l'Ensemble InterContemporain.

Boulgakov *(Mikhaïl Afanassievitch)*, écrivain soviétique (Kiev 1891 - Moscou 1940). Auteur de romans sur la guerre civile (*la Garde blanche*, 1925) et de comédies satiriques, il a traité le thème de l'artiste condamné au compromis avec le pouvoir politique (*le Maître et Marguerite*, 1928-1940, publié en 1966).

Boulganine *(Nikolaï Aleksandrovitch)*, maréchal soviétique (Nijni Novgorod 1895 - Moscou 1975), président du Conseil des ministres de 1955 à 1958.

Boulle *(André Charles)*, ébéniste et bronzier français (Paris 1642 - *id.* 1732). Il créa un type de meuble recouvert d'une complexe marqueterie de cuivre, d'écaille, d'étain, dont les dessins sont souvent inspirés des arabesques de J. Berain. Il donna aussi de l'importance aux ornements de bronze ciselé et doré (paire de commodes de 1708, château de Versailles). Sa manière a été imitée sous Napoléon III.

Boulle *(Pierre)*, écrivain français (Avignon 1912 - Paris 1994). Il est l'auteur de romans d'aventures (*le Pont de la rivière Kwaï*, 1952) et de science-fiction (*la Planète des singes*, 1963).

Boullée *(Étienne Louis)*, architecte français (Paris 1728 - *id.* 1799). Il a peu construit mais a donné, à la fin de sa vie, des projets visionnaires (cénotaphe sphérique à la gloire de Newton) et a formé des élèves, tel le théoricien rationaliste Jean Nicolas Louis Durand.

Boulogne *(camp de)*, camp établi de 1803 à 1805 par Napoléon Iᵉʳ à Boulogne-sur-Mer pour préparer l'invasion de l'Angleterre.

Boulogne *(Jean)* → Giambologna.

Boulogne *(Valentin de)* → Valentin.

Boulogne-Billancourt, ch.-l. d'arr. des Hauts-de-Seine, au sud-ouest de Paris ; 101 971 hab. *(Boulonnais)*. Quartiers résidentiels en bordure du bois de Boulogne. Constructions aéronautiques et électriques. — Jardins Albert-Kahn ; musées.

Boulogne-sur-Mer, ch.-l. d'arr. du Pas-de-Calais, sur la Manche, à l'embouchure de la Liane ; 44 244 hab. *(Boulonnais)* ; environ 90 000 hab. dans l'agglomération. Principal port de pêche français (conserveries). Métallurgie. Articles de bureau. — Une enceinte du xiiiᵉ siècle entoure la ville haute, qui comporte château, hôtel de ville (xviiiᵉ s.), basilique (xixᵉ s.). Riche musée (vases grecs ; archéologie ; histoire locale ; beaux-arts). Centre national de la Mer « Nausicaa ».

Boulonnais, région du Pas-de-Calais, plateau de craie ouvert par une dépression argileuse et humide, la « fosse du Boulonnais ». Élevage. V. princ. *Boulogne-sur-Mer*.

Boumediene *(Houari)*, militaire et homme d'État algérien (Héliopolis 1932 - Alger 1978). Chef d'état-major de l'Armée de libération nationale (1960), il fut président de la République algérienne (1965-1978).

Bounine *(Ivan Alekseïevitch)*, écrivain russe (Voronej 1870 - Paris 1953), fidèle au réalisme classique dans ses romans et ses nouvelles (*le Village*, 1910). [Prix Nobel 1933.]

Bounty, navire britannique dont l'équipage se mutina (1789) et abandonna son capitaine, W. Bligh, dans une chaloupe en pleine mer.

Bourassa *(Robert)*, homme politique canadien (Montréal 1933). Chef du Parti libéral, il a été Premier ministre du Québec de 1970 à 1976 et de 1985 à 1994.

Bourbaki *(Charles)*, général français (Pau 1816 - Cambo 1897). Il commanda l'armée de l'Est en 1871.

Bourbaki *(Nicolas)*, pseudonyme collectif d'un groupe de mathématiciens français qui, reprenant les mathématiques à leur point de départ logique, ont entrepris de dégager la structure axiomatique de leurs diverses parties et d'exposer celles-ci dans les *Éléments de mathématique* (depuis 1939) [→ Éléments].

Bourbon *(île)* → Réunion.

Bourbon (*palais*), à Paris, rue de l'Université (VIIe arr.). C'est à l'origine un hôtel, construit de 1722 à 1728 pour la duchesse de Bourbon, fille légitimée de Louis XIV. Il est affecté en 1795 au Conseil des Cinq-Cents et aménagé en conséquence. La façade sur la Seine, haut portique à 12 colonnes corinthiennes, est érigée en 1806 par l'architecte Bernard Poyet. En 1829, le palais est attribué à la Chambre des députés et une nouvelle salle des séances est construite ; de 1851 à 1870, l'édifice sert au Corps législatif, à partir de 1879 à la Chambre des députés et aujourd'hui à l'Assemblée nationale.

Bourbon (*Charles* de), prélat français (La Ferté-sous-Jouarre 1523 - Fontenay-le-Comte 1590), cardinal, puis archevêque de Rouen. La Ligue le proclama roi de France sous le nom de Charles X (1589).

Bourbon (*Charles III, duc* de) [1490 - Rome 1527]. Il se distingua à Agnadel (1509) et à Marignan (1515), et devint connétable. Louise de Savoie, mère de François Ier, lui ayant réclamé l'héritage bourbonnais, il passa au service de Charles Quint et fut tué au siège de Rome.

Bourbon (*maisons de*), maisons souveraines, issues des Capétiens, dont les membres ont régné en France (XVIe-XIXe s.), à Naples, en Sicile, à Parme (XVIIIe-XIXe s.) et en Espagne depuis le XVIIIe siècle.
■ **La maison féodale.** Fondée au Xe siècle, la maison de Bourbon commence à prospérer après que la seigneurie est passée en 1272 à Robert de France, comte de Clermont, fils de Saint Louis. Le fils de Robert, Louis Ier le Grand, est créé duc de Bourbon en 1327. Huit ducs de Bourbon se succèdent à la tête de la seigneurie de Louis Ier à Charles III, connétable de François Ier, dont les biens sont confisqués en 1527. La branche de la *Marche-Vendôme* devient alors la branche aînée de la famille.
■ **Les maisons royales.** La maison de Bourbon parvient d'abord au trône de Navarre avec Antoine de Bourbon (1555), dont le frère donne naissance à la branche des *Condés*. Elle accède ensuite au trône de France avec Henri IV (1589). Le fils de ce dernier, Louis XIII, a deux fils.
De la lignée aînée, issue de Louis XIV, fils aîné de Louis XIII, viennent : d'une part, la branche aînée *française*, héritière du trône de France jusqu'en 1830 et éteinte en la personne du comte de Chambord (Henri V) en 1883 ; d'autre part, la branche espagnole, divisée en divers rameaux, principalement le rameau royal d'*Espagne*, dont le représentant actuel est Juan Carlos Ier, le rameau royal des *Deux-Siciles* et le rameau ducal de *Parme*.
La lignée cadette, appelée branche d'*Orléans*, est issue de Philippe, duc d'Orléans, second fils de Louis XIII. Cette branche est parvenue au trône de France avec Louis-Philippe Ier (1830-1848), et son chef actuel est Henri, comte de Paris.

Bourbonnais, région au nord du Massif central, correspondant approximativement au dép. de l'Allier. HIST. Possession des seigneurs de Bourbon, le Bourbonnais passa au XIIIe siècle au fils de Saint Louis, Robert de Clermont. Érigé en duché (1327), il devint au XVe siècle le centre d'un vaste État princier. Confisqués par François Ier (1527), les domaines du connétable de Bourbon furent rattachés à la Couronne en 1531.

Bourdaloue (*Louis*), prédicateur français (Bourges 1632 - Paris 1704). Jésuite, il est, dès son arrivée à Paris en 1669, l'orateur qui prêche le plus souvent devant la cour, soit pour des séries de sermons (avent, carême), soit pour les panégyriques ou les oraisons funèbres. Très différent de Bossuet, il est apprécié surtout pour la précision de ses analyses morales.

Bourdelle (*Antoine*), sculpteur et peintre français (Montauban 1861 - Le Vésinet 1929). Fils d'un sculpteur sur bois, il étudia à Toulouse et à Paris. Après 1890, il devint l'aide préféré de Rodin, dont l'influence est compensée dans son œuvre par celle des sculpteurs grecs archaïques et romans. Il a exécuté près de 900 sculptures (plâtres originaux au musée Bourdelle, à Paris). Sa recherche d'une permanence des structures, d'un symbolisme architecturé s'exprime, par exemple, dans la *Tête d'Apollon* (1900), les *Beethoven* (de 1887 à 1929), le dynamique *Héraclès archer* (1909), les bas-reliefs du Théâtre des Champs-Élysées à Paris (1912), le *Monument d'Alvear* (1913-1923, Buenos Aires). Il a eu de nombreux élèves.

Bourdichon (*Jean*), peintre et miniaturiste français (Tours? v. 1457 - id. 1521), auteur des *Heures d'Anne de Bretagne* (B. N., Paris).

Bourdieu (*Pierre*), sociologue français (Denguin, Pyrénées-Atlantiques, 1930). Il s'est intéressé à la sociologie de l'éducation (*la Reproduction,* 1970) et de la culture (*la Distinction,* 1979). Dans l'ouvrage qui l'a fait connaître, *les Héritiers* (1964), écrit en collaboration avec J.-C. Passeron, il expose les mécanismes sociaux de la transmission culturelle, notamment par l'intermédiaire de l'école. Cette analyse, poursuivie en particulier dans *la Distinction,* trouve son pendant dans l'attention aux formes contemporaines de la misère sociale manifestée par *la Misère du monde* (1993), enquête collective dont il est le maître d'œuvre.

Bourdon *(Eugène),* ingénieur et industriel français (Paris 1808 - *id.* 1884). Il a réalisé le manomètre métallique (1849) qui porte son nom ainsi que divers appareils (trompe à vide, tachymètre, etc.).

Bourdon *(François),* ingénieur français (Seurre 1797 - Marseille 1865). À partir de 1837, il fut, sous la direction des Schneider, le réorganisateur du Creusot, où il installa notamment le célèbre marteau-pilon (1841).

Bourdon *(Sébastien),* peintre français (Montpellier 1616 - Paris 1671). De retour en France après un séjour à Rome (1634-1637), il pratique tous les genres, excelle aux pastiches les plus divers (bambochades) et devient un artiste officiel (recteur de l'Académie royale en 1655). L'influence d'un Poussin ou d'un Pierre de Cortone l'emporte dans les peintures d'histoire de sa maturité, où le paysage est traité de façon personnelle.

Bourgain *(Jean),* mathématicien belge (Ostende 1954). Ses travaux portent sur les domaines les plus variés de l'analyse mathématique. Son œuvre considérable a été récompensée par la médaille Fields en 1994.

Bourgelat *(Claude),* vétérinaire français (Lyon 1712 - *id.* 1779), fondateur de la première école vétérinaire au monde, à Lyon en 1761, puis de celle d'Alfort en 1766.

Bourg-en-Bresse [burkɛ̃brɛs], ch.-l. du dép. de l'Ain, à 414 km au sud-est de Paris ; 42 955 hab. *(Burgiens* ou *Bressans).* Centre commercial. Constructions mécaniques. **ARTS.** Ancien monastère de Brou (auj. musée régional de l'Ain), reconstruit de 1506 à 1512 à la suite d'un vœu de Marguerite d'Autriche ; son église (1512-1532) est le chef-d'œuvre d'un style flamboyant épuré, le luxe décoratif se concentrant sur les sculptures du jubé, des stalles et des trois tombeaux du chœur, des chapelles (vitraux). Église gothique Notre-Dame, un peu postérieure à celle de Brou (stalles).

Bourgeois *(Léon),* homme politique français (Paris 1851 - Oger, Marne, 1925). Douze fois ministre (1888-1917), président du Conseil (1895-96), il fut l'un des promoteurs de la S. D. N. (Prix Nobel de la paix 1920.)

Bourgeois *(Robert),* général et savant français (Sainte-Marie-aux-Mines 1857 - Paris 1945),

auteur de travaux géodésiques et topographiques. Chef du Service géographique de l'armée (1911).

Bourgeois de Calais *(les),* groupe de Rodin, inauguré à Calais en 1895.

Bourges, ch.-l. du dép. du Cher, anc. cap. du Berry, à 226 km au sud de Paris ; 78 773 hab. *(Berruyers).* Archevêché. Cour d'appel. Fabrication d'armement. Pneumatiques. **HIST.** Réunie au domaine royal au XIIe siècle, la ville devint au XVe siècle la résidence du « roi de Bourges » (Charles VII) et le centre de la résistance aux Anglais à la fin de la guerre de Cent Ans, puis s'enrichit par les opérations commerciales et financières de Jacques Cœur. **ARTS.** Vestiges gallo-romains. Bel ensemble de stèles funéraires réunies au musée du Berry (hôtel Cujas). Vaste cathédrale gothique à cinq vaisseaux, d'une structure originale (1195-1255) [deux portes romanes ; tympan du Jugement dernier au portail central (1265) ; vitraux ; tours des XIVe-XVIe s.]. Important hôtel Jacques-Cœur (milieu du XVe s.). Hôtels Cujas (v. 1515) et Lallemant, aujourd'hui musées.

Bourget *(lac du),* lac de Savoie, à 9 km de Chambéry ; 45 km² (long. 18 km). — Ses rivages ont abrité des villages de l'âge du bronze (matériel recueilli en partie au musée de Chambéry). — Lamartine l'a chanté en des strophes célèbres.

Bourget (Le), ch.-l. de c. de la Seine-Saint-Denis, banlieue nord-est de Paris ; 11 728 hab. Aéroport. Salons internationaux de l'aviation et de l'espace. Musée de l'Air et de l'Espace. Constructions mécaniques et électriques.

Bourget *(Paul),* écrivain français (Amiens 1852 - Paris 1935). Adversaire du culte de la science et de l'esthétique naturaliste, il célébra les valeurs traditionnelles dans ses romans psychologiques *(le Disciple,* 1889). [Acad. fr. 1894.]

Bourgogne, Région administrative regroupant les dép. de la Côte-d'Or, de la Nièvre, de Saône-et-Loire et de l'Yonne ; 31 582 km² ; 1 609 653 hab. Ch.-l. *Dijon.* **GÉOGRAPHIE** La prospérité, parfois relative, de quelques secteurs ou régions (vignoble prestigieux de la Côte-d'Or, élevage bovin du Charolais, de l'Auxois, du Nivernais, vallée de la Saône, de Chalon à Mâcon, agglomération dijonnaise) ne doit pas faire illusion. Beaucoup de branches (houille de Blanzy et métallurgie du Creusot par exemple), de « pays » (Morvan forestier, Puisaye herbagère, Bresse même) sont en difficulté. La Région est traditionnellement écartelée entre Paris et Lyon, et l'amélioration des communications (autoroutes, T. G. V.) entre ces deux pôles ne facilite pas une hypothétique unification régionale. Elle ne bénéficie que ponctuellement à l'économie locale, ne ralentissant pas l'exode des campagnes et ne suscitant guère de créations industrielles nouvelles. Carrefour historique, avec vocation d'échanges (comme la Champagne voisine), la Bourgogne est devenue une voie de passage.

Depuis la Loire jusqu'au-delà de la Saône, la Bourgogne ne présente guère d'unité naturelle ou humaine. Autour du Morvan, le nord-ouest appartient au Bassin parisien, entre Champagne et Berry, le sud-est est bressan et regarde vers Lyon. La capitale régionale, Dijon, pourtant la plus grande et la plus prestigieuse ville, est excentrée et ne rayonne pas sur l'ensemble de la Bourgogne. La Région n'est pas très peuplée, avec une densité dépassant à peine 50 habitants au km², approchant seulement la moitié de la moyenne nationale, et le dynamisme démographique est médiocre (la progression de la Côte-d'Or, site de Dijon, et de l'Yonne, plus proche de Paris, compense seulement le dépeuplement de la Nièvre et de la Saône-et-Loire). **HISTOIRE** Faisant d'abord partie de la Gaule, puis de l'Empire romain, la Bourgogne doit son nom aux Burgondes, qui l'envahissent au ve s. apr. J.-C. et fondent un vaste royaume qui s'étend de l'Auxerrois à la Suisse et de la Champagne à la Provence. Conquise par les Francs (534), elle est démembrée par le traité de Verdun (843). À l'est de la Saône et du Rhône s'érige un royaume de Bourgogne-Provence (ou royaume d'Arles) qui se réunit à l'Empire en 1032, tandis qu'à l'ouest de la Saône, devant la menace des Normands, se constitue un duché de Bourgogne. En 1002, le roi Robert II le Pieux s'empare de ce duché, qui est donné en 1032 à son fils cadet, Robert Ier le Vieux, souche d'une maison capétienne de Bourgogne, laquelle dure jusqu'en 1361. En 1363, Jean II le Bon donne la Bourgogne en apanage à son fils Philippe II le Hardi, fondateur de la seconde maison de Bourgogne (Valois).

À la tête des États bourguignons, Philippe le Hardi et ses successeurs, Jean sans Peur (1404-1419), Philippe le Bon (1419-1467) et Charles le Téméraire (1467-1477), sont parmi les princes les plus puissants de l'Europe. À la mort de Charles le Téméraire (1477), les États bourguignons sont disloqués : Louis XI rattache le duché au domaine royal (1482), tandis que les autres possessions bourguignonnes passent aux Habsbourg. (→ **bourguignons** [États].)

Bourgogne (*hôtel de),* résidence parisienne des ducs de Bourgogne ; il n'en reste aujourd'hui qu'une tour, dite « donjon de Jean sans Peur » (rue Étienne-Marcel). Transformé en 1548 par les Confrères de la Passion en salle de spectacle, il fut, dès la fin du xvie siècle, le premier théâtre régulier de Paris.

Bourgoin-Jallieu, ch.-l. de c. de l'Isère, sur la Bourbre ; 22 749 hab. *(Berjalliens).* Industries mécaniques, textiles et chimiques.

Bourguiba *(Habib),* homme d'État tunisien (Monastir 1903). Fondateur (1934) du Néo-Destour, parti moderniste et laïque, il a été le principal artisan de l'indépendance de son pays. Président de la République tunisienne à partir de 1957, élu président à vie en 1975, il a été destitué en 1987.

Bourguignons *(États),* États qui se constituèrent autour de la Bourgogne et des Flandres et furent une des grandes puissances européennes du xive et du xve siècle. La puissance économique des États bourguignons, symbolisée par la monnaie ducale, s'explique par la prospérité de ses divers territoires, les plus riches de l'Europe du xve siècle, et principalement des Pays-Bas.

■ **La formation territoriale.** Les États bourguignons se constituent après la mort de Philippe de Rouvres, dernier héritier des Capétiens de Bourgogne (1361). Le duché de Bourgogne revient alors à Jean II le Bon, qui le cède en apanage à son fils Philippe le Hardi en 1363. Celui-ci édifie, avec ses successeurs, l'un des plus puissants ensembles territoriaux du xve siècle, où la Bourgogne, qui donne son nom aux États, n'est plus qu'un élément parmi d'autres. Philippe le Hardi (1363-1404) recueille en 1384 l'immense héritage de son épouse Marguerite de Flandre (notamment les comtés de Flandre, de Bourgogne, d'Artois, de Nevers, de Rethel, les seigneuries de Salins, de Malines et d'Anvers). Philippe le Bon (1419-1467) accroît ces domaines par achats, mariage et héritages des comtés de Namur, de Hainaut, de Hollande, de Frise et de Zélande, ainsi que des duchés de Brabant, de Limbourg et de Luxembourg (1467-1477). Enfin, Charles le Téméraire conquiert le duché de Gueldre et la Lorraine.

■ **La Bourgogne entre la France et l'Angleterre.** Les ducs de Bourgogne se rendent peu à peu indépendants de la Couronne de France, à la faveur de la guerre de Cent Ans.

Si Philippe le Hardi se conduit encore comme l'un des grands seigneurs du royaume de France, son fils Jean sans Peur (1404-1419) est d'abord le chef de la faction des Bourguignons, opposés aux Armagnacs. Organisateur du meurtre de Louis d'Orléans (1407), il est lui-même assassiné en 1419. Son fils, Philippe le Bon, se dispense de l'hommage au roi de France, Charles VII, tenu pour responsable de cet assassinat. « Grand duc d'Occident », il détermine, par les fluctuations de sa politique d'alliance, le succès des Anglais et des Français dans leur longue lutte. S'il rend l'hommage à Louis XI, il préserve l'indépendance de fait de ses États. Fils et successeur de Philippe le Bon, Charles le Téméraire poursuit la politique d'expansion territoriale de ses prédécesseurs. Mais il est contrecarré dans ses desseins par Louis XI, et la lutte sans merci qu'ils se livrent l'un contre l'autre affaiblit définitivement les États bourguignons. Après la mort de Charles le Téméraire et à la suite du mariage de sa fille, Marie, avec Maximilien de Habsbourg, les États sont partagés entre la France et la maison d'Autriche.

■ **Une grande puissance économique.** Les États bourguignons bénéficient de l'essor des villes drapantes des Flandres et des ports de la mer du Nord ainsi que du développement des échanges sur les marchés où convergent les voies terrestres et maritimes d'Italie, d'Allemagne, de France et d'Angleterre. Anvers (et plus tard Amsterdam), Gand, Bruges, Bruxelles, Malines, Liège, Dordrecht sont alors parmi les villes les plus dynamiques d'Europe.

■ **L'organisation des États bourguignons.** Les deux grands ensembles territoriaux (pays de « par-deçà », autour de la Flandre ; pays de « par-delà », autour de la Bourgogne) ont leurs propres organes administratifs. Le pouvoir central, qui se déplace avec le duc de Dijon à Bruges, Gand ou Lille, n'en est pas moins progressivement structuré, surtout sous Philippe le Bon. Le duc gouverne, assisté d'un Grand Conseil, que préside le chancelier (le plus célèbre est Nicolas Rolin). Il organise une armée régulière et crée en 1429 l'ordre de chevalerie de la Toison d'or, symbole de la puissance et du rayonnement culturel du « grand duc d'Occident ».

Bourguignons *(faction des),* faction qui s'opposa aux Armagnacs durant la guerre de Cent Ans. Elle eut à sa tête le duc de Bourgogne, Jean sans Peur, qui déclencha la guerre contre les Armagnacs en faisant assassiner son rival, Louis d'Orléans,

en 1407. Après le meurtre de Jean sans Peur, en 1419, les Bourguignons s'allièrent aux Anglais (traité de Troyes, 1420) jusqu'à leur réconciliation avec le roi de France, Charles VII, en 1435 (traité d'Arras).

Bouriatie *(République de),* république de la Fédération de Russie, au sud du lac Baïkal ; 1 042 000 hab. Cap. *Oulan-Oude.*

Bourmont *(Louis* de Ghaisnes, *comte* de), maréchal de France (Freigné, Maine-et-Loire, 1773 - *id.* 1846). Après avoir servi Napoléon, il l'abandonna en 1815, rejoignit Louis XVIII à Gand et fut un des accusateurs de Ney. Ministre de la Guerre (1829), il commanda l'armée qui, en 1830, prit Alger.

Bournazel *(Henri* de), officier français (Limoges 1898 - Bou Gafer, Maroc, 1933). Il s'illustra dans la lutte contre Abd el-Krim, puis dans la pacification du Tafilalet.

Bournemouth, v. de Grande-Bretagne, sur la Manche ; 154 400 hab. Station balnéaire.

Bournonville *(August),* danseur et chorégraphe danois d'origine française (Copenhague 1805 - *id.* 1879). Formé au Danemark par son père (Antoine Bournonville, 1760 - 1843) et Galeotti, puis à Paris par Vestris et Gardel, il donne, dans la plus pure tradition française, un nouvel essor au ballet danois. Le Ballet royal danois n'a cessé de maintenir à son répertoire, dans leur chorégraphie d'origine, la plupart de ses ballets, dont sa version de *la Sylphide* (1836).

Bourrienne *(Louis* Fauvelet de), officier français (Sens 1769 - Caen 1834). Condisciple de Bonaparte à Brienne, il le suivit en Italie. Conseiller d'État, puis diplomate, il se rallia à Louis XVIII en 1814 et devint préfet de police. Il est l'auteur de *Mémoires* (1829-1831).

Bourvil *(André* Raimbourg, dit), acteur et chanteur français (Pretot-Vicquemare 1917 - Paris 1970). D'abord chanteur d'opérette, il joua au cinéma dans un registre le plus souvent comique. Il a interprété notamment *la Traversée de Paris* (C. Autant-Lara, 1956), *la Grande Vadrouille* (G. Oury, 1966), *le Cercle rouge* (J.-P. Melville, 1970).

Boussaâda, v. d'Algérie ; 50 000 hab. Oasis la plus proche d'Alger.

Boussingault *(Jean-Baptiste),* chimiste et agronome français (Paris 1802 - *id.* 1887), auteur de travaux de chimie agricole et de physiologie végétale.

Boutros-Ghali *(Boutros),* juriste, diplomate et homme politique égyptien (Le Caire 1922). Ministre d'État chargé des Affaires étrangères de 1977 à 1991, il est secrétaire général de l'O. N. U. depuis 1992.

Bouts (*Dieric, Dirk* ou *Thierry*), peintre des anciens Pays-Bas (Haarlem v. 1415 - Louvain 1475), mentionné à Louvain de 1457 à sa mort. Marqué par l'influence de Van Eyck et de Van der Weyden, c'est un paysagiste subtil, un peu archaïsant, et un peintre de l'intimisme sacré (*la Fontaine symbolique* et *les Damnés*, volets d'un triptyque, musée de Lille).

Bouvard et Pécuchet, roman de G. Flaubert, inachevé, publié en 1881.

Bouvines (*bataille de*) [27 juill. 1214], victoire remportée à Bouvines (au S.-E. de Lille) par le roi de France Philippe Auguste, soutenu par les communes, sur l'empereur germanique Otton IV et ses alliés, le roi d'Angleterre, Jean sans Terre, et le comte de Flandre. Elle est considérée par les historiens français comme la première victoire nationale.

Bouygues, société française de bâtiment et travaux publics, créée en 1952. Premier groupe français dans son secteur, il s'est diversifié dans l'ingénierie pétrolière, la distribution d'eau, d'électricité et de gaz, et l'audiovisuel (principal actionnaire de la chaîne de télévision TF1).

Bove (*Emmanuel*), écrivain français (Paris 1898 - *id.* 1945). C'est le romancier de la défaite et de la misère intérieure, le peintre de la médiocrité à l'état brut (*Mes amis,* 1924 ; *Armand,* 1927 ; *Un homme qui savait,* publié en 1985).

Bovet (*Daniel*), pharmacologiste italien (Neuchâtel 1907 - Rome 1992). Directeur du laboratoire de chimie thérapeutique à Rome, il fabriqua ou étudia les médicaments du système nerveux végétatif, ainsi que les antihistaminiques, utilisés dans les allergies, et les curarisants, employés pour l'anesthésie. (Prix Nobel 1957.)

Bowen (*Elizabeth*), romancière irlandaise (Dublin 1899 - Londres 1973). Héritière de H. James et de V. Woolf, elle explore le territoire des incertitudes et des émerveillements du cœur (*les Cœurs détruits,* 1938 ; *Un monde d'amour,* 1955).

Bowlby (*John*), psychiatre britannique (Londres 1907). Il a développé la théorie de l'attachement, qui s'oppose à la théorie de l'apprentissage social et à la psychanalyse. Selon lui, la tendance à l'attachement à un congénère est une donnée primaire et constitutive de l'être vivant (*Attachement et Perte,* 1969).

Bowley (*sir Arthur Lyon*), mathématicien, statisticien et économiste britannique (Bristol 1869 - Haslemere, Surrey, 1957). Il fut l'un des fondateurs de la Société internationale d'économétrie en 1933.

Boxers ou **Boxeurs,** membres d'une société secrète chinoise qui, à partir de 1895, anima un mouvement xénophobe dirigé contre les Européens établis en Chine. Ce mouvement aboutit en 1900 à une émeute qui menaça les légations européennes. Elle provoqua une expédition internationale qui en eut raison.

Boyacá (*bataille de*) [7 août 1819], victoire de Bolívar sur les Espagnols, qui décida de l'indépendance de la Colombie.

Boyce (*William*), compositeur et organiste britannique (Londres v. 1710 - *id.* 1779). Maître de la musique de la chapelle du roi, il fit paraître des sonates en trio, des ouvertures et des odes.

Boyer (*Charles*), acteur français naturalisé américain (Figeac 1897 - Phoenix 1978). Il fut pour Hollywood l'incarnation du séducteur français : *Back Street* (R. Stevenson, 1941), *Hantise* (G. Cukor, 1944), *Cluny Brown* (E. Lubitsch, 1946), *Madame de* (M. Ophuls, 1953).

Boyer (*Robert*), économiste français (Nice 1943). Il est l'un des principaux fondateurs de l'école française de régulation, courant issu des théories keynésiennes et marxistes, qui s'est fixé pour objectif de proposer une théorie satisfaisante des crises économiques.

Boyle (*sir Robert*), physicien et chimiste irlandais (Lismore Castle 1627 - Londres 1691). Il a énoncé, avant E. Mariotte, la loi de compressibilité des gaz, amélioré la machine pneumatique de O. von Guericke et le thermomètre de Galilée. Dans *The Sceptical Chymist* (1661), il a rejeté la théorie des éléments d'Aristote et fait pour la première fois apparaître la notion d'élément chimique. Il a reconnu le rôle de l'oxygène dans la combustion et la respiration.

Boyne (*bataille de la*) [1er juill. 1690], victoire remportée en Irlande sur les rives de la Boyne par Guillaume III d'Orange sur les troupes de Jacques II.

Boysset (*Antoine*) → **Boesset.**

Brabançonne (*la*), hymne national belge, composé en 1830.

Brabant, région historique divisée aujourd'hui entre les Pays-Bas et la Belgique. Le Brabant devient un duché au XIe siècle après la réunion des comtés de Bruxelles et de Louvain. Il revient en 1430 à Philippe le Bon, duc de Bourgogne, puis passe en 1477 à la maison d'Autriche (Habsbourg). En 1609, les Habsbourg d'Espagne, héritiers du Brabant depuis le XVIᵉ siècle, doivent reconnaître aux Provinces-Unies la possession du Brabant septentrional. Anvers perd alors son rôle de métropole commerciale au profit d'Amsterdam. Les traités d'Utrecht (1713) donnent les Pays-Bas espagnols (incluant le Brabant) à la branche autrichienne des Habsbourg. Devenu français sous la Révolution et l'Empire, le Brabant entre en 1815 dans le royaume des Pays-Bas avant d'être à nouveau divisé lors de la sécession de la Belgique, en 1830.

Brabant, anc. prov. du centre de la Belgique. Elle englobait les actuelles provinces du Brabant flamand et du Brabant wallon (créées en 1995) ainsi que la Région de Bruxelles-Capitale.

Brabant flamand, prov. de Belgique correspondant à la partie nord de l'ancien Brabant ; 2 119km² ; 939 252 hab. Ch.-l. *Louvain ;* 2 arr. *(Louvain, Halle-Vilvoorde)* et 65 comm.

Brabant-Septentrional, prov. du sud des Pays-Bas ; 2 173 000 hab. Ch.-l. *Bois-le-Duc.* V. princ. *Eindhoven.*

Brabant wallon, prov. de Belgique correspondant à la partie sud de l'ancien Brabant ; 1 097 km² ; 332 966 hab. Ch.-l. *Wavre ;* 1 arr. et 27 comm.

Bracquemond *(Félix),* peintre, graveur et décorateur français (Paris 1833 - *id.* 1914). Technicien accompli de l'eau-forte, de la lithographie, etc., il a initié de nombreux peintres à la gravure. Le meilleur de son œuvre est constitué de planches gravées d'après les maîtres anciens ou contemporains et de paysages qu'influencent le japonisme et l'impressionnisme.

Bradbury *(Ray Douglas),* écrivain américain (Waukegan, Illinois, 1920). Il est l'auteur de récits de science-fiction *(Chroniques martiennes,* 1950 ; *Fahrenheit 451,* 1953), qui sont devenus des classiques du genre.

Bradford, v. de Grande-Bretagne (Yorkshire) ; 464 000 hab. Textile. Électronique.

Bradley *(James),* astronome britannique (Sherborne, Gloucestershire, 1693 - Chalford, Gloucestershire, 1762). Il a découvert l'aberration de la lumière des étoiles (1727) et la nutation de l'axe de rotation de la Terre (1748). Il succéda à Halley comme astronome royal et directeur de l'observatoire de Greenwich (1742).

Bradley *(Omar),* général américain (Clark, Missouri, 1893 - New York 1981). Il se distingua en Tunisie et en Sicile (1943) et commanda le 12ᵉ groupe d'armées, qu'il conduisit de la Normandie à l'Allemagne (1944-45).

Braga, v. du Portugal septentrional ; 90 535 hab. — Cathédrale romane très remaniée. Sanctuaire du Bom Jesus do Monte et son escalier monumental à sculptures (baroque de la fin du XVIIIᵉ s.).

Bragance *(maison de),* dynastie royale qui régna sur le Portugal de 1640 à 1910 et sur le Brésil de 1822 à 1889. Elle est issue d'Alphonse Iᵉʳ, duc de Bragance (ville du nord du Portugal), fils naturel de Jean Iᵉʳ, roi de Portugal.

Bragg *(sir William Henry),* physicien britannique (Westward, près de Wigton, Cumberland, 1862 - Londres 1942). Il reçut en 1915 le prix Nobel avec son fils, *sir* **William Lawrence** (Adélaïde, Australie, 1890 - Ipswich, Suffolk, 1971), pour leurs travaux sur la diffraction des rayons X par les cristaux. Ils ont été les premiers à construire un spectrographe à haute fréquence, fondé sur l'interférence des rayons X à travers les réseaux des substances cristallines, et ont découvert ainsi la structure de nombreux cristaux.

Brahe *(Tycho),* astronome danois (Knudstrup 1546 - Prague 1601). À partir de 1576, il fit édifier dans l'île de Hveen, dans le Sund, un observatoire astronomique qu'il équipa de grands instruments grâce auxquels il effectua les observations astronomiques les plus précises avant l'invention de la lunette. Celles de la planète Mars permirent à Kepler d'énoncer ses lois du mouvement des planètes. Brahe établit un catalogue d'étoiles, montra que les comètes ne sont pas des phénomènes atmosphériques et découvrit certaines inégalités du mouvement de la Lune ainsi que la variation de l'obliquité de l'écliptique.

Brahma, un des principaux dieux du panthéon hindou ; il constitue, avec Vishnou et Shiva, la *trimurti,* ou « divinité aux trois formes ». Créateur et seigneur de toutes les créatures, il a pour épouses Savitri et Sarasvati. Il est souvent représenté avec quatre bras et quatre têtes qui symbolisent sa science et sa présence étendues à toutes choses.

Brahmagupta, mathématicien et astronome indien (v. 598 - v. 665). Il a utilisé, le premier, des nombres négatifs et énoncé les quatre opérations fondamentales.

Brahmapoutre *(le),* fl. du Tibet méridional, de l'Inde et du Bangladesh ; 2 900 km env. (bassin de 900 000 km²). Il naît dans la chaîne du Kailas vers 5 000 m d'altitude, portant alors le nom de Tsangpo. Sur environ 1 100 km, il coule sur un plateau et reçoit ses principaux affluents du Grand Himalaya, au S. Il est alors navigable. Il franchit l'Himalaya par des gorges gigantesques. Sous le nom de Brahmapoutre (« fils de Brahma »), il draine la plaine de l'Assam, divague sur une largeur de 10 km. Son cours se termine par un vaste delta, juxtaposé à celui du Gange. Redoutable pour ses inondations, c'est une grande voie commerciale, la navigation remontant jusqu'à Dibrugarh, à 1 300 km de la mer.

Brahms *(Johannes),* compositeur allemand (Hambourg 1833 - Vienne 1897). Rendu célèbre par un article enthousiaste de son ami Schumann en 1853, il espère en vain un poste dans sa ville natale et, en 1862, se rend à Vienne, dont il fait sa résidence principale. Dès lors, l'histoire de sa vie se confond avec celle de ses œuvres, qu'il dirige ou interprète souvent lui-même. Il ne quittera les pays germaniques que pour se rendre en Italie, où il effectuera plusieurs séjours à partir de 1878.
■ **Une position unique.** Brahms est le seul compositeur du XIXᵉ siècle pour qui l'histoire de la musique ne commence pas avec Haydn et Mozart, ni même avec Bach. Le passé auquel il s'intéresse de façon vitale remonte aux polyphonistes de la Renaissance et aux origines du lied allemand. Cette attitude rend possibles ses variations sur des thèmes de Händel (opus 24, pour piano) ou de Bach (finale de la *Symphonie nᵒ 4*), premières œuvres importantes, depuis la Renaissance, qui puisent leur substance chez des maîtres disparus depuis longtemps. Elle explique aussi son sens si original de l'architecture et du rythme. Préférant toujours la substance au brillant extérieur, il aura trois domaines d'élection : le piano, la musique de chambre et le lied.
■ **Les principales œuvres.** 4 symphonies (1876, 1877, 1883, 1885), 2 concertos pour piano (1859, 1881), 1 pour violon et (1878) 1 pour violon et violoncelle (1887) ; 2 sérénades ; *Variations sur un thème de Haydn* (1873), *Ouverture académique* (1880) et *Ouverture tragique* (1880) pour orchestre ; diverses sonates pour violon et piano, pour violoncelle et piano, pour clarinette (ou alto) et piano, des trios, des quatuors, des quintettes, 2 sextuors, des chœurs et lieder (dont

Quatre Chants sérieux et *Chant du destin*), *Un requiem allemand* (1857-1868), une *Rhapsodie* pour alto (1869).

Braidwood *(Robert J.),* archéologue américain (Detroit 1907). Ses travaux en Turquie et en Mésopotamie, fondés sur l'étude de l'environnement ancien, ont renouvelé l'approche du néolithique.

Brăila, v. de Roumanie, sur le Danube ; 234 706 hab. Port fluvial. Cellulose et papier.

Braille *(Louis),* inventeur français (Coupvray, Seine-et-Marne, 1809 - Paris 1852). Devenu aveugle à trois ans, il créa pour les aveugles un système d'écriture en points saillants, le *braille*. Il est devenu lui-même professeur de la méthode qu'il a créée.

Bramah *(Joseph),* mécanicien britannique (Stainborough 1748 - Londres 1814). On lui doit de nombreuses inventions, notamment celle du cuir embouti, grâce à laquelle il put réaliser la presse hydraulique.

Bramante *(Donato d'Angelo, dit),* architecte italien (près d'Urbino 1444 - Rome 1514). Il commence comme peintre, passant en Lombardie, à Bergame (1477) puis à Milan, où il élève le baptistère polygonal de S. Maria presso S. Satiro, au décor encore fleuri (mais un projet pour la façade le montre à la fois héritier d'Alberti et précurseur de Palladio), puis l'abside de S. Maria delle Grazie (1492). La seconde partie de sa carrière, à Rome (1499), fait de lui le premier maître de la Renaissance classique, épris d'organisation des volumes et de contrastes de lumière. Après le petit temple rond de S. Pietro in Montorio, inspiré de l'antique, il s'attaque à la rénovation du Vatican : loges de la cour S. Damaso, immense cour à dénivellations du Belvédère (auj. altérée par des recoupements) avec travées « rythmiques » (motifs alternés), adoption du plan central pour Saint-Pierre.

Brampton, v. du Canada (Ontario) ; 209 222 hab. Industrie automobile.

Brancusi *(Constantin),* sculpteur roumain de l'école de Paris (Peștișani, Olténie, 1876 - Paris 1957), l'un des grands initiateurs du XXᵉ siècle. Fils de paysans de l'Olténie, il sort diplômé de l'École des beaux-arts de Bucarest en 1902, poursuit son apprentissage à Paris (1904), où il séduit un moment le frémissement de Rodin. Il s'en éloignera bientôt pour développer son propre style, marqué par le dépouillement formel. *La Muse endormie* et *le Baiser* (diverses versions) définissent respectivement, dès 1908-1910, deux directions fondamentales : recherche d'une essence symbolique de la forme (longue série des *Oiseaux*, à l'élan dynamique [1919-1954], marbre, bronze) ; veine fruste et archaïsante, expressive, magique (*l'Esprit du Bouddha*, 1937, bois). Trois monuments ont été dressés par l'artiste dans son pays natal, à Tîrgu Jiu, en 1938 : *la Colonne sans fin, la Porte du baiser, la Table du silence*. L'atelier parisien de Brancusi est reconstitué au M. N. A. M. (Centre G.-Pompidou).

Brand ou **Brandt** (*Hennig*), alchimiste allemand du XVIIᵉ siècle, qui découvrit le phosphore (1669).

Brandebourg, *en all.* Brandenburg, *Land* d'Allemagne ; 29 100 km² ; 2 641 152 hab. (*Brandebourgeois*). Cap. *Potsdam.* GÉOGR. Il occupe la partie occidentale du Brandebourg historique (v. princ. *Berlin*), qui fit partie de la R. D. A. de 1949 à 1990 ; sa partie orientale a été attribuée à la Pologne en 1945. C'est aussi une région géographique de l'Allemagne entre l'Elbe et l'Oder, correspondant à une partie du bassin de la Havel et de la Spree, séparée de la Baltique par le Mecklembourg et limitée, au S., par le Fläming et la Lusace. À l'origine pays couvert de marais, de landes, de forêts de pins et de bouleaux, il a été remodelé par l'activité humaine. HIST. Terre de rencontre entre Slaves et Germains depuis le VIIᵉ siècle, le Brandebourg passa aux Ascaniens (XIIᵉ s.) puis aux Wittelsbach et aux Luxembourg. En 1356, le margraviat (ancienne marche) fut érigé en électorat, qui échut aux Hohenzollern (1415), dont l'héritage s'accrut de la Prusse en 1618. En 1701, l'Électeur Frédéric III prit le titre de roi en Prusse (Frédéric Iᵉʳ). Dès lors, l'histoire du Brandebourg se confond avec celle de la Prusse.

Brandebourg, v. d'Allemagne (Brandebourg), sur la Havel, à l'ouest de Berlin ; 93 441 hab.

Brandes (*Georg*), critique danois (Copenhague 1842 - *id.* 1927). Il initia les pays scandinaves aux littératures européennes modernes et fit triompher l'esthétique réaliste.

Brando (*Marlon*), acteur américain (Omaha 1924). Formé à l'Actors Studio, acteur puissant, complexe, excessif, il a joué notamment avec E. Kazan (*Un tramway nommé Désir*, 1951 ; *Sur les quais*, 1954), L. Benedek (*l'Équipée sauvage*, 1954), B. Bertolucci (*le Dernier Tango à Paris*, 1972), F. F. Coppola (*le Parrain*, 1972 ; *Apocalypse Now*, 1979).

Brandt (*Bill*), photographe britannique (Londres 1904 - *id.* 1983). Après avoir travaillé à Paris avec Man Ray et subi l'influence des surréalistes, il rentre à Londres et réalise plusieurs reportages, parmi lesquels des images poignantes sur les abris-refuges de la capitale. D'extraordinaires perspectives et une lumière étrange qui fossilise le corps font de lui un novateur du nu féminin.

Brandt (*Herbert Karl* Frahm, dit Willy*), homme politique allemand (Lübeck 1913 - Unkel, près de Bonn, 1992). Président du Parti social-démocrate (1964-1987), chancelier de la République fédérale (1969-1974), il orienta la politique allemande vers un rapprochement avec les pays de l'Est (*Ostpolitik*). [Prix Nobel de la paix 1971.]

Branly (*Édouard*), physicien français (Amiens 1844 - Paris 1940). Il imagina en 1890, le *cohéreur* à limaille, premier détecteur d'ondes hertziennes, qui fut utilisé par Marconi dans ses expériences de télégraphie sans fil. En 1891, il conçut également le principe de l'antenne émettrice. Il fut aussi l'auteur de recherches sur la décharge des corps électrisés sous l'influence de la lumière et d'expériences de télécommande (1902).

Branner (*Hans Christian*), écrivain danois (Ordrup 1903 - Copenhague 1966). Ses romans et son théâtre sont marqués par la psychologie des profondeurs (*le Cavalier*, 1949).

Brant ou **Brandt** (*Sebastian*), humaniste alsacien (Strasbourg v. 1458 - *id.* 1521), auteur du poème satirique *la Nef des fous* (1494).

Brantford, v. du Canada (Ontario) ; 81 997 hab.

Branting (*Hjalmar*), homme politique suédois (Stockholm 1860 - *id.* 1925). À la tête de trois gouvernements socialistes entre 1920 et 1925, il pratiqua une politique sociale avancée. (Prix Nobel de la paix 1921.)

Brantôme, ch.-l. de c. de la Dordogne, sur la Dronne, dans le nord du Périgord ; 2 091 hab. (*Brantômais*). — Ancienne abbaye fondée par Charlemagne : bâtiments du XIᵉ (clocher) au XVIIIᵉ siècle ; grottes sculptées de bas-reliefs.

Brantôme (*Pierre* de Bourdeille, *seigneur* de*), écrivain français (Bourdeille, près de Périgueux, v. 1540 - 1614). Après avoir bataillé en Italie, en Afrique et en France, il conta avec pittoresque ses souvenirs guerriers et amoureux (*Vies des hommes illustres et des grands capitaines, Vies des dames galantes*).

Braque (*Georges*), peintre français (Argenteuil 1882 - Paris 1963). Il est dès 1897, à l'école des beaux-arts du Havre, le camarade de Dufy et d'Othon Friesz, et vient au fauvisme en compagnie de ce dernier en 1906 (paysages d'Anvers, de l'Estaque). La découverte de Cézanne et la rencontre de Picasso par l'intermédiaire de Kahnweiler et d'Apollinaire, à la fin de 1907, vont le conduire l'année suivante à l'élaboration des premiers paysages du cubisme, qui font bientôt place aux natures mortes et à l'innovation des *papiers collés* (1912). Vers 1920, la discipline cubiste se transcende dans un style non moins médité, où l'objet devient le prétexte d'une composition plastique aux rythmes harmonieux, sensuelle dans la matière, précieuse dans le coloris. À côté des natures mortes, de nouvelles séries apparaissent, telles que les « Guéridons », les « Canéphores » et les « Cheminées » des années 20, les « Barques de Varengeville » ; ou, après la guerre, les « Ateliers » (1949-1956), véritables condensés de son expérience picturale, les « Oiseaux », au vol hiératique... Braque a illustré, outre ses « Cahiers » de maximes, publiés en 1952 sous le titre *le Jour et la Nuit,* la *Théogonie* d'Hésiode (eaux-fortes, 1932) et la *Liberté des mers* de Reverdy (1960).

Brasília, cap. du Brésil constituant un district fédéral (5 814 km^2 ; 1 596 274 hab.). Née à l'initiative (1956) du président Juscelino Kubitschek, la ville a été construite selon les plans de l'urbaniste Lúcio Costa. Ses principaux monuments (palais du Congrès, du Gouvernement, de la Justice et de l'Aurore [présidence de la République], ministères, cathédrale, etc.) sont dus à l'architecte O. Niemeyer. Capitale depuis 1960, elle résulte d'une volonté de mise en valeur de l'intérieur. Construite à une latitude tropicale, mais sur le plateau, vers 1 100 m d'alt. en moyenne, sans arrière-pays, très peu industrialisée, Brasília est essentiellement un centre tertiaire.

Braşov, v. de Roumanie (Transylvanie) ; 323 835 hab. Constructions mécaniques. — Monuments médiévaux et musées.

Brassaï (*Gyula Halász, dit),* photographe français d'origine hongroise (Brassó, auj. Braşov, 1899 - Nice 1984). Lié au groupe surréaliste, fasciné par le monde insolite de Paris, il privilégie dans *Paris la nuit* (1933) un climat fantomatique d'ombre et de lumière, alors qu'il révèle avec *Graffiti* (1961) l'aspect étrange des graffiti. Les modèles de ce portraitiste perspicace ont été Picasso ou Henry Miller (*Henry Miller grandeur nature,* 1976).

Brasschaat, comm. de Belgique (prov. d'Anvers) ; 35 231 hab.

Brassens (*Georges),* auteur-compositeur et interprète français (Sète 1921 - Saint-Gély-du-Fesc 1981). Chanteur s'accompagnant à la guitare sur des rythmes qui empruntent discrètement au jazz, il a donné des chansons marquées à la fois par l'anticonformisme et un sens aigu de la belle langue. Il s'est imposé après la guerre comme un authentique poète et a ouvert la voie à la chanson francophone moderne. Par ses textes, qui dénoncent les préjugés de la société et mettent en avant des valeurs d'amitié et de liberté, il a contribué à la libéralisation des mœurs des années 1960 (*Chanson pour l'Auvergnat, la Mauvaise Réputation, les Copains d'abord*).

Brasseur (*Pierre* Espinasse*, dit* Pierre*),* acteur français (Paris 1905 - Brunico, Italie, 1972). Sa présence et sa verve l'ont imposé tant au théâtre (*Kean,* de Sartre, d'après Dumas, 1953) qu'au cinéma (*les Enfants du paradis,* M. Carné, 1945).

Brătianu (*Ion),* homme politique roumain (Piteşti 1821 - Florica 1891), Premier ministre (1876-1888). Son fils **Ion** (*Ionel)* (Florica 1864 - Bucarest 1927) fut Premier ministre, notamment en 1914-1918 et 1922-1926.

Bratislava, en all. Pressburg, cap. de la Slovaquie, sur le Danube ; 441 453 hab. Centre commercial, culturel et industriel. — Cathédrale gothique (XIVe-XVe s.), château reconstruit aux XVIIe-XVIIIe siècles et autres monuments. Musées.

Bratsk, v. de Russie, en Sibérie ; 255 000 hab. Grande centrale hydroélectrique sur l'Angara. Industries du bois. Aluminium.

Brauchitsch (*Walther* von*),* maréchal allemand (Berlin 1881 - Hambourg 1948), commandant en chef de l'armée de terre (1938-1941).

Braudel (*Fernand),* historien français (Luméville-en-Ornois 1902 - Cluses, Haute-Savoie, 1985). Il ouvrit l'histoire à l'étude des phénomènes de longue durée (*la Méditerranée et le monde méditerranéen à l'époque de Philippe II,* 1949) et étudia l'économie de l'Europe préindustrielle (*Civilisation matérielle, économie et capitalisme, XVe-XVIIIe s.,* 1979).

Braun (*Karl Ferdinand),* physicien allemand (Fulda 1850 - New York 1918), inventeur de l'antenne dirigée et de l'oscillographe cathodique. (Prix Nobel 1909.)

Braun (*Matyáš Bernard),* sculpteur tchèque (Oetz, Tyrol, 1684 - Prague 1738). Ses œuvres les plus célèbres, baroques, sont ses statues du pont Charles à Prague et les groupes de la forêt de Betlém, près de Kuks, en Bohême du Nord.

Braun *(Wernher* von*),* ingénieur allemand, naturalisé américain (Wirsitz, auj. Wyrzysk, Pologne, 1912 - Alexandria, Virginie, 1977). Dès 1930, il travaille sur des fusées expérimentales avec H. Oberth. En 1937, il devient directeur technique du centre d'essai de fusées de Peenemünde, où il assure la réalisation du V2. Emmené aux États-Unis en 1945, il met au point, à partir de 1950, le premier missile balistique guidé américain, puis devient l'un des principaux artisans du programme spatial des États-Unis : il dirige ainsi la construction de la fusée Saturn V, qui permit l'envoi d'astronautes vers la Lune.

Brauner *(Victor),* peintre roumain (Piatra Neamţ 1903 - Paris 1966). À Paris en 1930-1935, puis définitivement installé en France en 1938, lié au surréalisme, il a transcrit dans son œuvre une vision mythique inséparable de ses angoisses personnelles. À partir du début des années 40, sa peinture (souvent à la cire) se fait imagerie hiératique, chargée de symboles ésotériques et érotiques. Fonds important au musée de Saint-Étienne.

Bravais *(Auguste),* physicien français (Annonay 1811 - Versailles 1863). Il est l'auteur de l'hypothèse de la structure réticulaire des cristaux.

Bray *(pays de),* région de Normandie. C'est une dépression argileuse. Élevage bovin pour les produits laitiers.

Brazza *(Pierre* Savorgnan de*),* explorateur et administrateur français (Rome 1852 - Dakar 1905). Il mena à partir de 1875 plusieurs expéditions d'exploration des vallées de l'Ogoué et du Congo, puis organisa la colonie du Congo français (1886-1898).

Brazzaville, cap. du Congo, sur le Malebo Pool ; 595 000 hab. Un chemin de fer (Congo-Océan) relie la ville à l'Atlantique. Université. Aéroport.

Brazzaville *(conférence de)* [30 janv. - 8 févr. 1944], conférence organisée par le général de Gaulle et le Comité d'Alger, au cours de laquelle fut projetée une organisation nouvelle des colonies françaises d'Afrique noire.

Brea, famille de peintres niçois (xvᵉ-xviᵉ s.) qui a laissé dans les régions de Nice et de Gênes de nombreux polyptyques (retable de Cimiez par **Louis** [v. 1450 - v. 1523]).

Bréal *(Michel),* linguiste français (Landau 1832 - Paris 1915). Élève de F. Bopp, il introduisit en France le mouvement de la grammaire comparée mais demeura en marge du courant comparatiste. Il s'est intéressé surtout aux faits de pensée et de civilisation que les mots recouvrent (*Essai de sémantique,* 1897).

Brecht *(Bertolt),* auteur dramatique allemand (Augsburg 1898 - Berlin-Est 1956). Son œuvre a dominé l'évolution du théâtre au xxᵉ s. Il devient célèbre avec *l'Opéra de quat'sous* (1928), qui annonce sa contestation de l'ordre social influencée par le marxisme. À partir de 1948, il se consacre tout entier à son travail de metteur en scène du Berliner Ensemble. Il élabore à cette époque sa théorie du théâtre « épique » : les pancartes, les chants, les projections, les éclairages amènent l'acteur à se détacher de son personnage, et le spectateur à comprendre que chaque attitude révèle un phénomène social dont il doit saisir le mécanisme (c'est le phénomène de la « distanciation »). Ses pièces principales sont *Grand'Peur et misère du IIIᵉ Reich* (1938), *Mère Courage et ses enfants* (1941), *la Vie de Galilée* (1943), *Maître Puntila et son valet Matti* (1948), *la Résistible Ascension d'Arturo Ui* (1959), *le Cercle de craie caucasien* (1948).

Breda, v. des Pays-Bas (Brabant-Septentrional) ; 124 794 hab. — Grande église du xvᵉ siècle, château de conception italienne des xviᵉ-xviiᵉ siècles et autres témoignages historiques.

Breda *(traité de)* [31 juill. 1667], traité qui mit fin à la seconde guerre anglo-hollandaise (1665-1667) et par lequel l'Angleterre accordait aux Provinces-Unies et à la France des avantages territoriaux et commerciaux.

Breendonk, anc. comm. de Belgique, à l'ouest de Malines. — Camp de concentration allemand de 1940 à 1944.

Bregenz, v. d'Autriche, cap. du Vorarlberg, sur le lac de Constance ; 25 000 hab. — Monuments anciens, surtout du gothique au baroque. Musée du Vorarlberg.

Breguet, famille d'horlogers, d'inventeurs et d'industriels d'origine suisse. **Abraham Louis** (Neuchâtel 1747 - Paris 1823) fut un spécialiste de l'horlogerie de luxe et de la chronométrie de marine. Son petit-fils **Louis** (Paris 1804 - id. 1883) construisit de nombreux instruments scientifiques de précision et les premiers télégraphes français. **Louis** (Paris 1880 - Saint-Germain-en-Laye 1955), petit-fils du précédent, fut l'un des pionniers de la construction aéronautique en France.

Brejnev (*Leonid Ilitch*), homme d'État soviétique (Kamenskoïe, auj. Dnieprodzerjinsk, 1906 - Moscou 1982), premier secrétaire du Parti communiste après l'éviction de Khrouchtchev (1964), chef de l'État (1977-1982). Son mandat fut caractérisé par une grande stabilité des pouvoirs et le développement de la nomenklatura. Sur le plan extérieur, il fit intervenir l'U. R. S. S. et ses alliés en Tchécoslovaquie (1968) et mit un terme à la détente amorcée avec les États-Unis en décidant l'invasion de l'Afghanistan (déc. 1979).

Brel (*Jacques*), auteur-compositeur et chanteur belge francophone (Bruxelles 1929 - Bobigny 1978). Auteur de textes d'une grande poésie, attentif au monde contemporain, il a donné une grande expressivité à ses interprétations. Son univers conjugue la crudité, l'ironie et la tendresse (*les Bourgeois, Amsterdam, Ne me quitte pas*).

Brême, *en all.* Bremen, v. d'Allemagne, cap. du *Land de Brême* (404 km² ; 673 684 hab.), sur la Weser ; 544 327 hab. Port. Centre commercial, financier et industriel. — Le port fut l'un des plus actifs de la Hanse (xiiie s.). Ville libre d'Empire en 1646. — Ensemble monumental de la vieille ville, avec la cathédrale (gothique ; deux cryptes romanes) et l'hôtel de ville (xve-xviie s.). Musées, dont la Kunsthalle (riche galerie de peinture) et l'Ubersee-museum (civilisations du monde).

Bremerhaven, v. d'Allemagne (Land de Brême), à l'embouchure de la Weser, avant-port de Brême ; 129 357 hab. — Musée allemand de la Marine.

Bremond (*abbé Henri*), critique et historien français (Aix-en-Provence 1865 - Arthez-d'Asson 1933), auteur d'une *Histoire littéraire du sentiment religieux en France* (1916-1936) et d'essais (*la Poésie pure,* 1926). [Acad. fr. 1923.]

Brémontier (*Nicolas*), ingénieur français (Le Tronquay, Eure, 1738 - Paris 1809). Il contribua à fixer les dunes du golfe de Gascogne par la mise au point de techniques de plantation et par l'installation de forêts de pins.

Brendel (*Alfred*), pianiste autrichien (Loučná nad Desnou, Moravie du Nord, 1931). Grand interprète de Beethoven, de Schubert et de Liszt, il a aussi enregistré l'intégrale des concertos de Mozart.

Brenn ou **Brennus,** nom de chefs gaulois. La légende romaine en a fait le nom d'un chef des Senones qui, v. 390 av. J.-C., s'emparèrent de Rome.

Brenne (*la*), région humide (étangs) du Berry (Indre), entre la Creuse et la Claise. (Hab. *Brennous.*) Parc naturel régional.

Brenner (*col du*), col des Alpes orientales, à la frontière italo-autrichienne, entre Bolzano et Innsbruck ; 1 370 m. Important passage ferroviaire et autoroutier.

Brennus → **Brenn.**

Brentano (*Clemens*), écrivain allemand (Ehrenbreitstein 1778 - Aschaffenburg 1842). Il fut l'un des principaux représentants du romantisme par ses poèmes et ses récits (*Journal de voyage d'un écolier,* 1818). Il publia avec Arnim *le Cor merveilleux* (1806-1808), recueil de vieilles chansons allemandes.

Brentano (*Franz*), philosophe allemand (Marienberg 1838 - Zurich 1917). Il distingua la logique de la psychologie et jeta les bases d'une psychologie fondée sur la phénoménologie (*Psychologie du point de vue empirique,* 1874-1928).

Brentano (*Lujo*), économiste allemand (Aschaffenburg 1844 - Munich 1931). Professeur d'économie politique, il est un des fondateurs du mouvement appelé « socialisme de la chaire » (*Kathedersozialismus*), essai de troisième voie entre le socialisme matérialiste et le libéralisme, conjuguant les influences de la pensée sociale anglaise et du christianisme social ; ce mouvement est une des sources du Parti social-démocrate allemand (SPD).

Brera (*palais de*), à Milan, palais du xviie siècle qui abrite une bibliothèque de plus de 700 000 volumes (fondée en 1770) et une vaste pinacothèque (ouverte en 1809 ; chefs-d'œuvre de Piero della Francesca, Mantegna, Giovanni Bellini, Foppa, Bramante, Raphaël, le Tintoret, le Caravage).

Brescia, v. d'Italie (Lombardie), ch.-l. de prov. ; 200 722 hab. — Vestiges romains, château, nombreuses églises du viiie au xviiie siècle. Importants musées.

Bresdin (*Rodolphe*), aquafortiste et lithographe français (Montrelais, Vienne, 1822 - Sèvres 1885). Personnage singulier et bohème, il a mis un métier à la fois dense et minutieux au service d'un art visionnaire (*Sainte Famille au bord d'un torrent,* lithographie, 1853).

Brésil, *en port.* Brasil, État de l'Amérique du Sud ; 8 512 000 km² ; 153 300 000 hab. (*Brésiliens*). CAP. *Brasilia.* V. princ. São Paulo et *Rio de Janeiro.* LANGUE : *portugais.* MONNAIE : *real.*

GÉOGRAPHIE

■ **Le milieu naturel.** En majeure partie tropical, presque totalement situé au S. de l'équateur, le Brésil est le « géant » de l'Amérique du Sud, dont il occupe approximativement la moitié de la superficie et concentre une part avoisinante de la population. En dehors de l'immense cuvette amazonienne, c'est surtout un pays de plateaux, relevés en serras qui retombent directement sur l'Atlantique (serra do Mar) ou limitent un liseré de plaines côtières (dans le Nordeste). Le climat, équatorial dans l'Amazonie, constamment chaude et humide, recouverte par la forêt dense permanente, devient plus sec vers le S. C'est alors le domaine des savanes, parfois parsemées d'arbres, et aussi de la steppe (notamm. dans l'intérieur du Nordeste, où l'irrégularité des précipitations, selon les années, est catastrophique). La prairie apparaît dans les États méridionaux, aux précipitations mieux réparties, presque tempérés.

■ **La population.** L'histoire et le climat se combinent pour expliquer la composition ethnique et la répartition spatiale de la population, dont plus de la moitié est considérée comme blanche. On compte environ un tiers de métis et près de 10 % de Noirs, mais les problèmes raciaux ne revêtent pas une très grande acuité. Cette population est jeune (plus de la moitié a moins de 25 ans), en raison d'un fort excédent naturel, lié au maintien d'un taux élevé de natalité. Elle se concentre sur le littoral ou près de celui-ci, en particulier dans le Nordeste, le Sud-Est (États de São Paulo, Rio de Janeiro et Minas Gerais) et le Sud. Aujourd'hui, environ 70 % des Brésiliens sont des citadins (31 % en 1940). Derrière les grandes métropoles de São Paulo et de Rio de Janeiro viennent plusieurs autres villes millionnaires (dont Belo Horizonte, Salvador, Recife). Cette croissance urbaine, plus rapide que celle du nombre d'emplois, soulève beaucoup de problèmes.

■ **L'économie.** L'étendue des superficies disponibles (bien que moins du tiers du territoire soit réellement mis en valeur) explique l'importance des productions. L'élevage bovin est souvent présent (hors de l'Amazonie), celui des ovins et des porcs est plus concentré dans le Sud. Le café (dans le Sud-Est intérieur) demeure la principale production commerciale (premier rang mondial), devant le soja et la canne à sucre, développés, le premier pour le marché mondial, la seconde pour une production d'alcool utilisé comme carburant. Le maïs, le manioc, le riz, les agrumes sont d'autres cultures notables. L'industrie bénéficie des richesses abondantes du sous-sol (incomplètement prospecté) :

fer, bauxite, manganèse, uranium, pétrole, or, etc. L'hydroélectricité assure plus de 60 % de la production d'électricité. L'énergie est en grande partie contrôlée par des firmes d'État (Petrobrás, Electrobrás), l'État étant présent aussi dans la sidérurgie. Les capitaux étrangers se sont largement investis dans les branches de transformation (montage automobile, électronique, chimie), implantée surtout dans la région de São Paulo.

Cette forme d'industrialisation, la recherche d'un développement rapide accroissant les importations ont contribué à provoquer un très lourd endettement extérieur. D'autres problèmes, intérieurs, subsistent : ceux des structures foncières (avec le maintien des grandes propriétés), des inégalités régionales (contraste entre la région de São Paulo et le Nordeste) ou les incertitudes quant aux retombées multiples des routes transamazoniennes.

HISTOIRE

■ **La période coloniale.** Le Brésil, terre du bois rouge comme la « braise » (d'où le nom de *Brasil*), est reconnu par le Portugais Pedro Alvares Cabral en 1500. La culture de la canne à sucre est introduite dès le XVIᵉ s. et fait rapidement la fortune du pays. Les Portugais réussissent à s'opposer aux ambitions françaises, puis hollandaises. À la fin du XVIIᵉ s. et au début du XVIIIᵉ, des mines d'or sont découvertes, notamment dans le Minas Gerais, dans l'est du pays, faisant du Brésil le premier producteur mondial d'or. La recherche du métal précieux entraîne le peuplement de l'intérieur du pays. De nombreux esclaves noirs sont amenés d'Afrique. Lors des guerres d'indépendance de l'Amérique latine, le Brésil reste fidèle à la dynastie portugaise.

1815. Le Brésil est élevé au rang de royaume.

■ **L'Empire brésilien.**

1822. Le régent Pierre, fils du roi de Portugal, proclame l'indépendance du Brésil, dont il devient l'empereur.

Au cours de la première moitié du XIXᵉ s., la culture du café est implantée dans la région de São Paulo, marquant une nouvelle phase de la conquête du sol et du peuplement dans le Brésil tropical ; le Brésil assure la moitié de la production mondiale de café.

1888. L'esclavage est aboli.

■ **La république des « coronels ».**

1889. L'aristocratie foncière, mécontente de l'abolition de l'esclavage, apporte son soutien à l'armée, qui renverse l'empire, jugé progressiste, et proclame la république.

Le Brésil devient une fédération formée de 20 États. Les libéraux, au pouvoir jusqu'en 1898, ne parviennent pas à briser l'oligarchie foncière (les « coronels »), ni à mettre fin à la domination britannique sur l'économie. La prospérité est alors assurée par la monoculture du café. Mais, soumise aux changements internationaux des prix agricoles, l'économie est touchée de plein fouet par la crise de 1929.

■ **L'ère Vargas.**

1930-1945. Premier gouvernement de Getúlio Vargas, porté au pouvoir par les militaires.

Chef des libéraux, leader nationaliste, Vargas gouverne avec l'appui des classes moyennes. Il travaille à industrialiser et à moderniser le Brésil, pour le rendre indépendant économiquement.

1951-1954. Vargas revient au pouvoir après en avoir été écarté par la droite. Il radicalise son nationalisme économique et s'attaque aux intérêts pétroliers étrangers.

■ **L'expérience réformiste et le régime militaire.**

1956-1964. Gouvernements réformistes.

1960. Brasília devient la capitale du Brésil.

1964-1984. Succession de gouvernements militaires.

Cette période est caractérisée par la répression à l'égard des «progressistes» et par un développement économique très rapide.

■ **Le retour à la démocratie.**

1985. Retour des civils au pouvoir. José Sarney devient président de la République.

1990. Fernando Collor de Mello (élu en 1989 au suffrage universel) lui succède.

1992. Accusé de corruption, il est contraint de démissionner. Le vice-président Itamar Franco assure la transition à la tête de l'État.

1995. Fernando Henrique Cardoso accède à la présidence de la République.

Breslau → Wrocław.

Bresse *(la)*, région argileuse de l'est de la France, entre la Saône et le Jura. (Hab. *Bressans.*) V. princ. *Bourg-en-Bresse.* Élevage (bovins, volailles).

Bresson *(Robert)*, cinéaste français (Bromont-Lamothe, Puy-de-Dôme, 1901). Son œuvre, recherche de l'absolu, est dominée par les thèmes de la grâce, de la rédemption et de la liberté spirituelle. Son premier film, *les Anges du péché* (1943), remarqué par la critique, relève déjà de ce style « janséniste » qui marquera toute son œuvre. Après *les Dames du bois de Boulogne* (1945), il adopte dans *le Journal d'un curé de campagne* (1950) le principe de neutralité dramatique et tonale ainsi qu'une

esthétique dépouillée, qui s'épanouiront pleinement dans *Un condamné à mort s'est échappé* (1956). Opposant au « cinéma » son « cinématographe », il recherche l'expression pure par l'image et le son, et recourt systématiquement aux acteurs non professionnels. *Pickpocket* (1959) apparaît comme l'aboutissement de ce processus d'ascèse. Après ce film, les œuvres maîtresses se suivent : *le Procès de Jeanne d'Arc* (1962), *Au hasard Balthazar* (1966), *Mouchette* (1967), *Quatre Nuits d'un rêveur* (1971), *Lancelot du lac* (1974), *l'Argent* (1983).

Bressuire, ch.-l. d'arr. des Deux-Sèvres ; 18 994 hab. *(Bressuirais).* — Ruines d'un château fort ; église des XIIᵉ-XVIᵉ siècles.

Brest, ch.-l. d'arr. du Finistère, sur la rive nord de la rade de Brest, à 580 km à l'ouest de Paris ; 153 099 hab. *(Brestois).* Université. Arsenal. Constructions électriques. **HIST.** Port militaire de la marine du Ponant créé sur l'initiative de Richelieu. Siège, de 1830 à 1940, de l'École navale, reconstruite en 1961 à Lanvéoc-Poulmic, au sud de la rade, où est installée à l'île Longue, depuis 1968, la base des sous-marins stratégiques. Siège du Service hydrographique et océanographique de la marine. Base sous-marine allemande de 1940 à 1944, Brest avait été détruite par les bombardements alliés. **ARTS.** Musée des Beaux-Arts ; musée de la Marine dans le château (surtout des XVᵉ et XVIᵉ s.) ; Musée municipal dans la tour de la Motte-Tanguy (XVIᵉ s.).

Brest, *anc.* Brest-Litovsk, v. de Biélorussie, à la frontière polonaise ; 258 000 hab.

Brest-Litovsk *(traité de)* [3 mars 1918], traité de paix signé entre l'Allemagne, l'Autriche-Hongrie, la Bulgarie, l'Empire ottoman et la Russie soviétique, qui renonçait à la Pologne et aux pays Baltes.

Bretagne, Région administrative regroupant les dép. des Côtes-d'Armor, du Finistère, d'Ille-et-Vilaine et du Morbihan ; 27 208 km² ; 2 795 638 hab. *(Bretons).* Ch.-l. *Rennes.*

GÉOGRAPHIE

■ **Le milieu et la population.** Occupant la majeure partie du Massif armoricain, la Bretagne est un pays de plateaux, accidentés de modestes lignes de hauteurs (monts d'Arrée, Montagne Noire), au climat généralement humide et doux, surtout vers le littoral. La densité régionale est pratiquement égale à la moyenne nationale, supérieure même dans le Finistère et l'Ille-et-Vilaine, sites des deux principales villes, Brest et Rennes, cette dernière étant la seule grande ville de l'intérieur.

■ **L'économie.** Le littoral concentre une part notable de la population et des activités : pêche et conserveries, construction navale et, naturellement, tourisme. L'agriculture, toujours importante, est nettement dominée par l'élevage (porcs et volailles notamment, mais aussi bovins) malgré le maintien de certaines cultures spécialisées (légumes et primeurs du Léon), à côté des céréales. L'intensification de l'élevage pose d'ailleurs des problèmes divers (difficultés de commercialisation, pollution des eaux). L'industrie est encore dominée par l'agroalimentaire, assez diffus. Les constructions électriques (électronique) et mécaniques (automobile) connaissent un développement certain mais géographiquement plus concentré. Les branches traditionnelles (travail du cuir, textile) ont reculé. La poursuite de l'exode rural, l'essor d'industries et de services expliquent les progrès de l'urbanisation.
La Bretagne a longtemps été une terre d'exode. L'émigration n'a pas complètement disparu mais s'est fortement ralentie avec l'essor des secteurs secondaire et tertiaire (notamment dans l'agglomération de Rennes) et l'amélioration des relations avec Paris (desserte ferroviaire par T. G. V., création de voies autoroutières reliant à partir de Rennes l'ensemble des villes du littoral).

HISTOIRE

Un des foyers de la civilisation mégalithique, l'Armorique (ancien nom de la Bretagne) est envahie par les Celtes v. 500 av. J.-C., puis conquise par les Romains. Elle prend son nom actuel avec l'arrivée, à partir du Vᵉ siècle, des Bretons, peuple celtique fuyant la Grande-Bretagne envahie par les Anglo-Saxons. Pendant la période carolingienne, elle se rend pratiquement indépendante.
En 939, la Bretagne devient un duché. Conquise en 1166 par les Plantagenêts, elle est englobée dans l'Empire anglo-angevin jusqu'en 1203. Elle redevient un fief du royaume de France en 1213 quand son héritière épouse le prince capétien Pierre Iᵉʳ Mauclerc. Mais la souveraineté du roi de France est contestée lors de la guerre de la Succession de Bretagne (1341-1365). À l'issue de cette guerre, la France doit reconnaître comme duc Jean de Montfort, allié des Anglais. Sous la dynastie des Montfort (1365-1491), le duché de Bretagne jouit d'une réelle indépendance.
La seconde moitié du XVᵉ siècle voit s'affirmer les prétentions du royaume de France sur la Bretagne avec Louis XI, puis sa fille, Anne de Beaujeu, qui fait envahir le duché pendant la minorité du roi Charles VIII. Le duché est rattaché à la France par un lien personnel à la suite des mariages de la duchesse Anne avec Charles VIII (1491) puis Louis XII (1499). Mais la Bretagne, propriété personnelle de la reine, reste encore théoriquement indépendante. Claude de France, fille de Louis XII et d'Anne de Bretagne, épouse le futur François Iᵉʳ. Par l'édit d'Union du 13 août 1532, ce dernier réunit indissolublement la Bretagne à la France mais garantit ses privilèges.

Bretagne (Nouvelle-) → Bismarck *(archipel)*.

Bretécher *(Claire)*, dessinatrice française (Nantes 1940), créatrice des *Frustrés* (série de bandes dessinées publiées par *le Nouvel Observateur* puis réunies en albums [1975-1980]), chronique mordante des mœurs et des modes des intellectuels parisiens.

Brétigny *(traité de)* [8 mai 1360], traité conclu à Brétigny, près de Chartres, entre la France et l'Angleterre, et qui mit fin à la première partie de la guerre de Cent Ans. Ce traité délivrait le roi de France Jean II le Bon et donnait le sud-ouest de la France au roi d'Angleterre, Édouard III, en échange de sa renonciation au trône de France.

Breton *(André)*, écrivain français (Tinchebray, Orne, 1896 - Paris 1966). Il fut le centre dynamique, le « pape » du surréalisme, auquel il donna un « contenu théorique dans les *Manifestes* (1924, 1930) et pratique à travers des textes expérimentaux (*les Champs magnétiques*, 1920 ; *Clair de terre*, 1923). Dans la revue *Littérature* (qu'il fonde en 1919 avec Aragon et Soupault), dans ses articles (*les Pas perdus*, 1924 ; *Point du jour*, 1934) et ses essais (*le Surréalisme et la peinture*, 1928 et 1965 ; *Anthologie de l'humour noir*, 1940), il prend la défense de l'art des fous, des primitifs et des enfants. Il y désigne également les précurseurs du mouvement surréaliste (roman noir, Sade, Lautréamont, Rimbaud, romantiques allemands) et exprime sa vigilance politique à l'égard du Parti communiste (auquel il adhéra de 1927 à 1935). Ses récits (*Nadja*, 1928 [→ **Nadja**] ; *les Vases communicants*, 1932 ; *l'Amour fou*, 1937 ; *Arcane 17*, 1947) retracent la quête quotidienne du merveilleux.

Bretonneau *(Pierre)*, médecin français (Saint-Georges-sur-Cher 1778 - Paris 1862). Il contribua à la doctrine de la *spécificité* des maladies infectieuses (un germe, une maladie) et fait donc partie des précurseurs de Pasteur. Il réussit, en regroupant des symptômes sans rapports apparents, à individualiser la fièvre typhoïde ainsi que la diphtérie.

Bretton Woods *(accords de)*, accords conclus en juillet 1944 à Bretton Woods (New Hampshire, États-Unis) entre 44 pays, et qui instaurèrent, après l'étalon-or, le deuxième véritable système monétaire international : l'étalon de change-or (Gold Exchange Standard). Dans ce système, l'or, principal actif de réserve et dénominateur commun des parités des monnaies des États membres, conserve sa place ; mais le dollar (dont la valeur est définie par rapport à l'or), monnaie de réserve, joue un rôle international comparable. Ces accords furent remplacés, en janvier 1976, par les accords de la Jamaïque.

Breuer *(Marcel)*, architecte et designer hongrois (Pécs 1902 - New York 1981). Élève au Bauhaus en 1920, il y fut directeur de la section d'ameublement de 1925 à 1928. Il utilisa dès 1926 les tubes d'acier dans un style fonctionnel, exprimant les structures avec clarté. Ces qualités se retrouvent dans son architecture, surtout après son départ d'Allemagne (1935). Il enseigna à Harvard avec Gropius, s'établit à New York en 1946 et connut bientôt la célébrité internationale (palais de l'Unesco, à Paris, 1953, avec Nervi et Zehrfuss). Son style a tendu dès lors à la dramatisation des formes et à un certain éclectisme.

Breughel → Bruegel.

Breuil *(Henri)*, ecclésiastique et préhistorien français (Mortain 1877 - L'Isle-Adam 1961). Il a effectué d'innombrables relevés d'œuvres pariétales et écrit des ouvrages fondamentaux comme les *Subdivisions du paléolithique supérieur et leur signification* (1912), remarquable étude de l'évolution des divers faciès industriels, et *Quatre Cents Siècles d'art pariétal* (1952), vaste panorama de l'art franco-cantabrique.

Brewster *(sir David)*, physicien britannique (Jedburgh, Écosse, 1781 - Melrose 1868). Il inventa le kaléidoscope et découvrit les lois de la polarisation par réflexion.

Brialmont *(Laurent Mathieu)*, général belge (Seraing 1789 - Anvers 1885). Après avoir fait les campagnes de l'Empire de 1805 à 1814, il devint aide de camp de Léopold Ier, puis ministre de la Guerre (1850).

Briançon, ch.-l. d'arr. des Hautes-Alpes, dans le Briançonnais, sur la Durance ; 12 141 hab. *(Briançonnais)*. Station climatique à 1 321 m d'alt. — Fortifications et église construites par Vauban.

Briançonnais, région des Alpes françaises (bassin supérieur de la Durance).

Briand *(Aristide)*, homme politique français (Nantes 1862 - Paris 1932). Militant socialiste, il fut 25 fois ministre (en particulier des Affaires étrangères) et 11 fois chef de gouvernement à partir de 1909. Ardent pacifiste et partisan d'une politique de réconciliation avec l'Allemagne, il signa l'accord de Locarno (1925) et fut l'un des animateurs de la Société des Nations (S. D. N.). [Prix Nobel de la paix 1926.]

Briand-Kellogg *(pacte)* [27 août 1928], pacte de renonciation à la guerre, élaboré par A. Briand et F. B. Kellogg, auquel adhérèrent 57 États en 1928-29.

Briansk, v. de Russie, au sud-ouest de Moscou ; 452 000 hab.

Bridgeport, port des États-Unis (Connecticut) ; 141 686 hab.

Bridgman *(Percy Williams)*, physicien américain (Cambridge, Massachusetts, 1882 - Randolph, New Hampshire, 1961). Prix Nobel en 1946 pour ses recherches sur les ultrapressions.

Brie, région située à l'E. de Paris, entre les vallées de la Marne et de la Seine, constituant essentiellement la majeure partie du dép. de Seine-et-Marne et couvrant environ 600 000 ha. Dans le cadre de grandes exploitations dominent les cultures du blé, du maïs et de la betterave à sucre, parfois associées à l'élevage (bovins, aviculture). V. princ. *Meaux, Melun, Provins, Coulommiers, Château-Thierry*, souvent implantées dans les vallées et animées par l'agroalimentaire et des activités liées à la proximité du marché parisien.

Brienne-le-Château, ch.-l. de c. de l'Aube ; 3 870 hab. *(Briennois)*. — Siège, de 1776 à 1790, d'une école militaire où Bonaparte fut élève. Victoire de Napoléon sur les Alliés (29 janv. 1814).

Brienz *(lac de)*, lac de Suisse (cant. de Berne), formé par l'Aar (30 km²).

Brière ou **Grande Brière** *(la)*, région marécageuse de la Loire-Atlantique, au nord de Saint-Nazaire. (Hab. *Briérons*.) Parc naturel régional.

Briey, ch.-l. d'arr. de Meurthe-et-Moselle ; 4 823 hab. *(Briotains)*.

Brigades internationales, formations de volontaires étrangers, en majorité communistes, qui, de 1936 à 1939, combattirent avec les républicains espagnols.

Bright *(Richard)*, médecin britannique (Bristol 1789 - Londres 1858). Il se fit connaître surtout par ses travaux sur les néphropathies chroniques, maladies diffuses des reins longtemps appelées « mal de Bright ».

Brighton, v. de Grande-Bretagne ; 133 400 hab. Station balnéaire et ville de congrès sur la Manche. — *Royal Pavilion*, fantaisie architecturale de J. Nash ; ensembles urbains de la même époque (Regency).

Brigitte *(sainte)*, mystique suédoise (Hof Finstad v. 1303 - Rome 1373), mère de sainte Catherine de Suède. Membre du tiers ordre de François d'Assise, elle fit, au cours de sa vie, les grands pèlerinages de Saint-Jacques de Compostelle (avec son mari), de Rome, de Jérusalem et a laissé des *Révélations* sur la Passion du Christ.

Brignoles, ch.-l. d'arr. du Var ; 11 814 hab. *(Brignolais)*. Bauxite. — Musée dans l'ancien palais des comtes de Provence.

Bril *(Paul ou Paulus)*, peintre flamand (Anvers 1554 - Rome 1626). Installé à Rome et spécialiste du paysage, tout comme son frère **Matthijs** (1551-1583), il a inauguré la conception classique qui allait être celle de Poussin ou du Lorrain.

Brillat-Savarin *(Anthelme)*, magistrat et écrivain français (Belley 1755 - Paris 1826), surtout connu par son ouvrage gastronomique *la Physiologie du goût* (1826).

Brillouin *(Léon)*, physicien français (Sèvres 1889 - New York 1969). Spécialiste de physique quantique, il a imaginé les « zones de Brillouin », notion fondamentale dans la théorie des semi-conducteurs, et a mis en évidence l'analogie entre l'information et l'entropie, créant aussi le concept de « néguentropie ».

Brindisi, v. d'Italie (Pouille), ch.-l. de prov., sur l'Adriatique ; 91 778 hab. Port de voyageurs. Pétrochimie.

Brink *(André Philippus)*, écrivain sud-africain d'expression afrikaans (Vrede, État libre [d'Orange], 1935). Son œuvre romanesque, marquée par la recherche formelle, est centrée sur le problème de l'apartheid (*Une saison blanche et sèche*, 1979 ; *Un acte de terreur*, 1991 ; *les Imaginations du sable*, 1995).

Brinvilliers *(Marie-Madeleine d'Aubray, marquise de)* [Paris 1630 - id. 1676], brûlée en place de Grève pour avoir empoisonné son père et ses frères. Son procès est à l'origine de l'affaire des Poisons.

Brioude, ch.-l. d'arr. de la Haute-Loire, dans la *Limagne de Brioude* ; 7 722 hab. *(Brivadois)*. — Église caractéristique du roman auvergnat (fin XIe-XIIe s.).

Brisbane, port d'Australie, cap. du Queensland ; 1 240 300 hab. Centre industriel.

Brissac *(Charles II de Cossé, duc de)*, maréchal de France (v. 1550 - Pouancé 1621). Il négocia l'entrée d'Henri IV dans Paris.

Brissot de Warville *(Jacques Pierre Brissot, dit)*, journaliste et homme politique français (Chartres 1754 - Paris 1793). Député à l'Assemblée législative, il milita en faveur de la guerre. Réélu à la Convention, il s'affirma comme l'un des chefs des Girondins (*brissotins*) et fut guillotiné par les Jacobins, qui évincèrent ceux-ci du pouvoir.

Bristol, port de Grande-Bretagne, près du *canal de Bristol* ; 370 300 hab. — Cathédrale gothique avec vestiges romans ; église St. Mary Redcliffe, de style gothique perpendiculaire. Musée.

Bristol *(canal de)*, bras de mer formé par l'Atlantique, entre le pays de Galles et la Cornouailles (Cornwall).

Britannicus *(Tiberius Claudius)*, fils de Claude et de Messaline (41 apr. J.-C. ? - 55). Héritier présomptif de l'Empire, il fut écarté par la seconde femme de Claude, Agrippine, qui fit adopter par l'empereur son fils Néron. Ce dernier le fit empoisonner. Son histoire inspira une tragédie de Racine, *Britannicus* (1669).

britannique *(Empire)*, ensemble des territoires ayant reconnu la souveraineté de la Couronne britannique jusqu'à la mise en place du Commonwealth en 1931. (→ **Grande-Bretagne.**)

Britanniques *(îles)*, ensemble formé par la Grande-Bretagne (et ses dépendances) et l'Irlande.

British Museum, musée créé à Londres en 1753. L'un des plus riches du monde, il comprend des collections d'archéologie égyptienne, assyrienne et babylonienne (et aussi britannique), de sculpture grecque (frise du Parthénon) et romaine, de céramique, d'arts asiatiques, africains, océaniens et américains ainsi qu'une bibliothèque aux précieux manuscrits enluminés, un cabinet d'estampes et de dessins.

British Petroleum *(BP)*, consortium pétrolier international qui, en 1954, succéda à l'Anglo- Iranian Oil Company (fondée en 1909). En 1987, BP est privatisée, l'État britannique se désengageant de la compagnie, dont il détenait jusqu'alors 31,5 % des actions.

Britten *(Benjamin)*, compositeur britannique (Lowestoft, Suffolk, 1913 - Aldeburgh, Suffolk, 1976). Il fonda l'English Opera Group et le festival d'Aldeburgh. Il a composé des opéras (*Peter Grimes*, 1945 ; *The*

Rape of Lucretia, 1946 ; *The Turn of the Screw,* 1954), l'oratorio *The Prodigal Son* (1968), la cantate *War Requiem* (1962) et s'est inspiré de textes poétiques (*les Illuminations,* 1939, d'après Rimbaud). Sa musique symphonique est moins originale, mais, en marge des recherches contemporaines, son œuvre reste très personnelle, raffinée et représentative d'un certain esprit britannique.

Brive-la-Gaillarde, ch.-l. d'arr. de la Corrèze, sur la Corrèze ; 52 677 hab. *(Brivistes).* Constructions mécaniques et électriques. Papeterie. — Église des XIIe et XIVe siècles. Musée.

Brno, *en all.* Brünn, v. de la République tchèque, en Moravie ; 387 986 hab. Foire internationale. — Monuments médiévaux et baroques. Musée morave.

Broad Peak, sommet de l'Inde, dans le Karakorum, près du K2 ; 8 047 m.

Broadway, grande artère traversant New York, dans Manhattan.

Broca *(Paul),* chirurgien et anthropologue français (Sainte-Foy-la-Grande 1824 - Paris 1880). Il initia l'anthropologie biologique moderne. En médecine, ses recherches sur les troubles du langage *(aphasie de Broca),* partant des théories de F. J. Gall, lui permirent de localiser des fonctions supérieures (parole, mémoire) au niveau de zones précises du cerveau.

Brocéliande, vaste forêt de la Bretagne, auj. forêt de Paimpont, où les romans de la Table ronde font vivre l'enchanteur Merlin.

Broch *(Hermann),* écrivain autrichien (Vienne 1886 - New Haven, Connecticut, 1951). Son œuvre romanesque est une méditation sur l'évolution de la société allemande et sur le sens de l'œuvre littéraire (*les Somnambules,* 1931-32 ; *la Mort de Virgile,* 1945).

Brocken, point culminant du Harz (1 142 m), en Allemagne. L'imagination populaire y place la réunion des sorcières pendant la *nuit de Walpurgis,* du 30 avril au 1er mai.

Brockhaus, maison d'édition allemande fondée à Amsterdam en 1805 par Friedrich Arnold *Brockhaus* (1772 - 1823). Installée depuis 1945 à Wiesbaden, elle publie des encyclopédies et des dictionnaires spécialisés.

Brod *(Max),* écrivain israélien de langue allemande (Prague 1884 - Tel-Aviv 1968). Ami de Kafka, il publia son œuvre et lui consacra une biographie (1937).

Brodsky *(Joseph),* poète américain d'origine soviétique (Leningrad 1940 - New York

1996). Condamné en 1964 en U. R. S. S. pour « parasitisme social », il avait émigré en 1972 en Occident. Sa poésie mêle le quotidien à la philosophie (*Urania,* 1977). [Prix Nobel 1987.]

Broederlam *(Melchior),* peintre flamand, cité de 1381 à 1409 à Ypres. Au service de Philippe le Hardi, il a peint vers 1394 les volets du retable de Champmol (musée de Dijon). L'élégance du style gothique international s'y nuance de sentiment réaliste.

Broglie [brɔj] *(ducs de),* famille française originaire du Piémont, dont les membres les plus illustres sont : **Victor** (Paris 1785 - *id.* 1870), président du Conseil (1835-36) de Louis-Philippe ; **Albert,** fils du précédent (Paris 1821 - *id.* 1901), chef de l'opposition monarchique sous la IIIe République. Après la chute de Thiers, à laquelle il contribua, il fut président du Conseil (1873-74 et 1877) et incarna l'Ordre moral ; **Maurice,** petit-fils du précédent (Paris 1875 - Neuilly-sur-Seine 1960), physicien. Il s'est consacré à l'étude des spectres de rayons X, imaginant la méthode du cristal tournant. En 1921, il a découvert l'*effet photoélectrique nucléaire* (Acad. fr. 1934) ; **Louis,** *duc* **de Broglie** (Dieppe 1892 - Louveciennes 1987), frère du précédent, physicien. Se fondant sur l'analogie de certains principes de la mécanique et de l'optique, L. de Broglie pense qu'il est possible d'édifier une théorie commune de ces deux domaines. Dès 1922 paraissent ses premières communications sur la « mécanique ondulatoire ». En 1924, il les précise dans sa thèse de doctorat, *Recherches sur la théorie des quanta.* S'appuyant, d'une part, sur la relation de Planck-Einstein, qui, à une onde lumineuse, associe un certain flux de particules (les *photons*), et, d'autre part, sur les propriétés relativistes de transformation de l'énergie et de la quantité de mouvement, il établit la relation qui, à la quantité de mouvement d'une particule, associe un vecteur d'onde. Son hypothèse du caractère ondulatoire des particules fut confirmée dès 1927 avec la mise en évidence de la diffraction des électrons. Cette « mécanique ondulatoire », perfectionnée par E. Schrödinger, est, avec la « mécanique des matrices » de W. Heisenberg, à l'origine de la mécanique quantique. (Prix Nobel 1929 ; Acad. fr. 1944.)

Bron, ch.-l. de c. du Rhône, banlieue est de Lyon ; 40 514 hab. Aéroport.

Brongniart *(Alexandre Théodore),* architecte et urbaniste français (Paris 1739 - *id.* 1813). Élève de J. F. Blondel et de Boullée, il représente à Paris un néoclassicisme sévère (couvent des capucins, auj. lycée Condorcet, 1789 ; Bourse, 1807), assoupli cependant dans ses hôtels particuliers. Son fils **Alexandre**, minéralogiste et géologue (Paris 1770 - *id.* 1847), dirigea la manufacture de Sèvres et enseigna à la Sorbonne et au Muséum. **Adolphe**, fils du précédent, botaniste (Paris 1801 - *id.* 1876), a créé la paléobotanique.

Brønsted *(Johannes Nicolaus)*, chimiste danois (Varde, Jylland, 1879 - Copenhague 1947). Il a apporté une importante contribution à l'étude cinétique des réactions chimiques et à la thermodynamique des solutions. Grâce à sa définition des couples acide-base, il a renouvelé la théorie des ions d'Arrhenius.

Brontë *(les sœurs)*, femmes de lettres britanniques qui menèrent une courte existence dans un presbytère campagnard, sans aucune expérience de la vie, et qui ont bouleversé le roman anglais. **Charlotte** (Thornton 1816 - Haworth 1855) introduisit dans la littérature anglaise un type de personnalité féminine avec ses exigences passionnelles et sociales *(Jane Eyre,* 1848). **Emily** (Thornton 1818 - Haworth 1848) campa des personnages excessifs dans le roman lyrique *les Hauts de Hurlevent* (1847). **Anne** (Thornton 1820 - Scarborough 1849) fit passer son angoisse métaphysique dans des récits didactiques et moraux *(Agnes Grey,* 1847).

Bronx, borough de New York, au N.-E. de Manhattan ; 1 169 000 hab.

Bronzino *(Agnolo* Tori, dit il*)*, peintre italien (Florence 1503 - *id.* 1572). Élève de Pontormo, représentant typique de l'art de cour à Florence, il est l'auteur de portraits impassibles et somptueux, de compositions d'un maniérisme savant et froid *(Déposition de croix,* v. 1545, Besançon).

Broodthaers *(Marcel)*, artiste belge (Bruxelles 1924 - Cologne 1976). Héritier d'un certain esprit dadaïste et surréaliste, il a développé un art conceptuel original qui mêle humour, absurde et verve critique (objets, dessins, textes, photos, films).

Brook *(Peter)*, metteur en scène de théâtre et cinéaste britannique (Londres 1925). Séduit tant par Brecht que par Artaud, créateur à Paris du Centre international de recherches théâtrales (1970), il a réinterprété le répertoire shakespearien tout en expérimentant d'autres formes d'expression (créations collectives, théâtre de rue, improvisation). Avec J.-C. Carrière, il a présenté des adaptations de grands mythes religieux et litté-

raires *(la Conférence des oiseaux, la Tragédie de Carmen, le Mahabharata, Impressions de Pelléas)*.

Brooklyn, borough de New York, dans l'ouest de Long Island ; 2 231 000 hab.

Brooks *(Louise)*, actrice de cinéma américaine (Cherryvale, Kansas, 1906 - Rochester, État de New York, 1985). Elle dut ses grands rôles à G. W. Pabst, qui en fit l'héroïne de *Loulou* (1929) et du *Journal d'une fille perdue* (1929). Elle abandonna le cinéma en 1938.

Brosse *(Salomon* de*)*, architecte français (Verneuil-en-Halatte, Oise, v. 1571 - Paris 1626). Apparenté aux Du Cerceau, il participa à l'achèvement du château de Verneuil, exemple à partir duquel il amena à son plein développement le type français de la demeure princière (châteaux de Blérancourt, de Coulommiers ; palais du Luxembourg [v. 1615-1620] pour Marie de Médicis). Son sens des masses et sa distinction classique s'expriment aussi dans le parlement de Rennes.

Brosses *(Charles* de*)*, magistrat et écrivain français (Dijon 1709 - Paris 1777). Ethnologue, linguiste, il est l'auteur de *Lettres familières* qui racontent un voyage qu'il fit en Italie.

Brossolette *(Pierre)*, professeur et journaliste français (Paris 1903 - *id.* 1944). Socialiste, résistant de la première heure, il fut arrêté, torturé et se suicida pour ne pas parler.

Brotonne *(forêt de)*, forêt de la Seine-Maritime, dans un méandre de la Seine. Parc naturel régional, écomusée.

Brou, faubourg de Bourg-en-Bresse → **Bourg-en-Bresse.**

Brouckère *(Charles* de*)*, homme politique belge (Bruges 1796 - Bruxelles 1860). Il joua un rôle important dans la révolution belge. Son frère **Henri** (Bruges 1801 - Bruxelles 1891), membre du Parti libéral, fut Premier ministre et ministre des Affaires étrangères de 1852 à 1855.

Broussais *(François)*, médecin français (Saint-Malo 1772 - Vitry 1838). Ses travaux sur l'inflammation, et surtout ses théories, lui valurent un immense succès de son vivant. Mais il s'opposa à tort aux idées nouvelles, celles de Corvisart ou de Laennec, sur la spécificité des maladies. Il préconisa la diète, les sangsues et les saignées.

Brousse → **Bursa.**

Broussel *(Pierre)*, conseiller au parlement de Paris (v. 1576 - Paris 1654). Son arrestation par Mazarin déclencha la Fronde (1648).

Broussilov *(Alekseï Alekseïevitch),* général russe (Saint-Pétersbourg 1853 - Moscou 1926), célèbre par son offensive victorieuse en Galicie (1916). Généralissime en 1917, il se rallia au régime soviétique.

Broussonet *(Auguste),* naturaliste français (Montpellier 1761 - *id.* 1807). Il introduisit en France l'arbrisseau japonais, nommé depuis *broussonetia,* qui sert à fabriquer le papier de Chine, ainsi que le mouton mérinos et la chèvre angora.

Brouwer *(Adriaen),* peintre flamand (Oudenaarde 1605/06 - Anvers 1638). Marqué par Bruegel l'Ancien et élève de Hals, menant une vie de bohème, il a peint avec vérité et raffinement des scènes populaires à quelques personnages (tavernes, tabagies, querelles de paysans, etc.).

Brouwer *(Luitzen Egbertus Jan),* mathématicien et logicien néerlandais (Overschie 1881 - Blaricum, Hollande-Septentrionale, 1966). Il perfectionna la définition de la dimension d'un espace topologique et développa une logique, dite « intuitionniste », affirmant que la mathématique ne peut être déduite de la logique ; il s'opposa à Whitehead et à Russell.

Brown *(Fredric),* écrivain américain (Cincinnati 1906 - Tucson 1972). Auteur éclectique, il est connu pour ses romans policiers (*Drôle de sabbat,* 1947) et de science-fiction (*Univers en folie,* 1949 ; *Martiens go home,* 1955).

Brown *(John),* abolitionniste américain (Torrington, Connecticut, 1800 - Charlestown, Virginie, 1859). Il fut exécuté après avoir dirigé un coup de main armé contre un arsenal.

Brown *(Robert),* botaniste britannique (Montrose, Écosse, 1773 - Londres 1858). Il a décrit la flore australienne et découvert le mouvement désordonné des particules très petites en suspension dans les liquides, appelé depuis *mouvement brownien.*

Browning *(Elizabeth),* née Barrett, femme de lettres britannique (près de Durham 1806 - Florence 1861), auteur des *Sonnets de la Portugaise* (1850) et du roman en vers *Aurora Leigh* (1857). Son mari, **Robert Browning** (Camberwell, Londres, 1812 - Venise 1889), poète à l'inspiration romantique (*Sordello,* 1840 ; *l'Anneau et le Livre,* 1868-69), fut le prophète de la désillusion au cœur de l'époque victorienne.

Brown-Séquard *(Édouard),* médecin et physiologiste français (Port-Louis, île Maurice, 1817 - Paris 1894). Il étudia la physiologie et les maladies du système nerveux, surtout de la moelle *(syndrome de Brown-Séquard).* Par ailleurs, ses recherches sur la physiologie des glandes hormonales le font considérer comme le fondateur de l'endocrinologie.

Bruant *(Aristide),* chansonnier français (Courtenay 1851 - Paris 1925). Créateur et interprète de chansons réalistes présentant les thèmes et le langage argotique des « mauvais garçons » et des « filles de petite vertu », typique du folklore parisien *(Nini Peau de chien),* il animait le cabaret « le Mirliton », anciennement « le Chat noir », dans le quartier de Pigalle.

Bruant *(Libéral),* architecte français (Paris 1635 - *id.* 1697). Maître général des œuvres de charpenterie du royaume (1670), il a construit à Paris l'hôtel des Invalides, avec sa noble cour à arcades, et l'originale chapelle de la Salpêtrière.

Bruat *(Armand Joseph),* amiral français (Colmar 1796 - en mer 1855). Il établit le protectorat français sur Tahiti (1843) et commanda la flotte française en Crimée (1854).

Bruay-la-Buissière, ch.-l. de c. du Pas-de-Calais ; 25 451 hab. *(Bruaysiens).* Constructions mécaniques. Textile.

Bruce, famille normande établie en Écosse, où elle s'illustra. Elle a donné les rois **Robert I**er et **David II.**

Bruch *(Max),* compositeur allemand (Cologne 1838 - Berlin 1920). Son écriture romantique a séduit Brahms (*Concerto en sol mineur* pour violon, 1868). Il a composé aussi *Kol Nidrei* pour violoncelle et orchestre (1881).

Brücke *(Die)* [en fr. « le Pont »], groupe de peintres (1905-1913) fondé à Dresde, qui se situe à l'origine de l'expressionnisme allemand.

Bruckner *(Anton),* organiste et compositeur autrichien (Ansfelden 1824 - Vienne 1896). Musicien-instituteur par tradition familiale, tardivement parvenu à la notoriété après de modestes emplois à Linz et à Sankt Florian, il est nommé en 1861 maître de musique à Vienne. En 1868, il enseigne l'écriture et l'orgue au conservatoire de Vienne, en remplacement de son maître Sechter (1831-1867). Il se lie avec Wagner, à qui il dédie sa 3e symphonie. Malgré quelques succès à l'étranger, en France et en Angleterre, il subit l'opposition farouche des adversaires de Wagner, sans pour autant renoncer à sa propre esthétique. S'il n'a presque rien écrit pour l'orgue, il laisse une œuvre religieuse importante dominée par trois messes et un *Te Deum* (1884).

Bruckner (*Theodor* Tagger, dit Ferdinand*),* auteur dramatique autrichien (Vienne 1891 - Berlin 1958). Il fut l'un des animateurs du théâtre d'avant-garde après la Première Guerre mondiale (*les Criminels,* 1928).

Bruegel ou **Breughel,** famille de peintres flamands. — **Pieter,** dit Bruegel l'Ancien (? v. 1525/1530 - Bruxelles 1569), fixé à Bruxelles en 1563, est le génial auteur de scènes inspirées du folklore brabançon et parfois de J. Bosch (*les Proverbes,* Berlin-Dahlem ; *Margot l'Enragée,* Anvers), non moins célèbres que ses paysages et compositions rustiques (*les Chasseurs dans la neige, la Danse de paysans,* tous deux à Vienne) ou historiques (*le Dénombrement de Bethléem,* Bruxelles). Il eut deux fils peintres : **Pieter II,** dit **Bruegel d'Enfer** (Bruxelles 1564 - Anvers 1638), qui travailla dans la même veine, et **Jan,** dit **Bruegel de Velours** (Bruxelles 1568 - Anvers 1625), auteur de tableaux de fleurs et de fins paysages bibliques ou allégoriques. Jan eut lui-même un fils (**Jean II**) et plusieurs petits-fils peintres.

Bruges, *en néerl.* Brugge (« Pont »), v. de Belgique, ch.-l. de la Flandre-Occidentale ; 117 063 hab. *(Brugeois).* Port relié à Zeebrugge par un canal maritime. Industries mécaniques et textiles. **HIST.** Centre d'échanges internationaux dès le XIIIᵉ siècle, indépendante en fait sous les comtes de Flandre, Bruges connut sa plus grande prospérité du milieu du XIVᵉ au milieu du XVᵉ siècle. Elle déclina ensuite peu à peu au profit d'Anvers. **ARTS.** Monuments les plus souvent en brique, à l'ornementation caractéristique : halles et leur beffroi (XIIIᵉ-XVᵉ s.), hôtel de ville (XIVᵉ s.), palais de justice (XVIIIᵉ s., avec restes du « palais du Franc », du XVIᵉ s.), hôtel Gruuthuse (XVᵉ s., auj. musée régional), basilique du Saint-Sang (chapelles superposées romane et gothique), église Notre-Dame (à tour de 122 m ; XIIIᵉ-XVIIIᵉ s.), cathédrale et autres églises remontant au XIIIᵉ siècle, béguinage. Au XVᵉ siècle s'est développée à Bruges une prestigieuse école de peinture dont les maîtres furent successivement J. Van Eyck, Petrus Christus, Memling, G. David (musée Groeninge et musée de l'hôpital Saint-Jean [Memling]).

Brühl, v. d'Allemagne (Rhénanie-du-Nord-Westphalie), au S.-O. de Cologne ; 43 000 hab. — Château rococo d'Augustusburg (1728 ; escalier par B. Neumann, 1743), ancienne résidence des princes-évê-ques de Cologne ; dans le parc, pavillon de Falkenlust, par F. de Cuvilliés.

Brûlé (*Étienne*), explorateur français (Champigny-sur-Marne v. 1592 - v. 1633). Il accompagna Champlain, explora le pays des Hurons et découvrit le lac Ontario.

Brumaire an VIII (*coup d'État du 18-*) [9 nov. 1799], coup d'État par lequel Bonaparte renversa le régime du Directoire.

Brummell (*George Bryan*), dandy britannique (Londres 1778 - Caen 1840). Son amitié avec le prince de Galles, le futur George IV, lui ouvrit la haute société britannique, où il devint l'arbitre des élégances.

Brundtland (*Gro Harlem*), femme politique norvégienne (Oslo 1939). Présidente du Parti travailliste de 1981 à 1992, Premier ministre (1981, 1986-1989 et depuis 1990), elle préside à l'O. N. U., depuis 1983, la Commission mondiale sur l'environnement et le développement (Commission Brundtland).

Brundtland (*Commission*) ou **Commission mondiale sur l'environnement et le développement,** groupe d'experts indépendants constitué en décembre 1983 à l'initiative de l'O. N. U. et présidé par Mᵐᵉ Gro Harlem Brundtland, Premier ministre de Norvège. La Commission Brundtland a publié en juin 1987 son rapport, intitulé *Notre avenir commun,* qui procède à une analyse qualitative des relations entre environnement et développement.

Brune (*Guillaume*), maréchal de France (Brive-la-Gaillarde 1763 - Avignon 1815). Il s'illustra en Hollande (1799) puis à Marengo (1800). Disgracié en 1807, il fut assassiné pendant la Terreur blanche.

Brunehaut (Espagne v. 534 - Renève, près de Dijon, 613), reine d'Austrasie. Épouse de Sigebert, roi d'Austrasie, elle engagea avec Frédégonde, reine de Neustrie, une lutte qui ensanglanta les deux royaumes mérovingiens. Elle fut capturée par le fils de Frédégonde, Clotaire II, qui la fit périr.

Brunei, État du nord de Bornéo, indépendant depuis 1984 dans le cadre du Commonwealth ; 5 765 km² ; 300 000 hab. **CAP.** *Bandar Seri Begawan.* **LANGUE** : *malais.* **MONNAIE** : *dollar de Brunei.* Le sultanat est divisé en deux parties par une bande de territoire rattachée à Sarawak. C'est une région basse et humide, dont le pétrole et le gaz naturel constituent la principale richesse.

Brunel (*sir Marc Isambard*), ingénieur français naturalisé britannique (Hacqueville, Vexin, 1769 - Londres 1849). Fixé à Londres en 1799, il réalisa des machines-outils automatiques et perça le premier tunnel sous la Tamise (1824-1842). Son fils **Isambard Kingdom**, ingénieur britannique (Portsmouth 1806 - Westminster 1859), construisit les premiers grands navires en fer propulsés par hélice : *Great Western* (1837), *Great Britain* (1843) et *Great Eastern*, ou *Leviathan* (1858).

Brunelleschi *(Filippo)*, architecte et sculpteur italien (Florence 1377 - *id.* 1446). Après de bonnes études théoriques, il devient apprenti orfèvre, participe avec un haut-relief plein de véhémence au concours pour la porte du baptistère de Florence, qu'exécutera Ghiberti, et part travailler à Rome, où il a la révélation des ruines antiques. De retour à Florence, il élève le gracieux portique corinthien de l'hôpital des Innocents selon le principe du tracé modulaire à l'antique : c'est le premier édifice « renaissant » de la ville (1419). Son dôme de la cathédrale S. Maria del Fiore (1420-1436) est un chef-d'œuvre d'ingénieur qui extrapole, pour couvrir sans cintrage une portée de 41 mètres, le système de double coque du dôme médiéval du baptistère. La clarté rythmique caractérise l'organisation interne de ses édifices : vieille sacristie de S. Lorenzo, églises de type basilical S. Lorenzo (1420) et S. Spirito (projet de 1436), chapelle des Pazzi (1429). Dans les dix dernières années de sa vie, les commandes affluent, de Mantoue, de Milan ou de Pise comme de Florence même, pour des palais, des églises, des forteresses qui seront exécutés par ses élèves. Parmi ceux-ci, Michelozzo et Alberti.

Bruner *(Jerome)*, psychologue américain (New York 1915). Il a étudié la perception, la pensée chez l'enfant, l'acquisition du langage et le développement cognitif de l'enfant (*A Study of Thinking*, 1956). Il a montré qu'au moment où les stimulations atteignent les sens, un sujet en situation pédagogique est toujours dans un état de préparation qui va lui permettre de sélectionner les informations et d'orienter sa réaction. Dans les années 1960, Bruner a étudié le nourrisson et analysé ses habiletés motrices (angl. *skills*).

Brunetière *(Ferdinand)*, critique littéraire français (Toulon 1849 - Paris 1906). Il combattit à la fois la critique « impressionniste » et l'esthétique naturaliste. (Acad. fr. 1893.)

Brüning *(Heinrich)*, homme politique allemand (Münster 1885 - Norwich, Vermont, 1970), chef du Centre catholique, chancelier du Reich (1930-1932).

Brünn → **Brno**.

Brunnen *(pacte de)* [9 déc. 1315], pacte conclu à Brunnen (canton de Schwyz) renouvelant l'alliance (1291) des trois cantons de Schwyz, Uri et Unterwald de la Confédération suisse.

Bruno *(saint)*, fondateur de l'ordre des Chartreux (Cologne v. 1030 - San Stefano de Bosco, Calabre, 1101). Après avoir enseigné la grammaire et la théologie à Reims, il décide de vivre en ermite et, en 1084, s'établit, avec six compagnons, près de Grenoble, dans le désert montagneux de la Chartreuse, dont il va faire le centre d'un important ordre érémitique. Il meurt en Calabre, après y avoir fondé une nouvelle chartreuse.

Bruno *(Giordano)*, philosophe italien (Nola 1548 - Rome 1600). L'indépendance de ses idées, qu'il diffusa en Europe, constitua un scandale aux yeux de tous les chrétiens. Il fut livré au Saint-Office, torturé, condamné à mort et brûlé vif. Sa pensée repose sur une critique radicale de Platon et d'Aristote, ce qui tient, à l'époque, de l'hérésie. Giordano Bruno s'appuie sur Copernic pour affirmer ainsi que la Terre n'est pas le centre de l'Univers, que celui-ci est infini, qu'il y a d'autres systèmes planétaires et que les étoiles sont d'autres soleils. Par conséquent, Dieu et le monde ne sont pas des substances séparables, affirmation panthéiste qui lui vaut l'accusation d'hérésie. Il va jusqu'à affirmer, comme Démocrite, que l'âme du monde et la matière sont constituées d'atomes. Il a écrit le *Chandelier* (1582), le *Banquet des cendres* (1584), *Des fureurs héroïques* (1585).

Brunot *(Ferdinand)*, linguiste français (Saint-Dié 1860 - Paris 1938). Il a cherché à définir une méthode historique et à orienter les recherches vers la psychologie du langage plutôt que sur les formes et les catégories grammaticales. Il est l'auteur d'une *Histoire de la langue française, des origines à 1900* (1905-1937).

Brunschvicg *(Léon)*, philosophe français (Paris 1869 - Aix-les-Bains 1944). Professeur à la Sorbonne (1909), il reprit des problèmes posés par la critique kantienne à la lumière des sciences. Il a écrit les *Étapes de la philosophie mathématique* (1912) et publié une édition des *Pensées* de Pascal.

Brunswick, *en all.* Braunschweig, v. d'Allemagne, dans le Land de Basse-Saxe ; 256 323 hab. Centre industriel. — Cathédrale romane, ancien hôtel de ville gothique et autres monuments. Riche musée de peinture.

Brunswick *(État de)*, en all. Braunschweig, ancien État d'Allemagne. Duché de 1235 à

1918, puis république, il fut incorporé au Reich en 1934.

Brunswick *(Charles, duc de),* général prussien (Wolfenbüttel 1735 - Ottensen, près d'Altona, 1806). Chef des armées prussienne et autrichienne en 1792, il lança de Coblence, le 25 juillet, un ultimatum, dit *manifeste de Brunswick,* qui, menaçant Paris de représailles en cas d'atteinte à la famille de Louis XVI, provoqua la chute de la royauté. Il battit en retraite après Valmy (20 sept.). Il fut mortellement blessé à la bataille d'Auerstedt (1806).

Bruttium, nom antique de la Calabre.

Brutus *(Lucius Junius),* personnage légendaire. Il aurait chassé le dernier roi de Rome, Tarquin le Superbe, et serait devenu l'un des deux premiers consuls de la République (509 av. J.-C.).

Brutus *(Marcus Junius),* homme politique romain (Rome v. 85 - 42 av. J.-C.). Il participa avec Cassius au complot qui amena la mort de César (ides de mars 44). Au moment d'être poignardé par lui, César se serait écrié : « Toi aussi mon fils ! » Vaincu à la bataille de Philippes (42 av. J.-C.), qui opposait l'armée républicaine de Cassius et Brutus à celle d'Octavien et d'Antoine, héritiers de César, il se donna la mort.

Bruxelles [brysɛl], *en néerl.* Brussel, cap. de la Belgique et de la Région de Bruxelles-Capitale ; 136 424 hab. *(Bruxellois)* dans les limites administratives de la ville ; la Région de *Bruxelles-Capitale* (19 communes, soit la majeure partie des communes de banlieue) compte environ 1 million d'hab. **GÉOGR.** Dans la zone néerlandophone, mais à forte majorité (sans doute 80 %) francophone, Bruxelles est d'abord une ville politique et administrative, commerciale et culturelle, au rôle débordant d'ailleurs du cadre national. Elle est depuis 1967 le siège permanent du Conseil de l'O. T. A. N. mais également le principal centre de la Communauté européenne. La ville accueille de nombreux sièges sociaux d'entreprises, mais l'industrie, présente surtout en banlieue, joue un rôle plus secondaire (dominée par les constructions mécaniques et électriques, le textile, l'agroalimentaire). **HIST.** Favorisée par son site et sa situation, Bruxelles connut un essor rapide au XIIIᵉ siècle. Elle devint la principale ville des Pays-Bas après la réunion du Brabant aux États bourguignons (1430). S'étant révoltée contre le roi Guillaume Iᵉʳ d'Orange, elle devint la capitale du royaume indépendant de Belgique en 1830. **ARTS.** La Grand-Place est un des ensembles architecturaux les plus prestigieux d'Europe : hôtel de ville du XVᵉ siècle, chef-d'œuvre du gothique flamboyant brabançon ; maisons de corporations, rénovées à l'époque baroque. Collégiale St-Michel (XIIIᵉ-XVIIᵉ s.), églises N.-D.-de-la-Chapelle (XIIᵉ-XVIᵉ s.), N.-D.-du-Sablon (XVᵉ s.), St-Jean-Baptiste-au-Béguinage (1657-1676, typique du baroque flamand), etc. Bel ensemble civil néoclassique autour de la place Royale. Monumental palais de justice (1866-1883) par Joseph Poelaert. Édifices de V. Horta. La ville a été un important foyer dans les domaines de la tapisserie (XVᵉ-XVIIIᵉ s.), de la faïence (XVIIIᵉ-XIXᵉ s.), de la sculpture, de la peinture (de Van der Weyden, des romanistes, comme Van Orley, et des Bruegel au bouillonnement d'idées qui fut celui du *groupe des XX* et de *la Libre Esthétique* [1883-1914]). Nombreux musées, dont les musées royaux d'Art ancien, d'Art moderne et d'Art et d'Histoire.

Bryan *(William Jennings),* homme politique américain (Salem, Illinois, 1860 - Dayton, Tennessee, 1925). Partisan de réformes en faveur des agriculteurs, trois fois candidat démocrate à la présidence des États-Unis, il s'effaça devant Wilson en 1912 et contribua à son succès.

Bryant *(William Cullen),* écrivain américain (Cummington, Massachusetts, 1794 - New York 1878), poète influencé par les romantiques anglais *(Thanatopsis,* 1817-1821).

Brygos, l'un des plus féconds potiers athéniens du début du Vᵉ s. av. J.-C. Il reste surtout célèbre grâce au peintre qui décorait ses œuvres et dont la manière est caractéristique de la fin du style sévère.

Buber *(Martin),* philosophe israélien d'origine autrichienne (Vienne 1878 - Jérusalem 1965). Son ouvrage *le Je et le Tu* (1923) montre que la Bible est le témoignage central du dialogue entre l'homme et Dieu. Partisan d'une entente avec les Arabes, il se fit le défenseur d'un humanisme sioniste. Il chercha à établir une philosophie des rapports sociaux *(Gog et Magog,* 1941).

Bucaramanga, v. de Colombie, dans la Cordillère orientale ; 342 000 hab.

Bucarest, *en roum.* Bucureşti, cap. de la Roumanie, sur la Dîmboviţa ; 2 064 474 hab. (plus de 2 300 000 avec les banlieues). **GÉOGR.** Excentrée (dans le sud de la Roumanie), Bucarest, dans la plaine de Munténie, est la seule très grande ville du pays, dont elle est la métropole administrative, commerciale, culturelle et aussi industrielle (métallurgie de transformation, chimie, agroalimentaire, textile). C'est encore un nœud routier et ferroviaire, possédant un aéroport national (Băneasa) et un aéroport international (Otopeni). **HIST.** Mentionnée en 1459, la ville devint en 1862 la capitale des Principautés unies de Moldavie et de Valachie. **ARTS.** Le noyau historique conserve des églises anciennes, dont celle du palais Vieux (Curtea Veche) et celle de l'ancien couvent Mihai Vodă, du XVIᵉ siècle. Aux alentours, monastères et palais des XVIIᵉ-XIXᵉ siècles. Importants musées, dont le musée national d'Art et le « musée du Village », parc ethnographique rassemblant plus de 200 constructions rurales authentiques.

Bucentaure, vaisseau sur lequel le doge de Venise montait le jour de l'Ascension, pour la célébration de son mariage symbolique avec la mer.

Bucéphale, nom du cheval d'Alexandre.

Bucer ou **Butzer** *(Martin),* réformateur alsacien (Sélestat 1491 - Cambridge 1551). Dominicain rallié à Luther en 1521, il devient à Strasbourg un des principaux artisans de la Réforme. Il parvient en 1536 à faire signer par les luthériens et par les réformés suisses le concordat de Wittenberg. Exilé en 1549 sous la pression de Charles Quint, il se réfugie à Cambridge, où il rédige son œuvre principale, intitulée *De regno Christi.*

Buchanan *(George),* humaniste écossais (Killearn 1506 - Édimbourg 1582). Précepteur de Jacques Iᵉʳ d'Angleterre, il prôna une monarchie limitée *(De jure regni apud Scotos,* 1579).

Buchanan *(James McGill),* économiste américain (Murfreesboro, Tennessee, 1919). Il est l'auteur d'importants travaux sur les choix collectifs et les dépenses publiques. (Prix Nobel de sciences économiques 1986.)

Buchenwald, camp de concentration allemand ouvert en 1937 au nord-ouest de Weimar, libéré par les Américains en 1945.

Buchner *(Eduard),* chimiste allemand (Munich 1860 - Focșani, Roumanie, 1917). Il a montré que les ferments agissent par des enzymes. (Prix Nobel 1907.)

Büchner *(Georg),* poète allemand (Goddelau, près de Darmstadt, 1813 - Zurich 1837). Sa nouvelle sur la vie de *Lenz* (1839), sa comédie symbolique *Léonce et Léna* (1836), ses drames *la Mort de Danton* (1835) et surtout *Woyzeck* (représenté en 1913), tragédie de la jalousie qui inspirera l'opéra d'Alban Berg, oscillent entre le désir d'action révolutionnaire et la fascination à l'égard de la mort. Ignoré par son siècle, il a profondément marqué l'expressionnisme moderne.

Buck *(Pearl),* romancière américaine (Hillsboro, Virginie, 1892 - Danby, Vermont, 1973), auteur de romans sur la Chine *(la Terre chinoise,* 1931). [Prix Nobel 1938.]

Buckingham *(George Villiers, duc de),* homme politique anglais (Brooksby 1592 - Portsmouth 1628), favori des rois Jacques Iᵉʳ et Charles Iᵉʳ. Il s'attira la haine des parlementaires anglais par ses compromissions, notamment auprès des catholiques. Il fut assassiné par un officier protestant puritain lors du siège de La Rochelle.

Buckingham Palace, palais de Londres, construit en 1705 dans le parc St. James pour le duc de Buckingham, acquis par George III en 1761. Reconstruit par J. Nash de 1821 à 1835, il est la résidence officielle des souverains britanniques.

Buckinghamshire, comté de Grande-Bretagne, au nord-ouest de Londres, de part et d'autre des Chiltern Hills. Ch.-l. *Aylesbury.*

Bucoliques *(les)* ou **Églogues** *(les),* de Virgile (42-39 av. J.-C.), courts dialogues de bergers, imités de Théocrite.

Bucovine, région d'Europe partagée entre l'Ukraine et la Roumanie. — Partie septentrionale de la Moldavie, elle fut cédée à l'Autriche (1775) et rattachée à la Roumanie en 1918. La Bucovine du Nord fut occupée par l'U. R. S. S. en 1944 et annexée en 1947.

Budapest, cap. de la Hongrie, sur le Danube ; 2 016 774 hab. **GÉOGR.** Ville double (quartiers historiques de *Buda* sur les hauteurs de la rive droite, cité moderne de *Pest* en contrebas sur la rive gauche), métropole incontestée de la Hongrie (dont elle concentre un cinquième environ de la population) aux points de vue administratif, commercial, universitaire, culturel et aussi industriel (constructions mécaniques et électriques et chimie fine surtout, aux productions d'ailleurs largement exportées). **HIST.** Buda, qui avait été occupée par les Ottomans de 1541 à 1686, devint la capitale de la Hongrie en 1867. Elle fut rattachée à Pest en 1872. **ARTS.** Sites romains d'*Aquincum.* Vieille ville de Buda et son palais royal (XIVᵉ-XVᵉ s., reconstruit au XVIIIᵉ s.), églises et palais baroques de Buda et de Pest. Musée national (archéologie, costumes, instruments de musique), musée des Beaux-Arts (panorama européen), Galerie nationale (installée dans le palais royal), collections Corvina de la Bibliothèque nationale, Musée ethnographique, musées des Arts décoratifs et de l'Extrême-Orient.

Budé *(Guillaume),* humaniste français (Paris 1467 - *id.* 1540). Restaurateur des études grecques *(Commentaires sur la langue grecque,* 1529) et juridiques *(Annotations aux Pandectes,* 1508), il donna la mesure de son érudition dans le *De asse* (1514) et contribua à la création des « lecteurs royaux », le futur Collège de France. Sa *Correspondance* est un document important pour l'histoire littéraire du temps.

Buenaventura, port de Colombie, sur le Pacifique ; 193 000 hab.

Buenos Aires, cap. de l'Argentine, sur le Río de la Plata ; 2 960 976 hab. *(Porteños)* [près de 10 millions avec les banlieues]. Fondée en 1580, capitale en 1776 de la vice-royauté de la Plata, puis de l'Argentine indépendante (1816), la ville ne s'est réellement développée qu'à partir de la seconde moitié du XIXe siècle, avec la mise en valeur de la Pampa, liée à une massive immigration européenne. L'agglomération, démesurément étendue, est aujourd'hui la plus peuplée d'Amérique du Sud (après São Paulo). Elle regroupe environ le tiers de la population du pays. La fonction portuaire a favorisé le développement des activités industrielles (électronique, automobile, sidérurgie) auxquelles s'ajoutent les fonctions économiques, politiques et administratives d'un pays entièrement dépendant de la capitale. — Nombreux musées, dont le musée national des Beaux-Arts.

Buffalo, v. des États-Unis (New York), sur le lac Érié, près du Niagara ; 328 123 hab. (968 532 hab. avec les banlieues). Université. Port fluvial. Centre industriel. — Important musée d'art Albright-Knox.

Buffalo Bill *(William Frederick* Cody, dit*),* pionnier américain (comté de Scott, Iowa, 1846 - Denver 1917). Tireur émérite, il lutta contre les Indiens, fut chasseur de bisons et, devenu célèbre, participa à un spectacle de cirque reconstituant la conquête de l'Ouest.

Buffet *(Bernard),* peintre et graveur français (Paris 1928). À la suite du « misérabilisme » de F. Gruber, son œuvre présente une vision du monde âpre, quoique progressivement plus facile, dans un style linéaire et décharné (séries telles que *la Passion, Horreur de la guerre, le Cirque, les Oiseaux, la Corrida*).

Buffon *(Georges Louis* Leclerc, *comte de),* naturaliste français (Montbard 1707 - Paris 1788). Ses deux mérites principaux sont le développement sans égal qu'il a donné au Jardin du roi (auj. Jardin des Plantes), dont il fut directeur à partir de 1739, et la rédaction, ou tout au moins la direction générale, de *l'Histoire naturelle générale et particulière* (44 vol. de 1749 à 1804, dont plusieurs posthumes). Cette œuvre, qui n'a jamais eu d'équivalent par son ampleur et par ses répercussions sur le public, résulte d'un travail d'équipe, où ont collaboré notamment L. Daubenton et É. de Lacepède, mais dont Buffon a gardé le contrôle et qu'il a marqué de son style personnel. Il fut également maître de forges (1767-1780), traducteur de Hales et de Newton, inventeur de la lentille à échelons pour les phares, précurseur de la théorie de l'évolution et des recherches paléontologiques, homme d'affaires efficace.

Bugatti *(Ettore),* industriel italien naturalisé français (Milan 1881 - Paris 1947). Il fut l'un des pionniers de la construction automobile de sport, de course et de grand luxe en France. On lui doit également les premiers autorails français (1933). Son frère **Rembrandt** (Milan 1885 - Paris 1916) était sculpteur, spécialisé dans le bronze animalier.

Bugeaud *(Thomas), marquis* de la Piconnerie, *duc* d'Isly, maréchal de France (Limoges 1784 - Paris 1849). Après avoir combattu Abd el-Kader, il signa avec lui le traité de la Tafna (1837). Gouverneur général de l'Algérie (1840-1847), il en organisa la conquête et battit les Marocains sur l'Isly (1844).

Bugey *(le),* région du S.-E. du département de l'Ain, constituant l'extrémité méridionale de la chaîne du Jura divisée en *haut Bugey,* au nord, et *bas Bugey,* au sud. Ch.-l. *Belley.* — Centrale nucléaire à Saint-Vulbas (Ain).

Buisson *(Ferdinand),* pédagogue français (Paris 1841 - Thieuloy-Saint-Antoine 1932). Collaborateur de Jules Ferry, il fut l'un des fondateurs de la Ligue des droits de l'homme. (Prix Nobel de la paix 1927.)

Bujumbura, *anc.* Usumbura, cap. du Burundi ; 272 600 hab.

Bukavu, v. du Zaïre, près du lac Kivu ; 209 000 hab.

Bulawayo, v. du sud-ouest du Zimbabwe ; 414 000 hab.

Bulgarie, État du sud-est de l'Europe, sur la mer Noire ; 111 000 km[2] ; 9 millions d'hab. *(Bulgares).* CAP. Sofia. LANGUE : *bulgare.* MONNAIE : *lev.*
GÉOGRAPHIE
Pays balkanique, la Bulgarie a des caractères climatiques danubiens (étés chauds et orageux, hivers rudes) au N. du massif du Balkan (ou Stara Planina) et méditerranéens au S. (où les hauteurs de la Sredna Gora sont

séparées du système montagneux des Rhodopes par la plaine de la Marica). Le régime socialiste (avec la collectivisation de l'économie) a développé l'industrie, exploitant notamment un potentiel minier reconnu (plomb, zinc, cuivre, etc.). Le charbon manque, mais le lignite est abondant, fournissant la majeure partie de l'électricité. Dans les branches de transformation émergent l'électrotechnique et l'agroalimentaire, lié au maintien d'un important secteur agricole. L'irrigation pallie localement la relative sécheresse du climat. Le blé et le maïs sont les principales céréales, la betterave sucrière, le tabac, le tournesol, les roses (vallée de Kazanlak), les plus importantes cultures industrielles. La vigne, l'élevage (ovins et porcins) tiennent aussi une place notable. La pêche anime le littoral de la mer Noire, comme le tourisme international balnéaire (précieuse source de devises), autour de Varna notamment, principal port (avec Burgas) et troisième ville du pays (derrière Sofia et Plovdiv).

HISTOIRE

Peuplée originellement par les Thraces, l'actuelle Bulgarie est conquise par les Romains et organisée en deux provinces, la Thrace et la Mésie. Intégrée dans l'Empire byzantin, elle est envahie au VIe s. par des tribus slaves, qui s'y établissent. Au VIIe s., des peuples bulgares, d'origine turque, s'y installent et fondent vers 680 le premier Empire bulgare.

852-889. Le roi Boris Ier, converti au christianisme, organise une Église nationale de langue slavonne (langue liturgique slave). Aux IXe et Xe s., la Bulgarie forme un puissant.

1018-1185. Domination byzantine.

1187. Le second Empire bulgare s'organise autour de la ville de Tărnovo.

La Bulgarie devient la puissance dominante des Balkans. À partir de la seconde moitié du XIIIe s., cet empire se morcelle en principautés indépendantes.

Fin du XIVe s. La Bulgarie est annexée à l'Empire ottoman pour plus de quatre siècles.

Cependant, le sentiment national bulgare reste vivant. L'émancipation du pays se dessine au XIXe s.

1878. Traité de San Stefano : avec l'aide de la Russie, la Bulgarie devient autonome (mais les puissances européennes la partagent en deux principautés).

1908. La Bulgarie devient un royaume indépendant, dont le tsar Ferdinand rompt tout lien de vassalité avec le sultan.

1912. Alliée à la Serbie et à la Grèce, la Bulgarie engage une guerre victorieuse contre la Turquie.

1913. La Bulgarie se retourne contre ses alliés : elle est vaincue et perd presque toutes ses conquêtes au traité de Bucarest. Pendant la Première Guerre mondiale, la Bulgarie s'allie à l'Allemagne et à l'Autriche-Hongrie.

1919. Le traité de Neuilly lui retire l'accès à la mer Égée.

1935. Le tsar Boris III instaure une dictature personnelle.

1941-1944. La Bulgarie est aux côtés de l'Allemagne.

1944. Renversement des alliances : les Bulgares se joignent aux troupes soviétiques contre les Allemands.

1946. Proclamation de la république. Agrandie de la Dobroudja du Sud, la Bulgarie devient une démocratie populaire dont le régime s'inspire de celui de l'U. R. S. S. La vie politique est dominée par le Parti communiste, dont les premiers secrétaires sont Vălko Červenkov (1950-1954) puis Todor Živkov (1954-1989).

1990. Le rôle dirigeant du parti est aboli. La République populaire bulgare devient officiellement la République de Bulgarie. Son président est Želju Želev.

1991. L'opposition démocratique forme un gouvernement.

Bull *(Frederik Rosing),* ingénieur norvégien (Oslo 1882 - id. 1925). Avec sa tabulatrice imprimante et sa trieuse (1922), il développa la mécanographie par cartes perforées.

Bull *(John),* compositeur anglais (Somerset v. 1562 - Anvers 1628), organiste et joueur de virginal, auteur de pièces pour clavier.

Bull *(John),* sobriquet du peuple anglais. Personnage franc, bourru et querelleur, il provient d'un pamphlet de John Arbuthnot (1712).

Bull *(Olaf),* poète norvégien (Christiania, auj. Oslo, 1883 - id. 1933). Il est l'auteur d'une poésie visionnaire, qui prend souvent des dimensions cosmiques (*les Étoiles*, 1924).

Bullant *(Jean),* architecte et théoricien français (Écouen v. 1520 - id. 1578). Émule de Delorme et, ayant séjourné à Rome, imitateur de l'antique (additions au château d'Écouen), il en vint à une fantaisie maniériste, comparable à celle de Du Cerceau, dans ses autres travaux pour les Montmorency (petit château de Chantilly, v. 1560), puis pour Catherine de Médicis (incluant l'achèvement d'édifices de Delorme).

Bulle d'or, acte marqué de la capsule d'or du sceau impérial, promulgué en 1356 par Charles IV et qui fixa les règles de l'élection impériale, qu'elle confia à sept Électeurs, trois ecclésiastiques et quatre laïques.

Bülow *(Bernhard, prince* von*),* homme d'État allemand (Klein-Flottbeck 1849 - Rome 1929), chancelier d'Empire de 1900 à 1909.

Bülow *(Friedrich Wilhelm),* général prussien (Falkenberg 1755 - Königsberg 1816). Vainqueur de Ney à Dennewitz (1813), il se distingua à Waterloo (1815).

Bülow *(Hans, baron* von*),* pianiste, chef d'orchestre et compositeur allemand (Dresde 1830 - Le Caire 1894). Wagnérien de la première heure, il assura la création de *Tristan* (1865) et des *Maîtres chanteurs de Nuremberg* (1868). Il fut le premier mari de Cosima Liszt, qui épousa ensuite Wagner.

Bülow *(Karl* von*),* feld-maréchal allemand (Berlin 1846 - id. 1921). Commandant de la IIe armée, il fut battu à la Marne (1914).

Bultmann *(Rudolf),* exégète et théologien protestant allemand (Wiefelstede, près d'Oldenburg, 1884 - Marburg 1976). Par une analyse critique des textes du Nouveau Testament, il cherche à retrouver le message authentique de l'Évangile de Jésus par-delà une expression mythique qui serait le produit de la communauté chrétienne primitive. Cette entreprise, jugée par beaucoup trop radicale, est une des pièces maîtresses de l'école exégétique dite « des formes littéraires » et a ouvert aux historiens des voies nouvelles.

Bund ou **Union générale juive des travailleurs de Lituanie, Pologne et Russie,** Parti socialiste juif fondé en Russie en 1897, actif en Pologne jusqu'en 1948.

Bundesbank, banque fédérale de la République fédérale d'Allemagne. Créée par la loi du 26 juillet 1957 et dotée d'une large autonomie, elle est à la base du système monétaire et bancaire de la R. F. A.

Bundesrat, l'une des assemblées législatives de la Confédération de l'Allemagne du Nord (1866-1871), puis de l'Empire allemand (1871-1918), et, depuis 1949, de la République fédérale d'Allemagne.

Bundestag, l'une des assemblées législatives de la République fédérale d'Allemagne.

Bundeswehr, nom donné en 1956 aux forces armées de l'Allemagne fédérale.

Bunsen *(Robert Wilhelm),* chimiste et physicien allemand (Göttingen 1811 - Heidelberg 1899). Il a construit une pile électrique, imaginé un brûleur à gaz *(bec Bunsen)* et inventé, avec Kirchhoff, l'analyse spectrale.

Buñuel *(Luis),* cinéaste espagnol naturalisé mexicain (Calanda, Aragon, 1900 - Mexico 1983). De son éducation chez les jésuites ou de son passage chez les surréalistes à Paris entre 1925 et 1932, on ne saurait dire ce qui l'a le plus marqué. À trente ans, il a déjà connu deux succès et deux scandales : *Un chien andalou* (1928), *l'Âge d'or* (1930), écrits en collaboration avec S. Dalí. Quelques années plus tard, après un documentaire tourné (et interdit) en Espagne *(Las Hurdes,* 1932), c'est l'exil aux États-Unis. Treize ans de survie en marge de Hollywood puis, en 1946, quand tout le monde semble l'avoir oublié, il a la chance de réaliser trois films au Mexique. Le troisième, *Los Olvidados,* est primé au festival de Cannes de 1951. Jusqu'en 1977 il tournera 25 films au Mexique, aux États-Unis, en Espagne et, surtout, à Paris. *L'Ange exterminateur* (1962), *le Journal d'une femme de chambre* (1964) sont des œuvres marquantes. Ses derniers films réalisés en France connaissent un vrai succès populaire *(Belle de jour,* 1966 ; *la Voie lactée,* 1969 ; *Tristana,* 1970 ; *le Charme discret de la bourgeoisie,* 1972 ; *le Fantôme de la liberté,* 1974 ; *Cet obscur objet du désir,* 1977).

■ **Le cinéaste de l'inconscient.** Dès la première image, célèbre, d'*Un chien* — l'œil tranché par un rasoir —, il n'a cessé de peindre la condition humaine comme une déchirure qui fait mal. Car ce révolté est un moraliste, cet athée reste fasciné par le sacré, la liturgie et la religion *(Nazarin,* 1958 ; *Viridiana,* 1961 ; *la Voie lactée,* 1969). Mais Buñuel a lu Sade, et, s'il éprouve une tendresse sincère pour les idéalistes ou les rêveurs, sa caméra scrute comme un scalpel ce qui fait bouger les êtres humains, « l'obscur objet du désir », mélange inextricable de vertu dans le crime et de crime dans la vertu. Ses images ont le pouvoir de révéler, à travers les apparences, la profondeur du monde psychique.

Bunyan *(John),* écrivain anglais (Elstow 1628 - Londres 1688). Il est l'auteur d'une allégorie religieuse qui exerça une profonde influence sur le public populaire, *le Voyage du pèlerin* (1678-1684).

Buonarroti *(Michelangelo)* → Michel-Ange.

Buonarroti *(Michelangelo),* écrivain italien (Florence 1568 - id. 1642), dit **le Jeune,** neveu de Michel-Ange. Ses deux comédies, *La Tancia* (1612) et *La Fiera* (1618), comptent parmi les chefs-d'œuvre du théâtre baroque.

Buonarroti *(Philippe),* révolutionnaire français d'origine italienne (Pise 1761 - Paris 1837). Il fut le disciple de Babeuf, dont il fit connaître la vie et l'œuvre par sa *Conspiration pour l'égalité, dite de Babeuf* (1828).

Buontalenti *(Bernardo),* architecte, ingénieur militaire, peintre et sculpteur italien (Florence 1536 - *id.* 1608). Organisateur de fêtes princières, il introduisit la fantaisie maniériste dans ses villas des environs de Florence.

Burayda, v. de l'Arabie saoudite ; 70 000 hab.

Burbage *(Richard),* acteur anglais (Londres v. 1567 - *id.* 1619), créateur des principaux rôles des drames de Shakespeare.

Burckhardt *(Jacob),* historien suisse (Bâle 1818 - *id.* 1897). Il développa l'histoire de la culture *(Kulturgeschichte)* sous tous ses aspects, notamment artistique, en particulier dans *le Cicerone* (1855) et *la Civilisation de la Renaissance en Italie* (1860).

Burckhardt *(Johann Ludwig),* explorateur suisse (Lausanne 1784 - Le Caire 1817). Il découvrit le site de Pétra (1812) et visita La Mecque (1814).

Burdigala, ville de Gaule (auj. *Bordeaux*).

Bureau *(Jean), seigneur de Montglas* (Paris v. 1390 - *id.* 1463), grand maître de l'artillerie sous Charles VII, avec son frère **Gaspard** (Paris v. 1393 - *id.* 1460).

Bureau des longitudes → longitudes.

Buren *(Daniel),* peintre et théoricien français (Boulogne-sur-Seine 1938). Analyse critique de la pratique artistique, son œuvre, depuis le milieu des années 60, aborde la peinture comme réalité matérielle (support, forme, couleur). Elle consiste en de vastes toiles à bandes verticales alternées, tendues en divers lieux et espaces publics qu'elles entendent révéler. Buren a réalisé en 1986 un environnement monumental (« les colonnes ») dans la cour du Palais-Royal à Paris.

Burgas, port de Bulgarie, sur la mer Noire ; 198 000 hab. Raffinage du pétrole. Chimie. — Aux environs, églises byzantines de Nesebăr.

Burgenland, prov. d'Autriche, aux confins de la Hongrie ; 270 000 hab. Ch.-l. *Eisenstadt.*

Bürger *(Gottfried August),* poète allemand (Molmerswende 1747 - Göttingen 1794). Ses ballades *(Lenore,* 1773) contribuèrent à créer une littérature allemande originale.

Burgess *(John Burgess Wilson,* dit **Anthony),** écrivain britannique (Manchester 1917 - Londres 1993). Dénonciateur de

la violence moderne, il affirme, en même temps qu'un catholicisme agressif, un culte ambigu du héros *(l'Orange mécanique,* 1962 ; *le Royaume des mécréants,* 1985).

Burgkmair *(Hans),* peintre et graveur allemand (Augsbourg 1473 - *id.* 1531). Élève de Schongauer, il est aussi très averti des nouveautés de la Renaissance italienne (triptyque de *Saint Jean à Patmos,* Munich). Il a gravé pour l'empereur Maximilien.

Burgondes, ancien peuple germanique d'origine scandinave, établi au Ve siècle en Gaule et en Germanie. D'abord battus par Aetius (436), ils conquirent le bassin de la Saône et du Rhône. Soumis par les Francs en 532, ils ont donné leur nom à la Bourgogne.

Burgos, v. d'Espagne, ch.-l. de prov., dans le nord de la Castille ; 160 278 hab. Tourisme. HIST. Ancienne capitale de la Castille, de 1037 à 1492. Siège du gouvernement nationaliste de 1936 à 1939. ARTS. Capitale de l'art gothique en Castille : cathédrale du XIIIe siècle, agrandie et ornée du XIVe au XVIIIe (retables sculptés d'une grande richesse, notamment par G. et D. de Siloé), églises, monastère de las Huelgas (XIIe-XIIIe s.) et chartreuse de Miraflores (XVe s. ; retable, tombeaux). Arco de Santa María, porte reconstruite au XVIe siècle ; Casa de Miranda, à beau patio Renaissance (XVIe s.), aujourd'hui Musée provincial.

Burgoyne *(John),* général britannique (Sutton 1722 - Londres 1792). Commandant les renforts britanniques envoyés au Canada contre les insurgés américains, il dut capituler à Saratoga (1777).

Buridan *(Jean),* philosophe scolastique (Béthune ? v. 1300 - apr. 1358). Recteur de l'université de Paris en 1328, il se rattache au nominalisme. Comme Abélard, il associe logique et grammaire.

Buridan *(âne de),* fable attribuée faussement à Buridan et mettant en scène un âne qui se laisse mourir de faim et de soif entre un boisseau d'avoine et un seau d'eau, faute de pouvoir choisir.

Burke *(Edmund),* homme politique et écrivain britannique (Dublin v. 1729 - Beaconsfield 1797). Whig, il s'opposa à la politique colonialiste anglaise en Amérique. Son ouvrage *Réflexions sur la Révolution en France* (1790), très contre-révolutionnaire, connut un grand succès. Burke exerça aussi une forte influence comme philosophe esthéticien *(l'Origine de nos idées du Sublime et du Beau,* 1757).

Burkina, anc. Haute-Volta, État d'Afrique occidentale ; 275 000 km^2 ; 9 400 000 hab.

(Burkinabés). CAP. *Ouagadougou.* LANGUE : *français.* MONNAIE : *franc C. F. A.*

GÉOGRAPHIE

Cet État, enclavé (Abidjan, en Côte d'Ivoire, débouché maritime atteint par le rail, est à plus de 1 100 km de la capitale) dans une zone au climat tropical aride dans le N., sans ressources minières notables, est un des pays les plus pauvres du monde. La population, formée pour moitié environ de Mossi, est essentiellement rurale, se consacrant principalement aux cultures vivrières (mils et sorghos surtout) ; l'élevage (par les Peuls dans le Nord) a souffert de la sécheresse affectant la zone sahélienne. Le coton, cultivé sur des terres inondables ou irriguées, constitue, loin devant l'arachide et la canne à sucre, le principal produit d'exportation. Ouagadougou et Bobo-Dioulasso sont les seules véritables villes.

HISTOIRE

Le pays est peuplé en majorité par les Mossi, qui fondent à partir du XIIe s. plusieurs royaumes.

1896. Les Français occupent Ouagadougou.

1919. La future Haute-Volta est intégrée à l'Afrique-Occidentale française.

1932-1947. La colonie de Haute-Volta est partagée un temps entre le Soudan, la Côte d'Ivoire et le Niger.

1960. La Haute-Volta acquiert sa complète indépendance sous la présidence de M. Yaméogo.

1966-1983. Elle est secouée par divers coups d'État militaires, dont celui de Thomas Sankara en 1983.

1984. La Haute-Volta devient le Burkina.

1987. Thomas Sankara est renversé par le capitaine Blaise Compaoré.

1991. Le parti unique abandonne le marxisme-léninisme et une nouvelle constitution consacre le multipartisme.

Burlington, v. du Canada (Ontario), sur le lac Ontario ; 125 912 hab.

Burnaby, banlieue est de Vancouver (Canada) ; 158 858 hab.

Burne-Jones *(sir Edward),* peintre et décorateur britannique (Birmingham 1833 - Londres 1898). Élève de Rossetti, admirateur de Mantegna, de Botticelli, il est une des figures marquantes du préraphaélisme ; son œuvre mêle la mythologie antique, la légende médiévale et la religion chrétienne *(le Roi Cophetua et la mendiante,* 1884, Tate Gallery).

Burns *(Robert),* poète britannique (Alloway 1759 - Dumfries 1796), auteur de poèmes en dialecte écossais.

Burroughs *(Edgar Rice),* écrivain américain (Chicago 1875 - Encino, Californie, 1950), créateur de Tarzan.

Burroughs *(William),* écrivain américain (Saint Louis, Missouri, 1914), l'un des principaux représentants de la *beat generation (le Festin nu,* 1959 ; *le Ticket qui explosa,* 1962).

Burroughs *(William Steward),* industriel américain (Rochester 1857 - Saint Louis 1898). Son *Calculator* (1886) fut l'une des toutes premières additionneuses imprimantes à touches.

Bursa, *en fr.* Brousse, v. de Turquie, au sud-est de la mer de Marmara ; 834 576 hab. Ce fut la capitale de l'Empire ottoman (1326-1402). ARTS. Remarquables édifices de la première architecture ottomane. La décoration de céramique de la mosquée de Murad II (1424-1427) et surtout celle du tombeau Vert (Yesil Türbe, début du XVe s.) de Mehmed Ier sont très riches. Grande Mosquée (Ulu Cami, 1396-1400). Mosquée-madrasa de Murad Ier (1363). Établissements thermaux de Yeni-Kaplica (XVIe s.) et de Karamustafa (XVIIe s.).

Burton *(Robert),* écrivain anglais (Lindley, Leicestershire, 1577 - Oxford 1640). Son *Anatomie de la mélancolie par Démocrite junior* (1621-1651), compilation d'auteurs grecs et latins, analyse la mélancolie comme condition de la création.

Burundi, *anc.* Urundi, État d'Afrique centrale ; 28 000 km[2] ; 5 800 000 hab. CAP. *Bujumbura.* LANGUES : *français, rundi.* MONNAIE : *franc du Burundi.*

GÉOGRAPHIE

Proche de l'équateur, ce petit pays a un climat tempéré par l'altitude (rarement inférieure à 1 000 m). La population, exceptionnellement dense, est formée de deux ethnies principales : les Tutsi, souvent pasteurs, d'origine nilotique, et les Hutu, agriculteurs bantous, les plus nombreux (env. les trois quarts de la population totale). L'agriculture est l'activité presque exclusive. Aux manioc et maïs, destinés à l'alimentation (l'élevage a une valeur plus sociale qu'économique), se juxtaposent localement le thé, le coton et surtout le café, base presque exclusive d'exportations, très inférieures en valeur aux importations.

HISTOIRE

Le Burundi est un royaume dont la dynastie remonterait au moins au XVIIe s.

1890. Le pays est annexé à l'Afrique-Orientale allemande.

1916. Il est placé sous le contrôle de la Belgique.

1919. Il forme, avec le Rwanda, le Rwanda-Urundi.

1962. Indépendance du Burundi.

1966. La royauté est abolie au profit de la république.

La vie politique est dominée par les conflits tribaux entre les Hutu (85 % de la population) et les Tutsi, minoritaires mais qui détiennent traditionnellement le pouvoir (massacres de 1972, 1988). Le président P. Buyoya (1987-1993) tente de rééquilibrer le pouvoir entre les deux ethnies. Mais l'armée répond par un putsch à l'élection d'un Hutu à la présidence, en 1993, et de nouveaux conflits éclatent.

Bush *(George Herbert Walker),* homme d'État américain (Milton, Massachusetts, 1924). Républicain, vice-président à partir de 1981, il est président des États-Unis de 1989 à 1993. Son action politique se caractérise, à l'extérieur, à la fois par l'ouverture (dialogue avec l'U. R. S. S.) et par la fermeté (interventions militaires au Panamá, guerre du Golfe).

Bushnell *(David),* inventeur américain (Saybrook, Connecticut, 1742 - Warrenton, Géorgie, 1824). Il fut un précurseur tant pour la réalisation du sous-marin (la *Tortue,* 1775) que pour l'emploi de l'hélice comme moyen de propulsion des navires.

Busoni *(Ferruccio Benvenuto),* compositeur, pianiste et théoricien italien (Empoli 1866 - Berlin 1924). Fixé principalement à Berlin, il eut un rayonnement considérable avec des essais, comme *Ébauche d'une nouvelle esthétique de la musique* (1907), qui font de lui une sorte d'avant-gardiste. Il transcrivit beaucoup d'œuvres classiques et composa notamment un concerto pour piano, chœur d'hommes et orchestre, *Indianische Fantasie* pour orchestre (1913), des opéras (*Doktor Faust,* 1925).

Bussotti *(Sylvano),* compositeur italien (Florence 1931). Il s'impose avec *la Passion selon Sade* (1965), puis avec *The Rara Requiem* (1970). Homme de théâtre (directeur de la Fenice à Venise de 1976 à 1980), il compose pour l'art lyrique *Lorenzaccio* (1972), *Nottetempo* (1976), *Fedra* (1988), *L'Ispirazione* (1988).

Bussy *(Roger* de Rabutin, *comte* de*),* connu sous le nom de **Bussy-Rabutin,** général et écrivain français (Épiry, près d'Autun, 1618 - Autun 1693). Cousin de Mme de Sévigné, il fut exilé pour avoir écrit une *Histoire amoureuse des Gaules* (1665). [Acad. fr. 1665.]

Bussy d'Amboise *(Louis* de **Clermont d'Amboise,** dit*),* homme de guerre français

(Mognéville v. 1549 - Brain-sur-Allonnes 1579). Gouverneur de l'Anjou, il fut assassiné sur l'ordre du comte de Montsoreau, dont il avait séduit la femme.

Butler *(Samuel),* poète anglais (Strensham 1612 - Londres 1680), auteur du poème *Hudibras* (1663-1678), satire des puritains.

Butler *(Samuel),* écrivain britannique (Langar 1835 - Londres 1902), peintre satirique de la société victorienne (*Erewhon,* 1872).

Butor *(Michel),* écrivain français (Mons-en-Barœul 1926). Un des principaux acteurs du « Nouveau Roman » dans les années 1950-1960, il cherche à renouveler la représentation du temps et de l'espace romanesques (*Passage de Milan,* 1954 ; *l'Emploi du temps,* 1956 ; *la Modification,* 1957 ; *Degrés,* 1960 ; *Boomerang,* 1978). Il est également l'auteur de poésies et d'essais critiques.

Buxtehude *(Dietrich),* compositeur allemand (Oldesloe 1637 - Lübeck 1707). Organiste de Lübeck, il y fonda des concerts du soir (*Abendmusiken*). On lui doit des cantates, des pièces pour orgue et pour clavecin.

Buysse *(Cyriel),* écrivain belge d'expression néerlandaise (Nevele 1859 - Afsnee 1932), auteur de romans réalistes (*le Droit du plus fort,* 1893) et de contes proches de ceux de Maupassant.

Buzău, v. de Roumanie, au N.-E. de Ploieşti ; 145 000 hab. — Cathédrale (XVIe et XVIIe s.).

Buzenval, écart de la comm. de Rueil-Malmaison. — Combat du siège de Paris (19 janv. 1871).

Buzzati *(Dino),* écrivain italien (Belluno 1906 - Milan 1972). Peintre, musicien, romancier et conteur, il témoigne de la même inspiration fantastique mêlée au réalisme le plus savoureux (*le Désert des Tartares,* 1940 ; *le K.,* 1966).

B. V. A. (Brûlé Ville Associés), société française d'études de marché et d'opinion créée en 1970.

B. V. P. (Bureau de Vérification de la Publicité), association, créée en 1953, qui contrôle l'expression des annonces publicitaires de ses adhérents, dans le respect de la législation et de la déontologie de la profession de publiciste.

Byblos, v. de l'ancienne Phénicie, au nord de Beyrouth ; elle fut un centre commercial actif du IVe au Ier millénaire. Liée à l'Égypte jusqu'au VIIIe s. av. J.-C., son histoire se confondit ensuite avec celle des empires de l'Orient méditerranéen. **ARCHÉOL.** De riches tombes princières du XVIIIe s. av. J.-C. ont livré des bijoux en or et argent, fortement influencés par l'art égyptien ; le sarcophage d'Ahiram (souverain de Byblos, xᵉ s. av. J.-C.) porte la plus ancienne inscription alphabétique en lettres cursives.

Bydgoszcz, *en all.* Bromberg, v. de Pologne, au nord-est de Poznań ; 378 000 hab.

Byng *(George)* → **Torrington.**

Byrd *(Richard Evelyn),* amiral, aviateur et explorateur américain (Winchester, Virginie, 1888 - Boston 1957). Il survola le pôle Nord (1926) puis le pôle Sud (1929) et explora le continent antarctique (1933-1935, 1939-1941, 1946-47).

Byrd *(William),* compositeur anglais (dans le Lincolnshire ? 1543 - Stondon Massey, Essex, 1623). Organiste à la chapelle royale (1572), il eut d'importantes activités dans l'édition. Ancrée dans la tradition polyphonique du xvıᵉ siècle, son œuvre comprend notamment des variations pour clavier, des airs, des motets et anthems, des pièces pour violes.

Byron *(George Gordon, lord),* poète britannique (Londres 1788 - Missolonghi 1824). Il incarne une variété particulière de romantisme, faite d'orgueil et de révolte, de violence et de provocation. Célèbre et adulé pour son *Pèlerinage de Childe Harold* (1812) ; il mena une vie de fastes et d'insolence (longs voyages, amour incestueux pour sa demi-sœur, rupture scandaleuse de son mariage) et mourut au milieu des insurgés grecs en combattant pour leur indépendance. Son mal de vivre s'exprime dans les poèmes des héros rebelles le *Prisonnier de Chillon* (1816), *Manfred* (1817), *Don Juan* (1819-1824), dans ses drames (*Marino Faliero,* 1821) et ses contes en vers (*Mazeppa,* 1819).

Bytom, v. de Pologne (Silésie) ; 228 000 hab. Houille. Sidérurgie.

Byzance, colonie grecque construite au vııᵉ s. av. J.-C., sur le Bosphore. Sur son site fut créée Constantinople, capitale de l'Empire byzantin, puis de l'Empire ottoman, sous le nom d'*Istanbul.*

byzantin *(Empire),* nom donné à l'Empire romain d'Orient, dont la capitale était Constantinople, et qui dura de 395 à 1453. Au vıᵉ siècle, cet empire s'étendait sur les Balkans, l'Asie Mineure et le Proche-Orient, de la Syrie à l'Égypte.
330. Constantin Iᵉʳ le Grand fonde Constantinople sur le site de Byzance.
395. Théodose Iᵉʳ partage l'Empire romain ; l'Orient échoit à Arcadius, tandis qu'Honorius hérite de l'Occident.

476. Chute de l'Empire romain d'Occident. Au vıᵉ s., le règne de Justinien Iᵉʳ marque le premier « âge d'or » de l'Empire byzantin.
527-565. Justinien Iᵉʳ essaie de rétablir l'Empire romain dans ses anciennes frontières et reprend aux Barbares l'Italie, le sud de l'Espagne et une partie de l'Afrique du Nord. Il accomplit une réforme juridique (Code Justinien) et fait construire de magnifiques monuments à Constantinople (Sainte-Sophie) et à Ravenne.
584. Contre les Lombards qui reconquièrent l'Italie, un gouvernement militaire (exarchat) est créé à Ravenne.
610-717. Avec les Héraclides, l'Empire cesse d'être romain pour devenir gréco-oriental dans ses frontières et sa composition ethnique, grec dans sa langue et son administration.
636-642. L'Empire perd la Syrie et l'Égypte, conquises par les Arabes.
717-802. Sous la dynastie des Isauriens éclate la querelle des images. Les iconoclastes (briseurs d'images) veulent supprimer les représentations du Christ et des saints.
751. Les Byzantins sont éliminés de Ravenne.
820-867. Sous la dynastie d'Amorion, le culte des images est définitivement rétabli (843).
Avec la dynastie macédonienne, l'Empire connaît son apogée (867-1057). Sa puissance militaire est restaurée par des souverains énergiques, comme Basile II.
1054. Le pape Léon IX et le patriarche Keroularios s'excommunient réciproquement. C'est le schisme d'Orient.
1071. Les Turcs Seldjoukides envahissent l'Asie Mineure.
1081-1185. Les Comnènes voient débuter un déclin lent mais irrémédiable. Contraints d'accorder des avantages commerciaux à Venise, ils ne peuvent résister aux Turcs ni aux Normands.
1185-1204. Les Anges ne peuvent remédier à l'effondrement de l'Empire.
1204. Les croisés prennent Constantinople. L'Empire ne se survit que dans les principautés d'Épire, de Trébizonde et de Nicée.
1204-1258. Les Lascaris de Nicée restaurent l'Empire.
1258-1453. La dynastie des Paléologues, qui a reconquis en 1261 Constantinople, assure la survie de l'Empire.
1453. Les Turcs prennent Constantinople. Après la chute de Mistra en 1460 et de Trébizonde en 1461, il ne reste plus rien de l'Empire byzantin.

Caballé *(Montserrat),* soprano dramatique espagnole (Barcelone 1933). Elle s'est spécialisée dans le répertoire romantique italien.

Caballero *(Cecilia Böhl von Faber, dite Fernán),* romancière espagnole (Morges, Suisse, 1796 - Séville 1877), créatrice du roman de mœurs espagnol (*La gaviota,* 1849).

Cabanis *(Georges),* médecin et philosophe français (Cosnac, Corrèze, 1757 - Rueil, comm. de Seraincourt, Val-d'Oise, 1808). Professeur d'hygiène, puis de clinique à l'École de médecine (1797), il participa au coup d'État du 18-Brumaire ; mais il s'écarta de Bonaparte par goût pour la liberté (Napoléon le rangera parmi les « idéologues ») et professa une philosophie matérialiste puis vitaliste. (Acad. fr. 1803.)

Cabet *(Étienne),* théoricien communiste français (Dijon 1788 - Saint Louis, États-Unis, 1856), auteur d'une utopie communiste, exposée dans le *Voyage en Icarie* (1842), dont la mise en pratique fut un échec.

Cabezón *(Antonio* de*),* organiste et compositeur espagnol (Castillo de Matajudéos, près de Burgos, 1510 - Madrid 1566). Musicien de Philippe II, il écrivit de nombreuses pièces pour clavier (tientos, variations).

Cabillauds *(les),* faction politique hollandaise qui soutenait le comte Guillaume V contre celle des *Hameçons,* favorable à la mère de celui-ci, Marguerite de Bavière (XIVᵉ-XVᵉ s.).

Cabimas, v. du Venezuela, sur la rive est du lac de Maracaibo ; 165 000 hab. Pétrole.

Cabinda, enclave angolaise à l'embouchure du Zaïre, entre le Congo et le Zaïre ; 7 270 km² ; 114 000 hab. Pétrole.

Cabinet du docteur Caligari *(le),* film allemand de Robert Wiene (1919). Vue à travers l'imagination d'un fou, l'histoire est celle d'un hypnotiseur qui fait accomplir par un médium divers crimes et forfaits. Les décors de toile peinte, les jeux de lumière et l'interprétation outrancière des acteurs en firent le manifeste de l'expressionnisme allemand.

Cabochiens, faction populaire des Bourguignons, sous Charles VI, qui dut son nom à son chef, Caboche, boucher à Paris. En 1413, les Cabochiens déclenchèrent des émeutes dans la capitale et furent vaincus par la faction des Armagnacs.

Cabora Bassa, barrage et centrale électrique de la vallée du Zambèze, au Mozambique.

Cabot *(détroit de),* bras de mer, entre Terre-Neuve et l'île du Cap-Breton, qui relie le golfe du Saint-Laurent à l'océan Atlantique.

Cabot *(Jean)* ou **Caboto** *(Giovanni),* navigateur italien (Gênes ? v. 1450 - en Angleterre v. 1500). Il obtint d'Henri VII, roi d'Angleterre, le monopole de la recherche de nouvelles terres et atteignit le continent nord-américain (probablement l'île canadienne du Cap-Breton) en 1497. Son fils **Sébastien** (Venise entre 1476 et 1482 - Londres 1557) participa à ses voyages et découvrit le Río de la Plata pour le compte de Charles Quint.

Cabral *(Pedro Álvares),* navigateur portugais (Belmonte 1467 - Santarém ? 1520 ou 1526). Il prit possession du Brésil au nom du Portugal en 1500, puis explora les côtes du Mozambique et atteignit les Indes.

Cabrera Infante *(Guillermo),* écrivain cubain (Gibara 1929). Critique cinématographique, diplomate, il est connu pour ses romans, que caractérise un jeu verbal explosif, teinté d'érotisme *(Trois Tristes Tigres,* 1967).

Cabu *(Jean),* dessinateur français de bandes dessinées (Châlons-sur-Marne 1938). Ses séries dessinées *(le Grand Duduche,* 1962) et ses reportages en images dénoncent les conformismes et la violence.

Caccini *(Giulio),* chanteur et compositeur italien (Tivoli v. 1550 - Florence 1618), un des initiateurs de l'opéra florentin *(Euridice,* 1602).

Cáceres, v. d'Espagne (Estrémadure), ch.-l. de prov. ; 74 589 hab. — Enceinte d'origine romaine ; églises ; beaux palais blasonnés des XVᵉ-XVIᵉ siècles.

Cachan, ch.-l. de c. du Val-de-Marne, au sud de Paris ; 25 370 hab. Hospices. École normale supérieure.

Cachemire, ancien État de l'Inde, partagé entre l'Inde et le Pakistan. GÉOGR. Le Pakistan a conservé l'Azad Kashmir (Cachemire libre), qui comprend le district *(jagir)* de Punch, le Baltistan et le Dardistan (env. 2 millions d'hab. sur 80 000 km²). L'État actuel de Jammu-et-Cachemire (143 000 km² et 5 987 000 hab. ; cap. *Srinagar* et *Jammu)* est intégré dans la République indienne. Il comprend trois parties : la région de Jammu (la capitale d'hiver), au S., dans le Moyen Himalaya, de population hindoue ; le Ladakh, au N. du Grand Himalaya, région de langue tibétaine ; la Vallée du Cachemire, au centre, haute plaine (vers 1 500 m d'alt.) encadrée par le Grand Himalaya et le Pir Panjal, drainée par le Jhelam. HIST. Royaume hindou jusqu'à sa conquête par un aventurier musulman (1346), le Cachemire fut intégré à l'Empire moghol (1586). Peuplé aux trois quarts par des musulmans, revendiqué depuis 1947 par l'Inde et le Pakistan, il fut l'enjeu des guerres indo-pakistanaises de 1947-1949 et de 1965.

Cachin *(Marcel),* homme politique français (Paimpol 1869 - Choisy-le-Roi 1958). Un des fondateurs du Parti communiste français (1920), il fut directeur de *l'Humanité.*

Cacus, divinité primitive du Feu dans la mythologie romaine. On le disait fils de Vulcain et brigand vivant dans une caverne de l'Aventin. Il déroba à Hercule, en les faisant marcher à reculons, des bœufs que celui-ci ramenait d'Espagne. Quand il s'en aperçut, Hercule l'étrangla.

Ca' da Mosto *(Alvise),* navigateur vénitien (Venise 1432-1488). Il explora, pour le compte du Portugal, les côtes du Sénégal et aurait découvert les îles du Cap-Vert (1456).

Cadarache, écart de la comm. de Saint-Paullès-Durance (Bouches-du-Rhône). Centre d'études nucléaires.

Cadets → **Constitutionnel-démocrate** *(Parti).*

Cadix, *en esp.* Cádiz, v. d'Espagne (Andalousie), ch.-l. de prov., sur le *golfe de Cadix ;* 154 347 hab. — La ville fut prise par les Français en 1823 *(Trocadéro).* — Monuments surtout des XVIIᵉ et XVIIIᵉ siècles. Musée d'Archéologie (sarcophage punique anthropomorphe) et des Beaux-Arts (Zurbarán).

Cadix *(golfe de),* grand rentrant de l'Atlantique oriental que les côtes du sud du Portugal et du sud-ouest de l'Espagne décrivent avec celles du nord-ouest de l'Afrique. Il communique avec la Méditerranée occidentale par le détroit de Gibraltar.

Cadmos, héros légendaire phénicien, qui aurait été l'un des propagateurs de la civilisation chez les Grecs. Parti à la recherche de sa sœur Europe, enlevée par Zeus, il fut retenu à Delphes par l'oracle, qui lui ordonna de suivre une vache marquée du signe de la Lune et de bâtir une ville là où elle s'arrêterait. C'est ainsi que Cadmos fonda en Béotie la Cadmée, première forteresse de Thèbes.

Cadorna *(Luigi),* maréchal italien (Pallanza 1850 - Bordighera 1928), généralissime de l'armée italienne de 1915 à 1917.

Cadoudal *(Georges),* chef chouan (Kerléano, près d'Auray, 1771 - Paris 1804). Chef de la chouannerie bretonne, il prépara le débarquement des émigrés à Quiberon en 1795 et fut impliqué dans l'attentat de la « machine infernale » contre le Premier consul (1800). Ayant organisé avec Pichegru et Moreau un nouveau complot (1803), il fut arrêté en 1804 et guillotiné.

Caelius, une des sept collines de Rome.

C. A. E. M. → **Comecon.**

Caen, ch.-l. de la Région Basse-Normandie et du dép. du Calvados, sur l'Orne, dans la *campagne de Caen,* à 223 km à l'ouest de Paris ; 115 624 hab. *(Caennais)* [près de 200 000 hab. dans l'agglomération]. Académie et université ; cour d'appel. Constructions mécaniques. Port sur le canal de Caen à la mer. **ARTS.** Anciennes abbayes aux Hommes et aux Dames, fondées par Guillaume le Conquérant et la reine Mathilde (imposantes abbatiales romanes et gothiques ; bâtiments abbatiaux du début du XVIIIe s.). Autres églises, dont St-Pierre (des XIIIe-XVIe s.). Musée des Beaux-Arts (riche en peintures et en estampes) et musée de Normandie dans l'enceinte du château.

Caere → Cerveteri.

Caffieri, famille d'artistes français de souche italienne comprenant : **Filippo** ou **Philippe** (Rome 1634 - Paris 1716), en France en 1660, menuisier sculpteur de la Couronne ; son fils **Jacques** (Paris 1678 - id. 1755), magnifique fondeur ciseleur de bronzes d'ameublement ; **Philippe** (Paris 1714 - id. 1774), qui reprit, à la cour, la charge de son père, Jacques ; **Jean-Jacques** (Paris 1725 - id. 1792), sculpteur, élève de J.-B. Il Lemoyne et l'un des meilleurs bustiers de son temps.

Cafrerie ou **Pays des Cafres,** dénomination d'origine arabe donnée par les géographes des XVIIe et XVIIIe siècles à la partie de l'Afrique située au sud de l'équateur et peuplée de Bantous. L'emploi du terme se réduisit par la suite à certaines régions du sud-est de l'Afrique.

Cagayan de Oro, port des Philippines, dans le nord de Mindanao ; 227 000 hab.

Cage (*John*), compositeur américain (Los Angeles 1912 - New York 1992). Il fut l'élève (1934-1937) de Schönberg. Influencé par la philosophie orientale et le zen, il a introduit dans l'art des sons l'idée de hasard ainsi qu'une conception neuve du silence et récusé la notion traditionnelle d'œuvre musicale. Beaucoup de ses innovations remontent dans leur principe à la fin des années 30, période où il intègre dans ses compositions des éléments considérés comme des bruits : *Imaginary Landscape no 1* (1939) est un essai de musique électroacoustique avant la lettre. Il se met plus tard à la musique pour bande (*Fontana Mix,* 1958). Son invention la plus célèbre, celle du « piano préparé » — consistant à loger dans les cordes de l'instrument des corps étrangers afin de modifier les sonorités et d'accroître l'imprévisibilité du résultat sonore —, date de 1938. En résultèrent les *Sonates et Interludes* (1946-1948) et le *Concerto pour piano préparé et orchestre de chambre* (1951). Il fut l'un des premiers à faire des happenings et à introduire les notions d'indétermination dans l'acte de composition et d'aléatoire dans l'exécution : *Music of Changes* (1951), *Atlas Eclipticalis* (1961), *Empty Words* (1973-1976), *Études australes* (1976). Avec lui, la musique

est aussi présentée comme une action, en ce qu'elle abolit la « dictature » du compositeur et l'hégémonie du chef d'orchestre, et le geste comme générateur de sons. En témoigne *Roaratorio, an Irish Circus on Finnegans Wake* (1980). Il laisse aussi un opéra, *Europeras 1 & 2* (1987).

Cagliari, v. d'Italie, cap. de la Sardaigne, ch.-l. de prov. ; 203 254 hab. — La ville conserve une nécropole punique et un amphithéâtre romain ; sa cathédrale remonte au XIIIe siècle, l'église S. Cosma e Damiano au Ve siècle. Riche Musée archéologique (bronzes nuragiques).

Cagliostro [kaljɔstro] (*Giuseppe* Balsamo, dit **Alexandre,** *comte* de*),* aventurier italien (Palerme 1743 - prison pontificale de San Leo, près de Rome, 1795). Médecin, adepte des sciences occultes, il fut compromis dans l'affaire du Collier de la reine, escroquerie dont fut victime Marie-Antoinette.

Cagnes-sur-Mer, ch.-l. de c. des Alpes-Maritimes ; 441 303 hab. Station balnéaire et hippodrome au *Cros-de-Cagnes.* — Château, surtout des XIVe et XVIIe siècles (musées). Maison du peintre Renoir aux Collettes.

Cagniard de La Tour (*Charles, baron),* physicien français (Paris 1777 - id. 1859). Il inventa la sirène en 1819 et étudia la résonance et les vibrations sonores dans les liquides. Grâce au microscope, il a montré, en 1838, que la fermentation alcoolique était due à un organisme vivant.

Cagoule, surnom du Comité secret d'action révolutionnaire (C. S. A. R.), organisation clandestine d'extrême droite (1936-1941).

Cahiers de la quinzaine, publication fondée par Charles Péguy le 5 janvier 1900. Dans les 229 numéros qui parurent régulièrement, de juillet 1900 à juillet 1914, Péguy, entouré de collaborateurs tels que R. Rolland, J. Benda ou G. Sorel, publia, outre des articles de combat, la majeure partie de son œuvre.

Cahors, ch.-l. du dép. du Lot, sur le Lot, à 569 km au sud de Paris ; 20 787 hab. (*Cadurciens).* Évêché. — Cathédrale romane à coupoles remontant au début du XIIe siècle (portail sculpté ; fresques gothiques). Pont fortifié Valentré (XIVe s.).

Caicos → Turks.

Caillaux (*Joseph),* homme politique français (Le Mans 1863 - Mamers 1944). Plusieurs fois ministre des Finances à partir de 1899, artisan de l'impôt sur le revenu, il est président du Conseil en 1911-12 et négocie la convention franco-allemande sur le Maroc.

En 1914, sa femme assassine Gaston Calmette, directeur du *Figaro,* qui menait contre lui une campagne de presse ; il est arrêté en 1917 pour « correspondance avec l'ennemi ». Amnistié, il redevient ministre des Finances en 1925-26.

Caillebotte *(Gustave),* peintre français (Paris 1848 - Gennevilliers 1894). Ami, soutien financier et collectionneur des impressionnistes (son legs de toiles à l'État, en 1883, fit scandale et ne fut accepté que partiellement [auj. au musée d'Orsay]), il pratiqua une peinture influencée notamment par Degas.

Cailletet *(Louis),* physicien et industriel français (Châtillon-sur-Seine 1832 - Paris 1913). Il réussit à liquéfier l'oxygène et l'azote.

Caillié *(René),* voyageur français (Mauzé, Deux-Sèvres, 1799 - La Baderre, Charente-Maritime, 1838). Il fut le premier Français à visiter Tombouctou (1828), en Afrique occidentale.

Caillois *(Roger),* écrivain et anthropologue français (Reims 1913 - Paris 1978). Membre, avec Bataille et Leiris, du « Collège de Sociologie », il a étudié les mythes sociaux et intellectuels (le *Mythe et l'Homme,* 1938), ainsi que les correspondances entre les œuvres de l'esprit et les produits de la nature (*Esthétique généralisée,* 1962). [Acad. fr. 1971.]

Caïmans ou **Cayman** *(îles),* archipel britannique des Antilles ; 25 000 hab.

Caïn, fils aîné d'Adam et Ève. Le mythe biblique qui fait de lui le meurtrier de son frère Abel peut être compris comme un écho du conflit originel entre deux civilisations : celle de l'agriculteur sédentaire (Caïn) et celle du berger nomade (Abel).

Caïphe, surnom de Joseph, qui fut grand prêtre juif de 18 à 36 et que mentionne le récit évangélique du procès de Jésus.

Ça ira, chanson écrite en 1792 par Ladré sur une musique de Bécourt et qui devint un cri de ralliement sous la Terreur.

Caire (Le), en ar. **al-Qâhira,** cap. de l'Égypte, sur le Nil, à 25 km au sud de la tête du Delta ; 6 053 000 hab. pour la ville seule *(Cairotes).* Le Grand Caire compte plus de 13 millions d'hab. GÉOGR. L'agglomération, la plus peuplée d'Afrique, concentre environ un quart de la population égyptienne. La capitale représente sans doute la moitié du potentiel industriel national (agroalimentaire et textile notamment). Sa prépondérance est encore plus grande dans les domaines administratif, culturel (universités) et financier. La croissance démogra-

phique, due plus à l'immigration rurale qu'à un notable excédent naturel, explique l'extension de la ville (sur les deux rives du Nil) et l'aménagement de « villes nouvelles ». Elle entraîne des problèmes tels que la prolifération des bidonvilles et le chômage. HIST. Le Caire est créé par les Fatimides (969), au nord de Fustat. À la fin du XIIe siècle, Saladin fait construire une enceinte englobant Le Caire, cité des califes et siège depuis 973 de l'université d'al-Azhar, et Fustat, centre du commerce et de l'industrie. Capitale des Ayyubides et des Mamelouks, la ville est une grande métropole économique et intellectuelle. Au XIXe siècle, elle se modernise et Ismaïl Pacha (khédive de 1867 à 1879) fait percer des artères et construire des ponts ainsi que des quartiers nouveaux. Depuis 1990, la ville est de nouveau le siège de la Ligue arabe, qui y a été fondée en 1945 et qui avait été transférée à Tunis en 1979. ARTS. L'évolution originale de l'art de l'islam en Égypte, notamment sous les Fatimides et les Mamelouks, se traduit dans les nombreux monuments de la ville : les mosquées d'al-Amr (643, plusieurs fois remaniée), d'Ibn Tulun (876-879) [en brique et proche de celle de Samarra], d'al-Azhar (970) et d'al-Hakim (990-1003) ; les fortifications, dont trois des portes (Bab al-Nasr, Bab al-Futuh et Bab Zuwayla), d'inspiration byzantine, subsistent. Sous les Mamelouks, les constructions se multiplient, tels les mosquées-madrasas (du sultan Hasan, 1356) et les tombeaux à la coupole surhaussée ornée de dentelles d'arabesques. Très importants musées : antiquités égyptiennes, art islamique et art copte.

Caisse de refinancement hypothécaire *(C. R. H.),* organisme, créé en juillet 1985, qui refinance ses actionnaires, établissements spécialisés dans le crédit immobilier, en mobilisant, en fonction de leurs besoins, leurs créances hypothécaires.

Cajal *(Santiago* Ramón y*)* → **Ramón y Cajal.**

Cajetan ou **Caetano** *(Giacomo* de Vio, dit Tommaso*),* cardinal italien, maître général des dominicains (Gaète 1468 - Rome 1533). Légat en Allemagne, il rencontra Luther à la diète d'Augsbourg (oct. 1518) sans parvenir à le ramener dans la communion romaine.

Çakyamuni → **Bouddha.**

Calabre, *en ital.* Calabria, région méridionale de l'Italie péninsulaire, formée des provinces de Catanzaro, Cosenza et Reggio de Calabria ; 15 080 km² ; 2 037 686 hab. *(Calabrais).* Ch.-l. Catanzaro. Région de montagnes (Sila, Aspromonte) et de collines, au climat souvent sec, aux sols ravinés par l'érosion, c'est une terre pauvre portant localement quelques cultures (vigne, oliviers, agrumes) et ponctuellement animée par le tourisme. L'émigration, traditionnelle, s'y poursuit. — Le duché de Calabre, conquis au XIᵉ siècle par les Normands, fut l'un des noyaux du royaume de Sicile.

Calais, ch.-l. d'arr. du Pas-de-Calais, sur le *Pas de Calais ;* 75 836 hab. *(Calaisiens)* [plus de 100 000 hab. dans l'agglomération]. Premier port français de voyageurs. Industries textiles, mécaniques et chimiques. — Calais fut prise par les Anglais en 1347 après une héroïque résistance ; le dévouement d'Eustache de Saint-Pierre et de cinq bourgeois, qui se livrèrent à Édouard III, sauva la ville, qui fut définitivement restituée à la France en 1598. — Groupe des *Bourgeois de Calais* par Rodin. Musée des Beaux-Arts et de la Dentelle.

Calais *(pas de),* détroit entre la France et l'Angleterre. Large de 31 km et long de 185 km, peu profond, il unit la Manche à la mer du Nord. Il est franchi par un tunnel ferroviaire.

Calanques *(région des),* partie du littoral des Bouches-du-Rhône située entre Marseille et Cassis.

Calas [-las] *(affaire)* [1762-1765], affaire judiciaire, due à l'intolérance religieuse, dont la victime fut Jean *Calas* (Lacabarède, Tarn, 1698 - Toulouse 1762), négociant français, protestant, accusé d'avoir tué son fils pour l'empêcher de se convertir au catholicisme, et supplicié. Voltaire contribua à sa réhabilitation en 1765.

Calatrava *(ordre de),* ordre religieux et militaire espagnol fondé en 1158 à Calatrava (Nouvelle-Castille) pour la défense contre les Maures.

Calcutta, v. de l'Inde, cap. de l'État du Bengale-Occidental ; 10 916 272 hab. (avec les banlieues). Fondée en 1690 par la Compagnie anglaise des Indes orientales, devenue capitale en 1772, Calcutta se développa considérablement au XIXᵉ siècle. Le transfert de la capitale à Delhi en 1912 n'a pas freiné cet essor. Agglomération la plus peuplée du pays, étirée sur plus de 50 km sur les rives de l'Hooghly, c'est un centre commercial, financier et universitaire, un port (mais à 150 km de la mer) et une ville industrielle (textile, agroalimentaire, métallurgie de transformation). Cependant, ces fonctions n'assurent pas le plein-emploi dans une ville surpeuplée, aux prises aussi avec des problèmes de logement, de salubrité (multiplica-

tion de bidonvilles, les *bustees*) et de transports. — Musées, dont l'Indian Museum (riche collection d'archéologie).

Calder *(Alexander),* sculpteur américain (Philadelphie 1898 - New York 1976). Ses *mobiles* (à partir de 1932), compositions abstraites de tiges et de plaques de métal peintes, en équilibre instable ou suspendues, sont animés par les déplacements d'air, tandis que les *stabiles* (à partir de 1943), en tôle presque toujours noire, sont dotés d'une structure puissante et massive (les *stabiles-mobiles* sont des réalisations mixtes). Cette œuvre (réalisée partiellement en France) se caractérise par une inventive simplicité, une poésie pleine d'allant.

Caldera Rodríguez *(Rafael),* homme d'État vénézuélien (San Felipe 1916). Président de la République de 1969 à 1974, il entreprend des réformes économiques et sociales. Il est de nouveau à la tête de l'État depuis 1994.

Calderón de la Barca *(Pedro),* poète dramatique espagnol (Madrid 1600 - *id.* 1681). Issu d'une famille noble, il embrassa la carrière militaire, puis entra dans les ordres (vers 1651) et devint, en 1666, chapelain principal du roi Charles II. Sa mort marqua la fin du Siècle d'or de la littérature espagnole, dont il porta à un point de perfection deux genres particuliers : l'*auto sacramental* et la *comedia*. Recourant à l'allégorie, Calderón a écrit des *autos sacramentales* (env. 80), des pièces de théâtre aux personnages nombreux et pleins de vie, précédées d'un prologue ingénieux *(loa).* Dans ses *comedias* (env. 111), à caractère historique *(le Médecin de son honneur,* 1635 ; *l'Alcade de Zalamea,* 1642) ou théologique *(la Dévotion à la Croix ; La vie est un songe,* 1635) [→ **Vie**], il a mis en scène les valeurs de son temps : fidélité au roi, honneur, foi, esprit chevaleresque.

Caldwell *(Erskine),* écrivain américain (White Oak, Géorgie, 1903 - Paradise Valley, Arizona, 1987). Il peint dans ses romans des Blancs du sud des États-Unis en proie à la misère *(la Route au tabac,* 1932 ; *le Petit Arpent du Bon Dieu,* 1933).

Calédonie, anc. nom de l'Écosse.

Calepino *(Ambrogio),* lexicographe italien (Bergame v. 1440 - 1510). Moine augustin, il consacra sa vie à la rédaction d'un *Dictionnaire de la langue latine* (1502).

Calgary, v. du Canada (Alberta) ; 710 677 hab. Centre ferroviaire, commercial et industriel.

Cali, v. de Colombie, dans la Cordillère occidentale ; 1 430 000 hab. Ancien monastère de S. Francisco, du XVIIIᵉ siècle.

Caliban, le monstre de *la Tempête* de Shakespeare. Fils d'une sorcière et d'un démon, c'est une brute toujours révoltée, mais toujours soumise par la magie de Prospero.

Calicut, auj. Kozhikode, port de l'Inde (Kerala), sur le golfe d'Oman ; 800 913 hab. Aéroport. La ville a donné son nom aux étoffes de coton dites « calicots ». — Le port, fréquenté par les marchands arabes dès le VIIᵉ siècle, fut atteint par Vasco de Gama en 1498.

Californie, *en angl.* California, État de l'ouest des États-Unis, sur le Pacifique ; 411 012 km² ; 29 760 021 hab. *(Californiens).* Cap. *Sacramento.* GÉOGR. La Californie est l'État le plus peuplé et l'un des plus dynamiques de l'Union. Les paysages y sont variés : hauteurs des Coast Ranges et de la sierra Nevada, encadrant ou dominant de profondes dépressions comme la Vallée centrale, la Vallée Impériale ou la Vallée de la Mort. Le climat y est contrasté : méditerranéen vers le littoral, aride dans l'intérieur abrité, humide et propice aux forêts sur les versants bien exposés.

Les activités économiques sont diversifiées. L'agriculture, souvent irriguée, fournit des produits subtropicaux et méditerranéens (vins, agrumes, coton, céréales). La pêche et la sylviculture sont développées. Le sous-sol est riche en hydrocarbures. L'industrie est notamment représentée par l'agroalimentaire, l'aéronautique, le matériel électrique et électronique, l'audiovisuel. Toute la gamme des services est développée, notamment ceux liés à la recherche et à un tourisme très actif. Le littoral est urbanisé, avec les pôles de San Francisco, San Diego et surtout Los Angeles, groupant ensemble plus de la moitié de la population, cosmopolite, avec de fortes minorités d'origines mexicaine et asiatique. L'intérieur est agricole ou forestier, parfois minier ou touristique. HIST. Découverte par les Espagnols au XVIᵉ siècle, mexicaine à partir de 1822, la Californie entra dans l'Union en 1848 et fut érigée en État en 1850. La découverte de l'or et la construction du premier chemin de fer transcontinental assurèrent sa prospérité au XIXᵉ siècle.

Californie (Basse-), *en esp.* Baja California, longue et étroite presqu'île du nordouest du Mexique, entre le Pacifique et le *golfe de Californie.* C'est un pays montagneux, aride en dehors de secteurs irrigués (blé, coton), animé sur le littoral par le tourisme balnéaire. La Basse-Californie est partagée en deux États, de part et d'autre du 28ᵉ parallèle : la *Basse-Californie du Nord* (cap. *Mexicali*) et la *Basse-Californie du Sud* (cap. *La Paz*).

Californie *(courant de),* courant marin froid du Pacifique, s'écoulant vers le sud, le long du littoral de la Californie. Il contribue à expliquer la relative sécheresse du climat et favorise l'existence de bancs de poissons abondants (pêcheries actives).

Californie *(golfe de),* mer, longue d'environ 1 000 km, large de 100 à 200 km, ouverte entre la côte du Mexique et la péninsule de Basse-Californie.

Caligula *(Gaius Caesar Augustus Germanicus)* [Antium 12 apr. J.-C. - Rome 41], empereur romain (37-41). Fils de Germanicus et successeur de Tibère, atteint de déséquilibre mental, il gouverna en tyran et périt assassiné.

Călinescu *(George),* écrivain roumain (Bucarest 1899 - id. 1965). Critique, il est l'auteur de monographies *(Vie de M. Eminescu,* 1932) et de romans *(le Bahut noir,* 1960).

Callao (El) ou **Callao,** principal port (pêche et commerce) du Pérou, débouché de Lima ; 575 000 hab.

Callas *(María Kalogheropoúlos, dite Maria),* soprano grecque (New York 1923 - Paris 1977). Dès ses débuts à la Scala de Milan en 1950, elle imposa une personnalité vocale et théâtrale qui influença sa génération. Elle quitta la scène en 1965. Ses rôles les plus célèbres ont été Norma, Elvira dans *les Puritains* (Bellini), Violetta *(La Traviata,* de Verdi), Médée (Cherubini), Tosca (Puccini) et Lucia di Lammermoor (Donizetti).

Callias *(paix de)* [449-448 av. J.-C.], accord conclu entre Athènes et les Perses, qui garantissait l'autonomie des cités grecques d'Asie et assurait l'hégémonie athénienne sur la mer Égée.

Callicratès, architecte grec du Vᵉ s. av. J.-C., collaborateur de Phidias et d'Ictinos pour la construction du Parthénon.

Callières *(Louis Hector de),* administrateur français (Torigni-sur-Vire 1648 - Québec 1703), gouverneur général de la Nouvelle-France (1699-1703).

Callimaque, poète et grammairien alexandrin (Cyrène v. 305 - v. 240 av. J.-C.), l'un des meilleurs représentants de la poésie alexandrine.

Calliope, la plus éminente des Muses de la mythologie grecque. Elle préside à la Poésie épique et à l'Éloquence.

Callisto, nymphe d'Arcadie, dans la mythologie grecque. Aimée de Zeus, elle fut changée en ourse par Héra et tuée à la chasse par Artémis. Zeus fit d'elle une constellation, la Grande Ourse.

Callot *(Jacques),* graveur et peintre français (Nancy 1592 - *id.* 1635). Il travaille en 1608 à Rome et de 1611 à 1621 à Florence, où il s'initie à l'eau-forte et acquiert la célébrité avec sa série des *Caprices* (1617) et sa *Foire d'Impruneta* (1620), dont la finesse est obtenue par divers progrès techniques. Quittant Florence pour Nancy, il grave d'après ses dessins italiens (les *Gobbi*), puis donne *les Gueux, le Siège de La Rochelle* (pour lequel il vient en France), *les Misères et les Malheurs de la guerre* (1633). Témoin aigu de son temps, il fait preuve d'une imagination puissante dans ses dessins, de précision dans ses gravures. Virtuose, il a cependant le goût de la simplicité des moyens.

Calmette *(Albert),* médecin et bactériologiste français (Nice 1863 - Paris 1933). Médecin de la marine, fondateur de l'Institut bactériologique de Saigon et de l'institut Pasteur de Lille, il étudia la bactériologie, la chimie physiologique et l'hygiène. Avec Guérin, il inventa la vaccination par le B. C. G.

Calonne *(Charles Alexandre de),* ministre français (Douai 1734 - Paris 1802). Nommé contrôleur général des Finances par Louis XVI en 1783, il appliqua une politique de grands travaux et proposa, en vue de rétablir l'équilibre budgétaire, la création d'une subvention territoriale devant frapper tous les propriétaires fonciers. L'Assemblée des notables ayant refusé d'entériner son plan, il fut disgracié (1787).

Caloocan, banlieue de Manille ; 468 000 hab.

Calpé, une des deux colonnes d'Hercule, ancien nom de Gibraltar.

Caltanissetta, v. d'Italie (Sicile), ch.-l. de prov. ; 60 162 hab.

Caluire-et-Cuire, ch.-l. de c. du Rhône, banlieue nord de Lyon ; 41 513 hab.

Calvados [14], dép. de la Région Basse-Normandie ; ch.-l. de dép. *Caen* ; ch.-l. d'arr. *Bayeux, Lisieux, Vire* ; 4 arr., 49 cant., 705 comm. ; 5 548 km² ; 618 478 hab. *(Calvadosiens).* Il est rattaché à l'académie et à la cour d'appel de Caen et à la région militaire Atlantique.

Calvi, ch.-l. d'arr. de la Haute-Corse ; 4 920 hab. *(Calvais).* Port de voyageurs. Station balnéaire. — Dans la Citadelle (ville haute), ancien palais des gouverneurs génois, église St-Jean-Baptiste, reconstruite à la fin du XVIᵉ siècle, et oratoire St-Antoine, abritant un trésor d'art religieux.

Calvin *(Jean)* ou **Cauvin,** réformateur français (Noyon 1509 - Genève 1564). Se destinant à la carrière ecclésiastique, Calvin fait ses études à Paris, où il se lie aux milieux novateurs qu'inspirent Lefèvre d'Étaples, Guillaume Budé et Nicolas Cop, recteur de l'Université. Mais en 1533 il est compromis dans le scandale d'une prédication de celui-ci, à la rédaction de laquelle il a collaboré et qui prend parti pour les thèses de Luther. Dès lors, fuyant l'Inquisition et prêchant la Réforme, Calvin erre de ville en ville. À Bâle, en 1536, il publie en latin son *Institution de la religion chrétienne,* dont l'édition française paraîtra en plusieurs versions successives de 1541 à 1560. Sa rencontre avec le réformateur genevois Guillaume Farel l'incite à s'établir à Genève, où il séjourne de 1536 à 1538 avant d'en être chassé par les autorités à la suite d'un différend concernant l'autonomie des Églises. Il passe alors trois ans (1538-1541) à Strasbourg, où il enseigne la théologie. Il y rédige sa célèbre *Épître à Sadolet,* apologie de la Réforme, et son *Petit Traité de la Sainte Cène.* Rappelé en 1541 à Genève, d'où il ne partira plus, Calvin peut désormais y édifier une communauté réformée correspondant à ses vues et faire de cette ville une « cité-Église » régie par les principes de l'Évangile. En 1555, sa victoire à la fois politique et religieuse est assurée, bien qu'assombrie par une certaine intolérance, notamment lors de l'exécution, en 1553, du protestant Michel Servet. Néanmoins, jusqu'à la mort de Calvin (1564), la paix règne dans Genève, devenue un havre de sécurité pour les réformés persécutés et dotée, dès 1559, d'une Académie qui, sous la direction de Théodore de Bèze, forme une élite qui répandra la Réforme en Europe, tandis qu'un accord est conclu avec les autres Églises de Suisse (au prix, cependant, d'une rupture avec les luthériens allemands).

Calvin *(Melvin),* biochimiste américain (Saint Paul, Minnesota, 1911). On lui doit la description du « cycle de Calvin », qui assure la photosynthèse des plantes chlorophylliennes. (Prix Nobel de chimie 1961.)

Calvino *(Italo),* écrivain italien (Santiago de Las Vegas, Cuba, 1923 - Sienne 1985). Ses contes introduisent l'humour et la fantaisie dans l'esthétique néoréaliste (*le Baron perché,* 1957 ; *Si par une nuit d'hiver un voyageur,* 1979).

Calvo Sotelo *(José),* homme politique espagnol (Tuy 1893 - Madrid 1936), chef du

Parti monarchiste. Son assassinat déclencha la guerre civile.

Calypso, nymphe de la mythologie grecque, qui habitait l'île d'Ogygie (peut-être Ceuta). D'après *l'Odyssée,* elle accueillit Ulysse naufragé et le retint auprès d'elle pendant dix ans. Son mythe s'apparente à celui de Circé.

Cam *(Diogo)* → **Cão.**

Camagüey, v. de Cuba, ch.-l. de prov., dans l'intérieur de l'île ; 272 000 hab. — Églises des XVIIe et XVIIIe siècles.

Camargue *(la),* région comprise entre les deux principaux bras du delta du Rhône ; 60 000 ha, dont près de la moitié en marais et étangs. Le sud, marécageux, est le domaine de l'élevage des taureaux et des chevaux ainsi que des marais salants. Au nord, on cultive le riz, la vigne et les plantes fourragères. (Hab. *Camarguais.)* La Camargue constitue aujourd'hui un parc naturel régional.

Ca Mau *(cap),* pointe sud de l'Indochine (Viêt Nam).

Cambacérès *(Jean-Jacques* de*), duc* de Parme, juriste et homme d'État français (Montpellier 1753 - Paris 1824). Député pendant la Convention et le Directoire, choisi par Bonaparte comme deuxième consul (1799), il fut un des principaux rédacteurs du Code civil promulgué en 1804. Il servit ensuite le régime impérial avec une fidélité absolue. (Acad. fr. 1803.)

Cambay *(golfe de),* golfe de la mer d'Oman, sur la côte occidentale de l'Inde (Gujerat).

Cambodge, État de l'Indochine, sur le golfe de Thaïlande ; 180 000 km² ; 9 millions d'hab. *(Cambodgiens).* CAP. *Phnom Penh.* LANGUE : *khmer.* MONNAIE : *riel.*

GÉOGRAPHIE
Des reliefs périphériques entourent une dépression occupée en son centre par les Lacs et les « Quatre Bras » (Mékong inférieur et supérieur, Tonlé Sap, Bassac). Dans ce pays tropical, la vie est rythmée par la mousson d'été permettant la riziculture, provoquant aussi des inondations saisonnières. Le riz demeure la base de l'alimentation, la pêche est temporairement et localement active. Les plantations d'hévéas (sur des terres basaltiques dans l'est), développées pendant la colonisation française, ont été en grande partie détruites par la guerre. Celle-ci, en dehors des énormes pertes humaines, a désorganisé l'économie, vidé les villes, ruiné finalement une situation assez favorable avant 1970 (grand nombre de petits paysans propriétaires, absence de

menace de surpeuplement et excédents de riz à l'exportation) dans le contexte de l'Asie du Sud-Est.

HISTOIRE
■ **Des origines au protectorat français.** Fondé au Ier s. de notre ère, le royaume du Funan, établi sur le delta et le cours moyen du Mékong, est conquis au XIe s. par des ancêtres des Khmers.
802-v. 836. Jayavarman II instaure le culte du dieu-roi, liant la royauté au pouvoir divin de Shiva, dieu de l'hindouisme.
Ses successeurs fondent un Empire dont les frontières atteignent la Birmanie et le Viêt Nam actuels. Sa capitale, Angkor, est le foyer d'une brillante civilisation. Le royaume décline au XIIIe s., époque à laquelle le bouddhisme triomphe.
1432. Angkor est abandonnée au profit de Phnom Penh.
À la fin du XVIe s., le Cambodge devient vassal du royaume siamois. Il sert par la suite de terrain de bataille entre Siamois et Vietnamiens (qui colonisent le delta du Mékong au XVIIIe s.).
1863. Traité établissant le protectorat de la France.
■ **Du protectorat au Cambodge actuel.**
1953. Norodom Sihanouk, roi depuis 1941, obtient l'indépendance totale du Cambodge.
1970. Devenu chef de l'État en 1960, il est renversé par un coup d'État militaire, appuyé par les États-Unis.
1975. Les Khmers rouges prennent le pouvoir.
Devenu le Kampuchéa démocratique, le pays est soumis à une dictature meurtrière, dirigée notamment par Pol Pot et soutenue par la Chine.
1979. Les adversaires du régime s'emparent du pouvoir avec l'aide militaire du Viêt Nam, qui occupe le pays.
Le Cambodge devient la République populaire du Kampuchéa.
1982. Sihanouk réussit à regrouper les adversaires du régime de Phnom Penh, avec lesquels il forme un gouvernement de coalition en exil.
1989. Les troupes vietnamiennes se retirent du pays, redevenu l'État du Cambodge.
1990. Création d'un Conseil national suprême (C. N. S.) regroupant les représentants du régime et ses opposants.
L'O. N. U. s'engage à contrôler la mise en place d'institutions démocratiques.
1991. Retour à Phnom Penh de Norodom Sihanouk nommé président du C. N. S.

1993. Après des élections organisées par l'O. N. U., la monarchie est restaurée et un gouvernement de coalition est formé.

Cambon *(Paul),* diplomate français (Paris 1843 - *id.* 1924), ambassadeur à Londres de 1898 à 1920. Son frère **Jules** (Paris 1845 - Vevey 1935) fut ambassadeur à Berlin de 1907 à 1914. (Acad. fr. 1918.)

Cambrai, ch.-l. d'arr. du Nord, sur l'Escaut, dans le Cambrésis ; 34 210 hab. *(Cambrésiens).* Archevêché. Industries textiles, mécaniques et alimentaires (confiserie : bêtises de Cambrai). Base aérienne. — En 1529 y fut conclu le traité de Cambrai, ou *paix des Dames,* négocié par Louise de Savoie au nom de François Ier et par Marguerite d'Autriche au nom de Charles Quint. Cambrai fut réuni à la France par Louis XIV (1677). — Monuments des XVIIe et XVIIIe siècles. Musées.

Cambrai *(ligue de),* alliance conclue entre le pape Jules II, l'empereur Maximilien, Louis XII et Ferdinand d'Aragon contre les Vénitiens. Louis XII fut l'exécuteur des décisions de la ligue, par sa victoire d'Agnadel (mai 1509).

Cambrésis, pays du nord de la France (v. princ. *Cambrai),* réuni au royaume après le traité de Nimègue (1678).

Cambridge, v. des États-Unis (Massachusetts) ; 95 802 hab. Université Harvard (musées). MIT (Massachusetts Institute of Technology).

Cambridge, v. de Grande-Bretagne, ch.-l. du Cambridgeshire ; 101 000 hab. — Université comptant des collèges célèbres (le premier fut fondé en 1284). Chapelle de style gothique perpendiculaire (2e moitié de XVe s.) de King's College. Riche musée Fitzwilliam.

Cambridge *(école de),* courant de doctrines économiques né en Grande-Bretagne à l'initiative de A. Marshall et reflétant la tendance anglo-saxonne du marginalisme. Plus récemment, la *nouvelle école de Cambridge* (Johan Robinson, N. Kaldor, P. Sraffa), en référence aux classiques et notamment à Ricardo, a développé certains aspects de la théorie keynésienne.

Cambronne *(Pierre),* général français (Nantes 1770 - *id.* 1842). Volontaire en 1791, il se distingua dans les campagnes de l'Empire et devint général en 1813. Il fut blessé à Waterloo, où il commandait le 1er chasseurs à pied de la Garde. Il aurait répondu à la sommation de se rendre par le mot célèbre auquel reste attaché son nom.

Cambyse II, roi de Perse (530-522 av. J.-C.). Fils et successeur de Cyrus II le Grand, il conquit l'Égypte (525).

Cameron *(Verney Lovett),* explorateur britannique (Radipole 1844 - Leighton Buzzard 1894). Parti de Zanzibar (1873), il traversa l'Afrique d'est en ouest et atteignit Benguela (auj. en Angola) [1875].

Camerone *(combat de)* [30 avr. 1863], combat de la guerre du Mexique où s'illustrèrent les légionnaires du corps expéditionnaire français et dont la date anniversaire est celle de la fête de la Légion étrangère française.

Cameroun, État de l'Afrique, sur le golfe de Guinée ; 475 000 km^2 ; 11 400 000 hab. *(Camerounais).* CAP. *Yaoundé ;* v. princ. *Douala.* LANGUES (officielles) : *français* et *anglais.* MONNAIE : *franc C. F. A.*

GÉOGRAPHIE

Étiré sur 1 200 km, du lac Tchad à l'Atlantique, densément peuplé dans le S.-O., plus humide et site des principales villes (Yaoundé et le port de Douala), le pays est presque vide sur les hauteurs de l'Adamaoua au centre, et dans les steppes du N., semi-arides. Les atouts ne manquent pas. Les cultures de plantations tiennent une place importante (café, cacao, coton, banane, arachide et caoutchouc naturel notamment), l'exploitation forestière également et, plus encore, le pétrole. En dehors de l'agroalimentaire, l'industrialisation est encore peu développée (production d'aluminium), mais la balance des échanges est à peu près équilibrée, avec des variations liées à celles du cours des matières premières, bases des exportations.

HISTOIRE

Au XVe s. est fondé au N.-O. du pays le royaume du Mandara. À la même époque, les navigateurs portugais atteignent les côtes. De nouveaux royaumes africains sont fondés à l'O. et au S. du pays au XVIIe s., tandis que les Européens viennent chercher esclaves et ivoire. Au début du XIXe s., le N. du territoire est conquis et islamisé par les Peuls.

1884. Le Cameroun est placé sous protectorat allemand.

1911. Un traité franco-allemand étend les possessions allemandes.

1916. Au cours de la Première Guerre mondiale, les alliés français, britanniques et belges conquièrent le Cameroun.
Le pays est partagé en deux zones, sous la tutelle de la France et de la Grande-Bretagne.

1960. Le Cameroun sous tutelle française devient un État indépendant sous la présidence d'Ahmadou Ahidjo.

1961. La zone sud de l'ancien Cameroun britannique rejoint l'État indépendant (la zone nord se rattache au Nigeria).

1982. Paul Biya succède à Ahidjo.

1990. Instauration du multipartisme.

1991. Le pouvoir en place, très contesté, doit faire face à la montée de l'opposition.

1995. Le Cameroun devient membre du Commonwealth.

Camillus *(Marcus Furius)*, homme d'État et général romain (fin du ve s. - 365 ? av. J.-C.). Il s'empara de Véies (396) et libéra Rome des Gaulois (390).

Camões ou **Camoens** *(Luís* Vaz de*)*, poète portugais (Lisbonne 1524 ou 1525 - *id.* 1580). Il est l'auteur de poèmes dans la tradition médiévale *(redondilhas)* ou pastorale, de sonnets inspirés de la Renaissance italienne et de l'épopée nationale des *Lusiades* (1572), qui a pour sujet les découvertes des Portugais dans les Indes orientales et pour héros principal Vasco de Gama.

Campagne → **Champagne.**

Campagne romaine, *en ital.* Agro Romano, région de l'Italie (Latium) située autour de Rome.

Campan *(Jeanne Louise* Genet, Mme*)*, éducatrice française (Paris 1752 - Mantes 1822). Secrétaire de Marie-Antoinette puis directrice de la maison de la Légion d'honneur d'Écouen, elle a laissé des *Mémoires*.

Campanella *(Tommaso)*, philosophe et dominicain italien (Stilo, Calabre, 1568 - Paris 1639). Accusé d'hérésie à plusieurs reprises, il fut torturé et jeté en prison, où il demeura 27 ans. Libéré, il trouva refuge en France auprès de Richelieu. Animé par un projet de réforme générale des sciences, il a rédigé aussi un tableau d'une société utopique *(la Cité du soleil).*

Campanie, *en ital.* Campania, région de l'Italie péninsulaire, entre le Garigliano au N. et le golfe de Policastro au S., sur le versant ouest de l'Apennin ; 13 600 km[2] ; 5 589 587 hab. Ch.-l. *Naples.* Elle comprend les provinces d'Avellino, Bénévent, Caserte, Naples et Salerne. Les paysages sont variés : moyennes montagnes calcaires ou volcaniques, collines argileuses et sableuses, plaines bonifiées (cultures maraîchères et fruitières). Une amorce d'industrialisation et l'essor du tourisme n'ont pas enrayé la traditionnelle émigration.

Camp David *(accords de)* [17 sept. 1978], accords conclus à Washington à l'issue du sommet américano-égypto-israélien, qui prévoyait la signature d'un traité de paix israélo-égyptien.

Camp du Drap d'or *(entrevue du)* [7-24 juin 1520], rencontre qui eut lieu dans une plaine des Flandres entre François Ier, roi de France, et Henri VIII, roi d'Angleterre. Le faste qu'ils y déployèrent accrut leur rivalité, et François Ier ne parvint pas à détourner Henri VIII d'une alliance avec Charles Quint.

Campeche *(baie* ou *golfe de)*, partie sud-ouest du golfe du Mexique, sur le littoral mexicain. Hydrocarbures. — Sur la côte est, le port de *Campeche* a 152 000 hab.

Campin *(Robert)* → **Flémalle.**

Campina Grande, v. du nord-est du Brésil ; 326 153 hab.

Campinas, v. du Brésil, au nord-ouest de São Paulo ; 846 084 hab.

Campine, région du nord de la Belgique (qui se prolonge aux Pays-Bas). Élevage bovin.

Campobasso, v. d'Italie, cap. de la Molise, ch.-l. de prov. ; 50 163 hab.

Campoformio *(traité de)* [18 oct. 1797], traité daté du bourg de Campoformio (auj. Campoformido), en Vénétie, et conclu entre la France et l'Autriche à l'issue de la campagne de Bonaparte en Italie. L'Autriche cédait à la France la Belgique et le Milanais, lui reconnaissait le droit d'annexion sur la rive gauche du Rhin et recevait la partie orientale de l'ancienne République de Venise.

Campo Grande, v. du Brésil, cap. du Mato Grosso do Sul ; 525 612 hab.

Campos, v. du Brésil, dans le nord de l'État de Rio de Janeiro ; 388 640 hab.

Campra *(André)*, compositeur français (Aix-en-Provence 1660 - Versailles 1744). Un des créateurs de l'opéra-ballet *(l'Europe galante,* 1697) et de la tragédie lyrique *(les Fêtes vénitiennes,* 1710), il a aussi composé des motets, un *Requiem* (1722) et des cantates profanes.

Cam Ranh, port de la côte méridionale du Việt Nam ; 118 000 hab.

Camus *(Albert)*, écrivain français (Mondovi, auj. Deraan, Algérie, 1913 - Villeblevin 1960). Issu d'un milieu modeste, il fut élevé par sa mère. Une tuberculose précoce interrompt sa carrière universitaire ; il s'occupe alors de théâtre, puis de journalisme, écrit *l'Envers et l'Endroit* (1937) et se rend en France, où il publie un recueil de nouvelles, *Noces* (1938). En 1942, il connaît un succès immédiat avec son roman *l'Étranger* (→ **Étranger**). La même année paraît *le Mythe de Sisyphe,* essai philosophique sur le sentiment de l'absurde. Après avoir écrit des éditoriaux pour le journal *Combat* à la Libération, il publie des romans (*la Peste,* 1947 [→ **Peste**] ; *la Chute,* 1956), des pièces de théâtre (*Caligula,* 1945 ; *les Justes,* 1949), des essais philosophiques hostiles au communisme (*l'Homme révolté,* 1951) et des nouvelles (*l'Exil et le royaume,* 1957). Constatant l'omniprésence de l'injustice et du mal sur la terre, Camus proclame l'absurdité du destin de l'homme. Cette prise de conscience débouche sur une révolte : si l'existence n'a pas de justification, il appartient à l'homme non pas de constater d'une façon pessimiste sans réagir, mais d'imposer ses propres valeurs en étant lucide et responsable de lui-même et en cherchant à introduire dans le monde plus de bonheur et de justice. Il meurt dans un accident de la route. (Prix Nobel 1957.)

Cana, ville de Galilée, où l'Évangile de Jean situe le premier miracle de Jésus, celui où il changea l'eau en vin lors d'un repas de noces.

Canaan, nom biblique du pays correspondant soit à l'ensemble de la Syrie-Palestine, soit à la bande du littoral méditerranéen, et qui représente la Terre jadis promise par Dieu aux Hébreux, une terre fertile où, selon le livre des Nombres, « coulent le lait et le miel ».

Canada, État de l'Amérique du Nord, membre du Commonwealth, divisé en dix provinces : *Nouvelle-Écosse, Nouveau-Brunswick, Québec, Ontario, Manitoba, Colombie-Britannique, Île-du-Prince-Édouard, Alberta, Saskatchewan, Terre-Neuve,* plus les *Territoires du Nord-Ouest* et du *Yukon ;* 9 975 000 km² ; 27 300 000 hab. *(Canadiens),* dont environ 7 millions de Canadiens francophones. CAP. FÉDÉRALE : *Ottawa.* Les agglomérations les plus peuplées sont celles de *Toronto, Montréal, Vancouver, Ottawa-Hull, Edmonton, Calgary, Winnipeg, Québec, Hamilton.* LANGUES : anglais et français. MONNAIE : *dollar canadien.*

GÉOGRAPHIE

■ **Le milieu naturel.** Plus vaste que les États-Unis (Alaska inclus), le Canada est presque dix fois moins peuplé. Ce contraste n'est pas lié au relief (le paysage des plateaux domine dans l'est et le centre ; la montagne [système des Rocheuses] n'est vraiment présente que dans l'Ouest). Il résulte essentiellement du climat. Les Rocheuses opposent une barrière aux influences pluvieuses et adoucissantes du Pacifique, mais surtout la latitude entraîne une rigueur croissante de l'hiver vers le nord. Les feuillus des basses terres laurentiennes cèdent rapidement la place aux conifères, auxquels succèdent la toundra puis parfois, dans l'extrême-nord, insulaire, les glaces.

■ **La population.** Elle se concentre dans la vallée du Saint-Laurent et sur le pourtour des lacs Huron et Ontario. Le peuplement est plus diffus dans la Prairie, rurale, ponctuel dans les Rocheuses et sur le littoral pacifique. Cette population est fortement urbanisée, avec notamment trois agglomérations millionnaires (Toronto, Montréal et Vancouver). Elle ne s'accroît plus que très lentement en raison du fort ralentissement de l'immigration (d'ailleurs compensée par des départs vers les États-Unis) et surtout de la chute du taux de natalité. Cette population, héritage de l'histoire, reste marquée par le dualisme anglophones (majoritaires)-francophones, qui déborde d'ailleurs le domaine linguistique. Les francophones, qui représentent près de 30 % du total, dominent dans le Québec et sont encore nombreux au Nouveau-Brunswick et dans l'est de l'Ontario.

■ **L'économie.** Le Canada doit à son étendue un potentiel agricole et industriel considérable. Le sous-sol (d'ailleurs encore incomplètement mis en valeur ou prospecté) fournit des quantités notables de pétrole, de gaz naturel, de charbon aussi. En ajoutant les apports de l'hydroélectricité, toujours prédominante, et du nucléaire (favorisé par d'abondantes ressources en uranium), le pays est bien doté sur le plan énergétique. Il figure encore parmi les dix premiers producteurs mondiaux de minerais de fer, de cuivre, de nickel, de cobalt, de plomb et de zinc, d'or et d'argent. L'agriculture n'emploie plus guère que 4 % de la population active (plus de 60 % dans les services), mais, mécanisée et disposant de superficies étendues, elle livre notamment du blé, en grande partie exporté, alors que l'élevage bovin est également développé. La forêt couvre environ le tiers du sol. La pêche maritime est active. Une part importante de l'industrie valorise ces productions : agro-alimentaire, industrie du bois (notamment pâtes et papier), métallurgie de concentration des minerais, raffinage du pétrole et pétrochimie. La sidérurgie occupe une place notable, la production d'aluminium est liée à l'abondance de l'hydroélectricité, mais nécessite l'importation de bauxite (ou d'alumine). Toutes les branches de transformation et de consommation (constructions mécaniques et électriques, chimie fine, textile, etc.) sont pratiquement représentées, mais une partie non négligeable de l'industrie (automobile, électronique, pétrole et chimie) est contrôlée par les capitaux américains. Sur le plan spatial, les liens sont étroits entre les régions frontalières des deux pays, alors que, malgré le développement des transports (l'avion succédant aux historiques transcontinentaux ferroviaires), les liaisons sont parfois longues ou difficiles entre les façades atlantique et pacifique.

Le poids des États-Unis s'exprime aussi dans le commerce extérieur. Mais le solde est généralement excédentaire, situation qui, liée et ajoutée au potentiel agricole, minéral et énergétique, témoigne d'atouts assez exceptionnels dans le monde occidental.

HISTOIRE

■ **La Nouvelle-France.** Le premier peuplement du pays est constitué par des tribus amérindiennes. La véritable exploration du Canada commence avec Jacques Cartier, à partir de 1534.

1608. Fondation de Québec par Champlain.

1627. Le cardinal de Richelieu crée la Compagnie des Cent-Associés, chargée de coloniser le pays.

L'agriculture se développe, ainsi que le commerce des fourrures. Les Français et leurs alliés hurons doivent faire face aux incursions des Iroquois.

1663-64. Louis XIV réintègre le Canada (Nouvelle-France) dans le domaine royal, le dote d'une nouvelle administration et fonde la Compagnie des Indes occidentales.

Avec l'intendant Jean Talon, la Nouvelle-France connaît un bel essor et la colonisation se développe le long du fleuve Saint-Laurent. Les Anglais tentent de s'implanter au Canada et combattent les Français.

1713. Par le traité d'Utrecht, la France cède l'Acadie à l'Angleterre ainsi que ses droits sur Terre-Neuve et la baie d'Hudson.

Par ailleurs, l'exploration pénètre au cœur du continent et atteint la Louisiane.

1756. Début de la guerre de Sept Ans.

1759. Défaite des Français dirigés par Montcalm aux « plaines d'Abraham », près de Québec.

1763. Par le traité de Paris, Louis XV cède le Canada à la Grande-Bretagne.

■ **Le Canada britannique.**

1783. La signature du traité de Versailles, reconnaissant l'indépendance des États-Unis, provoque l'arrivée massive des loyalistes américains.

1812-1814. Guerre avec les États-Unis : les troupes de ces derniers sont repoussées.

1820-1836. Les parlementaires s'affirment, avec, dans le Haut-Canada, William Lyon Mackenzie et, dans le Bas-Canada, Louis Joseph Papineau. Ils exigent un vrai régime parlementaire contrôlant le budget et votant les lois.

1837. Révoltes chez les anglophones comme chez les francophones, contre le pouvoir trop absolu de Londres.

La révolte écrasée, le gouvernement britannique crée le Canada-Uni (1840). Après avoir imposé sa solution, Londres favorise une évolution libérale (constitution d'un gouvernement responsable devant l'Assemblée des élus). L'économie se développe rapidement.

■ **La Confédération canadienne.**

1867. L'Acte de l'Amérique du Nord britannique crée une Confédération canadienne, formée par l'Ontario, le Québec, le Nouveau-Brunswick et la Nouvelle-Écosse. Un gouvernement fédéral est institué.

1870-1873. Le Manitoba (1870), la Colombie-Britannique (1871) puis l'Île-du-Prince-Édouard (1873) sont intégrés au Canada.

1885. Achèvement du chemin de fer transcontinental.

Dirigé par le conservateur Macdonald (de 1867 à 1873 et de 1878 à 1891), le Canada bénéficie d'une intense immigration à la fin du xixe s. et au début du xxe ; à côté des deux « peuples fondateurs », une mosaïque de nationalités s'établit dans le pays.

1905. L'Alberta et la Saskatchewan sont constitués en provinces.

1914-1918. Le Canada accède au rang de puissance internationale par sa participation à la Première Guerre mondiale aux côtés des Alliés.

Entre les deux guerres mondiales, l'émancipation complète du Canada est acquise avec les gouvernements du libéral William Lyon Mackenzie King (de 1921 à 1930 et de 1935 à 1948).

1926. La Conférence impériale reconnaît l'indépendance du Canada au sein du Commonwealth, sanctionnée par le statut de Westminster (1931).

1940-1945. Le Canada déclare la guerre à l'Allemagne. Jusqu'à la fin du conflit (1945), il développe une puissante industrie de guerre.

1949. Terre-Neuve entre dans la Confédération.

Les libéraux sont au pouvoir avec L. Saint-Laurent (1948-1957), L. Pearson (1963-1968), puis P.E. Trudeau (1968-1979 et 1980-1984).

Au cours de ces années, la Confédération doit faire face aux revendications autonomistes de la province francophone de Québec.

1982. Le Canada obtient le rapatriement de sa Constitution, ce qui lui permet de modifier ses lois fondamentales sans l'autorisation du Parlement britannique.

1984. Démission de Trudeau. B. Mulroney lui succède après la victoire des conservateurs aux élections.

1988. Nouvelle victoire des conservateurs aux élections. Signature d'un accord de libre-échange avec les États-Unis.

1989. Le Canada adhère à l'Organisation des États américains.

1990. Échec de l'accord constitutionnel dit « du lac Meech », destiné à satisfaire les demandes minimales du Québec.

1992. Soumis à référendum, un nouvel accord, signé à Charlottetown, entre représentants du gouvernement fédéral, des provinces et des Amérindiens, est rejeté.

1993. Démission de B. Mulroney. Kim Campbell, élue à la tête du parti conservateur, lui succède. Après les élections, Jean Chrétien, chef des libéraux, devient Premier ministre.

1994. L'accord de libre-échange, négocié en 1992 avec les États-Unis et le Mexique, entre en vigueur.

1995. Le référendum sur la souveraineté du Québec, qui voit les partisans du maintien de la province dans l'ensemble canadien l'emporter d'extrême justesse sur les indépendantistes, ébranle fortement la Confédération.

Canada-France-Hawaii *(télescope)* [C. F. H.], télescope franco-canadien de 3,60 m de diamètre, mis en service en 1979 sur le Mauna Kea (Hawaii), à 4 200 m d'altitude.

Canadian River, riv. des États-Unis née dans le sud des Rocheuses, affl. de l'Arkansas (r. dr.) ; 1 544 km.

Canadien *(bouclier),* région géologique du Canada, correspondant à un socle raboté par les glaciers et entourant la baie d'Hudson.

Canaletto *(Antonio* Canal, dit*),* peintre et graveur italien (Venise 1697 - *id.* 1768). Il travailla avec son père, décorateur de théâtre, reçut des leçons de perspective du védutiste Luca Carlevarijs (1665-1731) et rencontra Pannini, à Rome, avant de se consacrer à la description de Venise (canaux et monuments, fêtes) et des vues d'une grande précision, poétisées par les jeux de lumière. Il a aussi travaillé en Angleterre. Son neveu Bernardo Bellotto (1720-1780) fut son élève.

Canal + (Canal Plus), chaîne française de télévision à péage, distribuée par voie hertzienne et lancée en 1984. Elle accorde une place importante à la diffusion de films et au sport.

Cananéens, envahisseurs sémitiques installés en Syrie et en Palestine au IIIe millénaire av. J.-C. Leurs cités continentales disparurent sous la poussée des Hébreux et des Araméens (XIIIe-XIIe s.). Ils se maintinrent sur le littoral sous le nom de *Phéniciens.*

Canaques → **Kanak.**

Canard enchaîné *(le),* hebdomadaire satirique illustré, sans publicité, fondé à Paris en 1916 par Maurice et Jeanne Maréchal.

Canard sauvage *(le),* drame en 5 actes, en prose, de H. Ibsen (1884).

Canaries *(courant des),* courant marin froid longeant vers le sud les côtes du Maroc et de la Mauritanie.

Canaries *(îles),* en esp. Canarias, archipel volcanique de l'Atlantique, à une centaine de kilomètres au large du Maroc méridional, réparti administrativement entre les deux provinces espagnoles de Santa Cruz de Tenerife et de Las Palmas et constituant une communauté autonome depuis 1982. Couvrant près de 7 300 km², l'archipel compte 1 601 812 hab. Il comprend les îles de la Grande Canarie, Fuerteventura, Lanzarote, Tenerife, Gomera, Palma et Hierro (île du Fer). — Ces îles, dont le Normand Jean de Béthencourt entama la conquête en 1402, furent reconnues espagnoles en 1479.

Canaris *(Constantin)* → **Kanáris.**

Canaris *(Wilhelm),* amiral allemand (Aperlbeck 1887 - Flossenbürg 1945). Chef des services de renseignements de l'armée allemande (Abwehr) de 1935 à 1944, il fut exécuté sur ordre de Hitler.

Canaveral *(cap),* de 1964 à 1973 *cap Kennedy,* flèche sableuse de la côte est de la Floride ; principale base de lancement d'engins spatiaux des États-Unis.

Canberra, cap. fédérale de l'Australie ; 297 300 hab. Construite selon le plan de l'architecte américain Walter Burley Griffin sur un site de la Cordillère australienne choisi en 1912, à peu près à égale distance des métropoles rivales de Melbourne et de Sydney, Canberra est un centre administratif et commercial. — La ville abrite la Bibliothèque nationale et la Galerie nationale d'art (1982).

Cancer, constellation zodiacale. — Quatrième signe du zodiaque, dans lequel le Soleil entre au solstice d'été.

Cancún, île du Mexique, près de la côte nord-est du Yucatán ; tourisme.

Candide ou l'Optimisme → **Voltaire.**

Candie → **Héraklion.**

Candolle (*Augustin Pyrame* de*),* botaniste suisse (Genève 1778 - *id.* 1841), auteur de la *Théorie élémentaire de la botanique* (1813), grand descripteur et classificateur du monde végétal.

Candragupta ou **Chandragupta,** nom de trois souverains de l'Inde : **Candragupta,** fondateur de la dynastie maurya (v. 320 - v. 296 av. J. - C.) ; **Candragupta I**er**,** fondateur de la dynastie gupta (v. 320 - v. 330 apr. J.-C.) ; **Candragupta II** (v. 375-414).

Canetti (*Elías*)*,* écrivain britannique d'expression allemande (Ruse, Bulgarie, 1905 - Zurich 1994). Il est l'auteur de romans allégoriques (*Auto-da-fé,* 1935) et d'essais (*Masse et Puissance,* 1960) qui analysent les mobiles des actions humaines. (Prix Nobel 1981.)

Cange (*Charles* du Fresne, *seigneur* du*),* érudit français (Amiens 1610 - Paris 1688), auteur d'ouvrages sur Byzance et l'Orient latin ainsi que de glossaires sur le latin et le grec non classiques.

Canguilhem (*Georges*)*,* philosophe français (Castelnaudary 1904 - Marly-le-Roi 1995). Ses recherches constituent une contribution décisive pour l'essor de l'histoire des sciences et de l'épistémologie. Il a écrit *le Normal et le Pathologique* (1966), *Études d'histoire et de philosophie des sciences* (1968).

Canigou (*le*)*,* massif des Pyrénées-Orientales, dominant le Roussillon ; 2 784 m. — Sur le flanc nord, ancienne abbaye St-Martin-du-Canigou, remontant au début du xie siècle.

Canjuers (*plan de*)*,* plateau calcaire aride de Provence (dép. du Var), au sud des gorges du Verdon, à proximité de Draguignan. Camp militaire.

Cannes, ch.-l. de c. des Alpes-Maritimes ; 69 363 hab. (*Cannois*). Station balnéaire et hivernale. — Festival international de cinéma. Musée de la Castre (archéologie et ethnographie des cinq continents ; fonds régional).

Cannes (*bataille de*) [216 av. J.-C.], victoire d'Hannibal sur les Romains en Apulie (Italie méridionale), au cours de la deuxième guerre punique.

Cannet (Le)**,** ch.-l. de c. des Alpes-Maritimes ; 42 005 hab. (*Cannettans*).

Canning (*George*)*,* homme politique britannique (Londres 1770 - Chiswick 1827). Tory, ministre des Affaires étrangères (1807-1809), il mena énergiquement la guerre contre la France. De retour au Foreign Office (1822-1827), Premier ministre (1827), il favorisa le libre-échange et pratiqua en Europe une politique de non-intervention.

Cannizzaro (*Stanislao*)*,* chimiste italien (Palerme 1826 - Rome 1910). Il introduisit la notion de nombre d'Avogadro (1858) et découvrit les alcools aromatiques.

Cano (*Alonso*)*,* sculpteur, peintre et architecte espagnol (Grenade 1601 - *id.* 1667). Travaillant à Séville, Madrid puis Grenade, peintre d'une sévère monumentalité, influencé par les Vénitiens et par Velázquez, puis tendant au baroque, il exprime autant de tendresse que de mysticisme tourmenté dans ses statues polychromes.

Canossa, village d'Italie (Émilie). Le futur empereur germanique Henri IV y fit amende honorable devant le pape Grégoire VII (28 janv. 1077) durant la querelle des Investitures, dont l'enjeu principal était la nomination des évêques et des abbés. Cet épisode est à l'origine de l'expression *aller à Canossa,* s'humilier devant son adversaire.

Canova (*Antonio*)*,* sculpteur italien (Possagno, prov. de Trévise, 1757 - Venise 1822). Tailleur de pierre dans son enfance, il devint à Rome la figure majeure du néoclassicisme. Artiste attitré de la papauté et de l'Empire napoléonien, il fut chargé de commandes officielles (bustes, tombeaux d'une simplicité monumentale), tandis qu'il multipliait les mythologies aimables pour une riche clientèle privée (*Amour et Psyché,* marbre, Louvre). Le contraste est grand entre ses fougueuses et vivantes esquisses dessinées ou modelées et la froide perfection des marbres finals.

Canrobert (*François* Certain)*,* maréchal de France (Saint-Céré 1809 - Paris 1895). Il commanda le corps expéditionnaire en Crimée (1855) et se distingua à Saint-Privat (1870).

Cantabres, peuple de l'ancienne Espagne, au sud du golfe de Gascogne, soumis par les Romains en 25-19 av. J.-C.

Cantabrique, communauté autonome d'Espagne (depuis 1982) [529 866 hab.] correspondant à la province de Santander.

Cantabriques *(monts),* prolongement montagneux des Pyrénées, dans le nord de la péninsule Ibérique, le long du golfe de Gascogne ; 2 648 m.

Cantacuzène, famille de l'aristocratie byzantine qui a donné des empereurs à Byzance, des despotes à Mistra et des princes à la Roumanie.

Cantal, massif volcanique d'Auvergne, très démantelé par l'érosion, bordé de planèzes basaltiques et culminant au *plomb du Cantal* (1 855 m).

Cantal [15], dép. de la Région Auvergne ; ch.-l. de dép. *Aurillac* ; ch.-l. d'arr. *Mauriac* et *Saint-Flour* ; 3 arr., 27 cant., 260 comm. ; 5 726 km² ; 158 723 hab. *(Cantaliens ou Cantalous).* Le département est rattaché à l'académie de Clermont-Ferrand, à la cour d'appel de Riom et à la région militaire Méditerranée.

Cantatrice chauve *(la),* pièce d'Eugène Ionesco (1950). La plupart des répliques proviennent d'un manuel de conversation franco-anglais. Mais elles se dérèglent chez Ionesco : la semaine n'a plus que trois jours, le réel s'effondre, et un capitaine des pompiers interviennent pour demander des nouvelles de la cantatrice chauve. C'est la première des « anti-pièces » de l'auteur.

Canterbury, *en fr.* Cantorbéry, v. de Grande-Bretagne (Kent) ; 33 000 hab., siège de l'archevêque primat du royaume. **ARTS.** Imposante cathédrale gothique (succédant à un édifice roman) construite de la fin du XIIᵉ au XVᵉ siècle : crypte romane, chœur très allongé du premier art gothique, double transept, nef de style perpendiculaire ; vitraux des XIIᵉ et XIIIᵉ siècles, tombeaux ; cloître et dépendances diverses. Autres monuments et vestiges du Moyen Âge.

Cantho, v. du Việt Nam méridional ; 182 000 hab.

Cantillon *(Richard),* banquier, économiste et démographe irlandais (1680 - Londres 1734). Auteur d'un *Essai sur la nature du commerce en général,* publié en 1755, il inspira les physiocrates et Adam Smith.

Cantique des cantiques *(le),* livre biblique (v. 450 av. J.-C.) qui est un recueil de poèmes lyriques chantant l'amour du bien-aimé et de la bien-aimée. La tradition juive a vu dans cette idylle l'allégorie de l'amour réciproque de Dieu et de son peuple.

Canton, *en chin.* **Guangzhou** ou **Kouang-tcheou,** port de Chine, cap. du Guangdong, à l'embouchure du Xi Jiang ; env. 4 millions d'hab. *(Cantonais).* Industries mécaniques, chimiques et textiles. **HIST.** Centre d'un actif commerce avec l'Inde et l'Empire musulman dès le VIIᵉ siècle, la ville eut des contacts avec les

Occidentaux à partir de 1514. **ARTS.** Temple des Six Banians fondé en 537, reconstruit aux Xᵉ et XIᵉ siècles ; Guanzxiaosi, temple bouddhique renfermant deux pagodes en fer du Xᵉ siècle. Musées, dont celui présentant le mobilier funéraire complet d'un empereur du Sud du IIᵉ s. av. J.-C.

Cantor *(Georg),* mathématicien allemand (Saint-Pétersbourg 1845 - Halle 1918). Professeur à l'université de Halle (1879), il conçoit avec R. Dedekind toutes les idées de la théorie des ensembles. En étudiant la notion d'infini, il imagine, en 1879, les *nombres transfinis* (cardinal d'un ensemble infini), puis découvre les notions de puissance du dénombrable (correspondant à l'infinité des nombres entiers) et de celle du continu (correspondant à l'infinité des points d'un segment de droite), l'arithmétique des nombres transfinis, etc.

Cão ou **Cam** *(Diogo),* navigateur portugais du XVᵉ siècle, qui reconnut en 1483 l'embouchure du Zaïre (Congo).

Cao Bang, v. du nord du Việt Nam. — Victoire des forces du Việt-minh sur les troupes françaises (1950).

Cao Cao ou **Ts'ao Ts'ao,** homme de guerre et poète chinois (dans le Anhui ? 155 - Luoyang 220). Il ouvrit à la poésie chinoise la voie de l'inspiration personnelle.

Cao Xueqin ou **Ts'ao Siue-k'in,** écrivain chinois (v. 1715 - 1763). Son roman *le Rêve dans la chambre rouge,* écrit dans une langue très pure et parsemé de nombreux poèmes, est une fresque de la société aristocratique de l'époque.

Cap (Le), *en angl.* Cape Town, *en afrikaans* Kaapstad, cap. législative de l'Afrique du Sud, ch.-l. de la prov. du Cap-Ouest, port actif à l'extrémité sud du continent africain, sur la baie de la Table, à 50 km du cap de Bonne-Espérance ; 1 912 000 hab. — Le Cap fut fondé par les Hollandais en 1652 ; la ville devint britannique, avec toute la province, en 1814.

Cap (Le), anc. prov. d'Afrique du Sud ayant formé en 1994 les prov. du *Cap-Est (ch.-l. Bisho-King William's Town),* du *Cap-Nord* (ch.-l. *Kimberley)* et du *Cap-Ouest* (ch.-l. *Le Cap)* ainsi qu'une partie de la prov. du Nord-Ouest. **HIST.** Colonisée à partir de 1652 par les Hollandais, la région est cédée en 1814 aux Britanniques, qui y organisent une colonie. Celle-ci adhère à l'Union sud-africaine en 1910.

Capa *(Andrei* Friedmann, *dit* Robert*),* photographe américain d'origine hongroise

(Budapest 1913 - près de Thai Binh, Viêt Nam, 1954). Il cerna l'événement avec une infaillible sûreté, dont témoignent ses images de la guerre d'Espagne, du débarquement en Normandie ou de l'entrée des armées en Allemagne.

Cap-Breton *(île du),* île du Canada (Nouvelle-Écosse), à l'entrée du golfe du Saint-Laurent (reliée par une route au continent). V. princ. *Sydney.* Parc national.

Čapek *(Karel),* écrivain tchèque (Malé-Svatoňovice 1890 - Prague 1938). Il est l'auteur de romans (la *Fabrique d'absolu,* 1922) et de pièces de théâtre (dont *R. U. R.* [*Rossum's Universal Robots,* 1920], où apparaît pour la première fois le mot « robot ») qui dénoncent la soumission de l'homme à ses propres créations scientifiques et techniques.

Cap-Est, province d'Afrique du Sud, sur l'océan Indien ; 170 616 km² ; 6 665 400 hab. Ch.-l. *Bisho.*

Capet (« Vêtu d'une cape »), surnom d'Hugues, roi de France, et nom donné à Louis XVI sous la Révolution.

Capétiens, dynastie de rois qui se succédèrent sur le trône de France de 987 à 1328. Également dite « des Capétiens directs », la dynastie fut fondée par Hugues Capet en 987 et succéda aux Carolingiens. Elle comprend 14 souverains : Hugues Capet (987-996), Robert II *le Pieux* (996-1031), Henri Iᵉʳ (1031-1060), Philippe Iᵉʳ (1060-1108), Louis VI *le Gros* (1108-1137), Louis VII (1137-1180), Philippe II *Auguste* (1180-1223), Louis VIII (1223-1226), Louis IX (Saint Louis, 1226-1270), Philippe III *le Hardi* (1270-1285), Philippe IV *le Bel* (1285-1314), Louis X *le Hutin* (1314-1316), Philippe V *le Long* (1316-1322), Charles IV *le Bel* (1322-1328). A l'origine, les Capétiens exerçaient leur autorité directe sur un domaine exigu, situé entre Seine et Loire. Par mariages, par achats, par conquêtes et par l'usage de leurs droits de suzerain, ils étendirent considérablement le domaine royal, hors duquel ils ne laissèrent que la Bretagne, la Bourgogne, la Flandre et l'Aquitaine. Ils mirent en place les institutions fondamentales de la monarchie française et développèrent une administration centralisée. Les Capétiens directs eurent pour successeurs les Valois, issus d'une branche collatérale.

Cap-Haïtien, port d'Haïti, sur la côte nord de l'île ; 76 000 hab.

Capharnaüm, petite ville de Galilée, au bord du lac de Tibériade, dont Jésus fit le centre de sa prédication au début de sa vie publique.

Capital *(le),* ouvrage de Marx (livre I, 1867).

Capitant *(Henri),* juriste français (Grenoble 1865 - Allinges, Haute-Savoie, 1937), professeur de droit, auteur de nombreux ouvrages de droit civil. On lui doit notamment *Cours élémentaire de droit civil français* (1914, en collab. avec Ambroise Colin).

Capitole *(le)* ou **Capitolin** *(mont)* [lat. *Capitolium, de caput,* sommet]. La plus illustre des collines de Rome, sur laquelle s'élevait le temple de Jupiter *Capitolin,* protecteur de la Cité, entouré de Junon et de Minerve (« triade capitoline »). L'actuelle *place du Capitole* a été tracée par Michel-Ange. L'un de ses palais est l'hôtel de ville de Rome, les deux autres sont des musées d'antiques. On fait parfois allusion aux *oies du Capitole.*

Caplet *(André),* compositeur français (Le Havre 1878 - Neuilly-sur-Seine 1925), auteur de musique religieuse (le *Miroir de Jésus,* 1923).

Cap-Nord, province d'Afrique du Sud, limitrophe de la Namibie et du Botswana ; 363 389 km² ; 763 900 hab. Ch.-l. *Kimberley.*

Capo d'Istria ou **Capodistria** *(Jean, comte de),* homme d'État grec (Corfou 1776 - Nauplie 1831). Après avoir été au service de la Russie (1809-1822), il fut élu président du nouvel État grec (1827), dont il jeta les bases. Il fut assassiné.

Capone *(Alphonse, dit Al),* gangster américain (Brooklyn, New York, 1899 - Miami 1947). Il fit fortune grâce au commerce clandestin de boissons alcoolisées, qu'il organisa aux États-Unis pendant la prohibition.

Caporetto *(bataille de)* [oct. 1917], victoire des Austro-Allemands sur les Italiens à Caporetto, sur l'Isonzo (auj. *Kobarid,* Slovénie).

Capote *(Truman),* écrivain américain (La Nouvelle-Orléans 1924 - Los Angeles 1984). Il fut l'un des représentants de l'école néoromantique du Sud (la *Harpe d'herbe,* 1951) avant d'évoluer vers le « roman-reportage » (*De sang-froid,* 1965). Ses derniers récits (*Music for Chameleons,* 1979) conjuguent humour et nostalgie.

Capoue, en ital. Capua, v. d'Italie (Campanie), sur le Volturno ; 17 967 hab. *(Capouans).* Hannibal s'en empara (215 av. J.-C.) ; son armée, affaiblie par le luxe de la ville *(délices de Capoue),* y perdit sa combativité. — Nombreux vestiges d'époque impériale : amphithéâtre, thermes, mausolées. Musée campanien. À 5 km au nord-est, basilique de S. Angelo in Formis, du XIᵉ siècle, avec un remarquable décor de fresques.

Cap-Ouest, province de l'extrémité méridionale de l'Afrique du Sud ; 129 285 km² ; 3 620 000 hab. Ch.-l. *Le Cap.*

Cappadoce, région d'Anatolie (Turquie), qui fut le centre de l'Empire hittite (IIIe-IIe millénaire av. J.-C.). Intégrée à l'Empire perse (vie s. av. J.-C.), puis à l'Empire romain (18 apr. J.-C.), elle devint à la fin du ive siècle un brillant foyer du christianisme. **ARTS.** Ornées de fresques, les nombreuses églises rupestres constituent une véritable « réserve » de peintures murales chrétiennes. L'évolution ininterrompue de l'école cappadocienne permet une étude de la peinture grecque, grâce, notamment, à la présence de fresques de la période préiconoclaste (vie-viiie s.). Les fresques des ixe, xe et xie siècles sont de style moins homogène. Aspects régionaux ou renaissance macédonienne (nouvelle église de Tokali) s'épanouissent avant de suivre une évolution comparable à celle de la peinture byzantine.

Cappiello (Leonetto), dessinateur, affichiste et peintre italien, naturalisé français (Livourne 1875 - Grasse 1942). Célèbre pour ses portraits-charges de personnalités parisiennes (dès 1898), il se consacra à partir de 1904 à l'affiche, synthétisant le « message » avec une expressive vigueur (*Ouate Thermogène,* 1909).

Capponi, famille italienne qui joua un grand rôle dans la vie florentine du xive au xixe siècle. L'un de ses membres, **Gino** (Florence 1792 - *id.* 1876), homme politique et historien, soutint activement le Risorgimento.

Capra (Frank), cinéaste américain d'origine italienne (Palerme 1897 - Los Angeles 1991). Émigré aux États-Unis avec sa famille dès 1903, il travaille avec Mack Sennett avant de mettre en scène, à partir de 1926, une série de films, pour la plupart des comédies (*The Strong Man,* 1926). Il fait équipe avec le scénariste Robert Riskin à partir de 1928 et réalise quelques-unes des meilleures comédies américaines d'avant-guerre, optimistes et sophistiquées : *Lady for a Day* (1933), *New York - Miami* (1934), *l'Extravagant M. Deeds* (1936), *Vous ne l'emporterez pas avec vous* (1938), *M. Smith au Sénat* (1939), *Arsenic et Vieilles Dentelles* (1944).

Caprera, petite île de la côte nord de la Sardaigne. Tourisme.

Capri, île du golfe de Naples ; 7 045 hab. Rivages escarpés et creusés de grottes. Grand centre touristique. — Résidence favorite de Tibère (ruines de deux villas).

Capricorne, constellation zodiacale. — Dixième signe du zodiaque, dans lequel le Soleil entre au solstice d'hiver.

Caprivi (Leo von), général et homme d'État allemand (Charlottenburg, auj. rattaché à Berlin, 1831 - Skyren, Brandebourg, 1899). Chef de l'Amirauté (1883-1888), puis président du Conseil de Prusse (1890-1892), il fut chancelier d'Empire (1890-1894).

Captivité de Babylone (la), ouvrage de Luther (1520), où il décrit la domination de l'Église par l'autorité de Rome. C'est de ce livre qu'ont été tirées les principales propositions condamnées par le concile de Trente.

Capulets (les), famille légendaire de Vérone, que Shakespeare opposa aux *Montaigus* dans *Roméo et Juliette.*

Cap-Vert (îles du), État constitué par un archipel volcanique, dans l'Atlantique, à l'ouest du Sénégal ; 4 000 km² ; 360 000 hab. (*Cap-Verdiens*). CAP. *Praia,* dans l'île São Tiago. LANGUE : *portugais.* MONNAIE : *escudo du Cap-Vert.* Anc. possession portugaise, indépendante depuis 1975. Le Cap-Vert est formé de dix îles habitées (dont les principales sont São Tiago, Fogo, Boavista, Sal [aéroport], São Nicolau, São Vicente [port de Mindelo] et Santo Antão) et de nombreux îlots. Archipel volcanique, densément peuplé (malgré l'émigration), presque exclusivement rural (maïs, manioc, patate douce ; la banane est le principal poste d'exportations avec les produits de la pêche).

Caquot (Albert), ingénieur français (Vouziers 1881 - Paris 1976). Après avoir conçu le ballon captif à stabilisateur arrière, ou *saucisse* (1914), il étudia l'élasticité et la résistance des matériaux et réalisa de nombreux ouvrages en béton (ponts, môles, barrages). Il a aussi élevé la statue géante qui domine la baie de Rio.

Carabobo (*bataille de*) [24 juin 1821], victoire de Bolívar sur les Espagnols, qui assura l'indépendance du Venezuela.

Caracalla (Marcus Aurelius Antoninus Bassianus, surnommé) [Lyon 188 - Carrhae, auj. Harran, 217], empereur romain (211-217), fils de Septime Sévère. Vainqueur des Germains (213) et des Parthes (215), il étendit à tout l'Empire le droit de cité romain (*Constitution antonine* ou *édit de Caracalla,* 212). Il fit construire à Rome les thermes qui portent son nom.

Caracas, cap. du Venezuela, à environ 900 m d'alt., près de la mer des Antilles ; 3 247 000 hab. Port à La Guaira. Aéroport à Maiquetía.

Caracciolo, famille napolitaine connue à partir du XIᵉ siècle, dont plusieurs membres s'illustrèrent dans l'Église, les armes ou la politique. **Francesco** (Naples 1752 - *id.* 1799), amiral de la République parthénopéenne, fondée par les Français à Naples en 1799, fut pendu sur l'ordre de Nelson au grand mât de sa frégate.

Caragiale *(Ion Luca),* écrivain roumain (Haimanale 1852 - Berlin 1912). Il annonça le théâtre de l'absurde avec ses comédies (*Une lettre perdue,* 1884) et fut le précurseur de la nouvelle moderne dans son pays (*Un cierge de Pâques,* 1892).

Caraïbe *(la),* région géographique regroupant l'ensemble des Antilles et une partie des terres bordant la mer des Antilles.

Caraïbes, peuple qui, à l'arrivée des Européens, habitait les Petites Antilles et la partie de la Guyane qui s'étend de l'Oyapok à l'Orénoque. Les Caraïbes proprement dits font partie d'une grande famille linguistique et culturelle, les Caribs (Caraïbes au sens large), qui, partis de l'intérieur du continent, émigrèrent vers le N., le N.-O. et le N.-E.

Caraïbes *(mer des)* ou **Caraïbe** *(mer),* autres noms de la mer des Antilles.

Carajás *(serra dos),* hautes terres du Brésil, dans l'État de Pará. Minerai de fer.

Caramanlis *(Constantin)* → **Karamanlis.**

Caravage *(Michelangelo Merisi, dit il Caravaggio, en fr. le),* peintre italien (Milan ? v. 1571 - Porto Ercole, prov. de Grosseto, 1610). Réagissant contre le maniérisme, cet artiste à la vie aventureuse créa un art essentiellement naturaliste, révolutionnaire à son époque. Après la « manière claire » de ses débuts, il adopta des fonds sombres, faisant jouer de violents contrastes d'ombre et de lumière sur les personnages pris dans le peuple, campés grandeur nature (trois scènes de la vie de saint Matthieu, Rome, v. 1600 ; *les Sept Œuvres de miséricorde,* Naples ; *Décollation de saint Jean-Baptiste,* La Valette, Malte ; *l'Adoration des bergers,* Messine). De nombreux peintres « caravagesques » attestent sa postérité européenne.

Carbonnier *(Jean),* juriste français (Libourne 1908). Professeur de droit, il a apporté d'importantes contributions au droit civil et à la sociologie juridique : *Flexible Droit* (1969), *Sociologie juridique* (1972).

Carcassonne, ch.-l. du dép. de l'Aude, sur l'Aude et le canal du Midi, à 770 km au sud de Paris ; 44 991 hab. *(Carcassonnais).* Évêché. — Les murailles qui entourent la *Cité de Carcassonne* forment l'ensemble le plus complet que l'on possède de fortifications du Moyen Âge, très restauré par Viollet-le-Duc ; église St-Nazaire, des XIIᵉ-XIVᵉ siècles (transept et chœur de style gothique rayonnant ; vitraux). Musées.

Carco *(François Carcopino-Tusoli, dit Francis),* écrivain français (Nouméa 1886 - Paris 1958). Il a conté en une langue argotique les errances des mauvais garçons et de la bohème artiste (*Jésus la Caille,* 1914).

Carcopino *(Jérôme),* historien français (Verneuil-sur-Avre 1881 - Paris 1970). Spécialiste de l'Antiquité romaine, il est l'auteur de *César* (1936) et de *la Vie quotidienne à Rome à l'apogée de l'Empire* (1939). [Acad. fr. 1955.]

Cardan *(Gerolamo Cardano,* en fr. Jérôme*),* médecin, mathématicien et philosophe italien (Pavie 1501 - Rome 1576). Il acquit rapidement une renommée européenne en médecine et professa, à partir de 1534, aux universités de Milan, Pavie et Bologne. Sa philosophie est imprégnée d'un vaste naturalisme. En mathématique, son nom reste attaché à la formule de résolution de l'équation du 3ᵉ degré, dont la découverte est attribuée à Tartaglia. Il inaugura la théorie des équations. En mécanique, Cardan a décrit, notamment, un mode ingénieux de transmission qui, depuis, porte son nom.

Cárdenas *(Lázaro),* homme d'État mexicain (Jiquilpan 1895 - Mexico 1970). Président du Mexique de 1934 à 1940, il procéda à des nationalisations et poursuivit la réforme agraire commencée sous ses prédécesseurs.

Cardiff, port de Grande-Bretagne, sur la côte sud du pays de Galles ; 272 600 hab. Stade de rugby (Arm's Park). — Château reconstruit au XIXᵉ siècle (vestiges romains et médiévaux). Musée national du pays de Galles.

Cardin *(Pierre),* couturier français (Sant' Andrea di Barbarana, prov. de Trévise, 1922). Formé chez Paquin, Lelong et Dior, il ouvre en 1949 sa propre maison de couture et s'impose par les recherches de coupe, des déplacements de volumes visant à modifier les formes traditionnelles. En 1959, il produit, le premier, un prêt-à-porter féminin à sa griffe.

Carducci *(Giosue),* écrivain italien (Val di Castello 1835 - Bologne 1907). Poète officiel de l'Italie unifiée, auteur d'écrits intimes d'une grande sensibilité (*Confessioni e battaglie,* 1882-1884), il chercha une forme poétique réalisant la fusion de la ballade romantique et de la prosodie gréco-latine. (Prix Nobel 1906.)

Carélie, région du nord de l'Europe entre la mer Blanche et le golfe de Finlande, dont la majeure partie appartient à la Russie, le reste faisant partie de la Finlande.

Carélie *(République de),* république de la Fédération de Russie, constituée de la Carélie orientale et, depuis 1947, d'une partie de la Carélie occidentale enlevée à la Finlande ; 792 000 hab. *(Caréliens).* Cap. *Petrozavodsk.*

Carême *(Marie-Antoine),* cuisinier français (Paris 1784 - *id.* 1833). Au service de Talleyrand, il devint le grand cuisinier des congrès politiques de l'époque. Il dirigea les cuisines du futur George IV, du tsar de Russie, de l'empereur d'Autriche et fonda la grande cuisine française d'apparat.

Carême *(Maurice),* poète belge d'expression française (Wavre 1899 - Anderlecht 1978). Instituteur, il a su s'adresser à l'âme des enfants (*la Lanterne magique,* 1947 ; *le Voleur d'étincelles,* 1956).

Carey *(Henry Charles),* économiste américain (Philadelphie 1793 - *id.* 1879), favorable aux thèses protectionnistes.

Carie, ancien pays du sud-ouest de l'Asie Mineure, baigné par la mer Égée et par la Méditerranée orientale.

Carillon *(fort),* fort de la Nouvelle-France, auj. dans l'État de New York, au sud du lac Champlain.

Carinthie, prov. de l'Autriche méridionale, drainée par la Drave ; 542 000 hab. Ch.-l. *Klagenfurt.*

Carissimi *(Giacomo),* compositeur italien (Marino, près de Rome, 1605 - Rome 1674). Il a contribué à fixer la forme de l'oratorio en Italie.

Carleton *(Guy), baron* Dorchester, général britannique (Strabane, Irlande, 1724 - Stubbings 1808). Gouverneur général du Canada (1768-1778 et 1786-1796), il fit adopter l'Acte de Québec (1774).

Carlitte ou **Carlit** *(massif du),* massif des Pyrénées-Orientales ; 2 921 m au *pic Carlitte.*

Carloman (v. 715 - Vienne 754), fils aîné de Charles Martel. Il administra l'Austrasie de 741 à 747.

Carlos *(don)* ou **Charles de Bourbon,** infant d'Espagne (Madrid 1788 - Trieste 1855), comte de Molina. Revendiquant la succession au trône d'Espagne contre Isabelle II, il provoqua la première guerre carliste (1833-1839). Son fils **Don Carlos,** ou **Charles de Bourbon,** comte de Montemolín (Madrid 1818 - Trieste 1861), suscita la deuxième guerre carliste (1846-1849).

Carlson *(Carolyn),* danseuse et chorégraphe américaine (Fresno, Californie, 1943). Élève puis interprète de A. Nikolais, elle s'installe en France, où elle joue un rôle important dans le développement de la danse non académique. Nommée étoile-chorégraphe à l'Opéra de Paris (1974), elle anime (1975-1980) le Groupe de recherches théâtrales créé à son intention (*l'Or des fous* et *les Fous de l'or,* 1975 ; *Year of the Horse,* 1978 ; *The Architects,* 1980). Entre 1981 et 1985, elle travaille à Venise (*Underwood,* 1982) puis rentre en France (*Blue Lady,* 1985).

Carlyle *(Thomas),* historien et critique britannique (Ecclefechan, Écosse, 1795 - Londres 1881). Adversaire du matérialisme et du rationalisme, il vit dans les individualités exceptionnelles les moteurs de l'histoire politique et intellectuelle (*les Héros et le Culte des héros,* 1841).

Carmagnola *(Francesco* Bussone, dit*),* condottiere italien (Carmagnola v. 1380 - Venise 1432). Il fut au service de Milan, puis de Venise, qui, le suspectant de trahison, le fit décapiter.

Carmaux, ch.-l. de c. du Tarn ; 11 070 hab. *(Carmausins).* Houille. Industrie chimique.

Carmel *(mont),* montagne d'Israël, au-dessus de Haïfa ; 546 m. — Il est considéré comme le berceau de l'ordre des Carmes, un croisé calabrais, Berthold, s'y étant retiré vers 1150 dans une grotte (comme l'avait fait le prophète Élie) et de nombreux disciples l'y ayant rejoint.

Carmen, nouvelle de P. Mérimée (1845), dont a été tiré un opéra-comique (1875), livret de H. Meilhac et L. Halévy, musique de G. Bizet, chef-d'œuvre du drame lyrique réaliste. Le brigadier don José déserte et se fait contrebandier par amour pour la gitane Carmen ; celle-ci l'ayant quitté pour le torero Escamillo, il la tue.

Carmina Burana, cantate scénique (« Jeu d'après des chansons profanes ») de Carl Orff (1937). Elle constitue, avec *Catulli Carmina* (1943) et *Trionfo di Afrodite* (1953), un « triptyque théâtral » intitulé *Trionfi.* Le livret rassemble des poèmes du manuscrit des *Carmina Burana* rédigé vers 1230.

Carmontelle *(Louis* Carrogis, dit*),* dessinateur et écrivain français (Paris 1717 - *id.* 1806). Auteur de comédies légères (*Proverbes dramatiques,* 1768-1781), il aménagea le parc Monceau à Paris et inventa les « transparents », ancêtres des panoramas.

Carnac, comm. du Morbihan, sur la baie de Quiberon ; 4 322 hab. *(Carnacois).* Station balnéaire. — Célèbre ensemble de monuments mégalithiques (menhirs, dolmens, tumuli). Les trois principaux alignements comprennent les groupes du Ménec, de Kermario et de Kerlescan. Église du XVIIe siècle. Musée préhistorique Miln-Le Rouzic.

Carnap *(Rudolf),* logicien américain d'origine allemande (Ronsdorf, auj. dans Wuppertal, 1891 - Santa Monica 1970). Il est l'un des promoteurs du cercle de Vienne. Il a cherché à formaliser tout langage à partir de l'approche syntaxique des langages de Hilbert. Une des premières tâches a été de tenter d'éliminer les concepts et les problèmes métaphysiques grâce à une analyse syntaxique bien faite. Il essaye pour cela de construire en termes logiques un monde cohérent à partir des données immédiates. Il se propose ensuite d'unifier l'ensemble des connaissances scientifiques. Il a écrit : *la Syntaxe logique de la langue* (1834), *Signification et Nécessité* (1947).

Carnatic, royaume de l'Inde du Sud qui s'étendait sur les États actuels du Tamil Nadu et du Karnataka.

Carnavalet *(musée),* musée historique de la Ville de Paris, dans le Marais. Il occupe l'ancien hôtel Carnavalet, des XVIe et XVIIe siècles (sculptures de l'école de J. Goujon), et des édifices contigus, dont l'hôtel Le Peletier de Saint-Fargeau. Reconstitutions d'intérieurs parisiens, peintures, documents graphiques et objets divers ; important fonds de l'époque révolutionnaire ; souvenirs de Mme de Sévigné, qui y habita.

Carné *(Marcel),* cinéaste français (Paris 1906). En 1936, il réalise son premier film, *Jenny,* qui lui permet de rencontrer ses futurs collaborateurs : les musiciens J. Kosma et M. Jaubert, les opérateurs R. Hubert et E. Shuftan, le décorateur A. Trauner ainsi que le scénariste et dialoguiste de la plupart de ses films, Jacques Prévert. Après la comédie *Drôle de drame* (1937), Carné tourne *le Quai des brumes* (1938), d'après Mac Orlan. Le film lui vaut d'être reconnu comme l'un des chefs de file du « réalisme poétique » : histoire souvent sombre, dénouement parfois tragique, adoucis par une poésie tendre, d'inspiration populaire. Après *Hôtel du Nord,* sur un scénario de H. Jeanson, le tandem Carné/Prévert réalise successivement *Le jour se lève* (1939), *les Visiteurs du soir* (1942) et *les Enfants du paradis* (1945), grande fresque dans laquelle est évoqué le Paris romantique des années 1840 sur le Boulevard du crime, où le théâtre et la vie s'entremêlent autour des amours de Garance (Arletty), de Debu-

rau (Barrault), de Frédérick Lemaître (Brasseur) et de Lacenaire (Herrand). Après la guerre, Carné signe *les Portes de la nuit* (1946), *la Marie du port* (1950), adapté de Simenon. Séparé de Prévert, il délaisse le réalisme poétique et oscille entre réalisme et féerie, essuyant parfois des échecs : *Juliette ou la Clé des songes* (1951), *Thérèse Raquin* (1953), d'après Zola, *les Tricheurs* (1958), *Du mouron pour les petits oiseaux* (1963), *Trois Chambres à Manhattan* (1965), *les Assassins de l'ordre* (1971). En 1992, il entreprend le tournage de *Mouche,* d'après Maupassant.

Carnéade, philosophe grec (Cyrène v. 215 - Athènes v. 129 av. J.-C.). Il est le représentant d'une philosophie sceptique, le probabilisme, dont l'idée essentielle est qu'on ne peut pas atteindre la vérité absolue et que l'on est ainsi contraint de trouver des règles qui permettent de distinguer ce qui est plus ou moins probable.

Carnegie *(Andrew),* industriel et philanthrope américain (Dunfermline, Écosse, 1835 - Lenox, Massachusetts, 1919). Il créa le trust de l'acier qui porte son nom, grâce auquel il contrôla la métallurgie de Pittsburgh. Il amassa une immense fortune et subventionna des fondations caritatives ainsi que des instituts scientifiques et culturels.

Carniole, ancienne prov. d'Autriche, dont la majeure partie de la population, slovène, entra dans le royaume des Serbes, Croates et Slovènes (1918).

Carnot, famille française qui s'illustra au XIXe siècle dans la politique et les sciences avec : **Lazare,** homme politique et mathématicien (Nolay 1753 - Magdebourg 1823). Ingénieur militaire, député à l'Assemblée législative (1791) et à la Convention (1792), membre du Comité de salut public (1793), il organisa les armées de la République et conçut tous les plans de campagne ; il fut surnommé *l'Organisateur de la victoire.* Membre du Directoire (1795-1797), ministre de la Guerre (1800), il s'opposa au pouvoir personnel de Napoléon mais accepta le poste de ministre de l'Intérieur durant les Cent-Jours (1815). Son œuvre scientifique est importante. Dès 1783, il étudia, dans son *Essai sur les machines en général,* les lois générales du choc, précisa l'application du principe de Maupertuis et énonça la loi de conservation du travail. Dans sa *Géométrie de position* (1803), il est, avec Monge, l'un des créateurs de la géométrie moderne ; **Nicolas Léonard Sadi,** physicien français (Paris 1796 - id. 1832), fils aîné de Lazare. Il fit paraître en 1824 *Réflexions sur la puissance*

motrice du feu et les machines propres à dévelop-
per cette puissance. Cette œuvre contient le
principe dit « de Carnot », d'après lequel la
transformation de chaleur en travail mécanique n'est possible que grâce à l'emploi
d'au moins deux sources de chaleur ayant
des températures différentes ; cet énoncé
constitue le deuxième principe de la ther-
modynamique. Il ressort de ses notes posthumes que Carnot a aussi découvert la loi
d'équivalence entre la chaleur et le travail,
qui constitue le premier principe de la thermodynamique, et donné une valeur assez
exacte de l'équivalent mécanique de la calorie. Il peut donc être considéré comme le
créateur de la thermodynamique ; **Marie
François Sadi,** dit Sadi Carnot, ingénieur et
homme d'État (Limoges 1837 - Lyon 1894).
Petit-fils de Lazare et neveu du précédent,
élu président de la République en 1887, il
fut assassiné par l'anarchiste Caserio.

Carnutes, peuple de la Gaule, qui occupait
la future province de l'Orléanais avec deux
villes principales, Chartres et Orléans. La
forêt des Carnutes était le lieu de rassemblement des druides de la Gaule.

Caro *(Anthony),* sculpteur britannique (Londres 1924). Il s'est orienté à partir de 1960
vers des constructions d'éléments métalliques (barres, grilles, plaques) généralement
peintes, développées dans l'espace avec
rigueur et inventivité (série des « Table Pie-
ces »), qui ont beaucoup influencé l'école
anglaise de sculpture. Il est revenu à des formes plutôt organiques dans les années 80.

Carobert → **Charles Ier Robert.**

Carol → **Charles Ier de Roumanie.**

Caroline Bonaparte → **Bonaparte.**

Caroline de Brunswick (Brunswick 1768 -
Londres 1821), femme de George IV, roi de
Grande-Bretagne, qui lui intenta un procès
en adultère et la répudia.

Caroline du Nord, *en angl.* North Carolina, État de la façade atlantique des États-
Unis ; 136 523 km² ; 6 628 637 hab. Cap.
Raleigh. Des Appalaches à l'Océan, c'est une
région subtropicale, encore largement rurale
(maïs, oléagineux, coton et surtout tabac).
L'industrie, liée à l'hydroélectricité du Piedmont et aux productions agricoles, est
notamment présente à Charlotte, Winston-
Salem et Greensboro.

Caroline du Sud, *en angl.* South Carolina,
État de la façade atlantique des États-Unis ;
80 432 km² ; 3 486 703 hab. Cap. *Columbia.*
État du Sud, à l'agriculture (coton, tabac,
oléagineux) encore souvent archaïque, peu

industrialisé (textile surtout). Columbia (sur
le Piedmont) et Charleston (sur le littoral)
en sont les principales villes.

Carolines *(îles),* archipel de l'océan Pacifique
occidental, au nord de l'équateur, formant
les États fédérés de Micronésie et la République de Palau. — D'abord espagnol, puis allemand (1899) et japonais (1919), l'archipel a
été administré par les États-Unis (mandats de
l'O. N. U. pour Palau [1947-1981] et les États
fédérés de Micronésie [1947-1986]).

Carolingiens, dynastie franque qui succéda
aux Mérovingiens en 751, restaura l'Empire
d'Occident (800-887), régna sur la Germanie jusqu'en 911 et sur la France jusqu'en
987. C'est en 751 que le fils de Charles
Martel, Pépin le Bref, se fit couronner roi
des Francs, avec l'appui du pape. L'alliance
de la nouvelle dynastie avec l'Église eut
pour conséquence l'intervention en Italie
afin de défendre les intérêts de la papauté
contre les Lombards. Ainsi fut amorcée une
politique d'expansion territoriale dont
l'apogée eut lieu sous le règne de Charlemagne. Ce dernier fut couronné empereur à
Rome en 800, relevant ainsi les institutions
de l'Empire romain d'Occident. Rival de
l'Empire byzantin, l'Empire carolingien
s'étendait de la Germanie (jusqu'à l'Elbe), à
l'Italie et à l'Espagne (jusqu'à l'Èbre). Il fut
doté à l'origine d'une structure hiérarchisée
où les comtes étaient les principaux agents
locaux, aidés des évêques et contrôlés par
les *missi dominici.* Les savants étrangers sur
lesquels la dynastie s'appuya favorisèrent
une renaissance intellectuelle et littéraire
dite *carolingienne.* Mais, affaibli par les invasions normandes, l'Empire ne survécut pas
aux particularismes locaux, au développement anarchique de la vassalité et à la pratique franque du partage successoral. En
recourant à cette pratique en 829, Louis Ier
le Pieux déclencha une crise au terme de
laquelle le traité de Verdun (août 843) divisa
l'Empire en trois royaumes, dévolus à ses
fils Charles II le Chauve, Louis Ier le
Germanique et Lothaire Ier. Charles II
le Chauve puis Charles III le Gros restaurè-
rent un temps l'unité de l'Empire, qui prit
fin en 887. (→ **Charlemagne.**)

Caron *(Antoine),* peintre et décorateur français (Beauvais 1521 - *id.* 1599). Il s'imprégna
d'italianisme en travaillant à Fontainebleau
sous les ordres du Primatice. Il présente les
événements de son temps, à travers de complexes allégories, parmi les architectures
inspirées de l'antique (*la Sibylle de Tibur,*

v. 1575-1580, Louvre). Il a donné des décors de fêtes royales et des dessins pour la tapisserie.

Carothers *(Wallace Hume)*, chimiste américain (Burlington, Iowa, 1896 - Philadelphie 1937). Il a créé le Néoprène (1931) et le Nylon (1937).

Carpaccio *(Vittore)*, peintre italien (Venise autour de 1460 - ? v. 1525). Élève de Gentile Bellini, il a peint des suites narratives où l'observation fidèle, voire anecdotique, est dominée par un souci rigoureux de la composition. Il transpose les scènes de la vie des saints dans une Venise fastueuse ou dans un Orient pittoresque : *Légende de sainte Ursule* (1490-1496, Accademia, Venise), *Histoire de saint Georges, saint Jérôme et saint Tryphon* (1501-1507, scuola di S. Giorgio). De beaux tableaux isolés marquent la fin de sa carrière, dans un style déjà un peu attardé : la *Présentation de Jésus au Temple* (Accademia), l'*Apre Christ mort* (Berlin).

Carpates, chaîne de montagnes de l'Europe centrale, qui s'étend en arc de cercle sur la Slovaquie, la Pologne, l'Ukraine et, surtout, la Roumanie. Moins élevées que les Alpes, très boisées, les Carpates culminent à 2 655 m.

Carpeaux *(Jean-Baptiste)*, sculpteur et peintre français (Valenciennes 1827 - Courbevoie 1875). Grand prix de Rome en 1854, il obtiendra, à Paris, le soutien de la cour impériale et des commandes telles que *le Triomphe de Flore* pour une façade du Louvre, *la Danse* pour l'Opéra, la fontaine des *Quatre Parties du monde*, qui reflètent, comme ses nombreux bustes, la gaieté officielle et l'élan de cette époque. Son art introduit une spontanéité expressive nouvelle et capte de façon presque impressionniste la sensation de l'instant.

Carpentarie *(golfe de)*, golfe de la côte nord de l'Australie, entre la péninsule du cap York et la terre d'Arnhem.

Carpentier *(Alejo)*, écrivain cubain (La Havane 1904 - Paris 1980). Ses romans cherchent à définir les composantes de la civilisation antillaise (*le Royaume de ce monde*, 1949 ; *le Partage des eaux*, 1953 ; *le Siècle des lumières*, 1962 ; *Concert baroque*, 1974).

Carpentier *(Georges)*, boxeur français (Liévin 1894 - Paris 1975), champion du monde des poids mi-lourds (1920).

Carpentras, ch.-l. d'arr. de Vaucluse, dans le Comtat ; 25 477 hab. *(Carpentrassiens).* Marché. Agroalimentaire. — Carpentras fut le siège de l'administration du Comtat Venaissin de 1229 à 1791. — Monuments de l'épo-

que romaine au XVIIIe siècle (belle synagogue reconstruite en 1741). Musées.

Carr *(John Dickson)*, écrivain américain, (Uniontown, Pennsylvanie, 1906 - New York 1977). Il a signé également sous le nom de G. K. Chesterton ou de Carter Dickson des romans policiers à la limite du fantastique (*la Maison de la poste*, 1934 ; *la Maison du bourreau*, 1935 ; *la Chambre ardente*, 1937 ; *le Sphinx endormi*, 1947).

Carrà *(Carlo)*, peintre italien (Quargnento, prov. d'Alexandrie, 1881 - Milan 1966). Futuriste dès 1910, il associe le dynamisme de la « simultanéité des sensations » et une construction inspirée du cubisme. En 1916, il se tourne vers la peinture « métaphysique » avant d'aborder, dans les années 20, des paysages d'une poésie austère.

Carrache, *en ital.* Carracci, nom de deux frères, **Agostino** *(en fr.* Augustin*)* [Bologne 1557 - Parme 1602] et **Annibale (Annibal)** [Bologne 1560 - Rome 1609], et de leur cousin **Ludovico (Louis)** [Bologne 1555 - *id.* 1619], peintres italiens, auteurs de tableaux religieux, décorateurs et fondateurs, à Bologne, de l'académie d'art des Incamminati (1585), où travaillèrent G. Reni, l'Albane, le Dominiquin, le Guerchin, etc. Leur doctrine picturale comportait l'étude de l'Antiquité, des grands maîtres de la Renaissance (éclectisme), mais aussi l'observation de la nature et la recherche réaliste de la vérité expressive. Les Carrache ont assuré le passage du maniérisme à l'académisme, voire au baroque, qu'annonce la voûte de la galerie du palais Farnèse à Rome (sur le thème des *Amours des dieux,* v. 1595-1600), par Annibale, chef-d'œuvre d'une ampleur décorative et d'une vitalité surprenantes.

Carrare, *en ital.* Carrara, v. d'Italie (Toscane), près de la Méditerranée ; 65 945 hab. Carrières de marbre. — Cathédrale romanogothique. Académie des beaux-arts (musée).

Carrel *(Alexis)*, chirurgien et biologiste français (Sainte-Foy-lès-Lyon 1873 - Paris 1944). Établi aux États-Unis, il étudia la suture des vaisseaux sanguins, le traitement des plaies infectées, les transplantations d'organes et mit au point la culture de tissus. Sa production littéraire *(l'Homme, cet inconnu)* est marquée cependant par l'eugénisme (par exemple mise à mort des anormaux). [Prix Nobel de médecine 1912.]

Carrel *(Armand)*, journaliste français (Rouen 1800 - Saint-Mandé 1836). Il fonda, avec Thiers et Mignet, *le National* (1830) et combattit la monarchie de Juillet. Il fut tué en duel par Émile de Girardin.

Carreño de Miranda *(Juan),* peintre espagnol (Avilés 1614 - Madrid 1685). Successeur dans une large mesure de Velázquez, il est l'auteur de tableaux d'autel *(Fondation de l'ordre trinitaire,* Louvre) et de portraits d'une grande qualité.

Carrera Andrade *(Jorge),* diplomate et écrivain équatorien (Quito 1903 - *id.* 1978). Il chercha une résonance poétique universelle aux thèmes traditionnels de l'Amérique latine *(Registre du monde,* 1940 ; *Hombre planetario,* 1963).

Carreras *(José),* ténor espagnol (Barcelone 1946). Apprécié pour la douceur de son timbre et la pureté de son phrasé, il mène, depuis ses débuts en 1970 à Barcelone, une brillante carrière internationale, surtout dans le répertoire italien.

Carrier *(Jean-Baptiste),* conventionnel français (Yolet, Cantal, 1756 - Paris 1794). Responsable des noyades de Nantes (août 1793-févr. 1794), il fut guillotiné.

Carriera *(Rosalba),* peintre italien (Venise 1675 - *id.* 1757). Adepte du pastel (qu'elle contribua à remettre en vogue, notamment à Paris en 1720), elle se consacra avec succès au portrait, dans un style élégant et sensible.

Carrière *(Eugène),* peintre et lithographe français (Gournay-sur-Marne 1849 - Paris 1906). Il a surtout peint des maternités et des portraits, réduisant les couleurs à une sorte de camaïeu fluide de brun, d'où les formes essentielles se dégagent par contraste lumineux.

Carrillo *(Santiago),* homme politique espagnol (Gijón 1915). Exilé en 1937, il fut de 1960 à 1982 secrétaire général du Parti communiste espagnol, qu'il engagea dans la voie de l'eurocommunisme. Il était rentré en Espagne en 1976.

Carroll *(Charles* Dodgson, dit *Lewis),* mathématicien et écrivain britannique (Daresbury 1832 - Guildford 1898). Professeur de mathématiques, amateur de dessin et de photographie, il publia des traités qui font de lui l'un des promoteurs de la logique symbolique. Il produisit une révolution dans le livre pour enfants en créant le mythe d'Alice, qui deviendra le symbole universel de l'enfant-juge *(Alice au pays des merveilles,* 1865 [→ **Alice**] ; *De l'autre côté du miroir,* 1872 ; *la Chasse au Snark,* 1876).

Cartagena, port du nord de la Colombie, sur la mer des Antilles ; 491 000 hab. — Fondée en 1533, la ville conserve une allure andalouse avec ses ruelles ombreuses et ses monuments anciens, forteresse, églises et couvents (S. Pedro Claver).

Cartan, famille de mathématiciens français. **Élie** (Dolomieu, Isère, 1869 - Paris 1951) a approfondi la théorie des groupes, prolongeant dans ce domaine l'œuvre de Sophus Lie. Son fils **Henri** (Nancy 1904) étudia surtout les fonctions de variables complexes. Il est l'un des fondateurs du groupe Bourbaki.

Cartel *(théâtres du),* groupe formé de 1927 à 1940 par les théâtres dirigés par G. Baty, Ch. Dullin, L. Jouvet et G. Pitoëff pour la défense de leurs intérêts professionnels et moraux.

Cartel des gauches, coalition des partis de l'opposition (socialistes S. F. I. O., républicains socialistes, radicaux-socialistes et gauche radicale) contre la majorité de droite (Bloc national). Sa victoire entraîna la démission du président Millerand (1924). L'hostilité des milieux d'affaires face à la politique du Cartel provoqua la démission d'Édouard Herriot (1926).

Carter *(Elliott),* compositeur américain (New York 1908), célèbre notamment par ses recherches rythmiques *(Symphonie de trois orchestres,* 1977 ; 4 quatuors à cordes).

Carter *(James* Earl, dit *Jimmy),* homme d'État américain (Plains, Géorgie, 1924). Démocrate, il fut président des États-Unis de 1977 à 1981. Il a été l'artisan des accords de Camp David signés entre Israël et l'Égypte. Il chercha à faire des droits de l'homme l'un des leviers de la politique extérieure américaine.

Carteret *(Philip),* navigateur britannique (m. à Southampton en 1796). Il effectua le tour du monde (1766-1769), explorant particulièrement les parties équatoriales du Pacifique.

Carthage, ville antique de l'Afrique du Nord, à une vingtaine de kilomètres de l'actuelle Tunis.

HISTOIRE

La ville est créée, selon la tradition, en 814 av. J.-C. par la Phénicienne Élissa, ou Didon. C'est, à l'origine, l'un des nombreux comptoirs fondés par les Phéniciens venus de Tyr. Progressivement, Carthage devient la capitale d'un État maritime très puissant. Se substituant à Tyr, elle impose sa domination aux comptoirs phéniciens de la Méditerranée occidentale. Elle redistribue dans le monde antique les produits de l'Espagne et de l'Afrique (or, argent, étain, ivoire, etc.). Ses navigateurs partent à la recherche de nouvelles voies commerciales.

■ **La constitution d'un puissant empire maritime.**

VIIe s. av. J.-C. : Carthage établit des comptoirs sur les côtes d'Espagne, aux Baléares, en Sardaigne et dans l'ouest de la Sicile.

480 av. J.-C. : les Carthaginois sont défaits par les Grecs de Syracuse et d'Agrigente à Himère.

v. 450 av. J.-C. : Hannon aurait reconnu les côtes de l'Afrique occidentale (golfe de Guinée).

IVe s. av. J.-C. : apparition de la monnaie à Carthage.

Carthage est gouvernée par une oligarchie de riches familles dont certaines, du VIe au IVe s. av. J.-C., assument le pouvoir royal. Puis des *suffètes* (magistrats suprêmes) élus leur succèdent. À Carthage même, on produit tissus de pourpre et tissus ordinaires, bijouterie, armes et poterie. La civilisation et les mœurs gardent une forte empreinte orientale, dont témoigne particulièrement la vie religieuse. Ainsi, le dieu Baal Hammon, associé à la déesse Tanit, est honoré de sacrifices de jeunes enfants comme l'étaient les dieux cananéens. Progressivement, l'enfant est remplacé par un agneau.

■ **L'affrontement avec Rome.** Carthage reprend la conquête de la Sicile grecque à la fin du IVe s. av. J.-C., mais ses progrès inquiètent Rome, maîtresse de l'Italie, qui affronte sa rivale au cours de trois guerres successives, dites « guerres puniques ».

264-241 av. J.-C. : première guerre punique.

L'armée carthaginoise, composée de mercenaires, échoue face aux Romains, sur terre comme sur mer. Carthage abandonne la Sicile, la Sardaigne et la Corse et doit faire face à la révolte de ses mercenaires. Elle retrouve sa puissance grâce à la famille des Barcides. Hamilcar Barca et Hasdrubal conquièrent l'Espagne, où ils fondent Carthagène (la nouvelle Carthage) et Alicante. Ce riche territoire donne à Hannibal, fils d'Hamilcar, les moyens de porter la guerre en Italie.

218 av. J.-C. : début de la deuxième guerre punique.

Hannibal franchit l'Èbre, les Pyrénées, les Alpes (avec ses éléphants). Il est d'abord victorieux en Italie.

202 av. J.-C. : Hannibal est vaincu par Scipion l'Africain à Zama.

Carthage ne possède plus que son territoire africain. Elle se relève cependant, poussant Caton l'Ancien à réclamer sa destruction.

149-146 av. J.-C. : troisième guerre punique. Pendant trois ans, les Romains assiègent Carthage, qui est anéantie et rasée.

■ **La métropole de l'Afrique romaine.** Au Ier s. av. J.-C., une colonie romaine est fondée sur le site de Carthage. La nouvelle ville, port du blé d'Afrique exporté vers Rome, siège du proconsul d'Afrique, devient l'une des plus grandes villes du monde romain. L'Église chrétienne s'organise à Carthage et son évêque, saint Cyprien, lui donne au IIIe siècle un éclat durable.

439 : prise de Carthage par les Vandales.

534 : reconquête de Carthage par Bélisaire, au profit de l'Empire byzantin.

Mais la ville ne retrouve jamais sa grandeur passée et est définitivement anéantie par l'invasion arabe (v. 698).

ARCHÉOLOGIE

La ville a surtout livré plusieurs nécropoles, échelonnées du VIIe s. à 146 av. J.-C., ainsi que le *tophet* (aire sacrée où les restes calcinés d'enfants, conservés dans les urnes, étaient enterrés au pied de stèles commémorant le sacrifice à la déesse Tanit et au dieu Baal Hammon). Les tendances artistiques subissent les influences extérieures (Égypte, Perse et hellénisme) tout en gardant profondément l'empreinte des mythes phéniciens. Le port artificiel à deux bassins (l'un marchand, l'autre militaire) a été dégagé. De nombreux monuments de l'époque romaine ont été préservés avec l'ensemble du site grâce à un programme de sauvegarde réalisé dans les années 1980 sous l'égide de l'Unesco.

Carthagène, *en esp.* Cartagena, port d'Espagne, dans la province de Murcie, sur la Méditerranée ; 168 023 hab. Métallurgie. Raffinerie de pétrole. — La ville fut fondée par les Carthaginois v. 226 av. J.-C. — Musée archéologique.

Cartier (*sir George Étienne*), homme politique canadien (Saint-Antoine-sur-Richelieu, Québec, 1814 - Londres 1873). Il joua un rôle important dans l'établissement de la Confédération canadienne (1867).

Cartier (*Jacques*), marin français (Saint-Malo 1491 ?-*id.* 1557). Il prit possession du Canada, en Gaspésie, au nom de François Ier (1534) et remonta le Saint-Laurent au cours d'un deuxième voyage (1535) ; il revint au Canada en 1541.

Cartier-Bresson (*Henri*), photographe français (Chanteloup, Seine-et-Marne, 1908). Sa préoccupation essentielle est de fixer le « moment décisif » ; d'une extrême simplicité, ses œuvres marquent cependant par leur efficacité suggestive. Parmi ses publications, citons *Danse à Bali* (1954), *D'une Chine à l'autre* (1954), *Vive la France* (1970), *l'Homme et la machine* (1972).

Cartouche (*Louis Dominique*), brigand français (Paris 1693 - id. 1721). Il pratiqua toutes les formes de vol, notamment l'attaque des diligences. Il fut condamné au supplice de la roue.

Cartwright (*Edmund*), inventeur britannique (Marnham, Nottinghamshire, 1743 - Hastings 1823). Il créa les premières formes de métier à tisser mécanique (1785) mais échoua dans les applications industrielles.

Caruso (*Enrico*), ténor italien (Naples 1873 - id. 1921). Il doit sa renommée à l'exceptionnelle beauté de son timbre, à la diversité de ses emplois, à son jeu scénique sans affectation et au disque, dont il a été la première vedette. Il créa notamment *Adrienne Lecouvreur* (1902) de Cilea et *la Fille du Far West* (1910) de Puccini.

Carver (*Raymond*), écrivain américain (Clatskanie, Oregon, 1938 - Port Angeles, État de Washington, 1988). Il a traduit le mal de vivre et le désespoir des prolétaires de la côte nord-ouest des États-Unis dans des nouvelles au style réaliste et dépouillé (*Tais-toi, je t'en prie*, 1976 ; *Parlez-moi d'amour*, 1981 ; *les Vitamines du bonheur*, 1983), qui ont fortement influencé les écrivains américains des années 80.

Casablanca, *en ar.* Dār al-Baydā' ou Dar el-Beida, « la maison blanche », v. du Maroc, principal port sur l'Atlantique ; 2,5 millions d'hab. env. Comptant seulement 20 000 hab. en 1900, Casablanca, développée pendant la période coloniale, est devenue la principale ville et le port le plus important (exportations de phosphates notamment) du pays. C'est aujourd'hui la métropole commerciale, financière et industrielle (constructions mécaniques et électriques, agroalimentaire, chimie) du Maroc. Mosquée Hassan II (1993). — Combats lors du débarquement allié de 1942. Une conférence s'y tint (janv. 1943) entre Churchill et Roosevelt, au cours de laquelle eut lieu la première rencontre entre de Gaulle et Giraud.

Casa de Contratación, organisme commercial espagnol, créé par les Rois Catholiques afin de stimuler et de protéger le commerce avec l'Amérique (1503-1790).

Casadesus (*Robert*), pianiste français (Paris 1899 - id. 1972). Il a fait connaître dans le monde entier le répertoire français.

Casals (*Pablo*), violoncelliste espagnol (Vendrell, Tarragone, 1876 - San Juan, Porto Rico,

1973). Il forma un célèbre trio avec A. Cortot et J. Thibaud, fonda l'Orchestre symphonique de Barcelone et le festival de Prades.

Casamance (la), fl. côtier du Sénégal méridional qui se jette dans l'Atlantique ; 320 km.

Casamance, région du Sénégal méridional, au sud de la Gambie ; v. princ. *Ziguinchor.*

Casanova de Seingalt (*Giovanni Giacomo*), aventurier italien (Venise 1725 - Dux, Bohême, 1798), célèbre par ses exploits romanesques (évasion des Plombs, prison du palais ducal de Venise) et par ses aventures galantes, qu'il a contés dans ses *Mémoires.*

Casarès (*Maria*), comédienne française d'origine espagnole (La Corogne 1922). Elle s'est imposée au théâtre (*Phèdre*, 1958 ; *les Paravents*, 1966) et au cinéma (*les Enfants du paradis*, de M. Carné, 1945 ; *la Chartreuse de Parme*, de Christian-Jaque, 1947 ; *Orphée*, de J. Cocteau, 1950), marquant ses rôles de sa forte personnalité.

Cascades (*chaîne des*), montagnes de l'ouest des États-Unis et du Canada, en bordure du Pacifique (mont Rainier, 4 391 m).

Case de l'oncle Tom (la), roman contre l'esclavage de Harriet Beecher-Stowe (1852).

Caserte, v. d'Italie (Campanie), ch.-l. de prov., au nord de Naples ; 68 811 hab. — Les forces allemandes d'Italie y capitulèrent en 1945. — Immense château royal (1752-1773) dû à l'architecte Luigi Vanvitelli ; parc, jeux d'eaux.

cash and carry (*clause*), clause de 1939 modifiant la loi de neutralité américaine et autorisant l'exportation du matériel de guerre aux belligérants moyennant paiement comptant (cash) et transport (carry) par les acheteurs.

Casimir, nom de cinq ducs et rois de Pologne, dont : **Casimir III le Grand** (Kowal 1310 - Cracovie 1370), roi (1333-1370) ; il agrandit par ses conquêtes le royaume de Pologne et fonda l'université de Cracovie ; **Casimir IV Jagellon** (Cracovie 1427 - Grodno 1492), grand-duc de Lituanie (1440-1492) et roi de Pologne (1445-1492).

Casimir-Perier, nom porté à partir de 1874 par le fils de Casimir Perier, **Auguste**, homme politique français (Paris 1811 - id. 1876), qui soutint la politique de Thiers, dont il fut ministre de l'Intérieur (1871-72), et par **Jean**, fils d'Auguste, homme d'État (Paris 1847 - id. 1907), président du Conseil (1893-94) puis président de la République (1894-95), qui dut démissionner, devant l'opposition de gauche, dès janvier 1895.

Caspienne *(mer)*, la plus vaste étendue d'eau continentale du globe (360 000 km² environ), aux confins de l'Europe et de l'Asie (Iran), située à 28 m au-dessous du niveau général des océans. Les profondeurs n'excèdent pas 25 m dans la partie septentrionale (plus de 1 000 m au S.), dont les eaux côtières gèlent en hiver. La salinité des eaux (13 ‰ en moyenne) croît du N. vers le S. et d'O. en E. Les apports fluviaux ne compensent pas les pertes par évaporation, mais le fond semble « se soulever » et le niveau de l'eau remonte. L'aménagement de la Volga (prélèvements pour l'irrigation), principal tributaire, et l'extraction pétrolière au large de Bakou ont rompu l'équilibre écologique. Les prises de poissons de qualité (esturgeon, alose) déclinent, au profit d'espèces plus courantes, et l'activité des pêcheries s'en ressent.

Cassandre, fille, d'après *l'Iliade*, de Priam et d'Hécube. Elle avait reçu d'Apollon le don de prophétie. Mais, elle se refusa à lui et le dieu décida qu'on ne la croirait jamais. Aussi ses concitoyens accueillirent-ils avec dérision ses prédictions concernant les malheurs de la guerre de Troie.

Cassandre (v. 354 - 297 av. J.-C.), roi de Macédoine, fils d'Antipatros. Il soumit la Grèce (319-317) et épousa Thessalonikê, sœur d'Alexandre le Grand.

Cassandre *(Adolphe* Mouron, dit*)*, peintre et affichiste français (Kharkov 1901 - Paris 1968). Il doit sa renommée à ses affiches, d'un style hardiment synthétique (*Nord-Express,* 1927, *les Vins Nicolas,* 1935, etc.). Il a aussi donné des décors de théâtre.

Cassatt *(Mary)*, peintre et graveur américain (Pittsburgh 1844 - Le Mesnil-Théribus, Oise, 1926). Fixée à Paris en 1870, elle subit l'influence de Degas et se joignit au groupe impressionniste (*Mère et enfant,* musée d'Orsay).

Cassavetes *(John)*, cinéaste et acteur américain (New York 1929 - Los Angeles 1989). Dans ses longs plans-séquences, il observe, avec une rare acuité, des situations de crise où les personnages à vif se démasquent peu à peu, entre douleur et folie. Son épouse, Gena Rowlands (née en 1934), est l'interprète de la plupart de ses films : *Shadows* (1961), *Faces* (1968), *Husbands* (1970), *Minnie et Moskowitz* (1971), *Une femme sous influence* (1974), *Opening Night* (1978), *Gloria* (1980), *Love Streams* (1983).

Cassin *(mont)*, montagne de l'Italie méridionale. — Saint Benoît y fonda en 529 un monastère bénédictin qui rayonna sur toute la chrétienté au Moyen Âge.

Cassin *(René)*, juriste français (Bayonne 1887 - Paris 1976). Professeur de droit, il rejoignit, après l'armistice de 1940, le général de Gaulle à Londres et devint, en 1944, membre de l'Assemblée consultative d'Alger. Il prit une part importante à la fondation de l'Unesco et fit adopter la Déclaration universelle des droits de l'homme (1948). Membre du Conseil constitutionnel en 1960, il présida la Cour européenne des droits de l'homme (1965). Ses cendres ont été transférées au Panthéon en 1987. (Prix Nobel de la paix 1968.)

Cassini, famille d'astronomes et de géodésiens français, d'origine italienne. **Jean Dominique**, dit Cassini Ier (Perinaldo, Imperia, 1625 - Paris 1712), fut appelé en France par Colbert (1669) pour organiser l'Observatoire de Paris et fit progresser par ses observations la connaissance du système solaire. Il découvrit deux satellites de Saturne et la principale division observable dans le système d'anneaux entourant cette planète. Son fils **Jacques**, dit Cassini II (Paris 1677 - Thury, Oise, 1756), est surtout connu pour ses travaux de géodésie. **César François Cassini de Thury**, dit Cassini III (Thury 1714 - Paris 1784), fils du précédent, entreprit la grande carte de France, appelée *carte de Cassini,* à l'échelle de 1 /86 400. **Jacques Dominique**, dit Cassini IV (Paris 1748 - Thury 1845), fils du précédent, termina la carte de France et prit une part active à la division du pays en départements.

Cassino, v. d'Italie (Latium) ; 32 803 hab. — Violents combats (18 janv.-18 mai 1944) entre soldats allemands et forces alliées, au cours desquels se distinguèrent les Nord-Africains sous les ordres du général Juin.

Cassiodore, *en lat.* Flavius Magnus Aurelius Cassiodorus, homme politique et écrivain latin (Scylacium, auj. Squillace, Calabre, v. 490 - Vivarium v. 580), préfet du prétoire sous Théodoric. Son encyclopédie, *Institutions des lettres divines et séculières,* est un précis des sept arts libéraux qui seront à la base de l'enseignement au Moyen Âge.

Cassirer *(Ernst)*, philosophe allemand (Breslau, auj. Wrocław, 1874 - New York 1945). Il analyse les mythes, les religions et les symboles (*la Philosophie des formes symboliques,* 1923-1929) dans une perspective kantienne. Il s'est efforcé de redonner à l'histoire de la philosophie la dignité d'une méthode. Les linguistes et les sémioticiens ont trouvé chez lui de précieuses indications sur les concepts de *symbole*.

Cassitérides *(îles)*, nom antique d'un archipel formé peut-être par les actuelles îles Scilly, au large de la Cornouailles. Elles produisaient de l'étain.

Cassou *(Jean)*, écrivain et critique d'art français (Deusto, près de Bilbao, 1897 - Paris 1986). L'émotion universelle, la damnation sont les composantes de ses romans (*le Bel Automne,* 1950), qui alternent avec des essais sur les peintres anciens (*le Greco,* 1931) et modernes (*Picasso,* 1937 ; *Matisse,* 1939).

Castagno *(Andrea* del*)* → **Andrea del Castagno.**

Casteau, anc. comm. de Belgique (Hainaut), près de Mons, siège, depuis 1967, du commandement des forces du Pacte atlantique en Europe (SHAPE).

Castel Gandolfo, comm. d'Italie (Latium), sur le lac d'Albano ; 6 784 hab. — Palais, résidence d'été des papes, remontant au XVIIᵉ siècle.

Castellane, ch.-l. d'arr. des Alpes-de-Haute-Provence, sur le Verdon, au pied des *Préalpes de Castellane ;* 1 359 hab. *(Castellanais).* — Église romane.

Castellet (Le), comm. du Var ; 3 091 hab. Circuit automobile. Aérodrome.

Castellion ou **Chateillon** *(Sébastien),* théologien et humaniste français (Saint-Martin-du-Fresne, Ain, v. 1515 - Bâle 1563). Il traduisit la Bible en latin et en français.

Castellón de la Plana, v. d'Espagne (Valence), ch.-l. de prov., près de la Méditerranée ; 134 213 hab.

Castelnau *(Édouard* de Curières de*),* général français (Saint-Affrique 1851 - Montastruc-la-Conseillère 1944). Il commanda la IIᵉ armée en Lorraine (1914), fut l'adjoint de Joffre (1915-16) puis prit la tête du groupe d'armées de l'Est (1917-18). Député de l'Aveyron (1919-1924), il fonda la Fédération nationale catholique.

Castelnau *(Pierre* de*),* cistercien (m. près de Saint-Gilles, Gard, en 1208). Légat du pape Innocent III, il tenta vainement d'endiguer l'hérésie cathare. Son assassinat fut le signal de la croisade des albigeois.

Castelnaudary, ch.-l. de c. de l'Aude, sur le canal du Midi ; 11 725 hab. *(Chauriens).* Industries alimentaires. Confection. — Église des XIIIᵉ-XIVᵉ siècles.

Castelo Branco *(Camilo),* écrivain portugais (Lisbonne 1825 - São Miguel de Ceide, près de Braga, 1890), un des maîtres du récit réaliste dans son pays (*Nouvelles du Minho,* 1875-1877).

Castelsarrasin, ch.-l. d'arr. de Tarn-et-Garonne ; 12 601 hab. *(Castelsarrasinois).* Métallurgie. Marché. — Église du XIIᵉ siècle.

Casteret *(Norbert),* spéléologue français (Saint-Martory, Haute-Garonne, 1897 - Toulouse 1987). Il a reconnu la source de la Garonne dans la Maladeta et exploré de nombreux gouffres dans les Pyrénées (Martel, la Henne-morte, la Pierre-Saint-Martin) et dans l'Atlas.

Castex *(Raoul),* amiral et théoricien militaire français (Saint-Omer 1878 - Villeneuve-de-Rivière 1968), auteur d'ouvrages historiques et stratégiques.

Castiglione *(Baldassare),* diplomate et écrivain italien (Casatico, prov. de Mantoue, 1478 - Tolède 1529). Il est l'auteur du *Courtisan* (1528), guide du parfait homme de cour sous la Renaissance.

Castiglione *(bataille de)* [5 août 1796], victoire des troupes françaises commandées par le général Augereau sur les Autrichiens pendant la campagne d'Italie. La bataille eut lieu à Castiglione delle Stiviere, au nord-ouest de Mantoue.

Castiglione *(Giovanni Benedetto),* peintre et graveur italien (Gênes v. 1610 - Mantoue v. 1665). Influencé comme peintre par Van Dyck, comme graveur par Rembrandt, il fut actif à Rome, à Naples, à Gênes, etc. Ses tableaux, mythologiques ou religieux, deviennent des pastorales animées d'un trait turbulent, d'un mouvement souvent passionné.

Castille, *en esp.* Castilla, région du centre de la péninsule Ibérique. **GÉOGR.** Les sierras de Gredos et de Guadarrama séparent la Vieille-Castille au nord, drainée par le Duero, de la Nouvelle-Castille au sud, traversée par le Tage et le Guadiana, où se trouve Madrid. La Castille, au climat torride en été, froid l'hiver, est le domaine d'une culture céréalière et d'un élevage ovin extensifs, en dehors de secteurs plus favorisés (vignes) ou irrigués (cultures fruitières et maraîchères). **HIST.** Formé au IXᵉ siècle dans une région du royaume de León dotée de nombreux châteaux forts *(castillos),* le comté de Castille (dont la capitale est alors Burgos) se rend pratiquement indépendant au Xᵉ siècle. Érigée en royaume par Ferdinand Iᵉʳ le Grand, qui conquiert le León (1037), la Castille devient le centre le plus dynamique de la Reconquista, ce qui lui permet d'accroître sa puissance économique et politique. La prise de Tolède, enlevée aux

Arabes (1085), marque la naissance de la Nouvelle-Castille. Victorieuse à Las Navas de Tolosa (1212), la Castille, définitivement réunie au León en 1230, s'empare au XIIIe siè-cle des villes de Murcie et de Séville. Les lut-tes dynastiques du XIVe siècle affaiblissent un temps le royaume. Le mariage de la future reine de Castille, Isabelle la Catholique, avec l'héritier d'Aragon, Ferdinand, prélude à l'union de la Castille et de l'Aragon (1479). La Castille devient alors le centre du royaume d'Espagne, dont la puissance est renforcée en 1492 par la reconquête de Gre-nade et la découverte de l'Amérique. De 1978 à 1983 sont créées les communautés autonomes de Castille-León, Castille-La Manche, Cantabrique, Madrid et la Rioja.

Castillejo (*Cristóbal* de), poète espagnol (Ciudad Rodrigo v. 1490 - Vienne, Autriche, 1550), défenseur de la poésie nationale contre l'italianisme.

Castille-La Manche, communauté auto-nome de l'Espagne (prov. d'Albacete, Ciu-dad Real, Cuenca, Guadalajara et Tolède) ; 1 644 401 hab. Cap. *Tolède.*

Castille-León, communauté autonome de l'Espagne (prov. d'Ávila, Burgos, León, Palencia, Salamanque, Ségovie, Soria, Valla-dolid et Zamora) ; 2 556 316 hab. Cap. *Val-ladolid.*

Castillo (*mont*), mont du nord de l'Espagne dominant Puente Viesgo, près de Santander, et qui abrite de nombreuses grottes (el Cas-tillo, la Pasiega, etc.) qui en font l'un des hauts lieux de la peinture pariétale du paléo-lithique.

Castillon-la-Bataille, ch.-l. de c. de la Gironde, sur la Dordogne ; 3 030 hab. (*Cas-tillonnais*). Vins. — Victoire de Charles VII (1453), qui mit fin à la guerre de Cent Ans.

Castlereagh (*Robert* Stewart, *vicomte*), homme d'État britannique (Mount Stewart Down 1769 - North Cray Kent 1822). Secré-taire à la Guerre (1805-1809) puis aux Affai-res étrangères (1812), il fut l'âme des coa-litions contre Napoléon Ier et joua un rôle primordial au congrès de Vienne (1814-15).

Castor et **Pollux**, personnages mythologi-ques constituant la réplique romaine des Dioscures grecs. Ils seraient, par contagion avec la légende hellénique, le dédoublement d'une vieille divinité italique protectrice des cavaliers et à qui était attribuée la victoire des Romains au lac Régille v. 499 av. J.-C. — Leur légende a fait l'objet d'une tragédie lyrique de Rameau, sur un livret du Gentil Bernard (1737).

Castres, ch.-l. d'arr. du Tarn, sur l'Agout ; 46 292 hab. (*Castrais*). Industrie mécanique et textile. — Demeures et monuments anciens. Musée municipal « Goya » dans l'ancien évêché (arts décoratifs ; peinture espagnole, dont *la Junte des Philippines* et un *Autoportrait* de Goya). Centre national Jean-Jaurès (avec musée).

Castro (*Fidel*), homme d'État cubain (Mayarí 1927). Engagé dans la lutte contre le prési-dent cubain Batista (1952), emprisonné (1953-1955) puis exilé, il débarque à Cuba en 1956, organisant une guérilla qui aboutit, en 1959, à la prise du pouvoir. Devenu Premier ministre (1959), il est ensuite chef de l'État (depuis 1976). Leader charismatique, Fidel Castro, soutenu par l'U. R. S. S., se pose en porte-parole du tiers-monde. De plus en plus isolé sur la scène internationale depuis l'effondrement des pays socialistes, il doit aussi faire face à une forte contestation inté-rieure.

Castro (*Josué* de), économiste brésilien (Recife 1908 - Paris 1973), auteur d'études sur la faim dans le monde (*Géopolitique de la faim,* 1952).

Castro y Bellvís (*Guillén* ou *Guilhem* de), auteur dramatique espagnol (Valence 1569 - Madrid 1631), dont *les Enfances du Cid* furent une des sources du *Cid* de Corneille.

Catalauniques (*bataille des champs*) [451], victoire des armées du général romain Aetius, allié aux Wisigoths du roi Théodo-ric, sur les Huns d'Attila. L'emplacement exact de la bataille, dans les plaines de Champagne, est discuté.

Çatal Höyük, site néolithique d'Anatolie, dans la plaine de Konya, en Turquie, com-posé de deux tells (collines faites de vestiges accumulés). Au long des 13 niveaux dégagés du tell (v. 6400 à 5500 av. J.-C.) appa-raissent la céramique et l'utilisation du cui-vre. Plusieurs sanctuaires (probablement voués au culte du taureau) ornés de pein-tures murales et de statuettes féminines entourées d'animaux ont été découverts. C'est l'un des sites où l'on peut suivre l'évo-lution des pratiques agricoles, architectura-les et rituelles d'une communauté villa-geoise du néolithique.

Catalogne, en esp. Cataluña *et en catalan* Catalunya, communauté autonome du nord-est de l'Espagne, formée des prov. de Barcelone, Gérone, Lérida et Tarragone ; 6 008 245 hab. Cap. *Barcelone.* GÉOGR. La région s'étend sur l'extrémité orientale des Pyrénées, peu peuplée, et sur la partie aval du bassin de l'Èbre. Le littoral est animé par le tourisme estival (Costa Brava). Barcelone concentre la majeure partie de l'industrie (et environ la moitié de la population de la Catalogne). **HIST.** Romanisé, puis occupé par les Arabes au VIIIᵉ siècle, le territoire de la Catalogne est reconquis au début du IXᵉ siècle par Charlemagne et constitué en marche d'Espagne. Au Xᵉ siècle y est fondé le comté de Barcelone, qui s'étend sur le midi de la France. Réunie par mariage au royaume d'Aragon en 1150, la Catalogne édifie à partir du XIIIᵉ siècle un vaste empire méditerranéen, à l'origine d'un puissant essor économique. Après l'union de l'Aragon et de la Castille (1479), elle se soulève (1640-1650) contre la politique centralisatrice de la monarchie espagnole. En 1659, son territoire est amputé du Roussillon et d'une partie de la Cerdagne. Au XIXᵉ siècle, la région est marquée par le développement d'un mouvement autonomiste et la renaissance de la culture catalane. Dotée en 1931 d'un statut d'autonomie, elle en est privée après la victoire de Franco (chute de Barcelone, 1939). Elle retrouve son autonomie en 1979. Elle est dirigée par un gouvernement régional (*Generalitat de Catalunya*).

Catane, *en ital.* Catania, port d'Italie, sur la côte est de la Sicile, ch.-l. de prov. ; 330 037 hab. — Monuments de l'époque grecque dont au XVIIIᵉ siècle. Musée dans le château médiéval.

Catanzaro, v. d'Italie, cap. de la Calabre et ch.-l. de prov. ; 93 464 hab.

Cateau-Cambrésis (Le), ch.-l. de c. du Nord ; 7 789 hab. *(Catésiens).* — Traités de paix de 1559, l'un, entre la France et l'Angleterre, par lequel Henri II de France, renonçant à l'Italie, conservait Calais, l'autre, entre la France et l'Espagne, qui mettait fin aux guerres d'Italie et reconnaissait à la France les Trois-Évêchés (Metz, Toul, Verdun). — Église du XVIIᵉ siècle. Musée Henri-Matisse.

Cathay ou **Catay** *(le),* nom donné à la Chine, à la suite de Marco Polo, par les auteurs occidentaux du Moyen Âge.

Cathelineau *(Jacques),* chef vendéen (Le Pin-en-Mauges 1759 - Saint-Florent-le-Vieil 1793) surnommé *le Saint de l'Anjou.* Il fut mortellement blessé lors de l'attaque de Nantes.

SAINTES

Catherine d'Alexandrie, martyre chrétienne, extrêmement populaire, dont on a fait la patronne des étudiants, des philosophes et des jeunes filles (notamment les « catherinettes », qui la fêtent le 25 novem-

bre). Mais l'histoire de sa vie et de son supplice à Alexandrie au temps de l'empereur Maxence est si douteuse que l'Église a retiré cette sainte de son calendrier en 1970.

Catherine de Sienne *(sainte),* religieuse italienne (Sienne 1347 - Rome 1380). Membre du tiers ordre de saint Dominique, elle acquiert une grande popularité en Italie par sa sainteté et, soucieuse de reconstituer l'unité de la chrétienté, elle intervient publiquement dans les affaires de l'Église, notamment en 1376, lorsqu'elle demande au pape Grégoire XI de quitter Avignon pour rentrer à Rome. Elle fut proclamée docteur de l'Église en 1970.

Catherine Labouré *(sainte),* religieuse française (Fain-lès-Moutiers 1806 - Paris 1876). Elle eut, en novembre 1830, chez les Filles de la Charité de la rue du Bac, à Paris, les visions de la Vierge dite « de la Médaille miraculeuse ».

ANGLETERRE

Catherine d'Aragon (Alcalá de Henares 1485 - Kimbolton 1536), reine d'Angleterre (1509-1533). Fille des Rois Catholiques (souverains d'Espagne), elle fut l'épouse d'Henri VIII, qui la répudia. Ce divorce provoqua la rupture de l'Église d'Angleterre avec la papauté, à l'origine de l'anglicanisme. Elle est la mère de Marie Tudor.

Catherine Howard (v. 1522 - Londres 1542), cinquième femme d'Henri VIII. Elle fut décapitée pour cause d'inconduite.

Catherine Parr (1512 - Sudeley Castle 1548), sixième et dernière femme d'Henri VIII.

FRANCE

Catherine de Médicis (Florence 1519 - Blois 1589), reine de France. Fille de Laurent II de Médicis, elle épousa, en 1533, le futur roi de France Henri II, auquel elle donna dix enfants, dont sept survécurent, parmi lesquels les trois derniers rois de la dynastie des Valois : François II, Charles IX et Henri III.

■ **Le véritable maître du royaume.** Elle resta longtemps effacée, éclipsée notamment par la favorite Diane de Poitiers. Investie de la régence à l'avènement de Charles IX (1560), elle exerça la réalité du pouvoir durant tout le règne de ce roi, puis gouverna jusqu'à sa mort (1589) aux côtés d'Henri III (1574). Elle s'efforça de pacifier le royaume, en proie aux guerres de Religion. Soucieuse avant tout de maintenir les droits d'une couronne convoitée par les Grands, et dont ses fils étaient les dépositaires, attachée au catholicisme, mais sans fanatisme, elle vit dans les querelles dogmatiques un danger pour la dynastie.

■ **Sa politique religieuse.** Elle pratiqua d'abord une politique de tolérance à l'égard des protestants (édit de janv. 1562 ; édit d'Amboise, 1563), soutenue par le chancelier Michel de L'Hospital. Mais l'attentat, en 1567, des chefs huguenots (protestants), Condé et l'amiral Coligny, qui tentèrent de l'enlever ainsi que Charles IX, la détermina à se rallier au parti catholique. Résolue à ne pas laisser inféoder le trône aux chefs de ce parti, les Guises, alliés à l'Espagne, elle négocia la paix avec les protestants (paix de Saint-Germain, 1570). Mais, hostile à la politique de Coligny, qui entraînait Charles IX dans une guerre contre l'Espagne, elle décida avec les Guises de faire assassiner l'amiral puis tous les chefs protestants, ce qui provoqua le massacre de la Saint-Barthélemy (24 août 1572). Aux côtés d'Henri III, elle poursuivit ses efforts pacificateurs, négociant la paix de Monsieur (édit de Beaulieu, 1576) et la paix de Nérac (1579) avec son gendre Henri de Navarre (futur Henri IV), époux de sa fille Marguerite de Valois.

Si les historiens lui ont longtemps reproché son machiavélisme, Catherine de Médicis n'eut cependant aucune part dans l'assassinat du duc de Guise et du cardinal de Lorraine, à Blois, en 1588.

RUSSIE

Catherine Ire (Malbork 1684 - Saint-Pétersbourg 1727), impératrice de Russie (1725-1727),femme de Pierre le Grand, à qui elle succéda.

Catherine II la Grande (Stettin 1729 - Tsarskoïe Selo 1796), impératrice de Russie (1762-1796). Épouse de Pierre III, elle parvint à détourner à son profit la réaction nationaliste contre celui-ci, dirigea le complot de la garde impériale qui l'obligea à abdiquer (1762) et écarta du pouvoir leur fils Paul. Elle chercha à cultiver sa réputation de souveraine éclairée, amie des philosophes, en correspondant avec Voltaire (de 1763 à 1777) et en invitant Diderot à sa cour ; mais elle mena une politique destinée avant tout à faire de la Russie une grande puissance, admise dans le concert des nations européennes.

■ **Les réformes intérieures.** Abandonnant les projets de réformes libérales des premières années de son règne, Catherine II mit en œuvre une série de réformes pratiques pour améliorer l'administration et l'économie après les troubles sociaux de 1773-1775. En

effet, acceptant d'autant plus mal leur condition que Pierre III, en 1762, avait libéré la noblesse de l'obligation de servir, les serfs se rallièrent nombreux au mouvement insurrectionnel de Pougatchev (1773-74), qui promettait par ailleurs le rétablissement des libertés cosaques abolies en Ukraine en 1764. Elle brisa la révolte de Pougatchev et introduisit le servage en Ukraine (1783), dont la mise en valeur fut confiée à son favori, Potemkine. Cherchant à encourager la formation d'un tiers état urbain et d'une noblesse plus instruite, elle améliora le système éducatif et promulgua en 1785 une charte de la noblesse confirmant ses privilèges et une charte des villes accordant l'autonomie aux communautés urbaines.

■ **La politique extérieure.** Par ailleurs, Catherine II agrandit considérablement son empire : elle obtint à la paix de Kutchuk-Kaïnardji (1774), qui mit fin à la guerre russo-turque, la reconnaissance de l'indépendance de la Crimée, qu'elle annexa en 1783. Elle porta ensuite la frontière jusqu'au Dniestr à l'issue d'une seconde guerre (1787-1791) contre l'Empire ottoman. Elle fit élire roi de Pologne son ancien favori, Stanislas Poniatowski (1763), puis elle prit part aux trois partages de la Pologne (1772, 1793, 1795) et réunit ainsi à l'Empire russe la Biélorussie, l'Ukraine occidentale et la Lituanie. À la fin de son règne, la Russie avait accédé au statut de grande puissance européenne.

Catilina *(Lucius Sergius),* homme politique romain (v. 108 - Pistoia 62 av. J.-C.). Sa conjuration contre le sénat fut dénoncée par Cicéron dans quatre discours, les *Catilinaires* (63). Ayant rejoint les rebelles, Catilina fut tué à la bataille de Pistoia.

Catinat [-na] *(Nicolas),* maréchal de France (Paris 1637 - Saint-Gratien 1712). Il fut un des grands stratèges de Louis XIV et un négociateur habile. On publia ses *Mémoires* (1819).

Caton, dit l'Ancien ou le Censeur, homme d'État romain (Tusculum 234-149 av. J.-C.). Consul en 195, il incarna la politique conservatrice de l'oligarchie sénatoriale, s'attachant à briser le pouvoir des Scipions et la puissance de Carthage. Censeur en 184 av. J.-C., il lutta, au nom d'une morale austère, contre le luxe et les mœurs grecques à Rome. Caton fut aussi l'un des premiers grands écrivains de langue latine *(De re rustica, les Origines).*

Caton d'Utique, homme d'État romain (95 - Utique 46 av. J.-C.), arrière-petit-fils de Caton l'Ancien. Tribun de la plèbe (63), puis sénateur, il s'opposa à Pompée et à César. Replié en Afrique, il se suicida après la défaite du parti de Pompée à Thapsus (46). Il fut à Rome l'un des modèles du stoïcisme.

Catroux *(Georges),* général français (Limoges 1877 - Paris 1969). Gouverneur général de l'Indochine en 1940, rallié à de Gaulle, il fut ministre du Comité d'Alger (1944), ambassadeur en U. R. S. S. (1945-1948) puis grand chancelier de la Légion d'honneur (1954-1969).

Cattégat, bras de mer entre la Suède et le Danemark (Jylland).

Cattenom, ch.-l. de c. de la Moselle, au N.-E. de Thionville ; 2 269 hab. Centrale nucléaire sur la Moselle.

Catterji → Chatterji.

Catulle, poète latin (Vérone v. 87 - Rome v. 54 av. J.-C.). Imitateur des alexandrins, il est l'auteur de poèmes érudits *(les Noces de Thétis et de Pélée)* et lyriques.

Cauca *(le),* riv. de Colombie, affl. du Magdalena (r. g.) ; 1 250 km.

Caucase, chaîne de montagnes qui s'étend sur 1 250 km entre la mer Noire et la Caspienne.
GÉOGRAPHIE
Traditionnelle limite entre l'Europe et l'Asie, le Caucase est une barrière, où l'altitude descend rarement au-dessous de 2 000 m, dominée par de puissants volcans (Elbrous, 5 642 m ; Kazbek). Difficilement pénétrable, le Caucase a été un refuge de populations et constitue encore une véritable mosaïque ethnique. On étend parfois le nom de Caucase aux massifs situés au sud de Tbilissi (appelés encore *Petit Caucase).* La région comprend des républiques de la Fédération de Russie, qui forment le Caucase du Nord (celles du Daguestan, de Kabardino-Balkarie, d'Ossétie du Nord, de Tchétchénie, d'Ingouchie, des Adygéens, des Karatchaïs-Tcherkesses), et les trois États de Transcaucasie (Arménie, Azerbaïdjan et Géorgie), appelés fréquemment *pays de Caucase.*
HISTOIRE
■ **Une histoire agitée.** Lieu de rencontre entre l'Orient et l'Occident, le Caucase doit, après les invasions des Cimmériens, des Scythes, des Sarmates, des Huns, des Avars et des Khazars, subir la pression ou la domination de la Perse d'un côté, de Byzance de l'autre. Les Arabes atteignent Derbent, ville de l'actuel Daguestan, en 642. Le christianisme se propage dans les premiers siècles de

notre ère, tandis que le mazdéisme et les vieilles croyances païennes vont survivre sous des formes résiduelles jusqu'à l'époque moderne. L'islamisation progresse au Daguestan du VIIe au XVIIe siècle, au Caucase central et occidental du XVIe au XIXe siècle. Les invasions turques, à partir du XIe siècle, entraînent le déclin puis la ruine de l'Arménie et le fractionnement de la Géorgie en principautés secondaires. Du XVe au XVIIIe siècle, la Transcaucasie est le théâtre de luttes entre les Turcs ottomans et les Persans. De cette histoire agitée, il résulte un enchevêtrement complexe d'une centaine de peuples vivant au Caucase.

■ **La domination russe.** Les Russes instaurent leur domination sur tout le Caucase, faisant entériner leurs annexions aux traités de Kutchuk-Kaïnardji (1774), de Gulistan (1813), de Turkmantchaï (1828) et de Berlin (1878), après avoir vaincu en 1859 la résistance des montagnards musulmans de l'imam Chamil. À la fin du XIXe siècle, les mouvements d'opposition à la politique tsariste de colonisation et de russification se développent. Après la révolution d'octobre 1917, les nations transcaucasiennes constituent une fédération, qui se disloque lors de l'offensive turque. Les républiques indépendantes de Géorgie, d'Azerbaïdjan et d'Arménie, proclamées en mai 1918, sont soviétisées en 1920-21, avec le concours de l'Armée rouge. En décembre 1922 est créée une Fédération soviétique de Transcaucasie, qui adhère aussitôt à l'U. R. S. S. et est dissoute en 1936. L'Arménie, l'Azerbaïdjan et la Géorgie reçoivent alors le statut de République fédérée de l'U. R. S. S.

■ **L'évolution récente.** Depuis le lancement de la perestroïka de M. Gorbatchev, des ressentiments anciens entre divers peuples se sont à nouveau exprimés. Les tensions sont particulièrement aiguës entre les Arméniens et les Azéris, qui se disputent le Haut-Karabakh, entre les Géorgiens et les Ossètes, entre les Tchétchènes et les Russes. L'accession à l'indépendance de la Géorgie, puis de l'Arménie et de l'Azerbaïdjan et la dissolution de l'U. R. S. S., en 1991, sont suivies de troubles et de conflits : combats en Géorgie entre différents groupes politiques, affrontements armés au Haut-Karabakh, en Abkhazie, en Ossétie du Sud et du Nord, troubles en Azerbaïdjan, rébellion tchétchène.

Cauchon *(Pierre),* évêque de Beauvais, puis de Lisieux (près de Reims v. 1371 - Rouen 1442). Il embrassa le parti bourguignon et présida au procès de Jeanne d'Arc.

Cauchy *(baron* Augustin Louis*),* mathématicien français (Paris 1789 - Sceaux 1857). Légitimiste convaincu, il refusa, en 1830, de prêter serment et dut s'exiler à Turin. Il revint à Paris en 1838. Avec C. F. Gauss, il domina les mathématiques de la première moitié du XIXe siècle. Il fut l'un des fondateurs de la théorie des groupes finis. En analyse infinitésimale, il créa la notion moderne de la continuité pour les fonctions de la variable réelle ou de la variable complexe. Il montra l'importance de la convergence des séries entières, et son nom reste attaché aux *suites de Cauchy.* Il précisa la notion d'intégrale définie *(intégrale de Cauchy)* et en fit un outil remarquable pour l'étude des fonctions de la variable complexe.

Caudines *(fourches),* défilé d'Italie centrale, dans le Samnium. L'armée romaine, vaincue par les Samnites (321 av. J.-C.), dut y passer sous le joug. C'est de là que vient l'expression *passer sous les fourches Caudines,* être contraint de subir des conditions humiliantes.

Caudron *(les frères),* ingénieurs et aviateurs français. **Gaston** (Favières, Somme, 1882 - Lyon 1915) et **René** (Favières, Somme, 1884 - Vron, Somme, 1959) construisirent, à partir de 1908, de nombreux avions, tant militaires que commerciaux ou de tourisme.

Caulaincourt *(Armand, marquis* de*), duc de* Vicence, général français (Caulaincourt, Aisne, 1773 - Paris 1827). Ambassadeur en Russie (1807-1811), ministre des Relations extérieures (1813-14 et 1815), il représenta Napoléon au congrès de Châtillon (1814).

Caus *(Salomon* de*),* ingénieur français (pays de Caux v. 1576 - Paris 1626). Il contribua à l'invention de la machine à vapeur en exposant le principe de l'expansion et de la condensation de la vapeur et en décrivant les organes d'une machine utilisant ce principe pour le pompage de l'eau (1615). Il inventa aussi un dispositif permettant d'animer les automates musicaux.

Causses *(les),* plateaux calcaires et secs du sud *(Grands Causses)* et du sud-ouest *(Causses du Quercy)* du Massif central, consacrés surtout à l'élevage ovin. Les Grands Causses (parc naturel régional) sont entaillés par les gorges du Tarn, de la Jonte et de la Dourbie, et comprennent le causse de Sauveterre, le causse de Sévérac, le causse Comtal, le causse Méjean, le causse Noir et le causse du Larzac ; les Causses du Quercy englobent le causse de Martel, le causse de Gramat et le causse de Limogne.

Caux *(pays de),* région de Normandie, au nord de la Seine, formée d'un plateau crayeux recouvert de limon (blé, betterave à sucre, élevage bovin), retombant en de hautes falaises sur le littoral de la Manche, jalonné de ports et de stations balnéaires (Dieppe, Fécamp, Étretat).

Cavaco Silva *(Aníbal),* homme politique portugais (Loulé, district de Faro, 1939). Leader du Parti social-démocrate (1985-1995), il a été Premier ministre de 1985 à 1995.

Cavafy *(Konstandínos* Kaváfis, dit Constantin*),* poète grec (Alexandrie 1863 - *id.* 1933), dont la modernité formelle se fonde sur l'évocation de la Grèce hellénistique.

Cavaignac, famille française dont plusieurs membres s'illustrèrent dans la politique, notamment : **Godefroy** (Paris 1801 - *id.* 1845), qui fut un des chefs du parti démocratique sous Charles X et Louis-Philippe, et **Louis Eugène,** son frère, général (Paris 1802 - Ourne, Sarthe, 1857). Ministre de la Guerre de la IIe République, ce dernier fut investi en juin 1848 de pouvoirs dictatoriaux, qui lui permirent d'écraser l'insurrection ouvrière, puis fut nommé chef du pouvoir exécutif. Candidat à la présidence de la République, il fut battu en décembre par Louis Napoléon, futur Napoléon III.

Cavaillé-Coll *(Aristide),* facteur d'orgues français (Montpellier 1811 - Paris 1899). Il a construit l'orgue de St-Denis et les plus grands instruments de la capitale : la Madeleine, Ste-Clotilde, St-Sulpice, Notre-Dame.

Cavaillès *(Jean),* mathématicien et philosophe français (Saint-Maixent 1903 - Arras 1944). Il est l'auteur d'importants travaux sur les fondements de la théorie des ensembles. Responsable d'un réseau de résistance, il fut arrêté et exécuté par les Allemands.

Cavaillon, ch.-l. de c. de Vaucluse ; 23 470 hab. *(Cavaillonnais).* Marché de fruits (melons) et primeurs. — Arc romain, église en partie romane, synagogue du XVIIIe siècle. Musée archéologique.

Cavalcanti *(Guido),* poète italien (Florence v. 1225 - *id.* 1300), ami de Dante, l'un des meilleurs représentants du *dolce stil nuovo.*

Cavalier *(Jean),* chef camisard (Ribaute-les-Tavernes 1680 - Chelsea, Jersey, 1740). À partir de 1702, il fut à la tête de la révolte menée par les calvinistes contre Louis XIV dans la région des Cévennes. Il se soumit en 1704, puis servit l'étranger contre la France et publia ses *Mémoires* (1726).

Cavalier bleu *(le)* → **Blaue Reiter** *(Der).*

Cavalieri *(le R. P.* Bonaventura*),* jésuite et mathématicien italien (Milan 1598 - Bologne 1647). Disciple de Galilée, il développa la *théorie des indivisibles,* ce qui fait de lui un précurseur du calcul intégral.

Cavalieri *(Emilio* de'*),* compositeur italien (Rome v. 1550 - *id.* 1602), l'un des créateurs du récitatif accompagné et auteur de *Rappresentazione di anima e di corpo* (1600), considéré comme le premier oratorio.

Cavaliers, partisans royalistes sous Charles Ier, pendant la révolution d'Angleterre, par opposition aux parlementaires, appelés *Têtes rondes.*

Cavalli *(Pier Francesco* Caletti, dit Pier Francesco*),* compositeur italien (Crema 1602 - Venise 1676). Maître de chapelle de St-Marc de Venise, continuateur de Monteverdi, il a surtout écrit pour le théâtre lyrique (*l'Erismena,* 1655).

Cavallini *(Pietro),* peintre et mosaïste italien (Rome v. 1240/1250 - *id.* v. 1340/1350). Formé à la tradition byzantine, il s'en dégage en évoluant vers un style ample et puissant (mosaïques de S. Maria in Trastevere, fresques de S. Cecilia in Trastevere) qui, parallèlement à celui de Giotto, influencera la peinture italienne du XIVe siècle.

Cavé *(François),* industriel français (Le Mesnil-Conteville, Oise, 1794 - près de Meaux 1875). Il fut l'un de ceux qui fondèrent en France la grande industrie de la construction mécanique, réalisant à partir de 1825 de nombreuses machines-outils à vapeur.

Cavelier de La Salle → La Salle.

Cavell *(Edith),* héroïne britannique (Swardeston 1865 - Bruxelles 1915), fusillée par les Allemands en raison de son activité au service des Alliés en Belgique occupée.

Cavendish *(Henry),* physicien et chimiste britannique (Nice 1731 - Londres 1810). Il isola l'hydrogène en 1766, fit la première analyse précise de l'air, réalisa la synthèse de l'eau et combina l'azote et l'oxygène par action des étincelles électriques. En 1798, il mesura, à l'aide de la balance de torsion, la constante d'attraction universelle et en déduisit la densité moyenne de la Terre. Créateur, avec Coulomb, de l'électrostatique quantitative, il montra que l'action électrique est nulle à l'intérieur d'un conducteur chargé, introduisit la notion de potentiel et pressentit l'existence des résistances et l'expression de la loi d'Ohm.

Caventou *(Joseph Bienaimé),* pharmacien français (Saint-Omer 1795 - Paris 1877). Ses travaux se situent dans la période où l'on commençait à identifier de nombreuses substances contenues dans des végétaux utilisés traditionnellement pour leur vertu théra-

peutique. Au début du XIXe siècle, il isola, seul ou en collaboration, la strychnine, la quinine, la caféine.

Cavour *(Camillo* Benso, *comte* de*),* homme d'État italien (Turin 1810 - *id.* 1861). Ancien sous-lieutenant ayant quitté l'armée en raison de ses idées jugées libérales, il fonde, en 1847, *Il Risorgimento,* où il expose sa thèse d'une Italie dotée d'une monarchie constitutionnelle de tendance libérale et unie autour de la maison de Savoie, régnant alors sur le Piémont. Député de Turin (1848), ministre des Finances (1851), il est désigné à la présidence du Conseil par Victor-Emmanuel II en 1852. Il lance alors un vaste programme de réforme économique, mais ses efforts portent avant tout sur la réalisation de l'unité italienne.

■ **L'allié de Napoléon III.** Afin d'obtenir l'aide militaire étrangère, indispensable pour éliminer l'Autriche de la péninsule, il fait participer le Piémont à la guerre de Crimée aux côtés de la France et de la Grande-Bretagne (1855-56). Invité par Napoléon III à Plombières (1858), il négocie avec l'empereur la création d'un royaume d'Italie du Nord s'étendant jusqu'à l'Adriatique et obtient l'appui armé de ce dernier en échange de la rétrocession à la France de la Savoie et de Nice. Il peut dès lors contraindre l'Autriche à la guerre. Malgré les victoires de l'armée franco-piémontaise à Magenta et à Solferino (juin 1859), Napoléon III signe l'armistice de Villafranca (juill.), par lequel la Lombardie est donnée à la France, qui la rétrocède au Piémont.

■ **L'artisan de l'unité.** Mettant à profit les soulèvements déclenchés par la guerre, Cavour s'empare de l'Émilie, de Parme, de Modène, de la Toscane, qu'il annexe au Piémont après plébiscite. Puis, après avoir soutenu Garibaldi, chef de l'expédition des Mille, qui s'empare de Naples (sept.), il fait ratifier par plébiscite le rattachement du royaume des Deux-Siciles au Piémont (oct.). Mais, à sa mort, peu après la proclamation du royaume d'Italie, l'unité italienne n'est pas achevée : Venise demeure à l'Autriche et Rome au pape.

Caxias do Sul, v. du sud du Brésil (Rio Grande do Sul) ; 290 968 hab.

Cayenne, ch.-l. de la Guyane française ; 41 659 hab.

Cayeux *(Lucien),* géologue français (Semousies, Nord, 1864 - Mauves-sur-Loire 1944). Il fut l'un des pionniers de l'étude pétrographique des roches sédimentaires, principalement en lames minces, à l'aide du microscope polarisant.

Cayley *(Arthur),* mathématicien britannique (Richmond 1821 - Cambridge 1895). Il est l'un des représentants les plus éminents de l'école algébrique britannique du XIXᵉ siècle et, avec James J. Sylvester, l'un des créateurs du calcul matriciel (1858).

Cayley *(sir George),* inventeur britannique (Scarborough, Yorkshire, 1773 - Brompton Hall 1857). Il fut le premier à exposer le principe de l'avion et détermina toutes les composantes de l'appareil moderne, préconisant l'emploi de l'hélice et du moteur à gaz ou à explosion.

Caylus *(Anne Claude* de Tubières, *comte* de), archéologue et graveur français (Paris 1692 - *id.* 1765). Il visita l'Italie et la Grèce d'Asie et devint collectionneur d'antiquités. Il fut le protecteur de divers artistes (Watteau, Bouchardon, Vien). Son *Recueil d'antiquités égyptiennes, étrusques, grecques et romaines* (1752-1767) fait de lui l'un des pères fondateurs de l'archéologie.

Çayönü tepesi, site néolithique d'Anatolie (Turquie orientale). Des poinçons et des aiguilles, obtenus par abrasion et martelage à partir du cuivre natif, attestent, peu avant 7000 av. J.-C., la plus ancienne utilisation du métal.

Cazotte *(Jacques),* écrivain français (Dijon 1719 - Paris 1792). Il est l'auteur du récit fantastique *le Diable amoureux* (1772).

CBS Inc. ou **Columbia Broadcasting System Inc.,** société américaine fondée en 1927, devenue un des tout premiers groupes de l'industrie de la radiotélévision aux États-Unis et la première entreprise mondiale de l'industrie de l'enregistrement.

CDU *(Christlich-Demokratisch Union),* en fr. **Union chrétienne-démocrate,** parti politique allemand fondé en 1945 et dont la CSU (Christlich-Soziale Union) constitue l'aile bavaroise. Au pouvoir en R. F. A. de 1949 à 1969 et depuis 1982, vainqueur des premières élections libres en R. D. A. en 1990, le parti a joué un rôle majeur dans la réalisation de l'unification de l'Allemagne.

C. E., sigle de Communauté européenne. (→ **Communautés européennes.**)

C. E. A. (Commissariat à l'énergie atomique), établissement public, créé en 1945 et ayant pour but de poursuivre toute recherche scientifique et technique en vue de l'uti-

lisation de l'énergie nucléaire dans les divers domaines de la science, de l'industrie et de la défense nationale.

Ceará, État du nord-est du Brésil ; 6 353 346 hab. **CAP.** *Fortaleza.*

Ceauşescu *(Nicolae),* homme d'État roumain (Scorniceşti 1918 - Tîrgovişte 1989). Secrétaire général du Parti communiste (1965), à la tête de l'État à partir de 1967, il établit un régime autoritaire. Renversé par une insurrection en 1989, il est exécuté.

Cebu, île des Philippines ; 1 634 000 hab. V. princ. *Cebu* (490 000 hab.), port actif.

C. E. C. A., sigle de Communauté européenne du charbon et de l'acier. (→ **Communautés européennes.**)

Cecil *(William),* baron Burghley ou Burleigh, homme d'État anglais (Bourne 1520 - Londres 1598). Secrétaire d'État d'Édouard VI (1550-1553) puis de la reine Élisabeth Iʳᵉ (1558-1572), il fut grand trésorier de 1572 à 1598.

Cécile *(sainte),* vierge et martyre chrétienne de Rome, mariée à un païen, Valentinien, qu'elle aurait converti, et morte v. 230. Sa vie reste généralement légendaire. Elle est vénérée comme la patronne des musiciens parce que, le jour de ses noces, elle aurait chanté les louanges de Dieu.

C. E. E., sigle de Communauté économique européenne. (→ **Communautés européennes.**)

Cefalu, v. d'Italie, en Sicile, sur la mer Tyrrhénienne ; 13 791 hab. — Cathédrale d'époque normande, avec influences arabes, commencée en 1131 (belles mosaïques byzantines). Musée.

C.E.I. → **Communauté d'États indépendants.**

Cela *(Camilo José),* écrivain espagnol (Padrón, La Corogne, 1916). Son art romanesque combine une fascination pour la nature violente des caractères et des paysages espagnols (*la Famille de Pascual Duarte,* 1942 ; *la Ruche,* 1951) et une recherche stylistique très élaborée. (Prix Nobel 1989.)

Celan *(Paul Antschel, dit Paul),* poète autrichien d'origine roumaine (Tchernovtsy 1920 - Paris 1970). Son lyrisme est un instrument de résistance contre les oppressions physiques et intellectuelles modernes (*la Rose de personne,* 1963).

Célèbes ou **Sulawesi,** île de l'Indonésie, formée de quatre péninsules jointes ; 189 000 km² ; 12 508 000 hab. — Découverte en 1512 par les Portugais, devenue hollandaise en 1667, l'île fait partie de la République d'Indonésie depuis 1950.

Célèbes *(mer de),* mer bordière du Pacifique, entre Célèbes, Bornéo et Mindanao.

Célestine *(la)* ou **Tragi-comédie de Calixte et Mélibée** (1499), pièce attribuée à Fernando de Rojas, destinée à la lecture à haute voix et qui est à la fois à la source du roman et de la tragi-comédie.

Céline *(Louis Ferdinand* Destouches, dit **Louis-Ferdinand),** écrivain français (Courbevoie 1894 - Meudon 1961). Son écriture a profondément bouleversé la littérature française du XXᵉ siècle, en particulier avec la parution de son roman *Voyage au bout de la nuit* (→ Voyage), en 1932.
Engagé dans l'armée, blessé, décoré et réformé au cours de la Première Guerre mondiale, il devient médecin, d'abord itinérant pour le compte de la S. D. N., ce qui lui donne l'occasion de voyager en Europe, en Amérique et en Afrique, ensuite en France, où il exerce dans des banlieues populaires. Antisémite déclaré *(Bagatelles pour un massacre,* 1937) et collaborateur du régime de Vichy, il connaît l'exil et la prison au Danemark (1945-1951) avant de revenir en France. Le style disloqué des romans de Céline, imitant le rythme du langage parlé, empli de mots crus et d'invention verbale, participe à une dénonciation des mensonges sociaux et à une évocation grotesque, triviale et macabre de l'absurdité de la vie humaine *(Mort à crédit,* 1936 ; *Guignol's Band,* 1943 ; *Nord,* 1960).

Cellamare *(Antonio, prince* de), diplomate espagnol (Naples 1657 - Séville 1733). Ambassadeur d'Espagne à la cour de France, il conspira vainement avec le duc et la duchesse du Maine pour mettre Philippe V à la place du Régent (1718).

Cellini *(Benvenuto),* orfèvre, médailleur et sculpteur italien (Florence 1500 - *id.* 1571). François Iᵉʳ l'attira à sa cour. Après l'essai que constitue la *Nymphe de Fontainebleau* (haut-relief en bronze, v. 1543, Louvre), son chef-d'œuvre, en sculpture monumentale, est le *Persée de la loggia dei Lanzi* (Florence, autour de 1550), d'un maniérisme inventif. Ses *Mémoires* racontent, non sans vantardise, sa vie aventureuse.

Celse, *en lat.* Aulus Cornelius Celsus, médecin du siècle d'Auguste. Au premier siècle, après Asclépiade, avant Galien, il fit partie de la médecine romaine d'influence grecque. Il introduisit cependant le latin dans le langage médical et rédigea la première des-

cription complète de la pathologie. Ce fut aussi un érudit encyclopédiste. Son principal ouvrage est le *De arte medica.*

Celse, *en lat.* Celsus, philosophe qui vivait à Rome sous les Antonins (IIᵉ s. apr. J.-C.). Il est célèbre pour ses attaques contre le christianisme dans le *Discours véritable,* ouvrage connu par la réfutation qu'en fit Origène dans son livre *Contre Celse.*

Celsius *(Anders),* astronome et physicien suédois (Uppsala 1701 - *id.* 1744). Il fit partie, en 1737, de l'expédition de Maupertuis en Laponie, chargée de mesurer un degré de méridien dans les régions polaires. Il mesura l'éclat de certaines étoiles, observa la variation diurne de la déclinaison magnétique (1740) ainsi que les aurores polaires. Il créa, en 1742, l'échelle thermométrique à laquelle on a donné son nom.

Celtes, ensemble de peuples de même civilisation et parlant une langue indo-européenne, individualisés vers le IIᵉ millénaire, qui occupèrent une partie de l'Europe ancienne.

HISTOIRE
Leur habitat primitif est sans doute le sud-ouest de l'Allemagne. Très tôt, les migrations celtes affectèrent diverses contrées. Certaines atteignirent les îles Britanniques dès l'âge du bronze. Ces migrations se poursuivirent à l'époque de Halstatt (900-500 av. J.-C.), en Gaule en particulier. L'époque de La Tène (Vᵉ - Iᵉʳ s. av. J.-C.) fut celle de la grande expansion celtique en Europe. Les Celtes achevèrent l'occupation de la Gaule, et plusieurs tribus pénétrèrent par l'Aquitaine jusqu'au cœur de la péninsule Ibérique où, mêlées aux Ibères, elles formèrent le peuple celtibère. Des IVᵉ s. av. J.-C., des tribus envahirent l'Italie et se fixèrent dans la plaine du Pô, qui devint la Gaule Cisalpine. Au IIᵉ s., les Celtes envahirent les royaumes hellénistiques et passèrent en Asie Mineure, où ils s'établirent sous le nom de Galates. Mais, organisés en vastes tribus indépendantes, ils ne formèrent jamais un État, et leur décadence fut rapide. Refoulés au nord par les Germains (v. le IIᵉ s. av. J.-C.), les Celtes de Gaule, ou Gaulois, durent se soumettre progressivement à Rome (IIᵉ - Iᵉʳ s. av. J.-C.). Seuls subsistèrent les royaumes d'Irlande.
Agriculteurs et artisans habiles, les Celtes exportaient leurs produits dans tout l'Occident. Ils formaient une société de type aristocratique, avec des princes locaux appuyés

sur des clientèles. Ces chefs de clan étaient très influencés par la classe sacerdotale des druides.

RELIGION

Elle n'est connue que de manière très partielle et par des informations indirectes : documents archéologiques (représentations des dieux et de leurs attributs, objets cultuels), écrits des conquérants romains (notamment César), évocations mythologiques dans les légendes irlandaises et galloises datant du Moyen Âge. Néanmoins, ces témoignages laissent supposer que les populations celtiques étaient très religieuses, qu'elles privilégiaient le culte des forces naturelles et de divinités locales. Dans son livre sur la *Guerre des Gaules*, César assimile ces dieux à ceux du panthéon romain. De fait, les légendes irlandaises médiévales nous permettent de repérer plusieurs correspondances : le Mercure des Celtes serait Lugus ; leur Apollon guérisseur, Belenus, Grannus, ou « dieu de la tribu » ; leur Jupiter pourrait être Taranus ou Taranis, le dieu du Tonnerre ; leur Minerve serait Brigide ou Brigitte, déesse irlandaise des Arts. Cependant, certains dieux celtiques ont une personnalité si particulière qu'on ne peut les assimiler à telle ou telle divinité romaine : tels Cernunnos, le dieu cornu ; Esus, qui coupe une branche dans la forêt ; Epona, la déesse protectrice des chevaux ; Artio, celle des ours ; Smertrios, le dieu « pourvoyeur ». César nous renseigne, par ailleurs, sur les druides, qui jouissaient d'une grande influence sur l'ensemble de la société. Ils étaient non seulement les prêtres, mais aussi des dignitaires chargés de rendre la justice et d'enseigner (sur un mode exclusivement oral). Soumis à une longue formation, ils avaient un chef unique et se réunissaient une fois par an dans la forêt des Carnutes.

ARTS

La civilisation des Celtes est à son apogée au Ve s. av. J.-C. Elle présente une unité culturelle alors que subsiste le morcellement politique. Le monde celte entretient d'actives relations avec la Méditerranée. Naturalisme hellénique et stylisation animale totalement réinterprétés s'associent aux représentations sculptées des divinités ou dans la frappe monétaire où dissociation et schématisation sont poussées à l'extrême. Excellents artisans et techniciens (ils seront les premiers à ferrer les chevaux), les Celtes possèdent une métallurgie du fer d'un niveau remarquable. Renforcée de charpente, la muraille de leurs forteresses (oppi-

dums), telles Alésia ou Bibracte sur le mont Beuvray, atteste leur habileté dans le travail du bois. On leur attribue aussi l'invention de la charrue à roues. L'exubérance de leur ornementation où s'enchaînent entrelacs, esses et spirales se retrouvera durant le haut Moyen Âge dans les pages enluminées des manuscrits d'Irlande.

Celtibères, peuple de l'ancienne Espagne, établi surtout dans le nord et le centre de la Péninsule à partir du VIe s. av. J.-C. et soumis par les Romains (IIe s. av. J.-C.).

Celtique, appelée aussi Gaule celtique, partie de la Gaule comprise entre l'Atlantique, la Seine et la Garonne au temps de César et qui constitua par la suite une des trois Gaules.

Cénacle, groupe de jeunes écrivains romantiques qui se réunirent de 1823 à 1830 chez C. Nodier et chez V. Hugo.

Cendrars *(Frédéric Sauser, dit Blaise),* écrivain français d'origine suisse (La Chaux-de-Fonds 1887 - Paris 1961). Grand voyageur, il a célébré l'aventure dans ses poèmes *(la Prose du Transsibérien et de la petite Jehanne de France,* 1913), qui influencèrent Apollinaire et les surréalistes, et dans ses romans, d'inspiration autobiographique *(l'Or,* 1925 ; *Moravagine,* 1926 ; *l'Homme foudroyé,* 1945).

Cendrillon, conte en prose de Perrault.

Cenis *(Mont-),* massif des Alpes (3 610 m), dominant le col du Mont-Cenis (2 083 m), emprunté par la route de Lyon à Turin, et le lac de barrage du Mont-Cenis.

Cennini *(Cennino),* peintre et écrivain d'art italien (Colle di Val d'Elsa, près de Sienne, autour de 1370 - Padoue ? début du XVe s.). Il est l'auteur d'un *Libro dell'arte* (trad. fr., *Traité de la peinture,* 1911), précieuse source de renseignements sur les techniques et les débats artistiques à la veille de la Renaissance.

Cent Ans *(guerre de),* nom donné à la série de conflits, séparés par des trêves plus ou moins longues, qui ont opposé aux XIVe et XVe siècles la France des Valois à l'Angleterre des Plantagenêts, puis des Lancastres. La guerre de Cent Ans est d'abord une guerre féodale et dynastique. Mais le conflit développe l'hostilité réciproque entre Anglais et Français, et favorise par contrecoup l'affermissement du sentiment national. Le personnage de Jeanne d'Arc atteste la diffusion de l'idée de nation en dehors des milieux savants.

■ **La conquête anglaise et le premier redressement français.**

1337. Le roi de France Philippe VI confisque le fief de Guyenne, possession de son vassal Édouard III, roi d'Angleterre.

Neveu du dernier Capétien direct, Édouard III revendique alors le trône de France, dont il est écarté sous le prétexte de l'inaptitude des femmes à transmettre la couronne. Le conflit touche également la Bretagne et les cités flamandes, que le roi d'Angleterre veut détacher de l'influence française. La guerre commence par une série de défaites subies par la France.

1346. L'armée de Philippe VI est écrasée à Crécy.

1347. Siège et prise de Calais par les Anglais (épisode des bourgeois de Calais).

1356. Bataille de Poitiers, remportée par le Prince Noir, héritier d'Angleterre. Le roi de France Jean II le Bon est fait prisonnier.

1360. Traité de Brétigny. Édouard III reçoit en toute souveraineté le quart sud-ouest de la France, en échange de sa renonciation à la couronne.

Sous le règne de Charles V, aidé par du Guesclin, la situation de la France se redresse.

1380. À la mort de Charles V et de Du Guesclin, les Anglais n'occupent plus que quelques ports (Calais, Bordeaux, Bayonne).

Les monarchies anglaise et française, affaiblies sous les règnes respectifs de Richard II et de Charles VI par des difficultés internes (querelle des Armagnacs et des Bourguignons en France), signent une série de trêves à partir de 1388.

■ **Les conquêtes des Lancastres et la victoire française.**

1411. La Bourgogne, soucieuse de renforcer sa puissance territoriale, sollicite l'aide du nouveau roi d'Angleterre, Henri IV, fondateur de la dynastie des Lancastres.

1415. Grande victoire anglaise d'Azincourt, remportée par Henri V.

1420. Le traité de Troyes fait du roi d'Angleterre l'héritier de Charles VI.

1422. Avènement d'Henri VI, qui prend le titre de « roi de France et d'Angleterre », écartant le dauphin (futur Charles VII), qui se réfugie au sud de la Loire.

Cependant, l'épopée de Jeanne d'Arc marque le début d'une période de victoires décisives pour la France.

1429. Jeanne d'Arc délivre Orléans.

Elle fait ensuite sacrer Charles VII à Reims. Mais, capturée par les Anglais, elle est brûlée en 1431.

1435. Charles VII se réconcilie avec le duc de Bourgogne Philippe le Bon (traité d'Arras).

1450. Bataille de Formigny. Les Anglais perdent la Normandie.

1453. Bataille de Castillon. La Guyenne est reconquise par la France. Les Anglais ne conservent plus que Calais.

Cent-Associés *(Compagnie des)* ou **Compagnie de la Nouvelle-France,** compagnie fondée en 1627, par Richelieu, pour développer la nouvelle colonie du Canada.

Centaures, êtres fabuleux, au buste et au visage d'homme, au corps de cheval, dans la mythologie grecque. Habitants primitifs des montagnes de Thessalie, ils furent exterminés par les Lapithes.

Cent-Jours *(les),* période qui s'étend du 20 mars au 22 juin 1815, au cours de laquelle Napoléon Ier fut de nouveau au pouvoir. Parti de l'île d'Elbe, Napoléon débarque à Golfe-Juan (près de Cannes) le 1er mars 1815. Après avoir traversé la France *(le vol de l'Aigle),* il entre à Paris le 20 mars. Louis XVIII s'est enfui en Belgique. Napoléon tente d'organiser une monarchie constitutionnelle mais doit faire face à une nouvelle coalition des puissances européennes. Battu à Waterloo (18 juin) par Wellington et Blücher, il abdique le 22 juin et se rend aux Anglais, qui le déportent à l'île de Sainte-Hélène.

centrafricaine *(République),* État d'Afrique ; 620 000 km² ; 3 millions d'hab. *(Centrafricains).* CAP. *Bangui.* LANGUE : *français.* MONNAIE : *franc C.F.A.*

GÉOGRAPHIE

Plus vaste que la France, le pays a une densité moyenne de 5 hab. au km² seulement. Assez abondamment arrosé au S., proche de l'équateur, il est plus sec et plus chaud vers le N., où dominent la forêt claire ou la savane arborée. En dehors de l'extraction des diamants, l'agriculture est presque exclusive : cultures vivrières (manioc et mil, igname, maïs, etc.) et commerciales (héritées de la colonisation, comme le coton et le café), avec l'élevage bovin. L'industrialisation est limitée à la valorisation de produits du sol (et d'une forêt exploitée). Elle est handicapée par l'enclavement, qui limite aussi les exportations (café, coton, bois, diamants), inférieures aux importations. Les revenus du tourisme ne comblent pas le déficit commercial, et le pays, en dépit ou à cause de sa situation géographique, demeure l'un des plus pauvres du monde.

HISTOIRE

Peuplé à l'origine par des Pygmées et des tribus bantoues, auxquels viennent s'ajouter, à partir du XVIᵉ s., des peuples venus du Soudan, du Congo ou du Tchad, le pays est ravagé par la traite des Noirs.

1889. Fondation de Bangui par les Français.

1910. L'Oubangui-Chari, colonie depuis 1905, est intégré à l'Afrique-Équatoriale française.

1960. Indépendance de la République centrafricaine, fondée en 1958.

1965. Le coup d'État militaire de J. Bédel Bokassa renverse le président David Dacko.

1976. Bokassa prend le titre d'empereur.

1979. Après un coup d'État, la république est rétablie sous la présidence de David Dacko.

1981. Les militaires s'emparent du pouvoir.

1993. Des élections pluralistes redonnent le pouvoir aux civils.

Central Park, grand parc de New York (Manhattan).

Centre, Région groupant le Cher, l'Eure-et-Loir, l'Indre, l'Indre-et-Loire, le Loir-et-Cher et le Loiret ; 39 151 km² ; 2 371 036 hab. Ch.-l. *Orléans.* Entre l'Île-de-France et l'Auvergne, formé par les anciennes provinces de l'Orléanais, de la Touraine et du Berry, c'est un pays de plaines et de plateaux. La richesse des terres est diverse, le Centre s'étendant à la fois sur la Beauce et la Sologne. Mais, globalement, l'apport agricole est notable et varié : céréales (blé, orge, maïs) et cultures industrielles (betteraves, oléagineux), notamment dans la Beauce ou le Berry ; élevage (bovins, volailles dans le Perche, le Gâtinais, le Boischaut, etc.). Les versants bien exposés portent souvent des vignobles. C'est le cas, localement, au-dessus d'une vallée de la Loire aux cultures délicates (pépinières, légumes et fleurs) et surtout jalonnée par les deux principales agglomérations, Orléans et Tours. L'industrie occupe une place notable (constructions mécaniques et électriques et chimie surtout), stimulée par la décentralisation, de bonnes des sertes ferroviaires (T. G. V., notamment), routières et autoroutières (autoroutes Océane et Aquitaine, vers l'Auvergne aussi). L'apport électronucléaire est important encore dans la vallée de la Loire (centrales de Belleville-sur-Loire, Dampierre-en-Burly, Saint-Laurent-des-Eaux), qui, au sens large, attire vers ses châteaux (Chambord, Azay-le-Rideau, Chenonceaux, Blois, etc.) un grand nombre de touristes. La Loire, toutefois, ne joue qu'un rôle unificateur partiel : le contraste est sensible entre une partie nord souvent favorisée par la proximité de Paris et un Sud berrichon, vieillissant, plus durement affecté par la crise. Malgré une croissance démographique globale plus rapide que la moyenne nationale, la densité de peuplement reste faible. Aucun département n'atteint la moyenne française (un peu supérieure à 100 hab./km²), l'Indre, le Cher et même le Loir-et-Cher comptant moins de 50 hab. au km².

Centre national d'art et de culture Georges-Pompidou *(C. N. A. C. G.-P.),* à Paris, établissement public groupant, dans un édifice inauguré en 1977 sur le « plateau Beaubourg » (architectes R. Piano et R. Rogers), une vaste Bibliothèque publique d'information (B. P. I.), le musée national d'Art moderne (M. N. A. M., un des plus riches du monde), auquel se rattache le Centre de création industrielle (C. C. I.), tandis que des locaux contigus abritent l'Institut de recherche et de coordination acoustique-musique (I. R. C. A. M.).

Centre national de la recherche scientifique → C. N. R. S.

Centre national d'études spatiales → C. N. E. S.

Centre national du livre, établissement public créé en 1973, qui a pour but d'aider les écrivains et les éditeurs.

C. E. P. Communication, société française de presse et d'édition, créée en 1975 sous le nom de Compagnie européenne de publication (C.E.P.) et ayant pour actionnaire principal Havas. Organisant ses activités autour d'un pôle information (presse magazine, dont *l'Expansion, l'Express, le Point* ; presse professionnelle, dont *le Moniteur, l'Usine nouvelle, 01 Informatique, la France agricole, LSA* ; et salons) et d'un pôle édition (Groupe de la Cité, premier éditeur français), C.E.P. Communication se situe dans son secteur au sixième rang européen.

Céphalonie, la plus grande (737 km²) des îles grecques de la mer Ionienne, à l'entrée du golfe de Patras.

Céram, une des Moluques (Indonésie), entre la mer de Céram, au nord, et la mer de Banda, au sud.

Cerbère, chien monstrueux qui, dans la mythologie grecque, est le gardien des Enfers, le séjour des morts. Il avait cent ou cinquante têtes (les artistes lui en donnent trois), une queue de dragon et, sur l'échine, des têtes de serpent. Orphée réussit à l'apaiser par le son de sa flûte et seul Héraclès pouvait le dompter.

Cerdagne, petite région des Pyrénées, partagée entre l'Espagne (Catalogne) et la France (Pyrénées-Orientales). C'est un haut bassin intérieur (à environ 1 200 m) drainé vers l'Espagne par le (ou la) Sègre. — Cette région a été partagée entre la France et l'Espagne en 1659 (paix des Pyrénées).

Cerdan *(Marcel)*, boxeur français (Sidi Bel Abbes 1916 - dans un accident d'avion, au-dessus des Açores, 1949), champion du monde des poids moyens (1948).

Cérès, déesse romaine des Moissons. Anciennement vénérée en Campanie, elle fut dès le ve s. av. J.-C. adoptée à Rome, où on l'assimila à la Déméter des Grecs. Le temple qui lui était dédié sur l'Aventin était grec et elle y était honorée par la plèbe, en particulier dans les jeux célébrés en son honneur, les *Cerealia*.

Cérès, le plus gros des astéroïdes gravitant entre Mars et Jupiter (diamètre : 1 000 km env.) et le premier à avoir été découvert (1801).

Céret, ch.-l. d'arr. des Pyrénées-Orientales, sur le Tech ; 7 451 hab. *(Céretans).* — Musée d'Art moderne.

Cergy, ch.-l. de c. du Val-d'Oise, sur l'Oise ; 48 524 hab. — Église des xiie-xiiie et xvie siècles. Sur le territoire de la commune est établie la préfecture du département du Val-d'Oise, noyau de la ville nouvelle de *Cergy-Pontoise*.

Cerha *(Friedrich)*, compositeur et chef d'orchestre autrichien (Vienne 1926). Il termina l'orchestration de l'opéra *Lulu* d'A. Berg.

Cern, laboratoire européen pour la physique des particules, appelé lors de sa création (1952) Conseil européen pour la recherche nucléaire. Implanté à Meyrin (frontière franco-suisse), il y a construit des accélérateurs de particules et le plus grand anneau de collisions du monde, le LEP *(Large Electron-Positron collider),* d'une circonférence de 27 km.

Cernunnos, dieu de la mythologie celtique. Portant sur la tête des bois de cerf et parfois associé à des symboles de la végétation, il est une divinité de l'abondance et le maître des animaux sauvages.

Cernuschi *(Enrico),* homme politique et économiste italien (Milan 1821 - Menton 1896). Réfugié politique en France (1848), grand voyageur, il légua à la Ville de Paris une importante collection d'objets d'art japonais et chinois ainsi que l'hôtel du parc Monceau qui les abritait, aujourd'hui musée municipal Cernuschi (enrichi depuis : haute époque chinoise).

Cerny, comm. de l'Essonne, à 2,5 km au sud-ouest de La Ferté-Alais ; 2 896 hab. Aérodrome, siège du « Musée volant » : plus de cinquante avions de toutes époques, restaurés. — Site archéologique qui sert de référence chronologique et culturelle *(groupe de Cerny)* pour le néolithique du Bassin parisien aux alentours de la première moitié du Ve millénaire.

Cervantès, *en esp.* Cervantes Saavedra *(Miguel de)*, écrivain espagnol (Alcalá de Henares 1547 - Madrid 1616). Sa vie mouvementée (il combattit à Lépante où il perdit un bras, fut cinq ans prisonnier des pirates barbaresques, puis commissaire aux vivres de l'Invincible Armada, excommunié, emprisonné, avant de devenir familier de la cour de Philippe III) lui inspira l'humour et la satire de ses romans *(Don Quichotte de la Manche* [1605-1615] ; *les Travaux de Persilès et Sigismonde)*, des *Nouvelles exemplaires* (1613) et de ses comédies ou tragédies *(Numance).* — **Don Quichotte de la Manche,** *l'Ingénieux Hidalgo,* est un roman en deux parties (1605-1615). Un vieux gentilhomme campagnard (Don Quichotte) passe son temps à lire des romans de chevalerie et finit par s'identifier aux héros de ses légendes favorites. Revêtu de vieilles armes et monté sur son vieux cheval Rossinante, il part à l'aventure et choisit comme « dame de ses pensées » une paysanne du voisinage, qu'il baptise « Dulcinée du Toboso ». Il est accompagné de son fidèle serviteur Sancho Pança, dont le bon sens s'efforce de remédier aux désastres nés de la folle imagination de son maître. La critique du xxe s. considère le personnage de Don Quichotte, qui se réfère à un code chevaleresque tombé en désuétude, comme le modèle du héros de roman moderne, désespérément en quête d'idéal dans un monde qui a perdu les valeurs du passé.

Cerveteri, comm. d'Italie (Latium) ; 18 694 hab. — Nécropole étrusque sur le site de l'ancienne *Chira* (en lat. **Caere**), qui fut l'une des villes les plus puissantes de la Confédération étrusque et tomba sous la domination de Rome, en 351 av. J.-C. Les tombes creusées, ou construites dans la roche, et couvertes de tumuli s'alignent selon un véritable plan urbain ; elles ont livré un abondant matériel funéraire et constituent l'un des plus anciens centres d'art pictural.

Cervin *(mont),* en all. Matterhorn, sommet des Alpes entre le Valais et le Piémont, dominant la vallée de Zermatt ; 4 478 m. — Première ascension par Whymper en 1865.

Césaire *(saint),* évêque gaulois (Chalon-sur-Saône v. 470 - Arles 543). Moine à Lérins, devenu évêque d'Arles en 503, il s'est attaché à établir la discipline ecclésiastique et à développer la vie monastique. Ses traités (contre le semi-pélagianisme) et ses *Sermons* ont eu une grande influence doctrinale. Son épiscopat représente le premier essai durable de normalisation des rapports entre l'Église et les royaumes barbares.

Césaire *(Aimé),* écrivain et homme politique français (Basse-Pointe, Martinique, 1913). Influencé par le surréalisme *(Soleil cou coupé,* 1948), il cherche à se dégager de la culture occidentale pour retrouver les sources de la « négritude » *(Cahier d'un retour au pays natal,* 1947 ; *la Tragédie du roi Christophe,* 1963).

Césalpin *(Andrea* Cesalpino, dit en fr. André de*),* naturaliste et médecin italien (Arezzo 1519 - Rome 1603). Il réalisa une classification des plantes et en identifia de nombreuses espèces.

César *(César* Baldaccini, dit*),* sculpteur français (Marseille 1921). Apparenté au Nouveau Réalisme, il a surtout travaillé les métaux (ferraille soudée : animaux, figures semi-abstraites [années 50] ; « compressions » de voitures [1960]) et les matières plastiques (« expansions » [1967]). Son *Pouce géant* date de 1965, son *Centaure* en bronze de 1985.

César *(Jules), en lat.* Caius Julius Caesar, homme d'État romain (Rome 100 ou 101 - *id.* 44 av. J.-C.). Issu d'une famille patricienne, il s'oppose au dictateur Sulla (qui lui a demandé de répudier son épouse, fille de Cinna) et s'exile en Asie (82-78). Il entreprend ensuite une carrière politique, jouant des milieux d'argent (Crassus) tout en s'appuyant sur le parti populaire, seule force capable de briser le sénat et Pompée. Questeur en 68, préteur en 62, il devient aussi grand pontife (la plus haute autorité religieuse) en 63. Après une campagne facile en Espagne (61-60), il propose à son bailleur de fonds, Licinius Crassus, et à Pompée de constituer un triumvirat (60). Consul en 59, il s'assure l'appui de la plèbe en faisant voter deux lois agraires qui achèvent de partager les terres du domaine public entre les plus pauvres. En 56, César renouvelle le premier triumvirat pour cinq ans et obtient un nouveau commandement. Il conquiert la Gaule de 58 à 51, égalant ainsi la gloire militaire de Pompée. Il tire de la guerre des Gaules un immense prestige habilement entretenu par ses *Commentaires.* Désormais,

les frontières de l'État atteignent le Rhin. En 53, Crassus est tué en Orient durant une campagne contre les Parthes. Le triumvirat n'existe plus. En 52, Pompée, nommé consul unique par le sénat, exige du conquérant des Gaules de rentrer à Rome en simple citoyen. Ne pouvant obtenir de garantie, César franchit le Rubicon, frontière entre l'Italie et la Cisalpine, et marche sur Rome (janv. 49). Surpris, Pompée s'enfuit en Grèce pour y former l'armée républicaine. Maître de l'Italie (janv.-févr. 49), vainqueur en Espagne (août), César écrase Pompée à Pharsale (48), le poursuit en Égypte où ce dernier est assassiné par le roi Ptolémée Aulète. César installe sur le trône d'Égypte la reine Cléopâtre et, s'assurant ainsi un solide protectorat, réorganise l'Orient (47). Il vainc les derniers pompéiens en Afrique à Thapsus (46), puis en Espagne à Munda (45).

Maître absolu du Nord romain, César exerce son pouvoir dans un cadre légalement républicain. Il se fait octroyer soit la dictature (49 et 47), soit le consulat (48 et 46), soit les deux fonctions en même temps (45 et 44), détenues d'abord à temps limité (dix ans en 46), puis à vie (44). Il détient en outre les pouvoirs d'un tribun de la plèbe (44). Le sénat ne cesse d'élargir ses pouvoirs : droit de paix et de guerre, droit de créer des patriciens, de nommer les consuls et la moitié de tous les autres magistrats, de promulguer des décrets ayant force de loi. Pour conserver l'appui du peuple, il multiplie les fêtes et fonde, en faveur de ses vétérans et des prolétaires, des colonies romaines en Narbonnaise et sur les sites de Corinthe et de Carthage. Le pouvoir du sénat et celui des comices sont diminués. En multipliant le nombre des magistrats, il affaiblit leur autorité. Il réforme le calendrier. Enfin, il accorde le droit de cité à de nombreux provinciaux, surtout en Gaule. Dictateur à vie, César sans doute souhaite le pouvoir royal. Une conspiration se noue entre mécontents et partisans de la République, dirigée par Cassius et Brutus ; César est poignardé en plein sénat, le jour des ides de mars (15 mars 44). Il a laissé des Mémoires, *Commentaires* sur la guerre des Gaules et sur la guerre civile *(De bello gallico, De bello civili).*

Césarée, ancienne ville de Cappadoce, important centre chrétien au IVe siècle. Auj. *Kayseri.*

Césarée, ancienne ville du nord de la Palestine, sur la Méditerranée. Bâtie par Hérode le Grand, elle possédait au IIIe siècle une riche bibliothèque.

Cesbron *(Gilbert),* écrivain français (Paris 1913 - *id.* 1979). Il est l'auteur de romans d'inspiration catholique (*Chiens perdus sans collier,* 1954) et de pièces de théâtre (*Il est minuit docteur Schweitzer,* 1952).

České Budějovice, v. de la République tchèque (Bohême), sur la Vltava ; 97 283 hab. Centre industriel. — Ensemble monumental remontant au XIIIe siècle.

Český Krumlov, v. de la République tchèque (Bohême-Méridionale), sur la Vltava ; 14 100 hab. — Remarquable ensemble de monuments et demeures d'époques gothique et Renaissance.

Ceuta, port espagnol de la côte d'Afrique, en face de Gibraltar ; 67 615 hab.

Cévennes *(les),* région montagneuse de France, rebord sud-est du Massif central, au-dessus du Languedoc et découpée par les affluents de rive droite du Rhône (Gardons, Cèze, Ardèche). Les Cévennes constituent une barrière dont les sommets n'atteignent pas 2 000 m (1 699 m au mont Lozère). Située à une altitude moyenne de 800 m, à moins de 100 km de la Méditerranée, la région, très dépeuplée, offre un milieu rude, aux hivers froids, à la pluviosité forte. La principale ressource repose sur l'élevage ovin et, localement, sur le tourisme (un *parc national des Cévennes,* englobant notamment la zone des massifs, de l'Aigoual au mont Lozère, a été créé en 1970), partiellement lié à la multiplication des résidences secondaires.

Cévennes *(guerre des),* nom parfois donné à la guerre des camisards (1702-1710).

Ceylan → Sri Lanka.

Cézanne *(Paul),* peintre français (Aix-en-Provence 1839 - *id.* 1906). Il débuta par un art de tonalité sombre et postromantique. Comme ses amis impressionnistes, il pratiqua ensuite la peinture en plein air, mais s'évertua à transposer la sensation visuelle dans une construction purement plastique. Portraits, figures (*les Joueurs de cartes,* plusieurs versions v. 1890), natures mortes, paysages (dont ceux de la « montagne Sainte-Victoire »), baigneurs ou baigneuses sont ses thèmes principaux. Son influence a été capitale sur certains des principaux courants de l'art du XXe s. (fauvisme, cubisme, abstraction).

C. F. D. T. (Confédération française démocratique du travail), organisation syndicale française issue, en 1964, de la majorité de la C. F. T. C. Secrétaires généraux : Eugène Descamps (1964-1971), Edmond Maire (1971-1988), Jean Kaspar (1988-1992), Nicole Notat (depuis 1992).

C. F. E. - C. G. C. (Confédération française de l'encadrement-C. G. C.), organisation syndicale française, créée en 1944 et regroupant agents de maîtrise, V. R. P., ingénieurs et cadres. Dirigeants (secrétaires généraux et présidents) : André Malterre (1956-1975), Yvon Charpentié (1975-1979), Jean Menu (1979-1984), Paul Marchelli (1984-1993), Marc Vilbenoît (depuis 1993).

C. F. T. C. (Confédération française des travailleurs chrétiens), organisation syndicale française, créée en 1919, se réclamant de la doctrine sociale chrétienne. Dirigeants (secrétaires généraux et présidents) : Gaston Tessier (1919-1948), Jacques Tessier (1948-1970), Jean Bornard (1970-1990), Alain Deleu et Guy Drilleaud (1992-93), Alain Deleu (depuis 1993).

C. G. C. (Confédération générale des cadres), ancien nom — jusqu'en 1981 — de la C. F. E.-C. G. C.

C. G. E. (Compagnie générale d'électricité) → **Alcatel Alsthom Compagnie générale d'électricité.**

C. G. T. (Confédération générale du travail), organisation syndicale française créée en 1895. Après la scission de 1921 (création de la Confédération générale du travail unitaire, ou C. G. T. U., en 1922), elle ne retrouva son unité qu'en 1936 ; mais, en 1947-48, une nouvelle scission entraîna la création d'une autre centrale syndicale, la C. G. T. - F. O. Secrétaires généraux : Benoît Frachon (1936-1939 ; 1945-1967), Georges Séguy (1967-1982), Henri Krasucki (1982-1992), Louis Viannet (depuis 1992).

C. G. T. - F. O. → **F. O.**

Chaban-Delmas *(Jacques),* homme politique français (Paris 1915). Gaulliste et résistant (général en 1944), Premier ministre (1969-1972), il a été plusieurs fois président de l'Assemblée nationale (1958-1969, 1978-1981 et 1986-1988). Il a été maire de Bordeaux de 1947 à 1995.

Chablais, massif des Préalpes du Nord (Haute-Savoie), au sud du lac Léman ; 2 464 m. Élevage. Tourisme.

Chablis, ch.-l. de c. de l'Yonne ; 2 608 hab. Vins blancs. — Église de la fin du XIIe siècle.

Chabot, famille originaire du Poitou, qui compte parmi ses membres **Philippe de Chabot,** *seigneur* de Brion, amiral de France

(1480-1543), favori de François Ier, capturé avec lui à Pavie, conquérant du Piémont en 1535-36, dont l'effigie funéraire, demi-couchée, est au Louvre.

Chabrier *(Emmanuel),* compositeur français (Ambert 1841 - Paris 1894). Musicien original, il a eu une grande influence sur Debussy et Ravel, et a composé notamment *España* (1883), *le Roi malgré lui* (1887), *la Bourrée fantasque* (1891).

Chabrol *(Claude),* cinéaste français (Paris 1930). Pionnier de la « nouvelle vague » *(le Beau Serge,* 1958), il tourne de nombreux films, qui révèlent souvent un auteur pudique, raffiné et profond, sous le masque d'un humour corrosif : *les Bonnes Femmes* (1960), *la Ligne de démarcation* (1966), *le Boucher* (1970), *Violette Nozière* (1978), *les Fantômes du chapelier* (1982), *Inspecteur Lavardin* (1986), *Une affaire de femmes* (1988), *Mme Bovary* (1991), *Betty* (1992), *l'Enfer* (1994), *la Cérémonie* (1995).

Chaco ou, parfois, **Gran Chaco**, région de steppes, peu peuplée, de l'Amérique du Sud, partagée entre l'Argentine et le Paraguay.

Chaco *(guerre du)* [1932-1935], conflit qui opposa la Bolivie au Paraguay pour la possession du Chaco et dont le Paraguay sortit vainqueur.

Chadli *(Chadli* Ben Djedid, *dit),* officier et homme d'État algérien (Bouteldja, près d'Annaba, 1929), président de la République de 1979 à 1992.

Chadwick *(sir James),* physicien britannique (Bollington, Cheshire, 1891 - Cambridge 1974). Il a étudié la charge des noyaux, la désintégration artificielle des éléments par les particules α, découvert l'effet photoélectrique nucléaire, obtenant la désintégration du deutérium par les rayons γ, et reconnu, en 1932, la nature du neutron. (Prix Nobel 1935.)

Chagall *(Marc),* peintre, graveur et décorateur français d'origine russe (Vitebsk 1887 - Saint-Paul-de-Vence 1985). Après avoir travaillé à Paris de 1910 à 1914 *(la Noce,* 1910, M. N. A. M.), il s'est installé en France en 1923. Avec une verve inventive, il s'est inspiré du folklore juif, de Paris et de la Provence, a illustré d'eaux-fortes *les Âmes mortes* de Gogol, les *Fables de La Fontaine,* la Bible. Il est l'auteur du nouveau plafond de l'Opéra Garnier à Paris (1963). À Nice, un musée national est consacré à ses peintures du *Message biblique.*

Chagos *(îles),* archipel britannique de l'océan Indien, au sud des Maldives.

Chah Djahan (Lahore 1592 - Agra 1666), souverain moghol de l'Inde (1628-1658). Il fit construire le Tadj Mahall.

Chahine *(Youssef)* ou **Chahin** *(Yusuf),* cinéaste égyptien (Alexandrie 1926). Importante figure du cinéma égyptien, dont les films témoignent d'un talent à la sensibilité écorchée : *Gare centrale* (1958), *la Terre* (1969), *Adieu Bonaparte* (1985), *le Sixième Jour* (1986), *Alexandrie encore et toujours* (1990), *l'Émigré* (1994).

Chah-namè (le Livre des rois), épopée persane de Ferdowsi (xe s.) en 60 000 vers.

Châhpuhr ou **Shâhpur,** *en lat.* Sapor, nom de plusieurs rois sassanides de Perse : **Châhpuhr Ier** (241-272) vainquit et fit prisonnier l'empereur Valérien (260) mais ne put conquérir la Syrie et l'Asie Mineure. **Châhpuhr II** (310-379) fut le protecteur du mazdéisme et persécuta le christianisme. Il arracha l'Arménie aux Romains (apr. 338).

Chakhty, v. de Russie, dans le Donbass ; 224 000 hab. Houille.

Chalais *(Henri* de Talleyrand, *comte* de), favori du roi Louis XIII (1599 - Nantes 1626). Accusé de conspiration contre Richelieu, il fut décapité.

Chalamov *(Varlam Tikhonovitch),* écrivain russe (Vologda 1907 - Moscou 1982). Il passa vingt-deux ans de sa vie dans des camps. Libéré à la mort de Staline, il a donné avec *les Récits de Kolyma* (1969), diffusés clandestinement en Union soviétique et publiés à l'étranger, le témoignage le plus émouvant, dans sa rigueur et sa nudité, sur les déportations staliniennes et l'univers du Goulag.

Chalcédoine [kal-], ancienne ville de l'Asie Mineure (Bithynie), sur le Bosphore, en face de Byzance. Auj. *Kadiköy.* — Siège du IVe concile œcuménique (451) qui condamna le monophysisme.

Chalcidique [kal-], presqu'île grecque, formant trois péninsules, dont celle du mont Athos.

Chalcocondyle [kal-] *(Démétrios),* grammairien grec (Athènes v. 1423 - Milan 1511). Réfugié en Italie, il y répandit l'étude du grec par ses éditions d'Homère (1488) et d'Isocrate (1493).

Chaldée [kal-], nom donné à la basse Mésopotamie, notamment le pays de Sumer.

Chaleurs *(baie des),* baie du Canada formée par le golfe du Saint-Laurent, entre la Gaspésie (Québec) et le Nouveau-Brunswick.

Chalgrin *(Jean),* architecte français (Paris 1739 - *id.* 1811). Élève de Servandoni et de

Boullée, néoclassique, il a construit à Paris l'église St-Philippe-du-Roule (1772-1784), qui remettait en honneur le type basilical, et donné les plans de l'arc de triomphe de l'Étoile.

Chaliapine *(Fedor Ivanovitch),* baryton-basse russe (Kazan 1873 - Paris 1938). Doué d'une voix exceptionnelle et proposant une conception très moderne de l'art du comédien lyrique, il a popularisé l'opéra russe, notamment *Boris Godounov.*

Challans, ch.-l. de c. de la Vendée ; 14 544 hab. *(Challandais).*

Challe *(Maurice),* général d'aviation français (Le Pontet 1905 - Paris 1979). Commandant en chef en Algérie (1959-60), puis du secteur Centre-Europe de l'O. T. A. N. (1960), il dirigea le putsch du 22 avril 1961 à Alger, se rendit, fut condamné, puis gracié (1966).

Chalonnaise *(côte),* région viticole de Bourgogne (Saône-et-Loire), à l'ouest de Chalon-sur-Saône.

Châlons-en-Champagne [anc. Châlons-sur-Marne], ch.-l. de la Région Champagne-Ardenne et du dép. de la Marne, sur la Marne, à 167 km à l'est de Paris ; 51 533 hab. *(Châlonnais).* Évêché. Constructions mécaniques et électriques. École d'arts et métiers. — Camp militaire. — Cathédrale reconstruite après 1230 (vitraux du XIIe au XVIe s.) ; importante église Notre-Dame-en-Vaux, romane et gothique du XIIe siècle ; autres églises médiévales. Bâtiments civils du XVIIIe siècle. Musées.

Chalon-sur-Saône, ch.-l. d'arr. de Saône-et-Loire, sur la rive droite de la Saône ; 56 529 hab. *(Chalonnais).* Marché vinicole et centre industriel (constructions mécaniques et électriques, chimie). — Ancienne cathédrale (XIIe-XVe s.). Musées Denon (préhistoire, archéologie, peinture) et Niepce (histoire de la photographie).

Chalosse, région de collines, entre le gave de Pau et l'Adour ; pays de polyculture et d'élevage.

Cham, deuxième fils de Noé. Il fut maudit, lui et sa descendance (Cananéens), pour son irrévérence envers son père.

Cham, Tcham ou **Tiam,** population du Cambodge et du Viêt Nam.

Chamalières, ch.-l. de c. du Puy-de-Dôme, banlieue de Clermont-Ferrand ; 17 885 hab. *(Chamaliérois).* Imprimerie de la Banque de France. — Église en partie romane.

Chamberlain *(Joseph),* homme politique britannique (Londres 1836 - Birmingham 1914). Ministre du Commerce (1880-1886),

il provoqua la scission du Parti libéral, en regroupant dans un parti libéral-unioniste les adversaires du Home Rule (accordant à l'Irlande un statut d'autonomie). Ministre des Colonies (1895-1903), il mena une politique impérialiste qui entraîna son pays dans la guerre des Boers. Son fils *sir* **Joseph Austen** (Birmingham 1863 - Londres 1937), chancelier de l'Échiquier (ministre de l'Économie) [1903-1906, 1919-1921], chef du Parti libéral-unioniste, ministre des Affaires étrangères (1924-1929), il pratiqua une politique de détente dans le cadre de la Société des Nations. **Arthur Neville,** demi-frère du précédent (Birmingham 1869-Heckfield 1940), député conservateur, fut chancelier de l'Échiquier (1931-1937), puis Premier ministre (1937-1940). Il essaya, en vain, de régler pacifiquement les problèmes posés par la guerre d'Espagne, l'agression italienne contre l'Éthiopie et les revendications allemandes (accords de Munich, 1938), mais il dut déclarer la guerre à l'Allemagne en 1939.

Chambers *(Ephraim),* publiciste anglais (Kendal v. 1680 - Islington, près de Londres, 1740). Il est l'auteur d'une encyclopédie qui inspira celle de Diderot.

Chambéry, ch.-l. du dép. de la Savoie, sur la Leysse, entre les Bauges et la Chartreuse, à 553 km au sud-est de Paris ; 56 603 hab. *(Chambériens).* Archevêché. Cour d'appel. Université. Métallurgie. Chimie. — Château en partie des XIVe-XVe siècles, cathédrale des XVe-XVIe siècles et autres monuments. Musées savoisien et des Beaux-Arts.

Chambiges, famille de maîtres d'œuvre français, dont les plus connus sont **Martin** (m. à Beauvais en 1532), qui donna d'harmonieux compléments à trois cathédrales — un des croisillons du transept de Sens, façade de Troyes, transept de Beauvais —, et **Pierre I**er (m. à Paris en 1544), qui assura le passage au premier style de la Renaissance dans ses nombreux travaux, tels l'hôtel de ville de Paris et le château Vieux de Saint-Germain-en-Laye.

Chambonnières *(Jacques* Champion *de),* claveciniste et compositeur français (Chambonnières-en-Brie entre 1601 et 1611 - Paris 1672), fondateur de l'école de clavecin en France.

Chambord, comm. de Loir-et-Cher, en Sologne, sur le Cosson ; 214 hab. — Château bâti pour François Ier à partir de 1519, chef-d'œuvre de la première Renaissance. Malgré son plan de château fort, il vise à l'agrément autant qu'au prestige. Célèbre escalier central à double hélice ; ornementation sculptée italianisante.

Chambord *(Henri* de Bourbon, *duc* de Bordeaux, *comte* de*),* prince français (Paris 1820 - Frohsdorf, Autriche, 1883), fils posthume du duc de Berry, prétendant légitimiste (« Henri V ») au trône de France, mort sans héritier. En 1873, la restauration de la monarchie à son profit, qui semblait possible, échoua devant l'intransigeance du comte, lequel refusa d'accepter le drapeau tricolore comme emblème national.

Chambre des communes → **communes.**

Chambre des députés, une des assemblées du Parlement français sous la Restauration, la monarchie de Juillet et la IIIe République. Depuis 1946, on dit « Assemblée nationale ».

Chambre des lords → **lords.**

Chambre introuvable *(la),* nom donné à la Chambre des députés, dominée par les ultraroyalistes, réunie en octobre 1815 et dissoute par Louis XVIII en septembre 1816.

Chamfort *(Sébastien Roch* Nicolas, dit Nicolas de*),* écrivain français (près de Clermont-Ferrand 1740 - Paris 1794). Admiré et redouté pour son esprit, il improvisa dans les salons les éléments de son recueil posthume *Maximes, pensées, caractères et anecdotes* (1795). D'abord partisan de la Révolution, il se suicida sous la Terreur. (Acad. fr. 1781.)

Chamil, héros de l'indépendance du Caucase (Guimry, Daguestan, 1797 - Médine 1871). Imam du Daguestan (1834-1859), il s'opposa à l'avance russe dans le Caucase.

Chamisso de Boncourt *(Louis Charles Adélaïde,* dit **Adelbert** von*),* écrivain allemand d'origine française (château de Boncourt, Champagne, 1781 - Berlin 1838). Auteur de *la Merveilleuse Histoire de Peter Schlemihl* (1814), il fut directeur du Jardin botanique de Berlin.

Chamonix-Mont-Blanc, ch.-l. de c. de la Haute-Savoie, au pied du mont Blanc ; 10 062 hab. *(Chamoniards).* Superbe vallée de l'Arve, célèbre par ses glaciers. Important centre d'alpinisme et de sports d'hiver (alt. 1 037-3 842 m).

Chamorro *(Violeta* Barrios de*),* chef d'État nicaraguayen (Rivas 1929). Leader de l'opposition, elle est élue à la présidence de la République en 1990.

Champa ou **Tchampa,** royaume de l'Indochine centrale, fondé en 192 dans la région de Huê. Il fut influencé par la culture indienne. Peu à peu absorbé par le Viêt Nam après 1471, il disparut en 1822.

Champagne ou **Campagne,** nom de diverses régions françaises, plaines calcaires, le plus souvent dénudées : Champagne berrichonne, Campagne de Caen.

Champagne, région historique de l'est du Bassin parisien, correspondant, en partie, à la Région administrative de Champagne-Ardenne. La Champagne fut possédée par la maison de Vermandois puis celle de Blois à partir du XIe siècle. La grande époque champenoise se situe aux XIIe et XIIIe siècles, pendant lesquels se développent les foires de Lagny, Provins, Troyes, Bar-sur-Aube, protégées par les comtes de Champagne. Situées sur l'une des principales voies de terre reliant l'Italie et la Flandre, elles sont un des grands foyers d'échanges européens. Passée en 1284 dans le domaine royal à la suite du mariage de Jeanne de Champagne avec le futur roi Philippe le Bel, la Champagne connaît un déclin au XIVe siècle, en raison d'une taxation trop lourde, des ravages de la guerre de Cent Ans et des progrès maritimes qui font emprunter de nouvelles voies au commerce.

Champagne, région géographique, correspondant en partie à l'ancienne province. (Hab. *Champenois.*) On y distingue plusieurs secteurs. La *Champagne crayeuse* (dite autref. *pouilleuse),* longtemps pauvre et vouée à l'élevage ovin, est aujourd'hui reboisée en pins ou amendée (cultures céréalières et betteravière). Elle sépare le vignoble champenois, établi sur le front de la côte de l'Île-de-France, à l'ouest, de la *Champagne humide,* à l'est, terre argileuse parsemée d'étangs, où l'élevage laitier s'est développé. Les villes se sont établies dans les vallées de la Seine (Troyes), de la Marne (Châlons-en-Champagne et Épernay), de la Vesle (Reims).

Champagne-Ardenne, Région formée des dép. des Ardennes, de l'Aube, de la Marne et de la Haute-Marne ; 25 606 km² ; 1 347 848 hab. Ch.-l. *Châlons-en-Champagne.* V. princ. *Reims.* Elle s'étend de la frontière belge à la Bourgogne et de la Brie à la Lorraine meusienne (Argonne, Barrois) et vosgienne. Faiblement peuplée (densité seulement égale à la moitié de la moyenne nationale), elle ne possède pas de très grande ville : seules les agglomérations de Reims et Troyes dépassent 100 000 hab., et Châlons-en-Champagne est la plus petite préfecture régionale. Sa situation et sa forme géographiques expliquent l'absence d'une véritable unité régionale.

L'agriculture est représentée par les céréales (blé surtout), les betteraves et les fourrages au centre, dans la Champagne crayeuse, l'élevage bovin sur les plateaux « périphériques » (au N. et à l'E.) et, naturellement, le célèbre vignoble (essentiellement de Reims à Vertus), dont plus du tiers de la production est destiné à l'exportation.

L'industrie est souvent ancienne (métallurgie ardennaise, coutellerie du Bassigny, bonneterie auboise), renforcée (vers Reims, Châlons) par quelques opérations de décentralisation (constructions mécaniques et électriques) et le développement de l'agro-alimentaire. Mais les branches traditionnelles sont souvent en crise et les opérations de décentralisation n'ont jamais connu ici de grande ampleur. Le développement des services, comme celui du tourisme (création de parcs régionaux, Montagne de Reims, forêt d'Orient [dans la Champagne humide]), ne suffit pas à enrayer l'émigration, qui affecte particulièrement la Haute-Marne et les Ardennes. La modeste progression de la Marne compense à peine ce dépeuplement de la « périphérie » de la Région. Celle-ci est pourtant aujourd'hui bien desservie par l'autoroute, qui atteint et relie également entre elles les principales villes. Mais la Région, la Champagne surtout, demeure un carrefour, une zone de passage, et l'amélioration des communications, souvent, draine plus qu'elle ne fixe hommes et activités.

Champaigne ou **Champagne** (*Philippe* de), peintre français d'origine brabançonne (Bruxelles 1602 - Paris 1674). Venu à Paris à dix-neuf ans, il fut peintre de Marie de Médicis (décorations au Luxembourg) et de Richelieu. Lié vers 1646 avec le jansénisme et Port-Royal, il manifesta dès lors une austérité empreinte d'acuité psychologique (*Ex-voto* de 1662, Louvre). Un des fondateurs de l'Académie royale, il a peint de grandes compositions religieuses et a excellé dans le portrait, d'apparat ou intime.

Champ-de-Mars, à Paris, ancienne plaine de Grenelle située entre la façade septentrionale de l'École militaire et la Seine. — Autrefois affecté aux manœuvres et aux revues militaires, cet emplacement accueillit les Expositions universelles ou internationales de 1867, 1878, 1889 (construction de la tour Eiffel), 1900 et 1937. C'est là aussi que fut célébrée la fête de la Fédération, le 14 juillet 1790.

Champeaux (*Guillaume* de) → **Guillaume de Champeaux.**

Champfleury (*Jules* Husson, dit Fleury, puis), écrivain et critique d'art français (Laon 1821 - Sèvres 1889). Défenseur de l'esthéti-

que réaliste (Le Nain, Daumier, Courbet), qu'il illustra par ses romans (*Chien-Caillou,* 1847).

Champigny-sur-Marne, ch.-l. de c. du Val-de-Marne, sur la rive gauche de la Marne ; 79 778 hab. Chimie. — Église des XIIe et XIIIe siècles.

Championnet (*Jean Étienne* Vachier, dit), général français (Valence 1762 - Antibes 1800). Il tenta, en 1799, d'organiser à Naples la république Parthénopéenne.

Champlain (*lac*), lac des confins du Canada (Québec) et des États-Unis, découvert par Champlain ; 1 550 km². Tourisme.

Champlain (*Samuel* de), colonisateur français (Brouage v. 1567 - Québec 1635). Il fit un premier voyage en Nouvelle-France (Canada) en 1603, visita l'Acadie et les côtes de la Nouvelle-Angleterre (1604-1607), fonda Québec (1608) et explora une partie des Grands Lacs (1615-16). Après 1620, il se consacra à la mise en valeur de la nouvelle colonie.

Champmeslé (*Marie* Desmares, dite la), tragédienne française (Rouen 1642 - Auteuil 1698). Elle créa toutes les grandes héroïnes de Racine, dont elle fut la maîtresse.

Champollion (*Jean-François*), égyptologue français (Figeac 1790 - Paris 1832). Sa passion pour la langue copte, notamment, l'amène au déchiffrement de l'écriture hiéroglyphique et à la découverte de l'écriture hiératique (déformation cursive signe pour signe des hiéroglyphes). Il étudie la pierre de Rosette (→ **Rosette**) et l'obélisque de Philae (avec correspondance grecque sur le socle du texte hiéroglyphique) et, en 1822, dans la *Lettre à M. Dacier relative à l'alphabet des hiéroglyphes phonétiques,* il présente ses résultats à l'Académie des inscriptions et belles-lettres.

Champsaur, région du dép. des Hautes-Alpes, dans la haute vallée du Drac.

Champs Élysées ou **Élysée,** dans la mythologie grecque, partie des Enfers où séjournaient, après leur mort, les héros et les hommes vertueux. D'aucuns situaient les Champs Élysées dans les régions lointaines, d'autres dans le monde souterrain.

Champs-Élysées, avenue de Paris, longue de 1 880 m et reliant la place de la Concorde à la place Charles-de-Gaulle (anc. place de l'Étoile). Bordée de jardins jusqu'au *rond-point des Champs-Élysées,* cette avenue remonte vers l'Arc de triomphe.

Champs-sur-Marne, ch.-l. de c. de Seine-et-Marne ; 21 762 hab. Château d'environ 1700.

Chamrousse, station de sports d'hiver (alt. 1 650-2 250 m) de l'Isère, au-dessus de Grenoble.

Chamson *(André),* écrivain français (Nîmes 1900 - Paris 1983), peintre de la nature et des paysans des Cévennes *(Roux le Bandit,* 1925 ; *la Superbe,* 1967). [Acad. fr. 1956.]

Chan *(État des)* ou **État chan,** État de l'est de la Birmanie ; 3 726 000 hab.

Chancelade, comm. de la Dordogne ; 3 740 hab. — Station préhistorique (paléolithique supérieur). Ossements humains de type moderne (néanthropien). — Église en partie du XIIe siècle, ancienne abbatiale.

Chancellor *(Richard),* navigateur écossais (m. sur les côtes de l'Écosse en 1556). Il reconnut la mer Blanche.

Chanchán, site archéologique du Pérou, près de l'actuelle Trujillo (dép. de la Libertad). Vestiges (plus de 20 km²) de la capitale de l'Empire chimú. Multiples enceintes de briques crues ou moulées enserrant palais, centres cérémoniels, maisons, jardins, installations hydrauliques.

Chandernagor, v. de l'Inde (Bengale-Occidental) ; 76 000 hab. — Ancien comptoir français (1686-1951).

Chandigarh, v. de l'Inde, cap. des États du Pendjab et de l'Haryana, formant un territoire de l'Union indienne ; 640 725 hab. — La conception urbanistique de la ville (1951) et ses monuments officiels sont principalement dus à Le Corbusier et à son cousin Pierre Jeanneret.

Chandler *(Raymond Thornton),* écrivain américain (Chicago 1888 - La Jolla, Californie, 1959). Il est l'auteur de romans policiers *(le Grand Sommeil,* 1939 ; *Adieu ma jolie,* 1940 ; *la Dame du lac,* 1943) dont le personnage central est le détective privé Philip Marlowe.

Chandragupta → Candragupta.

Chandrasekhar *(Subrahmanyan),* astronome américain d'origine indienne (Lahore 1910 - Chicago 1995). Il est l'auteur de travaux théoriques sur la polarisation de la lumière des étoiles (qu'il a prévue avant qu'elle ne soit observée), le transfert d'énergie dans les étoiles et l'évolution stellaire. Il a, notamment, établi la théorie des naines blanches et montré que celles-ci ne peuvent avoir une masse supérieure à 1,4 fois environ celle du Soleil *(limite de Chandrasekhar).* [Prix Nobel de physique 1983.]

Chanel *(Gabrielle,* dite Coco*),* couturière française (Saumur 1883 - Paris 1971). Elle bouleverse la mode au lendemain de la Première Guerre mondiale : à la silhouette étranglée d'alors elle oppose la ligne fluide des années 20, aux soieries le jersey, aux drapés la netteté des lignes, aux diamants les bijoux fantaisie. Cette simplicité s'accompagne d'une élégance discrète et raffinée.

Changan → Xi'an.

Changarnier *(Nicolas),* général et homme politique français (Autun 1793 - Paris 1877). Il fut gouverneur de l'Algérie en 1848.

Changchun, v. de la Chine du Nord-Est, cap. du Jilin ; plus de 2 millions d'hab. Centre industriel.

Changhua ou **Zhanghua,** v. de Taïwan ; 194 000 hab.

Changsha, v. de Chine, cap. du Hunan ; 1 260 000 hab. Centre industriel. — Très riche musée de la province du Hunan regroupant le mobilier funéraire de tombes des Han de l'ouest (206 av. J.-C. - 8 apr. J.-C.).

Channel (the), nom angl. de la *Manche.*

Chanson de Roland *(la),* la plus ancienne des chansons de geste françaises, composée à la fin du XIe siècle, en vers de dix syllabes groupés en laisses assonancées. Elle est composée de deux grandes parties : la trahison de Ganelon, la bataille et la mort de Roland puis l'affrontement de Charlemagne avec l'émir Baligant et le châtiment du traître. Amplification et métamorphose d'un événement historique, elle exprime l'enthousiasme religieux face à l'islam, l'amour du sol natal, la fidélité au suzerain.

Chantal *(Jeanne-Françoise* Frémyot *de)* → Jeanne-Françoise Frémyot de Chantal.

Chant du départ *(le),* chant patriotique français créé en 1794. Paroles de M.-J. Chénier, musique de Méhul.

Chantemesse *(André),* médecin bactériologiste français (Le Puy 1851 - Paris 1919). Professeur de pathologie expérimentale et d'hygiène, il inventa, en collaboration, la vaccination contre la fièvre typhoïde.

Chantilly, ch.-l. de c. de l'Oise, en bordure de la *forêt de Chantilly* (6 300 ha) ; 11 525 hab. *(Cantiliens).* Hippodrome. — Siège du quartier général de Joffre de novembre 1914 à janvier 1917. — Château des Montmorency et des Condés, reconstruit au XIXe siècle, excepté le *petit château* (par Jean Bullant, v. 1560) et les écuries (par Jean Aubert, 1719-1735) ; il a été légué (1886) par le duc d'Aumale à l'Institut de France, avec ses riches collections d'art *(musée Condé)*.

Chants de Maldoror *(les),* poème en prose de Lautréamont (1869).

Chanute *(Octave),* ingénieur américain d'origine française (Paris 1832 - Chicago 1910). Il contribua au développement de l'aviation en construisant et expérimentant divers modèles d'appareils et il aida les frères Wright à leurs débuts.

Chanzy *(Alfred),* général français (Nouart, Ardennes, 1823 - Châlons-sur-Marne 1883). Il commanda la IIe armée de la Loire en 1871 puis fut gouverneur de l'Algérie (1873) et ambassadeur en Russie (1879).

Chao Phraya *(la),* parfois **Ménam** *(le),* principal fleuve de Thaïlande, qui passe à Bangkok et rejoint le golfe de Thaïlande ; 1 200 km.

Chaouïa *(la),* plaine du Maroc atlantique, arrière-pays de Casablanca.

Chaouïa, peuple berbère qui habite l'Algérie (Aurès) et le Maroc.

Chapala, lac du Mexique central ; 1 080 km².

Chapeaux et Bonnets, nom des deux factions qui se disputèrent le pouvoir aux diètes suédoises de 1738 à 1772. Les Bonnets étaient partisans d'une politique pacifiste, ménageant la Russie, tandis que les Chapeaux désiraient reprendre les territoires enlevés par les Russes. Les deux factions furent éliminées par Gustave III (1772).

Chapelain *(Jean),* écrivain français (Paris 1595 - id. 1674). Poète médiocre, raillé par Boileau, il joua un rôle important dans la création de l'Académie française et la formation de la doctrine classique.

Chapelle-aux-Saints (La), comm. de la Corrèze ; 184 hab. Station préhistorique (squelette du type de Neandertal).

Chaplin *(Charles* Spencer, dit *Charlie),* acteur et cinéaste britannique (Londres 1889 - Corsier-sur-Vevey, Suisse, 1977). Fils de chanteurs de music-hall, il monte sur les planches à l'âge de cinq ans et fait ensuite partie d'une troupe ambulante de pantomime. Lors d'une tournée aux États-Unis, il est remarqué par Mack Sennett, qui l'engage à Hollywood. Sa personnalité éclate très vite aux yeux de tous : le comédien inconnu s'impose non seulement comme acteur, mais aussi comme scénariste, réalisateur puis producteur. En quelques années, sa silhouette sera connue du monde entier. Coiffé d'un chapeau melon, portant une petite moustache, vêtu d'un veston étriqué, d'un pantalon en accordéon et de chaussures pointure 45, le personnage de Charlot ne se sépare guère de sa canne flexible, dont il use avec malice. D'abord cousin de Guignol et de Pierrot, Charlot devient vite une nouvelle entité burlesque. Ce vagabond est considéré par les spectateurs comme le symbole de l'homme libre et têtu en lutte contre l'injustice et le conformisme d'une société.

Charlie Chaplin mêle dans ses œuvres la satire, la bouffonnerie et la comédie, les préoccupations sociales et la générosité. Cependant, l'Amérique qui l'avait applaudi prend peur devant le pamphlétaire. Sa vie privée ne plaît pas aux puritains, ses opinions politiques irritent les réactionnaires. En 1952, en pleine époque maccarthyste, il quitte définitivement les États-Unis pour s'installer en Suisse.

Son œuvre est riche et féconde. De 1914 à 1918, il tourne de nombreux films pour différentes firmes *(Charlot boxeur,* 1915 ; *Charlot pompier,* 1916 ; *Charlot policeman,* 1917) puis il signe un contrat avec la First National pour laquelle il réalise : *Une vie de chien* (1918), *le Gosse (The Kid,* 1921). En 1919, il avait fondé, avec Douglas Fairbanks, D. W. Griffith et Mary Pickford, les Artistes associés. Pour cette compagnie, il met en scène ses œuvres les plus achevées : *la Ruée vers l'or* (1925, Charlot prospecteur part à la conquête de l'Ouest) ; *le Cirque* (1928) ; *les Lumières de la ville* (1931) ; *les Temps modernes* (1936, pamphlet contre le travail à la chaîne) ; *le Dictateur* (1940, pamphlet antihitlérien) ; *Monsieur Verdoux* (1947) ; *Limelight (les Feux de la rampe,* 1952). En 1957, il signe encore *Un roi à New York* et, en 1966, *la Comtesse de Hong-Kong.*

Chapman *(George),* poète dramatique anglais (Hitchin 1559 - Londres 1634). Il est l'auteur de drames et de comédies sur l'actualité de son temps *(Bussy d'Amboise,* 1607).

Chapochnikov *(Boris Mikhaïlovitch),* maréchal soviétique (Zlatooust 1882 - Moscou 1945). Chef d'état-major de l'Armée rouge de 1937 à 1942, il fut conseiller militaire de Staline.

Chappaz *(Maurice),* écrivain suisse d'expression française (Martigny 1914). Il a célébré son Valais natal *(le Testament du Haut-Rhône,* 1953).

Chappe *(Claude),* ingénieur français (Brûlon, Sarthe, 1763 - Paris 1805). Il créa la télégraphie aérienne au moyen d'un système de signaux de sémaphores observés à la lunette d'approche. La première ligne fonctionna en 1794 entre Paris et Lille et le réseau français développé par la suite subsista jusque vers 1850.

Chaptal (*Jean Antoine*), *comte* de Chanteloup, chimiste et homme politique français (Nojaret, comm. de Badaroux, Lozère, 1756 - Paris 1832). Il améliora la production de l'acide chlorhydrique, mit au point la *chaptalisation* des vins et développa l'industrie chimique en France, notamment en diffusant des méthodes de teinture et de blanchiment. Ministre de l'Intérieur (1801-1804), il fonda la première école d'arts et métiers.

Char (*René*), poète français (L'Isle-sur-la-Sorgue 1907 - Paris 1988). Associé au surréalisme (*le Marteau sans maître*, 1934), il s'oriente vers une poésie militante (*Placard pour un chemin des écoliers*, 1937 ; *Dehors la nuit est gouvernée*, 1938) et tire de son expérience dans la Résistance la matière d'une poésie humaniste (*Feuillets d'Hypnos*, 1946). Son inspiration se fait alors plus lyrique, plus détachée de l'événement et traduit sous forme d'aphorismes l'accord profond des forces naturelles et des aspirations humaines (*Fureur et mystère*, 1948 ; *la Parole en archipel*, 1962 ; *la Nuit talismanique*, 1972 ; *Chants de la Balandrane*, 1977).

Charbonneau (*Robert*), écrivain canadien d'expression française (Montréal 1911 - id. 1967). Poète et critique, il est le véritable créateur du roman d'analyse au Canada (*Fontile*, 1945).

Charcot (*Jean Martin*), médecin français (Paris 1825 - Montsauche, Nièvre, 1893). Professeur de neurologie, il eut de nombreux auditeurs et collaborateurs, français et étrangers, devenus illustres. En étudiant de multiples maladies, dont plusieurs portent son nom, il contribua à transformer la neurologie en spécialité. Il fonda aussi la neuropsychiatrie : il aida à comprendre la différence entre signes neurologiques et signes psychiatriques purs, découvrit l'hystérie et son traitement par l'hypnose, qui devint à la mode. Freud fut l'un de ses assistants attentifs. Son fils, **Jean** (Neuilly-sur-Seine 1867 - en mer 1936) médecin également, fut l'auteur de campagnes et de travaux océanographiques dans les régions polaires. Il périt en mer sur le *Pourquoi-Pas ?*.

Chardin (*Jean*), voyageur français (Paris 1643 - près de Londres 1713), auteur d'un *Voyage en Perse et aux Indes orientales* (1711).

Chardin (*Jean Siméon*), peintre français (Paris 1699 - id. 1779). Fils d'un maître menuisier, il se détourne du « grand style » pour évoquer les objets et les gestes les plus simples de la vie bourgeoise, dans un esprit intimiste qui dérive des écoles flamande et hollandaise. Reçu à l'Académie royale en 1728 avec *le Buffet* et *la Raie* (Louvre), il se consacre, tout le long d'une paisible carrière, aux natures mortes mais aussi aux scènes d'intérieur, dans lesquelles construction savante, matière-couleur franche, lumière chaude doucement modulée se fondent sous l'apparence de la plus grande sobriété (au Louvre : *l'Enfant au toton ; la Pourvoyeuse ; le Bénédicité ; Pipes et vases à boire ; les Attributs des Arts*, dessus-de-porte ; *Panier de pêches*). Vers la fin de sa vie, malade, un peu oublié, il se limite au pastel (deux *Autoportraits*, Louvre).

Chardja, l'un des Émirats arabes unis ; 269 000 hab. Pétrole.

Chardonne (*Jacques Boutelleau*, dit Jacques), écrivain français (Barbezieux 1884 - La Frette-sur-Seine 1968). Il analyse dans ses romans le couple et la vie conjugale (*l'Épithalame*, 1921 ; *Vivre à Madère*, 1953).

Chardonnet (*Hilaire Bernigaud, comte de*), chimiste et industriel français (Besançon 1839 - Paris 1924). Il créa en 1884 le premier textile artificiel, une fibre de cellulose nitrée imitant la soie, et installa à Besançon en 1891 la première usine au monde pour la production de fils artificiels.

Charente (*la*), fl. né dans le Limousin (Haute-Vienne), qui passe à Angoulême, Cognac, Saintes, Rochefort et rejoint l'Atlantique par un estuaire envasé ; 360 km.

Charente [16], dép. de la Région Poitou-Charentes ; ch.-l. de dép. *Angoulême* ; ch.-l. d'arr. *Cognac, Confolens* ; 3 arr., 35 cant., 405 comm. ; 5 956 km^2 ; 341 993 hab. (*Charentais*). Il est rattaché à l'académie de Poitiers, à la cour d'appel de Bordeaux, à la région militaire Atlantique.

Charente-Maritime [17], dép. de la Région Poitou-Charentes ; ch.-l. de dép. *La Rochelle* ; ch.-l. d'arr. *Jonzac, Rochefort, Saintes, Saint-Jean-d'Angély* ; 5 arr., 51 cant., 472 comm. ; 6 864 km^2 ; 527 146 hab. Il est rattaché à l'académie et à la cour d'appel de Poitiers, à la région militaire Atlantique.

Charette de La Contrie (*François de*), chef vendéen (Couffé 1763 - Nantes 1796). Il combattit les républicains à partir de 1793, fut capturé par le général Hoche et fusillé.

Chari (*le*), fl. de l'Afrique équatoriale, qui rejoint le Logone (à N'Djamena), tributaire du lac Tchad ; 1 200 km.

Charisse (*Cyd*), née Tula Ellice **Finklea**, danseuse et actrice américaine (Amarillo, Texas,

1924). Engagée dans les Ballets russes du colonel de Basil (1939), elle effectue ensuite une brillante carrière à Hollywood, où elle est l'inoubliable partenaire de G. Kelly (*Chantons sous la pluie,* 1952 ; *Brigadoon,* 1954) et de F. Astaire (*Tous en scène,* 1953 ; *la Belle de Moscou,* 1957).

Charivari *(le),* journal satirique fondé à Paris (1832-1937) et auquel ont collaboré Daumier, Grandville, Gavarni.

Charlemagne ou **Charles Ier le Grand** (747 - Aix-la-Chapelle 814), roi des Francs (768-814), empereur d'Occident (800-814). Fils aîné de Pépin le Bref et de Bertrade ou Berthe (dite « au grand pied »), il succède à son père en 768 conjointement avec son frère cadet Carloman. La mort de ce dernier le laisse seul maître du royaume franc (771). De haute taille (1,92 m) et de forte carrure, Charles a un visage ouvert et imberbe (sa « barbe fleurie » n'existe que dans la légende), une vitalité prodigieuse. Profondément chrétien, intelligent, cultivé, simple, mais autoritaire, il se montre parfois violent et cruel. Poursuivant la politique d'expansion du royaume franc inaugurée par son père, Charlemagne conduira durant ses 46 années de règne 53 expéditions militaires pour étendre la chrétienté, protéger l'État franc contre les incursions de ses voisins mais aussi pour imposer son hégémonie sur l'Occident. En Italie, où le pape Adrien Ier le sollicite d'intervenir contre Didier, roi des Lombards, il prend Pavie (774), annexe à l'État franc le royaume lombard dont il ceint la couronne de fer. En Germanie, il conquiert la Frise (784-790), qui est définitivement évangélisée à l'aube du IXe s. ; il réunit le duché de Bavière au royaume franc (788) ; il soumet et christianise la Saxe au terme d'une lutte inexorable (772-804) au cours de laquelle il use de la terreur ; enfin, victorieux des Avars (796) installés en Pannonie, il s'empare de leur camp fortifié (ou *ring*) et de leur fabuleux trésor, tandis que les Slaves établis au-delà de l'Elbe et en Bohême tombent sous son influence. En Espagne, après la destruction par les Basques de son arrière-garde à Roncevaux (778), il occupe les territoires compris entre les Pyrénées et l'Èbre (prise de Barcelone, 801) et les érige en *marche d'Espagne* pour protéger l'Aquitaine contre les attaques musulmanes. Maître dès la fin du VIIIe s. d'un « empire » s'étendant sur la majeure partie de l'Occident, Charlemagne jouit alors d'une autorité immense et d'un prestige exceptionnel. Installé depuis 794 à Aix-la-Chapelle (la « nouvelle Rome »), où il fait édifier un palais et

une chapelle imités de ceux de Constantinople, il accède à la dignité impériale : le 25 déc. 800, il est couronné « empereur des Romains » par le pape Léon III à Saint-Pierre de Rome.
Reconnu comme empereur par le basileus (empereur byzantin) en 812, Charlemagne restaure ainsi l'empire en Occident. Mais, fort différent de l'ancien Empire romain, son empire est européen, franc et chrétien, axé non plus sur la Méditerranée et Rome mais sur le continent et Aix-la-Chapelle. Se considérant en effet comme le chef du peuple chrétien qu'il est chargé par Dieu de guider vers le salut éternel, Charlemagne veut établir en Occident une sorte d'État théocratique. Contraint de respecter certains particularismes locaux en créant les royaumes semi-autonomes d'Aquitaine et d'Italie (781), il s'efforce cependant d'unifier l'Empire sur le plan administratif en introduisant des comtes francs dans les pays conquis. Conscient de l'insuffisance de l'appareil administratif, il s'attache ses sujets par un serment de fidélité (789) ainsi que par la vassalité. Maître du recrutement épiscopal et abbatial, il contraint les clercs à exercer des fonctions publiques tant au palais que dans l'Empire, où évêques et abbés secondent les comtes. Son désir de développer l'instruction de ces clercs est à l'origine de la renaissance culturelle dite « carolingienne » qu'il suscite, en attirant lettrés et savants étrangers (Alcuin, Paulin d'Aquilée, etc.) à sa cour d'Aix-la-Chapelle et en décidant l'ouverture d'écoles dans tous les évêchés et les monastères (789).
Le premier des Carolingiens meurt en 814 après avoir lui-même couronné empereur son fils et successeur, Louis Ier le Pieux (813). Il a réalisé le premier rassemblement territorial de l'Europe, esquisse de l'Occident médiéval. Promoteur du premier épanouissement de la culture européenne, il pose aussi les fondements de la chrétienté médiévale en faisant du christianisme le lien essentiel des peuples de son empire.

Charleroi, v. de Belgique, ch.-l. d'arr. du Hainaut, sur la Sambre ; 206 214 hab. Centre industriel. — Victoire des Allemands (21-23 août 1914). — Importants musées du Verre et de la Photographie.

SAINT

Charles Borromée *(saint),* archevêque de Milan (Arona 1538 - Milan 1584). Neveu de Pie IV, il joua, très jeune, un rôle important dans l'achèvement du concile de Trente (1560-1563). Nommé archevêque de Milan en 1564, il restaura la discipline ecclésiastique par des visites pastorales régulières, la tenue périodique de synodes diocésains et provinciaux, l'organisation de séminaires pour la formation du clergé et l'enseignement du catéchisme. Il devint ainsi le modèle du pasteur de la Réforme catholique.

ANGLETERRE

Charles Iᵉʳ (Dunfermline 1600 - Londres 1649), roi d'Angleterre, d'Écosse et d'Irlande (1625-1649), fils de Jacques Iᵉʳ et d'Anne de Danemark. Poussé dans la voie du despotisme par ses ministres Buckingham, Strafford, l'évêque Laud ainsi que par sa femme, Henriette de France, il soulève une violente opposition parlementaire ; la pétition de Droit (1628) visant à limiter le pouvoir royal le conduit à renvoyer le Parlement (1629) et à gouverner seul. Cependant, en raison d'une révolte écossaise, le roi est contraint à convoquer en 1640 le Parlement (Court, puis Long Parlement), qui envoie Strafford puis Laud à la mort. Ces exécutions, auxquelles il n'a pas le courage de s'opposer, et les complaisances du souverain envers les catholiques provoquent la rupture entre le roi et le Parlement (1642). Éclate alors la guerre civile entre les partisans du roi et l'armée du Parlement, qui s'allie aux Écossais. L'armée royale est vaincue à Naseby (1645). Charles Iᵉʳ se rend aux Écossais, qui le livrent au Parlement. Son évasion (1647) provoque une seconde guerre civile et la victoire de l'armée de Cromwell. Ce dernier obtient du Parlement épuré (« Parlement croupion ») la condamnation à mort du roi, qui est décapité à Londres (1649).

Charles II (Londres 1630 - id. 1685), roi d'Angleterre, d'Écosse et d'Irlande (1660-1685), fils de Charles Iᵉʳ et d'Henriette de France. Exilé après la victoire de Cromwell, il est rétabli sur le trône d'Angleterre (1660) à la suite du ralliement du général Monk. Il blesse le sentiment national anglais en s'alliant avec la France contre la Hollande pour s'assurer les subsides de Louis XIV (1665-1667) et en pratiquant la tolérance à l'égard des catholiques. Aussi doit-il affronter l'opposition du Parlement, favorable à l'anglicanisme. En 1673, il est contraint d'accepter le bill du Test, qui impose à tous les fonctionnaires l'appartenance à la religion anglicane. Il sanctionne en 1679 la loi de l'*habeas corpus,* garantissant la liberté individuelle. Mais il procède en 1681 à la dissolution du Parlement, qui a tenté d'exclure de la succession au trône le futur Jacques II, de religion catholique.

AUTRICHE

Charles de Habsbourg, archiduc d'Autriche (Florence 1771 - Vienne 1847),troisième fils de Léopold II. Ministre de la Guerre depuis 1805 et feld-maréchal, il combattit Napoléon à Essling (mai 1809) et fut défait à Wagram (juill.).

Charles Iᵉʳ (Persenbeug 1887 - Funchal, Madère, 1922), empereur d'Autriche et roi de Hongrie (Charles IV) [1916-1918]. Petit-neveu de François-Joseph Iᵉʳ, à qui il succéda, il entreprit en 1917 des négociations secrètes avec l'Entente. Après la proclamation de la république en Autriche (1918), il tenta de reprendre le pouvoir en Hongrie (1921).

BELGIQUE

Charles de Belgique (Bruxelles 1903 - Ostende 1983), comte de Flandre.Second fils d'Albert Iᵉʳ, il fut régent de Belgique de 1944 à 1950.

BOURGOGNE

Charles le Téméraire (Dijon 1433 - devant Nancy 1477), duc de Bourgogne (1467-1477). Fils de Philippe le Bon, il essaie de se constituer une puissante principauté aux dépens de la monarchie capétienne. Chef de la ligue du Bien public, rassemblant la haute noblesse soulevée contre Louis XI, il oblige le roi à rendre à la Bourgogne les villes de la Somme (1465). Puis, Louis XI appuyant la révolte de Liège, il le retient prisonnier à Péronne (1468) et réprime la rébellion. Il soumet la Lorraine mais est vaincu par les Suisses à Granson et à Morat (1476). Lorsqu'il meurt l'année suivante en combattant le duc de Lorraine, la puissance des États bourguignons s'écroule.

EMPIRE CAROLINGIEN

Charles Iᵉʳ → Charlemagne.

Charles II, empereur d'Occident → Charles II le Chauve, roi de France.

Charles III le Gros (Neidingen 839 - id. 888), empereur d'Occident (881-887), roi de Germanie (882-887), roi de France (884-887), fils cadet de Louis le Germanique. Il reconstitua en théorie l'empire de Charlemagne, mais, à cause de sa faiblesse devant les féodaux et les Normands, il fut déposé à la diète de Tribur en 887.

EMPIRE GERMANIQUE

Charles IV de Luxembourg (Prague 1316 - id. 1378), roi de Germanie (1346-1378), roi de Bohême (Charles Iᵉʳ) [1346-1378], empereur germanique (1355-1378).Fils de Jean Iᵉʳ de Luxembourg et petit-fils de l'empereur Henri VII, il est élevé à la cour de Charles IV le Bel, où il s'imprègne de culture française. Roi de Bohême à la mort de son père (1346), il est élu roi des Romains (1346) avec l'appui du pape Clément VI, grâce à qui il évince Louis IV de Bavière. Couronné empereur à Rome en 1355, il a le souci constant de renforcer le prestige impérial mais abandonne l'Italie à l'influence des Visconti et à celle du pape. Par la Bulle d'or de 1356, il fixe pour plus de quatre siècles la Constitution du Saint Empire et fait du roi de Bohême le premier des quatre Électeurs laïcs qui, avec trois princes ecclésiastiques, désignent désormais l'empereur. Il poursuit par ailleurs une politique d'acquisitions territoriales (à la fin de son règne, les possessions de la maison de Luxembourg comprennent le Luxembourg, la Bohême, la Moravie, la Silésie). Il crée à Prague la première université de l'Europe centrale (1348) et fait de la capitale de la Bohême le centre culturel et commercial de l'Empire.

Charles V, dit **Charles Quint** (Gand 1500 - Yuste, Estrémadure, 1558), empereur germanique (1519-1556), prince des Pays-Bas (1506-1555), roi d'Espagne (Charles Ier) [1516-1556], roi de Sicile (Charles IV) [1516-1556]. Petit-fils de l'empereur Maximilien Ier et de Marie de Bourgogne par son père, l'archiduc d'Autriche Philippe le Beau, petit-fils également du roi d'Espagne Ferdinand II le Catholique et d'Isabelle Ire la Catholique par sa mère, Jeanne la Folle, Charles de Habsbourg est destiné, grâce aux alliances préparées par son grand-père, à recevoir l'héritage des familles les plus puissantes d'Europe. En 1515, il prend le gouvernement des Pays-Bas en tant que duc de Bourgogne et, à la mort de Ferdinand le Catholique (1516), il prétend aux Couronnes de Castille et d'Aragon, de Naples et de Sicile, dont dépendent les vastes colonies d'Amérique. Mais les Cortes ne le reconnaîtront comme roi qu'en 1518 et 1519. En 1519, à la mort de l'empereur Maximilien Ier, il brigue la Couronne du Saint Empire contre François Ier. Élu en juin 1519, il est couronné en octobre 1520 à Aix-la-Chapelle. Il est le dernier souverain du Saint Empire à se rendre auprès du pape pour se faire couronner empereur (à Bologne, en 1530). Mais il doit son trône avant tout à la puissance financière du banquier Jakob II Fugger, qui a pu acheter les voix des princes électeurs, ainsi qu'aux concessions qu'il a dû faire à ces derniers et qui limiteront son pouvoir (capitulations impériales, 1519). À la tête d'un immense empire, sur lequel « jamais le soleil ne se couche », Charles Quint semble incarner pour la dernière fois

en Occident l'idéal d'une monarchie universelle. Mais sa politique impériale se heurtera aux États et aux nations « modernes » qui tendent à se fixer à l'aube du XVIe s.
À l'extérieur, sa politique est dominée par sa rivalité avec François Ier, dont le royaume risque d'être encerclé par ses possessions. Trois guerres opposeront les deux monarques (1521-1529, 1536-1538, 1539-1544), marquées par le désastre de Pavie (1525), où François Ier est fait prisonnier, et le sac de Rome (1527) par les armées impériales. À la paix de Crépy (1544), François Ier reconnaît la domination de Charles Quint en Italie et aux Pays-Bas. Mais son successeur, Henri II, soutient une nouvelle guerre (1547-1556) et la France se maintient dans les Trois-Évêchés (Metz, Toul, Verdun) et au Piémont (trêve de Vaucelles, 1556). Charles doit lutter également contre les « infidèles » et particulièrement contre les Ottomans qui, sous la conduite de Soliman le Magnifique, progressent en Hongrie, mettent le siège devant Vienne en 1529 et maîtrisent la Méditerranée.
À l'intérieur, le principal obstacle à la politique impériale de Charles sera la Réforme, en Allemagne. L'empereur doit mettre Luther au ban de l'Empire en 1521 quand ce dernier comparaît à la diète de Worms et refuse de se rétracter. Après l'écrasement de la guerre des Paysans (1524-1526), le luthéranisme progresse dans l'Empire et les princes du Nord forment la ligue de Smalkalde (1531). Charles Quint doit d'abord faire des concessions aux protestants, mais, après la signature de la paix de Crépy (1544), il tente de réduire le protestantisme par la force et remporte la victoire de Mühlberg (1547). Cependant, le statut religieux du Saint Empire n'est fixé qu'à la conclusion de la paix d'Augsbourg (1555), qui institue le principe selon lequel les sujets de chaque prince sont tenus d'adopter la religion de celui-ci. Dans les domaines espagnols, Charles Quint renforce le pouvoir royal et favorise la colonisation de l'Amérique centrale et du Sud par les conquistadores et la création des deux vice-royautés de Mexico (1535) et de Lima (1543).
Prématurément vieilli, désabusé, Charles Quint abdique en faveur de son fils Philippe comme roi d'Espagne et de Sicile en 1556. La même année, il renonce à la dignité impériale en faveur de son frère Ferdinand Ier, élu roi de Bohême et de Hongrie en 1526. Il se retire au couvent de Yuste, en Espagne, où il mourra.

Charles VI (Vienne 1685 - id. 1740), empereur germanique (1711-1740), roi de Hongrie

(Charles III) et de Sicile (Charles VI), deuxième fils de Léopold Iᵉʳ de Habsbourg. Il dut renoncer à ses prétentions sur l'Espagne (traité de Rastatt, 1714). Il s'employa à faire accepter par l'Europe la *Pragmatique Sanction* de 1713, par laquelle il garantissait à sa fille Marie-Thérèse la succession d'Autriche. Il perdit définitivement Naples et la Sicile en 1738.

ESPAGNE

Charles Iᵉʳ → Charles V (Charles Quint), empereur germanique.

Charles II (Madrid 1661 - id. 1700), roi d'Espagne et de Sicile (Charles V) [1665-1700]. Fils de Philippe IV, dernier Habsbourg d'Espagne, il désigna pour lui succéder Philippe d'Anjou, petit-fils de Louis XIV, ce qui provoqua la guerre de la Succession d'Espagne.

Charles III (Madrid 1716 - id. 1788), roi d'Espagne (1759-1788), duc de Parme (1731-1735), roi de Naples et de Sicile (Charles VII) [1734-1759], fils de Philippe V. Il conclut avec la France le pacte de Famille (1761), qui l'entraîna dans la guerre de Sept Ans. Tenant du despotisme éclairé, il s'efforça de rénover le pays avec l'aide de ses ministres, Aranda et Floridablanca.

Charles III (*ordre de*), ordre fondé en Espagne par Charles III en 1771. C'est la plus haute distinction espagnole.

Charles IV (Portici 1748 - Rome 1819), roi d'Espagne (1788-1808), fils de Charles III. Il fut entièrement soumis à l'influence de son épouse, Marie-Louise de Bourbon-Parme, et du favori de celle-ci, Godoy, qu'il nomma Premier ministre. Entraîné par la France dans sa lutte contre l'Empire britannique depuis 1796, il fut contraint d'abdiquer une première fois en faveur de son fils Ferdinand VII puis, une seconde fois, en faveur de Napoléon Iᵉʳ, qui donna la couronne d'Espagne à son frère Joseph.

Charles de Bourbon → Carlos.

FRANCE

Charles II le Chauve (Francfort-sur-le-Main 823 - Avrieux, dans les Alpes, 877), roi de France (843-877) et empereur d'Occident (875-877). Fils de Louis Iᵉʳ le Pieux et de Judith de Bavière, il doit affronter la jalousie de ses frères, nés d'un premier lit et unis contre lui. Il vainc à Fontenoy-en-Puisaye (841) son frère Lothaire, avec l'appui de son autre frère Louis le Germanique (les serments de Strasbourg confirmeront cette alliance en 842). En 843, il signe avec eux le traité de Verdun, qui le fait roi de la *Francia*

occidentalis, futur royaume de France. Son règne est marqué par les invasions normandes, les guerres franco-germaniques et le développement de la féodalité. À la mort de l'empereur Louis II (875), il conquiert la Provence et reçoit la couronne impériale, mais il ne peut imposer son autorité à la Germanie.

Charles III le Simple (879 - Péronne 929), roi de France (898-923). Fils posthume de Louis II le Bègue, écarté du trône au profit du comte de Paris, Eudes, il fut reconnu roi par tous à la mort de ce dernier (898). Il donna la Normandie à Rollon au traité de Saint-Clair-sur-Epte (911). Il se heurta à l'opposition des partisans de Robert, comte de Paris, et de Raoul, duc de Bourgogne. Il fut vaincu près de Soissons et détrôné en 923.

Charles IV le Bel (v. 1295 - Vincennes 1328), roi de France et de Navarre (Charles Iᵉʳ) [1322-1328]. Troisième fils de Philippe IV le Bel et de Jeanne Iʳᵉ de Navarre, il fut le dernier des Capétiens directs.

Charles V le Sage (Vincennes 1338 - Nogent-sur-Marne 1380), roi de France (1364-1380). Fils de Jean II le Bon, il assume le gouvernement du royaume pendant la captivité de son père (1356-1360). Il doit faire face aux intrigues de Charles II le Mauvais, roi de Navarre, et assiste impuissant aux troubles qui se produisent à Paris sous la direction d'Étienne Marcel ainsi qu'à la jacquerie qui ravage le nord du royaume. Avec l'Angleterre, il négocie le traité de Brétigny (1360). Devenu roi, il impose la paix à Charles le Mauvais, débarrasse le royaume des Grandes Compagnies et reprend à l'Angleterre presque toutes les provinces conquises. Il doit ce succès à sa prudence politique et à l'action militaire de Du Guesclin. Charles V est aussi à l'origine d'heureuses réformes financières, de l'extension des privilèges de l'Université, de la construction d'une nouvelle enceinte à Paris ainsi que de la réunion d'une importante collection de manuscrits.

Charles VI le Bien-Aimé (Paris 1368 - id. 1422), roi de France (1380-1422). Fils de Charles V, il gouverne d'abord sous la tutelle de ses oncles, qui dilapident le Trésor et provoquent des révoltes (Maillotins) par la levée de nouveaux impôts. Il défait les Flamands à Rozebeke (1382). En 1388, il renvoie ses oncles pour les remplacer par les « marmousets », anciens conseillers de son père. Mais, frappé en 1392 d'une première crise de folie, il abandonne le pouvoir à son oncle Philippe II le Hardi et à son frère Louis Iᵉʳ d'Orléans, dont la rivalité déclenche la guerre civile entre Bourguignons et Armagnacs. Sous la tutelle de la reine Isabeau de Bavière, alliée au duc de Bourgogne, Charles VI doit signer en 1420 le traité de Troyes déshéritant son fils, le dauphin Charles (futur Charles VII), au profit du roi d'Angleterre, Henri V.

Charles VII (Paris 1403 - Mehun-sur-Yèvre 1461), roi de France (1422-1461). Fils de Charles VI et d'Isabeau de Bavière, il fut appelé le « Roi de Bourges », ville dont il avait fait sa capitale, son autorité n'étant reconnue, à son avènement, qu'au sud de la Loire. Après avoir subi de nombreux revers contre les Anglais, il reçoit le secours de Jeanne d'Arc, qui le fait sacrer roi à Reims (1429), confirmant ainsi la légitimité de son pouvoir. Sa réconciliation avec le duc de Bourgogne en 1435 (traité d'Arras) lui permet la reconquête progressive de son royaume, achevée après les victoires de Formigny (1450) et de Castillon (1453). À l'intérieur, Charles VII réforme le gouvernement, les finances et l'armée (qui devient permanente). Il donne à l'Église de France une charte, la *Pragmatique Sanction de Bourges* (1438), qui l'assujettit à la royauté, et triomphe de la *Praguerie,* révolte des seigneurs, que son propre fils, le futur Louis XI, soutenait. Son règne fut marqué par une reprise de l'activité économique, notamment grâce aux entreprises du financier Jacques Cœur.

Charles VIII (Amboise 1470 - *id.* 1498), roi de France (1483-1498). Fils de Louis XI et de Charlotte de Savoie, il règne d'abord sous la tutelle de sa sœur, Anne, jeune régente, et du mari de celle-ci, Pierre de Beaujeu (1483-1494), qui réunissent les états généraux à Tours (1484) et matent la rébellion des grands seigneurs en 1488. Le roi est marié à Anne de Bretagne (1491) pour préparer l'annexion de ce pays à la France. Le rôle personnel de Charles VIII se borne à la politique extérieure, dont la grande entreprise est la tentative de conquête du royaume de Naples. Afin de pouvoir réaliser son rêve, le roi cède le Roussillon et la Cerdagne à l'Espagne, l'Artois et la Franche-Comté à l'Autriche. Entré à Naples en 1495, il doit faire face à une coalition italienne et perd définitivement ses conquêtes en 1497.

Charles IX (Saint-Germain-en-Laye 1550 - Vincennes 1574), roi de France (1560-1574). Fils d'Henri II et de Catherine de Médicis, il resta soumis à l'influence de sa mère, qui exerça le pouvoir réel. Après la paix de Saint-Germain (1570) mettant fin à plusieurs années de guerres religieuses, le roi, hostile

aux Espagnols, accorda sa confiance au protestant Coligny. Mais il ne s'opposa pas à son assassinat lors du massacre de la Saint-Barthélemy (1572).

Charles X (Versailles 1757 - Görz, auj. Gorizia, 1836), roi de France (1824-1830). Dernier fils de Louis, Dauphin de France, et de Marie-Josèphe de Saxe, petit-fils de Louis XV, frère de Louis XVI et de Louis XVIII, créé comte d'Artois, il est, pendant la Révolution, l'un des chefs des émigrés. À la tête du parti ultraroyaliste durant le règne de Louis XVIII (1814-1824), il devient roi à la mort de ce dernier. Le ministère autoritaire et réactionnaire de Villèle (1824-1828) lui vaut une impopularité qui ne diminue pas sous le ministère Martignac (1828), plus libéral. Il confie alors, en 1829, le gouvernement au prince Jules de Polignac, tenant de la contre-Révolution, à qui les députés refusent leur confiance. Le roi renvoie la Chambre, mais les élections sont favorables à l'opposition. Malgré le succès de l'expédition d'Alger (4 juill.), les ordonnances du 25 juillet 1830, dissolvant la Chambre, non encore réunie, restreignant le droit de vote et suspendant la liberté de la presse, provoquent la révolution de juillet 1830 et l'abdication de Charles X (2 août).

HONGRIE

Charles Ier Robert, dit Carobert (Naples 1288 - Visegrád 1342), roi de Hongrie (1301-1342), de la maison d'Anjou.

Charles III → Charles VI, empereur.

NAVARRE

Charles Ier, roi de Navarre → **Charles IV le Bel,** roi de France.

Charles II le Mauvais (1332-1387), roi de Navarre (1349-1387). Petit-fils de Louis X, roi de France, il intrigua aux côtés des Anglais pour agrandir ses possessions et supplanter les Valois, et lutta contre Jean II le Bon puis Charles V. Il fut battu à Cocherel (Normandie) par du Guesclin (1364).

Charles III le Noble (Mantes 1361 - Olite 1425), roi de Navarre (1387-1425), fils du précédent.

ROUMANIE

Charles Ier ou **Carol Ier** (Sigmaringen 1839 - Sinaia 1914), prince (1866-1881),puis roi (1881-1914) de Roumanie, de la maison des Hohenzollern. Il se déclara, en 1877, complètement indépendant des Ottomans.

Charles II ou **Carol II** (Sinaia 1893 - Estoril, Portugal, 1953), roi de Roumanie (1930-1940). Fils de Ferdinand Ier, il dut renoncer au trône en faveur de son fils Michel (1926). Il s'imposa comme roi en 1930 mais dut abdiquer en 1940.

SICILE ET NAPLES

Charles Iᵉʳ d'Anjou, prince capétien (1226 - Foggia 1285), comte d'Anjou, du Maine et de Provence (1246-1285), roi de Sicile (1266-1285). Frère de Saint Louis, il conquit la Sicile (1266) et voulut faire de son royaume le centre d'un empire méditerranéen s'étendant jusqu'à l'Orient. Il intervint à Byzance et prit les titres de roi d'Albanie (1272) et de roi de Jérusalem (1277). La révolte des Vêpres siciliennes (1282) le priva de l'île de Sicile et provoqua la formation de deux royaumes de Sicile, l'un insulaire, l'autre péninsulaire.

SUÈDE

Charles IX (Stockholm 1550 - Nyköping 1611), régent (1595) puis roi de Suède (1607-1611). Troisième fils de Gustave Vasa et père de Gustave II Adolphe, il assura l'unité politique et religieuse du royaume.

Charles X Gustave (Nyköping 1622 - Göteborg 1660), roi de Suède (1654-1660). Succédant à Christine, il imposa au Danemark la paix de Roskilde (1658).

Charles XI (Stockholm 1655 - id. 1697), roi de Suède (1660-1697). Fils et successeur de Charles X Gustave, il fut l'allié de la France en 1675 contre les Provinces-Unies. Il mit en place une monarchie absolutiste et renforça les finances et l'armée.

Charles XII (Stockholm 1682 - Fredrikshald, auj. Halden, Norvège, 1718), roi de Suède (1697-1718). Fils et héritier de Charles XI, il entreprend d'établir l'hégémonie de la Suède sur toute l'Europe du Nord. Menacé par une alliance unissant le Danemark, la Russie, la Pologne et la Saxe, il engage son pays dans la guerre du Nord (1700-1721). Il montre son génie militaire en battant tout d'abord l'armée danoise puis remporte la victoire retentissante de Narva, en Livonie, contre les troupes de Pierre le Grand (nov. 1700). À l'apogée de sa puissance, Charles XII envahit la Pologne, où il détrône l'Électeur de Saxe et impose l'élection de Stanislas Leszczyński (1704). Mais, après la conquête par Pierre le Grand des provinces baltes occupées par la Suède, il envahit la Russie, où il subit, à Poltava, une écrasante défaite (juill. 1709). Réfugié auprès des Turcs, qui le gardent prisonnier, il voit ses ennemis se retourner de nouveau contre son pays, en plein désordre politique. Parvenant à s'enfuir en 1714, il regagne la Suède par Stralsund, dernière place forte suédoise sur le continent, qu'il ne réussit pas à défendre. Poussé par Görtz, son principal conseiller, qui négocie une alliance avec la Russie en échange d'importantes concessions territoriales, Charles XII entreprend deux expéditions contre la Norvège, unie au Danemark, et meurt, sans doute assassiné, au siège de Fredrikshald. Ses successeurs acceptent de voir le pouvoir royal limité par le Parlement et renoncent à la plupart des possessions extérieures de la Suède. Par l'audace de ses expéditions militaires autant que par sa fin tragique, Charles XII est resté — notamment grâce à l'*Histoire de Charles XII* de Voltaire (1731) — le type même du héros d'épopée et de tragédie.

Charles XIII (Stockholm 1748 - id. 1818), roi de Suède (1809-1818) et de Norvège (1814-1818). Il adopta Bernadotte (1810), qui devait lui succéder. Il céda la Finlande à la Russie et reçut en 1814 la couronne de Norvège.

Charles XIV ou **Charles-Jean** *(Jean-Baptiste* **Bernadotte***)* [Pau 1763 - Stockholm 1844], maréchal de France, roi de Suède et de Norvège (1818-1844). Il se distingua dans les guerres de la Révolution et de l'Empire, fut créé maréchal d'Empire en 1804 et prince de Pontecorvo en 1806. Devenu prince héritier de Suède (1810), il combattit Napoléon lors de la campagne de Russie et à Leipzig. En 1818, il succéda à Charles XIII, fondant ainsi la dynastie actuelle de Suède.

Charles XV (Stockholm 1826 - Malmö 1872), roi de Suède et de Norvège (1859-1872). Fils aîné d'Oscar Iᵉʳ, il favorisa la démocratisation des institutions.

Charles XVI Gustave (château de Haga, Stockholm, 1946). Petit-fils de Gustave VI Adolphe, il devient roi de Suède en 1973.

Charles *(Jacques),* physicien français (Beaugency 1746 - Paris 1823). Le premier, il utilisa l'hydrogène pour le gonflement des aérostats. Il étudia la variation de la pression des gaz à volume constant.

Charles *(Ray),* chanteur, pianiste, compositeur et chef d'orchestre de jazz américain (Albany, Géorgie, 1930). Aveugle à l'âge de six ans, il étudie la musique dans un institut pour infirmes. Depuis 1954, il connaît le succès, dans un registre intermédiaire entre le jazz, le rhythm and blues et le rock and roll naissant.

Charles-Albert (Turin 1798 - Porto, Portugal, 1849), roi de Sardaigne (1831-1849). Il promulgua le *Statut fondamental* (1848), qui établissait une monarchie constitutionnelle.

Il voulut libérer la Lombardie, mais il fut vaincu par les Autrichiens à Custoza en 1848, puis à Novare en 1849, et dut abdiquer en faveur de son fils Victor-Emmanuel II.

Charlesbourg, v. du Canada, banlieue de Québec ; 70 788 hab.

Charles-de-Gaulle *(aéroport)*, aéroport de la région parisienne, près de Roissy-en-France.

Charles-de-Gaulle *(place)*, jusqu'en 1970 place de l'Étoile, grande place de l'ouest de Paris, occupée en son centre par l'arc de triomphe de Chalgrin et d'où rayonnent douze avenues.

Charles-Emmanuel IV (Turin 1751 - Rome 1819), roi de Sardaigne (1796-1802). Chassé par les Français de ses États continentaux, il abdiqua en faveur de son frère Victor-Emmanuel Ier.

Charles Martel (v. 688 - Quierzy 741), maire du palais d'Austrasie et de Neustrie. Fils de Pépin de Herstal, véritable détenteur du pouvoir dans les deux royaumes, il remporta en 732, à Poitiers, une victoire décisive contre les Arabes. Il s'assura la subordination de l'Aquitaine, de la Provence et de la Bourgogne, et régla sa succession entre ses fils Carloman et Pépin le Bref.

Charleston, port des États-Unis (Caroline du Sud), sur l'Atlantique ; 80 414 hab. — Ensemble de belles demeures (XVIIIe-XIXe s.) de la vieille ville.

Charleston, v. des États-Unis, cap. de la Virginie-Occidentale ; 57 287 hab.

Charleville-Mézières, ch.-l. du dép. des Ardennes, sur la Meuse, à 239 km au nord-est de Paris ; 59 439 hab. *(Carolomacériens)*. Métallurgie. — Place Ducale (1611). Musées.

Charlevoix *(le P. François Xavier de)*, jésuite français (Saint-Quentin 1682 - La Flèche 1761). Il explora le Mississippi et écrivit une *Histoire et description générale de la Nouvelle-France*.

Charlier *(Jean-Michel)*, scénariste de bandes dessinées belge (Liège 1924 - Saint-Cloud 1989). Pour *Spirou* et *Pilote*, il a créé de nombreux héros (Buck Danny, 1947 ; Blueberry, 1960).

Charlot → Chaplin.

Charlotte, v. des États-Unis (Caroline du Nord) ; 395 934 hab. Textile.

Charlotte, princesse de Saxe-Cobourg-Gotha et de Belgique (Laeken 1840 - château de Bouchout, près de Bruxelles, 1927). Fille de Léopold Ier, roi des Belges, elle épousa

(1857) l'archiduc Maximilien, devenu en 1864 empereur du Mexique, et perdit la raison après l'exécution de son mari.

Charlotte-Élisabeth de Bavière, princesse Palatine (Heidelberg 1652 - Saint-Cloud 1722), seconde femme du duc Philippe d'Orléans, frère de Louis XIV, et mère de Philippe d'Orléans, le futur Régent. Sa correspondance est un document sur les mœurs du règne de Louis XIV.

Charlottetown, v. du Canada, cap. de la prov. de l'île du Prince-Édouard ; 15 396 hab. Université.

Charolais ou **Charollais**, région de plateaux de la bordure nord-est du Massif central. Élevage bovin.

Charolles, ch.-l. d'arr. de Saône-et-Loire ; 3 418 hab. *(Charollais)*.

Charon, personnage de la mythologie grecque qui, moyennant une obole, fait passer aux morts, dans sa barque, les fleuves des Enfers. Conformément à cette croyance, les Grecs et les Romains plaçaient dans la bouche du défunt une pièce de monnaie.

Charonton ou **Charreton** *(Enguerrand)* → Quarton.

Charpak *(Georges)*, physicien français (Dabrovica, Pologne, 1924). Chercheur au Cern, à Meyrin, près de Genève, il y a conçu de nombreux détecteurs de particules (chambres proportionnelles multifils, chambres à dérive). Ses appareils sont également utilisés en biologie et en médecine. (Prix Nobel 1992.)

Charpentier *(Gustave)*, compositeur français (Dieuze 1860 - Paris 1956). Grand prix de Rome, auteur d'*Impressions d'Italie* pour orchestre (1891), il a excellé dans le drame naturaliste (*Louise*, roman musical, 1900, suivi de *Julien*, 1913).

Charpentier *(Jacques)*, avocat français (Rueil-Malmaison 1881 - Paris 1974). Élu bâtonnier de Paris en 1938, contraint à la clandestinité en 1943, il s'est illustré lors de grands procès financiers et politiques.

Charpentier *(Marc Antoine)*, compositeur français (Paris 1643 - id. 1704). Élève de Carissimi, il est l'auteur de nombreuses œuvres religieuses, comme ses histoires sacrées (*le Jugement de Salomon*, 1702), d'ouvrages dramatiques (*David et Jonathas*, 1688 ; *Médée*, 1693) et de cantates profanes (*Orphée*, v. 1683). Il a aussi écrit la musique de certaines comédies de Molière.

Charron *(Pierre)*, prêtre et moraliste français (Paris 1541 - id. 1603). Dans son ouvrage *De*

la sagesse (1603), il a transposé *les Essais* de Montaigne sous une forme dogmatique.

chartes (*École nationale des*), établissement d'enseignement supérieur, fondé en 1821, qui forme des archivistes-paléographes.

Charte 77, manifeste publié le 1er janvier 1977 par des citoyens tchécoslovaques pour réclamer le respect des droits de l'homme dans leur pays. Les signataires continuèrent leur action au sein du Comité pour la défense des personnes injustement poursuivies (VONS).

Chartier (*Alain*), écrivain français (Bayeux v. 1385 - v. 1435). Secrétaire de Charles VI et de Charles VII, il est considéré comme un des créateurs de la prose oratoire française (*le Quadrilogue invectif,* 1422). Poète original, il a mêlé aux thèmes du lyrisme courtois (*la Belle Dame sans merci,* 1424) une éloquence, une logique et une recherche allégorique remarquables de ses contemporains.

Chartres, ch.-l. du dép. d'Eure-et-Loir, sur l'Eure, à 96 km au sud-ouest de Paris ; 41 850 hab. (*Chartrains*). Évêché. Constructions mécaniques et électriques. **ARTS.** Cathédrale reconstruite pour l'essentiel de 1194 à 1260, chef-d'œuvre de l'art gothique dans sa maturité classique ; crypte (XIe s.) ; portails sculptés prestigieux (façade ouest, avec le « portail royal » : 1134-1150 ; transept : v. 1200-1250) ; ensemble de vitraux (XIIe-XIIIe s.). Autres églises, vieilles maisons. Musée des Beaux-Arts dans l'ancien évêché.

Chartres (*école de*), école philosophique des XIe-XIIe siècles constituée autour de Bernard de Chartres, Gilbert de La Porrée, Thierry de Chartres et Guillaume de Conches. Elle part de la conception platonicienne de l'idée, qu'elle relie à la notion des universaux : comme les idées, les universaux sont éternels, hors du tangible et garantis par Dieu. Sans en avoir fait effectivement partie, Abélard se rattache, par ses positions, à l'école de Chartres.

Chartres-de-Bretagne, comm. d'Ille-et-Vilaine, près de Rennes ; 5 564 hab. Construction automobile.

Chartreuse ou **Grande-Chartreuse** (*massif de la*), massif des Préalpes françaises dominant le Grésivaudan ; 2 082 m. Parc naturel régional.

Chartreuse (la Grande-), monastère fondé en 1084 par saint Bruno, qui s'y établit avec six compagnons, fondant ainsi un ordre monastique de type érémitique sous le nom d'*ordre des Chartreux*.

Chartreuse de Parme (*la*), roman de Stendhal (1839).

Charybde, tourbillon redouté du détroit de Messine. À proximité se trouve le récif de Scylla. Le bateau qui cherchait à éviter le premier danger risquait de se briser sur l'autre. De là le proverbe : *Tomber de Charybde en Scylla,* c'est-à-dire d'un mal en un autre, pire encore.

Chase (*René Brabazon* Raymond, dit James Hadley*), écrivain britannique (Londres 1906 - Corseaux, cant. de Vaud, Suisse, 1985). Il est l'auteur de romans policiers où dominent la violence et la sexualité (*Pas d'orchidées pour miss Blandish,* 1938).

Chasles [ʃal] (*Michel*), mathématicien français (Épernon 1793 - Paris 1880). Ses travaux de géométrie supérieure marquent un retour à la géométrie pure. Il créa les mots *homothétie* et *homographie,* et introduisit le *rapport anharmonique* (aujourd'hui *birapport*), qu'il appliqua à l'étude projective des coniques. En mathématiques élémentaires, son nom est resté attaché à la *relation de Chasles :* AC = AB + BC, où A, B et C sont trois points quelconques d'une droite.

Chassériau (*Théodore*), peintre français (Santa Barbara de Samaná, République Dominicaine, 1819 - Paris 1856). Élève d'Ingres, mais sensible aux valeurs du romantisme, il a laissé une œuvre d'une tonalité nostalgique (au musée Calvet, à Avignon : *Nymphe endormie ;* au Louvre : *Lacordaire ;* restes des peintures monumentales de l'ancienne Cour des comptes).

Chassey-le-Camp, comm. de Saône-et-Loire ; 238 hab. Important habitat néolithique, éponyme du faciès chasséen.

Chastel (*André*), historien de l'art français (Paris 1912 - *id.* 1990). Auteur d'ouvrages fondamentaux sur la Renaissance italienne et sur l'art français, professeur, critique d'art, il s'est employé à attirer l'attention des pouvoirs publics sur les études d'histoire de l'art et la sauvegarde du patrimoine.

Chastellain (*Georges*), chroniqueur de la cour de Bourgogne (comté d'Aalst 1415 - Valenciennes 1475), auteur de poèmes et d'une *Chronique.*

Chat botté (le), conte de Perrault.

Château (le), roman de F. Kafka (1925).

Chateaubriand (*François René, vicomte de*), écrivain français (Saint-Malo 1768 - Paris 1848). Dernier-né du hobereau breton, il passe sa jeunesse au château de Combourg, assiste au début de la Révolution, puis part pour l'Amérique (1791). De retour en

France (1792), il s'engage dans l'armée des princes, est blessé au siège de Thionville, puis émigre en Angleterre, où, dans la misère, il travaille aux manuscrits rapportés d'Amérique, notamment sur son *Essai sur les Révolutions,* publié en 1797. Converti, sous le choc de la mort de sa mère et de sa sœur, il commence une apologie de la religion chrétienne et rentre en France en 1800. Abandonnant un roman commencé en Amérique, *les Natchez,* il n'en retient que deux épisodes, *Atala,* publié d'abord séparément, et *René,* qui décrit le « mal du siècle », ce « vague des passions » ressenti par toute une génération et lié à l'effondrement de l'ordre social et religieux ; cette œuvre sera insérée dans le *Génie du christianisme* (1802) [→ **Génie.**], dont le succès est immédiat. Chateaubriand rompt avec Bonaparte à la suite de l'exécution du duc d'Enghien (1804) et se consacre à la fois à la littérature et à une opposition résolue au régime. Se proposant de compléter le *Génie* par une grande épopée en prose, *les Martyrs,* qui paraîtra en 1809, il entreprend un voyage en Orient et publie, en 1811, année de son élection à l'Académie, *l'Itinéraire de Paris à Jérusalem.* Ayant contribué au retour des Bourbons, il est nommé ministre des Affaires étrangères sous Villèle, en 1822. Chassé du pouvoir en 1824, il devient un des chefs de l'opposition. Ses campagnes dans le *Journal des débats* font de lui une idole de la jeunesse libérale. Ambassadeur de Charles X à Rome (1828), il démissionne à la formation du ministère Polignac, ultraroyaliste (1829). Refusant de se rallier à Louis-Philippe en 1830, il parcourt l'Europe, revient en France terminer ses *Mémoires d'outre-tombe* [→ **Mémoires.**] et meurt au lendemain des journées de 1848, après avoir publié, en 1844, la *Vie de Rancé.*

Châteaubriant, ch.-l. d'arr. de la Loire-Atlantique ; 13 378 hab. *(Castelbriantais).* Marché. Matériel agricole. — Restes du Vieux-Château (XIe-XVe s.) et Château-Neuf (v. 1535). Église de Béré, du XIe siècle.

Château-Chinon, ch.-l. d'arr. de la Nièvre, dans le Morvan ; 2 952 hab. *(Château-Chinonais).* — Musée du Septennat (de F. Mitterrand).

Châteaudun, ch.-l. d'arr. d'Eure-et-Loir, sur le Loir ; 15 328 hab. *(Dunois).* Éléments plastiques. Constructions mécaniques. — Château des XVe et XVIe siècles, avec donjon du XIIe (sculptures, tapisseries). Églises médiévales. Musée.

Château-d'Yquem, vignoble bordelais (vins blancs) du pays de Sauternes.

Château-Gaillard, forteresse en ruine, dominant la Seine aux Andelys. Construit par Richard Cœur de Lion (1196), pris par Philippe Auguste (1204), il fut démantelé par Henri IV (1603).

Château-Gontier, ch.-l. d'arr. de la Mayenne, sur la Mayenne ; 11 476 hab. *(Castrogontériens).* — Église St-Jean, avec restes de peintures romanes et gothiques. Musée.

Châteauguay *(bataille de la)* [26 oct. 1813], victoire remportée par les Canadiens sur les Américains au Québec, dans la vallée de la Châteauguay, affluent du Saint-Laurent.

Château-Lafite, vignoble du Médoc.

Château-Latour, vignoble du Médoc.

Châteaulin, ch.-l. d'arr. du Finistère, dans le bassin de Châteaulin, sur l'Aulne ; 5 614 hab. *(Castellinois* ou *Châteaulinois).* Agroalimentaire. — Église Notre-Dame, des XVe-XVIe siècles.

Château-Margaux → Margaux.

Châteauroux, ch.-l. du dép. de l'Indre, sur l'Indre, à 251 km au sud de Paris ; 52 949 hab. *(Castelroussins).* Centre ferroviaire et industriel (tabac, constructions mécaniques, agroalimentaire). Forêt. — Musée Bertrand (archéologie ; fonds napoléonien ; etc.).

Châteauroux *(Marie Anne de Mailly-Nesle, duchesse* **de***),* favorite de Louis XV (Paris 1717 - *id.* 1744).

Château-Salins, ch.-l. d'arr. de la Moselle, sur la Petite Seille ; 2 719 hab. *(Castelsalinois).*

Château-Thierry, ch.-l. d'arr. de l'Aisne, sur la Marne ; 15 830 hab. *(Castrothéodoriciens).* Biscuiterie. — Église des XVe-XVIe siècles. Maison natale de La Fontaine.

Châtel *(Jean)* [1575 - Paris 1594], fanatique qui tenta d'assassiner Henri IV (1594) peu après l'entrée de ce dernier dans Paris. Il fut écartelé.

Châtelet, v. de Belgique (Hainaut), sur la Sambre ; 36 538 hab. Métallurgie.

Châtelet, nom donné à deux anciennes forteresses de Paris, le *Grand* et le *Petit Châtelet,* l'une étant le siège de la juridiction criminelle de la vicomté et prévôté de Paris, l'autre servant de prison.

Châtelet *(Émilie Le Tonnelier de Breteuil, marquise* **du***)* [Paris 1706 - Lunéville 1749], amie et inspiratrice de Voltaire, qu'elle accueillit dans son château de Cirey.

Châtellerault, ch.-l. d'arr. de la Vienne, sur la Vienne ; 35 691 hab. *(Châtelleraudais).*

Constructions mécaniques et électriques. Caoutchouc. — Beau pont Henri IV. Musées, dont celui des Motocycles, Automobiles et Bicyclettes.

Châtenay-Malabry, ch.-l. de c. des Hauts-de-Seine, dans la banlieue sud de Paris ; 29 359 hab. *(Châtenaysiens).* Siège de l'École centrale. — Église, surtout du XIIIᵉ siècle. Maison de Chateaubriand (musée) à la Vallée-aux-Loups.

Chatham *(îles),* archipel néo-zélandais d'Océanie, à l'est de la Nouvelle-Zélande.

Châtillon, ch.-l. de c. des Hauts-de-Seine, au sud de Paris ; 26 508 hab. *(Châtillonnais).*

Châtillon-sur-Seine, ch.-l. de c. de la Côte-d'Or ; 7 451 hab. *(Châtillonnais).* — Église St-Vorles, remontant à 980. Musée archéologique (trésor de Vix ; objets gallo-romains).

Châtiments *(les),* recueil de poésies de V. Hugo publiées en 1853.

Chatou, ch.-l. de c. des Yvelines, sur la Seine ; 28 077 hab. *(Catoviens).* Centre résidentiel et industriel. Laboratoires de recherches. — Haut lieu de l'impressionnisme puis du fauvisme.

Châtre (La), ch.-l. d'arr. de l'Indre, sur l'Indre ; 4 838 hab. *(Castrais).* Marché. Confection. — Musée George-Sand et de la Vallée-Noire dans la tour de l'ancien château.

Chatrian → Erckmann-Chatrian.

Chatt al-Arab, fl. du Moyen-Orient, formé en Iraq (qu'il sépare de l'Iran dans sa partie terminale) par la réunion du Tigre et de l'Euphrate ; 200 km. Il passe à Bassora et à Abadan, et se jette dans le golfe Persique. Grande palmeraie sur ses rives.

Chatterji *(Bankim Chandra),* écrivain indien d'expression bengali (Kantalpara 1838 - Calcutta 1894). Son œuvre, à caractère psychologique et social (romans, études de mœurs), inspira le nationalisme naissant *(Rajani,* 1877).

Chatterton *(Thomas),* poète britannique (Bristol 1752 - Londres 1770). Il publia des poèmes imités du Moyen Âge *(la Bataille de Hastings,* 1777), mais, tombé dans la misère, il s'empoisonna. Il sera pour les romantiques le type du poète martyr.

Chattes, peuple de Germanie établi aux abords du Taunus et qui fut un rude adversaire des Romains.

Chaucer *(Geoffrey),* poète anglais (Londres v. 1340 - *id.* 1400). Il traduisit le *Roman de la rose* et imita les poètes italiens. Ses *Contes de Cantorbéry* (→ **Contes**) ont contribué à fixer la grammaire et la langue anglaises.

Chaumont, ch.-l. du dép. de la Haute-Marne, sur la Marne, à 252 km au sud-est de Paris ; 28 900 hab. *(Chaumontais).* Constructions mécaniques. — Église des XIIIᵉ-XVIᵉ siècles (œuvres d'art). Musée, Festival de l'affiche.

Chaunu *(Pierre),* historien français (Belleville, Meuse, 1923). Un des créateurs de l'histoire quantitative et de l'histoire de la longue durée, il a consacré sa thèse au commerce espagnol vers l'Amérique : *Séville et l'Atlantique, 1504-1650* (1955-1959).

Chausey *(îles),* groupe d'îlots du Cotentin, dépendant de la commune de Granville (Manche).

Chaussée des Géants, site du nord de l'Irlande, formé de colonnes basaltiques érodées par la mer.

Chausson *(Ernest),* compositeur français (Paris 1855 - Limay 1899). Son œuvre marque le trait d'union entre l'école de Franck et Debussy. Il est l'auteur de la partition lyrique le *Roi Arthus* (1886-1895), du *Concert pour piano, violon et quatuor à cordes* (1889-1891), de mélodies *(Chanson perpétuelle,* 1898).

Chautemps *(Camille),* homme politique français (Paris 1885 - Washington 1963). Député radical-socialiste, plusieurs fois président du Conseil (1930, 1933-34, 1937-38), il se déclara en faveur de l'armistice (1940) mais gagna peu après les États-Unis.

Chauveau *(Auguste),* vétérinaire français (Villeneuve-la-Guyard, Yonne, 1827 - Paris 1917). Précurseur de Pasteur, il a établi la nature corpusculaire des germes des maladies infectieuses et prévu leur atténuation possible par l'obtention de vaccins.

Chauveau *(Pierre Joseph Olivier),* écrivain et homme politique canadien (Québec 1820 - *id.* 1890), Premier ministre du Québec (1867-1873).

Chauveau-Lagarde *(Claude),* avocat français (Chartres 1756 - Paris 1841), défenseur de Marie-Antoinette, de Madame Élisabeth, de Charlotte Corday.

Chaux *(forêt de la),* massif forestier du Jura, entre le Doubs et la Loue.

Chaux-de-Fonds (La), v. de Suisse (cant. de Neuchâtel) ; 36 894 hab. Industrie horlogère. — Musée international de l'Horlogerie et des Beaux-Arts.

Chaval *(Yvan* Le Louarn, dit*),* dessinateur d'humour français (Bordeaux 1915 - Paris 1968). Usant d'un graphisme incisif et de gags percutants, il a dressé, en misanthrope tendre, un constat de la bêtise et de l'absurde.

Chaville, ch.-l. de c. des Hauts-de-Seine, au sud-ouest de Paris ; 17 854 hab. *(Chavillois).*

Chavín de Huantar, centre cérémoniel du Pérou, dans la Cordillera blanca, probablement construit au début du Ier millénaire av. J.-C. Parmi de grandes pyramides tronquées, la plus importante est celle d'El Castillo. Le style Chavín comporte aussi de la sculpture monumentale en pierre (monolithes El Lanzón, Raimondi et Tello), de la céramique, des objets en or et en coquille. Il s'est diffusé vers les VIIIe et VIIe s. av. J.-C. sur une grande partie du territoire péruvien.

Chébéli ou **Shebeli,** fl. de l'Éthiopie et de la Somalie ; 1 900 km env.

Chedid *(Andrée),* femme de lettres égyptienne d'origine syro-libanaise (Le Caire 1920). Elle est l'auteur en langue française de recueils aux accents charnels et lyriques. L'ensemble de son œuvre exprime le drame universel de la condition humaine (*Néfertiti et le rêve d'Akhnaton,* 1974).

Cheimonás *(Georges),* écrivain grec (Kaválla 1939). Ses œuvres, brèves, d'où le récit traditionnel est absent, accumulent des images oniriques violentes tout en se référant aux mythes grecs anciens (*Roman,* 1966 ; *les Bâtisseurs,* 1979).

Cheju, île de la Corée du Sud, séparée du continent par le détroit de Cheju, dans la mer de Chine orientale ; 1 820 km^2 ; 489 000 hab.

Che-ki → Shiji.

Che-king → Shijing.

Cheliff ou **Chélif** *(le),* le plus long fl. d'Algérie, tributaire de la Méditerranée ; 700 km.

Cheliff (Ech-), anc. **Orléansville** et **El-Asnam,** v. d'Algérie, ch.-l. de wilaya ; 106 000 hab. La ville a été très endommagée par les séismes de 1954 et de 1980.

Chelles, ch.-l. de c. de Seine-et-Marne, sur la Marne ; 45 495 hab. *(Chellois).* Matériel ferroviaire. — Souvenirs d'une ancienne abbaye. Station préhistorique du paléolithique.

Chelsea, quartier résidentiel de l'ouest de Londres, sur la Tamise. — Au XVIIIe siècle, manufacture de porcelaine.

Cheltenham, v. de Grande-Bretagne (Gloucestershire) ; 85 900 hab. Station thermale. — Élégante architecture d'époque Regency (fin du XVIIIe-début du XIXe s.).

Chemin des Dames *(le),* route de crêtes entre l'Aisne et l'Ailette, utilisée par les filles de Louis XV (« Dames de France »). — Il fut le théâtre de violentes batailles lors de l'offensive française du général Nivelle (avril 1917), qui échoua, et lors de la percée allemande sur Château-Thierry (mai 1918).

Chemnitz, de 1953 à 1990 **Karl-Marx-Stadt,** v. d'Allemagne, en Saxe ; 301 918 hab. Métallurgie. Textile. — Église « du Château », des XIIe-XVIe siècles.

Chemulpo → Inchon.

Chenab *(la),* riv. de l'Inde et du Pakistan, l'une des cinq grandes rivières du Pendjab ; 1 210 km.

Chengdu, v. de Chine, cap. du Sichuan ; 2 640 000 hab. Centre commercial et industriel. — Vieux quartiers pittoresques.

Chénier *(André de),* poète français (Constantinople 1762 - Paris 1794). Mêlé d'abord au mouvement révolutionnaire, il protesta ensuite contre les excès de la Terreur et mourut sur l'échafaud. Lyrique élégiaque (*la Jeune Captive),* il a donné avec les *Iambes* (écrits en 1794) un des chefs-d'œuvre de la satire politique. Son frère **Marie-Joseph** (Constantinople 1764 - Paris 1811) est l'auteur de la tragédie *Charles IX ou l'École des rois* (1789) et des paroles du *Chant du départ* (→ Chant). Il fut membre de la Convention. (Acad. fr. 1803.)

Chenonceaux comm. d'Indre-et-Loire, sur le Cher ; 317 hab. — Élégant château avec aile formant pont sur le Cher (v. 1515-v. 1580) ; mobilier, tapisseries, peintures.

Chen Tcheou → Shen Zhou.

Chenu *(Marie Dominique),* dominicain et théologien français (Soisy-sur-Seine 1895 - Paris 1990), auteur de travaux sur la théologie médiévale et le thomisme.

Chéops → Kheops.

Chéphren → Khephren.

Cher *(le),* riv. née dans la Combraille. Il passe à Montluçon, Vierzon, Tours et rejoint la Loire (r. g.) ; 350 km.

Cher [18], dép. de la Région Centre ; ch.-l. de dép. *Bourges* ; ch.-l. d'arr. *Saint-Amand-Montrond, Vierzon* ; 3 arr., 35 cant., 290 comm. ; 7 235 km^2 ; 321 559 hab. Il est rattaché à l'académie d'Orléans-Tours, à la cour d'appel de Bourges et à la région militaire Atlantique.

Cherbourg, ch.-l. d'arr. de la Manche, port militaire sur la Manche ; 28 773 hab. *(Cherbourgeois)* [plus de 90 000 hab. dans l'agglomération]. Constructions électriques et mécaniques. Arsenal (construction de sous-marins) et École des applications militaires de l'énergie atomique. — Musée de peinture Thomas-Henry (œuvres de J.-F. Millet, etc.).

Cherchell, v. d'Algérie, sur la Méditerranée, à l'emplacement de Césarée de Mauritanie ; 36 800 hab. — Riche musée archéologique (sculptures et mosaïques notamment).

Chéreau *(Patrice),* metteur en scène de théâtre et d'opéra et cinéaste français (Lézigné, Maine-et-Loire, 1944). Directeur, de 1972 à 1981, avec Roger Planchon et Robert Gilbert, du Théâtre national populaire et, de 1982 à 1990, du théâtre des Amandiers, à Nanterre, il conjugue dans ses mises en scène recherche plastique et perspective politique.

Cheremetievo, aéroport international de Moscou.

Chéret *(Jules),* peintre et affichiste français (Paris 1836 - Nice 1932). Grâce à la chromolithographie, il a, durant le dernier tiers du xixe siècle, lancé la production des affiches en couleurs de grand format, leur donnant un style dynamique et primesautier.

Chergui *(chott* ech-*),* dépression marécageuse de l'ouest de l'Algérie.

Cherokee, Indiens d'Amérique du Nord, appartenant au groupe linguistique iroquois. Ils avaient pris le parti anglais lors de la guerre de l'Indépendance américaine. Ils vivent aujourd'hui aux État-Unis (Oklahoma et Caroline du Nord).

Chéronée [ke-] *(batailles de),* batailles qui eurent lieu à Chéronée, en Béotie. En 338 av. J.-C., Philippe de Macédoine vainquit les Athéniens et les Thébains, assurant la domination macédonienne sur la Grèce entière. En 86 av. J.-C., l'armée romaine commandée par Sulla battit les troupes de Mithridate VI, roi du Pont.

Cherrapunji, localité de l'Inde (Meghalaya), l'une des stations les plus arrosées du globe (plus de 10 m de précipitations par an).

Chersonèse [kɛr-] *(du gr.* khersos, continent, et *nêsos,* île*),* nom que les Grecs donnaient à plusieurs péninsules, dont les deux plus célèbres sont la *Chersonèse de Thrace* (auj. presqu'île de Gallipoli) et la *Chersonèse Taurique* (auj. la Crimée).

Chérubin, personnage du *Mariage de Figaro,* de Beaumarchais ; type de l'adolescent qui s'éveille à l'amour.

Cherubini *(Luigi),* compositeur italien (Florence 1760 - Paris 1842). Établi à Paris à partir de 1787, il y connaît le succès avec ses opéras (*Lodoïska,* 1791 ; *Médée,* 1797, qui marque la naissance du drame romantique ; *les Deux Journées,* 1800) avant de devenir directeur du Conservatoire (1822). On lui doit aussi de nombreuses pages de musique religieuse, dont un *Requiem* à la mémoire de Louis XVI (1816).

Chérusques, ancien peuple de la Germanie, dont le chef Arminius battit les Romains (9 apr. J.-C.) avant d'être vaincu par Germanicus (16).

Chesapeake, baie de la côte orientale des États-Unis (Maryland et Virginie), longue d'environ 300 km et large de 6 à 60 km. Abritée et accessible aux plus gros bâtiments, elle est pourvue de bons ports (Baltimore, Norfolk et Portsmouth). Pêcheries. La baie est franchie à son embouchure par des ponts et des tunnels.

Chesnay (Le), ch.-l. de c. des Yvelines, banlieue de Versailles ; 29 611 hab.

Chessex *(Jacques),* écrivain suisse d'expression française (Payerne 1934). Il est l'auteur de romans au style truculent (*l'Ogre,* 1973) et d'essais.

Chester, v. de Grande-Bretagne, ch.-l. du Cheshire ; 61 000 hab. Dans la région, fromages renommés. — Murailles d'origine romaine et quartiers médiévaux.

Chesterton *(Gilbert Keith),* écrivain britannique (Londres 1874 - Beaconsfield, Buckinghamshire, 1936). Prolixe romancier d'inspiration catholique, il manie l'humour et le paradoxe dans ses romans satiriques et ses nouvelles policières (*Histoires du Père Brown,* 1911-1935).

Che T'ao → Shi Tao.

Cheval *(Joseph Ferdinand),* dit le Facteur Cheval, artiste français autodidacte (Charmes, Drôme, 1836 - Hauterives, Drôme, 1924). Il a construit de 1879 à 1912, en pierres et coquillages trouvés au cours de ses tournées de facteur, son *Palais idéal* (Hauterives, Drôme), architecture-sculpture exubérante relevant d'une inspiration naïve, symbolique et fantastique.

Chevalier *(Maurice),* chanteur et acteur de cinéma français (Paris 1888 - *id.* 1972). Après avoir débuté au café-concert, puis comme partenaire de Mistinguett, il imposa dans le monde entier sa silhouette (smoking, canotier, nœud papillon) et ses chansons (*Valentine, Prosper, Ma pomme*). Au cinéma, il fut notamment l'interprète d'Ernst Lubitsch (*Parade d'amour,* 1929) et de René Clair (*Le silence est d'or,* 1947).

Chevalier *(Michel),* économiste français (Limoges 1806 - Lodève 1879). Saint-simonien, libre-échangiste, il fut l'un des artisans du traité de commerce franco-anglais de 1860.

Chevalley *(Claude),* mathématicien français (Johannesburg 1909 - Paris 1984). Il est à l'origine des groupes algébriques. Il fut l'un des fondateurs du groupe Nicolas Bourbaki.

Chevardnadze *(Edouard Amvrossievitch),* homme politique géorgien (Mamati, Géorgie, 1928). Ministre des Affaires étrangères de l'U. R. S. S. à partir de 1985, il démissionne en 1990. Il devient président du Conseil d'État de Géorgie en 1992 et est élu président de la République en 1995.

Chevelue (Gaule) → Gaule.

Cheviot, hautes collines de Grande-Bretagne, aux confins de l'Angleterre et de l'Écosse ; 716 m au mont Cheviot. Élevage ovin. Parc national.

Chevreul *(Eugène),* chimiste français (Angers 1786 - Paris 1889). Il montra, en 1823, que les matières organiques sont soumises aux mêmes lois que les composés minéraux. Par la dissolution, la fusion et l'ébullition fractionnées, il parvint à séparer les constituants d'un mélange de ces substances. Il donna une théorie de la saponification et découvrit les bougies stéariques. On lui doit aussi une théorie des couleurs dont s'inspirèrent les peintres impressionnistes et divisionnistes.

Chevreuse *(vallée de),* vallée de l'Yvette (Yvelines) de part et d'autre de *Chevreuse.* Sites pittoresques dans le *parc naturel régional de la haute vallée de Chevreuse.*

Chevreuse *(Marie* de Rohan-Montbazon, *duchesse* de*)* [1600 - Gagny 1679]. Veuve d'Albert de Luynes, elle épousa Claude de Lorraine, duc de Chevreuse. Elle joua un rôle important pendant la Fronde et dans les complots contre Mazarin.

Chevtchenko, port du Kazakhstan, sur la mer Caspienne ; 159 000 hab. Centrale nucléaire surgénératrice.

Chevtchenko *(Tarass Grigorievitch),* poète ukrainien (Morintsy, *auj.* Zvenigorod, 1814 - Saint-Pétersbourg 1861). Animateur des idées démocratiques dans son pays (*le Kobzar,* 1840), il est célébré comme le père de la littérature nationale ukrainienne.

Cheyenne, Indiens Algonquins des plaines de l'Amérique du Nord (Montana, Oklahoma). Ils sont organisés en clans exogames matrilinéaires. Ils chassaient le bison et pratiquaient le chamanisme. Leur culte du Soleil consistait à fabriquer une tente dite « mystique » et à organiser des danses rituelles (*danse du Soleil*).

Cheyney *(Peter* Southouse-Cheyney, dit **Peter),** écrivain britannique (Londres 1896 - *id.* 1951). Ses romans policiers remplacèrent le détective traditionnel par un type d'aventurier séducteur et brutal (*la Môme Vert-de-gris,* 1937).

Chiangmai, v. de Thaïlande ; 164 000 hab. Aujourd'hui reliée à Bangkok par voie ferrée, c'est la principale ville du nord de la Thaïlande. — Nombreux monuments et pagodes intra- et extra-muros caractéristiques de l'art de la Thaïlande septentrionale (XIIIᵉ-XXᵉ s.).

Chianti, région viticole d'Italie (Toscane, prov. de Sienne).

Chiapas, État du Mexique, sur le Pacifique ; 3 203 915 hab. Hydrocarbures.

Chiba, port et centre industriel du Japon (Honshu), sur la baie de Tokyo ; 829 455 hab.

Chicago, v. des États-Unis, dans l'Illinois, au bord du lac Michigan ; 2 783 726 hab. (6 069 974 avec les banlieues). **GÉOGR.** Chicago est aujourd'hui la troisième agglomération américaine (derrière New York et Los Angeles), mais demeure le deuxième foyer industriel (après New York). La ville s'est rapidement développée entre 1850 et la fin du siècle, comme porte de l'Ouest, carrefour ferroviaire, marché agricole du Midwest naissant. Ces fonctions sont à l'origine des premières branches industrielles (constructions mécaniques, agroalimentaire). La gamme s'est enrichie (chimie, électronique, édition), de même que se sont développées les fonctions financières, commerciales, culturelles et scientifiques. Chicago demeure le premier nœud ferroviaire des États-Unis, possède un grand aéroport international et un port très actif. **ARTS.** Foyer de l'architecture moderne v. 1890-1900 et à l'époque contemporaine. Grands musées (arts, sciences).

Chichén Itzá, cité maya du Yucatán (Mexique), conquise par des guerriers d'origine toltèque entre 900 et 1000 apr. J.-C. et désertée au XVᵉ siècle. Les bâtiments de l'époque classique récente (600-950) sont de style puuc, richement sculptés en bas relief, avec des inscriptions hiéroglyphiques. Les constructions de l'époque postclassique (950-1500) combinent styles puuc et toltèque.

Chiclayo, v. du Pérou, près du Pacifique ; 426 000 hab.

Chicoutimi, v. du Canada (Québec), au confluent de la rivière Chicoutimi et du Saguenay ; 57 941 hab. Université.

Chieti, v. d'Italie (Abruzzes), ch.-l. de prov. ; 55 709 hab. — Musée archéologique (collections italiques et romaines).

Chigi, famille de mécènes italiens. Elle compta parmi ses membres le banquier **Agostino** (Sienne 1465 - Rome 1520), fondateur de la dynastie, qui fit construire à Rome, par Peruzzi, la *villa Farnésine,* et **Fabio,** pape sous le nom d'Alexandre VII, à qui appartint le *palais Chigi,* également à Rome (élevé au XVIᵉ s.).

Chihuahua, v. du Mexique septentrional ; 530 487 hab. Centre minier.

Chikamatsu Monzaemon (Sugimori Nobumori, dit), auteur dramatique japonais (Kyoto 1653 - Osaka 1724). Il écrivit pour le théâtre de marionnettes *(bunraku)* près de 170 pièces : drames historiques (*les Batailles de Coxinga,* 1715) ou bourgeois (*Double Suicide par amour à Sonezaki,* 1703).

Childe *(Vere Gordon),* archéologue australien (Sydney 1892 - Mount Victoria, Nouvelle-Galles-du-Sud, 1957). Il voit s'épanouir dans la préhistoire récente de l'Europe, malgré l'influence culturelle de l'Orient, une civilisation originale et insiste sur les rapports de la société et de l'économie préhistoriques (*l'Aube de la civilisation européenne,* 1925 ; *l'Âge du bronze,* 1931 ; *De la préhistoire à l'histoire,* 1942).

Childe Harold *(le Pèlerinage de),* poème, en quatre chants, de Byron (1812-1818) : impressions d'un voyageur romantique mêlées à l'expression de l'insatisfaction d'une âme inquiète. L'influence de cette œuvre sur la poésie européenne (Lamartine, Potocki, Pouchkine) fut considérable.

Childéric III (m. à Sithiu, auj. dans Saint-Omer, en 754), dernier roi mérovingien (743-751). Fils de Chilpéric II, il fut déposé par Pépin le Bref.

Chili, État de l'Amérique du Sud ; 757 000 km² ; 13 400 000 hab. *(Chiliens).* CAP. *Santiago.* LANGUE : *espagnol.* MONNAIE : *peso.*

GÉOGRAPHIE

■ **Le milieu naturel.** Bande de terre large de moins de 200 km, étirée sur plus de 4 000 km sur le Pacifique, le Chili est cependant morcelé par le relief en (étroits) éléments longitudinaux : partie andine à l'E. (élevée et parfois volcanique dans sa moitié nord, beaucoup plus basse au S. de Santiago) ; dépression discontinue, au centre ; cordillère littorale retombant directement dans l'océan à l'O. Mais la latitude introduit une division climatique zonale prépondérante (avec l'histoire) dans la répartition du peuplement et la mise en valeur. Le Nord (d'Arica à Copiapó) est désertique (c'est l'Atacama) ; le Centre, de Coquimbo à Concepción, est à dominante méditerranéenne (pluies d'hiver, températures modérées), le Sud est franchement froid et humide, souvent forestier, parfois même englacé.

■ **La population et l'économie.** La partie centrale regroupe plus de 80 % de la population. L'énorme agglomération de Santiago représente la moitié ou presque de ce pourcentage, mais les conurbations de Valparaíso-Viña del Mar et de Concepción-Talcahuano avoisinent 500 000 hab.

L'agriculture occupe une surface réduite et l'irrigation est souvent nécessaire. L'élevage (bovins et ovins), la céréaliculture et la viticulture sont les activités dominantes. L'industrie minière, l'extraction du cuivre essentiellement, demeure le fondement de l'économie, d'autant qu'au cuivre s'ajoutent de notables productions de molybdène, de fer, d'or et, en quantité moindre, de pétrole, de gaz naturel et de houille, ce qui, malgré un complément hydroélectrique, ne satisfait pas la totalité des besoins énergétiques. L'industrie est relativement ancienne et développée (petite sidérurgie, raffinage des minerais, biens de consommation divers, usines d'aliments du bétail traitant d'abondantes prises maritimes, etc.). La balance commerciale est souvent équilibrée, mais l'endettement extérieur demeure préoccupant.

HISTOIRE

■ **Le Chili jusqu'à l'indépendance.** Peuplé par les Indiens Araucan, le territoire du Chili est envahi au XVᵉ s. par les Incas. La conquête espagnole, partielle et difficile, est entreprise au XVIᵉ s. par Pedro de Valdivia.

1541. Fondation de Santiago.

Appelé Nouvelle-Estrémadure au XVIIIᵉ s., le Chili est une des colonies les plus pauvres de l'Espagne et connaît de nombreuses révoltes.

■ **L'indépendance 1810.** Début de l'insurrection indépendantiste.

1818. Victoires de O'Higgins et San Martín contre les Espagnols.

La république chilienne est instaurée. La vie politique est alors marquée par un affrontement entre libéraux et conservateurs.

1879-1884. Guerre du Pacifique contre le Pérou et la Bolivie.

Vainqueur, le Chili enlève toute sa façade maritime à la Bolivie et devient la première puissance latino-américaine du Pacifique.

1891. Le régime présidentiel est remplacé par un régime parlementaire, à la suite d'une révolution.

Pendant la Première Guerre mondiale, le pays connaît une période de prospérité due à l'exploitation de ses richesses minières (cuivre, nitrates).

1925. L'armée rétablit le régime présidentiel. Arturo Alessandri, au pouvoir depuis 1920, en est le chef de l'État.

1938-1958. Des gouvernements de Front populaire et de centre gauche mettent en place une législation sociale avancée.

1958-1964. Les conservateurs font face à l'inflation et au chômage par une politique d'austérité.

1964-1970. Gouvernement démocrate-chrétien d'Eduardo Frei. Début d'une réforme agraire.

1970. La victoire électorale du socialiste Allende est suivie d'importantes réformes (nationalisation des mines).

Mais les résistances du patronat, des classes moyennes et des sociétés américaines expropriées entraînent une crise économique et un durcissement des luttes sociales.

1973. Le président Allende trouve la mort au cours d'un soulèvement militaire.

Le nouveau régime du général Pinochet organise la répression contre l'ensemble de la gauche. Il doit faire face à des oppositions de plus en plus vives et à une grave crise économique.

1990. Avec le départ du général Pinochet, le pays retrouve la voie de la démocratie. Les élections permettent le retour au pouvoir des démocrates-chrétiens.

Chillán, v. du Chili, au sud de Santiago ; 158 731 hab.

Chillon, château fort de Suisse (XIIIᵉ s.), sur le lac Léman, près de Montreux. Ancienne résidence des comtes et ducs de Savoie.

Chillouk → **Shilluk.**

Chilon → **Sages (les Sept).**

Chilpéric Iᵉʳ (539 - Chelles 584), roi de Soissons (561-584). Fils de Clotaire Iᵉʳ et époux de Frédégonde, il fut assassiné.

Chimborazo, volcan des Andes (Équateur) ; 6 310 m.

Chimbote, port du Pérou septentrional ; 287 000 hab. Sidérurgie. Pêche.

Chimène, héroïne du *Cid,* de Corneille.

Chimú, peuple ancien du Pérou qui, sur la côte nord, émergea vers 1200, sur le territoire des Moche, et dont la culture se développa dans la vallée de la Moche. Deux siècles plus tard, l'État chimú, fortement

centralisé, dominait une grande partie de la côte péruvienne. Vers le milieu du XVᵉ siècle, le royaume fut conquis par les Incas. Les Chimú ont construit, le plus souvent en adobe, de grandes cités, comme Chanchán, leur capitale.

Chine, État de l'Asie orientale ; 9 600 000 km² ; 1 151 300 000 hab. *(Chinois).* CAP. *Pékin.* LANGUE : *chinois.* MONNAIE : *yuan.*

GÉOGRAPHIE

■ **Le milieu naturel.** Une ligne joignant le Grand Khingan au Yunnan (par l'ouest du Sichuan) sépare une *Chine occidentale,* formée de vastes plateaux et de dépressions qui sont cernés de hautes chaînes (Himalaya, Karakorum, Tian Shan), et une *Chine orientale,* au relief plus morcelé, plus bas, descendant par paliers vers la mer. Ici se juxtaposent plateaux, collines et plaines, et le climat, variant avec la latitude, introduit dans cette Chine orientale une division essentielle entre une *Chine du Nord* et une *Chine du Sud* (séparées par la chaîne des Qinling). La Chine orientale est presque entièrement dans le domaine de la mousson, apportant des pluies d'été, beaucoup plus abondantes au S. (2 620 mm à Hongkong) qu'au N. (630 mm à Pékin). Les températures décroissent (surtout en hiver) également du S. (au caractère subtropical) vers le N. La Chine occidentale est aride, voire désertique, avec, comme dans la Chine du Nord, de gros écarts thermiques entre l'hiver et l'été. De grands fleuves (dont le Huang He et le Yangzi Jiang) traversent d'O. en E. la Chine orientale, à la fois axes de circulation et de peuplement.

■ **La population.** La Chine est, de loin, le pays le plus peuplé du monde. La population juxtapose une majorité de Han, les Chinois proprement dits (près de 95 % du total) et de nombreuses minorités (parfois plusieurs millions de personnes [Ouïgours, Tibétains, Mongols, etc.]) vivant dans les régions périphériques. Elle s'accroît à un rythme aujourd'hui ralenti par la mise en place d'une politique de limitation des naissances. La densité moyenne est voisine de 120 hab. au km² , mais ce chiffre n'est pas significatif : 90 % des habitants se regroupent sur le sixième du territoire (les plaines et bassins de la Chine orientale). Les villes concentrent environ 25 % de la population et une trentaine d'entre elles dépassent le million d'habitants ; Shanghai, Pékin et Tianjin demeurent les plus importantes, comme en témoigne leur statut administratif particulier.

■ **L'économie.** Le problème alimentaire, longtemps dramatique, paraît en passe d'être résolu, plus par une augmentation des rendements que par une extension de la superficie cultivée, accrue toutefois par de grands travaux visant au contrôle des eaux (pour l'irrigation et la prévention d'inondations dévastatrices). La collectivisation des terres a abouti à la constitution (à la fin des années 1950) des communes populaires, aujourd'hui démantelées, l'agriculture familiale renaissant, souvent par le biais de contrats de production passés avec une collectivité.

Les chiffres sont impressionnants, mais doivent être rapportés à la population. La Chine est le premier producteur mondial de riz, le deuxième de blé et de maïs, mais demeure importatrice nette de céréales. Le troupeau porcin dépasse 300 millions de têtes, le troupeau ovin 100 millions, tandis que l'élevage bovin est moins développé. La pêche apporte un complément alimentaire appréciable. Parmi les cultures industrielles, la Chine occupe désormais le premier rang pour le coton, le deuxième pour le thé et les arachides. La poursuite de la mécanisation, l'intensification de l'usage des engrais et, surtout, la « privatisation » de terres doivent permettre encore l'accroissement de la productivité d'un secteur qui occupe plus de la moitié d'une population active.

L'industrie s'est beaucoup développée depuis 1949 et a essaimé à partir du Nord-Est et des grands ports maritimes. Les bases énergétiques ne sont pas négligeables (gaz naturel, pétrole et surtout charbon). L'hydroélectricité ne fournit qu'une part réduite d'une production totale d'électricité toujours modeste.

Le sous-sol, encore incomplètement prospecté, recèle du tungstène, de l'antimoine et d'abord du fer qui a favorisé l'essor de la sidérurgie. Celle-ci a alimenté une métallurgie de transformation assez diversifiée (matériel agricole et ferroviaire, machines textiles, etc.). L'agroalimentaire, le textile (avant tout coton), la chimie (engrais principalement) sont les autres branches industrielles.

Le réseau de communications, dont le développement a servi une politique d'unification du pays, d'intégration de la Chine occidentale, comporte plus de 50 000 km de voies ferrées (supportant la plus grande part du trafic intérieur), environ 900 000 km de routes, plus de 130 000 km de voies navigables et 200 000 km de lignes aériennes intérieures. Shanghai, Tianjin, Qingdao, Dalian et Canton sont les principaux ports maritimes, assurant, avec une flotte modeste, un commerce extérieur réduit. Celui-ci s'effectue d'abord avec le Japon, puis avec Hongkong (où il s'agit d'un transit), les États-Unis, l'Allemagne, l'Australie. Il s'intègre dans une stratégie visant à attirer capitaux et technologies de l'Occident (en fait, surtout du Japon) sans toutefois trop en dépendre, ni alourdir la dette extérieure. La création de « zones économiques » dans ce but tout comme l'essor du tourisme témoignent d'une ouverture limitée, prudente de la Chine.

HISTOIRE

La Chine est une des régions du globe où l'action de l'homme pour aménager le territoire a été des plus continues et des plus persévérantes.

500 000 av. J.-C. L'homme de Zhoukoudian, un *Homo erectus,* connaît le feu et probablement la cuisson.

XVIIIᵉ s.-1025 av. J.-C. Sous la dynastie des Shang, les techniques de fabrication du bronze sont maîtrisées et l'écriture apparaît.

Vᵉ s.-IIIᵉ s. av. J.-C. La période des Royaumes combattants est marquée par la désunion politique. C'est à cette époque que vivent les grands maîtres de l'Antiquité, dont Confucius.

■ **La Chine impériale.**

221-206 av. J.-C. Dynastie des Qin. Elle réalise une première unification du pays et fonde le premier Empire chinois.

La construction de la Grande Muraille contre les invasions est commencée.

206 av. J.-C.-220 apr. J.-C. Dynastie des Han.

Les Chinois contrôlent la « route de la soie » qui la relie à l'Europe. Le bouddhisme s'introduit en Chine.

220-581. L'État centralisé disparaît. À la période des Trois Royaumes succède celle des dynasties du Nord et du Sud (317-589).

618-907. Dynastie des Tang. L'influence chinoise s'étend au-delà du Tibet jusqu'aux régions indo-iraniennes.

960-1279. Dynastie des Song. Elle gouverne un territoire beaucoup moins étendu que celui des Tang, car les « Barbares du Nord » dominent de vastes territoires.

La civilisation scientifique et technique, la culture et l'économie chinoises sont très en avance sur celles de l'Occident. Le système de recrutement des fonctionnaires-lettrés (mandarins) est mis au point sous les Tang.

1279-1368. La dynastie mongole des Yuan dirige le pays.

1368. Une réaction nationale amène au pouvoir les Ming.

La dynastie Ming (qui va régner jusqu'en 1644) renoue avec la tradition nationale mais instaure des pratiques autoritaires.

1595. Les premiers missionnaires européens s'établissent dans la Chine du Sud.

1644. Les Mandchous fondent la dynastie des Qing.

1662-1722. Règne de l'empereur Kangxi.

1736-1796. Règne de l'empereur Qianlong. Au XVIIIe s., l'Empire de Chine atteint sa plus grande extension (protectorat sur le Tibet, nouveaux territoires en Mongolie et en Asie centrale). Au XIXe s., il entre dans une période de récession économique et de troubles sociaux. Affaibli, il doit céder aux exigences des Occidentaux qui, à partir de 1842, se taillent des zones d'influence.

1839-1842. « Guerre de l'opium » avec les Britanniques.

1894-1895. Guerre entre le Japon et la Chine, à propos de la possession de la Corée.

La victoire du Japon discrédite la dynastie des Qing. La Chine doit céder des territoires à la Russie, à l'Allemagne, à la Grande-Bretagne et à la France. Des mouvements de résistance nationale se développent (révolte des Boxers).

■ **La Chine contemporaine.**

1911. Sun Yat-sen renverse la dynastie mandchoue des Qing et proclame la république.

1912. Fondation du Parti nationaliste, le Guomindang.

Yuan Shikai devient en 1913 président de la République. Sa mort, en 1916, ouvre une période d'anarchie et de guerre civile.

1921. Création du Parti communiste chinois.

1927. Jiang Jieshi (Tchang Kaï-chek), nationaliste modéré du Guomindang, rompt avec les communistes et prend le pouvoir à Nankin.

1934-1935. Les communistes gagnent le nord de la Chine au terme de la « Longue Marche ».

1937-1945. Le Japon occupe la Chine du Nord. Il progresse vers le Sud en 1944. Nationalistes et communistes luttent contre l'ennemi commun.

1946. Après la défaite japonaise, la guerre civile reprend entre Jiang Jieshi et Mao Zedong. Elle se termine par la victoire des communistes. Les nationalistes se réfugient à Taïwan.

1949. Création de la république populaire de Chine.

Mao Zedong en assure la direction jusqu'en 1976. Il veut accélérer l'évolution du pays et l'implantation du communisme.

1958. Lors du « Grand Bond en avant », les terres sont collectivisées et les communes populaires créées.

1960. D'importantes divergences apparaissent entre la Chine et l'U. R. S. S., jusque-là alliées.

1964. La Chine réalise sa première bombe atomique.

1966. Lancement de la Révolution culturelle.

Pendant les dix années troublées de la Révolution culturelle (1966-1976), les responsables communistes sont éliminés par les étudiants, organisés en gardes rouges, et par l'armée.

1969. Graves incidents de frontière entre Soviétiques et Chinois.

1971. Admission de la Chine communiste à l'O. N. U.

1976. Mort de Mao Zedong. Hua Guofeng lui succède.

1977. Réhabilitation de Deng Xiaoping.

La Chine poursuit une politique de réforme économique, d'ouverture sur l'étranger et de révision du maoïsme.

1979. Intervention chinoise au Viêt Nam.

1980. Hua Guofeng est remplacé à la tête du gouvernement par Zhao Ziyang.

Le processus de modernisation économique s'accélère, mais le développement de la corruption et les fortes hausses de prix qu'il entraîne, provoquent à partir de la fin de 1986 une grave crise sociale.

1987. Retrait officiel de Deng Xiaoping (qui reste l'homme fort du régime). Zhao Ziyang est nommé à la tête du parti et cède la direction du gouvernement à Li Peng.

1989. La visite de M. Gorbatchev à Pékin consacre la normalisation des relations avec l'U. R. S. S. Les étudiants et la population réclament la libéralisation du régime : l'armée est envoyée contre les manifestants, qui sont victimes d'une répression sanglante (notamment à Pékin, place Tian'anmen). Zhao Ziyang est limogé et remplacé par Jiang Zemin.

1991. Normalisation des relations avec le Viêt Nam.

1992. La Chine et la Corée du Sud établissent des relations diplomatiques.

1993. Jiang Zemin est nommé à la tête de l'État.

1995. La pression exercée par la Chine sur sa périphérie (Taïwan, Hongkong, Tibet) s'accompagne d'une dégradation des relations avec les États-Unis.

Chine méridionale *(mer de),* dépendance du Pacifique (3,4 millions de km²), entre la côte de l'Asie méridionale et l'ensemble insulaire de Taïwan, des Philippines et de Bornéo. La partie orientale est un bassin profond (moyenne : 4 300 m) bordé de fosses (de Palauan, de Manille, de Luçon).

Chine orientale *(mer de),* dépendance du Pacifique (752 000 km²), limitée par une ligne Shanghai-Cheju (au N.), le détroit de Taïwan (au S.) et l'archipel des Ryukyu (à l'E.). Extraction du pétrole.

Chinju, v. de la Corée du Sud, à l'ouest de Pusan ; 227 000 hab.

Chinon, ch.-l. d'arr. d'Indre-et-Loire, sur la Vienne ; 8 961 hab. *(Chinonais).* Forêt. Centrale nucléaire à proximité (à Avoine). — Forteresse en partie ruinée, comprenant trois châteaux (Xᵉ-XVᵉ s.), notamment celui où Jeanne d'Arc rencontra Charles VII en 1429.

Chio, île grecque de la mer Égée ; 21 261 hab. Ch.-l. *Chio,* port (24 000 hab.). Vins. Fruits. — À 15 km, la Nea Moni, construite en 1045, est l'église la plus célèbre de l'île. Beau décor mural : mosaïques et revêtements de marbre et pavements en *opus sectile.*

Chippendale *(Thomas),* ébéniste britannique (Otley, Yorkshire, 1718 - Londres 1779). Il publia en 1754 un recueil de modèles qui combine avec fantaisie les styles rocaille, « gothique », « chinois », etc.

Chirac *(Jacques),* homme d'État français (Paris 1932). Proche collaborateur de G. Pompidou, il est Premier ministre sous la présidence de V. Giscard d'Estaing (1974-1976). Président du R. P. R. [Rassemblement pour la République] (1976-1994), maire de Paris (1977-1995), il est de nouveau Premier ministre, cette fois dans un contexte de cohabitation, sous la présidence de F. Mitterrand (1986-1988). Il est élu à la présidence de la République en mai 1995.

Chiraz, v. de l'Iran, dans le Zagros ; 848 000 hab. — Monuments anciens, dont le mausolée de Chah Chiragh, du XIIIᵉ siècle, très restauré au XIXᵉ siècle, et la mosquée du Régent (Masdjed-e Vakil), du XVIIIᵉ siècle. Célèbres jardins.

Chirico *(Giorgio* De*)* → **De Chirico.**

Chiron, centaure de la mythologie grecque, fils de Cronos. Il soigne les blessés et passe pour l'un des inventeurs de la médecine et de la chirurgie, où il fait preuve d'habileté, comme l'indique son nom, dérivé de *kheir,*

la main. Blessé accidentellement par Héraclès, il voulut mourir et, pour cela, céda son immortalité à Prométhée.

Chişinău, *anc.* Kichinev, cap. de la Moldavie ; 565 000 hab. Métallurgie.

Chitor ou **Chitorgarh,** v. de l'Inde (Rajasthan), à l'E. d'Udaipur. — Capitale fortifiée des souverains rajputs du Mewar, elle résista aux assauts des musulmans. — Monuments anciens, dont les sept portes (XVᵉ s.) ; la tour de la Victoire (1448-1458), commémorant la victoire remportée en 1440 sur le sultan du Malwa ; le temple de Kumbhat Shyanji (XVᵉ s.) ; etc.

Chittagong, principal port et deuxième ville du Bangladesh, sur la rive droite de la Karnaphuli, à 18 km de la mer ; 1 388 000 hab. Textile (jute). Raffinage du pétrole. Mécanique. Exportations de thé et de jute. — La *province de Chittagong* a 26 682 000 hab.

Chiusi, v. d'Italie, en Toscane ; 9 113 hab. Elle a succédé à la puissante cité étrusque de *Clusium.* Importante nécropole étrusque (tombes du VIᵉ s. av. J.-C. et chambres funéraires du Vᵉ s. av. J.-C.), ornées de peintures murales. Musée national étrusque.

Chklovski *(Viktor Borissovitch),* écrivain soviétique (Saint-Pétersbourg 1893 - Moscou 1984). Théoricien du formalisme (*Théorie de la prose,* 1925), romancier, il fut aussi un brillant théoricien du cinéma (*Littérature et Cinéma,* 1923).

Chleuh, population berbère du Maroc, habitant le haut Atlas, l'Anti-Atlas et le Sous. On les appelle également les *Tachelhit.*

Choa, prov. de l'Éthiopie. Ch.-l. *Addis-Abeba.*

Chocano *(José Santos),* poète péruvien (Lima 1875 - Santiago du Chili 1934). Son œuvre, qui conjugue les influences romantique et parnassienne, célèbre la nature sud-américaine (*Alma América,* 1906).

Choderlos de Laclos → **Laclos.**

Choéphores *(les)* → **Orestie.**

Choiseul *(Étienne François, duc* de*),* homme d'État français (Nancy 1719 - Paris 1785). La protection de Mᵐᵉ de Pompadour lui permit de devenir le principal ministre de Louis XV de 1758 à 1770. Secrétaire d'État aux Affaires étrangères (1758-1761 et 1766-1770), à la Guerre (1761-1770) et à la Marine (1761-1766), il conclut le pacte de Famille unissant contre l'Angleterre les Bourbons au pouvoir en Europe (1761). Il dut signer en 1763 le traité de Paris mettant fin à la guerre de Sept Ans et abandonnant aux Britanniques la majeure partie des colonies françaises. La France lui doit en revanche l'acquisition de la Lorraine (1766) et de la Corse (1768). Ami des Encyclopédistes, il soutint le Parlement dans son opposition au pouvoir royal.

Choisy-le-Roi, ch.-l. de c. du Val-de-Marne, au sud de Paris, sur la Seine ; 34 230 hab. *(Choisyens).* Constructions mécaniques. Verrerie. — Vestiges d'un château bâti par les Gabriel et où Louis XV recevait ses favorites. Église de 1748-1760, aujourd'hui cathédrale.

Cholem Aleichem *(Cholom* Rabinovitch, dit*),* écrivain d'expression yiddish (Pereïaslav, Ukraine, 1859 - New York 1916). Il est l'auteur de récits sur la vie des ghettos de l'Europe centrale *(Tévié le laitier,* 1899-1911).

Cholet, ch.-l. d'arr. de Maine-et-Loire, dans les Mauges (ou Choletais) ; 56 540 hab. *(Choletais).* Marché et centre industriel (textile, constructions mécaniques, chimie, etc.). — Luttes sanglantes pendant les guerres de Vendée (1793). — Musées d'Art et d'Histoire.

Cholokhov *(Mikhaïl Aleksandrovitch),* écrivain soviétique (Vechenskaïa, Ukraine, 1905 - *id.* 1984). Il est l'auteur du *Don paisible* (1928-1940), fresque épique sur l'évolution du monde cosaque de 1912 à 1922, et de *Terres défrichées* (1932-1960), dont émane une leçon de lucidité et d'humanisme. (Prix Nobel 1965.)

Cho Lon, banlieue de Hô Chi Minh-Ville, aujourd'hui intégrée à la ville.

Choltitz *(Dietrich* von*),* général allemand (Schloss Wiese, Silésie, 1894 - Baden-Baden 1966). Commandant la garnison allemande de Paris en 1944, il éluda l'ordre de Hitler de détruire la capitale et se rendit à Leclerc.

Chomsky *(Avram Noam),* linguiste américain (Philadelphie 1928). Professeur au MIT depuis 1955, Chomsky a subi l'influence de Harris et de Jakobson. Dans *Structures syntaxiques* (1957), il remet en question les fondements de la linguistique structurale, proposant un nouveau modèle de description linguistique, le modèle transformationnel. Dans *Aspects de la théorie syntaxique* (1965), il modifie et perfectionne ce modèle dans le cadre de la grammaire générative. Il réintroduit le problème des rapports entre langage et pensée ; postulant le caractère inné du langage et l'existence d'universaux linguistiques au niveau des structures profondes, il s'oppose à la tradition béhavioriste et empiriste, et se rattache au courant rationaliste : *la Linguistique cartésienne* (1966) et le *Langage et la Pensée* (1968) constituent un examen de

la tradition rationaliste et de ses rapports avec sa propre théorie. Celle-ci subit une nouvelle orientation avec *Lectures on Government and Binding* (1981), *Concepts and Consequences of the Theory of Government and Binding* (1982) : les conséquences de cette évolution sont tirées dans *Language in a Psychological Setting* (1987).

Chongjin, port de la Corée du Nord, sur la mer du Japon ; 754 000 hab.

Chongju, v. de la Corée du Sud ; 367 000 hab.

Chongqing, v. de Chine, la plus grande du Sichuan, sur le Yangzi Jiang ; 2 800 000 hab. Centre industriel.

Chonju, v. de la Corée du Sud ; 426 000 hab.

Chon Tu-hwan → Chun Doo-hwan.

Cho Oyu, sommet de l'Himalaya, aux confins du Tibet et du Népal ; 8 154 m.

Chooz [ʃo], comm. des Ardennes ; 805 hab. Centrale nucléaire sur la Meuse.

Chopin *(Frédéric),* pianiste et compositeur polonais (Żelazowa Wola, près de Varsovie, 1810 - Paris 1849).

■ **La vie d'un virtuose.** Fils d'un professeur français établi à Varsovie, cet enfant prodige, tôt remarqué pour ses dons exceptionnels de pianiste, quitte la Pologne en 1830 et se fixe à Paris en 1831, où il s'intègre à la société aristocratique, qui se dispute ses leçons. Ami de Delacroix, de Musset et de Liszt, avec qui il détient la palme de la virtuosité, il mène une vie à la fois mondaine et retirée, en raison de sa santé fragile. En 1837, il rencontre George Sand. Avec elle, il passe l'hiver 1838 à Majorque, où il met au point la plupart des ses *Préludes.* À partir de 1839 et jusqu'à sa rupture, en 1847, avec Sand, il séjourne à Paris et à Nohant. Atteint de tuberculose, il mourra deux ans plus tard.

■ **Un génie musical.** L'art de Chopin annonce les bouleversements qu'apporteront Fauré, Debussy et Ravel. Un lyrisme profond et elliptique, la générosité mélodique, le génie du clavier, la sensibilité harmonique et l'imagination caractérisent un univers poétique dans lequel le musicien s'est complu à chercher les formes les plus variées, souvent audacieuses. Pianiste, Chopin n'a écrit que pour le piano seul, à l'exception de quelques pages pour piano et orchestre ou de musique de chambre et 17 mélodies.

■ **Les œuvres.** Elles peuvent être réparties en quatre groupes : musique d'inspiration classique (5 rondos, variations, 2 concertos,

3 sonates), musique d'inspiration folklorique (polonaises et mazurkas), musique d'inspiration libre (27 *Études,* 1833, 1837, 1840 ; 4 *Scherzos,* 1835-1843 ; 4 *Ballades,* 1836-1842 ; 21 *Nocturnes,* 1827-1846 ; 24 *Préludes,* 1837-38) et, enfin, des pièces diverses (*Fantaisie en fa mineur,* 1841 ; *Berceuse,* 1844 ; *Barcarolle,* 1846 ; *Valses*).

Chorzów, v. de Pologne (haute Silésie) ; 133 000 hab. Houille. Sidérurgie.

Chosroês → Khosrô.

Chostakovitch *(Dmitri),* compositeur soviétique (Saint-Pétersbourg 1906 - Moscou 1975). Débutant avec des œuvres d'avantgarde où s'inscrivent des pièces pour piano, il a écrit des ballets, 15 symphonies et des opéras (*le Nez,* 1928 ; *Lady Macbeth de Mtsensk* ou *Katerina Izmaïlova,* 1932-1963). Critiqué par le régime pour « modernisme », il connaît un regain de faveur avec la *Symphonie n° 5* (1937). Il fut à la fois musicien officiel et non conformiste, comme en témoignent ses 15 quatuors à cordes et plusieurs cycles mélodiques.

Chou En-lai → Zhou Enlai.

Chouf, région du Liban, au sud de Beyrouth.

Chou Teh → Zhu De.

Chraïbi *(Driss),* écrivain marocain d'expression française (Mazagan, auj. El-Jadida, 1926). Il a évoqué les mutations culturelles et sociales dans l'Afrique du Nord et le tiers-monde (*le Passé simple,* 1954 ; *Civilisation, ma mère,* 1972 ; *Naissance à l'aube,* 1986).

Chrétien *(Henri),* physicien français (Paris 1879 - Washington 1956). Il a mis au point des combinaisons de miroirs aplanétiques, d'un emploi courant sur les grands télescopes, ainsi que l'objectif anamorphoseur « Hypergonar » (1925), à la base du procédé CinémaScope.

Chrétien *(Jean),* homme politique canadien (Shawinigan 1934) Député libéral (1963), il est plusieurs fois ministre dans les cabinets dirigés par P. E. Trudeau. Chef de l'opposition (1990), il devient Premier ministre après la victoire des libéraux en 1993.

Chrétien *(Jean-Loup),* général et spationaute français (La Rochelle 1938). Pilote de chasse, puis pilote d'essais, il est le premier Français à avoir effectué un vol spatial (1982). En 1988, il a séjourné trois semaines à bord de la station orbitale soviétique Mir. Depuis 1990, il est directeur des astronautes français.

Chrétien de Troyes, poète français (v. 1135 - v. 1183). Les cinq romans qui subsistent de lui se rattachent tous au cycle d'Arthur. *Érec et Énide* (v. 1170) décrit l'épanouissement d'un jeune chevalier par l'aventure héroïque et un mariage heureux ; *Cligès* constitue une variation autour du thème de *Tristan et Iseut ; Lancelot ou le Chevalier à la charrette,* composé à la demande de Marie de Champagne, illustre les formes les plus irrationnelles de l'amour courtois ; *Yvain ou le Chevalier au lion* mêle le merveilleux celtique à l'analyse psychologique ; *Perceval ou le Conte du Graal,* interrompu par la mort de l'auteur, élève la courtoisie jusqu'à l'amour mystique. Ces récits, écrits en octosyllabes à rimes plates, font de Chrétien de Troyes le maître de la littérature courtoise dans la France de langue d'oïl du XIIᵉ siècle.

Christchurch, v. de la Nouvelle-Zélande, la plus grande de l'île du Sud ; 302 000 hab.

Christian Iᵉʳ (1426 - Copenhague 1481), roi de Danemark (1448), de Norvège (1450-1481) et de Suède (1457-1464). En 1460, il devint duc de Slesvig et comte de Holstein. Il a fondé l'université de Copenhague (1479). **Christian II** (Nyborg 1481 - Kalundborg 1559), roi de Danemark et de Norvège (1513-1523) et de Suède (1520-1523). La révolte de Gustave Vasa l'obligea à quitter le pays (1523). **Christian III** (Gottorp 1503 - Kolding 1559), roi de Danemark et de Norvège (1534-1559). Il établit le luthéranisme dans ses États. **Christian IV** (Frederiksborg 1577 - Copenhague 1648), roi de Danemark et de Norvège (1588-1648). Il prit part à la guerre de Trente Ans et fut vaincu par les armées catholiques du général Tilly (1629). La guerre qu'il mena contre la Suède (1643-1645) priva le Danemark de nombreux territoires. **Christian V** (Flensborg 1646 - Copenhague 1699), roi de Danemark et de Norvège (1670-1699), premier roi héréditaire du Danemark. Il s'allia à la Hollande contre la Suède et Louis XIV, mais dut restaurer ses conquêtes en 1679. **Christian VI** (Copenhague 1699 - Hørsholm 1746), roi de Danemark et de Norvège (1730-1746). Il encouragea le commerce et l'industrie. **Christian VII** (Copenhague 1749 - Rendsborg 1808), roi de Danemark et de Norvège (1766-1808). Il laissa gouverner ses favoris, notamment Struensee. **Christian VIII** (Copenhague 1786 - Amalienborg 1848), roi de Danemark (1839-1848). Élu roi de Norvège en 1814, il fut contraint par les grandes puissances à renoncer à cette couronne. **Christian IX** (Gottorp 1818 - Copenhague 1906), roi de Danemark (1863-1906). À son avènement au trône, il adopta, contre son gré, la nouvelle Constitution incorporant le Slesvig au Danemark, ce qui provoqua l'intervention de la Prusse et de l'Autriche (1864), qui lui enlevèrent le Slesvig et le Holstein. **Christian X** (Charlottenlund 1870 - Copenhague 1947), roi de Danemark (1912-1947) et d'Islande (1918-1944). En 1919, il récupéra le Slesvig septentrional. Lors de l'occupation allemande (1940-1944), il résista de tout son pouvoir à l'envahisseur.

Christiania, nom d'Oslo de 1624 à 1924.

Christian-Jaque (*Christian* Maudet, dit*)*, cinéaste français (Paris 1904 - *id.* 1994). Son brio et sa verve lui ont valu de grands succès populaires : *les Disparus de Saint-Agil* (1938), *Fanfan la Tulipe* (1952).

Christie (Agatha*)*, femme de lettres britannique (Torquay 1890 - Wallingford 1976). Ses énigmes au charme très britannique, démêlées par le détective Hercule Poirot ou la sémillante Miss Marple, lui apportèrent une gloire mondiale (*la Mystérieuse Affaire de Styles,* 1920 ; *le Meurtre de Roger Ackroyd,* 1926 ; *le Crime de l'Orient-Express,* 1934 ; *Dix Petits Nègres,* 1939).

Christie (William*)*, claveciniste et chef d'orchestre américain naturalisé français (Buffalo, État de New York, 1944). Interprète et pédagogue, spécialiste de la musique baroque, française en particulier, il a fondé, en 1979, l'ensemble instrumental et vocal Les Arts florissants.

Christie's, salle des ventes fondée à Londres en 1766.

Christine (Stockholm 1626 - Rome 1689), reine de Suède (1632-1654). Fille de Gustave II Adolphe, elle prit en main les affaires de l'État (1644) après la régence du chancelier Oxenstierna et hâta les négociations des traités de Westphalie (1648). Ayant fait de sa cour un foyer d'humanisme, elle y reçut Descartes. Elle abdiqua en 1654 en faveur de son cousin Charles Gustave et elle se convertit au catholicisme. Elle visita une partie de l'Europe et s'installa à Rome.

Christine de Pisan, poétesse française (Venise v. 1365 - 1430 ?). Elle conféra aux genres traditionnels une spontanéité rare. Elle chercha aussi à communiquer le savoir des « philosophes » anciens dans le débat sur le *Roman de la Rose,* la *Mutation de fortune, le Livre des faits du sage roi Charles V,* la *Cité des Dames, l'Avision Christine, le Livre du corps de Policie* et d'autres écrits politiques, moraux et religieux. Elle est l'auteur de l'un des rares textes contemporains célébrant Jeanne d'Arc *(Ditié de Jeanne d'Arc).*

Christmas (*île)*, île isolée de l'océan Indien, au S. de Java ; 135 km^2 ; 3 300 hab. —

Annexée par la Grande-Bretagne en 1888, elle dépend de l'Australie depuis 1958. Phosphates.

Christmas (*île)* → **Kiritimati.**

Christo (*Christo* Javacheff, dit*)*, artiste américain d'origine bulgare (Gabrovo 1935). Lié au Nouveau Réalisme, à Paris, en 1962, installé aux États-Unis en 1964, il réalise de monumentales installations éphémères qui modifient la perception que nous avons d'un monument, d'un site, d'un paysage (« empaquetage » de la Kunsthalle de Berne, 1968, du Pont-Neuf à Paris, 1985 ; *les Parasols,* Californie et Japon, 1991 ; « empaquetage » du Reichstag à Berlin, 1995).

Christophe (*saint)*, martyr chrétien, dont la biographie ne repose guère que sur des légendes. Selon celles-ci, son nom *(Christophoros),* d'origine grecque, lui vint de ce qu'il aurait eu à porter sur ses épaules l'Enfant Jésus pour lui faire traverser une rivière. Très populaire dès le Moyen Âge, Christophe devint le protecteur des portefaix puis des voyageurs, notamment des automobilistes. Il a été écarté du calendrier romain en 1970.

Christophe (*Henri)* [île de Grenade 1767 - Port-au-Prince 1820], roi d'Haïti (1811-1820). Esclave affranchi, lieutenant de Toussaint Louverture, il servit sous Dessalines. Président de la République d'Haïti (1807), il fut proclamé roi dans le nord de l'île en 1811 et renversé en 1820.

Chroniques de Saint-Denis ou **Grandes Chroniques de France,** histoire officielle des rois de France, des origines à la fin du XVe siècle, rédigée à Saint-Denis, d'abord en latin puis en français, et imprimée à la fin du XVe siècle. Il en existe un résumé manuscrit enluminé par Jean Fouquet (B. N.).

Chrysippe, philosophe et logicien grec (Soli, Cilicie, 281 av. J.-C. - Athènes 205), qui se rattache à l'école stoïcienne. En logique, il a isolé diverses formes fondamentales d'inférence.

Chrysostome → **Jean Chrysostome.**

Chun Doo-hwan ou **Chon Tu-hwan,** homme d'État sud-coréen (Hapchon 1931), président de la République de 1980 à 1988.

Chuquet (Nicolas*)*, mathématicien français (Paris v. 1445 - 1500). Il est l'auteur du plus ancien traité d'algèbre écrit par un Français (1484).

Chuquicamata, v. du Chili septentrional ; 22 000 hab. Extraction et métallurgie du cuivre.

Church *(Alonzo),* logicien américain (Washington 1903). Il a démontré l'indécidabilité du calcul des prédicats du premier ordre. Il est l'auteur d'une *Introduction à la logique mathématique* (1944).

Churchill *(le),* fl. du Canada, aboutissant dans la baie d'Hudson ; 1 600 km. À son embouchure, port de *Churchill* (1 300 hab.).

Churchill *(le), anc.* **Hamilton,** fl. du Canada, dans le Labrador, tributaire de l'Atlantique ; 1 000 km env. Chutes *(Churchill Falls)* dans son cours supérieur (hydroélectricité).

Churchill *(sir* Winston Leonard **Spencer***),* homme politique britannique (Blenheim Palace 1874 - Londres 1965). Correspondant de guerre, notamment au Transvaal pendant la guerre des Boers (1899), tenté par la politique, il démissionne de l'armée en 1899. Élu député conservateur (1900), il se lie d'amitié avec Lloyd George et rejoint les libéraux. Sous-secrétaire d'État aux Colonies (1906-1908), ministre du Commerce (1908-1910), puis de l'Intérieur (1910-11), il devient Premier lord de l'Amirauté (1911) et prépare activement la flotte britannique en prévision de la guerre, qu'il juge inévitable. En 1915, il démissionne après l'échec de l'expédition des Dardanelles. Nommé en 1917 ministre des Munitions, puis ministre de la Guerre et de l'Air (1919), il passe au ministère des Colonies (1921). Il intervient alors en faveur de l'indépendance de l'Irlande. Inquiet de l'émergence du communisme, il passe du radicalisme militant au conservatisme le plus ferme. Élu député conservateur en 1924, il devient chancelier de l'Échiquier dans le cabinet Baldwin (1924-1929) et rétablit l'étalon-or.
Conscient de la montée du péril nazi, il préconise en vain une politique de fermeté contre l'Allemagne hitlérienne. Premier lord de l'Amirauté en 1939, il devient en 1940 Premier ministre d'un gouvernement d'union nationale. Galvanisant les énergies, notamment pendant la bataille d'Angleterre, il s'affirme alors comme un grand chef de guerre et un grand chef d'État. Il signe avec le président Roosevelt le pacte de l'Atlantique, et propose son aide à l'U. R. S. S. lors de l'attaque allemande (1941). En dépit de l'immense prestige conféré par la victoire, il doit se retirer peu après le succès des travaillistes aux élections de 1945. Gardant une influence considérable sur la politique internationale, il défend des thèses favorables à la coopération européenne et à une association des pays anglo-saxons face aux ambitions soviétiques. De nouveau Premier ministre

après la victoire des conservateurs aux élections de 1951, il s'appuie sur l'aile libérale du parti. Il démissionne en 1955 pour des raisons de santé. De son œuvre d'écrivain, il faut détacher : *The World Crisis, 1911-1918* (1923-1929), *A History of the English-Speaking Peoples* (1956-1958), et surtout ses *Mémoires de guerre* (1948-1954). [Prix Nobel de littérature 1953.]

Churriguera *(José Benito* de*),* sculpteur et architecte espagnol (Madrid 1665 - *id.* 1725), créateur de la ville de Nuevo Baztán, près de Madrid. Son frère **Joaquín** (Madrid 1674 - Salamanque ? v. 1724) est l'auteur du collège de Calatrava à Salamanque. **Alberto** (Madrid 1676 - Orgaz ? v. 1740), frère des précédents, donna les plans de l'harmonieuse Plazza Mayor de Salamanque. — Dans leurs œuvres, c'est surtout à quelques retables sculptés à colonnes torses, d'un baroque exubérant, que s'applique le qualificatif de *churrigueresque*.

Chypre, État insulaire de la Méditerranée orientale ; 9 251 km² ; 700 000 hab. *(Chypriotes* ou *Cypriotes).* CAP. Nicosie. LANGUES : *grec* et *turc.* MONNAIE : *livre cypriote.*

GÉOGRAPHIE

Proche des côtes turques et syriennes, Chypre juxtapose deux populations, l'une grecque (majoritaire à 80 %), l'autre turque. L'invasion des troupes d'Ankara en 1974 et la partition de fait qui a suivi ont concentré au N. et au N.-E. (sur environ 40 % du territoire) la population turque ; le reste de l'île, autour du massif du Tróodhos, demeurant grec. Les transferts de populations ont accéléré l'urbanisation, désorganisé l'économie rurale dominante (olives, céréales, tabac, vin, agrumes) liée à un climat méditerranéen, dont la tendance à l'aridité a parfois été combattue par l'irrigation (fruits et légumes près du littoral). L'industrie, en dehors de quelques branches liées à la consommation, est aussi en difficulté. Le tourisme (culturel et balnéaire) est demeuré actif. Ses revenus ne comblent pas toutefois le lourd et persistant déficit commercial.

HISTOIRE

■ **L'Antiquité et le Moyen Âge.** Convoitée pour sa richesse en cuivre, Chypre est très tôt colonisée par les Grecs, puis par les Phéniciens. Passée à partir du IIIᵉ s. av. J.-C. sous la domination des Ptolémées (dynastie égyptienne), elle est un brillant foyer de la civilisation hellénistique.

58 av. J.-C. Chypre devient une province romaine.

Englobée dans l'Empire byzantin à partir du Vᵉ s., elle subit de nombreuses incursions arabes du VIIᵉ s. au Xᵉ s.

1191. L'île est conquise par Richard Cœur de Lion lors de la 3ᵉ croisade.

Achetée par Gui de Lusignan en 1192, Chypre passe pour trois siècles sous le contrôle de la dynastie des Lusignan. Érigée en royaume (1197), elle devient le principal centre latin d'Orient après les défaites des croisés au Levant.

1489. Venise impose à Chypre sa tutelle administrative.

■ **L'époque moderne et contemporaine.**
1571. Conquise par les Turcs, l'île devient une province de l'Empire ottoman. L'Église orthodoxe est restaurée.

1878. L'administration de Chypre est confiée à la Grande-Bretagne par le sultan.

1914. Annexion de l'île par la Grande-Bretagne.

1925. Elle devient colonie de la Couronne britannique malgré les protestations de la Grèce.

La majorité grecque de l'île réclame la fin de la domination britannique et le rattachement à la Grèce (Enôsis). Après les opérations de guérilla déclenchées en 1955, l'indépendance est accordée dans le cadre du Commonwealth (1959).

1960. Proclamation de la république, avec un président grec (Mgr Makários) et un vice-président turc.

Des heurts sanglants entre les communautés grecque et turque amènent l'intervention de l'O. N. U.

1974. Un coup d'État favorable à l'Enôsis écarte temporairement Makários et donne à la Turquie l'occasion d'occuper le nord de l'île.

1977. Mort de Makários.

1983. Proclamation unilatérale d'une « République turque de Chypre du Nord », que la communauté internationale refuse de reconnaître.

CIA *(Central Intelligence Agency),* agence centrale de renseignements (espionnage, contre-espionnage, etc.) américaine créée en 1947 et placée sous l'autorité du président des États-Unis. Elle dispose d'unités militaires spéciales, les *bérets verts.*

Ciano *(Galeazzo),* comte de Cortellazzo, homme politique italien (Livourne 1903 - Vérone 1944). Gendre de Mussolini, ministre des Affaires étrangères (1936), puis ambassadeur auprès du Saint-Siège (1943), il s'opposa à la poursuite de la guerre et fut exécuté.

Cicéron, *en lat.* Marcus Tullius Cicero, homme politique et orateur latin (Arpinum 106 - Formies 43 av. J.-C.). Issu d'une famille plébéienne entrée dans l'ordre équestre, avocat, il débute dans la carrière politique en attaquant Sulla à travers un de ses affranchis *(Pro Roscio Amerino),* puis en défendant les Siciliens contre les exactions de leur gouverneur Verrès *(les Verrines).* Consul (63), il déjoue la conjuration de Catilina et fait exécuter ses complices *(Catilinaires).* Il embrasse le parti de Pompée mais, après Pharsale, se rallie à César. Après la mort de ce dernier, il attaque vivement Antoine et lui oppose Octavien. Proscrit par le second triumvirat, il est assassiné. Cicéron a porté l'éloquence latine à son apogée : ses plaidoyers et ses discours ont servi de modèle à toute la rhétorique latine *(De oratore).* Ses traités philosophiques *(De finibus, De officiis)* ont acclimaté dans la littérature latine la métaphysique et la morale grecques.

Cidambaram ou **Chidambaram,** v. de l'Inde (Tamil Nadu) ; 80 000 hab. L'un des cinq hauts lieux shivaïques de l'Inde du Sud. — Vaste complexe de temples édifié autour du grand temple de Shiva (Xᵉ-XVIIᵉ s.), représentatif de l'art dravidien.

Cid Campeador *(Rodrigo* Díaz de Vivar, dit le*),* chevalier espagnol (Vivar v. 1043 - Valence 1099). Banni par Alphonse VI de Castille (1081), il se mit au service de l'émir de Saragosse puis s'empara de Valence (1095), où il régna jusqu'à sa mort. — Le Cid est le héros d'un grand nombre d'œuvres littéraires : du *Poème de mon Cid (Cantar de mio Cid),* du *Romancero espagnol,* d'un drame de Guillén de Castro et d'une tragédie de Corneille. (→ Corneille.)

Cienfuegos, v. de Cuba, sur la côte méridionale ; 121 000 hab.

Cilicie, région située au sud de la Turquie d'Asie. Ses villes les plus importantes sont Adana et Tarsus.

Cima *(Giovanni Battista),* dit Cima da Conegliano, peintre italien (Conegliano, prov. de Trévise, v. 1459 - *id.* 1517/18). Influencé à Venise par Antonello da Messina et Giovanni Bellini, il est l'auteur de compositions religieuses harmonieuses et sereines, sur fonds de paysage.

Cimabue *(Cenni* di Pepo, dit*),* peintre italien mentionné à Rome en 1272, à Pise en 1301. Il est réputé avoir été le maître de Giotto et avoir, le premier, affranchi son art des conventions byzantines. On lui attribue notamment le *Crucifix* de S. Croce et la *Maestà* (Vierge en majesté) de S. Trinità à

Florence (les deux œuvres auj. aux Offices), ainsi que d'importantes fresques à Assise.

Cimarosa *(Domenico),* compositeur italien (Aversa 1749 - Venise 1801). Grand maître de l'opéra *(le Mariage secret,* 1792), il a aussi laissé une *Missa pro defunctis* (1787) et des sonates pour clavier.

Cimbres, peuple germanique qui, avec les Teutons, participa à une vaste migration vers le sud, à partir de 115 av. J.-C., et ravagea la Gaule. Les Cimbres furent vaincus par Marius à Verceil (Piémont), en 101 av. J.-C.

Cimetière marin *(le),* poème de P. Valéry (1920), méditation qui unit les thèmes de la mort et de la mer.

Cimino *(Michael),* cinéaste américain (New York 1943). Son œuvre comprend quelques films inspirés et grandioses : *Voyage au bout de l'enfer* (1978), *la Porte du paradis* (1980), *l'Année du dragon* (1985), *le Sicilien* (1987), *Desperate Hours* (1990).

Cimmériens, ancien peuple nomade d'origine thrace, qui, au VIIᵉ s. av. J.-C., envahit l'Asie Mineure.

Cimon, stratège athénien (v. 510-450 av. J.-C.). Fils de Miltiade, il combattit avec succès contre les Perses (victoire de l'Eurymédon) et fonda la première confédération maritime athénienne.

Cincinnati, v. des États-Unis (Ohio), sur l'Ohio ; 364 040 hab. (1 452 645 dans l'agglomération). Centre industriel. — Musées.

Cincinnatus *(Lucius Quinctius)* [v. 519 av. J.-C.]. Romain célèbre par l'austérité de ses mœurs. Consul en 460 av. J.-C., il fut par la suite deux fois dictateur (458 et 439), mais retourna finalement au travail de la terre.

Cinecittà, complexe cinématographique italien (studios, laboratoires, etc.), édifié en 1936-37 et situé au S.-E. de Rome.

Cinémathèque française, organisme fondé en 1936 par Henri Langlois, Georges Franju et P. A. Harlé, subventionné par l'État, pour la défense et la sauvegarde des films et documents ayant trait à l'histoire du cinéma. La Cinémathèque française réunit des services de conservation, de projection et le musée du cinéma.

cinématographie *(Centre national de la)* [C. N. C.], établissement public créé en 1946 et chargé d'étudier et de contrôler la réglementation de l'industrie cinématographique, de gérer le soutien financier de l'État au cinéma et à l'audiovisuel, et d'assurer la promotion du patrimoine cinématographique.

cinématographiques *(Institut des hautes études)* [I. D. H. E. C.] → **F. E. M. I. S.**

Cinna *(Cneius Cornelius),* homme politique romain. Arrière-petit-fils de Pompée, il fut traité avec clémence par Auguste, contre qui il avait conspiré et qui le nomma cependant consul en 5 apr. J.-C. Héros de la tragédie de Corneille. (→ **Corneille.**)

Cinna *(Lucius Cornelius),* général romain (m. à Ancône en 84 av. J.-C.). Chef du parti populaire après la mort de Marius, il tyrannisa l'Italie de 86 à sa mort.

Cino da Pistoia, jurisconsulte et poète italien (Pistoia 1270 - v. 1337). Ami de Dante et inspirateur de Pétrarque, il fut l'un des représentants du *dolce stil nuovo.*

Cinq *(groupe des),* réunion de musiciens russes autodidactes du XIXᵉ siècle, associant autour de son fondateur, Balakirev, les noms de Cui, Moussorgski, Borodine et Rimski-Korsakov. Ils furent à la base du renouveau de l'école russe.

Cinq-Cents *(Conseil des)* → **Directoire.**

Cinq-Mars *(Henri Coeffier de Ruzé, marquis de),* favori de Louis XIII (1620 - Lyon 1642). Grand écuyer de France, il mourut sur l'échafaud, avec de Thou, pour avoir conspiré contre Richelieu.

Cinq Nations *(les)* → **Iroquois.**

Cinquième *(La),* chaîne de télévision française à vocation éducative et populaire, constituée en 1994. Elle est diffusée par voie hertzienne sur le canal précédemment occupé par La Cinq, qu'elle partage avec Arte.

Cinto *(monte),* point culminant de la Corse (dép. de la Haute-Corse) ; 2 710 m.

C. I. O., sigle de Comité international olympique. (→ **Olympique.**)

Ciompi, artisans pauvres à Florence, au XIVᵉ siècle. Privés de tout droit politique, ils déclenchèrent la *révolte des Ciompi* (1378-1382).

Cioran *(Émile Michel),* philosophe français d'origine roumaine (Răşinari, près de Sibiu, 1911 - Paris 1995). Il s'est installé en France en 1937. Il a développé une philosophie existentialiste (*Précis de décomposition,* 1949 ; *Syllogismes de l'amertume,* 1952 ; *Écartèlement,* 1979 ; *Aveux et anathèmes,* 1987).

Ciotat *(La),* ch.-l. de c. des Bouches-du-Rhône ; 30 748 hab. *(Ciotadens).* Station balnéaire.

Circassie, ancien nom de la contrée située sur le versant nord du Caucase.

Circé, magicienne de la mythologie grecque. Experte dans la préparation des philtres, elle pouvait transformer les humains en animaux. Selon *l'Iliade,* elle changea en pourceaux les compagnons d'Ulysse. Ce dernier, ayant su se faire aimer d'elle, échappa au sortilège et demeura un an dans son palais.

Cirebon ou **Tjirebon,** port d'Indonésie, sur la côte nord de Java ; 224 000 hab.

Cirta, anc. cap. de la Numidie ; auj. *Constantine.*

Cisalpine *(Gaule),* nom que les Romains donnaient à la partie septentrionale de l'Italie. Elle fut occupée par les Celtes avant d'être conquise par les Romains, pour lesquels elle était située en deçà des Alpes.

Cisjordanie, région située à l'ouest du Jourdain. Annexée au royaume de Jordanie en 1949, cette région est, à partir de 1967, occupée et administrée militairement, sous le nom de Judée-Samarie, par Israël, qui y favorise l'implantation de colonies juives. À partir de décembre 1987, cette occupation se heurte à un soulèvement populaire palestinien. En 1988, le roi Husayn de Jordanie rompt les liens légaux unissant son pays et la Cisjordanie. En 1994, un statut d'autonomie (palestinienne) est instauré dans la zone de Jéricho, conformément à l'accord israélo-palestinien de Washington. En 1995, un nouvel accord consacre l'extension de l'autonomie aux grandes villes arabes de Cisjordanie (Djenin, Naplouse, Tulkarm, Qalqilya, Ramallah, Bethléem et, partiellement, Hébron).

Ciskei, ancien bantoustan d'Afrique du Sud.

C. I. S. L. *(Confédération internationale des syndicats libres),* organisation constituée en 1949 par les syndicats qui avaient quitté la Fédération syndicale mondiale. Elle compte la C. G. T.-F. O. et la C. F. D. T. parmi ses adhérents.

Cisleithanie, nom sous lequel on désigna, de 1867 à 1918, la partie autrichienne de l'Empire austro-hongrois, séparée de la *Transleithanie* hongroise par une rivière, la *Leitha.*

Cissé *(Souleymane),* cinéaste malien (Bamako 1940). Il accède au long métrage avec *Den Mousso (la Jeune Fille,* 1975). Ses films traitent de thèmes politiques et sociaux qui s'inscrivent dans la culture et la spiritualité africaines : *Baara* (le Travail, 1978), *Finyé* (le Vent, 1982), *Yeelen (la Lumière,* 1987), *Waati (le Temps,* 1995).

Cité *(île de la),* île de la Seine, qui fut le berceau de Paris. — C'est dans la Cité que se trouvent la cathédrale Notre-Dame (construite en style gothique de 1160 env. au milieu du XIIIe s.), le Palais de Justice (développement du siège médiéval de la royauté) et la Sainte-Chapelle (de style gothique rayonnant, 1241-1248).

Cité antique *(la),* essai de Fustel de Coulanges (1864).

Cîteaux, nom d'une grande forêt située à une vingtaine de kilomètres au sud de Dijon (commune de Saint-Nicolas-lès-Cîteaux, Côte-d'Or), où fut entreprise la réforme monastique qui donna naissance à l'ordre cistercien.

Cité de Dieu *(la),* célèbre ouvrage de saint Augustin, rédigé de 413 à 426. Celui-ci y prend la défense des chrétiens, qu'on accusait alors d'être responsables de la chute de Rome (410) sous les coups des Wisigoths. Il y développe une grandiose théorie opposant la cité temporelle à la cité mystique des âmes prédestinées. Dans les siècles suivants, cet ouvrage a été réinterprété de manière à fonder une doctrine théocratique connue sous le nom « d'augustinisme politique ».

Cité des sciences et de l'industrie, établissement public à caractère industriel et commercial, situé à Paris dans le *parc de la Villette* (XIXe arr.).Inaugurée en 1986, elle comprend des espaces d'exposition, un centre de congrès, une médiathèque, un espace d'information sur les métiers, un Centre de recherche en histoire des sciences et techniques (C. R. H. S. T.) et une salle de cinéma hémisphérique, la *Géode.*

Cité interdite, le palais impérial de Pékin (ou *Gugong*), domaine réservé de l'empereur et de sa cour. Édifié en 1406 et restauré du XVIIe au XIXe siècle, l'ensemble est aujourd'hui un vaste musée.

Citizen Kane, film américain de O. Welles (1941).

Citlaltépetl → **Orizaba**

Citroën *(André),* ingénieur et industriel français (Paris 1878 - *id.* 1935). Après avoir créé en 1915 une usine pour la production des obus, il la reconvertit en 1919 pour la fabrication en grande série d'une voiture populaire ; ce fut, en France, la première production de ce type pour l'automobile. Les principaux modèles furent, dès 1919, la 10 A, en 1922, la 5 CV et, à partir de 1934, la traction avant, produite pendant 23 ans. Citroën organisa également la Croisière noire, en Afrique (1924-25), et la Croisière jaune, en Asie (1931-32).

City *(la),* quartier financier du centre de Londres, sur la rive gauche de la Tamise.

Ciudad Bolívar, v. du Venezuela, sur l'Orénoque ; 258 000 hab. Métallurgie.

Ciudad Guayana, centre métallurgique du Venezuela, au confluent de l'Orénoque et du Caroní ; 510 000 hab.

Ciudad Juárez, v. du Mexique, près de la frontière américaine, dans la vallée du Rio Grande ; 797 679 hab.

Ciudad Obregón, v. du nord-ouest du Mexique ; 311 078 hab.

Ciudad Real, v. d'Espagne, dans le sud de la Castille, ch.-l. de prov. ; 57 030 hab. — Monuments anciens.

Ciudad Trujillo → Saint-Domingue.

Ciudad Victoria, v. du nord-est du Mexique ; 207 830 hab.

Çiva → Shiva.

Civitavecchia, port d'Italie (Latium), au N. de Rome ; 50 856 hab.

Cixi ou **Ts'eu-hi,** impératrice de Chine (Pékin 1835 - *id.* 1908). Elle domina la vie politique de la Chine de 1875 à 1908, confisquant le pouvoir à son profit en opposant modernistes et conservateurs.

Claesz. *(Pieter),* peintre néerlandais (Burgsteinfurt, Westphalie, v. 1597 - Haarlem 1661). Il travailla à Haarlem dès 1617. Ses natures mortes (vanités, déjeuners), aux objets familiers que caresse la lumière, sont d'un style dépouillé et d'une tonalité sobre, de tendance monochrome.

Clair *(René Chomette, dit René),* cinéaste français (Paris 1898 - *id.* 1981). Il a marqué le cinéma français des années 30 par des films fantaisistes, ironiques, révélant un auteur à la fois poétique et populiste. On lui doit *Entr'acte* (1924), *Un chapeau de paille d'Italie* (1928), *Sous les toits de Paris* (1930), *le Million* (1931), *Ma femme est une sorcière* (1942), *la Beauté du diable* (1949), *les Grandes Manœuvres* (1955). [Acad. fr. 1960.]

Clairaut *(Alexis),* mathématicien français (Paris 1713 - *id.* 1765). Il fut reçu à l'Académie des sciences à 18 ans. En 1736, il fut envoyé avec Maupertuis en Laponie pour y déterminer la longueur d'un degré de méridien. Après son retour, il publia sa *Théorie de la figure de la Terre* (1743), qui contribua à faire accepter en France la théorie newtonienne de la gravitation. Auteur de travaux de mécanique céleste, il fit progresser la théorie des équations différentielles.

Claire *(sainte),* fondatrice de l'ordre des Clarisses (Assise 1193 - *id.* 1253). Née dans une

famille noble, elle s'en échappa pour se placer sous la direction de François d'Assise, auprès de qui elle prononça ses vœux de religion (1212). Autour d'elle se rassembla une communauté féminine, les Pauvres Dames, connues ensuite sous le nom de *Clarisses,* qui adopta la spiritualité des Frères mineurs et qui fut approuvée par le pape Innocent III en 1215 ou 1216.

Clairon *(Claire Josèphe Leris, dite Mlle),* actrice française (Condé-sur-l'Escaut 1723 - Paris 1803), interprète de Voltaire.

Clairvaux, grande forêt domaniale (commune de Ville-sous-la-Ferté, Aube) où le deuxième abbé de Cîteaux, Étienne Harding, fonda en 1115 une abbaye dont il confia la charge à Bernard. Sous le long abbatiat de celui-ci (mort en 1153), le monastère de Clairvaux acquit une vitalité et un rayonnement qui dépassèrent ceux de Cîteaux.

Clamart, ch.-l. de c. des Hauts-de-Seine, au sud-ouest de Paris ; 47 755 hab. *(Clamartois ou Clamariots).* Centre industriel.

Clamecy, ch.-l. d'arr. de la Nièvre, sur l'Yonne ; 5 573 hab. *(Clamecycois).* Industrie chimique et électrique. — Église des XIIIe-XVIe siècles. Maisons anciennes. Musée.

Clapeyron *(Émile),* physicien français (Paris 1799 - *id.* 1864). Il fut l'un des fondateurs de la thermodynamique et sauva de l'oubli la brochure de Carnot sur la « puissance motrice du feu ».

Clapperton *(Hugh),* voyageur britannique (Annan, comté de Dumfries, Écosse, 1788 - près de Sokoto, Nigeria, 1827). Il fut le premier Européen à atteindre le lac Tchad (1823) et visita le nord de l'actuel Nigeria.

Clarendon *(Edward Hyde, comte de),* homme d'État et historien anglais (Dinton 1609 - Rouen 1674). Partisan de Charles Ier lors de la guerre civile (1642-1649), il devint Premier ministre à la Restauration (1660-1667).

Clarendon *(Constitutions de)* [1164], statuts des rapports de l'Église et de l'État présentés par le roi Henri II d'Angleterre à Clarendon Park (Wiltshire) et auxquels s'opposa violemment Thomas Beckett, archevêque de Canterbury.

Clarín *(Leopoldo García de Las Alas y Ureña, dit),* écrivain et juriste espagnol (Zamora 1852 - Oviedo 1901). Principal représentant du naturalisme en Espagne, il a donné des contes (*Pipá,* 1886 ; *El señor,* 1893) et surtout un roman, *la Regente* (1885), dont l'héroïne incarne le « bovarysme » de la province espagnole.

Clarisse Harlowe *(Histoire de),* roman épistolaire de Richardson (1747-48). Une jeune fille vertueuse se confie à un homme corrompu mais séduisant, Lovelace, qui la fait mourir de chagrin.

Clark *(lord Kenneth),* historien de l'art britannique (Londres 1903 - *id.* 1983). Ses principaux ouvrages portent sur des peintres (*Léonard de Vinci,* 1939 ; *Piero della Francesca,* 1951), sur le paysage et sur la représentation du nu (*le Nu,* 1955). Il a également réalisé des émissions de télévision (*Civilization,* 1969-70).

Clark *(Mark Wayne),* général américain (Madison Barracks 1896 - Charleston 1984). Il se distingua en Tunisie et en Italie (1943-1945), puis en Corée (1952).

Clarke *(Frank Wigglesworth),* géologue américain (Boston 1847 - Washington 1931).Fondateur de la géochimie, il est l'auteur de *Data of Geochemistry* (1912) et, surtout, de *The Composition of the Earth's Crust* (1924 ; en collab.), où il fournit une évaluation précise de la composition élémentaire de l'écorce terrestre.

Clarke *(Henri), comte* d'Hunebourg, *duc* de Feltre, maréchal de France (Landrecies 1765 - Neuwiller 1818). Ministre de la Guerre de Napoléon Ier (1807-1814), il se rallia à Louis XVIII (maréchal en 1816).

Clarke *(Kenneth* Spearman, dit Kenny*),* batteur de jazz américain (Pittsburgh 1914 - Montreuil-sous-Bois, France, 1985). Après avoir joué dans diverses formations, il a rejoint Dizzy Gillespie en 1946. Il a renouvelé le jeu de batterie en donnant une plus grande indépendance à la section rythmique. Il a fondé, en 1952, le Modern Jazz Quartet, puis s'est installé en France à partir de 1956.

Clary *(Désirée)* → **Désirée.**

Claude Ier, *en lat.* Tiberius Claudius Caesar Augustus Germanicus (Lyon 10 av. J.-C. - Rome 54 apr. J.-C.), empereur romain (41-54). Il eut pour épouses Messaline puis Agrippine. Il développa l'administration centrale et renforça les pouvoirs impériaux aux dépens du sénat et des magistratures traditionnelles. À l'extérieur, il s'illustra dans la conquête de la Bretagne (l'actuelle Grande-Bretagne) et de la Thrace (46). Cultivé, mais faible, il se laissa dominer par Agrippine, qui l'empoisonna. **Claude II le Gothique** (v. 214 - Sirmium 270), empereur romain (268-270) ; il combattit les Alamans et les Goths.

Claude *(Georges),* physicien et industriel français (Paris 1870 - Saint-Cloud 1960). Il préconisa de transporter l'acétylène dissous dans l'acétone (1897), mit au point un procédé de liquéfaction de l'air (1902), imagina les tubes lumineux au néon (1910) et fit des recherches sur l'énergie thermique des mers (1926).

Claude de France, reine de France (Romorantin 1499 - Blois 1524). Fille de Louis XII et d'Anne de Bretagne, elle fut l'épouse de François Ier, à qui elle apporta le duché de Bretagne.

Claudel *(Paul),* écrivain français (Villeneuve-sur-Fère, Aisne, 1868 - Paris 1955). Bouleversé par la lecture de Rimbaud et converti à un catholicisme brûlant qu'il conserva jusqu'à sa mort, il mène de front une carrière diplomatique et une carrière littéraire. Ami de Mallarmé, il écrit deux drames (*Tête d'or,* 1890 ; *la Ville,* 1893) avant d'être nommé consul à New York (1893), puis à Boston, où il compose le drame *l'Échange,* et enfin en Chine, où, durant quatorze années d'une intense fécondité littéraire (*Connaissance de l'Est,* 1900 et 1907 ; *le Partage de midi,* 1906 ; *Cinq Grandes Odes,* 1910), il élabore son *Art poétique* (1907), dont la forme typique est le verset, ce « vers sans rime ni mètre ». Envisagé comme un théâtre où se joue le destin des âmes et du monde, l'univers est à la fois recréé et rendu intelligible par l'action poétique. C'est en Europe, où il reste de 1909 à 1917, que s'épanouissent son lyrisme (*la Cantate à trois voix,* 1914) et son génie dramatique ; il donne *l'Annonce faite à Marie* (→ **Annonce**) [1912], *l'Otage* (1911), *le Pain dur* (1918), *le Père humilié* (1920). Ambassadeur à Tokyo (1921-1927), il y compose son chef-d'œuvre, *le Soulier de satin* (→ **Soulier**) [1929, joué en 1943]. Après deux nouveaux postes d'ambassadeur à Washington (1927-1933), où il écrit *le livre de Christophe Colomb,* puis à Bruxelles (1933-1935), sa carrière diplomatique s'achève. Claudel participe activement à la mise en scène de ses drames, enfin joués à Paris et dans le monde entier. (Acad. fr. 1946.) La sœur de l'écrivain, **Camille** (Fère-en-Tardenois 1864 - Avignon 1943), fut un sculpteur de talent, collaboratrice et amie de Rodin dans les années 1882-1892 (*l'Âge mûr,* bronze, 1899-1913).

Claudien, poète latin (Alexandrie, Égypte, v. 370 - Rome v. 404), un des derniers représentants de la poésie latine.

Claudius Marcellus *(Marcus)* → **Marcellus.**

Claus *(Hugo),* écrivain belge d'expression néerlandaise (Bruges 1929). Une double tradition, réaliste et expressionniste, s'unit dans ses poèmes (*Monsieur Sanglier,* 1971), ses romans (*l'Année du cancer,* 1972 ; *le Chagrin des Belges,* 1983) et ses drames (*Dent pour dent,* 1970).

Clausel ou **Clauzel** *(Bertrand, comte),* maréchal de France (Mirepoix 1772 - Secourrieu, Haute-Garonne, 1842). Gouverneur de l'Algérie en 1830, il commanda l'armée d'Afrique. Il échoua devant Constantine (1836).

Clausewitz *(Carl* von*),* général et théoricien militaire prussien (Burg 1780 - Breslau 1831). Fortement marqué par l'effondrement de son pays à Iéna (1806), il fait partie du mouvement national qui va s'efforcer de réformer la Prusse et de reprendre le plus rapidement la lutte libératrice contre la domination française. Pour pouvoir combattre le plus tôt possible, Clausewitz endosse donc jusqu'en 1814 l'uniforme russe. Puis il dirige, de 1818 à 1830, l'École de guerre de Berlin. Son œuvre principale, *Vom Kriege (De la guerre),* qui est pour l'essentiel inachevée, a servi de modèle et de référence à presque toutes les réflexions militaires.

■ **La conception de la guerre.** Pour définir la guerre, Clausewitz la décrit comme « en suspension entre trois centres d'attraction » : la violence originelle, c'est-à-dire la haine et l'animosité, qu'il faut considérer comme une impulsion naturelle aveugle ; le jeu des probabilités et du hasard, qui font d'elle une libre activité de l'âme ; l'instrument de la politique, par quoi elle appartient à l'entendement pur. Cette trinité correspond elle-même à une tripartition fonctionnelle : entre le peuple (passions), le commandement et l'armée (calcul stratégique), le gouvernement (décision politique). De cette structure découle l'intime liaison entre le politique et le militaire, qu'exprime la formule célèbre : « La guerre est la simple continuation de la politique mais par d'autres moyens. » Pour bien marquer la subordination du politique au militaire, Clausewitz prend soin de distinguer entre le *but de guerre (Zweck),* qui conduit le politique à recourir à la violence physique, et le *but dans la guerre (Ziel),* qui consiste toujours à anéantir les forces armées de l'ennemi pour lui interdire toute volonté et toute capacité de résistance.

■ **La dynamique de la guerre.** Toute guerre obéit à trois grands principes : 1. La défensive est supérieure à l'offensive. Mais seule l'offensive peut obtenir l'effet positif recherché dans la guerre. La défensive, dont l'objectif reste négatif, doit donc au moment jugé le plus propice pouvoir porter « le coup fulgurant de la vengeance ».

2. Toute offensive connaît un point culminant à partir duquel sa puissance décline. 3. Le centre de gravité constitue le point d'application où l'on doit concentrer les forces pour renverser l'adversaire.

Clausius *(Rudolf),* physicien allemand (Köslin, Poméranie, 1822 - Bonn 1888). Il introduisit en thermodynamique la notion d'entropie (1850) et utilisa le dégagement de chaleur produit par les courants électriques pour mesurer l'équivalent mécanique de la calorie. Il fut aussi l'un des créateurs de la théorie cinétique des gaz.

Clavier bien tempéré *(le),* œuvre de J.-S. Bach, qui comprend deux recueils (1722, 1742), composés chacun de 24 préludes et fugues, classés dans l'ordre chromatique des notes de la gamme et illustrant la théorie du tempérament égal.

Clélie, roman de Mlle de Scudéry (1654-1660). On y trouve la « Carte du Tendre », représentation topographique des étapes et des effets de l'amour, selon le code de la préciosité.

Clemenceau *(Georges),* homme politique français (Mouilleron-en-Pareds 1841 - Paris 1929). Médecin (1865), entré en politique comme républicain radical, il est maire de Montmartre (1870) puis député de la Seine (1871).

■ **Le chef radical.** Fondateur et directeur du journal *la Justice* (1880), député de la Seine (1875-1885), puis du Var (1885-1893), il prône la laïcité, la séparation de l'Église et de l'État, la suppression du Sénat et l'arrêt des conquêtes coloniales. Chef de l'extrême gauche radicale et grand orateur, il provoque la chute de plusieurs cabinets (notamment celui de Jules Ferry), ce qui lui vaut le surnom de « tombeur de ministères », et s'oppose au général Boulanger. Impliqué dans le scandale de Panamá, il perd son siège de député en 1893. Redevenu simple journaliste, il prend la tête des défenseurs de Dreyfus en publiant *J'accuse* de Zola (1898) dans *l'Aurore.*

■ **Le président du Conseil.** Ministre de l'Intérieur puis président du Conseil (1906), il entreprend des réformes sociales (congé hebdomadaire, création d'un ministère du Travail) mais réprime sévèrement les troubles provoqués par les vignerons du Midi et les ouvriers de la région parisienne, provoquant de ce fait la rupture avec les socialistes. Renversé en juillet 1909, il fonde le journal *l'Homme libre* (1913), qui devient, après l'institution de la censure (1914), *l'Homme enchaîné.*

■ **Le Père la Victoire.** Appelé par Poincaré à constituer un cabinet de salut national (nov. 1917), Clemenceau, surnommé *le Tigre,* fait choisir Foch comme généralissime des forces alliées et conduit d'une main de fer le pays à la victoire. Il bénéficie alors d'une immense popularité. Président de la conférence de Paris, il négocie le traité de Versailles (1919), mais son intransigeance et son anticléricalisme lui valent des adversaires nombreux et il est écarté de la présidence de la République au profit de Paul Deschanel, en 1920.

Clément Ier *(saint),* pape de 88 à 97, troisième successeur de Pierre. Il est l'auteur d'une *Lettre de l'Église de Rome* à celle de Corinthe destinée à mettre fin aux divisions de la communauté chrétienne de cette cité grecque. On lui a attribué un ensemble de textes apocryphes dits « clémentins ». **Clément VI** *(Pierre Roger)* [Maumont 1291 - Avignon 1352], pape de 1342 à 1352. Il fit de sa résidence en Avignon un palais magnifique et protégea les arts. **Clément VII** *(Jules de Médicis)* [Florence 1478 - Rome 1534], pape de 1523 à 1534. Fils naturel de Jules de Médicis, il prit parti pour François Ier contre Charles Quint, qu'il dut cependant couronner à Bologne en 1530. Son pontificat, qui fut aussi celui d'un prince de la Renaissance, a été marqué notamment par le sac de Rome par les impériaux en 1526-27, par les progrès du protestantisme et par le conflit avec Henri VIII, qui s'institua chef suprême de l'Église d'Angleterre (1534).

Clément *(Adolphe),* industriel français (Pierrefonds 1855 - Paris 1928). Il a été l'un des premiers constructeurs de bicyclettes et d'automobiles.

Clément *(Jacques),* dominicain français (Serbonnes 1567 - Saint-Cloud 1589). Ligueur fanatique, il assassina Henri III.

Clément *(René),* cinéaste français (Bordeaux 1913 - Monte-Carlo 1996). Il connaît la notoriété dès son premier film, un documentaire romancé, *la Bataille du rail* (1946), dans lequel il reconstitue sobrement et efficacement la lutte secrète des cheminots contre l'occupant allemand. Un style rigoureux et un réalisme souvent pessimiste caractérisent son œuvre : *Jeux interdits* (1952), *Monsieur Ripois* (1954), *Plein Soleil* (1959), *Paris brûle-t-il ?* (1966), *le Passager de la pluie* (1969).

Clément d'Alexandrie, Père de l'Église grecque et philosophe (Athènes v. 150 - entre 211 et 216). Il fonde vers 190 une école à Alexandrie, où il enseigne jusqu'à ce que les persécutions de Septime Sévère

l'obligent à fuir en Cappadoce. Influencé par le moyen platonisme, il s'intéresse, notamment dans ses *Stromates,* aux rapports entre la doctrine chrétienne et la philosophie grecque, et fait de la première le couronnement de la seconde (« Platon éclairé par l'Écriture »).

Clementi *(Muzio),* compositeur italien (Rome 1752 - Evesham, Angleterre, 1832). Il a fait une grande carrière de pianiste avant de s'occuper d'édition musicale et de facture de pianos. Il a laissé de très nombreuses sonates et quelques symphonies ainsi qu'un célèbre ouvrage didactique (*Gradus ad Parnassum,* 3 vol., 1817, 1819 et 1826).

Cléobule → Sages *(les sept).*

Cléomène, nom de trois rois de Sparte, dont le plus connu fut **Cléomène III** (235 av. J.-C. - 222), qui essaya de restaurer la puissance spartiate mais fut vaincu par la coalition de la ligue Achéenne et de la Macédoine.

Cléopâtre, nom de sept reines d'Égypte. La plus célèbre fut **Cléopâtre VII** (Alexandrie 69 - *id.* 30 av. J.-C.), reine de 51 à 30. Successivement épouse de ses frères Ptolémée XIII (m. en 47) et Ptolémée XIV (m. en 44), elle dut à César (dont elle eut un fils, Césarion, le futur Ptolémée XV) son autorité sur l'Égypte. Elle séduisit Antoine, maître de l'Orient romain, qui joignit à l'Égypte plusieurs provinces romaines. Vaincus par Octavien, fils adoptif de César, à Actium (31), Antoine et Cléopâtre s'enfuirent en Égypte, où ils se suicidèrent (la reine se serait fait mordre par un aspic). Avec Cléopâtre finissent la dynastie des Lagides et l'indépendance de l'Égypte hellénistique.

Clérambault *(Louis Nicolas),* compositeur et organiste français (Paris 1676 - *id.* 1749). Auteur de pièces d'orgue et de clavecin, il est l'un des maîtres de la cantate.

Clermont, ch.-l. d'arr. de l'Oise ; 9 046 hab. *(Clermontois).* Chimie. — Église et hôtel de ville en partie du XIVe siècle.

Clermont *(concile de)* [18-28 nov. 1095], concile qui se tint à Clermont (auj. Clermont-Ferrand) et au cours duquel le pape Urbain II prêcha la 1re croisade.

Clermont *(Robert, comte de),* sixième fils de Saint Louis (1256 - Vincennes 1318). Il devint, par son mariage avec Béatrice de Bourbon, le fondateur de la troisième maison de Bourbon.

Clermont-Ferrand, ch.-l. de la Région Auvergne et du dép. du Puy-de-Dôme, à 401 m d'alt., à 388 km au sud de

Paris ; 140 167 hab. *(Clermontois)* [plus de 250 000 hab. dans l'agglomération]. Académie et université. Évêché. Centre français de l'industrie des pneumatiques. Constructions mécaniques. **ARTS.** Cathédrale gothique, achevée par Viollet-le-Duc. Église N.-D.-du-Port (XIIᵉ s.), œuvre caractéristique de la construction romane auvergnate. Hôtels gothiques et de la Renaissance. Important musée des Beaux-Arts dans l'ancien couvent des Ursulines, rénové, à Montferrand.

Cleveland, v. des États-Unis, sur le lac Érié, principale agglomération de l'Ohio ; 505 616 hab. (1 831 122 hab. avec les banlieues). — Centre culturel (musée d'Art, aux collections quasi universelles) et industriel. Musée du Rock and roll.

Cleveland *(Stephen Grover),* homme d'État américain (Caldwell, New Jersey, 1837 - Princeton 1908). Président démocrate des États-Unis de 1885 à 1889 et de 1893 à 1897, il s'opposa au protectionnisme et chercha à limiter l'influence des partis dans la vie politique américaine.

Clichy, ch.-l. de c. des Hauts-de-Seine, au nord-ouest de Paris ; 48 204 hab. *(Clichois).* Hôpital Beaujon. Centre industriel. — Église reconstruite par saint Vincent de Paul. Marché-maison du Peuple par Beaudouin, Lods et J. Prouvé.

Clichy-sous-Bois, comm. de la Seine-Saint-Denis, au nord-est de Paris ; 28 280 hab. *(Clichois).*

Clicquot, famille française de facteurs d'orgues, d'origine rémoise, dont **Robert** (Reims v. 1645 - Paris 1719), qui construisit d'admirables instruments, notamment les orgues de la chapelle de Versailles (1679-1711).

Clinton *(William Jefferson,* dit **Bill),** homme d'État américain (Hope, Arkansas, 1946). Démocrate, gouverneur de l'Arkansas (1979-1981 et 1983-1992), il devient président des États-Unis en 1993.

Clio, une des neuf Muses de la mythologie grecque. Elle se vit attribuer, à la période classique, la première place parmi ses sœurs et le titre de muse de l'Histoire.

Clipperton *(îlot),* atoll français isolé de l'océan Pacifique, inhabité, à 1 300 km du Mexique. — Annexé en 1858 par la France, cet îlot fut pris par les Mexicains en 1907 et restitué à la France en 1931.

Clisson *(Olivier, sire de),* connétable de France (Clisson 1336 - Josselin 1407). Il lutta contre les Anglais aux côtés de Du Guesclin, devint connétable (1380) et influença les débuts du règne de Charles VI.

Clisthène, homme d'État athénien (seconde moitié du VIᵉ s. av. J.-C.). Initiateur d'importantes réformes, il institua à Athènes de nouvelles divisions territoriales de façon à renforcer, par un brassage des citoyens, l'unité de la cité. Il réforma le calendrier, l'armée et orienta définitivement les institutions athéniennes vers une véritable démocratie.

Clive de Plassey *(Robert, baron),* général et administrateur britannique (Styche 1725 - Londres 1774). Gouverneur du Bengale (1765), il fonda la puissance britannique dans l'Inde. Accusé de concussion, il se tua.

Clodion *(Claude* Michel, dit*),* sculpteur français (Nancy 1738 - Paris 1814). Élève de son oncle L. S. Adam et de Pigalle, prix de Rome en 1759, il connut un immense succès — au moins jusqu'à la Révolution — avec ses terres cuites de bacchantes, faunesses et satyres pleines de grâce et de vie.

Clodius *(Publius Appius),* agitateur romain (v. 93-52 av. J.-C.). Tribun de la plèbe (58), célèbre par ses violences, il fit bannir Cicéron et fut tué par le tribun Milon.

Clostermann *(Pierre),* aviateur français (Curitiba, Brésil, 1921). Premier as français de la Seconde Guerre mondiale (33 victoires homologuées), plusieurs fois député de 1946 à 1973, il est l'auteur du *Grand Cirque* (1948).

Clos-Vougeot, vignoble de la Bourgogne, dans la côte de Nuits (Côte-d'Or). Vin rouge renommé.

Clotaire II (584 - 629), roi de Neustrie (584-629), seul roi des Francs en 613. Fils de Chilpéric Iᵉʳ et de Frédégonde, il fit périr Brunehaut.

Clotilde *(sainte),* reine des Francs (v. 475 - Tours 545). Fille de Chilpéric, roi des Burgondes, et femme de Clovis Iᵉʳ, elle contribua à la conversion de son mari au catholicisme.

Clouet, dessinateurs et peintres français d'origine flamande : **Jean** (m. à Paris en 1540/41), au service de François Iᵉʳ à partir de 1516, et son fils **François** (Tours v. 1505/1510 - Paris 1572), peintre de François Iᵉʳ et de ses successeurs. On leur doit notamment des portraits, dessinés ou peints, d'un réalisme élégant et précis.

Clouzot *(Henri Georges),* cinéaste français (Niort 1907 - Paris 1977). Pamphlétaire social, ce maître du suspense et des atmosphères troubles porte un regard froid sur les êtres et le monde au moyen d'une dramaturgie rigoureuse et épurée. Ses films les plus marquants sont : *L'assassin habite au 21* (1942), *le Corbeau* (1943), *Quai des Orfèvres* (1947), *le Salaire de la peur* (1953), *la Vérité* (1960).

Clovis I er (465 - Paris 511), rois des Francs (481-511). La chronologie de son règne reste très imprécise. Succédant à son père Childéric I er, vers l'âge de quinze ans, comme roi des Francs Saliens, il étend sa domination sur toute la Gaule du Nord, grâce à la victoire décisive qu'il remporte à Soissons, en 486, contre le Romain Syagrius. Il vainc ensuite les Alamans au cours de batailles (v. 496 ou 506), dont aucune ne se déroula à Tolbiac, contrairement à une opinion répandue.

■ **La conversion au catholicisme.** Selon l'historien Grégoire de Tours, c'est à l'occasion d'une de ces batailles qu'il aurait fait le vœu de se faire catholique si la victoire lui était donnée. Il se convertit en effet, à une date incertaine, sous l'influence de sa femme Clotilde, nièce du roi des Burgondes Gondebaud, et se fit baptiser à Reims par l'évêque saint Remi (en 496 selon la tradition, plus probablement en 498 ou 499). Devenu de ce fait le seul souverain barbare à ne pas être de confession arienne (considérée comme hérétique par l'Église), il voit son pouvoir légitimé et obtient du clergé gallo-romain un soutien essentiel pour sa domination.

■ **Le fondateur de la puissance franque.** Ainsi, après avoir vaincu les Wisigoths d'Alaric II à Vouillé en 507, il occupe les territoires situés entre le sud de la Loire et les Pyrénées, à l'exception de la Septimanie (région de Narbonne). Maître de la Gaule, il établit sa capitale à Paris et reçoit en 508 de l'empereur d'Orient Anastase I er des insignes qui font de lui le représentant de l'autorité impériale dans l'Occident gaulois. Clovis annexe vers 509 le royaume des Francs du Rhin et fait réorganiser l'Église des Gaules par le concile d'Orléans (511). À sa mort, ses quatre fils, Thierry, Clodomir, Childebert et Clotaire, se partagent le royaume. Clovis a ainsi jeté les bases de l'Occident chrétien et de la puissance territoriale des Mérovingiens.

Club Méditerranée, société française, créée en 1950, spécialisée dans l'organisation des loisirs et le tourisme. Il gère des villages de vacances dans de nombreux pays.

Cluj-Napoca, *anc.* Cluj, en hongr. Kolozsvár, v. de Roumanie, en Transylvanie ;

328 008 hab. Centre industriel et universitaire. — Monuments gothiques et baroques. Musées.

Cluny, ch.-l. de c. de Saône-et-Loire ; 4 724 hab. *(Clunysois).* École d'arts et métiers. HIST. La ville doit son nom à une abbaye bénédictine fondée en 910 par le duc Guillaume d'Aquitaine et dépendant directement de la papauté. En 931, l'abbaye devint chef de l'ordre clunisien. Ainsi, en 1109, 1 184 abbayes ou prieurés dépendaient de l'abbé de Cluny. Trois grands abbés : Maïeul (948-994), Odilon (994-1049), Hugues (1049-1109) donnèrent à Cluny un rayonnement universel qui tenait à sa forte vie spirituelle et intellectuelle. Jusqu'au milieu du XII e siècle, Cluny domina l'Occident par son art spécifique, par le prestige de ses moines — dont beaucoup jouèrent un rôle majeur au niveau de l'épiscopat et même du souverain pontificat —, par l'autorité, qui permit aux clunisiens d'imposer des institutions de paix à la société féodale, par la pratique de l'hospitalité et de l'aumône. L'abbaye et la congrégation, en constante décadence depuis le XIV e siècle, disparurent en 1790. ARTS. L'abbatiale romane entreprise en 1088 (« Cluny III »), la plus vaste monument de l'Occident médiéval, a été presque entièrement démolie au début du XIX e siècle ; bâtiments divers du XIII e au XVIII e siècle. Musée Ochier d'Art et d'Archéologie du Moyen Âge.

Cluny *(hôtel* et *musée de),* à Paris, hôtel du XV e siècle, situé rue du Sommerard (V e arr.), et communiquant avec les importants restes de thermes gallo-romains. Cet hôtel abrite un riche musée national du Moyen Âge, prolongement du Louvre.

Clusaz (La), comm. de la Haute-Savoie, dans le massif des Aravis. Station de sports d'hiver (alt. 1 100-2 600 m).

Cluses, ch.-l. de c. de la Haute-Savoie, sur l'Arve ; 16 732 hab. *(Clusiens).* École d'horlogerie. Décolletage.

Clyde *(la),* fl. d'Écosse, qui passe à Glasgow et se jette dans la mer d'Irlande ; 170 km.

Clytemnestre, fille de Tyndare, roi mythique de Sparte, et de Léda ; sœur d'Hélène, de Castor et de Pollux ; épouse d'Agamemnon ; mère d'Oreste, d'Iphigénie, d'Électre. Ne pouvant pardonner le sacrifice d'Iphigénie, elle tua son mari, lorsque celui-ci revint de Troie, avec la complicité d'Égisthe, son amant. Tous deux furent tués, sept ans plus tard, par son fils Oreste.

C. N. A. C. G.-P. sigle de Centre national d'art et de culture Georges-Pompidou.

C. N. C. → **CINÉMATOGRAPHIE** (Centre national de la).

C. N. E. S. (Centre national d'études spatiales), établissement public, scientifique et technique à caractère industriel et commercial, créé en 1961, qui anime et coordonne la politique spatiale en France, constituant l'Agence spatiale française.

Cnide, en gr. Knidos, colonie dorienne d'Asie Mineure, fondée sur la côte sud de la mer Égée. À proximité du cap Triopion, où siégeait la ligue des cités doriennes, Cnide avait pour patronne la déesse Aphrodite, que Praxitèle représenta dans une statue célèbre. Vestiges antiques.

CNN (Cables News Network), chaîne américaine de télévision par câble. Créée en 1980 par Ted Turner, CNN diffuse en continu un programme d'informations dans plus de 90 pays.

Cnossos, en gr. Knossós, v. de Crète, dans la plaine du Kaïratos, à 5 km de la mer et du port d'Amnisós. Fouillé par Evans, le site révèle une civilisation nouvelle de l'âge du bronze. Édifié au bronze moyen, le premier palais a été détruit vers 1750 av. J.-C. ; il est reconstruit selon un plan plus complexe, ordonné autour de la cour centrale. La construction s'élève par endroits sur plusieurs étages. Sanctuaire et centre économique, le palais engendra un vaste complexe urbain. L'ensemble palatial disparut vers le xve s. av. J.-C., mais Cnossos resta l'une des rares cités organisées dans l'île, à l'époque grecque, avant de devenir colonie romaine. — C'était la capitale du légendaire roi Minos.

C. N. P. F. (Conseil national du patronat français), association groupant la plupart des organisations professionnelles patronales. Présidents : Georges Villiers (1946-1966), Paul Huvelin (1966-1972), François Ceyrac (1972-1981), Yvon Gattaz (1981-1986), François Périgot (1986-1994), Jean Gandois (depuis 1994).

C. N. R. → **Conseil national de la Résistance.**

C. N. R. S. (Centre national de la recherche scientifique), établissement public à caractère scientifique et technologique, créé en 1939, chargé de développer et de coordonner, en France, les recherches scientifiques de tous ordres.

Cnut → **Knud.**

Coalitions (les), alliances militaires et politiques conclues contre la France. Sous Louis XIV, la première coalition (1673-74) se forme pendant la guerre de Hollande, la deuxième coalition (1689-90) pendant la guerre de la ligue d'Augsbourg, la troisième coalition (1701) pendant la guerre de la Succession d'Espagne. — Pendant la Révolution et l'Empire, sept coalitions regroupèrent la Grande-Bretagne, l'Autriche (qui ne prit pas part à la quatrième) et la Russie (qui ne prit pas part à la cinquième). La première coalition (1793-1797) se disloqua après la campagne de Bonaparte en Italie et le traité de Campoformio. La deuxième coalition (1799-1802) s'acheva par la paix de Lunéville avec l'Autriche et par celle d'Amiens avec la Grande-Bretagne. La troisième coalition se forma en 1805 (victoire de Napoléon à Austerlitz ; paix de Presbourg), la quatrième en 1806-07 (victoires de Napoléon à Iéna, Eylau, Friedland ; traités de Tilsit), la cinquième en 1809 (victoire de Napoléon à Wagram ; paix de Vienne). La sixième coalition (1813-14) contraignit Napoléon Ier à abdiquer une première fois. La septième (1815), qui se termina par la bataille de Waterloo, aboutit à la seconde abdication de l'Empereur.

Coase (Ronald), économiste britannique (Middlesex 1910). Auteur de nombreux ouvrages sur l'économie et la structure des entreprises, il a été l'un des premiers, en 1937, à mettre l'accent sur l'importance des coûts liés à la coordination des activités dans le processus de production. (Prix Nobel 1991.)

Coast Ranges (« Chaînes côtières »), montagnes bordant la façade pacifique des États-Unis sur 2 200 km. Peu élevées (sauf dans les monts Olympic, Klamath, San Gabriel et San Bernardino), plus arrosées au N. (conifères) qu'au S. (chaparral), faiblement peuplées, elles sont coupées de quelques dépressions et entaillées par la faille de San Andreas.

Coatzacoalcos, port pétrolier du Mexique, sur le golfe du Mexique ; 232 000 hab.

C. O. B. (Commission des opérations de Bourse), organisme créé par l'ordonnance du 28 septembre 1967. Institution spécialisée de caractère public, elle est chargée d'améliorer la qualité des informations fournies aux porteurs de valeurs mobilières et de garantir la régularité des opérations boursières.

Cobbett (William), homme politique et publiciste britannique (Farnham 1762 - Guildford 1835), chef de file du radicalisme anglais.

Cobden (Richard), économiste et homme politique britannique (Dunford Farm 1804 - Londres 1865). Partisan du libre-échange, il fut élu député et obtint en 1846 l'abolition des lois protectionnistes sur les blés. Il négocia le traité de commerce franco-britannique de 1860.

Coblence, en all. Koblenz, v. d'Allemagne (Rhénanie-Palatinat), au confl. du Rhin et de la Moselle ; 107 938 hab. — Église romane et gothique St-Castor. Musée régional.

Cobourg (Frédéric Josias, prince de Saxe-Cobourg, dit), maréchal autrichien (Cobourg 1737 - id. 1815). Commandant en chef de l'armée autrichienne aux Pays-Bas, il fut vainqueur de Dumouriez à Neerwinden (1793), puis vaincu par Jourdan à Fleurus (1794).

Cobra (de Copenhague, Bruxelles, Amsterdam), mouvement artistique qui eut une grande influence, par-delà sa brève existence organisée (1948-1951), en exaltant, face à l'art officiel, toutes les formes de création spontanée (arts primitifs et populaires, art brut, dessins d'enfants). Le poète belge Christian Dotremont (1922-1979), les peintres Jorn (danois), Karel Appel (néerlandais, né en 1921), Pierre Alechinsky (belge, né en 1927) en firent partie.

Cocanada → Kakinada.

Cochabamba, v. de Bolivie, au sud-est de La Paz, à plus de 2 500 m d'alt. ; 404 102 hab.

Cochin, port de l'Inde (Kerala), sur la côte de Malabar ; 1 139 543 hab. — Ancien comptoir portugais (1502-1663) puis hollandais (1663-1795).

Cochin, graveurs français des XVIIᵉ et XVIIIᵉ siècles. Le plus connu est **Charles Nicolas Cochin le Fils** (Paris 1715 - id. 1790), dessinateur et graveur des fêtes de la cour, artiste officiel et théoricien qui contribua à détourner l'art français du goût rocaille.

Cochinchine, partie méridionale du Viêt Nam, qui s'étend surtout sur le cours inférieur et sur le delta du Mékong.

Cochise, chef apache de la tribu des Chiricahua (1812-1874). Avec Geronimo, il unifia la nation apache et l'organisa pour résister au harcèlement des Blancs.

Cockcroft (sir John Douglas), physicien britannique (Todmorden, Yorkshire, 1897 - Cambridge 1967). Avec E. T. S. Walton (né en 1903), il utilisa pour la première fois des particules artificiellement accélérées en vue de la transmutation des atomes (1932). Pendant la Seconde Guerre mondiale, il prit une part active au développement du radar et aux travaux de réalisation de l'explosif

nucléaire. Dès 1946, il dirigea en Grande-Bretagne le programme nucléaire civil. (Prix Nobel 1951.)

Coconnat ou **Coconnas** (Annibal, comte de), gentilhomme piémontais (v. 1535 - Paris 1574). Il complota en faveur du duc François d'Alençon et fut décapité en place de Grève avec son complice La Mole. — Son aventure a inspiré A. Dumas (la Reine Margot).

Cocos (îles) ou **Keeling,** archipel australien de l'océan Indien, au sud-ouest de Java ; 667 hab.

Cocteau (Jean), écrivain français (Maisons-Laffitte 1889 - Milly-la-Forêt 1963). Mêlé à tous les mouvements d'avant-garde, il est tour à tour futuriste, dadaïste (Parade, 1917), cubiste (Plain-Chant, 1923). La poésie marque ses romans (Thomas l'imposteur, 1923) et son théâtre (les Parents terribles, 1938 ; les Mariés de la tour Eiffel, 1924). Musicien, acteur, cinéaste, il tourne le Sang d'un poète (1930), la Belle et la Bête (1946), Orphée (1950), le Testament d'Orphée (1960). Dessinateur et peintre, il a illustré certains de ses ouvrages. Sa vie de virtuose et d'esthète apparaît comme la réponse à l'exhortation que lui avait adressée Diaghilev : « Étonne-moi. » (Acad. fr. 1955.)

Cod (presqu'île du cap), péninsule des États-Unis (Massachusetts). Tourisme. Parc national.

Cœdes (Georges), orientaliste français (Paris 1886 - Neuilly 1969), épigraphiste et historien de l'Asie du Sud-Est. Auteur d'ouvrages importants, il fut directeur de l'École française d'Extrême-Orient de 1929 à 1947.

Coehoorn → Van Coehoorn.

Coëtlogon [kɔɛt-] (Alain Emmanuel, marquis de), vice-amiral et maréchal de France (Rennes 1646 - Paris 1730). Il défendit Saint-Malo, en 1693, contre les Anglais.

Coëtquidan, camp militaire (Morbihan, comm. de Guer). École spéciale militaire (Saint-Cyr) et École militaire interarmes.

Coetzee (John), écrivain sud-africain d'expression anglaise (Le Cap 1940). Ses romans traitent de la violence engendrée par les conflits raciaux (Michael K., sa vie, son temps, 1983).

Cœur (Jacques), commerçant français (Bourges v. 1395 - Chio 1456). Enrichi par la spéculation sur les métaux précieux, il est à la tête d'un empire commercial fondé sur les échanges avec le Levant lorsqu'il devient, en 1440, argentier (ministre des Finances) de Charles VII. Il rétablit la confiance dans la monnaie. Anobli en 1441, il est ensuite chargé de missions diplomatiques. Mais, créancier du roi et des grands seigneurs, il suscite crainte et jalousie. Accusé d'avoir empoisonné Agnès Sorel, favorite de Charles VII, il est arrêté en 1451, puis relaxé. Convaincu de malversations et condamné à la prison, il s'évade en 1454 et trouve refuge à Rome auprès du pape.

Cognac, ch.-l. d'arr. de la Charente, sur la Charente ; 19 932 hab. *(Cognaçais).* Centre de la commercialisation du cognac. Verrerie. — Monuments anciens. Musées.

Cohen *(Albert),* écrivain suisse d'expression française (Corfou 1895 - Genève 1981). Haut fonctionnaire international à la S. D. N. puis à l'O. N. U., il doit la célébrité à son roman *Belle du seigneur* (1968), récit d'un amour absolu sur fond de peinture réaliste de la société cosmopolite de l'entre-deux-guerres, qui constitue le troisième volet d'une trilogie commencée avec *Solal* (1930) et *Mangeclous* (1938).

Cohen *(Leonard),* écrivain et chanteur canadien d'expression anglaise (Montréal 1934). Poète (*Let us Compare Mythologies,* 1956 ; *Death of a Lady's Man,* 1978) et romancier, il a acquis une audience internationale comme chanteur de folk-song.

Cohen *(Paul),* mathématicien américain (Long Branch, New Jersey, 1934). Il a démontré que l'hypothèse du continu est indécidable. Il a obtenu la médaille Fields en 1966.

Cohl *(Émile* Courtet, dit *Émile),* cinéaste d'animation et caricaturiste français (Paris 1857 - Villejuif 1938). Il fut l'un des pionniers du dessin animé (*Fantasmagorie,* 1908 ; *les Joyeux Microbes,* 1909 ; *les Pieds nickelés,* 1917-18).

Coimbatore, v. de l'Inde, dans l'État de Tamil Nadu ; 1 135 549 hab.

Coimbra, v. du Portugal, sur le Mondego ; 96 142 hab. Université. — Cathédrale Ancienne, romane (XIIᵉ s.), couvent de S. Cruz (cloître manuélin, v. 1520) et autres monuments. Musées.

Cointrin, aéroport de Genève (Suisse).

Coire, *en all.* Chur, v. de Suisse, ch.-l. du cant. des Grisons, sur le Rhin ; 32 868 hab. — Noyau médiéval (cathédrale [trésor] et autres monuments). Musées.

Coiron *(le)* ou **Coirons** *(les),* plateau basaltique du Vivarais (Ardèche) ; 1 061 m.

Cola, dynastie de l'Inde du Sud (VIIᵉ-XIIIᵉ s.), à son apogée aux Xᵉ-XIᵉ siècles lorsqu'elle domina Ceylan.

Cola di Rienzo, homme politique italien (Rome 1313 ou 1314 - *id.* 1354). Féru de l'Antiquité, il voulut restaurer la grandeur romaine et se fit proclamer tribun et libérateur de l'État romain (1347) ; il fut tué sauvagement au cours d'une révolte.

Colbert *(Jean-Baptiste),* homme d'État français (Reims 1619 - Paris 1683). Recommandé à Louis XIV par Mazarin, dont il est l'homme de confiance, il contribue à la chute de Fouquet, devient surintendant des Bâtiments (1664), contrôleur des Finances (1665), puis secrétaire d'État à la Maison du roi (1668) et à la Marine (1669). Il exerce peu à peu son activité dans tous les domaines de l'administration publique. Par des mesures protectionnistes, il favorise l'industrie et le commerce, fait venir en France des artisans de l'étranger, multiplie les manufactures d'État (tapisseries des Gobelins, d'Aubusson), réorganise les finances, la justice, la marine, fonde plusieurs compagnies de commerce (des Indes orientales et occidentales, 1664 ; du Levant, 1670 ; du Sénégal, 1673) et favorise la « peuplade » du Canada. Membre de l'Académie française (1667), il constitue en 1663 un « conseil », noyau de la future Académie des inscriptions, fonde en 1666 l'Académie des sciences, crée l'Observatoire en 1667, patronne Le Brun. Il publie une série d'ordonnances destinées à uniformiser et à rationaliser la législation selon les principes de la centralisation monarchique. À partir de 1671, il tente de lutter contre les dépenses royales, mais son influence diminue au profit de celle de Louvois.

Colchester, v. de Grande-Bretagne (Suffolk) ; 82 000 hab. Université. — Donjon médiéval sur fondations romaines. Musées.

Colchide, région du Caucase, partie de l'actuelle Géorgie, sur la côte orientale du Pont-Euxin (mer Noire), où les Argonautes allèrent conquérir la Toison d'or.

Coleman *(Ornette),* saxophoniste, trompettiste, violoniste et compositeur de jazz américain (Fort Worth 1930). À ses débuts, il joue dans des orchestres de rhythm and blues. À partir de 1958, il devient un improvisateur très audacieux au saxo alto, continuateur de Charlie Parker. En 1960, son album *Free Jazz* donne le signal du mouvement free, qui marquera les années 1960-1970.

Coleridge *(Samuel Taylor),* poète britannique (Ottery Saint Mary, Devon, 1772 - Londres 1834). Enthousiasmé par la Révolution française qui lui fournit la matière d'un drame, *la Chute de Robespierre* (1794), il exploite dans sa poésie les thèmes du fantastique et de l'étrange (*Kubla Khan*, 1816). Écrites en collaboration avec Wordsworth, ses *Ballades lyriques* (1798), où le poète dit son désespoir, marquent l'avènement du romantisme.

Colet *(Louise),* femme de lettres française (Aix-en-Provence 1810 - Paris 1876). Auteur de poèmes et de romans, elle fut l'égérie de Victor Cousin, Musset, Vigny, Flaubert, avec qui elle entretint une correspondance.

Colette *(sainte),* religieuse d'origine picarde (Corbie 1381 - Gand 1447), réformatrice des clarisses.

Colette *(Sidonie Gabrielle),* femme de lettres française (Saint-Sauveur-en-Puisaye 1873 - Paris 1954). Élevée en Bourgogne, elle garde pour la campagne un amour durable, qui lui fournit le meilleur de son inspiration : la série des *Claudine* (1900-1903), publiée sous le nom de son premier mari, l'écrivain Willy. Avide de naturel et de liberté, elle divorce deux fois, fait du journalisme, monte sur les planches du music-hall et exalte dans ses romans, en un style imagé et sensuel, l'âme de la femme (*la Vagabonde,* 1910 ; *le Blé en herbe,* 1923). Elle revient ensuite à l'évocation de son enfance et de la nature, qui forme son univers familier (*Sido,* 1930 ; *l'Étoile Vesper,* 1947).

Coli *(François),* aviateur français (Marseille 1881 - Atlantique nord 1927). Il disparut le 8 mai 1927, avec Charles Nungesser, à bord de l'*Oiseau blanc,* lors d'une tentative de liaison Paris-New York sans escale.

Coligny, famille française dont plusieurs membres s'illustrèrent dans l'armée ou dans l'Église, en particulier trois frères : **Odet,** dit **le cardinal de Châtillon** (Châtillon-sur-Loing, auj. Châtillon-Coligny, 1517 - Canterbury 1571), cardinal-archevêque de Toulouse, puis évêque de Beauvais, qui se convertit au calvinisme ; **Gaspard,** dit **l'amiral de Coligny** (Châtillon-sur-Loing 1519 - Paris 1572). Défenseur de Saint-Quentin contre l'Espagne (1557), il se convertit à la Réforme, devint l'un des chefs du parti protestant et prit un moment un ascendant considérable sur Charles IX, qu'il voulut entraîner dans une guerre contre l'Espagne. Catherine de Médicis le fit éliminer lors du massacre de la Saint-Barthélemy ; **François,** *seigneur* **d'Andelot,** homme de guerre (Châtillon-sur-Loing 1521 - Saintes 1569), qui fut le premier de la famille à embrasser la religion calviniste.

Colin *(Paul),* peintre et décorateur français (Nancy 1892 - Nogent-sur-Marne 1985),

célèbre pour les affiches d'un style ramassé, très plastique, qu'il produisit en grand nombre depuis celle de la *Revue nègre* (1925).

Colisée ou **amphithéâtre Flavien,** amphithéâtre romain. Commencé par Vespasien, achevé par Titus en 80 apr. J.-C., il pouvait contenir jusqu'à 50 000 spectateurs ; sa façade extérieure comporte quatre ordres d'étages. À l'intérieur (*cavea*), tous les étages étaient desservis par des galeries concentriques et rayonnantes (*vomitoria*), et par des escaliers. Le Colisée, utilisé pour des combats de gladiateurs, des naumachies, des chasses et des supplices, a, d'après la tradition, servi au martyre de nombreux chrétiens.

Collège de France, établissement d'enseignement, fondé à Paris en 1529 par François Iᵉʳ, en dehors de l'Université, à l'instigation de Guillaume Budé. L'enseignement, accessible à tous, y est donné par des enseignants de haut niveau, selon un programme qu'ils ont fixé eux-mêmes. Il concerne tous les domaines du savoir, littéraire ou scientifique. Les 52 chaires permanentes sont occupées par des professeurs cooptés par leurs pairs.

Colleoni *(Bartolomeo),* condottiere italien (Solza 1400 - Malpaga 1475). Il servit indifféremment Venise et Milan, en guerre l'une contre l'autre. Sa statue équestre, à Venise, est un chef-d'œuvre de Verrocchio.

Collier *(affaire du)* [1785-86], scandale qui éclata en France à la fin de l'Ancien Régime, à la suite d'une escroquerie montée par la comtesse de La Motte aidée de Cagliostro. Ils convainquirent le cardinal de Rohan d'acheter pour la reine un collier, qu'il ne put jamais rembourser. La réputation de Marie-Antoinette, pourtant innocente, s'en trouva ternie.

Collins *(Michael),* homme politique et chef militaire irlandais (Clonakilty 1890 - Bandon 1922). L'un des chefs du mouvement nationaliste Sinn Féin, il fut président du gouvernement provisoire de l'État libre d'Irlande (1921), mais il ne put empêcher la guerre civile, au cours de laquelle il fut tué.

Collins *(William),* poète britannique (Chichester 1721 - id. 1759). Ses *Odes sur les sujets descriptifs et allégoriques* (1747) font de lui un des grands précurseurs du romantisme anglais.

Collins *(William Wilkie),* romancier britannique (Londres 1824 - id. 1889), ami de Dickens, auteur de romans de mœurs et de romans policiers (*la Pierre de lune,* 1868).

Colloques, série de dialogues d'Érasme (en latin) dirigés contre les impostures et les superstitions du temps (1518).

Collor de Mello *(Fernando),* homme d'État brésilien (Rio de Janeiro 1949), président de la République depuis 1990. Convaincu de corruption, il démissionne en 1992.

Collot d'Herbois *(Jean-Marie),* homme politique français (Paris 1750 - Sinnamary, Guyane, 1796). Membre de la Convention, il appuya les mesures de terreur et réprima avec violence l'insurrection royaliste de Lyon (1793). Il contribua à la chute de Robespierre mais fut déporté en 1795.

Colmar, ch.-l. du dép. du Haut-Rhin, à 444 km à l'est de Paris, sur la Lauch, affl. de l'Ill ; 64 889 hab. *(Colmariens).* Cour d'appel. Industries mécaniques et textiles. — Églises gothiques, dont celle des Dominicains ; maisons gothiques et de la Renaissance. Musée d'Unterlinden, abritant un retable de Schongauer et le célèbre *Polyptyque d'Issenheim* de Grünewald.

Cologne, *en all.* Köln, v. d'Allemagne (Rhénanie-du-Nord-Westphalie) ; 946 280 hab. GÉOGR. Sur le Rhin (port fluvial), au sud de la Ruhr, Cologne est une métropole tertiaire (siège de la Lufthansa et de la radiodiffusion allemande, université, banques et assurances), un nœud ferroviaire et autoroutier, un centre commercial, touristique et industriel (constructions mécaniques et électriques, chimie). ARTS. Importantes églises, très restaurées, des époques ottonienne et romane, cathédrale gothique grandiose (1248-XIXᵉ s.) et autres monuments. Importants musées (romano-germanique, Schnütgen, Wallraf-Richartz et Ludwig).

Colomb *(Christophe),* navigateur génois, découvreur de l'Amérique (Gênes 1450 ou 1451 - Valladolid 1506). Fils d'un tisserand de Gênes, sa jeunesse est mal connue. En 1476 ou 1477, il s'établit auprès de son frère Barthélemy, cartographe à Lisbonne et participe sans doute à des expéditions maritimes sur les côtes d'Afrique. Persuadé de pouvoir atteindre l'Orient par l'Atlantique, il conçoit le projet de partir pour l'Asie orientale à la recherche de l'or qui permettrait de financer une ultime croisade pour libérer Jérusalem. Il expose son projet au roi de Portugal, qui lui oppose un refus (1484). Il passe alors en Espagne (1485) et, soutenu par les Franciscains, sollicite l'appui des Rois Catholiques, qui acceptent, une fois achevée la Reconquista, de financer en 1492 une petite expédition.

Composée de trois navires (la *Santa Maria,* la *Pinta* et la *Niña*), celle-ci quitte Palos de Moguer, port d'Andalousie, le 3 août 1492. Le 12 oct., l'expédition arrive en vue d'une terre, sans doute une île des Bahamas, puis touche Cuba et Haïti, baptisée Hispaniola. L'expédition repart en janv. 1493 ; Colomb est accueilli triomphalement à son retour en Espagne et se fait confier une nouvelle expédition, forte de 17 navires. De 1493 à 1496, il découvre la Dominique, la Guadeloupe et poursuit l'exploration de Cuba. Au cours d'une troisième expédition, partie en 1498, Colomb découvre la Trinité et atteint pour la première fois la côte du continent américain (région de l'Orénoque). Accusé d'irrégularités financières, il est renvoyé en Espagne (1500). Il parvient cependant à réaliser une quatrième expédition (1502-1504), qui le conduit sur les côtes de l'actuel Honduras et à la Jamaïque.
Revenu en Espagne sans avoir trouvé le passage vers l'Ouest permettant d'atteindre les Indes, il meurt, déçu, mais non dans la misère, comme le veut la légende. Colomb fut sans doute le navigateur le plus hardi de tous les temps. Mais, pensant que les territoires qu'il avait découverts constituaient une annexe, peut-être lointaine, de l'Asie, il ignorait probablement qu'il avait ouvert la voie vers un nouveau continent.

Colomban *(saint),* moine irlandais (province de Leinster v. 540 - Bobbio 615). Il fonda de nombreux monastères (Luxeuil, v. 590 ; Bobbio, 614) sur le continent.

Colomb-Béchar → **Bechar.**

Colombe *(Michel),* sculpteur français (Berry ou Bourbonnais v. 1430 - Tours v. 1513), maître du style apaisé de la fin du gothique dans les pays de la Loire (tombeau de François II de Bretagne dans la cathédrale de Nantes, œuvre touchée par l'italianisme [1502-1507]).

Colombes, ch.-l. de c. des Hauts-de-Seine, sur la Seine ; 79 058 hab. Stade. Constructions électriques.

Colombey-les-Deux-Églises, comm. de la Haute-Marne ; 664 hab. Tombe du général de Gaulle. Mémorial (croix de Lorraine).

Colombie, *en esp.* Colombia, État de l'Amérique du Sud, sur l'Atlantique et le Pacifique ; 1 140 000 km² ; 33 600 000 hab. *(Colombiens).* CAP. Bogotá. LANGUE : espagnol. MONNAIE : *peso colombien.*

GÉOGRAPHIE

■ **Le milieu naturel et la population.** Aux confins de l'Amérique centrale, largement ouverte sur la mer des Antilles et le Pacifique, avec plus de la moitié de sa superficie appartenant à la forêt amazonienne ou surtout aux savanes des Llanos, la Colombie demeure cependant d'abord un État andin. Les Andes, coupées par les vallées du Cauca et du Magdalena, couvrent seulement le quart de la superficie, mais concentrent encore plus de la moitié de la population. La région andine possède les trois principales villes (Bogotá, Medellín et Cali), qui regroupent plus de 25 % d'une population urbanisée pour environ 70 %, fortement métissée et connaissant une croissance démographique notable.

Le pays est situé dans les zones tropicale et équatoriale (au S.). L'altitude introduit des différenciations thermiques (modérant et « assainissant » les températures) et pluviométriques (notamment selon l'orientation des reliefs). La chaleur règne sur les terres basses (plus humides sur le Pacifique et aux confins de l'Amazonie brésilienne) et au pied des Andes (jusqu'à 1 100 m), puis s'atténue rapidement en montagne.

■ **L'économie.** Le climat commande l'agriculture (et sa localisation), qui occupe une part notable de la population active, avec une prépondérance du faire-valoir direct, malgré l'importance des grandes exploitations. Le café (2e rang mondial) domine. La pomme de terre et le riz, la canne à sucre, le cacaoyer, le bananier, le coton et les fleurs sont les autres cultures notables avec la coca, absente dans les statistiques. L'élevage bovin, héritage colonial, reste important. L'agroalimentaire constitue une branche majeure d'une industrie en développement (métallurgie, textile, chimie, bois, etc). La Colombie possède également des bases énergétiques non négligeables, houille, gaz naturel et surtout pétrole, qui fournissent une part majeure des exportations. L'hydroélectricité assure la moitié de la production totale d'électricité. Le sous-sol recèle encore notamment du fer, de l'or et des émeraudes.

La C. E. E. est le premier partenaire commercial de la Colombie devant les États-Unis. Une inflation contenue, une dette extérieure modérée, une croissance soutenue sont les principaux indices d'une situation meilleure que celle de la plupart des pays de la région.

HISTOIRE

Le territoire de la Colombie est envahi au XVIe s. par les conquistadors espagnols. Au XVIIIe s., Bogotá devient la capitale du vice-royauté de Nouvelle-Grenade.

1810-1819. Soulèvement contre l'Espagne, dirigé par Simón Bolívar.
La victoire des insurgés amène la création d'une république de Grande-Colombie unissant la Nouvelle-Grenade, le Venezuela, le Panamá et l'Équateur.
1830. Le Venezuela et l'Équateur font sécession.
Pendant le XIXe s. règne une grande instabilité politique, marquée par la rivalité entre conservateurs centralistes et libéraux fédéralistes. L'économie est essentiellement fondée sur le café.
1899-1903. Guerre civile.
1903. Le Panamá accède à l'indépendance sous la pression des États-Unis.
1948-1958. Une guerre civile larvée oppose libéraux et conservateurs.
De 1958 à 1978, à la suite d'un amendement constitutionnel, les deux partis se succèdent régulièrement à la présidence et se partagent toutes les charges politiques et administratives. Apparue dans les années 1960, la guérilla multiplie ses actions après 1970, atteignant les milieux urbains, tandis que l'emprise des trafiquants de drogue sur le pays s'accentue.

Colombie-Britannique, *en angl.* British Columbia, province du Canada, sur le Pacifique ; 950 000 km² ; 3 282 061 hab. CAP. *Victoria.* La province, très vaste, est en grande partie montagneuse (chaînes côtières précédées d'îles et Rocheuses [plus de 3 000 m], encadrant de hauts plateaux [entaillés par le Fraser]), souvent bien arrosée et forestière, avec des températures clémentes sur le littoral. Elle juxtapose une métropole (Vancouver), concentrant la moitié de la population totale et une part encore plus grande de l'industrie de transformation et des services, ainsi que des sites d'exploitation ponctuels. Ceux-ci sont liés à la forêt (industries du bois), au sous-sol (charbon et hydrocarbures, molybdène, zinc), à l'abondante production hydroélectrique (électro-métallurgie), à la mer (pêche et conserveries).

Colombine, personnage de la commedia dell'arte, soubrette à l'esprit vif.

Colombo ou **Kolamba,** cap. et port de Sri Lanka, sur la côte sud-ouest de l'île ; 609 000 hab. Plus d'un million d'hab. dans l'agglomération, dont la population est une mosaïque d'ethnies (Cinghalais, Tamoul, Moor, etc.) et de religions (bouddhistes, hindouistes, musulmans, chrétiens). Port (exportation de thé surtout), centre administratif, commercial. Musée (riches collections archéologiques).

Colomiers, comm. de la Haute-Garonne, banlieue de Toulouse ; 27 253 hab. Constructions aéronautiques.

Colón, port de Panamá, à l'extrémité du canal de Panamá, sur l'Atlantique ; 140 908 hab.

Colonna, famille romaine qui a donné un pape (Martin V), des cardinaux, des condottieri, du XIIIe au XVIIe siècle.

Colonne (*Édouard*), chef d'orchestre français (Bordeaux 1838 - Paris 1910), fondateur du Concert national (1873), qui portera plus tard son nom.

Colonnes d'Hercule (ou **d'Héraclès**), nom donné dans l'Antiquité au mont Calpé (Europe) et au promontoire d'Abyla (Afrique), situés de chaque côté du détroit de Gibraltar.

Colorado (*rio*), fl. de l'Amérique du Nord, long de 2 250 km, qui, né dans les Rocheuses, se jette dans le golfe de Californie. Traversant une région aride, entaillant dans l'Arizona le célèbre Grand Canyon, ses eaux (débit total naturel de 700 m^3/s) sont utilisées pour l'irrigation (surtout vers la Californie, la région de Denver) et la production hydroélectrique.

Colorado (*río*), fl. de l'Argentine, né dans les Andes, qui rejoint l'Atlantique ; 1 300 km.

Colorado, État des États-Unis ; 270 000 km^2 ; 3 294 394 hab. Cap. *Denver.* Au contact des Rocheuses, touristiques, et des Grandes Plaines, plus arides, où domine l'élevage, l'agglomération de Denver, sur le Piedmont, concentre la majeure partie de la population et des industries (s'ajoutant à l'extraction des hydrocarbures et du molybdène).

Colorado Springs, v. des États-Unis (Colorado) ; 281 140 hab. Centre touristique. — École et base de l'armée de l'air américaine.

Colot, nom d'une famille de chirurgiens français. Le premier, **Germain,** inventa en 1470 l'opération de la taille (ouverture de la vessie pour en extraire un calcul). **Laurent** devint chirurgien d'Henri II en 1556. **François,** le dernier du nom, mourut en 1706.

Coltrane (*John*), saxophoniste de jazz américain (Hamlet, Caroline du Nord, 1926 - Huntington 1967). Il joue dans l'orchestre de Dizzy Gillespie en 1949, puis dans le quintette de Miles Davis, de 1955 à 1959, et travaille avec Thelonious Monk en 1957. Il fonde son propre quartette en 1960, où il

développe un jeu intense, tant sur le saxophone ténor que sur le soprano ou la flûte. Ses audacieuses improvisations sont marquées par une quête tourmentée des limites du discours musical. Il a joué un rôle de catalyseur dans la naissance du free jazz.

Coluche (*Michel* Colucci, dit), artiste de variétés et acteur français (Paris 1944 - Opio, Alpes-Maritimes, 1986). La dérision violente dont il usait pour dénoncer les stéréotypes de la société contemporaine allait de pair avec une profonde sensibilité : il a lancé en 1985 les Restaurants du cœur.

Columbia (*la*), fl. de l'Amérique du Nord, tributaire du Pacifique ; 1 930 km. Née dans les Rocheuses canadiennes, elle pénètre aux États-Unis où elle franchit la chaîne des Cascades, puis les Coast Ranges. La Columbia est coupée de grands barrages pour la production d'électricité (à la base de la métallurgie de l'aluminium) et l'irrigation.

Columbia (*abrév. de Columbia Pictures Industries Inc.*), société de production cinématographique américaine, fondée en 1924 par les frères Harry et Jack Cohn.

Columbia (*district de*) ou **Washington D. C.,** portion de territoire des États-Unis, découpée dans l'État de Maryland, constituant la capitale fédérale, couvrant 175 km^2 et comptant 606 900 hab. Le district de Columbia est administré directement par le Congrès depuis 1878. (→ **Washington.**)

Columbia (*université*), université située à New York et fondée en 1912.

Columbus, v. des États-Unis, cap. de l'Ohio ; 632 910 hab.

Columelle, écrivain latin (Cadix Ier s. apr. J.-C.). Il est l'auteur d'un traité d'agronomie (*De re rustica*).

Comanche, Indiens des plaines de l'Amérique du Nord (Oklahoma). C'étaient de remarquables éleveurs de chevaux. Ils parlent une langue du groupe shoshone.

Combarelles (*les*), grotte de la commune des Eyzies-de-Tayac-Sireuil (Dordogne), découverte en 1897. Cette grotte abrite plusieurs centaines de gravures pariétales (chevaux, ours, bisons, mammouths et une célèbre lionne) du magdalénien moyen ou supérieur.

Combe de Savoie, partie nord du Sillon alpin, s'étendant sur la vallée de l'Isère, entre la cluse de Chambéry et la région d'Albertville, au pied des Bauges.

Combes (*Émile*), homme politique français (Roquecourbe 1835 - Pons 1921). Président du Conseil de 1902 à 1905, violemment anticlérical, il s'attaqua aux congrégations religieuses et prépara la loi qui aboutit à la séparation des Églises et de l'État.

Combourg, ch.-l. de c. d'Ille-et-Vilaine ; 4 900 hab. — Château (XIIᵉ-XVᵉ s.) où Chateaubriand passa une partie de sa jeunesse.

Combraille ou **Combrailles** *(la),* plateau du nord du Massif central, au N.-O. de l'Auvergne. Forêts. Élevage.

Côme, *en ital.* Como, v. d'Italie (Lombardie), ch.-l. de prov., sur le lac du même nom ; 85 955 hab. — Églises romanes S. Abbondio et S. Fedele ; cathédrale des XIVᵉ-XVIIIᵉ siècles, illustrant le style de la Renaissance lombarde.

Côme (ou **Cosme**) et **Damien** *(saints),* frères martyrisés sous Dioclétien (m. à Cyr, Syrie, v. 295 ?), patrons des médecins et des chirurgiens.

Comecon, sigle de Council for Mutual Economic Assistance, en fr. Conseil d'assistance (ou d'aide) économique mutuelle (C. A. E. M.), organisme créé en 1949, et qui regroupait l'U. R. S. S., l'Albanie (1950-1961), la République démocratique allemande (1950-1990), la Bulgarie, la Hongrie, la Pologne, la Roumanie, la Tchécoslovaquie ainsi que la Mongolie, Cuba et le Viêt Nam. Il a été dissous en 1991.

Comédie-Française, société de comédiens français, née de la fusion, ordonnée par Louis XIV en 1680, de la troupe de Molière avec les acteurs du Marais et de l'Hôtel de Bourgogne. Dissoute en 1792, reconstituée en 1804 et organisée en 1812, elle est installée depuis lors rue de Richelieu, dans une dépendance du Palais-Royal, devenue le Théâtre-Français. Subventionnée par l'État, la Comédie-Française joue un répertoire classique avant tout, mais qui s'ouvre aussi aux œuvres contemporaines.

Comédie humaine *(la),* titre général sous lequel Balzac a réuni ses romans à partir de l'édition de 1842.

Comédie-Italienne, troupes d'acteurs italiens venues à Paris du XVIᵉ au XVIIIᵉ siècle, pour faire connaître la commedia dell'arte. Ces troupes fusionnèrent en 1762 avec l'Opéra-Comique avant d'être expulsées en 1779.

Comencini *(Luigi),* cinéaste italien (Salo, prov. de Brescia, 1916). Dans un registre à la fois grave et tendre, il a réalisé : *l'Incompris* (1967), *Casanova, un adolescent à Venise* (1969), *l'Argent de la vieille* (1972), *La Storia*

(1986), *la Bohème* (1988), *Joyeux Noël, bonne année* (1989), *Marcellino* (1991).

Comenius, *nom latin de* Jan Ámos Komenský, humaniste tchèque (Nivnice, Moravie, 1592 - Amsterdam 1670). Évêque des Frères moraves, il dut s'exiler en Pologne. C'est un des précurseurs de la pédagogie active.

Comité de la réglementation bancaire, organisme créé par la loi du 24 janvier 1984, qui assume la fonction précédemment dévolue au Conseil national du crédit en matière de réglementation générale de l'activité des établissements de crédit. Il est présidé par le ministre de l'Économie et des Finances.

Comité de salut public, organisme créé par la Convention, le 6 avril 1793, afin de surveiller l'action des ministres et de prendre dans les circonstances urgentes des mesures de défense générale intérieure et extérieure. Après l'élimination de Danton, le Comité fut dominé par la personnalité de Robespierre, assisté de Couthon et de Saint-Just, et devint l'instrument principal de la Terreur. Il disparut en octobre 1795.

Comité des établissements de crédit, organisme créé par la loi du 24 janvier 1984, qui prend les décisions individuelles d'habilitation à l'exercice de la profession bancaire. Il est présidé par le gouverneur de la Banque de France.

Comité de sûreté générale, organisme créé par la Convention en 1792 pour diriger la police révolutionnaire. Il fut supprimé lors de l'installation du Directoire (1795).

Commagène, ancien pays du nord-est de la Syrie, royaume indépendant au IIᵉ s. av. J.-C. Les Romains y imposèrent leur protectorat (64 av. J.-C.).

Commandeur *(îles du),* archipel russe du sud de la mer de Béring, à l'est du Kamtchatka.

Commentaires, mémoires historiques de Jules César sur la guerre des Gaules et sur la guerre civile (Iᵉʳ s. av. J.-C.).

Commercy, ch.-l. d'arr. de la Meuse, sur la Meuse ; 7 673 hab. *(Commerciens).* Métallurgie. Spécialité de madeleines. — Château du XVIIIᵉ siècle, très restauré.

Commines *(Philippe de)* → **Commynes.**

Comminges *(le),* ancien pays de France, entre l'Armagnac et les Pyrénées.

Commissariat à l'énergie atomique → C. E. A.

Commission bancaire, organisme créé par la loi du 2 janvier 1984, qui a pour mission de contrôler l'application de la réglementation bancaire par les établissements de crédit, de vérifier les conditions de leur exploitation et la qualité de leur situation financière. Elle est présidée par le gouverneur de la Banque de France.

Commode, en lat. Marcus Aurelius Commodus (Lanuvium 161 - Rome 192), empereur romain (180-192). Fils de Marc Aurèle, il traita avec les Barbares danubiens et abandonna la politique militaire de son père. Ses extravagances (il s'identifia à Hercule) et ses cruautés lui valurent d'être assassiné.

Commonwealth of Nations (Communauté de nations), ensemble des États et territoires issus de l'Empire britannique, et reconnaissant entre eux une certaine solidarité, désormais plus morale que juridique (51 États en 1995). HIST. Le Commonwealth fut créé en 1931 par le statut de Westminster. Il substituait à l'Empire britannique une Communauté de nations, comprenant le Royaume-Uni, ses colonies, ses protectorats et un groupe d'États indépendants, les dominions (Canada, Australie, Nouvelle-Zélande, Union sud-africaine), liés par un commun serment d'allégeance à la Couronne britannique. Lorsque les premiers États issus de la décolonisation eurent adopté des régimes républicains, l'allégeance à la Couronne britannique cessa d'être une condition d'appartenance à la Communauté (1950).
C'est dans le cadre du Commonwealth que la plupart des anciennes possessions britanniques ont accédé à l'indépendance : Inde et Pakistan (1947) ; Ceylan (1948) ; Ghana, Malaisie (1957) ; Nigeria (1960, suspendu en 1995), Chypre (1960) ; Sierra Leone, Tanganyika (1961) ; Samoa occidentales, Jamaïque, Trinité-et-Tobago, Ouganda (1962) ; Kenya, Zanzibar (1963) ; Malawi, Zambie, Malte (1964) ; Gambie, Singapour (1965) ; Barbade, Botswana, Guyane, Lesotho (1966) ; île Maurice, Swaziland, Nauru (1968) ; Tonga, îles Fidji (1970) ; Bangladesh (1972) ; Bahamas (1973) ; Grenade (1974) ; Papouasie-Nouvelle-Guinée (1975) ; Seychelles (1976) ; Dominique, îles Salomon, Tuvalu (1978) ; îles Kiribati, Saint-Vincent-et-les Grenadines, Sainte-Lucie (1979) ; Vanuatu, Zimbabwe (1980) ; Belize, Antigua-et-Barbuda (1981) ; Saint Christopher and Nevis (1983) ; Brunei (1984) ; Namibie (1990) ; Mozambique, Cameroun (1995). Le Pakistan, qui s'était séparé du Commonwealth en 1972, en est redevenu membre en 1989. L'Afrique du Sud, qui l'avait quitté en 1961, l'a réintégré en 1994.

Communauté, association remplaçant l'Union française, formée en 1958 par la France, les D. O. M. - T. O. M. et divers États d'Afrique, anciennes dépendances françaises. Ses institutions cessèrent de fonctionner dès 1960.

Communauté d'États indépendants (C. E. I.), organisation, créée en décembre 1991, regroupant à l'origine 11 républiques de l'ancienne U. R. S. S. (Arménie, Azerbaïdjan, Biélorussie, Kazakhstan, Kirghizistan, Moldavie, Ouzbékistan, Russie, Tadjikistan, Turkménistan, Ukraine). La Géorgie y adhère en 1993.

Communauté européenne ou **C. E.,** organisation formée par certains États européens (six en 1957, quinze en 1995) dans le but de réaliser entre eux un espace de libre circulation des marchandises, des capitaux, des services et des personnes. Cet objectif est assorti de « politiques communes » (ensemble de règles générales applicables à tous les États membres) assurant la réalité de la concurrence, des garanties sociales pour les travailleurs, un développement équilibré des régions, une protection des consommateurs et de l'environnement.
La Communauté européenne a été créée (sous le nom officiel de Communauté économique européenne ou C.E.E) par six États européens (France, République fédérale d'Allemagne, Italie, Pays-Bas, Belgique, Luxembourg) signataires du traité de Rome du 25 mars 1957. Deux autres organisations créées par les mêmes États, l'une dès 1951 par le traité de Paris, la Communauté européenne du charbon et de l'acier (C. E. C. A.), l'autre le même jour par un autre traité de Rome, la Communauté européenne de l'énergie atomique (C. E. E. A. ou Euratom), ont (en partie) fusionné en 1967 avec la C. E. E.
Plus connue à l'origine sous le nom de Marché commun, la C. E. E. s'est d'abord attachée à réaliser la libre circulation des marchandises en abolissant les droits de douane entre pays membres (objectif atteint dès 1968) et en fixant un tarif douanier extérieur commun aux frontières de la Communauté. Dans le cadre de la politique agricole commune (P. A. C.), elle a favorisé la modernisation de l'agriculture des pays membres. Les autres « politiques communes », dont le nombre n'a cessé d'augmenter au fil des années, concernent toutes sortes de domaines : pêche, industrie, culture, recherche... En matière monétaire, les pays membres se sont entendus pour que de trop fortes variations de taux de change ne vien-

nent pas perturber leurs échanges : créé en 1978-79, le Système monétaire européen (S. M. E.) a été efficace jusqu'à la crise de 1992-93. À partir de 1987 (date d'entrée en vigueur de l'Acte unique européen, qui complète les traités de Rome), les dernières entraves aux échanges (de capitaux, de services [assurance, banque]) ont été supprimées. Ainsi a-t-on pu dire que les pays membres formaient, au 1er janvier 1993, un « Marché unique » ou un « Grand Marché intérieur ». La mise en pratique du principe de libre circulation des personnes (qui implique des mesures de police pour contrôler l'immigration illégale ou les trafics de drogue, par exemple) se réalise plus difficilement : les *accords de Schengen* n'étaient toujours pas appliqués en 1994.

Pour élargir leur coopération à de nouveaux domaines, les pays membres de la C. E. E. ont signé en 1992 le traité de Maastricht, qui a donné naissance, le 1er novembre 1993, à l'Union européenne. À cette occasion, la Communauté économique européenne (C. E. E.) a officiellement pris le nom de *Communauté européenne (C. E.)* : le qualificatif d'« économique » a été supprimé parce qu'il était trop restrictif. Les organes de fonctionnement de la C. E. sont devenus ceux de l'Union européenne. (Voir *Union européenne*.)

À mesure que la Communauté s'est consolidée, elle s'est élargie à de nouveaux membres : les six membres fondateurs ont été rejoints par le Royaume-Uni, le Danemark, l'Irlande en 1973, la Grèce en 1981, le Portugal et l'Espagne en 1986. En 1995, l'Autriche, la Finlande et la Suède ont également adhéré à l'Union européenne.

Commune de Paris, gouvernement municipal de Paris (1789-1795). À la commune légale, élue par les sections de Paris, se substitua, le 10 août 1792, une commune insurrectionnelle sur laquelle s'appuyèrent les Jacobins.

Commune de Paris, gouvernement insurrectionnel formé à Paris après la levée du siège de la ville par les Prussiens et vaincu par l'armée des « Versaillais » (18 mars - 27 mai 1871). Elle fut l'œuvre de socialistes et d'ouvriers, qui cherchèrent à gérer les affaires publiques dans un cadre municipal et sans recours à l'État. La misère, les déceptions nées de la capitulation, les maladresses d'une Assemblée nationale très conservatrice et installée à Versailles, la suppression de la solde des gardes nationaux en furent les principales causes. Le Comité central de la Garde nationale et le Conseil géné-

ral de la Commune mirent sur pied une législation sociale et démocratique avancée et instituèrent la séparation des Églises et de l'État. Le conflit qui opposa la Commune aux Versaillais s'acheva par la « Semaine sanglante » (21-28 mai). Les troupes envoyées par Thiers ayant pénétré dans Paris, la ville se couvrit de barricades. Les Tuileries et l'Hôtel de Ville furent incendiés. Les derniers combats se déroulèrent au Père-Lachaise, où les communards furent fusillés au pied du « mur des Fédérés ». La répression priva le parti révolutionnaire de ses chefs jusqu'à l'amnistie promulguée en 1880, mais l'insurrection influença durablement le socialisme international.

communes *(Chambre des)* ou **Communes (les),** chambre basse du Parlement britannique, élue au suffrage universel. Son rôle au sein du Parlement, reconnu dès le XIVe siècle, s'affirma aux XVIIe et XVIIIe siècles. L'élargissement du corps électoral à partir du XIXe siècle et l'effacement de la Chambre des lords (réformes de 1911 et 1949) en firent le principal détenteur du pouvoir législatif.

Communisme *(pic du),* anc. pic Staline, point culminant du Tadjikistan, dans le Pamir ; 7 495 m.

communiste chinois *(Parti),* parti unique de la République populaire de Chine, fondé en 1921. Son bureau politique exerce en fait le pouvoir dans le pays.

communiste de l'Union soviétique *(Parti)* ou **P. C. U. S.,** parti politique de l'U. R. S. S. Héritier du P. O. S. D. R., il est fondé en 1918 sous le nom de Parti communiste (bolchevique) de Russie. Il a exercé un rôle prépondérant dans la vie politique, sociale et économique de l'U. R. S. S. Jusqu'aux réformes engagées en 1988, les organes dirigeants, le Bureau politique (Politburo) et le secrétariat du Comité central, détenaient réel le pouvoir exécutif. Il a été suspendu en août 1991.

communiste français *(Parti)* ou **P. C. F.,** parti politique français né de la scission du Parti socialiste S. F. I. O. au congrès de Tours (déc. 1920). Premiers secrétaires : Oscar Louis Frossard (1920-1923), Albert Treint (1923-24), Pierre Semard (1924-1930), Henri Barbé, Pierre Célor, Benoît Frachon, Maurice Thorez (1930), Maurice Thorez (1930-1964), Waldeck Rochet (1964-1972), Georges Marchais (secrétaire général, 1972-1994), Robert Hue (secrétaire national, depuis 1994).

communiste italien *(Parti)* ou **P. C. I.**, parti politique italien fondé en 1921 (devenu Parti démocratique de la gauche en 1991).

Commynes ou **Commines** *(Philippe de)*, chroniqueur français (Renescure ?, près d'Hazebrouck, 1447 - Argenton 1511). Successivement au service de Charles le Téméraire, de Louis XI et de Charles VIII, il est l'auteur de *Mémoires* relatant les années 1464-1498 des règnes des deux rois de France, où il fit œuvre d'historien.

Comnène, famille byzantine qui a donné de nombreux dignitaires byzantins et six empereurs : **Isaac I**^{er} (1057-1059) ; **Alexis I**^{er} (1081-1118) ; **Jean II** (1118-1143) ; **Manuel I**^{er} (1143-1180) ; **Alexis II** (1180-1183) ; **Andronic I**^{er} (1183-1185).

Comodoro Rivadavia, v. de l'Argentine, en Patagonie ; 99 000 hab. Centre pétrolier.

Comoé *(la),* fl. du Burkina et, surtout, de l'est de la Côte d'Ivoire, tributaire du golfe de Guinée ; 1 000 km.

Comores, État de l'océan Indien, au nord-ouest de Madagascar. Il comprend les îles de Ngazidja (anc. Grande Comore), de Moili (anc. Mohéli) et de Ndzouani (anc. Anjouan) [la quatrième île de l'archipel, Mayotte, a choisi, en 1976, le maintien dans le cadre français] ; 1 900 km² ; 420 000 hab. *(Comoriens).* CAP. *Moroni.* LANGUES : *français* et *arabe.* MONNAIE : *franc C. F. A.*

GÉOGRAPHIE
L'archipel, volcanique, a un climat chaud avec de fortes précipitations de novembre à avril. Les principales ressources sont agricoles : épices, huiles essentielles fournies par les plantations établies sur les basses pentes. Les forêts sont délabrées et la pêche reste artisanale. L'aide internationale reste indispensable à l'économie, dégradée, de l'archipel.

HISTOIRE
Des Bantous de l'Est africain émigrent aux Comores à une date antérieure au XIVe s. et se mélangent à une population venue d'Insulinde. Fréquenté par des marchands arabes, l'archipel est islamisé au XVIe s.
1886. Protectorat français sur les Comores, placées sous le gouvernement général de Madagascar de 1912 à 1946.
1958. Les Comores deviennent territoire français d'outre-mer.
1975. L'archipel, à l'exception de Mayotte, proclame son indépendance.

1978. À la suite d'un coup d'État, une nouvelle Constitution instaure une République fédérale et islamique.

Comorin *(cap),* cap du sud de l'Inde.

Compagnie de Jésus → Jésus.

Compagnies *(Grandes),* bandes de soldats mercenaires qui, dans les intervalles de paix séparant les épisodes principaux de la guerre de Cent Ans, ravagèrent la France. Du Guesclin en débarrassa le royaume en les emmenant combattre en Espagne (1366).

Compiègne, ch.-l. d'arr. de l'Oise, sur l'Oise, bordant la *forêt de Compiègne* ; 44 703 hab. *(Compiégnois).* Verrerie. Chimie. Université de technologie. HIST. Jeanne d'Arc y fut faite prisonnière par les Bourguignons en 1430. Pendant l'Occupation (1940-1944), les Allemands avaient installé près de Compiègne un camp de transit de détenus politiques. ARTS. Le château, reconstruit pour Louis XV sur plans des Gabriel, fut la résidence préférée de Napoléon III ; beaux appartements, musée du Second Empire et musée de la Voiture et du Tourisme ; autres musées dans la ville.

Compton *(Arthur Holly),* physicien américain (Wooster, Ohio, 1892 - Berkeley 1962). Il mit en évidence en 1923 un processus d'interaction entre matière et rayonnement électromagnétique, dû à la diffusion du rayonnement par les électrons des atomes *(effet Compton).* Ce processus, qui se traduit par une augmentation de la longueur d'onde du rayonnement, est mis à profit notamment pour l'étude aux rayons X de la distribution électronique des atomes d'un cristal. Par la suite, Compton joua un rôle important dans l'étude des rayons cosmiques. (Prix Nobel 1927.)

Compton-Burnett *(Ivy),* romancière britannique (Pinner 1884 - Londres 1969). Dans un style d'une froide élégance, elle dévoile les passions monstrueuses des familles de la haute société du début du siècle *(Frères et Sœurs,* 1929 ; *la Chute des puissants,* 1961).

Comtat Venaissin ou **Comtat,** pays de l'ancienne France, dans le Vaucluse. Il appartint aux papes, avec Avignon, de 1274 à 1791.

Comte *(Auguste),* philosophe français (Montpellier 1798 - Paris 1857). Son *Cours de philosophie positive* (1830-1842) est à l'origine du positivisme. Il est considéré comme l'un des fondateurs de la sociologie. Comte pense que l'esprit humain peut établir des rapports entre les phénomènes et en tirer des lois, mais qu'il ne peut dépasser ce niveau. C'est pourquoi l'humanité passe, selon lui, par trois stades : l'*âge théologique,* qui est celui où l'homme croit aux dieux ; l'*âge métaphysique,* où il croit qu'il peut atteindre lui-même des connaissances absolues comme celles de Dieu, du Bien, etc. ; et enfin l'*âge positif.* C'est celui qu'il s'agit d'atteindre aujourd'hui, celui où seuls existent les faits scientifiques. Comte a établi une classification des sciences, qui va de la physique à la sociologie.

Conakry, cap. de la Guinée, sur l'Atlantique ; 763 000 hab. Seule grande ville du pays, c'est aussi un port et une tête de lignes ferroviaires.

Conan, nom d'un comte et de trois ducs de Bretagne au Moyen Âge (x^e-xıı^e s.).

Conan (*Félicité* Angers, dite *Laure),* femme de lettres canadienne d'expression française (La Malbaie 1845 - Sillery 1924). Première femme de lettres du Canada français, elle lui a aussi donné son premier roman psychologique (*Angélique de Montbrun,* 1884).

Concarneau, ch.-l. de c. du Finistère ; 18 989 hab. (*Concarnois).* Pêche et conserveries. Station balnéaire. — Remparts (surtout des xvı^e et xvıı^e s.) de la Ville close. Musée de la Pêche.

Concepción, v. du Chili central ; 329 304 hab.

Concerts brandebourgeois, nom sous lequel sont connus les 6 concertos pour plusieurs instruments que J.-S. Bach dédia en 1721 à Christian Ludwig de Brandebourg.

Concini (*Concino),* aventurier italien au service de la France (Florence v. 1575 - Paris 1617). Avec sa femme, Leonora Galigaï, il exerça une grande influence sur Marie de Médicis, qui le fit marquis d'Ancre et maréchal de France. Louis XIII, conseillé par de Luynes, le fit assassiner ; son épouse, accusée de sorcellerie, fut décapitée et brûlée.

Concordat (*de 1801*) [15 juill. 1801], concordat signé par les représentants de Pie VII et de Bonaparte. Il reconnaît que la religion catholique est celle de la « majorité des Français » (et non de l'État) et donne au chef de l'État le droit de nommer les évêques, auxquels le pape accorde l'institution canonique.

Concorde (*place de la),* à Paris, anc. place Louis-XV, entre le jardin des Tuileries et les Champs-Élysées. Les deux édifices jumeaux

qui la bordent au nord sont l'œuvre de J. A. Gabriel. L'obélisque de Louqsor y a été érigé en 1836.

Condé (*maison princière de),* branche collatérale de la maison de Bourbon. Les membres les plus remarquables en sont : **Louis I**^{er} (Vendôme 1530 - Jarnac 1569), fondateur de la lignée, oncle d'Henri IV, chef des calvinistes, mort assassiné ; **Henri I**^{er} (La Ferté-sous-Jouarre 1552 - Saint-Jean-d'Angély 1588), fils du précédent. Chef du parti protestant conjointement avec le roi de Navarre Henri III, à la mort de son père ; **Louis II,** *dit* **le Grand Condé** (Paris 1621 - Fontainebleau 1686). Duc d'Enghien avant d'être prince, il s'illustra par la victoire de Rocroi (1643) sur les Espagnols, et par celles de Fribourg (1644), Nördlingen (1645) et Lens (1648) sur le Saint Empire. Il prit part aux troubles de la Fronde, dont il prit la tête après avoir été chargé par Mazarin d'y mettre fin. Passé au service de l'Espagne (1652), il fit sa soumission à Louis XIV en 1659. Il se distingua à nouveau durant les guerres de Dévolution (1667-68) et de Hollande (1672-1679). Bossuet prononça son oraison funèbre ; **Louis Joseph** (Paris 1736 - *id.* 1818), un des premiers nobles à avoir émigré pendant la Révolution, organisa en 1791 l'armée contre-révolutionnaire, dite « armée de Condé » ; **Louis Antoine Henri,** *duc* d'Enghien → Enghien.

Condillac (*Étienne* Bonnot de*),* prêtre et philosophe français (Grenoble 1714 - Flux, près de Beaugency, 1780). Selon lui, il existe deux sources de connaissance, la réflexion et la sensation (*Essai sur l'origine des connaissances humaines,* 1746), qu'il réduit par la suite à une seule, la sensation (*Traité des sensations,* 1754). La sensation, en se transformant, explique tout : mémoire, attention, jugement. Pour lui, le moi n'est que la somme des sensations présentes. Il soutient que nos sensations ne sont que le signe des choses et que la réalité extérieure nous est inconnaissable. Comme la connaissance n'est qu'une imparfaite correspondance entre les signes et les idées, seule l'analyse nous permettra d'obtenir une suite d'énoncés fiables, d'où sa formule : « La science est une langue bien faite. » (Acad. fr. 1768.)

Condition humaine (*la),* roman d'André Malraux (1933), où l'auteur décrit la défaite des révolutionnaires communistes à Shanghai en 1927.

Condom, ch.-l. d'arr. du Gers, sur la Baïse ; 7 953 hab. (*Condomois).* Eaux-de-vie (armagnac). — Ancienne cathédrale gothique du XVIe siècle. Musée de l'Armagnac.

Condor *(légion),* unité formée de volontaires allemands, surtout aviateurs, qui participèrent aux côtés de Franco à la guerre civile espagnole (1936-1939).

Condorcet *(Marie Jean Antoine* Caritat, *marquis de),* mathématicien, philosophe, économiste et homme politique français (Ribemont 1743 - Bourg-la-Reine 1794). Il entra en 1769 à l'Académie des sciences. Il collabora à la rédaction de l'*Encyclopédie.* Chef du « parti philosophique » en 1789, il fut député à l'Assemblée législative, puis à la Convention, où il présenta un plan d'organisation de l'instruction publique. Ami des Girondins, traqué par le gouvernement jacobin, il écrivit dans la clandestinité l'*Esquisse d'un tableau historique des progrès de l'esprit humain,* éloge de la philosophie des Lumières ; arrêté, il s'empoisonna. Ses cendres ont été transférées au Panthéon en 1989.

Condroz *(le),* région de Belgique, entre la Meuse et l'Ourthe. (Hab. *Condrusiens.*) Prolongeant l'Ardenne, c'est une région encore largement rurale (céréales et élevage).

Confédération athénienne, organisation groupant des cités grecques sous la direction d'Athènes, une première fois (ligue de Délos) de 477 à 404 av. J.-C., une seconde fois de 378 à 338 av. J.-C.

Confédération de l'Allemagne du Nord, union politique créée par Bismarck qui, de 1866 à 1870, groupa 22 États allemands au nord du Main.

Confédération du Rhin, union politique qui groupa certains États allemands de 1806 à 1813. Placée sous le contrôle de Napoléon Ier, elle comprenait en 1808 l'ensemble de l'Allemagne, la Prusse exceptée. Sa création entraîna la disparition du Saint Empire romain germanique. Elle se désagrégea après la bataille de Leipzig (oct. 1813).

Confédération française de l'encadrement → C. F. E. - C. G. C.

Confédération française démocratique du travail → C. F. D. T.

Confédération française des travailleurs chrétiens → C. F. T. C.

Confédération générale des cadres → C. G. C.

Confédération générale du travail → C. G. T.

Confédération germanique, union politique des États allemands (1815-1866). Instaurée par le congrès de Vienne (1815) et regroupant 34 États souverains et 4 villes libres sous la présidence de l'empereur d'Autriche, elle fut le théâtre d'une opposition grandissante entre l'Autriche et la Prusse. La victoire prussienne de Sadowa (1866) entraîna sa dissolution.

Confédération internationale des syndicats libres → C. I. S. L.

Confédération suisse, nom officiel de la Suisse (qui, cependant, constitue depuis 1874 un véritable État fédéral).

Confessions *(les)* → Rousseau.

Conflans-Sainte-Honorine, ch.-l. de c. des Yvelines, au confluent de l'Oise et de la Seine ; 31 857 hab. *(Conflanais).* Câbles électriques. — Musée de la Batellerie.

Conflent *(le),* région des Pyrénées-Orientales, de part et d'autre de la moyenne vallée de la Têt, entre Mont-Louis et Prades.

Confolens, ch.-l. d'arr. de la Charente, au confluent du Goire et de la Vienne ; 3 158 hab. *(Confolentais).* — Monuments anciens ; maisons à pans de bois.

Confrérie de la Passion, au Moyen Âge, la plus célèbre des associations consacrées à la représentation des mystères.

Confucius, *en chinois* Kongzi *ou* K'ong-tseu *ou* Kongfuzi *ou* K'ong-fou-tseu, lettré et philosophe de la Chine (v. 551-479 av. J.-C.). Sa philosophie est morale et politique. Sa préoccupation majeure est de faire régner l'ordre dans l'État en formant des hommes qui vivent en conformité avec la vertu. Son œuvre est à l'origine du confucianisme (v. ce mot).

Congo, fleuve d'Afrique → Zaïre.

Congo, État de l'Afrique équatoriale ; 342 000 km² ; 2 300 000 hab. *(Congolais).* CAP. *Brazzaville.* LANGUE : *français.* MONNAIE : *franc C. F. A.*

GÉOGRAPHIE

Vaste, mais peu peuplé, sinon au S. des plateaux Batéké, où se concentrent plus de deux tiers de la population, le pays, traversé par l'équateur, possède un climat chaud et humide (1 200 à 1 800 mm de pluies, malgré une saison « sèche ») qui explique l'extension de la forêt (plus de la moitié du territoire).

L'agriculture vivrière (manioc surtout), quelques cultures d'exportation (cacao, café, tabac, arachide), l'exploitation de la forêt ont longtemps constitué les fondements d'une économie socialiste qui se libéralise progressivement. Le pétrole constitue le premier poste d'exportation, et les fluctuations de ses cours ont d'importantes répercussions sur la situation économique du pays, déjà grevée par une très lourde dette extérieure. L'exploitation pétrolière a contribué à accélérer l'urbanisation, et, l'exode rural s'ajoutant au croît démographique, 50 % des Congolais résident à Brazzaville ou à Pointe-Noire (débouché maritime).

HISTOIRE

XVᵉ s. Fondation de deux royaumes africains (Loango et Tyo), commerçant avec l'Europe.
1886-1897. Savorgnan de Brazza organise la colonie du Congo français.
1910. Devenu le Moyen-Congo, le territoire est intégré dans l'Afrique-Équatoriale française.
1940. À Brazzaville, le gouverneur général Félix Éboué choisit la France libre.
1958. Création de la République du Congo, qui accède à l'indépendance en 1960, sous l'autorité de l'abbé Fulbert Youlou, au pouvoir jusqu'en 1963.
D'abord libéral, le nouveau régime s'oriente dans la voie du socialisme.
1969. Création de la République populaire du Congo.
1990. Instauration du multipartisme.
1992. Une nouvelle constitution est approuvée par référendum. Pascal Lissouba, un des leaders de l'opposition démocratique, est élu à la tête de l'État, mais il doit rapidement faire face à une grave crise politique.
1995. Une réconciliation nationale s'amorce.

Congo *(République du),* ancien État de l'Afrique équatoriale, formé lors de l'indépendance du **Congo belge** (1960) et qui prit le nom de Zaïre en 1971.

Congo *(royaume du)* → **Kongo.**

Congo belge, nom porté par l'ancienne colonie belge de l'Afrique équatoriale de 1908 à son indépendance (→ **Zaïre**).

Congo-Océan, ligne de chemin de fer du Congo (plus de 500 km) reliant Brazzaville à Pointe-Noire.

Congrès *(parti du),* mouvement puis parti politique indien. Fondé en 1885, il lutte à partir de 1929 pour l'indépendance de l'Inde. Il est au pouvoir de 1947 à 1977, de 1980 à 1989 et depuis 1991.

Congreve *(William),* auteur dramatique anglais (Bardsey, près de Leeds, 1670 - Londres 1729). Dans des registres allant de la comédie satirique *(Amour pour amour,* 1695 ; *Ainsi va le monde,* 1700) à la tragi-comédie *(l'Épousée en deuil,* 1697), son théâtre, audacieux par ses thèmes libertins, raffiné et brillant, témoigne d'une réaction contre l'austérité puritaine.

Congreve *(sir William),* officier britannique (Londres 1772 - Toulouse 1828). Il inventa en 1804 des fusées qui portent son nom et fut l'initiateur de l'éclairage des villes par le gaz.

Coni → Cuneo.

Connacht ou **Connaught,** prov. d'Irlande.

Connecticut *(le),* fl. de l'est des États-Unis, qui rejoint la baie de Long Island ; 650 km.

Connecticut, État des États-Unis, en Nouvelle-Angleterre ; 13 000 km² ; 3 287 116 hab. Cap. *Hartford.* L'État, qui est résidentiel, fortement urbanisé et industrialisé (aéronautique, mécanique, textile, travail des métaux, horlogerie), doit son nom au fleuve Connecticut, dont il possède la vallée inférieure.

Connes *(Alain),* mathématicien français (Draguignan 1947). Ses travaux portent principalement sur les algèbres de von Neumann. En 1982, il a reçu la médaille Fields.

Conon de Béthune, trouvère picard (v. 1150-1219), auteur de chansons courtoises. Il joua un rôle important dans la quatrième croisade et fut régent de l'Empire latin d'Orient.

Conques, ch.-l. de c. de l'Aveyron, au N.-O. de Rodez ; 366 hab. *(Conquois).* Grande abbatiale Ste-Foy (milieu du XIᵉ-début du XIIᵉ s.), apparentée au roman auvergnat ainsi qu'aux églises de pèlerinage du type de St-Sernin de Toulouse ; trésor d'orfèvrerie médiévale, le plus important conservé en France.

Conrad II le Salique (v. 990 - Utrecht 1039), empereur germanique (1027-1039). Il fut élu roi de Germanie en 1024, roi d'Italie en 1026. Fondateur de la dynastie franconienne, il rattacha la Bourgogne à l'Empire (1032). **Conrad III de Hohenstaufen** (v. 1093 - Bamberg 1152), roi des Romains (1138-1152). **Conrad IV de Hohenstaufen** (Andria 1228 - Lavello 1254), roi des Romains (1250-1254). Il régna aussi sur la Sicile (1250-1254) et fut roi titulaire de Jérusalem (1228-1254). **Conrad V** ou **Conradin** (Wolfstein 1252 - Naples 1268), fils du précédent, dernier des Hohenstaufen. Il fut vaincu en 1268 par Charles Iᵉʳ d'Anjou, roi de Sicile, qui le fit exécuter.

Conrad *(Józef Konrad* Korzeniowski, dit *Joseph),* écrivain britannique d'origine polonaise (Berditchev, Ukraine, 1857 - Bishopsbourne, Kent, 1924). Il servit vingt ans dans la marine marchande française puis britannique. Il publia, en anglais, des romans qui se situent sur mer et dans des pays exotiques : l'aventure est une quête initiatique à travers l'épreuve de la volonté (*Lord Jim*, 1900 ; *Au cœur des ténèbres*, 1902 ; *Typhon*, 1903 ; *le Frère de la côte*, 1923).

Conrad von Hötzendorf *(Franz, comte)*, feld-maréchal autrichien (Penzing 1852 - Bad Mergentheim 1925), chef de l'état-major austro-hongrois de 1906 à 1911, puis de 1912 à 1917.

Conscience *(Hendrik)*, écrivain belge d'expression néerlandaise (Anvers 1812 - Bruxelles 1883). Auteur de romans de mœurs et de récits historiques (*le Lion de Flandre*, 1838), il inaugura la renaissance des lettres flamandes.

Conseil constitutionnel, en France, organe créé en 1958 pour veiller à la régularité des élections et des référendums et à la conformité à la Constitution des lois organiques, du règlement intérieur du Parlement et des lois ordinaires qui lui sont déférées par le président de la République, le Premier ministre, le président de l'une ou l'autre assemblée, ou par soixante députés ou sénateurs. Il est composé de neuf membres, nommés pour neuf ans, et des anciens présidents de la République.

Conseil de la concurrence, en France, organisme créé par l'ordonnance de 1986 et qui a un rôle consultatif général et spécial en matière de concentrations économiques auprès du ministre de l'Économie. Il sanctionne également les pratiques anticoncurrentielles.

Conseil de la République, seconde chambre du Parlement français, dotée de pouvoirs modestes, dans la Constitution de 1946, qui fondait la IVe République.

Conseil de l'Europe, organisation de coopération européenne créée en 1949 par 10 pays d'Europe occidentale et qui réunit auj. 39 États européens. Le respect de la Convention européenne de sauvegarde des droits de l'homme et des libertés fondamentales (1950) établie par le Conseil de l'Europe est assuré par la Commission européenne des droits de l'homme et la Cour européenne des droits de l'homme. Siège : Strasbourg.

Conseil des Anciens → **Directoire.**

Conseil des Cinq-Cents → **Directoire.**

Conseil de sécurité, organe de l'Organisation des Nations unies, chargé de la responsabilité du maintien de la paix. Il comprend 15 membres, dont les 5 permanents : Chine, France, Royaume-Uni, Russie, États-Unis, ont le « droit de veto ».

Conseil d'État, instance consultative et juridictionnelle suprême de l'Administration française, dont la création remonte à la Constitution de l'an VIII et réorganisée en 1872. Le Conseil d'État (6 sections, 209 membres) est juge d'appel ou de cassation des décisions des juridictions administratives. En tant qu'instance consultative, il donne obligatoirement un avis préalable sur les ordonnances, les projets de loi et certains décrets.

Conseil économique et social, en France, assemblée consultative créée en 1958, composée de représentants du gouvernement et des principales activités économiques et sociales de la nation, chargée de donner son avis sur les textes ou les questions d'ordre économique et social (231 membres).

Conseil européen, réunion périodique des chefs de gouvernement (ou d'État) des États membres des Communautés européennes qui se tient depuis 1974.

Conseil national de la Résistance ou **C. N. R.,** organisme fédérateur des organisations de la Résistance, réuni en 1943 sous la présidence de J. Moulin. Il établit par ailleurs un programme de réformes, réalisées après la Libération.

Conseil national du patronat français → **C. N. P. F.**

Conseil supérieur de la magistrature, organisme institué en 1946, chargé en France de garantir l'indépendance de l'autorité judiciaire. Il est présidé par le président de la République.

conservateur *(Parti),* l'un des grands partis britanniques. Le terme « conservateur » fut officiellement substitué à celui de « tory » après la réforme électorale de 1832. Traditionnellement aristocratique, son recrutement a progressivement atteint les classes moyennes. Ses principaux leaders ont été : Robert Peel, Benjamin Disraeli, lord Salisbury, Winston Churchill, Antony Eden, Harold Macmillan, Edward Heath, Margaret Thatcher et John Major.

Conservatoire national des arts et métiers → **Arts et métiers.**

Conservatoire national supérieur d'art dramatique, établissement d'enseignement supérieur, détaché du Conservatoire national supérieur de musique en 1946 et qui a pour objectif de former, après admission sur concours, aux métiers de comédien et de dramaturge.

Conservatoire national supérieur de musique et de danse, établissement assurant la formation des musiciens professionnels, fondé à Paris par B. Sarrette en 1795. L'enseignement y est dispensé par des artistes de renommée internationale, s'adressant à des élèves recrutés par concours. Au Conservatoire national de Paris (installé depuis 1990 à la Cité de la musique, dans le parc de la Villette) s'est ajouté en 1979 celui de Lyon.

Considérant *(Victor),* penseur et homme politique français (Salins, Jura, 1808 - Paris 1893). Polytechnicien, disciple de Fourier, il précisa la notion de droit au travail, qui fut l'une des idées-forces des socialistes français, notamment en 1848. Élu député à la Constituante en 1848, puis à la Législative, il participa à l'insurrection du 13 juin 1849. Condamné, il se réfugia en Belgique puis au Texas. Aux États-Unis, il fonda un phalanstère, qui échoua.

Considérations sur les causes de la grandeur des Romains et de leur décadence, par Montesquieu (1734), essai historique qui explique, par des causes politiques et morales, l'évolution de la puissance romaine.

Conspiration des poudres *(1605),* complot organisé par des catholiques anglais, dans le dessein de faire sauter le Parlement lors de la séance d'ouverture en présence du roi Jacques Iᵉʳ. Le gouvernement, averti, fit mettre à mort la plupart des conjurés.

Constable *(John),* peintre britannique (East Bergholt, Suffolk, 1776 - Londres 1837). Créateur du paysage romantique avec Turner et Bonington, plus naturaliste qu'eux, il aborda les études en plein air vers 1810, commençant à juxtaposer les tons et à diviser la touche pour traduire les variations de l'atmosphère et de la lumière. Reconnu en France (Salon de 1824) et, assez tardivement, en Angleterre pour ses grandes compositions (*la Charrette à foin,* 1821, Nat. Gal., Londres), il atteint la plus grande expressivité lyrique dans ses aquarelles et ses petites études à l'huile.

Constance, *en all.* Konstanz, v. d'Allemagne (Bade-Wurtemberg), sur la rive sud du lac de Constance, formant une enclave en territoire suisse ; 73 853 hab. — Cathédrale des XIᵉ-XVIIᵉ siècles.

Constance *(lac de),* en all. Bodensee, lac formé par le Rhin, entre la Suisse, l'Autriche et l'Allemagne ; 540 km². — Île allemande de Reichenau, avec les églises de Oberzell (carolingienne : fresques célèbres), Mittelzell et Niederzell (romanes).

Constance Iᵉʳ Chlore, *en lat.* Marcus Flavius Valerius Constantius (v. 225 - Ebora-

cum, auj. York, 306), empereur romain d'Occident de 305 à 306, père de Constantin Iᵉʳ. Il reconquit la Bretagne (l'actuelle Angleterre).

Constance II (317-361), empereur romain de 337 à 361, fils de Constantin Iᵉʳ. Il régna seul à partir de 351. Il favorisa le christianisme dans l'Empire mais protégea les ariens et renforça le despotisme impérial. Il mourut alors qu'il allait combattre Julien l'Apostat, que l'armée des Gaules avait nommé empereur.

Constant *(Benjamin Henri Constant de Rebecque, dit Benjamin),* homme politique et écrivain français (Lausanne 1767 - Paris 1830). Porte-parole du libéralisme, hostile au despotisme impérial, il fut exilé en compagnie de Mᵐᵉ de Staël, avec qui il eut une liaison tumultueuse. Il rédigea cependant l'Acte additionnel lors des Cent-Jours (1815), siégea dans les rangs de l'opposition sous la Restauration et se rallia au duc d'Orléans en 1830. Il est célèbre pour son roman psychologique *Adolphe* (1816) [→ **Adolphe**].

Constant *(Marius),* compositeur et chef d'orchestre français (Bucarest 1925). Auteur de ballets (*Éloge de la folie,* 1966 ; *Nana,* 1976), de *24 Préludes pour orchestre* (1959), il s'est orienté vers la musique aléatoire (*Chants de Maldoror,* 1962) ou de haute virtuosité (*14 Stations,* 1970 ; *Stress,* 1977) et vers le théâtre (*le Jeu de sainte Agnès,* 1974 ; *la Tragédie de Carmen,* 1981 ; *Impressions de Pelléas,* 1992) ou l'opéra (*Teresa,* 1995).

Constant Iᵉʳ (320-350), empereur romain de 337 à 350.

Constanţa, principal port de Roumanie, sur la mer Noire ; 350 476 hab. Centre industriel. Vestiges grecs et romains.

Constantin Iᵉʳ le Grand, en lat. **Caius Flavius Valerius Aurelius Constantinus** (Naissus, auj. Niš, entre 270 et 288 - Nicomédie 337), empereur romain (306-337), fils de Constance Chlore, proclamé empereur à la mort de son père. Il régna d'abord sur la Bretagne et la Gaule, en souverain légitime subordonné à Sévère. Après une période de luttes pour le pouvoir (l'Empire comptait sept empereurs en 310), Constantin s'allia avec Licinius, l'un des empereurs d'Orient, descendit en Italie et vainquit Maxence au pont Milvius, sous les murs de Rome (312). En 313, Licinius et Constantin proclamaient l'édit de Milan, ensemble de décisions garantissant à tous la liberté de culte (chrétiens compris) et ordonnant la restitution aux chrétiens des biens ecclésiastiques confisqués. Mais les deux empereurs survivants se brouillèrent. En 324, Constantin vainquit Licinius, qui régnait sur l'Orient, rétablissant ainsi l'unité impériale.

L'œuvre religieuse de Constantin est capitale, puisqu'elle aboutit à l'établissement d'un Empire chrétien. La tradition veut que Constantin ait été illuminé d'une vision à la veille de la bataille du pont Milvius et se soit converti brutalement au christianisme. En fait, Constantin eut d'abord une religion solaire, à tendance monothéiste, celle du Soleil *(Sol Invictus)*. Il se considérait comme l'inspiré d'un Dieu unique, mais mal défini, et il est demeuré grand pontife (la plus haute fonction religieuse romaine). Il ne fut baptisé dans la foi arienne que sur son lit de mort (337). Mais il est resté l'empereur qui a rendu possible le triomphe du christianisme dans l'Empire en accordant des privilèges judiciaires et fiscaux aux chrétiens, en apportant des entraves au paganisme (fermeture des temples, interdiction des sacrifices) et en intervenant dans le conflit opposant ariens et orthodoxes (convocation du concile de Nicée en 325).

L'Empire prit définitivement la forme d'une monarchie absolue de droit divin. Désormais, le sénat romain n'était plus qu'un conseil municipal, doublé par celui de Constantinople. La société, toujours plus hiérarchisée, rivait davantage les hommes à leur condition et à leur charge : en 332, une loi attachait les colons à la glèbe, tandis que les fonctions de soldat et de responsables municipaux (curiales) devenaient héréditaires. La fiscalité s'alourdit encore. Une nouvelle monnaie fut frappée, le sou *(solidus)*, monnaie d'or qui succédait à l'*aureus* dévalué. L'armée fut réorganisée en armée des frontières et armée d'intervention, placée en réserve.

Pour mieux contrôler les frontières avec les Perses et les peuples danubiens, Constantin fonda Constantinople (324-330), destinée à rivaliser avec Rome, la capitale de l'Occident, mais non à la supplanter. Ce sera pourtant le point de départ de l'Empire byzantin.

Constantin II le Jeune (317 - Aquilée 340), empereur romain (337-340), fils du précédent. **Constantin IV** (654-685), empereur byzantin (668-685). Il brisa définitivement l'avance arabe en Orient. **Constantin V** (718-775), empereur byzantin (741-775). Il combattit le culte des images. **Constantin VI** (771-v. 800), empereur byzantin (780-797). Fils de Léon IV et d'Irène, il fut battu par les Bulgares (792) et par les Arabes (797) puis

écarté du pouvoir par sa mère. **Constantin VII Porphyrogénète** (905-959), empereur byzantin (913-959). Après avoir régné sous la tutelle de sa mère Zoé, il subit ensuite l'autorité de son beau-père Romain Ier Lécapène et des fils de celui-ci, puis il régna seul après 945. **Constantin XII Paléologue**, ou **Constantin XI**, surnommé Dragasès (1403 - Constantinople 1453), empereur byzantin (1449-1453). Il fut tué en défendant Constantinople contre Mehmed II.

Constantin Ier (Athènes 1868 - Palerme 1923), roi de Grèce (1913-1917 ; 1920-1922). Fils et successeur de Georges Ier, il fut contraint d'abdiquer par les Alliés et Venizélos (1917). Revenu au pouvoir (1920), il dut abdiquer une seconde fois après la défaite devant les Turcs.

Constantin II (Psykhikón 1940), roi de Grèce (1964-1973). Fils et successeur de Paul Ier, il s'exila en 1967 à la suite du « coup d'État des colonels ».

Constantine, *auj.* Qacentina, v. d'Algérie, ch.-l. de wilaya, au-dessus des gorges du Rummel ; 450 000 hab. *(Constantinois).* Centre commercial. Université. — Musée (archéologie).

Constantinois, région du nord-est de l'Algérie, en grande partie montagneuse (Kabylie d'El-Qoll, Kabylie des Babors, chaîne Numidique, monts de Constantine), parfois coupée de bassins et de plaines.

Constantinople, nom donné par Constantin à l'ancienne **Byzance,** appelée plus tard **Istanbul** par les Turcs. **HIST.** Construite par Constantin en 324-336 et inaugurée en 330, résidence de l'empereur, siège à partir de 451 d'un patriarcat s'étendant sur toutes les Églises d'Orient, Constantinople devint rapidement la capitale politique, religieuse et intellectuelle de l'Empire byzantin. Port actif, foyer des industries de luxe de l'Empire, elle fut la plaque tournante du commerce entre l'Orient et l'Occident et attira de nombreuses colonies étrangères, surtout italiennes. Prise par les croisés en 1204 et capitale de l'Empire latin jusqu'en 1261, elle connut alors un certain déclin économique. Elle résista aux Barbares, aux Arabes, aux Russes et aux Bulgares, mais tomba, le 29 mai 1453, aux mains des Turcs Ottomans, qui en firent leur capitale. Elle fut le siège de quatre conciles œcuméniques. **ARCHÉOL.** Son organisation urbaine était calquée sur celle de Rome, ainsi qu'en témoignent les restes de l'hippodrome, les obélisques, dont celui de Théodose, l'aqueduc de Valens et la citerne des mille et une colonnes. St-Jean-de-Stoudios (ve s.) garde le type classique de la basilique romaine. Sous Justinien, un esprit nouveau apparaît dans les techniques de construction : emploi de la brique, coupoles contrebutées par des voûtes en berceau inscrites dans un plan plus ou moins carré (Ste-Sophie, Sts-Serge-et-Bacchus, Ste-Irène). L'église St-Polyeucte (édifiée entre 524 et 527) a livré un décor d'une extrême richesse. Devenues des mosquées, les églises des xe, xie et xiiie siècles, construites sous les empereurs macédoniens et les Comnènes, gardent leur forme typiquement byzantine, articulée sur la croix grecque. L'église St-Sauveur-in-Chora (vi^e s., restaurée au xie) conserve son iconographie du xive siècle. Vestiges de l'imposante enceinte élevée au ve siècle et restaurée au xiie.

Constituante ou **Assemblée nationale constituante,** nom que prirent les États généraux le 9 juillet 1789. En deux ans, cette assemblée vota un nombre considérable de réformes, dont l'abolition des privilèges féodaux (4 août 1789), la Déclaration des droits de l'homme et du citoyen (26 août 1789), la mise à la disposition du pays des biens du clergé, devenus biens nationaux, la Constitution civile du clergé et la Constitution de 1791. Elle laissa la place à l'Assemblée législative (30 sept. 1791).

Constitution civile du clergé, décret qui organisait le clergé séculier, voté par la Constituante le 12 juillet 1790 et sanctionné par Louis XVI le 24 août. Élus par les assemblées, les évêques ne recevaient plus l'investiture du pape et devenaient des fonctionnaires rétribués par l'État. La condamnation de cette réforme par Pie VI, le 10 mars 1791, provoqua dans l'Église de France un schisme de fait entre prêtres *constitutionnels* et prêtres *réfractaires*.

constitutionnel-démocrate *(Parti),* dit K. D. ou **Cadets,** parti libéral russe (1905-1917).

Consulat, régime politique établi en France après le coup d'État du 18 brumaire an VIII (9 nov. 1799) et remplacé par l'Empire le 18 mai 1804. Le Premier consul, Napoléon Bonaparte, possède en fait l'essentiel du pouvoir exécutif et devient consul à vie en 1802 ; les deux autres consuls (Cambacérès et Lebrun) ne peuvent que donner leur avis. Le pouvoir législatif est partagé entre quatre assemblées (Sénat, Tribunat, Corps législatif et Conseil d'État). Brisant l'opposition des royalistes et des Jacobins, Bonaparte rétablit l'ordre et réorganise profondément les institutions du pays, qu'il centralise de façon rigoureuse.
1800 : création de la Banque de France et réorganisation de l'administration locale et régionale.
Nommés par le gouvernement, maires, sous-préfets et préfets sont placés à la tête des communes, des arrondissements et des départements. Cette œuvre intérieure est complétée par la création des lycées.
1801 : le Concordat met fin au schisme de l'Église constitutionnelle.
À l'extérieur, les victoires de Bonaparte poussent l'Autriche à signer la paix de Lunéville (1801). La Grande-Bretagne se résigne à traiter à Amiens (1802), mais la politique menée par la France en Allemagne provoque la reprise des hostilités.
1804 : échec d'un complot anglo-royaliste dirigé par Cadoudal. Exécution du duc d'Enghien. Promulgation du Code civil, qui couronne l'œuvre judiciaire du Consulat. Le 18 mai, le Premier consul est proclamé empereur des Français sous le nom de Napoléon Ier.

Contarini, famille de Venise qui a fourni huit doges à la République (xie-xviie s.).

Conté *(Nicolas Jacques),* chimiste et mécanicien français (près de Sées, Orne, 1755 - Paris 1805). Il inventa les crayons à mine de graphite aggloméré et eut l'idée d'utiliser les aérostats dans les opérations militaires.

Contes, de H. C. Andersen, publiés de 1835 à 1872. L'auteur reprend des thèmes folkloriques, des légendes locales ou des souvenirs personnels *(le Vilain Petit Canard, la Petite Sirène, la Petite Fille aux allumettes, les Nouveaux Habits de l'empereur).*

Contes, de Ch. Perrault, publiés en 1697 sous le nom du fils de l'auteur, Perrault d'Armancour. L'ouvrage, connu aussi sous le titre de *Contes de ma mère l'Oye,* rassemble des récits en vers et en prose, dont la plupart appartiennent à la tradition populaire *(Peau d'Âne, la Belle au bois dormant, le Petit Chaperon rouge, Barbe-Bleue, le Chat botté, Cendrillon, le Petit Poucet).*

Contes de Cantorbéry, recueil de contes en vers de Chaucer (composé v. 1390). Ces récits de pèlerins mêlant la tradition courtoise à la veine populaire constituent le premier chef-d'œuvre de la littérature anglaise. — Pasolini en a donné une adaptation au cinéma (1972).

Contes d'enfants et du foyer, recueil groupant 200 *Contes* des frères Grimm (1812-1815 et 1822), restitution pleine de fraîcheur de contes populaires allemands (*Blanche-Neige, Hänsel et Gretel, les Musiciens de la ville de Brême*).

Contes de pluie et de lune, recueil de 9 contes d'Akinari (1776). Exercice de style sur des thèmes traditionnels de légendes populaires japonaises ou chinoises. — Mizoguchi Kenji a adapté deux de ces récits pour un film (*Contes de la lune vague après la pluie,* 1953), l'un des chefs-d'œuvre du cinéma japonais.

Contes des frères Sérapion, de E. T. A. Hoffmann (1819-1821), récits où l'imagination la plus fantastique se mêle au réalisme le plus minutieux (*Casse-Noisette et le Roi des rats, les Mines de Falun*).

Conti ou **Conty** *(maison de),* branche cadette de la maison de Condé, elle-même issue de la maison de Bourbon. Elle fut principalement représentée par **Armand de Bourbon** *(prince* de Conti) [Paris 1629 - Pézenas 1666], frère du Grand Condé, qui prit part aux troubles de la Fronde, puis se rallia à Mazarin, dont il épousa une des nièces.

contrat social *(Du)* ou *Principes du droit politique,* traité de J.-J. Rousseau (1762).

Contre-Réforme → Réforme catholique.

Contrexéville, comm. des Vosges, près de Vittel ; 4 443 hab. Eaux minérales et station thermale (lithiases et infections urinaires et biliaires, goutte).

Convention nationale, assemblée constituante française de la Révolution, qui succéda à l'Assemblée législative et gouverna la France du 21 septembre 1792 au 26 octobre 1795. À l'origine, elle comprend trois partis : Girondins à droite, membres de la Plaine (ou Marais) au centre, Montagnards à gauche.
L'histoire de la Convention se divise en trois périodes, en fonction des partis au pouvoir.
21 sept. 1792 : début de la Convention girondine.
Elle vote d'abord l'abolition de la royauté et la proclamation de la République, puis (19 janvier 1793) la mort du roi. Les Girondins favorables à une politique de guerre doivent faire face à la première coalition. Les revers militaires et l'insurrection vendéenne entraînent leur chute.
2 juin 1793 : début de la Convention montagnarde.
Le pouvoir appartient au Comité de salut public, dominé par Robespierre et appuyé par les sans-culottes. Il édicte la loi du maximum des prix et des salaires pour enrayer la

crise économique. Le Comité de sûreté générale, chargé de la police politique et épaulé par le Tribunal révolutionnaire, établit un régime de terreur, qui permet de briser les révoltes intérieures (Vendée, fédéralistes et royalistes). La levée en masse sauve la France de l'invasion. Après l'élimination des partisans d'Hébert (mars 1794) puis de ceux de Danton (avril), Robespierre exerce une dictature jusqu'à sa chute, le 27 juillet 1794 (9 Thermidor an II).
27 juill. 1794 : début de la Convention thermidorienne.
Sa politique est essentiellement une réaction contre la période précédente. Elle met fin aux institutions mises en place par les Montagnards. Elle résiste aux émeutes populaires, s'oppose à la Contre-Révolution royaliste, pacifie la Vendée et conclut avec la Hollande, la Prusse et l'Espagne les traités de Bâle et de La Haye (1795) donnant à la France la rive gauche du Rhin. Après avoir voté la Constitution de l'an III, qui fonde la république des notables, la Convention thermidorienne se sépare et fait place au Directoire (oct. 1795).

Cook *(détroit de),* bras de mer séparant les deux îles principales de la Nouvelle-Zélande.

Cook *(îles),* archipel d'Océanie, entre les îles Tonga et Tahiti, à 1 600 km au nord-est de la Nouvelle-Zélande, dont il constitue un territoire associé ; 241 km² ; 18 000 hab. Ch.-l. *Avarua,* dans l'île de Rarotonga.

Cook *(mont),* point culminant de la Nouvelle-Zélande, dans l'île du Sud ; 3 754 m.

Cook *(James),* marin britannique (Marton-in-Cleveland 1728 - baie de Kealakekua, îles Hawaii, 1779). Au cours d'un premier voyage, il découvre les îles de la Société et la Nouvelle-Zélande, et explore les côtes australiennes (1768-1771). Un deuxième voyage le mène jusque dans l'océan Antarctique (1772-1775). Reparti en 1776, il découvre les îles Sandwich (Hawaii) [1778], où il est tué au cours d'une rixe avec les indigènes. Par ses explorations, il mit fin au mythe du continent austral.

Cook *(Thomas),* homme d'affaires britannique (Melbourne, Derbyshire, 1808 - Leicester 1892). Initiateur, en 1841, du premier « voyage organisé » entre Leicester et Loughborough, il est le fondateur des agences de voyage qui portent son nom.

Coolidge *(Calvin),* homme d'État américain (Plymouth, Vermont, 1872 - Northampton, Massachusetts, 1933), président républicain des États-Unis de 1923 à 1929.

Coolidge *(William David)*, physicien américain (Hudson 1873 - Schenectady 1975). Il inventa en 1913 le tube à rayons X à cathode incandescente, dit *tube de Coolidge.*

Cooper *(David)*, psychiatre britannique (Le Cap 1931 - Paris 1986). Il est avec R. D. Laing à l'origine du courant antipsychiatrique. Il a écrit *Raison et Violence* (en coll. avec Laing, 1964), *Psychiatrie et Antipsychiatrie* (1967), *Mort de la famille* (1971).

Cooper *(Gary)*, acteur américain (Helena, Montana, 1901 - Los Angeles 1961). Il fut l'incarnation de l'Américain viril, réservé et loyal : *l'Extravagant M. Deeds* (F. Capra, 1936), *Sergent York* (H. Hawks, 1941), *Le train sifflera trois fois* (F. Zinneman, 1952).

Cooper *(James Fenimore)*, romancier américain (Burlington, New Jersey, 1789 - Cooperstown, État de New York, 1851). Créateur du roman de l'Ouest américain, il a donné une image épique de la lutte entre les Peaux-Rouges et les pionniers, dans le cadre mythique de la Grande Prairie (*le Dernier des Mohicans,* 1826 ; *la Prairie,* 1827 ; *Tueur de daims,* 1841).

Cooper *(Leon N.)*, physicien américain (New York 1930). Il a partagé avec Bardeen et Schrieffer le prix Nobel de physique en 1972 pour la théorie de la supraconductivité.

Copacabana, quartier de Rio de Janeiro. Station balnéaire.

Copán, site archéologique du Honduras, à la frontière du Guatemala. C'est l'un des principaux centres religieux mayas de la période classique (250-950), abandonné vers le IXe siècle (escalier orné de 2 500 glyphes ; nombreuses stèles représentant des scènes rituelles ; jeu de balle).

Copeau *(Jacques)*, acteur, directeur de théâtre et écrivain français (Paris 1879 - Beaune 1949). L'un des fondateurs de la *Nouvelle Revue française,* il créa le théâtre du Vieux-Colombier, où il renouvela la technique dramatique. Il tenta, en Bourgogne, de retrouver les sources d'un théâtre populaire, avec un groupe de disciples, les *Copiaux.*

Copenhague, *en danois* København, cap. du Danemark, sur la côte est de l'île de Sjaelland, sur le Sund ; 469 000 hab. (1 344 000 avec les banlieues). **GÉOGR.** Métropole de la Scandinavie méridionale, l'agglomération concentre près du quart de la population danoise. Étendue et coupée d'espaces verts, sur le Sund (îles de Sjaelland et d'Amager), elle est un centre politique, commercial (principal port du pays, aéroport international de Kastrup), culturel. L'industrie y demeure active (brasserie, chantiers navals et constructions mécaniques, porcelaines). **HIST.** Copenhague devint la capitale du Danemark en 1443. Maîtresse du commerce balte, elle connut une grande prospérité aux XVIIe et XVIIIe siècles. En 1801 et 1807, la ville fut bombardée par les Britanniques, le Danemark ayant adhéré à la ligue des Neutres puis étant devenu l'allié de Napoléon Ier. **ARTS.** Bourse (1619) et château de Rosenborg (1606, collections royales), de style Renaissance hollandaise. Château baroque de Charlottenborg (1672). Remarquable place aux quatre palais jumeaux d'Amalienborg (milieu du XVIIIe s.) par Nicolai Eigtved. Cathédrale néoclassique (1811-1829) par Christian-Frederik Hansen (sculptures de Thorvaldsen). Hôtel de ville (fin du XIXe s.) de style historiciste national, par Martin Nyrop. Musée national, fondé en 1807, dans un palais de N. Eigtved ; musées des Beaux-Arts, des Arts décoratifs, glyptothèque Carlsberg, etc.

Copernic *(Nicolas)*, *en polon.* Mikolaj Kopernik, astronome polonais (Toruń 1473 - Frauenburg, auj. Frombork, 1543). Au terme de longues années d'études et de réflexion, il fit l'hypothèse du mouvement de la Terre et des autres planètes autour du Soleil. Publiée en 1543 dans un traité intitulé *De revolutionibus orbium coelestium libri VI,* cette conception rendait compte des principaux phénomènes astronomiques connus à l'époque bien plus simplement que le système de Ptolémée admis jusque-là. Mais, déniant à la Terre tout rôle privilégié dans l'Univers, elle souleva de nombreuses critiques, notamment dans l'Église. Ce n'est qu'après l'invention de la lunette, au XVIIe s., que sa validité fut définitivement reconnue. En rompant avec la conception géocentrique du monde, l'œuvre de Copernic a marqué un tournant dans l'histoire de la pensée et du progrès scientifique.

Copland *(Aaron)*, compositeur américain (Brooklyn 1900 - North Tarrytown, État de New York, 1990). Il a été influencé par Stravinsky, le jazz, la polytonalité, le folklore : d'où un style cosmopolite fortement teinté de néoclassicisme (*El Salón México,* pour orchestre, 1936 ; *Appalachian Spring,* ballet, 1944). À partir de 1950, il fut tenté par le sérialisme.

Coppée *(François)*, écrivain français (Paris 1842 - id. 1908). Il écrivit pour le théâtre et se fit le peintre de la vie du petit peuple dans ses poésies (*les Humbles*, 1872). [Acad. fr. 1884.]

Coppens *(Yves)*, paléontologue français (Vannes 1934). Il a proposé une interprétation écologique de l'apparition des premiers hominidés (australopithèques) en Afrique de l'Est.

Coppet, village de Suisse (Vaud), sur la rive droite du lac Léman. Le château de Coppet a appartenu à Necker, puis à sa fille, Mme de Staël, qui y réunit, durant le premier Empire, une société intellectuelle cosmopolite.

Coppi *(Angelo Fausto)*, coureur cycliste italien (Castellania 1919 - Novi Ligure 1960), recordman du monde de l'heure, champion du monde sur route (1953), deux fois vainqueur du Tour de France (1949 et 1952), cinq fois du Tour d'Italie (entre 1940 et 1953).

Coppola *(Francis Ford)*, cinéaste américain (Detroit 1939). Ses œuvres spectaculaires, ses recherches techniques ont fait de lui l'incarnation de la nouvelle génération hollywoodienne des années 70 : *le Parrain* (1972), *Conversation secrète* (1974), *Apocalypse Now* (1979), *Rusty James* (1983), *Cotton Club* (1984), *Jardins de pierre* (1987), *Tucker* (1988), *Dracula* (1992).

Coquilhatville → Mbandaka.

Coraï ou **Koraïs** *(Adhamándios)*, écrivain et patriote grec (Smyrne 1748 - Paris 1833). Il préconisa l'usage d'une langue nationale mi-populaire, mi-savante.

Corail *(mer de)*, mer située entre l'Australie et la Mélanésie.

Corail *(bataille de la mer de)* [4-8 mai 1942], durant la Seconde Guerre mondiale, victoire aéronavale américaine sur les Japonais qui durent renoncer à débarquer en Nouvelle-Guinée.

Coralli Peracini *(Jean)*, danseur et chorégraphe français (Paris 1779 - *id.* 1854), auteur, en collaboration avec Jules Perrot, de *Giselle ou les Wilis* (1841).

Corbeil-Essonnes, ch.-l. de c. de l'Essonne, au confluent de l'Essonne et de la Seine ; 40 768 hab. (*Corbeillessonnois*). Évêché. Centre industriel. — Église St-Spire, des XIIe-XVe siècles, auj. cathédrale.

Corbière *(Édouard Joachim, dit Tristan)*, poète français (près de Morlaix 1845 - Morlaix 1875). « Poète maudit », révélé par Verlaine, il est l'auteur des *Amours jaunes* (1873).

Corbières *(les)*, bordure des Pyrénées françaises (sud de l'Aude essentiellement) ; 1 230 m. Vignobles.

Corcyre, île de la mer Ionienne, colonisée par les Corinthiens dès la fin du VIIIe s. av. J.-C. (Auj. *Corfou.*)

Corday *(Charlotte* de Corday d'Armont, dite **Charlotte***)*, révolutionnaire française (Saint-Saturnin-des-Ligneries, près de Vimoutiers, 1768 - Paris 1793). Pour venger les Girondins, elle poignarda Marat dans son bain. Elle fut guillotinée.

Cordeliers *(club des)*, club révolutionnaire fondé à Paris en avril 1790 et dont les chefs étaient Danton, Marat, Desmoulins, Hébert, Chaumette. Il eut un rôle décisif dans le renversement de la monarchie et disparut en mars 1794, lors de l'élimination des partisans d'Hébert par Robespierre.

Córdoba, v. de l'Argentine, au pied de la *sierra de Córdoba* ; 1 179 067 hab. Deuxième ville et centre industriel du pays. — Monuments des XVIIe-XVIIIe siècles.

Cordouan, rocher au large de l'estuaire de la Gironde, dans le golfe de Gascogne. Phare monumental, en partie du XVIe siècle.

Cordoue, *en esp.* Córdoba, v. d'Espagne (Andalousie), ch.-l. de prov., sur le Guadalquivir ; 310 488 hab. (*Cordouans*). **HIST.** Colonie romaine (169 av. J.-C.), conquise par les Arabes en 711, Cordoue fut le siège d'un émirat (756) puis d'un califat (929). Elle fut reconquise par les chrétiens en 1236. **ARTS.** Grande Mosquée omeyyade, aujourd'hui cathédrale, commencée en 785 et achevée en 987. L'immense salle de prières (19 nefs, double volée d'arcs en brique et pierre, outrepassés et polylobés, reposant sur plus de 800 colonnes de granite, de marbre ou de jaspe) a été coupée par la construction, au XVIe siècle, d'un vaste chœur de style composite puis plateresque. Églises mudéjares et gothiques. Synagogue du XIVe siècle à décor intérieur mudéjar. Palais de la Renaissance. Importants musées.

Coré → Perséphone.

Corée, péninsule comprise entre la mer du Japon (dite ici mer de l'Est) et la mer Jaune, partagée en deux unités politiques : la *Corée du Nord* et la *Corée du Sud*. **HISTOIRE** L'influence de la Chine a été très forte en Corée, pays qu'elle conquiert au IIe-IIIe s. av. J.-C. et où elle établit des commanderies. Au IVe s. av. J.-C., le bouddhisme pénètre en Corée.

918 : naissance de l'État de Koryo (d'où vient le nom européen de Corée).

1231 : invasion mongole.

La dynastie des Li (Yi) règne de 1392 à 1910. Elle adopte le confucianisme et interdit le bouddhisme. Elle repousse deux tentatives d'invasion japonaise (1592-1597) puis doit reconnaître la suzeraineté de la dynastie chinoise des Qing (1637). Victorieux de la Chine, le Japon élimine les Qing de Corée (1895).

1910 : le Japon annexe le pays. À la fin de la Seconde Guerre mondiale, le pays est occupé par les Alliés : Soviétiques au nord, Américains au sud.

1948 : le pays est partagé en deux États : la République de Corée, au sud (ou Corée du Sud), et la République démocratique populaire de Corée, au nord (ou Corée du Nord). La division du pays est maintenue à l'issue de la guerre de Corée (1950-1953).

Corée *(détroit de)*, détroit reliant la mer du Japon et la mer de Chine orientale, entre la Corée et le Japon.

Corée *(guerre de)* [juin 1950 - juill. 1953], conflit qui opposa la Corée du Sud, soutenue par les forces de l'O. N. U. (fournies surtout par les États-Unis, puis par la France, la Grande-Bretagne, le Benelux et la Turquie), à la Corée du Nord, appuyée à partir de 1951 par les troupes de la Chine populaire. Elle aboutit à la reconnaissance des deux États coréens par les États-Unis et l'U. R. S. S.

Corée *(République démocratique populaire de)* ou **Corée du Nord,** État de l'Asie orientale occupant la partie nord de la péninsule coréenne ; 120 500 km² ; 22 500 000 hab. *(Nord-Coréens).* CAP. *Pyongyang.* LANGUE : *coréen.* MONNAIE : *won.*

GÉOGRAPHIE

Plus vaste que la Corée du Sud, la Corée du Nord a une population inférieure de moitié. Toutefois, le peuplement demeure important, surtout compte tenu des conditions naturelles souvent difficiles (reliefs montagneux et importante couverture forestière, climat aux hivers rigoureux et aux précipitations parfois insuffisantes). En revanche, le sous-sol est riche (houille, lignite, fer, tungstène, zinc, etc.) et fournit la base d'une industrie, depuis longtemps le fondement de l'économie. L'hydroélectricité apporte un complément énergétique appréciable. L'industrie lourde est développée, mais l'outil de production est vieilli. L'agriculture, collectivisée, comme le reste de l'économie, fournit surtout du riz, dont la pêche reste importante. La désintégration de l'U. R. S. S., qui était le premier parte-

naire commercial de la Corée (devant le Japon), l'incite à s'ouvrir progressivement sur l'extérieur.

HISTOIRE

Depuis sa création en 1948, la république est dirigée par Kim Il-sung, qui instaure une organisation de type soviétique et engage le pays dans la construction du socialisme.

1991. Signature (déc.) d'un pacte de réconciliation entre les deux Corées et d'un traité de dénucléarisation.

1994. Mort de Kim Il-sung.

Corée *(République de),* ou **Corée du Sud,** État de l'Asie orientale, occupant la partie sud de la péninsule coréenne ; 99 000 km² ; 43 200 000 hab. *(Sud-Coréens).* CAP. *Séoul.* LANGUE : *coréen.* MONNAIE : *won.*

GÉOGRAPHIE

Sensiblement moins étendue que la Corée du Nord, la Corée du Sud compte une population double. La densité moyenne dépasse 400 hab. au km². Le pays bénéficie de conditions de relief et de climat assez favorables, avec une notable extension des plaines, des températures clémentes et une pluviosité suffisante.

Le riz est, de loin, la principale culture, mais la production céréalière est déficitaire. L'élevage est peu développé, mais la pêche est très active. Malgré la pauvreté du sous-sol, l'industrie est devenue le fondement de l'économie, avec une production diversifiée : biens d'équipement (constructions navales notamm., alimentées par une puissante sidérurgie) et de consommation (textile, électronique, montage automobile). Elle repose sur l'importation de matières premières (fer et surtout pétrole), d'équipements et aussi de capitaux (entraînant un lourd endettement extérieur). La croissance économique, très rapide dans les années 1980, s'est ralentie, en raison notamment de l'augmentation des coûts salariaux, d'une demande moins soutenue. Elle est largement dépendante des exportations, vers les États-Unis et le Japon surtout.

HISTOIRE

Présidée par Syngman Rhee (1948-1960) auquel ont succédé Park Chung-hee (1963-1979) puis Chun Doo-hwan (1980-1988), la République de Corée est soumise à un régime autoritaire. Un processus de démocratisation s'engage en 1987.

1988. Entrée en fonctions du président Roh Tae-woo, élu au suffrage universel.

1991. Signature (déc.) d'un pacte de réconciliation entre les deux Corées et d'un traité de dénucléarisation.

1993. Kim Young-sam succède à Roh Tae-woo.

Corelli *(Arcangelo),* violoniste et compositeur italien (Fusignano 1653 - Rome 1713), auteur de sonates d'église et de chambre, et de concertos grossos. Il fut le fondateur de l'école italienne de violon.

Coreper, comité des représentants permanents au Conseil des ministres de l'Union européenne.

Corfou, *en gr.* Kérkyra, anc. *Corcyre,* une des îles Ioniennes (Grèce) ; 100 000 hab. Ch.-l. *Corfou* (36 875 hab.). Port. Tourisme. — Son temple d'Artémis, au célèbre fronton orné de la Gorgone, constitue l'une des premières manifestations (v. 600) de l'architecture et de la sculpture grecques archaïques. (Importants fragments au musée.)

Corinne, poétesse grecque (fin du VIᵉ s. av. J.-C.). Originaire de Tanagra ou de Thèbes, elle fut la rivale de Pindare.

Corinth *(Lovis),* peintre et graveur allemand (Tapiau, Prusse-Orientale, 1858 - Zandwoort, Hollande, 1925). Réaliste puissant, marqué par la facture de Hals et par l'impressionnisme, il adopta, à partir de 1911-12, une touche éclatée et fougueuse (figures, paysages).

Corinthe, *en gr.* Kórinthos, cité grecque qui fut, grâce à sa position sur l'isthme, la métropole marchande et industrielle la plus riche de la Grèce archaïque (VIIᵉ-VIᵉ s.), et qui fonda de nombreuses colonies en Grèce d'Occident. Affaiblie par la guerre du Péloponnèse contre Athènes (431-404 av. J.-C.) et par sa lutte contre Sparte (395-391), elle retrouva un peu de son importance à l'époque hellénistique. Elle fut détruite en 146 av. J.-C. par les Romains puis devint la capitale de la province d'Achaïe. **GÉOGR.** C'est aujourd'hui un port situé sur le *golfe de Corinthe,* près du *canal de Corinthe* (6,3 km), percé à travers l'isthme du même nom, qui relie le Péloponnèse au reste de la Grèce ; 28 903 hab. *(Corinthiens).* **ARCHÉOL.** La ville archaïque devint le plus productif centre de céramique. Nombreux vestiges, dont le temple archaïque d'Apollon, la ville romaine, d'importantes installations portuaires, un sanctuaire d'Isis.

Coriolan, *en lat.* Gnaeus Marcius Coriolanus, général romain semi-légendaire (Vᵉ s. av. J.-C.). Vainqueur des Volsques (493 av. J.-C.), exilé pour avoir attenté aux droits de la plèbe, il prit Rome d'assaut. Seules les prières de sa mère et de son épouse l'arrêtèrent dans son désir de vengeance.

Coriolis *(Gaspard),* ingénieur et mathématicien français (Paris 1792 - *id.* 1843). Il a montré, en 1835, que l'expression de l'accélération d'un mobile dans un référentiel donné, en fonction de son accélération dans un second référentiel en rotation par rapport au premier, fait intervenir une accélération complémentaire (appelée aujourd'hui « accélération de Coriolis »), perpendiculaire à la vitesse du mobile dans le second référentiel. C'est ainsi que tous les corps en mouvement à la surface de la Terre sont soumis à une force déviatrice, produite par l'accélération complémentaire due à la rotation terrestre. Bien que faible, cette force, dite « de Coriolis », intervient avec les autres forces (force centrifuge, etc.) dans la détermination de la direction générale des vents et des courants marins en produisant une déviation vers l'Est (quel que soit l'hémisphère), et permet d'expliquer la rotation des ouragans.

Cork, *en gaélique* Corcaigh, port d'Irlande, sur la côte sud de l'île ; 127 024 hab.

Corliss *(George Henry),* ingénieur américain (Easton, New York, 1817 - Providence 1888). Il inventa et construisit (1849) la machine à vapeur qui porte son nom, caractérisée par un nouveau mode de distribution de la vapeur.

Cormack *(Allan MacLeod),* physicien américain d'origine sud-africaine (Johannesburg 1924). Avec G. N. Hounsfield, il a contribué au développement du scanner. (Prix Nobel de médecine 1979.)

Cornaro ou **Corner,** famille patricienne de Venise, dont sont issus quatre doges et **Catherine Cornaro** (Venise 1454 - *id.* 1510), femme de Jacques II de Lusignan, roi de Chypre. Souveraine de l'île (1473), elle abdiqua en 1489 en faveur de Venise.

Corne de l'Afrique, extrémité orientale de l'Afrique, sur l'océan Indien, autour du cap Guardafui (Somalie).

Corne d'Or *(la),* baie du Bosphore, à Istanbul.

Corneille *(Pierre),* poète dramatique français (Rouen 1606 - Paris 1684). Reçu avocat au parlement de Rouen en 1624, il préfère pourtant la carrière poétique et dramatique. De 1629 jusqu'à l'*Illusion comique,* en 1636, il semble se consacrer surtout à la comédie *(la Veuve,* 1631 ; *la Galerie du Palais,* 1631-32 ; *la Suivante,* 1632-33 ; *la Place Royale,* 1633-34), et fait partie des cinq auteurs qui travaillent sous la protection de Richelieu. C'est le succès de sa première tragédie, *Médée,* confirmé par le triomphe du *Cid*

(1637), qui infléchit sa carrière. Mais *le Cid* fut critiqué par les poètes rivaux et les théoriciens du théâtre parce que les règles de la tragédie n'y étaient pas observées, et Corneille s'incline après trois ans de querelle : il fera des tragédies « régulières » (*Horace*, 1640 ; *Cinna*, 1641 ; *Polyeucte*, 1642 ; *Rodogune*, 1644 ; *Héraclius*, 1647 ; *Nicomède*, 1651), entrecoupées de comédies (*le Menteur*, 1643 ; *Don Sanche d'Aragon*, 1650). Élu à l'Académie en 1647, mais découragé par l'échec de *Pertharite*, en 1651, il reste improductif durant sept ans et ne s'occupe que d'une traduction en vers de l'*Imitation de Jésus-Christ* (1656). En 1659, il tente de reconquérir son public et donne *la Toison d'or* (1661), *Sertorius* (1662), *Othon* (1664), *Attila* (1667), mais les suffrages vont maintenant à Racine, dont la *Bérénice* (1670) connaît un succès bien plus vif que *Tite et Bérénice*, que Corneille fait jouer la même année. Après *Pulchérie* (1672) et *Suréna* (1674), mal accueilli, il cesse d'écrire pour se consacrer à l'édition complète de son théâtre (1682).

Si la liberté, la volonté et la gloire forment le ressort des quatre plus grandes pièces de Corneille (*le Cid, Cinna, Horace, Polyeucte*), une extrême diversité, la liberté qu'il prit avec les « règles » de son temps, enfin la peinture des caractères de ses personnages, chez lesquels se mêlent l'excellence et la gloire, le moi et l'abnégation, l'héroïsme et le déchirement, caractérisent l'ensemble de son œuvre.

— Le Cid (1637) : pour venger l'honneur de son père, Rodrigue est obligé de tuer le père de Chimène, sa fiancée ; celle-ci poursuit le meurtrier, sans cesser de l'aimer. Au dilemme de Rodrigue (se venger, c'est perdre Chimène ; ne pas se venger, c'est perdre la gloire, et donc aussi perdre Chimène) répond le dilemme de Chimène (aimer, c'est s'oublier ; haïr, c'est oublier la gloire de Rodrigue, et donc mépriser toute gloire). En autorisant un duel judiciaire dont Rodrigue sort victorieux, le roi met fin à l'impasse et laisse espérer au héros de pouvoir un jour épouser Chimène.

Corneille *(Thomas),* poète dramatique français (Rouen 1625 - Les Andelys 1709). Frère de Pierre Corneille, il fut l'auteur de tragédies (*Timocrate,* 1656), de comédies et de travaux lexicographiques. (Acad. fr. 1685.)

Cornelia, fille de Scipion l'Africain et mère des Gracques (v. 189 - v. 110 av. J.-C.), type idéal de la femme romaine.

Cornelius Nepos, historien latin (Gaule Cisalpine v. 99 - v. 24 av. J.-C.), auteur du *De excellentibus ducibus (Vie des grands capitaines)*. Tous ses personnages sont des symboles édifiants.

Corn Laws (« lois sur le blé »), législation britannique protégeant la production céréalière nationale. Sur leur pied au XVIIᵉ siècle et renforcée en 1815, elle suscita à partir de 1838 un mouvement de protestation dirigé par l'*Anti Corn Law League,* fondée par R. Cobden, et fut abolie en 1849.

Cornouaille, région de la Bretagne (Finistère). V. princ. *Quimper.*

Cornouailles → Cornwall.

Cornwall, *en fr.* Cornouailles, extrémité sud-ouest de l'Angleterre. Longue péninsule aux côtes découpées.

Cornwallis *(Charles),* général et administrateur britannique (Londres 1738 - Ghazipur, Uttar Pradesh, 1805). Il dut capituler devant les Américains à Yorktown (1781). Commandant en chef pour l'Inde, il soumit Tippoo Sahib (1792). Vice-roi d'Irlande, il en réprima la rébellion (1798).

Corogne (La), en esp. **La Coruña,** port d'Espagne (Galice), sur l'Atlantique ; 246 953 hab.

Coromandel *(côte de),* côte orientale de l'Inde, sur le golfe du Bengale. — Aux XVIIᵉ et XVIIIᵉ siècles, centre d'exportation vers l'Europe de laques importés de Chine.

Corot *(Jean-Baptiste Camille),* peintre français (Paris 1796 - id. 1875). Élève des paysagistes néoclassiques A.-E. Michallon puis J.-V. Bertin, il pratiquera toute sa vie le paysage d'après nature, en Italie (1825-1828, 1834, 1843) et en France (Ville-d'Avray, Mantes, forêt de Fontainebleau, Normandie, Arras et Douai, etc.). L'exemple des Hollandais du XVIIᵉ siècle et des pleinairistes anglais contemporains lui apprend à saisir les variations atmosphériques. L'Italie développe son acuité, son sens des valeurs et d'une harmonie sereine. Ces différents aspects s'épanouissent dans les peintures d'après nature les plus audacieuses (*Rome, la Trinité des Monts,* les deux vues de *Volterra, le Beffroi de Douai,* au Louvre) mais aussi dans les paysages composés à l'atelier (*le Pont de Narni,* Salon de 1827, Gal. nat., Ottawa) ou réinventés pour des compositions historiques ou religieuses (*Homère et les bergers,* 1845, Saint-Lô) et, à partir de 1850, dans les paysages lyriques (*Souvenir de Mortefontaine,* 1864, Louvre), d'un romantisme poétique qui a fait la célébrité du peintre, malgré le caractère parfois répétitif de la formule. Les portraits et figures offrent le même riche éventail de facture (*Claire Sennegon*, 1837, Louvre ; *l'Odalisque romaine*, dite *Marietta*, 1843, Petit Palais, Paris ; série des *Jeunes Femmes dans l'atelier*).

Corpus Christi, port des États-Unis (Texas) ; 257 453 hab. Raffinage du pétrole.

Corrège (*Antonio* Allegri, dit il Correggio, en fr. [le]), peintre italien (Correggio, près de Parme, v. 1489 - *id.* 1534). Son coloris précieux doit quelque chose aux peintres de Ferrare (Dosso Dossi), sa science des volumes et de la perspective, à l'art de Mantegna, connu à Mantoue. Dès sa jeunesse, il adoucit les formes héritées du quattrocento par un clair-obscur emprunté à Léonard. En 1518, il connaît, à Rome, les œuvres de Michel-Ange et de Raphaël. Fixé à Parme, il donne sa mesure dans les fresques de l'église S. Giovanni Evangelista (1520-1523), notamment la *Vision de saint Jean* de la coupole, avec son effet nouveau d'un espace céleste infini où flotte le Christ. Selon le même principe mais avec plus de virtuosité, il exécute de 1526 à 1530 son chef-d'œuvre, la tourbillonnante *Assomption* de la coupole de la cathédrale de Parme. D'une grâce exquise sont les grands tableaux d'autel (*Madonna di san Girolamo*, Gal. nat. de Parme) et les toiles mythologiques des dernières années (*Io* et *Ganymède*, Vienne). Son œuvre exercera une influence considérable sur les générations maniéristes, sur le baroque et au-delà.

Correspondance littéraire, chronique adressée depuis Paris, de 1753 à 1790, à des souverains étrangers pour les renseigner sur la vie culturelle en France. Commencée par l'abbé Raynal, elle fut continuée par Grimm, Diderot et J.-H. Meister.

Corrèze [19], dép. de la Région Limousin ; ch.-l. de dép. *Tulle* ; ch.-l. d'arr. *Brive-la-Gaillarde, Ussel* ; 3 arr., 37 cant., 286 comm. ; 5 857 km² ; 237 908 hab. *(Corréziens).* Il est rattaché à l'académie et à la cour d'appel de Limoges et à la région militaire Atlantique.

Corrientes, v. de l'Argentine, ch.-l. de prov., sur le haut Paraná ; 267 742 hab.

Corriere della Sera, quotidien milanais de tendance libérale progressiste, fondé en 1876 par E. Torelli-Viollier.

Corse, île française de la Méditerranée, formant une collectivité territoriale (8 680 km² ; 250 371 hab. [*Corses*]. Ch.-l. *Ajaccio*). Elle est divisée en deux départements, la Corse-du-Sud (2A) [4 014 km² ; 118 808 hab. ; ch.-l. *Ajac-*

cio ; 2 arrond. (*Ajaccio, Sartène*), 22 cant. et 124 comm.] et la *Haute-Corse* (2B) [4 666 km² ; 131 563 hab. ; ch.-l. *Bastia* ; 3 arrond. (*Bastia, Calvi, Corte*), 30 cant. et 236 comm.]. La Corse forme une académie (dont le siège est à Ajaccio), appartient à la circonscription judiciaire de Bastia, à la région militaire Méditerranée et à la province ecclésiastique d'Aix-en-Provence.

GÉOGRAPHIE

L'« île de Beauté » possède un relief montagneux : de nombreux sommets, dont le Cinto, dépassent 2 000 m. Le climat est méditerranéen, avec des étés chauds et secs, et influencé par l'altitude : pluviosité croissant avec la vigueur du relief, hivers rudes dans l'intérieur. L'île est couverte en grande partie par le maquis, étendu, aux dépens de la forêt, par les incendies provoqués souvent par les bergers, soucieux d'accroître les pâturages.

L'élevage ovin et caprin (lait pour la fabrication du roquefort) a cependant décliné. La viticulture et l'agrumiculture (clémentines), développées avec la mise en valeur de la plaine orientale, sont, avec le tourisme estival et balnéaire, les fondements de l'économie. Celle-ci est caractérisée encore par la faiblesse de l'industrialisation (sauf de l'agroalimentaire), liée à la pauvreté du sous-sol, à l'étroitesse du marché de consommation, plus globalement à l'insularité. Elle contribue à expliquer la faible densité (moins du tiers de la moyenne nationale) et une longue émigration. La population, qui comporte aujourd'hui des minorités notables de rapatriés d'Afrique du Nord et de Maghrébins, a fui la montagne, se concentrant ponctuellement sur le littoral, notamment à Ajaccio et à Bastia. Les deux agglomérations regroupent ensemble près de la moitié de la population de l'île. Corte et Sartène sont les seules villes de l'intérieur.

HISTOIRE

Peuplée dès la préhistoire, la Corse est occupée par les Grecs de Phocée avant d'être colonisée par les Romains au IIIe s. av. J.-C. Administrée par Byzance, puis par le Saint-Siège à partir du VIIIe siècle, elle subit les incursions des Sarrasins puis passe sous l'autorité de l'archevêque de Pise en 1077. Les Pisans sont concurrencés par les Génois, qui les supplantent à la fin du XIIIe siècle ; en 1347, la Corse passe sous la souveraineté de la République de Gênes pour quatre siècles. Mais cette autorité est sans cesse contestée par des révoltes insulaires, qui favorisent l'intervention de la France. Au XVIIIe siècle, Paoli lutte pour l'indépendance corse, mais ne peut empêcher la cession de l'île à la

France (1768) ; en 1789, la Constituante décrète que l'île fait partie intégrante de la France. À partir du milieu du XIXe siècle, un mouvement régionaliste se développe, axé sur la sauvegarde de la langue corse. Occupée par l'armée italienne en novembre 1942, l'île est libérée en 1943. Depuis les années 1960, les courants autonomistes et indépendantistes se renforcent, ayant parfois recours à l'action violente. En 1982, la Corse est érigée en Région et élit sa première assemblée régionale au suffrage universel. En 1991, elle devient une collectivité territoriale à statut particulier. En 1995, les diverses tendances de la mouvance nationaliste s'affrontent avec une violence accrue.

Corse *(cap),* péninsule formant la partie nord de l'île de Corse.

Cortázar *(Julio),* écrivain argentin naturalisé français (Bruxelles 1914 - Paris 1984). Son œuvre tourne autour de trois grands axes : le fantastique de ses nouvelles (*Octaèdre,* 1974), l'engagement politique (*le Livre de Manuel,* 1974) et la recherche formelle de ses romans (*les Gagnants,* 1949 ; *Marelle,* 1963) il a contribué au renouveau de la prose en Amérique latine.

Corte, ch.-l. d'arr. de la Haute-Corse, dans le centre de l'île ; 6 065 hab. *(Cortenais).* Université. Musée d'histoire corse. — Citadelle haut perchée en partie du XVe siècle (musée).

Cortés *(Hernán),* conquérant espagnol du Mexique (Medellín, Estrémadure, 1485 - Castilleja de la Cuesta 1547). L'un des premiers conquistadors, il part en 1519 à la conquête du Mexique et détruit l'Empire aztèque de Moctezuma (1521). Il est alors nommé par Charles Quint gouverneur général de la Nouvelle-Espagne (partie septentrionale de l'Empire espagnol). Rentré en Espagne en 1540, il tombe en disgrâce.

Cortina d'Ampezzo, v. d'Italie (Vénétie) ; 7 095 hab. Station de sports d'hiver des Dolomites (alt. 1 224 - 3 243 m).

Cortone *(Pierre de)* → **Pierre de Cortone.**

Cortot *(Alfred),* pianiste et chef d'orchestre français (Nyon, Suisse, 1877 - Lausanne 1962). En 1905, avec Thibaud et Casals, il fonda un trio qui connut une renommée internationale. Cofondateur, avec A. Mangeot, de l'École normale de musique, il fut professeur au Conservatoire de Paris de 1907 à 1920. Ses interprétations des œuvres de Chopin et de Schumann restent inoubliables.

Corvin *(Mathias)* → **Mathias Ier.**

Corvisart *(baron Jean),* médecin français (Dricourt, Ardennes, 1755 - Paris 1821). Il

fut médecin de Napoléon Ier. Il adopta la méthode anatomo-clinique, fut reconnu comme un grand clinicien et fit progresser la cardiologie.

Cos, *en gr.* Kós, île grecque du Dodécanèse. Ch.-l. *Cos.* — Vestiges d'un fameux sanctuaire d'Asclépios.

Cosaques, population des confins méridionaux de la Russie, formée de paysans libres et de soldats en majorité slaves qui défendaient les frontières russes et polonaises contre les Turcs et les Tatars. Soumis à la Russie depuis 1654, ils encadrèrent cependant les révoltes paysannes des XVIIe et XVIIIe siècles (notamment sous la direction de Pougatchev). Au XIXe siècle, ils avaient perdu leur autonomie et étaient devenus des paysans libres astreints au service militaire, membres de régiments spéciaux de la cavalerie russe (XIXe - début du XXe s.). À partir de 1917, ils s'engagèrent majoritairement dans les armées blanches.

Cosenza, v. d'Italie (Calabre), ch.-l. de prov. ; 87 140 hab. — Cathédrale des XIIe-XIIIe siècles et autres monuments.

Cosgrave *(William Thomas),* homme politique irlandais (Dublin 1880 - *id.* 1965). Chef de la fraction modérée du Sinn Féin, président du Conseil exécutif de l'État libre (1922-1932), il conserva jusqu'en 1944 la direction de son parti, devenu le Fine Gael. Son fils **Liam** (Templeogue, comté de Dublin, 1920), leader du Fine Gael de 1965 à 1977, fut Premier ministre de la République d'Irlande de 1973 à 1977.

Cosimo *(Piero di)* → **Piero di Cosimo.**

Cosne-Cours-sur-Loire, ch.-l. d'arr. de la Nièvre, sur la Loire ; 12 429 hab. *(Cosnois).* Constructions mécaniques. — Deux églises médiévales.

Cosquer *(grotte),* grotte sous-marine du cap Morgiou, à 12 km au S.-E. de Marseille. Découverte, en 1991, par le scaphandrier Henri Cosquer, située à 37 m au-dessous du niveau de la mer, elle abrite des peintures paléolithiques remarquables par leur ancienneté (v. 28000 av. J.-C.) et leur caractère unique — actuellement — dans le sud-est de la France.

Cossé-Brissac → **Brissac.**

Cossiga *(Francesco),* homme d'État italien (Sassari 1928). Démocrate-chrétien, président de la République à partir de 1985, il démissionne en 1992.

Costa Brava, littoral de l'Espagne (Catalogne), sur la Méditerranée, au nord de l'embouchure du río Tordera. Tourisme.

Costa del Sol, littoral de l'Espagne, sur la Méditerranée, de part et d'autre de Málaga.

Costa-Gavras *(Konstandínos* Gavras, dit*),* cinéaste français d'origine grecque (Athènes 1933). Représentant du « cinéma engagé » post-68, il a évolué vers une réflexion sur le pouvoir, s'inspirant d'événements politiques contemporains : *Z* (1969), *l'Aveu* (1970), *Music Box* (1990).

Costa Rica, État de l'Amérique centrale, entre le Panamá et le Nicaragua ; 51 000 km² ; 3 100 000 hab. *(Costaricains* ou *Costariciens).* CAP. *San José.* LANGUE : *espagnol.* MONNAIE : *colón.*

GÉOGRAPHIE

Les hautes terres centrales, cordillères coupées de dépressions (Vallée centrale), sont le foyer de peuplement du pays. Elles séparent, sous un climat tropical, les plaines basses et pluvieuses de la mer des Antilles des plaines et plateaux du littoral pacifique, abrités (saison sèche de 4 à 5 mois). Pays agricole qui tente la mise en valeur des terres chaudes périphériques, le Costa Rica exporte surtout du café, des bananes et des ananas. Cependant, l'instauration du Marché commun centre-américain a favorisé l'essor de l'industrie (biens de consommation).

HISTOIRE

1502. Colomb reconnaît la côte orientale du pays.

Intégrée à l'Empire espagnol, la colonie est dès l'origine un pays de population en majorité blanche.

1821. Indépendance du Costa Rica.

1839. Après avoir appartenu à la fédération des Provinces-Unies d'Amérique centrale (1823-1838), le Costa Rica devient un État souverain.

L'expansion de la culture du caféier apporte la prospérité économique et permet une vie démocratique durable. Mais l'introduction de la culture du bananier sous l'impulsion de la société américaine United Fruit place le pays sous la dépendance des États-Unis. Après la guerre civile (1948-49), des présidents des deux principaux partis, dont José Figueres Ferrer (président de 1953 à 1958, puis de 1970 à 1974), alternent au pouvoir.

Costeley *(Guillaume),* compositeur et organiste français (Pont-Audemer ? v. 1531 - Évreux 1606), auteur de chansons polyphoniques.

Costes *(Dieudonné),* aviateur français (Septfonds, Tarn-et-Garonne, 1892 - Paris 1973). Il effectua un tour du monde aérien avec Joseph Le Brix (1927-28) et réussit, avec Maurice Bellonte, la première liaison aérienne Paris - New York sans escale à bord du Breguet XIX *Point-d'Interrogation* (1er-2 sept. 1930).

Côte d'Amour, nom donné au littoral atlantique de la région de La Baule-Escoublac.

Côte d'Argent, partie du littoral français, sur l'Atlantique, entre l'embouchure de la Gironde et celle de la Bidassoa.

Côte d'Azur, nom donné à une partie des côtes françaises de la Méditerranée, entre la frontière italienne et Cassis. C'est la première région touristique française, grâce à un climat chaud et ensoleillé en été (tourisme balnéaire), doux en hiver, dans une situation d'abri (au S. des montagnes de Provence et des Alpes). L'urbanisation a conquis la frange littorale (notamment de part et d'autre de Nice, capitale de la Côte d'Azur) et une partie de l'arrière-pays.

Côte-de-l'Or, *en angl.* Gold Coast, ancien nom du Ghana.

Côte d'Émeraude, littoral de la Manche, vers Dinard et Saint-Malo.

Côte d'Ivoire, État de l'Afrique occidentale, sur la côte nord du golfe de Guinée ; 322 000 km² ; 12 500 000 hab. *(Ivoiriens).* CAP. *Yamoussoukro.* V. princ. *Abidjan.* LANGUE : *français.* MONNAIE : *franc C. F. A.*

GÉOGRAPHIE

Pays chaud, de plaines au climat équatorial au S., de plateaux plus secs vers le N., la Côte d'Ivoire, dans le contexte d'un certain libéralisme économique et de stabilité politique, a développé une agriculture de plantation, qui constitue encore sa ressource essentielle et la base de la seule grande branche industrielle, l'agroalimentaire. La Côte d'Ivoire figure parmi les principaux producteurs de cacao, de café, d'huile de palme ; elle fournit encore de notables quantités de fruits tropicaux (agrumes, bananes), de coton, un peu de caoutchouc, de tabac et de sucre. Le manioc, le mil et le riz sont les grandes cultures vivrières. La sylviculture s'est développée, ainsi que la pêche. Le sous-sol est moins riche, malgré l'essor relatif de l'extraction pétrolière, et l'hydroélectricité (souffrant parfois, comme le modeste élevage, de la sécheresse) assure la majeure partie de la production d'électricité.

La population, ethniquement variée, jeune (fort accroissement naturel), se concentre dans le Sud-Est (vers Abidjan), malgré le développement de Yamoussoukro et de San Pedro. Elle demeure encore à majorité rurale, liée à l'agriculture, dont la prospérité dépend largement des cours variables des produits exportés (et importés), fragilisant une économie ouverte caractérisée encore par un notable endettement extérieur. Les échanges commerciaux, dirigés surtout vers la C.E.E. (vers la France d'abord, qui demeure aussi le premier fournisseur), sont en général à peu près équilibrés, et le tourisme international apporte des revenus complémentaires.

HISTOIRE

Peuplé d'ethnies très différentes, le territoire est principalement dominé au XVIIIᵉ s. par les Mandingues, peuples islamisés apparus dans le nord du pays au XVIᵉ s. et fondateurs d'un puissant empire, et les Achanti, dont le royaume s'étend au sud-est du pays.

1889. Présents sur la côte depuis la fin du XVIIᵉ s., les Français imposent leur protectorat, sous l'autorité de Binger.

1893. Création de la colonie de la Côte d'Ivoire, bientôt rattachée à l'Afrique-Occidentale française. Les plantations de cacaoyers et de caféiers se développent rapidement.

1958. La colonie devient une république, membre de la Communauté française.

1960. La République de Côte d'Ivoire acquiert sa totale indépendance.
Elle est alors dirigée par le président Houphouët-Boigny, jusqu'à sa mort en 1993. Le président de l'Assemblée nationale, Henri Konan Bédié, lui succède.

1995. Une élection présidentielle confirme H. K. Bédié à la tête de l'État.

Côte d'Opale, partie du littoral français entre Dunkerque et Le Tréport.

Côte d'Or, ligne de hauteurs de Bourgogne, dominant à l'ouest la plaine de la Saône et couvertes de vignobles réputés.

Côte-d'Or [21], dép. de la Région Bourgogne ; ch.-l. de dép. *Dijon* ; ch.-l. d'arr. *Beaune, Montbard* ; 3 arr., 43 cant., 707 comm. ; 8 763 km² ; 493 866 hab. Il est rattaché à l'académie et à la cour d'appel de Dijon et à la région militaire Nord-Est.

Cotentin *(le),* presqu'île de la Normandie occidentale, qui s'avance dans la Manche (dép. de la Manche). Élevage bovin. Industrie nucléaire (vers Flamanville et la Hague).

Côtes-d'Armor [22], jusqu'en 1990 Côtes-du-Nord, dép. de la Région Bretagne ; ch.-l. de dép. *Saint-Brieuc* ; ch.-l. d'arr. *Dinan, Guingamp, Lannion* ; 4 arr., 52 cant., 372 comm. ; 6 878 km² ; 538 395 hab. Il est rattaché à l'académie et à la cour d'appel de Rennes, et à la région militaire Atlantique.

Côte Vermeille, littoral français de la Méditerranée, de Collioure à Cerbère.

Coton *(le P. Pierre),* jésuite français (près de Néronde 1564 - Paris 1626). Confesseur d'Henri IV puis de Louis XIII, il fut disgracié après la mort de Concini (1617).

Cotonou, principal port et la plus grande ville du Bénin ; 487 000 hab.

Cotopaxi, volcan actif des Andes (Équateur) ; 5 897 m.

Cottbus, v. d'Allemagne (Brandebourg), sur la Spree ; 128 943 hab. Textile. — Monuments du XIVᵉ au XVIIIᵉ siècle.

Cotte *(Robert de),* architecte français (Paris 1656 - id. 1735). Collaborateur de J. H.-Mansart, architecte du roi (1689), puis premier architecte (1708), il fut un des créateurs du style « Régence », alliant une grâce nouvelle à la majesté du style « Louis XIV ». (Hôtels à Paris ; château des Rohan à Strasbourg, 1731-1742 ; nombreux projets pour l'étranger.)

Cottereau *(les quatre frères),* ou **frères Chouan,** artisans en 1793, dans le bas Maine, de l'insurrection dite « chouannerie ». Les trois aînés (Pierre, Jean et François) moururent au combat ou guillotinés ; le plus jeune, René, survécut (1764-1846).

Cotton *(Aimé),* physicien français (Bourg-en-Bresse 1869 - Sèvres 1951). Il découvrit le dichroïsme circulaire et la biréfringence des liquides placés dans des champs magnétiques intenses. Il inventa la balance (qui porte son nom) pour la mesure des champs magnétiques.

Coty *(René),* homme d'État français (Le Havre 1882 - id. 1962). Il fut président de la IVᵉ République de 1954 à 1958 et transmit ses fonctions présidentielles au général de Gaulle.

Coubertin *(Pierre de)* [Paris 1863 - Genève 1937], rénovateur des jeux Olympiques.

Coubre *(pointe de la),* extrémité nord de l'embouchure de la Gironde.

Coudekerque-Branche, ch.-l. de c. du Nord, banlieue de Dunkerque ; 23 820 hab. *(Coudekerquois.)*

Coudenhove-Kalergi *(comte Richard),* diplomate autrichien (Tokyo 1894 - Schruns 1972). Fondateur de l'Union paneuropéenne (1923), il prépara la création du Conseil de l'Europe (1949).

Coulomb *(Charles de),* physicien français (Angoulême 1736 - Paris 1806). Après des études sur le frottement et la torsion, il établit les bases expérimentales et théoriques du magnétisme et de l'électrostatique, notamment la loi selon laquelle les forces exercées l'une sur l'autre par deux charges électriques ponctuelles, situées dans un diélectrique homogène, sont égales et opposées, dirigées suivant la droite qui les joint, proportionnelles aux charges et inversement proportionnelles au carré de leur distance (loi de Coulomb). Il développa la théorie de l'électrisation superficielle des conducteurs, énonça l'effet d'écran électrique produit par les conducteurs creux et introduisit en 1789 la notion de moment magnétique.

Coulommiers, ch.-l. de c. de Seine-et-Marne, sur le Grand Morin ; 13 405 hab. (Columériens). Fromages. Industries alimentaires et mécaniques. — Restes d'une commanderie de Templiers (XIIIᵉ-XVIᵉ s.) et d'un château (XVIIᵉ s.). Musée.

Coumans, peuple turc qui occupa les steppes entre le Dniepr et la Volga à partir du XIᵉ siècle.

Counaxa ou **Cunaxa** (bataille de) [401 av. J.-C.], bataille au cours de laquelle Cyrus le Jeune fut tué par son frère Artaxerxès II, près de Babylone. (→ Dix Mille [retraite des].)

Couper (Archibald Scott), chimiste britannique (Kirkintilloch, près de Glasgow, 1831 - id. 1892). Il a découvert en même temps que Kekulé, et de façon indépendante, la tétravalence du carbone et fut l'un des fondateurs de la chimie organique moderne (1858).

Couperin, nom d'une dynastie de musiciens français. **Louis,** violiste, claveciniste, organiste (Chaumes-en-Brie v. 1626 - Paris 1661), a laissé des fantaisies pour viole, des pièces de clavecin et 70 pièces pour orgue. Son neveu **François,** dit le Grand (Paris 1668 - id. 1733), organiste de Saint-Gervais à partir de 1685, puis maître de clavecin de nombreux nobles et princes, claveciniste du roi (1717), a laissé, outre de la musique religieuse (Leçons de ténèbres, 1713-1717 ; deux messes pour orgue, 1690), 14 Concerts royaux, 4 livres de pièces de clavecin (1713, 1717, 1722, 1730), un Art de toucher le clavecin (1716), de nombreuses sonates à trois, des suites pour viole, des Airs sérieux (1697-1712). Il a réussi une synthèse des esthétiques française et italienne. Son œuvre de clavecin (240 pièces) témoigne d'une absolue maîtrise.

Couperus (Louis), écrivain néerlandais (La Haye 1863 - De Steeg 1923). Il fut l'unique représentant du symbolisme décadent aux Pays-Bas.

Courbet (Amédée Anatole), amiral français (Abbeville 1827 - Les Pescadores 1885). Il établit le protectorat français sur l'Annam (1883) et combattit les Pavillons-Noirs et les Chinois.

Courbet (Gustave), peintre français (Ornans 1819 - La Tour-de-Peilz, Suisse, 1877). Venu à Paris en 1839, il copie les maîtres au Louvre (Vénitiens, Espagnols, Hollandais). Sa première manière est marquée par ces travaux de formation, notamment dans ses autoportraits (Courbet au chien noir, 1844, Petit Palais, Paris) et ses toiles « romantiques » (les Amants dans la campagne, 1844, musée de Lyon). Mais, avec la monumentale scène villageoise qu'est Un enterrement à Ornans (1849-50, musée d'Orsay), avec des paysages d'une réalité précise où s'intègrent des figures (la Rencontre, 1854, Montpellier), il aborde la recherche de la vérité des personnages et des situations qui fonde son réalisme. Celui-ci, dont il propose une synthèse allégorique avec l'Atelier du peintre (1854-55, musée d'Orsay), et sa liberté d'opinion déplaisent : ses grands tableaux-manifestes sont refusés à l'Exposition universelle de 1855, ses nus féminins font scandale (les Baigneuses, 1853, Montpellier). Néanmoins, avec ses morceaux de nature, scènes de chasse (la Remise de chevreuils, 1866, musée d'Orsay) ou paysages (la Falaise d'Étretat, 1870, ibid.) d'une matière-couleur riche et grasse, avec les moins provocants de ses nus, il force le succès. En 1870, il s'engage aux côtés des Communards. L'écrasement de la Commune le mène en prison, pour avoir poussé au renversement de la colonne Vendôme. Condamné à payer les frais de restauration du symbole impérial, privé de tous ses biens, il s'exile en Suisse.

Courbevoie, ch.-l. de c. des Hauts-de-Seine, sur la Seine, au nord-ouest de Paris ; 65 649 hab. (Courbevoisiens). Centre industriel. — Église néoclassique. Musée Roybet-Fould (œuvres de J.-B. Carpeaux).

Courchevel, station de sports d'hiver (alt. 1 500 - 3 500 m) de la Savoie (comm. de Saint-Bon-Tarentaise), dans la Vanoise.

Cour de cassation, juridiction suprême de l'ordre judiciaire, chargée de statuer sur les pourvois en cassation formés contre les décisions en dernier ressort qui lui sont déférées. Elle juge les questions de droit et non les faits. En cas de cassation, l'affaire est renvoyée devant une juridiction de même nature que celle dont émane la décision cassée.

**Cour de discipline budgétaire et finan-
cière,** juridiction administrative créée en
1948, qui sanctionne la gestion financière
des ordonnateurs de fonds publics.

Cour de justice *(Haute),* organe composé de
députés et de sénateurs, chargé de juger le
président de la République en cas de haute
trahison, sur mise en accusation du Parlement.

Cour de justice de la République, organe,
créé en 1993, composé de magistrats et de
parlementaires, chargé de juger les ministres
pour les crimes et délits commis dans l'exercice de leurs fonctions.

**Cour de justice des Communautés euro-
péennes** → **Communautés européennes.**

Cour des comptes, juridiction administrative créée en 1807, qui a pour mission de
juger les comptes des comptables publics,
de contrôler la gestion des fonds publics et
les comptes des entreprises publiques. En
1982, les lois de décentralisation ont créé
des chambres régionales des comptes qui
effectuent désormais le contrôle des comptes des collectivités locales et des établissements publics locaux.

**Cour européenne des droits de
l'homme,** juridiction internationale créée
en 1959, organe judiciaire du Conseil de
l'Europe.

Courier *(Paul-Louis),* écrivain français (Paris
1772 - Véretz, Indre-et-Loire, 1825). Il est
l'auteur de pamphlets contre la Restauration et de *Lettres écrites de France et d'Italie*
(1828).

Cour internationale de justice, juridiction
des Nations unies, composée de 15 membres
élus pour 9 ans et qui juge les différends
entre États. Siège : La Haye.

Courlande, région de la Lettonie, à l'ouest
du golfe de Riga.

Courmayeur, comm. d'Italie (Val d'Aoste),
sur la Doire Baltée, au pied du mont Blanc ;
2 471 hab. Station de sports d'hiver (alt.
1 224 - 3 456 m) et centre d'alpinisme, près
du débouché du tunnel du Mont-Blanc.

Cournand *(André),* médecin américain d'origine française (Paris 1895 - Great Barrington, Massachusetts, 1988). Installé aux
États-Unis après 1930, où il enseigna, il réalisa des recherches sur l'insuffisance cardiaque. (Prix Nobel 1956.)

Courneuve (La), ch.-l. de c. de la Seine-Saint-
Denis, au nord-est de Paris ; 34 351 hab. Centre industriel. Parc départemental.

Cournot *(Antoine Augustin),* économiste,
mathématicien et philosophe français (Gray

1801 - Paris 1877). Ses travaux sont à la base
de la théorie mathématique de l'économie
et font de lui un précurseur de l'épistémologie.

Cour permanente d'arbitrage, juridiction
internationale créée à La Haye en 1899 pour
favoriser l'arbitrage des différends internationaux.

Courrèges *(André),* couturier français (Pau
1923). Il a lancé la minijupe en France en
1965 et s'est imposé par un style très architecturé.

Cour supérieure d'arbitrage, juridiction
française créée en 1938, réorganisée en
1950, chargée d'examiner les sentences arbi-
trales rendues en matière de droit du travail
qui lui sont déférées.

Cour suprême des États-Unis, juridiction
fédérale américaine la plus élevée (9 membres nommés à vie par le président des
États-Unis), chargée de contrôler la consti-
tutionnalité des lois.

Courteline *(Georges Moinaux, dit Georges),* écrivain français (Tours 1858 - Paris
1929). Il est l'auteur de récits (*le Train de
8 h 47,* 1888 ; *Messieurs les ronds-de-cuir,*
1893) et de comédies (*Boubouroche,* 1893 ; *la
Paix chez soi,* 1903) qui représentent avec
ironie l'absurdité de la vie bourgeoise et
administrative.

Courtenay *(maison de),* famille française
issue du frère cadet de Louis VII, qui a
fourni, à l'époque des croisades, des comtes
à Édesse et trois empereurs latins de Constantinople : Pierre II, Robert Ier et Baudouin II.

Courtois *(Bernard),* chimiste et pharmacien
français (Dijon 1777 - Paris 1838). Il isola la
morphine de l'opium et, en 1811, découvrit
l'iode.

Courtois *(Jacques),* dit il Borgognone, peintre
français (Saint-Hippolyte, Franche-Comté,
1621 - Rome 1675). Fixé à Rome vers 1640, il
se fit une brillante réputation comme peintre
de batailles, dont il savait saisir, de l'intérieur,
les épisodes les plus fougueux.

Courtrai, *en néerl.* Kortrijk, v. de Belgique,
ch.-l. d'arr. de la Flandre-Occidentale, sur la
Lys ; 76 141 hab. Textile. — Monuments
du XIIIe au XVIe siècle. Musée des Beaux-Arts,
d'Archéologie et des Arts décoratifs.

Courtrai *(bataille de)* [11 juill. 1302], défaite
de l'armée de Philippe IV le Bel devant les
milices flamandes.

Couserans *(le),* région des Pyrénées centrales (Ariège), dans le bassin supérieur du
Salat.

Cousin *(Jean),* dit le Père, peintre français (Sens v. 1490 - Paris ? v. 1560). Célèbre en son temps, il a donné des cartons de vitraux et de tapisseries (cathédrale de Langres : deux pièces de la *Vie de saint Mammès*), des dessins, gravures, peintures (*Eva Prima Pandora,* Louvre) ainsi que des traités théoriques (*Livre de perspective,* 1560). Son style, élégant et monumental, se retrouve avec plus de maniérisme dans l'œuvre de son fils **Jean**, dit le Fils (Sens v. 1522 - Paris v. 1594).

Cousin *(Victor),* philosophe français (Paris 1792 - Cannes 1867). Il dirigea l'École normale sous la monarchie de Juillet et fut ministre de l'Instruction publique dans le cabinet Thiers (1840). Spiritualiste, il est le représentant le plus significatif de l'éclectisme en philosophie. Il a notamment écrit *Du vrai, du beau et du bien* (1853). [Acad. fr. 1830.]

Cousteau *(Jacques-Yves),* officier de marine, océanographe et cinéaste français (Saint-André-de-Cubzac 1910). Il a réalisé, avec E. Gagnan, un scaphandre autonome et conduit plusieurs campagnes océanographiques à bord de la *Calypso.* Il a tourné de nombreux films, dont *le Monde du silence* (1955), *le Monde sans soleil* (1964). [Acad. fr. 1988.]

Coustou, famille de sculpteurs français. Les frères **Nicolas** (Lyon 1658 - Paris 1733) et **Guillaume** (Lyon 1677 - Paris 1746), neveux et élèves de Coyzevox, ont évolué du style Louis XIV vers une expression parmi les plus brillantes du style rocaille. Ils ont travaillé à Versailles, aux Invalides, à Marly (*la Seine* et *la Marne* [auj. aux Tuileries] par Nicolas, les célèbres *Chevaux de Marly* [1740-1745, moulages place de la Concorde, originaux au Louvre] par Guillaume) ainsi qu'au « vœu de Louis XIII » à N.-D. de Paris (1712-1723 : *Pietà* par Nicolas, *Louis XIII* par Guillaume). **Guillaume II** (Paris 1716 - *id.* 1777), fils de Guillaume, annonce le néoclassicisme (monument funéraire du Dauphin, 1766-1777, cathédrale de Sens).

Coutances, ch.-l. d'arr. de la Manche, au sud-ouest de Saint-Lô ; 11 827 hab. (*Coutançais).* Évêché. Marché. — Cathédrale (surtout du XIIIᵉ s.), de style gothique normand très élancé ; tour-lanterne. Églises St-Nicolas et St-Pierre. Musée.

Couthon *(Georges),* homme politique français (Orcet, Puy-de-Dôme, 1755 - Paris 1794). Il forma avec Robespierre et Saint-Just une sorte de triumvirat, réprima l'insurrection de Lyon (1793) et fit voter la loi du 22 prairial (10 juin 1794) instituant la « Grande Terreur ». Il fut guillotiné au lendemain de la chute de Robespierre.

Couture *(Thomas),* peintre français (Senlis 1815 - Villiers-le-Bel 1879). Académiste éclectique (*les Romains de la décadence,* 1847, musée d'Orsay), il forma dans son atelier de nombreux élèves français et étrangers.

Couve de Murville *(Maurice),* homme politique français (Reims 1907). Ministre des Affaires étrangères (1958-1968), il a été Premier ministre en 1968-69.

Coventry, v. de Grande-Bretagne, dans les Midlands ; 292 600 hab. Université. Constructions mécaniques. — Cathédrale (1954-1962).

Covilhã *(Pêro* da), voyageur portugais (Covilhã — en Éthiopie, apr. 1545). Chargé par Jean II de Portugal de trouver la route des Indes, il atteignit les côtes du Deccan puis gagna l'Éthiopie (1490).

Coypel [kwapɛl] (les), famille de peintres français, tous nés et morts à Paris. **Noël** (1628 - 1707) exécuta des décorations d'esprit classique au parlement de Rennes, aux Tuileries, à Versailles. **Antoine,** son fils (1661 - 1722), influencé par le baroque italien et par Rubens, fut peintre d'histoire et grand décorateur, au service des ducs d'Orléans et du roi (voûte de la chapelle du château de Versailles, 1709 ; grands tableaux inspirés de *l'Énéide* pour le Palais-Royal, 1714-1717). Directeur de l'Académie de peinture et de sculpture, premier peintre du roi (1716), il a publié des *Discours* sur son art. **Noël Nicolas** (1690 - 1734), frère d'Antoine, est considéré comme un précurseur de F. Boucher. **Charles Antoine,** fils d'Antoine (1694 - 1752), s'attacha à l'expression des passions sous l'influence du théâtre ; il a donné des cartons de tapisserie pour les Gobelins (tenture de *Don Quichotte*).

Coyzevox ou **Coysevox** [kwasvo] *(Antoine),* sculpteur français (Lyon 1640 - Paris 1720). Il travailla pour Versailles, pour Marly (*Chevaux ailés,* auj. au Louvre, moulages au jardin des Tuileries), donna des tombeaux et des bustes et fut le portraitiste de Louis XIV.

Crac *(baron de),* type du hâbleur créé par Collin d'Harleville (1791) à l'imitation du baron von Münchhausen. (→ **Münchhausen.**)

Cracovie, *en polon.* Kraków, v. de Pologne, sur la haute Vistule, au S. de Varsovie, ch.-l. de voïévodie ; 731 000 hab. géogr. Métropole culturelle et commerciale du sud de la Pologne, nœud routier et ferroviaire, centre touristique et industriel (constructions mécaniques et électriques, alimentation, chimie ; sidérurgie à Nowa Huta). **HIST.** Siège d'un évêché à partir du XIe siècle et d'une université à partir de 1364, Cracovie fut la capitale de la Pologne de 1320 à 1596. **ARTS.** Vaste place (Rynek Glowny) entourée d'édifices historiques : église Notre-Dame, haute construction en brique des XIIIe-XVe siècles (retable de W. Stwosz), halles et beffroi. Bâtiments anciens (XVe s.) de l'université. Wawel, château des rois, transformé en palais à l'italienne à partir de 1507 (riches décors), jouxtant la cathédrale, gothique pour l'essentiel (chapelle Sigismond, mausolée royal au XVIe s., de style Renaissance). Églises, palais, musées.

Craig *(Edward Gordon),* metteur en scène de théâtre britannique (Stevenage 1872 - Vence 1966). Acteur chevronné, il fonda à Florence (1913) une école de comédiens, s'efforçant, à travers ses mises en scène et son livre *Sur l'art théâtral* (1911), d'illustrer sa théorie du « théâtre total ».

Craiova, v. de la Roumanie méridionale ; 303 520 hab. Métallurgie. Chimie.

Cramer *(Gabriel),* mathématicien suisse (Genève 1704 - Bagnols-sur-Cèze 1752). Il est l'auteur d'un traité original sur les courbes planes (1750) et a étudié des systèmes d'équations linéaires à plusieurs inconnues.

Crampton *(Thomas Russell),* ingénieur britannique (Broadstairs 1816 - Londres 1888). Il réalisa un type de locomotive à grande vitesse qui fut très utilisé en Europe. Il travailla également au premier câble sous-marin Calais-Douvres et construisit, en 1855, le réseau hydraulique de Berlin.

Cranach *(Lucas),* dit l'Ancien, peintre et graveur allemand (Kronach, Franconie, 1472 - Weimar 1553). Fixé à partir de 1505 à la cour de Saxe, à Wittenberg, il a pratiqué tous les genres avec un art subtil jusqu'au maniérisme : compositions religieuses ou mythologiques (souvent liées au paysage), portraits (notamm. de *Luther*), scènes profanes, nus féminins d'un charme alambiqué. Son fils **Lucas,** *dit* le Jeune (Wittenberg 1515 - Weimar 1586), dirigea après lui l'atelier familial.

Crane *(Hart),* poète américain (Garettsville, Ohio, 1899 - golfe du Mexique 1932). Il tenta de réconcilier la poésie et la civilisation industrielle américaine (*le Pont,* 1930).

Crane *(Stephen),* écrivain américain (Newark, New Jersey, 1871 - Badenweiler 1900). Journaliste, il crée à partir de documents authentiques (récits oraux, photographies) des nou-

velles et des romans réalistes (*Maggie, fille des rues,* 1892 ; *la Conquête du courage,* 1895).

Cranko *(John),* danseur et chorégraphe sud-africain (Rustenburg, Transvaal, 1927 - en vol, au-dessus de Dublin, 1973). Après avoir dansé au Sadler's Wells Theatre Ballet de Londres, il fait une carrière internationale de chorégrahe, collaborant avec de nombreuses compagnies. En 1961, il fonde le Ballet de Stuttgart, qu'il élève rapidement au rang des meilleurs troupes mondiales.

Cranmer *(Thomas),* théologien anglican et archevêque de Canterbury (Aslacton, Nottinghamshire, 1489 - Oxford 1556). Il joua un rôle important dans l'établissement de la Réforme en Angleterre et fut mis à mort sous Marie Ire Tudor.

Craonne [kraɔn] ch.-l. de c. de l'Aisne ; 68 hab. — Victoire de Napoléon sur Blücher en 1814. Combats en 1917 et 1918.

Crashaw *(Richard),* poète anglais (Londres v. 1613 - Loreto 1649). Mystique sensualiste influencé par le marinisme et les mystiques espagnols, il est un des meilleurs représentants de l'école métaphysique anglaise (*le Cœur de flamme*).

Crassus, *en lat.* Marcus Licinius Crassus Dives (*le Riche*), homme politique romain (Rome 115 - Carres 53 av. J.-C.). Préteur en 72, il battit les troupes de Spartacus. Consul en 70, il fit partie, avec César et Pompée, du premier triumvirat (60). De nouveau consul en 55, il gouverna la Syrie et fut tué dans la guerre contre les Parthes.

Cratinos, poète athénien (Ve s. av. J.-C.), un des créateurs de la comédie ancienne.

Crau *(la),* plaine du bas Rhône, à l'est de la Camargue. Ancien delta de la Durance, autrefois désert de pierres, la Crau est aujourd'hui en partie fertilisée par l'irrigation. Foin. Fruits et légumes.

Crawley, v. de Grande-Bretagne, au sud de Londres ; 87 100 hab. Ville nouvelle.

Craxi *(Bettino),* homme politique italien (Milan 1934). Secrétaire général du Parti socialiste italien (1976-1993), il a été président du Conseil de 1983 à 1987.

Crébillon *(Prosper* Jolyot, *sieur de* Crais-Billon, dit*),* poète dramatique français (Dijon 1674 - Paris 1762). Ses tragédies multiplient les effets pathétiques et les coups de théâtre (*Rhadamiste et Zénobie,* 1711). [Acad. fr. 1731.] Son fils **Claude,** *dit* Crébillon fils (Paris 1707 - *id.* 1777), est l'auteur de romans de mœurs (*les Égarements du cœur et de l'esprit,* 1736-1738) et de contes licencieux (*le Sopha,* 1740).

Crécy *(bataille de)* [26 août 1346], bataille qui opposa, au début de la guerre de Cent Ans, l'armée du roi de France, Philippe VI, à celle du roi d'Angleterre, Édouard III, à Crécy-en-Ponthieu (Somme) ; la chevalerie française y fut vaincue par les archers anglais.

Crédit agricole *(Caisse nationale de),* établissement de crédit créé en 1920, qui joue le rôle de caisse centrale des caisses régionales et locales de crédit agricole. La C. N. C. A. est devenue en 1988 une société anonyme dont le capital est réparti entre les caisses régionales pour 90 % et les salariés pour 10 %. Elle est l'organe central chargé de la cohésion du réseau des caisses et de son fonctionnement. Première banque française (et l'une des premières dans le monde), elle a étendu ses activités aux non-agriculteurs. Autour d'elle s'est constitué un grand groupe présent dans les domaines de la banque, des placements, de l'assurance, du crédit-bail et des prestations de services.

Crédit foncier de France, établissement de crédit semi-public à moyen et à long terme, créé en 1852. Il accorde essentiellement des prêts orientés vers les opérations de promotion et de construction.

Crédit Lyonnais, établissement de crédit fondé à Lyon en 1863 par Henri Germain (1824-1905). Il se lança, dès l'origine, dans une ambitieuse politique de prises de participations mais la krach de l'Union générale (1882) le fit se cantonner ultérieurement dans une stricte politique de banque de dépôts. Le Crédit Lyonnais a été nationalisé en 1945.

Cree → Cri.

Creil, ch.-l. de c. de l'Oise, sur l'Oise ; 32 501 hab. *(Creillois).* Centre ferroviaire et industriel. — Musée (faïences fines de Creil, mobilier, etc.).

Crémazie *(Octave),* écrivain canadien d'expression française (Québec 1827 - Le Havre 1879). Libraire à Québec, il écrivit des poèmes d'inspiration patriotique *(le Drapeau de Carillon,* 1858).

Crémieux *(Adolphe),* avocat et homme politique français (Nîmes 1796 - Paris 1880). Il fut ministre de la Justice en 1848 et en 1870. Les *décrets Crémieux* (24 oct. 1870) conférèrent la qualité de citoyens français aux juifs d'Algérie.

Crémone, *en ital.* Cremona, v. d'Italie (Lombardie), ch.-l. de prov. ; 73 404 hab. — Belle piazza del Comune avec cathédrale médiévale à haut campanile (115 m). Musées.

Crépuscule des dieux *(le),* opéra de R. Wagner (1874).

Créqui ou **Créquy,** famille noble originaire de l'Artois, à laquelle appartiennent, entre autres personnages : **Charles** (v. 1578 - Crema 1638), maréchal de France sous Louis XIII, ambassadeur à Rome puis à Venise ; **François,** son petit-fils (1629 - Paris 1687), qui fut maréchal de France.

Cresilas, sculpteur crétois du Vᵉ s. av. J.-C. Venu à Athènes, il y côtoie Phidias et Polyclète. Son portrait de Périclès (copie romaine) témoigne de sa maîtrise technique, mais aussi du souci d'idéalisme de l'époque classique.

Crespi *(Giuseppe Maria),* dit lo Spagnolo, peintre et graveur italien (Bologne 1665 - *id.* 1747). Influencé par les Carrache, Corrège, J. Bassano et par la peinture hollandaise, il rechercha les effets de lumière mais tendit surtout au naturalisme *(la Foire de Poggio a Caiano,* 1709, Offices).

Crespin *(Régine),* cantatrice française (Marseille 1927), interprète notamment de Wagner, de R. Strauss et de F. Poulenc.

Cressent *(Charles),* ébéniste français (Amiens 1685 - Paris 1768). Il exécuta pour la famille d'Orléans de précieux meubles ornés de marqueteries et de bronzes, d'un style rocaille retenu.

Cresson *(Édith),* femme politique française (Boulogne-Billancourt 1934). Socialiste, Premier ministre en 1991-92, elle est la première femme, en France, à avoir accédé à ce poste.

Crésus, dernier roi de Lydie (561-546 av. J.-C.). Il devait sa légendaire richesse au trafic commercial et aux mines d'or de son royaume. Il fut sans doute le premier souverain à frapper des monnaies d'or et d'argent. Il fut vaincu et exécuté par Cyrus II.

Crète, *en gr.* Kríti, île grecque de la Méditerranée orientale, limitant au S. la mer Égée ; 8 336 km² ; 536 980 hab. *(Crétois).* V. princ. *Héraklion.*

GÉOGRAPHIE
Étirée sur près de 265 km, la Crète est montagneuse : près de 2 500 m dans les massifs de Psilorítis (ou Ida) et des Lefká Óri. Elle possède un climat méditerranéen, plus humide au N. qu'au S. (en position d'abri), à l'O. qu'à l'E. (irrégulièrement atteint par les pluies). Le déclin de l'agriculture (céréales, olivier) et de l'élevage (ovins) est lié au dépeuplement de la montagne. L'émigration se poursuit vers le continent ou le littoral. Bordé de plaines parfois irriguées (pri-

meurs, raisins, agrumes), celui-ci a une vocation touristique et, au N., est le site des principales villes, La Canée (Khaniá) et surtout Héraklion.

HISTOIRE

L'île connaît aux IIIᵉ-IIᵉ millénaires une grande prospérité maritime et commerciale, qui produit une brillante civilisation, dite « minoenne », dont témoignent les palais de Cnossos, de Malia et de Phaistos. Sous la domination au moins partielle des Mycéniens à partir du xvᵉ siècle, la Crète décline irrémédiablement lors de l'invasion dorienne (xiiᵉ s.). Du vᵉ au iᵉʳ s. av. J.-C., l'île devient un marché de mercenaires. Conquise par les Romains en 67 av. J.-C., puis possession byzantine, elle est occupée par les musulmans au ixᵉ s. apr. J.-C. Elle est reprise par Byzance au xᵉ siècle avant de devenir, au xiiiᵉ siècle, une base vénitienne qui ne peut résister à la conquête turque (xviiᵉ s.). En 1898, la Crète obtient son autonomie, sous suzeraineté ottomane. Elle proclame son union avec la Grèce en 1908 et se libère totalement de la souveraineté ottomane en 1913.

ARCHÉOLOGIE ET ART

Dès le viiᵉ millénaire se développe un néolithique qui mène à l'épanouissement minoen de l'âge du bronze. Après la période sombre qui suit la chute des palais, l'art crétois connaît une renaissance brillante du viiiᵉ à la fin du viiᵉ s. av. J.-C. Dans l'île, plus rapidement perméable aux influences orientalisantes, se déploie la sculpture dédalique de pierre. Les bronziers utilisent des techniques nouvelles (fonte en creux, plaques découpées) et ils exportent dans tout le monde grec.

Créteil, ch.-l. du Val-de-Marne, sur la Marne, au sud-est de Paris ; 82 390 hab. *(Cristoliens).* Académie et université. Évêché. Centre hospitalier.

Creus *(cap),* cap du nord-est de l'Espagne, en Catalogne.

Creuse *(la),* riv. du Limousin et du Berry, affl. de la Vienne (r. dr.) ; 255 km.

Creuse [23], dép. de la Région Limousin ; ch.-l. de dép. *Guéret ;* ch.-l. d'arr. *Aubusson ;* 2 arr., 27 cant., 260 comm. ; 5 565 km² ; 131 349 hab. *(Creusois).* Il est rattaché à l'académie et à la cour d'appel de Limoges et à la région militaire Atlantique.

Creusot *(Le),* ch.-l. de c. de Saône-et-Loire ; 29 230 hab. *(Creusotins).* Écomusée et centre culturel au château de la Verrerie. Métallurgie.

Crevaux *(Jules),* explorateur français (Lorquin, Moselle, 1847 - dans le Chaco 1882). Il étudia les bassins de l'Amazone et de l'Orénoque et fut tué par les Indiens.

Crevel *(René),* écrivain français (Paris 1900 - id. 1935). L'un des représentants — et des critiques — les plus systématiques du surréalisme, il fit du désespoir et de la révolte la base du récit surréaliste *(la Mort difficile,* 1926 ; *les Pieds dans le plat,* 1933) et développa ses attaques contre la bourgeoisie dans ses essais *(le Clavecin de Diderot,* 1932). Il se suicida.

Creys-Malville, centrale nucléaire surgénératrice du dép. de l'Isère, sur le Rhône.

Cri ou **Cree,** Indiens Algonquins d'Amérique du Nord qui vivaient de la chasse (bison, élan) et du travail du bois et des peaux.

Crick *(Francis Harry* Compton*),* biologiste britannique (Northampton 1916). Avec James D. Watson et M. H. F. Wilkins, il a découvert la structure en double hélice de l'acide désoxyribonucléique. (Prix Nobel 1962.)

Crimée, région de l'Ukraine, formée par une presqu'île qui s'avance dans la mer Noire, qu'elle sépare de la mer d'Azov ; 27 000 km² ; 2 456 000 hab. **GÉOGR.** Une plaine steppique (traversée par un canal d'irrigation) occupe la majeure partie, tandis que les monts de Crimée (1 500 m env.) abritent le littoral méridional (stations climatiques et touristiques, dont Yalta). Simferopol est le centre administratif et Sébastopol un port militaire important. **HIST.** La région a été colonisée par les Grecs à partir du viiᵉ s. av. J.-C. et a fait partie de l'Empire romain. Du viiiᵉ au xiiiᵉ siècle, des peuples d'origine turque occupent le pays. Au xiiiᵉ siècle, les Mongols, ou Tatars, établissent leur domination. Mais au xviᵉ siècle leurs princes (khans) reconnaissent la suzeraineté des Ottomans. En 1783, la Crimée est annexée par les Russes. Les bolcheviks y créent en 1921 une République autonome de Crimée (supprimée en 1945). En 1954, la région est rattachée à l'Ukraine. En 1991, l'accession de l'Ukraine à l'indépendance réactive les revendications des russophones de Crimée, partisans de la souveraineté ou du rattachement à la Russie. Le Parlement de Simferopol adopte finalement, en 1995, une Constitution reconnaissant que la république autonome fait partie intégrante de l'Ukraine.

Crimée *(guerre de),* conflit qui, en 1854-55, opposa la France, la Grande-Bretagne, l'Empire ottoman et le Piémont à la Russie. Dès 1850, les visées russes sur l'Empire ottoman alarment la Grande-Bretagne, qui décide d'intervenir. Les batailles les plus décisives sont celles de l'Alma (1854) et de Sébastopol (1855). Cette guerre se termina par la défaite de la Russie, qui dut accepter le traité de Paris (1856).

Crime et Châtiment → Dostoïevski.

Criş, *en hongr.* Körös, nom de trois rivières nées en Transylvanie, qui confluent en Hongrie avant de rejoindre la Tisza (r. g.).

Crispi *(Francesco),* homme politique italien (Ribera, Sicile, 1818 - Naples 1901). Compagnon de Garibaldi, président du Conseil (1887-1891 ; 1893-1896), il renouvela avec l'Allemagne et l'Autriche la Triple-Alliance (1887) et engagea l'Italie dans la voie de l'expansion coloniale ; il dut démissionner après le désastre d'Adoua (1896).

Cristal *(monts de),* massif montagneux de l'Afrique équatoriale, au N. de l'Ogooué.

Cristofori *(Bartolomeo),* facteur de clavecins italien (Padoue 1655 - Florence 1731). Très apprécié pour ses clavecins, il est à l'origine de l'invention du pianoforte.

Critias, homme politique athénien (450-404 av. J.-C.). Oncle de Platon et l'un des Trente Tyrans, il fut tué en essayant de reprendre Le Pirée à Thrasybule.

Critique de la raison pratique, œuvre de Kant (1788).

Critique de la raison pure, œuvre de Kant (1781).

Crivelli *(Carlo),* peintre italien (Venise v. 1430/35 - Ascoli Piceno av. 1501). Il a exécuté, dans les Marches, des polyptyques d'autel souvent exécutés à fond d'or, d'un graphisme nerveux, d'un coloris précieux.

Croatie, État d'Europe, dans la péninsule balkanique ; 56 500 km² ; 4 680 000 hab. *(Croates).* CAP. *Zagreb.* LANGUE : *croate.* MONNAIE : *dinar croate.*

GÉOGRAPHIE
La Croatie, qui compte une notable minorité serbe (10 à 15 % de la population totale), possède une économie relativement diversifiée. L'industrie domine au centre, autour de Zagreb, l'agriculture à l'E., en Slavonie, entre les vallées de la Drave et de la Save. Le littoral, qui s'étend de l'Istrie aux bouches de Kotor, jalonné notamment par les villes de Rijeka, Split et Dubrovnik, et précédé des îles de l'archipel dalmate, juxtapose activités portuaire, industrielle et, jusqu'en 1991, touristique.

HISTOIRE
Peuplée d'Illyriens, la région appartient à partir de 6-9 apr. J.-C. à l'Empire romain et est envahie par les Slaves au VIᵉ s. Un royaume croate se constitue au Xᵉ s.
1102. Le roi de Hongrie est reconnu roi de la Croatie, où il est représenté par un ban.
1526-27. Une partie du pays tombe sous la domination des Ottomans, le reste est rattaché aux possessions de la maison d'Autriche.
1918. La Croatie adhère au royaume des Serbes, Croates et Slovènes.
Au sein de ce royaume, devenu la Yougoslavie en 1929, les Croates s'opposent au centralisme serbe.
1941-1945. L'État indépendant croate est contrôlé par les Allemands et les Italiens.
1945. La Croatie devient une des six républiques de la République populaire fédérative de Yougoslavie.
1991. La Croatie déclare son indépendance. Les Serbes, majoritaires dans certaines régions (Krajina), ne reconnaissent pas le nouveau pouvoir. La guerre civile oppose les Croates aux milices serbes et à l'armée fédérale.
1992. La Croatie est reconnue indépendante par la communauté internationale.
1995. L'armée croate reconquiert la Krajina (août) et appuie la contre-offensive des forces croato-musulmanes en Bosnie. Le président Tudjman cosigne l'accord de paix sur la Bosnie-Herzégovine.

Croce *(Benedetto),* philosophe, critique et historien italien (Pescasseroli, prov. de l'Aquila, 1866 - Naples 1952). Il est ministre de l'Instruction publique en 1920-21. Il rédige le manifeste des intellectuels antifascistes mais n'est pas inquiété. Sa pensée, marquée par Hegel et Vico, suppose l'identité de l'histoire et de la philosophie et ramène la logique traditionnelle à une doctrine de la connaissance historique (*l'Esthétique comme science de l'expression,* 1902 ; *la Logique comme science du concept pur,* 1909 ; *l'Histoire comme pensée et comme action,* 1938). Affirmant l'irréductibilité de l'art à toute finalité intellectuelle ou morale, Croce condamne toute forme d'irrationalisme et cherche à séparer dans toute œuvre l'expression pure du contenu idéologique (*Bréviaire d'esthétique,* 1913 ; *l'Arioste, Shakespeare et Corneille,* 1920 ; *la Poésie de Dante,* 1921). Il a contribué à définir la notion de baroque (*Histoire du baroque en Italie,* 1929).

Crockett *(David,* dit *Davy),* pionnier américain (Rogersville, Tennessee, 1786 - Fort Alamo, Texas, 1836). Député du Tennessee, il est célèbre par sa participation héroïque à la résistance de Fort Alamo, assiégé par les Mexicains (1836), où il trouva la mort.

Croisades (les), expéditions militaires entreprises du XIe au XIIIe s., par l'Europe chrétienne, sous l'impulsion de la papauté, pour porter secours aux chrétiens d'Orient, reprendre le Saint-Sépulcre (emplacement du tombeau du Christ) aux Turcs musulmans, puis pour défendre les États fondés par les croisés en Syrie et en Palestine.

Croisade des enfants (1212), croisade de jeunes célibataires, appelés à tort « enfants », qui, de France et d'Allemagne, partirent vers les Lieux saints.

Croissant-Rouge (le) → Croix-Rouge (la).

Croissy (*Charles* Colbert, *marquis de*), homme d'État français (Paris v. 1626 - Versailles 1696). Frère de Colbert, secrétaire d'État aux Affaires étrangères (1679), il s'opposa à la politique extérieure agressive de Louvois.

Croix (la), quotidien fondé en 1883 par les assomptionnistes, principal organe de la presse catholique française, édité par le groupe Bayard-Presse.

Croix-de-Feu (les), organisation française d'anciens combattants fondée en 1927 par Maurice Hanot et présidée à partir de 1931 par le lieutenant-colonel de La Rocque. Nationaliste et anticommuniste, elle fut dissoute en juin 1936.

Croix du Sud, constellation de l'hémisphère austral. Les quatre étoiles les plus brillantes forment une croix dont la grande branche est orientée vers le pôle Sud et qui servait jadis de repère d'orientation aux navigateurs.

Croix-Rouge (la), organisation internationale à vocation humanitaire fondée par Henri Dunant, à Genève, en 1863, pour venir en aide aux blessés et aux victimes de la guerre et dont le rôle fut reconnu par la Convention de Genève du 22 août 1864, qui adopta également l'emblème de la croix rouge sur fond blanc. En 1949, un deuxième emblème a été reconnu, celui d'un croissant rouge (apparu pour la première fois en 1876 lors de la guerre russo-turque). En dehors du temps de guerre, la Croix-Rouge participe à un grand nombre d'actions humanitaires. La Croix-Rouge est représentée sur le plan international par le Comité international de la Croix-Rouge (C. I. C. R.). Les sociétés nationales sont fédérées, depuis 1919, en une Ligue des sociétés de la Croix-Rouge (devenue Fédération internationale des sociétés de la Croix-Rouge et du Croissant-Rouge), dont le secrétariat est établi à Genève.

Cro-Magnon, site de la Dordogne (comm. des Eyzies-de-Tayac-Sireuil). Station qui a donné son nom à une race néanthropienne *(Homo sapiens sapiens)* du paléolithique supérieur. L'homme de Cro-Magnon a vécu entre 40 000 et 10 000 ans av. J.-C. et ressemblait beaucoup à l'homme de Neandertal, dont il a côtoyé les derniers représentants. Les hommes de Cro-Magnon sont venus de l'est de l'Europe mais ont beaucoup voyagé et se sont installés un peu partout, jusqu'en Chine ou en Afrique. Peuple de chasseurs confectionnant de nombreuses armes et outils, ils sont également artistes, comme en témoignent les peintures retrouvées sur les parois des grottes qu'ils habitaient.

Crommelynck (*Fernand*), écrivain belge d'expression française (Paris 1886 - Saint-Germain-en-Laye 1970). Ses comédies (*le Cocu magnifique,* 1920), comme celles de Ghelderode, se situent aux origines du théâtre de l'absurde.

Cromwell (*Oliver*), lord-protecteur d'Angleterre, d'Écosse et d'Irlande (Huntingdon 1599 - Londres 1658). Élu à la Chambre des communes en 1640, Cromwell appuie le parti puritain (protestant) contre l'arbitraire monarchique et contre les évêques anglicans. La première guerre civile (1642-1646), opposant les partisans du roi à ceux du Parlement, révèle ses exceptionnelles compétences militaires et politiques. Grâce à ses soldats, les « Côtes de fer », réunis dans une armée d'un type nouveau, inspiré du modèle suédois, il remporte la victoire de Naseby (juin 1645) qui assure le triomphe des parlementaires. Les intrigues de Charles Ier, qui espère profiter des rivalités entre l'armée et le Parlement, provoquent une seconde guerre civile (juill.-sept. 1648), dont Cromwell sort vainqueur. Après avoir épuré le Parlement, appelé alors *Parlement croupion* (1648), Cromwell élimine la Chambre des lords et fait condamner le roi à mort en janv. 1649. L'État anglais prend alors le nom de Commonwealth.

Membre à la fois du Parlement et du Conseil de l'armée, Cromwell se trouve dès lors le véritable maître du pays et le reste jusqu'à sa mort (1658). Ayant brisé les *niveleurs* (républicains, partisans de réformes sociales), il soumet l'Irlande (1649), entièrement reconquise, puis l'Écosse (1650-51), unie autour du fils de Charles Ier. Après avoir dissous l'ancien Parlement, Cromwell devient en 1653 lord-protecteur d'Angleterre, d'Irlande et d'Écosse, et partage le pouvoir avec un Conseil et un Parlement élu à un suffrage censitaire rigoureux, chargé du pouvoir législatif. Il oriente le régime vers une dictature militaire (1655), puis tente en 1656 une nouvelle expérience parlementaire. La Chambre des communes lui propose alors la couronne, qu'il refuse (1657).

Son œuvre économique est indissociable de sa politique extérieure. Ayant fait voter l'Acte de navigation (1651), réservant aux seuls navires britanniques l'entrée des ports anglais, il se trouve entraîné dans une guerre contre les Provinces-Unies (1652-1654) qui porte la force militaire et navale anglaise à un point jamais encore atteint. Il remet de l'ordre dans le royaume, où il établit une large tolérance religieuse. Pratiquant une politique internationale ambitieuse, il attaque l'Espagne (occupation de la Jamaïque, 1655) et, allié à la France, remporte en 1658 la victoire des Dunes, qui lui permet d'annexer Dunkerque.

Célèbre par son génie militaire, qu'il mit au service de sa foi, il fut le principal acteur de la première grande révolution parlementaire de l'époque moderne, qu'il détourna à son profit.

Cromwell (*Richard*), lord-protecteur d'Angleterre, d'Écosse et d'Irlande (Huntingdon 1626 - Cheshunt 1712). Fils d'Oliver Cromwell, il lui succéda en 1658 mais démissionna dès 1659.

Cromwell (*Thomas*), comte d'Essex, homme d'État anglais (Putney v. 1485 - Londres 1540). Chancelier de l'Échiquier (1533) et secrétaire du roi Henri VIII (1534), il fut l'artisan de la Réforme en Angleterre. Devenu impopulaire, il fut décapité.

Cronos ou **Kronos**, dieu de la première génération du panthéon hellénique, celle des Titans. Fils d'Ouranos et de Gaia, il mutila son père et prit le pouvoir à sa place. De son union avec Rhea, il eut de nombreux enfants, qu'il dévorait. Un seul échappa à son sort, Zeus, qui détrôna Cronos et le relégua dans le Tartare en l'obligeant à ramener à la lumière les dieux qu'il avait engloutis (Hestia, Déméter, Héra, Hadès, Poséidon). Ils formèrent avec Zeus la génération des Olympiens. Chez les Romains, Cronos fut identifié avec Saturne.

Crookes (*sir William*), chimiste et physicien britannique (Londres 1832 - id. 1919). Grâce à l'analyse spectrale, il découvrit le thallium en 1861, imagina le *radiomètre* et inventa en 1872 le tube électronique à cathode froide (qui porte son nom), servant à produire des rayons X. En déviant ces rayons cathodiques avec un aimant, il montra qu'ils sont formés de particules électrisées.

Cros (*Charles*), savant et poète français (Fabrezan 1842 - Paris 1888). Il découvrit un procédé indirect de photographie des couleurs (1869), en même temps que L. Ducos du Hauron, sans que les deux inventeurs se connussent. Dans un pli déposé à l'Académie des sciences en 1877, il donnait la description d'un appareil, appelé *paléophone*, principe du phonographe, dont il avait eu l'idée avant Edison.
C. Cros était en même temps un écrivain fantaisiste (il a renouvelé la forme du monologue comique) et un poète (*le Coffret de santal*, 1873 ; *le Fleuve*, 1874), célébré par les surréalistes comme un de leurs inspirateurs.

Crotone, cité de Grande-Grèce, près de l'actuelle Crotone (v. d'Italie, en Calabre), qui fut la résidence de Pythagore et la patrie de l'athlète Milon.

Crow, Indiens des plaines du Montana et du Wyoming, de langue sioux. Les Crow étaient réputés pour leur art de la danse, en l'honneur du Soleil, de l'ours et du tabac. Ils vivent aujourd'hui dans les réserves du Montana.

Crozat (*Antoine*), financier français (Toulouse 1655 - Paris 1738). On lui doit la construction du canal Crozat (auj. de Saint-Quentin). Son frère **Pierre**, également financier (Toulouse 1661 ou 1665 - Paris 1740), fut un grand collectionneur et un protecteur de Watteau.

Crozet (*îles* ou *archipel*), archipel français de l'océan Indien méridional, au sud de Madagascar ; 500 km² env. Base scientifique.

Crumb (*George*), compositeur américain (Charleston, Virginie-Occidentale, 1929). Il écrit une musique influencée par Debussy et par les traditions orientales, mais très personnelle : *Night Music I* (1963) ; *Makrokosmos I* pour piano, *II* pour piano amplifié et *III* pour piano et percussion (1972-1974) ; *Star Child* (1977).

Crozier (*Michel*), sociologue français (Sainte-Menehould 1922). Il a développé en France l'étude des organisations (administrations, entreprises, etc.), mettant l'accent sur les facteurs de résistance au changement (*le Phénomène bureaucratique*, 1964).

Crumb (*Robert*), dessinateur américain (Philadelphie 1943). Créateur de bandes dessinées d'une truculence drolatique (*Fritz the Cat, Mister Natural*), il a exprimé la vision de l'*underground* contestataire.

Cruz *(Ramón* de la*),* auteur dramatique espagnol (Madrid 1731 - *id.* 1794). Outre des tragédies et des comédies, il a composé quelque 400 saynètes qui font parler avec esprit le petit peuple de Madrid.

C. S. A. (Conseil supérieur de l'audiovisuel), en France, autorité administrative indépendante (9 membres, renouvelables par tiers tous les deux ans) instituée par la loi du 17 janvier 1989 pour assurer la liberté et contrôler l'exercice de la communication audiovisuelle.

C. S. C. E. (Conférence sur la sécurité et la coopération en Europe) → **O. S. C. E.**

Csokonai Vitéz *(Mihály),* poète hongrois (Debrecen 1773 - *id.* 1805). Un des plus grands représentants de la poésie lyrique magyare, il laisse des poèmes d'amour *(les Chants de Lilla,* 1805), des pièces de théâtre et, surtout, une épopée comique *(Dorothée ou le Triomphe des dames sur le Carnaval,* 1804).

CSU → **CDU.**

Ctésiphon, ancienne ville parthe, sur le Tigre, au S.-E. de Bagdad, résidence des Arsacides et des Sassanides. Les Arabes, après l'avoir conquise en 637, y trouveront le matériau pour l'édification de Bagdad (762). Ruines du palais de Châhpuhr Ier, avec une voûte en brique de plus de 30 m de haut.

Cuanza ou **Kwanza,** fl. de l'Angola ; env. 1 000 km.

Cuba, État de l'Amérique centrale, constitué par la plus grande des Antilles, situé au sud de la Floride ; 111 000 km^2 ; 10 700 000 hab. *(Cubains).* CAP. *La Havane.* LANGUE : *espagnol.* MONNAIE : *peso cubain.*

GÉOGRAPHIE

À moins de 250 km de la Floride, Cuba est la plus étendue des Antilles. C'est un pays de plaines et de plateaux calcaires (la montagne apparaissant au S.-E.). La situation en latitude explique un climat tropical, avec une température constante (voisine de 25 °C), des pluies relativement abondantes (1 200 mm), concentrées entre juin et déc. Les conditions naturelles sont favorables à l'agriculture. La prépondérance de la canne à sucre, héritage de la période coloniale, s'est maintenue depuis l'indépendance. Le castrisme a pourtant bouleversé, en les socialisant (notamm. par le biais d'une réforme agraire créant des fermes d'État et des coopératives), les structures économiques. La canne à sucre couvre environ la moitié des terres cultivées et assure encore la majeure partie des exportations, malgré des tentatives de diversification dans le domaine agricole (fruits tropicaux [agrumes et bananes], progrès de l'élevage, reprise de la culture du tabac), le domaine minier (nickel, début de l'extraction pétrolière), et quelques efforts pour développer le tourisme.

La disparition de l'U. R. S. S. a laissé le pays, bastion « occidental » du marxisme, très isolé politiquement et a contribué au délabrement de son économie.

HISTOIRE

1492. Christophe Colomb découvre l'île, alors peuplée d'Indiens Arawak.

Durant le XVIe s., la colonisation espagnole se développe grâce à l'exploitation du tabac dont l'Espagne se réserve le monopole. Les esclaves noirs remplacent les Indiens, exterminés. Au XVIIIe s., la culture de la canne à sucre progresse rapidement.

1818. L'Espagne accorde la liberté générale du commerce aux créoles, restés fidèles à la métropole.

1868-1878. Les abus de l'administration coloniale provoquent une insurrection générale.

L'île obtient une autonomie relative.

1880. Abolition de l'esclavage.

1895. Déclenchement d'une nouvelle insurrection.

1898. Les États-Unis interviennent en faveur des insurgés. À l'issue de la guerre hispano-américaine, l'Espagne renonce à sa colonie. Cuba devient une république, étroitement contrôlée par les États-Unis.

1933-1944. Le général Batista, protégé des États-Unis, exerce la réalité du pouvoir jusqu'en 1940, puis devient président.

1952. De nouveau au pouvoir, Batista suspend la Constitution.

1959. Le mouvement révolutionnaire, dirigé par Fidel Castro, renverse Batista.

Fidel Castro entreprend une importante réforme agraire, nationalise les entreprises américaines et met en œuvre un plan d'industrialisation de l'île.

1962. L'installation de fusées soviétiques dans l'île provoque une grave crise internationale.

1975-1977. Allié de l'U. R. S. S., Cuba intervient militairement en Afrique (Angola, Éthiopie).

Le régime cubain, qui a d'abord servi de référence à de nombreux mouvements révolutionnaires du tiers-monde, se durcit. Confronté à l'effondrement du communisme en Europe depuis 1989, Fidel Castro refuse de faire évoluer profondément le système. L'émigration cubaine vers les États-Unis est importante (afflux de boat people en 1980 et 1994).

Cuba *(crise de)* [oct.-nov. 1962], crise qui opposa les États-Unis et l'U. R. S. S. à propos de l'installation de fusées soviétiques à Cuba. Kennedy décida le blocus des armes livrées à Cuba par les cargos soviétiques et la crise se dénoua après les propositions de Khrouchtchev prévoyant le retrait par l'U. R. S. S. de ses missiles, l'engagement de Cuba de ne pas accepter d'armes offensives et celui des États-Unis de ne pas envahir Cuba.

Cúcuta ou **San José de Cúcuta,** v. de la Colombie septentrionale ; 358 000 hab.

Cuenca, v. de l'Équateur, dans les Andes, à plus de 2 500 m d'alt. ; 194 981 hab.

Cuenca, v. d'Espagne (Castille-La Manche) ; 42 817 hab. **ARTS.** Cathédrale gothique (surtout du XIIIᵉ s., riches décors postérieurs) et autres monuments. Musée municipal et, dans des maisons du XVᵉ siècle construites au-dessus de la gorge du Huécar, musée d'Art abstrait espagnol.

Cuénot *(Lucien),* biologiste français (Paris 1866 - Nancy 1951). Il a étudié l'hérédité, l'adaptation et l'écologie. Il mit en évidence le caractère létal (1905) et vérifia les lois de Mendel sur plusieurs groupes d'animaux.

Cuernavaca, v. du Mexique, au S. de Mexico ; 281 752 hab. — Vestiges aztèques. Palais de Cortés, remanié (musée), et cathédrale du XVIᵉ siècle.

Cues *(Nicolas de)* → Nicolas de Cues.

Cugnot *(Joseph),* ingénieur français (Void, Lorraine, 1725 - Paris 1804). Il réalisa en 1770 la première voiture automobile à vapeur et, en 1771, un second modèle, appelé fardier, pour le transport des pièces d'artillerie.

Cui *(César),* compositeur russe (Vilnius 1835 - Petrograd 1918). Cofondateur du « groupe des Cinq », il est l'auteur d'opéras *(le Prisonnier du Caucase,* 1857-58) et de nombreuses mélodies.

Cuiabá, v. du Brésil, cap. de l'État de Mato Grosso ; 401 112 hab.

Cuirassé Potemkine *(le),* film soviétique de S. M. Eisenstein (1925).

Cujas *(Jacques),* jurisconsulte français (Toulouse 1522 - Bourges 1590), le représentant le plus brillant de l'école historique du droit romain, recherchant le sens propre à ce droit dans la société où il se développa *(Observations, Paratitla,* etc.).

Cukor *(George),* cinéaste américain (New York 1899 - Los Angeles 1983). Grand directeur d'acteurs (et surtout d'actrices), son talent raffiné s'épanouit dans des comédies à la fois caustiques et sentimentales : *David Copperfield* (1935), *le Roman de Marguerite Gautier* (1937), *Indiscrétions* (1940), *Hantise* (1944), *Une étoile est née* (1954), *le Milliardaire* (1960), *My Fair Lady* (1964).

Culiacán, v. du Mexique, au pied de la sierra Madre occidentale ; 602 114 hab.

Culloden *(bataille de)* [16 avr. 1746], bataille au cours de laquelle le prétendant Charles Édouard, petit-fils de Jacques II, fut vaincu par le duc de Cumberland, non loin d'Inverness (Écosse).

Cumaná, v. du Venezuela, cap. de l'État de Sucre ; 227 000 hab.

Cumbria, comté du nord-ouest de l'Angleterre, s'étendant sur le massif du Cumberland (1 070 m) ; 489 000 hab. Ch.-l. *Carlisle.* Tourisme (Lake District).

Cumes, *en lat.* Cumae, v. de Campanie, ancienne colonie grecque. — Les tombes de la nécropole s'échelonnent du IXᵉ s. av. J.-C. à l'époque impériale ; célèbre antre de la sibylle, entièrement creusé dans le tuf ; vestiges des temples d'Apollon et de Jupiter (Vᵉ s. av. J.-C.).

Cuneo, *en fr.* Coni, v. d'Italie (Piémont), ch.-l. de prov. ; 55 568 hab. — Églises surtout du XVIIIᵉ siècle.

Cunha *(Tristão ou Tristan* da), navigateur portugais (Lisbonne 1460 - en mer 1540). Il découvrit plusieurs îles de l'Atlantique austral, dont Tristan da Cunha, et reconnut Madagascar.

Cunningham *(Merce),* danseur et chorégraphe américain (Centralia, État de Washington, 1919). Soliste dans la troupe de Martha Graham (1940-1945), il fonde sa compagnie en 1953. En refusant d'accorder la moindre signification au mouvement, il écarte la danse de toute narration, de tout support psychologique (elle n'est plus la traduction d'une émotion ou d'une sensation) et de toute musique en tant qu'inspiratrice du mouvement. Grâce à sa collaboration avec le compositeur John Cage, il instaure un rapport d'indépendance totale entre danse et musique et introduit la notion de hasard dans le processus de composition chorégraphique. Sa démarche créatrice trouve son aboutissement dans l'*event* (pièce unique, intervention composée en fonction du cadre de la représentation d'un soir). Parmi ses nombreuses compositions : *Totem Ancestor* (1942), *Five in Space and Time* (1956), *Summerspace* (1958), *How to Pass, Kick, Fall and*

Run (1965), *Changing Steps* (1975), *Points in Space* (1986), *Inventions* (1989), *Enter* (1992).

Cupidon, divinité romaine de l'Amour, assimilée à l'Éros des Grecs. Enfant perpétuel, Cupidon est le fils de Vénus, à la fois agent et incarnation du pouvoir que cette déesse exerce sur les humains. On lui attribue souvent pour père Mars et parfois Mercure.

Curaçao, île des Antilles néerlandaises, près de la côte du Venezuela ; 154 000 hab. Ch.-l. *Willemstad.* Oranges (liqueur). Raffinage du pétrole.

Curiaces → Horaces.

Curia regis *(lat.,* Cour du roi*),* assemblée, puis conseil restreint, formée de grands féodaux, assistant le roi dans ses tâches gouvernementales au Moyen Âge, notamment en France et en Angleterre.

Curie *(Marie),* née Skłodowska, physicienne française d'origine polonaise (Varsovie 1867-Sancellemoz, près de Sallanches, 1934). Elle vient à Paris en 1892 pour poursuivre ses études à la Sorbonne. Elle épouse Pierre Curie et devient docteur ès sciences, ayant choisi comme sujet de thèse l'*Étude des rayons uraniques,* que vient de découvrir H. Becquerel (il s'agit de la radioactivité). À la mort de son mari, la chaire créée pour lui à la Sorbonne ayant été maintenue, elle en est nommée titulaire ; c'est la première fois qu'une femme occupe un tel poste. En dehors des travaux qu'elle effectue avec son mari, Marie Curie découvre la radioactivité du thorium. Avec Debierne, elle isole le radium à l'état métallique. On lui doit la création de l'Institut du radium. Pendant la Première Guerre mondiale, elle organise les services radiologiques aux armées. (Prix Nobel de physique 1903, de chimie 1911.)

Curie *(Pierre),* physicien français (Paris 1859-id. 1906). Il effectue d'abord des recherches sur les cristaux, avec son frère Paul Jacques (1855-1941) ; en 1880, tous deux étudient la piézoélectricité. Pierre Curie passe sa thèse en 1895, avec un mémoire sur les *Propriétés magnétiques des corps à diverses températures* et découvre notamment que, au-dessus d'une certaine température *(point de Curie),* le ferromagnétisme se transforme en paramagnétisme. La même année, il épouse Marie Skłodowska, qui est dès lors associée à toutes ses recherches.
L'étude qu'il a faite des propriétés des cristaux l'a amené à réfléchir sur la symétrie générale dans les phénomènes physiques et à énoncer, en 1894, le « principe de symétrie » : les éléments de symétrie des causes doivent se retrouver dans les effets pro-

duits ; ce principe permet de prévoir la possibilité ou l'impossibilité de divers phénomènes. À la suite de la découverte de la radioactivité par H. Becquerel, il se consacre, avec sa femme, à l'étude de ce phénomène. Ayant remarqué l'intensité du rayonnement émis par certaines impuretés de la pechblende, ils réussissent à isoler, en 1898, le polonium, puis le radium. En 1903, il partage le prix Nobel de physique avec sa femme et H. Becquerel.
Les cendres de P. et M. Curie ont été transférées au Panthéon en 1995.

Curitiba, v. du Brésil, cap. de l'État du Paraná ; 1 290 142 hab.

Curnonsky *(Maurice Edmond* Sailland, dit*),* journaliste et écrivain français (Angers 1872 - Paris 1956). Élu en 1927 « prince des gastronomes », il fut un ardent défenseur de la cuisine du terroir.

Curtius *(Ernst),* archéologue allemand (Lübeck 1814 - Berlin 1896). Il est à l'origine des fouilles d'Olympie.

Curtius *(Ernst Robert),* écrivain et historien allemand (Thann, Alsace, 1886 - Rome 1956). Il a défini les thèmes permanents de la littérature européenne (la *Littérature européenne et le Moyen Âge latin,* 1948).

Curtiz *(Mihály* Kertész, dit **Michael***),* cinéaste américain d'origine hongroise (Budapest 1888 - Hollywood 1962). Réalisateur prolifique et populaire, il a abordé tous les genres : *Capitaine Blood* (1935), *la Charge de la brigade légère* (1936), *Casablanca* (1943).

Curzon *(ligne),* tracé proposé en 1919 par les Alliés, sur la suggestion de lord Curzon, comme frontière orientale de la Pologne. Elle correspond à peu près à la frontière soviéto-polonaise de 1945.

Curzon of Kedleston *(George Nathaniel, marquis),* homme politique et administrateur britannique (Kedleston Hall 1859 - Londres 1925). Secrétaire d'État aux Affaires étrangères de 1919 à 1924, il prit une part importante aux négociations de paix et fut le principal artisan du traité de Lausanne (1923).

Cushing *(Harvey),* chirurgien américain (Cleveland 1869 - New Haven 1939). Professeur de chirurgie, puis de neurologie, il travailla principalement sur les tumeurs intracrâniennes ; il est considéré comme le créateur de la neurochirurgie.

Custine *(Adam Philippe, comte* de*),* général français (Metz 1740 - Paris 1793). Il prit Spire et Mayence en 1792. Commandant l'armée du Nord en 1793, il fut guillotiné pour avoir perdu Mayence.

Custoza ou **Custozza** *(batailles de)* [25 juill. 1848 ; 24 juin 1866], victoires autrichiennes sur les Piémontais dans la région de Vérone.

Cuttack, v. de l'Inde (Orissa), dans le delta de la Mahanadi ; 439 273 hab.

Cuvier *(Georges, baron),* zoologiste et paléontologiste français (Montbéliard 1769 - Paris 1832), créateur de l'anatomie comparée et de la paléontologie. Il énonça les lois de subordination des organes et de corrélation des formes, put reconstituer le squelette de mammifères fossiles au seul vu de quelques os, mais s'opposa vivement aux doctrines évolutionnistes. Tous les régimes le comblèrent de charges et d'honneurs. (Acad. fr. 1818.) **Frédéric,** son frère (Montbéliard 1773 - Strasbourg 1838), entreprit avec Geoffroy Saint-Hilaire une *Histoire des mammifères* après avoir écrit une *Histoire des cétacés.*

Cuvilliés *(François de),* architecte et ornemaniste allemand originaire du Hainaut (Soignies 1695 - Munich 1768), maître de l'art rococo à la cour de Munich (pavillon d'Amalienburg, théâtre de la Résidence).

Cuyp *(Albert),* peintre néerlandais (Dordrecht 1620 - id. 1691). Influencé par Van Goyen puis par l'italianisme, il a donné des paysages aux lointains lumineux, fermement étayés aux figures ou les animaux qui se détachent au premier plan.

Cuza ou **Couza** *(Alexandre-Jean I*er*)* [Galați 1820 - Heidelberg 1873], prince des principautés de Moldavie et de Valachie (1859-1866). Son programme de réformes suscita une coalition qui l'obligea à abdiquer en 1866.

Cuzco, v. du Pérou, dans les Andes, à env. 3 500 m d'alt. ; 264 000 hab. — Ancienne capitale des Incas et grand centre de l'Amérique espagnole. — Nombreux édifices d'époque coloniale, parfois sur soubassement de constructions mégalithiques incas. Forteresse de Sacsahuamán (XVe s.) ; cathédrale (XVIe-XVIIe s.). Musées.

Cyaxare, premier roi connu des Mèdes (v. 625-585 av. J.-C.). Il mit fin à l'empire d'Assyrie en détruisant Ninive (612).

Cybèle, déesse de Phrygie, qu'on appelle aussi la *Grande Mère* ou la *Mère des dieux.* Elle a pour parèdre un adolescent, Attis. Son culte fut très répandu en Asie Mineure et dans l'Empire romain. Le culte de cette déesse, qu'on a rangé parmi les « religions à mystères », comprenait des cérémonies initiatiques, parmi lesquelles un repas sacré et

le rite du taurobole, sacrifice expiatoire où le fidèle était arrosé par le sang d'un taureau.

Cyclades, *en gr.* Kykládhes, îles grecques de la mer Égée, ainsi nommées parce qu'elles forment un cercle (gr. *kyklos*) autour de Délos. Les principales autres îles sont Andros, Náxos, Páros, Santorin, Sýros, Milo, Mýkonos ; 95 083 hab. **ARCHÉOL. ET ARTS.** Les Cyclades connaissent à l'âge du bronze (3200-1450 av. J.-C.) une civilisation brillante et originale qui rayonne au IIIe millénaire sur toute la Méditerranée. Les habitants sont groupés dans de petits établissements fortifiés le long de la côte. Parmi l'abondant mobilier funéraire recueilli dans les tombes, les « idoles » en marbre sont célèbres pour la simplification de leur forme et l'élégance de leurs proportions.

Cyclope *(le),* drame satyrique d'Euripide (seconde moitié du Ve s. av. J.-C.), le seul exemple restant de ce genre littéraire.

Cyclopes, génies de la mythologie grecque, considérés comme les forgerons de la foudre divine et les bâtisseurs des monuments mégalithiques de l'Antiquité. Chez Homère, ce sont, tel Polyphème, des êtres monstrueux n'ayant qu'un œil au milieu du front.

Cynewulf, poète anglo-saxon (seconde moitié du VIIIe s.). Ses poèmes *(Sainte Julienne)* sont des adaptations de légendes miraculeuses de l'Orient chrétien.

Cynoscéphales *(bataille de)* [197 av. J.-C.], victoire du consul Flamininus sur Philippe V de Macédoine, en Thessalie.

Cyprien *(saint),* Père de l'Église latine (Carthage début du IIIe s. - id. 258). Rhéteur converti au christianisme, il fut élu évêque de Carthage en 249 et s'imposa comme le chef de l'Église d'Afrique. Il se montra modéré au sujet des *lapsi,* chrétiens qui avaient faibli dans l'affirmation de leur foi lors de la persécution de Decius (250) ; mais il fut plus intransigeant en dénonçant comme invalides les baptêmes conférés par les hérétiques. Il mourut martyr lors de la persécution de Valérien.

Cyrano de Bergerac *(Savinien de),* écrivain français (Paris 1619 - id. 1655). Auteur de comédies *(le Pédant joué,* 1654), d'une tragédie *(la Mort d'Agrippine,* 1653), il a exprimé sa philosophie matérialiste dans des récits de voyages imaginaires *(Histoire comique des États et Empires de la Lune,* 1657 ; *Histoire comique des États et Empires du Soleil,* 1662).

Cyrano de Bergerac, comédie en 5 actes, en vers, d'Edmond Rostand (1897), qui fait de l'écrivain du XVIIe siècle un bretteur pica-resque. Défiguré par un nez grotesque, le héros se sauve du ridicule par sa bravoure, sa générosité et son humour.

Cyrénaïque, partie nord-est de la Libye. V. princ. *Benghazi.* Extraction du pétrole.

Cyrène, v. principale de l'ancienne Cyrénaï-que (Libye). — Ruines antiques ; belles mosaïques paléochrétiennes ; importantes nécropoles.

Cyrille *(saint),* patriarche d'Alexandrie et Père de l'Église grecque (Alexandrie v. 380 - *id.* 444). Adversaire du nestorianisme, qu'il contribua à faire condamner au concile d'Éphèse (431), il fit proclamer le dogme de la maternité divine de la Vierge Marie. Il a eu ainsi une grande influence sur la pensée chrétienne en matière de théologie trinitaire et de christologie.

Cyrille et **Méthode** *(saints),* frères apôtres des Slaves. **Cyrille** (Thessalonique v. 827 - Rome 869), dont le nom laïque était Constantin, était un intellectuel. **Méthode** (Thessalonique v. 825 - 885), l'aîné, avait été gouverneur d'une province. Sous le patriarcat de Photios, ami et ancien maître de Cyrille, les deux frères furent envoyés par les Byzantins comme missionnaires en Moravie (862-863), où l'évangélisation était alors sous la tutelle dominatrice d'un clergé germanique de rite latin. Ils y firent aussi œuvre de linguistes en dotant les Slaves d'un alphabet et en traduisant en slavon les Évangiles et les Épîtres, le psautier et les textes liturgiques. Ils prolongèrent leur mission en Pannonie puis se rendirent à Rome, où le pape Adrien II reconnut alors le rite slave.

Cyrus II le Grand (m. v. 530 av. J.-C.), roi de Perse (v. 556-530 av. J.-C.), fondateur de l'Empire achéménide. Fils de Cambyse Ier, il renverse le roi des Mèdes Astyage (550), se proclame roi des Mèdes et des Perses et étend sa souveraineté sur la Lydie (546), les cités ioniennes, les territoires iraniens du Turkestan et de l'Afghanistan. La prise de Babylone (539) porte sa puissance à son apogée. Il eut une politique religieuse de tolérance et permit aux Juifs de rentrer à Jérusalem et de reconstruire le Temple (538). Il périt en combattant une peuplade scythe, les Massagètes.

Cyrus le Jeune, prince perse achéménide (v. 424-401 av. J.-C.). Il fut tué à la bataille de Counaxa à la tête des mercenaires grecs et asiatiques qu'il avait réunis contre son frère Artaxerxès II.

Cythère *(Pèlerinage à l'île de)* → Pèlerinage.

Cythère, île grecque de la mer Égée, entre le Péloponnèse et la Crète. — Célèbre sanctuaire d'Aphrodite.

Czartoryski, famille princière polonaise qui joua un rôle éminent en Pologne aux XVIIIe-XIXe siècles. **Adam Jerzy** (Varsovie 1770 - Montfermeil 1861), ami d'Alexandre Ier, obtint du congrès de Vienne (1815) la restauration du titre mais non l'indépendance du royaume de Pologne et fut, en 1831, président du gouvernement national issu de la révolution de 1830.

Czerny *(Karl),* pianiste autrichien d'origine tchèque (Vienne 1791 - *id.* 1857), auteur d'exercices et d'études.

Częstochowa, v. de la Pologne méridionale, en Silésie ; 255 000 hab. — Un des plus célèbres pèlerinages (dédié à la Vierge noire de Jasna Góra) de l'Europe centrale depuis le XIVe siècle, Częstochowa est restée le symbole de la foi polonaise.

Cziffra *(Georges),* pianiste hongrois natura-lisé français (Budapest 1921 - Longpont-sur-Orge 1994), virtuose exceptionnel, grand interprète de F. Liszt.

Dabit *(Eugène),* écrivain et peintre français (Mers, Somme, 1898 - Sébastopol 1936). Il est l'auteur du roman populaire *Hôtel du Nord* (1929), porté à l'écran par M. Carné.

Dąbrowska ou **Dombrowska** *(Maria),* romancière polonaise (Russów 1889 - Varsovie 1965). Dans un style d'une grande fluidité, elle se fit le peintre réaliste de la vie paysanne et de la société polonaise traditionnelles *(Gens de là-bas,* 1925) et de leurs mutations *(les Nuits et les Jours,* 1932-1934).

Dąbrowski ou **Dombrowski** *(Jan Henryk),* général polonais (Pierzchowice, près de Cracovie, 1755 - Winnogóra 1818). Il commanda les légions polonaises au service de la France (1797-1814).

Dacca ou **Dhaka,** cap. du Bangladesh, sur le delta du Gange et du Brahmapoutre ; 4 770 000 hab. — Bâtiments publics par L. I. Kahn.

Dachau, v. d'Allemagne, en Bavière ; 34 489 hab. — Camp de concentration allemand (1933-1945).

Dacie, ancien pays d'Europe, correspondant à l'actuelle Roumanie. Ses habitants *(Daces)* furent soumis par Trajan (101-107 apr. J.-C.). Peuplée de colons romains, la Dacie fut notamment exploitée pour ses mines d'or. Elle fut abandonnée aux Goths par Aurélien (271).

Dacier, *(Anne Lefebvre, M*ᵐᵉ*),* philologue française (Preuilly 1647 - Paris 1720). Traductrice d'Homère, elle fut, dans la querelle des Anciens et des Modernes, une adversaire passionnée des Modernes.

Dadant *(Charles),* pionnier de l'apiculture moderne (Vaux-sous-Aubigny, Haute-Marne, 1817 - Hamilton, Illinois, 1902). Il créa le modèle de ruche « Dadant », encore utilisé de nos jours.

Dagerman *(Stig),* écrivain suédois (Älvkarleby 1923 - Enebyberg, près de Stockholm, 1954). Représentant talentueux de la génération dite « des années 40 », il traduit dans ses romans *(le Serpent,* 1945 ; *l'Enfant brûlé,* 1948) l'angoisse de la jeunesse confrontée aux ruines matérielles et morales de l'après-guerre.

Daghestan → Daguestan.

Dago → Hiiumaa.

Dagobert Iᵉʳ (début du VIIᵉ s. - Saint-Denis v. 638), roi des Francs (629-638). Fils de Clotaire II, il fut secondé par son ministre saint Éloi dans la réorganisation et la réunification du royaume mérovingien. Il accorda d'importants privilèges à l'abbaye de Saint-Denis. Il fut l'un des derniers rois mérovingiens à exercer effectivement le pouvoir.

Daguerre *(Louis Jacques),* inventeur français (Cormeilles-en-Parisis 1787 - Bry-sur-Marne 1851). Peintre de décors, il inventa en 1822 le diorama puis s'associa avec Nicéphore Niepce et parvint, après la mort de ce dernier, à développer l'image photographique (1835) puis à la fixer (1837). Il obtint, en 1838, les premiers *daguerréotypes.*

Daguestan ou **Daghestan,** république de la Fédération de Russie, au bord de la Caspienne ; 1 792 000 hab. Cap. *Makhatchkala.*

Dahl *(Roald),* écrivain britannique (Llandaff, South Glamorgan, pays de Galles, 1916 - Londres 1990). L'humour de ses récits pour enfants *(les Gremlins,* 1943) se teinte de macabre dans ses romans pour adultes (*Kiss Kiss,* 1960).

Dahomey → Bénin.

Daily Express, quotidien britannique conservateur fondé en 1900 par A. Pearson, repris en 1912 par lord Beaverbrook, l'un des plus forts tirages des quotidiens britanniques.

Daily Mail, quotidien britannique conservateur fondé en 1896 par A. et M. Harmsworth, qui avait le plus fort tirage au monde entre 1920 et 1930.

Daily Mirror, quotidien britannique illustré, de centre gauche, fondé en 1903 par A. Harmsworth, le deuxième quotidien britannique par son tirage.

Daily Telegraph *(The),* quotidien britannique de droite fondé en 1855 par A. B. Sleigh.

Daimler *(Gottlieb),* ingénieur allemand (Schorndorf, Wurtemberg, 1834 - Cannstatt, auj. Stuttgart-Bad Cannstatt, 1900). Avec son compatriote W. Maybach, il réalisa, à partir de 1883, les premiers moteurs à essence légers à haute vitesse de rotation, ouvrant ainsi la voie à leur emploi sur les véhicules automobiles. Les deux associés fondèrent, en 1890, une firme de construction automobile qui fusionna en 1926 avec celle créée par Benz en 1883.

Daisne *(Herman Thiery, dit Johan),* écrivain belge d'expression néerlandaise (Gand 1912 - *id.* 1978). Poète, auteur dramatique et romancier (*l'Homme au crâne rasé,* 1948), il est avec H. Lampo le promoteur du « réalisme magique » dans son pays.

Dakar, cap. du Sénégal et ch.-l. de la région du Cap-Vert ; 1 382 000 hab. Ancienne escale maritime (puis aussi aérienne) entre l'Europe et l'Amérique du Sud, Dakar est la principale métropole (avec Abidjan) de l'Afrique occidentale. Centre administratif (abritant aussi quelques organismes internationaux) et commercial, débouché maritime presque unique et aérien, Dakar est le seul foyer industriel (agroalimentaire et constructions mécaniques surtout) du pays. — Elle fut la capitale de l'A.-O.F. de 1902 à 1957-58. — Musée.

Dakota, ethnie indienne occupant le haut Mississippi, dispersée au XIXᵉ siècle par les Ojibwa et parquée dans des réserves après l'Homestead Act de 1862.

Dakota, deux des États unis d'Amérique, dans les Grandes Plaines. Ils tirent leur nom d'un groupe d'Indiens. Le **Dakota du Nord** (cap. *Bismarck*) compte 638 800 hab., le **Dakota du Sud** (cap. *Pierre*), 696 004 hab.

Daladier *(Édouard),* homme politique français (Carpentras 1884 - Paris 1970). Député (1919), président du Parti radical-socialiste (1927), président du Conseil en 1933 puis en 1934, il doit démissionner après l'émeute du 6 février. Ministre de la Défense nationale du Front populaire (1936-37), il revient à la présidence du Conseil en 1938 : il signe alors les accords de Munich (1938), mais n'en doit pas moins déclarer la guerre à l'Allemagne (1939). Démissionnaire en mars 1940, il fait partie du cabinet Paul Reynaud. Déporté de 1943 à 1945, il préside le Parti radical en 1957-58.

Dalayrac ou **d'Alayrac** *(Nicolas Marie),* compositeur français (Muret, Haute-Garonne, 1753 - Paris 1809). Il composa avec un réel talent des opéras-comiques (*Nina ou la Folle par amour,* 1786 ; *Gulistan,* 1805).

Dalberg *(Karl Theodor, baron von),* prélat et homme politique allemand (Herrnsheim 1744 - Ratisbonne 1817). Dernier archevêque-électeur de Mayence, il fut fait par Napoléon Iᵉʳ archichancelier de la Confédération du Rhin (1806-1813).

Dale *(sir Henry Hallett),* médecin britannique (Londres 1875 - Cambridge 1968). Physiologiste et pharmacologue, il effectua des travaux sur la chimie du tissu nerveux. (Prix Nobel 1936.)

Dalécarlie, région de la Suède centrale.

Dalhousie *(James Ramsay, marquis de),* homme politique britannique (Dalhousie Castle, Écosse, 1812 - *id.* 1860). Gouverneur de l'Inde (1848-1856), il annexa le Pendjab, réforma l'Administration, mais sa politique, contraire aux traditions du pays, prépara la révolte des cipayes (1857).

Dalí *(Salvador),* peintre, graveur et écrivain espagnol (Figueras 1904 - *id.* 1989). Il devient, en 1929, à Paris, l'un des plus fougueux animateurs du groupe surréaliste ; il en sera écarté cinq ans plus tard en raison de son goût affiché pour les régimes politiques réactionnaires et pour l'argent. Il collabore avec Buñuel (*Un chien andalou, l'Âge d'or*), élabore sa « méthode paranoïaque critique » (« libre interprétation des associations délirantes ») et transcrit ses hantises et ses visions (« images doubles ») dans une peinture dont l'académisme du faire recouvrira par la suite la stupéfiante invention onirique (*Hallucination [partielle]. Six images de Lénine sur un piano,* 1933, M. N. A. M., Paris ; *Cannibalisme d'automne,* 1936-37, Tate Gallery). Son œuvre comprend des « objets à fonctionnement symbolique », des bijoux (années 1950) et de nombreux textes,

d'imagination ou théoriques. Dans les rodo-
montades clownesques et l'autocélébration
qui étaient coutumières à l'artiste semble
s'être résolue la contradiction entre son
apport aux vertus subversives du surréalisme et ses protestations en faveur de
l'« ordre » moral et politique.

Dalian, anc. Dairen, port et centre industriel de la Chine du N.-E. (Liaoning) ;
1 629 000 hab.

Dalila, femme dont, selon le livre biblique
des Juges, Samson s'était épris et qui, sou-
doyée par ses compatriotes philistins, parvint à découvrir le secret de la force du
héros : celle-ci résidait dans sa chevelure,
signe de sa consécration à Dieu. Dalila
ayant alors coupé les cheveux de Samson
endormi, les Philistins s'emparèrent facilement de leur ennemi.

Dalio (Marcel), acteur de cinéma et de théâtre français (Paris 1899 - id. 1983). Il a
imposé son personnage pittoresque dans de
nombreux films français et américains : la
Règle du jeu (J. Renoir, 1939) ; le Port de
l'angoisse (H. Hawks, 1944).

Dallapiccola (Luigi), compositeur italien
(Pisino d'Istria 1904 - Florence 1975), auteur
de musique dodécaphonique (le Prisonnier,
1944-1948 ; Job, 1950 ; Ulysse, 1960-1968).

Dallas, v. des États-Unis (Texas) ;
1 006 877 hab. (2 553 362 hab. avec les
banlieues). Nœud de communications.
Centre industriel. — Le président Kennedy
y fut assassiné en 1963. — Musée d'art.

Dalloz (Désiré), avocat et homme politique
français (Septmoncel, Jura, 1795 - Paris
1869). Il publie un répertoire, puis un
Recueil périodique de jurisprudence générale et
fonde, en 1824, avec son frère **Armand**
(1797 - 1867), une maison d'édition spécialisée en publications juridiques. Depuis
1989, celle-ci fait partie du Groupe de la
Cité.

Dalmatie, en serbo-croate Dalmacija, région
de Croatie, bordant l'Adriatique, comprenant aujourd'hui le littoral croate, ses îles
(archipel dalmate) et son arrière-pays montagneux. (Hab. Dalmates.) Le tourisme et
l'industrie concentrent la population sur le
littoral, jalonné de villes (Zadar, Šibenik,
Split, Dubrovnik). — Elle fut incorporée à la
Croatie (Xe-XIe s.), puis son littoral fut occupé
par Venise (1420-1797). Annexée par l'Autriche (1797), elle fut attribuée en 1920 au
royaume des Serbes, Croates et Slovènes.

Dalou (Jules), sculpteur français (Paris 1838 -
id. 1902), auteur du Triomphe de la République

(bronze), place de la Nation à Paris, du gisant
de Victor Noir au Père-Lachaise, d'esquisses
pour un Monument aux travailleurs.

Dalton (John), physicien et chimiste britannique (Eaglesfield, Cumberland, 1766 -
Manchester 1844). Il fut le véritable créateur de la théorie atomique. Supposant que
chaque corps pur est formé d'atomes tous
identiques, il expliqua les lois pondérales
des combinaisons chimiques puis étudia la
compressibilité des mélanges gazeux et
énonça, en 1801, la loi d'addition des pressions partielles. Dalton étudia sur lui-même
le trouble de la vue connu aujourd'hui sous
le nom de dyschromatopsie, ou daltonisme.

Dam (Henrik), biochimiste danois (Copenhague 1895 - id. 1976), prix Nobel de physiologie et de médecine (1943) pour ses travaux sur la biochimie et les vitamines.

Daman ou **Damao,** port de l'Inde, au nord de
Bombay ; 61 951 hab. Ancien comptoir portugais (1558-1961). Daman forme avec Diu
un territoire de l'Union indienne (territoire de
Daman-et-Diu ; 112 km² ; 101 439 hab.).

Damanhour ou **Damanhur,** v. d'Égypte,
près d'Alexandrie ; 189 000 hab.

Damas, cap. de la Syrie, sur le Barada, au pied
de l'Anti-Liban oriental ; 1 326 000 hab.
(Damascènes ou Damasquins). GÉOGR. Centre
commercial ancien, aux confins de la montagne et du désert, nœud routier (atteint par la
voie ferrée), desservie par un aéroport international, Damas, au centre d'une oasis (vergers, céréales), connaît une grande extension,
aggravant le problème d'alimentation en
eau. Artisanat varié à côté d'industries
modernes. Université. HIST. Capitale d'un
important royaume araméen (XIe-VIIIe s.
av. J.-C.), conquise par les Romains en 64
av. J.-C., Damas fut un important centre
chrétien. Prise par les Arabes en 635, elle fut
la capitale des califes omeyyades (661-750).
Puis elle fut le centre de principautés ou de
provinces plus ou moins autonomes. Après
la domination ottomane (1516-1918), elle
devint le foyer du nationalisme arabe. ARTS.
La Grande Mosquée, commencée en 705 en
un lieu où les cultes se sont succédé depuis
des millénaires (temple du dieu syrien
Hadad, de Jupiter, basilique byzantine Saint-
Jean-Baptiste), fut la première grande réalisation architecturale de l'islam. La coupole fut
construite en 1082 par les Seldjoukides
(remarquables mosaïques). Parmi les monuments du XIIIe siècle élevés en pierre de taille,
citons les madrasas Zahiriyya, Salahiyya et
Aziziyya avec le tombeau de Saladin. Beaux
monuments de l'époque ottomane. Musées.

Dame aux camélias *(la)*, roman (1848) et drame en 5 actes (1852) de A. Dumas fils ayant pour thème l'amour d'un jeune homme de bonne famille, Armand Duval, pour une courtisane, Marguerite Gautier. Verdi s'inspira du drame pour *La Traviata*, ainsi que G. Cukor dans son film *le Roman de Marguerite Gautier.*

Dames *(paix des)* → **Cambrai.**

Damiens *(Robert François)* [La Tieuloy, auj. La Thieuloye, Pas-de-Calais, 1715 - Paris 1757]. Soldat devenu valet, il frappa Louis XV d'un coup de canif et fut écartelé.

Damiette, port d'Égypte, près de la Méditerranée ; 102 000 hab. — Saint Louis s'en empara en 1249 et la rendit en guise de rançon.

Dammam, port d'Arabie saoudite, sur le golfe Persique, ch.-l. du Hasa ; 128 000 hab.

Damoclès, familier du tyran de Syracuse Denys l'Ancien (début du IVe s. av. J.-C.). Pour lui faire comprendre combien le bonheur des rois est fragile, Denys, au cours d'un banquet, fit suspendre au-dessus de la tête de Damoclès une lourde épée, attachée à un crin de cheval.

Damodar *(la)*, riv. de l'Inde, qui rejoint l'Hooghly ; 545 km. Sa moyenne vallée constitue la principale région indienne d'industrie lourde.

Dampier *(William)*, navigateur anglais (East Coker 1652 - Londres 1715). Corsaire, il ravagea les établissements espagnols d'Amérique (1678-1691). Il explora le Pacifique et découvrit l'archipel et le détroit qui portent son nom.

Dampierre *(Auguste* Picot, *marquis* de), général français (Paris 1756 - Valenciennes 1793). Commandant l'armée de Belgique en 1793, il fut tué en tentant de dégager Condé.

Damrémont ou **Danrémont** *(Charles* Denys, *comte* de), général français (Chaumont 1783 - Constantine 1837). Successeur de Clausel à la tête de l'armée d'Afrique, il dirigea l'assaut de Constantine.

Danaïdes, héroïnes de la mythologie grecque qui étaient les 50 filles de Danaos, roi d'Argos. Danaos accepta leur mariage avec les 50 fils de son frère Égyptos. Or, la nuit des noces, les Danaïdes tuèrent toutes leurs maris, sauf une, Lyncée, qui épargna le sien, Lyncée. Purifiées par les dieux, elles se remarièrent avec les Argiens et fondèrent ainsi la race des Danaens. Par la suite, elles furent tuées, ainsi que Danaos, par Lyncée et condamnées, aux Enfers, à verser éternel-

lement de l'eau dans un vase percé (le « tonneau des Danaïdes »).

Danakil → **Afar.**

Da Nang, *anc.* Tourane, port du Viêt Nam ; 492 000 hab.

Dancourt *(Florent* Carton, *sieur* d'Ancourt, dit*)*, acteur et écrivain français (Fontainebleau 1661 - Courcelles-le-Roi 1725). Il est l'auteur de comédies de mœurs (*le Chevalier à la mode,* 1687).

Dandolo, famille de Venise, qui a fourni plusieurs doges à la République, en particulier **Enrico** (Venise v. 1107 - Constantinople 1205), doge en 1192, qui contribua au détournement vers Constantinople de la 4e croisade ; dans le démembrement de l'Empire d'Orient, il obtint pour Venise Candie, les îles Ioniennes et les ports de la Morée ; et **Andrea** (Venise v. 1307 - id. 1354), qui reprit Zara après un siège célèbre.

Dandrieu *(Jean-François)*, compositeur et organiste français (Paris 1682 - id. 1738). Il a composé des pièces pour clavecin, pour orgue, et des sonates.

Danemark, *en danois* Danmark, État d'Europe septentrionale ; 43 000 km[2] ; 5 100 000 hab. *(Danois).* CAP. *Copenhague.* LANGUE : danois. MONNAIE : couronne danoise.

GÉOGRAPHIE

À la fois continental (péninsule du Jylland qui couvre les deux tiers du territoire, mais compte seulement 45 % de la population) et insulaire (plus de 500 îles), le Danemark est un pays de plaines et de bas plateaux, au climat océanique (hivers relativement doux, pluies assez abondantes et régulièrement réparties dans l'année).

Les conditions naturelles favorisent l'élevage. L'agriculture, moderne, aux rendements élevés, n'emploie plus que 6 % de la population active, mais assure une part bien supérieure des exportations par le biais, souvent, de l'agroalimentaire (qui bénéficie aussi d'une pêche active). L'agroalimentaire (incluant la traditionnelle brasserie) est la principale branche industrielle, après les constructions mécaniques et électriques diversifiées (matériel frigorifique et navires notamm.). L'industrie est présente surtout dans l'agglomération de Copenhague, seule véritable grande ville, regroupant le quart d'une population urbanisée à 80 % (Århus, Ålborg et Odense sont les autres villes de plus de 100 000 hab.).

Petit pays au marché intérieur étroit, au sous-sol pauvre (l'extraction pétrolière, en mer du Nord, s'est toutefois récemment développée), mais à la production agricole et industrielle abondante, le Danemark a une vocation commerciale ancienne. Les exportations (dirigées surtout vers les partenaires de la C. E. E.), comme les importations (les échanges tendent à s'équilibrer), représentent plus du tiers d'un P. I. B. élevé, assurant un haut niveau de vie à une population vieillissante.

HISTOIRE

■ **La formation du royaume.** Peuplé dès le néolithique, le pays connaît à l'âge du bronze une culture très élaborée. Au IXe s., les Danois participent aux expéditions vikings, qui ravagent les côtes de l'Europe occidentale. Au Xe s., le royaume se constitue. Au XIe s., Knud Ier le Grand règne sur l'Angleterre, le Danemark et une partie de la Scandinavie.
1042. L'Angleterre s'affranchit du Danemark.
■ **Le Moyen Âge.** Au XIIe s., le régime féodal s'implante, tandis que se renforce l'influence de l'Église romaine, qui multiplie églises et monastères.
1157-1241. « L'ère des Valdemar » marque l'apogée de la civilisation médiévale du Danemark.
1397. Marguerite Valdemarsdotter, reine de Danemark, réalise l'union des trois royaumes scandinaves sous la domination danoise (union de Kalmar).
■ **L'époque de la Réforme.**
1523. L'union de Kalmar est définitivement rompue avec l'élection de Gustave Vasa au trône de Suède.
1536. Le luthéranisme devient religion d'État.
À la fin du XVIe s., le commerce danois domine toute la Baltique.
■ **La lutte avec la Suède.**
1625-1629. Le Danemark participe à la guerre de Trente Ans ; c'est un échec.
1658. La paix de Roskilde attribue la Scanie à la Suède.
Au XVIIIe s., le Danemark connaît une période d'expansion économique et commerciale ; Christian VII (particulièrement sous le ministère de Struensee, 1770-1772) gouverne en despote éclairé.
■ **Le XIXe et le début du XXe s.**
1814. À la paix de Kiel, le Danemark, allié de Napoléon, perd la Norvège au profit de la Suède.
1864. À la suite de la guerre des Duchés, le Danemark doit céder le Slesvig, le Holstein et le Lauenburg à la Prusse et à l'Autriche.

Au début du XXe s., la gauche s'impose progressivement. Un régime de démocratie parlementaire s'établit.
1918. L'Islande devient indépendante, mais reste unie au royaume par la personne du roi.
1920. Un plébiscite restitue le nord du Slesvig au Danemark.
Entre 1924 et 1940, le pouvoir est presque constamment aux mains des sociaux-démocrates, qui introduisent d'importantes réformes sociales.
1940-1945. Le Danemark est occupé par les Allemands.
1944. L'Islande se détache complètement du Danemark.
■ **Le Danemark depuis 1945.** De 1945 à 1970, le parti social-démocrate domine la scène politique et restitue sa prospérité au pays.
1973. Le Danemark entre dans le Marché commun.
1982. Les conservateurs arrivent au pouvoir.
1993. Le parti social-démocrate revient au pouvoir. Après avoir refusé, en 1992, la ratification du traité de Maastricht, les Danois l'approuvent lors d'un second référendum.

Dangeau *(Philippe* de Courcillon, *marquis* de*)*, mémorialiste français (Chartres 1638 - Paris 1720). Il est l'auteur d'un *Journal* dont Saint-Simon s'est servi pour la rédaction de ses *Mémoires*. (Acad. fr. 1688.) Son frère, **Louis de Courcillon**, abbé de **Dangeau** (Paris 1643 - *id.* 1723), fut un grammairien. (Acad. fr. 1682.)

Danglebert ou **d'Anglebert** *(Jean Henri),* compositeur français (Paris 1628 - *id.* 1691), auteur de pièces d'orgue et de clavecin.

Danican-Philidor → **Philidor.**

Daniel *(livre de),* livre biblique composé v. 165 av. J.-C., pendant la persécution d'Antiochos IV Épiphane, et écrit en partie en hébreu, en partie en araméen. Les récits et visions qu'il rapporte ont un sens caché, dont la clé est à chercher dans les événements contemporains de l'auteur. Le livre est un message d'espoir à l'adresse des Juifs persécutés. Il constitue le premier témoin d'un genre littéraire nouveau, celui des apocalypses.

Daniele da Volterra → **Ricciarelli.**

Daniell *(John Frederic),* physicien britannique (Londres 1790 - *id.* 1845). Il a inventé un hygromètre à condensation (1820), un pyromètre (1830) et la pile électrique à deux liquides qui porte son nom (1836).

Danjon *(André),* astronome français (Caen 1890 - Suresnes 1967). Directeur de l'Observatoire de Paris de 1945 à 1963, il a été le principal artisan du renouveau de l'astronomie en France après la Seconde Guerre mondiale. En astrométrie, il a perfectionné l'astrolabe en le rendant insensible aux erreurs de mesure introduites par l'observateur.

D'Annunzio *(Gabriele),* écrivain italien (Pescare 1863 - Gardone Riviera, Brescia, 1938). Donjuanisme, performances sportives et exploits militaires (prise de Fiume, sept. 1919) ont alimenté le mythe du personnage, transformé sous le fascisme en héros national. Une prodigieuse virtuosité imitative explique la précocité de sa carrière poétique (*Primo Vere,* 1879-80 ; *Canto novo,* 1882), couronnée par les *Laudi del cielo, del mare, della terra e degli eroi,* dont le 2ᵉ livre comprend les splendides méditations mythologiques d'*Alcyone* (1904). Son œuvre romanesque, hymne à l'érotisme (*l'Enfant de volupté,* 1889), en vient à célébrer le mythe nietzschéen du surhomme (*Trionfo della morte,* 1894 ; *Il Fuoco,* 1900). Inspiré par la tragédienne Eleonora Duse, il écrit pour le théâtre (*La Figlia di Iorio,* 1904 ; *le Martyre de saint Sébastien,* en français, mis en musique par Debussy, 1911). Puis il s'abandonne à une inspiration plus recueillie, faite de souvenirs et de sensations, dans une prose subtile jusqu'à l'impressionnisme : *Forse che si, forse che no* (1910), *Contemplazione della morte* (1912), *La Leda senza cigno* (roman, 1916), *Notturno* (1921), œuvres auxquelles il faut ajouter un monumental journal intime (1924-1935).

Danone *(groupe),* nom pris en 1994 par B. S. N. (Boussois-Souchon-Neuvesel), société française procédant du rapprochement de diverses entreprises. Premier groupe agroalimentaire (produits laitiers, eaux minérales, boissons) en France, il occupe également une place de leader sur le plan mondial.

Dante Alighieri, écrivain italien (Florence 1265 - Ravenne 1321). Il a composé, dès sa jeunesse, des sonnets amoureux et des canzones (petits poèmes lyriques), où il célèbre sa passion idéale et presque mystique pour Béatrice Portinari (morte en 1290). Il est surtout l'auteur de *la Divine Comédie,* poème écrit de 1306 à 1321, divisé en trois parties (*l'Enfer, le Purgatoire et le Paradis),* de trentetrois chants chacune, et un prologue. Dante y raconte une vision qu'il eut en 1300, durant la semaine sainte. Guidé par Virgile, il traverse les neuf cercles de l'Enfer et, au sommet de la montagne du Purgatoire, rencontre Béatrice, qui le conduit au Paradis. Cette œuvre est l'expression parfaite de l'humanisme chrétien médiéval.

Danton *(Georges Jacques),* homme politique français (Arcis-sur-Aube 1759 - Paris 1794). Avocat, il fonde, en 1790, le club des Cordeliers. Membre de la Commune et du directoire du département de Paris (1791), il est le principal artisan de l'insurrection du 10 août 1792. Ministre de la Justice du Conseil exécutif provisoire, il y exerce le rôle de chef de gouvernement avant de devenir député de Paris à la Convention. Siégeant avec les Montagnards, il déploie ses talents oratoires et se charge de l'organisation de la défense nationale. Membre du Comité de salut public, il est jugé trop modéré et en est éliminé en juillet 1793. Il réclame la fin du régime de la Terreur et entreprend des négociations secrètes avec les coalisés. Accusé de malversation et de trahison par Robespierre, il est guillotiné avec Camille Desmoulins.

Dantzig ou **Danzig** → Gdańsk.

Danube *(le), en all.* Donau, fl. de l'Europe centrale, le deuxième d'Europe (après la Volga) pour sa longueur (2 850 km) et la superficie de son bassin (plus de 800 000 km²). Né dans la Forêt-Noire, de direction générale ouest-est, il traverse ou longe d'amont en aval : l'Allemagne, l'Autriche, la Slovaquie, la Hongrie, la Croatie, la Yougoslavie, la Roumanie, la Bulgarie et l'Ukraine. Il passe notamment à Vienne, à Budapest et à Belgrade, franchit le défilé des Portes de Fer (entre les Carpates et le Balkan) et se termine par un vaste delta sur la mer Noire. De régime complexe, il est utilisé pour la navigation (il est relié au Rhin, notamment par la vallée du Main), la production d'hydroélectricité et l'irrigation.

Dao *(Nguyen Thien* Dao, dit*),* compositeur vietnamien naturalisé français (Hanoi 1940). Il est influencé à la fois par Messiaen, la musique électroacoustique et la tradition orientale (*Écouter-mourir,* 1980).

Daphné, nymphe du Parnasse, aimée d'Apollon. Poursuivie par celui-ci, elle parvint à lui échapper grâce à sa métamorphose en laurier. Une légende laconienne fait de Daphné une fidèle de la très chaste Artémis.

Daphnis et Chloé, roman pastoral de Longus (IIIᵉ s. apr. J.-C.) qui inspira une symphonie chorégraphique à M. Ravel et M. Fokine, créée en 1912 par les Ballets russes.

Da Ponte *(Emanuele* Conegliano, dit Lorenzo*),* librettiste italien (Ceneda, auj. Vittorio Veneto, 1749 - New York 1838). Il a écrit de nombreux livrets d'opéras, notamment pour Salieri et Mozart (*les Noces de Figaro, Don Giovanni, Cosi fan tutte*).

Daquin ou **d'Aquin** *(Claude)*, organiste et compositeur français (Paris 1694 - *id.* 1772), auteur de pièces de clavecin et de *Noëls* pour orgue.

Darboux *(Gaston)*, mathématicien français (Nîmes 1842 - Paris 1917). Il combina méthodes analytiques et synthétiques pour donner sa forme actuelle à la théorie des solutions singulières des équations aux dérivées partielles. Ses *Leçons sur la théorie générale des surfaces* font la synthèse de l'apport du XIXe siècle à la géométrie infinitésimale et contiennent en germe les lignes directrices de son évolution au XXe siècle.

Darcet ou **d'Arcet** *(Jean)*, médecin et chimiste français (Doazit, Landes, 1725 - Paris 1801). Il découvre un alliage à bas point de fusion, utilisé pour fabriquer des éléments fusibles de sécurité.

Dardanelles *(détroit des)*, détroit de Turquie entre l'Europe (péninsule des Balkans) et l'Asie (Anatolie). Il unit la mer Égée à la mer de Marmara. — C'est l'Hellespont de l'Antiquité. En 1915, les Franco-Britanniques tentèrent en vain de forcer, puis de conquérir les Détroits pour obliger la Turquie à sortir de la guerre et pour communiquer avec la Russie.

Dar el-Beida → **Casablanca**.

Dar es-Salaam, cap. de la Tanzanie, sur l'océan Indien ; 757 000 hab. Centre administratif et commercial.

Darfour, région montagneuse de l'ouest du Soudan, formée de plateaux surmontés de volcans.

Dargomyjski *(Aleksandr Sergueïevitch)*, compositeur russe (Troitskoïe 1813 - Saint-Pétersbourg 1869), un des fondateurs de l'école russe moderne (*le Convive de pierre*).

Darguines, peuple caucasien et musulman du Daguestan.

Darién *(golfe de)*, golfe de la mer des Antilles, sur les côtes panaméennes et colombiennes.

Darío *(Félix Rubén* García Sarmiento, dit **Rubén**), poète nicaraguayen (Metapa 1867 - León 1916). Il est à l'origine du mouvement « moderniste » en Amérique latine (*Azul*, 1888 ; *Proses profanes*, 1896). Ses *Chants de vie et d'expérience* (1905) sont une profession de foi dans le destin de l'Amérique latine face aux États-Unis.

Darios ou **Darius Ier** (m. en 486 av. J.-C.), roi de Perse (522-486 av. J.-C.). Il reconsti-

tua l'empire de Cyrus II, repoussa ses frontières jusqu'au Turkestan et à l'Indus à l'est et, à l'ouest, conquit la Thrace et la Macédoine, mais fut vaincu par les Grecs à Marathon (490 av. J.-C.). Il organisa l'Empire en provinces (satrapies) et fit construire Persépolis. **Darios III Codoman** (m. en 330 av. J.-C.), roi de Perse (336-330 av. J.-C.). Dernier roi achéménide, vaincu par Alexandre à Issos (333) et près d'Arbèles (331), il fut tué par l'un de ses satrapes.

Darjeeling ou **Darjiling**, station climatique de l'Inde (Bengale-Occidental), sur les flancs de l'Himalaya, à 2 185 m d'alt. — Célèbres jardins de thé.

Darlan *(François)*, amiral et homme politique français (Nérac 1881 - Alger 1942). Commandant de la flotte (1939-40), ministre de la Marine en juin 1940, chef du gouvernement et successeur désigné de Pétain en février 1941, il mène une politique active de collaboration avec l'Allemagne. Se trouvant en Afrique du Nord lors du débarquement allié de 1942, il signe un accord avec les Américains. Il est assassiné le 24 décembre 1942.

Darling *(le)*, riv. d'Australie, principal affluent du Murray (r. dr.) ; 2 700 km.

Darmstadt, v. d'Allemagne, dans le Land de Hesse ; 135 737 hab. ARTS. Musée régional de la Hesse (sciences naturelles ; peintures ; vitraux ; art moderne [J. Beuys]). Édifices Art nouveau (par l'architecte autrichien Joseph Maria Olbrich) de l'ancienne colonie d'artistes de la Mathildenhöhe.

Darnley *(Henry* Stuart, *baron)*, *comte* de Ross et *duc* d'Albany, prince écossais (Temple Newsam 1545 - Édimbourg 1567). Petit-neveu d'Henri VIII et deuxième époux de Marie Stuart, dont il eut un fils, le futur Jacques Ier d'Angleterre, il fut assassiné avec la complicité de Bothwell, amant de la reine.

Darracq *(Alexandre)*, industriel français (Bordeaux 1855 - Monaco 1931). Un des pionniers de l'industrie du cycle et de l'automobile, il eut le premier l'idée de la construction en série.

Darrieux *(Danielle)*, actrice française (Bordeaux 1917). Elle s'est imposée très jeune au cinéma, passant avec aisance des comédies légères à des rôles plus graves : *Mayerling* (A. Litvak, 1936), *Premier Rendez-vous* (H. Decoin, 1941), *Madame de...* (M. Ophuls, 1953).

Dartmouth, port du Canada (Nouvelle-Écosse), sur la baie de Halifax ; 67 798 hab.

Daru (*Pierre* Bruno, *comte*), administrateur et historien français (Montpellier 1767 - Bécheville 1829), intendant général de la Grande Armée. (Acad. fr. 1806.)

Darwin, v. d'Australie, cap. du Territoire du Nord ; 72 900 hab.

Darwin (*Charles*), naturaliste et biologiste britannique (Shrewsbury 1809 - Down, Kent, 1882). Naturaliste à bord du *Beagle* (1831-1836), il recueille pendant ce périple une quantité de documents et d'observations, base de son œuvre gigantesque. Il publie, en 1859, un ouvrage capital : *De l'origine des espèces par voie de sélection naturelle.* Les vues qu'il expose dans ce livre et dans plusieurs autres sur la variabilité des espèces animales et végétales forment une théorie explicative de l'évolution, appelée le *darwinisme.* Darwin a écrit aussi : *De la fécondation des orchidées par les insectes et des bons effets du croisement* (1862), *De la variation des animaux et des plantes sous l'action de la domestication* (1868), la *Descendance de l'homme et la sélection sexuelle* (1871), etc. Célèbre de son vivant, il fut violemment combattu dans les milieux religieux ou par ses confrères qui croyaient à la fixité des espèces.

Dassault (*Marcel* Bloch, devenu), constructeur d'avions français (Paris 1892 - Neuilly-sur-Seine 1986). Pendant la Première Guerre mondiale, avec H. Potez, il inventa l'hélice *Éclair,* adoptée par tous les avions de chasse français, et conçut le chasseur SEA-4. Après la Seconde Guerre mondiale, il créa une importante société de construction aéronautique (devenue aujourd'hui Dassault-Aviation) qui a produit de nombreux types d'appareils, principalement militaires, et dans laquelle l'État français est majoritaire depuis 1981.

Dassin (*Jules*), cinéaste américain (Middletown, Connecticut, 1911). Il a réalisé des films noirs, réalistes et violents (*la Cité sans voile,* 1948 ; *les Bas-Fonds de Frisco,* 1949 ; *les Forbans de la nuit,* 1950) avant d'être contraint par le maccarthysme à s'exiler en Europe (*Du rififi chez les hommes,* 1955).

Datong, v. de Chine (Shanxi) ; 1 000 100 hab. — Monuments anciens, dont un vaste temple bouddhique du XIIᵉ siècle. Dans les environs : grottes de Yungang ; nombreux monastères rupestres fondés sous les Wei du Nord au VIᵉ siècle.

Daubenton (*Louis*), naturaliste français (Montbard 1716 - Paris 1800), collaborateur de Buffon pour son *Histoire naturelle* et créateur du troupeau français de moutons mérinos (1776).

Daubigny (*Charles François*), peintre et graveur français (Paris 1817 - *id.* 1878). Paysagiste, ami de Corot, il fait la liaison entre l'école de Barbizon et l'impressionnisme. Son fils **Karl** (Paris 1846 - Auvers-sur-Oise 1886) fut son élève.

Daudet (*Alphonse*), écrivain français (Nîmes 1840 - Paris 1897). Bien qu'il se soit rattaché à l'école naturaliste, son œuvre mêle la fantaisie à la peinture réaliste de la vie quotidienne. Il est l'auteur de romans (*le Petit Chose,* 1868 ; *Tartarin de Tarascon,* 1872 ; *Sapho,* 1884), mais surtout de contes et de nouvelles (*Lettres de mon moulin,* 1866 [→ **Lettres**] ; *Contes du lundi,* 1873). Son *Arlésienne* inspira à Bizet une musique de scène. Son fils, **Léon** (Paris 1867 - Saint-Rémy-de-Provence 1942), fut journaliste et écrivain. Rallié aux thèses de Maurras, rédacteur en chef (1908-1917) puis codirecteur avec Maurras (1917-1942) de *l'Action française,* il y exerça une verve truculente et outrancière.

Daugavpils, v. de Lettonie ; 127 000 hab.

Daumal (*René*), écrivain français (Boulzicourt, Ardennes, 1908 - Paris 1944). L'un des animateurs du groupe « le Grand Jeu », proche du surréalisme, il se tourna vers les religions orientales puis vers un ésotérisme que renforça sa rencontre avec Gurdjieff en 1938. Parmi ses poèmes (*Poésie noire, poésie blanche,* 1954) et ses récits (*la Grande Beuverie,* 1938), il faut détacher un roman symbolique inachevé, *le Mont Analogue* (1952).

Daumesnil (*Pierre*), général français (Périgueux 1776 - Vincennes 1832). Il défendit Vincennes contre les Alliés en 1814.

Daumier (*Honoré*), peintre, lithographe et sculpteur français (Marseille 1808 - Valmondois 1879). Mettant au service de ses idées humanitaires un génie incisif et vigoureux, il a exécuté environ 4 000 lithographies, publiées, notamment, dans *le Charivari,* et donné des suites comme celle des *Gens de justice.* Satiriste profond, il a peint sans indulgence toutes les classes de la société et exercé sa verve contre Louis-Philippe et la monarchie de Juillet (*Rue Transnonain,* 1834). Le second Empire ne toléra plus cette activité. À partir de 1848, il se passionna pour la peinture, brossant quelque 300 toiles largement traitées par masses synthétiques, en avance sur leur époque (*le Wagon de IIIᵉ classe,* v. 1862, Metropolitan Museum, New York ; série des *Don Quichotte*).

Daunou (*Pierre Claude François*), homme politique et érudit français (Boulogne-sur-Mer 1761 - Paris 1840). Prêtre constitutionnel, député à la Convention (1792), il contribua à organiser l'instruction publique, puis l'Institut de France, et devint archiviste de l'Empire en 1804.

Dauphiné, ancienne province de France, qui a formé les départements de l'Isère, des Hautes-Alpes et de la Drôme. Il s'est constitué progressivement autour du comté de Vienne, à partir du XIe siècle. En 1349, la province fut vendue au roi de France Philippe VI, qui la transféra à son petit-fils Charles. Le Dauphiné, dont la capitale était alors Grenoble, ne fut pas incorporé au domaine royal mais devint l'apanage traditionnel du fils aîné du roi, dès lors appelé « Dauphin ». L'union définitive avec la France fut proclamée en 1560. En 1788, une assemblée constituée des trois ordres se réunit près de Grenoble, à Vizille, pour demander la convocation des États généraux.

Dauphiné libéré *(le),* quotidien régional créé en 1945 à Grenoble.

Daurat *(Didier),* aviateur français (Montreuil-sous-Bois 1891 - Toulouse 1969). Pilote de chasse pendant la Première Guerre mondiale, il entra ensuite chez Latécoère, dont il dirigea l'exploitation des lignes, devenant ainsi l'animateur de l'Aéropostale.

Dausset *(Jean),* médecin français (Toulouse 1916). Professeur d'immunologie, d'hématologie et de médecine expérimentale, il découvrit le système H. L. A. (groupes d'antigènes pour les tissus, équivalents des groupes sanguins pour les globules rouges), ce qui fit beaucoup progresser les greffes et les transplantations d'organes. (Prix Nobel 1980.)

Dautry *(Raoul),* administrateur et homme politique français (Montluçon 1880 - Lourmarin 1951). Ministre de la Reconstruction et de l'Urbanisme (1944-45), il fut administrateur général du Commissariat à l'énergie atomique (1946).

Dauvergne *(Antoine),* compositeur et violoniste français (Moulins 1713 - Lyon 1797) Directeur du concert spirituel et de l'Opéra, il a écrit le premier opéra-comique français, *les Troqueurs* (1753).

Davao, port des Philippines, dans l'île de Mindanao, au fond du *golfe de Davao ;* 725 000 hab.

Davel *(Jean Daniel Abraham),* patriote vaudois (Morrens 1670 - Vidy 1723). Il chercha à déclencher une insurrection à Lausanne, afin d'affranchir le canton de Vaud de la domination de Berne, et fut exécuté.

David, deuxième roi du peuple hébreu, après Saül (v. 1010 - v. 970 av. J.-C.). Introduit à la cour de Saül pour ses dons de musicien et pour son habileté guerrière (célébrée dans le récit épique de son combat contre le géant Goliath), il suscite la jalousie du souverain par sa popularité grandissante et doit s'enfuir. À la mort de Saül, il est sacré roi à Hébron par les Judéens et, ralliant bientôt à lui les tribus du Nord, il règne comme roi de Juda et d'Israël sur la Palestine tout entière, qu'il libère du joug des Philistins. Les cités cananéennes sont soumises à son autorité, en particulier Megiddo et Jérusalem, dont il fait sa capitale (v. 1000). Après une série de batailles contre les Ammonites, les Araméens et les Édomites, David se trouve à la tête d'un petit empire qui étend son protectorat jusqu'à Damas. La Bible rapporte les faiblesses humaines de ce personnage complexe, notamment le rapt de Bethsabée, dont il avait fait disparaître le mari et dont il eut un fils, Salomon. Les traditions juive et chrétienne lui ont attribué la composition sinon de la totalité, du moins d'un certain nombre de psaumes.

David Ier (1084 - Carlisle 1153), roi d'Écosse (1124-1153). Il consolida l'unité de son royaume. **David II** ou **David Bruce** (Dunfermline 1324 - Édimbourg 1371), roi d'Écosse (1329-1371). Il ne put empêcher l'Angleterre d'établir sa tutelle sur l'Écosse.

David *(Gerard),* peintre des anciens Pays-Bas (Oudewater, Hollande, v. 1460 - Bruges 1523). Installé à Bruges, il y fut le dernier des grands « primitifs » (*la Vierge entre les vierges,* musée de Rouen ; *le Baptême du Christ,* Bruges).

David *(Louis),* peintre français (Paris 1748 - Bruxelles 1825). Représentant le plus illustre du néoclassicisme pictural, il a établi une esthétique par rapport à laquelle les courants postérieurs de la peinture française devront se déterminer — par adhésion ou par rejet. Élève de J.-M. Vien, il n'obtient le prix de Rome qu'à sa quatrième tentative, en 1774. Son séjour en Italie (1775-1780) lui révèle la dignité et la rigueur de l'Antiquité romaine (*Bélisaire,* 1781, musée de Lille). Dès son retour à Paris, son atelier commence à être un pôle d'attraction pour les jeunes artistes (s'y formeront, entre autres, Girodet, Gros et, plus tard, Ingres). En 1784, David entre à l'Académie royale de peinture et entreprend, au cours d'un nouveau séjour romain, *le Serment des Horaces* (Louvre), œuvre monumentale qui affirme la primauté de la ligne sur la couleur et le mouvement et qui sera saluée au Salon de 1785 comme le manifeste de la nouvelle école. Militant révolutionnaire, membre de la Convention, il entreprend *le Serment du Jeu de paume* (seulement ébauché, musée du château de Versailles) puis peint *Marat assassiné* (Musées royaux de Bruxelles) avant de donner avec *les Sabines* (1795-1799, Louvre) une sorte de plaidoyer pour la paix civile. Les portraits qu'il exécute le montrent magnifique observateur et peintre. Rallié à Bonaparte, qu'il admire (*le Passage du Grand-Saint-Bernard*, 1801, plusieurs versions), David commémore les fastes de l'Empire (*le Sacre*, 1806-1807, Louvre) sans renoncer à l'Antiquité (*Léonidas aux Thermopyles*, ibid.). Au retour des Bourbons, il s'exile en Belgique, donnant des toiles mythologiques comme *l'Amour et Psyché* (1817, Cleveland), au coloris audacieux, et des portraits.

David d'Angers *(Pierre Jean),* sculpteur français (Angers 1788 - Paris 1856). Il est l'auteur du fronton du Panthéon (Paris), de statues, de nombreux bustes et de plus de 500 portraits en médaillon. Musée à Angers.

David Copperfield, roman de Charles Dickens (1849), histoire d'un jeune orphelin.

David-Neel *(Alexandra),* exploratrice française (Saint-Mandé 1868 - Digne 1969). Première Européenne à pénétrer à Lhassa (1924), elle publia des ouvrages sur le bouddhisme, l'Inde, le Tibet et la Chine.

Daviler ou **d'Aviler** *(Augustin Charles),* architecte et hydraulicien français (Paris 1653 - Montpellier 1701). Il étudia à Rome, collabora avec J. Hardouin-Mansart et devint architecte de la province du Languedoc (arc de triomphe du Peyrou à Montpellier, 1691). Il a publié un *Cours d'architecture,* avec dictionnaire des termes.

Davis *(Ruth Elizabeth* Davis, dite Bette*),* actrice de cinéma américaine (Lowell, Massachusetts, 1908 - Paris 1989). Elle débuta au théâtre et devint, à partir des années 30, l'une des grandes comédiennes de Hollywood (*l'Insoumise,* 1938 ; *la Vipère,* 1941 ; *Qu'est-il arrivé à Baby Jane ?,* 1962 ; *l'Argent de la vieille,* 1972 ; *les Baleines du mois d'août,* 1987).

Davis *(coupe),* épreuve internationale annuelle de tennis, créée en 1900, opposant des équipes nationales (de 4 joueurs au plus) en 5 matches (quatre simples, un double).

Davis *(détroit de),* bras de mer de l'Atlantique, entre le Groenland et la terre de Baffin ; il sépare les mers de Baffin et du Labrador.

Davis *(Jefferson),* officier et homme d'État américain (Fairview, Kentucky, 1808 - La Nouvelle-Orléans 1889), président des États confédérés du Sud pendant la guerre de Sécession (1861-1865).

Davis *(John),* navigateur anglais (Sandridge v. 1550 - dans le détroit de Malacca 1605). Il découvrit en 1585 le détroit qui porte son nom.

Davis *(Miles),* trompettiste de jazz américain (Alton 1926 - Santa Monica 1991). Après avoir débuté aux côtés de Charlie Parker, il s'impose dans les années 1950 comme l'un des fondateurs du style cool. Il contribue, à la fin des années 1960, à l'émergence du *jazz-rock*. Après une interruption de 1975 à 1980, il développe une musique inspirée par les climats funky.

Davis *(William Morris),* géographe américain (Philadelphie 1850 - Pasadena 1934), l'un des pionniers de la géographie physique.

Davisson *(Clinton Joseph),* physicien américain (Bloomington, Illinois, 1881 - Charlottesville, Virginie, 1958). Il reçut le prix Nobel en 1937 pour sa découverte de la diffraction des électrons par les cristaux (1927), qui confirmait la mécanique ondulatoire de L. de Broglie.

Davos, comm. de Suisse (Grisons) ; 10 957 hab. Sports d'hiver (alt. 1 560-2 844 m). — Musée régional dans une maison engadinoise typique du XVIIe siècle.

Davout *(Louis Nicolas),* duc d'Auerstaedt, *prince* d'Eckmühl, maréchal et pair de France (Annoux 1770 - Paris 1823). Vainqueur des Prussiens à Auerstaedt (1806) et des Autrichiens, notamment à Wagram (1809), il fut considéré, pour la rigueur de son commandement, comme l'un des meilleurs lieutenants de Napoléon.

Davy *(sir* Humphry), chimiste et physicien britannique (Penzance 1778 - Genève 1829). Il découvrit l'arc électrique, les propriétés catalytiques du platine, isola les métaux alcalins grâce à l'électrolyse et inventa la lampe de sûreté à toile métallique pour les mineurs.

Dawes *(plan)* → **réparations (question des).**

Dawha (al-) ou **Doha (al-),** cap. du Qatar, sur le golfe Persique ; 217 000 hab.

Dax, ch.-l. d'arr. des Landes, sur l'Adour ; 20 119 hab. (*Dacquois*). Station thermale (traitement des rhumatismes et des séquelles de traumatismes ostéo-articulaires). — Vestiges d'enceinte gallo-romaine. Cathédrale reconstruite au XVIIe siècle. Musée de Borda (archéologie, ethnographie, etc.).

Dayak, peuple de Bornéo, parlant une langue malayo-polynésienne. Les Dayak vivent dans des villages formés de maisons particulières et communautaires (*long houses*), le plus souvent sur pilotis. Leur structure politique repose sur un chef coutumier aidé d'un conseil des anciens. Ils pratiquent la chasse, la pêche et la culture sur brûlis (*ladang*).

Dayan *(Moshe),* général et homme politique israélien (Deganya 1915 - Ramat Gan 1981). Chef d'état-major de l'armée (1953-1958), il fut ministre de la Défense (1967, 1969-1974) puis des Affaires étrangères (1977-1979).

Dayton, v. des États-Unis (Ohio) ; 182 044 hab. — Musées.

Daytona Beach, station balnéaire des États-Unis, dans le N.-E. de la Floride ; 61 621 hab. Circuit automobile.

Deák *(Ferenc),* homme politique hongrois (Söjtör 1803 - Pest 1876). Il fut l'un des principaux artisans du compromis austro-hongrois de 1867.

De Amicis *(Edmondo),* écrivain italien (Oneglia 1846 - Bordighera 1908). Il est l'auteur de romans sentimentaux et moralisateurs (*Cuore,* 1886).

Dean *(James),* acteur américain (Marion, Indiana, 1931 - Paso Robles, Californie, 1955). Incarnant la jeunesse rebelle et inquiète des années 50, ses trois films (*À l'est d'Eden,* E. Kazan, 1955 ; *la Fureur de vivre,* N. Ray, 1955 ; *Géant,* G. Stevens, 1956) et sa mort prématurée contribuèrent à faire de lui un mythe sociologique et cinématographique.

Déat *(Marcel),* homme politique français (Guérigny 1894 - San Vito, près de Turin, 1955). Fondateur du Parti socialiste de France (P. S. F.) [1933], dissidence autoritaire et nationaliste de la S. F. I. O., il prôna la collaboration avec l'Allemagne et fut secrétaire d'État au Travail dans le gouvernement de Vichy (1944). Il fut condamné à mort par contumace après la Libération.

Death Valley → *Mort (Vallée de la).*

Deauville, comm. du Calvados ; 4 380 hab. Station balnéaire. Hippodrome. Casino.

Debierne *(André Louis),* chimiste français (Paris 1874 - *id.* 1949). Spécialiste de la radioactivité, il a isolé le radium avec Marie Curie et découvert l'actinium.

Déborah, femme israélite que la Bible désigne comme une « prophétesse » et range aux côtés de ceux qui exercèrent la fonction de « Juges ». Elle siégeait sous un arbre, au sud de Béthel, pour régler les litiges des Israélites.

Debré *(Michel),* homme politique français (Paris 1912). Fils de Robert Debré, garde des Sceaux en 1958, il joua un rôle prépondérant dans la préparation de la Constitution de la Ve République. Il fut Premier ministre de 1959 à 1962 et occupa différents postes ministériels jusqu'en 1973.

Debré *(Olivier),* peintre français (Paris 1920), frère du précédent. Abstraite et solidement construite dans les années 40-50, sa peinture a évolué à partir des années 60 vers une spatialité qui renvoie au spectacle décanté de la nature.

Debré *(Robert),* médecin français (Sedan 1882 - Le Kremlin-Bicêtre 1978). Professeur de bactériologie puis de clinique médicale des enfants, il étudia l'immunologie et l'hygiène et, surtout, contribua aux progrès de la pédiatrie et de la protection de l'enfance.

Debrecen, v. de l'est de la Hongrie ; 212 235 hab. — Monuments baroques et néoclassiques.

Debreu *(Gerard),* économiste américain d'origine française (Calais 1921). On lui doit des recherches dans les domaines de l'économie mathématique et de l'économétrie. (Prix Nobel 1983.)

Deburau, nom de deux mimes célèbres : **Jean Gaspard,** dit Jean-Baptiste (Kolín, Bohême, 1796 - Paris 1846), et **Jean Charles,** son fils (Paris 1829 - Bordeaux 1873), qui créèrent au théâtre des Funambules le type de *Pierrot.*

Debussy *(Claude),* compositeur français (Saint-Germain-en-Laye 1862 - Paris 1918). À l'aube du XXe s., il a ouvert la voie à la musique de notre temps par ses recherches d'une nouvelle esthétique fondée sur l'abandon des formes traditionnelles et sur une conception neuve de l'orchestre, de l'harmonie et des rapports entre texte et musique. En 1884, il obtient le prix de Rome avec la cantate *l'Enfant prodigue,* puis fait de nombreux voyages à l'étranger. Ayant rencontré Mallarmé, il fréquente les poètes et apprécie les peintres impressionnistes. Avec lui, le piano devient l'instrument de la nuance et de l'évocation (*Images, Préludes*). Ses orchestrations s'attachent à la qualité du timbre (*Prélude à l'après-midi d'un faune,* 1894 ; *la Mer*), la voix devient déclamation subtile (*Chansons de Bilitis*), allant jusqu'au maniérisme (*le Martyre de saint Sébastien*). Son œuvre majeure, l'opéra *Pelléas et Mélisande* (1902), conjugue le symbolisme et la passion en un récitatif libre et poétique soutenu par une orchestration à la fois somptueuse et discrète.

Debye *(Petrus),* physicien et chimiste néerlandais naturalisé américain (Maastricht 1884 - Ithaca, État de New York, 1966). Il étudia l'état solide aux basses températures et détermina par interférence des rayons X les dimensions des molécules gazeuses. (Prix Nobel de chimie 1936.)

Décaméron *(le),* recueil de nouvelles de Boccace (1348-1353). Ce sont des peintures des mœurs au XIVᵉ siècle, dont le style a contribué à fixer la prose italienne.

Decamps *(Alexandre),* peintre français (Paris 1803 - Fontainebleau 1860), le plus populaire des orientalistes romantiques (*Enfants turcs près d'une fontaine,* Chantilly).

Décapole, confédération de dix villes palestiniennes situées à l'est du Jourdain (Iᵉʳ s. av. J.-C. - IIᵉ s. apr. J.-C.). — Ligue de dix villes d'Alsace fondée en 1353-54, et qui ne fut totalement intégrée dans la France que lors de la Révolution.

Decauville *(Paul),* industriel français (Petit-Bourg, comm. d'Évry, 1846 - Neuilly 1922). Il a inventé le matériel de chemin de fer à voie étroite (de 0,40 à 0,60 m de large) utilisé dans les carrières, les entreprises de travaux publics, etc.

Decazes et de Glücksberg *(Élie, duc),* homme politique français (Saint-Martin-de-Laye, Gironde, 1780 - Decazeville 1860). Ministre de la Police (1815), puis président du Conseil (1819) sous Louis XVIII, il combattit les ultraroyalistes mais dut démissionner après l'assassinat du duc de Berry (1820).

Deccan ou **Dekkan,** région méridionale de l'Inde, au S. de la plaine indo-gangétique. GÉOGR. De forme triangulaire, le Deccan se présente comme un ensemble de grands plateaux (600-1 000 m d'alt.) avec des reliefs périphériques, surtout au nord (monts Vindhya) et à l'ouest (Ghats occidentaux). Le littoral est bordé de plaines. La mousson apporte des pluies d'été, abondantes sur la côte ouest, qui porte des forêts ; ailleurs, la végétation naturelle est dégradée (forêts claires, épineux). La population a subi l'influence indo-aryenne dans le Nord ; elle est dravidienne dans le Sud.

Décébale, nom par lequel on désignait le chef ou le roi des Daces. Le plus connu anéantit une armée romaine (87) puis, vaincu par Trajan, se donna la mort (106).

décembre 1851 *(coup d'État du 2),* coup d'État exécuté par Louis Napoléon Bonaparte, alors président de la République, et qui prépara le rétablissement de l'Empire.

De Chirico *(Giorgio),* peintre italien (Vólos, Grèce, 1888 - Rome 1978). Inventeur à Paris, vers 1911-1914, d'une peinture qu'on appellera « métaphysique » (statues, mannequins, objets semblant abandonnés ou détournés dans des paysages vides et des architectures fantastiques), précurseur du surréalisme, il a ensuite pastiché l'art classique.

Decius *(Caius Messius Quintus Valerianus Trajanus),* en fr. **Dèce** (Bubalia, Pannonie, 201 - Abryttos, Mésie, 251), empereur romain (249-251). Il persécuta les chrétiens (250).

Déclaration du clergé de France (ou **des Quatre Articles**)**,** déclaration rédigée par Bossuet et acceptée, le 19 mars 1682, par l'assemblée du clergé de France. Elle constitua la charte de l'Église gallicane.

Décorations *(affaire des)* [nov. 1887], scandale né d'un trafic de décorations dans lequel était impliqué le gendre du président de la République, J. Grévy. Ce dernier dut démissionner.

De Coster *(Charles),* écrivain belge d'expression française (Munich 1827 - Ixelles 1879). Attiré par le passé et les traditions de son pays (*Légendes flamandes,* 1858 ; *Contes brabançons,* 1861), il a évoqué, en une langue truculente et archaïsante, la vie des Pays-Bas du XVIᵉ siècle dans un poème en prose qui fait figure d'épopée nationale, *la Légende et les Aventures d'Ulenspiegel et de Lamme Goedzak* (1867).

Découverte *(palais de la),* établissement public à caractère scientifique, culturel et professionnel, situé à Paris, créé par Jean Perrin en 1937 dans une partie du Grand Palais. Il présente, entre autres, des expositions et des animations didactiques sur les sciences et techniques.

découvertes *(grandes),* vaste mouvement de reconnaissance entrepris à travers le monde par les Européens au XVᵉ et au XVI ᵉ s. Il fut rendu possible par les progrès accomplis dans l'art de la navigation en haute mer : invention de l'astrolabe nautique, généralisation de la boussole, construction d'un navire léger et rapide, la caravelle. Sa principale cause fut sans doute la nécessité pour l'économie européenne, alors en pleine expansion, de rechercher les matières premières (épices, or) dont elle avait besoin. Il fallait, pour cela, contourner l'Empire ottoman, qui contrôlait le commerce terrestre vers les Indes et trouver de nouvelles routes maritimes. À ces objectifs économiques se sont ajoutés des motifs religieux. Les grands voyages se multiplièrent à partir de 1450. Sous l'impulsion d'Henri le Navigateur, les Portugais choisirent la route vers l'est ; les Espagnols, quant à eux, s'engagèrent à l'ouest.

1445. Les Portugais explorent l'embouchure du Sénégal.

1488. Le Portugais Bartolomeu Dias atteint le cap de Bonne-Espérance.

1492. Christophe Colomb traverse l'Atlantique et découvre l'Amérique (Bahamas). Ses deux premiers voyages (1492-93 ; 1493-1496) lui permettent d'explorer les Antilles (Cuba, Haïti, la Guadeloupe) ; les deux derniers (1498 ; 1502-1504) le mènent sur les côtes du continent américain (Venezuela et Honduras actuels).

1497. Jean Cabot explore le littoral canadien pour le compte de l'Angleterre.

1498. Le Portugais Vasco de Gama atteint les Indes après avoir contourné le cap de Bonne-Espérance.

1500. Le Portugais Pedro Álvares Cabral aborde les côtes du Brésil.

1501-02. Amerigo Vespucci longe les côtes de l'Amérique du Sud. Il donnera son nom au continent américain.

1510. Le Portugais Afonso de Albuquerque occupe Goa, fondant ainsi la puissance portugaise en Inde.

1519. Le conquistador espagnol Hernán Cortés entreprend la conquête du Mexique.

1519-1521/22. Premier tour du monde, réalisé par Fernand de Magellan et Juan Elcano.

1531. L'Espagnol Francisco Pizarro atteint le Pérou.

1534. Le Français Jacques Cartier explore l'estuaire du Saint-Laurent.

Ces découvertes ont fait entrer l'Europe dans une ère d'économie précapitaliste et ont été à l'origine des premiers empires coloniaux.

Decoux *(Jean),* amiral français (Bordeaux 1884 - Paris 1963). Gouverneur de l'Indochine en 1940, il dut négocier avec les Japonais mais parvint à maintenir la souveraineté de la France jusqu'en 1945.

Decroly *(Ovide),* médecin et pédagogue belge (Renaix 1871 - Uccle 1932). Sa pédagogie est fondée sur l'idée qu'il faut faire travailler les enfants pour maintenir leur attention et ravi-

ver leur motivation ; en partant de centres d'intérêt, il leur propose ainsi des études thématiques reliées aux besoins essentiels des enfants (se nourrir, se défendre contre les ennemis, lutter contre le froid, etc.). Il a écrit *Vers l'école rénovée* (1921), *la Fonction de globalisation et l'enseignement* (1929).

Décumates *(champs),* territoires entre Rhin et Haut-Danube, annexés par Domitien et protégés par un *limes,* que les Alamans forcèrent en 260.

Dédale, héros de la mythologie grecque, le type même de l'artiste universel, architecte, sculpteur et inventeur. C'est parce qu'il avait su fabriquer des ailes avec des plumes et de la cire qu'il aurait réussi à s'échapper dans les airs du Labyrinthe de Crète, où il était enfermé avec son fils Icare.

Dedekind *(Richard),* mathématicien allemand (Brunswick 1831 - *id.* 1916). Constatant, dans un cours sur les éléments du calcul différentiel (1858), l'absence de fondements de l'arithmétique, il conçut une théorie des nombres irrationnels. Il créa aussi la théorie des idéaux (sous-ensembles des corps de nombres algébriques) et jeta les premières bases de la théorie des ensembles. Il a écrit un important mémoire sur les fondements des mathématiques : *Ce que sont et ce que doivent être les nombres* (1887).

Défense *(quartier de la),* quartier principalement d'affaires de l'Ouest parisien, sur les communes de Puteaux, Courbevoie et Nanterre. Construit, avec sa dalle piétonnière, d'environ 1957 à 1989, il comprend de nombreuses tours de bureaux, le C. N. I. T. (auj. « Centre des nouvelles industries et technologies ») à la voûte de béton audacieuse (1958) et, à son extrémité ouest, la « Grande Arche » (1983-1989). 650 sociétés sont installées à la Défense, dont la moitié des 20 premières entreprises françaises.

Défense et illustration de la langue française, ouvrage de Du Bellay (1549). Ce manifeste de l'école de Ronsard condamne les créations poétiques du Moyen Âge, tout en recommandant l'imitation des Anciens, ainsi que la défense et l'enrichissement de la langue française.

Défense nationale *(gouvernement de la),* gouvernement qui proclama la république le 4 septembre 1870, jour de la défaite militaire de Sedan, et succéda au second Empire. Dirigé par des républicains modérés (Gambetta, Favre), il signa l'armistice avec la Prusse et remit ses pouvoirs à l'Assemblée nationale le 12 février 1871.

Deffand *(Marie, marquise du)*, femme de lettres française (château de Chamrond, Bourgogne, 1697 - Paris 1780). Son salon fut fréquenté par les écrivains et les philosophes.

De Filippo *(Eduardo)*, homme de théâtre italien (Naples 1900 - Rome 1984). Issu de la tradition du théâtre napolitain, il écrit (tantôt en dialecte, tantôt en italien), met en scène et interprète, au sein de la compagnie qu'il fonde avec son frère et sa sœur, des comédies populaires dénonciatrices des maux de la société *(Cantata dei giorni pari, Cantata dei giorni dispari)*. Naples avec ses injustices et sa misère devient dans son œuvre la métaphore du monde.

Defoe ou **De Foe** *(Daniel)*, écrivain anglais (Londres v. 1660 - *id.* 1731). Voyageur, commerçant, armateur, il favorise l'accession au trône de Guillaume III d'Orange, qui bénéficie de ses pamphlets. Arrêté, exposé au pilori, il se lance dans le journalisme, où il introduit la réalité du quotidien. Il entre en 1706 au service de la reine Anne mais, déçu par la politique, il se tourne vers la littérature. Il devient célèbre avec *Robinson Crusoé* (1719) [→ *Robinson*], auquel succèdent des récits réalistes *(Moll Flanders,* 1722 ; *Journal de l'année de la peste,* 1722 ; *Lady Roxana ou l'Heureuse Catin,* 1724).

De Forest *(Lee)*, ingénieur américain (Council Bluffs, Iowa, 1873 - Hollywood 1961). Il inventa la lampe triode (1906), en ajoutant une troisième électrode, la *grille,* à une lampe diode.

Degas *(Edgar)*, peintre français (Paris 1834 - *id.* 1917). Issu d'un milieu bourgeois cultivé, il s'initie à la peinture dans l'atelier d'un élève d'Ingres, étudie au cabinet des Estampes Mantegna, Véronèse, Dürer et Rembrandt, et va copier les maîtres de la Renaissance en Italie. Fortement impressionné par Ingres, mais aussi par Delacroix, il découvre avec l'estampe japonaise de nouvelles possibilités (composition décentrée, raccourcis elliptiques, gros plans, contre-jours). Lié aux impressionnistes et exposant avec eux, mais leur ressemblant peu par la technique picturale, il est aussi influencé par l'esthétique naturaliste *(Repasseuse à contre-jour,* v. 1874, Metropolitan Museum, New York). Toujours en quête du mouvement, il développe les thèmes des courses *(Chevaux de course devant les tribunes,* 1869-1872, musée d'Orsay), de la danse *(la Classe de danse,* 1874, *ibid.),* puis du nu féminin (femmes à leur toilette) dans ses peintures, mais aussi dans plusieurs séries de petites

sculptures *(Danseuse de quatorze ans,* 1881, *ibid.),* dans ses gravures, ses monotypes et dans d'âpres et lumineux pastels, technique mieux adaptée à sa vue déclinante *(Après le bain,* nombreuses versions).

De Gasperi *(Alcide)*, homme politique italien (Pieve Tesino, Trentin, 1881 - Sella di Valsugana 1954). Chef de la Démocratie chrétienne italienne, président du Conseil (1945-1953), il amorça le redressement économique de son pays et fut l'un des artisans de l'unité européenne.

De Geer *(Louis, baron)*, homme politique suédois (Finspång 1818 - Truedstorp 1896). Premier ministre de 1858 à 1870 et de 1876 à 1880, il fit voter l'institution de deux chambres élues au suffrage censitaire (1866).

De Graaf *(Reinier)*, médecin et physiologiste hollandais (Schoonhoven, près d'Utrecht, 1641 - Delft 1673). Il réalisa les premiers travaux scientifiques sur le pancréas et, surtout, découvrit les follicules de l'ovaire qui forment les ovules *(follicules de De Graaf).*

Degrelle *(Léon)*, homme politique belge (Bouillon 1906 - Málaga 1994). Fondateur du rexisme, il prôna la collaboration avec l'Allemagne après la défaite de 1940 ; il s'exila en 1944.

Dehaene *(Jean-Luc)*, homme politique belge (Montpellier 1940). Social-chrétien flamand, il est Premier ministre depuis 1992.

De Havilland *(sir Geoffrey)*, industriel britannique (Haslemere, Surrey, 1882 - Londres 1965). De 1909 à 1954, il réalisa 112 types d'avions civils et militaires, notamment le premier avion commercial à réaction *(Comet,* mis en service en 1952).

De Heem, famille de peintres néerlandais de natures mortes, dont le plus connu est **Jan Davidsz.** (Utrecht 1606 - Anvers 1683/84), auteur de grandes compositions opulentes dans l'esprit du baroque flamand (il s'établit à Anvers v. 1635).

Dehmel *(Richard)*, écrivain allemand (Wendisch-Hermsdorf 1863 - Blankenese, près de Hambourg, 1920). Parti du naturalisme, qu'il rejeta ensuite avec violence, il annonce l'expressionnisme, dans des recueils lyriques ou d'inspiration sociale *(Deux Êtres,* 1903).

De Hooch, Hooghe ou **Hoogh** *(Pieter)*, peintre néerlandais (Rotterdam 1629 - Amsterdam v. 1684). Il est l'auteur de scènes d'intérieur d'un réalisme poétisé (notamment celles de sa période d'installation à Delft : 1654-1662).

Dehra Dun, v. de l'Inde (Uttar Pradesh) ; 367 411 hab.

Deir el-Bahari, site de la région de Thèbes, face à Karnak. L'ensemble funéraire de Mentouhotep Ier (XIe dynastie), de Hatshepsout et de Thoutmosis III (XVIIIe dynastie) constitue l'un des grands moments de l'art égyptien. Le temple funéraire de la reine Hatshepsout, aux terrasses bordées de portiques et reliées par de vastes rampes d'accès, abrite des bas-reliefs (expédition maritime au pays de Pount, notamment), remarquables par leur qualité et leur intérêt historique, tout comme ceux du temple de Thoutmosis III, dégagés entre 1962 et 1967.

Deir el-Medineh, site de la rive occidentale du Nil, entre Thèbes et la Vallée des Rois. Ouvriers et artisans, qui travaillaient aux tombeaux royaux, peuplaient ce village, qui se développa sous la XVIIIe dynastie, s'agrandit sous la XIXe et la XXe dynastie, et dont la nécropole abrite certaines des plus intéressantes peintures du Nouvel Empire.

Deir ez-Zor, v. de Syrie, sur l'Euphrate ; 92 000 hab. À proximité, gisements de pétrole.

Déjerine *(Jules),* neurologue français (Genève 1849 - Paris 1917). Il enseigna l'anatomie pathologique puis les maladies du système nerveux. En neurologie, il fut l'un des émules de Charcot et découvrit plusieurs maladies avec ses collaborateurs.

Dekkan → Deccan.

Dekker *(Thomas),* écrivain anglais (Londres v. 1572 - id. v. 1632). Ses comédies, ses drames et ses romans font vivre le peuple des bas-fonds (*les Sept Péchés capitaux de Londres,* 1606).

De Klerk *(Frederik Willem),* homme d'État sud-africain (Johannesburg 1936). Président de la République (1989-1994), il est l'initiateur de l'abolition de l'apartheid et du processus de démocratisation en Afrique du Sud. En 1994, à l'issue des premières élections multiraciales, il est nommé deuxième vice-président. (Prix Nobel de la paix 1993.)

De Kooning *(Willem),* peintre américain d'origine néerlandaise (Rotterdam 1904). Parti pour New York en 1926, il s'est affirmé à la fin des années 40 comme un des maîtres de l'expressionnisme, abstrait ou figuratif (thème de la *Femme,* disloquée et recomposée).

Delacroix *(Eugène),* peintre français (Saint-Maurice, Val-de-Marne, 1798 - Paris 1863). Représentant majeur du romantisme pictural, bien que refusant d'en être le chef d'école, précurseur de la peinture moderne, il s'opposa à Ingres et fut très discuté de son vivant (il n'entra à l'Académie qu'en 1857). Issu de la grande bourgeoisie parisienne, il fait de solides études classiques, puis se forme, comme son ami Géricault, dans l'atelier de P. N. Guérin ainsi qu'au Louvre, devant les maîtres. *Dante et Virgile aux Enfers* (Salon de 1822, Louvre), puis les *Scènes des massacres de Scio* (Salon de 1824, *ibid.*) révèlent son génie de créateur visuel et de coloriste. Plutôt que l'Italie, il visite l'Angleterre, prenant un contact plus intime avec sa littérature (Shakespeare, Byron) et ses peintres (tel Bonington). Il expose la *Mort de Sardanapale* en 1828, *la Liberté guidant le peuple* en 1831 (les deux toiles au Louvre). Un voyage en Afrique du Nord (1832) lui inspire notamment les *Femmes d'Alger dans leur appartement* (Louvre), où il atteint à un raffinement extrême dans les accords chromatiques, la fragmentation de la touche et les jeux de lumière. À partir de 1833 et jusqu'à la fin de sa vie, l'artiste reçoit des commandes officielles, notamment pour des décors d'édifices parisiens (Palais-Bourbon, Sénat, Louvre, église Saint-Sulpice). Il triomphe à l'Exposition universelle de 1855. Dessinateur, lithographe (pour le *Faust* de Goethe), aquarelliste, Delacroix a pratiqué tous les genres. Son *Journal* montre la clarté de sa pensée. (L'atelier de Delacroix, rue de Furstenberg, à Paris, est aujourd'hui un musée.)

Delage *(Louis),* ingénieur et industriel français (Cognac 1874 - Le Pecq 1947). Pionnier de l'industrie automobile, il se spécialisa dans la voiture de grand luxe, puis mit au point des voitures de course à moteur surcomprimé.

Delage *(Yves),* zoologiste français (Avignon 1854 - Sceaux 1920), auteur de travaux de biologie, en particulier sur la parthénogenèse expérimentale.

Delagoa *(baie),* baie de l'océan Indien, au Mozambique.

Delalande *(Michel Richard),* compositeur français (Paris 1657 - Versailles 1726). Organiste et claveciniste, il devint en 1689 surintendant de la chapelle du roi. Il a laissé 71 grands motets, chefs-d'œuvre du genre, et des *Symphonies pour les soupers du roi.*

De la Mare *(Walter),* écrivain britannique (Charlton, Kent, 1873 - Twickenham, Middlesex, 1956). Conteur de l'enfance (*Song of Childhood,* 1902), il a entretenu dans ses poésies (*The Burning Glass,* 1945) un dialogue avec l'au-delà et les forces intérieures.

Delamare-Deboutteville (*Édouard*), industriel et inventeur français (Rouen 1856 - Montgrimont, Seine-Maritime, 1901). Avec l'aide du chef mécanicien de sa filature, Léon Malandin, il réalisa la première voiture automobile qui, actionnée par un moteur à explosion, ait roulé sur une route (1883).

Delambre (*le chevalier Jean-Baptiste*), astronome et géodésien français (Amiens 1749 - Paris 1822). Après l'instauration du système métrique (dont l'étalon de longueur devait être la dix-millionième partie du quart du méridien terrestre), il participa avec P. Méchain à la campagne géodésique entreprise pour effectuer une nouvelle mesure de l'arc de méridien compris entre Dunkerque et Barcelone, et fut chargé de la section comprise entre Dunkerque et Rodez (1792-1799). Directeur de l'Observatoire de Paris de 1804 à sa mort, il a laissé une *Histoire de l'astronomie*.

Delannoy (*Jean*), cinéaste français (Noisy-le-Sec 1908), auteur de films dramatiques et psychologiques : *l'Éternel Retour* (1943), *la Symphonie pastorale* (1946), *la Princesse de Clèves* (1961).

Delaroche (*Hippolyte*, dit Paul), peintre français (Paris 1797 - id. 1856). Éclectique, il devint un artiste officiel en tentant de concilier classicisme et romantisme dans des sujets d'histoire au caractère théâtral (*les Enfants d'Édouard*, 1830, Louvre).

Delaunay (*Louis*), ingénieur et industriel français (Corbeil 1843 - Cannes 1912). Il s'associa avec Belleville, fabricant de machines à vapeur et de chaudières, pour construire des automobiles à moteur à essence, dont il réalisa de nombreux modèles de luxe avant la Première Guerre mondiale.

Delaunay (*Robert*), peintre français (Paris 1885 - Montpellier 1941). Sous la dénomination d'« orphisme », due à Apollinaire, il a apporté au cubisme un jeu de contrastes chromatiques et lumineux brisant et recomposant les formes (séries des « Tours Eiffel », 1909-10, des « Fenêtres », 1912), pour aboutir dans certaines de ses œuvres à l'abstraction (« Formes circulaires », « Rythmes », etc.). Sa femme **Sonia**, d'origine russe (Odessa 1885 - Paris 1979), a mené les mêmes recherches sur la couleur pure et les rythmes (*Prismes électriques*, 1914, M. N. A. M.) et les a appliquées aux arts graphiques et décoratifs, aux tissus, à la mode.

Delaune (*Étienne*), graveur, orfèvre et dessinateur ornemaniste français (Orléans ? v. 1518 - ? 1583). Il a joué un grand rôle dans la diffusion du style de l'école de Fontainebleau.

De Laval (*Gustaf*), ingénieur suédois (Orsa, Dalécarlie, 1845 - Stockholm 1913). Il est l'inventeur de la turbine à vapeur qui porte son nom (1883).

Delavigne (*Casimir*), poète français (Le Havre 1793 - Lyon 1843). Auteur d'élégies patriotiques (les *Messéniennes*, 1818-1822), il a incarné au théâtre le goût pour une novation modérée (*les Vêpres siciliennes*, 1819). [Acad. fr. 1825.]

Delaware (*la*), fl. des États-Unis, qui passe à Philadelphie et rejoint la *baie de la Delaware* sur l'Atlantique ; 400 km.

Delaware, un des États unis d'Amérique, sur la côte est ; 5 295 km^2 ; 666 168 hab. (le plus petit État de l'Union après le Rhode Island.) Cap. *Dover*. V. princ. *Wilmington*.

Delaware, Indiens Algonquins qui vivaient autrefois sur la côte de l'Atlantique entre l'Hudson et Baltimore. Ils furent déportés dans une réserve de l'Oklahoma à la fin du XIXe siècle.

Delay (*Jean*), psychiatre français (Bayonne 1907 - Paris 1987). Il a étudié les troubles de la mémoire et les effets des psychotropes. (Acad. fr. 1959.)

Delbrück (*Max*), biophysicien américain d'origine allemande (Berlin 1906 - Pasadena 1981). Il a reçu en 1969 le prix Nobel de médecine et de physiologie pour ses travaux de biologie moléculaire sur l'A. D. N. et son rôle génétique.

Delcassé (*Théophile*), homme politique français (Pamiers 1852 - Nice 1923). Ministre des Affaires étrangères (1898-1905), il resserra l'alliance franco-russe (1900) et fut l'artisan de l'Entente cordiale avec la Grande-Bretagne (1904) ; opposé à une entente avec l'Allemagne au sujet du Maroc, il dut démissionner.

Del Cossa (*Francesco*), peintre italien (Ferrare v. 1436 - Bologne 1478). Influencé, notamment, par C. Tura, il travailla à Ferrare (fresque des *Mois* au palais Schifanoia, avec son élève Ercole De'Roberti) puis à Bologne.

Deledda (*Grazia*), romancière italienne (Nuoro 1871 - Rome 1936). Ses romans (*Elias Portolu*, 1903) sont inspirés par sa Sardaigne natale. (Prix Nobel 1926.)

Delémont, v. de Suisse, ch.-l. du c. du Jura ; 11 548 hab. — Fontaines du XVIe siècle, église du XVIIIe. Musée jurassien.

Delerue (*Georges*), compositeur français (Roubaix 1925 - Los Angeles 1992) connu pour ses musiques de film (*Hiroshima mon amour,* 1959 ; *le Mépris,* 1963 ; *la Peau douce,* 1963 ; *la Gifle,* 1978).

Delescluze *(Charles),* journaliste et homme politique français (Dreux 1809 - Paris 1871). Membre de la Commune en 1871, il fut tué sur les barricades.

Delessert *(baron Benjamin),* industriel et philanthrope français (Lyon 1773 - Paris 1847). Il fonda en 1818 la première caisse d'épargne.

Delestraint *(Charles),* général français (Biache-Saint-Vaast 1879 - Dachau 1945). Chef de l'armée secrète en France (1942), il fut déporté en 1943 au Struthof, puis à Dachau.

Deleuze *(Gilles),* philosophe français (Paris 1925 - id. 1995). Marqué par Nietzsche, Deleuze tente de développer le concept de différence comme « vrai commencement de la philosophie ». Dans *l'Anti-Œdipe* (1972), écrit en collaboration avec Félix Guattari, il essaie de restaurer, contre l'institution psychanalytique, la puissance révolutionnaire du désir et de la production inconsciente. Il continue la même analyse dans *Mille Plateaux* (1980). Après avoir écrit, toujours avec F. Guattari, *Qu'est-ce que la philosophie ?* (1991), il publie en 1993 *Critique et clinique.* Il s'intéresse également aux problèmes du cinéma : *l'Image en mouvement* (1983), *l'Image-temps* (1985).

Delft, v. des Pays-Bas (Hollande-Méridionale), au S.-E. de La Haye ; 89 365 hab. **ARTS.** Ville pittoresque sillonnée de canaux, Delft garde de nombreux édifices intéressants : des maisons du XVIᵉ siècle, l'hôtel de ville, du XVIIᵉ (beffroi gothique), la Nouvelle Église, du XVᵉ (mausolée de Guillaume le Taciturne), la Vieille Église (XIIIᵉ s.), le Prinsenhof, auj. Musée municipal. Célèbre centre faïencier (belle collection au musée Lambert Van Meerten).

Delgado *(cap),* cap du Mozambique, sur l'océan Indien.

Delhi, v. de l'Inde (cap. du *territoire de Delhi,* 1 485 km² et 9 370 475 hab.), sur la Yamuna, englobant la capitale fédérale (*New Delhi*) ; 8 375 118 hab. **GÉOGR.** Carrefour routier (à l'intérêt stratégique) et ferroviaire, centre urbain très ancien, aujourd'hui à prépondérance tertiaire, l'agglomération se compose du Vieux Delhi, densément peuplé (commerce et artisanat), et de *New Delhi,* plus aéré, à vocation administrative, politique, universitaire. Ancienne ville hindoue, elle fut du VIIIᵉ au XIXᵉ siècle la capitale des États musulmans de l'Inde du

Nord. **ARTS.** Le réemploi des matériaux de temples anciens et les placages de marbre blanc annoncent déjà le style dit « indo-musulman » (mosquée Quwwat al-Islam, 1192), alors que le style officiel se dégage du célèbre Qutb minar (1226), à la fois tour et minaret. Avec Agra, la cité est l'un des hauts lieux de l'architecture moghole : mausolée de Humayun, v. 1564 ; Grande Mosquée, ou mosquée du Vendredi (1644-1658) ; Fort Rouge (1639-1647) ; mosquée de la Perle, ou Moti Masdjid (v. 1660) ; observatoire Djantar Mantar (1724).

Delibes *(Léo),* compositeur français (Saint-Germain-du-Val 1836 - Paris 1891). Il est l'auteur d'opéras-comiques (*Lakmé,* 1883) et de ballets (*Coppélia,* 1870 ; *Sylvia,* 1876) qui dénotent un don mélodique évident.

Délie, objet de plus haute vertu, œuvre poétique de Maurice Scève (1544). Anagramme de *l'Idée* platonicienne, Délie incarne aussi Pernette du Guillet, pour qui le poète brûle d'un amour impossible.

Deligne *(Pierre),* mathématicien belge (Bruxelles 1944). Ses travaux de géométrie algébrique lui ont valu la médaille Fields en 1978.

Delille *(abbé Jacques),* poète français (Clermont-Ferrand 1738 - Paris 1813). Traducteur des *Géorgiques* de Virgile, il est aussi l'auteur de poèmes didactiques et descriptifs (*les Jardins,* 1782). [Acad. fr. 1774.]

Delius *(Fritz T. A.,* dit **Frederick),** compositeur allemand naturalisé britannique (Bradford, Yorkshire, 1862 - Gretz-sur-Loing 1934). Parti du vérisme italien, il s'est rapproché de Debussy. Il est l'auteur d'opéras (*A Village Romeo and Juliet,* 1901), de pages symphoniques et de musique de chambre.

Dell' Abate *(Nicolo),* peintre italien (Modène v. 1509 - Fontainebleau ? 1571 ?). Appelé à Fontainebleau en 1552, il y fut un brillant collaborateur du Primatice (fresques ; *l'Enlèvement de Proserpine,* Louvre).

Della Francesca → **Piero della Francesca.**

Della Porta *(Giacomo),* architecte italien (en Lombardie ? v. 1540 - Rome 1602). Il a terminé à Rome des édifices entrepris par Michel-Ange (dôme de St-Pierre, v. 1585-1590). La façade qu'il a donnée au Gesù de Vignole est typique du style de la Contre-Réforme.

Della Quercia → **Jacopo della Quercia.**

Della Robbia *(Luca),* sculpteur et céramiste italien (Florence 1400 - id. 1482). Il participa à la décoration de la cathédrale de Florence et fut le promoteur de la sculpture en terre émaillée (hauts reliefs et médaillons à thèmes religieux, d'une expression sereine). Dans ce domaine, il eut pour continuateurs son neveu **Andrea** (Florence 1435 - *id.* 1525) et les fils de celui-ci.

Della Rovere, famille italienne, originaire de Savone, qui détint le duché d'Urbino de 1508 à 1631 et compta parmi ses membres deux papes, Sixte IV et Jules II, ainsi que **Francesco Maria I**er (1490-1538), nommé général en chef des troupes vénitiennes en 1523.

Della Scala ou **Scaligeri,** famille italienne dont certains membres, appartenant au parti gibelin, furent seigneurs ou podestats de Vérone. Le plus fameux, **Cangrande I**er (Vérone 1291 - Trévise 1329), chef des gibelins de Lombardie, offrit un asile à Dante exilé.

Deller *(Alfred George),* contre-ténor britannique (Margate 1912 - Bologne 1979). Il fonda en 1948 le Deller Consort et remit à l'honneur l'art de chanter en registre de fausset.

Delluc *(Louis),* journaliste et cinéaste français (Cadouin, Dordogne, 1890 - Paris 1924), auteur de *la Femme de nulle part* (1922), *l'Inondation* (1924). Il fut l'un des fondateurs des ciné-clubs et l'initiateur de la critique cinématographique. Un *prix Louis-Delluc* a été fondé en 1936.

Del Monaco *(Mario),* ténor italien (Florence 1915 - Mestre 1982). L'un des chanteurs les plus célèbres de l'opéra italien, il fut influencé dans son jeu par l'art du cinéma.

Delon *(Alain),* acteur français (Sceaux 1935). L'une des vedettes les plus populaires du cinéma français, il a joué notamment avec R. Clément *(Plein Soleil,* 1960), L. Visconti *(Rocco et ses frères,* id.), J.-P. Melville *(le Samouraï,* 1967), J. Losey *(Monsieur Klein,* 1976), B. Blier *(Notre histoire,* 1984), J.-L. Godard *(Nouvelle Vague,* 1990).

Delorme ou **De l'Orme** *(Philibert),* architecte français (Lyon 1514 - Paris 1570). À la fois technicien bâtisseur, inventeur de formes, humaniste et théoricien, il fut le plus important des architectes de la seconde Renaissance (château d'Anet [Eure-et-Loir], pour Diane de Poitiers, 1547-1555 ; nombreux travaux officiels sous Henri II ; château des Tuileries, pour Catherine de Médicis, 1564 et suiv.).

Delors *(Jacques),* économiste et homme politique français (Paris 1925). Ministre de l'Économie et des Finances (1981-1984), il a été président de la Commission européenne de 1985 à 1995.

Délos, la plus petite des Cyclades, où se trouvait le grand sanctuaire d'Apollon. Célèbre dès le VIIe siècle par ses sanctuaires, elle abritait, à l'origine, le trésor et le siège de la première Confédération maritime athénienne (Ve s. av. J.-C.). Elle fut ruinée par Mithridate (88 av. J.-C.). ARCHÉOL. Ce grand centre religieux panhellénique possédait de nombreux sanctuaires et trésors (temple de Zeus et d'Athéna, sanctuaire d'Apollon avec trois temples, allée des lions naxiens). Le développement de la cité, libérée des Athéniens, est attesté aux IIIe et IIe s. av. J.-C. par plusieurs quartiers d'habitations aux demeures ornées de très belles mosaïques.

Delphes, v. de l'ancienne Grèce, en Phocide, sur le versant sud-ouest du Parnasse, dans un site grandiose où Apollon avait un temple et rendait des oracles par la bouche d'une prêtresse, la pythie. Centre religieux le plus important du monde grec, Delphes rayonna sur tout le monde antique du VIIe s. av. J.-C. à l'époque romaine : tous les quatre ans, les jeux Pythiques réunissaient, à l'égal des jeux Olympiques, les habitants du monde grec. ARCHÉOL. Dans son état actuel, le temple d'Apollon (qui remontait au VIe s.) date, comme le théâtre, du IVe s. av. J.-C. Le long de la « voie sacrée » menant au sanctuaire d'Apollon, diverses villes (Corinthe au VIIe s., Sicyone au VIe, Athènes au Ve, Thèbes au IVe) ont fait élever des chapelles votives, ou *trésors ;* celui des Athéniens est l'un des plus beaux. Sur la route de Delphes à Thèbes se trouvait le sanctuaire d'Athéna, qui conserve une énigmatique *tholos* en marbre. Le musée est l'un des plus riches de Grèce (sphinx des Naxiens, décoration sculptée du trésor de Siphnos, l'Aurige, ex-voto offert par le tyran Polyzalos).

Delsarte *(François),* pédagogue français (Solesmes, Nord, 1811 - Paris 1871). Il est l'auteur d'un système d'analyse des expressions corporelles. Ses principes (qui font du geste le révélateur de la pensée, la manifestation d'un sentiment) ont influencé les pionniers de la modern dance américaine (Isadora Duncan, Ted Shawn, Ruth Saint Denis).

Delta *(plan),* nom donné aux travaux (1958-1986) reliant par des digues les îles de la Hollande-Méridionale et de la Zélande, et destinés surtout à lutter contre les inondations.

Deluc *(Jean-André),* naturaliste suisse (Genève 1727 - Windsor 1817). Il fut le premier à utiliser le mot « géologie ». Ses travaux ont porté sur de nombreux domaines (formation des montagnes, fossiles, stratigraphie) de cette nouvelle discipline, ainsi que sur l'étude de l'atmosphère et la météorologie.

Delvaux *(André),* cinéaste belge (Louvain 1926). Il est l'auteur de films aux confins de l'imaginaire et de la réalité : *Un soir, un train* (1968), *Rendez-vous à Bray* (1971), *Benvenuta* (1983).

Delvaux *(Paul),* peintre belge (Antheit, prov. de Liège, 1897 - Furnes [Veurne] 1994). D'une facture classique, ses toiles se rattachent à un surréalisme onirique générateur d'angoisse, parfois, d'étrangeté, toujours *(Pygmalion,* 1939, M. A. M., Bruxelles ; *Trains du soir,* 1957, *ibid.*). Un musée Delvaux s'est ouvert à Sint-Idesbald (Flandre-Occidentale).

Demangeon *(Albert),* géographe français (Gaillon 1872 - Paris 1940), l'un des maîtres de la géographie humaine.

Demavend, volcan, point culminant de l'Elbourz et de l'Iran, au nord-est de Téhéran ; 5 671 m.

Déméter, déesse grecque de la terre cultivée (à la différence de Gaia, divinité de la Terre conçue comme entité cosmogonique). Sa fille Perséphone (Coré) ayant été enlevée par Hadès, Déméter éplorée parcourt le monde à sa recherche jusqu'à ce que Zeus ordonne au dieu des Enfers de restituer la fille à sa mère pendant six mois par an. Le sanctuaire principal de son culte était à Éleusis.

Démétrios Ier Poliorcète (« Preneur de villes ») [336-282 av. J.-C.], roi de Macédoine (294-287 av. J.-C.). Fils d'Antigonos Monophtalmos, il fut, avec son père, maître du monde égéen jusqu'à sa défaite à Ipsos (301). Séleucos Ier le fit prisonnier en 285.

Démétrios de Phalère, homme d'État et orateur athénien (Phalère v. 350 - Haute-Égypte v. 283 av. J.-C.). Il gouverna Athènes au nom du Macédonien Cassandre.

Demidov ou **Demidof,** famille d'industriels russes qui, anoblie en 1720, faisait partie au XIXe siècle du milieu proche de la cour. Ses membres les plus connus sont : **Nikita Demidov** (Toula 1656 - *id.* 1725), maître de forges à Toula, qui transplanta ses activités dans l'Oural, et **Anatoli Nikolaïevitch,** *prince de* San Donato (Florence 1812 - Paris 1870), qui épousa la princesse Mathilde Bonaparte.

De Mille *(Cecil Blount),* cinéaste américain (Ashfield, Massachusetts, 1881 - Hollywood 1959). Spécialiste des reconstitutions historiques à grand spectacle, il a réalisé : *Forfaiture*

(1915), *les Dix Commandements* (1923, deuxième version en 1956), *Cléopâtre* (1934), *Sous le plus grand chapiteau du monde* (1952).

Demirel *(Süleyman),* homme d'État turc (Islamköy, près d'Isparta, 1924). Plusieurs fois Premier ministre (1965-1971 ; 1975-1978 ; 1979-80), il est emprisonné à deux reprises après le coup d'État militaire de 1980. Redevenu chef du gouvernement en 1991, il est ensuite président de la République (depuis 1993).

démocrate *(Parti),* le plus ancien des deux grands partis qui dominent la vie politique des États-Unis. Partisan d'une politique en faveur des agriculteurs et d'un gouvernement décentralisé, il prit le nom de « démocrate » sous la présidence de Jackson (1829-1836), puis fut le parti des sudistes pendant la guerre de Sécession. Avec la crise de 1929, il prôna l'intervention des pouvoirs publics dans la vie économique et sociale. Il a depuis lors donné plusieurs présidents aux États-Unis : Roosevelt (1933-1945), Truman (1945-1953), Kennedy (1961-1963), Johnson (1963-1968), Jimmy Carter (1977-1981), Bill Clinton (depuis 1993).

Démocratie chrétienne *(parti de la)* ou **D. C.,** parti politique italien, apparu en 1919 sous le nom de Parti populaire italien (P. P. I.) et qui porta ce nom de 1944 à 1994 avant de redevenir le Parti populaire italien.

démocratie en Amérique *(De la)* ouvrage de A. de Tocqueville (1835-1840).

Démocrite, philosophe grec (Abdère v. 460 - v. 370 av. J.-C.). Il rassembla des disciples qui reçurent le nom d'« école d'Abdère ». Il est le principal fondateur du matérialisme et de l'atomisme. Les atomes, particules indivisibles, éternelles et invariables, se combinent dans un mouvement perpétuel. Selon Démocrite, « rien ne naît de rien ». L'âme est constituée d'atomes ; la connaissance est entièrement due aux sens, grâce à l'émanation issue des objets de particules qui frappent les sens.

Demolder *(Eugène),* écrivain belge d'expression française (Bruxelles 1862 - Essonnes 1919). Ses récits s'inspirent de la vie et de l'œuvre des peintres anciens *(la Route d'émeraude,* 1899).

Demolon *(Albert),* agronome et biologiste français (Lille 1881 - Paris 1954), auteur de recherches en pédologie et sur l'action du soufre et des colloïdes chez les végétaux.

De Momper *(Joos II),* peintre flamand (Anvers 1564 - *id.* 1635), le plus célèbre d'une famille de peintres brugeois et anversois. Il a laissé de nombreux paysages montagneux, aux panoramas vastes et pittoresques.

De Morgan *(Augustus),* mathématicien et logicien britannique (Madura, auj. Madurai, 1806 - Londres 1871). Il a contribué, comme son contemporain Boole, à la renaissance de la logique au XIXᵉ siècle. Il est surtout connu pour son ouvrage *Logique formelle ou Calcul de l'inférence nécessaire ou probable* (1847), où il considère la logique d'un point de vue algébrique et s'efforce d'élaborer une logique des relations.

Démosthène, homme politique et orateur athénien (Athènes 384 - Calaurie 322 av. J.-C.). À force d'étude et de ténacité, il réussit à surmonter sa difficulté d'élocution et à acquérir un remarquable talent oratoire qu'il emploie d'abord comme avocat puis, en politique, contre Philippe de Macédoine *(Olynthiennes, Philippiques).* De 340 à 338, Démosthène dirige la politique athénienne et obtient l'alliance de Thèbes, mais les Athéniens et les Thébains sont écrasés par Philippe à Chéronée (338). Exilé, Démosthène encourage la révolte des Grecs, après la mort d'Alexandre, mais s'empoisonne après leur défaite. Son œuvre d'orateur, riche d'une soixantaine de discours, demeure un modèle.

Demy *(Jacques),* cinéaste français (Pontchâteau 1931 - Paris 1990). Il est l'auteur de films tendres et amers à la fois, dont la plupart sont des tentatives originales de cinéma chanté : *Lola* (1961), *les Parapluies de Cherbourg* (1964), *les Demoiselles de Rochefort* (1967), *Peau d'Âne* (1970), *Une chambre en ville* (1982).

Denain, ch.-l. de c. du Nord, sur l'Escaut ; 19 685 hab. *(Denaisiens).* Métallurgie. Verrerie. — Villars y remporta sur le Prince Eugène, le 24 juillet 1712, une victoire qui amena la fin de la guerre de la Succession d'Espagne.

Dendérah, site archéologique de Haute-Égypte, sur la rive ouest du Nil. C'est l'un des plus anciens centres du culte de la déesse Hathor (traces de l'activité constructrice de Khéops, de Pepi Iᵉʳ, de Pepi II et, plus tard, de Thoutmosis III). Riche nécropole de l'Ancien Empire. L'ensemble sacral, très complet, qui subsiste, s'étend du XXXᵉ dynastie à l'époque romaine.

Dendermonde, *en fr.* Termonde, v. de Belgique, ch.-l. d'arr. de la Flandre-Orientale ; 42 499 hab. Textile. Mécanique. — Église Notre-Dame et hôtel de ville en partie du XIVᵉ siècle. Musée d'Archéologie et d'Histoire.

Deneuve *(Catherine* Dorléac, dite **Catherine),** actrice française (Paris 1943). Remar-

quée dans *les Parapluies de Cherbourg* (J. Demy, 1964), elle s'est imposée dans de nombreux films, notamment *Belle de jour* (L. Buñuel, 1967), *Liza* (M. Ferreri, 1972), *le Dernier Métro* (F. Truffaut, 1980), *Indochine* (R. Wargnier, 1992), *Ma saison préférée* (A. Téchiné, 1993), *le Couvent* (M. de Oliveira, 1995).

Denfert-Rochereau *(Pierre Philippe),* colonel français (Saint-Maixent 1823 - Versailles 1878). Il se rendit célèbre par la défense de Belfort en 1870-71.

Deng Xiaoping, homme politique chinois (Guang'an, Sichuan, 1904). Secrétaire général du Parti communiste chinois depuis 1956, il est limogé lors de la Révolution culturelle (1966). Responsable des orientations nouvelles de la politique chinoise depuis 1977, il se retire officiellement de la vie politique en 1987 tout en restant très influent.

Den Haag → **Haye (La).**

Denikine *(Anton Ivanovitch),* général russe (près de Varsovie 1872 - Ann Arbor 1947). L'un des chefs des Russes blancs, il lutta contre les bolcheviques, notamment en Ukraine en 1919.

De Niro *(Robert),* acteur américain (New York 1943). Il s'est imposé à partir des années 70 comme l'une des principales vedettes américaines : *le Parrain II* (1974), *Taxi Driver* (1976), *le Dernier Nabab* (1976), *New York New York* (1977), *Voyage au bout de l'enfer* (1978), *il était une fois l'Amérique* (1984), *les Incorruptibles* (1987), *les Affranchis* (1990), *Frankenstein* (1994).

Denis ou **Denys** *(saint),* premier évêque de Paris (IIIᵉ s.). Selon Grégoire de Tours, il faisait partie d'un groupe de sept missionnaires envoyés en Gaule au temps de l'empereur Decius. Premier évêque de Paris, où son culte lié à son martyre probable fut très tôt populaire. Le roi Dagobert fonda vers 630 une abbaye près de la basilique dédiée à saint Denis. Plus tard, on voulut identifier celui-ci à la fois avec Denys l'Aréopagite, l'Athénien converti par saint Paul, et avec le penseur néoplatonicien du vᵉ ou vιᵉ siècle dont les œuvres nous sont parvenues sous ce pseudonyme.

Denis *(Maurice),* peintre et théoricien français (Granville 1870 - Paris 1943). Influencé par les primitifs florentins (Fra Angelico) puis par Cézanne, ce membre du groupe des nabis, de tendance intimiste, utilisa une palette très claire et mit son art au service de sa foi en créant les « Ateliers d'art sacré »

(1919). Sa demeure à Saint-Germain-en-Laye, « le Prieuré », est aujourd'hui un musée.

Denis le Libéral (Lisbonne 1261 - Odivelas 1325), roi de Portugal (1279-1325). Il favorisa la mise en valeur du pays et fonda l'université de Coimbra (1308).

Denissov *(Edison),* compositeur russe (Tomsk 1929). Utilisant la musique électronique, les procédés de l'aléatoire et parfois le sérialisme, il est aussi attaché à la tradition russe *(Laments,* 1966 ; *Symphonie,* 1988). Il a achevé *Rodrigue et Chimène* de Debussy (1993).

Dennery, puis **d'Ennery** *(Adolphe* Philippe, dit*),* auteur dramatique français (Paris 1811 - *id.* 1899). Auteur de nombreux mélodrames *(les Deux Orphelines,* 1874) et de livrets d'opéras, il a légué à l'État une collection d'objets d'art d'Extrême-Orient *(musée d'Ennery,* à Paris).

Denon *(Dominique Vivant, baron),* graveur, diplomate et administrateur français (Givry 1747 - Paris 1825), directeur général des musées français sous Napoléon Ier.

Denver, v. des États-Unis, cap. du Colorado ; 467 610 hab. (1 622 980 hab. avec les banlieues). Au contact des Grandes Plaines et des Rocheuses, à 1 609 m d'alt., c'est un nœud ferroviaire, routier et aérien, un centre tertiaire (administrations, sièges d'entreprises, commerce) et industriel (agroalimentaire et aéronautique notamm.). — Musée d'art.

Denys d'Halicarnasse, historien grec contemporain d'Auguste, mort v. 8 av. J.-C., auteur d'*Antiquités romaines* qui retracent l'histoire de Rome des origines à la deuxième guerre punique.

Denys Ier l'Ancien (Syracuse v. 430 - *id.* 367 av. J.-C.), tyran de Syracuse (405-367 av. J.-C.). Il chassa les Carthaginois de Sicile, soumit à son autorité toutes les villes grecques de l'île et fonda des comptoirs en Italie. Il protégea les lettres (Platon) et fit de Syracuse un important centre économique.

Denys le Jeune (v. 397-344 av. J.-C.). Fils et successeur, en 367 av. J.-C., du précédent, chassé de Syracuse en 356 puis, de nouveau, en 344, il dut s'exiler à Corinthe.

Denys le Petit, écrivain ecclésiastique (en Scythie ou en Arménie à la fin du ve s.- v. 540). Ses travaux pour tenter de fixer la date de naissance de Jésus sont à la base de notre calendrier.

Déon *(Michel),* écrivain français (Paris 1919). Avec Roger Nimier, Antoine Blondin, Jacques Laurent, « hussards » des lettres françaises, il témoigne dans ses romans d'une conception aristocratique de la vie et des sentiments *(les Poneys sauvages,* 1970 ; *Un taxi mauve,* 1973). [Acad. fr. 1978.]

Depardieu *(Gérard),* acteur français (Châteauroux 1948). Révélée par *les Valseuses* (B. Blier, 1974), sa personnalité puissante l'a imposé comme un des acteurs de cinéma les plus représentatifs de sa génération : *le Dernier Métro* (F. Truffaut, 1980), *Danton* (A. Wajda, 1983), *Sous le soleil de Satan* (M. Pialat, 1987), *Cyrano de Bergerac* (J.-P. Rappeneau, 1990), *Christophe Colomb* (R. Scott, 1992), *Hélas pour moi* (J. -L. Godard, 1993), *le Colonel Chabert* (Yves Angelo, 1994).

Dépêche du Midi *(la),* quotidien régional fondé à Toulouse en 1870 sous le titre *la Dépêche,* qu'il conserva jusqu'en 1947.

Depestre *(René),* écrivain haïtien d'expression française et espagnole (Jacmel 1926). Exilé à Cuba puis en France, il chante dans ses poèmes *(Étincelles,* 1945 ; *Minerai noir,* 1957 ; *Journal d'un animal marin,* 1964) et ses romans *(Hadriana dans tous mes rêves,* 1988) la lutte des opprimés et la sensualité amoureuse. *Bonjour et adieu à la négritude* (1980) rassemble ses essais sur cette notion controversée.

Deport *(Albert),* officier et ingénieur français (Saint-Loup-sur-Semouse 1846 - Houlgate 1926), l'un des inventeurs du canon français de 75 mm.

dépôts et consignations *(Caisse des),* établissement public créé en 1816. Elle consent des prêts aux collectivités locales, participe à l'aide au logement social et joue un très grand rôle sur les marchés hypothécaire, monétaire et financier.

Depretis *(Agostino),* homme politique italien (Mezzana Corti, près de Pavie, 1813 - Stradella 1887). Président du Conseil (1876-1878 ; 1878-79 ; 1881-1887), il engagea l'Italie dans la voie de la Triple-Alliance et amorça l'expansion coloniale italienne en Afrique orientale.

Deprez *(Marcel),* physicien français (Aillant-sur-Milleron, Loiret, 1843 - Vincennes 1918). Il créa, avec d'Arsonval, le galvanomètre à cadre mobile et réalisa en 1883 le premier transport industriel d'énergie électrique.

De Quincey *(Thomas),* écrivain britannique (Manchester 1785 - Édimbourg 1859). Lié aux poètes Wordsworth et Coleridge, il crée à Londres l'opiomanie et publie les *Confessions d'un Anglais mangeur d'opium* (1921) ainsi que des essais *(De l'assassinat considéré comme un des beaux-arts,* 1827).

Der *(le)*, région de la Champagne, au S.-O. de Saint-Dizier, englobant la *forêt du Der-Chantecocq* (env. 12 000 ha) et le *lac du Der* (ou réservoir Marne) [environ 4 800 ha].

Derain *(André)*, peintre français (Chatou 1880 - Garches 1954). Une exposition Van Gogh l'impressionne, en 1901, en même temps que son ami Vlaminck. Tous deux commencent à peindre, à Chatou, à l'aide de couleurs pures — avec, chez Derain, plus de circonspection et de raffinement —, et ils sont bientôt, aux côtés de Matisse, les initiateurs du fauvisme. Puis Derain, esprit inquiet, misanthrope, s'en éloigne rapidement, sous l'influence de Cézanne, de l'art nègre et de Picasso, pour pratiquer un art plus construit, aux tons austères, voire d'un hiératisme anguleux (époque « gothique », 1911). Après la guerre, il se retourne vers les valeurs classiques, peint portraits, paysages et natures mortes dans une gamme retenue où s'affirment les brun-rouge. Il a donné des décors et des costumes pour le ballet, et a illustré Pétrone, Ovide, Rabelais.

Derby, v. de Grande-Bretagne, dans le Derbyshire ; 214 000 hab. Construction aéronautique. Matériel ferroviaire.

Derby *(Edward* Stanley, 14e *comte* de*)*, homme politique britannique (Knowsley 1799 - id. 1869). L'un des chefs du Parti conservateur, Premier ministre (1852 ; 1858 ; 1867-68), il fut un protectionniste acharné. Son fils **Edward Stanley** (Knowsley 1826 - id. 1893), ministre des Affaires étrangères (1866-1868, 1874-1878), s'opposa à la politique impérialiste de Disraeli.

Derjavine *(Gavrila Romanovitch)*, poète russe (gouvern. de Kazan 1743 - Zvanka, gouvern. de Novgorod, 1816). Célèbre dès son ode *Felitsa* (1783), dédiée à Catherine II, il est considéré comme le représentant du classicisme russe.

Dernières Nouvelles d'Alsace *(les)*, quotidien régional créé en 1877 à Strasbourg.

Déroulède *(Paul)*, écrivain et homme politique français (Paris 1846 - Nice 1914). Fondateur (1882) et président de la Ligue des patriotes, auteur des *Chants du soldat*, il fut un boulangiste ardent et, député, tenta d'entraîner l'armée contre l'Élysée (1899). Il fut banni de 1900 à 1905.

Derrida *(Jacques)*, philosophe français (El-Biar, Algérie, 1930). Il a entrepris une « déconstruction » de la métaphysique occidentale et, en réfléchissant sur les statuts de la parole et de l'écrit, a tenté de définir de nouveaux rapports entre la littérature et la philosophie (*l'Écriture et la différence*, 1967). Il a écrit également *Points de suspension* (1992).

Déry *(Tibor)*, écrivain hongrois (Budapest 1894 - id. 1977). Hormis son roman *la Phrase inachevée* (1947), vaste fresque de la société hongroise de l'époque, son œuvre évoque les déceptions liées à l'action politique (*l'Excommunicateur*, 1966) et la solitude humaine (*Reportage imaginaire sur un festival pop américain*, 1972 ; *Cher Beau-Père*, 1974).

Desaix [dɛsɛ] *(Louis Charles Antoine* des Aix, dit*)*, général français (château d'Ayat, près de Riom, 1768 - Marengo 1800). Il se distingua à l'armée du Rhin (1792-1797) et en Égypte, où son équité lui valut le surnom de « Sultan juste ». Son intervention décida de la victoire de Marengo.

De Sanctis *(Francesco)*, écrivain italien (Morra Irpino, Avellino, 1817 - Naples 1883). Il est le fondateur de la critique littéraire moderne en Italie (*Histoire de la littérature italienne*, 1870-71).

Desanti *(Jean Toussaint)*, philosophe français (Ajaccio 1914). Il a apporté une contribution décisive à l'épistémologie mathématique (*les Idéalités mathématiques*, 1968), montrant notamment la relative stabilité qui caractérise les mathématiques. Il a écrit également *la Philosophie silencieuse* (1975).

De Santis *(Giuseppe)*, cinéaste italien (Fondi 1917). L'un des fondateurs du néoréalisme, il a réalisé : *Chasse tragique* (1947), *Riz amer* (1949), *Pâques sanglantes* (1950), *Onze heures sonnaient* (1952).

Desargues *(Girard)*, mathématicien et ingénieur français (Lyon 1591 - id. 1661). Il s'est consacré à la géométrie, dans le corps de laquelle il a voulu intégrer les acquis des peintres en perspective ; il fut l'un des fondateurs de la géométrie projective, où il introduisit les notions de points et de droite à l'infini. Il unifia les méthodes d'étude des coniques. Également architecte, il publia des traités sur la perspective et sur la coupe des pierres.

Des Autels *(Guillaume)*, poète français (Montcenis ? 1529 - 1581). Il se rattache à la Pléiade par son imitation de Pétrarque et de Ronsard (*l'Amoureux Repos*, 1553).

Desbordes-Valmore *(Marceline)*, comédienne et femme de lettres française (Douai 1786 - Paris 1859). Elle eut une destinée scellée par le malheur qu'évoque son surnom de « Notre-Dame-des-Pleurs ». Son œuvre poétique élégiaque occupe une place importante dans la production romantique des années 1830 (*les Pleurs,* 1833 ; *Pauvres Fleurs,* 1839).

Descartes *(René),* philosophe, mathématicien et physicien français (La Haye, auj. Descartes, Indre-et-Loire, 1596 - Stockholm 1650). Militaire, il parcourt l'Europe. En 1629, il se rend en Hollande, où il vit en changeant fréquemment de résidence avant de partir pour la Suède. Il simplifie l'écriture mathématique et fonde la géométrie analytique. Il dégage les lois de la réfraction de la lumière et découvre la notion de travail. Sa physique mécaniste et sa théorie des animaux-machines ont posé les bases de la science moderne (*Dioptrique,* 1637 ; *Géométrie,* 1637). Son apport scientifique est basé sur l'emploi d'une méthode et sur une métaphysique nouvelle (*Principes de la philosophie,* 1644 ; *les Passions de l'âme,* 1649). Sa méthode lui permet de dégager la science des confusions de la scolastique grâce à une logique de l'idée claire et distincte, fondée sur la déduction allant du simple au complexe (*Règles pour la direction de l'esprit,* écrit en 1628 ; *Discours de la méthode,* 1637). Il construit sa métaphysique en partant d'un doute méthodique, l'amenant à faire table rase de toute connaissance non fondée ; seule subsiste la certitude de la pensée qui doute. Il en déduit l'existence même de celui qui pense (« Je pense, donc je suis »), puis celle de Dieu (« preuve ontologique ») ; il déduit de là l'existence du monde extérieur (*Méditations métaphysiques,* 1641). La métaphysique cartésienne est un dualisme qui oppose la *chose étendue* (« res extensa ») et la *chose pensante* (« res cogitans »), ce qui fait que le problème cartésien par excellence est celui de l'union de l'âme et du corps. Il a proposé une morale du bonheur et de la « générosité » (disposition qui pousse à donner plus que ce à quoi on est socialement tenu, en vertu de ce qu'on est naturellement, par naissance). La pensée cartésienne est à l'origine de toute la philosophie occidentale et de l'épistémologie.

Deschamps *(Émile* Deschamps de Saint-Amand, dit Émile*),* poète français (Bourges 1791 - Versailles 1871). L'un des premiers adeptes du romantisme, il fonda *la Muse française* (1823), avec V. Hugo principalement, et publia *Études françaises et étrangères* (1828), traductions des littératures allemandes et espagnoles, que précède une importante « Préface ». Son frère **Antoine,** *dit* **Antony** (Paris 1800 - *id.* 1869), traduisit la *Divine Comédie* (1829) et publia *Dernières Paroles* (1835), au lyrisme inquiet.

Deschamps *(Eustache* Morel, dit Eustache*),* poète français (Vertus, Marne, v. 1346 - v. 1407). Mêlé à la cour de Charles V et de Charles VI, il a laissé une œuvre poétique importante (ballades, virelais, rondeaux) et, surtout, un *Art de dictier* (1392) qui marque une date dans l'histoire de l'art poétique.

Deschamps *(Jean),* architecte français du XIIIᵉ siècle, qui contribua à introduire l'art gothique du Nord dans le midi de la France. Il commença en 1248 la cathédrale de Clermont (auj. Clermont-Ferrand) puis devint le maître d'œuvre de celle de Narbonne en 1286.

Deschanel *(Paul),* homme d'État français (Schaerbeek 1855 - Paris 1922), président de la République (févr.-sept. 1920).

Deshoulières *(Antoinette* du Ligier de La Garde, Mᵐᵉ*),* femme de lettres française (Paris 1637 - *id.* 1694). Opposée à Racine et à Boileau dans la querelle des Anciens et des Modernes, elle écrivit des poésies pastorales, aux accents déjà romantiques.

De Sica *(Vittorio),* acteur et cinéaste italien (Sora 1901 - Paris 1974). Il a été l'un des chefs de file du néoréalisme italien et a signé avec le scénariste Zavattini ses meilleurs films : *le Voleur de bicyclette* (1948) [→ **Voleur**], *Miracle à Milan* (1951), *Umberto D* (1952), *le Jardin des Finzi Contini* (1970).

Désirade (La), une des Antilles françaises, dépendant de la Guadeloupe ; 1 611 hab. Ch.-l. *Grande-Anse.*

Désirée, reine de Suède (Marseille 1777 - Stockholm 1860). Fille du négociant François Clary, elle épousa (1798) le général Bernadotte, qui devint roi de Suède en 1818.

De Sitter *(Willem),* astronome et mathématicien néerlandais (Sneek 1872 - Leyde 1934). L'un des premiers à appliquer la théorie de la relativité à la cosmologie, il montra en 1917 que le modèle statique d'univers proposé par Einstein n'était pas le seul concevable. On lui doit aussi des travaux de mécanique céleste. Il fut directeur de l'observatoire de Leyde de 1919 à sa mort.

Desjardins *(Alphonse),* journaliste et fonctionnaire canadien (Lévis, Québec, 1854 - *id.* 1920). Il est le créateur de la Caisse populaire de Lévis (1900), fondement du Mouvement coopératif Desjardins, le plus vaste réseau d'institutions financières du Québec.

Deslandres *(Henri),* astronome français (Paris 1853 - *id.* 1948). Spécialiste de l'étude du Soleil, il a inventé le spectrohéliographe, indépendamment de l'Américain Hale, ainsi que la table équatoriale. Il est aussi le premier à avoir prévu l'existence du rayonnement radioélectrique solaire.

Desmarest *(Henry),* compositeur français (Paris 1661 - Lunéville 1741). Il est l'auteur de nombreux opéras *(Didon,* 1693).

Desmarets ou **Des Marets** *(Nicolas), seigneur de Maillebois,* homme d'État français (Paris 1648 - *id.* 1721). Neveu de Colbert, il fut contrôleur général des Finances (1708-1715).

Desmarets de Saint-Sorlin *(Jean),* écrivain français (Paris 1595 - *id.* 1676). Auteur de la comédie *les Visionnaires* (1637), il fut l'adversaire des jansénistes. Son traité *De la comparaison de la langue et de la poésie française avec la grecque et la latine* (1670) ouvrit la querelle des Anciens et des Modernes. (Acad. fr. 1634.)

Des Moines, v. des États-Unis, cap. de l'Iowa, sur la *rivière Des Moines,* affl. du Mississippi (r. dr.) ; 193 187 hab.

Desmoulins *(Camille),* publiciste et homme politique français (Guise 1760 - Paris 1794). Avocat républicain, il appela aux armes la foule réunie dans les jardins du Palais-Royal, à Paris, le 12 juillet 1789. Membre du club des Cordeliers, il participa activement au mouvement révolutionnaire, avec son journal, *les Révolutions de France et de Brabant,* créé en 1789. Secrétaire de Danton, élu député à la Convention, il s'opposa aux hébertistes (extrémistes), qu'il attaqua dans son nouveau journal, *le Vieux Cordelier* (1793) ; il fut guillotiné avec Danton. Sa femme, **Lucile** (1771-1794), fut exécutée pour avoir protesté auprès de Robespierre contre le sort réservé à son mari.

Desnos *(Robert),* poète français (Paris 1900 - Terezín, Tchécoslovaquie, 1945). La révolte le conduit vers le surréalisme, dans lequel il s'illustre par sa production de poèmes et de dessins automatiques, par ses jeux verbaux *(Corps et Biens,* 1930) autant que par ses idées libertaires *(la Liberté ou l'Amour,* 1927, récit érotique censuré). Par individualisme il quitte ce mouvement en 1930, donnant libre au cours à un lyrisme nervalien qui ne refuse pas la versification classique, et recherchant l'expression populaire par le journalisme, le cinéma, la radio. L'amour et l'espérance animent ses poèmes clandestins ; sacrifiant sa vie à la Résistance, il meurt en déportation, laissant d'autres œuvres *(Fortunes,* 1942 ; *Domaine public,* 1953).

Des Périers *(Bonaventure),* écrivain français (Arnay-le-Duc v. 1500 - v. 1543). Il est

l'auteur du *Cymbalum mundi* (1537), satire des croyances humaines, et des *Nouvelles Récréations et joyeux devis* (1558), peinture réaliste des mœurs du temps.

Despiau *(Charles),* sculpteur français (Mont-de-Marsan 1874 - Paris 1946). Formé à Paris auprès de Lucien Schnegg (1864-1909), un élève classicisant de Rodin, il est l'auteur de bas-reliefs et de statues, mais surtout de nombreux bustes au modelé délicat, longuement élaborés.

Desportes *(François),* peintre français (Champigneul-Champagne, Marne, 1661 - Paris 1743). Peintre des chasses et des chenils royaux, il a aussi donné de riches natures mortes, les cartons des *Nouvelles Indes* pour les Gobelins et une série d'esquisses de paysages d'Île-de-France (Louvre, musées de Gien et de Senlis, château de Compiègne).

Desportes *(Philippe),* poète français (Chartres 1546 - abbaye de Bonport, Normandie, 1606). Rival heureux de Ronsard comme poète de cour *(Amours d'Hippolyte,* 1573), il fut critiqué par Malherbe.

Des Prés *(Josquin)* → Josquin Des Prés.

Desrochers *(Alfred),* écrivain canadien d'expression française (Saint-Élie-d'Orford 1901 - Montréal 1978), poète du terroir *(À l'ombre de l'Orford,* 1929).

Desrosiers *(Léo-Paul),* écrivain canadien d'expression française (Berthierville 1896 - Montréal 1967). Il est l'un des meilleurs représentants du roman historique québécois *(les Engagés du Grand Portage,* 1938).

Dessalines *(Jean-Jacques),* empereur d'Haïti (Guinée av. 1758 - Jacmel 1806). Esclave noir, lieutenant de Toussaint Louverture, il proclama l'indépendance d'Haïti (partie est de l'île de Saint-Domingue) et prit le titre d'empereur (1804) sous le nom de Jacques Ier. Il fut assassiné par Christophe et Pétion.

Dessau, v. d'Allemagne dans le Land de Saxe-Anhalt, au S.-O. de Berlin ; 101 262 hab. — Édifice de l'ancien Bauhaus, œuvre de Gropius.

Dessau *(Paul),* compositeur allemand (Hambourg 1894 - Berlin 1979). Il collabora avec Brecht et écrivit les musiques de scène de *Mère Courage* (1946) et du *Cercle de craie caucasien* (1954). Il laisse également *In memoriam Bertolt Brecht* (1957).

Destouches *(André Cardinal),* compositeur français (Paris 1672 - *id.* 1749). Parmi ses meilleurs ouvrages, outre la pastorale *Issé* (1697) et les tragédies lyriques *Omphale* (1701) et *Callirhoé* (1712), sa comédie-ballet *le Carnaval et la Folie* (1703), qui témoigne de l'influence italienne.

Destouches *(Philippe* Néricault, dit*),* auteur dramatique français (Tours 1680 - Villiers-en-Bière 1754). Il a écrit des comédies moralisatrices (*le Glorieux,* 1732). [Acad. fr. 1723.]

Destour, parti politique tunisien, fondé en 1920, qui revendiquait une Constitution. Il se scinda en 1934 en un *Vieux Destour* et un *Néo-Destour* qui, dirigé par Bourguiba, réclama l'indépendance. Parti présidentiel depuis 1956, il prit le nom de Parti socialiste destourien de 1964 à 1988, avant de devenir le Rassemblement constitutionnel démocratique.

Destrée *(Jules),* homme politique belge (Marcinelle 1863 - Bruxelles 1936). Député socialiste (1894), il fut l'un des promoteurs du mouvement intellectuel et politique wallon, fondant l'Académie royale de langue et de littérature française (1920).

Destutt de Tracy *(Antoine Louis Claude, comte),* philosophe français (Paris 1754 - *id.* 1836). Il fut arrêté sous la Terreur et ne dut son salut qu'à la chute de Robespierre. Nommé par le Directoire membre du Comité de l'instruction publique, il siégea au Sénat sous le Consulat. Napoléon le considérait comme le principal des « idéologues ». La Restauration le nomma pair de France. Il a développé une philosophie sensualiste dans ses écrits : *Éléments d'idéologie* (1801), *Traité de la volonté* (1815). [Acad. fr. 1808.]

Detroit, v. des États-Unis, la plus grande du Michigan ; 1 027 974 hab. (4 382 299 hab. dans l'aire métropolitaine). Sur la rivière et le lac Saint-Clair, entre les lacs Érié et Huron, à proximité relative du Midwest oriental, de la Pennsylvanie et de la côte atlantique, Detroit demeure, avec ses banlieues, un centre de l'industrie automobile et d'activités annexes, auxquelles s'ajoutent de notables fonctions commerciale et portuaire. — Musée d'art.

Détroits *(les),* ensemble formé par le Bosphore et les Dardanelles reliant la Méditerranée et la mer Noire.

Détroits *(établissement des)* ou **Straits Settlements,** ancienne colonie britannique de la péninsule malaise (1867-1946), qui comprenait notamment Penang, Singapour et Malacca.

De Troy [trwa], peintres français, dont les principaux sont : **François** (Toulouse 1645 - Paris 1730), portraitiste de l'aristocratie parisienne et des artistes de son temps ; son fils **Jean-François** (Paris 1679 - Rome 1752), peintre d'histoire et de genre à la carrière officielle, au style brillant (7 toiles de *l'Histoire d'Esther,* pour la tapisserie, 1737 et suiv., Louvre).

Deucalion, héros de la mythologie grecque, fils de Prométhée et mari de Pyrrha. Seuls survivants d'un déluge déclenché par Zeus, Deucalion et Pyrrha repeuplèrent le monde en jetant des pierres, qui se transformèrent en hommes et en femmes.

Deutéronome *(du gr.* la « deuxième loi »*),* cinquième livre du Pentateuque. Code de lois civiles et religieuses, il constitue la charte de la réforme de Josias (622 av. J.-C.). Le Deutéronome met l'accent sur l'élection d'Israël et l'obéissance à la Loi, condition du bonheur du peuple élu. Sa doctrine est à l'origine d'un important mouvement littéraire qui produisit les grands livres historiques d'Israël (livres de Josué, des Juges, de Samuel et des Rois).

Deutsch de La Meurthe *(Henri),* industriel et philanthrope français (Paris 1846 - Ecquevilly, Yvelines, 1919). Il créa de nombreux prix pour encourager le développement de l'aviation et fut l'un des fondateurs de l'Aéro-Club de France.

Deutsche Bank AG, établissement bancaire allemand fondé à Berlin en 1870. C'est la première banque commerciale allemande.

Deutschlandlied, hymne national de la République fédérale d'Allemagne, d'après une strophe du chant populaire nationaliste allemand *Deutschland über alles,* écrit en 1841.

Deux-Alpes *(les),* station de sports d'hiver (alt. 1 660-3 423 m) de l'Isère, en bordure de l'Oisans.

2001, l'Odyssée de l'espace, film américain de S. Kubrick.

Deux-Ponts, *en all.* Zweibrücken, v. d'Allemagne, dans le Land de Rhénanie-Palatinat ; 33 496 hab.

Deux-Roses *(guerre des),* guerre civile qui ébranla, entre 1455 et 1485, l'Angleterre, affaiblie par la guerre de Cent Ans. Elle opposa les maisons d'York (dont les armoiries portaient une rose blanche) et de Lancastre (rose rouge), et se termina par la défaite de Richard III (d'York) à la bataille de Bosworth devant Henri Tudor, dernier héritier des Lancastres.

Deux-Siciles *(royaume des),* ancien royaume de l'Italie méridionale, qui comprenait la Sicile et le sud de la péninsule italienne. Le premier royaume des Deux-Siciles est fondé en 1442, par Alphonse V d'Aragon, qui réunit à son royaume de Sicile le royaume angevin de Naples (également baptisé Sicile). Cette union prend fin à la mort d'Alphonse V, en 1458. Le royaume des Deux-Siciles est reconstitué en 1816 au profit des Bourbons (Ferdinand Ier), qui doivent lutter contre de graves révoltes, provoquées notamment par les libéraux. En 1860, la Sicile et Naples sont libérées par Garibaldi, et un plébiscite rattache l'ancien royaume à la nouvelle Italie unifiée.

De Valera *(Eamon),* homme d'État irlandais (New York 1882 - Dublin 1975). Leader du mouvement nationaliste Sinn Féin, chef du gouvernement révolutionnaire irlandais (1918), il fonda le Fianna Fáil et fut président du Conseil exécutif de l'État libre (1932-1937). Rompant tout lien avec la Grande-Bretagne, il fit voter en 1937 la nouvelle Constitution de l'Irlande, dont il fut Premier ministre (1937-1948, 1951-1954, 1957) puis président de la République (1959-1973).

Devaux *(Paul),* homme politique belge (Bruges 1801 - Bruxelles 1880). Il fut l'un des négociateurs du traité de Londres (1830-31) qui consacra l'indépendance de la Belgique.

Devereux *(Georges),* anthropologue et psychiatre américain d'origine hongroise (Lugos, auj. Lugoj, 1908 - Paris 1985). Établi aux États-Unis, il s'initia à la psychanalyse après 1963. Fondateur de l'ethnopsychiatrie, il est au carrefour de trois disciplines : la culture grecque (*Dreams in Greek Tragedy,* 1976), la psychanalyse et l'anthropologie (*Essai d'ethnopsychiatrie,* 1970). Il a également écrit *De l'angoisse à la méthode dans les sciences du comportement* (1967 ; trad. fr. 1980).

Devéria *(Achille),* dessinateur et lithographe français (Paris 1800 - id. 1857). Il est l'auteur, grâce à la lithographie, de portraits de célébrités romantiques (Hugo, Lamartine, Liszt...) ainsi que de scènes de la vie élégante du temps. Son frère **Eugène** (Paris 1805 - Pau 1865) fut peintre d'histoire.

De viris illustribus urbis Romae, par Lhomond (v. 1775), ouvrage d'enseignement, en latin, constitué d'une histoire romaine.

De Visscher *(Charles),* juriste belge (Gand 1884 - Bruxelles 1973). Membre de la Cour permanente d'arbitrage (1923), juge en 1937 à la Cour permanente de justice internationale (futur Cour internationale de justice), il est l'auteur d'un ouvrage fondamental : *Théories et Réalités en droit international public* (1953, 1955, 1960).

Devoir *(le),* quotidien canadien de langue française fondé en 1910 à Montréal.

Dévolution *(guerre de)* [1667-68], guerre entreprise par Louis XIV qui, à la mort de Philippe IV d'Espagne, réclamait une partie des Pays-Bas et la Franche-Comté au nom de sa femme, Marie-Thérèse (née du premier mariage de Philippe IV). Turenne fit campagne en Flandre et conquit la Franche-Comté. Au traité d'Aix-la-Chapelle (1668), la France conserva les villes acquises aux Pays-Bas.

Dévoluy, massif des Alpes, au sud de la haute vallée du Drac ; 2 790 m à l'Obiou.

Devon, île de l'archipel arctique canadien, au N. de la terre de Baffin.

Devon ou **Devonshire,** comté du sud-ouest de la Grande-Bretagne, entre la Manche et le canal de Bristol ; 1 021 000 hab. Ch.-l. *Exeter.* V. princ. *Plymouth.*

Devos *(Raymond),* artiste de variétés et comédien français (Mouscron, Belgique, 1922). Il débute en 1948 au cabaret puis au music-hall avec un numéro de duettistes. Depuis 1956, il triomphe, seul en scène, dans un répertoire où il joue sur les mots et cultive le non-sens.

Devotio moderna ou **Dévotion moderne,** mouvement ascétique et mystique né à la fin du XIVe siècle aux Pays-Bas, et qui chercha à promouvoir une spiritualité accessible à tous, appuyée sur la méditation de la Passion du Christ. Elle s'est exprimée dans l'*Imitation de Jésus-Christ.*

De Vries *(Hugo),* botaniste néerlandais (Haarlem 1848 - Lunteren 1935). On lui doit la découverte des mutations, clé de voûte de la doctrine de l'évolution.

De Wailly ou **Dewailly** *(Charles),* architecte français (Paris 1730 - id. 1798). Formé à Paris et en Italie, doué d'un talent multiforme qui ne se limite pas à la rigueur néoclassique, il est surtout célèbre pour son théâtre devenu l'Odéon, à Paris (1768-1782), conçu en collaboration avec Marie-Joseph Peyre (1730-1785).

Dewar *(sir James),* chimiste et physicien britannique (Kincardine-on-Forth, Écosse, 1842 - Londres 1923). Il liquéfia l'hydrogène, le fluor et inventa le récipient isolant *(vase de Dewar)* pour la conservation des gaz liquéfiés.

Dewey *(John),* pédagogue et philosophe américain (Burlington 1859 - New York 1952). C'est à partir du pragmatisme qu'il élabora sa théorie pédagogique. Celle-ci affirme que l'intelligence doit être conçue comme un outil parmi d'autres et resituée fonctionnellement dans la vie quotidienne. Dewey identifie vie scolaire et vie sociale, et fait de l'école une microsociété où le travail reçoit tout son sens. Il a écrit *Credo pédagogique* (1897), *l'École et la Société* (1900).

Dewey *(Melvil),* bibliographe américain (Adams Center, État de New York, 1851 - Lake Placid 1931). Il est l'inventeur de la classification décimale utilisée dans les bibliothèques et le fondateur de la première école de bibliothécaires.

De Witte *(Emmanuel),* peintre néerlandais (Alkmaar v. 1615 - Amsterdam 1691/92). Il a surtout peint des intérieurs d'églises, remarquables par le rendu spatial et l'animation (lumière, couleurs, notations pittoresques).

Dewoitine *(Émile),* constructeur aéronautique français (Crépy-en-Laonnois, Aisne, 1892 - Toulouse 1979). Il implanta à Toulouse d'importantes usines à partir de 1920 et réalisa plus de 50 types d'avions.

D. G. S. E. (Direction générale de la sécurité extérieure), appellation, depuis avril 1982, des services d'espionnage et de contre-espionnage français (autref. S. D. E. C. E.). La D. G. S. E. relève directement du ministère de la Défense.

Dhahran, v. de l'est de l'Arabie saoudite. Base aérienne. Pétrochimie.

Dhaka → Dacca.

Dhanbad, v. de l'Inde (Bihar) ; 817 549 hab.

Dhaulagiri, un des plus hauts sommets de l'Himalaya, au Népal ; 8 172 m.

Dhorme *(Édouard),* orientaliste français (Armentières 1881 - Roquebrune-Cap-Martin 1966). Directeur de l'École biblique et archéologique française de Jérusalem, il déchiffra (1930) les textes de Ras-Shamra-Ougarit.

Dhôtel *(André),* écrivain français (Attigny 1900 - Paris 1991). Révélé par *le Pays où l'on n'arrive jamais* (1955), il est l'auteur de nombreux romans et essais, où s'exprime une vision onirique et vagabonde de l'univers.

Diabelli *(Anton),* compositeur et éditeur autrichien (Mattsee, près de Salzbourg, 1781 - Vienne 1858). Professeur de musique, il fonda en 1818 une maison d'éditions musicales et publia notamment Schubert. Beethoven écrivit sur une de ses valses son plus important cycle de variations (33 *Variations sur une valse de Diabelli*).

Diablerets *(les),* massif de Suisse, dominant la vallée du Rhône ; 3 210 m. Sports d'hiver.

Diacre *(Paul)* → Paul Diacre.

Diaghilev *(Serge* de*),* directeur de troupe et mécène russe (Perm 1872 - Venise 1929). Critique d'art, organisateur d'expositions puis de concerts de musique et d'opéra russes à Paris (1906-1908), il créa en 1909 la compagnie des Ballets russes (→ **Ballets russes**).

Dialogue sur les deux grands systèmes du monde, œuvre de Galilée publiée en 1632. Sous forme de dialogues, Galilée fait s'affronter les conceptions aristotélicienne et copernicienne du monde, avec une préférence marquée pour cette dernière. Le fond de l'ouvrage porte sur la nature du mouvement et Galilée y exprime, le premier, le principe de relativité. Ce texte, écrit en italien, est non seulement fondateur pour la science moderne mais aussi pour la langue italienne.

Diane, déesse italique identifiée à l'Artémis grecque. Vénérée en Italie depuis les temps les plus anciens, elle était, semble-t-il, la divinité de la Nature sauvage. La Diane la plus célèbre était celle de Nemi, près de Rome, où l'on honorait aussi un dieu masculin, Virbius, prêtre mythique de la déesse qui formait avec celle-ci un couple sacré.

Diane de Poitiers, favorite d'Henri II (1499 - Anet 1566). Elle incita le roi à mener une politique de répression du protestantisme. À la mort d'Henri II, elle fut bannie de la cour par Catherine de Médicis et se retira dans son château d'Anet.

Dias *(Bartolomeu),* navigateur portugais (en Algarve v. 1450 - au large du cap de Bonne-Espérance 1500). Le premier, il contourna l'Afrique et doubla le cap de Bonne-Espérance (1488).

Díaz *(Porfirio),* général et homme d'État mexicain (Oaxaca 1830 - Paris 1915). Président de la République (1876-1880 et 1884-1911), il établit un régime autoritaire et posa les bases d'une économie moderne. Il fut renversé par la révolution de 1911.

Dib *(Mohammed),* écrivain algérien d'expression française (Tlemcen, auj. Tilimsen, 1920). Ses romans (*l'Incendie,* 1954 ; *le Maître de chasse,* 1973), son théâtre et ses poèmes évoquent les problèmes posés par la nouvelle personnalité politique et culturelle de son pays.

Dick *(Philip Kindred),* écrivain américain de science-fiction (Chicago 1928 - Santa Ana, Californie, 1982). Il est un habile constructeur d'univers subjectifs emboîtés qui jettent le doute sur la réalité de notre monde empirique (*le Maître du Haut-Château,* 1962 ;

le Dieu venu du Centaure, 1964 ; *Ubik,* 1968 ; *le Prisme du néant,* 1974).

Dickens *(Charles),* écrivain britannique (Portsmouth 1812 - Gad's Hill, près de Rochester, 1870). Il a une enfance difficile, travaillant quelque temps en usine avant de devenir clerc de notaire (1827), puis chroniqueur au *Morning Chronicle* (1831), dont il épouse la fille du directeur, Catherine Hogarth, en 1836, qui lui donnera dix enfants. C'est l'année où paraît sa première œuvre : *les Esquisses de Boz,* dont le succès lui vaudra, dès 1837, la commande par livraisons des *Aventures de M. Pickwick* (→ Pickwick). Celles-ci lui confèrent aussitôt la célébrité, confirmée par *Oliver Twist* (1838), *Nicolas Nickleby* (1839), *le Magasin d'antiquités* (1840-41), *Barnaby Rudge* (1841). D'un voyage décevant aux États-Unis, il rapporte *Notes américaines* (1842) et *Martin Chuzzlewit* (1843-44). Chez Dickens, le sentimentalisme s'accroît avec la dépression (*Contes de Noël,* 1843-1848). Il publie *le Grillon du foyer* en 1845, avant d'effectuer un séjour en Italie, suivi d'autres en Europe continentale, dont il reviendra pour fonder et diriger un quotidien : le *Daily News.* En 1849 paraît son chef-d'œuvre, *David Copperfield,* inspiré de réminiscences de son enfance, puis il publie successivement *Bleak House* (1852-53), *les Temps difficiles* (1854), *la Petite Dorrit* (1855-1857). Amoureux de l'actrice Ellen Terman, il quitte sa femme (1858), mais la déception survient et lui inspire *les Grandes Espérances* (1861), *Notre ami commun* (1864). Dans *l'Allumeur de réverbères* (1879), comme dans toute son œuvre, Dickens sait susciter la sympathie pour ceux qui souffrent.

Dickinson *(Emily),* femme de lettres américaine (Amherst, Massachusetts, 1830 - *id.* 1886). Ses petits poèmes introspectifs, publiés après sa mort, exercèrent une grande influence sur la poésie américaine (*Poems,* 1890-1896).

Diderot *(Denis),* écrivain et philosophe français (Langres 1713 - Paris 1784). Confluent tumultueux d'une sensibilité fougueuse et d'une intellectualité exigeante, Diderot apparaît comme une figure à facettes, parmi les plus déconcertantes, mais aussi les plus attachantes et les plus représentatives de son siècle. Issu d'une famille aisée, il est élève du collège des jésuites de sa ville natale, dont il s'enfuit pour Paris. Maître ès arts (1732), il abandonne le droit pour mener à Paris une vie de bohème qui durera dix ans. Il épouse en secret la fille de sa blanchisseuse, survit grâce à de petits tra-

vaux d'écriture et étudie la philosophie, les mathématiques, l'anatomie. Cette curiosité universelle s'épanouira dans l'*Encyclopédie,* dont il assume la direction à partir de 1747, engageant toute son énergie dans cette entreprise gigantesque et novatrice. Parallèlement, il écrit les *Pensées philosophiques* (1746), la *Lettre sur les aveugles* (1749), qui lui vaut une incarcération à Vincennes, la *Lettre sur les sourds et muets* (1751), le *Rêve de d'Alembert* (1769) et le *Supplément au Voyage de Bougainville,* publié après sa mort. Dramaturge, il compose *le Fils naturel* (1757) et *le Père de famille* (1758), drames bourgeois, et réfléchit sur l'esthétique théâtrale dans le *Paradoxe sur le comédien.* Critique d'art, il collabore à la *Correspondance littéraire* de Grimm. Épistolier avec les *Lettres à Sophie Volland,* Diderot est également un romancier novateur (*les Bijoux indiscrets,* 1748 ; *la Religieuse,* 1796 ; *Jacques le Fataliste,* 1796 ; *le Neveu de Rameau*). Enfin, l'*Essai sur les règnes de Claude et de Néron* (1782), d'inspiration politique, fut écrit à la suite d'un séjour en Russie auprès de Catherine II, qui lui avait acheté sa bibliothèque en lui en laissant l'usage. « Philosophe » du XVIIIᵉ s. par excellence, Diderot, ayant évolué du déisme au matérialisme expérimental, s'efforça de concilier athéisme et vertu, fondant sa morale sur la satisfaction de deux grands « instincts naturels » : la poursuite du bonheur et la bienfaisance.

— **Jacques le Fataliste et son maître,** roman écrit en 1773, publié en 1796. Inspiré de Sterne, ce roman sentimental et humoristique mêle, à travers les anecdotes, les monologues d'auteur, les apostrophes au lecteur, le récit des amours d'un domestique et des discussions philosophiques sur la liberté humaine.

Didier (m. apr. 774), dernier roi des Lombards. Couronné par le pape Étienne II en 757, il tenta d'étendre sa domination sur toute l'Italie. Il fut pris dans Pavie et détrôné par Charlemagne en 774.

Didon ou **Élissa,** princesse tyrienne qui était la sœur du roi de Tyr Pygmalion et qui aurait fondé Carthage vers 814 av. J.-C. Virgile célèbre dans l'*Énéide* ses amours malheureuses et sa mort. Son histoire inspira à Purcell l'opéra de chambre *Didon et Énée* (1689), dans lequel le compositeur fond les styles français et italien, le madrigal, le récit, l'air, les chœurs et la danse.

Didot, famille d'imprimeurs-libraires français, dont les membres les plus célèbres sont : **François Ambroise** (Paris 1730 - *id.*

1804), créateur de caractères et d'une mesure typographique, le *point Didot*, et qui fut aussi à l'origine de la fabrication du papier vélin ; **Firmin** (Paris 1761 - Le Mesnil-sur-l'Estrée, Eure, 1836), inventeur de la stéréotypie ; **Ambroise Firmin,** helléniste (Paris 1790 - *id.* 1876).

Didymes, *en gr.* Diduma, ville d'Asie Mineure, près de Milet, en Ionie. Le temple, sanctuaire oraculaire d'Apollon, reconstruit entre 313 av. J.-C. et le début du Ier siècle de notre ère, est l'un des plus grands temples du monde grec, entouré de 124 colonnes.

Die, ch.-l. d'arr. de la Drôme, sur la Drôme ; 4 361 hab. *(Diois).* Vins blancs (clairette). — Vestiges gallo-romains. Ancienne cathédrale en partie romane.

Diefenbaker *(John George),* homme politique canadien (Newstadt, Ontario, 1895 - Ottawa 1979), président du Parti conservateur, Premier ministre du Canada de 1957 à 1963.

Diego Garcia, île de l'archipel britannique des Chagos (océan Indien). — Bases militaires britannique et américaine.

Diégo-Suarez → Antseranana.

Diêm *(Ngô Dinh)* → Ngô Dinh Diêm.

Diên Biên Phu *(bataille de)* [13 mars-7 mai 1954], défaite des forces françaises par les troupes viêt-minh du général Vo Nguyên Giap dans le haut Tonkin. Suivie par les accords de Genève, elle marqua la fin de la guerre d'Indochine.

Dieppe, ch.-l. d'arr. de la Seine-Maritime, sur la Manche ; 36 600 hab. *(Dieppois).* Station balnéaire. Port de voyageurs et de commerce. Constructions électriques. — Château des XVe-XVIIe siècles (musée). Deux églises anciennes.

Dierx *(Léon),* poète français (la Réunion 1838 - Paris 1912). Il concilia dans sa poésie, de facture parnassienne, impassibilité et sensibilité *(les Lèvres closes,* 1867).

Diesel *(Rudolf),* ingénieur allemand (Paris 1858 - en mer 1913). On lui doit la conception (1892) et la réalisation (1897) du moteur à combustion interne auquel son nom est resté attaché.

Dietrich *(Maria Magdalena* von Losch, dite **Marlene),* actrice allemande naturalisée américaine (Berlin 1901 - Paris 1992). Révélée par *l'Ange bleu* (1930), de Josef von Sternberg, elle poursuit sa carrière aux États-Unis sous la férule de celui-ci *(Cœurs brûlés,* 1930 ; *X 27,* 1931 ; *Shanghai Express,* 1932 ; *Blonde Vénus,* 1932 ; *l'Impératrice rouge,* 1934 ; *la*

Femme et le Pantin, 1935) et tourne avec E. Lubitsch *(Ange,* 1937), R. Clair *(la Belle Ensorceleuse,* 1941), F. Lang *(l'Ange des maudits,* 1952), O. Welles *(la Soif du mal,* 1958). Incarnation de la femme fatale, mystérieuse et sophistiquée, grâce à sa présence fascinante et à sa voix sensuelle, elle mena également une grande carrière de chanteuse de music-hall.

Dietrich *(Philippe Frédéric, baron* de*),* homme politique français (Strasbourg 1748 - Paris 1793). Il était maire de Strasbourg et c'est chez lui que Rouget de Lisle chanta pour la première fois *la Marseillaise* (1792).

Dieudonné *(Jean),* mathématicien français (Lille 1906 - Paris 1992). Auteur de travaux d'analyse, d'algèbre et de topologie, il fut l'un des fondateurs du groupe Nicolas Bourbaki, dont il supervisa la rédaction du traité monumental *Éléments de mathématique.* Il rédigea lui-même une part considérable de ce traité.

Digne-les-Bains, ch.-l. du dép. des Alpes-de-Haute-Provence, sur les Préalpes de Digne, à 745 km au sud-est de Paris ; 17 425 hab. *(Dignois).* Évêché. Centre commercial (lavande). — Ancienne et nouvelle cathédrales (v. 1200 et fin du XVe s.).

Dijon, ch.-l. de la Région Bourgogne et du dép. de la Côte-d'Or, à 310 km au S.-E. de Paris, au confluent du Suzon et de l'Ouche, sur le canal de Bourgogne ; 151 636 hab. *(Dijonnais).* GÉOGR. Carrefour historique entre la Méditerranée et la mer du Nord, entre l'Europe centrale et l'Atlantique, bien desservie par la route et le rail, métropole régionale (dont le rayonnement ne s'étend pas toutefois sur toute la Bourgogne), Dijon commande une agglomération de plus de 230 000 hab., aux fonctions multiples : administrative, commerciale (foires), universitaire, judiciaire (cour d'appel), touristique et industrielle (constructions mécaniques et électriques, industries alimentaires et chimiques). MIL. Base de la 2e escadre de chasse, rattachée à la Force aérienne tactique. 1re région aérienne. ARTS. Cathédrale St-Bénigne (XIIIe-XIVe s., crypte du XIe), églises Notre-Dame (XIIIe s.) et St-Michel (XVIe s.). Restes de l'ancien palais ducal, puis palais des États au XVIIe siècle, aujourd'hui hôtel de ville et riche musée des Beaux-Arts (tombeaux des ducs, peinture, sculpture, arts décoratifs). Palais de justice, jadis parlement (XVIe s.). Demeures anciennes. Restes de la chartreuse de Champmol, avec le *Puits de Moïse* de C. Sluter. Musée archéologique et musée Magnin (dans un hôtel du XVIIe s. : vaste collection de peintures).

Diktonius *(Elmer),* écrivain finlandais d'expression finnoise et suédoise (Helsinki 1896 - id. 1961). Il fut le chef de file de la poésie « moderniste » des années 20 *(Chansons dures,* 1922 ; *Herbe et Granit,* 1936).

Dilbeek, comm. de Belgique (Brabant flamand), à l'O. de Bruxelles ; 36 859 hab.

Dilthey *(Wilhelm),* philosophe allemand (Biebrich 1833 - Seis, Tyrol, 1911). Il s'est efforcé de fonder la psychologie, la métaphysique et les conceptions du monde sur la notion d'histoire et a en cela contribué à créer le mouvement historiciste. Il a écrit notamment *Introduction aux sciences de l'esprit* (1883).

dimanche après-midi à la Grande Jatte *(Un),* grande toile pointilliste de G. Seurat (1884-85).

Dimitri Donskoï (Moscou 1350 - id. 1389), grand-prince de Moscou (1362-1389). Il organisa une vaste croisade contre les Mongols, sur lesquels il remporta la bataille de Koulikovo (1380).

Dimitrov *(Georgi),* homme politique bulgare (Kovačevci, près de Pernik, 1882 - Moscou 1949). Secrétaire général du Komintern (1935-1943), il fut président du Conseil de la République de Bulgarie (1946-1949).

Dinan, ch.-l. d'arr. des Côtes-d'Armor, sur la Rance ; 12 873 hab. *(Dinannais).* — Ensemble homogène de constructions médiévales, dont l'église St-Sauveur et le château (musée : salle des gisants).

Dinant, v. de Belgique (Namur), sur la Meuse ; 12 183 hab. Tourisme. Chaudronneries dites « dinanderies ». — Collégiale Notre-Dame (surtout du XIIIe s.).

Dinard, ch.-l. de c. d'Ille-et-Vilaine ; 10 341 hab. *(Dinardais).* Station balnéaire. Casino.

Dinariques *(Alpes* ou *Chaînes),* massifs des Balkans entre les Alpes de Slovénie et le Rhodope.

Dinka, population nilotique du Soudan (province de Bahr el-Ghazal).

Dioclétien, *en lat.* Caius Aurelius Valerius Diocles Diocletianus (près de Salone, Dalmatie, 245 - id. 313), empereur romain (284-305). Proclamé empereur (284), maître de l'Empire après la mort de Carin (285), il s'associe Maximien, devenu auguste en 287, à qui il confie l'Occident, se réservant l'Orient. Il reprend une partie des territoires de Mésopotamie et étend son protectorat sur l'Arménie. La seconde partie du règne (293-305) débute avec l'établissement de la tétrarchie : pour faire face aux dangers nouveaux qui menacent l'Empire, Dioclétien désigne deux césars, Constance Chlore et Galère, en qualité d'adjoints aux deux empereurs augustes ; Dioclétien adopte Galère, et Maximien, Constance Chlore. De 293 à 296, Constance pacifie la Gaule et la Bretagne. Pendant ce temps, Maximien contient les Germains, puis rétablit l'ordre en Afrique du Nord. En Orient, Galère pacifie les régions danubiennes, tandis que Dioclétien lutte contre le roi de Perse Narsès, réoccupant toute la Mésopotamie et établissant le protectorat de Rome sur l'Arménie et l'Ibérie. Après 297, Dioclétien se consacre à la réorganisation générale de l'Empire. Il prépare la séparation de l'armée sédentaire des frontières et de l'armée mobile de l'intérieur, qui fait fonction de réserve, et accroît le nombre des unités combattantes. Il morcelle et multiplie les provinces, mais les regroupe en 12 diocèses. Les impôts sont réorganisés. Pour arrêter la hausse des prix est fixé un maximum des prix de vente (édit du maximum, 301), qui se révèle inefficace. Dans le domaine religieux, Dioclétien persécute les manichéens (297) et les chrétiens. L'édit déclarant le christianisme incompatible avec la théologie du pouvoir tétrarchique déclenche la « grande persécution » (303-305). Dioclétien abdique en 305, ainsi que Maximien, et se retire près de Salone.

Diodore de Sicile, historien grec (Agyrion, Sicile, v. 90 - fin du Ier s. av. J.-C.). Il est l'auteur d'une *Bibliothèque historique,* histoire universelle des origines à 58 av. J.-C.

Diogène le Cynique, philosophe grec (Sinope, v. 410 - v. 323 av. J.-C.). Il méprisait les richesses et les conventions sociales, qu'il considérait comme des entraves à la liberté. Sa vie a donné lieu à une série d'anecdotes morales mais sans doute apocryphes. Par exemple, la tradition rapporte ces propos, illustrant la vanité ou l'inutilité de bien des choses : « Ôte-toi de mon soleil », répondit-il à Alexandre le Grand, qui lui demandait ce qu'il voulait. Il jeta son écuelle quand il vit un enfant boire dans le creux de sa main, disant : « J'avais encore quelque chose d'inutile. »

Diogène Laërce ou **de Laërte,** écrivain grec (Laërte, Cilicie, probablement dans la première moitié du IIIe s. apr. J.-C.). Il est l'auteur des *Vies, doctrines et sentences des philosophes illustres,* en 10 livres. C'est une compilation où se mêlent au hasard biographies et anecdotes.

Diois, massif des Préalpes du Sud, drainé par la Drôme ; 2 041 m.

Diola, population nigéro-congolaise du groupe atlantique occidental occupant les rives de la Casamance, au sud du Sénégal.

Dion (*Albert, marquis* de), industriel français (Nantes 1856 - Paris 1946). Associé en 1881 avec les constructeurs de moteurs à vapeur Bouton et Trépardoux, il fut l'un des pionniers de l'automobile. On lui doit l'idée de la voiture militaire blindée (1905).

Dion Cassius, historien grec (Nicée v. 155 - *id.* v. 235). Il est l'auteur d'une *Histoire romaine,* qu'il mène jusqu'à 229 apr. J.-C.

Dion Chrysostome (« Bouche d'or »), rhéteur grec (Prousa, Bithynie, v. 30 - Rome 117). Il popularisa les enseignements des philosophes stoïciens.

Dionysos, dieu grec de la Végétation, plus spécialement de la Vigne et du Vin, ainsi que de la Génération. Il est connu aussi sous le nom de Bakkhos, ou Bacchus, identifié à Rome avec le dieu italique Liber Pater. Les rites dionysiaques comportaient des processions animées par des chœurs qui, chantant et dansant, exécutaient en l'honneur du dieu un hymne appelé « dithyrambe ». Les participants étaient alors saisis par une exaltation mystique. Les fêtes appelées « dionysies » donnaient lieu à des concours de représentations théâtrales qui ont beaucoup contribué au développement de la tragédie et de l'art lyrique en Grèce. Introduit à Rome, le culte de ce dieu subit l'influence du mysticisme oriental. Pour Nietzsche, Dionysos est le symbole de l'affirmation, du rire et de la danse, par opposition à la métaphysique, à la religion et à la morale nihilistes.

Diop (*Birago*), écrivain sénégalais (Ouakam, près de Dakar, 1906 - Dakar 1989). Il a contribué grâce à ses recueils de contes (*les Contes d'Amadou Koumba,* 1947), dont il a puisé l'inspiration dans la tradition, au passage de la littérature orale à la littérature écrite.

Diophante, mathématicien de l'école d'Alexandrie (apr. milieu du IIe s. av. J.-C. et av. milieu du IVe s. apr. J.-C.). Son ouvrage les *Arithmétiques* représente l'apogée de l'algèbre grecque. C'est un recueil de problèmes arithmétiques résolus par des techniques de nature algébrique, comme l'élimination d'une inconnue, la méthode de substitution, etc. Diophante introduit un début de symbo-

lisme et ne retient que les solutions rationnelles positives. Le recueil a exercé une influence considérable sur le développement des mathématiques arabes et a inspiré les algébristes de la Renaissance.

Dior (*Christian*), couturier français (Granville 1905 - Montecatini, Italie, 1957). Dessinateur chez Schiaparelli, il a travaillé comme modéliste avant de fonder sa propre maison à Paris. Il s'imposa aussitôt en lançant le style « new-look » : épaules rondes, taille fine, jupe ample et longue.

Diori (*Hamani*), homme d'État nigérien (Soudouré 1916 - Rabat 1989), président de la République de 1960 à 1974.

Dioscures, nom donné à Castor et Polydeukès, fils jumeaux de Zeus et de Léda. Héros protecteurs de Sparte et des marins, ils furent identifiés à la constellation des Gémeaux puis, latinisés sous les noms de Castor et Pollux ; ils bénéficièrent à Rome d'un culte particulièrement important.

Diouf (*Abdou*), homme d'État sénégalais (Louga 1935). Premier ministre à partir de 1970, il a succédé à L. Sédar Senghor à la présidence de la République (1981).

Dirac (*Paul*), physicien britannique (Bristol 1902 - Tallahassee, Floride, 1984). Il est l'un des fondateurs de la théorie quantique relativiste. Son « équation d'onde » (1928) lui permit de prévoir l'existence de l'électron positif, ou positron (1930), deux ans avant la découverte de celui-ci. Il contribua également à l'élaboration d'une théorie statistique du comportement des particules (*statistique de Fermi-Dirac*). [Prix Nobel 1933.]

Directoire (*le*), régime politique français qui succéda à celui de la Convention le 4 brumaire an IV (26 oct. 1795) et prit fin par le coup d'État du 18 brumaire an VIII (9 nov. 1799). Il était basé sur une stricte séparation des pouvoirs entre 5 Directeurs et 2 chambres, le Conseil des Anciens et le Conseil des Cinq-Cents. Représentant les intérêts de la bourgeoisie, il s'attacha à résoudre la crise financière et réprima l'opposition des Jacobins comme celle des royalistes.

1796. La conspiration des Égaux, dirigée par Babeuf, est mise en échec.

18 fructidor an V (4 sept. 1797). Un coup d'État, appuyé par l'armée, élimine la nouvelle majorité royaliste des Conseils.

À l'extérieur, la France demeure en guerre contre la Grande-Bretagne et l'Autriche. La campagne d'Italie, conduite par Bonaparte, s'achève victorieusement par le traité de Campoformio (oct. 1797) et la création d'États alliés, ou « républiques sœurs », en Italie (République Cisalpine, République ligurienne).

22 floréal an VI (11 mai 1798). Un coup d'État élimine les Jacobins des Conseils.

Les deux tiers de la dette de l'État sont annulés. La loi sur la conscription rend le service militaire obligatoire.

1798 (mai). Le Directoire entreprend contre la Grande-Bretagne la campagne d'Égypte, dirigée par Bonaparte.

La création des nouvelles républiques sœurs provoque la formation de la deuxième coalition (1799) contre la France. Les défaites rendent le régime impopulaire.

30 prairial an VII (18 juin 1799). Un coup d'État donne le pouvoir aux Jacobins.

18 brumaire an VIII (9 nov. 1799). À l'appel de Sieyès, Bonaparte renverse le Directoire et établit le Consulat. (→ Révolution française.)

Dirichlet *(Peter Gustav Lejeune-),* mathématicien allemand (Düren 1805 - Göttingen 1859). Il étudia la théorie des nombres et démontra l'impossibilité de résoudre l'équation de Fermat $x^n + y^n = z^n$ pour $n = 5$ (1825), puis plus tard pour $n = 14$. En analyse, il étudia les critères de convergence des séries, précisa les conditions dans lesquelles une série trigonométrique représente une fonction et définit le concept de fonction dans son sens moderne de correspondance. En mécanique et en physique mathématique, il résolut le problème dit « de Dirichlet », qui détermine une intégrale par ses valeurs sur un contour fermé.

Discours de la méthode par Descartes (1637).

Discours sur deux sciences nouvelles, œuvre de Galilée publiée en 1638 à Leyde. Postérieur au *Dialogue sur les deux grands systèmes du monde,* édité en Hollande du fait de la condamnation de son auteur par l'Église, ce texte est consacré à la physique mathématique. On y trouve, en particulier, la loi de la chute des corps. Le *Discours* constitue une œuvre fondatrice de la science moderne dans le cadre de la révolution scientifique du XVIIe siècle.

Disney *(Walter Elias* Disney, dit Walt*),* cinéaste et dessinateur américain (Chicago 1901 - Burbank, Californie, 1966). Pionnier du dessin animé, il invente de petits personnages aussi célèbres, dans la mythologie enfantine, que la souris *Mickey* (le premier Mickey en couleurs date de 1934), le canard *Donald* ou le chien *Pluto.* En 1937, il réalise son premier long métrage, *Blanche-Neige et*

les sept nains. C'est un succès international. À la tête d'un véritable empire commercial, Disney produit de nombreux dessins animés, inspirés le plus souvent de contes populaires et dans lesquels s'exprime son style tout en rondeurs et en courbes, dit « style en O », à la fois réaliste et féerique : *Pinocchio,* 1940 ; *Fantasia,* 1940 ; *Alice au pays des merveilles,* 1951 ; *les 101 Dalmatiens,* 1961 ; *Merlin l'Enchanteur,* 1963. On lui doit aussi plusieurs documentaires sur les animaux (série *C'est la vie*) et la création d'un vaste parc d'attraction, *Disneyland* (ouvert au public en 1955). Son œuvre a été poursuivie par ses successeurs.

Disneyland Paris, parc de loisirs ouvert en 1992, à l'est de Paris, dans la ville nouvelle de Marne-la-Vallée.

Disraeli *(Benjamin), comte* de Beaconsfield, homme politique britannique (Londres 1804 - *id.* 1881). Romancier brillant (*Coningsby,* 1844), député conservateur en 1837, défenseur du protectionnisme, il s'impose comme le chef de son parti. Chancelier de l'Échiquier (1852, 1858, 1866-1868), il est Premier ministre en 1868, puis de 1874 à 1880. Adversaire de Gladstone, chef du Parti libéral, il a cependant adopté la réforme électorale de 1867 et réalisé d'importantes réformes sociales. À l'extérieur, il mène une politique de prestige et d'expansion : en 1876, il fait proclamer la reine Victoria impératrice des Indes. En 1878, au congrès de Berlin, il met en échec l'expansion russe dans les Balkans.

Di Stefano *(Giuseppe),* ténor italien (Motta Santa Anastasia, prov. de Catane, 1921).Il s'est imposé par la pureté de sa voix dans le répertoire romantique français et italien. Il a été l'un des partenaires d'élection de Maria Callas.

Distinguished Service Order *(abrév.* D. S. O.) *[en fr.* ordre du Service distingué*],* ordre militaire britannique créé en 1886 par la reine Victoria.

Diu, île de l'Inde, partie du territoire de *Daman-et-Diu,* en face de la côte de Kathiawar. — Ancien comptoir portugais (1535-1670 ; 1717-1961).

Divine Comédie *(la),* poème de Dante écrit de 1306 à 1321.

Divisia *(François),* économiste français (Tizi Ouzou, Algérie, 1889 - Paris 1964), un des fondateurs de l'économétrie.

Divodurum, ville de Gaule. (Auj. Metz.)

Divonne-les-Bains, comm. de l'Ain, dans le pays de Gex ; 5 610 hab. *(Divonnais).* Station thermale. Casino.

Dix *(Otto),* peintre et graveur allemand (près de Gera 1891 - Singen, près de Constance, 1969). Influencé par l'expressionnisme, puis lié à dada, il fut dans les années 20 l'un des maîtres du courant de la *Nouvelle Objectivité,* d'un ton contestataire mordant.

Dix Mille *(retraite des),* retraite effectuée à travers l'Arménie par les mercenaires grecs de Cyrus le Jeune après la mort de ce dernier à Counaxa (401 av. J.-C.) pour regagner leur pays. Xénophon, qui conduisit cette retraite, l'a décrite dans *l'Anabase.*

Dixmude, *en néerl.* Diksmuide, v. de Belgique (Flandre-Occidentale), sur l'Yser ; 15 273 hab.

Diyarbakir, v. de Turquie, sur le Tigre ; 381 144 hab. — Enceinte (XIᵉ-XIIIᵉ s.) et Grande Mosquée en partie du XIᵉ siècle.

Djahiz *(Abu Uthman Amr ibn Bahr al-),* écrivain et théologien arabe (Bassora v. 776 - *id.* 868 ou 869). Un des créateurs de la prose littéraire arabe, il a réuni les éléments constituants de la culture islamo-arabe (*Livre de l'éloquence, Livre des animaux, Livre des avares*).

Djakarta → Jakarta.

Djamal al-Din al-Afghani, penseur musulman d'origine persane (Asadabad 1838 - Istanbul 1897). Réformateur actif au Caire (1871-1879), à Londres, à Paris puis à Istanbul (à partir de 1892), il prêcha tour à tour le panislamisme ou le nationalisme local anti-occidental.

Djalāl al-Din Rumi, poète persan (Balkh, Khorāsān, 1207 - Konya 1273), fondateur des derviches tourneurs et principal interprète du sonfisme.

Djamal Pacha *(Ahmad)* → **Jeunes-Turcs.**

Djamboul, v. du Kazakhstan ; 307 000 hab.

Djami *(Abd al-Rahman),* écrivain persan (Khardjird, Khorasan, 1414 - Harat 1492). Il est l'auteur de l'épopée courtoise de *Yusuf et Zulaykha.*

Djamila, *anc.* Djemila, v. d'Algérie (wilaya de Stif), au N.-E. de Stif ; 24 200 hab. — Vestiges de l'antique *Cuicul,* colonie romaine de Numidie, témoins de la qualité de l'urbanisme romain d'Afrique.

Djarir, poète arabe (m. à Uthayfiyya, Nadjd, v. 729), auteur de poèmes satiriques et de panégyriques.

Djedda, v. de l'Arabie saoudite, dans le Hedjaz, sur la mer Rouge ; 1 400 000 hab. Aéroport et port des villes saintes de La Mecque et de Médine. Siège de missions diplomatiques étrangères.

Djem (el-), localité de Tunisie, entre Sousse et Sfax ; 7 000 hab. — L'ancienne *Thysdrus,* important centre commercial romain, se développa, surtout aux IIᵉ et IIIᵉ siècles. Remarquable amphithéâtre, aux dimensions analogues à celles du Colisée.

Djenné, v. du Mali ; 9 500 hab. Important carrefour commercial et centre musulman du XVIᵉ au XVIIIᵉ siècle. Mosquée de fondation très ancienne, plusieurs fois restaurée. Aux env. site archéologique de Jenné-Jeno (IIᵉ s.).

Djerach → Gerasa.

Djerba, île de Tunisie (reliée au continent par une route), à l'entrée du golfe de Gabès. Pêche. Tourisme.

Djérid *(chott el-),* dépression de la Tunisie méridionale, en bordure du Sahara, occupée par des lagunes plus ou moins desséchées.

Djézireh, région du Proche-Orient, comprenant le nord et le centre de l'ancienne Mésopotamie (Iraq et Syrie).

Djibouti, cap. de la République de Djibouti, à l'entrée de la mer Rouge ; 290 000 hab. Port et tête de ligne du chemin de fer de Djibouti à Addis-Abeba.

Djibouti *(République de),* État du nord-est de l'Afrique, sur l'océan Indien ; 23 000 km² ; 484 000 hab. *(Djiboutiens).* CAP. *Djibouti.* LANGUES : *français* et *arabe.* MONNAIE : *franc de Djibouti.*

GÉOGRAPHIE

Situé à l'entrée de la mer Rouge, possédant un relief contrasté (entre 2 000 m d'alt. et – 155 m au lac Assal), le pays a un climat chaud et aride. Deux ethnies dominent : les Afars, souvent encore nomades (élevage ovin), et les Issas, concentrés surtout dans la capitale, qui regroupe plus de la moitié de la population totale, accrue récemment de réfugiés éthiopiens et somaliens.

HISTOIRE

Côte française des Somalis en 1896 puis Territoire français des Afars et des Issas en 1946, Djibouti accède à l'indépendance en 1977.

Djoser, souverain égyptien, fondateur de la IIIᵉ dynastie (v. 2800 av. J.-C.). Il fit construire à Saqqarah la première pyramide à degrés.

Djouba *(le),* fl. d'Éthiopie et de Somalie, tributaire de l'océan Indien ; 880 km.

Djubran Khalil Djubran ou **Gibran** *(Khalil),* écrivain libanais (Bcharré 1883 - New York 1931). Alliant un romantisme quasi mystique à une aspiration authentique au changement social, il acquit une grande popularité en Occident avec *le Prophète* (1923).

Djurdjura ou **Djurjura,** massif d'Algérie, sur la bordure méridionale de la Grande Kabylie ; 2 308 m. Parc national.

Dmowski *(Roman),* homme politique polonais (Varsovie 1864 - Drozsowo 1939). Fondateur du Parti national-démocrate (1897), il fut élu président du groupe polonais à la première et à la seconde douma. Délégué de la Pologne avec Paderewski à la conférence de paix à Paris, il fut député de la Diète (1919-1921), puis ministre des Affaires étrangères (1923).

Dniepr *(le),* fl. de l'Europe orientale, issu du Valdaï, qui passe à Kiev et rejoint la mer Noire ; 2 200 km. Aménagements hydroélectriques.

Dnieprodzerjinsk, v. de l'Ukraine, sur le Dniepr ; 282 000 hab. Centrale hydroélectrique. Métallurgie.

Dniepropetrovsk, v. de l'Ukraine, dans la boucle du Dniepr ; 1 179 000 hab. Port fluvial et centre industriel.

Dniestr *(le),* fl. de l'Europe orientale, né dans les Carpates, séparant partiellement l'Ukraine de la Moldavie, tributaire de la mer Noire ; 1 352 km.

Döblin *(Alfred),* écrivain allemand (Stettin 1878 - Emmendingen 1957). Influencé par l'expressionnisme et les idées socialistes, il a publié une épopée en vers *(Manas,* 1927) et des romans qui mêlent le mythe à l'histoire *(les Trois Bonds de Wang-Lun,* 1915) ou les différents plans de la réalité et de l'écriture *(Berlin Alexanderplatz,* 1929). Exilé sous le régime nazi, il évolua vers des préoccupations morales et religieuses *(l'Homme immortel,* 1945).

Dobroudja, *en roum.* Dobrogea, *en bulgare* Dobrudža, région de Roumanie (qui en possède la plus grande partie) et de Bulgarie, comprise entre la mer Noire et le Danube. HIST. En 1878, le nord de la Dobroudja fut réuni à la Roumanie ; le sud, attribué alors à la Bulgarie, fut annexé en 1913 par la Roumanie, qui dut le restituer en 1940 à la Bulgarie.

Dobzhansky *(Theodosius),* généticien américain d'origine russe (Nemirov, Russie, 1900 - Davis, Californie, 1975). Spécialiste de la génétique des populations, il a apporté une contribution majeure au développement du néodarwinisme.

Docteur Jekyll et M. Hyde, roman fantastique de R. L. Stevenson (1886). Un médecin découvre la drogue qui lui permet de décupler son énergie. Il se dédouble en un monstre de laideur et de cruauté.

Docteur Jivago *(le),* roman de B. Pasternak (1957). C'est l'odyssée d'un médecin pendant la Première Guerre mondiale et les premières années de la révolution russe.

Dodds *(Alfred),* général français (Saint-Louis, Sénégal, 1842 - Paris 1922). Il conquit le Dahomey (1892-93) sur le roi Béhanzin.

Dodécanèse ou **Sporades du Sud,** archipel grec de la mer Égée, au large de la Turquie et dont Rhodes est l'île principale ; 162 439 hab. — Sous domination ottomane, puis occupées en 1912 par les Italiens, ces îles furent rattachées à la Grèce en 1947-48.

Doderer *(Heimito* von*),* écrivain autrichien (Weidlingau, près de Vienne, 1896 - Vienne 1966). Il est l'auteur de grandes fresques romanesques, qui offrent un portrait minutieux de la société autrichienne de la Première République *(l'Escalier du Strudlhof,* 1951 ; *les Démons,* 1956).

Dodoma, v. de la Tanzanie ; 203 000 hab. Capitale désignée de la Tanzanie.

Dogon, peuple du Mali vivant sur les hauteurs de Bandiagara. L'art des Dogon est austère et dépouillé. Les Dogon ont élaboré une religion complexe, comprenant une cosmogonie et une mythologie qui leur servent de référence dans leur vie sociale. Leur société repose sur les lignages patrilinéaires.

Doha (al-) → **Dawha (al-).**

Doillon *(Jacques),* cinéaste français (Paris 1944). Peintre des personnages en crise, il suit les relations amoureuses, souvent avec justesse, dans les paroxysmes de situations pourtant quotidiennes et réalistes : *les Doigts dans la tête* (1974), *la Drôlesse* (1979), *la Pirate* (1984), *le Petit Criminel* (1990), *le Jeune Werther* (1993).

Doisneau *(Robert),* photographe français (Gentilly 1912 - Paris 1994). Paris et sa banlieue sont à l'origine d'images pleines de verve et d'humour. Parmi ses publications, on peut citer *la Banlieue de Paris,* sur un texte de B. Cendrars (1949-50), *Instantanés de Paris* (1955), *le Paris de Robert Doisneau et Max Pol Fouchet* (1974).

Doisy *(Edward),* biochimiste américain (Hume, Illinois, 1893 - Saint Louis 1986), auteur de travaux sur la vitamine K, l'insuline et les hormones. (Prix Nobel 1943.)

Dokoutchaïev *(Vassili Vassilievitch),* géographe et naturaliste russe (Milioukovo, région de Smolensk, 1846 - Saint-Pétersbourg

1903). Il a découvert la disposition zonale des sols, orienté la géographie russe vers l'analyse synthétique des milieux et créé la pédologie moderne.

Dôle *(la),* sommet du Jura suisse (Vaud), près de la France ; 1 680 m. Panorama.

Dole, ch.-l. d'arr. du Jura, sur le Doubs et le canal du Rhône au Rhin ; 27 860 hab. *(Dolois).* Constructions électriques. — Monuments des XVIe et XVIIe siècles, dont l'hôpital Louis-Pasteur. Musée des Beaux-Arts.

Dolet *(Étienne),* imprimeur et humaniste français (Orléans 1509 - Paris 1546). Érigé en martyr de l'humanisme, il a témoigné toute sa vie d'une rare liberté d'esprit. Il publia dans son imprimerie de Lyon des ouvrages d'érudition, des almanachs et des satires. La publication du *Cato christianus* (1538) le fit accuser d'hérésie et d'athéisme et jeter en prison, où il retourna en 1544. Condamné à mort, il fut pendu et brûlé à Paris, place Maubert.

Dollard des Ormeaux *(Adam),* officier français (en Île-de-France 1635 - Long-Sault, Canada, 1660), tué avec 16 compagnons en luttant contre les Iroquois.

Dollfuss *(Engelbert),* homme d'État autrichien (Texing 1892 - Vienne 1934). Chancelier (1932-1934), il réorganisa l'État sur la base de principes autoritaires et corporatifs. Hostile à l'*Anschluss* (annexion de l'Autriche par l'Allemagne), il fut assassiné par les nazis.

Dolomieu *(Dieudonné* ou *Déodat* de Gratet de*),* géologue français (Dolomieu, Isère, 1750 - Châteauneuf, Saône-et-Loire, 1801). Il a publié des études sur les tremblements de terre, le basalte et les calcaires auxquels on a donné le nom de *dolomie.*

Dolomites, massif des Alpes italiennes, entre l'Adige et la Piave, culminant à 3 342 m à la Marmolada. Les Dolomites, où la dolomie (calcaire) est érodée de façon spectaculaire, sont traversées par une route panoramique. Le tourisme d'été et d'hiver (Cortina d'Ampezzo) y est actif.

Dolto *(Françoise),* neuropsychiatre et psychanalyste française (Paris 1908 - *id.* 1988). Elle s'est intéressée principalement à la psychanalyse des enfants (*Psychanalyse et pédiatrie,* 1939 ; *le Cas Dominique,* 1971), qu'elle a contribué, par ses nombreux ouvrages, à faire connaître auprès d'un large public. Elle a écrit également l'*Évangile au risque de la psychanalyse,* 1977.

Domagk *(Gerhard),* médecin allemand (Lagow, Brandebourg, 1895 - Burgberg

1964). Le premier, il découvrit l'action antibactérienne des sulfamides (1935), ouvrant la voie au traitement des infections, la pénicilline étant déjà connue mais non encore utilisée. (Prix Nobel 1939.)

Domat *(Jean),* jurisconsulte français (Clermont, auj. Clermont-Ferrand, 1625 - Paris 1696). Dans *les Lois civiles dans leur ordre naturel* (1689-1694), il affirma la prééminence du droit romain. Son œuvre prépara l'unification du droit.

Dombasle *(Christophe Joseph Mathieu de),* agronome français (Nancy 1777 - *id.* 1843). Il inventa une charrue, perfectionna les méthodes de culture (chaulage) et créa l'école d'agriculture de Roville-devant-Bayon (Meurthe-et-Moselle).

Dombes, région argileuse du dép. de l'Ain, parsemée d'étangs (pisciculture), également terre d'élevage et de chasse, correspondant à une ancienne principauté réunie à la Couronne en 1762 (cap. *Trévoux).*

Dombrowska *(Maria)* → Dąbrowska.

Dombrowski *(Jan Henryk)* → Dąbrowski.

Dôme *(monts)* ou **chaîne des Puys,** groupe de volcans éteints d'Auvergne, au-dessus de la Limagne, culminant au puy de Dôme (1 465 m), site d'un observatoire météorologique.

Domenico Veneziano *(Domenico* di Bartolomeo, dit*),* peintre italien (Venise ? début du XVe s. - Florence 1461). Son art, qui unit gothique tardif et innovations de la Renaissance, affirme, à Florence, un sens nouveau de la couleur, légère et claire, et une conception plus aérée de l'espace. L'artiste a participé à la formation de Piero della Francesca.

Domesday Book *(Livre du Jugement dernier),* recueil cadastral donnant la situation de toutes les terres anglaises à la fin du XIe siècle, réalisé sur l'ordre de Guillaume le Conquérant.

Domingo *(Plácido),* ténor espagnol (Madrid 1941). Artiste complet, il chante surtout le répertoire italien (Verdi, Puccini).

Dominicaine *(République),* État des Antilles, occupant la partie orientale de l'île d'Haïti ; 48 400 km² ; 7 300 000 hab. *(Dominicains).* CAP. *Saint-Domingue.* LANGUE : *espagnol.* MONNAIE : *peso dominicain.*
GÉOGRAPHIE
Malgré un relief contrasté, où les hauteurs (culminant à 3 175 m dans la Cordillère centrale) alternent avec les dépressions intérieures, le pays est assez densément peuplé. Il demeure à dominante agricole. Le climat

tropical (chaleur constante, pluies de juin à décembre) explique l'importance des plantations (canne à sucre surtout, base des exportations, puis cacao, café, tabac), souvent dans le cadre des grandes propriétés. Les nombreuses petites exploitations privilégient les cultures vivrières (manioc, patate, s'ajoutant au riz et au maïs) ; l'élevage bovin laisse des excédents exportables. Malgré la création de zones franches industrielles et la présence de minerais (bauxite, nickel, or), l'industrie est pratiquement limitée à l'agroalimentaire (sucreries surtout). Le tourisme est actif. Le fort accroissement démographique accélère l'exode rural. Bien que l'agriculture occupe la moitié de la population active, près de 60 % de la population sont urbanisés. Mais l'agglomération de Saint-Domingue concentre à elle seule presque le quart de la population dominicaine. Par ailleurs, le pays est lourdement endetté.

HISTOIRE

1492. Colomb atteint l'île d'Haïti, qu'il baptise Hispaniola.

La colonisation espagnole entraîne la disparition des populations autochtones (Indiens Arawak).

1697. Au traité de Ryswick, l'île est partagée entre la France (dont la colonie est appelée Haïti) et l'Espagne.

1795. La colonie espagnole est cédée à la France.

1809. Les Dominicains se libèrent des troupes françaises.

1822. L'ensemble de l'île passe sous domination haïtienne.

1844. Proclamation de la république.

1861. La République Dominicaine retourne sous la domination de l'Espagne.

1865. Elle accède définitivement à l'indépendance.

La vie politique du pays est alors marquée par de nombreux coups d'État militaires.

1916-1924. Occupation militaire du pays par les États-Unis, qui facilitent l'arrivée au pouvoir de Rafael Trujillo.

1930. Trujillo établit un régime dictatorial. Après l'assassinat de Trujillo (1961), le chef du parti révolutionnaire, Juan Bosch, est élu président (1962), mais il est déposé l'année suivante.

1965. Nouvelle intervention des États-Unis. À partir de 1966, les conservateurs sont au pouvoir, avec le président Joaquín Balaguer, appuyé par l'armée.

1978. Le retour à la démocratie représentative est suivi par l'arrivée de la gauche à la présidence.

1986. J. Balaguer retrouve la présidence de la République.

Dominique *(la),* île et État des Petites Antilles, colonie britannique de 1763 à 1978 ; 751 km² ; 85 000 hab. CAP. *Roseau.* LANGUE : *anglais.* MONNAIE : *dollar des Caraïbes orientales.* État indépendant, dans le cadre du Commonwealth, depuis 1978.

Dominique *(saint),* fondateur de l'ordre des Frères prêcheurs (Caleruega, prov. de Burgos, v. 1170 - Bologne 1221). Venant d'Espagne, au cours d'un voyage qui lui fait traverser le sud de la France, il est frappé par l'influence des vaudois et des cathares. Aussi accepte-t-il d'être envoyé dans le Toulousain et la Narbonnaise par le pape Innocent III pour y lutter contre les hérétiques en organisant des colloques et en donnant l'exemple de la pauvreté. Avec les disciples qu'il se fait alors, il fonde la communauté des Frères prêcheurs, qui sera approuvée en 1217 par le pape Honorius III.

Dominique, roman d'E. Fromentin (1863), qui mêle l'autobiographie à l'analyse psychologique sur le thème de l'impossible amour.

Dominiquin *(Domenico* Zampieri, dit il Domenichino, *en fr.* le), peintre italien (Bologne 1581 - Naples 1641). Disciple des Carrache, il a exécuté, à Rome, des fresques dans les églises St-Louis-des-Français *(Vie de sainte Cécile)* et S. Andrea della Valle ; sa *Chasse de Diane* (1617), exemplaire de sa recherche du « Beau idéal », est à la galerie Borghèse.

Domitien, *en lat.* Titus Flavius Domitianus (Rome 51 apr. J.-C. - *id.* 96), empereur romain (81-96). Frère et successeur de Titus, bon administrateur, il réorganisa les bureaux centraux de correspondance et de finances. Il releva Rome des ruines provoquées par les incendies de 64 et de 80 et fit édifier sur la frontière danubienne un *limes* fortifié. Il instaura un régime absolutiste, persécuta le sénat et mourut assassiné.

Dom Juan ou le Festin de pierre, comédie de Molière (1665).

Domrémy-la-Pucelle, comm. des Vosges, en Lorraine, sur la Meuse ; 190 hab. Patrie de Jeanne d'Arc.

D. O. M. - T. O. M., abrév. de départements et territoires d'outre-mer.

Do Muoi, homme politique vietnamien (Hanoi 1917). Membre du Comité central du Parti communiste (1960), il est vice-Premier ministre (1976-1988) puis Premier ministre de 1988 à 1991, année où il est nommé secrétaire général du Parti communiste.

Don (le), fl. de Russie, né au sud de Moscou, relié à la Volga par un grand canal et qui rejoint la mer d'Azov en aval de Rostov ; 1 870 km.

Donat, évêque de Casae Nigrae, en Numidie (v. 270 - en Gaule ou en Espagne v. 355). Après la persécution de Dioclétien, il s'en prend à l'évêque de Carthage et à son diacre Cécilien pour leur indulgence à l'égard des chrétiens qui ont livré les livres saints aux païens. En 312, il met sur le siège épiscopal de Carthage un de ses disciples, Majorinus, et déclenche ainsi un schisme auquel on donnera le nom de *donatisme*. Donat, qui remplace ensuite Majorinus, est condamné par les conciles de Rome (313) et d'Arles (314), avant d'être exilé par l'empereur Constantin (316).

Donat, en lat. Aelius Donatus, grammairien latin (IVe s. apr. J.-C.). Maître de saint Jérôme, il est l'auteur de grammaires longtemps considérées comme des ouvrages de référence.

Donatello (Donato di Betto Bardi, dit), sculpteur italien (Florence 1386 - id. 1466). D'abord assistant de Ghiberti, il donne, à Florence, quelques-unes des œuvres essentielles du quattrocento. Il développe l'art de la perspective avec le « schiacciato », relief « écrasé » à plans successifs, en bronze (piédestal du *Saint Georges* d'Orsammichele, fonts baptismaux de Sienne, maître-autel du Santo de Padoue [1446-1450]), et affirme un sens de l'espace et une expressivité (*David* du palais des Médicis [1430, Bargello], prophètes du campanile, dont *Habacuc*, dit *il Zuccone*, première approche du réalisme expressionniste des dernières œuvres [*Madeleine pénitente* en bois, baptistère]) qui seront, avec un classicisme peut-être appris de la Rome antique (*Annonciation* de S. Croce, *cantoria* en marbre de la cathédrale, statue équestre du *Gattamelata* à Padoue [1450]), parmi les acquis majeurs de la Renaissance.

Donati (Giovanni Battista), astronome italien (Pise 1826 - Florence 1873). Il fut un pionnier de la spectroscopie astronomique et s'illustra par ses travaux sur les comètes.

Donatoni (Franco), compositeur italien (Vérone 1927). Ses œuvres de maturité, jusqu'en 1977 exclusivement instrumentales, développent des principes sériels tout en utilisant des procédés de hasard (*Symphonie de chambre,* 1967 ; *Voci,* 1973 ; *Ecco,* 1986).

Donau → Danube.

Donbass, région industrielle de l'Ukraine (débordant toutefois en Russie), dans la boucle du Don, couvrant 60 000 km². Il est né de sa richesse en charbon (plus du double de la production de la Ruhr), dont la majeure partie est brûlée dans les centrales thermiques ou utilisée sur place par la carbochimie et surtout la sidérurgie, qui alimente une métallurgie de transformation diversifiée. Donetsk est le centre de la région, très peuplée et fortement urbanisée.

Donen (Stanley), cinéaste américain (Columbia 1924). Danseur de formation, il a réalisé de brillantes comédies musicales, souvent en collaboration avec G. Kelly (*Chantons sous la pluie,* 1952 ; *les Sept Femmes de Barberousse,* 1954), ainsi que des comédies pures (*Charade,* 1963 ; *Arabesque,* 1966).

Donets (le) ou **Donetz,** riv. d'Ukraine et de Russie, affl. du Don (r. dr.) ; 1 016 km. Il borde le bassin houiller du Donbass (anc. bassin du Donets).

Donetsk, de 1924 à 1961 Stalino, v. d'Ukraine, dans le Donbass ; 1 110 000 hab. Métallurgie.

Dong ou **Tong,** population de Chine du Centre et du Sud (Hunan, Guizhou, Guangxi), parlant une langue thaïe.

Dông Son, site archéologique du Viêt Nam, sur le Sông Ma, au N.-E. de Thanh Hoa, qui a donné son nom à une culture du bronze final (500-250 av. J.-C.), largement représentée dans le nord du Viêt Nam. Il est caractérisé par l'apparition de la métallurgie du fer, l'art du laque et par des relations suivies avec la Chine.

Dongting, grand lac (env. 5 000 km²) de la Chine centrale, dans le N.-E. du Hunan, au S. du Yangzi Jiang.

Dong Yuan ou **Tong Yuan,** peintre chinois (Zhongling, auj. Nankin, première moitié du Xe s. - ? 962), père du grand paysage chinois, où il atteint un équilibre rare entre les moyens techniques et la qualité de l'inspiration. Sa vision cohérente et son style large seront les modèles des peintres lettrés.

Dönitz (Karl), amiral allemand (Berlin 1891 - Aumühle 1980). Commandant la flotte sous-marine (1935-1942) puis la marine allemande (1943-1945), il succéda à Hitler en mai 1945 et endossa la capitulation sans condition du Reich.

Donizetti (Gaetano), compositeur italien (Bergame 1797 - id. 1848). Il a excellé dans le bel canto et a réussi la fusion des esthétiques dramatique et bouffe (*l'Élixir d'amour,*

1832 ; *Lucie de Lammermoor,* 1835 ; *la Fille du régiment,* 1840).

Don Juan, personnage légendaire, sans doute inspiré d'un fait réel rapporté par la *Chronique de Séville.* Don Juan Tenorio, meurtrier du commandeur Ulloa, dont il a enlevé la fille, périt assassiné dans un couvent de franciscains où est enterrée sa victime. C'est, selon les moines, la statue du commandeur qui a accompli l'acte vengeur. Ce châtiment exemplaire d'un séducteur impie a inspiré, depuis la comédie édifiante de Tirso de Molina (*le Trompeur de Séville et le Convive de pierre,* v. 1625), plusieurs œuvres, notamment les comédies italiennes de Giliberto et Cicognini (v. 1650), ainsi qu'un grand nombre d'écrivains parmi lesquels Molière (1665) [→ **Molière**], Byron (1819-1824), Pouchkine (1830), Mérimée (1834), Zorrilla (1844), Milosz (1911-12), Montherlant (1958). Mozart a composé sur ce thème son célèbre opéra *Don Giovanni* (1787).

Donn *(Jorge),* danseur argentin (Buenos Aires 1947 - Lausanne 1992). Formé à l'école de danse du Teatro Colón, il est engagé en 1962 par Maurice Béjart, avec qui il collabore jusqu'en 1991. Interprète sensible et expressif, il s'imposa comme l'un des plus grands danseurs béjartiens.

Donne *(John),* poète et prêtre anglais (Londres 1572 - id. 1631). Doyen de Saint Paul, il fut le principal représentant de la poésie métaphysique (*Sonnets sacrés,* 1618).

Donneau de Visé *(Jean),* écrivain français (Paris 1638 - id. 1710). Il critiqua *l'École des femmes* de Molière et fonda *le Mercure galant* en 1672.

Don Quichotte de la Manche (*l'Ingénieux Hidalgo*) → **Cervantès.**

Donskoï *(Mark),* cinéaste soviétique (Odessa 1901 - Moscou 1981). Il est célèbre pour ses adaptations de Gorki, dont il rejoint les préoccupations humanistes (*l'Enfance de Gorki,* 1938 ; *En gagnant mon pain,* 1939 ; *Mes universités,* 1940) ; il a aussi réalisé *l'Arc-en-ciel* (1944) et *le Cheval qui pleure* (1957).

Doon de Mayence *(geste de),* un des trois grands cycles épiques du Moyen Âge : les principales chansons (*Raoul de Cambrai, Renaud de Montauban, Girart de Roussillon*) peignent des féodaux révoltés contre leur suzerain.

Doppler *(Christian),* physicien autrichien (Salzbourg 1803 - Venise 1853). Il découvrit (1842) la variation de fréquence du son perçu lorsqu'une source sonore se déplace par rapport à un observateur, variation qui fut, quelques années plus tard, retrouvée indépendamment par Fizeau (*effet Doppler* ou *effet Doppler-Fizeau).*

Dora-Mittelbau, camp de concentration créé par les Allemands en 1943 dans le massif du Harz (Thuringe).

Dorat *(Jean* Dinemandi, dit*),* poète et humaniste français (Limoges 1508 - Paris 1588). Maître de Ronsard et de Du Bellay, il fit partie de la Pléiade.

Dordogne *(la),* riv. du Massif central et du Bassin aquitain ; 472 km. Née au pied du Sancy, elle s'écoule vers l'ouest, reçoit successivement la Cère, la Vézère et l'Isle, passe à Bergerac et à Libourne et rejoint la Garonne au bec d'Ambès. Aménagements hydroélectriques sur son cours supérieur (Bort-les-Orgues, Marèges, l'Aigle, Chastang).

Dordogne [24], dép. de la Région Aquitaine ; ch.-l. de dép. *Périgueux* ; ch.-l. d'arr. *Bergerac, Nontron, Sarlat-la-Canéda* ; 4 arr., 50 cant., 557 comm. ; 9 060 km² ; 386 365 hab. Il est rattaché à l'académie, à la cour d'appel de Bordeaux et à la région militaire Atlantique.

Dordrecht, port des Pays-Bas (Hollande-Méridionale), à l'embouchure de la Meuse ; 110 473 hab. — En 1618-19 y fut tenu un grand synode, dont les décisions régissent encore l'Église réformée de Hollande. — Ville ancienne et pittoresque ; église des XIVᵉ-XVᵉ siècles.

Dore *(monts)* ou parfois **Mont-Dore** *(massif du),* massif volcanique d'Auvergne, culminant au puy de Sancy (1 885 m). Élevage ; tourisme.

Doré *(Gustave),* dessinateur, graveur et peintre français (Strasbourg 1832 - Paris 1883). Il a illustré, avec une imagination fertile qui prolonge le romantisme, Rabelais, Ch. Perrault, Balzac, Dante, Cervantès, etc.

Dorgelès *(Roland),* écrivain français (Amiens 1885 - Paris 1973). On lui doit des romans sur la guerre, dont *les Croix de bois* (1919), qui le rendirent célèbre, ainsi que des chroniques de la vie montmartroise (*Au beau temps de la butte,* 1963).

Doria, famille noble de Gênes, à la tête du parti des gibelins de la ville (partisans de l'empereur romain germanique), qui a fourni d'illustres amiraux ; entre autres, le condottiere **Andrea Doria** (Oneglia 1466 - Gênes 1560), qui commanda les flottes de François Iᵉʳ et de Charles Quint avant d'instaurer à Gênes (1528) une « république aristocratique ».

Doride, ancienne contrée de la Grèce centrale. — Ancienne région de la côte sud-ouest de l'Asie Mineure (Carie).

Doriens, peuple indo-européen qui envahit la Grèce à la fin du IIe millénaire av. J.-C. Apparentés aux Achéens, qu'ils refoulèrent, les Doriens envahirent la Thessalie, le Péloponnèse, la Crète, les Cyclades et colonisèrent le sud-ouest de l'Asie Mineure. Vers le XIIIe siècle, plusieurs vagues d'invasion aboutirent à la destruction des cités mycéniennes. L'organisation des Doriens était celle d'une société guerrière, dont Sparte a gardé beaucoup de traits.

Doriot *(Jacques),* homme politique français (Bresles, Oise, 1898 - Menningen, Bade, 1945). Membre du comité central du Parti communiste (1923), il protesta contre l'influence soviétique et, exclu du P. C. F. (1934), fonda (1936) le Parti populaire français (P. P. F.), d'orientation fasciste. Pendant l'Occupation, il collabora avec l'Allemagne et fonda, avec Déat, la Légion des volontaires français (L. V. F.), avec laquelle il combattit sur le front de l'Est.

Dornier *(Claude,* dit **Claudius***)*, industriel allemand (Kempten, Bavière, 1884 - Zoug, Suisse, 1969). Après avoir travaillé sur les dirigeables avec Zeppelin, il fonda sa propre firme de construction aéronautique à Friedrichshafen et réalisa 150 types d'avions de toutes catégories.

Dorpat → Tartu.

Dortmund, v. d'Allemagne (Rhénanie-du-Nord-Westphalie), dans la Ruhr ; 594 058 hab. Port fluvial. Centre industriel. — Églises médiévales. Musées.

Dorval, v. du Canada (Québec), au sud-ouest de Montréal ; 17 249 hab. Aéroport.

Dorval *(Marie* Delaunay, dite Mme*),* actrice française (Lorient 1798 - Paris 1849). Elle interpréta les héroïnes romantiques et fut aimée de A. de Vigny, puis de Dumas père.

Dos Passos *(John Roderigo),* écrivain américain (Chicago 1896 - Baltimore 1970). Il est un des écrivains marquants, avec Hemingway et Fitzgerald, de la « génération perdue ». Ses récits, par la juxtaposition d'écritures diverses (reportage, poésie, chansons à la mode, etc.), cherchent à donner une peinture totale et critique de la société américaine *(Manhattan Transfer,* 1925 ; *la Grosse Galette,* 1936).

Dosso Dossi *(Giovanni* Luteri, dit*),* peintre italien de l'école de Ferrare (? v. 1480 - Ferrare v. 1542), auteur de compositions religieuses ou mythologiques d'un maniérisme imaginatif.

Dostoïevski *(Fedor Mikhaïlovitch),* écrivain russe (Moscou 1821 - Saint-Pétersbourg 1881). Fils d'un père tyrannique qui sera assassiné par ses paysans, il est encouragé dans la voie de la littérature par le succès de son premier roman, *les Pauvres Gens* (1846), mais les échecs successifs rencontrés par ses récits *le Double* et *la Logeuse* le poussent vers les cercles politiques libéraux. Condamné à mort et gracié sur le lieu de l'exécution, il est déporté en Sibérie pour quatre ans de détention. Cette épreuve (*Souvenirs de la maison des morts,* 1862), jointe à l'instabilité de sa vie après son retour du bagne (ses mariages, ses crises d'épilepsie, la mort de sa fille, sa passion du jeu), lui fait voir dans la souffrance et l'humiliation la raison même de l'existence *(Humiliés et Offensés ; Mémoires écrits dans un souterrain ; Crime et Châtiment,* 1866 ; *le Joueur,* 1867 ; *l'Idiot,* 1868 ; *les Démons* [ou *les Possédés*]*,* 1872 ; *l'Adolescent),* qui ne peut trouver son équilibre, sur le plan individuel, que dans la charité *(les Frères Karamazov,* 1879-80) et, sur le plan collectif, dans la synthèse des cultures orientale et occidentale réalisée par le peuple russe *(Journal d'un écrivain).* Ses personnages, qui dialoguent en voix alternées, de Dieu — un Dieu d'angoisse et de souffrance —, de l'athéisme, du mal, de la liberté, sont comme les différents moments d'une même conscience. À la fois capables des plus grands crimes et de la plus extrême abnégation, ils doivent leur grandeur à leur libre choix entre l'amour et la haine.
— **Crime et Châtiment.** Un étudiant pauvre, Raskolnikov, assassine une vieille usurière. Torturé par sa conscience, il finit par avouer son crime à une fille des rues, Sonia, puis à la police. Sonia l'accompagne en Sibérie, où l'amour achève leur régénération.

Dou *(Gerard),* peintre néerlandais (Leyde 1613 - id. 1675). Élève de Rembrandt, il a peint des scènes de genre inspirées de la vie bourgeoise, d'un métier impeccable et minutieux *(la Femme hydropique,* 1663, Louvre).

Douai, ch.-l. d'arr. du Nord, sur la Scarpe ; 44 195 hab. *(Douaisiens).* Métallurgie. Chimie. Imprimerie. Cour d'appel. — Beffroi des XIVe-XVe siècles et autres monuments. Musée dans l'ancienne chartreuse (grand polyptyque du Douaisien J. Bellegambe).

Douala, port et principale ville du Cameroun, sur l'estuaire du Wouri ; 853 000 hab. Aéroport.

Douarnenez, ch.-l. de c. du Finistère, sur la baie de Douarnenez ; 16 701 hab. *(Douarnenistes).* Pêche. Conserves. — Églises et chapelles anciennes. Important musée du Bateau, avec de nombreux spécimens entretenus à flot.

Douaumont, comm. de la Meuse, sur les Hauts de Meuse ; 10 hab. — Le fort fut le théâtre de violents combats lors de la bataille de Verdun, en 1916. L'ossuaire abrite les restes d'environ 300 000 soldats français tombés devant Verdun.

Double *(la),* région boisée de la Dordogne, entre les vallées de l'Isle et de la Dronne.

Doubs *(le),* riv. de France et de Suisse, affl. de la Saône (r. g.) ; 430 km. Né dans le Jura français, le Doubs traverse le lacs de Saint-Point et de Chaillexon (d'où il sort par le saut du Doubs) et passe en Suisse avant de traverser Besançon et Dole.

Doubs [25], dép. de la Région Franche-Comté, à la frontière de la Suisse ; ch.-l. de dép. *Besançon ;* ch.-l. d'arr. *Montbéliard* et *Pontarlier ;* 3 arr., 35 cant., 594 comm. ; 5 234 km² ; 484 770 hab. *(Doubistes).* Il est rattaché à l'académie et à la cour d'appel de Besançon, à la région militaire Nord-Est.

Douchanbe, de 1929 à 1961 Stalinabad, cap. du Tadjikistan ; 595 000 hab.

Doudart de Lagrée *(Ernest),* officier de marine français (Saint-Vincent-de-Mercuze, Isère, 1823 - Dongchuan, Yunnan, 1868). Il reconnut le cours du Mékong en 1866.

Dougga, site archéologique de Tunisie, à une centaine de km au S.-O. de Tunis. Résidence des princes numides, l'antique *Thugga* a été le centre administratif de la province d'*Africa nova,* municipe et colonie romaine. Sa prospérité (IIe-IIIe s.) explique son considérable développement urbain (théâtre, capitole, arc de Sévère, thermes, villas).

Douglas, famille d'Écosse qui joua un rôle important aux XIVe et XVIe siècles. Elle est célèbre par sa résistance aux Anglais et sa rivalité avec les Stuarts.

Douglas *(Issour Daniilovitch* Demski, dit Kirk*),* acteur américain de cinéma, d'origine russe (Amsterdam, État de New York, 1916). Il atteint la notoriété avec *le Champion* (1949) et *le Gouffre aux chimères* (1951). Son talent s'affirme ensuite dans de très nombreux films, dont *la Captive aux yeux clairs* (1952), *la Vie passionnée de Vincent Van Gogh* (1956), *l'Arrangement* (1969), *le Reptile* (1970).

Douglas-Home *(sir Alexander Frederick),* homme politique britannique (Londres 1903 - Coldstream, Berwickshire, 1995). Premier ministre (1963-64), président du Parti conservateur (1963-1965), il fut ministre des Affaires étrangères (1970-1974).

Douhet *(Giulio),* général italien (Caserte 1869 - Rome 1930). Commandant en 1912 le premier bataillon d'aviation italien, témoin, durant la Première Guerre mondiale, du blocage de la guerre de positions, il s'est efforcé de penser la guerre aérienne (*Il Dominio dell'aria,* 1921). Pour lui, les bombardements aériens deviennent le facteur décisif de la guerre, seule une masse aérienne attaquant par vagues successives est en mesure de produire cette décision ; enfin, pour que cette masse puisse agir, la maîtrise de l'air doit être réalisée dès le début de la guerre. Son œuvre a exercé une influence considérable et a servi de référence au développement de la stratégie nucléaire contemporaine.

Doukas, famille byzantine qui a fourni à l'Empire d'Orient plusieurs empereurs, dont **Constantin X** (1059-1067) et **Michel VII** (1071-1078).

Doumer *(Paul),* homme d'État français (Aurillac 1857 - Paris 1932). Gouverneur général de l'Indochine (1897-1902), plusieurs fois ministre des Finances, président du Sénat (1927) et président de la République (1931-32), il mourut assassiné.

Doumergue *(Gaston),* homme d'État français (Aigues-Vives, Gard, 1863 - *id.* 1937). Député puis sénateur radical-socialiste, il est président du Conseil (1913-14), du Sénat (1923) et président de la République (1924-1931). Rappelé au lendemain du 6 février 1934, il constitue un gouvernement d'« Union nationale » mais, critiqué pour ses projets de réformes constitutionnelles, il est contraint de démissionner le 8 nov. suivant.

Doura-Europos, place forte sur l'Euphrate (Syrie), fondée au IIIe s. av. J.-C. par les Séleucides. Elle fut détruite par Châhpuhr Ier (256 apr. J.-C.). ARCHÉOL. Vestiges des rues, maisons, temples, agora, etc. Des peintures murales ont été découvertes dans le sanctuaire de Mithra (v. 168), dans une synagogue et dans une maison, lieu de culte chrétien. (Musée archéologique de Damas.)

Douris, peintre de vases grec (fin du VIe s.- début du Ve s. av. J.-C.). Les coupes attiques portant son nom sont décorées, dans un style austère, de scènes mythologiques (*Éos et Memnon,* Louvre ; *Silènes,* Londres ; *Ama-*

zones, Bruxelles ; *Ajax et Ulysse,* Vienne) ou de palestres (Berlin).

Douro *(le),* en esp. Duero, fl. d'Espagne et du Portugal, né en Vieille-Castille, qui rejoint l'Atlantique près de Porto ; 34 000 km. Gorges. Aménagements hydrauliques.

Dour-Sharroukên → Khursabad.

Douvres, *en angl.* Dover, v. de Grande-Bretagne (Kent), sur le pas de Calais ; 34 000 hab. Port de voyageurs. — Vestiges romains. Forteresse, au puissant donjon, remontant au XIIᵉ siècle.

Douwes Dekker *(Eduard)* → Multatuli.

Douze Tables *(loi des),* première législation écrite des Romains (v. 451 av. J.-C.), inscrite sur douze tables de bronze.

Dovjenko *(Aleksandr Petrovitch),* cinéaste soviétique (Sosnitsa, Ukraine, 1894 - Moscou 1956). Sa terre natale lui a inspiré de vastes fresques lyriques, exaltant la fusion de l'homme et de la nature : *Arsenal* (1929), *la Terre* (1930) [→ Terre], *Aerograd* (1935), *le Poème de la mer* (1958).

Dowding *(sir Hugh),* maréchal de l'air britannique (Moffat, Écosse, 1882 - Tunbridge Wells 1970). Il commanda la chasse britannique de 1936 à la bataille d'Angleterre (1940).

Dowland *(John),* luthiste et compositeur anglais (Londres 1563 - id. 1626). Ses airs à une ou plusieurs voix, ses fantaisies pour luth ou ses pièces pour ensemble de violes figurent parmi les sommets de la musique élisabéthaine.

Downing Street, rue de Londres où se trouve, au nº 10, la résidence du Premier ministre.

Downs, lignes de coteaux calcaires du sud du bassin de Londres, entre la Tamise et la Manche, qui encadrent la dépression humide du Weald.

Doyle *(sir Arthur* Conan*),* écrivain britannique (Édimbourg 1859 - Crowborough, Sussex, 1930). Médecin, influencé par Edgar A. Poe et par Émile Gaboriau, il créa, en 1887, le personnage de Sherlock Holmes (*Une étude en rouge* ; *le Signe des quatre,* 1889 ; *les Aventures de Sherlock Holmes,* 1892 ; *le Chien des Baskerville,* 1902), dont les ingénieuses enquêtes lui valurent la célébrité.

Draa ou **Dra** *(oued),* fl. de l'Afrique du Nord-Ouest, né dans le Haut Atlas ; 1 000 km environ. Il est jalonné de nombreuses oasis.

Drachmann *(Holger),* écrivain danois (Copenhague 1846 - Hornbaek, Sjaelland, 1908), d'inspiration tour à tour sociale et romantique (*Pacte avec le Diable,* 1890).

Dracon, législateur d'Athènes (VIIᵉ s. av. J.-C.). Le code qu'il rédigea v. 621 av. J.-C. est resté célèbre par sa sévérité. Les lois draconiennes imposaient l'autorité de l'État en matière judiciaire et réduisaient la puissance et l'arbitraire des clans familiaux.

Dracula, personnage du roman homonyme de Bram Stoker (1897), inspiré d'un prince de Valachie du XVᵉ siècle. Archétype du vampire, il inspira de nombreux films, notamment *Nosferatu le vampire,* F. Murnau, 1922 ; *Dracula,* T. Browning, 1931 ; *Vampyr,* C. T. Dreyer, 1932 ; *le Cauchemar de Dracula,* T. Fisher, 1958.

Draguignan, ch.-l. d'arr. du Var ; 32 851 hab. *(Dracenois).* La ville fut le ch.-l. du Var de 1797 à 1974. École d'application d'artillerie depuis 1976. — Restes de fortifications. Musée.

Drais *(Karl Friedrich), baron de* Sauerbronn, ingénieur badois (Karlsruhe 1785 - id. 1851). Il inventa la draisienne (1816), ancêtre de la bicyclette.

Drake *(détroit de),* large bras de mer séparant la Terre de Feu de l'Antarctique et reliant l'Atlantique au Pacifique.

Drake *(Edwin Laurentine,* dit le Colonel*),* industriel américain (Greenville, État de New York, 1819 - Bethlehem, Pennsylvanie, 1880). Il réalisa la première exploitation industrielle de pétrole (1859), à Titusville (Pennsylvanie).

Drake *(sir Francis),* marin et corsaire anglais (près de Tavistock v. 1540 - au large de Portobelo 1596). Il lutta avec succès contre les Espagnols, détruisant leur flotte à Cadix (1587), et prit une part importante à la défaite de l'Invincible Armada (1588). Il a réalisé le premier voyage anglais de circumnavigation.

Drakensberg, principal massif de l'Afrique du Sud, au-dessus de l'océan Indien ; 3 482 m.

Dramaturgie de Hambourg *(la),* recueil d'articles de critique dramatique de G. E. Lessing (1769), qui condamne le théâtre classique français et recommande l'imitation de Shakespeare et des Grecs. Cette œuvre marque une étape décisive dans l'élaboration de l'esthétique du drame classique allemand.

Drancy, ch.-l. de c. de la Seine-Saint-Denis ; 60 928 hab. *(Drancéens).* Constructions mécaniques et électriques. — Camp de transit pour les détenus juifs de 1941 à 1944.

Draper *(Henry),* astronome américain (Prince Edward County, Virginie, 1837 - New York 1882). Il a été le premier à enregistrer sur une plaque photographique le spectre d'une étoile (celui de Véga, en 1872) et s'est consacré ensuite à développer cette technique. Son nom reste attaché au catalogue fondamental des spectres stellaires.

Drave *(la),* riv. née dans les Alpes italiennes, affl. du Danube (r. dr.) ; 700 km. Elle coule en Autriche et en Slovénie puis sépare la Croatie de la Hongrie.

Dravidiens, groupe de peuples de l'Inde et du Sri Lanka. Les Dravidiens furent repoussés dans les régions du sud de l'Inde par les envahisseurs aryens. Les régions dravidiennes correspondent approximativement, de nos jours, aux États du Tamil Nadu, du Kerala, du Karnataka et de l'Andhra Pradesh.

Drayton *(Michael),* poète anglais (Hartshill, Warwickshire, 1563 - Londres 1631). Auteur de poèmes lyriques et historiques, il a également écrit une géographie poétique de l'Angleterre (*Poly Olbion,* 1612-1622).

Drees *(Willem),* homme politique néerlandais (Amsterdam 1886 - La Haye 1988). Chef du Parti socialiste, il dirigea le gouvernement de 1948 à 1958.

Dreiser *(Theodore),* écrivain américain (Terre Haute, Indiana, 1871 - Hollywood 1945). Initiateur du naturalisme américain, il donne la vision cruelle de personnages broyés par l'ordre social (*Sœur Carrie,* 1900 ; *Jennie Gerhardt,* 1911 ; *Une tragédie américaine,* 1925).

Drenthe, prov. du nord-est des Pays-Bas ; 439 000 hab. Ch.-l. *Assen.*

Dresde, *en all.* Dresden, v. d'Allemagne, cap. de la Saxe, sur l'Elbe ; 501 417 hab. Centre industriel. **HIST.** La ville devint une métropole culturelle et artistique au XVIIIᵉ siècle grâce aux Électeurs de Saxe. Elle fut détruite en février 1945 par les bombardements aériens alliés (env. 35 000 morts d'après les travaux historiques récents). **ARTS.** Palais baroque du Zwinger (v. 1720, très restauré), œuvre de l'architecte Matthäus Daniel Pöppelmann, avec sculptures de B. Permoser ; divers musées y sont abrités, dont une prestigieuse Galerie de peinture des diverses écoles européennes. Vaste église de la Cour (v. 1740-1755) et autres monuments. Galerie de peinture allemande des XIXᵉ et XXᵉ siècles.

Dreux, ch.-l. d'arr. d'Eure-et-Loir ; 35 866 hab. *(Drouais).* Constructions électriques et mécaniques. Chimie. — Église des XIIIᵉ-XVIᵉ siècles, beffroi du XVIᵉ et chapelle royale St-Louis (1816).

Dreyer *(Carl Theodor),* cinéaste danois (Copenhague 1889 - *id.* 1968). Il est d'abord

journaliste, puis scénariste, et débute dans la mise en scène avec *le Président* (1920), puis réalise *la Quatrième Alliance de dame Marguerite* (1920), *Pages arrachées au livre de Satan* (1921), *Mikaël* (1924) et *le Maître du logis* (1925). Invité à venir travailler en France, Dreyer va y réaliser l'une des œuvres majeures du cinéma muet, *la Passion de Jeanne d'Arc* (1928) : surmontant les contraintes du muet, il bâtit dans ce film un langage fondé sur une succession obsédante de gros plans de Jeanne et de ses juges. Un autre film tourné en France, *Vampyr* (1932), est un échec commercial. Interrompue, la carrière de Carl Dreyer reprend en 1943 avec *Dies Irae (Jour de colère), Ordet* (1955) et *Gertrud* (1964). Son œuvre allie la profondeur de la démarche spirituelle et l'élégance formelle d'un style rigoureux, dépouillé, proche parfois de l'expressionnisme.

Dreyer *(Johan),* astronome danois (Copenhague 1852 - Oxford 1926). En 1888, il publia le *New General Catalogue of Nebulae and Clusters of Stars* (souvent désigné sous les initiales NGC), qui donne la position de plusieurs milliers de nébuleuses, amas stellaires et galaxies.

Dreyfus *(Alfred),* officier français (Mulhouse 1859 - Paris 1935). Victime des préjugés sociaux et raciaux de ses collègues, il fut au centre de l'affaire Dreyfus.

Dreyfus *(affaire),* scandale judiciaire et politique qui divisa l'opinion française de 1894 à 1906 et préluda à la formation du Bloc des gauches et de l'Action française. En 1894, Alfred Dreyfus, officier français de confession israélite, est condamné (à tort) pour espionnage au profit de l'Allemagne. La campagne de révision du procès (1897-1899), au cours de laquelle É. Zola publie un violent réquisitoire contre l'état-major (*J'accuse*) [1898], oppose les *dreyfusards,* antimilitaristes groupés autour de la Ligue des droits de l'homme, et les *antidreyfusards,* antisémites ou ultranationalistes, que rassemblent la Ligue de la patrie française puis le comité de l'Action française. Dreyfus est gracié en 1899 et réhabilité en 1906. Réintégré dans l'armée, il termine sa carrière avec le grade de lieutenant-colonel pendant la Première Guerre mondiale.

Drieu la Rochelle *(Pierre),* écrivain français (Paris 1893 - *id.* 1945). Hanté depuis l'enfance par le suicide (*le Feu follet,* 1931), blessé à la guerre (*Comédie de Charleroi,* 1934), déçu par les femmes (*Gilles,* 1939), hostile au machinisme et au matérialisme américain, mais subjugué par le nazisme, il dirigea, sous

l'Occupation, *la Nouvelle Revue française.*
Réfugié en Suisse, il se suicida en rentrant
à Paris. Il est aussi l'auteur d'un *Journal,*
1944-45.

Drogheda, *en irland.* Droichead Átha, v.
d'Irlande, près de Dublin ; 23 845 hab. —
Cromwell fit massacrer ses habitants, partisans de la monarchie (1649).

droits *(Déclaration des)* [Bill of Rights] (févr.
1689), texte constitutionnel élaboré par le
Parlement anglais. Cette déclaration pro-
nonçait l'abdication de Jacques II et rappe-
lait les libertés et les droits fondamentaux
du royaume.

droits de l'homme *(Déclaration universelle
des),* texte adopté le 10 décembre 1948 par
l'Assemblée générale des Nations unies et
proclamant les droits civils, politiques, économiques, sociaux et culturels de l'humanité.

droits de l'homme *(Ligue des),* association
française ayant pour but de défendre les
principes de liberté, d'égalité et de justice
énoncés dans les Déclarations des droits de
l'homme de 1789, de 1793 et dans la Déclaration universelle de 1948. La Ligue fut fondée en février 1898, à l'occasion de l'affaire
Dreyfus, sur l'initiative du sénateur Ludovic
Trarieux.

**droits de l'homme et des libertés fon-
damentales** *(Convention européenne de sauvegarde des),* convention établie par le Conseil
de l'Europe (Rome, 4 nov. 1950), entrée en
vigueur en 1953 et ratifiée par la France en
1974, qui a pour but d'organiser une garantie juridictionnelle des libertés individuelles.

droits de l'homme et du citoyen *(Déclaration des)* [1789], déclaration dont le texte
fut voté le 26 août 1789 par l'Assemblée
nationale constituante et qui sert de préface
à la Constitution de 1791. Fruit de vifs et
durs débats entre des députés clercs, nobles
et bourgeois, le texte de la Déclaration
est un compromis entre une trentaine de
projets, dont ceux de Sieyès, Mounier,
La Fayette et Mirabeau. Coiffée d'un pré-
ambule, la Déclaration énumère, en ses 17 articles, les droits de l'homme et ceux de la
nation : égalité politique et sociale de tous
les citoyens ; respect de la propriété ; souveraineté de la nation ; obligation imposée à
chaque homme d'obéir à la loi, expression
de la volonté générale ; respect des opinions
et des croyances ; liberté de la parole et de
la presse ; répartition équitable des impôts.
Acte de décès de l'Ancien Régime en ce
qu'elle condamne les privilèges et l'arbitraire, la Déclaration constitue la base de la
société bourgeoise et libérale, aboutissement du mouvement des Lumières et du
combat des philosophes du XVIIIᵉ siècle.

Drôme [26], dép. de la Région Rhône-Alpes ; ch.-l. de dép. *Valence ;* ch.-l. d'arr. *Die,
Nyons ;* 3 arr., 36 cant., 371 comm. ;
6 530 km² ; 414 072 hab. *(Drômois).* Il est
rattaché à l'académie et à la cour d'appel de
Grenoble, à la région militaire Méditerranée.

Droste-Hülshoff *(Annette, baronne* von*),*
femme de lettres allemande (Hülshoff, près
de Münster, 1797 - château de Meersburg
1848). Elle est l'auteur de poésies d'inspiration religieuse (*l'Année liturgique,* 1851) et de
poèmes épiques (*le Testament du docteur,*
1832-1834).

Drouet *(Jean-Baptiste),* homme politique
français (Sainte-Menehould 1763 - Mâcon
1824). Fils du maître de poste de Sainte-
Menehould, il reconnut Louis XVI lors de sa
fuite et le fit arrêter à Varennes (1791). Il fut
membre de la Convention (1792).

Drouet *(Jean-Baptiste), comte* d'Erlon, maréchal de France (Reims 1765 - Paris 1844). Il
participa à toutes les campagnes de la Révolution et de l'Empire, se distingua à Waterloo (1815) et fut gouverneur de l'Algérie en
1834-35.

Drouet *(Julienne* Gauvain, dite Juliette*),*
actrice française (Fougères 1806 - Paris 1883).
Elle fut la compagne de Victor Hugo à partir
de 1833.

Drouot *(Antoine, comte),* général français
(Nancy 1774 - *id.* 1847). Il se distingua à
Wagram et à la Moskova (1812). Surnommé « le Sage de la Grande Armée », il
accompagna Napoléon à l'île d'Elbe.

Drouot *(hôtel),* hôtel des commissaires-
priseurs de Paris, rue Drouot (IXᵉ arr.), où
se tiennent la plupart des ventes mobilières
aux enchères.

Drumev *(Vasil),* prélat et écrivain bulgare,
métropolite de Tărnovo sous le nom de Clément (Šumen v. 1838 - Tărnovo 1901).
Auteur d'un drame historique (*Ivanko,*
1872), il joua un rôle important dans le
parti russophile.

Drummond de Andrade *(Carlos),* écrivain
brésilien (Itabira, Minas Gerais, 1902 - Rio
de Janeiro 1987). Chroniqueur et poète, il
fut un des chefs de file des lettres brésiliennes (*Sentimento do mundo,* 1940).

Drumont *(Édouard),* homme politique et
journaliste français (Paris 1844 - *id.* 1917).
Antisémite, auteur de *la France juive,* essai
d'histoire contemporaine (1886), il fonda *la*

Libre Parole (1892-1910), journal nationaliste antidreyfusard.

Druon *(Maurice),* écrivain français (Paris 1918). Il composa, avec son oncle Joseph Kessel, les paroles du *Chant des partisans* (1943). Peintre de la société française de l'entre-deux-guerres (*les Grandes Familles,* 1948), auteur de romans historiques (*les Rois maudits,* 1955-1977) et de pièces de théâtre, il a été ministre des Affaires culturelles (1973-74).

Druze *(djebel),* massif volcanique du sud de la Syrie au S.-E. de Damas, aux confins de la Jordanie ; 1 801 m.

Druzes ou **Druses,** population du Proche-Orient (Liban, Syrie, Israël), qui pratique depuis le XIe siècle une religion initiatique issue du chiisme ismaélien des Fatimides. Les Druzes jouèrent un grand rôle politique dans le Liban du XVIIe au XIXe siècle puis furent supplantés par les maronites.

Dryden *(John),* écrivain anglais (Aldwinkle, Northamptonshire, 1631 - Londres 1700). Principal représentant de l'esprit classique, il est l'auteur de tragi-comédies (*la Reine vierge,* 1666) et de tragédies héroïques (*Aureng-Zebe,* 1675), de satires politiques (*Absalon et Achitophel,* 1681-82), de *Fables* et de poèmes.

D. S. T. (**Direction de la surveillance du territoire**), service de la Police nationale qui a pour mission de rechercher et de prévenir sur le territoire français les activités menées par des puissances étrangères et de nature à menacer la sécurité du pays.

Duarte *(José Napoléon),* homme d'État salvadorien (San Salvador 1925 - *id.* 1990). Démocrate-chrétien, il a été président de la République de 1980 à 1982 et de 1984 à 1989.

Dubail *(Augustin),* général français (Belfort 1851 - Paris 1934). Commandant le groupe des armées de l'Est (1914-1916), il fut gouverneur militaire de Paris (1916), puis grand chancelier de la Légion d'honneur (1918-1934).

Du Barry → **Barry (du).**

Dubayy, l'un des Émirats arabes unis, sur le golfe Persique ; 3 900 km^2 ; 419 000 hab. Cap. *Dubayy* (266 000 hab.). Le pétrole est la principale ressource de l'émirat, toutefois partiellement industrialisé (chimie, métallurgie).

Dubček *(Alexander),* homme politique tchécoslovaque (Uhrovec, Slovaquie, 1921 - Prague 1992). Premier secrétaire du Parti communiste tchécoslovaque (janv. 1968), il prit

la tête du mouvement de libéralisation du régime, appelé le « printemps de Prague », qui fut brisé par l'intervention militaire soviétique (août). Destitué en 1969, il présida, après les changements intervenus en 1989, l'Assemblée fédérale jusqu'en 1992.

Dubillard *(Roland),* auteur dramatique français (Paris 1923). Son théâtre (*Naïves Hirondelles,* 1961) et ses nouvelles (*Olga ma vache,* 1974), qui mêlent le burlesque à l'absurde, composent une méditation insolite sur la condition humaine.

Dublin, *en gaél.* Baile Átha Cliath (« la ville du gué aux claies »), cap. de la République d'Irlande, sur la mer d'Irlande ; 477 675 hab. **GÉOGR.** Sur la côte est de l'île, c'est la principale ville, la métropole commerciale (port de marchandises et de pêche), culturelle (université), religieuse et surtout industrielle (agroalimentaire [brasserie notamment], confection, mécanique) de l'Irlande. Elle rassemble dans son agglomération (près de 1 million d'hab.) plus du quart de la population totale du pays. **ARTS.** Ancien château reconstruit aux XVIIIe-XIXe siècles. Riches musées : archéologie celtique ; manuscrits enluminés irlandais des VIIe-VIIIe siècles ; peintures des écoles européennes ; etc.

Dubois *(Guillaume),* cardinal et homme politique français (Brive-la-Gaillarde 1656 - Versailles 1723). Secrétaire d'État aux Affaires étrangères du Régent (1718), archevêque de Cambrai (1720), Premier ministre (1722), il conclut avec l'Angleterre une alliance dirigée contre l'Espagne et combattit les jansénistes. (Acad. fr. 1722.)

Du Bois *(William Edward* Burghardt*),* écrivain noir américain (Great Barrington, Massachusetts, 1869 - Accra, Ghana, 1963). Il prit la défense des Noirs aux États-Unis et fut l'un des fondateurs du panafricanisme.

Dubois de Crancé ou **Dubois-Crancé** *(Edmond Louis Alexis),* général et homme politique français (Charleville 1747 - Rethel 1814). Il réforma le régime militaire français en appliquant le principe de l'amalgame (un bataillon de soldats confirmés et deux bataillons de volontaires formant une demi-brigade).

Du Bois-Reymond *(Emil),* physiologiste allemand (Berlin 1818 - *id.* 1896), précurseur de l'électrophysiologie.

Du Bos *(Charles),* écrivain français (Paris 1882 - La Celle-Saint-Cloud 1939). Ses essais critiques (*Approximations,* 1922-1937) et son *Journal* (1946-1962) affirment la primauté des valeurs spirituelles et morales dans la genèse de l'œuvre littéraire.

Dubos ou **Du Bos** *(Jean-Baptiste, abbé)*, historien, critique et diplomate français (Beauvais 1670 - Paris 1742). Il est l'auteur de *Réflexions critiques sur la poésie et la peinture* (1719), qui mettent en cause le dogmatisme des partisans de l'Antiquité, et d'une *Histoire critique de l'établissement de la monarchie française dans les Gaules* (1734). [Acad. fr. 1720.]

Dubos *(René Jules)*, biochimiste et bactériologiste américain d'origine française (Chaumont-en-Vexin 1901 - New York 1982), auteur de travaux sur les antibiotiques et sur l'écologie. Il s'est particulièrement intéressé à l'influence des facteurs de l'environnement au cours de la période prénatale et de celle qui suit la naissance.

Dubout *(Albert)*, dessinateur humoriste français (Marseille 1905 - Saint-Aunès, Hérault, 1976). Ses scènes à nombreux personnages ont un caractère minutieusement burlesque. Il a illustré notamment Rabelais et Villon.

Dubreuil *(Hyacinthe)*, économiste et sociologue français (Bérou-la-Mulotière, Eure-et-Loir, 1883 - Paris 1971). Il étudia particulièrement les problèmes de l'homme au travail.

Dubrovnik, *anc.* Raguse, port de Croatie, sur la côte dalmate ; 31 000 hab. **HIST.** Fondée au VIIᵉ siècle, la ville passa sous la suzeraineté de Venise (1205-1358), puis de la Hongrie (1358-1526) et enfin sous celle des Ottomans. Elle accrut son autonomie, devenant aux XVᵉ-XVIᵉ siècles une véritable « république », et connut une intense activité commerciale et culturelle. De 1815 à 1918, Raguse appartint à l'Autriche. **ARTS.** Nombreux monuments, de l'époque préromane au baroque. Musées.

Dubuffet *(Jean)*, peintre, sculpteur et écrivain français (Le Havre 1901 - Paris 1985). Théoricien de l'*art brut*, il s'est inspiré des graffiti et du dessin d'enfants (séries « Métro », 1943, « Portraits », 1947 et suiv.), a réalisé des textures matiéristes à l'aide de graviers, de mastic, de goudron (série « Mirobolus, Macadam et Cⁱᵉ », 1944) avant d'en venir à la veine plus froide du cycle de l'« Hourloupe » (1962-1974 : peintures ; sculptures en matière plastique peinte ; petites architectures). Le retour à un maximum de verve et de liberté plastique caractérise les séries ultimes, tels les « Théâtres de mémoire » (1975-1979), les « Psycho-sites » (1981-82), les « Mires » et les « Non-lieux » (1983-84).

Duby *(Georges)*, historien français (Paris 1919). Professeur au Collège de France (1970), il est l'auteur d'ouvrages fondamentaux sur le Moyen Âge (l'*Économie rurale et la vie des campagnes dans l'Occident médiéval, IXᵉ-XVᵉ s.*, 1962 ; le *Temps des cathédrales 980-1420*, 1976 ; les *Trois Ordres, ou l'Imaginaire du féodalisme*, 1978 ; le *Chevalier, la Femme et le Prêtre*, 1981). [Acad. fr. 1987.]

Du Camp *(Maxime)*, écrivain français (Paris 1822 - Baden-Baden 1894). Ami de Flaubert, avec qui il voyagea en Orient, il fut un témoin engagé de son temps (*les Convulsions de Paris*, 1878-79 ; *Souvenirs littéraires*, 1882-83) et l'un des premiers grands reporters photographes. [Acad. fr. 1880.)

Du Cange *(Charles du Fresne, seigneur)* → **Cange (du)**.

Du Caurroy *(Eustache)*, compositeur français (Gerberoy, près de Beauvais, 1549 - Paris 1609), sous-maître de la Chapelle du roi, auteur d'œuvres polyphoniques, de chansons et de psaumes, de fantaisies instrumentales.

Duccio di Buoninsegna, peintre italien (Sienne v. 1260 - *id.* 1318/1319). Son chef-d'œuvre est le grand retable de la Vierge (*Maestà*) de la cathédrale de Sienne (1308-1311), où il s'affranchit de la tradition byzantine au profit d'une élégance et d'un naturalisme d'esprit gothique. L'artiste a profondément influencé l'école siennoise.

Du Cerceau *(Jacques Iᵉʳ Androuet)*, architecte, théoricien et graveur français (Paris ? v. 1510 - Annecy v. 1585). Représentant d'une seconde Renaissance encore pleine de fantaisie, baroquisante, il eut une grande influence par ses publications gravées (dont *les Plus Excellents Bâtiments de France*, 1576-1579), par son œuvre bâti (château neuf de Verneuil-en-Halatte, auj. détruit) ainsi qu'au travers des réalisations de ses descendants architectes, parmi lesquels son petit-neveu S. de Brosse.

Duchamp *(Marcel)*, peintre français (Blainville, Seine-Maritime, 1887 - Neuilly-sur-Seine 1968). De tendance fauve puis cubiste, il se rapproche du futurisme (*Nu descendant un escalier nº 2*, 1912, musée de Philadelphie), mais très vite s'écarte de la peinture et de l'« art rétinien » en signant, dès 1913, ses premiers ready-mades, objets banals promus dérisoirement œuvres d'art (urinoir intitulé *Fontaine*, 1917), éventuellement « aidés » ou « rectifiés » (*la Joconde L. H. O. O. Q.*, 1919). Cette activité, new-yorkaise à partir de 1915, se situe aux sources de dada et atteint son apogée avec *la Mariée mise à nu par ses célibataires, même* (1915-1923, Philadelphie), œuvre sur verre aussi complexe dans ses jeux symboliques que dans sa structure plastique. D'aspect expérimental, ses travaux (œuvres optiques ; installation *Étant donnés : 1° la chute d'eau, 2° le gaz d'éclairage,* secrètement élaborée de 1946 à 1966) se raréfient pour laisser place à un mode de vie distancié, quasi légendaire, ponctué par la pratique du jeu d'échecs. Sa démarche, profondément « anti-art », a eu une influence considérable depuis dada et le surréalisme jusqu'aux avant-gardes de notre temps.

Duchamp-Villon *(Raymond* Duchamp, dit*),* sculpteur français (Damville, Eure, 1876 - Cannes 1918), frère du précédent et de J. Villon. Les principes du cubisme et du futurisme ont concouru à l'élaboration de son célèbre *Cheval* (1914), qui évoque une synthèse de l'animal et de la machine.

Ducharme *(Réjean),* écrivain canadien d'expression française (Saint-Félix-de-Valois, Québec, 1941). Ses romans, dont les ruptures de style cherchent à rendre compte de la diversité du réel, mettent en scène des adolescents d'une étonnante précocité, inadaptés à la vie moderne (*l'Avalée des avalés,* 1966 ; *l'Hiver de force,* 1973). Il est aussi l'auteur de pièces de théâtre, de scénarios et de chansons.

Duchâtel ou **Du Chastel** *(Tanneguy),* homme de guerre breton (Trémazan v. 1368 - Beaucaire 1458), un des chefs des Armagnacs, instigateur du meurtre de Jean sans Peur.

Duchés *(guerre des)* [1864], conflit qui opposa le Danemark, la Prusse et l'Autriche pour la possession des duchés de Slesvig, de Holstein et de Lauenburg. Vaincu en 1864 par la Prusse et l'Autriche, le Danemark dut céder à ces puissances l'administration des duchés (1865).

Duchesne ou **Duchêne** *(le Père),* journal publié par Hébert de 1790 à 1794, principal organe de la presse révolutionnaire, qui se caractérisait par la violence du ton et des idées.

Duchesne *(Ernest),* médecin militaire français (Paris 1874 - Amélie-les-Bains 1912). Le premier, il découvrit l'activité antibactérienne des moisissures (1897) et leurs possibilités thérapeutiques. Il fut donc un précurseur de l'antibiothérapie, mais ses travaux tombèrent dans l'oubli.

Duclaux *(Émile),* biochimiste français (Aurillac 1840 - Paris 1904). Successeur de Pasteur, il étudia les fermentations et les maladies microbiennes.

Duclos *(Jacques),* homme politique français (Louey, Hautes-Pyrénées, 1896 - Montreuil 1975). Il fut, de 1926 à sa mort, l'un des principaux dirigeants du Parti communiste français.

Ducommun *(Élie),* journaliste suisse (Genève 1833 - Berne 1906). Il milita en faveur de la paix internationale et de la création des États-Unis d'Europe. (Prix Nobel de la paix 1902.)

Ducos du Hauron *(Louis),* physicien français (Langon 1837 - Agen 1920). Il est l'inventeur du procédé trichrome pour la photographie en couleurs.

Ducray-Duminil *(François Guillaume),* écrivain français (Paris 1761 - Ville-d'Avray 1819). Il écrivit des romans populaires qui fournirent la matière de nombreux mélodrames (*Cœlina ou l'Enfant du mystère,* 1798).

Ducretet *(Eugène),* industriel et inventeur français (Paris 1844 - *id.* 1915). Grâce à ses relations avec Branly et sa collaboration avec le Russe Popov, il conçut et réalisa le premier dispositif de télégraphie sans fil d'emploi pratique (1897).

Dudley, v. de Grande-Bretagne, près de Birmingham ; 187 000 hab.

Dudley *(John), comte* de Warwick, *duc* de Northumberland, homme d'État anglais (1502 ? - Londres 1553). Grand maréchal d'Angleterre, il prit un fort ascendant sur Édouard VI, orientant l'Église anglaise vers le protestantisme. Beau-père de Jeanne Grey (1553), il fut exécuté à l'avènement de Marie Tudor. Son fils **Robert,** 1er *comte* de **Leicester** (v. 1532 - Cornbury 1588), fut le favori de la reine Élisabeth Ire.

Du Fay *(Charles François* de Cisternay*),* physicien français (Paris 1698 - *id.* 1739). Il reconnut l'existence de deux types d'électricité.

Dufay *(Guillaume),* compositeur de l'école franco-flamande (v. 1400 - Cambrai 1474). Son œuvre vocale religieuse et profane le situe au sommet du mouvement polyphonique de son époque. On lui doit des messes, des motets, des chansons.

Dufour *(Guillaume Henri),* général suisse (Constance 1787 - Les Contamines 1875). Il maîtrisa la révolte des cantons catholiques du Sonderbund (1847).

Dufourt *(Hugues),* compositeur français (Lyon 1943). Théoricien et chercheur en musique contemporaine, il concilie les lutheries traditionnelle et électronique (*Saturne,* 1979) et poursuit une réflexion sur le temps en musique (*Antiphysis,* 1978 ; *le Philosophe selon Rembrandt,* 1992).

Du Fu ou **Tou Fou,** poète chinois (Duling, Shaanxi, 712 - Leiyang, Hunan, 770). Ami de Li Bo, surnommé « le Sage de la poésie », il a tiré de son expérience de la guerre civile et de sa misère personnelle la matière de ses poèmes *(Lamentations sur le fleuve)*.

Dufy *(Raoul)*, peintre et décorateur français (Le Havre 1877 - Forcalquier 1953). Coloriste d'abord apparenté au fauvisme, puis évoluant vers une vivante suavité, il n'est pas moins remarquable par le charme elliptique de son dessin. Son œuvre célèbre les loisirs, la joie *(Fête nautique au Havre,* 1925, *Courses à Epsom,* v. 1935, les deux toiles au M. A. M. de la Ville de Paris ; *le Beau Dimanche,* 1943, *le Violon rouge,* 1948, collections privées).

Dugas *(Marcel)*, écrivain canadien d'expression française (Saint-Jacques-l'Achigan, Québec, 1883 - Montréal 1947). Poète symboliste à ses débuts, il évolua vers le surréalisme *(Feux de Bengale à Verlaine glorieux,* 1915).

Dugommier *(Jacques François Coquille, dit)*, général français (La Basse-Terre, Guadeloupe, 1736 ou 1738 - fort de Bellegarde, Pyrénées-Orientales, 1794). Député extraordinaire de la Martinique à la Convention, il commanda l'armée assiégeant Toulon (1793).

Duguay-Trouin *(René)*, corsaire français (Saint-Malo 1673 - Paris 1736). Il s'illustra pendant les guerres de Louis XIV, notamment contre la flotte portugaise, s'empara de Rio de Janeiro (1711), devint chef d'escadre (1715) et lieutenant général (1728).

Du Guesclin *(Bertrand)* → **Guesclin** (du).

Duguit *(Léon)*, juriste français (Libourne 1859 - Bordeaux 1928), auteur, notamment, d'un *Traité de droit constitutionnel* (1911). Son œuvre a marqué la pensée juridique du XXᵉ siècle.

Duhamel *(Georges)*, écrivain français (Paris 1884 - Valmondois, Val-d'Oise, 1966). Membre du groupe de l'Abbaye, il est l'auteur des deux cycles romanesques : *Vie et aventures de Salavin* (1920-1932) ; *Chronique des Pasquier* (1933-1945). [Acad. fr. 1935.]

Duhem *(Pierre)*, physicien et philosophe français (Paris 1861 - Cabrespine, Aude, 1916). Historien des sciences, Duhem affirme, dans la *Théorie physique, son objet et sa structure* (1906), que la théorie physique n'a pas pour objet de dévoiler la nature profonde du monde mais de coordonner les éléments de la connaissance sur le plan de la relativité, dans lequel nous nous situons. Il a jeté les bases d'une histoire des doctrines cosmologiques.

Dühring *(Karl Eugen)*, philosophe et économiste allemand (Berlin 1833 - Nowawes, auj. Babelsberg, rattaché à Potsdam, 1921). Il est l'auteur d'une théorie matérialiste simpliste à laquelle Engels s'est attaqué.

Duisburg, v. d'Allemagne (Rhénanie-du-Nord-Westphalie) ; 532 152 hab. Métropole de la Ruhr occidentale, Duisburg, au confluent de la rivière Ruhr et du Rhin, est l'un des premiers ports fluviaux du monde, recevant minerais, hydrocarbures et céréales, un grand centre industriel (métallurgie, chimie, mécanique, textiles, alimentation) et un centre culturel (université, musée de sculpture moderne Wilhelm-Lehmbruck).

Dujardin *(Félix)*, naturaliste français (Tours 1801 - Rennes 1860). Il a décrit le cytoplasme cellulaire.

Dukas *(Paul)*, compositeur français (Paris 1865 - *id.* 1935). Il est l'un des principaux représentants de l'école française. Son scherzo symphonique *l'Apprenti sorcier* (1897) [→ **Apprenti**] lui valut une large audience. Il laisse aussi une *Symphonie,* le conte lyrique *Ariane et Barbe-Bleue* (1907) et un somptueux poème dansé, *la Péri,* précédé d'une célèbre *Fanfare* (1912). Professeur de composition au Conservatoire, il fut aussi un critique musical écouté.

Dukou, v. de Chine, dans le S.-O. du Sichuan ; 330 000 hab.

Dulcinée, personnage du *Don Quichotte* de Cervantes, paysanne dont le héros fait la « dame de ses pensées ».

Dulles *(John Foster)*, homme politique américain (Washington 1888 - *id.* 1959). Secrétaire d'État aux Affaires étrangères (1953-1959), il développa à l'époque de la guerre froide un système d'alliances destiné à lutter contre l'expansion du communisme.

Dullin *(Charles)*, acteur et directeur de théâtre français (Yenne, Savoie, 1885 - Paris 1949). Fondateur du théâtre de l'Atelier, il a renouvelé l'interprétation des répertoires classique et moderne. Il fut membre du Cartel.

Dulong *(Pierre Louis)*, chimiste et physicien français (Rouen 1785 - Paris 1838). Il a énoncé, avec A. T. Petit, la loi relative aux chaleurs spécifiques des solides. Il fut aussi l'auteur de travaux sur les dilatations et les indices de réfraction des gaz.

Duluth, v. des États-Unis (Minnesota), sur le lac Supérieur ; 85 493 hab. Port actif (fer). Métallurgie.

Dumarsais *(César Chesneau)*, grammairien français (Marseille 1676 - Paris 1756). Il est l'auteur d'un *Traité des tropes* (1730) et de nombreux articles de l'*Encyclopédie* portant sur la grammaire.

Dumas (*Alexandre* Davy de La Pailleterie, dit*)*, général français (Jérémie, Saint-Domingue, 1762 - Villers-Cotterêts 1806). Il s'illustra à l'armée des Pyrénées, puis en Italie et en Égypte, où il commanda la cavalerie de Bonaparte.

Dumas (*Alexandre*), écrivain français (Villers-Cotterêts 1802 - Puys, près de Dieppe, 1870),fils du précédent. Aidé par maints collaborateurs, principalement par Auguste Maquet, il fut le plus fertile (il a laissé près de 300 ouvrages) et le plus populaire des écrivains de son temps. En 1829, il fit triompher le premier drame romantique, *Henri III et sa cour,* suivi par *Antony* (1831). Parmi ses autres succès au théâtre, il faut citer *la Tour de Nesle* (1832) et *Kean* (1836). Non moins célèbres sont ses romans : *les Trois Mousquetaires* (1844) [→ **Trois Mousquetaires**], continués par *Vingt Ans après* (1845) et le *Vicomte de Bragelonne* (1850) ; *le Comte de Monte-Cristo* (1846) ; *la Reine Margot* (1845), continuée par la *Dame de Montsoreau* (1846) et *les Quarante-Cinq* (1848) ; *Mémoires d'un médecin* [*Joseph Balsamo*] et le *Chevalier de Maison-Rouge* (1846), *le Collier de la reine* (1850), *Ange Pitou* (1852), *la Comtesse de Charny* (1855), qui parurent en feuilleton dans la presse. Il faut ajouter ses *Impressions de voyages* (1834 et suiv.) et ses *Mémoires* (1852-1854), qui débordent de verve et de vie. Ayant dilapidé ses gains fabuleux, Dumas mourut ruiné.

Dumas (*Alexandre*), dit Dumas fils, écrivain français (Paris 1824 - Marly-le-Roi 1895),fils naturel du précédent. Son roman *la Dame aux camélias* (1848) [→ **Dame**], qu'il porta à la scène en 1852, eut un grand succès. Ses pièces sont des réquisitoires contre les préjugés et des plaidoyers en faveur de la femme et de l'enfant : *le Demi-Monde* (1855), *la Question d'argent* (1857), *le Fils naturel* (1858). [Acad. fr. 1874.]

Dumas (*Jean-Baptiste*), chimiste et homme politique français (Alès 1800 - Cannes 1884). On lui doit la première méthode de mesure des densités de vapeur, la détermination de la masse atomique d'un grand nombre d'éléments, l'utilisation systématique des équations chimiques et la découverte de la notion de fonction chimique. Élu à l'Assemblée législative en 1849, il fut ministre de Louis Napoléon Bonaparte (1850) puis, après le coup d'État du 2 décembre 1851, fut nommé sénateur de l'Empire. Membre du conseil municipal de Paris, il en devint président en 1859. (Acad. fr. 1875.)

Du Maurier (*Daphné*), romancière britannique (Londres 1907 - Par, Cornouailles, 1989). Elle est l'auteur de romans populaires (*Rebecca*, 1938), souvent adaptés à l'écran (*les Oiseaux,* 1962).

Dumbarton Oaks (*plan de*), projet élaboré en 1944 à Dumbarton Oaks, près de Washington, par des délégués américains, britanniques, chinois et soviétiques, et qui servit de base à la Charte des Nations unies.

Dumézil (*Georges*), historien français (Paris 1898 - *id.* 1986), spécialiste de l'étude comparée des mythologies et de l'organisation sociale des peuples indo-européens (*l'Idéologie tripartie des Indo-Européens,* 1958 ; *Mythe et épopée,* 1968-1973). [Acad. fr. 1978.]

Du Mont (*Henry* de Thier, dit*)*, compositeur et organiste wallon (Villers-l'Évêque, près de Liège, 1610 - Paris 1684). Maître de musique de la Chapelle royale, il fut l'un des créateurs du grand motet concertant.

Dumont (*Louis*), anthropologue français (Thessalonique 1911). Il a étudié sur le terrain le système des castes de l'Inde (*Homo hierarchicus,* 1966). Il a également écrit *Essais sur l'individualisme* (1983).

Dumont (*René*), agronome français (Cambrai 1904). Spécialiste du tiers-monde et des problèmes du développement, il a notamment écrit *l'Afrique noire est mal partie* (1962), *Agronome de la faim* (1974), *Démocratie pour l'Afrique* (1991). En 1974, il a été le candidat du courant écologiste aux élections présidentielles.

Dumont d'Urville (*Jules*), marin français (Condé-sur-Noireau 1790 - Meudon 1842). Après avoir exploré, à bord de l'*Astrolabe,* les côtes de Nouvelle-Zélande et de Nouvelle-Guinée, il retrouva en Mélanésie les restes de l'expédition de La Pérouse (1828), découvrit dans l'Antarctique la terre Adélie (1840).

Dumoulin (*Charles*), jurisconsulte français (Paris 1500 - *id.* 1566), l'un des plus grands juristes de droit coutumier, dont l'œuvre a préparé l'unification du droit.

Dumouriez (*Charles François* du Périer, dit*)*, général français (Cambrai 1739 - Turville-Park, Angleterre, 1823). Ministre girondin des Relations extérieures en 1792, puis commandant de l'armée du Nord après le 10 août, il fut vainqueur des Prussiens à Valmy (sept.) puis des Autrichiens à Jemmapes (nov.) et conquit la Belgique. Battu à Neerwinden (1793) et rappelé à Paris, il passa dans les rangs autrichiens.

Dunant *(Henri),* philanthrope suisse (Genève 1828 - Heiden 1910). Principal fondateur de la Croix-Rouge, il fit adopter la Convention de Genève (1864), dans laquelle le rôle de l'organisation fut officiellement reconnu. (Prix Nobel de la paix 1901.)

Dunaújváros, v. de Hongrie, sur le Danube, au sud de Budapest ; 59 028 hab. Sidérurgie.

Dunbar *(William),* poète écossais (Salton v. 1460 - v. 1530). Il est l'auteur de poèmes satiriques et allégoriques (*le Chardon et la Rose,* 1503).

Duncan Ier (m. près d'Elgin en 1040), roi d'Écosse (1034-1040). Il fut assassiné par Macbeth.

Duncan *(Isadora),* danseuse américaine (San Francisco 1878 - Nice 1927). Rejetant les contraintes de la danse académique, elle fut la première à danser pieds nus, vêtue d'une simple tunique à l'antique et à évoluer sur des musiques qui n'avaient pas été composées pour la danse (Chopin, Gluck, Schubert). Elle se produisit dans toute l'Europe jusqu'en Russie puis aux États-Unis et fonda plusieurs écoles. En prônant une « danse libre », elle a ouvert la voie à la modern dance américaine.

Dundee, port de Grande-Bretagne (Écosse), sur l'estuaire du Tay ; 175 000 hab.

Dunedin, port de Nouvelle-Zélande (île du Sud) ; 113 000 hab. Université.

Dunes *(bataille des)* [14 juin 1658], victoire de Turenne sur Condé et les Espagnols, près de Dunkerque.

Dungeness *(cap),* pointe du sud-est de l'Angleterre (Kent), sur le pas de Calais. Centrale nucléaire.

Dunhuang, v. de Chine et site archéologique (Gansu), au point de départ et d'aboutissement des deux routes de la soie. Ses grottes ornées (v^e-xe s.) sont un des sommets de l'art bouddhique. Fresques, sculptures et bannières combinent et assimilent des influences de l'Inde, de l'Asie centrale et de la Chine en un style complexe et original.

Dunkerque, ch.-l. d'arr. du Nord ; 71 071 hab. *(Dunkerquois)* [près de 200 000 hab. avec les banlieues]. Port actif sur la mer du Nord, relié à l'agglomération de Valenciennes par un canal à grand gabarit. Centre industriel (sidérurgie, agroalimentaire, chimie). — Enjeu d'une violente bataille en 1940, qui permit le rembarquement pour l'Angleterre de 340 000 soldats alliés. — Musées des Beaux-Arts et d'Art contemporain.

Dun Laoghaire, *anc.* Kingstown, v. de la République d'Irlande ; 55 000 hab. Station balnéaire et avant-port de Dublin.

Dunlop *(John Boyd),* vétérinaire et ingénieur britannique (Dreghorn, comté de Ayr, Écosse, 1840 - Dublin 1921). En 1887, pour amortir les vibrations des roues du tricycle de son fils, il imagina la chambre à air faite d'un tube en caoutchouc, qu'il gonfla avec une pompe et qu'il enferma dans une enveloppe de toile, réalisant ainsi le premier pneumatique. Il fonda en 1888 l'entreprise portant son nom.

Dunois *(Jean d'Orléans, comte de),* prince capétien, dit le **Bâtard d'Orléans** (Paris 1403 - L'Hay, près de Bourg-la-Reine, 1468). Fils naturel de Louis Ier, duc d'Orléans, il combattit l'Angleterre aux côtés de Jeanne d'Arc, puis contribua à la soumission de la Normandie et de la Guyenne (1449-1451).

Dunoyer de Segonzac *(André),* peintre et graveur français (Boussy-Saint-Antoine 1884 - Clichy 1974). Il est l'auteur de paysages de l'Île-de-France et de la Provence, ainsi que de figures et de natures mortes. Aquarelliste, il a illustré notamment *les Géorgiques.*

Duns Scot *(John),* philosophe et théologien franciscain écossais (Maxton ou Duns, Écosse, v. 1266 - Cologne 1308). Il enseigna à Oxford et à Cambridge, puis à Paris et à Cologne. Il défendit, au nom de la foi en Dieu, le réalisme de la connaissance qui part du monde sensible pour atteindre Dieu. Combattant à la fois Averroès et saint Thomas, tout en conservant l'apport logique et métaphysique d'Aristote, il a emprunté son ontologie à Avicenne pour conforter ses thèses augustiniennes. Scot retient d'Avicenne le concept d'une essence indifférente à l'universel et au particulier. Il a été béatifié en 1993.

Dunstable *(John),* compositeur, astronome et mathématicien anglais (v. 1385 - Londres 1453). Il fut l'instigateur de l'Ars nova en Angleterre. Sa production est avant tout religieuse : motets, hymnes, antiennes, messes.

Duparc *(Henri* Fouques-*),* compositeur français (Paris 1848 - Mont-de-Marsan 1933). Il est l'un des principaux rénovateurs de la mélodie française, notamment sur des poèmes de Baudelaire (*l'Invitation au voyage,* 1870 ; *la Vie antérieure,* 1884), de Leconte de Lisle (*Phidylé,* 1882), et de F. Coppée (*la Vague et la Cloche,* 1871).

Du Parc *(Thérèse* de Gorle, dite la*),* actrice française (Paris 1633 - id. 1668). Elle quitta la troupe de Molière pour suivre son amant, Racine, à l'Hôtel de Bourgogne, où elle créa *Andromaque.*

Duperré (*Victor Guy, baron*), amiral français (La Rochelle 1775 - Paris 1846). Il commanda l'expédition d'Alger en 1830 et fut ministre de la Marine.

Dupes (*journée des*) [10 nov. 1630], journée marquée par l'échec des dévots, groupés autour de Marie de Médicis et Michel de Marillac, qui crurent avoir obtenu le renvoi de Richelieu, dont ils rejetaient la politique. Louis XIII renouvela au contraire sa confiance au cardinal, qui fit exiler ses adversaires.

Dupetit-Thouars (*Abel Aubert*), amiral français (près de Saumur 1793 - Paris 1864).Il établit en 1842 le protectorat de la France sur Tahiti.

Dupin (*baron Charles*), économiste et mathématicien français (Varzy 1784 - Paris 1873). Il étudia la courbure des surfaces et contribua à la création des services statistiques français.

Dupleix (*Joseph François*), administrateur français (Landrecies 1696 - Paris 1763). Gouverneur général des Établissements français dans l'Inde (1742), il oblige l'Angleterre à lever le siège de Pondichéry (1748). Il constitue au nom de la France un vaste empire dans le Deccan, comprenant notamment le Carnatic, et obtient des avantages commerciaux. Désavoué par la Compagnie des Indes et abandonné par le roi, il est rappelé en France (1754), après les victoires anglaises remportées par le baron Clive. Il meurt quelques mois après la signature du traité de Paris consacrant la suprématie britannique en Inde.

Duplessis (*Jean*), *sieur* d'Ossonville, voyageur français (m. à la Guadeloupe en 1635), colonisateur de la Guadeloupe.

Duplessis (*Maurice* Le Noblet), homme politique canadien (Trois-Rivières 1890 - Schefferville 1959). Leader des conservateurs québécois (1933), fondateur de l'Union nationale (1935), il fut Premier ministre du Québec (1936-1939, 1944-1959).

Duplice (7 oct. 1879), alliance conclue à Vienne entre l'Autriche-Hongrie et l'Allemagne.

Dupond (*Patrick*), danseur français (Paris 1959). Formé à l'école de danse de l'Opéra de Paris, engagé dans le corps de ballet en 1975, médaillé d'or au concours de Varna (1976), il est promu danseur étoile (1980) et obtient un contrat « d'étoile invitée » en 1987. Directeur artistique (1988-1990) du Ballet de Nancy, il est directeur de la danse à l'Opéra de Paris de 1990 à 1995.

Dupont (*Pierre*), poète et chansonnier français (Lyon 1821 - *id.* 1870), auteur du *Chant des ouvriers* (1846) et de chansons rustiques.

Dupont de l'Eure (*Jacques Charles*), homme politique français (Le Neubourg 1767 - Rouge-Perriers, Eure, 1855). Député libéral sous la Restauration, ministre de la Justice sous la monarchie de Juillet, il fut président du gouvernement provisoire en 1848.

Dupont de Nemours (*Pierre Samuel*), économiste français (Paris 1739 - Eleutherian Mills, Delaware, 1817). Disciple de Quesnay, il inspira les principales réformes financières de la fin de l'Ancien Régime. Son fils **Éleuthère Irénée Du Pont de Nemours**, chimiste et industriel français (Paris 1771 - Philadelphie 1834), collaborateur de Lavoisier, fonda aux États-Unis une poudrerie, point de départ de la firme *Du Pont de Nemours*.

Du Pont de Nemours, société américaine de produits chimiques fondée en 1802 près de Wilmington (Delaware) par Éleuthère Du Pont de Nemours. Elle se développa puissamment au cours du XXᵉ siècle, réalisant notamment les premières fabrications de textiles artificiels et de caoutchouc synthétique, et découvrant le Nylon, le Téflon, le Lycra, etc.

Dupont des Loges (*Paul*), évêque de Metz (Rennes 1804 - Metz 1886). Après l'annexion de l'Alsace et de la Lorraine, il fut député au Reichstag (1874-1877), où il défendit la cause française.

Dupont-Sommer (*André*), orientaliste français (Marnes-la-Coquette 1900 - Paris 1983). Auteur de travaux sur la civilisation araméenne et traducteur des manuscrits de la mer Morte, il fut professeur au Collège de France (1963-1971).

Du Port ou **Duport** (*Adrien*), homme politique français (Paris 1759 - dans l'Appenzell 1798). Député à l'Assemblée constituante, il forma avec Barnave et Lameth un triumvirat qui se distingua dans la réorganisation de la justice. Il fonda le club des Feuillants et s'exila après le 10 août 1792.

Duprat (*Antoine*), cardinal et homme politique français (Issoire 1463 - Nantouillet 1535), chancelier de France sous François Iᵉʳ, principal auteur du concordat de Bologne (1516) entre François Iᵉʳ et Léon X.

Dupré (*Marcel*), compositeur et organiste français (Rouen 1886 - Meudon 1971). Il a publié plusieurs ouvrages didactiques et a composé des pièces pour orgue.

Dupuy de Lôme (*Henri*), ingénieur français (Ploemeur, Morbihan, 1816 - Paris 1885). Il construisit le premier vaisseau de guerre à vapeur, le *Napoléon* (1848-1852), puis le premier cuirassé, la *Gloire* (1858-59).

Dupuytren *(Guillaume, baron)* chirurgien français (Pierre-Buffière, Haute-Vienne, 1777 - Paris 1835). Professeur de clinique, chirurgien de Louis XVIII puis de Charles X, anatomiste, il étudia également l'anatomie pathologique. Sa gloire, internationale, rejaillit sur la chirurgie française du début du xixᵉ siècle.

Duque de Caxias, banlieue nord de Rio de Janeiro ; 664 643 hab.

Duquesne *(Abraham), marquis* du Bouchet, marin français (Dieppe 1610 - Paris 1688). Après avoir participé à la guerre de Trente Ans, il remporta de brillantes victoires en Sicile contre les escadres hispano-hollandaises commandées par Ruyter (1676), mena plusieurs expéditions contre les États barbaresques de l'Afrique du Nord (Alger, 1682-83) et bombarda Gênes en 1684. Calviniste convaincu, il refusa d'abjurer et ne put être amiral.

Duquesnoy *(François),* dit Francesco Fiammingo, sculpteur des Pays-Bas du Sud (Bruxelles 1597 - Livourne 1643), qui vécut principalement à Rome. Sa statue de *Sainte Suzanne* (1633, église S. Maria di Loreto), d'esprit classique, le rendit célèbre. Il était le fils de **Jérôme Duquesnoy,** dit **le Vieux,** auteur du célèbre *Manneken-Pis* de Bruxelles (1619).

Durance *(la),* riv. des Alpes françaises du Sud, affl. du Rhône (r. g.) ; 305 km. Née au Montgenèvre, elle passe à Briançon, Embrun, Sisteron. Son aménagement, en aval de Serre-Ponçon (barrages avec centrales hydrauliques et canaux d'irrigation), a entraîné la dérivation de la plus grande partie de ses eaux, à partir de Mallemort, vers l'étang de Berre et la Méditerranée.

Durandal → Durendal.

Durand-Ruel *(Paul),* marchand de tableaux français (Paris 1831 - *id.* 1922), qui soutint les impressionnistes.

Durango, v. du Mexique, au pied de la sierra Madre occidentale ; 414 015 hab. — Édifices d'époque coloniale.

Duranty *(Louis Edmond),* écrivain français (Paris 1833 - *id.* 1880). Il est l'auteur de romans réalistes (*le Malheur d'Henriette Gérard,* 1861). Critique d'art, il fut le premier à écrire sur les impressionnistes (*la Nouvelle Peinture,* 1876).

Durão *(José De Santa Rita),* poète brésilien (Cata Preta, Minas Gerais, 1722 - Lisbonne 1784). Il est l'auteur de la première épopée nationale (*Caramuru,* 1781).

Duras *(Jacques Henri* de Durfort, *duc* de*),* maréchal de France (Duras 1625 - Paris 1704), neveu de Turenne. Il contribua à la conquête de la Franche-Comté.

Duras *(Marguerite),* écrivain et cinéaste française (Gia Dinh, Viêt Nam, 1914 - Paris, 1996). Marquée par sa jeunesse en Indochine (*Un barrage contre le Pacifique,* 1950 ; *l'Amant,* 1984), elle met en scène dans ses romans (*Moderato cantabile,* 1958 ; *l'Amante anglaise,* 1967), son théâtre (les *Viaducs de Seine-et-Oise,* 1960 ; *la Musica,* 1965) et les films dont elle a écrit le scénario (*Hiroshima, mon amour,* 1959) [→ **Hiroshima**], ou qu'elle a elle-même réalisés (*Nathalie Granger,* 1973 ; *India Song,* 1975 ; *le Camion,* 1977), des personnages qui tentent d'échapper à la solitude et au quotidien par l'amour, le crime et la folie.

Durban, port de l'Afrique du Sud (Kwazulu-Natal), sur l'océan Indien ; 982 000 hab. Centre industriel.

Düren, v. d'Allemagne, en Rhénanie-du-Nord-Westphalie, sur la Roer ; 84 251 hab. Métallurgie.

Durendal ou **Durandal,** nom que porte l'épée de Roland dans les chansons de geste.

Dürer *(Albrecht),* peintre et graveur allemand (Nuremberg 1471 - *id.* 1528). Il fit un tour de compagnon par Colmar, Bâle, Strasbourg, séjourna deux fois à Venise, mais effectua l'essentiel de sa carrière à Nuremberg. Il a manifesté son génie dans la peinture à l'huile (la *Fête du rosaire,* 1506, Prague ; portraits...), dans le dessin et l'aquarelle (coll. de l'Albertina, Vienne) et dans son œuvre gravé, d'emblée célèbre en Europe : xylographies, d'un graphisme bouillonnant, encore médiéval (*l'Apocalypse,* 15 planches, 1498, la *Grande Passion,* etc.) ; burins, plus italianisants et reflétant l'influence des humanistes (*la Grande Fortune,* v. 1500, *Saint Jérôme* et la *Mélancolie,* 1514). Il se passionna pour les théories de l'art (perspective, etc.) et publia plusieurs ouvrages à la fin de sa vie *(Traité des proportions du corps humain).*

Durga, dans la mythologie hindoue, l'une des formes principales de la déesse Shakti (énergie féminine), qui est l'épouse de Shiva. Connue aussi sous les noms de Parvati et de Kali, elle est représentée comme une guerrière féroce aux prises avec les démons et les géants.

Durgapur, v. de l'Inde (Bengale-Occidental) ; 415 986 hab. Centre industriel.

Durg-Bhilainagar, agglomération de l'Inde (Madhya Pradesh) ; 668 670 hab. Sidérurgie.

Durham, v. de Grande-Bretagne, dans le nord de l'Angleterre, ch.-l. du comté de ce nom ; 26 000 hab. — Remarquable cathédrale romane entreprise en 1093 et où apparaissent de précoces voûtes d'ogives. Château remontant à Guillaume le Conquérant.

Durham (*John George* Lambton, *lord*), homme politique britannique (Londres 1792 - Cowes 1840). Gouverneur du Canada (1838), il publia un rapport qui inspira, en 1867, la création de la Confédération canadienne.

Durkheim (*Émile*), sociologue français (Épinal 1858 - Paris 1917), un des fondateurs de la sociologie. Agrégé de philosophie, docteur ès lettres, il commence par fixer les règles de sa méthode, qu'il situe dans la continuité du positivisme. Appliquée au groupe social, cette méthode est comparable, selon lui, au diagnostic médical. Durkheim ramène les faits moraux aux faits sociaux, qu'il considère comme indépendants de la conscience individuelle. Cependant, s'il pose comme évident que l'extériorité et la contrainte sont les marques du fait social, il affirme que la conscience morale est le résultat de l'intériorisation par l'individu des contraintes sociales institutionnalisées. Il s'intéresse à l'évolution des types sociaux et considère que c'est la « solidarité » qui est le mécanisme de leur intégration. Il a écrit : *De la division du travail social* (1893), *les Règles de la méthode sociologique* (1894), *le Suicide* (1897).

Duroc (*Géraud Christophe Michel*), *duc* de Frioul, général français (Pont-à-Mousson 1772 - Markersdorf, Silésie, 1813). Aide de camp de Bonaparte en Italie et en Égypte, grand maréchal du palais sous l'Empire (1805), il participa aux campagnes d'Autriche, de Prusse et de Pologne.

Durrell (*Lawrence*), écrivain britannique (Jullundur, Inde, 1912 - Sommières, Gard, 1990). Ami de Henry Miller, il crée dans ses romans, qui ont pour cadre les paysages méditerranéens, un univers où les seules crises profondes sont celles de la sensibilité plastique et littéraire (*le Quatuor d'Alexandrie,* 1957-1960 ; *le Quintette d'Avignon,* 1974-1986).

Dürrenmatt (*Friedrich*), écrivain suisse d'expression allemande (Konolfingen, Berne, 1921 - Neuchâtel 1990). Romancier (*la Panne,* 1956 ; *Justice,* 1985), essayiste (*Écrits sur le théâtre,* 1966-1972 ; *la Mise en œuvres,* 1981), il est avant tout un auteur dramatique. Ses tragicomédies révèlent, sur le mode de la dérision et du grotesque, l'impuissance de l'individu

dans un monde déshumanisé et cruel (*la Visite de la vieille dame,* 1955 ; *les Physiciens,* 1962).

Durrës, *en ital.* Durazzo, port d'Albanie, sur l'Adriatique ; 83 000 hab. — Vestiges antiques ; musées.

Durruti (*Buenaventura*), anarchiste espagnol (province de León 1896 - Madrid 1936). Il organisa notamment la *Colonne Durruti* qui, pendant la guerre civile espagnole, tenta vainement de libérer Saragosse occupée par les franquistes, puis participa à la défense de Madrid, où il trouva la mort.

Duruflé (*Maurice*), compositeur et organiste français (Louviers 1902 - Louveciennes 1986). Liturgiste, il a beaucoup utilisé les thèmes grégoriens (*Requiem,* 1947).

Duruy (*Victor*), historien et homme politique français (Paris 1811 - *id.* 1894). Ministre de l'Instruction publique (1863-1869), il rétablit l'enseignement de la philosophie, créa un enseignement secondaire pour les jeunes filles et l'École pratique des hautes études (1868). [Acad. fr. 1884.]

Dusapin (*Pascal*), compositeur français (Nancy 1955). Il témoigne dans ses nombreuses œuvres d'une grande rigueur de construction et d'une radicalité d'écriture parfois violente : *Quatuor à cordes n° 1* (1983), l'opéra en 9 numéros *Roméo et Juliette,* sur un livret d'Olivier Cadiot (1988, créé à Montpellier en 1989).

Duse (*Eleonora*), actrice italienne (Vigevano 1858 - Pittsburgh, Pennsylvanie, 1924). Elle fut l'interprète d'Ibsen et de D'Annunzio, qui écrivit pour elle plusieurs de ses pièces.

Dussek (*Johann Ladislaus*) ou **Dusík** (*Jan Ladislav*), pianiste et compositeur originaire de Bohême (Čáslav 1760 - Saint-Germain-en-Laye 1812). Virtuose incomparable, il a laissé des sonates et concertos.

Düsseldorf, v. d'Allemagne, cap. du Land de Rhénanie-du-Nord-Westphalie, sur le Rhin ; 574 022 hab. Centre commercial et financier de la Rhénanie. Métallurgie. Chimie. — Importants musées, dont celui des Beaux-Arts, la Collection de Rhénanie-Westphalie (art moderne) et le musée Hetjens (céramique de toutes les époques et civilisations).

Dutilleux (*Henri*), compositeur français (Angers 1916). Professeur de composition à l'École normale (1961-1971), il s'est forgé un langage personnel ne refusant pas l'héritage d'une certaine tradition : deux *Symphonies ; Métaboles* pour orchestre (1965) ; concerto pour violoncelle *Tout un monde lointain* (1970) ; quatuor à cordes *Ainsi la nuit*

(1976) ; concerto pour violon *l'Arbre des songes* (1985) ; *Mystère de l'instant* (1989).

Dutourd *(Jean),* écrivain français (Paris 1920). Chroniqueur, essayiste et romancier, il exalte dans son œuvre l'héroïsme (*les Taxis de la Marne,* 1956) et combat la médiocrité (*Au bon beurre,* 1952) tout comme l'abandon aux idées reçues (*les Horreurs de l'amour,* 1963 ; *Ça bouge dans le prêt-à-porter,* 1989). [Acad. fr. 1978.]

Dutrochet *(René),* biologiste français (château de Néons, Poitou, 1776 - Paris 1847). L'un des fondateurs de la biologie cellulaire, il est l'auteur de travaux capitaux sur l'osmose, la diapédèse, l'embryologie des oiseaux, etc.

Dutton *(Clarence Edward),* géologue américain (Wallingford, Connecticut, 1841 - Englewood, New Jersey, 1912). Il a été le promoteur de la théorie de l'*isostasie* (1899), qu'il appliqua à la formation des montagnes.

Duun *(Olav),* écrivain norvégien (dans le Nord-Trøndelag 1876 - Tønsberg 1939). Ses romans peignent la nature et les habitants des fjords (*Gens de Juvik,* 1918-1923).

Du Vair *(Guillaume)* → Vair.

Duvalier *(François),* dit Papa Doc, homme d'État haïtien (Port-au-Prince 1907 - *id.* 1971). Élu président de la République en 1957, président à vie à partir de 1964, il exerça un pouvoir dictatorial. Son fils **Jean-Claude** (Port-au-Prince 1951), lui succéda en 1971. Il dut s'exiler en 1986.

Duverger *(Maurice),* juriste français (Angoulême 1917). Il a contribué à l'essor de la sociologie électorale (*l'Influence des systèmes électoraux sur la vie politique,* 1950) et a dégagé une typologie originale des partis (*les Partis politiques,* 1951).

Du Vergier de Hauranne *(Jean),* dit Saint-Cyran, théologien français (Bayonne 1581 - Paris 1643). Ami de Jansénius et directeur spirituel du monastère de Port-Royal (1636), il encourut l'hostilité de Richelieu, qui le fit emprisonner.

Duvernoy *(Georges),* zoologiste et anatomiste français (Montbéliard 1777 - Paris 1855), successeur et continuateur de Cuvier.

Duveyrier *(Henri),* voyageur français (Paris 1840 - Sèvres 1892). Il explora le nord du Sahara (1859-1861).

Duvivier *(Julien),* cinéaste français (Lille 1896 - Paris 1967). Auteur prolifique et varié, brillant technicien, il a réalisé *la Bandera* (1935), *la Belle Équipe* (1936), *Pépé le Moko, Un carnet de bal* (1937), *Panique* (1947), *le Petit Monde de Don Camillo* (1952).

Dvina occidentale *(la), en letton* Daugava, fl. de l'Europe orientale, qui se jette dans le golfe de Riga ; 1 020 km.

Dvina septentrionale *(la),* fl. de Russie, qui se jette dans la mer Blanche à Arkhangelsk ; 744 km.

Dvořák *(Antonín),* compositeur tchèque (Nelahozeves, Bohême, 1841 - Prague 1904). Directeur des conservatoires de New York puis de Prague, il a composé des œuvres très variées, fortement imprégnées du folklore slave : 9 symphonies, dont la célèbre *Symphonie n° 9 du Nouveau Monde* (1893) ; des concertos pour piano (1876), violon (1880) et violoncelle (1895) ; des *Danses slaves* (1878-1887) ; des sérénades ; de la musique de chambre ; des opéras (*Roussalka,* 1900) ; des pièces religieuses (*Stabat Mater,* 1877).

Dylan *(Robert* Zimmerman, dit Bob*),* chanteur et auteur-compositeur américain (Duluth 1941). Il s'est fait connaître en 1961, dans la tradition du folk, auquel il donne un accent contestataire, pacifiste, qui rejoint les aspirations de la jeunesse d'alors. S'éloignant du protest-song, il développe à partir de 1965 une poésie inspirée de la beat generation et du surréalisme, et une musique résolument ancrée dans le rock électrique, notamment avec le groupe The Band. Sa voix très personnelle et sa stature de poète-rocker font de lui une figure dominante de la culture rock.

Dyson *(sir Frank Watson),* astronome britannique (Ashby-de-la-Zouch, Leicestershire, 1868 - en mer, au retour d'un voyage en Australie, 1939). Astronome royal, directeur de l'observatoire de Greenwich (1910-1933), il étudia la distribution des étoiles et leurs mouvements propres et contribua de façon significative à la compréhension de la structure de la Galaxie.

Dzerjinsk, v. de Russie, à l'ouest de Gorki ; 285 000 hab.

Dzerjinski *(Feliks Edmoundovitch),* homme politique soviétique (Dzerjinovo 1877 - Moscou 1926). Révolutionnaire actif en Lituanie et en Pologne à partir de 1895, il fut l'un des organisateurs de l'insurrection armée d'octobre-novembre 1917. Il dirigea la Tchéka (1917-1922), puis la Guépéou (1922-1926).

Dzoungarie ou **Djoungarie,** région de la Chine occidentale (Xinjiang), entre l'Altaï mongol et le Tian Shan. C'est une vaste dépression qui conduit, par la *porte de Dzoungarie,* au Kazakhstan. La région fut aux XVIIe-XVIIIe siècles le centre d'un Empire mongol.

Eames *(Charles),* architecte et designer américain (Saint Louis 1907 - *id.* 1978). Pionnier du design moderne, il a innové tant dans les techniques que dans les formes (sièges ; collaboration avec IBM).

Eanes *(António* Dos Santos Ramalho*),* général et homme d'État portugais (Alcains 1935). L'un des instigateurs du coup d'État du 25 avril 1974, il fut président de la République de 1976 à 1986.

East Anglia, royaume angle fondé au VIᵉ siècle et annexé au VIIIᵉ par Offa, roi de Mercie.

Eastbourne, station balnéaire de Grande-Bretagne (Sussex), sur la Manche ; 83 200 hab.

East London, port de l'Afrique du Sud (prov. du Cap-Est), sur l'océan Indien ; 194 000 hab.

Eastman *(George),* industriel américain (Waterville, État de New York, 1854 - Rochester 1932). Il prépara en 1878 les premières plaques au gélatino-bromure d'argent, créa en 1884 une pellicule en papier et, en 1889, le film transparent de nitrocellulose, qu'utilisa Edison dans son cinématographe. En 1892, il organisa la *Eastman Kodak Company.*

Eastman Kodak Company, société américaine fondée en 1892. Elle s'est spécialisée dans la production de matériels et de produits photographiques et cinématographiques, d'optiques, de matières plastiques, de textiles artificiels et dans des technologies de pointe (informatique).

Eastwood *(Clint),* acteur et cinéaste américain (San Francisco 1930). Héros populaire des westerns-spaghettis de Sergio Leone *(Pour une poignée de dollars,* 1964), il s'impose ensuite dans plusieurs productions américaines *(les Proies,* 1971 ; *l'Inspecteur Harry,*

1972) et réalise plusieurs films dont il est aussi l'interprète : *Bronco Billy* (1980), *Pale Rider* (1985), *Chasseur blanc, cœur noir* (1990), *Impitoyable* (1992), *Un monde parfait* (1993). *Bird* (1988) est une évocation de Charlie Parker.

Ebbinghaus *(Hermann),* psychologue allemand (Barmen, auj. dans Wuppertal, 1850 - Halle 1909). Il fut l'un des pionniers de la méthode expérimentale en psychologie et explora en particulier la mémoire.

Ebert *(Friedrich),* homme d'État allemand (Heidelberg 1871 - Berlin 1925). Président du Parti social-démocrate allemand (1913), il contribua à la chute de Guillaume II (1918). Chancelier, il réduisit le spartakisme (mouvement communiste allemand) ; il fut le premier président de la République allemande (1919-1925).

Eberth *(Karl),* bactériologiste allemand (Würzburg 1835 - Berlin 1926). On lui doit de nombreux travaux et, surtout, la découverte et l'étude du bacille de la fièvre typhoïde.

Ebla, cité ancienne de Syrie, près du village actuel de tell Mardikh, à 70 km au S.-O. d'Alep. Au IIIᵉ millénaire, le royaume d'Ebla était l'un des plus grands centres de la région. Vestiges et importantes archives sur tablettes.

Éblé *(Jean-Baptiste, comte),* général français (Saint-Jean-Rohrbach, Moselle, 1758 - Königsberg 1812). Commandant en chef des équipages du pont de la Grande Armée, il assura le passage de la Berezina à l'armée en retraite, en 1812.

Éboué *(Félix),* administrateur français (Cayenne 1884 - Le Caire 1944). Il fut le premier Noir gouverneur des colonies, à la Guadeloupe (1936), puis au Tchad (1938). Rallié à la France libre, il devint gouverneur de l'Afrique-Équatoriale française (1940).

Èbre *(l'), en esp.* Ebro, fl. d'Espagne, né dans les monts Cantabriques, tributaire de la Méditerranée ; 928 km. Il passe à Saragosse. Aménagements pour la production d'électricité et, surtout, l'irrigation.

Éburons, peuple germanique de la Gaule Belgique, établi entre la Meuse et le Rhin.

Eça de Queirós → **Queirós.**

Ecbatane, capitale des Mèdes (v. 612 - 550 av. J.-C.), par la suite résidence royale des diverses dynasties iraniennes. Vestiges antiques. (Auj. *Hamadhan.*)

Ecclésiaste *(livre de l'),* livre de la Bible, rédigé au IIIe s. av. J.-C., qui souligne le caractère précaire de la vie (« Tout est vanité »), mais affirme que néanmoins tout vient de la main de Dieu.

Ecclésiastique *(livre de l')* ou le **Siracide,** livre rangé dans le canon de la Bible catholique, composé v. 175 av. J.-C. en Palestine par Ben Sira et traduit en grec à Alexandrie v. 132 av. J.-C. La Vulgate lui donna son nom parce que les communautés chrétiennes l'utilisèrent pour la formation des catéchumènes. Il célèbre l'action de la Sagesse divine dans l'histoire du peuple juif.

Echegaray y Eizaguirre *(José),* mathématicien, auteur dramatique et homme politique espagnol (Madrid 1832 - id. 1916). Auteur de plusieurs ouvrages de sciences, ministre du Travail (1872), puis ministre des Finances (1874), il a écrit des comédies et des drames à succès (*El gran galeoto,* 1881). [Prix Nobel de littérature 1904.]

Echeverría Álvarez *(Luis),* homme d'État mexicain (Mexico 1922), président de la République de 1970 à 1976.

Échirolles, ch.-l. de c. de l'Isère, banlieue sud de Grenoble ; 36 646 hab.

Échos *(les),* quotidien économique français créé en 1908.

Echternach, ch.-l. de c. du Luxembourg, sur la Sûre ; 4 211 hab. — Basilique (époques diverses) d'une ancienne abbaye fondée en 698 par saint Willibrord, apôtre des Frisons. Célèbre pèlerinage dansant, le mardi de Pentecôte, au tombeau du saint.

Eckart ou **Eckhart** *(Johann, dit Maître),* philosophe et mystique allemand (Hochheim v. 1260 - Avignon ? v. 1327). Dominicain, il enseigne la théologie à Paris, Strasbourg et Cologne, où il instaure une école de pensée marquée par l'influence doctrinale d'Albert le Grand. Inquiété pour ses idées, il se rend auprès du pape en Avignon mais ne peut échapper à une condamnation qui lui attribue certaines doctrines étrangères à ses propres positions. Il a laissé des œuvres en latin, notamment des sermons, et d'autres en allemand, telles que *De l'homme noble* et le *Livre de la consolation divine.*

Eckersberg *(Christoffer Wilhelm),* peintre danois (Blåkrog 1783 - Copenhague 1853). Son style net, clair et élégant est caractéristique de l'« âge d'or » de la peinture danoise.

Eckert *(John),* ingénieur américain (Philadelphie 1919). Avec J. Mauchly, il a construit l'un des premiers ordinateurs, l'ENIAC (Electronic Numerical Integrator and Calculator) [1946] et créé une firme de calculateurs commerciaux, à l'origine du premier ordinateur de gestion, l'Univrac (1952).

Eckmühl *(bataille d')* [22 avr. 1809], victoire française sur les Autrichiens, à 20 km au sud de Ratisbonne.

Écluse *(bataille de L')* [1340], victoire de la flotte anglaise d'Édouard III sur la flotte française, au large de la ville néerlandaise de L'Écluse (auj. *Sluis*).

Eco *(Umberto),* écrivain et sémiologue italien (Alexandrie 1932). Il est l'auteur d'études sur les rapports de la création artistique et des moyens de communication de masse (*l'Œuvre ouverte,* 1962) et de romans (*le Nom de la rose,* 1980 ; *le Pendule de Foucault,* 1988) qui mêlent, dans un foisonnement verbal, érudition théologique ou ésotérique et intrigue policière.

École d'Athènes *(l'),* grande fresque de Raphaël, exécutée en 1509-10 dans la « chambre de la Signature » au Vatican.

École militaire, édifice élevé de 1752 à 1774 sur le Champ-de-Mars, à Paris, par J.-A. Gabriel, pour y recevoir des élèves officiers. Ouverte en 1760, elle servit de caserne après 1787 et abrite aujourd'hui plusieurs établissements d'enseignement militaire supérieur.

École nationale d'administration → **E. N. A.**

Écosse, *en angl.* Scotland, la plus septentrionale des trois parties de la Grande-Bretagne ; 78 800 km² ; 5 091 000 hab. (*Écossais*). Cap. *Édimbourg.* V. princ. *Glasgow.*

GÉOGRAPHIE

Les hautes terres (Highlands [1 344 m au Ben Nevis], Grampians, Uplands), humides, sont étendues et souvent couvertes de landes. Elles vivent, pauvrement, du tourisme, des distilleries, du textile, lié à l'élevage ovin. La majeure partie de la population, en déclin, réside dans la dépression centrale (Lowlands), de Glasgow à Édimbourg, où les activités industrielles (métallurgie) sont en difficulté. Les villes de la côte orientale (Aberdeen, Dundee) ont été revivifiées par l'exploitation des hydrocarbures de la mer du Nord. **HISTOIRE** Peuplée à l'origine par les Pictes, qui résistent longtemps aux Romains, arrivés au Ier siècle, l'Écosse ne subit que faiblement l'influence romaine. Aux ve et vi^e siècles, les Pictes sont refoulés par les peuples originaires d'Irlande, les Scots (qui donnent leur nom au pays), par les Bretons et par les Angles. Christianisée par les moines irlandais, l'Écosse subit à partir du VIIIe siècle les invasions scandinaves. L'unification politique est réalisée au début du XIe siècle. Purement celte par son organisation sociale (tribale) et sa langue (gaélique), l'Écosse s'anglicise tout en s'opposant aux ambitions anglaises. Édouard Ier d'Angleterre annexe l'Écosse (1296), mais Wallace puis Robert Ier Bruce s'opposent à cette conquête. En 1328, le traité de Northampton reconnaît l'indépendance de l'Écosse. La dynastie des Stuarts, fondée en 1371, engage l'Écosse dans l'alliance française contre l'Angleterre. Au XVIe siècle, John Knox, disciple de Calvin, introduit la religion réformée, qui fait de nombreux adeptes dans l'aristocratie et s'implante officiellement en Écosse. La noblesse s'oppose de plus en plus à la royauté, reste catholique, et finit par triompher. En 1567, la reine Marie Stuart est contrainte d'abdiquer en faveur de son fils Jacques VI. Celui-ci devient roi d'Angleterre à la mort d'Élisabeth Ire, sous le nom de Jacques Ier (1603). Cependant, l'union des couronnes n'entraîne pas immédiatement l'union des royaumes, et l'opposition nationale écossaise persiste. Ce n'est qu'en 1707 que l'Acte d'union des royaumes d'Angleterre et d'Écosse donne naissance à la Grande-Bretagne.

Écouen [ekwã] ch.-l. de c. du Val-d'Oise ; 4 922 hab. — Important château construit d'environ 1538 à 1555 pour le connétable Anne de Montmorency ; il abrite le musée national de la Renaissance, aux riches collections de meubles, d'émaux, de tapisseries.

Écouves *(forêt d')*, forêt de Normandie (Orne) ; 15 000 ha. Elle porte l'un des points culminants du Massif armoricain (417 m).

Écrins *(barre des)*, point culminant (4 102 m) du massif du Pelvoux, appelé parfois *massif*

des Écrins, principal élément du *parc national des Écrins.*

Edda, nom donné à deux recueils des traditions mythologiques et légendaires des anciens peuples scandinaves. L'*Edda poétique* est un ensemble de poèmes anonymes, du VIIIe au XIIIe siècle. L'*Edda prosaïque* est l'œuvre de Snorri Sturluson (v. 1220).

Eddington *(sir Arthur Stanley),* astronome et physicien britannique (Kendal 1882 - Cambridge 1944). Ses principales recherches concernent le mouvement des étoiles, leur évolution et l'application, en astrophysique, de la théorie de la relativité. Il développa la théorie de l'équilibre radiatif des étoiles, qui lui permit de déterminer la masse, la température et la composition interne de nombreuses étoiles.

Ede, v. du sud-ouest du Nigeria ; 251 000 hab.

Ede, v. des Pays-Bas (Gueldre) ; 94 754 hab.

Eden *(Anthony), comte* d'Avon, homme politique britannique (Windlestone Hall 1897 - Alvediston 1977). Conservateur, il fut ministre des Affaires étrangères de 1935 à 1938, de 1940 à 1945 et de 1951 à 1955, puis Premier ministre de 1955 à 1957.

Édesse, ville et cité caravanière de Mésopotamie septentrionale, qui fut du IIe au Xe siècle un centre de la langue et de la civilisation syriaques. Sous l'impulsion de saint Éphrem (v. 306-373), elle fut le siège d'une école théologique qui fut fermée en 489 et se reconstitua à Nisibis, où elle passa au nestorianisme (auj. **Urfa**).

E. D. F. (Électricité de France), établissement public créé par la loi du 8 avril 1946, nationalisant la production, le transport et la distribution de l'électricité. Dotée de l'autonomie financière, E. D. F. assure le monopole du transport et de la diffusion de l'électricité, ainsi que la presque totalité de sa production.

Edfou ou **Idfu,** v. de Haute-Égypte, sur la rive gauche du Nil ; 28 000 hab. **ARCHÉOL.** Construit selon un plan classique malgré l'époque tardive (237-57 av. J.-C.), le temple d'Horus fournit, par ses bas-reliefs et ses innombrables inscriptions, une somme de renseignements sur la mythologie et les rites cultuels de l'Égypte ancienne.

Edgar le Pacifique (944-975), roi des Anglo-Saxons (959-975). Il renforça la monarchie par ses réformes administratives.

Edgar Atheling ou **Aetheling,** prince anglo-saxon (v. 1050 - v. 1125). Il s'opposa vainement à Harold II en 1066 puis à

Guillaume le Conquérant pour la possession du trône d'Angleterre.

Édimbourg, *en angl.* Edinburgh, *en écossais* Duneideann, v. de Grande-Bretagne, cap. de l'Écosse, sur l'estuaire du Forth ; 434 000 hab. Centre administratif et culturel (université) avec quelques industries (électronique, alimentation, édition, matériel électrique). — Dans la Vieille Ville, château, avec des parties médiévales, et cathédrale gothique. Ensemble classique (XVIIIᵉ-XIXᵉ s.) de la Ville Neuve. Musées, dont la Galerie nationale d'Écosse.

Edirne, *anc.* Andrinople, v. de la Turquie d'Europe ; 102 345 hab. — Ancienne capitale ottomane, la ville conserve d'intéressants monuments, dont le chef-d'œuvre de Sinan : la mosquée Selimiye (1569-1574).

Edison *(Thomas),* inventeur américain (Milan, Ohio, 1847 - West Orange, New Jersey, 1931). Auteur de plus d'un millier d'inventions, il réalisa notamment le télégraphe duplex (1864), le phonographe et le microtéléphone (1877), la lampe à incandescence (1878). Il découvrit l'émission d'électrons par un filament conducteur chauffé à haute température, dans le vide (*effet Edison,* 1883), à la base du fonctionnement des tubes électroniques.

Edmonton, v. du Canada, cap. de l'Alberta ; 616 741 hab. Centre commercial, culturel (université, musées) et industriel (alimentation, raffinage du pétrole et pétrochimie, métallurgie), étape routière, ferroviaire ou aérienne vers les territoires septentrionaux et vers l'Alaska.

Edo ou **Yedo,** capitale de la dynastie shogunale des Tokugawa, qui, en 1868, prit le nom de Tokyo.

Édouard *(lac),* lac de l'Afrique équatoriale, entre l'Ouganda et le Zaïre ; 2 150 km².

ANGLETERRE ET GRANDE-BRETAGNE

Édouard l'Ancien (m. à Farndon en 924), roi des Anglo-Saxons (899-924). Il refoula les Danois jusqu'au Humber et reçut leur hommage.

Édouard le Confesseur *(saint)* [Islip v. 1003 - Londres 1066], roi d'Angleterre (1042-1066). Il restaura la monarchie anglo-saxonne. Très pieux et peu enclin à la violence, il laissa son beau-père, le comte Godwin, exercer le pouvoir.

Édouard Iᵉʳ (Westminster 1239 - Burgh by Sands 1307), roi d'Angleterre (1272-1307), fils et successeur d'Henri III. Il soumit les Gallois (1282-1284) et fit reconnaître sa suzeraineté par l'Écosse (1292), avant d'en

entreprendre la conquête (1296). Il établit une importante législation et restaura l'autorité royale. **Édouard II** (Caernarvon 1284 - Berkeley 1327), roi d'Angleterre (1307-1327), fils du précédent. Sous son règne, l'Écosse reprit son indépendance (Bannockburn, 1314) ; après de longues luttes contre la grande aristocratie anglaise, trahi par sa femme Isabelle de France, il fut déposé puis assassiné. **Édouard III** (Windsor 1312 - Sheen 1377), roi d'Angleterre (1327-1377), fils du précédent. Revendiquant, comme petit-fils de Philippe IV, le trône capétien, il entreprit contre la France la guerre de Cent Ans. Vainqueur à Crécy (1346), il s'empara de Calais (1347). Ayant capturé Jean le Bon à Poitiers (1356), il lui imposa la paix de Brétigny (1360). Il institua l'ordre de la Jarretière. **Édouard IV** (Rouen 1442 - Westminster 1483), roi d'Angleterre (1461-1483). Fils de Richard, duc d'York, il signa avec la France le traité de Picquigny (1475), qui mit fin à la guerre de Cent Ans. **Édouard V** (Westminster 1470 - Tour de Londres 1483), roi d'Angleterre en 1483. Fils et successeur d'Édouard IV, il fut séquestré et assassiné en même temps que son frère Richard par leur oncle Richard de Gloucester.

Édouard VI (Hampton Court 1537 - Greenwich 1553), roi d'Angleterre et d'Irlande (1547-1553), fils d'Henri VIII et de Jeanne Seymour. Dominé par son oncle Edward Seymour, duc de Somerset, puis par John Dudley, il favorisa la propagation du protestantisme dans son royaume.

Édouard VII (Londres 1841 - *id.* 1910), roi de Grande-Bretagne et d'Irlande (1901-1910), fils de la reine Victoria. Intéressé principalement par les problèmes de politique extérieure, il fut l'initiateur de l'Entente cordiale avec la France. **Édouard VIII** (Richmond, auj. Richmond upon Thames, 1894 - Paris 1972), roi de Grande-Bretagne et d'Irlande du Nord en 1936, fils aîné de George V. Il abdiqua dès 1936 afin d'épouser une Américaine divorcée, Mrs. Simpson, et reçut alors le titre de duc de Windsor.

Édouard, le Prince Noir (Woodstock 1330 - Westminster 1376), prince de Galles, fils d'Édouard III. Il gagna la bataille de Poitiers, où il fit prisonnier Jean le Bon (1356). Duc d'Aquitaine (1362-1372), il combattit en Castille.

PORTUGAL

Édouard, *en port.* Duarte (Lisbonne 1391 - Tomar 1438), roi de Portugal (1433-1438), fils de Jean Iᵉʳ. Il codifia les lois portugaises.

Edrisi (el-) → Idrisi (al-).

Éducation sentimentale *(l'),* roman de G. Flaubert (1869).

Éduens, peuple de la Gaule celtique. Alliés des Romains, ils se rallièrent un temps à Vercingétorix.

Edwards *(Blake),* cinéaste américain (Tulsa 1922). Auteur de comédies, il a réalisé : *Diamants sur canapé* (1961), *la Panthère rose* (1964), *Quand l'inspecteur s'emmêle* (1964), *la Party* (1968), *Victor, Victoria* (1982).

Edwards *(base),* base de l'US Air Force, dans le désert Mohave, à 130 km au nord de Los Angeles. Centre d'essais en vol de la NASA et piste d'atterrissage des navettes spatiales.

E. E. E., sigle de Espace économique européen.

Eekhoud *(Georges),* écrivain belge d'expression française (Anvers 1854 - Bruxelles 1927). Il est un peintre réaliste, dans ses romans, du peuple campinois (*Kermesses,* 1885).

Eeklo, v. de Belgique, ch.-l. d' arr. de la Flandre-Orientale ; 19 032 hab.

Egas *(Enrique),* architecte espagnol d'ascendance flamande, actif à la fin du XVe siècle et durant le premier tiers du XVIe, l'un des maîtres du style platéresque (hôpital royal de Saint-Jacques-de-Compostelle, 1501-1512 ; chapelle royale de la cathédrale de Grenade, 1505-1519).

Égates ou **Ægates** *(bataille des îles)* [241 av. J.-C.], victoire navale romaine, au large de la Sicile, sur les Carthaginois, qui mit fin à la première guerre punique.

Égaux *(conjuration des)* [1796-97], conspiration contre le Directoire, dirigée par Babeuf. Le complot fut dénoncé et ses instigateurs furent guillotinés.

Egbert le Grand (v. 775-839), roi de Wessex (802-839). Il réunit sous sa domination l'heptarchie anglo-saxonne et combattit les invasions scandinaves.

Égée *(mer),* partie de la Méditerranée entre la Grèce et la Turquie.

Eger, v. de Hongrie, au pied des monts Mátra ; 61 892 hab. — Ensemble de monuments, notamment d'époques gothique et baroque. Musée.

Égérie, nymphe romaine, conseillère secrète du roi Numa. À la mort de celui-ci, elle versa tant de larmes qu'elle fut changée en fontaine ; elle devint ainsi la déesse des Sources.

Égine, *en gr.* Aíghina ou Éghina, île grecque de la mer Égée, en face du Pirée ; 85 km² ;

10 000 hab. Ch.-l. *Aíghina.* (5 440 hab.) Pêche. Cultures fruitières. **HIST.** Elle fut du VIIIe au Ve siècle une riche et puissante cité qui imposa son système monétaire au monde grec. Elle tomba sous la domination athénienne au Ve s. av. J.-C. **ARTS.** Le sanctuaire d'Athéna Aphaia est l'un des plus beaux exemples de l'archaïsme finissant ; la décoration sculptée (Munich, Glyptothèque), malgré les restaurations, marque le passage du style ionisant au style sévère.

Éginhard ou **Einhard,** chroniqueur franc (Maingau, Franconie, v. 770 - Seligenstadt 840), secrétaire de Charlemagne, dont il a écrit la vie (v. 830).

Églises orientales → Orient *(Églises chrétiennes d').*

Egmont *(Lamoral, comte* d'), *prince* de Gavre, gentilhomme du Hainaut (La Hamaide 1522 - Bruxelles 1568). Capitaine général des Flandres et conseiller d'État, il fut décapité avec le comte de Hornes à la suite d'une révolte des Pays-Bas contre Philippe II. Il est le héros de la tragédie de Goethe *Egmont* (1788), pour laquelle Beethoven composa une musique de scène (1810).

Égypte, État de l'Afrique du Nord-Est, le plus peuplé du monde arabe ; 1 million de km² ; 58 300 000 hab. *(Égyptiens).* **CAP.** *Le Caire.* **LANGUE :** *arabe.* **MONNAIE :** *livre égyptienne.*

GÉOGRAPHIE
Couvrant une superficie presque double de celle de la France, mais comptant encore un peu moins d'habitants, l'Égypte est cependant un pays localement surpeuplé. La superficie réellement utile approche seulement 40 000 km² et correspond, en dehors de quelques oasis, à la seule vallée du Nil. En effet, à une latitude subtropicale, le pays constitue l'extrémité orientale du Sahara, coupée par le Nil. La chaleur est torride en été, s'accroissant vers le S., où disparaissent pratiquement les précipitations, déjà très faibles dans le delta (où elles avoisinent en moyenne 50 mm par an).
La vallée du Nil, d'une largeur utile de 3 à 15 km, est intensément mise en valeur grâce à une utilisation rationnelle, très ancienne, de la crue annuelle du fleuve, qui fertilise les terres inondées. Le haut barrage d'Assouan a régularisé l'irrigation (fournissant également de l'électricité), gagné de nouvelles terres, accru la fréquence des récoltes (parfois 4 par an), au prix, il est vrai, de quelques contreparties fâcheuses (salinisation

des terres, diminution de l'apport en limon, nécessitant des engrais compensateurs, etc.).

De toute façon, l'augmentation de la production céréalière (blé, maïs, riz) ne suit pas celle d'une population qui s'accroît de près de un million et demi de personnes chaque année : l'Égypte importe la moitié de sa consommation alimentaire. L'exode rural (bien que près de la moitié de la population active soit encore engagée dans l'agriculture) gonfle les villes (Le Caire et Alexandrie en tête), qui regroupent aujourd'hui au moins 50 % de la population. Pourtant, l'industrie est peu développée, si l'on excepte le textile (traitant le coton), l'agroalimentaire (sucre), une petite sidérurgie et surtout l'extraction du pétrole, à l'essor récent. Le pétrole est devenu, devant le coton, le premier poste d'exportations qui ne représentent que le tiers des importations. Le solde déficitaire de ce commerce extérieur (effectué surtout avec les États-Unis et la C. E. E.) n'est pas entièrement comblé par les envois des émigrés, les revenus du canal de Suez et du tourisme international. Il aggrave le poids du lourd endettement extérieur d'un pays au faible niveau de vie, où le problème démographique demeure fondamental (la densité réelle moyenne étant environ de 1 200 hab./km².

HISTOIRE

L'Égypte apparaît très tôt dans l'histoire des civilisations. Au IVe millénaire, elle est divisée entre deux royaumes : Basse-Égypte au nord et Haute-Égypte au sud.

■ **L'Égypte des pharaons.** Elle voit se succéder trois empires distincts et de nombreuses dynasties.

3200-2778 av. J.-C. (Ire et IIe dynasties). Époque thinite. Ménès (ou Narmer) unifie l'Égypte.

2778-2660 (IIIe à VIe dynastie). Ancien Empire.

L'Égypte, alors unifiée, a pour capitale Memphis. C'est pendant cette période que les rois de la IVe dynastie (Kheops, Khephren et Mykerinus) font construire les pyramides de Gizeh. Sous les pharaons, fils du dieu solaire Rê, l'Égypte connaît une grande prospérité, favorable au développement de l'art.

Vers 2660-2160 av. J.-C. Première période intermédiaire.

2160-1785 (XIe et XIIe dynasties). Moyen Empire ou premier Empire thébain.

Le Moyen Empire étend la domination égyptienne jusqu'à la Nubie et en direction de la Syrie. La XIIe dynastie favorise le culte d'Amon.

1785-1580 av. J.-C. Seconde période intermédiaire. Le pays est envahi par les Hyksos, venus de Palestine, qui sont finalement repoussés par les princes de Thèbes.

1580-1085 (XVIIIe à XXe dynastie). Nouvel Empire ou second Empire thébain.

Sous la XVIIIe dynastie (1580-1314 av. J.-C.), l'Égypte est une des grandes puissances de l'Orient. Thoutmosis Ier et Thoutmosis III font la conquête du haut Nil et de la Syrie. Aménophis IV abandonne le culte d'Amon pour celui d'Aton, dieu unique. Ramsès II (XIXe dynastie) repousse les invasions hittites.

1085. Fin de l'unité égyptienne.

Des dynasties étrangères ou nationales alternent au pouvoir (XXIe à XXVIe dynastie).

525 av. J.-C. Le pays est conquis par les Perses.

Des rois perses et indigènes se succèdent (XXVIIe à XXXe dynastie).

■ **L'Égypte hellénistique et romaine.**

332 av. J.-C. L'Égypte est conquise par Alexandre le Grand.

Pendant près de trois siècles, les Lagides, dynastie grecque, règnent sur le pays. La civilisation égyptienne subit l'influence grecque. Alexandrie devient un centre intellectuel florissant.

30 av. J.-C. L'Égypte est annexée par Rome. Elle approvisionne le monde romain en blé. Le christianisme se développe et, au IIIe s., est profondément implanté

395. À la mort de Théodose, l'Égypte entre dans la mouvance byzantine. L'Église égyptienne est l'Église copte.

■ **L'Égypte musulmane jusqu'à Méhémet-Ali.**

640-642. Les Arabes conquièrent le pays. Intégrée à l'Empire musulman, l'Égypte est islamisée. Les coptes ne représentent plus qu'un quart de la population en 750.

969-1171. Les Fatimides gouvernent le pays. Ils fondent Le Caire et l'université d'al-Azhar.

1171-1250. La dynastie fondée par Saladin s'empare de la quasi-totalité des États latins du Levant.

1250-1517. Le pays est gouverné par la caste militaire des Mamelouks.

1517. L'Égypte devient une province ottomane.

1798-1801. Occupation par les troupes françaises commandées par Bonaparte.

■ **L'Égypte moderne.**

1805-1848. Méhémet-Ali modernise le pays. Il conquiert le Soudan en 1821.

1867. Ismaïl Pacha obtient le titre de khédive (vice-roi).

1869. Le canal de Suez est inauguré.

Endetté, le khédive doit accepter la tutelle des Français et des Britanniques, puis celle de ces derniers seuls. Les Anglais établissent une domination de fait sur le pays à partir de 1882.

1914. La suzeraineté ottomane est abolie et le protectorat britannique établi.

1922. Le protectorat est supprimé et l'Égypte devient un royaume.

1928. Création du mouvement politico-religieux des Frères musulmans, qui milite pour un régime islamique.

1936. Le traité anglo-égyptien confirme l'indépendance de l'Égypte, qui accepte le stationnement de troupes britanniques sur son territoire.

1948-1949. L'Égypte participe à la première guerre israélo-arabe.

■ **L'Égypte républicaine.**

1953. La république est proclamée.

1954. Nasser devient le seul maître du pays.

1956. Il obtient des Soviétiques le financement du haut barrage d'Assouan et nationalise le canal de Suez, ce qui provoque un conflit avec Israël et l'intervention militaire franco-britannique.

1958-1961. L'Égypte et la Syrie forment la République arabe unie.

1967. Un nouveau conflit avec Israël entraîne la fermeture du canal de Suez. Les Israéliens occupent le Sinaï.

1970. Sadate succède à Nasser.

1973. Une nouvelle guerre oppose l'Égypte et d'autres pays arabes à Israël. L'Égypte récupère le contrôle du canal de Suez.

1976. L'Égypte rompt ses relations avec l'U. R. S. S.

1979. Le traité de paix avec Israël est signé à Washington conformément aux accords de Camp David.

1981. Sadate est assassiné par des extrémistes islamistes, H. Moubarak devient président de la République.

1982. Restitution du Sinaï à l'Égypte.

Mise au ban du monde arabe après la signature de la paix avec Israël, l'Égypte s'en rapproche à partir de 1983-84. Sous la pression des islamistes, elle procède à une certaine islamisation des lois, de la Constitution et de l'enseignement.

1989. Réintégration au sein de la Ligue arabe.

1991. Lors de la guerre du Golfe, l'Égypte participe à la force multinationale engagée contre l'Iraq. À partir de 1991, les extrémistes islamistes multiplient les attentats.

Égypte *(campagne d')*, action engagée en 1798 par Bonaparte dans le but de s'assurer une base d'opérations contre la domination britannique en Inde. Marquée par l'écrasement des Mamelouks à la bataille des Pyramides et par l'anéantissement de la flotte française à Aboukir, elle permit aussi une meilleure connaissance de l'Égypte ancienne (fondation de l'Institut d'Égypte). Bonaparte fut remplacé par Kléber (1799), puis par Menou, qui capitula et signa une convention d'évacuation avec les Anglais (1801).

Ehrenbourg *(Ilia Grigorievitch)*, écrivain russe (Kiev 1891 - Moscou 1967). Auteur de récits sociaux et patriotiques, il donna le signal de la déstalinisation littéraire (*le Dégel*, 1954).

Ehrenfels *(Christian, baron von)*, psychologue autrichien (Rodaun 1859 - Lichtenau 1932). Ses travaux sur la perception le rattachent à l'école phénoménologique et au gestaltisme.

Ehrlich *(Paul)*, médecin allemand (Strehlen, Silésie, 1854 - Bad Homburg 1915). Chercheur polyvalent, il proposa une coloration et une classification pour l'analyse des cellules du sang, et étudia les maladies infectieuses (surtout la syphilis) et leur traitement. (Prix Nobel 1908.)

Eichendorff *(Joseph, baron von)*, écrivain allemand (château de Lubowitz, Haute-Silésie, 1788 - Neisse, auj. Nysa, 1857). Poète lyrique d'inspiration romantique et de foi catholique, il laisse des nouvelles (*Scènes de la vie d'un propre à rien*, 1826) et des *lieder* qui appartiennent au répertoire populaire allemand.

Eichmann *(Adolf)*, officier allemand (Solingen 1906 - Ramla, Israël, 1962). Membre du parti nazi puis de la SS, il joua, à partir de 1938, un rôle capital dans la déportation et l'extermination des Juifs. Réfugié après la guerre en Argentine, il y fut enlevé par Israël en 1960, condamné à mort et exécuté.

Eiffel *(Gustave)*, ingénieur français (Dijon 1832 - Paris 1923). Il fut l'un des meilleurs spécialistes mondiaux de l'architecture du fer. Il a édifié une série de ponts, notamment le viaduc de Garabit, dans le Cantal (1882), et, à Paris, la tour qui porte son nom (1887-1889 ; haut. 300 m à l'origine, auj. 320 m). On lui doit l'ossature de la statue de la Liberté, à New York (1886). Il fut aussi l'un des créateurs de l'aérodynamique.

Eiger, sommet des Alpes bernoises ; 3 970 m.

Eijkman *(Christiaan),* physiologiste néerlandais (Nijkerk 1858 - Utrecht 1930). Il découvrit que le béribéri est dû à la consommation de riz décortiqué, en déduisit la présence d'une substance (vitamine B1) dans l'enveloppe et permit ainsi la découverte des vitamines. (Prix Nobel 1929.)

Eilat, port et station balnéaire d'Israël, sur la mer Rouge, au fond du golfe d'Aqaba ; 25 000 hab.

Einaudi *(Luigi),* économiste et homme d'État italien (Carru, Piémont, 1874 - Rome 1961), président de la République de 1948 à 1955.

Eindhoven, v. du sud des Pays-Bas ; 192 895 hab. Constructions mécaniques et surtout électriques. — Musée municipal d'Art moderne Van Abbe ; « Evoluon » de la société Philips, musée de sciences et techniques.

Einhard → **Éginhard.**

Einsiedeln, v. de Suisse (cant. de Schwyz) ; 10 869 hab. — Grande abbaye de bénédictins, reconstruite fastueusement au début du XVIIIᵉ siècle, avec une Vierge Noire, qui attire chaque année de nombreux pèlerins.

Einstein *(Albert),* physicien allemand, puis suisse, naturalisé américain en 1940 (Ulm 1879 - Princeton 1955). Reçu en 1896 à l'Institut polytechnique de Zurich, il entre en 1902 à l'Office fédéral des brevets de Berne et profite de ses loisirs pour réfléchir aux problèmes de la physique moderne.
Trois découvertes, faites coup sur coup, vont le rendre célèbre. Utilisant le calcul des probabilités à propos du mouvement brownien, il en établit la théorie et obtient une valeur du nombre d'Avogadro (1905). Appliquant, la même année, la théorie des quanta de Planck à l'énergie rayonnante, il parvient à l'hypothèse des photons ; il peut ainsi expliquer l'effet photoélectrique et en découvrir les lois, ce qui lui vaudra le prix Nobel. Mais il est surtout connu pour sa création de la théorie de la relativité, comportant deux parties : la relativité restreinte (1905), qui modifie les lois de la mécanique galiléo-newtonienne et introduit l'équivalence de la masse et de l'énergie, et la relativité générale (1916), théorie de la gravitation concernant un univers à quatre dimensions, courbe et fini. Obligé de quitter l'Allemagne en 1933, il s'installe d'abord à Paris, puis en Belgique, avant d'accepter la première chaire de professeur à l'Institute for Advanced Study de Princeton, où il travaille à l'élaboration d'une théorie unitaire,

synthèse de la gravitation et de l'électromagnétisme, sans jamais y parvenir vraiment. (Prix Nobel de physique 1921.)

Einstein *(Alfred),* musicologue allemand, naturalisé américain (Munich 1880 - El Cerrito, Californie, 1952). On lui doit la 3ᵉ édition du Catalogue Köchel des œuvres de Mozart (1937), un *Mozart* (1945) et un *Schubert* (1951).

Einthoven *(Willem),* physiologiste néerlandais (Semarang, Java, 1860 - Leyde 1927). Il inventa puis étudia l'électrocardiographie, enregistrement de l'activité électrique du cœur, et la phonocardiographie, enregistrement des sons. (Prix Nobel 1924.)

Eire, nom gaélique de l'**Irlande** adopté par l'État libre en 1937.

Eisenach, v. d'Allemagne (Thuringe) ; 47 027 hab. — Château de la Wartburg (XIIᵉ-XIXᵉ s.) et château ducal (XVIIIᵉ s.), aujourd'hui musées. Églises médiévales. Maisons-musées Luther et Bach.

Eisenhower *(Dwight David),* général et homme d'État américain (Denison, Texas, 1890 - Washington 1969). Il dirige les débarquements alliés en Afrique du Nord (1942), en Italie (1943) puis en Normandie (1944). Commandant en chef des forces alliées, il reçoit la capitulation de l'Allemagne à Reims le 7 mai 1945. Il est nommé en 1950 à la tête des forces du Pacte atlantique en Europe. Républicain, il est élu président des États-Unis en 1952 et réélu en 1956.

Eisenstein *(Sergueï Mikhaïlovitch),* cinéaste soviétique (Riga 1898 - Moscou 1948). En 1925, après avoir expérimenté dans un premier film, *la Grève,* ses théories sur le montage, il tourne *le Cuirassé Potemkine* (reconstitution de la mutinerie du *Potemkine* en 1905), qui fera date dans l'histoire du cinéma à la fois par l'évidente sincérité de son message révolutionnaire et par la profonde originalité de sa facture. Dans le même esprit, il réalise *Octobre* (1927) et *la Ligne générale* (1929). Le cinéaste inaugure avec ces films le montage intellectuel : jeux d'associations d'images qui doivent conduire le spectateur vers les idées de l'auteur et vers une analyse. Ensuite, il tourne au Mexique *Que viva Mexico !* Le montage de cette œuvre lui échappera, et elle sera exploitée ultérieurement sans son accord dans *Tonnerre sur le Mexique* (1933), *Kermesse funèbre* (1933) et *Time in the Sun* (1939). De retour en U. R. S. S., Eisenstein enseigne à l'Institut du cinéma de Moscou, et réalise *Alexandre Nevski* (1938) et *Ivan le*

Terrible (1942-1946), ce dernier film pouvant être considéré comme son testament artistique. Au même titre que ses films, ses écrits ont conservé à Eisenstein une place centrale dans le cinéma universel.

Eisler *(Hanns),* compositeur autrichien naturalisé allemand (Leipzig 1898 - Berlin 1962). Partisan de l'art engagé, il collabora avec Brecht à partir de 1929. Il écrivit beaucoup de musique de film aux États-Unis et est l'auteur de l'hymne national de l'ancienne R. D. A.

Eitoku → Kano.

Ekelöf *(Gunnar),* poète suédois (Stockholm 1907 - Sigtuna 1968). Unissant les recherches surréalistes aux thèmes lyriques traditionnels, il a profondément marqué l'évolution poétique suédoise (*Diwan, I, II, III,* 1965-1967).

Ekelund *(Vilhelm),* poète suédois (Stehag 1880 - Saltsjöbaden 1949). Disciple des symbolistes français, il est le précurseur de la poésie moderne suédoise (*Élégies,* 1903).

Élagabal ou **Héliogabale** *(Marcus Aurelius Antoninus, dit)* [204 - Rome 222], empereur romain (218-222). Grand prêtre du Baal solaire d'Émèse (Syrie), qu'il proclama dieu suprême de l'Empire, il fut assassiné par les prétoriens.

Élam, ancien État situé dans le sud-ouest de l'Iran actuel (la Susiane des Grecs). Siège d'une grande civilisation dès le Ve millénaire, l'Élam, dont la capitale était Suse, devint aux XIIIe-XIIe s. av. J.-C. un puissant empire. Suse fut détruite par Assourbanipal en 646 av. J.-C. ; les Élamites furent incorporés à l'Empire mède (612) puis perse.

Elbasan, v. de l'Albanie centrale ; 81 000 hab. Sidérurgie.

Elbe, *en tchèque* Labe, fl. de la République tchèque et d'Allemagne ; 1 100 km. Née à proximité de la frontière polonaise, l'Elbe draine la Bohême centrale, entaille les monts Métallifères avant d'atteindre la Saxe et Dresde. Coulant vers le N.-O., elle reçoit la Saale et passe à Magdebourg avant d'atteindre Hambourg, tête de l'estuaire sur la mer du Nord.

Elbe *(île d'),* en ital. Elba, île italienne de la mer Tyrrhénienne, dépendant de la province de Livourne, séparée de la côte par le canal de Piombino ; 223,5 km² ; 28 000 hab. Ch.-l. *Portoferraio.* La viticulture, la pêche et le tourisme sont les principales ressources de cette île montagneuse, avec le minerai de fer, exploité depuis l'Antiquité. — Napoléon y régna après sa première abdication (3 mai 1814 - 26 févr. 1815).

Elbée *(Maurice Gigost d'),* général vendéen (Dresde 1752 - Noirmoutier 1794), successeur de Cathelineau comme généralissime de l'« armée catholique et royale ».

Elbourz, massif de l'Iran, au sud de la Caspienne, culminant au Demavend (5 671 m).

Elbrous ou **Elbrouz,** point culminant du Caucase, formé par un volcan éteint ; 5 642 m.

Elcano *(Juan Sebastián),* navigateur espagnol (Guetaria v. 1476 - dans l'océan Pacifique 1526). Il participa au voyage de Magellan et ramena en Europe le dernier navire de l'expédition en 1522. Il est le premier marin à avoir fait le tour du monde.

Elche, v. d'Espagne (prov. d'Alicante) ; 188 062 hab. Palmeraie. — *La Dame d'Elche,* buste antique, se rattache à l'art ibérique d'influence grecque ; sa datation (V[e]-IIIe s. av. J.-C.) n'a pu être précisée.

Elchingen *(bataille d')* [14 oct. 1805], victoire de Ney sur les Autrichiens au nord-est d'Ulm (Bavière).

Eldorado (« le Doré »), pays fabuleux d'Amérique, riche en or, que les conquistadores plaçaient entre l'Amazone et l'Orénoque.

Électre, fille d'Agamemnon et de Clytemnestre, sœur d'Oreste et d'Iphigénie. Elle s'emploie à venger son père en aidant Oreste à assassiner Clytemnestre et son amant Égisthe, les meurtriers d'Agamemnon. — La vengeance d'Électre a inspiré Eschyle (*les Choéphores,* 458 av. J.-C.), Sophocle (415 av. J.-C.), Euripide (v. 413 av. J.-C.) et, à l'époque moderne, Eugene O'Neill (*Le deuil sied à Électre,* 1931) et Jean Giraudoux (1937).

Élée, anc. v. d'Italie (Lucanie), colonie des Phocéens, patrie des philosophes Zénon et Parménide (« école d'Élée » ou Éléates).

Éléments, œuvre d'Euclide. Dans les treize livres qui constituent ce traité, Euclide effectue la synthèse des mathématiques de son temps (arithmétique, théorie de la mesure, géométrie plane et dans l'espace, etc.). Ce texte fut une référence tout au long de l'histoire des mathématiques.

Éléments de mathématique, traité collectif du groupe Nicolas Bourbaki. Publiée depuis la fin des années 1930, cette œuvre monumentale est partagée en dix livres (ou « fascicules »), chacun pouvant comporter plusieurs tomes (*Théorie des ensembles, Algèbre, Topologie générale,* etc.). L'ensemble procède d'un souci de formalisation complète des mathématiques, dans un ordre logique rigoureux, guidé par la méthode axiomatique. Le titre, qui en appelle à un lointain parrainage d'Euclide, souligne la volonté d'unification des mathématiques, symbolisée par l'emploi du singulier.

Éléonore de Habsbourg, archiduchesse d'Autriche (Louvain 1498 - Talavera 1558), fille de Philippe Ier le Beau, roi de Castille. Elle épousa en 1518 Manuel Ier le Grand, roi de Portugal, puis en 1530 François Ier, roi de France.

Elephanta Gharapuri, petite île indienne au centre du golfe de Bombay. Cavernes ornées du viie siècle dont l'une abrite le buste colossal de Shiva à trois visages appelé « Trimurti », expression de l'héroïsme, de la sérénité et de l'union avec sa parèdre. L'ensemble est remarquable d'équilibre et d'harmonie, traits caractéristiques de la période postgupta.

Éléphantine, ancienne ville d'Égypte située sur une île, près du dernier écueil de la première cataracte du Nil, face à Assouan. Capitale du premier nome de Haute-Égypte, la ville était une place stratégique importante et un carrefour commercial obligé pour les marchandises africaines. — Ruines, dont le célèbre nilomètre. Musée.

Éleusis, port de Grèce (Attique), au nord-ouest d'Athènes ; 23 041 hab. Sidérurgie. **RELIG.** Dans l'Antiquité, on y célébrait des « mystères » liés au culte de la déesse de la Végétation, Déméter, et de sa fille, Perséphone. L'initiation aux rites d'Éleusis garantissait à l'homme le salut dans la vie future. Les « grands mystères », célébrés en septembre, duraient 10 jours et comportaient des processions d'Athènes à Éleusis et des rites de purification collective. **ARCHÉOL.** Les agrandissements successifs du *Télestérion* (vaste salle hypostyle de plan carré, en partie taillée dans le roc et servant à l'initiation) confirment la fréquentation de ce lieu de culte, de la plus haute époque au ive s. apr. J.-C. (bas-relief, sans doute de l'atelier de Phidias, au musée d'Athènes).

Elf Aquitaine, société française dont les origines remontent à la création, en 1941, de la Société nationale des pétroles d'Aquitaine (S. N. P. A.) et qui découvrit à Lacq un gisement de pétrole (1949) puis de gaz (1951). Ses activités sont l'extraction de pétrole et de gaz, le raffinage, la pétrochimie, l'industrie minière. En 1994, la société a été privatisée.

Elgar *(sir Edward),* compositeur britannique (Broadheath 1857 - Worcester 1934). Direc-

teur de la musique du roi, il est l'auteur d'oratorios (*The Dream of Gerontius,* 1900), de deux symphonies, de concertos et des marches *Pomp and Circumstance* (1901-1930).

Elgin *(Thomas Bruce, comte* d'*),* diplomate britannique (Londres 1766 - Paris 1841). Ambassadeur en Turquie (1799-1802), il fit transporter au British Museum une partie des sculptures du Parthénon. Son fils **James** (Londres 1811 - Dharmsala 1863) fut gouverneur du Canada de 1846 à 1854 et le premier vice-roi des Indes (1862).

El-Hadj Omar ou **al-Hadjdj Umar,** chef musulman toucouleur (près de Podor, v. 1754 - dans le Bandiagara, Mali, 1864). Il tenta par une guerre sainte, lancée en 1854, de constituer un empire dans la région du Sénégal et du Mali actuels.

Éliade *(Mircea),* historien des religions et écrivain roumain (Bucarest 1907 - Chicago 1986). Plus que ses romans (tels *la Nuit bengali,* 1933, et *le Vieil Homme et l'Officier,* 1968), ce sont ses essais qui lui ont valu une réputation mondiale (*Traité d'histoire des religions, le Mythe de l'éternel retour,* 1949 ; *Aspects du mythe,* 1963 ; *Histoire des croyances et des idées religieuses,* 3 vol. 1976-1983). L'ample comparatisme de Mircea Éliade réduit la religion à une « sacralité cosmique » et au domaine païen des forces vitales qui parcourent la Nature. L'*Homo religiosus* serait alors particulièrement sensible à la métaphysique de la Vie et de l'Origine, au mépris des valeurs de sainteté et d'éthique que privilégient, par exemple, le judaïsme et le christianisme.

Elias *(Norbert),* sociologue allemand (Breslau, auj. Wrocław, 1897 - Amsterdam 1990). Il est l'auteur d'une théorie évolutionniste de l'histoire dans une perspective sociologique ; il a proposé également une théorie originale de la novation. Il a écrit *la Civilisation des mœurs* et la *Dynamique de l'Occident* (1939), la *Société de cour* (1969).

Élide, pays de la Grèce ancienne, sur la côte ouest du Péloponnèse. Dans sa principale ville, Olympie, on célébrait les *jeux Olympiques.*

Élie, prophète hébreu qui exerça son ministère dans le royaume d'Israël au ixe s. av. J.-C. Il se présente comme le porte-parole inspiré de la volonté divine dans les affaires publiques et comme le champion de la foi en Yahvé face aux cultures polythéistes des Cananéens.

Élie de Beaumont *(Léonce),* géologue français (Canon, Calvados, 1798 - *id.* 1874).

Avec Dufrénoy, il établit, à partir de 1823, la carte géologique de la France au 1/500 000. Il a exercé une influence considérable sur la géologie au milieu du XIXᵉ siècle, en particulier avec ses travaux sur l'orogenèse. Il pensait que les chaînes de montagnes résultaient de la contraction de l'écorce terrestre.

Eliot *(Mary Ann* Evans, dite George), femme de lettres britannique (Chilvers Coton, Warwickshire, 1819 - Londres 1880). Elle est l'auteur de romans réalistes qui peignent la vie rurale et provinciale anglaise *(Adam Bede,* 1859 ; *le Moulin sur la Floss,* 1860 ; *Silas Marner,* 1861).

Eliot *(Thomas Stearns),* poète britannique d'origine américaine (Saint Louis, Missouri, 1888 - Londres 1965). Influencé par les symbolistes français *(la Chanson d'amour de J. Alfred Prufrock,* 1917), il se fit le chantre des mythes antiques dans ses essais *(le Bois sacré,* 1920) et des poèmes *(la Terre Gaste,* 1922). Il est l'un des maîtres de la nouvelle école poétique anglo-américaine. Il évolue par la suite vers un catholicisme mystique dont témoigne le drame poétique *Meurtre dans la cathédrale* (1935), évocation du martyre de Thomas Becket, archevêque de Canterbury. (Prix Nobel 1948.)

SAINTES

Élisabeth *(sainte),* d'après l'Évangile de Luc, cousine de Marie. Épouse de Zacharie et mère de Jean le Baptiste, elle reçut, étant enceinte de celui-ci, la visite de la mère de Jésus. Cette rencontre des deux femmes constitue le mystère de la Visitation.

Élisabeth *(sainte),* princesse hongroise (Sáxospatak 1207 - Marburg 1231). Fille d'André II, roi de Hongrie, et épouse de Louis IV, landgrave de Thuringe et de Hesse, elle se retira, à la mort de celui-ci, dans un hôpital qu'elle avait fondé à Marburg. On la canonisa quatre ans seulement après sa mort.

AUTRICHE

Élisabeth de Wittelsbach, dite Sissi, impératrice d'Autriche (Possenhofen, Bavière, 1837 - Genève 1898). Femme de François-Joseph Iᵉʳ, elle fut assassinée par un anarchiste italien.

BELGIQUE

Élisabeth, reine des Belges (Possenhofen, Bavière, 1876 - Bruxelles 1965), fille du duc de Bavière Charles Théodore, épouse d'Albert Iᵉʳ.

ESPAGNE

Élisabeth de France, reine d'Espagne (Fontainebleau 1545 - Madrid 1568). Fille de Henri II et de Catherine de Médicis, elle épousa Philippe II, roi d'Espagne, en 1559.

Élisabeth de France, reine d'Espagne (Fontainebleau 1602 - Madrid 1644). Fille de Henri IV et de Marie de Médicis, elle épousa le futur Philippe IV (1615) et fut la mère de Marie-Thérèse, épouse de Louis XIV.

Élisabeth Farnèse, reine d'Espagne (Parme 1692 - Madrid 1766). Seconde épouse (1714) de Philippe V, elle contribua à rétablir la domination espagnole sur l'Italie.

FRANCE

Élisabeth d'Autriche, reine de France (Vienne 1554 - id. 1592). Fille de l'empereur Maximilien II, elle épousa Charles IX en 1570.

Élisabeth de France *(Philippine Marie Hélène,* Madame) [Versailles 1764 - Paris 1794], sœur de Louis XVI. Elle fut guillotinée.

GRANDE-BRETAGNE

Élisabeth Iʳᵉ (Greenwich 1533 - Richmond 1603), reine d'Angleterre et d'Irlande (1558-1603), fille d'Henri VIII et d'Anne Boleyn. Elle succède à sa demi-sœur Marie Tudor. Intelligente et cultivée, elle accorde sa confiance à des hommes de valeur, comme Cecil, son principal conseiller. Elle dirigera avec clairvoyance et fermeté une Angleterre qu'elle unifiera et dont elle fera une grande nation. En matière religieuse, elle rétablit l'anglicanisme tel que l'avait instauré Henri VIII (Acte de suprématie et Acte d'uniformité de 1559, promulgation des Trente-Neuf Articles en 1563) et soumet l'Église à l'État. Cette politique modérée lui vaut l'opposition des calvinistes puritains et celle des catholiques, partisans de la reine d'Écosse, Marie Stuart, qui ont toujours contesté sa légitimité, le mariage des parents d'Élisabeth ayant été annulé. Elle réprime sévèrement les menées calvinistes, enferme (1568) puis fait décapiter (1587) Marie Stuart. Inclinant sa politique européenne vers le camp protestant, elle abandonne l'alliance espagnole, traditionnelle chez les Tudors. Elle encourage la fondation de la colonie de Virginie (1584), située sur les territoires américains réservés à l'Espagne, et soutient les Pays-Bas révoltés. La guerre ouverte avec l'Espagne de Philippe II est déclarée en 1587, et l'Invincible Armada, dispersée par les navires de Drake, est anéantie par la tempête (1588). La guerre se poursuit jusqu'à la fin du siècle avec des répercussions en France, où Élisabeth soutient Henri de Navarre (Henri IV). Aidée de Cecil, elle restaure les finances, favorise l'expansion outre-mer (fondation de la Compagnie des Indes orientales, 1600), soutenant par ailleurs les activités économiques de la bourgeoisie et de la noblesse, fondées sur l'industrie textile et l'élevage du mouton. Dans le même temps, elle tente de sauvegarder la paysannerie libre et de porter remède à la misère du peuple (lois sur les pauvres). L'absence d'héritiers directs d'une souveraine qui a refusé de se marier fait passer la couronne anglaise aux mains des Stuarts, détestés par les puritains.

L'ère élisabéthaine se caractérise par l'affirmation de la puissance politique et économique de l'Angleterre, et par une véritable renaissance artistique et intellectuelle, dont Shakespeare est le principal représentant.

Élisabeth II (Londres 1926), reine de Grande-Bretagne et chef du Commonwealth depuis 1952, fille de George VI. Elle épouse en 1947 Philippe, duc d'Édimbourg.

RUSSIE

Élisabeth (Kolomenskoïe 1709 - Saint-Pétersbourg 1762), impératrice de Russie (1741-1762), fille de Pierre le Grand et de Catherine Iʳᵉ. Hostile au parti allemand, elle favorisa l'influence française et engagea la Russie aux côtés de la France et de l'Autriche dans la guerre de Sept Ans (1756-1763).

Élisabethville → Lubumbashi.

Élisée, disciple et successeur du prophète Élie (IXᵉ s. av. J.-C.). Il poursuivit, bien qu'avec une moindre influence, l'action religieuse et politique de son maître.

Elkington (*George Richards*), inventeur britannique (Birmingham 1801 - Pool Park, comté de Clwyd, pays de Galles, 1865). On lui doit l'utilisation commerciale des procédés d'argenture et de dorure par l'électrolyse (1840).

Elle, hebdomadaire français, fondé en 1945 par Hélène Gordon-Lazareff. S'adressant plus particulièrement aux femmes, il traite notamment de la mode, de la beauté, de la maison et aborde certains problèmes sociaux contemporains.

Ellesmere (*île* ou *terre d'*), île de l'archipel arctique canadien (Territoires du Nord-Ouest), en grande partie englacée ; 196 000 km².

Ellice → Tuvalu (*îles*).

Ellington (*Edward Kennedy*, dit *Duke*), pianiste, compositeur et chef d'orchestre de jazz américain (Washington 1899 - New York 1974). Il dirige sa première formation, les Washingtonians, en 1924, puis devient de 1927 à 1932 la vedette du Cotton Club. Il y développe le style « jungle ». De 1933 à sa mort, il parcourt le monde entier avec son orchestre. Pianiste de qualité subtile, Ellington a largement contribué à faire du jazz une musique classique, marquée par un travail raffiné et varié, une grande inventivité harmonique et un prestigieux répertoire de compositions originales.

Elliot Lake, v. du Canada (Ontario), près du lac Huron ; 13 752 hab. Uranium.

Ellora, village de l'Inde (Maharashtra), au N.-O. d'Aurangabad. Important site archéologique comprenant 34 sanctuaires excavés (VIᵉ-IXᵉ s.) : 12 bouddhiques, 17 brahmaniques et 5 jaina. Le Kailasa, temple monolithe (shivaïte), et son complexe excavé représentent l'aboutissement de l'art rupestre. Remarquable sculpture.

Ellul (*Jacques*), juriste et sociologue français (Bordeaux 1912 - *id.* 1994). Il a notamment étudié l'intervention et le rôle croissant de la technique dans la société contemporaine. On lui doit *la Technique ou l'Enjeu du siècle* (1954), *Propagandes* (1962), *le Système technicien* (1977), *l'Empire du non-sens* (1980), *la Parole humiliée* (1981), *le Bluff technologique* (1988).

Éloge de la Folie (*l'*), ouvrage latin d'Érasme (1511).

Éloi (*saint*), évêque mérovingien (Chaptelat, près de Limoges, v. 588-660). Orfèvre de Limoges, il fut chargé de la trésorerie des rois Clotaire II et Dagobert Iᵉʳ. Devenu évêque de Noyon en 641, il fonda de nombreux monastères et s'employa à convertir les païens de son diocèse. On a fait de lui le patron des orfèvres et des métallurgistes.

Éloy (*Jean-Claude*), compositeur français (Mont-Saint-Aignan, près de Rouen, 1938). Influencé par les musiques orientales, il tente, dans *Kamakala* pour 3 orchestres et 5 groupes de chœurs (1971), la synthèse entre l'Orient et l'Occident. Il a aussi écrit *Fluctuante-immuable* (1977), *Gaku-No-Michi* (les Voies de la musique) [1978], *Yo-In* (Réverbérations) [1979]. Depuis la fin des années 80, il a composé plusieurs cycles de *Libérations*.

El Paso, v. des États-Unis (Texas), sur le Rio Grande ; 515 342 hab. Métallurgie (cuivre).

Elseneur, *en danois* Helsingør, port du Danemark, dans le nord-est de l'île de Sjaelland, sur le Sund ; 57 000 hab. — Château de Kronborg (XVIᵉ s.), où Shakespeare situe l'action de *Hamlet*.

Elsheimer *(Adam)*, peintre et graveur allemand (Francfort-sur-le-Main 1578 - Rome 1610). Fixé à Rome vers 1600, il peignit de petits paysages à figures d'une technique minutieuse, mais d'un effet monumental, qui ont influencé l'art du paysage historique.

Elskamp *(Max)*, poète belge d'expression française (Anvers 1862 - *id.* 1931). Associé à la renaissance littéraire de la Belgique et au mouvement symboliste, il s'inspira de l'art et des traditions populaires (*Enluminures,* 1898), puis de la tradition extrême-orientale (*Aegri somnia,* 1924).

Elster, nom de deux rivières de l'Allemagne (Saxe) : l'*Elster Blanche,* qui se jette dans la Saale (r. dr.) et passe à Leipzig (257 km), et l'*Elster Noire,* affl. de l'Elbe (r. dr.) [188 km].

Eltsine → Ieltsine.

Eluard *(Eugène* Grindel, dit Paul*)*, poète français (Saint-Denis 1895 - Charenton-le-Pont 1952). Lié aux mouvements d'avant-garde poétiques, comme le dadaïsme (*les Animaux et leurs hommes,* 1920), puis le surréalisme (*Capitale de la douleur,* 1926 ; *l'Amour, la poésie,* 1929), il aspire à rénover les techniques du langage et à trouver un moyen d'accéder à l'inconscient. Poète fraternel, témoin de la souffrance humaine, il lutte contre le fascisme, devient, pendant l'Occupation, le poète de la Résistance (*Au rendez-vous allemand,* 1944) et s'engage au Parti communiste (*Une leçon de morale,* 1949). Son œuvre est dominée par le thème de l'amour, auquel il donne une tonalité sensuelle et ambiguë. Sensible à l'art plastique, transposant dans ses poèmes le langage des peintres, avec qui il collabore (*les Yeux fertiles,* 1936), il compose des anthologies (*Donner à voir,* 1939), dans lesquelles ses choix personnels expliquent une esthétique où la femme est le médiateur indispensable entre l'individu et l'univers.

Élysée → Champs Élysées.

Élysée *(palais de l')*, siège de la présidence de la République française, à Paris, rue du Faubourg-Saint-Honoré (VIIIᵉ arr.). Son noyau premier est un hôtel particulier du début du XVIIIᵉ siècle.

Elýtis *(Odhysséas* Alepoudhélis, dit Odhysséas*)*, poète grec (Héraklion, Crète, 1911 - Athènes 1996). À partir de la réalité marine de son pays, de l'exploration de l'inconscient dans une perspective surréaliste, ainsi que de l'évocation des conflits sociaux et politiques de la Grèce, il compose une nouvelle mythologie (*Soleil, le premier,* 1943 ;

Six et Un remords pour le ciel, 1960 ; *Maria Néféli,* 1978). [Prix Nobel 1979.]

Elzévir, Elzevier ou **Elsevier,** famille d'imprimeurs et de libraires hollandais établis à Leyde, à La Haye, à Utrecht et à Amsterdam aux XVIᵉ et XVIIᵉ siècles. Leurs éditions sont des modèles d'élégance typographique.

Emba, fl. du Kazakhstan, qui rejoint la Caspienne ; 712 km. Il donne son nom à une région pétrolifère entre l'Oural méridional et la Caspienne.

Embabèh ou **Imbaba,** v. d'Égypte, près du Caire, sur la rive gauche du Nil ; 341 000 hab.

Embrun, ch.-l. de c. des Hautes-Alpes, dans l'Embrunais, sur la Durance ; 6 227 hab. *(Embrunais).* Tourisme. — Ancienne cathédrale du XIIᵉ siècle.

Emden, port d'Allemagne (Basse-Saxe), à l'embouchure de l'Ems ; 50 090 hab.

Emerson *(Ralph Waldo)*, philosophe américain (Boston 1803 - Concord, Massachusetts, 1882). Pasteur, il renonça au sacerdoce après la mort de sa femme. Il chercha à fonder un système qui affirme la supériorité de la conscience individuelle sur les croyances et les dogmes traditionnels (Églises et Écritures). Il devint ainsi le fondateur d'un système idéaliste, mystique et panthéiste, qu'il a appelé « le transcendantalisme ». Il a écrit : *la Méthode de la nature et l'homme réformé* (1844), *la Conduite de la vie* (1860).

Émile *ou De l'éducation,* roman pédagogique de J.-J. Rousseau (1762).

Émilie-Romagne, en ital. Emilia-Romagna, parfois simplement **Émilie,** région de l'Italie du Nord, formée des prov. de Bologne, Ferrare, Forli, Modène, Parme, Plaisance, Ravenne et Reggio nell'Emilia ; 22 124 km² ; 3 899 170 hab. Cap. *Bologne.* Limitée au N. par le Pô, occupée pour moitié par l'Apennin et les collines qui le bordent et pour moitié par une plaine se terminant en une côte basse sur l'Adriatique, la région a un climat parfois rude. De nombreuses villes moyennes relaient Bologne, centre régional. L'agriculture (blé, vins, légumes, fruits), l'élevage (bovin et porcin) et les industries alimentaires sont complétés par la bonneterie, la mécanique, la céramique, la chimie, le tourisme culturel et balnéaire (Rimini).

Eminescu *(Mihai)*, écrivain roumain (Ipoteşti 1850 - Bucarest 1889). Auteur de nouvelles et de contes populaires, il est, par son génie romantique, le grand poète national de la Roumanie *(Poésies,* 1883).

Émirats arabes unis, État de la péninsule d'Arabie, regroupant 7 émirats (Abu Dhabi, Dubayy, Chardja, Fudjayra, Adjman, Ummal-Qaywayn et Ras al-Khayma), sur le golfe Persique ; 80 000 km^2 ; 1 700 000 hab. CAP. *Abu Dhabi.* LANGUE : *arabe.* MONNAIE : *dirham.*

L'économie, fondée au début du XXe siècle sur la pêche perlière et le commerce maritime traditionnel, a été transformée par l'exploitation pétrolière qui a commencé en 1962 à Abu Dhabi, qui demeure le principal producteur et dispose de réserves importantes de pétrole et de gaz. Le pays s'est modernisé, ponctuellement industrialisé (aluminium, chimie, constructions mécaniques), grâce aux revenus pétroliers et à l'afflux d'immigrés (qui constituent la majeure partie de la population).

Les « États de la Trêve » *(Trucial States),* sous protectorat britannique de 1892 à 1971, formèrent en 1971-72 la fédération indépendante des Émirats arabes unis.

Emmanuel *(Maurice),* musicologue et compositeur français (Bar-sur-Aube 1862 - Paris 1938), auteur de musique de théâtre *(Prométhée enchaîné,* 1916-1918 ; *Salamine,* 1929), de sonatines et de l'ouvrage *Histoire de la langue musicale* (1911).

Emmanuel *(Pierre),* poète français (Gan, Pyrénées-Atlantiques, 1916 - Paris 1984). Sa rencontre avec P. J. Jouve et l'aventure de la Résistance l'amènent à un engagement définitif qui le conduira plus tard à démissionner de l'Académie française (1975). Il confronte sa foi chrétienne aux problèmes du monde et de la culture modernes dans ses recueils poétiques *(Sodome,* 1945 ; *Évangéliaire,* 1961 ; *Sophia,* 1973 ; *Duel,* 1979) et ses essais *(le Goût de l'un,* 1963 ; *Le monde est intérieur,* 1967).

Emmanuel-Philibert Tête de Fer (Chambéry 1528 - Turin 1580), duc de Savoie après 1553. Il servit Charles Quint puis Philippe II et s'efforça, avec l'aide de saint François de Sales, de restaurer le catholicisme dans ses États.

Emmaüs, village proche de Jérusalem où l'évangéliste Luc situe une apparition de Jésus ressuscité à deux de ses disciples, ceux-ci ne le reconnaissant qu'au cours du repas qu'ils prirent avec lui.

Emmental ou **Emmenthal,** vallée suisse (canton de Berne), dans les Préalpes, drainée par la Grande Emme. Exploitation du bois, élevage et production de fromages.

Empédocle, philosophe grec (Agrigente Ve s. av. J.-C.). Chef du parti démocratique, il a élaboré une cosmogonie fondée sur les quatre éléments, l'air, le feu, l'eau, la terre, dont les rapports sont régis par l'Amour *(Éros)* et la Haine *(Polémos).* Le combat que se livrent ces deux principes est sans fin, mais l'apparition de l'homme sur la Terre marque une nette prédominance de la Haine. Empédocle a imaginé que les êtres vivants étaient apparus sur Terre suivant un certain ordre : les plantes, les animaux, puis l'homme. On a conservé d'importants fragments de son poème : *De la nature.*

Empire *(premier),* régime politique de la France de mai 1804 à avril 1814. Fondé par Napoléon Ier, le régime a été caractérisé par un retour à des pratiques monarchiques. En guerre constante avec l'Europe, il n'a pas survécu à la coalition des souverains européens qui ont vu en l'Empereur l'héritier d'une révolution subversive, dont les principes se sont diffusés dans l'ensemble du continent.

■ **L'organisation du régime.**

18 mai 1804 : le sénatus-consulte (décret du Sénat) du 28 floréal an XII, ratifié par un plébiscite, confie le gouvernement de la République au Premier consul, Napoléon Bonaparte, avec le titre d'empereur des Français.

2 déc. 1804 : Napoléon est sacré empereur par le pape Pie VII à Notre-Dame de Paris. L'Empire apparaît comme un compromis entre la Révolution (égalité civile, respect de la propriété, abolition de la féodalité) et l'Ancien Régime (création d'une cour avec sa hiérarchie : grands dignitaires, grands officiers civils et militaires, et d'une noblesse d'Empire). Avec la promulgation du Code civil (mars 1804), les acquis essentiels de la période révolutionnaire sont garantis par l'État, conciliant habilement tradition et révolution, droit romain, droit révolutionnaire et anciennes coutumes. Les assemblées législatives, issues du Consulat, perdent tout pouvoir. Celui-ci est concentré dans les mains de l'Empereur qui s'appuie sur une police puissante (confiée à Fouché jusqu'en 1810). La France connaît une période de prospérité. D'importants travaux sont entrepris à Paris (canal Saint-Martin, temple de la Gloire [la Madeleine], colonne Vendôme) et en province (routes et canaux). L'Empereur impose sa tutelle sur les lettres et protège les sciences et les arts (« style Empire »).

■ **La politique extérieure.** Elle est dominée par les ambitions de Napoléon, entraîné toujours plus loin dans les conquêtes et contre qui se dresseront finalement la plupart des pays européens. De 1801 à 1810 s'édifie le Grand Empire.

1805 : la flotte française est détruite à Trafalgar (21 oct.). La Grande Armée occupe Vienne puis remporte la bataille d'Austerlitz (2 déc.) contre l'Autriche et la Russie.

1806 : victoire de Iéna, sur la Prusse. Le Blocus continental, interdisant les relations commerciales de la Grande-Bretagne avec le continent, est mis en œuvre. La France s'allie à la Russie (traité de Tilsit).

1807 : victoire de Friedland, sur la Russie.

1809 : victoire de Wagram, sur les Autrichiens.

1810 : mariage de Napoléon avec Marie-Louise d'Autriche, suivi de la naissance en 1811 de leur fils, le roi de Rome (« l'Aiglon »). Le régime est alors à son apogée : le grand empire des 130 départements s'étend du Danemark aux États pontificaux et comprend 70 millions d'habitants, dont près de 30 millions sont des Français. L'Empereur a installé ses frères et ses proches à la tête des royaumes vassaux de Hollande, d'Espagne, de Westphalie et de Naples. Le Code civil régit une grande partie de l'Europe.

■ **La chute de l'Empire.** À partir de 1811, Napoléon doit faire face à l'éveil des nationalismes dans les États vassaux, particulièrement en Espagne, où la population reçoit l'appui des troupes anglaises, commandées par Wellington. À l'intérieur, l'Empereur est confronté à l'opposition de la bourgeoisie à la guerre ainsi qu'à l'hostilité des catholiques à sa politique religieuse (incarcération du pape Pie VII, qui refuse d'investir les nouveaux évêques).

1812 : le tsar rompt son alliance avec l'Empereur, qui entreprend la désastreuse campagne de Russie.

1813 : la défaite de Napoléon à Leipzig provoque la désagrégation de la Confédération du Rhin.

1814 : la France est envahie par les coalisés. L'Empereur abdique le 6 avril.

1815 : la défaite de Waterloo (18 juin) met fin à la période des Cent-Jours (20 mars-22 juin) pendant laquelle Napoléon avait repris le pouvoir.

Empire *(second),* régime politique de la France de novembre 1852 à septembre 1870. Après le coup d'État du 2 décembre 1851, Louis Napoléon Bonaparte fait rétablir à son profit, par plébiscite, la dignité impériale (nov. 1852), mettant fin à la IIᵉ République.

■ **L'Empire autoritaire (1852-1860).**

2 déc. 1852 : Louis Napoléon est proclamé empereur sous le nom de Napoléon III.

L'empereur détient l'essentiel du pouvoir ; le suffrage universel est limité et la presse étroitement surveillée. Soutenu par la bourgeoisie, par les masses rurales et par l'armée, le régime ne rencontre alors que peu d'opposition. La France connaît une conjoncture économique favorable et s'industrialise rapidement. Les communications se modernisent, en particulier les chemins de fer, et Paris est transformé par les travaux d'Haussmann.

1858 : l'attentat manqué d'Orsini fournit le prétexte d'une répression contre les républicains.

La politique étrangère. À l'extérieur, le régime cherche à affirmer le prestige de la France sur plusieurs fronts. Il commence la mise en valeur de l'Algérie tandis que des expéditions au Sénégal et en Cochinchine jettent les bases de l'empire colonial.

1856 : le congrès de Paris met fin à la guerre de Crimée (1855), remportée sur la Russie.

Apportant son soutien à Cavour pour la réalisation de l'unité italienne, Napoléon III remporte contre les Autrichiens les victoires de Magenta et de Solferino en Italie (1859).

1860 : réunion de Nice et de la Savoie à la France après plébiscite.

L'Empire autoritaire est à son apogée. Cependant, la politique italienne, opposée aux intérêts du pape, éloigne de Napoléon III les catholiques, tandis que le traité de commerce avec la Grande-Bretagne (1860), abaissant les droits de douane, mécontente la bourgeoisie d'affaires. Pour obtenir de nouveaux appuis, l'empereur est alors contraint de faire des concessions.

■ **L'Empire libéral (1860-1870) et la chute de l'Empire.** Les réformes politiques de 1860 donnent un rôle accru au corps législatif et favorisent le réveil de la vie politique.

1864 : les ouvriers en liaison avec l'Internationale obtiennent la reconnaissance du droit de grève. Une série de succès a marqué les premières années de l'Empire en politique étrangère, mais un revirement se produit dans les années 1860.

1867 : échec de l'expédition du Mexique entreprise en 1862.

L'opposition tire parti des réformes qui rendent aux Français la plupart de leurs libertés politiques (liberté de réunion et assouplissement du régime de la presse, 1868 ; initiative des lois rendue au corps législatif, 1869) et triomphe aux élections de 1869. Émile Ollivier, chef du « Tiers Parti », favorable à un Empire parlementaire, est chargé de former un gouvernement libéral.

1870 : établissement d'un régime semi-parlementaire, qui semble consolidé par le plébiscite du 8 mai.

Mais les événements extérieurs révèlent la faiblesse profonde du régime. Six semaines après la déclaration de guerre à la Prusse, la capitulation de Sedan (2 sept.) entraîne la chute de l'Empire et la formation d'un gouvernement de la Défense nationale.

Ems, fl. d'Allemagne, longeant la frontière des Pays-Bas, tributaire de la mer du Nord ; 371 km.

Ems, *auj.* Bad Ems, v. d'Allemagne (Rhénanie-Palatinat), près de Coblence ; 12 000 hab. Station thermale. HIST. On appelle *dépêche d'Ems* la version publiée par Bismarck, le 13 juillet 1870, d'informations que Guillaume Ier lui avait télégraphiées d'Ems. L'empereur refusait de recevoir l'ambassadeur de France pour lui confirmer le retrait de la candidature d'un Hohenzollern au trône d'Espagne. Cette dépêche est à l'origine du déclenchement de la guerre franco-allemande.

E. N. A. (École nationale d'administration), établissement public créé par une ordonnance de 1945, placé sous l'autorité du Premier ministre et chargé de recruter et de former les membres des grands corps de l'État et de l'administration de la Ville de Paris. Son siège a officiellement été transféré de Paris à Strasbourg en 1994 (mais le fonctionnement de l'établissement est réparti sur les deux sites).

En attendant Godot, pièce en deux actes de Samuel Beckett composée en français et créée à Paris en 1953. Au pied d'un arbre, à la fin du jour, deux clochards (Vladimir et Estragon) attendent un certain Godot, qui a promis de venir. Pour meubler l'ennui, ils inventent des dialogues, des jeux, quand surviennent Pozzo et Lucky — un maître et son esclave. À cette diversion succède l'annonce que Godot ne viendra pas ce soir mais demain. Le lendemain, tout recommence. Ce chef-d'œuvre du théâtre de l'absurde, à la fois drame métaphysique et comédie burlesque, est devenu un classique du XXe siècle.

Encina (*Juan* del), poète et musicien espagnol (Encinas, près de Salamanque, 1468 - León v. 1529). Ses poèmes dramatiques (*Églogas*) sont considérés comme les œuvres les plus anciennes du théâtre profane espagnol.

Encyclopédie ou **Dictionnaire raisonné des sciences, des arts et des métiers,** ouvrage collectif dirigé par Diderot et d'Alembert (1751-1772). Inspirée par un ouvrage similaire de l'Anglais Chambers

(*Cyclopaedia,* 1728), rédigée par 150 savants, philosophes et spécialistes de toutes les disciplines (Voltaire, Montesquieu, Rousseau, Helvétius, Condillac, d'Holbach, Daubenton, Marmontel, Quesnay, Turgot, Jaucourt, etc.), l'*Encyclopédie* avait pour but de faire connaître les progrès de la science et de la pensée dans tous les domaines, avec leurs conséquences économiques et techniques ; elle dévoilait les secrets du monde du travail et des corporations. Le *Discours préliminaire,* rédigé par d'Alembert, est un tableau synthétique des connaissances du siècle des Lumières.

Endymion, berger de la mythologie grecque qui était d'une grande beauté et que Séléné, personnification de la Lune, venait contempler amoureusement chaque nuit. Il obtint de Zeus d'échapper à la vieillesse en restant plongé dans un sommeil éternel.

Énée, héros troyen, fils d'Anchise et d'Aphrodite, dont Virgile a fait le personnage central de son *Énéide.* Fuyant la ville de Troie livrée aux flammes, il aborde après un long voyage, accompagné de son fils Ascagne, à l'embouchure du Tibre, où il fonde la ville de Lavinium et où il établit ses pénates qu'il avait emportés avec lui. Cette légende fut adoptée par les Étrusques, puis les Romains. Elle procurait à ceux-ci des lettres de noblesse en les faisant remonter jusqu'à la race divine de Troie, leur ancêtre Romulus figurant dans cette histoire comme un descendant d'Énée.

Énéide (l'), poème épique de Virgile en douze chants (29-19 av. J.-C.). L'*Énéide* raconte l'établissement en Italie des Troyens, qui prépare la fondation de Rome. Les six premiers chants, à travers les épisodes des amours de Didon et de la descente d'Énée aux Enfers s'inspirent de l'*Odyssée,* les six autres se rapprochent plutôt des récits guerriers de l'*Iliade.* Outre l'influence d'Homère, celle des poètes alexandrins (Apollonios de Rhodes) est sensible dans cette célébration de l'idéal moral romain, qui apparut aussitôt aux contemporains d'Auguste comme leur grande épopée nationale et eut un retentissement jusque dans la littérature du Moyen Âge et de la Renaissance.

Enesco ou **Enescu** (*George*), violoniste et compositeur roumain (Liveni 1881 - Paris 1955), auteur de l'opéra *Œdipe* (1921-1931), de deux *Rhapsodies roumaines* (1901) et de nombreuses œuvres de chambre.

Enfantin (*Barthélemy Prosper*), dit *le Père Enfantin,* ingénieur et théoricien français (Paris 1796 - *id.* 1864). Fils de banquier, polytechnicien, il rencontre Saint-Simon, fréquente les sociétés secrètes et fonde un mouvement autour d'un journal, *le Producteur,* en 1825. En 1828, le mouvement se transforme en une Église, dont Bazard et Enfantin sont considérés comme les « pères ». Avec d'autres saint-simoniens, ils rachètent *le Globe* en 1830. En 1832, Enfantin part pour l'Égypte, où il crée une société pour le percement de l'isthme de Suez. En 1845, il fonde la Compagnie des chemins de fer de Lyon. Son influence a été considérable sur les hommes politiques et les hommes d'affaires de son temps.

Enfant prodige *(parabole de l'),* parabole de l'Évangile, illustration de la mansuétude divine. Un fils ayant quitté son père pour courir l'aventure est reçu à bras ouverts lorsqu'il revient chez lui après être tombé dans la misère (Luc, xv).

Enfants du paradis *(les),* film français de M. Carné (1945).

Engadine, *en romanche,* **Engiadina,** haute vallée de l'Inn, située, dans les Grisons, que les gorges de Zernez partagent en *haute Engadine* et *basse Engadine,* plus encaissée. Son climat, relativement sec et ensoleillé en toute saison, a permis aux cultures de remonter très haut (1 800 m) ; il a favorisé le développement du tourisme estival et hivernal (surtout vers Saint-Moritz).

Engels *(Friedrich),* théoricien socialiste allemand (Barmen, auj. intégré à Wuppertal, 1820 - Londres 1895), ami de K. Marx. Parti en 1842 travailler dans la filature de son père à Manchester, il y analyse *la Situation de la classe laborieuse en Angleterre* (1845), où s'élaborent quelques idées-forces du marxisme. Il rédige, en commun avec Marx, *la Sainte Famille* (1845), *l'Idéologie allemande* (1845-46), où sont posées les bases du matérialisme historique, et le *Manifeste du parti communiste* (1848). Il attaque les thèses de E. Dühring dans l'*Anti-Dühring* (1878) et analyse le matérialisme dialectique dans la *Dialectique de la nature* (1873-1883 ; publiée en 1925). Il assura la publication du *Capital* après la mort de Marx et poursuivit la réflexion historique du marxisme dans *l'Origine de la famille, de la propriété privée et de l'État* (1884). Il fut au centre de la création de la IIe Internationale.

Enghien *(Louis Antoine Henri* de Bourbon-Condé, *duc* d'), dernier héritier des Condés (Chantilly 1772 - Vincennes 1804). Prince de Condé, il émigra en 1789. Bonaparte le fit enlever en territoire allemand et transférer à Vincennes, où il fut fusillé dans les fossés du château afin de briser tout espoir de restauration des Bourbons.

Enghien-les-Bains, ch.-l. de c. du Val-d'Oise, sur le *lac d'Enghien* ; 10 103 hab. Station thermale (affections respiratoires et articulaires). Casino. Au nord-ouest, hippodrome.

Engómi ou **Enkomi,** site archéologique de Chypre, à l'emplacement probable de la capitale du royaume d'Alashiya, l'un des principaux centres urbains de l'île au bronze récent (XIVe-XIIIe s. av. J.-C.).

Enki, dieu de Sumer, qui habite à l'intérieur de la terre, dans le domaine des eaux douces. Il est le maître des destins, le dieu des exorcismes, dans lesquels on utilise la vertu purificatrice de l'eau, et l'organisateur du monde.

Enkidou → **Gilgamesh.**

Enlil, dieu du panthéon sumérien, dont il est devenu le souverain. Il est le seigneur de la nature et celui qui confère la royauté.

Ennius *(Quintus),* poète latin (Rudiae, Calabre, 239 - Rome 169 av. J.-C.). Il est l'auteur de poésies philosophiques et morales (*Saturae*) et d'une épopée à la gloire de Rome, les *Annales.*

E. N. S. A. D., sigle de École nationale supérieure des arts décoratifs (à Paris, rue d'Ulm).

E. N. S. A. M., sigle de École nationale supérieure d'arts et métiers (dont il existe 7 centres en France).

E. N. S. B. A. → **Beaux-Arts** *(École nationale supérieure des).*

Enschede, v. des Pays-Bas (Overijssel) ; 146 509 hab. — Musée national de la Twente (région du S.-E. de l'Overijssel).

Ensenada, port du Mexique, en Basse-Californie, sur le Pacifique ; 260 905 hab.

Ensérune *(montagne d'),* plateaux calcaires du bas Languedoc, entre l'Orb et le cours inférieur de l'Aude. — L'*oppidum d'Ensérune,* sur une butte (118 m), a connu plusieurs habitats, du VIe s. au Ier s. av. J.-C., à l'abri d'enceintes successives. Le mobilier funéraire atteste des échanges avec les Grecs, les Étrusques et les Ibères. Les contacts avec le monde celtique se multiplièrent et la région passa sous l'autorité gauloise. Musée.

Ensor *(James),* peintre et graveur belge (Ostende 1860 - *id.* 1949). Tour à tour impressionniste, réaliste, expressionniste et visionnaire, il est considéré comme un des grands précurseurs de l'art du xxe siècle. Cocasserie et angoisse marquent une production particulièrement originale vers les années 1885-1900 (*l'Entrée du Christ à Bruxelles*, 1888, musée Getty, Malibu ; *l'Étonnement du masque Wouse*, 1889, et *Squelettes se disputant un pendu*, 1892, musée des Beaux-Arts d'Anvers).

Entebbe, v. de l'Ouganda, sur la rive nord du lac Victoria ; 40 000 hab. Anc. capitale. Aéroport.

Entente (Petite-), alliance élaborée en 1920-21 entre le royaume des Serbes, Croates et Slovènes, la Tchécoslovaquie et la Roumanie, pour le maintien des frontières fixées en 1919-20. Patronnée par la France, elle s'effondra en 1938.

Entente (Triple-), système d'alliances fondé sur les accords bilatéraux conclus à partir de 1907 entre la France, la Grande-Bretagne et la Russie en vue de contrebalancer la Triple-Alliance.

Entente cordiale, nom donné aux bons rapports qui existèrent sous Louis-Philippe entre la France et la Grande-Bretagne et repris en 1904 pour caractériser le nouveau rapprochement entre les deux pays, et concrétisés par la signature d'accords (avr.) réglant les questions coloniales en litige.

Entragues (*Henriette* de Balzac *d'*), *marquise* de Verneuil (Orléans 1579 - Paris 1633), favorite d'Henri IV de 1599 à 1608.

Entrecasteaux (*Joseph Antoine Bruny, chevalier d'*), marin français (Aix-en-Provence 1737 - en mer, près de Java, 1793), mort en recherchant La Pérouse.

Entre-deux-Mers, région viticole du Bordelais, entre la Garonne et la Dordogne.

Entremont (*plateau d'*), site archéologique de Provence, au N. d'Aix-en-Provence, sur l'emplacement de l'ancienne cap. des Saliens ruinée (123 av. J.-C.) par les Romains. Vestiges des tours et de l'enceinte en pierres sèches de l'oppidum. Ensemble de grande statuaire où s'allient traditions celtique et méditerranéenne (musée Granet à Aix-en-Provence).

Enugu, v. du Nigeria oriental ; 259 000 hab.

Envalira (*col* ou *port d'*), col des Pyrénées orientales, en Andorre, reliant Ax-les-Thermes à Andorre-la-Vieille ; 2 407 m.

Enver Paşa, général et homme politique ottoman (Istanbul 1881 - près de Douchanbe 1922). Ministre de la Guerre, il fit entrer l'Empire ottoman dans la Première Guerre mondiale aux côtés de l'Allemagne (→ **Jeunes-Turcs**). Il rejoignit en 1921 les insurgés musulmans d'Asie centrale et mourut au combat.

Enzensberger (*Hans Magnus*), écrivain allemand (Kaufbeuren 1929). Son œuvre poétique, critique (*Culture ou mise en condition ?*, 1963) et romanesque (*l'Interrogatoire de La Havane*, 1970 ; *le Bref Été de l'anarchie*, 1974) compose une analyse politisée et satirique de la société contemporaine et de ses modes d'expression.

Enzo, Enzio ou **Heinz,** roi de Sardaigne (Palerme v. 1220 - Bologne 1272). Fils naturel de l'empereur Frédéric II, il fut le meilleur lieutenant de son père et l'un des premiers poètes en langue vulgaire de la Sicile.

Éole, maître des vents dans la mythologie grecque. Il les tient enfermés dans une outre ou dans une caverne et les libère au gré des volontés de Zeus.

Éolie ou **Éolide,** anc. contrée du nord-ouest de l'Asie Mineure.

Éoliennes (*îles*), *en ital.* Isole Eolie, archipel italien de la mer Tyrrhénienne, au N. de la Sicile ; 115 km^2 ; 12 000 hab. Les îles principales sont le groupe de Lipari, de Vulcano et de Salina ; Alicudi et Filicudi à l'O. ; Panarea et Stromboli vers le N. Toutes ces îles sont d'origine volcanique, mais seul le volcan de Stromboli est encore en activité.

Éon (*Charles* de Beaumont, *chevalier* d'), officier et agent secret de Louis XV (Tonnerre 1728 - Londres 1810). Chargé de mission à la cour de Russie, puis à Londres, il est célèbre par ses Mémoires (*Loisirs du chevalier d'Éon*, 1774) et par le mystère qu'il fit planer sur son sexe, portant souvent un habit de femme.

Eötvös (*Loránd, baron*), physicien hongrois (Pest 1848 - Budapest 1919). Il a préconisé l'usage du pendule de torsion pour les mesures gravimétriques. Celles qu'il effectua ont montré l'identité des deux concepts de masse (inerte et gravitationnelle), résultat d'une importance théorique fondamentale dans la théorie de la relativité d'Einstein.

Éoué → Éwé.

Épaminondas, général et homme d'État béotien (Thèbes v. 418 - Mantinée 362 av. J.-C.). Un des chefs du parti démocratique à Thèbes, il réorganisa l'armée thébaine et écrasa les Spartiates à Leuctres (371). Sa mort mit fin à l'hégémonie de Thèbes.

Épée (*Charles Michel, abbé* de l'), ecclésiastique français (Versailles 1712 - Paris 1789). Il fonda une école pour les sourds-muets, auxquels il apprit à se faire comprendre au moyen d'un langage par signes.

Épernay, ch.-l. d'arr. de la Marne, sur la Marne ; 27 738 hab. *(Sparnaciens).* Vins de Champagne. Musées. — Musée municipal (préhistoire et archéologie ; travail de la vigne et du vin).

Épernon *(Jean-Louis* de Nogaret de La Valette, *duc* d'*),* gentilhomme français (Caumont 1554 - Loches 1642). Favori d'Henri III, amiral de France (1587), il incita le parlement à donner la régence à Marie de Médicis en 1610.

Éperons *(journée des)* → **Guinegatte.**

Éphèse, ville grecque d'Ionie. Fondée v. 1000 av. J.-C., elle devint un des grands centres commerciaux et financiers de la côte de l'Asie Mineure. Son importance religieuse fut considérable du fait de son temple d'Artémis et de l'ancienneté de sa communauté chrétienne. **RELIG.** Au 1ᵉʳ s. apr. J.-C., Éphèse fut l'une des premières villes touchées par la prédication apostolique : saint Paul adresse à la communauté chrétienne d'Éphèse, qu'il fonde en 54, l'une de ses épîtres, et saint Jean y séjourne v. 66. Une tradition de l'Église jacobite veut que la mère de Jésus soit morte dans cette ville, qui, outre une imposante basilique St-Jean édifiée par Justinien, possède une église dédiée à Marie. C'est dans ce dernier sanctuaire que se tint, en 431, le concile œcuménique d'Éphèse, qui, sous la présidence de Cyrille d'Alexandrie, condamna Nestorius et proclama la Vierge Marie véritablement « mère de Dieu *[théotokos]* ». **ARCHÉOL.** Le temple d'Artémis n'a laissé que peu de vestiges. En revanche, la ville hellénistique et romaine constitue un ensemble important (théâtre, bibliothèque de Celsus, gymnases, thermes, etc.) sillonné de larges artères dallées. Vestiges byzantins, dont le cimetière des Sept-Dormants.

Éphrem *(saint),* docteur de l'Église (Nisibis v. 306 - Édesse 373). Exégète, prédicateur, poète, il fut le grand théologien de l'Église syriaque, jetant les bases de l'école d'Édesse, dite aussi « école des Perses », dans la ligne de la tradition théologique d'Antioche.

Éphrussi *(Boris),* généticien français d'origine russe (Moscou 1901 - Gif-sur-Yvette 1979), l'un des fondateurs de la génétique moléculaire.

Épictète, philosophe latin de langue grecque (Hiérapolis, Phrygie, v. 50 apr. J.-C. - Nicopolis, Épire, v. 130). Il fut esclave à Rome, affranchi, puis banni. Il réduit le stoïcisme à une morale fondée sur la seule pratique, sans référence théorique, et principalement sur la distinction de ce qui dépend de l'individu et de ce qui n'en dépend pas. Ses *Entretiens* et son *Manuel* ont été rédigés par son disciple Arrien.

Épicure, philosophe grec (Samos ou Athènes 341-270 av. J.-C.). Il fonda son école à Athènes. Connue par Diogène Laërce et Lucrèce, sa pensée fait des sensations le critère des connaissances et de la morale, et des plaisirs qu'elles procurent le principe du bonheur, à condition d'en rester maître. Sa philosophie est, comme celle de Démocrite, un matérialisme complet, reposant sur une doctrine atomiste, et athée, sans qu'il soit nécessaire d'imaginer un au-delà après la mort. Le *Jardin d'Épicure,* image par laquelle on représente traditionnellement l'école épicurienne comme un lieu de débauche sensuelle, où se mêlent les plaisirs de la table et ceux de la chair, est en fait une école de calme, où règnent frugalité et travail, sérénité et maîtrise de soi, au milieu des tempêtes d'une société décadente.

Épidaure, cité d'Argolide, célèbre par son temple d'Asclépios et les guérisons qui s'y opéraient. Sa renommée devint universelle à partir du IVᵉ s. av. J.-C. Autour du sanctuaire : vestiges, dont le tholos et le théâtre, l'un des plus beaux de Grèce, édifiés au IVᵉ s. av. J.-C. Musée abritant nombre de stèles et d'ex-voto.

Épinal, ch.-l. du dép. des Vosges, à 372 km à l'est de Paris, sur la Moselle ; 39 480 hab. *(Spinaliens).* Foire internationale forestière. Textile. Caoutchouc. Constructions mécaniques. — Basilique romane et gothique. Musée départemental. Centre d'imagerie à partir de la fin du XVIIIᵉ siècle.

Épinay *(Louise* Tardieu d'Esclavelles, *marquise* d'*),* femme de lettres française (Valenciennes 1726 - Paris 1783). Elle reçut d'Alembert, Diderot, Duclos, Galiani, Voltaire dans son château de La Chevrette, dont l'une des dépendances, l'Ermitage, fut offerte à Rousseau, avec lequel elle se brouilla bientôt. Elle a laissé des *Mémoires,* des essais de morale, des ouvrages d'éducation et une vaste correspondance.

Épinay-sur-Seine, ch.-l. de c. de la Seine-Saint-Denis ; 48 851 hab.

Épinicies, nom générique des *Odes triomphales* de Pindare (Vᵉ s. av. J.-C.), poésies lyriques dédiées aux athlètes vainqueurs.

Épire, région montagneuse de la péninsule des Balkans qui s'étend en Albanie et en Grèce, de la basse vallée du Seman à celle de l'Achéloos. Le développement des villes (Vlorë, Gjirokastër) et l'intensification des cultures maintiennent une densité de population plus élevée en Albanie qu'en Grèce (concentration sur les sites urbains de Ioánnina et Árta). **HIST.** Le royaume d'Épire, constitué à la fin du Vᵉ s. av. J.-C., prit de l'importance avec Pyrrhos II (295-272) ; il fut soumis par les Romains en 168 av. J.-C. Dans l'Empire byzantin, un *despotat d'Épire* (1204-1318) fut constitué au profit des Comnènes.

Epsom, v. de Grande-Bretagne, au sud de Londres ; 71 000 hab. Depuis 1780 y a lieu une célèbre course de chevaux (le Derby).

Epstein *(Jean),* cinéaste et théoricien français (Varsovie 1897 - Paris 1953). Artisan de l'« avant-garde française », précurseur de plusieurs mouvements, il n'a cessé de réinventer un langage (dilater le temps ; atteindre, au-delà des apparences, la réalité des êtres et des choses) et a réalisé notamment : *Cœur fidèle* (1923), *la Chute de la maison Usher* (1928), *Finis Terrae* (1929).

Équateur, *en esp.* Ecuador, République de l'Amérique du Sud, sur le Pacifique ; 270 670 km² ; 10 800 000 hab. *(Équatoriens).* CAP. *Quito.* V. princ. *Guayaquil.* LANGUE : *espagnol.* MONNAIE : *sucre.*

GÉOGRAPHIE

Du Pacifique vers l'intérieur se succèdent les trois grands ensembles naturels : la plaine côtière (la Costa), les Andes et la plaine amazonienne (l'Oriente). Sous un climat chaud et humide, la forêt occupe la moitié de la superficie (nord de la plaine côtière, basses pentes andines, région amazonienne). Mais l'altitude abaisse les températures dans les Andes (14 °C de moyenne annuelle à Quito), et le courant froid du Pérou explique le caractère semi-aride du sud du littoral.

La Costa, qui regroupe aujourd'hui la moitié d'une population à la croissance encore soutenue, est le domaine des plantations (banane, cacao, café, coton), les hauts bassins andins cultivant céréales et légumes et pratiquant l'élevage. Pourtant, l'agriculture assure moins de 20 % du P. I. B. Le pétrole de l'Oriente, transporté par oléoduc jusqu'au port d'Esmeraldas, assure près de la moitié des exportations en valeur, à égalité avec les produits agricoles (bananes, café, cacao). L'industrie est implantée surtout à Quito et à Guayaquil (principal port), qui regroupent ensemble 25 % de la population équatorienne. Les États-Unis sont le principal partenaire commercial d'un pays encore très endetté.

HISTOIRE

Fin du XVᵉ s.

Les Incas conquièrent la région qui prend le nom de royaume de Quito.

1532. Conquête de l'Empire inca par l'Espagnol Pizarro.

L'Équateur devient une colonie de l'Espagne, administrée à partir du Pérou.

1822. Les armées de Bolívar libèrent le pays de la domination espagnole.

1830. Création de la République d'Équateur, dont la vie politique est, dès cette date, dominée par les militaires.

Devenu le premier exportateur mondial de cacao, le pays est profondément bouleversé par la crise de 1929.

1934. J.M. Velasco Ibarra devient président. Incarnant les aspirations des classes populaires, il revient à plusieurs reprises au pouvoir jusqu'en 1972.

1942. Déjà amputé de territoires au profit de la Colombie et du Brésil, l'Équateur doit céder sa province amazonienne, à l'issue d'une guerre avec le Pérou.

1972. Coup d'État militaire.

1979. Après une réforme constitutionnelle, les civils reviennent au pouvoir.

Équipe *(l'),* quotidien sportif français publié à Paris depuis 1946.

Érard *(Sébastien),* facteur de pianos français (Strasbourg 1752 - Passy 1831). Il fonda sa manufacture à Paris en 1780 en association avec son frère **Jean-Baptiste** (m. en 1826). Inventeur du double échappement (1821), il fit aussi progresser la harpe. Sa firme a fusionné avec Gaveau en 1960.

Érasme *(Geer* Geertsz., *en lat.* Desiderius Erasmus Roterodamus, dit Didier*),* humaniste hollandais d'expression latine (Rotterdam v. 1469 - Bâle 1536). Prêtre (1499), il sera dispensé de ses vœux par le pape Jules II. Il se rend en Angleterre en 1499, où il rencontre Thomas More, qu'il admire. Il pose alors les bases d'une nouvelle théologie, fondée sur le recours au texte grec des Évangiles et non sur la seule traduction de saint Jérôme. C'est chez Thomas More qu'il écrit l'*Éloge de la folie* (Paris, 1511). Il vit ensuite à Bâle, Anvers, Louvain. Au début de la Réforme, il refuse de prendre parti et publie les *Colloques* (1518), dans lesquels il se moque également des prétentions des protestants et de l'arrogance des catholiques. Luther n'a cependant guère ses sympathies ; il écrit contre lui le *Traité du libre arbitre* (1524), qui lui vaut les foudres du grand Réformateur. Le séjour à Bâle, où catholiques et réformés vivent à peu près en bonne entente, convient à cet esprit tolérant. Quand la Réforme gagne Bâle, Érasme part pour Fribourg-en-Brisgau, ville restée fidèle au catholicisme et tolérante à l'égard des réformés. Hostile à tout fanatisme, Érasme a cherché à définir un idéal de paix et de tolérance au sein d'un humanisme chrétien (*Institution du prince chrétien*, 1515).

Érato, Muse de la Lyrique chorale.

Ératosthène, mathématicien, astronome et philosophe grec de l'école d'Alexandrie (Cyrène v. 284 - Alexandrie v. 192). Grâce à la mesure ingénieuse d'un arc de méridien, il fut le premier à évaluer correctement la circonférence de la Terre. On lui doit aussi une méthode permettant de trouver les nombres premiers (*crible d'Ératosthène*), une détermination plus précise de la valeur de l'obliquité de l'écliptique et la première carte du monde fondée sur un système de parallèles et de méridiens.

Ercilla y Zúñiga *(Alonso de),* écrivain espagnol (Madrid 1533 - *id.* 1594). Il prit part à une expédition au Chili, qui inspira son poème épique *La Araucana* (1569-1589).

Erckmann-Chatrian, nom sous lequel deux écrivains français d'Alsace, **Émile Erckmann** (Phalsbourg 1822 - Lunéville 1899) et **Alexandre Chatrian** (Abreschviller, Moselle, 1826 - Villemomble 1890), ont signé leur œuvre commune. Associés de 1848 à 1887, ils ne connurent le succès qu'à partir de *l'Illustre Docteur Mathéus* (1859). À côté de romans nationaux et antimilitaristes (*Madame Thérèse*, 1863), ils ont chanté leur province avec un humour plein de vérité (*l'Ami Fritz*, 1864 ; *les Contes populaires*, 1866).

Erebus, volcan actif de l'Antarctique, le plus élevé (3 794 m) des trois volcans constituant l'île de Ross.

Erevan, cap. de la République d'Arménie ; 1 199 000 hab. Située sur le Razdan (affl. de l'Araxe), la ville est le principal pôle économique de l'Arménie (métallurgie, chimie, textile, alimentation) et un centre administratif et scientifique (Académie des sciences). — Musées.

Erfurt, v. d'Allemagne, cap. de la Thuringe, sur la Gera ; 217 035 hab. Centre industriel. — Napoléon y eut avec Alexandre Ier une entrevue (27 sept.-14 oct. 1808) au cours de laquelle fut renouvelée l'alliance avec la Russie conclue à Tilsit. — Cathédrale gothique et autres témoignages médiévaux.

Erhard *(Ludwig),* homme politique allemand (Fürth 1897 - Bonn 1977). Démocrate-chrétien, ministre de l'Économie de la

République fédérale (1949-1963) puis chancelier (1963-1966), il présida au redressement économique du pays.

Ericsson *(John),* ingénieur américain d'origine suédoise (Långbanshyttan 1803 - New York 1889). Il a inventé une hélice pour la propulsion des navires (1836) et divers modèles de moteur solaire (à partir de 1870).

Eridou, ancienne ville du sud de la Mésopotamie, qui a non seulement fourni une stratigraphie très complète de la poterie de la période d'Obeïd, depuis sa phase la plus ancienne (VIe millénaire), mais aussi les vestiges du plus ancien temple de la même époque. Nécropole.

Érié *(lac),* lac d'Amérique du Nord, entre les États-Unis et le Canada ; 25 900 km^2 (profondeur 64 m). La navigation s'y fait surtout avec les lacs d'amont (charbon, fer, céréales). Toledo, Cleveland et Buffalo sont les principaux ports. Il est très atteint par la pollution.

Érigène *(Jean Scot)* → Scot Érigène.

Erik ou **Eric,** nom de quatorze rois de Suède et de sept rois de Danemark. **Erik Jedvardsson,** dit **le Saint** (m. à Uppsala en 1160), roi de Suède (1156-1160). Fondateur de la dynastie des Erik. Le jour de sa mort (18 mai) est fête nationale en Suède. **Erik de Poméranie** (1382 - Rügenwalde, *auj.* Darłowo, Pologne, 1459), roi de Norvège (1389-1442), de Danemark et de Suède (Erik XIII) [1396-1439]. Petit-neveu de Marguerite de Danemark, il reçut la couronne de la diète de Kalmar (1397), qui décida l'union des trois pays. **Erik XIV** (Stockholm 1533 - Orbyhus 1577), roi de Suède (1560-1568). Fils de Gustave Vasa, il dut lutter contre le Danemark, la Pologne et Lübeck (1563-1570).

Erik le Rouge, explorateur norvégien (Jaeren v. 940 - v. 1010). Parti d'Islande, il découvrit le Groenland vers 985 et y installa des colons en 988.

Erikson *(Erik),* psychanalyste américain d'origine allemande (Francfort-sur-le-Main 1902 - Harwich, Massachusetts, 1994). Il est considéré comme l'un des principaux représentants de la tendance culturaliste en psychanalyse.

Érin, nom poétique de l'Irlande.

Érinyes, déesses grecques de la Vengeance, qu'on retrouve dans la mythologie romaine sous le nom de « Furies ». Elles étaient trois (Alecto, Tisiphoné et Mégère) et châtiaient sans pitié toute transgression des lois morales. Comme pour exorciser leur pouvoir maléfique et terrifiant, on les appelait par antiphrase les « Euménides » (les Bienveillantes).

Erkel *(Ferenc),* compositeur hongrois (Gyula 1810 - Budapest 1893). Directeur de la musique à l'Opéra de Budapest, il composa des opéras et l'hymne national hongrois.

Erlangen, v. d'Allemagne (Bavière) ; 100 996 hab. Université. Constructions électriques. — Urbanisme et monuments de la fin du XVIIᵉ (église des Huguenots) et du XVIIIᵉ siècle.

Erlanger *(Joseph),* physiologiste américain (San Francisco 1874 - Saint Louis 1965). Il étudia la physiologie des fibres nerveuses (les prolongements de la cellule nerveuse) en collaboration avec H. Gasser, ce qui leur valut le prix Nobel en 1944.

Ermitage *(l'),* à Saint-Pétersbourg, ensemble de palais construits pour abriter les collections de Catherine II et devenus, réunis au Palais d'hiver, un vaste musée (archéologie, arts décoratifs, riche galerie de peinture occidentale).

Ermont, ch.-l. de c. du Val-d'Oise ; 28 073 hab.

Erne, fl. d'Irlande, tributaire de l'Atlantique ; 115 km. Il traverse les deux *lacs d'Erne.*

Ernest-Auguste de Brunswick-Lunebourg, premier Électeur de Hanovre (Herzberg 1629 - Herrenhausen 1698). Il participa aux guerres contre Louis XIV.

Ernst *(Max),* peintre allemand naturalisé français (Brühl 1891 - Paris 1976). Les collages de son époque dadaïste (1919) le firent remarquer par les surréalistes, auxquels, en 1922, il se joignit à Paris. Également graveur, sculpteur, écrivain, il a apporté au surréalisme une contribution poétique et technique de première importance (toiles exploitant des procédés de « frottage », « grattage », « décalcomanie » ; « romans-collages » comme *la Femme 100 têtes,* 1929). Parmi ses peintures : *Œdipus Rex,* 1922, coll. priv. ; *la Grande Forêt,* 1927, musée de Bâle ; *Loplop, le supérieur des oiseaux,* 1928, coll. priv. ; *l'Europe après la pluie II,* 1940-1942, Hartford, Connecticut ; *Painting for Young People,* 1943, coll. Ménil, Houston.

Erode, v. du sud de l'Inde (Tamil Nadu) ; 357 427 hab.

Éros, dieu de l'Amour dans la mythologie grecque. Les plus anciennes cosmogonies le considéraient comme un dieu créateur, né du chaos primitif, et comme l'un des éléments primordiaux du monde. À partir du VIᵉ s. av. J.-C., il est d'abord le dieu de la passion amoureuse, puis le plus jeune des dieux, intermédiaire entre ceux-ci et les hommes, marqué par la pauvreté et l'inquiétude. Sous sa forme romaine, il est un enfant, souvent pourvu d'ailes, qui enflamme les cœurs de sa torche ou les atteint de ses flèches.

Érostrate, Éphésien qui, voulant se rendre immortel par un exploit mémorable, incendia le temple d'Artémis à Éphèse (356 av. J.-C.).

Ershad *(Hussain Mohammed),* général et homme d'État du Bangladesh (Rangpur 1930), président de la République de 1983 à 1990.

Érythrée, État d'Afrique orientale, sur la mer Rouge ; 118 000 km² ; 3 200 000 hab. *(Érythréens).* CAP. *Asmara.* LANGUES : *tigrigna* et *arabe.* MONNAIE : *birr.*

GÉOGRAPHIE

C'est un pays aride (un peu plus arrosé sur les hauteurs de l'intérieur), où l'élevage demeure la principale ressource.

HISTOIRE

Colonie italienne depuis 1890, l'Érythrée fut occupée par les Britanniques (1940-41), qui l'administrent jusqu'en 1952. Fédérée avec l'Éthiopie (1952), elle devient une province éthiopienne en 1962.

Au terme de plus de vingt ans de luttes contre le pouvoir central éthiopien, l'Érythrée obtient, après un référendum d'autodétermination, son indépendance en 1993.

Érythrée *(mer),* nom donné par les Anciens à la mer Rouge, au golfe Persique et à la partie nord-ouest de l'océan Indien.

Erzberg, montagne d'Autriche (Styrie) ; 1 534 m. Fer.

Erzberger *(Matthias),* homme politique allemand (Buttenhausen 1875 - près de Griesbach 1921). Principal négociateur de l'armistice du 11 nov. 1918, nommé ministre des Finances en 1919, il fut assassiné par des nationalistes.

Erzgebirge ou **monts Métallifères,** *en tchèque* Krušné hory, massif montagneux aux confins de l'Allemagne et de la République tchèque (Bohême) ; 1 244 m en Bohême ; 1 214 m en Allemagne, au Fichtelberg. C'est un massif ancien aux pentes raides vers la Bohême, plus douces vers la Saxe, devenu très tôt, grâce à ses ressources minières, une région industrielle (Dresde, Chemnitz et Zwickau).

Erzurum ou **Erzeroum,** v. de la Turquie orientale, à 1 800 m d'alt. ; 242 391 hab. —

Monuments divers, dont la grande madrasa de Çifteminare (1253), chef-d'œuvre de l'époque seldjoukide, aujourd'hui musée.

ESA (European Space Agency), agence spatiale européenne, créée en 1975. Son siège est à Paris.

Ésaïe → Isaïe.

Ésaü, fils d'Isaac et de Rébecca, frère jumeau de Jacob et considéré comme son aîné. Il en vint à vendre à Jacob son droit d'aînesse pour un plat de lentilles.

Esbjerg, port du Danemark (Jylland) ; 81 000 hab. Pêche. Conserveries. — Musées.

Esbo → Espoo.

Escaut, en néerl. Schelde, fl. de France, de Belgique et des Pays-Bas, né dans le dép. de l'Aisne. Il passe à Cambrai, Valenciennes, Tournai, Gand et rejoint la mer du Nord par un long estuaire (bouches de l'Escaut), à la tête duquel est établie Anvers ; 430 km. C'est, en aval, une importante voie navigable.

Eschine, orateur athénien (v. 390 - 314 av. J.-C.). D'abord adversaire de Philippe de Macédoine, il devint partisan de la paix et s'opposa à Démosthène. Il dut s'exiler à la suite du procès qu'il intenta contre Démosthène mais qu'il perdit (330 av. J.-C.). Ses discours (Sur l'ambassade, Contre Ctésiphon) sont des exemples d'élégance attique.

Esch-sur-Alzette, ch.-l. de c. du Luxembourg ; 24 012 hab. Métallurgie.

Eschyle, poète tragique grec (Éleusis v. 525 - Gela, Sicile, 456 av. J.-C.). Combattant de Marathon et de Salamine, il fait partie de la génération qui consacre la gloire d'Athènes. Il commence très tôt à écrire pour le théâtre (les Suppliantes, parmi les 7 pièces qui nous sont parvenues, dateraient de 490) mais ne remporte son premier succès qu'en 484. Le triomphe des Perses (472) [→ **Perses**] consacre sa gloire. Eschyle se désormais tantôt à Athènes, tantôt en Sicile, faisant jouer près de 90 drames, qui exploitent le domaine des vieux mythes (Prométhée enchaîné, entre 467 et 458), la théogonie, le cycle troyen, l'histoire des Argonautes, les légendes thébaines et argiennes (les Sept contre Thèbes, 467 ; l'Orestie, 458). [→ **Orestie.**] Eschyle a donné à la tragédie grecque sa forme (introduction d'un second acteur, alternance du dialogue et des parties lyriques, détermination des costumes) et son esprit. Dans son théâtre, la démesure (hybris) conduit l'homme à l'erreur, mais la vengeance divine (némésis) rétablit la justice, garant de l'équilibre naturel et social.

Eschyle constate aussi que, progressivement, aux vieilles lois rigides et impitoyables qui pèsent sur les hommes se substitue une justice plus équitable, sur laquelle se fondera la morale athénienne.

Esclangon (Ernest), astronome et physicien français (Mison, Alpes-de-Haute-Provence, 1876 - Eyrenville, Dordogne, 1954). On lui doit la mise au point de l'horloge parlante (1932) et l'explication du « bang » supersonique.

Esclave (Grand Lac de l'), lac du Canada, alimenté par la rivière de l'Esclave, section du fleuve Mackenzie ; 28 930 km².

Esclaves (côte des), anc. dénomination du littoral du Bénin et du Nigeria occidental.

Escoffier (Auguste), cuisinier français (Villeneuve-Loubet 1846 - Monte-Carlo 1935), dont les écrits demeurent parmi les ouvrages de référence des professionnels. Il est notamment le créateur de la pêche Melba.

Esculape, dieu romain de la Médecine, identifié à l'Asclépios de la mythologie grecque.

Escurial (l'), en esp. el Escorial, palais et monastère d'Espagne, au pied de la sierra de Guadarrama, au nord-ouest de Madrid. Accomplissement d'un vœu de Philippe II après la victoire de Saint-Quentin, conçu comme nécropole royale et centre d'études au service de la Contre-Réforme, il fut élevé de 1563 à 1584 par Juan Bautista de Toledo, l'Italien Giambattista Castello et Juan de Herrera dans un style classique sévère. Nombreuses œuvres d'art (peintures de primitifs flamands, de Titien, du Greco, de Ribera, de Velázquez, fresques de L. Giordano, tapisseries de Goya).

Esdras ou **Ezra,** prêtre juif (vᵉ s. av. J.-C.) qui restaura la vie religieuse et le Temple après l'Exil à Babylone. Il a joué un rôle capital dans la fixation de la loi mosaïque et peut être considéré, avec Néhémie, comme le fondateur du judaïsme.

Eshkol (Levi), homme politique israélien (Oratov, Ukraine, 1895 - Jérusalem 1969), Premier ministre de 1963 à 1969.

Eskilstuna, v. de Suède, près du lac Mälaren ; 89 765 hab. Métallurgie. — Musée des Beaux-Arts et Musée de plein air.

Eskişehir, v. de Turquie, à l'ouest d'Ankara ; 413 082 hab.

Esmein (Jean-Paul Hippolyte Emmanuel, dit Adhémar), juriste français (Touvérac, Charente, 1848 - Paris 1913). Il fut un remarquable historien du droit.

Esméralda *(la)*, personnage de jeune bohémienne dans *Notre-Dame de Paris*, roman de Victor Hugo.

Esnault-Pelterie *(Robert)*, ingénieur français (Paris 1881 - Nice 1957). On lui doit le premier moteur d'avion en étoile à nombre impair de cylindres et le dispositif de commande d'avion appelé « manche à balai » (1906). Il fut aussi l'un des théoriciens de la navigation interplanétaire au moyen de fusées.

Esnèh ou **Isna**, v. d'Égypte, en Haute-Égypte, sur le Nil ; 34 000 hab. — Du grand temple ptolémaïque subsiste la salle hypostyle aux 24 colonnes gravées de textes relatifs au mythe de la création et de la transmission de la vie.

ESO (European Southern Observatory), organisation européenne de recherches astronomiques dans l'hémisphère Sud, créée en 1962. Son siège est à Garching (Allemagne). Au Chili, elle dispose d'un important observatoire, sur le mont La Silla, à 2 400 m d'altitude, et procède à l'installation sur le Cerro Paranal d'un très grand télescope (VLT, sigle de *Very Large Telescope*) qui comprendra quatre instruments de 8 m de diamètre, utilisables séparément ou groupés en réseau.

Ésope, fabuliste grec (VIIe-VIe s. av. J.-C.). On attribue à cet auteur quasi légendaire de courtes fables connues des Athéniens dès la fin du Ve s. av. J.-C. D'origine populaire et ayant pour acteurs des animaux, ces fables présentent une morale pratique à travers de petits récits familiers. Aux environs de l'ère chrétienne, Babrias donna une version en vers des fables ésopiques qui inspira Phèdre, les fabulistes du Moyen Âge et, plus tard, La Fontaine.

Espace économique européen (E. E. E.), zone de libre-échange instituée par le traité de Porto (1992) et entrée en vigueur le 1er janvier 1994. L'E. E. E., qui associe les pays de l'Union européenne et de l'A. E. L. E., comprend dix-huit États (la Suisse n'en fait pas partie).

Espagne, *en esp.* España, État du sud-ouest de l'Europe ; 505 000 km² (y compris les Canaries ; 497 500 km² en métropole) ; 39 millions d'hab. *(Espagnols)*. CAP. *Madrid* (autres grandes villes : *Barcelone, Valence, Séville, Saragosse, Málaga*). LANGUE (officielle) : *espagnol*. MONNAIE : *peseta*.

GÉOGRAPHIE

Entrée seulement dans la C. E. E. en 1986, l'Espagne, au-delà des Pyrénées, appartient bien à l'Europe, mais à sa frange méditerranéenne, moins développée économiquement et au niveau de vie plus bas que dans le nord-ouest du continent. Depuis le début des années 1960 et jusqu'au milieu des années 1970, l'essor de l'économie a cependant été spectaculaire grâce au développement de l'industrie (favorisé par les capitaux étrangers) et du tourisme. Après quelques années moins prospères, l'entrée dans la C. E. E. a accéléré les mutations et soutenu la croissance économique.

■ **Démographie.** La population est urbanisée (75 % de la population totale, comme en France). Une quarantaine de villes ont plus de 100 000 hab., dominées par les pôles de Madrid et Barcelone. Cette population, longtemps prolifique, ne s'accroît plus. Le taux de natalité est tombé à 11 ‰ (inférieur même à celui de la France). Aux migrations vers l'étranger (Amérique du Sud, France) ont succédé des mouvements intérieurs, essentiellement, en dehors de Madrid, vers la périphérie (Catalogne barcelonaise et ensemble Asturies-Pays basque), accentuant finalement l'inégalité de la répartition de la population.

■ **Relief et climat.** Cette inégalité est en partie liée aux conditions de relief et de climat. Au centre, la *Meseta,* correspondant essentiellement à la Castille et à la Manche historiques, est un plateau souvent aride, froid en hiver, torride en été, coupé de chaînons plus élevés ou profondément entaillé par des vallées (Tage, Duero). Elle est bordée de hauteurs notables (cordillères Cantabrique et Ibérique au N., sierra Morena au S.). Celles-ci sont séparées des hauts reliefs périphériques (Pyrénées au N., chaînes Bétiques au S.) par les seules grandes dépressions du pays, les bassins ouverts par l'Èbre et le Guadalquivir. Le climat, rude en altitude, s'adoucit notamment au N. sur la façade atlantique, de type océanique, couverte de forêts ou de prairies. Il devient méditerranéen sur le littoral oriental, avec des nuances semi-désertiques, localement combattues par l'irrigation.

■ **Agriculture.** L'irrigation, concernant environ 15 % des superficies cultivées, est parfois ancienne (huertas du Levant et de l'Andalousie), souvent assez récente (bassins de l'Èbre, du Guadiana et du Guadalquivir). Elle explique largement, avec parfois les conditions thermiques, responsables de l'extension de l'olivier fournisseur d'huile, l'importance des productions d'agrumes (3e rang mondial), d'autres fruits et des légumes, de la vigne. La Meseta est le domaine de l'élevage ovin et de cultures céréalières (blé, orge) souvent extensives dans le cadre de grandes exploitations. L'élevage bovin et le maïs sont développés dans le Nord-Ouest, plus humide. L'agriculture (avec la pêche, active) ne fournit guère que 6 % du P. I. B., mais emploie encore environ 15 % de la population active.

■ **Industrie.** Un tiers de cette population active est occupé par l'industrie (qui assure une part équivalente du P. I. B.). La gamme étendue de productions, l'existence de grandes sociétés et de multiples entreprises artisanales, la notable participation sectorielle de l'État (énergie, chimie, automobile) résultent de la succession d'une période autarcique, protectionniste et d'une ouverture aux investissements étrangers (États-Unis, Allemagne, France et Japon). Le sous-sol fournit houille et lignite, complétés par un apport hydroélectrique et nucléaire, mais la quasi-totalité du pétrole traité est importée. On extrait encore des minerais métalliques (plomb, zinc, cuivre) et du fer, celui-ci pour une sidérurgie développée (nécessitant le recours à des importations de minerai) alimentent notamment les chantiers navals (en crise) et la construction automobile. Le textile (en difficulté), l'agroalimentaire (diffus) et la chimie sont les autres grands secteurs, avec le bâtiment et les travaux publics.

■ **Les services et les échanges.** Ils emploient environ 50 % des actifs, proportion partiellement liée à l'essor du tourisme. Celui-ci est plus balnéaire (sur la Méditerranée) que culturel (villes historiques de l'intérieur). Les infrastructures routières et ferroviaires ont été améliorées pour 1992 (jeux Olympiques de Barcelone, Exposition universelle à Séville).

Les apports du tourisme atténuent le déficit de la balance des paiements, le commerce extérieur étant déficitaire de façon chronique. Un taux de chômage élevé, une inflation notable, des déséquilibres régionaux marqués sont les principaux problèmes auxquels est confronté le pays.

HISTOIRE

■ **Les origines.** Durant la préhistoire, l'Espagne connaît des civilisations paléolithiques (grottes d'Altamira), puis néolithiques (peintures et gravures rupestres, dolmens du Levant). Dès la fin du II e millénaire, Grecs et Phéniciens établissent des comptoirs sur les côtes. Les Ibères, premiers habitants du pays, fusionnent au VIe s. av. J.-C. avec les envahisseurs celtes pour former les Celtibères. Au IIIe s. av. J.-C., Carthage établit sa prépondérance sur le sud et l'est de la Péninsule.

Les guerres puniques font passer l'Espagne dans l'orbite de Rome. Mais la conquête du pays par les Romains ne devient effective que sous Auguste (Ier s. av. J.-C.). Au Ve s. apr. J.-C., les Vandales envahissent le pays.

412. Les Wisigoths pénètrent en Espagne. Ils y établissent une monarchie brillante, catholique à partir de 587, détruite par les Arabes en 711.

■ **L'islam et la Reconquista.**

756. L'émirat de Cordoue se proclame indépendant.

Califat en 929, il se maintient jusqu'en 1031. Son émiettement favorise ensuite la reconquête depuis le Nord, où subsistaient des États chrétiens (Castille, León, Navarre, Aragon).

1085. Alphonse VI, roi de León et de Castille, prend Tolède.

1212. Les Arabes sont vaincus à Las Navas de Tolosa.

1248. Prise de Séville par Ferdinand III.

Au milieu du XIIIe s., les musulmans, refoulés dans le Sud, sont réduits au royaume de Grenade, tandis que l'Aragon chrétien fonde un Empire méditerranéen.

1469. Le mariage de Ferdinand d'Aragon et d'Isabelle de Castille prépare la réunion des deux royaumes.

1492. Les Rois Catholiques s'emparent de Grenade, achevant la Reconquête.

La même année, Christophe Colomb découvre l'Amérique, que les Espagnols vont conquérir.

■ **L'apogée et le déclin.**

1519. Charles Ier d'Espagne devient l'empereur Charles Quint.

Il incorpore à ses domaines d'Espagne et d'Amérique les territoires autrichiens des Habsbourg : c'est l'apogée de la monarchie espagnole, qui connaît alors sa plus grande extension.

1556. Philippe II, fils de Charles Quint, lui succède.

Il ne garde que l'Espagne et ses colonies, mais hérite du Portugal (1580). Au cours de la guerre contre l'Angleterre, l'Invincible Armada est détruite (1588). Le règne de Philippe II, qui s'achève en 1598, voit naître le siècle d'or des arts et des lettres espagnols. Mais le XVIIe s. est pour l'Espagne une période de décadence, due à la faiblesse démographique, à l'inflation, à l'unité artificielle du pays, à l'incapacité des trois derniers rois Habsbourg et aussi à l'opposition des autres puissances européennes (Angleterre, Provinces-Unies et France).

1640. Le Portugal se détache de l'Espagne.

1700. À l'extinction de la maison de Habsbourg, le duc d'Anjou, petit-fils de Louis XIV, devient roi d'Espagne sous le nom de Philippe V de Bourbon, ouvrant la guerre de la Succession d'Espagne (1701-1716).
1759-1788. Charles III règne en « despote éclairé » et s'efforce de redresser le pays.
1808. Charles IV est forcé d'abdiquer par Napoléon Ier qui donne la Couronne d'Espagne à son frère Joseph Bonaparte. Une émeute sanglante *(Dos de Mayo),* suivie d'une répression *(Tres de Mayo),* marque le début de la guerre d'indépendance.
1814. Les Bourbons sont restaurés après l'effondrement de l'Empire napoléonien.
1820. Une révolution oblige Ferdinand VII à accepter une Constitution.
1823. Une expédition française rétablit la monarchie absolue.
1824. La domination espagnole sur les territoires américains continentaux prend fin. L'empire espagnol est pratiquement anéanti.
■ **Les temps troublés.** Le XIXe s. espagnol est jalonné de guerres civiles et de révolutions opposant libéraux, traditionalistes et carlistes (partisans de don Carlos contre sa nièce, la reine Isabelle).
1874. Le retour des Bourbons suit la proclamation d'une éphémère république.
1898. L'Espagne perd Cuba, les Philippines et Porto Rico, au terme de la guerre contre les États-Unis.
■ **L'Espagne contemporaine.** Elle est dès lors confrontée à une grave crise économique et sociale tandis que se réveillent les régionalismes (basque et catalan surtout). Le roi Alphonse XIII perd tout pouvoir réel.
1923. Le général Primo de Rivera établit une dictature.
1931. Après la victoire républicaine aux élections, Alphonse XIII quitte l'Espagne. La république est proclamée.
1936. De nouvelles élections consacrent la victoire du Front populaire. Le soulèvement du général Franco marque le début de la guerre civile d'Espagne (v. art. suiv.).
1939. Franco devient le chef suprême *(caudillo)* de l'Espagne.
Il organise un État autoritaire, qui, sans s'engager dans la Seconde Guerre mondiale, est toutefois favorable aux puissances de l'Axe.
1947. Une loi de succession réaffirme le principe de la monarchie.
À partir de 1953, l'Espagne retrouve une place importante sur la scène internationale grâce à sa position stratégique (bases américaines), à son entrée à l'O.N.U. (1955), ainsi qu'à son développement touristique, à partir de 1960.
1969. Le prince don Juan Carlos est officiellement désigné comme successeur du général Franco.
1970. Une grave crise marque le réveil du nationalisme basque.
1973. L. Carrero Blanco, chef du gouvernement, est assassiné.
1975. Mort de Franco. Avènement de Juan Carlos au trône.
1977. La démocratie est sanctionnée par l'élection de deux assemblées au suffrage universel.
1978. Une nouvelle Constitution instaure un système semi-fédéral d'administration régionale : 17 communautés autonomes sont mises en place progressivement jusqu'en 1983 (Pays basque et Catalogne dès 1979).
1982. Le socialiste Felipe González devient président du gouvernement. L'Espagne adhère à l'O. T. A. N.
1986. Entrée de l'Espagne dans la C.E.E.
1996. Le Parti populaire dirigé par José María Aznar remporte les élections législatives.

Espagne *(guerre civile d')* [1936-1939], conflit qui opposa le gouvernement républicain du Front populaire espagnol à une insurrection militaire et nationaliste, dirigée par Franco. Meurtrière (600 000 morts), cette guerre mit aux prises près de 800 000 nationalistes et un nombre équivalent de républicains. Les nationalistes, aidés par l'Allemagne hitlérienne et l'Italie fasciste, l'emportèrent finalement sur les républicains, aux côtés desquels luttèrent les Brigades internationales (35 000 volontaires venus de 50 nations).

Espartero *(Baldomero),* duc de la Victoire, général et homme politique espagnol (Granátula 1793 - Logroño 1879). Il remporta la victoire de Luchana (1836) sur les carlistes et fut régent (1840-1843).

Espinel *(Vicente),* écrivain et musicien espagnol (Ronda 1550 - Madrid 1624). Il écrivit un roman d'aventures, *Marcos de Obregón* (1618), dont Lesage s'est inspiré dans *Gil Blas.*

Espinouse *(monts de l'),* hauts plateaux du sud du Massif central ; 1 124 m.

Espírito Santo, État du Brésil, sur l'Atlantique ; 2 598 231 hab. Cap. *Vitória.*

Espoo ou **Esbo,** v. de Finlande, banlieue d'Helsinki ; 165 000 hab. — Église en granite du XVe siècle (fresques). Ville neuve forestière de Tapiola, exemplaire de l'architecture moderne finlandaise (depuis 1953).

Institut technique d'Otaniemi (architecte A. Aalto).

esprit des lois *(De l'),* œuvre de Montesquieu (1748).

Espriu *(Salvador),* écrivain espagnol d'expression catalane (Santa Coloma de Farnés 1913 - Barcelone 1985). Chef de file des poètes catalans après la guerre civile, il a exprimé sur le mode élégiaque ou satirique le difficile destin de son peuple (*Cimetière de Sinera,* 1946 ; *la Fin du labyrinthe,* 1955 ; *la Peau de taureau,* 1960).

Espronceda *(José de),* poète espagnol (Almendralejo 1808 - Madrid 1842). Un des plus grands poètes romantiques de l'Espagne, il laissa inachevé un ambitieux poème, *le Diable-monde* (1841), satire des milieux madrilènes.

Esquilin *(mont),* une des sept collines de Rome, à l'E. de la ville, sur la rive gauche du Tibre.

Esquimaux ou **Eskimo** → **Inuit.**

Esquirol *(Jean Étienne Dominique),* médecin français (Toulouse 1772 - Paris 1840). Disciple de P. Pinel, il participa aux débuts de la psychiatrie et à sa séparation de la neurologie. Il fit progresser la clinique (examen au lit du malade) et la classification des maladies. Il fut l'un des organisateurs de la psychiatrie française, dans un esprit de protection des malades.

Essais *(les)* → **Montaigne.**

Essaouira, *anc.* Mogador, v. du Maroc, sur l'Atlantique ; 42 000 hab. Pêche. Station balnéaire.

Essen, v. de l'Allemagne (Rhénanie-du-Nord-Westphalie), sur la Ruhr ; 624 445 hab. Centre métallurgique. — Cathédrale, anc. abbatiale, à deux chœurs opposés (massif occidental du milieu du XIe s.). Riche musée Folkwang (art des XIXe et XXe s. ; important département de photographie).

Essenine ou **Iessenine** *(Sergueï Aleksandrovitch),* poète russe (Konstantinovo 1895 - Leningrad 1925). Fils de paysan, il participa à la révolution d'Octobre, à laquelle il prêta une signification messianique (*le Pays d'ailleurs,* 1918), puis se réfugia dans la vie de bohème, prenant la tête du mouvement imaginiste (*Moscou des bouges,* 1924). Il épousa Isadora Duncan en 1922, voyagea en Europe et en Amérique avant de mettre fin à ses jours.

Essequibo, fl. de la Guyana ; 1 000 km env. Bauxite dans son bassin.

Essex, comté d'Angleterre, sur l'estuaire de la Tamise ; 1 530 000 hab. ; ch.-l. *Chelms-*

ford. — Ancien royaume saxon fondé au VIe siècle, réuni au Wessex en 825, dont la capitale était Lunden (Londres).

Essex *(Robert* Devereux, *comte* d'*),* soldat et courtisan anglais (Netherwood 1566 ou 1567 - Londres 1601). Favori d'Élisabeth Ire, disgracié (1600), il conspira contre la reine et fut exécuté. Son fils, **Robert** (Londres 1591 - *id.* 1646) soutint la cause des parlementaires lors de la Révolution.

Essling *(bataille d')* [21-22 mai 1809], victoire des Français de Masséna et de Lannes sur les Autrichiens de l'archiduc Charles.

Essonne [91], dép. de la Région Île-de-France, créé en 1964 ; ch.-l. de dép. *Évry* ; ch.-l. d'arr. *Étampes, Palaiseau* ; 3 arr., 42 cant., 196 comm. ; 1 804 km² ; 1 084 824 hab. Il est rattaché à l'académie de Versailles, à la cour d'appel de Paris et au commandement militaire d'Île-de-France.

Estaing *(Charles Henri, comte* d'*),* amiral français (Ravel, Puy-de-Dôme, 1729 - Paris 1794). Il se distingua aux Indes et en Amérique contre les Anglais et commanda la Garde nationale à Versailles (1789). Il fut guillotiné.

Este *(maison d'),* famille princière d'Italie, qui gouverna longtemps Ferrare, Modène et Reggio, et protégea des artistes et des écrivains de la Renaissance tels que l'Arioste et le Tasse.

Esterel ou **Estérel,** massif de Provence (Var et Alpes-Maritimes), qui borde la Méditerranée (jalonné de stations balnéaires de Saint-Raphaël à la Napoule) entre Saint-Raphaël et l'embouchure de la Siagne, au S.-O. de Cannes ; 618 m au mont Vinaigre.

Esterházy ou **Eszterházy,** famille d'aristocrates hongrois (XVIIe-XIXe s.) qui œuvra à la consolidation du pouvoir des Habsbourg. **Miklós** (Vienne 1765 - Côme 1833) fit de sa résidence d'Eszterháza (auj. Fertöd) un brillant centre d'art baroque.

Estève *(Maurice),* peintre français (Culan 1904). La vivacité expressive du coloris s'allie dans ses toiles à la souplesse et à la complexité de structures non figuratives.

Esther, héroïne du livre biblique d'Esther, composé dans les communautés de la Diaspora vers le IIe s. av. J.-C. Jeune fille juive d'une grande beauté déportée dans l'Empire perse, elle fut remarquée puis épousée par le roi Assuérus. Devenue reine des Perses, Esther sauva ses compatriotes d'un massacre ordonné par Assuérus. Les juifs lisent le livre d'Esther lors de la fête de Pourim comme témoignage d'un pogrom évité miraculeusement par cette intervention.

Estienne, famille d'humanistes français, imprimeurs et éditeurs. **Robert** (Paris 1503 - Genève 1559), auteur d'un *Dictionnaire latin-français* (1538), est le père de la lexicographie française. **Henri,** son fils (Paris 1528 ? - Lyon 1598), helléniste, auteur d'un *Thesaurus graecae linguae,* défendit l'emploi de la langue nationale dans *De la précellence du langage français* (1579).

Estienne *(Jean-Baptiste),* général français (Condé-en-Barrois 1860 - Paris 1936). Il fut, en 1916-17, le créateur des chars d'assaut français.

Estienne d'Orves *(Honoré* d'*),* officier de marine français (Verrières-le-Buisson 1901 - Mont-Valérien 1941). Pionnier de la Résistance, il fut fusillé par les Allemands.

Estonie, *en estonien* Eesti, État d'Europe, sur la Baltique ; 45 100 km² ; 1 600 000 hab. *(Estoniens).* CAP. *Tallinn.* LANGUE : *estonien.* MONNAIE : *couronne estonienne.*

GÉOGRAPHIE
Fortement urbanisée (Tallinn, Tartu, Narva sont les principales villes), peuplée pour près des deux tiers d'Estoniens (mais comptant près de 30 % de Russes), l'Estonie est la plus petite des Républiques baltes. Elle associe élevage (développé sous un climat humide et sur des sols peu fertiles), sylviculture, exploitation du sous-sol (schistes bitumineux) et industries diversifiées (engrais, textile, travail du bois et du cuir, constructions mécaniques et électriques).

HISTOIRE
D'origine finno-ougrienne, les Estoniens s'unissent contre les envahisseurs vikings (IXᵉ s.), russes (XIᵉ-XIIᵉ s.), puis sont écrasés en 1217 par les Danois et les Allemands (chevaliers Porte-Glaive).
1346-1561. La région est gouvernée par les chevaliers Porte-Glaive.
1629. Elle passe sous domination suédoise.
1721. Elle est intégrée à l'Empire russe.
1920. La Russie soviétique reconnaît son indépendance.
1940. Elle est, conformément au pacte germano-soviétique, intégrée à l'U. R. S. S.
1941-1944. Elle est occupée par les Allemands.
1944. Elle redevient une république soviétique.
1991. L'indépendance est restaurée (sept.).
1994. Les troupes russes se retirent du pays.
1995. L'Estonie dépose une demande d'adhésion à l'Union européenne.

Estrées *(maison* d'*),* famille française, qui compte parmi ses membres plusieurs maréchaux ainsi que **Gabrielle** (Cœuvres, Aisne, 1571 - Paris 1599), favorite d'Henri IV.

Estrela *(serra da),* chaîne de montagnes du Portugal central ; 1 991 m (point culminant du pays).

Estrémadure, *en esp.* Extremadura, région historique de l'Espagne, partie sud-ouest de la Meseta, correspondant aux actuelles provinces de Badajoz et Cáceres, et constituant, depuis 1983, une communauté autonome ; 41 602 km² ; 1 045 201 hab. Cap. *Mérida.* Cette zone déshéritée (céréaliculture extensive, élevage ovin) est un foyer d'émigration. L'Estrémadure portugaise (en port. *Estremadura*) correspond partiellement aux districts de Leiria, Santarém et Lisbonne.

Est républicain *(l'),* quotidien régional français fondé à Nancy en 1889.

Estrie ou **Cantons de l'Est,** région du Canada (Québec), à l'E. de Montréal, limitrophe des États-Unis.

Esztergom, v. de Hongrie, sur le Danube ; 29 841 hab. Archevêché, siège du primat de Hongrie. — Églises baroques et cathédrale néoclassique (trésor). Riche Musée chrétien.

E. T. A., sigle du mouvement basque Euskadi ta Askatasuna, issu en 1959 de l'aile extrémiste du mouvement nationaliste basque. Il revendique l'indépendance du Pays basque.

Établissement *(Acte* d'*),* loi *(Act of Settlement)* votée en 1701 par le Parlement et qui assurait une succession protestante au trône d'Angleterre.

Établissements français dans l'Inde, ensemble de territoires situés sur les côtes de l'Inde et formant une colonie française, dont la capitale était Pondichéry. Formée de comptoirs et d'établissements créés entre 1668 et 1739, cette colonie fut étendue par Dupleix, dont l'œuvre fut annihilée par le traité de Paris (1763). Les cinq comptoirs que la France conserva furent rattachés à l'Union indienne : Chandernagor (en 1949), Karikal, Mahé, Pondichéry et Yanaon (en 1954).

Étaix *(Pierre),* cinéaste et acteur français (Roanne 1928). Clown, puis gagman de J. Tati pour *Mon oncle* (1958), il est l'auteur de films qui allient le burlesque et l'émotion : *le Soupirant* (1962), *Yoyo* (1964). Il a aussi réalisé *J'écris dans l'espace* (1989), premier film de fiction réalisé par le procédé Omnimax en France.

Étampes, ch.-l. d'arr. de l'Essonne, à l'extrémité nord-est de la Beauce ; 21 547 hab.
(Étampois). — Ancien donjon royal, quadri-
lobé, du XIIᵉ siècle (« tour Guinette »). Quatre églises romanes et gothiques.

Étampes *(Anne* de Pisseleu, *duchesse d')*
[Fontaine-Lavaganne, Oise, 1508 - Heilly,
Somme, 1580], favorite de François Iᵉʳ.

État français, régime politique de la France
de juillet 1940 à août 1944. Il fut établi
après la défaite de juin 1940 par le maréchal
Pétain, dont le gouvernement siégea à
Vichy. (→ Vichy [gouvernement de]). Il
prit fin à la libération de Paris.

États de l'Église ou **États pontificaux,**
noms donnés à la partie centrale de l'Italie
tant qu'elle fut sous la domination des
papes (756-1870). Le noyau primitif de ces
États, qui comprenait le « Patrimoine de
Saint-Pierre » constitué par Grégoire Iᵉʳ le
Grand, fut concédé par les Lombards à la
papauté sous la pression du roi des Francs,
Pépin le Bref. Progressivement agrandis, ces
États reçurent leurs limites définitives au
début du XVIᵉ siècle sous le pape Jules II. Un
moment démembrés sous la Révolution
française et l'Empire, ils furent amputés à
partir de 1860 au profit du Piémont. Ils
furent annexés en 1870 au royaume d'Italie.
Les accords du Latran (1929) mirent fin au
différend entre le gouvernement italien et le
pape en créant le petit État du Vatican, dernier vestige de la puissance temporelle du
Saint-Siège.

État libre, anc. État libre d'Orange, prov.
d'Afrique du Sud ; 129 437 km² ;
2 804 000 hab. Ch.-l. *Bloemfontein.* Or, uranium et charbon.

États-Unis, *en angl.* United States of America (en abrégé USA*),* République fédérale
de l'Amérique du Nord, limitée par le
Canada et le Mexique, l'Atlantique et le
Pacifique. Elle groupe 50 États avec l'Alaska
et les îles Hawaii, auxquels il faut joindre le
district fédéral de Columbia et les territoires
extérieurs : État associé de Porto Rico et
divers îles ou archipel du Pacifique ;
9 364 000 km² (sans les territoires extérieurs) ; 252 800 000 hab. *(Américains).* CAP.
Washington. LANGUE : *anglais.* MONNAIE :
dollar.

GÉOGRAPHIE
Les États-Unis viennent au troisième rang
mondial pour la population, au quatrième
pour la superficie. Le territoire, s'étendant
sur 4 000 km d'E. en O. (quatre fuseaux
horaires) et plus de 2 500 km (25° de latitude) du N. au S., est le support de la pre-

mière économie mondiale. Celle-ci est
caractérisée par le volume et la diversité des
productions agricoles et industrielles (et le
poids des entreprises qui les assurent), la
grande qualité des services (enseignement et
recherche, système bancaire, transports et
commerce intérieurs), l'énormité du marché
national (lié au niveau de vie élevé). Cela
n'empêche d'ailleurs pas les États-Unis
d'être le premier exportateur mondial de
marchandises, le premier investisseur et,
plus encore, le premier collecteur de capitaux, grâce, en partie, à la puissance du
dollar, seule véritable monnaie internationale.
■ **Le milieu naturel.** Les types de paysages
sont à l'échelle d'un continent. À l'O., le
système des Rocheuses occupe une superficie égale à cinq fois celle de la France. Il est
formé de séries de chaînes N.-S., dominant
de hauts plateaux ou bassins intérieurs.
C'est, en retrait d'une plaine pacifique,
étroite et discontinue, une barrière climatique, réduisant surtout les précipitations vers
l'E., vers les Grandes Plaines. Celles-ci, correspondant approximativement au bassin
de l'ensemble Mississippi-Missouri, constituent un domaine encore plus vaste, étiré
des Grands Lacs au golfe du Mexique, atteignant les Appalaches à l'E. Les Grandes Plaines ont un climat continental aux hivers de
plus en plus froids vers le N. et aux étés
parfois torrides, avec des précipitations
croissant vers l'E. Des pluies abondantes
(liées parfois au passage de cyclones), associées à des températures élevées, caractérisent le Sud-Est, subtropical. Rigueur de
l'hiver et chaleur de l'été sont associées
aussi au N.-E., dans le nord de la plaine
atlantique, berceau de la nation et de la
civilisation américaines.
■ **La population.** L'histoire et les conditions
du milieu en expliquent la composition et la
répartition, altérées toutefois par des évolutions récentes. Le Nord-Est demeure la
région la plus densément habitée, mais la
Californie est aujourd'hui l'État le plus peuplé. La population s'accroît rapidement dans
les États du Sud et aussi du Sud-Ouest intérieur (Arizona, Nouveau-Mexique) au climat
ensoleillé. Le fonds d'origine européenne
(surtout britannique) domine toujours largement, mais les Noirs, plus prolifiques, représentent près de 12 % de la population. Plus
de la moitié sont encore concentrés dans le
Sud historique. Les Hispano-Américains, pas
toujours comptabilisés (nombreux Mexicains entrés illégalement), sont plus de
10 millions, essentiellement dans l'Ouest et

aussi le Sud-Ouest (principal domaine des Indiens). Les 4 millions d'Asiatiques sont concentrés dans l'Ouest (Californie en tête). Globalement, la population s'accroît à un rythme actuel d'environ 2 millions d'unités par an, qui a été réduit par la baisse sensible du taux de natalité (17 ‰). L'immigration a amené 50 millions de personnes entre 1820 et 1980, mais le quota annuel est aujourd'hui limité. Cependant, l'immigration clandestine reste importante. 75 % de la population vivent dans les agglomérations (aires métropolitaines), souvent démesurément étendues, comptant parfois de 3 à 15 millions d'habitants (New York, Philadelphie, Washington sur la côte atlantique ; Chicago et Detroit dans la région des Grands Lacs ; Los Angeles et San Francisco en Californie). Une trentaine d'agglomérations comptent plus de 1 million d'habitants.

■ **L'économie.** Elle demeure, et de loin, la plus puissante du monde, fondée sur un potentiel naturel considérable et surtout sur des disponibilités humaines, techniques et financières exceptionnelles.

Le sous-sol fournit en abondance du charbon et des hydrocarbures (pétrole et gaz naturel), de l'uranium, à la base d'une production d'électricité nucléaire supérieure à l'apport d'origine hydraulique et représentant près de 15 % de la production totale d'électricité. Toutefois, si les États-Unis assurent près de 20 % de la production énergétique mondiale, ils en absorbent encore plus (25 %). Le déficit est comblé par des importations de pétrole brut et raffiné, accessoirement de gaz naturel. Le sous-sol recèle aussi de nombreux minerais, dont le fer et le cuivre, et des phosphates.

Les disponibilités agricoles sont liées à l'étendue des surfaces, à la modernisation des exploitations de plus en plus concentrées (5 millions en 1950, 2 millions aujourd'hui et plus de 150 ha en moyenne). Le caractère spéculatif explique souvent (plus que les aléas climatiques) les variations des productions. Les États-Unis viennent au premier rang pour le maïs, le soja, au deuxième pour les agrumes, le coton et le tabac, au troisième pour le blé, le troupeau bovin, le bois et au quatrième pour la pêche. L'agriculture emploie moins de 3 % d'une population active d'environ 125 millions de personnes.

L'industrie (autre qu'extractive) en occupe environ 25 %. Sectoriellement et régionalement parfois en crise (comme l'agriculture d'ailleurs), souvent de plus en plus concurrencée sur les marchés extérieur et même

intérieur (malgré un protectionnisme mal déguisé), elle demeure toutefois exceptionnellement puissante (tant par le volume des productions que par le poids des grandes entreprises aux intérêts mondiaux) et diversifiée. Les États-Unis sont devancés par le Japon dans la sidérurgie et la construction automobile. Mais ils conservent la suprématie pour la construction aéronautique, la métallurgie de l'aluminium et du cuivre, le raffinage du pétrole et, plus généralement (et plus nettement), pour la chimie (pharmacie, caoutchouc, plastiques, textiles synthétiques, etc.), l'ensemble des constructions électriques et électroniques, l'agroalimentaire, l'édition littéraire et musicale, etc.

La production est servie par un secteur tertiaire (totalisant 70 % de la population active) remarquablement développé, qu'il s'agisse des transports classiques (env. 85 000 km d'autoroutes, 350 000 km de voies ferrées, plus de 17 000 aéroports, un réseau exceptionnel d'oléoducs et de gazoducs) et des télécommunications, de l'infrastructure commerciale et surtout financière (15 000 banques, Bourse de Wall Street) et technologique (laboratoires et centres de recherches parfois liés aux puissantes universités).

Le commerce extérieur se caractérise par sa faible part dans le P. I. B. (dont les exportations représentent 7 %). Cependant, les États-Unis, grâce au volume et à la valeur de la production, sont le premier exportateur mondial (produits agricoles et surtout industriels [très diversifiés]). Ils sont aussi, et plus nettement, le premier importateur, achetant notamment un complément d'hydrocarbures et de minerais, stratégiques ou non (cobalt, nickel, chrome, bauxite), dont ils ne sont pas ou peu producteurs. Un déficit commercial notable (taux de couverture des importations de l'ordre de 70 %) devient chronique. S'y ajoute un fort déficit budgétaire. Les revenus des capitaux investis à l'étranger par les multinationales, caractéristiques de la puissance économique américaine (dans l'automobile, la chimie, les constructions électriques, l'informatique), sont notables, mais ne suffisent pas à équilibrer la balance des paiements. Il est vrai que le rôle international du dollar permet aux États-Unis d'être à la fois banquier et client du reste du monde. Cette situation exceptionnelle favorise ou pénalise, selon les périodes, les exportations, mais répercute aussi à l'extérieur les fluctuations d'une économie où le taux de chômage et, dans une certaine mesure, les inégalités régionales et sociales (sinon raciales) doivent être appréciées en liaison avec la très grande mobilité spatiale et socioprofessionnelle de la population.

HISTOIRE

■ **La période coloniale.** À partir du XVIᵉ s., le territoire des États-Unis, occupé par des Amérindiens semi-nomades, est exploré par des navigateurs français, espagnols, puis anglais.

Dès le début du XVIIᵉ s., les Anglais y émigrent en masse, fuyant les bouleversements politiques et religieux de leur pays. Quelques Allemands et Hollandais s'ajoutent à leur nombre. Ces immigrants s'installent sur la côte Est du territoire.

1607-1733. La colonisation anglaise s'effectue alors que les Français poursuivent leur expansion le long du Mississippi, fondant la Louisiane. Création de treize colonies anglaises.

Le Sud (Virginie, Maryland), dominé par une société de planteurs propriétaires de grands domaines, exploités à l'aide d'esclaves noirs, s'oppose au Nord (Nouvelle-Angleterre), bourgeois et mercantile, d'un puritanisme rigoureux. Au XVIIIᵉ s., colonies et métropole sont unies dans la lutte contre les Indiens et surtout contre la France.

1763. Le traité de Paris écarte définitivement la menace française et ouvre l'Ouest aux colons britanniques.

Cependant, les colonies supportent mal l'autorité de la Grande-Bretagne et se révoltent contre les monopoles commerciaux de la métropole.

1774. Le premier congrès continental se réunit à Philadelphie.

■ **La rupture avec la Grande-Bretagne et l'indépendance.**

1775-1783. Cette attitude de résistance des colonies face à la Grande-Bretagne aboutit à la guerre de l'Indépendance, dont les buts sont précisés dans la Déclaration d'indépendance (4 juillet 1776). Les colonies sont commandées par Washington. À partir de 1778, elles obtiennent le soutien officiel de la France.

1783. La paix de Paris reconnaît l'existence de la République fédérée des États-Unis.

1787. Une Constitution fédérale, toujours en vigueur, est élaborée par la convention de Philadelphie.

George Washington devient le premier président des États-Unis (1789-1797).

Pendant la première moitié du XIXᵉ s., l'expansion vers l'Ouest continue et de nombreux États sont créés à mesure que s'accroît le peuplement. Les États-Unis achètent la Louisiane à la France et la Floride aux Espagnols.

1812-1815. Les Américains sortent victorieux de la seconde guerre de l'Indépendance, suscitée par la Grande-Bretagne.

1823. Le président Monroe réaffirme la volonté de neutralité des États-Unis et leur opposition à toute ingérence européenne dans le continent américain (doctrine de Monroe).

1846-1848. Guerre contre le Mexique. À l'issue du conflit, les États-Unis annexent le Texas, le Nouveau-Mexique et la Californie. L'antagonisme entre le Sud, agricole et libre-échangiste, et le Nord, en voie d'industrialisation et protectionniste, est aggravé par le problème de l'esclavage, désavoué par le Nord.

■ **La sécession du Sud et la reconstruction.**

1860. Le républicain Abraham Lincoln, résolument antiesclavagiste, est élu à la présidence. Les sudistes font alors sécession et se constituent en États confédérés d'Amérique.

1861-1865. Les nordistes l'emportent dans la guerre de Sécession.

1865-1871. Par trois amendements successifs, la Constitution fédérale abolit l'esclavage, impose la reconnaissance de la citoyenneté aux Noirs et interdit toute discrimination raciale.

En 1871, tous les États du Sud ont réintégré l'Union après avoir ratifié ces amendements.

■ **L'essor des États-Unis.** Le rapide développement des chemins de fer joue un rôle capital dans la construction de l'unité nationale et dans la progression vers l'Ouest.

1867. Les États-Unis achètent l'Alaska à la Russie.

1890. Le territoire américain est occupé de l'Atlantique au Pacifique.

Une forte immigration, venue de tous les pays d'Europe, favorise le redressement de l'économie ; la mécanisation et la monoculture sur de très grandes surfaces permettent l'essor de la production agricole et industrielle.

Les républicains, le plus souvent au pouvoir durant cette période, maintiennent un strict protectionnisme douanier et s'opposent aux monopoles des trusts, notamment sous la présidence de Theodore Roosevelt ; mais leur politique rencontre l'opposition des fermiers de l'Ouest, démocrates, cependant que les premières organisations syndicales apparaissent.

À partir de 1895, les États-Unis manifestent leur volonté d'expansion, notamment en Amérique latine : annexion de Porto Rico, des Philippines et de l'île de Guam à la suite d'une guerre avec l'Espagne (1898) ; implantation à Cuba (1901) et à Saint-Domingue (1905), acquisition de la zone du canal de Panama (1903).

1917. Les États-Unis déclarent la guerre à l'Allemagne et fournissent dès lors une aide considérable aux Alliés. Mais le démocrate Theodore W. Wilson ne peut faire ratifier par le Sénat les traités de paix et l'entrée des États-Unis à la Société des Nations.

■ **L'entre-deux-guerres.** En faisant des États-Unis les fournisseurs des Alliés, la guerre a provoqué un développement rapide de la production industrielle et agricole et gonflé considérablement le stock d'or américain. Le niveau de vie s'accroît alors fortement, tandis que le gouvernement poursuit sa politique protectionniste, met un frein à l'immigration et instaure la prohibition (1919).

1929-1933. Grave crise économique.
Elle est due à la surproduction et à la spéculation et se répercute dans tous les États industriels du monde. De nombreuses faillites bancaires et industrielles entraînent un chômage catastrophique.

1933-1945. Le démocrate Franklin D. Roosevelt accède à la présidence. Sa politique de *New Deal* (« Nouvelle Donne ») s'efforce de porter remède par des mesures dirigistes aux maux de l'économie américaine.
En politique extérieure, il pratique une politique de retrait en Amérique latine et soutient les démocraties européennes par la vente (1937) puis le prêt (1941) de matériel de guerre.

7 déc. 1941. L'attaque japonaise contre la base américaine de Pearl Harbor provoque l'entrée en guerre des États-Unis.

1941-1945. Les États-Unis accomplissent un formidable effort économique et militaire.

■ **Les États-Unis depuis 1945.** Dès 1943, Roosevelt a multiplié les conférences pour organiser le monde de « l'après-guerre » et établir les fondements de l'Organisation des Nations unies (O. N. U.), dont la charte est signée en 1945.
Après la victoire, les États-Unis doivent faire face à des difficultés intérieures dues au retour à une économie de temps de paix et à la démobilisation.

1945-1953. Début de la guerre froide avec l'U. R. S. S.

Sous la présidence du démocrate Truman, les États-Unis affirment leur volonté de s'opposer à l'expansion soviétique. En 1948, un plan d'aide économique à l'Europe (plan Marshall) est adopté, tandis que la signature du traité de l'Atlantique Nord (O. T. A. N.) renforce l'alliance des puissances occidentales (1949).

1950-1953. Les États-Unis s'engagent dans la guerre de Corée, pour contrer l'expansion du communisme.
En même temps, ils renforcent leur politique d'alliance en Asie (pacte avec le Japon, 1951 ; création de l'Organisation du traité de l'Asie du Sud-Est (O. T. A. S. E.), 1954). Après la mort de Staline (1953), une relative détente s'instaure.

1953-1961. Le républicain Eisenhower pratique une politique énergique au Moyen-Orient.

1961-1963. L'administration démocrate du président Kennedy lutte contre la misère et la ségrégation raciale et inaugure une politique d'intervention armée au Viêt Nam. Des programmes d'aide à certains États américains sont mis au point (1961). Après une période au cours de laquelle les crises se sont multipliées (Cuba, 1962), les relations des États-Unis avec l'U. R. S. S. s'améliorent (accords de Moscou, 1963).

Depuis 1963, sous la présidence de L. Johnson (qui succède à Kennedy, assassiné), du républicain Richard Nixon (qui démissionne en 1974), puis de Gerald Ford, les États-Unis doivent faire, à l'intérieur, à de multiples difficultés dues en particulier au problème noir (qui n'est pas résolu malgré la loi de 1964 affirmant l'égalité civique entre Noirs et Blancs) et à des problèmes économiques et sociaux.

1964. Les États-Unis interviennent directement au Viêt Nam.
Après un renforcement de l'intervention militaire américaine en Indochine (bombardements systématiques sur le Viêt Nam du Nord, intensification des actions au Viêt Nam du Sud), la période est marquée par le rapprochement des États-Unis avec la Chine (voyage de Nixon à Pékin, 1972), par le désengagement des Américains au Viêt Nam (1973) et par la défaite de leurs alliés du Viêt Nam du Sud (1975).

1976. Élection du démocrate Jimmy Carter.
1979. Signature d'un traité de paix israélo-égyptien grâce à la médiation de Carter dans le conflit du Proche-Orient.
1980. Élection du républicain Ronald Reagan, ce qui amène un durcissement des relations avec l'U. R. S. S.

1984. La reprise économique contribue à la réélection triomphale de Reagan.

1985. La rencontre de Reagan et de Gorbatchev à Genève marque l'amorce d'une détente dans les relations avec l'U. R. S. S.

1987. La popularité du président Reagan est entamée par le scandale de l'« Irangate » (vente secrète d'armes à l'Iran) et par les difficultés économiques et financières nées du déficit américain. Reagan et Gorbatchev signent en décembre un accord sur l'élimination des missiles de moyenne portée en Europe.

1988. Élection du républicain George Bush. Prolongeant la ligne politique de son prédécesseur, G. Bush mène parallèlement une politique de fermeté (intervention au Panamá [1989], engagement dans la guerre du Golfe [1991]) et d'ouverture avec l'U. R. S. S. puis avec les Républiques issues de son démembrement (C. E. I.).

1992. Élection du démocrate Bill Clinton.

1994. L'accord de libre-échange, négocié en 1992 avec le Canada et le Mexique, entre en vigueur.

1995. Les États-Unis s'emploient à faire signer l'accord de paix sur la Bosnie-Herzégovine et participent largement à la force multinationale chargée de sa mise en application.

Étéocle, héros de la légende grecque de Thèbes, fils d'Œdipe et de Jocaste. Avec son frère Polynice, il s'empara du pouvoir lorsque leur père se fut crevé les yeux. Ils étaient convenus de régner alternativement pendant une année. Comme Étéocle refusait de laisser la place à Polynice, leur conflit fit éclater la guerre des Sept contre Thèbes et les deux frères s'entretuèrent.

Éthiopie, État d'Afrique orientale, sur la mer Rouge ; 1 110 000 km² ; 50 millions d'hab. *(Éthiopiens).* CAP. *Addis-Abeba.* LANGUE : *amharique.* MONNAIE : *birr.*

GÉOGRAPHIE

L'un des pays les plus pauvres du monde, l'Éthiopie est formée de hautes terres centrales (le *Massif éthiopien*), coupées de profondes vallées (dont celles du Nil Bleu, de l'Aouach, de l'Omo), bien arrosées et entourées de régions basses, plus sèches, parfois arides (Ogaden). Ce pays ne présente aucune unité ethnique (une quarantaine de groupes), linguistique (70 langues et 200 dialectes) ou religieuse (au centre, chrétiens amhara, agriculteurs sédentaires, groupe traditionnellement dominant ayant imposé l'amharique comme langue officielle ; dans

le Nord et l'Est, musulmans [dont les Galla], souvent encore pasteurs ; animistes « soudanais » nombreux dans le Sud-Ouest).

L'industrie est pratiquement inexistante. Les cultures sont étagées selon le relief (céréales autour de 2 000 m, plantations à vocation commerciale [canne à sucre, coton et surtout café] au-dessous de 1 500 m. L'élevage est diversifié, exclusif (ovins surtout) dans les régions arides.

La guerre civile, les récentes périodes de sécheresse ont entraîné d'importants transferts de populations (du nord vers le sud et l'ouest), décimé le bétail. La famine a causé la perte de nombreuses vies humaines. L'économie est désorganisée, la production de café (principal produit d'exportation) a régressé et l'aide internationale (alimentaire en premier lieu) reste indispensable. Les conflits ethniques menacent l'unité du pays, dont l'Érythrée s'est séparée.

HISTOIRE

■ **L'Éthiopie ancienne.** Avant l'ère chrétienne, la région est en contact avec le royaume de Saba.

Iᵉʳ-IXᵉ s. Le royaume d'Aksoum étend sa domination jusqu'au Nil Bleu. Christianisé par l'Église égyptienne (copte) au IVᵉ s., il connaît sa période la plus faste au VIᵉ s. L'expansion de l'islam au VIIᵉ s. entraîne l'isolement progressif du royaume.

Fin du XIIIᵉ s.-fin du XVᵉ s. Le pays connaît une brillante renaissance. Ses rois luttent contre les musulmans des États voisins.

Les Portugais identifient l'Éthiopie au royaume fabuleux du « Prêtre Jean » et l'aident à se libérer de l'occupation musulmane imposée en 1527.

XVIIᵉ-XVIIIᵉ s. Des populations païennes, les Galla, s'établissent au cœur du pays. La capitale est transférée plus au nord à Gondar (v. 1636).

■ **L'Éthiopie contemporaine.**

1855-1868. Théodoros II, qui a brisé la puissance des seigneurs féodaux, modernise le pays.

Après l'ouverture du canal de Suez (1869), l'Éthiopie est convoitée par les puissances européennes.

1889. Ménélik II, fondateur d'Addis-Abeba, devient négus, « roi des rois ». Il doit abandonner aux Italiens la région bordant la mer Rouge, l'Érythrée.

1896. Les Italiens sont battus à Adoua.

1906. Ménélik II, tout en préservant l'indépendance nominale de son pays, doit accepter le partage d'influence anglo-franco-italien.

1930. Hailé Sélassié Ier devient empereur d'Éthiopie. Il donne à son pays une Constitution de type occidental.

1935-1936. Guerre contre l'Italie. Vaincue, l'Éthiopie constitue, avec l'Érythrée et la Somalie, l'Afrique-Orientale italienne.

1941. Le pays est libéré par les troupes franco-britanniques.

1962. L'Érythrée, réunie à l'Éthiopie en 1952, avec le statut d'État fédéré, en devient une province.
La guérilla s'y développe.

1974. L'armée dépose Hailé Sélassié et instaure un régime de type socialiste.
Dirigée, à partir de 1977, par le colonel Hailé Mariam Mengistu et soutenue par l'U. R. S. S. et Cuba, l'Éthiopie est engagée dans un conflit frontalier (région de l'Ogaden) avec la Somalie.

1987. L'Éthiopie devient une république populaire et démocratique, à parti unique.

1988. Fin du conflit avec la Somalie.

1989-1990. Désengagement de l'U. R. S. S. et de Cuba.

1991. Mengistu est chassé du pouvoir par les mouvements de libération de l'Érythrée et du Tigré. Un nouveau gouvernement est mis en place, dominé par les représentants du Tigré.

1993. Après un référendum d'autodétermination, l'indépendance de l'Érythrée est proclamée.

1994. Une nouvelle constitution fait de l'Éthiopie un État fédéral (9 régions formées sur des bases ethniques).

1995. Le Front démocratique révolutionnaire du peuple éthiopien (F.D.R.P.E.) remporte les premières élections pluralistes.

Éthique *(l'),* ouvrage de Spinoza publié en 1677.

Étiemble *(René),* écrivain français (Mayenne 1909). Comparatiste, critique *(Mythe de Rimbaud,* 1953), essayiste épris d'une « hygiène des lettres », il a exercé notamment sa verve de polémiste contre les anglicismes dans la langue française (*Parlez-vous franglais ?,* 1964) et s'est employé à mieux faire connaître la civilisation chinoise (*l'Europe chinoise,* 1988-89).

SAINT

Étienne *(saint),* un des sept diacres de la première communauté chrétienne de Jérusalem, le plus célèbre d'entre eux avec Philippe, selon les Actes des Apôtres. Membre influent de la fraction des hellénistes (ou juifs convertis venant de la Diaspora et parlant grec), il fut accusé de critiquer le Temple et de donner la primauté à la foi sur la loi ; traduit devant le sanhédrin, il fut condamné et mourut lapidé vers 37.

ANGLETERRE

Étienne de Blois (v. 1097 - Douvres 1154), roi d'Angleterre (1135-1154),petit-fils de Guillaume le Conquérant. Ses faiblesses divisèrent le royaume.

HONGRIE

Étienne Ier *(saint)* [970 - Esztergom 1038], duc (997-1000), puis roi de Hongrie (1000-1038). Il fit évangéliser la Hongrie et fut couronné roi par le pape Sylvestre II en l'an 1000. Il développa une administration centralisée et s'allia avec Byzance contre les Bulgares.

MOLDAVIE

Étienne III le Grand (Borzeşti 1433 - Suceava 1504), prince de Moldavie (1457-1504). Il dut accepter le versement d'un tribut aux Ottomans (après 1480) et porta sa principauté à son apogée.

POLOGNE

Étienne Ier Báthory (Szilágysomlyó 1533 - Grodno 1586), prince de Transylvanie (1571-1576), roi de Pologne (1576-1586). Il battit Ivan le Terrible (1581) et favorisa le développement de l'humanisme.

SERBIE

Étienne Nemanja (Ribnica 1114 - mont Athos 1200), prince serbe (v. 1170 - v. 1196), fondateur de la dynastie des Nemanjić. **Étienne Ier Nemanjić** (m. en 1228), prince (1196-1217) puis roi de Serbie (1217-1227), second fils du précédent. Il créa l'Église serbe indépendante. **Étienne IX Uroš IV Dušan** (1308-1355), roi (1331-1346) puis tsar (1346-1355) de Serbie. Il s'empara de la Thessalie et de l'Épire, et créa le patriarcat de Peć (1346). Il promulgua un code dès 1349.

Étienne-Martin *(Étienne* Martin, dit*),* sculpteur français (Loriol-sur-Drôme 1913 - Paris 1995). Ses *Demeures,* en bois (souches retravaillées) ou en bronze, à la fois massives et découpées, évoquent un fond primitif de l'être et de la civilisation.

Etna, volcan actif (le plus grand d'Europe) d'Italie, dans le nord-est de la Sicile, culminant à 3 345 m. On y a dénombré plus de 100 éruptions, à l'échelle historique, depuis 475 av. J.-C. Malgré le danger, des villages ont prospéré (agrumes, vignes, arbres fruitiers). La forêt est présente jusqu'à 2 000 m, avant une zone désertique de lave.

Etobicoke, v. du Canada (Ontario), banlieue de Toronto ; 309 993 hab.

Étoile *(place de l')* → **Charles-de-Gaulle** *(place).*

Étolie, région de la Grèce, au nord du golfe de Corinthe. À partir du IVᵉ s. av. J.-C., ses cités s'unirent en une Ligue (« Ligue étolienne ») qui mit en échec la Macédoine. Rome la vainquit en 167 av. J.-C.

Étranger *(l'),* roman d'Albert Camus (1942). Achevée en 1940, cette œuvre est considérée comme « le roman de l'absurde », dont la notion était explicitée dans *le Mythe de Sisyphe,* publié la même année. Meursault, le héros algérois du roman, demeure étranger à sa mère, à la réussite sociale. Condamné à mort pour le meurtre sans préméditation d'un Arabe, il reste indifférent à sa propre destinée.

Être et le Néant *(l'),* ouvrage de J.-P. Sartre (1943).

Être et Temps, ouvrage de Heidegger (1927).

Étretat, comm. de la Seine-Maritime, sur la Manche ; 1 579 hab. Station balnéaire. Falaises. — Église romane et gothique.

Étrurie, anc. région de l'Italie, correspondant approximativement à l'actuelle Toscane.

Étrusques, peuple apparu à la fin du VIIIᵉ s. av. J.-C. en Toscane et dont l'origine est controversée. Les Étrusques fondèrent de puissantes et riches cités (Tarquinia, Véies, etc.), groupées en confédérations, gouvernées par des rois puis, vers la fin du VIᵉ s. av. J.-C., par des oligarchies. Du VIIᵉ au VIᵉ s. av. J.-C., ils étendirent leur domination jusqu'à la Campanie et à la plaine du Pô et ils donnèrent à Rome ses premiers monuments (règnes de Servius Tullius et des Tarquin). Le particularisme de chaque cité les rendit vulnérables face aux Grecs, aux Samnites, aux Gaulois et surtout aux Romains, qui, du IVᵉ s. au milieu du IIIᵉ s. av. J.-C., s'emparèrent de la totalité de la Toscane. La civilisation étrusque, qui survécut à ces défaites, influença profondément la religion et les institutions romaines.

Eubée, île grecque de la mer Égée, appelée *Nègrepont* au Moyen Âge ; 3 700 km² ; 188 000 hab. *(Eubéens.)* Un pont la relie au continent.

Euclide, mathématicien grec, qui aurait vécu au IIIᵉ s. av. J.-C. à Alexandrie et serait lié à l'école mathématique du Musée. Son œuvre est couronnée par les *Éléments,* vaste synthèse des mathématiques grecques de l'époque classique. Euclide y déduit des propositions de plus en plus complexes de quelques définitions, postulats et axiomes. On y trouve, en particulier, l'axiome qui porte son nom selon lequel, par un point du plan, on ne peut mener qu'une parallèle à une droite donnée. La formulation explicite des postulats note la volonté d'Euclide de faire abstraction de la réalité sensible et marque la première apparition de la méthode axiomatique. Euclide est également l'auteur de plusieurs ouvrages portant, notamment, sur l'acoustique et sur l'optique. (→ **Éléments.**)

Eudes ou **Eude** (v. 860 - La Fère 898), comte de Paris, puis roi de France (888-898). Fils de Robert le Fort, il défendit Paris contre les Normands (886). Roi à la déposition de Charles le Gros, il vainquit les Normands à Montfaucon (Meuse) et, à partir de 893, combattit Charles le Simple.

Eudoxe de Cnide, astronome et mathématicien grec (Cnide v. 406 - 355 av. J.-C.). Il imagina un ingénieux système cosmologique (sphères homocentriques), ultérieurement revu par Callippos et Aristote, pour rendre compte des mouvements célestes observés, au moyen d'une combinaison de mouvements circulaires uniformes, conformément aux idées de Platon. En mathématiques, on lui attribue la découverte des formules permettant de calculer le volume d'une pyramide et d'un cône.

Eudoxie, impératrice d'Orient (Athènes - Jérusalem 460). Femme de Théodose II, elle contribua au progrès de l'hellénisme dans l'Empire d'Orient.

Eugène de Beauharnais → **Beauharnais.**

Eugène de Savoie-Carignan, dit le Prince Eugène, homme de guerre au service de l'Autriche (Paris 1663 - Vienne 1736). Placé à la tête des troupes impériales au début de la guerre de la Succession d'Espagne, il vainquit l'armée de Louis XIV à Malplaquet (1709) mais fut battu à Denain par Villars (1712). En 1717, il enleva Belgrade aux Turcs.

Eugène Onéguine, roman en vers de Pouchkine (1825-1833), qui inspira à Tchaïkovski un opéra en trois actes (1879). Onéguine, dandy blasé, refuse l'amour de Tatiana et tue en duel son ami Lenski. Plus tard, il tente de conquérir Tatiana, mais celle-ci, mariée, l'éconduit. Un même réalisme poétique caractérise le roman et l'opéra.

Eugénie *(Eugenia María de Montijo de Guzmán, impératrice),* impératrice des Français (Grenade 1826 - Madrid 1920). Elle épousa Napoléon III (1853), sur qui elle eut une grande influence. Elle s'opposa à sa politique italienne, qui portait atteinte aux intérêts de la papauté, et favorisa l'expédition du Mexique.

Eulalie *(sainte)*, Vierge martyrisée à Mérida (IIIᵉ s.). Sa passion a fait l'objet de la *Cantilène*, ou *Séquence de sainte Eulalie* (v. 880), le plus ancien poème en langue d'oïl conservé.

Euler *(Leonhard)*, mathématicien suisse (Bâle 1707 - Saint-Pétersbourg 1783). En mathématiques, il est l'un des principaux artisans de l'essor de l'analyse au XVIIIᵉ siècle, faisant de la fonction le concept fondamental sur lequel s'échafaude toute la construction mathématique. Confiant dans les résultats élaborés au XVIIᵉ siècle, il en dégage des méthodes générales et les rassemble dans des théories globales tout en imprimant aux mathématiques une marque nouvelle et formaliste. Il est l'auteur d'un *Traité complet de mécanique* (1736), premier grand ouvrage où l'analyse soit appliquée à la science du mouvement. Il a aussi transformé le calcul différentiel et intégral en une théorie formelle des fonctions ne faisant plus appel à des conceptions géométriques et appliqué avec succès le calcul infinitésimal à de nombreux problèmes de physique.

Eumenês II, roi de Pergame (197 - 159 av. J.-C.). Allié des Romains, il reçut à la paix d'Apamée (188 av. J.-C.) une partie de l'Asie Mineure.

Euménides *(les)* → Orestie.

Euphrate, *en turc* Firat, *en ar.* al-Furāt, fl. de l'Asie occidentale ; 2 780 km. Formé en Turquie (au N.-O. d'Elazığ) de la réunion du Karasu et du Murat (issus du plateau arménien), l'Euphrate franchit en gorges l'Anti-Taurus, pénètre en Syrie (où il est coupé par le barrage de Tabqa) puis en Iraq (bordant, au S., la Mésopotamie, où il se ramifie et alimente des lacs marécageux), rejoignant enfin le Tigre pour former le Chatt al-Arab.

Euphronios, potier et peintre de vases athénien (fin du VIᵉ s. - Vᵉ s. av. J.-C.). L'un des grands maîtres du style sévère, à l'écriture tout à la fois libre et précise, encore teintée d'archaïsme, qui annonce l'équilibre classique (cratère du Louvre : *Héraclès et Antée* ; coupe de Munich : *Héraclès et Geryon*).

Eurafrique, nom donné quelquefois à l'ensemble de l'Europe et de l'Afrique.

Eurasie, nom donné quelquefois à l'ensemble de l'Europe et de l'Asie.

Euratom, autre nom de la Communauté européenne de l'énergie atomique. (→ **Communautés européennes**.)

Eure, riv. née dans le Perche, affl. de la Seine (r. g.) ; 225 km. Elle passe à Chartres.

Eure [27], dép. de la Région Haute-Normandie ; ch.-l. de dép. *Évreux* ; ch.-l. d'arr. *Les Andelys, Bernay* ; 3 arr., 43 cant., 676 comm. ; 6 040 km² ; 513 818 hab. Il est rattaché à l'académie et à la cour d'appel de Rouen, à la région militaire Atlantique.

Eure-et-Loir [28], dép. de la Région Centre ; ch.-l. de dép. *Chartres* ; ch.-l. d'arr. *Châteaudun, Dreux, Nogent-le-Rotrou* ; 4 arr., 29 cant., 403 comm. ; 5 880 km² ; 396 073 hab. Il est rattaché à l'académie d'Orléans-Tours, à la cour d'appel de Versailles et à la région militaire Atlantique.

Eurêka, programme européen de recherche et de développement dans des secteurs technologiques de pointe engagé en 1985, à l'initiative de la France.

Euripide, poète tragique grec (Salamine 480 - Pella, Macédoine, 406 av. J.-C.). Sur les 92 pièces qu'il composa, un drame satyrique, *le Cyclope,* et 17 tragédies nous sont parvenus : *Alceste* (438), *Médée* (431), *Hippolyte* (428), les *Héraclides* (430-427), *Andromaque* (v. 426), *Hécube* (v. 424), *Héraclès furieux* (v. 424), les *Suppliantes* (v. 422), *Ion* (v. 418), *les Troyennes* (415), *Iphigénie en Tauride* (414), *Électre* (413), *Hélène* (412), les *Phéniciennes* (409 ou 408), *Oreste* (408), *Iphigénie à Aulis* (représenté en 405), les *Bacchantes* (représentées en 405) [→ **Bacchantes**].

■ **Les caractéristiques de l'œuvre.** L'œuvre d'Euripide se caractérise par son souci de l'actualité, l'abondance de ses prologues, dans lesquels un dieu ou un héros vient raconter la pièce *(Alceste, Hippolyte, Hécube, Ion),* l'indépendance où ses chœurs sont placés par rapport à l'action, son goût pour les stratagèmes. « Le plus tragique des poètes », selon Aristote, recherche les effets de terreur et de pitié. La mort et la violence sont un des ressorts de sa tragédie : derniers moments d'Hippolyte *(Hippolyte),* horrible fin de Créon et de sa fille *(Médée),* meurtre de Néoptolème *(Andromaque),* folie d'Héraclès *(Héraclès furieux),* hallucinations d'Oreste *(Oreste),* transports de Cassandre *(les Troyennes).* Ces scènes contrastent avec des effets volontairement pathétiques, propres à émouvoir (Médée ou Andromaque devant leurs enfants, les implorations d'Hécube) ou qui mettent en relief de touchantes figures de femmes (Iphigénie, Polyxène, Alceste) d'une délicatesse inconnue chez Eschyle et chez Sophocle. Euripide vise à l'expression la plus naturelle des mouvements de l'âme d'êtres qui, le plus souvent, ne sortent pas du commun. Par ce dernier trait, en particulier, ses tragédies comptent parmi les œuvres les plus modernes de l'Antiquité. Elles influenceront profondément les écrivains classiques français.

Eurocorps, corps d'armée européen, créé, en 1992, à l'initiative de la France et de l'Allemagne et opérationnel en 1995.

Euro Disneyland, parc de loisirs ouvert en 1992, à l'est de Paris, dans la ville nouvelle de Marne-la-Vallée.

Europa, îlot français de l'océan Indien, à l'ouest de Madagascar.

Europe, une des cinq parties du monde ; 10,5 millions de km². L'Europe, limitée à l'Oural, est le plus petit continent, couvrant 7 % des terres émergées, mais le plus densément peuplé, concentrant environ 700 millions d'habitants, près de 15 % de la population mondiale. Cette part ne cesse toutefois de décroître, du fait de l'effondrement des taux de natalité, généralement compris entre 10 et 15 ‰. La population y est vieillie : 20 % de moins de 15 ans (40 % dans le tiers-monde) ; 14 % de plus de 65 ans (4 % dans le tiers-monde).

La forte densité du peuplement est naturellement liée à l'histoire, à l'ancienneté et à l'intensité de la mise en valeur, mais aussi à des conditions naturelles globalement favorables. L'Europe se situe presque entièrement dans la zone tempérée, au-dessus du 35⁰ de latitude, avec seulement une étroite frange au-delà du cercle polaire. Les températures y sont rarement excessives et la hauteur des précipitations oscille généralement entre 500 et 1 000 mm. Les plaines et plateaux y dominent largement.

La quasi-totalité du continent appartient au monde développé. L'agriculture mécanisée n'y emploie plus guère que 10 % de la population active, l'industrie, approximativement le tiers, la majeure partie étant désormais engagée dans le tertiaire. Les ressources en matières premières (en énergie fossile notamm.) sont souvent limitées. Les industries paient parfois la précocité de leur développement (charbon et textile depuis longtemps déjà et aujourd'hui sidérurgie et même automobile) et le chômage s'y est considérablement étendu. Le retard, face aux États-Unis et même au Japon, est notable dans certaines industries de pointe, situation liée en partie au morcellement politique, dont les conséquences économi-

ques ne sont pas entièrement palliées par la constitution de blocs plus vastes, dont la Communauté européenne. Mais des rivalités demeurent, liées à des inégalités de ressources et de niveaux de développement, à des intérêts divergents au sein d'une économie mondialisée et surtout peu dynamique. La désintégration de l'U. R. S. S., l'éclatement de la Yougoslavie, la partition de la Tchécoslovaquie ont aussi, au moins localement, ravivé des tensions ethniques, sources de conflits latents ou ouverts.

Europe, figure féminine de la mythologie grecque dont la légende se rattache aux cultes crétois de l'époque minoenne. Fille d'un roi de Phénicie et sœur de Cadmos, elle fut enlevée par Zeus, qui, métamorphosé en taureau, l'emporta en Crète. De leur union naquirent Minos, Rhadamante et Sarpédon. Plus tard, Europe épousa Astérion, roi de Crète.

Europe I Communication, société monégasque fondée en 1949, spécialisée dans les médias, dont le principal actionnaire est Matra-Hachette. Elle a lancé en 1954 la station de radiodiffusion *Europe 1.*

Europe verte, nom donné, aux débuts de la construction européenne, aux pays du Marché commun considérés du point de vue des problèmes agricoles.

Europoort, avant-port de Rotterdam (Pays-Bas), entre la Meuse de Brielle et le Nieuwe Waterweg. Raffinage du pétrole et pétrochimie.

Eurovision, organisme international chargé de coordonner les échanges de programmes de télévision entre les pays d'Europe occidentale et ceux du Bassin méditerranéen. Son siège est à Genève.

Eurydice, nymphe de la mythologie grecque, épouse d'Orphée. Poursuivie par le berger Aristée, elle fut mordue mortellement par un serpent. Orphée alla la chercher jusqu'aux Enfers et obtint de la ramener, mais à la condition qu'il marchât devant elle sans se retourner. Il oublia cette convention et Eurydice lui fut ravie définitivement.

Eurymédon, riv. de Pamphylie. À son embouchure, Cimon vainquit les Perses en 468 av. J.-C. (Auj. *Köprü,* Turquie.)

Eusèbe de Césarée, évêque et écrivain grec (Palestine v. 265 - *id.* 340). Élu évêque de Césarée, il fut mêlé aux controverses suscitées par l'arianisme, et entra souvent en conflit avec Athanase. Il est un important écrivain chrétien de l'Antiquité, notamment avec son *Histoire ecclésiastique* (sur les débuts du christianisme jusqu'en 323), sa *Vie de Constantin* (l'empereur dont il était le protégé) et une *Préparation évangélique.*

Euskaldunak ou **Eskualdunak,** nom que se donnent les Basques dans leur propre langue.

Eustache *(Jean),* cinéaste français (Pessac 1938 - Paris 1981). Auteur exigeant et original, refusant tout lyrisme et toute dramatisation, il a réalisé *la Rosière de Pessac* (1969 ; nouv. version 1979), *la Maman et la Putain* (1973), *Mes petites amoureuses* (1974).

Eustache de Saint-Pierre, bourgeois de Calais (Saint-Pierre-lès-Calais v. 1287 - 1371), célèbre par le dévouement qu'il témoigna à ses concitoyens lors de la reddition de cette ville au roi d'Angleterre Édouard III (1347).

Euterpe, muse de la Musique.

Eutychès, moine byzantin, promoteur du monophysisme (av. 378 - v. 454). Supérieur d'un monastère proche de Constantinople, il combattit le nestorianisme et propagea la doctrine selon laquelle le Christ n'aurait possédé que la nature divine. Déposé en 448, il fut définitivement condamné par le concile de Chalcédoine (451) et exilé en Égypte.

Evans *(sir Arthur John),* archéologue britannique (Nash Mills, Hertfordshire, 1851 - Youlbury, Oxfordshire, 1941). L'essentiel de ses travaux se situe en Crète, où il s'intéressa d'abord aux gemmes, puis fouilla le palais de Cnossos (*The Palace of Minos,* 4 vol., 1921-1936).

Evans *(Oliver),* ingénieur américain (Newport, Delaware, 1755 - New York 1819). Après avoir inventé le cardage mécanique de la laine et du coton (1777), il fut le pionnier des machines à vapeur à haute pression.

Evans *(Walker),* photographe américain (Saint Louis, Missouri, 1903 - New Haven, Connecticut, 1976). Une écriture précise et dépouillée, une approche frontale et statique de la réalité caractérisent le style de ce maître de l'école documentaire américaine. Réalisés dans les années 30, ses reportages sur la misère du monde rural aux États-Unis révèlent toute sa puissance d'expression.

Evans-Pritchard *(Edward),* anthropologue britannique (Crowborough, Sussex, 1902 - Oxford 1973). Il est l'un des principaux chefs de file de l'école britannique d'anthropologie. Ses études constituent une importante contribution à la connaissance de l'organisation sociale et de la religion des peuples africains, notamment des Nuer

(*Systèmes politiques africains,* 1940 ; en collab. avec Fortes).

Ève, nom que le livre biblique de la Genèse attribue à la première femme, épouse d'Adam et mère du genre humain. La tradition chrétienne a opposé l'Ève des origines, dont la désobéissance aurait perdu le genre humain, à Marie, la « Nouvelle Ève », qui par sa foi a permis la rédemption de celui-ci.

Everest *(mont),* point culminant du globe (8 846 m), dans le massif de l'Himalaya, à la frontière du Népal et du Tibet. Son sommet a été atteint en 1953 par le Néo-Zélandais E. Hillary et le sherpa Tenzing Norgay.

Everglades *(les),* région marécageuse de la Floride méridionale formant un parc national (5 700 km²). La zone nord est partiellement drainée et mise en valeur (canne à sucre et élevage).

Évhémère, philosophe grec (v. 340 - v. 260 av. J.-C.). Selon lui, les dieux de la mythologie sont des rois d'une époque reculée divinisés par la crainte ou l'admiration des peuples.

Évian-les-Bains, ch.-l. de c. de la Haute-Savoie, sur le lac Léman ; 7 027 hab. *(Évianais).* Station thermale. Eaux minérales. Casino. — Les accords signés en 1962 à Évian entre la France et le F. L. N. mirent fin à la guerre d'Algérie.

Évora, v. du Portugal (Alentejo) ; 38 938 hab. **ARTS.** Derrière ses murailles des XIVᵉ-XVᵉ siècles, la ville ancienne aux maisons blanches est un musée d'architecture, du temple romain du IIᵉ siècle aux couvents et palais médiévaux ou classiques, en passant par la cathédrale de granite, des XIIᵉ-XIIIᵉ siècles ; intérieurs parés d'azulejos. Musée dans l'ancien palais archiépiscopal (XVIᵉ-XVIIᵉ s.).

Évreux, ch.-l. du dép. de l'Eure, sur l'Iton, à 102 km à l'ouest de Paris ; 51 452 hab. *(Ébroïciens).* Évêché. Base aérienne. Constructions électriques. Disques. Imprimerie. — Belle cathédrale des XIIᵉ-XVIIᵉ siècles, ornée d'importants vitraux (XIVᵉ-XVᵉ s.). Musée dans l'ancien palais épiscopal (préhistoire, archéologie gallo-romaine, art médiéval).

Évry, *anc.* Évry-Petit-Bourg, ch.-l. du dép. de l'Essonne, sur la Seine, à 27 km au sud de Paris ; 45 854 hab. *(Évryens).* Noyau d'une ville nouvelle. Industries électriques et mécaniques. Alimentation. Cathédrale (1995), par l'architecte suisse Mario Botta. À l'ouest, hippodrome.

Evtouchenko ou **Ievtouchenko** *(Ievgueni Aleksandrovitch),* poète russe (Zima, Sibérie, 1933). Il s'est fait l'interprète du désir de liberté de la jeunesse après la période stalinienne *(les Héritiers de Staline,* 1962). Son roman *les Baies sauvages de Sibérie* (1981) est une vaste chronique de la société soviétique.

Éwé ou **Éoué,** peuple du Ghana, du Togo et du Bénin, parlant une langue du groupe kwa.

Ewing *(sir James),* physicien britannique (Dundee, Écosse, 1855 - Cambridge 1935). Il découvrit l'hystérésis magnétique (1882).

Exékias, potier et peintre attique de vases (actif dans la seconde moitié du VIᵉ s. av. J.-C.). Brillant représentant de la céramique à figures noires, il aura une influence déterminante sur les générations suivantes d'artistes (célèbre coupe de Munich représentant Dionysos sur un bateau).

Exelmans *(Rémy Isidore, comte),* maréchal de France (Bar-le-Duc 1775 - Sèvres 1852). Héros de la cavalerie de l'Empire, général après Eylau (1807), au retour de l'île d'Elbe, il livra le dernier combat de la campagne à Rocquencourt en 1815.

Exeter, port de Grande-Bretagne, ch.-l. du Devon ; 101 100 hab. — Belle cathédrale des XIIᵉ et XIVᵉ siècles.

Exode, nom donné par la Bible à la sortie d'Égypte des Hébreux sous la conduite de Moïse. Les événements qui encadrent cette épopée, et que les historiens situent v. 1250 av. J.-C., sont rapportés dans le *livre de l'Exode,* deuxième livre du Pentateuque.

Exodus, navire chargé de 4 500 émigrants juifs, que la marine britannique empêcha, en juillet 1947, d'atteindre la côte palestinienne.

Expansion, premier groupe français de presse économique et financière dont l'origine remonte à la création du magazine *l'Expansion* (1967) par J.-L. Servan-Schreiber et J. Boissonnat. En 1994, C. E. P. Communication prend le contrôle du groupe.

Express *(l'),* hebdomadaire français d'informations générales créé à Paris en 1953 par J.-J. Servan-Schreiber et F. Giroud.

Extrême-Orient, ensemble des pays de l'Asie orientale (Chine, Japon, Corée, États de l'Indochine et de l'Insulinde, extrémité orientale de la Russie).

Exxon Corporation, société américaine dont les origines remontent à la création, en 1882, de la Standard Oil Company of New Jersey. Elle figure au premier rang mondial des entreprises pétrolières, mais s'est diversifiée (charbon, chimie, pétrochimie, industrie nucléaire).

Ey *(Henri),* psychiatre français (Banyuls-deis-Aspres 1900 - *id.* 1977). Il conçoit les maladies mentales comme des modalités de désorganisation de la conscience : la dissolution d'un niveau supérieur libérant la fonction de niveau inférieur. Par ce modèle, qu'il appelle « organo-dynamique », il entend dépasser à la fois le psychodynamisme freudien et le mécanicisme réductionniste du XIXᵉ siècle.

Eyadema *(Étienne,* dit Gnassingbé*),* homme d'État togolais (Pya 1935), président de la République depuis 1967.

Eylau *(bataille d')* [8 févr. 1807], bataille indécise de Napoléon Iᵉʳ contre les Russes à Eylau (auj. Bagrationovsk, près de Kaliningrad, Russie).

Eyre *(lac),* grande lagune salée (env. 10 000 km²) du sud de l'Australie, au N. de la *péninsule d'Eyre.*

Eysenck *(Hans Jürgen),* psychologue britannique d'origine allemande (Berlin 1916). Il s'est surtout intéressé à l'analyse des motivations et de la personnalité au moyen de l'analyse factorielle.

Eyskens *(Gaston),* homme politique belge (Lier 1905 - Louvain 1988). Social-chrétien, trois fois Premier ministre entre 1949 et 1972, il s'efforça de régler les problèmes communautaires entre Wallons et Flamands.

Eyzies-de-Tayac-Sireuil (Les), comm. de la Dordogne, à l'ouest de Sarlat, sur la Vézère ; 858 hab. Importantes stations préhistoriques sur le territoire de la commune (La Micoque, Laugerie-Haute, Laugerie-Basse, Cro-Magnon, l'abri Pataud, les grottes de La Mouthe, des Combarelles et de Font-de-Gaume, etc.). Musée national de Préhistoire.

Ézéchiel, le troisième des grands prophètes de la Bible (VIᵉ s. av. J.-C.). Prêtre exilé à Babylone en 598 lors de la première déportation des Juifs, il aura pour mission de soutenir ses compatriotes et de ranimer leur espérance dans la restauration du peuple élu. Il se révèle être un poète et un visionnaire d'une puissance extraordinaire. Ses oracles et interventions, consignés dans le livre biblique qui porte son nom, auront une grande influence sur l'orientation du judaïsme après l'Exil.

Faaa, comm. de la Polynésie française (Tahiti) ; 24 048 hab. Aéroport de Papeete.

Fabian Society, association socialiste britannique fondée à Londres en 1884, qui joua un rôle notable dans la naissance du Parti travailliste.

Fabiola de Mora y de Aragón, reine des Belges (Madrid 1928). Elle a épousé en 1960 Baudouin Ier.

Fabius *(Laurent),* homme politique français (Paris 1946). Membre du Parti socialiste, il fut Premier ministre de 1984 à 1986. Président de l'Assemblée nationale de 1988 à 1992, il fut premier secrétaire du P.S. en 1992-93.

Fabius Maximus Rullianus *(Quintus),* homme d'État romain. Cinq fois consul, il fut dictateur en 315 av. J.-C. et vainquit en 295 av. J.-C. les Samnites, les Étrusques et les Gaulois coalisés à Sentinum.

Fabius Maximus Verrucosus *(Quintus),* dit **Cunctator** (« le Temporisateur »), homme d'État romain (v. 275 - 203 av. J.-C.). Cinq fois consul, il fut nommé dictateur après la défaite de Trasimène (217 av. J.-C.). Par sa tactique prudente, il arrêta un moment les progrès d'Hannibal.

Fables, de La Fontaine (douze livres : I à VI, 1668 ; VII et VIII, 1678 ; IX à XI, 1679 ; XII, 1694). Créées à partir d'un matériel connu de tous (les *Fables* d'Ésope) qui servait de thème aux écoliers et de recueil d'anecdotes morales aux orateurs, les *Fables* constituent une forme poétique originale : d'abord brefs apologues proches de la tradition (les six premiers livres avec : *la Cigale et la Fourmi, le Corbeau et le Renard, le Loup et l'Agneau, le Chêne et le Roseau,* I ; *le Lion et le Moucheron,* II ; *le Renard et le Bouc, le Meunier, son Fils et l'Âne,* III ; *l'Alouette et ses Petits,* IV ; *le Laboureur et ses Enfants, la Poule aux œufs d'or,* V ; *le Lièvre et la Tortue,* VI), le genre s'assouplit et prend de l'ampleur pour accueillir toutes les inspirations — satirique (*Un animal dans la lune,* VII), pastorale (*Tircis et Amarante,* VIII), élégiaque (*les Deux Pigeons,* IX), politique (*le Paysan du Danube,* XI) — et tous les rythmes. Le travestissement animal y joue un double rôle : moyen de mettre à distance des comportements humains et sociaux, et de faire ainsi prendre mieux conscience de leurs mécanismes ; moyen d'attirer l'attention sur la sensibilité et l'intelligence des bêtes contre la thèse cartésienne des animaux-machines (*Discours à Monsieur le duc de La Rochefoucault,* X ; *les Souris et le Chat-Huant,* XI).

Fabre *(Henri),* ingénieur français (Marseille 1882 - Le Touvet 1984). Il réussit le premier vol en hydravion (28 mars 1910), sur l'étang de Berre.

Fabre *(Jean Henri),* entomologiste français (Saint-Léons, Aveyron, 1823 - Sérignan-du-Comtat 1915). Il est l'auteur de remarquables *Souvenirs entomologiques* qui ont conquis le grand public.

Fabre d'Églantine *(Philippe* Fabre, *dit),* poète et homme politique français (Carcassonne 1750 - Paris 1794). Auteur de chansons sentimentales *(Il pleut, il pleut, bergère),* il donna leurs noms aux mois du calendrier républicain. Il fut guillotiné avec les dantonistes.

Fabre d'Olivet *(Antoine),* poète et érudit français (Ganges 1767 - Paris 1825). Ses poèmes en langue d'oc font de lui le précurseur du félibrige (*Troubadour, poésies occitanes du XIIIe siècle,* 1803).

Fabry *(Charles)*, physicien français (Marseille 1867 - Paris 1945). Il a étudié les interférences à ondes multiples, créé un interféromètre pour l'étude des raies spectrales et établi un système international de longueurs d'onde. Il a découvert l'ozone de la haute atmosphère et vérifié l'effet Doppler-Fizeau en optique.

Fachoda *(affaire de)*, incident qui mit face à face en 1898, à Fachoda (auj. *Kodok*, Soudan), la mission française de Marchand et l'expédition anglaise de Kitchener. Sommée d'évacuer la ville, la France s'inclina et dut reconnaître l'autorité britannique sur la totalité du bassin du Nil (1899). L'incident altéra sérieusement les relations entre les deux pays.

Fadeïev *(Aleksandr Aleksandrovitch)*, écrivain russe (Kimry, région de Kalinine, 1901 - Moscou 1956). Ses romans, marqués par le réalisme socialiste, célèbrent la révolution soviétique *(la Défaite, 1927).*

Fades *(viaduc des)*, pont-rail métallique, le plus haut viaduc de France, à 132 m au-dessus de la Sioule.

Faenza, v. d'Italie, en Émilie (prov. de Ravenne) ; 53 577 hab. — Cathédrale du XVᵉ siècle, œuvre de Giuliano da Maiano. Églises et palais médiévaux. Pinacothèque. — Centre de production (XIVᵉ-XVIIIᵉ s.) de majoliques à décors historiés et ornementaux. Riche musée de la Céramique et concours annuel de la céramique d'art.

Fagnes *(Hautes)*, plateau de l'Ardenne belge, portant le point culminant du massif et de la Belgique (694 m au *signal de Botrange*). Elles constituent, avec le parc allemand contigu, le parc naturel Hautes Fagnes-Eifel (600 km²).

Fahd (Riyad 1923), roi d'Arabie saoudite depuis 1982.

Fahrenheit *(Daniel Gabriel)*, physicien allemand (Dantzig 1686 - La Haye 1736). Il construisit des aréomètres et des thermomètres à alcool, puis à mercure, pour lesquels il imagina la graduation qui porte son nom. On convertit les températures t_F de l'échelle Fahrenheit, encore utilisée dans les pays anglo-saxons, en températures Celsius t à l'aide de la formule : $t = \frac{5}{9}(t_F - 32)$.

Faidherbe *(Louis)*, général français (Lille 1818 - Paris 1889). Gouverneur du Sénégal (1854-1861 et 1863-1865), il créa le port de Dakar (1857). Sa résistance à la tête de l'armée du Nord, en 1870, épargna l'occupation allemande aux départements du Nord et du Pas-de-Calais.

Fairbanks *(Douglas Elton* Ullman, dit **Douglas)**, acteur américain (Denver 1883 - Santa Monica 1939). Incarnation légendaire du jeune premier sportif et optimiste, il interpréta notamment *le Signe de Zorro* (1920), *Robin des Bois* (1922), *le Voleur de Bagdad* (1924).

Fairfax *(Thomas)*, général anglais (Denton 1612 - Nunappleton 1671). Chef des troupes parlementaires pendant la guerre civile, Fairfax battit Charles Iᵉʳ à Naseby (1645). Il favorisa ensuite la restauration de Charles II.

Faisalabad, *anc.* Lyallpur, v. du Pakistan (Pendjab) ; 1 104 000 hab. Textile.

Faizant *(Jacques)*, dessinateur satirique et d'humour français (Laroquebrou 1918). Ses dessins politiques font la une du *Figaro* depuis 1967.

Fakhr al-Din ou **Facardin** (v. 1572 - Istanbul 1635), émir druze du Liban (1593-1633). Allié des Médicis, il devint avec l'aide des maronites le maître d'une grande partie du Liban. Il fut vaincu par les Ottomans (1633), qui l'exécutèrent.

Falachas ou **Falashas**, Juifs noirs d'Éthiopie, dont l'origine est controversée. Ils se disent descendants d'Hébreux qui auraient quitté Jérusalem sous la conduite d'un fils de Salomon et de la reine de Saba, mais ils seraient plutôt soit des autochtones convertis, soit des immigrants de Judéens d'Égypte. La plupart des Falachas contemporains ont pu émigrer en Israël à la fin des années 1980.

Falaise ch.-l. de c. du Calvados ; 8 387 hab. *(Falaisiens)*. Électroménager. Château ducal des XIIᵉ-XIIIᵉ siècles. Églises médiévales. — Violents combats en 1944.

Falcon *(Marie Cornélie)*, soprano dramatique française (Paris 1814 - id. 1897). Elle fut une remarquable tragédienne lyrique.

Falconet *(Étienne)*, sculpteur et théoricien français (Paris 1716 - id. 1791). Il travailla pour Mᵐᵉ de Pompadour et fournit à la manufacture de Sèvres les modèles de nombreux petits groupes. Son œuvre majeure est la statue équestre de Pierre le Grand, qu'il alla ériger à Saint-Pétersbourg (bronze, 1767-1778).

Falier ou **Faliero**, famille de Venise, qui fournit à la ville trois doges, dont le plus célèbre fut **Marino** (1274 - 1355), doge de 1354 à 1355, que les patriciens firent décapiter pour avoir conspiré contre eux ; l'histoire de celui-ci a inspiré à Byron son drame *Marino Faliero* (1821).

Falkenhayn *(Erich* von*)*, général allemand (Burg Belchau 1861 - Potsdam 1922). Chef du grand état-major général de 1914 à 1916, il commanda ensuite en Roumanie (1916) puis en Palestine (1917-18).

Falkland *(îles), en fr.* Malouines, *en esp.* Malvinas, archipel de l'Atlantique sud ; 12 000 km² env. ; 2 000 hab. Ch.-l. *Port Stanley.* L'archipel est formé par deux terres principales, que sépare le *détroit des Falkland* : l'*île Falkland occidentale,* ou Grande Malouine, et l'*île Falkland orientale,* ou Soledad, site de Port Stanley. Ces îles ont un climat frais et humide (tourbières). L'élevage de moutons pour la laine est la ressource essentielle. L'archipel possède des dépendances (Géorgie du Sud et Sandwich du Sud notamment). — Occupées par l'Angleterre depuis 1832, elles sont toujours revendiquées par l'Argentine, qui tenta de les récupérer, déclenchant une courte guerre avec la Grande-Bretagne (2 avr.-2 juin 1982).

Falkland *(bataille navale des)* [8 déc. 1914], victoire navale britannique sur l'escadre allemande de M. von Spee.

Falla *(Manuel de),* compositeur et pianiste espagnol (Cadix 1876 - Alta Gracia, Argentine, 1946). Il débute par quelques zarzuelas et par un opéra, *la Vie brève* (1905). Venu à Paris en 1907, il se lie d'amitié avec Debussy, Ravel, Dukas et Albéniz. De retour en Espagne (1914), il compose un ballet, *l'Amour sorcier,* et *Nuits dans les jardins d'Espagne,* pour piano et orchestre (1916). Il donne ensuite le *Tricorne,* ballet monté en 1919 à Londres par Diaghilev, puis une partition pour guitare (*Hommage à Debussy,* 1920), *le Retable de Maître Pierre* (1923), d'après Cervantès, et un *Concerto* pour clavecin (1926). Après la guerre civile, il s'établit en Argentine, où il entreprend son opéra, inachevé, *l'Atlantide,* que terminera E. Halffter. L'art de Falla, issu de la musique populaire espagnole, s'est élargi au contact des influences françaises.

Fallada *(Rudolf Ditzen, dit Hans),* écrivain allemand (Greifswald 1893 - Berlin 1947). Il a décrit dans ses romans la vie des petites gens (*Paysans, bonzes et bombes,* 1931).

Fallières *(Armand),* homme d'État français (Mézin 1841 - *id.* 1931). Plusieurs fois ministre de 1882 à 1892 et président du Conseil en 1883, il fut président de la République de 1906 à 1913.

Fallope *(Gabriel), en ital.* Gabriele Falloppia ou Falloppio, chirurgien et anatomiste italien (Modène 1523 - Padoue 1562). Ses travaux s'inscrivent dans l'esprit de la Renaissance et la redécouverte du corps humain. Élève de Vésale, il fit progresser surtout la connaissance de l'anatomie du crâne et celle de l'oreille. Il a laissé son nom à différentes structures anatomiques, notamment les *trompes de Fallope* (trompes utérines).

Falloux *(Frédéric, comte de),* homme politique français (Angers 1811 - *id.* 1886). Ministre de l'Instruction publique (1848-49), il élabora la loi scolaire, votée en 1850, qui porte son nom. D'inspiration cléricale, cette loi soumettait notamment les instituteurs aux autorités religieuses et favorisait les collèges et institutions ecclésiastiques.

Falstaff, personnage de *Henri IV* et des *Joyeuses Commères de Windsor,* de Shakespeare. Bouffon poltron et vantard, il incarne l'esprit de fête licencieuse, l'anarchie débonnaire. Compagnon du prince de Galles, il fait entendre la voix d'une conscience débarrassée des idéaux héroïques et pleine de compréhension pour les problèmes humains. Orson Welles fit de lui le héros d'un de ses films.

Falster, île danoise de la Baltique, au sud de Sjaelland ; 513 km². Ch.-l. *Nykøbing Falster.*

Famagouste, port de la côte est de Chypre, anc. cap. de l'île ; 39 000 hab. Derrière ses fortifications, la vieille ville conserve, dans un état variable, de nombreuses églises se rattachant à divers styles gothiques ou byzantins. L'ancienne cathédrale St-Nicolas (gothique du XIVᵉ s.) est aujourd'hui une mosquée.

Famenne *(la),* petite région de Belgique, entre l'Ardenne et le Condroz.

Famille *(pacte de)* [15 août 1761], traité conclu par Choiseul pendant la guerre de Sept Ans entre les Bourbons de France, d'Espagne, de Parme et de Naples, pour résister à la puissance navale britannique.

Famine *(pacte de),* nom donné à un contrat conclu en 1765 entre le gouvernement de Louis XV et des marchands de grains chargés du ravitaillement de Paris, et dénoncé par la rumeur publique comme un complot visant à affamer le peuple.

Fanfani *(Amintore),* homme politique italien (Pieve Santo Stefano, prov. d'Arezzo, 1908). Secrétaire général (1954-1959, 1973-1975) puis président (1976) de la Démocratie chrétienne, il fut plusieurs fois président du Conseil (1954, 1958-1963, 1982-83, 1987).

Fang, Fan ou **Pahouins,** peuple du nord et de l'ouest du Gabon, qu'on trouve également en Guinée équatoriale et au Cameroun. Ils parlent une langue bantoue. Les Fang sont principalement des agriculteurs (cacao, arachide, palmier, manioc) ; ils pratiquent également la chasse et la pêche. Leur société est de type patrilinéaire, mais elle est faiblement structurée.

Fangio *(Juan Manuel),* coureur automobile argentin (Balcarce 1911 - Buenos Aires 1995), cinq fois champion du monde des conducteurs (1951 et 1954 à 1957).

Fan Kuan, peintre chinois (Huayuan, Shaanxi, milieu du xe s. - apr. 1025). Son œuvre représente le point culminant de toute l'histoire du paysage chinois, qui, pour la première fois, est envisagé tant comme expérience spirituelle que comme création plastique.

Fanon *(Frantz),* psychiatre et théoricien politique français (Fort-de-France 1925 - Bethesda, Maryland, 1961). Médecin à Blida, en Algérie, il quitta son poste en 1956 pour rejoindre le F. L. N. et devint l'un des principaux théoriciens de l'anticolonialisme (*les Damnés de la terre,* 1961).

Fanti, ethnie du Ghana, rattachée linguistiquement au groupe akan.

Fantin-Latour *(Henri),* peintre et lithographe français (Grenoble 1836 - Buré, Orne, 1904). Il est l'auteur de portraits individuels ou collectifs, comme *l'Atelier des Batignolles* (hommage à Manet, 1869, musée d'Orsay), de natures mortes et tableaux de fleurs, d'œuvres inspirées par la musique et autres allégories.

Fantômas, personnage de bandit insaisissable créé par Marcel Allain et Pierre Souvestre (1911). Il a donné lieu à de nombreuses adaptations cinématographiques (L. Feuillade, A. Hunebelle).

FAO, sigle de Food and Agriculture Organization, *en fr.* Organisation pour l'alimentation et l'agriculture, institution spécialisée de l'O. N. U. créée en 1945, qui a pour but de mener une action internationale contre la faim et pour l'amélioration des conditions de vie. Son siège est situé à Rome.

Farabi *(Abu Nasr Muhammad* al-*),* philosophe de l'islam (Wasidj, distr. de Farab, Turkestan, 870 - Damas 950). Il s'est efforcé de montrer comment la pensée grecque permettait de résoudre des problèmes posés à ses contemporains. Il a rédigé de nombreux traités sur la métaphysique et sur la musique, dans lesquels l'influence d'Aristote est sensible. L'islam est pour lui la religion qui permet aux hommes de vivre en société de façon harmonieuse.

Faraday *(Michael),* chimiste et physicien britannique (Newington, Surrey, *auj.* Southwark, 1791 - Hampton Court 1867). Après avoir découvert le benzène et liquéfié presque tous les gaz connus à son époque, Faraday étudia l'action des aimants sur les cou-

rants et donna le principe du moteur électrique. Il découvrit en 1831 l'induction électromagnétique (qui le mènera à l'invention de la dynamo) et établit peu après la théorie de l'électrolyse. En électricité, il observa que l'énergie électrostatique est localisée dans les diélectriques, donna la théorie de l'électrisation par influence et montra qu'un conducteur creux *(cage de Faraday)* forme écran pour les actions électrostatiques. En 1838, il signala le phénomène d'électroluminescence.

Farazdaq *(al-),* poète arabe (Yamama v. 641 - Bassora v. 728 ou 730). Représentant de la poésie des nomades d'Arabie orientale, il fut le rival de Djarir.

Farcot *(Joseph),* ingénieur français (Paris 1823 - Saint-Ouen 1908). Il contribua aux progrès des machines à vapeur et imagina le servomoteur (1868).

Faret *(Nicolas),* écrivain français (Bourg-en-Bresse v. 1596 - Paris 1646). Son *Honnête Homme ou l'Art de plaire à la cour* (1630) contribua à fixer les règles de la politesse mondaine et courtisane. (Acad. fr. 1634.)

Fargue *(Léon-Paul),* poète français (Paris 1876 - *id.* 1947). Fondateur de la revue *Commerce,* avec Paul Valéry et Valery Larbaud (1923), il a célébré, avec un attendrissant lyrisme, sa ville natale (*le Piéton de Paris,* 1939).

Farina *(Giovanni Maria),* chimiste italien (Santa Maria Maggiore, prov. de Novare, 1685 - Cologne 1766). Il s'établit à Cologne, où il fabriqua la célèbre eau de Cologne.

Farinelli *(Carlo* Broschi, dit*),* célèbre castrat italien (Andria 1705 - Bologne 1782).

Farines *(guerre des)* [avr.-mai 1775], troubles qui suivirent la flambée du prix du pain et la promulgation, par Turgot, d'un édit sur la liberté de commerce des grains.

Farman *(Henri),* aviateur français (Paris 1874 - *id.* 1958). Il effectua, en 1908, le premier kilomètre aérien en circuit fermé et le premier vol avec passager, puis battit divers records de vitesse et d'altitude (1910). Son frère et associé **Maurice** (Paris 1877 - *id.* 1964) créa avec lui l'entreprise de constructions aéronautiques à laquelle ils donnèrent leur nom.

Farnborough, v. de Grande-Bretagne, au sud-ouest de Londres ; 41 000 hab. Exposition aéronautique bisannuelle.

Farnèse, famille romaine originaire des environs d'Orvieto, qui fut à la tête des duchés de Parme et de Plaisance de 1545 à 1731. Ses membres les plus célèbres sont le pape Paul III et Alexandre Farnèse (→ **Alexandre**).

Farnèse *(palais)*, nom de deux célèbres palais de la famille Farnèse : l'un, à Rome, entrepris en 1515 par A. de Sangallo le Jeune, achevé par Michel-Ange (étage supérieur) et Della Porta (loggia arrière, 1589), décoré par les Carrache, est aujourd'hui le siège de l'ambassade de France et de l'École française de Rome ; l'autre, à Caprarola (près de Viterbe), construit de 1559 à 1573 par Vignole, pentagone avec cour circulaire et salles décorées de fresques par F. Zuccari et d'autres artistes, est aujourd'hui la résidence d'été du président de la République italienne.

Faro, port du Portugal (Algarve) ; 31 966 hab. Aéroport. Tourisme. — Cathédrale reconstruite au XVIIIe siècle. Musées, dont celui d'Archéologie.

Faron *(mont)*, sommet calcaire dominant Toulon ; 542 m. — Mémorial du débarquement de 1944.

Farouk ou **Faruq** (Le Caire 1920 - Rome 1965), roi d'Égypte (1937-1952). Fils et successeur de Fuad Ier, il abdiqua en 1952 après le coup d'État de Neguib et de Nasser.

Farquhar *(George)*, auteur dramatique irlandais (Londonderry, Irlande, 1678 - Londres 1707). D'abord acteur, il fut aussi l'auteur de comédies brillantes (*le Stratagème des roués,* 1707).

Farragut *(David)*, amiral américain (près de Knoxville 1801 - Portsmouth, New Hampshire, 1870). Il se distingua avec les forces nordistes pendant la guerre de Sécession et fut mis à la tête de l'escadre de l'Atlantique (1867).

Far West (« Ouest lointain »), nom donné, aux États-Unis, pendant le XIXe siècle, aux territoires situés au-delà du Mississippi.

Fassbinder *(Rainer Werner)*, cinéaste allemand (Bad Wörishofen 1945 - Munich 1982). Fondateur en 1968 de l'« Antiteater » de Munich, il s'impose dans les années 70 comme l'un des réalisateurs allemands les plus novateurs : *les Larmes amères de Petra von Kant* (1972), *le Mariage de Maria Braun* (1979), *Querelle* (1982).

Fastnet, îlot de la côte sud-ouest de l'Irlande. Il a donné son nom à une grande compétition de yachting.

Fathpur Sikri, v. de l'Inde (Uttar Pradesh), à 38 km d'Agra ; 117 203 hab. Ancienne capitale (1569-1586) d'Akbar. Ensemble architectural du XVIe siècle où l'art moghol islamique accueille largement les traditions indiennes (Grande Mosquée, tombeau de Salim Tchichti, Diwan-i Khass, nombreux pavillons et palais).

Fátima, ville du centre-ouest du Portugal, au N.-E. de Lisbonne ; 7 693 hab. Lieu de pèlerinage très fréquenté depuis que, en 1917, trois jeunes bergers déclarèrent y avoir été témoins de six apparitions successives de la Vierge Marie. Vingt ans après ces événements, une relation écrite en fut faite dont le pape est le seul détenteur. Aussi parle-t-on du message de Fátima comme d'un « secret ».

Fatima, fille du prophète Mahomet (Muhammad) et de Khadija (La Mecque v. 616 - Médine 533). Épouse de Ali, quatrième calife, et mère de Hasan et de Husayn, elle n'a pas joué un rôle important, mais tous les musulmans la vénèrent avec une grande dévotion, et surtout les chiites, qui ont entouré sa mémoire de croyances particulières.

Fatimides, dynastie chiite ismaélienne qui régna en Afrique du Nord-Est aux Xe-XIe siècles, puis en Égypte de 969 à 1171. Fondée par Ubayd Allah à Kairouan (909-910), la dynastie des Fatimides conquit l'Égypte (969) et créa la ville du Caire, où elle s'établit (973). Elle ne put s'implanter solidement en Palestine et en Syrie du Sud, et fut chassée du Maghreb au milieu du XIe siècle ; mais elle favorisa en Égypte un remarquable essor économique et culturel. Le dernier calife fatimide fut renversé par son vizir, Saladin, en 1171.

Faucigny, région herbagère et forestière des Préalpes françaises du Nord, entre le Chablais et les Bornes, drainée par l'Arve et le Giffre. Industrie (alimentation, mécanique de précision) ; tourisme. (Hab. *Faucignerands.*)

Faucille *(col de la)*, col du Jura entre Gex et Morez ; 1 320 m. Sports d'hiver.

Faulkner *(William Harrison* Falkner, dit **William)**, écrivain américain (New Albany 1897 - Oxford, Mississippi, 1962). Issu d'une vieille famille du sud des États-Unis, il fait de son sol natal la matière d'une épopée : le comté imaginaire de Yoknapatawpha, où la fatalité est le moteur essentiel de cet univers tragique. Les personnages, frappés par la malédiction du Sud, marqués par l'emprise du passé, l'hérédité, les préjugés de race, n'échappent pas à la déchéance, à l'inceste, au meurtre. Chaque aventure individuelle est le symbole du drame collectif (*le Bruit et la Fureur,* 1929 ; *Sartoris,* 1929 ; *Sanctuaire,* 1931 ; *Lumière d'août,* 1932 ; *Absalon ! Absalon !,* 1936 ; *Requiem pour une nonne,* 1951). Retours en arrière, multiplicité des narrateurs, éclatement du temps du récit — dépourvu de dynamique et orienté vers un âge d'or perdu — caractérisent sa technique littéraire. (Prix Nobel 1949.)

Faure *(Edgar)*, homme politique français (Béziers 1908 - Paris 1988). Il fut président du Conseil (1952 et 1955-56) et président de l'Assemblée nationale (1973-1978). [Acad. fr. 1978.]

Faure *(Élie)*, historien de l'art et essayiste français (Sainte-Foy-la-Grande 1873 - Paris 1937). Sur un ton lyrique, il procède à une lecture de l'œuvre d'art non seulement en tant que création esthétique mais aussi comme moment d'une civilisation (*Histoire de l'art*, 1909-1921 ; *l'Esprit des formes*, 1927).

Faure *(Félix)*, homme d'État français (Paris 1841 - id. 1899). Président de la République (1895-1899), il contribua au renforcement de l'alliance franco-russe.

Fauré *(Gabriel)*, compositeur français (Pamiers 1845 - Paris 1924). Avec Debussy et Ravel, Fauré domine la musique française au début du XXᵉ siècle. Il a excellé dans la mélodie, le piano et la musique de chambre, mettant en valeur la subtilité de l'harmonie, l'élégance des lignes. Ses œuvres vocales les plus célèbres sont ses cycles de mélodies : *la Bonne Chanson* (Verlaine, 1894), *la Chanson d'Ève* (1906-1910), *le Jardin clos* (1915), *Mirages* (1919), *l'Horizon chimérique* (1922). Citons aussi son *Requiem* (soli, chœurs et orchestre, 1877-1900). Son œuvre instrumentale comporte des pièces pour piano, dont 13 nocturnes et 9 préludes, et aussi *Élégie* pour violoncelle (v. 1896), de la musique de chambre et des musiques de scène (*Masques et Bergamasques*, 1919). Il composa également des tragédies lyriques (*Prométhée*, 1900 ; *Pénélope*, 1913).

Faust, héros de nombreuses œuvres littéraires, qui ont, à leur tour, inspiré des musiciens et des peintres. Il y aurait, à l'origine de la légende, un J. Faust, médecin et astrologue (Knittlingen, Wurtemberg, v. 1480-Staufen v. 1540). La première version du thème parut en 1587 à Francfort-sur-le-Main : le magicien Faust vend son âme au démon Méphistophélès en échange du savoir et des biens terrestres. Dans *la Tragique Histoire du docteur Faust* (1604) de Marlowe, le personnage est animé par un esprit de rébellion contre tout dogme, de célébration titanesque de la vie, peu soucieux du châtiment divin. Mais c'est Goethe, dans un drame auquel il travailla toute sa vie (*Faust*, 1773-1832), qui donne au mythe sa plus grande ampleur (→ **Goethe**). Le personnage inspira aussi Lessing, Klinger, Chamisso, Lenau et, au XXᵉ siècle, Pessoa, Valéry,

T. Mann. En musique, la légende, les poèmes de Goethe et de Lenau sont à l'origine de nombreux lieder (Schubert, Wagner, Moussorgski), de partitions symphoniques (F. Liszt, G. Mahler) ou lyriques (H. Berlioz, F. Busoni, A. Boito, C. Gounod, Henri Pousseur).

Faustin Iᵉʳ → **Soulouque.**

Fautrier *(Jean)*, peintre français (Paris 1898 - Châtenay-Malabry 1964). Artiste raffiné, il est passé d'un réalisme sombre (*Sanglier écorché*, 1927, M. N. A. M.) à l'informel et au matiérisme (« Otages », 1943-1945).

Faux-Monnayeurs *(les)*, roman de A. Gide (1926), où l'on assiste, en marge du récit lui-même, au travail du romancier élaborant son ouvrage.

Favart *(Charles Simon)*, auteur dramatique français (Paris 1710 - Belleville 1792). Auteur de vaudevilles à succès (*la Chercheuse d'esprit*, 1741), il prit la direction de l'Opéra-comique et donna son nom au théâtre construit pour les comédiens italiens sur l'emplacement de l'hôtel de Choiseul.

Favier *(Jean)*, historien français (Paris 1932). Spécialiste du Moyen Âge, de son histoire économique et financière (*les Finances pontificales à l'époque du grand schisme d'Occident*, 1966), il est directeur général des Archives de France (1975-1994) puis président de la Bibliothèque nationale de France (depuis 1994).

Favre *(Jules)*, homme politique et avocat français (Lyon 1809 - Versailles 1880). Ministre des Affaires étrangères dans le gouvernement de la Défense nationale, il négocia avec Bismarck l'armistice du 28 janvier 1871 et le traité de Francfort (10 mai). [Acad. fr. 1867.]

Fawcett *(Millicent Garrett)*, réformatrice britannique (Aldeburgh, Suffolk, 1847 - Londres 1929). Elle s'est battue pour le droit de vote des femmes britanniques (lois de 1918 et 1928).

Faya-Largeau, v. du nord du Tchad ; 5 200 hab.

Faydherbe ou **Fayd'herbe** *(Luc)*, sculpteur et architecte flamand (Malines 1617 - id. 1697). Les principales sculptures de ce disciple de Rubens ornent les églises de Malines, où il a notamment construit N.-D. d'Hanswijk.

Faylaka, site archéologique occupant la partie ouest de l'île du même nom face à la ville de Koweït. Il fut occupé dès la fin du IIIᵉ millénaire av. J.-C. par les habitants du pays de « Dilmoun », dont on a retrouvé la poterie et les cachets circulaires caractéristiques, et qui commerçait avec le pays de Sumer voisin. Vestiges hellénistiques et chrétiens.

Fayol *(Henri),* ingénieur français (Istanbul 1841 - Paris 1925). Il élabora une doctrine de gestion de l'entreprise mettant en valeur la fonction administrative.

Fayolle *(Émile),* maréchal de France (Le Puy 1852 - Paris 1928). Il se distingua sur la Somme (1916) et en Italie après la défaite de Caporetto (1917) et commanda un groupe d'armées dans les offensives finales de 1918.

Fayoum *(le), en ar.* al-Fayyūm (du n. copte *Phiôm,* « le Pays du lac »), prov. d'Égypte, à l'O. du Nil, qui correspond à une dépression irriguée (par un canal défluent du Nil) du désert occidental, fournissant légumes et fruits, céréales, coton. V. princ. *Médinet el-Fayoum.* ARCHÉOL. Constitué par les dépôts d'estuaire d'un ancien lac, où ont été entraînés des cadavres d'animaux de l'oligocène, le gisement du Fayoum a livré certains des plus anciens fossiles de primates, ancêtres possibles des lignées d'hominidés et des singes anthropomorphes actuels. Traces d'habitat du paléolithique supérieur, abondante industrie lithique, villages, premières céramiques et silos à grains du néolithique témoignent de la préhistoire. Sous la XIIᵉ dynastie, la région est mise en valeur (régulation des eaux) et accueille plusieurs ensembles funéraires. Celui d'Amenemhat III à Hawara a été comparé, par les Grecs, au Labyrinthe. À la Basse Époque, la région prend un nouvel essor (travaux d'irrigation). Sebek, le dieu-crocodile, est la divinité principale de la contrée. Ptolémée II y installe ses vétérans macédoniens. La prospérité du Fayoum se confirme et il devient (vᵉ s. apr. J.-C.) le creuset d'une école artistique nouvelle, célèbre pour l'intensité d'expression de ses portraits funéraires, qui préludent à l'esthétique byzantine.

Faysal Iᵉʳ (Riyad 1906 - *id.* 1975), roi d'Arabie saoudite (1964-1975). Premier ministre (1958-1960 ; 1962-1964) durant le règne de son frère Saud, il le fit déposer en 1964. Il entreprit une politique d'assainissement financier et d'alliance islamique, et mourut assassiné.

Faysal Iᵉʳ (Taif, Arabie saoudite, 1883 - Berne 1933), roi d'Iraq (1921-1933). Prince hachémite, il dirigea la révolte arabe contre les Ottomans (1916). Roi de Syrie (1920), il fut expulsé par les Français et devint roi d'Iraq (1921) avec l'appui de la Grande-Bretagne. Son petit-fils **Faysal II** (Bagdad 1935 - *id.* 1958), roi d'Iraq (1939-1958), fut assassiné lors de l'insurrection de 1958.

FBI (Federal Bureau of Investigation), service chargé, aux États-Unis, de la police fédérale.

Febvre *(Lucien),* historien français (Nancy 1878 - Saint-Amour, Jura, 1956). Fondateur avec Marc Bloch des *Annales d'histoire économique et sociale* (1929), auteur du *Problème de l'incroyance au XVIᵉ* siècle, la Religion de Rabelais (1942), il prôna une histoire qui prenne en compte les aspects politiques, économiques, sociaux et les représentations mentales des sociétés et des hommes.

Fécamp, ch.-l. de c. de la Seine-Maritime ; 21 143 hab. *(Fécampois).* Port de pêche. Liqueurs. Électronique. Station balnéaire. — Église de la Trinité, ancienne abbatiale de la fin du XIIᵉ siècle, remarquable exemple du style gothique normand primitif. Musées.

Fechner *(Gustav Theodor),* philosophe et psychologue allemand (Gross-Särchen, près de Forst, 1801 - Leipzig 1887). Il s'est efforcé d'établir une correspondance entre faits psychiques et phénomènes physiques, qu'il a exprimée dans une loi psychophysique qui porte son nom.

Fecom → Fonds européen de coopération monétaire.

Federal Reserve (Fed), banque centrale des États-Unis.

Fédération de l'éducation nationale → F. E. N.

Fédération syndicale unitaire → F. S. U.

Fédérés *(mur des),* mur du cimetière du Père-Lachaise, à Paris, devant lequel furent exécutés les derniers défenseurs de la Commune (mai 1871).

Fedine *(Konstantine Aleksandrovitch),* écrivain russe (Saratov 1892 - Moscou 1977). Auteur de romans sociaux et psychologiques *(Cités et Années,* 1924), il célébra le régime soviétique *(le Bûcher,* 1961-1965).

Fédor ou **Fiodor,** nom de trois tsars de Russie. Le plus célèbre est **Fédor** ou **Fiodor Iᵉʳ** (Moscou 1557 - *id.* 1598), tsar (1584-1598), fils d'Ivan IV le Terrible, dont Boris Godounov assuma la régence.

Fehling *(Hermann* von*),* chimiste allemand (Lübeck 1811 - Stuttgart 1885). Il est connu pour sa découverte du réactif des aldéhydes *(liqueur de Fehling).*

Feininger *(Lyonel),* peintre américain d'origine allemande (New York 1871 - *id.* 1956). Il dirigea l'atelier de gravure du Bauhaus de 1919 à 1925. Sa peinture associe schématisme aigu des formes et subtile transparence des couleurs.

Feira de Santana, v. du Brésil (Bahia) ;
405 691 hab.

Fellini *(Federico),* cinéaste italien (Rimini
1920 - Rome 1993).

■ **De la caricature au mythe.** Fellini a été
caricaturiste avant de devenir assistant et
scénariste de Rossellini, pour *Rome ville
ouverte* et *Païsa,* en 1945. Dès ses premiers
films — *les Feux du music-hall* (1950), *le Cheik
blanc* (1952), *les Vitelloni* (1953) — il réussit
une galerie de portraits inoubliables. En
1954, avec *La Strada,* il peint un couple de
saltimbanques poignants comme des héros
de Chaplin. Giulietta Masina, son épouse,
compose l'innocente et lumineuse Gelso-
mina, créature fragile perdue auprès de
son compagnon Zampano, rustre au cuir épais.

■ **La palette d'un visionnaire.** Le succès
international de *La Strada* donne à Fellini la
liberté d'entreprendre des grands films plus
risqués. *La Dolce Vita* (1960), fable prophétique sur la faune médiatique, annonce les
tableaux féroces où Fellini dénonce les ravages de la télévision des années 80 : *Ginger et
Fred* (1985), *Intervista* (1987), *La Voce della
luna* (1990).

Contemporain de la « nouvelle vague », *Huit
et demi,* en 1963, est une réflexion sur la
création et la vie, l'imaginaire et son incarnation dans le réel. Cette œuvre semble
contenir en germe tous les films à venir : les
fresques délirantes (*le Satyricon,* 1969 ; *Casanova,* 1976 ; *la Cité des femmes,* 1980), les
chroniques de souvenirs (*Roma,* 1972 ;
Amarcord, 1973), les essais sur le rôle de l'art
et de l'artiste (*les Clowns,* 1970 ; *Prova
d'orchestra,* 1978 ; *Et vogue le navire,* 1983).

■ **L'auteur, le spectacle et le cirque.** Le
cinéma de Fellini occupe une place internationale dans la production italienne et internationale. On peut seulement le rapprocher de
Bergman, son aîné de deux ans, et de Woody
Allen. Comme Bergman, Fellini a puisé son
inspiration à la source de tous les spectacles,
sous le chapiteau du cirque, parmi les
clowns, les monstres et les acrobates. Il a toujours travaillé dans son pays, entouré de collaborateurs fidèles qui l'ont aidé à trouver
son style, notamment l'acteur Marcello Mastroianni et le musicien Nino Rota.

Femina *(prix),* prix littéraire français fondé
en 1904 et décerné en fin d'année, par un
groupe de femmes de lettres, à une œuvre
d'imagination.

F. E. M. I. S. (Fondation européenne des
métiers de l'image et du son). Ayant pris le
relais de l'I. D. H. E. C., la F. E. M. I. S.,
créée en 1986, est devenue en 1991 l'Insti-

tut de formation et d'enseignement pour les
métiers de l'image et du son. Celui-ci a pour
vocation d'ouvrir l'enseignement à tous les
métiers du cinéma et de l'audiovisuel.

F. E. N. (Fédération de l'Éducation nationale), organisation syndicale française, groupant plusieurs syndicats des personnels de
l'enseignement. L'exclusion et la dissidence
de plusieurs de ses syndicats donnent lieu à
la création, en 1993, d'une Fédération
concurrente, la Fédération syndicale unitaire
(F. S. U.).

Fénelon *(François* de Salignac de La
Mothe-*),* prélat et écrivain français (château
de Fénelon, Périgord, 1651 - Cambrai 1715).
Il écrivit pour le duc de Bourgogne, dont il
fut le précepteur (1689), des *Fables* en prose,
les *Dialogues des morts* (publiés en 1712) et
les *Aventures de Télémaque* (1699). Cet
ouvrage, plein de critiques indirectes contre
la politique de Louis XIV, lui valut la disgrâce. En même temps, son *Explication des
maximes des saints* (1697), favorable à la doctrine quiétiste, était condamnée par l'Église.
Fénelon acheva sa vie dans son évêché de
Cambrai, sans interrompre sa réflexion politique et esthétique (*Lettre sur les occupations
de l'Académie française,* 1716), qui annonce
l'esprit du XVIIIe siècle. (Acad. fr. 1693.)

Fénéon *(Félix),* critique français (Turin, Italie, 1861 - Châtenay-Malabry 1944). Directeur de *la Revue blanche* de 1893 à 1905, il fut
le champion des peintres néo-impressionnis-
tes comme des écrivains symbolistes.

Fennoscandie, nom donné à l'ensemble
formé par la Finlande, la Norvège et la Suède.

Fer *(Croix de),* ordre militaire allemand, fondé
par Frédéric-Guillaume III de Prusse en 1813.

Fer *(île de),* en esp. **Hierro,** la plus occidentale des îles Canaries ; 6 000 hab.

ARAGON
Ferdinand Ier de Antequera (Medina del
Campo 1380 - Igualada 1416), roi d'Aragon
et de Sicile (1412-1416). **Ferdinand II le Catholique** (Sos, Saragosse, 1452 - Madrigalejo
1516), roi de Sicile (1468-1516), roi d'Aragon
(Ferdinand V) [1479-1516], roi de Castille
(1474-1504), puis de Naples (Ferdinand III)
[1504-1516]. Par son mariage avec Isabelle de
Castille (1469), il prépara l'unité de la Péninsule. Avec la reine, il renforça l'autorité
monarchique, acheva la Reconquista (prise
de Grenade, 1492) et travailla à l'unité religieuse de l'Espagne (expulsion des Juifs et
des Maures). À l'extérieur, il s'opposa aux
ambitions françaises en Italie et acquit
Naples et le Milanais. À sa mort, il laissa le

royaume d'Aragon, auquel il avait annexé la Navarre, à son petit-fils (Charles Quint).

AUTRICHE

Ferdinand Ier (Vienne 1793 - Prague 1875), empereur d'Autriche (1835-1848), roi de Bohême et de Hongrie (1830-1848). Il dut abdiquer lors de la révolution de 1848.

BULGARIE

Ferdinand, prince de Saxe-Cobourg-Gotha (Vienne 1861 - Cobourg 1948), prince (1887-1908), puis tsar de Bulgarie (1908-1918). À l'issue de la première guerre balkanique (1912), il attaqua les Serbes et les Grecs (1913), et fut défait. Il s'allia aux empires centraux (1915) et abdiqua en 1918.

CASTILLE. ESPAGNE

Ferdinand III le Saint (v. 1201 - Séville 1252), roi de Castille (1217-1252) et de León (1230-1252). Il fit faire à la Reconquista des progrès décisifs. **Ferdinand V** → **Ferdinand II le Catholique, roi d'Aragon.** **Ferdinand VI** (Madrid 1713 - Villaviciosa de Odón 1759), roi d'Espagne (1746-1759), fils de Philippe V. Il conclut le traité d'Aix-la-Chapelle (1748). **Ferdinand VII** (Escurial 1784 - Madrid 1833), roi d'Espagne (1808 et 1814-1833). Fils de Charles IV, qui abdiqua en sa faveur en 1808, il fut relégué par Napoléon au château de Valençay (Indre) mais fut rétabli en 1814. Son absolutisme rétrograde provoqua en Espagne une révolution, que seule l'intervention française (1823) permit de réprimer. Il ne put, en revanche, s'opposer à l'émancipation des colonies d'Amérique. À sa mort, il légua son royaume à sa fille Isabelle II, ce qui déclencha la première guerre carliste.

PORTUGAL

Ferdinand de Portugal, dit Ferrand (1186-1233), comte de Flandre et de Hainaut (1211-1233), fils de Sanche Ier de Portugal, époux de Jeanne de Flandre. Il prêta hommage au roi d'Angleterre et s'allia à Otton IV pour résister à Philippe Auguste. Fait prisonnier à Bouvines (1214), il ne fut relâché qu'au prix de concessions (1226).

ROUMANIE

Ferdinand Ier (Sigmaringen 1865 - Sinaia 1927), roi de Roumanie (1914-1927). Il s'allia en 1916 aux puissances de l'Entente.

SAINT EMPIRE

Ferdinand Ier de Habsbourg (Alcalá de Henares 1503 - Vienne 1564), roi de Bohême et de Hongrie (1526), roi des Romains (1531), empereur germanique (1556-1564). Frère cadet de Charles Quint, il reçut de lui

les possessions héréditaires des Habsbourg en Autriche (1521). Marié à Anne de Hongrie, il se fit élire roi de Bohême et de Hongrie en 1526. Il lutta contre les Ottomans et s'efforça de préserver la paix religieuse (paix d'Augsbourg, 1555). Il succéda à Charles Quint à la tête de l'empire après l'abdication de ce dernier (1556). **Ferdinand II de Habsbourg** (Graz 1578 - Vienne 1637), roi de Bohême (1617) et de Hongrie (1618), empereur germanique (1619-1637). Champion de la Réforme catholique et partisan de l'absolutisme, il se heurta à la rébellion des nobles protestants de Bohême, qui déclencha la guerre de Trente Ans (1618-1648). Il infligea de sévères défaites aux insurgés et à leurs alliés (Danemark) mais ne put terminer victorieusement la guerre. **Ferdinand III de Habsbourg** (Graz 1608 - Vienne 1657), roi de Hongrie (1625) et de Bohême (1627), empereur germanique (1637-1657). Fils de Ferdinand II, il poursuivit sa politique. Vaincu par les armées françaises et suédoises, il dut signer en 1648 les traités de Westphalie mettant fin à la guerre de Trente Ans.

SICILE

Ferdinand Ier ou **Ferrante** (v. 1431 - 1494), roi de Sicile péninsulaire (1458-1494). **Ferdinand III** → **Ferdinand II le Catholique, roi d'Aragon. Ferdinand Ier de Bourbon** (Naples 1751 - id. 1825), roi de Sicile en 1759 (Ferdinand III), roi de Sicile péninsulaire en 1759 (Ferdinand IV). Dépouillé du royaume de Naples en 1806, il n'y fut rétabli qu'en 1815. Il réunit ses deux États en un « royaume des Deux-Siciles » et prit le nom de Ferdinand Ier (1816). **Ferdinand II de Bourbon** (Palerme 1810 - Caserte 1859), roi des Deux-Siciles (1830-1859).

Ferdowsi ou **Firdusi,** poète épique persan (près de Tus, Khorasan, v. 932 - id. 1020). Il est l'auteur de l'épopée héroïque du *Chahnamè (Livre des rois).*

Ferenczi *(Sándor),* médecin et psychanalyste hongrois (Miskolc 1873 - Budapest 1933). Disciple favori de S. Freud dès 1906, il s'écarte cependant de lui à partir de 1923, à propos de la question de la cure. Du point de vue théorique, ses travaux ont ouvert la voie à une étude plus attentive des relations précoces entre mère et enfant.

Fergana ou **Ferghana** *(le),* région de l'Asie centrale partagée entre l'Ouzbékistan, le Kirghizistan et le Tadjikistan, dans le bassin du Syr-Daria. Pétrole, coton, vergers. V. princ. *Fergana* (200 000 hab.).

Ferland *(Albert),* écrivain canadien d'expression française (Montréal 1872 - id. 1943). Il fut le principal animateur de l'« école du terroir » (*le Canada chanté*, 1908-1910).

Fermat *(Pierre de)*, mathématicien français (Beaumont-de-Lomagne 1601 - Castres 1665). Conseiller au parlement de Toulouse en 1631, il se passionna pour les mathématiques. Il fonda en même temps que Descartes la géométrie analytique. Précurseur du calcul différentiel, il apporta une contribution essentielle à la théorie des nombres. Enfin, il fut avec Pascal à l'origine du calcul des probabilités. Étudiant les *Arithmétiques* de Diophante, il en remplit les marges de conjectures. La démonstration intégrale de la plus célèbre d'entre elles, ou *grand théorème de Fermat*, n'a été proposée qu'en 1993 par le mathématicien britannique Andrew Wiles, qui l'a complétée définitivement en 1994 avec Richard Taylor.

Fermi *(Enrico)*, physicien italien (Rome 1901 - Chicago 1954). Il créa, en 1927, avec Dirac, une théorie permettant d'expliquer le comportement statistique des électrons et des nucléons *(statistique de Fermi-Dirac)*, à l'origine de la notion de « fermion ». Il donna, en 1932, la première théorie quantique des champs d'interaction faible, expliquant ainsi la radioactivité β. Il a aussi développé la physique des réactions nucléaires à l'aide des neutrons lents. En 1938, il passa aux États-Unis. Durant la Seconde Guerre mondiale, il fut responsable de la première « pile atomique » à uranium et graphite, réalisée à Chicago en 1942, et joua un rôle majeur dans la mise au point des armes nucléaires. Après la guerre, il fut l'un des initiateurs de la physique des particules. (Prix Nobel 1938.)

Fernandel *(Fernand* Contandin, dit*)*, acteur français (Marseille 1903 - Paris 1971). Il débuta au café-concert avant de devenir un des comiques les plus populaires de l'écran : *Angèle* (M. Pagnol, 1934), la série des *Don Camillo* (J. Duvivier, 1951-1955).

Fernández *(Gregorio)* → Hernández.

Fernando Poo → Bioko.

Ferneyhough *(Brian)*, compositeur britannique (Coventry 1943). D'abord adepte du sérialisme, il pousse aux limites du possible les difficultés d'exécution pour certains instrumentistes (*Cassandra's Dream Song*, pour flûte, 1971). *Transit* pour six voix solistes et orchestre de chambre (1972-1975) inaugure une seconde phase créatrice, dépassant la pensée postsérielle. Il a aussi écrit quatre *Quatuors à cordes* (de 1967 à 1990).

Féroé, *en danois* Færøerne, archipel volcanique danois au nord de l'Atlantique, à 350 km de l'Écosse ; 1 400 km² ; 45 000 hab. *(Féroïens ou Féringiens)*. Ch.-l. *Thorshavn*. Pêche. — Autonome depuis 1948.

Ferrante, *roi de Sicile* → **Ferdinand Ier**.

Ferrare, v. d'Italie (Émilie), ch.-l. de prov., sur le Pô ; 137 336 hab. Ville très brillante aux XVᵉ et XVIᵉ siècles sous les princes d'Este, érigée en duché en 1471, Ferrare fut rattachée aux États de l'Église de 1598 à 1796. — Concile en 1438, transféré à Florence en 1439. — Cathédrale des XIIᵉ-XVIᵉ siècles, avec musée de l'Œuvre (peintures de C. Tura, sculptures) ; château d'Este, des XIVᵉ-XVIᵉ siècles ; palais Schifanoia (fresques des Mois avec les signes du zodiaque par Del Cossa et Ercole De'Roberti), palais de Ludovic le More (Musée gréco-étrusque), des Diamants (pinacothèque).

Ferrari *(Enzo)*, pilote et constructeur automobile italien (Modène 1898 - id. 1988). Son nom est lié à l'histoire du sport automobile et à la construction de voitures de tourisme prestigieuses.

Ferrari *(Gaudenzio)*, peintre et sculpteur italien (Valduggia, Piémont, v. 1475 - Milan 1546). Maniériste éclectique, il a exécuté des fresques pleines d'invention et de fraîcheur à Varallo (prov. de Verceil), à Verceil, à Saronno (prov. de Varese).

Ferrassie *(la)*, site de la commune du Bugue (Dordogne, arr. de Sarlat), près des Eyzies-de-Tayac. Gisement paléolithique dont la séquence stratigraphique a non seulement joué un rôle fondamental dans l'établissement de la chronologie du paléolithique moyen et supérieur français mais a aussi révélé plusieurs sépultures d'humains du type de Neandertal.

Ferrat *(Jean* Tenenbaum, dit Jean*)*, auteur-compositeur et interprète français (Vaucresson 1930). C'est avec *Ma môme* (1960) qu'il s'affirma interprète de chansons poétiques et engagées (*Nuit et Brouillard*, 1963 ; *Potemkine*, 1965 ; *la Montagne*, 1966 ; *Que serais-je sans toi*, sur un poème d'Aragon, 1966).

Ferré, dit le Grand Ferré, paysan de Rivecourt (Oise) qui se distingua contre les Anglais en 1358.

Ferré *(Léo)*, auteur-compositeur et chanteur français (Monte-Carlo 1916 - Castellina in Chianti, Toscane, 1993). Créateur d'un important répertoire de chansons aux textes forts et souvent amers, exprimant une sensibilité anarchisante et rude, il s'est imposé comme un poète de la chanson. Il a mis en musique Apollinaire, Aragon, Baudelaire, Verlaine, Villon.

Ferreri *(Marco),* cinéaste italien (Milan 1928). Ironiques et provocateurs, ses films sont autant d'allégories sur l'aliénation de l'homme moderne : *Dillinger est mort* (1969), *la Grande Bouffe* (1973), *Y'a bon les Blancs* (1987).

Ferri *(Enrico),* criminologue et homme politique italien (San Benedetto Po 1856 - Rome 1929), l'un des fondateurs de la criminologie moderne *(Sociologie criminelle,* 1929).

Ferrié *(Gustave),* général et savant français (Saint-Michel-de-Maurienne 1868 - Paris 1932). Il dota la France d'un puissant réseau de télégraphie sans fil après avoir créé, dès 1903, une liaison entre Paris et les places fortes de l'Est, et s'être livré à des expériences grâce auxquelles la portée de l'émetteur de la tour Eiffel passa de 400 km en 1903 à 6 000 km en 1908. Directeur de la radiotélégraphie pendant la Première Guerre mondiale, il mit au point les systèmes d'écoute, la télégraphie par le sol, la liaison avec les avions et le repérage par le son.

Ferrier *(Kathleen),* contralto britannique (Higher Walton, Lancashire, 1912 - Londres 1953). Elle créa *le Viol de Lucrèce* de B. Britten et fut une remarquable interprète de G. Mahler.

Ferrol (Le), port d'Espagne (Galice), sur l'Atlantique ; 83 045 hab. Chantiers navals.

Ferry *(Jules),* avocat et homme politique français (Saint-Dié 1832 - Paris 1893). Député républicain à la fin de l'Empire (1869), il entre en 1870 dans le gouvernement de la Défense nationale et devient maire de Paris, qu'il doit quitter au moment de la Commune (1871). Ministre de l'Instruction publique (1879-1883), président du Conseil (1880-81, 1883-1885), il fait voter les lois relatives aux libertés de réunion, de la presse et des syndicats, et attache son nom à une législation scolaire : obligation, gratuité et laïcité de l'enseignement primaire. Sa politique coloniale (conquête du Tonkin), violemment combattue par les radicaux, provoque sa chute.

Fersen *(Hans Axel, comte* de*),* maréchal suédois (Stockholm 1755 - *id.* 1810). Il séjourna longtemps à la cour de France. Très attaché à Marie-Antoinette, il aida à la fuite de la famille royale en 1791.

Ferté-Bernard (La), ch.-l. de c. de la Sarthe, dans le Perche, sur l'Huisne ; 9 819 hab. *(Fertois).* Constructions électriques. Agroalimentaire. Caoutchouc. — Église des XVᵉ-XVIᵉ siècles (vitraux).

Fertö *(lac)* → **Neusiedl** *(lac de).*

Fès, *en ar.* Fās, v. du Maroc, ch.-l. de prov. et préfecture urbaine ; 548 000 hab. *(Fassis).* Capitale traditionnelle du Maroc, dans une situation de carrefour, Fès offre un paysage urbain varié, témoin d'une riche histoire : Fas al-Bali, la ville ancienne, site notamment de la mosquée Qarawiyyin, fondée en 857, les madrasas Bu Inaniyya et al-Attarin, chefs-d'œuvre du XIVᵉ siècle, et des souks ; Fas al-Djadid (« la Neuve »), où se trouve le palais royal ; la ville moderne, de style européen, avec quelques industries. — La ville a été fondée par les Idrisides à la charnière des VIIIᵉ et IXᵉ siècles.

Fessenheim, comm. du Haut-Rhin ; 2 012 hab. Centrale hydraulique et centrale nucléaire sur le grand canal d'Alsace.

Festinger *(Leon),* psychosociologue américain (New York 1919). Élève de K. Lewin, il est surtout connu pour ses travaux sur la dissonance cognitive.

Fétis *(François Joseph),* musicologue belge (Mons 1784 - Bruxelles 1871), auteur d'une *Biographie universelle des musiciens et bibliographie générale de la musique* (1835-1844, 8 vol.).

Feuerbach *(Ludwig),* philosophe allemand (Landshut 1804 - Rechenberg, près de Nuremberg, 1872). Frappé par l'imbrication du pouvoir religieux avec le pouvoir politique au sein de la Prusse, il se lança dans la critique simultanée du christianisme et de la féodalité prussienne. Il écrivit alors son œuvre magistrale, *l'Essence du christianisme* (1841), qui marque le début de la scission entre hégéliens de gauche et hégéliens de droite.

Feuerbach *(Paul Johann Anselm* von*),* juriste allemand (Hainichen, près d'Iéna, 1775 - Francfort-sur-le-Main 1833), auteur du Code pénal bavarois (1813) et de la théorie de la contrainte psychologique. Il est l'un des représentants de l'école de la relativité.

Feuillade *(Louis),* cinéaste français (Lunel 1873 - Nice 1925), l'un des maîtres du film à épisodes : *Fantômas* (1913-14), *les Vampires* (1915), *Judex* (1916).

Feuillants *(club des),* club révolutionnaire (1791-92) fréquenté par des partisans de la monarchie constitutionnelle (notamment La Fayette) et qui siégeait à Paris, dans l'ancien couvent des Feuillants, près des Tuileries.

Féval *(Paul),* écrivain français (Rennes 1816 - Paris 1887). Il est l'auteur de mélodrames et de romans d'aventures (*les Mystères de Londres,* 1844 ; *le Bossu ou le Petit Parisien,* 1858).

février 1848 *(journées des 22, 23 et 24),* journées qui amenèrent la chute de Louis-Philippe. (→ **révolution française de 1848.**)

février 1934 *(le 6),* journée d'émeute provoquée par l'affaire Stavisky (scandale financier) et dont le prétexte fut la mutation du préfet de police Chiappe. Elle opposa aux forces de l'ordre les ligues de droite et les associations d'anciens combattants, hostiles à un régime parlementaire affaibli par les scandales et l'instabilité ministérielle. L'émeute, qui fit 20 morts et 2 000 blessés, entraîna la chute du gouvernement Daladier et encouragea la gauche à s'unir.

Feydeau *(Georges),* auteur dramatique français (Paris 1862 - Rueil 1921). Il triompha dans des vaudevilles, sachant puiser dans la vie quotidienne les traits d'un comique de situation irrésistible (*Un fil à la patte,* 1894 ; *la Dame de chez Maxim,* 1899 ; *Occupe-toi d'Amélie,* 1908).

Feyder *(Jacques* Frédérix, dit Jacques*),* cinéaste français d'origine belge (Ixelles 1885 - Rives-de-Prangins, Suisse, 1948). Il fut l'un des précurseurs de l'école réaliste poétique française des années 30 et réalisa notamment *Pension Mimosas* (1935) et *la Kermesse héroïque* (1935).

Feyerabend *(Paul),* philosophe autrichien (Vienne 1924 - Genolier, Suisse, 1994). Il préconise une méthode d'investigation scientifique qu'il qualifie d'anarchiste, en ce sens qu'il voudrait voir séparés la recherche et le pouvoir d'État (*Contre la méthode,* 1975 ; *Adieu la Raison,* 1987).

Feynman *(Richard P.),* physicien américain (New York 1918 - Los Angeles 1988). Spécialiste de l'électrodynamique quantique (interactions entre électrons et photons) et de la physique de la matière condensée, il a marqué la physique théorique actuelle par un style où la compréhension synthétique l'emporte sur l'explication analytique. Ses livres et conférences ont provoqué un véritable renouveau de la pédagogie. Sa théorie quantique des champs, élaborée dès 1945, lui a valu en 1965 le prix Nobel de physique.

Fezzan, région désertique du sud-ouest de la Libye, parsemée d'oasis (palmeraies). V. princ. *Sebha.* — Le Fezzan fut conquis par les Français de Leclerc en 1941-42 et évacué par la France en 1955.

F. F. I. → Forces françaises de l'intérieur.

F. F. L. → Forces françaises libres.

Fianarantsoa, v. du sud-est de Madagascar ; 130 000 hab.

Fianna Fáil (« Soldats de la destinée »), parti politique irlandais, fondé en 1926 par De Valera. Il domine, en alternance avec le Fine Gael, la vie politique depuis 1932.

Fiat, firme de constructions automobiles italienne fondée à Turin en 1899. La société, qui est la première entreprise privée italienne, produit par ailleurs des engins de travaux publics, des matériels agricoles, des machines-outils.

Fibonacci *(Leonardo),* dit Léonard de Pise, mathématicien italien (Pise v. 1175 - *id.* apr. 1240). Au cours de voyages en Orient, en Grèce et en Sicile, il assimile les connaissances mathématiques du monde arabe et se convainc de la supériorité des méthodes indo-arabes de calcul. À son retour à Pise, il publie (en 1202) son célèbre *Liber abbaci,* qui diffuse en Occident la science mathématique des Arabes et des Grecs, et dans lequel il utilise les chiffres arabes avec le zéro. Il y introduit la *suite* dite « de Fibonacci » (1, 1, 2, 3, 5, 8, 13, 21, 34, ...), dans laquelle chaque terme est égal à la somme des deux termes précédents.

Fiches *(affaire des)* [1901-1904], scandale provoqué par un système d'avancement établi dans l'armée par le général André (1838-1913), ministre de la Guerre, et fondé sur des *fiches* relatives aux opinions politiques et religieuses des officiers (les catholiques et les conservateurs étaient dénoncés).

Fichet *(Guillaume),* érudit et théologien français (Le Petit-Bornand 1433 - Rome v. 1480). Il installa, à la Sorbonne, le premier atelier typographique français (v. 1470).

Fichte *(Johann Gottlieb),* philosophe allemand (Rammenau, Saxe, 1762 - Berlin 1814), disciple de Kant et maître de Schelling. Son œuvre majeure, *Théorie de la science* (1801-1804), fonde le *principe de l'intersubjectivité.* Ce principe pose comme point de départ philosophique les relations qu'une conscience entretient avec une autre conscience. C'est lui qui rend possible, selon Fichte, la détermination du monde à partir de soi. Son système est un idéalisme absolu dans lequel le moi justifie l'existence du monde et son sens. Ayant quitté Iéna sous l'accusation d'athéisme, Fichte rejoignit Berlin, où il trouva des accents enflammés pour appeler à lutter contre l'envahisseur français (*Discours à la nation allemande,* 1807-1808).

Ficin *(Marsile),* en ital. *Ficino* (Marsilio*),* humaniste italien (Figline Valdarno, Toscane, 1433 - Careggi, près de Florence, 1499). Il contribua puissamment à réunir, à Florence, autour de Cosme puis de Laurent de Médicis les humanistes italiens. Il diffusa la pensée de Platon et développa un système unissant théologie et philosophie, au nom de l'amour et de la liberté (*De vita,* 1489).

Fidelio, opéra de Beethoven (Vienne, 1805), primitivement appelé *Léonore ou l'Amour conjugal.* L'œuvre, d'une grande puissance musicale, exalte la fidélité et la résistance à l'oppression.

Fidji *(îles),* État de l'Océanie, formé par un archipel souvent montagneux dont les îles principales sont Viti Levu et Vanua Levu ; 18 300 km² ; 727 000 hab. *(Fidjiens).* CAP. *Suva* (sur Viti Levu). LANGUE : *anglais.* MONNAIE : *dollar fidjien.*
La population, comprenant des Mélanésiens, des autochtones et une communauté d'origine indienne, vit de l'agriculture vivrière, de la production du sucre de canne et du tourisme, favorisé par la situation au cœur du Pacifique et un climat tropical toujours chaud et souvent humide. Annexées par les Britanniques en 1874, les îles Fidji sont indépendantes depuis 1970 (exclues du Commonwealth après la proclamation de la république, en 1987).

Field *(Cyrus West),* industriel américain (Stockbridge, Massachusetts, 1819 - New York 1892). Il établit le premier câble sous-marin reliant l'Amérique à l'Europe (1858-1866).

Field *(John),* compositeur irlandais (Dublin 1782 - Moscou 1837), auteur de nocturnes pour piano.

Fielding *(Henry),* écrivain britannique (Sharpham Park, Somerset, 1707 - Lisbonne 1754). Auteur de comédies, farces et parodies des mœurs de son temps (*la Tragédie de Tom Pouce le Grand,* 1730), il dut, sous la pression du gouvernement, indigné par ses *Annales historiques de 1736,* abandonner le théâtre pour se consacrer au journalisme, avant d'exercer son esprit satirique dans le roman périodique avec *les Aventures de Joseph Andrews* (1742). Il évolua ensuite vers le roman réaliste (*Tom Jones, enfant trouvé,* 1749).

Fields *(John Charles),* mathématicien canadien (Hamilton 1863 - Toronto 1932). Auteur de travaux sur les fonctions de la variable complexe, il a créé, grâce à un legs, la récompense qui porte le nom de « médaille Fields ».

Fields *(médaille),* la plus haute récompense internationale dans le domaine des mathématiques, aussi prestigieuse que le prix Nobel, qui n'existe pas en mathématiques. Attribuée depuis 1936, elle est décernée tous les quatre ans à des mathématiciens âgés de moins de 40 ans pour la qualité exceptionnelle de leurs travaux. →

Fields *(William Claude* Dukinfield, dit **W. C.),** acteur américain (Philadelphie 1879 - Pasadena 1946). Vedette de music-hall, il fut l'un des créateurs les plus inventifs du cinéma burlesque (*les Joies de la famille,* 1935 ; *Passez muscade,* 1941).

Fieschi *(Giuseppe),* conspirateur corse (Murato 1790 - Paris 1836). Ayant attenté à la vie de Louis-Philippe au moyen d'une machine infernale (1835), il fut exécuté.

Fiesque, *en ital.* Fieschi, famille guelfe de Gênes, qui fournit notamment deux papes, **Innocent IV** et **Adrien V.** Un de ses membres, **Gian Luigi** (Gênes v. 1522 - *id.* 1547), conspira contre Andrea Doria (1547). Cette conjuration, racontée par le cardinal de Retz, inspira un drame à Schiller (1783).

Figaro, personnage du *Barbier de Séville,* du *Mariage de Figaro* et de *la Mère coupable,* de Beaumarchais. Barbier passé au service du comte Almaviva, il est spirituel et intrigant, grand frondeur des abus de l'Ancien Régime. Il symbolisa le tiers état luttant contre les privilèges de la noblesse.

Figaro *(le),* hebdomadaire satirique fondé en 1854 par H. de Villemessant, qui devint en 1866 un quotidien d'informations. Il cessa sa publication en 1942 et reparut en 1944 avec P. Brisson comme directeur jusqu'en 1964. Le journal fut racheté en 1975 par R. Hersant ; il est couplé avec *l'Aurore* depuis 1980.

Figeac, ch.-l. d'arr. du Lot, sur le Célé ; 10 380 hab. *(Figeacois).* Industrie aéronautique. — Deux églises romanes et gothiques ; maisons médiévales. Musée Champollion dans la maison de l'égyptologue.

Figl *(Leopold),* homme politique autrichien (Rust 1902 - Vienne 1965). Il fut chancelier de la République autrichienne de 1945 à 1953.

Figuig, oasis du Sahara marocain, près de la frontière algérienne.

Filarete *(Antonio* Averlino, dit il*), en fr.* le Filarète, architecte et bronzier italien (Florence v. 1400 - v. 1469). Auteur d'une porte de bronze pour St-Pierre de Rome et des plans de l'hôpital Majeur de Milan, il a composé un *Traité d'architecture* comprenant les projets d'une cité idéale, la « Sforzinda ».

Filitosa, localité de Corse (comm. de Sollaraco, arr. de Sartène). — Station préhistorique connue par ses « statues-menhirs » et ses habitats de l'âge du bronze final (1200-700 av. J.-C.).

Findel, aéroport de la ville de Luxembourg.

Fine Gael (« Nation gaélique »), parti politique irlandais, fondé en 1933 par W. T. Cosgrave. Il dirige, en alternance avec le Fianna Fáil, les gouvernements de coalition depuis 1948.

Finiguerra *(Maso)*, orfèvre nielleur italien (Florence v. 1426 - *id.* 1464). Comme d'autres praticiens, il a parfois tiré de ses nielles (avant remplissage des creux) des sortes d'estampages, ce pour quoi Vasari lui attribua, inexactement, l'invention de la gravure en taille-douce.

Finistère [29], dép. de la Région Bretagne ; ch.-l. de dép. *Quimper* ; ch.-l. d'arr. *Brest, Châteaulin, Morlaix* ; 4 arr., 54 cant., 283 comm. ; 6 733 km² ; 838 687 hab. *(Finistériens)*. Il est rattaché à l'académie et à la cour d'appel de Rennes, à la région militaire Atlantique.

Finisterre *(cap)*, promontoire situé à l'extrémité nord-ouest de l'Espagne (Galice).

Finlande, *en finnois* Suomi, État de l'Europe du Nord, sur la Baltique ; 338 000 km² ; 5 millions d'hab. *(Finlandais)*. CAP. *Helsinki.* LANGUES : *finnois* et *suédois.* MONNAIE : *markka.*

GÉOGRAPHIE

Entre la Suède et la Russie, la Finlande est le pays le plus septentrional d'Europe (avec le quart du territoire au-delà du cercle polaire). Le climat est rude dans le Nord et le Centre, au paysage confus (collines, buttes allongées, nombreux lacs), héritage des glaciations ayant raboté le socle scandinave. Il explique la faible densité moyenne (15 hab. au km²) d'une population urbanisée à 60 % et concentrée dans les villes du Sud-Ouest (Helsinki, Turku, Tampere) que jalonnant le golfe de Botnie (Pori, Vaasa, Oulu), régions au climat plus clément (hivers atténués), plus humide aussi. Climat et sols expliquent l'extension de la forêt (70 % du territoire). Les dérivés du bois (pâte et papier journal en tête) assurent d'ailleurs plus du tiers des exportations. Les autres branches industrielles notables sont la métallurgie, avec les chantiers navals, puis le textile. Le nucléaire fournit près du tiers de l'électricité. Le pétrole doit être importé, ainsi que le charbon nécessaire au développement de la sidérurgie. Mais le commerce extérieur, important, a vu la part dirigée vers l'ex-U. R. S. S. considérablement diminuer au profit notamment de la C. E., premier partenaire.

HISTOIRE

■ **Les dominations suédoise et russe.**

I ᵉʳ s. av. J.-C.-Iᵉʳ s. apr. J.-C. Les Finnois occupent progressivement le sol finlandais.
1157. Le roi de Suède Erik IX organise une croisade contre la Finlande.
1353. Les Suédois érigent la Finlande en duché.

Au XVIᵉ s., la réforme luthérienne s'établit en Finlande.
1550. Gustave Vasa fonde Helsinki.
Les guerres reprennent entre la Suède et la Russie, qui se disputent la possession de la Finlande (XVIᵉ -XVIIIᵉ s.).
1721. À l'issue des campagnes de Pierre le Grand, la Finlande cède la Carélie à la Russie.
1809. La Finlande devient un grand-duché de l'Empire russe, doté d'une certaine autonomie.

■ **L'indépendance.**
1917. À la suite de la révolution russe, la Finlande proclame son indépendance.
1918. Une guerre civile oppose les partisans du régime soviétique à la garde civique de Carl Gustav Mannerheim, qui l'emporte.
1920. La Russie soviétique reconnaît la nouvelle république de Finlande.
1939-40. Après l'offensive victorieuse soviétique, la Finlande doit accepter l'annexion de la Carélie.
1941-1944. La Finlande combat l'U. R. S. S. aux côtés du Reich.
1947. La paix avec les Alliés est signée à Paris.
Présidée par J. K. Paasikivi (1946-1956), U. K. Kekkonen (1956-1981) puis par Mauno Koivisto, la Finlande poursuit une politique de coopération avec les pays nordiques et d'amitié avec l'U. R. S. S. (traité d'assistance mutuelle de 1948, renouvelé en 1970 et en 1983) jusqu'à la dissolution de celle-ci, en 1991.
1994. Martti Ahtisaari est élu président de la République.
1995. La Finlande entre dans l'Union européenne.

Finlande *(golfe de)*, golfe formé par la Baltique, entre la Finlande, la Russie et l'Estonie, sur lequel sont établis Helsinki et Saint-Pétersbourg.

Finlay *(Carlos Juan)*, médecin cubain (Puerto Príncipe, auj. Camagüey, 1833 - La Havane 1915). Il montra que la fièvre jaune est transmise par un moustique, confirmant les idées de L. D. Beauperthuy. Ses travaux s'intègrent à la découverte des microbes et des insectes vecteurs, à la fin du XIXᵉ siècle.

Finnbogadóttir *(Vigdís)*, femme politique islandaise (Reykjavik 1930). Présidente de la République depuis 1980, elle est la première femme au monde élue chef de l'État au suffrage universel.

Finnegans Wake, roman de J. Joyce (1939).

Finnmark, région et division administrative de la Norvège septentrionale. Ch.-l. *Vadsø.* Ports de pêche sur le littoral. Mines de fer près de Kirkenes. Élevage de rennes par les Lapons.

Finsen *(Niels),* médecin et biologiste danois (Thorshavn, îles Féroé, 1860 - Copenhague 1904). Il découvrit la technique d'utilisation de la lumière et de ses rayons ultraviolets en thérapeutique (photothérapie, utilisée surtout dans les affections cutanées), à l'époque même (1896) qui vit les débuts des rayons X en radiographie. (Prix Nobel 1903.)

Fiodor → Fedor.

Fionie, *en danois* Fyn, île du Danemark, séparée du Jylland par le Petit-Belt, de Sjaelland par le Grand-Belt ; 3 846 km² ; 458 000 hab. V. princ. *Odense.* Région agricole (céréales, bovins).

Firdusi → Ferdowsi.

Firminy, ch.-l. de c. de la Loire ; 23 367 hab. Métallurgie. — Château des Bruneaux, surtout du XVIIIᵉ siècle, avec reconstitution d'une mine de charbon. Édifices sur plans de Le Corbusier.

Firozabad, v. de l'Inde (Uttar Pradesh) ; 270 534 hab.

Firth *(John Rupert),* linguiste britannique (Leeds 1890 - Londres 1960). Influencé par l'anthropologie structurale, il a élaboré une théorie contextuelle de la signification, selon laquelle le sens des mots se réduit à l'ensemble des usages qu'on peut en faire (contexte).

F. I. S. → Front islamique du salut.

Fischart *(Johann),* érudit et polygraphe alsacien de langue allemande (Strasbourg v. 1546 - Forbach 1590). Il est l'auteur de poèmes héroï-comiques et de pamphlets anticatholiques.

Fischer *(Emil),* chimiste allemand (Euskirchen 1852 - Berlin 1919). Prix Nobel en 1902 pour sa synthèse de plusieurs sucres, il a établi un lien entre la chimie organique, la stéréochimie et la biologie.

Fischer *(Johann Michael),* architecte allemand (Burglengenfeld, Haut-Palatinat, 1692 - Munich 1766). Il a diffusé en Bavière et en Souabe un style rococo riche et lumineux (abbatiales de Zwiefalten, v. 1740-1750, d'Ottobeuren).

Fischer-Dieskau *(Dietrich),* baryton allemand (Berlin 1925). Il a abordé la scène à Berlin en 1948 dans *Don Carlos* de Verdi. Il a mené jusqu'en 1993 une double carrière de comédien lyrique et d'interprète du lied.

Fischer von Erlach *(Johann Bernhard),* architecte autrichien (Graz 1656 - Vienne 1723). Ayant séjourné à Rome, associant le baroque à une tendance classique majestueuse, il a construit trois églises à Salzbourg (autour de 1700), divers palais à Prague (Clam-Gallas) et surtout à Vienne (Trautson, 1710). Ses chefs-d'œuvre dans la capitale comme architecte officiel sont l'originale église St-Charles-Borromée (1716) et la Bibliothèque impériale (1723), à l'impressionnant espace intérieur, toutes deux terminées par son fils **Joseph Emanuel** (1693-1742). J. B. Fischer a publié un ample recueil illustré, *Esquisse d'une architecture historique* (1721), incluant des exemples égyptiens et chinois.

Fisher *(Irving),* mathématicien et économiste américain (Saugerties, État de New York, 1867 - New York 1947). Spécialiste des questions monétaires, il a établi une relation entre la quantité de monnaie en circulation, la vitesse de circulation de celle-ci et le niveau des prix. Il est également connu pour sa théorie de l'intérêt et son analyse statistique.

Fisher *(Terence),* cinéaste britannique (Londres 1904 - Twickenham 1980). Maître du film d'épouvante, il a réalisé *le Cauchemar de Dracula* (1958), *Dracula, prince des ténèbres* (1965), *le Retour de Frankenstein* (1969).

Fisher of Kilverstone *(John Arbuthnot Fisher, 1ᵉʳ baron),* amiral britannique (Ramboda, Sri Lanka, 1841 - Londres 1920). Créateur du dreadnought, il fut à la tête de la flotte britannique de 1904 à 1909 et en 1914-15.

Fitzgerald *(Ella),* chanteuse de jazz américaine (Newport News, Virginie, 1918). Sa très grande technique vocale lui permet de couvrir un répertoire très large, de la ballade sentimentale au swing le plus vif. Elle excelle particulièrement dans l'exercice de l'improvisation en scat.

Fitzgerald *(Francis Scott),* romancier américain (Saint Paul, Minnesota, 1896 - Hollywood 1940). Il illustra les désillusions de la « génération perdue » et de l'après-guerre en des romans et des nouvelles mêlant romance et satire, fascination pour les richesses et obsession de l'échec. Le rêve — en particulier le rêve américain — comme l'histoire promettent de s'achever par une catastrophe, ruinant toute échappée dans l'idéal, hors la nostalgie (*l'Envers du paradis,* 1920 ; *Gatsby le Magnifique,* 1925 ; *Tendre est la nuit,* 1934 ; *le Dernier Nabab,* 1941).

Fitz-James → Berwick.

Fiume → Rijeka.

Fiumicino, aéroport de Rome.

Fizeau *(Armand Hippolyte Louis),* physicien français (Paris 1819 - château de Venteuil, près de La Ferté-sous-Jouarre, 1896). En

1848, il découvrit, indépendamment de Doppler, que le mouvement d'une source de vibrations par rapport à un observateur provoque un déplacement des fréquences perçues par l'observateur (*effet Doppler-Fizeau*). Il effectua, en 1849, la première mesure directe de la vitesse de la lumière dans l'air. Il eut l'idée d'utiliser les longueurs d'ondes lumineuses comme étalons de longueur. En 1850, il montra que la propagation de l'électricité n'est pas instantanée. Il fut aussi l'un des premiers à observer l'existence du spectre infrarouge. Enfin, il laissa des travaux sur la dilatation des cristaux et la polarisation de la lumière.

Flachat (*Eugène*), ingénieur français (Nîmes 1802 - Arcachon 1873). Il construisit avec son demi-frère Stéphane Mony le premier chemin de fer français à vapeur, de Paris à Saint-Germain-en-Laye (1835-1837), puis dirigea la construction des lignes ferroviaires Paris-Rouen (1840) et Rouen-Le Havre (1842).

Flagstad (*Kirsten*), soprano norvégienne (Hamar 1895 - Oslo 1962). Considérée comme une des plus grandes cantatrices wagnériennes du siècle, elle chanta jusqu'en 1953, puis dirigea l'Opéra d'Oslo (1958-1960).

Flahaut de La Billarderie (*Auguste, comte de*), général et diplomate français (Paris 1785 - *id.* 1870). Sans doute fils naturel de Talleyrand, il fut aide de camp de Napoléon et eut avec la reine Hortense un fils, le duc de Morny.

Flaherty (*Robert*), cinéaste américain (Iron Mountain, Michigan, 1884 - Dummerston, Vermont, 1951). Véritable créateur du genre documentaire, il réalisa *Nanouk l'Esquimau* (1922), *Moana* (1926), *Louisiana Story* (1948) et, en collaboration avec F. W. Murnau, *Tabou* (1931). Il a influencé toutes les écoles documentaristes.

Flamininus (*Titus Quinctius*), général romain (228-174 av. J.-C.). Consul en 198 av. J.-C., proconsul en 197, il battit à Cynoscéphales Philippe V de Macédoine et libéra la Grèce de la domination macédonienne.

Flammarion (*Camille*), astronome français (Montigny-le-Roi, Haute-Marne, 1842 - Juvisy-sur-Orge 1925). Vulgarisateur enthousiaste et talentueux des connaissances astronomiques de son époque, il écrivit de nombreux ouvrages, parmi lesquels une célèbre *Astronomie populaire* (1879), et fonda la Société astronomique de France (1887).

Flamsteed (*John*), astronome anglais (Denby 1646 - Greenwich 1719). Premier astronome

royal (1675), il organisa l'observatoire de Greenwich, perfectionna les instruments et les méthodes d'observation des positions stellaires et réalisa un catalogue d'étoiles.

Flandre ou **Flandres** (*la* ou *les*), plaine du nord-ouest de l'Europe, ouverte sur la mer du Nord, entre les collines de l'Artois et l'embouchure de l'Escaut. (Hab. *Flamands.*)

GÉOGRAPHIE

Partagée entre la France, la Belgique et les Pays-Bas, juxtaposant une plaine littorale (*Flandre maritime*) et un arrière-pays (*Flandre intérieure*) accidenté de collines, jalonnée de grandes villes (Lille, Gand), la région est densément peuplée et dispose d'un bon réseau de voies de communication. L'agriculture y est intensive (céréales et cultures industrielles) ; les industries littorales (sidérurgie, raffinage du pétrole, chimie) et la construction automobile y ont relayé partiellement les branches en crise (textile).

HISTOIRE

Intégrée à la province romaine de Belgique puis envahie par les Francs au Vᵉ siècle, la région est attribuée par Charles le Chauve à Baudouin Iᵉʳ en 864. Le comté de Flandre, dont la majeure partie relève de la suzeraineté française, est étendu au IXᵉ et au Xᵉ siècle jusqu'à l'Escaut. Au XIᵉ siècle, l'essor de l'industrie drapière assure le développement de Douai, Lille, Gand et Bruges, qui obtiennent des chartes d'affranchissement au XIIᵉ siècle (mouvement communal). L'oligarchie urbaine, à laquelle s'opposent les rois de France, se tourne vers le roi d'Angleterre afin de s'assurer des exportations de laine anglaise dont dépend l'industrie flamande. Intégrée en 1384 aux domaines du duc de Bourgogne Philippe le Hardi, la Flandre passe aux Habsbourg à la mort de Charles le Téméraire (1477) puis devient possession des Habsbourg d'Espagne en 1526. Au XVIIᵉ siècle, de nombreuses villes flamandes sont annexées par Louis XIV. En 1713, la Flandre passe à l'Autriche. Envahie par les Français sous la Révolution, elle forme deux départements français en 1794. Mais, en 1815, la France ne garde de la Flandre que les conquêtes de Louis XIV (correspondant approximativement au département du Nord). Le reste fait partie du royaume des Pays-Bas, puis, après 1830, du royaume de Belgique.

Flandre ou **Région flamande**, Région de la Belgique, de langue néerlandaise, formée de cinq provinces (Anvers, Brabant flamand, Flandre-Occidentale, Flandre-Orientale et Limbourg) ; 13 523 km² ; 5 768 925 hab. (*Flamands.*)

Flandre-Occidentale, *en néerl.* West-Vlaanderen, prov. de l'ouest de la Belgique ; 3 234 km² ; 1 106 829 hab. Ch.-l. *Bruges.* La province possède toute la côte belge, jalonnée de stations balnéaires et de ports de commerce, dont Ostende et Zeebrugge. Industries textiles et mécaniques dans l'intérieur.

Flandre-Orientale, *en néerl.* Oost-Vlaanderen, prov. de l'est de la Belgique ; 2 971 km² ; 1 335 793 hab. Ch.-l. *Gand.* La région est drainée par l'Escaut et ses affluents (Lys, Dendre). Dominée par Gand, elle juxtapose agriculture intensive et industries urbaines (textile, mécanique).

Flandrin, famille de peintres français des XIXᵉ-XXᵉ siècles, dont le plus connu est **Hippolyte** (Lyon 1809 - Rome 1864), élève d'Ingres, auteur de peintures murales religieuses (église St-Germain-des-Prés à Paris) et de portraits.

Flatters (Paul), lieutenant-colonel français (Paris 1832 - Bir el-Gharama 1881). Chef de deux missions transsahariennes, il fut tué par les Touareg lors de la seconde.

Flaubert *(Gustave),* romancier français (Rouen 1821 - Croisset, près de Rouen, 1880). Artisan du style, maître malgré lui du mouvement réaliste et naturaliste, précurseur du roman moderne et ancêtre du « nouveau roman », Flaubert est aujourd'hui l'une des figures mythiques de la littérature. De sa jeunesse passée dans le milieu médical (son père est chirurgien), il garde un sens aigu de l'observation. Arrivé en 1841 à Paris pour étudier le droit, il se lie notamment avec Hugo, Louis Bouilhet, Maxime Du Camp. Il entretient avec ses proches une volumineuse *Correspondance* (de 1830 à 1880). Sujet à des troubles nerveux, il se retire dès 1844 à Croisset, qu'il ne quitte que pour retrouver à Paris son amie Louise Colet et pour voyager, avec Du Camp le plus souvent : voyages en Bretagne (1847), en Orient (1849-1851), en Algérie et en Tunisie (1858). Après plusieurs tentatives littéraires non publiées, dont la première version de la *Tentation de saint Antoine,* il rompt définitivement avec le lyrisme romantique et adopte dans *Madame Bovary* (1857), roman qui obtient un succès de scandale, une narration omnisciente, pleine d'ironie envers ses personnages. Pour second roman, *Salammbô* (1862), il se livre à des enquêtes livresques afin de trouver la matière nécessaire à son tableau tout à la fois ciselé, onirique et violent de la Carthage ancienne. En 1869, il publie l'*Éducation sentimentale,* où il fait le récit de l'amour platonique du jeune Frédéric Moreau pour Mᵐᵉ Arnoux, tout en

reconstituant sur le mode de la dérision l'atmosphère de l'époque de la Révolution de 1848. En 1874 paraît la version définitive de la *Tentation de saint Antoine,* dont le thème l'aura hanté sa vie durant. Il écrit ses *Trois Contes* (la *Légende de saint Julien l'Hospitalier, Hérodias, Un cœur simple,* 1877) pendant la longue période de rédaction de *Bouvard et Pécuchet* (posthume, 1881), inséparable du *Dictionnaire des idées reçues* (posthume, 1911), deux œuvres laissées en chantier où il résume la bêtise et la prétention de l'esprit « bourgeois ». Proust fut l'un des premiers à souligner les procédés qui permettent à la phrase de Flaubert de transfigurer la réalité la plus triviale en vision artistique.

— **Madame Bovary** (1857) : Emma Bovary, fille d'un paysan aisé et épouse d'un médecin médiocre, Charles Bovary, nourrie de lectures romanesques et méprisant son propre milieu, cherche à échapper à la platitude de son existence en prenant des amants. Mais, couverte de dettes et désespérée, elle s'empoisonne. Flaubert compose une peinture féroce de la bourgeoisie provinciale du XIXᵉ s. et forge une « épopée » de la médiocrité.

Flaviens, dynastie qui gouverna l'Empire romain de 69 à 96, avec Vespasien, Titus et Domitien.

Flavius Josèphe, historien juif (Jérusalem v. 37 apr. J.-C. - apr. 100). Lors de la guerre contre Rome, il est chargé par le sanhédrin du commandement de la Galilée, dont il organise l'administration et la défense. Convaincu, en fait, de l'inutilité de cette guerre désespérée, il est contraint à la capitulation après une défense héroïque (67) et conduit auprès de Vespasien, dont il sait conquérir la protection et qui l'affranchit. Ainsi assiste-t-il aux côtés de Titus à la prise de Jérusalem (70). Il s'installe ensuite à Rome, où il rédige en grec la *Guerre des Juifs, les Antiquités judaïques* et le *Contre Apion* (plaidoyer contre l'antisémitisme gréco-romain).

Flaxman *(John),* sculpteur et dessinateur britannique (York 1755 - Londres 1826). Néoclassique, il fournit de nombreux modèles pour les céramiques de Wedgwood, puis exécuta en Italie, autour de 1790, ses célèbres illustrations, linéaires, d'Homère, d'Eschyle, de Dante. De retour en Angleterre en 1795, il pratiqua la sculpture funéraire.

Flèche (La), ch.-l. d'arr. de la Sarthe, sur le Loir ; 16 581 hab. *(Fléchois).* — Prytanée militaire fondé en 1808 et installé dans un ancien collège des Jésuites (chapelle de 1607-1622).

Fléchier *(Esprit),* orateur sacré et évêque français (Pernes-les-Fontaines 1632 - Nîmes

1710). Auteur des *Mémoires sur les Grands Jours d'Auvergne,* lecteur du Dauphin, il prononça plusieurs oraisons funèbres, dont celle de Turenne (1676). Évêque de Nîmes en 1687, il se montra tolérant envers les protestants.

Fleischer *(Max)* [Vienne 1889 - Los Angeles 1972] et son frère **Dave** (New York 1893 - Los Angeles 1979), caricaturistes, réalisateurs et producteurs américains de dessins animés. Leurs personnages : le clown Coco pour la série *Hors de l'encrier* (1920-1930), Betty Boop (1931-1936), enfin Popeye-Mathurin, le mangeur d'épinards (1932-1947), sont devenus célèbres.

Flémalle, port fluvial de Belgique (prov. de Liège) ; 26 500 hab. Métallurgie.

Flémalle *(Maître de),* nom de commodité donné à un peintre des Pays-Bas du Sud (premier tiers du XVe s.), auquel on attribue un ensemble de panneaux religieux conservés à New York (triptyque de l'*Annonciation*), Dijon *(Nativité),* Francfort, Londres, etc. L'ampleur novatrice du style, la vigueur de l'expression réaliste caractérisent cet artiste, que l'on tend à identifier à Robert Campin, maître à Tournai en 1406 et mort en 1444.

Fleming *(sir Alexander),* médecin britannique (Darvel, Ayrshire, 1881 - Londres 1955). Professeur de bactériologie à Londres, il devient directeur de l'Institut du vaccin. Il étudia l'inhibition des cultures de bactéries par une moisissure *(Penicillium),* et, en 1928, déduisit que celle-ci sécrétait une substance antibiotique (la pénicilline). Cette dernière ne fut produite industriellement qu'à partir de 1943. (Prix Nobel 1945.)

Fleming *(Victor),* cinéaste américain (Pasadena, Californie, 1883 - Phoenix, Arizona, 1949). Il tourna notamment *l'Île au trésor* (1934), *Capitaines courageux* (1937), le *Magicien d'Oz* (1939) et, surtout, *Autant en emporte le vent* (1939), qui fut l'un des plus grands succès de l'histoire du cinéma.

Flensburg, port de l'Allemagne (Schleswig-Holstein), sur la Baltique ; 86 582 hab. — Restes de fortifications, églises médiévales et maisons anciennes. Musées.

Flers, ch.-l. de c. de l'Orne ; 18 467 hab. *(Flériens).* Textile. Constructions électriques. — Important musée municipal dans le château des XVIe-XVIIIe siècles.

Flessingue, *en néerl.* Vlissingen, port des Pays-Bas (Zélande) ; 43 800 hab. Aluminium.

Fletcher *(John),* auteur dramatique anglais (Rye, Sussex, 1579 - Londres 1625). Avec F. Beaumont, puis avec notamment P. Massinger, il a écrit de nombreuses pièces qui firent de lui un rival, souvent heureux, de Shakespeare (le *Chevalier au Pilon-Ardent,* 1607).

Fleurance, ch.-l. de c. du Gers ; 6 420 hab. *(Fleurantins).* Produits d'hygiène et de beauté. — Église des XIVe-XVIe siècles (vitraux).

Fleurs du mal *(les)* → Baudelaire.

Fleurus, comm. de Belgique (Hainaut), près de la Sambre ; 22 507 hab. — Victoires françaises du maréchal de Luxembourg sur les troupes autrichiennes et hollandaises durant la guerre de la ligue d'Augsbourg (1er juill. 1690), et de Jourdan sur les Anglo-Hollandais (26 juin 1794).

Fleury *(André Hercule, cardinal* de*),* prélat et homme d'État français (Lodève 1653 - Issy-les-Moulineaux 1743). Aumônier de Louis XIV (1678), évêque de Fréjus (1698), précepteur de Louis XV (1716), il devint en 1726 ministre d'État et cardinal. Véritable Premier ministre de Louis XV, il assura le redressement intérieur de la France, en restaurant les finances du royaume, en soumettant le parlement et en apaisant la querelle janséniste. Résolument pacifique, il fut entraîné dans la guerre de la Succession de Pologne et dans celle de la Succession d'Autriche.

Fleury-les-Aubrais, ch.-l. de c. du Loiret, banlieue nord d'Orléans ; 20 730 hab. Nœud ferroviaire. Matériel agricole.

Fleury-Mérogis, comm. de l'Essonne ; 9 939 hab. Prison.

Flevoland, prov. des Pays-Bas ; 232 800 hab. Ch.-l. *Lelystad.*

Fliess *(Wilhelm),* médecin allemand (Arnswalde, auj. Choszczno, Pologne, 1858 - Berlin 1928). Il joua de 1887 à 1904 un rôle considérable sur l'évolution des idées de S. Freud.

F. L. N. → Front de libération nationale.

Florac, ch.-l. d'arr. du sud de la Lozère ; 2 104 hab. *(Floracois).* — Château, reconstruit au XVIIe siècle, siège du parc national des Cévennes.

Flore, déesse italique de la Végétation qui présidait à l'épanouissement des fleurs au printemps. Ses fêtes, les Floralies, étant devenues licencieuses, on fit d'elle une courtisane.

Florence, *en ital.* Firenze, v. d'Italie, cap. de la Toscane et ch.-l. de prov. ; 402 316 hab. *(Florentins).* Archevêché.

GÉOGRAPHIE

Dans la plaine de l'Arno, entourée de collines, Florence, capitale de la Toscane, est un carrefour routier et ferroviaire. Le centre historique est surtout commercial et touristique, mais l'agglomération ajoute à des fonctions administratives et culturelles (université) un artisanat diversifié et un secteur industriel (mécanique, édition).

HISTOIRE

Ancien village étrusque devenu cité romaine, Florence se développe à partir du XIIe siècle et devient au XIIIe siècle une des cités les plus actives d'Italie. La conquête de Pise (1406) lui permet de devenir une puissance maritime. Parmi les grandes familles d'hommes d'affaires qui dominent la ville du XIVe au XVIIe siècle, la plus puissante est celle des Médicis. Sous Laurent le Magnifique (1469-1492), qui s'entoure d'une cour de poètes, de musiciens, d'artistes, la Renaissance italienne est à son apogée. Florence devient en 1569 capitale du grand-duché de Toscane, puis celle du royaume d'Italie de 1865 à 1870.

ARTS

L'époque romane (XIe-XIIe s.) donne des monuments comme la jolie église S. Miniato al Monte et le baptistère de la cathédrale. Bientôt, la prospérité de la ville favorise les arts. Cette vitalité, attestée au XIIIe siècle par des édifices gothiques originaux (S. Maria Novella, S. Croce, la cathédrale S. Maria del Fiore, le palazzo della Signoria [ces deux derniers sur plans d'Arnolfo di Cambio]) et par le renouveau pictural de Cimabue et surtout de Giotto (fresques de S. Croce), atteint son plein épanouissement avec la Renaissance et le règne des Médicis.

■ **La floraison du quattrocento.** L'idéal humaniste puise dans l'Antiquité ses exigences de rigueur et d'harmonie, ainsi que ses modèles ; à côté des palais des grandes familles (palais Médicis de Michelozzo), le quattrocento renouvelle les problèmes d'espace, de lumière et de perspective avec Brunelleschi (dôme de S. Maria del Fiore, églises S. Lorenzo et S. Spirito) et L. B. Alberti. Tandis que la tradition gothique reste sensible chez Ghiberti (portes nord et est, en bronze doré, du baptistère), la sculpture affirme un réalisme puissant avec Donatello pour se teinter de suavité avec L. Della Robbia ou les Rossellino, et de lyrisme avec Verrocchio. La représentation de l'espace, répondant à une volonté à la fois rationnelle et poétique, est au centre des préoccupations de Masaccio (fresques de S. Maria del Carmine), d'Ucello, d'Andrea del Castagno, de Filippo Lippi et, en partie, de Fra Angelico (fresques du couvent de S. Marco). Bientôt, dans la seconde moitié du XVe siècle, à côté de narrateurs pittoresques comme Gozzoli ou Ghirlandaio, se manifeste un humanisme profane avec Botticelli (le Printemps).

■ **Le XVIe siècle ; les musées.** À la fin du quattrocento, Florence perd peu à peu sa prééminence, et les grands créateurs de la seconde Renaissance, Léonard de Vinci, Michel-Ange (qui sculpte son David, travaille aux fortifications, à la nouvelle sacristie de S. Lorenzo et aux tombeaux des Médicis), sont attirés vers d'autres centres. Le maniérisme s'illustre avec le Pontormo et le Bronzino, avec les sculpteurs Cellini (Persée, loggia dei Lanzi) et Giambologna, qui décore de nombreuses statues les jardins Boboli, cependant que Vasari (historien de l'école florentine en même temps que peintre et architecte) commence la construction des Offices. Ceux-ci, devenus un prestigieux musée de peinture, témoignent, comme le Bargello (pour la sculpture), la galerie de l'Académie, la galerie du palais Pitti — outre le Musée archéologique —, de l'immense apport de Florence à l'art occidental, apport qui s'amenuise, sans disparaître, à partir de l'époque baroque.

Flores, île de la partie occidentale des Açores.

Flores, île d'Indonésie, dans l'archipel de la Sonde.

Flores (mer de), mer comprise entre les péninsules méridionales de Célèbes, les îles Flores et Sumbawa ; profondeur : 5 140 m.

Florey (sir Howard), médecin britannique (Adélaïde 1898 - Oxford 1968). D'origine australienne, il fut nommé professeur de pathologie en Grande-Bretagne. Ses travaux, et ceux de B. B. Chain (1906-1979), permirent la production industrielle de la pénicilline, découverte par A. Fleming. (Prix Nobel 1945.)

Florian (Jean-Pierre Claris de), écrivain français (Sauve 1755 - Sceaux 1794). Il est l'auteur de Fables, de chansons (Plaisir d'amour), de pastorales et comédies pour le Théâtre-Italien. (Acad. fr. 1788.)

Florianópolis, v. du Brésil méridional, cap. de l'État de Santa Catarina ; 254 944 hab.

Floridablanca (José Moñino, comte de), homme d'État espagnol (Murcie 1728 - Séville 1808). Premier ministre de Charles III puis de Charles IV (1777-1792), il se montra partisan du despotisme éclairé.

Floride, en angl. Florida, État du sud-est des États-Unis ; 151 670 km^2 ; 12 937 926 hab. Cap. Tallahassee. Basse péninsule calcaire, trouée de lacs et de marais (Everglades), la Floride doit, en priorité, à son climat subtropical (très doux en hiver, chaud et humide en été) la rapide croissance récente de sa population (grossie aussi par l'afflux de réfugiés cubains), ainsi qu'une riche agriculture (agrumes notamment). Le flot touristique a accéléré l'urbanisation (Miami, Jacksonville, Tampa, etc.). L'industrie est aussi présente (agroalimentaire, matériel électrique, chimie ; aérospatiale à Cap Canaveral) ; le sous-sol fournit des phosphates. Découverte en 1513 par les Espagnols, la Floride fut achetée en 1819 par les États-Unis et devint État de l'Union en 1845.

Floride *(courant de),* branche du Gulf Stream franchissant le *canal de Floride.*

Floride *(détroit de),* détroit profond (868 m) entre la Floride, Cuba et les Bahamas, reliant le golfe du Mexique et l'Atlantique central.

Floriot *(René),* avocat français (Paris 1902 - Neuilly 1975). Inscrit au barreau de Paris en 1923, il acquit la notoriété en 1945 en plaidant aux assises lors de l'affaire Petiot. Il plaida dans de nombreux grands procès.

Floris de Vriendt, artistes flamands du XVIe siècle. **Cornelis,** architecte et sculpteur (Anvers 1514 - *id.* 1575), séjourna en Italie, publia des recueils de grotesques et autres ornements, et associa la fantaisie nordique aux formes de la Renaissance dans l'hôtel de ville d'Anvers (1561) comme dans le jubé de la cathédrale de Tournai (1568). Son frère **Frans,** peintre (Anvers v. 1516-1520 - *id.* 1570), subit à Rome l'ascendant de Michel-Ange et des maniéristes, avant de devenir le chef de file, romaniste, de la peinture anversoise (grandes compositions emphatiques, portraits).

Flossenbürg, localité d'Allemagne, à l'E. de Nuremberg. Camp de concentration allemand (1938-1945).

Flote ou **Flotte** *(Pierre),* légiste français (en Languedoc, seconde moitié du XIIIe s. - Courtrai 1302). Chancelier de Philippe le Bel, il s'opposa au pape Boniface VIII.

Flourens *(Pierre),* physiologiste français (Maureilhan 1794 - Montgeron 1867). Contemporain de F. Magendie et de C. Bernard, il utilisa la méthode expérimentale pour ses travaux sur le système nerveux : fonctionnement de la vision, de l'équilibration, des centres vitaux de commande des organes.

Flushing Meadow Park, site des championnats internationaux de tennis des États-Unis, à New York (borough de Queens).

Fluxus, mouvement artistique qui s'est développé aux États-Unis et en Europe à partir des années 1960. En liaison avec le courant du happening, opposant à la sacralisation de l'art un esprit de contestation ludique, il s'est manifesté par des concerts (J. Cage),

des environnements, des interventions variées. Citons notamment les Américains George Maciunas et George Brecht, N. J. Paik, les Allemands Beuys et Wolf Vostell, le Français Robert Filiou, le Suisse (établi en France) Ben Vautier, dit Ben.

Flynn *(Errol),* acteur américain (Hobart, Tasmanie, 1909 - Los Angeles 1959), spécialiste des rôles d'aventuriers, notamment dans les films de M. Curtiz *(Robin des Bois,* 1938) et de R. Walsh *(Gentleman Jim,* 1942).

F. M. I. (Fonds monétaire international), organisme international créé par les accords de Bretton Woods (New Hampshire, États-Unis) en juillet 1944. Le F. M. I. est chargé de veiller au bon fonctionnement du système monétaire international, en particulier de surveiller les politiques de change (stabilisation des changes et convertibilité des monnaies) et l'octroi de crédits aux pays rencontrant des difficultés dans leur balance des paiements.

■ **L'organisation du F. M. I.** Siégeant à Washington, il regroupe la quasi-totalité des États. Sa structure comprend :

— un *Conseil des gouverneurs* (un par pays membre), qui siège une fois par an ; organe consultatif, il donne des avis sur la gestion et l'évolution du système monétaire international ;

— un *conseil d'administration* (exécutif permanent), qui est composé des représentants permanents des 5 plus forts souscripteurs (États-Unis, Grande-Bretagne, France, Allemagne, Japon) et de l'Arabie saoudite, et de 16 membres élus pour 2 ans ;

— un *comité du développement,* comité ministériel conjoint des Conseils des gouverneurs de la Banque mondiale et du Fonds monétaire ; ce comité a un rôle consultatif sur tous les aspects du transfert de ressources aux pays en développement ;

— un *directeur général* et un secrétariat.

■ **Les ressources.** Elles sont constituées par des souscriptions des États, versées en or et en monnaie nationale, dont la quotité est révisée tous les 5 ans. Chaque État membre, en fonction de ses capacités économiques, verse en effet une quote-part qui sert à déterminer ses droits de vote et droits de tirage. En conséquence, la politique du F. M. I. est déterminée par les pays les plus riches, c'est-à-dire les États-Unis, le Japon, la R. F. A., la Grande-Bretagne et la France. Les quotes-parts constituent un fonds commun de ressources dans lequel le Fonds peut puiser pour accorder des prêts aux pays membres en proie à des difficultés financières. Elles servent à déterminer le montant que le pays adhérent peut emprunter à l'institution ou recevoir d'elle lors des allocations périodiques d'avoirs spéciaux connus sous le nom de D. T. S. (droits de tirage spéciaux). Plus la quote-part est élevée, plus ce pays peut emprunter en cas de besoin. À la différence des droits de tirage ordinaires, les D. T. S., institués en 1969, sont alloués sans contrepartie et ne sont remboursables qu'à concurrence de 30 %, le solde constituant un accroissement permanent des liquidités des pays. La valeur des D. T. S. est définie aujourd'hui par un panier de monnaies : moyenne pondérée de la valeur des monnaies les plus importantes dans le commerce international (dollar américain, Deutsche Mark, yen, franc français et livre sterling). Les coefficients de pondération sont réévalués tous les 5 ans.

■ **L'action du F. M. I.** Pour remplir ses objectifs, le Fonds dispose de différents moyens. Ce sont :
— un contrôle exercé sur les parités monétaires, aucune modification de plus de 2,5 % ne pouvant être réalisée sans l'agrément du Fonds ;
— un contrôle du respect de la libre transférabilité des créances par des procédures de consultation et un examen annuel de la situation économique et financière des États membres ;
— un système de prêts aux États en vue de défendre la parité de leur monnaie et de corriger les déséquilibres de leur balance des paiements ; ces prêts peuvent être assortis de conditions relatives à la mise en œuvre d'un plan de stabilisation et de redressement reflétant une politique interventionniste du Fonds dans les affaires intérieures des États membres et constituant un moyen d'appuyer ou de rejeter certaines de leurs orientations.
Tout pays membre qui éprouve des difficultés de paiement peut retirer immédiatement du Fonds les 25 % de sa quote-part qu'il a versés en or ou en monnaie convertible. Si cette proportion est insuffisante au regard de ses difficultés, le pays peut alors demander davantage de ressources au Fonds et emprunter cumulativement sur plusieurs années plus de quatre fois l'équivalent de sa quote-part.

F. N. S. E. A. (Fédération nationale des syndicats d'exploitants agricoles), organisation syndicale française constituée en 1946. Elle a pour objectif de représenter et de défendre les intérêts de la profession agricole. Présidents : Michel Debatisse (1971-1979), François Guillaume (1979-1986),

Raymond Lacombe (1986-1992), Luc Guyau (depuis 1992). Le C. N. J. A. (Centre national des jeunes agriculteurs) lui est rattaché organiquement tout en demeurant juridiquement autonome.

Fo *(Dario),* comédien et dramaturge italien (Sangiano, Varese, 1926). Il a vu dans la référence aux farces populaires un moyen d'expression politique (*Mistero Buffo,* 1969 ; *Mort accidentelle d'un anarchiste,* 1970).

F. O. (Force ouvrière), appellation courante de la Confédération générale du travail - Force ouvrière, issue d'une scission de la C. G. T. en 1948. Léon Jouhaux en fut le président. Secrétaires généraux : Robert Bothereau (1948-1963), André Bergeron (1963-1989), Marc Blondel (depuis 1989).

Foch *(Ferdinand),* maréchal de France, de Grande-Bretagne et de Pologne (Tarbes 1851 - Paris 1929). Polytechnicien, il est professeur puis commandant de l'École supérieure de guerre (1907). Commandant à Nancy le 20ᵉ corps d'armée, qui est engagé à la bataille de Lorraine, il est, dès le 29 août 1914, à la tête de la IXᵉ armée, qui contribue à la victoire de la Marne. Il coordonne les efforts des armées alliées dans les opérations de la Course à la mer et dirige en 1915 les offensives d'Artois et la bataille de la Somme (1916). Chef d'état-major général en 1917, il part pour l'Italie après le désastre de Caporetto. À son retour, il est nommé président du Conseil supérieur de guerre interallié et, en mars 1918, généralissime de toutes les armées alliées. Les attaques allemandes bloquées, l'offensive générale lancée le 18 juillet aboutira à la capitulation de l'armée allemande. Foch signe l'armistice le 11 novembre. Maréchal de France (6 août 1918), il se verra conférer la même dignité par la Grande-Bretagne et par la Pologne. La réflexion théorique de Foch s'exprime dans deux ouvrages, *Des principes de la guerre* (1903) et *De la conduite de la guerre* (1904), où il énonce ses trois fameux principes de la stratégie : liberté d'action, économie des forces et principe de sûreté, à quoi il avait lui-même ajouté un quatrième, la libre disposition des forces, sans toutefois le distinguer des deux premiers. (Acad. fr. 1918.)

Focillon *(Henri),* historien de l'art français (Dijon 1881 - New Haven 1943). Son enseignement et ses écrits (*L'Art des sculpteurs romans,* 1931, *Art d'Occident,* 1938, etc.) ont exercé une grande influence. Dans *Vie des formes* (1934), il définit l'œuvre d'art comme un fait historique à l'intérieur d'un mouvement de constantes « métamorphoses ».

Fogazzaro (*Antonio*), écrivain italien (Vicence 1842 - *id.* 1911). Catholique convaincu, il dépeint dans ses romans des personnages oscillant entre élan mystique et sensualité, modernisme et tradition (*Petit Monde d'autrefois,* 1895 ; *le Saint,* 1905).

Foggia, v. d'Italie (Pouille), ch.-l. de prov. ; 155 042 hab. — Cathédrale des XIIᵉ-XVIIIᵉ siècles.

Foix, ch.-l. du dép. de l'Ariège, sur l'Ariège, à 761 km au sud de Paris ; 10 446 hab. (*Fuxéens*). — Château fort abritant le musée de l'Ariège (préhistoire, archéologie, ethnographie).

Foix (*comté de*), ancien fief français qui a formé le dép. de l'Ariège ; ch.-l. *Foix.* Érigé au début du XIᵉ siècle, le comté fut réuni à la Couronne en 1607 par le dernier comte de Foix, Henri IV.

Foix (*Josep Vicenç*), poète espagnol d'expression catalane (Sarriá, Barcelone, 1893 - Barcelone 1987). Teintée de magie et d'onirisme, et tout en trouvant sa source dans la lyrique médiévale, sa poésie adopte les techniques surréalistes (*Gertrudis,* 1927 ; *les Irréels Omégas,* 1948 ; *Tocant à mà,* 1972).

Fokine (*Michel*), danseur et chorégraphe russe (Saint-Pétersbourg 1880 - New York 1942). Formé à l'école impériale, soliste au théâtre Marie de Saint-Pétersbourg (1898), il devint chorégraphe des Ballets russes (1909-1913 et 1914), où il créa une série de chefs-d'œuvre pour Nijinski (*les Sylphides,* 1909 ; *le Spectre de la rose,* 1911 ; *Petrouchka,* 1911). Il quitta la Russie en 1918, travailla dans les pays scandinaves avant de se fixer aux États-Unis, mais ses créations ne retrouvèrent plus l'inspiration de l'époque de sa collaboration avec Diaghilev.

Fokker (*Anthony*), aviateur et industriel néerlandais (Kediri, Java, 1890 - New York 1939). Il créa l'une des firmes les plus importantes de l'industrie aéronautique allemande, réalisant notamment des avions de chasse réputés.

Folengo (*Teofilo*), connu sous le nom de **Merlin Cocai,** poète burlesque italien (Mantoue 1491 - Bassano 1544). Il est le créateur du genre « macaronique », où dialectes et argots italiens se mêlent à un latin corrompu (*Baldus,* 1517).

Folkestone, port de Grande-Bretagne ; 46 000 hab. Port de voyageurs sur le pas de Calais. Station balnéaire.

Follereau (*Raoul*), journaliste et avocat français (Nevers 1903 - Paris 1977), fondateur

en 1966 de la Fédération internationale des associations de lutte contre la lèpre.

Folon (*Jean-Michel*), artiste belge (Bruxelles 1934). Ses aquarelles au chromatisme délicat, à l'humour nostalgique, décrivent un monde angoissant : personnages-robots, villes et campagnes déshumanisées. Il se consacre également à l'affiche, au décor monumental, au cinéma, à l'audiovisuel.

Fon ou **Dahomey,** population du groupe linguistique kwa (Niger-Congo), occupant le sud du Bénin et du Nigeria.

Fonck (*René*), officier aviateur français (Saulcy-sur-Meurthe 1894 - Paris 1953). Ses 75 victoires homologuées au sein du groupe des Cigognes l'ont placé en tête de tous les as alliés de la Première Guerre mondiale.

Fonda (*Henry*), acteur américain (Grand Island, Nebraska, 1905 - Los Angeles 1982). Personnification de l'homme franc et intègre, il joua notamment avec F. Lang (*J'ai le droit de vivre,* 1937), J. Ford (*les Raisins de la colère,* 1940), S. Lumet (*Douze Hommes en colère,* 1957), S. Leone (*Il était une fois dans l'Ouest,* 1968) et M. Rydell (*la Maison du lac,* 1981).

Fondement de la métaphysique des mœurs, traité de E. Kant (1785).

Fonds européen de coopération monétaire (Fecom), fonds créé en avril 1973 par la C. E. pour permettre le rétrécissement progressif des marges de fluctuations des monnaies communautaires sur les marchés des changes et favoriser les règlements entre banques centrales par une politique concertée des réserves et un soutien monétaire à court terme.

Fonds européen de développement (F. E. D.), organisme destiné, dans le cadre de l'Union européenne, à promouvoir le développement social et économique des pays liés à l'U. E. par des accords de développement, notamment certains pays d'Afrique, des Caraïbes et du Pacifique.

Fonds européen de développement régional (Feder), fonds créé en 1975, dans le cadre de la C. E., pour soutenir les politiques nationales destinées à corriger les principaux déséquilibres régionaux de la Communauté.

Fonds monétaire international → **F. M. I.**

Fonseca (*golfe de*), golfe formé par le Pacifique entre les côtes du Salvador, du Honduras et du Nicaragua.

Fonseca (*Pedro* da), philosophe portugais (Cortiçada, près de Crato, 1528 - Lisbonne 1599). Commentateur d'Aristote, il a inspiré Molina dans sa conciliation entre la doctrine du libre arbitre et celle de la prédestination.

Fontaine *(Hippolyte),* ingénieur français (Dijon 1833 - Hyères 1910). Il découvrit la réversibilité de la machine Gramme et réalisa le premier transport d'énergie électrique à Vienne (Autriche), en 1873.

Fontaine *(Pierre),* architecte français (Pontoise 1762 - Paris 1853). Néoclassique modéré, il fut en faveur à la cour de Napoléon Ier (associé avec Percier), sous la Restauration et sous le règne de Louis-Philippe. On lui doit à Paris l'ouverture de la rue de Rivoli, l'arc de triomphe du Carrousel (1806-1808) et la Chapelle expiatoire.

Fontainebleau, ch.-l. de c. de Seine-et-Marne ; 18 037 hab. *(Bellifontains).* Ville de résidence, siège de l'Institut européen d'administration des affaires (I. N. S. E. A. D.) et de l'École nationale d'équitation. Centre d'instruction de la gendarmerie. — Napoléon Ier y signa sa première abdication (1814).

ARTS.

Château royal, ensemble hétérogène dont le noyau, remanié, remonte à Louis VII et à Louis IX (cour Ovale). Centre du mécénat avant-gardiste de François Ier (galerie « François Ier », avec ses stucs et ses fresques du Rosso), le château fut continué sous Henri II (salle de bal), Catherine de Médicis (aile est de la cour de la Fontaine) et Henri IV (cour des Offices ; galeries des Cerfs et de Diane ; décor des chapelles de la Trinité et de St-Saturnin...). Louis XIII fit construire l'escalier de la cour du Cheval-Blanc, Louis XIV fit redessiner les jardins. De beaux appartements rachètent en partie les destructions du règne de Louis XV ; d'autres sont d'époques Louis XVI, Empire et second Empire. Un musée consacré à Napoléon Ier a été ouvert en 1986 dans l'aile Louis XV de la cour du Cheval-Blanc. Autres musées dans la ville.

Fontainebleau *(école de),* école artistique, branche du maniérisme européen, animée par les Italiens que François Ier fit venir pour décorer le château de Fontainebleau (Rosso, Primatice, N. Dell'Abate...) et qui influença de nombreux Français, tels J. Goujon, les Cousin, A. Caron. Une seconde école se situe sous le règne d'Henri IV, avec les peintres Ambrosius Bosschaert, dit Ambroise Dubois (d'Anvers), Toussaint Dubreuil et Martin Fréminet.

Fontainebleau *(forêt domaniale de),* forêt du Bassin parisien (dép. de Seine-et-Marne), qui s'étend sur 17 000 ha autour de Fontainebleau. Elle offre des points de vue nombreux et des sites pittoresques, dont beaucoup doivent leur attrait à des chaos de rochers gréseux (école d'escalade).

Fontana *(Carlo),* architecte originaire du Tessin (Brusata 1634 - Rome 1714). Assistant de Bernin, à Rome, pendant dix ans, il prolongea l'art de celui-ci en l'infléchissant dans un sens classique. Il fut un maître influent.

Fontana *(Domenico),* architecte originaire du Tessin (Melide 1543 - Naples 1607). Appelé à Rome, il construisit notamment le palais du Latran (1587) et suscita un renouveau urbanistique.

Fontana *(Lucio),* peintre, sculpteur et théoricien italien (Rosario, Argentine, 1899 - Comabbio, prov. de Varese, 1968). Devenu non-figuratif, il a influencé l'avant-garde européenne par ses œuvres des années 50 et 60, toutes intitulées *Concept spatial* (monochromes perforés, lacérés, évidés ; céramiques ; environnements faits de tubes au néon).

Fontane *(Theodor),* journaliste et écrivain allemand (Neuruppin, Brandebourg, 1819 - Berlin 1898). Auteur de ballades réussies, c'est avec ses romans — qu'ils soient à caractère social *(Dédales,* 1888) ou satirique *(Madame Jenny Treibel,* 1892) — qu'il donne toute la mesure de son talent, toujours empreint d'humour.

Fontanges *(Marie-Angélique, duchesse de)* [La Baume ?, Cantal, 1661 - Port-Royal 1681], favorite de Louis XIV.

Font-de-Gaume *(grotte de),* grotte de la commune des Eyzies-de-Tayac-Sireuil, en Dordogne, où furent découvertes en 1901 des peintures et des gravures préhistoriques remontant au magdalénien supérieur et dont certaines se rapprochent stylistiquement de celles de Lascaux.

Fontenay, hameau de la Côte-d'Or, près de Montbard. — Ancienne abbaye fondée par Bernard de Clairvaux en 1119. C'est un exemple assez bien conservé de l'architecture cistercienne ; église couverte en berceau brisé, consacrée en 1147.

Fontenay-aux-Roses, ch.-l. de c. des Hauts-de-Seine ; 23 534 hab. *(Fontenaisiens).* École normale supérieure. Centre de recherches nucléaires.

Fontenay-le-Comte, ch.-l. d'arr. de la Vendée, sur la Vendée ; 16 053 hab. *(Fontenaisiens).* Constructions mécaniques. — Église, surtout des XVe-XVIe siècles, et autres témoignages du passé. Musée.

Fontenay-sous-Bois, ch.-l. de c. du Val-de-Marne, à l'est de Paris ; 52 105 hab.

Fontenelle *(Bernard* Le Bovier de*),* écrivain français (Rouen 1657 - Paris 1757). Neveu de Corneille, il abandonna rapidement la carrière d'avocat et vint à Paris, où sa réputation de bel esprit ne tarda pas à s'établir. Soutenant la thèse du progrès dans les sciences et les arts, il se fit connaître par des ouvrages de vulgarisation scientifique et théologique (*Entretiens sur la pluralité des mondes,* 1686 ; *Histoire des oracles,* 1687). Favorable aux Modernes, il fut élu à l'Académie française en 1691 puis devint secrétaire perpétuel de l'Académie des sciences (1699-1740).

Fontenoy *(bataille de)* [11 mai 1745], bataille de la guerre de la Succession d'Autriche, qui eut lieu à Fontenoy (S.-E. de Tournai) et au cours de laquelle le maréchal de Saxe, en présence de Louis XV, battit la Grande-Bretagne et les Provinces-Unies.

Fontevrault-l'Abbaye ou **Fontevraud,** comm. de Maine-et-Loire ; 1 818 hab. **RELIG.** En 1101, au siècle même de l'amour courtois, Robert d'Arbrissel y fonde un ordre, fort original, approuvé en 1106 par le pape Pascal II et auquel il donne lui-même, en 1115, une règle inspirée de celle de saint Benoît. Or cette congrégation comprend des communautés de femmes et des communautés d'hommes gouvernées les unes et les autres par une abbesse, Pétronille de Chemillé. L'ordre de Fontevrault, dont les supérieures seront toujours de haute naissance, se répand très tôt en Espagne, en France et en Angleterre. Il est supprimé en 1792. Les historiens, tel Michelet, se sont beaucoup intéressés à la spiritualité de cette formule monastique, rattachée par les uns aux aspirations populaires de l'âge courtois, par d'autres à l'« utopie » de l'émancipation féminine. **ARTS.** L'ensemble monastique (qui fut maison de détention de 1804 à 1963) est en grande partie conservé. On visite l'église romane du Grand-Moutier, à quatre coupoles (gisants des Plantagenêts), son cloître gothique et Renaissance, les cuisines monumentales de la seconde moitié du XIIᵉ siècle.

Fonteyn *(Margaret* Hookham, dite Margot*),* danseuse britannique (Reigate, Surrey, 1919 - Panamá 1991). Créatrice des œuvres de F. Ashton *(Ondine, Symphonic Variations),* elle fut une interprète d'exception du répertoire classique *(Giselle, la Belle au bois dormant, le Lac des cygnes).*

Font-Romeu-Odeillo-Via, comm. des Pyrénées-Orientales, en Cerdagne, à 1 800 m d'altitude ; 2 327 hab. Centre touristique.

Lycée climatique. Centre d'entraînement sportif en altitude. Four et centrale solaires à Odeillo.

Fonvizine *(Denis Ivanovitch),* auteur dramatique russe (Moscou 1745 - Saint-Pétersbourg 1792). Il est à l'origine de la comédie moderne russe (*le Mineur,* 1782).

Foottit *(Tudor* Hall, dit George*),* artiste de cirque et comédien d'origine britannique (Manchester 1864 - Paris 1921). L'un des plus célèbres clowns blancs, il imposa, avec son partenaire Chocolat, les entrées comiques à deux, dans lesquelles le clown est opposé à l'auguste.

Foppa *(Vincenzo),* peintre italien (Brescia v. 1427 - *id.* v. 1515). Premier représentant de la Renaissance lombarde, il manifeste un sentiment naturaliste et une poésie très personnels (fresques de S. Eustorgio de Milan, v. 1467).

Forain *(Jean-Louis),* dessinateur, graveur et peintre français (Reims 1852 - Paris 1931), célèbre par ses dessins satiriques au trait précis et mordant.

Forbach, ch.-l. d'arr. de la Moselle ; 27 357 hab. *(Forbachois).* Centre houiller. Constructions mécaniques. — Défaite française le 6 août 1870.

Forcalquier, ch.-l. d'arr. des Alpes-de-Haute-Provence ; 4 039 hab. *(Forcalquiérens).* — Église romane et gothique ; ancien couvent des Cordeliers (remontant au XIIIᵉ s.). Musée.

Force *(la),* ancienne prison de Paris, dans le Marais. Elle servit pendant la Révolution et fut détruite en 1845.

Forces françaises combattantes (F. F. C.), nom donné par de Gaulle, en 1942, aux agents de la France libre en zone occupée.

Forces françaises de l'intérieur (F. F. I.), nom donné, en 1944, à l'ensemble des formations militaires de la Résistance engagées dans les combats de la Libération.

Forces françaises libres (F. F. L.), ensemble des formations militaires qui, après 1940, continuèrent, aux ordres de De Gaulle, à combattre l'Allemagne et l'Italie.

Ford *(Gerald),* homme d'État américain (Omaha 1913). Il devint, après la démission de Nixon, président des États-Unis (1974-1977).

Ford *(Henry),* industriel américain (Wayne County, près de Dearborn, 1863 - Dearborn 1947). Fondateur, en 1903, de la Ford Motor Company, il lance en 1908 le fameux modèle « T », qui sera produit à 15 millions d'exemplaires. Il met en œuvre la construction en série et imagine la standardisation des principales pièces, abaissant ainsi considérablement le prix des voitures. En 1914, il introduit dans son entreprise le principe de la participation du personnel aux bénéfices et, l'année suivante, un système permettant à chacun de ses employés d'acquérir une voiture Ford. Il fut partisan d'une politique des salaires élevés et créa une théorie d'action industrielle, le *fordisme*.

Ford *(John)*, auteur dramatique anglais (Ilsington, Devon, 1586 - Devon *apr.* 1639). Ses tragédies, où se mêlent des situations terrifiantes et des scènes de tendresse passionnée *(Dommage qu'elle soit une putain*, 1626 ; *le Cœur brisé*, 1633), font de lui l'un des plus originaux représentants du théâtre élisabéthain.

Ford *(Sean Aloysius* O'Feeney ou O'Fearna, dit John*)*, cinéaste américain (Cape Elizabeth, Maine, 1895 - Palm Desert, Californie, 1973). D'origine irlandaise, il débute à Hollywood en 1911 comme accessoiriste puis comme assistant de son frère aîné Francis, acteur et réalisateur, avant de devenir lui-même un cinéaste fécond (plus de 140 films de 1917 à 1966). Il donne au western ses lettres de noblesse *(la Chevauchée fantastique*, 1939 ; *le Massacre de Fort Apache*, 1948 ; *le Fils du désert*, 1949 ; *le Convoi des braves*, 1950 ; *la Prisonnière du désert*, 1956 ; *les Deux Cavaliers* et *l'Homme qui tua Liberty Valance*, 1962 ; *les Cheyennes*, 1964). Conteur infatigable, il excelle aussi dans les films historiques *(Marie Stuart*, 1936 ; *les Raisins de la colère*, 1940 ; *la Route du tabac* et *Qu'elle était verte ma vallée*, 1941 ; *Frontière chinoise*, 1966), politiques *(le Mouchard*, 1935 ; *Je n'ai pas tué Lincoln*, 1936 ; *Le soleil brille pour tout le monde*, 1953), de guerre *(Planqué malgré lui*, 1950 ; *L'aigle vole au soleil*, 1959), les comédies *(Toute la ville en parle*, 1935 ; *la Taverne de l'Irlandais*, 1963). Un humour très personnel traverse toute son œuvre et tempère la rudesse des relations humaines. Ainsi, dans *l'Homme tranquille* (1952), film inclassable, apparaît le thème majeur de son œuvre : le retour au paradis perdu, la reconquête de l'innocence.

Ford Motor Company, société américaine de construction d'automobiles fondée en 1903 par Henry Ford. Elle est la deuxième producteur mondial après General Motors.

Foreign Office, ministère britannique des Affaires étrangères.

Forel *(François)*, médecin et naturaliste suisse (Morges 1841 - *id.* 1912), fondateur de l'étude scientifique des lacs (limnologie).

Forest, *en néerl.* Vorst, comm. de Belgique, banlieue sud de Bruxelles ; 46 437 hab.

Forest *(Fernand)*, inventeur français (Clermont-Ferrand 1851 - Monaco 1914). Ses travaux sur le moteur à combustion interne font de lui l'un des précurseurs de l'automobile. On lui doit, semble-t-il, les premiers moteurs à quatre cylindres en ligne.

Forest *(Jean-Claude)*, auteur et dessinateur de bandes dessinées français (Le Perreux 1930). Son style s'imposa en 1962 avec la création de *Barbarella*, héroïne d'aventures éroticofantastiques, et, en 1971, d'*Hypocrite*.

Forêt-Noire, *en all.* Schwarzwald, massif d'Allemagne (Bade-Wurtemberg), qui domine la plaine du Rhin, en face des Vosges, et s'étire sur 160 km, de la frontière suisse à Durlach ; 1 493 m au Feldberg. Prairies et forêts couvrent les sommets des plateaux, la polyculture occupant les vallées, tandis que les gradins qui dominent le Rhin portent des vignobles. Le tourisme d'été et d'hiver se développe à côté d'une industrialisation diffuse (horlogerie, mécanique de précision, électronique). Les grandes villes sont à la périphérie (Fribourg-en-Brisgau, Karlsruhe, Stuttgart).

Forêts *(Louis-René des)*, écrivain français (Paris 1918). Dans une œuvre rare et difficile, exaltation et lucidité, tendresse et cruauté s'entretiennent dans un rapport d'une violence paroxystique *(le Bavard*, 1946 ; *les Mégères de la mer*, 1967 ; *Un malade en forêt*, 1983).

Forez, région du Massif central, qui comprend les monts du Forez, à l'est de la Dore, et la plaine — ou bassin — du Forez, traversée par la Loire. Parc naturel régional *(Livradois-Forez)*.

Forli, v. d'Italie (Émilie), ch.-l. de prov. ; 109 228 hab. — Église romane S. Mercuriale et autres beaux monuments. Musées.

Forman *(Miloš)*, cinéaste américain d'origine tchèque (Čáslav 1932). Mêlant humour et mélancolie, il réalise ses premiers films dans son pays natal *(l'As de pique*, 1963 ; *les Amours d'une blonde*, 1965) avant de poursuivre sa carrière aux États-Unis *(Taking off*, 1971 ; *Vol au-dessus d'un nid de coucou*, 1975 ; *Amadeus*, 1984) ou en France *(Valmont*, 1989).

Formentera, île des Baléares au S. d'Ibiza ; 115 km^2 ; 3 000 hab. Céréales et vignes. Marais salants. Tourisme.

Formigny *(bataille de)* [1450], victoire que remporta le connétable de Richemont sur les Anglais, à Formigny (Calvados), et qui assura au Français la reprise de la Normandie à la fin de la guerre de Cent Ans.

Formose → Taïwan.

Forqueray *(Antoine)*, violiste et compositeur français (Paris 1671 ou 1672 - Mantes 1745). Musicien de la chambre du roi (1689), il a écrit 300 pièces pour viole.

Forsythe *(William)*, danseur et chorégraphe américain (New York 1949). Danseur au Joffrey Ballet puis au Ballet de Stuttgart (1973-1979), il se tourne vers la chorégraphie (1976). Il distord le vocabulaire académique jusqu'à le rendre méconnaissable : son langage, où la souplesse le dispute à la vitesse, exagère le mouvement jusqu'à l'acrobatie et défie sans cesse les lois de l'équilibre. Directeur depuis 1984 du Ballet de Francfort, il multiplie les créations qui font sensation (*Artifact,* 1984 ; *Slingerland,* 1989-90 ; *The Loss of the Small Detail,* 1987-1991).

Fort *(Paul)*, poète français (Reims 1872 - Argenlieu, Essonne, 1960). Auteur dramatique et fondateur du théâtre des Arts (1890-1893), qui deviendra le théâtre de l'Œuvre de Lugné-Poe, il fut soucieux de rendre plus accessible au public le mouvement symboliste. Élu « prince des poètes » en 1912, collaborateur au *Mercure de France* et à *l'Ermitage,* il dirigea la revue *Vers et Prose* (1905-1914). Il a laissé les *Ballades françaises* (1897-1951), suite monumentale de petits poèmes en prose rythmée, où il célèbre les trésors de la France profonde.

Fortaleza, port du nord-est du Brésil, cap. de l'État de Ceará ; 1 758 334 hab.

Fort-Archambault → **Sarh.**

Fort-de-France, *anc.* Fort-Royal, ch.-l. de la Martinique ; 101 540 hab. — Musée archéologique (anciennes cultures arawak et caraïbe).

Forth *(le),* fl. d'Écosse, qui se jette dans le *Firth of Forth* (mer du Nord).

Fort-Lamy → **N'Djamena.**

Fortunat *(saint Venance)* → **Venance Fortunat** *(saint).*

Fortune, divinité italique du Hasard, identifiée à la Tyché grecque. On attribue l'introduction de son culte à Servius Tullius. La Fortune antique est représentée avec une corne d'abondance ; elle peut être ailée, ou encore aveugle.

Fortunées *(îles),* ancien nom des *îles Canaries.*

Fort Worth, v. des États-Unis (Texas), près de Dallas ; 447 619 hab. — Musées.

Fos *(golfe de),* golfe des côtes françaises de la Méditerranée, entre l'embouchure du Rhône et l'étang de Berre, près de la localité de *Fos-sur-Mer.* C'est aujourd'hui un important complexe industriel portuaire européen, juxtaposant sidérurgie et métallurgie, terminal pétrolier et gazier (point de départ de l'oléoduc sud-européen et d'un gazoduc), raffinage du pétrole et chimie.

Foscari *(Francesco),* doge de Venise (Venise 1373 - *id.* 1457). Doge en 1423, il lutta contre Milan et le pape Nicolas V. Déposé en raison de l'accusation de trahison portée contre son fils, Jacopo, il mourut le lendemain.

Foscolo *(Ugo),* écrivain italien (Zante 1778 - Turnham Green, près de Londres, 1827). Personnalité romantique, il est l'auteur des *Dernières Lettres de Jacopo Ortis* (1802), roman qui eut une grande influence sur les patriotes du xixe siècle.

Foshan, v. de Chine (Guangdong) ; 300 000 hab.

Fos-sur-Mer, comm. des Bouches-du-Rhône, *sur le golfe de Fos ;* 12 204 hab. Port pétrolier. Raffinage du pétrole. Sidérurgie.

Foster *(Norman),* architecte britannique (Manchester 1935). Il s'est spécialisé depuis la fin des années 60 dans une architecture métallique à hautes performances (banque à Hongkong, 1979-1985 ; aérogare de Stansted, entre Londres et Cambridge, 1986-1991 ; Carré d'art à Nîmes, 1984-1993).

Fouad → **Fuad.**

Foucauld *(Charles, vicomte, puis Père de),* explorateur et religieux français (Strasbourg 1858 - Tamanrasset 1916). Après quelques années de vie brillante et dissolue, il entreprend une mission d'exploration au Maroc (1883-84) ; puis, ayant recouvré la foi chrétienne, il est ordonné prêtre (1901) et tente plusieurs expériences érémitiques avant de se fixer au Sahara, dans le Hoggar, à Tamanrasset. Vénéré comme un marabout par les Touareg qui l'entourent, il meurt assassiné par des pillards senoussis. Son influence a été grande sur la spiritualité chrétienne du milieu du xxe siècle.

Foucault *(Léon),* physicien français (Paris 1819 - *id.* 1868). Il compara, en 1850, les vitesses de la lumière dans le vide, dans l'air et dans divers milieux transparents. Il montra l'existence des courants induits (dits « courants de Foucault ») dans les masses métalliques et mit en évidence le mouvement de rotation de la Terre grâce à sa fameuse expérience consistant à observer la déviation d'un pendule suspendu sous la coupole du Panthéon. Il inventa le gyroscope (1852) et préconisa l'emploi de miroirs paraboliques de verre argenté pour les télescopes.

Foucault *(Michel),* philosophe français (Poitiers 1926 - Paris 1984). Deux de ses œuvres ont fait date : *Histoire de la folie à l'âge classique* (1961), *Surveiller et punir, histoire de la prison* (1975). Son analyse des institutions répressives (l'asile, la prison) est étayée par une conception nouvelle de l'histoire. Celle-ci est marquée par des « coupures épistémologiques », sortes de scansions qui marquent la fin d'une conception générale du monde commune aux mentalités et aux idéologies d'une époque et le début d'une autre. M. Foucault s'est surtout signalé par sa critique radicale des sciences humaines (*les Mots et les Choses*, 1966).

Fouché (*Joseph*), *duc* d'Otrante, homme politique français (Le Pellerin, près de Nantes, 1759 - Trieste 1820). Membre de la Convention, siégeant à la Montagne, chargé de mission dans les départements du Centre, il réprima brutalement l'insurrection de Lyon (1793) et mena une politique active de déchristianisation et d'action révolutionnaire. Ministre de la Police à la fin du Directoire (1799), sous le Consulat (1799-1802) puis à partir de 1804, sous l'Empire, il fut disgracié par Napoléon en 1810. Il retrouva son poste lors des Cent-Jours et le conserva à la Restauration jusqu'en 1816.

Foucquet → Fouquet (*Nicolas*).

Fougères, ch.-l. d'arr. d'Ille-et-Vilaine ; 23 138 hab. (*Fougerais*). Chaussures. Confection. Constructions électriques. — Restes imposants du château fort (XIIᵉ-XVᵉ s., enceinte avec 13 tours). Église St-Sulpice, de style gothique flamboyant.

Foujita (**Fujita Tsuguharu,** baptisé Léonard), peintre et graveur français d'origine japonaise (Tokyo 1886 - Zurich 1968). Il a connu le succès, à Paris, dès 1915, avec une peinture qui allie réalisme et poésie, technique occidentale et souvenirs d'une tradition orientale raffinée.

Foulani ou **Foulbé** → Peul.

Foulbé → Peul.

Fould (*Achille*), homme politique et banquier français (Paris 1800 - Laloubère, Hautes-Pyrénées, 1867). Adepte du saint-simonisme, ministre des Finances (1849-1852 et 1861-1867), il se montra partisan du libre-échange et fonda, avec les frères Pereire, le Crédit mobilier (1852).

Foulques, nom de plusieurs comtes d'Anjou au Moyen Âge, parmi lesquels : **Foulques III Nerra** ou **le Noir** (972 - Metz v. 1040), vainqueur des Bretons et du comte de Rennes Conan Iᵉʳ ; **Foulques IV le Réchin** (Château-Landon 1043 - Angers 1109), compétiteur de Guillaume le Conquérant pour le comté du Maine et époux de Bertrade de Montfort, qui le quitta pour épouser Philippe Iᵉʳ, roi de France ; **Foulques V le Jeune** (1095 - dans le royaume de Jérusalem 1143), qui fut roi de Jérusalem (1131-1143).

Fountains Abbey, ancienne abbaye anglaise, dans le Yorkshire, fondée par les cisterciens en 1132, supprimée en 1539. Exceptionnel ensemble, ruiné, d'architecture monastique, surtout des XIIᵉ-XIIIᵉ siècles. Jardin de Studley Royal.

Fouqué (*Ferdinand André*), géologue et minéralogiste français (Mortain, Manche, 1828 - Paris 1904). Il a étudié les roches volcaniques et démontra le caractère cristallin de nombreuses roches. Avec A. Michel-Lévy (1844-1911), il a dressé un tableau de classification des roches qui est à la base des classements modernes.

Fouquet (*Jean*), peintre et miniaturiste français (Tours v. 1415/1420 - *id.* entre 1478 et 1481). Il s'initia aux nouveautés de la Renaissance italienne lors d'un séjour prolongé à Rome (v. 1445), où, déjà très estimé, il fit un portrait du pape Eugène IV. La maturité de son style, monumental et sensible, apparaît dans le diptyque, aujourd'hui démembré, comprenant *la Vierge* (peut-être sous les traits d'A. Sorel, musée des Beaux-Arts d'Anvers) et *Étienne Chevalier avec saint Étienne* (Berlin) ainsi que dans les miniatures comme celles des *Heures d'Étienne Chevalier* (av. 1460, Chantilly) ou des *Antiquités judaïques* (v. 1470, B. N.). Il est aussi l'auteur des portraits de *Charles VII* et de *Juvénal des Ursins* (Louvre), probablement du *Bouffon Gonella* (Vienne) et de la *Pietà* de l'église de Nouans (Indre-et-Loire).

Fouquet ou **Foucquet** (*Nicolas*), *vicomte* de Vaux, homme d'État français (Paris 1615 - Pignerol 1680). Procureur général au parlement de Paris (1650), il est nommé par Mazarin surintendant général des Finances en 1653 et devient l'un des plus riches créanciers de l'État. Il emploie son immense fortune au mécénat des artistes et des écrivains (Molière, La Fontaine), et construit le château de Vaux, suscitant ainsi la jalousie de Louis XIV. Colbert établit le dossier qui permet au roi de faire arrêter Fouquet puis, en 1664, de le condamner à l'exil, peine qui est transformée en une détention perpétuelle au fort de Pignerol (auj. dans le Piémont).

Fouquier-Tinville (*Antoine Quentin*), magistrat et homme politique français (Hérouel, Picardie, 1746 - Paris 1795). Accusateur public du Tribunal révolutionnaire (1793), il multiplia les condamnations à mort. Il fut exécuté lors de la réaction thermidorienne.

Fourastié *(Jean Joseph Hubert),* sociologue et économiste français (Saint-Bénin, Nièvre, 1907 - Douelle, Lot, 1990). Observateur des bouleversements introduits dans la société par l'expansion industrielle, il s'interrogea aussi sur les fondements et les perspectives de notre civilisation. Un de ses ouvrages les plus connus est *les Trente Glorieuses ou la Révolution invisible* (1979).

Fourches Caudines, défilé d'Italie centrale. L'armée romaine, vaincue par les Samnites (321 av. J.-C.), dut y passer sous le joug.

Fourcroy *(Antoine François, comte de),* chimiste et homme politique français (Paris 1755 - *id.* 1809). Il fut, avec Lavoisier, l'un des auteurs de la nomenclature chimique rationnelle (1787). Il fit partie, comme suppléant, de la Convention puis fut membre du Conseil des Anciens et conseiller d'État. Directeur de l'Instruction publique, il réorganisa l'enseignement.

Foureau *(Fernand),* explorateur français (Saint-Barbant, Haute-Vienne, 1850 - Paris 1914). Il explora le Sahara, seul (1888-1896) puis accompagné d'une escorte dirigée par le commandant Lamy (1898-1900).

Fourier *(Charles),* théoricien socialiste et économiste français (Besançon 1772 - Paris 1837). Il préconisa une organisation sociale fondée sur de petites unités sociales autonomes, les *phalanstères*. Ceux-ci sont des coopératives de production et de consommation, dont les membres sont solidaires ; ils sont composés d'hommes et de femmes de caractère et de passions opposés et complémentaires. Les revenus y sont répartis entre le travail, le talent et le capital. Fourier a exposé cette utopie sociale dans son livre *Nouveau Monde industriel et sociétaire* (1829) et, de 1832 à 1849, dans la revue *la Réforme industrielle ou le Phalanstère,* devenue *la Phalange.*

Fourier *(baron Joseph),* mathématicien et homme politique français (Auxerre 1768 - Paris 1830). En 1798, il participa à la campagne d'Égypte de Bonaparte et devint secrétaire de l'Institut d'Égypte. Préfet de l'Isère (à partir de 1802), il fut mêlé aux Cent-Jours et, après la chute de l'Empire, sa carrière s'en trouva bouleversée. Ses travaux sur la propagation de la chaleur, résumés dans son ouvrage *Théorie analytique de la chaleur* (1822), l'amenèrent à la découverte d'un puissant outil mathématique, les séries trigonométriques, dites « séries de Fourier ». Ces séries jouent un grand rôle en physique, où elles permettent l'analyse harmonique des phénomènes. (Acad. fr. 1826.)

Fourmies, comm. du Nord, sur l'Helpe Mineure ; 15 599 hab. *(Fourmisiens).* Musée du Textile et de la Vie sociale. — Le 1er mai 1891, la troupe y réprima dans le sang une grève.

Fournaise *(piton de la),* volcan actif du sud-est de la Réunion ; 2 631 m.

Fourneau *(Ernest),* pharmacologiste français (Biarritz 1872 - Paris 1949). Il fut le pionnier de la chimiothérapie (traitement par les produits chimiques), en France. Il étudia notamment des médicaments contre la syphilis, contre le paludisme et pour l'anesthésie.

Fourneyron *(Benoît),* ingénieur français (Saint-Étienne 1802 - Paris 1867). À la suite des travaux de Claude Burdin (son professeur à l'école des mines de Saint-Étienne), il réalisa la turbine hydraulique, qu'il breveta en 1832, et la fit entrer dans la pratique industrielle.

Fournier *(Henri)* → Alain-Fournier.

Fourons *(les),* en néerl. Voeren, petite région de Belgique à majorité francophone, constituant une commune (4 226 hab.), rattachée à la province néerlandophone du Limbourg. Depuis un quart de siècle, elle est un terrain privilégié de la querelle linguistique entre Wallons et Flamands.

Fourvière, colline de Lyon, dominant la Saône. Vestiges de Lugdunum (vaste théâtre, odéon) et musée, souterrain, de la Civilisation gallo-romaine. Basilique de pèlerinage N.-D. de Fourvière, élevée après 1870 à l'emplacement de sanctuaires antérieurs.

Fox *(Charles),* homme politique britannique (Londres 1749 - Chiswick 1806). Chef du parti whig et adversaire de Pitt, il demeura toute sa vie partisan de l'alliance de son pays avec la France et les États-Unis.

Fox (abrév. de Twentieth Century Fox), société de production cinématographique américaine, fondée en 1912 par William Fox et fusionnée en 1935 avec la Twentieth Century, fondée par Joseph M. Schenck et Darryl F. Zanuck.

Fra Angelico → Angelico.

Frachon *(Benoît),* syndicaliste et homme politique français (Le Chambon-Feugerolles, Loire, 1893 - Les Bordes, Loiret, 1975). Ouvrier métallurgiste, membre du comité central du Parti communiste français à partir de 1926, secrétaire de la C. G. T. U. (1933-1936), il milita pour la réunification syndicale, devint secrétaire général de la C. G. T. (1936-1939 ; 1944-1967), puis président de cette même organisation.

Fraenkel (*Adolf Abraham*), mathématicien israélien d'origine allemande (Munich 1891 - Jérusalem 1965). Il a révisé en 1922 l'axiomatisation de la théorie des ensembles, proposée par Zermelo (1908).

Fragonard (*Jean Honoré*), peintre et graveur français (Grasse 1732 - Paris 1806). Peintre de l'amour et de la joie de vivre, doué d'une virtuosité éblouissante, ayant pratiqué tous les genres, dessinant beaucoup, Fragonard résume dans son œuvre toute une part, contrastée, du XVIIIᵉ siècle. Élève de Boucher à Paris, prix de Rome en 1752, il s'imprègne sur place de l'art italien (1756-1761 ; second voyage en 1773), étudie Rembrandt, Hals et surtout Rubens. Il est agréé à l'Académie avec *Corésus et Callirrhoé* (1765, Louvre), décore des hôtels de financiers et de demoiselles d'Opéra, peint des paysages, beaucoup de scènes galantes, d'un style non moins enlevé que ses bouillonnantes « figures de fantaisie » (v. 1769, Louvre), et donne un de ses chefs-d'œuvre avec la série des *Progrès de l'amour,* destinés à Mᵐᵉ du Barry (qui lui préféra des œuvres de Vien). *Le Verrou* (Louvre) témoigne, vers 1776-1780, d'un changement de facture, concomitant à la montée du néoclassicisme, en même temps que d'un lyrisme approfondi. En 1775, la belle-sœur de Fragonard, **Marguerite Gérard** (1761-1837), devient son élève, puis c'est au tour de son fils **Évariste Fragonard** (1780-1850), futur peintre d'histoire et sculpteur. Entre 1792 et 1800, le vieux maître déploie une grande activité pour l'organisation de ce qui va devenir le musée du Louvre.

Frame (*Janet*), femme de lettres néo-zélandaise (Oamaru, près de Dunedin, 1924). Une des principales figures littéraires de son pays, elle est à la fois fabuliste, poète (*le Miroir de poche,* 1967), nouvelliste (*le Lagon,* 1951), romancière et auteur d'une autobiographie (*Parmi les buissons de Matagouri,* 1984).

français (*Empire colonial*), ensemble des pays d'outre-mer acquis et gouvernés par la France. (→ France.)

Français de l'étranger (*Conseil supérieur des*), organisme institué en 1949 et chargé d'élire les 12 (depuis 1989) sénateurs représentant les Français établis hors de France. Le Conseil est en outre composé de membres élus pour 3 ans au suffrage universel direct par les Français hors de France et des personnalités nommées par le ministre des Affaires étrangères en raison de leur compétence dans les questions concernant les intérêts généraux de la France à l'étranger.

Francastel (*Pierre*), historien de l'art français (Paris 1900 - *id.* 1970). Professeur de sociologie de l'art, il a étudié la peinture comme système figuratif exprimant de façon autonome, à chaque époque, un certain état de civilisation (*Peinture et société,* 1952 ; *la Réalité figurative,* 1965). *Art et technique aux XIXᵉ et XXᵉ siècles* (1956) étudie l'insertion de l'art dans la société moderne.

France, État de l'Europe occidentale ; 549 000 km² ; 57 millions d'hab. (*Français*). CAP. *Paris.* Autres villes de plus de 200 000 hab. (dans l'ordre décroissant de la population de la commune seule) : *Marseille, Lyon, Toulouse, Nice, Strasbourg, Nantes, Bordeaux, Montpellier, Rennes* et *Saint-Étienne.* LANGUE : *français.* MONNAIE : *franc.*

GÉOGRAPHIE

■ **Les conditions naturelles.** Le qualificatif d'« équilibré » pourrait s'appliquer au relief et au climat de la France. La haute montagne est présente, au S.-E. surtout (Alpes) et au S. (Pyrénées), mais elle est souvent aérée ou longée par des vallées (Rhône, Isère, Durance). Les paysages dominants sont ceux de plaines (Flandre et Picardie, Landes, Languedoc, etc.), de plateaux (Quercy et Périgord, bordure orientale du Bassin parisien, Bretagne, etc.), de moyennes montagnes (Ardennes, Vosges et aussi Massif central). Plus de 60 % du territoire est au-dessous de 250 m d'altitude, 7 % seulement au-dessus de 1 000 m.

À mi-chemin entre le pôle et l'équateur, la France bénéficie d'un climat tempéré à dominante océanique, c'est-à-dire de températures généralement modérées (moyennes de janvier rarement inférieures à 0° C, moyennes de juillet ne dépassant qu'exceptionnellement 22° C). Les précipitations sont généralement comprises entre 500 et 1 000 mm, assez régulièrement réparties dans l'année. Ces caractéristiques générales sont régionalement à nuancer. L'hiver est plus rigoureux dans l'Est et naturellement en montagne, où, ici, l'altitude accroît souvent les précipitations (partiellement sous forme de neige). Les pluies sont abondantes et fréquentes en bordure de l'Atlantique (Bretagne, Pays basque), plus rares, mais plus violentes, sur le pourtour méditerranéen, marqué surtout par la chaleur et la sécheresse de l'été et par un fort ensoleillement.

■ **La population.** Elle ne représente guère plus de 1 % de la population mondiale, proportion d'ailleurs régulièrement décroissante. L'excédent naturel est faible (200 000 unités par an environ), le taux de natalité (14 ‰) ayant diminué récemment beaucoup plus nettement que le taux de mortalité (9 ‰). Aujourd'hui, le taux de fécondité est tombé à 1,8. La population a « vieilli » : elle compte 20 % de moins de 15 ans et plus de 14 % de 65 ans ou plus. La population étrangère représente 4,4 millions de personnes, soit 8 % de la population totale, part dont la stabilité masque des variations d'origine géographique, qui posent, au moins régionalement, surtout dans un contexte de crise économique, des problèmes d'insertion, de cohabitation.

Les trois quarts des Français vivent dans des agglomérations (ou unités) urbaines, que domine l'agglomération parisienne. Après avoir marqué le pas de 1975 à 1982, la croissance des grandes agglomérations a repris. La moitié des citadins vivent dans la trentaine d'agglomérations de plus de 200 000 hab. Si la densité moyenne de la population est de 103 hab./km^2, dans les campagnes elle est souvent de l'ordre de 20 hab./km^2, parfois davantage (Flandre, Normandie, Bretagne), souvent moins aussi (paradoxalement à la fois dans les régions de grande culture comme la Beauce et dans les régions les plus déshéritées comme le sud du Massif central ou des Alpes).

■ **L'économie.** La population active avoisine 25 millions de personnes. Elle s'est accrue récemment essentiellement par l'extension du travail des femmes. Ce trait est lié à l'évolution de l'emploi par secteurs. L'agriculture n'occupe plus que 6 % de la population active et l'industrie moins de 30 % de celle-ci. Près des deux tiers des actifs travaillent donc dans le secteur tertiaire (commerce, transports, administrations...). La France se situe au quatrième rang mondial (derrière les États-Unis, l'Allemagne, le Japon) pour la valeur globale de sa production.

L'exode rural s'est traduit par une diminution sensible des exploitations (2,3 millions en 1955, moins de 1 million aujourd'hui), provoquant un net agrandissement de la taille moyenne (28 ha aujourd'hui), la superficie agricole utilisée ne reculant que faiblement (encore près de 60 % de la superficie totale, ce qui est considérable). Cette évolution, souvent humainement douloureuse, a cependant favorisé la modernisation du secteur (progrès de la mécanisation ajoutés à une utilisation croissante d'engrais), stimulée aussi par la mise en place du Marché commun, dont la France constitue, et de loin, la première puissance agricole. Les produits animaux représentent 47 % de la valeur de la production, qui utilise plus de la moitié de la superficie agricole utile. Parmi les produits végétaux émergent les céréales (blé, maïs), les fruits et légumes et naturellement le vin. L'apport de la pêche stagne, comme celui de la sylviculture (malgré un taux de boisement de 25 %). Il faut signaler l'essor récent des oléagineux (colza, tournesol et surtout soja). Toutefois, dans la formation du P. I. B., l'agriculture entre pour moins de 4 %, la part de l'industrie se situant vers 30 %.

L'insuffisance de la production d'énergie est ancienne. Le recul de l'extraction du charbon et du gaz naturel a toutefois été compensé par une lente progression de l'hydroélectricité et surtout par l'essor du nucléaire, favorisé par une relative richesse en uranium et qui assure aujourd'hui 75 % de la production totale d'électricité. La France se situe ici au deuxième rang mondial et le taux d'indépendance énergétique a très nettement remonté. Toutefois, la production de pétrole demeure très faible et les achats de brut et de gaz naturel sont onéreux.

Le sous-sol est plus riche en potasse et en bauxite (productions cependant en recul, de même que la production d'aluminium). Le minerai de fer est aussi présent, mais son extraction a fortement diminué en raison d'une faible teneur et aussi de la crise de la sidérurgie. Dans la métallurgie de transformation, la construction navale est depuis longtemps en difficulté, l'automobile peine pour se maintenir (livrant tout de même annuellement plus de 3 millions de voitures de tourisme), l'aéronautique paraît en meilleure position (comme la chimie élaborée et surtout l'agroalimentaire). En revanche, le textile demeure une branche « sinistrée », comme l'est devenu plus récemment le bâtiment.

Dans le domaine du tertiaire, le nombre des agents de l'État dépasse 2,5 millions d'actifs (enseignement, postes et télécommunications, défense, etc.), plus du double de l'important secteur des transports et des télécommunications. Le réseau routier (378 500 km de routes nationales et départementales, auxquelles s'ajoutent plus de 10 000 km d'autoroutes et de voies autoroutières) s'est adapté à un parc automobile accru. Les transports routiers assurent la majeure partie du trafic commercial intérieur, loin devant le rail (réseau de près de 35 000 km, dont plus de 12 000 km de lignes électrifiées), la navigation intérieure, les oléoducs et gazoducs. Le trafic portuaire avoisine 300 Mt (assuré pour plus de moitié par Marseille et Le Havre), encore dominé par les importations de pétrole. Les services marchands concernent en majeure partie encore le commerce de détail (malgré le développement des grandes surfaces). Le tourisme est devenu un secteur économique de première importance ; avec plus de 50 millions de visiteurs chaque année, la France se situe au premier rang européen. Les revenus du tourisme contribuent à l'équilibre de la balance des paiements et la balance commerciale est redevenue, au moins temporairement, excédentaire (largement en raison de la faiblesse des investissements et du déclin de la consommation). La part des exportations dans le P. I. B. approche 20 %. Environ 60 % du commerce extérieur s'effectuent avec les partenaires du Marché commun (Allemagne en tête).

Le niveau de vie moyen est élevé si l'on considère le taux d'équipement des ménages en automobiles, téléphones, téléviseurs, magnétoscopes. Ces chiffres ne doivent pas masquer la persistance d'inégalités sociales et régionales (souvent associées), la stagnation de la production, un taux élevé de chômage (env. 12 % de la population active, bien davantage chez les jeunes et les femmes), phénomènes (qui ne sont pas propres à la France) liés à la mondialisation et aux changements de structures de l'économie, au ralentissement ou à l'arrêt d'une croissance à laquelle l'ensemble du monde occidental s'était habitué.

HISTOIRE

Les premiers occupants du territoire constituant la France actuelle apparaissent il y a environ un million d'années. Au cours du paléolithique puis du néolithique, leur culture se développe. Au début du Ier millénaire, les Celtes s'installent sur le sol gaulois, qui connaît alors l'âge de fer.

58-51 av. J.-C. La Gaule est conquise par les légions romaines de Jules César.

Le pays est christianisé dès la fin du Ier s. La Gaule subit les invasions barbares à partir du Ve s.

■ **Les Mérovingiens (v. 481-751).**
Vers 481-508. Clovis, roi des Francs (v. 481-511), conquiert la Gaule et fonde le royaume franc.

Le partage de ses États entre ses fils après sa mort et de nouvelles conquêtes donnent naissance à trois royaumes rivaux (Austrasie, Neustrie, Bourgogne). L'aristocratie (notamment les maires du palais) profite de cette rivalité pour s'affirmer aux dépens du pouvoir royal : les rois mérovingiens sont réduits au rôle de « rois fainéants ».

732. Charles Martel, maire du palais des trois royaumes, arrête à Poitiers l'invasion musulmane.

■ **Les Carolingiens (751-987).**
751. Pépin le Bref, fils de Charles Martel, est couronné roi des Francs et fonde la dynastie des Carolingiens.

800. Charlemagne, fils de Pépin le Bref, est couronné empereur d'Occident et règne sur un vaste empire.

843. Au traité de Verdun, l'empire de Charlemagne est partagé entre ses trois petits-fils. Charles II le Chauve reçoit la Francie occidentale (partie de l'empire située à l'O. de l'Escaut, de la Meuse, de la Saône et du Rhône), qui va devenir la France. Le pays traverse alors une période troublée (invasions normandes), pendant laquelle naît le régime féodal.

■ **Les Capétiens (987-1328).**
987. Hugues Capet monte sur le trône de France.

Les Capétiens agrandissent peu à peu le domaine royal. Philippe II Auguste conquiert sur le roi d'Angleterre la Normandie (1204) et l'Anjou.

1214. À Bouvines, Philippe II Auguste bat l'empereur germanique.

1229. Après la croisade contre les albigeois, le Languedoc est rattaché à la Couronne de France.

Tandis que les Capétiens affermissent leur autorité, le monde féodal se désagrège peu à peu. Le renouveau commercial permet le développement du mouvement communal.

■ **La fin du Moyen Âge (1328-1483).**
1328. Philippe VI fonde la dynastie des Valois.

1337-1453. La guerre de Cent Ans oppose Français et Anglais.

1347-1349. La peste noire ravage le pays.

1461-1483. Louis XI brise la puissance des grands vassaux (Charles le Téméraire).

La France s'agrandit du Dauphiné (1349), de la Bourgogne (1477) et de la Provence (1481).

■ **La Renaissance (1483-1594).**
1494. Les guerres d'Italie, engagées par Charles VIII (1483-1498), se poursuivent sous Louis XII (1498-1515) et sous François Ier (1515-1547).

La lutte menée par François Ier contre Charles Quint ne prend fin que sous Henri II (1547-1559). L'autorité royale se renforce (naissance de l'État moderne).

1532. Édit d'union de la Bretagne à la France.

1562-1593. Les guerres de Religion divisent la France sous les règnes des derniers Valois (François II, Charles IX, Henri III).

1572. Massacre de la Saint-Barthélemy.

■ **Henri IV et Louis XIII (1594-1661).**
1594. Le protestant Henri de Navarre succède à Henri III après s'être converti au catholicisme. Sacré roi sous le nom d'Henri IV, il fonde la dynastie des Bourbons.
1598. L'édit de Nantes rétablit la paix religieuse.
1610-1643. Sous le règne de Louis XIII, Richelieu soumet les nobles et les protestants et renforce l'absolutisme.
1635-1648. La France intervient directement dans la guerre de Trente Ans.
1648-1652. Les troubles de la Fronde menacent l'autorité royale.
■ **Le siècle de Louis XIV (1661-1715).**
1661. À partir de la mort de Mazarin, Louis XIV (roi de 1643 à 1715) gouverne la France en maître absolu.
Son règne est une époque de gloire militaire, littéraire et artistique. Les institutions sont renforcées dans le sens de la centralisation. La politique coloniale de ses prédécesseurs est poursuivie.
Mais les guerres trop fréquentes (la dernière s'achève au traité d'Utrecht, en 1713) compromettent la situation de la France et de la royauté.
1678. Pleine souveraineté sur l'Alsace et annexion de la Franche-Comté (traité de Nimègue).
1685. Révocation de l'édit de Nantes.
■ **Le siècle des Lumières (1715-1789).**
1715-1774. Dès le règne de Louis XV, marqué par des échecs en politique extérieure (guerre de Sept Ans, perte de l'Inde et du Canada), la nécessité de réformes se fait sentir.
1768. Rattachement de la Corse.
1776. Rattachement de la Lorraine.
Le mouvement philosophique du XVIIIe s. contribue à saper les idées absolutistes ; la bourgeoisie, enrichie par l'expansion économique générale, n'accepte plus d'être écartée de la conduite du pays par l'aristocratie.
■ **La Révolution et l'Empire (1789-1814).**
1789. La Révolution est provoquée par la crise financière, politique et sociale née au début du règne de Louis XVI (1774-1792). Elle brise l'absolutisme royal, établit l'égalité civile (nuit du 4 août) et abolit les dernières traces de la féodalité.
1791-1792. Sous la Législative a lieu une tentative de monarchie constitutionnelle, qui échoue et entraîne la chute de la royauté (10 août 1792).
1792-1795. La Convention sauve la France de l'invasion étrangère.
1795-1799. Le Directoire succède à la Convention.

1799. Le coup d'État du 18 brumaire an VIII renverse le Directoire et installe le Consulat.
Bonaparte, Premier consul, affermit certaines conquêtes de la Révolution : le Code civil (1804) sanctionne les réformes sociales de 1789.
1804. La Constitution de l'an XII établit le premier Empire. Bonaparte est nommé empereur des Français sous le nom de Napoléon Ier.
■ **La Restauration et le second Empire.**
1814. Avec le règne de Louis XVIII (1814-1824) puis celui de Charles X (1824-1830), les Bourbons gouvernent de nouveau la France.
Après la chute de Charles X (1830), le règne de Louis-Philippe (1830-1848) est marqué par l'essor de la bourgeoisie, qui détient la suprématie politique et économique.
1848. Les journées de février fondent la IIe République et établissent le suffrage universel.
La révolte ouvrière de juin rejette la république vers le conservatisme et le pouvoir personnel, qui s'installe avec le prince-président Louis Napoléon Bonaparte (coup d'État du 2 décembre 1851).
1852. Napoléon III fonde le second Empire.
1860. Cession de Nice et de la Savoie à la France.
■ **De la IIIe République à nos jours.**
1870. Après les échecs militaires de l'Empire pendant la désastreuse guerre franco-allemande, la IIIe République est proclamée.
1871. L'insurrection de la Commune (18 mars) se termine par un échec (27 mai).
1875-1885. Les républicains font adopter les lois organisant les pouvoirs politiques, l'enseignement obligatoire et laïque et autorisant les syndicats. La conquête coloniale reprend en Afrique et en Asie.
1894-1899. Affaire Dreyfus.
1914-1918. Première Guerre mondiale.
1932. La France, à son tour, est touchée par la crise économique mondiale de 1929.
1936. Le triomphe du Front populaire fait faire un grand progrès à la législation sociale (accords Matignon).
1939. La France est contrainte de déclarer la guerre à l'Allemagne, qui a envahi la Pologne. C'est le début de la Seconde Guerre mondiale.
1940-1944. La France est défaite et occupée. Après l'armistice, le gouvernement, présidé par le maréchal Pétain, est installé à Vichy.
1944. Le 6 juin, les Alliés débarquent en Normandie et libèrent Paris le 25 août. Gou-

vernement d'« unanimité nationale » dirigé par de Gaulle.

La IVe République (1944-1958) est une période d'instabilité politique.

1951. La France adhère à la C. E. C. A., créée à l'initiative de J. Monnet et R. Schuman.

1946-1954. Guerre d'Indochine.

1954-1962. Guerre d'Algérie.

La France doit accepter l'indépendance des États qui constituaient son empire colonial. Par ailleurs, elle adhère en 1957 au traité de Rome, qui fonde la C.E.E.

Après une grave crise gouvernementale est instaurée en 1958 la Ve République, dont le général de Gaulle est élu président.

1969. G. Pompidou est élu président de la République.

1974. V. Giscard d'Estaing lui succède.

1981. Élection de F. Mitterrand à la présidence de la République.

1986. F. Mitterrand nomme J. Chirac Premier ministre (c'est le premier gouvernement de « cohabitation »).

1988. F. Mitterrand est réélu à la présidence de la République et nomme un gouvernement socialiste.

1992. Soumise à référendum, la ratification du traité de Maastricht est approuvée à 51,01 %.

1993. F. Mitterrand nomme É. Balladur Premier ministre, (c'est le deuxième gouvernement de « cohabitation »).

1995. Jacques Chirac est élu président de la République.

France (campagne de) [janv.-mars 1814], ensemble des opérations qui opposèrent Napoléon aux armées alliées. L'ultime bataille devant Paris contraignit l'Empereur à abdiquer.

France (campagne de) [10 mai-25 juin 1940], ensemble des opérations qui opposèrent les armées françaises et alliées (britanniques, belges, néerlandaises) aux forces allemandes. La chute de Dunkerque (4 juin) et les percées allemandes sur la Somme (5 juin) et sur l'Aisne (10 juin) amenèrent la France, le 17 juin, à demander l'armistice (signé le 22).

France (île de), ancien nom de l'île Maurice.

France (Anatole François **Thibault**, dit **Anatole**), écrivain français (Paris 1844 - La Béchellerie, Saint-Cyr-sur-Loire, 1924). Après le Crime de Sylvestre Bonnard (1881), où il a voulu camper son propre personnage, A. France s'exprime dans un style clair, empreint de scepticisme et d'une ironie toute voltairienne : romans historiques Thaïs (1891), la Rôtisserie de la reine Pédauque (1893), le Lys rouge (1894), double hommage

à Mme de Caillavet et à l'Italie, récit de fiction politique pamphlétaire (l'Île des pingouins, 1908), fresque révolutionnaire (Les dieux ont soif, 1912). Conservateur en esthétique mais progressiste en politique, il prend parti dans l'affaire Dreyfus. Son Histoire contemporaine (1897-1901) fait la satire d'une France médiocre et intolérante. (Acad. fr. 1896 ; prix Nobel 1921.)

France (Henri de), ingénieur français (Paris 1911 - id. 1986). Il est l'inventeur du procédé SECAM de télévision en couleurs (1956), adopté en France (1966), dans l'ex-U. R. S. S. et dans la plupart des pays de l'Est européen.

France 2, chaîne nationale de télévision française. Issue de la deuxième chaîne mise en service en 1964, constituée en 1974 sous le nom d'Antenne 2 (A2), elle a reçu sa dénomination actuelle en 1992, à l'occasion de son regroupement avec France 3 (les deux chaînes publiques étant placées sous l'enseigne commune de France Télévision).

France libre (la), nom donné d'abord aux volontaires qui répondirent à l'appel du général de Gaulle (18 juin 1940), puis à toutes les troupes et à tous les territoires rattachés à la France qui continuèrent la lutte contre l'Allemagne malgré l'armistice. En 1942, de Gaulle changea le nom de la « France libre » en « France combattante ».

France-Presse (Agence) → **A. F. P.**

Francesca → **Piero della Francesca.**

Francesco di Giorgio Martini, architecte, ingénieur militaire, peintre, sculpteur et théoricien italien (Sienne 1439 - id. 1501). Il fut au service, notamment, de la cour d'Urbino. Il est l'auteur d'un Traité d'architecture civile et militaire illustré de dessins.

France-Soir, quotidien du soir français fondé en 1941. France-Soir était, à l'origine, un organe mensuel de la Résistance intitulé Défense de la France. Devenu quotidien à la Libération, il prit le nom de France-Soir en janvier 1945. Il fut dirigé par Pierre Lazareff de 1945 à 1972.

France Télécom, nom adopté en 1988 par la Direction générale des télécommunications. La loi du 2 juillet 1990 a transformé France Telecom en personne morale de droit public, dotée de l'autonomie financière et placée sous la tutelle du ministre chargé des Postes et des Télécommunications.

France 3, chaîne nationale de télévision française, à vocation régionale. Issue de la troisième chaîne mise en service en 1973, constituée en 1974 sous le nom de France

Régions 3 (FR3), elle a reçu sa dénomination actuelle en 1992, à l'occasion de son regroupement avec l'autre chaîne publique, France 2.

Francfort *(école de),* école philosophique allemande constituée après 1923 par M. Horkheimer et H. Marcuse, puis reprise en 1950 avec T. Adorno et J. Habermas. L'objectif de l'école était de repenser un marxisme indépendant des partis politiques et de constituer un corpus de concepts sociologiques à partir de la psychanalyse. Ces philosophes ont donné à leur mouvement le nom de « théorie critique », sous lequel sont parus les textes les plus importants de Horkheimer, après la disparition de l'école, vers 1968.

Francfort-sur-le-Main, *en all.* Frankfurt am Main, v. d'Allemagne, dans la Hesse ; 635 151 hab. **GÉOGR.** Commandant une région urbanisée de près de 3 millions d'habitants, c'est la métropole de l'Allemagne moyenne, le premier centre commercial (Foire du livre) et financier (siège de la Bundesbank et de la Bourse) du pays, aux notables fonctions culturelles (université Goethe et édition) et industrielles (électrotechnique et chimie, notamment), bénéficiant d'une excellente desserte routière, ferroviaire et aussi aérienne (grand aéroport). Siège de l'Institut monétaire européen. **HIST.** Déjà occupée par les Romains, Francfort fut fréquemment le lieu de l'élection impériale à partir du XIIᵉ siècle et devint, à partir du XIIIᵉ, le siège d'une foire fréquentée par les marchands de toute l'Europe. La ville fut, de 1562 à 1792, le lieu du couronnement de l'empereur. Capitale de la Confédération du Rhin (1806-1813) puis de la Confédération germanique (1815), elle fut annexée par la Prusse en 1866. Le 10 mai 1871, le traité qui mettait fin à la guerre franco-allemande y fut signé. **ARTS.** Cathédrale des XIIIᵉ-XVᵉ siècles et maisons gothiques, très restaurées. Nombreux et importants musées, dont celui de l'Institut Städel (beaux-arts européens, peinture surtout) et celui des Arts décoratifs. Maison de Goethe.

Francfort-sur-l'Oder, *en all.* Frankfurt an der Oder, v. d'Allemagne (Brandebourg), sur la rive gauche de l'Oder, à la frontière polonaise ; 87 126 hab. — Musées.

Franche-Comté, ancienne province de France, dont le nom provient du comté de Bourgogne, par opposition au duché, et dont l'extension géographique classique correspond au Jura central et à sa bordure ainsi qu'aux pays de la haute Saône. La Franche-Comté a donné son nom à une Région administrative, formée des départements du Doubs, du Jura, de la Haute-Saône et du Territoire de Belfort ; 16 202 km² ; 1 097 276 hab. *(Franc-Comtois).* Ch.-l. *Besançon.*

GÉOGRAPHIE
Petite région (à peine 3 % de la superficie et 2 % de la population de la France), la Franche-Comté occupe le nord de la chaîne du Jura (humide, froide en hiver et souvent boisée) et la majeure partie des plaines et plateaux du bassin supérieur de la Saône. L'élevage (laitier), l'artisanat (travail du bois et des plastiques), le tourisme estival et hivernal sont les ressources essentielles de la montagne, dépeuplée ; l'élevage bovin est juxtaposé aux cultures dans les plaines de la Saône, le vignoble est, très localement, prospère. L'industrie est encore cependant largement dominante : horlogerie et mécanique de précision, matériel électrique et ferroviaire, automobiles surtout. Elle est concentrée à Besançon et surtout dans la conurbation Belfort-Montbéliard, les deux principaux pôles urbains, dans la vallée du Doubs, axe vital, ferroviaire et autoroutier, ouvrant la région vers l'Alsace et les pays rhénans au N., Lyon et la Méditerranée, par la vallée du Rhône, au S. La grande liaison fluviale Rhin-Rhône est toujours au stade des études.
L'industrie est toutefois, sectoriellement et localement, en difficulté et le secteur tertiaire est moins prédominant que dans la plupart des autres Régions. Cette situation, liée à la relative faiblesse de l'urbanisation, contribue à expliquer la quasi-stagnation de la population.

HISTOIRE
Attribuée à la Lotharingie au traité de Verdun (843), la région est annexée au royaume de Bourgogne en 849. Érigée en comté de Bourgogne au XIᵉ siècle, elle devient terre du Saint Empire. Elle est rattachée au duché de Bourgogne en 1384 et se trouve, dès la fin du XVᵉ siècle, disputée entre la France et le Saint Empire. Elle passe en 1556 aux Habsbourg d'Espagne, puis est cédée à la France au traité de Nimègue en 1678.

Franchet d'Esperey *(Louis),* maréchal de France (Mostaganem 1856 - château de Saint-Amancet, Tarn, 1942). Après avoir servi au Maroc sous Lyautey (1912), il se distingua sur la Marne (1914). Commandant en chef les troupes alliées en Macédoine (1918), il contraignit la Bulgarie à cesser le combat.

Franck *(César),* organiste et compositeur français (Liège 1822 - Paris 1890). Organiste de

Sainte-Clotilde (1858), professeur d'orgue au Conservatoire de Paris (1872), il forma une pléiade d'artistes de premier ordre, dont H. Duparc et V. d'Indy. Tout en s'inspirant d'une esthétique germanique, il a considérablement enrichi l'école française, insistant sur l'improvisation et l'écriture. Il se révéla avec deux pages maîtresses, achevées en 1879 : le quintette avec piano et les *Béatitudes*. Puis il écrivit ses chefs-d'œuvre, dont *Prélude, choral et fugue,* pour piano (1884), les *Variations symphoniques,* pour piano et orchestre (1885), la sonate pour piano et violon (1886), la *Symphonie en « ré » mineur* (1888) et les *Trois Chorals,* pour orgue, considérés comme son testament musical (1890). L'art de Franck est le reflet d'un lyrisme tumultueux et d'un romantisme passionné contrastant avec les méditations sereines, mystiques de certains oratorios ou les plus beaux épisodes des *Trois Chorals.*

Franck *(James),* physicien américain d'origine allemande (Hambourg 1882 - Göttingen 1964). Il étudia l'excitation des atomes et obtint le prix Nobel (1925) pour sa théorie sur la luminescence.

Franco *(Francisco),* général et homme d'État espagnol (El Ferrol 1892 - Madrid 1975). Commandant la Légion étrangère au Maroc (1923-1927), F. Franco (précisément F. Franco Bahamonde) devient général en 1926, puis chef d'état-major de l'armée en 1933, mais l'avènement du Front populaire l'éloigne du pouvoir. Lorsque éclate le coup d'État nationaliste de juillet 1936, Franco prend la tête du soulèvement. (→ **Espagne [guerre civile d'].)** Devenu chef de l'État, du gouvernement et de l'armée (janv. 1938), il entre à Madrid en mars 1939 et obtient la reddition des chefs républicains.

■ **Les débuts du franquisme.** Paré du titre de *Caudillo* (« chef suprême »), il donne à l'État espagnol une structure autoritaire, inspirée en théorie des principes politiques de la Phalange. S'appuyant en fait sur les pouvoirs traditionnels (armée, Église et grands propriétaires fonciers), il réduit au silence toute opposition, faisant du Movimiento nacional le parti unique et supprimant toutes traces d'autonomie régionale, notamment au Pays basque et en Catalogne. Favorable aux régimes hitlérien et fasciste, qui l'ont appuyé pendant la guerre civile, il signe le pacte antikomintern en avril 1939. Pendant la Seconde Guerre mondiale, il proclame la neutralité de l'Espagne, mais envoie une division combattre en U. R. S. S. aux côtés des Allemands (division Azul,

1941). Ayant convoqué, en 1942, des Cortes dont les membres sont nommés par le gouvernement ou élus par les corporations, il fait voter en 1947 une loi de succession rétablissant la monarchie, dont il est nommé protecteur-régent à vie.

■ **L'évolution du régime.** À l'extérieur, l'hostilité des vainqueurs de la Seconde Guerre mondiale isole l'Espagne ; mais accords économiques et militaires conclus par Franco avec les États-Unis en 1953 facilitent l'entrée du pays à l'O. N. U. (1955) et à l'O. E. C. E. (1958). Dès cette époque, Franco accentue son soutien aux technocrates de l'Opus Dei, favorables à l'ouverture économique de l'Espagne à l'Europe. Il assouplit les institutions en 1966 et choisit en 1969 don Juan Carlos comme successeur, avec le titre de roi. En 1973, il abandonne le titre de chef du gouvernement, qu'il laisse à Carrero Blanco, puis à Carlos Arias Navarro. À la mort du caudillo, Juan Carlos est investi des pouvoirs de chef de l'État.

franco-allemande *(guerre)* [1870-71], conflit qui opposa la Prusse et l'ensemble des États allemands à la France. Recherchée par Bismarck pour réaliser l'unité allemande, la guerre est provoquée par la dépêche d'Ems : la fausse version que donne Bismarck à la presse du message envoyé par Guillaume Iᵉʳ à Napoléon III est injurieuse pour la France et l'oblige moralement à déclarer la guerre à la Prusse (19 juill. 1870). Devant l'armée prussienne très bien réorganisée et dirigée par un état-major compétent, l'armée française, mal préparée et mal commandée, est tout de suite contrainte à la retraite : du 4 au 12 août, elle perd la bataille des frontières et doit abandonner l'Alsace et une grande partie de la Lorraine.

2 sept. 1870 : l'empereur capitule à Sedan. Ce désastre entraîne la chute de l'Empire et la proclamation de la République (4 sept.). Le gouvernement de la Défense nationale de Gambetta tente en vain d'éviter la prise de Paris, puis organise la résistance en province. **28 janv. 1871 :** malgré certains succès (défense héroïque de Belfort par Denfert-Rochereau), le gouvernement doit signer l'armistice.

10 mai 1871 : au traité de Francfort, la France perd l'Alsace (moins Belfort) et une partie de la Lorraine.

La guerre permet à l'Allemagne de réaliser son unité : pour la première fois, la totalité des États allemands se groupe autour de la Prusse contre la France et, le 18 janvier 1871, le roi de Prusse est proclamé empereur d'Allemagne à Versailles. En France, la défaite provoque l'insurrection de la Commune de Paris (18 mars 1871).

SAINTS

François d'Assise *(saint)*, fondateur des Frères mineurs, ou franciscains (Assise v. 1182 - *id.* 1226). Fils d'un riche drapier, il quitte les siens en 1206 pour vivre dans la solitude et se consacrer à la prière. L'influence de celui qu'on appelle bientôt le *Poverello* (« Petit Pauvre ») lui attire des disciples désireux de partager son idéal de dénuement, de simplicité et d'apostolat. Ce groupe devient en 1209 un ordre religieux. S'y adjoignent, en 1212, l'ordre féminin des Pauvres Dames, ou clarisses, fondé, avec François, par sainte Claire puis, en 1221, un « tiers ordre », association de laïcs qui veulent vivre l'idéal franciscain sans quitter le monde. Deux ans avant sa mort, François est marqué par les stigmates de la Passion du Christ. Son âme de poète s'est exprimée, en ce temps qui fut celui des troubadours, dans des textes qui, tel le *Cantique du soleil* ou *des créatures,* sont les premiers des lettres italiennes ; sa légende revit dans les *Fioretti.*

François de Paule *(saint)*, religieux calabrais, fondateur de l'ordre des Minimes (Paola 1416 - Plessis-lez-Tours 1507). Louis XI l'appela dans l'espoir que ses dons de thaumaturge lui prolongeraient la vie (1482).

François de Sales *(saint)*, évêque de Genève-Annecy et écrivain (château de Sales, Savoie, 1567 - Lyon 1622). Devenu en 1602 évêque d'un diocèse dont la moitié de la population est calviniste, il se soucie moins de développer des controverses avec les protestants que de promouvoir le renouveau spirituel des catholiques dans l'esprit de ce qu'on a appelé la « Contre-Réforme » (ou « Réforme catholique ») : formation du clergé, rénovation des monastères, prédication. Avec Jeanne de Chantal, il fonde l'ordre féminin de la Visitation. Sa spiritualité s'exprime dans des ouvrages qui marqueront la piété catholique en France : *Introduction à la vie dévote* (1609), *Traité de l'amour de Dieu* (1616), *Entretiens spirituels* (publiés en 1629).

François Régis *(saint)* → **Jean-François Régis** *(saint).*

François Xavier *(Francisco de Jaso, dit)* [*saint*], missionnaire espagnol (château de Javier, près de Pampelune, 1506 - près de Canton 1552). Étudiant à Paris, il entre en contact avec Ignace de Loyola et fait partie des six premiers jésuites qui, à Montmartre en 1534, consacrent leur vie au service de l'Église. Ordonné prêtre en 1537, il part

pour l'Inde portugaise comme légat du pape. Arrivé à Goa en 1542, il poursuit son activité missionnaire à Malacca, aux Moluques, au Japon et, finalement, en Chine. On lui a donné le titre d'« Apôtre des Indes ».

BRETAGNE

François II (1435 - Couëron, près de Nantes, 1488), duc de Bretagne de 1458 à 1488. Il participa à la ligue du Bien public contre Louis XI, puis à la Guerre folle contre Anne de Beaujeu.

DEUX-SICILES

François Iᵉʳ (Naples 1777 - *id.* 1830), roi des Deux-Siciles (1825-1836).

EMPEREURS GERMANIQUES

François Iᵉʳ de Habsbourg-Lorraine (Nancy 1708 - Innsbruck 1765), empereur germanique (1745-1765),duc de Lorraine (1729-1736), grand-duc de Toscane (1737-1765), fondateur de la maison des Habsbourg-Lorraine. Il épousa Marie-Thérèse d'Autriche en 1736. **François II** (Florence 1768 - Vienne 1835), empereur germanique (1792-1806), puis empereur héréditaire d'Autriche (François Iᵉʳ). Il lutta sans succès contre la Révolution française et contre Napoléon Iᵉʳ, qui, en supprimant le Saint Empire (1806), le réduisit au rang d'empereur d'Autriche et à qui il dut accorder la main de sa fille Marie-Louise (1810). Conseillé par Metternich, il rejoignit en 1813 la coalition antifrançaise. Président de la Confédération germanique (1815), il réprima les mouvements libéraux en Allemagne et en Italie.

FRANCE

François Iᵉʳ (Cognac 1494 - Rambouillet 1547), roi de France (1515-1547).Fils de Charles d'Orléans et de Louise de Savoie, il succède en 1515 à son cousin Louis XII, dont il a épousé la fille Claude. Veuf en 1524, il se remarie avec Éléonore de Habsbourg, sœur de Charles Quint (1530). « Roi-Chevalier », François Iᵉʳ fut aussi, avec Louis XII et Henri II, un des bâtisseurs de l'État moderne en France. Sensible aux idées mercantilistes, François Iᵉʳ favorise la métallurgie, les fabriques d'armes, les industries de luxe et développe le grand commerce maritime, fondant Le Havre, encourageant les explorations (J. Cartier, 1534-1542) et la colonisation. Poursuivant le renforcement de l'État, il gouverne avec un petit nombre de confidents, aidé de quatre secrétaires des finances (futurs secrétaires d'État), et brise les prétentions politiques du parlement. Il réunit à la France les fiefs du connétable de Bourbon (1531) et rattache définitivement la Bretagne au royaume (1532). Il réforme la justice par l'ordonnance de Villers-Cotterêts (1539), qui impose notamment la rédaction en français des actes judiciaires et notariés. Par le concordat de Bologne (1516), il s'assure de la nomination des archevêques, des évêques et des abbés du royaume. L'art de la Renaissance s'épanouit dans la construction et la décoration des demeures royales (Blois, Chambord, Fontainebleau). Le roi attire et fait travailler des artistes italiens (Léonard de Vinci, le Rosso, le Primatice). Il encourage les traductions des humanistes (G. Budé) et fonde le futur Collège de France (1530). D'abord tolérant à l'égard des réformés, il considère ensuite la Réforme comme un facteur de division et pratique une politique antiprotestante qui annonce les guerres de Religion.

La politique extérieure belliqueuse de François Ier débute par la victoire de Marignan (sept. 1515), par laquelle il reconquiert le Milanais. Lorsque Charles Ier d'Espagne accède (1519), sous le nom de Charles Quint, à la couronne impériale, qu'il convoitait, le roi, craignant l'encerclement du royaume par les possessions de son rival, engage les hostilités contre l'empereur après avoir vainement cherché l'appui d'Henri VIII d'Angleterre (entrevue du camp du Drap d'or, 1520). Fait prisonnier à Pavie (1525), il renonce à ses prétentions sur l'Italie, à sa suzeraineté sur la Flandre et l'Artois et abandonne la Bourgogne à Charles Quint (traité de Madrid, 1526). Libéré, il reprend la guerre en Italie (1527). En vertu du traité de Cambrai (ou paix des Dames, 1529), il garde la Bourgogne mais renonce de nouveau à l'Italie. De nouvelles alliances (avec les princes protestants allemands [1532], avec le souverain ottoman Soliman le Magnifique [1535]) et deux nouvelles guerres sans issue décisive conservent la Bourgogne à la France, la Flandre et l'Artois à l'Empire (traité de Crépy-en-Laonnois, 1544).

À sa mort (1547), François Ier est parvenu à limiter la puissance impériale, mais n'a pas réalisé son rêve italien. Prince de la Renaissance, il a contribué à l'essor de la monarchie française, qu'il a renforcée, en l'orientant vers l'absolutisme.

François II (Fontainebleau 1544 - Orléans 1560), roi de France (1559-60), fils aîné d'Henri II et de Catherine de Médicis. Époux de Marie Ire Stuart, nièce des Guises, il subit l'influence de ces derniers, qui persécutèrent les protestants et réprimèrent avec cruauté la conjuration d'Amboise (1560). De constitution fragile, il mourut à 16 ans.

François de Neufchâteau (Nicolas, comte François, dit), homme politique français (Saffais, Meurthe-et-Moselle, 1750 - Paris 1828). Directeur (1797) et ministre de l'Intérieur (1797-1799) sous le Directoire, il prit d'importantes initiatives en matière d'instruction et d'assistance publiques.

François-Ferdinand de Habsbourg, archiduc d'Autriche (Graz 1863 - Sarajevo 1914), neveu de l'empereur François-Joseph, héritier du trône à partir de 1889. Son assassinat, à Sarajevo, le 28 juin 1914, par un nationaliste serbe, préluda à la Première Guerre mondiale.

François-Joseph (archipel), archipel russe de l'Arctique, à l'est du Svalbard ; 16 090 km². Stations scientifiques.

François-Joseph Ier (Schönbrunn 1830 - Vienne 1916), empereur d'Autriche (1848-1916) et roi de Hongrie (1867-1916). Neveu et successeur de Ferdinand Ier, il commence par établir un régime autoritaire avec l'appui de l'armée. Mais la perte de la Lombardie (1859) l'oriente vers une politique plus libérale. En guerre contre la Prusse (1866) et battu à Sadowa, il accepte le compromis austro-hongrois (1867) mettant le royaume de Hongrie sur un pied d'égalité avec l'empire d'Autriche. Il ne parvient cependant pas à enrayer l'exacerbation des passions nationales. Après s'être allié avec les empereurs de Russie et d'Allemagne (1873), il conclut avec l'Allemagne la Duplice (1879) et annexe la Bosnie-Herzégovine (1908). Il déclare la guerre à la Serbie (1914), déclenchant ainsi la Première Guerre mondiale.

Franconie, en all. Franken, région historique d'Allemagne, dont la plus grande partie appartient aujourd'hui à la Bavière et s'étendant de part et d'autre de la vallée du Main.

Franconville, ch.-l. de c. du Val-d'Oise ; 33 874 hab. (Franconvillois).

franco-russe (alliance), alliance élaborée dans les années 1891-1894, et en vigueur jusqu'en 1917, entre la France, qui obtint des garanties militaires pour sa défense, et la Russie, qui plaça sur le marché français les emprunts d'État pour le financement de son industrialisation.

Francs, peuple germanique, peut-être originaire des pays de la Baltique, qui donna son nom à la Gaule romaine après l'avoir conquise aux Ve et VIe siècles. On a longtemps distingué deux ensembles de tribus : les Francs Saliens, établis sur l'IJssel, et les Francs du Rhin, installés sur la rive droite du Rhin (auxquels on a longtemps donné à tort le nom de *Francs Ripuaires*). À la fin du IIIe siècle, ils renforcèrent l'armée romaine de nombreux auxiliaires et, au Ve siècle, les Francs du Rhin occupaient l'actuelle Rhénanie. Au VIe siècle, Clovis Ier unifia l'ensemble des Francs et conquit la Gaule du Nord.

Francs-tireurs et partisans (F. T. P.), formations de combat créées en 1942, issues du Parti communiste français et qui, au sein des Forces françaises de l'intérieur, jouèrent un rôle important dans la Résistance.

Franju *(Georges),* cinéaste français (Fougères 1912 - Paris 1987). Cofondateur de la Cinémathèque française en 1936 avec Henri Langlois, il devint l'un des plus remarquables documentaristes français (*le Sang des bêtes,* 1949), puis passa à la réalisation de longs métrages avec, notamment, *la Tête contre les murs* (1959), *Thérèse Desqueyroux* (1962), *Judex* (1964), où se mêlent violence et poésie.

Frank *(Anne),* mémorialiste allemande (Francfort-sur-le-Main 1929 - camp de concentration de Bergen-Belsen 1945). Israélite allemande émigrée avec sa famille aux Pays-Bas en 1933, elle écrivit, de 1942 à 1944, un *Journal* relatant leur vie et leur crainte quotidienne d'être découverts par les hitlériens.

Frank *(Robert),* photographe et cinéaste américain d'origine suisse (Zurich 1924). Regard subjectif sur le banal quotidien et écriture à dominante de gris, privilégiant l'espace, parfois le flou, en font l'un des initiateurs de la photographie contemporaine (*les Américains,* 1958).

Frankenstein ou le Prométhée moderne, roman de Mary Shelley (1818). Un savant reconstruit un être humain à partir de morceaux de différents corps. Il manque cependant au monstre l'« étincelle divine » et celui-ci se venge de cette infirmité. L'un des classiques du fantastique et du roman d'épouvante, qui a inspiré de nombreuses œuvres cinématographiques.

Frankfurter *(Felix),* juriste américain (Vienne, Autriche, 1882 - Washington 1965). Avocat, il acquit la célébrité par sa défense de Sacco et de Vanzetti. Il fut, ensuite, l'un des conseillers les plus écoutés du président Franklin D. Roosevelt, qui le nomma juge à la Cour suprême (1939-1962).

Frankfurter Allgemeine Zeitung, quotidien conservateur allemand fondé en 1949.

Franklin *(Benjamin),* homme politique, physicien et publiciste américain (Boston 1706 - Philadelphie 1790). Partisan des Lumières, député au premier Congrès américain (1774), il rédigea avec Jefferson et Adams la Déclaration d'indépendance (1776), vint à Versailles négocier l'alliance française et signa avec les Britanniques la paix reconnaissant l'indépendance des États-Unis (1783). Auteur de recherches sur les phénomènes électriques, Franklin a énoncé le principe de conservation de l'électricité, découvert la nature électrique de l'éclair et le pouvoir des pointes, ce qui l'a conduit à l'invention du paratonnerre (1752).

Franklin *(sir John),* navigateur britannique (Spilsby 1786 - Terre du Roi-Guillaume 1847). Il explora les côtes arctiques du Canada, fut gouverneur de la Tasmanie (1836-1843) puis périt dans une expédition destinée à découvrir le passage du Nord-Ouest.

Franquin *(André),* dessinateur belge (Bruxelles 1924). Il reprit, à partir de 1946, les aventures de *Spirou* dans l'hebdomadaire du même nom et créa *Gaston Lagaffe* en 1957.

Frantz *(Joseph),* aviateur français (Beaujeu 1890 - Paris 1979). Au cours de la Première Guerre mondiale, il remporta, avec son mécanicien Quénault, la première victoire en combat aérien de l'histoire (5 oct. 1914).

Frascati, v. d'Italie, près de Rome ; 20 043 hab. Vins. Centre de recherches nucléaires. C'est l'antique Tusculum. — Villas du XVIe siècle, dans un site remarquable.

Fraser *(le),* fl. du Canada, né dans les Rocheuses, qui coule dans des gorges profondes et se jette dans le Pacifique ; 1 200 km.

Fraternité républicaine irlandaise, mouvement révolutionnaire irlandais, fondé en 1858 aux États-Unis. Ses membres, les Fenians, se donnaient pour but de lutter pour l'indépendance de l'Irlande.

Fraunhofer *(Joseph von),* opticien et physicien allemand (Straubing, Bavière, 1787 - Munich 1826). Il inventa le spectroscope et put, grâce à son emploi, repérer les raies du spectre solaire (1814). Il utilisa les réseaux pour l'analyse de la lumière et dressa la première classification spectrale des étoiles.

Frazer *(sir James George),* anthropologue britannique (Glasgow 1854 - Cambridge 1941). Il a recueilli un nombre considérable de croyances et de rites des sociétés traditionnelles (*le Rameau d'or,* 1890-1915) et distingué une filiation entre la religion et la magie. Selon lui, l'histoire de la pensée humaine passerait par trois stades : magique, religieux et scientifique.

Fréchette *(Louis),* écrivain canadien d'expression française (Lévis 1839 - Montréal 1908). Il mit en vers épiques les grands épisodes de l'histoire canadienne (*la Légende d'un peuple,* 1887).

Fred (*Othon* Aristides, dit*),* dessinateur français d'origine grecque (Paris 1931). Avec *le Petit Cirque, Philémon,* publiés dans *Hara-Kiri* et dans *Pilote,* il a créé un univers fantastique et poétique ouvrant de nouvelles voies à la bande dessinée.

Frédégonde, reine de Neustrie (545-597), femme de Chilpéric Ier, qu'elle épousa après avoir fait étrangler sa femme, Galswinthe. Elle lutta contre Brunehaut, sœur de Galswinthe et reine d'Austrasie, dont elle fit tuer l'époux, Sigebert (575).

DANEMARK, NORVÈGE

Frédéric III (Haderslev 1609 - Copenhague 1670), roi de Danemark et de Norvège (1648-1670). Il rétablit le caractère absolu du pouvoir royal. **Frédéric VI** (Copenhague 1768 - *id.* 1839), roi de Danemark (1808-1839) et de Norvège (1808-1814). Allié à la France (1807), il dut céder la Norvège à la Suède (1814). **Frédéric VII** (Copenhague 1808 - Glücksburg 1863), roi de Danemark (1848-1863). C'est sous son règne qu'éclata l'affaire des Duchés. **Frédéric IX** (château de Sorgenfri 1899 - Copenhague 1972), roi de Danemark (1947-1972).

ÉLECTEUR PALATIN

Frédéric V (Amberg 1596 - Mayence 1632). Électeur palatin (1610-1623) et roi de Bohême (1619-20), chef de l'Union évangélique. Il fut vaincu à la Montagne Blanche (1620) par Ferdinand II.

EMPEREURS GERMANIQUES

Frédéric Ier Barberousse (Waiblingen 1122 - dans le Cydnos 1190), empereur germanique (1155-1190). Chef de la maison des Hohenstaufen et apparenté à la famille des Welf, il est élu roi des Romains en 1152. Voulant restaurer l'autorité impériale, notamment en Italie, il adopte d'abord une politique de compromis avec les grands d'Allemagne et accorde de larges concessions territoriales à Henri le Lion (Saxe, Bavière). Il se tourne ensuite vers l'Italie, où le pape Adrien IV l'appelle à son secours. Couronné empereur à Rome en 1155, il refuse cependant de se comporter en vassal du pape, ouvrant ainsi un long conflit avec la papauté. Sa politique centralisatrice se heurte par ailleurs à l'opposition des villes du Nord. Il fait raser Milan en 1162 ; mais la Ligue lombarde, constituée en 1167, alliée au pape Alexandre III, le défait à Legnano (1176) et Frédéric Ier doit signer la paix à deux reprises. Participant à la 3e croi-

sade (1189-90) aux côtés de Philippe Auguste et de Richard Cœur de Lion, il se noie en Cilicie. Il deviendra, dès le XVIe siècle, la figure mythique de l'empereur endormi sous le mont Kyffhäuser et destiné à réapparaître avec son armée pour réaliser les espérances populaires et nationales.

Frédéric II (Iesi, marche d'Ancône, 1194 - château de Fiorentino, près de Foggia, 1250), roi de Sicile (1197-1250) et empereur germanique (1220-1250), fils de Henri VI de Hohenstaufen et de Constance de Sicile. Proclamé roi de Sicile à l'âge de trois ans, il est élevé sous la tutelle du pape Innocent III. Celui-ci le fait élire roi de Germanie en 1212 afin de contrebalancer les menées de l'empereur germanique Otton IV. Après la défaite d'Otton IV contre le roi de France, Philippe Auguste, à Bouvines (1214), Frédéric II devient maître de l'Allemagne. Couronné empereur en 1220, il entre en conflit avec plusieurs villes italiennes, regroupées de nouveau en 1226 dans la Ligue lombarde, et avec le pape Grégoire IX, qui l'excommunie en 1227. Il se rend en Terre sainte et, ayant obtenu du sultan d'Égypte la cession de Jérusalem, il se couronne « roi de Jérusalem » (1229), puis se réconcilie avec le pape en 1230 (paix de San Germano). De nouveau confronté à la révolte des cités de la Ligue lombarde et de Toscane, il est excommunié une nouvelle fois en 1239. Puis le concile de 1245, convoqué par Innocent IV, le dépose. Il poursuit dès lors le combat sans arracher de victoire décisive.

Homme d'une grande ouverture d'esprit, il fait de Palerme une somptueuse capitale, où il attire de nombreux artistes, médecins, savants, juristes et philosophes, chrétiens et musulmans venus de tous les pays méditerranéens. Voulant faire du royaume de Sicile (l'île et l'Italie méridionale) un État moderne, il le dote d'une administration bureaucratique qui se heurte à une vive opposition. En revanche, en Allemagne, il accorde aux princes de telles libertés (en 1220 puis en 1231) que le royaume de Germanie devient une confédération d'États sous la direction lointaine de l'empereur.

Frédéric III de Styrie (Innsbruck 1415 - Linz 1493), roi des Romains (1440), empereur germanique (1452-1493).

PRUSSE

Frédéric Ier (Königsberg 1657 - Berlin 1713). Électeur de Brandebourg (1688), premier roi en Prusse (1701-1713), fils de Frédéric-Guillaume le Grand Électeur.

Frédéric II le Grand (Berlin 1712 - Potsdam 1786), roi de Prusse (1740-1786), fils de Frédéric-Guillaume Ier . Il doit son surnom aux exceptionnelles qualités qu'il déploya en tant que monarque, chef de guerre et amateur des arts, des sciences et de la philosophie. Allié à la France lors de la guerre de la succession d'Autriche, il obtient de l'impératrice Marie-Thérèse la cession de la Silésie en 1742. Il réussit, en dépit de graves revers essuyés pendant la guerre de Sept Ans, à conserver la Silésie. Il unit la Prusse royale au Brandebourg en obtenant la Prusse occidentale, à l'exception de Dantzig, lors du premier partage de la Pologne (1772). Ayant ainsi posé les bases territoriales qui font de son royaume une grande puissance, il prend en main l'administration du pays, développant le peuplement et la colonisation agricoles et favorisant l'industrie et le commerce. Il renforce son armée, avec laquelle il met en pratique ses inventions tactiques. Épris des lettres et de la philosophie françaises, grand amateur de musique (et virtuose de la flûte), il écrivit un *Anti-Machiavel* (1739), correspondit avec Voltaire, qu'il invita en Prusse, et s'acquit une réputation de « roi-philosophe ». Les théories de Frédéric II sur le pouvoir, sur l'autorité de l'État, qu'il veut fonder sur la raison et non sur la religion, font de lui le modèle du despote éclairé.

SAXE

Frédéric III le Sage (Torgau 1463 - Lochau 1525), duc-Électeur de Saxe (1486-1525). Il soutint Luther contre le pape et Charles Quint.

SICILE

Frédéric Ier, roi de Sicile (1197-1250), empereur germanique (1220-1250). [→ Frédéric II, empereur germanique.]

Frédéric-Auguste Ier le Juste (Dresde 1750 - *id.* 1827), roi de Saxe (1806-1827). Il fut l'allié fidèle de Napoléon, qui, au traité de Tilsit, lui donna le grand-duché de Varsovie (1807).

Frédéric-Charles, général et prince prussien (Berlin 1828 - Potsdam 1885). Neveu de Guillaume Ier, il contribua à la victoire de Sadowa (1866) et commanda la IIe armée pendant la guerre franco-allemande de 1870-71.

Frédéric-Guillaume, dit le Grand Électeur (Berlin 1620 - Potsdam 1688), Électeur de Brandebourg et duc de Prusse. Il monta sur le trône en 1640 et, après la signature des traités de Westphalie (1648), s'efforça de relever le Brandebourg. Chef de l'opposition calviniste aux impériaux, il accueillit après 1685 les protestants français.

Frédéric-Guillaume Ier, surnommé le Roi-Sergent (Berlin 1688 - Potsdam 1740), roi de Prusse (1713-1740). Il poursuivit l'œuvre de centralisation et de développement économique de ses prédécesseurs et s'attacha à renforcer l'armée prussienne, ce qui lui valut son surnom. Il légua à son fils, Frédéric II, un royaume puissant. **Frédéric-Guillaume II** (Berlin 1744 - *id.* 1797), roi de Prusse (1786-1797), neveu et successeur de Frédéric II. Il participa aux coalitions contre la France révolutionnaire mais, à la paix de Bâle (1795), dut céder à celle-ci la rive gauche du Rhin. Il participa aux deuxième et troisième partages de la Pologne (1793-1795). **Frédéric-Guillaume III** (Potsdam 1770 - Berlin 1840), roi de Prusse (1797-1840). Après l'effondrement de la Prusse devant Napoléon (1806-1807), il réussit avec le concours de Stein, Hardenberg, Scharnhorst, Gneisenau et Clausewitz à redresser le pays et à lui redonner son rang de grande puissance au congrès de Vienne (1815). **Frédéric-Guillaume IV** (Berlin 1795 - château de Sans-Souci 1861), roi de Prusse (1840-1861). Il dut accorder une Constitution en 1848. Atteint de troubles mentaux, il abandonna la régence à son frère Guillaume Ier en 1858.

Frédéric-Henri, prince d'Orange-Nassau (Delft 1584 - La Haye 1647). Stathouder des Provinces-Unies (1625-1647), il lutta contre les Espagnols pendant la guerre de Trente Ans.

Fredericton, v. du Canada, cap. du Nouveau-Brunswick ; 44 814 hab. Université.

Freetown, cap. de la Sierra Leone ; 470 000 hab. Fondée à la fin du XVIIIe siècle pour accueillir les esclaves noirs américains libérés, c'est la métropole politique, commerciale et universitaire du pays.

Frege *(Gottlob),* logicien et mathématicien allemand (Wismar 1848 - Bad Kleinen, Mecklembourg, 1925). Il est à l'origine de la formalisation des mathématiques (*Begriffschrift,* 1879) et de la doctrine logiciste du fondement des mathématiques (*les Fondements de l'arithmétique,* 1884). Il est le premier à avoir présenté une théorie cohérente du calcul des prédicats et du calcul des propositions. Il est également à l'origine de la sémiologie (*Sens et dénotation,* 1892).

Fréhel *(cap),* cap de la Bretagne (Côtes-d'Armor), fermant au nord-est la baie de Saint-Malo.

Frei *(Eduardo),* homme d'État chilien (Santiago 1911 - *id.* 1982). Chef de la Démocratie chrétienne, il fut président de la République de 1964 à 1970. Son fils **Eduardo Frei Ruíz-Tagle,** homme politique chilien (Santiago 1942), démocrate-chrétien, accède à son tour à la présidence de la République en 1994 (élu en 1993).

Freiberg, v. d'Allemagne, dans le Land de Saxe, au sud-ouest de Dresde ; 49 840 hab. Métallurgie. — Cathédrale des XIIIe-XVIe siècles (œuvres d'art), autres monuments et maisons anciennes. Musée de la Ville et des Mines.

Freiligrath *(Ferdinand),* poète allemand (Detmold 1810 - Stuttgart 1876). Auteur de ballades romantiques, il devint vers 1841 un poète politique (*Profession de foi,* 1844 ; *Nouvelles Poésies politiques et sociales,* 1851).

Freinet *(Célestin),* pédagogue français (Gars, Alpes-Maritimes, 1896 - Vence 1966). Il a développé une pédagogie fondée sur les groupes coopératifs au service de l'expression libre des enfants (création, impression de texte) et de la formation personnelle (*l'Éducation du travail,* 1947).

Freire *(Paulo),* pédagogue brésilien (Recife 1921). Il est l'auteur d'une méthode d'alphabétisation qui repose sur la prise de conscience de sa condition sociale par celui qui apprend (*Pédagogie des opprimés,* 1969).

Freischütz *(Der),* opéra en 3 actes de C. M. von Weber sur un livret de F. Kind, d'après *le Livre des fantômes* de J. Apel et F. Laun (Berlin, 1821). Écrit selon le genre du singspiel, il représente une des premières exploitations musicales de la fantasmagorie des poètes romantiques allemands.

Fréjus, ch.-l. de c. du Var ; 42 613 hab. *(Fréjusiens).* Évêché. Station balnéaire. — Vestiges romains. Cathédrale et cloître romans et gothiques, avec baptistère du Ve siècle ; Musée archéologique.

Fréjus *(col du* ou *de),* col des Alpes, à la frontière franco-italienne ; 2 542 m. À proximité, tunnels ferroviaire (dit parfois « du Mont-Cenis ») et routier.

French *(John),* maréchal britannique (Ripple, Kent, 1852 - Deal Castle, Kent, 1925). Chef d'état-major impérial en 1913, il commanda les troupes britanniques en France en 1914 et en 1915.

Frère *(Aubert),* général français (Grévillers, Pas-de-Calais, 1881 - Struthof 1944). Commandant le VIIe armée en 1940, il devint en 1942 chef de l'Organisation de résistance de l'armée, fut arrêté en 1943 par la Gestapo et mourut en déportation.

Frère-Orban *(Walthère),* homme politique belge (Liège 1812 - Bruxelles 1896). Chef du Parti libéral, président du Conseil (1878-1884), il déchaîna la « guerre scolaire » en établissant la neutralité confessionnelle de l'école publique.

Frères Karamazov *(les),* roman de Dostoïevski (1880). Le meurtre du père, Fedor Karamazov, met aux prises, à travers un réseau de fascination et d'incompréhension réciproques, ses quatre fils : Mitia, sensuel et passionné, Ivan, l'intellectuel sceptique, Aliocha, le mystique, et le pervers Smerdiakov, enfant naturel employé comme valet de chambre. C'est la première partie d'une trilogie inachevée, destinée à montrer le triomphe définitif de la charité et de la solidarité humaine à travers l'épreuve de la souffrance et de l'humiliation.

Frères musulmans, mouvement politico-religieux sunnite militant pour l'instauration de régimes conformes à la loi canonique *(charia).* Fondé en Égypte en 1927-28, ce mouvement a essaimé dans les années 1940 en Syrie et en Palestine.

Fréron *(Élie),* publiciste et critique français (Quimper 1718 - Montrouge 1776). Adversaire de Voltaire et des philosophes, il fonda la revue *l'Année littéraire.* Son fils **Stanislas,** homme politique français (Paris 1754 - Saint-Domingue 1802), membre de la Convention, réprima les insurrections girondines et royalistes à Marseille et à Toulon avant de conduire la réaction thermidorienne.

Frescobaldi *(Girolamo),* compositeur italien (Ferrare 1583 - Rome 1643), organiste de Saint-Pierre de Rome, novateur dans la musique pour orgue et pour clavecin (*Fiori musicali,* 1635).

Fresnay *(Pierre* Laudenbach, dit **Pierre),** acteur français (Paris 1897 - Neuilly-sur-Seine 1975). Comédien fin et racé, il s'affirma aussi bien au théâtre qu'au cinéma, où il interpréta la trilogie de Pagnol (*Marius, Fanny, César),* J. Renoir (*la Grande Illusion,* 1937), H. G. Clouzot (*le Corbeau,* 1943).

Fresneau *(François),* ingénieur français (Marennes 1703 - id. 1770). Il découvrit en Guyane l'hévéa et ses propriétés, ainsi que l'utilisation de la térébenthine comme dissolvant du caoutchouc (1763), cultiva la pomme de terre et en vanta les qualités bien avant Parmentier (1762).

Fresnel *(Augustin),* physicien français (Chambrais, auj. Broglie, Eure, 1788 - Ville-d'Avray 1827). Il prouva que la théorie ondulatoire de la lumière était la seule capable d'expliquer les interférences lumineuses. Il expliqua la polarisation de la lumière, créa en 1821 l'optique cristalline et inventa les lentilles à échelons pour phares.

Fresnes, ch.-l. de c. du Val-de-Marne, au sud de Paris ; 27 032 hab. *(Fresnois).* Prison. — Pendant la Seconde Guerre mondiale, les Allemands transformèrent la prison en camp de détenus politiques. — Écomusée (histoire, ethnologie).

Fresno, v. des États-Unis (Californie) ; 354 202 hab.

Freud *(Anna),* psychanalyste britannique d'origine autrichienne (Vienne 1895 - Londres 1982). Dernière-née des six enfants de S. Freud, elle se réfugie à Londres avec son père en 1938. Elle se consacre à la psychanalyse des enfants et ses conceptions s'opposent à celles de M. Klein. Anna Freud prône une psychanalyse renforçant le moi et mettant le thérapeute d'enfants dans une position de pédagogue. Elle a publié *le Moi et les Mécanismes de défense* (1937), *le Normal et le Pathologique chez l'enfant* (1965).

Freud *(Lucian),* peintre britannique d'origine allemande (Berlin 1922), petit-fils de Sigmund Freud. La matière somptueuse de ce figuratif sert une vision implacable (nus, portraits).

Freud *(Sigmund),* médecin autrichien (Freiberg, auj. Příbor, Moravie, 1856 - Londres 1939). Fondateur de la psychanalyse, il pense qu'à l'origine des troubles névrotiques se trouvent des désirs oubliés en rapport avec le complexe d'Œdipe et inconciliables avec les autres désirs ou avec la morale. Ces désirs refoulés continuent à exister dans l'inconscient, mais ne peuvent faire irruption dans la conscience qu'à condition d'être défigurés. C'est ainsi que, outre les symptômes névrotiques, se forment les rêves et les actes manqués (*l'Interprétation des rêves,* 1900 ; *Trois Essais sur la théorie de la sexualité,* 1905). Freud énonce une théorie anthropologique qui permet de comprendre à la fois la constitution dans l'histoire de l'humanité du complexe d'Œdipe et la prédominance des systèmes patriarcaux dans les sociétés humaines (*Totem et tabou,* 1912). À partir de 1920, avec la publication d' *Au-delà du principe de plaisir,* il oppose pulsion de vie et pulsion de mort et propose un nouveau modèle de l'appareil psychique : le moi, le ça et le surmoi. Il se consacre davantage à partir de cette époque aux grands problèmes de la civilisation, auxquels il applique la technique analytique (*l'Avenir d'une illusion,* 1927 ; *Malaise dans la civilisation,* 1930 ; *Moïse et le monothéisme,* 1939). En 1910, il fonde l'International Psychoanalytical Association (IPA), institution par rapport à laquelle tous les mouvements, tendances et institutions nationales se situeront après lui.

Freund *(Gisèle),* photographe française d'origine allemande (Berlin 1912). De nombreux portraits d'écrivains témoignent de son regard à la fois perspicace et retenu.

Freycinet *(Charles* de Saulces de*),* ingénieur et homme politique français (Foix 1828 - Paris 1923). Ministre des Travaux publics, quatre fois président du Conseil entre 1879 et 1892, il attacha son nom à la réalisation d'un programme de grands travaux (ports, canaux, chemins de fer). [Acad. fr. 1891.]

Freyr, dieu de la Fécondité dans la mythologie des anciens Germains. Fils de Njörd et frère de Freyja, déesse de la Magie, il personnifie la beauté. Époux de Gerd, la Terre, il préside à l'union sexuelle, à l'abondance, à la clarté du soleil.

Freyssinet *(Eugène),* ingénieur français (Objat, Corrèze, 1879 - Saint-Martin-Vésubie, Alpes-Maritimes, 1962). Le premier, il eut l'idée d'augmenter la compacité du béton en le soumettant à des vibrations (1917). Mais il fut surtout le véritable novateur de la précontrainte de ce matériau (1926), dont il codifia les conditions pratiques de réalisation. Il a également eu recours à la préfabrication intégrale (pour M. Lods, à Bagneux).

Fribourg, v. de Suisse, ch.-l. du canton de ce nom (1 670 km², 213 571 hab.), sur la Sarine ; 36 355 hab. *(Fribourgeois).* Université catholique. Constructions mécaniques. Industries alimentaires. — Cathédrale, surtout des XIIIe-XVe siècles, et autres monuments. Musée d'Art et d'Histoire.

Fribourg-en-Brisgau, *en all.* Freiburg im Breisgau, v. d'Allemagne, dans le Bade-Wurtemberg, anc. cap. du pays de Bade ; 187 767 hab. Université. — Cathédrale des XIIIe-XVIe siècles (retable de H. Baldung). Musée dans un ancien couvent.

Friedel *(Charles),* chimiste et minéralogiste français (Strasbourg 1832 - Montauban 1899). Auteur d'une méthode de synthèse organique, il fut l'un des premiers partisans français de la théorie atomique.

Friedland *(bataille de)* [14 juin 1807], victoire de Napoléon Ier sur les Russes en Prusse-Orientale. (Auj. Pravdinsk, Russie.)

Friedlander *(Lee),* photographe américain (Aberdeen, État de Washington, 1934). En montrant avec brutalité ce qu'avant lui on ne voulait pas voir (câbles, signalisation, reflets, rétroviseurs, etc.), il révèle le chaos urbain (*Photographs,* 1978). Lorsqu'il privilégie la nature (*Cherry Blossom Time in Japan,* 1986), l'absence de hiérarchie et l'imbrication des plans, ajoutées à sa liberté d'écriture, font de lui l'un des artistes les plus novateurs et influents de son époque.

Friedlingen *(bataille de)* [14 oct. 1702], bataille remportée par Villars sur les Impériaux, à Friedlingen, en face de Huningue.

Friedman *(Milton),* économiste américain (New York 1912). Chef de l'école dite « de Chicago », il est le promoteur d'un libéralisme renouvelé : *Capitalism and Freedom (Capitalisme et liberté)* [1962]. Pour ce monétariste néolibéral, l'État doit exercer un contrôle efficace sur la monnaie en circulation, celle-ci devant faire l'objet d'une expansion modérée et régulière pour appuyer la croissance économique. Friedman est par ailleurs l'héritier de Walras, dont il reprend le schéma de l'équilibre général. (Prix Nobel 1976.)

Friedrich *(Caspar David),* peintre allemand (Greifswald, près de Stralsund, 1774 - Dresde 1840). Paysagiste, formé à Copenhague, il traite par excellence ce thème romantique qu'est l'antithèse de l'homme solitaire et de la nature immense, avec une prédilection pour les sujets hivernaux, les reliefs sauvages, les étendues marines, les ruines médiévales et les crépuscules (musées de Hambourg, Berlin, Dresde notamm.).

Friedrichshafen, v. d'Allemagne, dans le Bade-Wurtemberg, sur le lac de Constance ; 53 493 hab. — Église du Château, aux décors baroques. Musées.

Frileuse, camp militaire (Yvelines), à 20 km env. à l'ouest-nord-ouest de Versailles.

Frioul, *en ital.* Friuli, région historique d'Italie, correspondant aux provinces d'Udine, de Pordenone et de Gorizia, qui forment, avec Trieste, la *région autonome de Frioul-Vénétie Julienne* (7 846 km² ; 1 193 520 hab.). Située entre la Piave et la frontière slovène, cette région, longtemps disputée, juxtapose une partie nord, alpestre, boisée, dépeuplée, et une partie sud, basse, extrémité nord-est de la plaine du Pô. Le Frioul, parfois affecté par des séismes, associe élevage, céréales, vignobles, petites industries et tourisme balnéaire. — Pays de l'ancienne Vénétie, le Frioul fut annexé au royaume d'Italie en 1866, sauf la province de Gorizia, autrichienne jusqu'en 1919.

Frisch *(Karl* von), zoologiste et éthologiste autrichien (Vienne 1886 - Munich 1982). Il a découvert le « langage » des abeilles, qui s'exprime par l'orientation de leur « danse ». Il a aussi étudié les organes des sens et l'univers sensoriel des invertébrés. (Prix Nobel 1973.)

Frisch *(Max),* écrivain suisse d'expression allemande (Zurich 1911 - *id.* 1991). Architecte passionné de littérature, un des chefs de file de la littérature suisse de l'après-guerre, il a subi l'influence de Brecht et de l'existentialisme. Son œuvre romanesque (*Stiller,* 1954 ; *Homo faber,* 1957) et dramatique (*Biedermann et les incendiaires,* 1958 ; *Andorra,* 1961) évoque la crise intellectuelle, morale et sociale du monde contemporain.

Frisch *(Ragnar),* économiste norvégien (Oslo 1895 - *id.* 1973). Un des fondateurs de l'économétrie, il a partagé avec J. Tinbergen le prix Nobel d'économie, décerné pour la première fois, en 1969.

Frise, *en néerl. et en all.* Friesland, région de plaines bordant la mer du Nord, précédée d'îles (archipel frison) et partagée entre les Pays-Bas (599 000 hab. ; ch.-l. *Leeuwarden*) et l'Allemagne (anc. *Frise-Orientale*). **HIST.** Habitée par les Frisons, peuple germanique, la région est conquise par les Romains puis par les Francs (IVᵉ s.). Évangélisée sous les Carolingiens, elle est annexée à la Flandre au XIᵉ siècle. En 1289, la Frise occidentale est intégrée au comté de Hollande. Érigée en comté d'Empire en 1464, la Frise orientale passe à la Prusse au XVIIIᵉ siècle. La Frise centrale est annexée par Charles Quint en 1523, avant de devenir un des États fondateurs des Provinces-Unies (1579).

Frobenius *(Leo),* anthropologue et explorateur allemand (Berlin 1873 - Biganzolo, lac Majeur, 1938). Il appuya la théorie du diffusionnisme culturel. Il a écrit *Mythologie de l'Atlantide* (12 vol., 1921-1928), *le Destin des civilisations* (1931).

Froberger *(Johann Jakob),* organiste et compositeur allemand (Stuttgart 1616 - Héricourt, Haute-Saône, 1667), principal créateur de la suite, auteur de pièces pour clavier.

Frobisher *(baie),* baie du Canada échancrant la terre de Baffin.

Frobisher *(sir Martin),* navigateur anglais (Altofts v. 1535 - Plymouth 1594). Il a exploré le Groenland et la terre de Baffin.

Frœschwiller → Reichshoffen.

Froissart *(Jean),* chroniqueur français (Valenciennes 1333 - Chimay apr. 1404). Ses *Chroniques* forment une peinture vivante du monde féodal entre 1325 et 1400.

Froment *(Nicolas),* peintre français, sans doute originaire du nord de la France (m. en

Avignon en 1483-84). Installé dans le Midi (Uzès, puis Avignon) à partir de 1465, il fut au service du roi René (triptyque du *Buisson ardent*, 1476, cathédrale d'Aix).

Fromentin *(Eugène),* peintre et écrivain français (La Rochelle 1820 - *id.* 1876). Orientaliste, il a représenté des scènes et des paysages observés en Afrique du Nord. Ses *Maîtres d'autrefois* (1876) constituent une importante étude sur la peinture flamande et hollandaise. Il a donné avec *Dominique* (1863) un des chefs-d'œuvre du roman psychologique (→ **Dominique**).

Fromm *(Erich),* psychanalyste américain d'origine allemande (Francfort-sur-le-Main 1900 - Muralto, Tessin, 1980). Il s'associa aux recherches de l'école de Francfort. Il s'efforça d'intégrer les facteurs socio-économiques au déterminisme des névroses. Il a écrit *la Peur de la liberté* (1941), *Espoir et révolution* (1968).

Fronde *(la),* troubles qui éclatèrent en France entre 1648 et 1652 pendant la minorité de Louis XIV. Dirigée contre le cardinal Mazarin, impopulaire en raison de sa politique fiscale et centralisatrice, la Fronde connut deux phases. La première, dite « Fronde parlementaire » (1648-49), est marquée par l'arrestation de Broussel, membre du parlement de Paris, l'édification de barricades dans la capitale et la retraite de la Cour à Saint-Germain. Malgré l'appui d'une partie de la noblesse (prince de Conti), le parlement, inquiet de l'agitation populaire, est contraint par l'armée de Condé de signer la paix. La seconde, dite « Fronde des princes », est déclenchée par l'arrestation de Condé et de Conti, dont les ambitions menacent le gouvernement. La haute noblesse soulève la province et, soutenue par l'Espagne, engage une véritable campagne contre les troupes royales. Appuyés par les parlementaires, les princes obtiennent l'exil temporaire de Mazarin. Mais de profondes dissensions (notamment le ralliement de Turenne à Louis XIV) affaiblissent les rebelles et Condé doit abandonner Paris, dont il s'était rendu maître. La royauté et la position de Mazarin sortirent renforcées de cette période troublée.

Front de libération nationale (F. L. N.), mouvement nationaliste algérien formé en 1954, qui encadra l'insurrection algérienne pendant la guerre d'Algérie (1954-1962). Il a été parti unique (1962-1989) au pouvoir jusqu'au 1992.

Frontenac *(Louis* de Buade, *comte* de*),* administrateur français (Saint-Germain-en-Laye v. 1620 - Québec 1698), gouverneur de la Nouvelle-France (1672-1682 et 1689-1698).

Frontignan, ch.-l. de c. de l'Hérault ; 16 315 hab. *(Frontignanais).* Vins muscats.

Front islamique du salut (F. I. S.), parti politique algérien. Principal parti islamiste, fondé en 1989, il est dissous en 1992 après l'annulation des élections législatives.

Front national (F. N.), parti politique français, créé en 1972, de tendance d'extrême droite et ayant pour président Jean-Marie Le Pen.

Front populaire, période pendant laquelle la France fut gouvernée par une coalition des partis de gauche (1936-1938). Formé par l'alliance du Parti communiste, de la S. F. I. O. et du Parti radical, le Front populaire remporte les élections de mai 1936 et arrive au pouvoir avec Léon Blum. Il réalise d'importantes réformes sociales (semaine de quarante heures, relèvement des salaires, congés payés, conventions collectives, délégués ouvriers) dans le cadre des accords Matignon. Sous la pression des événements extérieurs (guerre d'Espagne), le Front populaire se disloque rapidement (démission du premier cabinet Blum, juin 1937). Il prend fin en avril 1938, lors de l'accession au pouvoir d'Édouard Daladier.

Frosinone, v. d'Italie (Latium) ; ch.-l. de prov. ; 45 525 hab.

Frost *(Robert Lee),* poète américain (San Francisco 1874 - Boston 1963). Son œuvre, dont le réalisme n'exclut pas la méditation, s'inspire des paysages de la Nouvelle-Angleterre *(Au nord de Boston,* 1914 ; *Comédie de raison,* 1945).

Froude *(William),* ingénieur britannique (Dartington, Devon, 1810 - Simonstown, Afrique du Sud, 1879). Auteur de travaux en mécanique des fluides, il créa le premier bassin pour essais de modèles et inventa un type de frein hydraulique pour la mesure des couples moteurs au banc d'essai (1858).

Frounze → **Bichkek.**

fructidor an V *(coup d'État du 18)* [4 sept. 1797], un des coups d'État du Directoire, exécuté par les anciens Directeurs républicains (Barras, La Révellière-Lépeaux, Rewbell) contre le Conseil des Anciens et la nouvelle majorité des Cinq-Cents après les élections d'avril 1797, favorables aux royalistes.

Fry *(Christopher),* écrivain britannique (Bristol 1907). Il a écrit des drames poétiques dans une inspiration proche des mystères médiévaux *(La dame ne brûlera pas,* 1948).

F. S. U. (Fédération syndicale unitaire), organisation syndicale française créée en 1993, regroupant des syndicats de personnels de l'enseignement, notamment ceux de l'enseignement secondaire et supérieur, exclus en 1992 de la F. E. N.

F. T. P. → Francs-Tireurs et Partisans.

Fuad Ier ou **Fouad Ier** (Le Caire 1868 - *id.* 1936), sultan (1917-1922), puis roi (1922-1936) d'Égypte.

Fuchs (*Lazarus*), mathématicien allemand (Moschin, Posnanie, 1833 - Berlin 1902). Il est l'auteur d'une théorie des équations différentielles linéaires. Ses recherches ont influencé H. Poincaré.

Fuégiens, ensemble des peuples qui habitaient la Terre de Feu : Alakaluf, Yamana, Ona, et qui ont aujourd'hui totalement disparu.

Fuentes (*Carlos*), écrivain mexicain (Mexico 1928). Ses romans, qui dépeignent sa ville natale (*la Plus Limpide Région,* 1958) et font la satire de toutes les conventions du monde latino-américain, témoignent aussi d'un grand souci de recherche formelle (*la Mort d'Artemio Cruz,* 1962 ; *le Vieux Gringo,* 1985).

Fuerteventura, l'une des îles Canaries ; 1 688 km² ; 18 127 hab.

Fugger (*les*), famille de banquiers d'Augsbourg, propriétaires de mines d'argent et de cuivre, qui accorda son appui financier aux Habsbourg (XVe et XVIe s.).

Fuji, v. du Japon (Honshu) ; 222 490 hab. Centre industriel.

Fujian, prov. du sud-est de la Chine ; 120 000 km² ; 30 048 000 hab. (Cap. *Fuzhou.*)

Fujimori (*Alberto*), homme d'État péruvien (Lima 1938). Originaire d'une famille japonaise, il est président de la République depuis 1990.

Fujisawa, v. du Japon (Honshu) ; 350 330 hab.

Fujiwara, famille aristocratique japonaise qui usurpa pratiquement le pouvoir aux empereurs du milieu du IXe siècle au XIIe siècle.

Fuji-Yama ou **Fuji-San,** point culminant du Japon (Honshu), constitué par un volcan éteint ; 3 776 m.

Fukui, v. du Japon, sur la mer du Japon (Honshu) ; 252 743 hab.

Fukuoka, port du Japon (Kyushu), sur le détroit de Corée ; 1 237 062 hab.

Fukushima, v. du Japon, dans le nord de Honshu ; 277 528 hab.

Fukuyama, port du Japon (Honshu) ; 365 612 hab. Sidérurgie. — Monastère Myoo-in (sanctuaire d'époque heian).

Fulda, v. d'Allemagne, dans la Hesse, sur la Fulda (branche mère de la Weser) ; 55 381 hab. RELIG. En 744, un disciple de saint Boniface, l'apôtre de la Germanie, fonda à Fulda une abbaye bénédictine qui fut, au Moyen Âge, un important centre religieux, artistique et intellectuel. Un moment sécularisé lors de la guerre de Trente Ans, ce monastère devint, en 1752, le siège d'un évêché dont le titulaire avait le rang de prince. ARTS. Église St-Michel, dont le noyau est une rotonde du IXe siècle ; cathédrale baroque du début du XVIIIe. Musées.

Fuller (*Marie Louise,* dite Loïe*)*, artiste de music-hall américaine (Fullersburg, près de Chicago, 1862 - Paris 1928). Elle devint célèbre à Paris, où elle se produisit avec ses Ballets fantastiques (1892), et séduisit le public de toute l'Europe par ses grands jeux de voile qu'elle irisait d'effets de lumières colorées.

Fuller (*Richard Buckminster*), ingénieur américain (Milton, Massachusetts, 1895 - Los Angeles 1983). Il a étudié divers systèmes de préfabrication et s'est rendu célèbre par ses « coupoles géodésiques », constructions hémisphériques faites d'un réseau tridimensionnel de tiges d'acier (apr. 1945).

Fuller (*Samuel*), cinéaste américain (Worcester, Massachusetts, 1911). Son œuvre est marquée par son anticonformisme, son goût d'une violence jamais gratuite et son éclectisme : *J'ai vécu l'enfer de Corée* (1950), *le Jugement des flèches* (1957), *les Bas-fonds new-yorkais* (1961), *Shock Corridor* (1963), *Au-delà de la gloire* (1979), *Dressé pour tuer* (1982).

Fulton (*John*), physiologiste américain (Saint Paul, Minnesota, 1899 - New Haven, Connecticut, 1960). Professeur de physiologie, il étudia le système nerveux central et la contraction musculaire. Par ailleurs, il fut spécialiste de l'histoire de la médecine, qu'il enseigna également.

Fulton (*Robert*), mécanicien américain (Little Britain, auj. Fulton, Pennsylvanie, 1765 - New York 1815). Il construisit le premier sous-marin à hélice (1800), le *Nautulus* (plus tard *Nautilus*), et réalisa industriellement la propulsion des navires par la vapeur (1807).

Funabashi, v. du Japon, sur la baie de Tokyo (Honshu) ; 533 270 hab.

Funchal, port et cap. de Madère ; 49 000 hab. — Cathédrale de style manuélin aux chapelles baroques et autres monuments. Musées. Beaux jardins.

Fundy (*baie de*), baie de l'Atlantique (Canada et États-Unis). Marées d'une grande amplitude.

Funès *(Louis de)*, acteur français (Courbevoie 1914 - Nantes 1983). Il fut l'acteur comique le plus populaire des années 1960-1970 *(le Corniaud,* 1964 ; *le Gendarme de Saint-Tropez,* 1964 ; *la Grande Vadrouille,* 1966).

Fung, sultanat du centre du Soudan, établi sur la haute vallée du Nil et qui connut son apogée entre le XVIe et le XVIIIe siècle.

Furetière *(Antoine)*, écrivain français (Paris 1619 - *id.* 1688). Son *Essai d'un dictionnaire universel* (1684) le fit exclure de l'Académie française. Son *Dictionnaire universel* parut en Hollande en 1690. On lui doit aussi *le Roman bourgeois* (1666), évocation réaliste de la petite bourgeoisie et des gens de loi, et satire de la littérature romanesque.

Furies → **Érinyes.**

Furius Camillus *(Marcus)* → **Camillus.**

Furka *(la)*, col des Alpes suisses, près duquel le Rhône prend sa source ; 2 431 m.

Fürst *(Walter)*, héros de l'indépendance suisse. Compagnon de Guillaume Tell, il aurait juré, au nom du canton d'Uri, le serment du Rütli (1291).

Fürstenberg *(Wilhelm Egon)*, prélat allemand (Heiligenberg 1629 - Paris 1704). Évêque de Strasbourg (1682) et cardinal (1686), il favorisa la politique de Louis XIV en Alsace.

Furtado *(Celso)*, économiste et homme politique brésilien (Pombal, État de Paraíba, 1920). Spécialiste des problèmes du développement, ministre d'État pour le Développement économique (1962-63), il a joué un grand rôle dans l'organisation de la S. U. D. E. N. E. pour le développement du Nordeste, qu'il a dirigée de 1959 à 1964. Il a été ministre de la Culture de 1986 à 1990.

Fürth, v. d'Allemagne, dans le Land de Bavière ; 100 906 hab. Constructions électriques.

Furtwängler *(Wilhelm)*, chef d'orchestre allemand (Berlin 1886 - Ebersteinburg, auj. rattaché à Baden-Baden, 1954). Chef des orchestres philharmoniques de Vienne et de Berlin, il excella dans le répertoire classique et romantique allemand (Beethoven, Brahms, Wagner, Bruckner).

Fushun, v. de Chine (Liaoning) ; 1 241 000 hab. Métallurgie.

Füssli *(Johann Heinrich)*, en angl. Henry Fuseli, peintre suisse (Zurich 1741 - Londres 1825), installé en Angleterre en 1779. Son goût du fantastique, joint à des sujets et à des effets théâtraux, fait déjà de lui un romantique (scènes tirées de Shakespeare, de Milton, des *Nibelungen ; le Cauchemar,* 1781, Francfort).

Fust *(Johann)*, imprimeur allemand (Mayence v. 1400 - Paris 1466). Commanditaire de Gutenberg et associé à ses travaux depuis 1450 au moins, il se sépare de lui (1455) après un procès et publie, en collaboration avec Peter Schöffer, le *Psautier* de Mayence (1457), premier livre imprimé portant une date. On lui doit également la *Bible* de 1462.

Füst *(Milán)*, écrivain hongrois (Budapest 1888 - *id.* 1967). L'un des fondateurs de la revue *Nyugat (Occident),* il a laissé une œuvre de poète, de romancier et d'auteur dramatique, marquée par ses préoccupations philosophiques *(Rue des fantômes,* 1948).

Fustel de Coulanges *(Numa Denis)*, historien français (Paris 1830 - Massy 1889). Il est l'auteur de *la Cité antique* (1864) et de l'*Histoire des institutions de l'ancienne France* (1875-1892). Étudiant la création, les transformations et la désagrégation de la cité antique, depuis les origines indo-européennes jusqu'au triomphe du christianisme, il a dénoncé les illusions sur la liberté dans le monde antique.

Futuna, île volcanique française de la Mélanésie ; 4 324 hab. Avec Wallis, elle forme un territoire d'outre-mer.

Futuroscope, parc d'attractions consacré à l'image, ouvert en 1987 près de Poitiers, sur les communes de Jaunay-Clan et de Chasseneuil-du-Poitou (Vienne), et présentant les technologies audiovisuelles de l'avenir.

Fux *(Johann Joseph)*, compositeur autrichien (Hirtenfeld 1660 - Vienne 1741). Maître de chapelle à la cour de Vienne, il est l'auteur d'un *Gradus ad Parnassum* (1725), important ouvrage théorique.

Fuxin, v. de Chine (Liaoning) ; 470 000 hab. Houille. Sidérurgie.

Fuzhou, v. de Chine, cap. du Fujian ; 1 210 000 hab. Centre industriel.

Fuzuli *(Mehmed bin Süleyman)*, poète turc d'origine kurde (Karbala ? 1480 - *id.* 1556). Célèbre poète classique, il est l'auteur de *Divans,* en turc, en arabe et en persan.

Fyn → **Fionie.**

Fyt ou **Fijt** *(Jan)*, peintre flamand (Anvers 1611 - *id.* 1661). Ses natures mortes, ses animaux et ses fleurs sont remarquables par leur qualité proprement plastique et leur lyrisme *(le Paon mort,* musée Boymans, Rotterdam).

G

Gabčíkovo, v. de Slovaquie, proche du Danube. Aménagement hydroélectrique en construction sur le fleuve.

Gabès, port de Tunisie, sur le *golfe de Gabès* ; 92 000 hab. Palmeraie. Engrais.

Gabin *(Jean Alexis Moncorgé, dit Jean),* acteur français (Paris 1904 - Neuilly-sur-Seine 1976). Vedette très populaire, il imposa dans près de cent films son personnage de cabochard au grand cœur puis de vieil homme bougon et autoritaire : *la Bandera* (J. Duvivier, 1935) ; *la Grande Illusion* (J. Renoir, 1937) ; *le Quai des Brumes* (M. Carné, 1938) ; *la Bête humaine* (J. Renoir, 1938) ; *Le jour se lève* (id., 1939) ; *Touchez pas au grisbi* (J. Becker, 1954) ; *Mélodie en sous-sol* (H. Verneuil, 1963) ; *le Chat* (P. Granier-Deferre, 1971).

Gable *(Clark),* acteur américain (Cadiz, Ohio, 1901 - Hollywood 1960). Incarnation de l'aventurier séducteur, parfois cynique, il fut l'une des grandes stars de Hollywood : *New York-Miami* (F. Capra, 1934) ; *les Révoltés du Bounty* (F. Lloyd, 1935) ; *Autant en emporte le vent* (V. Fleming, 1939) ; *The Misfits* (J. Huston, 1961).

Gabo *(Naum)* → Pevsner (les frères).

Gabon *(le),* estuaire de la côte d'Afrique, sur l'Atlantique, qui a donné son nom à la République du Gabon.

Gabon, État de l'Afrique équatoriale ; 268 000 km² ; 1 200 000 hab. *(Gabonais).* CAP. *Libreville.* LANGUE : *français.* MONNAIE : *franc C. F. A.*

GÉOGRAPHIE

Vaste comme la moitié de la France, le Gabon est faiblement peuplé. Les industries extractives sont, avec l'exploitation de la forêt (environ 80 % du territoire), les ressources essentielles de ce pays chaud et humide. Le sous-sol fournit du manganèse, de l'uranium et surtout du pétrole. L'industrialisation, encore limitée, a accéléré l'exode rural et l'urbanisation et entraîné la stagnation de l'agriculture : le pays importe la majeure partie de son alimentation. Les revenus du pétrole expliquent un P. I. B. élevé, l'excédent du commerce extérieur, effectué surtout avec la France (de loin le premier fournisseur), devant les États-Unis (surtout importateurs de brut) et, finalement, le poids économique (sinon politique) du Gabon (malgré une dette notable).

HISTOIRE

Ses plus anciens habitants sont probablement les Pygmées, vivant dans l'arrière-pays.

XVe s. Les Portugais atteignent la côte.

Aux XVIIe et XVIIIe s., les Européens exploitent les matières premières du pays et viennent y chercher de nombreux esclaves.

1843. La France crée le premier établissement permanent.

Les Fang refoulent les populations autochtones vers la côte.

1886. Le Gabon est constitué en colonie.

1910. Il est intégré à l'Afrique-Équatoriale française.

1960. Le Gabon devient une république indépendante.

1967. Albert B. Bongo devient chef de l'État.

1990. Instauration du multipartisme.

Gabor *(Dennis),* physicien britannique d'origine hongroise (Budapest 1900 - Londres 1979). Il inventa l'holographie en 1948. (Prix Nobel 1971.)

Gaboriau *(Émile),* écrivain français (Saujon 1832 - Paris 1873). Accordant une place privilégiée au raisonnement et à l'énigme, il fut un des créateurs du roman policier (l'*Affaire Lerouge,* 1866).

Gaborone, cap. du Botswana ; 138 000 hab.

Gabriel, ange figurant dans les classifications du judaïsme tardif ; il est, avec Michel et Raphaël, l'un des trois anges auxquels la Bible donne un nom propre. Dans l'Évangile de Luc, il a pour mission d'annoncer à Zacharie la naissance de Jean le Baptiste et à la Vierge Marie celle de Jésus. La tradition chrétienne a fait de lui un des sept archanges. Dans le Coran, Gabriel (Djabraïl) est l'intermédiaire par lequel la parole de Dieu est transmise au Prophète.

Gabriel, famille d'architectes français dont les principaux sont : **Jacques V** (Paris 1667 - *id.* 1742), disciple de J. H. Mansart, qui travailla pour Paris, Orléans, Blois, Dijon, Rennes (hôtel de ville), Bordeaux (place Royale, auj. place de la Bourse) ; **Jacques Ange,** son fils (Paris 1698 - *id.* 1782), dont les chefs-d'œuvre sont, à Versailles, l'Opéra du château et le Petit Trianon, à Paris, la place Louis-XV (auj. place de la Concorde) et l'École militaire. Bien qu'entièrement réalisée sous le règne du « Bien-Aimé », l'œuvre de Jacques Ange, harmonieuse et puissante, tourne le dos au rococo pour ouvrir la voie du néoclassicisme.

Gabrieli *(Andrea)* [Venise v. 1510 - *id.* 1586] et son neveu **Giovanni** (Venise v. 1553 - *id.* 1612), organistes et compositeurs vénitiens de musique instrumentale (*Canzoni, Sonate*) et vocale (motets à double chœur). Ils sont à l'origine du style concertant.

Gabrovo, v. de Bulgarie, au pied du Balkan ; 82 000 hab. — Parc ethnographique (reconstitutions d'ateliers d'artisans).

Gadda *(Carlo Emilio),* écrivain italien (Milan 1893 - Rome 1973). Ses romans le montrent curieux de recherches verbales et stylistiques (*le Château d'Udine,* 1934 ; *l'Affreux Pastis de la rue des Merles,* 1957 ; *la Connaissance de la douleur,* 1938-1963).

Gaddi, peintres florentins dont les principaux sont : **Taddeo** (documenté de 1327 à 1366), élève de Giotto, et son fils **Agnolo** (documenté de 1369 à 1396), tous deux auteurs, à cinquante ans de distance, de fresques dans l'église S. Croce de Florence, celles du second étant d'un style plus pittoresque.

Gades ou **Gadès,** v. de l'Espagne antique. (Auj. *Cadix.*)

Gaëls, peuple celtique établi en Irlande et en Écosse vers la fin du Ier millénaire av. J.-C.

Gaète, *en ital.* Gaeta, port d'Italie, sur la mer Tyrrhénienne ; 22 393 hab. — Cathédrale avec beau campanile remontant au XIe siècle. Mausolée romain sur le mont Orlando.

Gafsa, v. de la Tunisie méridionale ; 61 000 hab. Phosphates.

Gagaouzes, peuple turc et chrétien habitant la République de Moldavie et la Dobroudja.

Gagarine *(Iouri Alekseïevitch),* pilote militaire et cosmonaute soviétique (Klouchino, auj. Gagarine, région de Smolensk, 1934 - région de Vladimir 1968). Premier homme lancé dans l'espace, il effectua une révolution autour de la Terre, le 12 avril 1961, au cours d'un vol de 108 min à bord du vaisseau spatial Vostok 1.

Gagnoa, v. de la Côte d'Ivoire ; 42 000 hab.

Gagny, ch.-l. de c. de la Seine-Saint-Denis ; 36 151 hab. Plâtre.

Gaia ou **Gê,** déesse de la mythologie grecque qui personnifie la Terre conçue comme l'élément primordial d'où sont issues les races divines et comme la mère universelle. Le Ciel, Ouranos, en se penchant sur elle, donna la vie aux Titans, aux Cyclopes et à divers monstres marins. Gaia poussa son fils Cronos à mutiler Ouranos.

Gaillac, ch.-l. de c. du Tarn, sur le Tarn ; 10 667 hab. *(Gaillacois).* Vins. — Église St-Michel, surtout des XIIIe-XIVe siècles. Musées.

Gainsborough *(Thomas),* peintre britannique (Sudbury, Suffolk, 1727 - Londres 1788). Élève, notamment, à Londres, du dessinateur français Gravelot, influencé par Van Dyck, il fit une carrière mondaine à Ipswich, à Bath (1759) puis à Londres (1774), conférant une grande élégance à ses portraits, surtout féminins, s'inspirant des Hollandais dans ses paysages, d'une liberté et d'une sensibilité nouvelles. Sa rivalité avec Reynolds lui inspira le *Blue Boy* du musée de San Marino (Californie). Son lyrisme, sa technique frémissante jettent un pont entre l'époque rocaille et le romantisme.

Gainsbourg *(Lucien* Ginsburg, dit *Serge),* auteur-compositeur et chanteur français (Paris 1928 - *id.* 1991). Doué d'un grand talent littéraire, ouvert à toutes les innovations musicales, il a composé de très nombreuses chansons et imposé un personnage ingrat et cynique qui laisse deviner une forte sensibilité. Il s'est exercé au dessin et il a réalisé plusieurs films (*Je t'aime, moi non plus,* 1975).

Gai Savoir *(le),* œuvre de F. Nietzsche (1882, édition complétée en 1886).

Galaad, un des chevaliers de la Table ronde, fils naturel de Lancelot et de la fille du Roi pêcheur. Il est le chevalier parfaitement pur, qui aura le privilège de contempler le Saint-Graal.

Galápagos *(îles),* archipel volcanique du Pacifique, à l'ouest de l'Équateur, dont il dépend depuis 1832 ; 7 800 km² ; 8 400 hab. Les 13 îles de l'archipel abritent des espèces animales rares (parc national).

Galatée, divinité marine de la mythologie grecque. Aimée du cyclope Polyphème, elle lui préféra le berger Acis. Polyphème ayant écrasé celui-ci sous un rocher, Galatée transforma son amant en un fleuve et, se jetant à la mer, rejoignit ses sœurs les Néréides.

Galați, port de Roumanie, sur le Danube ; 325 788 hab. Sidérurgie. — Église fortifiée de Precista, reconstruite au XVIIᵉ siècle. Musées.

Galatie, ancienne région du centre de l'Asie Mineure. Des populations d'origine celtique (en grec *Galatai,* Gaulois) venues d'Europe s'y installèrent au IIIᵉ s. av. J.-C. Province romaine en 25 av. J.-C., la Galatie fut évangélisée par saint Paul (Épître aux Galates).

Galba *(Servius Sulpicius),* empereur romain (Terracina v. 3 av. J.-C. - Rome 69 apr. J.-C.). Successeur de Néron, sept mois empereur (68-69), il fut assassiné par les partisans d'Othon.

Galbraith *(John Kenneth),* économiste américain (Iona Station, Ontario, 1908). Collaborateur de Roosevelt, il a analysé la société de consommation (*l'Ère de l'opulence,* 1958) et théorisa le phénomène du « management » (*le Nouvel État industriel,* 1967). À la tête, en 1945, du Strategic Bombing Survey chargé d'évaluer les effets des raids sur les économies allemande et japonaise, il dresse les plans d'assistance à ces deux pays. Il retourne à Harvard en 1948 pour y défendre des thèses néokeynésiennes, qui seront suivies par les démocrates au pouvoir.

Galdós *(Benito Pérez)* → **Pérez Galdós.**

Galère, *en lat.* Caius Galerius Valerius Maximianus (Illyrie v. 250 - Nicomédie 311), empereur romain de la tétrarchie, gendre de Dioclétien. César en 293, il devint auguste après l'abdication de Dioclétien (305). Il fut l'instigateur de la persécution dite « de Dioclétien » ; devant son échec, il promulgua en 311 l'édit de tolérance de Nicomédie.

Galibier, col routier des Hautes-Alpes (2 645 m), unissant Briançon à la Maurienne.

Galice, *en esp.* Galicia, région du nord-ouest de l'Espagne, qui constitue une communauté autonome regroupant les quatre provinces de La Corogne, Lugo, Orense et Pontevedra ; 29 500 km² ; 2 700 288 hab. *(Galiciens).* C'est une région humide, couverte de bois et

de prairies (élevage bovin), au littoral coupé de rias, animé par la pêche.

Galicie, région de l'Europe centrale, au nord des Carpates, partagée entre la Pologne (v. princ. *Cracovie*) et l'Ukraine (v. princ. *Lvov*). — Elle a appartenu à la Pologne puis à l'Autriche (1772-1918). La Galicie orientale, attribuée à la Pologne (1923), fut annexée par l'U. R. S. S. (1939).

Galien *(Claude),* médecin grec (Pergame v. 131 - Rome ou Pergame v. 201). Malgré ses erreurs et ses théories fantaisistes, il fit d'importantes découvertes en anatomie, utilisa l'expérimentation animale, encouragea l'examen du malade et le diagnostic logique. Il s'opposa aux thèses d'Hippocrate mais reprit en fait certaines de ses idées. Comme avant lui Asclépiade et Celse, ce médecin et philosophe représente l'apport du monde grec à la médecine romaine. L'Europe en fera un des piliers de la médecine jusqu'à la Renaissance.

Galigaï *(Leonora* Dori*, dite),* épouse de Concini, favorite de Marie de Médicis (Florence v. 1571 - Paris 1617). Elle partagea la disgrâce de son mari et fut exécutée pour sorcellerie.

Galilée, province du nord de la Palestine. Les récits évangéliques relatifs à la vie de Jésus mentionnent souvent les cités de cette région : Nazareth, où Jésus passa son enfance et sa jeunesse ; Tibériade, Cana et Capharnaüm, entre lesquelles il se déplace au cours de la première période de sa prédication.

Galilée *(Galileo* Galilei, *dit),* physicien, astronome et écrivain italien (Pise 1564 - Arcetri 1642). Il est l'un des fondateurs de la science moderne et a joué un rôle majeur dans l'introduction des mathématiques pour formuler les lois de la physique et notamment de la mécanique. Il a découvert la loi de la chute des corps dans le vide, énoncé, le premier, le principe de relativité, donné une première formulation du principe de l'inertie, pressenti le principe de la composition des vitesses et mis en évidence l'isochronisme des oscillations du pendule. En introduisant l'emploi de la lunette en astronomie (1609), il a été aussi à l'origine d'une révolution dans l'observation de l'Univers. Il découvrit notamment le relief de la Lune, les principaux satellites de Jupiter, les phases de Vénus et la présence d'étoiles dans la Voie lactée. Rallié au système du monde proposé par Copernic, il dut se rétracter devant l'Inquisition (1633). L'Église catholique l'a réhabilité en 1992.

Galitzine → **Golitsyne.**

Gall *(Franz Joseph),* médecin allemand (Tiefenbronn, Bade-Wurtemberg, 1758 - Montrouge 1828). Anatomiste réputé du système nerveux, il créa la phrénologie. Mais la vraie contribution de cette théorie, par ailleurs erronée, était l'idée que chaque région de l'encéphale a une fonction précise.

Galla → **Oromo.**

Galla Placidia, princesse romaine (389 ou 392 - Rome 450). Fille de Théodose Ier, femme d'Athaulf (414), puis (417) de Constance III, elle réussit à faire monter sur le trône son fils Valentinien III. Son mausolée, à Ravenne, est célèbre pour ses mosaïques.

Galle, port de Sri Lanka, sur la côte sud-ouest ; 102 000 hab.

Galle *(Johann),* astronome allemand (Pabsthaus 1812 - Potsdam 1910). En 1846, il découvrit la planète Neptune, sur les indications de Le Verrier qui en avait prévu l'existence et la position par le calcul.

Gallé *(Émile),* verrier, céramiste et ébéniste français (Nancy 1846 - *id.* 1904). Animateur de l'école de Nancy, centre majeur de l'Art nouveau, il a orienté les arts décoratifs vers un symbolisme poétique.

Gallegos *(Rómulo),* écrivain et homme d'État vénézuélien (Caracas 1884 - *id.* 1969). Auteur de romans qui peignent la vie de la savane ou de la forêt vénézuéliennes (*Doña Bárbara,* 1929 ; *Canaima,* 1935), il fut président de la République en 1948.

Galles *(pays de),* en angl. **Wales,** en gallois **Cymru,** région de l'ouest de la Grande-Bretagne formée de huit comtés ; 20 800 km² ; 2 798 200 hab. *(Gallois).*

GÉOGRAPHIE

Face à l'Irlande, la péninsule galloise est fortement individualisée par le milieu naturel (paysage dominant de plateaux entre 200 et 600 m, où l'extension des landes et des tourbières est liée à l'humidité et à la fraîcheur du climat) et aussi humain, malgré le recul de la langue galloise, parlée seulement par 20 % de la population. Celle-ci se concentre sur la côte sud, de Llanelly à Newport (par Swansea et Cardiff), mais reste stagnante. La traditionnelle émigration a été accélérée par le déclin de l'extraction houillère et de la sidérurgie, par le marasme de la chimie, que ne compensent ni un certain essor du tourisme estival ni la survie, dans l'intérieur (auj. dépeuplé), de l'élevage ovin.

HISTOIRE

Occupé par une population de langue celtique, le pays est à peine touché par la conquête romaine. Après avoir résisté aux menaces des Irlandais, les Gallois repoussent les Anglo-Saxons. Malgré ses divisions (organisation tribale à l'intérieur de quatre royaumes), le pays de Galles réussit à contenir les raids scandinaves. Aux XIe et XIIe siècles, les Anglo-Normands conquièrent avec difficulté le sud du pays. Sous les règnes de Llewelyn ap Iorwerth (1194-1240) et de Llewelyn ap Gruffydd (1246-1282), le pays de Galles oppose une forte résistance aux ingérences anglaises. En 1284, Édouard Ier d'Angleterre achève la soumission de la région. Mais le pays de Galles est seulement incorporé à l'Angleterre à partir du règne d'Henri VIII, par les statuts de 1536 et de 1542.

Galles *(prince de),* titre britannique porté par le fils aîné du souverain, créé en 1301.

Gallien, en lat. **Publius Licinius Egnatius Gallienus** (v. 218 - Milan 268), empereur romain (253-268), d'abord associé à son père Valérien. Lettré et philosophe, il consacra ses efforts à la défense de l'Italie, laissant plusieurs provinces (Gaule, Palmyre) se donner des souverains particuliers.

Gallieni *(Joseph),* maréchal de France (Saint-Béat 1849 - Versailles 1916). Après avoir servi au Soudan et au Tonkin, il pacifia et organisa Madagascar (1896-1905). Gouverneur de Paris en 1914, il participa à la victoire de la Marne. Ministre de la Guerre en 1915-16, il fut fait maréchal à titre posthume en 1921.

Galliffet *(Gaston de),* général français (Paris 1830 - *id.* 1909). Il se distingua à Sedan en 1870, puis réprima durement la Commune. Il fut ministre de la Guerre de 1899 à 1900.

Gallimard, maison d'édition française créée en 1911 par Gaston Gallimard (1881-1975) et les fondateurs de la *Nouvelle Revue française,* et dont la raison sociale fut jusqu'en 1919 « Éditions de la Nouvelle Revue française ». Elle a publié les grands noms de la littérature et tient une place prépondérante dans la vie littéraire.

Gallipoli, en turc **Gelibolu,** v. de Turquie, en Europe, sur la rive est de la *péninsule de Gallipoli,* dominant les Dardanelles ; 18 670 hab. -- Principal objectif de l'expédition alliée de 1915.

Gallup *(George Horace),* statisticien américain (Jefferson, Iowa, 1901 - Tschingel, canton de Berne, 1984). Il créa, en 1935, un important institut de sondages d'opinion.

Galois *(Évariste),* mathématicien français (Bourg-la-Reine 1811 - Paris 1832). Exaspéré par les injustices sociales, il participa activement au mouvement républicain. Il fut mortellement blessé dans un duel pour une banale intrigue. En 1829, Galois avait soumis trois mémoires à l'Académie des sciences, dans lesquels il développait la théorie des groupes. Ces mémoires furent égarés, un quatrième rejeté en 1831 par Poisson. La nuit précédant sa mort, Galois rassembla dans une lettre ses principales idées. Ses travaux, d'une exceptionnelle fécondité, ne furent reconnus qu'en 1870, après la parution du *Traité des substitutions et des équations algébriques* de C. Jordan, qui en donne une première présentation complète et claire.

Galswinthe, reine de Neustrie (v. 540-568), sœur aînée de Brunehaut et deuxième femme de Chilpéric Ier. Elle fut étranglée à l'instigation de Frédégonde.

Galsworthy *(John)*, écrivain britannique (Coombe, auj. dans Londres, 1867 - Londres 1933). Ses romans donnent une peinture critique de la haute bourgeoisie et des conventions sociales (*la Saga des Forsyte*, 1906-1921). [Prix Nobel 1932.]

Galton *(sir Francis)*, physiologiste britannique (près de Birmingham 1822 - près de Londres 1911). Cousin de C. Darwin, il est l'un des fondateurs de l'eugénisme et de la méthode statistique.

Galvani *(Luigi)*, physicien et médecin italien (Bologne 1737 - id. 1798). Ayant observé, en 1786, les contractions des muscles d'une grenouille écorchée au contact d'un scalpel, il attribua ce phénomène à une forme d'électricité animale, interprétation démentie par Volta.

Gama *(Vasco de)*, navigateur portugais (Sines v. 1469 - Cochin 1524). D'origine noble, il se voit confier en 1497, par le roi du Portugal, la direction d'une grande expédition maritime devant ouvrir la route directe vers les terres orientales, productrices d'épices, dont le commerce est alors aux mains des marchands arabes. Parti de Lisbonne le 8 juillet 1497 avec quatre navires, il franchit le cap de Bonne-Espérance le 22 novembre, aborde, à Noël, une terre qu'il baptise « Natal » et fait escale en divers autres points de la côte orientale de l'Afrique (auj. Mozambique et Kenya). Avec le concours d'un pilote arabe, il atteint l'Inde (mai 1498) à Calicut, dont le souverain lui accorde un traité de commerce. Malgré un retour difficile au Portugal, qu'il regagne en août 1499, son expédition est un succès commercial. Reparti pour l'Orient en 1502 avec vingt navires, il s'empare de villes africaines (auj. au Mozambique), élimine de ces régions les rivaux arabes et fonde, en Inde, à Cochin, le premier comptoir portugais d'Asie. Rentré à Lisbonne en 1503, il n'est nommé vice-roi des Indes qu'en 1524 et meurt l'année même de son arrivée à Cochin. Par ses voyages, Vasco de Gama a fait triompher les entreprises portugaises entamées au début du XVe siècle, en soustrayant aux Arabes le commerce des épices et en établissant en Inde et en Afrique les bases d'un puissant empire.

Gambetta *(Léon)*, avocat et homme politique français (Cahors 1838 - Ville-d'Avray 1882). ■ **L'orateur républicain et le patriote.** Célèbre comme avocat pour ses opinions républicaines, il rédige le « programme démocratique radical » de Belleville, sur lequel il est élu député en 1869, et prend la tête de l'opposition contre l'Empire. Après la défaite de Sedan, il proclame la déchéance de Napoléon III et la république (4 sept. 1870). Ministre dans le gouvernement de la Défense nationale, partisan de la guerre à outrance, il quitte en ballon la capitale assiégée (oct.) et, depuis Tours, organise la résistance.
■ **Le chef de l'opposition républicaine.** À nouveau député à partir de juillet 1871, il fonde un journal (*la République française*) et se fait en province le « commis-voyageur » de l'idée républicaine. Lorsque Mac-Mahon est porté au pouvoir par la coalition monarchiste de l'Ordre moral (1873), Gambetta réussit à faire adopter les lois constitutionnelles fondant la république (1875). Lors de la crise du 16 mai 1877, il est à la tête de l'opposition parlementaire et républicaine, dirigée contre le président Mac-Mahon. La Chambre des députés ayant été dissoute, il engage le chef de l'État à « se soumettre ou se démettre » en cas de victoire républicaine aux élections. Cette victoire acquise, Mac-Mahon démissionne.
■ **L'homme de gouvernement.** Après avoir refusé la présidence de la République, Gambetta devient président de la Chambre (1879) avant de former, en novembre 1881, son « grand ministère d'Union républicaine », composé d'hommes jeunes. Mais il se heurte à l'opposition de la droite, des revanchards, qui lui reprochent son manque de fermeté à l'égard de l'Allemagne, et des radicaux, conduits par Clemenceau. Gambetta (comme Jules Ferry) fait en effet partie des républicains opportunistes qui souhaitent réaliser progressivement des réformes (surtout politiques et scolaires) tandis que les radicaux voudraient le précipiter. Il démissionne en janvier 1882 et meurt accidentellement en décembre de cette même année.

Gambie *(la)*, fl. d'Afrique, en Sénégambie, qui se jette dans l'Atlantique ; 1 100 km.

Gambie, État de l'Afrique occidentale, s'étendant de part et d'autre du cours inférieur de la *Gambie* ; 11 300 km² ; 900 000 hab. CAP. *Banjul*. LANGUE : *anglais*. MONNAIE : *dalasi*.

GÉOGRAPHIE

Constitué d'une bande de terrain (20 à 50 km de largeur sur une longueur de 300 km) de part et d'autre du *fleuve Gambie*, peuplé surtout de Mandé, de Peuls et de Ouolof, le pays, pauvre, associe, aux cultures vivrières, l'arachide (base des exportations) et un tourisme naissant.

HISTOIRE

XIIIᵉ-XVIᵉ s. Vassale du Mali, l'actuelle Gambie est découverte par les Portugais en 1455-56.

XVIIᵉ s. Les marchands européens d'esclaves s'y installent.

1783. La Gambie devient possession britannique.

1965. Indépendance dans le cadre du Commonwealth.

1970. Le pays adopte une Constitution républicaine.

1981-1989. Confédération avec le Sénégal (Sénégambie).

Gambier *(îles),* archipel de la Polynésie française, au S.-E. des Tuamotu ; 620 hab. — Découvert en 1797 par les Anglais, cet archipel devint français de fait en 1844, en droit en 1881.

Gamelin *(Maurice),* général français (Paris 1872 - *id.* 1958). Collaborateur de Joffre (1914-15), chef d'état-major de la Défense nationale en 1938, il commanda les forces franco-britanniques de septembre 1939 au 19 mai 1940 avant d'être remplacé par Weygand.

Gamow *(George Anthony),* physicien américain d'origine russe (Odessa 1904 - Boulder, Colorado, 1968). Il a donné son nom à la barrière de potentiel contrôlant l'accès du noyau d'un atome. En cosmologie, il a repris et développé l'hypothèse selon laquelle l'Univers, actuellement en expansion, aurait connu une explosion primordiale (1948).

Gance *(Abel),* cinéaste français (Paris 1889 - *id.* 1981). Il débute au cinéma comme acteur dès 1909 et réalise en 1911 son premier film, *la Digue.* Dès 1915, il expérimente certaines techniques nouvelles (utilisation de miroirs déformants) et tourne successivement *la Zone de la mort* (1917), *Mater Dolorosa* (1917), *la Dixième Symphonie* (1918 ; nouvelle version sonore en 1932), *J'accuse* (1919 ; version sonore en 1937), *la Roue* (1923) et, surtout, *Napoléon* (1927 ; version sonore en 1935) [→ Napoléon], œuvre monumentale destinée à être projetée sur trois écrans. Gance effraie les producteurs par son goût de l'épopée, son lyrisme touffu, son sens visionnaire.

Il doit se contenter de tourner des œuvres aux ambitions plus limitées. En 1935, il signe *Lucrèce Borgia,* puis *la Tour de Nesle* (1954) et *Austerlitz* (1960). Pionnier du langage cinématographique, il a aussi inventé plusieurs procédés techniques révolutionnaires tels que la *perspective sonore* (1929), le *Pictographe* (1938) et surtout la *polyvision* (1925) et le *triple écran,* qui influencera les inventeurs du CinémaScope.

Gand, *en néerl.* Gent, port de Belgique, ch.-l. de la Flandre-Orientale ; 230 246 hab. *(Gantois).* Évêché. Université. **GÉOGR.** Au confluent de l'Escaut et de la Lys, Gand est reliée à la mer par le canal de Terneuzen. C'est surtout un port d'importation et un centre industriel (sidérurgie, chimie, construction automobile, ayant relayé le traditionnel textile). **HIST.** Au XIᵉ siècle, la ville se constitue autour des abbayes de St-Bavon et de St-Pierre et devient au XIIIᵉ siècle la première ville drapière d'Europe. La charte de 1277 marque la prépondérance du patriciat gantois, qui, allié aux rois de France, perd en 1302 le gouvernement de la ville au profit des gens de métier. Le XIVᵉ siècle est caractérisé par des révoltes populaires ; J. Van Artevelde s'allie aux Anglais. Au XVᵉ siècle, Gand, ville bourguignonne, tente en vain de reconquérir son autonomie communale ; l'industrie drapière entre en décadence. Annexée par la France en 1794 et intégrée à la Belgique en 1830, Gand redevient au XIXᵉ siècle un grand centre textile. **ARTS.** Château des comtes (surtout des XIᵉ-XIIIᵉ s., très restauré), cathédrale St-Bavon (XIIᵉ-XVIᵉ s. ; retable de *l'Agneau mystique* des Van Eyck), beffroi du XIVᵉ siècle, nombreux autres monuments et maisons anciennes. Musées, dont celui des Beaux-Arts et celui de l'ancienne abbaye de la Byloke.

Gander, v. du Canada, dans l'île de Terre-Neuve ; 10 139 hab. Base aérienne.

Ganda ou **Baganda,** peuple bantou de l'Ouganda.

Gandhara, ancienne province du nord-ouest de l'Inde, dans l'actuel district de Peshawar (Pakistan). À partir du VIᵉ s. av. J.-C., conquérants iraniens, helléniques, indiens et enfin nomades de la steppe centre-asiatique s'y succédèrent. Le bouddhisme l'atteignit vers le Iᵉʳ siècle. L'art du Gandhara inaugura probablement la représentation figurée du Bouddha historique et celle du Bodhisattva, et il en élabora une iconographie nouvelle.

Gandhi *(Indira),* femme politique indienne (Allahabad 1917 - Delhi 1984). Fille du Premier Ministre Nehru, chef du gouvernement (1967-1977 ; 1980-1984), elle fut assassinée par des extrémistes sikhs. Son fils **Rajiv**, homme politique indien (Bombay 1944 - près de Madras 1991), fut Premier ministre (1984-1989). Il fut également assassiné.

Gandhi *(Mohandas Karamchand), surnommé* le Mahatma (« la Grande Âme »). Apôtre national et religieux de l'Inde (Porbandar 1869 - Delhi 1948). Il étudie le droit en Inde, puis à Londres et devient avocat. Au cours de longs séjours en Afrique du Sud (entre 1893 et 1914), il défend les Indiens, hindouistes et musulmans, contre les discriminations raciales. Il élabore alors sa doctrine de l'action non violente, inspirée de l'hindouisme, du christianisme et de penseurs tels que Tolstoï. Revenu en Inde, il s'engage dans la lutte contre les Britanniques, qui l'emprisonnent à plusieurs reprises. En 1920, il devient le leader incontesté de la lutte nationale, dont il fait un mouvement de masse. Il prône le retour à un passé idéalisé, préconisant le filage et le tissage à la main. À partir de 1922, il se consacre à l'éducation du peuple et aux problèmes des intouchables. Le leadership du mouvement national étant assuré à partir de 1928 par J. Nehru, il n'intervient plus que comme caution morale pour les mouvements de masse (désobéissance civile de 1930, *Quit India* de 1942) ou pour calmer les violences entre hindous et musulmans (1946-47). Il est assassiné en 1948 par un extrémiste hindou.

Gandja, *anc.* Kirovabad (de 1935 à 1990), v. d'Azerbaïdjan, au pied du massif arménien ; 278 000 hab.

Ganesha ou **Ganapati,** dieu hindou représenté avec un corps d'homme ventru, une tête d'éléphant et quatre bras. Sa monture est un rat. Fils de Shiva et de Parvati, il est le « Seigneur des obstacles » et, à ce titre, le dieu du Savoir, de l'Intelligence, des Arts et du Commerce.

Gange *(le),* en sanskr. et en hindi Gaṅgā, fl. de l'Inde, long de 3 090 km, qui draine un bassin de 2 165 000 km². Formé de torrents issus de l'Himalaya central vers 4 200 m d'altitude, le fleuve sort de la montagne à Hardwar. Il draine alors la plaine gangétique, recevant de l'Himalaya ses principaux affluents (Yamuna, Gogra, Gandak, Kosi). À 350 km de la mer, le Gange se divise pour former la majeure partie du delta du Bengale. Utilisé pour l'irrigation, le Gange est avant tout le fleuve sacré de l'Inde, qui attire les pèlerins sur ses bords, aux sources, à Allahabad, et surtout à Bénarès, principales villes traversées (après Kanpur et Patna).

Ganivet *(Ángel),* écrivain espagnol (Grenade 1865 - Riga 1898). Ses romans réalistes préparèrent le renouveau de la « génération de 1898 ».

Gansu, prov. de la Chine du Nord, en bordure de la Mongolie ; 22 371 000 hab. Cap. *Lanzhou.*

Gantt *(Henry Laurence),* ingénieur américain (Calvert Country, Maryland, 1861 - Pine Island, État de New York, 1919). Il prolongea l'action de Taylor en développant l'aspect social de l'organisation du travail.

Ganymède, prince légendaire de Troie. Il fut aimé de Zeus, qui, ayant pris la forme d'un aigle, l'enleva et fit de lui l'échanson des dieux.

Ganzhou, v. de Chine (Jiangxi) ; 250 000 hab.

Gao, v. du Mali, sur le Niger ; 37 000 hab.
— Fondée vers le VIIIe siècle, elle fut la capitale de l'Empire songhaï (1464-1591).

Gaoxiong → **Kaohsiung.**

Gap, ch.-l. du dép. des Hautes-Alpes, à 668 km au sud-est de Paris, à 733 m d'alt., dans le Gapençais ; 35 647 hab. *(Gapençais).* Évêché. Centre administratif et commercial.
— Musée départemental.

Garabit *(viaduc de),* pont-rail métallique, au-dessus de la Truyère (Cantal), construit de 1882 à 1884 par Eiffel ; 564 m de long ; portée de l'arche centrale : 165 m.

Garamont ou **Garamond** *(Claude),* fondeur français de caractères (Paris 1499 - id.1561). On lui doit la création de divers caractères typographiques, notamment de celui qui porte son nom.

Garbo *(Greta Lovisa* Gustafsson, dite Greta*),* actrice de cinéma suédoise, naturalisée américaine (Stockholm 1905 - New York 1990). Vedette du film suédois de M. Stiller *la Légende de Gösta Berling* (1924), elle tourne en Allemagne *la Rue sans joie* de G. W. Pabst (1925) puis se fixe aux États-Unis. La beauté de son visage, son étrange personnalité lui valent le surnom de « la Divine ». Parmi ses films : *la Chair et le Diable* (C. Brown, 1927), *Grand Hôtel* (E. Goulding, 1932), *Mata-Hari* (G. Fitzmaurice, 1932), *la Reine Christine* (R. Manoulian, 1933), *Anna Karenine* (C. Brown, 1935), *le Roman de Marguerite Gautier* (G. Cukor, 1937), *Ninotchka* (E. Lubitsch, 1939), *la Femme aux deux visages* (G. Cukor, 1941). Elle abandonna le cinéma à cette date mais demeure l'un des grands mythes du septième art.

Garborg *(Arne),* écrivain norvégien (Time 1851 - Asker 1924), propagandiste du parler populaire, le *landsmål.*

Garches, ch.-l. de c. des Hauts-de-Seine ; 18 091 hab. *(Garchois).* Centre hospitalier.

García Calderón *(Ventura),* diplomate et écrivain péruvien (Paris 1886 - *id.* 1959). Il est l'auteur de contes et de nouvelles (*la Vengeance du condor,* 1919).

García Gutiérrez *(Antonio),* auteur dramatique espagnol (Chiclana de la Frontera 1813 - Madrid 1884). On lui doit des drames et des comédies romantiques (*le Trouvère,* 1836).

García Lorca *(Federico),* écrivain espagnol (Fuente Vaqueros 1898 - Víznar 1936). Son enfance campagnarde et ses voyages à travers la Castille lui donnent une profonde connaissance du peuple espagnol (*Impressions et Paysages,* 1918). Il s'adonne à la musique, au théâtre, à la poésie (*Chansons,* 1927). En 1928, il publie un recueil de quinze « romances », le *Romancero gitan,* dans lequel se retrouvent les différents courants lyriques de l'Espagne.
Directeur de la troupe ambulante « La Barraca », il écrit plusieurs pièces, dont la trilogie *Noces de sang* (1933), *Yerma* (1934), *la Maison de Bernarda* (1936), où il s'attaque aux tabous de la société espagnole. Il est fusillé par les franquistes pendant la guerre civile.

García Márquez *(Gabriel),* écrivain colombien (Aracataca 1928). Son œuvre compose une chronique à la fois réaliste et allégorique de l'Amérique latine (*Cent Ans de solitude,* 1967 ; *Chronique d'une mort annoncée,* 1981). [Prix Nobel 1982.]

Garçon *(Maurice),* avocat français (Lille 1889 - Paris 1967). Il s'illustra lors de procès criminels et littéraires. (Acad. fr. 1946.)

Gard ou **Gardon** *(le),* affl. du Rhône (r. dr.) ; 71 km. Il est formé de la réunion du *Gardon d'Alès* et du *Gardon d'Anduze.* Un aqueduc romain *(pont du Gard)* le franchit.

Gard [30], dép. de la Région Languedoc-Roussillon ; ch.-l. de dép. *Nîmes* ; ch.-l. d'arr. *Alès, Le Vigan* ; 3 arr., 46 cant., 353 comm. ; 5 853 km² ; 585 049 hab. *(Gardois).* Il est rattaché à l'académie de Montpellier, à la cour d'appel de Nîmes et à la région militaire Méditerranée.

Gard *(pont du),* pont-aqueduc romain (Iᵉʳ s. apr. J.-C.), situé sur la commune de Vers (Gard), formé de trois rangs d'arcades superposés, long de 273 m et haut de 49 m. Un pont routier lui a été accolé au XVIIIᵉ siècle.

Gardafui *(cap)* → Guardafui.

Gardanne, ch.-l. de c. des Bouches-du-Rhône ; 18 113 hab. *(Gardannais).* Lignite. Centrale thermique. Alumine.

Garde *(lac de),* le plus oriental des grands lacs de l'Italie du Nord, traversé par le Min-

cio et séparant la Lombardie de la Vénétie ; 370 km². Tourisme.

Gardiner *(Stephen),* prélat et homme politique anglais (Bury Saint Edmunds v. 1482 - Londres 1555). Il soutint Henri VIII contre le pape en 1533 mais rejeta le protestantisme et devint lord-chancelier sous Marie Tudor (1553).

Gardner *(Ava),* actrice américaine (Smithfield, Caroline du Nord, 1922 - Londres 1990), une des grandes stars de Hollywood (*Pandora,* d'A. Lewin, 1951 ; *la Comtesse aux pieds nus,* de J. Mankiewicz, 1954 ; *la Nuit de l'iguane,* de J. Huston, 1964).

Gardon → Gard.

Garenne-Colombes (La), ch.-l. de c. des Hauts-de-Seine, banlieue nord-ouest de Paris ; 21 831 hab.

Gargantua *(Vie inestimable du grand)* → Rabelais.

Garges-lès-Gonesse, ch.-l. de c. du Val-d'Oise ; 42 236 hab. *(Gargeois).*

Garibaldi *(Giuseppe),* patriote italien (Nice 1807 - Caprera 1882). Il lutta pour l'unification de l'Italie. Après avoir tenté de défendre à Rome la république (1849), il s'exila. De retour en Italie (1854), il se rapprocha de Cavour. Il combattit les troupes autrichiennes puis organisa l'expédition des Mille (1860), qui permit la conquête du royaume des Deux-Siciles. Mais il ne parvint pas à faire de Rome la capitale de l'Italie. Il participa à la guerre franco-allemande (1870-71) aux côtés de la France.

Garibaldi *(Ricciotti),* général italien (Montevideo 1847 - Rome 1924), fils du précédent. Il forma en 1914, au service de la France, une légion italienne où combattirent ses fils.

Garigliano *(le),* fl. d'Italie, entre le Latium et la Campanie, sur les bords duquel les Espagnols battirent les Français (1503) malgré les exploits du chevalier Bayard, qui assura seul la défense d'un des ponts. Le corps expéditionnaire du général Juin s'y illustra en mai 1944.

Garin de Monglane, héros de chansons de geste de la fin du XIIIᵉ et du début du XIVᵉ siècle.

Garmisch-Partenkirchen, station d'altitude et de sports d'hiver (alt. 708-2 969 m) de l'Allemagne (Bavière) ; 26 413 hab. — Églises gothique et baroques.

Garneau *(François-Xavier),* historien canadien (Québec 1809 - *id.* 1866), auteur d'une *Histoire du Canada* (1845-1852).

Garneau *(Hector* de Saint-Denys), écrivain canadien d'expression française (Montréal

1912 - Sainte-Catherine-de-Fossambault 1943). Poète de l'angoisse métaphysique et de la solitude, fasciné par la mort, il a laissé des poèmes (*Regards et jeux dans l'espace*, 1937) et un *Journal* (1954).

Garnerin *(André)*, aéronaute français (Paris 1770 - *id.* 1823). Il réussit, à partir d'un ballon, la première descente en parachute, d'une altitude de 1 000 m (Paris, 22 oct. 1797). Son épouse, **Jeanne Labrosse** (1775-1847), fut la première femme aéronaute et parachutiste.

Garnier *(Charles)*, architecte français (Paris 1825 - *id.* 1898). Grand prix de Rome en 1848, il subit la fascination de l'Italie, de la Sicile, de la Grèce. D'abord attaché à la Ville de Paris, il remporta le concours du nouvel Opéra en 1861 et s'entoura d'amis, dont le sculpteur Carpeaux, pour réaliser l'édifice le plus monumental du siècle (1862-1874), à la fois rationnel dans ses dispositions, pur dans ses proportions et éclectique dans son décor, qui fait appel à toutes les ressources de la couleur et de l'illusion. Dans ce « style Napoléon III » qu'il a marqué de son tempérament exubérant, Garnier a ensuite réalisé des casinos à Monte-Carlo et à Vittel, sa propre villa à Bordighera.

Garnier *(Marie Joseph François, dit Francis)*, marin français (Saint-Étienne 1839 - Hanoi 1873). Explorateur du Mékong (1866), il conquit le delta du fleuve Rouge (1873) mais fut tué par les Pavillons-Noirs (soldats chinois).

Garnier *(Robert)*, poète dramatique français (La Ferté-Bernard 1544/45 - Le Mans 1590). Brillant avocat et catholique proche de la Ligue, il charge son œuvre d'un enseignement moral, religieux et politique par des allusions aux guerres civiles de son temps. Ses tragédies, inspirées de Sénèque (*Hippolyte*, 1573) ou de l'Ancien Testament (*les Juives*, 1583), et sa tragi-comédie (*Bradamante*, 1582) sont marquées par une esthétique oratoire soutenue par un style puissant malgré un certain statisme.

Garnier *(Tony)*, architecte français (Lyon 1869 - Carnoux-en-Provence 1948). Prix de Rome, auteur d'un projet novateur de *Cité industrielle* (1901-1917), il a surtout construit à Lyon.

Garnier-Pagès *(Louis Antoine)*, homme politique français (Marseille 1803 - Paris 1878). Républicain, membre du gouvernement provisoire et maire de Paris (1848), il fut membre du gouvernement de la Défense nationale (1870).

Garo ou **Atchik**, population tibéto-birmane de l'Assam (Inde).

Garonne *(la)*, en esp. Garona, fl. d'Espagne et de France, qui draine la majeure partie du Sud-Ouest français, confluant avec la Dordogne pour former l'estuaire de la Gironde ; 650 km (575 km en excluant la Gironde). [Bassin (en France) de 56 600 km^2.] La Garonne naît à 1 870 m, dans le val d'Aran, bordant le massif de la Maladeta, entre en France au Pont-du-Roi (à 575 m d'alt.), sort des Pyrénées en aval de Saint-Gaudens. La vallée, coupée de terrasses, s'élargit. Le fleuve atteint Toulouse (débit moyen de 200 m^3/s) après avoir reçu l'Ariège. Il s'oriente vers le N.-O., grossi de ses principaux affluents, issus du Massif central (Tarn et Lot), avant de traverser Bordeaux (débit moyen de 700 m^3/s), peu en amont de la confluence de la Dordogne (au bec d'Ambès, tête de l'estuaire de la Gironde). De régime nivo-pluvial (crues de printemps et d'automne) jusqu'à Toulouse, plus régulière en aval, la Garonne est peu utilisée pour la navigation et l'hydroélectricité et alimente surtout des canaux d'irrigation. Deux centrales nucléaires jalonnent le fleuve (Golfech) ou son estuaire (Blayais).

Garonne (Haute-) [31], dép. de la Région Midi-Pyrénées ; ch.-l. de dép. *Toulouse* ; ch.-l. d'arr. *Muret, Saint-Gaudens* ; 3 arr., 50 cant., 588 comm. ; 6 309 km^2 ; 925 962 hab. La Haute-Garonne est rattachée à l'académie et à la cour d'appel de Toulouse, à la région militaire Atlantique.

Garoua, v. du nord du Cameroun, sur la Bénoué ; 142 000 hab.

Garrett *(Almeida)* → Almeida Garrett.

Garrick *(David)*, acteur et écrivain britannique (Hereford 1717 - Londres 1779). Interprète de Shakespeare, à qui il rendit la première place dans le théâtre anglais, il écrivit lui-même des comédies (*la Demoiselle de moins de vingt ans*, 1747).

Garrigues *(les)*, plateaux arides du Languedoc, au pied des Cévennes. Camp militaire (près de Nîmes). Élevage des moutons.

Garros *(Roland)*, officier aviateur français (Saint-Denis, la Réunion, 1888 - près de Vouziers 1918). Il réussit la première traversée de la Méditerranée en 1913 et perfectionna le procédé de tir à travers l'hélice ; il fut tué en combat aérien.

Gary *(Romain* Kacew, dit **Romain)**, écrivain français (Vilna, auj. Vilnius, Lituanie, 1914 - Paris 1980). En quête de « valeurs vraies », il dénonça ses romans (*les Racines du ciel*, 1956 ; *les Cerfs-volants*, 1980) les mensonges du monde moderne. L'obsession de la vieillesse et l'impossible quête de son identité le conduisirent au suicide après s'être inventé un double littéraire, **Émile Ajar** (*la Vie devant soi*, 1975).

Gascogne, duché français situé entre Pyrénées, Atlantique et Garonne (en aval de Toulouse) ; cap. *Auch*. La région est occupée successivement par les Ibères, les Romains (à partir du Ier s. av. J.-C.), qui la constituent en province de Novempopulanie (IIIe s.), par les Wisigoths au Ve siècle puis les Francs après 507. Elle est alors occupée en grande partie par les Vascons, Ibères non latinisés venus du sud, qui donnent leur nom à la région. Érigée en duché au IXe siècle, réunie au duché d'Aquitaine en 1136, la Gascogne devient anglaise après le mariage d'Aliénor d'Aquitaine avec Henri Plantagenêt en 1154. Comprise dans la Guyenne, la province redevient française en 1453. Elle est rattachée au domaine royal par Henri IV en 1607.

Gascogne (*golfe de*), golfe de l'Atlantique, entre la France et l'Espagne.

Gascoigne (*George*), écrivain anglais (Cardington v. 1525 - Bernack 1577). Il est l'auteur de la première comédie anglaise en prose : *les Supposés* (1566).

Gasherbrum, massif du Karakorum au Pakistan, culminant au Hidden Peak, ou Gasherbrum 1 (8 068 m).

Gasparin (*Adrien, comte de*), agronome et homme politique français (Orange 1783 - id. 1862). Auteur d'un *Cours d'agriculture* qui fit longtemps autorité, il analysa l'économie agricole et contribua à l'application des sciences à l'agriculture.

Gaspésie, péninsule du Canada (Québec), entre le golfe du Saint-Laurent et la baie des Chaleurs. Pêche. Tourisme estival. Parcs naturels dans l'intérieur. V. princ. *Gaspé* (3 171 hab.).

Gassendi (*Pierre* Gassend, dit), philosophe et savant français (Champtercier, près de Digne, 1592 - Paris 1655). Il entra dans les ordres en 1615. Il critiqua Aristote, fit des *Objections* aux *Méditations* de Descartes (1641), développa une théorie atomiciste à la manière de Démocrite, à laquelle il superposa une perspective harmoniciste des éléments qui composent le monde. En astronomie, il fut un pionnier de l'observation des planètes à la lunette et fit la première description scientifique d'une aurore boréale (1621). En physique, il a étudié la chute des corps et les lois du choc, expliqua la hauteur des sons et mesura leur vitesse de propagation.

Gasser (*Herbert*), physiologiste américain (Platteville, Wisconsin, 1888 - New York 1963). Il étudia la physiologie des fibres nerveuses, notamment l'enregistrement graphique de l'influx nerveux, avec son collaborateur J. Erlanger. (Prix Nobel 1944.)

Gassion (*Jean* de), maréchal de France (Pau 1609-Arras 1647). Il combattit sous les ordres de Gustave II Adolphe, se distingua à Rocroi mais fut blessé mortellement devant Lens.

Gassman (*Vittorio*), acteur italien (Gênes 1922). Tout en poursuivant une carrière théâtrale (il fonda sa propre compagnie en 1952), il s'est imposé comme un des grands acteurs du cinéma italien : *Riz amer* (G. De Santis, 1949), *le Fanfaron* (D. Risi, 1962), *Nous nous sommes tant aimés* (E. Scola, 1974), *Parfum de femme* (D. Risi, 1974), *La vie est un roman* (A. Resnais, 1983).

Gastaut (*Henri*), médecin français (Monaco 1915 - Marseille 1995). Il est connu pour ses travaux sur la neurophysiologie et sur l'épilepsie.

Gaston III de Foix, dit Phébus (1331 - Orthez 1391), comte de Foix (1343-1391). La lutte qu'il mena contre l'Armagnac lui fit adopter une politique fluctuante à l'égard du roi de France. Fin lettré, auteur d'*Oraisons* et d'un *Livre de la chasse*, il entretint à Orthez, dans le Béarn, une cour fastueuse. Il légua ses biens au roi de France.

Gates (*William*, dit Bill), informaticien et industriel américain (Seattle 1955). Il a fondé (1976) et dirige la société Microsoft, leader mondial dans la fabrication de logiciels pour micro-ordinateurs.

Gâtinais (*le*), région du Bassin parisien, au S.-S.-E. de Paris, partagée entre le Loiret, l'Essonne, la Seine-et-Marne et l'Yonne ; 3 600 km². V. princ. *Montargis*. Traversé par le Loing, le Gâtinais est surtout céréalier au N. (*Gâtinais français*), orienté vers des élevages variés (bovins, volailles, lapins, abeilles [miel du Gâtinais]) au S. (*Gâtinais orléanais*).

Gâtine, nom de deux régions de France, l'une occupant le nord du dép. d'Indre-et-Loire (*Gâtine tourangelle*), l'autre, les confins des Deux-Sèvres et de la Vendée (*Gâtine vendéenne* ou *de Parthenay*).

Gatineau, v. du Canada (Québec), sur la *Gatineau* (400 km), affl. de l'Outaouais (r. g.) ; 88 341 hab. Papier journal.

GATT (*General Agreement on Tariffs and Trade*), accord provisoire signé à Genève en octobre 1947 par 23 pays, et entré en vigueur en janvier 1948. Le GATT a pour origine le projet de la Charte de La Havane, texte d'inspiration essentiellement libérale et libre-échangiste, qui avait pour but de poser des règles concernant le commerce international. Dans l'attente de la ratification de la charte, qui n'est jamais intervenue, les participants au projet ont signé un accord transitoire, le GATT, qui est devenu, en fait, le cadre dans lequel se sont exercés jusqu'en 1994 les efforts faits pour alléger et harmoniser les politiques douanières et assurer à tous les pays membres des possibilités de commerce équitables.

■ **Les principes fondamentaux.** Ce sont, entre autres :
— la *non-discrimination commerciale* : chaque pays doit accorder aux autres membres les concessions commerciales dont bénéficie son fournisseur privilégié *(clause de la nation la plus favorisée)* ;
— la *réciprocité* : toute concession tarifaire doit être compensée par des concessions réciproques de la part des pays qui en bénéficient ; les droits de douane deviennent dès lors un moyen de protection ;
— la *prohibition des restrictions quantitatives à l'importation*. Les pays peuvent toutefois, lorsque leur situation économique ou commerciale le justifie, demander à être relevés de certaines obligations particulières de l'accord.

■ **Les grandes négociations commerciales.** Sous l'égide du GATT se sont déroulées huit grandes négociations commerciales multilatérales : Genève, Suisse, 1947 ; Annecy, France, 1949 ; Torquay, Grande-Bretagne, 1951 ; Genève, 1955 ; *Dillon Round* à Genève, 1961-62 ; *Kennedy Round* à Genève, 1964-1967 ; *Tokyo Round* à Genève, 1973-1979 ; *Uruguay Round* engagé à Punta del Este, Uruguay, 1986-1993.

Le huitième et dernier cycle de négociations mené dans le cadre du GATT *(Uruguay Round)*, ouvert en septembre 1986, portait sur le commerce des marchandises et des services. Les divergences apparues sur le dossier agricole entre la Communauté européenne, les États-Unis et un groupe de pays favorables à une suppression totale des subventions à l'agriculture ont conduit à un blocage prolongé des négociations. Les difficiles pourparlers du GATT ont par ailleurs provoqué des tensions au sein même de la Communauté européenne, notamment après le rejet par la France du préaccord dit de Blair House, conclu à Washington (nov. 1992) entre la Commission européenne et les États-Unis. Pourtant, des compromis ont été trouvés et, en décembre 1993, l'acte final de l'Uruguay Round a été adopté à Genève par quelque 120 États. Paraphé à Marrakech en avril 1994 et entré en vigueur en 1995, il a ouvert la voie à la plus importante libéralisation du commerce mondial, même si un certain nombre de dossiers ont été laissés en suspens, notamment dans les secteurs des services financiers, de l'aéronautique, des transports maritimes, de l'industrie textile et de l'audiovisuel (ce dernier au nom de l'« exception culturelle »). L'acte final de l'Uruguay Round a en outre créé l'Organisation mondiale du commerce (O. M. C.), institution permanente qui, en 1995, a pris le relais du GATT.

Gattamelata *(le)*, condottiere italien (Narni v. 1370 - Padoue 1443). Sa statue équestre, premier chef-d'œuvre monumental de la Renaissance, fut érigée à Padoue en 1453 par Donatello.

Gatti *(Armand)*, auteur dramatique et cinéaste français (Monaco 1924). Homme de théâtre militant, il est l'auteur d'une œuvre foisonnante, mêlant le mythe au quotidien des temps présents *(la Vie imaginaire de l'éboueur Auguste G.,* 1962 ; *V. comme Vietnam,* 1967). Dans ses ateliers théâtraux, il tente de rendre l'usage d'une parole créatrice à ceux, immigrés, délinquants, détenus, qui en sont privés.

Gaudí *(Antoni* ou *Antonio)*, architecte et sculpteur espagnol (Reus, prov. de Tarragone, 1852 - Barcelone 1926). Il s'est inspiré de l'art gothique pour pratiquer une architecture singulière et audacieuse, exemplaire du « modernisme catalan ». À côté de l'ensemble du parc Güell (1900-1914) et d'immeubles d'habitation d'une inventive diversité, son œuvre la plus célèbre, à Barcelone, est l'église de la Sagrada Familia (entreprise en 1884, inachevée).

Gaudin *(Martin Charles),* duc de Gaète, financier français (Saint-Denis 1756 - Gennevilliers, 1841). Ministre des Finances de 1799 à 1814, il réorganisa l'administration financière et créa le cadastre.

Gaudry *(Albert)*, paléontologiste français (Saint-Germain-en-Laye 1827 - Paris 1908). Il développa la théorie de l'évolution.

Gauguin *(Paul)*, peintre français (Paris 1848 - Atuona, îles Marquises, 1903). Issu de l'impressionnisme, il réagit contre celui-ci en procédant par larges aplats de couleurs sur un dessin également résumé. Il voulut aussi, en symboliste, conférer à ses tableaux un sens d'ordre spirituel. Anxieux de remonter aux sources de la création, il séjourna en Bretagne, à partir de 1886, avec Émile Bernard et quelques autres (école de Pont-Aven, naissance du *synthétisme*), rejoignit un moment à Arles son ami Van Gogh, puis, en 1891, s'installa en Polynésie (Tahiti, Hiva-Oa). Il a fortement influencé les nabis et les fauves. (*La Vision après le sermon*, 1888, Édimbourg ; *D'où venons-*

nous ? Que sommes-nous ? Où allons-nous ?,
1897, Boston ; *Cavaliers sur la plage,* 1902,
Essen.)

Gaule, nom donné dans l'Antiquité aux
régions comprises entre le Rhin, les Alpes,
la Méditerranée, les Pyrénées et l'Atlantique. Appelée par les Romains *Gaule Transalpine* (ou *Lyonnaise,* ou *Ultérieure*) par opp.
à la Gaule Cisalpine (Italie continentale),
elle comprenait v. 60 av. J.-C. d'une part la
Gaule chevelue, composée de la Gaule Belgique, de la Gaule Celtique et de l'Aquitaine, et d'autre part la Province *(Provincia),*
ou Narbonnaise, soumise à Rome.

HISTOIRE

■ **La Gaule indépendante.** Au cours du
Ier millénaire, les Celtes s'installent sur le sol
gaulois. La Gaule est divisée en quatre-vingt-
dix peuples *(civitates)* dirigés par une aristocratie de grands propriétaires qui partagent
le pouvoir avec les druides, dont le rôle
dépasse les limites de la religion.

125-121 av. J.-C. Les Romains fondent une
province *(Provincia)* dans le sud de la Gaule,
avec Narbonne pour capitale.

■ **La Gaule romaine.**

58-51 av. J.-C. Jules César conquiert la
Gaule malgré la résistance de nombreux
chefs, notamment de Vercingétorix, qui
capitule à Alésia (52 av. J.-C.).

27 av. J.-C. La Gaule est divisée en quatre
provinces, la Narbonnaise *(anc. Provincia),*
l'Aquitaine, la Celtique ou Lyonnaise et la
Belgique.

Sous l'Empire, la Gaule jouit d'une réelle
prospérité.

Ier-IIIe s. La création d'un réseau routier, les
défrichements et le développement de l'artisanat favorisent l'expansion économique.
Le latin supplante les dialectes gaulois, tandis que le druidisme disparaît.

Au Ve s., les grandes invasions barbares
affectent la Gaule (Wisigoths, Francs, Burgondes). En 486, Clovis restaure l'unité territoriale de la Gaule, que ses successeurs
achèveront.

Gaulle *(Charles* de*),* général et homme politique français (Lille 1890 - Colombey-les-Deux-
Églises 1970). Officier durant la Première
Guerre mondiale, il écrit plusieurs ouvrages
de réflexion politique et de stratégie militaire
(le Fil de l'épée, 1932 ; *Vers l'armée de métier,*
1934 ; *la France et son armée,* 1938), dans lesquels il préconise l'utilisation des blindés.
Général de brigade au cours de la bataille de
France (mai 1940), sous-secrétaire d'État à la
Défense nationale dans le cabinet Reynaud
(juin), il refuse l'armistice et lance, de Lon

dres, le 18 juin, un appel invitant les Français à
poursuivre le combat. Cette rébellion lui vaut
d'être condamné à mort par contumace. Il
réalise progressivement le ralliement des forces restées libres dans l'empire colonial français (1940-1943) et charge Jean Moulin d'unifier la Résistance en France (1942). Il obtient
avec difficulté la reconnaissance par les Alliés
de sa légitimité et fonde à Alger, avec Giraud,
bientôt écarté, le Comité français de libération nationale (juin 1943). Ce comité
devient, en juin 1944, le Gouvernement provisoire de la République française, qui s'installe en août à Paris. À la tête de ce gouvernement, de Gaulle rétablit la République dans la
France libérée, amorce la reconstruction et
accomplit d'importantes réformes (nationalisations, lois sociales, droit de vote pour les
femmes). Hostile au projet de Constitution
de la IVe République, il démissionne en janv.
1946 et manifeste, par le discours de Bayeux
(16 juin), des conceptions favorables à un exécutif fort et à une limitation du rôle des partis.
Fondateur et chef du Rassemblement du peuple français (R. P. F.), il se retire ensuite de la
vie politique et se consacre à la rédaction de
ses *Mémoires de guerre* (1954-1959).

Rappelé au pouvoir à la faveur de la crise algérienne (mai 1958), il fait approuver une nouvelle Constitution, qui fonde la Ve République, et devient président de la République
(1959). Après un temps d'ambiguïté, il résout
la question algérienne en optant avec fermeté le principe d'autodétermination, cautionné par référendum en janvier 1961. Les
accords d'Évian (mars 1962) aboutissent à
l'indépendance de l'Algérie, malgré de nombreuses oppositions et de violentes péripéties
(actions terroristes de l'O. A. S., putsch
d'Alger d'avril 1961). Le caractère présidentiel du régime s'affirme par l'adoption de
l'élection du chef de l'État au suffrage universel (oct. 1962). De Gaulle est réélu en décembre 1965. Défenseur de l'indépendance nationale, il retire la France du commandement
intégré de l'O. T. A. N. (1966), développe la
force nucléaire et met en œuvre une politique
de détente et de coopération face à
l'U. R. S. S., la Chine et le tiers-monde. Après
la réconciliation avec l'Allemagne (1963), il
accepte l'œuvre économique du Marché
commun mais refuse toute aliénation de la
souveraineté française au profit d'institutions politiques communautaires. Un an
après la crise de mai 1968, son projet de régionalisation et de réforme du Sénat étant
repoussé par référendum, il démissionne
(avril 1969).

Le gaullisme a suscité de violentes oppositions. Cependant, depuis 1981, l'alternance politique a montré la solidité des institutions de la Ve République et l'existence d'un consensus autour de quelques grandes options gaullistes, notamment en politique étrangère.

Gaulli *(Giovanni Batista)* → Baciccia.

Gaume ou **Lorraine belge** *(la),* région la plus méridionale de la Belgique (prov. du Luxembourg), autour de Virton.

Gaumont *(Léon),* inventeur et industriel français (Paris 1863 - Sainte-Maxime 1946). Il établit en 1895 une « chronophotographe », réalisant la photographie animée. Peu après les frères Lumière, il fabrique des appareils de cinéma et crée les premières machines industrielles pour la préparation des films. Il installe aux Buttes-Chaumont des studios de prise de vues et crée aux États-Unis, à Flushing, des studios et des laboratoires pour films sonores et parlants. Il est l'inventeur des premiers procédés de cinéma parlant (combinaison synchronisée du cinématographe et du phonographe, 1902) et du cinéma en couleurs (procédé trichrome, 1912).

Gauss *(Carl Friedrich),* astronome, mathématicien et physicien allemand (Brunswick 1777 - Göttingen 1855). Protégé du duc de Brunswick, Gauss peut former son talent mathématique à l'université de Göttingen. Le jour de 1796 où il réussit à construire à la règle et au compas le polygone régulier de 17 cotés, il commence la rédaction de son journal mathématique. Alliant une exigence ferme de rigueur à un constant souci de perfection, Gauss ne publiera que des recherches longuement mûries et abouties. En 1799, Gauss soutient à l'université de Helmstedt sa thèse de doctorat, qui fournit une première démonstration satisfaisante du théorème fondamental de l'algèbre. Ses travaux en théorie des nombres témoignent d'une conception résolument moderne de la nature abstraite des mathématiques. Dans son traité de 1801, il étudie les congruences, les formes quadratiques, la convergence des séries, etc., et introduit l'ensemble des entiers qui porte son nom.
■ **L'astronomie.** À partir de 1801, Gauss se tourne de plus en plus vers l'astronomie : sa détermination de la trajectoire de la planète Cérès lui vaut d'être nommé en 1807 directeur de l'observatoire de Göttingen, où il restera jusqu'à la fin de sa vie. Chargé de travaux de géodésie, il entreprend de mesurer sur le terrain la somme des angles d'un triangle formé par trois lignes géodésiques.
■ **L'intuition des géométries non-euclidiennes.** Gauss cherche aussi la confirmation ou l'infirmation du caractère euclidien de l'espace, mais l'expérience n'est pas concluante. Dès 1816, il est pourtant convaincu que le 5e postulat d'Euclide est indémontrable. Une autre géométrie serait possible, où il existerait plusieurs parallèles à une droite passant par un point et où la somme des angles d'un triangle serait inférieure à deux droits. Gauss n'a jamais rien publié à ce sujet, mais sa nouvelle conception de l'espace transparaît dans son ouvrage de géométrie différentielle de 1827.
■ **La physique et magnétisme terrestre.** À partir de 1829, Gauss entreprend des études de physique (optique, électricité). Les 20 dernières années de sa vie sont consacrées au magnétisme terrestre, qu'il étudie en collaboration avec W. Weber et dont il essaie de donner une théorie mathématique en 1839.

Gaussen *(Henri),* botaniste français (Cabrières-d'Aigues, Vaucluse, 1891 - Toulouse 1981), auteur de travaux de géographie et de cartographie sur les associations végétales.

Gauteng, prov. d'Afrique du Sud ; 18 760 km^2 ; 6 847 000 hab. Ch.-l. *Johannesburg.*

Gautier *(Théophile),* écrivain français (Tarbes 1811 - Neuilly 1872). Venu à Paris pour étudier la peinture, il se lie à la jeunesse romantique et se fait remarquer au premier rang des partisans de Hugo dans la bataille d'*Hernani* (1830). Puis il prend ses distances à l'égard des romantiques (*les Jeunes-France,* 1833) et développe sa théorie de « l'art pour l'art » dans la préface de son premier roman : *Mademoiselle de Maupin* (1835). Ce culte de la beauté, cette recherche de l'expression et du rythme seront illustrés par un recueil de poèmes, *Émaux et Camées* (1852). Gautier est également l'auteur de récits historiques : *le Roman de la momie* (1858) et *le Capitaine Fracasse* (1863), d'inspiration fantastique pour certains. À la fin de sa vie, il devint le maître de la nouvelle génération poétique, qui s'affirma en 1866 dans le recueil collectif du *Parnasse contemporain.*

Gautier de Coincy, poète français (Coincy 1177 - Soissons 1236), auteur des *Miracles de Notre-Dame* (1218).

Gautier Sans Avoir (Boissy-Sans-Avoir ?-Civitot 1096 ou 1097), chef de bande qui dirigea l'avant-garde de la première croisade et périt près de Nicée.

Gauvain, l'un des chevaliers de la Table ronde, neveu du roi Arthur. Fidèle à son suzerain, il est un modèle de courtoisie, mais aussi de galanterie.

Gavarni *(Sulpice Guillaume* Chevalier, dit **Paul***),* dessinateur et lithographe français (Paris 1804 - *id.* 1866). Collaborateur du *Charivari,* il a décrit avec esprit les mœurs de la bourgeoisie, des étudiants et des lorettes.

Gavarnie *(cirque de),* site touristique des Hautes-Pyrénées, au pied du Marboré et où naît le gave de Pau.

Gävle, port de Suède, sur le golfe de Botnie ; 88 568 hab.

Gavrinis, île du golfe du Morbihan. Vaste dolmen à couloir aux piliers monolithes ornés d'un foisonnant décor piqueté. L'ensemble remonte au début du IVe millénaire.

Gay *(John),* écrivain anglais (Barnstaple 1685 - Londres 1732). Il doit sa popularité à un vaudeville picaresque, *l'Opéra du gueux* (1728), qu'adaptera B. Brecht dans *l'Opéra de quat'sous.*

Gaya, v. de l'Inde (Bihar) ; 293 971 hab.

Gay-Lussac *(Louis Joseph),* physicien et chimiste français (Saint-Léonard-de-Noblat 1778 - Paris 1850). Après avoir découvert la loi de dilatation des gaz (1802), il effectua plusieurs ascensions en ballon (dont une à 7 000 m), grâce auxquelles il put vérifier la constance de la composition de l'air. Avec A. von Humboldt, il réalisa des expériences qui lui permirent d'énoncer les lois volumétriques des combinaisons gazeuses auxquelles il a attaché son nom (1805). En collaboration avec L. Thenard, il prépara le sodium et le potassium, découvrit l'acide fluosilicique et montra que le chlore et l'iode sont des corps simples. Il perfectionna les procédés d'affinage des métaux précieux.

Gaza, territoire de la Palestine (dit aussi *bande de Gaza*) ; 363 km² ; 790 000 hab. (v. princ. *Gaza*). — Contesté entre Israël et l'Égypte, Gaza a vécu sous administration égyptienne (1948-1962), puis sous le contrôle d'Israël (1967-1994), qui y a favorisé l'implantation de colonies juives. Théâtre, notamment à partir de 1987, d'un soulèvement populaire palestinien, Gaza est doté, en 1994, d'un statut d'autonomie selon le plan prévu par l'accord israélo-palestinien de 1993.

Gazette *(la),* journal fondé par Théophraste Renaudot en 1631, qui marqua l'avènement de la presse quotidienne en France. Elle cessa de paraître en 1914.

Gazette de Lausanne *(la),* quotidien suisse de tradition libérale, créé en 1798.

Gaziantep, v. de Turquie, au nord d'Alep ; 603 434 hab.

Gdańsk, *anc. en all.* Danzig, fr. Dantzig, principal port de la Pologne, ch.-l. de voïévodie, sur la bordure ouest du delta de la Vistule ; 466 500 hab. GÉOGR. Principal élément d'une conurbation de plus de 800 000 hab. (avec Gdynia et Sopot), premier débouché maritime de la Pologne. Chantiers navals. Tourisme dans la vieille ville. HIST. Conquise par l'ordre Teutonique (1308), membre de la Hanse (1361), la ville jouit sous les rois de Pologne d'une quasi-autonomie (xve-xviiie s.) ; elle fut annexée par la Prusse en 1793. Sous contrôle français de 1807 à 1815, elle devint le chef-lieu de la Prusse-Occidentale (1815-1919) puis fut érigée en ville libre. Son incorporation au Reich le 1er septembre 1939 préluda au déclenchement de la Seconde Guerre mondiale. Elle fut rattachée à la Pologne en 1945. ARTS. Nombreux monuments des XVIe et XVIIe siècles, restaurés ou reconstruits après 1945.

Gdynia, port polonais sur la Baltique, au nord-ouest de Gdańsk, à l'extrémité de l'ancien « couloir » polonais aménagé par le traité de Versailles ; 251 800 hab.

Gê ou **Jê,** groupe ethno-linguistique établi de l'est du Xingu au sud du Maranhão (Brésil).

Géants *(monts des)* → **Karkonosze.**

Geber ou **Djabir** *(Abu Musa Djabir ibn Hayyan,* connu sous le nom de), alchimiste arabe (né à Kufa, sur l'Euphrate). Il vécut aux environs de l'an 800. Il semble avoir découvert l'acide sulfurique, l'acide nitrique et l'eau régale et séparé l'arsenic et l'antimoine de leurs sulfures. Il a exercé une influence considérable sur les alchimistes du Moyen Âge.

Geiger *(Hans),* physicien allemand (Neustadt an der Weinstrasse 1882 - Potsdam 1945). Il a mesuré la charge et l'énergie des particules α avec Rutherford (1908) et montré, en 1913, que le numéro atomique d'un élément chimique représente le nombre de charges portées par le noyau. Il inventa le compteur de particules qui porte son nom (1913), qu'il perfectionna ensuite avec W. Müller (1928).

Geiséric ou **Genséric** (m. en 477), premier roi vandale d'Afrique (428-477). Il fonda en Afrique et dans les îles de la Méditerranée occidentale un État puissant. Il prit et pilla Rome en 455.

Geissler *(Heinrich),* mécanicien et physicien allemand (Igelshieb 1814 - Bonn 1879). Auteur de travaux sur les décharges électriques dans les gaz raréfiés *(tubes de Geissler),* il a aussi réalisé la première pompe à vide à mercure (1857).

Gela, port d'Italie, sur la côte sud de la Sicile ; 72 079 hab. Pétrochimie. — Vestiges de plusieurs sanctuaires et, surtout, imposant rempart (IVᵉ s. av. J.-C.) édifié par les colons grecs.

Gélimer, dernier roi vandale d'Afrique (530-534), vaincu par Bélisaire.

Gélinier (*Octave*), économiste français (Corbigny 1916), auteur de travaux sur l'administration des entreprises.

Gellée (*Claude*) → **Lorrain.**

Gell-Mann (*Murray*), physicien américain (New York 1929). Il a contribué aux classifications modernes des particules fondamentales à interactions fortes *(hadrons),* introduisant la notion d'*étrangeté,* charge de type nouveau, conservée au cours des interactions fortes mais non au cours des interactions faibles. Il a postulé l'existence des constituants élémentaires des hadrons, les *quarks,* qui sont à la base des théories modernes sur les interactions fondamentales. (Prix Nobel 1969.)

Gélon (Gela 540 - Syracuse 478 av. J.-C.), tyran de Gela (491-485) et de Syracuse de 485 à 478 av. J.-C., vainqueur des Carthaginois à Himère (480).

Gelsenkirchen, v. d'Allemagne (Land de Rhénanie-du-Nord-Westphalie), dans la Ruhr ; 289 791 hab. Métallurgie.

Gemayel (*Pierre*), homme politique libanais (Mansourah 1905 - Bikfaya 1984). Maronite, fondateur des Phalanges (1936), il lutta contre les nationalistes arabes en 1958 et contre les Palestiniens à partir de 1975. Son fils **Amine** (Bikfaya 1942), président de la République de 1982 à 1988, chercha à préserver les positions politiques des chrétiens.

Gémeaux (*les*), constellation zodiacale dont les deux étoiles les plus brillantes sont Castor et Pollux. — Troisième signe du zodiaque, que le Soleil quitte au solstice d'été.

Gémier (*Firmin* Tonnerre, dit *Firmin*), acteur et directeur de théâtre français (Aubervilliers 1869 - Paris 1933). Créateur d'*Ubu roi* d'A. Jarry (1896), il succéda à Antoine à la direction du Théâtre Antoine (1906-1919), tenta l'aventure d'un Théâtre national ambulant (1911-12) et fonda dans l'ancien Trocadéro le Théâtre national populaire (1920-1933).

Geminiani (*Francesco*), violoniste et compositeur italien (Lucques 1687 - Dublin 1762). Il fit école en Angleterre et composa des sonates et des concertos grossos.

Gémiste Pléthon (*Georges*), philosophe et humaniste byzantin (Constantinople v. 1355 - dans le Péloponnèse v. 1450). Il est l'auteur d'un ouvrage sur les *Différences entre Aristote et Platon* (1439).

General Motors, société américaine fondée en 1908, premier producteur mondial d'automobiles. Elle produit plus de la moitié des véhicules fabriqués aux États-Unis et dispose de filiales à l'étranger.

Génération perdue, nom donné aux écrivains américains (Dos Passos, Fitzgerald, Hemingway) qui, au lendemain de la Première Guerre mondiale, ont cherché un remède à leur désarroi intellectuel dans l'Europe des années folles, le voyage ou le socialisme.

Gênes, *en ital.* Genova, v. d'Italie, cap. de la Ligurie, ch.-l. de prov., sur le *golfe de Gênes ;* 675 639 hab. (*Génois*). GÉOGR. Gênes est le principal port italien de voyageurs et surtout de commerce. Son trafic est encore dominé par les importations de pétrole, en grande partie expédié par oléoducs vers Milan, la Suisse et l'Allemagne. Le port a favorisé la naissance d'industries telles que la construction navale, le raffinage et la pétrochimie. Gênes a aussi une notable fonction administrative, commerciale et culturelle. HIST. Gênes devint indépendante au XIIᵉ siècle. Au XIIIᵉ, malgré la concurrence de Pise puis la rivalité de Venise, elle se créa un puissant empire maritime en Méditerranée orientale. En 1339, elle se donna un doge. Aux XIVᵉ et XVᵉ siècles, son empire fut détruit par Venise et par les Turcs. Elle céda la Corse à la France en 1768. Capitale de la République Ligurienne en 1797, elle fut annexée à l'Empire français (1805) puis au royaume de Piémont-Sardaigne (1815). ARTS. Cathédrale et nombreuses églises, construites et décorées du Moyen Âge à l'époque baroque. Riches palais, dont les palais Rosso, Bianco et Spinola, aujourd'hui galeries d'art (peintures, notamm. de l'école génoise des XVIIᵉ-XVIIIᵉ siècles : B. Strozzi, G. B. Castiglione, Gregorio De Ferrari, Magnasco...).

Gênes (*golfe de*), golfe de la mer Tyrrhénienne, limité à l'O. par le cap Mele et à l'E. par le cap de Portovenere (à l'entrée du golfe de La Spezia). Stations balnéaires sur ses rives (Riviera di Ponente à l'O. et Riviera di Levante à l'E.). Ports de Gênes et de Savone.

Génésareth (*lac de*), nom donné par le texte grec des Évangiles au lac de Tibériade, appelé aussi « mer de Galilée ». Il constitue un cadre privilégié du ministère de Jésus (pêche miraculeuse, tempête apaisée, marche sur les eaux, apparition du Ressuscité).

Genèse (*livre de la*), le premier livre de la Bible et, par conséquent, le premier des cinq livres du Pentateuque. Une première partie consiste, à travers un récit poético-mythique de la création, des premières générations et du Déluge, en une réflexion religieuse sur les origines et le destin de l'humanité. La seconde rapporte les traditions relatives à l'épopée patriarcale (Abraham, Isaac, Jacob, Joseph) en des fresques illustrant une approche théologique des liens entre les malheurs présents des hommes et leurs péchés, entre les querelles des ancêtres et les conflits ultérieurs des clans, entre l'appel de Dieu et la réponse des croyants.

Genet *(Jean),* écrivain français (Paris 1910 - id. 1986). Enfant abandonné, condamné pour vol, il connaît les maisons de redressement et les prisons mais échappe à la relégation grâce à Cocteau et à Sartre, qui font connaître son œuvre. Ses poèmes, ses romans *(Notre-Dame-des-Fleurs,* 1944), son théâtre *(les Bonnes,* 1947 ; *le Balcon,* 1956 ; *les Nègres,* 1959 ; *les Paravents,* 1961, représentés en 1966) et son autobiographie *(Un captif amoureux,* 1986) fustigent les hypocrisies et les préjugés du monde contemporain.

Genette *(Gérard),* critique français (Paris 1930). Il a établi dans *Figures* (1966-1972) les principes d'une narratologie, étudié le problème des genres littéraires dans *Introduction à l'architexte* (1979) et celui de l'intertextualité dans *Palimpsestes* (1982).

Genève, v. de Suisse, ch.-l. de c., à l'extrémité occidentale du lac Léman, sur le Rhône ; 171 042 hab. *(Genevois).* **GÉOGR.** Au pied du Jura, entre l'Italie et la Flandre, la ville était dès le Moyen Âge un centre commercial actif. Aujourd'hui, les activités liées à la banque, au commerce et surtout aux organismes internationaux (Croix-Rouge, Bureau international du travail, Centre européen de recherches nucléaires, etc.) — qui expliquent la forte proportion d'étrangers et l'importance de l'aéroport de Cointrin — dominent une industrie pourtant active (mécanique et horlogerie, chimie, agroalimentaire, notamment). — Le *canton de Genève* couvre 282 km² et compte 379 190 hab. Il correspond approximativement à la ville même et à ses banlieues. **HIST.** Intégrée au royaume de Bourgogne puis au Saint Empire (1032), la ville se heurta, à partir de 1290, à la puissance des comtes puis des ducs de Savoie. Elle devint, après 1536, le principal foyer du calvinisme puis la capitale du protestantisme. Elle entra dans la Confédération suisse en 1815 et fut, de 1920 à 1947, le siège de la Société des Nations. Les *conventions de Genève* sur les blessés et prisonniers de guerre y ont été signées (1864, 1907, 1929 et 1949). **ARTS.** Au cœur de la vieille ville se trouve le temple Saint-Pierre, ancienne cathédrale remontant aux XIIᵉ-XIIIᵉ siècles.

Musées, dont celui d'Art et d'Histoire, avec ses collections d'archéologie méditerranéenne, d'arts appliqués et de beaux-arts (peintures des écoles européennes, peinture suisse).

Genève *(conférence de)* [avr.-juill. 1954], conférence internationale qui réunit des représentants des deux blocs (occidental et communiste) et des pays non-alignés. Elle aboutit à un cessez-le-feu en Indochine et à la signature d'un accord partageant le Viêt Nam en deux zones de part et d'autre du 17ᵉ parallèle.

Genève *(lac de),* nom parfois donné à l'extrémité sud-ouest du lac Léman.

Geneviève *(sainte),* patronne de Paris (Nanterre v. 422 - Lutèce v. 502). Fille de paysans, elle mène avec d'autres jeunes filles une vie de prière et de pénitence. Lorsque, en 451, Attila menace Paris, elle ranime le courage des habitants puis organise le ravitaillement de la ville. La piété populaire a fait d'elle une sainte et la protectrice de Paris.

Geneviève de Brabant, héroïne d'une légende populaire du Moyen Âge, dont la première version se trouve dans la *Légende dorée.*

Genevoix *(Maurice),* écrivain français (Decize, Nièvre, 1890 - Alsudia-Cansades, Alicante, 1980). Marqué par la Première Guerre mondiale *(Ceux de 14,* 1950), il s'est fait le chantre de la forêt solognote *(Raboliot,* 1925 ; *la Dernière Harde,* 1938). Apôtre de l'instinct animal *(la Forêt perdue,* 1967 ; *les Bestiaires,* 1969-1971 ; *Un jour,* 1976), il a retrouvé dans l'enfance l'innocence qui, chez les bêtes, le fascinait *(la Loire, Agnès et les garçons,* 1962 ; *Tendre Bestiaire,* 1969). [Acad. fr. 1946.]

Gengis Khan, *titre de* Temüdjin, fondateur de l'Empire mongol (Delün Boldaq v. 1167 - Qingshui, Gansu, 1227). Devenu maître de toutes les tribus nomades de Mongolie, il réunit en 1206 une grande assemblée qui le proclama empereur (kagan ou khan), établit les fondements d'une législation mongole et organisa l'armée impériale. Il conquit la Chine du Nord (1211-1216) et une grande partie de l'Asie centrale : la Transoxiane (1219-1221), l'Afghanistan et l'Iran oriental (1221-22). Ses fils, de son vivant, reçurent des apanages.

Génie du christianisme, œuvre de Chateaubriand (1802). Dans cette apologie du christianisme parue au moment de la signature du Concordat, l'auteur se proposait de démontrer que la religion chrétienne est la plus favorable à la création intellectuelle et artistique. Son influence fut immense.

Genji monogatari, roman de Murasaki Shikibu (début du XIᵉ s.) : un des classiques de la littérature japonaise, qui peint la vie de la cour de Kyoto aux environs de l'an mille.

Genk, comm. de Belgique (Limbourg) ; 61 339 hab. Métallurgie. Automobiles. Chimie.

Genlis *(Stéphanie Félicité du Crest, comtesse de),* femme de lettres française (Champcéri, près d'Autun, 1746 - Paris 1830). Gouvernante des enfants du duc d'Orléans Philippe Égalité, elle écrivit de nombreux ouvrages pédagogiques inspirés de Rousseau *(Théâtre à l'usage des jeunes personnes,* 1779-80 ; *les Veillées du château,* 1782).

Gennes *(Pierre-Gilles de),* physicien français (Paris 1932). Spécialiste de la physique de la matière condensée, il a fourni des contributions théoriques marquantes dans des domaines très variés : semi-conducteurs, supraconductivité, cristaux liquides, polymères. (Prix Nobel 1991.)

Gennevilliers, ch.-l. de c. des Hauts-de-Seine ; 45 052 hab. Port sur la Seine. Centre industriel.

Genscher *(Hans Dietrich),* homme politique allemand (Reideburg, près de Halle, 1927). Président du Parti libéral de la R. F. A. (1974-1985), il a été ministre des Affaires étrangères de 1974 à 1992.

gens de lettres *(Société des)* [S. G. D. L.], association fondée en 1838 pour défendre les intérêts des écrivains. La S. G. D. L. a créé la Société civile des auteurs multimédias (S. C. A. M.) pour l'exploitation audiovisuelle des œuvres.

Genséric → Geiséric.

Gentil *(Émile),* explorateur et administrateur français (Volmunster 1866 - Bordeaux 1914). Il explora le Chari, accula l'émir du Soudan Rabah à la capitulation, rejoignit la mission Foureau-Lamy et devint administrateur de la région du Congo.

Gentile da Fabriano, peintre italien (Fabriano, prov. d'Ancône, v. 1370 - Rome 1427). Maître plein d'élégance du style « courtois » (gothique international), héritier des miniaturistes, il travailla notamment à Venise, Brescia, Florence *(Adoration des mages,* 1423, Offices) et à Rome.

Gentileschi *(Orazio Lomi, dit),* peintre italien (Pise 1563 - Londres 1639). Il se constitua à Rome, à partir de l'exemple du Caravage, une manière personnelle, élégante et raffinée, travailla dans les Marches (v. 1615), à Gênes, à Paris (1624), puis à Londres. Sa fille **Artemisia** (Rome 1597 - Naples apr. 1651) travailla, à Florence et à Naples principalement, dans le style caravagesque.

Gentilly, comm. du Val-de-Marne ; 17 145 hab. Produits pharmaceutiques.

Gentzen *(Gerhard),* logicien allemand (Greifswald 1909 - Prague 1945). Il fut assistant de Hilbert. Il a mis en forme un système non axiomatique de logique en introduisant des systèmes de déduction naturelle *(Recherches sur la déduction logique,* 1935).

Gény *(François),* juriste français (Baccarat 1861 - Nancy 1959), spécialiste de la philosophie du droit.

Geoffrin *(Marie-Thérèse Rodet, dite Mᵐᵉ),* mécène française (Paris 1699 - id. 1777), célèbre pour son salon ouvert aux artistes, aux philosophes et aux grands seigneurs, et pour sa collection de tableaux.

Geoffroi, nom porté par six comtes d'Anjou. Le plus célèbre est **Geoffroi V le Bel,** surnommé **Plantagenêt** (1113 - Le Mans 1151), comte d'Anjou et du Maine (1129-1151) et duc de Normandie (1135/1144-1150). Il fut le gendre d'Henri Iᵉʳ et le père d'Henri II, rois d'Angleterre.

Geoffroy Saint-Hilaire *(Étienne),* naturaliste français (Étampes 1772 - Paris 1844). Professeur de zoologie au Muséum, il créa la ménagerie du Jardin des Plantes. Ses travaux tendent à démontrer l'unité de composition organique des animaux, dans une perspective évolutionniste.

Géographie universelle, ouvrage majeur publié sous la direction de P. Vidal de La Blache et de L. Gallois (1927-1948, 23 vol.).

George Iᵉʳ (Osnabrück 1660 - id. 1727), Électeur de Hanovre (1698-1727), roi de Grande-Bretagne et d'Irlande (1714-1727). Il succéda à Anne Stuart en vertu de l'Acte d'établissement (1701). S'appuyant sur les whigs, il laissa le pouvoir réel à ses ministres Stanhope (1717-1721) et Walpole (1715-1717 et 1721-1742). **George II** (Herrenhausen 1683 - Kensington 1760), roi de Grande-Bretagne et d'Irlande, et Électeur de Hanovre (1727-1760), fils du précédent. C'est sous son règne que Walpole jeta les fondements de l'Empire britannique. N'ayant pas appris l'anglais et ne pouvant comprendre ses ministres britanniques, le roi n'assiste plus à leurs réunions : ainsi se forme le *cabinet,* qui deviendra l'organe suprême du pouvoir. **George III** (Londres 1738-1820), roi de Grande-Bretagne et d'Irlande (1760-1820), Électeur (1760-1815) puis roi de (1815-1820) de Hanovre. Petit-fils de George II et premier roi de la dynastie de Hanovre à s'intéresser à la Grande-Bretagne, il tenta de restaurer les prérogatives de la monarchie et s'opposa au parti whig. Son intransigeance provoqua la révolte des colonies d'Amérique, dont il dut reconnaître l'indépendance en 1783. Il conduisit la lutte contre la Révolution française. Atteint de folie, il fut remplacé en 1811 par son fils, le futur George IV, nommé régent. **George IV** (Londres 1762 - Windsor 1830), régent (1811-1820) puis roi de Grande-Bretagne et d'Irlande, et roi de Hanovre (1820-1830), fils aîné du précédent. Son règne vit l'émancipation des catholiques d'Irlande. **George V** (Londres 1865 - Sandringham 1936), roi de Grande-Bretagne et d'Irlande, et empereur des Indes (1910-1936). Fils d'Édouard VII, son règne a été marqué par la participation victorieuse de l'empire à la Première Guerre mondiale. Il a changé (1917) le nom de la dynastie de Saxe-Cobourg en celui de dynastie de Windsor. **George VI** (Sandringham 1895 - id. 1952), roi de Grande-Bretagne (1936-1952) et empereur des Indes (1936-1947). Fils de George V, il accéda au trône après l'abdication de son frère Édouard VIII. Sous son règne, la Grande-Bretagne participa victorieusement à la Seconde Guerre mondiale.

George (Stefan), poète allemand (Büdesheim, Rhénanie, 1868 - Minusio, près de Locarno, 1933). Influencé par les symbolistes français, il fut ensuite attiré par le mysticisme (*l'Étoile d'alliance*, 1914 ; *le Nouvel Empire*, 1928).

Georges (saint), martyr (IVᵉ s.). L'histoire de ce personnage qu'on représente généralement en train de terrasser un dragon ne repose que sur des documents légendaires. Mais son tombeau à Lydda, en Palestine, fut vénéré très tôt et son culte se répandit largement en Occident et en Orient avant le XIIᵉ siècle. Il est le patron de l'Angleterre et de certains ordres de chevalerie.

Georges Iᵉʳ (Copenhague 1845 - Thessalonique 1913), roi de Grèce (1863-1913). Choisi par les puissances protectrices (Grande-Bretagne, France, Russie) pour succéder à Otton, il fut assassiné (1913). **Georges II** (Tatói 1890 - Athènes 1947), roi de Grèce (1922-1924 et 1935-1947). Il s'exila en 1923, quelques mois avant la proclamation de la république (1924). De retour à Athènes après que la monarchie a été restaurée en 1935, il s'exila à nouveau à la suite de l'invasion allemande (1941) et fut rétabli sur son trône en 1946.

Georges de Poděbrady (Poděbrady 1420 - Prague 1471), roi de Bohême (1458-1471). Excommunié par le pape Paul II, il se maintient à Prague bien que les nobles catholiques aient élu Mathias Corvin roi de Bohême (1469).

Georgetown, cap. et port de la Guyana, sur l'Atlantique, à l'embouchure de la Demerara ; 200 000 hab.

George Town, port de la Malaisie, cap. de l'État de Penang ; 248 000 hab.

Géorgie, État du Caucase, en bordure de la mer Noire ; 69 700 km² ; 5 450 000 hab. (*Géorgiens*). CAP. *Tbilissi*.

GÉOGRAPHIE

Drainée par le Rioni et la haute Koura, protégée au N. par la barrière du Grand Caucase, la Géorgie a un climat subtropical surtout à l'O. (Colchide), ce qui permet les cultures des agrumes et du thé, de la vigne et du mûrier. Dans l'est, plus élevé et plus sec, dominent les céréales, et, en altitude, l'élevage ovin. L'industrie, autre qu'extractive (manganèse, charbon), est représentée surtout par la métallurgie, l'agroalimentaire et le textile et est implantée notamment à Tbilissi, Koutaissi et Roustavi, les principales villes, ainsi que dans les ports de Batoumi et Soukhoumi, sur le littoral de la mer Noire (animé aussi par le tourisme balnéaire et climatique). La population, en accroissement rapide, est formée pour 70 % de Géorgiens de souche et comporte plusieurs minorités (Russes, Abkhazes, Adjars et Ossètes).

HISTOIRE

Après avoir été colonisée par les Grecs et les Romains (Colchide) et dominée par les Sassanides (Ibérie), la région est conquise par les Arabes (v. 650).

IXᵉ-XIIIᵉ s. Elle connaît une remarquable renaissance puis est ravagée par les Mongols.

XVIᵉ-XVIIIᵉ s. La Géorgie perd des territoires au profit de l'Iran et de l'Empire ottoman et se place sous la protection de la Russie (1783).

1801. Elle est annexée par la Russie.

1918. Une république indépendante est proclamée.

1921. L'Armée rouge intervient et un régime soviétique est instauré.

1922. La Géorgie est intégrée à l'U. R. S. S.

1990. Les indépendantistes remportent les premières élections républicaines libres.

1991. La Géorgie accède à l'indépendance.

1992. De violents combats éclatent en Ossétie du Sud et en Abkhazie, où se sont développés des mouvements séparatistes.

1993. La Géorgie obtient l'aide de la Russie pour faire cesser la guerre civile. Elle rejoint la C.E.I.

1995. Après l'adoption d'une nouvelle Constitution, E. Chevardnadze est élu président de la République au suffrage universel.

Géorgie, *en angl.* Georgia, État du sud-est des États-Unis ; 152 488 km² ; 6 478 216 hab. ; Cap. *Atlanta.* État du Sud historique (plus de 25 % de Noirs), au climat subtropical, la Géorgie atteint les Appalaches au N. mais s'étend surtout sur le Piedmont, bien mis en valeur (coton, tabac, soja et maïs), séparé de la plaine côtière par la Fall Line, site des principales villes (Columbus, Macon) en dehors du port de Savannah et, surtout, d'Atlanta, métropole régionale.

Géorgie *(détroit de),* bras de mer, formé par l'océan Pacifique, séparant l'île de Vancouver du littoral continental (Colombie-Britannique et nord de l'État de Washington).

Géorgie du Sud, île britannique de l'Atlantique Sud, dépendance des Falkland, à 1 300 km à l'E. de ces dernières.

Géorgienne *(baie),* baie formée par le lac Huron sur la rive canadienne.

Géorgiques *(les),* poème didactique de Virgile en 4 chants (39-29 av. J.-C.). Inspiré par Auguste, qui voulait réveiller l'amour de la terre chez les Romains, ce poème traite de l'agriculture et de l'élevage, constituant un hymne à la nature et au travail humain.

Gera, v. d'Allemagne, dans le Land de Thuringe, ch.-l. de district, sur l'Elster blanche ; 105 825 hab. Centre industriel. — Monuments anciens, très restaurés.

Gérard *(Étienne, comte),* maréchal et pair de France (Damvillers 1773 - Paris 1852). Il se distingua lors de la campagne de Russie (1812) et contribua à la victoire de Ligny (1815). Fait maréchal par Louis-Philippe, il dirigea le siège d'Anvers (1832).

Gérard *(François, baron),* peintre français (Rome 1770 - Paris 1837), élève de David. Auteur d'un *Ossian* pour Malmaison, il fut surtout, sous la Restauration comme sous l'Empire, un portraitiste couvert d'honneurs.

Gérardmer, ch.-l. de c. des Vosges ; 9 543 hab. *(Géromois).* Centre touristique. Industrie du bois. Textile. Festival du film fantastique. À l'ouest se trouve le *lac de Gérardmer* (115 ha).

Gerasa, ancienne ville de Palestine située à l'est du Jourdain, à l'emplacement de l'actuelle *Djerach,* en Jordanie. De fondations hellénistiques, ses monuments publics datent de l'époque romaine (théâtres, temples, thermes, etc.). Siège d'un évêché, la ville connut un nouvel essor vers le vᵉ siècle. L'ensemble le plus original est constitué de trois églises accolées : église St-Jean-Baptiste (531), St-Georges (529), Sts-Côme-et-Damien (533).

Gerbault *(Alain),* navigateur français (Laval 1893 - Dili, île de Timor, 1941). Sur un petit cotre, il réalisa le tour du monde en solitaire (1923-1929).

Gerbier-de-Jonc, mont du Vivarais (Ardèche), sur le flanc duquel naît la Loire ; 1 551 m.

Gergovie, oppidum gaulois, à 6 km au sud de Clermont-Ferrand, dans le pays des Arvernes (Puy-de-Dôme). Vercingétorix le défendit avec succès contre César (52 av. J.-C.).

Gerhardt *(Charles),* chimiste français (Strasbourg 1816 - *id.* 1856). Il fut l'un des créateurs de la notation atomique et introduisit la notion de « fonction » en chimie organique.

Géricault *(Théodore),* peintre et lithographe français (Rouen 1791 - Paris 1824). Artiste à la carrière fulgurante, il fut le premier des romantiques mais aussi un précurseur du réalisme. L'audace de son dessin, de sa touche, de sa couleur, sa fougue, alliées à un souci de véracité et à une inclination vers le morbide, font de lui un précurseur. Son *Officier de chasseurs à cheval de la garde impériale chargeant* (Louvre) dérouta les visiteurs du Salon en 1812. Le cheval est un thème constant dans son œuvre (course du *Derby d'Epsom*). Il a aussi réalisé une série de portraits de fous, très respectueux des malades représentés. *Le Radeau de la Méduse* (1819, Louvre), sa composition la plus ambitieuse, explore la variété des attitudes humaines devant une mort qui paraît imminente.

Gérin-Lajoie *(Antoine),* écrivain canadien d'expression française (Yamachiche 1824 - Ottawa 1882). Il voulut dans ses romans (*Jean Rivard le défricheur,* 1862) inciter les Canadiens français à cultiver leur terre et à ne pas émigrer aux États-Unis.

Gerlache de Gomery *(Adrien* de*),* navigateur belge (Hasselt 1866 - Bruxelles 1934). Il dirigea l'expédition de la *Belgica* en Antarctique (1897-1899).

Gerlachovka, point culminant des Carpates, en Slovaquie ; 2 655 m.

Germain, famille d'orfèvres parisiens des xviiᵉ et xviiiᵉ siècles, fournisseurs de la cour. Les plus célèbres sont **Pierre** (v. 1645-1684), **Thomas** (1673-1748), dont Voltaire a vanté la « main divine », et **François Thomas** (1726-1791).

Germain *(Sophie),* mathématicienne française (Paris 1776 - *id.* 1831). Elle est l'auteur d'importants travaux sur la théorie de l'élasticité, récompensés par l'Académie des sciences.

Germains, peuple indo-européen, issu de la Scandinavie méridionale et qui migra au Ier millénaire av. J.-C. vers la grande plaine européenne. Les Germains (Goths, Vandales, Burgondes, Suèves, Francs, etc.) se stabilisèrent aux Ier et IIe s. apr. J.-C. au centre et au nord de l'Europe, établissant des rapports avec Rome, à qui ils fournirent esclaves et mercenaires. Au milieu du IIe siècle, les Germains envahirent le nord de l'Italie et des Balkans ; ce fut le prélude à plusieurs siècles d'invasions en Occident, où ils finirent par former plusieurs royaumes (ve s.).

RELIGION

■ **Du culte des morts à celui de la nature.** Dans leur période archaïque, les religions des peuplades germaniques étaient centrées sur le culte des ancêtres ou des grands morts, ce qui allait donner de manière durable à ces civilisations le sens de la prééminence de la famille et du clan. Par là s'exprime alors la croyance dans un monde double, à la fois spirituel et matériel, et dans la réincarnation, le plus souvent sous une forme animale (le loup, l'ours puis le cheval). Dans une deuxième période, le culte des morts fait place à celui des grandes forces naturelles telles que l'eau, l'air, la terre et, surtout, le soleil, qui, mot féminin dans tous les idiomes germaniques, est divinisé et vénéré comme toujours fécond et bienfaisant.

■ **Des dieux individualisés.** La dernière période est marquée par le culte de divinités anthropomorphes et individualisées. Apparaissent des triades dans lesquelles interviennent un dieu solaire qui est aussi magicien et souverain (Thor, puis Odin ou Wotan), un dieu de la Fécondité (Njörd) et un dieu de la Force (Porr, personnification du Tonnerre). Toutes les divinités sont, comme les humains, soumises au Destin, sorte de « dieu oisif ». Odin est entouré par les Walkyries, ses messagères et les servantes de son paradis, le Walhalla (ou Val-Hall).

■ **De la création à la régénération.** Les Germains se représentent la création comme un affrontement entre le monde obscur du froid et le monde lumineux du feu, le cosmos s'organisant de manière à être soutenu en son axe par le majestueux frêne Yggdrasil. Ainsi s'instaure un âge d'or qui sera détruit par un parjure des dieux. Il s'ensuivra une gigantesque bataille entre les Ases (Njörd avec ses deux enfants, Freyr et sa parèdre Freyja) et les Vanes (divinités agraires) en même temps que le meurtre de Baldr, le dieu bon. Le monde est alors emporté dans la catastrophe du Destin-des-Puissances, ou Ragnarök. Mais celle-ci n'est pas définitive.

Elle débouche sur une régénération universelle, sur la renaissance de Baldr et sur le retour d'un ordre impérissable.

Germanicus *(Julius Caesar),* général romain (Rome 15 av. J.-C. - Antioche 19 apr. J.-C.). Petit-neveu d'Auguste, adopté par Tibère, il fut vainqueur du Germain Arminius (16 apr. J.-C.). Il mourut en Orient, peut-être empoisonné.

Germanie, contrée de l'Europe centrale ancienne, entre le Rhin et la Vistule, peuplée au cours du Ier millénaire av. J.-C. par les Germains.

Germanie *(royaume de),* État constitué en 843 (traité de Verdun), formé de la partie orientale de l'Empire carolingien et attribué à Louis le Germanique. Le titre de roi de Germanie fut porté (jusqu'au XVe s.) par les empereurs du Saint Empire élus, mais non encore couronnés par le pape.

germano-soviétique *(pacte)* [23 août 1939], traité de non-agression conclu entre l'Allemagne et l'U. R. S. S. Signé à Moscou par Ribbentrop et Molotov, il était accompagné d'un protocole secret qui prévoyait l'établissement des zones d'influence soviétique et allemande, et notamment le partage de la Pologne.

Germinal, roman de É. Zola (1885).

Germinal an III *(journée du 12)* [1er avr. 1795], soulèvement des faubourgs parisiens contre la Convention thermidorienne.

Germiston, v. de l'Afrique du Sud, près de Johannesburg ; 155 000 hab. Raffinage de l'or.

Gernsback *(Hugo),* ingénieur et écrivain américain (Luxembourg 1884 - New York 1967). Pionnier de la radio et de la télévision, il fut le premier à énoncer le principe du radar (1911). On lui doit aussi le terme « science-fiction ».

Gérôme *(Jean Léon),* peintre et sculpteur français (Vesoul 1824 - Paris 1904). Artiste officiel, professeur, amoureux du fini et du détail objectif, il a cultivé la scène de genre antique, moderne ou orientale (*le Prisonnier,* 1861, musée de Nantes).

Gérone, *en esp.* Gerona, v. d'Espagne (Catalogne), ch.-l. de prov. ; 68 656 hab. — Ancien monastère S. Pere de Galligants (église romane du XIIe s.), belle cathédrale de style gothique catalan (XIVe-XVIe s. ; trésor) et autres monuments. Musée d'art.

Geronimo, chef apache (No-Doyohn Canyon, auj. Clifton, Arizona, 1829 - Fort-Sill, Oklahoma, 1908). Il mena des opérations de guérilla dans le sud-ouest des États-Unis (1882-1885) et obtint pour sa tribu un territoire dans l'Oklahoma.

Gers *(le),* riv. du Bassin aquitain, qui passe à Auch, affl. de la Garonne (r. g.) ; 178 km.

Gers [32], dép. de la Région Midi-Pyrénées ; ch.-l. de dép. *Auch* ; ch.-l. d'arr. *Condom, Mirande ;* 3 arr., 31 cant., 462 comm. ; 6 257 km² ; 174 587 hab. *(Gersois).* Il est rattaché à l'académie de Toulouse, à la cour d'appel d'Agen et à la région militaire Atlantique.

Gershwin *(George),* compositeur américain (Brooklyn 1898 - Hollywood 1937). Excellent pianiste, il débuta comme compositeur de chansons, combinant le blues, la musique populaire juive et le répertoire romantique européen. Il s'inspira également du jazz dans les œuvres symphoniques qui le rendirent célèbre, comme *Rhapsody in Blue* (1924), *Concerto en fa* pour piano et orchestre (1925), *Un Américain à Paris* (1928), *Ouverture cubaine* (1932), et dans l'opéra *Porgy and Bess* (1935).

Gerson *(Jean Charlier,* dit Jean de*),* philosophe et théologien français (Gerson, Ardennes, 1363 - Lyon 1429). Chancelier de l'Université de Paris et grand mystique de son temps, il travailla à mettre fin au Grand Schisme et anima le concile de Constance (1414-1418).

Gersonides → Levi ben Gerson.

Gertrude la Grande *(sainte),* moniale cistercienne et mystique allemande (Eisleben 1256 - Helfta, Saxe, v. 1302). Ses expériences spirituelles sont consignées dans ses écrits, le *Héraut de l'amour divin* et les *Exercices ;* elle se rattache au courant de la « mystique nuptiale », selon le thème des épousailles de l'âme et de Dieu.

Gesell *(Arnold),* psychologue américain (Alma, Wisconsin, 1880 - New Haven, Connecticut, 1961). Ses travaux ont porté sur la psychologie de l'enfant, notamment sur sa maturation neuropsychologique. Il a réalisé de nombreuses échelles de développement, permettant de mesurer les étapes de l'évolution du bébé à l'enfant.

Gessner *(Salomon),* poète d'expression allemande et peintre suisse (Zurich 1730 - *id.* 1788). Ses *Idylles* (1756 et 1772) qu'il illustra lui-même annoncèrent le romantisme.

Gestapo (abrév. de Ge*[heime]* Sta*[ats]* Po*[lizei],* police secrète d'État). Section de la police de sûreté du IIIᵉ Reich, qui fut de 1936 à 1945 l'instrument le plus redoutable du régime nazi.

Gesualdo *(Carlo), prince* de Venosa, compositeur italien (Naples v. 1560 - *id.* v. 1614). Virtuose du luth, il composa plusieurs livres de madrigaux (dont certains sur des textes du Tasse). Son art raffiné de la polyphonie et son chromatisme audacieux soulignent l'intensité dramatique des textes.

Gethsémani, nom qui, d'après l'étymologie, signifie « pressoir à huile » et qui désigne un jardin des faubourgs de Jérusalem, au pied du mont des Oliviers. Jésus avait coutume d'y passer la nuit avec ses disciples ; c'est là que se déroula son « agonie » et qu'il fut arrêté.

Getty *(Jean,* dit J. Paul*),* industriel et collectionneur américain (Minneapolis 1892 - Sutton Place, Surrey, 1976). Les bénéfices de l'industrie pétrolière lui permirent de constituer de magnifiques collections d'antiquités grecques et romaines, d'objets d'art et de peintures, installées en 1974 dans un musée construit à Malibu (Californie). La fondation qui porte son nom continue à enrichir cet ensemble et exerce un mécénat dans le domaine des études et publications d'histoire de l'art.

Gettysburg *(bataille de)* [13 juill. 1863], bataille de la guerre de Sécession qui eut lieu en Pennsylvanie et vit la victoire des nordistes sur les sudistes du général Lee.

Getz *(Stanley,* dit Stan*),* saxophoniste ténor de jazz américain (Philadelphie 1927 - Malibu, Californie, 1991). Surnommé « The Sound » (« le Son »), il fut un virtuose de la ballade subtile et élégante, développant des climats de grande poésie, sans mièvrerie, pimentés parfois d'une certaine raucité tragique. En 1963, il rencontra des artistes brésiliens pour graver quelques enregistrements autour de la « bossa nova ».

Gévaudan, ancien comté français, entre la Margeride et l'Aubrac (dép. de la Lozère). [Hab. *Gabalitains.*] Dans ses forêts apparut, vers 1765, la fameuse *bête du Gévaudan* (probablement un loup de très grande taille).

Gex, ch.-l. d'arr. de l'Ain, au pied oriental du Jura ; 6 678 hab. *(Gessiens).*

Gezelle *(Guido),* poète belge d'expression néerlandaise (Bruges 1830 - *id.* 1899). Il pratiqua un art impressionniste qui préfigure la poésie moderne (*Couronne du temps,* 1893).

Gezireh *(la),* région agricole (coton) du Soudan au sud de Khartoum, partie vitale du pays bonifiée par l'irrigation, entre le Nil Blanc et le Nil Bleu.

Ghab ou **Rhab,** dépression de la Syrie, drainée par l'Oronte.

Ghadamès ou **Rhadamès,** oasis de l'ouest de la Libye.

Ghalib *(Mirza Asadullah Khan,* dit), poète indien de langues persane et ourdou (Agra 1797 - Delhi 1869). Il fut à la fois le dernier poète classique persan *(Diwan,* 1841) et le fondateur de la prose moderne en ourdou avec ses *Lettres* (1869).

Ghana, ancien État africain du Soudan occidental (Vᵉ s. ? - XIᵉ s.), situé entre les fleuves Sénégal et Niger, aux confins des États actuels du Sénégal, du Mali et de la Mauritanie. Le royaume tirait sa richesse du grand commerce, notamment avec le Maghreb, et atteignit son apogée au XIᵉ siècle, époque où il fut détruit par les Almoravides (guerriers musulmans). Il passa sous le contrôle des Mandingues au XIIIᵉ siècle.

Ghana, État de l'Afrique occidentale ; 240 000 km² ; 15 500 000 hab. *(Ghanéens).* CAP. *Accra.* LANGUE : *anglais.* MONNAIE : *cedi.*
GÉOGRAPHIE
Pays de savanes dans le Nord et le Centre, forestier dans le Sud, proche de l'équateur et plus humide, le Ghana a connu, lié aux vicissitudes politiques intérieures, un déclin de ses productions agricoles et minières (fondements de l'économie) et une importante émigration. Depuis 1990 surtout, l'économie s'est redressée, en partie grâce au soutien du Fonds monétaire international (le cacao, la bauxite et l'or constituent les principales ressources commerciales). Plus dense dans le Sud, site de la capitale, des ports de Sekondi-Takoradi et de Tema (annexe industrielle d'Accra, utilisant l'électricité fournie par le barrage d'Akosombo), la population, majoritairement rurale, pratique une agriculture vivrière, l'élevage et la pêche.
HISTOIRE
Le nord du pays est sous la domination de royaumes africains dès la fin du XIVᵉ s.
1471. Les Portugais s'établissent dans la région qui est appelée Côte-de-l'Or ou Gold Coast en raison du commerce de l'or.
Aux XVIIᵉ et XVIIIᵉ s., le commerce des esclaves y attire les Anglais et les Hollandais. Au centre du pays se développe le royaume Achanti.
1874. La Côte-de-l'Or devient une colonie britannique, dont la prospérité économique se fonde sur les ressources minières et sur le cacao.
1901. Annexion du territoire des Achanti.
1957. La colonie devient indépendante sous le nom de Ghana.

1960. Instauration de la République du Ghana, dont K. Nkrumah est président jusqu'à sa chute en 1966.
Gouvernements civils et militaires se succèdent ; le capitaine Jerry Rawlings est au pouvoir depuis 1981.
1992. Instauration du multipartisme.

Gharb ou **Rharb,** plaine du sud-ouest du Maroc, sur l'Atlantique, drainée par l'oued Sebou.

Ghardaïa, oasis du Sahara algérien ; 63 000 hab.

Ghats, chaînes montagneuses bordant l'Inde péninsulaire (Deccan). Les Ghats orientaux sont moins élevés et moins développés que les Ghats occidentaux. Ceux-ci s'élèvent vers le sud (2 687 m au mont Aneimudi), où les forêts sont parfois coupées de plantations (théiers, caféiers, eucalyptus).

Ghazali, Rhazali (al-) ou **Algazel,** philosophe et théologien de l'islam (Tus, Khorasan, 1058 - *id.* 1111). Il se tourna vers le soufisme afin de trouver la vraie foi en Dieu. Son œuvre constitue une somme capitale de la pensée musulmane. Il rejeta certaines philosophies grecques qui supposaient l'éternité du monde, induisant que celui-ci n'avait pas été créé. Il donne au doute une valeur positive dans la recherche de Dieu et accorde à l'intuition une valeur supérieure à l'intelligence rationnelle. Son principal ouvrage est *Revivis-cence des sciences de la religion.*

Ghaznévides ou **Rhaznévides,** dynastie turque qui régna sur l'Afghanistan, une partie de l'Iran et sur le Pendjab aux Xᵉ-XIIᵉ siècles.

Ghelderode *(Michel de),* auteur dramatique belge d'expression française (Ixelles 1898 - Schaerbeek 1962). Son théâtre expressionniste unit la farce de carnaval au mysticisme des autos sacramentales *(Barrabas,* 1929 ; *Fastes d'enfer,* 1949 ; *Mademoiselle Jaïre,* 1949).

Gheorghiu-Dej *(Gheorghe),* homme d'État roumain (Bîrlad 1901 - Bucarest 1965). Secrétaire général du Parti communiste à partir de 1945, il fut président du Conseil (1952-1955), puis chef de l'État (1961-1965).

Gherardesca *(Ugolino della),* tyran pisan (m. en 1288 ou 1289). S'étant allié aux guelfes pour s'emparer du gouvernement de Pise, il fut accusé de trahison par les gibelins, qui l'enfermèrent dans une tour avec ses enfants, pour les y laisser mourir de faim.

Ghiberti *(Lorenzo),* sculpteur, orfèvre et architecte italien (Florence 1378 - *id.* 1455). Informé de l'antique mais demeuré en partie fidèle à la culture médiévale, il a donné ses chefs-d'œuvre avec les deuxième et troisième portes de bronze du baptistère de Florence, garnies de reliefs narratifs (la troisième, achevée en 1452, aurait été jugée par Michel-Ange digne d'être la « porte du Paradis »). Il a rédigé trois livres de *Commentaires* sur les techniques, les théories de l'art et sur les artistes des xive et xve siècles.

Ghil *(René),* poète français d'origine belge (Tourcoing 1862 - Niort 1925). Lié au mouvement symboliste (*Légende d'âmes et de sangs,* 1885), il voulut réaliser la synthèse des différentes formes d'art et tenta de systématiser dans son *Traité du verbe* (1886) les correspondances entre sons et couleurs suggérées par Rimbaud.

Ghilizane, *anc.* Relizane, v. de l'ouest de l'Algérie ; 84 000 hab.

Ghirlandaio *(Domenico* Bigordi, dit Domenico*),* peintre italien (Florence 1449 - *id.* 1494). Il participa à la décoration de la chapelle Sixtine et, dans ses fresques des églises de Florence (*Vie de la Vierge* à S. Maria Novella), donna aux personnages de l'histoire sainte l'apparence des bourgeois de la ville. Ses frères **David** (1452-1525) et **Benedetto** (1458-1497) le secondèrent. Son fils **Ridolfo** (1483-1561) fut un bon portraitiste.

Ghor *(le),* dépression allongée de Palestine, occupée par la vallée du Jourdain, le lac de Tibériade et la mer Morte.

Ghurides ou **Rhurides,** dynastie d'origine iranienne qui domina l'Afghanistan et le nord de l'Inde (xiie s.-début du xiiie s.).

Giacometti *(Alberto),* sculpteur et peintre suisse (Stampa, Grisons, 1901 - Coire 1966). Il a travaillé essentiellement à Paris à partir de 1922. Une période surréaliste (1930-1935) montre ses dons de visionnaire (*l'Objet invisible,* célébré par A. Breton). Plus tard, il est l'auteur, expressionniste, de sculptures caractérisées par un allongement ou un amincissement extrêmes, figures de bronze au modelé vibrant baigné d'espace (*Homme qui marche,* 1947).

Gia Long (Huê 1762 - *id.* 1820), empereur du Viêt Nam (1802-1820). Le prince Nguyên Anh reconquit ses États sur les rebelles Tây Son avec l'aide de la France, leur donna le nom de Viêt Nam et se proclama empereur sous le nom de Gia Long (1802).

Giambologna *(Jean* Boulogne ou Bologne, dit*),* sculpteur flamand de l'école italienne (Douai 1529 - Florence 1608). Après avoir séjourné à Rome, il fit à Florence l'essentiel de sa carrière de maniériste abondant et divers : *Mercure volant* (bronze, 1563, Bargello) ; *Vénus* (marbre, 1573) et *Fontaine de l'Océan*

des jardins Boboli ; *Enlèvement d'une Sabine* (marbre, 1582, loggia dei Lanzi) ; petits bronzes, notamment animaliers. Il eut pour disciples Pietro Tacca, Adriaen De Vries, Pierre Francheville.

Giap *(Vo Nguyên)* → Vo Nguyên Giap.

Gibbon *(Edward),* historien britannique (Putney, Londres, 1737 - Londres 1794). Par son *Histoire de la décadence et de la chute de l'Empire romain* (1776-1788), il demeure l'un des historiens majeurs du déclin de la civilisation romaine.

Gibbons *(Orlando),* compositeur anglais (Oxford 1583 - Canterbury 1625). Auteur de madrigaux, de motets et de pièces instrumentales, il a été un des grands représentants de la musique élisabéthaine.

Gibbs *(Willard),* physicien américain (New Haven, Connecticut, 1839 - *id.* 1903). Il fonda la chimie physique en étendant la thermodynamique à la chimie. Il perfectionna la mécanique statistique de Boltzmann et énonça la loi des phases, base d'étude des équilibres physico-chimiques.

Gibraltar, territoire britannique, à l'extrémité méridionale de la péninsule Ibérique, sur le détroit du même nom ; 6 km² ; 31 000 hab. Il se compose d'un rocher calcaire haut de 423 m, long de 4,5 km et large au maximum de 1,2 km, qui domine la ville et se rattache au continent par une plaine de sable basse et marécageuse. **HIST.** Célèbre dès l'Antiquité (colonnes d'Hercule), Gibraltar fut le premier point de la conquête musulmane menée par le chef berbère Tariq en Espagne (711) [*djabal al-Tariq,* « la montagne de Tariq », a donné *Gibraltar*]. Pris en 1704 par les Anglais, à qui il est reconnu (traité d'Utrecht, 1713), devenu une puissante base aéronavale, Gibraltar est toujours revendiqué par l'Espagne.

Gibraltar *(détroit de),* passage entre l'Espagne et le Maroc, unissant la Méditerranée et l'Atlantique (15 km de large).

Gibran *(Khalil)* → Djubran Khalil Djubran.

Gibson *(Ralph),* photographe américain (Los Angeles 1939). Sa vision glacée, subjective, de fragments du réel, souvent cadrés en gros plan, suscite un monde étrange qui participe à la fois du surréalisme et du pop art (*The Somnambulist,* 1970 ; *Days at Sea,* 1975).

Gide *(André),* écrivain français (Paris 1869 - *id.* 1951). D'origine protestante par son père le juriste Paul Gide (1832-1880), catholique par sa mère, il peut grâce à sa fortune se faire connaître par des poèmes, de courts récits (*les Cahiers d'André Walter,* 1891 ; *Paludes,* 1895 ;

l'Immoraliste, 1902 ; *la Porte étroite,* 1909), des essais (*Prétextes,* 1903 ; *Nouveaux Prétextes,* 1911), des pièces de théâtre (*le Roi Candaule,* 1901 ; *Saül,* 1903), une parodie de roman sur le thème de l'acte gratuit (*les Caves du Vatican,* 1914). Au lendemain de la Première Guerre mondiale, la réédition des *Nourritures terrestres* (1897) [→ **Nourritures**] l'impose comme maître à penser de la nouvelle génération. Désormais, sa pensée est dominée par le souci d'une absolue sincérité (*la Symphonie pastorale,* 1919 ; *Si le grain ne meurt,* 1920-1924 ; *les Faux-Monnayeurs,* 1926) [→ **Faux-Monnayeurs**]. Préoccupé par les questions sociales (*Voyage au Congo,* 1927), tenté par l'idéal du communisme, Gide exprime néanmoins sa déception dans *Retour de l'U. R. S. S.* (1936). Il poursuit dans ses derniers récits (*les Nouvelles Nourritures,* 1935 ; *Thésée,* 1946 ; *Et nunc manet in te,* 1951), dans son *Journal* (1939-1950) et sa *Correspondance* la recherche d'un humanisme moderne capable de concilier la lucidité de l'intelligence et la vitalité des instincts. À la tête de la N. R. F. de 1909 à 1940, il reçut le prix Nobel de littérature en 1947.

Gide *(Charles),* économiste français (Uzès 1847 - Paris 1932). Il a développé le principe du coopératisme.

Gielgud *(sir Arthur John),* acteur et metteur en scène britannique (Londres 1904). Acteur shakespearien par excellence, il a également mis son talent au service des œuvres d'O. Wilde, T. Williams, A. Tchekhov. Au cinéma, il a joué notamment dans *Falstaff* (O. Welles, 1965), *Providence* (A. Resnais, 1976), *Prospero's Books* (Peter Greenaway, 1991).

Gien, ch.-l. de c. du Loiret, sur la Loire ; 17 166 hab. *(Giennois).* Centre de faïencerie. Bandes magnétiques. — Dans le château d'Anne de Beaujeu (xvᵉ s.), musée international de la Chasse.

Giens *(presqu'île de),* presqu'île du dép. du Var, entre le *golfe de Giens* et la rade d'Hyères.

Giers *(Nikolaï Karlovitch de),* diplomate et homme politique russe (Radzivilov 1820 - Saint-Pétersbourg 1895). Ministre des Affaires étrangères (1882-1895), il renoua l'alliance avec l'Allemagne (1884, 1887), puis se résolut, en 1891, à l'alliance avec la France.

Gieseking *(Walter),* pianiste allemand (Lyon 1895 - Londres 1956), interprète de Mozart et de la musique française impressionniste (Debussy).

Giffard *(Henry),* ingénieur français (Paris 1825 - *id.* 1882). Il construisit plusieurs gros aérostats parmi lesquels un ballon équipé d'une machine à vapeur et d'une hélice (1852), précurseur du dirigeable, et le premier aérostat captif à vapeur (1867). On lui doit aussi un injecteur de vapeur pour l'alimentation des chaudières (1858).

Gif-sur-Yvette, ch.-l. de c. de l'Essonne ; 19 818 hab. Laboratoire de physiologie végétale (phytotron). École supérieure d'électricité.

Gifu, v. du Japon, dans l'île de Honshu ; 410 324 hab.

Gijón, port d'Espagne (Asturies), sur l'Atlantique ; 259 067 hab. Métallurgie.

Gilbert *(îles)* → Kiribati.

Gilbert *(William),* médecin et physicien anglais (Colchester 1544 - Londres ou Colchester 1603). Il effectua les premières expériences relatives à l'électrostatique et au magnétisme.

Gil Blas de Santillane *(Histoire de),* roman de Lesage (1715-1735). « Roman de formation », il conte l'histoire de Gil Blas, jeune homme instruit et spirituel, réduit à vivre d'expédients, et qui, au fil de ses aventures, acquiert une sorte de sagesse épicurienne.

Gilbreth *(Frank Bunker),* ingénieur américain (Fairfield, Maine, 1868 - Montclair, New Jersey, 1924). Collaborateur de Taylor, il fut un pionnier de l'organisation du travail, établissant les principes de la simplification des mouvements, en vue de réduire leur durée et la fatigue de l'ouvrier.

Gilgamesh, roi d'Ourouk (début du IIIᵉ millénaire) et héros d'une épopée mésopotamienne. Ce roi légendaire se comporte en tyran ; les dieux suscitent contre lui Enkidou, l'homme sauvage, qui devient son ami. Ensemble, ils vont tuer Houmbaba, gardien de la Forêt du cèdre. Ashtart fait des avances à Gilgamesh, qui la repousse et tue le taureau céleste qu'elle avait envoyé contre lui. Enkidou meurt et son ombre apprend à Gilgamesh la triste condition des morts dans l'enfer. Le héros va, jusqu'aux confins du monde, consulter Outa-napishtim, le seul survivant du Déluge.

Gill *(Louis André Gosset de Guines,* dit *André),* dessinateur et peintre français (Paris 1840 - Charenton 1885). Fondateur des hebdomadaires satiriques *la Lune* et *l'Éclipse,* il est célèbre pour ses portraits-charges.

Gillespie *(John Birks,* dit *Dizzy),* trompettiste, compositeur et chef d'orchestre de jazz américain (Cheraw, Caroline du Sud, 1917 - Englewood, New Jersey, 1993). Avec Charlie Parker, il a jeté les bases du be-bop et en a promu l'image. Son jeu de trompette est brillant et coloré. Il a introduit les rythmes et les accents afro-cubains dans le jazz.

Gillray *(James),* graveur et caricaturiste britannique (Chelsea 1756 - Londres 1815). Il excella dans la satire politique, s'attaquant sur le mode grotesque au roi George III, à Pitt et à son gouvernement, à la Révolution française ainsi qu'à Napoléon.

Gilson *(Étienne),* philosophe français (Paris 1884 - Cravant, Yonne, 1978). Il a été professeur au Collège de France (1932-1950). Il a renouvelé les études de la philosophie médiévale et a relancé le débat sur l'idée de philosophie chrétienne (*Christianisme et Philosophie,* 1936). [Acad. fr. 1946.]

Gioberti *(Vincenzo),* philosophe et homme politique italien (Turin 1801 - Paris 1852). Prêtre, l'un des chefs du *Risorgimento,* il fut, à l'origine, partisan d'une fédération italienne dont le pape serait le président. Il présida le gouvernement piémontais en 1848-49.

Giolitti *(Giovanni),* homme politique italien (Mondovi 1842 - Cavour 1928). Président du Conseil de nombreuses fois entre 1892 et 1921, il redressa les finances du pays, pratiqua une large politique sociale et instaura le suffrage universel (1912). À l'extérieur, il déclara la guerre contre la Turquie (1911) et annexa la Tripolitaine (1912).

Giono *(Jean),* écrivain français (Manosque 1895 - *id.* 1970). Romancier de la haute Provence (*Colline,* 1929 ; *Un de Baumugnes,* 1929 ; *Regain,* 1930), pacifiste militant (*le Grand Troupeau,* 1931 ; *les Vraies Richesses,* 1936), il atteint à une philosophie d'harmonie entre les hommes et les éléments (*le Chant du monde,* 1934 ; *Que ma joie demeure,* 1935). Il donne également des pièces de théâtre rustiques (*la Femme du boulanger,* 1938). Après la Seconde Guerre mondiale, il évolue du lyrisme prophétique à la chronique (*Un roi sans divertissement,* 1947 ; *le Hussard sur le toit,* 1951 ; *le Moulin de Pologne,* 1952 ; *le Bonheur fou,* 1957 ; *Deux Cavaliers de l'orage,* 1965 ; *l'Iris de Suse,* 1970), où la ferveur épique et sensuelle s'exprime dans un art nettement plus dépouillé et un climat sombre, éclairé par les seuls feux du mystère de la création (*Noé,* 1947 ; *le Désastre de Pavie,* 1963).

Giordano *(Luca),* peintre italien (Naples 1634 - *id.* 1705). Influencé tour à tour par Ribera, Véronèse, Pierre de Cortone, il est l'auteur d'innombrables tableaux d'église ainsi que de célèbres plafonds au palais Médicis (Florence) et à l'Escurial. Sa virtuosité dans le baroque et sa rapidité lui valurent le surnom de *Luca Fapresto.* Son style lumineux et aéré annonce le goût décoratif du XVIIIᵉ siècle.

Giorgi *(Giovanni),* physicien italien (Lucques 1871 - Castiglioncello 1950), créateur d'un système d'unités rationnelles (dit « M. K.-S. A. » [mètre-kilogramme-seconde-ampère]) dont dérive le système international SI.

Giorgione *(Giorgio* Da Castelfranco, dit*),* peintre vénitien (Castelfranco Veneto v. 1477 - Venise 1510). De bonne heure à Venise, il a sans doute travaillé dans l'atelier des frères Bellini. Il exécuta vers 1505 son tableau d'autel de la cathédrale de Castelfranco, puis *la Tempête* (Accademia de Venise), *les Trois Philosophes* (Vienne), la *Vénus endormie* (Dresde) et des fresques (perdues) au Fondaco dei Tedeschi. Une poésie profonde, un lyrisme discret s'en dégagent, à travers des sujets parfois énigmatiques et surtout un langage pictural fondé sur une harmonie tonale, une libération de la touche, une intégration des figures au paysage encore inédites. Ce « giorgionisme » a exercé une influence diffuse sur les peintres vénitiens, à commencer par Titien, qui acheva certaines toiles de l'artiste, tôt disparu.

Giotto di Bondone, peintre et architecte italien (dans le Mugello, prov. de Florence, 1266 ? - Florence 1337). Peut-être élève de Cimabue, et auteur probable du cycle de la *Vie de saint François* à Assise (basilique supérieure), il a exécuté les fresques de la *Vie de la Vierge et du Christ* à la chapelle Scrovegni de Padoue (v. 1303-1305), son chef-d'œuvre, des fresques à S. Croce de Florence, des retables, etc. Par l'ampleur de sa vision, par ses recherches de volume, d'espace et de chromatisme, il apparaît comme l'un des principaux créateurs de la peinture occidentale moderne. Il commença la construction du campanile de la cathédrale de Florence. Peintre, il eut des aides et des disciples nombreux, parfois en retrait sur ses innovations stylistiques.

Giovannetti *(Matteo),* peintre italien du XIVᵉ siècle, originaire de Viterbe, mentionné à Avignon de 1343 à 1367 (fresques du palais des Papes : chapelle St-Martial ; fragment de voûte à la Grande Audience), à Rome en 1368. Son style dérive de celui de S. Martini et d'A. Lorenzetti.

Giovanni da Udine, peintre et stucateur italien (Udine 1487 - Rome v. 1564). Collaborateur de Raphaël à Rome (Loges du Vatican), de J. Romain à Mantoue, il s'inspira des décors antiques découverts dans les « grottes » de l'Esquilin, créant ainsi les *grotesques.*

Giovanni Pisano → Nicola Pisano.

Girardin *(Émile* de*),* journaliste français (Paris 1806 - *id.* 1881). Il lança la presse à bon marché (*la Presse*, 1836), ayant recours à la publicité.

Girardon *(François)*, sculpteur français (Troyes 1628 - Paris 1715). Représentant par excellence du classicisme fastueux de Versailles, il a notamment donné, pour le parc du château, les groupes d'*Apollon servi par les nymphes* (1666-1673) et de l'*Enlèvement de Proserpine*. Parmi ses œuvres célèbres figure encore le tombeau de Richelieu à la Sorbonne (1694).

Giraud *(Henri)*, général français (Paris 1879 - Dijon 1949). Commandant la VIIᵉ armée en 1940, il fut fait prisonnier mais s'évada (1942). Coprésident du Comité français de libération nationale avec de Gaulle, il s'effaça devant ce dernier (1943).

Giraudoux *(Jean)*, écrivain français (Bellac 1882 - Paris 1944). Il mène de front une carrière diplomatique et une carrière littéraire, débutant avec un recueil de nouvelles (*les Provinciales*, 1909), suivi d'un roman (*Simon le Pathétique*, 1918). De la guerre et d'une mission en Amérique, il rapporte *Amica America* (1919) et *Adorable Clio* (1920), puis publie une série de romans remplis de poésie (*Suzanne et le Pacifique*, 1921 ; *Siegfried et le Limousin*, 1922 ; *Bella*, 1926). Il s'impose au théâtre dès sa première pièce, *Siegfried* (1928), dont le succès se confirme avec *Amphitryon 38* (1929), *Judith* (1931), *Intermezzo* (1933). L'univers harmonieux de ses pièces se charge d'inquiétude dans les années suivantes : *La guerre de Troie n'aura pas lieu* (1935), *Électre* (1937), *Ondine* (1939). Nommé commissaire à l'Information en 1939, il se retire à Cusset après l'armistice de 1940 et fait représenter *Sodome et Gomorrhe* (1943). Après sa mort seront jouées ses trois dernières pièces (*la Folle de Chaillot*, 1945 ; *l'Apollon de Bellac*, 1947 ; *Pour Lucrèce*, 1953). Hanté par la Grèce et fasciné par la culture allemande, Giraudoux sut fondre les grands thèmes classiques et les inquiétudes modernes dans un univers précieux, fait d'humour et de fantaisie.

Giraud-Soulavie *(Jean-Louis)*, naturaliste français (Largentière 1752 - Paris 1813). Dans son *Histoire naturelle de la France méridionale*, il se montre, dès 1780, un des précurseurs du transformisme, en même temps que le fondateur de la paléontologie stratigraphique. Combattu par Buffon, il fut le premier à imaginer que la durée des temps géologiques puisse s'élever à des centaines de millions d'années.

Giro *(le)*, tour cycliste d'Italie.

Girod *(Paul)*, ingénieur français d'origine suisse (Fribourg 1878 - Cannes 1951), l'un des créateurs de l'électrométallurgie (1901), spécialiste de la fabrication des ferroalliages.

Girodet-Trioson *(Anne Louis* Girodet de Roucy, dit*)*, peintre français (Montargis 1767 - Paris 1824). Il est néoclassique de style, romantique d'inspiration (*Ossian* ou *l'Apothéose des héros français*, 1801, Malmaison ; *Atala au tombeau*, 1808, Louvre).

Gironde *(la)*, nom de l'estuaire (long de 75 km), sur l'Atlantique, formé en aval de la confluence de la Garonne et de la Dordogne. Centrale nucléaire près de Blaye.

Gironde [33], dép. de la Région Aquitaine ; ch.-l. de dép. *Bordeaux* ; ch.-l. d'arr. *Blaye, Langon, Lesparre-Médoc, Libourne* ; 5 arr., 63 cant., 542 comm. ; 10 000 km² ; 1 213 499 hab. (*Girondins*). Il est rattaché à l'académie et à la cour d'appel de Bordeaux, à la région militaire Atlantique.

Girondins, groupe politique, pendant la Révolution française. Formé en 1791 autour de Brissot (d'où son autre nom de *Brissotins*), il réunit plusieurs députés de la Gironde (dont Vergniaud) à l'Assemblée législative puis à la Convention. Acceptant une monarchie constitutionnelle faisant une place à la bourgeoisie cultivée, les Girondins sont appelés par Louis XVI à former un ministère (mars-juin 1792), dont sont membres Roland et Dumouriez. Acquis au fédéralisme, ils se heurtent, sous la Convention, à la Commune de Paris et aux Jacobins, défenseurs d'une république centralisatrice et populaire ; évincés par ces derniers, ils seront, pour la plupart, guillotinés (mai-oct. 1793).

Giscard d'Estaing *(Valéry)*, homme d'État français (Coblence 1926). Fondateur du groupe des Républicains indépendants (1962), ministre des Finances (1962-1966, 1969-1974), il est président de la République de 1974 à 1981. De 1988 à 1996, il préside l'Union pour la démocratie française (U. D. F.), qu'il a fondée en 1978.

Giselle ou **les Wilis**, ballet fantastique en deux actes, inspiré d'une ballade de Henri Heine, musique d'Adolphe Adam, chorégraphie de J. Coralli et J. Perrot, créé en 1841 à l'Opéra de Paris par C. Grisi.

Gish *(Lillian)*, actrice américaine (Springfield, Ohio, 1896 - New York 1993). Elle fut l'une des grandes vedettes du cinéma muet jusqu'en 1930. Elle a tourné dans *Naissance d'une nation* (1915), *Intolérance* (1916), *le Lys brisé* (1919), *les Deux Orphelines* (1922), quatre films de D. W. Griffith ; *la Bohème* (1926), *le Vent* (1928), *la Nuit du chasseur* (1955), *les Baleines du mois d'août* (1987).

Giuliano da Maiano, architecte et sculpteur italien (Maiano, près de Fiesole, 1432 - Naples 1490). Continuateur de Brunelleschi et de Michelozzo, il contribua à diffuser les principes de la nouvelle architecture florentine. Son frère **Benedetto** (Maiano 1442 - Florence 1497) collabora avec lui à l'église de Lorette et entreprit le palais Strozzi à Florence ; sculpteur marbrier, proche de A. Rossellino, il est l'auteur de bustes, de la chaire de S. Croce (Florence).

Giulini *(Carlo Maria),* chef d'orchestre italien (Barletta 1914). Chef à la Scala de Milan en 1953, il a fait équipe avec Maria Callas *(La Traviata)* et dirigé le grand répertoire lyrique dans le monde entier avant de se vouer aux œuvres symphoniques.

Giulio Romano → **Romain** *(Jules).*

Giunta ou **Giunti,** famille d'imprimeurs italiens du xvᵉ siècle, établie à Gênes, Florence, Venise, ainsi qu'à Lyon et à Madrid.

Giverny, comm. de l'Eure ; 550 hab. — Maison (coll. d'estampes japonaises) et important jardin du peintre Monet. Musée américain.

Givors, ch.-l. de c. du Rhône, sur le Rhône ; 19 833 hab. *(Givordins).* Verrerie. Métallurgie.

Gizeh ou **Guizèh,** v. d'Égypte, ch.-l. de prov., sur la rive gauche du Nil ; 1 871 000 hab. ARCHÉOL. Les trois grandes pyramides de Khéops, Khephren et Mykerinus ainsi que le grand sphinx — gardien de l'ensemble monumental de Khephren — ont été érigés sous la IVᵉ dynastie (v. 2600 av. J.-C.). Ces monuments font partie d'un vaste complexe funéraire comprenant pyramides, tombeaux de reines et nécropole des nobles constituée de mastabas.

Gjellerup *(Karl),* écrivain danois (Roholte 1857 - Klotzsche, près de Dresde, 1919). Il évolua du naturalisme au spiritualisme dans son théâtre et ses romans *(le Moulin,* 1896). [Prix Nobel 1917.]

Glace *(mer de),* glacier des Alpes françaises, dans le massif du Mont-Blanc, au N.-E. de Chamonix. Elle est longue de plus de 14 km.

Gladstone *(William Ewart),* homme politique britannique (Liverpool 1809 - Hawarden 1898). Favorable au libre-échange, il quitte le Parti conservateur pour le Parti libéral, dont il prend la tête en 1865. Trois fois Premier ministre (1868-1874, 1880-1885, 1892-1894), il accomplit de nombreuses réformes (notamment électorales) et s'oppose à Disraeli, son principal adversaire politique. Sa campagne en faveur du Home Rule (1886), visant à accorder un statut d'autonomie à l'Irlande, provoque au sein du Parti libéral la sécession des unionistes.

Glâma *(le),* le plus long fleuve de Norvège, tributaire du Skagerrak ; 570 km. Il rejoint la mer près de l'entrée du fjord d'Oslo.

Glanum, site archéologique proche de Saint-Rémy-de-Provence, sans doute le plus important de la Narbonnaise. On y distingue trois périodes d'occupation. La première est définie par un sanctuaire celtoligure. Dans la deuxième, après la conquête romaine, le culte d'Hercule s'ajoute au culte antérieur ; l'agglomération devient une ville dotée d'édifices publics et de maisons ornées de peintures et de mosaïques. Plus tard, la ville est entièrement reconstruite sous le règne d'Auguste. Sous celui d'Agrippa, arc de triomphe et thermes s'ajoutent à l'ensemble urbain.

Glaris, *en all.* Glarus, comm. de Suisse, ch.-l. du canton de ce nom (684 km² ; 38 508 hab.), dans les *Alpes de Glaris,* sur la Linth ; 5 728 hab.

Glaser *(Donald Arthur),* physicien américain (Cleveland 1926). Il a inventé la chambre à bulles, qui permet de détecter les particules de haute énergie. (Prix Nobel 1960.)

Glasgow, v. de Grande-Bretagne (Écosse), sur la Clyde ; 703 000 hab. Université. Aéroport. Métropole commerciale et industrielle de l'Écosse. — Cathédrale des xiiiᵉ-xvᵉ siècles. Foyer artistique à l'époque de C. R. Mackintosh. Musées (Art Gallery, riche en peinture européenne).

Glashow *(Sheldon Lee),* physicien américain (New York 1932). Il proposa en 1960 la première théorie unifiée de l'interaction électromagnétique et de l'interaction faible. (Prix Nobel 1979.)

Glauber *(Johann Rudolf),* chimiste et pharmacien allemand (Karlstadt 1604 - Amsterdam 1670). Il isola l'acide chlorhydrique et découvrit les propriétés thérapeutiques du sulfate de sodium *(sel de Glauber).*

Glazounov *(Aleksandr Konstantinovitch),* compositeur russe (Saint-Pétersbourg 1865 - Paris 1936). Directeur du conservatoire de Saint-Pétersbourg (1905-1928), il est le dernier grand représentant de l'école russe du xixᵉ siècle. Il a composé des symphonies et de la musique de chambre.

Gleizes *(Albert),* peintre français (Paris 1881 - Saint-Rémy-de-Provence 1953). Il participa aux premières manifestations du cubisme, publia avec Jean Metzinger (1883-1956) le traité *Du cubisme* (1912) et, plus tard, se consacra surtout à l'art sacré.

Glélé *(auparavant* Badohou*)* [m. en 1889], roi du Dahomey (1858-1889). Il s'opposa à la domination française mais dut céder Cotonou (1868).

Glénan *(îles de)*, petit archipel de la côte sud du Finistère. Centre nautique.

Glen More, dépression du nord de l'Écosse, partiellement occupée par le loch Ness et empruntée par le canal Calédonien.

Glières *(plateau des)*, plateau situé dans le massif des Bornes ; 1 400 à 2 000 m d'alt. Théâtre, en 1944, de la lutte héroïque d'un groupe de la Résistance contre les Allemands. Monument national de la Résistance par le sculpteur Emile Gilioli (1973).

Glinka *(Mikhaïl Ivanovitch)*, compositeur russe (Novospasskoïe 1804 - Berlin 1857), fondateur de l'école musicale russe moderne. On lui doit les opéras *Une vie pour le tsar* (1836) et *Rouslan et Ludmilla* (1942).

Gliwice, v. de Pologne, en haute Silésie, près de Katowice ; 215 700 hab. Centre industriel.

Globe and Mail (The), quotidien canadien fondé en 1896 et qui appartient au groupe Thomson Newspapers Ltd.

Globo, groupe de communication brésilien. Le groupe se compose principalement du quotidien *O Globo* et de la chaîne de télévision Rede Globo, à laquelle 70 télévisions locales sont affiliées. Le groupe est célèbre pour ses « telenovelas », feuilletons télévisés populaires.

Glorieuses *(îles)*, archipel français de l'océan Indien, au N. de Madagascar.

Glorieuses *(les Trois)*, les trois journées (27, 28 et 29 juillet) de la révolution de 1830.

Gloucester, v. de Grande-Bretagne, ch.-l. du comté de ce nom *(Gloucestershire)*, sur la Severn ; 91 800 hab. Constructions aéronautiques. — Cathédrale romane et gothique (grande verrière du chœur, XIVᵉ s. ; cloître à voûtes en éventail).

Glouchko *(Valentine Petrovitch)*, ingénieur ukrainien (Odessa 1908 - Moscou 1989). Il a mis au point les moteurs de la plupart des fusées et missiles de l'ex-U. R. S .S.

Glozel, hameau de la commune de Ferrières-sur-Sichon (Allier), à 21 km au S.-E. de Vichy. La découverte, en 1924, de divers objets en céramique entraîna une vive polémique. Leur attribution (paléolithique supérieur, néolithique, âge du fer, officine de sorcier gallo-romain, etc.) reste controversée malgré les analyses effectuées par carbone 14 et thermoluminescence.

Glubb *(sir John Bagot)*, dit Glubb Pacha, général britannique (Preston 1897 - Mayfield, Sussex, 1986). Il commanda la Légion arabe de 1939 à 1956.

Gluck *(Christoph Willibald, chevalier* von*)*, compositeur allemand (Erasbach, Haut-Palatinat, 1714 - Vienne 1787). D'origine allemande, il exerce surtout son métier en Italie, en Autriche puis en France. Il se consacre presque exclusivement à l'opéra. Avec *Orfeo ed Euridice* (1762) commence ce qu'il appelle lui-même sa « réforme de l'opéra », poursuivie avec *Alceste* (1767). Il oriente l'opéra dans le sens français, loin des conventions italiennes. Il simplifie ses livrets, dépouille sa musique de tout ornement inutile, relie l'ouverture orchestrale au drame lui-même, humanise le récit, fait participer le chœur à l'action et s'attache à la psychologie des personnages. En 1774, il présente à Paris *Iphigénie en Aulide* et *Orphée*, version française d'*Orfeo ed Euridice*. En 1776, il donne la version française d'*Alceste*, opéra à l'origine de la querelle des gluckistes et des piccinnistes, opposant les partisans de la musique française, soutenus par la cour, à ceux de la musique italienne. Il écrira encore deux opéras : *Armide* (1777) et *Iphigénie en Tauride* (1779), son chef-d'œuvre.

Gneisenau *(August, comte* Neidhardt von*)*, maréchal prussien (Schildau 1760 - Posen, auj. Poznań, 1831). Collaborateur de Scharnhorst dans la reconstitution de l'armée prussienne (1808), il fut chef d'état-major de Blücher (1813-14 et en 1815).

Goa, territoire de la côte occidentale de l'Inde (3 701 km² ; 1 168 622 hab.). Cap. *Panaji*. État de la côte occidentale de l'Inde, occupé par les Portugais de 1510 à 1961-62.

Gobelins *(les)*, ancienne manufacture royale installée dans les ateliers des teinturiers *Gobelins*, au bord de la Bièvre, à Paris. Créée et dirigée par des tapissiers flamands, sous l'impulsion d'Henri IV (début du XVIIᵉ s.), la manufacture connaît son grand essor sous Louis XIV : Colbert lui donne le titre de *manufacture royale des meubles de la Couronne* en 1667. Ch. Le Brun dirige alors les ateliers de tapisserie, mais aussi les ateliers d'orfèvrerie, d'ébénisterie et de sculpture. Les Gobelins sont aujourd'hui manufacture nationale de tapisseries ; les mêmes locaux (XIIIᵉ arr.) abritent un musée de la Tapisserie ainsi que la manufacture de la Savonnerie (tapis).

Gobi, plateau désertique d'Asie centrale, d'une altitude moyenne de 1 000 m, froid et sec. Il s'étend sur le sud de la République populaire de Mongolie et sur les régions contiguës des provinces chinoises de la Mongolie-Intérieure, du Xinjiang et du Gansu. Ses bordures, montagneuses, sont couvertes de steppes (élevage nomade).

Gobineau *(Joseph Arthur, comte de),* diplomate et écrivain français (Ville-d'Avray 1816 - Turin 1882). Romancier (*les Pléiades,* 1874) et nouvelliste, il est l'auteur de l'*Essai sur l'inégalité des races humaines* (1853-1855), qui influença les théoriciens du racisme nazi.

Godard *(Eugène),* aéronaute français (Clichy 1827 - Bruxelles 1890). Il exécuta plus de 2 500 ascensions, dont une, à bord du *Géant,* avec Nadar (1863), et organisa la poste aérienne pendant le siège de Paris (1870-71).

Godard *(Jean-Luc),* cinéaste français (Paris 1930). Critique, il donne, dès son premier film, *À bout de souffle* (1960), le ton de la « nouvelle vague » : personnages romantiques, désinvolture et vivacité d'un récit truffé de citations littéraires, picturales, cinématographiques. Il réalise ensuite *le Petit Soldat* (1960), *Vivre sa vie* (1962), *les Carabiniers* (1963). Avec *le Mépris* (1963), il tire du roman de Moravia une tragédie superbe et implacable qui met en question les rapports entre hommes et femmes, entre cinéastes et producteurs, entre cinéma et réalité. Cette première période se poursuit avec *Pierrot le fou* (1965), *la Chinoise* (1967). Après 1968, il réalise surtout des films militants et des recherches sur la vidéo, mais revient à la fiction avec *Tout va bien* (1972) puis *Sauve qui peut (la vie)* [1979], *Passion* (1982), *Je vous salue Marie* (1985), *Nouvelle Vague* (1990), *Hélas pour moi* (1993), *JLG/JLG* (1995).

Godavari, un des fleuves sacrés de l'Inde, tributaire du golfe du Bengale ; 1 500 km.

Godbout *(Adélard),* agronome et homme politique canadien (Saint-Éloi 1892 - Montréal 1956). Libéral, il fut Premier ministre du Québec en 1936 et de 1939 à 1944.

Godbout *(Jacques),* écrivain et cinéaste canadien d'expression française (Montréal 1933). Son œuvre compose une quête de son identité d'homme et d'écrivain (*l'Aquarium,* 1962 ; *D'amour, P. Q.,* 1972 ; *Une histoire américaine,* 1986).

Goddard *(Robert Hutchings),* ingénieur américain (Worcester, Massachusetts, 1882 - Baltimore 1945). Précurseur de l'astronautique, il lança, en 1926, la première fusée à ergols liquides.

Godefroi de Bouillon (Baisy v. 1061 - Jérusalem 1100), duc de Basse-Lorraine (1089-1095). Principal chef de la première croisade, il fonda le royaume de Jérusalem (1099) après la prise de cette ville et la gouverna avec le titre d'« avoué du Saint-Sépulcre ».

Gödel *(Kurt),* logicien et mathématicien américain d'origine autrichienne (Brünn, auj. Brno, 1906 - Princeton 1978). Il a défini deux notions fondamentales de la logique moderne, l'« incomplétude » et l'« indécidabilité ». Ses travaux ont modifié durablement les conceptions des mathématiciens (*Sur les propositions indécidables des « Principia Mathematica »,* 1931).

Godounov *(Boris)* → Boris Godounov.

Godoy *(Manuel),* homme d'État espagnol (Badajoz 1767 - Paris 1851). Favori de la reine Marie-Louise, M. Godoy Álvarez de Faria fut Premier ministre de Charles IV de 1792 à 1798 et de 1800 à 1808. L'alliance qu'il signa avec la France entraîna son pays dans deux guerres désastreuses avec la Grande-Bretagne. Il fut destitué après l'occupation napoléonienne.

God save the King [ou **the Queen**] (« Dieu protège le roi [ou la reine] »), hymne national britannique.

Godthåb → Nuuk.

Godwin *(William),* écrivain et théoricien politique britannique (Wisbech 1756 - Londres 1836). Pasteur animé de préoccupations sociales, partisan d'un rationalisme éclairé, il est l'auteur d'essais et de romans à thèse (*les Aventures de Caleb Williams,* 1794) qui eurent une grande influence sur les premiers socialistes du XXᵉ siècle.

Goebbels *(Joseph Paul),* homme politique allemand (Rheydt 1897 - Berlin 1945). Journaliste national-socialiste, ministre de la Propagande et de l'Information (1933-1945), il fut chargé par Hitler de la direction de la guerre totale (1944) ; il se suicida avec toute sa famille.

Goering *(Hermann)* → Göring.

Goethe *(Johann Wolfgang von),* écrivain allemand (Francfort-sur-le-Main 1749 - Weimar 1832). Il est l'un des chefs du « Sturm und Drang » avec son roman *les Souffrances du jeune Werther* (1774) et son drame *Götz von Berlichingen* (1774). À travers son expérience de l'Italie (*Torquato Tasso,* 1790), de la Révolution française et de la politique (il fut ministre du grand-duc de Weimar), de son amitié avec Schiller (*Xénies,* 1796), et de ses recherches scientifiques (*la Métamorphose des plantes,* 1790 ; *la Théorie des couleurs,* 1810), il évolua vers un art plus classique (*Wilhelm Meister,* 1796-1821 ; *Hermann et Dorothée,* 1797 ; *les Affinités électives,* 1809). Son œuvre prit ensuite une forme autobiographique (*Poésie et Vérité,* 1811-1833) et symbolique (*Divan occidental et oriental,* 1819 ; *Faust*).

— **Faust.** Goethe travailla à ce drame de 1773 à 1832, s'inspirant d'une légende populaire. Le nœud de l'action est un pari engagé entre Méphistophélès, qui se fait fort de ravaler Faust au niveau de la brute, et le Seigneur, qui affirme que Faust résistera à la tentation. La première partie du drame, achevée en 1808, peint essentiellement la séduction et l'abandon de Marguerite, qui sera sauvée par son repentir. Dans la seconde partie, publiée en 1832, Faust, introduit dans le monde de l'Hellade mythique, prend Hélène comme épouse et obtient son salut, car il « n'a jamais cessé de tendre vers un idéal ».

Goffman *(Erving),* psychosociologue canadien (Manvine, Alberta, 1922 - Philadelphie 1982). Il s'est tout d'abord intéressé aux formes d'organisation sociale, notamment « totalitaires », comme celle des lieux d'enfermement *(Asiles,* 1961). Puis, en étudiant les relations interindividuelles, il a pu mettre en évidence comment les gens marquent la distance entre l'image de ce qu'ils croient être et celle qu'ils donnent d'eux *(les Rites d'interaction,* 1967).

Gogol *(Nikolaï Vassilievitch),* écrivain russe (Sorotchintsy, gouvern. de Poltava, 1809 - Moscou 1852). Fils de hobereaux ukrainiens, il débute à Saint-Pétersbourg comme fonctionnaire et atteint d'emblée la célébrité avec les nouvelles des *Veillées au hameau près de Dikanka* (1831). Si le recueil *Mirgorod* (1835), qui comprend *Tarass Boulba,* est encore d'inspiration romantique, *Arabesques* (1835), avec des textes comme *la Perspective Nevski* et *le Journal d'un fou,* affirme son génie de la caricature à travers la peinture d'un monde de médiocrité et d'ennui, art qui se confirme dans *le Nez* (1835), *le Revizor* (1836), *le Manteau* (1842). Cependant, en proie à une grave crise intérieure, Gogol quitte la Russie. À son retour, en 1841, les critiques qui accompagnent la publication de la première partie des *Âmes mortes* (1842) [→ **Âmes]** le troublent profondément. Tombé sous l'emprise d'un prêtre fanatique, il brûle la deuxième partie des *Âmes mortes.* Visionnaire et mystique, Gogol a révélé le réalisme aux écrivains de son pays.

Goiânia, v. du Brésil central, cap. de l'État de Goiás ; 920 838 hab.

Goiás, État du Brésil ; 355 294 km² ; 4 024 547 hab. Cap. *Goiânia.*

Golan *(plateau du),* région du sud-ouest de la Syrie, dominant le Jourdain. Occupé par Israël en 1967, théâtre de combats en 1973, il fut annexé sur décision de la Knesset en 1981.

Golconde, forteresse et ville ruinée de l'Inde (Andhra Pradesh). Elle a été, de 1518 à sa dévastation (1687), la capitale de l'un des cinq sultanats musulmans du Deccan. — Nombreux mausolées, témoins de cette époque.

Goldbach *(Christian),* mathématicien russe d'origine allemande (Königsberg 1690 - Moscou 1764). Ses travaux concernent la théorie des courbes, les séries infinies, etc. Les plus connus ont trait à la théorie des nombres, avec ses célèbres conjectures.

Golding *(William),* écrivain britannique (Saint Columb Minor, Cornouailles, 1911 - Tulimar, près de Falmouth, 1993). Son œuvre montre l'homme prêt en toutes circonstances à revenir à sa barbarie primitive *(Sa Majesté des Mouches,* 1954 ; *Rites de passage,* 1980-1989). [Prix Nobel 1983.]

Goldmann *(Nahum),* leader sioniste (Wisznewo, Lituanie, 1895 - Bad Reichenhall 1982). Fondateur (1936) et président du Congrès juif mondial, président de l'Organisation mondiale sioniste (1956-1968), il prit successivement les nationalités allemande, américaine (1940), israélienne (1962) et suisse (1968).

Goldoni *(Carlo),* acteur, auteur et metteur en scène de théâtre italien (Venise 1707 - Paris 1793). Il substitua aux bouffonneries de la *commedia dell'arte* la peinture des mœurs et des caractères *(le Serviteur de deux maîtres,* 1745 ; *La Locandiera,* 1753 ; *la Villégiature* [trilogie], 1761 ; *les Querelles de Chioggia,* 1762) puis s'établit à Paris, où il poursuivit la défense et l'illustration de la comédie naturelle *(le Bourru bienfaisant,* 1771). Il a laissé des *Mémoires* (1784-1787).

Goldschmidt *(Victor Moritz),* géologue norvégien (Zurich 1888 - Oslo 1947). À l'origine de la géochimie moderne, il a découvert les grandes lignes du comportement de nombreux éléments, principalement dans les roches magmatiques et métamorphiques. Il en a déduit certaines associations naturelles entre éléments et créé une classification de ceux-ci selon leurs affinités.

Goldsmith *(Oliver),* écrivain britannique (Pallasmore, Irlande, 1728 - Londres 1774). Il connut la célébrité avec *le Citoyen du monde* (1762), imité des *Lettres persanes* de Montesquieu, et le poème *le Voyageur.* Il est aussi l'auteur de romans *(le Vicaire de Wakefield,* 1766), de poèmes sentimentaux et de pièces de théâtre *(Elle s'abaisse pour triompher,* 1773).

Goldstein *(Kurt),* neurologue américain d'origine allemande (Kattowitz 1878 - New

York 1965). Il émigra aux États-Unis en 1935. Il étudia les traumatismes du crâne, les déficits de la perception et de la motricité, les troubles du langage. Influencé par le gestaltisme, il réagit contre les théories qui donnaient trop strictement à chaque fonction nerveuse une localisation dans l'encéphale ; il prôna une conception globale du fonctionnement de l'organisme.

Golestan ou **Gulistan** (« *Jardin des roses* »), recueil de récits de Saadi (v. 1258), en prose mêlée de vers, traité de morale et de savoir-vivre.

Golfe (*guerre du*), conflit armé déclenché par l'invasion du Koweït par l'Iraq (1er-2 août 1990) et ayant opposé à ce pays une coalition internationale de 28 États placée sous l'égide de l'O. N. U. et conduite par les États-Unis (17 janv. - 28 févr. 1991). L'O. N. U. ayant condamné l'annexion du Koweït, puis autorisé l'emploi de tous les moyens nécessaires pour libérer cet État, la force multinationale, à prépondérance américaine et à participation arabe (Égypte, Syrie notamment), déployée dans le Golfe et en Arabie saoudite, intervient contre l'Iraq (17 janv. 1991). Les forces alliées déclenchent une vaste offensive aérienne et aéronavale, mettant en œuvre des moyens considérables et ultramodernes (missiles de croisière, avions furtifs, bombes à guidage laser). Le Koweït est libéré le 28 février. L'Iraq reconnaît les frontières de cet État et doit accepter la destruction de ses capacités balistiques, chimiques, biologiques et nucléaires.

Golfe-Juan, section de la comm. de Vallauris (Alpes-Maritimes). Station balnéaire sur la Méditerranée.

Golgi (*Camillo*), médecin et histologiste italien (Corteno, près de Brescia, 1844 - Pavie 1926). Il fut successivement professeur d'anatomie, d'histologie, de pathologie générale. En histologie, il inventa des méthodes de coloration, étudia le système nerveux, laissa son nom à une structure cellulaire (*appareil de Golgi*) et à des récepteurs cutanés et tendineux. (Prix Nobel 1906.)

Golgotha, nom araméen qui signifie « crâne » et qui désigne le lieu proche de Jérusalem où, selon les Évangiles, Jésus fut crucifié. À travers les traductions latines de ceux-ci, il est devenu le lieu qu'on appelle *Calvaire.*

Goliath, Philistin dont le livre biblique de Samuel fait un guerrier redoutable par sa force et son armure, mais que le jeune David abat avec le seul secours d'une fronde et d'un caillou (xe s. av. J.-C.).

Golitsyne, Galitzine ou **Gallitzin,** famille princière qui donna à la Russie, à la fin du xviie et aux xviiie et xixe siècles, des hommes d'État et des chefs militaires. Elle s'est également illustrée en Occident, notamment en Allemagne, en France et aux États-Unis. L'un de ses représentants est **Vassili Vassilievitch** (1643 - Kologory 1714), qui joua un rôle important en politique extérieure pendant la régence de Sophie (1682-1689).

Goltzius (*Hendrick*), graveur et peintre néerlandais (Mühlbracht, Limbourg, 1558 - Haarlem 1617). Maniériste brillant, il fut le cofondateur d'une académie d'art à Haarlem.

Gomar (*François*) ou **Gomarus,** théologien protestant néerlandais (Bruges 1563 - Groningue 1641). Adversaire d'Arminius, il donna à la doctrine de Calvin sur la prédestination l'interprétation la plus rigoriste. Ses partisans, les *gomaristes,* provoquèrent des troubles graves aux Pays-Bas.

Gomberville (*Marin* Le Roy de*), écrivain français (Paris 1600 - *id.* 1674). Poète dans la tradition de Malherbe, il triompha dans le roman précieux (*Polexandre* 1629-1645). [Acad. fr. 1634.]

Gombette (*loi*), loi burgonde rédigée en latin vers 501-515 sur l'ordre du roi Gondebaud. Le législateur s'efforçait de tenir la balance égale entre les sujets burgondes et gallo-romains.

Gombrich (*Ernst Hans*), historien de l'art britannique d'origine autrichienne (Vienne 1909). Dans *l'Art et l'Illusion* (1960), il a analysé les aspects techniques de la création ainsi que, chez le spectateur, le rôle de la psychologie de la perception. On lui doit aussi *l'Art et son histoire* (1950) et diverses études d'iconologie.

Gombrowicz (*Witold*), écrivain polonais (Małoszyce 1904 - Vence 1969). Surpris par la guerre en Argentine, il y vécut 23 ans avant de s'établir en France. Ses romans (*Ferdydurke,* 1938 ; *Transatlantique,* 1953 ; *la Pornographie,* 1960 ; *Cosmos,* 1965), son théâtre (*Yvonne, princesse de Bourgogne,* 1938, représentée en 1957 ; *le Mariage,* 1953, représenté en 1963 ; *Opérette,* 1966, représentée en 1969) et son *Journal* (1957-1966) ont cherché à saisir, à travers les comportements stéréotypés et les pièges de la culture, la réalité intime des êtres.

Gomel, v. de Biélorussie ; 500 000 hab. Constructions mécaniques.

Gómez de la Serna (*Ramón*), écrivain espagnol (Madrid 1888 - Buenos Aires 1963). Romancier (*El Rastro,* 1915), il créa le genre des *greguerías,* petits poèmes en prose aux observations piquantes.

Gomorrhe, ville cananéenne qui, avec Sodome et d'autres villes du sud de la mer Morte, fut détruite par un cataclysme au XIXᵉ s. av. J.-C. Le livre biblique de la Genèse y voit un châtiment pour l'infidélité et l'immoralité des habitants de ces cités.

Gomułka *(Władysław),* homme d'État polonais (Krosno, Galicie, 1905 - Varsovie 1982). Secrétaire général du parti ouvrier (1943-1948), défenseur d'une « voie polonaise vers le socialisme », il fut exclu par les staliniens en 1948-49. Appelé à la tête du parti et de l'État (oct. 1956) après les émeutes de Poznań, il fut destitué en 1970.

Gonâve *(île de la),* dépendance d'Haïti, dans le golfe de Gonaïves.

Gonçalves *(Nuno),* peintre portugais, nommé peintre du roi Alphonse V en 1450. On lui attribue le monumental *Polyptyque de São Vicente* du musée de Lisbonne.

Gonçalves Dias *(Antônio),* poète brésilien (Caxias 1823 - dans un naufrage 1864). Grand poète romantique, il fonda l'école indianiste *(Os Timbiras,* 1857).

Goncourt *(Edmond* Huot de*)* [Nancy 1822 - Champrosay, Essonne, 1896] et son frère **Jules** (Paris 1830 - *id.* 1870), écrivains français. Convaincus des possibilités documentaires du roman, ils publièrent ensemble des œuvres scrupuleusement réalistes *(Renée Mauperin,* 1864 ; *Germinie Lacerteux,* 1865 ; *Madame Gervaisais,* 1869) dont, après la mort prématurée de Jules, Edmond continua seul la tradition *(la Fille Élisa,* 1877). Amateurs et collectionneurs d'art, ils célébrèrent *l'Art du XVIIIᵉ siècle* (1875) ; Edmond publia également des études sur Utamaro et Hokusai. Leur *Journal* (1851-1896) a constitué une chronique de la vie littéraire et artistique du second Empire et du début de la IIIᵉ République.

Goncourt *(Académie des)* → **Académie.**

Gondar, ville d'Éthiopie, au nord du lac Tana ; 77 000 hab. — Elle fut la capitale de l'Éthiopie (1630-1860 env.). Vestiges de palais et d'églises des XVIIᵉ et XVIIIᵉ siècles.

Gondebaud ou **Gondobald** (m. à Genève en 516), rois des Burgondes (v. 480-516). Il promulga la *loi Gombette.*

Gondi, famille originaire de Florence, à laquelle appartenait Paul de Gondi, cardinal de Retz. (→ Retz.)

Gondwana, région de l'Inde, dans le Deccan, habitée par les Gond (3 millions env.). Il a donné son nom à un continent qui a réuni, à l'ère primaire, l'Amérique méridionale, l'Afrique, l'Arabie, l'Inde (Deccan), l'Australie et l'Antarctique.

Góngora y Argote *(Luis* de*),* poète espagnol (Cordoue 1561 - *id.* 1627). Dans ses deux œuvres maîtresses, *la Fable de Polyphème et Galatée* (1612) et *les Solitudes* (1613), poème à demi hermétique sur la vie paysanne, il développa le « cultisme » (dit aussi « gongorisme »), ce qui lui valut, juste avant de mourir, de voir éditer ses poèmes sous le titre d'*Œuvres en vers de l'Homère espagnol* (1627).

Gontcharov *(Ivan Aleksandrovitch),* romancier russe (Simbirsk 1812 - Saint-Pétersbourg 1891). Ses romans peignent la décadence de la noblesse russe *(Oblomov,* 1859).

Gontran *(saint)* [v. 545 - Chalon-sur-Saône 592], roi de Bourgogne (561-592). Fils de Clotaire Iᵉʳ, il favorisa la diffusion du christianisme dans ses États.

González *(Julio),* sculpteur espagnol (Barcelone 1876 - Arcueil 1942). Installé à Paris, il a utilisé le fer soudé dans un esprit postcubiste, avec une grande liberté, à partir de 1927 *(Femme se coiffant,* 1931, M. N. A. M.).

González Márquez *(Felipe),* homme politique espagnol (Séville 1942). Secrétaire général du Parti socialiste ouvrier (1974), il est devenu président du gouvernement en 1982 mais a perdu les élections législatives de 1996.

Gonzalve de Cordoue, général espagnol (Montilla 1453 - Grenade 1515). Il vainquit les troupes de Louis XII et conquit le royaume de Naples, dont il devint vice-roi (1504).

Goodyear *(Charles),* inventeur américain (New Haven, Connecticut, 1800 - New York 1860). Il a découvert la vulcanisation du caoutchouc (1839).

Gorakhpur, v. de l'Inde, dans l'État de l'Uttar Pradesh, au nord de Bénarès ; 489 850 hab.

Gorbatchev *(Mikhaïl Sergueïevitch),* homme d'État soviétique (Privolnoïe, région de Stavropol, 1931). Secrétaire général du Parti communiste à partir de 1985, il met en œuvre un programme de réformes économiques et politiques (la « perestroïka »). En politique internationale, il adopte des positions résolument nouvelles (traité de désarmement de Washington [1987], non-intervention lors des révolutions démocratiques en Europe de l'Est et acceptation de l'unification allemande). Mais, à l'intérieur, il est confronté à une complète désorganisation économique et aux revendications indépendantistes des républiques. Élu à la présidence de l'U. R. S. S. en 1990, il se rapproche des éléments conservateurs du P. C. U. S. et apparaît dès lors à beaucoup de Soviétiques comme le défenseur du système communiste en faillite. Il ne peut empêcher la dislocation de l'Union soviétique, qui suit le putsch manqué d'août 1991. Il démissionne de son poste de président en décembre 1991. (Prix Nobel de la paix 1990.)

Gorchkov *(Sergueï Gueorguievitch),* amiral soviétique (Kamenets-Podolski 1910 - Moscou 1988). Il présida à l'essor de la marine de guerre, dont il fut le commandant en chef de 1956 à 1985.

Gordimer *(Nadine),* femme de lettres sud-africaine d'expression anglaise (Johannesburg 1923). Elle est l'auteur de romans sur les problèmes de l'apartheid *(Un monde d'étrangers,* 1958 ; *Ceux de July,* 1981). [Prix Nobel 1991.]

Gordon *(Charles),* dit Gordon Pacha, officier et administrateur britannique (Woolwich 1833 - Khartoum 1885). Gouverneur du Soudan (1877-1880), il périt lors de la prise de Khartoum par le Mahdi.

Gorée, île des côtes du Sénégal, en face de Dakar, qui fut un des principaux centres de la traite des esclaves.

Gorgones, dans la mythologie grecque, monstres ailés au corps de femme et à la chevelure faite de serpents. Elles étaient trois sœurs, Sthéno, Euryale et Méduse.

Gorgonzola, v. d'Italie (Lombardie) ; 16 260 hab. Fromages.

Göring ou **Goering** *(Hermann),* maréchal et homme politique allemand (Rosenheim 1893 - Nuremberg 1946). Après s'être illustré comme aviateur pendant la Première Guerre mondiale, il entra au parti nazi en 1922. Familier de Hitler, président du Reichstag (Parlement allemand) 1932, il se consacra à la création de la Luftwaffe (armée de l'air). Successeur désigné de Hitler (1939), qui le désavoua en 1945, condamné à mort à Nuremberg (1946), il se suicida.

Gorizia, *en serbe* Gorica, *en all.* Görz, v. d'Italie, sur l'Isonzo, à la frontière slovène ; 37 999 hab. — Château des XIIe-XVIe siècles. Musées.

Gorki → Nijni Novgorod.

Gorki *(Alekseï Maksimovitch* Pechkov, dit Maxime*),* écrivain russe (Nijni Novgorod 1868 - Moscou 1936). Peintre réaliste de son enfance difficile *(Enfance,* 1913-14 ; *En gagnant mon pain,* 1915-16 ; *Mes universités,* 1923), des vagabonds et des déracinés *(Foma Gordéiev,* 1899 ; *les Bas-Fonds,* 1902), il est le créateur de la littérature sociale soviétique *(la Mère,* 1906 ; *les Artamonov,* 1925). Il organisa l'Union des écrivains (1934), élabora le

concept de réalisme socialiste, concluant sa réflexion sur la faillite de la bourgeoisie avec *la Vie de Klim Samguine* (1925-1936).

Gorky *(Vosdanig* Adoian, dit Arshile*),* peintre américain d'origine arménienne (Hayotz Dzore 1904 - Sherman, Connecticut, 1948). Il a tiré de l'automatisme surréaliste, dans les années 40, une brillante abstraction biomorphique.

Gorlovka, v. de l'Ukraine, dans le Donbass ; 337 000 hab. Métallurgie.

Görres *(Joseph* von*),* publiciste et écrivain allemand (Coblence 1776 - Munich 1848). Il fut l'un des plus brillants porte-parole du renouveau national allemand ainsi que l'un des rénovateurs de l'étude du folklore *(Volksbücher,* 1807).

Gort *(John* Vereker, *vicomte),* maréchal britannique (Londres 1886 - id. 1946). Commandant le corps expéditionnaire britannique en France (1939-40), puis gouverneur de Malte (1942-43), il fut haut-commissaire en Palestine (1944-45).

Gortchakov *(Aleksandr Mikhaïlovitch, prince),* homme d'État russe (Haspal 1798 - Baden-Baden 1883). Ministre des Affaires étrangères (1856-1882), il redressa la situation diplomatique de son pays après la guerre de Crimée.

Gosainthan → Xixabangma.

Goscinny *(René),* scénariste de bandes dessinées français (Paris 1926 - id. 1977), dont les plus célèbres sont *Lucky Luke* (à partir de 1955) et *Astérix* (à partir de 1959).

Goslar, v. d'Allemagne (Basse-Saxe), au pied du Harz ; 45 939 hab. Remarquable ensemble médiéval de la vieille ville.

Gossart *(Jean)* ou **Gossaert** *(Jan),* dit Mabuse, peintre des anciens Pays-Bas (Maubeuge ? v. 1478 - Middelburg ou Breda 1532). Sa production, complexe, est l'une de celles qui introduisirent l'italianisme (il alla à Rome en 1508) et les concepts de la Renaissance dans l'art du Nord *(Neptune et Amphitrite,* musées de Berlin ; diptyque de *Jean Carondelet priant la Vierge,* Louvre).

Gossec *(François Joseph* Gossé, dit*),* compositeur français (Vergnies, Hainaut, 1734 - Paris 1829). Un des créateurs de la symphonie, auteur d'hymnes révolutionnaires et d'opéras, il fut l'un des fondateurs du Conservatoire national de Paris (1795).

Gosset *(Antonin),* chirurgien français (Fécamp 1872 - Paris 1944). On lui doit des travaux sur l'anatomie de l'appareil urinaire ainsi que sur la chirurgie de l'estomac, de l'intestin, de la vésicule biliaire.

Götaland, partie méridionale de la Suède, au S. des lacs Vänern et Vättern.

Göteborg, port de Suède, sur le Göta älv ; 433 042 hab. Centre industriel. Université. — Importants musées.

Gotha, v. d'Allemagne, dans le Land de Thuringe, au pied du Thüringerwald ; 56 715 hab. Édition. — Le *programme de Gotha* est un compromis entre les deux grandes tendances du socialisme allemand élaboré lors du congrès de Gotha (mai 1875), au cours duquel fut créé le Parti social-démocrate allemand. — Château reconstruit au XVIIᵉ siècle (musées).

Gotha (*Almanach de),* annuaire généalogique et diplomatique publié à Gotha, en français et en allemand, de 1763 à 1944.

Goths [go], peuple de la Germanie ancienne. Venus de Scandinavie et établis sur le Iᵉʳ s. av. J.-C. sur la basse Vistule, ils s'installèrent au IIIᵉ siècle au nord-ouest de la mer Noire. Établis entre Dniepr et Danube, ils se divisèrent entre Ostrogoths, à l'est, et Wisigoths, à l'ouest. Au IVᵉ siècle, l'évêque Ulfilas les convertit à l'arianisme et les dota d'une écriture et d'une langue littéraire. Sous la poussée des Huns (v. 375), ils pénétrèrent dans l'Empire romain.

Gotland, île de Suède, dans la Baltique ; 57 108 hab. Ch.-l. *Visby* (nombreuses ruines médiévales).

Gotlib (*Marcel* Gotlieb, dit*),* dessinateur et scénariste français de bandes dessinées (Paris 1934). Collaborateur des revues *Pilote* et *Pif,* animateur de *l'Écho des savanes,* il a donné, dans un style caricatural, les *Dingodossiers, Superdupont,* etc.

Gottfried de Strasbourg, poète courtois allemand (début du XIIIᵉ s.), auteur d'un *Tristan.*

Göttingen, v. d'Allemagne, dans le Land de Basse-Saxe, au sud-ouest du Harz ; 120 242 hab. Université. Constructions mécaniques. — Églises et maisons médiévales.

Gottsched (*Johann Christoph),* écrivain allemand (Juditten, près de Königsberg, 1700 - Leipzig 1766), partisan de l'imitation du classicisme français.

Gottwald (*Klement),* homme d'État tchécoslovaque (Dědice 1896 - Prague 1953). Secrétaire général du Parti communiste en 1929, il fut président du Conseil en 1946 et, après avoir éliminé du gouvernement les ministres non communistes (« coup de Prague »), devint président de la République (1948-1953).

Goubert (*Pierre),* historien français (Saumur 1915), auteur de recherches sur l'histoire économique et sociale de la France de l'Ancien Régime et sur sa démographie (*Beauvais et le Beauvaisis de 1600 à 1730,* 1960).

Gouda, v. des Pays-Bas sur l'IJssel, au N.-E. de Rotterdam ; 65 926 hab. Céramique. Fromages. — Hôtel de ville du XVᵉ siècle, église du XVIᵉ (remarquable ensemble de vitraux).

Goudéa, prince sumérien de Lagash (XXIIᵉ s. av. J.-C.).

Goudimel (*Claude),* musicien français (Besançon v. 1520 - Lyon 1572). Auteur de messes, de motets, de chansons, il fut un maître du contrepoint. Il collabora à la mise en musique des *Amours* (1552) de Ronsard et doit sa célébrité à ses harmonisations des psaumes de Marot et de Théodore de Bèze.

Gouffé (*Jules),* cuisinier français (Paris 1806 - Neuilly-sur-Seine 1877). Élève de Carême, chef des cuisines du Jockey Club, il écrivit un célèbre *Livre de cuisine* (1872), qui traite à la fois de la grande cuisine, dont il fixe les règles, et de la cuisine bourgeoise.

Gouges (*Marie* Gouze, dite **Olympe de),** femme de lettres et révolutionnaire française (Montauban 1748 ou 1755 - Paris 1793). Elle réclama l'émancipation des femmes dans une *Déclaration des droits de la femme et de la citoyenne* (1792). Ayant pris la défense de Louis XVI, elle fut guillotinée.

Gouin (*Félix),* homme politique français (Peypin, Bouches-du-Rhône, 1884 - Nice 1977). Élu député socialiste en 1924, il rejoignit la « France libre » en 1942 et fut chef du Gouvernement provisoire de janvier à juin 1946.

Goujon (*Jean),* sculpteur et architecte français (en Normandie ? v. 1510 - Bologne v. 1566). Il est à Rouen en 1541, à Paris en 1544, participe à l'illustration de la première traduction de Vitruve en 1547, aux décors de l'« entrée » d'Henri II en 1549 (fontaine des Innocents, avec les célèbres *Nymphes*), puis collabore avec Lescot au nouveau Louvre (façade sud-ouest de l'actuelle cour Carrée ; tribune des Caryatides). Son maniérisme raffiné tend à la pureté classique.

Goukouni Oueddeï, homme d'État tchadien (Zouar 1944). À la tête de l'État de 1979 à 1982, il fut renversé par H. Habré, contre qui il mena une lutte armée de 1983 à 1986.

Gould (*Glenn),* pianiste canadien (Toronto 1932 - *id.* 1982). Après des débuts très brillants dès 1955, il renonça à tout concert public à partir de 1964 pour se consacrer à l'enregistrement (Bach, Beethoven, Schönberg).

Goulette (La), *auj.* Halq el-Oued, avant-port de Tunis et station balnéaire ; 62 000 hab.

Gounod *(Charles),* compositeur français (Paris 1818 - Saint-Cloud 1893). Son talent de mélodiste s'affirma dans des opéras (*Faust,* 1859 ; *Mireille,* 1864 ; *Roméo et Juliette,* 1867) qui l'imposèrent comme un maître du chant et de la simplicité dramatique. Il se consacra ensuite à la musique religieuse avec notamment des messes, des oratorios (*Mors et Vita,* 1885) et un *Requiem* (posthume, 1895).

Gouraud *(Henri Eugène),* général français (Paris 1867 - *id.* 1946). Il captura Samory au Soudan (1898) et fut adjoint de Lyautey au Maroc (1911). Commandant les forces françaises d'Orient (1915), puis la IVe armée en Champagne, il fut haut-commissaire en Syrie (1919-1923) puis gouverneur de Paris (1923-1937).

Gourdon, ch.-l. d'arr. du Lot ; 5 073 hab. (*Gourdonnais*). — Deux églises gothiques, maisons anciennes.

Gouriev, port du Kazakhstan, sur la Caspienne, à l'embouchure de l'Oural ; 149 000 hab.

Gourmont *(Remy de),* écrivain français (Bazoches-au-Houlme, Orne, 1858 - Paris 1915). Romancier, conteur, poète et philologue, il fut le critique littéraire du groupe symboliste (*Promenades littéraires,* 1904-1913). Un des fondateurs du *Mercure de France,* il y fit paraître en 1891 un pamphlet antinationaliste (*le Joujou patriotisme*) qui le fit révoquer de son poste à la Bibliothèque nationale.

Gournay *(Vincent de),* administrateur et économiste français (Saint-Malo 1712 - Cadix 1759). Il préconisa la liberté de l'industrie.

Gouro, peuple de Côte d'Ivoire établi entre les fleuves Bandama et Sassandra, et dont la langue appartient au groupe mandé.

Gouthière *(Pierre),* fondeur et ciseleur français (Bar-sur-Aube 1732 - Paris 1813/14). Il est, dans le bronze d'ameublement, le représentant gracieux et parfait du style Louis XVI « à la grecque ».

Gouvernement provisoire de la République française (juin 1944 - oct. 1946), gouvernement qui se substitua, en juin 1944, à Alger, au Comité français de libération nationale et qui, installé à Paris à partir d'août, assura la transition entre l'État français et la IVe République.

Gouvion-Saint-Cyr *(Laurent),* maréchal de France (Toul 1764 - Hyères 1830). Vétéran des campagnes de la Révolution et de l'Empire, ministre de la Guerre en 1815 et 1817, il est l'auteur de la loi qui, en 1818, réorganisa le recrutement de l'armée.

Goya y Lucientes *(Francisco de),* peintre espagnol (Fuendetodos, Saragosse, 1746 - Bordeaux 1828). Illustrateur de la vie populaire (cartons de tapisseries) et portraitiste brillant, premier peintre du roi Charles IV (1789), il acquiert, après une maladie qui le rend sourd (1793), un style incisif et sensuel, parfois brutal ou visionnaire, d'une liberté et d'une efficacité rares. Graveur, ses eaux-fortes des *Caprices* (publiées en 1799) satirisent l'éternelle misère humaine, celles des *Désastres de la guerre* (publiées en 1863 seulement) dénoncent la guerre napoléonienne. En 1824, fuyant l'absolutisme de Ferdinand VII, Goya s'établit à Bordeaux. Le musée du Prado montre un incomparable panorama de son œuvre : la *Pradera de San Isidro,* la *Maja vestida* et la *Maja desnuda,* les *Dos et Tres de mayo 1808* (1814), les « peintures noires » de 1820-1823 (*Saturne dévorant un de ses enfants,* etc.), la *Laitière de Bordeaux .* L'artiste a exercé une grande influence sur l'art français du XIXe s., du romantisme à l'impressionnisme.

Goytisolo *(Juan),* écrivain espagnol (Barcelone 1931). Représentant de la « génération du demi-siècle », il est l'un des maîtres du « nouveau roman » dans son pays (*Deuil au paradis,* 1955 ; *Paysages après la bataille,* 1982).

Gozo, île de la Méditerranée, près de Malte, dont elle dépend.

Gozzi *(Carlo),* écrivain italien (Venise 1720 - *id.* 1806). Défenseur de la tradition théâtrale italienne contre Goldoni, il composa des féeries dramatiques (*l'Amour des trois oranges,* 1761 ; *le Roi cerf,* 1762 ; *Turandot,* 1762).

Gozzoli *(Benozzo Di Lese, dit Benozzo),* peintre italien (Florence 1420 - Pistoia 1497). Son style est d'un coloriste clair, d'un décorateur brillant et pittoresque : *le Cortège des Rois mages,* v. 1460, palais Médicis à Florence.

Graaf *(Reinier de)* → **De Graaf.**

Graal ou **Saint-Graal** *(le),* vase qui aurait servi à Jésus-Christ pour la Cène et dans lequel Joseph d'Arimathie aurait recueilli le sang qui coula de son flanc percé par le centurion. Aux XIIe et XIIIe siècles, de nombreux romans de chevalerie racontent la « quête » (recherche) du Graal par quelques chevaliers du roi Arthur, depuis Perceval jusqu'à Galaad. Les œuvres les plus connues sont dues à Chrétien de Troyes et à Wolfram von Eschenbach.

Gracchus *(Tiberius et Caius)* → **Gracques.**

Grâces *(les),* divinités gréco-romaines de la Beauté, dont le nom hellénique est celui de **Charites.** Au nombre de trois, Euphrosyne, Aglaé et Thalie, elles étaient filles de Zeus et présidaient à la conversation et aux travaux de l'esprit. On les représente nues et se tenant par le cou.

Gracián *(Baltasar),* jésuite et écrivain espagnol (Belmonte de Calatayud 1601 - Tarazona 1658). Son ouvrage, inspiré de Góngora, *Finesse et art du bel esprit* (1642-1648) définit le code de la vie littéraire et mondaine. On lui doit aussi *le Héros* (1637), portrait de l'homme d'action et du chef idéal, et *El Criticón (l'Homme détrompé,* 1651-1657), roman allégorique sur les trois âges de la vie.

Gracq *(Louis* Poirier, dit Julien*),* écrivain français (Saint-Florent-le-Vieil, Maine-et-Loire, 1910). Son œuvre est empreinte de l'esprit surréaliste et d'une tension vers l'élégance et la justesse du mot. En 1951, il a refusé le prix Goncourt pour son roman *le Rivage des Syrtes.* Comme ses poèmes en prose *(Liberté grande,* 1947) et son théâtre *(le Roi-Pêcheur,* 1949), ses récits romanesques *(Au château d'Argol,* 1938 ; *Un balcon en forêt,* 1958 ; *la Presqu'île,* 1970 ; *les Eaux étroites,* 1976) réécrivent en une prose drapée les mythes les plus profonds à l'usage de notre temps et doublent l'aventure extérieure des personnages d'une initiation individuelle. Sa vigoureuse critique des facilités actuelles *(la Littérature à l'estomac,* 1950) s'exerce aussi bien à l'encontre des écrivains classiques *(Lettrines I* et *II,* 1967-1974 ; *En lisant, en écrivant,* 1981).

Gracques *(les),* nom donné à deux frères, tribuns de la plèbe : **Tiberius Sempronius Gracchus** (Rome 162 - *id.* 133 av. J.-C.) et **Caius Sempronius Gracchus** (Rome 154 - *id.* 121 av. J.-C.), qui tentèrent de réaliser à Rome une réforme agraire visant à redistribuer les terres conquises sur l'ennemi et que l'aristocratie romaine s'était attribuées en presque totalité. Tous deux furent massacrés, victimes de l'opposition des grands propriétaires.

Graf, graveur, peintre, orfèvre et lansquenet suisse (Soleure v. 1485 - Bâle v. 1527). Ses gravures reflètent avec un talent incisif son expérience d'aventurier et de soldat (cabinet des Estampes du musée de Bâle).

Graham *(terre de),* péninsule de l'Antarctique, au sud de l'Amérique du Sud, entre la mer de Weddell et la mer de Bellingshausen. (Elle est aussi appelée *péninsule de Palmer* ou *terre de O'Higgins.*)

Graham *(Martha),* danseuse et chorégraphe américaine (Pittsburgh, Pennsylvanie, 1894 - New York 1991). Figure de proue de la modern dance, elle a été l'élève et l'interprète de R. Saint Denis et T. Shawn. Elle ouvre sa propre école (New York, 1927), crée en 1930 le Dance Group (féminin), qui devient en 1938 la Martha Graham Dance Company (mixte et multiraciale). Sa technique est fondée sur la respiration, la tension et la détente du corps et sur la coordination de tous les mouvements. Elle dénonce dans ses ballets tout ce qui lui semble inadmissible dans nos sociétés *(Lamentation,* 1930). Ses réalisations, réglées dans un style hautement symbolique, témoignent de sa fascination pour le primitivisme et le mysticisme *(Primitive Mysteries,* 1931 ; *The Rite of Spring,* 1984), de son attachement à l'Amérique et à l'exaltation de l'esprit pionnier *(Frontier,* 1935 ; *Appalachian Spring,* 1944) ainsi que de son intérêt pour les grands mythes antiques, auxquels elle donne un éclairage psychanalytique *(Cave of the Heart,* 1946 ; *Phaedra,* 1962).

Graham *(Thomas),* chimiste britannique (Glasgow 1805 - Londres 1869). Il étudia la diffusion des gaz, les colloïdes et les polyacides.

Gramme *(Zénobe),* inventeur belge (Jehay-Bodegnée 1826 - Bois-Colombes, France, 1901). Il mit au point le collecteur (1869) qui permet la réalisation de machines électriques à courant continu et construisit la première dynamo industrielle (1871).

Grammont *(Jacques* Delmas de*),* général et homme politique français (La Sauvetat 1796 - Miramont 1862). Il fit voter la première loi protectrice des animaux (1850).

Gramont *(Antoine,* duc de*),* maréchal de France (Hagetmau 1604 - Bayonne 1678). Il prit part à la guerre de Trente Ans, fut ministre d'État (1653) et fit la campagne de Flandre (1667). Il est l'auteur de *Mémoires.*

Grampians *(les),* massif montagneux de l'Écosse, entre la dépression du Glen More et la mer du Nord (1 344 m au Ben Nevis).

Gramsci *(Antonio),* philosophe et homme politique italien (Ales, Sardaigne, 1891 - Rome 1937). Originaire d'une famille bourgeoise sarde, il adhère en 1913 au Parti socialiste. En 1919, il fonde avec Terracini et Togliatti le journal *Ordine Nuovo.* En janvier 1921, il contribue à la fondation du Parti communiste italien. Il est élu député en 1924 ; le congrès de Lyon (janv. 1926) le place au poste de secrétaire général du P. C. I. En 1926, il est arrêté, condamné à la déportation deux ans plus tard. Il ne cessera d'écrire jusqu'en 1935. Malade, il est libéré sous condition et meurt quelques jours après. L'influence de Gramsci a été considérable dès 1920. Il a approfondi la notion d'État et a substitué la notion de dictature du prolétariat à celle de l'*hégémonie du prolétariat*. Pour Gramsci, l'efficacité du mouvement ouvrier est liée à la qualité intellectuelle et morale de sa direction face au pouvoir d'État, qui est aveugle, bureaucratique par essence. Les textes de Gramsci n'ont été publiés in extenso qu'en 1975 sous le titre de *Cahiers de prison*. Les *Lettres de prison* (1947 et 1965) constituent un des chefs-d'œuvre de la littérature italienne.

Granados y Campiña *(Enrique)*, compositeur et pianiste espagnol (Lérida 1867 - en mer 1916). Il fonda à Barcelone la Société de concert classique (1900) ainsi qu'une académie Granados (1901). Ses deux suites pour le piano, *Goyescas*, triomphèrent à Paris en 1914. On lui doit également de la musique pour orchestre, des suites *(Navidad, Elisenda)* et l'opéra *Goyescas* (1916).

Gran Chaco → Chaco.

Grand Ballon ou **Ballon de Guebwiller,** point culminant du massif des Vosges ; 1 424 m.

Grand Bassin, hautes plaines désertiques de l'ouest des États-Unis, entre la sierra Nevada et les monts Wasatch.

Grandbois *(Alain)*, écrivain canadien d'expression française (Saint-Casimir-de-Portneuf 1900 - Québec 1975). Il est l'auteur de nouvelles et de recueils lyriques *(l'Étoile pourpre,* 1957).

Grand Canal ou **Canal Impérial,** voie navigable de Chine, commencée au Vᵉ siècle et terminée au XIIIᵉ, unissant Pékin à Hangzhou (Zhejiang).

Grand Canyon, nom des gorges du Colorado dans l'Arizona (États-Unis).

Grand-Couronné *(bataille du)* [5-12 sept. 1914], victoire de Castelnau au S.-E. de Nancy, qui permit de barrer la route de la ville aux Allemands.

Grande *(Rio)* → Rio Grande.

Grande *(rio),* riv. du Brésil, l'une des branches mères du Paraná ; 1 450 km. Hydroélectricité.

Grande-Bretagne et d'Irlande du Nord *(Royaume-Uni de),* État insulaire de l'Europe occidentale. CAP. *Londres.* LANGUE : *anglais.* MONNAIE : *livre sterling.* Le Royaume-Uni comprend quatre parties principales : l'*Angleterre* proprement dite et le *pays de Galles,* l'*Écosse* et l'*Irlande du Nord* (avec l'Irlande du Sud, ou République d'Irlande, ces régions forment les îles Britanniques). Le Royaume-Uni a 243 500 km² (230 000 km² pour la Grande-Bretagne proprement dite : Angleterre, Écosse, Galles) et 57 500 000 hab. *(Britanniques).*

GÉOGRAPHIE

Première puissance industrielle et commerciale dans le monde au XIXᵉ s., la Grande-Bretagne est aujourd'hui par la valeur de la production au troisième rang (avec l'Italie) de la C. E., à laquelle elle s'intègre très progressivement.

■ **Le milieu naturel.** La puissance passée devait peu au milieu naturel. La superficie moyenne (moins de la moitié de celle de la France), et les hautes terres prédominent dans le Centre et surtout le Nord. Le climat, souvent humide et frais, est peu favorable à l'agriculture, sauf à l'élevage. Cependant, le sous-sol recèle de riches dépôts de houille. Ce sont surtout l'histoire et l'esprit d'entreprise des Britanniques, la nécessité de faire vivre une population dense qui ont joué un rôle prépondérant.

■ **La population.** La Grande-Bretagne, avec 235 hab./km² en moyenne, demeure un pays densément peuplé. Cette population ne s'accroît plus guère en raison de la chute du taux de natalité (14 %), à peine supérieur au taux de mortalité, aujourd'hui accru par le vieillissement. L'émigration, traditionnelle, n'a pas disparu, mais elle a été compensée récemment par une immigration à partir des anciennes colonies. Son origine géographique (Asie méridionale, Antilles, Afrique) plus que son poids numérique (3 % de la population totale) pose localement de sérieux problèmes d'intégration, surtout dans un contexte de crise. L'urbanisation est ancienne et forte (plus de 90 % de citadins), avec, loin derrière Londres, quelques grandes villes (Birmingham, Glasgow, Liverpool, Manchester, Leeds, Sheffield, Édimbourg, Bristol, etc.).

■ **L'économie.** L'industrie emploie moins de 30 % de la population active. La Grande-Bretagne dispose (dans le cadre occidental) de solides bases énergétiques. L'extraction houillère a toutefois fortement reculé et le pétrole est devenu la première source énergétique, en partie exporté. S'y ajoute une notable production de gaz naturel. Le nucléaire, tôt développé, assure plus de 20 % de la production totale d'électricité. La sidérurgie, ancienne, a décliné de même que la construction navale, tandis que l'automobile est sous contrôle étranger (américain et surtout japonais). La métallurgie des non-ferreux s'est effondrée. Le textile traditionnel (coton, laine), depuis longtemps en crise, s'est restructuré, tandis que la chimie reste florissante et diversifiée. Les industries de pointe (constructions électriques) ont été développées dans la région londonienne et dans les Lowlands écossais (d'Édimbourg à Glasgow). L'agroalimentaire valorise les produits de la pêche et ceux d'une agriculture qui emploie moins de 3 % des actifs, mais satisfait environ la moitié des besoins nationaux. Les cultures, céréales, betterave à sucre, sont localisées dans le Sud-Est au climat abrité, plus favorable. L'élevage bovin lui est souvent juxtaposé, et l'important troupeau ovin est présent sur les terres moins fertiles (Écosse, pays de Galles, Pennines).

Les services occupent plus de 60 % des actifs et, malgré le déclin de la livre, la Grande-Bretagne conserve en ce domaine un rôle notable (marché boursier, courtage et assurance, transport maritime et aérien). Le solde des revenus invisibles, positif, ne suffit pas néanmoins à combler le déficit de la balance commerciale. Aux importations dominent les matières premières et denrées alimentaires et aussi des produits élaborés concurrençant son industrie. Le recul de celle-ci a été partiellement la rançon de la précocité du développement industriel, de la vétusté de certaines branches et de certains équipements, de la mondialisation des échanges, avec un desserrement des liens privilégiés avec le Commonwealth (plus de 50 % des échanges se font avec la C. E. E.). Une reprise économique, liée à une modernisation des équipements et aussi des comportements des partenaires sociaux a été observée dans les années 1980. Elle n'a que temporairement diminué un chômage au moins localement important. L'inflation demeure forte au début des années 1990.

HISTOIRE

La Grande-Bretagne prend officiellement naissance en 1707 par l'acte d'Union des royaumes d'Angleterre et d'Écosse (Angleterre, Écosse, Galles [pays de], **Irlande**).

■ **La montée de la prépondérance britannique.**

1714. Mort de la reine Anne, au pouvoir depuis 1702.

En vertu de l'acte d'Établissement de 1701, la Couronne passe des Stuarts aux Électeurs de Hanovre (George Ier), les descendants de Jacques II, catholiques, ayant été écartés du trône. L'arrivée au pouvoir d'une dynastie allemande, peu concernée par les affaires britanniques, renforce le rôle du Premier ministre (tel Walpole) et du Parlement. La vie politique est marquée par la lutte entre whigs, favorables au parlementarisme, et tories, et par la tentative de restauration des prérogati-

ves royales menée par George III (1760-1820). L'expansion coloniale est réalisée au prix de nombreux conflits avec la France.

1763. Le traité de Paris, au terme de la guerre de Sept Ans, assure à la Grande-Bretagne la possession du Canada et de l'Inde.

1783. Après une guerre avec les colons américains, le traité de Versailles consacre l'indépendance des États-Unis.

À partir de 1793, l'œuvre du Premier ministre, le Second Pitt, est tournée vers la lutte contre la France révolutionnaire et napoléonienne, afin de préserver l'équilibre européen.

1800. Pitt intègre l'Irlande au royaume, qui prend le nom de Royaume-Uni de Grande-Bretagne et d'Irlande.

1805. La victoire de Nelson à la bataille navale de Trafalgar donne aux Anglais la suprématie maritime.

■ **L'hégémonie britannique.** Commencée dès le XVIIIe s., la révolution industrielle, fondée sur l'exploitation du charbon, et l'essor du capitalisme donnent au Royaume-Uni une formidable avance sur tous les autres États. Au lendemain du congrès de Vienne (1815), la Grande-Bretagne apparaît comme la principale puissance mondiale.

Des réformes électorales (1832) favorables aux grandes villes industrielles, des réformes religieuses (émancipation des catholiques, 1829), l'abrogation en 1824 de la loi contre les trade-unions (syndicats) et l'adoption du libre-échange introduisent le libéralisme dans tous les domaines.

1837. Avènement de la reine Victoria.

Son règne est caractérisé par la suprématie de l'économie et de la marine britanniques tandis que la diplomatie permet à la Grande-Bretagne d'éliminer ses rivaux politiques. Conservateurs (Disraeli) et libéraux (Gladstone) se succèdent au pouvoir, élargissant le droit de vote à l'occasion de deux réformes électorales. Le chartisme (mouvement favorable au suffrage universel et aux réformes sociales) permet au syndicalisme de se développer. L'impérialisme britannique met le Royaume-Uni à la tête d'immenses colonies, dont certaines (dominions) se voient accorder un statut d'autonomie (→ Empire britannique).

1876. Victoria prend le titre d'« impératrice des Indes ».

En 1882, l'Égypte est sous contrôle britannique. Le Royaume-Uni se heurte en 1898 aux ambitions territoriales de la France (Fachoda).

1899-1902. Guerre des Boers.

L'accession au trône d'Édouard VII (1901-1910) permet un rapprochement avec la France (Entente cordiale, 1904).

1907. Signature de la « Triple-Entente » anglo-franco-russe.

La fin de cette période est marquée par une crise économique (concurrences américaine et allemande) et par le rebondissement de la question d'Irlande. Malgré les réformes cherchant à mettre fin à leur très difficile situation économique et sociale, les Irlandais réclament l'autonomie *(Home Rule)*, que Gladstone n'a pu leur accorder en 1886.

■ **D'une guerre à l'autre.**

1914-1918. La Grande-Bretagne participe à la Première Guerre mondiale.

Affaiblie par le conflit, distancée par les États-Unis, l'économie britannique connaît un déclin irréversible. Les femmes obtiennent le droit de vote, et le parti travailliste, en plein essor, remplace le parti libéral dans sa lutte contre le parti conservateur.

1921. L'État libre d'Irlande, ou Éire, est constitué (capitale Dublin).

Le pays prend le nom de Royaume-Uni de Grande-Bretagne (Angleterre, pays de Galles et Écosse) et d'Irlande du Nord (moitié des comtés de l'Ulster).

1924-25. Les travaillistes accèdent au pouvoir (MacDonald).

1929. Revenus au pouvoir, ils se trouvent confrontés à la crise mondiale.

1931. Création du Commonwealth.

1936. À la mort de George V, son fils Édouard VIII ne règne que quelques mois et abdique au profit de son frère, George VI.

1939-1945. Engagé dans la Seconde Guerre mondiale, le Royaume-Uni, dirigé par Winston Churchill, résiste victorieusement à l'invasion allemande (bataille d'Angleterre).

1945. Churchill participe avec Staline et Roosevelt à la conférence de Yalta.

■ **La Grande-Bretagne depuis 1945.**

1945-1951. Le travailliste Clement Attlee réalise d'importantes réformes sociales et fait adhérer la Grande-Bretagne à l'O. T. A. N. Le processus de décolonisation est amorcé.

1952. Élisabeth II succède à George VI.

La vie politique est caractérisée par l'alternance au pouvoir des conservateurs (Churchill, Eden, Macmillan, Douglas-Home de 1951 à 1964 ; Heath, de 1970 à 1974) et des travaillistes (Harold Wilson de 1964 à 1970, puis de 1974 à 1976 ; James Callaghan de 1976 à 1979). À partir de 1969, les catholiques et les protestants s'affrontent ouvertement en Irlande du Nord.

1972. E. Heath fait entrer la Grande-Bretagne dans le Marché commun.

1979-1990. Le Premier ministre conservateur, Margaret Thatcher, développe une politique de libéralisme strict, en rupture avec le passé. En politique extérieure, elle s'oppose à un renforcement de l'intégration européenne. En Irlande du Nord, le gouvernement doit faire face au conflit opposant catholiques et protestants.

1990. Le conservateur John Major succède à M. Thatcher.

1993. Un accord anglo-irlandais trace la perspective d'une possible réunification de l'Irlande.

Grande-Grèce → **Grèce d'Occident.**

Grande Illusion *(la),* film français de Jean Renoir (1937), avec P. Fresnay, J. Gabin, M. Dalio et E. von Stroheim. Dans cette œuvre idéaliste et pacifiste, Renoir décrit le microcosme d'un camp de prisonniers pendant la Première Guerre mondiale.

Grande Mademoiselle *(la)* → **Montpensier** *(duchesse de).*

Grande-Motte (La), comm. de l'Hérault, sur la Méditerranée ; 5 067 hab. Station balnéaire et port de plaisance (immeubles-pyramides par Jean Balladur).

Grande-Rivière *(la),* fl. du Canada (Québec), tributaire de la baie James. Importants aménagements hydroélectriques.

Grandes Plaines, partie occidentale du Midwest (États-Unis), entre le Mississippi et les Rocheuses.

Grandes Rousses → **Rousses** *(Grandes).*

Grande-Synthe, ch.-l. de c. du Nord, banlieue de Dunkerque ; 24 489 hab. Gare de triage.

Grande-Terre, île, basse et plate, de 588 km², séparée de Basse-Terre (ou Guadeloupe proprement dite) par le bras de mer de la rivière Salée et faisant partie du département d'outre-mer de la Guadeloupe (Antilles).

Grand Lac Salé, *en angl.* Great Salt Lake, marécage salé des États-Unis, dans le nord de l'Utah, près de Salt Lake City.

Grand Meaulnes *(le),* roman d'Alain-Fournier (1913).

Grand-Pressigny (Le), ch.-l. de c. d'Indre-et-Loire ; 1 128 hab. Gisement préhistorique d'une industrie lithique du néolithique massivement exportée de la Bretagne à la Suisse (musée dans l'ancien château).

Grand-Quevilly (Le), ch.-l. de c. de Seine-Maritime ; 27 909 hab. *(Grand-Quevillais).* — Papeterie. Chimie.

Grands Lacs, ensemble de cinq lacs du centre-est de l'Amérique du Nord (Supérieur,

Michigan, Huron, Érié et Ontario), reliés entre eux et qui, à l'exception du lac Michigan, totalement inclus dans les États-Unis, se partagent entre ces derniers et le Canada. Résultant du surcreusement glaciaire, ils couvrent environ 246 000 km². Ils ont joué un rôle historique d'accès aux plaines intérieures et ont acquis aujourd'hui une importance accrue par la voie maritime du Saint-Laurent (s'ajoutant aux liaisons avec New York et le système du Mississippi), leur émissaire. À l'exception de Toronto, les grandes agglomérations et ports riverains sont américains (Chicago, Detroit, Cleveland, etc.).

Grandson ou **Granson** *(bataille de)* [2 mars 1476], défaite infligée par les Suisses à Charles le Téméraire à Grandson (cant. de Vaud).

Grandville *(Jean Ignace Isidore* Gérard, dit*)*, dessinateur et caricaturiste français (Nancy 1803 - Vanves 1847). La fantaisie imaginative de son œuvre (métamorphoses réciproques entre hommes, animaux, objets, végétaux) a été célébrée par les surréalistes (illustrations, notamment, des *Fables* de La Fontaine, 1838 ; albums *Un autre monde,* 1844, *les Fleurs animées,* 1847).

Granet *(François),* peintre français (Aix-en-Provence 1775 - *id.* 1849). Il travailla à Rome de 1802 à 1819. Son œuvre comporte des vues intérieures d'édifices religieux et d'admirables paysages à l'aquarelle. Il a légué ses collections à sa ville natale *(musée Granet).*

Granique *(bataille du)* [334 av. J.-C.], victoire d'Alexandre sur Darios III, remportée sur les bords du Granique, fleuve côtier d'Asie Mineure.

Gran Sasso d'Italia, massif des Abruzzes, point culminant des Apennins ; 2 914 m au Corno Grande.

Grant *(Archibald Alexander Leach,* dit Cary*)*, acteur américain d'origine britannique (Bristol 1904 - Davenport, Iowa, 1986). Son charme et son talent firent de lui l'interprète idéal de la comédie américaine *(l'Impossible Monsieur Bébé,* H. Hawks, 1938 ; *Indiscrétions,* G. Cukor, 1940 ; *Arsenic et vieilles dentelles,* F. Capra, 1944). Il fut aussi l'un des acteurs favoris de Hitchcock *(Soupçons,* 1941 ; *les Enchaînés,* 1946 ; *la Mort aux trousses,* 1959).

Grant *(Ulysses),* général américain (Point Pleasant, Ohio, 1822 - Mount McGregor, État de New York, 1885). Après avoir combattu victorieusement les confédérés, il devint commandant des forces fédérales à la fin de la guerre de Sécession (1864-65). Il fut élu président des États-Unis en 1868 et réélu en 1872.

Granvelle *(Nicolas* Perrenot de*),* homme d'État franc-comtois (Ornans 1486 - Augs-

bourg 1550). Il servit Charles Quint comme chancelier à partir de 1530 et joua un grand rôle dans les affaires politiques et religieuses de l'Empire. Son fils **Antoine** (Besançon 1517 - Madrid 1586), cardinal, servit Philippe II ; il fut vice-roi de Naples (1571-1575) et archevêque de Besançon (1584).

Granville, ch.-l. de c. de la Manche ; 13 340 hab. *(Granvillais).* Station balnéaire. — Ville haute fortifiée. Musées.

Gras *(Félix),* écrivain français d'expression occitane (Malemort 1844 - Avignon 1901). Il fut l'un des animateurs de la seconde génération du félibrige *(les Rouges du Midi,* 1896).

Grass *(Günter),* écrivain allemand (Dantzig 1927). Tonitruant et irrespectueux, héritier de A. Döblin, il devient célèbre en 1959 avec la publication de son roman *le Tambour.* Son œuvre romanesque *(le Chat et la Souris,* 1961 ; *les Années de chien,* 1963 ; *le Turbot,* 1977 ; *la Ratte,* 1986 ; *l'Appel du crapaud,* 1992) et théâtrale mêle réalisme et fantastique dans une peinture féroce du monde contemporain.

Grasse, ch.-l. d'arr. des Alpes-Maritimes ; 42 077 hab. *(Grassois).* Horticulture. Parfumerie. — Ancienne cathédrale d'un style roman dépouillé. Musées (d'Art et d'Histoire, « Fragonard », de la Parfumerie, etc.).

Grasse *(François Joseph Paul, comte* de*),* marin français (Le Bar, Provence, 1722 - Paris 1788). Il s'illustra pendant la guerre de l'Indépendance américaine.

Grassé *(Pierre Paul),* biologiste français (Périgueux 1895 - Carlux 1985), auteur de travaux importants sur les protistes, les termites et sur la zoologie générale.

Grasset *(Bernard),* éditeur français (Chambéry 1881 - Paris 1955). Fondateur des Éditions Grasset (1907), il publia les jeunes écrivains de l'entre-deux-guerres et lança la collection des « Cahiers verts » (1920).

Grasset *(Eugène),* peintre, graveur, illustrateur et décorateur français d'origine suisse (Lausanne 1845 - Sceaux 1917). Fixé à Paris en 1871, un des précurseurs de l'Art nouveau, il a donné des illustrations, des affiches, des cartons de vitraux, des modèles d'étoffes, de bijoux, un caractère typographique et a notamment écrit une *Méthode de composition ornementale* (1905).

Grassmann *(Hermann),* mathématicien allemand (Stettin 1809 - *id.* 1877). Il est l'un des fondateurs des algèbres multilinéaires et des géométries à plusieurs dimensions.

Gratien, *en lat.* Flavius Gratianus (Sirmium, Pannonie, 359 - Lyon 383), empereur romain d'Occident (375-383). Son règne (avec celui de Théodose en Orient) marque la fin du paganisme comme religion d'État.

Graubünden → Grisons.

Graulhet, ch.-l. de c. du Tarn, sur le Dadou ; 13 655 hab. *(Graulhetois).* Mégisserie. Maroquinerie.

Graunt *(John),* commerçant anglais (Londres 1620 - *id.* 1674). Auteur de travaux statistiques sur la population londonienne, il peut être considéré comme le fondateur de la démographie.

Gravelines, ch.-l. de c. du Nord, sur l'Aa ; 12 650 hab. *(Gravelinois).* Centrale nucléaire. — Enceinte à la Vauban ; église de style gothique flamboyant. Musée du Dessin et de l'Estampe (xixᵉ-xxᵉ s.).

Gravelotte *(bataille de)* [16-18 août 1870], violents combats à l'O. de Metz, au cours desquels les Prussiens repoussèrent les assauts des Français.

Gravenhage ('s-) → **Haye** *(La).*

Graves *(les),* en Gironde, vignobles du Bordelais, sur la rive gauche de la Garonne, regroupant les appellations graves proprement dites, pessac-léognan et sauternes.

Gray *(Stephen),* physicien anglais (v. 1670 - Londres 1736). Il montra la possibilité d'électriser les conducteurs isolés et découvrit l'électrisation par influence.

Gray *(Thomas),* poète britannique (Londres 1716 - Cambridge 1771). Ses vers mélancoliques annoncèrent le romantisme *(Élégie écrite dans un cimetière de campagne,* 1751).

Graz, v. d'Autriche, cap. de la Styrie, sur la Mur ; 243 000 hab. Métallurgie. — Monuments et maisons de la vieille ville, de l'époque gothique au baroque. Musées.

Graziani *(Rodolfo),* maréchal italien (Filettino 1882 - Rome 1955). Vice-roi d'Éthiopie (1936-37), il fut ministre de la Guerre dans le gouvernement de Mussolini (1943-1945).

Great Yarmouth ou **Yarmouth,** port et station balnéaire de Grande-Bretagne, sur la mer du Nord ; 53 000 hab. — Maisons et monuments de la vieille ville, au tracé régulier.

Gréban *(Arnoul),* poète dramatique français (Le Mans v. 1420 - *id.* 1471), auteur d'un *Mystère de la Passion* (v. 1450).

Grèce, *en gr.* **Ellás** ou **Hellas,** État du sud-est de l'Europe ; 132 000 km² ; 10 100 000 hab. *(Grecs).* CAP. **Athènes.** LANGUE : *grec.* MONNAIE : *drachme.*

GÉOGRAPHIE

C'est un pays au relief contrasté, opposant massifs parfois élevés (Pinde, Olympe, etc.) et bassins intérieurs ou plaines ouvertes sur une mer omniprésente, parsemée d'archipels. Le climat n'est véritablement méditerranéen (étés chauds et secs, hivers doux) qu'à basse altitude, sur le littoral et dans les îles, où il favorise les cultures. Le secteur est cependant en voie de modernisation : irrigation, mécanisation, emploi d'engrais et spécialisation des régions. On cultive les fruits (agrumes), les légumes, la vigne (souvent associée à l'olivier et au blé. L'élevage ovin survit dans l'intérieur accidenté, aux hivers souvent rudes. L'agriculture emploie environ un quart de la population active. La proportion est la même pour l'industrie, qui comprend essentiellement des activités extractives (lignite et bauxite, un peu de pétrole) et productions de biens de consommation, et qui est handicapée par l'émiettement des entreprises. Le taux de chômage est élevé. L'exode rural a été le principal moteur de l'urbanisation (60 % de la population totale), profitant surtout aux agglomérations de Thessalonique et d'Athènes qui regroupent près du tiers de la population grecque. Le lourd déficit commercial n'est pas compensé par les revenus du tourisme ou par ceux de la flotte marchande. Les exportations (fruits, vins, tabac, textiles) représentent, en valeur, environ 50 % des importations. La Grèce effectue la moitié de ses échanges avec ses partenaires de la C. E.

HISTOIRE

■ **La période achéenne et mycénienne.** Au VIIᵉ millénaire, les premiers établissements humains apparaissent. Les Grecs (ou Hellènes), peuple indo-européen venu du nord par invasions successives, s'installent dans le pays au IIᵉ millénaire. Vers 1600 av. J.-C., ils dominent les populations primitives de la Grèce (Crétois et Égéens) et s'imprègnent de leur civilisation : ainsi naît la civilisation mycénienne développée par ces premiers Grecs (appelés aussi *Achéens*) au contact de la civilisation minoenne crétoise (Crète), autour des villes qu'ils ont fondées (Mycènes, Argos, Tirynthe...). Groupés par familles, elles-mêmes groupées en tribus, ils établissent en Grèce une forme d'organisation sociale, le « clan » (ou *genos).*

■ **Le « Moyen Âge » grec (xiiᵉ-viiiᵉ s. av. J.-C.).** Au xiiᵉ s., de nouveaux envahisseurs, les Doriens, détruisent les cités achéennes et chassent les anciens occupants de Grèce continentale ; ceux-ci fondent de nouvelles cités sur les côtes de l'Asie Mineure. L'invasion dorienne marque le début d'une période obscure, qui est surtout connue par les poèmes homériques, rédigés aux ixᵉ-viiiᵉ s. Avec les Doriens apparaissent l'utilisation du fer et la pratique de l'incinération des morts. Le *genos* commence à se désagréger et la Grèce se morcelle en cités *(poleis).* Cette période voit aussi l'élaboration d'une religion commune et la naissance de l'écriture.

■ **La période archaïque** (VIIIᵉ-Vᵉ s. av. J.-C.). Les institutions de la cité sont précisées, et l'activité intellectuelle et artistique prend son essor. L'aristocratie se substitue à la royauté à la tête de la cité.

À cette époque commence un vaste mouvement d'expansion et de colonisation. Des cités grecques sont fondées sur le pourtour de la Méditerranée et des mers voisines, du Pont-Euxin (mer Noire) à l'Espagne.

Ce mouvement entraîne l'essor économique de la Grèce et des transformations sociales qui menacent le régime oligarchique de l'aristocratie. Ces crises favorisent l'installation de monarques absolus, les tyrans, ou suscitent l'œuvre de législateurs comme Dracon, Solon (à Athènes). Dans certains cas, elles entraînent l'évolution de la cité vers la démocratie (Athènes, réformes de Clisthène, 508-507).

■ **La période classique** (Vᵉ-IVᵉ s. av. J.-C.). La Grèce ne forme jamais un grand État unifié, mais est constituée de centaines de cités ; trois d'entre elles dominent la vie grecque : Athènes, Sparte et Thèbes. Ces cités rivales sont momentanément unies contre les Perses.

490-479. Les guerres médiques opposent les Grecs et les Perses, qui doivent se retirer en Asie Mineure. Les Grecs sont victorieux à Marathon (490), Salamine (480), Platées (479).

476. La ligue de Délos, dirigée par Athènes, est créée pour chasser les Perses de la mer Égée.

449-448. La paix de Callias met fin aux hostilités avec les Perses.

La civilisation classique grecque s'épanouit dans l'Athènes de Périclès.

431-404. La guerre du Péloponnèse oppose Sparte et Athènes, qui capitule en 404. Sparte, victorieuse, substitue son hégémonie à celle d'Athènes.

371. La bataille de Leuctres met fin à la prépondérance de Sparte, vaincue par les Thébains.

Thèbes établit à son tour son hégémonie sur la Grèce continentale.

362. Victorieuse à Mantinée, Thèbes doit cependant renoncer à ses prétentions sur le Péloponnèse.

Toutes ces intrigues affaiblissent les cités qui, au IVᵉ s., connaissent une crise grave, caractérisée par l'indifférence des citoyens devant la vie politique et la multiplication des conflits sociaux.

359-336. Philippe II de Macédoine impose peu à peu sa suprématie à la Grèce, malgré l'intervention de Démosthène.

336-323. Alexandre le Grand, fils de Philippe II, achève la conquête de la Grèce. Après avoir renversé l'Empire perse, il modifie, par ses conquêtes en Asie et en Afrique, les dimensions du monde grec : désormais la Grèce n'est plus qu'une petite partie d'un grand empire.

■ **La Grèce hellénistique** (IVᵉ-Iᵉ s. av. J.-C.) **323-301.** À la mort d'Alexandre (323), ses généraux se partagent son empire.

La Grèce n'arrive pas à s'affranchir de la domination étrangère et entre dans une longue période d'effacement politique, pendant laquelle elle sombre peu à peu dans l'anarchie. Mais sa civilisation reste brillante et se répand dans tout l'Orient, dont elle subit en retour l'influence enrichissante. Athènes reste un grand centre intellectuel. Dès la fin du IIIᵉ s., les Romains interviennent progressivement en Grèce et luttent contre les rois macédoniens.

■ **La Grèce romaine** (146 av.-395 apr. J.-C.)

146. Les cités grecques coalisées sont vaincues par Rome ; Corinthe est détruite. La Grèce devient une province romaine.

Après l'échec des entreprises de Mithridate (88-84 av. J.-C.), elle perd tout espoir de retrouver son indépendance.

Pendant les guerres civiles romaines, le pays sert de champ de bataille, avant de devenir, sous Auguste, la province d'Achaïe. Le christianisme y pénètre dès le Iᵉʳ s., mais la civilisation grecque survit à la conquête romaine et Rome bénéficie de son influence.

330. Constantinople est fondée et devient le nouveau centre culturel de l'Orient grec.

■ **La Grèce byzantine.**

395 apr. J.-C. À la mort de Théodose, la Grèce fait partie de l'Empire romain d'Orient. **V. 630.** Héraclius adopte le grec comme langue officielle de l'Empire byzantin.

1204. La quatrième croisade aboutit à la création de l'Empire latin de Constantinople, du royaume de Thessalonique, de la principauté d'Achaïe (ou Morée) et de divers duchés.

Aux XIVᵉ-XVᵉ s., Vénitiens, Génois et Catalans se disputent la possession de la Grèce tandis que les Ottomans occupent la Thrace, la Thessalie et la Macédoine.

1456. Les Turcs conquièrent Athènes et le Péloponnèse.

■ **La Grèce moderne.** Les commerçants grecs forment une bourgeoisie influente au sein de l'Empire ottoman après la signature des capitulations. Le sentiment national se développe au XVIIIe s. en réaction contre la décadence turque et la volonté hégémonique de la Russie de prendre sous sa protection tous les orthodoxes.

1821-22. L'insurrection éclate. Les Turcs réagissent par des massacres (dont celui de Chio).

1827. La Grande-Bretagne, la France et la Russie interviennent et battent les Ottomans et la flotte d'Ibrahim Pacha à Navarin.

1830. Le traité de Londres stipule la création d'un État grec indépendant sous la protection de la Grande-Bretagne, de la France et de la Russie.

1832-1862. Le royaume de Grèce est confié à Otton Ier de Bavière.

1863. Le roi Georges Ier est imposé par la Grande-Bretagne qui cède à la Grèce les îles Ioniennes (1864).

La Grèce tente de récupérer les régions peuplées de Grecs mais est défaite par les Ottomans (1897) et se heurte aux aspirations des autres nations balkaniques.

1912-13. À l'issue des guerres balkaniques, la Grèce obtient la plus grande partie de la Macédoine, le sud de l'Épire, la Crète et les îles de Samos, Chio, Mytilène et Lemnos.

1914-17. Le gouvernement grec se partage entre germanophiles, groupés autour du roi, et partisans des Alliés, dirigés par Venizélos.

1917. La Grèce entre en guerre aux côtés des Alliés.

1921-22. La guerre gréco-turque se solde par l'écrasement des Grecs.

La Grèce qui avait obtenu la Thrace et la région de Smyrne aux traités de Neuilly et de Sèvres doit les céder à la Turquie.

1924. La république est proclamée.

L'instabilité politique amène la restauration du roi Georges II (1935).

1940-1944. La Grèce est envahie par l'Italie (1940), puis par l'Allemagne (1941). Un puissant mouvement de résistance se développe.

1946-1949. Le pays est en proie à la guerre civile, qui se termine par la défaite des insurgés communistes.

1952. La Grèce est admise à l'O. T. A. N.

1965. La crise de Chypre provoque la démission du Premier ministre Gheorghios Papandhréou.

1967. Une junte d'officiers instaure « le régime des colonels ». Le roi s'exile.

1973. La république est proclamée.

1974. Constantin Caramanlis fonde la Démocratie nouvelle et dirige le gouvernement.

1981. La Grèce adhère à la C. E. E. Le socialiste Andréas Papandhréou devient Premier ministre.

Une situation économique difficile et divers scandales financiers déstabilisent le gouvernement.

1990. La Démocratie nouvelle revient au pouvoir (Konstandinos Mitsotákis, Premier ministre ; C. Caramanlis, président de la République).

1993. Les socialistes remportent les élections et Andréas Papandhréou redevient Premier ministre.

1995. Malade, A. Papandhréou démissionne. Le socialiste Kóstas Similis lui succède à la tête du gouvernement.

Grèce d'Asie, îles et terres de la côte orientale de la mer Égée, peuplées par les Grecs au Ier millénaire av. J.-C.

Grèce d'Occident, nom donné aux terres de l'Italie du Sud et de la Sicile, colonisées par les Grecs à partir du VIIIe s. av. J.-C. On dit aussi la **Grande-Grèce.**

Greco (*Dhomínikos* Theotokópoulous, dit El, *en fr.* le), peintre espagnol d'origine crétoise (Candie 1541 - Tolède 1614). Ses origines orientale et byzantine, sa formation vénitienne (sensible dans ses couleurs et ses jeux de lumière appris de Titien, dans sa conception de l'espace héritée du Tintoret), l'influence de Michel-Ange mais aussi des maniéristes, enfin, son attachement à l'idéal spirituel de la Contre-Réforme déterminent les caractères dominants de son œuvre. Installé en Espagne (Madrid, puis Tolède en 1577), il y montre une personnalité (l'*Espolio,* 1579, cathédrale de Tolède) qui s'affirme, par exemple, avec l'*Enterrement du comte d'Orgaz* (1586, église S. Tomé, Tolède) : torsion et allongement des corps, dessin nerveux, couleurs froides et heurtées, mélange de réalisme et de fantastique, d'une expression anxieuse de la vie terrestre et d'un élan mystique. Paysage angoissant (*Vue de Tolède,* Metropolitan Museum, New York) ou présence lointaine (*Laocoon,* Washington), Tolède, la capitale intellectuelle et religieuse, voisine dans son œuvre avec les portraits, tendus vers l'essentiel, des grands de la société espagnole. Le mouvement qui emporte cette peinture (*le Christ au jardin des Oliviers,* version de l'église d'Andújar, v. 1605-1610) atteint dans les dernières œuvres (*Vision de l'Apocalypse,* New York) une force d'hallucination qui bouleverse les règles classiques et prend une dimension expressionniste.

Gréco *(Juliette),* chanteuse et actrice de cinéma française (Montpellier 1927). Représentante du style « rive gauche » dans les années d'après-guerre, elle fut une des personnalités de Saint-Germain-des-Prés. Elle a marqué un renouveau de la chanson dans le sens d'un réalisme poétique.

Green *(Julien),* écrivain français et américain d'expression française (Paris 1900). Ses romans *(Adrienne Mesurat,* 1927 ; *Un mauvais lieu,* 1977 ; *les Pays lointains,* 1987), son théâtre *(Sud,* 1953) et son *Journal* (à partir de 1938) expriment sa constante recherche de la pureté, à travers les deux fascinations de la grâce mystique et de la pesanteur charnelle. Son œuvre, où l'enfance tient une place privilégiée, reflète son amour de la langue *(le Langage et son double,* 1985). [Acad. fr. 1971.]

Greene *(Graham),* romancier britannique (Berkhamsted 1904 - Vevey, Suisse, 1991). Son théâtre et ses romans révèlent une vision de la destinée humaine et de sa perspective chrétienne faite de foi et d'ironie *(le Rocher de Brighton,* 1938 ; *la Puissance et la Gloire,* 1940 ; *le Troisième Homme,* 1949 ; *Notre agent à La Havane,* 1959 ; *Voyage avec ma tante,* 1969 ; *le Dixième Homme,* 1985).

Greenpeace, mouvement écologiste et pacifiste, fondé à Vancouver en 1971.

Greensboro, v. des États-Unis (Caroline du Nord) ; 183 521 hab.

Greenwich, faubourg de Londres, sur la Tamise. Anc. observatoire royal, dont le méridien a été pris par méridien origine. — Musée national de la Marine dans Queen's House, œuvre d'Inigo Jones.

Grées *(Alpes)* → Alpes Grées et Pennines.

Grégoire de Nazianze *(saint),* Père de l'Église grecque (Arianze, près de Nazianze, v. 330 - *id.* v. 390). Élu évêque de Constantinople en 371, il prit une part active, avec ses amis Basile et Grégoire de Nysse, au triomphe de la doctrine du concile de Nicée (325) sur l'arianisme.

Grégoire de Nysse *(saint),* Père de l'Église grecque (Césarée de Cappadoce v. 335 - Nysse v. 394). Frère cadet de Basile, il devint en 371 évêque de Nysse. Théologien hardi, très influencé par la pensée d'Origène, il lutta vigoureusement contre l'arianisme et élabora une doctrine mystique par laquelle il se rattache au grand courant monastique du IVe siècle.

Grégoire de Tours *(saint),* prélat et historien français (Clermont-Ferrand v. 538 - Tours v. 594). Évêque de Tours (573-594), il joua un grand rôle dans la vie politique de la Gaule. Il est célèbre par son *Histoire des Francs,* chronique du haut Moyen Âge mérovingien.

Grégoire Ier le Grand *(saint),* pape de 590 à 604 (Rome v. 540 - *id.* 604). Nommé préfet de Rome en 572 et entré dans la vie monastique en 574, il est nonce à Constantinople de 579 à 585. En 590, le clergé et le peuple de Rome l'appellent pour succéder au pape Pélage II. Son pontificat est marqué par l'affirmation de la primauté romaine, par une profonde réforme disciplinaire et liturgique de l'Église et par une politique de conversion des ariens et d'évangélisation des populations d'Angleterre. La tradition lui attribue la réorganisation du chant liturgique de l'Église, ou plainchant, qu'on appela pour cela *chant grégorien.*

Grégoire VII *(saint)* [Hildebrand] (Soana, Toscane, v. 1020 - Salerne 1085), pape de 1073 à 1085. Moine bénédictin, conseiller de cinq papes, il succède à Alexandre II et prend en main la réforme de l'Église, condamne la simonie et la dissolution des mœurs ecclésiastiques. Face à l'empereur Henri IV, il affirme l'indépendance de l'Église lors de la querelle des Investitures et obtient la soumission du souverain à Canossa (janv. 1077). Mais, à cause de la contre-attaque de celui-ci, qui fait nommer un antipape, Grégoire doit se réfugier en Sicile. L'importance de son action, qualifiée de « réforme grégorienne », sera reconnue quelques décennies plus tard. **Grégoire IX** *(Ugolino, comte de Segni)* [Anagni v. 1170 - Rome 1241], pape de 1227 à 1241. Son pontificat est marqué par la lutte du Sacerdoce et de l'Empire qui l'opposa à Frédéric II. La collection des *Décrétales* de Grégoire IX (1234) constitue une des parties essentielles du droit canonique. **Grégoire XI** *(Pierre Roger de Beaufort)* [Rosiers-d'Égletons, Corrèze, 1329 - Rome 1378], pape de 1370 à 1378. Poussé par Catherine de Sienne et la population romaine, il se décida à quitter Avignon et à rétablir le siège de la papauté à Rome (1377). Il a été le dernier pape français. **Grégoire XVI** *(Bartolomeo Alberto, puis Fra Mauro Cappellari)* [Belluno 1765 - Rome 1846], pape de 1831 à 1846. Religieux camaldule, orientaliste et théologien distingué, il combattit, dès le début de son pontificat, le soulèvement révolutionnaire de ses États en faisant appel aux puissances étrangères, notamment la France et l'Autriche (1831-32). Par son encyclique *Mirari vos* (1832), il condamna La Mennais et dénonça les idées libérales.

Grégoire *(Henri,* dit l'abbé*),* prêtre catholique et homme politique français (Vého, près de Lunéville, 1750 - Paris 1831). Curé d'une petite paroisse de Lorraine, député du clergé aux États généraux de 1789, il prête serment à la Constitution civile du clergé (1790) et est à l'origine de l'émancipation des juifs français. Évêque constitutionnel de Loir-et-Cher (1791), député à la Convention, il réclame l'établissement de la république mais s'oppose à la mort du roi. Il fait voter l'abolition de l'esclavage, question à laquelle il consacrera plusieurs ouvrages. Membre du Sénat en 1802, il s'oppose au despotisme napoléonien et doit quitter son évêché à la suite du Concordat. Ses cendres ont été transférées au Panthéon en 1989.

Grégoire Palamas → **Palamas.**

Gregory *(James),* mathématicien et astronome écossais (Drumoak, près d'Aberdeen, 1638 - Édimbourg 1675). En astronomie, il préconisa de substituer aux instruments d'observation à lentilles (lunettes) des instruments à miroirs (télescopes), qui donnent des images dépourvues d'aberration chromatique, et il conçut un télescope à miroir secondaire concave (1663). Il participa à l'élaboration des méthodes infinitésimales de calcul des aires et des volumes, et fut l'un des précurseurs de Newton dans l'étude des développements en série.

Grémillon *(Jean),* cinéaste français (Bayeux 1901 - Paris 1959), auteur d'œuvres rigoureuses et sensibles, inscrites dans la réalité quotidienne et sociale : *la Petite Lise* (1930), *Remorques* (1941), *Lumière d'été* (1943), *Le ciel est à vous* (1944).

Grenade, en esp. **Granada,** v. d'Espagne (Andalousie), ch.-l. de prov., au pied de la sierra Nevada ; 255 212 hab. — Le royaume arabe de Grenade, fondé au XIᵉ siècle, s'épanouit sous la dynastie des Nasrides, à partir du XIIIᵉ siècle ; sa capitale fut prise en 1492 par les Rois Catholiques à l'issue de la Reconquista. — Célèbre palais mauresque de l'Alhambra (→ **Alhambra**) et jardins du Generalife ; belle cathédrale de la Renaissance ; chartreuse aux somptueux décors baroques et nombreux autres monuments. Musées.

Grenade *(la),* une des Antilles, formant avec une partie des Grenadines un État indépendant dans le cadre du Commonwealth depuis 1974 ; 311 km² (344 km² avec les dépendances) ; 120 000 hab. CAP. *Saint George's.* LANGUE : *anglais.* MONNAIE : *dollar des Caraïbes orientales. Production de cacao, bananes et noix de muscade. Tourisme. En 1983,* l'intervention militaire des États-Unis met fin à un régime placé dans l'orbite de Cuba.

Grenade (Nouvelle-), ancien nom de la Colombie.

Grenadines, îlots des Antilles, dépendances de la Grenade et de l'État de Saint-Vincent-et-les Grenadines.

Grenelle *(accords de)* [25-27 mai 1968], accords intervenus entre le gouvernement, le patronat et les syndicats, au ministère des Affaires sociales, rue de Grenelle, prévoyant des mesures sociales et professionnelles et la reconnaissance de la section syndicale dans l'entreprise.

Grenoble, ch.-l. du dép. de l'Isère ; 153 973 hab. *(Grenoblois)* [env. 400 000 dans l'agglomération]. GÉOGR. Grenoble, entre la Chartreuse, le Vercors et la chaîne de Belledonne, au confluent de l'Isère et du Drac, à 214 m d'alt. seulement (mais près des champs de neige) est la plus grande ville des Alpes. Dans une situation de carrefour (routier essentiellement), développée d'abord comme ville de garnison, puis centre de services (administrations, justice, université, commerces, etc.), Grenoble s'est ensuite industrialisée (initialement grâce à l'hydroélectricité née à proximité). L'agglomération est aujourd'hui un important centre industriel (métallurgie de transformation, constructions électriques, électronique, chimie et agroalimentaire), universitaire à dominante scientifique (nombreux laboratoires de recherche et synchrotron). ARTS. Crypte St-Oyand, des VIIIᵉ-IXᵉ siècles, sous l'église St-Laurent. Palais de justice, ancien parlement, des XVᵉ et XVIᵉ siècles. Musée dauphinois, musée Stendhal, musée de Peinture et de Sculpture (riches collections, des primitifs italiens à l'art actuel). Maison de la culture par l'architecte A. Wogenscky (1968).

Grenville *(George),* homme politique britannique (Wotton Hall 1712 - Londres 1770). Premier ministre de 1763 à 1765, il provoqua, par sa politique de taxation (loi du timbre, 1765), le soulèvement des colonies américaines. Son fils **William** (Londres 1759 - Dropmore 1834), député tory, ministre des Affaires étrangères de 1791 à 1801, Premier ministre (1806-07), fit abolir la traite des Noirs (1807).

Gresham *(sir Thomas),* financier anglais (Londres 1519 - id. 1579). Il est l'auteur de la théorie célèbre selon laquelle, la mauvaise monnaie chassant la bonne, celle-ci est retirée de la circulation monétaire et est thésaurisée.

Grésivaudan, nom donné à la large vallée de l'Isère entre le confluent de l'Arc et Grenoble.

Gretchko *(Andreï Antonovitch),* maréchal soviétique (Golodaïevsk 1910 - Moscou 1976). Commandant les forces du pacte de Varsovie (1960), il fut ministre de la Défense de 1967 à sa mort.

Grétry *(André Modeste),* compositeur français d'origine liégeoise (Liège 1741 - Ermitage de Montmorency 1813). Il a excellé dans l'opéra-comique *(Zémire et Azor,* 1771 ; *Richard Cœur de Lion,* 1784) et écrit des *Mémoires* (1789).

Greuze *(Jean-Baptiste),* peintre français (Tournus 1725 - Paris 1805). Il est l'auteur, célébré par Diderot, de compositions habiles sur des sujets propres à « élever l'âme » du spectateur (au Louvre : *l'Accordée de village* [Salon de 1761], *le Fils ingrat,* etc.) ainsi que de portraits. Son moralisme sentimental côtoie volontiers la sensualité *(la Cruche cassée,* Louvre).

Grève *(place de),* place de Paris devenue en 1806 celle de l'Hôtel-de-Ville. Les ouvriers venaient y chercher de l'embauche. De 1310 à la Révolution, elle fut le lieu des exécutions capitales.

Grévin *(musée),* à Paris (boulevard Montmartre), galerie de figures de cire créée en 1882 par le journaliste Arthur Meyer et le dessinateur Alfred Grévin.

Grevisse *(Maurice),* grammairien belge (Rulles 1895 - La Louvière 1980). Observateur infatigable du français écrit, il a voulu adapter au XXᵉ siècle les principes de Vaugelas. Il a écrit le *Bon Usage* (1936), toujours édité.

Grévy *(Jules),* homme d'État français (Mont-sous-Vaudrey, Jura, 1807 - *id.* 1891). Député républicain sous la IIᵉ République et le second Empire, président de la Chambre des députés (1876), il remplaça Mac-Mahon comme président de la République (1879). Réélu en 1885, il démissionna en 1887 à la suite du scandale (trafic de décorations) où fut impliqué son gendre Wilson.

Grey *(Charles, comte),* homme politique britannique (Fallodon 1764 - Howick House 1845). Chef du parti whig à la Chambre des lords, Premier ministre de 1830 à 1834, il fit voter en 1832, malgré les Lords, la première grande réforme électorale.

Grey *(Edward, vicomte),* homme politique britannique (Londres 1862 - près d'Embleton 1933). Ministre des Affaires étrangères (1905-1916), il fut l'artisan de l'accord avec la Russie (1907).

Griaule *(Marcel),* anthropologue français (Aisy-sur-Armançon, Yonne, 1898 - Paris 1956). Il s'est intéressé aux Dogon *(Masques dogons,* 1938 ; *Dieux d'eau,* 1949).

Gribeauval *(Jean-Baptiste Vaquette de),* général et ingénieur militaire français (Amiens 1715 - Paris 1789). Premier inspecteur de l'artillerie (1776), il créa de nouveaux canons, employés avec succès de 1792 à 1815.

Griboïedov *(Aleksandr Sergueïevitch),* diplomate et auteur dramatique russe (Moscou 1795 - Téhéran 1829). *Le Malheur d'avoir trop d'esprit* (1824) est considéré comme le premier chef-d'œuvre comique russe.

Grieg *(Edvard),* pianiste et compositeur norvégien (Bergen 1843 - *id.* 1907). D'abord chef d'orchestre, il se consacra ensuite à la composition. Il créa le premier festival de musique en Norvège (1898). Son œuvre comprend de la musique de chambre, des pages symphoniques, de la musique de scène, dont celle écrite pour *Peer Gynt,* drame d'Ibsen (1876), dont il tira deux suites d'orchestre. Il doit aussi sa renommée à son *Concerto pour piano et orchestre* en *la* mineur (1868).

Grierson *(John),* cinéaste, producteur et théoricien du cinéma britannique (Kilmadock, comté de Perth, 1898 - Bath 1972). Il créa dans les années 30 une école de documentaristes à laquelle s'associèrent notamment R. Flaherty, A. Cavalcanti, P. Rotha, B. Wright, puis dirigea l'Office national du film canadien. On lui doit : *Drifters* (1929), *Churchill's Island* (1942). Il a favorisé dans le monde anglo-saxon l'éclosion d'une remarquable génération de documentaristes et de cinéastes d'animation.

Griffith *(Arthur),* homme politique irlandais (Dublin 1872 - *id.* 1922). Fondateur du mouvement Sinn Féin (1902), vice-président de la République d'Irlande (1918), il conduisit les négociations avec le gouvernement britannique et signa le traité de Londres (1921).

Griffith *(David Wark),* cinéaste américain (Floydsfork, Kentucky, 1875 - Hollywood 1948). Metteur en scène à la Biograph, il tourne plus de 450 courts-métrages de 1908 à 1913, posant les bases de la grammaire cinématographique : découpage préétabli, lumière artificielle, caméra mobile, plans variés, principes du montage alterné, « retour en arrière ». En 1915, *la Naissance d'une nation,* évocation grandiose de la guerre de Sécession, réalise une synthèse de sa vision cinématographique. En 1916, il tourne *Intolérance,* une deuxième superproduction sur le fanatisme, film dont l'audace déconcertera le public. Trois ans plus tard,

avec Chaplin, Mary Pickford, Douglas Fairbanks, il fonde les Artistes associés.
Il a réalisé de nombreux films, passant de la
comédie burlesque au western, de la parabole
sociale (*le Lys brisé* 1919 ; *À travers l'orage*,
1920) à la reconstruction historique (*les Deux
Orphelines*, 1922), adaptant aussi bien Jack
London que Maupassant, Edgard Poe ou Dickens. Il tourne encore *Abraham Lincoln* (1930)
et *The Struggle* (1931), films parlants.

Grignard *(Victor)*, chimiste français (Cherbourg 1871 - Lyon 1935). Il découvrit les
composés organomagnésiens, sources de
nombreuses synthèses en chimie organique.
(Prix Nobel 1912.)

Grignion de Montfort *(saint Louis-Marie)*
→ Louis-Marie Grignion de Montfort.

Grignon, hameau de la comm. de *Thiverval-
Grignon* (Yvelines), siège de l'une des
implantations de l'Institut national agronomique de Paris-Grignon (I. N. A. P.-G.).

Grignon *(Claude Henri)*, écrivain canadien
d'expression française (Sainte-Adèle, Québec, 1894 - *id.* 1976), auteur de romans de
mœurs (*Un homme et son péché*, 1933).

Grigny *(Nicolas* de*)*, compositeur français
(Reims 1672 - *id.* 1703). Remarquable organiste, il est l'auteur d'un *Livre d'orgue* (1699)
que recopia Bach.

Grigorescu *(Nicolae)*, peintre roumain
(Pitaru 1838 - Cîmpina 1907). Passé par Barbizon (1861), ce fondateur de l'école roumaine moderne a été, notamment, le chantre de la vie paysanne de la Munténie.

Grigorovitch *(Iouri Nikolaïevitch)*, danseur et
chorégraphe russe (Leningrad, auj. Saint-Pétersbourg, 1927). Formé à l'école de Leningrad, il est engagé en 1946 comme danseur de
caractère au ballet du Kirov, où il fait ses
débuts de chorégraphe (*la Fleur de pierre*,
1957). Directeur artistique du ballet du Bolchoï de Moscou depuis 1964, il reprend les
grands classiques et signe des œuvres épiques
aux résonances psychologiques profondes
(*Spartacus*, 1968 ; *Ivan le Terrible*, 1976).

Grillparzer *(Franz)*, écrivain autrichien
(Vienne 1791 - *id.* 1872). Représentant d'un
théâtre classique dans le sens de Goethe, il
est l'auteur de drames historiques (*Sappho*,
1818 ; *le Bonheur et la fin du roi Ottokar*, 1825).

Grimaldi *(maison de)*, famille d'origine
génoise, qui établit son autorité sur Monaco
au XVᵉ siècle. L'actuelle maison de Grimaldi
est la troisième. Elle a été fondée par Rainier III (né en 1923), petit-fils de Louis II,
ultime représentant de la deuxième maison
de Grimaldi, fondée au XVIIIᵉ siècle.

Grimault *(Paul)*, cinéaste d'animation français (Neuilly-sur-Seine 1905 - Le Mesnil-
Saint-Denis, Yvelines, 1994), auteur de
dessins animés poétiques (*l'Épouvantail*, 1943 ;
le Voleur de paratonnerres, 1945 ; *le Petit Soldat*, 1947 ; *la Bergère et le Ramoneur*, en collab. avec J. Prévert, 1953 [devenu] *le Roi et
l'Oiseau*, 1979 ; *la Table tournante*, 1988).

Grimm *(Jacob)*, linguiste et écrivain allemand
(Hanau 1785 - Berlin 1863), fondateur de la
philologie allemande. Il réunit, avec son frère
Wilhelm (Hanau 1786 - Berlin 1859), de nombreux contes populaires germaniques.
Ensemble ils publièrent la *Poésie des maîtres
chanteurs* (1811), *les Contes d'enfants et du foyer*
(1812) [→ **Contes**], où l'on trouve *Blanche-
Neige, Hänsel et Gretel*, *les Musiciens de la ville de
Brême*, une *Histoire de la langue allemande*
(1848) et un *Dictionnaire allemand*
(1854-1862).

Grimm *(Melchior, baron* de*)*, écrivain allemand (Ratisbonne 1723 - Gotha 1807). Il
vécut de 1748 à 1790 à Paris, où il succéda
en 1753 à l'abbé Raynal comme rédacteur
de la *Correspondance littéraire*.

Grimmelshausen *(Hans Jakob Christoffel
von)*, écrivain allemand (Gelnhausen
v. 1622 - Renchen, Bade, 1676). Sa *Vie de
l'aventurier Simplicius Simplicissimus* (1669)
[→ **Simplicius**] a été une des œuvres caractéristiques du baroque allemand.

Grimod de La Reynière *(Alexandre Balthasar Laurent)*, gastronome français (Paris
1758 - Villiers-sur-Orge, Essonne, 1838). Sa
notoriété, d'abord liée aux excentricités de
ses déjeuners philosophiques, fut ensuite
attachée à son *Almanach des gourmands* ou
Calendrier nutritif (1803-1812). Il fonda *le Jury
dégustateur*.

Grimsby, port de Grande-Bretagne, sur la mer
du Nord ; 88 900 hab. Pêche. Conserveries.

Grimsel, col des Alpes bernoises, entre les
vallées du Rhône et de l'Aar ; 2 165 m.

Gringore ou **Gringoire** *(Pierre)*, poète dramatique français (Thury-Harcourt ? v. 1475 -
en Lorraine v. 1539). Poète dans la tradition
des grands rhétoriqueurs, il se consacra surtout au théâtre, pour lequel il écrivit des sotties (*le Jeu du prince des sots*, 1512).

Gripari *(Pierre)*, écrivain français (Paris
1925 - *id.* 1990). Ses contes pour adultes ou
pour enfants (*Contes de la rue Broca*, 1967),
ses poèmes et son théâtre ont un caractère
fantastique et allégorique qui s'apparente à
la manière caustique d'Italo Calvino.

Gris *(Victoriano González, dit Juan)*, peintre
espagnol (Madrid 1887 - Boulogne-sur-Seine

1927). Il s'installa à Paris en 1906. Son œuvre, cubiste à partir de 1911, souvent d'un éclat incisif, manifeste une grande rigueur de composition et de structure (collages et peintures synthétiques, v. 1913-1917).

Gris-Nez *(cap)*, promontoire sur le pas de Calais. Phare.

Grisons *(canton des)*, en all. Graubünden, cant. de l'est de la Suisse ; 7 100 km² ; 173 890 hab. Ch.-l. *Coire.* On y parle l'allemand, l'italien et le romanche. C'est le plus étendu des cantons suisses. Plus des deux tiers du territoire sont situés au-dessus de 1 800 m. Les massifs alimentent les bassins du Rhin, du Danube (par l'Inn) et du Pô (par l'Adda), et sont reliés par des cols nombreux mais élevés. À l'écart des grandes percées ferroviaires transalpines, longtemps isolé, le canton tire ses ressources de l'agriculture (polyculture et élevage) et, surtout, du tourisme, favorisé par un climat sec et ensoleillé. Par ailleurs, il fournit 20 % de la production hydroélectrique nationale. — Les Grisons, qui ont appartenu au Saint-Empire de 916 à 1648, sont entrés dans la Confédération suisse en 1803.

Grock *(Adrien* Wettach, dit*)*, artiste de variétés et clown suisse (Reconvilier, canton de Berne, 1880 - Imperia, Italie, 1959). Il fut le partenaire du fantaisiste Marius Galante *(Brick)*, puis du grand clown Antonet, auprès de qui il s'imposa dans une entrée comique et musicale impeccablement réglée.

Groddeck *(Georg Walther)*, médecin allemand (Bad Kösen 1866 - Zurich 1934). Il a abordé les phénomènes inconscients à partir des maladies organiques et a posé que les symptômes y avaient une valeur symbolique. Il s'est éloigné de la théorie freudienne en considérant que l'inconscient était exclusivement somatique. Il a écrit notamment *le Livre du ça* (1923).

Grodno, v. de Biélorussie près de la frontière polonaise ; 270 000 hab.

Groenland, grande île (2 186 000 km²), située au nord de l'Amérique, dépendant du Danemark ; 51 000 hab. *(Groenlandais).* Cap. *Nuuk* (anc. *Godthåb*). GÉOGR. En dehors des montagnes bordières (culminant à 3 700 m), le Groenland se recouvre d'une calotte de glace (inlandsis) d'une épaisseur moyenne de 1 500 m. Le climat, rigoureux et venteux, présente, en raison de l'étirement en latitude (25 °C), des différences entre le Nord, où la température moyenne est de — 31 °C (banquise permanente), et le Sud, où elle est de — 3 °C. La population vit sur la côte sud-ouest. L'élevage (ovins et rennes) et la pêche

(crevette, morue, saumon) sont les principales activités, à côté de celles liées à la présence de bases américaines (Thulé). HIST. Le Groenland fut découvert en 982 par Erik le Rouge et redécouvert au XVIᵉ siècle par Davis et Hudson. Les Danois le colonisèrent à partir de 1721. Département danois depuis 1953, doté en 1979 d'un statut d'autonomie interne, le Groenland s'est retiré de la C. E. E. en 1985.

Groix *(île de)*, île de l'Atlantique, constituant une commune qui correspond à un canton du Morbihan ; 15 km² ; 2 485 hab. *(Groisillons).*

Gromaire *(Marcel)*, peintre, graveur et cartonnier de tapisserie français (Noyelles-sur-Sambre 1892 - Paris 1971). Son art est à la fois expressionniste et d'une stabilité classique (*la Guerre,* 1925, M. A. M. de la Ville de Paris).

Gromyko *(Andreï Andreïevitch)*, homme politique soviétique (Starye Gromyki, Biélorussie, 1909 - Moscou 1989). Ministre des Affaires étrangères (1957-1985), il a présidé le Soviet suprême de 1985 à 1988.

Groningue, en néerl. Groningen, v. des Pays-Bas, ch.-l. de la province du même nom (2 300 km² ; 560 000 hab.), au nord-est de la Frise ; 168 702 hab. Importantes exploitations de gaz naturel dans la région. — Musées.

Gropius *(Walter)*, architecte et théoricien allemand (Berlin 1883 - Boston 1969). Fondateur du Bauhaus à Weimar en 1919, il joua un grand rôle dans la genèse de l'architecture moderne (locaux du Bauhaus à Dessau, 1925). Il s'installa en 1937 aux États-Unis, où il enseigna à Harvard et fonda en 1946 l'agence d'architecture TAC.

Gros *(Antoine, baron)*, peintre français (Paris 1771 - Meudon 1835). Élève de David, puis officier d'état-major pendant la campagne d'Italie *(Bonaparte au pont d'Arcole,* 1796, Versailles), il a consacré de vastes compositions à l'épopée napoléonienne (*le Pestiférés de Jaffa,* Salon de 1804, Louvre ; *le Champ de bataille d'Eylau,* 1808, *ibid.*) ; la violence des émotions, la force du coloris et la mise en scène y annoncent le romantisme. Pendant la Restauration, il dirigea à l'école des Beaux-Arts l'atelier de David, exilé ; il se réfugia dans une peinture mythologique plutôt académique, puis se suicida.

Grosjean *(Jean)*, écrivain français (Paris 1912). Poète (*Terre du temps,* 1946 ; *la Gloire,* 1969), traducteur de la Bible et du Coran, il est l'auteur de récits énigmatiques et lumineux (*le Messie,* 1974 ; *les Beaux Jours,* 1980). *L'Ironie christique* (1991) livre la clé johannique de son inspiration.

Gross *(Hans),* criminaliste autrichien (Graz 1847 - *id.* 1915). Il imagina la coopération internationale des polices, qui deviendra « Interpol ».

Grosseto, v. d'Italie (Toscane), ch.-l. de prov., centre principal de la Maremme ; 70 096 hab. — Rempart hexagonal du XVIe siècle, cathédrale de la fin du XIIIe. Musée archéologique.

Grossglockner, point culminant de l'Autriche, dans les Hohe Tauern ; 3 796 m. Route touristique jusqu'à 2 571 m.

Grossman *(Vassili Semenovitch),* écrivain soviétique (Berditchev 1905 - Moscou 1964). Auteur de romans sur l'origine du bolchevisme *(Stepan Koltchouguine,* 1937-1940), il a tracé avec *Le peuple est immortel* (1942) et *Vie et Destin* (écrit en 1960) un tableau véridique de la guerre. Il s'est révélé un contestataire virulent dans *Tout passe* (1970).

Gross Rosen, camp de concentration allemand (1940-1945), près de Rogoźnica (Silésie, auj. en Pologne).

Grosz *(Georg),* dessinateur, graveur et peintre allemand (Berlin 1893 - *id.* 1959), naturalisé américain en 1938. Lié au groupe dada berlinois (1917), puis à la Nouvelle Objectivité (1925), il a donné une critique sociale non moins mordante par le style que par l'intention. Il s'exila aux États-Unis en 1933.

Grotewohl *(Otto),* homme politique allemand (Brunswick 1894 - Berlin 1964). Artisan en 1946 de la fusion du Parti social-démocrate (SPD) et du Parti communiste en un Parti socialiste unifié (SED), il a été chef du gouvernement de la R. D. A. (1949-1964).

Grothendieck *(Alexander),* mathématicien français d'origine allemande (Berlin 1928). Auteur de travaux concernant surtout la géométrie algébrique, il a obtenu la médaille Fields en 1966.

Grotius *(Hugo* de Groot, dit*),* jurisconsulte et diplomate hollandais (Delft 1583 - Rostock 1645), auteur du *De jure belli ac pacis* (1625), considéré comme un code de droit international public, qui le fit surnommer le « Père du droit des gens ».

Grotowski *(Jerzy),* metteur en scène et directeur de théâtre polonais (Rzeszów 1933), animateur du théâtre-laboratoire de Wrocław. Partisan d'un « théâtre pauvre », il a concentré ses recherches sur le jeu de l'acteur et la communication directe avec les spectateurs.

Grouchy *(Emmanuel, marquis* de*),* maréchal de France (Paris 1766 - Saint-Étienne 1847). Il ne put empêcher la jonction entre Prussiens et Anglais à Waterloo (1815).

Groupe de la Cité, groupe d'édition français créé en 1988 par le rapprochement des activités d'édition de C.E.P. Communication et de celles des Presses de la Cité. Filiale de C.E.P. Communication, le Groupe de la Cité occupe le premier rang en France dans son secteur, associant notamment édition de référence (Larousse, Bordas, Nathan, Le Robert, Armand Colin), édition universitaire et professionnelle (Dunod-Gauthier-Villars, Dalloz-Sirey, Masson...) et littérature générale (Laffont, Julliard, Plon, Perrin, Belfond, Presses-Solar, Pocket, 10/18...).

Groupe des 7 (G7), groupe réunissant les sept pays les plus industrialisés du monde (Allemagne, Canada, États-Unis, France, Grande-Bretagne, Italie et Japon). Il organise, depuis 1975, des sommets annuels, essentiellement consacrés aux questions économiques.

Groupe des 77 (G77), groupe constitué en 1964 au sein de la C. N. U. C. E. D. et réunissant à l'origine 77 États pour la défense des intérêts du Sud. Il rassemble aujourd'hui la plupart des pays en voie de développement (env. 130).

Groupe 47, cercle littéraire (1947-1977), créé pour rassembler les écrivains de langue allemande d'Allemagne, de Suisse et d'Autriche dans la défense des libertés. Il a fait découvrir des écrivains comme H. Böll, G. Grass, U. Johnson, I. Bachmann, M. Walser.

Groznyï, v. de Russie, dans le Caucase, capitale de la République de Tchétchénie ; 401 000 hab. Bombardée par les forces russes en 1994-95, la ville est ravagée.

Gruber *(Francis),* peintre français (Nancy 1912 - Paris 1948). Fils du peintre verrier Jacques Gruber (1870-1936), il a produit une œuvre expressionniste d'une inspiration angoissée, à laquelle a été appliqué le qualificatif de « misérabiliste ».

Grundtvig *(Nikolai),* écrivain danois (Udby 1783 - Copenhague 1872). Pasteur, puis évêque luthérien, il fut un des principaux représentants du romantisme danois en même temps que le rénovateur de l'esprit national et religieux *(le Lys de Pâques,* 1817).

Grünewald *(Mathis* Nithart ou Gothart, dit **Matthias),** peintre allemand actif essentiellement à Aschaffenburg, sans doute mort à Halle en 1528. Son chef-d'œuvre est le grand polyptyque des Antonites provenant d'Issenheim, près de Guebwiller (v. 1511-1516, musée de Colmar), d'un art expressionniste et visionnaire. Selon ses diverses configurations (mouvements des volets), ce retable offre tour à tour au regard : une *Crucifixion ;* une *Nativité* encadrée de l'*Annonciation* et de la *Résurrection ;* la *Visite de saint Antoine à saint Paul ermite* avec, pour pendant, la *Tentation de saint Antoine.* Un climat fantastique, souvent, y traduit le contenu mystique.

Grunwald ou **Tannenberg** *(bataille de)* [15 juill. 1410], victoire du roi de Pologne Ladislas II Jagellon et du grand-duc de Lituanie Vytautas sur les chevaliers Teutoniques.

Grütli → **Rütli.**

Gruyères, comm. de Suisse (Fribourg), dans la Gruyère, région célèbre par ses fromages ; 1 460 hab. — Important château des XIIᵉ-XVᵉ siècles.

G7, abrév. de Groupe des 7.

G77, abrév. de Groupe des 77.

Gstaad, station estivale et de sports d'hiver (alt. 1 100-3 000 m) de Suisse (Berne) ; 1 700 hab.

Guadalajara, v. d'Espagne, en Castille, ch.-l. de prov. ; 63 649 hab. — Défaite en mars 1937 des milices italiennes engagées avec les troupes de Franco.

Guadalajara, v. du Mexique, la deuxième du pays ; 2 846 720 hab. Aéroport. Université. Métallurgie. — Bel urbanisme d'époque coloniale, avec une cathédrale des XVIᵉ-XVIIᵉ siècles. Musées.

Guadalcanal, île volcanique de l'archipel des Salomon, en Mélanésie. — Occupée par les Japonais en juillet 1942, l'île fut reconquise par les Américains en février 1943, après six mois de durs combats.

Guadalquivir *(le),* fl. d'Espagne, qui passe à Cordoue, à Séville et rejoint l'Atlantique ; 680 km.

Guadalupe *(sierra de),* chaîne de montagnes du centre de l'Espagne, dans l'Estremadure, entre le Tage et le Guadiana ; 1 740 m. — Célèbre monastère.

Guadarrama *(sierra de),* chaîne de montagnes d'Espagne, entre le Tage et le Duero, séparant la Vieille-Castille et la Nouvelle-Castille ; 2 430 m.

Guadeloupe (la) [971], une des Petites Antilles, constituant un département d'outre-mer ; 1 709 km² et 386 987 hab. (avec les dépendances) [*Guadeloupéens*]. Ch.-l. de dép. *Basse-Terre ;* ch.-l. d'arr. *Pointe-à-Pitre* et *Marigot ;* 3 arr. et 34 comm.

GÉOGRAPHIE
La Guadeloupe est formée de deux îles, *Basse-Terre* et *Grande-Terre,* séparées par un bras de mer, la rivière Salée. Plusieurs îles (la

Désirade, les Saintes, Marie-Galante, Saint-Barthélemy, une partie de Saint-Martin) dépendent de la Guadeloupe.

■ **La population.** Dense, et à dominante noire, elle est issue des esclaves importés d'Afrique aux XVIIᵉ et XVIIIᵉ siècles. Il existe une forte minorité venue des Indes au XIXᵉ siècle pour remplacer les Noirs dans les plantations après l'abolition de l'esclavage. Les Blancs sont peu nombreux, mais le métissage a accru la complexité de la structure ethnique.

■ **Les ressources.** L'agriculture de plantation (canne à sucre pour le sucre et le rhum, bananes) domine toujours, malgré des efforts de diversification (tourisme surtout). Elle s'explique par le caractère tropical (chaleur permanente) du territoire, au relief contrasté (volcanique) dans la Basse-Terre, la « mal nommée », bas et plat ailleurs et parfois ravagé par des cyclones. Toutefois, cette agriculture ne suffit pas à assurer le plein-emploi, ni l'équilibre des échanges. L'émigration (qui a tout de même ralenti un accroissement démographique) et l'aide massive de la métropole n'ont pas résolu les problèmes du chômage, du déficit commercial, des inégalités socio-économiques, créant une artificielle et précaire société de consommation.

HISTOIRE
Découverte par Christophe Colomb en 1493, l'île fut occupée par les Français dès 1635. La culture de la canne à sucre s'y développa rapidement. La Guadeloupe devint un département français d'outre-mer en 1946 et fut dotée d'un conseil régional en 1983.

Guadiana *(le),* fl. d'Espagne et du Portugal, qui se jette dans l'Atlantique ; 780 km.

Guam, île principale de l'archipel des Mariannes ; 129 000 hab. Ch.-l. *Agana.* — Occupée par les Japonais de 1941 à 1944, Guam est devenue une puissante base américaine.

Guanajuato, v. du Mexique, cap. d'État, au N.-O. de Mexico ; 44 000 hab. Ville singulière et pittoresque, anciennement minière, offrant de nombreux témoignages de l'art baroque colonial. Université.

Guangdong, prov. de la Chine du Sud ; 176 000 km² ; 63 millions d'hab. Cap. *Canton.*

Guangxi, région autonome de la Chine du Sud ; 230 000 km² ; 42 246 000 hab. Cap. *Nanning.*

Guangzhou → **Canton.**

Guan Hanqing ou **Kouan Han-k'ing,** auteur dramatique chinois (Pékin v. 1210 - v. 1298), le plus grand dramaturge des Yuan.

Guantánamo, v. de Cuba, près de la baie de Guantánamo ; 200 000 hab. — Sur la baie, base navale concédée aux États-Unis en 1903.

Guaporé *(le),* riv. d'Amérique du Sud, qui sépare le Brésil et la Bolivie, puis rejoint le Mamoré (r. dr.) ; 1 750 km.

Guarani, Indiens de l'Amérique du Sud, parlant une langue tupi-guarani. Ils vivent dans la région du Paraná (Brésil) et pratiquent la chasse et la pêche.

Guardafui ou **Gardafui,** cap à l'extrémité est de l'Afrique, à l'entrée du golfe d'Aden, sur la côte de la Somalie.

Guardi *(Francesco),* peintre italien (Venise 1712-*id.* 1793). Dans un style nerveux et scintillant, il a représenté Venise, ses monuments, ses fêtes ainsi que les jeux changeants de son ciel et de ses eaux (*le Départ du Bucentaure vers le Lido de Venise,* Louvre ; *Capriccio sur la lagune,* Metropolitan Mus., New York). Son frère aîné, **Giovanni Antonio** (Vienne 1699 - Venise 1760), était également peintre.

Guardian *(The),* quotidien britannique libéral fondé en 1821, ayant une large audience internationale.

Guarini *(Giovan Battista),* poète italien (Ferrare 1538 - Venise 1612). On lui doit une tragi-comédie pastorale, *Il Pastor fido* (1590).

Guarini *(Guarino),* architecte italien (Modène 1624 - Milan 1683). Moine théatin, philosophe et mathématicien, influencé par Borromini, il a donné à Turin ses œuvres les plus célèbres, dont l'église à plan central S. Lorenzo (coupole à arcs entrecroisés).

Guarneri ou **Guarnerius,** famille de luthiers de Crémone dont le plus connu est **Giuseppe Antonio** (Crémone 1698 - 1744), surnommé **Guarnerius del Gesù.** Par leur facture très personnelle et leur superbe sonorité, ses instruments rivalisent en qualité avec ceux de Stradivarius.

Guarulhos, v. du Brésil, banlieue N.-E. de São Paulo ; 781 799 hab.

Guatemala, État de l'Amérique centrale, au sud-est du Mexique ; 109 000 km² ; 9 500 000 hab. *(Guatémaltèques).* CAP. *Guatemala.* LANGUE : *espagnol.* MONNAIE : *quetzal.*
GÉOGRAPHIE
Montagneux (en partie volcanique), en dehors du Nord (Petén) et de la plaine côtière pacifique, le pays a des paysages et des climats variés. L'agriculture domine, vivrière (maïs, haricots) chez les Indiens (plus de la moitié de la population), commerciale chez les *Ladinos* (de langue espagnole) : café, banane, coton, canne à sucre. Les plantations, contrôlées par des sociétés nord-américaines, assurent la moitié des exportations (les États-

Unis étant le premier partenaire commercial). À un climat de violence et à une situation économique difficile (chômage important, forte inflation) s'ajoute une forte pression démographique (accroissement annuel de 3 %).
HISTOIRE
Le territoire est, durant le Iᵉʳ millénaire, l'un des lieux où s'épanouit la civilisation maya.
1524. Conquête du territoire par les Espagnols.
1821. Indépendance du Guatemala.
Uni au Mexique jusqu'en 1823, il se joint aux Provinces-Unies de l'Amérique centrale en 1824 et reprend son indépendance en 1839 sous la direction de Rafael Carrera. La vie politique est stable mais marquée par de longues dictatures. Les États-Unis renforcent leur emprise sur le pays par l'intermédiaire d'une compagnie bananière, la United Fruit, à la fin du XIXᵉ s.
1954. Un coup d'État renverse le gouvernement progressiste de Jacobo Arbenz.
Dirigé par des militaires, le pays est depuis lors en proie à une guerre civile opposant guérilleros d'extrême gauche et groupes paramilitaires d'extrême droite.
1985. Les civils reviennent au pouvoir.
1989. Des négociations de paix s'engagent avec la guérilla.
1991. L'évangéliste Jorge Serrano, dirigeant du Mouvement d'action solidaire, est élu à la présidence de la République.
1993. J. Serrano est destitué. Le Parlement désigne Ramiro de León Carpio pour lui succéder.
1994. Des négociations de paix entre le gouvernement et la guérilla sont relancées sous l'égide de l'O.N.U.
1996. Álvaro Arzú Irigoyen, leader du Parti pour l'avancement national, est élu à la présidence de la République.

Guatemala, cap. de la République du Guatemala ; 2 millions d'hab.

Guattari *(Pierre Félix),* psychanalyste français (Villeneuve-les-Sablons, Oise, 1930 - Cour-Cheverny, Loir-et-Cher, 1992). D'abord influencé par la pensée lacanienne, il s'en démarque ensuite, reprochant à la psychanalyse la manière dont elle expulse tous les contenus sociopolitiques de l'inconscient : il refuse de dissocier action politique et entreprise analytique. Il a développé, avec G. Deleuze, la *schizoanalyse* et écrit notamment avec lui *l'Anti-Œdipe* (1972).

Guayaki, peuple indien de l'est du Paraguay.

Guayaquil, principale ville et port de l'Équateur, sur le Pacifique ; 1 508 444 hab. Métropole économique du pays.

Guderian *(Heinz)*, général allemand (Kulm, auj. Chełmno, 1888 - Schwangau, Bavière, 1954). Créateur de l'arme blindée allemande (1935-1939), il participa à l'élaboration de la doctrine de la « guerre-éclair ». Il fut chef d'état-major de l'armée de terre (1944-45).

Guebwiller, ch.-l. d'arr. du Haut-Rhin ; 11 280 hab. — Remarquables églises St-Léger (XIIᵉ-XIVᵉ s.) et Notre-Dame (XVIIIᵉ s.). Musée du Florival.

Guéhenno *(Jean)*, écrivain français (Fougères 1890 - Paris 1978). Directeur de la revue *Europe* avant 1940, il incarna le type de l'humaniste de gauche. On lui doit des essais (*Caliban parle*, 1929 ; *Caliban et Prospéro*, 1969). [Acad. fr. 1962.]

Gueldre, en néerl. Gelderland, prov. des Pays-Bas ; 1 795 000 hab. Ch.-l. *Arnhem*.
HIST.
Érigée en comté au XIᵉ siècle, puis en duché (1339), la Gueldre passe à Charles le Téméraire en 1472, puis retrouve son indépendance en 1492. Charles Quint l'annexe aux États flamands en 1543. Le nord du pays est rattaché aux Provinces-Unies en 1578, tandis que le Sud, partagé entre l'Autriche et la Prusse en 1713, est à son tour incorporé aux Provinces-Unies en 1814.

Guelma, v. de l'est de l'Algérie, ch.-l. de wilaya ; 85 000 hab. — Vestiges romains.

Guépard *(le)*, film italien de L. Visconti (1963), adapté du roman de G. T. di Lampedusa, évocation du déclin de l'aristocratie sicilienne à l'époque du Risorgimento.

Guépéou (GPU), administration politique chargée de la sécurité de l'État soviétique (1922-1934). Liée à la Tcheka et préludant au NKVD (1934-1943/1946), elle joua un grand rôle dans le régime stalinien après 1929.

Guépratte *(Émile)*, amiral français (Granville 1856 - Brest 1939). Il se distingua en 1915 à la tête de la division navale française aux Dardanelles.

Guérande, ch.-l. de c. de la Loire-Atlantique ; 12 001 hab. *(Guérandais)*. — Traité de paix entre Jean IV de Montfort et Charles V, qui mit fin à la guerre de la Succession de Bretagne (1365).

Guerchin *(Giovanni Francesco* Barbieri, dit il Guercino, *en fr.* le*)*, peintre italien (Cento, près de Ferrare, 1591 - Bologne 1666). Influencé par Titien, les Carrache, le Caravage, il combine un penchant naturaliste foncier avec un élan déjà baroque, voire un frémissement préromantique (plafond de *l'Aurore* au casino Ludovisi, à Rome, 1621), pour aboutir, sous l'ascendant de G. Reni, à une idéalisation classique (*Mariage mystique de sainte Catherine*, 1650, Modène).

Guéret, ch.-l. du dép. de la Creuse, à 327 km au sud de Paris ; 15 718 hab. *(Guérétois)*. Centre administratif et commercial. — Musée dans un hôtel du XVIIIᵉ siècle.

Guericke *(Otto* von*)*, physicien allemand (Magdebourg 1602 - Hambourg 1686). Bourgmestre de sa ville natale, il entreprit dès 1650 une série d'expériences sur les effets du vide. Celle des *hémisphères de Magdebourg* (1654) mit en évidence la pression atmosphérique. Il inventa la machine pneumatique et imagina la première machine électrostatique, ce qui l'amena à concevoir la nature électrique des phénomènes orageux.

Guérin *(Camille)*, vétérinaire et microbiologiste français (Poitiers 1872 - Paris 1961). Il réalisa de nombreux travaux sur les maladies infectieuses des animaux. Avec A. Calmette, il inventa la vaccination par le B. C. G.

Guérin *(Eugénie de)*, femme de lettres française (château du Cayla, près d'Albi, 1805 - *id.* 1848), auteur de *Lettres* et d'un *Journal*. Son frère **Maurice** (château du Cayla 1810 - *id.* 1839), influencé par La Mennais, est l'auteur du poème en prose *le Centaure* (1840).

Guérin *(Pierre, baron)*, peintre français (Paris 1774 - Rome 1833), un des artistes représentatifs de la seconde génération néoclassique (*Phèdre et Hippolyte*, 1802, Louvre).

Guernesey, l'une des îles Anglo-Normandes ; 63 km² ; 55 000 hab. *(Guernesiais)*. Ch.-l. *Saint-Pierre*. Cultures florales. Tomates. Tourisme.

Guernica, toile monumentale de Picasso (1937).

Guernica y Luno, v. d'Espagne (Biscaye) ; 16 042 hab. — La ville fut détruite par l'aviation allemande au service des franquistes pendant la guerre civile (1937).

Guerra *(Ruy)*, cinéaste brésilien d'origine portugaise (Lourenço Marques, Mozambique, 1931). Son œuvre riche et inventive témoigne d'une diversité culturelle non sans rapport avec sa vie : *la Plage du désir* (1962), *les Fusils* (1964), *Tendres Chasseurs* (1969), *la Chute* (1977, avec Nelson Xavier), *Mueda, mémoire et massacre* (1979), *Erendira* (1983).

Guerre *(croix de)*, nom donné dans divers pays à des décorations commémorant des citations individuelles ou collectives. En France : croix de guerre 1914-1918 ; croix de guerre 1939-1945 ; croix de guerre des théâtres d'opérations extérieures (T. O. E.), créée en 1921.

guerre (*De la*), œuvre de C. von Clausewitz (composée entre 1816 et 1830, et publiée en 1832-1834).

guerre de 1870-71 → Franco-Allemande (*guerre*).

Guerre et Paix, roman de L. Tolstoï (1865-1869, publié en 1878). Dans cette vaste fresque de l'aristocratie russe au temps des guerres contre Napoléon (1805 et 1812), Tolstoï substitue à la représentation conventionnelle de l'histoire la réalité de la guerre vécue par des hommes et révèle son penchant pour toute conception non agressive de l'existence.

Guerre Folle (1485-1488), révolte des grands seigneurs contre le gouvernement d'Anne de Beaujeu, fille de Louis XI et régente de France, pendant la minorité de son frère Charles VIII.

guerre froide, état de tension qui opposa, de 1945 à 1990, les États-Unis et l'U. R. S. S. et leurs alliés respectifs, qui formaient deux blocs dotés de moyens militaires considérables et défendant des systèmes idéologiques et économiques antinomiques. Aux années 1948-1962, particulièrement conflictuelles (mise en place des gouvernements communistes en Europe orientale, guerre de Corée, construction du mur de Berlin, crise des missiles de Cuba), succédèrent une phase de détente (1963-1978) puis une nouvelle intensification (1979-1985) après l'intervention militaire soviétique en Afghanistan. La fin de la guerre froide correspond à l'effondrement du communisme.

Guerre mondiale (*Première*), conflit qui, de 1914 à 1918, opposa l'Allemagne et l'Autriche-Hongrie, rejointes par la Turquie (1914) et la Bulgarie (1915), à la Serbie, à la France, à la Russie, à la Belgique et à la Grande-Bretagne, alliées au Japon (1914), à l'Italie (1915), à la Roumanie et au Portugal (1916), enfin aux États-Unis, à la Grèce, à la Chine et à plusieurs États sud-américains (1917).

■ **Les origines de la guerre.** La politique mondiale de l'Allemagne, son expansion économique et navale, notamment dans le Proche-Orient, l'antagonisme germano-slave dans les Balkans et la course aux armements conduite par les deux blocs de la Triple-Alliance (Allemagne, Autriche-Hongrie, Italie) et de la Triple-Entente (France, Grande-Bretagne, Russie) ont créé en Europe, au lendemain des guerres balkaniques (1912-13), un état de tension que le moindre incident peut transformer en conflit armé.

L'assassinat de l'archiduc héritier, François-Ferdinand d'Autriche, le 28 juin 1914 à Sarajevo, est la cause immédiate de la guerre. Le 28 juillet, l'Autriche-Hongrie déclare la guerre à la Serbie. Le système des alliances entraîne successivement les différents pays dans la guerre : l'Allemagne déclare la guerre à la Russie (1er août) et à la France (3 août) ; l'Angleterre à l'Allemagne (4 août) ; le Japon à l'Allemagne (23 août) ; les Alliés à la Turquie (3 nov.). La guerre se déroule sur plusieurs fronts.

■ **L'année 1914**

– **Front ouest.**

Août. Les Allemands envahissent la Belgique et le nord de la France (retraite française).

6-13 Sept. La bataille de la Marne permet à Joffre de stopper l'invasion.

Sept.-nov. Après la course à la mer des deux armées et la mêlée des Flandres, le front se stabilise de la mer du Nord à la Suisse.

La guerre de mouvement se transforme en guerre d'usure (guerre des tranchées).

– **Front est.**

26 août. Les offensives russes en Prusse-Orientale sont arrêtées à Tannenberg.

3 sept. En Galicie, les Russes s'emparent de Lvov.

Ils obligent les Austro-Hongrois à se replier sur les Carpates. Le front se stabilise en novembre du Niémen aux Carpates.

– **Autres fronts.**

Sept.-déc. Échecs autrichiens en Serbie.

Oct.-déc. Les Anglais débarquent dans le golfe Persique.

■ **L'année 1915.**

23 mai. L'Italie déclare la guerre à l'Autriche-Hongrie, après avoir dénoncé la Triple-Alliance.

5 oct. La Bulgarie déclare la guerre aux Alliés.

– **Front ouest.** La guerre d'usure dans les tranchées se poursuit.

Févr.-sept. Toutes les attaques françaises (en Champagne, en Artois) échouent.

Avril. Les Allemands emploient des gaz pour la première fois.

– **Front est et Balkans.**

Févr.-mars. Échecs des alliés aux Dardanelles.

Avril-sept. Les offensives allemandes en Prusse-Orientale et en Pologne contraignent les Russes à se replier sur une ligne allant de Riga à la frontière roumaine.

5 oct. Les Alliés débarquent à Salonique.

Oct.-nov. Conquête de la Serbie par les Allemands et les Bulgares.

– **Autres fronts.**

Juill. Offensives italiennes dans le Trentin et le Karst.

Les Anglais occupent le Sud-Ouest africain allemand.

■ **L'année 1916**
– **Front ouest.**
21 févr.-déc. À la bataille de Verdun, l'armée française résiste victorieusement aux Allemands.
Juill.-oct. Offensive alliée sur la Somme.
– **Front est.**
Juin-août. Les Russes de Broussilov sont victorieux en Galicie et en Bucovine.
Oct.-déc. Les Allemands conquièrent la Roumanie.
– **Autres fronts.**
Janv. Les Alliés occupent le Cameroun.
Févr.-mars. Les Russes attaquent en Arménie.
31 mai. Bataille navale anglo-allemande du Jütland.
Sept. Offensive des Alliés en Macédoine.
■ **L'année 1917.**
Mars-nov. Révolution russe.
2 avr. Les États-Unis entrent en guerre, à la suite d'une massive offensive sous-marine allemande.
Nov. En France, la crise politique et morale entraîne la formation du gouvernement Clemenceau.
– **Front ouest.**
16 avril. L'échec de l'offensive de Nivelle sur le Chemin des Dames provoque une très grave crise dans l'armée française.
Pétain est nommé généralissime (mai). Il organise avec succès les attaques françaises devant Verdun (août).
Juin-nov. Offensive anglaise dans les Flandres et à Cambrai.
– **Front est.** Les Allemands prennent Riga (3 sept.) et occupent la Bucovine (juill.-sept.).
15 déc. Armistice russo-allemand de Brest-Litovsk.
– **Autres fronts.**
24 oct. Défaite italienne de Caporetto.
Au Moyen-Orient, les Britanniques prennent Bagdad (11 mars) et Jérusalem (9 déc.).
■ **L'année 1918 : la victoire des Alliés.** Les Alliés réalisent l'unité du commandement en nommant Foch commandant en chef et reprennent l'initiative sur tous les fronts.
– **Front ouest.**
21 mars-15 juill. Offensives allemandes en Picardie, sur la Marne, en Champagne.
18 juill.-sept. Les contre-offensives françaises en Champagne, en Picardie et de la Meuse à la mer obligent les Allemands à battre en retraite sur Gand, Cambrai et Sedan.
11 nov. L'armistice est signé à Rethondes.
– **Front est et Balkans.**
15 sept. Franchet d'Esperey prend l'offensive en Macédoine.

Il contraint la Bulgarie à demander l'armistice (29 sept.).
L'Autriche-Hongrie se disloque.
– **Autres fronts.**
Sept.-oct. Les Anglais prennent Beyrouth, Damas, Alep et obligent les Turcs à signer l'armistice de Moúdhros (30 oct.).
24 oct. Victoire italienne de Vittorio Veneto.
3 nov. Les Italiens contraignent l'Autriche à signer l'armistice de Padoue.
14 nov. Les Allemands déposent les armes en Afrique-Orientale.
La guerre a fait environ 8 millions de morts.
■ **Les traités de paix.**
Traité de Versailles (28 juin 1919), traité conclu entre la France, ses alliés et l'Allemagne. Ses principales clauses étaient : la restitution de l'Alsace-Lorraine à la France ; l'administration de la Sarre par la S. D. N. ; l'organisation d'un plébiscite au Slesvig et en Silésie ; la création du « couloir de Dantzig » donnant à la Pologne un accès à la mer ; le versement par l'Allemagne de 20 milliards de marks-or au titre des réparations.
Traité de Saint-Germain-en-Laye (10 sept. 1919), traité signé entre les Alliés et l'Autriche ; il consacrait l'effondrement de la monarchie austro-hongroise.
Traité de Neuilly (27 nov. 1919), traité de paix signé entre les Alliés et la Bulgarie.
Traité de Trianon (4 juin 1920), traité qui consacra le démantèlement de la Hongrie.
Traité de Sèvres (10 août 1920), traité signé entre l'Empire ottoman et les Alliés qui réduisait considérablement le territoire ottoman ; il fut révisé en 1923 par le traité de Lausanne, consécutif aux victoires turques.
Traité de Rapallo (12 nov. 1920), traité de paix signé à Rapallo (prov. de Gênes) entre l'Italie et la Yougoslavie.
Traité de Rapallo (16 avr. 1922), traité signé entre l'Allemagne et la Russie soviétique, qui prévoyait le rétablissement des relations diplomatiques et économiques entre les deux pays.

Guerre mondiale *(Seconde)*, conflit qui, de 1939 à 1945, opposa les puissances alliées (Pologne, Grande-Bretagne et Commonwealth, France, Danemark, Norvège, Pays-Bas, Belgique, Yougoslavie, Grèce, puis U. R. S. S., États-Unis, Chine et la plupart des pays de l'Amérique latine) aux puissances totalitaires de l'Axe (Allemagne, Italie, Japon et leurs satellites, Hongrie, Slovaquie, etc.).
■ **Les causes de la guerre.** L'origine du conflit réside essentiellement dans la volonté de Hitler d'affranchir le IIIᵉ Reich du « diktat »

de Versailles (1919) et de dominer l'Europe. En 1938, Hitler annexe l'Autriche (Anschluss) et une partie de la Tchécoslovaquie. La France et la Grande-Bretagne reconnaissent le fait accompli à Munich. Peu après, Hitler s'empare du reste de la Tchécoslovaquie (mars 1939) et signe avec l'U. R. S. S. le pacte germano-soviétique (23 août 1939).

■ **L'année 1939.**

1ᵉʳ sept. L'Allemagne envahit la Pologne.

3 sept. La Grande-Bretagne et la France déclarent la guerre à l'Allemagne (l'Italie proclame sa non-belligérance et les États-Unis leur neutralité).

28 sept. La Pologne est partagée entre l'Allemagne et l'U. R. S. S.

En Extrême-Orient, la guerre, qui dure depuis 1937, entre la Chine et le Japon se poursuit à l'avantage de ce dernier, qui contrôle la façade maritime de la Chine.

■ **L'année 1940.** En Europe occidentale, pendant la période de la « drôle de guerre » (oct. 1939-10 mai 1940), les armées françaises et allemandes sont immobilisées. Puis l'Allemagne bascule vers les forces d'E. en O., envahissant le Danemark (avr.) et lançant la campagne de Norvège (9 avr.-10 juin).

10 mai. Hitler déclenche l'offensive générale contre les Pays-Bas, le Luxembourg, la Belgique et la France, dont les forces sont mises hors de combat (10 mai-25 juin).

14 mai. L'armée néerlandaise capitule.

28 mai. L'armée belge capitule.

28 mai-4 juin. L'armée allemande (Wehrmacht) encercle Dunkerque : 340 000 hommes sont évacués par la mer grâce aux marines anglaise et française.

10 juin. L'Italie déclare la guerre à la France et à la Grande-Bretagne.

14 juin. Les Allemands sont à Paris.

Le maréchal Pétain, nouveau chef du gouvernement français, demande alors l'armistice à l'Allemagne (17 juin).

18 juin. Le général de Gaulle, parti pour Londres, appelle les Français à refuser l'armistice et à continuer la guerre.

22 et 24 juin. Les armistices franco-allemand et franco-italien sont signés. La Grande-Bretagne reste seule en guerre face à l'Allemagne.

Août-oct. La Grande-Bretagne résiste victorieusement aux offensives aériennes allemandes (bataille d'Angleterre).

27 sept. L'Allemagne, l'Italie et le Japon signent un pacte tripartite.

À la fin de 1940, Hitler décide de briser la puissance soviétique. Mais, avant de déclencher son attaque à l'E., le Führer veut éliminer ses adversaires des Balkans et reprendre l'initiative perdue par l'Italie en Méditerranée.

■ **L'année 1941.**

11 mars. La loi prêt-bail est promulguée par les États-Unis, en vue d'aider les nations en guerre contre l'Allemagne.

La Wehrmacht occupe la Bulgarie (mars), s'empare de la Yougoslavie (6-18 avr.) et de la Grèce (mai).

8 juin-14 juill. Les Britanniques conquièrent la Syrie et le Liban contre les troupes fidèles à Pétain.

22 juin. Les Allemands lancent une offensive contre l'U. R. S. S. sur un front de près de 4 500 km.

La Wehrmacht arrive à 100 km de Moscou (17 nov.), mais la bataille pour la capitale se solde par un échec et, à la fin de 1941, pour la première fois depuis le début de la guerre, un front se consolide devant les armées du IIIᵉ Reich.

7 déc. L'attaque japonaise sur Pearl Harbor provoque l'entrée en guerre des États-Unis, puis de la Chine, contre l'Allemagne, l'Italie et le Japon.

■ **L'année 1942.** Dans le Pacifique, les Japonais s'emparent de plusieurs bases alliées.

Mai-juin. Les Américains arrêtent l'expansion japonaise en direction de l'Australie dans la bataille aéronavale de la mer de Corail, puis triomphent à Midway (3-5 juin). À partir d'août, ils contre-attaquent avec succès à Guadalcanal.

Sur le front russe, les Allemands poursuivent leur offensive en Crimée, sur le Don et dans le Caucase (mai-juill.), mais restent bloqués devant Stalingrad (sept.).

Cependant, en attendant l'ouverture d'un second front dans l'Atlantique, où les Britanniques et les Américains doivent faire face à une puissante offensive des sous-marins allemands (6,5 millions de tonnes de navires alliés coulés), les Britanniques poursuivent leurs opérations en Afrique.

23 oct.-4 nov. Les Britanniques contre-attaquent Rommel et son Afrikakorps en Libye. Ils triomphent à El-Alamein (23 oct.).

8 nov. Les Alliés débarquent au Maroc et en Algérie.

Les armées de l'Axe se replient en Tunisie, tandis que l'armée française d'Afrique se range aux côtés des Alliés.

11 nov. Les Allemands envahissent la « zone libre » du sud de la France.

■ **L'année 1943.** La décision de faire capituler sans condition les puissances de l'Axe est prise par les Alliés à Casablanca (janv.). L'aviation anglo-américaine entame la destruction systématique du potentiel industriel allemand. Sur le front russe, les Soviétiques reprennent l'initiative.

2 févr. Les Allemands capitulent à Stalingrad.

Cette victoire permet aux Soviétiques de passer à l'offensive et de repousser les Allemands au-delà du Dniepr (févr.-nov.).

Mai. En France, le Conseil national de la Résistance est créé.

3 juin. À Alger, de Gaulle instaure le Comité français de libération nationale.

En Afrique, les Britanniques prennent Tripoli (23 janv.) et rejoignent les Franco-Américains en Tunisie (avr.).

7 mai. Tunis est libérée. La Wehrmacht est chassée d'Afrique.

En Italie, les Alliés débarquent en Sicile (10 juill.), puis en Calabre (3 sept.).

Sept. L'Italie capitule. La Wehrmacht se replie sur une ligne fortifiée couvrant Rome.

En Extrême-Orient, les Alliés créent un front en Birmanie pour soutenir les Chinois et lancent une contre-offensive dans le Pacifique (juin-déc.).

■ **L'année 1944.**

4 juin. Après la longue bataille de Cassino (janv.-mai), Rome est libérée.

En France, la Résistance multiplie ses actions : parallèlement, les Allemands accentuent leur répression (batailles des Glières et du Vercors).

6 juin. Les Alliés débarquent en Normandie.

15 août. Ils débarquent en Provence.

25 août. Paris est libéré.

Déc. Les Alliés atteignent la frontière allemande de Belgique et des Pays-Bas.

Sur le front oriental, l'Armée rouge, après avoir dégagé Leningrad (janv.), met hors de combat les alliés de l'Allemagne. L'U. R. S. S. signe des armistices avec la Bulgarie (le 11), la Roumanie (le 12) et la Finlande (le 19). L'Armée rouge pénètre en Yougoslavie, libérée par les partisans de Tito (oct.), tandis que les Britanniques débarquent en Grèce (oct.-déc.).

En Extrême-Orient, les Américains livrent aux Japonais, dans le Pacifique, les batailles de Nouvelle-Guinée (janv.-juill.), des îles Carolines, Mariannes, Philippines (mai-déc.). Les Britanniques lancent une offensive en Birmanie (sept.-déc.).

■ **L'année 1945.** Elle est marquée par l'effondrement de l'Allemagne et du Japon.

16 déc. 1944-16 janv. 1945. Une contre-offensive allemande dans les Ardennes menace le front allié, puis échoue.

11 févr. À la conférence de Yalta, Staline, Roosevelt et Churchill se réunissent en vue de régler les problèmes posés en Europe par la prochaine défaite de l'Allemagne.

En mars, les Alliés franchissent le Rhin : l'invasion de l'Allemagne commence.

25 avr. Les troupes soviétiques et américaines font leur jonction sur l'Elbe à Torgau.

2 mai. Les Soviétiques prennent Berlin, où Hitler s'est suicidé (30 avr.).

7 et 8 mai. La Wehrmacht capitule à Reims et à Berlin.

17 juill.-2 août. La conférence de Potsdam réunit Staline, Truman et Churchill. Elle définit les principes politiques et économiques concernant le contrôle de l'Allemagne après sa capitulation.

En Extrême-Orient, les Américains achèvent la conquête des Philippines (janv.-mai) et portent la guerre dans l'île d'Okinawa (avr.-juin).

9 mars. Mainmise japonaise sur l'Indochine française.

3 mai. Les Britanniques occupent Rangoon, en Birmanie.

Mai-juill. Les Australiens débarquent à Bornéo.

8 août. L'U.R.S.S. déclare la guerre au Japon.

6 et 9 août. Les bombardements atomiques d'Hiroshima et de Nagasaki par les États-Unis entraînent la capitulation immédiate du Japon.

2 sept. Signature officielle de l'acte de reddition du Japon.

La Seconde Guerre mondiale a provoqué la mort de 40 à 52 millions de personnes, dont les victimes du génocide nazi Environ 7 millions de personnes sont mortes en déportation.

■ **Les traités de paix.** À la fin de la guerre, aucun traité n'a réglé le sort de l'Allemagne, qui demeure régie par les décisions prises à la conférence de Potsdam.

Traités de Paris [10 févr. 1947]. Signés par les puissances victorieuses et les anciens alliés de l'Axe, (Italie, Roumanie, Hongrie, Bulgarie, Finlande), ils comportent notamment des garanties pour la répression des crimes de guerre.

Traité de San Francisco [8 sept. 1951], traité conclu entre les États occidentaux et le Japon, que l'U. R. S. S. refuse de signer.

Guesclin (*Bertrand* du), connétable de France (La Motte-Broons, près de Dinan, v. 1320 - Châteauneuf-de-Randon 1380). Après s'être illustré en Bretagne au cours d'une guerre dynastique, il passe au service du roi de France Charles V. Il bat à Cocherel (Normandie) [1364] les troupes de Charles II le Mauvais mais est fait prisonnier à la bataille d'Auray. Charles V paie sa rançon et le charge de débarrasser le pays des Grandes Compagnies (soldats mercenaires) ; du Guesclin les conduit en Espagne, où il assure l'accession au trône de Castille d'Henri de Trastamare (1369). À son retour, nommé connétable (1370), il mène une guerre de harcèlement contre les Anglais, auxquels il reprend une grande partie des territoires conquis au début de la guerre de Cent Ans.

Guesde *(Jules Basile, dit Jules),* homme politique français (Paris 1845 - Saint-Mandé 1922). Il introduisit les thèses marxistes au sein du mouvement ouvrier français et fit accepter (1879) la création d'un parti ouvrier. Hostile, à l'inverse de Jaurès et de Millerand, à la collaboration avec les partis bourgeois, il fit triompher ses idées au congrès d'Amsterdam (1904) mais accepta, en 1914, d'être ministre d'État.

Guevara *(Ernesto, dit Che),* homme politique cubain, d'origine argentine (Rosario 1928 - région de Valle Grande, Bolivie, 1967). Médecin, acteur de la révolution cubaine aux côtés de Fidel Castro (1956-1959), il s'éloigna du régime, le jugeant trop proche du modèle soviétique. S'appliquant à définir une stratégie de la lutte anti-impérialiste, il chercha à développer des foyers révolutionnaires en Amérique latine. Il organisa et dirigea la guérilla bolivienne (1966-67). Il fut tué en Bolivie.

Guèvremont *(Germaine),* femme de lettres canadienne d'expression française (Saint-Jérôme 1893 - Montréal 1968). Son œuvre renouvela le roman rural *(le Survenant,* 1945).

Guggenheim *(musée Solomon R.),* musée de New York, dans un édifice hélicoïdal de F. L. Wright (1943-1959), agrandi en 1992. Il est consacré à l'art du xxᵉ siècle, depuis Cézanne, le cubisme et Kandinsky.

Gui ou **Guido d'Arezzo,** théoricien de la musique italien (Arezzo v. 990 - apr. 1033). Considéré comme le fondateur du système actuel de notation musicale, il a donné leur nom aux notes de la gamme.

Gui de Dampierre (1225 - Pontoise 1305), comte de Flandre (1278-1305). Vassal de Philippe le Bel, il se révolta en 1297. Mal soutenu par l'Angleterre, il se constitua prisonnier en 1300 et passa le reste de ses jours en captivité.

Gui de Lusignan (Lusignan v. 1129 - Nicosie 1194), roi de Jérusalem (1186-1192), seigneur de Chypre (1192-1194). Il fut vaincu par Saladin en 1187 puis dépouillé du royaume de Jérusalem par Conrad Iᵉʳ de Montferrat (1192).

Guibert *(François Apollini, comte de),* général et écrivain militaire français (Romans 1744 - Paris 1790). Son *Essai général de tactique* de 1773 pose en principe la nécessité d'une armée de citoyens-soldats animés par l'esprit patriotique et préconise une guerre de mouvement manœuvrant des unités nombreuses bien articulées en ordre mixte sur de très larges fronts, dont les colonnes d'assaut percent les fronts adverses. Mais, en 1779, la *Défense du système de la guerre moderne* revient à des conceptions traditionnelles (recourant à des troupes professionnelles). Son œuvre eut une influence sur la pensée militaire de Napoléon Iᵉʳ.

Guichardin *(François), en ital.* Francesco Guicciardini, historien italien (Florence 1483 - Arcetri 1540). Il servit les papes Léon X et Clément VI et les Médicis. Il écrivit une *Histoire de l'Italie* (1537-1540) de 1492 à la mort de Clément VII (1534), remarquable par l'étude logique des événements et des interactions des divers phénomènes caractérisant l'époque.

Guide (le) → Reni (Guido).

Guignol, principal personnage français de marionnettes, créé à la fin du xviiiᵉ siècle par Laurent Mourguet (1769-1844). D'origine lyonnaise, Guignol et son ami Gnafron symbolisent l'esprit populaire frondeur, en lutte contre les agents de l'autorité.

Guilin, v. de Chine dans le N.-E. du Guangxi ; 250 000 hab. — Très beau paysage de collines bordant la rivière Li ; reliefs rupestres, de l'époque Tang pour les plus anciens.

Guillaumat *(Louis),* général français (Bourgneuf, Charente-Maritime, 1863 - Nantes 1940). Il se distingua à la tête de la IIᵉ armée à Verdun (1916) et commanda les troupes alliées d'Orient (1917-18) puis les forces d'occupation en Allemagne (1924-1930).

Guillaume II de Villehardouin → Villehardouin.

ALLEMAGNE

Guillaume Iᵉʳ (Berlin 1797 - *id.* 1888), roi de Prusse (1861-1888), empereur allemand (1871-1888). Fils de Frédéric-Guillaume III, il gouverne comme régent à la place de son frère Frédéric-Guillaume IV, atteint de maladie mentale (1858), puis lui succède (1861). Ne pouvant obtenir les crédits militaires pour la réforme de Moltke, il appelle Bismarck à la présidence du Conseil (1862). Celui-ci détient dès lors le pouvoir réel. À l'issue de la guerre franco-allemande (1870-71), Guillaume est proclamé empereur allemand au château de Versailles, le 18 janvier 1871.

Guillaume II (château de Potsdam 1859 - Doorn, Pays-Bas, 1941), roi de Prusse et empereur d'Allemagne (1888-1918). Petit-fils du précédent et fils de Frédéric III (1831-1888) qui ne régna que quelques mois (1888), il se débarrasse de Bismarck dès 1890 et conduit lui-même les affaires, en s'appuyant sur le camp conservateur. Il lance à partir de 1898 un programme de construction navale afin de rivaliser avec la Grande-Bretagne. Il tente contre la France une politique d'intimidation (Tanger, 1905 ; Agadir, 1911) et développe l'influence allemande dans l'Empire ottoman. Après la conclusion de la Triple-Entente (1907), il renforce ses liens avec l'Autriche et se lance en août 1914 dans la Première Guerre mondiale. Il abdique après la proclamation de la république (1918) et s'exile.

ANGLETERRE ET GRANDE-BRETAGNE

Guillaume Ier le Conquérant ou le Bâtard (Falaise ? v. 1028 - Rouen 1087), duc de Normandie et roid'Angleterre (1066-1087). Fils illégitime du duc Robert le Diable, il lui succède en 1035. Aidé de son suzerain, le roi de France Henri Ier, Guillaume écrase la révolte des barons de basse Normandie au Val-ès-Dunes (1047). Il affirme sa position en épousant Mathilde, fille du comte de Flandre Baudouin V (v. 1053). À la mort de son cousin Édouard le Confesseur, roi d'Angleterre (1066), qui lui a promis sa succession, il s'oppose au comte Harold, qui s'est emparé de la Couronne. Il débarque en Angleterre et remporte la bataille de Hastings (14 oct. 1066), où Harold est tué. Le jour de Noël, il est couronné à Westminster selon les règles traditionnelles de la monarchie anglo-saxonne. La conquête achevée en 1070, il reçoit l'hommage du roi d'Écosse (1072). Dans les années qui suivent, il introduit en Angleterre un régime féodal rigoureusement organisé et fait rédiger, en 1085, le *Domesday Book*. En Normandie, il doit faire face à la révolte de son fils, le futur Robert II Courteheuse. Ne tolérant en fait d'autre autorité que la sienne en Angleterre comme en Normandie, Guillaume jeta les bases d'une puissante monarchie mi-continentale, mi-insulaire. Son fils et successeur **Guillaume II le Roux** (v. 1056 - près de Lyndhurst 1100), roi d'Angleterre (1087-1100), lutta avec succès contre les Gallois et les Écossais (1093).

Guillaume III (La Haye 1650 - Kensington 1702), stathouder des Provinces-Unies (1672-1702), roi d'Angleterre, d'Écosse et d'Irlande (1689-1702). Fils de Guillaume II de Nassau et de Marie, fille de Charles Ier Stuart, il devient stathouder des Provinces-Unies en 1672. Il sauve sa patrie de l'invasion française en ouvrant les écluses afin d'inonder le pays, préserve l'intégrité du territoire néerlandais autraité de Nimègue (1678) et est l'artisan de la coalition européenne dressée contre les armées de Louis XIV. Défenseur du protestantisme, il renverse du trône d'Angleterre son beau-père, Jacques II, converti au catholicisme (1689) et est proclamé roi conjointement à son épouse, Marie II Stuart, après s'être engagé à respecter les droits du Parlement. Reconnu roi d'Angleterre par Louis XIV au traité de Ryswick (1697), il meurt au début de la guerre de la Succession d'Espagne.

HOLLANDE ET PAYS-BAS

Guillaume Ier (La Haye 1772 - Berlin 1843), roi des Pays-Bas et grand-duc de Luxembourg (1815-1840). Désigné comme roi par le congrès de Vienne, il perdit la Belgique en 1830 ; il dut accepter la mise en place d'un régime parlementaire et abdiqua en 1840. **Guillaume II** (La Haye 1792 - Tilburg 1849), roi des Pays-Bas et grand-duc de Luxembourg (1840-1849). Fils du précédent, il fut contraint d'accorder une Constitution parlementaire (1848). **Guillaume III** (Bruxelles 1817 - château de Loo 1890), roi des Pays-Bas et grand-duc de Luxembourg (1849-1890), fils du précédent.

Guillaume Ier de Nassau, dit le Taciturne (château de Dillenburg 1533 - Delft 1584), stathouder de Hollande (1559-1567, 1572-1584). Opposé à la politique absolutiste de Philippe II, il organisa le soulèvement des Provinces-Unies contre l'Espagne (1572), ce qui lui valut d'être reconnu stathouder des 17 Provinces-Unies (1576), mais il ne put empêcher les provinces méridionales, catholiques, de se replacer sous l'autorité des Espagnols (1579), qui le firent assassiner. **Guillaume II de Nassau** (La Haye 1626 - *id.* 1650), stathouder de Hollande (1647-1650). Il fit reconnaître l'indépendance des Provinces-Unies aux traités de Westphalie (1648). Sa mort prématurée permit au parti républicain de reprendre le pouvoir. **Guillaume III de Nassau** → **Guillaume III**, roi d'Angleterre.

Guillaume de Champeaux, philosophe et théologien français (Champeaux, près de Melun, milieu du XIe s. - v. 1121). Élève de Roscelin à Compiègne, il fit de Saint-Victor de Paris un monastère de chanoines réguliers et devint évêque de Châlons (Champagne) (1113-1121). Dans la querelle des universaux, il s'opposa, au nom du réalisme, à Abélard, qui avait été son disciple à Saint-Victor.

Guillaume de Conches, philosophe et théologien français (Conches fin du XIe s. - v. 1154). Rattaché à l'école de Chartres, il réunit l'influence de la médecine arabe, la psychologie de Boèce et l'atomisme de Démocrite.

Guillaume de Lorris, poète français (Lorris-en-Gâtinais v. 1200/1210 - apr. 1240), auteur de la première partie du *Roman de la Rose* (1235) [→ Roman].

Guillaume de Machaut ou **de Machault,** poète et musicien français (Machault, près de Reims, v. 1300 - Reims 1377). Chanoine de Reims, il fut l'un des créateurs de l'école polyphonique française par ses motets, ses ballades et sa *Messe Notre-Dame.* Il a fixé les règles musicales et littéraires pour le lai, le virelai, la ballade, le rondeau.

Guillaume d'Occam ou **d'Ockham,** philosophe et théologien anglais (Ockham, Surrey, v. 1258 - Munich v. 1349). Franciscain, il émit des thèses qui entraînèrent son excommunication par le pape Jean XXII à Avignon et dut s'enfuir en Bavière. Son œuvre est considérable. Dans la querelle des universaux, il s'est montré partisan du nominalisme. Son grand mérite est d'avoir jeté les bases d'une logique qui distingue les objets de pensée des catégories de la connaissance *(Summa totius logicae).* Sa pensée a influencé la logique médiévale et préparé la doctrine de Lutheren ébranlant les bases de la théologie médiévale.

Guillaume de Tyr, historien des croisades (Syriev. 1150 - Rome 1185), archevêque de Tyr. Il a laissé une chronique de l'Orient latin au XIIᵉ siècle.

Guillaume *(Charles Édouard),* physicien suisse (Fleurier 1861 - Sèvres 1938). Il a étudié les aciers au nickel, découvrant notamment les alliages Invar (fer à 36 % de Ni) et Élinvar (aciers à 40-42 % de Ni). [Prix Nobel 1920.]

Guillaume *(Gustave),* linguiste français (Paris 1883 - id. 1960). Il a fondé une linguistique originale, qu'il a appelée « psycho-systématique ». L'objectif principal de cette nouvelle conception est d'établir des rapports entre la structure de la langue et la structure de la pensée, saisie notamment à travers la conception que le sujet parlant se fait du temps (*Temps et Verbe,* 1929). D'importants articles de Guillaume ont été réunis dans *Langage et Science du langage* (1964).

Guillaume Tell, héros légendaire helvétique (XIVᵉ s.). Guillaume Tellayant refusé de saluer le chapeau du bailli Gessler, représentant des Habsbourg, celui-ci le fit arrêter et, le sachant très habile arbalétrier, le condamna à traverser d'une flèche une pomme placée sur la tête

de son jeune fils, épreuve dont Guillaume Tell sortit victorieux. Il fut cependant emprisonné, s'échappa et tua Gessler.

Guillaumin *(Armand),* peintre français (Paris 1841 - id. 1927). Impressionniste au coloris intense, il a donné des paysages de la région parisienne, de l'Esterel, de la Creuse.

Guillem *(Sylvie),* danseuse française (Paris 1965). Formée à l'école de danse de l'Opéra de Paris, nommée étoile en 1984, elle quitte l'Opéra en 1989 pour effectuer une carrière internationale, privilégiant Londres, où elle est étoile invitée au Royal Ballet.

Guillemin *(Roger),* médecin américain d'origine française (Dijon 1924). Il contribua à isoler des d'hormones de l'hypothalamus et du pancréas et à en déterminer la structure. Il isola les endorphines, substances présentes dans le cerveau, qui joueraient notamment un rôle dans le contrôle de la douleur. (Prix Nobel 1977.)

Guillén *(Jorge),* poète espagnol (Valladolid 1893 - Málaga 1984). Il combine l'influence de Góngora avec l'intellectualisme moderne *(Cántico,* 1928).

Guillén *(Nicolás),* poète cubain (Camagüey 1902 - La Havane 1989), d'inspiration nationale et sociale (*Sóngoro Cosongo,* 1931 ; *le Grand Zoo,* 1967 ; *le Chant de Cuba,* 1974).

Guillevic *(Eugène),* poète français (Carnac 1907). Sa poésie, au style elliptique, a exprimé sa sensibilité immédiate aux objets et sa conscience aiguë des luttes sociales et politiques (*Terraqué,* 1942 ; *Carnac,* 1961 ; *Euclidiennes,* 1968 ; *Requis,* 1983).

Guillotin *(Joseph Ignace),* médecin français (Saintes 1738 - Paris 1814). Député, il fit adopter par l'Assemblée nationale (1789) l'instrument appelé, de son nom, « guillotine ».

Guilloux *(Louis),* écrivain français (Saint-Brieuc 1899 - id. 1980). Disciple de Vallès, il est l'auteur de nombreux romans d'inspiration populiste et sociale (*le Sang noir,* 1935 ; *le Jeu de patience,* 1949).

Guimarães Rosa *(João),* écrivain brésilien (Cordisburgo 1908 - Rio de Janeiro 1967). Il a célébré le Nordeste dans ses romans et ses nouvelles (*les Nuits du Sertão,* 1956).

Guimard *(Hector),* architecte et décorateur français (Lyon 1867 - New York 1942). Disciple de Viollet-le-Duc, admirateur de Horta, il est l'auteur des fameuses entrées de métro de Paris, aux inflexions végétales, ainsi que d'immeubles où il a utilisé le fer, le verre, la céramique (« castel Béranger », Paris, 1894-1898 ; maison Coilliot, Lille, 1898-1900). Jusqu'en 1914, il transforma les éléments architectoniques traditionnels et mania l'arabesque ornementale avec une énergie et une liberté étonnantes.

Guimet *(musée),* département des arts asiatiques des Musées nationaux, depuis 1945. Fondé à Lyon en 1879, par Émile Guimet (1836-1918), il a été transféré à Paris en 1885.

Guinée, nom donné autrefois à la partie de l'Afrique comprise entre le Sénégal et le Congo, bordée par le *golfe de Guinée,* ouvert sur l'Atlantique (entre le Liberia et le Gabon).

Guinée, État de l'Afrique occidentale ; 250 000 km² ; 7 500 000 hab. *(Guinéens).* CAP. *Conakry.* LANGUE : *français.* MONNAIE : franc guinéen.

GÉOGRAPHIE

Le massif du Fouta-Djalon sépare la plaine côtière, très humide, et la haute Guinée intérieure, juxtaposant région déprimée au N. (bassin de Siguiri) et moyennes montagnes au S.-E. (monts Nimba, Simandou). Le climat est chaud, mais parfois tempéré par l'altitude, et souvent avec une saison sèche marquée, expliquant la présence de la savane et l'extension de la forêt claire.

La population, formée d'ethnies variées, s'accroît à un rythme rapide (2,5 % par an), et est plus dense dans la moitié occidentale (Fouta-Djalon et, ponctuellement, sur le littoral). Malgré l'exode rural, elle est encore employée à près de 80 % dans l'agriculture ; les cultures vivrières (riz surtout) sont développées dans une perspective d'autosuffisance, tandis que les cultures de plantation (banane, café, ananas) fournissent quelques exportations. L'industrie, en dehors de l'agroalimentaire, se limite aux activités extractives (diamants, fer et surtout bauxite). Celle-ci, avec l'alumine, constitue l'essentiel des exportations, dirigées en majeure partie vers la C. E.

HISTOIRE

La haute Guinée, peuplée de Malinké, appartient en partie à l'empire du Mali (XIII⁰ s.). Après l'arrivée des Portugais (1461-62), la traite des Noirs s'y développe. Au XVI⁰ s., les Peuls, venus des régions périphériques, instituent dans le centre du pays (Fouta-Djalon) un État théocratique. Dans la seconde moitié du XIX⁰ s., les Français créent leurs premiers établissements commerciaux, dits des « Rivières du Sud ».

1889-1893. La Guinée devient une colonie française, englobée en 1895 dans l'Afrique-Occidentale française.

1958. La Guinée est le seul pays de l'Afrique francophone à opter pour l'indépendance immédiate, rompant tout lien avec la France. Le président Sékou Touré impose un régime autoritaire.

1984. À la mort de Sékou Touré, le colonel Lansana Conté prend le pouvoir.

1990. Une nouvelle Constitution introduit le bipartisme.

1993. Lansana Conté est confirmé à la tête de l'État en remportant la première élection présidentielle pluraliste.

Guinée *(bassin de),* bassin de l'Atlantique tropical, entre la côte africaine, les seuils de Sierra Leone et de Guinée et les zones de fracture prolongeant la dorsale atlantique.

Guinée *(golfe de),* grand rentrant décrit par la côte africaine à l'intérieur de la ligne cap des Palmes (Liberia) - cap Lopez (Gabon).

Guinée (Nouvelle-) → **Nouvelle-Guinée.**

Guinée-Bissau, anc. Guinée portugaise, État de l'Afrique occidentale, au sud du Sénégal ; 36 125 km² ; 1 million d'hab. CAP. *Bissau.* LANGUE : *portugais.* MONNAIE : *peso.*

GÉOGRAPHIE

Une plaine littorale très découpée, marécageuse (mangrove), précède des plateaux et des collines, plus secs, domaines de l'élevage. L'agriculture vivrière (riz, mil, maïs) est insuffisante. Le pays (qui exporte un peu d'arachides), très pauvre, est dépendant de l'aide internationale.

HISTOIRE

Abordée par les Portugais en 1446, devenue colonie portugaise en 1879, la Guinée-Bissau proclame son indépendance en 1973. Le régime, d'orientation marxiste-léniniste, instaure le multipartisme en 1991.

Guinée équatoriale, anc. Guinée espagnole, État du golfe de Guinée ; 28 100 km² ; 380 000 hab. CAP. *Malabo.* LANGUE : *espagnol.* MONNAIE : *franc C. F. A.*

GÉOGRAPHIE

Composée d'une partie continentale, le Mbini, forestier, et de plusieurs îles (Bioko, Annobón), la Guinée équatoriale a vu ses ressources commerciales traditionnelles (café, cacao, bois) s'effondrer sous le régime de Macías Nguema. Le redressement économique dépend de l'aide extérieure.

HISTOIRE

Noyau de la Guinée équatoriale, les îles sont cédées au XVIII⁰ s. à l'Espagne par le Portugal, qui les occupe depuis le XV⁰ s. L'Espagne fixe avec la France les frontières du pays en 1900. Devenu indépendant en 1968, il est soumis à un régime autoritaire. Le multipartisme est introduit en 1992.

Guinegatte *(bataille de),* bataille indécise qui opposa le 7 août 1479, à Guinegatte (auj. Enguinegatte, dans le Pas-de-Calais), les troupes de Louis XI et celles de Maximilien d'Autriche. Le 16 août 1513, les troupes de Louis XII y furent vaincues par les armées d'Henri VIII d'Angleterre et de Maximilien d'Autriche (journée des Éperons).

Guingamp, ch.-l. d'arr. des Côtes-d'Armor ; 8 774 hab. *(Guingampais).* Agroalimentaire. — Basilique des xive-xvie siècles.

Guinizelli *(Guido),* poète italien (Bologne v. 1235 - Monselice 1276). Sa poésie ouvre la voie au « dolce stil nuovo », qu'illustrera Dante.

Guinness *(sir Alec),* acteur britannique (Londres 1914). Remarquable acteur de composition, plein d'humour, il a joué le répertoire shakespearien à l'Old Vic Theatre et interprété de nombreux rôles au cinéma *(Noblesse oblige,* R. Hamer, 1949).

Guipúzcoa, une des trois prov. basques d'Espagne ; 671 743 hab. Ch.-l. *Saint-Sébastien.*

Guisan *(Henri),* général suisse (Mézières, canton de Vaud, 1874 - Pully 1960). Il commanda l'armée suisse de 1939 à 1945.

Guiscard → Robert Guiscard.

Guise *(maison de),* branche cadette des ducs de Lorraine, qui acquit en 1504 le comté de Guise, en Thiérache, érigé en duché en 1528. Les membres les plus importants de la première maison sont : **François Ier** (Bar 1519 - Saint-Mesmin 1563). Il défendit Metz contre Charles Quint et reprit Calais aux Anglais (1558). Chargé de gouverner le royaume au nom de François II (1559-60), il poursuivit une politique de persécution du protestantisme. Chef des troupes catholiques au début des guerres de Religion, il fut assassiné par un protestant. **Charles de Guise** ou **de Lorraine** (Joinville 1524 - Avignon 1574), frère du précédent, fut archevêque de Reims (1538) et cardinal (1547). **Henri Ier,** dit le Balafré (1549 - Blois 1588), fils aîné de François. Il fut un des instigateurs de la Saint-Barthélemy (1572) et devint le chef de la Ligue, mouvement politique catholique (1576). Très populaire, maître de Paris après la journée des Barricades (12 mai 1588), il fut assassiné, sur l'ordre d'Henri III, aux états généraux de Blois. **Louis II,** cardinal de Lorraine (Dampierre 1555 - Blois 1588), frère d'Henri Ier, fut assassiné en même temps.

Guitry *(Sacha),* acteur, auteur dramatique et cinéaste français (Saint-Pétersbourg 1885 - Paris 1957), fils du comédien **Lucien Guitry** (Paris 1860 - *id.* 1925). Auteur de comédies *(Mon père avait raison,* 1919 ; *Désiré,* 1927) et de films *(le Roman d'un tricheur,* 1936 ; *Don-*

ne-moi tes yeux, 1943 ; *Si Versailles m'était conté,* 1954), se mettant sans cesse en scène, il a incarné un certain esprit parisien, brillant et caustique.

Guittone d'Arezzo, poète italien (Arezzo v. 1235 - Florence 1294), auteur de poésies morales et religieuses.

Guiyang, v. de Chine, cap. du Guizhou ; 1 400 000 hab.

Guizèh → Gizeh.

Guizhou, prov. de la Chine du Sud ; 170 000 km² ; 29 020 000 hab. ; Cap. *Guiyang.*

Guizot *(François),* homme politique et historien français (Nîmes 1787 - Val-Richer, Calvados, 1874). Protestant, professeur d'histoire moderne à la Sorbonne (1812), il s'oppose à la politique réactionnaire de Charles X et contribue à l'établissement de la monarchie de Juillet (1830). Ministre de l'Instruction publique (1832-1837), il fait voter en 1833 une loi organisant l'enseignement primaire (loi Guizot). Ministre des Affaires étrangères (1840-1847), puis président du Conseil (1847-48), il gouverne le pays de 1840 à 1848 en pratiquant une politique favorable à la bourgeoisie. Sa chute, le 23 février 1848, provoquée par son refus de toute réforme électorale et son conservatisme social, entraîne celle du régime et l'avènement de la IIe République. Il a laissé de nombreux ouvrages d'histoire, parmi lesquels l'*Histoire de la révolution d'Angleterre* (1826-27).

Gujerat, État du nord-ouest de l'Inde ; 196 000 km² ; 41 174 060 hab. Cap *Gandhinagar.*

Gujranwala, v. du Pakistan ; 659 000 hab.

Gu Kaizhi ou **Kou K'ai-tche,** peintre chinois (Wuxi v. 345 - v. 406), le premier dont l'œuvre nous soit parvenue par une copie fidèle et très ancienne d'époque Tang : le rouleau *Conseils de la monitrice aux dames de la cour* (British Museum).

Gulbarga, v. de l'Inde (Karnataka) ; 309 962 hab. — Mosquée (xive s.).

Gulbenkian *(Calouste Sarkis),* homme d'affaires britannique d'origine arménienne (Istanbul 1869 - Lisbonne 1955). Il contribua à l'exploitation du pétrole du nord de l'Iraq et constitua une importante collection de tableaux et d'objets d'art, transférée à Lisbonne en 1960.

Gulf Stream, principal système de courants de l'Atlantique occidental et le deuxième de l'océan mondial au point de vue du débit, estimé à 85 millions de m³/s devant la baie de

Chesapeake. Formé, en fait, à l'E. de la Floride, par la réunion de plusieurs masses d'eau (issues du golfe du Mexique [d'où son nom], de la mer des Sargasses, etc.), il se divise rapidement en plusieurs segments, aux tracés sinueux, variant en latitude et dirigés vers l'E. et le N.-E. Courant chaud (températures supérieures à 25 °C à sa naissance, liées à son origine tropicale et subtropicale), il joue un rôle climatique essentiel, compensant partiellement le déséquilibre thermodynamique entre les zones tropicale et polaire, réchauffant notamment la façade nord-ouest de l'Europe par le biais de son prolongement oriental, la dérive nord-atlantique.

Gulistan → **Golestan.**

Gulliver, héros du roman satirique et fantastique de Swift, *Voyages à travers plusieurs pays lointains des quatre parties du monde par Lemuel Gulliver* (1726). Gulliver visite des contrées imaginaires : Lilliput, où les habitants ne dépassent pas six pouces ; Brobdingnag, peuplé de géants ; Laputa, île volante habitée par des savants ; le pays des Houyhnhnms, chevaux qui dominent les Yahoos, anthropoïdes dégradés. Ces fictions veulent prouver que la nature humaine est infirme et que les institutions n'ont pas de valeur absolue.

Gumri, de 1837 à 1924 **Aleksandropol** et de 1924 à 1991 **Leninakan,** v. d'Arménie ; 120 000 hab.

Gundulić (Ivan), en ital. Gondola, poète ragusain (Raguse v. 1589 - *id.* 1638). Son œuvre marque l'apogée de la littérature dalmate (*Osman,* écrit en 1621-22 ; *Dubravka,* 1628).

Güney (Yilmaz), cinéaste, scénariste et acteur turc (Adana 1937 - Paris 1984). Acteur populaire célèbre, il débute en 1966 dans la mise en scène et dénonce les inégalités et les injustices sociales. Emprisonné, il s'enfuit en 1981, puis est déchu de sa citoyenneté turque en 1983. Parmi ses nombreux films : *l'Espoir* (1970), *l'Élégie* (1971), *l'Ami* (1974), *le Mur* (1983). Il fut scénariste de *l'Inquiétude* (1975), du *Troupeau* (1978), de *l'Ennemi* (1979) et de *Yol* (1982) dont il guida la réalisation depuis sa prison et son exil.

Günther (Ignaz), sculpteur allemand (Altmannstein, Haut-Palatinat, 1725 - Munich 1775), un grands maîtres de la plastique rococo dans les églises d'Allemagne du Sud.

Guntur, v. de l'Inde (Andhra Pradesh) ; 471 020 hab.

Guomindang ou **Kouo-min-tang** (« Parti nationaliste »), parti politique chinois fondé en 1912 par Sun Yat-sen, au lendemain de la proclamation de la république et dirigé par Jiang Jieshi (Tchang Kaï-chek) à partir de 1925. Il eut des relations fluctuantes avec le Parti communiste chinois, qui l'évinça en 1949, réduisant son influence à la seule île de Taïwan.

Guo Moruo, écrivain et homme politique chinois (au Sichuan 1892 - Pékin 1978). Auteur de poèmes, de récits autobiographiques, de travaux historiques, il fut le chef de file culturel de la Chine nouvelle de 1949 à 1966.

Guo Xi ou **Kouo Hi,** peintre chinois (Wenxian, Henan, v. 1020 - 1090 ou 1100). L'un des grands paysagistes de la dynastie des Song du Nord, il est à l'origine d'une conception dynamique de la composition et de la technique de perspective atmosphérique par le lavis (*Printemps précoce,* 1072, musée de Taipei).

Gupta, dynastie indienne (v. 270 ? - 550) qui affermit son pouvoir sur l'Inde du Nord sous Candragupta Ier (v. 320-v. 330) et atteignit son apogée sous Candragupta II (v. 375-414).

Gurdjieff (Georges Ivanovitch), philosophe et écrivain d'origine caucasienne (Aleksandropol, auj. Gümrü, prov. de Kars, 1887 ? - Paris 1949). Il a professé une philosophie ésotérique de l'approfondissement de soi (*Rencontres avec des hommes remarquables,* publié en France en 1960).

Gurkha, caste militaire du Népal, qui fournit des soldats à l'armée britannique.

Gurvitch (Georges), sociologue français (Novorossisk, Russie, 1894 - Paris 1965). Il est le promoteur d'une sociologie « différentielle » : la réalité sociale s'appréhende comme un tout, mais en tenant compte de différents niveaux d'analyse et de la diversité des cadres sociaux. Il a écrit notamment : *Morale théorique et Science des mœurs* (1937).

Gustave Ier Vasa (Lindholm 1496 - Stockholm 1560), roi de Suède (1523-1560), fondateur de la dynastie des Vasa. Il dirigea l'insurrection qui mit fin à la domination danoise en Suède (1521-1523). Proclamé roi, il favorisa le luthéranisme et mit la main sur les domaines du clergé. Pratiquant une politique centralisatrice, il encouragea le développement économique du pays, qu'il transforma en une puissance de premier plan.

Gustave II Adolphe (Stockholm 1594 - Lützen 1632), roi de Suède (1611-1632). Petit-fils de Gustave Ier Vasa, prince intelligent et ambitieux, il réforme l'État de Suède avec l'aide du chancelier Oxenstierna et de la noblesse, dont il garantit les privilèges. Il rénove les structures économiques du pays et développe l'enseignement par la création d'écoles gratuites et d'universités.

■ **La nouvelle armée suédoise.** Il réorganise aussi l'armée, où règne une stricte discipline religieuse et dont le recrutement est exclusivement national, contrairement à celles des princes allemands, composées de mercenaires ; il la dote d'un matériel supérieur, donnant la priorité aux armes à feu (mousquets, artillerie mobile) et développe une tactique (petites formations, mobilité des troupes) qui fera école.

■ **Les campagnes de Gustave II Adolphe.** Luthérien convaincu, il se veut le défenseur de la foi protestante contre un catholicisme conquérant. Après avoir achevé la guerre contre le Danemark (1613), il enlève l'Estonie, l'Ingrie et la Carélie orientale à la Russie (1617) avant de se tourner contre la Pologne (1621). Il s'empare de Riga, de Dorpat et des ports de la Prusse-Occidentale (1625). Devenu maître de la Baltique, allié à la France qui lui assure pendant cinq ans des subsides pour l'entretien de ses troupes contre les Habsbourg, il prend part à la guerre de Trente Ans contre les Impériaux, occupe le Brandebourg et remporte les batailles de Breitenfeld (1631) et du Lech (1632). Il s'empare du Palatinat, occupe la Bavière, mais trouve la mort au cours de la bataille de Lützen (16 nov. 1632), qui voit la victoire des Suédois sur les Impériaux de Wallenstein.

Grâce aux victoires des généraux de Gustave II Adolphe, la paix de Westphalie, signée en 1648, consacre la toute-puissance de la Suède sur la Baltique et la désigne comme la protectrice des protestants d'Allemagne.

Gustave III (Stockholm 1746 - *id.* 1792), roi de Suède (1771-1792). Despote éclairé, il fit la guerre à la Russie et prit d'abord l'initiative de mesures libérales ; mais de graves troubles agraires consécutifs à la guerre menée contre les Danois et les Russes l'incitèrent à revenir, à partir de 1788, à l'autoritarisme. Il fut assassiné par un fanatique.

Gustave IV Adolphe (Stockholm 1778 - Saint-Gall, Suisse, 1837), roi de Suède (1792-1809). Il lutta contre la France et dut abandonner la Finlande aux Russes (1808) ; les États prononcèrent alors sa déchéance au profit de Charles XIII.

Gustave V (château de Drottningholm 1858 - *id.* 1950), roi de Suède (1907-1950), fils d'Oscar II. Il observa une stricte neutralité durant les deux guerres mondiales. **Gustave VI Adolphe** (Stockholm 1882 - Hälsingborg 1973), roi de Suède (1950-1973), fils de Gustave V.

Gutenberg (*Johannes* Gensfleisch, dit*),* imprimeur allemand (Mayence entre 1397 et 1400 - *id.* 1468). Établi à Strasbourg en 1434, il s'intéresse à la taille des pierres précieuses, puis, vers 1437, à la fabrication des miroirs et, à partir de 1438, au procédé de composition en caractères mobiles fondus en alliage d'imprimerie, dont on lui attribue la mise au point en Europe vers 1440. Revenu à Mayence en 1448, il perfectionne sa technique et, en 1450, s'associe avec l'imprimeur Johann Fust. En 1455, celui-ci lui intente un procès pour non-paiement des intérêts convenus. La perte de ce procès prive Gutenberg de son matériel et aussi, très vraisemblablement, de sa première œuvre, terminée cette année-là : la Bible latine en deux colonnes, dite « à quarante-deux lignes ». En 1465, l'archevêque de Mayence, Adolphe II de Nassau, anoblit Gutenberg et l'accueille à Eltwill, pour lui permettre de reprendre ses activités d'imprimeur.

Gütersloh, v. d'Allemagne, dans le Land de Rhénanie-du-Nord-Westphalie, près de Bielefeld ; 85 178 hab. Édition.

Gutland, partie méridionale du Luxembourg.

Gutzkow (*Karl*), écrivain allemand (Berlin 1811 - Sachsenhausen 1878). Animateur du mouvement de la Jeune-Allemagne, il est l'auteur de romans et de pièces de théâtre (*Uriel Acosta*, 1847).

Guyana, *anc.* Guyane britannique, État de l'Amérique du Sud ; 215 000 km² ; 920 000 hab. CAP. *Georgetown.* LANGUE : *anglais.* MONNAIE : *dollar de Guyana.*
GÉOGRAPHIE
Sous un climat équatorial, chaud et humide, le pays est aux trois quarts couvert de forêts, coupées de fleuves puissants, qui servent de voies de communication. L'altitude s'élève vers le S. (plus sec) et surtout dans l'Ouest (Roraima). La population, composée pour moitié d'Indiens et de près d'un tiers de Noirs (minorités de métis, d'Amérindiens et de Blancs), est concentrée pour le quart à Georgetown (pour plus de 75 % sur le littoral). En dehors de l'extraction de la bauxite, l'économie est presque exclusivement rurale : cultures céréalières (riz) et industrielles (canne à sucre), élevage bovin (dans le Sud). Le commerce extérieur (exportations de bauxite et d'alumine, de sucre) est déficitaire et le pays est lourdement endetté.
HISTOIRE
Explorée par les Anglais au XVIe s., la région est exploitée par les Hollandais aux XVIIe et XVIIIe s.

1814. La Grande-Bretagne reçoit la partie occidentale de la Guyane, bientôt baptisée British Guiana.
Le territoire se peuple de Noirs, d'Hindous et de Blancs.
1966. Le pays obtient son indépendance. Forbes Burnham domine jusqu'à sa mort (1985) la vie politique du nouvel État, devenu une république en 1970.

Guyane *(la)* ou **Guyanes** *(les)*, région de l'Amérique du Sud, en bordure de l'Atlantique, entre l'Orénoque et l'Amazone. Elle est partagée entre le Venezuela, la Guyana, le Suriname, la France et le Brésil.

Guyane française [973], dép. français d'outre-mer, entre le Suriname et le Brésil ; 91 000 km² ; 114 678 hab. *(Guyanais).* Ch.-l. *Cayenne.* 2 arr. *(Cayenne* et *Saint-Laurent-du-Maroni)* et 20 communes.

GÉOGRAPHIE
Presque sous l'équateur, le territoire a un climat constamment chaud et humide qui explique l'extension de la forêt dense. Malgré un notable accroissement récent, lié partiellement à l'immigration de réfugiés indochinois et surtout haïtiens, la population reste peu dense. En fait, celle-ci se concentre ponctuellement sur le littoral, vers Cayenne et le centre spatial de Kourou ; l'intérieur est presque vide. La pêche (crevettes), l'exploitation de la forêt, le tourisme assurent quelques exportations ou rentrées de devises. Ces dernières ne compensent pas l'énorme déficit commercial, comblé par une aide massive de la métropole, qui a aussi réalisé d'importants travaux d'équipement, notamment routiers et portuaires.

HISTOIRE
La fondation de Cayenne remonte à 1643 et la région est systématiquement colonisée sous l'impulsion de Colbert (1663). De 1794 à 1805, la Guyane sert de lieu de déportation politique (« guillotine sèche »). En 1848, l'esclavage y est aboli. Un bagne est établi à Cayenne de 1852 à 1946. En 1946, la Guyane devient un département d'outre-mer. Une base de lancement de fusées est installée à Kourou en 1968. En 1983, dans le cadre de la loi de décentralisation, un conseil régional est élu.

Guyanes *(bassin des),* bassin de l'Atlantique équatorial occidental, compris entre la dorsale océanique et la côte N.-E. de l'Amérique du Sud.

Guyanes *(courant des),* branche du courant sud-équatorial s'écoulant vers le N.-O., le long des côtes sud-américaines, après sa déviation devant le cap São Roque.

Guyenne, autre nom de la province d'Aquitaine, qui lui fut donné notamment quand elle fut possession anglaise, de 1259 à 1453.

Guynemer *(Georges),* aviateur français (Paris 1894 - région de Pœlkapelle, Belgique, 1917). Commandant de l'escadrille des « Cigognes » pendant la Première Guerre mondiale, titulaire de 53 victoires, disparu au combat, il est une figure légendaire de l'aviation française.

Guyon *(Félix),* chirurgien français (Saint-Denis, la Réunion, 1831 - Paris 1920). Au temps où les spécialités médicales se différenciaient, et où se développait la chirurgie moderne (grâce à l'anesthésie et à l'antisepsie), il devint en France l'un des chefs de file de l'urologie.

Guys [gis] *(Constantin),* dessinateur et aquarelliste français (Flessingue, Pays-Bas, 1802 - Paris 1892). Surnommé par Baudelaire « le Peintre de la vie moderne », il fut le chroniqueur élégant du second Empire.

Guyton de Morveau *(Louis Bernard, baron),* chimiste français (Dijon 1737 - Paris 1816). Il fut membre du Comité de salut public. Il réalisa la liquéfaction du gaz ammoniac par l'action d'un mélange réfrigérant et participa, avec Lavoisier, Berthollet et Fourcroy, à l'élaboration d'une nomenclature chimique (1782).

Guzmán *(Martín Luis),* écrivain mexicain (Chihuahua 1887 - Mexico 1976). Son œuvre évoque la révolution mexicaine (*l'Aigle et le Serpent,* 1928).

Gwalior, v. de l'Inde (Madhya Pradesh) ; 720 068 hab. — Mausolées de l'époque moghole. Ensemble de sculptures rupestres jaïna (xve s.) ; temples, dont le Teli-ka-Mandir (ixe s.), palais fortifié du xvie siècle. Musée archéologique.

Gweru, *anc.* Gwelo, v. du Zimbabwe ; 79 000 hab. Raffinerie de chrome.

Gygès, roi de Lydie (m. v. 644 av. J.-C.). La légende lui attribue la possession d'un anneau qui le rendait invisible.

Gyllensten *(Lars),* écrivain suédois (Stockholm 1921). Peintre satirique des conventions sociales et littéraires dans son œuvre (*Camera obscura,* 1946 ; *Juvenilia,* 1965), il est secrétaire perpétuel de l'académie suédoise qui décerne le prix Nobel.

Györ, *en all.* Raab, v. de Hongrie, sur le Danube ; 129 338 hab. Métallurgie. — Monuments du xiie siècle à l'époque baroque. Musée d'archéologie romaine.

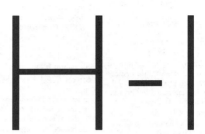

H-I

Haakon, nom de plusieurs rois de Norvège. **Haakon IV** (près de Skarpsborg 1204 - Kirkwall, Orcades, 1263), roi de Norvège (1217/1223-1263). Il établit sa souveraineté sur l'Islande et le Groenland. **Haakon VII** (Charlottenlund 1872 - Oslo 1957), roi de Norvège (1905-1957). Fils cadet du roi Frédéric VIII de Danemark, il fut élu roi de Norvège après la séparation de la Suède et de la Norvège.

Haarlem, v. des Pays-Bas, ch.-l. de la Hollande-Septentrionale, à l'O. d'Amsterdam, près de la mer du Nord ; 149 474 hab. — Haarlem soutint un long siège contre le duc d'Albe, qui s'empara de la ville en 1573. — Monuments anciens du Grote Markt. Musée, en grande partie consacré aux chefs-d'œuvre de Frans Hals, dans l'hospice des vieillards du XVIIe siècle.

Haavelmo *(Tryggve),* économiste et statisticien norvégien (Skedsmo 1911). Il a montré qu'un accroissement des dépenses publiques et un accroissement similaire des recettes ne se neutralisent pas, le revenu national global s'en trouvant accru (multiplicateur fiscal). Cette théorie *(effet Haavelmo)* tend à favoriser les politiques de relance par la dépense publique. (Prix Nobel 1989.)

Habacuc, prophète juif (v. 600 av. J.-C.). Son livre pose le problème du mal sur le plan de l'histoire du peuple d'Israël.

Habeneck *(François),* violoniste et chef d'orchestre français (Mézières 1781 - Paris 1849). Directeur-fondateur de la Société des concerts du Conservatoire (1828), il révéla aux Français les symphonies de Beethoven.

Haber *(Fritz),* chimiste allemand (Breslau 1868 - Bâle 1934). Il a réalisé la synthèse industrielle de l'ammoniac et étudié les réactions chimiques entre gaz. (Prix Nobel 1918.)

Habermas *(Jürgen),* sociologue et philosophe allemand (Düsseldorf 1929). Il se rattache à l'école de Francfort. Il s'est intéressé à la sociologie de la connaissance *(Connaissance et Intérêt,* 1968) et aux apports et destins du marxisme *(Raison et Légitimité,* 1973 ; *Après Marx,* 1976 ; *Théorie de l'agir communicationnel,* 1981).

Habré *(Hissène),* homme d'État tchadien (Faya-Largeau 1936). Il participa à partir de 1972 à la rébellion du nord du Tchad, devint Premier ministre (1978), puis président de la République (1982), après l'avoir emporté sur Goukouni Oueddeï. En 1990, il fut renversé par Idriss Déby.

Habsbourg, maison qui régna sur le Saint Empire romain germanique (1273-1291 ; 1438-1740 ; 1765-1806), l'Autriche (1278-1918), l'Espagne (1516-1700) et sur la Bohême et la Hongrie (1526-1918). Ayant acquis au XIIe siècle des territoires considérables en Suisse et en Alsace, les Habsbourg durent leur fortune à l'élection de Rodolphe Ier, roi des Romains (1273). Ils s'approprièrent la basse Autriche et la Styrie (1278), le Tyrol (1363) et prirent au XVe siècle le nom de maison d'Autriche. Par le jeu des mariages et des héritages, celle-ci obtint de 1477 à 1526 les Pays-Bas, la Castille, l'Aragon, la Bohême et la Hongrie. À l'abdication de Charles Quint (1556), l'Empire fut partagé entre son fils Philippe II (1556-1598), fondateur de la branche espagnole, qui s'éteignit en 1700, et son frère Ferdinand Ier (1556-1564), fondateur de la branche allemande. En vertu de la Pragmatique Sanction, Charles VI (1711-1740) transmit l'ensemble de l'héritage des Habsbourg à sa fille Marie-Thérèse (1740-1780). Celle-ci épousa, en 1736, François de Lorraine, fondateur de la maison des Habsbourg-Lorraine, qui régna sur l'Autriche, la Bohême et la Hongrie jusqu'en 1918.

Hachémites ou **Hachimites,** famille issue de Hachim, l'arrière-grand-père de Muhammad (Mahomet). Les Hachémites se sont illustrés par plusieurs princes musulmans (chérifs), souverains de La Mecque du Xᵉ siècle à 1924, et par les émirs ou rois qu'ils ont fournis au XXᵉ siècle au Hedjaz, dans la péninsule arabique (1908-1924), à l'Iraq (1921-1958) et à la Transjordanie (1921-1949), puis à la Jordanie (depuis 1949).

Hachette, société française dont les origines remontent à la librairie fondée en 1826 à Paris par Louis Hachette (Rethel 1800 - Le Plessis-Piquet, près de Sceaux, 1864). En 1992, les groupes Hachette et Matra fusionnent et sont placés sous le contrôle d'un holding. Les principales activités, outre l'édition de presse et de livres, sont l'audiovisuel (Europe 1), la distribution des livres et des journaux (Nouvelles Messageries de la presse parisienne, ou N. M. P. P.).

Hachette (*Jeanne* Laisné [ou **Fourquet**], dite *Jeanne*), héroïne française (Beauvais 1456 - *id.* ?). Elle défendit Beauvais, assiégée par Charles le Téméraire en 1472.

Hachinohe, port du Japon, dans le nord de Honshu ; 241 057 hab. Pêche.

Hachioji, v. du Japon (Honshu), banlieue industrielle à l'O. de Tokyo ; 466 347 hab.

Hacilar, site de Pisidie, à 24 km à l'O. de Burdur, qui a livré les traces d'une première agriculture (v. — 6750) en Turquie. À partir de la phase suivante, on a pu y observer, pendant mille ans, l'évolution de la céramique et celle de la configuration du village.

Hadamard (*Jacques*), mathématicien français (Versailles 1865 - Paris 1963). Figure de proue de l'école française de théorie des fonctions, il joua un rôle fondamental dans la création de l'analyse fonctionnelle.

Hadès, dieu des Enfers dans la mythologie grecque. Fils de Cronos et de Rhéa, frère de Zeus, il reçut en partage, après la victoire des dieux sur les Titans, le royaume souterrain où séjournent les morts. Dans la croyance populaire, il se confond avec Pluton.

Hadjar (El-), v. d'Algérie, près d'Annaba ; 40 000 hab. Sidérurgie.

Hadramaout, région du Yémen, sur le golfe d'Aden et la mer d'Oman, drainée par l'*oued Hadramaout.*

Hadriana (*villa*), maison de plaisance élevée (117-138) pour l'empereur Hadrien à Tibur (auj. Tivoli), à l'est de Rome. Niché dans un vaste parc, l'ensemble témoigne de l'éclectisme de l'empereur — qui y avait fait élever des maquettes des monuments qui l'avaient impressionné lors de ses voyages —, mais aussi de recherches architecturales nouvelles et originales, qui influenceront le baroque italien. L'ensemble contenait de magnifiques collections dont les restes ont, notamment, alimenté les musées pontificaux aux XVIIIᵉ et XIXᵉ siècles.

Hadrien, *en lat.* **Publius Aelius Hadrianus** (Italica, Bétique, 76 - Baïes 138), empereur romain (117-138). Successeur de Trajan, qui l'avait adopté, il fit du Conseil du prince un organe de gouvernement, tendit à unifier la législation (édit perpétuel, 131) et protégea l'Empire contre les Barbares au moyen de fortifications continues (*mur d'Hadrien* en Bretagne [Angleterre]). Prince lettré, grand voyageur, il aménagea près de Rome la vaste villa qui porte son nom (villa Hadriana). Avant sa mort, il adopta Antonin, son neveu par alliance, qui lui succéda. Son mausolée est devenu le château Saint-Ange, à Rome.

Haeckel (*Ernst*), biologiste allemand (Potsdam 1834 - Iéna 1919). Il fut l'un des défenseurs du transformisme ainsi qu'un grand embryologiste.

Haendel → Händel.

Hafez ou **Hafiz,** poète de langue persane (Chiraz v. 1325 - *id.* 1390), maître du *ghazal* en Iran. Ses poèmes, où il mêle à l'inspiration bachique et à l'exaltation de la beauté des thèmes mystiques, font de lui le plus grand poète lyrique persan.

Hafiz (*Mulay*) [Fès v. 1875 - Enghien-les-Bains 1937], sultan du Maroc (1908-1912). La France lui imposa son protectorat.

Hafsides, dynastie musulmane qui régna en Afrique du Nord de 1229 à 1574 et eut pour capitale Tunis.

Haganah (*mot hébr.* signif. **défense**), organisation paramilitaire juive de Palestine, qui assurait la protection des kibboutz. Ses unités, engagées aux côtés de la Grande-Bretagne pendant la Seconde Guerre mondiale, constituèrent en 1948 le noyau de l'armée du nouvel État d'Israël.

Hagedorn (*Friedrich* von), poète allemand (Hambourg 1708 - *id.* 1754). Il publia des *Fables et Contes* (1738), inspirés de La Fontaine.

Hagen, v. d'Allemagne, dans la Ruhr (Rhénanie-du-Nord-Westphalie) ; 212 460 hab.

Centre industriel. — Musée d'art (depuis l'Art nouveau) ; musée des techniques, en plein air.

Hague *(la),* péninsule constituant l'extrémité nord-ouest du Cotentin (Manche) et terminée par le *cap de la Hague.* — Au N.-O. du centre de Beaumont, usine de retraitement des combustibles usés provenant des réacteurs nucléaires.

Haguenau, ch.-l. d'arr. du Bas-Rhin, sur la Moder, au sud de la *forêt de Haguenau* (13 400 ha) ; 30 384 hab. *(Haguenoviens).* Constructions mécaniques et électriques. — Église St-Georges, des XIIᵉ-XVIIᵉ siècles. Musée alsacien et Musée historique (mobilier des sépultures de l'âge du bronze et du fer fouillées dans la région ; archéologie gallo-romaine et médiévale).

Hahn *(Otto),* chimiste allemand (Francfort-sur-le-Main 1879 - Göttingen 1968). Il a découvert les isotopes du thorium (1905 et 1907) et, en collaboration avec Lise Meitner, le protactinium (1917) et le phénomène d'isomérie nucléaire. Avec F. Strassman, il formula la théorie de la fission de l'uranium (1938). [Prix Nobel 1944.]

Hahn *(Reynaldo),* compositeur vénézuélien naturalisé français (Caracas 1875 - Paris 1947). Il est l'auteur de mélodies et d'œuvres lyriques *(Ciboulette,* 1923 ; *le Marchand de Venise,* 1935).

Hahnemann *(Christian Friedrich Samuel),* médecin allemand (Meissen 1755 - Paris 1843). Déçu par les traitements de son époque, il abandonna la médecine, étudia la chimie, s'initia à la préparation des remèdes, traduisit des ouvrages et expérimenta des substances sur lui-même. Cela le conduisit à inventer l'homéopathie.

Haïfa ou **Haiffa**, port d'Israël, sur la Méditerranée ; 223 000 hab. Raffinage du pétrole.

Haig *(Alexander),* général américain (Philadelphie 1924). Collaborateur de Nixon et de Kissinger lors du cessez-le-feu au Viêt Nam (1972-73), il commanda les forces du pacte de l'Atlantique en Europe (1974-1979), puis devient secrétaire d'État (1981-1982).

Haig *(Douglas* Haig, *1ᵉʳ comte);* maréchal britannique (Édimbourg 1861 - Londres 1928). De 1915 à 1918, il commanda les troupes britanniques engagées sur le front français.

Haikou, v. de Chine (Guangdong), cap. de l'île de Hainan ; 402 000 hab.

Hailé Sélassié Iᵉʳ (Harar 1892 - Addis-Abeba 1975), empereur d'Éthiopie (1930-1974). Fils du ras Makonnen, le ras Tafari Makonnen, désigné comme régent et héritier, en 1916,

fut proclamé roi (négus) en 1928 et couronné empereur, en 1930, sous le nom d'Hailé Sélassié Iᵉʳ. Lors de l'invasion italienne, il s'exila (1936) et gagna la Grande-Bretagne. Il revint en Éthiopie en 1941 avec les troupes alliées. L'armée le renversa en 1974.

Hainan, île et province de la Chine du Sud ; 34 000 km² ; 6 557 000 hab. Cap. *Haikou.*

Hainaut, région historique, située partie en France, partie en Belgique. Comté fondé par Gilbert, gendre de l'empereur Lothaire Iᵉʳ, au IXᵉ siècle, fief d'empire, il passe à la maison de Flandre (1055), puis d'Avesnes (1256). Il est annexé en 1428 par Philippe II le Bon aux États bourguignons, dont il suivra désormais le sort. Au traité de Nimègue (1678), la France acquiert le sud du pays (cap. *Valenciennes).*

Hainaut, *en néerl.* Henegouwen, prov. de Belgique ; 3 787 km² ; 1 278 791 hab. *(Hainuyers* ou *Hennuyers).* Ch.-l. *Mons.* Au nord, sur le plateau limoneux, traversé par l'Escaut, la Dendre et la Senne, se pratiquent agriculture (blé, betterave, cultures industrielles) et élevage (industries animales). Dans le sud, l'extraction houillère a cessé, partiellement relayée par la mécanique, l'électronique et la chimie.

Haiphong, port et centre industriel du nord du Viêt Nam ; 1 448 000 hab.

Haïti (« Pays montagneux »), l'une des Grandes Antilles, à l'est de Cuba, divisée en deux États indépendants : la République Dominicaine et la République d'Haïti.

Haïti, État occupant l'ouest de l'île du même nom ; 27 750 km² ; 6 400 000 hab. *(Haïtiens).* CAP. *Port-au-Prince.* LANGUES : *créole* et *français.* MONNAIE : *gourde.*
GÉOGRAPHIE
Tropical, le pays est plus arrosé à l'est qu'à l'ouest, souvent ravagé par des cyclones. Du N. au S. se succèdent chaînes montagneuses et fossés remplis d'alluvions. La pression démographique entraîne à la fois une émigration importante, liée aussi à des facteurs politiques (un million de Haïtiens environ vivent à l'étranger), et une diminution et dégradation des terres cultivables (qui ne représentent que les deux tiers du territoire). En effet, l'agriculture occupe les deux tiers de la population active (la moitié des citadins vit à Port-au-Prince). En dehors de quelques grandes plantations (américaines) produisant de la canne à sucre et du sisal, les exploitations sont exiguës, consacrées à des cultures vivrières variées et à quelques cultures commerciales (café, cacaoyer, coton, canne à sucre, plantes à parfum). Le sous-sol fournit seulement de la bauxite (exportée

aux États-Unis). L'industrie, peu développée (agroalimentaire), s'est renforcée de branches de transformation, à capitaux étrangers, produisant pour l'exportation.

La pauvreté, la malnutrition, l'analphabétisme et le chômage sévissent. Le tourisme a décliné en raison des troubles, et le pays, tributaire de l'aide étrangère, est lourdement endetté.

HISTOIRE

1492. Peuplée d'Indiens Arawak, l'île est découverte par Christophe Colomb, qui lui donne le nom de Hispaniola.

1697. L'occupation par la France de la partie occidentale de l'île est reconnue par le traité de Ryswick.

Au XVIIIᵉ s., la colonie connaît une grande prospérité, grâce à sa production de sucre et de café. Elle est peuplée à 90 % d'esclaves noirs, d'affranchis et de mulâtres.

1791. Toussaint Louverture prend la tête de la révolte des esclaves.

1795. L'Espagne cède la partie orientale de l'île à la France.

1804. Un Noir, Dessalines, proclame l'indépendance d'Haïti, où il règne en empereur. Après sa mort (1806), les Espagnols recouvrent l'est de l'île tandis qu'une sécession oppose, à l'ouest, le royaume du Nord à la République du Sud.

1822. Réunification de l'île d'Haïti.

1844. La partie orientale se libère, pour former la République Dominicaine.

1915-1934. Occupation militaire du pays par les États-Unis.

1957-1971. François Duvalier, appelé « Papa Doc », exerce un pouvoir dictatorial.

1971-1986. Son fils Jean-Claude Duvalier lui succède.

Après l'exil de celui-ci, les militaires sont au pouvoir de façon presque ininterrompue.

1990. Le père Jean-Bertrand Aristide est élu président de la République (déc.).

1991. Il est renversé par un coup d'État militaire.

1994. J.-B. Aristide est rétabli dans ses fonctions, avec l'aide des États-Unis.

1996. René Préval devient président de la République.

Hakim (al-) [985-1021], sixième calife fatimide (996-1021). Il consentit à la proclamation de sa propre divinité (1017) et est vénéré par les Druzes.

Hakim *(Tawfiq al-),* écrivain égyptien (Alexandrie ? 1898 - Le Caire 1987). Il est l'auteur de pièces de théâtre, de contes populaires et de romans (*Journal d'un substitut de campagne,* 1937).

Hakodate, port du Japon (Hokkaido), sur le détroit de Tsugaru ; 307 249 hab.

Hal → **Halle (Belgique).**

Halbwachs *(Maurice),* sociologue français (Reims 1877 - Buchenwald 1945). Élève de Bergson et de Durkheim (dont il nuança certaines thèses), il s'attacha surtout à l'étude des conditions sociales de la mémorisation, jetant ainsi un pont entre la psychologie et la sociologie. Peu avant sa mort, en déportation, il avait été nommé au Collège de France. Il a écrit : *la Classe ouvrière et les niveaux de vie* (1913), *les Cadres sociaux de la mémoire* (1925), *la Mémoire collective* (posthume, 1949).

Haldane *(John),* biologiste et mathématicien indien d'origine britannique (Oxford 1892 - Bhubaneswar 1964), théoricien du néo-darwinisme et spécialiste de biométrie.

Haldas *(Georges),* écrivain suisse d'expression française (Genève 1917). Chroniqueur autant que poète, il raconte le quotidien pour suggérer l'universel (*Boulevard des philosophes,* 1966 ; *la Confession d'une graine,* 1983 ; *l'État de poésie,* 1977-1980).

Hale *(George),* astronome américain (Chicago 1868 - Pasadena 1938). L'un des fondateurs de l'astronomie solaire moderne, il inventa le spectrohéliographe (1891), indépendamment de H. Deslandres. Il a été à l'origine de la construction de plusieurs grands télescopes aux États-Unis, en particulier celui de 5,08 m de l'observatoire du mont Palomar.

Hales *(Stephen),* chimiste et naturaliste anglais (Bekesbourne, Kent, 1677 - Teddington, près de Londres, 1761). Il a étudié de nombreux gaz et mesuré la pression sanguine.

Halffter *(Cristóbal),* compositeur et chef d'orchestre espagnol (Madrid 1930). Avec *Líneas y Puntos* pour 20 instruments à vent et électroniques (1967), ou *Anillos* pour orchestre (1968), il est un des principaux représentants de l'avant-garde internationale. Il se définit par un sens mystique très fort (*Requiem pour la libertad imaginada,* 1971 ; *Concierto para piano y orquestra,* 1988).

Halicarnasse, colonie grecque de Carie, en Asie Mineure (auj. *Bodrum*), patrie d'Hérodote. Soumise à la suzeraineté du roi des Perses, elle conserva toutefois une certaine autonomie. Artémise II, veuve du roi Mausole, commanda le mausolée de son époux aux plus importants sculpteurs grecs du IVᵉ siècle. (→ **Mausole.**)

Halifax, port du Canada, cap. de la Nouvelle-Écosse, sur l'Atlantique ; 114 455 hab. (253 704 pour l'agglomération).

Halifax, v. de Grande-Bretagne, sur le versant est des Pennines ; 87 000 hab.

Halifax (*Edward Frederick* Lindley Wood, *1ᵉʳ comte* de*),* homme politique britannique (Powderham Castle 1881 - Garrowby Hall 1959). Il fut vice-roi des Indes (1925-1931), secrétaire aux Affaires étrangères (1938-1940) et ambassadeur aux États-Unis (1941-1946).

Hall (*Edward Twitchell*)*,* anthropologue américain (Webster Groves, Missouri, 1914). Il s'est intéressé notamment aux différences du vécu quotidien entre les peuples et a cherché à faire de l'espace-temps un critère de différence culturelle de même valeur que la langue ou la religion (*le Langage silencieux,* 1959 ; *la Dimension cachée,* 1966 ; *Au-delà de la culture,* 1976 ; *la Danse de la vie,* 1983).

Hall (*Granville Stanley*)*,* psychologue américain (Ashfield, Massachusetts, 1844 - Worcester, Massachusetts, 1924), un des fondateurs de la psychologie du développement (*Adolescence,* 1904) et de la psychologie expérimentale.

Halladj (*Abu al-Mughith al-Husayn,* dit al-*),* théologien, mystique, prédicateur et martyr musulman (Tur, Fars, 858 - Bagdad 922). Formé par les grands maîtres du soufisme, il se sépare d'eux pour prêcher, en prenant le nom de Halladj (« cardeur » [des âmes]), une doctrine ésotérique au Khuzestan, au Khorasan, au Turkestan et en Inde. Revenu à Bagdad, il se heurte à l'hostilité de la cour abbasside et, après neuf ans d'emprisonnement, est torturé et mis à mort. Ses œuvres mystiques, révélées par Louis Massignon, ont fait de lui une grande figure du soufisme.

Halle, v. d'Allemagne, dans le Land de Saxe-Anhalt, sur la Saale ; 321 684 hab. Université. Métallurgie. — Églises des XIVᵉ-XVIᵉ siècles. Musées. Maison natale de Händel.

Halle, *en fr.* Hal, v. de Belgique, ch.-l. d'arr. (avec Vilvoorde) du Brabant flamand ; 32 768 hab. — Basilique du XIVᵉ siècle (œuvres d'art).

Haller (*Józef*)*,* général polonais (Jurczyce 1873 - Londres 1960). Commandant les forces polonaises engagées en France en 1918, puis un groupe d'armées pendant la guerre polono-soviétique en 1920, il fut ministre dans le gouvernement polonais de Londres (1940-1943).

Halles (*les*)*,* quartier du Iᵉʳ arr. de Paris, où se concentraient les commerces alimentaires de gros. Cette activité a été transférée à Rungis, au sud de Paris, en 1969.

Halley (*Edmond*)*,* astronome britannique (Haggerston, près de Londres, 1656 - Greenwich 1742). Auteur de nombreuses recherches concernant la géophysique, la météorologie et l'astronomie, il reste surtout connu pour son étude du mouvement des comètes (1705) et pour avoir été le premier prédit par le calcul le retour près du Soleil de l'une d'entre elles, qui porte à présent son nom.

Hallstatt, bourg d'Autriche (Haute-Autriche), dans le Salzkammergut, au bord du *Hallstättersee ;* 1 500 hab. Petit centre de tourisme. Importantes mines de sel exploitées dès la préhistoire. Musée préhistorique. Station de sports d'hiver (alt. 511 m). **ARCHÉOL.** La découverte d'une vaste nécropole en a fait le site de référence, qui a donné son nom au premier âge du fer, divisé en deux périodes : Hallstatt I (env. 800-600 av. J.-C.) et Hallstatt II (600-500 av. J.-C.). Dispersé en communautés rurales, l'habitat est parfois fortifié. Les inhumations côtoient les incinérations et se font en tombes plates ou sous de vastes tumulus. Le hallstattien final est marqué par le développement des tombes à char. Pendant l'ensemble de la période, des courants commerciaux actifs avec les pays méditerranéens se traduisent par la présence d'objets importés ou imités.

Hallyday (*Jean-Philippe* Smet, dit Johnny*),* chanteur français (Paris 1943). Il a été parmi les premiers à introduire le rock and roll en France, par le biais de la vague « yé-yé », à partir de 1961. Puis il a construit une carrière majeure, entre rock et variétés.

Halmahera, Gilolo ou **Jilolo,** île des Moluques (Indonésie).

Halmstad, port de Suède, sur le Cattégat ; 80 061 hab.

Halpern (*Bernard*)*,* médecin français (Tarnov, Ukraine, 1904 - Paris 1978). Ses travaux portèrent sur le mécanisme et le traitement des maladies allergiques. On lui doit en particulier la découverte des premiers médicaments antihistaminiques.

Hals (*Frans*)*,* peintre néerlandais (Anvers v. 1580/1585 - Haarlem 1666), auteur de portraits individuels ou collectifs et de sujets de genre. Il vécut à Haarlem, où sont conservés ses chefs-d'œuvre, du jovial *Banquet du corps des archers de Saint-Georges* (1616) aux *Régents* et *Régentes* [de l'hospice des vieillards], d'une causticité vengeresse (1664). Sa technique audacieuse, d'une liberté de touche inédite, a influencé des artistes du XIXᵉ siècle, tel Manet. (Au Louvre citons : *Bouffon joueur de luth, la Bohémienne, Portrait de Paulus Van Beresteyn.*)

Ham, ch.-l. de c. de la Somme, sur la Somme ; 5 863 hab. — Louis Napoléon, enfermé au fort de Ham en 1840, s'en échappa en 1846.

Hama, v. du nord de la Syrie, sur l'Oronte, au pied du Liban ; 253 000 hab.

Hamadhan, v. de l'Iran, au sud-ouest de Téhéran ; 166 000 hab. — Mausolée du XIIᵉ siècle.

Hamamatsu, v. du Japon, dans l'île de Honshu, sur le Pacifique ; 534 620 hab.

Hamann *(Johann Georg),* écrivain et philosophe allemand (Königsberg 1730 - Münster 1788). Ses tendances mystiques ont influencé le mouvement du *Sturm und Drang.*

Hambourg, *en all.* Hamburg, port d'Allemagne, constituant un Land autonome ; 747 km² ; 1 626 220 hab. *(Hambourgeois).* GÉOGR. Sur l'estuaire de l'Elbe, à la confluence de l'Alster, c'est le premier port d'Allemagne. L'industrie y est représentée par les chantiers navals, le raffinage du pétrole, la métallurgie. Le rôle commercial (banques et assurances) et culturel (édition ; université) est aussi notable. HIST. Dotée d'une charte et de privilèges de navigation (1189), Hambourg participa à la Hanse pour s'imposer grâce à elle sur les marchés étrangers et supplanta Lübeck au XVIᵉ siècle. Elle fut gravement atteinte par les guerres napoléoniennes. Entrée, comme ville libre et souveraine, dans la Confédération germanique (1815), incorporée à l'Empire allemand (1871), elle obtint le statut de port franc (1881). Elle fut bombardée par les Alliés en 1943. ARTS. Monuments reconstruits à diverses reprises. Musées, dont la Kunsthalle (peinture allemande et européenne, notamm. du XIXᵉ s.).

Hamburger *(Jean),* médecin néphrologue français (Paris 1909 - id. 1992). Auteur d'importants travaux sur l'épuration extrarénale (rein artificiel), il fut l'instigateur des premières transplantations (« greffes ») de rein en France. Il a écrit des ouvrages de réflexion sur la médecine et sur l'homme. (Acad. fr. 1985.)

Hamelin *(Ferdinand),* amiral français (Pont-l'Évêque 1796 - Paris 1864). Il commanda l'escadre de la mer Noire pendant la guerre de Crimée et fut ministre de la Marine (1855-1860).

Hamerling *(Rupert* Hammerling, dit Robert),* écrivain autrichien (Kirchberg am Walde 1830 - Graz 1889). Il est l'auteur de poèmes épiques *(Ahasverus à Rome,* 1866) et de romans *(Aspasie,* 1876).

Hamhung, v. de la Corée du Nord ; 775 000 hab.

Hamilcar, dit Barca (« la Foudre »), chef carthaginois (v. 290 - Elche 229 av. J.-C.). Père d'Hannibal, il combattit les Romains en Sicile, réprima la révolte des mercenaires (240-238) et conquit l'Espagne méridionale (237-229).

Hamilton → Churchill *(le).*

Hamilton, v. du Canada (Ontario), à l'extrémité ouest du lac Ontario ; 318 499 hab. (553 679 pour l'agglomération). Université. Sidérurgie. Constructions mécaniques et électriques.

Hamilton, v. de Nouvelle-Zélande, dans l'île du Nord ; 104 000 hab.

Hamilton *(Alexander),* homme politique américain (Nevis, Antilles, 1757 - New York 1804). Aide de camp de Washington (1777), il fut l'un des rédacteurs de la Constitution américaine et le fondateur du Parti fédéraliste. Secrétaire au Trésor (1789-1795), il organisa la Banque nationale.

Hamilton *(Antoine, comte de),* écrivain irlandais d'expression française (Roscrea, Irlande, 1646 - Saint-Germain-en-Laye 1720). Il suivit les Stuarts en exil et consacra à son beau-frère les spirituels *Mémoires de la vie du comte de Gramont* (1713).

Hamilton *(sir William Rowan),* mathématicien et physicien irlandais (Dublin 1805 - id. 1865). Devant l'impossibilité de trouver un équivalent algébrique aux vecteurs de l'espace à trois dimensions, il inventa, en 1843, les *quaternions,* premier exemple d'ensemble dans lequel la multiplication ne soit pas commutative. Sa théorie mathématique et déductive de l'optique, transposée ensuite à la dynamique, fit progresser le calcul des variations et la résolution des équations différentielles.

Hamlet → Shakespeare.

Hamm, v. d'Allemagne, (Rhénanie-du-Nord-Westphalie), dans le Ruhr ; 179 109 hab. Métallurgie.

Hammadides, dynastie berbère, fondée par Hammad ibn Buluqqin, qui régna sur le Maghreb central de 1015 à 1152.

Hammaguir, site du Sahara algérien, au sud-ouest de Bechar. Siège d'un centre d'essais de missiles et d'une base spatiale française de 1961 à 1967.

Hammamet, v. de Tunisie, sur le *golfe d'Hammamet* ; 12 000 hab. Station balnéaire.

Hammam-Lif, station balnéaire de Tunisie, près de Tunis ; 36 000 hab.

Hammerfest, port de Norvège, ville la plus septentrionale d'Europe ; 7 000 hab. — Architecture contemporaine (hôtel de ville, églises).

Hammett *(Dashiell),* écrivain et scénariste américain (Saint Mary's County, Maryland, 1894 - New York 1961). Créateur et maître du roman policier « noir », dans lequel il imposa le personnage du détective privé dur et obstiné, il dénonce la corruption des milieux politiques et commerciaux *(le Faucon maltais,* 1930).

Hammourabi, roi de Babylone (1793-1750 av. J.-C.). Il fut le fondateur du premier Empire babylonien, qu'il dota d'une administration cohérente *(code d'Hammourabi).*

Hampden *(John),* homme politique anglais (Londres 1594 - Thame 1643). Adversaire de l'arbitraire royal, lieutenant de Pym, il fut l'un des chefs des républicains pendant la guerre civile.

Hampi → **Vijayanagar.**

Hampshire, comté du sud de l'Angleterre, sur la Manche. Ch.-l. *Winchester.* V. princ. *Southampton.*

Hampton *(Lionel),* vibraphoniste, batteur et chef d'orchestre de jazz américain (Louisville, Kentucky, 1909). Il s'est imposé depuis 1936 comme le spécialiste du vibraphone en jazz. Son orchestre, qui dégage un swing intense, a accueilli ou découvert d'importants solistes.

Hampton Roads, rade des États-Unis (Virginie), à l'entrée de la baie Chesapeake, où sont situés les ports de Newport News, Norfolk, Portsmouth et Hampton.

Hamsun *(Knut* Pedersen, dit Knut*),* écrivain norvégien (Garmostraeet, près de Lom, 1859-Nörholm 1952). Disciple de Dostoïevski et de Nietzsche, il exalte les forces instinctives, la vie aventureuse d'individualités délivrées de toutes les entraves sociales. Analyste subtil des effets de *la Faim* (1890), roman autobiographique qui le rend célèbre, créateur de personnages vivants, originaux, libres *(Pan,* 1894 ; *Victoria,* 1898 ; *Vagabonds,* 1927 ; *August,* 1930), satiriste féroce à l'égard de certains métiers *(Terre nouvelle,* 1893), il se livrera, sous le couvert du sentiment de la nature et de la vie paisible *(Benoni,* 1908), à la condamnation de la vie moderne pour aboutir à la glorification du paysan *(les Fruits de la terre,* 1917). La fin de sa vie est entachée par une collusion avec le nazisme et la Norvège du collaborateur Quisling. (Prix Nobel 1920.)

Han, dynastie impériale chinoise (206 av. J.-C.-220 apr. J.-C.), fondée par Han Gaozu (206-195 av. J.-C.). Les Han affermirent le pouvoir central et présidèrent à un grand essor économique ainsi qu'à l'expansion chinoise en Mandchourie, en Corée, en Mongolie, au Viêt Nam et en Asie centrale. Ils furent à leur apogée sous Han Wudi (140-87 av. J.-C.). L'usurpateur Wang Mang (9-23) ne parvint pas à résoudre la crise agraire et, après 23, les empereurs tentèrent également de limiter la puissance des grands propriétaires.

Handan, v. de Chine (Hebei) ; 965 000 hab.

Händel ou **Haendel** *(Georg Friedrich),* compositeur allemand, naturalisé britannique en 1726 (Halle 1685 - Londres 1759). Organiste à Halle, violoniste à l'Opéra de Hambourg (1703), il séjourne en Italie (1706-1710), où il compose et fait représenter 2 opéras. Nommé maître de chapelle de la cour de Hanovre (1710), il part à la fin de cette même année pour Londres, où il se fixe définitivement (1712). Nommé en 1720 directeur de la Royal Academy of Music, il écrit pour celle-ci une quinzaine d'opéras et essaie pendant 20 ans d'imposer l'opéra italien. Devant son insuccès, Händel se tourne vers l'oratorio — en langue anglaise —, genre dans lequel il atteint le sommet de son art. Händel a su assimiler les diverses tendances françaises et italiennes, et se créer un style personnel. Avec lui se termine l'âge du style baroque européen. Ses partitions importantes sont ses oratorios *(Saül,* 1739 ; *Israël en Égypte,* 1739 ; *le Messie,* 1742 ; *Judas Maccabée,* 1747 ; *Jephté,* 1752), ses opéras italiens *(Il Pastor fido,* 1712 ; *Giulio Cesare,* 1724 ; *Orlando,* 1733 ; *Alcina,* 1735) et ses œuvres instrumentales : suites de pièces pour le clavecin ; sonates pour soliste et sonates en trio ; 6 concertos grossos pour orchestre ; 20 concertos pour orgue et orchestre ; *Water Music* (1717) et *Music for the Royal Fireworks* (1749) pour orchestre (œuvres de circonstance).

Handke *(Peter),* écrivain autrichien (Griffen, Carinthie, 1942). Son œuvre dramatique *(la Chevauchée sur le lac de Constance,* 1971) et romanesque *(le Colporteur,* 1967 ; *Lent Retour,* 1979 ; *la Maladie de la mort,* 1985) traduit l'angoisse de la solitude et de l'incommunicabilité en un style soucieux d'originalité et de créations verbales. Ses poèmes allient l'expression du quotidien à une écriture quasi onirique *(Poème bleu,* 1973).

Hangzhou ou **Hang-Tcheou,** v. de Chine, cap. du Zhejiang ; 1 270 000 hab. — Ancienne capitale de la Chine, sous les Song du Sud (1127-1276). — Elle connut une remarquable urbanisation et fut un centre artistique réputé (paysage du lac de l'Ouest ; pagode des Six Harmonies, fondée en 970 ; nombreuses grottes bouddhiques dans les environs.

Hannibal, général et homme d'État carthaginois (247 - Bithynie 183 av. J.-C.), fils d'Hamilcar Barca. Élevé dans la haine des Romains, il est proclamé chef par l'armée et accepté par le sénat de Carthage, en 221. ■ **L'ennemi des Romains.** De 221 à 219, il élargit les conquêtes puniques à l'ouest de l'Èbre. Puis il attaque Sagonte, alliée de Rome (219 av. J.-C.) déclenchant la deuxième guerre punique (218-201 av. J.-C.). Laissant son frère Hasdrubal en Espagne, il gagne l'Italie avec une forte armée par voie de terre. Franchissant les Pyrénées et les Alpes, il perd la moitié de ses troupes et tous ses éléphants, sauf un. Il bat pourtant les Romains au Tessin et à la Trébie (218), traverse l'Apennin et remporte les victoires de Trasimène (217) et de Cannes (216). Il tente vainement de surprendre Rome puis, après des combats dans le sud de l'Italie — où il a soulevé les cités grecques contre Rome —, il doit se rembarquer pour Carthage (203) à la suite du débarquement de Scipion en Afrique. Vaincu à Zama (202), Hannibal fait accepter par Carthage les propositions de paix de Scipion. Nommé suffète (magistrat suprême), il entreprend la restauration de l'État carthaginois et noue des alliances en Orient contre Rome. Dénoncé par ses ennemis politiques aux Romains, il s'enfuit et se réfugie d'abord à la cour d'Antiochos III, qu'il pousse à la guerre contre Rome. Après la défaite de ce dernier, il se rend finalement auprès de Prousias de Bithynie. Les Romains ayant obtenu qu'il leur soit livré, Hannibal s'empoisonne. ■ **Le stratège.** Hannibal fut l'un des plus grands esprits stratégiques de l'Antiquité. La bataille de Cannes reste pour les théoriciens militaires un exemple constamment étudié. Face à une infanterie romaine deux fois supérieure en nombre, Hannibal combina l'avantage de sa supériorité en cavalerie et un dispositif complexe, au centre, de son infanterie (Gaulois, Ibères, Africains). Par une rapide manœuvre d'enveloppement, il enserra l'ennemi comme dans une nasse, où celui-ci se fit massacrer en pure perte.

Hannon, navigateur carthaginois, qui, v. 450 av. J.-C., aurait longé les côtes atlantiques du continent africain, jusqu'à la Guinée.

Hanoi, cap. du Viêt Nam, à la tête du delta du Tonkin, sur le fleuve Rouge ; 3 057 000 hab. Centre industriel, commercial et culturel. — Principale ville du Tonkin sous domination chinoise au VIᵉ siècle, Hanoi devient capitale de la République démocratique du Viêt Nam (1954) puis celle du pays réunifié (1975). — Nombreux monuments, dont le temple de la Culture, avec un kiosque et un bassin du XIᵉ siècle. Musées.

Hanovre, *en all.* Hannover, v. d'Allemagne, cap. de la Basse-Saxe ; 505 872 hab. Sur la Leine et le Mittellandkanal (port fluvial), c'est un centre industriel (caoutchouc, chimie, automobile, mécanique, électrotechnique) et tertiaire (foire, assurances, banques, université). — Église du XIVᵉ siècle (Marktkirche). Beaux jardins (fin du XVIIᵉ s.) du château, disparu, de Herrenhausen. Musées de Basse-Saxe.

Hanovre, *en all.* Hannover, anc. État allemand. Le duché de Hanovre devint un électorat en 1692 (son duc fut dès lors Électeur du Saint Empire). Érigé en royaume en 1814, il fut annexé par la Prusse en 1866.

Hanovre *(dynastie de),* dynastie qui a régné sur l'électorat de Hanovre à partir de 1692 et conjointement sur la Grande-Bretagne à partir de 1714. C'est à cette date que l'Électeur de Hanovre, arrière-petit-fils par sa mère de Jacques Iᵉʳ Stuart, devint roi de Grande-Bretagne sous le nom de George Iᵉʳ en vertu de l'acte d'établissement de 1701. L'union personnelle des deux États cessa en 1837. En Grande-Bretagne, la maison royale prit en 1917 le nom de *dynastie de Windsor.*

Hanriot *(François),* révolutionnaire français (Nanterre 1761 - Paris 1794). Commandant de la force armée et des sections de Paris pendant la Terreur, il fut exécuté au 9-Thermidor.

Hanse ou **Hanse teutonique** *(la),* association des cités marchandes de la Baltique et de la mer du Nord (XIIᵉ-XVIIᵉ s.). Constituée d'abord par les marchands de Lübeck, de Hambourg et de Cologne, elle regroupait au XIVᵉ siècle 70 à 80 villes et possédait des comptoirs à Novgorod, Londres et Bruges. Elle imposa aux régions baltes son monopole et domina le commerce de la Russie et de la Scandinavie, échangeant les produits bruts de ces régions contre les produits manufacturés de l'Europe occidentale. Elle déclina en raison de la faiblesse de son organisation politique, de la concurrence de l'Angleterre et des Pays-Bas et des ambitions du Danemark, qui lui infligea en 1534-35 la défaite de Lübeck.

Hansen *(Gerhard Armauer),* médecin norvégien (Bergen 1841 - *id.* 1912). Spécialiste de bactériologie, il découvrit le bacille de la lèpre *(bacille de Hansen),* en 1871, ses travaux n'étant publiés qu'en 1874.

Han Shui, riv. de Chine, affl. du Yangzi Jiang (r. g.), à Wuhan ; 1 700 km.

Hansi *(Jean-Jacques* Waltz, dit*),* écrivain, dessinateur et caricaturiste français (Colmar 1873 - *id.* 1951). Consacrée à l'Alsace, son œuvre en exalte les mœurs, le folklore, ainsi que l'identité française (album *l'Alsace racontée aux petits enfants par l'oncle Hansi,* 1912).

Hantaï *(Simon),* peintre français d'origine hongroise (près de Budapest 1922). Surréaliste, puis abstrait gestuel, il a, l'un des premiers, envisagé l'œuvre sous l'angle de sa seule matérialité (peintures réalisées, à partir du début des années 60, par froissage-pliage/mise en couleurs/dépliage).

Han Wudi ou **Han Wou-Ti,** empereur de Chine (140-87 av. J.-C.) de la dynastie Han. Il poursuivit l'expansion en Asie centrale et protégea les arts et la poésie.

Han Yu, philosophe et poète chinois (Nanyang 768 - Changan 824). Célèbre par ses pamphlets contre le bouddhisme, il inaugura le renouveau de la pensée confucéenne en relation avec celui du style.

Haoussa, peuple du Nigeria et du Niger, parlant le haoussa, et dont le mode de vie est fortement influencé par l'islam. Les Haoussa constituèrent des cités-États à partir du xiie siècle. Islamisées à partir du xive siècle, celles-ci connurent leur apogée au xve-xvie siècle.

Haouz, plaine du Maroc méridional. V. princ. *Marrakech.*

DANEMARK

Harald Ier (m. v. 863), roi de Danemark, introduisit le christianisme dans son royaume. **Harald Blåtand (« Dent bleue »)** [v. 910 - v. 986], roi de Danemark (v. 940- v. 986), implanta définitivement le christianisme dans son pays.

NORVÈGE

Harald Ier Hårfager (« À la belle chevelure » [v. 850-933], roi de Norvège (872-933). Selon la tradition, il fut le premier souverain à unifier la Norvège. Il entreprit des expéditions dans les Shetland, les Orcades et les Hébrides. **Harald III Hårdråde (« le Sévère »)** [v. 1015 - Stamford Bridge 1066], roi de Norvège (1047-1066). Il tenta vainement de conquérir l'Angleterre mais fut vaincu et tué par Harold II.

Harald V, roi de Norvège (Asker, banlieue d'Oslo, 1937). À la mort de son père Olav V (1991), il lui a succédé.

Harappa, site archéologique du Pakistan (Pendjab), sur l'ancien cours de la Ravi, éponyme de la *civilisation de l'Indus.* Vaste cita-delle dont ne subsistent que remparts, quartiers d'habitation ouvriers, ateliers et greniers (env. 2500-1500 av. J.-C.).

Harar ou **Harrar,** v. d'Éthiopie, ch.-l. de prov., à l'E. d'Addis-Abeba ; 63 000 hab.

Harare, *anc.* Salisbury, cap. du Zimbabwe, à 1 470 m d'alt. ; 863 000 hab.

Harat ou **Herat,** v. d'Afghanistan, sur le Hari Rud ; 150 000 hab. — Elle abrita, à l'époque timuride, une célèbre école de miniaturistes sous l'autorité de Behzad. Grande Mosquée (reconstruite au xve s.) ; madrasa Hoseyn Mirza (xve s.) ; tombeau d'al-Ansari (1425).

Harbin, v. de la Chine du Nord-Est, cap. du Heilongjiang ; 2 670 000 hab. Centre industriel.

Hardenberg *(Karl August, prince* von*),* homme d'État prussien (Essenrode 1750 - Gênes 1822). Ministre des Affaires étrangères (1804-1806) puis chancelier d'État (1810-1822), il fut l'un des principaux artisans du redressement de la Prusse après les défaites que lui infligea Napoléon en 1806.

Harding *(Warren),* homme d'État américain (près de Blooming Grove, Ohio, 1865 - San Francisco 1923). Républicain, il fut président des États-Unis de 1921 à 1923 et mit en œuvre une politique isolationniste et protectionniste.

Hardouin-Mansart *(Jules)* → Mansart.

Hardy *(Alexandre),* poète dramatique français (Paris v. 1570 - v. 1632). Sur 600 pièces qu'il écrivit, 34 seulement furent publiées, parmi lesquelles des pastorales, des tragicomédies et des tragédies *(Didon se sacrifiant, Marianne).* Peu soucieux des trois unités, il mêle la violence baroque aux thèmes du théâtre humaniste.

Hardy *(Thomas),* écrivain britannique (Upper Bockhampton 1840 - Max Gate 1928). Il est l'auteur de poèmes et de romans qui évoquent les mœurs provinciales à travers la peinture d'êtres soumis à un implacable destin *(Tess d'Urberville,* 1891 ; *Jude l'Obscur,* 1895).

Hardy *(Oliver)* → Laurel *(Stan).*

Hargeisa, v. du nord de la Somalie ; 150 000 hab.

Hariri (al-), écrivain arabe (près de Bassora 1054 - *id.* 1122). Il est l'auteur de tableaux de la vie arabe, en prose rimée mêlée de vers, célèbres pour leur style précieux *(Maqamat).*

Hari Rud *(le),* fl. d'Asie ; il sépare l'Afghanistan et l'Iran puis disparaît par épuisement dans le sud du Karakoum (Turkménistan) ; 1 100 km env.

Harlem, quartier de New York, dans le N.-E. de Manhattan, habité par une importante communauté noire.

Harnoncourt *(Nikolaus),* chef d'orchestre autrichien (Berlin 1929). En 1953, il fonda le « Concentus musicus » de Vienne, ensemble spécialisé dans l'interprétation de la musique ancienne (jusque vers 1780) sur des instruments d'époque. Il s'est également orienté vers l'opéra (Monteverdi, Mozart) et le répertoire symphonique traditionnel, notamment à la tête de l'Orchestre du Concertgebouw d'Amsterdam.

Harold II *(v. 1022 - Hastings 1066),* roi des Anglo-Saxons (1066). Vainqueur du roi de Norvège Harald III Hårdråde, il fut vaincu et tué à Hastings par les troupes de Guillaume le Conquérant (1066).

Haroun al-Rachid → Harun al-Rachid.

Harpagon, principal personnage de *l'Avare,* de Molière.

Harpies ou **Harpyes,** divinités grecques dont le nom signifie les « Ravisseuses ». Représentées avec un corps d'oiseau et une tête de femme, elles sont de mauvais génies et les pourvoyeuses des Enfers.

Harriman *(William Averell),* financier et homme politique américain (New York 1891 - Yorktown Heights, État de New York, 1986). Secrétaire au Commerce (1946), chargé de missions en Europe (1948-1950), il fut l'ambassadeur itinérant du plan Marshall.

Harris *(Zellig),* linguiste américain (Balta, Ukraine, 1909). Il a d'abord étudié des langues de structures très diverses (langues sémitiques, amérindiennes), ce qui lui a permis d'élaborer une théorie qui réalise une description générale (et formalisée) des langues naturelles, le *distributionnalisme.* Cette théorie est fondée sur ce qu'il a appelé les « constituants immédiats », qui sont les segments les plus vastes qui constituent la phrase. Puis il a introduit la notion de « transformation » que son élève Chomsky a repris dans le cadre de la grammaire générative (*Structures mathématiques du langage,* 1968).

Harrison *(Benjamin),* homme d'État américain (North Bend, Ohio, 1833 - Indianapolis 1901). Membre du Parti républicain, il fut président des États-Unis de 1889 à 1893.

Harrison *(John),* horloger britannique (Foulby, Yorkshire, 1693 - Londres 1776). Il fut le premier à réaliser un chronomètre de marine pour la détermination des longitudes (1735).

Harrogate, v. de Grande-Bretagne (West Yorkshire) ; 66 000 hab. Station thermale. — Beaux jardins.

Harsha (v. 590-647), roi de l'Inde qui domina le nord de la péninsule indienne et dont Bana écrivit la biographie (la *Geste de Harsha*).

Hartmann *(Karl Amadeus),* compositeur allemand (Munich 1905 - id. 1963). Fondateur à Munich, en 1945, de l'association « Musica viva », destinée à promouvoir la musique nouvelle, il est notamment l'auteur de 8 symphonies.

Hartmann *(Nicolai),* philosophe allemand (Riga 1882 - Göttingen 1950). Sa métaphysique procède du néokantisme et de la phénoménologie de Husserl. Il énonce une théorie de la connaissance qui repose sur l'affirmation selon laquelle l'essence des choses et leur existence se confondent. La connaissance que nous en avons peut être totale, dans la mesure où elle mettrait en jeu notre conscient et notre inconscient (*les Fondements métaphysiques de la connaissance,* 1921).

Hartmannswillerkopf, *fam.* Vieil-Armand, sommet des Vosges (956 m), dominant les vallées de la Thur et de la Lauch. — Violents combats en 1915.

Hartmann von Aue, poète allemand (en Souabe v. 1160 - v. 1210). Premier poète courtois de langue allemande, il est l'auteur de romans en vers (*Erec,* v. 1185 ; *Iwein,* av. 1205), inspirés de Chrétien de Troyes.

Hartung *(Hans),* peintre français d'origine allemande (Leipzig 1904 - Antibes 1989). Installé à Paris en 1935, il s'est rendu dès cette époque maître de son style propre, qui conjugue, dans la voie abstraite, spontanéité lyrique et strict contrôle intellectuel. Variant les formes d'expression (graphismes de toutes sortes, tachisme, striures, halos de couleurs), il a fait à partir des années 1950 une carrière brillante.

Hartzenbusch *(Juan Eugenio),* écrivain espagnol d'origine allemande (Madrid 1806 - id. 1880). Il est l'auteur de drames romantiques (*les Amants de Teruel,* 1837).

Harun al-Rachid (Rey, Iran, 766 - Tus, Khorasan, 809), calife abbasside (786-809). Succédant à son frère al-Hadi en 786, il se conforme d'abord à la tradition et délègue les affaires de l'État à un vizir, Yahya, qu'il choisit dans la dynastie des Barmakides persans. Ce dernier exerce ainsi le pouvoir effectif, avec ses deux fils. Mais, en 803, Harun al-Rachid parvient, avec l'appui de ses eunuques et des *mawali* (musulmans non arabes), à se débarrasser des Barmakides. Son règne est d'abord marqué par de nombreux troubles, surtout en Perse, où les rivalités économiques et sociales se cristallisent en une agitation religieuse opposant sunnites et chiites. Mais le calife se rend populaire par la guerre contre les Byzantins, à qui il impose tribut à deux reprises, et par ses nombreux pèlerinages.

Héros de nombreux contes des *Mille et Une Nuits,* le personnage d'Harun al-Rachid a vu son histoire déformée par la légende. Le règne de ce souverain fastueux appartient bien à l'âge d'or de l'islam classique (VIIIe-Xe s.), caractérisé par une grande prospérité commerciale et par un remarquable épanouissement des sciences, des lettres et des arts, dont Bagdad est alors le foyer.

Harunobu Suzuki, maître japonais de l'estampe (Edo, auj. Tokyo, 1725 - *id.* 1770). En 1765, il ouvrit une nouvelle voie à l'estampe avec la polychromie et est célèbre pour ses portraits de femmes empreints d'une grâce fragile.

Harvard *(université),* université privée américaine, la plus ancienne, fondée en 1636 à Cambridge (Massachusetts) et portant le nom de son premier grand bienfaiteur, John Harvard.

Harvey *(William),* médecin anglais (Folkestone 1578 - Londres 1657). Il fut chirurgien des rois Jacques Ier et Charles Ier, et titulaire d'une chaire d'anatomie. Il est surtout connu pour sa découverte en 1615 (publiée en 1628) de la circulation du sang, du rôle du cœur, de la différence entre grande et petite circulation, grâce à la dissection de cadavres et à l'expérimentation animale. Par ailleurs, Harvey démontra l'inanité de la théorie de la génération spontanée.

Haryana, État du nord de l'Inde ; 44 000 km^2 ; 16 317 715 hab. Cap. *Chandigarh.*

Harz *(le),* massif cristallin au centre de l'Allemagne culminant au Brocken (1 142 m).

Hasa (« les Puits »), prov. de l'Arabie saoudite, sur le golfe Persique, entre le Koweït et le Qatar.

Hasan ou **Hassan,** second imam des chiites (v. 624 - Médine 669). Fils de Ali et de Fatima, il renonça en 661 au califat au profit de Muawiya, fondateur de la dynastie des Omeyyades.

Hasdrubal, nom porté par plusieurs généraux carthaginois (VIe-IIe s. av. J.-C.). Les deux principaux furent : **Hasdrubal,** dit le Beau (v. 270-221 av. J.-C.), gendre d'Hamilcar, fondateur de Carthagène, en Espagne ;

Hasdrubal Barca (v. 245-207 av. J.-C.), frère d'Hannibal ; vaincu et tué en Italie sur le Métaure, il ne put rejoindre son frère à qui il amenait des renforts.

Hašek *(Jaroslav),* écrivain tchèque (Prague 1883 - Lipnice nad Sázavou 1923). Son roman satirique *les Aventures du brave soldat Švejk au temps de la Grande Guerre* (1921-1923) campe un antihéros, devenu aux yeux des Tchèques le symbole de la résistance populaire passive et, surtout, rusée face au pouvoir.

Haskil *(Clara),* pianiste roumaine (Bucarest 1895 - Bruxelles 1960), spécialiste de l'interprétation du répertoire classique (Mozart).

Hassan II ou **Hasan II** (Rabat 1929), roi du Maroc depuis 1961. Fils de Muhammad V, il s'efforce de maintenir la stabilité de son régime grâce à un consensus autour de la question du Sahara occidental.

Hasse *(Johann Adolf),* compositeur allemand (Bergedorf 1699 - Venise 1783). Représentant typique (avec son librettiste principal Métastase) de l'opera seria (*Didone abbandonata,* 1742 ; *Arminio,* 1745 ; *Il Re pastore,* 1755), il écrivit aussi des oratorios, des messes et des partitions instrumentales diverses.

Hasselt, v. de Belgique, ch.-l. du Limbourg ; 66 611 hab. — Cathédrale gothique (œuvres d'art, mobilier baroque).

Hassi Messaoud, gisement pétrolier du Sahara algérien, au sud-est de Wargla.

Hassi R'Mel, gisement de gaz naturel du Sahara algérien, au sud de Laghouat.

Hassouna *(tell),* site archéologique du nord de l'Iraq, près de la rive droite du Tigre (30 km), en aval de Mossoul. Sa fouille a précisé l'évolution culturelle (avec notamment la datation de la céramique peinte) du nord de la Mésopotamie, lors de l'installation dans la plaine des populations agricoles venues des vallées du Zagros dans le courant du VIe millénaire.

Hastings, v. de Grande-Bretagne (East Sussex), sur la Manche ; 78 100 hab. Port et station balnéaire.

Hastings *(bataille d')* [14 oct. 1066], bataille que remporta Guillaume le Conquérant sur le roi anglo-saxon Harold II à Hastings (Angleterre). Cette bataille livra l'Angleterre aux Normands.

Hastings *(Warren),* administrateur britannique (Churchill 1732 - Daylesford 1818). Gouverneur général de l'Inde (1774-1785), il y accomplit une grande œuvre d'organisation en s'appuyant sur les traditions indigènes.

Hathor, déesse de l'ancienne Égypte dont le nom signifie « Demeure d'Horus [le Soleil] ».

Elle est représentée soit comme une vache, soit comme une femme qui a souvent la tête coiffée de deux grandes cornes de vache enserrant le disque solaire. Son corps constituait l'étendue céleste. Chaque matin, elle donnait naissance au Soleil, lequel, devenu à midi homme ou taureau, la fécondait et, le soir, disparaissait dans la bouche de celle qui était ainsi à la fois sa mère et son épouse. Hathor était vénérée particulièrement dans le temple de Dendérah.

Hatshepsout, reine de la XVIIIe dynastie d'Égypte (1520-1484 av. J.-C.). Épouse de Thoutmosis Ier puis de Thoutmosis II, elle usurpa le pouvoir durant la minorité de son beau-fils Thoutmosis III.

Hatti, nom ancien (IIIe-IIe millénaire) d'une région d'Anatolie centrale, et du peuple qui l'habitait. (→ Hittites.)

Hattousa, capitale de l'Empire hittite (1600-1200 av. J.-C.), dont les vestiges — très étendus — ont été découverts près du village anatolien de Boğazkale (ou Boğazköy) [prov. de Yozgat]. On a dégagé une imposante enceinte, avec ses poternes, les restes de la ville, une forteresse royale, des temples, et plusieurs zones d'habitations, ainsi que de nombreux orthostates. Une multitude de tablettes cunéiformes constituant les archives du palais ont été recueillies.

Haug *(Émile),* géologue français (Drusenheim 1861 - Niederbronn 1927). Auteur d'un *Traité de géologie,* il fut le premier à opposer clairement les aires continentales à celles où se formant les futures chaînes de montagnes.

Hauptmann *(Gerhart),* écrivain allemand (Bad Salzbrunn 1862 - Agnetendorf 1946). Son œuvre dramatique évolue du drame naturaliste *(les Tisserands,* 1892) au drame symboliste *(la Cloche engloutie,* 1896) en passant par la comédie de mœurs *(la Pelisse de castor,* 1893). On lui doit aussi des poèmes épiques *(Till Eulenspiegel,* 1928) et cosmiques *(le Grand Rêve,* 1942). [Prix Nobel 1912.]

Hauriou *(Maurice),* juriste français (Ladiville 1856 - Toulouse 1929). Ses travaux ont eu une grande influence sur le droit public français.

Hausdorff *(Felix),* mathématicien allemand (Breslau 1868 - Bonn 1942). Auteur de travaux sur les espaces abstraits, il a fondé leur théorie sur la notion de voisinage.

Hauser *(Kaspar),* personnage énigmatique allemand (v. 1812 - Ansbach 1833). Apparu en 1828, vêtu en paysan, il est généralement identifié au fils abandonné du grand-duc Charles de Bade.

Haussmann *(Georges, baron),* administrateur français (Paris 1809 - id. 1891). Préfet de la Seine (1853-1870), il dirigea l'ensemble des immenses travaux qui firent de Paris une ville moderne (non sans quelques ravages, notamment dans l'île de la Cité).

hautes études en sciences sociales *(École des)* [E. H. E. S. S.], établissement d'enseignement supérieur issu en 1975 de l'École pratique des hautes études dont il constituait la VIe section.

Haute-Volta → Burkina.

Hauts-de-Seine [92], dép. de la Région Île-de-France, limitrophe de Paris, ch.-l. de dép. *Nanterre ;* ch.-l. d'arr. *Antony* et *Boulogne-Billancourt ;* 3 arr., 45 cant., 36 comm. ; 176 km[2] ; 1 391 658 hab. Il appartient à l'académie et à la cour d'appel de Versailles et au commandement militaire d'Ile-de-France.

Haüy *(abbé René Just),* cristallographe français (Saint-Just-en-Chaussée, Oise, 1743 - Paris 1822). Il a découvert l'anisotropie des cristaux ainsi que l'existence d'éléments de symétrie, montré que les divers cristaux d'une même espèce chimique dérivent d'une forme primitive, sur laquelle ont été effectuées des troncatures. Il est considéré comme le créateur de la cristallographie. Son frère **Valentin,** pédagogue français (Saint-Just-en-Chaussée, Oise, 1745 - Paris 1822), a fondé l'établissement devenu l'Institut national des jeunes aveugles (I. N. J. A.). Il imagina des caractères en relief pour permettre aux aveugles de lire.

Havane (La), *en esp.* La Habana, cap. de Cuba ; 2 059 000 hab. Port établi dans une rade bien abritée, à l'entrée du golfe du Mexique. La ville assure toujours la majeure partie des relations avec l'extérieur (port, aéroport) et reste le premier centre industriel cubain (alimentation, tabac, raffinerie de pétrole, métallurgie, textile). — Fondée en 1519 par Diego Velázquez, la ville a été pour l'Espagne, du XVIIe au XIXe siècle, une place forte et un entrepôt entre la métropole et ses colonies d'Amérique. — Monuments civils et religieux des XVIIe et surtout XVIIIe siècles. Musées.

Havas, société anonyme française, créée en 1879, dont les origines remontent à la création, en 1832, par Charles Louis Havas, du bureau de traduction de dépêches étrangères qui devint l'Agence Havas (1835). La branche information, acquise en 1940 par l'État, devint en 1944 l'Agence France-Presse. Havas est présent aujourd'hui dans les secteurs de la publicité, de l'audiovisuel, de la presse, de l'édition et du tourisme.

Havel *(Václav),* auteur dramatique et homme d'État tchèque (Prague 1936). Opposant au régime communiste, notamment à travers son théâtre *(Audience, Vernissage, Pétition),* il est condamné à plusieurs reprises pour délit d'opinion. En 1989, il prend la tête du mouvement de contestation et est président de la République tchécoslovaque de 1989 à 1992. Il est élu président de la République tchèque en janvier 1993.

Havre (Le), ch.-l. d'arr. de la Seine-Maritime, sur la rive nord et à l'embouchure de la Seine, à 208 km de Paris ; 197 219 hab. *(Havrais)* [plus de 250 000 dans l'agglomération]. GÉOGR. Le développement de la ville a été lié à celui du port (fondé en 1517 par François Iᵉʳ), qui demeure le deuxième de France (importations de pétrole principalement). L'industrie est essentiellement représentée dans l'agglomération par la production d'énergie (centrale thermique, surtout, raffinage) et la métallurgie de transformation (constructions automobile et navale). Université (1984). ARTS. Reconstruite après 1945 sur les plans d'A. Perret, la ville conserve deux églises des XVIᵉ-XVIIᵉ siècles. Théâtre-maison de la culture par Niemeyer (1982). Musées, dont celui des Beaux-Arts et celui de Sculpture médiévale et d'Archéologie de l'ancien prieuré de Graville.

Hawaii, archipel du Pacifique, en Polynésie, constituant un État des États-Unis ; 16 600 km² ; 1 108 229 hab. *(Hawaïens).* Cap. *Honolulu.* GÉOGR. L'archipel compte huit îles principales, montagneuses et volcaniques. Le climat est tropical et les côtes au vent (N.-E.), très arrosées, s'opposent aux côtes sous le vent (S.-O.), plus sèches. Dans la population, très mélangée, les autochtones sont en minorité. Les plantations (canne à sucre et ananas), l'activité de la base militaire de Pearl Harbor procurent aujourd'hui moins de ressources que le tourisme (plus de 6 millions de visiteurs par an). HIST. Originaires de Tahiti, les Hawaïens arrivèrent dans l'archipel vers l'an 1000. Visitées par Cook en 1778, les îles furent annexées par les États-Unis en 1898, avant de devenir le 50ᵉ État de l'Union.

Hawaii, la plus grande île de l'*archipel des Hawaii ;* 10 400 km² ; 120 000 hab. Ses volcans sont parmi les plus grands du monde. Le Mauna Loa (4 168 m) et le Kilauea sont actifs. Le Mauna Kea, éteint (site d'un observatoire astronomique), atteint 4 208 m. V. princ. *Hilo.*

Hawke *(Robert),* homme politique australien (Bordertown, Australie-Méridionale, 1929), Premier ministre de 1983 à 1991.

Hawkes *(John),* écrivain américain (Stamford 1925). Inaugurée dans le cadre apocalyptique de l'Allemagne de l'« année zéro » (*le Cannibale,* 1949), sa série de romans brise avec la tradition réaliste pour évoquer des faits divers sur le mode du cauchemar éveillé (*le Gluau,* 1961 ; *les Oranges de sang,* 1971).

Hawkins *(Coleman),* saxophoniste de jazz américain (Saint Joseph, Missouri, 1904 - New York 1969). Il fut le premier à donner une place de premier plan au saxophone ténor, sur lequel il jouait avec un son velouté et énergique, et un phrasé majestueux. Après avoir débuté en 1922 dans l'orchestre de Fletcher Henderson, il a dirigé diverses formations.

Hawkins ou **Hawkyns** *(sir John),* amiral anglais (Plymouth 1532 - au large de Porto Rico 1595). Il fut le premier Anglais à pratiquer la traite des Noirs entre l'Afrique et les colonies d'Amérique (1562).

Hawks *(Howard),* cinéaste américain (Goshen, Indiana, 1896 - Palm Springs, Californie, 1977). Révélé dès 1928 avec *Une fille dans chaque port,* il confirme ses qualités dans *la Patrouille de l'aube* (1930). Il aborde ensuite des genres très variés : films policiers, westerns, films de guerre et d'aviation, mais aussi des comédies sentimentales, humoristiques et satiriques. Le style de Hawks est caractérisé par un point de vue esthétique et moral : suivre les personnages et les actions « à hauteur d'hommes » ; le spectateur n'en sait pas plus que les protagonistes. Sa vision de l'humanité, dans laquelle l'amitié joue un rôle fondamental, exclut toute complaisance. Il est notamment l'auteur de *Scarface* (1932) , *La foule hurle* (1932), *Train de luxe* (1934), *Ville sans loi* (1934), *l'Impossible Monsieur Bébé* (1938), *Sergent York* (1941), *Air Force* (1943), *le Port de l'angoisse* (1945), *le Grand Sommeil* (1946), *la Rivière rouge* (1948), *la Captive aux yeux clairs* (1952), *Les hommes préfèrent les blondes* (1953), *Rio Bravo* (1958), *Hatari* (1962), *El Dorado* (1966), *Rio Lobo* (1970).

Hawkwood *(sir John),* condottiere d'origine anglaise (Hedingham Sibil, Essex, v. 1320 - Florence 1394), connu en Italie sous le nom de **Giovanni Acuto.**

Haworth *(sir Walter Norman),* chimiste britannique (Chorley 1883 - Birmingham 1950), prix Nobel en 1937 pour sa synthèse de la vitamine C.

Hawthorne *(Nathaniel),* écrivain américain (Salem, Massachusetts, 1804 - Plymouth, New Hampshire, 1864). Le puritanisme ancestral et la conception pessimiste de la nature humaine viciée par le péché originel ont imprégné son œuvre romanesque (*la Lettre écarlate*, 1850 ; *la Maison aux sept pignons*, 1851) et ses récits (*Contes racontés deux fois*, 1837-1842).

Hawtrey *(sir Ralph George)*, économiste britannique (Slough, Buckinghamshire, 1879 - Londres 1975). Il expliqua les fluctuations économiques par le comportement du système bancaire.

Haydar Ali (Dodballapur 1721 - près de Chittoor 1782), fondateur (1761) de la dynastie musulmane du Mysore. Soutenu par les Français, il lutta contre les Marathes, le Carnatic et les Anglais.

Haydn *(Joseph)*, compositeur autrichien (Rohrau, Basse-Autriche, 1732 - Vienne 1809). Sa longue carrière, durant laquelle il porta à son apogée la structure classique de la symphonie et du quatuor à cordes, le mena de la fin de l'ère baroque aux débuts du romantisme. Il écrivit vers 1757 ses premiers quatuors à cordes. Entré en 1761 au service des princes Esterházy, il resta jusqu'à sa mort attaché à cette famille, écrivant de nombreuses œuvres instrumentales (symphonies, concertos) et vocales (messes, opéras). Haydn acquit peu à peu une renommée internationale qui lui valut d'importantes commandes, dont celles des 6 symphonies dites *parisiennes* (nᵒˢ 82-87, 1785-86) et des *Sept Paroles du Christ* (1786-87). Au cours de deux séjours à Londres (1791-92 et 1794-95), il composa ses 12 dernières symphonies (nᵒˢ 93-104, dites *londoniennes*). À partir de 1795, il vécut à Vienne en musicien indépendant et couronna sa carrière par deux grands oratorios, *la Création* (1798) et *les Saisons* (1801).

Haydn *(Michael)*, compositeur autrichien (Rohrau an der Leitha 1737 - Salzbourg 1806), frère du précédent. Au service du prince-archevêque de Salzbourg à partir de 1763, il fut célèbre comme auteur de musique religieuse (messes, requiem, offertoires, vêpres, etc.), et écrivit aussi des œuvres instrumentales (quintettes et quatuors à cordes, symphonies, concertos).

Haye (La), *en néerl.* **Den Haag** et **'s-Gravenhage,** v. des Pays-Bas, ch.-l. de la prov. de Hollande-Méridionale, sur le revers des dunes littorales ; 444 242 hab. **GÉOGR.** Sans être la capitale officielle, La Haye est le siège du gouvernement, de nombreuses administrations, des ambassades et d'organismes internationaux (Cour de justice). De multiples sociétés commerciales et industrielles y ont leur siège. Le bâtiment, la métallurgie et

l'édition représentent le secteur industriel de l'agglomération, également centre culturel et touristique (plage de Scheveningen). **ARTS.** Nombreux monuments du XIIIᵉ au XVIIIᵉ siècle. Musées, dont le musée royal de Peinture du Mauritshuis (palais du XVIIᵉ s.) : chefs-d'œuvre de Rembrandt, Vermeer.

Hayek *(Friedrich August von)*, économiste britannique d'origine autrichienne (Vienne 1899 - Fribourg-en-Brisgau 1992). Un des principaux représentants du courant libéral, il a étudié les crises cycliques. Il a partagé avec K. G. Myrdal, en 1974, le prix Nobel d'économie.

Hayes *(Rutherford Birchard)*, homme d'État américain (Delaware, Ohio, 1822 - Fremont, Ohio, 1893), président républicain des États-Unis de 1877 à 1881.

Haykal *(Muhammad Husayn)*, écrivain égyptien (Tanta 1888 - Le Caire 1956). Auteur du premier roman arabe moderne, *Zaynab* (1914), il joua un rôle littéraire important grâce à son hebdomadaire *al-Siyasa*.

Haÿ-les-Roses (L'), ch.-l. d'arr. du Val-de-Marne, au sud de Paris ; 29 841 hab. Roseraie.

Hayworth *(Margarita Carmen Cansino, dite Rita)*, actrice américaine (New York 1918 - *id.* 1987). Rendue célèbre par le film *Gilda* (C. Vidor, 1946), elle fut immortalisée par O. Welles dans *la Dame de Shanghai* (1948).

Hazard *(Paul)*, critique et historien français (Noordpeene, Nord, 1878 - Paris 1944). Il est l'auteur de *la Crise de la conscience européenne, 1680-1715* (1935). [Acad. fr. 1940.]

Hazebrouck, ch.-l. de c. du Nord ; 21 115 hab. (*Hazebrouckois*). Industries textiles, mécaniques et alimentaires. — Église du XVIᵉ siècle. Musée.

H. C. R. (Haut-Commissariat des Nations unies pour les réfugiés), organe subsidiaire permanent de l'O. N. U., créé en 1950. À but humanitaire et social, il a pour objectif d'assurer la protection des réfugiés. (Prix Nobel de la paix 1954 et 1981.)

Head *(sir Henry)*, neurophysiologiste britannique (Londres 1861 - Reading 1940). Il réalisa des découvertes sur la sensibilité cutanée et étudia les troubles du langage. Il a défendu la thèse de la localisation cérébrale fonctionnelle.

Hearst *(William Randolph)*, homme d'affaires américain (San Francisco 1863 - Beverly Hills 1951). Propriétaire d'une chaîne de journaux, il développa les procédés de la presse à sensation.

Heath *(Edward)*, homme politique britannique (Broadstairs 1916). Leader du Parti conservateur (1965-1975), Premier ministre (1970-1974), il fit entrer la Grande-Bretagne dans le Marché commun (1973).

Heathrow, principal aéroport de Londres, à l'ouest de la ville.

Heaviside *(Oliver)*, mathématicien et physicien britannique (Londres 1850 - Torquay 1925). Il a traduit en termes vectoriels la théorie de l'électromagnétisme de Maxwell et a découvert la couche atmosphérique ionisée, qui porte son nom.

Hebbel *(Friedrich)*, auteur dramatique allemand (Wesselburen 1813 - Vienne 1863). Rénovateur en Allemagne du sentiment tragique, il écrivit des drames (*Judith*, 1840 ; *Gygès et son anneau*, 1855) et une trilogie des *Nibelungen* (1861-62).

Hebei, prov. de la Chine du Nord, sur le golfe de Bohai ; 180 000 km² ; 61 millions d'hab. Cap. *Shijiazhuang.*

Hébert *(Anne)*, femme de lettres canadienne d'expression française (Sainte-Catherine-de-Fossambault 1916). Elle est l'auteur de romans dégagés du réalisme traditionnel (*Kamouraska*, 1970) et d'inspiration fantastique (*les Fous de Bassan*, 1982), ainsi que de recueils lyriques (*le Tombeau des rois*, 1953).

Hébert *(Georges)*, pédagogue français (Paris 1875 - Deauville 1957). Il a proposé une méthode d'éducation physique dite « naturelle », opposée à la gymnastique suédoise et à la spécialisation sportive.

Hébert *(Jacques)*, publiciste et homme politique français (Alençon 1757 - Paris 1794). Fondateur (1790) et directeur du journal *le Père Duchesne,* substitut du procureur de la Commune de Paris (1792), il fut le chef des révolutionnaires les plus radicaux, mena une lutte acharnée contre les Girondins (1793) et engagea la Convention dans la voie de la Terreur. Il fut éliminé, avec son groupe (les hébertistes), par Robespierre.

Hébert *(Louis)*, apothicaire français (Paris v. 1575 - Québec 1627). Son installation à Québec en 1617 en fait, peut-être, le premier colon français au Canada.

Hébreux, nom du peuple d'Israël à ses origines. Selon la Bible, il dériverait du nom de l'ancêtre éponyme, Eber, descendant de Sem, fils de Noé. Ce nom pourrait venir aussi de *Hapirou,* terme qui désignait des nomades envahisseurs de Canaan.

■ **D'Abraham à Moïse.** Vers 1760 av. J.-C., un petit clan conduit par Abraham quitte Our, en Mésopotamie, pour venir s'installer en Canaan, entre le Jourdain et la Méditerranée. L'histoire des Hébreux se terminera en 135 apr. J.-C., au terme d'une guerre sans merci contre l'Empire romain. Elle s'étendra donc sur deux millénaires, dans le cadre géographique de la Terre sainte. Après leur séjour en Canaan sous la conduite des « patriarches », Abraham et ses descendants Isaac et Jacob, les Hébreux, chassés par une famine, s'établissent en Égypte, bénéficiant des fonctions qu'exerce auprès du pharaon Joseph, l'un des fils de Jacob. Mais cette transplantation se change bientôt en un esclavage de plus en plus mal supporté. L'âme de la résistance est alors Moïse, qui sera l'instrument de la libération miraculeuse du peuple par Yahvé. Cette sortie d'Égypte, que l'on situe généralement vers le XIIIe s. av. J.-C. et qui restera dans la mémoire nationale comme une épopée à la gloire de Yahvé et de Moïse, est suivie d'une transhumance de plusieurs années dans la région du Sinaï, où le peuple hébreu va recevoir sa loi, la Torah, et contracter une alliance solennelle avec son Dieu.

■ **La royauté, les prophètes, l'Exil.** Sous la conduite de Josué, les Hébreux entreprennent la conquête de Canaan où, partageant le territoire entre les douze tribus, ils installent une démocratie tribale qui durera deux siècles et demi. Vers 1020, le peuple élu se donne un roi : d'abord Saül, puis David, qui réalise l'unité nationale, et surtout son fils Salomon (de 970 env. à 931), qui entreprend la construction du Temple de Jérusalem et dont le règne est une réussite économique et politique. Cette période de la monarchie est aussi celle des Prophètes qui, tels Isaïe, Jérémie, Ezéchiel, dénoncent les infidélités à l'alliance avec Yahvé. Bientôt, le royaume, divisé en deux — Israël au nord, Juda au sud — connaît l'épreuve. En 721, le premier est détruit par les Assyriens ; en 587, le second tombe sous les coups des Babyloniens. Après la déportation et l'Exil, les Hébreux peuvent, en 538, rentrer en Palestine, où, sous la conduite de Néhémie et d'Esdras, ils reconstruisent Jérusalem et le Temple.

■ **La lutte contre Rome.** Ils resteront sous la tutelle perse puis hellénistique pour ne recouvrer l'indépendance que sous les Maccabées et les princes asmonéens (165-63 av. J.-C.). Mais la conquête romaine les soumet à une occupation militaire et à l'oppression politique, sans détruire toutefois leurs structures nationales. Ils luttent contre l'occupant par de multiples insurrections et au cours de deux guerres (66-73 et 132-135 apr. J.-C.), qui mettent fin à l'histoire de l'antique État hébreu : la première voit la destruction de Jérusalem par Titus en 70 et la seconde, l'échec de la révolte de Bar-Kokhba.

Hébrides ou **Western Isles,** îles de la Grande-Bretagne, au N.-O. de l'Écosse, formant deux archipels : les *Inner Hebrides* (avec Skye et Mull) et les *Outer Hebrides* (avec Lewis et Harris, North et South Uist), qui forment la *région administrative de Western Isles* (2 898 km^2 et 30 600 hab.). Le climat y est doux et humide. L'élevage, la pêche, le tissage (tweed de Harris) et le tourisme sont les principales activités.

Hécate, divinité lunaire, infernale et marine de la mythologie grecque. Elle assurait aux navigateurs de bonnes traversées. En revanche, c'est à elle que les humains devaient d'être tourmentés par des terreurs nocturnes et des spectres. On la représentait souvent avec trois têtes ou trois corps, et suivie d'un chien. Les Romains, sous l'Empire, honoraient en elle la déesse de la Magie infernale.

Hécatée de Milet, historien et géographe d'Ionie (vi^e s. av. J.-C.), il parcourut l'Empire perse. Il a été le premier à rédiger des informations géographiques et historiques.

Hector, héros troyen, fils de Priam et d'Hécube, époux d'Andromaque et père d'Astyanax. Chef de l'armée de Troie, il lutta contre Ajax et tua Patrocle. Pour venger celui-ci, qui était son ami, Achille combattit Hector et le tua.

Hécube, héroïne de la légende troyenne, épouse de Priam et mère de nombreux enfants, dont les plus célèbres sont Hector, Pâris et Cassandre. La tragédie grecque a fait d'elle l'image de la désolation, de l'épouse et de la mère meurtrie par la mort des siens.

Heda *(Willem Claesz.),* peintre hollandais (Haarlem 1594 - *id.* v. 1680). Ses natures mortes sont admirées pour la précision de leur facture, la sobriété de leur coloris et la densité de leur pâte (*Un dessert,* Louvre).

Hedayat *(Sadeq),* écrivain iranien (Téhéran 1903 - Paris 1951). Il exprime sa passion pour la culture ancienne de son pays et sa sympathie pour les opprimés (*la Chouette aveugle,* 1936).

Hedjaz, *en ar.* Ḥidjāz, province du nord-ouest de l'Arabie saoudite ; ch.-l. *La Mecque.* Les ports sur la mer Rouge (Yanbu, Djedda) s'industrialisent (raffinage du pétrole, pétrochimie), tandis que les oasis de l'intérieur (Médine, La Mecque) conservent leur rôle traditionnel de centres religieux et commerciaux. — Lieu de naissance de Mahomet et

terre sainte des musulmans, le Hedjaz fut érigé en royaume indépendant en 1916 et devint une province de l'Arabie saoudite en 1932.

Hefei, v. de Chine, cap. de la prov. d'Anhui ; 900 000 hab. — Musée.

Hegel *(Friedrich),* philosophe allemand (Stuttgart 1770 - Berlin 1831). Il se fixa à Iéna en 1800 ; puis les guerres napoléoniennes le firent fuir et ce n'est qu'à Berlin, après 1818, qu'il trouva un poste stable. Sa philosophie constitue une sorte d'idéalisme absolu, qui identifie l'« Être » et la « Pensée » dans un principe unique, le « Concept ». Hegel décrit le développement de ce dernier au moyen de la *dialectique.* Non seulement la dialectique est pour lui une méthode rationnelle de pensée, mais, surtout, elle constitue la vie même du concept et de son histoire. Hegel a notamment écrit : *la Phénoménologie de l'esprit* (1807), *la Science de la logique* (1812-1816), *Principes de la philosophie du droit* (1821).

Heiberg *(Peter Andreas),* écrivain danois (Vordingborg 1758 - Paris 1841), auteur de romans et de comédies satiriques. Il fut le secrétaire de Talleyrand. Son fils **Johan Ludvig** (Copenhague 1791 - Bonderup 1860), auteur de drames (*le Jour des Sept-Dormants,* 1840), influença pendant trente ans la vie intellectuelle de son pays.

Heidegger *(Martin),* philosophe allemand (Messkirch, Bade, 1889 - *id.* 1976). Il passa son doctorat de philosophie sous la direction de Husserl. Recteur de l'université de Fribourg (1933-34), il adhéra quelques mois au parti nazi, le soutint dans quelques articles, puis démissionna.
À ses yeux, ce qui définit l'ontologie et son histoire est l'oubli de l'être comme lieu de questionnement. Or, l'être comme lieu de questions est en fait un étant particulier, « l'être-là », le *Dasein.* Ce *Dasein,* c'est l'homme. Or, cet être-là, celui qui peut à la fois exister et qui sait, à tout moment et en même temps, qu'il doit un jour ne plus exister : c'est un « être-pour-la-mort ». Accepter cette situation, c'est le signe de l'authenticité pour l'homme. Poser la question de l'authenticité, pour l'homme, c'est soulever les différentes manières d'être : facticité, déréliction, historicité. Tels sont les thèmes fondamentaux que Heidegger aborde dans son ouvrage majeur, *Sein und Zeit* (1927 ; traduit en fr. sous le titre *Être et Temps*). La problématique de Heidegger est élargie dans *Qu'est-ce que la métaphysique ?* (1929), *Lettre sur l'humanisme* (1947), *Introduction à la métaphysique* (1953).

D'autres textes ont été réunis sous le titre *Chemins forestiers* (ou *qui ne mènent nulle part* ; en all. *Holzwege*) et, surtout, dans le recueil intitulé *Questions* (1968-1976).

Heidelberg, v. d'Allemagne (Bade-Wurtemberg), sur le Neckar ; 134 496 hab. Université (fondée en 1386). Tourisme. — Château des XIVe-XVIIe siècles, en partie ruiné, et autres monuments. Musées.

Heider *(Fritz),* psychosociologue américain d'origine autrichienne (Vienne 1896- ? 1988). Il a développé la notion d'équilibre et la théorie de l'attribution, qui analyse l'observateur d'un comportement d'une personne et les motivations que cet observateur attribue à cette personne. Il a écrit *The Psychology of Interpersonal Relations* (1958).

Heifetz *(Jascha),* violoniste lituanien naturalisé américain (Vilnius 1901 - Los Angeles 1987). Il se partagea entre l'enseignement et sa carrière de virtuose international.

Heilbronn, v. d'Allemagne (Bade-Wurtemberg), sur le Neckar ; 113 955 hab. Port fluvial. — Église St-Kilian, des XIIIe-XVIe siècles.

Heilongjiang, prov. de la Chine du Nord-Est ; 460 000 km² ; 35 215 000 hab. Cap. *Harbin.*

Heine *(Heinrich, en fr. Henri),* écrivain allemand (Düsseldorf 1797 - Paris 1856). Auteur de poésies, où l'inspiration romantique prend une tonalité politique ou ironique (*Intermezzo lyrique,* 1823 ; *le Livre des chants,* 1827-1844 ; *Romanzero,* 1851), et de récits de voyages (*Images de voyages,* 1826-1831), il joua le rôle d'un intermédiaire culturel entre la France et l'Allemagne.

Heinkel *(Ernst Heinrich),* ingénieur et industriel allemand (Grunbach, Wurtemberg, 1888 - Stuttgart 1958). Après avoir dirigé, pendant la Première Guerre mondiale, la construction en série d'avions militaires, il fonda à Warnemünde (1922) une firme de construction aéronautique. Après 1945, il se consacra à la construction d'engrenages de transmission et de moteurs pour automobiles.

Heinsius *(Anthonie),* homme politique néerlandais (Delft 1641 - La Haye 1720). Grand pensionnaire de Hollande de 1689 à sa mort, il se montra l'ennemi implacable de Louis XIV et fut l'un des auteurs de la grande alliance de La Haye (1701), qui préluda à la guerre de la Succession d'Espagne.

Heisenberg *(Werner Karl),* physicien allemand (Würzburg 1901 - Munich 1976). Il fut l'un des fondateurs de la théorie quantique, dont il développa le formalisme matriciel. Outre divers travaux en physique quantique (théorie du ferromagnétisme, étude des formes allotropiques de l'hydrogène moléculaire), il formula en 1927 sous forme d'inégalités (qui portent son nom) l'incertitude inhérente à toute mesure physique. Les inégalités traduisent l'impossibilité de mesurer simultanément la position et la vitesse d'un objet quantique. Les *relations de Heisenberg* donnent ainsi les limites en-deçà desquelles on ne peut employer les concepts de la physique classique. (Prix Nobel 1932.)

Hekla, volcan actif de l'Islande, à l'E. de Reykjavík ; 1 491 m.

Helder (Le), port des Pays-Bas (Hollande-Septentrionale) ; 61 468 hab.

Hélène, grande héroïne de *l'Iliade,* femme de Ménélas, roi de Sparte. Célèbre par sa beauté, elle fut enlevée à celui-ci par Pâris, fils de Priam, roi de Troie. Ainsi commença la guerre entre Troyens et Grecs. Après la mort de Pâris, Ménélas reprit Hélène et revint avec elle à Sparte.

Hélène *(sainte),* mère de l'empereur Constantin (Drepanum, Bithynie, milieu du IIIe s. - Nicomédie ? v. 335 ?). Elle exerça sur son fils une influence considérable, défendant la cause des chrétiens. Une tradition tardive lui attribue la découverte de la croix du Christ.

Helgoland, *anc.* Héligoland, île allemande de la mer du Nord, au large des estuaires de l'Elbe et de la Weser. — Danoise en 1714, britannique en 1814, elle fut cédée, contre Zanzibar, en 1890, aux Allemands, qui firent une base navale, démantelée en 1947.

Hélicon, mont de la Grèce (Béotie) [1 748 m]. Les Muses étaient censées y résider.

Héliée, tribunal populaire d'Athènes, constitué par l'ensemble des citoyens. Les *héliastes,* juges de l'Héliée, étaient recrutés parmi toutes les classes de citoyens âgés de plus de trente ans et qui se portaient volontaires pour y être inscrits.

Héliodore, écrivain grec (Émèse IIIe s. apr. J.-C.). Son roman, les *Éthiopiques* ou *Théagène et Chariclée,* exerça une profonde influence sur les littératures européennes des XVIe et XVIIe siècles.

Héliogabale → **Élagabal.**

Hélion *(Jean),* peintre français (Couterne, Orne, 1904 - Paris 1987). Abstrait dans les années 1930-1938, il fit retour au naturalisme selon divers modes originaux de schématisation (*À rebours,* 1947, M. N. A. M.).

Héliopolis, ville de l'Égypte ancienne, à l'extrémité sud du delta du Nil. Elle eut un grand rayonnement religieux et politique, grâce à la puissance du clergé desservant le temple du dieu Rê. — **Obélisque de Sésostris Ier.**

Hélios, dieu grec qui personnifie le Soleil et la Lumière. De son char, il surveillait les hommes. Selon la plus connue des légendes le concernant, l'un de ses fils, Phaéton, s'empara de ce char et fut foudroyé par Zeus pour avoir, dans cette aventure, manqué d'embraser la Terre. Hélios est représenté coiffé d'une couronne radiée.

Hellade, *en gr.* Hellas. Le centre de la Grèce antique, par opposition au *Péloponnèse.* Plus tard, la Grèce entière.

Hellens *(Frédéric* Van Ermenghem, dit Franz*),* écrivain belge d'expression française (Bruxelles 1881 - *id.* 1972). Il est l'auteur de récits fantastiques ou mystérieux (*Mélusine,* 1921) et de recueils lyriques.

Hellespont, anc. nom des Dardanelles.

Helmand ou **Hilmand,** fl. d'Afghanistan, qui se perd dans la cuvette du Sistan, sur la frontière irano-afghane ; 1 200 km.

Helmholtz *(Hermann Ludwig Ferdinand* von*),* physicien et physiologiste allemand (Potsdam 1821 - Charlottenburg 1894). En 1847, il introduisit la notion d'énergie potentielle et donna l'énoncé du principe de conservation de l'énergie. En acoustique, il interpréta le timbre des sons par l'existence d'harmoniques superposés et imagina les résonateurs qui portent son nom, permettant de faire l'analyse et la synthèse des sons complexes. Ses travaux sur la physiologie de la vue et de l'ouïe l'amenèrent à mesurer la vitesse de l'influx nerveux (1850).

Helmont *(Jan Baptist* Van*)* → **Van Helmont.**

Héloïse, épouse d'Abélard (Paris 1101 - couvent du Paraclet, près de Nogent-sur-Seine, 1164). Confiée par son oncle, le chanoine Fulbert, à la tutelle d'Abélard, elle devient une intellectuelle brillante. Une passion violente unit bientôt le maître et l'élève, qui ont un enfant et se marient secrètement. Cet amour, dont témoigne une admirable correspondance, survécut à l'émasculation d'Abélard par Fulbert et à la séparation forcée des deux époux, Héloïse étant devenue abbesse du Paraclet.

Hélouân ou **Hilwan,** banlieue sud-est du Caire ; 204 000 hab. Station thermale. Sidérurgie.

Helsingborg, port du sud de la Suède ; 109 267 hab.

Helsingør → **Elseneur.**

Helsinki, *en suéd.* Helsingfors, cap. de la Finlande ; 490 000 hab. (987 000 avec les banlieues). GÉOGR. La ville déborde (vers le nord surtout) le site originel de la presqu'île. D'un urbanisme aéré, c'est un port et un centre administratif, commercial et industriel (chantiers navals, mécanique, alimentation, textile, chimie). HIST. Fondée en 1550 par les Suédois, Helsinki devint en 1829 la capitale du grand-duché de Finlande et en 1918 celle de la République finlandaise. En 1975, la C. S. C. E. y adopta l'Acte final de son premier sommet. ARTS. Suomenlinna, forteresse insulaire du XVIIIe siècle (musées). Urbanisme harmonieux des XIXe et XXe siècles. Musées (national, des Beaux-Arts, du Design, de l'Architecture finlandaise).

Helvétie, partie orientale de la Gaule, comprenant à peu près le territoire occupé aujourd'hui par la Suisse, habitée par le peuple celtique des Helvètes.

Helvétius *(Claude Adrien),* philosophe français (Paris 1715 - *id.* 1771), fermier général, auteur d'un système matérialiste et sensualiste (*De l'esprit,* 1758). Ce livre lui valut d'être condamné par le pape Clément XIII et de perdre sa charge à la cour ; mais l'importance d'Helvétius a été considérable dans la formation de l'esprit matérialiste au XIXe siècle.

Hemingway *(Ernest),* écrivain américain (Oak Park, Illinois, 1899 - Ketchum, Idaho, 1961). Recherchant toute sa vie le risque et l'aventure, il est ambulancier volontaire sur le front italien en 1917 (*l'Adieu aux armes,* 1929), assiste à la guerre civile d'Espagne (*la Cinquième Colonne,* 1938 ; *Pour qui sonne le glas,* 1940) et, pendant la Seconde Guerre mondiale, est correspondant de guerre en France et en Angleterre. Passionné de chasse et de corridas (*Mort dans l'après-midi,* 1932), il évolue du désenchantement de son « exil », à Paris, au milieu de la génération perdue des romanciers américains (*Le soleil se lève aussi,* 1926), vers une glorification de la force morale de l'homme (*le Vieil homme et la mer,* 1952). Il se suicida. (Prix Nobel 1954.)

Hémon *(Louis),* écrivain français (Brest 1880 - Chapleau, Canada, 1913). Il séjourna au Canada, où il écrivit son roman *Maria Chapdelaine* (1916).

Henan, prov. de la Chine ; 167 000 km² ; 85 510 000 hab. Cap. *Zhengzhou.*

Hench *(Philip Showalter),* médecin américain (Pittsburgh 1896 - Ocho Rios, Jamaïque, 1965). Avec ses collaborateurs, il découvrit les possibilités d'utilisation médicamenteuse de la cortisone (hormone de la

glande surrénale et puissant anti-inflamma-
toire). [Prix Nobel 1950.]

Hendaye, ch.-l. de c. des Pyrénées-Atlantiques, sur la Bidassoa ; 11 744 hab. *(Hen-
dayais).* Gare internationale. Station balnéaire. — Église des XVIe-XVIIe siècles.

Hendrix *(Jimi),* guitariste, chanteur et compositeur de rock américain (Seattle 1942 - Londres 1970). Après avoir accompagné des
vedettes du rhythm and blues, il s'est révélé,
tout d'abord à Londres et à Paris, comme
un guitariste révolutionnaire, dépassant
l'idiome du blues vers des recherches sonores
(distorsion, écho, réverbération, effet « wah
wah »). Il reste une figure majeure de la pop
music.

Hengelo, v. des Pays-Bas, près de la frontière allemande (Overijssel) ; 76 371 hab.

Hengyang, v. de Chine (Hunan) ;
300 000 hab.

Henie *(Sonja),* patineuse norvégienne (Oslo
1912 - en avion 1969), dix fois championne
du monde et trois fois championne olympique (1928, 1932 et 1936).

Hénin-Beaumont, ch.-l. de c. du Pas-de-
Calais ; 26 494 hab. *(Héninois).* Constructions mécaniques. Confection.

Henley-on-Thames, v. de Grande-Bretagne, sur la Tamise ; 12 000 hab. Point de
départ de régates célèbres.

Hennebique *(François),* ingénieur français
(Neuville-Saint-Vaast 1841 - Paris 1921).
Pionnier de la construction industrielle en
béton armé, il résolut le problème de la
répartition des contraintes entre les armatu-
res métalliques tendues et le béton comprimé par l'emploi d'étriers.

Hennig *(Willi),* biologiste allemand (Dür-
rhennersdorf, près de Löbau, haute Lusace,
1913 - Ludwigsburg 1976). Il est le fondateur du cladisme, méthode de classification
des êtres vivants qui a profondément modifié la systématique moderne.

ANGLETERRE ET GRANDE-BRETAGNE

Henri Ier Beauclerc (Selby, Yorkshire,
1069 - Lyons-la-Forêt 1135), roi d'Angleterre
(1100-1135) et duc de Normandie (1106-
1135). Quatrième fils de Guillaume le
Conquérant, il réussit à maintenir l'unité
des États anglo-normands, en reprenant la
Normandie à son frère Robert Courteheuse.
Il s'assura l'alliance de la maison d'Anjou
en mariant sa fille Mathilde à Geoffroi Plantagenêt (v. 1128).

Henri II (Le Mans 1133 - Chinon 1189), roi
d'Angleterre (1154-1189), fils de Geoffroi V

Plantagenêt et de Mathilde, duc de Normandie (1150-1189), comte d'Anjou (1151-
1189) et duc d'Aquitaine [par son mariage
avec Aliénor] (1152-1189). Accédant au
trône d'Angleterre à la mort d'Étienne de
Blois, Henri II rétablit rapidement l'ordre et
l'autorité monarchique, et entreprend de
donner une certaine unité à ses vastes
domaines. L'empire Plantagenêt comprend
en effet le royaume d'Angleterre, la Normandie, le sud-ouest de la France et l'Anjou,
qui en est la clef de voûte. Henri II ébauche
une administration centrale et déploie une
intense activité législatrice. Cette œuvre
réformatrice heurte les privilèges des barons
et de l'Église. Il lui faut sans cesse briser
l'opposition féodale, tant en Angleterre
qu'en France. Il reprend l'Église en main,
mais au prix d'un conflit dramatique avec
l'archevêque de Canterbury, Thomas Becket, auparavant son meilleur ami, qui refuse
d'approuver les constitutions de Clarendon
(1164) régissant les rapports entre l'Église et
l'État. Le prélat est assassiné dans sa cathédrale par des serviteurs d'Henri II (1170) et
le roi est contraint de se soumettre à une
pénitence publique.
À l'extérieur, le roi s'assure dès 1166 la maîtrise de la Bretagne. Il tente de conquérir
l'Irlande (1170), neutralise les chefs gallois et
oblige le roi d'Écosse à lui prêter hommage. Il
lutte victorieusement contre le roi de France
Louis VII et s'allie avec l'Empire, la Sicile et la
Savoie. Ses plus graves difficultés surgissent
des révoltes de ses fils, Henri, Geoffroi,
Richard et Jean, qu'il brise d'abord facilement après avoir fait allié, le roi
d'Écosse. Mais l'appui que Philippe Auguste
donne aux princes révoltés, à partir de 1183,
assombrit la fin de son règne.

Henri III (Winchester 1207 - Westminster
1272), roi d'Angleterre (1216-1272). Il perdit
au profit de la France le Poitou, la Saintonge et
l'Auvergne au traité de Paris (1259). En 1258,
les barons révoltés, dirigés par Simon de
Montfort, imposèrent au roi les provisions
d'Oxford, déclenchant une guerre civile.
Battu et fait prisonnier (1264), Henri III parvint cependant à recouvrer son autorité après
la défaite de Simon de Montfort (1265).

Henri IV (Bolingbroke, Lincolnshire, 1366 -
Westminster 1413), duc de Lancastre puis roi
d'Angleterre (1399-1413). Soutenu par une
partie de la noblesse, il obligea Richard II à
abdiquer (1399) et lui succéda, fondant ainsi
la dynastie des Lancastres. Il dut affronter le
soulèvement des Gallois (1400-1408), soute-

nus par l'Écosse et par la France, et réprima durement le mouvement des lollards.

Henri V (Monmouth 1387 - Vincennes 1422), roi d'Angleterre (1413-1422). Fils de Henri IV, il réprima avec vigueur l'opposition religieuse (lollards) et s'attacha à réconcilier les factions rivales. Exploitant la querelle des Armagnacs et des Bourguignons, il reprit la guerre contre les Français, remporta la bataille d'Azincourt (1415) et conquit la Normandie. Il obtint par le traité de Troyes (1420) la main de Catherine de France et la régence du royaume, avec la promesse de succession pour le fils né de ce mariage.

Henri VI (Windsor 1421 - Londres 1471), roi d'Angleterre (1422-1461 et 1470-71). Fils d'Henri V et de Catherine de France, il est proclamé roi de France à la mort de Charles VI, la régence étant exercée par Bedford. Éliminé de France après la réconciliation de Charles VII avec Philippe de Bourgogne (1435), il perd la totalité des possessions anglaises sauf Calais (1453). Ses échecs territoriaux renforcent la position de Richard d'York qui conteste ses droits à la Couronne, provoquant ainsi la guerre des Deux-Roses. Détrôné par Édouard d'York (1461), restauré par Warwick (1470), il est vaincu peu après et emprisonné à la Tour de Londres, où il est assassiné.

Henri VII (château de Pembroke 1457 - Richmond, Londres, 1509), roi d'Angleterre (1485-1509), le premier de la dynastie des Tudors. Il remporta, en 1485, la bataille de Bosworth contre Richard III d'York. Descendant des Lancastres, il épousa l'héritière des Yorks, mettant ainsi un terme à la guerre des Deux-Roses. Il restaura l'autorité royale et assura la prospérité économique de l'Angleterre.

Henri VIII (Greenwich 1491 - Westminster 1547), roi d'Angleterre (1509-1547) et d'Irlande (1541-1547). Deuxième fils et successeur d'Henri VII, il épouse, peu après son avènement, Catherine d'Aragon, veuve de son frère aîné, Arthur. La première partie de son règne est dominée par la personnalité du cardinal Wolsey. Henri VIII se joint à la Sainte Ligue (1511), organisée par le pape contre le roi de France Louis XII, bat les Français à Guinegatte (1513), puis, la même année, écrase les Écossais, alliés de Louis XII, à Flodden. Le danger français écarté, il se retire de la Ligue (1514). Inquiet des ambitions de François Iᵉʳ (entrevue du Camp du Drap d'or, 1520), il s'engage aux côtés de Charles Quint jusqu'en 1527, puis se tourne momentanément vers la France. À l'origine

très attaché au catholicisme, mais décidé à répudier Catherine d'Aragon, qui ne lui a donné qu'une fille, Marie Tudor, il entre en lutte avec Rome. N'ayant pu obtenir du pape le divorce du roi, le cardinal Wolsey est disgracié (1529) et, sous l'influence de ses conseillers Thomas Cromwell et Cranmer, archevêque de Canterbury, le roi rompt avec la papauté et épouse Anne Boleyn (1533). En 1534, l'Acte de suprématie fait passer l'Église d'Angleterre sous l'autorité royale. Cela provoque l'opposition des catholiques, qu'Henri VIII réprime sévèrement comme il pourchasse l'opposition des protestants. Dans le même temps, il détruit les derniers vestiges d'indépendance féodale et rattache en 1536 le pays de Galles à l'Angleterre. Il se fait proclamer roi d'Irlande en 1541 et vainc l'Écosse à Solway Moss (1542) sans parvenir à en évincer l'influence française.

Son désir de donner un héritier à la Couronne explique en partie ses mariages successifs (après Catherine d'Aragon, répudiée en 1533, et Anne Boleyn, mère d'Élisabeth, décapitée en 1536, il a épousé Jeanne Seymour, Anne de Clèves, Catherine Howard, exécutée en 1542, et Catherine Parr).

CASTILLE ET LÉON

Henri Iᵉʳ (v. 1203 - Palencia 1217), roi de Castille (1214-1217).

Henri II le Magnifique (Séville 1333 ou 1334 - Domingo de la Calzada 1379), roi de Castille et de León (1369-1379). Il se maintint sur le trône grâce à Charles V et à Du Guesclin, qui l'aidèrent à triompher de son demi-frère Pierre le Cruel.

Henri III le Maladif (Burgos 1379 - Tolède 1406), roi de Castille et de León (1390-1406). Il poursuivit une politique d'expansion (conquête des Canaries, à partir de 1402).

Henri IV l'Impuissant (Valladolid 1425 - Madrid 1474), roi de Castille et de León (1454-1474), époux de Jeanne de Portugal.

Henri de Flandre et Hainaut (Valenciennes 1174 - Thessalonique 1216), empereur latin d'Orient (1206-1216). Il participa à la quatrième croisade et succéda à son frère Baudouin.

FRANCE

Henri Iᵉʳ (v. 1008 - Vitry-aux-Loges 1060), roi de France (1031-1060). Fils de Robert II, il dut céder à son frère Robert le duché de Bourgogne (1032), lutter contre la maison de Blois-Champagne, puis contre Guillaume le Conquérant, qui le vainquit. Il épousa en secondes noces Anne, fille de Iaroslav, grand-duc de Kiev.

Henri II (Saint-Germain-en-Laye 1519 - Paris 1559), roi de France (1547-1559). Fils de François Ier et de Claude de France, il épouse Catherine de Médicis en 1533 et est partagé entre l'influence de l'entourage italien de sa femme et les intrigues des Guises, des Coligny et de Diane de Poitiers, sa maîtresse. Il renforce la monarchie en la dotant d'institutions centralisées et promulgue une législation rigoureuse contre les protestants français. À l'extérieur, il poursuit la lutte contre Charles Quint et son union avec les protestants allemands lui permet de s'emparer des Trois-Évêchés : Metz, Toul et Verdun (1552). Battu par Philippe II à Saint-Quentin (1557) mais victorieux de l'Angleterre à Calais (1558), il met fin aux guerres d'Italie par le traité du Cateau-Cambrésis (1559), renonçant ainsi aux prétentions des Valois sur l'Italie. Il est mortellement blessé dans un des derniers grands tournois.

Henri III (Fontainebleau 1551 - Saint-Cloud 1589), roi de France (1574-1589). Troisième fils d'Henri II et dernier Valois, il vient d'être élu roi de Pologne lorsque la mort de son frère Charles IX le rappelle en France. Auteur d'une œuvre législative importante, il est partisan d'une politique de tolérance religieuse et oscille longtemps entre les protestants, soutenus par Henri de Navarre, et la Ligue catholique, dirigée par les Guises. Accusé par ces derniers de n'être pas un ardent défenseur du catholicisme et violemment critiqué pour les faveurs qu'il accorde à ses « mignons », il est chassé de Paris (journée des Barricades, 12 mai 1588). Il convoque alors les états généraux à Blois, où il fait assassiner Henri de Guise et son frère, le cardinal de Lorraine (déc. 1588). Il se réconcilie avec Henri de Navarre et entreprend le siège de Paris, au cours duquel il est poignardé par le moine Jacques Clément.

Henri IV (Pau 1553 - Paris 1610), roi de Navarre (Henri III), roi de France (1589-1610), second fils d'Antoine de Bourbon et de Jeanne III d'Albret.

■ **Le chef du parti protestant.** À la tête du parti protestant dès l'âge de seize ans, il devient roi de Navarre à la mort de sa mère et épouse en 1572 Marguerite de Valois, fille d'Henri II et de Catherine de Médicis. Il échappe au massacre de la Saint-Barthélemy (24 août 1572) en abjurant une première fois le protestantisme. Après s'être échappé de la cour des Valois, il revient au calvinisme (1576) et redevient le chef du parti protestant.

■ **L'héritier du trône.** En 1584, le roi Henri III n'ayant pas d'enfant et son frère, le

duc d'Anjou, dernier héritier en ligne directe, venant de mourir, Henri de Navarre devient l'héritier présomptif de la Couronne de France. Mais la Ligue, conduite par le duc de Guise (Henri Ier), lui oppose le cardinal de Bourbon tandis que le pape le déclare déchu de ses droits à la Couronne de France, comme hérétique et relaps. Allié aux puissances protestantes européennes (1584), il prend les armes contre les ligueurs et se rapproche d'Henri III (avr. 1589) qui assiège Paris avec lui et le reconnaît comme son successeur légitime à sa mort (août 1589).

■ **Le restaurateur de la paix religieuse.** Devenu roi de France, il n'est reconnu que par une minorité de Français. Il poursuit la lutte contre les ligueurs, qu'il bat à Arques (1589) et à Ivry (mars 1590), mais échoue devant Paris (août 1590), secouru par l'armée espagnole d'Alexandre Farnèse. L'influence croissante des catholiques modérés, fidèles aux institutions monarchiques, l'incite à abjurer définitivement le protestantisme (juill. 1593), ce qui lui permet d'entrer dans Paris en 1594. L'absolution que lui accorde le pape (1595) est déterminante pour la pacification du pays. Tandis que les chefs ligueurs se rallient, Henri IV bat les Espagnols et conclut avec eux la paix de Vervins (1598), qui confirme celle du Cateau-Cambrésis. La paix intérieure est scellée par l'édit de Nantes (13 avr. 1598), qui accorde aux protestants un statut de tolérance et met fin aux guerres de Religion. Le réalisme politique d'Henri IV le pousse à assurer le respect de cet édit et à donner des gages aux catholiques : il épouse ainsi Marie de Médicis (1600), rappelle les jésuites (1603) et favorise la « renaissance catholique ».

■ **Le restaurateur de la monarchie et de la prospérité.** Le règne d'Henri IV est une étape décisive dans l'instauration de l'absolutisme. La haute noblesse est écartée du pouvoir et ses complots sont sévèrement réprimés. Le relèvement économique et financier est par ailleurs une tâche prioritaire du souverain. Une fois la paix revenue, Sully, principal ministre du roi, parvient à équilibrer le budget (1601-1610) et à constituer des réserves. La production agricole s'améliore grâce aux techniques préconisées par Olivier de Serres. Sous l'influence de Barthélemy de Laffemas, Henri IV prend des mesures protectionnistes, fonde des manufactures (dont celle des Gobelins) et perfectionne les voies de communication.

■ **Son œuvre extérieure.** À l'extérieur, Henri IV jette les bases de la Nouvelle-France au Canada en soutenant Champlain, qui fonde Québec en 1608. Une courte guerre contre la Savoie lui permet de renforcer la frontière à l'est en annexant notamment la Bresse, le Bugey et le pays de Gex (traité de Lyon, 1601). Voulant abaisser les Habsbourg, il s'allie aux princes protestants (1608) et prépare la guerre contre l'Autriche et l'Espagne catholiques. La perspective de cette guerre explique son assassinat par Ravaillac (mai 1610), probablement poussé par d'anciens ligueurs.

Henri V → **Chambord** (comte de).

PORTUGAL

Henri de Bourgogne (Dijon v. 1057 - Astorga v. 1112), comte de Portugal (1097- v. 1112). Petit-fils de Robert Ier, duc de Bourgogne, il proclama l'indépendance du pays à la mort de son beau-père Alphonse VI de Castille (1109).

Henri le Navigateur, prince portugais (Porto 1394 - Sagres 1460). Fils de Jean Ier de Portugal, il fut l'instigateur de voyages d'exploration sur les côtes africaines et favorisa notamment la découverte de Madère, des Açores et du Sénégal.

SAINT EMPIRE

Henri Ier l'Oiseleur (v. 875 - Memleben 936), roi de Germanie (919-936). Duc de Saxe (912), élu roi de Germanie en 919, il adjoignit à la Francia orientalis, issue du partage de l'Empire carolingien, la Lorraine (925) et remporta des victoires sur les Slaves et les Hongrois.

Henri II le Boiteux ou **le Saint** (Abbach, Bavière, 973 - Grone, auj. dans Göttingen, 1024), empereur germanique (1014-1024). Duc de Bavière (995), il fut élu roi de Germanie en 1002.

Henri III le Noir (1017 - Bodfeld, Harz, 1056), empereur germanique (1046-1056). Duc de Bavière (1027) et de Souabe (1038), roi de Bourgogne (1038), il devint roi de Germanie en 1039. Il s'imposa en Italie après avoir déposé les papes Grégoire VI, Silvestre III et Benoît IX, et favorisé l'élection de Clément II. Il obtint de la Bohême (1041), de la Pologne et de la Hongrie (1045) la reconnaissance de sa suzeraineté.

Henri IV (Goslar 1050 - Liège 1106), empereur germanique (1084-1105). Fils d'Henri III, il devint roi de Germanie en 1056. Il s'opposa au pape Grégoire VII lors de la querelle des Investitures, dont l'enjeu principal était la nomination des évêques. Après avoir destitué le pape, qui l'excommunia, il fut contraint par les princes allemands d'obtenir l'absolution du pontife à Canossa (1077). À la suite d'un

nouveau conflit, il s'empara de Rome (1084) et s'y fit couronner empereur mais dut abdiquer sous la contrainte de son fils (le futur Henri V) en 1106.

Henri V (1081 ou 1086 - Utrecht 1125), roi de Germanie (1106-1125) et empereur germanique (1111-1125). Fils d'Henri IV, se révolta contre lui (1104) et lui succéda en 1106. Il fut excommunié par le pape Pascal II (1112) et dut signer avec Calixte II le concordat de Worms (1122), qui mit fin à la querelle des Investitures.

Henri VI le Sévère ou **le Cruel** (Nimègue 1165 - Messine 1197), roi de Germanie (1190- 1197) et empereur germanique (1191-1197). Fils et successeur de Frédéric Ier Barberousse, il se fit couronner roi de Sicile (1194).

Henri VII de Luxembourg (Valenciennes v. 1274 - Buonconvento, près de Sienne, 1313), empereur germanique (1312-13). Élu roi de Germanie en 1308, il inféoda la Bohême à son fils Jean (1310). Il se fit couronner à Rome en 1312.

SAXE ET BAVIÈRE

Henri le Lion (Ravensburg 1129 - Brunswick 1195), duc de Saxe (1142-1181) et de Bavière (1156-1180). Il étendit le duché de Saxe aux dépens de ses voisins slaves. Mis au ban de l'Empire par Frédéric Ier Barberousse, il fut privé de ses possessions (1180).

Henriette-Anne Stuart, dite Henriette d'Angleterre, duchesse d'Orléans (Exeter 1644 - Saint-Cloud 1670). Fille du roi Charles Ier d'Angleterre et d'Henriette-Marie de France, et épouse (1661) de Philippe d'Orléans, frère de Louis XIV, elle négocia avec son frère Charles II le traité de Douvres (1670). Bossuet prononça son oraison funèbre.

Henriette-Marie de France, reine d'Angleterre (Paris 1609 - Colombes 1669). Fille du roi Henri IV et de Marie de Médicis (1625), elle épousa Charles Ier d'Angleterre, dont elle soutint la politique intransigeante.

Henry (Joseph), physicien américain (Albany 1797 - Washington 1878). Il découvrit l'auto-induction (1832), phénomène fondamental en électromagnétisme.

Henry (Louis), démographe français (Saint-Girons 1911 - Brunoy, Essonne, 1991). Spécialiste de l'analyse statistique des populations (fécondité, mouvement naturel), il est un pionnier de l'utilisation à la fois des registres paroissiaux et des modèles pour la recherche en ce domaine.

Henry *(Pierre),* compositeur français (Paris 1927). Représentant de la musique concrète puis électroacoustique, il travaille avec P. Schaeffer, collabore ensuite avec M. Béjart *(la Noire à soixante,* 1961 ; *Variations pour une porte et un soupir,* 1963) puis évolue vers des œuvres de vastes dimensions *(l'Apocalypse de Jean,* oratorio, 1968 ; *Hugo-Symphonie* 1985).

Henzada, v. de Birmanie, sur l'Irrawaddy, au N.-O. de Rangoon ; 284 000 hab.

Henze *(Hans Werner),* compositeur allemand (Gütersloh, Westphalie, 1926). Après une période sérielle, il a composé des opéras *(Boulevard Solitude,* 1951 ; *le Jeune Lord,* 1964 ; *la Mer trahie,* 1990), des ballets et huit symphonies d'un lyrisme plus personnel.

Hepburn *(Audrey),* actrice américaine (Bruxelles 1929 - Tolochenaz, près de Lausanne, 1993). Elle remporte un premier succès à Hollywood en 1953 *(Vacances romaines,* de W. Wyler). Son charme acidulé de garçonne, son esprit et sa distinction s'affirment dans *Sabrina* (B. Wilder, 1954), *Drôle de frimousse* et *Charade* (S. Donen, 1957 et 1963), *Diamants sur canapé* (B. Edwards, 1961), *My Fair Lady* (G. Cukor, 1964).

Hepburn *(Katharine),* actrice américaine (Hartford, Connecticut, 1907). Elle allie, au théâtre comme au cinéma, distinction, esprit et modernité du jeu. Elle a été notamment l'interprète de G. Cukor *(Sylvia Scarlett,* 1935 ; *Indiscrétions,* 1940), H. Hawks *(l'Impossible Monsieur Bébé,* 1938), J. Huston *(African Queen,* 1952), S. Kramer *(Devine qui vient dîner,* 1967), M. Rydell *(la Maison du lac,* 1981).

Héphaïstos, dieu grec du Feu, fils d'Héra et de Zeus, maître de la forge et du travail des métaux. Boiteux des deux pieds, peut-être nain et sale, il eut le cruel destin d'aimer les créatures les plus belles, notamment Aphrodite, qui le trompa souvent. Chez les Romains, il s'appelait Vulcain.

Hepplewhite *(George),* ébéniste et ornemaniste britannique (m. Londres 1786). Son atelier semble avoir été prospère. Il doit sa renommée à la parution posthume (1788) d'un recueil qui traduit en termes pratiques les modèles de meubles de style néoclassique conçus par J. et R. Adam.

Heptaméron *(l'), Contes ou Nouvelles de la reine de Navarre,* recueil de soixante-douze nouvelles, par Marguerite d'Angoulême, dans le goût du *Décaméron* de Boccace (1559). Dans le cadre de N.-D. de Sarrance, près de Cauterets, cinq seigneurs et cinq dames échangent des histoires véridiques, tragiques ou joyeuses, suivies de commentaires moralisateurs.

Heptarchie, ensemble des sept royaumes anglo-saxons de Kent, Sussex, Wessex, Essex, Northumbrie, East-Anglia et Mercie (VIᵉ-IXᵉ s.).

Héra, déesse grecque du Mariage, symbolisant la grandeur maternelle. Fille de Cronos et de Rhéa, elle épousa son frère Zeus, cette union devenant, malgré infidélités et querelles, le modèle des mariages humains. Héra était aussi une déesse de la Fécondité et de la Végétation. Les Romains l'identifièrent avec Junon.

Héraclès, héros grec, personnification de la Force, identifié à Rome avec Hercule. On le dit généralement fils de Zeus et d'Alcmène, femme d'Amphitryon. Dans son berceau, il étouffa deux serpents qu'Héra avait chargés de le dévorer. En expiation d'un crime, il se vit imposer l'épreuve des « douze travaux » : 1⁰ tuer le lion de Némée ; 2⁰ tuer l'hydre de Lerne ; 3⁰ s'emparer de la biche de Cérynie ; 4⁰ capturer le sanglier d'Érymanthe ; 5⁰ abattre les oiseaux du lac Stymphale ; 6⁰ nettoyer les écuries d'Augias ; 7⁰ capturer le taureau crétois de Minos ; 8⁰ tuer Diomède ; 9⁰ s'emparer de la ceinture de l'Amazone Hippolyté ; 10⁰ tuer Géryon ; 11⁰ cueillir les pommes d'or du jardin des Hespérides ; 12⁰ enchaîner Cerbère. Héraclès avait aussi participé à l'expédition des Argonautes, tué le centaure Nessos et soutenu le ciel sur ses épaules pour soulager Atlas. Incarnant, en tout cela, un idéal de virilité et de ténacité, il reçut l'immortalité que les dieux accordent aux héros.

Héraclides, famille d'origine arménienne qui donna, aux VIIᵉ et VIIIᵉ siècles, six empereurs à Byzance, dont Héraclius Iᵉʳ.

Héraclite, philosophe grec (Éphèse v. 550 - v. 480 av. J.-C.). Sa philosophie repose sur le concept du mouvement, résultant, selon lui, de la contradiction entre deux états de la matière. Elle s'exprime dans une métaphore célèbre, celle du flux incessant des choses : « On ne se baigne pas deux fois dans le même fleuve. »

Héraclius Iᵉʳ (en Cappadoce v. 575-641), empereur byzantin (610 à 641). Il fonda la dynastie des Héraclides en renversant l'usurpateur Phokas (610) ; il réorganisa l'administration, adopta le titre de « basileus » et fit du grec la langue officielle de l'empire. À l'extérieur, il fut victorieux des Perses (627), mais il ne put venir à bout des Arabes, qui mirent la main sur l'Égypte, la Syrie et la Palestine.

Héraklion ou **Iráklion,** *anc.* Candie, port de Grèce, principale ville de la Crète ; 102 000 hab. — Le port de Candie fut fondé au IXᵉ siècle par les Arabes sur un site occupé depuis le IIᵉ millénaire. Il fut acquis par les Vénitiens en 1204 et occupé par les Ottomans de 1669 à 1897. — Musée renfermant la quasi-totalité des pièces archéologiques découvertes dans l'île, du néolithique à la période gréco-romaine en passant par la civilisation minoenne.

Herat → Harat.

Hérault, fl. du Languedoc, issu de l'Aigoual, qui rejoint la Méditerranée en aval d'Agde ; 160 km.

Hérault [34], dép. de la Région Languedoc-Roussillon ; ch.-l. de dép. *Montpellier* ; ch.-l. d'arr. *Béziers, Lodève* ; 3 arr., 49 cant., 343 comm. ; 6 101 km² ; 794 603 hab. *(Héraultais).* Il est rattaché à l'académie et à la cour d'appel de Montpellier, à la région militaire Méditerranée.

Herbart *(Johann Friedrich),* philosophe et pédagogue allemand (Oldenburg 1776 - Göttingen 1841). Il pense que la vie psychique est constituée par le résultat des tensions contraires correspondant aux forces diverses que suscitent les représentations. L'éducation doit ainsi s'appuyer sur les mécanismes qui permettent la transmission des valeurs de civilisation auxquelles nous sommes attachés. Il a écrit *Allgemeine Pädagogik* (1806).

Herbert *(Frank),* écrivain américain de science-fiction (Tacoma 1920 - Madison 1986). Dans *Dune* (1965-1985), il crée un univers sur une planète désertique, avec son écologie, son histoire, sa religion.

Herbert *(George),* poète anglais (Montgomery, pays de Galles, 1593 - Bemerton 1633). Il est l'auteur du *Temple* (1633), chef-d'œuvre de la poésie religieuse anglaise.

Herculano *(Alexandre),* écrivain portugais (Lisbonne 1810 - Vale de Lobos 1877). Il est l'auteur d'une *Histoire du Portugal* (1846-1853).

Herculanum, v. de la Campanie antique, à l'E. de Naples, sur les pentes du Vésuve (auj. *Ercolano*). Elle a été, comme Pompéi, Stabies et Oplontis, détruite par l'éruption du Vésuve, le 24 août 79 apr. J.-C. Du VIIIᵉ au Vᵉ s. av. J.-C., elle fut probablement habitée par une population mêlée d'Osques, d'Étrusques et de Grecs. Vers la fin du Vᵉ s. av. J.-C., elle fut conquise par les Samnites puis transformée en municipe romain en 89 av. J.-C. Le site fut découvert en 1709, mais le dégagement complet avec conservation ne fut entrepris qu'au XIXᵉ siècle, puis poursuivi à partir de 1927. Les maisons avaient gardé leur décoration de peinture et de mosaïque, et souvent leur mobilier de bois, préservé par la boue. De nombreuses œuvres d'art et peintures murales sont conservées au musée de Naples.

Hercule, demi-dieu romain, équivalent de l'Héraclès grec (→ **Héraclès**) connu des Latins par l'Étrurie et par les colonies helléniques de l'Italie méridionale. Il possède un caractère tutélaire propre : protecteur du sol, garant de l'honnêteté dans les transactions commerciales et symbole de la puissance militaire.

Herder *(Johann Gottfried),* écrivain allemand (Mohrungen 1744 - Weimar 1803). Un des initiateurs du *Sturm und Drang,* hostile au classicisme et favorable aux littératures populaires et nationales (*Fragments sur la littérature allemande,* 1767 ; *Silves critiques,* 1769 ; *Chansons de tous les peuples,* 1778-79). Il créa une théorie de l'évolution des organisations humaines (*Idées sur la philosophie de l'histoire de l'humanité,* 1784-1791).

Héré *(Emmanuel),* architecte français (Nancy 1705 - Lunéville 1763). On doit à cet élève de Boffrand les embellissements de Nancy (places Stanislas et de la Carrière).

Heredia *(José Maria* de*),* poète français (La Fortuna, Cuba, 1842 - près de Houdan 1905). Il a donné avec *les Trophées* (1893) l'expression la plus parfaite de l'esthétique parnassienne. (Acad. fr. 1894.)

Herero, peuple habitant la Namibie et le Botswana, et parlant une langue bantoue.

Hergé *(Georges* Remi*, dit),* créateur belge de bandes dessinées (Etterbeek 1907 - Bruxelles 1983). Il a été, à partir de 1929, avec le récit des aventures de *Tintin et Milou,* un des maîtres de l'« école belge » de la bande dessinée.

Herisau, v. de Suisse, ch.-l. du demi-canton des Rhodes-Extérieures (Appenzell) ; 15 624 hab.

Hermandad (« Fraternité »), association de villes créée en Castille à partir du XIIIᵉ siècle afin d'assurer des fonctions de maintien de l'ordre. D'abord temporaires, les hermandades devinrent ensuite permanentes. Les Rois Catholiques imposèrent à tout le royaume la *Santa Hermandad* (Sainte-Hermandad), créée en 1476. Cette dernière fut réduite en 1498 au rôle de police rurale, qu'elle exerça jusqu'au XVIIᵉ siècle.

Hermès, dieu grec, qui veille sur les routes et sur ceux qui les sillonnent, voyageurs, hérauts, marchands et même voleurs. Protecteur du commerce et de l'activité urbaine, il est vénéré aussi comme divinité psychopompe, en tant que conducteur des âmes des morts vers les Enfers, et comme inventeur de toutes les sciences, et particulièrement de l'écriture et de la magie. C'est à ce titre que les Grecs, à l'époque hellénistique, l'ont assimilé au dieu lunaire d'Égypte Thot, et lui attribuèrent le qualificatif de « trismégiste » (trois fois très grand), ainsi que l'anthologie intitulée *Corpus hermeticum.*

Hermite *(Charles),* mathématicien français (Dieuze 1822 - Paris 1901). Auteur d'une théorie générale des fonctions elliptiques et abéliennes, il établit également la transcendance du nombre *e.*

Hermlin *(Stephan),* écrivain allemand (Chemnitz 1915). Il a été l'un des chefs de file de la vie littéraire en Allemagne de l'Est (*le Temps de la communauté,* 1950).

Hermon *(mont),* massif montagneux (2 814 m), aux confins du Liban et de la Syrie, prolongement vers le S. de l'Anti-Liban.

Hermosillo, v. du Mexique, cap. de l'État de Sonora ; 449 472 hab.

Hernández ou **Fernández** *(Gregorio),* sculpteur espagnol (en Galice v. 1576 - Valladolid 1636). Il s'imposa à Valladolid comme un des maîtres de la sculpture religieuse polychrome, à la fois réaliste et théâtrale.

Hernández *(José),* poète argentin (San Martín 1834 - Buenos Aires 1886). Il est l'auteur de *Martín Fierro* (1872-1879), épopée de la pampa et des gauchos.

Hernani, drame de V. Hugo, dont la première représentation eut lieu en 1830.

Herne, v. d'Allemagne (Rhénanie-du-Nord-Westphalie), dans la Ruhr ; 176 472 hab. Métallurgie. — Château reconstruit au XVIe-XVIIe siècle.

Hérode Ier le Grand (Ascalon 73 av. J.-C.-Jéricho 4 av. J.-C.), roi des Juifs (37-4 av. J.-C.). Il imposa son pouvoir, qu'il tenait des Romains, avec une brutale énergie. Il fit reconstruire le Temple de Jérusalem. Les Évangiles lui attribuent le massacre des Innocents. **Hérode Antipas** (v. 22 av. J.-C.-apr. 39 apr. J.-C.), tétrarque de Galilée et de Pérée (4 av. J.-C.-39 apr. J.-C.). Il construisit Tibériade et fit décapiter Jean-Baptiste. C'est devant lui que comparut Jésus lors de son procès. **Hérode Agrippa Ier** (10 av. J.-C.-44 apr. J.-C.), roi des Juifs (41-44), petit-fils d'Hérode le Grand, père de Bérénice. **Hérode Agrippa II** (v. 27 - Rome v. 93 ou 100), roi des Juifs (50-v. 93 ou 100), fils du précédent. Sous son règne eut lieu la révolte juive (66-70).

Hérodiade ou **Hérodias,** princesse juive (7 av. J.-C.-39 apr. J.-C.). Petite-fille d'Hérode le Grand, elle épousa successivement deux de ses oncles, Hérode Philippe (dont elle eut

Salomé) et Hérode Antipas. Les Évangiles font d'elle l'instigatrice du meurtre de Jean-Baptiste.

Hérodote, historien grec (Halicarnasse v. 484 - Thourioi v. 420 av. J.-C.). Il entreprit de grands voyages en Asie, en Afrique et en Europe. À Athènes, il fut l'ami de Périclès et de Sophocle. Ses *Histoires,* la source principale pour l'étude des guerres médiques, mettent en lumière l'opposition du monde barbare (Égyptiens, Mèdes, Perses) et de la civilisation grecque.

Hérold *(Louis Joseph Ferdinand),* compositeur français (Paris 1791 - *id.* 1833), auteur d'opéras-comiques (*Zampa,* 1831 ; *le Pré-aux-Clercs,* 1832) et de ballets (*la Fille mal gardée,* 1828).

Héron l'Ancien ou **d'Alexandrie,** mathématicien et ingénieur grec (Alexandrie Ier s. apr. J.-C.). On lui attribue l'invention de plusieurs machines, dont la *fontaine de Héron* (petit appareil avec lequel on obtient un jet d'eau par compression de l'air et de l'eau) et l'*éolipile,* qui mettait en évidence la force motrice de la vapeur d'eau. Il a étudié les phénomènes de réflexion de la lumière, tant sur les miroirs convexes ou concaves que sur les miroirs plans, et écrit des traités de mathématiques (mesure des aires et des volumes) et de mécanique.

Héroult *(Paul),* métallurgiste français (Thury-Harcourt, Calvados, 1863 - baie d'Antibes 1914). On lui doit l'électrométallurgie de l'aluminium (1886), qui permet d'obtenir le métal pur par un procédé électrolytique, universellement adopté par la suite. On lui doit aussi le four électrique (pour l'acier) qui porte son nom (1907).

Hérouville-Saint-Clair, ch.-l. de c. du Calvados, banlieue de Caen ; 25 061 hab.

Herrera *(Fernando de),* poète espagnol (Séville 1534 - *id.* 1597). Il réagit contre l'influence italienne et le lyrisme conventionnel (*Chanson pour la victoire de Lépante,* 1571) et contribua à fixer le vocabulaire et les règles poétiques espagnoles.

Herrera *(Francisco),* dit le Vieux, peintre espagnol (Séville v. 1585/1590 - Madrid apr. 1657). Il s'affirma entre 1625 et 1640 environ, dans ses peintures religieuses, par un brio, une fougue de plus en plus baroques. Son fils **Francisco,** dit le Jeune (Séville 1622 - Madrid 1685), fut également peintre, ainsi qu'architecte renommé (plans primitifs de la basilique du Pilar à Saragosse).

Herrera *(Juan de),* architecte espagnol (Mobellán, Santander, v. 1530 - Madrid 1597). Il travailla notamment, dans le même style dépouillé, à l'Escurial (→ **Escurial**), à l'alcazar de Tolède et à la cathédrale de Valladolid.

Herreweghe *(Philippe),* chef de chœur et chef d'orchestre belge (Gand 1947). Explorant la musique chorale baroque de Monteverdi à Bach, il fonde le Collegium Vocale de Gand (1969) puis l'ensemble vocal et orchestral la Chapelle Royale (1977), et élargit son répertoire jusqu'à la musique du xxᵉ siècle.

Herrick *(Robert),* poète anglais (Londres 1591 - Dean Prior 1674). Il est l'auteur de poésies religieuses et rustiques *(les Hespérides,* 1648).

Herriot *(Édouard),* homme politique français (Troyes 1872 - Saint-Genis-Laval 1957). Maire de Lyon (1905-1957), sénateur (1912) puis député (1919) du Rhône, président du Parti radical (1919-1926 ; 1931-1935 ; 1945-1957), il constitue les socialistes le Cartel des gauches et est président du Conseil avec le portefeuille des Affaires étrangères (1924-25). Il fait évacuer la Ruhr, occupée par la France depuis 1923, et reconnaître l'U. R. S. S. Mais les oppositions suscitées par sa politique financière l'obligent à démissionner. Il préside la Chambre des députés (1936-1940) puis l'Assemblée nationale (1947-1955).

Hersant *(groupe),* groupe de presse français dirigé par Robert Hersant (Vertou 1920), qui contrôle de nombreux journaux parisiens *(le Figaro, France-Soir)* et régionaux *(Dauphiné libéré).*

Herschel, famille d'astronomes anglais d'origine allemande. **Sir William** (Hanovre 1738 - Slough, Buckinghamshire, 1822), fils d'un hautboïste de l'armée du Hanovre, suit d'abord les traces de son père puis, après l'occupation du Hanovre par les troupes françaises en 1757, part pour l'Angleterre où il commence une carrière de musicien. En 1766, il s'établit à Bath, où il est nommé organiste. Passionné d'astronomie, il entreprend en amateur, à partir de 1773, la construction de télescopes de plus en plus puissants (le plus gros atteindra 1,20 m de diamètre) et devient un observateur du ciel extrêmement actif. La découverte de la planète Uranus en 1781 lui assure la célébrité. En 1783, étudiant le mouvement propre de plusieurs étoiles brillantes, il met en évidence le déplacement du Soleil dans l'espace vers un point de la constellation d'Hercule *(apex).* De nombreux dénombrements d'étoiles dans les directions variées couvrant l'ensemble du ciel lui permettent, en 1785, de fournir la première description

de la structure spatiale de la Galaxie. L'observation répétée d'étoiles très proches l'une de l'autre sur la voûte céleste le conduit à la découverte des étoiles doubles, dont les composantes sont liées physiquement et tournent autour de leur centre de gravité commun : pour la première fois, la loi d'attraction de Newton se trouve ainsi vérifiée en dehors du système solaire. Herschel dresse aussi le premier grand catalogue de nébuleuses, dont il soupçonne certains spécimens d'être des galaxies extérieures à la nôtre, alors que d'autres sont des nappes de gaz intérieures à notre galaxie. On lui doit aussi, vers 1800, la découverte des effets thermiques du rayonnement infrarouge. Sa sœur **Caroline** (Hanovre 1750 - *id.* 1848) fut sa collaboratrice et découvrit huit comètes. Son fils, **sir John** (Slough, Buckinghamshire, 1792 - Collingwood, Kent, 1871), se consacra surtout à l'étude des étoiles doubles, des étoiles variables et des nébuleuses, notamment dans l'hémisphère Sud.

Herstal, comm. de Belgique (prov. de Liège), sur la Meuse ; 36 451 hab. Armurerie. Musée d'Archéologie industrielle.

Hertel *(Rodolphe* Dubé, dit **François***),* écrivain canadien d'expression française (Rivière-Ouelle 1905 - Montréal 1985). Longtemps jésuite, il a exercé une profonde influence sur la jeunesse, dont il a su exprimer l'angoisse *(Leur inquiétude,* 1936). On lui doit aussi des poèmes *(Axes et Parallaxes,* 1941).

Hertfordshire, comté d'Angleterre, au nord de Londres ; 986 000 hab. Ch.-l. *Hertford.*

Hertwig *(Oskar),* biologiste allemand (Friedberg, Hesse, 1849 - Berlin 1922). Il a précisé la nature de la fécondation chez les animaux. Son frère **Richard** (Friedberg 1850 - Schlederloh, au sud de Munich, 1937) fut aussi un biologiste éminent.

Hertz *(Heinrich),* physicien allemand (Hambourg 1857 - Bonn 1894). En 1887, il produisit des ondes électromagnétiques, grâce à un oscillateur de sa conception, et montra qu'elles possédaient toutes les propriétés de la lumière, confirmant la théorie de Maxwell. Il ouvrit ainsi la voie à la télégraphie sans fil par ondes *hertziennes.* Il découvrit, la même année, l'effet photoélectrique et observa, en 1892, que les rayons cathodiques pouvaient traverser de minces feuilles métalliques. Son neveu **Gustav,** physicien allemand (Hambourg 1887 - Berlin-Est 1975), élucida le phénomène de fluorescence, introduisit, en 1913, le concept de niveau d'énergie des électrons dans l'atome et reçut le prix Nobel pour sa théorie de l'émission lumineuse en 1925.

Hertzsprung *(Ejnar),* astronome danois (Frederiksberg 1873 - Tølløse 1967). Indépendamment de l'Américain H. N. Russell, il élabora un diagramme qui porte à présent leur nom et qui permet de déterminer le stade d'évolution d'une étoile d'après son spectre et sa luminosité intrinsèque.

Hérules, ancien peuple germanique. Leur roi Odoacre envahit l'Italie et détruisit l'Empire d'Occident en 476. Ils disparurent au VIe siècle.

Herzégovine → Bosnie-Herzégovine.

Herzen ou **Guertsen** *(Aleksandr Ivanovitch),* écrivain et révolutionnaire russe (Moscou 1812 - Paris 1870). Il publia en exil la revue politique et littéraire *la Cloche.*

Herzl *(Theodor),* écrivain hongrois (Budapest 1860 - Edlach, Autriche, 1904). Promoteur du sionisme, il proposa dans *l'État juif* (1896) la reconstruction d'un État dont la possession permettrait aux Juifs de retrouver leur dignité et leur sécurité.

Herzog *(Roman),* homme politique allemand (Landshut 1934). Membre de la CDU, il est président de la République depuis 1994.

Herzog *(Werner* Stipetic, dit Werner*),* cinéaste allemand (Sachrang, Bavière, 1942), auteur visionnaire, attiré par la démesure et l'irrationnel *(Aguirre, la colère de Dieu, 1972 ; l'Énigme de Kaspar Hauser, 1974 ; Fitzcarraldo, 1982 ; Cobra verde, 1988).*

Hesbaye *(la),* plaine de Belgique, au sud-est de la Campine. Région de culture (céréales, betteraves, fourrages). [Hab. *Hesbignons.*]

Hésiode, poète grec (Ascra, Béotie, milieu du VIIIe s. av. J.-C.). Tenu par les Grecs pour l'égal d'Homère et le père de la poésie didactique, il donna avec *les Travaux et les Jours* un précieux document sur les techniques agricoles et les croyances populaires de l'époque archaïque. On lui a attribué aussi la *Théogonie* (→ Théogonie) et le *Bouclier d'Héraclès.*

Hespérides, nymphes grecques du couchant. Au nombre de trois, elles avaient pour mission de veiller sur le jardin des dieux, dont les arbres produisaient des pommes d'or qui donnaient l'immortalité et qu'Héraclès déroba. Les Anciens situaient ce jardin au pied de l'Atlas.

Hespérides, îles fabuleuses de l'Atlantique, identifiées aux Canaries.

Hess *(Harry Hammond),* géologue américain (New York 1906 - Woods Hole, Massachusetts, 1969). On lui doit la découverte dans le Pacifique de monts sous-marins qu'il baptise *guyots,* et, surtout, la théorie de l'expansion des fonds océaniques, qui préfigure celle de la tectonique des plaques.

Hess *(Rudolf),* homme politique allemand (Alexandrie, Égypte, 1894 - Berlin 1987). L'un des principaux collaborateurs de Hitler, il s'enfuit en Écosse en 1941. Déclaré irresponsable par le tribunal de Nuremberg, il fut incarcéré de 1946 à sa mort.

Hess *(Victor),* physicien autrichien naturalisé américain (Waldstein, Styrie, 1883 - Mount Vernon 1964), prix Nobel en 1936 pour sa découverte des rayons cosmiques (1912), qu'il réalisa lors d'ascensions en ballon.

Hess *(Walter Rudolf),* physiologiste suisse (Frauenfeld 1881 - Zurich 1973). Directeur de l'institut de physiologie de l'université de Zurich, il effectua des recherches sur le traitement des maladies neurologiques, en particulier par la chirurgie. (Prix Nobel 1949.)

Hesse, *en all.* Hessen, Land d'Allemagne ; 21 100 km² ; 5 660 619 hab. *(Hessois).* Cap. *Wiesbaden.* GÉOGR. Partie de l'Allemagne moyenne (Mittelgebirge), formée principalement de massifs forestiers, minéralisés (industrialisation précoce), la Hesse est ouverte vers la mer du Nord par les vallées de la Weser et surtout du Rhin et de son affluent le Main, zones de cultures (céréales, vignobles, fruits et légumes du fossé rhénan), surtout, axes de circulation et sites d'une vie urbaine dominée par Francfort. L'industrie, active, est représentée principalement par les constructions mécaniques (automobile) et la chimie. HIST. Principauté de l'Empire germanique, la Hesse connaît de nombreux partages suivis de réunifications. En 1567, elle est divisée en deux principautés, la Hesse-Cassel au nord et la Hesse-Darmstadt au sud. Alliées à l'Autriche, ces deux principautés sont vaincues par la Prusse en 1866. La Hesse-Cassel est alors incorporée au royaume prussien (province de Hesse-Nassau). Réunifiée en 1945, la Hesse devient un des Länder de la République fédérale d'Allemagne.

Hesse *(Hermann),* écrivain suisse d'origine allemande (Calw, Wurtemberg, 1877 - Montagnola, Tessin, 1962). Il entreprit de bâtir une nouvelle philosophie à la lumière de sa révolte personnelle *(Peter Camenzind,* 1904) et de sa rencontre avec les pensées orientales *(le Loup des steppes,* 1927 ; *Narcisse et Goldmund,* 1930 ; *le Jeu des perles de verre,* 1943). [Prix Nobel 1946.]

Hestia, déesse grecque du Foyer. Fille de Cronos et de Rhéa, vierge à qui l'on présentait l'épouse et les nouveau-nés, elle était vénérée au prytanée, foyer qui, dans chaque cité, était embrasé en son honneur et représentait le centre de la vie publique. À Rome, Hestia avait pour réplique Vesta.

Hétairie, société grecque fondée à Odessa en 1814. Dirigée par A. Ypsilanti, elle déclencha en 1821 la révolution en Moldavie, en Valachie et en Grèce.

Hetzel *(Jules),* éditeur et écrivain français (Chartres 1814 - Monte-Carlo 1886). Il fonda une librairie pour la jeunesse en 1862, créa la revue *le Magasin d'éducation et de récréation,* publia des œuvres de J. Verne et de V. Hugo, ainsi que ses propres romans *(Maroussia,* 1878), sous le pseudonyme de P.-J. Stahl.

Heuss *(Theodor),* homme d'État allemand (Brackenheim 1884 - Stuttgart 1963). L'un des fondateurs du Parti libéral, il présida la République fédérale d'Allemagne (1949-1959).

Hevelius *(Johannes* Havelke ou Hewel, dit*),* astronome polonais (Dantzig 1611 - *id.* 1687). Il étudia les taches solaires et en déduisit la période de rotation du Soleil ; il fut le premier à décrire les facules. En 1647, il publia la première carte détaillée de la Lune. On lui doit aussi un traité sur les comètes (1668).

Hevesy *(George Charles* de*),* chimiste suédois d'origine hongroise (Budapest 1885 - Fribourg-en-Brisgau 1966). Il est à l'origine de l'utilisation des marqueurs isotopiques et a découvert le hafnium. (Prix Nobel 1943.)

Hewish *(Antony),* astrophysicien britannique (Fowey, Cornwall, 1924), professeur de radioastronomie à l'université de Cambridge (1971). Ses recherches effectuées à l'observatoire de Mullard l'ont conduit, avec son élève Jocelyn Bell Burnell, à découvrir, en 1967, les pulsars. Il a partagé avec Martin Ryle le prix Nobel de physique en 1974.

Heydrich *(Reinhard),* homme politique allemand (Halle 1904 - Prague 1942). Membre du parti nazi à partir de 1932, « protecteur du Reich » en Bohême et en Moravie (1941), il fut exécuté par des patriotes tchèques.

Heymans *(Cornelius),* médecin belge (Gand 1892 - Knokke-le-Zoute 1968). Il est l'auteur de travaux de physiologie de la respiration et de la circulation, qui lui valurent le prix Nobel en 1938.

Heyting *(Arend),* logicien néerlandais (Amsterdam 1898 - Lugano 1980). Il est l'auteur d'une logique de type intuitionniste, qu'il a axiomatisée en 1930.

Hia Kouei → Xia Gui.

Hicks *(sir John Richard),* économiste britannique (Leamington Spa, Warwickshire,

1904 - Blockley, Gloucestershire, 1989). Il a étudié les relations entre la politique monétaire et la politique budgétaire. (Prix Nobel 1972.)

Hidalgo y Costilla *(Miguel),* prêtre mexicain (San Diego, Corralejo, 1753 - Chihuahua 1811). Il donna le signal des luttes pour l'indépendance du Mexique (1810), à la tête d'une armée d'Indiens et de métis pauvres. Il ne put rallier les créoles, qui redoutaient une révolution sociale, et fut fusillé par les Espagnols.

Hidden Peak, sommet de l'Himalaya, dans le Karakorum, point culminant du Gasherbrum ; 8 068 m.

Hideyoshi → Toyotomi Hideyoshi.

Hien-yang → Xianyang.

Hierapolis, ancienne ville de Phrygie (auj. Pamukkale, en Turquie). Importants vestiges antiques à proximité de pittoresques sources d'eau chaude.

Hiéron II (Syracuse v. 306-215 av. J.-C.), roi de Syracuse (265-215 av. J.-C.). Il se rallia aux Romains durant la première guerre punique.

Higashiosaka, v. du Japon (Honshu), près d'Osaka ; 518 319 hab.

Higelin *(Jacques),* auteur-compositeur et interprète de rock français (Brou-sur-Chantereine, Seine-et-Marne, 1940). Après une période « rive gauche », parfumée de jazz, et une expérience de comédien au cinéma et au café-théâtre, il contribue au milieu des années 1970 à l'émergence d'un rock français original, marqué par l'esprit de mai 68.

Highlands, région géographique du nord de l'Écosse qui a donné son nom à une région administrative (Highland). Elle est formée essentiellement de hautes terres, humides et venteuses, couvertes de landes et de tourbières, coupées de lacs, animées par le tourisme estival. La majeure partie de la faible population (202 000 hab. [*Highlanders*]) se localise dans les ports (notamment à Inverness, seule ville notable).

Highsmith *(Patricia),* romancière américaine (Fort Worth 1921 - Locarno, Suisse, 1995). Ses romans policiers centrent leur attention sur la psychologie du coupable *(l'Inconnu du Nord-Express,* 1950 ; *Monsieur Ripley,* 1955 ; *les Sirènes du golf,* 1984).

Hiiumaa, anc. Dago (en russe), île estonienne de la Baltique.

Hikmet *(Nazim),* écrivain turc (Salonique 1902 - Moscou 1963), d'inspiration révolutionnaire *(C'est un dur métier que l'exil,* 1957).

Hilaire *(saint),* Père de l'Église (Poitiers v. 315 - *id.* v. 367). Évêque de Poitiers

v. 350, il fut le principal adversaire de l'arianisme en Occident.

Hilal *(Banu)* ou **Hilaliens,** tribu d'Arabie centrale qui émigra en Égypte au VIIIe siècle et envahit au XIe le Maghreb.

Hilbert *(David),* mathématicien allemand (Königsberg 1862 - Göttingen 1943). Professeur à Königsberg (1892-1895), puis à Göttingen (1895-1929), il fut le chef incontesté de l'école mathématique allemande du premier tiers du XXe siècle. Ses travaux portent sur les invariants algébriques, dont il conçut une approche nouvelle et plus générale, qui permet, sinon de les calculer, du moins de démontrer leur existence ; sur la théorie des nombres ; sur les fondements de la géométrie, qu'il chercha à établir à partir d'objets qui satisfont à des relations exprimées par des axiomes ; sur l'analyse, dont il établit certains résultats, qu'il appliqua ensuite à la physique. Il fut l'un des fondateurs de la méthode axiomatique. Il a orienté la recherche du XXe siècle en présentant, en 1900, une liste de 23 problèmes à résoudre.

Hildebrand *(Adolf* von*),* sculpteur allemand (Marburg 1847 - Munich 1921). Après une vingtaine d'années passées en Italie, il s'installa à Munich, où il exécuta la Fontaine des Wittelsbach (1894), d'un art classique et allégorique. Il a publié *Problème de la forme dans les arts plastiques* (1893).

Hildebrandt *(Johann Lucas* von*),* architecte autrichien de mère italienne (Gênes 1668 - Vienne 1745). Élève de C. Fontana à Rome, il fut l'un des meilleurs représentants du baroque autrichien : ensemble du Belvédère inférieur et du Belvédère supérieur (1714-1723) à Vienne ; interventions au château de Pommersfelden, près de Bamberg, ainsi qu'au château Mirabell à Salzbourg.

Hildesheim, v. d'Allemagne (Basse-Saxe) ; 104 203 hab. — Églises romanes, dont la plus vénérable est S. Michael, des XIe-XIIe siècles (très restaurée ; porte de bronze du XIe s., plafond en bois peint du XIIe). Un trésor d'orfèvrerie romaine de l'époque d'Auguste a été recueilli à Hildesheim en 1868 (déposé au château de Charlottenburg à Berlin).

Hilferding *(Rudolf),* homme politique allemand d'origine autrichienne (Vienne 1877 - Paris 1941), théoricien du marxisme (*le Capital financier,* 1910) et député social-démocrate.

Hili, site archéologique des Émirats arabes unis, près de la ville actuelle d'al-Ayn, au pied des montagnes d'Oman. Il illustre bien l'évolution des oasis de l'Arabie — depuis le village de 3000 av. J.-C., aux tours en briques crues, jusqu'à l'habitat fortifié de l'âge du fer en passant par l'adoption de la céramique v. 2500 av. J.-C.

Hilla, v. d'Iraq ; 215 000 hab.

Hillary *(sir Edmond),* alpiniste néozélandais (Auckland 1919). Avec le sherpa Tenzing Norgay, il a gravi l'Everest en 1953.

Hilmand → Helmand.

Hilsz *(Marie-Antoinette,* dite *Maryse),* aviatrice française (Levallois-Perret 1903 - dans un accident d'avion, Béry, près de Bourg-en-Bresse, 1946). Elle s'est rendue célèbre par ses raids à longue distance et ses records d'altitude.

Hilversum, v. des Pays-Bas, au S.-E. d'Amsterdam ; 84 606 hab. Station de radiodiffusion. — Hôtel de ville construit en 1928 par l'architecte Willem Marinus Dudok.

Himachal Pradesh, État du nord de l'Inde ; 55 300 km² ; 5 111 079 hab. Cap. *Simla.*

Himalaya *(du sanskr.* hima alaya*, « séjour des neiges »),* la plus haute chaîne de montagnes du monde, s'étendant sur le Pakistan, l'Inde, le Népal, la Chine (Tibet), le Bhoutan. Elle s'allonge sur 2 800 km entre l'Arakan et l'Hindu Kuch. Sa largeur, variable, atteint 280 km entre la plaine gangétique et la chaîne transhimalayenne du Kailas. Le point culminant est l'Everest, 8 846 m.
L'Himalaya résulte de la collision du sous-continent indien et du bloc eurasiatique. C'est une chaîne alpine, dont le relief actuel date du tertiaire. À partir de la plaine gangétique se succèdent les Siwaliks, crêtes érodées, entre 600 et 2 000 m ; le Moyen Himalaya, au relief escarpé, vers 3 000 m ; le Grand Himalaya, zone la plus élevée, souvent à plus de 6 000 m, dont les sommets dépassent 8 000 m ; et la zone transhimalayenne, composée du plateau du Tibet et, à l'ouest, du Karakorum.

■ **Climat, ressources et population.** À une latitude subtropicale, l'Himalaya est humide à l'est, plus sec au centre et surtout à l'ouest ; la zone transhimalayenne est désertique. À ces grands contrastes régionaux se superposent les effets de l'altitude. Au-dessous de 2 500 m, les climats tempérés chauds permettent une agriculture intensive et une double récolte (blé, sarrasin, pomme de terre, maïs, riz) ; plus haut domine le type tibétain, avec ses cultures en terrasses à une seule récolte par an (blé, sarrasin, pomme de terre) et son élevage (moutons, chèvres, yacks). La limite supérieure des forêts se situe vers 3 900 m et la limite inférieure des neiges permanentes vers 5 000 m. Environ 30 millions de personnes vivent dans l'Himalaya, représentant plusieurs cultures : tibétaine, hindoue, islamique. Dans cette zone de contact, le tracé des frontières est encore objet de contestation, entre l'Inde et la Chine, entre l'Inde et le Pakistan (Cachemire), ce qui stimule, entre autres conséquences, la construction (à des fins militaires) de routes, désenclavant un peu ce monde très compartimenté.

Himeji, v. du Japon, dans le sud de Honshu ; 454 360 hab. Sidérurgie. Textile. — Vieux centre historique. Célèbre forteresse féodale : château dit « du Héron blanc » (XIVe-XVe s.). Centre militaire et industriel (sidérurgie, mécanique, pétrochimie, textile).

Himère, v. de la Sicile ancienne. En 480 av. J.-C., Gélon de Syracuse vainquit les Carthaginois qui assiégeaient la ville. En 409 av. J.-C., ceux-ci la détruisirent.

Himes (Chester), écrivain américain (Jefferson City 1909 - Benisa, prov. d'Alicante, 1984). Il est l'auteur de romans policiers (la Reine des pommes, 1958 ; l'Aveugle au pistolet, 1969).

Himilcon, navigateur carthaginois (v. 450 av. J.-C.). Il explora les côtes de l'Europe occidentale, atteignit peut-être la Cornouailles et l'Irlande.

Himmler (Heinrich), homme politique allemand (Munich 1900 - Lüneburg 1945). Chef de la Gestapo (1934) et de la police du Reich (1938), puis ministre de l'Intérieur (1943), il dirigea la répression contre les adversaires du régime nazi et organisa les camps de concentration. Il se suicida.

Hinault (Bernard), coureur cycliste français (Yffiniac, Côtes-d'Armor, 1954). Il a été vainqueur, notamment, de cinq Tours de France (1978 et 1979, 1981 et 1982, 1985) et champion du monde en 1980.

Hincmar, prélat et théologien français (v. 806 - Épernay 882). Archevêque de Reims et principal conseiller de Charles le Chauve, il est l'auteur d'ouvrages doctrinaux et politiques. Sa Vie de saint Remi (878) fixe le récit du baptême de Clovis et en fait un des moments fondateurs de la monarchie franque, commémoré lors de la cérémonie du sacre.

Hindemith (Paul), compositeur allemand (Hanau 1895 - Francfort-sur-le-Main 1963). Il fut un des chefs de l'école allemande entre les deux guerres, tout en restant attaché à un certain esprit classique (Mathis le Peintre, 1934 ; concerto pour violon ; sonates pour instruments solistes).

Hindenburg (Paul von Beneckendorff und von), maréchal allemand (Posen, auj. Poznán, 1847 - Neudeck, près de Gdańsk, 1934). Vainqueur des Russes à Tannenberg (1914), chef d'état-major général (1916), il dirigea, avec Ludendorff, la stratégie allemande jusqu'à la fin de la guerre. Président de la République de Weimar en 1925, réélu en 1932, il nomma Hitler chancelier (1933).

Hindoustan, région humaine de l'Inde, correspondant à la plaine indo-gangétique.

Hindu Kuch, massif qui constitue le secteur nord-oriental de l'arc montagneux médian de l'Afghanistan ; 7 680 m au Tirich Mir (gravi en 1950). Il est traversé au N. de Kaboul par le col de Salang (tunnel routier à 3 300 m d'alt.).

Hine (Lewis Wickes), photographe américain (Oshkosh, Wisconsin, 1874 - Hastings-on-Hudson, New York, 1940). Il a été l'un des premiers à se servir de la photographie comme instrument d'un témoignage social en révélant les conditions de vie des immigrés et celles du travail des enfants. Son action et son ouvrage Child Labor in the Carolinas (1909) sont à l'origine des lois réglementant le travail des enfants aux États-Unis.

Hintikka (Jaakko), philosophe et logicien finlandais (Helsinki 1929). Il s'est intéressé à l'étude sémantique des propositions logiques (Connaissance et Croyance, 1962).

Hipparque, tyran d'Athènes (527-514 av. J.-C.), fils de Pisistrate. Il gouverna Athènes à partir de 527, conjointement avec son frère Hippias ; il fut assassiné.

Hipparque, astronome grec (IIe s. av. J.-C.). Il fit à Rhodes, entre 161 et 127, la plupart de ses observations astronomiques. Ses travaux sont connus grâce à Ptolémée. Il peut être considéré comme le fondateur de l'astronomie de position. Il établit des tables précises du mouvement de la Lune et du Soleil, découvrit la précession des équinoxes et réalisa le premier catalogue d'étoiles, classant celles-ci par « grandeurs », suivant leur éclat. Il jeta aussi les bases de la trigonométrie, inventa la projection stéréographique et proposa la première méthode scientifique de détermination des longitudes.

Hippias (m. en 490 av. J.-C.), tyran d'Athènes (527-510 av. J.-C.). Fils de Pisistrate, il partagea le pouvoir avec son frère Hipparque puis lui succéda. Son despotisme le fit chasser d'Athènes en 510. Il se réfugia en Perse.

Hippocrate, médecin grec (île de Cos v. 460 - Larissa, Thessalie, v. 377 av. J.-C.), l'un des plus grands médecins du monde antique de culture grecque, avec Galien. La légende fait de lui le père de la médecine. Les nombreux écrits qui lui sont attribués (qui ne sont pas tous de sa main) proposent des théories qui paraissent aujourd'hui fantaisistes, mais Hippocrate s'intéressa aussi à l'examen du malade et à l'éthique. Son influence se fit sentir en Europe jusqu'au XVIIᵉ siècle.

Hippodamos de Milet, architecte et philosophe grec (première moitié du Vᵉ s. av. J.-C.). On lui doit surtout la division fonctionnelle des zones urbaines (religieuse, politique, économique et résidentielle), qu'il superpose au plan en damier, utilisé dès le VIIIᵉ s. av. J.-C. Hippodamos appliqua ses théories à la reconstruction de Milet (475) ainsi qu'au Pirée.

Hippolyte, personnage de la légende grecque, fils du roi d'Athènes, Thésée, et de la reine des Amazones. Chaste et solitaire, adorateur d'Artémis, il inspira, sous l'influence d'Aphrodite, un violent amour à la seconde épouse de son père, Phèdre, qu'il repoussa. Celle-ci se vengea en accusant Hippolyte d'avoir voulu attenter à son honneur. Thésée en appela à Poséidon, qui fit périr le jeune héros.

Hippone, *en lat.* Hippo regius, ancienne ville de Numidie, sur la Méditerranée (près d'Annaba), colonie de Carthage puis capitale de la Numidie. Colonie romaine, elle fut le siège d'un évêché, dont saint Augustin fut titulaire (396-430). Saccagée par les Vandales en 430, elle fut détruite au VIIᵉ siècle par l'invasion arabe. Nombreux vestiges antiques ; quartier chrétien ; grande basilique, vraisemblablement la cathédrale de saint Augustin.

Hirakata, v. du Japon (Honshu), dans l'agglomération d'Osaka ; 390 788 hab.

Hiram Iᵉʳ, roi de Tyr (v. 969 - v. 935 av. J.-C.). Il fournit à Salomon des matériaux et des artistes pour la construction du Temple de Jérusalem ainsi que des marins pour des expéditions en mer Rouge.

Hiratsuka, v. du Japon (Honshu) ; 245 950 hab.

Hirohito (Tokyo 1901 - *id.* 1989), empereur du Japon de 1926 à 1989. Il donna son aval à la politique expansionniste menée à partir de 1931. Après la capitulation du Japon (1945), il dut renoncer à ses prérogatives « divines » et accepter l'établissement d'une monarchie constitutionnelle.

Hiroshige (Ando Hiroshige, dit), dessinateur, graveur et peintre japonais (Edo, auj. Tokyo, 1797 - *id.* 1858). Les *Cinquante-Trois Étapes de la route du Tokaido* (1833-34) lui valurent la célébrité. Jamais on n'aura traduit avec plus de poésie et de sensibilité la nature japonaise. En Europe, il sera connu vers 1870 ; sa conception du paysage, sa maîtrise des effets atmosphériques exerceront une influence certaine sur les impressionnistes.

Hiroshima, port du Japon (Honshu), sur la mer Intérieure ; 1 085 705 hab. Centre industriel. — Les Américains y lancèrent, le 6 août 1945, la première bombe atomique, qui fit environ 140 000 victimes (décédées en 1945). — Musées.

Hiroshima mon amour, film français d'A. Resnais (1959). Avec un dialogue très littéraire de Marguerite Duras, Resnais aborde, dans ce film, l'un de ses thèmes favoris : la prise de conscience d'un événement passé en surimpression sur l'instant présent.

Hispanie, nom ancien de la **péninsule Ibérique.**

Hispaniola (« petite Espagne »), nom donné par Christophe Colomb à l'île d'*Haïti*.

hispano-américaine (*guerre*) [1898], conflit qui opposa les États-Unis à l'Espagne, en lutte contre ses colonies révoltées. À l'issue du conflit, l'Espagne perdit Cuba, devenue indépendante, et céda Porto Rico, les Philippines et l'île de Guam aux États-Unis.

Histoire de France, œuvre monumentale de Michelet (1833-1867), allant des origines à la Révolution française.

Histoire de France, œuvre publiée sous la direction d'Ernest Lavisse. Elle comprend une *Histoire de France depuis les origines jusqu'à la Révolution* (1903-1911) et une *Histoire de France contemporaine depuis la Révolution jusqu'à la paix de 1919* (1920-1922).

Histoire naturelle, par Buffon et ses collaborateurs (1749-1789 ; 36 vol.). Inventaire magistral du monde vivant, cette œuvre a passionné le grand public et ouvert la voie à l'évolutionnisme.

Histoires, ouvrage d'Hérodote (Vᵉ s. av. J.-C.), divisé en neuf livres depuis l'époque hellénistique. Ce sont des *enquêtes* (premier sens du mot *historiai*) sur les guerres médiques et les peuples qui s'y sont trouvés mêlés.

Histoires, ouvrage de Tacite (106-109 apr. J.-C. ?). Histoire des empereurs romains allant des derniers jours de Galba (69) jusqu'à l'avènement de Nerva (96), suite chronologique des *Annales*, composées avant elles.

Histoires extraordinaires, récits d'Edgar Poe (1840-1845). Outre leur caractère fantastique *(Ligeia),* grotesque *(le Système du docteur Goudron et du professeur Plume)* ou terrifiant *(la Chute de la maison Usher),* ces nouvelles annoncent le roman policier *(le Double Assassinat de la rue Morgue).* La traduction qu'en fit Baudelaire (1856) assura leur renom en Europe.

Hitachi, v. du Japon (Honshu) ; 202 141 hab. Constructions électriques.

Hitchcock *(Alfred),* cinéaste britannique et américain (Londres 1899 - Hollywood 1980). Hitchcock réalise son premier film muet en 1925. Cependant, sa personnalité n'éclatera de manière indiscutable qu'avec le cinéma parlant. Jusqu'en 1939, il tournera 15 films en Angleterre, dont *l'Homme qui en savait trop* (1934), *les 39 Marches* (1935), *Agent secret* (1936), *Une femme disparaît* (1938), *l'Auberge* [ou *la Taverne*] *de la Jamaïque* (1939). Célèbre à la veille de la guerre, il part pour Hollywood, où il se fixe.
■ **Le maître du « suspense ».** Dans la plupart de ses films, qu'il s'agisse de drames psychologiques *(la Maison du Dr Edwardes,* 1945 ; *Sueurs froides,* 1958), d'aventures policières *(Le crime était presque parfait,* 1954), d'histoires d'espionnage *(Cinquième Colonne,* 1942 ; *la Mort aux trousses,* 1959 [→ **Mort**]), le suspense fonctionne selon le même principe : un surcroît d'information crée une émotion chez le spectateur, qui, en sachant plus que le héros lui-même, attend avec angoisse ou impatience la suite des événements. Le jeu consiste à dilater ou à contracter la durée d'une séquence pour capter au maximum l'attention du spectateur. Hitchcock utilise ce procédé avec brio, mêlant humour et angoisse et mettant la virtuosité de sa technique au service des intrigues criminelles les mieux agencées. De son abondante production, on peut encore retenir *Lifeboat* (1944), *les Enchaînés* (1946), *la Corde* (1948), *l'Inconnu du Nord-Express* (1951), *Fenêtre sur cour* (1954), *l'Homme qui en savait trop* (2e version, 1956), *Psychose* (1960), *les Oiseaux* (1963), *Pas de printemps pour Marnie* (1964).

Hitler *(Adolf),* homme d'État allemand (Braunau, Haute-Autriche, 1889 - Berlin 1945). Fils d'un douanier autrichien, il est refusé par l'Académie des beaux-arts de Vienne, ville où il mène une vie misérable. Installé à Munich en 1913, il s'engage dans l'armée bavaroise pendant la Première Guerre mondiale.
■ **L'accession au pouvoir.** Hitler fonde en 1921 le Parti ouvrier national-socialiste, qui se développe d'abord en Bavière. Il crée alors l'organisation paramilitaire des sections d'assaut (SA). Le putsch qu'il tente à Munich (nov. 1923) échoue et fait interdire son parti ; il lui confère cependant une notoriété nationale. En prison durant neuf mois, Hitler y dicte *Mein Kampf,* écrit biographique et politique dans lequel il développe les idées fondamentales du national-

socialisme. Tandis que le nombre de députés nationaux-socialistes au Reichstag (Parlement allemand) s'accroît, Hitler se présente à l'élection présidentielle contre le maréchal Hindenburg (1932) et échoue. Mais il est soutenu par 230 députés nazis élus cette année-là, et Hindenburg se résout à le nommer chancelier en janvier 1933.
■ **L'« ordre nouveau ».** Hitler impose en une année la dictature nationale-socialiste L'« ordre nouveau » instauré en Allemagne repose sur l'esprit de revanche contre les puissances occidentales, sur la volonté de conquérir à l'est l'« espace vital » nécessaire aux Allemands, considérés comme une « race supérieure », et sur la haine du marxisme et des Juifs. Hitler parvient à faire adhérer à un consensus nationaliste et chauvin toutes les classes de la société et à obtenir la collaboration de la grande bourgeoisie industrielle et financière, à laquelle il sacrifie les SA, qui entendent mobiliser les bénéfices du pouvoir et qui sont massacrés pendant la « Nuit des longs couteaux » (juin 1934). Il devient président du Reich en 1934 et, en tant que *Führer,* assume tous les pouvoirs.
■ **Une politique de conquêtes.** Hitler impose aux puissances occidentales une série de coups de force, dont la réoccupation de la Rhénanie (1936). Fort de l'alliance avec l'Italie, il annexe l'Autriche (« Anschluss », mars 1938) et contraint les dirigeants occidentaux à signer les accords de Munich (sept. 1938). Après la signature du pacte germano-soviétique (août 1939), il envahit la Pologne (1er sept.) et déclenche ainsi la Seconde Guerre mondiale. Servi par un état-major de bons stratèges, il remporte des succès rapides contre la Pologne, la Norvège, puis contre la France et dans les Balkans, et lance ses troupes contre l'Union soviétique (1941). Il contrôle alors la majeure partie de l'Europe, où sont organisés les camps de concentration et d'extermination. Mais le revers de Stalingrad (févr. 1943) et l'ouverture d'un « second front » en Normandie (juin 1944) sonnent le glas de cette domination. Usé nerveusement, Hitler est alors dans un état proche de la folie. Il réussit à échapper à l'attentat organisé par des militaires en juillet 1944. Encerclé par l'Armée rouge à Berlin, il se suicide en avril 1945.

Hittites, peuple indo-européen qui, entre les XXe et XIIe s. av. J.-C., constitua un puissant empire en Anatolie centrale. Sa capitale était *Hattousa* (auj. Boğazköy). La puissance hittite, éclipsée au XVe siècle par le royaume du Mitanni (Hourrites), atteignit son plus haut point aux XIVe-XIIIe siècles (Nouvel Empire hittite). Elle parvint alors à contenir les Assyriens et les Égyptiens (bataille de Qadesh, v. 1299 av. J.-C.). L'Empire hittite disparut au XIIe siècle avec l'invasion des Peuples de la Mer. ARCHÉOL. ET ARTS. Après s'être intégrés aux populations autochtones (riches sépultures des XXIVe-XXIIe s. av. J.-C à Alacahöyük), les Hittites développèrent une civilisation originale. Ses traits se manifestent dans l'architecture par des fondations en blocs de pierre associées à des murs en briques crues et bois. Hattousa témoigne également de l'aptitude des Hittites à articuler leur cité par des éléments de liaison et à en organiser la défense. Dans leurs hautes murailles en appareil cyclopéen s'ouvrent des portes flanquées de reliefs ou de sphinx sculptés. Plusieurs de leurs sanctuaires sont aménagés au cœur de cirques rocheux ornés de bas-reliefs rupestres (Yazılıkaya).

Après l'invasion des Peuples de la Mer, à l'époque dite « néohittite » (Ier millénaire), ont été sculptés des bas-reliefs décorant des palais fortifiés de Malatya, Karkemish ou Zincirli.

Hittorf *(Wilhelm),* physicien allemand (Bonn 1824 - Münster 1914). Il a découvert les rayons cathodiques (1869) et observé leur déviation par les champs magnétiques.

Hittorff *(Jacques),* architecte français d'origine allemande (Cologne 1792 - Paris 1867). Élève de Percier, rationaliste et éclectique, il a construit à Paris la gare du Nord (1861, halle métallique), a travaillé aux Champs-Élysées, aux places de la Concorde et de l'Étoile, au bois de Boulogne.

Hjelmslev *(Louis Trolle),* linguiste danois (Copenhague 1899 - id. 1965). Dans la lignée de Saussure, il envisage la langue comme une structure : sa théorie est une tentative de formalisation très rigoureuse des structures linguistiques. Son œuvre a eu une grande influence dans les domaines de la sémantique et de la sémiologie. Il est l'auteur de *Prolégomènes à une théorie du langage* (1943).

Hobart, port d'Australie, cap. de la Tasmanie ; 179 900 hab. Université. Métallurgie.

Hobbema *(Meindert),* peintre néerlandais (Amsterdam 1638 - id. 1709). Il est l'auteur de paysages baignés d'une fine lumière qui met en valeur chaque détail (*l'Allée de Middelharnis,* 1689, National Gallery, Londres).

Hobbes *(Thomas),* philosophe anglais (Wesport, Wiltshire, 1588 - Hardwick Hall 1679). Partisan de la monarchie absolue, effrayé par la révolution qui se préparait, il passa en France en 1640. Il fit paraître à Londres son ouvrage fondamental, le *Léviathan* (1651), puis regagna l'Angleterre. Sa conception de l'État ne peut être séparée de sa philosophie, un matérialisme mécaniste. L'homme à l'état de nature est uniquement mû par le désir et la crainte, d'où la guerre permanente (« l'homme est un loup pour l'homme »). Donc, pour vivre en société, l'homme doit, par un contrat passé avec ses semblables, renoncer à ses droits au profit d'un souverain absolu qui fait régner l'ordre, l'État, baptisé d'un nom phénicien passé dans le folklore hébreu, symbole du désordre et du mal, le *Léviathan.*

Hobson *(John Atkinson),* économiste britannique (Derby 1858 - Hampstead 1940). Il a vu dans l'impérialisme l'aboutissement du capitalisme et a annoncé Keynes en éclairant le rôle des pouvoirs publics dans l'économie.

Hoceima (Al-), *en esp.* Alhucemas, v. du Maroc, sur la Méditerranée ; 41 600 hab. Tourisme.

Hoche *(Lazare),* général français (Versailles 1768 - Wetzlar, Prusse, 1797). Engagé à 16 ans, commandant l'armée de Moselle en 1793, vainqueur des Autrichiens et des Prussiens, il fut dénoncé comme suspect et emprisonné jusqu'au 9-Thermidor (juill. 1794). Il écrasa les émigrés débarqués à Quiberon (1795) et pacifia la Vendée. Il fut ministre de la Guerre en 1797.

Hô Chi Minh *(Nguyên Tat Thanh,* dit *Nguyên Ai Quôc* ou*),* homme d'État vietnamien (Kim Liên 1890 - Hanoi 1969). Fondateur du Parti communiste indochinois (1930), puis du Viêt-minh (1941), il proclama en 1945 l'indépendance de la République du Viêt Nam, dont il devint le président. Il mena une lutte contre la France (jusqu'en 1954). Puis, à la tête d'une démocratie populaire, réduite à la moitié nord du pays, il joua un rôle essentiel dans la guerre qui opposa celle-ci, à partir de 1960, au Viêt Nam du Sud et aux États-Unis.

Hô Chi Minh-Ville, *anc.* Saigon (jusqu'en 1975), v. du sud du Viêt Nam, ch.-l. de prov., à environ 80 km de la mer, sur la rive droite de la *rivière de Saigon ;* 3 934 000 hab. Centre administratif, artisanal, commercial (port) et industriel (mécanique, caoutchouc, textile). La moitié du territoire est rurale (cultures maraîchères et industrielles). — Saigon fut, après 1859, le siège du gouvernement de la Cochinchine française.

Höchstädt *(batailles de),* batailles de la guerre de la Succession d'Espagne qui eurent lieu à Höchstädt (au N.-O. d'Augsbourg). La première se termina par la victoire de Villars sur les Autrichiens (20 sept. 1703). Au cours de la seconde, appelée aussi *bataille de Blenheim* par les Anglais, le Prince Eugène et Marlborough vainquirent les Français (13 août 1704).

Hockney (*David*), peintre britannique (Bradford 1937). Un des créateurs du pop art au début des années 60, il a fait preuve, depuis, d'un talent original et multiforme dans la figuration.

Hocquart (*Gilles*), administrateur français (Mortagne 1694 - Paris 1783), intendant de la Nouvelle-France de 1731 à 1748.

Hodeïda, port du Yémen, sur la mer Rouge ; 155 000 hab.

Hodgkin (*Thomas*), médecin britannique (Tottenham, Middlesex, 1798 - Jaffa 1866). Il découvrit et décrivit en 1832 la lymphogranulomatose maligne (que Malpighi avait étudiée partiellement en 1666) à partir de l'observation des lésions des ganglions et de la rate.

Hodja (*Enver*) → **Hoxha.**

Hodler (*Ferdinand*), peintre suisse (Berne 1853 - Genève 1918). Il est l'auteur de compositions historiques fermement rythmées (*la Retraite de Marignan,* 1900, Musée national suisse, Zurich ; *le Départ des étudiants d'Iéna,* 1908, Iéna), d'allégories (*la Nuit, le Jour,* Berne), de portraits, de paysages alpestres à la construction et aux cadrages inédits, au coloris intense (*Lac de Genève, Jungfrau,* diverses versions).

Hodna (*chott el-*), dépression marécageuse des hautes plaines de l'Algérie orientale, dominée au nord par les monts du Hodna (1 890 m).

Hoffmann (*Ernst Theodor Wilhelm,* dit *Ernst Theodor Amadeus*), écrivain et compositeur allemand (Königsberg 1776 - Berlin 1822). Célèbre pour ses nouvelles fantastiques (*Contes des frères Sérapion,* 1819-1821 [→ **Contes**] ; *la Princesse Brambilla,* 1820 ; *le Chat Murr,* 1819-1821), il a aussi composé de nombreuses œuvres musicales, dont l'opéra *Ondine* (1816).

Hoffmann (*Josef*), architecte et designer autrichien (Pirnitz, Moravie, 1870 - Vienne 1956). Élève d'O. Wagner et cofondateur, en 1897, de la Sécession viennoise (branche de l'Art nouveau européen), il brille par la sobre élégance de son style (palais Stoclet, Bruxelles, 1905-1911).

Hofmann (*August Wilhelm von*), chimiste allemand (Giessen 1818 - Berlin 1892). Il a isolé le benzène, préparé l'aniline et trouvé un mode général de préparation des amines.

Hofmannsthal (*Hugo* von), écrivain autrichien (Vienne 1874 - Rodaun 1929). Célèbre à 17 ans avec son premier drame lyrique *Hier* (1891), il est l'auteur de drames qui analysent les problèmes du monde moderne à la lumière des mythes antiques et médiévaux (*Jedermann,* 1911), et de livrets d'opéra pour Richard Strauss (*le Chevalier à la rose, Ariane à Naxos*).

Hogarth (*William*), peintre, graveur et théoricien britannique (Londres 1697 - *id.* 1764). Son œuvre inaugure l'âge d'or de la peinture anglaise : portraits d'une touche spontanée (*les Enfants Graham,* Tate Gallery ; *la Marchande de crevettes,* National Gallery), études de mœurs traitées sous forme de séries où la verve caricaturale s'allie au souci moralisateur, dans la lignée des romans de Fielding (*Rake's Progress* [la Carrière d'un roué], *Marriage à la mode* [le Mariage à la mode]).

Hoggar, massif volcanique du Sahara algérien, moins aride (en raison de son altitude) que le reste du désert ; 2 918 m. Il est habité par les Touareg. V. princ. *Tamenghest.*

Hohenlinden (*bataille de*) [3 déc. 1800], victoire, en Bavière, de Moreau sur les Austro-Bavarois de l'archiduc Jean.

Hohenlohe (*Chlodwig, prince de*) [Rotenburg 1819-Ragaz, Suisse, 1901], statthalter d'Alsace-Lorraine (1885-1894), puis chancelier de l'Empire allemand (1894-1900).

Hohenstaufen, dynastie germanique issue des ducs de Souabe, qui régna sur le Saint Empire de 1138 à 1254. La rivalité qui l'opposa aux ducs de Bavière fut à l'origine du conflit entre guelfes et gibelins. La dynastie fut représentée par Conrad III, Frédéric Ier Barberousse, Henri VI, Frédéric II et Conrad IV, dont le fils, Conradin, fut le dernier descendant mâle de la famille.

Hohenzollern, famille qui régna sur la Prusse (1701-1918), sur l'empire d'Allemagne (1871-1918) et sur la Roumanie (1866-1947). Elle descend de Frédéric, comte de Zollern (m. v. 1201), et se divisa en deux branches. La *branche de Souabe* se subdivisa elle-même en plusieurs rameaux, dont celui de Sigmaringen qui donna à la Roumanie sa maison princière puis royale. La *branche franconienne* dut sa fortune à Frédéric VI (m. v. 1440), qui acquit l'Électorat de Brandebourg (1417). Ayant hérité de la Prusse (1618), les Hohenzollern en devinrent les rois (1701), renforcèrent leur puissance politique sous Frédéric II (1740-1786) et acquièrent la dignité impériale en 1871 avec Guillaume Ier. Leur dernier représentant, Guillaume II, abdiqua en 1918.

Hokkaido, la plus septentrionale des îles du Japon, séparée de Honshu par le détroit de Tsugaru ; 78 512 km² ; 5 643 647 hab. Montagneuse et forestière, longée par des courants froids (Oyashio), l'île a des hivers longs et rudes mais des étés chauds et humides, et, dans les plaines, le riz se juxtapose aux cultures tempérées. Villes (Sapporo, Hakodate, Muroran, Kushiro, Otaru) et industries (agroalimentaire lié à une pêche active, papier, raffinage du pétrole, métallurgie) sont implantées sur le littoral ou à proximité.

Hokusai, peintre, dessinateur et graveur japonais (Edo 1760 - id. 1849). Il laisse une œuvre monumentale composée de plusieurs milliers de pièces. On recense au moins trente signatures marquant chacune un style nouveau. Il connaît la perspective occidentale et adopte une perspective surbaissée et un point de fuite unique. Grâce à lui, l'estampe de paysage connaît un remarquable essor avec les *Trente-Six Vues du mont Fuji* (1831-1833), le *Circuit des cascades de toutes les provinces* (1833) et, surtout, les grandioses *Cent Vues du mont Fuji* (1834), chefs-d'œuvre de dessin, de composition et d'impression. Bien des artistes français lui doivent la révélation de l'art japonais.

Holan *(Vladimir),* poète tchèque (Prague 1905 - id. 1980). Il mêla l'influence de Valéry et de Rilke (*l'Éventail chimérique,* 1926) à l'ouverture aux problèmes moraux et politiques du monde contemporain (*la Ronde nocturne du cœur,* 1963).

Holbach *(Paul Henri Thiry, baron d'),* philosophe français d'origine allemande (Edesheim, Palatinat, 1723 - Paris 1789). Collaborateur de l'*Encyclopédie,* matérialiste, athée, il attaqua l'Église et la monarchie de droit divin. Son rationalisme et son athéisme s'appuient sur les connaissances scientifiques de son temps.

Holbein *(Hans)* l'Ancien ou le Vieux, peintre et dessinateur allemand (Augsbourg v. 1465 - Issenheim, Alsace, v. 1524). Encore gothique mais influencé par l'art flamand, il est l'auteur de retables et de portraits.

Holbein *(Hans)* le Jeune, peintre, dessinateur et graveur allemand (Augsbourg 1497/98 - Londres 1543), un des fils du précédent. Attiré par l'humanisme, il s'installe à Bâle vers 1515 et affirme, notamment dans ses œuvres religieuses, un classicisme d'influence italienne (*Retable Gerster,* Soleure), non sans souvenirs de l'expressionnisme germanique (*Christ mort,* Bâle). Un réalisme sobre et pénétrant marque ses portraits, exécutés à Bâle (*Érasme,* diverses versions) puis en Angleterre, où il se fixe définitivement en 1532 et devient peintre de la cour londonienne (*les Ambassadeurs,* National Gallery).

Holberg *(baron Ludvig),* écrivain danois d'origine norvégienne (Bergen 1684 - Copenhague 1754). Il est l'auteur de poèmes héroïcomiques, de comédies satiriques imitées de Molière et d'un roman fantastique, *le Voyage souterrain de Niels Klim* (1741), qui font de lui le grand classique de la littérature danoise. Le « siècle de Holberg » caractérise le début du XVIIIᵉ siècle en Scandinavie.

Hölderlin *(Friedrich),* poète allemand (Lauffen 1770 - Tübingen 1843). Considéré comme un des plus grands poètes allemands, il a laissé un roman (*Hyperion,* 1797-1799) et surtout des odes et des hymnes qui élèvent au mysticisme l'inspiration romantique. Il a exercé une influence capitale sur la poésie moderne.

Holguín, v. de l'est de Cuba ; 194 700 hab.

Holiday *(Eleonora,* dite **Billie),* surnommée **Lady Day,** chanteuse de jazz américaine (Baltimore 1915 - New York 1959). Elle débuta à New York en 1929 et se produisit en soliste à partir de 1939. Avec Lester Young, elle a entretenu une relation à la fois amicale et musicale. Son timbre acide et métallique, son phrasé nonchalant et sa souplesse rythmique marquent ses interprétations.

Hollande, région la plus riche et la plus peuplée des actuels Pays-Bas. Ancien territoire des Bataves, demeuré en marge de l'Empire romain et tardivement intégré dans le royaume franc, la Hollande n'est évangélisée qu'au VIIIᵉ siècle. Érigée en comté v. 1015, elle est, à la fin du XIIIᵉ siècle, une importante puissance commerciale et industrielle (laine). Possession du duc de Bourgogne en 1428, elle passe à la maison de Habsbourg en 1477. En 1579, l'union d'Utrecht est proclamée sous la direction du gouverneur de Hollande, Guillaume d'Orange. Cette union, regroupant les États protestants soulevés contre l'Espagne, donne naissance à la République des Provinces-Unies. Partie la plus riche et la plus peuplée du nouvel État, la Hollande y joue un rôle essentiel. Ainsi, les habitants des Provinces-Unies sont souvent désignés du nom de « Hollandais ».

Hollande *(guerre de)* [1672-1679], conflit qui opposa la France aux Provinces-Unies puis (1673) à une coalition de puissances européennes comprenant également le Saint Empire et l'Espagne. Entreprise par Louis XIV à l'instigation de Colbert, elle se termina par les traités de Nimègue (août-sept. 1678, févr.

1679), qui donnèrent à la France la Franche-Comté et de nombreuses places des Pays-Bas.

Hollande *(royaume de),* royaume créé en 1806 par Napoléon Ier pour son frère Louis. Il fut supprimé dès 1810 et annexé à l'Empire français.

Hollande-Méridionale, *en néerl.* Zuidholland, prov. de l'ouest des Pays-Bas, la plus densément peuplée du pays ; 2 907 km² ; 3 220 000 hab. Ch.-l. *La Haye.* Le secteur tertiaire (commerce, tourisme, etc.) devance les activités industrielles (Rotterdam-Europoort) et agricoles (horticulture, élevage).

Hollande-Septentrionale, *en néerl.* Noordholland, prov. de l'ouest des Pays-Bas ; 2 668 km² ; 2 376 000 hab. Ch.-l. *Haarlem.* L'urbanisation (dominée par Amsterdam) et les activités tertiaires se concentrent dans le sud, le nord restant plus rural.

Hollerith *(Hermann),* statisticien américain (Buffalo 1860 - Washington 1929), inventeur des machines à statistiques à cartes perforées (1880) et fondateur de la Tabulating Machine Corporation (1896), qui deviendra IBM.

Holliger *(Heinz),* compositeur et hautboïste suisse (Langenthal, Berne, 1939). Il s'est attaché à l'élargissement des possibilités techniques et sonores des instruments (*Pneuma* pour vents, percussion, orgue et radio, 1970 ; *What Where,* opéra de chambre d'après S. Beckett, 1988).

Hollywood, faubourg de Los Angeles, principal centre de l'industrie cinématographique et de la télévision aux États-Unis. Symbole de l'hégémonie du cinéma américain, Hollywood fut, de 1911 aux années 1950, le lieu d'une intense activité créatrice et économique (développement des grandes compagnies et du star-system).

Holm *(Johanna* Eckert, dite **Hanya**), danseuse, chorégraphe et pédagogue d'origine allemande (Worms 1898 - New York 1992), naturalisée américaine en 1939. Disciple de Mary Wigman, elle dirigea l'école Wigman de New York (1931), qui devint la Hanya Holm School of Dance en 1936. Elle signa de grands drames dansés à teneur psychanalytique et sociale (*Trend,* 1937), et travailla aussi avec succès pour Broadway (*Kiss me Kate,* 1948 ; *My Fair Lady,* 1956).

Holmenkollen, faubourg d'Oslo. Ski.

Holmes *(Sherlock),* personnage principal des romans de Conan Doyle et modèle du détective amateur.

Holon, banlieue de Tel-Aviv-Jaffa ; 146 100 hab.

Holopherne, général assyrien légendaire qui, dans la Bible, est décapité par Judith au siège de Béthulie.

Holstein, ancienne principauté allemande. Érigé en comté en 1110, puis en duché (1474), le Holstein fut annexé, avec le Schleswig, à titre personnel, par le roi de Danemark en 1460. À la suite de la guerre des Duchés (1865), il fut attribué à l'Autriche, avant d'être incorporé à la Prusse en 1867. Il forme aujourd'hui, avec la partie sud du Schleswig, le Land de Schleswig-Holstein.

Homais *(Monsieur),* l'un des personnages de *Madame Bovary,* de Flaubert ; il personnifie une certaine sottise bourgeoise, anticléricale et scientiste.

Home *(sir Alexander* Douglas) → **Douglas-Home.**

Home Fleet *(mots angl. signif. « flotte de la maison »),* flotte chargée de la protection immédiate du Royaume-Uni.

Homère, poète épique grec, regardé comme l'auteur de *l'Iliade* et de *l'Odyssée,* et dont l'existence problématique fut entourée de légendes dès le VIe s. av. J.-C. Hérodote le considérait comme un Ionien (Grec d'Asie Mineure) vivant v. 850 av. J.-C. La tradition le représentait vieux et aveugle, errant de ville en ville et déclamant ses vers. Établis sous forme d'édition écrite à la fin du VIe s., les poèmes homériques jouirent d'une immense popularité dans l'Antiquité, servirent de base à l'enseignement et constituèrent un exemple incontesté pour tous les poètes épiques grecs ou latins. À partir de là, Homère est resté, de Virgile à Joyce, une référence majeure pour les littératures occidentales, et l'on a pu dire (Queneau) qu'aux origines de toute création nationale ou personnelle il y a soit une *Iliade,* soit une *Odyssée.*

— **L'Iliade,** poème épique en 24 chants, fait le récit d'un épisode de la guerre de Troie. L'action s'organise autour de la colère d'Achille, brouillé avec Agamemnon et les autres chefs grecs, qui lui ont enlevé sa captive, Briséis (chant I). Zeus, pour plaire à Thétis, la mère d'Achille, inflige une défaite aux Grecs. Après un dénombrement détaillé des forces en présence (« catalogue des vaisseaux », chant II), la lutte se déroule au rythme des combats singuliers et des mêlées générales auxquelles les dieux prennent une part active (chants III-XV). Alors que les Troyens sont sur le point d'incendier la flotte grecque, Achille prête ses armes à Patrocle, qui est tué par Hector (chant XVI). Pour venger son ami, Achille se fait forger par Héphaïstos de nouvelles armes (description du bouclier, chant XVIII), reprend le combat et tue Hector, puis traîne son cadavre sous les remparts de Troie (chant XXII). Les deux derniers chants sont consacrés aux funérailles de Patrocle et à celles d'Hector, dont Achille a rendu le cadavre au roi Priam.

— **L'Odyssée,** poème en 24 chants, retrace le périple du héros, Ulysse (en grec : *Odusseus*), livré à l'arbitraire des dieux et aux caprices du destin. Tandis que son fils Télémaque part à sa recherche (chants I-IV), Ulysse, recueilli après un naufrage par Alcinoos, roi des Phéaciens, raconte ses aventures depuis son départ de Troie (chants V-XIII) : il est passé du pays des Lotophages à celui des Cyclopes, séjourné dans l'île de la magicienne Circé, navigué dans la mer des Sirènes, entre Charybde et Scylla, a été pendant des années retenu par la nymphe Calypso. La troisième partie du poème (chants XIV-XXIV) raconte son arrivée à Ithaque et la ruse qu'il dut employer pour se débarrasser des prétendants qui courtisaient sa femme, Pénélope.

Home Rule *(de l'angl. home,* chez soi, et *rule,* gouvernement), régime d'autonomie revendiqué par les Irlandais à partir de 1870, dont le principe fut voté en 1912 et qui fut appliqué en 1914.

Homme *(musée de l'),* musée créé à Paris en 1937 au palais de Chaillot et consacré à l'anthropologie. C'est une dépendance du Muséum national d'histoire naturelle.

Homme sans qualités *(l'),* roman inachevé, en trois volumes, de Robert Musil (1930-1943). Une fresque de la société austro-hongroise à la veille de la Première Guerre mondiale sert de toile de fond à l'aventure spirituelle d'un personnage.

Hommes de bonne volonté *(les),* cycle romanesque de J. Romains (1932-1947), vaste épopée de la camaraderie humaine.

Homs, v. de Syrie, près de l'Oronte ; 347 000 hab. Centre commercial et industriel.

Honduras, État d'Amérique centrale, sur la mer des Antilles ; 112 000 km²; 5 300 000 hab. *(Honduriens).* CAP. *Tegucigalpa.* LANGUE : *espagnol.* MONNAIE : *lempira.*
GÉOGRAPHIE
Pays montagneux qui s'ouvre largement sur la mer des Antilles, le Honduras reste à dominante agricole. Le maïs est la principale culture vivrière, la banane et le café sont les bases des exportations, bien inférieures aux importations (rendues nécessaires par l'inexistence de l'industrialisation). La rapide croissance démographique aggrave les pro-

blèmes de ce pays, dont la situation économique reste marquée par un chômage important, une forte inflation et un lourd endettement. L'influence des États-Unis, principal partenaire commercial et investisseur, possesseur de bases militaires, reste prépondérante.
HISTOIRE
Découvert par Christophe Colomb en 1502, le Honduras, peuplé d'Indiens Mosquito, est conquis par les Espagnols à partir de 1523.
1821. Indépendance du Honduras.
Uni au Mexique jusqu'en 1823, puis membre des Provinces-Unies d'Amérique centrale (1824-1838), il s'associe un temps au Salvador et au Nicaragua (1842-1844).
L'intégrité du Honduras est d'abord menacée par les Britanniques. Puis la compagnie américaine United Fruit prend une influence prépondérante dans la vie économique et politique du pays.
1932-1948. Dictature de Tiburcio Carías Andino.
Après le renversement en 1963 du régime libéral établi en 1957, le pays est dirigé par le colonel Osvaldo López Arellano (1965-1971 ; puis 1972-1975).
1969-70. « Guerre du football » avec le Salvador.
1981. Reconquête du pouvoir par les civils. Mais la stabilité politique du pays est remise en question par l'active coopération militaire du Honduras avec les États-Unis, engagée dans les années 1980 dans la lutte contre le gouvernement nicaraguayen.
1992. Un accord met fin au différend frontalier opposant le Honduras au Salvador.

Honduras *(golfe du),* échancrure du littoral centre américain sur la mer des Antilles.

Honduras britannique → **Belize.**

Honecker *(Erich),* homme politique allemand (Neunkirchen, Sarre, 1912 - Santiago, Chili, 1994). Secrétaire général du Parti socialiste unifié (SED) à partir de 1971 et président du Conseil d'État à partir de 1976, il démissionne de ces deux fonctions en 1989. Après l'ouverture de son procès à Berlin en 1992 puis sa suspension pour raisons de santé, il s'exile au Chili.

Honegger *(Arthur),* compositeur suisse (Le Havre 1892 - Paris 1955). L'un des maîtres de l'orchestre *(Pacific 231,* 1923) et de l'oratorio *(le Roi David,* 1921 ; *Judith,* 1926 ; *Jeanne d'Arc au bûcher,* 1938), il a fait partie du groupe des Six. La puissance mais aussi la finesse et la sensibilité sont les caractéristiques dominantes de son langage musical.

Honfleur, ch.-l. de c. du Calvados ; 8 346 hab. *(Honfleurais).* Tourisme. — Église Ste-Catherine, en bois, des xvᵉ-xvɪᵉ siècles, et autres monuments. Musées Eugène-Boudin, de la Marine et d'Ethnographie.

Hongkong ou **Hong Kong,** *en chin.* Xianggang, colonie britannique comprenant, outre l'île de Hongkong, le territoire de Kowloon et de petites îles formant les New Territories ; 1 045 km² ; 5 800 000 hab. Cap. *Victoria.*

GÉOGRAPHIE

Située à une latitude tropicale, faisant partie de la Chine méridionale et ouverte sur la mer homonyme, la colonie est un grand centre commercial et financier. En effet, plus de la moitié des exportations de la Chine y transitent et c'est la deuxième place financière d'Asie (après Tokyo). Les industries de main-d'œuvre ont été délocalisées dans les zones économiques spéciales voisines. Le port se situe au premier rang mondial pour les conteneurs et de grands projets d'infrastructures, notamment un nouvel aéroport, sont en voie de réalisation. Le maintien de l'actuelle activité dépendra, même avant 1997, de la politique chinoise.

HISTOIRE

L'île de Hongkong est cédée à la Grande-Bretagne en 1842. Un accord sino-britannique signé en 1984 prévoit les conditions du retour de la colonie à la Chine en 1997.

Hongrie, État de l'Europe centrale ; 93 000 km² ; 10 600 000 hab. *(Hongrois).* CAP. *Budapest.* LANGUE : *hongrois.* MONNAIE : *forint.*

GÉOGRAPHIE

Entre Alpes et Carpates, la Hongrie est un pays danubien. Le fleuve y sépare la grande plaine de l'Est, l'Alföld (où le paysage de puszta [steppe pastorale] a presque disparu), et la moitié occidentale (la Transdanubie), plus accidentée, notamment par les monts Bakony dominant le lac Balaton. Éloignée de l'océan, la Hongrie possède un climat continental aux hivers assez rigoureux mais aux étés chauds, finalement assez favorable à l'agriculture, qui bénéficie dans l'Est du secours de l'irrigation à partir du Danube et de la Tisza.

Les céréales (blé et surtout maïs) sont associées à des élevages variés ; localement, la viticulture est présente. Le sous-sol fournit du lignite, du gaz naturel (mais peu de pétrole et de houille, importés) et de la bauxite. L'industrie est dominée par la métallurgie de transformation (à vocation exportatrice) devant la chimie et l'agroalimen-

taire. L'industrie et plus encore les services sont présents à Budapest, qui écrase les autres villes. La capitale concentre le cinquième d'une population caractérisée par un taux d'urbanisation moyen et une lente décroissance, tenant à la conjonction de la chute du taux de natalité et du vieillissement. Le tourisme culturel et climatique, développé, apporte un complément de ressources appréciable. Le passage à l'économie de marché passe en priorité par la privatisation des entreprises. Il se traduit aussi par une forte inflation, un accroissement du chômage et un lourd endettement.

HISTOIRE

■ **Les origines.** Entre 35 av. J.-C. et 9 apr. J.-C., la région est conquise par Rome, qui en fait la province de Pannonie. Celle-ci est envahie par les Huns (ɪvᵉ s.), les Ostrogoths, les Lombards puis par les Avars (568).

896. Les Hongrois (ou Magyars) arrivent dans la plaine danubienne, sous la conduite de leur chef Árpád.

La dynastie des Árpád (v.904-1301) gouverne la Hongrie, la Slovaquie (ou Haute-Hongrie) et la Ruthénie subcarpatique, annexée au début du xɪᵉ s.

955. La victoire d'Otton Iᵉʳ au Lechfeld met fin aux raids des Hongrois en Occident.

■ **Le royaume de Hongrie.**

1000. Étienne Iᵉʳ (997-1038) devient roi. Il impose le christianisme à ses sujets. Il maintient son royaume hors du Saint Empire.

1095-1116. Kálmán (Coloman) obtient le rattachement de la Croatie et de la Slavonie au royaume de Hongrie.

1172-1196. Sous Béla III, la Hongrie médiévale est à son apogée.

1235-1270. Béla IV reconstruit le pays, ruiné par l'invasion mongole de 1241-42.

1308-1342. Charles Iᵉʳ Robert, de la maison d'Anjou, organise l'exploitation des mines d'argent, de cuivre et d'or de Slovaquie et de Transylvanie.

1342-1382. Louis Iᵉʳ d'Anjou poursuit son œuvre.

À la fin du xɪvᵉ s. et au xvᵉ s., le royaume de Hongrie est puissant et prend part aux croisades contre les Ottomans.

1456. Jean Hunyadi arrête les Turcs devant Belgrade.

1458-1490. Son fils, Mathias Corvin, conquiert la Moravie et la Silésie et s'installe à Vienne (1485). Il favorise la diffusion de la Renaissance italienne.

1526. Les Ottomans remportent la victoire de Mohács, où meurt Louis II Jagellon. Ferdinand Iᵉʳ de Habsbourg (1526-1564) est élu par la Diète roi de Hongrie.

1540. Les Turcs occupent Buda et la Grande Plaine.

Dès lors et jusqu'en 1699, la Hongrie est divisée en trois : la Hongrie royale (capitale Presbourg), gouvernée par la maison d'Autriche, la Hongrie turque et la Transylvanie, vassale des Ottomans depuis 1568.

1687. La Diète de Hongrie doit reconnaître la monarchie héréditaire des Habsbourg.

1691. La Transylvanie est annexée par la maison d'Autriche.

1699. Les Habsbourg reconquièrent sur les Turcs la plaine hongroise (paix de Karlowitz).

Au XVIIIᵉ s., les magnats (membres de la haute noblesse) luttent pour la restauration et le maintien des libertés hongroises au sein de la monarchie autrichienne. Marie-Thérèse (1740-1780) poursuit le repeuplement. Son fils Joseph II (1780-1790) tente d'imposer un régime centralisé.

1848. La Hongrie prend une part active au mouvement révolutionnaire.

1849. Kossuth proclame la déchéance des Habsbourg. Les insurgés sont défaits à Világos (août) par les Russes, appelés par François-Joseph Iᵉʳ.

1867. Après la défaite de l'Autriche devant la Prusse (Sadowa, 1866), le compromis austro-hongrois instaure le dualisme.

Au sein de l'Autriche-Hongrie, la Hongrie est à nouveau un État autonome ; elle récupère la Croatie, la Slavonie et la Transylvanie.

1914. L'Autriche-Hongrie entre dans la Première Guerre mondiale.

■ **La Hongrie de 1918 à 1944.** La défaite des empires centraux entraîne la dissolution de l'Autriche-Hongrie.

1918. Károlyi proclame l'indépendance de la Hongrie. Les Roumains occupent la Transylvanie ; les Tchèques, la Slovaquie.

1919. Les communistes, dirigés par B. Kun, instaurent la « République des Conseils », renversée par l'amiral Horthy.

1920. Horthy est élu régent. Il signe le traité de Trianon, qui enlève à la Hongrie les deux tiers de son territoire (Slovaquie, Ruthénie, Transylvanie, Banat et Croatie).

À partir de 1938, sous l'influence de l'extrême droite nationaliste, la Hongrie s'allie aux puissances de l'Axe et récupère des territoires perdus en 1918-1920.

1941. Elle entre en guerre contre l'U. R. S. S.

1944. Hitler fait occuper le pays, et le parti fasciste des Croix-Fléchées prend le pouvoir, éliminant Horthy.

1944-45. L'armée soviétique occupe le pays.

1946-47. Le traité de Paris rétablit les frontières du traité de Trianon.

■ **Le régime communiste et la démocratisation.**

1949. M. Rakosi proclame la République populaire hongroise et impose un régime stalinien.

1953-1955. I. Nagy, chef du gouvernement, amorce la déstalinisation.

1956. Insurrection pour la libéralisation du régime et la révision des relations avec l'U. R. S. S. Imre Nagy proclame la neutralité de la Hongrie. Les troupes soviétiques imposent un gouvernement dirigé par J. Kádár.

1968-1988. Tout en restant fidèle à l'alignement sur l'U. R. S. S., Kádár améliore le fonctionnement du système économique et développe le secteur privé.

1989. La Hongrie ouvre sa frontière avec l'Autriche. Le parti, désormais dirigé par des réformateurs, renonce à son rôle dirigeant. La République populaire hongroise devient officiellement la République de Hongrie.

1990. Après les premières élections libres, un parti de centre droit, dont le leader est J. Antall, dirige le pays.

1994. Les élections portent les socialistes au pouvoir.

Hongwu ou **Hong-Wou,** empereur de Chine (1368-1398). Fondateur de la dynastie Ming, il repoussa les Mongols dans les steppes du Nord.

Honolulu, port de l'île d'Oahu, cap. de l'archipel et de l'État américain des Hawaii, dans le Pacifique ; 365 272 hab. Port de commerce, peu industrialisé, c'est surtout une escale aérienne et un centre touristique. Université. Musée d'art.

Honorius *(Flavius)* [Constantinople 384 - Ravenne 423], premier empereur d'Occident (395-423). D'abord dominé par Stilicon, qu'il fit assassiner en 408, il ne put défendre l'Italie contre les invasions barbares.

Honshu, *anc.* Hondo, principale île du Japon ; 230 000 km² ; 99 254 194 hab. Elle couvre plus de 60 % de la superficie du pays, dont elle concentre 80 % de la population avec une densité moyenne de l'ordre de 425 hab. au km². Étirée sur 1 300 km (et près de 10⁰ de latitude), large au maximum de 240 km, l'île est pourtant souvent montagneuse, parfois volcanique (Fuji-Yama), plus froide au N. Elle oppose surtout une façade nord-ouest (sur la mer du Japon), relativement peu peuplée et urbanisée et une façade sur la mer Intérieure et le Pacifique, qui regroupe la quasi-totalité des centres majeurs du Japon historique et actuel. De Hiroshima à la plaine du Kanto se succèdent grandes agglomérations et conurbations, dont Osaka-Kobe, Nagoya et Tokyo-Yokohama.

Hooch, Hooghe ou **Hoogh** *(Pieter de)* → De Hooch.

Hooft *(Pieter Cornelisz.),* écrivain hollandais (Amsterdam 1581 - La Haye 1647). Poète élégiaque et prosateur *(Histoires des Pays-Bas,* 1642-1654), il a contribué à former la langue classique de son pays.

Hooghly ou **Hugli,** bras occidental du delta du Gange ; 250 km. L'ensablement entrave la navigation autour de Calcutta.

Hooke *(Robert),* astronome et mathématicien anglais (Freshwater, île de Wight, 1635 - Londres 1703). Il conçut le premier la possibilité d'utiliser le mouvement d'un pendule pour mesurer l'accélération de la pesanteur. Il énonça la loi de proportionnalité entre les déformations élastiques d'un corps et les efforts auxquels il est soumis *(loi de Hooke).* Il effectua de nombreux travaux en optique (interférences lumineuses, diffraction de la lumière) et en astronomie (observation des taches solaires, des anneaux de Saturne et des comètes).

Hooker *(John Lee),* guitariste et chanteur de blues américain (Clarksdale, Mississippi, 1915). Installé à Detroit, il développe un blues fidèle aux racines rurales mais urbanisé et électrifié, ce qui lui permet d'exercer une influence majeure sur la pop music.

Hooker *(sir Joseph),* botaniste et explorateur britannique (Halesworth 1817 - Sunningdale 1911), auteur d'une classification des plantes.

Hoover *(Herbert Clark),* homme d'État américain (West Branch, Iowa, 1874 - New York 1964), président républicain des États-Unis de 1929 à 1933.

Hoover *(John Edgar),* administrateur américain (Washington 1895 - *id.* 1972), directeur du Federal Bureau of Investigation (FBI) de 1924 à sa mort.

Hope *(Thomas Charles),* chimiste britannique (Édimbourg 1766 - *id.* 1844). Il montra que la densité de l'eau est maximale à 40 °C.

Hopi, peuple indien d'Amérique du Nord (Arizona). Le mode de vie des Hopi repose sur une organisation clanique. Leur religion est particulièrement riche : les esprits des ancêtres, les *katchinas,* ou esprits des morts (symbolisés par des masques et des poupées de bois peints), reviennent sur terre au cours de cérémonies qui rythment toute la vie des Hopi.

Hopkins *(sir Frederick Gowland),* physiologiste et chimiste britannique (Eastbourne 1861 - Cambridge 1947), spécialiste des vitamines. (Prix Nobel 1929.)

Hopkins *(Gerard Manley),* poète britannique (Stratford 1844 - Dublin 1889). Jésuite, il fut l'un des initiateurs du lyrisme moderne par sa recherche de rythmes et son accent tragique.

Hopper *(Edward),* peintre et graveur américain (Nyack, État de New York, 1882 - New York 1967). Par l'intensité des moyens plastiques, son réalisme épuré confère, notamment, une dimension angoissante à l'univers urbain *(Nighthawks,* 1942, Art Institute, Chicago).

Horace, *en lat.* Quintus Horatius Flaccus, poète latin (Venusia 65-8 av. J.-C.). Ami de Virgile et de Mécène, protégé d'Auguste, épicurien délicat et artiste raffiné, il a doté les lettres latines d'une poésie à la fois familière, nationale et religieuse *(Satires, Odes, Épîtres).* Il fut tenu par les humanistes puis par les classiques français pour le modèle des vertus classiques d'équilibre et de mesure.

Horace, tragédie de P. Corneille (1640).

Horaces *(les trois),* frères romains légendaires qui, sous le règne de Tullus Hostilius (VIIe s. av. J.-C.), combattirent pour Rome contre les trois Curiaces, champions de la ville d'Albe, afin de décider lequel des deux peuples commanderait à l'autre. Le dernier des Horaces, seul survivant, feignant de fuir, tua séparément les trois Curiaces blessés et assura le triomphe de sa patrie.

Horatius Coclès (« le Borgne »), héros romain légendaire qui défendit seul l'entrée du pont Sublicius, à Rome, contre l'armée du roi étrusque Porsenna.

Horde d'Or, État mongol fondé au XIIIe siècle par Batu Khan, petit-fils de Gengis Khan, et qui s'étendait sur la Sibérie méridionale, le sud de la Russie et la Crimée. Suzeraine des princes russes jusqu'en 1480, elle fut détruite en 1502 par les Tatars de Crimée.

Horkheimer *(Max),* philosophe et sociologue allemand (Stuttgart 1895 - Nuremberg 1973). Directeur de l'Institut pour la recherche sociale en 1930, il fonda et dirigea l'école de Francfort. En 1933, il fuit le nazisme et réinstalla l'Institut à New York. Ses travaux ont porté sur la sociologie marxiste, revue dans une perspective critique et humaniste *(Kritische Theorie I et II,* 1968).

Hormuz → Ormuz.

Horn *(cap),* promontoire du Chili, marquant le point le plus austral de l'Amérique du Sud, à l'extrémité de l'*île Horn,* la plus méridionale de l'archipel de la Terre de Feu.

C'est une falaise verticale, haute de 580 m, au milieu d'écueils et de hauts-fonds.

Horn *(îles de),* nom donné à l'ensemble des deux îles de Futuna et Alofi (territoire de Wallis-et-Futuna), en Océanie française.

Hornes ou **Hoorne** *(Philippe de Montmorency, comte de),* seigneur des Pays-Bas (Nevele 1518 ou 1524 - Bruxelles 1568). Gouverneur de la Gueldre sous Charles Quint, il fut décapité avec le comte d'Egmont, par ordre du duc d'Albe, pour s'être opposé à l'autoritarisme espagnol.

Horney *(Karen),* psychanalyste américaine d'origine allemande (Hambourg 1885 - New York 1952). Rejetant la théorie du développement libidinal de S. Freud, elle a mis l'accent sur les facteurs culturels dans la genèse des névroses.

Horowitz *(Vladimir),* pianiste américain d'origine russe (Kiev 1904 - New York 1989). Gendre de A. Toscanini, il s'est particulièrement illustré dans l'interprétation des œuvres de Chopin, Liszt, Scriabine, Debussy et Prokofiev.

Horta *(Victor, baron),* architecte belge (Gand 1861 - Bruxelles 1947), pionnier de l'Art nouveau. Fervent de la ligne « coup de fouet », d'inspiration végétale, et du plan libre, qui détermine l'interpénétration des espaces, il a utilisé en virtuose la pierre, le fer, le verre, le béton (à Bruxelles : hôtels Tassel [1893], Solvay, Aubecq, maison Horta [1898], palais des Beaux-Arts [1922-1929]).

Hortense de Beauharnais, reine de Hollande (Paris 1783 - Arenenberg, Suisse, 1837). Fille du vicomte de Beauharnais et de Joséphine Tascher de La Pagerie (future impératrice), elle épousa en 1802 Louis Bonaparte, roi de Hollande, dont elle eut Charles Louis Napoléon, futur Napoléon III.

Horthy de Nagybánya *(Miklós),* amiral et homme politique hongrois (Kenderes 1868 - Estoril, Portugal, 1957). Élu régent (1920), il institua un régime autoritaire et conservateur. Allié de l'Italie et de l'Allemagne, il annexa le sud de la Slovaquie, l'Ukraine subcarpatique et une partie de la Transylvanie (1938-1940). Il fut renversé par un coup d'État organisé par le IIIe Reich (oct. 1944).

Horton *(Lester),* danseur, chorégraphe et pédagogue américain (Indianapolis 1906 - Los Angeles 1953). Pour son groupe fondé en 1934, il signe surtout des œuvres aux thèmes dérivant de l'ethnologie, traitée sous un aspect social et politique. Moins connu que les autres fondateurs de la modern dance, il a formé pourtant d'excellents disciples (Ailey, Lewitsky et Trisler), qui ont œuvré à la diffusion de sa technique.

Horus, dieu solaire de l'ancienne Égypte, représenté sous la forme d'un homme à tête de faucon ou d'un soleil ailé. Le nom d'Horus, honoré comme le dieu patron de la monarchie, constitua pendant 3 000 ans le premier nom de la titulature royale. Dans la légende d'Osiris, le fils de celui-ci et d'Isis est un Horus (car ce nom désigne, en fait, une espèce divine), destiné à succéder à son père comme roi de la terre.

Horyu-ji, le plus ancien sanctuaire bouddhique actuellement conservé au Japon, dans la région de Nara, et le plus ancien exemple d'architecture de l'Extrême-Orient. Il a été fondé au VIIe siècle et comprend deux ensembles : celui de l'ouest, avec les bâtiments les plus vénérables, parmi lesquels la pagode et surtout le kondo, qui abrite certaines des plus anciennes statues bouddhiques du pays ; celui de l'est, dont les édifices s'ordonnent autour du Pavillon des rêves (Yumedono, VIIIe s.). Important musée.

Hospitalet de Llobregat (L'), v. d'Espagne, banlieue de Barcelone ; 272 578 hab.

Hossein *(Robert Hosseinhoff, dit Robert),* acteur et metteur en scène de théâtre et de cinéma français (Paris 1927). Acteur et auteur de plusieurs films *(Les salauds vont en enfer,* 1955), il s'est spécialisé dans les mises en scène théâtrales à grand spectacle *(Notre-Dame de Paris,* 1978 ; *Je m'appelais Marie-Antoinette,* 1993).

Hotman, Hotmanus ou **Hotemanus** *(François), sieur* de Villiers Saint-Paul, jurisconsulte français (Paris 1524 - Bâle 1590). Il était de religion réformée et, dans ses ouvrages, s'opposa à l'absolutisme royal.

Hottentots, peuple nomade, vivant en Namibie et en Afrique du Sud, parlant une langue à clic (groupe khoisan).

Hötzendorf *(Conrad von)* → **Conrad von Hötzendorf.**

Houang-Ho → **Huang He.**

Houang Kong-wang → **Huang Gongwang.**

Hou Che → **Hu Shi.**

Houdon *(Jean-Antoine),* sculpteur français (Versailles 1741 - Paris 1828). Pensionnaire de l'École royale des élèves protégés, puis de l'Académie de France à Rome (1764-1768), où il étudie les antiques et l'anatomie *(l'Écorché,* E. N. S. B. A., Paris), agréé à l'Académie en 1769, il conquiert rapidement une vaste clientèle par ses monuments funéraires et ses grandes figures *(Diane chasseresse,* plâtre de

1776, reproduit en bronze et en marbre), qui rompent avec la rocaille, mais surtout par ses bustes, dans lesquels il s'attache à rendre toute la subtilité d'expression du visage humain. Il laisse ainsi de vivantes effigies des célébrities parisiennes, fournit à Catherine II une réplique de son *Voltaire assis* (auj. à la Comédie-Française), va aux États-Unis, en 1785, pour le *Washington* en pied du Capitole de Richmond, mais excelle plus encore dans les portraits familiers de ses proches (la petite *Louise Brongniart,* terre cuite, Louvre). De 1806 date son buste de Napoléon (terre cuite au musée de Dijon).

Houdry *(Eugène),* ingénieur français naturalisé américain (Domont 1892 - Philadelphie 1962). Il a inventé le craquage catalytique des hydrocarbures lourds.

Hougue *(bataille de la)* [29 mai 1692], combat naval livré par Tourville contre une flotte anglo-hollandaise et qui s'acheva par la destruction de la flotte française au large de Saint-Vaast-la-Hougue (N.-E. du Cotentin).

Houhehot ou **Hohhot,** v. de Chine, cap. de la Mongolie-Intérieure ; 810 000 hab.

Houilles, ch.-l. de c. des Yvelines ; 30 027 hab.

Hounsfield *(Godfrey Newbold),* ingénieur britannique (Newark 1919). Il a contribué, avec A. M. Cormack, au développement du scanner. (Prix Nobel de médecine 1979.)

Houphouët-Boigny *(Félix),* homme d'État ivoirien (Yamoussoukro 1905 - *id.* 1993). Ministre des gouvernements français de 1956 à 1959, il devint président de la République de Côte d'Ivoire lors de l'indépendance (1960). Régulièrement réélu, il a entretenu avec la France des relations privilégiées.

Hourrites, peuple attesté en Anatolie, en haute Mésopotamie ou en Syrie du xxiᵉ au xiiᵉ s. av. J.-C. Au xviᵉ s. av. J.-C., ils fondèrent le royaume du Mitanni, qui s'effondra au xivᵉ-xiiiᵉ siècle sous la pression des Hittites et des Assyriens.

Houssay *(Bernardo),* médecin argentin (Buenos Aires 1887 - *id.* 1971). Directeur de l'institut de physiologie de la faculté de médecine de Buenos Aires, il étudia le système hormonal, particulièrement l'action de l'hypophyse, sur les glucides. (Prix Nobel 1947.)

Houston, v. des États-Unis, au Texas, près du golfe du Mexique, auquel elle est reliée par un canal ; 1 630 553 hab. (3 301 937 dans l'agglomération). La ville est un grand port, exportant des céréales et des produits pétroliers, ainsi qu'un centre industriel (raffinage du pétrole et chimie, matériel pétro-

lier) et tertiaire (agences fédérales, sièges de grandes sociétés, université). — Musées, dont celui des Beaux-Arts et la collection De Ménil (peinture du xxᵉ s., arts primitifs, etc.).

Hove, v. d'Angleterre, près de Brighton ; 82 500 hab. Station balnéaire.

Howrah, v. de l'Inde, sur le delta du Gange, banlieue de Calcutta ; 1 707 512 hab.

Hoxha ou **Hodja** *(Enver),* homme politique albanais (Gjirokastër 1908 - Tirana 1985). Chef de la résistance à l'occupation italienne et allemande, fondateur du Parti des travailleurs albanais (1941), dont il fut le secrétaire général de 1948 à sa mort, il instaura et maintint un régime communiste de style stalinien.

Hoyle *(Fred),* astrophysicien et mathématicien britannique (Bingley 1915). Ardent défenseur d'un modèle d'univers stationnaire (à présent abandonné) et pionnier de l'astrophysique nucléaire, il est aussi connu comme vulgarisateur scientifique et comme auteur de science-fiction.

Hrabal *(Bohumil),* écrivain tchèque (Brno 1914). Il unit dans ses récits les thèmes surréalistes à l'inspiration populaire (*Trains étroitement surveillés,* 1965 ; *Moi qui ai servi le roi d'Angleterre,* 1971 ; *Une trop bruyante solitude,* 1976).

Hradec Králové, v. de la République tchèque (Bohême) ; 99 889 hab. — Cathédrale gothique (xivᵉ-xvᵉ s.), monuments baroques et architecture moderniste du début du xxᵉ siècle.

Hsinchu ou **Xinzhu,** v. de la côte nord-ouest de Taïwan ; 290 000 hab.

Hua Guofeng, homme politique chinois (Jiaocheng, Shanxi, 1921 ou 1922). Premier ministre (1976-1980), président du Parti (1976-1981), il fut écarté des affaires par le courant novateur animé par Deng Xiaoping.

Huai, fl. de la Chine centrale, tributaire de la mer Jaune ; 1 080 km.

Huainan, v. de Chine, sur la Huai ; 1 075 000 hab. (pour l'agglomération).

Huambo, *anc.* Nova Lisboa, v. de l'Angola central ; 62 000 hab.

Huancayo, v. du Pérou, à 3 350 m d'alt. ; 207 600 hab.

Huang Gongwang ou **Houang Kong-wang,** peintre et lettré chinois (1269-1354), doyen des quatre grands maîtres du paysage de l'époque Yuan. Réagissant contre un certain maniérisme des membres de l'académie des Song du Sud, il a rendu avec une extrême simplicité de moyens — par le jeu de petites touches d'encre — l'atmosphère et la lumière.

Huang He ou **Houang-ho,** fl. de la Chine du Nord, long de 4 845 km, drainant un bassin de 745 000 km². Son nom de « fleuve Jaune » lui vient des alluvions lœssiques qu'il transporte (1,6 milliard de t/an) et qui ont construit la Grande Plaine du Nord. Né au Qinghai, il s'encaisse dans le plateau tibétain jusqu'à Lanzhou. Puis il décrit une très large courbe vers le nord avant de reprendre une direction ouest-est, d'entrer dans la Grande Plaine, au-dessus de laquelle il coule entre des digues, et d'atteindre le golfe du Bohai. Pour limiter ses crues (violentes, malgré un faible débit moyen : 1 500 m³/s), un plan global d'aménagement a été mis en œuvre (barrages et retenues, canaux de dérivation, digues), associant production hydroélectrique et irrigation.

Huari ou **Wari,** site archéologique des hautes terres du Pérou, près d'Ayacucho, abritant les vestiges d'un centre cérémoniel et de la grande métropole de la culture huari. Celle-ci, influencée par Tiahuanaco, s'est diffusée entre 600 et 1000 apr. J.-C., et de nombreux styles locaux portent son empreinte.

Huascarán, point culminant des Andes du Pérou ; 6 768 m.

Huaxtèques ou **Huastèques,** Indiens du Mexique qui, depuis la période préhispanique, occupent une vaste région entre la Sierra Madre orientale et le golfe du Mexique. Les Huaxtèques appartiendraient à la famille linguistique maya, mais ils se sont séparés vers la fin du II⁰ millénaire av. J.-C. des autres Mayas. Ils se répartissent en trois groupes (Potosí, Tantoyuca, Sierra Otontepec), qui vivent de l'agriculture et de l'artisanat. ARTS. C'est au postclassique (950-1500) que les Huaxtèques atteignirent leur apogée. Temples circulaires consacrés à Quetzalcóatl, stèles, statuaire ornée de gravures, céramiques aux formes anthropomorphes et parures en nacre caractérisent la culture huaxtèque, qui fut de plus en plus sensible à l'influence aztèque.

Hubble (*Edwin Powell*), astrophysicien américain (Marshfield, Missouri, 1889 - San Marino, Californie, 1953). Il établit l'existence de galaxies extérieures à celle qui abrite le système solaire (1923-24). Puis, se fondant sur le rougissement systématique du spectre des galaxies, interprété comme un effet Doppler-Fizeau, il formula une loi empirique selon laquelle les galaxies s'éloignent les unes des autres à une vitesse proportionnelle à leur distance (1929) et conforta ainsi la théorie de l'expansion de l'Univers.

Hubble, télescope spatial américano-européen de 2,40 m de diamètre, mis en orbite autour de la Terre en 1990 et réparé dans l'espace en 1993.

Hubei, prov. du centre de la Chine ; 180 000 km² ; 49 890 000 hab. Cap. *Wuhan.*

Huber (*Klaus*), compositeur suisse (Berne 1924). Sa production s'inscrit sous le signe d'un sentiment très poussé de la nature et de préoccupations religieuses et spirituelles : *Tenebrae* (1967), *Erniedrigt-Geknechtet-Verlassen-Verachtet...*, oratorio sur un texte d'Ernesto Cardenal (1981), *la Terre des hommes,* d'après Simone Weil (1987-88).

Hubert (*saint*), évêque de Tongres, Maastricht et Liège (m. à Liège 727). Ses reliques furent transférées dans un monastère de la forêt des Ardennes, ce qui lui valut de devenir le patron des chasseurs.

Hubli, v. de l'Inde (Karnataka), à l'E. de Goa ; 647 640 hab.

Huddersfield, v. de Grande-Bretagne, près de Leeds ; 123 900 hab.

Hudson, fl. du nord-est des États-Unis (États de New York et du New Jersey), issu des Adirondacks et tributaire de l'Atlantique ; 500 km environ. Il est relié par un canal au lac Érié et au Saint-Laurent. Les matériaux de construction, les produits pétroliers et le charbon constituent l'essentiel de son trafic.

Hudson (*baie d'*), golfe du Canada pris par les glaces pendant sept mois par an et ouvert sur l'Atlantique par le *détroit d'Hudson.*

Hudson (*Compagnie de la baie d'*), compagnie commerciale anglaise créée en 1670 par Charles II, qui avait pour vocation le commerce des fourrures. Elle joua un grand rôle dans la colonisation des régions septentrionales du Canada.

Hudson (*Henry*), navigateur anglais (milieu du XVI⁰ s. - près de la baie d'Hudson ? 1611). Il découvrit, en 1610, le fleuve, le détroit et la baie qui portent son nom.

Huê, v. du Viêt Nam ; 209 000 hab. — Elle fut la capitale du Viêt Nam unifié en 1802 (tombeaux des empereurs, palais, temples).

Huelva, port d'Espagne (Andalousie), ch.-l. de prov. ; 142 547 hab. Chimie. — Musée provincial (archéologie).

Huet, patronyme de plusieurs peintres français, dont le plus connu est **Paul Huet** (Paris 1803 - id. 1869). Ami de Bonington, de Delacroix, il fut un paysagiste romantique (*Inondation à Saint-Cloud,* 1855, musée d'Orsay) et un précurseur de l'impressionnisme.

Hughes *(David),* ingénieur américain d'origine britannique (Londres 1831 - id. 1900). Il est l'inventeur d'un appareil télégraphique imprimeur (1854) et du microphone (1878).

Hugli → Hooghly.

Hugo *(Victor),* écrivain français (Besançon 1802 - Paris 1885). Il fut le plus puissant, le plus fécond, le plus populaire des romantiques français, mais aussi le plus discuté. Fils d'un général du premier Empire, il est élevé par sa mère. Tout d'abord classique et monarchiste, influencé par Nodier et Chateaubriand, il publie son premier recueil, *Odes et Poésies diverses,* en 1822. Marié à Adèle Foucher (1822), il connaît bientôt le succès. Il écrit ses deux premiers romans, *Han d'Islande* (1823) et *Bug-Jargal* (1826), et, ayant rejoint le mouvement romantique, compose des recueils lyriques (*Odes et Ballades,* 1828 ; *les Orientales,* 1829) ainsi qu'un drame, *Cromwell* (1827), précédé d'une préface-manifeste où il définit une nouvelle conception du théâtre et prend Shakespeare pour modèle. Converti aux idées libérales et au culte napoléonien, il fait paraître son roman *le Dernier Jour d'un condamné* (1829), plaidoyer contre la peine de mort. En 1830, la représentation de son drame *Hernani* provoque une violente bataille littéraire entre les jeunes romantiques et les partisans du théâtre classique. À partir de cette date, Hugo s'affirme de plus en plus comme le chef du mouvement romantique. Durant cette période, marquée par sa rencontre avec Juliette Drouet, il publie un roman historique (*Notre-Dame de Paris,* 1831), quatre recueils lyriques (*les Feuilles d'automne,* 1831 ; *les Chants du crépuscule,* 1835 ; *les Voix intérieures,* 1837 ; *les Rayons et les Ombres,* 1840) et plusieurs drames, représentés au théâtre (*Lucrèce Borgia,* 1833 ; *Ruy Blas,* 1838). Mais, après l'échec de son drame *les Burgraves* (1843) et la mort accidentelle de sa fille Léopoldine, il se consacre à la politique (il est élu député républicain en 1848). Son hostilité envers Louis Napoléon Bonaparte l'oblige à s'exiler à Jersey puis à Guernesey après le coup d'État du 2 décembre 1851, qui lui inspire le pamphlet *Napoléon le Petit* (1852). De cette époque datent les trois grands monuments de son œuvre poétique (le recueil satirique des *Châtiments,* 1853 ; les poèmes métaphysiques des *Contemplations,* 1856 ; l'épopée de *la Légende des siècles,* 1859-1883) ainsi que trois romans (*les Misérables,* 1862 ; *les Travailleurs de la mer,* 1866 ; *l'Homme qui rit,* 1869). Dès la proclamation de la républi-

que en 1870, il revient à Paris. Il fait encore paraître un roman (*Quatrevingt-Treize,* 1874), des poèmes (*l'Art d'être grand-père,* 1877) et un récit politique (*Histoire d'un crime,* 1877). À sa mort, en 1885, devenu le symbole de l'idéal républicain, il reçoit l'honneur de funérailles nationales. Victor Hugo domine le XIXᵉ siècle par la profusion de ses écrits et par la diversité des thèmes qu'il a abordés : ceux de l'univers entier, de la nature et de l'homme, mais aussi des grands problèmes sociaux. S'il ne fut pas le plus révolutionnaire de ses contemporains dans le domaine poétique, son sens des formules, sa liberté dans l'alexandrin et la richesse de son vocabulaire demeurent incomparables, de même que son art de la synthèse des contraires (sublime et grotesque, ombre et lumière), dont témoignent aussi ses nombreux dessins (sépia, encre de Chine), où l'on retrouve ses dons de visionnaire.

— **Les Misérables** *(1862).* À travers ses personnages (le forçat Jean Valjean, qui se réhabilite par sa générosité et ses sacrifices, le gamin de Paris Gavroche, l'orpheline Cosette) et les événements qui lui servent de toile de fond (la bataille de Waterloo, l'émeute de 1832), ce récit forge une véritable épopée populaire.

Hugues Iᵉʳ Capet (v. 941-996), duc de France (956-987), puis roi de France (987-996). Soutenu par l'archevêque de Reims, il fut élu et sacré roi à la place du prétendant carolingien. Fondateur de la dynastie des Capétiens, il fit sacrer son fils Robert de son vivant (987), assurant ainsi le pouvoir héréditaire de sa maison.

Hugues le Grand ou **le Blanc,** comte de Paris, duc des Francs (v. 897 - Dourdan 956), fils du roi Robert Iᵉʳ. Sa puissance, sous les derniers rois carolingiens, facilita l'avènement de son fils Hugues Capet.

Hugues de Payns (Payns, près de Troyes, v. 1070 - Palestine 1136), fondateur de l'ordre des Templiers (1119).

Huguet *(Jaume),* peintre catalan (Valls v. 1415 - Barcelone 1492). S'il sacrifie au goût de sa clientèle pour les retables somptueux (fonds d'or), sa sensibilité et ses recherches stylistiques lui confèrent cependant une classe internationale (*la Flagellation du Christ,* Louvre).

Huidobro *(Vicente),* poète chilien (Santiago 1893 - Cartagena, près de Santiago, 1948). Il a introduit en poésie les techniques d'avant-garde en fondant le « créationnisme » (*Horizon carré,* 1917).

Huis clos, pièce en un acte de Jean-Paul Sartre (1944). Réunissant trois personnages en enfer (dans la pièce, une simple chambre d'hôtel), l'auteur cherche à montrer l'importance d'autrui pour chacun de nous, que les autres acceptent ou refusent de refléter de nous une image qui nous convienne. « L'Enfer, c'est les autres », dit ainsi un des personnages.

Huizinga *(Johan),* historien néerlandais (Groningue 1872 - De Steeg 1945). L'un des pionniers de l'histoire nouvelle, il est l'auteur d'une étude sur le Moyen Âge tardif *(le Déclin du Moyen Âge,* 1919).

Hulagu (v. 1217 - Maragha 1265), premier souverain mongol de l'Iran (1256-1265). Petit-fils de Gengis Khan, il prit Bagdad et mit fin au califat abbasside (1258).

Hull → **Kingston-upon-Hull.**

Hull, v. du Canada (Québec), sur l'Outaouais ; 60 707 hab. — Musée canadien des Civilisations, inauguré en 1988.

Hull *(Clark Leonard),* psychologue américain (Akron, New York, 1884 - New Haven, Connecticut, 1952). Il est l'auteur d'une théorie du comportement centrée sur l'apprentissage, qui a eu une grande influence sur le béhaviorisme *(Principles of Behavior,* 1943).

Hull *(Cordell),* homme politique américain (Olympus, Tennessee, 1871 - Bethesda, Maryland, 1955). Démocrate, secrétaire d'État aux Affaires étrangères de 1933 à 1944, il fut l'un des créateurs de l'O. N. U. et reçut à ce titre le prix Nobel de la paix en 1945.

Humanité *(l'),* quotidien fondé en 1904 et dirigé par J. Jaurès jusqu'en 1914, organe du Parti communiste français à partir de 1920.

Humbert Ier (Turin 1844 - Monza 1900), roi d'Italie (1878-1900). Fils de Victor-Emmanuel II, il favorisa la politique germanophile de Crispi. Il fut assassiné par un anarchiste.

Humbert II (Racconigi 1904 - Genève 1983), roi d'Italie. Fils de Victor-Emmanuel III, il régna du 9 mai au 2 juin 1946, puis abdiqua après un référendum favorable à la république.

Humboldt *(Wilhelm, baron von),* linguiste et homme politique allemand (Potsdam 1767 - Tegel 1835). Il chercha à dépasser la grammaire comparée pour constituer une anthropologie générale qui examinerait les rapports entre le langage et la pensée, les langues et les cultures. Selon lui, la langue est le reflet de l'esprit de chaque peuple, et l'âme d'un peuple s'exprime par sa langue *(Sur la différence de structure des langues humaines,* 1836). **Alexander,** son frère (Berlin 1769 - Potsdam 1859), explora l'Amérique tropicale et l'Asie centrale. Ses travaux contribuèrent au développement de la climatologie, de la biogéographie, de la volcanologie et du magnétisme terrestre.

Humboldt *(courant de)* → **Pérou et du Chili** *(courant du).*

Hume *(David),* philosophe et historien britannique (Édimbourg 1711 - *id.* 1776). Il tente plusieurs fois d'obtenir une chaire de philosophie, qui lui est refusée sous l'accusation d'athéisme. Il devient alors avocat, secrétaire d'ambassade, séjourne en France et connaît enfin la célébrité. Il prend le système de Newton comme modèle de pensée : il n'y a pas de cause dernière, dit-il ; c'est pourquoi il faut substituer le « comment » au « pourquoi ». Il s'intéresse à la *croyance,* dont le modèle et le fonctionnement sont semblables, selon lui, aux mécanismes psychologiques qui créent la certitude dans le domaine des connaissances scientifiques. La certitude résulte de l'invariance des opérations psychiques mises en jeu : seule la répétition des phénomènes est à l'origine de la croyance et de la connaissance. Cette théorie empiriste lui sert à fonder une conception utilitariste de la vie sociale *(Essais moraux et politiques,* 1741-42).

Hummel *(Johann Nepomuk),* compositeur et pianiste autrichien (Presbourg 1778 - Weimar 1837), auteur de sonates et de concertos.

Humperdinck *(Engelbert),* compositeur allemand (Siegburg 1854 - Neustrelitz 1921). Il fut le collaborateur de Wagner à Bayreuth. Son opéra le plus connu, *Hänsel und Gretel* (1893), s'inspire des chants populaires.

Humphrey *(Doris),* danseuse, chorégraphe et pédagogue américaine (Oak Park, Illinois, 1895 - New York 1958). Formée à la Denishawn School, elle fait ses débuts de chorégraphe en 1923 et joue un rôle important dans le développement de la modern dance. Associée à Charles Weidman, elle ouvre une école à New York, doublée d'une compagnie (1928-1945). Ayant abandonné la scène pour des raisons de santé, elle devient directrice artistique de la troupe de son disciple José Limón (1946-1957), puis fonde le Juilliard Dance Theatre (1955). Sa conception du mouvement comme un état transitoire entre l'équilibre et le déséquilibre la conduit à élaborer une technique fondée sur les notions de chute et de rétablissement *(New Dance,* 1935 ; *With my Red Fires* et *Theatre Piece,* 1936). Son enseignement et ses principes de composition chorégraphique ont beaucoup influencé la jeune génération américaine.

Hunan, prov. de la Chine du Sud ; 210 000 km² ; 56 960 000 hab. Cap. *Changsha.*

Hundertwasser *(Friedrich* Stowasser, dit Fritz*),* peintre et graveur autrichien (Vienne 1928). Préoccupé par le rapport de l'homme à l'univers (et particulièrement par celui de l'individu à l'environnement moderne), il a fait de son œuvre, dans ses thèmes symboliques (le labyrinthe) comme dans sa féerie polychrome, une quête de la liberté.

Hunedoara, v. de Roumanie, en Transylvanie ; 88 600 hab. Sidérurgie. — Forteresse médiévale.

Huns, ancien peuple nomade originaire des steppes du sud de la Sibérie qui, à partir de la fin du IVe siècle, pénétra en Europe et en Asie occidentale. Vers 370, la poussée des Huns vers l'Europe joua un rôle décisif dans le déclenchement des grandes invasions. Ils formèrent un État hunnique dans la plaine du Danube, mais cet État se disloqua à la mort d'Attila (453), et les Huns disparurent de l'histoire européenne avant la fin du Ve siècle. Une autre branche des Huns, les Huns blancs ou Hephtalites, se dirigea vers l'Est et ébranla aux Ve-VIe siècles les grands empires de l'Iran et de l'Inde.

Hunt *(William Holman),* peintre britannique (Londres 1827 - id. 1910). Les œuvres de ce préraphaélite, d'une facture minutieuse, ont pour base des préoccupations morales et religieuses, exprimées à travers l'allégorie et le symbole (*le Mauvais Berger,* 1851, musée de Manchester).

Huntington Beach, v. des États-Unis (Californie) ; 170 500 hab.

Huntsville, v. des États-Unis (Alabama) ; 159 450 hab. Centre d'études spatiales.

Huntziger *(Charles),* général français (Lesneven 1880 - près du Vigan 1941). Commandant la IIe armée à Sedan en 1940, il signa les armistices avec l'Allemagne et l'Italie puis fut ministre de la Guerre.

Hunyadi, famille qui donna à la Hongrie des chefs militaires et un roi : **Mathias Ier Corvin. János** *(Jean)* [en Transylvanie v. 1407 - Zimony 1456], voïévode de Transylvanie, régent de Hongrie (1446-1453), défit les Ottomans qui assiégeaient Belgrade (1456).

Hunza, région du Cachemire pakistanais. Ch.-l. *Baltit* (ou *Hunza*).

Huon de Bordeaux, chanson de geste française du début du XIIIe siècle.

Hurault *(Louis),* général français (Attray, Loiret, 1886 - Vincennes 1973). Directeur du Service de géographie de l'armée (1937), il présida, en 1940, à sa transformation en Institut géographique national, organisme qu'il dirigea jusqu'en 1956.

Hurepoix, région de l'Île-de-France, entre la Beauce et la Brie, ouverte par les vallées de l'Orge, de l'Essonne et de l'Yvette.

Huron *(lac),* lac de l'Amérique du Nord, entre le Canada et les États-Unis ; 59 800 km².

Hurons, Amérindiens de l'Amérique du Nord qui vivaient près du Saint-Laurent et qui furent les alliés des Français contre les Iroquois au XVIIe siècle.

Hurtado de Mendoza *(Diego),* diplomate et écrivain espagnol (Grenade 1503 - Madrid 1575). Il est l'auteur présumé du *Lazarillo de Tormes* (1554), le premier roman picaresque.

Hus *(Jan),* prêtre et réformateur tchèque (Husinec, Bohême, v. 1370 - Constance 1415). Professeur puis recteur de l'université de Prague, il s'attire l'hostilité du haut clergé, dont il dénonce le relâchement. Ardent réformateur, il fait de l'église de Bethléem à Prague un centre de renouveau religieux et de patriotisme tchèque. Accusé de soutenir les thèses du réformateur anglais John Wycliffe, qu'il infléchit cependant dans un sens catholique, il est condamné par le concile de Constance, puis arrêté et brûlé comme hérétique. Il sera vénéré comme un martyr par le peuple de Bohême. Dès sa mort, les hussites entrent en lutte contre Rome et contre l'empereur. Ils se partagent en modérés et radicaux (appelés « taborites », du nom de la ville de Tábor), entraînés les uns et les autres dans une longue guerre (1419-1436) contre le roi Sigismond. Les modérés acceptent en 1433 un compromis avec Rome, puis passent au luthéranisme ou reviennent au catholicisme ; les plus fervents des taborites entrent dans l'Union des frères moraves.

Husák *(Gustáv),* homme d'État tchécoslovaque (Bratislava 1913 - id. 1991). Président du gouvernement autonome de Slovaquie (1946-1950), il est arrêté en 1951, libéré en 1960, réhabilité en 1963. Il a été premier secrétaire du Parti communiste de 1969 à 1987 et président de la République de 1975 à 1989.

Husayn ou **Hussein,** troisième imam des chiites (Médine 626 - Karbala 680). Fils de Ali et de Fatima, il fit valoir ses droits au califat et fut tué par les troupes omeyyades. Il devint dès lors « le prince des martyrs » de la tradition chiite.

Husayn (Amman 1935), roi de Jordanie depuis 1952. Il engage la Jordanie dans la troisième guerre israélo-arabe (1967), qui entraîne l'occupation de la Cisjordanie par Israël, et, en 1970-71, il élimine les bases de la résistance palestinienne installées dans son pays. En 1988, il rompt les liens légaux et administratifs entre son pays et la Cisjordanie. En 1994, il signe un traité de paix avec Israël.

Husayn ou **Hussein** *(Saddam)*, homme d'État irakien (Tikrit 1937). Président de la République, à la tête du Conseil de commandement de la révolution, du parti *Baath* et de l'armée depuis 1979, il mène une politique hégémonique (attaque de l'Iran, 1980 ; invasion du Koweït, 1990, à l'origine de la guerre du Golfe).

Husayn ou **Hussein** *(Taha),* écrivain égyptien (Maghagha 1889 - Le Caire 1973). Aveugle, il devint cependant ministre de l'Instruction publique et publia des romans (*le Livre des jours,* 1929) et des essais critiques.

Husayn ibn al-Husayn (Smyrne v. 1765 - Alexandrie 1838), dernier dey d'Alger (1818-1830). Après le débarquement français (1830), il signa la capitulation et s'exila.

Husayn ibn Ali (Istanbul v. 1856 - Amman 1931), roi du Hedjaz (1916-1924). Chérif de La Mecque, il proclama en 1916 la « révolte arabe » contre les Ottomans. Il fut renversé par Abd al-Aziz ibn Saud en 1924.

Hu Shi ou **Hou Che,** écrivain chinois (Shanghai 1891 - Taipei 1962). En 1917, il prit la tête du mouvement de la « Révolution littéraire » et imposa l'emploi de la langue vulgaire (dite « baihua »).

Hussards *(les),* groupe d'écrivains français (A. Blondin, M. Déon, J. Laurent et, à leur tête, R. Nimier) qui, au lendemain de la Seconde Guerre mondiale, contre l'humanisme philosophique et l'engagement, ont voulu exprimer le désespoir lucide d'une génération, insistant sur la gratuité du métier des lettres.

Hussein Dey, banlieue d'Alger ; 211 000 hab.

Husserl *(Edmund),* philosophe allemand (Prossnitz, auj. Prostějov, Moravie, 1859 - Fribourg-en-Brisgau 1938). Élève du mathématicien Weierstrass et du psychologue Brentano, il mena une studieuse carrière d'enseignant. Sa formation lui permit de tracer une voie nouvelle, la *phénoménologie,* « science des phénomènes », qu'il a voulu constituer à la fois comme science rigoureuse et comme théorie de la connaissance au service des autres sciences. Il rechercha ensuite les fondements de sa propre philosophie et élabora pour ce faire une *phénoménologie transcendantale.* Il a écrit *Recherches logiques* (1900-01) ; *Idées directrices pour une phénoménologie* (1913) ; *Méditations cartésiennes* (1931). Il a proposé une critique féconde de la logique contemporaine (*Logique formelle et Logique transcendantale,* 1929).

Huston *(John),* cinéaste américain (Nevada, Missouri, 1906 - Newport, Rhode Island, 1987). Il débute comme réalisateur, en 1941, en adaptant un « thriller » de Dashiell Hammett : *le Faucon maltais,* avec Humphrey Bogart, qui deviendra l'un de ses acteurs de prédilection. Dans ses films suivants, on retrouve un ton très personnel, une constante « méditation sur la validité de l'effort et la fatalité de l'échec ». On lui doit *le Trésor de la Sierra Madre* (1948), *Quand la ville dort* (1950), *African Queen* (1952), *The Misfits* (1961), *l'Homme qui voulut être roi* (1975), *Gens de Dublin* (1987).

Hutten *(Ulrich* von*),* chevalier et humaniste allemand (château de Steckelberg 1488 - île d'Ufenau 1523), célèbre par ses virulentes attaques, au début de la Réforme, contre les princes et les évêques.

Hutton *(James),* chimiste et géologue britannique (Édimbourg 1726 - *id.* 1797). Docteur en médecine (1749), il découvre l'alcali minéral. Dans sa *Théorie de la Terre* (1785), il soutient, contre Werner et les neptuniens, la thèse plutoniste : les roches sont des produits de l'activité des volcans. Il est l'un des fondateurs de la géologie moderne.

Hutu, peuple d'Afrique orientale, démographiquement le plus important du Burundi et du Rwanda.

Huxley *(Aldous),* écrivain britannique (Godalming, Surrey, 1894 - Los Angeles 1963), frère de Julian Huxley. Poète, tenté par l'imagisme (*Leda,* 1920), il évolua dans ses essais et ses romans vers une vision satirique du monde, où se mêlent son ironie pessimiste et son attrait pour les philosophies orientales (*Contrepoint,* 1928 ; *le Meilleur des mondes,* 1932 ; *la Paix des profondeurs,* 1936 ; *Île,* 1962).

Huxley *(Thomas),* naturaliste et voyageur britannique (Ealing 1825 - Londres 1895), défenseur ardent du transformisme. Son petit-fils **sir Julian,** biologiste (Londres 1887 - *id.* 1975), effectua des recherches sur la génétique et l'évolution. Il fut directeur de l'Unesco (1946-1948).

Hu Yaobang, homme politique chinois (dans le Hunan v. 1915 - Pékin 1989), secrétaire général du Parti communiste chinois (1980-1987).

Huygens (*Christiaan*), mathématicien et astronome néerlandais (La Haye 1629 - *id.* 1695). Il est le premier vrai représentant de l'esprit scientifique moderne, à la fois comme expérimentateur et comme théoricien, ayant donné un large développement à l'usage des mathématiques. (→ Galilée, Newton.)

■ **Les mathématiques et l'astronomie.** Huygens compose le premier traité complet sur le calcul des probabilités (1656). En astronomie, il invente une combinaison de lentilles, éliminant l'aberration chromatique ; il double la longueur des lunettes astronomiques, ce qui en accroît le grossissement. Cela lui permet de découvrir l'anneau de Saturne ainsi que son premier satellite, Titan (1655), la rotation de Mars et sa période. Il est parmi les premiers à indiquer que les étoiles sont d'autres soleils, extrêmement éloignés. Il estime, avec une remarquable précision pour l'époque, la distance de la Terre au Soleil.

■ **La mécanique et l'optique.** On lui doit la théorie du *pendule composé* et la découverte du *pendule simple synchrone*, qu'il utilise comme régulateur du mouvement des horloges ; il propose pour les montres l'emploi d'un ressort spiral et imagine l'échappement à ancre en 1657. On lui doit la conception de la *force centrifuge* (1673) et la définition du *moment d'inertie*. En 1669, il donne une solution correcte du problème du choc (conservation de la quantité de mouvement). Dans son *Traité de la lumière* (1678, publié seulement en 1690), Huygens adopte, contre Newton, une théorie ondulatoire où il suppose que la lumière est constituée par des vibrations d'un milieu matériel élastique très ténu, l'éther. Celles-ci s'y propagent à une vitesse finie et sans transport de matière. Mais, contrairement aux théories corpusculaires, il ne parvient pas à donner une explication satisfaisante de la propagation de la lumière en ligne droite. L'une des raisons réside en ce qu'il croit, comme la plupart des physiciens jusqu'à Fresnel, que les vibrations sont longitudinales.

■ **Les autres travaux.** Huygens crée, avec D. Papin, la première « machine à feu », à combustion interne (en l'occurrence, la combustion de poudre). Sans aboutir à des réalisations pratiques, il a prévu que de telles machines pourraient être une source d'énergie pour l'industrie.

Huyghe (*René*), historien de l'art et esthéticien français (Arras 1906). Conservateur au Louvre, puis professeur au Collège de France (psychologie de l'art), il est l'auteur d'importants essais (*Dialogue avec le visible*, 1955 ; *Sens et destin de l'art*, 1967, etc.) et a dirigé plusieurs ouvrages de synthèse, dont *l'Art et l'Homme* (1957-1961). [Acad. fr. 1960.]

Huysmans (*Camille*), homme politique belge (Bilzen 1871 - Anvers 1968). Député socialiste (1910), président de l'Internationale socialiste (1940), il fonda un nouveau parti en 1966, rompant avec le Parti socialiste belge.

Huysmans (*Georges Charles*, dit *Joris-Karl*), écrivain français (Paris 1848 - *id.* 1907). Son premier essai poétique, le *Drageoir aux épices* (1874), et son roman *Marthe, histoire d'une fille* (1877) le font entrer en contact avec Zola et les naturalistes. Fidèle à cette tendance dans les *Sœurs Vatard* (1879) et *À vau-l'eau* (1882), il se démarque avec *À rebours* (1884) de toute la littérature existante et se rapproche des décadents, tout en se révélant un initiateur de l'art moderne. Attiré par l'expérience mystique (*Là-bas*, 1891), il se convertit au catholicisme sous l'influence de l'abbé Mugnier, traduisant dans ses dernières œuvres son attrait pour le surnaturel (*En route*, 1895 ; *la Cathédrale*, 1898 ; *l'Oblat*, 1903).

Hvar, île croate de l'Adriatique.

Hyde Park, parc de l'ouest de Londres.

Hyderabad, v. de l'Inde, cap. de l'Andhra Pradesh, dans le Deccan ; 4 280 261 hab.

Hyderabad, v. du Pakistan, dans le Sind ; 751 500 hab. — Monuments des XVIe-XVIIe siècles. Musées.

Hydra, île grecque de la mer Égée, en face de l'Argolide. Ch.-l. *Hydra.*

Hydre de Lerne, serpent monstrueux de la mythologie grecque, qui habitait le marais de Lerne, en Argolide, et dont le sang était particulièrement vénéneux. Héraclès, chargé par Eurysthée d'en libérer le pays, parvint à abattre ses multiples têtes.

Hyères, ch.-l. de c. du Var ; 50 122 hab. (*Hyérois*). Salines. — Restes d'enceinte et monuments médiévaux de la vieille ville. Musée municipal (archéologie, notamm.).

Hyères (*îles d'*), petit archipel français de la Méditerranée, comprenant Porquerolles, Port-Cros, l'île du Levant et deux îlots. Stations touristiques et centre naturiste (à l'île du Levant).

Hyksos, envahisseurs sémites qui conquirent l'Égypte de 1730 à 1580 av. J.-C. (XVe et

XVIᵉ dynastie). Ils furent chassés par les princes de Thèbes (XVIIᵉ et XVIIIᵉ dynastie).

Hypéride, orateur et homme politique athénien (Athènes v. 390 - Clesnai ?, Péloponnèse, 322 av. J.-C.), contemporain et émule de Démosthène. Il fut mis à mort sur ordre d'Antipatros après la défaite de la guerre lamiaque.

Hyrcanie, nom antique d'une région de l'Iran, au sud-est de la mer Caspienne.

Iablonovyï *(monts),* massif du sud de la Sibérie (1 680 m).

Iakoutie *(République de),* république de la Fédération de Russie, en Sibérie orientale, occupant le bassin de la Lena ; 3 103 200 km² ; 1 084 000 hab. Cap. *Iakoutsk* (187 000 hab.). Région la plus froide de Russie, la République, très vaste, est peuplée de Iakoutes (37 % de la population), éleveurs sédentarisés, et de Russes (50 % de la population), qui exploitent les ressources minières (or, étain, mica, diamants, pétrole et gaz, houille, fer). Une branche du B.-A. M (chemin de fer qui relie la Sibérie orientale au Pacifique) désenclave la région.

Iaroslav (v. 978 - Kiev 1054), grand-prince de Kiev (1019-1054). Grand bâtisseur et législateur, il obtient des Byzantins que Kiev devienne le siège d'un métropolite de Russie.

Iaroslavl, v. de Russie, sur la Volga supérieure ; 633 000 hab. Industries textiles, mécaniques et chimiques. — Kremlin ; églises à cinq bulbes du xviiᵉ siècle.

Iaşi, v. de Roumanie, en Moldavie ; 342 994 hab. Centre industriel. Université. — Deux églises d'un style byzantin original (xviiᵉ s.). Musées.

Iaxarte, fleuve de l'antique Sogdiane, tributaire de la mer d'Aral. (Auj. le *Syr-Daria.*)

Ibadan, v. du sud-ouest du Nigeria ; 1 172 000 hab. Université. Centre commercial.

Ibagué, v. de Colombie ; 270 000 hab.

Ibères, peuple, peut-être originaire du Sahara, qui occupait à la fin du néolithique la plus grande partie de la péninsule Ibérique. Au contact des Grecs et des Carthaginois, une brillante civilisation ibérique s'épanouit du vIᵉ s. av. J.-C. à la conquête romaine.

Ibérie, dans l'Antiquité, l'Espagne, ainsi qu'une région du Caucase (est de l'actuelle Géorgie).

Ibérique *(péninsule),* partie sud-ouest de l'Europe, partagée entre l'Espagne et le Portugal.

Ibériques *(chaînes* ou *monts),* massif d'Espagne, séparant la Castille et le bassin de l'Èbre ; 2 393 m.

Ibert *(Jacques),* compositeur français (Paris 1890 - *id.* 1962). Auteur d'ouvrages lyriques (*le Roi d'Yvetot,* 1928), de ballets, de musique de scène et de film, il dirigea la Villa Médicis à Rome (1937-1940 ; 1946-1960).

Iberville *(Pierre Le Moyne d')* → **Le Moyne d'Iberville.**

Ibiza, une des îles Baléares, au sud-ouest de Majorque ; 57 000 hab. Ch.-l. *Ibiza* (29 935 hab.). Tourisme.

IBM (International Business Machines), société américaine fondée en 1911 pour exploiter les brevets de Hermann Hollerith, inventeur des machines à cartes perforées, et qui adopta en 1924 sa raison sociale actuelle. IBM, longtemps leader mondial des matériels d'informatique, est également présent dans le domaine de la bureautique.

Ibn al-Arabi, philosophe arabe (Murcie 1165 - Damas 1240). Pour lui, l'idée de Dieu est si forte que l'affirmation de l'Être est corollaire de la négation du non-Être : il reprend l'idée grecque de la dialectique. Ainsi la multiplicité des êtres s'explique par l'unicité de Dieu. Ibn al-Arabi est l'auteur d'une conception mystique de la vie humaine, assimilée à un voyage vers Dieu et en Dieu ; sa philosophie a eu une influence considérable sur le soufisme.

Ibn al-Haytham ou **Alhazen,** mathématicien, physicien et astronome arabe (Bassora 965 - Le Caire 1039). Auteur de nombreux ouvrages de mathématiques, d'optique et d'astronomie, il obtint géométriquement des solutions d'équations des 3e et 4e degrés, énonça les lois de la propagation rectiligne, de la réflexion et de la réfraction de la lumière, montra que la Voie lactée est très éloignée de la Terre et n'appartient pas à l'atmosphère. Grand connaisseur des auteurs grecs, de Ptolémée en particulier, Ibn al-Haytham inspirera, à travers son œuvre, les savants de la Renaissance.

Ibn al-Muqaffa *(Abd Allah),* écrivain arabe d'origine iranienne (Djur, auj. Firuzabad, v. 720 - v. 757), l'un des créateurs de la prose littéraire arabe *(Livre de Kalila et Dimna).*

Ibn Badjdja → Avempace.

Ibn Battuta, voyageur et géographe arabe (Tanger 1304 - au Maroc entre 1368 et 1377). Il visita le Moyen- et l'Extrême-Orient ainsi que le Sahara, le Soudan et le Niger, et écrivit un *Journal de route.*

Ibn Khaldun, historien et sociologue arabe (Tunis 1332 - Le Caire 1406). Il n'a cessé de voyager toute sa vie, au gré des faveurs et des disgrâces chez les grands, à la cour de Grenade, auprès des nomades du Maghreb, puis exerça les fonctions de *cadi* (juge) à la grande mosquée du Caire et de conseiller des soufis. Il a su tirer d'une vie fertile en rebondissements une vision sociologique des usages et des comportements : on a vu en lui le premier sociologue. Mais il n'est guère possible de séparer cette vision du jugement moral et théologique qui l'accompagne. Il a laissé un récit pittoresque de sa vie, une immense *Chronique universelle,* précédée de *Prolégomènes* dans lesquels il expose sa philosophie de l'histoire.

Ibn Saud → Abd al-Aziz III ibn Saud.

Ibn Sina → Avicenne.

Ibn Tufayl, philosophe et médecin arabe (Wadi Ach, auj. Guadix, début du XIIe s. - Marrakech 1185). Prédécesseur d'Averroès dans la charge de médecin du sultan almohade de Marrakech, il s'est également intéressé à l'astronomie et à l'écriture d'un roman, *Vivant, fils d'Éveillé,* dans lequel il expose une philosophie mystique.

Ibo, peuple du sud-est du Nigeria parlant une langue nigéro-congolaise. Les Ibo ont une organisation politique qui repose sur les classes d'âge et qui s'appuie sur un pouvoir situé au-dessus des villages, lui-même étayé par les ressources du commerce. Le soutien de l'administration britannique assura leur supériorité pendant la guerre du Biafra en 1967.

Ibrahim Pacha (Kavála 1789 - Le Caire 1848), vice-roi d'Égypte (1848). Fils de Méhémet-Ali, il reconquit le Péloponnèse pour le compte des Ottomans (1824-1827). Puis, ayant vaincu le sultan Mahmud II (1832), il dut cependant évacuer la Syrie (1831-1840) après l'intervention des grandes puissances européennes.

Ibsen *(Henrik),* poète et auteur dramatique norvégien (Skien 1828 - Christiania 1906). Après une adolescence difficile, il devient instructeur du Théâtre national qui s'ouvre à Bergen (1851) et écrit des drames historiques dans l'esprit romantique du temps. Appelé à la tête du Théâtre norvégien de Christiania (1857), il y fait jouer *les Combattants de Helgeland* (1858) et *les Prétendants à la couronne* (1863), pièces inspirées de l'ancienne histoire scandinave. L'année suivante, muni d'une bourse d'écrivain, il quitte la Norvège. C'est à l'étranger (Rome, Dresde, Munich) qu'il trouve l'essence même de sa vocation : exalter la personnalité, la volonté, vilipender la lâcheté et le conformisme, ce qu'il illustrera dans *Brand* (écrit en 1866, joué en 1885) et, l'année suivante, dans un de ses chefs-d'œuvre, *Peer Gynt* (écrit en 1867, joué en 1876) [→ **Peer**]. Désormais célèbre, Ibsen ne composera plus — à l'exception de son drame *Empereur et Galiléen* (1903) — que des drames « contemporains », en prose, qui s'inscrivent sur un registre social et éthique (*l'Union des jeunes,* 1869 ; *Maison de poupée,* 1879 ; *les Revenants,* 1881 ; *Un ennemi du peuple,* 1882). Peu à peu, la prédication se tempère (*le Canard sauvage,* 1884) pour aboutir au pessimisme avec *Rosmersholm* (1886), *la Dame de la mer* (1888) et *Hedda Gabler* (1890). Mondialement connu, Ibsen rentre en Norvège (1891). Son obsession de la mort (*Solness le Constructeur,* 1892) se mue en drame de la culpabilité dans *Petit Eyolf* (1894) et dans *John Gabriel Borkmann* (1896) pour aboutir au pessimisme énigmatique qui mène à l'anéantissement de l'art et de l'amour dans *Quand nous nous réveillerons d'entre les morts* (1899).

Ica, v. du Pérou ; 152 000 hab.

Icare, héros de la mythologie grecque. Fils de Dédale, il s'envola avec celui-ci au moyen d'ailes de cire et de plumes hors du Labyrinthe où le roi Minos les avait enfermés. Négligeant les conseils de son père, il s'éleva trop haut et tomba dans la mer, le Soleil ayant fait fondre la cire.

Icarie ou **Ikaría,** île grecque de la mer Égée, à l'ouest de Samos.

Icaza *(Jorge),* écrivain équatorien (Quito 1906 - *id.* 1978). Auteur de romans réalistes sur le monde rural *(la Fosse aux Indiens,* 1934), il fut un des chefs de file du courant indigéniste.

Ichihara, v. du Japon, près de Tokyo ; 257 716 hab. Sidérurgie. Chimie.

Ichikawa, v. du Japon (Honshu) ; 436 596 hab. Métallurgie.

Ichim, riv. de l'Asie orientale, affl. de l'Irtych (r. g.) ; 2 450 km.

Ichinomiya, v. du Japon (Honshu) ; 262 434 hab.

Ictinos, architecte grec, peut-être athénien (milieu du vᵉ s. av. J.-C.). Il élabora en collaboration étroite avec Phidias les plans du Parthénon.

Ida, nom grec de deux chaînes de montagnes, l'une en Asie Mineure, au sud-est de Troie, l'autre en Crète.

Idaho, État de l'ouest des États-Unis ; 216 412 km² ; 1 006 749 hab. Cap. *Boise.* Le Nord et le Centre appartiennent aux Rocheuses, forestières (industrie du bois), et le Sud est formé par les plaines de la Snake, steppiques (élevage ovin), parsemées de surfaces irriguées. Gisements miniers (plomb, argent, zinc, cuivre, or).

Idées directrices pour une phénoménologie, œuvre de Husserl (1913).

I. D. H. E. C. → **F. E. M. I. S.**

Idiot *(l'),* roman de Dostoïevski (1868).

Idlewild, quartier de New York, dans Queens. Aéroport international J. F. Kennedy.

Idoménée, roi légendaire de Crète, petit-fils de Minos. Prétendant d'Hélène, il est un des héros de la guerre de Troie. Lorsqu'il revint de celle-ci, il fit le vœu de sacrifier à Poséidon le premier être qu'il rencontrerait sur le rivage crétois. Ce devait être son propre fils, dont l'immolation apporta la peste dans l'île et condamna Idoménée à l'exil.

Idris Iᵉʳ (Djaraboub 1890 - Le Caire 1983), roi de Libye (1951-1969). Chef de la confrérie des Senousis en 1917, il devint roi de la Fédération libyenne (1951) et fut renversé par Kadhafi (1969).

Idrisi ou **Edrisi** *(Abu Abd Allah Muhammad al-),* géographe arabe (Ceuta v. 1100 - Sicile

entre 1165 et 1186). Ses cartes servirent de base aux travaux ultérieurs.

Idrisides, dynastie alide du Maroc (789-985). Fondée par Idris Iᵉʳ (m. en 791), la dynastie déclina après la mort d'Idris II (en 828).

I. D. S. → **Initiative de défense stratégique.**

Iekaterinbourg ou **Ekaterinbourg,** de 1924 à 1991 Sverdlovsk, v. de Russie, dans l'Oural ; 1 300 000 hab. Centre industriel.

Ielizavetgrad, de 1939 à 1991 Kirovograd, v. d'Ukraine ; 263 000 hab.

Ieltsine ou **Eltsine** *(Boris Nikolaïevitch),* homme d'État russe (Sverdlovsk 1931). Leader de l'opposition démocratique, il est élu, en juin 1991, à la présidence de la République de Russie. Après la dissolution de l'U. R. S. S. (déc.), il demeure président de la Fédération de Russie. Confronté à une forte opposition intérieure, il essaie de donner à la Russie un rôle de leader au sein de la C. E. I.

Iéna, *en all.* Jena, v. d'Allemagne (Thuringe), sur la Saale ; 105 825 hab. Instruments de précision et d'optique. Université fondée en 1557. — Église gothique St-Michel. Musées scientifiques et littéraires.

Iéna *(bataille d')* [14 oct. 1806], victoire de Napoléon sur les Prussiens du prince de Hohenlohe, en Thuringe (Allemagne). Elle lui ouvrait la route de Berlin.

Ienisseï, fl. de Russie, en Sibérie orientale ; 3 354 km (bassin de 2 600 000 km²). Né aux confins de la Mongolie, l'Ienisseï traverse les monts des Saïan puis coule vers le nord, en bordure des plateaux de Sibérie orientale, recevant l'Angara et les deux Toungouska jusqu'à la mer de Kara. Des inondations printanières sont dues à la débâcle d'amont. Les navires empruntant la route maritime du nord le remontent jusqu'à Igarka. Importants aménagements hydroélectriques.

Ieyasu → **Tokugawa Ieyasu.**

If, îlot de la Méditerranée, à 2 km de Marseille. Château fort bâti sous François Iᵉʳ et qui servit de prison d'État.

Ife, v. du sud-ouest du Nigeria ; 176 000 hab. **arts.** Ife fut pendant des siècles la capitale spirituelle des Yoruba du Nigeria et l'une de leurs principales villes. Elle a été le centre de production (xıᵉ-xvᵉ s.) de bronzes de très belle qualité. Portraits réalistes de rois et de dignitaires, ceux-ci étaient utilisés lors des cérémonies de commémoration des défunts.

Ifni, anc. territoire espagnol de l'Afrique du Nord. Attribué aux Espagnols en 1860, occupé effectivement en 1934, l'Ifni fut constitué en province espagnole en 1958 ; il fut rétrocédé au Maroc en 1969.

I. F. O. P. (**Institut français d'opinion publique**), institut de sondages d'opinion créé en 1938 par J. Stœtzel (1910-1987).

Ifriqiya, anc. nom arabe de la Tunisie et de l'Algérie orientale.

I. G. N. (**Institut géographique national**), établissement public, fondé en 1940, chargé de réaliser toutes les cartes officielles de la France ainsi que les travaux de géodésie, de nivellement, de topographie et de photographie qui s'y rapportent.

Ignace *(saint),* auteur et martyr chrétien (ɪᵉʳ s. apr. J.-C. - Rome v. 107). Évêque d'Antioche (v. 69), il fut arrêté sous Trajan et mourut martyr à Rome. On a gardé de lui sept épîtres aux Églises d'Orient et de Rome, qui constituent des documents importants sur le christianisme du ɪᵉʳ siècle.

Ignace de Loyola *(saint),* fondateur de la Compagnie de Jésus (près d'Azpeitia, Pays basque, 1491 ? - Rome 1556). Gentilhomme basque au service de la Navarre, converti à une foi ardente, il étudia à Paris et, avec quelques compagnons, jeta les bases de la Compagnie de Jésus, ordre original constitué juridiquement en 1540. Il en fut le premier préposé général et rédigea à son intention les *Exercices spirituels.* A sa mort, les Jésuites avaient pris une extension considérable.

Igorot, peuple de l'île de Luçon (Philippines).

I. G. S. (**Inspection générale des services**), service de l'*Inspection générale de la Police nationale* (I. G. P. N.) contrôlant l'ensemble des services actifs et établissements de formation de la Police nationale, qui est compétent pour Paris et la Petite Couronne. (Fam. « la police des polices ».)

Iguaçu, *en esp.* Iguazú, riv. du Brésil, affl. du Paraná (r. g.), limite entre le Brésil et l'Argentine ; 1 320 km. Chutes.

Ijevsk, de 1985 à 1987 Oustinov, v. de Russie, cap. de la République d'Oudmourtie ; 635 000 hab. Métallurgie.

IJmuiden, port des Pays-Bas, sur la mer du Nord ; 39 000 hab. Métallurgie.

IJsselmeer ou **lac d'IJssel,** lac des Pays-Bas, formé par la partie du Zuiderzee qui n'a pas été asséchée.

Ike no Taiga, peintre japonais (Kyoto 1723 - *id.* 1776). L'un des créateurs du courant *bun-*

jin-ga (peinture de lettré). Son œuvre, dégagé des modèles chinois, est imprégné d'un lyrisme foncièrement japonais.

Ilahabad → Allahabad.

Île au trésor *(l'),* roman de R. L. Stevenson (1883), l'un des classiques du roman d'aventures.

Île-de-France, Région administrative regroupant Paris et les départements voisins (Essonne, Hauts-de-Seine, Seine-et-Marne, Seine-Saint-Denis, Val-de-Marne, Val-d'Oise et Yvelines) ; 12 012 km² ; 10 660 554 hab. *(Franciliens.)* Ch.-l. *Paris.* GÉOGR. L'agglomération parisienne regroupe plus de 85 % de la population de la Région, loin cependant d'être entièrement urbanisée. La forêt couvre plus de 20 % du territoire : grands massifs de Fontainebleau, de Rambouillet, de Saint-Germain et nombreuses forêts privées. L'agriculture, avec moins de 1 % des actifs, en occupe encore approximativement la moitié (Brie, Hurepoix, plateaux limoneux au N. de Paris). Elle juxtapose grandes cultures (blé, betterave) et productions plus délicates (légumes, fleurs), avec une haute productivité. Dans l'industrie, qui emploie à peine 30 % des actifs, toutes les branches sont pratiquement représentées (automobile, aéronautique, électronique, chimie fine, etc.), mais bien davantage aujourd'hui en banlieue qu'à Paris. La prépondérance de la capitale demeure, bien qu'atténuée, pour les services, surtout de haut niveau : administration, banque, commerce de luxe, enseignement supérieur, qui occupent les deux tiers des actifs. La Région (comptant de 1,2 à 1,5 million d'étrangers) concentre 18 % de la population française. Sa croissance démographique, un moment très ralentie, a repris dans les années 1980. Paris et les communes limitrophes se dépeuplent ou ne progressent guère. L'augmentation de population est beaucoup plus sensible dans tous les départements de la périphérie (Essonne, Yvelines, Val-d'Oise, Seine-et-Marne), sites des villes nouvelles (Cergy-Pontoise, Évry, Marne-la-Vallée, Melun-Sénart et Saint-Quentin-en-Yvelines). En 1990, les huit départements de la Région comptent chacun plus de un million d'habitants (neuf autres départements seulement dépassent ce seuil). HIST. Cœur du domaine royal des Capétiens, avec Paris pour capitale, l'Île-de-France fut constituée en 1519 en gouvernement. Elle occupait approximativement les territoires actuels de la région d'Île-de-France et le sud de la région de Picardie.

Île-d'Yeu (L') → Yeu *(île d').*

Île-Rousse (L'), ch.-l. de c. de la Haute-Corse ; 2 350 hab. *(Isolani).* Port. Tourisme.

Ilesha, v. du Nigeria ; 310 000 hab.

Ili, *en chin.* Yili, rivière de l'Asie (Chine et Kazakhstan), tributaire du lac Balkhach ; 1 439 km. La *passe de l'Ili* relie la Chine occidentale et le Kazakhstan.

Iliade *(l')* → Homère.

Iliescu (Ion), homme d'État roumain (Oltenița 1930). Exclu du Comité central du Parti communiste en 1984, il dirige, après le renversement de N. Ceaușescu (déc. 1989), le Front de salut national. Il est président de la République depuis 1990.

Ilion, un des noms de Troie.

Iliouchine *(Sergueï Vladimirovitch),* ingénieur soviétique (Dilialevo, près de Vologda, 1894 - Moscou 1977). Fondateur de la firme qui porte son nom, il a créé plus de 50 modèles d'avions militaires et commerciaux.

Ill, riv. d'Alsace ; 208 km. Né dans le Jura septentrional, l'Ill passe à Mulhouse et Strasbourg, et se jette dans le Rhin (r. g.).

Illampu, sommet des Andes boliviennes ; 6 550 m.

Ille-et-Vilaine [35], dép. de la Région Bretagne ; ch.-l. de dép. *Rennes ;* ch.-l. d'arr. *Fougères, Redon, Saint-Malo ;* 4 arr., 53 cant., 353 comm. ; 6 775 km² ; 798 718 hab. Il appartient à l'académie et à la cour d'appel de Rennes, à la région militaire Atlantique.

Illich *(Ivan),* essayiste américain d'origine autrichienne (Vienne 1926). Prêtre, il fonde à Cuernavaca (Mexique) une université libre, puis revient à l'état laïque après un conflit avec le Vatican (1969). Selon lui, toutes les institutions (éducation, médecine, développement technique et industriel) contribuent à accentuer l'aliénation des hommes qui en bénéficient et à accroître le fossé culturel qui les sépare du tiers-monde *(Une société sans école,* 1971 ; *le Genre vernaculaire,* 1983).

Illimani, sommet des Andes de Bolivie, dominant La Paz et le lac Titicaca ; 6 458 m.

Illinois, État du Midwest américain ; 146 075 km² ; 11 430 602 hab. Cap. *Springfield.* L'État est à la fois agricole et industriel. Le climat continental, le relief calme, les sols limoneux ont permis une agriculture riche (maïs et soja, élevage bovin et porcin). Le sous-sol fournit du charbon, un peu de pétrole. Les constructions mécaniques, électriques et électroniques, la chimie et l'agroalimentaire sont les principales branches

d'une industrie implantée surtout dans l'agglomération de Chicago, qui concentre plus des deux tiers de la population de l'État.

Illkirch-Graffenstaden, ch.-l. de c. du Bas-Rhin ; 23 738 hab. Constructions mécaniques.

Illuminations → Rimbaud.

Illyés *(Gyula),* écrivain hongrois (Rácegres 1902 - Budapest 1983). Chef de file de la poésie hongroise *(le Poids de la terre,* 1928), il unit l'influence surréaliste aux traditions du terroir *(Ceux des pusztas,* 1936).

Illyrie, région balkanique montagneuse, proche de l'Adriatique, comprenant l'Istrie, la Carinthie, la Carniole. Auj., l'Illyrie est partagée entre l'Italie, la Slovénie, la Croatie et l'Autriche. — Colonisée par les Grecs (VIIᵉ s. av. J.-C.), elle fut soumise à Rome à partir de la fin du IIIᵉ s. av. J.-C.

Ilmen, lac de Russie, près de Novgorod ; 982 km².

Iloilo, port des Philippines (île de Panay) ; 245 000 hab.

Ilorin, v. du Nigeria ; 389 000 hab.

I. M. A. → Institut du monde arabe.

Imamura Shohei, cinéaste japonais (Tokyo 1926). Attaché aux personnages et aux situations du « bas peuple », il poursuit dans ses films une analyse sociale et sexuelle du Japon : *Cochons et cuirassés* (1961), *la Femme insecte* (1963), *le Pornographe* (1965), *La vengeance est à moi* (1979), *la Ballade de Narayama* (1983), *Pluie noire* (1989).

Ímbros → Imroz.

I. M. E. → Institut monétaire européen.

Imerina, partie des hautes terres centrales de Madagascar, autour d'Antananarivo. D'une altitude moyenne de 1 000 m, l'Imerina culmine à 2 643 m au Tsiafajavona, sommet de l'île. C'est une région agricole (riz et autres cultures vivrières, élevage), densément peuplée par les Merina.

Imhotep, architecte égyptien, Premier ministre du pharaon Djoser (IIIᵉ dynastie). Il inaugura l'architecture en pierre, qui remplaça celle de brique et de bois, en créant la pyramide à degrés de Saqqarah et le complexe funéraire qui l'entoure. À la Basse Époque, Imhotep devint un dieu guérisseur, identifié à Asclépios.

Imitation de Jésus-Christ, ouvrage anonyme du XVᵉ siècle, attribué à Thomas a Kempis. Ce guide spirituel inspiré de la *Devotio moderna* eut une très grande influence dans l'Église latine.

Imola, v. d'Italie (Émilie) ; 61 700 hab. — Monuments anciens. Musées.

Imperia, v. d'Italie (Ligurie), sur le golfe de Gênes ; 40 171 hab. Centre touristique.

Imphal, v. de l'Inde, cap. de l'État de Manipur ; 200 615 hab.

Imprimerie nationale, société nationale chargée des travaux d'impression demandés par l'État ou par les collectivités territoriales (actes administratifs, documents divers, ouvrages) ainsi que par toute personne physique ou morale. Elle a pour origine la désignation d'un « imprimeur du Roy » par François Ier (1538).

Imroz, *en gr.* Ímbros, île turque de la mer Égée, près des Dardanelles.

Imru al-Qays, poète arabe de l'époque antéislamique (m. Ancyre, auj. Ankara, Turquie, v. 550), auteur d'une *muallaqa.*

I. N. A. (Institut national de l'audiovisuel), établissement public industriel et commercial, créé en 1974, chargé de la conservation des archives de la radiodiffusion et de la télévision, des recherches de création audiovisuelle et de la formation professionnelle.

I. N. A. P.-G. → Institut national agronomique Paris-Grignon.

Inari, lac de la Laponie finlandaise ; 1 085 km².

I. N. C. (Institut national de la consommation), établissement public créé en 1966, organe d'information et de protection des consommateurs. L'I. N. C. publie le mensuel *60 Millions de consommateurs.*

inca *(Empire),* empire de l'Amérique précolombienne, constitué dans la région andine et dont le centre était Cuzco. L'autorité de l'Inca — Fils du Soleil — était absolue et s'appuyait sur la caste dirigeante des nobles et des prêtres. L'Empire inca connut son apogée au XVe siècle et s'écroula en 1532 sous les coups de Francisco Pizarro. ARCHÉOL. Les traditions de civilisations anciennes (Chavín, Nazca, Paracas, Moche, Huari, etc.) sont nombreuses dans les régions où vont se développer les Incas. L'expansion de l'empire (v. 1438) coïncide avec une remarquable organisation (routes jalonnées de sortes de caravansérails et parcourues par des messagers rapides, les *chasqui* ; comptabilisation des richesses par un système décimal de calcul, le *quipu*). L'architecture est caractérisée par la forme trapézoïdale de ses ouvertures et par la perfection de son appareil de blocs irréguliers ajustés à joints vifs, particulièrement remarquable dans la forteresse de Sacsa-

huamán et dans les villes de Cuzco, Písac et Machu Picchu. Les Incas réutilisent et aménagent quantité d'installations hydrauliques. Comme ils le font pour les textiles (produits de façon quasi industrielle), les Incas profitent des techniques métallurgiques qui existaient avant eux mais ignorent le fer.

Ince *(Thomas Harper),* cinéaste et producteur américain (Newport 1882 - en mer, près de Hollywood, 1924). Si Griffith est le premier artiste du cinéma américain, Ince en est le premier « homme de spectacle ». Producteur intransigeant et éclairé, réalisateur prolifique, exigeant sur le fini technique, découvreur de talents, il dirigea à partir de 1912 une équipe de réalisateurs très actifs tout en continuant à superviser et à tourner parfois ses propres films. Son entreprise la plus ambitieuse fut *Civilization* (1916).

Inchon, *anc.* Chemulpo, port de la Corée du Sud, sur la mer Jaune ; 1 387 000 hab. Centre industriel.

Inde *(République de l'),* État de l'Asie méridionale ; 3 268 000 km² ; 859 200 000 hab. *(Indiens).* CAP. *New Delhi.* La république est formée de 25 États (Andhra Pradesh, Arunachal Pradesh, Assam, Bengale-Occidental, Bihar, Goa, Gujerat, Haryana, Himachal Pradesh, Jammu-et-Cachemire, Karnataka, Kerala, Madhya Pradesh, Maharashtra, Manipur, Meghalaya, Mizoram, Nagaland, Orissa, Pendjab, Rajasthan, Sikkim, Tamil Nadu, Tripura, Uttar Pradesh), auxquels s'ajoutent 7 territoires. LANGUE (officielle) : *hindi.* MONNAIE : *roupie.*

GÉOGRAPHIE

Deuxième pays du monde par la population, l'Inde occupe un rang plus modeste dans le domaine économique. Elle appartient toujours, globalement, au groupe des pays en voie de développement, avec une agriculture à prédominance vivrière occupant encore plus de la moitié des actifs, une industrie assez diversifiée, mais souvent peu dynamique et compétitive, des échanges déficitaires. Les inégalités sociales traditionnelles restent marquées.

■ **L'économie.** Cette situation est liée davantage à l'histoire qu'aux conditions naturelles. L'Inde atteint l'Himalaya au N., mais le cœur du pays est la vaste plaine gangétique, valorisée par les pluies de la mousson (de juin à septembre), moins abondantes vers le S. (au-delà du tropique) dans l'intérieur du Deccan protégé par la barrière des Ghats occidentaux. Plus de 50 % des terres sont cultivées et l'irrigation permet parfois une deuxième récolte. Le blé et surtout le riz sont les bases de l'alimentation ; le coton, le jute, le tabac et le thé (premier rang mondial) sont les grandes cultures commerciales. L'énorme troupeau bovin (premier rang mondial) est peu productif, en raison d'interdits religieux tenant à la prépondérance de l'hindouisme (plus de 80 % d'une population comptant aussi plus de 10 % de musulmans). La pêche, en revanche, apporte localement un complément de protéines.

L'industrie bénéficie de ressources minérales et énergétiques notables : du charbon surtout, mais aussi du pétrole et du gaz naturel, un certain potentiel hydroélectrique et quelques centrales nucléaires. Le sous-sol fournit encore de la bauxite, du manganèse et surtout du fer, à la base (avec le charbon) d'une sidérurgie qui alimente la métallurgie de transformation, principale branche industrielle, avec le textile et la chimie. L'industrie (avec le secteur minier), qui emploie environ 25 % des actifs, est orientée presque exclusivement vers la fourniture de biens de consommation, mais se développe souvent à l'abri de barrières protectionnistes. Cependant, plusieurs secteurs à haute technologie sont en expansion : énergie nucléaire, aéronautique, télécommunications, informatique.

■ **La population et les échanges.** Le problème de l'emploi, déjà ancien, s'aggrave en raison du maintien de la pression démographique. L'Inde compte chaque année environ 18 millions d'habitants de plus. Dans un pays encore surtout rural, cette évolution accentue la parcellisation de terres déjà morcelées (20 % des paysans seulement ont plus de 2 ha) et précipite l'exode vers les villes. Celles-ci regroupent plus de 25 % de la population totale, souvent dans des conditions désastreuses (multiplication des bidonvilles). Six agglomérations, dont les plus grandes sont Calcutta, Bombay, Delhi, Madras, dépassent quatre millions d'habitants. Les échanges sont réduits (moins de 15 % du P. I. B.) du fait de l'énormité (quantitative) du marché national. Les importations sont dominées par le pétrole et les produits manufacturés (machines, matériel de transport, etc.), les exportations par les produits, parfois valorisés, de l'agriculture et de l'élevage (thé, coton, jute, tissus, cuirs, etc.). Le traditionnel et lourd déficit de la balance commerciale n'est pas comblé par les revenus du tourisme, ni par les envois de nombreux émigrés. Il s'agit souvent d'émigrés diplômés, illustrant le

dualisme de la société indienne : une élite relativement nombreuse, mais aussi sans débouchés suffisants sur place, et une masse d'illettrés, de paysans sans terres vivant dans des conditions misérables. Les stratifications sociales et même religieuses n'ont pas disparu, les inégalités régionales (parfois à base ethnique) demeurent et, malgré les progrès de l'alphabétisation, l'unification n'est pas véritablement achevée.

HISTOIRE

■ **L'Inde ancienne.** La plus ancienne civilisation connue en Inde se développa dans les sites de la vallée de l'Indus (7000-1800 av. J.-C.) et fut sans doute influencée par celle de la Mésopotamie.

L'Inde du Nord fut ensuite progressivement envahie au IIᵉ millénaire par les Aryens, venus de l'O., qui introduisirent le cheval, la métallurgie du fer, une langue indo-européenne (le sanskrit) et un système social fondé sur les castes. C'est sous leur domination que furent rédigés les textes sacrés des *Veda* (à la base de l'hindouisme).

Au VIᵉ s. av. J.-C. apparaissent deux religions nouvelles, le bouddhisme et le jaïnisme. À cette époque (VIᵉ-IVᵉ s. av. J.-C.), les Perses et les Grecs commencent à pénétrer en Inde : Cyrus, Darios Iᵉʳ, qui occupe le bas Indus (fin du VIᵉ s.), Alexandre le Grand, qui fonde des colonies, d'ailleurs éphémères.

v. 327 av. J.-C. Chandragupta fonde la dynastie des Maurya. Elle atteint son apogée sous le règne d'Ashoka (v. 269-232 av. J.-C.), qui constitue un vaste empire englobant pratiquement toute l'Inde. La disparition de la dynastie maurya (v. 185 av. J.-C.) est suivie d'un nouveau morcellement du pays puis de l'invasion des Grecs de Bactriane et des Barbares dans le Nord-Ouest (v. 160 av. J.-C.-280 apr. J.-C.).

Au Iᵉʳ siècle après notre ère, l'influence de la culture indienne commence à se répandre dans l'Asie du Sud-Est. Le bouddhisme se diffuse dans l'Asie centrale et orientale (jusqu'en Chine).

v. 320-v. 550. Les Gupta favorisent la renaissance de l'hindouisme.

Du VIIᵉ au XIIᵉ s., l'Inde est de nouveau morcelée. Établis en Inde du Sud, les Pallava (seconde moitié du VIᵉ s.- IXᵉ s.) puis le Cola (Xᵉ- XIIIᵉ s.) exportent la civilisation indienne en Asie du Sud-Est. Le Sind est dominé par les Arabes (VIIIᵉ s.), et la vallée de l'Indus tombe aux mains des Ghaznévides (XIᵉ s.), dynastie turque qui domine l'Afghanistan.

■ **L'Inde musulmane.** Des dynasties turques d'Afghanistan conquièrent tout le nord de l'Inde.

1192-1204. Conquête du bassin du Gange.

1206. Fondation du sultanat de Delhi.

1298-1310. Conquête du Gujerat et du Deccan.

1347-1526. Division de l'Inde en de multiples sultanats.

1526. Fondation de la dynastie des Grands Moghols.

Du XIVᵉ au XVIᵉ s., l'empire de Vijayanagar au sud se mobilise pour la défense de l'hindouisme. Puis l'Inde retrouve son unité dans le cadre de l'Empire moghol, qui atteint sa plus grande extension au XVIIᵉ s. et décline au XVIIIᵉ s. Les Moghols dominent l'Inde grâce à leur armée, à leur administration efficace et à leur attitude conciliante à l'égard de la majorité hindoue.

Après l'expédition de Vasco de Gama (1498), les Portugais s'assurent en Inde le monopole du commerce, qu'ils conservent au cours du XVIᵉ s., puis sont concurrencés par les Hollandais, les Anglais et les Français, qui fondent des compagnies commerciales florissantes au XVIIᵉ s.

1742-1754. Dupleix soumet à l'influence française le Carnatic et six provinces du Deccan.

1757. Clive remporte la victoire de Plassey sur le nabab du Bengale. Il fonde la puissance britannique en Inde.

1763. Le traité de Paris laisse à la France cinq comptoirs : Pondichéry, Chandernagor, Yanaon, Karikal et Mahé.

■ **La domination britannique.** La mainmise britannique se poursuit à la fin du XVIIIᵉ s. et tout au long du XIXᵉ s., partageant le pays entre des États protégés et des possessions directes.

1772-1785. W. Hastings organise la colonisation du Bengale.

1799-1819. La Grande-Bretagne conquiert l'Inde du Sud, la vallée du Gange et Delhi.

1849. Elle annexe le royaume sikh du Pendjab.

1857-58. Les cipayes (soldats autochtones au service des Britanniques) se révoltent. Le dernier empereur moghol est destitué, la Compagnie anglaise des Indes orientales supprimée et l'Inde est rattachée à la Couronne britannique.

1876. La reine Victoria est proclamée impératrice des Indes.

L'Empire britannique est rapidement troublé par les mouvements nationalistes et autonomistes qui sont violemment réprimés.

1885. Fondation du Congrès national indien.

1906. Fondation de la Ligue musulmane. Entre les deux guerres mondiales, Gandhi devient le chef de la résistance à l'Angleterre et fonde son mouvement sur la non-violence.

1935. Les Anglais accordent à l'Inde une Constitution qui lui confère une certaine autonomie.

1947. L'Angleterre doit accepter la « partition » de l'Inde.

L'Union indienne, hindouiste, et le Pakistan, musulman (séparé en deux parties), deviennent indépendants. Cette partition s'accompagne de massacres (300 000 à 500 000 victimes) et du déplacement de dix à quinze millions de personnes.

■ **L'Inde indépendante.** Sous le gouvernement de Nehru, Premier ministre de 1947 à 1964, l'Inde s'engage dans la voie de la modernisation et du non-alignement.

1947-48. Le problème du Cachemire provoque un premier conflit avec le Pakistan.

1948. Gandhi est assassiné.

1950. La Constitution fait de l'Inde une fédération composée d'États organisés sur des bases ethniques et linguistiques.

1962. Un conflit oppose la Chine et l'Inde au Ladakh.

1965. Deuxième conflit avec le Pakistan à propos du Cachemire.

1966. Indira Gandhi, fille de Nehru, devient Premier ministre.

1971. Un nouveau conflit avec le Pakistan aboutit à l'intervention de l'armée indienne au Pakistan oriental, qui se constitue en République indépendante du Bangladesh.

1977. I. Gandhi est remplacée par Moraji Desai.

1980. I. Gandhi retrouve le pouvoir.

1984. Assassinat d'I. Gandhi par des extrémistes sikhs. Son fils Rajiv lui succède.

1989. Après l'échec du parti du Congrès aux élections, Rajiv Gandhi démissionne et une coalition de partis de l'opposition accède au pouvoir.

1991. Assassinat de R. Gandhi. N. Rao devient Premier ministre.

L'Inde s'en tient au principe de la laïcité inscrit dans sa Constitution. Cependant, les partis de droite militent, parfois de façon violente, pour en faire un État hindou. Elle connaît des troubles ethniques importants (sikhs du Pendjab, notamm.).

indépendance américaine (*Déclaration d'*) [4 juill. 1776], déclaration adoptée par le Congrès continental réuni à Philadelphie. Rédigée par Thomas Jefferson, elle proclame l'indépendance des treize colonies vis-à-vis de la Grande-Bretagne.

Indépendance américaine *(guerre de l')* [1775-1782], conflit qui opposa les colonies anglaises de l'Amérique du Nord à la Grande-Bretagne et qui aboutit à leur indépendance et à la fondation des États-Unis.

Indépendant *(l'),* quotidien régional créé en 1846 à Perpignan.

Indes *(Compagnie des),* nom de plusieurs compagnies créées en Europe, qui possédaient un monopole commercial avec certains territoires coloniaux : la *Compagnie anglaise des Indes orientales,* fondée à Londres pour le commerce avec les pays de l'océan Indien (1600-1858) ; la *Compagnie hollandaise des Indes orientales,* fondée aux Provinces-Unies pour commercer avec les Indes (1602-1799) ; la *Compagnie hollandaise des Indes occidentales,* fondée aux Provinces-Unies pour commercer avec l'Afrique et l'Amérique (1621-1792) ; la *Compagnie française des Indes occidentales,* fondée à l'instigation de Colbert, qui avait le monopole du commerce américain (1664-1674) ; la *Compagnie française des Indes* (1719-1794), issue de la fusion entre l'*Compagnie des Indes orientales,* établie en 1664 par Colbert, et la *Compagnie d'Occident,* créée par Law (1717) ; elle ne put se maintenir face à sa rivale, la Compagnie anglaise.

Indes *(Conseil des),* organisme espagnol (1511-1834), dont la mission était d'administrer le Nouveau Monde.

Indes *(empire des),* ensemble des possessions britanniques de l'Inde rattachées à la Couronne (1858-1947).

Indes galantes *(les),* opéra-ballet de J.-Ph. Rameau en un prologue et trois entrées, sur un livret de Fuzelier (1735), archétype du genre en France.

Indes occidentales, nom donné à l'Amérique par Christophe Colomb, qui croyait avoir atteint l'Asie.

Indes-Occidentales *(Fédération des),* en angl. West Indies, fédération constituée, de 1958 à 1962, par les Antilles britanniques.

Indes orientales, anciennes colonies néerlandaises constituant auj. l'Indonésie.

Index, catalogue des livres dont l'Église catholique décida, à partir du XVIe siècle, d'interdire la lecture à ses fidèles, en raison des dangers que ceux-ci auraient pu représenter pour la foi ou les mœurs. Cette censure, qu'administrait la Congrégation de l'Index rattachée au Saint-Office, a été abolie par Paul VI, en 1965.

Indiana, État du Midwest américain ; 93 993 km² ; 5 544 159 hab. Cap. *Indianapolis.* L'agriculture y associe cultures (soja et maïs surtout) et élevages variés (porcins, aviculture). L'industrie, autre qu'extractive (charbon), est présente au N.-O. (près de Chicago) et dans la capitale.

Indianapolis, v. des États-Unis, cap. de l'Indiana, fondée en 1820, au centre de l'État ; 731 327 hab. Université. Musées. Carrefour ferroviaire et routier. Centre commercial et industriel (matériel de transport, produits pharmaceutiques, constructions électriques, robotique). Circuit automobile (course des *500 Miles d'Indianapolis*).

Indien *(océan),* la plus petite partie de l'océan mondial, entre l'Afrique, l'Asie, l'Australie et l'Antarctique. L'océan Indien se distingue par des dimensions relativement réduites, une position en majeure partie australe et la fermeture au N. par l'Asie. Largement ouvert au S. à l'influence antarctique, il est soumis au N. à celle de la mousson asiatique. Il a la forme d'un triangle dont les lignes médianes sont formées par des dorsales océaniques, disposées en Y renversé, dont l'expansion a produit la fragmentation de l'ancien continent de Gondwana.

L'océan Indien se caractérise par la faible productivité des eaux de surface, privées d'échanges verticaux revitalisants. La température élevée des eaux favorise le développement des récifs et des plates-formes récifales, semées d'atolls (Maldives, Chagos, Laquedives, Seychelles, Comores). Au débouché des grands deltas, les eaux turbides entretiennent une productivité régionale. Fonds et rivages coralliens ou vaseux font l'objet d'une activité de pêche artisanale et faiblement productive. À partir du XVIe siècle (Vasco de Gama), les civilisations maritimes, souvent d'origine extérieure (Égyptiens, Phéniciens, Chinois, Arabes), ont été bouleversées par l'introduction du commerce colonial et par l'implantation de comptoirs établis par les Portugais, les Hollandais, les Britanniques et les Français. Les routes commerciales actuelles sont fondamentalement exportatrices : à la route des Indes s'est largement substituée la route du Cap, évacuant les hydrocarbures du golfe Persique.

Indiens, nom donné aux habitants de l'Inde et aux premiers habitants du Nouveau Continent (Amérindiens), vivant auj. généralement dans des réserves en Amérique du Nord, et pour la plupart en voie de disparition ou d'acculturation en Amérique centrale et en Amérique du Sud.

Indiguirka, fl. de Russie, en Sibérie, tributaire de l'océan Arctique ; 1 726 km.

Indochine, péninsule de l'Asie du Sud-Est, comprenant la Birmanie, la Thaïlande, le Laos, le Cambodge, le Viêt Nam et la Malaisie. **GÉOGR.** Couvrant plus de 2 millions de km² et peuplée de plus de 180 millions d'hab., l'Indochine est située entre l'équateur et le tropique, domaine de la mousson. Elle juxtapose montagnes (Arakan, Tenasserim, cordillère annamitique) et plateaux (Korat, Boloven, etc.) coupés de fleuves (Irrawaddy, Ménam, Mékong). Ceux-ci ouvrent des bassins intérieurs, édifiant surtout des deltas. C'est dans ces deltas, sous un climat chaud et humide, que se concentrent populations et grandes villes (Rangoon, Bangkok, Hô Chi Minh-Ville, Hanoi), ainsi que les cultures (riz prépondérant). Des conflits ont déchiré l'est de la région, tandis que la moitié occidentale souffre surtout de l'opposition entre l'ethnie dominante (une par État) et les minorités, turbulentes.

Indochine (*guerres d'*), conflits qui eurent lieu au Viêt Nam, au Laos, en Thaïlande et au Cambodge, opposant la France au Viêt-minh (1946-1954), puis les États-Unis, engagés au côté du Sud Viêt Nam, au Nord Viêt Nam (1954-1975). Dès la défaite française de 1940, le Japon occupe partiellement le Tonkin. Le 9 mars 1945, les Japonais massacrent ou internent les garnisons françaises d'Indochine, à l'exception de celles qui réussissent à gagner la Chine du Sud. Après la capitulation du Japon et aux termes des accords de Potsdam, l'Indochine est occupée par les Alliés : au nord du 16ᵉ parallèle par les Chinois, au sud par les Britanniques. Le 5 octobre, les premiers éléments français de Leclerc arrivent à Saigon, s'installent rapidement en Cochinchine et dans l'Annam du Sud, et assurent la relève des troupes britanniques. Après la consolidation de leur situation au sud du 16ᵉ parallèle, les Français négocient difficilement leur retour au nord avec les Chinois et le Viêt-minh d'Hô Chi Minh. Ce dernier, dirigeant du Parti communiste indochinois (fondé en 1930), proclame en septembre 1945 la République démocratique du Viêt Nam et exige la souveraineté sur le Tonkin, en Annam et en Cochinchine. Le 18 mars 1946, les troupes françaises arrivent à Hanoi, où elles relèvent les Chinois, tandis que Vo Nguyên Giap, collaborateur militaire d'Hô Chi Minh, organise, avec l'appui américain, une armée viêt-minh. Après l'échec des conférences franco-viêt-minh de Dalat et de Fontainebleau, et à la suite du bombardement d'Haiphong par les Français (nov.), Hô Chi Minh attaque le 19 décembre les garnisons du Tonkin et de l'Annam.

■ **Une guerre sans fronts (1946-1954).** Dès le déclenchement de l'insurrection, le Viêt-minh contrôle une importante partie du Tonkin et quelques régions de l'Annam et de la Cochinchine. Les hostilités se concentrent dans les deltas du fleuve Rouge et du Mékong, et sur le littoral de l'Annam. Elles opposent les forces du Viêt-minh, commandées par Vo Nguyên Giap, au corps expéditionnaire français. Aux côtés de celui-ci combattront les armées nationales vietnamienne, cambodgienne et laotienne qu'a organisées le général de Lattre de Tassigny, haut-commissaire de France et commandant en chef de 1950 à 1952.

En 1949, la France accorde l'indépendance au Laos, au Cambodge et au Viêt Nam, qui, liés à elle, deviennent des États associés. Elle place à la tête de l'État vietnamien l'empereur Bao Dai. Cette même année, les communistes sont victorieux en Chine. Ils approvisionnent désormais le Viêt-minh en armes et en munitions. Enfin, les États-Unis, impressionnés par la progression du communisme en Extrême-Orient (déclenchement de la guerre de Corée en 1950), accordent à la France leur assistance sous forme d'octroi de crédits et de matériel militaire. En 1950, la pression du Viêt-minh rend de plus en plus aléatoire le maintien des postes français à la frontière de la Chine et du Tonkin, qui commencent à être évacués dès octobre. En avril-mai 1953, le Viêt-minh lance un raid en direction du nord du Laos. Il agit en liaison avec le Pathet Lao, qui lutte pour l'indépendance totale du Laos. Afin d'arrêter leur progression vers la capitale laotienne, Luang Prabang, les Français créent le camp retranché de Diên Biên Phu, qui, investi par les forces du Viêt-minh, tombe le 7 mai 1954.

■ **La conférence de Genève (26 avr.-21 juill. 1954).** Les pourparlers d'armistice, engagés le 28 juin dans le cadre de la conférence de Genève, aboutissent le 21 juillet à un accord séparant le Viêt Nam en deux zones, de chaque côté du 17ᵉ parallèle. Cet accord n'est ratifié ni par les États-Unis ni par le Sud Viêt Nam. Aussi une partition durable semble-t-elle devoir s'établir de part et d'autre du 17ᵉ parallèle entre la République démocratique du Viêt Nam, dirigée par le communiste Hô Chi Minh, et le Sud Viêt Nam, où une république nationale est proclamée sous le gouvernement de Ngo Dinh Diêm, soutenu par les États-Unis.

■ **La révolte du Viêt-cong (1956-1959).** Dès la fin de 1956, les communistes rallient les opposants au régime de Diêm au sein du Viêt-cong. Après plusieurs actions de guérilla en Cochinchine, puis dans l'Annam central et, enfin, dans tout le Sud, le Nord Viêt Nam envoie instructeurs, troupes et matériel. En 1960, les communistes et leurs alliés fondent le Front national de libération du Sud Viêt Nam (F. N. L.). Lorsque J. F. Kennedy entre en fonction (1961), il ne peut que constater l'extension de la rébellion et l'incapacité de Diêm à y faire face. Il décide d'accroître l'aide américaine ; 15 000 « conseillers » américains encadrent l'armée sud-vietnamienne à la fin de l'année. Mais cette dernière ne réussit pas à enrayer le développement du F. N. L., dont l'emprise grandissante conduit à peu à peu les États-Unis à l'intervention directe, décidée par le président Johnson fin 1964.

■ **L'effort américain (1965-1968).** La réaction américaine est vigoureuse : bombardements sur le Nord, intervention directe dans le Sud. L'armée sud-vietnamienne est portée à 700 000 réguliers et à 200 000 miliciens. À partir de 1965, les effectifs américains augmentent pour atteindre plus de 500 000 hommes en 1967. Les effectifs du Viêt-cong passent de 135 000 hommes au début de 1965 à plus de 300 000 en 1968. En 1966, les opérations se déroulent autour de la zone du 17e parallèle puis, dès 1967, autour de Da Nang, Quang Tri et même en Cochinchine, au nord-ouest de Saigon. Alors que les manifestations contre la « sale guerre » se multiplient aux États-Unis, le F. N. L. lance en 1968 une attaque généralisée, dite « offensive du Têt » (le Têt est le jour de l'an vietnamien), contre les villes et les bases américaines du Sud. L'offensive du Têt est finalement un échec militaire, mais l'armée américaine a été mise en difficulté. Le retentissement est grand dans l'opinion publique américaine. Johnson renonce à un nouveau mandat et décide d'arrêter, sans conditions, les bombardements au Nord (mai 1968). Des négociations aboutissent à l'ouverture officielle de la conférence de Paris (janv. 1969).

■ **Le retrait américain (1969-1973).** La politique de « vietnamisation » du président Nixon, qui succède à Johnson au début de 1969, vise à un retrait total des forces terrestres après un renforcement des armées sud-vietnamiennes. En revanche, les forces navales et aériennes bénéficient d'un accroissement notable. La poussée des forces américaines et sud-vietnamiennes au Cambodge (1970), destinée à saper le soutien logistique des pistes « Hô Chi Minh » par lesquelles était acheminé l'approvisionnement des troupes viêt-cong, est désavouée par l'opinion publique américaine, ce qui entraîne la suppression par le Congrès des pouvoirs spéciaux du président américain concernant la guerre du Viêt Nam.

■ **La fin de la guerre (1972-1975).** Profitant du retrait unilatéral des États-Unis décidé par Nixon, la République démocratique du Viêt Nam procède à une nouvelle attaque généralisée (1972). Le 27 janvier 1973, les États-Unis, le Viêt Nam du Nord et le Viêt Nam du Sud signent les accords de Paris. Les États-Unis s'engagent à rappeler leurs troupes, et des élections libres doivent décider du sort du Sud Viêt Nam. Mais l'application de ces accords se heurte à l'opposition de Hanoi et de Saigon, et la guerre se poursuit pendant deux années, jusqu'à la chute de Saigon, le 30 avril 1975, prélude à la réunification du pays.

Indochine française, ensemble territorial formé par la réunion, en 1887, des colonies ou protectorats français de Cochinchine, du Cambodge, de l'Annam et du Tonkin, auxquels fut ajouté, en 1893, le Laos. L'Indochine française disparut après les accords d'indépendance de 1949-50.

Indo-Gangétique *(plaine),* région naturelle s'étendant entre l'arc himalayen et le Deccan. Vaste dépression comblée par des débris de l'Himalaya, c'est une région très densément peuplée, surtout dans l'Est, humide (Bengale fournissant du riz et du jute, autour des grandes agglomérations de Calcutta et Dacca), et le Centre (de Delhi à Patna), plus ponctuellement dans l'Ouest, plus sec (Pendjab et Rajasthan), voire aride (désert de Thar). L'Ouest est cependant le site des métropoles pakistanaises (Lahore et Karachi).

Indonésie, État de l'Asie du Sud-Est ; 1 900 000 km² ; 184 600 000 hab. *(Indonésiens).* CAP. *Jakarta.* LANGUE : *indonésien.* MONNAIE : *rupiah.*
GÉOGRAPHIE

■ **La population.** Étirée sur près de 5 000 km d'O. en E., se développant, de part et d'autre de l'équateur (mais surtout au S.), sur plus de 1 500 km du N. au S., l'Indonésie vient au quatrième rang mondial pour la population. La densité moyenne (encore moins de 100 hab. au km²) n'a guère de signification. Les plus grandes îles sont très peu peuplées (Kalimantan, Irian Jaya, qui ne sont d'ailleurs que partiellement indonésiennes) ou assez peu (Sumatra, Célèbes). En revanche, 60 % de la population se concentrent à Java, sur moins de 7 % de la superficie totale. Le problème du surpeuplement y est aggravé par une croissance démographique de l'ordre de 2 % par an et par la prépondérance d'une agriculture encore étroitement dépendante des conditions naturelles. D'origine ethnique variée (Deutéro-Malais, surtout, et Proto-Malais, auxquels s'ajoutent des minorités mélanésienne et aussi chinoise), l'Indonésie est largement unifiée aujourd'hui grâce au progrès de la langue nationale et à l'extension de l'islam. Religion de près de 90 % de la population, il en fait, et de loin, le premier pays musulman au monde.

■ **Le milieu naturel.** La plupart des îles sont montagneuses, souvent volcaniques, et les plaines n'ont qu'une extension réduite. La latitude explique la chaleur constante (26-27 °C env.), la forte et presque permanente humidité (généralement plus de 3 000 mm de pluies par an). Associés, ces deux facteurs ont provoqué le développement de la forêt dense qui recouvre plus de 60 % du territoire.

■ **L'économie.** Héritage de la colonisation néerlandaise, l'agriculture — où l'élevage tient une faible place alors que la pêche est relativement développée — juxtapose un secteur commercial et un secteur vivrier. Celui-ci est dominé par le riz (près de la moitié des terres cultivées), et l'Indonésie est autosuffisante depuis le début des années 1980. Parmi les cultures de plantation émergent le caoutchouc, puis la canne à sucre, le café, le thé, etc. Si l'agriculture occupe encore près de la moitié des actifs, c'est l'industrie, en plein essor, qui assure désormais la majeure partie du P. I. B. Elle le doit à l'extraction du pétrole et du gaz naturel (les hydrocarbures constituant un peu moins de la moitié des exportations). La production industrielle s'est diversifiée : valorisation des produits du sous-sol (hydrocarbures et minerais), produits de base (acier, ciment), biens d'équipement (avions, électronique) et de consommation (agroalimentaire, textiles), soutenue notamment par des investissements extérieurs (surtout japonais) et favorisée par des bas salaires. La balance commerciale est excédentaire, mais la dette extérieure reste lourde. Toutefois, avec une croissance économique soutenue depuis plusieurs années, l'Indonésie est l'un des pays les plus dynamiques de l'Asie du Sud-Est.

HISTOIRE

■ **Des origines aux Indes néerlandaises.** La civilisation indienne pénètre très tôt dans les îles qui formeront l'Indonésie. Mais, à partir du XIIIᵉ s., l'islam supplante l'hindouisme dans tout l'archipel, à l'exception de l'île de Bali. L'empire de Majapahit règne sur l'Indonésie aux XIVᵉ-XVᵉ s.

1511. Les Portugais prennent Malacca. Ils contrôlent le commerce des épices par l'intermédiaire de leurs comptoirs.

1602. Fondation de la Compagnie hollandaise des Indes orientales.
Dès le milieu du XVIIᵉ s., les Hollandais remplacent les Portugais.

1799. La Compagnie hollandaise perd son privilège. Les Indes néerlandaises, principales colonies des Pays-Bas, sont administrées directement par la métropole. Celle-ci s'enrichit grâce au « système des cultures », reposant sur le travail forcé des autochtones.

■ **L'indépendance.** L'occupation japonaise (1942-1945) renforce les mouvements nationalistes.

1945. L'Indonésie se proclame république indépendante sous la présidence de Sukarno.

1949. L'indépendance est reconnue par les Pays-Bas. Sukarno tente d'instituer un socialisme « à l'indonésienne » et se fait le champion de l'indépendance du tiers-monde (conférence de Bandung, 1955). Mais il doit lutter contre les tendances séparatistes de certaines îles (Sumatra).

1963. Les Pays-Bas cèdent à l'Indonésie la Nouvelle-Guinée occidentale (ou Irian Jaya).

1965. Coup d'État, à la suite duquel Sukarno remet ses pouvoirs au général Suharto.

1966. L'Indonésie accepte la création de la Malaysia à laquelle elle s'était opposée.
Nommé président de la République en 1968, Suharto mène une politique anticommuniste et se rapproche de l'Occident.

1976. L'Indonésie annexe le Timor Oriental. Les élections sont régulièrement remportées par le parti gouvernemental, le Golkar. L'ensemble des partis et des organisations socioreligieuses doit adhérer depuis 1982 à l'idéologie nationale, le *Pancasila*.

Indonésie *(mer d'),* dans le Pacifique équatorial, mer interinsulaire formée par la plateforme de la Sonde (mer de Java) et par une série de bassins profonds (entre 3 000 et 7 000 m) ouverts par extension entre Bornéo-Célèbes et l'arc insulaire des Philippines (mers de Célèbes, de Sulu, de Banda).

Indore, v. de l'Inde (Madhya Pradesh) ; 1 104 065 hab.

Indra, le plus grand des dieux dans le védisme ; il est celui qui détient la puissance symbolisée par le foudre *(vajra)* ; les libations de soma qui lui sont offertes sont destinées à accroître sa force, qui lui permet de mieux protéger l'humanité. Le bouddhisme tantrique lui confère une fonction ésotérique et érotique.

Indre, affl. de la Loire (r. g.), qui passe à Châteauroux ; 265 km.

Indre [36], dép. de la Région Centre ; ch.-l. de dép. *Châteauroux* ; ch.-l. d'arr. *Le Blanc, La Châtre, Issoudun ;* 4 arr., 26 cant., 247 comm. ; 6 791 km² ; 237 510 hab. Le département appartient à l'académie d'Orléans-Tours, à la cour d'appel de Bourges et à la région militaire Atlantique.

Indre-et-Loire [37], dép. de la Région Centre, constitué par la Touraine ; ch.-l. de dép. *Tours ;* ch.-l. d'arr. *Chinon, Loches ;* 3 arr., 37 cant., 277 comm. ; 6 127 km² ; 529 345 hab. Le département appartient à l'académie d'Orléans-Tours, à la cour d'appel d'Orléans et à la région militaire Atlantique.

Indulgences *(querelle des),* conflit religieux qui préluda à la révolte de Luther contre l'Église romaine. Dans les premiers temps du christianisme, la pénitence publique imposée aux pécheurs pouvait faire l'objet d'une remise partielle ou plénière, appelée « indulgence ». Par la suite, celle-ci fut concédée en contrepartie d'aumônes. Ainsi, en 1515, le pape Léon X institua une indulgence en faveur de ceux qui verseraient des dons pour l'achèvement de la basilique Saint-Pierre de Rome. Luther choisit alors cette occasion pour attaquer le principe même de cette pratique, dans le recueil de ses 95 thèses, affichées en 1517, qui furent condamnées en 1519.

Indus, *en sanskr.* Sindhu, fleuve de l'Asie méridionale ; 3 040 km. Drainant un bassin de près de 1 million de km², né au Tibet, l'Indus traverse le Cachemire avant de sortir de l'Himalaya par des gorges gigantesques, coule ensuite dans une plaine alluviale, recevant le Panjnad (qui collecte les eaux du Pendjab) avant d'atteindre la mer d'Oman par un vaste delta. Le débit du fleuve est en moyenne de 6 600 m³/s et s'élève en juillet

et août pendant la mousson. Des barrages, au Pendjab (dont Tarbela) et dans le Sind (Sukkur), fournissent de l'électricité et alimentent surtout un réseau d'irrigation, qui est la pièce maîtresse de l'économie pakistanaise.

Indus *(civilisation de l')* ou **civilisation de Harappa** (du n. du premier site étudié), civilisation ancienne de l'Inde et du Pakistan, localisée dans la vallée de l'Indus. Selon les régions, les niveaux culturels sont très différents : Mehrgarh, au VIIᵉ millénaire, présente un stade d'évolution très avancé ; la céramique y apparaît au VIᵉ millénaire. Urbanisation, cachets, poterie polychrome, figurines, outillage osseux et métallurgie du cuivre définissent la période de 5000 à 2500. La civilisation de l'Indus proprement dite, qui se développe entre 2400 et 1800 av. J.-C., connaît une vaste expansion et une grande homogénéité avec d'énormes cités (Mohenjo-Daro, Harappa, etc.) où se pratique une métallurgie du cuivre et du bronze.

Indy *(Vincent d'),* compositeur français (Paris 1851 - *id.* 1931). Disciple de C. Franck, auteur d'opéras *(Fervaal,* 1897), de pages symphoniques *(Wallenstein,* 1873-1881 ; *Symphonie sur un chant montagnard français,* dite *cévenole,* 1886) et de musique de chambre, il fut un des fondateurs de la Schola cantorum. Son enseignement a laissé une influence durable.

Inés de Castro, fille d'un noble castillan (en Castille v. 1320 - Coimbra 1355). Elle avait épousé secrètement l'infant Pierre de Portugal et fut assassinée sur l'ordre d'Alphonse IV. Son histoire inspira notamment Montherlant dans *la Reine morte* (1942).

Informatique et des libertés (Commission nationale de l') [C. N. I. L.], autorité administrative indépendante, instituée en 1978, qui a pour mission de veiller au respect de la loi relative à l'informatique, aux fichiers et aux libertés.

Ingegneri *(Marco Antonio),* compositeur italien (Vérone v. 1545 - Crémone 1592). Il est l'auteur d'œuvres polyphoniques religieuses et de madrigaux qui influencèrent Monteverdi.

Ingen-Housz *(Johannes),* physicien néerlandais (Breda 1730 - Bowood, Wiltshire, 1799). Il étudia la conductibilité calorifique des métaux ainsi que la nutrition des végétaux et découvrit la photosynthèse.

Ingolstadt, v. d'Allemagne (Bavière), sur le Danube ; 101 360 hab. Chimie. Mécanique. — Château (XVᵉ-XVIᵉ s.) et églises (du gothique au rococo).

Ingouches, peuple musulman du Caucase du Nord. Déportés en 1943-44, les Ingouches purent, après 1957, regagner la *République autonome des Tchétchènes-Ingouches* (Russie). À la suite de la sécession des Tchétchènes, le gouvernement russe crée (1992) la *République d'Ingouchie* (310 000 hab. Cap. *Nazran*).

Ingres *(Jean Auguste Dominique),* peintre français (Montauban 1780 - Paris 1867). Fils d'un sculpteur ornemaniste, il étudie le dessin à Toulouse puis entre, en 1797, dans l'atelier de David à Paris. Grand Prix de Rome en 1801, il est déjà lui-même, tout en manifestant son admiration pour Raphaël et pour Titien, dans ses portraits de la famille Rivière (Louvre), peints avant son séjour (1806-1810) à la villa Médicis. Il demeure dix-huit ans en Italie, peint des chefs-d'œuvre comme le portrait, assez romantique, du peintre *Granet* (1807, musée d'Aix-en-Provence) ou *la Grande Odalisque* (1814, Louvre). Le succès de son *Vœu de Louis XIII* (cathédrale de Montauban) au Salon de 1824 provoque son retour à Paris, où il ouvre un atelier et devient le chef, couvert d'honneurs officiels et de plus en plus intransigeant, de l'école classique face au romantisme (*l'Apothéose d'Homère,* 1827, Louvre). Ayant soulevé de fortes inimitiés, il se replie à Rome (1835-1841) comme directeur de l'Académie de France (*Stratonice,* 1840, Chantilly). Rentré à Paris en maître incontesté, il donne son testament esthétique avec le *Bain turc* (1859-1863, musée d'Orsay), où se résume, dans un climat d'érotisme intellectuel, son obsession de l'arabesque. Sa recherche d'une beauté intemporelle s'exprime par la primauté accordée au dessin sur tout autre constituant de l'art de peindre (sans parler de la réussite de ses portraits au crayon). Très aimé de ses élèves, il ne pouvait cependant leur transmettre, à travers une doctrine trop froidement systématique, le secret de certaines étrangetés de sa production personnelle, qui l'ont imposé — en même temps que son amour de la ligne, sa volonté de synthèse et d'abstraction — à l'admiration d'artistes aussi divers que Degas, Cézanne, Gauguin ou Picasso.

Ingrie, ancienne province de Finlande, cédée à la Russie en 1721 (paix de Nystad).

Initiative de défense stratégique (I. D. S.), programme d'études lancé par R. Reagan en 1983, couramment appelé « guerre des étoiles », et visant à l'élimination de la menace de missiles stratégiques, notamment à partir de systèmes spatiaux.

Inkerman *(bataille d')* [5 nov. 1854], victoire franco-britannique sur les Russes lors de la guerre de Crimée, à l'est de Sébastopol (Ukraine).

Inn, riv. alpestre de l'Europe centrale, affl. du Danube (r. dr.), qu'elle rejoint à Passau ; 510 km. Née en Suisse (Grisons), où sa haute vallée constitue l'Engadine, l'Inn traverse le Tyrol, passant à Innsbruck.

Innocent III *(Giovanni Lotario, comte* di Segni) [Anagni 1160 - Rome 1216], pape de 1198 à 1216. Partisan de la théocratie pontificale, il considérait le pape est l'intermédiaire entre Dieu et les rois, théorie qui le guida dans ses démêlés avec Philippe Auguste. Il lança la quatrième croisade, marquée par le sac de Constantinople (1204) et la croisade contre les albigeois. Comme pape réformateur, il encouragea l'essor des ordres mendiants et convoqua l'important quatrième concile du Latran (1215). **Innocent X** *(Giambattista Pamphili)* [Rome 1574 - id. 1655], pape de 1644 à 1655. Adversaire de Mazarin, il tenta de ramener la cour pontificale à une plus grande austérité. C'est lui qui condamna les « cinq propositions » de l'ouvrage de Jansénius, l'*Augustinus*.

Innsbruck, v. d'Autriche, ch.-l. du Tyrol, sur l'Inn ; 117 000 hab. Station touristique et de sports d'hiver. Université. **ARTS.** Hofburg, château de Maximilien Ier puis de l'impératrice Marie-Thérèse. Église des franciscains, construite au xvie siècle en style gothique pour abriter le luxueux cénotaphe de Maximilien, qu'entourent 28 statues de bronze de ses ancêtres (deux fondues en 1513 par P. Vischer d'après des dessins de Dürer). Palais et églises baroques, maisons gothiques et baroques. Importants musées.

Ino, déesse marine, fille de Cadmos et d'Harmonia et épouse d'Athamas. Elle servit de nourrice au jeune Dionysos.

Inönü *(Mustafa Ismet,* dit Ismet*),* général et homme d'État turc (Izmir 1884 - Ankara 1973). Collaborateur de Mustafa Kemal, il fut victorieux des Grecs à Inönü (1921). Il fut Premier ministre (1923-1937) puis président de la République (1938-1950).

Inquisition, nom donné aux tribunaux chargés de lutter contre les hérésies par la voie d'une procédure d'enquête *(inquisitio).* C'est le pape Innocent III qui, en 1199, fit adopter cette procédure par les tribunaux ecclésiastiques aux prises avec le mouvement cathare. Dans le Midi, cette forme de répression fut d'abord l'affaire des tribunaux ordinaires, puis celle des dominicains, auxquels la papauté laissa une indépendance presque totale. Au cours de ses tournées inquisitoriales dans les paroisses, l'instance judiciaire procédait à l'interrogatoire systématique de la population, encourageait la délation et soumettait les suspects à la torture (ou question). La sentence, généralement sévère, allait de l'emprisonnement perpétuel ou temporaire à la peine de mort (souvent sur le bûcher). L'Inquisition réduisit ainsi, au XIIIᵉ siècle, les cathares et les vaudois. Ses méthodes provoquèrent toutefois au XIVᵉ siècle des troubles face auxquels la papauté dut intervenir en obligeant les inquisiteurs à collaborer avec les tribunaux ecclésiastiques ordinaires. L'Inquisition, particulièrement active jusque dans l'Espagne du XVIᵉ siècle, a été officiellement supprimée au début du XVIIIᵉ, l'Église romaine gardant néanmoins une instance chargée spécialement de dépister l'hérésie et de la dénoncer, le Saint-Office, créé en 1542 par Paul III.

I. N. R. A. (Institut national de la recherche agronomique), établissement public créé en 1946 et ayant pour mission d'effectuer les travaux de la recherche scientifique intéressant l'agriculture, les industries agroalimentaires et le monde rural plus généralement.

I. N. R. I., initiales des quatre mots latins *Iesus Nazarenus Rex Iudaeorum* (Jésus, le Nazaréen, roi des Juifs). C'est le motif de la condamnation, qui, selon la coutume romaine, était inscrit sur une tablette fixée à la croix ; l'iconographie a réduit cette mention à des initiales.

In Salah, oasis du Sahara algérien ; 19 000 hab.

I. N. S. E. E. (Institut national de la statistique et des études économiques), organisme public chargé de la publication des statistiques françaises et de diverses enquêtes et études, notamment en matière de conjoncture économique.

I. N. S. E. R. M. (Institut national de la santé et de la recherche médicale), organisme créé en 1964, qui étudie les problèmes de santé publique, informe et conseille le gouvernement. Il joue un rôle fondamental dans la recherche médicale, centralisant les informations internationales, suscitant et prenant en charge des travaux, formant les chercheurs.

Institut (*palais de l'*), à Paris. Situé sur la rive gauche de la Seine, en face du Louvre, c'est l'ancien Collège des Quatre-Nations, élevé sous la direction de Le Vau à partir de 1663.

Affecté à l'Institut de France depuis 1806, le palais accueille dans son ancienne chapelle à coupole les séances publiques des Académies.

Institut de France, titre sous lequel la Constitution de l'an III reconstitua et répartit en trois classes les Académies supprimées en 1793. (→ **Académie.**) L'Institut siège dans l'ancien Collège des Quatre-Nations.

Institut du monde arabe (*I. M. A.*), à Paris (Vᵉ arr.), fondation ayant pour but le développement de la connaissance du monde arabo-islamique en France. Centre de documentation et musée dans un édifice de J. Nouvel (1987).

Institutes, exposé systématique du droit romain rédigé sur l'ordre de Justinien en 533.

Institut géographique national → **I. G. N.**

Institution de la religion chrétienne, en latin *Institutio christianae religionis,* livre rédigé par Calvin entre 1533 et 1535. Imprimé en latin à Bâle en 1536, réédité en 1539 et paru dans sa version française en 1541, il constitue le premier et le plus important exposé francophone de la doctrine protestante ; c'est aussi un chef-d'œuvre littéraire.

Institut monétaire européen (I. M. E), institution européenne créée par le traité de Maastricht. Mis en place le 1ᵉʳ janvier 1994, l'I. M. E. doit notamment renforcer la coopération entre les banques centrales nationales et coordonner les politiques monétaires en vue de l'établissement d'une monnaie unique (euro). Son siège est à Francfort.

Institut national agronomique Paris-Grignon (I. N. A. P.-G.), établissement d'enseignement supérieur agricole, délivrant le diplôme d'ingénieur agronome et doté de deux implantations géographiques, l'une à Paris, l'autre à Grignon.

Institut national de la santé et de la recherche médicale → **I. N. S. E. R. M.**

Institut national de la statistique et des études économiques → **I. N. S. E. E.**

Institut Pasteur → **Pasteur (Institut).**

Insulinde, partie insulaire de l'Asie du Sud-Est correspondant à l'Indonésie et aux Philippines.

Intelligence Service (IS), ensemble d'organismes chargés, en Grande-Bretagne, de la collecte de renseignements de toutes sortes intéressant le gouvernement ainsi que du contre-espionnage.

Intelsat, organisation internationale de télécommunications par satellites créée en 1964 sous l'impulsion des États-Unis.

Interallié *(prix),* prix littéraire annuel, créé en 1930 pour couronner un roman ; il est décerné de préférence à un journaliste.

Interlaken, comm. de Suisse (cant. de Berne), entre les lacs de Thoune et de Brienz ; 5 176 hab. Centre touristique. — Église du Château, gothique.

Internationale, association internationale rassemblant les travailleurs en vue d'une action visant à transformer la société. La *Ire Internationale,* fondée à Londres en 1864, disparut après 1876 du fait de l'opposition entre marxistes et anarchistes ; la *IIe Internationale,* fondée à Paris en 1889, resta fidèle à la social-démocratie et disparut en 1923. En sont issues : l'*Internationale ouvrière socialiste* (1923-1940), regroupant les partis ayant refusé le rattachement à la IIIe Internationale, et l'*Internationale socialiste,* créée en 1951. La *IIIe Internationale* communiste, ou *Komintern,* fondée à Moscou en 1919, rassembla autour de la Russie soviétique puis de l'U. R. S. S. la plupart des partis communistes et fut supprimée par Staline en 1943. La *IVe Internationale,* d'obédience trotskiste, fut fondée en 1938.

Internationale *(l'),* chant révolutionnaire ; poème de E. Pottier (1871), musique de P. Degeyter. D'abord hymne national soviétique (1917-1944), ce chant devint celui des partis socialistes et communistes.

International Herald Tribune, quotidien international de langue anglaise issu en 1887 du *New York Herald* et coédité depuis 1967 par le *New York Times* et le *Washington Post.*

Internet, réseau télématique international, d'origine américaine, très utilisé notamment dans le domaine scientifique.

Interpol, abréviation constituant l'adresse télégraphique de l'Organisation internationale de police criminelle (O. I. P. C.), à Saint-Cloud (transféré à Lyon en 1989), et qui est devenue le synonyme courant du sigle de cette organisation. Créée en 1923, celle-ci assure la liaison entre les pays adhérents dans la recherche des malfaiteurs internationaux.

Interprétation des rêves *(l'),* ouvrage de Freud publié en 1900.

Interrègne *(le Grand),* période (1250-1273) durant laquelle le trône du Saint Empire fut vacant.

Intolérance *(Intolerance),* film américain de D. W. Griffith (1916).

Introduction à la vie dévote, ouvrage de saint François de Sales (1609).

Inuit (l'appellation Esquimaux ou Eskimo est considérée par eux comme péjorative), peuple installé sur les rives du détroit de Béring et de la baie d'Hudson, en Alaska, au Groenland et au Canada. Unis culturellement et linguistiquement, les Inuit se répartissent sur un vaste territoire et forment une société sans État. La pêche et la chasse (caribous, animaux à fourrure) se pratiquent en été. La famille, restreinte, vit alors sous une tente en peaux de phoque. L'hiver, les Inuit chassent le morse et le phoque (nourriture, huile, ivoire, cuir) et habitent de longues maisons de bois ou creusées sous la neige, partagées par plusieurs familles. Les gravures (ivoire, os), les masques et les rites (fête des morts, solstice hivernal) témoignent d'une vie collective intense, aujourd'hui menacée par certains États, qui, se disputant d'importantes ressources énergétiques et minérales, dévastent les zones de pêche, conduisant les Inuit à la prolétarisation. En novembre 1992, le groupe représentant les Inuit a approuvé un accord leur donnant la propriété d'un territoire de plus de 350 000 km², le **Nunavut,** dans les Territoires du Nord-Ouest.

Invalides *(hôtel des),* monument de Paris (VIIe arr.), construit à partir de 1670 sur plans de Libéral Bruant, achevé par J. Hardouin-Mansart, pour abriter l'*Institution nationale des Invalides,* destinée par Louis XIV à recueillir les militaires invalides. Dans la chapelle St-Louis (Mansart, 1680), surmontée d'un célèbre dôme, ont été déposées en 1840 les cendres de Napoléon Ier. On y trouve aussi les tombeaux de son fils (depuis 1940) et de plusieurs maréchaux (dont Foch et Lyautey). L'hôtel abrite notamment le musée de l'Armée, le musée des Plans-Reliefs (série, commencée en 1668, de maquettes des places fortes françaises), le musée d'Histoire contemporaine et celui de l'Ordre de la Libération.

Inverness, port de Grande-Bretagne (Écosse), sur la mer du Nord ; 35 000 hab.

Investitures *(querelle des),* conflit qui, de 1075 à 1122, opposa le Saint Empire à la papauté au sujet des nominations aux charges d'évêque et d'abbé. Les domaines et les droits politiques attachés à ces grandes charges ecclésiastiques avaient, en effet, fini par devenir des fiefs relevant du droit féodal. Aussi le seigneur féodal (l'empereur ou le roi) s'était-il arrogé le pouvoir de choisir lui-même les évêques et les abbés et de leur donner l'investiture pour la totalité de leurs charges. La réaction des papes contre cet usage prit un tour dramatique, notamment dans le conflit entre Grégoire VII et l'empereur Henri IV. Ce n'est qu'au concordat de Worms (1122) qu'un compromis fut trouvé : l'évêque ou l'abbé était élu librement par le clergé et consacré par un prélat qui lui donnait l'investiture spirituelle (par la remise de l'anneau), tandis que l'empereur ou le roi lui conférait l'investiture temporelle, à savoir la puissance publique attachée à la charge épiscopale ou abbatiale.

Io, prêtresse d'Héra dans la mythologie grecque. Séduite puis transformée en génisse par Zeus, qui voulait ainsi la soustraire à la jalousie d'Héra, elle s'enfuit, poursuivie par un taon à travers la Grèce et l'Asie Mineure, jusqu'en Égypte, où elle mit au monde l'ancêtre de Danaos.

Ioánnina ou **Jannina,** v. de Grèce, en Épire, sur le *lac de Ioánnina ;* 56 496 hab. — Ancienne mosquée du XVIIᵉ siècle dans la citadelle. Musées.

Iochkar-Ola, v. de Russie, cap. de la Rép. des Maris, au nord-ouest de Kazan ; 242 000 hab.

Ionesco *(Eugène),* auteur dramatique français d'origine roumaine (Slatina 1912 - Paris 1994). De père roumain et de mère française, il s'établit définitivement à Paris en 1938. Révélant l'imposture du langage, il a dénoncé l'absurdité de l'existence et des rapports sociaux (*la Cantatrice chauve,* 1950 [→ **Cantatrice**] ; *la Leçon,* 1951 ; *les Chaises,* 1952) dans un univers parodique et symbolique hanté par la mort (*Rhinocéros,* 1959 ; *Le roi se meurt,* 1962 ; *le Piéton de l'air,* 1963 ; *la Soif et la Faim,* 1965 ; *l'Homme aux valises,* 1975) avant de s'en prendre aux paranoïaques de la politique (*Jeux de massacre,* 1970 ; *Macbett,* 1972). Il est aussi l'auteur d'un *Journal en miettes* (1967-68) et d'écrits sur le théâtre (*Notes et Contre-notes,* 1962). [Acad. fr. 1970.]

Ionie, partie centrale de la région côtière de l'Asie Mineure, peuplée de Grecs venus d'Europe à la suite des invasions doriennes (XIIᵉ-IXᵉ s. av. J.-C.). Les principales villes en étaient Éphèse, Milet, Phocée.

Ionienne *(mer),* partie de la Méditerranée entre l'Italie du Sud et la Grèce. Elle communique avec la mer Tyrrhénienne par le détroit de Messine et avec l'Adriatique par le canal d'Otrante.

Ioniennes *(îles),* archipel grec de la mer Ionienne englobant notamment Corfou, Leucade, Ithaque, Céphalonie et Zákynthos ; 191 003 hab. **HIST.** Conquises successivement à partir du XIᵉ siècle par les Normands de Sicile, par les rois de Naples et par Venise, elles furent occupées par la France (1797-1799) puis par la Grande-Bretagne (1809). Passées sous protectorat britannique (1815), elles furent rendues à la Grèce en 1864.

Iosseliani *(Otar),* cinéaste géorgien (Tbilissi 1934). Peintre subtil des mœurs et des mentalités de sa Géorgie natale, il a réalisé des œuvres documentaires et de fiction : *la Chute des feuilles* (1967), *Il était une fois un merle chanteur* (1970), *les Favoris de la lune* (1984), *Et la lumière fut* (1989), *la Chasse aux papillons* (1992).

Ioujno-Sakhalinsk, v. de Russie, dans l'île de Sakhaline ; 157 000 hab.

Iowa, État du centre des États-Unis ; 146 000 km² ; 2 776 755 hab. Cap. *Des Moines.* Les activités agricoles y dominent : agriculture (maïs, soja) et élevage bovin et porcin.

Iphigénie, fille d'Agamemnon et de Clytemnestre. Son père, qui, lors de l'embarquement pour Troie, avait encouru la colère d'Artémis, devait la sacrifier à la déesse. Selon la version la plus simple, celle-ci substitua à la victime une biche et transporta Iphigénie en Tauride, où elle fit d'elle sa prêtresse. Cette légende a fourni à Euripide le thème de deux tragédies : *Iphigénie à Aulis, Iphigénie en Tauride ;* c'est de la première que s'est inspiré Racine dans son *Iphigénie en Aulide* (1674). Gluck a écrit la musique d'une *Iphigénie en Aulide* (1774), tragédie lyrique sur des paroles de Du Roullet, et d'une *Iphigénie en Tauride* (1779), sur des paroles de Guillard. Goethe a donné une tragédie classique intitulée *Iphigénie en Tauride* (1779-1787).

Ipoh, v. de Malaisie, cap. de l'État de Perak ; 301 000 hab. À proximité, gisements d'étain.

Ipousteguy *(Jean Robert),* sculpteur et dessinateur français (Dun-sur-Meuse 1920). Il est le maître d'un expressionnisme angoissé, figuratif par des voies personnelles (*Alexandre devant Ecbatane,* bronze, 1965 ; *la Mort du père,* marbre et acier, 1968 ; *Val de Grâce,* 1977).

Ipsos, société française d'études et de conseil fondée en 1975, spécialisée dans les sondages d'opinion.

Ipsos *(bataille d')* [301 av. J.-C.], grande bataille où fut vaincu Antigonos Monophthalmos par les autres généraux successeurs d'Alexandre, dans le bourg d'Ipsos (Phrygie).

Ipswich, port de Grande-Bretagne, ch.-l. du Suffolk ; 115 500 hab. — Églises médiévales et autres souvenirs du passé. Musées.

Iqbal *(sir Mohammad)*, poète et philosophe musulman de l'Inde (Sialkot v. 1876 - Lahore 1938). Son œuvre, écrite en ourdou, en persan et en anglais, a exercé une profonde influence sur les créateurs de l'État pakistanais.

Iquitos, v. du Pérou, sur le Marañón ; 253 000 hab. Principal centre urbain de l'Amazonie péruvienne. Tourisme. À proximité, extraction du pétrole.

IRA (Irish Republican Army, Armée républicaine irlandaise), force nationale irlandaise. Formée en 1919 pour mener la guerre d'indépendance contre les Anglais, l'IRA se réduit, après le traité anglo-irlandais de 1921, à une poignée d'irréductibles. Réactivée en 1969, et aidée par le Sinn Féin, elle mène dès lors une lutte armée pour défendre la minorité catholique de l'Irlande du Nord et obtenir la réunification de l'île. Elle dépose les armes en 1994.

Irak → Iraq.

Iráklion → Héraklion.

Iran, État de l'Asie occidentale ; 1 650 000 km² ; 62 800 000 hab. *(Iraniens)*. CAP. *Téhéran.* LANGUE : *persan.* MONNAIE : *rial.*

GÉOGRAPHIE

D'une superficie triple de celle de la France, l'Iran est un peu plus peuplé. Il est formé en majeure partie de hauts plateaux (souvent plus de 1 000 m), arides, parfois désertiques (Kavir et surtout Lut), aux hivers froids, aux étés torrides. Ces plateaux sont dominés, au N. et à l'O., par de puissants massifs (l'Elbourz, dépassant 5 600 m) et chaînes (le Zagros, étiré sur 1 800 km), plus humides et encore largement boisés. Dans le Nord et l'Ouest, l'agriculture pluviale est possible, quoique souvent aléatoire. Ailleurs domine un élevage ovin très extensif, largement lié à un nomadisme en recul. Le blé est la céréale dominante. Le thé, la canne à sucre, le coton, le tabac sont les principales cultures de plantation, mais sont destinés en priorité au marché intérieur. L'agriculture (avec l'élevage) occupe encore plus du tiers de la population active, malgré les progrès de l'urbanisation liés à un exode rural qu'accélère le rapide accroissement naturel (supérieur à 3 % par an).

Cette population, constituée pour la moitié à peine de Persans (avec des minorités importantes à la périphérie, en Azerbaïdjan, au Kurdistan, au Khuzestan, au Baloutchistan), est urbanisée aujourd'hui à plus de 50 %. Ce chiffre est sans rapport avec l'industrialisation, qui demeure faible. L'ensemble de l'économie est toujours dominé par le secteur des hydrocarbures. L'Iran demeure un notable producteur de pétrole, mais dispose surtout d'énormes réserves (13 000 Mt de pétrole et 17 000 milliards de m³ de gaz naturel). Le pétrole nourrit presque à lui seul les exportations. Ses revenus, énormes entre 1974 et 1980, avant le déclin de l'extraction, avaient favorisé une amorce d'industrialisation (chimie, métallurgie de transformation, etc.), que la révolution islamique et la guerre avec l'Iraq ont arrêtée. Les champs, raffineries, terminaux pétroliers (souvent proches de l'Iraq) ont été atteints. Le sous-emploi, qui n'est pas nouveau, touche plusieurs millions d'Iraniens, les pertes humaines de la guerre ont été énormes, les techniciens et capitaux étrangers sont partis. La reprise massive de l'extraction et des exportations de pétrole, une relative normalisation des rapports avec les pays occidentaux doivent favoriser le redressement de l'économie.

HISTOIRE

■ **L'Iran ancien.** Au IIᵉ millénaire av. J.-C., les Aryens, peuple indo-européen, s'installent sur le plateau iranien. Au IXᵉ s. av. J.-C., leurs descendants, les Mèdes et les Perses, atteignent la chaîne du Zagros.

Fin du VIIᵉ s. Les Mèdes posent les bases de la puissance iranienne.

550 av. J.-C. Cyrus le Grand, de la dynastie des Achéménides, détruit l'Empire mède et fonde l'Empire perse.

En vingt-cinq ans, Cyrus et son fils Cambyse conquièrent un immense territoire intégrant l'Asie Mineure (guerre contre Crésus, roi de Lydie, v. 546), la Mésopotamie (prise de Babylone, 539) et l'Égypte (525).

522-486. Darios Iᵉʳ étend l'Empire de la Thrace au bassin de l'Indus.

Il le divise en provinces, les satrapies, liées par un réseau de routes royales et dirigées par des satrapes (gouverneurs). La civilisation perse connaît alors son apogée avec les monuments de Suse et de Persépolis, et la réforme de sa religion, le mazdéisme, par Zarathushtra au VIᵉ s. Mais les guerres médiques, qui se prolongent sous le règne de

Xerxès Ier (486-465), mettent un frein à l'expansion perse. L'Empire est par la suite affaibli par les luttes dynastiques et la révolte des satrapes.

331. Le dernier Achéménide, Darios III, est battu près d'Arbèles par Alexandre le Grand, qui annexe ses États. Après la mort d'Alexandre (323), Séleucos, un de ses généraux, fonde la dynastie des Séleucides, qui perd rapidement le contrôle de l'Iran.

250 av. J.-C.-224 apr. J.-C. Les Parthes règnent sur l'Iran et mettent en échec les armées romaines.

226. Ardacher fonde l'État sassanide.

Redoutable adversaire de Rome puis de l'Empire byzantin, l'Empire sassanide a pour principaux souverains Chahpuhr Ier (241-272) et Khosro Ier (531-579).

■ **L'Iran après la conquête arabe.**

642. Conquête arabe.

Intégré à l'empire musulman des Omeyyades, puis, à partir de 750, des Abbassides, l'Iran est islamisé. Il passe par la suite aux mains de dynasties turques (Seldjoukides, XIe, XIIe s.) et mongoles (XIIIe-XVe s.).

1501-1736. La dynastie séfévide règne sur l'Iran et fait du chiisme duodécimain la religion d'État.

En conflit avec les Ottomans, elle est à son apogée sous Abbas Ier (1587-1629). Une brillante civilisation se développe.

1796. La dynastie turque des Qadjar monte sur le trône.

■ **L'Iran contemporain.**

Au XIXe s., le territoire de l'Iran est amputé des provinces du Caucase, annexées par l'Empire russe, ainsi que de la région de Harat (Afghanistan).

1906. L'opposition nationaliste, libérale et religieuse, obtient l'octroi d'une Constitution.

1907. Un accord anglo-russe divise l'Iran en deux zones d'influence.

La découverte d'importantes réserves de pétrole accentue la dépendance du pays à l'égard de l'étranger.

1925. Le général Reza Khan, au pouvoir depuis 1921, se proclame chah et fonde la dynastie des Pahlavi.

Les Pahlavi mettent en œuvre la modernisation et l'occidentalisation du pays. Pendant la Seconde Guerre mondiale, l'occupation d'une partie de l'Iran par les Russes et les Britanniques entraîne le développement d'un mouvement nationaliste.

1951. Mossadegh, chef du parti nationaliste et Premier ministre, nationalise les pétroles iraniens.

1953. Il est destitué par le chah.

Le chah entreprend de moderniser l'Iran (réformes agraire, administrative) tout en réprimant durement l'opposition. À la fin des années 1970, celle-ci devient de plus en plus violente sous la conduite de l'ayatollah Khomeyni, chef spirituel des chiites.

1979. Le départ du chah (janv.) est suivi par la création d'une République islamique (mars), dirigée par Khomeyni. Crise avec les États-Unis à la suite de la prise d'otages à l'ambassade américaine à Téhéran (nov.).

1980-1988. Guerre avec l'Iraq.

1989. Mort de Khomeyni. Hachemi Rafsandjani est élu à la présidence de la République.

1990. Signature d'un accord avec l'Iraq qui accepte d'en revenir à la frontière qu'il avait avant le conflit.

Iran-Iraq *(guerre),* guerre qui opposa l'Iran et l'Iraq de 1980 à 1988. L'Iraq attaqua l'Iran pour récupérer le contrôle du Chatt al-Arab et annexer le Khuzestan mais, devant la résistance iranienne, proposa un cessez-le-feu, refusé par l'Iran (1982). Les combats s'intensifièrent et le conflit s'internationalisa. Un cessez-le-feu entra en vigueur en août 1988. En 1990, l'Iraq accepta l'accord d'Alger de 1975 qui fixait la frontière avec l'Iran.

Irapuato, v. du Mexique ; 362 471 hab.

Iraq ou **Irak,** État de l'Asie occidentale ; 434 000 km^2 ; 19 200 000 hab. *(Irakiens).* CAP. *Bagdad.* LANGUE : *arabe.* MONNAIE : *dinar irakien.*

GÉOGRAPHIE

La Mésopotamie, avec la capitale, constitue le cœur du pays. Elle est bordée à l'O. par l'extrémité orientale du désert de Syrie, et au N., au-delà de la Djézireh, par la terminaison du Taurus, à laquelle succède le piémont du Zagros. L'ensemble du pays est aride et l'agriculture (mis à part un notable élevage ovin extensif) est tributaire de l'irrigation, tôt développée. Le blé et l'orge sont les principales céréales. Localement (vers Bassora) s'ajoute le palmier-dattier. Mais l'économie est depuis longtemps dominée par le pétrole. Avec près de 14 000 Mt de réserves, le pétrole demeure l'atout essentiel, dont les revenus peuvent seuls permettre la reconstruction et le développement de l'économie (ruinée par le conflit avec l'Iran et la guerre du Golfe). La croissance est indispensable pour absorber l'exode rural et plus généralement l'accroissement naturel, ainsi que le remboursement d'une lourde dette extérieure. La population augmente à un rythme annuel de l'ordre de 3 %. À dominante arabe, elle comporte une importante minorité kurde. Au problème ethnique s'ajoute la division entre sunnites et chiites.

HISTOIRE

L'Iraq actuel est constitué par l'ancienne Mésopotamie.

224-633. Les Sassanides dominent le pays, où est située leur capitale, Ctésiphon.

633-642. Conquête du pays par les Arabes. Islamisé, l'Iraq est le théâtre de la lutte entre les Omeyyades et les descendants d'Ali.

750. Les Abbassides succèdent aux Omeyyades.

L'Iraq devient le centre de leur empire, dont Bagdad, fondée en 762, est la capitale.

1055. Les Turcs Seldjoukides s'emparent de Bagdad.

1258. Destruction de Bagdad par les Mongols.

1515-1546. Les Ottomans conquièrent l'Iraq.

1920. Après l'occupation du pays par la Grande-Bretagne pendant la Première Guerre mondiale, l'Iraq est placé sous mandat britannique.

1921-1933. L'émir Faysal est roi d'Iraq. L'exploitation du pétrole est confiée à l'Iraq Petroleum Company.

1930. Le traité anglo-irakien accorde une indépendance nominale à l'Iraq.

1941. La Grande-Bretagne occupe le pays, qui entre en guerre aux côtés des Alliés.

1958. Coup d'État du général Kassem, qui proclame la république.

1961. La rébellion kurde éclate.

1963. Kassem est renversé.

1968. Un coup d'État militaire place le général Bakr à la présidence de la République.

1972. Le gouvernement nationalise l'Iraq Petroleum Company.

1979. Saddam Husayn devient président de la République.

1980-1988. Guerre avec l'Iran.

1990. L'Iraq envahit et annexe le Koweït.

1991. Une force multinationale à prépondérance américaine attaque l'Iraq et libère le Koweït.

Depuis la guerre du Golfe, l'Iraq est placé sous la surveillance étroite de l'O.N.U., qui assure la protection des Kurdes et des chiites du Sud.

1995. Après une grave crise politique interne, S. Husayn fait approuver par référendum son maintien à la tête de l'État pour un nouveau mandat de 7 ans.

Irbid, v. de la Jordanie ; 271 000 hab.

I. R. C. A. M. (Institut de recherche et de coordination acoustique-musique), organisme de recherche, de création et de diffusion musicales, créé en 1976 dans le cadre du Centre Georges-Pompidou à Paris et dirigé par Pierre Boulez, à qui L. Bayle a succédé en 1992. Par-delà une activité intense de concerts et de diffusion du répertoire contemporain, notamment par l'intermédiaire de l'Ensemble intercontemporain, qui lui est associé, l'I. R. C. A. M. a comme vocation essentielle la recherche, la composition et la formation des compositeurs, mettant à leur disposition son matériel informatique.

Irène (Athènes v. 752 - Lesbos 803), impératrice d'Orient (797-802). Régente de son fils Constantin VI, elle se débarrassa de celui-ci (797). Elle réunit le concile qui rétablit le culte des images.

Irénée *(saint),* évêque de Lyon et Père de l'Église (Smyrne v. 130 - Lyon v. 202). Grec d'origine, il fut le disciple de Polycarpe, qui passait pour avoir été celui de Jean l'Évangéliste. Il succéda comme évêque de Lyon à saint Pothin, mort martyr durant la persécution de 177. Irénée a écrit plusieurs ouvrages, dont une réfutation des doctrines gnostiques, l'*Adversus haereses (Contre les hérésies).*

Irgoun, organisation militaire clandestine juive, fondée en Palestine en 1937, active contre les Arabes palestiniens et les Britanniques jusqu'à la proclamation de l'État d'Israël (1948).

Irian, nom donné à la Nouvelle-Guinée par l'Indonésie, qui en possède la moitié occidentale *(Irian Jaya).*

Iriarte *(Tomás de),* écrivain et compositeur espagnol (Puerto de la Cruz, Tenerife, 1750 - Madrid 1791). Défenseur du classicisme auprès des milieux littéraires de Madrid, il écrivit des *Fables littéraires* (1782) et des poèmes musicaux.

Iris, messagère ailée des dieux de l'Olympe ; l'arc-en-ciel était son écharpe.

Irkoutsk, v. de Russie, en Sibérie orientale, sur l'Angara, près du lac Baïkal ; 626 000 hab. Centrale hydroélectrique. Aluminium. Chimie. — Monuments des XVIIIe et XIXe siècles. Musées.

Irlande, la plus occidentale des îles Britanniques, couvrant 84 000 km², divisée en Irlande du Nord, partie du Royaume-Uni, et en République d'Irlande, ou Éire.

Irlande, *en gaélique* Éire, État de l'Europe occidentale ; 70 000 km² ; 3 500 000 hab.

(Irlandais). CAP. *Dublin.* LANGUES : *irlandais et anglais.* MONNAIE : *livre irlandaise.*

GÉOGRAPHIE

Terre au climat humide et aux sols souvent médiocres, et sans ressources énergétiques notables, l'Irlande demeure, à l'échelle ouest-européenne, un pays pauvre. L'agriculture, même si elle n'emploie plus guère que 15 à 20 % des actifs, reste une ressource essentielle. Elle est dominée par l'élevage (surtout ovins et bovins), base de l'agroalimentaire. Celui-ci demeure la principale branche industrielle, malgré l'essor relatif des constructions mécaniques et électriques, de la chimie, stimulées par les investissements étrangers (États-Unis et Marché commun). Le tourisme ne comble pas le traditionnel déficit du commerce extérieur, effectué en majeure partie avec le reste de la C. E., Grande-Bretagne en tête. Le pays reste gravement atteint par le chômage.

HISTOIRE

■ **L'Irlande indépendante.**

1921. Après deux ans de guerre civile, l'Irlande obtient son autonomie et devient l'État libre d'Irlande, le nord-est du pays, composé des six comtés de l'Ulster à majorité protestante, restant lié à la Grande-Bretagne. Leader du Fianna Fáil, Eamon De Valera, au pouvoir de 1932 à 1948, rompt avec la Grande-Bretagne et mène contre elle une guerre économique.

1937. L'Irlande libre est dotée d'une Constitution et prend officiellement le nom gaélique de « Éire ».

1948. La république est proclamée. L'Irlande accède à l'indépendance totale et quitte le Commonwealth.

L'histoire politique de la république est dominée par l'alternance au pouvoir du Fianna Fáil (avec De Valera) et du Fine Gael.

1972-73. L'Éire entre dans le Marché commun.

1985. Accord entre la Grande-Bretagne et la République d'Irlande sur la gestion des affaires de l'Ulster.

1987. Le Fianna Fáil revient au pouvoir.

1992. Les élections législatives sont marquées par la percée du Parti travailliste.

1993. Le Fianna Fáil forme un gouvernement de coalition avec les travaillistes. Une déclaration commune des gouvernements britannique et irlandais envisage, à terme, une réunification de l'île.

1994. Le Fine Gael forme un gouvernement de Coalition avec le Parti travailliste et le Parti de la gauche démocratique.

Irlande *(mer d'),* bras de mer entre la Grande-Bretagne et l'Irlande.

Irlande du Nord, partie du Royaume-Uni située dans le nord-est de l'île d'Irlande ; 14 000 km² ; 1 583 000 hab. Cap. *Belfast.*

GÉOGRAPHIE

Très dépendante de la Grande-Bretagne, la région connaît de sérieuses difficultés économiques : à l'industrie en crise (textile, construction navale) et au fort taux de chômage — malgré un secteur tertiaire prépondérant — s'ajoute une insécurité due au conflit opposant protestants (majoritaires) et catholiques, l'opposition religieuse se combinant à une inégalité des revenus.

HISTOIRE

1921. Six comtés de l'Ulster sont maintenus au sein du Royaume-Uni avec un régime d'autonomie interne.

Les protestants doivent faire face au mécontentement et à l'agitation de la minorité catholique, sous-représentée dans les assemblées politiques.

1969. Troubles réprimés par l'armée britannique.

1972. Le gouvernement de Londres prend en main l'administration de la province.

L'IRA multiplie les attentats. Les gouvernements britannique et irlandais s'efforcent de trouver une solution politique au conflit (accord de 1985, relance du processus de paix en 1993).

1994. L'IRA puis les loyalistes protestants proclament un cessez-le-feu.

Iroise *(mer d'),* nom donné à la partie de l'Atlantique s'étendant au large de la Bretagne occidentale (Finistère).

Iroquois, Amérindiens qui peuplaient les rives des lacs Érié, Huron, du Saint-Laurent et de l'Ontario. Ils luttèrent jusqu'en 1701 aux côtés des Anglais contre les Français, alliés des Hurons. Ils étaient organisés en cinq tribus (confédération des Cinq-Nations).

Irrawaddy, princ. fl. de Birmanie, qui rejoint l'océan Indien en un delta, importante région rizicole ; 2 100 km.

Irtych, riv. de Sibérie, affl. de l'Ob (r. g.) ; 4 248 km (bassin de 1 643 000 km²).

Irún, v. d'Espagne, sur la Bidassoa, en face d'Hendaye ; 53 276 hab.

Irving *(John),* écrivain américain (Exeter, New Hampshire, 1942). Il est l'auteur de romans au comique picaresque (*le Monde selon Garp,* 1978 ; *l'Œuvre de Dieu, la part du diable,* 1985 ; *Une prière pour Owen,* 1988 ; *Un enfant de la balle,* 1994).

Irving *(Washington),* écrivain américain (New York 1783 - Sunnyside 1859). Un des créateurs de la littérature nord-américaine

(*Histoire de New York par Diedrich Knickerbocker*, 1809 ; « *Rip Van Winkle* », dans *Esquisses*, 1819-20), il fut un médiateur entre le Nouveau et l'Ancien Continent.

Isaac, patriarche biblique, fils d'Abraham et de Sara, père d'Ésaü et de Jacob. La Genèse insiste principalement sur le sacrifice par lequel son père devait l'immoler à la demande de Yahvé et sur la bénédiction qu'Isaac accorda à son fils Jacob et qui dépossédait Ésaü de son droit d'aînesse.

Isaac Jogues *(saint),* missionnaire jésuite français (Orléans 1607 - Ossernenon, auj. Auriesville, État de New York, 1646). Il fut massacré par les Iroquois.

Isaac II Ange (v. 1155-1204), empereur byzantin (1185-1195 et 1203-1204). Détrôné par son frère Alexis III en 1195, il fut rétabli en 1203 par les Vénitiens et renversé de nouveau. Il fut assassiné avec son fils Alexis IV (1204).

Isaac *(Jules),* historien français (Rennes 1877 - Aix-en-Provence 1963). Il étudia les origines chrétiennes de l'antisémitisme et dirigea un célèbre manuel d'histoire, dit « Malet-Isaac » (7 vol., 1923-1930).

Isaak *(Heinrich),* compositeur flamand (v. 1450 - Florence 1517), auteur d'œuvres polyphoniques (messes, motets, chansons).

Isabeau ou **Isabelle de Bavière,** reine de France (Munich 1371 - Paris 1435). Mariée en 1385 à Charles VI, elle dirigea le Conseil de régence après que la folie du roi se fut déclarée. Elle passa du camp des Armagnacs à celui des Bourguignons, favorable au parti anglais, et reconnut le roi d'Angleterre, son gendre, comme héritier du trône de France, au détriment de son fils Charles (traité de Troyes, 1420).

Isabelle de France, reine d'Angleterre (Paris 1292 - Hertford 1358). Fille de Philippe IV le Bel, elle épousa en 1308 Édouard II et fut régente sous Édouard III.

Isabelle Ire la Catholique (Madrigal de las Altas Torres 1451 - Medina del Campo 1504), reine de Castille (1474-1504). Fille de Jean II et d'Isabelle de Portugal, elle entre d'abord en conflit avec son frère, Henri IV, roi de Castille, qui prétend lui substituer comme héritière sa fille, Jeanne la Beltraneja. Mais Henri doit s'incliner et accepter le mariage d'Isabelle avec Ferdinand, héritier de la Couronne aragonaise (1469). Après la mort d'Henri IV, Isabelle devient reine de Castille (1474). Son mari, Ferdinand, roi d'Aragon en 1479, n'a aucune autorité officielle sur le royaume de son épouse. Mais c'est avec son aide qu'Isabelle combat Alphonse V de Portugal, qui, soutenu par Louis XI, envahit la Castille en 1475. Par ses victoires, la reine contraint le roi de Portugal à renoncer à ses prétentions sur la Castille (traité d'Alcáçovas, 1479). Isabelle s'attache alors à pacifier le pays et à soumettre la noblesse à l'autorité royale. Elle organise l'Administration centrale et les finances et favorise la création d'universités. Elle joue également un rôle prépondérant dans la réforme du clergé castillan, l'établissement de l'Inquisition (1478), l'expulsion des Juifs de Castille et dans l'achèvement de la Reconquista : en 1492, les armées d'Isabelle et de Ferdinand s'emparent du royaume de Grenade, dernier bastion de l'Espagne musulmane. La même année, la reine accorde son soutien à l'audacieuse entreprise de Christophe Colomb, qui atteint l'Amérique. En 1496, le pape Alexandre VI donne au couple royal le titre de « Rois Catholiques ».

Isabelle II (Madrid 1830 - Paris 1904), reine d'Espagne (1833-1868), fille de Ferdinand VII. Son accession au trône en 1833 fut à l'origine des guerres carlistes. Après la régence de sa mère, Marie-Christine (1833-1840), puis d'Espartero (1840-1843), elle gouverna seule. Contrainte de s'exiler (1868), elle abdiqua en faveur de son fils, Alphonse XII (1870).

Isaïe ou **Ésaïe,** prophète de la Bible, qui exerça son ministère dans le royaume de Juda entre 740 et 687. Messager de la sainteté de Yahvé et de l'espérance messianique, il jouit d'une large audience auprès des rois Achaz (736-716) et Ezéchias (716-687), qu'il ne cesse de mettre en garde contre le danger assyrien. Le *livre d'Isaïe* est un écrit biblique composite, dont la première partie seulement (chap. I à XXXIX) contient les oracles d'Isaïe lui-même. Cette partie témoigne de l'influence de celui-ci sur une véritable « école » dont les prophéties ultérieures mériteront d'être ajoutées aux siennes sous son propre nom. Ces ajouts sont appelés par les exégètes *Deutéro-Isaïe* (chap. XXX à LV), datant de la fin de l'Exil, et *Trito-Isaïe* (chap. LVI à LXVI), écrit après le retour en Palestine.

Isauriens, dynastie byzantine qui régna à Constantinople de 717 à 802.

Ischia, île volcanique d'Italie, à l'entrée du golfe de Naples ; 16 433 hab. Tourisme.

Ise *(baie d'),* baie des côtes de Honshu (Japon), sur laquelle se trouve Nagoya et près de laquelle est située la ville d'Ise

(106 000 hab.). — Sanctuaires shintoïstes, parmi les plus anciens, dont la reconstruction rituelle tous les vingt ans perpétue l'architecture prébouddhique.

Iseran, col des Alpes (2 762 m), qui fait communiquer les hautes vallées de l'Arc (Maurienne) et de l'Isère (Tarentaise).

Isère, riv. des Alpes du Nord ; 290 km. Née au pied de l'Iseran, près de la frontière italienne, l'Isère draine la Tarentaise et la majeure partie du Sillon alpin (combe de Savoie et Grésivaudan), passe à Grenoble et à Romans avant de rejoindre le Rhône (r. g.). Aménagements hydroélectriques.

Isère [38], dép. de la Région Rhône-Alpes ; ch.-l. de dép. *Grenoble ;* ch.-l. d'arr. *La Tour-du-Pin, Vienne ;* 3 arr., 58 cant., 533 comm. ; 7 431 km² ; 1 016 228 hab. Il appartient à l'académie et à la cour d'appel de Grenoble, à la région militaire Méditerranée.

Iseut, héroïne d'une légende médiévale qui se rattache au cycle breton. (→ **Tristan et Iseut.**)

Ishtar, déesse assyro-babylonienne, à laquelle s'apparente l'Ashtart, ou Astarté, cananéenne dont parle la Bible. À l'époque hellénistique, on la confond aussi, comme cette dernière, avec l'Aphrodite grecque. Elle est considérée comme la fille de Sin, le dieu-lune, et la sœur jumelle de Shamash, le soleil. D'abord vénérée comme vierge, elle deviendra déesse mère et symbole de la féminité. Ourouk, sa ville, est devenue la cité des prostituées, car Ishtar est appelée « dame de l'amour et reine du plaisir ».

Isidore de Séville *(saint),* évêque de Séville et dernier Père de l'Église d'Occident (Carthagène v. 560 - Séville 636). Par sa charge épiscopale à Séville (de 601 à sa mort), il eut un rôle prépondérant dans une Espagne wisigothique en pleine mutation. Son œuvre de compilateur a été une des sources les plus exploitées au Moyen Âge et son traité principal, les *Étymologies,* ou *Origines,* est une encyclopédie du savoir profane et religieux de son temps.

Isis, déesse égyptienne. Sœur et épouse d'Osiris, mère d'Horus, elle est le modèle de l'amour conjugal et du dévouement maternel. Le culte d'Isis, fort important en Égypte, se répandit très vite dans le reste du bassin méditerranéen, jusqu'en Gaule, sur le Rhin et le Danube. Isis devint même, à l'époque hellénistique et romaine, la figure de la déesse universelle ; on célébrait en son honneur, des fêtes publiques, des cérémonies secrètes et des mystères initiatiques.

Iskăr, riv. de Bulgarie, qui passe à Sofia, affl. du Danube (r. dr.) ; 370 km.

Iskenderun, *anc.* Alexandrette, port du sud-est de la Turquie ; 154 807 hab.

Islamabad, cap. du Pakistan, près de Rawalpindi ; 201 000 hab.

Islande, île et République de l'Atlantique nord, au sud-est du Groenland ; 103 000 km² ; 253 000 hab. *(Islandais).* CAP. *Reykjavík.* LANGUE : *islandais.* MONNAIE : *couronne islandaise.*

GÉOGRAPHIE

L'île est soumise de façon continue aux phénomènes volcaniques qui l'ont constituée : éruptions, sources chaudes, geysers, etc. Sous l'influence des vents océaniques et de l'air polaire, le climat est venteux, humide et froid (5 °C en moyenne à Reykjavík). Les glaciers occupent plus de 10 % du territoire. La population, peu nombreuse, vit sur le littoral, surtout dans la capitale. Les cultures occupent une partie infime de la superficie totale (pommes de terre, fruits et légumes sous serres chauffées). L'élevage bovin laitier dans le Sud est moins important que l'élevage ovin. Les ressources énergétiques sont représentées par un fort potentiel hydroélectrique et par la géothermie. Le secteur industriel fournit aluminium (exporté), ferroalliages, engrais et, surtout, produits de la pêche (capellan, morue, hareng), base des exportations.

HISTOIRE

Abordée par les moines irlandais (VIIIe s.), puis par les Vikings (IXe s.), l'Islande se peuple peu à peu grâce à l'émigration scandinave. Aux XIe et XIIe s., le christianisme s'impose progressivement.

1262. L'Islande passe sous la tutelle du roi de Norvège.

Devenue possession du Danemark (qui avait conquis la Norvège) en 1380, l'Islande connaît la réforme luthérienne (1550).

Sa population est décimée au XVIIIe s. par les épidémies, les éruptions volcaniques et la famine.

1903. L'Islande obtient son autonomie.

1918. Elle est reconnue comme État indépendant tout en conservant le même roi que le Danemark.

1944. Elle se sépare du Danemark et devient une république.

1949. Adhésion à l'O. T. A. N.

1958-1961. Un conflit au sujet de la pêche l'oppose à la Grande-Bretagne.

1980. Élection de Mme Vigdís Finnbogadóttir à la présidence de la République. (Elle est réélue en 1981, 1988 et 1992.)

Isle, affl. de la Dordogne (r. dr.), qui passe à Périgueux ; 235 km.

Isle-d'Abeau (L'), comm. de l'Isère ; 5 567 hab. Cette commune a donné son nom à une ville nouvelle entre Lyon, Grenoble et Chambéry.

Isly (*bataille de l'*) [14 août 1844], victoire de Bugeaud sur les Marocains gagnés à la cause d'Abd el-Kader près de l'oued Isly, à l'ouest d'Oujda (Maroc).

Ismaël, personnage biblique, fils d'Abraham et de sa servante égyptienne Agar. À la demande de sa femme Sara, Abraham dut se séparer d'Agar et d'Ismaël. Une tradition consignée dans le livre de la Genèse fait de celui-ci l'ancêtre éponyme des Arabes du désert (ismaélites).

Ismaïl Ier (Ardabil 1487 - *id.* 1524), chah d'Iran (1501-1524). Fondateur de la dynastie des Séfévides, il imposa le chiisme duodécimain comme religion d'État.

Ismaïlia, v. d'Égypte, sur le lac Timsah et le canal de Suez ; 236 000 hab.

Ismaïl Pacha (Le Caire 1830 - Istanbul 1895), vice-roi (1863-1867), puis khédive d'Égypte (1867-1879). Il inaugura le canal de Suez (1869). Il accrut la dette égyptienne, ce qui l'obligea à accepter la mainmise franco-anglaise sur l'Égypte (1878).

ISO (International Organization for Standardization), organisme international chargé d'élaborer les normes au niveau mondial. Son siège est à Genève.

Isocrate, orateur grec (Athènes 436 - *id.* 338 av. J.-C.). Il prêcha l'union des Grecs et des Macédoniens contre la Perse.

Isorni (*Jacques*), avocat français (Paris 1911 - *id.* 1995). Il fut l'un des défenseurs du maréchal Pétain.

Ispahan, v. d'Iran, au sud de Téhéran, anc. cap. du pays ; 987 000 hab. **ARTS.** La ville a été capitale de l'Iran sous les Seldjoukides (XIe-XIIIe s.) et sous les Séfévides (1598-1722). La Grande Mosquée du vendredi est la plus haute expression du génie de l'Iran. Ses plus belles parties datent des Seldjoukides (les deux coupoles) et des Mongols (le mihrab d'Oldjaytu). Presque tous les autres grands monuments furent édifiés sous Abbas Ier et ses successeurs : la place du Roi (Meydan-e Chah), aujourd'hui place de l'Imam, la mosquée du Cheykh Lotfollah, le Bazar et le palais d'Ali Qapu, tous du XVIIe siècle.

Israël, nom que la Bible donne (en quelques rares passages) à Jacob, fils d'Isaac, aux descendants de Jacob, aux Israélites en tant que peuple (on parle du pays, du roi, du dieu d'Israël) et, en un sens plus restreint, aux Israélites fidèles (« le véritable Israël »). Ce nom en est venu à désigner l'un des deux royaumes issus de la séparation des douze tribus à la mort de Salomon, le royaume du Nord (931-721 av. J.-C.), tandis que celui des tribus du Sud s'appela royaume de Juda.

Israël, État du Proche-Orient ; 21 000 km² ; 4 900 000 hab. (*Israéliens*). CAP. *Jérusalem* (selon la Knesset). LANGUES : *hébreu, arabe.* MONNAIE : *shekel.*

GÉOGRAPHIE

Délimité par l'armistice de 1949, Israël s'est agrandi, de fait, par l'occupation, depuis 1967, de la zone de Gaza, de la Cisjordanie, l'annexion de la partie orientale de Jérusalem et du Golan (plus de 7 000 km² au total). De la Méditerranée au fossé du Jourdain et à la mer Morte se succèdent, en retrait d'un littoral rectiligne, une plaine côtière, puis une plus vaste région de collines (« monts » de Galilée et de Judée). Le climat, méditerranéen au N. (de 400 à 800 mm de pluies), devient plus sec vers le S., semi-désertique même dans le Néguev, qui couvre plus de la moitié de la superficie. La densité moyenne apparaît exceptionnellement élevée (plus de 230 hab. au km²). Elle tient à une forte urbanisation (avec les deux pôles de Jérusalem et surtout de Tel-Aviv-Jaffa), qui concerne env. 90 % de la population. À une majorité juive se juxtapose une minorité arabe déjà notable (15 % du total), plus prolifique.

L'agriculture emploie 5 % des actifs. Elle est caractérisée par une haute productivité, en partie liée à l'irrigation, qui permet la culture des agrumes, de la vigne, du coton ainsi qu'un élevage intensif. L'industrie, malgré la pauvreté du sous-sol, est active et orientée vers des branches élaborées : électronique, matériel de précision et armement, chimie et taille des diamants. Le déficit de la balance commerciale (grevée notamment par les importations de matières premières) n'est pas comblé par les apports des services et du tourisme. Les dépenses militaires pèsent lourdement, expliquant partiellement une inflation élevée et un endettement important. Le sous-emploi est notable, aggravé récemment par l'immigration massive de Juifs d'origine soviétique. Le pays, placé dans un environnement physique et humain difficile, dépend largement de l'aide financière extérieure, publique et privée, essentiellement américaine.

HISTOIRE

L'État d'Israël a pour origine les efforts entrepris à la fin du XIXᵉ s. pour soustraire les Juifs des divers pays européens aux attaques de l'antisémitisme. Fondateur du mouvement sioniste, Theodor Herzl propose en 1897 la création d'un État juif en Palestine.

1917. La déclaration Balfour préconise la création d'un « foyer national juif » dans cette région.

À la suite des persécutions du régime hitlérien, de nombreux Juifs émigrent en Palestine, placée sous mandat britannique. Devant l'opposition des Arabes, les Britanniques ont recours à l'O. N. U. qui, en nov. 1947, décide le partage de la région entre un État arabe et un État juif.

14 mai 1948. À la veille de l'expiration du mandat britannique en Palestine, les Juifs proclament l'indépendance d'Israël.

Israël résiste à l'offensive des pays arabes voisins. Il est dirigé jusqu'en 1977 par les gouvernements d'inspiration travailliste, qui instaurent le système des kibboutz.

1948-1963. Ben Gourion, Premier ministre (sauf de 1953 à 1955), organise le nouvel État.

1956. À la suite de la fermeture du canal de Suez aux navires israéliens, Israël occupe le territoire égyptien jusqu'au canal. Une décision de l'O. N. U. met fin à cette occupation.

1967. Guerre des Six-Jours. Israël occupe de nouveau Gaza, le Sinaï et la rive orientale du canal de Suez ainsi que la partie de la Jordanie située à l'ouest du Jourdain (Cisjordanie) et le Golan (au sud-ouest de la Syrie).

1969-1974. Golda Meir dirige le gouvernement.

1973. Guerre du Kippour, opposant de nouveau Israël aux pays arabes.

Des accords aboutissent à la réouverture du canal de Suez en 1975.

1977. Après la victoire d'une coalition de partis de droite et du centre (le Likoud), Menahem Begin devient Premier ministre. Il reçoit la visite à Jérusalem du président égyptien Sadate.

1979. Traité de paix israélo-égyptien, qui prévoit la restitution du Sinaï (effective en 1982) ainsi que l'autonomie de Gaza et de la Cisjordanie.

1981. Annexion du Golan.

1982. Pour démanteler les forces palestiniennes, l'armée envahit le Liban jusqu'à Beyrouth puis se replie dans le sud du pays.

1983. Yitzhak Shamir succède à Menahem Begin.

De 1984 à 1990, des gouvernements d'union nationale se succèdent, dirigés, en alternance par le travailliste Shimon Peres et le leader du Likoud, Y. Shamir.

1985. L'armée israélienne se retire du Liban (à l'exception d'une zone de sécurité au sud).

1987. Début du soulèvement populaire palestinien (Intifada) dans les territoires occupés (Gaza, Cisjordanie).

1990. Y. Shamir forme un gouvernement de coalition avec les partis religieux et l'extrême droite.

1991. Une conférence internationale réunit pour la première fois, à Madrid, les représentants d'Israël, des pays arabes limitrophes et des Palestiniens.

1992. Le travailliste Y. Rabin forme un nouveau gouvernement.

1993. Israël et l'O. L. P. signent, à Washington, un accord entérinant leur reconnaissance mutuelle et prévoyant un régime d'autonomie des territoires occupés, appliqué d'abord à Gaza et à Jéricho.

1994. Israël et la Jordanie signent un traité de paix. Des pourparlers s'engagent avec la Syrie.

1995. L'autonomie est étendue aux grandes villes arabes de Cisjordanie. Y. Rabin, est assassiné par un extrémiste israélien. S. Peres lui succède au poste de Premier ministre.

Israël *(royaume d')* [931-721 av. J.-C.], royaume regroupant les tribus du nord de la Palestine après la scission du royaume hébreu, à la mort de Salomon. Cap. *Samarie*. Miné par son instabilité politique et ses rivalités fratricides avec le royaume de Juda, il succomba sous les coups des Assyriens, qui déportèrent sa population.

La monarchie d'Israël eut pour caractéristique son instabilité politique. En deux siècles à peine, on y compta une vingtaine de rois. Les plus importants furent Jéroboam (931-910), le premier d'entre eux, qui se donna pour capitale Sichem ; Omri (885-874), qui fonda Samarie et y installa sa résidence ; Achab (874-853) ; Jéhu (841-814) ; Jéroboam II (783-743), qui fut le dernier grand monarque d'Israël. Ayant manqué de réalisme en politique étrangère, le royaume tomba sous les coups des Assyriens avec la prise de Samarie par Sargon II, en 721. L'élite de la population fut alors déportée, tandis que des colons mésopotamiens s'installaient dans le pays. (→ **Hébreux.**)

Israël *(tribus d'),* ensemble des unités formant la division administrative du peuple hébreu. Elles avaient pour ancêtres, selon la tradition, les douze fils de Jacob (appelé aussi Israël) : Ruben, Siméon, Lévi, Juda, Issachar, Zabulon, Dan, Nephtali, Gad, Aser, Joseph et Benjamin. Lors de l'installation en Canaan, les tribus occupèrent chacune un territoire déterminé, sauf celle de Lévi, vouée spécialement au service de Yahvé. Mais, celle de Joseph, plus nombreuse, s'étant scindée en deux sous le patronage d'Éphraïm et de Manassé, fils de Joseph, la Palestine resta divisée en douze entités territoriales.

israélo-arabes *(guerres)* [1948-1973]. La création en 1948 de l'État d'Israël, conformément au plan de partage de la Palestine adopté par l'O. N. U. en 1947, n'est pas acceptée par les États arabes. Il en résulte une tension permanente qui aboutira à plusieurs conflits armés. Le premier (mai 1948-janv. 1949) s'achève par la défaite des États arabes. Des conventions d'armistice sont signées qui font des lignes de cessez-le-feu les nouvelles frontières d'Israël. La deuxième guerre (oct.-nov. 1956) oppose Israël à l'Égypte dans le Sinaï, parallèlement à l'expédition franco-britannique sur le canal de Suez. L'O. N. U. rétablit la ligne d'armistice de 1949. La troisième (juin 1967), appelée *Guerre des Six-Jours,* se solde par une sévère défaite arabe et l'occupation par Israël de la Cisjordanie, de Gaza, du Golan et du Sinaï. La quatrième guerre (oct. 1973), appelée *guerre du Kippour,* tourne, après les succès initiaux de l'Égypte et de la Syrie, à la faveur d'Israël. À l'issue de cette guerre, le statu quo est maintenu. Mais une dynamique de paix s'engage qui aboutit au traité de Washington (1979) entre Israël et l'Égypte, à qui est restitué le Sinaï en 1982, et à l'accord de Washington (1993) entre Israël et l'O. L. P.

Issa → Somalis.

Issoire, ch.-l. d' arr. du Puy-de-Dôme, dans la Limagne d'Issoire ; 15 026 hab. *(Issoiriens).* Métallurgie. — Église (XIIᵉ s.) caractéristique de l'art roman auvergnat.

Issos ou *(bataille d')* [333 av. J.-C.], bataille où Darios III fut vaincu par Alexandre le Grand en Cilicie (sud de la Turquie).

Issoudun, ch.-l. d' arr. de l'Indre ; 14 432 hab. *(Issoldunois).* Travail du cuir. Constructions électriques. Confection. — Musée dans l'ancien hospice (XIIIᵉ-XVIᵉ s.).

Issyk-Koul, lac du Kirghizistan ; 6 236 km².

Issy-les-Moulineaux, ch.-l. de c. des Hauts-de-Seine, au sud-ouest de Paris ; 46 734 hab.

(Isséens). Constructions électriques. L'héliport dit « d'Issy-les-Moulineaux » est sur le territoire de la Ville de Paris.

Istanbul, *anc.* Byzance puis Constantinople, principale ville de Turquie, sur le Bosphore et la mer de Marmara ; 6 620 241 hab. **GÉOGR.** Sur la route maritime reliant la Méditerranée à la mer Noire, contrôlant le passage terrestre entre l'Europe et l'Asie, la ville s'est développée de part et d'autre de la ria de la Corne d'Or avant de s'étendre sur la rive asiatique. Centre commercial, universitaire et touristique, Istanbul regroupe le tiers environ de l'industrie turque (constructions électriques, métallurgie, chimie, alimentation, cuir). **HIST.** Succédant à Constantinople, Istanbul devint à la fois turque et musulmane en 1453. Les Ottomans en font la capitale de leur empire. Ils affirment le triomphe de l'islam (transformation de la basilique Ste-Sophie en mosquée) et organisent la vie de leurs vassaux grecs, notamment en nommant un patriarche orthodoxe. Également résidence du patriarche arménien et du grand rabbin, la ville devient une cité cosmopolite, où coopèrent musulmans, chrétiens et juifs. Occupée par les Alliés de 1918 à 1923, Istanbul cède son rôle de capitale à Ankara en 1923. **ART ISLAM.** Des dizaines de mosquées dont la mosquée, Şehzade (1544-1548) et la mosquée Süleymaniye (1550-1557) construites par Sinan, ou encore la célèbre mosquée Bleue (Sultan Ahmet, 1609-1616), des madrasa (Rüstem Paşa, XVIᵉ s.), des bibliothèques, des hôpitaux, des caravansérails (Valide hani, XVIIᵉ s.), des mausolées, des bains (Haseki hamami, 1553), des fontaines (Ahmed III, 1728), des forts (Rumelihisar, 1453) et des palais (Çinili köşk, XVᵉ s.), tous disposés en fonction du paysage, font d'Istanbul l'exemple du classicisme ottoman. Devenu un musée, le palais de Topkapı, auquel on travailla du XVᵉ au XIXᵉ siècle, donne une parfaite illustration de l'évolution artistique. Le grand musée des Arts turcs et musulmans est dans une annexe de la mosquée Süleymaniye.

Isthmiques *(jeux),* jeux de la Grèce ancienne, qui se célébraient à Corinthe tous les deux ans en l'honneur de Poséidon.

Istiqlal, parti nationaliste marocain fondé en 1944 ; il milita pour l'indépendance du Maroc, entra dans l'opposition en 1963, soutint le roi en 1976 dans l'affaire du Sahara occidental et se rallia au régime dans les années 1980.

Istrati *(Panait),* écrivain roumain d'expression française (Brăila 1884 - Bucarest 1935).

L'œuvre de ce « Gorki des Balkans » évoque son existence errante (*la Vie d'Adrien Zograffi*, 1924-1933).

Istres, ch.-l. d'arr. des Bouches-du-Rhône, sur l'étang de Berre ; 36 516 hab. *(Istréens).* Base aérienne militaire. Industrie aéronautique.

Istrie, région de Yougoslavie, en face de Venise, baignée par l'Adriatique. HIST. Vénitienne du XIIe siècle à 1797 (traité de Campoformio), autrichienne de 1797 à 1805 puis de nouveau à partir de 1815, elle fut revendiquée comme « province irrédente » par l'Italie, qui l'annexa en 1920. En 1947, l'Istrie devint yougoslave, Trieste gardant un statut particulier.

Itaipú, barrage construit sur le Paraná par le Brésil et le Paraguay.

Italie, *en ital.* Italia, État d'Europe ; 301 000 km^2 ; 57 700 000 hab. *(Italiens).* CAP. *Rome.* LANGUE : *italien.* MONNAIE : *lire.*

GÉOGRAPHIE

■ **Les conditions naturelles.** Étirée sur plus de 10° de latitude, l'Italie présente des paysages variés, avec prédominance des collines (42 % du territoire), devant la montagne (35 %) et la plaine (23 %). Trois ensembles naturels se dégagent. Au N., l'Italie possède le versant méridional de l'arc alpin, élevé mais coupé de nombreuses vallées. Il domine la plaine du Pô (50 000 km^2), qui s'évase vers l'Adriatique. Au S., enfin, de la Ligurie à la Calabre, l'Apennin forme l'ossature du pays ; en Italie centrale, il est bordé de collines, de plateaux et de plaines alluviales. Le climat méditerranéen ne se manifeste véritablement que sur l'Italie centrale et méridionale (îles incluses), les Alpes ayant un climat plus rude et la plaine du Pô un climat à tendance continentale.

■ **La population.** La population a subi des mutations importantes dans le dernier demi-siècle. Son dynamisme démographique s'est ralenti, avec un comportement proche des autres pays industrialisés : très faible natalité, vieillissement de la population. D'autre part, l'émigration s'est pratiquement arrêtée et, au contraire, un certain mouvement d'immigration s'est opéré (Égyptiens, Éthiopiens) ; mais les déplacements les plus significatifs ont eu lieu à l'intérieur même du pays, du sud vers le nord et des campagnes vers les villes (Rome, la Toscane et l'ensemble Milan-Turin-Gênes). Aujourd'hui, plus de la moitié de la population est urbanisée. En même temps, la structure de la population active

se modifiait, passant de l'agriculture à l'industrie, puis vers les services.

■ **L'économie.** L'industrialisation a été jusqu'à la fin des années 60 le moteur d'une croissance économique spectaculaire. Cependant, malgré les efforts de développement concerté pour le Mezzogiorno, le déséquilibre a persisté entre le Nord, industrialisé, et le Sud, où quelques zones industrielles restent isolées au milieu de régions pauvres et dépeuplées. Le sous-sol est rare en ressources : un peu de pétrole, davantage de gaz naturel. Les autres gisements miniers sont dispersés et peu abondants. L'énergie hydroélectrique (surtout dans les Alpes) fournit environ 15 % de l'électricité.

L'industrie (qui occupe un tiers des actifs) se partage entre un secteur d'État puissant (notamm. dans la sidérurgie, l'électricité, la chimie et concentrant le quart des salariés de l'industrie), de grandes entreprises (Fiat, Olivetti, Pirelli) et une myriade de petites et moyennes entreprises, souvent dynamiques. S'y ajoutent des ateliers clandestins, très importants dans certains secteurs (confection, cuir), entraînant une sous-estimation du P. I. B. officiel. Toutes les branches industrielles sont représentées, mais les plus importantes sont la mécanique, la chimie, le textile, l'agroalimentaire. La sidérurgie reste puissante. Les établissements se situent en majorité dans le nord du pays, de Milan, Turin et Gênes à Trieste et Ravenne. L'agriculture n'occupe plus que 10 % des actifs (le tiers dans l'industrie) pour fournir à peine 6 % du P. I. B. La taille moyenne des exploitations reste modeste. Cependant, la modernisation (mécanisation, engrais) a permis d'augmenter les rendements. Le blé arrive en tête, suivi du maïs, de la betterave à sucre. La production de légumes et surtout de fruits (agrumes, principalement) s'est développée. La production de vin vient au deuxième rang mondial (non loin derrière la France). L'élevage est moins important et la pêche, peu active. Globalement, l'agriculture reste déficitaire.

Le secteur tertiaire occupe plus de la moitié des actifs, dont une part notable dans les activités liées à un tourisme varié, climatique et culturel, qui enregistre plus de 50 millions de visiteurs par an. Les commerces de détail sont nombreux et l'artisanat spécialisé encore vivace (Florence). Le réseau routier (7 000 km d'autoroutes), qui a exigé la construction de nombreux ouvrages d'art, est globalement meilleur que le réseau ferroviaire. Près de la moitié des échanges (importants, puisque 20 % de la production sont exportés) se font avec les partenaires de la C. E. Bien que les produits industriels (mécanique, automobile, confection) représentent en valeur la majeure partie des exportations, ils ne sont pas toujours concurrentiels sur le marché international et la balance commerciale reste déficitaire. On observe de fortes importations de matières premières industrielles et de compléments alimentaires. Grâce au tourisme notamment, la balance des paiements est moins déséquilibrée. Cependant, le pays s'est lourdement endetté, le chômage reste important de même que l'inflation.

HISTOIRE

■ **La préhistoire et l'Antiquité.** Primitivement peuplée de Ligures (dans la péninsule) et de Sicanes puis de Sicules (en Sicile), l'Italie vit s'installer au IIᵉ millénaire dans la plaine du Pô la civilisation dite « des terramares », qui apporta le bronze, puis celle des Villanoviens, qui diffusèrent l'emploi du fer.

À partir du VIIIᵉ s. av. J.-C., les Grecs fondent des colonies en Sicile et en Italie du Sud (Grande-Grèce). À la même époque, les Étrusques s'installent en Toscane. Leur empire, qui atteint son apogée aux VIᵉ- Vᵉ s. av. J.-C. s'étend à la Campanie. Au IVᵉ s. av. J.-C., les Celtes occupent la plaine du Pô. (C'est l'origine de la Gaule Cisalpine.) Puis Rome conquiert progressivement toute la péninsule et, du IVᵉ au IIᵉ s. av. J.-C., chasse les Carthaginois de Sardaigne et de Sicile.

42 av. J.-C. Avec l'incorporation de la Gaule Cisalpine, la conquête romaine est achevée. L'histoire de l'Italie antique se confond désormais avec celle de Rome (→ Rome).

■ **Les invasions barbares et la période carolingienne.** Au Vᵉ s., les Barbares (Wisigoths, Huns, Vandales) ravagent l'Italie (sac de Rome par Alaric en 410).

476. Odoacre dépose le dernier empereur d'Occident, Romulus Augustule.

493-526. Le roi ostrogoth Théodoric règne sur l'Italie entière. Mais son royaume se disloque après sa mort.

535-555. La péninsule est en grande partie reconquise par les armées de Justinien Iᵉʳ, empereur d'Orient.

568. Les Lombards s'installent en Italie du Nord. Ils fondent au sud les duchés de Spolète et de Bénévent, et refoulent les Byzantins. L'Italie possède alors trois capitales : Rome, où siège le pape ; Ravenne, sous influence byzantine ; Pavie, résidence du roi lombard. Au VIIIᵉ s., la papauté s'allie aux Carolingiens pour lutter contre les Lombards. C'est avec leur appui que sont constitués les États de l'Église.

774. Charlemagne se proclame roi des Lombards.

800. Charlemagne est sacré à Rome empereur d'Occident. L'Italie passe alors sous l'influence carolingienne.

Au IXᵉ s., les invasions normandes et sarrasines bouleversent l'Italie du Sud. Cette période est caractérisée par un profond morcellement politique lié au développement de la féodalité.

■ **L'Italie impériale.**

962. Le roi de Germanie Otton Iᵉʳ est couronné empereur à Rome.

L'Italie est dès lors intégrée au Saint Empire romain germanique. Les empereurs cherchent à y renforcer leur autorité ainsi qu'à contrôler la papauté, avec laquelle ils entrent à plusieurs reprises en conflit.

1075-1122. Querelle des Investitures opposant notamm. le pape Grégoire VII à l'empereur Henri IV.

Alors que les Normands créent au XIᵉ s. un royaume en Italie du Sud, une nouvelle force se constitue à partir du XIIᵉ s. ; celle des cités, érigées en communes et enrichies principalement par le commerce (Pise, Gênes, Florence, Milan, Venise).

1154-1250. La lutte du Sacerdoce et de l'Empire oppose les guelfes (partisans du pape) aux gibelins (qui soutiennent l'Empereur). Elle se termine par le triomphe de la papauté.

1268. Charles d'Anjou devient roi de Sicile, éliminant de cette île les Hohenstaufen.

■ **Républiques et seigneuries.** L'Italie se trouve alors partagée entre des États régionaux, tandis que la papauté voit son rôle s'effacer.

1309-1376. Les papes sont installés en Avignon.

1378-1417. Le Grand Schisme divise la chrétienté. En Italie du Nord, le pouvoir passe aux mains de grandes familles (Visconti puis Sforza à Milan, Médicis à Florence), Gênes et Venise restant des républiques aristocratiques. Ces villes sont les principaux foyers de la Renaissance italienne.

1442. Longtemps déchiré par des luttes entre Angevins et Aragonais, le royaume de Naples tombe entièrement sous le contrôle de la famille d'Aragon. Au XVᵉ s., une nouvelle puissance se forme au nord-ouest de l'Italie, le duché de Savoie.

■ **La domination étrangère.** Au XVIᵉ s., l'Italie reste au centre du grand mouvement artistique et culturel de la Renaissance, inspiré de l'Antiquité gréco-latine. Mais, pendant cette période, affaiblie par son morcellement politique, elle subit les interventions continuelles de l'étranger.

1559. Le traité du Cateau-Cambrésis met fin aux guerres d'Italie au cours desquelles s'opposent depuis 1494 la France et l'Espagne. Il confirme la prépondérance des Espagnols en Italie, qui va durer deux siècles (XVIIe-XVIIIe s.). La domination étrangère et le déplacement des voies maritimes vers l'Atlantique provoquent la décadence économique du pays. Les vieilles cités perdent progressivement de leur influence au profit du royaume de Piémont-Sardaigne (maison de Savoie).

1713. L'empereur Charles VI devient maître de Naples et du Milanais.

1734. Les Bourbons s'installent dans le royaume de Naples (puis à Parme en 1748).

■ **Risorgimento et la marche vers l'unité.** À partir de 1792, l'Italie passe sous l'influence de la France révolutionnaire.

1796-97. Campagne d'Italie de Bonaparte. D'éphémères républiques sœurs sont créées (républiques Cisalpine, Ligurienne, Parthénopéenne, Romaine).

1805. Napoléon se proclame souverain du royaume d'Italie, créé au nord de la péninsule. L'Empereur étend la domination française au reste de l'Italie. En organisant le pays sur le modèle français, il prépare la voie à une révolution libérale et nationale.

1814-15. Après l'effondrement du régime français, le congrès de Vienne restaure les anciennes monarchies. L'influence autrichienne s'exerce de nouveau en Italie du Nord et du Centre, à l'exception du royaume de Piémont-Sardaigne, foyer du libéralisme et du nationalisme italien.

1820-21. Des sociétés secrètes (carbonari) fomentent des complots contre le retour de l'absolutisme.

1831-1833. Nouvelles révoltes inspirées par le républicain Mazzini.

1848-49. Tentative de libération nationale. Depuis 1830, divers mouvements militent pour la renaissance *(Risorgimento)* et l'unité du pays. Victor-Emmanuel II et son ministre Cavour travaillent à faire l'unité italienne autour du Piémont avec l'appui de la France (bataille de Solferino, contre les Autrichiens, 1859).

1860. Expédition de Garibaldi dans le royaume des Deux-Siciles.

1861. Les différentes annexions aboutissent à la création du royaume d'Italie.

1866. L'Italie acquiert la Vénétie.

1870. L'unité italienne est achevée avec la prise de Rome, qui devient la capitale du royaume, malgré l'opposition de la papauté. Le pape interdit aux catholiques de prendre part à la vie politique.

■ **L'Italie contemporaine.** La fin du XIXe s. est marquée par une crise économique importante (notamm. dans le Sud), le développement de l'émigration et de nombreuses insurrections.

1882. L'Italie conclut la Triplice avec l'Allemagne et l'Autriche.

1887-1896. Crispi gouverne presque sans interruption.

1903-1914. Giolitti, président du Conseil, rétablit l'ordre et l'équilibre économique. Une importante législation sociale est élaborée et le suffrage universel est instauré. L'Italie se crée un empire colonial en Afrique (Érythrée, Somalie italienne, Libye).

1915-1918. L'Italie participe à la Première Guerre mondiale aux côtés des Alliés. Elle acquiert le Trentin et Trieste, mais toutes ses revendications territoriales ne sont pas satisfaites.

1922. Mussolini s'empare du pouvoir et instaure le fascisme.

1929. Accords du Latran entre le pape et l'État italien.

1935-36. Conquête de l'Éthiopie.

1940. L'Italie entre dans la Seconde Guerre mondiale aux côtés de l'Allemagne.

1943. Le débarquement anglo-américain en Sicile entraîne l'effondrement du régime fasciste. Réfugié dans le nord de l'Italie, Mussolini est arrêté et exécuté en 1945.

1946. La république est proclamée. De Gasperi, chef du Parti démocrate-chrétien et président du Conseil (1945-1953), assure le relèvement politique et économique du pays.

1958. L'Italie adhère à la C. E. E. Au pouvoir sans interruption de 1958 à 1968, les démocrates-chrétiens se rapprochent des socialistes. En dépit du « miracle économique », le pays connaît une certaine instabilité politique et est troublé par le développement du terrorisme de droite et de gauche, notamment des Brigades rouges. Les partis réagissent en cherchant à réaliser la plus grande alliance possible (« compromis historique » établi entre le Parti communiste et la Démocratie chrétienne en 1978-79). Dans les années 1980, l'Italie est dirigée par des gouvernements de coalition présidés soit par des socialistes (notamment de 1983 à 1987), soit par des démocrates-chrétiens.

1992-93. Le recul des grands partis traditionnels s'accompagne de l'émergence des ligues (mouvements autonomistes et populistes) et du M. S. I. (néofasciste).

1994. Les élections législatives voient la victoire d'une coalition de droite et d'extrême droite. S. Berlusconi forme le gouvernement mais doit démissionner après huit mois.

1995. Un gouvernement de techniciens est formé. Il est dirigé par Lamberto Dini.

Italie *(campagnes d'),* opérations menées, en 1796-97 et en 1800, par Bonaparte contre l'Autriche ; en 1859, par Napoléon III, pour libérer l'Italie du Nord de la domination autrichienne ; de 1943 à 1945, par les Alliés, contre les forces germano-italiennes.

Italie *(guerres d'),* conflits déclenchés par les expéditions militaires des rois de France en Italie. Dans la première période (1494-1516), ceux-ci guerroient en Italie pour la succession du royaume de Naples (Charles VIII et Louis XII) et du Milanais (Louis XII et François Ier). Ils ont pour adversaires le roi d'Aragon et le pape, à la tête de la Sainte Ligue ; les villes italiennes changent de camp au gré de leurs intérêts. Signé après la victoire française de Marignan (1515), le traité de Noyon donne le royaume de Naples à l'Espagne et le Milanais à la France. Dans la seconde période (1519-1559), l'Italie n'est qu'un des enjeux d'une lutte plus générale opposant les Valois (François Ier et Henri II) aux Habsbourg (Charles Quint et Philippe II), à laquelle participe l'Angleterre. Les traités du Cateau-Cambrésis (1559) mettent fin aux prétentions françaises en Italie et aux visées espagnoles en France mais assurent à l'Espagne une prépondérance durable en Italie.

Italie *(royaume d'),* royaume créé par Napoléon Ier en 1805, pour remplacer la République italienne, et dont il fut le souverain, la vice-royauté étant exercée par Eugène de Beauharnais. Il disparut en 1814.

Italien (Théâtre-) → Comédie-Italienne.

Itami, v. du Japon ; 186 134 hab. Aéroport d'Osaka.

Itard *(Jean Marc Gaspard),* médecin français (Oraison, Alpes-de-Haute-Provence, 1775 - Paris 1838). Ses travaux, tandis qu'il dirige l'Institut des sourds-muets à Paris, font de lui un des précurseurs de la rééducation des enfants sourds-muets ou handicapés mentaux et de la psychopédagogie.

Ithaque, une des îles Ioniennes ; 5 000 hab. — On l'identifie à l'Ithaque d'Homère, patrie d'Ulysse.

Itsukushima, grand sanctuaire shintoïste japonais, sur l'île de Miyajima, face à Hiroshima. Le sanctuaire fut fondé au VIe-VIIe siècle, mais son état actuel remonte au XVIe siècle.

I T T (International Telephone and Telegraph Corporation), société américaine fondée en 1910. Spécialisée dans la fabrication et l'installation d'équipements téléphoniques, elle est également présente dans divers secteurs de l'économie (automation, ressources naturelles, agroalimentaire).

Iturbide *(Agustín* de*),* général et homme d'État mexicain (Valladolid, auj. Morelia, Mexique, 1783 - Padilla 1824). Général de l'armée espagnole, il combat d'abord les insurgés Hidalgo et Morelos (1810-1815). En 1821, il impose à l'Espagne le traité de Córdoba, qui reconnaît l'indépendance du Mexique (1821). Proclamé empereur en 1822, il doit abdiquer (1823) devant le soulèvement républicain du général Santa Anna et est fusillé.

Iule ou **Ascagne,** fils d'Énée. Il lui succéda comme roi de Lavinium et fonda Albe la Longue (l'*Énéide*). César prétendait descendre de lui.

Ivan Ier Kalita (m. en 1340), prince de Moscou (1325-1340) et grand-prince de Vladimir (1328-1340). Il obtint des Mongols le privilège de réunir le tribut dû à la Horde d'Or.

Ivan III le Grand (1440 - Moscou 1505), grand-prince de Vladimir et de Moscou (1462-1505). Il libéra la Russie de la suzeraineté mongole (1480) et adopta le titre d'autocrate, faisant de lui un souverain absolu. Marié à la nièce du dernier empereur byzantin, il se voulut l'héritier de Byzance.

Ivan IV le Terrible (Kolomenskoïe 1530 - Moscou 1584), grand-prince (1533), puis tsar (1547-1584) de Russie. Fils de Vassili III, il est couronné « tsar et grand-prince de toute la Russie » en 1547. S'attachant à rétablir l'ordre menacé, après la régence de sa mère, par les ambitions de la noblesse (boyards), il poursuit l'œuvre de centralisation de ses prédécesseurs, fait rédiger un nouveau Code (1550) et réorganise l'Église orthodoxe. Menant la croisade contre les musulmans, il annexe le khanat de Kazan (1552) et celui d'Astrakhan (1556). À l'ouest, il cherche à conquérir les côtes de la Baltique et se lance à partir de 1558 dans la guerre de Livonie. De caractère instable et violent, il laisse, après 1560, libre cours à ses tendances paranoïaques. À la fin de 1564, il annonce son intention d'abandonner le pouvoir à cause de la trahison et de l'infamie des grands. Alors, se faisant plébisciter par le « peuple orthodoxe » et confier des pouvoirs exceptionnels, il crée un territoire réservé, l'*opritchnina* (1565-1572), sur lequel il installe ses fidèles. Les anciens propriétaires et leurs paysans sont exterminés ou transférés sur les terres communes. Au régime de terreur s'ajoute la désolation due aux raids des Tatars de Crimée (1571) et à la guerre de Livonie. Relancée en 1566, celle-ci aboutit à la reconquête par les Polono-Lituaniens et les Suédois, après 1575, de toute la côte baltique et de la Lituanie.

Ivanhoé, roman de Walter Scott (1819).

Ivano-Frankovsk, v. d'Ukraine ; 214 000 hab.

Ivanovo, v. de Russie, au nord-est de Moscou ; 481 000 hab. Centre textile.

Ivens *(Joris),* cinéaste néerlandais (Nimègue 1898 - Paris 1989). Attentif à rendre compte des grands bouleversements politiques et sociaux de son époque, il a tourné de nombreux documentaires : *Zuyderzee* (1930), *Terre d'Espagne* (1938), *Comment Yu Kong déplaça les montagnes* (1976).

Ives *(Charles),* compositeur américain (Danbury, Connecticut, 1874 - New York 1954). Un des pionniers du langage musical actuel, il est l'auteur de la *Concord Sonata* (1915) et de cinq symphonies.

Ivory *(James),* cinéaste américain (Berkeley 1928). Pétri de culture européenne et indienne, il s'est imposé comme un cinéaste original, capable d'analyser aussi les mœurs de ses compatriotes : *Shakespeare Wallah* (1965), *Quartet* (1981), *Chaleur et Poussière* (1983), *Chambre avec vue* (1986), *Maurice* (1987), *Retour à Howards End* (1991), *les Vestiges du jour* (1993), *Jefferson à Paris* (1995).

Ivry *(bataille d')* [14 mars 1590], bataille que remporta Henri IV sur le duc de Mayenne et les ligueurs à Ivry (auj. Ivry-la-Bataille, Eure).

Ivry-sur-Seine, ch.-l. de c. du Val-de-Marne, sur la Seine ; 54 106 hab. *(Ivryens).* Centre industriel. — Église des XIIIe-XVIIe siècles.

Iwaki, v. du Japon (Honshu) ; 351 000 hab.

Iwaszkiewicz *(Jaroslaw),* écrivain polonais (Kalnik, Ukraine, 1894 - Varsovie 1980). Il est l'auteur de nouvelles (*les Boucliers rouges,* 1934 ; *Mère Jeanne des Anges,* 1946), de drames et d'essais critiques et autobiographiques.

Iwo, v. du sud-ouest du Nigeria ; 296 000 hab.

Iwo Jima, île du Pacifique, au nord des Mariannes, conquise par les Américains sur les Japonais en février 1945.

Ixelles, *en néerl.* Elsene, comm. de Belgique, banlieue sud-est de Bruxelles ; 72 610 hab. — Ancienne abbaye de la Cambre. Musées.

Izanagi et **Izanami,** dieu et déesse qui forment le couple créateur dans la mythologie du shinto japonais ; barattant la mer primordiale, ils firent prendre forme d'abord aux îles du Japon, puis aux divinités de la nature, aux *kami* du feu, des vents, du soleil, etc.

Izetbegović *(Alija),* homme politique bosniaque (Bosanski Šamac, Bosnie-Herzégovine, 1925), président de la Bosnie-Herzégovine depuis 1990. Opposé à la partition ethnique du pays et œuvrant pour le respect des droits des Musulmans de Bosnie-Herzégovine, il cosigne l'accord de paix de 1995.

Izmir, *anc.* Smyrne, port de Turquie, sur la mer Égée ; 1 757 414 hab. Centre industriel, commercial (foire internationale) et port d'exportation (tabac, coton, fruits). — Fondée au VIIe s. av. J.-C., annexée à l'Empire ottoman en 1424, elle fut occupée par les Grecs en 1919 et reprise par les Turcs en 1922. — Musée archéologique.

Izmit, v. de Turquie, sur la mer de Marmara ; 256 882 hab. Port militaire. Pétrochimie.

Iznik → Nicée.

Izoard *(col de l'),* col des Alpes (Hautes-Alpes), entre le Queyras et le Briançonnais ; 2 361 m.

Izumo, sanctuaire shintoïste (préfecture de Shimane), au bord de la mer du Japon. Reconstruit en 1874, c'est un exemple de l'architecture japonaise prébouddhique.

Izvestia, quotidien soviétique fondé en 1917, à Petrograd, ex-organe du Praesidium du Soviet suprême transformé en 1992 en propriété d'État dotée d'un statut indépendant.

J-K

Jabalpur ou **Jubbulpore,** v. de l'Inde centrale (Madhya Pradesh) ; 887 188 hab.

Jabès *(Edmond),* poète français (Le Caire 1912 - Paris 1991). Son œuvre pose le problème des relations entre le judaïsme, le langage et l'histoire (*le Livre des questions,* 1963-1973 ; *le Livre des ressemblances,* 1976-1980).

Jaccottet *(Philippe),* écrivain suisse d'expression française (Moudon 1925). Il mène conjointement une œuvre de critique littéraire, de traducteur (Musil, Rilke, Ungaretti) et de poète (*l'Effraie et autres poésies,* 1953 ; *Pensées sous les nuages,* 1983), faisant de l'écriture « une marche vers le mystère intérieur ».

Jackson, v. des États-Unis, cap. du Mississippi ; 196 637 hab.

Jackson *(Andrew),* homme d'État américain (Waxhaw, Caroline du Sud, 1767 - Hermitage, Tennessee, 1845). Démocrate, président des États-Unis de 1829 à 1837, il inaugura le « système des dépouilles » en attribuant les principaux postes administratifs aux membres du parti. Il accrut l'autorité présidentielle et renforça la démocratie américaine.

Jackson *(John Hughlings),* neurologue britannique (Green Hammerton, Yorkshire, 1835 - Londres 1911). Un des fondateurs de la neurologie, il étudia l'épilepsie et les troubles du langage. Il introduisit la notion selon laquelle un symptôme est dû à une lésion ayant une localisation précise dans le système nerveux.

Jackson *(Mahalia),* chanteuse américaine (La Nouvelle-Orléans 1911 - Chicago 1972).

Après avoir chanté, dès 1927, dans les églises de Chicago, elle connut le succès à partir de 1946. Elle fut l'une des plus importantes chanteuses de negro spirituals et de gospel songs.

Jackson *(Michael),* chanteur de funk américain (Gary, Indiana, 1958). Dernier-né des cinq frères qui composèrent le groupe Jackson Five, il développe au début des années 1980, une carrière en solo, qui l'amènera à un succès commercial inégalé dans la pop music. Il est aussi un danseur spectaculaire (*breakdance*).

Jacksonville, v. des États-Unis (Floride) ; 635 230 hab. Tourisme. — Musées.

Jacob, le dernier des patriarches de la Bible, fils d'Isaac et de Rébecca ; ses douze fils seront les ancêtres éponymes des douze tribus d'Israël. Frère jumeau d'Ésaü, qui est considéré comme né le premier, il lui dérobe par ruse le droit d'aînesse. Il mène avec sa famille une vie nomade et connaît une disette à la suite de laquelle, grâce à la fortune de son onzième fils, Joseph, il se rend en Égypte, où il meurt. Il sera inhumé en Canaan auprès d'Abraham. La Bible lui donne parfois le nom d'Israël.

Jacob *(François),* médecin et biologiste français (Nancy 1920). En 1965, la chaire de génétique cellulaire est créée pour lui au Collège de France. Il devient, en 1982, président du conseil d'administration de l'Institut Pasteur. Avec J. Monod, il a étudié l'A. R. N.-messager et les mécanismes de régulation génétique chez les bactéries. (Prix Nobel 1965.)

Jacob *(Georges),* menuisier et ébéniste français (Cheny, Yonne, 1739 - Paris 1814). Maître à Paris en 1765, créateur de sièges originaux, il est le grand représentant du style « à la grecque » ; il a utilisé l'acajou à l'imitation des praticiens anglais. Son fils **François Honoré** (Paris 1770 - *id.* 1841) fonda, sous le nom de **Jacob-Desmalter**, une fabrique dont la production fut immense au service de l'Empire (pour remeubler les anciens palais royaux).

Jacob *(Max),* écrivain et peintre français (Quimper 1876 - camp de Drancy 1944). Lié à Picasso et à Apollinaire, il mena une existence de bohème à Montmartre et se révéla, dès ses premières publications, un précurseur du surréalisme (*le Cornet à dés,* 1917 ; *le Laboratoire central,* 1921). Après sa conversion au catholicisme (1921), il se retira à Saint-Benoît-sur-Loire jusqu'à son arrestation (1944) par les Allemands, en raison de son origine juive.

Jacobi *(Carl),* mathématicien allemand (Potsdam 1804 - Berlin 1851). Auteur, comme N. Abel, de travaux fondamentaux sur les fonctions elliptiques, il ouvrit la voie à la théorie des fonctions doublement périodiques. Il réalisa, en outre, des travaux en dynamique, mécanique céleste et mécanique des fluides.

Jacobins *(club des)* [1789-1799], société politique créée à Versailles par des députés de la province et qui s'installa peu après sa fondation à Paris, dans l'ancien couvent des Jacobins. Privé de ses membres modérés (La Fayette, Sieyès), le club passa aux mains des révolutionnaires les plus radicaux (Montagnards) et fut dominé dès lors par la personnalité de Robespierre. Fermé une première fois après Thermidor (1794), il fut reconstitué à deux reprises et définitivement dissous en 1799, sous le Directoire.

Jacobsen *(Arne),* architecte et designer danois (Copenhague 1902 - *id.* 1971). Inspirée par le purisme de Mies van der Rohe, son œuvre est d'une élégante rigueur : habitations, écoles, édifices administratifs, usines, hôtel de la compagnie SAS à Copenhague (1959), etc.

Jacopo della Quercia, sculpteur italien (Sienne v. 1374 - ? 1438). Combinant tradition gothique et affirmation d'un sentiment classique nouveau, il a travaillé, dans un style monumental, à Lucques (tombeau d'Ilaria Del Carretto), à Sienne (fontaine Gaia), à Bologne (reliefs du portail de S. Petronio).

Jacopone da Todi *(Jacopo* dei Benedetti, dit*),* écrivain italien (Todi v. 1230 - Collazzone 1306). Ses « laudes » dialoguées forment la première ébauche du théâtre sacré italien.

Jacquard *(Joseph Marie),* mécanicien français (Lyon 1752 - Oullins, Rhône, 1834). Peu après 1800, s'inspirant, entre autres, des travaux de Vaucanson, il donna sa forme définitive au métier à tisser qui porte son nom, équipé d'un mécanisme qui permet la sélection des fils de chaîne par un programme inscrit sur des cartons perforés. Grâce à ce dispositif, un seul ouvrier exécutait les étoffes aux dessins les plus compliqués aussi facilement qu'une étoffe unie.

Jacquemart de Hesdin, miniaturiste français, au service du duc de Berry de 1384 à 1409. Il est notamment l'auteur d'une partie des images en pleine page, très élégantes, des *Petites Heures* de ce prince (B. N., Paris).

Jacquerie, insurrection paysanne contre les nobles, pendant la captivité de Jean le Bon (1358). Partie du Beauvaisis, elle se répandit en Picardie, dans le nord de l'Île-de-France et en Champagne. Elle fut réduite par les troupes de Charles le Mauvais.

Jacques *(saint),* dit le Majeur, apôtre de Jésus, fils de Zébédée et frère de Jean l'Évangéliste, mort martyr à Jérusalem en 44, sous Hérode le Grand. Il est particulièrement honoré à Compostelle, mais c'est en fait sur des légendes hagiographiques que reposerait la relation de sa venue et de son apostolat en Espagne.

Jacques *(saint),* dit le Mineur, parent de Jésus, que le Nouveau Testament appelle « le frère du Seigneur » et qu'on trouve à la tête de la communauté chrétienne de Jérusalem. On doit le distinguer du second apôtre Jacques, fils d'Alphée.

Jacques de Voragine *(bienheureux),* hagiographe italien (Varazze, Ligurie, v. 1228 - Gênes 1298), auteur d'une vie des saints, la *Légende dorée.*

ANGLETERRE

Jacques Ier (Édimbourg 1566 - Theobalds Park, Hertfordshire, 1625), roi d'Angleterre et d'Irlande (1603-1625) et, sous le nom de **Jacques VI,** roi d'Écosse (1567-1625). Fils de Marie Stuart, successeur d'Élisabeth Ire, il est le premier Stuart à accéder au trône d'Angleterre (1603). Fidèle à la religion anglicane, il échappe à la Conspiration des poudres organisée contre lui par les catholiques (1605) et persécute les puritains (protestants anglais), dont il accélère ainsi l'émigration vers l'Amérique. Négligeant le Parlement, il donne sa confiance à son favori Buckingham et s'attire l'hostilité des Anglais. **Jacques II** (Londres 1633 - Saint-Germain-en-Laye 1701), roi d'Angleterre, d'Irlande et, sous le nom de **Jacques VII d'Écosse** (1685-1688). Frère de Charles II, il se convertit au catholicisme ; malgré le Test Act, imposant à tout détenteur d'un office public l'appartenance à la foi anglicane, il succède à son frère en 1685. Mais son mépris du Parlement et la naissance d'un fils, héritier catholique, Jacques Édouard (1688), provoquent l'opposition whig, qui fait appel au gendre de Jacques II, Guillaume d'Orange. En débarquant en Angleterre, celui-ci oblige Jacques II à s'enfuir en France. Défait à la bataille de la Boyne, en Irlande (1690), il ne parvient pas à reconquérir le pouvoir.

ARAGON

Jacques Iᵉʳ le conquérant (Montpellier v. 1207 - Valence 1276), roi d'Aragon (1213-1276). Il conquit les Baléares, les royaumes de Valence et de Murcie. **Jacques II le Juste** (Valence v. 1267 - Barcelone 1327), roi d'Aragon (1291-1327) et de Sicile (1285-1295). Il obtint du pape la Corse et la Sardaigne (1324).

ÉCOSSE

Jacques Iᵉʳ Stuart (Dunfermline 1394 - Perth 1437), roi d'Écosse (1406/1424-1437). Il écrasa l'opposition féodale et, face aux Anglais, se rapprocha de la France. **Jacques II** (Édimbourg 1430 - Roxburgh Castle 1460). Il profita de la guerre des Deux-Roses pour tenter de reprendre les dernières possessions anglaises en Écosse. **Jacques III** (1452 - près de Stirling 1488), roi d'Écosse (1460-1488). Son mariage avec Marguerite (1469), fille de Christian Iᵉʳ de Danemark, lui apporta les îles Orcades et Shetland. **Jacques IV** (1473 - Flodden 1513), roi d'Écosse (1488-1513). La guerre ayant repris contre l'Angleterre (1513), il trouva la mort lors du désastre de Flodden. **Jacques V** (Linlithgow 1512 - Falkland 1542), roi d'Écosse (1513-1542). Père de Marie Iʳᵉ Stuart, il se signala par la fidélité de son alliance avec la France. **Jacques VI**, roi d'Écosse (1567-1625) → Jacques Iᵉʳ (Angleterre). **Jacques VII**, roi d'Écosse (1567-1625) → Jacques II (Angleterre).

Jacques Édouard Stuart, connu sous les noms de Prétendant ou de Chevalier de Saint-George (Londres 1688 - Rome 1766). Fils de Jacques II d'Angleterre, il fut reconnu roi par Louis XIV à la mort de son père (1701), mais, malgré le soutien de ses partisans, les jacobites, il échoua dans ses tentatives pour recouvrer le trône.

Jacques le Fataliste et son maître → Diderot.

Jadida (El-), anc. **Mazagan,** port du Maroc, sur l'Atlantique ; 56 000 hab. Monuments anciens.

Jaén, v. d'Espagne (Andalousie), ch.-l. de prov. ; 103 260 hab. — Monuments anciens, dont la cathédrale, reconstruite à partir de 1548, dans un style classique majestueux, par Andrés de Vandelvira (disciple de D. de Siloé). Musée provincial.

Jaffa ou **Yafo,** partie de Tel-Aviv-Jaffa (Israël).

Jaffna, port de Sri Lanka ; 138 000 hab.

Jagellons, dynastie d'origine lituanienne qui régna en Pologne (1386-1572), sur le grand-duché de Lituanie (1377-1401 et 1440-1572), en Hongrie (1440-1444, 1490-1526) et en Bohême (1471-1526).

Jaipur, v. de l'Inde, cap. du Rajasthan ; 1 514 425 hab. Carrefour routier, ferroviaire et aérien. Centre touristique. Université. — Ancienne capitale des Rajput, fondée au XVIIIᵉ siècle pour remplacer Amber. Ensemble palatial (City Palace) du XVIIIᵉ siècle avec un célèbre observatoire.

Jaisalmer, v. de l'Inde (Rajasthan), dans le désert de Thar ; 16 600 hab. — Ancienne capitale du Rajput, la ville abrite de beaux temples d'inspiration jaïna ainsi que de nombreuses demeures (havelli) du XVIIIᵉ siècle ornées de peintures murales.

Jakarta ou **Djakarta,** anc. Batavia, cap. de l'Indonésie, dans l'ouest de Java ; 7 636 000 hab. C'est la plus grande ville de l'Asie du Sud-Est.

Jakobson (Roman), linguiste américain d'origine russe (Moscou 1896 - Boston 1982). Il participa aux travaux du Cercle linguistique de Prague, puis s'établit en 1941 aux États-Unis. Ses recherches ont porté sur la phonologie, la psycholinguistique, les rapports entre la théorie de la communication et la structure du langage (dont il a analysé les fonctions), l'étude du langage poétique (Essais de linguistique générale, 1963-1973).

Jalapa ou **Jalapa Enríquez,** v. du Mexique, cap. de l'État de Veracruz ; 288 331 hab. — Riche musée archéologique.

Jalisco, État du Mexique. Cap. Guadalajara.

Jamaïque (la), en angl. Jamaica, État formé par l'une des Antilles, au sud de Cuba ; 11 425 km² ; 2 500 000 hab. (Jamaïquains). CAP. Kingston. LANGUE : anglais. MONNAIE : dollar de la Jamaïque.

GÉOGRAPHIE

Île au climat tropical maritime constamment chaud, mais plus arrosée au nord qu'au sud et parfois ravagée par les cyclones, la Jamaïque est montagneuse dans sa partie orientale (2 467 m dans les Montagnes Bleues), formée de plateaux calcaires au centre et à l'ouest, parsemée de plaines alluviales, souvent littorales. L'agriculture est dominée par les cultures de plantation (canne à sucre et bananiers surtout), alors que les productions vivrières (manioc, maïs, etc.) ne satisfont pas les besoins. Mais les ressources essentielles demeurent l'extraction de la bauxite (exportée brute ou sous forme d'alumine) et le tourisme international. Les revenus de ce dernier équilibrent la balance des paiements et comblent le traditionnel déficit commercial. Cela n'assure pas le plein-emploi dans un pays densément peuplé et à la croissance démographique encore notable, lourdement endetté, où l'influence des États-Unis reste prépondérante.

HISTOIRE

1494. La Jamaïque est découverte par Christophe Colomb.

Les Espagnols occupent l'île, y introduisent des esclaves d'Afrique et exterminent les autochtones (Arawak).

1655. Conquête de l'île par les Anglais.

Ils y développent la culture de la canne à sucre et font de la Jamaïque le centre du trafic des esclaves noirs pour l'Amérique du Sud. Le début du xxᵉ s. voit l'installation dans l'île de grandes compagnies étrangères (United Fruit).

1938. Des émeutes marquent le début du mouvement autonomiste.

1962. L'île obtient son indépendance.

Jamaïque *(accords de la),* accords monétaires signés les 7 et 8 janvier 1976 entre les pays membres du F. M. I. Remettant en cause le contenu des accords de Bretton Woods, ils légalisèrent le système des changes flexibles pratiqué depuis 1973, rendirent officielle la démonétisation de l'or et consacrèrent les Droits de tirage spéciaux (D. T. S.), « numéraire de référence » international.

Jamblique, philosophe grec (Chalcis, Cœlésyrie, v. 250-330). Les deux traités que l'on conserve de lui le montrent partisan du platonisme et défenseur du panthéon grec classique.

James *(baie),* vaste baie dans le prolongement de la baie d'Hudson (Canada). Elle donne son nom à un vaste complexe hydroélectrique sur la Grande Rivière (Québec).

James *(Henry),* écrivain britannique d'origine américaine (New York 1843 - Londres 1916), frère de William James. Au cours d'une adolescence cosmopolite, il se prit de passion pour l'Europe, où il se fixa. Auteur d'une œuvre importante, dont la technique romanesque s'apparente à celle d'Hawthorne dans ses romans, il joue de son appartenance à deux mondes contrastés pour définir une philosophie de la vie : celle-ci s'achève en méditation sur l'art de vivre, c'est-à-dire de vivre selon les exigences et les ambiguïtés de l'art (*Daisy Miller,* 1878 ; *Ce que savait Maisie,* 1897 ; *le Tour d'écrou,* 1898 ; *les Ailes de la colombe,* 1902 ; *les Ambassadeurs,* 1903 ; *la Coupe d'or,* 1904).

James *(William),* philosophe américain (New York 1842 - Chocorua, New Hampshire, 1910), un des fondateurs du pragmatisme. Il a énoncé une théorie anti-intellectualiste de la psychologie (*les Variétés de l'expérience religieuse,* 1902).

Jammes *(Francis),* écrivain français (Tournay, Hautes-Pyrénées, 1868 - Hasparren 1938). Romancier (*Clara d'Ellébeuse,* 1899) et poète (*De l'Angélus de l'aube à l'Angélus du soir,* 1898), il a le goût de la poésie naïve et de la simplicité rustique. Son registre s'élargit après sa conversion au catholicisme par l'intermédiaire de P. Claudel en 1905 (*les Géorgiques chrétiennes,* 1911-12).

Jammu, v. de l'Inde, cap. (avec Srinagar) de l'État de *Jammu-et-Cachemire* (222 000 km² ; 7 718 700 hab.) ; 155 000 hab.

Jamna → Yamuna.

Jamnagar, v. de l'Inde (Gujerat) ; 365 464 hab.

Jamot *(Eugène),* médecin militaire français (Saint-Sulpice-les-Champs, Creuse, 1870 - Sardent, Creuse, 1937). Son nom est attaché à la lutte contre la maladie du sommeil en Afrique.

Jamshedpur, v. de l'Inde (Bihar), à l'ouest de Calcutta ; 834 535 hab. Sidérurgie.

Janáček *(Leoš),* compositeur tchèque (château de Hukvaldy, Sklenov, 1854 - Moravská Ostrava, Moravie, 1928). Inspirée des chants populaires, son œuvre ouvre des horizons nouveaux par ses mélodies insolites, ses rythmes inspirés de la langue de son pays, ses harmonies et son instrumentation colorée. Ses opéras sont imprégnés de l'idéologie socialiste, depuis le romantique *Šárka* (1887) jusqu'aux chefs-d'œuvre de la maturité : *Katia Kabanova* (1921), le réaliste *Jenufa* (1904) et le poétique *Petit Renard rusé* (1923). Janáček composa, parallèlement, de la musique religieuse, dont la *Messe glagolitique* (1926), de la musique orchestrale (*Tarass Boulba,* 1915) et deux importants quatuors à cordes (1923 et 1928).

Jancsó *(Miklós),* cinéaste hongrois (Vác 1921), auteur de films dépouillés et allégoriques, enracinés dans l'histoire hongroise : *les Sans-Espoir* (1966), *Rouges et Blancs* (1967), *Silence et Cri* (1968), *Psaume rouge* (1972), *la Saison des monstres* (1987), *l'Horoscope de Jésus-Christ* (1990).

Janequin *(Clément),* compositeur français (Châtellerault ? v. 1485 - Paris 1558). Un des maîtres de la chanson polyphonique parisienne (*la Guerre, le Chant des oiseaux, les Cris de Paris,* etc.), il symbolise les tendances les plus originales de la Renaissance par ses procédés expressifs.

Janet *(Pierre),* médecin et psychologue français (Paris 1859 - *id.* 1947). Fondateur de la psychologie clinique, il étudia l'hystérie et la psychasthénie, qui entraîneraient selon lui un rétrécissement de la conscience (*Névroses et idées fixes,* 1898 ; *De l'angoisse à l'extase,* 1927-28). Pour Janet, les troubles hallucinatoires sont la conséquence d'une désagrégation psychique. La psychasthénie est en fait ce que Freud appelle la « névrose obsessionnelle ».

Janicule, colline de Rome, sur la rive droite du Tibre.

Janin *(Jules),* écrivain français (Saint-Étienne 1804 - Paris 1874), romancier d'inspiration romantique et critique du *Journal des débats.* (Acad. fr. 1870.)

Jankélévitch *(Vladimir),* philosophe français (Bourges 1903 - Paris 1985). Il s'est intéressé aux problèmes posés par l'existentialisme (*la Mauvaise Conscience,* 1933 ; *Traité des vertus,* 1949) et à la musique (*Ravel,* 1939).

Jan Mayen *(île),* île norvégienne de l'Arctique, au nord-est de l'Islande.

Jannina → Ioánnina.

Jannings *(Theodor Emil Janenz, dit Emil),* acteur allemand (Rorschach, Suisse, 1884 - Strobl, Wolfgangsee, Autriche, 1950). D'abord acteur de théâtre, il dut son premier rôle à l'écran à Ernst Lubitsch. Il tourna *Mme du Barry* (1919), *le Cabinet des figures de cire* (1924) et, surtout, *le Dernier des hommes* (1924). Après un séjour à Hollywood, il triompha en Allemagne dans *l'Ange bleu* (1930). Sa carrière se poursuivit dans plusieurs autres films, dont *les Deux Rois* (1935) et *le Président Kruger* (1941).

Jansénius *(Cornelius Jansen, dit),* théologien néerlandais (Acquoy, Hollande, 1585 - Ypres 1638). À l'université de Louvain, il prend parti pour l'augustinisme contre les Jésuites et se lie avec Du Vergier de Hauranne, futur abbé de Saint-Cyran. Il suit celui-ci en France (1604-1614) et, devenu évêque d'Ypres, travaille, encouragé par lui, à la rédaction de son traité sur la grâce intitulé *Augustinus.* Cet ouvrage, publié deux ans après sa mort, déchaînera la grande querelle du jansénisme.

Jansky *(Karl Guthe),* ingénieur américain (Norman, Oklahoma, 1905 - Red Bank, New Jersey, 1950). En recherchant les causes des parasites perturbant les radiocommunications transatlantiques sur ondes courtes, il découvrit l'émission radioélectrique du centre de la Galaxie (1931), ouvrant ainsi l'ère de la radioastronomie.

Janssen *(Jules),* astronome français (Paris 1824 - Meudon 1907). Il fut un pionnier de l'astrophysique solaire et découvrit l'hélium en même temps que Lockyer (1868). En 1876, il fonda l'observatoire de Meudon, aujourd'hui section d'astrophysique de l'Observatoire de Paris.

Janus, l'un des dieux les plus anciens de la mythologie romaine. Il est le gardien des portes, surveillant entrées et sorties ; c'est pourquoi on le représente avec deux visages, l'un regardant devant, l'autre derrière, ce qui évoque les deux faces d'une porte (*janua,* en latin).

Japon, en jap. **Nippon** (« pays du Soleil-Levant »), État de l'Asie orientale, formé essentiellement de quatre îles (*Honshu, Hokkaido, Shikoku* et *Kyushu*) ; 373 000 km² ; 123 800 000 hab. *(Japonais).* CAP. *Tokyo.* LANGUE : *japonais.* MONNAIE : *yen.*

GÉOGRAPHIE

■ **Le milieu naturel et la population.** Le Japon se situe au sixième rang dans le monde pour la population, mais au deuxième rang dans l'économie mondiale (son P. N. B. représentant environ 60 % de celui des États-Unis). Mais il ne doit guère sa prospérité aux conditions offertes par le milieu. La montagne domine, les plaines ne couvrant que 16 % du territoire ; la forêt en occupe les deux tiers. Le pays n'est pas à l'abri des tremblements de terre, des éruptions volcaniques, des typhons et raz de marée. Dans le domaine de la mousson, le Japon a des étés chauds et humides, mais l'hiver est rigoureux dans le nord, enneigé sur le versant ouest. En fait, à peine le quart du territoire est utilisé, si bien que le pays est l'un des plus densément peuplés du monde. Toutefois, en raison de la chute du taux de natalité, la population ne s'accroît plus que lentement (en dépit de la longue espérance de vie : près de 75 ans pour les hommes et de 81 ans pour les femmes). Cette population est fortement urbanisée (à près de 80 %) avec une dizaine de villes millionnaires (dont Tokyo, Osaka, Yokohama, Nagoya).

■ **L'économie.** L'industrie, moteur de la croissance économique depuis 1950, occupe le tiers des actifs. Elle se caractérise, d'une part, par le volume des importations de matières premières et celui des exportations (95 % des produits manufacturés), et, d'autre part, par la juxtaposition d'énormes sociétés et de multiples petites entreprises (souvent sous-traitantes des premières). Toutes les branches sont représentées, et une recherche active permet la mise sur le marché de produits nouveaux. Le pays occupe le premier ou le deuxième rang mondial dans la sidérurgie, la construction automobile (véhicules utilitaires et motos) et navale, les constructions électriques et électroniques (téléviseurs et magnétoscopes), la chimie (plastiques, caoutchouc, fibres synthétiques). L'énergie est importée, le sous-sol donne très peu de charbon, et le nucléaire, développé, ne fournit que 20 % de la production totale d'électricité.

L'agriculture emploie environ 7 % des actifs et satisfait moins de 75 % des besoins nationaux. Le riz demeure, et de loin, la principale culture. L'élevage (bovins et surtout porcins) occupe une place plus modeste, moindre que la pêche, qui est active sur toutes les mers du monde.

Les services occupent désormais près de 60 % de la population active, mais le traditionnel et important excédent de la balance commerciale résulte essentiellement des exportations industrielles. Les ventes représentent 15 % du volume de la production, part moyenne compte tenu de la dimension du marché intérieur. Elles sont dirigées pour une bonne part vers les autres pays développés (Europe occidentale et surtout États-Unis), qui, en raison d'un protectionnisme déguisé, peinent pour pénétrer sur le marché japonais. En outre, une stratégie d'implantations d'établissements industriels (surtout aux États-Unis et dans les pays de la C.E., mais aussi dans les pays du Sud-Est asiatique) est mise en place. Les grands fournisseurs du Japon sont, après les États-Unis, les pays pétroliers. La balance des paiements est en partie rééquilibrée par les sorties de capitaux (investissements à l'étranger), destinés en fait à stimuler les exportations. Le Japon, par la structure de son économie, a bénéficié de la mondialisation de l'économie et du développement des échanges, qui lui ont permis, malgré les chocs pétroliers, de maintenir un faible taux de chômage. Mais des problèmes demeurent : montée du protectionnisme à l'extérieur, retard dans les équipements sociaux, déséquilibres régionaux, problèmes du logement et de la pollution à l'intérieur.

HISTOIRE

■ **L'État antique.** Selon la tradition, le Japon a été créé en 660 av. J.-C. par l'empereur Jimmu tenno, descendant de la déesse Amaterasu (le Soleil). Mais, en fait, ce n'est qu'à partir du ve s. de notre ère qu'existe dans l'archipel nippon une confédération de « royaumes », organisés en clans très hiérarchisés. Aux vi^e et viie s., l'État du Yamato s'impose en adoptant les principes moraux et politiques du bouddhisme (introduit v. 538, date génér. admise comme début de la période historique du Japon) et du confucianisme venus de Chine.

710-794. Période de Nara, ville où la cour de l'empereur s'établit.

794-1185. Période de Heian (future Kyoto), où la cour est désormais installée. Cette période est marquée par l'affaiblissement progressif du clan des Fujiwara qui, depuis 858, avaient en main tous les pouvoirs. Deux familles aristocratiques, les Taira et les Minamoto, s'opposent en une lutte acharnée, d'où les Minamoto sortent vainqueurs.

■ **Le shogunat.**

1192. Yoritomo, le chef du clan Minamoto, établit un gouvernement militaire, le shogunat, à Kamakura. Le gouvernement impérial se maintient, mais sans pouvoir réel, à Kyoto, l'autorité réelle appartenant au shogun (général) et à son gouvernement.

1205-1333. Le clan des Hojo détient le pouvoir effectif. Il triomphe des deux invasions mongoles (1274-1281).

1338. Le clan Ashikaga s'empare du shogunat. Le shogunat des Ashikaga (1338-1573), établi à Kyoto, est une période d'anarchie politique au cours de laquelle la puissance croissante des grands daimyo (seigneurs féodaux) et des monastères bouddhiques provoque des luttes internes.

1542. L'archipel japonais est atteint pour la première fois par les Européens (Portugais puis Espagnols). Viennent ensuite les missionnaires catholiques, dont le plus célèbre est François Xavier.

1585-1598. Toyotomi Hideyoshi, Premier ministre de l'empereur, unifie le Japon.

1603-1605. Tokugawa Ieyasu s'installe à Edo (Tokyo), se déclare shogun héréditaire et dote le Japon d'institutions stables. Son accession au pouvoir inaugure la période d'Edo ou des Tokugawa (1603-1867). Le shogunat devient de plus en plus autoritaire. Après la rébellion de 1637, au cours de laquelle les chrétiens sont massacrés, le pays est fermé aux étrangers (sauf aux Chinois et aux Hollandais). Cette époque se caractérise par la montée rapide de la classe des commerçants.

1854. Le Japon est contraint par les armes de signer un accord de commerce avec les États-Unis. Des avantages semblables sont bientôt accordés à d'autres pays, ce qui provoque des mouvements xénophobes.

1867-68. Le shogunat disparaît. L'empereur Mutsuhito détient seul le pouvoir. Commence alors l'ère Meiji ou « du gouvernement éclairé ».

■ **L'ère Meiji (1868-1912) et l'expansion japonaise jusqu'en 1945.** Le nouvel empereur s'installe à Tokyo. Le pays s'ouvre largement à l'influence occidentale.

1889. À l'exemple de l'Occident, une Constitution établit une monarchie parlementaire. La modernisation économique est très rapide. Des associations de marchands et de financiers *(zaibatsu)* procèdent à l'électrification de l'archipel, créent un réseau de voies ferrées et édifient de grandes industries. À l'extérieur, le Japon pratique une politique d'expansion.

1894-95. Après une guerre victorieuse contre la Chine, le Japon annexe Formose (auj. Taïwan).

1904-05. Guerre russo-japonaise. Le traité de Portsmouth (1905) qui met fin à cette guerre permet aux Japonais de s'installer en Corée, annexée en 1910, et leur donne la souveraineté sur une partie de l'île de Sakhaline et des droits sur la Mandchourie.

1912. Début du règne de l'empereur Taisho. Durant la Première Guerre mondiale, le Japon se range aux côtés des Alliés.

1919. Le traité de Versailles donne au Japon un mandat sur les anciennes possessions allemandes en Extrême-Orient. Les années de guerre ont donné une grande impulsion à l'industrie et au commerce japonais.

1926. Hirohito devient empereur et renforce le pouvoir central.

1931-32. L'extrême droite nationaliste fait occuper toute la Mandchourie.

1937-38. Le Japon occupe le nord-est de la Chine.

1940. Il signe le traité tripartite avec l'Allemagne et l'Italie. La Seconde Guerre mondiale lui permet de mettre pleinement en œuvre sa politique d'expansion.

Déc. 1941. L'aviation japonaise attaque la flotte américaine à Pearl Harbor.

1942. Les Japonais sont les maîtres du Sud-Est asiatique et d'une partie du Pacifique.

Août 1945. Les bombardements atomiques sur Hiroshima et Nagasaki contraignent le Japon à capituler.

■ **Le Japon depuis la guerre.** Le général MacArthur, commandant en chef des troupes d'occupation, impose au Japon, resté fidèle à l'empereur, une Constitution parlementaire (1946) et entreprend la démocratisation du pays.

1951. Le traité de paix de San Francisco redonne au Japon sa pleine souveraineté. Sur le plan intérieur, le gouvernement reste dominé par une forte majorité conservatrice. Sur le plan extérieur, l'entrée à l'O. N. U. (1956), le traité d'alliance militaire nippo-américain (1960) et le traité de paix et d'amitié avec la Chine (1978) renforcent la position du Japon dans le monde. Mais, surtout, le Japon devient une puissance économique de tout premier plan.

1982-1987. Nakasone Yasuhiro, Premier ministre, libéralise l'économie et pratique une politique favorable à un renouveau du nationalisme.

1989. À la mort de Hirohito, son fils Akihito lui succède. Des scandales politico-financiers entraînent la démission du Premier ministre Takeshita Noboru.

1994. Un socialiste, Murayama Tomiichi, dirige un nouveau gouvernement de coalition.

1996. La coalition est reconduite avec pour Premier ministre Hashimoto Ryutaro.

Japon *(mer du),* dépendance de l'océan Pacifique, entre la Russie, la Corée et le Japon.

Jaques-Dalcroze *(Émile),* compositeur et pédagogue suisse (Vienne 1865 - Genève 1950), auteur de mélodies populaires et inventeur de la « gymnastique rythmique ».

Jargeau, ch.-l. de c. du Loiret, sur la Loire ; 3 389 hab. *(Gergoliens).* Église (X[e], XIIe et XVIe s.). — Victoire de Jeanne d'Arc sur les Anglais (1429).

Jarnac *(Guy* Chabot, *baron* de*),* capitaine français, neveu de l'amiral Philippe de Chabot (1509 - apr. 1584). En 1547, il vainquit en duel François de Vivonne, seigneur de La Châtaigneraie, par un coup imprévu au jarret : d'où l'expression *coup de Jarnac,* coup décisif et surtout inattendu.

Jarre *(Maurice),* compositeur français (Lyon 1924). Directeur de la musique au T. N. P., on lui doit de nombreuses musiques de film *(le Docteur Jivago,* 1965). Son fils **Jean-Michel** (Lyon 1948) compose de la musique électronique et des spectacles audiovisuels destinés à un large public (*Oxygène,* 1978).

Jarrell *(Michael),* compositeur suisse (Genève 1958). Attiré par la dimension théâtrale, il a écrit deux opéras de chambre, *Entre le mal et le moins mauvais* (1979-1981) et *Dérives* (1985), et de la musique instrumentale.

Jarretière *(très noble ordre de la),* ordre de chevalerie anglais, institué par Édouard III en 1348. Les dames ont accès à cette dignité. (Devise : « Honni soit qui mal y pense. »)

Jarrett *(Keith),* pianiste et compositeur de jazz américain (Allentown, Pennsylvanie, 1945). Il s'est vite imposé comme un pianiste d'un grand lyrisme, influencé aussi par des musiciens comme Ravel ou Debussy, et peu éloigné de la pop music (*The Köln Concert,* 1975). Grâce à la séduction de son jeu, il a attiré au jazz un large public.

Jarry *(Alfred),* écrivain français (Laval 1873 - Paris 1907). Créateur du personnage d'Ubu (*Ubu roi,* 1896 ; *Ubu enchaîné,* 1900 ; *Ubu sur la butte,* 1906) et de la « pataphysique » (*Gestes et Opinions du docteur Faustroll,* 1911), le jeune écrivain et potache de Rennes fut le découvreur de voies théâtrales nouvelles, affranchies des conventions symbolistes et naturalistes (« De l'inutilité du théâtre au théâtre », *Mercure de France,* 1896). Aux pitreries du cycle d'Ubu répondent les vers de mirliton des pièces pour marionnettes (*le Manoir enchanté,* 1974).

Jaruzelski *(Wojciech),* général et homme d'État polonais (Kurów 1923). Premier ministre (1981-1985) et premier secrétaire du Parti ouvrier unifié polonais (1981-1989), il instaure l'« état de guerre » (1981-82) et met hors la loi le syndicat Solidarité (1982). Président du Conseil d'État à partir de 1985, il est élu à la présidence de la République par le nouveau Parlement en 1989. Son mandat s'achève avec l'élection présidentielle de 1990.

Jasmin *(Jacques* Boé, dit*),* poète français d'expression occitane (Agen 1798 - *id.* 1864). Il se proposa de relever la langue de son pays natal, en l'utilisant pour la composition de ses poésies lyriques (*les Papillotes,* 1835-1863).

Jason, héros de la mythologie grecque qui organisa l'expédition des Argonautes pour conquérir la Toison d'or, en Colchide ; il put y parvenir grâce aux sortilèges de Médée, qu'il épousa et délaissa ensuite.

Jasper *(parc national de),* parc national des Rocheuses canadiennes, en Alberta ; 10 900 km².

Jaspers *(Karl),* philosophe et psychiatre allemand (Oldenburg 1883 - Bâle 1969), l'un des principaux représentants de l'existentialisme chrétien. Il a enseigné à Heidelberg et à Bâle, où il s'était réfugié en 1948. Selon lui, l'histoire et la politique manifestent la présence de l'être au monde et la voie concrète de la communication d'existence à existence. Il a écrit : *Philosophie de l'existence* (1938), *la Culpabilité allemande* (1946), *la Bombe atomique et l'avenir de l'humanité* (1958). Sa monumentale *Psychopathologie générale* (1913) a marqué une génération de psychiatres en introduisant le concept d'« analyse phénoménologique », qu'il distingue de l'analyse causale de la maladie.

Jat, peuple du Pakistan et de l'Inde.

Jaubert *(Maurice),* compositeur français (Nice 1900 - tué à Azerailles, Meurthe-et-Moselle, 1940). Il est connu pour ses musiques de scène (*La guerre de Troie n'aura pas lieu,* de Giraudoux) et de films (*Drôle de drame,* 1937 ; *Un carnet de bal,* 1937 ; *le Quai des brumes,* 1938).

Jaufré Rudel, prince de Blaye, troubadour du XIIᵉ siècle. Sa chanson d'un « amor de lonh » (amour lointain) est à l'origine de la légende de *la Princesse lointaine.*

Jaune *(fleuve)* → **Huang He.**

Jaune *(mer),* dépendance de l'océan Pacifique, entre la Chine et la Corée. Hydrocarbures.

Jaurès *(Jean),* homme politique français (Castres 1859 - Paris 1914). Professeur de philosophie, journaliste et député républicain (1885-1889), il se fait, à partir de 1892, le porte-parole des revendications ouvrières. Député socialiste de 1893 à 1898, puis de 1902 à sa mort, il s'engage à fond dans la défense de Dreyfus et se prononce en faveur de la participation des socialistes au gouvernement. Fondateur de *l'Humanité* (1904), historien (*Histoire socialiste* [*1789-1900*], 1901-1908), Jaurès est le véritable leader du socialisme français, surtout après la création de la S. F. I. O. en 1905, mais il n'adhérera jamais à la totalité des thèses marxistes. Pacifiste militant, il s'attire l'hostilité des milieux nationalistes et est assassiné en juillet 1914.

Java, une des îles de la Sonde (Indonésie), étirée sur 1 000 km entre les détroits de la Sonde et de Bali, et bordée au N. par la mer de Java, au S. par l'océan Indien ; 130 000 km² ; 108 millions d'hab. (*Javanais*). GÉOGR. Proche de l'équateur, Java possède un climat toujours chaud, constamment humide dans l'ouest, relativement plus sec à l'est. Elle juxtapose plaines et plateaux littoraux et volcans parfois actifs, comme le Semeru. Environ 60 % de la population du pays est concentrée sur le quinzième de sa superficie, avec une densité supérieure à 800 hab. au km² pour un territoire partiellement montagneux et à dominante rurale. L'agriculture, fréquemment irriguée, y est intensive avec souvent plusieurs récoltes annuelles, associant cultures vivrières (riz puis maïs, manioc, etc.) et plantations (théiers, hévéas, tabac), souvent héritées de la colonisation. Mais la pression démographique accélère l'exode rural vers des villes surpeuplées (Jakarta, Surabaya, Bandung) alors que l'industrie est encore peu active, à part l'agroalimentaire et l'extraction des hydrocarbures en mer de Java. HIST. → **Indonésie.**

Java *(mer de),* dépendance du Pacifique, entre Java, Sumatra et Bornéo.

Javari *(le),* affl. de l'Amazone (r. dr.), frontière entre le Pérou et le Brésil ; 1 000 km env.

Jayadeva, poète indien (XIIᵉ s.), auteur du poème mystique *Gita Govinda.*

Jayapura, *anc.* Hollandia, v. d'Indonésie, ch.-l. de l'Irian Jaya (Nouvelle-Guinée occidentale) ; 88 000 hab.

Jdanov *(Andreï Aleksandrovitch),* homme politique soviétique (Marioupol 1896 - Moscou 1948). Membre du Politburo (1939), il dirigea la politique culturelle de l'ère stalinienne.

SAINTS

Jean ou **Jean l'Évangéliste** *(saint),* apôtre de Jésus, auquel la tradition attribue la rédaction du quatrième Évangile, de trois épîtres et de l'Apocalypse. Pêcheur de Galilée, fils de Zébédée, frère de Jacques dit le Majeur, il est l'un des premiers disciples de Jésus. Il aurait évangélisé l'Asie Mineure et, après un temps d'exil dans l'île de Patmos, il serait mort à Éphèse, v. 100, sous Trajan. L'Évangile qui lui est attribué se caractérise par son goût pour la méditation sur le mystère de la personne de Jésus et la signification de sa mission dans l'histoire du salut.

Jean Bosco *(saint),* prêtre italien (Becchi, prov. d'Asti, 1815 - Turin 1888). Il se voua à l'éducation et à l'instruction professionnelle des enfants et adolescents pauvres, pour lesquels il fonda, en 1859, la congrégation des Prêtres de Saint-François-de-Sales, ou Salésiens.

Jean Chrysostome *(saint),* Père de l'Église grecque (Antioche v. 344 - près de Comana, Cappadoce, 407). Prêtre d'Antioche puis évêque de Constantinople de 397 à 404, il fut appelé Chrysostome (« Bouche d'or ») pour son éloquence. Sa rigueur touchant la discipline ecclésiastique et son zèle lui attirèrent l'hostilité du monde politique et religieux, entraînant sa déposition et son exil.

Jean de Brébeuf *(saint),* jésuite et missionnaire français (Condé-sur-Vire 1593 - Saint-Ignace, Canada, 1649), martyrisé par les Iroquois.

Jean de Damas ou **Jean Damascène** *(saint)* [Damas ? v. 650 - Saint-Sabas, près de Jérusalem, v. 749]. Considéré comme le dernier des Pères de l'Église grecque. Né dans une famille arabe chrétienne, il quitte v. 700 de hautes fonctions administratives pour la vie monastique. Son principal ouvrage, la *Source de la connaissance,* est le premier traité synthétique du dogme chrétien. Par l'usage qu'il fait du vocabulaire aristotélicien, il attirera l'attention des grands scolastiques latins, tandis qu'en Orient il marque le passage d'une théologie conceptuelle à l'expérience ecclésiale.

Jean de Dieu *(saint),* religieux portugais (Montemor-o-Novo 1495 - Grenade 1550). Ancien soldat converti, il fonda un hôpital à Grenade en 1537 et jeta les bases de l'ordre des Frères hospitaliers, dit de Saint-Jean-de-Dieu. Il fut appelé le « Pauvre des pauvres ».

Jean de la Croix *(saint),* religieux et mystique espagnol, docteur de l'Église (Fontiveros, prov. d'Ávila, 1542 - Ubeda 1591). Promoteur, avec Thérèse d'Ávila, de la réforme de l'ordre du Carmel, il est l'auteur d'œuvres qui font de lui l'un des grands mystiques du christianisme : *la Montée du Carmel, la Nuit obscure, la Vive Flamme d'amour, le Cantique spirituel.*

Jean de Matha *(saint),* fondateur de l'ordre des Trinitaires (Faucon, Provence, 1160 - Rome 1213), voué au rachat des captifs.

Jean Eudes *(saint),* prêtre français (Ri, Orne, 1601 - Caen 1680). Membre de l'Oratoire de France, il quitta cette congrégation pour fonder, toujours dans la ligne du renouveau spirituel de l'époque, la Société de Jésus-et-Marie, dont les membres (appelés ensuite « Eudistes ») se vouent à la formation du clergé.

Jean Fisher *(saint),* prélat anglais (Beverley v. 1469 - Londres 1535). Érudit, nommé en 1504 chancelier de l'université de Cambridge et évêque de Rochester (Kent), lié aux humanistes de son temps (notamment à Érasme), critique vis-à-vis du luthéranisme, il condamna le remariage d'Henri VIII et la prétention de celui-ci à devenir le « chef suprême de l'Église d'Angleterre ». Son élévation au cardinalat et sa résistance, aux côtés de son ami et collègue Thomas More, lui valurent d'être condamné et décapité.

PAPE

Jean XXIII *(Angelo Roncalli)* [Sotto il Monte 1881 - Rome 1963], pape de 1958 à 1963. Après avoir occupé plusieurs postes diplomatiques (Ankara, Sofia, Paris), il est nommé patriarche de Venise et cardinal (1953), puis élu pape le 28 octobre 1958. Son court pontificat, voué à l'*aggiornamento* (mise à jour) de l'Église catholique, est surtout marqué par la convocation du IIe concile du Vatican (1962), dont Jean XXIII fait le concile de l'ouverture au monde et de l'œcuménisme. Son influence s'exprimera aussi à travers deux encycliques : *Mater et Magistra* (1961), sur la question sociale, et *Pacem in terris* (1963), qui appelle tous les hommes de bonne volonté à travailler pour instaurer la paix sur terre.

ANGLETERRE

Jean sans Terre (Oxford 1167 - Newark, Nottinghamshire, 1216), roi d'Angleterre (1199-1216). Cinquième fils d'Henri II, frère et successeur de Richard Cœur de Lion, il est cité par Philippe Auguste devant la Cour des pairs pour avoir enlevé Isabelle d'Angoulême. Déclaré déchu de ses fiefs français (1202), il perd la Normandie et la Touraine. Excommunié en 1209, il doit inféoder son royaume au Saint-Siège. En 1214, il est défait par Philippe Auguste à la Roche-aux-Moines puis, avec ses alliés germaniques et flamands, à Bouvines. Ces échecs provoquent une vive opposition en Angleterre, et la révolte des barons le contraint à accepter en 1215 la Grande Charte, qui renforce le rôle du Parlement.

ARAGON ET NAVARRE

Jean II (Medina del Campo 1397 - Barcelone 1479), roi de Navarre (1425-1479) et d'Aragon (1458-1479). Fils cadet de Ferdinand Ier, il s'empara du pouvoir en Navarre après la mort de sa femme (1441) et prépara le règne brillant de son fils Ferdinand II, à qui il fit épouser Isabelle de Castille.

BOHÊME

Jean Ier de Luxembourg l'Aveugle (1296 - Crécy 1346), roi de Bohême (1310-1346). Fils de l'empereur Henri VII, il fut tué dans les rangs français à la bataille de Crécy, où, malgré sa cécité, il avait vaillamment combattu.

BOURGOGNE

Jean sans Peur (Dijon 1371 - Montereau 1419), duc de Bourgogne (1404-1419). Fils et successeur de Philippe le Hardi, il entre en lutte contre Louis, duc d'Orléans, chef des Armagnacs, qu'il fait assassiner en 1407. Chef du parti bourguignon, il s'empare de Paris après s'être allié au roi d'Angleterre. Inquiet des succès anglais, il cherche à se rapprocher de Charles VI et le rencontre sur le pont de Montereau, où il est assassiné.

BRETAGNE

Jean IV de Montfort (1295 - Hennebont 1345), duc de Bretagne. Il conquit le duché contre sa nièce Jeanne de Penthièvre, que soutenait le roi de France Philippe VI.

BYZANCE

Jean II Comnène (1087 - Taurus 1143), empereur byzantin (1118-1143). Il pacifia les Balkans et rétablit la suzeraineté byzantine sur les Francs de Syrie. **Jean V Paléologue** (1332-1391), empereur byzantin (1341-1354 ; 1355-1376 ; 1379-1391). Sa minorité fut troublée par l'action de Jean VI Cantacuzène. **Jean VI Cantacuzène** (Constantinople v. 1293 - Mistra 1383), empereur byzantin (1341-1355). Tuteur de Jean V Paléologue, il fut associé au jeune empereur ; ayant abdiqué, il se retira dans un monastère, où il rédigea son *Histoire,* qui couvre les années 1320-1356. **Jean VII Paléologue** (v. 1360 - mont Athos v. 1410), empereur byzantin (1399-1402). **Jean VIII Paléologue** (1390 - Constantinople 1448), empereur byzantin (1425-1448). Au concile de Florence (1439), il conclut avec le pape l'union des Églises, qui fut éphémère.

EMPIRE LATIN D'ORIENT

Jean de Brienne (v. 1148 - Constantinople 1237), roi de Jérusalem (1210-1225), empereur latin de Constantinople (1231-1237).

FRANCE

Jean Ier le Posthume (Paris 1316), roi de France et de Navarre. Fils posthume de Louis X le Hutin, il ne vécut que quelques jours.

Jean II le Bon (château du Gué de Maulny, près du Mans, 1319 - Londres 1364), roi de France (1350-1364). Fils et successeur de Philippe VI de Valois, il soumet son gendre Charles le Mauvais, roi de Navarre, puis reprend la lutte contre les Anglais. Vaincu et fait prisonnier à Poitiers par le Prince Noir (fils du roi d'Angleterre) en 1356, il est emmené à Londres, laissant son fils Charles aux prises avec une grave crise politique. Il n'est libéré qu'en 1362, après la signature du traité de Brétigny, abandonnant l'Aquitaine aux Anglais et contre promesse d'une rançon. Il donne en apanage à son fils Philippe le Hardi le duché de Bourgogne, cœur du puissant État bourguignon. Incapable de payer sa rançon, il se constitue à nouveau prisonnier des Anglais (1364).

POLOGNE

Jean III Sobieski (Olesko 1629 - Wilanów 1696), roi de Pologne (1674-1696). Vainqueur des Ottomans à Chocim (auj. Khotine, Ukraine) en 1673, il libéra en 1683 la ville de Vienne assiégée par les Turcs.

PORTUGAL

Jean IV le Fortuné (Vila Viçosa 1604 - Lisbonne 1656), duc de Bragance, roi de Portugal (1640-1656). Il fut proclamé roi (1640) à la suite du soulèvement qui mit fin à la domination espagnole sur le pays.

Jean *(le Prêtre)*, personnage fabuleux du Moyen Âge, chef d'un État chrétien, et identifié soit au khan des Mongols, soit au négus.

Jean de Leyde *(Jan Beukelsz., dit)*, chef religieux (Leyde 1509 - Münster 1536). Succédant à son compatriote hollandais Jan Matthijsz. à la tête du mouvement anabaptiste qui avait pris possession de Münster (Westphalie), il se donna le titre de « roi de justice » de cette « Jérusalem céleste » et y établit une véritable théocratie sur la base d'une communauté des biens incluant jusqu'à la polygamie. La cité fut prise par trahison et Jean de Leyde fut brûlé.

Jean de Meung ou **de Meun**, écrivain français (Meung-sur-Loire v. 1240 - Paris v. 1305), auteur de la seconde partie du *Roman de la Rose* (→ Roman).

Jean-Baptiste *(saint)*, chef d'une secte juive du temps de Jésus, considéré par les Évangiles et la tradition comme le précurseur de celui-ci. Il prêchait sur les bords du Jourdain un « baptême de pénitence » et annonçait l'arrivée du Messie, avec des accents relevant du style eschatologique et évoquant la mentalité religieuse d'autres groupes, tels les esséniens. Jean-Baptiste fut décapité sur l'ordre d'Hérode Antipas en 28 apr. J.-C.

Jean-Baptiste de La Salle *(saint)*, prêtre français (Reims 1651 - Rouen 1719). Il fonda en 1682 l'institut des frères des Écoles chrétiennes, qui se voua à l'éducation des enfants pauvres et qui fut le prototype des congrégations religieuses de laïques enseignants.

Jean Bodel, poète de la confrérie des jongleurs d'Arras (m. v. 1210). Il a marqué la chanson de geste avec *la Chanson des Saisnes*, la pastourelle, le jeu dramatique avec le *Jeu de saint Nicolas* (→ Jeu) et créé le genre poétique du congé.

Jean-Christophe, « roman-fleuve », en 10 volumes (1904-1912), de Romain Rolland, histoire d'un musicien pauvre et génial dont les expériences et les rêves sont en partie ceux de l'auteur.

Jean François Régis *(saint)*, jésuite français (Fontcouverte, Aude, 1597 - Lalouvesc, Ardèche). Admis dans la Compagnie de Jésus en 1616, il se spécialisa dans les missions populaires, principalement à travers le Vivarais et le Velay.

Jean-Marie Vianney *(saint)*, prêtre français (Dardilly, près de Lyon, 1786 - Ars-sur-Formans, Ain, 1859). Curé du village d'Ars, dans la Dombes, il convertit une population déshéritée et sa prédication attira tant d'étrangers qu'Ars devint, de son vivant, un lieu de pèlerinage.

SAINTES

Jeanne d'Arc *(sainte)*, dite la Pucelle d'Orléans, héroïne française (Domrémy 1412 - Rouen 1431). Fille d'un laboureur aisé de Domrémy, elle témoigne très jeune d'une piété intense. À l'âge de 13 ans, elle entend des voix divines lui ordonnant de partir pour délivrer Orléans, assiégée par les Anglais. En 1429, elle parvient à convaincre le capitaine Robert de Baudricourt de lui donner une escorte pour rencontrer Charles VII à Chinon, afin de le faire sacrer à Reims légitime roi de France. Après avoir rencontré le roi, elle reçoit un équipement de capitaine et une suite militaire. Avec l'armée royale, elle joue un rôle décisif dans la délivrance d'Orléans (mai). Plusieurs victoires sur les armées anglo-bourguignonnes (dont celle de Patay) lui permettent de conduire Charles VII à Reims, où elle le fait sacrer (juill.). Mais les lenteurs calculées de la diplomatie royale entravent l'action de Jeanne, qui échoue devant Paris, où elle est blessée. Tentant de sauver Compiègne en 1430, elle y est capturée et remise aux Anglais. Déférée au tribunal d'Inquisition de Rouen, présidé par l'évêque de Beauvais, Pierre Cauchon, tout dévoué à la cause anglaise, elle subit, sans avocat, un long procès pour hérésie (janv.-mars 1431). Déclarée hérétique et relapse, elle est brûlée vive en mai 1431. À la suite d'une enquête décidée en 1450 par Charles VII, elle est solennellement réhabilitée en 1456.

■ **Une héroïne nationale.** Jeanne d'Arc a su raviver le sentiment national et a largement contribué à la victoire définitive de la France sur l'Angleterre. Héroïne nationale, elle a été béatifiée en 1909 et canonisée en 1920. Sa fête, devenue fête nationale, a été fixée au dimanche suivant le 8 mai, jour anniversaire de la délivrance d'Orléans.

Jeanne de France ou **de Valois** *(sainte)* [1464-1505], reine de France. Fille de Louis XI, épouse de Louis XII, qui la répudia à son avènement (1498), elle fonda l'ordre de l'Annonciade de Bourges, sur les conseils de saint François de Paule.

ANGLETERRE

Jeanne Grey, *lady* **Dudley** (Bradgate, Leicestershire, v. 1537 - Londres 1554), reine d'Angleterre (1553). Petite-nièce d'Henri VIII, elle succéda à Édouard VI grâce aux intrigues de John Dudley mais fut rapidement détrônée par Marie Iʳᵉ Tudor, qui la fit décapiter.

Jeanne Seymour (1509 - Hampton Court 1537), troisième femme d'Henri VIII, roi d'Angleterre, mère du futur Édouard VI.

BRETAGNE

Jeanne de Penthièvre, dite la Boiteuse (1319-1384), duchesse de Bretagne (1341-1365). Elle entra en compétition avec Jean de Montfort puis avec le fils de celui-ci, Jean IV, à qui elle céda ses droits par le traité de Guérande (1365).

CASTILLE

Jeanne la Folle (Tolède 1479 - Tordesillas 1555), reine de Castille (1504-1555). Épouse de l'archiduc d'Autriche Philippe le Beau et mère de Charles Quint, elle perdit la raison à la mort de son mari (1506).

NAPLES

Jeanne Iʳᵉ d'Anjou (Naples 1326 - Aversa, Campanie, 1382), reine de Naples (1343-1382). Elle se maria quatre fois et fut mise à mort sur l'ordre de son cousin et héritier Charles de Durazzo. **Jeanne II** (Naples v. 1371 - *id.* 1435), reine de Naples (1414-1435). Elle désigna pour lui succéder René d'Anjou, qu'elle avait adopté.

NAVARRE

Jeanne III d'Albret (Pau 1528 - Paris 1572), reine de Navarre (1555-1572). Femme d'Antoine de Bourbon et mère d'Henri IV, roi de France, elle fit du calvinisme la religion officielle de son royaume.

Jeanne-Françoise Frémyot de Chantal *(sainte)* [Dijon 1572 - Moulins 1641], fondatrice, avec saint François de Sales, de l'ordre de la Visitation. Elle fut la grand-mère de Mᵐᵉ de Sévigné.

Jeannin *(Pierre),* dit le Président Jeannin, magistrat et diplomate français (Autun

1540 - Paris v. 1622). Conseiller d'État, il signa l'alliance entre la France et la Hollande (1608), et la trêve de Douze Ans entre les Pays-Bas et l'Espagne (1609). Il fut surintendant des Finances de 1616 à 1619.

Jean-Paul II *(Karol Wojtyła)* [Wadowice, près de Cracovie, 1920], pape depuis 1978. Ordonné prêtre en 1946, il devient évêque auxiliaire de Cracovie en 1958 et archevêque en 1964. Créé cardinal en 1967, il est élu pape le 16 octobre 1978, après l'éphémère pontificat de Jean-Paul Iᵉʳ. Il s'impose par son dynamisme et par ses voyages, malgré l'attentat dont il est victime en mai 1981. Par son message, il cherche à rendre confiance aux chrétiens et à les mobiliser au service d'une « nouvelle évangélisation ». Ses interventions touchant la discipline ecclésiastique et la morale sont parfois jugées conservatrices et en retrait par rapport à l'esprit du dernier concile.

Jean-Paul → Richter.

Jeans *(sir* James Hopwood*),* astronome, mathématicien et physicien britannique (Londres 1877 - Dorking, Surrey, 1946). On lui doit des travaux de dynamique stellaire et une théorie, à présent abandonnée, de la formation des planètes. Il fut aussi un popularisateur de l'astronomie et de la physique.

Jefferson *(Thomas),* homme d'État américain (Shadwell, Virginie, 1743 - Monticello, Virginie, 1826). Principal auteur de la Déclaration d'indépendance des États-Unis (1776), fondateur du Parti antifédéraliste (1797), il préconisa une république très décentralisée, essentiellement agraire. Vice-président (1797-1809), puis président des États-Unis (1801-1809), il acheta la Louisiane à la France. Architecte amateur, il a construit le Capitole de l'État de Virginie à Richmond (terminé en 1796), sa propre maison à Monticello, etc.

Jehol ou **Rehe,** anc. province de la Chine, partagée entre le Hebei et le Liaoning.

Jéhovah, nom utilisé entre le XIIIᵉ et le XIXᵉ siècle pour désigner le Dieu de la Bible, Yahvé, et qui provient de la transcription du nom divin par les Massorètes. Ceux-ci, par respect pour ce nom que nul ne devait prononcer, ajoutèrent aux consonnes du tétragramme de Yavhé (YHWH) les voyelles a, o et a (transcrites é, o, a) d'*Adonaï* (Edonaï) « Seigneur », de manière à se rappeler que le tétragramme se lisait seulement Adonaï. C'est une lecture combinant les deux graphies qui donna Jéhovah.

Jéhovah *(Témoins de),* groupe religieux fondé aux États-Unis en 1874 par C. Taze Russell, auquel succéda, de 1916 à 1942, Joseph Franklin Rutherford. Ce groupe est caractérisé par un prosélytisme agissant, par une lecture littéraliste de la Bible, par un prophétisme eschatologique annonçant le triomphe de Jéhovah sur Satan.

Jelačić ou **Jelatchitch** *(Josip)*, ban de Croatie (Peterwardein, auj. Petrovaradin, 1801 - Zagreb 1859). Il participa à la répression de la révolution en Hongrie en 1848.

Jellicoe *(John)*, amiral britannique (Southampton 1859 - Londres 1935). Commandant la principale force navale britannique (1914-1916), il livra la bataille du Jütland. Chef de l'Amirauté (1916-17), il dirigea la lutte contre les sous-marins allemands.

Jemmapes *(bataille de)* [6 nov. 1792], victoire remportée, près de Mons, par Dumouriez sur les Autrichiens du duc Albert de Saxe-Teschen. Cette victoire assura à la France la possession de la Belgique et de la Rhénanie.

Jenner *(Edward)*, médecin britannique (Berkeley 1749 - *id.* 1823). Il réalisa la première vaccination (en 1796), qui eut un retentissement considérable, en découvrant que l'inoculation de la vaccine (virus venant du cowpox, maladie des vaches) provoque chez l'homme une maladie bénigne qui le protège contre la variole, car celle-ci est due à un virus apparenté. Pasteur utilisa un principe un peu différent mais rendit hommage à Jenner.

Jensen *(Johannes Vilhelm)*, écrivain danois (Farsø, Jylland, 1873 - Copenhague 1950). Auteur d'essais d'anthropologie, il entreprit la glorification des races « gothiques » — anglo-saxonnes et germaniques (*la Renaissance gothique,* 1901) — et s'efforça de créer une nouvelle morale païenne (*le Long Voyage,* 1908-1922). [Prix Nobel 1944.]

Jérémie, un des grands prophètes de la Bible (Anatot, près de Jérusalem, v. 650/645 av. J.-C. - en Égypte v. 580 av. J.-C.). Son ministère, qui commence vers 627, se situe sous les derniers rois de Juda. Témoin de la fin de Jérusalem en 587, il est contraint de se réfugier en Égypte, où il soutient par ses oracles ses compatriotes exilés. Préparant la voie à une religion plus détachée du Temple et des rites, il donne au peuple élu l'orientation qui lui permettra de traverser l'épreuve de l'Exil en conservant sa cohésion et sa foi. Le livre prophétique dit « de Jérémie » est un recueil de ses oracles, dû à divers compilateurs. Quant aux *Lamentations,* c'est une suite de complaintes sur la

dévastation de Jérusalem, composées par un Juif resté en Juda après 587 et attribuées par la suite à Jérémie.

Jerez de la Frontera, *anc.* Xeres, v. d'Espagne (Andalousie) ; 183 316 hab. Vins. — Monuments de l'époque mauresque jusqu'au baroque.

Jéricho, *en ar.* Arîhâ, v. de Cisjordanie, dans la vallée du Jourdain ; 13 000 hab. — Habitée dès le VIIIᵉ millénaire, elle témoigne des débuts de l'agriculture et de ceux de la céramique, ainsi que d'un culte des morts attesté par des crânes humains peints, au visage surmodelé en plâtre. Elle fut un des premiers sites dont s'emparèrent les Hébreux au XIIIᵉ s. av. J.-C. : le son de leurs trompettes aurait fait s'écrouler les murs de la ville. — Occupée à partir de 1967 par Israël, Jéricho est dotée en 1994 d'un régime d'autonomie selon le plan fixé par l'accord israélo-palestinien de 1993.

Jéroboam Iᵉʳ, fondateur et premier souverain du royaume d'Israël (931-910 av. J.-C.). Les tribus du Nord le prirent pour roi lors de la scission qui suivit la mort de Salomon. Il organisa habilement son État, allant jusqu'à doubler cette séparation politique par une sorte de schisme religieux, de manière à contrecarrer l'influence de Jérusalem, qui possédait le Temple. Ainsi fit-il élever deux sanctuaires nationaux, à Dan et à Béthel, où il établit un culte et un sacerdoce rivaux de ceux de Jérusalem.

Jérôme *(saint)*, écrivain ecclésiastique, Père et docteur de l'Église latine (Stridon, Dalmatie, v. 347 - Bethléem 419/420). Hormis un séjour à Rome (382-385) auprès du pape Damase, il passa sa vie en Orient. Activement mêlé aux controverses théologiques du temps (pélagianisme et origénisme) et fort attaché à la propagation de l'idéal monastique, il se consacra surtout à l'étude de la Bible, dont il rédigea de nombreux commentaires. Il en entreprit, pendant les longues années de son séjour à Bethléem, une traduction nouvelle, à partir du texte hébreu, qui allait aboutir à la Vulgate.

Jersey, la plus grande (116 km²) et la plus peuplée (83 000 hab.) des îles Anglo-Normandes. Ch.-l. *Saint Helier.* Tourisme. Place financière. Cultures maraîchères et florales.

Jersey City, v. des États-Unis (New Jersey), sur l'Hudson, en face de New York ; 228 537 hab.

Jérusalem, ville sainte de Palestine et lieu de pèlerinage pour les chrétiens, les juifs et les musulmans, proclamée capitale d'Israël par

la Knesset en 1980 ; 494 000 hab. **HIST.** Au
xe s. av. J.-C., David fait de cette vieille ville
cananéenne la capitale politique du
royaume des Hébreux, et son fils Salomon,
la capitale religieuse de l'État en y édifiant le
Temple de Yahvé, ainsi qu'un palais pour
lui-même. La scission entre les tribus du
Nord et celles du Sud à la mort de Salomon
réduit l'importance de Jérusalem, qui n'est
plus que la capitale du royaume de Juda.
Prise et incendiée en 587 par Nabuchodonosor, la cité de David reprend vie en 538
avec le retour des Juifs déportés à Babylone.
L'autel est rétabli, le Temple reconstruit.
Après la mort d'Alexandre, Lagides et Séleucides se disputent la ville, qui redevient capitale des rois asmonéens. Hérode le Grand
tente de redonner au second Temple la
gloire qu'avait celui de Salomon ; cependant, la guerre avec les Romains entraîne en
70 apr. J.-C. la ruine de Jérusalem, que les
Juifs réoccupent lors de leur seconde révolte
(132-135) animée par Bar-Kokhba, mais que
l'empereur Hadrien fait raser entièrement.
À l'époque byzantine, les chrétiens font
revivre Jérusalem en y établissant des
monastères et des églises. Passée aux mains
des Arabes (638), la ville est reconquise par
les croisés et devient la capitale d'un
royaume chrétien (1099-1187 puis 1229-
1244), avant de repasser sous la domination
musulmane (Mamelouks, de 1260 à 1517,
puis Ottomans, de 1517 à 1917). Siège de
l'administration de la Palestine placée en
1922 sous mandat britannique, la ville est
partagée en 1948 entre le nouvel État
d'Israël et la Transjordanie. Lors de la
guerre des Six-Jours, en 1967, l'armée israélienne s'empare des quartiers arabes qui
constituaient la « Vieille Ville ». **ARTS.** Monuments célèbres : « mur des Lamentations » ;
Coupole du Rocher, le plus ancien monument de l'islam (viie s.) ; mosquée al-Aqsa
(xie s.) ; édifices de l'époque des croisades.
Musée national d'Israël (1965).

Jérusalem (*royaume latin de*), État latin du
Levant, fondé par les croisés après la prise
de Jérusalem en 1099 et détruit en 1921 par
les Mamelouks.

Jespersen (*Otto*), linguiste danois (Randers
1860 - Copenhague 1943). Il est l'auteur
d'une œuvre considérable portant sur les
domaines les plus variés de la linguistique :
la phonétique, la grammaire et l'histoire de
l'anglais, la pédagogie des langues, les langues auxiliaires internationales.

Jésus ou **Jésus-Christ,** Juif de Palestine qui
vécut au début de l'ère définie par sa propre
apparition dans l'histoire, et dont la personne, le ministère, la prédication sont à l'origine de la religion chrétienne. Pour celle-ci, il
est le fils de Dieu et le Messie (« oint », « consacré » — en grec *Khristos*) annoncé par les prophètes. Ses disciples lui ont reconnu le privilège — exceptionnel dans l'histoire des
religions — d'être si étroitement uni à Dieu
qu'il représente non seulement la révélation
de ce dernier mais aussi l'incarnation même,
en son unique personne, de la nature divine
dans la nature humaine.
■ **La question historique.** Les sources principales dont on dispose au sujet de Jésus
sont le *Nouveau Testament,* et spécialement les quatre *Évangiles.* Mais ces derniers
ne constituent pas véritablement une histoire de Jésus, car ils prennent seulement en
compte les intérêts des communautés pour
lesquelles ils ont été rédigés. C'est pourquoi
les historiens tentent de retrouver, par une
méthode de critique des textes, ce qui, anté-
rieurement à l'interprétation théologique
des Évangiles, aurait constitué le tissu des
gestes et des paroles authentiques de Jésus.
■ **La vie et le message de Jésus.** Les dates
les plus sûres sont celles de la mort de Jésus
(le vendredi 7 avril 30) et du début de son
ministère public (27 ou 28). Mais on ne
peut dater avec la moindre certitude sa naissance (8 ou 7 avant l'ère dite « chrétienne »).
Né (selon une tradition fortement symbolique) à Bethléem, en Judée, Jésus passe son
enfance et sa jeunesse à Nazareth en Galilée
auprès de sa mère, Marie, et de son père
adoptif, le charpentier Joseph. Sa vie apostolique a pour point de départ un séjour
auprès du prophète Jean, qui le baptise dans
les eaux du Jourdain. La prédication de
Jésus a d'abord pour cadre la Galilée, où il
recrute ses premiers disciples et où son message sera le mieux accueilli. Au terme de ce
ministère galiléen, dont on ne peut savoir
s'il a duré un, deux ou trois ans, Jésus se
heurte à ses compatriotes, de moins en
moins réceptifs, et aux manœuvres hostiles
des chefs religieux. L'impression se répand
que son annonce du royaume de Dieu ne
fait que préparer un bouleversement politique radical. La tension est à son comble
lorsque, à l'approche de la Pâque, Jésus se
rend à Jérusalem. Arrêté à l'instigation des
chefs juifs, il est condamné par l'autorité
romaine d'occupation, que représente
Ponce Pilate, et crucifié le 14 du mois de
nisan en l'an 30. Apparemment achevée
avec la mise au tombeau, l'histoire de Jésus
prend un autre relief à travers celle de ses
disciples, qui disent l'avoir vu vivant, et à

travers l'Église, qui se définit comme son corps mystique. La Résurrection de Jésus-Christ signifie alors que le Christ de la foi prend le pas sur le Jésus de l'histoire.

Jésus *(Compagnie* ou *Société de)*, ordre religieux fondé par Ignace de Loyola, qui le fit reconnaître par le pape en 1540 et qui en promulgua les *Constitutions* en 1551. Les membres de ce nouvel ordre, qu'on appela bientôt « les Jésuites », se mettent à la totale disposition du pape, vis-à-vis duquel ils se lient par un vœu spécial d'obéissance, ajouté aux trois vœux de religion classiques. La Compagnie de Jésus, qui a connu un rapide essor, a développé une activité multiforme (missions, enseignement, controverses théologiques, notamment sur la grâce) et suscité des hostilités qui ont même entraîné son interdiction par Clément XIV en 1773. Elle a été rétablie par Pie VII en 1814.

Jeu d'Adam, drame semi-liturgique (seconde moitié du XIIᵉ s.), le premier en langue française.

Jeu de paume *(serment du)* [20 juin 1789], serment prêté dans la salle du jeu de paume, à Versailles, par les députés du tiers état, qui jurèrent de ne pas se séparer avant d'avoir donné une Constitution au royaume.

Jeu de saint Nicolas, pièce de Jean Bodel, représentée à Arras vers 1200, le premier exemple d'un théâtre profane et bourgeois.

Jeune-Allemagne, mouvement intellectuel né vers 1830, libéral et francophile, lancé par Heine et Börne, et qui s'inspirait des théories saint-simoniennes. La diète de Francfort condamna (1835) le mouvement, qui disparut avant la révolution de 1848.

Jeunes-France *(les),* nom donné vers 1830 à un groupe d'écrivains et d'artistes excentriques qui exagéraient les théories de l'école romantique (T. Gautier, G. de Nerval, P. Borel, etc.).

Jeunes Gens en colère, mouvement littéraire et artistique fondé sur une critique des valeurs traditionnelles de la société britannique, qui se développa en Grande-Bretagne dans les années 1955-1965. Il réunissait, entre autres, J. Osborne, A. Sillitoe, J. Arden, H. Pinter, C. Wilson.

Jeunesse *(île de la),* anc. île des Pins, dépendance de Cuba.

Jeunesse ouvrière chrétienne → **J. O. C.**

Jeunes-Turcs, groupe d'intellectuels et d'officiers ottomans, libéraux et réformateurs, d'abord rassemblés en diverses sociétés secrètes. Ils contraignirent le sultan Abdülhamid II à restaurer la Constitution

(1908) puis à abdiquer (1909). Ils établirent en 1913 une dictature militaire, dirigée par Ahmed Cemal Paşa et Mehmed Talat Paşa (1874-1921), qui fut renversée en 1918.

jeux Floraux, nom donné au concours poétique annuel, et dont les prix sont des fleurs d'orfèvrerie, institué à Toulouse en 1323 par un groupe de poètes (Consistoire du Gai Savoir) désireux de maintenir les traditions du lyrisme courtois.

Jevons *(William Stanley),* économiste britannique (Liverpool 1835 - Bexhill, près de Hastings, 1882). Cofondateur du courant marginaliste avec L. Walras et C. Menger, il introduisit le concept de « degré final d'utilité ». Dans le domaine de la logique, on lui doit l'interprétation de la somme logique comme disjonction non exclusive.

Jhansi, v. de l'Inde (Uttar Pradesh) ; 368 580 hab. Métallurgie.

Jhelam ou **Jhelum** *(la),* l'une des « cinq rivières » du Pendjab, affl. de la Chenab (r. dr.) ; 725 km.

Jiamusi, v. de Chine (Heilongjiang) ; 571 000 hab.

Jiang Jieshi ou **Tchang Kaï-chek,** généralissime et homme d'État chinois (dans le Zhejiang 1887 - Taipei 1975). Il prend part à la révolution de 1911, qui instaure la République en Chine, dirige après 1926 l'armée du parti au pouvoir, le Guomindang, et, rompant avec les communistes (1927), établit un gouvernement nationaliste à Nankin. Sa lutte contre le Parti communiste, qu'il contraint à la Longue Marche (1934), avant de former avec lui un front commun contre le Japon (1936). Il combat pendant la guerre civile (1946-1949) puis s'enfuit à Taïwan, où il présidera le gouvernement jusqu'à sa mort. Son fils, **Jiang Jingguo** ou **Chiang Ching-kuo** (dans le Zhejiang 1910 - Taipei 1988), lui a succédé à la tête du Guomindang (1975) et du gouvernement (1978).

Jiang Qing → **Mao Zedong.**

Jiangsu, prov. de la Chine centrale ; 100 000 km² ; 67 057 000 hab. Cap. *Nankin.*

Jiangxi, prov. de la Chine méridionale ; 160 000 km² ; 37 710 000 hab. Cap. *Nanchang.*

Jiang Zemin, homme politique chinois (Yangzhou 1926). Secrétaire général du Parti communiste chinois depuis 1989, il est aussi chef de l'État depuis 1993.

Jiayi ou **Chia-i,** v. de Taïwan ; 255 000 hab.

Jilin, prov. de la Chine du Nord-Est ; 180 000 km² ; 24 660 000 hab. Cap. *Chan-*

gchun. Au centre de la prov., la ville de *Jilin* a 1 138 000 hab.

Jilong → Keelung.

Jiménez *(Juan Ramón),* poète espagnol (Moguer, Huelva, 1881 - San Juan de Porto Rico 1958). D'abord influencé par Rubén Dario et par le symbolisme *(Âme de violette,* 1901), il a cherché à parvenir, hors de tout engagement politique, philosophique ou social, à l'expression idéale de la pensée *(Éternités,* 1918 ; *Unité,* 1925). [Prix Nobel 1956.]

Jinan, v. de Chine, cap. du Shandong, sur le Huang He ; 1 460 000 hab. Centre industriel.

Jinja, v. de l'Ouganda ; 53 000 hab. Centre industriel.

Jinnah *(Muhammad Ali),* homme d'État pakistanais (Karachi 1876 - *id.* 1948). Véritable créateur du Pakistan, il milita au sein de la Ligue musulmane pour sa création et devint son premier chef d'État (1947-48).

Jinzhou, v. de la Chine du Nord-Est (Liaoning) ; 789 000 hab.

Jitomir, v. d'Ukraine, à l'O. de Kiev ; 292 000 hab.

Jivaro, Indiens d'Amazonie, qui parlent une langue qu'on rattache parfois à l'arawak. Leur organisation sociale repose sur la famille patrilinéaire. Ils habitent des « longues maisons ». Leurs croyances chamanistes sont à l'origine de la pratique de la réduction des têtes coupées de leurs ennemis morts.

Jixi, v. de la Chine du Nord-Est (Heilongjiang) ; 816 000 hab.

Joachim, saint personnage qui, selon la tradition, aurait été l'époux de sainte Anne et le père de la Vierge Marie. On ignore tout de sa vie.

Joachim de Flore ou **Gioacchino da Fiore,** mystique italien (Celico, Calabre, v. 1130 - San Martino di Giove, Canale, Piémont, 1202). Entré chez les cisterciens, il devient en 1177 abbé du monastère de Corazzo. Il y écrit ses révélations, puis s'en va fonder, en 1189, son couvent de Saint-Jean de Flore, dont il devient abbé après avoir rompu avec Cîteaux. Notamment dans sa *Concorde des deux Testaments* et dans son *Commentaire de l'Apocalypse,* il enseigne que le monde, après avoir été sous le règne du Père (Ancien Testament, période de la famille), puis du Fils (Nouveau Testament, âge de la foi et des clercs), est parvenu au règne de l'Esprit (temps des moines, libéré des préoccupations doctrinales et morales). Cet « Évangile éternel » eut une grande influence sur les millénarismes ultérieurs et, dès le XIIIᵉ siècle, sur les « mouvements de pauvreté », en particulier sur celui des « spirituels ».

João Pessoa, v. du Brésil, cap. de l'État du Paraíba, sur le Paraíba ; 497 214 hab. — Belle église du couvent de S. Francisco (XVIIIᵉ s.).

Job *(livre de),* livre biblique composé au Vᵉ s. av. J.-C. C'est un poème complexe qui pose, en admettant qu'on ne peut le résoudre par la simple raison, le problème du mal et voudrait élucider le fait que des justes soient malheureux et des méchants heureux. Il oscille entre une réflexion quasi désespérée et l'abandon à Dieu.

J. O. C. *(Jeunesse ouvrière chrétienne),* mouvement d'action catholique, propre au monde ouvrier, fondé en 1925 par un prêtre belge, Joseph Cardijn (créé cardinal en 1965), et introduit en France, en 1926, par l'abbé Guérin et par Georges Quiclet. Le mouvement s'est, par la suite, répandu dans le monde entier.

Jocaste, héroïne du cycle thébain dans la mythologie grecque. Sœur de Créon, elle était la femme de Laïos, roi de Thèbes. Leur fils Œdipe, dans l'ignorance totale et conformément à un oracle, tua Laïos et épousa Jocaste. Quand l'inceste fut révélé, cette dernière se tua.

Jocelyn, poème de Lamartine (1836). Journal, en vers, d'un prêtre, ce poème devait être le dernier d'une vaste épopée philosophique dont le début est *la Chute d'un ange.*

Jocho, sculpteur japonais (actif à Kyoto, m. en 1057). Son bouddha Amida (en bois laqué et doré), exécuté en 1053 pour le pavillon du Phénix du Byodo-in à Uji, reste l'exemple classique du style national, fondé sur le travail en commun en atelier.

Jodelle *(Étienne),* poète français (Paris 1532 - *id.* 1573). Auteur à succès de la tragédie *Cléopâtre captive* (1553), point de départ d'une forme dramatique d'où sortira la tragédie classique, il devint, sollicité par Ronsard, membre de la Pléiade. Il mourut dans la misère en laissant une œuvre lyrique en grande partie perdue, annonciatrice du baroque.

Jodhpur, v. de l'Inde (Rajasthan) ; 648 621 hab. Centre commercial (céréales, oléagineux, textiles), industriel et artisanal (ivoire, cuir, laque). — Impressionnante forteresse en grès rouge et remparts du XVIᵉ siècle.

Jodl *(Alfred),* général allemand (Würzburg 1890 - Nuremberg 1946). Chef du bureau des opérations de la Wehrmacht de 1938 à 1945, il signa à Reims, le 7 mai 1945, l'acte de reddition des armées allemandes. Condamné à mort comme criminel de guerre, il fut exécuté.

Joffre *(Joseph),* maréchal de France (Rivesaltes 1852 - Paris 1931). Après s'être distingué au Tonkin (1885), au Soudan (1892), puis, sous Gallieni, à Madagascar (1900), il devient en 1911 chef d'état-major général. Commandant en chef des armées du Nord et du Nord-Est en 1914, il remporte la victoire décisive de la Marne ; commandant en chef des armées françaises (déc. 1915), il livre la bataille de la Somme ; il est remplacé par Nivelle (1916) et promu maréchal.

Jogjakarta, v. d'Indonésie (Java) ; 428 000 hab. Université.

Johannesburg, la plus grande ville de l'Afrique du Sud, dans le Witwatersrand, ch.-l. de la prov. de Gauteng ; 1 610 000 hab. Centre industriel, commercial et intellectuel. Musées. Zoo.

John Bull → **Bull** *(John).*

Johns *(Jasper),* peintre américain (Augusta, Géorgie, 1930). Représentant du courant « néodadaïste » avec Rauschenberg, il a exploré, depuis ses *Drapeaux* américains (1955), les relations d'ambiguïté entre l'objet et sa représentation, entre le signe et la matérialité de l'œuvre (série de « cibles », de « chiffres », d'« alphabets », simulacres d'objets en bronze peint...). À partir des années 70, il a donné de grandes toiles à « dallages » ou à hachures.

Johnson *(Andrew),* homme d'État américain (Raleigh 1808 - Carter's Station, Tennessee, 1875). Républicain, il fut président des États-Unis (1865-1869), après l'assassinat de Lincoln. Pour s'être opposé de fait à l'égalité raciale, notamment à la ratification du 14e amendement interdisant toute limitation des droits des citoyens, il fut traduit devant le Sénat pour trahison et acquitté.

Johnson *(Daniel),* homme politique canadien (Danville, prov. de Québec, 1915 - Manic 5, prov. de Québec, 1968). Chef de l'Union nationale (1961), il fut Premier ministre du Québec de 1966 à sa mort. Son fils **Daniel** (Montréal 1944), chef du Parti libéral, a brièvement succédé à R. Bourassa à la tête du gouvernement québécois (1994).

Johnson *(Eyvind),* écrivain suédois (Svartbjörnsbyn, Norrland, 1900 - Stockholm 1976). Autodidacte, romancier influencé par Gide, Joyce et Proust, il est l'un des meilleurs représentants de la littérature « prolétarienne » suédoise (*Olof,* 1934-1937 ; *Krilon,* 1941-1943 ; *Heureux Ulysse,* 1946). [Prix Nobel avec Harry Martinson 1974.]

Johnson *(Lyndon Baines),* homme d'État américain (Stonewall, Texas, 1908 - Johnson City, près d'Austin, Texas, 1973). Démocrate, vice-président des États-Unis (1961), il devint président à la suite de l'assassinat de J. F. Kennedy (1963), puis fut président élu (1964-1968). Il dut faire face à de graves émeutes raciales et au développement de la guerre du Viêt Nam.

Johnson *(Philip),* architecte américain (Cleveland 1906). Il est passé du style international, dans l'esprit de Mies van der Rohe, à une sorte de néoclassicisme (théâtre du Lincoln Center, New York, 1962), voire au postmodernisme.

Johnson *(Samuel),* écrivain britannique (Lichfield 1709 - Londres 1784). Il se fit le défenseur de l'esthétique classique (*Dictionnaire de la langue anglaise,* 1755).

Johnson *(Uwe),* écrivain allemand (Cammin, Poméranie, 1934 - Sheerness, Kent, 1984). Son œuvre fut dominée par le déchirement de l'Allemagne en deux États et deux modes de pensée (*Une année dans la vie de Gesine Cresspahl,* 1970-1984).

Joinville, v. du Brésil, au S.-E. de Curitiba ; 346 095 hab.

Joinville *(François d'Orléans, prince de),* troisième fils de Louis-Philippe (Neuilly-sur-Seine 1818 - Paris 1900). Vice-amiral, il ramena en France les restes de Napoléon (1840).

Joinville *(Jean, sire de),* chroniqueur français (v. 1224-1317). Sénéchal de Champagne, il participa à la septième croisade (1248) aux côtés de Saint Louis, dont il fut le confident. Son *Livre des saintes paroles et des bons faits de notre roi Louis* (v. 1309) est une source précieuse pour l'histoire de ce roi.

Joinville-le-Pont, ch.-l. de c. du Val-de-Marne, sur la Marne ; 16 908 hab. *(Joinvillais).* Studios de cinéma.

Jókai *(Mór),* romancier et publiciste hongrois (Komárom 1825 - Budapest 1904). Ancien révolutionnaire, député, il fut l'auteur d'une œuvre romanesque d'inspiration romantique (*le Nabab hongrois,* 1853).

Jolas *(Betsy),* compositrice française (Paris 1926). Elle a poursuivi une évolution solitaire, travaillant dans plusieurs directions en évitant la musique électronique : *le Pavillon* *au bord de la rivière,* opéra chinois (1975), *Liring Ballade* pour baryton et orchestre (1980), *Trio à cordes* (1991).

Joliot-Curie *(Irène),* physicienne française (Paris 1897 - *id.* 1956), fille de Pierre et de Marie Curie, épouse de Jean Frédéric Joliot. Seule ou en collaboration avec son mari, elle effectua des travaux qui conduisirent à la découverte de la radioactivité artificielle. Ses recherches sur l'action des neutrons sur l'uranium furent une étape importante de la découverte de la fission nucléaire. Elle fut nommée sous-secrétaire d'État à la Recherche scientifique en 1936 et directrice de l'Institut du radium en 1946. (Prix Nobel de chimie 1935.)

Joliot-Curie *(Jean Frédéric),* physicien français (Paris 1900 - *id.* 1958). En collaboration avec sa femme Irène, il a découvert la radioactivité artificielle (1934) en observant la désintégration spontanée d'éléments obtenus par bombardement aux particules α d'autres éléments. Après avoir fait construire le premier cyclotron de l'Europe occidentale, il a apporté une preuve physique du phénomène de fission puis étudié les réactions en chaîne et les conditions de réalisation d'une pile atomique à uranium et à eau lourde, qui fut construite en 1948. Pendant l'occupation de la France, il fut président du Front national et adhéra au Parti communiste. Directeur du C. N. R. S. en 1945, président du Conseil mondial de la paix, il fut le premier haut-commissaire à l'Énergie atomique (1946-1950), poste dont il fut relevé à cause de son engagement politique. (Prix Nobel de chimie 1935.)

Jolivet *(André),* compositeur français (Paris 1905 - *id.* 1974). Disciple d'Edgard Varèse, membre du groupe Jeune-France (1936), il fonda l'essentiel de son message sur deux sources fondamentales, la prière et la danse (*Mana,* 1935 ; *Cinq Danses rituelles,* 1939 ; deux sonates pour piano, trois symphonies, des concertos, *Épithalame* d'après le Cantique des cantiques, 1953, créé en 1956).

Jolliet ou **Joliet** *(Louis),* explorateur français (région de Québec 1645 - Canada 1700). Avec le P. Marquette, il reconnut le cours du Mississippi (1672).

Jomini *(Antoine Henri, baron de),* général et écrivain militaire suisse d'origine italienne (Payerne 1779 - Paris 1869). Il sert d'abord dans les rangs français à Ulm (1805) et en Russie (1812) mais, en désaccord avec Berthier, il passe au service de la Russie (août 1813). Conseiller du tsar Alexandre Ier, fondateur de l'Académie militaire de Saint-Pé-

tersbourg (1837), il est chargé de l'éducation du futur Alexandre II. Il est également le conseiller de Nicolas Ier (guerre de Crimée, 1854) puis de Napoléon III (guerre d'Italie, 1859). Jomini est l'auteur d'un ouvrage majeur, le *Précis de l'art de la guerre* (1837). Refusant à la stratégie le statut de science, il considère cependant que cet art repose sur quelques concepts fondamentaux : concentration du gros des forces, détermination du point décisif d'application de ces forces, intensité et simultanéité de cette application. L'influence de Jomini fut considérable dans la seconde moitié du XIXe siècle, notamment dans les écoles militaires américaines et, au XXe siècle, sur le théoricien britannique Liddel Hart.

Jommelli *(Niccolo),* compositeur italien (Aversa 1714 - Naples 1774). Il contribua à la réforme de l'*opera seria,* ce qui fait de lui un prédécesseur de Gluck. En témoignent notamment *La clemenza di Tito* (1753), *Pelope* (1755), *Enea nel Lazio* (1755), ainsi que des opéras bouffes dont *Il matrimonio per concorso* (1766). Son *Miserere* pour 2 voix et orchestre est célèbre.

Jonas *(livre de),* écrit datant de la fin du IVe s. av. J.-C. et admis par une erreur d'interprétation dans le corps des livres prophétiques de la Bible. Il prêche l'universalisme en décrivant, à travers des constructions fantastiques comme l'enfermement de Jonas dans le ventre d'une baleine pendant trois jours, l'attitude chauvine d'un prophète récalcitrant qui veut réserver au seul Israël les bienfaits de Dieu.

Jones *(Ernest),* médecin et psychanalyste britannique (Gowerton, Glamorgan, 1879 - Londres 1958). Il a joué un rôle important dans la diffusion de la psychanalyse dans les pays anglo-saxons, mais il est surtout connu pour son importante biographie de S. Freud.

Jones *(Everett* Le Roi*),* écrivain américain (Newark, New Jersey, 1934). Il a pris en 1965 le nom de **Imamu Amiri Baraka.** Romancier, dans la lignée de Joyce et de Kerouac, poète militant, essayiste et dramaturge, il est une des figures dominantes de la négritude dans les années 50 et 60 (*le Système de l'Enfer de Dante,* 1965 ; *A Black Mass,* 1966 ; *A Black Value System,* 1969).

Jones *(Inigo),* architecte anglais (Londres 1573 - *id.* 1652). Intendant des bâtiments royaux après avoir été un décorateur des fêtes de la cour, il voyagea en Italie (1613) et introduisit le palladianisme en Angleterre (Banqueting House, Londres, 1619 et suiv.).

Jones *(James),* écrivain américain (Robinson, Illinois, 1921 - Southampton, État de New York, 1977). Ses romans relatent son expérience de la guerre (*Tant qu'il y aura des hommes,* 1951) et les bouleversements contemporains (*le Joli Mois de mai,* 1971).

Jongen *(Joseph),* compositeur et pédagogue belge (Liège 1873 - Sart-lès-Spa 1953). Son œuvre, apparentée à l'école française (d'Indy, Debussy), aborde tous les genres : musique de chambre, pages d'orchestre (dont une symphonie avec orgue), musique dramatique et œuvres religieuses.

Jongkind *(Johan Barthold),* peintre et graveur néerlandais (Lattrop 1819 - Grenoble 1891). Paysagiste, installé en France, il est un des précurseurs de l'impressionnisme, notamment dans ses aquarelles.

Jönköping, v. de Suède, sur le lac Vättern ; 111 486 hab. Allumettes. — Monuments du xviiᵉ siècle. Musées provincial et de plein air.

Jonquière, v. du Canada (Québec), dans la région du Saguenay ; 54 559 hab.

Jonson *(Ben),* auteur dramatique anglais (Westminster 1572 ? - Londres 1637). Auteur fécond, il passa du « masque » (le futur opéra) à la comédie, puis à la tragédie à l'ancienne. *Chacun dans son caractère* (1598) fut joué par la troupe de Shakespeare, dont Ben Jonson devint l'ami et le rival. Ses comédies de caractère, tel *Volpone* (1606), considérées comme les plus remarquables de la Renaissance anglaise, lui apportèrent la célébrité.

Jonzac, ch.-l. d'arr. de la Charente-Maritime, sur la Seugne ; 4 389 hab. Eau-de-vie. — Château (xivᵉ-xviiᵉ s.), église romane très restaurée et ancien couvent des Carmes.

Jooss *(Kurt),* danseur et pédagogue allemand (Wasseralfingen, Wurtemberg, 1901 - Heilbronn 1979). Élève puis assistant de Rudolph von Laban, il fonde à Essen la Folkwangschule (1927) mais doit fuir l'Allemagne nazie et se réfugie en Grande-Bretagne, où il poursuit ses activités de chorégraphe et de pédagogue. De retour à Essen en 1949, il réorganise son école, à laquelle il se consacre jusqu'en 1953. Il est l'auteur de la *Table verte* (1932), œuvre capitale et caractéristique de l'expressionnisme chorégraphique d'avant-guerre.

Joplin *(Janis),* chanteuse de rock américaine (Port Arthur 1943 - Hollywood 1970). Personnalité tourmentée, douée d'une voix bouleversante, elle conjugua les accents du rock avec les inflexions et les thèmes du blues.

Jorasses (Grandes), sommets du massif du Mont-Blanc ; 4 208 m à la pointe Walker.

Jordaens *(Jacob),* peintre flamand (Anvers 1593 - id. 1678). Influencé par Rubens et par le caravagisme, il devint dans sa maturité le représentant par excellence d'un naturalisme opulent et sensuel (*Le roi boit, le Satyre et le Paysan,* diverses versions).

Jordan *(Camille),* mathématicien français (Lyon 1838 - Paris 1922). Il fut l'un des fondateurs de la théorie des groupes, où il reprit et développa les idées d'É. Galois.

Jordanie, État de l'Asie occidentale, à l'est d'Israël ; 92 000 km² ; 3 400 000 hab. *(Jordaniens).* CAP. *Amman.* LANGUE : *arabe.* MONNAIE : *dinar jordanien.*

GÉOGRAPHIE
La majeure partie du pays est formée d'un plateau désertique parcouru par quelques nomades. Le Nord-Ouest, un peu moins aride, porte des céréales, mais le fossé du Jourdain irrigué (canal du Ghor oriental) a des cultures fruitières et légumières. Toutefois, une part notable de la population, rapidement croissante, est aujourd'hui urbanisée, concentrée surtout dans l'agglomération d'Amman. L'industrie, en dehors de l'agroalimentaire et surtout de l'extraction des phosphates (base des exportations), est peu développée. La balance commerciale est très lourdement déficitaire. Les (maigres) revenus du tourisme et les envois des émigrés n'équilibrent pas la balance des paiements. Le pays, comptant une forte proportion de Palestiniens, malgré l'abandon de la Cisjordanie, doit encore faire face à un fort endettement extérieur.

HISTOIRE
La Jordanie est issue de l'émirat de Transjordanie créé en 1921 à l'est du Jourdain et placé sous tutelle britannique. Érigé en royaume en 1946, cet État prend une part active à la guerre opposant à partir de 1947 Arabes et Israéliens, et annexe la Cisjordanie (territoire situé à l'ouest du Jourdain et faisant partie de l'État arabe prévu par le plan de partage de la Palestine adopté par l'O. N. U.).

1949. Le nouvel État prend le nom de royaume hachémite de Jordanie.

1952. Husayn devient roi.

1967. Au terme de la troisième guerre israélo-arabe, la Cisjordanie est conquise et occupée par Israël.

1970. Les troupes royales interviennent contre les Palestiniens, qui sont expulsés vers la Syrie et le Liban.

Après la guerre israélo-arabe d'octobre 1973, la Jordanie renoue progressivement avec les Palestiniens.

1988. Le roi Husayn proclame la rupture des liens légaux et administratifs entre la Jordanie et la Cisjordanie.

1993. À la suite de l'accord israélo-palestinien, des négociations sont engagées avec Israël.

1994. La Jordanie signe un traité de paix avec Israël.

Jorn (*Asger Jørgensen, dit Asger*), peintre, graveur et écrivain danois (Vejrum 1914 - Århus 1973). Cofondateur de Cobra, puis d'une des branches du mouvement situationniste, esprit aigu, expérimentateur aux initiatives multiples, il a laissé une œuvre plastique d'une grande liberté (*Atomisation imprévue*, 1958, musée Jorn à Silkeborg, Jylland).

Jos, v. du Nigeria, sur le *plateau de Jos* ; 169 000 hab.

Joseph, patriarche hébreu, l'avant-dernier des douze fils de Jacob. Ses frères l'ayant vendu à des caravaniers, il devint esclave en Égypte, puis accéda aux fonctions de ministre du pharaon. C'est là que ses frères et son père le retrouvèrent, s'installant en Égypte sous sa protection.

SAINTS

Joseph (*saint*), époux de la Vierge Marie et père nourricier de Jésus. Son culte s'est développé tardivement en Orient à partir du VIIᵉ siècle et il passa ensuite en Occident.

Joseph d'Arimathie (*saint*) [Iᵉʳ s.], Juif de Jérusalem, membre du Sanhédrin. Il prêta son propre tombeau pour ensevelir Jésus.

EMPIRE GERMANIQUE ET AUTRICHE

Joseph Iᵉʳ (Vienne 1678 - *id.* 1711), roi de Hongrie (1687), roi des Romains (1690), archiduc d'Autriche et empereur germanique (1705-1711). Fils et successeur de Léopold Iᵉʳ, il conquit l'Italie du Nord durant la guerre de la Succession d'Espagne. En Hongrie, il apaisa la noblesse en reconnaissant le calvinisme et les droits des États (1711). **Joseph II** (Vienne 1741 - *id.* 1790), empereur germanique et corégent des États des Habsbourg (1765-1790). Fils aîné de François Iᵉʳ et de Marie-Thérèse, devenu seul maître à la mort de sa mère (1780), il voulut, en despote éclairé, rationaliser et moderniser le gouvernement de ses États, et libéra les paysans des servitudes personnelles (1781). Il pratiqua à l'égard de l'Église une politique de surveillance et de contrôle (« jozé-

phisme »). Sa politique centralisatrice provoqua le soulèvement de la Hongrie et des Pays-Bas (1789).

ESPAGNE

Joseph, *roi d'Espagne* → **Bonaparte**.

Joseph (*François Joseph* Le Clerc du Tremblay, *dit le Père*), *surnommé* l'Éminence grise, capucin français (Paris 1577 - Rueil 1638).Confident et conseiller de Richelieu, partisan de la lutte contre les Habsbourg, il eut une grande influence sur la politique extérieure menée par le cardinal.

Josèphe (*Flavius*) → **Flavius Josèphe**.

Joséphine (*Marie-Josèphe* Tascher de La Pagerie), impératrice des Français (Trois-Îlets, Martinique, 1763 - Malmaison 1814). Elle épousa en 1779 le vicomte de Beauharnais, dont elle eut deux enfants (Eugène et Hortense). Veuve en 1794, elle devint la femme du général Bonaparte (1796) et fut couronnée impératrice en 1804. N'ayant pu donner d'héritier à l'Empereur, elle fut répudiée en 1809 et se retira à la Malmaison.

Josephson (*Brian David*), physicien britannique (Cardiff 1940). Il a découvert en 1962 que, si deux matériaux supraconducteurs sont reliés par une jonction isolante mince, des électrons peuvent, sans chute de tension, franchir cette barrière tant que le courant reste inférieur à un certain seuil. On tire parti de ce phénomène (*effet Josephson*) en informatique pour réaliser des circuits logiques et des mémoires extrêmement rapides. (Prix Nobel 1973.)

Jospin (*Lionel*), homme politique français (Meudon 1937). Ministre de l'Éducation nationale (1988-1992), il est le premier secrétaire du Parti socialiste de 1981 à 1988 et depuis 1995.

Josquin Des Prés, compositeur français (Beaurevoir, Picardie, v. 1440 - Condé-sur-l'Escaut v. 1521/1524). Attaché à la chapelle pontificale, il resta plus de vingt ans en Italie, avant de devenir musicien de Louis XII. Dans ses messes (*Hercules dux Ferrariae, De beata Virgine, Pange linga*) et motets (*Miserere*), il a su joindre à l'écriture contrapuntique savante telle qu'on la pratiquait dans les pays flamands une effusion mélodique acquise au contact des musiciens qu'il a fréquentés en Italie. Il a été aussi l'un des créateurs de la chanson à une ou à plusieurs voix (*Adieu mes amours, Mille Regrets, Nymphes des bois*).

Josué, personnage biblique qui succéda à Moïse et qui eut alors à conduire les Hébreux dans le pays de Canaan (fin du

XIIIe s. av. J.-C.). Le livre biblique de Josué raconte, sur un mode épique, leur installation dans cette Terre promise, ainsi que les combats qu'ils eurent à y livrer, notamment celui au cours duquel Josué arrêta le Soleil.

Jotunheim, massif de la Norvège méridionale, portant le point culminant de la Scandinavie (2 470 m).

Joubert *(Barthélemy),* général français (Pont-de-Vaux 1769 - Novi 1799). Il commanda en Hollande puis en Italie (1798), où il occupa le Piémont et Turin.

Joubert *(Joseph),* moraliste français (Montignac, Périgord, 1754 - Villeneuve-sur-Yonne 1824), auteur des *Pensées, essais, maximes* (1838-1842).

Joubert *(Petrus Jacobus),* général boer (colonie du Cap 1831 ? -Pretoria 1900), commandant en chef contre les Britanniques en 1881 et en 1899.

Joué-lès-Tours, ch.-l. de c. d'Indre-et-Loire, banlieue de Tours ; 37 114 hab. *(Jocondiens).* Caoutchouc. Constructions électriques.

Jouffroy d'Abbans *(Claude François, marquis de),* ingénieur français (Roches-sur-Rognon, Champagne, 1751 - Paris 1832). Il est le premier à avoir fait fonctionner un bateau à vapeur (Lyon, 15 juill. 1783).

Jouhandeau *(Marcel),* écrivain français (Guéret 1888 - Rueil-Malmaison 1979). Dans une œuvre tout entière habitée par le moi, Jouhandeau mêle le mysticisme et l'ironie, l'observation réaliste et l'introspection dans ses romans *(la Jeunesse de Théophile,* 1921 ; *M. Godeau intime,* 1926), ses contes *(les Pincengrain,* 1924), ses chroniques *(Chaminadour,* 1934-1941), ses essais *(De l'abjection,* 1939) et ses récits autobiographiques *(Chroniques maritales,* 1938-1943 ; *Journaliers,* 1961-1978).

Jouhaux *(Léon),* syndicaliste français (Paris 1879 - id. 1954). Secrétaire général de la C. G. T. (1909-1940), il dirigea, à partir de 1948, la C. G. T. -F. O., issue de la scission de la C. G. T. (Prix Nobel de la paix 1951.)

Joukov *(Gueorgui Konstantinovitch),* maréchal soviétique (Strelkovka 1896 - Moscou 1974). Chargé de défendre Moscou (1941), il résista victorieusement, puis il dirigea la défense de Leningrad (1943). Il conduisit ensuite un groupe d'armées de Varsovie à Berlin, où il reçut la capitulation de la Wehrmacht (1945). Disgracié par Staline, il fut, après la mort de ce dernier, ministre de la Défense (1955-1957).

Joukovski *(Nikolaï Iegorovitch),* aérodynamicien russe (Orekhovo 1847 - Moscou 1921). Il construisit l'une des premières souffleries (1902).

Joukovski *(Vassili Andreïevitch),* poète russe (près de Michenskoïe 1783 - Baden-Baden 1852). Il fit connaître au public russe le romantisme anglais et allemand, et fut le précepteur du tsar Alexandre II.

Joule *(James Prescott),* physicien britannique (Salford, près de Manchester, 1818 - Sale, Cheshire, 1889). Il étudia la chaleur dégagée par les courants électriques dans les conducteurs et en formula la loi, qui porte son nom (1841). Il détermina l'équivalent mécanique de la calorie (1842). Il énonça le principe de conservation de l'énergie mécanique et étudia, avec W. Thomson (lord Kelvin), la détente des gaz dans le vide. Utilisant la théorie cinétique des gaz, il calcula la vitesse moyenne des molécules gazeuses.

Joumblatt *(Kamal),* homme politique libanais (Moukhtara 1917 - près de Baaklin 1977). Chef de la communauté druze et fondateur en 1949 du Parti progressiste socialiste. Après son assassinat, son fils **Walid** (Beyrouth 1947) lui a succédé à la tête de la communauté druze et du parti.

Jourdain *(le),* fl. du Proche-Orient ; 360 km. Né au Liban, il traverse le lac de Tibériade et se jette dans la mer Morte. Il sépare Israël de la Syrie, puis de la Jordanie.

Jourdain *(Monsieur),* principal personnage du *Bourgeois gentilhomme* de Molière.

Jourdan *(Jean-Baptiste, comte),* maréchal de France (Limoges 1762 - Paris 1833). Vainqueur à Fleurus (1794), il commanda l'armée d'Espagne (1808-1814). Député aux Cinq-Cents, il fit voter la loi sur la conscription (1798).

Journal de Genève, quotidien suisse de tendance libérale, fondé en 1826.

Journal des débats *(le),* quotidien français fondé en 1789. Racheté en 1799 par les frères Bertin, le journal, de tendance libérale, connut un grand rayonnement. Il cessa de paraître en 1944.

Journal officiel de la République française (J. O.), publication officielle qui a succédé, en 1848, au *Moniteur universel.* Pris en régie par l'État en 1880, le *Journal officiel* publie chaque jour les lois, décrets, arrêtés, ce qui les rend opposables au public, des circulaires et divers textes administratifs (avis, communications, informations, annonces). Il publie également d'autres textes, dont le compte rendu des débats parlementaires.

Jouve *(Pierre Jean)*, écrivain français (Arras 1887 - Paris 1976). D'abord influencé par le symbolisme et l'esthétique du groupe de l'Abbaye *(Présence,* 1912), il connaît une longue crise morale aboutissant, en 1924, à un reniement de l'œuvre passée et à une nouvelle conception poétique qui, à la lumière de la psychanalyse, approfondit dans ses recueils lyriques *(les Noces,* 1931 ; *Sueur de sang,* 1933 ; *Gloire,* 1942 ; *Moires,* 1962 ; *Ténèbres,* 1965) la double nature de l'homme, prisonnier de ses instincts mais attiré par la spiritualité.

Jouvenel → Juvénal.

Jouvenet *(Jean)*, peintre français (Rouen 1644 - Paris 1717). Il exécuta des travaux décoratifs divers (notamm. à Versailles) et fut sans doute le meilleur peintre religieux de son temps *(Annonciation,* 1685, musée de Rouen ; *Descente de croix,* 1697, Louvre).

Jouvet *(Louis)*, acteur et directeur de théâtre français (Crozon 1887 - Paris 1951). L'un des animateurs du Cartel, directeur de l'Athénée (1934), il s'est distingué par ses mises en scène et ses interprétations de J. Romains *(Knock,* 1923), Molière, Giraudoux. Il joua plusieurs rôles importants au cinéma *(Drôle de drame,* 1937).

Jouvet *(Michel)*, médecin français (Lons-le-Saunier 1925). Ses recherches portent sur la physiologie du système nerveux, en particulier sur le sommeil et les rêves.

Jouy-en-Josas, comm. des Yvelines, sur la Bièvre ; 7 701 hab. *(Jovaciens).* Centre national de recherches zootechniques. École des hautes études commerciales. — Oberkampf y avait installé ses ateliers d'impression sur toile *(toiles de Jouy,* qui font l'objet d'un musée local).

Jovien, *en lat.* Flavius Claudius Iovianus (Singidunum, Mésie, v. 331 - Dadastana, Bithynie, 364), empereur romain (363-364). Succédant à Julien, il restaura les privilèges de l'Église et conclut la paix avec Châhpuhr, roi de Perse.

Joyce *(James)*, écrivain irlandais (Rathgar, près de Dublin, 1882 - Zurich 1941). Né dans une famille catholique, il fait ses études chez les jésuites, puis s'inscrit à l'université. À l'écart des luttes politiques — l'Irlande a trahi son héros, Parnell — et fasciné par Ibsen, il publie des poèmes et des articles de revues *(le Nouveau Drame d'Ibsen,* 1900). Rejetant d'un seul coup sa famille, sa foi et les aspirations gaéliques de ses compatriotes, il quitte en 1904 l'Irlande, qui restera cependant toujours au cœur de son œuvre, pour s'établir successive-ment à Paris, à Trieste et à Zurich. D'abord poète *(Musique de chambre,* 1907), il passe à des nouvelles réalistes, pétries de compassion *(Gens de Dublin,* 1914 ; *Dedalus, portrait de l'artiste jeune par lui-même,* 1916), qui forment une introduction à son œuvre maîtresse *Ulysse* (1922), interdite en Grande-Bretagne et aux États-Unis pour pornographie. Récit d'une journée du courtier de Dublin Leopold Bloom, ce roman, version moderne et parodie de *l'Odyssée,* s'appuie sur la technique du monologue intérieur et tente d'unifier tous les procédés de style en un langage total. De 1922 à 1939, Joyce s'absorbe dans *Finnegans Wake,* doué comme *Ulysse* d'un symbolisme multiple et dont le personnage principal est en définitive le langage.

Joyeuse *(Anne, duc de)*, homme de guerre français et favori d'Henri III (Joyeuse 1561 - Coutras 1587). Commandant de l'armée royale, il mourut au combat, vaincu par le futur Henri IV. Son frère **François** (1562-1615), cardinal, négocia la réconciliation d'Henri IV avec le pape.

József *(Attila)*, poète hongrois (Budapest 1905 - Balatonszárszó 1937). Militant du mouvement ouvrier clandestin, objet de persécutions perpétuelles, il se suicida, laissant une œuvre d'inspiration sociale qui domine le lyrisme hongrois moderne *(le Mendiant de la beauté,* 1922).

Juan *(golfe)*, golfe des Alpes-Maritimes.

Juan Carlos Iᵉʳ de Bourbon (Rome 1938), roi d'Espagne, petit-fils d'Alphonse XIII. Il est désigné par Franco en 1969 comme héritier du trône d'Espagne. Après la mort de ce dernier (1975), il préside à la démocratisation du pays.

Juan d'Autriche *(don)*, prince espagnol (Ratisbonne 1545 - Bourges, près de Namur, 1578), fils naturel de Charles Quint. Vainqueur des Turcs à Lépante (1571), il fut gouverneur des Pays-Bas (1576-1578), où il se livra à des excès contre les calvinistes.

Juan de Fuca, détroit qui sépare l'île de Vancouver (Canada) des États-Unis.

Juan de Juni, sculpteur espagnol d'origine française (Joigny ? 1507 ? - Valladolid 1577). Il fit un voyage en Italie avant de travailler à León (1533) et de s'établir à Valladolid (1541), où ses œuvres, mouvementées, ont influencé la sculpture castillane *(Mise au tombeau, Vierge aux épées,* en bois polychrome).

Juan de Nova, petite île française de l'océan Indien, dans le canal de Mozambique.

Juan Fernández *(îles)*, archipel chilien du Pacifique.

Juárez García *(Benito)*, homme d'État mexicain (San Pablo Guelatao 1806 - Mexico 1872). Président de la République (1858) réélu en 1861, il lutta en 1863 contre l'intrusion française au Mexique et fit fusiller l'empereur Maximilien d'Autriche (1867).

Juba II (v. 52 av. J.-C.-v. 23/24 apr. J.-C.), roi de Mauritanie (25 av. J.-C.-v. 23/24 apr. J.-C.). Étroitement dépendant de Rome, il dut son royaume à Auguste. Il dota sa capitale, *Caesarea* (auj. *Cherchell*), de nombreux monuments.

Jubbulpore → Jabalpur.

Juby *(cap)*, promontoire du sud-ouest du Maroc.

Juda, personnage biblique. Son nom désignait d'abord un pays qui donna son nom à une tribu. Celle-ci se trouva un ancêtre éponyme dans la personne de Juda, fils de Jacob et de Lia. Établie au sud de la Palestine, cette tribu a joué un rôle prépondérant dans l'histoire du peuple hébreu.

Juda *(royaume de)*, entité nationale créée en Palestine, face au royaume rival d'Israël, par les tribus du Sud à la suite de la mort de Salomon. Les souverains les plus marquants de ce royaume (931-587 av. J.-C.) furent Roboam, Josaphat, Athalie (dont le règne fut marqué par une grave crise politique et religieuse), Ozias, Achab, Ezéchias, Josias et Sédécias. Le royaume de Juda fut très affecté par l'effondrement de celui d'Israël, lors de la chute de Samarie (721). Ezéchias (716-687) entreprit une profonde réforme religieuse et une restauration nationale ; mais, se rangeant du côté de l'Égypte pour éviter la domination de l'Assyrie, il dut payer à celle-ci, victorieuse, un lourd tribut. Après la chute de Ninive en 612, Babylone prit le relais de l'Assyrie et investit Jérusalem, qui tomba en 587 sous les coups de Nabuchodonosor. Le Temple fut détruit et l'élite de la population déportée à Babylone.

Judas, *dit* l'Iscariote, un des douze apôtres de Jésus. Il est le traître, celui qui livra Jésus à ses ennemis. Les Évangiles disent qu'ensuite il se donna la mort, tandis que d'autres traditions lui attribuent une fin plus atroce et honteuse.

Judas Maccabée → Maccabée.

Judée, province du sud de la Palestine à l'époque gréco-romaine.

Judith *(livre de)*, livre de la Bible écrit vers le milieu du IIe s. av. J.-C. Avec les livres de Daniel et des Maccabées, il témoigne de l'affrontement d'alors entre le judaïsme et l'hellénisme. L'héroïne, Judith, dont le nom signifie « la Juive » et qui va tuer sous sa tente Holopherne, le général de Nabuchodonosor, symbolise l'action libératrice de Dieu par des intermédiaires fidèles à sa loi.

Judith de Bavière (v. 800 - Tours 843), seconde femme de Louis le Pieux, empereur d'Occident. Elle exerça une grande influence sur son époux, au seul profit de son fils, Charles le Chauve.

Juges, dans l'histoire des Hébreux, chefs temporaires et héros locaux qui, durant la période consécutive à l'installation en Canaan, exercèrent leur autorité sur un groupe de tribus rassemblées face à un danger extérieur. Les plus connus sont Gédéon, Jephté, Samson et une femme, Déborah. La période dite « des Juges » (de 1200 à 1030 env.) s'est achevée avec l'établissement de la monarchie. Le *livre des Juges*, rédigé vers la fin de la période monarchique (VIIe-VIe s.), évoque, dans le style pittoresque de la littérature populaire, l'action de ces administrateurs charismatiques, ainsi que les grands événements contemporains.

Juglar *(Clément)*, médecin et économiste français (Paris 1819 - *id.* 1905). Il a établi la périodicité des crises économiques et présenté les cycles comme une conséquence inéluctable du développement. Juglar a mis en valeur un cycle d'une durée de sept à huit années (auquel sera donné son nom) et éclairé le rôle de la monnaie dans la genèse des crises.

Jugurtha (v. 160 av. J.-C.-Rome 104), roi de Numidie (118-105 av. J.-C.). Petit-fils de Masinissa, il lutta contre Rome, fut vaincu par Marius (107 av. J.C.) et livré à Sulla (105), alors questeur de Marius. Il mourut en prison.

Juillet *(fête du 14-)*, fête nationale française, instituée en 1880, qui commémore à la fois la prise de la Bastille, le 14 juillet 1789, et la fête de la Fédération, le 14 juillet 1790.

Juillet *(monarchie de)*, régime monarchique constitutionnel instauré en France après les journées des 27, 28, 29 juillet 1830 *(les Trois Glorieuses)* et dont le souverain fut Louis-Philippe Ier, qui fut renversé par la révolution de février 1848. Le régime de Juillet repose sur la Charte de 1814 révisée, à laquelle Louis-Philippe Ier prête serment le 9 août 1830, et qui consacre la victoire du système représentatif. Le principe de la souveraineté nationale remplace celui de droit divin ; le roi, investi du pouvoir exécutif, partage le législatif avec la Chambre des pairs et la Chambre des députés. Le régime s'appuie sur la bourgeoisie, qui occupe les ressorts de l'État et de l'Administration.

■ **L'installation d'une monarchie bourgeoise (1830-1840).**

2 nov. 1830. Confronté à de graves difficultés économiques (faillites, chômage) et à l'agitation, Louis-Philippe fait appel au banquier J. Laffitte, chef du courant le plus libéral (le Mouvement), comme président du Conseil. Discrédité par les manifestations anticléricales à Paris (févr. 1831), par ses expédients (augmentation des impôts), par son soutien aux insurrections polonaise et italienne, Laffitte est renvoyé et remplacé par Casimir Perier (mars), chef du courant conservateur, la Résistance.

19 avr. 1831. Le système électoral, organisé par la loi du 19 avril, attribue à 168 000 bourgeois (en majorité des propriétaires fonciers) le monopole de la représentation nationale.

Perier réduit les fonctionnaires à l'obéissance, poursuit les révolutionnaires et réprime l'insurrection des canuts de Lyon (nov.). La mort de Perier (16 mai 1832) ouvre une période de troubles.

avr.-nov. 1832. Les légitimistes organisent en Vendée un soulèvement en faveur du fils de la duchesse de Berry mais échouent. Les républicains, renforcés par les premières associations ouvrières, tentent un coup de force à l'occasion des funérailles du général Lamarque (juin 1832), puis organisent contre le roi l'attentat de Fieschi (juill. 1835).

1835. De nouvelles lois, jugulant la presse et réorganisant les cours d'assises, brisent le parti républicain.

La volonté de Louis-Philippe d'exercer une autorité active engendre la succession de dix ministères, dont ceux de Molé (1836-1839) et de Thiers (mars-oct. 1840). Ce dernier réprime une série de grèves dues à la misère ouvrière.

15 juill. 1840. Conclusion du traité de Londres entre la Grande-Bretagne, la Russie, l'Autriche et la Prusse contre l'Égypte, alliée de la France, afin d'empêcher le démembrement de l'Empire ottoman.

Le bellicisme de Thiers entraîne son renvoi (29 oct.) par Louis-Philippe, lequel charge le maréchal Soult de constituer un cabinet qui sera, en fait, dirigé par Guizot.

■ **Le ministère Guizot et la stabilité (1840-1848).** Cette stabilité s'explique par la parfaite entente entre le roi et Guizot, dont la politique entièrement acquise au conservatisme est appuyée par le souverain, et par la désagrégation des partis à la Chambre, qui permet au gouvernement de se créer une majorité par des faveurs personnelles. L'« ère Guizot » est celle des lois d'affaires, favorables à la haute bourgeoisie et à l'expansion économique. C'est l'époque du démarrage de la révolution industrielle, stimulé par les économistes libéraux (J.-B. Say et F. Bastiat), qui font voter la loi du 11 juin 1842 sur les chemins de fer (1 930 km de voies ferrées en 1848, contre 570 en 1842). Mais le protectionnisme et l'insuffisante organisation du crédit freinent le progrès économique.

1847. Conquête de l'Algérie.

À l'extérieur, après avoir pratiqué une politique de concessions à la Grande-Bretagne, Guizot rompt avec cette dernière (1846) et se rapproche de l'Autriche de Metternich pour enrayer l'agitation libérale en Europe, ce qui accroît le nombre des opposants au régime.

■ **La chute de la monarchie (févr. 1848).**

À partir de la fin de 1846, la question de la réforme électorale cristallise les efforts de l'opposition, qui réclame un abaissement du cens électoral.

juill. 1847. Début de la campagne des banquets.

Le roi et Guizot refusant toute modification de la loi de 1831, l'opposition fait appel à l'opinion par une campagne de banquets, tenus à Paris et dans les grandes villes, alors que la crise économique jette à la rue près de un million de chômeurs. L'interdiction du banquet qui devait se tenir à Paris, le 22 février 1848, provoque la révolution de 1848 qui renverse Louis-Philippe et met fin à la monarchie de Juillet.

24 févr. 1848. Instauration de la République, proclamée par le gouvernement provisoire.

juillet 1789 *(journée du 14)*, première insurrection des Parisiens pendant la Révolution, qui entraîna la prise de la Bastille.

juillet 1830 *(révolution ou journées de)*, ou **les Trois Glorieuses** *(27-29 juill.).* → révolution de 1830.

Juin *(Alphonse)*, maréchal de France (Bône, auj. Annaba, 1888 - Paris 1967). Commandant le corps expéditionnaire français en Italie (1943), vainqueur au Garigliano (1944), il devint résident général au Maroc (1947-1951) et fut fait maréchal en 1952. De 1953 à 1956, il commanda les forces atlantiques du secteur Centre-Europe.

juin 1792 *(journée du 20)*, émeute parisienne causée par le renvoi des ministres brissotins et au cours de laquelle fut envahi le palais des Tuileries, où résidait alors Louis XVI.

juin 1848 *(journées de)* [23-26 juin], insurrection parisienne provoquée par le licenciement des ouvriers des Ateliers nationaux. Réprimée par Cavaignac, elle fut suivie d'une réaction conservatrice.

juin 1940 *(appel du 18),* discours prononcé par le général de Gaulle à la radio de Londres, incitant les Français à refuser l'armistice et à continuer le combat aux côtés de la Grande-Bretagne.

Juiz de Fora, v. du Brésil (Minas Gerais) ; 385 756 hab.

Jules II *(Giuliano Della Rovere)* [Albissola 1443 - Rome 1513], pape de 1503 à 1513. Désireux de faire du Saint-Siège la première puissance italienne, il guerroya notamment contre les Français. Mais il fut aussi un mécène fastueux et le protecteur, par exemple, de Michel-Ange et de Bramante. Au premier, il commanda son tombeau et les peintures de la voûte de la chapelle Sixtine.

Julia ou **Iulia** *(gens),* illustre famille de Rome, à laquelle appartenait Jules César et qui prétendait descendre d'Iule, fils d'Énée.

Juliana *(Louise Emma Marie Wilhelmine)* [La Haye 1909], reine des Pays-Bas (1948-1980). En 1980, elle a abdiqué en faveur de sa fille Béatrice.

Julie (Ottaviano 39 av. J.-C.-Reggio di Calabria 14 apr. J.-C.), fille d'Auguste. Elle épousa successivement Marcellus, Agrippa et Tibère. Elle fut reléguée dans l'île de Pandateria pour son inconduite (2 av. J.-C.).

Julie, nom de plusieurs princesses romaines d'origine syrienne. **Julia Domna** (Émèse v. 158 - Antioche 217) fut l'épouse de Septime Sévère et la mère de Caracalla. Sa sœur **Julia Mœsa** (Émèse-226) fut la grand-mère d'Elagabal. Toutes deux ont favorisé l'extension des cultes venus de Syrie.

Julie ou **la Nouvelle Héloïse,** ou Lettres de deux amants d'une petite ville au pied des Alpes, roman épistolaire de J.-J. Rousseau (1761).

Julien, *dit* l'Apostat, en lat. Flavius Claudius Julianus (Constantinople 331 - en Mésopotamie 363), empereur romain (361-363). Neveu de Constantin, successeur de Constance II, il abandonna la religion chrétienne et favorisa la renaissance du paganisme. Il fut tué lors d'une campagne contre les Perses.

Julien l'Hospitalier *(saint)* [dates indéterminées], assassin involontaire de ses parents. Son histoire est connue par la *Légende dorée*

et un conte de Flaubert. Patron des bateliers, des voyageurs et des aubergistes.

Julio-Claudiens, membres de la première dynastie impériale romaine issue de César. Ce furent Auguste, Tibère, Caligula, Claude et Néron.

Jullian *(Camille),* historien français (Marseille 1859 - Paris 1933), auteur d'une *Histoire de la Gaule* (1907-1928). [Acad. fr. 1924.]

Jullundur, v. de l'Inde (Pendjab) ; 519 530 hab.

Juneau, cap. de l'Alaska ; 26 751 hab. — Musée historique de l'Alaska (ethnographie).

Jung *(Carl Gustav),* psychiatre suisse (Kesswil, Turgovie, 1875 - Küsnacht, près de Zurich, 1961). Il rencontre Freud à Vienne en 1907, l'accompagne dans son voyage aux États-Unis (1909) et devient le premier président de l'Association psychanalytique internationale. Jung est considéré à cette époque comme le dauphin de Freud. La publication de *Métamorphoses et symboles de la libido* (1912) fait apparaître les premières divergences avec les thèses freudiennes, concernant notamment la nature de la libido, qui devient chez Jung l'expression psychique d'une « énergie vitale » et qui n'est pas uniquement d'origine sexuelle. En 1913, la rupture avec Freud est consommée et Jung donne à sa méthode le nom de « psychologie analytique ». Au-delà de l'inconscient individuel, Jung introduit un « inconscient collectif », notion qu'il approfondit dans les *Types psychologiques* (1920). L'inconscient collectif, qui représente l'accumulation des expériences millénaires de l'humanité, s'exprime à travers des *archétypes* : thèmes privilégiés que l'on rencontre inchangés aussi bien dans les rêves que dans les mythes, contes ou cosmogonies. Le but de la thérapie « jungienne » est de permettre à la personne de renouer avec ses racines, c'est-à-dire de prendre conscience des exigences des archétypes, exigences révélées par les rêves. Jung ne reconnaît pas à l'enfance un rôle déterminant dans l'éclosion des troubles psychiques de l'âge adulte. Il publie en 1944 *Psychologie et Alchimie,* ce qui marque une seconde époque de sa carrière, où il s'intéresse désormais à l'ethnologie et à la philosophie des religions.

Jünger *(Ernst),* écrivain allemand (Heidelberg 1895). La Première Guerre mondiale servira de thème à ses premiers ouvrages (*Orages d'acier,* 1920 ; *Feu et Sang,* 1925). Chef de file nietzschéen du « néonationalisme », Jünger voit dans la guerre une loi de la nature. Exaltant le machinisme et la révolution nationale (*le Cœur aventureux*, 1929), il sert ainsi les débuts du nazisme, qu'il devait combattre par la suite (*Sur les falaises de marbre*, 1939). Sa campagne en France au cours de la Seconde Guerre mondiale lui inspire *Jardins et Routes de France* (1942) et un *Journal* (2 vol., 1951-1953). Les œuvres écrites après 1945 témoignent d'un esthétisme aristocratique, fondé sur la figure du solitaire (*Traité du rebelle*, 1951) qui refuse le matérialisme moderne (*le Nœud gordien*, 1953 ; *Traité du sablier*, 1954) et affirme sa liberté face au pouvoir politique (*Heliopolis*, 1949 ; *Eumeswil*, 1977).

Jungfrau *(la)*, sommet des Alpes bernoises (4 166 m), en Suisse. Station d'altitude et de sports d'hiver sur le *plateau du Jungfraujoch* (3 457 m). Laboratoires de recherches scientifiques en haute montagne.

Junkers *(Hugo)*, ingénieur allemand (Rheydt 1859 - Gauting 1935). Il réalisa le premier avion entièrement métallique (1915) et construisit de nombreux appareils militaires. En 1929 sortit de ses usines le premier moteur Diesel destiné à l'aviation.

Junon, divinité italique puis romaine, femme de Jupiter et reine du Ciel, déesse de la Féminité et du Mariage. Elle est associée à Jupiter et à Minerve dans la triade du Capitole. Vénérée sous divers noms correspondant à ses attributions, elle était assimilée à l'Héra des Grecs.

Junot *(Jean Andoche), duc* d'**Abrantès**, général français (Bussy-le-Grand, Côte-d'Or, 1771 - Montbard 1813). Aide de camp de Bonaparte en Italie (1796), général en Égypte (1799), il commanda au Portugal (1807) mais dut capituler à Sintra (1808). Il se tua dans un accès de folie. Sa femme, **Laure Permon,** *duchesse* d'**Abrantès** (Montpellier 1784 - Paris 1838), est l'auteur de *Mémoires.*

Jupiter, divinité romaine, fils de Saturne et de Rhéa, à la fois père et maître du Ciel. Devenu le dieu suprême, il fut assimilé au Zeus grec. Qualifié par des épithètes correspondant à divers pouvoirs, il était adoré, avec Junon et Minerve, dans le grand temple du Capitole.

Jupiter, la plus grosse et la plus massive des planètes du système solaire. Elle est constituée essentiellement d'hydrogène et d'hélium. On lui connaît 16 satellites, dont 4 ont des dimensions planétaires.

Juppé *(Alain),* homme politique français (Mont-de-Marsan 1945). Membre du R. P. R., ministre du Budget (1986-1988) puis des Affaires étrangères (1993-1995), il est nommé Premier ministre en 1995.

Jura, chaîne de montagnes de France et de Suisse, qui se prolonge en Allemagne par des plateaux calcaires ; 1 718 m au crêt de la Neige. Le Jura franco-suisse comprend un secteur oriental plissé, plus élevé au sud qu'au nord, et un secteur occidental, tabulaire, au-dessus des plaines de la Saône. L'orientation et l'altitude expliquent l'abondance des précipitations, favorables à l'extension des forêts et des prairies. Aussi l'exploitation forestière et les produits laitiers (fromages) y constituent-ils les principales ressources, complétées par le tourisme et, surtout, par de nombreuses petites industries (horlogerie, lunetterie, travail du bois, matières plastiques, etc.). Le Jura allemand est formé d'un plateau calcaire, au climat rude, souvent recouvert par la lande, et dont l'altitude s'abaisse au sud (Jura souabe) vers le nord (Jura franconien).

Jura [39], dép. de la Région Franche-Comté ; ch.-l. de dép. *Lons-le-Saunier ;* ch.-l. d'arr. *Dole, Saint-Claude ;* 3 arr., 34 cant., 545 comm. ; 4 999 km² ; 248 759 hab. *(Jurassiens).* Il est rattaché à l'académie et à la cour d'appel de Besançon, à la région militaire Nord-Est.

Jura *(canton du),* canton de Suisse, créé en 1979, englobant trois districts francophones jurassiens appartenant auparavant au canton de Berne ; 837 km² ; 66 163 hab. Ch.-l. *Delémont.*

Jura (Haut-), parc naturel régional créé en 1986, dans le dép. du Jura, à la frontière suisse ; env. 62 000 ha.

Jurien de la Gravière *(Jean Edmond),* amiral français (Brest 1812 - Paris 1892). Il commanda les forces françaises au Mexique (1861), fut aide de camp de Napoléon III (1864) et devint directeur des Cartes et Plans de la marine (1871). [Acad. fr. 1888.]

Jurin *(James),* médecin et physicien anglais (Londres 1684 - *id.* 1750). Il est l'auteur de la loi relative à l'ascension des liquides dans les tubes capillaires (1718).

Juruá, riv. de l'Amazonie, affl. de l'Amazone (r. dr.) ; env. 3 000 km.

Jussieu (de), famille de botanistes français, qui a compté parmi ses membres : **Antoine** (Lyon 1686 - Paris 1758) ; **Bernard** (Lyon 1699 - Paris 1777), frère du précédent ; **Joseph** (Lyon 1704 - Paris 1779), frère des précédents ; **Antoine Laurent** (Lyon 1748 - Paris 1836), neveu des trois précédents, promoteur de la classification « naturelle » des plantes ; **Adrien** (Paris 1797 - *id.* 1853), fils du précédent.

Justinien *(Code),* ouvrage juridique rédigé sur l'ordre de l'empereur Justinien (528-29 et 534), regroupant les lois promulguées depuis Hadrien. Il fut suivi du *Digeste,* ou *Pandectes,* qui reprenait, en la codifiant, la jurisprudence romaine, des *Institutes,* manuel de droit publié en 533, et des *Novelles* (lois postérieures à 533).

Justinien Iᵉʳ (Tauresium ?, près de Skopje, 482 - Constantinople 565), empereur byzantin (527-565). Il collabore avec son oncle Justin dès 518 et lui succède en 527. Très secondé par l'impératrice Théodora, il entreprend de rétablir le territoire de l'ancien Empire romain, de faire de la Méditerranée un lac byzantin et d'extirper l'arianisme. En 532, il conclut avec le souverain perse Khosrô la « paix éternelle » et écrase à Byzance la sédition Nika. Il poursuit la réforme de l'État dans le sens de la centralisation et de l'absolutisme impérial : il fait réviser et classer, dans le *Code Justinien,* des lois promulguées depuis Hadrien (528-529 et 534) et fait reprendre et codifier la jurisprudence romaine dans le *Digeste.* Justinien impose également à l'Église l'autorité impériale. Il condamne d'abord le monophysisme (528) et ferme l'université d'Athènes, foyer de paganisme (529). Mais, sous l'influence de Théodora, favorable aux monophysites, il fait déporter le pape Silvère en Asie Mineure. La reconquête de l'Occident sur les Barbares ariens est menée par ses grands généraux, Bélisaire puis Narsès. En Afrique, les Vandales sont vaincus et leur territoire est réuni à l'Empire romain en 534. La conquête de l'Italie sur les Ostrogoths demande des années de dures campagnes (535-561) ; aux Wisigoths est enlevé le sud-est de l'Espagne (v. 550-554). Mais l'engagement de Byzance en Occident a incité Khosrô à rompre la paix (540) ; les Perses envahissent la Syrie, et Justinien doit leur payer tribut (562). Il doit aussi payer pour le départ des Huns et des Slaves, qui ont plusieurs fois franchi la frontière du Danube. Centre d'un actif trafic commercial entre l'Europe et l'Asie, Byzance devient aussi un remarquable foyer intellectuel et artistique, ainsi qu'en témoignent la basilique Sainte-Sophie, qu'il fait élever à Constantinople, et la pénétration de l'art byzantin en Occident (Ravenne). Si Justinien n'a pu reconstituer qu'imparfaitement et le temps de son règne seulement, l'unité du monde romain, il a su assimiler ce qu'il y avait de plus solide dans l'œuvre de Rome : le droit, grâce auquel il a renforcé l'autorité impériale. C'est aussi de son règne qu'il convient de dater la naissance d'une civilisation proprement byzantine.

Jutes, peuple germanique qui s'établit dans le sud-est de l'Angleterre au vᵉ s. apr. J.-C.

Jütland → Jylland.

Jütland *(bataille du)* [31 mai-1ᵉʳ juin 1916], seul grand choc naval de la Première Guerre mondiale, qui eut lieu au large des côtes du Danemark (Jylland). Bien que la flotte allemande soit apparue comme supérieure en qualité, les Britanniques, commandés par Jellicoe, restèrent maîtres du champ de bataille.

Juvarra ou **Juvara** *(Filippo),* architecte et décorateur italien (Messine 1678 - Madrid 1736). Formé à Rome, il est appelé à Turin en 1714 et accomplit en vingt ans, surtout en Piémont, une œuvre considérable, d'un baroque retenu (basilique de Superga et villa royale de Stupinigi, près de Turin).

Juvénal, *en lat.* Decimus Junius Juvenalis, poète latin (Aquinum, Apulie, v. 60 apr. J.-C. - v. 130). Il est l'auteur de *Satires* à la verve puissante, opposant à la Rome dissolue de son temps l'image de la République idéalisée par Cicéron et Tite-Live.

Juvénal ou **Jouvenel des Ursins,** famille champenoise. Ses membres les plus connus sont : **Jean,** magistrat (Troyes 1360 - Poitiers 1431), prévôt des marchands en 1389. En 1408, il fit donner la régence du royaume à Isabeau de Bavière ; **Jean II,** son fils, magistrat lui aussi, prélat et historien (Paris 1388 - Reims 1473), auteur d'une *Chronique de Charles VI* ; **Guillaume** (Paris 1401 - *id.* 1472), frère du précédent, chancelier de Charles VII (1445) et de Louis XI (1466). Son portrait a été peint par Fouquet (v. 1460, Louvre).

Jylland, *en all.* Jütland, péninsule formant la partie continentale du Danemark. Plat et bas, couvert de cultures et de prairies au sud et à l'est, le Jylland porte des landes et des forêts au nord et à l'ouest, et ses principaux centres urbains sont des ports.

K

K2, deuxième sommet du monde, dans l'Himalaya (Karakorum) ; 8 611 m.

Kaba ou **Kaaba,** édifice cubique au centre de la Grande Mosquée de La Mecque, vers lequel les musulmans se tournent pour prier. Dans sa paroi est scellée la Pierre noire, apportée, selon le Coran, à Abraham par l'ange Gabriel.

Kabardes, peuple musulman du Caucase du Nord, habitant la *République de Kabardino-Balkarie* (Russie) [760 000 hab.]. Cap. *Naltchik.*

Kabir, poète et prédicateur indien de langue hindi (Bénarès 1440 - v. 1518). Enfant abandonné d'une veuve brahmane et recueilli par un couple de tisserands musulmans, il étudie les textes de l'hindouisme et devient le disciple de Ramananda, auprès duquel il aurait appris à contester la hiérarchie des castes. Il dénonce le formalisme des brahmanes et préconise un rapprochement entre l'hindouisme et l'islam sur la base d'une commune doctrine de l'amour divin.

Kaboul ou **Kabul,** cap. de l'Afghanistan depuis 1774, sur la rivière de Kaboul ; 1 297 000 hab.

Kabuto-Cho, la Bourse de Tokyo (du nom du quartier des Guerriers où elle est installée).

Kabwe, *anc.* Broken Hill, v. de la Zambie ; 191 000 hab. Centre métallurgique.

Kabyles, peuple berbère sédentaire de la Grande Kabylie (Algérie), dont la langue propre est le tamazight. Les Kabyles sont organisés en clans complémentaires avec des fonctions et des interdits spécifiques. Ils ont manifesté leur opposition à la colonisation française plusieurs fois au cours du xixe siècle et ont été le principal foyer de la lutte pour l'indépendance de l'Algérie entre 1954 et 1962.

Kabylie, ensemble de massifs, de vallées et de bassins littoraux du nord-est de l'Algérie. On distingue, de l'ouest à l'est : la Grande Kabylie, ou Kabylie du Djurdjura (2 308 m), la Kabylie des Babors et la Kabylie d'El-Qoll. (Hab. *Kabyles.*)

Kachin ou **Chingpaw,** population tibéto-birmane dispersée en Chine du Sud (Yunnan), en Birmanie (États kachin et chan) et en Inde (Assam).

Kádár *(János),* homme politique hongrois (Fiume, auj. Rijeka, 1912 - Budapest 1989). Ministre de l'Intérieur (1948-1951), chef du gouvernement après l'écrasement de l'insurrection hongroise de 1956 à 1958, puis de 1961 à 1965, il a dirigé le Parti communiste de 1956 à 1988. Tout en maintenant l'alignement sur l'U. R. S. S., il a mis en œuvre une certaine libéralisation économique.

Kadaré *(Ismail),* écrivain albanais (Gjirokastër 1936). Journaliste, critique littéraire, essayiste, poète, il est surtout un maître de la nouvelle et du roman (*le Général de l'armée morte,* 1963 ; *le Concert,* 1988), où le fantastique et l'humour côtoient le réalisme quotidien et historique (*Avril brisé,* 1980).

Kadesh → Qadesh.

Kadhafi ou **Qadhdhafi** *(Muammar* al-*),* homme d'État libyen (Syrte 1942). Principal instigateur du coup d'État qui renverse le roi Idris Ier (1969), président du Conseil de la révolution (1969-1977), il abandonne en 1979 ses fonctions officielles mais demeure le véritable chef de l'État. À l'origine de la « révolution culturelle islamique », il poursuit en vain une politique d'union (successivement avec l'Égypte, la Syrie, la Tunisie) et d'expansion (au Tchad), et appuie des actions terroristes.

Kaesong, v. de la Corée du Nord ; 346 000 hab.

Kafka *(Franz),* écrivain pragois de langue allemande (Prague 1883 - sanatorium de Kierling, près de Vienne, 1924). Destin paradoxal que celui de cet homme qui réunit les caractéristiques de toutes les minorités (juif en pays chrétien ; écrivain dans une famille hostile à toute activité artistique, choisissant d'écrire en allemand dans la capitale tchèque de la Bohême) et dont le nom évoque aujourd'hui l'angoisse du monde moderne. Employé de bureau, rongé par la tuberculose, il laissera inachevée une grande partie de son œuvre, dans laquelle il décrit, passant du fantastique au réalisme, des parcours à l'origine et au but insaisissables. Le héros du *Procès* (1925), Joseph K., ignorera toujours le motif de son arrestation et de sa condamnation à mort ; l'arpenteur K. du *Château* (1926) s'épuisera en voulant percer le secret de la mystérieuse bureaucratie qui domine une communauté villageoise. Ces deux romans, ainsi qu'*Amérique* (1927), furent publiés après la mort de Kafka par son ami Max Brod : son œuvre acquit ainsi une immense célébrité, alors qu'il resta méconnu de son vivant (il fit paraître sans succès la *Métamorphose* en 1915 et *la Colonie pénitentiaire* en 1919).

— **La Métamorphose** (1915) : le voyageur de commerce Gregor Samsa s'éveille un matin transformé en un « énorme cancrelat ». Objet de répulsion et de honte pour sa famille, il demeure enfermé dans sa chambre et se laisse mourir.

Kagel *(Mauricio),* compositeur argentin (Buenos Aires 1931). Il s'est consacré au « théâtre instrumental » (*Staatstheater,* 1971 ; *Mare nostrum,* 1975 ; *la Trahison orale,* 1983 ; *Opus 1990,* 1991) en renouvelant beaucoup le matériau sonore (sons électroacoustiques et d'origines très diverses).

Kagoshima, port du Japon, dans l'île de Kyushu ; 536 752 hab. — À proximité, base de lancement d'engins spatiaux.

Kahn *(Gustave),* poète français (Metz 1859 - Paris 1936). Membre du groupe symboliste, il a été un des théoriciens du vers libre (*les Palais nomades,* 1887).

Kahn *(Hermann),* physicien et futurologue américain (Bayonne, New Jersey, 1922 - Chappaqua, État de New York, 1983). Kahn considère que si l'on veut être sérieusement en mesure d'éviter la guerre nucléaire, il convient d'en penser le déclenchement, le déroulement et l'issue. Ainsi élabore-t-il des modèles d'escalade qui, dans son esprit, doivent autant servir à arrêter le processus de déclenchement en cours qu'à permettre de limiter les effets de la guerre si elle était engagée. Il a influencé la stratégie américaine durant la guerre froide. Il a notamment écrit *On Thermonuclear Warfare* (1960) et *Thinking about the Unthinkable* (1962).

Kahn *(Louis Isadore),* architecte américain d'origine estonienne (île de Sarema, auj.

Saaremaa, 1901 - New York 1974). La monumentalité (Yale University Art Gallery à New Haven, 1951), l'audace et la rigueur des formes (Richards Medical Research Center à Philadelphie, 1958), alliées à des réminiscences antiques ou médiévales (Capitole de Dacca, 1962 et suiv.), caractérisent son œuvre. L'espace et la lumière, l'équilibre des pleins et des vides, le rapport des espaces « servants » et « servis » ont été ses principales préoccupations.

Kahnweiler *(Daniel Henry),* marchand de tableaux, écrivain d'art et éditeur d'origine allemande (Mannheim 1884 - Paris 1979). Il ouvrit en 1907 sa galerie à Paris, où il allait présenter Derain, Vlaminck, Picasso, Braque, Gris, Léger, etc. Il a publié des études sur plusieurs de ces artistes et sur le cubisme.

Kahramanmaraş, *anc.* Maraş, v. de Turquie, à l'E. du Taurus ; 228 129 hab.

Kaifeng ou **K'ai-fong,** v. de Chine (Henan) ; 636 000 hab. — Capitale impériale sous les Cinq Dynasties et les Song du Nord (907-1126). Monuments anciens, dont la pagode de Fer (1049) ; musée.

Kaifu Toshiki, homme politique japonais (Aichi 1931). Président du Parti libéral-démocrate, il a été Premier ministre de 1989 à 1991.

Kairouan, v. de la Tunisie centrale ; 72 000 hab. — Fondée en 670, capitale de l'Ifriqiya, elle fut ruinée au XIe siècle. — La Grande Mosquée de Sidi Uqba, chef-d'œuvre d'équilibre et de puissance, a été fondée dès 670, mais sa forme définitive date de 800 à 909 ; minbar (IXe s.) et maqsura (XIIe s.). Mosquée des Trois Portes (866, restaurée) ; monuments (XVIIIe-XIXe s.).

Kaiser *(Georg),* auteur dramatique allemand (Magdebourg 1878 - Ascona, Suisse, 1945). Ses drames historiques et philosophiques sont une des meilleures illustrations de l'expressionnisme (*les Bourgeois de Calais,* 1914 ; *Gaz,* 1918).

Kaiser *(Henry John),* industriel américain (Sprout Brook, New York, 1882 - Honolulu 1967). Important producteur de ciment avant la Seconde Guerre mondiale, il appliqua durant le conflit les techniques de la préfabrication à la construction maritime et construisit le tiers de la flotte qui permit le débarquement en Europe. Il est le créateur de la Jeep.

Kaiserslautern, v. d'Allemagne (Rhénanie-Palatinat) ; 97 625 hab.

Kakinada ou **Cocanada,** port de l'Inde, sur le golfe du Bengale ; 327 407 hab.

Kalahari, désert de l'Afrique australe, entre les bassins du Zambèze et de l'Orange.

Kalamáta, port de Grèce (Péloponnèse) ; 43 838 hab.

Kalatozov *(Mikhaïl Konstantinovitch),* cinéaste soviétique (Tiflis, auj. Tbilissi, 1903 - Moscou 1973). Son œuvre oscille entre le documentaire et la fiction au romantisme flamboyant : *le Sel de Svanetie* (1930), *le Clou dans la botte* (1932), *Quand passent les cigognes* (1957), *Je suis Cuba* (1964).

Kaldor *(Nicholas),* économiste britannique (Budapest 1908 - Papworth Everard, Cambridgeshire, 1986). On lui doit des travaux sur les fluctuations cycliques, la croissance et la distribution des revenus.

Kalevala *(le),* épopée finnoise, composée de fragments recueillis par Elias Lönnrot de la bouche des bardes populaires (1833-1849). Élevée, dès sa parution, au rang d'épopée nationale, cette œuvre monumentale d'inspiration pacifiste célèbre les charmes du Nord et glorifie les vertus familiales, la sagesse en même temps que la puissance et la magie du verbe.

Kalgan, *en chin.* Zhangjiakou, v. de Chine (Hebei) ; 750 000 hab.

Kali, divinité redoutable du panthéon hindouiste, épouse de Shiva, déesse de la Mort.

Kalidasa, poète indien (IVᵉ-Vᵉ s.). Son chef-d'œuvre *Shakuntala* marque l'apogée du drame sanskrit.

Kalimantan, nom indonésien de Bornéo, désignant parfois aussi seulement la partie administrative indonésienne de l'île.

Kalinine → Tver.

Kalinine *(Mikhaïl Ivanovitch),* homme politique soviétique (Verkhniaïa Troïtsa, près de Tver, 1875 - Moscou 1946), président du Tsik (Comité exécutif central des soviets) de 1919 à 1936, puis du praesidium du Soviet suprême (1938-1946).

Kaliningrad, *anc.* Königsberg, port de Russie, ch.-l. d'une enclave (couvrant 15 000 km²) sur la Baltique ; 401 000 hab. — Cathédrale du XIVᵉ siècle.

Kalisz, v. de Pologne, ch.-l. de voïévodie ; 106 500 hab. — Églises (du XIIIᵉ au XVIIᵉ s.).

Kalmar, port de la Suède méridionale ; 56 206 hab. — Château des XIIIᵉ-XVIᵉ siècles (musée), cathédrale baroque du XVIIᵉ.

Kalmar *(Union de),* union, sous un même sceptre, du Danemark, de la Suède et de la Norvège, instaurée en 1397 et rompue par l'insurrection suédoise de Gustave Vasa (1521-1523).

Kalmoukie *(République de),* rép. de la Fédération de Russie ; 75 900 km² ; 322 000 hab. Cap. *Elista.*

Kalmouks, peuple mongol vivant en Russie, en Mongolie et dans le Xinjiang. Une de leurs tribus s'établit en 1643 sur la basse Volga.

Kalouga, v. de Russie, sur l'Oka ; 312 000 hab.

Kama *(la),* riv. de Russie, affl. de la Volga (r. g.) qui draine l'est de la plaine russe et la bordure ouest de l'Oural ; 2 032 km.

Kamakura, v. du Japon (Honshu) ; 174 307 hab. — La cité a donné son nom à une période (1185/1192-1333) marquée par le shogunat de Minamoto no Yoritomo et de ses fils, dont elle fut la capitale, puis par la régence des Hojo. Plusieurs fois détruite entre 1333 et 1526, elle conserve de nombreux monuments, parmi lesquels plusieurs temples fondés au XIIIᵉ siècle ; statue colossale de Bouddha en bronze (1252). Musées.

Kama-sutra, traité de l'art d'aimer, écrit en sanskrit entre le IVᵉ et le VIIᵉ siècle.

Kamba ou **Akamba,** population bantoue des plateaux du Kenya.

Kamenev *(Lev Borissovitch* Rozenfeld, *dit),* homme politique soviétique (Moscou 1883 - *id.* 1936). Proche collaborateur de Lénine depuis 1902-03, membre du bureau politique du Parti (1919-1925), il rejoignit Trotski dans l'opposition à Staline (1925-1927). Jugé lors des procès de Moscou (1936), il fut exécuté. Il a été réhabilité en 1988.

Kamensk-Ouralski, v. de Russie, au pied de l'Oural ; 209 000 hab. Métallurgie.

Kamerlingh Onnes *(Heike),* physicien néerlandais (Groningue 1853 - Leyde 1926). Il a liquéfié l'hélium (1908), étudié les phénomènes physiques au voisinage du zéro absolu et découvert ainsi la supraconductivité (1911). [Prix Nobel 1913.]

Kamloops, v. du Canada (Colombie-Britannique) ; 57 466 hab. Nœud ferroviaire.

Kampala, cap. de l'Ouganda ; 550 000 hab.

Kamtchatka, péninsule montagneuse et volcanique de la Sibérie, entre les mers de Béring et d'Okhotsk. Ses côtes sont jalonnées de ports de pêche (crabe et saumon).

Kanak ou **Canaques,** peuple habitant essentiellement la Nouvelle-Calédonie, mais aussi Vanuatu, l'Australie et la Papouasie-

Nouvelle-Guinée. Malgré une relative diversité linguistique, ils se caractérisent par une forte unité culturelle. Ayant été contraints d'abandonner leurs terres aux Français durant le XIXᵉ siècle, ils ont créé des partis politiques dont certains demandent l'indépendance, alors que d'autresréclament la récupération des terres. (→ **Nouvelle-Calédonie**.) Leur économie repose sur la culture, l'élevage et le travail dans les mines de nickel.

Kanami → Zeami.

Kananga, *anc.* Luluabourg, v. du Zaïre, sur la Lulua, affl. du Kasaï ; 291 000 hab.

Kanáris ou **Canaris** *(Konstandínos),* amiral et homme politique grec (Psará v. 1790 - Athènes 1877). Il joua un grand rôle dans la guerre de l'Indépendance (1822-1825).

Kanazawa, port du Japon (Honshu) ; 442 868 hab. — Résidence seigneuriale (XIXᵉ s.) ; célèbres jardins, dont certains ont été tracés au XVIIᵉ siècle.

Kanchipuram ou **Conjeeveram,** v. de l'Inde (Tamil Nadu), au S.-O. de Madras ; 169 813 hab. — Capitale des Pallava puis des Cola, elle fut occupée ensuite par les musulmans. C'est une des sept villes saintes de l'Inde. Nombreux temples de Shiva, de Vishnou et jaïna des VIIIᵉ-XVIᵉ siècles.

Kandahar ou **Qandahar,** v. du sud de l'Afghanistan ; 209 000 hab.

Kandinsky *(Wassily),* peintre russe naturalisé allemand, puis français (Moscou 1866 - Neuilly-sur-Seine 1944). L'un des fondateurs du Blaue Reiter à Munich et l'un des grands initiateurs de l'art abstrait (à partir de 1910), professeur au Bauhaus en 1922, il s'installa à Paris en 1933, fuyant le nazisme. Il a notamment écrit *Du spirituel dans l'art* (1911), qui fonde la liberté inventive de l'artiste sur la « nécessité intérieure ». Sa peinture, d'une grande richesse chromatique, passe par des phases successives de figuration symboliste puis expressionniste, d'abstraction lyrique *(Improvisation nº 35,* 1914, Bâle) puis géométrisante *(Jaune-Rouge-Bleu,* 1925, M. N. A. M., Paris).

Kandy, v. de Sri Lanka. Capitale de Sri-Lanka de la fin du XVIᵉ au début du XIXᵉ siècle, Kandy est un centre de pèlerinages bouddhiques. Temple du Dalada Maligawa (XIVᵉ-XXᵉ s.). Dans les environs, temples du XIVᵉ siècle : Lankatilaka Vihara et Gadaladeniya ; jardin botanique.

Kane *(Cheikh Hamidou),* écrivain sénégalais (Matam 1928). Son roman *l'Aventure ambiguë* (1961) montre la difficulté de choisir entre une Afrique tournée vers le passé et les valeurs spirituelles et l'Occident enragé de progrès.

Kanem *(royaume du),* ancien royaume africain, situé à l'est du lac Tchad, dont la population était formée de Kanouri et qui connut un premier épanouissement entre le XIᵉ et le XIVᵉ siècle, avant de se fondre, au XVIᵉ siècle, dans le royaume du Bornou.

Kangchenjunga, troisième sommet du monde, dans l'Himalaya, entre le Sikkim et le Népal ; 8 586 m.

Kangxi ou **K'ang-Hi** (Pékin 1654 - *id.* 1722), empereur de Chine de la dynastie Qing (1662-1722). Homme de lettres tolérant, il accepta des jésuites à sa cour.

Kano, v. du Nigeria ; 552 000 hab. Aéroport. Université. — Ancienne capitale du royaume de Kano (XIᵉ s.-début du XIXᵉ s.).

Kano, lignée de peintres japonais ayant travaillé entre le XVᵉ et le XIXᵉ siècle, dont les principaux représentants sont : **Kano Masanobu** (1434-1530), fondateur de l'école ; **Kano Motonobu** (Kyoto 1476 - *id.* 1559), qui créa de vastes compositions murales aux lignes vigoureuses et au coloris brillant (Kyoto, temple du Daitoku-ji et du Myoshin-ji) ; **Kano Eitoku** (Yamashiro 1543 - Kyoto 1590), petit-fils du précédent, qui eut, par son style grandiose et décoratif, une influence considérable, notamment sur son fils adoptif Sanraku.

Kano *(royaume de),* royaume haoussa qui eut pour capitale Kano, cité-État fondée au XIᵉ siècle. Prospère dès le XIVᵉ siècle, ce royaume devint un important foyer de culture musulmane. Il tomba aux mains des Peul en 1807.

Kanpur ou **Cawnpore,** v. de l'Inde (Uttar Pradesh), sur le Gange ; 2 111 284 hab.

Kansas, un des États unis d'Amérique ; 213 063 km² ; 2 477 574 hab. Aux productions agricoles (blé, maïs, soja) s'ajoutent l'élevage bovin et l'industrie, représentée par la pétrochimie, l'aéronautique et l'agroalimentaire. Cap. Topeka.

Kansas City, nom donné à deux villes jumelles des États-Unis (Missouri et Kansas) ; 149 767 hab. pour la conurbation, sur le Missouri. Aéroport. Grand marché agricole. — Musée d'art.

Kant *(Immanuel, en fr. Emmanuel),* philosophe allemand (Königsberg 1724 - *id.* 1804). Sa vie de professeur était réglée heure par heure, et le seul événement qui ait marqué sa vie a été l'annonce de la Révolution française, qu'il a vivement approuvée comme

« le triomphe de la Raison ». Sa philosophie, qui prend la suite de Hume, de Leibniz et de Rousseau, tente de répondre aux questions : « Que puis-je savoir ? » ; « Que dois-je faire ? » ; « Que puis-je espérer ? ». Kant place la raison au centre du monde comme Copernic le Soleil au centre du système planétaire. Pour qu'une connaissance universelle et nécessaire soit possible, il faut que les objets de la connaissance se règlent sur la nature du sujet pensant et non sur l'expérience (*Critique de la raison pure*, 1781). L'entendement, en traçant les limites de la sensibilité et de la raison, rend possibles une physique a priori et le système des lois qui gouvernent la nature (*Premiers Principes métaphysiques de la science de la nature*, 1786). Et pour que l'homme ne soit pas plus déterminé dans son action morale que dans sa connaissance par les objets extérieurs, Kant forme l'hypothèse d'une âme libre animée d'une volonté autonome (*Critique de la raison pratique*, 1788). Tout principe d'action doit alors pouvoir être érigé en maxime universelle (*Critique du jugement*, 1790), le progrès de l'homme passe par la vertu individuelle et la liberté sociale est garantie par une constitution politique (*Métaphysique des mœurs*, 1797). La politique ne l'a intéressé qu'au plan universel : *Projet de paix perpétuelle* (1795).

Kantara (El-), gorges d'Algérie, à l'ouest de l'Aurès, ouvrant sur l'oasis de Beskra.

Kantor *(Tadeusz),* artiste, écrivain et metteur en scène polonais (Wielopole, près de Cracovie, 1915 - Cracovie 1990). À l'avant-garde du théâtre, ses happenings et ses spectacles de « théâtre de la mort » du groupe Cricot 2 sont devenus des références (*la Classe morte*, de Witkiewicz, 1975).

Kantorovitch *(Leonid Vitalievitch),* mathématicien et économiste soviétique (Saint-Pétersbourg 1912 - Moscou 1986). Il avait restauré en U. R. S. S. une certaine conception du profit. (Prix Nobel 1975.)

Kaohsiung ou **Gaoxiong,** port du sud-ouest de Taïwan ; 1 343 000 hab. Centre industriel.

Kaolack, v. du Sénégal, sur le Saloum ; 132 000 hab. Exportations d'arachides. Huileries.

Kapitsa *(Petr Leonidovitch),* physicien soviétique (Kronchtadt 1894 - Moscou 1984). Ses premiers travaux, réalisés en Grande-Bretagne, concernaient le magnétostriction et la production de champs magnétiques intenses ; ils le menèrent à des recherches sur la fusion thermonucléaire contrôlée, dont il

fut un pionnier en U. R. S. S. Il a aussi étudié les très basses températures et découvert la superfluidité de l'hélium liquide. (Prix Nobel 1978.)

Kaplan *(Viktor),* ingénieur autrichien (Mürzzuschlag 1876 - Unterach 1934). On lui doit les turbines-hélices hydrauliques à pas variable qui portent son nom, adaptées aux grands débits sous de faibles hauteurs de chute.

Kapoustine Iar, base russe de lancement de missiles et d'engins spatiaux, au nord-ouest de la mer Caspienne, en bordure de la Volga.

Kapteyn *(Jacobus Cornelius),* astronome néerlandais (Barneveld 1851 - Amsterdam 1922). Il s'efforça de préciser la structure de la Galaxie par des dénombrements d'étoiles en fonction de leur magnitude dans une série de régions du ciel *(Selected Areas),* régulièrement réparties sur la sphère céleste. Il développa ainsi les études de statistique stellaire.

Kara *(mer de),* mer de l'océan Arctique, entre la Nouvelle-Zemble et le continent, et reliée à la mer de Barents par le *détroit de Kara.*

Karabakh (Haut-), région d'Azerbaïdjan ; 4 400 km² ; 188 000 hab. Cap. *Stepanakert.* — Il est peuplé majoritairement d'Arméniens qui revendiquent son rattachement à la République d'Arménie. Ils y proclament unilatéralement une République (1991). En 1993, leurs forces armées remportent d'importants succès sur les Azerbaïdjanais.

Kara-Bogaz, golfe en voie de dessèchement, sur la côte est de la Caspienne, au Turkménistan. Salines.

Karachi, port et plus grande ville du Pakistan, sur la mer d'Oman ; 5 181 000 hab. Centre industriel. — Capitale du pays jusqu'en 1959.

Karadjordjević, dynastie serbe fondée par Karageorges, qui a donné à la Serbie le prince **Alexandre Karadjordjević** (1842-1858) et le roi **Pierre Iᵉʳ** (1903-1921), puis à la Yougoslavie les rois **Alexandre Iᵉʳ** (1921-1934) et **Pierre II** (1934-1945), dont **Paul Karadjordjević** assuma la régence (1934-1941).

Karadžić *(Vuk),* écrivain serbe (Tršić 1787 - Vienne 1864). Il recueillit les contes populaires de son pays et s'employa à la réforme de la langue serbe.

Karaganda, v. du Kazakhstan, au cœur du *bassin houiller de Karaganda ;* 614 000 hab. Sidérurgie.

Karageorges ou **Karadjordje** *(Djordje Petrović),* fondateur de la dynastie des Karadjordjević (Viševac v. 1768 - Radovanje 1817). D'origine paysanne, il fut le chef de l'insurrection contre les Ottomans (1804). Proclamé prince héréditaire des Serbes (1808), il dut s'exiler (1813). De retour en Serbie (1817), il fut assassiné.

Karajan *(Herbert* von*),* chef d'orchestre autrichien (Salzbourg 1908 - *id.* 1989). Chef d'orchestre permanent du Philharmonia Orchestra de Londres (1950), il est nommé en 1954 chef d'orchestre à vie de l'Orchestre philharmonique de Berlin. Il a pris la succession de K. Böhm comme directeur artistique de l'Opéra de Vienne (1957-1964), avec qui il devait renouer en 1977. En 1967, il crée le festival de Pâques de Salzbourg, consacré aux opéras de Wagner.

Karakalpaks, peuple turc et musulman de l'Asie centrale, habitant, au sud de la mer d'Aral, la *République autonome de Karakalpakie* (Ouzbékistan) [1 214 000 hab.] Cap. *Noukous.*

Karaklis, de 1935 à 1991 Kirovakan, v. d'Arménie, détruite par un tremblement de terre en 1988 ; 159 000 hab.

Karakorum ou **Karakoram,** massif du Cachemire, portant des sommets très élevés (K2, Gasherbrum) et de grands glaciers.

Karakoum, partie la plus aride de la dépression aralo-caspienne (Turkménistan).

Karamanlís ou **Caramanlis** *(Konstandínos* ou *Constantin),* homme d'État grec (Proti, Serrai, 1907). Trois fois Premier ministre de 1955 à 1963, puis à nouveau au pouvoir après la restauration de la démocratie (1974), il a été président de la République de 1980 à 1985 et de 1990 à 1995.

Karamzine *(Nikolaï Mikhaïlovitch),* écrivain et publiciste russe (Mikhaïlovka, gouvern. de Simbirsk, 1766 - Saint-Pétersbourg 1826). Fondateur du *Messager de l'Europe* (1802), il est l'auteur du premier grand ouvrage historique publié en Russie, *Histoire de l'État russe* (1816-1829).

Karatchaïs, peuple turc et musulman du Caucase du Nord. Déportés en 1943-44, les Karatchaïs purent, après 1957, regagner la *région autonome des Karatchaïs-Tcherkesses,* auj. *République des Karatchaïs-Tcherkesses* (Fédération de Russie). [418 000 hab.]. Cap. *Tcherkessk.*

Karavelov *(Ljuben),* écrivain bulgare (Koprivštica 1834 - Ruse 1879). Journaliste, auteur de nouvelles *(Bulgares du temps jadis,* 1867), il joua un rôle déterminant dans la renaissance de son pays.

Karawanken, massif des Alpes orientales (Autriche et Slovénie).

Karbala ou **Kerbela,** v. de l'Iraq, au sudouest de Bagdad ; 108 000 hab. — Cité sainte chiite (tombeau de Husayn).

Kardec *(Denisard Léon Hippolyte* Rivail, dit Allan*),* occultiste français (Lyon 1804 - Paris 1869), fondateur de la doctrine du spiritisme *(le Livre des esprits,* 1857).

Kardiner *(Abram),* anthropologue et psychanalyste américain (New York 1891 - Easton, Connecticut, 1981). Il se situe à la jonction de la psychanalyse et de l'anthropologie *(They studied Man,* 1961).

Karen, peuple de Birmanie et de Thaïlande.

Kariba, site de la vallée du Zambèze, entre la Zambie et le Zimbabwe. Important aménagement hydroélectrique.

Karikal, port de l'Inde, sur le golfe du Bengale, anc. établissement français (1739-1954) ; 61 875 hab.

Karkemish, v. de la Syrie ancienne, sur l'Euphrate. Le pharaon d'Égypte Néchao II y fut battu par Nabuchodonosor II, roi de Babylone, en 605 av. J.-C. — Vestiges de la citadelle à double enceinte, où ont été recueillis de nombreux orthostates typiques du style du début du Ier millénaire.

Karkonosze, *en tchèque* Krkonoše, en all. Riesengebirge, nom polonais des monts des Géants formant la bordure nord-est de la Bohême ; 1 602 m.

Karlfeldt *(Erik Axel),* poète suédois (Folkärna 1864 - Stockholm 1931), peintre de la vie paysanne et provinciale *(Chansons de Fridolin,* 1898). [Prix Nobel 1931.]

Karl-Marx-Stadt → Chemnitz.

Karloff *(Charles Edward* Pratt, dit **Boris***),* acteur de cinéma britannique naturalisé américain (Dulwich, près de Londres, 1887 - Midhurst, Sussex, 1969). *Frankenstein* (1931) orienta sa carrière vers le film fantastique et d'épouvante.

Karlovy Vary, *en all.* Karlsbad, v. de la Rép. tchèque (Bohême) ; 56 291 hab. Station thermale. — Cathédrale baroque (XVIIIe s.).

Karlowitz *(traité de)* [26 janv. 1699], traité signé entre l'Empire ottoman et l'Autriche, la Pologne, la Russie et Venise, par lequel les Ottomans abandonnaient la Hongrie, la Transylvanie, la Podolie, la Dalmatie et la Morée.

Karlskrona, port de la Suède, sur la Baltique ; 59 054 hab. — Églises des XVIIe et XVIIIe siècles. Musée de la Marine.

Karlsruhe, v. d'Allemagne (Bade-Wurtemberg) ; 270 659 hab. Siège de la Cour suprême de la République fédérale. — Musée régional (dans le château, du XVIIIe s.) et riche musée des Beaux-Arts.

Karlstad, v. de Suède, sur le lac Vänern ; 76 467 hab. — Cathédrale (XVIIIe s.). Musée.

Karman *(Theodor* von*),* ingénieur américain d'origine hongroise (Budapest 1881 - Aix-la-Chapelle 1963). Il a résolu de nombreux problèmes d'hydrodynamique et d'aérodynamique. La première soufflerie supersonique des États-Unis fut construite à son initiative (1938).

Karnak, site de Haute-Égypte, sur la rive est du Nil, à l'emplacement de l'ancienne Thèbes, l'une des capitales des pharaons. L'ensemble religieux — le plus grand d'Égypte — se compose de trois complexes, du nord au sud : l'enceinte du dieu Montou, dont le temple est l'œuvre d'Aménophis III ; l'enceinte du grand temple d'Amon, à l'extraordinaire enchevêtrement de constructions, où se décèle la marque de presque tous les souverains d'Égypte, jusqu'à l'époque romaine ; enfin l'enceinte de la déesse Mout, dont le temple, comme ceux d'Aménophis III et de Ramsès III, est en ruine. L'énorme salle hypostyle (102 × 53 m) du sanctuaire d'Amon, commencée sous Aménophis III, est l'œuvre majeure de la XIXe dynastie. Le plafond est soutenu par une forêt de colonnes, historiées, comme les parois, de textes religieux et de cérémonies rituelles.

Karnataka, *anc.* Mysore, État du sud de l'Inde ; 192 000 km² ; 44 817 398 hab. Cap. *Bangalore.*

Karroo ou **Karoo,** ensemble de plateaux étagés de l'Afrique du Sud.

Karst, *en ital.* Carso, en slovène Kras, nom allemand d'une région de plateaux calcaires de Slovénie.

Kasaï ou **Kassaï** *(le),* riv. d'Afrique (Angola et surtout Zaïre), affl. du Zaïre (r. g.) ; 2 200 km.

Kassel, v. d'Allemagne (Hesse), anc. cap. de la Hesse, sur la Fulda ; 191 598 hab. — Musées, dont la riche Galerie de peinture ancienne (Rembrandt, Rubens, Van Dyck...). Depuis 1955, exposition quadriennale d'art contemporain « Documenta ».

Kassem *(Abd al-Karim),* homme politique irakien (Bagdad 1914 - *id.* 1963). Leader de la révolution de 1958, qui renversa les Hachémites d'Iraq, il se heurta à de multiples oppositions et fut assassiné en 1963.

Kassites, peuple du Zagros central, à l'ouest de l'Iran. Une dynastie kassite régna sur Babylone de 1595 env. à 1153 av. J.-C.

Kastler *(Alfred Henri Frédéric),* physicien français (Guebwiller 1902 - Bandol 1984). Spécialiste de l'électronique quantique et de l'optique physique, il est surtout connu pour avoir réalisé, en 1950, l'inversion des populations d'électrons dans un atome. Ce procédé, dit de « pompage optique », est à l'origine des masers et des lasers. (Prix Nobel 1966.)

Kästner *(Erich),* écrivain allemand (Dresde 1899 - Munich 1974). Évocateur de la fantaisie de l'enfance (*Émile et les détectives,* 1929), il critiqua avec férocité la société allemande pronazie (*Fabian,* 1931).

Kastrup, aéroport de Copenhague.

Kasugai, v. du Japon (Honshu) ; 266 599 hab.

Kataïev *(Valentine Petrovitch),* écrivain soviétique (Odessa 1897 - Moscou 1986). Humoriste (*l'Île d'Ehrendorf,* 1924), dénonciateur des mentalités bourgeoises à travers sa comédie *la Quadrature du cercle* (1928), il écrivit sous l'influence de Maïakovski des romans qui illustrent le réalisme socialiste (*Ô temps, en avant,* 1932 ; *le Fils du régiment,* 1945).

Katanga → Shaba.

Katar → Qatar.

Kateb *(Yacine),* écrivain algérien d'expression française et arabe (Constantine 1929 - La Tronche, près de Grenoble, 1989). Son œuvre poétique, romanesque (*Nedjma,* 1956) et dramatique (*le Cadavre encerclé,* 1954 ; *la Guerre de deux mille ans,* 1974) analyse le destin politique et humain de son pays.

Kathiawar, presqu'île de l'Inde, sur la mer d'Oman.

Katmandou ou **Katmandu,** cap. du Népal, à env. 1 300 m d'alt. ; 393 000 hab. — Capitale du pays depuis 1769, elle doit un pittoresque exceptionnel à ses temples bouddhiques et brahmaniques, à l'ensemble du palais royal (1576) et à sa belle architecture civile. Aux environs, stupas très vénérés : Bodnath, Svayambhunath.

Katona *(József),* écrivain hongrois (Kecskemét 1791 - *id.* 1830). Il est le créateur de la tragédie nationale magyare (*Bánkbán,* 1821).

Katowice, v. de Pologne (Silésie) ; 366 900 hab. Centre industriel.

Kattegat → Cattégat.

Katyn, village de Russie, à l'ouest de Smolensk. — Les cadavres d'environ 4 500 officiers polonais, abattus en 1940-41 par les Soviétiques, y furent découverts par les Allemands (1943). Ce massacre a été perpétré sur l'ordre de Staline (mars 1940), en vertu duquel près de 26 000 Polonais, civils et militaires, furent exécutés.

Katz *(Elihu),* psychosociologue américain (Brooklyn 1926). Il a développé la thèse selon laquelle l'action des médias s'exerce à travers les guides d'opinion.

Kaunas, v. de Lituanie, sur le Niémen ; 423 000 hab. Industries textiles et alimentaires. — Musées.

Kaunda *(Kenneth David),* homme d'État zambien (Lubwa 1924). Premier président de la République de Zambie, il a été au pouvoir de 1964 à 1991.

Kaunitz-Rietberg *(Wenzel Anton, comte,* puis *prince* von*),* homme d'État autrichien (Vienne 1711 - *id.* 1794), chancelier d'État (1753-1792), partisan de l'alliance française et de la politique centralisatrice de Marie-Thérèse et de Joseph II.

Kautsky *(Karl),* homme politique autrichien (Prague 1854 - Amsterdam 1938). Secrétaire d'Engels (1881), marxiste rigoureux, il s'opposa au théoricien Eduard Bernstein, puis se rallia aux sociaux-démocrates, hostiles à l'action révolutionnaire.

Kavála, port de Grèce (Macédoine) ; 58 576 hab.

Kaviri ou **Kaveri** ou **Cauvery** *(la),* fl. de l'Inde, tributaire du golfe du Bengale ; 764 km.

Kawabata Yasunari, écrivain japonais (Osaka 1899 - Zushi, près de Yokosuka, 1972). Se recommandant d'une esthétique marquée par les classiques bouddhiques (*Autobiographie littéraire,* 1934), il traduit dans ses nouvelles comme dans ses romans, à l'aide d'une langue classique, l'angoisse de la solitude, l'obsession de la mort, la fatalité des amours tragiques (*Pays de neige,* 1935-1948 ; *Nuée d'oiseaux blancs,* 1949-1951 ; *le Grondement de la montagne,* 1949-1954 ; *les Belles Endormies,* 1961 ; *Kyoto,* 1962). [Prix Nobel 1968.]

Kawagoe, v. du Japon (Honshu) ; 304 854 hab.

Kawaguchi, v. du Japon (Honshu) ; 438 680 hab. Sidérurgie. Textile.

Kawalerowicz *(Jerzy),* cinéaste polonais (Gvozdets, Ukraine, 1922). Son premier film important, *Cellulose* (2 volets, 1953-54), rompait avec le cinéma traditionnel de la Pologne de l'immédiat après-guerre. Il affir-

mera ensuite sa personnalité dans *l'Ombre* (1956), *Train de nuit* (1959), *Mère Jeanne des Anges* (1961), *Austeria* (1982), *l'Otage de l'Europe* (1989).

Kawasaki, port du Japon (Honshu) ; 1 173 603 hab. Centre industriel.

Kayes, v. du Mali, sur le fleuve Sénégal ; 67 000 hab.

Kayseri, v. de Turquie, au sud-est d'Ankara ; 421 362 hab. — C'est l'ancienne Césarée de Cappadoce. — Citadelle seldjoukide et monuments anciens des XIIe-XVe siècles.

Kazakhs, peuple turc et musulman vivant principalement au Kazakhstan, en Ouzbékistan et au Xinjiang.

Kazakhstan, État d'Asie centrale entre la mer Caspienne et la Chine ; 2 717 000 km² ; 16 690 000 hab. *(Kazakhs).* CAP. *Alma-Ata* (ou *Almaty).* LANGUE : *kazakh.* MONNAIE : *tengue.*
GÉOGRAPHIE
Le pays est cinq fois plus vaste que la France, mais un climat à dominante semi-aride est la raison d'une faible densité moyenne de population. Grâce à la mise en valeur des terres vierges, c'est une grande région céréalière. L'industrie (métallurgie surtout), aujourd'hui prépondérante, grâce à la houille de la région de Karaganda et aux minerais non ferreux, a accéléré une urbanisation expliquant une minorité importante de Russes (à peine moins nombreux que les Kazakhs).
HISTOIRE
La région est progressivement intégrée à l'Empire russe à partir du XVIIIe s.
1936. Elle devient une république fédérée de l'U. R. S. S.
1991. Elle accède à l'indépendance.

Kazakov *(Iouri Pavlovitch),* écrivain soviétique (Moscou 1927 - *id.* 1982). Ses nouvelles d'inspiration tchékovienne peignent les gens simples (*la Petite Gare,* 1959).

Kazan, v. de Russie, cap. de la République du Tatarstan, sur la Volga ; 1 094 000 hab. Centre industriel. — Kremlin de 1555. Musée central de Tatarie.

Kazan *(Elia Kazanjoglous, dit* Elia*),* cinéaste américain (Istanbul 1909). Venu du théâtre, il a construit une œuvre lyrique et tourmentée, menant de front l'exploration des conflits intérieurs et la peinture de la société américaine : *Un tramway nommé désir* (1951), *Sur les quais* (1954), *À l'est d'Eden* (1955), *America, America* (1963), *l'Arrangement* (1969), *le Dernier Nabab* (1976).

Kazanlăk, v. de la Bulgarie ; 63 000 hab. Centre de la « vallée des roses ». — Tombe d'un chef thrace (IIIe ou IVe s. av. J.-C.).

Kazantzákis *(Níkos),* écrivain grec (Héraklion 1883 - près de Fribourg-en-Brisgau 1957). Dans ses poèmes *(Serpent et Lys,* 1906 ; *Odyssée,* 1938), ses essais, ses drames *(Ulysse,* 1928) et ses romans *(Alexis Zorba,* 1946 ; *le Christ recrucifié,* 1954), il use des thèmes antiques et populaires pour définir une sagesse moderne et universelle. On lui doit aussi une traduction de *l'Iliade* (1955). Il a écrit en français son roman et journal de voyage *le Jardin des rochers* (1959).

Kazbek, sommet du Caucase, en Géorgie, près de la frontière russe ; 5 033 m.

Kazvin → Qazvin.

K. D. → constitutionnel-démocrate.

Kean *(Edmund),* tragédien britannique (Londres 1789 - Richmond, Surrey, 1833). Il fut, à l'époque romantique et dans l'emploi du traître, le comédien le plus réputé du théâtre anglais.

Keaton *(Joseph Francis,* dit Buster*),* acteur et cinéaste américain (Piqua, Kansas, 1895 - Los Angeles 1966). Auteur effectif de la plupart de ses films, il interpréta un personnage faussement impassible face à l'adversité, profondément poétique et subtilement comique. Il s'imposa comme un des acteurs les plus inventifs de l'âge d'or du burlesque américain *(la Croisière du « Navigator »,* 1924 ; *le Mécano de la « General »* [→ **Mécano**], 1926 ; *l'Opérateur* [ou *le Cameraman*], 1928).

Keats *(John),* poète britannique (Londres 1795 - Rome 1821). Jeune orphelin, issu d'un milieu modeste, il abandonne ses études de médecine pour se consacrer à la poésie. Encouragé par Leigh Hunt et Shelley, il publie *Endymion* (1818) puis *Hyperion* (1820), poèmes mal accueillis par la critique. Atteint de tuberculose, il publie ses chefs-d'œuvre *(la Veille de la Sainte-Agnès, Ode à un rossignol, Ode à une urne grecque)* et meurt au cours d'un voyage en Italie. Précurseur de l'esthétisme, Keats dit, avant Rilke, son amour pour la mort qui le guette. Il a influencé, à travers Swinburne et Rossetti, aussi bien la peinture que la poésie, jusqu'à S. George et Faulkner.

Kecskemét, v. de Hongrie, au sud-est de Budapest ; 102 516 hab. — Monuments du XVIIIe siècle à l'Art nouveau.

Kedah, un des États de la Malaisie. Cap. *Alor Setar.*

Kediri, v. d'Indonésie (Java) ; 222 000 hab.

Keeling *(îles)* → Cocos.

Keelung ou **Jilong,** port du nord de Taïwan ; 351 000 hab.

Keesom *(Willem Hendrik),* physicien néerlandais (île de Texel 1876 - Leyde 1956). Il a signalé deux variétés d'hélium liquide et a réussi à solidifier ce corps en le maintenant sous pression.

Keewatin, district du Canada (Territoires du Nord-Ouest), au nord du Manitoba.

Kégresse *(Adolphe),* ingénieur français (Héricourt 1879 - Croissy-sur-Seine 1943). Il est l'inventeur de la propulsion des automobiles par chenilles.

Kehl, v. d'Allemagne (Bade-Wurtemberg), sur le Rhin, en face de Strasbourg ; 30 000 hab.

Keiser *(Reinhard),* compositeur allemand (Teuchern 1674 - Hambourg 1739). Il fut l'un des créateurs, à Hambourg, de l'opéra classique allemand *(Croesus,* 1710, révisé en 1730).

Keitel *(Wilhelm),* maréchal allemand (Helmscherode 1882 - Nuremberg 1946). L'un des artisans de la renaissance militaire allemande, chef du commandement suprême allemand de 1938 à 1945, il signa la capitulation de son pays à Berlin (8 mai 1945). Condamné à mort comme criminel de guerre à Nuremberg, il fut exécuté.

Kekkonen *(Urho Kaleva),* homme d'État finlandais (Pielavesi 1900 - Helsinki 1986). Premier ministre de 1950 à 1956, puis président de la République jusqu'en 1981, il mena une action diplomatique importante.

Kekulé von Stradonitz *(August),* chimiste allemand (Darmstadt 1829 - Bonn 1896). Il fut l'élève de Liebig. Kekulé eut, le premier, l'idée d'employer des formules développées en chimie organique, discipline dont il fut l'un des principaux fondateurs. Il créa en 1857, parallèlement à A. S. Couper, la théorie de la tétravalence du carbone. Il fit, en 1862, l'hypothèse des liaisons multiples du carbone, distingua entre composés à chaîne ouverte et composés cycliques, et proposa, en 1865, la formule hexagonale du benzène. On lui doit la préparation classique du phénol et diverses synthèses organiques.

Keldermans, famille d'architectes flamands de la fin de l'époque gothique, dont le plus connu est **Rombout** (Malines v. 1460 - Anvers 1531), qui travailla à Malines, Bruxelles, Anvers, Gand, Hoogstraten.

Keller *(Gottfried),* écrivain suisse d'expression allemande (Zurich 1819 - *id.* 1890). Il est l'auteur de poèmes, de nouvelles *(les Gens de Seldwyla,* 1856-1873) et de romans qui marquent la liaison entre le romantisme et le réalisme *(Henri le Vert,* 1854-55).

Kellermann (*François Christophe*), *duc* de Valmy, maréchal de France (Strasbourg 1735 - Paris 1820). Vainqueur à Valmy (1792), il commanda ensuite l'armée des Alpes et fut fait maréchal en 1804.

Kellogg (*Frank Billings*), homme politique américain (Potsdam, État de New York, 1856 - Saint Paul, Minnesota, 1937). Secrétaire d'État du président Coolidge (1927-1929), il négocia avec Aristide Briand un pacte de renonciation à la guerre, signé par soixante nations (*pacte Briand-Kellogg*, 1928). [Prix Nobel de la paix 1929.]

Kelly (*Eugene Curran*, dit *Gene*), danseur, chorégraphe et acteur américain (Pittsburgh 1912 - Los Angeles, 1996). Interprète et chorégraphe de revues à succès, il fait ensuite une brillante carrière cinématographique. Il participe, comme danseur et chorégraphe (*Escale à Hollywood*, 1945 ; *le Pirate*, 1948 ; *Un Américain à Paris*, 1951) mais aussi comme coréalisateur (*Un jour à New York*, 1949 ; *Chantons sous la pluie*, 1952 ; *Beau fixe sur New York*, 1955) à l'âge d'or de la comédie musicale hollywoodienne.

Kelowna, v. du Canada (Colombie-Britannique) ; 57 945 hab.

Kelsen (*Hans*), juriste américain d'origine autrichienne (Prague 1881 - Orinda, Californie, 1973). Fondateur de l'école normativiste, il fut chargé en 1920 de la rédaction de la Constitution autrichienne.

Kelvin (*lord*) → **Thomson** (*sir William*).

Kemal (*Mustafa*) → **Atatürk**.

Kemal (*Yachar*) → **Yaşar Kemal**.

Kemerovo, v. de Russie, en Sibérie occidentale ; 520 000 hab. Houille.

Kempff (*Wilhelm*), pianiste allemand (Jüterbog 1895 - Positano, Italie, 1991). Directeur de la Musikhochschule de Stuttgart (1924-1929), il assura aussi des cours d'été à Potsdam au palais de Marbre (1931-1941). Il est l'un des plus grands interprètes du romantisme allemand (Beethoven, Schumann).

Kempis (*Thomas a*) → **Thomas a Kempis**.

Kendall (*Edward Calvin*), biochimiste américain (South Norwalk, Connecticut 1886 - Princeton 1972). Il a isolé ou synthétisé des hormones, telle la thyroxine et des hormones de la corticosurrénale et de l'hypophyse. (Prix Nobel de médecine 1950.)

Kenitra, *anc.* Port-Lyautey, port du Maroc, au nord de Rabat ; 188 000 hab.

Kenko Hoshi (Urabe Kaneyoshi, dit), écrivain japonais (v. 1283-1350). Poète de cour devenu ermite, il est l'auteur du *Tsurezure-*

gusa (*les Heures oisives*), où il déplore la disparition de la civilisation courtoise.

Kennedy (*John Fitzgerald*), homme d'État américain (Brookline, près de Boston, 1917 - Dallas 1963). Député puis sénateur démocrate, il fut élu président des États-Unis en 1960. Il pratiqua une politique de relance économique, fut à l'origine d'une législation contre la discrimination raciale et proposa aux Américains le projet d'une « Nouvelle Frontière » : vers une plus grande justice sociale et la perspective de gagner la course à la Lune. Dans le domaine des relations extérieures, il oscilla entre une politique de rapprochement avec l'U. R. S. S. et une politique de fermeté à l'égard des régimes communistes (dans la crise de Berlin en 1961 ; à Cuba, où il obtint en 1962 le retrait des missiles soviétiques ; au Viêt Nam, où il prépara l'intervention militaire américaine). Il fut assassiné à Dallas. Son frère **Robert** (Brookline, près de Boston, 1925 - Los Angeles 1968), sénateur démocrate (1964), fut assassiné après avoir remporté les primaires de Californie comme candidat à la présidence.

Kennedy (*centre spatial J. F.*), base de lancement de missiles intercontinentaux et d'engins spatiaux située au cap Canaveral (États-Unis). [Celui-ci porta de 1964 à 1973 le nom de *cap Kennedy*.]

Kennedy (*J. F.*), aéroport international de New York, à Idlewild.

Kent, comté du sud-est de la Grande-Bretagne, entre Londres et le pas de Calais ; 3 700 km² ; 1 520 300 hab. Ch.-l. *Maidstone*. — Royaume jute fondé au vᵉ siècle. Il fut, jusqu'au viiᵉ siècle, le premier grand foyer de la civilisation anglo-saxonne (cap. *Canterbury*).

Kent (*William*), architecte, dessinateur de jardins, décorateur et peintre britannique (Bridlington, Yorkshire, 1685 - Londres 1748). Collaborateur d'un riche amateur, Richard Boyle, comte de Burlington, il fut l'un des champions du palladianisme et l'un des créateurs du jardin paysager à l'anglaise.

Kentucky, un des États unis de l'Amérique du Nord ; 104 623 km² ; 3 685 296 hab. Cap. *Frankfort*. L'agriculture (tabac, céréales, soja, fruits et légumes) et l'élevage (bovin, ovin, porcin) sont complétés par les activités extractives (charbon surtout, mais aussi pétrole et gaz naturel, matériaux de construction et métaux non ferreux).

Kenya, État de l'Afrique orientale ; 583 000 km² ; 25 200 000 hab. (*Kenyans*).

CAP. *Nairobi.* LANGUE : *swahili.* MONNAIE : *shilling du Kenya.*

GÉOGRAPHIE

Le Kenya oppose les hauts massifs volcaniques du Sud-Ouest, bien peuplés, humides mais où l'altitude modère les températures à une latitude équatoriale, aux bas plateaux et plaines du Nord et du Nord-Est, steppiques, presque vides. Il est traversé par la zone d'effondrement de l'Afrique orientale (la Rift Valley), jalonnée de lacs.

La population est formée de groupes variés parmi lesquels émergent les Masai et les Kikuyu. Elle s'accroît à un rythme annuel énorme, proche de 4 %. Elle vit pour les trois quarts d'une agriculture associant cultures vivrières (maïs surtout), élevage bovin et ovin (mais à la finalité encore parfois plus sociale qu'économique) et plantations, café et thé principalement (bases des exportations). L'industrie, peu développée, se limite pratiquement à quelques branches de consommation (agroalimentaire surtout). Elle est présente à Nairobi et surtout à Mombasa, les seules véritables villes. Sa faiblesse contribue à expliquer le lourd déficit commercial (que ne comblent pas les revenus du tourisme international), à la base d'un endettement extérieur notable, pesant, avec la poussée démographique, sur l'avenir de l'économie.

HISTOIRE

Pays où ont été découverts les restes les plus anciens des préhominiens (ancêtres de l'espèce humaine), le Kenya est occupé, après des peuplements successifs, par les Bantous et les Nilotiques (dont font partie les Masai). Dominée depuis le VIIᵉ s. par les Arabes, la côte du Kenya tombe sous le contrôle des Portugais à la fin du XVᵉ s.

1888. La Grande-Bretagne obtient du sultan de Zanzibar une concession sur la majeure partie du pays.

1895. Création d'un protectorat britannique.

1920. Le Kenya devient une colonie britannique.

1952-1956. Révolte nationaliste des Mau-Mau.

1963. Le Kenya devient un État indépendant, membre du Commonwealth.

1964-1978. J. Kenyatta président de la République. Sous son successeur Daniel Arap Moi, le système du parti unique est instauré en 1982.

1992. D. A. Moi remporte les premières élections présidentielles pluralistes depuis l'instauration du multipartisme en 1991.

Kenya *(mont),* sommet du centre du Kenya ; 5 199 m.

Kenyatta *(Jomo),* homme d'État kenyan (Ichaweri v. 1893 - Mombasa 1978). Il lutta dès 1925 contre le régime colonial et devint en 1963 Premier ministre du Kenya indépendant. Président de la République en 1964, il fut constamment réélu jusqu'à sa mort.

Kepler *(Johannes),* astronome allemand (Weil, auj. Weil der Stadt, Wurtemberg, 1571 - Ratisbonne 1630), l'un des créateurs de l'astronomie moderne. D'origine modeste, il est admis gratuitement aux séminaires d'Adelberg (1584) et de Tübingen (1589), où l'un des plus ardents défenseurs de l'hypothèse copernicienne, Maestlin, l'initie à l'astronomie. Professeur de mathématiques à Graz, il en est chassé vers 1600 par les persécutions religieuses. Il se réfugie alors à Prague, où il devient le disciple et l'assistant de Tycho Brahe, auquel il succède, en 1601, comme astronome de l'empereur.

■ **La découverte des lois de Kepler.** Partisan du système héliocentrique, Kepler explique dans un premier ouvrage, le *Prodomus... mysterium cosmographicum,* publié en 1596, pourquoi le système de Ptolémée doit céder la place à la représentation copernicienne du monde. Mais, hanté par les idées pythagoriciennes, il croit l'Univers construit selon une architecture géométrique. Aussi élabore-t-il un ingénieux modèle géométrique du système de Copernic, dans lequel l'orbe de chaque planète occupe une sphère circonscrite à un polyèdre régulier et inscrite dans un autre. En fait, il a la conviction que le nombre de planètes, leurs distances au Soleil et leurs vitesses de révolution ne sont pas le fruit du hasard. C'est en se livrant à une étude systématique du mouvement de la planète Mars (dont la trajectoire restait mal interprétée par Ptolémée et par Copernic), après de laborieux calculs qu'il contrôle grâce aux observations précises de Tycho Brahe, que Kepler découvre les deux premières lois qui ont immortalisé son nom. Celles-ci sont publiées en 1609 dans son *Astronomia nova.* Il s'efforce ensuite de démontrer l'existence d'un rapport harmonique (au sens musical du terme) entre la plus grande et la plus petite vitesse des planètes. Il découvre ainsi la troisième loi fondamentale du mouvement des planètes, qu'il publie en 1619 dans son *Harmonices mundi,* où il décrit sa vision quelque peu mystique de l'Univers. Dans les dernières années de sa vie, il se consacre à l'établissement de tables précises des positions des planètes, fondées sur les lois qu'il a mises en évidence et sur les observations de Tycho Brahe : les *Tables rudolphines,* qu'il publie en 1627.

■ **Les lois de Kepler.** 1° Chaque planète décrit dans le sens direct une ellipse dont le Soleil occupe un des foyers. 2° Les aires décrites par le rayon vecteur allant du centre de la planète au centre du Soleil sont proportionnelles aux temps employés à les décrire. 3° Les carrés des temps des révolutions sidérales des planètes sont proportionnels aux cubes des grands axes de leurs orbites. Ces lois ont, en fait, une portée très générale et s'appliquent à tout corps en mouvement orbital autour d'un autre, en particulier aux satellites (naturels ou artificiels) qui gravitent autour des planètes.

Kerala, État de l'Inde, sur la côte sud-ouest du Deccan ; 39 000 km² ; 29 011 237 hab. Cap. *Trivandrum.* — Regroupant les États de Travancore et de Cochin, l'État de Kerala a été constitué en 1956.

Kerbela → Karbala.

Kerenski *(Aleksandr Fedorovitch),* homme politique russe (Simbirsk 1881 - New York 1970). Membre du Parti social-révolutionnaire, il devint en 1917 ministre de la Justice, de la Guerre puis chef du gouvernement provisoire qui fut renversé par les bolcheviques en novembre (octobre dans le calendrier russe) 1917.

Kerguelen *(îles),* archipel français du sud de l'océan Indien ; env. 7 000 km². Station de recherches scientifiques.

Kerguelen de Trémarec *(Yves* de*),* marin français (Quimper 1734 - Paris 1797). Il découvrit en 1772 les *îles Kerguelen.*

Kerkennah, petit archipel tunisien en face de Sfax.

Kerman ou **Kirman,** v. d'Iran ; 257 000 hab. — Monuments anciens dont la Grande Mosquée (XIVᵉ s.) ornée d'un beau décor de faïence émaillée.

Kermanchah, v. de l'ouest de l'Iran, ch.-l. de prov., dans le Kurdistan ; 291 000 hab. Cité commerciale et militaire (près de la frontière irakienne).

Kerouac *(Jack),* écrivain américain (Lowell, Massachusetts, 1922 - Saint Petersburg, Floride, 1969). Auteur de *Sur la route* (1957), bible de la *Beat Generation,* il a donné en outre une œuvre d'inspiration tantôt familiale et catholique *(Satori à Paris,* 1966), tantôt « beat » *(les Souterrains,* 1958 ; *Big Sur,* 1963 ; *les Anges vagabonds,* 1965), ainsi que

des poèmes *(Mexico City Blues,* 1959) et des souvenirs *(le Vagabond solitaire,* 1960).

Keroularios *(Michel),* en fr. **Cérulaire,** patriarche de Constantinople de 1043 à 1059 (Constantinople v. 1000 - *id.* 1059). Jouissant d'un grand crédit auprès de l'empereur et du peuple, il refusa de reconnaître la primauté de Rome. Excommunié par les légats du pape Léon IX (16 juill. 1054), il fit prononcer par un synode l'anathème contre la bulle pontificale. Il consacra ainsi le schisme entre l'Église d'Orient et l'Église d'Occident.

Kerr *(John),* physicien britannique (Ardrossan, Strathclyde, Écosse, 1824 - Glasgow 1907). Il découvrit, en 1875, la biréfringence des isolants soumis à un champ électrique.

Kertch, port d'Ukraine, en Crimée, sur le *détroit de Kertch* (qui relie la mer Noire et la mer d'Azov) ; 174 000 hab.

Kertész *(André),* photographe américain d'origine hongroise (Budapest 1894 - New York 1985). Sensibilité poétique et sens de l'humour, alliés à l'invention formelle, dominent son œuvre, qui a profondément marqué le langage photographique *(Enfants,* 1933 ; *Paris vu par André Kertész,* 1934 ; *Soixante Ans de photographie,* 1912-1972). En 1984, il a légué son œuvre et ses archives à l'État français.

Kessel *(Joseph),* écrivain et journaliste français (Clara, Argentine, 1898 - Avernes, Val-d'Oise, 1979). Grand reporter, il exalte, dans ses romans, la fraternité née dans la guerre *(l'Équipage,* 1923 ; *l'Armée des ombres,* 1944) et dans l'aventure *(Fortune carrée,* 1930 ; *le Lion,* 1958 ; *les Cavaliers,* 1967). Il est également l'auteur, avec son neveu Maurice Druon, du *Chant des partisans.* (Acad. fr. 1962.)

Kesselring *(Albert),* maréchal allemand (Marktsteft 1885 - Bad Nauheim 1960). Chef d'état-major de l'armée de l'air (1936), il commanda de 1941 à 1944 les forces allemandes de Méditerranée et d'Italie, puis le front de l'Ouest en 1945.

Key *(Ellen),* féministe et pédagogue suédoise (Sundsholm 1849 - près du lac Vättern 1926). Elle fut une des pionnières de l'éducation nouvelle et elle milita activement pour l'émancipation des femmes.

Keynes *(John Maynard, 1ᵉʳ baron),* économiste britannique (Cambridge 1883 - Firle, Sussex, 1946). Élève d'A. Marshall à Cambridge, puis conseiller du Trésor britannique, durant la Première Guerre mondiale, il étudie les *Conséquences économiques de la paix*

(1919). Auteur d'un *Traité sur la monnaie* (1930), puis de *la Théorie générale de l'emploi, de l'intérêt et de la monnaie* (1936), Keynes s'attaque au problème du sous-emploi qui règne en Grande-Bretagne après 1930, dans lequel il voit un état de sous-équilibre permanent qu'aucun mécanisme automatique n'est appelé à corriger. Keynes prône en conséquence une relance de la consommation, une baisse du taux d'intérêt, un accroissement des investissements publics, toutes mesures impliquant l'intervention de l'État. Son rôle à la conférence de Bretton Woods (1944) sera très important. Sa doctrine a eu une influence considérable sur la pensée et les politiques économiques du XXe s.

KGB (sigle de Komitet Gossoudarstvennoï Bezopasnosti, comité de sécurité de l'État), nom donné de 1954 à 1991 aux services chargés du renseignement et du contre-espionnage à l'intérieur et à l'extérieur de l'U. R. S. S.

Khabarovsk, v. de Russie, en Sibérie orientale, à la frontière chinoise, sur l'Amour ; 601 000 hab. Centre administratif et industriel.

Khadidja, première femme de Mahomet et mère de Fatima. Deux fois veuve, elle prit celui-ci pour l'aider dans son commerce de caravanes, puis elle l'épousa, bien qu'étant de quinze ans son aînée. Elle mourut à La Mecque en 619 et elle est vénérée comme une des quatre saintes de l'islam.

Khajuraho, site de l'Inde (Bundelkhand, Madhya Pradesh), ancienne capitale de la dynastie Candella. Important ensemble de temples, hindous et jaina (X^e-XIe s.).

Khakasses, peuple altaïen de Russie, habitant, à l'est du Kazakhstan, la *République de Khakassie* (569 000 hab. Cap. *Abakan*).

Khaniá ou **La Canée,** port de Grèce, sur la côte nord de la Crète ; 50 077 hab. — Fortifications vénitiennes. Musée archéologique.

Kharagpur, v. de l'Inde (Bengale-Occidental) ; 279 736 hab.

Kharbin → Harbin.

Kharezm, ancien État d'Asie centrale, situé sur le cours inférieur de l'Amou-Daria (Oxus). Héritier de la Chorasmie antique, il fut conquis par les Arabes en 712. Il est souvent appelé *khanat de Khiva* (1512-1920).

Kharezmi (*Muhammad ibn Musa al-*), mathématicien de langue arabe de la fin du VIIIe siècle et du début du IXe siècle. Il vécut à la maison de la Sagesse, à Bagdad, sous le règne du calife abbasside al-Mamun. Il est l'auteur du *Précis sur le calcul d'al-djabr et d'al-muqabala,* qui enseigne comment résoudre les équations du 1er et du 2e degré. L'expression « al-djabr » s'est étendue rapidement à toute la théorie des équations, donnant le mot « algèbre ». On trouve dans l'ouvrage d'al-Kharezmi tous les éléments d'une théorie des équations du 2e degré dans l'ensemble des nombres positifs. Son nom, déformé par la latinisation, est à l'origine de la forme « algorithme ».

Kharg (*île*), île iranienne du golfe Persique. Terminal pétrolier.

Kharkov, v. d'Ukraine (dont elle a été la capitale de 1917 à 1934), sur un affl. du Donets ; 1 611 000 hab. Centre métallurgique. Textile.

Khartoum, cap. du Soudan, au confluent du Nil Blanc et du Nil Bleu ; 600 000 hab. — La ville, prise par les mahdistes en 1884-85, fut reconquise par les Britanniques en 1898. — Musée.

Khatchatourian (*Aram*), compositeur soviétique arménien (Tiflis 1903 - Moscou 1978). Il parvint à concilier le folklore avec un développement symphonique élaboré. Ses partitions les plus célèbres sont les ballets *Gayaneh* (1942), qui contient la célèbre « Danse du sabre », et *Spartacus* (1952-1954).

Khaybar ou **Khyber** (*passe de*), défilé entre le Pakistan et l'Afghanistan.

Khayyam (*Omar* ou *Umar*), philosophe, poète et mathématicien persan (Nichapur v. 1047 - *id.* v. 1122). Il a écrit un traité sur les équations du 3e degré, *Démonstrations de problèmes d'al-djabr et d'al-muqabala,* qui comprend une classification des équations. Pour chaque type d'équation du 3e degré, Omar Khayyam indique une construction géométrique des racines. En voulant prouver le 5e postulat d'Euclide, il a reconnu le lien entre ce postulat et la somme des angles du quadrilatère, et par conséquent du triangle. Maître du quatrain persan (*robaiyat,* poème de deux vers à deux hémistiches), Omar Khayyam fut le premier à utiliser cette forme poétique ancienne et populaire pour exprimer la réflexion sceptique.

Khazars, peuple turc qui, du VIIe au Xe siècle, domina la région de la mer Caspienne puis de la Crimée et les steppes entre le Don et le Dniepr. Le prince de Kiev Sviatoslav anéantit sa puissance en 969.

Kheops, roi d'Égypte de la IVe dynastie (v. 2600 av. J.-C.). Il fit élever la grande pyramide de Gizeh.

Khephren, roi d'Égypte de la IVᵉ dynastie (v. 2500 av. J.-C.). Successeur de Kheops, il fit construire la deuxième pyramide de Gizeh.

Kherson, port de l'Ukraine, sur le Dniepr inférieur ; 355 000 hab.

Khingan (Grand), massif de Chine, entre le désert de Gobi et la plaine de la Chine du Nord-Est ; 2 091 m. Le *Petit Khingan* sépare cette plaine du bassin de l'Amour.

Khmers, peuple majoritaire du Cambodge, habitant également la Thaïlande et le Viêt Nam. Riziculteurs et bouddhistes, ils ont formé un empire important (Angkor) qui fut réduit par les Thaïs et les Vietnamiens tout au long de leur histoire.

Khmers rouges, nom donné aux résistants communistes khmers dans les années 1960, puis aux partisans de Pol Pot et de Khieu Samphan après 1976.

Khodjent, de 1936 à 1991 Leninabad, v. du Tadjikistan ; 150 000 hab.

Khomeyni *(Ruhollah),* chef religieux et homme d'État iranien (Khomeyn 1902 - Téhéran 1989). Exilé en Iraq après 1964 puis en France (1978-79), il canalisa l'opposition aux réformes du chah qui triompha avec la révolution de février 1979 et instaura une république islamique. Détenteur de pouvoirs à la fois religieux et politiques, il s'érigea en guide de la révolution islamique à travers le monde.

Khorasan ou **Khurasan,** région du nord-est de l'Iran. V. princ. *Mechhed.*

Khorramchahr ou **Khurramchahr,** port d'Iran, près du Chatt al-Arab ; 147 000 hab.

Khorsabad → **Khursabad**

Khosrô Iᵉʳ ou **Chosroès Iᵉʳ,** roi sassanide d'Iran (531-579). Ses guerres contre Justinien se terminèrent en 562 par une paix sans vainqueur ni vaincu. Il réorganisa l'administration de l'empire.

Khosrô II ou **Chosroès II,** roi sassanide d'Iran (591-628). Il reprit la lutte contre les Byzantins (pillage de Jérusalem en 614, siège de Constantinople en 626), mais fut battu par Héraclius en 628.

Khotan, *en chin.* Hotan, v. de Chine (Xinjiang) ; 134 000 hab. Oasis.

Khotine, *(bataille de)* [11 nov. 1673], victoire remportée par Jean Sobieski sur les Turcs en Ukraine, à Khotine (en polon. *Chocim*), sur le Dniestr.

Khouribga, v. du Maroc, sur les plateaux du Tadla ; 127 000 hab. Phosphates.

Khrouchtchev *(Nikita Sergueïevitch),* homme d'État soviétique (Kalinovka, prov. de Koursk, 1894 - Moscou 1971). Premier secrétaire du Comité central du Parti communiste (1953-1964), président du Conseil des ministres de l'U. R. S. S. de 1958 à 1964, il se fit à partir du XXᵉ Congrès (1956) le champion de la « déstalinisation » et de la coexistence pacifique (avec les États-Unis), et entreprit de vastes réformes économiques. Les revers de sa politique (crise de Cuba en 1962, difficultés agricoles) expliquent sa destitution en 1964.

Khulna, v. du Bangladesh, au sud-ouest de Dacca ; 860 000 hab.

Khurasan → Khorasan.

Khurramchahr → Khorramchahr.

Khursabad ou **Khorsabad,** village d'Iraq où a été dégagée la ville de Dour-Sharroukên, bâtie par Sargon II vers 713 av. J.-C. et abandonnée après sa mort.

Khuzestan ou **Khuzistan,** région d'Iran, sur le golfe Persique. Pétrole.

Khyber → Khaybar.

Kichinev → Chişinău.

Kiel, port d'Allemagne, cap. du Schleswig-Holstein, sur la Baltique ; 243 579 hab. Métallurgie.

Kielce, v. de Pologne, ch.-l. de voïévodie ; 201 000 hab. — Cathédrale et palais (XVIIᵉ s.).

Kienholz *(Edward),* artiste américain (Fairfield, État de Washington, 1927 - Hope, Idaho, 1994). À partir de la fin des années 50, il a élaboré des assemblages-environnements grandeur nature, peuplés de figures mi-réalistes, mi-symboliques, « tableaux » porteurs d'un constat sociologique (*Roxy's,* 1961 ; *The Art Show [l'Exposition],* 1967-1977).

Kierkegaard *(Søren),* philosophe et théologien danois (Copenhague 1813 - id. 1855). Il mène d'abord une vie libertine, se fiance, puis il rompt brutalement ses fiançailles et se consacre à la méditation religieuse. Selon lui, les chrétiens, notamment l'Église institutionnelle, caricaturent le vrai christianisme. Il s'oppose à l'idéalisme hégélien et cherche un mode de pensée radical, voire tragique, pour saisir, loin de toute voie tracée, l'expérience originelle faisant de l'homme un être « unique » en chacun de ses représentants. C'est pour Kierkegaard l'angoisse qui constitue l'expérience fondamentale de l'homme : c'est par elle que l'homme se découvre comme être unique, irréductible à tout système. Kierkegaard, malgré toutes les dénégations de ses successeurs, est à l'origine de l'existentialisme (*Crainte et Tremblement*, 1843, *Ou bien... ou bien*, 1843 ; *le Journal du séducteur*, 1843).

Kiesinger (*Kurt Georg*), homme politique allemand (Ebingen 1904 - Tübingen 1988). Chrétien-démocrate, il a été chancelier de l'Allemagne fédérale (1966-1969).

Kieślowski (*Krzysztof*), cinéaste polonais (Varsovie 1941 - *id* 1996). Narrateur exemplaire, il construit une œuvre classique par la structure de ses scénarios, la vérité des personnages et le lyrisme de la mise en scène : *le Personnel* (1975), *le Profane* (1979), *le Hasard* (1981), *le Décalogue* (1988), série de 10 moyens métrages illustrant les Dix Commandements, *la Double Vie de Véronique* (1991). Les trois films suivants, *Bleu* (1993), *Blanc* (1994), *Rouge* (1994) composent une trilogie (*Trois Couleurs*) illustrant la devise républicaine.

Kiev, cap. de l'Ukraine, sur le Dniepr ; 2 587 000 hab. Endommagée pendant la Seconde Guerre mondiale, la ville a été reconstruite et son patrimoine architectural restauré. Centre administratif et culturel, la ville est aussi industrialisée (constructions mécaniques, fabrications chimiques, textiles et cuirs, industries alimentaires). HIST. Capitale de la « Russie kievienne » (IXᵉ-XIIᵉ s.), centre commercial prospère et métropole religieuse, Kiev est conquise par les Mongols en 1240. Rattachée à la Lituanie (1362) puis à la Pologne (1569), elle revient à la Russie en 1654. Foyer du nationalisme ukrainien, elle devient en 1918 la capitale de la République indépendante d'Ukraine. Intégrée à la République soviétique d'Ukraine en 1920, elle devient sa capitale en 1934. ARTS. Cathédrale Ste-Sophie (XIᵉ-XVIIIᵉ s.), conservant des mosaïques et des peintures byzantines. Laure des Grottes, ensemble monastique remontant lui aussi au XIᵉ siècle, avec plusieurs églises et musées.

Kiev (*État de*) ou **Russie kievienne,** premier État des Slaves de l'Est (IXᵉ-XIIᵉ s.), qui se développa sur le cours moyen du Dniepr, autour du Kiev. Bien que cet État se désintègre au milieu du XIIᵉ siècle, certains historiens emploient l'expression de « Russie kievienne » pour désigner les principautés de cette région jusqu'à la conquête mongole (1236-1240). Les Slaves de l'Est se diviseront par la suite en Russes, Ukrainiens et Biélorusses. Les débuts de l'État de Kiev sont liés aux princes varègues Riourik, semi-légendaire, et Oleg, qui s'établit à Kiev en 882. Les règnes de Vladimir le Grand (v. 980-1015) et de Iaroslav le Sage (1019-

1054) marquent l'apogée de l'État de Kiev. L'adoption du christianisme par Vladimir et le « baptême de la Russie » qu'il impose à ses sujets (988-989) resserrent les liens avec Byzance. Affaibli par son morcellement et par les attaques des peuples turcs établis dans les steppes méridionales, l'État de Kiev se désintègre après 1150 en principautés indépendantes.

Kigali, cap. du Rwanda ; 155 000 hab.

Kikuyu, peuple du Kenya, parlant une langue bantoue. Le système social des Kikuyu repose sur des clans et des lignages patrilinéaires correspondant à des unités territoriales. Le statut de chacun est fixé par avance et la vie religieuse rythme la vie de chaque individu ; cette forte structure a été un appui dans la lutte anticoloniale contre les Britanniques.

Kikwit, v. du Zaïre ; 172 000 hab.

Kilimandjaro ou **Pic Uhuru,** massif volcanique de l'Afrique (Tanzanie), portant le point culminant du continent ; 5 895 m.

Killy (*Jean-Claude*), skieur français (Saint-Cloud 1943), triple champion olympique (descente, slalom spécial, slalom géant) en 1968.

Kimberley, v. de l'Afrique du Sud, ch.-l. de la prov. du Cap-Nord ; 145 000 hab. Diamants.

Kim Il-sung ou **Kim Il-song,** maréchal et chef d'État nord-coréen (près de Pyongyang 1912 - Pyongyang 1994). Organisateur de l'armée de libération contre l'occupant japonais (1931-1945), fondateur du Parti du travail (1946), il devient Premier ministre de la Corée du Nord en 1948. Il est ensuite chef de l'État de 1972 à sa mort.

Kimura Motoo, généticien japonais (Okazaki 1924 - Mishima, préf. de Shizuoka, 1994). Spécialiste de génétique des populations, il est l'auteur du modèle neutraliste de l'évolution.

Kinabalu, point culminant de Bornéo (Sabah) et de l'Insulinde ; 4 175 m.

Kindi (**al-**), philosophe arabe (fin du VIIIᵉ s. - milieu du IXᵉ s.). Il s'est efforcé d'accréditer les thèses des mutazilites et a fait ériger leur religion en religion d'État grâce à l'appui du calife Mamun, chez qui il vivait. Cette tendance, opposée aux chiites, prônant une morale humaniste, a par la suite été condamnée. Il croit à un accord fondamental entre la raison et la foi au sujet de l'existence de Dieu. Il a essayé de concilier philosophie et religion pour atteindre l'unité divine. Il s'est également intéressé aux problèmes de la traduction (grec-arabe) et aux sciences : astronomie, météorologie, médecine, ainsi qu'à la musique.

King *(Riley* Ben, dit B. B.*)*, guitariste et chanteur de blues américain (Itta Bena, Mississippi, 1925). « Blues Boy King » se fait connaître comme guitariste en 1949. Il est un des premiers à avoir électrifié l'instrument. Son influence sera très grande sur le blues de Chicago et la pop music.

King *(Ernest)*, amiral américain (Lorain, Ohio, 1878 - Portsmouth 1956), chef de l'état-major naval américain pendant la Seconde Guerre mondiale (1942-1945).

King *(Martin Luther)*, pasteur noir américain (Atlanta 1929 - Memphis 1968). Son action pacifique a visé à l'intégration des Noirs. Il fut assassiné. (Prix Nobel de la paix 1964.)

King *(Stephen)*, écrivain américain (Portland, Maine, 1947), un des maîtres du fantastique et de l'épouvante (*Shining*, 1977 ; *The Dead Zone,* 1979 ; *Minuit 2,* 1990).

King *(William Lyon* Mackenzie*)*, homme politique canadien (Berlin, auj. Kitchener, Ontario, 1874 - Kingsmere, près d'Ottawa, 1950). Chef du Parti libéral, Premier ministre de 1921 à 1930 et de 1935 à 1948, il renforça l'autonomie du Canada vis-à-vis de Londres.

King Kong, film américain de M. Cooper et E. B. Schoedsack (1933).

Kingsley *(Charles)*, pasteur et écrivain britannique (Holne, Devon, 1819 - Eversley 1875), un des promoteurs du mouvement socialiste chrétien.

Kingston, v. du Canada (Ontario), sur le Saint-Laurent ; 56 597 hab. École militaire. Archevêché. Université.

Kingston, cap. et port de la Jamaïque, sur la côte sud de l'île ; 662 000 hab. Centre commercial, industriel et touristique.

Kingston-upon-Hull ou **Hull,** v. du nord de l'Angleterre, sur l'estuaire du Humber ; 252 200 hab. Port de pêche et de commerce. — Église gothique de la Trinité. Musées.

Kingstown → **Dun Laoghaire.**

Kinoshita Junji, auteur dramatique japonais (Tokyo 1914), rénovateur du théâtre japonais contemporain (*Une grue un soir,* 1949).

Kinshasa, *anc.* Léopoldville, cap. du Zaïre ; 3 500 000 hab. *(Kinois).* Fondée en 1881 par Stanley sur la rive sud du Pool Malebo (lac du fleuve Zaïre). La ville s'est beaucoup étendue vers le S. et l'E., sous l'effet de

l'accroissement naturel et de l'exode rural. Port fluvial, centre commercial, administratif et universitaire, c'est le principal pôle industriel du pays (métallurgie, textile, mécanique, alimentation).

Kipling *(Rudyard)*, écrivain britannique (Bombay 1865 - Londres 1936). Ses poésies et ses romans (*le Livre de la jungle,* 1894 [→ Livre] ; *Capitaine courageux,* 1897 ; *Kim,* 1901) célèbrent les qualités viriles et l'impérialisme anglo-saxon. (Prix Nobel 1907.)

Kippour *(guerre du)* → **israélo-arabes** *(guerres).*

Kircher *(Athanasius)*, jésuite et savant allemand (Geisa, près de Fulda, 1602 - Rome 1680). Il enseigne la philosophie, les mathématiques, l'hébreu et le syriaque. Nommé professeur de mathématiques au Collège romain (1638), il y crée le « Museum Kircherianum », premier exemple d'un musée public, où il rassemble les objets les plus divers (animaux, pierres, instruments, etc.). Son *Mundus subterraneus* est le premier grand traité de géologie, où il est fait une large place aux volcans.

Kirchhoff *(Gustav Robert)*, physicien allemand (Königsberg 1824 - Berlin 1887). Il imagina en 1859 le concept de « corps noir », corps capable d'absorber intégralement les radiations qu'il reçoit. Il inventa le spectroscope, qu'il utilisa, avec Bunsen, pour montrer que chaque élément chimique possède un spectre caractéristique, fondant ainsi l'analyse spectrale grâce à laquelle il découvrit le césium et le rubidium (1861). En optique, il développa la théorie ondulatoire de Fresnel et énonça les lois générales des courants dérivés.

Kirchner *(Ernst Ludwig)*, peintre et graveur allemand (Aschaffenburg, Bavière, 1880 - Frauenkirch, près de Davos, 1938). Un des maîtres de l'expressionnisme, inspirateur de Die Brücke, il s'est exprimé par une palette intense et par un trait aigu, nerveux (*Femme au miroir,* 1912, M. N. A. M., Paris ; *Scène de rue à Berlin,* 1913, Brücke-Museum, Berlin).

Kirghiz, peuple musulman de langue turque, vivant principalement au Kirghizistan, en Ouzbékistan, dans les montagnes du Badakhchan au Tadjikistan, et en Chine (Xinjiang, Pamir, Tian Shan).

Kirghizistan ou **Kirghizie,** État d'Asie centrale, à la frontière du Xinjiang chinois ; 198 500 km^2 ; 4 300 000 hab. *(Kirghiz).* CAP. *Bichkek.* LANGUE : *kirghiz.* MONNAIE : *som.*

GÉOGRAPHIE

Presque entièrement montagneux (Tian Shan, Alataou), le pays est peuplé surtout de Kirghiz (mais avec de notables minorités d'Ouzbeks et surtout de Russes), maintenant sédentarisés et au fort dynamisme démographique. Les régions de Bichkek et d'Och sont des zones d'agriculture intensive et irriguée, à côté d'un élevage ovin extensif sur des terres arides.

HISTOIRE

Conquis par les Russes, le pays est intégré au Turkestan, organisé en 1865-1867.
1936. Il devient une république fédérée de l'U. R. S. S.
1991. Il accède à l'indépendance.

Kiribati, *anc.* îles Gilbert, État de Micronésie ; 900 km² ; 70 000 hab. CAP. *Tarawa* (22 000 hab.). LANGUES : *anglais.* MONNAIE : *dollar australien.* Il comprend l'archipel principal des Gilbert (16 atolls), auquel s'ajoutent les îles de la Ligne, ou Line Islands (Christmas [auj. Kiritimati], Tabuaeran et Teraina), l'archipel des Phoenix (atolls isolés) et l'île corallienne soulevée d'Ocean (ou Banaba). Ancienne colonie britannique, il est devenu indépendant en 1979.

Kirikkale, v. de Turquie, à l'E. d'Ankara ; 185 431 hab.

Kiritimati, *anc.* Christmas, atoll du Pacifique, dépendance de Kiribati.

Kirkuk, v. du nord de l'Iraq ; 535 000 hab. Centre pétrolier.

Kirov → Viatka.

Kirovabad → Gandja.

Kirovakan, v. d'Arménie ; 159 000 hab.

Kirovograd ; *anc.* Ielizavetgrad, v. d'Ukraine ; 263 000 hab.

Kiš *(Danilo),* écrivain serbe (Subotica 1935 - Paris 1989). Il s'est souvent inspiré dans ses romans (*le Sablier,* 1971) et ses nouvelles (*Un tombeau pour Boris Davidovitch,* 1976) de faits réels, témoignant d'un souci de recherche formelle (*la Leçon d'anatomie,* 1978).

Kisangani, *anc.* Stanleyville, v. du Zaïre, sur le fleuve Zaïre ; 339 000 hab.

Kisfaludy *(Sándor),* poète hongrois (Sümeg 1772 - id. 1844). Son frère **Károly** (Tét 1788 - Pest 1830) a été l'initiateur du théâtre et du romantisme en Hongrie.

Kish, cité ancienne de Mésopotamie (à 15 km à l'E. de Babylone), habitée de la fin du IVᵉ millénaire au vᵉ s. apr. J.-C. Ses rois ont dû, vers le xxviiᵉ s. av. J.-C., dominer toute la basse Mésopotamie avant l'hégémonie d'Akkad au xxiiiᵉ s. av. J.-C.

Kissinger *(Henry),* homme politique américain (Fürth, Allemagne, 1923). Chef du département d'État de 1973 à 1977, il fut l'artisan de la paix avec le Viêt Nam. (Prix Nobel de la paix 1973.)

Kistna → Krishna.

Kita-Kyushu, port du Japon, dans le nord de l'île de Kyushu ; 1 026 455 hab. Centre industriel.

Kitchener, v. du Canada (Ontario) ; 168 282 hab. (332 235 pour l'agglomération).

Kitchener *(Herbert, lord),* maréchal britannique (Bally Longford 1850 - en mer 1916). Il reconquit le Soudan, occupant Khartoum et Fachoda (1898), et mit fin à la guerre des Boers (1902). Ministre de la Guerre en 1914, il organisa l'armée de volontaires envoyée sur le front français.

Kitwe-Nkana, centre minier (cuivre) de la Zambie ; 472 000 hab.

Kitzbühel, v. d'Autriche (Tyrol) ; 8 000 hab. Station de sports d'hiver (alt. 762-2 000 m). — Églises et maisons anciennes, du gothique au baroque.

K'iu Yuan → Qu Yuan.

Kivi *(Aleksis* Stenvall, dit *Aleksis),* écrivain finlandais (Nurmijärvi 1834 - Tuusula 1872). Créateur du théâtre finnois (*Kullervo,* 1859) et auteur d'un roman paysan (*les Sept Frères,* 1870), il est le grand classique de la littérature finlandaise.

Kivu *(lac),* lac d'Afrique, aux confins du Zaïre et du Rwanda ; 2 700 km².

Kizil Irmak *(le),* fl. de Turquie, tributaire de la mer Noire ; 1 182 km.

Kjolen ou **Kölen,** massif du nord de la Scandinavie ; 2 117 m au Kebnekaise.

Klagenfurt, v. d'Autriche, ch.-l. de la Carinthie ; 87 000 hab. — Ensemble de monuments et de demeures notamment des xviᵉ et xviiᵉ siècles. Musée provincial de Carinthie.

Klaipeda, *en all.* Memel, port de Lituanie, sur la Baltique ; 204 000 hab.

Klaproth *(Martin Heinrich),* chimiste et minéralogiste allemand (Wernigerode 1743 - Berlin 1817). Ses analyses de minéraux l'ont conduit à la découverte d'éléments nouveaux : zirconium et uranium (1789), titane (1795) et cérium (1803). Il identifia le strontium et étudia le tellure. Il propagea en Allemagne les théories de Lavoisier.

Klaus *(Václav),* économiste et homme politique tchèque (Prague 1941). Ministre des

Finances (1989) et vice-Premier ministre (1991) de la Tchécoslovaquie, il négocie la partition de la Fédération et devient en 1993 Premier ministre de la République tchèque indépendante.

Kléber (*Jean-Baptiste*), général français (Strasbourg 1753 - Le Caire 1800). Engagé volontaire en 1792, il participa activement à la défense de Mayence. Général en 1793, il commanda en Vendée, se battit à Fleurus (1794), puis dirigea l'armée de Sambre et Meuse. Successeur de Bonaparte en Égypte (1799), il défit les Turcs à Héliopolis (1800), mais fut assassiné au Caire.

Klee (*Paul*), peintre suisse (Münchenbuchsee, près de Berne, 1879 - Muralto-Locarno 1940). La découverte de Cézanne (1909), puis du cubisme (1912) après la rencontre, à Munich, de Kandinsky et des peintres du Blaue Reiter (1911), enfin la révélation décisive de la lumière en Tunisie (1914) marquent toute son œuvre. Proche de l'abstraction (*Villa R*, 1919, Bâle), se référant à la nature, au cosmos par des allusions oniriques ou humoristiques, il multiplie les manières (« carrés magiques » : *Air ancien*, 1925, Bâle ; mosaïques : *Ad Parnassum*, 1932, Berne), les techniques et les recherches. Il enseigne au Bauhaus de 1921 à 1930. Une volonté d'économie plastique le conduit à un graphisme qui va jusqu'à l'idéogramme, constamment empreint d'une charge poétique et lyrique (*Mine grave*, 1939, Berne). Il a laissé un *Journal* et d'autres écrits. Important ensemble de son œuvre au musée de Berne (Fondation Paul Klee).

Kleene (*Stephen Cole*), logicien et mathématicien américain (Hartford, Connecticut, 1909). On lui doit une importante contribution à la théorie des fonctions récursives et à la théorie des automates (*Introduction to Metamathematics*, 1952).

Klein (*Felix*), mathématicien allemand (Düsseldorf 1849 - Göttingen 1925). Il mit fin à la scission entre géométrie pure et géométrie analytique en présentant, en 1872, le « programme d'Erlangen », remarquable classification des géométries fondée sur la notion de groupe de transformations. Ses autres travaux concernent la théorie des fonctions de la variable complexe, les fonctions modulaires, le groupe de l'icosaèdre régulier.

Klein (*Lawrence Robert*), économiste américain (Omaha, Nebraska, 1920). Conseiller du président Carter (1976-77), il a reçu en 1980 le prix Nobel de sciences économi-

ques pour ses travaux sur la modélisation économétrique.

Klein (*Melanie*), psychanalyste britannique d'origine autrichienne (Vienne 1882 - Londres 1960). Pionnière de la psychanalyse des enfants, elle suppose qu'il existe dès la naissance un Moi beaucoup plus élaboré que ne l'estimait Freud, le complexe d'Œdipe se nouant plus tôt que ce dernier ne l'avait pensé. Pour elle, le refoulement serait secondaire par rapport à l'Œdipe (*la Psychanalyse des enfants*, 1932 ; *Essai de psychanalyse*, 1947 ; *Envie et gratitude*, 1957).

Klein (*William*), photographe et cinéaste américain (New York 1928). Rapidité d'écriture, lecture multiple de l'image et flou font de lui l'un des rénovateurs du langage photographique.

Klein (*Yves*), peintre français (Nice 1928 - Paris 1962). Cherchant le *Dépassement de la problématique de l'art* (titre d'un écrit de 1959) et l'accès à une « sensibilité immatérielle » dans une libération de la couleur (*monochromes* bleus ou roses), dans une appropriation des énergies élémentaires (*peintures de feu*, *cosmogonies*) et vitales (*anthropométries* ; empreintes de corps nus enduits de peinture) ou dans le rêve d'une *architecture de l'air*, il fut l'un des grands éveilleurs de l'avant-garde européenne.

Kleist (*Ewald* von), maréchal allemand (Braunfels 1881 - Vladimir 1954). Un des créateurs de l'arme blindée allemande, il dirigea la percée des Ardennes (1940).

Kleist (*Heinrich* von), écrivain allemand (Francfort-sur-l'Oder 1777 - Wannsee, près de Berlin, 1811). Épris d'idéalisme, influencé par Kant et par Rousseau, il abandonne en 1799 la carrière militaire pour le théâtre (*Robert Guiscard, duc des Normands*, 1803). Arrêté comme espion lors de l'invasion napoléonienne (1806), il est interné au fort de Joux. Relâché, il s'installe à Dresde, où il fréquente les milieux romantiques. Il écrit des nouvelles, une comédie (*Amphitryon*, 1807), des tragédies (*Penthésilée*, 1808 ; *Katherine de Heilbronn*, 1808-1810) et deux drames, inspirés des malheurs de sa patrie et qui restent ses chefs-d'œuvre (*la Bataille d'Hermann*, 1808 ; *le Prince de Hombourg*, 1810 [→ **Prince**]). Ruiné et découragé par l'insuccès de ses pièces, il se donne la mort en compagnie de son amie, Henriette Vogel.

Klemperer (*Otto*), chef d'orchestre d'origine allemande, naturalisé israélien (Breslau 1885 - Zurich 1973), spécialiste du répertoire austro-allemand de J. S. Bach et J. Haydn à G. Mahler et R. Strauss.

Klenze *(Leo* von*)*, architecte allemand (Bockenem, près de Hildesheim, 1784 - Munich 1864). Il a notamment construit à Munich, en style néogrec, la Glyptothèque (v. 1816-1830) et les Propylées.

Klestil *(Thomas)*, diplomate et homme d'État autrichien (Vienne 1932). Candidat du Parti populiste, il est élu président de la République en 1992.

Klimt *(Gustav)*, peintre autrichien (Vienne 1862 - *id.* 1918). Il fut parmi les fondateurs de la Sécession viennoise, en 1897, parvenant au tournant du siècle à un art spécifique qui associe réalisme et féerie ornementale au service de thèmes érotico-symbolistes (*le Baiser*, 1908, Vienne).

Klinger *(Friedrich Maximilian* von*)*, poète allemand (Francfort-sur-le-Main 1752 - Dorpat 1831). Son drame *Sturm und Drang* (1776) a donné son nom à la période de la littérature allemande qui inaugure la réaction contre le classicisme.

Klingsor, magicien qui apparaît dans le *Parzival* du poète allemand Wolfram von Eschenbach et dans le *Parsifal* de Wagner.

Klondike, riv. du Canada, affl. du Yukon (r. dr.) ; 150 km. Gisements d'or découverts en 1896, mais aujourd'hui épuisés.

Klopstock *(Friedrich Gottlieb)*, poète et auteur dramatique allemand (Quedlinburg 1724 - Hambourg 1803). Luthérien convaincu, il est l'auteur d'une vaste épopée biblique, *la Messiade* (1748-1773). Ses drames (*la Bataille d'Arminius*, 1769), inspirés des mythes de la vieille Germanie, font de lui l'initiateur d'une littérature puisant aux sources nationales.

Klosterneuburg, v. d'Autriche, dans la banlieue de Vienne ; 23 300 hab. — Monastère d'augustins remontant au XIIe siècle (décors baroques ; œuvres d'art, dont le célèbre « retable » émaillé de Nicolas de Verdun [1181]).

Kloten, v. de Suisse ; 16 148 hab. Aéroport de Zurich.

Kluck *(Alexander* von*)*, général allemand (Münster 1846 - Berlin 1934). Commandant la Ire armée allemande, il commit une faute de manœuvre, aussitôt exploitée par l'offensive française de la Marne (sept. 1914).

Kluge *(Hans* von*)*, maréchal allemand (Posen, auj. Poznań, 1882 - près de Metz 1944). Il commanda une armée en France (1940), un groupe d'armées en Russie, puis remplaça Rundstedt en Normandie. Après son échec à Mortain (1944), il se suicida.

Knesset, Parlement de l'État d'Israël, à chambre unique, composé de 120 députés.

Knock ou **le Triomphe de la médecine**, comédie en trois actes de Jules Romains (1923).

Knokke-Heist, comm. de Belgique (Flandre-Occidentale) ; 31 787 hab. Station balnéaire sur la mer du Nord.

Knox *(Fort)*, camp militaire des États-Unis (Kentucky), au sud-ouest de Louisville. Abri contenant les réserves d'or des États-Unis.

Knox *(John)*, réformateur écossais (près de Haddington 1505 ou v. 1515 - Édimbourg 1572). Il établit la Réforme en Écosse en adoptant la doctrine de Calvin. Contraint à l'exil à plusieurs reprises, notamment en 1554 par Marie Tudor, il rentre dans sa patrie en 1559, sous Élisabeth Ire, pour contribuer à y établir le presbytérianisme en rédigeant la *Confessio Scotica* et le *Book of Common Order.*

Knud ou **Knut le Grand** (995 - Shaftesbury 1035), roi d'Angleterre (1016-1035), de Danemark (1018-1035) et de Norvège (1028-1035). Respectueux des lois anglo-saxonnes, il favorisa la fusion entre Danois et Anglo-Saxons. Son empire se disloqua après sa mort. **Knud II le Saint** (1040 - Odense 1086), roi de Danemark (1080-1086), mort martyr, patron du Danemark.

Kobe, important port du Japon (Honshu) sur la côte septentrionale de la baie d'Osaka ; 1 477 410 hab. Centre industriel (chantiers navals). Musées. Séisme en 1995.

Koch *(Robert)*, médecin et microbiologiste allemand (Clausthal, Hanovre, 1843 - Baden-Baden 1910). Il découvrit le bacille de la tuberculose (1882), appelé maintenant *bacille de Koch*, à partir duquel il prépara la tuberculine (utilisée de nos jours dans les tests cutanés diagnostiques). Koch découvrit également le bacille du choléra. (Prix Nobel 1905.)

Kochanowski *(Jan)*, poète polonais (Sycyna 1530 - Lublin 1584). Ses élégies (*Thrènes*, 1580) sur la mort de sa fille inaugurèrent la poésie lyrique en Pologne.

Köchel *(Ludwig* von*)*, musicographe autrichien (Stein, Basse-Autriche, 1800 - Vienne 1877). Il a publié, en 1862, le *Catalogue chronologique et thématique des œuvres complètes* de W. A. Mozart.

Kocher *(Theodor Emil)*, chirurgien suisse (Berne 1841 - *id.* 1917). Il étudia le fonctionnement de la glande thyroïde, en montrant le rôle de l'iode, et créa de plus la chirurgie du goitre, augmentation du volume de cette glande. (Prix Nobel 1909.)

Kochi, port du Japon (Shikoku) à proximité de la baie de Tosa ; 317 069 hab. — Musée ; château féodal (XVIIe s.) ; dans les environs, temple bouddhique « Chikurin ».

Kodály *(Zoltán),* compositeur, folkloriste et pédagogue hongrois (Kecskemét 1882 - Budapest 1967). Il entreprit avec Béla Bartók une collecte de chants populaires. En 1908, il devint professeur de composition à l'académie Franz Liszt. Son œuvre embrasse tous les genres : motets, messes, oratorios *(Psalmus hungaricus,* 1923), œuvres dramatiques, symphoniques, musique de chambre. Kodály s'est illustré aussi par une méthode d'enseignement de la musique.

Kœchlin *(Charles),* compositeur et théoricien français (Paris 1867 - Rayol-Canadel-sur-Mer 1950), auteur d'un *Traité de l'orchestration* (1944), d'œuvres symphoniques et de musique de chambre.

Kœnig *(Marie Pierre),* maréchal de France (Caen 1898 - Neuilly-sur-Seine 1970). Vainqueur à Bir Hakeim (1942), il commanda les Forces françaises libres puis les Forces françaises de l'intérieur (1944). Il fut ministre de la Défense en 1954-55.

Koestler *(Arthur),* écrivain hongrois d'expression anglaise, naturalisé britannique (Budapest 1905 - Londres 1983). Ses romans peignent l'individu aux prises avec les systèmes politiques ou scientifiques modernes *(le Zéro et l'Infini,* 1940). Il se suicida.

Koetsu, peintre calligraphe et décorateur japonais (région de Kyoto 1558 - 1637). Superbe calligraphe, il a puisé son inspiration dans la période Heian et a réalisé avec Sotatsu des œuvres d'une parfaite harmonie.

Koffka *(Kurt),* psychologue américain d'origine allemande (Berlin 1886 - Northampton 1941). Il a été avec W. Köhler et M. Wertheimer un des fondateurs de la Gestalt-theorie.

Kofu, v. du Japon (Honshu) à l'ouest de Tokyo ; 200 626 hab.

Kohl *(Helmut),* homme politique allemand (Ludwigshafen 1930). Président de la CDU (union chrétienne-démocrate) depuis 1973, il devient chancelier de la République fédérale en 1982 et fait proclamer l'unification de l'Allemagne en 1990.

Köhler *(Wolfgang),* psychologue américain d'origine allemande (Reval, auj. Tallinn, 1887 - Enfield, New Hampshire, 1967), l'un des principaux représentants de la Gestalt-theorie : *Problèmes psychologiques* (1933).

Kohlrausch *(Rudolf),* physicien allemand (Göttingen 1809 - Erlangen 1858). Il a défini la résistivité des conducteurs électriques.

Kohout *(Pavel),* écrivain tchèque (Prague 1928). Poète *(le Temps de l'amour et du combat,* 1954) et auteur dramatique *(Auguste, Auguste, Auguste,* 1967), il fut un des signataires de la Charte 77.

Koivisto *(Mauno),* homme d'État finlandais (Turku 1923). Social-démocrate, Premier ministre (1968-1970 ; 1979-1981), il est président de la République de 1982 à 1994.

Kokoschka *(Oskar),* peintre et écrivain autrichien (Pöchlarn, Basse-Autriche, 1886 - Montreux 1980). D'un expressionnisme tourmenté dans ses figures *(la Fiancée du vent,* 1914, musée des Bx-A., Bâle), il a exalté le lyrisme de la couleur dans ses vues urbaines et ses paysages.

Kola *(presqu'île de),* péninsule du nord de la Russie, au-delà du cercle polaire. Fer. Nickel. Phosphates. Centrale nucléaire. V. princ. *Mourmansk.* — Bases aérienne et sous-marine.

Kolamba → Colombo.

Kolhapur, v. de l'Inde (Maharashtra) ; 417 286 hab.

Kollár *(Ján),* poète slovaque d'expression tchèque (Mošovce 1793 - Vienne 1852). L'une des figures majeures du renouveau national et culturel tchèque, il a donné avec les 615 sonnets de la *Fille de Slava* (1824-1852) l'œuvre majeure du panslavisme.

Kolmogorov *(Andreï Nikolaïevitch),* mathématicien soviétique (Tambov 1903 - Moscou 1987). Il établit les bases axiomatiques du calcul des probabilités (1933).

Kolokotrónis ou **Colocotronis** *(Theódhoros* ou *Théodore),* homme politique grec (Ramavoúni 1770 - Athènes 1843) et chef militaire de la guerre de l'Indépendance (1821-1831).

Koltchak *(Aleksandr Vassilievitch),* amiral russe (Saint-Pétersbourg 1874 - Irkoutsk 1920). Ayant pris à Omsk la tête des Russes blancs (fin de 1918), il fut battu par l'Armée rouge et fusillé.

Kolwezi, v. du Zaïre, dans le Shaba ; 80 000 hab. Centre minier (cuivre, cobalt).

Kolyma *(la),* fl. sibérien de Russie, tributaire de la mer de Sibérie orientale et qui a donné son nom à une région ; 2129 km.

Kominform (abrév. russe de « Bureau d'information des partis communistes et ouvriers »), organisation qui regroupa de 1947 à 1956 les partis communistes des pays de l'Europe de l'Est, de France et d'Italie.

Komintern (abrév. russe de « Internationale communiste »), nom russe de la IIIe Internationale (1919-1943).

Komis ou **Zyrianes**, peuple de langue finno-ougrienne de la Russie, habitant la vallée de la Petchora. Ils font aujourd'hui partie de la *République des Komis* (1 263 000 hab. Cap. *Syktyvkar*). Leur mode de vie traditionnel repose sur la chasse et l'élevage. Ils vivent dans des familles dispersées possédant en commun pâturages et terrains de chasse.

Kom-Ombo, v. d'Égypte, en Haute-Égypte (prov. d'Assouan) ; 28 400 hab. — Grand temple fondé par Thoutmosis III, reconstruit à l'époque ptolémaïque et dédié à Sobek et Haroëris, bien conservé.

Komsomolsk-sur-l'Amour, v. de Russie, en Extrême-Orient, sur l'Amour ; 315 000 hab. Elle fut fondée en 1932 par les komsomols.

Kondratiev (*Nikolaï Dmitrievitch,*) économiste russe (1892-1930). Il est l'auteur d'études sur les cycles économiques qui mirent en valeur l'existence des cycles de longue durée, dits « cycles Kondratiev ».

Kongo ou **Bakongo,** population bantoue située au Zaïre et au Congo.

Kongo ou **Congo** (*royaume du),* ancien royaume africain aux confins du bas Congo et de l'Angola. Fondé au XIVe siècle, il accueillit à la fin du XVe les marins portugais, qui y diffusèrent le christianisme. Il déclina après 1568 au profit du royaume d'Angola.

Koniev ou **Konev** (*Ivan Stepanovitch),* maréchal soviétique (Lodeïno 1897 - Moscou 1973). Il se distingua devant Moscou (1941) et s'empara de la Pologne méridionale (1944), avant de réaliser sa liaison avec les troupes américaines à Torgau (1945). Il fut commandant des forces du pacte de Varsovie (1955-1960).

Königsberg → **Kaliningrad.**

Kontchalovski (*Andreï)* → **Mikhalkov-Kontchalovski.**

Konwicki (*Tadeusz),* écrivain et cinéaste polonais (Nowa Wilejka 1926). Romancier jouant sur différents plans de temporalité (*l'Ascension,* 1967), il se fait le témoin et le juge de son temps (*la Petite Apocalypse,* 1979 ; *Fleuve souterrain, oiseaux de nuit,* 1985).

Konya, v. de Turquie, au nord du Taurus ; 513 346 hab. **ARTS.** Beaux monuments de l'époque seldjoukide, parmi lesquels la mosquée d'Ala al-Din (v. 1220) avec un splendide minbar en bois, et la madrasa (Ince minareli, 1265) ; tombeau de Djalal al-Din Rumi, fondateur des derviches tourneurs. Musée.

Köprülü, famille d'origine albanaise, dont cinq membres furent, de 1656 à 1710, grands vizirs de l'Empire ottoman.

Korçë, v. d'Albanie ; 50 000 hab.

Korčula, *en ital.* Curzola, île croate de l'Adriatique. V. princ. *Korčula.* — Nombreux monuments du Moyen Âge et de la Renaissance.

Korda (*Sándor,* devenu *sir* **Alexander**)*,* cinéaste et producteur britannique d'origine hongroise (Pusztaturpaszto, près de Túrkeve, 1893 - Londres 1956). Il contribua à la renaissance de la production britannique et réalisa lui-même plusieurs films historiques (*la Vie privée de Henry VIII,* 1933).

Kordofan, région du Soudan, à l'ouest du Nil Blanc. V. princ. *El-Obeïd.*

Korin Ogata, de son vrai nom Ichinojo, peintre japonais (Kyoto 1658 - *id.* 1716). Il est surtout connu pour ses grandes compositions décoratives qui ressuscitent, dans l'esprit élégant et raffiné du XVIIIe siècle, le génie ample et vigoureux de Sotatsu, mais aussi de Koetsu.

Koriyama, v. du Japon (Honshu) ; 314 642 hab.

Kornai (*János),* économiste hongrois (Budapest 1928). Il est directeur de l'Institut d'économie de l'Académie des sciences de Hongrie depuis 1967. Son ouvrage *Socialisme et économie de la pénurie* (1980) démontre que la pénurie est inhérente au système administratif et centralisé des économies socialistes.

Körner (*Theodor),* poète allemand (Dresde 1791 - env. de Gadebusch, près de Schwerin, 1813). Auteur dramatique à succès (*la Gouvernante,* 1818), il fut l'un des chantres du soulèvement contre Napoléon (*Lyre et Épée,* 1814).

Kornilov (*Lavr Gueorguievitch),* général russe (Oust-Kamenogorsk 1870 - Iekaterinodar 1918). Nommé généralissime par Kerenski (1917), il rompit avec lui et fut tué en luttant contre les bolcheviks.

Korolenko (*Vladimir Galaktionovitch),* écrivain russe (Jitomir 1853 - Poltava 1921). Il est l'auteur de récits et d'une autobiographie, *Histoire de mon contemporain* (1906-1922).

Kortrijk → **Courtrai.**

Kościuszko (*Tadeusz),* patriote polonais (Mereczowszczyzna 1746 - Soleure, Suisse,

1817). Il participa à la guerre d'indépendance américaine (1776-1783), s'illustra dans la guerre contre la Russie (1792), se réfugia en France, puis dirigea en 1794 l'insurrection polonaise contre les Russes, qui le gardèrent prisonnier jusqu'en 1796.

Košice, v. de Slovaquie ; 234 800 hab. Centre sidérurgique. — Monuments anciens, dont une cathédrale gothique du style des Parler, des hôtels des XVIIe et XVIIIe siècles.

Kosma *(Jozsef, dit Joseph),* compositeur hongrois naturalisé français (Budapest 1905 - Paris 1969). Il travailla avec Hanns Eisler et Kurt Weill. Fixé à Paris en 1933, il écrivit avec J. Prévert plus de 80 chansons (dont *les Feuilles mortes, Barbara*). Il a aussi écrit de la musique de films *(la Grande Illusion,* 1937 ; *les Enfants du paradis,* 1945) et des opéras : *les Canuts* (1959) et *les Hussards* (1969).

Kosovo, dépendance de la Serbie ; 10 887 km² ; 1 585 000 hab. *(Kosovars)* ; ch.-l. *Priština.* Elle est aujourd'hui peuplée majoritairement d'Albanais (environ 90 % de la population). HIST. Après avoir fait partie de la Serbie à partir de la fin du XIIe siècle, la région fut dominée par les Ottomans de 1389 à 1912. Elle était alors peuplée majoritairement de Turcs et d'Albanais convertis à l'islam. Reconquise en 1912-13 par la Serbie, à laquelle elle est intégrée, la région est dotée en 1945-46 du statut de province autonome. Opposée à la montée du nationalisme serbe et à la réduction de son autonomie, elle s'autoproclame en 1990 République du Kosovo et milite pour son indépendance.

Kosovo *(bataille du)* [15 juin 1389], bataille que remportèrent les Ottomans dans la plaine du Kosovo et qui leur permit de vassaliser la Serbie.

Kossel *(Walther),* chimiste allemand (Berlin 1888 - Kassel 1956). Il créa la théorie de l'électrovalence et étudia la structure des cristaux grâce aux rayons X.

Kossuth *(Lajos),* homme politique hongrois (Monok 1802 - Turin 1894). Pendant la révolution de 1848, il devint président du Comité de défense nationale et proclama la déchéance des Habsbourg et l'indépendance de la Hongrie (1849) ; vaincu par les Russes, il fut contraint à l'exil la même année.

Kossyguine *(Alekseï Nikolaïevitch),* homme politique soviétique (Saint-Pétersbourg 1904 - Moscou 1980). Président du Conseil des ministres (1964-1980), il tenta de réformer l'économie soviétique en accordant une plus grande autonomie aux entreprises.

Kostenki, village de Russie, dans la vallée du Don, près de Voronej. Aux environs, ensemble de gisements de plein air du paléolithique supérieur (22000-12000) avec vestiges d'habitats circulaires ; outillage lithique et statuettes féminines en ivoire.

Kostroma, v. de Russie, au confluent de la *Kostroma* et de la Volga ; 278 000 hab. Centre industriel. — Cathédrale de l'Assomption, fondée au XIIIe siècle.

Koszalin, v. du nord-ouest de la Pologne, ch.-l. de voïévodie ; 109 800 hab. Centre industriel.

Kota, v. de l'Inde (Rajasthan) ; 536 444 hab.

Kotor, *en ital.* Cattaro, port de Yougoslavie (Monténégro), sur l'Adriatique, dans un golfe profond appelé *bouches de Kotor* ; 6 000 hab. Tourisme. — Cathédrale des IXe-XIIe siècles.

Kotosh, site archéologique de la région Huánuco, dans les Andes centrales du Pérou. Dix édifices superposés ont été repérés, dont les plus anciens remontent au précéramique (2500-1800 av. J.-C.). La céramique apparaît entre 1800 et 1150 av. J.-C. À partir du Xe s. av. J.-C., poteries et constructions sont d'influence Chavín.

Kotzebue *(August von),* écrivain allemand (Weimar 1761 - Mannheim 1819). Il fut l'auteur prolixe de drames et de comédies d'intrigues nourries de l'esprit bourgeois et de la sentimentalité propres à la fin du XVIIIe siècle *(Misanthropie et Repentir,* 1789).

Kotzebue *(Otto von),* navigateur russe d'origine allemande (Tallin 1788 - *id.* 1846), fils du précédent. Il explora la mer de Béring et l'ouest de l'Alaska (1815-1818).

Kouba ou **Bakouba,** peuple du Zaïre.

Kouban *(le),* fl. de Russie qui se jette dans la mer d'Azov par un delta ; 906 km.

Koufra, oasis de Libye. — Elle fut conquise par les Français de Leclerc en 1941.

Kouïbychev → Samara.

Kou K'ai-tche → Gu Kaizhi.

Kouldja, *en chin.* Yining, oasis de Chine (Xinjiang) ; 108 000 hab.

Koulechov *(Lev Vladimirovitch),* cinéaste soviétique (Tambov 1899 - Moscou 1970). Il fonda le Laboratoire expérimental (1920). Ses théories sur le rôle créateur du montage influencèrent profondément les cinéastes soviétiques. Il réalisa lui-même plusieurs films *(le Rayon de la mort,* 1925 ; *Dura Lex,* 1926).

Koulikov *(Viktor)*, maréchal soviétique (prov. d'Orel 1921), commandant en chef des forces du pacte de Varsovie de 1977 à 1989.

Koumassi → Kumasi.

Koumyks, peuple turc et musulman du Daguestan.

Kouo-min-tang → Guomindang.

Kouo Mo-jo → Guo Moruo.

Koura *(la)*, fl. qui naît en Turquie, passe à Tbilissi (Géorgie), traverse l'Azerbaïdjan, et se mêle au delta de l'Araxe sur la Caspienne. 1 510 km.

Kourgan, v. de Russie, en Sibérie occidentale, sur le trajet du Transsibérien ; 356 000 hab. Centre industriel.

Kouriles *(les)*, archipel russe d'Asie, composé de 56 îles formant un long chapelet qui s'étend sur 1 400 km du Kamtchatka à l'île d'Hokkaido. Cet archipel borde, vers le S.-E., l'une des plus profondes fosses du globe (10 542 m). Pêcheries et conserveries. La partie méridionale est revendiquée par le Japon.

Kourou, comm. de la Guyane française ; 13 860 hab. Centre spatial guyanais (C. S. G.) du Centre national d'études spatiales (C. N. E. S.) depuis 1968 ; base de lancement des fusées Ariane (près de l'embouchure du petit fleuve *Kourou*).

Koursk, v. de Russie, au nord de Kharkov ; 424 000 hab. Important gisement de fer. Centre industriel. Centrale nucléaire. — Défaite décisive de la Wehrmacht en juillet 1943.

Koutaïssi, v. de Géorgie, sur le Rioni ; 235 000 hab. Industries textiles et mécaniques.

Koutouzov ou **Koutousov** *(Mikhaïl Illarionovitch)*, *prince* de Smolensk, feld-maréchal russe (Saint-Pétersbourg 1745 - Bunzlau, Silésie, 1813). Il prit part aux guerres de la fin du règne de Catherine II, en Pologne, en Turquie et en Crimée. Présent à Austerlitz (1805), il commanda victorieusement les forces opposées à Napoléon en Russie (1812).

Kouzbass, anc. bassin du Kouznetsk, importante région houillère et métallurgique de Russie, en Sibérie occidentale, au pied de l'Altaï. Novokouznetsk et Kemerovo sont les principaux centres industriels du Kouzbass, qui regroupe une population de 3 millions d'hab. sur 26 000 km².

Kovalevskaïa *(Sofia* ou *Sonia Vassilievna)*, mathématicienne russe (Moscou 1850 - Stockholm 1891). Analyste, élève de Weierstrass, elle fut la première à étudier la rotation d'un corps asymétrique autour d'un point fixe.

Koweït, État d'Arabie, sur la côte du golfe Persique ; 17 800 km² ; 1 700 000 hab. *(Koweïtiens).* CAP. *Koweït* (900 000 hab.). LANGUE : *arabe.* MONNAIE : *dinar koweïtien.*
GÉOGRAPHIE
L'extraction du pétrole (débutant en 1946) a fait de ce pays désertique un État très riche. Des industries, financées par les revenus des exportations pétrolières, se sont développées (raffinage et pétrochimie, engrais, cimenterie), employant une main-d'œuvre immigrée (surtout arabe), plus nombreuse aujourd'hui que la population koweïtienne. L'ampleur des réserves de pétrole doit faciliter la reconstruction d'une économie ruinée par l'occupation irakienne (1990-91). Cette reconstruction nécessite l'appel à un financement étranger, permettant de sauvegarder les importants investissements koweïtiens dans les pays occidentaux (surtout).
HISTOIRE
Protectorat britannique en 1914, le Koweït accède à l'indépendance en 1961. Envahi en août 1990 par l'Iraq, il est libéré à l'issue de la guerre du Golfe.

Kowloon, v. et partie du territoire de Hong-kong situées en face de l'île de Hongkong, cédées aux Britanniques par la Chine en 1861.

Koyré *(Alexandre)*, épistémologue et philosophe français d'origine russe (Taganrog 1882 - Paris 1964). Il a étudié Jakob Böhme et a montré l'unité de la pensée cosmologique et scientifique dont Copernic et Kepler furent des étapes indispensables (*Études galiléennes*, 1940). Il a mis en évidence le passage d'un cosmos fini et hiérarchisé à un univers infini et homogène (*Du monde clos à l'univers infini*, 1957).

Kozhikode → Calicut.

Kra *(isthme de)*, isthme de Thaïlande qui unit la péninsule de Malacca au continent.

Kraepelin *(Emil)*, psychiatre allemand (Neustrelitz 1856 - Munich 1926). Auteur de travaux sur la schizophrénie et sur la psychose maniaco-dépressive, il réalisa également une description générale des maladies mentales et une classification qui conserve son intérêt.

Krafft-Ebing *(Richard)* von), psychiatre allemand (Mannheim 1840 - Graz 1902). Professeur de psychiatrie à Strasbourg puis à Graz et finalement à Vienne, il est l'auteur d'études sur les perversions sexuelles et sur la criminologie (*Psychopathia sexualis*, 1886).

Krajina, régions de Croatie et de Bosnie-Herzégovine à fort peuplement serbe, correspondant aux anciens confins militaires organisés par l'Autriche pour protéger la frontière contre les Turcs. En Croatie, les Serbes proclament unilatéralement, en 1991, une République serbe de Krajina, mais la région est reconquise par l'armée croate en 1995.

Krakatau ou **Krakatoa,** île de l'Indonésie, partiellement détruite en 1883 par l'explosion de son volcan, le Perbuatan.

Kraków → Cracovie.

Krasicki *(Ignacy),* prélat et écrivain polonais (Dubiecko 1735 - Berlin 1801). Prince-évêque de Warmie (1766) et ami du roi Stanislas Auguste, auteur de poèmes héroï-comiques, de romans (*les Aventures de Nicolas l'Expérience,* 1776) et de *Satires* (1778-1784), il est le meilleur représentant du siècle des Lumières en Pologne.

Krasiński *(Zygmunt, comte),* poète polonais (Paris 1812 - id. 1859). Il a laissé un drame romantique (*la Comédie non divine,* 1835) et un recueil lyrique (*Psaumes de l'avenir,* 1845) où il apparaît comme un patriote ardent.

Krasnodar, anc. Iekaterinodar, v. de Russie au nord du Caucase, sur le Kouban ; 620 000 hab. Ch.-l. du *territoire de Krasnodar* (pétrole et surtout gaz naturel).

Krasnoïarsk, v. de Russie, en Sibérie orientale, sur l'Ienisseï et sur le trajet du Transsibérien ; 912 000 hab. Centrale hydroélectrique. Métallurgie. Aluminium. Raffinage du pétrole.

Kraus *(Karl),* écrivain autrichien (Jičín 1874 - Vienne 1936). Juge impitoyable de la vie sociale, politique et culturelle de l'Autriche, il fonda la revue *Die Fackel* (le Flambeau) en 1899, et écrivit de nombreuses pièces, dont *les Derniers Jours de l'humanité* (1919), dénonciation de toutes les formes de discours meurtrier.

Krebs *(sir Hans Adolf),* biochimiste britannique, d'origine allemande (Hildesheim 1900 - Oxford 1981). Élève de Warburg, il a réalisé des travaux fondamentaux sur le métabolisme des glucides, qui l'ont conduit à décrire un ensemble de phénomènes d'oxydation et de réduction, dénommé depuis *cycle de Krebs.* (Prix Nobel de médecine 1953.)

Krefeld, v. d'Allemagne (Rhénanie-du-Nord-Westphalie), sur le Rhin ; 240 208 hab. Textiles. Métallurgie.

Kreisky *(Bruno),* homme politique autrichien (Vienne 1911 - id. 1990). Chef du Parti socialiste (1967-1983), il fut chancelier de la République autrichienne (1970-1983).

Kreisler *(Fritz),* violoniste autrichien naturalisé américain (Vienne 1875 - New York 1962), auteur du *Tambourin chinois* et de célèbres pastiches.

Krementchoug, v. d'Ukraine, sur le Dniepr ; 236 000 hab. Port fluvial. Centrale hydroélectrique.

Kremlin *(le),* à Moscou, ancienne forteresse et quartier central de la capitale russe, dominant la rive gauche de la Moskova. Ancienne résidence des tsars, le Kremlin a été le siège du gouvernement soviétique de 1918 à 1991. — Nombreux monuments, notamment ceux de la fin du XVe et du début du XVIe siècle, dus à des architectes italiens (y compris trois cathédrales de style russo-byzantin et le « palais à Facettes »).

Kretschmer *(Ernst),* psychiatre allemand (Wüstenrot, près de Heilbronn, 1888 - Tübingen 1964). Il a élaboré un système de caractérologie en établissant des corrélations entre la conformation corporelle (biotype), le tempérament des individus et la propension à un certain type de maladie mentale (leptosome et schizophrénie, pycnique et psychose maniaco-dépressive, en particulier). Ses principaux ouvrages sont : *Körperbau und Charakter* (1921) ; *Hysterie, Reflexe, Instinkt* (1923) ; *Geniale Menschen* (1929) ; *Gestalten und Gedanken* (1963).

Kreuger *(Ivar),* homme d'affaires suédois (Kalmar 1880 - Paris 1932). Industriel et financier, il s'intéressa à de multiples affaires. Son empire s'effondrant, et se suicida ; sa mort entraîna un krach de la Bourse de Stockholm.

Kreutzer *(Rodolphe),* violoniste et compositeur français (Versailles 1766 - Genève 1831). Il écrivit des opéras-comiques et *Quarante Études ou Caprices pour violon seul* (1796). Beethoven lui dédia une sonate célèbre dite « à Kreutzer ».

Krips *(Josef),* chef d'orchestre autrichien (Vienne 1902 - Genève 1974). Chef d'orchestre permanent à l'Opéra de Vienne, il rouvrit en 1946 le festival de Salzbourg. Ce fut un grand interprète de Mozart et de Schubert.

Krishna ou **Kistna** *(la),* fl. de l'Inde péninsulaire. Il atteint le golfe du Bengale par un delta ; 1 280 km.

Krishna, une des divinités hindoues les plus populaires, vénérée en tant que huitième avatar du dieu Vishnou. Fils de Vasudeva et de Devaki, Krishna est élevé par des gardiens de troupeaux, accomplissant toutes sortes d'actions miraculeuses et séduisant au son de la flûte les femmes et les filles des bouviers. Parmi ces *gopi*, sa favorite est Radha. Sa mythologie est particulièrement développée dans la *Bhagavad-Gita*, où, conduisant le char d'Arjuna, il enseigna à celui-ci le détachement des fruits de l'action.

Kristiansand, port du sud de la Norvège ; 66 347 hab. — Vieux quartier du XVIIe siècle. Musée régional.

Kristianstad, v. de Suède ; 71 750 hab. — Quartier ancien (avec une église du XVIIe s.).

Krivoï-Rog, v. d'Ukraine, dans la grande boucle du Dniepr ; 713 000 hab. Importants gisements de fer. Sidérurgie et métallurgie. — Les Allemands y soutinrent un siège de cinq mois (oct. 1943-févr. 1944).

Krk, *en ital.* Veglia, île de Croatie ; 408 km². — Au chef-lieu, homonyme, cathédrale romane et gothique, maisons anciennes.

Krleža *(Miroslav),* écrivain yougoslave (Zagreb 1893 - *id.* 1981). Il a dominé la vie culturelle de son pays pendant un demi-siècle, laissant notamment des recueils de poésie, des pièces de théâtre (*Ces Messieurs Glembaïev,* 1929) et des romans (*le Retour de Filip Latinovicz,* 1932).

Krogh *(August),* physiologiste danois (Grenå 1874 - Copenhague 1949). Il étudia les échanges respiratoires et le rôle des capillaires sanguins. (Prix Nobel 1920.)

Kronchtadt ou **Kronstadt,** base navale de Russie de l'île de Kotline, dans le golfe de Finlande, à l'ouest de Saint-Pétersbourg ; 39 000 hab. — Insurrection de marins et d'ouvriers contre le gouvernement soviétique (févr.-mars 1921).

Kronecker *(Leopold),* mathématicien allemand (Leignitz, auj. Legnica, 1823 - Berlin 1891). Il fut l'un des principaux algébristes du XIXe siècle. S'opposant aux théories de Cantor, de Dedekind et de Weierstrass, il considéra l'arithmétique, fondée sur les nombres entiers positifs, comme seule véritable « création divine » et chercha à unifier autour d'elle les différents domaines mathématiques. Il a étudié les propriétés des nombres algébriques, et son apport est fondamental pour la théorie des corps.

Kronos → Cronos.

Kronprinz *(Frédéric-Guillaume,* dit le*),* prince de Prusse (Potsdam 1882 - Hechingen 1951). Fils aîné de l'empereur Guillaume II, il abdiqua en même temps que son père à la fin de 1918.

Kropotkine *(Petr Alekseïevitch, prince),* révolutionnaire russe (Moscou 1842 - Dimitrov 1921). Il est un des théoriciens de l'anarchisme (*Paroles d'un révolté,* 1885 ; *la Conquête du pain,* 1888 ; *l'Anarchie, sa philosophie, son idéal,* 1896).

Kroumirie, région montagneuse et boisée des confins algéro-tunisiens.

Kru, ensemble de populations du groupe kwa, situées de part et d'autre du Liberia et de la Côte d'Ivoire.

Krüdener *(Barbara Juliane* von Vietinghoff, *baronne* von),* mystique russe (Riga 1764 - Karassoubazar 1824). Elle effectua de nombreux voyages en Europe et exerça une forte influence politique, notamment sur le tsar Alexandre Ier.

Kruger *(Paul),* homme d'État sud-africain (prov. du Cap 1825 - Clarens, Suisse, 1904). Fondateur du Transvaal (1852), il organisa la résistance aux Britanniques après l'annexion du pays par ces derniers (1877). Après la proclamation de la République du Transvaal (1881), il fut président du nouvel État à partir de 1883. Allié à l'État d'Orange, il dirigea la guerre des Boers contre la Grande-Bretagne (1899-1902), puis, vaincu, se retira en Europe.

Krupp, famille d'industriels allemands. **Alfred** (Essen 1812 - *id.* 1887) mit au point un procédé de production de l'acier (1847), fabriqua les premiers canons lourds en acier dont le tube était coulé d'une seule pièce et introduisit le procédé Bessemer sur le continent (1862). Sa petite-fille **Bertha** (Essen 1886 - *id.* 1957) épousa **Gustav,** *baron* von Bohlen und Halbach (La Haye 1870 - Blühnbach, près de Salzbourg, 1950), qui développa l'entreprise.

Krušné hory → Erzgebirge.

Krylov *(Ivan Andreïevitch),* fabuliste russe (Moscou 1769 - Saint-Pétersbourg 1844). Ses fables, dont beaucoup sont imitées de La Fontaine, ont fourni à la langue russe de nombreux proverbes.

Ksour *(monts des),* massif de l'Atlas saharien (Algérie).

Kuala Lumpur, cap. de la Malaisie ; 1 103 000 hab.

Kubilay Khan (1214-1294), empereur mongol (1260-1294), petit-fils de Gengis Khan, fondateur de la dynastie des Yuan de Chine. Après avoir établi sa capitale à Pékin (1264), il acheva la conquête de la Chine (1279) et réorganisa l'administration du pays. Il se montra tolérant à l'égard du bouddhisme et du christianisme et encouragea la présence d'étrangers, tel Marco Polo.

Kubrick *(Stanley),* cinéaste américain (New York 1928). Après avoir dirigé plusieurs films, il devient, avec *Lolita* (1962) puis *Docteur Folamour* (1963), l'un des cinéastes les plus originaux de son époque, ce que confirme *2001, l'Odyssée de l'espace* (1968), film qui retrace l'évolution de l'humanité depuis les origines jusqu'à un futur à la fois proche et inquiétant. Mêlant la satire, le fantastique, l'horreur, son œuvre apparaît comme une création visionnaire et pessimiste : *Orange mécanique* (1971) ; *Barry Lyndon* (1975) ; *Shining* (1979) ; *Full Metal Jacket* (1987).

Kuhlmann *(Frédéric),* chimiste et industriel français (Colmar 1803 - Lille 1881). On lui doit la préparation de l'acide sulfurique par le procédé de contact (1833) et celle de l'acide nitrique par oxydation catalytique de l'ammoniac (1838).

Kuhn *(Thomas Samuel),* philosophe américain (Cincinnati 1922). Il a été professeur au M. I. T. (1979-1983). Il soutient que l'histoire des sciences ne repose pas sur la confrontation entre théories, mais sur les relations de chaque théorie avec son contexte et sur la puissance explicative de celle-ci. Il a écrit notamment *la Structure des révolutions scientifiques* (1962) et *la Tension essentielle* (1977).

Kuiper *(Gerard Pieter),* astronome américain d'origine néerlandaise (Harenkarspel 1905 - Mexico 1973). Il est l'auteur de nombreuses découvertes en planétologie, notamment celles d'un satellite d'Uranus (1948) et d'un satellite de Neptune (1949).

Ku Klux Klan, société secrète des États-Unis, créée après la guerre de Sécession (1867) ; d'un racisme violent, elle combat essentiellement l'intégration des Noirs.

Kültepe, site archéologique de Turquie, près de Kayseri en Cappadoce, où l'on a dégagé les vestiges de Kanesh, un ancien comptoir de marchands assyriens en activité de la fin du IIIe millénaire jusqu'à la constitution, au XVIIIe s. av. J.-C., de l'Empire hittite. Leurs archives (tablettes d'argile en cunéiforme) sont une mine d'informations sur les échanges commerciaux de l'époque.

Kulturkampf (« combat pour la civilisation »), lutte menée, de 1871 à 1878, par Bismarck contre les catholiques allemands,

afin d'affaiblir le parti du Centre, accusé de favoriser le particularisme des États. Cette lutte s'exprima notamment par des lois d'inspiration anticléricale (1873-1875). Après l'avènement du pape Léon XIII (1878), Bismarck fit abroger la plupart de ces mesures (1880-1887).

Kumamoto, v. côtière du Japon (Kyushu) ; 579 306 hab. — Musée ; dans les environs, jardin fondé au XVIIe siècle.

Kumaon, région de l'Himalaya indien. Sources sacrées du Gange.

Kumasi ou **Koumassi,** v. du Ghana, anc. cap. des Achanti ; 489 000 hab. La ville s'élève sur le plateau de Kumasi, au cœur d'une région cacaoyère.

Kummer *(Ernst Eduard),* mathématicien allemand (Sorau, auj. Żary, Pologne, 1810 - Berlin 1893). En 1861, il fonda avec Weierstrass le premier séminaire de mathématiques pures à l'université de Berlin. Ses travaux s'organisent autour de trois thèmes distincts : les séries hypergéométriques ; les surfaces engendrées par les rayons lumineux *(surfaces de Kummer) ;* la généralisation des concepts de l'arithmétique à l'étude des nombres algébriques.

Kun *(Béla),* révolutionnaire hongrois (Szilágycseh 1886 - en U. R. S. S. 1938). Il instaura en Hongrie une république d'inspiration bolchevique, la « République des Conseils » (1919), qui ne put résister à l'invasion roumaine. Réfugié en U. R. S. S., il y fut exécuté. Il fut réhabilité en 1956.

Kunckel *(Johann),* chimiste allemand (Hütten 1638 - Stockholm 1703). Il prépara le phosphore et découvrit l'ammoniac.

Kundera *(Milan),* écrivain tchèque naturalisé français (Brno 1929). Il s'est imposé par la lucidité et l'humour de son théâtre (*Jacques et son maître,* 1971), de ses romans (*la Plaisanterie,* 1967 ; *La vie est ailleurs,* 1973) et de ses nouvelles (*Risibles Amours,* 1963-1969). Établi en France depuis 1975, poursuivant son analyse de la désagrégation de la vieille Europe, il publie des romans : *la Valse aux adieux* (1976), *le Livre du rire et de l'oubli* (1978), *l'Insoutenable Légèreté de l'être* (1984), *l'Immortalité* (1990), *la Lenteur* (1995), et des essais (*l'Art du roman,* 1986 ; *les Testaments trahis,* 1993).

Kundt *(August),* physicien allemand (Schwerin 1839 - Israelsdorf, auj. dans Lübeck, 1894). Il étudia les ondes stationnaires dues aux vibrations d'un fluide.

Küng *(Hans),* théologien catholique suisse (Sursee, canton de Lucerne, 1928). Professeur à l'université de Tübingen, il a publié de nombreux ouvrages, dont certains l'ont exposé à la censure de l'épiscopat allemand et de la Congrégation romaine pour la doctrine de la foi.

Kunlun, massif de Chine, entre le Tibet et le Qinghai, culminant à 7 724 m.

Kunming, v. de Chine, cap. du Yunnan ; 1 480 000 hab. — Vieux quartiers pittoresques. Musée.

Kunsthistorisches Museum (« musée d'histoire de l'art »), à Vienne, un des plus importants musées d'Europe, constitué à partir des collections des Habsbourg (archéologie ; objets d'art ; peintures : les Bruegel, Dürer, Giorgione, Titien, Velázquez, Rubens, etc.).

Kupka (*František,* dit Frank*),* peintre, dessinateur et graveur tchèque (Opočno 1871 - Puteaux 1957). Formé à Prague et à Vienne, préoccupé de philosophie, de symbolisme, il se fixe à Paris en 1894 et dessine pour des journaux satiriques. Installé à Puteaux en 1906, touché par la libération chromatique du fauvisme, il est déjà parvenu à l'abstraction au moment de sa participation au groupe cubiste de la Section d'or (*Amorpha, fugue à deux couleurs,* 1912, Prague ; *Plans verticaux I,* même date, M. N. A. M., Paris). Dans les années 30, il participe au groupe Abstraction-Création.

Kurashiki, v. du Japon (Honshu) ; 414 693 hab. — Musées (arts occidentaux ; archéologie du Japon).

Kurdes, peuple parlant une langue iranienne, réparti aujourd'hui entre la Turquie, l'Iran, l'Iraq, la Syrie, l'Azerbaïdjan et le Liban. En grande partie semi-nomades, les Kurdes sont majoritairement musulmans sunnites (avec des groupes chiites et chrétiens). Les Kurdes créèrent à partir des Xe-XIe siècles des principautés connues, dont celle des Ayyubides, fondée par Saladin. Ils sont privés en 1923 (traité de Lausanne) de l'État autonome que leur avait promis le traité de Sèvres (1920) et se révoltent contre le gouvernement de Mustafa Kemal malgré les répressions et les déportations. Ils proclament en 1945 à Mahabad la République démocratique kurde, protégée par les Soviétiques, et qui est réduite en décembre 1946 par les armées iranienne et irakienne, soutenues par les Britanniques. Au nombre de plus de 20 millions, les Kurdes s'efforcent d'obtenir des États dont ils dépendent, par la négociation ou la rébellion, une autonomie effective. Le mouvement de résistance nationale se développe surtout en Iraq, avec

M. al-Barzani, qui dirige la guérilla contre le gouvernement central (1961-1970). Un statut d'autonomie fixe en 1974 l'organisation du Kurdistan irakien, dont la capitale est Sulaymaniya. En 1988, la rébellion kurde irakienne est victime d'une répression féroce (utilisation d'armes chimiques). Après la guerre du Golfe (1991), les Kurdes d'Iraq subissent de terribles bombardements effectués par les Irakiens et se réfugient dans les montagnes proches de la Turquie, où ils ne peuvent entrer. En 1992, ils proclament la création d'un État kurde fédéré. En Turquie, le gouvernement répond à l'intensification des actions séparatistes (émanant principalement du Parti des travailleurs du Kurdistan, ou PKK) par une répression militaire accrue.

Kurdistan (littéralement « pays des Kurdes »), région d'Asie occidentale, composée de montagnes et de plateaux, qui s'étend sur plus de 500 000 km². Elle est en majorité peuplée de Kurdes, qui se partagent aujourd'hui entre la Turquie orientale (la moitié de la communauté), l'Iran (25 %), l'Iraq du Nord et du Nord-Est (20 %) et la Syrie.

Kure, port du Japon (Honshu) sur la mer Intérieure ; 216 723 hab. Base navale.

Kurnool, v. de l'Inde (Andhra Pradesh) ; 274 795 hab. — Dans les environs, temples (VIIe-VIIIe s.) d'Alampur.

Kurosawa Akira, cinéaste japonais (Tokyo 1910). Avec *Rashomon* (1950), Lion d'or au festival de Venise 1951, l'Occident découvrait l'existence d'un cinéma d'auteur japonais, dont Kurosawa est le maître incontesté. Il a su aborder avec une égale maîtrise les grandes fresques historiques (*les Sept Samouraïs,* 1954 ; *Kagemusha,* 1980 ; *Ran,* 1985), les chroniques intimistes (*Vivre,* 1952 ; *Rhapsodie en août,* 1991), les adaptations de Dostoïevski, Gorki ou Shakespeare (*l'Idiot,* 1951 ; *les Bas-Fonds,* 1957 ; *le Château de l'araignée,* 1957, d'après *Macbeth*), ou les drames sociaux (*l'Ange ivre,* 1948 ; *Chien enragé,* 1949 ; *Barberousse,* 1965 ; *Dodes'kaden,* 1970). Son génie de la composition plastique, sa verve de conteur, le regard juste et généreux qu'il pose sur ses personnages ont été une leçon pour beaucoup de cinéastes occidentaux. Celui qu'on appelle avec un humour non dénué de respect « l'Empereur » fut souvent imité (*les Sept Mercenaires,* entre autres remakes), tandis qu'il surprend toujours par sa faculté de renouvellement (*Dersou Ouzala,* 1975 ;

Madadayo, 1993). Il a publié en 1982 ses Mémoires (*Comme une autobiographie*).

Kuroshio, courant chaud de l'océan Pacifique, qui longe la côte orientale du Japon.

Kurtág (*György*), compositeur d'origine roumaine naturalisé hongrois (Lugoj, Roumanie, 1926). Son langage, libre et personnel, se situe dans la lignée de Webern : *les Dires de Peter Bornemisza* (1968), *En souvenir d'un crépuscule d'hiver* (1969), *Sept Chants* (1981), *Hölderlin : An...* (1988-89).

Kurume, v. militaire et industrielle du Japon (Kyushu) ; 228 347 hab.

Kushiro, port du Japon (Hokkaido) sur le Pacifique ; 205 639 hab.

Kutchuk-Kaïnardji → **russo-turques (guerres).**

Kutná Hora, v. de la République tchèque, en Bohême, à l'E. de Prague ; 18 100 hab. Ville prospère au Moyen Âge grâce à ses mines d'argent. — Beaux quartiers anciens et importants monuments, dont la cathédrale Ste-Barbe, commencée en 1388 par l'atelier de P. Parler, terminée dans le premier tiers du XVIe siècle par l'architecte Benedikt Ried (voûtes étoilées de la nef).

Kuznets (*Simon*), économiste américain (Kharkov 1901 - Cambridge, Massachusetts, 1985). Il a mis au point une analyse quantitative et comparative de la croissance économique des nations en dressant une comptabilité nationale rétrospective des pays disposant de statistiques depuis les XVIIIe et XIXe siècles. (Prix Nobel de sciences économiques 1971.)

Kvarner, *en ital.* Quarnaro, golfe de l'Adriatique septentrionale, site du port de Rijeka (Croatie).

Kwakiutl, Indiens du groupe wakash, de la côte du Pacifique, établis sur l'archipel de la Reine-Charlotte et au nord de l'île de Vancouver.

Kwangju, v. de la Corée du Sud ; 906 000 hab.

Kwanza → **Cuanza.**

Kwasniewski (*Aleksander*), homme politique polonais (Białogard, voïévodie de Koszalin, 1954). Président du Parti social-démocrate, il est président de la République depuis 1995.

Kwazulu-Natal, prov. d'Afrique du Sud, sur l'océan Indien ; 91 481 km² ; 6 256 000 hab. Ch.-l. *Ulundi.* V. princ. *Durban.*

Kyd (*Thomas*), auteur dramatique anglais (Londres 1558 - *id.* 1594). Il fut un des initiateurs du théâtre élisabéthain.

Kylian (*Jiří*), danseur et chorégraphe tchèque (Prague 1947). Formé au Conservatoire de Prague, il est engagé en 1968 comme danseur au Ballet de Stuttgart, où il fait ses débuts de chorégraphe (1970). Directeur artistique du Nederlands Dans Teater depuis 1978, il s'impose avec des créations où s'expriment sa curiosité (*Stamping ground,* 1983), son humour (*Symphony in D,* 1976) et une extrême sensibilité musicale (*Symphonie de psaumes* et *Sinfonietta,* 1978).

Kyokutei Bakin → **Bakin.**

Kyongju, v. de Corée du Sud à l'E. de Taegu ; 9 200 hab. — Anc. capitale du royaume de Silla (668-935). Elle possède l'un des plus anciens (632) observatoires conservés en Asie et plusieurs temples, dont, dans ses environs, l'ensemble du Pulkuk-sa (751), flanqué de deux pagodes reprenant en pierre les modèles de bois chinois. Sanctuaire bouddhique de Syokkulam (751).

Kyoto, v. du Japon (Honshu), anc. capitale et grand centre touristique ; 1 461 103 hab. HIST. ET ARTS. Fondée en 794 par l'empereur Kammu et, dès cette époque, carrefour des arts et de l'esprit sous le nom de Heian-Kyo (capitale de la paix), la ville donne son nom à l'une des plus brillantes périodes historiques japonaises, dont témoigne le Byodo-in d'Uji. Centre culturel du pays, elle est de nos jours une véritable ville musée conservant certains des plus beaux exemples de l'architecture religieuse et civile du pays, agrémenté de remarquables décors peints par les Kano. Très beaux jardins dont certains tracés au XVe siècle.

Kyushu, la plus méridionale des quatre grandes îles du Japon ; 42 000 km² ; 13 295 859 hab. V. princ. *Kita-kyushu* et *Fukuoka.* Île montagneuse et volcanique à la végétation tropicale. Le Nord, urbain et industriel, s'oppose au Sud, plus traditionnel.

Kyzylkoum, région désertique du Kazakhstan et de l'Ouzbékistan, dont le nom signifie « sable rouge ».

Kzyl-Orda ou **Kyzyl-Orda,** v. du Kazakhstan ; 153 000 hab.

L

Laatste Nieuws *(Het),* quotidien libéral belge de langue flamande créé en 1888 à Bruxelles.

Laban *(Rudolf)* von), théoricien du mouvement et chorégraphe autrichien d'origine hongroise (Pozsony, auj. Bratislava, 1879 - Weybridge, Surrey, 1958). En prônant une « danse absolue », il élabore une technique qui fait de l'émotion l'origine de tout mouvement. Il fonde, entre 1910 et 1936, plusieurs écoles et compagnies en Suisse, en Allemagne et en Europe du Nord. Fuyant le régime nazi, il se réfugie en Angleterre. Il procède à une vaste recherche pour affiner la compréhension du mouvement, analysant de façon exhaustive les facteurs qui le composent et inventant un système d'écriture — la *cinétographie,* appelée aujourd'hui *labanotation* — surtout utilisé pour la transcription chorégraphique. Chorégraphe, il a signé *Die Erde* (1914), *Die Nacht* (1927) et réalisé d'impressionnantes évolutions de masse telles *Agamemnons Tod* (1924) et *Titan* (1927).

La Barre *(affaire de)* [1765-66], affaire judiciaire dont la victime fut **Jean François Le Febvre,** *chevalier de* **La Barre,** gentilhomme français (Abbeville 1747 - *id.* 1766). Accusé d'impiété (il aurait mutilé un crucifix et ne se serait pas découvert au passage d'une procession du Saint-Sacrement), il fut décapité. Voltaire réclama sa réhabilitation, qui fut décrétée par la Convention en 1793.

Labé, v. de Guinée, dans le Fouta-Djalon ; 65 000 hab.

Labé *(Louise),* surnommée **la Belle Cordière,** poétesse française (Lyon v. 1524 - Parcieux-en-Dombes 1566). Belle et cultivée, elle épousa, après une vie aventureuse, un riche cordier de Lyon, Ennemond Perrin, et anima un cercle mondain et lettré dans son hôtel particulier. Elle écrivit en prose un *Débat de Folie et d'Amour* (1555), 3 élégies et 24 sonnets marqués par l'influence de Pétrarque et de Sannazzaro, où la passion amoureuse, portée à son paroxysme, s'exprime en de fortes antithèses.

Labiche *(Eugène),* auteur dramatique français (Paris 1815 - *id.* 1888). Dans ses comédies de mœurs et ses vaudevilles, écrits souvent avec des collaborateurs (*Un chapeau de paille d'Italie,* 1851 ; *la Cagnotte,* 1864), le bon sens bourgeois, qui se mêle à l'observation savoureuse des ridicules, aboutit parfois à une certaine philosophie de la vie (*le Voyage de Monsieur Perrichon,* 1860). [Acad. fr. 1880.]

La Boétie *(Étienne* de), écrivain français (Sarlat 1530 - Germignan 1563). Son œuvre, entièrement posthume, comprend des traductions de Xénophon et de Plutarque, *Vingt-Neuf Sonnets,* que son ami Montaigne inséra dans ses *Essais,* d'autres *Vers françois* et surtout le *Discours sur la servitude volontaire* ou *Contr'un,* dissertation politique sur la tyrannie.

Labori *(Fernand),* avocat français (Reims 1860 - Paris 1917). Il s'imposa dans de grands procès d'assises : affaires Humbert, Rochefort, Caillaux, Dreyfus (au cours de laquelle il défendit également É. Zola).

Laborit *(Henri),* médecin, biologiste et pharmacologue français (Hanoi 1914 - Paris 1995). Il est l'auteur de recherches sur le système nerveux végétatif et sur l'aspect biologique du comportement humain. Il a introduit en thérapeutique la chlorpromazine, le premier des neuroleptiques.

La Bourdonnais *(Bertrand François* Mahé, *comte de)*, marin et administrateur français (Saint-Malo 1699 - Paris 1753). Nommé en 1735 gouverneur de l'île de France (île Maurice) et de l'île Bourbon (la Réunion), il contribua à l'implantation de comptoirs français en Inde.

Laboureur *(Jean Émile)*, graveur et peintre français (Nantes 1877 - Pénestin, Morbihan, 1943). Il a trouvé son expression la plus originale, influencée par la stylisation cubiste, dans l'emploi du burin *(Petites Images de la guerre,* 1916 ; *le Balcon sur la mer,* 1923). Il a illustré Larbaud, Colette, Maurois, et surtout Giraudoux.

Labour Party ou **Labour,** nom anglais du Parti travailliste.

Labrador, nom donné autrefois à la péninsule du Canada comprise entre l'Atlantique, la baie d'Hudson et le Saint-Laurent, et longée par le courant froid du Labrador. — Aujourd'hui, ce nom désigne seulement la partie orientale de cette péninsule (appartenant à la province de Terre-Neuve) ; 292 218 km^2 ; 30 000 hab. Minerai de fer.

La Brosse *(Gui de)*, médecin de Louis XIII (Rouen ? -1641). Botaniste, il conseilla la création du Jardin des Plantes, qu'il aménagea.

Labrousse *(Ernest)*, historien français (Barbezieux 1895 - Paris 1988). Par ses travaux *(Esquisse du mouvement des prix et des revenus en France au XVIIIe s.* [1932] ; *la Crise de l'économie française à la fin de l'Ancien Régime et au début de la Révolution* ([1944]), il a profondément marqué le renouveau de l'histoire économique et sociale en France.

Labrouste *(Henri)*, architecte français (Paris 1801 - Fontainebleau 1875). Chef de l'école rationaliste face à l'éclectisme de l'École des beaux-arts, il utilisa le premier, à la bibliothèque Ste-Geneviève (Paris, 1843), une structure intérieure de fonte et de fer non dissimulée, colonnade et voûtes dont la légèreté contraste avec l'enveloppe de pierre ; il récidiva dans diverses parties de la Bibliothèque nationale.

La Bruyère *(Jean de)*, écrivain français (Paris 1645 - Versailles 1696), précepteur, puis secrétaire du petit-fils du Grand Condé. Ses *Caractères* (1688-1696), modestement présentés comme une adaptation des *Caractères* du Grec Théophraste, peignent la société de son temps en pleine transformation (décadence des traditions morales et religieuses ; mœurs nouvelles des magistrats ; puissance des affairistes), en un style elliptique, nerveux, qui contraste avec la phrase périodi-

que classique et dans une étonnante variété formelle : maximes, portraits, énigmes, apologues ou dissertations. Reçu à l'Académie française en 1693, il prit parti dans la querelle des Anciens et des Modernes, en faisant l'éloge des partisans des Anciens.

Labyrinthe, palais de Minos à Cnossos, où, selon la mythologie grecque, résidait le Minotaure et d'où Thésée, après avoir tué le monstre, ne put sortir qu'avec l'aide d'Ariane, de même que celui qui l'avait construit, Dédale, ne réussit à s'en échapper que pourvu d'ailes de plumes et de cire.

Lac *(le),* une des *Méditations* de Lamartine (1820), mise en musique par Niedermeyer.

La Caille *(abbé Nicolas Louis de)*, astronome et géodésien français (Rumigny 1713 - Paris 1762). Il participa à la vérification de la méridienne de France (1739), et se livra à une étude approfondie du ciel austral, au cap de Bonne-Espérance (1750-1754), relevant les positions de plus de 10 000 étoiles et créant 14 constellations nouvelles.

La Calprenède *(Gautier de Costes de)*, écrivain français (Toulgou-en-Périgord 1610 - le Grand-Andely 1663). Il a laissé des tragédies et des romans précieux *(Cassandre,* 1642-1645 ; *Cléopâtre,* 1647-1658).

Lacan *(Jacques)*, médecin et psychanalyste français (Paris 1901 - *id.* 1981). Il a contribué, tout en prônant le retour à Freud, à ouvrir le champ de la psychanalyse, en se référant à la linguistique et à l'anthropologie structurale : pour lui, l'inconscient s'interprète comme un langage. La distinction qu'il a proposée entre *réel, symbolique* et *imaginaire* s'est avérée d'une extrême fécondité. Par la formalisation logique de quelques positions théoriques freudiennes, cette démarche devant être comprise dans un cadre « didactique » de la psychanalyse. Il s'agissait pour lui de rendre le raisonnement freudien « objectif » et la psychanalyse accessible à ceux qui en ont non seulement reçu l'enseignement par l'université. Lacan est de ceux qui ont le plus fait pour approfondir le champ psychanalytique. De nombreuses écoles se rattachent à son « héritage » *(Écrits,* 1966 ; *le Séminaire,* 1975 et suiv.).

Lacanau, comm. de la Gironde, sur l'étang de Lacanau ; 2 414 hab. Station balnéaire et climatique à *Lacanau-Océan.*

Lacaune *(monts de),* hauts plateaux du sud du Massif central, culminant à 1 259 m, au pic de Montalet.

Lacaze-Duthiers *(Henri de),* zoologiste français (Montpezat 1821 - Las-Fons, Dordogne, 1901), spécialiste des mollusques.

Lac des cygnes (le), ballet de M. Petipa et L. Ivanov, musique de Tchaïkovski, créé à Saint-Pétersbourg en 1895.

Lacédémone → Sparte.

Lacepède (*Étienne* de La Ville, *comte* de), naturaliste français (Agen 1756 - Épinay-sur-Seine 1825). Il continua l'*Histoire naturelle* de Buffon, se spécialisant dans les reptiles et les poissons.

La Chaise ou **La Chaize** (*François* d'Aix de), *dit* le Père La Chaise, jésuite français (Aix-La-Fayette, Puy-de-Dôme, 1624 - Paris 1709). Il fut le confesseur de Louis XIV (1674-1709). Son nom a été donné au principal cimetière de Paris, créé sur l'emplacement de ses jardins.

La Chalotais (*Louis René* de Caradeuc de), magistrat français (Rennes 1701 - *id.* 1785), procureur général au parlement de Bretagne. Adversaire des jésuites, chef de l'opposition parlementaire, il lutta contre le duc d'Aiguillon, gouverneur de Bretagne.

La Chaussée (*Pierre Claude* Nivelle de), auteur dramatique français (Paris 1692 - *id.* 1754). Il est connu comme le créateur de la « comédie larmoyante » (*le Préjugé à la mode*, 1735 ; *Mélanide*, 1741). [Acad. fr. 1736.]

Lachine, v. du Canada (Québec), banlieue de Montréal ; 35 266 hab.

La Cierva y Codorníu (*Juan* de), ingénieur espagnol (Murcie 1895 - Croydon 1936). Il est l'inventeur de l'autogire (1923), qu'il ne cessa de perfectionner et grâce auquel il réussit, en 1934, le décollage sur place à la verticale.

Laclos (*Pierre* Choderlos de), officier et écrivain français (Amiens 1741 - Tarente 1803). Malgré la place importante qu'occupe l'armée dans sa vie, Laclos doit sa gloire à un unique roman par lettres, *les Liaisons dangereuses*, fort critiqué à sa parution en 1782 : le couple de héros libertins (le vicomte de Valmont et la marquise de Merteuil), bien que ses intrigues soient finalement révélées par leur correspondance scandaleuse, illustre la puissance, face à la vertu, de la combinaison de l'intelligence et du mal.

La Condamine (*Charles Marie* de), géodésien et naturaliste français (Paris 1701 - *id.* 1774). Avec Bouguer, il dirigea l'expédition du Pérou (1735), qui détermina la longueur d'un arc de méridien. (Acad. fr. 1760.)

Laconie, contrée du sud-est du Péloponnèse, dont Sparte était le centre.

Lacordaire (*Henri*), religieux français (Recey-sur-Ource, Côte-d'Or, 1802 - Sorèze 1861).

Ami et disciple de La Mennais, il milite au premier rang du catholicisme libéral, mais ne suit pas son maître dans sa rupture avec Rome (1832). On lui confie la prédication du carême à Notre-Dame de Paris, où il attire les foules. En 1839, il restaure l'ordre des Dominicains en France. Un moment gagné par le mouvement révolutionnaire de 1848, il fonde avec Maret et Ozanam le journal *l'Ère nouvelle* ; mais les troubles de juin le font renoncer au combat politique. Il se consacre alors à l'enseignement dans le cadre du collège de Sorèze (Tarn). [Acad. fr. 1860.]

Lacq, comm. des Pyrénées-Atlantiques, sur le gave de Pau ; 664 hab. Gisement de gaz naturel et production de soufre.

Lacretelle (*Jacques* de), écrivain français (Cormatin, Saône-et-Loire, 1888 - Paris 1985). Dans la tradition du roman psychologique, son œuvre est marquée par une lucidité sombre (*la Vie inquiète de Jean Hermelin*, 1920 ; *Silbermann*, 1922 ; *les Hauts-Ponts*, 1932-1935). [Acad. fr. 1936.]

Lacretelle (*Pierre Louis* de), dit l'Aîné, jurisconsulte français (Metz 1751 - Paris 1824). Membre du corps législatif (1801-02), il prit part, avec B. Constant, à la rédaction de *la Minerve française* (1818-1820). [Acad. fr. 1803.]

Lacroix (*Alfred*), minéralogiste français (Mâcon 1863 - Paris 1948). Auteur d'études sur les éruptions de la montagne Pelée (1902) et du Vésuve (1906), il a analysé les effets du métamorphisme et découvert de nombreux minéraux.

Lactance, apologiste chrétien d'expression latine (près de Cirta v. 260 - Trèves v. 325). Rhéteur converti, il a donné dans ses *Institutions divines* le premier exposé d'ensemble de la religion chrétienne.

Ladakh (*le*), région du Cachemire ; 95 876 km^2 ; 120 000 hab. ; ch.-l. *Leh*. Plateau ondulé au climat désertique et dont l'altitude varie entre 3 000 et 6 000 m.

Ladislas II (ou **V**) **Jagellon Ier** (v. 1351 - Gródek 1434), grand-duc de Lituanie (1377-1401), roi de Pologne (1386-1434). Il vainquit les Teutoniques à Grunwald (1410).

Ladoga (*lac*), lac du nord-ouest de la Russie qui communique avec Saint-Pétersbourg et le golfe de Finlande par la Neva ; 17 700 km^2.

Ladoumègue (*Jules*), athlète français (Bordeaux 1906 - Paris 1973). Spécialiste de demi-fond, deuxième du 1 500 m olympique en 1928, il fut disqualifié en 1932 pour professionnalisme.

Laennec *(René)*, médecin français (Quimper 1781 - Kerlouanec, Finistère, 1826). Professeur d'anatomie pathologique (étude des lésions des organes), il fonda la méthode anatomo-clinique, qui devint une des bases de la médecine : les signes des maladies correspondent à des lésions définies des organes. Il est aussi connu pour avoir inventé le stéthoscope.

Laethem-Saint-Martin, *en néerl.* Sint-Martens-Latem, comm. de Belgique (Flandre-Orientale) ; 8 203 hab. **ARTS**. À la fin du XIXᵉ siècle s'y constitua un groupe de tendance symboliste avec, notamment, l'écrivain Karel Van de Woestijne (1878-1929), son frère Gustaaf, peintre (1881-1947), et le sculpteur G. Minne. Un second groupe, après la Première Guerre mondiale, marque l'essor de l'expressionnisme pictural belge, avec notamment Permeke, d'une âpre puissance, Gustave De Smet (1877-1943), aux sujets populaires et mélancoliques, et F. Van den Berghe, dont l'art coloré se teinte de fantastique.

Lafargue *(Paul)*, homme politique français (Santiago de Cuba 1842 - Draveil 1911). Disciple et gendre de Karl Marx, il fonda avec J. Guesde le Parti ouvrier français (1882).

Lafayette, v. des États-Unis, 94 440 hab. Principal foyer francophone de la Louisiane.

La Fayette *(Marie Joseph Gilbert Motier, marquis de)*, général et homme politique français (Chavaniac, Haute-Loire, 1757 - *id.* 1834). Dès 1777, il prend une part active à la guerre de l'Indépendance en Amérique aux côtés des insurgés. Député aux États généraux (1789), commandant de la Garde nationale, il apparaît comme le chef de la noblesse libérale, désireuse de réconcilier la royauté avec la Révolution. Émigré de 1792 à 1800, il refuse tout poste officiel sous l'Empire. Député libéral sous la Restauration, mis à la tête de la Garde nationale en juillet 1830, il permet l'accession au trône de Louis-Philippe, avant de devenir un opposant de la monarchie de Juillet.

La Fayette ou **Lafayette** *(Marie-Madeleine Pioche de La Vergne, comtesse de)*, femme de lettres française (Paris 1634 - *id.* 1693). Elle tint salon rue de Vaugirard, où elle reçut, outre son amie Mᵐᵉ de Sévigné, La Fontaine, Ménage, Segrais et La Rochefoucauld. Elle débuta par deux nouvelles, *la Princesse de Montpensier* (1662) et *Zayde* (1669-1671), la seconde écrite en collaboration et signée par Segrais, et donna avec *la Princesse de Clèves* (1678) le premier roman

psychologique moderne. On lui doit aussi des *Mémoires de la cour de France pour les années 1688 et 1689* (1731).

Laffemas *(Barthélemy de)*, *sieur* de Beausemblant, économiste français (Beausemblant, Drôme, 1545 - Paris v. 1612). Contrôleur général du commerce (1602), il favorisa, sous le règne d'Henri IV, l'établissement de nombreuses manufactures (Gobelins), politique dont s'inspira Colbert.

Laffitte *(Jacques)*, banquier et homme politique français (Bayonne 1767 - Paris 1844). Gouverneur de la Banque de France (1814-1819), député libéral sous la Restauration, il joua un rôle actif dans la révolution de 1830 et forma le premier ministère de la monarchie de Juillet. Écarté par Louis-Philippe en 1831, il devint le chef de l'opposition de gauche à la Chambre des députés.

La Fontaine *(Jean de)*, poète français (Château-Thierry 1621 - Paris 1695). Maître des Eaux et Forêts (1652), il écrit des ballades et des madrigaux, devient le protégé de Fouquet et, au moment de la disgrâce du surintendant, témoigne de sa douleur et de son courage dans l'*Élégie aux nymphes de Vaux* (1661). Il trouve cependant une nouvelle protection en Madame, veuve de Gaston d'Orléans, et publie ses premiers recueils de *Contes* (1665-1671), ainsi que les six premiers livres des *Fables* (1668). La suppression de ses charges et la mort de la duchesse d'Orléans le laissent sans ressources, lorsque Mᵐᵉ de La Sablière le recueille (1672-1693). De cette époque datent deux nouvelles séries de *Contes* (1671-1674), qui lui ouvrent les portes de l'Académie française ; mais il devra attendre l'approbation de Louis XIV (1684), qui lui préfère Boileau. La Fontaine prend parti pour les Anciens contre les Modernes (*Épître à Huet*, 1687) et dédie au duc de Bourgogne un dernier livre de *Fables* (1694), alors qu'il a trouvé chez le financier d'Hervart un dernier asile. (→ Fables).

Lafontaine *(sir Louis Hippolyte)*, homme politique canadien (Boucherville 1807 - Montréal 1864), chef du premier ministère parlementaire du Canada (1848-1851).

La Force *(Jacques Nompar, duc de)*, maréchal de France (1558 - Bergerac 1652). Protestant, compagnon d'Henri IV, il se mit au service de Louis XIII, contre lequel il avait d'abord défendu Montauban révoltée.

Laforgue *(Jules)*, poète français (Montevideo 1860 - Paris 1887). Alliant le dandysme à l'obsession de la mort, en un style précieux et impressionniste, il fut un des créateurs du vers libre. Deux recueils parurent de son vivant (*les Complaintes,* 1885 ; *l'Imitation de Notre-Dame la Lune,* 1886), mais ses amis publièrent les contes en prose des *Moralités légendaires* (1887) et le recueil des *Derniers Vers* (1890).

La Fosse *(Charles de),* peintre français (Paris 1636 - id. 1716). Élève de Le Brun, au style souple et brillant, il a contribué à infléchir la doctrine de l'Académie en matière de peinture d'histoire (influence de Rubens et des Vénitiens : victoire de la couleur sur le dessin, à la fin du siècle). Il est l'auteur de tableaux mythologiques ou religieux et de plusieurs grandes décorations d'églises (*Résurrection* à l'abside de la chapelle du château de Versailles, 1709).

La Fresnaye [-frene] (Roger de), peintre français (Le Mans 1885 - Grasse 1925). Après avoir côtoyé le cubisme (*l'Homme assis,* 1913-14, M. N. A. M., Paris), il est revenu à une sorte de réalisme stylisé.

Lagache *(Daniel),* psychiatre et psychanalyste français (Paris 1903 - id. 1972). Il fonde, en 1953, avec J. Lacan et F. Dolto, la Société française de psychanalyse, qui, en 1963, après le départ de Jacques Lacan, devient l'Association psychanalytique de France, dont il est le premier président. Ses travaux, orientés par l'enseignement de Freud, concernent surtout la psychologie clinique, la psychologie sociale et la criminologie.

La Galissonière *(Roland Michel de),* marin français (Rochefort 1693 - Montereau 1756). Gouverneur de la Nouvelle-France de 1747 à 1749, il dirigea ensuite l'attaque de Minorque (1756) à la veille de la guerre de Sept Ans.

Lagash, *auj.* Tell al-Hiba, ancienne cité-État de Mésopotamie, près du confluent du Tigre et de l'Euphrate (Iraq). Les fouilles, pratiquées à partir de 1877, y ont fait découvrir la civilisation sumérienne du IIIᵉ millénaire av. J.-C.

Lagerkvist *(Pär),* écrivain suédois (Växjö 1891 - Stockholm 1974). Il a proclamé, dès son premier recueil poétique (*Angoisse,* 1916), son désespoir face à la cruauté du monde. Malgré une certaine foi en l'homme, ses romans restent empreints de pessimisme (*le Nain,* 1944 ; *Barabbas,* 1950 ; *la Sibylle,* 1956). [Prix Nobel 1951.]

Lagerlöf *(Selma),* femme de lettres suédoise (Mårbacka 1858 - id. 1940). On lui doit des romans d'inspiration romantique (*la Saga de Gösta Berling,* 1891 ; *le Charretier de la mort,* 1912) et des romans pour enfants (*le Mer-*

veilleux Voyage de Nils Holgersson à travers la Suède, 1906-07). [Prix Nobel 1909.]

Laghouat, oasis du Sahara algérien, ch.-l. de wilaya ; 59 000 hab.

Lagides, dynastie qui a régné sur l'Égypte hellénistique de 305 à 30 av. J.-C. Tous ses souverains mâles ont porté le nom de Ptolémée (du nom du fils de Lagos, lieutenant d'Alexandre).

Lagny-sur-Marne, ch.-l. de c. de Seine-et-Marne ; 18 804 hab. (*Latignaciens* ou *Laniaques*). Imprimerie. Constructions mécaniques.

Lagos, anc. cap. du Nigeria, sur le golfe du Bénin ; 4 500 000 hab. Principal port du pays. — National Museum (riche collection d'art ancien du Nigeria, du Bénin, etc.).

Lagoya *(Alexandre),* guitariste égyptien naturalisé français (Alexandrie 1929), professeur au Conservatoire de Paris et soliste international.

Lagrange *(Albert),* en relig. frère Marie-Joseph, dominicain et exégète français (Bourg-en-Bresse 1855 - Saint-Maximin-la-Sainte-Baume 1938). Il fonda en 1890 l'École d'études bibliques de Jérusalem, reconnue en 1921 comme École archéologique française de Jérusalem, puis, en 1892, la *Revue biblique.* Son œuvre renouvela les méthodes de l'exégèse catholique et donna aux études scripturaires une impulsion décisive.

Lagrange *(Joseph Louis de),* mathématicien français (Turin 1736 - Paris 1813). Frédéric II de Prusse l'invita en 1766 à diriger la section mathématique de l'Académie des sciences de Berlin. Après la mort de son protecteur, il enseigna l'analyse à l'École normale et à Polytechnique, présida la Commission des poids et mesures et appartint au Bureau des longitudes (1795).

■ **Une œuvre fondée sur l'analyse.** Son mémoire de 1770-71 sape l'espoir de pouvoir résoudre algébriquement une équation générale de degré n, ce qui le conduit à démontrer plusieurs théorèmes relatifs à la théorie des groupes qui préparent les travaux de Galois. La *Mécanique analytique* (1788), dépourvue de toute référence à la géométrie, illustre la remarquable adéquation de la théorie newtonienne au mouvement des planètes et unifie les fondements de la mécanique. Ses méthodes purement analytiques font du calcul des variations une branche autonome du calcul infinitésimal. Dans la *Théorie des fonctions analytiques* (1797), il tente de définir toute fonction par son développement en série de Taylor ; il en déduit ses « dérivées » successives, fonctions notées $f'(x)$, $f''(x)$, etc. Il veut fonder le calcul différentiel et intégral indépendamment de toute référence aux notions d'infiniment petit, de limite et de mouvement. Profondément nourrie par la pensée d'Euler et la conception newtonienne de l'Univers, son œuvre donne à l'analyse une importance considérable en mathématiques.

Lagrange (*Léo*), homme politique français (Bourg-sur-Gironde 1900 - Evergnicourt, Aisne, 1940). Sous-secrétaire d'État aux Sports et aux Loisirs (1936-37 et 1938), il favorisa le développement du sport populaire.

La Guma (*Alex*), écrivain sud-africain d'expression anglaise (Cape Town 1925 - La Havane 1985). L'un des responsables du Coloured People's Congress, il évoque dans ses romans la vie des ghettos noirs des faubourgs du Cap (*Nuit d'errance,* 1962).

La Harpe (*Frédéric César de*), homme politique suisse (Rolle, Vaud, 1754 - Lausanne 1838). Membre du Directoire de la République helvétique (1798-1800), il obtint en 1815 l'émancipation du canton de Vaud.

La Harpe (*Jean François* Delharpe ou Delaharpe, dit de*), critique français (Paris 1739 - id. 1803). Il est l'auteur du *Lycée ou Cours de littérature ancienne et moderne* (1799), d'esprit classique. (Acad. fr. 1776.)

La Hire (*Étienne* de Vignolles, dit*), gentilhomme français (Vignolles, Charente, v. 1390 - Montauban 1443). Il fut le fidèle compagnon de Jeanne d'Arc.

La Hire ou **La Hyre** (*Laurent de*), peintre français (Paris 1606 - id. 1656). D'abord tenté par les effets larges et contrastés issus du maniérisme et du caravagisme, il adopta vers 1640 un style délicat et mesuré, d'inspiration élégiaque : grandes toiles pour les couvents de Paris ; tableaux destinés aux amateurs, où le paysage idéalisé reflète une influence de Poussin (*la Mort des enfants de Béthel,* 1653, musée d'Arras).

La Hire (*Philippe de*), astronome et mathématicien français (Paris 1640 - id. 1718), fils du précédent. Son nom est resté attaché aux grands travaux géodésiques entrepris à l'époque par J. Picard ou Cassini. En mathématiques, il étudia les coniques ; en mécanique, il développa la théorie des engrenages épicycloïdaux.

La Hontan (*Louis Armand* de Lom d'Arce, *baron* de*), voyageur et écrivain français (Lahontan 1666 - Hanovre v. 1715). Ses voyages au Canada lui inspirèrent trois ouvrages dans lesquels il mêle récit et utopie sociale (*Dialogues curieux entre l'auteur et un sauvage de bon sens,* 1703).

Lahore, v. du Pakistan, cap. du Pendjab ; 2 922 000 hab. Centre religieux et culturel. — Nombreux monuments de l'époque des Grands Moghols (fort, 1565 ; Grande Mosquée, 1627 ; tombeau de Djahangir, 1627, et célèbre jardin Chalimar Bagh).

Lahti, v. de Finlande, sur le lac Vesijärvi ; 93 000 hab. Industries du bois. Centre touristique. — Églises modernes. Musée.

Laing (*Ronald*), psychiatre britannique (Glasgow 1927 - Saint-Tropez 1989). Il est un des fondateurs, avec D. Cooper, de l'antipsychiatrie, mouvement apparu dans les années 1960 et qui s'interrogeait sur les méthodes de la psychiatrie traditionnelle (enfermement, médication, etc.) et sur la nature biologique et/ou sociale de la maladie mentale (*le Moi divisé,* 1960 ; *l'Équilibre mental, la folie et la famille,* 1964). Dans *Raison et Violence* (en collab. avec D. Cooper, 1964), il s'est posé en analyste de J.-P. Sartre.

La Jonquière (*Pierre Jacques* de Taffanel, *marquis* de*), marin français (château de Lasgraïsses, près de Graulhet, 1685 - Québec 1752). En 1747, il livra contre les Anglais une bataille au cap Finisterre et, en 1749, devint gouverneur du Canada.

Lakanal (*Joseph*), homme politique français (Serres, comté de Foix, 1762 - Paris 1845). Membre de la Convention, il attacha son nom à de nombreuses mesures relatives à l'instruction publique (1793-1795).

Lake District, région touristique, parsemée de lacs, du nord-ouest de l'Angleterre.

Lake Placid, station de sports d'hiver des États-Unis dans le massif des Adirondack (État de New York).

Lakshadweep, territoire de l'Inde dans l'océan Indien, regroupant les archipels des Laquedives, Minicoy et Amindives ; 51 681 hab.

Lalande (*Joseph Jérôme* Lefrançois de*), astronome français (Bourg-en-Bresse 1732 - Paris 1807). On lui doit l'une des premières mesures précises de la parallaxe de la Lune (1751), des travaux de mécanique céleste et un catalogue d'étoiles (1801). Il s'illustra aussi comme vulgarisateur de l'astronomie.

La Lande (*Michel Richard* de*) → Delalande.

La Laurencie (*Lionel* de*), musicologue français (Nantes 1861 - Paris 1933), auteur d'études sur la musique française du XVIe au XVIIIe siècle.

Lalibela ou **Lalibala,** cité monastique du N. de l'Éthiopie (prov. de Wollo). Elle est célèbre pour ses 11 églises taillées dans le rocher. Ces monuments, exécutés à partir du XIIIe siècle, ont été peints plus tardivement.

Lalique *(René),* joaillier et verrier français (Ay, Marne, 1860 - Paris 1945). Après s'être illustré dans le bijou, d'un style Art nouveau raffiné, il se consacra entièrement à la production d'objets en verre ou en cristal (en général moulé). La production de la cristallerie Lalique se poursuit de nos jours.

Lallemand *(André),* astronome français (Cirey-lès-Pontailler, Côte-d'Or, 1904 - Paris 1978). Auteur de nombreuses recherches sur les applications de la photoélectricité à l'astronomie, il a inventé la caméra électronique (1936).

Lally *(Thomas, baron* de Tollendal, *comte de),* administrateur français (Romans 1702 - Paris 1766). Gouverneur général des Établissements français dans l'Inde à partir de 1755, il capitula devant les Anglais à Pondichéry en 1761. Accusé de trahison, il fut condamné à mort et exécuté. Voltaire participa à sa réhabilitation.

Lalo *(Édouard),* compositeur français (Lille 1823 - Paris 1892), auteur du ballet *Namouna* (1882) et de l'opéra *le Roi d'Ys* (1888). Son œuvre, d'inspiration surtout romantique (*Concerto* pour violoncelle, 1877) ou folklorique (*Symphonie espagnole,* 1875), vaut par la richesse de l'orchestration.

Lam *(Wifredo),* peintre cubain (Sagua la Grande 1902 - Paris 1982). Influencé par le surréalisme, il a élaboré une œuvre faite de créatures hybrides, qui transpose en les universalisant l'exubérance, le mystère, la violence d'un monde primitif (*la Jungle,* 1943, musée d'Art moderne, New York).

La Marck *(Guillaume de), en néerl.* Willem Van der Mark, surnommé **le Sanglier des Ardennes,** baron flamand (v. 1446 - Utrecht ou Maastricht 1485). Il souleva les Liégeois (1468) en faveur du roi de France Louis XI. Livré à l'empereur Maximilien, il fut décapité.

Lamarck *(Jean-Baptiste* de Monet, *chevalier* de*),* naturaliste français (Bazentin, Somme, 1744 - Paris 1829). Il se fit connaître par une *Flore française* (1778) et publia l'*Encyclopédie botanique* et l'*Illustration des genres* (1783-1817). Il créa le système de la division dichotomique et fut nommé au Muséum professeur du cours sur les « animaux sans vertébrés ». Par ses deux ouvrages la *Philosophie zoologique* (1809) et l'*Histoire naturelle des animaux sans vertébres* (1815-1822), il apparaît comme le fondateur des théories de la génération spontanée et du transformisme, dont l'ensemble a été appelé *lamarckisme.*

Lamarque *(Jean Maximilien, comte),* général et homme politique français (Saint-Sever 1770 - Paris 1832). Après avoir combattu de 1794 à 1815, il fut élu député en 1828 et milita dans l'opposition libérale. Ses obsèques donnèrent lieu à une insurrection républicaine.

Lamartine *(Alphonse* de Prât de*),* poète et homme politique français (Mâcon 1790 - Paris 1869). Après avoir voyagé en Italie, servi dans les gardes du corps de Louis XVIII et vécu une liaison passionnée et tragique avec Julie Charles — qui lui inspirera *le Lac* —, il publie son premier recueil lyrique : *les Méditations poétiques* (1820), qui le rend aussitôt célèbre. Salué comme un maître par la jeune génération romantique, il choisit néanmoins la carrière diplomatique et part pour Naples en compagnie de son épouse anglaise, Elisa Birch. Il revient à la poésie et publie les *Nouvelles Méditations poétiques* (1823), *la Mort de Socrate* (1823), *le Dernier Chant du pèlerinage d'Harold* (1825) et les *Harmonies poétiques et religieuses* (1830). Il abandonne toute fonction diplomatique lors de l'avènement de Louis-Philippe. Son voyage en Orient est assombri par la mort de sa fille Julia ; il publie deux chants d'une vaste composition épique (*Jocelyn,* 1836 [→ Jocelyn] ; *la Chute d'un ange,* 1838) ainsi que les *Recueillements poétiques* (1839). Député opposé au régime, il publie en 1847 une *Histoire des Girondins.* C'est lui qui proclame la république à l'Hôtel de Ville le 24 février 1848. Membre du gouvernement provisoire (1848), ministre des Affaires étrangères, il perd de son influence après les journées de Juin et essuie un échec retentissant aux élections présidentielles. Abandonnant la politique, il publie des travaux historiques, des récits autobiographiques (*Raphaël, les Confidences, Graziella,* 1849) et, pour payer ses dettes, son *Cours familier de littérature* (1856-1869). [Acad. fr. 1829.]

Lamb *(Charles),* écrivain britannique (Londres 1775 - Edmonton 1834). Ami de Coleridge, il sortit les dramaturges élisabéthains de l'oubli (*Spécimens des poètes dramatiques anglais au temps de Shakespeare,* 1808) et écrivit en collaboration avec sa sœur Mary des *Contes tirés de Shakespeare* (1807). Ses *Essais* *d'Elia* (1823-1833), exemple même de l'humour, lui valurent la célébrité.

Lamballe ch.-l. de c. des Côtes-d'Armor ; 10 078 hab. *(Lamballais)*. Haras.

Lamballe *(Marie-Thérèse Louise de Savoie-Carignan, princesse de)* [Turin 1749 - Paris 1792], amie de Marie-Antoinette, victime des massacres de Septembre.

Lambaréné, v. du Gabon, sur l'Ogooué ; 24 000 hab. Centre hospitalier créé par le docteur A. Schweitzer.

Lambersart comm. du Nord, banlieue de Lille ; 28 462 hab. *(Lambersartois)*. Textile.

Lambert *(Anne Thérèse de Marguenat de Courcelles, marquise de)*, femme de lettres française (Paris 1647 - id. 1733). Elle tint un salon célèbre, que fréquentèrent notamment La Motte, Fontenelle et Montesquieu.

Lambert *(Johann Heinrich)*, mathématicien d'origine française (Mulhouse 1728 - Berlin 1777). Il démontra que π est irrationnel (1768), développa la géométrie de la règle, calcula les trajectoires des comètes et s'intéressa à la cartographie. Il fut l'un des créateurs de la photométrie et l'auteur de travaux innovateurs sur les géométries non euclidiennes. Il a joué un rôle précurseur dans la logique symbolique.

Lambert *(John)*, général anglais (Calton, West Riding, Yorkshire, 1619 - île Saint-Nicholas 1684). Lieutenant de Cromwell, il fut emprisonné lors de la restauration de Charles II (1660).

Lambeth *(conférences de)*, assemblées des évêques anglicans qui se tiennent, tous les dix ans depuis 1867, dans le palais londonien de Lambeth, résidence de l'archevêque de Canterbury.

La Mennais ou **Lamennais** *(Félicité de)*, prêtre et écrivain français (Saint-Malo 1782 - Paris 1854). Après avoir publié son *Essai sur l'indifférence en matière de religion* (1817-1823), il apparaît comme le prophète d'une Église ébranlée par la secousse révolutionnaire et comme le leader d'un catholicisme libéral et ultramontain : il veut « l'Église libre dans l'État libre ». Des disciples le rejoignent, tels Lacordaire et Montalembert ; après 1830, ils animent avec lui le journal *l'Avenir*. Mais l'épiscopat gallican et la police contre-révolutionnaire s'acharnent contre La Mennais, qui, blâmé par Grégoire XVI dans l'encyclique *Mirari vos* (1832), rompt avec l'Église (*Paroles d'un croyant*, 1834) et s'isole dans un socialisme évangélique et romantique.

Lamentin (Le), comm. de la Martinique ; 30 596 hab. Aéroport.

Lameth *(Alexandre, comte de)*, général et homme politique français (Paris 1760 - id. 1829). Il forma avec Barnave et Du Port un « triumvirat » qui prit parti contre Mirabeau, puis émigra avec La Fayette. Fonctionnaire sous l'Empire, il fut député libéral sous la Restauration.

La Mettrie *(Julien Offroy de)*, médecin et philosophe français (Saint-Malo 1709 - Berlin 1751). La publication de son ouvrage matérialiste *Histoire naturelle de l'âme* (1745) lui fit perdre sa place ; il ne trouva un refuge qu'auprès de Frédéric II. La Mettrie a écrit des ouvrages de médecine, dont *Politique de médecine* (1746), brûlé sous l'ordre du parlement. Il appliquait aux hommes la théorie cartésienne de l'animal-machine (*l'Homme-machine*, 1748).

Lamia, v. de Grèce, en Phtiotide, près du golfe de *Lamia* ; 43 898 hab. — La *guerre lamiaque*, insurrection des cités grecques après la mort d'Alexandre (323-322 av. J.-C.), se termina par la défaite des Grecs.

Lamoignon *(Guillaume de)*, magistrat français (Paris 1617 - id. 1677). Premier président au parlement de Paris (1658-1664), il présida avec impartialité au procès de Fouquet. Il joua un rôle capital dans l'unification de la législation pénale.

Lamoricière *(Louis Juchault de)*, général français (Nantes 1806 - près d'Amiens 1865). Il reçut en Algérie la soumission d'Abd el-Kader (1847) ; ministre de la Guerre (1848), il fut exilé pour son opposition à l'Empire (1852) puis commanda les troupes pontificales (1860).

La Mothe Le Vayer *(François de)*, écrivain français (Paris 1588 - id. 1672). Précepteur du Dauphin, historiographe de France, il prôna le scepticisme (*Cinq Dialogues faits à l'imitation des Anciens*, 1631) et s'opposa à Vaugelas et aux puristes. (Acad. fr. 1639.)

La Motte *(Jeanne de Saint-Rémy, comtesse de)*, aventurière française (Fontette, Aube, 1756 - Londres 1791). Elle fut impliquée dans l'affaire du Collier de la reine Marie-Antoinette.

La Motte-Fouqué *(Friedrich, baron de)*, écrivain allemand (Brandebourg 1777 - Berlin 1843). Il fut l'auteur de drames, de romans et de contes romantiques (*Ondine*, 1811).

La Motte-Picquet *(Toussaint, comte Picquet de La Motte, connu sous le nom de)*, marin français (Rennes 1720 - Brest 1791). Il se signala à la prise de la Grenade, puis à la

Martinique contre les Anglais, et fut nommé en 1781 lieutenant général des armées navales.

Lamourette *(Adrien)*, prélat et homme politique français (Frévent, Pas-de-Calais, 1742 - Paris 1794). Membre de la Législative, il demanda, face au péril extérieur, l'union de tous les députés, qu'il amena à se donner l'accolade (7 juill. 1792) ; cette fraternité sans lendemain est restée célèbre sous le nom de *baiser Lamourette.*

Lamoureux *(Charles)*, violoniste et chef d'orchestre français (Bordeaux 1834 - Paris 1899), fondateur des concerts qui portent son nom.

Lampedusa, île italienne de la Méditerranée, entre Malte et la Tunisie.

Lamy *(François)*, officier et explorateur français (Mougins 1858 - Kousseri 1900). Il explora la région du lac Tchad et fut tué en la pacifiant. Il donna son nom à la ville de *Fort-Lamy* (auj. N'Djamena).

Lancashire, comté d'Angleterre, sur la mer d'Irlande. Ch.-l. *Preston.*

Lancastre, famille anglaise titulaire du comté, puis du duché de Lancastre et qui fut en possession de la couronne d'Angleterre à partir de 1399, sous les règnes d'Henri IV, d'Henri V et d'Henri VI. Portant dans ses armes la rose rouge, elle fut la rivale de la maison d'York dans la guerre des Deux-Roses. Avec l'exécution en 1471 d'Édouard, fils unique d'Henri VI, s'éteignit la lignée directe des Lancastres.

Lancastre *(Jean de)*, **duc** de Bedford (1389 - Rouen 1435), frère d'Henri V. Il fut lieutenant en Angleterre (1415) puis régent de France pour son neveu Henri VI (1422). La réconciliation des Bourguignons avec le roi de France, scellée par le traité d'Arras (1435), ruina ses entreprises en France.

Lancelot *(dom Claude)*, l'un des Messieurs de Port-Royal (Paris v. 1615 - Quimperlé 1695). Il contribua à la fondation des Petites Écoles de Port-Royal et écrivit avec Arnauld une *Grammaire générale et raisonnée,* dite *Grammaire de Port-Royal* (1660).

Lancelot du lac, un des chevaliers de la Table ronde. Élevé par la fée Viviane au fond d'un lac, il s'éprit de la reine Guenièvre, femme du roi Arthur, et subit par amour pour elle toutes sortes d'épreuves, contées par Chrétien de Troyes dans *Lancelot ou le Chevalier à la charrette.*

Lancret *(Nicolas)*, peintre français (Paris 1690 - id. 1743). Il travailla avec brio dans le goût de Watteau (*la Camargo dansant,* v. 1730, diverses versions).

Landau ou **Landaou** *(Lev Davidovitch)*, physicien soviétique (Bakou 1908 - Moscou 1968). Il fut un spécialiste de la théorie quantique des champs et l'auteur d'une théorie de la superfluidité. (Prix Nobel 1962.)

Landes, région du Sud-Ouest de la France, sur l'Atlantique, entre le Bordelais et l'Adour, s'étendant essentiellement sur les dép. des *Landes* et de la *Gironde* (14 200 km²). Le tourisme estival, la pêche, l'ostréiculture (Arcachon, Capbreton, Hossegor, Mimizan, Seignosse) animent localement le littoral, rectiligne, bordé de cordons de dunes qui enserrent des étangs. L'intérieur est une vaste plaine triangulaire, dont les sables s'agglutinent parfois en un grès dur, l'alios, qui retient l'eau en marécages insalubres. Cette plaine, autrefois déshéritée, a été transformée à la fin du XVIIIᵉ siècle, par Brémontier et, sous le second Empire, par J. Chambrelent, au moyen de plantations de pins fixant les dunes littorales avant de coloniser l'intérieur et par drainages systématiques, devenant ainsi la plus grande forêt de France. Une partie de la forêt (exploitée surtout pour la papeterie) est englobée dans le *parc naturel régional des Landes de Gascogne,* créé en 1970 et qui correspond approximativement au bassin de l'Eyre.

Landes [40], dép. de la Région Aquitaine, sur l'Atlantique ; ch.-l. de dép. *Mont-de-Marsan ;* ch.-l. d'arr. *Dax ;* 2 arr., 30 cant., 331 comm. ; 9 243 km² ; 311 461 hab. *(Landais).* Il est rattaché à l'académie de Bordeaux, à la cour d'appel de Pau et à la région militaire Atlantique.

Landini *(Francesco)*, compositeur italien (Florence ou Fiesole v. 1325 - Florence 1397), principale figure de l'*ars nova* florentine. Il a écrit surtout des *ballate,* la plupart à deux voix.

Landon *(Howard Chandler Robbins)*, musicologue américain (Boston, Massachusetts, 1926), spécialiste de Mozart et surtout de Haydn.

Landouzy *(Louis)*, neurologue français (Reims 1845 - Paris 1917). Il est connu pour ses travaux sur les signes des lésions cérébrales ainsi que sur les myopathies (maladies héréditaires des muscles).

Landowska *(Wanda)*, claveciniste polonaise (Varsovie 1877 - Lakeville, Connecticut, 1959), à qui l'on doit le renouveau du clavecin.

Landowski *(Marcel),* compositeur français (Pont-l'Abbé 1915). Il est l'auteur de 4 symphonies, d'œuvres lyriques *(le Fou,* 1954 ; *Montségur,* 1985), de musique de ballets *(les Hauts de Hurlevent,* 1982).

Landru *(affaire),* grand procès criminel (1921). Après la découverte de restes humains calcinés dans sa villa, Henri Désiré Landru (1869-1922) fut accusé du meurtre de dix femmes et d'un jeune garçon. Il nia toujours ces meurtres, mais reconnut avoir escroqué les victimes présumées. Il fut condamné à mort et exécuté.

Landry *(Adolphe),* économiste et homme politique français (Ajaccio 1874 - Paris 1956). Ardent promoteur de la lutte contre la dénatalité, il a écrit un *Traité de démographie* (1945).

Land's End, cap de l'extrémité sud-ouest de l'Angleterre, en Cornouailles.

Landsteiner *(Karl),* médecin américain d'origine autrichienne (Vienne 1868 - New York 1943). Il découvrit l'existence des groupes sanguins, identifia en particulier les systèmes ABO (en 1900) et Rhésus, en déduisit certaines conséquences pathologiques. Il fit également des recherches en immunologie et en bactériologie. (Prix Nobel 1930.)

Lanester, ch.-l. de c. du Morbihan, banlieue de Lorient ; 23 163 hab. *(Lanestériens).*

Lanfranc, archevêque de Canterbury (Pavie v. 1005 - Canterbury 1089). Prieur et écolâtre de l'abbaye normande du Bec, dont il fit un grand centre intellectuel, ami de Guillaume le Conquérant, il devint archevêque de Canterbury (1070) et primat d'Angleterre.

Lanfranco *(Giovanni),* peintre italien (Terenzo, près de Parme, 1582 - Rome 1647). Aide et émule des Carrache, qui assimilant la leçon du Corrège, il est l'auteur de tableaux d'autels et de grandes décorations qui préludent à l'art baroque (coupole de S. Andrea della Valle, Rome, 1625).

Lang *(Fritz),* cinéaste autrichien naturalisé américain (Vienne 1890 - Hollywood 1976).
■ **La carrière allemande.** D'abord scénariste, il réalise son premier film, *le Métis,* en 1919. Plusieurs de ses œuvres des années 20, aujourd'hui des classiques, reflètent ses sujets de prédilection — l'obsession de la fatalité, le goût des sociétés secrètes, des sciences occultes, l'enfer de la volonté de puissance — et proches de certains aspects du courant expressionniste : *les Araignées* (1919-20), *les Trois Lumières* (1921), *le Docteur Mabuse* (1922), *les Niebelungen*

(1923-24), *Metropolis* (1927), vaste fresque aux décors futuristes où des travailleurs-esclaves dans une ville souterraine sont poussés à la révolte par une femme-robot, *les Espions* (1928), *la Femme sur la lune* (1929). Il tourne *M. le Maudit* en 1931 (un assassin d'enfants, traqué par la police et la pègre, est condamné à mort par celle-ci dans une parodie de procès), *le Testament du docteur Mabuse* en 1932-33 et émigre aux États-Unis après avoir mis en scène, en France, *Liliom* (1934).
■ **La carrière américaine et le retour en Europe.** Ayant peu de prise sur ses réalisations, il ruse avec la machine hollywoodienne et s'impose avec *Furie* (1936) et *J'ai le droit de vivre* (1937). Au cours des années 40 et 50, il réalise certaines œuvres majeures comme *Chasse à l'homme* (1941), *Les bourreaux meurent aussi* (1943), *la Femme au portrait* (1944), *la Rue rouge* (1945), *l'Ange des maudits* (1952) et *Règlement de comptes* (1953), exploitant les genres dramatiques du western et du film policier. Il rentre en Europe en 1956. Il dirige en Inde une coproduction inspirée de ses scénarios de jeunesse *(le Tigre du Bengale, le Tombeau hindou)* et, en 1960, son dernier film en Allemagne : une « suite » de Mabuse *(le Diabolique Dr Mabuse).*

Lang *(Jack),* homme politique français (Mirecourt 1939). Socialiste, ministre de la Culture (1981-1986 ; 1988-1993), il élargit les cadres traditionnels de la culture par des manifestations populaires (fêtes de la musique, du cinéma, etc.).

Langdon *(Harry),* acteur américain (Council Bluffs, Iowa, 1884 - Hollywood 1944). Incarnation du rêveur, lunaire et insolite, il fut un des grands comiques du muet *(Sa dernière culotte,* de F. Capra, 1927).

Langevin *(André),* écrivain canadien d'expression française (Montréal 1927). Il peint dans ses romans la solitude et l'incompréhension des hommes *(Évadé de la nuit,* 1951 ; *l'Élan d'Amérique,* 1972).

Langevin *(Paul),* physicien français (Paris 1872 - id. 1946). Spécialiste de la théorie de la relativité, il s'est intéressé à des domaines variés de la physique (ionisation des gaz, magnétisme, thermodynamique) et a mené des recherches appliquées (utilisation des ultrasons pour la détection sous-marine). Il s'est efforcé d'améliorer l'enseignement des sciences et de populariser les théories de la relativité (paradoxe des *jumeaux de Langevin)* et de la physique quantique.

Langlade, autre nom de la Petite Miquelon.

Langland *(William)*, poète anglais (dans le Herefordshire v. 1332 - v. 1400). Son poème allégorique *la Vision de Pierre le Laboureur* (1362), tableau satirique de la société de son temps, exerça une profonde influence sur l'opinion publique, dont le mécontentement éclata dans la révolte des travailleurs (1381).

Langlois *(Henri)*, cofondateur et secrétaire général de la Cinémathèque française (Smyrne 1914 - Paris 1977) avec G. Franju et P. A. Harlé. Son action en faveur de la connaissance du cinéma et de la sauvegarde du patrimoine mondial fit de lui une personnalité marquante de l'histoire du cinéma.

Langmuir *(Irving)*, chimiste et physicien américain (Brooklyn 1881 - Falmouth 1957). Il inventa les ampoules électriques à atmosphère gazeuse (1913), perfectionna la technique des tubes électroniques, créa les théories de l'électrovalence et de la catalyse hétérogène et découvrit l'hydrogène atomique. (Prix Nobel de chimie 1932.)

Langon, ch.-l. d'arr. de la Gironde, sur la Garonne ; 6 322 hab. *(Langonais)*. Vins.

Langres, ch.-l. d'arr. de la Haute-Marne, sur le *plateau de Langres,* qui sert de limite de partage des eaux entre les tributaires de la Manche et ceux de la Méditerranée ; 11 026 hab. *(Langrois)*. Évêché. Constructions mécaniques. Matières plastiques. — Restes de fortifications (depuis l'époque romaine). Cathédrale romano-gothique de type bourguignon (trésor). Demeures des XVIe-XVIIIe siècles. Deux musées.

Lang Son, v. du nord du Viêt Nam (Tonkin), près de la frontière chinoise ; 7 400 hab. — La ville fut occupée en 1885 par les Français, qui l'évacuèrent bientôt sous la pression des Chinois (l'incident provoqua la chute du cabinet Jules Ferry).

Langton *(Étienne* ou *Stephen)*, prélat anglais (v. 1150 - Slindon 1228). Archevêque de Canterbury (1207), opposé à l'arbitraire de Jean sans Terre, il participa à l'établissement de la *Grande Charte* (1215).

Languedoc, pays du sud de l'ancienne France, englobant les territoires compris entre le Rhône et la Garonne, entre la Méditerranée et le Massif central (départements actuels de la Haute-Garonne, de l'Aude, du Tarn, de l'Hérault, du Gard, de l'Ardèche, de la Lozère et de la Haute-Loire). Sa capitale était *Toulouse.* Il tire son nom de la langue parlée autrefois par ses habitants (langue d'oc) et qui en faisait l'unité. (Hab. *Languedociens.*) GÉOGR. Aujourd'hui, le terme s'applique seulement au Languedoc méditerranéen, ou bas Languedoc, qui s'étend entre les Corbières, le Massif central, la Camargue et la Méditerranée et qui constitue la majeure partie de l'actuelle Région *Languedoc-Roussillon.* **HIST.** Vers 120 av. J.-C., les Romains fondent la province de Narbonnaise. Après avoir subi une profonde romanisation, la région est occupée par les Wisigoths (413) et conquise par les Francs (507). Au Xe siècle, elle se morcelle entre principautés féodales, dont la plus vaste est le comté de Toulouse. Centre de la poésie occitane (troubadours), le Languedoc est aussi la terre d'élection de l'hérésie cathare. À la suite de la croisade contre les albigeois (1208-1244), le Languedoc est rattaché à la Couronne. Il sera à partir du XVIe siècle un des foyers du protestantisme.

Languedoc *(parc naturel régional du* **Haut-***),* parc régional créé en 1973 et couvrant environ 140 000 ha sur les dép. du Tarn et de l'Hérault.

Languedoc-Roussillon, Région du midi de la France, qui regroupe 5 départements (Lozère, Gard, Hérault, Aude, Pyrénées-Orientales) ; 27 376 km^2 ; 2 114 985 hab. Ch.-l. *Montpellier.* Du Massif central (Causses et Cévennes notamment) au littoral bordé d'étangs et des Pyrénées à la basse vallée du Rhône, la Région s'étend principalement sur les plateaux des Garrigues et surtout sur la plaine languedocienne. Le climat méditerranéen, aux étés chauds et secs, explique en partie les spécialisations agricoles et la nécessité du recours à l'irrigation. Malgré l'extension des cultures fruitières et maraîchères, l'agriculture, qui occupe encore environ 10 % de la population active, reste dominée par la viticulture de masse (dont l'écoulement est souvent difficile). L'élevage (ovins surtout) se maintient difficilement sur les plateaux des Causses et des Garrigues. L'industrie, si l'on excepte le bâtiment et l'agroalimentaire, est peu active (guère plus de 20 % des actifs), sinon dans la technopole qu'est Montpellier (électronique). Le tourisme s'est fortement développé avec l'aménagement du littoral. La vie urbaine s'est épanouie un peu en retrait d'une côte longtemps malsaine, assez inhospitalière. Entre les pays du Rhône et la Catalogne, une autoroute relie les quatre plus grandes villes de la Région, desservant Nîmes et Montpellier (métropoles d'un Languedoc oriental aujourd'hui plus dynamique) puis Béziers et Perpignan (dans des régions demeurées plus rurales, véritablement sous-industrialisées). La croissance de ces villes ou agglomérations, proches du littoral, explique largement la rapide augmentation de la population (près de 10 % entre 1982 et 1990, le plus fort taux régional). La densité globale reste toutefois au-dessous de 80 hab. au km², sensiblement inférieure à la moyenne française. L'arrière-pays (la Lozère notamment) continue de se dépeupler et le taux de chômage demeure plus élevé que la moyenne nationale.

Lann-Bihoué, aéroport de Lorient. Base aéronavale.

Lannes *(Jean),* **duc** de **Montebello,** maréchal de France (Lectoure 1769 - Vienne 1809). Volontaire en 1792, général dans l'armée d'Italie (1796) et en Égypte, il commanda la Garde consulaire (1800) et contribua à la victoire de Marengo. Il se distingua à Austerlitz (1805) et à Iéna (1806), mais fut mortellement blessé à Essling (1809).

Lannion, ch.-l. d'arr. des Côtes-d'Armor, port sur le Léguer ; 17 738 hab. *(Lannionnais).* Centre national d'études des télécommunications (C. N. E. T.). — Église de Brélévenez, surtout romane.

La Noue *(François de),* dit **Bras de Fer,** gentilhomme français (Nantes 1531 - Moncontour 1591). Calviniste, il fut lieutenant de Coligny, se rallia à Henri IV et rédigea les *Discours politiques et militaires* (1587), histoire des trois premières guerres de Religion.

Lanrezac *(Charles),* général français (Pointe-à-Pitre 1852-Neuilly-sur-Seine 1925). Commandant la Ve armée en 1914, il fut remplacé par Franchet d'Esperey en raison de sa mésentente avec French.

Lansing, v. des États-Unis, cap. du Michigan ; 432 674 hab. Université.

Lanterne *(la),* pamphlet politique hebdomadaire créé en 1868 par H. Rochefort. Le journal cessa de paraître en 1928.

Lanzarote, l'une des îles Canaries ; 845 km² ; 42 000 hab.

Lanzhou ou **Lan-Tcheou,** v. de Chine, cap. du Gansu, sur le Huang He ; 1 450 000 hab. Chimie. Métallurgie. — Musée provincial (riches coll. archéologiques).

Laocoon, héros de la légende troyenne, prêtre d'Apollon, qu'Athéna fit étouffer, avec ses deux fils, par deux serpents monstrueux, lors d'un sacrifice.

Laodicée, nom de plusieurs villes hellénistiques de Syrie et d'Asie Mineure, telle l'actuelle Lattaquié.

Laon [lã], anc. cap. du Laonnois, ch.-l. du dép. de l'Aisne, sur une butte allongée ; 28 670 hab. *(Laonnois).* ARTS. Remparts et

portes (XIIIe s.) de la ville haute, qui possède divers monuments élevés au milieu du XIIe siècle (chapelle octogonale des Templiers) ou entrepris à la même époque (église St-Martin ; anc. évêché, auj. palais de justice) et surtout une insigne cathédrale gothique, entreprise v. 1160 et complétée au début du XIIIe siècle (nouveau chœur allongé [vitraux] ; façade d'une superbe plasticité, comme les quatre tours). Musée (archéologie méditerranéenne et locale ; Moyen Âge).

Laos, État de l'Asie du Sud-Est, à l'ouest du Viêt Nam ; 236 800 km² ; 4 100 000 hab. *(Laotiens).* CAP. *Vientiane.* LANGUE : *laotien.* MONNAIE : *kip.*

GÉOGRAPHIE

Au S. du tropique du Cancer, arrosé par la mousson d'été, c'est un pays encore enclavé, souvent montagneux, où plus de la moitié du territoire est recouvert par la forêt, parfois défrichée (pratique du ray, culture sur brûlis) ou exploitée (teck). Bien que 4 % seulement des terres soient cultivables, surtout dans la vallée du Mékong, le Laos est pourtant presque exclusivement agricole (culture du riz surtout, organisée dans un cadre collectiviste). La balance commerciale est lourdement déficitaire. La population, composée en majeure partie de Lao (mais avec de fortes minorités, kha et thaïe), dépend de l'aide extérieure, financière et technique. Les échanges se font surtout par la Thaïlande, même si les relations avec le Viêt Nam restent très fortes.

HISTOIRE

Jusqu'au XIVe s., le Laos a une histoire encore mal connue. Fa Ngum fonde en 1353 un royaume lao indépendant.
Il y introduit le bouddhisme de rite cinghalais. À la fin du XVIe s., le royaume lao subit quelque temps la suzeraineté de la Birmanie. Après la restauration du XVIIe s., les luttes dynastiques aboutissent, au début du XVIIIe s., à la division du Laos en trois royaumes rivaux (Luang Prabang, Vientiane, Champassak).
1778. Le Siam impose sa domination au pays entier.
Convoité par le Viêt Nam, le Laos attire aussi la France.
1893. Un traité franco-siamois reconnaît l'autorité de la France sur la rive gauche du Mékong.
1899. Début de l'organisation de l'administration coloniale française.
1949. Le royaume lao devient indépendant dans le cadre de l'Union française.

Le Laos est progressivement entraîné dans la guerre d'Indochine (1946-1954). Le Pathet Lao, mouvement nationaliste soutenu par les forces communistes du Viêtminh, occupe le nord du pays.
1953. Indépendance totale du Laos.
1962. Le prince Souvanna Phouma devient le chef d'un gouvernement de coalition.
À partir de 1964, le Laos impliqué dans la guerre du Viêt Nam, est partagé entre les forces de droite installées à Vientiane et soutenues par les Américains, et les forces de gauche provietnamiennes du Pathet Lao.
1975. Les révolutionnaires s'imposent dans tout le pays et abolissent la monarchie. La République populaire démocratique du Laos est créée, présidée par Souphanouvong (à titre personnel jusqu'en 1986).
Kaysone Phomvihane (secrétaire général du parti unique depuis 1975) engage progressivement le pays sur la voie de l'ouverture économique.
1992. Après la mort de Kaysone Phomvihane, Nouhak Phoumsavane devient président de la République et Kahmtay Siphandone président du Parti.

Lao She *(Shu Qingchun, dit),* écrivain chinois (Pékin 1899 - *id.* 1966). L'un des principaux romanciers modernes (*la Cité des chats,* 1930), il se suicida lors de la Révolution culturelle.

Laozi ou **Lao-Tseu,** philosophe taoïste chinois, considéré comme un contemporain plus âgé de Confucius (VIᵉ-Vᵉ s. av. J.-C.). Mais le *Daodejing,* ou *Tao-tö-king,* qui lui a longtemps été attribué, est en fait bien postérieur, même s'il rapporte quelques paroles du maître.

La Palice *(Jacques II* de Chabannes, *seigneur* de*),* maréchal de France (v. 1470 - Pavie 1525). Il participa aux guerres d'Italie de Louis XII et de François Iᵉʳ. Ses soldats composèrent en son honneur une chanson (*Un quart d'heure avant sa mort, Il était encore en vie...*), ce qui voulait dire que jusqu'à sa dernière heure La Palice s'était bien battu ; mais la postérité n'a retenu que la naïveté des vers.

La Pasture *(Rogier* de*)* → **Van der Weyden.**

La Pérouse *(Jean François* de Galaup, *comte* de*),* navigateur français (château du Guo, près d'Albi, 1741 - île de Vanikoro 1788). Chargé par Louis XVI de reconnaître les parties septentrionales des rivages américains et asiatiques (1785), il aborda à l'île de Pâques et aux Hawaii (1796), d'où il gagna les Philippines, la Corée et le Kamtchatka (1787). Il fit naufrage alors qu'il redescendait vers le sud. Les vestiges de son bateau,

l'*Astrolabe,* furent recueillis par Dumont d'Urville en 1828 et ceux de la *Boussole,* autre frégate de l'expédition, furent retrouvés en 1962.

Laperrine *(Henry),* général français (Castelnaudary 1860 - au Sahara 1920). Ami du P. de Foucauld, il pacifia les territoires des Oasis, puis les territoires sahariens (1902-1919).

Lapicque *(Louis),* physiologiste français (Épinal 1866 - Paris 1952). Il étudia le fonctionnement du système nerveux, en particulier les conditions d'excitation des neurones (cellules nerveuses). Son fils **Charles,** peintre (Theizé, Rhône, 1898 - Orsay 1988), est parvenu à une expression dynamique et lyrique personnelle par une étude scientifique des pouvoirs de la couleur.

Laplace *(Pierre Simon, marquis* de*),* astronome, mathématicien et physicien français (Beaumont-en-Auge, Normandie, 1749 - Paris 1827). Professeur à l'École normale, puis examinateur à Polytechnique, il est nommé, par le Premier consul, ministre de l'Intérieur. Peu fait pour la politique, il est remplacé par Lucien Bonaparte. Entré en 1799 au Sénat, comblé d'honneurs par Napoléon, Laplace vote cependant en 1814 la déchéance de l'Empereur et se rallie à Louis XVIII, qui le fait marquis et pair de France.

■ **La mécanique céleste.** L'*Exposition du système du monde* (1796) contient la célèbre hypothèse cosmogonique de Laplace selon laquelle le système solaire actuel serait issu d'une nébuleuse en rotation enveloppant un noyau fortement condensé et de température très élevée. Cette hypothèse connut un immense succès, et les théories actuelles de la formation du système solaire s'en inspirent encore. Dans sa *Mécanique céleste* (1798-1825), Laplace a réuni, en un seul corps de doctrine homogène, tous les travaux jusque-là épars de Newton, Halley, Clairaut, d'Alembert et Euler sur les conséquences du principe de la gravitation universelle.

■ **Le calcul des probabilités.** En 1812 parut la *Théorie analytique des probabilités,* dont l'introduction à la seconde édition (1814) expose, sans aucun appareil mathématique, les principes et les applications de la géométrie du hasard.

■ **La physique.** Laplace fit, avec Lavoisier, les premières mesures calorimétriques relatives aux chaleurs spécifiques et aux réactions chimiques (1780). Il établit la formule des transformations adiabatiques d'un gaz et l'utilisa à l'expression de la vitesse de propagation du son. Il est aussi l'auteur d'une théorie générale de la capillarité. Enfin, il formula les deux lois élémentaires de l'électromagnétisme.

Laplanche *(Jean)*, médecin et psychanalyste français (Paris 1924). Il a établi avec J.-B. Pontalis un *Vocabulaire de la psychanalyse* (1967) ; depuis 1988, il dirige une nouvelle traduction des œuvres de S. Freud.

Laponie, région la plus septentrionale de l'Europe, au nord du cercle polaire, partagée entre la Norvège, la Suède, la Finlande et la Russie. Les Lapons (env. 45 000) vivent de l'élevage, de plus en plus sédentarisé, du renne.

La Popelinière ou **La Pouplinière** *(Alexandre Joseph* Le Riche *de)*, financier français (Chinon 1693 - Passy 1762). Fermier général, il reçut dans sa maison de Passy écrivains et musiciens.

Lapparent *(Albert* Cochon *de)*, géologue et géographe français (Bourges 1839 - Paris 1908). Il participa à l'élaboration de la carte géologique de la France puis contribua par de nombreux ouvrages ou articles au développement de la géologie, de la minéralogie et de la géomorphologie. Il est l'auteur d'un *Traité de géologie* (1882).

Laptev *(mer des)*, partie de l'océan Arctique bordant la Sibérie.

Laquedives *(îles)*, archipel indien de la mer d'Oman.

La Quintinie *(Jean* de*)*, agronome français (Chabanais, Charente, 1626 - Versailles 1688). Ses travaux permirent d'améliorer la culture des arbres fruitiers et il créa des potagers rattachés à des châteaux célèbres, dont le potager du roi, à Versailles.

Larbaud *(Valery)*, écrivain français (Vichy 1881 - id. 1957). Grand voyageur, il fit connaître à l'étranger la littérature française contemporaine et révéla aux Français des écrivains comme S. Butler, W. Whitman, H. von Hofmannsthal et J. Joyce, qu'il traduisit. Son humour et son cosmopolitisme se manifestèrent dans les *Poèmes par un riche amateur* (1908), *Fermina Marquez* (1911), *A. O. Barnabooth, poésies et journal intime* (1913), dans ses essais critiques et dans son *Journal* (1954-55).

Larche *(col de)*, col des Alpes-de-Haute-Provence, à la frontière italienne, entre Barcelonnette et Cuneo ; 1991 m.

La Révellière-Lépeaux *(Louis Marie* de*)*, homme politique français (Montaigu, Vendée, 1753 - Paris 1824). Conventionnel, puis membre du Directoire (1795-1799), il lutta contre la réaction royaliste, contribua au coup d'État du 18 fructidor et protégea la secte déiste des théophilanthropes.

La Reynie *(Gabriel Nicolas* de*)*, premier lieutenant de police de Paris (Limoges 1625 - Paris 1709). À partir de 1667, il contribua à l'organisation de la police et à l'assainissement de Paris.

Largentière, ch.-l. d'arr. de l'Ardèche ; 2 117 hab. — Église (XIIIᵉ s.), château (XVᵉ s.).

Largillière ou **Largillierre** *(Nicolas* de*)*, peintre français (Paris 1656 - id. 1746). Formé à Anvers, il collabora à Londres avec Peter Lely (émule de Van Dyck et peintre de la Cour). De retour en France (1682), il devint le portraitiste favori de la grande bourgeoisie, au style souple et brillant. Le Louvre conserve notamment le grand *Portrait de Le Brun*, son morceau de réception à l'Académie (1686), et un *Portrait de famille*.

Largo Caballero *(Francisco)*, homme politique espagnol (Madrid 1869 - Paris 1946). Socialiste, il fut l'un des artisans du Front populaire (1936) et chef du gouvernement républicain de septembre 1936 à mai 1937.

Lariboisière *(Jean Ambroise* Baston, *comte* de*)*, général français (Fougères 1759 - Königsberg 1812). Il commanda l'artillerie de la Garde impériale et celle de la Grande Armée (1812) et mourut durant la retraite de Russie. Son fils **Charles**, député et pair de France (Fougères 1788 - Paris 1868), épousa Élisa Roy, qui devait fonder à Paris, rue Ambroise-Paré, l'*hôpital Lariboisière* (1846).

Larionov *(Mikhaïl)*, peintre russe naturalisé français (Tiraspol 1881 - Fontenay-aux-Roses 1964). Avec sa femme, Natalia Gontcharova (1881-1962), il créa en 1912 l'abstraction « rayonniste » puis collabora, de 1918 à 1922, à Paris, aux Ballets russes.

Lárissa, v. de Grèce (Thessalie) ; 113 426 hab. — Musée archéologique.

Larivey *(Pierre* de*)*, écrivain français (Troyes v. 1540 - v. 1612). Il écrivit des comédies inspirées du théâtre italien (*les Esprits*, 1579).

Lárnaka, v. de Chypre, sur le *golfe de Lárnaka* ; 61 000 hab. Aéroport. — Église St-Lazare, remontant à la fin du IXᵉ siècle.

La Rochefoucauld *(François, duc* de*)*, écrivain français (Paris 1613 - id. 1680). Il combat en Italie et devient l'un des chefs de la Fronde des princes (1648). Il est grièvement blessé au combat de la Porte Saint-Antoine. Rallié au roi, il mène une vie mondaine, fréquente le salon de Mᵐᵉ de Sablé et, à partir de 1665, celui de Mᵐᵉ de La Fayette. Il doit sa célébrité à ses *Réflexions ou Sentences et Maximes morales* (1664-1678), recueil de constats lapidaires ou d'aphorismes brillants brossant « un portrait du cœur de l'homme » et dont le pessimisme, à propos d'un monde où les meilleurs sentiments sont dictés par l'intérêt, s'atténuera au fil des rééditions.

La Rochefoucauld-Liancourt *(François, duc de)*, philanthrope et homme politique français (La Roche-Guyon 1747 - Paris 1827). Éducateur pionnier et fondateur d'une ferme modèle, membre du Conseil des hospices en 1816, il développa une activité philanthropique multiforme en faveur des enfants au travail, des vieillards, des esclaves des colonies et des prisonniers.

La Rochejaquelein *(Henri du Vergier, comte de)*, chef vendéen (La Durbellière, Poitou, 1772 - Nuaillé, Maine-et-Loire, 1794). Ayant soulevé le sud-ouest de l'Anjou, il fut battu à Cholet (1793). Devenu général en chef des vendéens, en lutte contre le gouvernement révolutionnaire, il échoua devant Kléber à Savenay (auj. Loire-Atlantique) ; dès lors, il se livra à la guérilla et fut tué au combat.

La Rocque *(François, comte de)*, homme politique français (Lorient 1885 - Paris 1946). Président de l'organisation nationaliste et anticommuniste des Croix-de-Feu (1931), il créa, en 1936, le Parti social français (P. S. F.). Il fut déporté par les Allemands (1943).

Laroque *(Pierre)*, juriste français (Paris 1907). Il a joué un rôle essentiel dans l'élaboration du système français de sécurité sociale issu de l'ordonnance de 1945.

Larosière *(Jacques de)*, financier français (Paris 1929). Directeur général du Fonds monétaire international (1987-1993), il est président de la B.E.R.D. depuis 1993.

Larousse *(Pierre)*, lexicographe et éditeur français (Toucy 1817 - Paris 1875). Il fonda en 1852, avec Augustin Boyer, la *Librairie Larousse et Boyer*, devenue la *Librairie Larousse* (auj. *Larousse*). Il édita des livres scolaires qui renouvelaient les méthodes de l'enseignement primaire. Puis il entreprit la publication du *Grand Dictionnaire universel du XIXᵉ siècle*, en 15 volumes (1866-1876), qui dès 1863 parut en fascicules.

Larra *(Mariano José de)*, écrivain espagnol (Madrid 1809 - *id.* 1837). Pamphlétaire et auteur de drames romantiques (*Macías*, 1834), il est le véritable créateur du journalisme moderne dans son pays.

Larrey *(Dominique, baron)*, chirurgien militaire français (Beaudéan, près de Bagnères-

de-Bigorre, 1766 - Lyon 1842). Chirurgien en chef de la Grande Armée, il suivit Napoléon dans toutes ses campagnes.

Larsa, *auj.* Senkerah, cité ancienne de Mésopotamie, au S.-E. d'Ourouk. Attestée dès le XXIVᵉ s. av. J.-C., elle devint, en 2025, la ville la plus importante du sud de la Mésopotamie et resta célèbre jusqu'à la fin de l'Antiquité par son temple de Shamash, le dieu Soleil ; elle a livré nombre de tablettes.

Lartet *(Édouard Armand Isidore Hippolyte)*, géologue et préhistorien français (Saint-Guiraud, Castelnau Barbarens, Gers, 1801 - Seissan, Gers, 1871). Il a jeté les bases de la paléontologie humaine et présenté la première chronologie paléontologique de l'homme fossile.

Lartigue *(Jacques Henri)*, photographe français (Courbevoie 1894 - Nice 1986). Toute son œuvre demeure le reflet de l'insouciance, de la joie de vivre et de la spontanéité de l'enfant qu'il était lorsqu'il réalisa ses premières images : *Instants de ma vie* (1973). En 1979, il a fait don à l'État français de l'ensemble de son œuvre.

Larzac *(camp du)*, camp militaire (3 000 ha).

Larzac *(causse du)*, haut plateau calcaire du sud du Massif central, dans la région des Grands Causses. Élevage de moutons.

La Sale *(Antoine de)*, écrivain français (v. 1385-1460). Auteur du roman satirique *Jehan de Saintré*, qui parodie les romans de chevalerie, il est l'auteur présumé des *Quinze Joyes de mariage* et des *Cent Nouvelles nouvelles*.

Lasalle, v. du Canada (Québec), banlieue sud de Montréal ; 73 804 hab.

Lasalle *(Antoine, comte de)*, général français (Metz 1775 - Wagram 1809). Hussard célèbre par ses faits d'armes, il participa à la plupart des campagnes de la Révolution et de l'Empire.

La Salle *(Robert Cavelier de)*, explorateur français (Rouen 1643 - au Texas 1687). Il reconnut le cours du Mississippi et la Louisiane, contrée dont il prit solennellement possession en 1682.

Lascaris, famille byzantine qui régna sur l'empire de Nicée (1204-1261).

Las Casas *(Bartolomé de)*, évêque espagnol (Séville 1474 - Madrid 1566). Prêtre à Cuba v. 1510, il entre en 1522 dans l'ordre dominicain et devient en 1544 évêque de Chiapa, au Mexique. Sans relâche, il se fait le défenseur des droits des Indiens et obtient de « nouvelles lois » interdisant les sévices vis-à-vis de ceux-ci et prévoyant la suppression progressive de l'*encomienda,* qui donnait aux conquistadors une autorité discrétionnaire sur la population autochtone. Découragé par l'échec, il rentra en 1547 en Espagne, où il écrivit une *Histoire des Indes.*

Las Cases *(Emmanuel, comte* de*),* historien français (château de Las Cases, près de Revel, 1766 - Passy-sur-Seine 1842). Il accompagna Napoléon Ier dans l'exil et rédigea le *Mémorial de Sainte-Hélène* (1823).

Lascaux *(grotte de),* grotte de la comm. de Montignac (Dordogne). Découverte en 1940, elle est l'une des plus importantes grottes ornées paléolithiques du monde appartenant à la fin du solutréen et au début du magdalénien (v. 15000 avant notre ère). La disposition de la grotte, dont les parois sont ornées de bovidés, chevaux, cerfs, bouquetins, félins, etc., permet d'envisager un sanctuaire. Depuis 1963, afin de préserver les peintures, la grotte, fermée au public, a subi plusieurs traitements chimiques, et un fac-similé d'une partie a été réalisé pour le public à proximité de l'original.

Lashley *(Karl Spencer),* neuropsychologue américain (Davis, Virginie, 1890 - Poitiers 1958). À partir de l'expérimentation animale, il élabora une théorie sur les fonctions mentales supérieures et leurs anomalies.

Laskine *(Lily),* harpiste française (Paris 1893 - *id.* 1988). Elle a fait de la harpe un instrument soliste à part entière.

Lassalle *(Ferdinand),* philosophe et économiste allemand (Breslau 1825 - Genève 1864). Il milita pour les réformes socialistes, prônant l'association des travailleurs et dénonçant « la loi d'airain des salaires », qui réduit le salaire d'un ouvrier à ce qui lui est strictement nécessaire pour vivre.

Lassus *(Roland* de*),* compositeur franco-flamand (Mons, Hainaut, 1532 - Munich 1594), appelé aussi de son vivant **Orlando di Lasso.** Il obtient, vers 1553, le poste de maître de chapelle du St-Jean-de-Latran à Rome. À 24 ans, il se fixe à Anvers. C'est là, en même temps qu'à Venise, qu'il fait éditer, en 1555, ses premières œuvres. Sa renommée lui vaut d'être appelé vers la fin de 1556 à Munich, où il occupe le poste de maître de chapelle du duc de Bavière jusqu'à sa mort. Son œuvre immense est celle d'un génie universel, qui synthétise sans effort toutes les tendances de son temps. Il est capable des plus surprenants contrastes, témoin les *Psaumes de la pénitence,* les villanelles italiennes et les chansons françaises, domaine où il imprègne

d'une vie intense les vers de Marot, de Ronsard, de Du Bellay, etc. Il a notamment composé des centaines de motets de 2 à 12 voix, des *Lamentations,* des *Lectiones* d'après Job, un *Stabat Mater,* des *Magnificat,* des Passions, 53 messes de 4 à 8 voix.

Lasswell *(Harold Dwight),* sociologue américain (Donnellson, Illinois, 1902 - New York 1978). Il affirma très tôt l'importance des moyens de communication dans la diffusion des idées ou des symboles indispensables à la légitimité du pouvoir (*Propaganda Technique in World War,* 1927). Sa formule de 1948 « Qui dit quoi, par quel canal, à qui et avec quels effets » a constitué pour les sociologues un schéma directeur des analyses de contenu.

Las Vegas, v. des États-Unis (Nevada) ; 258 295 hab. Centre touristique (jeux de hasard).

Latécoère *(Pierre),* industriel français (Bagnères-de-Bigorre 1883 - Paris 1943). Constructeur d'avions, il créa la ligne aérienne reliant Toulouse à Barcelone (1918), puis à Dakar (1925) et à l'Amérique du Sud (1930).

Latham *(Hubert),* aviateur français (Paris 1883 - Fort-Archambault 1912). Pilote du monoplan *Antoinette,* il échoua dans la traversée de la Manche (1909) mais réussit le premier vol à plus de 1 000 m d'altitude (1910).

Latimer *(Hugh),* évêque de Worcester (Thurcaston v. 1490 - Oxford 1555). Passé à la Réforme, il devint chapelain d'Henri VIII, fut disgracié en 1539 et brûlé sous Marie Tudor.

Latina, v. d'Italie (Latium), ch.-l. de prov., dans les anc. marais Pontins, créée en 1932 par Mussolini ; 105 543 hab.

Latin de Constantinople *(Empire),* État fondé en 1204 par les chefs de la quatrième croisade, à la suite de la prise de Constantinople, et dont le premier empereur fut Baudouin Ier. Menacé par les Byzantins restés maîtres de l'Épire et de la région de Nicée, et affaibli par les rivalités et les partages, l'Empire fut détruit dès 1261 par Michel VIII Paléologue, qui restaura l'Empire byzantin.

Latini *(Brunetto),* érudit et homme politique italien (Florence v. 1220 - *id.* 1294). Ami et maître de Dante, il composa un *Livre du Trésor* (v. 1265), encyclopédie des connaissances scientifiques de son temps.

Latins, nom des habitants du Latium. Les anciens Latins font partie des peuples indo-européens qui, dans la seconde moitié du IIe millénaire, envahirent l'Italie.

latins du Levant (*États*), ensemble des États chrétiens fondés en Syrie et en Palestine par les croisés en 1098 et 1109. Ces États étaient le comté d'Édesse, la principauté d'Antioche, le royaume de Jérusalem et le comté de Tripoli. Ils furent reconquis par les musulmans de 1144 à 1291.

Latinus, roi légendaire du Latium et héros éponyme des Latins.

Latium, *en ital.* Lazio, région de l'Italie centrale limitée à l'O. par la mer Tyrrhénienne et adossée à l'E. à l'Apennin. Elle est formée des prov. de *Frosinone, Latina, Rieti, Rome* et *Viterbe* ; 17 203 km² ; 5 031 230 hab. Cap. *Rome.* **GÉOGR.** Rome regroupe plus de la moitié de la population de la région, où dominent collines et plaines qui portent des plantations d'oliviers et du vignoble où se consacrent aux cultures (céréales, légumes) et à l'élevage. Le tourisme balnéaire et culturel est localement actif.

Latouche (*Hyacinthe* Thabaud de Latouche, dit Henri de*), écrivain français (La Châtre 1785 - Val d'Aulnay 1851). Éditeur d'André Chénier, ami des jeunes romantiques et amant de Marceline Desbordes-Valmore, il fut un précurseur du journalisme moderne.

La Tour (*Georges* de), peintre français (Vic-sur-Seille 1593 - Lunéville 1652). L'œuvre de cet artiste, dont la carrière est mal connue, représente la tendance la plus spiritualisée du caravagisme, auquel il emprunte beaucoup de ses sujets, enracinés dans un quotidien qu'il transcende. Oublié après sa mort, il a été redécouvert par le xxe siècle, que fascinent sa rigueur géométrique, son luminisme voué à l'essentiel, sa dédramatisation des antithèses chères aux émules du Caravage (le vieillard et l'enfant, la flamme et l'obscurité...). Parmi la trentaine d'œuvres aujourd'hui authentifiées, citons deux *Apôtres* (musée d'Albi), *le Joueur de vielle* (Nantes), *le Tricheur* (Louvre) pour les tableaux à éclairage diurne ; *la Madeleine à la veilleuse* et *Saint Sébastien pleuré par sainte Irène* (Louvre), *la Femme à la puce* (Nancy), *les Larmes de saint Pierre* (Cleveland), *le Nouveau-Né* (Rennes) pour les « nocturnes ».

La Tour (*Maurice* Quentin de*), pastelliste français (Saint-Quentin 1704 - *id.* 1788). Il est célèbre pour ses portraits pleins de vie (musée de Saint-Quentin, Louvre, etc.).

La Tour d'Auvergne (*Théophile Malo Corret* de*), officier français (Carhaix 1743 - Oberhausen 1800). Illustre combattant des guerres de la Révolution, tué au combat, il fut surnommé le « premier grenadier de France ».

La Tour du Pin (*Patrice* de), poète français (Paris 1911 - *id.* 1975). Célèbre dès la *Quête de joie* (1933), poésie terrienne qui salue la volupté du corps au milieu d'une nature divine, il a donné, notamment, *Une somme de poésie* (1946), *le Second Jeu* (1959), *Psaumes de tous mes temps* (1974).

La Tour Maubourg (*Marie Victor Nicolas* de Fay, *vicomte,* puis *marquis* de) [La Motte-Galaure, Drôme, 1768 - Farcy-lès-Lys, près de Melun, 1850]. Aide de camp de Kléber en Égypte, il fit toutes les campagnes de l'Empire, puis fut ministre de la Guerre de Louis XVIII (1819-1821).

Latran (*accords du*) [11 févr. 1929], accords passés entre le Saint-Siège et le chef du gouvernement italien, Mussolini. Ils établissaient la pleine souveraineté du pape sur l'État du Vatican et reconnaissaient le catholicisme comme religion d'État en Italie (ce dernier principe a été annulé par le concordat de 1984).

Latran (*conciles du*), nom donné à cinq conciles œcuméniques qui se tinrent dans le palais contigu à la basilique du Latran. Les trois premiers se réunirent au xiie siècle sous les présidences respectives de Calixte II, d'Innocent II et d'Alexandre III. Le quatrième (11-30 nov. 1215), présidé par Innocent III, promulgua une profession de foi contre les cathares et contre Joachim de Flore, adopta la théorie de la transsubstantiation pour l'eucharistie et rendit obligatoires la confession et la communion annuelles. Le cinquième (1512-1517) fut présidé par Jules II puis par Léon X.

Latreille (*André*), prêtre et naturaliste français (Brive-la-Gaillarde 1762 - Paris 1833), un des fondateurs de l'entomologie.

La Trémoille [-tremuj], famille poitevine, dont le principal représentant fut **Georges de La Trémoille** (1382 - Sully-sur-Loire 1446), chambellan de Jean sans Peur. Rallié à Charles VII, il fut nommé grand chambellan en 1428. Disgracié en 1433, il participa à la Praguerie (1440), soulèvement dirigé contre le roi à l'instigation de son fils, le futur Louis XI. **Louis II,** son petit-fils (Thouars 1460 - Pavie 1525), homme de guerre, fut tué au combat pendant les guerres d'Italie.

Lattaquié ou **Latakié,** principal port de Syrie, sur la Méditerranée ; 197 000 hab.

Lattre de Tassigny (*Jean-Marie* de), maréchal de France (Mouilleron-en-Pareds 1889 -

Paris 1952). Il commanda la Ire armée française, qu'il mena de la Provence au Rhin et au Danube (1944-45), et signa le 8 mai 1945, pour la France, l'acte de reddition des armées allemandes. Il fut ensuite haut-commissaire et commandant en chef en Indochine (1950-1952).

Lattuada (*Alberto*), cinéaste italien (Milan 1914). Ses premiers films le rangent au nombre des « calligraphes » (*Giacomo l'idealista*, 1942) puis il fait partie du mouvement néoréaliste (*le Bandit*, 1946), avec des allers et retours entre les chroniques brutales, souvent satiriques, de l'actualité et les adaptations littéraires : *le Crime de Giovanni Episcopo* (1947), *Sans pitié* (1948), *le Moulin du Pô* (1949), *les Feux du music-hall* (en coréalisation avec Federico Fellini, 1950), *le Manteau* (1952), *la Pensionnaire* (1954), *Mafioso* (1962), *la Fille* (1978), *la Cigale* (1980).

Laube (*Heinrich*), écrivain allemand (Sprottau 1806 - Vienne 1884). Un des chefs de la « Jeune-Allemagne » libérale, il fit jouer des drames (*Struensee*, 1847).

Laubeuf (*Maxime*), ingénieur français (Poissy 1864 - Cannes 1939). Il réalisa le *Narval*, prototype des submersibles, mis en service en 1904.

Laud (*William*), prélat anglais (Reading 1573 - Londres 1645). Évêque de Londres (1628), archevêque de Canterbury (1633), il prétendit imposer la stricte orthodoxie anglicane et défendit avec violence la prérogative royale ; il se heurta à une telle opposition que Charles Ier l'abandonna ; il mourut sur l'échafaud.

Laue (*Max von*), physicien allemand (Pfaffendorf 1879 - Berlin 1960). Il organisa, en 1912, les premières expériences de diffraction des rayons X par les cristaux, qui démontrèrent le caractère ondulatoire de ces rayons et permirent de connaître la structure des milieux cristallisés. (Prix Nobel 1914.)

Lauenburg, ancien duché d'Allemagne, aujourd'hui intégré au Schleswig-Holstein. Il appartint au Danemark (1816-1864) puis fut rattaché à la Prusse (1865) après la guerre des Duchés.

Laugerie, ensemble d'abris préhistoriques de la vallée de la Vézère, sur la commune des Eyzies-de-Tayac-Sireuil (Dordogne), qui présente la plus importante séquence stratigraphique du paléolithique supérieur périgourdin.

Laughton (*Charles*), acteur britannique naturalisé américain (Scarborough 1899 - Hollywood 1962). Grand acteur de théâtre,

monstre sacré de l'écran (*la Vie privée d'Henry VIII*, 1933 ; *les Révoltés du « Bounty »*, 1935 ; *l'Extravagant Mr Ruggles*, 1935 ; *Témoin à charge*, 1958), il réalisa un unique film, ténébreux et onirique, *la Nuit du chasseur* (1955).

Launay (*Bernard Jordan de*), gouverneur de la Bastille (Paris 1740 - id. 1789), massacré lors de la prise de la forteresse.

Lauragais, petite région du Languedoc et traditionnelle voie de passage entre le bas Languedoc et le bassin d'Aquitaine (reliés par le *seuil du Lauragais*).

Laurana (*Francesco*), sculpteur croate de l'école italienne (Zadar v. 1420/1430 - Avignon ? v. 1502), actif à Naples, en Sicile et en Provence. Ses bustes féminins (princesses d'Aragon, etc.) sont célèbres. L'architecte **Luciano Laurana** (Zadar v. 1420/1425 - Pesaro 1479), qui reconstruisit autour de 1470 le palais d'Urbino, était peut-être son frère. Son répertoire renaissant est d'une grande élégance.

Laurasie ou **Laurasia** (*la*), partie septentrionale de la Pangée qui s'est formée vers la fin du paléozoïque et s'est ensuite divisée en Amérique du Nord et Eurasie.

Laure, héroïne du *Canzoniere* de Pétrarque, identifiée par les historiens à Laure de Noves, épouse d'Hugues de Sade.

Laurel et **Hardy**, acteurs américains (**Arthur Stanley Jefferson**, dit **Stan Laurel** [Ulverston, Lancashire, Grande-Bretagne, 1890 - Santa Monica 1965], et **Oliver Hardy** [Atlanta 1892 - Hollywood 1957]). Ce tandem, dont l'association dura près de vingt-quatre ans, tourna, dès 1926, une série de films très populaires, d'un comique fondé sur le contraste de leur physique, sur l'absurde et sur les batailles de tartes à la crème.

Laurencin (*Marie*), peintre français (Paris 1883 - id. 1956). Amie d'Apollinaire, elle fréquenta les cubistes. On lui doit de nombreuses compositions à figures féminines d'une stylisation gracieuse, aux harmonies de tons pastel.

Laurens (*Henri*), sculpteur et dessinateur français (Paris 1885 - id. 1954). Parti du cubisme, il a soumis les formes du réel à sa conception de l'harmonie plastique (série des *Sirènes*, 1937-1945).

Laurent (*saint*), diacre romain d'origine espagnole, mort martyr à Rome, étendu sur un gril (v. 210 - v. 258). Dès l'époque de Constantin, une basilique, Saint-Laurent-hors-les-

Murs, lui a été dédiée. Son culte se répandit très tôt dans tout l'Occident.

Laurent *(Auguste),* chimiste français (La Folie, près de Langres, 1807 - Paris 1853). Il fut l'un des pionniers de la théorie atomique et un précurseur de la chimie structurale.

Laurent *(Jacques),* écrivain français (Paris 1919). Essayiste, romancier *(les Bêtises,* 1971), il est l'auteur de la série des *Caroline chérie* sous le nom de **Cécil Saint-Laurent.** (Acad. fr. 1986.)

Laurent Ier de Médicis, dit le Magnifique (Florence 1449 - Careggi 1492), prince florentin. Modèle du prince de la Renaissance entouré d'une cour brillante fréquentée par les artistes, les savants et les hommes de lettres, poète lui-même, il dirigea Florence de 1469 à 1492. Il eut à faire face aux intrigues des banquiers florentins et de la papauté (conjuration de 1478). Sa prodigalité et l'intérêt qu'il porta aux affaires politiques ruinèrent le trésor familial. Par ailleurs, l'humanisme païen, qu'il encouragea, suscita la protestation du prédicateur Savonarole.

Laurentides, ligne de hauteurs du Canada oriental, limitant au sud-est le bouclier canadien. Réserves naturelles. Tourisme.

Laurier *(sir Wilfrid),* homme politique canadien (Saint-Lin, Québec, 1841 - Ottawa 1919). Chef du parti libéral à partir de 1887, Premier ministre du Canada de 1896 à 1911, il renforça l'autonomie du pays par rapport à la Grande-Bretagne.

Laurion, région montagneuse de l'Attique, en Grèce, où, depuis l'Antiquité, on exploite des mines de plomb.

Lauriston *(Jacques Law, marquis de),* maréchal de France (Pondichéry 1768 - Paris 1828). Aide de camp de Napoléon en 1800 et 1805, ambassadeur en Russie (1811), prisonnier à Leipzig (1813), il fut nommé maréchal par Louis XVIII et participa à l'expédition d'Espagne (1823).

Lausanne, v. de Suisse, ch.-l. du cant. de Vaud, sur le lac Léman ; 250 000 hab. avec les banlieues *(Lausannois).* Université. Tribunal fédéral. Siège du C. I. O. **ARTS.** Cathédrale gothique du XIIIe siècle (porche sculpté des Apôtres) et autres monuments. Le palais de Rumine (v. 1900) abrite les musées des Beaux-Arts, d'Archéologie et d'Histoire, des Sciences naturelles ; musée de l'Élysée (estampes ; photographie) ; collection de l'Art brut ; musée romain de Vidy.

Lausanne *(école de),* groupe d'économistes qui s'insèrent dans le courant de l'école mathématique, illustrée particulièrement par le Français Léon Walras (1834-1910) et l'Italien Vilfredo Pareto (1848-1923), et qui enseignèrent à l'université de Lausanne.

Lausanne *(traité de)* [24 juill. 1923], traité conclu entre les Alliés et le gouvernement d'Ankara, qui avait refusé le traité de Sèvres (1920). Il garantissait l'intégrité territoriale de la Turquie, à laquelle fut attribuée la Thrace orientale.

Laussedat *(Aimé),* officier et savant français (Moulins 1819 - Paris 1907). On lui doit l'application de la photographie aux levés topographiques.

Lautaret *(col du),* col des Alpes (2 058 m), au nord du Pelvoux, qui relie l'Oisans au Briançonnais.

Lautréamont *(Isidore Ducasse, dit le comte de),* poète français (Montevideo 1846 - Paris 1870). De sa vie, on ne sait à peu près rien, et les documents existants ne présentent pas de coordination absolue. Il est l'auteur des *Chants de Maldoror* (1869), poème en prose en six chants qui tire sa violence et ses images hallucinantes de sa parodie de tous les motifs et registres littéraires (lyrisme romantique, rhétorique classique, roman noir), et de *Poésies* (1870). Les surréalistes virent en lui un précurseur.

Lautrec *(Odet de Foix, vicomte de),* maréchal de France (1485 - Naples 1528). Gouverneur du Milanais, battu à La Bicoque (près de Milan), il reçut cependant le commandement de l'armée d'Italie en 1527 et mourut au siège de Naples.

Lauzun *(Antonin Nompar de Caumont La Force, duc de),* officier français (Lauzun 1633 - Paris 1723). Courtisan de Louis XIV, disgracié puis emprisonné de 1671 à 1680, il épousa la duchesse de Montpensier (la Grande Mademoiselle), cousine germaine du roi, en dépit de l'interdiction royale.

Laval, ch.-l. du dép. de la Mayenne, sur la Mayenne, à 274 km à l'ouest de Paris ; 53 479 hab. *(Lavallois).* Évêché. Constructions électriques. — Vieux-Château des XIIe-XVIe siècles (musée : archéologie, histoire ; collection d'art naïf). Églises romanes et gothiques.

Laval, v. du Canada, banlieue nord-ouest de Montréal ; 314 398 hab.

Laval *(François de Montmorency),* prélat français (Montigny-sur-Avre 1623 - Québec 1708). Vicaire apostolique en Nouvelle-France (1658), il fut à Québec le premier évêque du Canada (1674-1688).

Laval *(Pierre),* homme politique français (Châteldon 1883 - Fresnes 1945). Député socialiste (1914-1919), puis socialiste indépendant, deux fois président du Conseil (1931-32, 1935-36), il mena une politique de rapprochement avec l'Italie. Ministre d'État du maréchal Pétain (juin 1940), vice-président du Conseil dès l'établissement du régime de Vichy (juill. 1940), il fut mis à l'écart du pouvoir en décembre. Nommé chef de gouvernement en avril 1942, sous la pression des Allemands, il accentua la politique de collaboration avec l'Allemagne. Condamné à mort, il fut exécuté.

La Valette *(Jean Parisot de)*, grand maître de l'ordre de Malte (1494 - Malte 1568), célèbre par sa défense de Malte contre les Turcs (1565).

La Vallière *(Louise de La Baume Le Blanc, duchesse de)*, favorite de Louis XIV (Tours 1644 - Paris 1710). Supplantée par la marquise de Montespan, elle se retira chez les carmélites en 1674 après avoir donné au roi deux enfants légitimés.

Lavan, île et port pétrolier iraniens du golfe Persique.

Lavandou (Le), comm. du Var ; 5 232 hab. Station balnéaire sur la côte des Maures.

Lavater *(Johann Kaspar)*, théoricien, poète, orateur et théologien protestant suisse (Zurich 1741 - id. 1801). Son *Art d'étudier la physionomie* (1772) et ses *Fragments physiognomoniques* (1775-1778) proposent une interprétation de la mobilité du visage.

La Vaulx *(comte Henry de)*, aéronaute français (Bierville, Seine-Maritime, 1870 - près de Jersey City, New Jersey, 1930). Célèbre par ses ascensions et voyages en ballon, il fonda l'Aéro-Club de France (1898) et la Fédération aéronautique internationale (1906).

Lavelli *(Jorge)*, metteur en scène français de théâtre et d'opéra d'origine argentine (Buenos Aires 1932). En Argentine puis en France, il se consacre à la défense du répertoire contemporain (Gombrowicz, Arrabal, Copi). Il a dirigé (1988-1996) le Théâtre national de la Colline.

Laver *(Rodney, dit Rod)*, joueur de tennis australien (Rockhampton 1938), vainqueur en 1962 et 1969 des quatre grands tournois mondiaux (Internationaux de France, de Grande-Bretagne, des États-Unis et d'Australie).

Lavéra, écart de la comm. de Martigues (Bouches-du-Rhône), sur le golfe de Fos. Port pétrolier. Raffinage du pétrole et chimie.

Laveran *(Alphonse)*, savant et médecin militaire français (Paris 1845 - id. 1922). Il découvrit le *Plasmodium,* hématozoaire (parasite du sang) responsable du paludisme. Il fut aussi professeur d'hygiène et de clinique et membre de l'Institut Pasteur. (Prix Nobel 1907.)

La Vérendrye *(Pierre Gaultier de Varennes de)*, explorateur canadien (Trois-Rivières 1685 - Montréal 1749). Il reconnut l'intérieur du continent, et deux de ses fils atteignirent les Rocheuses.

Lavigerie *(Charles)*, évêque français (Bayonne 1825 - Alger 1892). Évêque de Nancy (1863), archevêque d'Alger (1867), il fonde la congrégation des Pères blancs (1868) et celle des Sœurs missionnaires d'Afrique (1869). Créé cardinal en 1882, il obtient, après la conquête de la Tunisie, que le nouvel archidiocèse de Carthage (1884) soit mis sous sa responsabilité à celui d'Alger. Véritable chef de l'Église d'Afrique, il s'emploie à lutter contre l'esclavage et acquiert un tel prestige que le pape Léon XIII lui demande son appui en faveur du ralliement des catholiques français à la République.

Lavisse *(Ernest)*, historien français (Le Nouvion-en-Thiérache 1842 - Paris 1922). Professeur en Sorbonne (1888), directeur de l'École normale supérieure (1904-1919), il dirigea une vaste *Histoire de France* (10 t., 1900-1912).

Lavoisier *(Antoine Laurent de)*, chimiste français (Paris 1743 - id. 1794). En définissant la matière par la propriété d'être pesante, en introduisant l'usage systématique de la balance, en énonçant la loi de conservation de la masse et celle de conservation des éléments, il peut être considéré comme le créateur de la science chimique. Il a élucidé le mécanisme de l'oxydation des métaux au contact de l'air, grâce à des expériences sur l'étain (1774), puis sur le mercure (1777). Il établit les compositions de l'air, de l'eau, du gaz carbonique (1781). Il fut, avec Laplace, l'auteur des premières mesures calorimétriques. Il participa, entre autres avec Berthollet, à la création d'une nomenclature chimique rationnelle, fondée sur le concept d'élément (1787). Le premier, il montra que la chaleur animale résulte de combustions organiques portant sur le carbone et l'hydrogène. Député suppléant, il fit partie de la commission chargée d'établir le système métrique (1790). Appartenant au corps des fermiers généraux, il se constitua prisonnier ; il fut condamné et guillotiné le jour même.

Lavrov *(Petr Lavrovitch)*, théoricien socialiste russe (Melekhovo 1823 - Paris 1900). L'un des principaux représentants du populisme, il participa à la Commune de Paris puis s'établit à Zurich.

Law *(John)*, financier écossais (Édimbourg 1671 - Venise 1729). Il expose dans les *Considérations sur le numéraire et le commerce* (1705) son système financier, comprenant une banque d'État qui émettrait une quantité de billets proportionnelle aux besoins des activités économiques et qui serait associée à une compagnie de commerce par actions monopolisant le commerce extérieur. Le Régent l'ayant autorisé à appliquer son système en France, il fonde la Banque générale (mai 1716), érigée en Banque royale (déc. 1718), qu'il réunit à la Compagnie d'Occident (créée en sept. 1717), devenue la Compagnie des Indes (mai 1719). Law remporte un énorme succès. Mais les manœuvres des financiers provoquent l'effondrement de son système (oct. 1720).

Lawrence *(David Herbert)*, écrivain britannique (Eastwood 1885 - Vence, France, 1930). Il exalte, dans ses romans, les élans de la nature et l'épanouissement de toutes les facultés humaines, à commencer par la sexualité (*Amants et fils*, 1913 ; *l'Amant de lady Chatterley*, 1928).

Lawrence *(Ernest Orlando)*, physicien américain (Canton, Dakota du Sud, 1901 - Palo Alto, Californie, 1958). Ses travaux ont porté sur l'effet photoélectrique dans les vapeurs et l'émission thermoélectrique. Il mit au point un procédé de séparation de l'uranium 235. Il est surtout connu pour son invention, en 1930, du cyclotron. (Prix Nobel 1939.)

Lawrence *(sir Thomas)*, peintre britannique (Bristol 1769 - Londres 1830). Affirmé très tôt, son brio de portraitiste, d'une intensité parfois romantique, lui valut un immense succès (peintre du roi dès 1792).

Lawrence *(Thomas Edward)*, dit Lawrence d'Arabie, orientaliste et agent politique britannique (Tremadoc, pays de Galles, 1888 - Clouds Hill, Dorset, 1935). Archéologue passionné par les pays du Proche-Orient, il conçut le projet d'un empire arabe sous influence britannique. Il encouragea la révolte des Arabes contre les Turcs (1917-18) et, ayant adopté le mode de vie des Bédouins, participa à la conquête de la Palestine par les Britanniques. Il démissionna en 1922 et s'engagea dans la Royal Air Force comme simple soldat. Il est l'auteur des *Sept Piliers de la sagesse* (1926).

Laxness *(Halldór Kiljan* Gudjónsson, dit*)*, écrivain islandais (Reykjavík 1902). Sa carrière littéraire se place sous le signe de la révolte : contre la religion luthérienne d'État, il se convertit un moment au catholicisme ; contre l'esprit bourgeois, il sympathise avec le communisme et prend pour thème de ses romans la lutte sociale (*Salka Valka*, 1931-32), jusqu'aux règlements de comptes après un voyage en U. R. S. S. Il publie par la suite des romans cycliques (la *Cloche d'Islande*, 1943-1946), célébrant l'âme de son pays. (Prix Nobel 1955.)

Laye *(Camara)*, écrivain guinéen (Kouroussa 1928 - Dakar 1980). Il fait revivre dans ses romans les croyances et les coutumes traditionnelles (*l'Enfant noir*, 1953).

Lazare *(saint)*, personnage de l'Évangile de Jean, ami de Jésus, frère de Marthe et de Marie de Béthanie. L'évangéliste rapporte sa résurrection par le Christ à la veille de sa Passion, comme si celui-ci avait voulu à ce moment même manifester qu'il était le maître de la vie.

Lazareff *(Pierre)*, journaliste français (Paris 1907 - Neuilly 1972). Chef des Services français du *War Information Office* aux États-Unis pendant la Seconde Guerre mondiale, il rentra en France en septembre 1944 et prit la direction de *France-Soir*.

Lazarsfeld *(Paul Felix)*, sociologue américain d'origine autrichienne (Vienne 1901 - New York 1976). Son apport méthodologique est considérable : analyse statistique, analyse contextuelle, panel, covariance, analyse factorielle, etc., autant de méthodes grâce auxquelles il a essayé de donner aux sciences sociales un caractère scientifique (*Philosophie des sciences sociales,* 1970).

Léa ou **Lia,** première épouse de Jacob.

Leach *(Edmund Ronald)*, anthropologue britannique (Sidmouth, Devon, 1910 - Cambridge 1989). Il se situe dans le sillage du fonctionnalisme (*les Systèmes politiques des hautes terres de Birmanie,* 1954) puis du structuralisme (*Critique de l'anthropologie,* 1961).

Leahy *(William Daniel)*, amiral américain (Hampton, Iowa, 1875 - Bethesda, Maryland, 1959). Ambassadeur à Vichy (1940-1942), il fut chef d'état-major particulier de Roosevelt (1942-1945) et de Truman jusqu'en 1949.

Leakey *(Louis Seymour Bazett)*, paléontologue britannique (Kabete, Kenya, 1903 - Londres 1972). Ses campagnes de fouilles au Kenya et en Tanzanie ont renouvelé les connaissances sur l'origine de l'homme.

Leamington ou **Royal Leamington Spa,** v. de Grande-Bretagne (Warwickshire), sur la Leam ; 43 000 hab. Station thermale.

Lean *(David),* cinéaste britannique (Croydon 1908 - Londres 1991). Auteur notamment de *Brève Rencontre* (1945), il a trouvé une consécration internationale avec des productions prestigieuses et spectaculaires : *le Pont de la rivière Kwaï* (1957), *Lawrence d'Arabie* (1962), *Docteur Jivago* (1965), *la Route des Indes* (1984).

Léandre *(Charles),* peintre et caricaturiste français (Champsecret, Orne, 1862 - Paris 1934). Il est célèbre pour ses portraits-charge féroces parus notamment dans *le Rire* et *le Figaro.*

Leang K'ai → Liang Kai.

Léautaud *(Paul),* écrivain français (Paris 1872 - Robinson 1956). Il est l'auteur d'un *Journal littéraire* (19 vol., 1954-1966) d'une grande liberté de ton.

Leavitt *(Henrietta),* astronome américaine (Lancaster, Massachusetts, 1868 - Cambridge, Massachusetts, 1921). La relation qu'elle découvrit, en 1912, entre la luminosité des céphéides et leur période de variation d'éclat est à la base d'une méthode d'évaluation des distances des amas stellaires et des galaxies.

Le Bas *(Philippe),* homme politique français (Frévent, Pas-de-Calais, 1764 - Paris 1794). Député à la Convention, membre du Comité de sûreté générale, ami de Robespierre, il fut envoyé en mission avec Saint-Just aux armées du Rhin (1793-94). Arrêté le 9-Thermidor, il se suicida.

Lebeau *(Joseph),* homme politique belge (Huy 1794 - *id.* 1865). Un des promoteurs de la révolution de 1830, il fut président du Conseil en 1840-41.

Le Bel *(Achille),* chimiste français (Pechelbronn 1847 - Paris 1930). Créateur, avec Van't Hoff, de la stéréochimie, il est l'auteur de la théorie du carbone tétraédrique.

Lebesgue *(Henri Léon),* mathématicien français (Beauvais 1875 - Paris 1941). Il a fondé une théorie de l'intégration qui généralise celle de Riemann. Outil puissant de l'analyse moderne, l'*intégrale de Lebesgue* a permis d'élargir les hypothèses d'intégrabilité dans la théorie des séries de Fourier et le calcul d'une intégrale multiple.

Leblanc *(Maurice),* écrivain français (Rouen 1864 - Perpignan 1941). Il créa, dans ses romans policiers, le type du gentleman cambrioleur, Arsène Lupin.

Le Bon *(Gustave),* médecin et sociologue français (Nogent-le-Rotrou 1841 - Paris 1931). Il s'est intéressé aux comportements collectifs. Les analyses de G. Le Bon ont connu un grand succès chez certains leaders politiques (*la Psychologie des foules,* 1895).

Lebon *(Philippe),* ingénieur français (Brachay, Champagne, 1767 - Paris 1804). Le premier, il utilisa le gaz provenant de la distillation du bois pour l'éclairage et le chauffage (1799).

Lebret *(Louis-Joseph),* religieux et économiste français (Le Minihic-sur-Rance 1897 - Paris 1966). Il fonda, à Lyon, en 1942, la revue *Économie et humanisme* et se spécialisa dans les problèmes du développement.

Le Brix *(Joseph),* officier de marine et aviateur français (Baden, Morbihan, 1899 - Oufa, Bachkirie, 1931). Il réussit, avec Costes, le tour du monde aérien par Rio de Janeiro, San Francisco et Tokyo (1927-28) et conquit huit records mondiaux en 1931 avant de périr en tentant de relier Paris à Tokyo sans escale.

Lebrun *(Albert),* homme d'État français (Mercy-le-Haut, Meurthe-et-Moselle, 1871 - Paris 1950). Plusieurs fois ministre (1911-1920), président du Sénat (1931), il fut élu président de la République en 1932. Réélu en 1939, il se retira en juillet 1940.

Le Brun *(Charles),* peintre et décorateur français (Paris 1619 - *id.* 1690). À Rome de 1642 à 1645, il est marqué par les antiques, par Raphaël, les Carrache, Poussin. Au service de Louis XIV et de Colbert à partir de 1661, doué d'une grande puissance de travail et sachant animer des équipes nombreuses, il va exercer une véritable dictature sur les arts (premier peintre du roi, chancelier à vie de l'Académie, directeur des Gobelins). C'est lui qui élabore le cadre de grandeur où l'on reconnaît l'expression du siècle de Louis XIV. Il professe l'esthétique de la « belle nature », c'est-à-dire de la réalité corrigée selon les normes antiques, et la primauté du dessin sur la couleur. Il a décoré la voûte de l'hôtel Lambert à Paris (v. 1655), une partie des appartements du château de Vaux-le-Vicomte, la voûte de la galerie d'Apollon au Louvre et celle de la galerie des Glaces à Versailles (1678-1684), etc. Parmi ses tableaux, citons, au Louvre, *le Sommeil de l'Enfant Jésus, le Chancelier Séguier avec sa suite,* les immenses toiles de l'*Histoire d'Alexandre.*

Lebrun *(Charles François), duc* de Plaisance, homme politique français (Saint-Sauveur-Lendelin, Manche, 1739 - Sainte-Mesme, Yvelines, 1824). Il fut troisième consul après le 18-Brumaire. Grand dignitaire de l'Empire, il créa la Cour des comptes (1807).

Le Carré *(David John Moore* Cornwell, dit John)*, écrivain britannique (Poole, Dorset, 1931). Maître du roman d'espionnage, il s'impose comme analyste de la guerre froide *(l'Espion qui venait du froid,* 1963 ; *la Taupe,* 1974 ; *Un pur espion,* 1986 ; *la Maison Russie,* 1989 ; *le Voyageur secret,* 1990) et de l'après-guerre froide *(le Directeur de nuit,* 1994).

Lecce, v. d'Italie (Pouille), ch.-l. de prov. ; 100 233 hab. — Ruines romaines. Forteresse du XVIᵉ siècle. Ensemble d'édifices d'époque baroque (années 1640-1730) au décor exubérant. Musée provincial.

Le Chapelier *(Isaac René Guy),* homme politique français (Rennes 1754 - Paris 1794). Député du tiers état, il présenta la loi portant son nom (14 juin 1791) qui interdit toute coalition et toute association entre gens de même métier.

Le Chatelier *(Henry),* chimiste et métallurgiste français (Paris 1850 - Miribel-les-Échelles, Isère, 1936). Il fit les premières études scientifiques de la structure des métaux et alliages, créa l'analyse thermique et la métallographie microscopique. Il énonça la loi générale de déplacement des équilibres physico-chimiques. Enfin, il s'intéressa à l'organisation scientifique des entreprises.

Leclair *(Jean-Marie),* violoniste et compositeur français (Lyon 1697 - Paris 1764). Il domine l'école française de violon au XVIIᵉ siècle (sonates, concertos).

Leclanché *(Georges),* ingénieur français (Paris 1839 - *id.* 1882). Il inventa, en 1868, la pile électrique qui porte son nom, utilisant comme électrolyte le chlorure d'ammonium et comme dépolarisant le bioxyde de manganèse.

Leclerc *(Charles),* général français (Pontoise 1772 - Cap-Français, Saint-Domingue, 1802). Compagnon de Bonaparte, mari de sa sœur Pauline (1797), il commanda l'expédition de Saint-Domingue, où il obtint la soumission de Toussaint Louverture.

Leclerc *(Félix),* auteur-compositeur et interprète canadien (La Tuque 1914 - Saint-Pierre, île d'Orléans, Québec, 1988). Il a été l'un des pionniers de la chanson canadienne francophone. Il a publié quelques ouvrages littéraires *(Théâtre de village,* 1951).

Leclerc *(Philippe* de Hauteclocque, dit)*, maréchal de France (Belloy-Saint-Léonard 1902 - près de Colomb-Béchar 1947). Il se distingua au Gabon, en Tripolitaine et en Tunisie (1940-1943). Débarqué en Normandie (1944), il libéra Paris puis Strasbourg à la tête de la 2ᵉ division blindée, qu'il conduisit jusqu'à Berchtesgaden. Commandant les troupes d'Indochine (1945), il signa pour la France la capitulation du Japon. Inspecteur des troupes d'Afrique du Nord, il périt dans un accident d'avion.

Leclerc AMX, char de combat français de 50 tonnes armé d'un canon de 120 mm avec conduite de tir automatique, monté par un équipage de 3 hommes. Il est mis en service dans l'armée de terre à partir de 1992.

Le Clézio *(Jean-Marie Gustave),* écrivain français (Nice 1940). Son œuvre narrative et critique campe, au rythme d'une prose poétique qui donne à la réalité quotidienne une coloration fantastique, des personnages en quête d'une impossible prise de conscience de leur destin dans un univers indécis et destructeur *(le Procès-verbal,* 1963 ; *la Fièvre,* 1965 ; *l'Extase matérielle,* 1967). Une réconciliation avec le monde s'opère dans *Terra amata* (1967), *Voyages de l'autre côté* (1975) et se poursuit dans *le Chercheur d'or* (1985), *Onitsha* (1991) et *la Quarantaine* (1995). Il consacre au Mexique un essai *(le Rêve mexicain ou la pensée interrompue,* 1988) et une biographie *(Diego et Frida,* 1993).

Lécluse *(Charles* de)*, botaniste français (Arras 1526 - Leyde 1609). Il introduisit en Europe la pomme de terre, qui eut peu de succès en France mais fut largement cultivée dans divers pays.

Lecocq *(Charles),* compositeur français (Paris 1832 - *id.* 1918), habile auteur d'opérettes *(la Fille de Mᵐᵉ Angot,* 1872 ; *le Petit Duc,* 1878).

Leconte de Lisle *(Charles Marie),* poète français (Saint-Paul, la Réunion, 1818 - Louveciennes 1894). Adepte d'une poésie impersonnelle qui retrouve les grands mythes successifs de l'humanité et entend l'art comme une illustration de la vérité scientifique *(Poèmes antiques,* 1852 ; *Poèmes barbares,* 1862), il groupa autour de lui les écrivains qui constituèrent l'école parnassienne. (Acad. fr. 1886.)

Le Corbusier *(Charles Édouard* Jeanneret, dit)*, architecte, urbaniste, théoricien et peintre français d'origine suisse (La Chaux-de-Fonds 1887 - Roquebrune-Cap-Martin 1965). Formé par sa fréquentation, notamment, des ateliers d'A. Perret et de Behrens, il eut le souci de renouveler l'architecture en fonction de la vie sociale et d'utiliser des volumes simples, articulés selon des plans d'une grande liberté, qui tendent à l'interpénétration des espaces. Il a exprimé ses conceptions, très discutées, dans des revues comme *l'Esprit nouveau* (1920-1925) et dans une vingtaine d'ouvrages qui ont exercé leur influence dans le monde entier (*Vers une architecture*, 1923 ; *la Ville radieuse*, 1935 ; *la Charte d'Athènes*, 1942 ; *le Modulor*, 1950). Il est passé de l'angle droit (villa Savoye à Poissy, 1929 ; « unité d'habitation » de Marseille, 1947) à une expression plus lyrique (chapelle de Ronchamp [Haute-Saône] ou Capitole de Chandigarh [Pendjab], à partir de 1950).

Lecourbe *(Claude, comte),* général français (Besançon 1758 - Belfort 1815). Il se distingua en Allemagne (1796) puis en Suisse contre Souvorov (1799).

Lecouvreur *(Adrienne),* actrice française (Damery, près d'Épernay, 1692 - Paris 1730). Elle fut parmi les premières tragédiennes à s'exprimer, sans déclamer, dans un jeu tout en nuances.

Léda, personnage de la mythologie grecque, femme de Tyndare, roi de Sparte. Elle fut aimée de Zeus, qui se métamorphosa en cygne pour la séduire. Leur union produisit deux œufs d'où sortirent deux couples de jumeaux, Castor et Pollux, Hélène et Clytemnestre.

Le Dain ou **Le Daim** *(Olivier),* barbier et confident de Louis XI (Tielt ? - Paris 1484). Il fut envoyé en mission à plusieurs reprises, notamment à Gand (1477). Ses exactions lui valurent le gibet sous Charles VIII.

Ledoux *(Claude Nicolas),* architecte français (Dormans, Marne, 1736 - Paris 1806). Son œuvre, publiée en gravures mais dont il reste peu d'exemples construits (château de Bénouville, près de Caen, 1768 ; quelques pavillons des barrières de Paris, 1783 et suiv.), est dominée par les salines royales d'Arc-et-Senans, dans le Doubs (1775-1779, inachevées), et les plans de la ville qui devait les entourer. Son langage associe répertoire antique, symbolisme des formes géométriques simples et sensibilité préromantique.

Ledru-Rollin *(Alexandre Auguste Ledru, dit),* homme politique français (Paris 1807 - Fontenay-aux-Roses 1874). Député à partir de 1841, il lança *la Réforme* (1843), organe du radicalisme. Ministre de l'Intérieur après la révolution de février 1848, il dut céder ses pouvoirs à Cavaignac au lendemain des journées de juin. Il tenta d'organiser une manifestation contre l'envoi d'un corps expéditionnaire français à Rome (juin 1849) et dut s'exiler jusqu'en 1870.

Lê Duan, homme politique vietnamien (Hâu Kiên 1907 - Hanoi 1986). Secrétaire général du Lao Dông (Parti communiste nord-vietnamien), il succéda à Hô Chi Minh (1960-1986).

Leduc *(René),* ingénieur et constructeur d'avions français (Saint-Germain-lès-Corbeil 1898 - Istres 1968). Il retrouva, entre 1930 et 1937, le principe du statoréacteur (découvert en 1907 par R. Lorin), qu'il appliqua à partir de 1947 à plusieurs prototypes.

Lê Duc Tho, homme politique vietnamien (prov. de Nam Ha 1911 - Hanoi 1990). L'un des fondateurs du Parti communiste indochinois (1930) et du Viêtminh (1941), il négocia avec les États-Unis le retrait de leurs troupes (1973). Il refusa le prix Nobel de la paix, qui lui avait été attribué en 1973.

Lee *(Robert Edward),* général américain (Stratford, Virginie, 1807 - Lexington, Virginie, 1870). Chef des armées sudistes pendant la guerre de Sécession, vainqueur à Richmond (1862), battu à Gettysburg, il dut capituler à Appomattox en 1865.

Leeds, v. de Grande-Bretagne (comté métropolitain du West Yorkshire), au pied oriental de la chaîne pennine ; 709 000 hab. Leeds demeure, avec sa voisine Bradford, une capitale de l'industrie lainière et de la confection ainsi qu'un grand centre de services pour le comté. Université. — Église St. John (XVIIe s.). Musées.

Leeuwarden, v. des Pays-Bas, ch.-l. de la Frise ; 85 693 hab. — Monuments des XVIe-XVIIIe siècles. Musée de la Frise et Musée municipal.

Leeuwenhoek *(Antonie* Van*)* → **Van Leeuwenhoek.**

Leeward Islands → **Sous-le-Vent (îles).**

Lefebvre *(François Joseph), duc* de Dantzig, maréchal de France (Rouffach 1755 - Paris 1820). Il se distingua à Fleurus (1794), fit capituler Dantzig (1807) et commanda l'infanterie de la Vieille Garde (1812-1814). Sa femme, **Catherine Hubscher,** ancienne blanchisseuse, fut popularisée par V. Sardou sous le nom de *Madame Sans-Gêne.*

Lefebvre *(Georges),* historien français (Lille 1874 - Boulogne-Billancourt 1959). Il étudia la Révolution française en analysant les structures sociales et les faits économiques qui marquèrent la France rurale (*les Paysans du Nord pendant la Révolution,* 1924).

Lefebvre *(Henri),* philosophe français (Hagetmau 1901 - Pau 1991). Résistant, communiste (de 1928 jusqu'à son exclusion, en 1958), il a approfondi les grandes questions du monde contemporain à la lumière du marxisme (*Critique de la vie quotidienne,* 1947-1962).

Lefebvre *(Marcel),* prélat français (Tourcoing 1905 - Martigny 1991). Archevêque de Dakar en 1948, fondateur du séminaire d'Écône, en Suisse (1971), il prit la tête du courant intégriste opposé aux réformes de l'Église. Suspendu *a divinis* par Paul VI, il fut excommunié en 1988 après avoir consacré quatre évêques.

Lefèvre *(Théo),* homme politique belge (Gand 1914 - Woluwe-Saint-Lambert 1973). Président du parti social-chrétien (1950-1961), il fut Premier ministre de 1961 à 1965.

Lefèvre d'Étaples *(Jacques),* humaniste et théologien français (Étaples, Pas-de-Calais, v. 1450 - Nérac, Lot-et-Garonne, 1536). Membre influent du « cénacle de Meaux », il appliqua son savoir philologique et linguistique à l'étude de la Bible et des œuvres patristiques. Soupçonné de favoriser par son retour à l'Écriture la diffusion des idées luthériennes, le groupe de Meaux se dispersa en 1525. Lefèvre devint précepteur des enfants de François Ier à Blois (1526) puis se retira à Nérac auprès de Marguerite de Navarre.

Lefuel *(Hector Martin),* architecte français (Versailles 1810 - Paris 1880). Prix de Rome en 1839, il fut de 1853 à la fin de sa vie l'architecte du nouveau Louvre, où, reprenant les plans de Louis Tullius Joachim Visconti (1791-1853), il s'attacha à réaliser une synthèse néo-Renaissance du style de ses prédécesseurs des XVIe et XVIIe siècles.

Légende dorée *(la),* nom donné au XVe siècle au recueil de vies de saints composé par le dominicain italien Jacques de Voragine (v. 1228-1298).

Legendre *(Adrien Marie),* mathématicien français (Paris 1752 - *id.* 1833). Pour les opérations géodésiques organisées par les observatoires de Paris et de Greenwich, il élabora de nombreux résultats de trigonométrie. Ses *Éléments de géométrie* (1794) se sont imposés pendant plus d'un siècle dans l'enseignement secondaire. Précurseur de la théorie analytique des nombres, il énonça dans la *Théorie des nombres* (1798) la loi de distribution des nombres premiers. Sa classification des intégrales elliptiques en trois espèces distinctes prépare les travaux d'Abel et de Jacobi.

Legendre *(Louis),* homme politique français (Versailles 1752 - Paris 1797). Boucher à Paris, député montagnard à la Convention (1792), il fut l'un des chefs de la réaction thermidorienne.

Léger *(saint),* évêque d'Autun (Neustrie v. 616 - Sarcinium, auj. Saint-Léger, Pas-de-Calais, v. 677). Il fut assassiné par le maire du palais Ébroïn.

Léger *(Fernand),* peintre français (Argentan 1881 - Gif-sur-Yvette 1955). Après avoir pratiqué une forme de cubisme (*la Noce,* 1910, M. N. A. M.), il a élaboré un langage essentiellement plastique fondé sur le dynamisme de la vie moderne (*les Disques,* 1918, M. A. M. de la Ville de Paris), sur les contrastes de formes et de signification (*la Joconde aux clés,* 1930, musée national F.-Léger, Biot), pour réintégrer finalement les valeurs sociales en figurant les travailleurs dans leurs *Loisirs* (grande toile de 1948-49, M. N. A. M.) et dans leur travail (*les Constructeurs,* 1950, Biot). Il s'est intéressé au décor monumental (mosaïque, vitrail, céramique).

Légion des volontaires français contre le bolchevisme (L. V. F.), organisation militaire fondée en 1941 et rassemblant des Français volontaires pour combattre sur le front russe, dans les rangs et sous l'uniforme de la Wehrmacht.

Légion d'honneur *(ordre de la),* premier ordre national français, institué en 1802 par Bonaparte en récompense de services militaires et civils. Cinq classes : grand-croix, grand officier, commandeur, officier, chevalier. Ruban rouge.

Légion étrangère, formation militaire française composée de soldats volontaires, en majorité étrangers. Créée en Algérie par Louis-Philippe en 1831, elle s'est illustrée depuis sur tous les champs de bataille où la France a été présente. Elle comprend aujourd'hui des régiments d'infanterie, de cavalerie, de parachutistes ainsi que des unités spécialisées (génie, etc.). Ses drapeaux portent la devise « Honneur et Fidélité ».

législative *(Assemblée),* assemblée qui succéda à la Constituante le 1er octobre 1791 et qui fut remplacée par la Convention le 21 septembre 1792. Elle était divisée en plusieurs courants, dont le plus modéré était celui des Feuillants, partisans de la monarchie constitutionnelle. À l'instigation des Girondins, elle vota la déclaration de guerre au « roi de Bohême et de Hongrie » (avr. 1792). Le veto royal aux décrets qu'elle avait adoptés (notamment contre les prêtres réfractaires) provoqua l'insurrection du 10 août 1792.

Legnica, v. de Pologne, ch.-l. de voïévodie, en basse Silésie ; 106 100 hab.

Le Goff *(Jacques),* historien français (Toulon 1924). Il s'est spécialisé dans l'histoire du Moyen Âge (*la Civilisation de l'Occident médiéval,* 1964 ; *Pour un autre Moyen Âge,* 1977 ; *Saint Louis,* 1996) et a ouvert la science historique à d'autres disciplines et aux nouvelles méthodes quantitatives.

Legrenzi *(Giovanni),* compositeur italien (Clusone 1626 - Venise 1690). Maître de chapelle de St-Marc de Venise, il écrivit beaucoup de sonates et des opéras.

Lehár *(Franz),* compositeur austro-hongrois (Komárom 1870 - Bad Ischl 1948). Violoniste de formation, c'est un maître de l'opérette viennoise : *la Veuve joyeuse* (1905), *le Pays du sourire* (1929).

Lehn *(Jean-Marie),* chimiste français (Rosheim, Bas-Rhin, 1939). Il a contribué à l'étude de la photodécomposition de l'eau et a réalisé la synthèse des *cryptands,* molécules creuses, dont la cavité peut fixer très fortement un ion ou une molécule, employées notamment en pharmacologie. (Prix Nobel 1987.)

Leibl *(Wilhelm),* peintre allemand (Cologne 1844 - Würzburg 1900). Formé à Munich, il passa quelques mois à Paris (1870), s'y lia avec Courbet et devint le chef de file de l'école réaliste dans son pays *(Trois Femmes à l'église,* v. 1880, Kunsthalle de Hambourg).

Leibniz *(Gottfried Wilhelm),* philosophe et mathématicien allemand (Leipzig 1646 - Hanovre 1716). Son œuvre est écrite en latin ou en français. Toute sa vie philosophique est portée par l'idée que les substances créées trouvent leur principe d'individuation (le fait qu'elles sont uniques) dans une identité totale de la forme et de la matière. Dans son premier livre, *De arte combinatoria* (1666), il tente de définir une logique et une combinatoire des pensées humaines ; il reviendra toute sa vie sur l'idée qu'il existe un alphabet des pensées humaines, c'est-à-dire la liste des permutations et des combinaisons qui permettent de former toutes les pensées. Le raisonnement se réduira alors à une opération mécanique. Après l'année 1666, une autre date clé dans la vie de Leibniz est celle de son séjour à Paris (1672), où il rencontre Huygens. Il découvre peu après le calcul différentiel et fonde le calcul infinitésimal (1676), proposant les notations de la différentielle et de l'intégrale encore employées aujourd'hui. Il s'initie aux idées politiques, à la jurisprudence ; il affirme qu'il y a compatibilité entre raison et religion. Sa renommée grandit : il est invité à séjourner chez Pierre le Grand (1712). Mais il est souvent incompris, et Voltaire se moquera toute sa vie d'idées apparemment leibniziennes, mais caricaturées.

Sa dernière philosophie, que retrace la *Monadologie,* écrite en 1714 et publiée en 1721, est

un spiritualisme mathématique : tout part de Dieu, dont l'existence est parfaitement démontrable. C'est Dieu qui conçoit les essences possibles, dites *monades,* et leurs combinaisons ; ces dernières constituent l'harmonie du monde, qui est préétablie. Ses principales œuvres sont : *Nouveaux Essais sur l'entendement humain* (1704), *Essais de théodicée* (1710) et la *Monadologie* (1714).

Leibowitz *(René),* compositeur polonais naturalisé français (Varsovie 1913 - Paris 1972). Il a joué un rôle important pour la connaissance, en France, de la musique dodécaphonique *(Introduction à la musique de douze sons,* 1949) et a laissé une centaine d'œuvres, dont l'opéra *les Espagnols à Venise* (1963).

Leicester, v. de Grande-Bretagne, ch.-l. du *Leicestershire ;* 270 600 hab. Industries mécaniques et chimiques. — Vestiges romains et monuments médiévaux. Musées.

Leigh *(Vivian Mary Hartley,* dite **Vivien),** actrice britannique (Darjeeling, Inde, 1913 - Londres 1967). Elle fut la Scarlett d'*Autant en emporte le vent* (1939), rôle qui lui valut un succès mondial. Parmi ses meilleures créations, citons *Élisabeth d'Angleterre* (1937), *Un tramway nommé Désir* (1951), *la Nef des fous* (1965).

Leinster, prov. orientale de la République d'Irlande ; 1 860 037 hab. V. princ. *Dublin.*

Leipzig, v. d'Allemagne (Saxe) sur l'Elster blanche ; 530 010 hab. **géogr.** La ville doit son développement industriel initial à la proximité de mines d'argent (monts Métallifères) et d'un bassin de lignite. À la fonction industrielle s'ajoute un traditionnel rôle commercial (foire internationale) et universitaire. **arts.** Église St-Thomas, du type halle, surtout des xıvᵉ et xvᵉ siècles, ancien hôtel de ville Renaissance (musée historique) et autres monuments. Musée des Beaux-Arts et musées Grassi (ethnographie ; instruments de musique ; etc.). Grande bibliothèque et musée du Livre. Archives Bach dans le pavillon Gohlis, rococo.

Leipzig *(bataille de)* [16-19 oct. 1813], défaite de Napoléon devant les Russes, les Autrichiens, les Prussiens, auxquels s'était joint Bernadotte, dite « bataille des Nations ».

Leiris *(Michel),* écrivain et ethnologue français (Paris 1901 - Saint-Hilaire, Essonne, 1990). Il participe au mouvement surréaliste *(Aurora,* écrit en 1927-28, publié en 1946) puis fait partie de la mission Dakar-Djibouti, dont il tient le journal de bord *(l'Afrique fantôme,* 1934). Sa vocation d'ethnologue est confirmée par ses travaux sur l'art et les sociétés africaines. Mais c'est avec *l'Âge d'homme* (1939), suivi des quatre volumes de *la Règle du jeu* (*Biffures*, 1948 ; *Fourbis*, 1955 ; *Fibrilles*, 1966 ; *Frêle Bruit*, 1976), qu'il donne son œuvre majeure et que, à travers le récit biographique, il atteint les mythes collectifs et enracine la littérature dans l'existence.

Leitz (*Ernst*), opticien allemand (1843-1920). Il créa à Wetzlar une fabrique d'instruments d'optique. La Société Leitz introduisit, avec les appareils « Leica », l'usage du petit format en photographie.

Le Jeune (*Claude*), compositeur français (Valenciennes v. 1530 - Paris 1600), auteur de motets, de psaumes et de chansons polyphoniques, dont certaines écrites suivant les lois de la « musique mesurée » (*le Printemps*, 1603).

Lejeune (*Jérôme*), médecin français (Montrouge 1926 - Paris 1994). Professeur de génétique, il étudia en particulier les anomalies des chromosomes et découvrit que le mongolisme est dû à une trisomie 21 (présence de trois chromosomes n° 21 au lieu de deux).

Lek (*le*), branche septentrionale du Rhin inférieur, aux Pays-Bas.

Lekain (*Henri Louis* Cain, dit*), acteur français (Paris 1729 - *id.* 1778). Interprète favori de Voltaire, il introduisit plus de naturel dans la déclamation et la mise en scène.

Lekeu (*Guillaume*), compositeur belge (Heusy 1870 - Angers 1894), auteur de musique de chambre et symphonique écrite dans un style postromantique.

Lelouch (*Claude*), cinéaste français (Paris 1937). Auteur prolifique et populaire, il a réalisé notamment *Un homme et une femme* (1966), *le Voyou* (1976), *les Uns et les Autres* (1981), *Itinéraire d'un enfant gâté* (1988), *les Misérables du xxᵉ siècle* (1995).

Lemaire de Belges (*Jean*), poète et chroniqueur d'expression française (Belges, auj. Bavay, 1473 - v. 1515). Sa poésie (*la Couronne margaritique*, 1504 ; *Épîtres de l'amant vert*, 1505) marque la transition entre les grands rhétoriqueurs et la Pléiade.

Lemaître (*Antoine Louis Prosper*, dit Frédérick*), acteur français (Le Havre 1800 - Paris 1876). Révélé par son rôle de Robert Macaire dans *l'Auberge des Adrets*, il triompha dans le mélodrame et le drame romantique.

Lemaître (*Mgr Georges*), astrophysicien et mathématicien belge (Charleroi 1894 - Louvain 1966). Auteur d'un modèle relativiste d'Univers en expansion (1927), il formula ensuite la première théorie cosmologique selon laquelle l'Univers, primitivement très dense, serait entré en expansion à la suite d'une explosion (1931).

Léman (*lac*), le plus grand lac des Alpes, au nord de la Savoie ; 582 km^{2} (partagés entre la Suisse [348 km^{2}] et la France [234 km^{2}]). Façonné par les glaciers quaternaires, il est situé à 375 m d'altitude et traversé par le Rhône. Il se divise en deux bassins : à l'E., le *Grand Lac*, à l'O., près de Genève, le *Petit Lac* (parfois appelé « lac de Genève »). Ses rives, étagées en terrasses, sont jalonnées de villes (Genève, Lausanne pour les plus grandes) et bénéficient d'un climat très doux favorable au vignoble. Le développement de l'urbanisation et du tourisme provoque une inquiétante pollution des eaux du lac.

Le May (*Pamphile*), écrivain canadien d'expression française (Lotbinière, Québec, 1837 - Saint-Jean-Deschaillons 1918), auteur de poèmes rustiques (*les Gouttelettes*, 1904) et de contes.

Lemberg → Lvov.

Lemdiyya, *anc.* Médéa, v. d'Algérie, ch.-l. de wilaya ; 72 000 hab.

Lemelin (*Roger*), écrivain canadien d'expression française (Québec 1919), peintre satirique du Canada (*les Plouffe*, 1948).

Lemercier (*Jacques*), architecte français (Pontoise v. 1585 - Paris 1654). Né dans une famille d'architectes, il admira à Rome les monuments antiques et classiques (1607-1614), puis devint l'architecte de Louis XIII et de Richelieu (Paris : pavillon de l'Horloge au Louvre, chapelle de la Sorbonne, plans de St-Roch, etc. : ville de Richelieu).

Lemire (*Jules*), ecclésiastique français (Vieux-Berquin 1853 - Hazebrouck 1928). Prêtre (1878), il encouragea le ralliement des catholiques à la République. Porte-parole de la démocratie chrétienne, il fut député de Hazebrouck à partir de 1893.

Lemnos ou **Límnos**, île grecque de la mer Égée ; 476 km^{2} ; 23 000 hab. Ch.-l. *Kástro*.

Lemonnier (*Camille*), écrivain belge d'expression française (Ixelles 1844 - Bruxelles 1913), auteur de romans naturalistes (*Happe-chair*, 1886).

Lémovices, peuple gaulois établi dans le Limousin actuel.

Lemoyne, famille de sculpteurs français, dont le plus connu est **Jean-Baptiste II** (Paris 1704 - *id.* 1778). Artiste officiel, de style rocaille, il est l'auteur de monuments (perdus) à la gloire de Louis XV et, surtout, de bustes d'une remarquable vivacité.

Lemoyne *(François)*, peintre français (Paris 1688 - *id.* 1737). Relayant l'œuvre d'un La Fosse, il donna à la grande décoration française un style plus lumineux, plus frémissant (plafond du salon d'Hercule, à Versailles, 1733-1736) et fut le maître de Boucher et de Natoire.

Le Moyne de Bienville *(Jean-Baptiste)*, administrateur français (Ville-Marie, auj. Montréal, 1680 - Paris 1767). Il joua un rôle important dans le développement de la Louisiane, dont il fut plusieurs fois gouverneur entre 1713 et 1743.

Le Moyne d'Iberville *(Pierre)*, marin et explorateur français (Ville-Marie, auj. Montréal, 1661 - La Havane 1706), frère du précédent. Il combattit les Anglais au Canada et à Terre-Neuve (1686-1697) puis fonda en 1698 la colonie de la Louisiane, dont il fut le premier administrateur.

Lena *(la)*, fl. de Sibérie orientale, tributaire de l'océan Arctique (mer des Laptev) ; 4 270 km (bassin de 2 490 000 km²).

Le Nain, nom de trois frères, **Antoine** (m. en 1648), **Louis** (m. en 1648) et **Mathieu** (m. en 1677), peintres français nés à Laon, installés à Paris vers 1629. Malgré des différences évidentes de « mains », les historiens d'art ne sont pas parvenus à répartir entre chacun des trois frères les quelque soixante tableaux qui leur sont attribués. Il s'agit d'œuvres mythologiques ou religieuses (*Nativité de la Vierge*, Notre-Dame de Paris), de scènes de genre (*Trois Jeunes Musiciens*, musée d'Art, Los Angeles ; *la Tabagie*, 1643, Louvre), de portraits et surtout de scènes de la vie paysanne, qui représentent un sommet du réalisme français : *le Repas de famille*, *la Forge*, etc., Louvre ; *Intérieur paysan*, Nat. Gal. of Art, Washington ; *l'Âne*, Ermitage ; *Paysans devant leur maison*, musées des Bx-A., San Francisco. La dignité des personnages le dispute dans ces toiles, d'une haute qualité picturale, au constat de pauvreté de la campagne picarde ruinée par les guerres.

Lenard *(Philipp)*, physicien allemand (Presbourg, auj. Bratislava, 1862 - Messelhausen 1947). Il obtint le prix Nobel en 1905 pour ses travaux sur les rayons cathodiques et l'effet photoélectrique. Dans les années 1930, il fut l'un des rares savants à se rallier au nazisme et soutint la thèse de la « science allemande ».

Lenau *(Nikolaus)*, poète autrichien (Csátad, près de Timişoara, 1802 - Oberdöbling, près de Vienne, 1850). Auteur de poésies élégiaques (*Chants des joncs*, 1832), il a écrit un

Faust (1836), poème dramatique qui fait du personnage de Goethe un héros révolté.

Lenclos *(Anne, dite Ninon de)*, femme de lettres française (Paris 1616 - *id.* 1705). Son salon fut fréquenté par les libres-penseurs.

Lenglen *(Suzanne)*, joueuse française de tennis (Paris 1899 - *id.* 1938), vainqueur notamment six fois à Wimbledon (1919 à 1923, 1925) et à Paris (1920 à 1923, 1925 et 1926).

Leninabad → **Khodjent.**

Leninakan → **Gumri.**

Lénine *(pic)*, anc. pic Kaufman, sommet du Pamir, à la frontière du Tadjikistan et du Kirghizistan ; 7 134 m.

Lénine *(Vladimir Ilitch* Oulianov, *dit)*, homme politique russe (Simbirsk, auj. Oulianovsk, 1870 - Gorki 1924). Marxiste, il fonde en 1895 à Saint-Pétersbourg l'Union de lutte pour la libération de la classe ouvrière. Arrêté, il est emprisonné et déporté en Sibérie (1897-1900). Il quitte la Russie, gagne la Suisse, où il fonde le journal *Iskra*, organe de propagande marxiste. Il adopte alors le pseudonyme de Lénine et publie *Que faire ?* (1902). Il y expose sa conception d'un parti centralisé, formé de révolutionnaires professionnels, avant-garde de la classe ouvrière dans sa lutte contre la bourgeoisie. Cette conception l'emporte en 1903 au Congrès du parti ouvrier social-démocrate de Russie (P. O. S. D. R.) ; les partisans de Lénine forment désormais la fraction bolchevique du parti, opposée à sa fraction menchevik. Fixé un temps à Paris (1908-1911), puis à Cracovie, il retourne en Suisse en 1914. Lors des conférences de l'Internationale socialiste de 1915-16, il défend ses thèses sur la nécessité de transformer la guerre impérialiste en guerre civile et milite pour une révolution socialiste en Russie. Il expose ses théories dans *l'Impérialisme, stade suprême du capitalisme* (1916). En avril 1917, il traverse l'Allemagne et rentre à Petrograd, où il impose ses vues au P. O. S. D. R. et aux soviets, et dirige l'insurrection d'octobre. Président du Conseil des commissaires du peuple (oct.-nov. 1917-1924), il fait signer avec l'Allemagne la paix de Brest-Litovsk et songe à l'extension internationale du mouvement révolutionnaire, créant l'Internationale communiste (1919). Mais la guerre civile en Russie et l'échec des mouvements révolutionnaires en Europe l'amènent à se consacrer à la construction du socialisme en Russie puis en U. R. S. S., dont il préside à la création en 1922. Après la période du « communisme de guerre » (1918-1921), il adopte, devant les difficultés économiques et les résistances intérieures, la Nouvelle Politique économique, ou « N. E. P. ». En 1922, Lénine est frappé d'hémiplégie.

Doué d'un exceptionnel sens tactique, Lénine sait à l'occasion faire preuve de souplesse. Mais il se montre intransigeant dans la lutte contre toute forme d'opposition (dissolution de l'Assemblée constituante en 1918, création des premiers camps de travail en 1919). Cependant, il n'approuve ni le développement de la bureaucratie ni la brutalité de Staline et exprime ses inquiétudes dans ses notes, connues sous le nom de « Testament ».

Lénine *(ordre de)*, ordre russe. Créé en 1930, il a été le plus élevé des ordres civils et militaires soviétiques.

Leningrad → Saint-Pétersbourg.

Lenoir *(Étienne)*, ingénieur français d'origine wallonne (Mussy-la-Ville, Luxembourg, 1822 - La Varenne-Saint-Hilaire 1900). On lui doit la réalisation pratique, à partir de 1860, des premiers moteurs à combustion interne.

Lenoir-Dufresne *(Joseph)*, industriel français (Alençon 1768 - Paris 1806). Avec F. Richard, il introduisit en France la filature du coton au moyen de la mule-jenny, connue alors seulement en Angleterre.

Le Nôtre *(André)*, dessinateur de jardins et architecte français (Paris 1613 - *id.* 1700). Il succéda à son père, jardinier en chef des Tuileries, en 1637. Caractéristiques de ses travaux, le schéma géométrique des vastes perspectives, l'usage des plans et jeux d'eau ainsi que des statues ont créé le cadre imposant du Grand Siècle et ont fait la célébrité du jardin « à la française » (Vaux-le-Vicomte [1656 et suiv.], Versailles, Sceaux, etc.).

Lens, ch.-l. d'arr. du Pas-de-Calais ; 35 278 hab. *(Lensois)* ; l'agglomération compte 320 000 hab. Métallurgie. — Victoire de Condé sur les Impériaux qui amena la paix de Westphalie (20 août 1648).

Lenz *(Heinrich)*, physicien russe d'origine allemande (Dorpat, auj. Tartu, Estonie, 1804 - Rome 1865). Il énonça la loi donnant le sens des courants induits (1833) et observa l'accroissement de résistance électrique des métaux avec la température (1835).

Lenz *(Jakob Michael Reinhold)*, écrivain allemand (Sesswegen 1751 - Moscou 1792). Il fut par ses drames l'un des principaux représentants du *Sturm und Drang* (le *Précepteur*, 1774 ; les *Soldats*, 1776).

Lenz *(Siegfried)*, écrivain allemand (Lyck, Prusse-Orientale, 1926). À travers une œuvre très diverse se font jour les thèmes de l'expérience de la solitude et du renoncement et la nécessité d'assumer le passé (le *Bateau-phare*, 1960 ; la *Leçon d'allemand*, 1968 ; *Heimatmuseum*, 1978).

Leoben, v. d'Autriche (Styrie), dans la haute vallée de la Mur ; 32 000 hab. — Édifices de l'époque romane au XVIIIe siècle. Musée.

León, région du nord-ouest de l'Espagne, conquise aux IXe-Xe siècles par les rois des Asturies, qui prirent le titre de rois de León (914), et réunie définitivement à la Castille en 1230. Elle appartient aujourd'hui à la communauté autonome de *Castille-León*.

León, v. d'Espagne (Castille-León), ch.-l. de prov. ; 144 021 hab. **ARTS.** Collégiale S. Isidoro, foyer précoce de l'art roman, rebâtie à la fin du XIe siècle avec son « panthéon » royal (voûtes peintes au XIIe s.) ; trésor. Cathédrale entreprise en 1255 sur les modèles de Reims et de Saint-Denis (portails sculptés, vitraux et œuvres d'art). Couvent S. Marcos, reconstruit au XVIe siècle (façade de style plateresque), abritant le Musée archéologique provincial.

León, v. du Mexique central ; 875 453 hab. Métallurgie.

Léon *(le)*, région de l'extrémité nord-ouest de la Bretagne (Finistère). Cultures maraîchères. (Hab. *Léonards.*)

Léon Ier le Grand *(saint)* [Volterra ? - Rome 461], pape de 440 à 461. Envoyé par l'empereur Valentinien III comme ambassadeur auprès d'Attila, qui ravageait la Vénétie et la Ligurie (452), il persuada le roi des Huns, alors qu'il se préparait à marcher sur Rome, de quitter l'Italie. Mais, en 455, il ne put empêcher les Vandales de piller Rome, où il mourut en 461. Il eut un rôle important dans la controverse christologique déclenchée par le monophysisme d'Eutychès et dans l'organisation de la liturgie romaine.

Léon IX *(saint)* [Bruno **d'**Eguisheim-Dagsburg] (Eguisheim, Alsace, 1002 - Rome 1054), pape de 1049 à 1054. Élu pape par la volonté d'Henri III, il lutta pour la réforme des mœurs ecclésiastiques et défendit la suprématie pontificale. La fin de son règne fut marquée par le désastre de ses armées face aux Normands (1053) et par la consommation du schisme avec l'Église d'Orient, dans un affrontement décisif avec le patriarche de Byzance Michel Keroularios (1053-54).

Léon X *(Jean de Médicis)* [Florence 1475 - Rome 1521], pape de 1513 à 1521. Fils de Laurent le Magnifique, il se rapproche un moment des Français pour se rallier bientôt à Charles Quint, qu'il soutient dans sa politique italienne. À la fois partisan du népotisme et mécène fastueux (vis-à-vis de Raphaël et de Michel-Ange notamment), il est surtout célèbre par les indulgences qu'il décida d'accorder aux fidèles qui lui apporteraient leurs dons pour payer la construction de la basilique Saint-Pierre de Rome (1517). C'est là l'origine de la révolte de Luther, à qui Léon X riposta en le condamnant par la bulle *Exsurge Domine* (1520).

Léon XIII (*Gioacchino* Pecci) [Carpineto Romano 1810 - Rome 1903], pape de 1878 à 1903. Archevêque de Pérouse en 1846 et cardinal en 1853, il est élu pape le 28 février 1878. Il prend à partie le socialisme et le nihilisme, ainsi que le Kulturkampf. Tout en combattant la franc-maçonnerie, il incite les catholiques français à se rallier au régime républicain et favorise le rapprochement entre le catholicisme et l'anglicanisme. Il encourage, notamment en France et aux États-Unis, le mouvement des catholiques sociaux et, par son importante encyclique *Rerum novarum* (15 mai 1891), il définit une doctrine des droits respectifs de la propriété et du monde ouvrier qui aura valeur de charte pendant des décennies.

Léon Ier, empereur byzantin (457-474). Il fut le premier empereur couronné par le patriarche de Constantinople. **Léon III l'Isaurien** (Germaniceia, Commagène, v. 675 - Constantinople 741), empereur byzantin (717-741). Il rétablit la situation de l'Empire en battant les Arabes (717-718). Il se montra résolument iconoclaste.

Léon l'Africain, géographe arabe (Grenade v. 1483 - Tunis v. 1552), auteur d'une *Description de l'Afrique* (1550).

Léonard (*Nicolas Germain*), écrivain français (Basse-Terre, Guadeloupe, 1744 - Nantes 1793), auteur de romans sentimentaux (*la Nouvelle Clémentine,* 1774) et de poèmes élégiaques (*les Regrets,* 1782) qui annoncent Lamartine.

Léonard de Vinci, peintre, sculpteur, architecte, ingénieur et savant italien (Vinci, près de Florence, 1452 - manoir du Clos-Lucé, près d'Amboise, 1519). Il vécut surtout à Florence et à Milan, avant de partir pour la France, en 1516, à l'invitation de François Ier. Il est d'abord célèbre comme peintre, auteur de *la Vierge aux rochers* (deux versions, Louvre et National Gallery de Londres), de *la Cène* (Milan), de *la Joconde* et de *la Vierge, l'Enfant Jésus et sainte Anne* (Louvre), etc. Il a inventé le sfumato, modelé vaporeux qui lie subtilement les formes à l'atmosphère. Mais ce grand initiateur de la

seconde Renaissance s'intéressa à toutes les branches de l'art et de la science, ainsi qu'en témoignent ses dessins, tour à tour d'une grande précision technique ou empreints d'une puissance visionnaire. Il a laissé de nombreux *Carnets* (textes et dessins) traitant des sujets les plus variés (mathématiques, perspective, anatomie, optique, mécanique, fortifications, hydraulique, géologie) qui le font considérer comme le plus puissant des esprits encyclopédiques de la Renaissance.

Leoncavallo (*Ruggero*), compositeur italien (Naples 1858 - Montecatini 1919). Représentant du vérisme, il est l'auteur de *Paillasse* (1892).

Leone (*Sergio*), cinéaste italien (Rome 1929 - id. 1989). Il dirigea à partir de 1964 une série de westerns à l'italienne (« westerns-spaghettis »), dont *le Bon, la brute et le truand* (1966), *Il était une fois dans l'Ouest* (1968). Aux États-Unis, il a mis en scène *Il était une fois la révolution* (1971) puis *Il était une fois en Amérique* (1984).

Leonhardt (*Gustav*), claveciniste, organiste et chef d'orchestre néerlandais (s'-Graveland 1928). Fondateur du Leonhardt Consort (1955), spécialiste de J. S. Bach, il a profondément renouvelé l'approche musicologique et l'interprétation de la musique baroque et préclassique.

Léonidas (m. aux Thermopyles en 480 av. J.-C.), roi de Sparte de 490 à 480, héros du défilé des Thermopyles, qu'il défendit contre les Perses et où il périt avec 300 hoplites.

Leonov (*Alekseï Arkhipovitch*), cosmonaute russe (Listvianka, région de Novossibirsk, 1934). Il est le premier homme à avoir effectué une sortie en scaphandre dans l'espace (le 18 mars 1965).

Leonov (*Leonid Maksimovitch*), écrivain soviétique (Moscou 1899 - id. 1994), auteur de romans qui peignent la société issue de la révolution (*les Blaireaux,* 1924 ; *la Forêt russe,* 1953).

Leontief (*Wassily*), économiste américain d'origine russe (Saint-Pétersbourg 1906). Ses travaux, consacrés en particulier aux relations interindustrielles, lui valurent, en 1973, le prix Nobel de sciences économiques. Il a mis au point, à la veille de la Seconde Guerre mondiale, le tableau (dit *entrées-sorties*) d'échanges entre les différents secteurs de l'économie.

Leopardi (*Giacomo*), écrivain italien (Recanati, Marches, 1798 - Naples 1837). Considéré comme le plus grand poète italien depuis Pétrarque, il est à l'origine de la poésie moderne italienne. Ses célèbres poésies lyriques *(Canzoni* et *Canti),* publiées entre 1824 et 1835, ne constituent qu'une petite partie de son œuvre d'érudit, de philologue et de journaliste. Cependant, le pessimisme marque son œuvre *(À l'Italie,* 1818 ; *Chant nocturne,* 1830 ; *la Ginestra,* 1836).

BELGIQUE

Léopold Iᵉʳ (Cobourg 1790 - Laeken 1865), roi des Belges (1831-1865), fils de François de Saxe-Cobourg. Il fut appelé au trône de Belgique aussitôt après l'indépendance reconnue de ce pays (1831). Tout en renforçant l'amitié des Belges avec la France — il épousa en 1832 Louise d'Orléans, fille de Louis-Philippe —, il s'employa à maintenir la neutralité du royaume. À l'intérieur, il laissa la monarchie constitutionnelle évoluer vers la monarchie parlementaire. **Léopold II** (Bruxelles 1835 - Laeken 1909), roi des Belges (1865-1909), fils du précédent. Il fit reconnaître en 1885 comme étant sa propriété personnelle l'État indépendant du Congo, qu'il céda en 1908 à la Belgique. **Léopold III** (Bruxelles 1901 - *id.* 1983), roi des Belges (1934-1951). Fils de Albert Iᵉʳ, il donna à l'armée, en mai 1940, l'ordre de déposer les armes devant les Allemands, ce qui ouvrit une longue controverse. Déporté en Allemagne (1944-45), il se retira en Suisse et dut, malgré un plébiscite favorable à son retour, déléguer en 1950 ses pouvoirs royaux à son fils Baudouin et abdiquer en 1951.

Léopold *(ordre de),* ordre belge créé en 1832.

EMPIRE GERMANIQUE

Léopold Iᵉʳ (Vienne 1640 - *id.* 1705), empereur germanique (1658-1705), archiduc d'Autriche, roi de Hongrie (1655-1705), roi de Bohême (1656-1705). Il participe à la guerre de Hollande (1672-1679) et à celle de la ligue d'Augsbourg (1688-1697) afin de combattre les ambitions de Louis XIV. Il arrête les Ottomans, qui avaient repris leurs offensives contre l'Empire, et obtient leur retrait de Hongrie (paix de Karlowitz, 1699). Voulant imposer son fils sur le trône d'Espagne, il engage l'Empire dans la guerre de la Succession d'Espagne (1701-1714). **Léopold II** (Vienne 1747 - *id.* 1792), empereur germanique, archiduc d'Autriche, roi de Bohême et de Hongrie (1790-1792). Fils de François Iᵉʳ et de Marie-Thérèse, frère de Marie-Antoinette, il publie avec Frédéric-Guillaume II, roi de Prusse, la déclaration de Pillnitz (1791) appelant les souverains à agir contre la France révolutionnaire mais meurt avant le début des hostilités.

Léopoldville → Kinshasa.

Léovigild ou **Liuvigild** (m. à Tolède en 586), roi wisigoth (567 ou 568-586). Il a été l'unificateur du territoire espagnol.

Lépante *(bataille de)* [7 oct. 1571], bataille navale que don Juan d'Autriche, à la tête de la flotte chrétienne, remporta sur les Turcs près de Lépante (auj. **Naupacte,** Grèce).

Lepaute, famille d'horlogers français. **Jean André** (Mogues, Ardennes, 1720 - Saint-Cloud 1787 ou 1789) construisit des pendules de précision pour la plupart des observatoires d'Europe, inventa l'échappement à chevilles et a laissé un *Traité d'horlogerie* (1755). Sa femme, **Nicole Reine Étable de La Brière** (Paris 1723 - Saint-Cloud 1788), aida Lalande, en 1758, à calculer, d'après les formules établies par Clairaut, la date de retour au périhélie de la comète de Halley en tenant compte de l'attraction de Jupiter et de Saturne.

Lepautre, artistes parisiens des xviiᵉ et xviiiᵉ siècles. **Antoine** (1621-1691), architecte et graveur, construisit à Paris la chapelle du couvent (auj. hôpital) de Port-Royal et l'hôtel de Beauvais dans le Marais. Son frère **Jean** (1618-1682), graveur, publia des recueils de modèles d'ornements qui font de lui un des créateurs du style Louis XIV. **Pierre** (1660-1744), sans doute fils du précédent, sculpteur, est l'auteur d'*Énée et Anchise* du jardin des Tuileries.

Le Peletier de Saint-Fargeau *(Louis Michel),* homme politique français (Paris 1760 - *id.* 1793). Député de la noblesse aux États généraux, acquis aux idées de la Révolution, élu à la Convention (1792), il fut assassiné par un royaliste pour avoir voté la mort de Louis XVI (tableau de David, disparu).

Le Pen *(Jean-Marie),* homme politique français (La Trinité-sur-Mer 1928). Député à l'Assemblée nationale en 1956, de 1958 à 1962 et de 1986 à 1988, il est, depuis 1972, président du Front national, parti d'extrême droite.

Le Pichon *(Xavier),* géophysicien français (Qui Nhon, Viêt Nam, 1937). Spécialiste de la géodynamique de la croûte terrestre, il est l'un des promoteurs de la théorie de la tectonique des plaques.

Lépide ou **Aemilius Lepidus** *(Marcus)* [m. en 13 ou 12 av. J.-C.], collègue de César au consulat (46 av. J.-C.), membre, avec Antoine et Octavien, du second triumvirat (43), dont il fut éliminé progressivement.

Lépine *(Louis)*, administrateur français (Lyon 1846 - Paris 1933). Préfet de police de 1893 à 1913, il se signala par la création des brigades cyclistes et fluviales ainsi que par l'organisation du *concours Lépine* (1902), destiné à récompenser les créations d'artisans ou d'inventeurs.

Lépine *(Pierre)*, médecin français (Lyon 1901 - Paris 1989). Spécialiste de virologie à l'Institut Pasteur, il étudia notamment le virus de la rage et réalisa un vaccin contre celui de la poliomyélite.

Le Play *(Frédéric)*, économiste et ingénieur français (La Rivière-Saint-Sauveur, près de Honfleur, 1806 - Paris 1882). Dans son œuvre la plus importante, *la Réforme sociale* (1864), il soutient la nécessité de l'autorité, tant sur le plan de l'entreprise, de l'Église et de l'État que sur celui de la famille, mais une autorité fondée sur l'amour et non sur la coercition. Son influence a été considérable dans l'histoire de l'organisation du travail.

Leprince, famille de peintres verriers français du XVIᵉ siècle, dont l'atelier était à Beauvais. Œuvres d'**Engrand Leprince** (m. Beauvais 1531), l'*Arbre de Jessé* de St-Étienne de Beauvais (v. 1522-1524) et les verrières de l'ancienne église St-Vincent de Rouen (1525-26, remontées dans l'église Ste-Jeanne-d'Arc) comptent parmi les chefs-d'œuvre du vitrail Renaissance.

Leprince de Beaumont *(Jeanne Marie)*, femme de lettres française (Rouen 1711 - Chavanod 1780). Elle composa des contes pour la jeunesse, dont le plus célèbre est *la Belle et la Bête.*

Leprince-Ringuet *(Louis)*, physicien français (Alès 1901). Spécialiste de l'étude des rayons cosmiques, il a mis au point plusieurs dispositifs expérimentaux pour leur étude. Il a aussi déterminé les masses et les propriétés de plusieurs types de mésons. (Acad. fr. 1966.)

Leptis Magna, ancienne cité de la côte méditerranéenne, à l'E. de Tripoli. Colonie de Sidon, tributaire de Carthage, puis des rois de Numidie, elle conserva, sous la tutelle romaine, une large autonomie. Ce fut le pays natal de Septime Sévère, qui l'enrichit de nombreux monuments. Très prospère au IIIᵉ siècle, elle fut saccagée par les Vandales en 455. C'est l'actuelle *Lebda*, en Libye. — Importantes ruines romaines.

Leriche *(René)*, chirurgien français (Roanne 1879 - Cassis 1955). Il fut professeur de médecine expérimentale, développa la chirurgie du système nerveux végétatif (qui innerve les viscères), en particulier dans la lutte contre la douleur, et fut un pionnier de la chirurgie des artères.

Le Ricolais *(Robert)*, ingénieur français (La Roche-sur-Yon 1894 - Paris 1977). À partir d'études sur les cristaux et les radiolaires, il inventa dans les années 1940 les *structures spatiales* utilisées en architecture.

Lérida, v. d'Espagne (Catalogne), ch.-l. de prov. ; 112 093 hab. — Dans l'enceinte de l'ancienne citadelle, d'origine arabe, majestueuse cathédrale Ancienne, romane (XIIIᵉ s.), et son cloître gothique. Nouvelle cathédrale (XVIIIᵉ s.) et autres monuments.

Lérins *(îles de)*, îles de la Méditerranée (Alpes-Maritimes), au large de Cannes. Les deux principales sont Sainte-Marguerite et Saint-Honorat. — Centre monastique et théologique important aux Vᵉ et VIᵉ s., elles conservent aujourd'hui un monastère cistercien en activité.

Lerma *(Francisco de Sandoval y Rojas, duc de)*, homme d'État espagnol (1553 - Tordesillas 1625). Premier ministre du roi d'Espagne Philippe III (1598-1618), il expulsa les Morisques (1609-10) et conclut avec les Provinces-Unies la trêve de Douze Ans (1609).

Lermontov *(Mikhaïl Iourievitch)*, poète russe (Moscou 1814 - Piatigorsk 1841). Ses poèmes unissent la tradition des « bylines » à l'inspiration romantique (*le Boyard Orcha*, 1835 ; *le Démon*, 1841). On lui doit aussi un roman d'aventures psychologique, *Un héros de notre temps* (1839-40).

Leroi-Gourhan *(André)*, ethnologue et préhistorien français (Paris 1911 - *id.* 1986). Ses travaux sur l'art préhistorique et celui des peuples sans écriture, associés à l'observation, lors de fouilles archéologiques, des matériaux laissés en place, lui ont permis une approche nouvelle des mentalités préhistoriques (*les Religions de la préhistoire*, 1964 ; *le Geste et la Parole*, 1964-65).

Leroux *(Gaston)*, journaliste et écrivain français (Paris 1868 - Nice 1927). Il créa dans ses romans policiers le personnage de Rouletabille, reporter-détective (*le Mystère de la chambre jaune*, 1908 ; *le Parfum de la dame en noir*, 1909).

Leroux *(Pierre)*, socialiste français (Paris 1797 - *id.* 1871). Fondateur du *Globe* (1824), organe du saint-simonisme, il rompit avec Enfantin avant de lancer l'*Encyclopédie nouvelle* (1836-1843) et la *Revue indépendante* (1841-1848), imprégnées de déisme et d'évangélisme. Député en 1848 et 1849, il s'exila après le coup d'État du 2 décembre.

Leroy *(André Max),* zootechnicien français (Le Raincy 1892 - Eaubonne, Val-d'Oise, 1978). Ses travaux sur l'alimentation et la sélection animales ont reçu de nombreuses applications dans l'élevage des animaux domestiques.

Le Roy *(Julien),* horloger français (Tours 1686 - Paris 1759). Il perfectionna les engrenages et l'échappement à cylindres et améliora la marche des montres en compensant les variations de température. Son fils aîné, **Pierre** (Paris 1717 - Vitry 1785), contribua à l'essor de la chronométrie de marine.

Le Roy Ladurie *(Emmanuel),* historien français (Les Moutiers-en-Cinglais, Calvados, 1929). Utilisant des méthodes quantitatives (séries statistiques), il a enrichi « le territoire de l'historien ». Ses œuvres fondamentales sont *les Paysans du Languedoc* (1966), *Histoire du climat depuis l'an mil* (1967), *Montaillou, village occitan de 1294 à 1324* (1975).

Lesage *(Alain René),* écrivain français (Sarzeau 1668 - Boulogne-sur-Mer 1747). Auteur de romans satiriques à succès (*le Diable boiteux,* 1707 ; *Gil Blas de Santillane,* 1715-1735 [→ **Gil Blas**]), où il peint avec réalisme les mœurs de son temps, il s'assura également une gloire d'auteur dramatique avec des comédies (*Crispin rival de son maître,* 1707 ; *Turcaret,* 1709).

Lesage *(Jean),* homme politique canadien (Montréal 1912 - Sillery 1980). Premier ministre libéral du Québec de 1960 à 1966, il entreprit de moderniser les structures de la province.

Lesbos ou **Mytilène**, île grecque de la mer Égée, près du littoral turc ; 1 631 km² ; 97 000 hab. *(Lesbiens).* Ch.-l. *Mytilène* (25 440 hab.). Oliveraies. — Aux VIIᵉ-VIᵉ s. av. J.-C., elle fut, avec Alcée et Sappho, la capitale de la poésie lyrique.

Lescot *(Pierre),* architecte français (Paris 1515 - *id.* 1578). De formation plus humaniste que technique, il fait une carrière surtout parisienne, liée à celle de J. Goujon : jubé de St-Germain-l'Auxerrois (détruit), hôtel de Ligneris (auj. musée Carnavalet, v. 1545), fontaine des Innocents (très remaniée), Louvre. Ce dernier l'occupe de 1546 à sa mort, avec pour noyau le corps de logis (« grand degré », salle des Caryatides, chambre du Roi) s'ouvrant sur la cour Carrée par cette demi-façade sud-ouest qui est le premier chef-d'œuvre, savamment rythmé, de l'âge classique en France.

Lesdiguières *(François* de Bonne, *duc* de), connétable de France (Saint-Bonnet-en-

Champsaur 1543 - Valence 1626). Chef des huguenots du Dauphiné, il combattit les catholiques, puis le duc de Savoie. Créé maréchal de France (1609), puis duc (1611), il devint connétable (1622) après avoir abjuré le protestantisme.

Leskov *(Nikolaï Semenovitch),* écrivain russe (Gorokhovo, gouvern. d'Orel, 1831 - Saint-Pétersbourg 1895). Son œuvre compose, dans une langue pleine d'inventions et de pittoresque, une fresque de la Russie profonde (*Lady Macbeth au village,* 1865 ; *Gens d'Église,* 1872 ; *l'Ange scellé,* 1873).

Lesotho, *anc.* **Basutoland**, État de l'Afrique australe, enclavé dans la République d'Afrique du Sud, devenu indépendant en 1966 ; 30 355 km² ; 1 800 000 hab. CAP. *Maseru.* LANGUES : *anglais* et *sotho.* MONNAIE : *loti.* Les deux tiers du territoire, correspondant à une partie du Drakensberg, sont à plus de 1 800 m d'alt. À peine 10 % des terres sont cultivables (maïs) ; s'y ajoutent des parcours (élevage ovin et bovin). Le Lesotho est localement surpeuplé et une part notable de la main-d'œuvre s'expatrie pour travailler dans les mines de l'Afrique du Sud. Les envois des émigrés comblent en partie l'énorme déficit commercial.

HISTOIRE
Créé au XIXᵉ siècle, le Basutoland, placé sous l'autorité du roi Moshoeshoe Iᵉʳ, est devenu protectorat britannique en 1868.

1966. Le Basutoland acquiert son indépendance sous le nom de Lesotho.

1970. Le roi Moshoeshoe II perd la réalité du pouvoir au profit de Joseph Leabua Jonathan.

1986. Jonathan est renversé. Les militaires se succèdent au pouvoir.

1990. Moshoeshoe II est déposé au profit de son fils Letsie III.

1993. À l'issue des élections législatives, les militaires remettent le pouvoir aux civils.

1995. Moshoeshoe II est rétabli sur le trône, mais il meurt accidentellement en 1996.

Lesparre-Médoc, ch.-l. d'arr. de la Gironde, dans le Bas-Médoc ; 4 730 hab. *(Lesparrains).* Vins. — Donjon du XIVᵉ siècle.

Lespinasse *(Julie* de), femme de lettres française (Lyon 1732 - Paris 1776). Dame de compagnie de Mᵐᵉ du Deffand, elle ouvrit à son tour un salon, où se réunirent les Encyclopédistes. Ses *Lettres à M. de Guibert* (1809) composent le tumultueux roman d'un amour impossible.

Lesseps *(Ferdinand, vicomte* de), diplomate français (Versailles 1805 - La Chênaie, Indre, 1894). Il fit percer le canal de Suez en

1869 puis s'intéressa au projet du canal de Panamá à partir de 1879. L'échec de cette seconde entreprise (1889) provoqua un scandale politique et financier.

Lessing *(Doris),* femme de lettres britannique (Kermanchah, Iran, 1919). Son théâtre et ses récits analysent les conflits humains et sociaux *(les Enfants de la violence,* 1952-1966 ; *la Terroriste,* 1985) à travers l'expérience des minorités raciales (l'apartheid) ou de la condition féminine *(le Carnet d'or,* 1962).

Lessing *(Gotthold Ephraim),* écrivain allemand (Kamenz, Saxe, 1729 - Brunswick 1781). Désireux de libérer le théâtre allemand de l'imitation de la tragédie française, il publie *Minna von Barnhelm* (1767), comédie sérieuse, et la *Dramaturgie de Hambourg* (1767-1769) [→ **Dramaturgie**], recueil d'articles critiques. Il précise son esthétique dans *Laocoon* (1766) et donne au théâtre une tragédie bourgeoise, *Emilia Galotti* (1772), ainsi qu'un drame philosophique, *Nathan le Sage* (1779), tandis qu'en 1780 paraissent ses maximes, réunies dans *l'Éducation du genre humain.* L'influence de Lessing fut déterminante à un moment où se formait l'esprit national de la littérature allemande.

Le Sueur *(Eustache),* peintre français (Paris 1616 - *id.* 1655). Élève de Vouet, admirateur de Raphaël, il exécuta notamment une suite de la *Vie de saint Bruno* pour la chartreuse de Paris (Louvre) et les décors mythologiques de deux pièces de l'hôtel Lambert, dans l'île Saint-Louis (en partie au Louvre). Il fut l'un des douze fondateurs de l'Académie royale de peinture et de sculpture (1648).

Le Sueur *(Jean-François),* compositeur français (Drucat, près d'Abbeville, 1760 - Paris 1837), auteur d'opéras *(Ossian ou les Bardes,* 1804) et de musique religieuse. Il eut Berlioz et Gounod pour élèves.

Lesur *(Daniel),* compositeur français (Paris 1908). Membre du groupe Jeune-France (1936), il a écrit notamment *le Cantique des cantiques* pour 12 voix mixtes (1953) et *Ondine,* opéra d'après Giraudoux (créé à Paris en 1982).

Leszczyński, famille polonaise illustrée notamment par le roi Stanislas et par sa fille Marie Leszczyńska.

Le Tellier *(Michel), seigneur* de Chaville, homme d'État français (Paris 1603 - *id.* 1685). Secrétaire d'État à la Guerre à partir de 1643, il fut nommé chancelier en 1677 ; il signa la révocation de l'édit de Nantes (1685). Avec son fils, Louvois, il fut le créateur de l'armée monarchique.

Léthé, dans la mythologie grecque, un des fleuves des Enfers. Ses eaux calmes faisaient oublier aux âmes des morts qui en avaient bu leur passé terrestre. Les Grecs ont fait aussi de Léthé une source des Enfers et une divinité de l'oubli.

Léto, dans la mythologie grecque, mère d'Artémis et d'Apollon, appelée *Latone* par les Romains.

Lettonie, État d'Europe, sur la Baltique ; 63 700 km² ; 2 700 000 hab. *(Lettons).* CAP. *Riga.* LANGUE : *letton.* MONNAIE : *lats.*
GÉOGRAPHIE
C'est l'une des trois Républiques baltes. Avec un relief faiblement accidenté, un climat humide et frais, souvent boisée, la Lettonie compte une faible majorité de Lettons de souche et une importante minorité russe. Fortement urbanisée, elle tire ses ressources de l'industrie (matériel ferroviaire et constructions électriques, papier, laine, bois, engrais) et du commerce (par les ports de Riga, Liepaja, Ventspils). L'élevage est la principale activité agricole.
HISTOIRE
Au début de l'ère chrétienne, des peuples du groupe finno-ougrien et du groupe balte s'établissent dans la région. Entre la fin du XIIᵉ s. et le début du XIIIᵉ s., les chevaliers Porte-Glaive et Teutoniques, d'origine allemande, conquièrent le pays. Ayant fusionné en 1237 pour former l'ordre livonien, ils gouvernent le pays et le christianisent.
1561. La Livonie est annexée par la Pologne.
1721-1795. La totalité du pays est intégrée à l'Empire russe.
1918. La Lettonie proclame son indépendance.
1920. La Russie soviétique la reconnaît.
1940. Conformément au pacte germano-soviétique, la Lettonie est intégrée à l'U. R. S. S.
1941-1944. Elle est occupée par les Allemands.
1944. Elle redevient une République soviétique.
1991. L'indépendance est restaurée.
1994. Les troupes russes achèvent leur retrait du pays.
1995. La Lettonie dépose une demande d'adhésion à l'Union européenne.

Lettres de la religieuse portugaise, nom donné à cinq lettres d'amour passionné attribuées à Mariana Alcoforado, religieuse portugaise, et adressées au comte de Chamilly. Présentées comme une traduction (1669), elles sont considérées aujourd'hui comme l'œuvre du comte de Guilleragues (1628-1685).

Lettres de mon moulin *(les),* recueil de contes d'A. Daudet (1869). Ils ont presque tous pour décor la Provence : *la Chèvre de M. Seguin, l'Élixir du R. P. Gaucher, les Trois Messes basses...*

Lettres persanes, roman philosophique de Montesquieu (1721). L'auteur soumet le monde occidental au regard de deux voyageurs persans, Usbek et Rica, qui font part de leurs impressions à différents correspondants. Cette correspondance imaginaire sert de prétexte à une critique des mœurs parisiennes et de la société française.

Lettres philosophiques sur l'Angleterre ou **Lettres anglaises,** par Voltaire (1734).

Leucade, une des îles Ioniennes (Grèce), auj. rattachée à la terre ; 20 900 hab.

Leucate ou **Salses** *(étang de),* étang de la côte méditerranéenne (Aude et Pyrénées-Orientales) ; env. 11 000 ha. Stations balnéaires et ports de plaisance sur le cordon littoral.

Leucippe, philosophe grec (v. 460-370 av. J.-C.). Il est le fondateur de la théorie atomiste.

Leuctres *(bataille de)* [371 av. J.-C.], victoire d'Épaminondas sur les Spartiates en Béotie, qui assura à Thèbes l'hégémonie sur la Grèce.

Levallois-Perret, ch.-l. de c. des Hauts-de-Seine ; 47 788 hab. *(Levalloisiens).* Centre industriel et résidentiel. — Gisement préhistorique de silex éponyme de la technique Levallois.

Levant, nom anciennement donné aux pays de la côte orientale de la Méditerranée.

Levant, *en esp.* Levante, région de l'Espagne orientale, qui abrite un grand nombre de peintures rupestres datées des VIᵉ et Vᵉ millénaires. Scènes de danse et de chasse y abondent avec, dans ces dernières, des représentations d'hommes armés d'arcs et de flèches.

Levant *(île du),* une des îles d'Hyères (Var). Centre naturiste. — Centre d'expérimentation des missiles de la marine.

Levasseur, famille de sculpteurs québécois du XVIIIᵉ siècle. Le chef-d'œuvre du plus connu d'entre eux, **Noël** (Québec 1680 - *id.* 1740), est le décor intérieur de la chapelle des Ursulines à Québec.

Levassor *(Émile),* ingénieur et industriel français (Marolles-en-Hurepoix 1843 - Paris 1897). Associé à René Panhard, il créa en France, grâce aux brevets Daimler, l'industrie des moteurs automobiles.

Le Vau *(Louis),* architecte français (Paris 1612 - *id.* 1670). Après avoir élevé divers hôtels à Paris (dans l'île Saint-Louis : hôtel Lambert), le château de Vaux-le-Vicomte, l'actuel palais de l'Institut, etc., il établit pour Louis XIV les grandes lignes du château de Versailles. Moins raffiné que F. Mansart, il a le sens de la mise en scène somptueuse mais aussi de la commodité.

Leverkusen, v. d'Allemagne (Rhénanie du Nord-Westphalie), sur le Rhin ; 159 325 hab. Centre chimique.

Le Verrier *(Urbain),* astronome français (Saint-Lô 1811 - Paris 1877). En étudiant les perturbations du mouvement d'Uranus, il fut conduit à envisager l'existence d'une planète plus lointaine dont il détermina l'orbite et calcula la position dans le ciel, permettant ainsi sa découverte par l'Allemand J. Galle (1846). Cette nouvelle planète reçut le nom de Neptune. Directeur de l'Observatoire de Paris (1854-1870 et 1873-1877), il s'attacha surtout à élaborer une théorie du mouvement de la Lune et il organisa la centralisation et la diffusion des informations météorologiques en France et en Europe.

Lévesque *(René),* homme politique canadien (New Carlisle, Québec, 1922 - Montréal 1987). Fondateur (1968) et chef du Parti québécois, organisation favorable à l'indépendance politique du Québec, il devint Premier ministre de la province en 1976. Malgré l'échec du référendum sur le projet de « souveraineté-association » (1980), il est reconduit au pouvoir en 1981. Ayant placé au second plan le projet indépendantiste (1984), il doit démissionner du parti et du gouvernement (1985).

Lévi, nom d'une tribu d'Israël dont les membres étaient voués aux fonctions du culte. Le personnage qui porte ce nom et qui est dit fils de Jacob et de Léa n'est que l'ancêtre éponyme de cette tribu. Elle n'avait pas, en Palestine, de territoire propre, mais ses membres avaient seulement un droit d'habitation et de pâturage dans des villes dites « lévitiques ».

Léviathan, monstre aquatique à plusieurs têtes mentionné par la Bible et connu par des poèmes ougaritiques du XIVᵉ s. av. J.-C. Il représente le chaos (Ps. 74, 14) ou bien apparaît comme le « serpent fuyard » (Is., 27, 1) associé au dragon de la mer. Le livre de Job (40, 25-32) fait de lui un crocodile mythique à partie liée avec Béhémoth, l'hippopotame. Le Léviathan symbolise ainsi les grands empires oppresseurs d'Israël, notamment l'Égypte. Il préfigure le Satan de l'Apocalypse de Jean (12, 7-9).

Léviathan *(le),* ouvrage de Hobbes (1651).

Levi ben Gerson ou **Gersonides,** mathématicien et philosophe français (Bagnols-sur-Cèze 1288 - Perpignan v. 1344). Il écrivit un traité de trigonométrie et proposa une philosophie qui fait la synthèse entre Aristote et Maimonide.

Levi-Civita *(Tullio),* mathématicien italien (Padoue 1873 - Rome 1941). Il fut le créateur, avec Ricci-Curbastro, de l'analyse tensorielle.

Levinas *(Emmanuel),* philosophe français (Kaunas, Lituanie, 1905 - Paris 1995). On lui doit une grande part du renouveau de la pensée juive contemporaine (*le Temps et l'Autre,* 1948 ; *Totalité et Infini,* 1961).

Levinas *(Michael),* compositeur français (Paris 1949), fils du précédent. Intéressé par la musique électronique, il a écrit plus d'une vingtaine d'ouvrages, dont deux *Concertos pour un piano-espace* (1977 et 1980) et *les Rires du Gilles* (1981).

Lévis *(François Gaston, duc de),* maréchal de France (Ajac, Languedoc, 1720 - Arras 1787). Il défendit le Canada après la mort de Montcalm (1759).

Lévi-Strauss *(Claude),* anthropologue français (Bruxelles 1908). Marqué par Durkheim et Mauss, il découvre sa vocation ethnographique lors d'un séjour au Brésil (*Tristes Tropiques,* 1955). En 1941, il rencontre Jakobson à New York ; il a alors l'idée d'appliquer le concept de structure aux phénomènes humains. La parenté dans *les Structures élémentaires de la parenté* (1949), les modes de pensée classificatoire dans la *Pensée sauvage* (1962) ; enfin et surtout il essaye de construire à partir des mythes (Bororo, grecs, etc.) des modèles récurrents qui établissent des correspondances entre symboles et comportements. (« *Mythologiques* », 1964-1971). Il a donné au structuralisme la dimension d'un humanisme. (Acad. fr. 1973.)

Lévitique *(le),* titre donné par la Septante au troisième livre du Pentateuque. Ce livre traite du culte israélite, dont le soin était confié aux membres de la tribu de Lévi. Il a été composé après l'Exil, en une période où, les prophètes et la royauté ayant disparu, le peuple voit dans le prêtre le gardien de la tradition et des rites.

Lévy-Bruhl *(Lucien),* philosophe français (Paris 1857 - id. 1939). Il définit les mœurs en fonction de la morale (*la Morale et la Science des mœurs,* 1903). Il a ainsi défini une

« mentalité primitive », de nature mystique et prélogique, et une mentalité moderne, qui exige la détermination préalable des concepts avant leur utilisation et leur lien logique dans leur déduction (*la Mentalité primitive,* 1922). Il a atténué cette thèse dans ses *Carnets.*

Lewin *(Kurt),* psychologue américain d'origine allemande (Mogilno 1890 - Newtonville, Massachusetts, 1947). Il a développé la théorie du champ de la personnalité et s'est intéressé à la dynamique des groupes. (*A dynamic Theory of Personality,* 1935 ; *Resolving Social Conflicts,* 1948).

Lewis *(Carl),* athlète américain (Birmingham, Alabama, 1961), quadruple champion olympique en 1984 (100 m, 200 m, longueur et 4 × 100 m), double champion olympique en 1988 (100 m et longueur) et en 1992 (4 × 100 m et longueur).

Lewis *(Clarence Irving),* logicien américain (Stoneham, Massachusetts, 1883 - Cambridge 1964), auteur d'une importante théorie de l'implication.

Lewis *(Gilbert Newton),* physicien et chimiste américain (Weymouth, Massachusetts, 1875 - Berkeley 1946). Auteur, en 1916, de la théorie de la covalence, il a donné une définition générale des acides et a proposé, en 1926, le terme de « photon » pour désigner le quantum d'énergie rayonnante.

Lewis *(Joseph Levitch, dit Jerry),* acteur et cinéaste américain (Newark, New Jersey, 1926). Héritier de la tradition burlesque, il débute au cabaret puis au music-hall et à l'écran avec Dean Martin. Ensemble ils tournent 16 films dont *Artistes et Modèles* (1955). Il devient réalisateur en 1960 tout en poursuivant, seul, sa carrière d'acteur. Parmi ses films, citons : *le Tombeur de ces dames* (1961) et *Dr. Jerry et Mr. Love* (1963).

Lewis *(Matthew Gregory),* écrivain britannique (Londres 1775 - en mer 1818). Son roman fantastique *le Moine* (1796) lança la mode du « roman noir ».

Lewis *(Oscar),* anthropologue américain (New York 1914 - id. 1970). Il a étudié les minorités ethniques aux États-Unis (*les Enfants de Sanchez, autobiographie d'une famille mexicaine,* 1961).

Lewis *(Sinclair),* écrivain américain (Sauk Centre, Minnesota, 1885 - Rome 1951). Ses romans donnent une satire de la bourgeoisie américaine et de ses préoccupations sociales et religieuses (*Babbitt,* 1922 ; *Elmer Gantry,* 1927). [Prix Nobel 1930.]

Lewis *(sir* William Arthur*)*, économiste britannique (Castries, Sainte-Lucie, 1915 - la Barbade 1991). Spécialiste des théories de la croissance et du développement, il a partagé, en 1979, le prix Nobel de science économique avec T. Schultz.

Lexington-Fayette, v. des États-Unis (Kentucky) ; 225 366 hab. Centre d'une région d'élevage de chevaux de course.

Leyde, *en néerl.* Leiden, v. des Pays-Bas (Hollande-Méridionale) sur le Vieux Rhin ; 111 949 hab. Université. **ARTS.** Église St-Pierre, reconstruite aux xive-xve siècles en style gothique brabançon, autres monuments et demeures anciennes. Musée municipal De Lakenhal (beaux-arts, arts décoratifs, histoire), musées nationaux des Antiquités (archéologie, notamm. égyptienne), d'Ethnographie, fondé en 1837 (Indonésie et autres civilisations), etc.

Leyte, île volcanique des Philippines ; 8 003 km² ; 1 362 000 hab. — Occupée par les Japonais de 1942 à 1944, elle vit la défaite de la flotte japonaise (oct. 1944), qui y engagea pour la première fois les avions-suicides kamikazes.

Lezguiens, peuple caucasien et musulman vivant au Daguestan et en Azerbaïdjan.

Lhassa, cap. du Tibet (Chine), à 3 600 m d'alt. ; 105 000 hab. **ARTS.** Nombreux monuments liés à l'histoire et au bouddhisme tibétain : le *Potala* (actuellement musée), palais du dalaï-lama reconstruit au xviie siècle ; le *Jokhang,* grand temple de Lhassa ; le *Norbulingka,* édifié en 1755, résidence d'été du dalaï-lama ; dans les environs, le grand monastère de *Bras-Spungs* et celui de *Sera,* fondé en 1419.

L'Herbier *(Marcel)*, cinéaste français (Paris 1888 - *id.* 1979). Principal représentant de l'avant-garde impressionniste des années 20, fondateur (1943) de l'Institut des hautes études cinématographiques (I. D. H. E. C.), il réalisa notamment *Eldorado* (1921), *l'Inhumaine* (1924), *Feu Mathias Pascal* (1925), *l'Argent* (1929), *la Nuit fantastique* (1942).

Lhomond *(abbé* Charles François*)*, grammairien français (Chaulnes 1727 - Paris 1794), auteur de textes latins pour débutants (*De viris illustribus urbis Romae,* v. 1775).

L'Hospital *(Guillaume de), marquis de* Sainte-Mesme, mathématicien français (Paris 1661 - *id.* 1704). Officier de cavalerie, il fut initié au calcul infinitésimal par Jean Bernoulli et en publia le premier manuel.

L'Hospital *(Michel de),* homme d'État français (Aigueperse v. 1505 - Belesbat 1573).

Magistrat humaniste, nommé chancelier de France en 1560, il s'efforça en vain de réconcilier catholiques et protestants, qu'il convoqua au colloque de Poissy (1561). Son édit de tolérance (1562) ne put empêcher le déclenchement des guerres de Religion et il démissionna en 1573.

Lhotse, quatrième sommet du monde, dans l'Himalaya central (Népal), proche de l'Everest ; 8 545 m.

Li, peuple du sud de l'île de Hainan (Chine), parlant une langue thaïe et, de plus en plus, le chinois.

Liaisons dangereuses *(les),* roman épistolaire de Choderlos de Laclos (1782).

Liakhov *(îles),* archipel russe de l'océan Arctique.

Liang Kai ou **Leang K'ai,** peintre chinois (originaire de Dongping, Shandong), actif à Hangzhou au milieu du xiiie siècle. L'un des principaux représentants de la peinture de la secte bouddhique chan (ou zen). Son audace plastique, véhément explosion de « l'encre éclaboussée », confère à l'œuvre toute sa densité interne. Marginal en Chine, ce courant s'épanouira au Japon.

Liaodong, partie orientale du Liaoning (Chine).

Liaoning, prov. industrielle de la Chine du Nord-Est ; 140 000 km² ; 36 290 000 hab. Cap. *Shenyang.*

Liaoyang, v. de la Chine du Nord-Est (Liaoning) ; 200 000 hab.

Liban *(mont),* montagne de la République du Liban, autrefois renommée pour ses cèdres magnifiques ; 3 083 m.

Liban, État du Proche-Orient, sur la Méditerranée ; 10 400 km² ; 3 400 000 hab. (*Libanais*). **CAP.** *Beyrouth.* **LANGUE** *: arabe.* **MONNAIE** *: livre libanaise.*

GÉOGRAPHIE

La plaine côtière, très étroite, est bordée de plateaux étagés. L'ensemble est dominé par les massifs calcaires du mont Liban et de l'Anti-Liban (prolongé au sud par le mont Hermon) qui encadrent la plaine de la Beqaa. Le climat, doux et humide sur la côte, devient plus rude et plus sec dans l'intérieur.
Les troubles qui agitent le pays ont dégradé une situation autrefois enviable. Les déplacements de population, temporaires ou définitifs, ont sans doute touché plus de la moitié de celle-ci.
En majorité urbaine, la population est regroupée dans la zone côtière, site des principales villes. Elle se caractérise surtout, héritage historique, par la juxtaposition de

communautés, musulmanes (démographiquement majoritaires) variées — sunnites, chiites, druzes, etc. — et chrétiennes — maronites notamm. La guerre civile entre ces communautés (1976-1991), ponctuée d'interventions étrangères (syrienne, israélienne), a ruiné une économie fondée sur les échanges et une activité de place financière qui débordait largement le cadre national.

HISTOIRE

Le Liban, qui fait alors partie de la Phénicie, connaît dans l'Antiquité une civilisation brillante. Le pays est ensuite conquis par Alexandre et fait partie de l'Empire grec des Séleucides, puis de la province byzantine de Syrie. Conquis par les Arabes en 636, il sert de refuge à diverses communautés religieuses chrétiennes, chiites et druzes, qui s'y installent entre le VIIe et le XIe s.

1099-1289/1291. À la suite des croisades, des États latins dominent le littoral.

1516. Le Liban est annexé à l'Empire ottoman.

Les Turcs se heurtent à une importante résistance notamment sous le règne de l'émir Fakhr al-Din (1593-1633) qui, le premier, unifie le Liban et cherche à obtenir son autonomie.

1831-1840. Les troupes égyptiennes de Méhémet-Ali et d'Ibrahim Pacha occupent le pays.

1861. La France obtient la création de la province du Mont-Liban, dotée d'une certaine autonomie.

La Première Guerre mondiale met fin à la domination turque.

1920. Le Liban est placé sous mandat français.

1943. Le pays accède à l'indépendance.

Un système politique confessionnel répartit les pouvoirs entre les maronites, les sunnites, les chiites, les druzes et deux autres communautés chrétiennes (grecs orthodoxes et grecs catholiques).

1958. Une guerre civile oppose les partisans de Nasser et les pro-Occidentaux.

Le gouvernement doit faire face aux problèmes posés par la présence au Liban des réfugiés palestiniens.

1976. Début de la guerre civile et intervention de la Syrie.

La guerre oppose une coalition de « gauche » favorable aux Palestiniens (en majorité sunnite, druze, puis chiite) et une coalition de « droite » favorable à Israël (en majorité maronite).

1982. Israël envahit le Liban jusqu'à Beyrouth, dont il chasse les forces armées palestiniennes.

1985. Les Israéliens se retirent du Liban. La guerre civile se poursuit, compliquée par des affrontements à l'intérieur de chaque camp et accompagnée de la prise en otage d'Occidentaux. Parallèlement, l'économie s'effondre.

1987. Retour des troupes syriennes à Beyrouth-Ouest.

1988. Le mandat de A. Gemayel s'achève sans que son successeur à la présidence ait pu être élu. Deux gouvernements parallèles, l'un chrétien, dirigé par le général Michel Aoun, et l'autre, musulman, dirigé par Selim Hoss, sont mis en place.

1989. Après plusieurs mois d'affrontements entre chrétiens et musulmans alliés aux Syriens, les députés libanais acceptent un rééquilibrage des institutions entre les communautés.

1990. L'armée libanaise, aidée par la Syrie, brise la résistance du général Aoun.

1991. La Syrie obtient du Liban la signature d'un traité de coopération.

1992. À l'issue des élections législatives, fortement contestées et marquées par l'abstention massive des chrétiens, un nouveau Parlement se réunit. Rafic Hariri devient Premier ministre.

1995. Sous la pression de la Syrie, le mandat présidentiel d'Elias Hraoui est prorogé de trois ans par le Parlement, sans élection.

Libby *(Willard Frank),* chimiste américain (Grand Valley, Colorado, 1908 - Los Angeles 1980). Spécialiste de la radioactivité, il a créé la méthode de datation des objets par dosage du carbone 14. (Prix Nobel 1960.)

Libération, quotidien français créé en 1973, dirigé d'abord par J.-P. Sartre et depuis 1974 par S. July. Il se caractérise par son humour et son souci de lier l'information au vécu quotidien.

Libération *(la),* en France, période pendant laquelle les Alliés, appuyés par l'action de la Résistance, délivrèrent le territoire national de l'armée allemande d'occupation. Commencée avec le débarquement allié en Normandie (6 juin 1944), elle s'est achevée avec la libération de l'Est (15 sept. 1944-19 mars 1945) et la capitulation des dernières poches de résistance allemande du littoral français (8 mai 1945), la Corse ayant été libérée entre le 11 septembre et le 4 octobre 1943. (→ **Résistance, Guerre mondiale** [*Seconde*].)

Libération *(ordre de la),* ordre national français créé en novembre 1940 par le général de Gaulle pour récompenser les services exceptionnels rendus dans l'œuvre de délivrance de la France. L'ordre, qui cessa d'être décerné le 24 janvier 1946, comptait 1 057 compagnons, 5 villes et 18 unités combattantes.

Liberec, v. de la Rép. tchèque ; 101 934 hab. — Vieux château ; église de la Ste-Croix, baroque du XVIIIe siècle ; belles demeures de la fin du même siècle.

Liberia (le), État de l'Afrique occidentale ; 110 000 km² ; 2 700 000 hab. (Libériens). CAP. Monrovia. LANGUE : anglais. MONNAIE : dollar libérien.

GÉOGRAPHIE

Le pays, dont le relief s'élève des plaines côtières vers le versant sud de la Dorsale guinéenne, a un climat humide et chaud. La forêt couvre le tiers environ du pays. La population comprend une vingtaine d'ethnies ; elle vit en majorité de l'agriculture. Aux cultures vivrières (riz surtout) sont juxtaposées des plantations d'hévéas. Cependant, l'extraction minière assure la majeure partie des exportations, diamants et surtout minerai de fer. Mais l'industrialisation est limitée à la fourniture de biens de consommation ; elle se situe dans les villes portuaires, dont Buchanan et surtout Monrovia. Malgré les revenus procurés par le prêt de son pavillon (la flotte libérienne est la première au monde), la balance des paiements est déficitaire, et le Liberia est lourdement endetté. La guerre civile a ruiné le pays qui dépend maintenant, pour sa reconstruction, de l'aide internationale.

HISTOIRE

Découvert par les Portugais au XVe s., le Liberia doit son origine à la création, au début du XIXe s., par des sociétés philanthropiques américaines, d'un établissement permanent pour les esclaves noirs libérés.
1847. Indépendance de la République du Liberia.
L'influence des États-Unis est importante dans la vie économique et politique du pays.
1943-1970. William Tubman, président de la République.
1980. Coup d'État militaire : Samuel K. Doe prend le pouvoir.
1990. Il est tué lors d'une guerre civile issue d'un mouvement de guérilla.
La force ouest-africaine d'interposition chargée depuis lors de rétablir la paix se heurte principalement au mouvement dirigé par Charles Taylor.
1993-94. En dépit de la conclusion de plusieurs accords de paix, les combats entre les diverses factions continuent.

1995. Aux termes d'un nouvel accord de paix, un pouvoir de transition se met en place.

Liberté éclairant le monde (la), statue géante (93 m avec piédestal) offerte par la France aux États-Unis et érigée en 1886 dans la rade de New York. Due à Auguste Bartholdi, elle est en cuivre martelé sur charpente de fer (due à Gustave Eiffel).

Li Bo ou **Li Po,** dit aussi **Li Taibo,** poète chinois (Turkestan 701 - Jiangsu 762), l'un des grands poètes de la dynastie des Tang.

Libourne, ch.-l. d'arr. de la Gironde, au confl. de la Dordogne et de l'Isle ; 21 931 hab. (Libournais). Centre de recherches du courrier. — Hôtel de ville du XVe siècle, abritant le musée des Beaux-Arts et d'Archéologie.

Libre Belgique (la), quotidien belge de tendance catholique, fondé en 1884.

Libreville, cap. et port du Gabon, sur l'estuaire du Gabon ; 352 000 hab. — Elle fut fondée en 1849.

Libye, État d'Afrique, sur la Méditerranée ; 1 760 000 km² ; 4 400 000 hab. (Libyens). CAP. Tripoli. LANGUE : arabe. MONNAIE : dinar libyen.

GÉOGRAPHIE

La côte aride du golfe de Syrte sépare la Tripolitaine, à l'ouest, de la Cyrénaïque, à l'est ; ces deux régions littorales reçoivent de 400 à 500 mm d'eau par an, tandis que l'intérieur, parsemé d'oasis, est désertique. La population, qui est maintenant urbanisée à plus de 60 %, comprend une proportion importante d'étrangers, techniciens le plus souvent. Les terres agricoles n'occupent que 2 % de la superficie du pays, dont la moitié sert de pâturage (élevage ovin). Mais la principale richesse est constituée par le pétrole (exploité depuis 1961), qui, avec le gaz naturel, constitue 90 % des exportations du pays. Les revenus pétroliers ont permis à la Libye quelques réalisations spectaculaires dans le domaine des cultures irriguées (canalisations d'eau à partir de nappes d'eau fossile), et, plus généralement, d'exercer une influence hors de rapport avec son modeste poids démographique.

HISTOIRE

Sous l'Antiquité, les habitants de la région sont appelés « Libyens » par les Grecs, qui fondent sur le littoral les premières colonies (VIIe s. av. J.-C.). Conquise par les Arabes (642-43), la Libye est islamisée. Elle tombe au XVIe s. sous la domination ottomane. À l'issue d'une guerre contre l'Empire ottoman, les Italiens occupent la Libye (1912) mais doivent lutter jusqu'en 1931 contre la résistance armée des Libyens.

1934. La Libye devient une colonie italienne.

1940-1943. La campagne de Libye oppose les forces britanniques aux forces germano-italiennes.

Le pays est ensuite administré par la France et la Grande-Bretagne.

1951. La Libye devient un royaume indépendant, dont Idnis Ier est le souverain.

La Grande-Bretagne et les États-Unis utilisent dans le pays de nombreuses bases stratégiques et entreprennent l'exploitation du pétrole.

1969. Un coup d'État militaire dirigé par le colonel Kadhafi renverse la royauté et établit la république.

Le nouveau régime, de tendance socialiste, s'engage dans la voie des nationalisations (notamment du pétrole), et lance la révolution culturelle islamique. Il intervient au Tchad (1973), où il a des prétentions sur la bande d'Aozou, et y intensifie son engagement (1980-1987).

1986. À la suite de la multiplication des attentats terroristes, les États-Unis bombardent Tripoli et Benghazi.

1988. La Libye rétablit ses relations diplomatiques avec le Tchad.

1994. Après un jugement rendu par la Cour internationale de justice, la Libye restitue au Tchad la bande d'Aozou.

Lichnerowicz *(André),* mathématicien français (Bourbon-l'Archambault 1915). Ses travaux portent sur la physique mathématique, la relativité et la théorie des champs. Il a présidé la commission de réforme de l'enseignement des mathématiques (1967-1972).

Lichtenstein *(Roy),* peintre américain (New York 1923). Représentant du pop art, il a transposé dans ses toiles, avec une imitation de trame typographique, des images de bandes dessinées (à partir de 1962 environ) ainsi que des images culturelles (œuvres de Picasso, de Matisse ou de Mondrian, « coups de pinceau » gestuels, motifs Arts déco, etc.).

Licinius Licinianus *(Flavius Valerius)* [Illyrie v. 250 - Thessalonique 324], empereur romain (308-324). Auguste en 308, il devint maître de tout l'Orient en 313, après sa victoire sur Maximin Daia. Persécuteur des chrétiens, il fut tué par Constantin.

L. I. C. R. A. (**Ligue internationale contre le racisme et l'antisémitisme**), association fondée en 1927, dans le but de combattre le racisme et l'antisémitisme dans tous les pays du monde.

Liddell Hart *(sir Basil),* historien et théoricien militaire britannique (Paris 1895 - Marlow, Buckinghamshire, 1970). Après avoir servi comme officier pendant la Première Guerre mondiale, il se consacre à l'histoire et à la science militaire. L'expérience et l'étude des deux guerres mondiales le conduisent à rejeter le principe de l'affrontement direct de grandes masses matérielles et humaines et à reconnaître le rôle prépondérant du facteur mécanique pour obtenir la décision tactique. Il estime que la victoire est presque toujours le résultat d'une manœuvre détournée recherchant dans le dispositif ennemi le point de dislocation. Opposé avec virulence à Clausewitz, il s'est efforcé, comme Jomini, de dégager l'essence de la stratégie dans son ouvrage fondamental *Strategy* (1956).

Lido, île allongée près de Venise, qui abrite la rade du Lido. Station balnéaire.

Lie *(Jonas),* écrivain norvégien (Eker 1833 - Stavern 1908). Son art impressionniste exerça une grande influence sur le roman scandinave (*le Pilote et sa femme,* 1874).

Lie *(Sophus),* mathématicien norvégien (Nordfjordeid 1842 - Christiania, auj. Oslo, 1899). Il fit de la théorie des groupes un outil puissant de la géométrie et de l'analyse. Les *groupes de Lie* inspireront topologie et algèbre au xxe siècle.

Liebig *(Justus, baron* von), chimiste allemand (Darmstadt 1803 - Munich 1873). Liebig fut l'un des premiers chimistes organiciens ; il a eu de nombreux élèves, dont A. W. von Hofmann et Kekulé, et il est à l'origine de l'extraordinaire développement de la chimie en Allemagne.

Liebig imagine, en 1830, la méthode de dosage du carbone et de l'hydrogène dans les corps organiques. Il montre en 1832, ainsi que Wöhler, que des groupes d'atomes, ou radicaux, peuvent se transporter d'un bloc, par réaction chimique, d'un corps dans un autre. Il crée la théorie des cycles du carbone et de l'azote dans la nature. Il isole le titane, à l'état impur, vers 1831, découvre le chloroforme (1831) puis le chloral (1832) ; il prépare le fulminate d'argent et imagine en 1840 la fabrication des superphosphates. Ayant étudié les polyacides organiques (1838), il propose une théorie de la fonction acide, présentée par les corps dont l'hydrogène est remplaçable par un métal. On lui doit encore une méthode pour la fabrication des extraits de viande, à l'origine du développement de l'entreprise agroalimentaire qui porte son nom.

Liebknecht *(Wilhelm),* homme politique allemand (Giessen 1826 - Charlottenburg 1900). Fondateur (1869) du Parti ouvrier social-démocrate allemand, il fut député au Reichstag (1874-1887 ; 1890-1900). Son fils, **Karl** (Leipzig 1871 - Berlin 1919), fut l'un des leaders du groupe social-démocrate opposé à la guerre. Fondateur avec Rosa Luxemburg du groupe Spartakus, il créa le Parti communiste allemand et prit part à l'insurrection « spartakiste » de 1919, au cours de laquelle il fut assassiné par les troupes gouvernementales.

Liechtenstein, État de l'Europe centrale, entre l'Autriche (Vorarlberg) et la Suisse (Saint-Gall) ; 160 km² ; 26 000 hab. CAP. *Vaduz.* LANGUE : *allemand.* MONNAIE : *franc suisse.*
L'extrémité alpestre du Vorarlberg (2 500 m) domine la plaine du Rhin, élargie seulement au N. Le Liechtenstein est industrialisé (grande variété d'industries légères) et son secteur tertiaire est en plein essor (tourisme, commerce, banque, philatélie). Paradis fiscal abritant de nombreuses sociétés holdings, il est associé à la Suisse dans les domaines monétaire, douanier et diplomatique. Depuis 1719, le Liechtenstein forme une principauté.

Liège, *en néerl.* Luik ; v. de Belgique, ch.-l. de la *prov. de Liège,* au confluent de la Meuse et de l'Ourthe ; 194 596 hab. *(Liégeois)* [environ 500 000 hab. dans l'agglomération]. GÉOGR. Carrefour routier et ferroviaire, port fluvial relié à Anvers par le canal Albert, Liège est un centre industriel ancien : les charbonnages sont aujourd'hui fermés. La mécanique, l'électronique et la chimie dominent toujours, éclipsées toutefois par le secteur tertiaire (enseignement supérieur et recherche, banques et sièges sociaux, commerce). HIST. Port fluvial mérovingien, évêché dès le VIIIᵉ siècle, Liège devint, à la fin du Xᵉ siècle, la capitale d'une importante principauté ecclésiastique. Au patriciat de la ville lainière et au prince-évêque s'opposèrent longtemps les gens de métiers, soutenus par la France. À partir du XVIIᵉ siècle, Liège devint l'une des capitales industrielles de l'Europe. La principauté disparut en 1792. ARTS. Nombreuses églises, renfermant des œuvres d'art, dont St-Barthélemy (avec massif occidental de type du roman mosan), St-Paul (XIIIᵉ-XVᵉ s.), auj. cathédrale,

St-Jacques (XIᵉ-XVIᵉ s.), de style gothique flamboyant pour l'essentiel. Palais des princes-évêques surtout du XVIᵉ siècle. Nombreux musées, dont ceux de la maison Curtius (v. 1600 ; archéologie, arts décoratifs, musée du Verre), de l'hôtel d'Ansembourg (arts décoratifs liégeois du XVIIIᵉ s.), des Armes, de l'Art wallon, ainsi que le musée en plein air du moderne campus universitaire de Sart Tilman.

Liège *(province de),* prov. de l'est de la Belgique ; 3 876 km² ; 999 646 hab. ; ch.-l. *Liège.* La vallée encaissée de la Meuse, prolongée vers l'E. par la Vesdre, est une artère industrielle où s'étire l'agglomération liégeoise qui concentre plus de la moitié de la population provinciale. Au N. -O., la Hesbaye est une région céréalière et betteravière. Au N.-E., le pays de Herve est à prédominance herbagère. Au sud de l'axe Meuse-Vesdre, l'Ardenne juxtapose sylviculture, élevage et plus localement tourisme.

Liénart *(Achille),* prélat français (Lille 1884 - *id.* 1973). Évêque de Lille de 1928 à 1968, cardinal en 1930, il mena une politique sociale hardie et milita pour un véritable *aggiornamento* de l'Église lors du deuxième concile du Vatican.

Liepaja, *en all.* Libau, port de Lettonie, sur la Baltique ; 108 000 hab.

Lier, *en fr.* Lierre, v. de Belgique (prov. d'Anvers) ; 31 203 hab. — Église de style gothique flamboyant (jubé, vitraux) et autres monuments. Musée (peinture).

Liestal, comm. de Suisse, ch.-l. du demi-canton de Bâle-Campagne ; 12 853 hab.

Liévin, ch.-l. de c. du Pas-de-Calais ; 34 012 hab. *(Liévinois).* Engrais.

Lifar *(Serge),* danseur et chorégraphe français d'origine russe (Kiev 1905 - Lausanne 1986). Interprète dans la compagnie de Diaghilev (1923-1929), il devient maître de ballet à l'Opéra de Paris (1929-1945, puis 1947-1958), où il redonne un éclat éblouissant à la troupe. Promoteur du ballet néoclassique, il codifie deux nouvelles positions (la 6ᵉ et la 7ᵉ) et impose son style dans une longue suite de créations, dont *Icare* (1935), *le Chevalier et la damoiselle* (1941), *Suite en blanc* (1943), *les Mirages* (1947), *les Noces fantastiques* (1955). Il est l'auteur de nombreux livres sur l'histoire du ballet et de plusieurs ouvrages théoriques de référence.

Ligeti *(György),* compositeur autrichien d'origine hongroise (Dicsöszentmárton, auj. Tîrnăveni, Transylvanie, 1923). Son écriture est statique *(Atmosphères,* 1961) ou très pointilliste, très « hachée » (*Nouvelles Aventures*, 1966), ou encore une synthèse de ces deux tendances (*Requiem*, 1965 ; *Lontano*, 1967 ; *le Grand Macabre*, opéra, 1978 ; *Concerto pour piano*, 1980 ; *Concerto pour violon*, 1990).

Ligne (*îles de la*) → **Line Islands.**

Ligne (*Charles Joseph, prince* de), maréchal autrichien (Bruxelles 1735 - Vienne 1814). Ami de Joseph II, diplomate et écrivain en français, il a incarné le cosmopolitisme brillant et cultivé du XVIIIe siècle.

Ligue (*Sainte*), nom donné à plusieurs coalitions formées en Europe aux XVe, XVIe et XVIIe siècles. Les deux premières (1495-96 et 1508-1512) regroupèrent la papauté, les principautés italiennes et l'Espagne, afin de lutter contre les expéditions militaires de Charles VIII et de Louis XII en Italie. Les dernières (1570-71 et 1684-1699) unirent les puissances européennes contre les Turcs et aboutirent à la victoire de Lépante (1571) et à la reconquête de la Hongrie (1699).

Ligue (*Sainte*) ou **Sainte Union** ou **Ligue**, mouvement religieux et politique qui regroupa les catholiques de 1576 à 1594, lors des guerres de Religion. Elle eut pour centre Paris et pour principal animateur Henri Ier, duc de Guise, qui obtint l'appui de l'Espagne. Son assassinat à Blois (1588) déclencha la rébellion ouverte contre Henri III, tandis que Paris se donnait un gouvernement révolutionnaire (le conseil des Seize). Le meurtre d'Henri III (1589) divisa la Ligue, mais Paris n'ouvrit ses portes à Henri IV qu'en 1594, après l'abjuration du roi. En province, les derniers chefs de la Ligue se soumirent en 1598.

Ligue arabe → **ARABE** (*Ligue*).

Ligue internationale contre le racisme et l'antisémitisme → **L. I. C. R. A.**

Ligue musulmane, parti politique créé en 1906 et qui défendit les intérêts de la communauté musulmane dans l'Inde britannique avant de militer à partir de 1940 pour la création du Pakistan.

Ligures, peuple ancien établi sur la côte méditerranéenne entre les villes actuelles de Marseille et de La Spezia, soumis par les Romains au IIe s. av. J.-C.

Ligurie, *en ital.* Liguria, région du nord de l'Italie, en bordure du golfe de Gênes ; 5 400 km[2] ; 1 668 078 hab. (*Liguriens ou Ligures*). Elle est formée des prov. de Gênes, Imperia, Savone et La Spezia. Cap. *Gênes.* Région de moyenne montagne, la Ligurie tombe abruptement sur la Méditerranée, formant la Riviera. Aux cultures florales

(autour d'Imperia) s'ajoute le tourisme balnéaire. Gênes regroupe presque la moitié de la population ligurienne et est le premier port italien.

Likasi, *anc.* Jadotville, v. du Zaïre, dans le Shaba ; 146 000 hab.

Likoud, coalition politique israélienne regroupant depuis 1973 plusieurs formations du centre et de la droite.

Liliencron (*Detlev, baron* von), écrivain allemand (Kiel 1844 - Alt-Rahlstedt 1909). Il est connu pour son épopée humoristique *Poggfred* (1896).

Lilienthal (*Otto*), ingénieur allemand (Anklam 1848 - Berlin 1896). Il reste surtout connu comme un précurseur du vol à voile : à partir de 1890, il multiplia les tentatives, en se jetant du haut d'une colline accroché à de larges voilures. Au cours de son 2 000e vol, il effectua une chute mortelle. Les frères Wright tirèrent profit de ses essais pour leurs propres recherches.

Lille, ch.-l. de la Région Nord-Pas-de-Calais et du dép. du Nord, en Flandre, sur la Deûle, à 218 km au nord de Paris ; 178 301 hab. (environ 1 million d'hab. avec les banlieues) [*Lillois*]. GÉOGR. Véritable métropole régionale, Lille commande une agglomération englobant plus de 50 communes (dont Roubaix et Tourcoing) et débordant sur la Belgique voisine. Outre une tradition industrielle (textile, agroalimentaire), elle bénéficie d'une situation au cœur de la C. E., valorisée par de remarquables liaisons routières, ferroviaires, fluviales et aériennes. Le secteur tertiaire domine (administration civile et militaire, universités, foires internationales). HIST. Grande cité drapière dès le XIIe siècle, l'une des capitales des ducs de Bourgogne, place forte, Lille fut incorporée à la France en 1667. En 1792, elle soutint victorieusement un siège contre les Autrichiens. Devenue le chef-lieu du département du Nord (1804), elle prit rang, au XIXe siècle, parmi les grandes métropoles industrielles d'Europe. ARTS. La ville conserve un noyau ancien aux maisons en brique et pierre sculptées (XVIIe et XVIIIe s.). Palais Rihour (XVe s.) et église St-Maurice (XVe-XIXe s.), gothiques. Vieille Bourse de 1652 au décor flamand opulent. Citadelle de Vauban (1670) ; porte de Paris (v. 1690). Musées, dont celui des Beaux-Arts, un des plus riches de France (peinture), celui de l'ancien hospice Comtesse (XVe-XVIIe s.) et le Musée industriel et commercial.

Lillehammer, v. de Norvège, au N. d'Oslo ; 23 120 hab. Sports d'hiver. Musée de plein air. Site des jeux Olympiques d'hiver en 1994.

Lilliput, pays imaginaire dans *les Voyages de Gulliver,* de Swift. C'est une Angleterre miniaturisée où les hommes n'atteignent pas six pouces de haut.

Lillo *(George),* auteur dramatique britannique (Londres 1693 - *id.* 1739), l'un des créateurs du drame moral et bourgeois (*le Marchand de Londres ou l'Histoire de George Barnwell,* 1731), qui inspirera Diderot, puis Büchner et Ibsen.

Lilongwe, cap. du Malawi (depuis 1975) ; 220 000 hab.

Lima, cap. du Pérou sur le Rimac ; 6 404 500 hab. GÉOGR. Créée en 1535 par Pizarro, la ville conserve en son centre le plan en damier de l'époque coloniale. Ceinturée de bidonvilles *(barriadas),* elle regroupe environ le quart de la population du pays. Elle concentre la majeure partie des activités administratives, commerciales, bancaires et industrielles (textile, alimentation, montage automobile, cimenterie, raffinerie de pétrole) du pays. ARTS. Cathédrale entreprise à la fin du XVIe siècle sur le modèle de celle de Jaén ; autres beaux monuments des XVIIe-XVIIIe siècles. Musées, dont celui de l'Or du Pérou.

Limagnes *(les),* parfois **Limagne** *(la),* plaines du Massif central, drainées par l'Allier et constituant le cœur économique de l'Auvergne.

Limassol, port de Chypre ; 132 000 hab.

Limbourg, région historique de l'Europe du Nord-Ouest. Duché acquis en 1288 par le Brabant, le Limbourg fut partagé à la paix de Westphalie (1648) entre les Provinces-Unies et les Pays-Bas espagnols.

Limbourg, *en néerl.* Limburg, prov. du nord-est de la Belgique ; 2 422 km^2 ; 750 435 hab. Ch.-l. *Hasselt.* Le Nord, industriel, s'oppose au Sud, prolongeant la Hesbaye, à vocation agricole.

Limbourg, prov. méridionale des Pays-Bas ; 2 172 km^2 ; 1 086 000 hab. Ch.-l. *Maastricht.*

Limbourg *(les frères de)* [Pol, Herman et Jean], enlumineurs néerlandais du début du XVe siècle, neveux de J. Malouel. Ils sont les auteurs, notamment, des *Très Riches Heures du duc de Berry* (v. 1413-1416, musée Condé, Chantilly), une des expressions les plus précieuses de l'art gothique international. Ce manuscrit inclut douze images des mois, dont la plupart montrent, sous un demi-cercle zodiacal, les travaux ruraux du moment associés à la vue d'un grand château de l'époque.

Limerick, *en gaél.* Luimneach, port de la République d'Irlande (Munster), au débouché de l'estuaire du Shannon ; 52 040 hab. — Château fondé vers 1200 ; cathédrale (XIIIe-XVe s.).

Limoges, ch.-l. de la Région Limousin et du dép. de la Haute-Vienne, sur la Vienne, à 374 km au sud de Paris ; 136 107 hab. *(Limougeauds).* Évêché. Académie et université. Cour d'appel. Centre de production de la porcelaine. Industries mécaniques et électriques. Chaussures. — Crypte préromane à l'emplacement de l'ancienne abbaye St-Martial. Cathédrale (surtout des XIIIe-XVIe s.) et autres églises gothiques. Musée municipal (archéologie ; émaillerie limousine) et musée national de Céramique A.-Dubouché.

Limón, port du Costa Rica ; 51 000 hab.

Limón *(José),* danseur, chorégraphe et pédagogue mexicain (Culiacán, Sinaloa, 1908 - Flemington, New Jersey, 1972). Disciple et interprète de Doris Humphrey (dont il prolonge l'enseignement), il fonde sa compagnie aux États-Unis en 1946. Il délivre un message humaniste à travers des ballets inspirés par des thèmes sociaux et des récits historiques ou légendaires (*The Moor's Pavane,* 1949 ; *The Emperor Jones* et *There is a Time,* 1956 ; *The Unsung,* 1970).

Limosin, famille de peintres émailleurs français de Limoges, dont le plus connu est **Léonard Ier** (v. 1505 - v. 1577), interprète, pour la cour, des modèles de l'école de Fontainebleau (*Apôtres* de la chapelle d'Anet, v. 1547, musée de Chartres ; portraits).

Limousin, Région regroupant les départements de la Corrèze, de la Creuse et de la Haute-Vienne ; 16 942 km^2 ; 722 850 hab. *(Limousins.)* Ch.-l. *Limoges.* GÉOG. Dans l'ouest du Massif central, le Limousin est formé de plateaux étagés (entre 200 et 1 000 m) de roches anciennes, souvent entaillés en gorges, humides et frais (exposition aux vents d'ouest océaniques). Le Limousin est, après la Corse, la moins peuplée, en valeurs absolue et relative, des Régions françaises. Les décès, dans une population affectée par l'émigration des jeunes, y sont devenus plus nombreux que les naissances. Entre 1982 et 1990, la population a diminué dans les trois départements et surtout dans la Creuse. La densité est aujourd'hui nettement inférieure à la moitié de la moyenne française. L'industrie (hydro-électricité, porcelaine de Limoges, textile, agroalimentaire) est peu développée et parfois en difficulté. La Région, en dehors de Limoges, est peu urbanisée et située à l'écart des régions dynamiques et des grands axes de circulation si l'on excepte l'itinéraire Paris-Toulouse, en cours de modernisation cependant. L'agriculture, qui occupe encore environ 15 % de la population active (plus du double de la moyenne nationale), reste essentiellement dominée par l'élevage, celui des bovins pour la viande surtout. S'y juxtapose parfois un tourisme familial, diffus, notamment dans la partie orientale, la plus élevée, la plus dépeuplée également. **HIST.** La province du Limousin fut réunie à la Couronne en 1607.

Limoux, ch.-l. d'arr. de l'Aude, sur l'Aude ; 10 217 hab. *(Limouxins).* Vins blancs mousseux, blanquette et crémant de Limoux. — Église des XIIᵉ-XVIᵉ siècles.

Limpopo *(le),* fl. de l'Afrique australe qui forme la frontière de l'Afrique du Sud avec le Botswana, puis avec le Zimbabwe, avant de pénétrer au Mozambique, où il rejoint l'océan Indien au N.-E. de Maputo ; 1 600 km.

Lin Biao ou **Lin Piao,** maréchal et homme politique chinois (Huanggang, Hubei, 1908-1971). Membre du P. C. C., il fut l'un des chefs militaires de la Longue Marche (1935) et de la guerre civile (1946-1949). Ministre de la Défense (1959), il joua un rôle important pendant la Révolution culturelle. Il disparut en 1971. Son avion aurait été abattu alors qu'il tentait de s'enfuir en U. R. S. S. après une tentative de coup d'État.

Lincoln, v. des États-Unis, cap. du Nebraska ; 191 972 hab. Université.

Lincoln, v. de Grande-Bretagne, ch.-l. du Lincolnshire ; 81 900 hab. — Magnifique cathédrale, gothique du XIIIᵉ siècle pour l'essentiel (cloître ; salle capitulaire polygonale). Maisons anciennes. Musées.

Lincoln *(Abraham),* homme d'État américain (près de Hodgenville, Kentucky, 1809 - Washington 1865). Issu d'une famille de pionniers, il devient avocat en 1837. Représentant à l'assemblée législative de l'Illinois (1834-1842), puis député au Congrès (1847-1849), il s'oppose vivement à la guerre du Mexique et perd les élections sénatoriales (1849) face au démocrate Stephen Douglas. Hostile à l'extension de l'esclavage dans les Territoires du Nord-Ouest (notamment au Nebraska et au Kansas), il entre dans le tout nouveau Parti républicain (1856) et se rend célèbre, lors des élections sénatoriales de l'Illinois, par une campagne antiesclavagiste

retentissante, marquée par un violent débat avec Douglas, qui est cependant élu. Il est alors choisi par la Convention républicaine (1860) comme candidat à la présidence. Mais son élection (il n'obtient que 38 % des voix) provoque la constitution des États du Sud en États indépendants, avant même son entrée en fonctions (4 mars 1861). Il cherche en vain à éviter la guerre civile (→ **Sécession** [guerre de]) en appelant des adversaires au pouvoir et, une fois les hostilités engagées, offre une solution graduelle pour l'abolition (1862), puis proclame l'émancipation immédiate des esclaves dans tous les États (1ᵉʳ janv. 1863). Réélu en 1864, il établit, après la capitulation de Lee, un programme de « reconstruction », mais il est assassiné au théâtre de Washington par un acteur fanatique.

Lindau, v. d'Allemagne (Bavière), dans une île du lac de Constance ; 23 999 hab. Centre touristique. — Vieille ville pittoresque.

Lindberg *(Magnus),* compositeur finlandais (Helsinki 1958). Il a écrit notamment de la musique pour orchestre ou grand ensemble, dont *Kraft* (1985) et la trilogie composée de *Kinetics* (1989), *Marea* (1990) et *Joy* (1990).

Lindbergh *(Charles),* aviateur américain (Detroit 1902 - Hana, Hawaii, 1974). Seul à bord du monoplan *Spirit of Saint Louis,* il réussit le premier, en 1927, la traversée sans escale de l'Atlantique nord, entre Roosevelt Field (New York) et Le Bourget, parcourant 5 800 km en 33 h 27 min.

Lindblad *(Bertil),* astronome suédois (Örebro 1895 - Stockholm 1965). Il a, le premier, envisagé la rotation différentielle de la Galaxie (1921), mise en évidence ensuite par les observations de J. Oort. On lui doit aussi l'explication de la structure spirale des galaxies par la propagation, dans le milieu interstellaire, d'ondes de densité, dont le mouvement s'apparente à celui de la houle.

Linde *(Carl* von*),* industriel allemand (Berndorf, Bavière, 1842 - Munich 1934). Il construisit la première machine de réfrigération à compression (1873) et réussit la liquéfaction de l'air (1895).

Lindemann *(Ferdinand* von*),* mathématicien allemand (Hanovre 1852 - Munich 1939). Il démontra la transcendance du nombre π (1882), établissant ainsi l'impossibilité de la quadrature du cercle.

Linder *(Gabriel* Leuvielle, dit Max*),* acteur et cinéaste français (Saint-Loubès 1883 - Paris 1925). Première grande vedette comique du cinéma, il imposa son personnage de dandy spirituel et débrouillard dans les nombreux films qu'il tourna en France (série des *Max*, 1910-1917) ou aux États-Unis (*l'Étroit Mousquetaire*, 1922).

Lindsay (*sir* David), → **Lyndsay**.

Línea (La), v. d'Espagne (Andalousie) ; 58 315 hab. Centre commercial à la frontière du territoire de Gibraltar.

Line Islands (« îles de la Ligne [l'équateur] ») ou **Sporades équatoriales**, archipel du Pacifique, de part et d'autre de l'équateur, partagé entre les États-Unis et Kiribati.

Ling (*Per Henrik*), poète suédois (Ljunga 1776 - Stockholm 1839). Auteur de poèmes épiques et de drames, il fut également le fondateur de la gymnastique suédoise.

Lingons, ancien peuple de la Gaule, établi dans le pays de Langres.

Linköping, v. de la Suède méridionale ; 122 268 hab. Constructions aéronautiques. — Cathédrale et château (XIIIᵉ-XVᵉ s.). Musées.

Linné (*Carl* von), naturaliste suédois (Råshult 1707 - Uppsala 1778). Plus que sa classification des plantes, aujourd'hui abandonnée, c'est la description qu'il fit de plusieurs dizaines de milliers d'espèces et sa nomenclature dite « binominale », appliquée aux deux règnes, végétal et animal, qui lui ont valu la célébrité.

Linz, v. d'Autriche, ch.-l. de la Haute-Autriche, sur le Danube ; 200 000 hab. Sidérurgie. — Églises et maisons surtout des époques Renaissance et baroque. Musées, dont celui du Château (reconstruit au début du XIXᵉ s.).

Lion (*le*), constellation zodiacale. — Cinquième signe du zodiaque, que le Soleil traverse du 22 juillet au 23 août.

Lion (*golfe du*), golfe de la Méditerranée, à l'ouest du delta du Rhône.

Lionne (*Hugues* de), *marquis* de Berny, diplomate français (Grenoble 1611 - Paris 1671). Ministre d'État (1659), puis secrétaire aux Affaires étrangères (1663), il engagea la France dans la guerre de Dévolution (1666) et prépara la guerre de Hollande.

Lions (*Jacques Louis*), mathématicien français (Grasse 1928). Spécialiste de l'analyse mathématique des systèmes et de leur contrôle, il a été le promoteur en France des mathématiques appliquées et industrielles. Son fils **Pierre-Louis** (Grasse 1956), par ses travaux, fondés sur l'étude des équations aux dérivées partielles non-linéaires, a renouvelé l'approche de nombreux modèles mathématiques issus de domaines variés des sciences, des techniques ou de l'économie. (Médaille Fields 1994.)

Liotard (*Jean Étienne*), peintre suisse (Genève 1702 - *id.* 1789). Réputé comme portraitiste (pastels, dessins, huiles), il voyagea toute sa vie de capitale en capitale (Rome, Constantinople, Vienne, Paris, Londres...), mettant son art scrupuleux et raffiné au service de l'aristocratie.

Liouville (*Joseph*), mathématicien français (Saint-Omer 1809 - Paris 1882). Il démontra l'existence des nombres transcendants (1851) et étudia les fonctions doublement périodiques.

Lipari (*île*), la principale des îles Éoliennes, qui donne souvent son nom à l'archipel.

Lipatti (*Constantin*, dit *Dinu*), pianiste roumain (Bucarest 1917 - Genève 1950). Interprète renommé de Chopin, Grieg, Schumann, il a également enregistré Bach et Mozart.

Lipchitz (*Jacques*), sculpteur d'origine lituanienne (Druskieniki 1891 - Capri 1973), établi en France (1909) puis aux États-Unis (1941). Il est passé de la synthèse cubiste (*le Marin à la guitare*, bronze, 1914 [M. N. A. M., Paris]) à un lyrisme d'une expressivité puissante (*le Chant des voyelles*, 1932).

Li Peng, homme politique chinois (Chengdu 1928), Premier ministre depuis 1987.

Lipetsk, v. de Russie, au sud de Moscou ; 450 000 hab. Métallurgie.

Li Po → **Li Bo**.

Lippi, peintres italiens du quattrocento. **Fra Filippo** (Florence v. 1406 - Spolète 1469), moine jusqu'en 1457, est l'héritier de Fra Angelico et de Masaccio en même temps que de la tradition gothique (tableaux d'autel comme la *Pala Barbadori* du Louvre ; fresques de la cathédrale de Prato, 1452-1464). Son fils **Filippino** (Prato 1457 - Florence 1504) associe au chromatisme délicat à des rythmes décoratifs issus de Botticelli (fresques de la chapelle Strozzi à S. Maria Novella, Florence).

Lippmann (*Gabriel*), physicien français (Hollerich, Luxembourg, 1845 - en mer, à bord du *France*, 1921). Il étudia les phénomènes électrocapillaires, la piézoélectricité, et inventa un procédé interférentiel de photographie des couleurs. (Prix Nobel 1908.)

Lipse (*Juste*), nom francisé de Joost Lips, en lat. Justus Lipsius, humaniste flamand (Overijse, Brabant, 1547 - Louvain 1606). Converti au calvinisme, en 1590 il retourna dans la communion catholique et enseigna à Louvain. Sa philosophie s'inspire du stoïcisme.

Lisbonne, *en port.* Lisboa, cap. du Portugal, sur la rive droite du Tage (formant en amont la mer de Paille) ; 677 790 hab. (1 200 000 dans l'agglomération). **GÉOGR.** Port important, centre administratif et commercial. Depuis 1966, un pont traverse le Tage vers la rive sud industrialisée (sidérurgie, chimie, chantiers navals). La rive nord concentre des sites touristiques (Belém, stations littorales). **HIST.** Fondée par les Phéniciens, Lisbonne est aux mains des Maures de 716 à 1147. Capitale du Portugal depuis le XIIIᵉ siècle, elle connaît au XVᵉ siècle une grande prospérité liée à l'activité maritime et coloniale du pays. Ravagée par un tremblement de terre en 1755, elle est reconstruite par Pombal. Son centre historique a été gravement endommagé par un incendie en 1988. **ARTS.** Cathédrale en partie romane. Tour de Belém, sur le Tage, et ancien monastère des Hiéronymites, caractéristiques de l'exubérance manuéline (début du XVIᵉ s.). Église S. Vicente da Fora, du début du XVIIᵉ siècle ; place du Commerce, bel ensemble de la fin du XVIIIᵉ ; etc. Musées, notamment d'Archéologie et d'Ethnographie, d'Art ancien (primitifs portugais), des Arts décoratifs, de la Marine, des Carrosses, des Azulejos, d'Art populaire, d'Art moderne et contemporain, et le riche musée de la Fondation Gulbenkian.

Li Shimin ou **Li Che-Min → Tang Taizong.**

Lisieux, ch.-l. d'arr. du Calvados, sur la Touques ; 24 506 hab. *(Lexoviens).* Industries mécaniques, électriques et alimentaires. — Ancienne cathédrale St-Pierre (XIIᵉ-XIIIᵉ s.). Musée. — Pèlerinage à sainte Thérèse de l'Enfant-Jésus (basilique construite de 1929 à 1952).

Lissajous *(Jules),* physicien français (Versailles 1822 - Plombières-lès-Dijon 1880). Il étudia la composition des mouvements vibratoires par un procédé optique.

Lissitzky *(Lazar, dit El),* peintre, designer et théoricien russe (Potchinok, région de Smolensk, 1890 - Moscou 1941), adepte du « suprématisme » de Malevitch. Ses nombreuses activités (illustration et typographie, décoration, etc.) lui ont valu une grande audience.

List *(Friedrich),* économiste allemand (Reutlingen 1789 - Kufstein 1846). Il défendit, l'un des premiers, l'idée de l'union douanière *(Zollverein),* prélude à la formation de l'unité allemande. Il s'opposa au libre-échange et défendit le protectionnisme.

Lister *(Joseph, baron),* chirurgien britannique (Upton, Essex, 1827 - Walmer, Kent, 1912). Professeur de chirurgie, il s'aida du microscope pour démontrer l'importance de l'antisepsie et de l'asepsie, et inventer différentes techniques. Il vit ses théories confirmées par Pasteur.

Liszt *(Franz),* compositeur et pianiste hongrois (Doborján, auj. Raiding, dans le Burgenland autrichien, 1811 - Bayreuth 1886). Créateur de la technique moderne du piano, il a composé une œuvre immense, aux aspects très variés. Virtuose du piano déjà enfant, élève de Czerny et de Salieri, il vient à Paris (1823) où il fréquente les salons. Il y rencontre Marie d'Agoult, de qui il s'éprend (1834) et qui lui donnera trois enfants (dont Cosima, qui épousera Wagner). Il parcourt l'Europe en virtuose triomphant et compose durant cette période des *Rhapsodies hongroises* (1839-1847), des *Études d'exécution transcendante d'après Paganini* (1838). Il devient ensuite maître de chapelle (1842-1858) à Weimar, où il se lie avec la princesse de Sayn-Wittgenstein et se consacre à la composition (la *Sonate en « si » mineur,* 1853 ; la *Faust symphonie,* 1854 ; la *Dante symphonie,* 1856 ; la *Messe de Gran,* 1855). Installé à Rome en 1862, il y reçoit les ordres mineurs (1865) et crée de splendides *Variations sur un thème de Bach* (1862), ainsi que des oratorios *(Christus,* 1867). De 1869 à sa mort, il se partage entre Budapest, Weimar, où il donne des cours, Rome et Bayreuth, et compose encore de nombreuses œuvres *(Jeux d'eau à la villa d'Este,* 1877 ; la *3ᵉ Année de pèlerinage,* 1867-1877 ; *Bagatelle sans tonalité,* 1885) dont beaucoup ont ouvert les portes du XXᵉ siècle (Schönberg, Debussy).

Li Taibo → Li Bo.

Li Tang, peintre chinois (Heyang, Henan, v. 1050 - région de Hangzhou apr. 1130). Paysagiste de l'académie impériale de Kaifeng, il suivit les Song à Hangzhou et assura la transition entre la tradition monumentale du Nord **(→ Fan Kuan)** et la charge émotionnelle des paysages du Sud.

Little Rock, v. des États-Unis, cap. de l'Arkansas ; 175 795 hab. Bauxite.

Littré *(Émile),* philosophe et lexicographe français (Paris 1801 - *id.* 1881). Disciple indépendant de A. Comte, il s'employa à diffuser ses idées. Son œuvre principale est son *Dictionnaire de la langue française* (1863-1873). [Acad. fr. 1871.]

Lituanie, État d'Europe, sur la Baltique ; 65 200 km² ; 3 700 000 hab. *(Lituaniens).* CAP. *Vilnius.* LANGUE : *lituanien.* MONNAIE : *litas.*

GÉOGRAPHIE

La plus grande et la plus peuplée des Républiques baltes (comptant environ 80 % des Lituaniens de souche, près de 10 % de Russes et 7 % de Polonais), la Lituanie occupe une région de collines morainiques parsemées de lacs et de petites plaines. Le secteur industriel est relativement développé (mécanique, textile) dans les centres urbains (Vilnius, Kaunas), utilisant du pétrole et du gaz importés. La production agricole est orientée vers l'élevage. Sur le littoral, Klaipeda est un port de commerce et de pêche.

HISTOIRE

Des tribus balto-slaves de la région s'organisent vers le Ve s. pour lutter contre les invasions scandinaves. Vers 1240, est fondé le grand-duché de Lituanie, qui, à partir de la seconde moitié du XIIIe s., combat les chevaliers Teutoniques et étend sa domination sur les principautés russes du Sud-Ouest.

1385-86. La Lituanie s'allie à la Pologne ; le grand-duc Jagellon devient roi de Pologne sous le nom de Ladislas II et la Lituanie embrasse le catholicisme.

1569. L'Union de Lublin crée l'État polono-lituanien.

1795. Les Russes annexent la majeure partie du pays.

1918. La Lituanie proclame son indépendance.

1920. La Russie soviétique la reconnaît.

1940. Conformément au pacte germano-soviétique, la Lituanie est intégrée à l'U. R. S. S.

1941-1944. Elle est occupée par les Allemands.

1944. Elle redevient une République soviétique.

1991. L'indépendance est restaurée.

Litvinov *(Maksim Maksimovitch),* homme politique soviétique (Białystok 1876 - Moscou 1951). Commissaire du peuple aux Affaires étrangères (1930-1939), il se rapprocha des États-Unis et de la France (1935) pour lutter contre les États fascistes. Staline le remplaça par Molotov en 1939.

Liu Shaoqi ou **Lieou Chao-K'i,** homme d'État chinois (Hunan 1898 - Yinsho 1972). Membre du Parti communiste chinois à partir de 1921, président de la République (1959), il fut emprisonné lors de la Révolution culturelle (1969). Il a été réhabilité en 1979.

Liutprand (m. en 744), roi des Lombards (712-744). Il occupa Ravenne (732-733) et assiégea Rome (739).

Liverpool, port de Grande-Bretagne, sur la rive droite de l'estuaire de la Mersey, centre de la conurbation de Merseyside ; 448 300 hab. GÉOGR. Au XVIIIe et au XIXe siècle, Liverpool fut le deuxième port britannique important les denrées coloniales et exportant les produits industriels du nord de l'Angleterre. Son trafic a nettement diminué et les vieux bassins sont à l'abandon. L'industrie est liée au port (raffinerie de pétrole, agroalimentaire) et à la décentralisation londonienne. Mais elle a reculé et, malgré la progression des services et un certain renouveau de l'urbanisme, le chômage demeure élevé. ARTS. Musées, dont le Walker Art Gallery (beaux-arts) et le Liverpool Museum.

Livie, *en lat.* Livia Drusilla (58 av. J.-C. - 29 apr. J.-C.), épouse d'Auguste. Elle avait eu d'un mariage précédent Tibère et Drusus. Elle fit adopter Tibère par Auguste.

Livingstone *(David),* explorateur britannique (Blantyre, Écosse, 1813 - Chitambo, Zambie, 1873). Missionnaire protestant, il inaugura, en 1849, une série de voyages en Afrique centrale et australe au cours desquels il découvrit notamment les chutes du Zambèze (1855). Puis, avec Stanley, il rechercha en vain les sources du Nil. Il fut un adversaire décidé de l'esclavagisme.

Livius Andronicus, poète latin (v. 280-207 av. J.-C.). Traducteur de *l'Odyssée,* il fit représenter la première tragédie de langue latine.

Livonie, région historique comprise entre la Baltique, le cours de la Dvina et le lac des Tchoudes (actuelles Républiques de Lettonie et d'Estonie).

Livourne, *en ital.* Livorno, port d'Italie (Toscane), ch.-l. de prov., sur la Méditerranée ; 167 445 hab. Métallurgie. Raffinage du pétrole et chimie. — Musée communal « Giovanni Fattori » (peintures, notamm. des macchiaioli).

Livradois *(le),* région montagneuse de l'Auvergne, entre les vallées de l'Allier et de la Dore, partie du *parc régional Livradois-Forez.*

Livre de la jungle *(le),* titre de deux recueils de R. Kipling (1894-95), récits des aventures de Mowgli, le « petit d'homme », au milieu des animaux de la jungle.

Livry-Gargan, ch.-l. de c. de la Seine-Saint-Denis, au nord-est de Paris ; 35 471 hab.

Lizard *(cap),* cap constituant l'extrémité sud de la Grande-Bretagne (Cornouailles).

Ljubljana, *en all.* Laibach, cap. de la Slovénie ; 303 000 hab. Université. Métallurgie. — Château reconstruit au XVIᵉ siècle et autres monuments. Musées.

Llano Estacado, haute plaine aride des États-Unis, dans l'ouest du Texas.

Llivia, village et enclave espagnols dans le dép. français des Pyrénées-Orientales ; 12 km² ; 854 hab.

Lloyd *(Harold),* acteur américain (Burchard, Nebraska, 1893 - Hollywood 1971). Son personnage de jeune homme timide et emprunté, derrière ses grosses lunettes d'écaille, fut l'une des figures les plus populaires de l'école burlesque américaine *(Monte là-dessus,* 1923 ; *Vive le sport !,* 1925).

Lloyd George *(David),* 1ᵉʳ *comte* Lloyd-George of Dwyfor, homme politique britannique (Manchester 1863 - Llanystumdwy, pays de Galles, 1945). Chef de l'aile gauche du Parti libéral, il préconisa des réformes sociales que sa nomination au poste de chancelier de l'Échiquier lui permit de réaliser (1908-1915) ; il fut l'auteur de la loi restreignant le pouvoir des lords (1911). Pendant la Première Guerre mondiale, il fut ministre des Munitions, puis de la Guerre. Premier ministre de 1916 à 1922, il joua un rôle prépondérant dans les négociations du traité de Versailles (1919). En 1921, il reconnut l'État libre d'Irlande.

Lloyd's, la plus ancienne et la plus importante institution mondiale dans le domaine de l'assurance. Créée à Londres v. 1688, elle fut officialisée en 1871.

Lloyd's Register of Shipping, la plus importante société de classification des navires, créée à Londres en 1760.

Loach *(Kenneth, dit Ken),* cinéaste britannique (Nuneaton, près de Warwick, 1936). Reconnu comme l'un des meilleurs témoins de la réalité sociale des années 70 avec *Kes* (1969) et surtout *Family Life* (1971), il a encore réalisé *Regards et sourires* (1981), *Riff Raff* (1991), *Raining Stones* (1993), *Ladybird* (1994), *Land and Freedom* (1995).

Loango, ancien royaume situé au nord du bas Congo (XVᵉ-XVIIIᵉ s. env.).

Lobatchevski *(Nikolaï Ivanovitch),* mathématicien russe (Nijni-Novgorod 1792 - Kazan 1856). Comme Gauss et J. Bolyai, mais par une démarche indépendante, il élabora une nouvelle géométrie, non-eucli-

dienne, dite « hyperbolique », en conservant tous les axiomes d'Euclide, sauf le 5ᵉ, celui des parallèles.

Lobau *(île),* île du Danube, près de Vienne.

Lobi, population voltaïque du sud du Burkina et du nord de la Côte d'Ivoire.

Lobito, port de l'Angola ; 60 000 hab.

Lob Nor, lac peu profond et marécageux de Chine, dans le Xinjiang, où aboutit le Tarim ; 3 000 km². Dans la région, base d'expériences nucléaires.

Locarno, station touristique de Suisse (Tessin), sur le lac Majeur, au pied des Alpes ; 13 796 hab. — Accords signés en 1925 par la France, la Belgique, la Grande-Bretagne, l'Allemagne et l'Italie, qui reconnaissaient les frontières des pays signataires et visaient à établir une paix durable en Europe. L'Allemagne put alors être admise à la S. D. N. (1926). — Château surtout des XVᵉ-XVIᵉ siècles (musée). Églises médiévales et baroques.

Locatelli *(Pietro Antonio),* violoniste et compositeur italien (Bergame 1695 - Amsterdam 1764). Virtuose et novateur dans la technique du violon *(L'arte del violino,* 1733), il a composé des concertos grossos et des sonates.

Loches, ch.-l. d'arr. d'Indre-et-Loire, sur l'Indre ; 7 133 hab. *(Lochois).* — Puissante forteresse incluant un donjon (XIᵉ-XIIᵉ s.), le Logis du roi (XIVᵉ-XVᵉ s.), la collégiale St-Ours (romane du XIIᵉ s.). Hôtel de ville et maisons de la Renaissance. Musée.

Loches *(paix de)* → **Monsieur** *(paix de).*

Lochner *(Stephan),* peintre allemand (Meersburg, sur le lac de Constance, v. 1410 - Cologne 1451). Grand maître de l'école de Cologne, il allie des caractères flamands modernes à la suavité du gothique tardif (triptyque de l'*Adoration des Mages,* v. 1440, à la cathédrale).

Locke *(John),* philosophe et théoricien politique anglais (Wrington, Somersetshire, 1632 - Oates, Essex, 1704). Il étudie à l'université d'Oxford. Membre de la Société royale depuis 1668, il s'intéresse à divers domaines (physique, chimie, médecine, philosophie, politique). Mais, opposé à la politique absolutiste des Stuarts, il doit s'exiler en France puis en Hollande, et revient en Angleterre après la révolution de 1688. Sa philosophie, exposée dans son *Essai sur l'entendement humain* (1690), est un matérialisme sensualiste. Locke voit la source des connaissances dans l'expérience et les sensations à partir desquelles l'âme élabore la réflexion. Son opposition à l'absolutisme et sa prise de position en faveur de la séparation des pouvoirs font de lui le fondateur du libéralisme politique. Favorable à une monarchie constitutionnelle, il considère que la société doit être fondée sur un contrat ; mais, si le souverain outrepasse ses droits, l'insurrection est légitime. Il a également écrit les *Lettres sur la tolérance* (1689).

Lockyer (*sir Joseph Norman*), astronome britannique (Rugby, Warwickshire, 1836 - Salcombe Regis, Devon, 1920). Spécialiste de la spectroscopie solaire, il découvre la chromosphère du Soleil. En 1868, il reconnaît dans le spectre des protubérances, en même temps que Janssen, la présence d'un nouvel élément, alors inconnu sur la Terre, l'hélium. Il a fondé la revue scientifique *Nature* (1869).

Locle (Le), v. de Suisse (Neuchâtel), dans le Jura ; 11 313 hab. Centre horloger. — Musées.

Locmariaquer, comm. du Morbihan, sur le golfe du Morbihan ; 1 316 hab. — Important ensemble mégalithique dont un menhir (auj. brisé) qui mesurait plus de 20 m.

Locride, contrée de la Grèce continentale ancienne ; on distinguait la *Locride orientale*, sur la mer Égée en bordure du golfe de Lamía, et la *Locride occidentale*, sur le golfe de Corinthe. (Hab. *Locriens*.)

Lod ou **Lydda**, v. d'Israël ; 39 000 hab. Aéroport de Tel-Aviv-Jaffa.

Lodève, ch.-l. d'arr. de l'Hérault ; 7 777 hab. (*Lodévois*). — Ancienne cathédrale et ses dépendances (XIIIᵉ-XVIIIᵉ s.). Musée.

Lodi, v. d'Italie (prov. de Milan), sur l'Adda ; 42 170 hab. En 1454 y fut signé un pacte entre le pape Nicolas V, Venise, Florence et Milan. Il rétablissait en Italie un équilibre qui devait être brisé par l'intervention de Charles VIII. — Victoire de Bonaparte sur les Autrichiens en 1796. — Église octogonale de l'Incoronata (fin du XVᵉ s.) et autres monuments. Musée.

Lods (*Marcel*), architecte et urbaniste français (Paris 1891 - *id.* 1978). De son association avec Eugène Beaudouin (1898-1983) sont issues des réalisations majeures en matière de préfabrication (marché couvert-maison du peuple de Clichy, 1937, avec J. Prouvé).

Łódź, v. de Pologne, ch.-l. de voïévodie ; 844 900 hab. Deuxième ville du pays, grand centre textile qui s'est développé dès le début du XIXᵉ siècle, principalement orienté vers le coton et la laine. — Musées, dont une galerie d'Art moderne et contemporain.

Loewi (*Otto*), pharmacologue allemand (Francfort-sur-le-Main 1873 - New York 1961). Il apporta les premiers arguments expérimentaux en faveur de l'existence des neurotransmetteurs et contribua à identifier certains d'entre eux. Il s'exila aux États-Unis en 1938. (Prix Nobel 1936.)

Loewy (*Raymond*), esthéticien industriel américain d'origine française (Paris 1893 - Monaco 1986). Installé aux États-Unis en 1919, il y a fondé, dix ans plus tard, sa société de design, s'attachant à doter d'une beauté fonctionnelle les produits les plus divers (du paquet de cigarettes à la navette spatiale). Il a publié, notamment, *La laideur se vend mal* (1952).

Lofoten (*îles*), archipel des côtes de Norvège ; 1 425 km² ; 25 000 hab. Pêcheries.

Logan (*mont*), point culminant du Canada (Yukon), à la frontière de l'Alaska ; 6 050 m.

logique (*Science de la*), ouvrage de Hegel (1812-1816).

Logone (*le*), riv. de l'Afrique équatoriale, affl. du Chari (r. g.) ; 900 km.

Logroño, v. d'Espagne, ch.-l. de la prov. de La Rioja, sur l'Èbre ; 122 254 hab. — Églises anciennes (XIIᵉ-XVIIIᵉ s.).

Lohengrin, héros d'une légende germanique rattachée au cycle des romans courtois sur la quête du Graal. Cette légende a inspiré à R. Wagner l'opéra *Lohengrin* (1850).

Loir (*le*), affl. de la Sarthe (r. g.), qui passe à Châteaudun, Vendôme et La Flèche ; 311 km.

Loire (*la*), le plus long (1 020 km) et le seul grand fleuve entièrement français par son bassin (115 120 km²). Née à 1 408 m d'altitude au mont Gerbier-de-Jonc (Ardèche), à moins de 150 km de la Méditerranée, la Loire coule d'abord vers le N., entaillant le Massif central, avant d'entrer en plaine à Roanne (à 268 m), après un parcours de 285 km. Après avoir reçu l'Allier, elle décrit une grande courbe, drainant le sud du Bassin parisien, passant à Orléans et à Tours, recevant successivement le Cher, l'Indre, la Vienne et la Maine : c'est le *Val de Loire*. La Loire pénètre alors dans le Massif armoricain et atteint Nantes, peu en amont d'un long estuaire sur l'Atlantique. La Loire a un régime irrégulier (sauf en aval), aux crues surtout hivernales et aux basses eaux estivales très marquées. La navigation n'y est active qu'en aval de Nantes. Deux barrages récents (Naussac et Villerest) ont été établis dans son bassin supérieur pour régulariser le débit du fleuve et, surtout, pour refroidir les réacteurs nucléaires de Belleville-sur-Loire, de Dampierre-en-Burly, de Saint-Laurent-des-Eaux et d'Avoine. La Loire est devenue, comme le Rhône, un grand support de production énergétique.

Loire [42], dép. de la Région Rhône-Alpes ; ch.-l. de dép. *Saint-Étienne* ; ch.-l. d'arr. *Montbrison, Roanne* ; 3 arr., 40 cant., 327 comm. ; 4 781 km² ; 746 288 hab. Il est rattaché à l'académie et à la cour d'appel de Lyon, à la région militaire Méditerranée.

Loire *(armées de la)*, forces organisées dans la région de la Loire à la fin de 1870 par le gouvernement de la Défense nationale pour tenter de débloquer Paris, assiégé par les Allemands.

Loire *(châteaux de la)*, ensemble de demeures royales, seigneuriales ou bourgeoises édifiées dans l'Orléanais, le Blésois, la Touraine, l'Anjou aux xvᵉ et xvᵉ siècles. Les principaux d'est en ouest sont : Valençay, Chambord, Blois, Chaumont, Chenonceaux, Amboise, Villandry, Azay-le-Rideau, le Plessis-Bourré, Langeais.

Loire (Haute-) [43], dép. de la Région Auvergne ; ch.-l. de dép. *Le Puy* ; ch.-l. d'arr. *Brioude, Yssingeaux* ; 3 arr., 35 cant., 260 comm. ; 4 977 km² ; 206 568 hab. Il est rattaché à l'académie de Clermont-Ferrand, à la cour d'appel de Riom et à la région militaire Méditerranée.

Loire *(Pays de la)*, Région de l'ouest de la France, regroupant les cinq départements suivants : Loire-Atlantique, Maine-et-Loire, Mayenne, Sarthe et Vendée ; 32 082 km² ; 3 059 112 hab. Ch.-l. *Nantes*. Allongés sur 250 km du Maine à la Vendée et larges de 150 de l'Atlantique à l'Anjou, les Pays de la Loire passent, du N. au S., d'affinités normandes (prairies, pommiers) à un ciel déjà méridional (vigne, fruitiers) et, d'O. en E., d'une pluviosité favorable à l'herbe à un ensoleillement propice aux céréales.
L'élevage (bovins surtout, mais aussi porcins) domine toutefois largement, malgré le développement, local, de spécialisations (vignobles, cultures florales et maraîchères). L'agriculture n'emploie guère plus de 10 % des actifs, part toutefois supérieure à la moyenne nationale. L'industrie en occupe plus du tiers. Elle comprend des branches traditionnelles (textile, travail du cuir, agro-alimentaire, chantiers navals), parfois en difficulté, et des décentralisations récentes (constructions mécaniques et électriques).

Elle est présente notamment à Nantes, Le Mans, Angers, les trois principales villes, dont la liaison autoroutière constitue l'axe régional majeur, et sur le littoral (Saint-Nazaire). Celui-ci est ponctuellement animé par le commerce (importations de pétrole et de gaz), le tourisme estival (notamment vers La Baule, Saint-Jean-de-Monts et Les Sables-d'Olonne) et la pêche. Entre 1982 et 1990, la population s'est accrue de près de 5 %, essentiellement par un excédent des naissances sur les décès. La densité moyenne n'est plus que légèrement inférieure à la moyenne nationale.

Loire-Atlantique [44], dép. de la Région Pays de la Loire ; ch.-l. de dép. *Nantes* ; ch.-l. d'arr. *Ancenis, Châteaubriant, Saint-Nazaire* ; 4 arr., 59 cant., 221 comm. ; 6 815 km² ; 1 052 183 hab. Il est rattaché à l'académie de Nantes, à la cour d'appel de Rennes et à la région militaire Atlantique.

Loiret *(le)*, affl. de la Loire (r. g.), au sud d'Orléans ; 12 km.

Loiret [45], dép. de la Région Centre ; ch.-l. de dép. *Orléans* ; ch.-l. d'arr. *Montargis, Pithiviers* ; 3 arr., 41 cant., 334 comm. ; 6 775 km² ; 580 612 hab. Il est rattaché à l'académie d'Orléans-Tours, à la cour d'appel d'Orléans et à la région militaire Atlantique.

Loir-et-Cher [41], dép. de la Région Centre ; ch.-l. de dép. *Blois* ; ch.-l. d'arr. *Romorantin-Lanthenay, Vendôme* ; 3 arr., 31 cant., 291 comm. ; 6 343 km² ; 305 937 hab. Il est rattaché à l'académie d'Orléans-Tours, à la cour d'appel d'Orléans et à la région militaire Atlantique.

Lois ou **Légistes** *(école des)*, école de pensée chinoise (ivᵉ et iiiᵉ s. av. J.-C.) qui a élaboré une philosophie politique caractérisée par son réalisme rigide (essentiellement une technique de gouvernement tyrannique) et par son souci de rationaliser les échanges économiques.

Lois *(les)*, ouvrage de Platon.

Loisy *(Alfred)*, exégète français (Ambrières, Marne, 1857 - Ceffonds, Haute-Marne, 1940). Prêtre (1879) et professeur à l'Institut catholique de Paris (1881-1893), il adopte les méthodes de la philologie et de la critique historique. Privé de sa chaire, il expose, dans plusieurs ouvrages sur les Évangiles qui sont mis à l'Index en 1903, sa conception historique du développement du christianisme. Il devient ainsi la grande figure du modernisme, qui sera condamné en 1907 par le décret *Lamentabili* et l'encyclique *Pascendi*. Excommunié en 1908, Loisy enseignera au Collège de France de 1909 à 1931.

Lokeren, v. de Belgique (Flandre-Orientale) ; 34 942 hab. — Monuments du XVIIIᵉ siècle.

Lola Montes, film français de Max Ophuls (1955).

Lolland, île du Danemark, dans la Baltique, reliée à l'île de Falster par deux ponts ; 1 243 km² ; 82 000 hab. Ch.-l. *Maribo*.

Lomas de Zamora, banlieue résidentielle et industrielle de Buenos Aires ; 572 769 hab.

lombarde *(Ligue),* ligue formée en 1167 par des villes guelfes, sous le patronage du pape Alexandre III, pour combattre Frédéric Iᵉʳ Barberousse, qu'elle vainquit à la bataille de Legnano (1176).

Lombardie, *en ital.* Lombardia, région du nord de l'Italie, couvrant 23 850 km², la plus peuplée du pays (8 831 264 hab.). Divisée en neuf provinces (Bergame, Brescia, Côme, Crémone, Mantoue, Milan, Pavie, Sondrio et Varèse), elle a pour capitale régionale Milan. GÉOGR. Sa situation, au cœur de la plaine padane d'une part, sur la voie des grandes routes transalpines d'autre part, est donc exceptionnelle. La Lombardie est la région la plus active du pays. L'industrie (constructions mécaniques et électriques, textile, chimie) domine. Localisée dans la « haute plaine », au N. de Milan, elle est complétée par un puissant équipement tertiaire (transport, commerce, finance). L'agriculture (riz, blé, maïs) y occupe également une place remarquable, notamment dans la « basse plaine », vers le sud.

Lombardo, sculpteurs et architectes italiens, dont les plus importants sont : **Pietro** (Carona, Lugano, v. 1435 - Venise 1515), surtout actif à Venise (monuments funéraires ; décor de marbres de l'église S. Maria dei Miracoli) ; son fils et aide **Tullio** (? v. 1455 - Venise 1532), auteur du gisant de Guidarello Guidarelli à Ravenne.

Lombards, peuple germanique établi entre l'Elbe et l'Oder, puis au sud du Danube. Les Lombards envahirent l'Italie au VIᵉ siècle et y fondèrent un royaume dont la capitale était Pavie (572). Battus par Charlemagne (773-774), qui prit le titre de roi des Lombards, ils maintinrent une dynastie à Bénévent jusqu'en 1047.

Lombard-vénitien *(Royaume),* nom porté de 1815 à 1859 par les possessions autrichiennes en Italie du Nord (Milanais, Vénétie) ; le royaume éclata en 1859, quand la Lombardie revint au Piémont. Son autre composante, la Vénétie, fut annexée en 1866 au royaume d'Italie.

Lombok, île d'Indonésie, séparée de Bali par le *détroit de Lombok ;* 5 435 km² ; 1 300 000 hab.

Lombroso *(Cesare),* médecin et criminologiste italien (Vérone 1835 - Turin 1909). Il dirigea l'hôpital psychiatrique de Pesaro (1871) et fonda la criminologie. Il établit des théories aujourd'hui désuètes sur les « criminels-nés », héréditaires, reconnaissables par des signes morphologiques.

Lomé, cap. et port du Togo, sur le golfe de Guinée ; 400 000 hab. Université.

Lomé *(convention de),* accords de coopération et d'aide au développement signés à Lomé en 1975, 1979, 1984 et 1989 (appelés Lomé I, II, III et IV) entre les Communautés européennes et un certain nombre de pays d'Afrique, des Caraïbes et du Pacifique (A. C. P.). La convention de Lomé IV (70 pays signataires), qui couvre la période de 1990 à 2000, a conféré à cette coopération un caractère multiforme touchant aux domaines économique et culturel, et à celui de l'environnement, cherchant par ailleurs à promouvoir les droits de l'homme et les libertés fondamentales.

Loménie de Brienne *(Étienne de),* prélat et homme d'État français (Paris 1727 - Sens 1794). Archevêque de Toulouse (1763), ministre des Finances en 1787, il entra en conflit avec les notables, dont il menaçait les privilèges, et se heurta au parlement de Paris, qu'il exila à Troyes (août-sept.), et à ceux de province. Il dut se retirer dès 1788. Archevêque de Sens depuis 1787, puis cardinal (1788), il prêta serment à la Constitution civile du clergé.

Lomme, ch.-l. de c. du Nord, banlieue de Lille ; 26 807 hab.

Lomonossov *(Mikhaïl Vassilievitch),* écrivain et savant russe (Denissovka, gouvern. d'Arkhangelsk, 1711 - Saint-Pétersbourg 1765). Il a laissé d'importants travaux sur la nature de l'air, la matière, l'électricité. Réformateur de la poésie russe et de la langue littéraire (*Grammaire russe,* 1755), il fit créer l'université de Moscou.

London, v. du Canada (Ontario) ; 303 165 hab. (342 000 hab. dans l'agglomération). Centre financier. Constructions mécaniques et électriques.

London *(John Griffith* London, dit Jack*),* écrivain américain (San Francisco 1876 - Glen Ellen, Californie, 1916). Il peignit dans ses romans des héros ardents et primitifs, aventuriers (*Martin Eden,* 1909) ou épris d'actions violentes (*le Loup des mers,* 1904), ainsi que l'existence mystérieuse des animaux (*Croc-Blanc,* 1905). Autodidacte devenu riche et célèbre, il ne cessa de dénoncer la société capitaliste. Il se suicida.

Londonderry, port d'Irlande du Nord, sur le Foyle ; 88 000 hab. Textile. Chimie.

Londres, *en angl.* London, cap. de la Grande-Bretagne, sur la Tamise ; 2 349 900 hab. (6 378 600 hab. pour le *Grand Londres*). [Hab. *Londoniens.*]

GÉOGRAPHIE

Métropole incontestée de la première puissance industrielle et maritime au XIXᵉ siècle, capitale d'un immense empire alors en cours d'édification, Londres a perdu, progressivement, sa primauté. Elle demeure cependant une cité de rang mondial, l'une des plus grandes villes de l'Europe (avec Paris et Moscou). Bien située à l'entrée de l'estuaire de la Tamise, grand carrefour routier, capitale politique (Westminster) depuis le XIᵉ siècle, la ville a grandi en même temps que la puissance britannique. Elle était au XIXᵉ siècle le plus grand port et la plus grande ville du monde (1 500 000 hab. en 1831). Cerné de banlieues concentriques, le centre de l'agglomération est encore marqué par l'opposition entre l'ouest, résidentiel, et l'est, plus populaire et industriel, partiellement rénové sur les rives de la Tamise (Docklands). La croissance du Grand Londres a été planifiée dès 1944, et limitée par une *ceinture verte* et par la création de plusieurs villes nouvelles au profit desquelles s'est dépeuplé le centre.

Outre les fonctions politiques et culturelles de capitale, Londres joue un rôle commercial et financier de premier plan. La City est l'une des premières places boursières du monde, elle abrite banques et compagnies d'assurances ainsi que les Bourses de matières premières (alimentaires et minérales). Le secteur tertiaire emploie les deux tiers des actifs. Cependant, l'agglomération concentre le quart des emplois de l'industrie britannique. Ceux-ci sont liés d'une part à un trafic portuaire encore notable, Londres demeurant le premier port britannique, avec le raffinage du pétrole et la chimie, d'autre part à la présence de capitaux et au poids du marché des biens de consommation (construction automobile, électronique, édition, etc.).

HISTOIRE

Centre stratégique et commercial de la Bretagne romaine *(Londinium),* ruinée par les invasions anglo-saxonnes (Vᵉ s.), Londres renaît au VIᵉ-VIIᵉ siècle comme capitale du royaume d'Essex et siège d'un évêché. Enjeu des luttes entre les rois anglo-saxons et danois (Xᵉ-XIᵉ s.), elle est, à partir du XIIᵉ siècle, la capitale de fait du royaume anglo-normand. Dotée d'une charte communale (1191), elle bénéficie du choix de Westminster, tout proche, comme siège du gouvernement ainsi que de l'installation des marchands de la Hanse. Siège du Parlement (1258), capitale officielle du royaume (1327), elle connaît une remarquable expansion, due à l'activité de son port et à l'essor de l'industrie drapière (XVᵉ s.). Elle est ravagée par la peste en 1665 et par l'incendie de 1666, mais, au XVIIIᵉ et au XIXᵉ siècle, le rythme de son développement s'accélère et Londres devient la capitale de la finance et du commerce internationaux. Pendant la Seconde Guerre mondiale, la ville est durement atteinte par les bombardements allemands.

ARTS

■ **Les monuments les plus anciens.** Parmi ceux-ci, on citera : la Tour de Londres, dont le noyau remonte à Guillaume le Conquérant, à la limite orientale de la City ; le *Hall* du palais de Westminster (1097) ; l'église St Bartholomew the Great, à chœur roman ; l'église circulaire du Temple, en gothique primitif (1185) ; l'abbaye de Westminster (→ **Westminster**). Des palais de l'époque d'Henri VIII (style Tudor, teinté d'italianisme) subsistent des parties à Saint James et à Hampton Court. Au XVIIᵉ siècle, Inigo Jones adopte le classicisme palladien à Whitehall et au pavillon de la Reine de Greenwich.

■ **De 1666 à aujourd'hui.** Après l'incendie de 1666, Wren dirige la reconstruction de nombreuses églises et celle de la cathédrale St Paul, aux proportions colossales ; son émule, James Gibbs, édifie, entre autres, St Martin in the Fields (1722). La croissance de la ville se poursuit, surtout vers l'ouest, dans la seconde moitié du XVIIIᵉ siècle (quartier des *Adelphi,* auj. dénaturé, par R. Adam) et au début du XIXᵉ (J. Nash : Buckingham Palace ; Carlton House Terrace, auj. Institut des arts contemporains). L'ère victorienne s'illustre dans le style néogothique (Parlement de Westminster) et dans l'architecture de fer (gare S. Pancras, 1863). Parmi les créations récentes figurent l'ensemble culturel de la rive droite de la Tamise (Festival Hall [1951], Hayward Gallery...), le Barbican Centre (v. 1975) dans la City, et les Docklands, reconversion d'un ensemble d'anciens docks de la Tamise (vers 1990).

Grand centre de l'école anglaise de peinture, Londres a également vu s'épanouir les métiers d'art : mobilier, tapisseries de Mortlake ou de Soho, orfèvrerie, porcelaines de Chelsea... Les musées sont à la mesure du rôle national et international de la ville : British Museum, National Gallery, Tate Gallery, Victoria and Albert Museum , Wallace Collection (peintures et sculptures des écoles européennes, mobilier, objets d'art), Institut Courtauld (primitifs italiens, impressionnistes français...), etc.

Londres *(Albert),* journaliste français (Vichy 1884 - dans l'océan Indien, lors de l'incendie du *Georges-Philippar,* 1932). Un prix de journalisme, fondé en 1933 et décerné annuellement, porte le nom de ce grand reporter.

Londrina, v. du Brésil (Paraná) ; 388 331 hab.

Long *(Marguerite),* pianiste française (Nîmes 1874 - Paris 1966). Interprète de Debussy, Fauré, Ravel, elle a fondé une école d'enseignement et un concours international avec le violoniste Jacques Thibaud (1946).

Long Beach, port des États-Unis (Californie), banlieue de Los Angeles ; 429 433 hab. Aéronautique. — Musée de la Navigation, à bord de l'ancien paquebot britannique *Queen Mary.*

Longfellow *(Henry Wadsworth),* poète américain (Portland 1807 - Cambridge, Massachusetts, 1882). Il contribua à répandre la culture européenne aux États-Unis et publia des poèmes romantiques (*Evangeline,* 1847).

Longhena *(Baldassare),* architecte italien (Venise 1598 - *id.* 1682). Il a su combiner, à Venise, la dynamique du baroque et la noblesse palladienne (église de la Salute, à plan central, entreprise en 1631, consacrée en 1687 ; palais Pesaro, v. 1650).

Longhi *(Pietro* Falca, dit **Pietro***),* peintre et graveur italien (Venise 1702 - *id.* 1785). Ses toiles, évoquant les aspects divers de la vie populaire ou mondaine, valent par le sens de l'observation et la délicatesse du coloris.

Longin *(saint),* martyr du Ier siècle (m. à Césarée de Cappadoce). Ce centurion romain aurait été converti pendant la Passion, après qu'il eut percé de sa lance le flanc du Christ.

Long Island, île sur laquelle est bâti Brooklyn, quartier de New York, et séparée du continent par un long détroit.

longitudes *(Bureau des),* organisme scientifique français institué en 1795 en vue de perfectionner l'astronomie et les sciences

qui lui sont liées. Il publie chaque année la *Connaissance des temps* et des éphémérides astronomiques.

Longmen, grottes chinoises (Henan). Creusées à partir de 494, par les Wei du Nord, ces fondations bouddhiques restèrent en activité jusqu'au Xe siècle. Reliefs et sculptures se caractérisent par l'élégance des formes et l'intensité spirituelle de l'expression.

Longue *(île),* bande de terre de la partie nord de la presqu'île de Crozon (Finistère), sur la rade de Brest. — Base, depuis 1970, des sous-marins nucléaires lanceurs d'engins.

Longue Marche *(la),* mouvement de retraite des communistes chinois (1934-35) sous l'égide de Mao Zedong. Pour échapper aux nationalistes, ils traversèrent la Chine du sud au nord (Shanxi) en faisant un long crochet par le Sud-Ouest, perdant plus des trois quarts de leurs effectifs (100 000 à l'origine).

Longueuil, v. du Canada (Québec), banlieue de Montréal, sur le Saint-Laurent ; 129 874 hab.

Longueville *(Anne, duchesse* de*),* sœur du Grand Condé (Vincennes 1619 - Paris 1679). Ennemie de Mazarin, elle joua un rôle important pendant la Fronde.

Longus, écrivain grec (Lesbos ? IIe ou IIIe s. apr. J.-C.). On lui attribue le roman pastoral de *Daphnis et Chloé.*

Longwy, ch.-l. de c. de Meurthe-et-Moselle ; 15 647 hab. *(Longoviciens).* Métallurgie.

Lon Nol, maréchal et homme d'État cambodgien (Kompong-Leau 1913 - Fullerton, Californie, 1985). Commandant en chef des forces armées (1959), puis Premier ministre (1966 et 1969), il destitua le prince Norodom Sihanouk (1970). Président de la République, il établit une dictature militaire (1972-1975) jusqu'à la prise de Phnom Penh par les Khmers rouges.

Lönnrot *(Elias),* écrivain finlandais (Sammatti 1802 - *id.* 1884). Il recueillit les chants populaires de Carélie et les publia sous le titre de *Kalevala.* (→ *Kalevala.*)

Lons-le-Saunier, ch.-l. du dép. du Jura, à 400 km au sud-est de Paris ; 20 140 hab. *(Lédoniens).* Centre administratif et commercial. Fromagerie. — Église St-Désiré, en partie du XIe siècle. Musée.

Loos *(Adolf),* architecte autrichien (Brünn, auj. Brno, 1870 - Kalksburg, auj. dans Vienne, 1933). Sa critique *Ornement et Crime,* prononcée en 1908 à Vienne, fut le manifeste du dépouillement intégral dans l'architecture moderne.

Lopburi, v. de Thaïlande, ch.-l. de prov. ; 37 000 hab. — Temples (prang ou hautes tours reliquaires) des XIIIe-XIVe s. Important site archéologique.

Lope de Vega → Vega Carpio.

lords *(Chambre des),* chambre haute en Grande-Bretagne. L'origine de la Chambre des lords se confond avec celle du Parlement. Issue du grand conseil, elle acquit une importance croissante du début du XIIIe siècle (la Grande Charte) jusqu'au milieu du XVe (guerre des Deux-Roses). À partir du milieu du XIVe siècle, la distinction est faite entre la Chambre des lords et celle des communes, dont l'autorité se renforce aux XVIIe et XVIIIe siècles. Privée d'une grande partie de son pouvoir législatif par les lois de 1911 et de 1949, la Chambre des lords conserve toutefois un pouvoir juridictionnel de tribunal supérieur d'appel. Elle comprend aujourd'hui environ un millier de membres (archevêques et évêques anglicans, pairs héréditaires et pairs à vie, dont neuf lords d'appel).

Lorelei *(la),* personnage féminin fabuleux qui, de la falaise de la Lorelei, attirait par son charme les bateliers du Rhin et provoquait des naufrages.

Loren *(Sofia Scicolone, dite Sophia),* actrice italienne (Rome 1934). Elle a marqué tous ses rôles d'un style qui mêle élégance et passion *(La Ciociara,* 1960 ; *Mariage à l'italienne,* 1964, V. De Sica ; *la Comtesse de Hong-Kong,* 1967, C. Chaplin ; *Une journée particulière,* 1977, E. Scola).

Lorentz *(Hendrik Antoon),* physicien néerlandais (Arnhem 1853 - Haarlem 1928). Sa théorie électronique de la matière décrit le comportement individuel des électrons et complète la théorie macroscopique de Maxwell. Pour interpréter le résultat négatif de l'expérience de Michelson, il énonça les formules de transformation liant les longueurs, les masses et le temps de deux systèmes en mouvement rectiligne uniforme l'un par rapport à l'autre. (Prix Nobel 1902.)

Lorenz *(Edward Norton),* météorologue américain (West Hartford, Connecticut, 1917). Mathématicien, il a appliqué à la prévision météorologique la modélisation et les techniques informatiques. Ses travaux ont mis en évidence les phénomènes liés à la théorie du chaos et à la non-prédictibilité des systèmes dynamiques, notion vulgarisée sous le nom de « effet papillon ».

Lorenz *(Konrad),* éthologiste et zoologiste autrichien (Vienne 1903 - Altenberg, Basse-Autriche, 1989). Un des fondateurs de l'éthologie moderne, il a approfondi la notion d'empreinte et développé une théorie sur les aspects innés et acquis du comportement. Il s'est aussi interrogé sur les fondements biologiques de l'ordre social *(Il parlait avec les mammifères, les oiseaux et les poissons,* 1949 ; *l'Agression,* 1963 ; *Essais sur le comportement animal et humain,* 1965 ; *les Huit Péchés capitaux de notre civilisation,* 1973.) [Prix Nobel 1973.]

Lorenzaccio, drame en 5 actes, en prose, d'A. de Musset (1834), qui met en scène le meurtre d'Alexandre de Médicis par son cousin Lorenzo. Alexandre tué, Florence se hâte de se donner un nouveau maître, et Lorenzo, dont la tête est mise à prix, est assassiné à Venise. Ce drame est le chef-d'œuvre du drame romantique français.

Lorenzetti *(les frères),* peintres italiens : **Pietro** (Sienne v. 1280 - *id.* 1348 ?) et **Ambrogio** (documenté à Sienne de 1319 à 1347). S'écartant de la pure élégance gothique, ils innovent en empruntant à l'exemple de Giotto et de la sculpture toscane (retables ; fresques de Pietro dans la basilique inférieure d'Assise, d'Ambrogio au Palais public de Sienne [*Effets du bon et du mauvais gouvernement*]).

Lorestan ou **Luristan,** région montagneuse de l'Iran, dans le Zagros, au sud de Kermanchah. Ce pays est célèbre pour la richesse du mobilier funéraire en bronze (parures, armes, pièces d'harnachement de chevaux) qui y fut découvert. La production, échelonnée du IIIe millénaire av. J.-C., est remarquable à partir du XIIIe s. av. J.-C. par la puissance de sa stylisation animalière.

Lorient, ch.-l. d'arr. du Morbihan, sur la ria formée par les embouchures du Scorff et du Blavet ; 61 630 hab. *(Lorientais) ;* l'agglomération compte plus de 120 000 hab. Important port de pêche. Conserveries. Constructions mécaniques. — Musée de la Mer. — Port militaire et, à l'ouest, base aéronavale de Lann-Bihoué.

Lorin *(René),* ingénieur et inventeur français (? 1877 - Paris 1933). Il est l'inventeur du concept de statoréacteur (1907).

Lorme *(Marion de)* [Baye, Champagne, 1611 - Paris 1650], femme célèbre par sa beauté et ses aventures galantes. Elle est l'héroïne d'un drame de V. Hugo, *Marion de Lorme* (1831).

Lorrain ou **Le Lorrain** *(Claude Gellée, dit Claude),* peintre français (Chamagne, diocèse de Toul, 1600 - Rome 1682). C'est à

Rome, où il acquiert l'essentiel de sa formation auprès du paysagiste A. Tassi (élève de P. Bril), qu'il mène sa carrière et bâtit sa réputation. Observateur passionné de la nature, il mêle réalisme et idéalisation dans des paysages, genre alors mineur, où les effets de lumière, la vibration de l'air et les lointains composent l'atmosphère poétique (*Port de mer au soleil couchant*, 1639, Louvre). Néanmoins, les sujets mythologiques ou bibliques ne sont pas un simple prétexte dans son œuvre, et les personnages s'intègrent selon un sentiment harmonieux de la fable aux plans rigoureusement construits de ses compositions (*le Jugement de Pâris*, v. 1645, Nat. Gal. of Art, Washington). L'exceptionnelle qualité synthétique de ses dessins (études d'après nature ; travaux préparatoires ; répliques de tableaux formant le *Liber veritatis* du British Museum), tout autant que son style pictural, a justifié sa célébrité et son influence, notamment en Angleterre.

Lorraine, Région de l'est de la France groupant les dép. suivants : Meurthe-et-Moselle, Meuse, Moselle et Vosges ; 23 547 km² ; 2 305 726 hab. (*Lorrains*) ; ch.-l. *Metz*.

GÉOGRAPHIE

■ **Le milieu naturel.** La Lorraine est une région de plateaux s'élevant sur l'Est vosgien et dominant avec les Côtes de Moselle et les Côtes (ou Hauts) de Meuse, des vallées orientées S.-N. Elle possède un climat frais et assez humide. Elle est moyennement peuplée, avec une densité proche du chiffre national. Deux des départements, la Moselle et la Meurthe-et-Moselle, sont urbanisés et anciennement industrialisés. Ils sont reliés par la vallée de la Moselle, axe de peuplement et de circulation. Les deux autres départements, Vosges et surtout Meuse, sont demeurés plus ruraux. L'élevage bovin y domine notamment pour le lait.

■ **L'économie et la population.** La région est longtemps apparue comme l'un des bastions de l'industrie française. Mais ses bases ont vacillé, qu'il s'agisse du minerai de fer, pénalisé par sa faible teneur, de la sidérurgie en crise, après avoir été négligée au profit des sites maritimes, du textile vosgien ou même du charbon. Les opérations de reconversion (implantation de la construction automobile surtout) n'ont pas compensé ce déclin et la population a récemment légèrement diminué, surtout dans la Meuse et les Vosges, les départements déjà les moins peuplés. Pourtant la Région dispose d'atouts. Limitrophe de la Belgique, du Luxembourg et de l'Allemagne, c'est un carrefour assez bien valorisé par les voies de communication, avec notamment un quadrillage autoroutier. Elle possède aussi un certain potentiel touristique : parc régional de Lorraine, parties des parcs régionaux des Vosges du Nord et des Ballons des Vosges. Elle souffre cependant de l'absence de grande ville, Metz et Nancy sont plus rivales que complémentaires, de celle d'industries de pointe, partiellement liée à un développement relativement tardif des équipements scientifiques et culturels.

HISTOIRE

À partir du VIᵉ siècle, la région fut le cœur de l'Austrasie (cap. *Metz*). Le traité de Verdun (843) l'attribue à Lothaire Iᵉʳ. Lors du partage de 855, elle revient à Lothaire II, pour qui est créé le royaume de Lotharingie. Ce royaume, disputé entre la France et la Germanie, est intégré au royaume de Germanie (925) dont il constitue un duché. Vers 960, la Lotharingie est divisée en Haute-Lotharingie (futur duché de Lorraine) et Basse-Lotharingie (futur duché de Brabant). Le duché de Lorraine est déchiré à partir du XIVᵉ siècle entre les influences rivales de la France, de la Bourgogne et du Saint Empire. La France s'empare des Trois-Évêchés, Metz, Toul et Verdun, en 1552. Elle fait céder en 1766 la Lorraine, qui avait été attribuée en 1738 à Stanislas Leszczyński, beau-père de Louis XV. En 1871, une partie de la Lorraine (aujourd'hui département de la Moselle) est annexée par l'Allemagne (→ **Alsace-Lorraine**). Ce territoire fait retour à la France en 1919. Il est à nouveau annexé par l'Allemagne de 1940 à 1944, alors que le reste de la Lorraine est occupé jusqu'à la Libération.

Lorraine belge → **Gaume.**

Lorre (*László Lœwenstein*, dit *Peter*), acteur de cinéma allemand d'origine hongroise (Rosenberg, auj. Ružomberok, Slovaquie 1904 - Hollywood 1964). Révélé par son rôle dans *M le Maudit* (1931), il interpréta, aux États-Unis, la série des *Mr. Moto* (1937 à 1940), *le Faucon maltais* (1941), *Casablanca* (1943), *Arsenic et Vieilles dentelles* (1944). En 1951, il réalise en Allemagne un film antinazi, *Un homme perdu.*

Lorris (*Guillaume de*) → **Guillaume de Lorris.**

Los Alamos, localité des États-Unis (Nouveau-Mexique). — La première bombe atomique y fut assemblée en 1945.

Los Angeles, port des États-Unis (Californie) ; 3 485 398 hab. (8 863 164 dans l'agglomération, la deuxième des États-Unis, avec d'importantes minorités, notamment hispanophone et noire). Construite selon un plan en damier, la ville s'étend sur une centaine de kilomètres d'O. en E. Hollywood est son plus prestigieux quartier. Centre culturel et artistique (universités, musées), financier et industriel. — Musée d'Art (LACMA), à vocation universelle ; musée d'Art contemporain (MOCA).

Los Angeles Times, quotidien américain fondé en 1881, qui appartient au groupe *Times Mirror*.

Loschmidt *(Joseph)*, physicien autrichien (Putschirn, auj. dans Karlovy Vary, 1821 - Vienne 1895). Il a donné en 1865 une première évaluation du nombre d'Avogadro, mais ses principaux travaux ont porté sur la théorie cinétique des gaz et la thermodynamique.

Losey *(Joseph)*, cinéaste américain (La Crosse, Wisconsin, 1909 - Londres 1984). Moraliste lucide et intransigeant, contraint par le maccarthysme à l'exil, il acquit en Grande-Bretagne une réputation internationale : *The Servant* (1963), *Accident* (1967), *le Messager* (1971), *Monsieur Klein* (1976), *Don Giovanni* (1979).

Lot *(le)*, riv. du Massif central et du bassin d'Aquitaine, née près du mont Lozère et affluent de la Garonne (r. dr.) ; 480 km. Il passe à Mende, Cahors et Villeneuve-sur-Lot.

Lot [46], dép. de la Région Midi-Pyrénées, formé par la majeure partie du Quercy ; ch.-l. de dép. *Cahors* ; ch.-l. d'arr. *Figeac, Gourdon* ; 3 arr., 31 cant., 340 comm. ; 5 217 km^2 ; 155 816 hab. *(Lotois)*. Il est rattaché à l'académie de Toulouse, à la cour d'appel d'Agen et à la région militaire Atlantique.

Lot ou **Loth**, personnage biblique, neveu d'Abraham. Établi à Sodome, il échappa à la destruction de la ville. L'histoire de sa femme, changée en statue de sel pour avoir regardé en arrière, est une explication populaire des blocs salins aux formes étranges des bords de la mer Morte.

Lot-et-Garonne [47], dép. de la Région Aquitaine ; ch.-l. de dép. *Agen* ; ch.-l. d'arr. *Marmande, Nérac, Villeneuve-sur-Lot* ; 4 arr., 40 cant., 317 comm. ; 5 361 km^2 ; 305 989 hab. Il est rattaché à l'académie de Bordeaux, à la cour d'appel d'Agen et à la région militaire Atlantique.

Lothaire Ier (795 - Prüm 855), empereur d'Occident (840-855), fils de Louis Ier le Pieux. Il se révolta contre son père, à la mort duquel il voulut garder l'intégralité de l'Empire pour lui-même. Mais il se vit imposer par ses frères le partage de Verdun (843), qui ne lui laissa

que la dignité impériale et un royaume étriqué, étendu de l'Italie à la Frise.

Lothaire III (v. 1075-1137), empereur germanique (1125-1137). Il s'appuya sur les Guelfes pour lutter contre Conrad III de Hohenstaufen.

Lotharingie, royaume créé pour Lothaire II (855-869). Étendue des Vosges à la Frise, la Lotharingie fut divisée après 960 en Haute-Lotharingie, future Lorraine, et en Basse-Lotharingie, qui se réduisit au duché de Brabant.

Lothian, région de l'Écosse au sud du golfe de Forth. Ch.-l. *Édimbourg.*

Loti *(Julien* Viaud, dit Pierre*)*, écrivain français (Rochefort 1850 - Hendaye 1923). Les pays où le mena sa carrière d'officier de marine (Japon, Sénégal, Tonkin, Turquie) ont inspiré le style impressionniste de ses romans d'où se dégage, à travers l'exotisme, une atmosphère de désenchantement : *le Mariage de Loti* (1880), *Pêcheur d'Islande* (1886), *Madame Chrysanthème* (1887), *Ramuntcho* (1897). [Acad. fr. 1891.]

Lotto *(Lorenzo)*, peintre italien (Venise 1480 - Lorette 1556). Artiste tourmenté, à la vie vagabonde (Trévise, les Marches, Bergame, Venise), il est l'auteur de retables et de portraits qui unissent intensité expressive et poésie subtile *(Gentilhomme dans son cabinet de travail,* Accademia de Venise ; *Saint Lucie devant le juge,* Iesi [Marches]).

Louba ou **Luba**, peuple du Zaïre, parlant une langue bantoue.

Loubet *(Émile)*, homme d'État français (Marsanne, Drôme, 1838 - Montélimar 1929). Président du Conseil (1892) puis du Sénat (1896-1899), il fut président de la République (1899-1906) et contribua au rapprochement de la France avec l'Italie et la Grande-Bretagne.

Loucheur *(Louis)*, homme politique français (Roubaix 1872 - Paris 1931). Ministre du Travail et de la Prévoyance sociale (1926-1930), il fit voter, en 1928, une loi relative à l'aide de l'État aux constructions d'habitations à bon marché.

Loudéac, ch.-l. de c. des Côtes-d'Armor ; 10 569 hab. Forêt. Agroalimentaire.

Loudun, ch.-l. de c. de la Vienne ; 8 204 hab.

Lougansk, de 1935 à 1990 Vorochilovgrad, v. d'Ukraine, dans le Donbass ; 497 000 hab. Centre houiller et industriel.

Louhans, ch.-l. d'arr. de Saône-et-Loire, dans la Bresse, sur la Seille ; 6 581 hab. *(Louhannais)*. Marché. — Église en partie des XIVe-

xve siècles, hôtel-Dieu des xviie-xviiie siècles (pharmacie), ensemble de maisons anciennes.

SAINT

Louis de Gonzague *(saint),* novice jésuite italien (Castiglione delle Stiviere 1568 - Rome 1591), mort au service des pestiférés. Patron de la jeunesse.

BAVIÈRE

Louis Ier de Wittelsbach (Strasbourg 1786 - Nice 1868), roi de Bavière (1825-1848). Il fit construire à Munich de nombreux monuments néoclassiques. Sa liaison avec Lola Montez l'obligea à abdiquer en faveur de son fils Maximilien II. **Louis II de Wittelsbach** (Nymphenburg, Munich, 1845 - lac de Starnberg 1886), roi de Bavière (1864-1886). Fils aîné de Maximilien II, il fit construire des châteaux fantastiques (dont Neuschwanstein) et se consacra au mécénat en faveur de Wagner. Considéré comme fou, il fut interné et se noya.

EMPIRE CAROLINGIEN

Louis Ier le Pieux ou **le Débonnaire** (Chasseneuil 778 - près d'Ingelheim 840), empereur d'Occident (814-840).Fils et successeur de Charlemagne, il s'appuya sur l'Église et contribua à l'essor de la renaissance carolingienne. Par l'*Ordinatio Imperii* (817), il régla sa succession entre ses fils Lothaire — qu'il associa à l'Empire —, Pépin et Louis. Mais son mariage avec Judith de Bavière (819) et la naissance de Charles le Chauve (823), en compromettant le règlement de 817, provoquèrent la révolte de ses trois premiers fils.

Louis (Versailles 1729 - Fontainebleau 1765), Dauphin de France. Fils de Louis XV et de Marie Leszcyńska, il fut tenu à l'écart des affaires. De son mariage avec Marie-Josèphe de Saxe, il eut neuf enfants, dont les futurs Louis XVI, Louis XVIII et Charles X.

FRANCE

Louis, nom porté par des rois appartenant à la dynastie carolingienne : **Louis Ier** → **Louis Ier le Pieux, empereur carolingien. Louis II le Bègue** (846 - Compiègne 879), roi de France (877-879). **Louis III** (v. 863 - Saint-Denis 882), roi de France (879-882). **Louis IV d'Outremer** (v. 921 - Reims 954), roi de France (936-954). **Louis V le Fainéant** (v. 967 - Compiègne 987), roi de France (986-987).

Louis VI le Gros (v. 1080 - Paris 1137), roi de France (1108-1137). Fils de Philippe Ier et de Berthe de Hollande, aidé par Suger, il

rétablit l'ordre dans le domaine royal, combattit Henri Ier, roi d'Angleterre et duc de Normandie, et repoussa en 1124 l'empereur germanique Henri V, avec l'aide de tous les grands vassaux du royaume.

Louis VII le Jeune (1120 - Paris 1180), roi de France (1137-1180). Fils de Louis VI, il participa à la deuxième croisade prêchée par saint Bernard (1147-1149) et soutint le pape Alexandre III contre Frédéric Barberousse. En 1152, il répudia Aliénor d'Aquitaine. Celle-ci épousa Henri II Plantagenêt, à qui elle apporta en dot le duché d'Aquitaine. Louis VII fut dès lors en conflit permanent avec Henri II, qui avait accédé au trône d'Angleterre en 1154. Aidé du conseiller de son père, Suger, il renforça son autorité au sein du domaine royal.

Louis VIII le Lion (Paris 1187 - Montpensier, Auvergne, 1226), roi de France (1223-1226). Fils de Philippe Auguste et d'Isabelle de Hainaut, époux de Blanche de Castille, il vainquit Jean sans Terre (1214) et le poursuivit en Angleterre. Devenu roi, il enleva aux Anglais le Poitou, la Saintonge, l'Angoumois, le Limousin, le Périgord et une partie du Bordelais, participa à la croisade contre les albigeois et soumit une partie du Languedoc.

Louis IX ou **Saint Louis** (Poissy 1214 ou 1215 - Tunis 1270), roi de France (1226-1270).

■ **L'œuvre intérieure.** Fils de Louis VIII, il règne d'abord sous la régence de sa mère Blanche de Castille, qui tient tête aux vassaux révoltés et qui le marie à Marguerite de Provence (1234). Puis il gouverne seul à partir de 1242. Ayant triomphé d'une nouvelle révolte des barons du Midi et de l'Ouest, il poursuit l'œuvre administrative centralisatrice de ses prédécesseurs et assure la supériorité de la justice royale sur celle des seigneurs, en systématisant la procédure d'enquête et en faisant prévaloir l'idée d'une justice d'appel. Il jette ainsi les bases du parlement et de la Cour des comptes.

■ **La politique extérieure.** Après avoir battu Henri III d'Angleterre à Taillebourg et à Saintes (1242), il met fin, momentanément, au conflit franco-anglais en signant le traité de Paris (1259), par lequel Henri III se reconnaît vassal du roi de France, mais comme duc d'Aquitaine seulement. Un an auparavant, un compromis a été conclu avec le roi d'Aragon, au terme duquel la France renonce au Roussillon et à Barcelone. Partisan de la paix, Louis IX soutient timidement les entreprises italiennes de son frère Charles d'Anjou. Mais, prince chrétien, il n'hésite pas, en 1248, à se lancer dans la septième croisade : ayant rassemblé une flotte à Aigues-Mortes, il s'embarque pour l'Égypte. Battu à Mansourah, fait prisonnier (1250), il n'est libéré qu'en échange d'une lourde rançon, après avoir passé quatre ans en Syrie. Le roi organise une nouvelle croisade en 1270. Mais, peu après le débarquement des croisés en Afrique du Nord, il meurt d'une maladie épidémique sous les murs de Tunis.

■ **La sainteté.** En dehors du royaume, la réputation de sagesse et de sainteté de Louis IX fut telle que de nombreux souverains d'Europe réclamèrent son arbitrage. Profondément pieux, Louis IX a vécu dans la prière et le jeûne, et il fut canonisé dès 1297 par Boniface VIII.

Louis X le Hutin (Paris 1289 - Vincennes 1316), roi de France (1314-1316) et de Navarre (Louis Ier). Fils de Philippe IV le Bel et de Jeanne de Navarre, il fut contraint par les nobles du royaume de confirmer les chartes qui précisaient leurs droits et coutumes. Il fit, par ailleurs, exécuter sa femme Marguerite de Bourgogne, accusée d'adultère.

Louis XI (Bourges 1423 - Plessis-lez-Tours 1483), roi de France (1461-1483). Fils et successeur de Charles VII, physiquement disgracieux et de personnalité complexe, il a attisé, sous le règne de son père, l'opposition de la haute noblesse. Mais les initiatives qu'il prend dès le début de son règne lui aliènent les membres de cette noblesse.

■ **La lutte contre Charles le Téméraire.** Charles le Téméraire devient son ennemi implacable après le rachat des villes de la Somme. Il est, en 1465, à la tête de la ligue du Bien public, unissant contre Louis XI une partie importante de la noblesse. La bataille indécise de Montlhéry (1465) amène le roi à composer. Mais, en raison du soutien qu'il a secrètement accordé à la révolte de Liège, Louis XI est gardé prisonnier (1468) par Charles le Téméraire qui l'oblige à signer un traité que le roi s'empresse, à peine libéré, de ne pas respecter (1468). Cependant, Charles, duc de Bourgogne depuis 1467, menace l'Alsace, la Lorraine, la Champagne, se gagnant même, un moment, l'alliance des Anglais. Louis XI, après avoir neutralisé cette alliance (traité de Picquigny, 1475), tisse autour du Téméraire un réseau d'intrigues et d'intérêts à partir de ceux que lèse la politique bourguignonne (cantons suisses, villes du Rhin, duc de Lorraine...). Charles est battu à Grandson et à Morat en Suisse (1476) et tué devant Nancy (1477). Sa mort permet à Louis XI d'occuper le duché et le comté de Bourgogne, ainsi que la Picardie et l'Artois ; en 1482, le traité d'Arras entérine la plupart de ces acquisitions, complétées de l'Anjou et de la Provence.

■ **La politique intérieure.** Louis XI limite les pouvoirs des grands corps politiques et administratifs, met au pas le clergé et la noblesse, et poursuit la réorganisation de l'armée royale, entreprise par Charles VII. Il favorise par ailleurs l'essor de l'économie, dont il assure le redressement au lendemain de la guerre de Cent Ans. Il introduit l'industrie de la soie à Lyon et à Tours, et crée de nouvelles foires, notamment à Lyon.

Louis XII (Blois 1462 - Paris 1515), roi de France (1498-1515). Fils de Charles d'Orléans et de Marie de Clèves, il participe à la révolte des grands seigneurs contre la régence d'Anne de Beaujeu et est fait prisonnier en 1488. Libéré, il se rallie à Charles VIII, son cousin, et combat en Italie (1494-95). Au décès de ce dernier, mort sans héritier, il accède au trône de France, réunissant au domaine royal les duchés d'Orléans et de Valois. Puis il fait casser son mariage avec Jeanne, fille de Louis XI, et épouse Anne de Bretagne, veuve de Charles VIII, afin que le duché de Bretagne n'échappe pas à la France. À l'extérieur, il poursuit la guerre en Italie. Il revendique, en tant que petit-fils de Valentine Visconti, le duché de Milan, qu'il conquiert (1499-1500). Puis il entre à Naples (1501), après un accord avec Ferdinand d'Aragon. Expulsés de Naples par les Espagnols en 1504, les Français conservent encore le Milanais. Mais Louis XII se heurte à une puissante coalition réunie contre lui par le pape Jules II. Après la mort en 1512 de Gaston de Foix, il doit abandonner le Milanais et même faire face à l'invasion du royaume par les Anglais et les Suisses. Traitant séparément avec le pape, l'Angleterre et l'Espagne, il parvient à faire la paix (1514). Veuf, il épouse Marie d'Angleterre la même année. Il meurt en laissant la couronne à son cousin François (Ier), qu'il a unie à sa fille Claude.

Louis XIII le Juste (Fontainebleau 1601 - Saint-Germain-en-Laye 1643), roi de France (1610-1643). Fils d'Henri IV et de Marie de Médicis, il règne d'abord sous la régence de sa mère, qui laisse le pouvoir à Concini. Celui-ci est assassiné en 1617, à l'instigation du roi, et remplacé par Luynes. Alors se produisent de nouvelles révoltes des grands, appuyés par la reine mère, et une nouvelle guerre de Religion, marquée par le siège de Montauban (1621). Après la mort de Luynes (1621) et plusieurs années de troubles (1621-1624), le roi donne le pouvoir à Richelieu, dont il suit les conseils malgré les intrigues de sa mère et de Gaston d'Orléans (journée des Dupes, 1630). À l'intérieur, Louis XIII et son ministre travaillent à rétablir l'autorité royale en créant le corps des intendants, développent le commerce et la marine, et luttent contre les protestants et les féodaux. Toutefois, en engageant la France dans la guerre de Trente Ans (1635), ils déséquilibrent le budget : les impôts et la misère provoquent des jacqueries sanglantes. De son mariage avec l'infante Anne d'Autriche (1615) Louis XIII eut deux fils, Louis (XIV) et Philippe d'Orléans.

Louis XIV (Saint-Germain-en-Laye 1638 - Versailles 1715), roi de France (1643-1715), fils de Louis XIII et d'Anne d'Autriche. Âgé de 5 ans à la mort de son père, il subit l'influence de sa mère, régente, et celle de Mazarin, principal ministre d'État, et est profondément marqué par les événements de la Fronde (1648-1653). À la mort de Mazarin (1661), le jeune roi qui, l'année précédente, a épousé l'infante Marie-Thérèse, manifeste sa volonté d'assumer le pouvoir, en monarque absolu.

Aidé de Colbert, il s'attelle à l'unification et à la centralisation du gouvernement et de l'administration. Écartant le haut clergé et la noblesse d'épée, il choisit un petit nombre de collaborateurs parmi la noblesse de robe et la bourgeoisie. L'ambitieux Fouquet écarté (1664), Louis XIV s'appuie sur quelques dynasties ministérielles sûres dont les Colbert et les Le Tellier (M. Le Tellier, Louvois). Les provinces sont quant à elles étroitement contrôlées par une armature administrative, dont les intendants constituent l'élément le plus solide.

Chef de l'Église de France, le roi, fortement influencé par sa seconde épouse, Mme de Maintenon (1683), exige en matière religieuse la même soumission générale.

Un long conflit l'oppose à la papauté, particulièrement aigu sous Innocent XI (1676-1689), à propos de la régale (droit royal sur les nominations et les biens d'Église). S'érigeant cependant en défenseur de la foi catholique, Louis XIV use contre les protestants de la répression systématique (dragonnades). Plus encore, il révoque en 1685 l'édit de Nantes, mettant fin à l'existence légale du protestantisme en France et provoquant, du même coup, un exode massif

des réformés. Le roi obtient ensuite l'appui de la papauté dans sa lutte contre le quiétisme et le jansénisme (bulle *Unigenitus*, 1713).

Protecteur des lettres, des arts et des sciences, Louis XIV les met au service exclusif de sa gloire. Son règne est marqué par une floraison exceptionnelle d'écrivains (Molière, Racine, Boileau...) et d'artistes (Le Brun, Le Nôtre, Hardouin-Mansart), qui font de Paris et de Versailles, où la cour se fixe en 1682, les hauts lieux de la culture et de l'art classiques en Europe.

Outre l'appétit de gloire et de prestige de Louis XIV, les motivations de sa politique belliqueuse sont : le renforcement des frontières stratégiques du royaume, la défense du catholicisme en Europe, les prétentions à la couronne d'Espagne. Disposant d'une diplomatie et d'une armée sans rivales, le roi trouve en Vauban un preneur et un constructeur de places fortes hors du commun. Dès 1667, il rompt avec l'Espagne qui, à l'issue de la guerre de Dévolution (1667-68), doit lui céder douze places fortes de Flandre ; la guerre de Hollande (1672-1679) lui permet d'élargir ses conquêtes en Flandre et dans le Hainaut et d'acquérir la Franche-Comté. Fort de ses succès, il pratique la politique des « réunions » (1679-1684), annexant en pleine paix Montbéliard, des villes de la Sarre et du Luxembourg, proclamant sa souveraineté sur l'Alsace, occupant Strasbourg. L'Europe, alors, se ligue contre la France. La guerre de la ligue d'Augsbourg (1688-1697) l'oblige à rendre une partie de ses conquêtes dans l'Est. La guerre de la Succession d'Espagne (1701-1714), jalonnée de durs revers, voit la France menacée d'invasion (1708). Les traités d'Utrecht et de Rastatt (1713-14), en obligeant Louis XIV à reconnaître la séparation des couronnes de France et d'Espagne et à céder une partie de ses colonies canadiennes à l'Angleterre, marquent la fin de l'hégémonie française. Le royaume de France est alors dans un grand délabrement : menace de banqueroute, misère des classes populaires victimes des crises de subsistances, de la famine, des épidémies, déclin de la vie économique consécutif aux guerres.

Soucieux de gloire et d'étiquette, le Roi-Soleil, qui s'est donné passionnément à son « métier de roi », est devenu le symbole de l'absolutisme monarchique, qu'il a profondément accentué, en soumettant notamment la noblesse. S'il a considérablement renforcé les frontières du royaume, porté un temps la France au premier rang en

Europe et assuré à la culture française un prestige durable, il a laissé à son successeur un pays exsangue.

Louis de France, dit le Grand Dauphin, fils de Louis XIV et de Marie-Thérèse (Fontainebleau 1661 - Meudon 1711). Écarté des affaires par son père, marié à Marie-Anne de Bavière, il en eut trois fils, dont Louis, duc de Bourgogne, héritier du trône, qui mourut en 1712, et Philippe, duc d'Anjou, devenu Philippe V d'Espagne.

Louis XV (Versailles 1710 - *id.* 1774), roi de France (1715-1774), troisième fils de Louis, duc de Bourgogne, et de Marie-Adélaïde de Savoie, arrière-petit-fils de Louis XIV. Pendant sa minorité (1715-1723), Philippe, duc d'Orléans, neveu de Louis XIV, exerce la régence. Proclamé majeur en 1723, le roi laisse gouverner le duc d'Orléans jusqu'à sa mort (déc.) puis fait appel au duc de Bourbon, qui lui impose comme épouse Marie Leszczyńska. En 1726, Louis XV le remplace par le cardinal de Fleury, qui équilibre le budget et favorise l'essor économique du pays. À l'extérieur, le ministre de Louis XV conduit une politique de paix, fondée sur l'alliance anglaise et la réconciliation franco-espagnole. Mais, afin de soutenir son beau-père, Stanislas Leszczyński, le roi intervient dans la guerre de la Succession de Pologne (1733).

À la mort de Fleury (1743), Louis XV décide de gouverner sans Premier ministre. Le souverain jouit alors d'une réelle popularité et reçoit le surnom de « Bien-Aimé ». Mais il subit, dès 1745, l'influence de la marquise de Pompadour, maîtresse « déclarée » du roi, qui soutient les ministres réformateurs. Sur ses conseils, Louis XV appuie la politique de Machault d'Arnouville, qui crée en 1749 l'impôt du vingtième sur tous les revenus. Mais il recule dès 1751 devant les violentes protestations des privilégiés. À l'extérieur, la guerre de la Succession d'Autriche (1740-1748), pourtant marquée par une série de victoires françaises (Fontenoy, 1745), s'achève par la restitution par le roi de toutes ses conquêtes. En 1756, Louis XV opère un renversement des alliances par un accord avec l'Autriche et s'engage dans la guerre contre la Prusse et l'Angleterre (guerre de Sept Ans).

Il fait appel à Choiseul, qui dirige le pays de 1758 à 1770. La France connaît sous son ministère une réelle prospérité économique, mais il ne peut éviter la perte de l'Inde et du Canada, cédés à la Grande-Bretagne à la fin de la guerre de Sept Ans (1763). Le ministre

réorganise l'armée et la marine, réunit les duchés de Lorraine et de Bar à la France à la mort de Stanislas Leszczyński (1766), et acquiert la Corse, achetée à Gênes (1768). Mais il soutient les parlementaires qui s'opppposent à tous les projets de réforme fiscale visant à instaurer ou à augmenter les impôts pesant sur tous. Il est disgracié par le roi en 1770.

Louis XV confie alors le gouvernement au duc d'Aiguillon, à l'abbé Terray et au chancelier Maupeou (protégés par Mme du Barry, nouvelle favorite du roi). Avec eux, il va restaurer l'autorité royale et redresser la situation financière. En 1771, il supprime le parlement de Paris ; les magistrats deviennent des fonctionnaires payés par l'État. Il procède à des réformes financières et crée un impôt frappant tous les revenus. Après ces mesures, qui en outre visent à briser la puissance de la noblesse, le régime absolutiste semble rétabli.

Une forte prospérité économique et une brillante vie culturelle marquent le règne de Louis XV. Cependant, le divorce s'accentue entre la royauté et la nation. L'esprit critique développé par les philosophes sape le régime établi, les valeurs religieuses et le système social traditionnel.

Louis XVI (Versailles 1754 - Paris 1793), roi de France (1774-1791), puis roi des Français (1791-92). Fils du Dauphin Louis et de Marie-Josèphe de Saxe, petit-fils de Louis XV, il épouse en 1770 l'archiduchesse autrichienne Marie-Antoinette et succède en 1774 à Louis XV. Le jeune roi se révélera un velléitaire, soumis aux influences de son entourage, particulièrement à celle de la reine.

■ **Les tentatives de réformes.** Dès 1774, le roi renvoie Maupeou et Terray, et rappelle les parlements, dans un souci de conciliation. Le choix des nouveaux ministres s'avère heureux : Vergennes aux Affaires étrangères (de 1774 à 1787) et Turgot au contrôle des Finances. Mais les mesures prises (économies budgétaires, impôt sur tous les propriétaires fonciers) inquiètent les privilégiés, qui obtiennent du roi le renvoi de Turgot (1776). Sous son successeur, le banquier Necker, l'entrée de la France dans la guerre de l'Indépendance américaine provoque une nouvelle crise financière et pose à nouveau le problème de la réforme fiscale. Le compte rendu que Necker envoie au roi, révélant le gaspillage de la cour, provoque son renvoi (1781). Calonne, qui lui succède en 1783, se heurte rapidement à la résistance des privilégiés. Le roi le remplace par Loménie de Brienne (1787), confronté à l'opposition renforcée des notables et des parlementaires. Des émeutes éclatent en province pour soutenir les parlements que le roi a privés d'une partie de leur pouvoir. La crise du Trésor amène le roi à annoncer en août 1788 la convocation des États généraux pour le 1er mai 1789. Ce même mois, Loménie de Brienne est remplacé par Necker, qui rétablit dans leurs pleins droits les parlements.

■ **L'essai d'une monarchie constitutionnelle.** Appuyé sur la fraction la plus conservatrice de l'aristocratie, Louis XVI s'oppose aux initiatives révolutionnaires du tiers état. Après la prise de la Bastille, il est ramené de force à Paris lors de la marche sur Versailles (journées des 5-6 oct.). Bien que devenu monarque constitutionnel, il ne se sent pas lié par le serment de fidélité prêté à la nation et à la Constitution lors de la fête de la Fédération (14 juill. 1790), et fonde ses espoirs sur les émigrés et une intervention étrangère. Mais sa fuite échoue à Varennes (20-21 juin 1791). Décidé à la « politique du pire », il forme un ministère girondin (mars 1792) qui déclare la guerre à l'Autriche. Il oppose son veto à deux décrets de l'Assemblée et renvoie les ministres girondins (juin).

■ **La chute de la royauté.** Après l'insurrection du 10-Août, Louis XVI est suspendu puis incarcéré au Temple. Le 21 septembre 1792, un décret de la Convention nationale abolit la royauté et proclame la République. Au cours de son procès, le roi est accusé de conspiration contre la liberté publique et la sûreté générale de l'État. Sa culpabilité est votée à la quasi-unanimité, et la peine de mort, prononcée par 387 voix contre 334 (17 janv.). Louis XVI est guillotiné le 21 janvier 1793. Sa mort, digne et courageuse, provoque une immense émotion dans les cours européennes et suscite la formation de la Ire coalition.

Louis XVII (Versailles 1785 - Paris 1795), fils de Louis XVI et de Marie-Antoinette, Dauphin en 1789 à la mort de son frère aîné. Enfermé avec sa famille au Temple, à Paris, il succomba au manque d'hygiène. Les doutes émis sur sa mort suscitèrent des impostures dont celle, célèbre, de Naundorff.

Louis XVIII (Versailles 1755 - Paris 1824), roi de France (1814-15, 1815-1824). Petit-fils de Louis XV, fils du Dauphin Louis et de Marie-Josèphe de Saxe, époux de Louise de Savoie et comte de Provence, il émigre dès juin 1791 et réside successivement à Coblence, Vérone, puis en Grande-Bretagne. La chute de l'Empire (avr. 1814) lui permet de rentrer à Paris, où Talleyrand a préparé le rétablissement des Bourbons sur le trône de France. Sans prestige personnel, il a suffisamment d'intelligence pour sentir qu'en rejetant tout l'héritage de la Révolution et de l'Empire il perdrait à jamais sa dynastie. Aussi, dès le début de la Restauration, il octroie la Charte de 1814, instaurant une monarchie constitutionnelle. Après l'épisode des Cent-Jours, durant lequel il se réfugie à Gand, il restaure à nouveau la monarchie. Il dissout en 1816 la Chambre « introuvable » dominée par les ultraroyalistes et s'efforce dès lors de pratiquer une politique modérée avec le duc de Richelieu, puis une politique libérale avec E. Decazes, Premier ministre en 1818. Mais, après l'assassinat du duc de Berry (1820), il se sépare de Decazes, prend de nouvelles mesures réactionnaires et fait appel à Villèle. (→ **Restauration**).

GERMANIE

Louis Ier (ou II) le Germanique (v. 805 - Francfort-sur-le-Main 876), roi des Francs orientaux (817-843), roi de Germanie (843-876). Fils de Louis le Pieux, il obligea Lothaire Ier à accepter le partage de Verdun (843), lui attribuant la *Francia orientalis,* ou Germanie, à laquelle il ajouta, en 870, la Lotharingie orientale.

HONGRIE

Louis Ier le Grand (Visegrád 1326 - Nagyszombat, auj. Trnava, 1382), roi de Hongrie (1342-1382) et de Pologne (1370-1382), fils de Charles Ier Robert, de la maison d'Anjou. Il favorisa l'essor économique et culturel de la Hongrie, et mena deux campagnes en Italie contre Jeanne Ire de Naples et Louis de Tarente (1347-48, 1350). **Louis II** (Buda 1506 - Mohács 1526), roi de Hongrie et de Bohême (1516-1526). Il fut vaincu par les Ottomans et tué à Mohács.

SAINT EMPIRE

Louis IV de Bavière (Munich 1287 - Fürstenfeld 1347), roi des Romains (1314-1346), empereur germanique (1328-1346). Il fut excommunié par Jean XXII, à qui il opposa un antipape, Nicolas V. Il eut une politique d'expansion au Brandebourg, en Hollande, en Zélande et en Frise.

SICILE

Louis Ier (Vincennes 1339 - Bisceglie 1384), duc d'Anjou (1360-1384), roi de Sicile, comte de Provence et de Forcalquier (1383-84). Fils de Jean II le Bon, roi de France, il fut désigné par Jeanne Ire de Sicile pour lui succéder. **Louis II** (Toulouse 1377 - Angers 1417), roi titulaire de Naples, de Sicile et de

Jérusalem, duc d'Anjou, comte du Maine et de Provence (1384-1417). Héritier de Louis Ier, il réussit difficilement à se rendre maître de la Provence mais ne parvint pas à s'imposer à Naples. **Louis III** (1403 - Cosenza 1434), roi titulaire d'Aragon, de Naples, de Sicile, de Jérusalem, duc d'Anjou, comte de Provence (1417-1434). Il parvint difficilement à conquérir le royaume de Naples, hérité de son père Louis II, et le laissa à sa mort à son frère, René d'Anjou.

Louis (*Joseph Dominique, baron*), financier français (Toul 1755 - Bry-sur-Marne 1837). Plusieurs fois ministre des Finances sous la Restauration entre 1814 et 1819 et au début de la monarchie de Juillet (1831-32), il rétablit le crédit public en reconnaissant les dettes de l'Empire et simplifia la comptabilité officielle.

Louis (*Nicolas, dit Victor*), architecte français (Paris 1731- ? v. 1811). Il se perfectionna à Rome et donna, avec le Grand-Théâtre de Bordeaux (1773), un des prototypes de l'art néoclassique.

Louise de Marillac (*sainte*), religieuse française (Paris 1591 - *id.* 1660). Veuve en 1625 d'un conseiller au parlement, Antoine Le Gras, elle collabora aux œuvres de charité de saint Vincent de Paul et fonda avec celui-ci la congrégation des Filles de la Charité, dont elle fut la première supérieure.

Louise de Mecklembourg-Strelitz (Hanovre 1776 - Hohenzieritz 1810), reine de Prusse. Elle épousa (1793) Frédéric-Guillaume III, futur roi de Prusse, et soutint, après l'écrasement de la Prusse (1806), les ministres réformateurs.

Louise de Savoie, régente de France (Pont-d'Ain 1476 - Grez-sur-Loing 1531). Fille de Philippe, duc de Savoie, et de Marguerite de Bourbon, épouse de Charles d'Orléans, elle fut la mère de Marguerite d'Angoulême, future reine de Navarre, et de François Ier. Elle exerça la régence à deux reprises (1515 et 1525), lors des campagnes en Italie de son fils. En 1529, elle négocia avec Marguerite d'Autriche la paix de Cambrai, ou paix des Dames.

Louise-Marie d'Orléans (Palerme 1812 - Ostende 1850), reine des Belges. Fille du roi Louis-Philippe, elle épousa en 1832 Léopold Ier.

Louis Harris and Associates, institut de sondages d'opinion créé à New York en 1956 par L. Harris.

Louisiane, *en angl.* Louisiana, État du sud des États-Unis, partie de l'ancienne colonie française du même nom ; 125 674 km^2 4 219 973 hab. Cap. *Baton Rouge.* **GÉOGR.** Les ressources minérales (pétrole et gaz naturel, soufre, sel) occupent maintenant la première place dans l'économie de cet État, au climat doux et humide, longtemps agricole (bois, élevage, soja, coton, riz). Les deux villes principales, La Nouvelle-Orléans et Baton Rouge, sont des ports importants. **HIST.** La Louisiane, occupée au nom de la France par Cavelier de La Salle en 1682, et baptisée de ce nom en l'honneur de Louis XIV, fut cédée par Bonaparte aux États-Unis en 1803.

Louis-Marie Grignion de Montfort (*saint*), missionnaire français (Montfort, Ille-et-Vilaine, 1673 - Saint-Laurent-sur-Sèvre, Vendée, 1716). Son action évangélisatrice a eu pour cadre l'ouest de la France. Il inspira la fondation d'une société religieuse, la Compagnie de Marie, dite des *Pères montfortains.*

Louis-Philippe Ier (Paris 1773 - Claremont, Grande-Bretagne, 1850), roi des Français (1830-1848). Fils de Louis-Philippe d'Orléans, dit Philippe Égalité, et de Louise-Marie de Bourbon-Penthièvre, le duc de Chartres grandit dans un milieu cosmopolite gagné aux idées libérales. Membre du club des Jacobins, il prend part aux combats de Valmy et de Jemmapes (1792), puis se réfugie à l'étranger en 1793. Il y épouse, en 1809, Marie-Amélie de Bourbon des Deux-Siciles. Rentré en France sous Louis XVIII, il est proclamé lieutenant général du royaume lors de la révolution de 1830, puis roi des Français (7/9 août) après la révision de la Charte. Il est dès lors le souverain de la monarchie de Juillet. Il confie tout d'abord le pouvoir aux hommes du « mouvement » (1831-32), c'est-à-dire aux partisans des réformes, puis il fait appel aux chefs du parti de la « résistance » (1832-1836), partisans du maintien de l'ordre établi. Après une succession de dix ministères, il trouve enfin en 1840 un homme de confiance, Guizot, et lui laisse pendant huit ans mener une politique autoritaire. Lors de la révolution de 1848, Louis-Philippe abdique (févr.) et se réfugie en Angleterre. (→ Juillet [monarchie de].)

Louisville, v. des États-Unis (Kentucky), sur l'Ohio ; 269 063 hab. — Musées.

Loupot (*Charles*), affichiste français (Nice 1892 - Les Arcs, Var, 1962). Il a élaboré un langage publicitaire clair et synthétique (*Galeries Barbès*, 1928 ; *St Raphaël*, à partir de 1937).

Louqsor ou **Louxor**, v. d'Égypte, sur le Nil ; 40 000 hab. Centre touristique. ARCHÉOL. La ville actuelle occupe l'emplacement du faubourg méridional de la Thèbes des pharaons. Elle abrite l'une des réalisations architecturales les plus parfaites du Nouvel Empire : le temple d'Amon, édifié par Aménophis III, célèbre pour les proportions harmonieuses et l'élégance de ses reliefs, décrivant les théogamies du roi et la fête d'Opet. L'ensemble était relié au complexe de Karnak par une allée bordée de sphinx à tête de bélier. Agrandi par Ramsès II, le temple était flanqué de deux obélisques, dont l'un orne la place de la Concorde à Paris. Musée.

Lourdes, ch.-l. de c. des Hautes-Pyrénées, sur le gave de Pau ; 16 581 hab. *(Lourdais).* Évêché (avec Tarbes). Électroménager. — Château médiéval (Musée pyrénéen). RELIG. Lieu de pèlerinage à la Vierge Marie, Lourdes doit sa célébrité aux apparitions dont celle-ci aurait gratifié, du 11 février au 16 juillet 1858, une enfant de quatorze ans, Bernadette Soubirous. Une basilique y fut construite en 1876 et une autre, souterraine, en 1958. Lourdes reçoit près de 4 millions de pèlerins par an.

Lourenço Marques → Maputo.

Lou Siun → Lu Xun.

Louvain, *en néerl.* Leuven, v. de Belgique, ch.-l. du Brabant flamand, sur la Dyle ; 85 018 hab. HIST. La célébrité de Louvain est liée en grande partie à son université, créée en 1425. Supprimée par l'État en 1830, elle fut reconstituée en 1835 comme université catholique. En 1968, la querelle linguistique provoqua la partition de l'université et l'installation de la section francophone près de Wavre (Ottignies-Louvain-la-Neuve). ARTS. Importants monuments du Moyen Âge (hôtel de ville de style gothique flamboyant, XVe s. ; collégiale St-Pierre, du même siècle, riche en œuvres d'art) et de l'époque baroque (église jésuite St-Michel, 1650-1671). Musée communal.

Louverture *(Toussaint)* → Toussaint Louverture.

Louvière (La), v. de Belgique (Hainaut) ; 76 432 hab. Métallurgie.

Louviers, ch.-l. de c. de l'Eure, sur l'Eure ; 19 047 hab. *(Lovériens).* Textiles. Disques. — Église des XIIIe-XVIe siècles. Musée.

Louvois *(François Michel* Le Tellier, *seigneur de Chaville, marquis* de), homme d'État français (Paris 1641 - Versailles 1691). Fils du chancelier Michel Le Tellier, associé à son père dès 1662 au secrétariat d'État à la Guerre, il fut, avec lui, le réorganisateur de l'armée française. Il améliora le recrutement, régularisa l'avancement, dota l'infanterie de la baïonnette, organisa un corps d'ingénieurs et des écoles de cadets. Il créa par ailleurs l'hôtel des Invalides afin d'y accueillir les militaires retraités. Véritable ministre des Affaires étrangères de 1672 à 1689, il dirigea une diplomatie brutale qui conduisit à l'attaque des Provinces-Unies (1672), à la politique des « réunions » à partir de 1679 et à la dévastation du Palatinat (1689). Il fut aussi l'instigateur des dragonnades, menées à l'encontre des protestants. Surintendant des bâtiments, arts et manufactures (1683), il se montra un mécène fastueux.

Louvre *(accords du),* accords négociés dans le Groupe des sept (G 7) pays les plus industrialisés (Canada, États-Unis, France, Italie, Japon, R. F. A. et Royaume-Uni), le 22 février 1987. Ces accords prévoient une harmonisation des politiques commerciales (visant notamment à stimuler la demande intérieure dans les pays ayant une balance commerciale excédentaire) ainsi qu'une action coordonnée en matière monétaire, en vue de stabiliser les taux de change.

Louvre *(palais,* puis *musée du),* ancienne résidence royale, à Paris (sur la rive droite de la Seine), commencée sous Philippe Auguste, continuée sous Charles V, François Ier, Catherine de Médicis, Henri IV, Louis XIII, Louis XIV, Napoléon Ier, achevée sous Napoléon III. Les principaux architectes du Louvre actuel ont été Lescot, Jacques II Androuet Du Cerceau, Lemercier, Le Vau, C. Perrault, Percier, Fontaine, Visconti, Lefuel. Devenu musée en 1791-1793, le palais abrite une des plus riches collections publiques du monde (sept départements : antiquités orientales ; antiquités égyptiennes ; antiquités grecques et romaines ; peintures ; sculptures ; objets d'art ; arts graphiques). Les collections de la seconde moitié du XIXe siècle ont été transférées en 1986 au musée d'Orsay. La « pyramide » de verre de I. M. Pei (1989) éclaire de nouveaux locaux, souterrains, qui constituent le point d'accueil principal du public. Le musée s'est encore agrandi en 1993 de l'aile « Richelieu », précédemment occupée par le ministère des Finances. Une autre aile du palais abrite le musée des Arts décoratifs.

Louxor → Louqsor.

Louÿs *(Pierre* Louis, dit Pierre), écrivain français (Gand 1870 - Paris 1925). Traducteur de Lucien, il se voulut alexandrin dans ses poèmes érotiques en prose (les *Chansons de*

Bilitis, 1894) qui inspirèrent Debussy. Il devint célèbre avec des romans de mœurs antiques (*Aphrodite*, 1896) et des contes satiriques (*les Aventures du roi Pausole*, 1901).

Lovecraft *(Howard Phillips),* écrivain américain (Providence, Rhode Island, 1890 - *id.* 1937). L'un des maîtres du fantastique, il eut une influence posthume considérable sur les écrivains de science-fiction (*la Couleur tombée du ciel*, 1927 ; *le Cauchemar d'Innsmouth*, 1936).

Lovelace, personnage de *Clarisse Harlowe*, roman de Richardson. Il campe le type du séducteur cynique.

Löw *(le rabbin Judah),* dit le **Maharal de Prague,** talmudiste et mathématicien tchèque (v. 1525 - Prague 1609). Il est à l'origine d'une théologie qui, unissant Aristote et Maimonide, annonce la dialectique hégélienne, et qui aura une influence considérable. Il est l'auteur d'une version de la légende du Golem.

Lowe *(sir Hudson),* général britannique (Galway 1769 - Chelsea 1844), geôlier de Napoléon à Sainte-Hélène.

Lowell *(Percival),* astronome américain (Boston 1855 - Flagstaff, Arizona, 1916). Il se consacra surtout à l'étude de la planète Mars qu'il pensait habitée et, à cette fin, il fonda à ses frais un observatoire près de Flagstaff (1894). Il prédit par le calcul l'existence d'une planète au-delà de Neptune (1915).

Lowie *(Robert Harry),* anthropologue américain d'origine autrichienne (Vienne 1883 - Berkeley, Californie, 1957). Il a écrit *Primitive Society* (1920) et s'est intéressé aux interactions entre folklore, religion et organisation sociale.

Lowlands (« Basses Terres »), dépression du centre de l'Écosse, qui regroupe la majorité de la population. C'est le cœur économique de l'Écosse, dominé à l'O. par Glasgow et à l'E. par Édimbourg.

Lowry *(Malcolm),* écrivain britannique (Birkenhead, Cheshire, 1909 - Ripe, Sussex, 1957). Son roman *Au-dessous du volcan* (1947) traduit, à travers une déchéance alcoolique, sa vision tragique de la vie.

Loyauté *(îles),* archipel français de l'Océanie, dépendance de la Nouvelle-Calédonie, formé de trois îles coralliennes (Ouvéa, Lifou et Maré) ; 2 095 km² ; 17 912 hab.

Lozère [48], dép. de la Région Languedoc-Roussillon ; ch.-l. de dép. *Mende ;* ch.-l. d'arr. *Florac ;* 2 arr., 25 cant., 185 comm. ; 5 167 km² ; 72 825 hab. *(Lozériens).* Il est rattaché à l'académie de Montpellier, à la cour d'appel de Nîmes et à la région militaire Méditerranée.

Lozère *(mont),* point culminant des Cévennes, dans le dép. du même nom ; 1 699 m.

Lozi ou **Rotsé,** population bantoue de Zambie.

Lualaba *(le),* nom du cours supérieur du Zaïre.

Luanda, cap. de l'Angola, sur l'Atlantique ; 1 134 000 hab.

Luba → Louba.

Lubac *(Henri de),* théologien jésuite français (Cambrai 1896 - Paris 1991). Cardinal en 1983, il est l'un des artisans du renouveau théologique (*Catholicisme, les aspects sociaux du dogme,* 1938 ; *Méditation sur l'Église,* 1953).

Lubbers *(Rudolf),* homme politique néerlandais (Rotterdam 1939). Chrétien-démocrate, il a été Premier ministre de 1982 à 1994.

Lubbock *(sir John),* lord **Avebury,** naturaliste, préhistorien et homme politique britannique (Londres 1834 - Kingsgate, Kent, 1913). Il a étudié notamment les insectes.

Lübeck, port d'Allemagne (Schleswig-Holstein), près de la Baltique ; 212 932 hab. Vieille cité hanséatique et centre industriel (métallurgie, agroalimentaire). — Fondée en 1143, ville impériale dès 1226, Lübeck fut à la tête de la Hanse de 1230 à 1535. — Imposants monuments en brique de la ville médiévale (hôtel de ville, église Notre-Dame, etc.). Musées.

Luberon ou **Lubéron** *(le),* chaîne calcaire du Vaucluse, au nord de la Durance ; 1 125 m. La montagne est englobée dans le *parc naturel régional du Luberon* (120 000 ha).

Lubin *(Germaine),* soprano française (Paris 1890 - *id.* 1979). Cantatrice à l'Opéra de Paris, elle fut la première Française à chanter à Bayreuth.

Lubitsch *(Ernst),* cinéaste américain d'origine allemande (Berlin 1892 - Hollywood 1947). Il se fait un nom dans le film historique avec *Carmen* et surtout *Madame du Barry* (1919) où les ruptures de ton (de l'humour à l'émotion pure) annoncent Renoir, Bergman et Truffaut. Il se fixe aux États-Unis, en 1923, où il réalise des films à grand spectacle, mais surtout des comédies sophistiquées, ironiques, frivoles, pétillantes et insolentes (c'est la « Lubitsch touch »). Celles-ci laissent deviner sa lucidité politique, à l'égard notamment du communisme

(*Ninotchka*, 1939) et du nazisme (*To Be or not To Be*, 1942). L'élégance et la pudeur de son style dissimulent souvent une certaine gravité : *Haute Pègre* (1932), *Sérénade à trois* (1933), *Ange* (1937), *Le ciel peut attendre* (1943), *la Folle Ingénue* (1946).

Lublin, v. de Pologne, ch.-l. de voïévodie, au sud-est de Varsovie ; 339 000 hab. Textile. Métallurgie. — Siège du gouvernement provisoire de la Pologne en 1918 et en 1944. — Nombreux monuments du XIVe au XVIIIe siècle.

Lublin (*Union de*) [1er juill. 1569], union de la Pologne et du grand-duché de Lituanie en une « république » gouvernée par un souverain élu en commun.

Lubumbashi, *anc.* Élisabethville, v. du Zaïre, ch.-l. du Shaba ; 451 000 hab. Centre de l'industrie du cuivre.

Luc (*saint*), selon la tradition chrétienne, compagnon de saint Paul, auteur du troisième Évangile et des Actes des Apôtres. L'Évangile qu'on lui attribue, très littéraire et soucieux d'information historique, reprend dans ses grandes lignes celui de Marc et insiste particulièrement, comme les Actes des Apôtres, sur l'universalisme du message de Jésus. Il s'adresse à des chrétiens d'origine païenne et non palestinienne.

Lucain, *en lat.* Marcus Annaeus Lucanus, poète latin (Cordoue 39 - Rome 65), neveu de Sénèque le Philosophe. Compromis dans la conspiration de Pison, il s'ouvrit les veines. Il est l'auteur d'une épopée sur la lutte entre César et Pompée (*la Pharsale*, v. 60).

Lucanie, région de l'Italie ancienne, qui s'étendait du golfe de Tarente à la Campanie, habitée par une population proche des Samnites.

Lucas (*Robert E.*), économiste américain (Yakima, Washington, 1937). Professeur à l'université de Chicago, il est l'auteur de travaux sur les anticipations rationnelles qui ont profondément modifié l'analyse macroéconomique. (Prix Nobel 1995.)

Lucas de Leyde, peintre et graveur néerlandais (Leyde 1489 ou 1494 - *id.* 1533). Élève à Leyde du maniériste gothique Cornelis Engebrechtsz., il a peint des panneaux de genre, bibliques et religieux, et a gravé, surtout sur cuivre, des planches qui, à la fois capricieuses et très abouties, firent de lui un rival de Dürer.

Lucayes (*îles*) → **Bahamas.**

Lucerne, *en all.* Luzern, v. de Suisse, ch.-l. du canton du même nom, au bord du lac des Quatre-Cantons ; 61 034 hab. (plus de 150 000 dans l'agglomération). Station touristique. (Le canton couvre 1 492 km2 et compte 326 268 hab.) — Ville pittoresque ; nombreux monuments du Moyen Âge à l'époque baroque. Kunstmuseum et autres musées.

Lucien de Samosate, écrivain grec (Samosate, Syrie, v. 125 - v. 192). Esprit incisif, frondeur et satirique à l'égard de la religion, de l'art et des valeurs établies (*Dialogue des morts, Assemblée des dieux*), il est l'auteur de contes fantastiques (*Lucius ou l'Âne, Histoire vraie*) pleins de fantaisie.

Lucien Leuwen, roman de Stendhal, inachevé, publié en 1894.

Lucifer, nom qui, signifiant en latin « porte-lumière », désigna d'abord le Christ dans les premiers siècles de l'Église, puis Satan dans la tradition patristique et surtout à partir du Moyen Âge. En effet, on en vint alors à appliquer au prince des démons le passage d'Isaïe (XIV, 12) sur la chute du roi de Babylone. Ainsi, pour le christianisme, c'est par sa révolte contre Dieu que Lucifer, l'ange de lumière, est devenu Satan.

Lucilius (*Caius*), poète latin (Suessa Aurunca v. 180 - Naples v. 102 av. J.-C.), créateur de la satire romaine.

Luckner (*Nicolas, comte*), maréchal de France (Cham, Bavière, 1722 - Paris 1794). Il commanda successivement les armées du Rhin (1791), du Nord et du Centre (1792). Nommé général en chef, soupçonné de trahison, il fut arrêté et exécuté.

Lucknow, v. de l'Inde, cap. de l'Uttar Pradesh ; 1 642 134 hab. Métallurgie. Textile.

Luçon ou **Luzon,** la plus vaste (108 172 km2) et la plus peuplée (21 millions d'hab.) des îles des Philippines. Les massifs montagneux, parfois volcaniques, sont coupés de fossés d'effondrement (plaine de Cagayan au nord, plaine centrale autour de Manille). Dans l'ouest, une saison sèche d'hiver suit la mousson d'été, tandis que dans l'est règne un climat subéquatorial. La riziculture, partout présente, est complétée par des cultures commerciales (cocotier, abaca, tabac, canne à sucre). Gisements de chrome, d'or et de cuivre. La vie urbaine est dominée par Manille. Luçon fut occupée par les Japonais de 1942 à 1944.

Lucques, *en ital.* Lucca, v. d'Italie (Toscane), ch.-l. de prov. ; 86 188 hab. Huilerie. — Remparts des XVe-XVIe siècles. Églises romanes et gothiques à arcatures pisanes, riches en œuvres d'art. Musées.

Lucrèce (m. v. 509 av. J.-C.), femme romaine qui se tua après avoir été violée par un fils de Tarquin le Superbe. Selon la légende, cet événement déclencha la révolte qui mit fin à la royauté à Rome.

Lucrèce, en lat. Titus Lucretius Carus, poète latin (Rome ? v. 98-55 av. J.-C.), auteur du *De natura rerum,* épopée inspirée de la science et de la philosophie épicuriennes. Le poète y expose, sur un mode poétique, sa morale du plaisir, ou bien suprême, et discerne dans la peur de la mort l'entrave principale au bonheur de l'homme.

Lucrèce Borgia → Borgia.

Lucullus *(Lucius Licinius),* général romain (v. 106 - v. 57 av. J.-C.). Il dirigea avant Pompée la guerre contre Mithridate (74-66) ; il est resté célèbre pour son raffinement gastronomique.

Lucy, nom familier donné à un squelette d'australopithèque gracile vieux de 3 millions d'années, trouvé dans la Rift Valley éthiopienne en 1974. (On écrit aussi *Lucie.*)

Lüda, conurbation de Chine (Liaoning) à l'extrémité de la péninsule du Liaodong, regroupant Dalian et Port-Arthur.

Ludendorff *(Erich),* général allemand (Kruszewnia, Posnanie, 1865 - Tutzing, Bavière, 1937). Chef d'état-major de Hindenburg sur le front russe (1914), puis son adjoint au commandement suprême (1916-1918), il imposa la guerre sous-marine à outrance et dirigea la stratégie allemande en 1917-18. Élève de Schlieffen, il apparaît comme l'un des plus habiles manœuvriers de la Première Guerre mondiale. La manœuvre de Tannenberg et des lacs Mazures (août 1914) révèle une conception stratégique napoléonienne fondée sur la recherche de l'anéantissement du gros des forces adverses par enveloppement. Profondément influencé par Clausewitz, il s'en détache et rejette ses théories dans son célèbre ouvrage *la Guerre totale* (1935), où il ne sépare pas guerre et politique. Selon Ludendorff, le conflit moderne exige la mobilisation de toute la population, une préparation de temps de paix, la soumission de l'économie à la guerre et la réunion de tous les pouvoirs entre les mains du commandant en chef. Violemment critiquée pour ses excès et pour ses connotations idéologiques racistes, sa théorie a exercé une très forte influence pendant et après la Seconde Guerre mondiale tant en Allemagne qu'en France et en Union soviétique.

Ludhiana, v. de l'Inde (Pendjab) ; 1 012 062 hab. Centre textile.

Ludovic Sforza le More (Vigevano 1452 - Loches 1508), duc de Milan (1494-1500). Il obtint le Milanais avec l'aide de la France, mais l'avènement de Louis XII ruina son pouvoir. Capturé à Novare (1500), il mourut interné en France.

Ludwigshafen am Rhein, v. d'Allemagne (Rhénanie-Palatinat), en face de Mannheim ; 159 567 hab. Centre chimique. — Musée Wilhelm-Hack (haut Moyen Âge, Moyen Âge, peinture moderne).

Luftwaffe (mot all. signif. arme aérienne), nom donné depuis 1935 à l'aviation militaire allemande.

Lugano, v. de Suisse (Tessin), sur le *lac de Lugano ;* 25 334 hab. Station climatique et centre de villégiature. — Cathédrale médiévale à façade Renaissance. Église S. Maria degli Angioli, du XVIe siècle (fresques de Bernardino Luini, 1529). Musées.

Lugdunum, nom latin de Lyon.

Lugné-Poe *(Aurélien Marie* Lugné, dit*),* acteur, directeur de théâtre et écrivain français (Paris 1869 - Villeneuve-lès-Avignon 1940). Fondateur du théâtre de l'Œuvre (1893), il fit connaître en France les grands dramaturges étrangers (Ibsen, Strindberg) et encouragea de jeunes auteurs belges (Crommelynck) ou français (H. Bataille, Claudel, Jarry).

Lugo, v. d'Espagne (Galice), ch.-l. de prov. ; 83 242 hab. — Enceinte en partie romaine (IIIe s.). Cathédrale des XIIe-XVIIIe siècles.

Lugones *(Leopoldo),* écrivain et homme politique argentin (Santa María del Río Seco 1874 - Buenos Aires 1938). Il est le principal représentant du « modernisme » dans son pays (*la Guerra gaucha,* 1905).

Lukács *(György),* philosophe et homme politique hongrois (Budapest 1885 - *id.* 1971). Membre du Parti communiste hongrois à partir de 1918, il a été ministre de la Culture en 1956 dans le gouvernement Nagy. Sa philosophie interprète les thèses de Marx dans une perspective humaniste (*Histoire et Conscience de classe,* 1923). Il s'est également attaché à fonder une esthétique marxiste (*l'Évolution du drame moderne,* 1908 ; *le Roman historique,* 1936 ; *Balzac et le réalisme français,* 1936).

Łukasiewicz *(Jan),* logicien et philosophe polonais (Lvov 1878 - Dublin 1956). Il a, le premier, énoncé une logique trivalente, admettant le vrai, le faux et le «indéterminé», cette dernière valeur étant à peu près synonyme de « indéterminé » et de « futur » (*Elements of Mathematical Logic,* 1929).

Luleå, port de Suède, sur le golfe de Botnie, à l'embouchure du *Lule älv* ; 68 412 hab. Exportation des bois et du fer. Aciérie.

Lulle (*bienheureux* Raymond*),* philosophe, théologien et poète catalan (Palma de Majorque 1233 ou 1235 - Bougie ou Palma 1315). Troubadour de renom à la cour de Majorque, il se consacre à partir de 1265 à la conversion des infidèles. Esprit encyclopédique, il écrit en arabe, en latin, en catalan de nombreux ouvrages de logique, d'ascétisme, de droit et de philosophie. Il veut provoquer des rencontres entre savants appartenant à des confessions différentes en vue de l'unification religieuse de l'humanité. Dans son *Ars magna,* somme de logique et d'apologétique, il se soucie de réconcilier la raison et la foi. Il a élevé la prose catalane au rang de langue littéraire.

Lully ou **Lulli** (*Jean-Baptiste*)*,* compositeur italien naturalisé français (Florence 1632 - Paris 1687). Arrivé en France en 1646, excellent violoniste, il gagne la confiance du jeune Louis XIV, qui le nomme compositeur de la musique de la Chambre et lui confie les ballets de cour. En 1661, il reçoit la charge de surintendant de la musique. De 1664 à 1670, il collabore avec Molière à des comédies-ballets, dont *le Bourgeois gentilhomme* (1670), et se tourne vers l'opéra. En collaboration avec Quinault, il crée en 1673, avec *Cadmus et Hermione,* un genre musical nouveau : la tragédie lyrique. Il en composera en moyenne une par an. Les plus célèbres sont : *Alceste* (1674), *Thésée* (1675), *Isis* (1677), *Amadis* (1684) et *Armide* (1686). Il a laissé également deux ballets, une pastorale, *Acis et Galatée* (1686), et de la musique religieuse : *Miserere* (1664), *Te Deum* (1677), *De profundis* (1683). Il domina la musique française en son temps, et son style influença Bach et Händel.

Lulu, opéra inachevé d'A. Berg, en un prologue et trois actes, sur un livret du compositeur, d'après Wedekind (créé à Zurich en 1937 ; puis achevé par F. Cerha, à Paris en 1979). Cette œuvre dodécaphonique se caractérise par un réalisme et une violence exceptionnels.

Lumet (*Sidney*)*,* cinéaste américain (Philadelphie 1924). Cinéaste des conflits, il a réalisé *Douze Hommes en colère* (1957), *l'Homme à la peau de serpent* (1960), *Un après-midi de chien* (1975), *le Prince de New York* (1981), *Family Business* (1989).

Lumière (*Louis*)*,* chimiste et industriel français (Besançon 1864 - Bandol 1948). Aidé de son frère **Auguste** (Besançon 1862 - Lyon 1954), il inventa le Cinématographe (1895), dont la première représentation eut lieu à Paris le 28 décembre de la même année, et pour lequel ils tournèrent de très nombreux films. On lui doit également la mise au point du premier procédé commercial de photographie en couleurs (procédé Autochrome, fondé sur la synthèse additive [1903]) et des travaux grâce auxquels il obtint le relief cinématographique (technique des anaglyphes [1935]).

Lumières (*siècle des*) ou **les Lumières,** mouvement philosophique qui domina le monde des idées en Europe au XVIIIe s. Rationaliste et anticartésienne, la philosophie des Lumières substitue l'empirisme à l'innéisme et la certitude des faits à l'évidence du cogito. Mettant en avant l'utilité et le bonheur individuel, critiquant les hiérarchies sociale et religieuse au nom d'un humanisme axé sur la valeur de l'individu, elle est aussi une idéologie politique dont l'expansion accompagne la montée de la bourgeoisie et le déclin de la féodalité. Les principaux représentants des Lumières sont en Grande-Bretagne J. Locke, D. Hume, I. Newton, en Allemagne C. Wolff, Lessing, Herder, en France Montesquieu, Voltaire, Diderot, J.-J. Rousseau, tous les encyclopédistes, Condillac et Buffon.

Lumumba (*Patrice*)*,* homme politique congolais (Katako Kombé 1925 - Élisabethville 1961). Il milita pour l'indépendance du Congo belge (Zaïre). Premier ministre en 1960, il lutta contre la sécession du Katanga, région méridionale du pays. Destitué en 1961, il fut assassiné.

Luna (*Álvaro* de*),* connétable de Castille (Cañete 1388 - Valladolid 1453), ministre et favori du roi Jean II. La noblesse obtint sa disgrâce. Il fut décapité.

Lund, v. de la Suède méridionale ; 87 681 hab. Université. — Importante cathédrale romane (1080-1145) à voûtes gothiques ; horloge astronomique du XIVe siècle. Musées (archéologie, histoire, arts et traditions populaires ; musée de plein air).

Lundegårdh (*Henrik*)*,* botaniste suédois (Stockholm 1888 - Penningby 1969), auteur de travaux sur la photosynthèse, le cycle du gaz carbonique, etc.

Lundström (*Johan Edvard*)*,* industriel suédois (Jönköping 1815-1888). Il est l'inventeur (1852) de l'allumette de sûreté, dite « suédoise ».

Lüneburg, v. d'Allemagne (Basse-Saxe), dans les *landes de Lüneburg* ; 60 937 hab. — Hôtel de ville des XIIIe-XVIIIe siècles, églises gothiques, maisons anciennes aux appareils décoratifs de brique. Musée allemand du Sel.

Lünen, v. d'Allemagne, dans la Ruhr ; 86 363 hab. Ancienne ville hanséatique. Métallurgie.

Lunéville, ch.-l. d'arr. de Meurthe-et-Moselle, sur la Meurthe ; 22 393 hab. *(Lunévillois).* Constructions mécaniques et électriques. Textile. Faïence. — En 1801 y fut conclu, entre la France et l'Autriche, un traité confirmant celui de Campoformio et consacrant l'accroissement de la puissance française en Italie. — Château ducal par Boffrand (1702 ; musée) ; église St-Jacques, à décor rocaille, par Boffrand et Héré (1730).

Luoyang, v. de Chine (Henan) ; 171 000 hab. — Berceau de la culture chinoise depuis le néolithique. Nombreux vestiges reflétant son passé de capitale impériale (temple *Baimasi* fondé en 68, avec la célèbre pagode érigée sous les Tang et restaurée sous les Song). Musée. Dans les environs, grottes de Longmen.

Lupin *(Arsène),* type du gentleman cambrioleur créé, en 1905, par Maurice Leblanc.

Lurçat *(Jean),* peintre et cartonnier de tapisseries français (Bruyères, Vosges, 1892 - Saint-Paul-de-Vence 1966). Il a contribué, à partir des années 30, à rénover l'art de la tapisserie, en s'inspirant de sa phase médiévale *(le Chant du monde,* dix pièces, 1956-1965, Angers).

Lure, ch.-l. d'arr. de la Haute-Saône ; 10 049 hab. *(Lurons).* Textile. Chimie.

Lure *(montagne de),* chaîne calcaire des Alpes françaises du Sud, au sud-ouest de Sisteron ; 1 826 m.

Luristan → Lorestan.

Lusace, *en all.* Lausitz, région aux confins de l'Allemagne et de la République tchèque, culminant aux *monts de Lusace* (1 010 m).

Lusaka, cap. de la Zambie, à environ 1 300 m d'alt. ; 870 000 hab.

Lüshun → Port-Arthur.

Lusiades *(les),* poème épique de Camões (1572).

Lusignan, famille originaire du Poitou, qui fit souche dans l'Orient latin, notamment avec Gui de Lusignan, fondateur de la dynastie des Lusignan à Chypre, en 1192.

Lusitania, paquebot britannique qui fut torpillé près des côtes d'Irlande, le 7 mai 1915, par un sous-marin allemand. 1 200 personnes (dont 118 Américains) périrent dans le naufrage.

Lusitanie, ancienne région de la péninsule Ibérique couvrant, pour une part, l'actuel territoire du Portugal, devenue province romaine à partir d'Auguste.

Lustiger *(Jean-Marie),* prélat français (Paris 1926). Né de parents d'origine polonaise et israélite, prêtre en 1954, il est nommé archevêque de Paris en 1981 puis cardinal en 1983. (Acad. fr.)

Lutèce, ville de Gaule, capitale des Parisii, qui est devenue Paris.

Luther *(Martin),* théologien et réformateur allemand (Eisleben 1483 - *id.* 1546). C'est à la personnalité exceptionnelle de Luther et à sa doctrine que devaient se rallier tous les mouvements religieux qui allaient dans le sens de la protestation contre Rome (→ Réforme), notamment en France et à Genève avec Calvin, en Angleterre avec Henri VIII ou en Suisse avec les héritiers de Zwingli.

■ **L'initiateur de la Réforme.** Né dans une famille de petits bourgeois d'origine paysanne, Martin Luther entre en 1505 chez les augustins d'Erfurt. Ordonné prêtre en 1507, docteur en théologie en 1512 puis professeur à l'université de Wittenberg en 1513, il est un excellent moine, s'adonnant à la prière, à l'ascèse et au travail intellectuel. Son *Commentaire de l'Épître aux Romains* de saint Paul (1515-16) insiste sur la justification par la foi seule. Le développement de cette thèse formera la doctrine majeure de la Réforme : la foi seule sauve et non les œuvres ; le chrétien n'atteint le salut qu'en se sentant « toujours pécheur, toujours juste et toujours repentant ». Luther s'indigne alors contre les prédicateurs allemands qui, pour aider le pape Léon X à poursuivre la construction de la basilique Saint-Pierre de Rome, proposent aux fidèles, à prix d'argent, des « indulgences », c'est-à-dire la remise des peines qui sanctionnaient les péchés, et dénonce, le 31 octobre 1517, dans ses « 95 thèses », le principe même de cette pratique. À cette époque, néanmoins, il ne songe pas à quitter l'Église, désirant seulement lutter contre ses abus. Il se borne à défendre son projet de réforme en polémiquant contre des théologiens officiels, tel Cajetan. Mais Léon X en vient, en 1520, à condamner comme hérétiques, dans sa bulle *Exsurge Domine,* les positions du moine de Wittenberg.

■ **L'œuvre du réformateur.** Martin Luther publie alors, en 1520, trois ouvrages qu'on appelle les « grands écrits réformateurs » : le manifeste *À la noblesse allemande,* dans lequel il s'en prend à la suprématie romaine et développe la thèse d'un sacerdoce universel ; *la Captivité de Babylone,* où il conteste la doctrine romaine des sacrements, ne conservant que le baptême et l'eucharistie (la sainte Cène) ; enfin *De la liberté du chrétien,* où il formule une conception de l'Église comme communauté invisible, dépouillée de ses institutions et rassemblant seulement ceux qui vivent dans la vraie foi. Cité devant la diète impériale, à Worms, en 1521, et refusant de se rétracter, il est mis au ban de l'Empire ; ses écrits sont interdits et brûlés. Caché par son protecteur, Frédéric de Saxe, au château de la Wartburg, il entreprend alors une traduction de la Bible en allemand (qu'il achèvera en 1534). Revenu à Wittenberg en 1522, il doit lutter contre les déviations des anabaptistes et s'opposer à eux lors de la guerre des Paysans (1524-25). Il commence alors à organiser son Église, publie le *Petit Catéchisme* et le *Grand Catéchisme* (1529), réglemente la liturgie, polémique avec l'humaniste Érasme (*Du serf arbitre,* 1525). Lors de la diète d'Augsbourg (1530), il promulgue la *Confession d'Augsbourg,* dont il a confié la rédaction à son disciple Melanchthon et qui constitue — avec les *Articles de Smalkalde,* rédigés par Luther lui-même — la véritable charte doctrinale du luthéranisme. Marié en 1525 avec une ancienne religieuse, Katharina von Bora, dont il aura six enfants, le réformateur se consacrera jusqu'à sa mort à la prédication et à la consolidation de son œuvre. Les *Propos de table,* qui seront publiés par ses amis, sont des entretiens où s'expriment, plus librement que dans ses ouvrages théologiques, la personnalité complexe et la passion de cet homme de Dieu que fut Martin Luther.

Luton, v. de Grande-Bretagne, près de Londres ; 167 300 hab. Aéroport. Industrie automobile.

Lutosławski (Witold), compositeur polonais (Varsovie 1913 - *id.* 1994), auteur de très nombreuses œuvres, parmi lesquelles un *Concerto pour orchestre* (1954), *Trois Poèmes d'Henri Michaux* (1963), un *quatuor à cordes* (1964) et quatre *Symphonies.*

Lützen (batailles de), batailles qui eurent lieu au sud-ouest de Leipzig. L'une, le 16 novembre 1632, durant la guerre de Trente Ans, où Gustave-Adolphe battit les impériaux commandés par Wallenstein ; mais il y trouva la mort. L'autre, le 2 mai 1813, où Napoléon et Ney remportèrent une victoire sur les Russes et les Prussiens de Blücher.

Luxembourg, État de l'Europe occidentale ; 2 586 km² ; 380 000 hab. (*Luxembourgeois*). CAP. *Luxembourg.* LANGUES : *luxembourgeois, allemand* et *français.* MONNAIE : *franc luxembourgeois.*

GÉOGRAPHIE

Le pays se partage en deux grandes régions : le tiers nord (Ösling) appartient au plateau ardennais, tandis que le Sud (Gutland) est une partie du Bassin parisien, qui jouit d'un climat plus doux et de sols plus riches. Longtemps fondée sur l'extraction du fer (arrêtée) et la sidérurgie, l'économie s'est partiellement reconvertie : création de nouvelles branches (pneumatiques, plastiques, mécanique), développement du secteur tertiaire (banques, compagnies d'assurances, radio et télévision) parallèle à celui des institutions de la C. E. L'agriculture, orientée vers l'élevage, n'occupe que 5 % des actifs. La population (qui compte un fort pourcentage d'immigrés) stagne, en raison du faible taux de natalité. Le pays, exigu, est économiquement très lié à la conjoncture internationale. Endetté, le Luxembourg a également une balance commerciale déficitaire.

HISTOIRE

Issu du morcellement de la Lotharingie, le comté de Luxembourg est créé en 963 au sein du Saint Empire romain germanique.
1354. Le comté est érigé en duché par Charles IV de Luxembourg.
Le Luxembourg passe à la maison de Bourgogne (1441), à l'Espagne (1506) puis à l'Autriche (1714). Il est ensuite annexé par la France (1795).
1815. Le congrès de Vienne en fait un grand-duché lié aux Pays-Bas par la personne du roi, et membre de la Confédération germanique.
1831-1839. La moitié occidentale du grand-duché devient belge.
De ce démembrement naît le territoire du grand-duché tel qu'il existe aujourd'hui.
1867. Le traité de Londres en fait un État indépendant et neutre.
1890. La famille de Nassau devient famille régnante.
1914-1918. Le Luxembourg est occupé par les Allemands.
1919. La grande-duchesse Charlotte donne une Constitution démocratique au pays.
1939-1945. Nouvelle occupation allemande.
Après la Seconde Guerre mondiale, le Luxembourg devient membre du Benelux (1947), abandonne son statut de neutralité (1948), adhère au pacte de l'Atlantique Nord (1949)

et entre dans la C. E. E. (1957). À l'intérieur, la vie politique reste marquée par la prédominance du parti chrétien social.

Luxembourg, prov. du sud-est de la Belgique ; 4 418 km² ; 232 813 hab. Ch.-l. *Arlon.* La prov. s'étend presque entièrement sur l'Ardenne, ce qui explique la faiblesse relative de l'occupation humaine (densité voisine de 50 hab./km²), de l'urbanisation et de l'activité économique (élevage, exploitation de la forêt, tourisme).

Luxembourg, cap. du grand-duché de Luxembourg, sur l'Alzette ; 75 377 hab. Centre intellectuel, financier (Banque européenne d'investissement, notamment), administratif (Cour des comptes et Cour de justice des Communautés européennes) et industriel (métallurgie de transformation). — Restes de fortifications. Cathédrale des XVIIᵉ-XXᵉ siècles. Important musée d'État.

Luxembourg *(François Henri* de Montmorency-Bouteville, *duc* de), maréchal de France (Paris 1628 - Versailles 1695). Il dirigea la campagne de Hollande en 1672 et devint commandant en chef des armées de Flandre en 1680. Il y remporta tant de victoires et prit tant de drapeaux qu'on l'appela « le Tapissier de Notre-Dame ».

Luxembourg *(maisons de),* maisons qui régnèrent sur le Luxembourg à partir de 963 ; la troisième accéda à l'Empire (1308), aux trônes de Bohême (1310) et de Hongrie (1387). À la mort de Sigismond (1437), la majeure partie des possessions de celui-ci passa aux Habsbourg.

Luxembourg *(palais du),* à Paris, palais construit de 1612 à 1620, par S. de Brosse, pour Marie de Médicis, agrandi au XIXᵉ siècle ; Rubens en décora la galerie (cycle de peintures auj. au Louvre). Il est affecté au Sénat (bibliothèque décorée par Delacroix). Grand jardin public.

Luxemburg *(Rosa),* révolutionnaire allemande (Zamość, près de Lublin, 1870 - Berlin 1919). Leader, avec Karl Liebknecht, de la social-démocratie allemande, en désaccord avec Lénine sur la question de l'organisation du Parti, elle rédigea l'*Accumulation du capital* (1913). Emprisonnée pendant la guerre, elle fut membre à sa libération du groupe Spartakus. Elle fut assassinée lors de l'insurrection spartakiste.

Lu Xun ou **Lou Siun,** écrivain chinois (Shaoxing 1881 - Shanghai 1936). Il est le premier écrivain de la Chine moderne (*la Véridique Histoire de Ah Q,* 1921).

Luynes *(Charles, marquis* d'Albert, *duc* de), homme d'État français (Pont-Saint-Esprit

1578 - Longueville 1621). Favori de Louis XIII, il poussa au meurtre de Concini (1617) à qui il succéda comme chef du gouvernement. Devenu connétable en 1621, il lutta contre les huguenots.

Luzhou, v. de Chine (Sichuan) ; 289 000 hab. Chimie.

Luzi *(Mario),* écrivain italien (Florence 1914). Grand critique littéraire, il est l'auteur d'une œuvre poétique marquée par l'hermétisme (*la Barque,* 1935) et l'interrogation sur les limites du langage.

L. V. F. → Légion des volontaires français contre le bolchevisme.

Lvov, *en polon.* Lwów, en all. Lemberg, v. d'Ukraine, près de la Pologne ; 790 000 hab. Textile. Métallurgie. — La ville, fondée au XIIIᵉ siècle, appartint à la Pologne de 1349 à 1772 et de 1920 à 1939, à l'Autriche de 1772 à 1920 ; elle fut incorporée à l'U. R. S. S. en 1939. — Monuments religieux du XIIIᵉ au XVIIIᵉ siècle.

Lwoff *(André),* médecin et biologiste français (Ainay-le-Château, Allier, 1902 - Paris 1994). Chef du service de microbiologie à l'Institut Pasteur en 1938, il devient titulaire en 1959 de la chaire de microbiologie à la Sorbonne. En 1965, il reçoit le prix Nobel (avec F. Jacob et J. Monod) pour ses travaux de génétique microbienne.

Lyallpur → Faisalabad.

Lyautey *(Louis Hubert),* maréchal de France (Nancy 1854 - Thorey, Meurthe-et-Moselle, 1934). Il fut le collaborateur de Gallieni au Tonkin et à Madagascar (1894-1897). Résident général, il créa de 1912 à 1925 le protectorat français du Maroc, qu'il maintint aux côtés de la France pendant la Première Guerre mondiale. Parallèlement, il y poursuivit une œuvre politique, économique et sociale. Il fut ministre de la Guerre en 1916-17 et organisa l'Exposition coloniale de Paris (1927-1931).

Lycabette *(le),* colline de l'Attique, intégrée dans Athènes, au pied de laquelle était situé le *Lycée* (où s'élevait un temple d'Apollon Lycéen).

Lycaonie, ancien pays de l'Asie Mineure, dont la ville principale était Iconium (auj. Konya).

Lycie, ancienne région du sud-ouest de l'Asie Mineure, au sud du Taurus occidental (v. princ. *Xanthos,* auj. en Turquie).

Lycophron, poète grec (Chalcis fin du IVᵉ s. - début du IIIᵉ s. av. J.-C.). Son poème *Alexandra,* dont l'obscurité était proverbiale, rapporte les prophéties de Cassandre.

Lycurgue, législateur mythique de Sparte, à qui on attribua les sévères institutions spartiates (IXᵉ s. av. J.-C. ?).

Lycurgue, orateur et homme politique athénien (v. 390 - v. 324 av. J.-C.), allié de Démosthène contre Philippe II de Macédoine.

Lydie, royaume de l'Asie Mineure, dont la capitale était Sardes. Ses rois les plus célèbres furent Gygès et Crésus. La Lydie tomba au pouvoir des Perses en 547 av. J.-C.

Lyell (sir Charles), géologue britannique (Kinnordy, Écosse, 1797 - Londres 1875). Ses *Principes de géologie* (1833) exercèrent une grande influence, notamment sur Darwin. Lyell y fournit une histoire de la Terre, montre les inconvénients d'une interprétation trop littérale de la Bible, s'attaque à la théorie « catastrophiste », alors régnante, et préconise l'étude des phénomènes en action (théorie des causes actuelles, ou *actualisme*). Il essaie d'apprécier l'ancienneté relative des dépôts tertiaires d'après le pourcentage des espèces éteintes.

Lyly (John), écrivain anglais (Canterbury v. 1554 - Londres 1606). Il est l'auteur du roman *Euphues ou l'Anatomie de l'esprit* (1578), dont le style précieux devint le modèle de l'*euphuisme*.

Lynch (John, dit Jack), homme politique irlandais (Cork 1917), leader du Fianna Fáil, Premier ministre de 1966 à 1973 et de 1977 à 1979.

Lynden- Bell (Donald), astrophysicien britannique (Douvres 1935). Spécialiste de l'étude de la structure et de la dynamique des galaxies, il est le premier à avoir émis l'hypothèse, communément admise, de la présence de trous noirs très massifs au centre des quasars (1969).

Lyndsay ou **Lindsay** (sir David), poète écossais (près de Haddington v. 1490 - Édimbourg v. 1555). Auteur de la *Satire des trois États* (1540), il détermina un fort courant en faveur de la Réforme.

Lyon, ch.-l. de la Région Rhône-Alpes et du dép. du Rhône, au confluent du Rhône et de la Saône, à 460 km au S.-E. de Paris et à 314 km au N. de Marseille. 422 444 hab. *(Lyonnais).* GÉOGR. L'agglomération lyonnaise est la deuxième de France (env. 1 260 000 hab.). Elle s'est tôt développée comme carrefour entre les pays de la Méditerranée et ceux de la mer du Nord, s'ouvrant vers la Rhénanie par la Saône et la porte d'Alsace, vers la Suisse par le « haut » Rhône, vers l'Italie par les vallées et les cols alpestres. Cette situation est aujourd'hui matérialisée par une remarquable desserte autoroutière, ferroviaire (T. G. V.), aérienne (aéroport de Satolas) et même fluviale. L'ancienne capitale de la soie conserve de nombreuses industries (constructions mécaniques variées, chimie et textile notamment), mais le secteur tertiaire est aujourd'hui prépondérant. Lyon est un centre commercial (foires, entrepôts, etc.), financier, universitaire, militaire, judiciaire et religieux. HIST. Capitale de la Gaule Lyonnaise (27 av. J.-C.) puis de la Gaule romaine, *Lugdunum* (Lyon) fut christianisée dès le IIᵉ siècle. L'une des capitales des Burgondes (Vᵉ s.), commune indépendante en 1193, siège de deux conciles œcuméniques (1245, 1274), Lyon fut annexée au royaume de France en 1307. L'introduction de l'industrie de la soie (XVIᵉ s.) lui donna un nouvel essor. Châtiée par la Convention pour son royalisme (1793), la ville fut le théâtre de révoltes des ouvriers de la soie (canuts) [1831, 1834]. ARTS. Basilique romane St-Martin-d'Ainay, cathédrale gothique St-Jean (XIIᵉ-XVᵉ s. ; chœur roman) et autres églises médiévales. Demeures de la Renaissance et monuments des XVIIᵉ-XVIIIᵉ siècles (hôtel de ville, église St-Bruno, hôtel-Dieu construit par Soufflot). Importants musées, dont celui de la Civilisation romaine (colline de Fourvière), celui des Arts décoratifs, le musée historique des Tissus et le musée des Beaux-Arts, un des plus riches de France (dans le palais St-Pierre, anc. couvent du XVIIᵉ s.). Centre d'histoire de la Résistance et de la Déportation.

Lyonnais (monts du), massif de l'est du Massif central (alt. 700-900 m).

Lyonnaise, une des divisions de la Gaule romaine ; sa capitale était *Lugdunum* (Lyon).

Lyot (Bernard), astronome français (Paris 1897 - Le Caire 1952). Inventeur du coronographe (1930) et d'appareils pour l'étude de la polarisation de la lumière réfléchie par les surfaces planétaires, il est l'un de ceux qui ont le plus fait progresser, avant l'ère spatiale, la connaissance de la surface de la Lune et des planètes ainsi que de l'atmosphère du Soleil.

Lysandre, général spartiate (m. en 395 av. J.-C.). En 405 av. J.-C., il défit la flotte athénienne à l'embouchure de l'Aigos-Potamos, petit fleuve de Thrace, et prit Athènes (404), dont il fit raser les murs.

Lysias, orateur athénien (v. 440 - v. 380 av. J.-C.). Il fut l'adversaire des Trente. Son art oratoire est un modèle de l'atticisme.

Lysimaque, roi de Thrace (Pella v. 360 - Couroupédion, Lydie, 281 av. J.-C.). Lieutenant d'Alexandre, il se proclama roi en 306. Il fut tué par Séleucos Ier Nikatôr.

Lysippe, sculpteur grec (Sicyone v. 390 av. J.-C.). Essentiellement bronzier, il triomphe dans les types athlétiques, pour lesquels il crée un canon plus élancé que celui de Polyclète. Complexité du mouvement et spatialité annoncent l'art hellénistique (*Apoxyomène,* copie au Vatican ; *Hermès rattachant sa sandale,* copie au Louvre). Il collabora avec Léocharès à l'ex-voto de la *Chasse d'Alexandre,* à Delphes. Il a été le portraitiste officiel d'Alexandre (*Alexandre Azara,* Louvre).

Lyssenko (*Trofim Denissovitch),* biologiste et agronome soviétique (Karlovka, Poltava, 1898 - Moscou 1976). Il étudia la vernalisation. Ses idées erronées sur la transmission de caractères acquis furent promues théorie officielle par le pouvoir soviétique (jusqu'en 1955).

Lytton (*Edward George* Bulwer-Lytton, *baron),* romancier et homme politique britannique (Londres 1803 - Torquay 1873), auteur des *Derniers Jours de Pompéi* (1834).

Maaseik, v. de Belgique, ch.-l. d'arr. du Limbourg ; 21 326 hab.

Maasmechelen, comm. de Belgique (Limbourg) ; 34 143 hab.

Maastricht, v. des Pays-Bas, ch.-l. du Limbourg, sur la Meuse ; 117 417 hab. — Églises St-Servais et Notre-Dame, remontant aux Xe-XIe siècles ; trésor de St-Servais ; important musée provincial, dit « des Bons Enfants ».

Maastricht *(traité de)* [7 févr. 1992], traité signé par les États membres des Communautés européennes et créant l'Union européenne. Il prévoit le développement de l'Union économique et monétaire (introduction d'une monnaie unique avant 1999), adopte des dispositions concernant une politique étrangère et de sécurité commune, ainsi qu'une coopération en matière de police et de justice. Il institue en outre une citoyenneté européenne. Soumis à des procédures de ratification dans chaque État membre de la C. E. en 1992-93, il entre en vigueur — avec d'importantes clauses d'exception pour la Grande-Bretagne et le Danemark — le 1er novembre 1993.

Maazel *(Lorin),* chef d'orchestre américain (Neuilly 1930). Directeur de l'Opéra de Vienne (1982-1986), il a pris la direction musicale de l'orchestre national de France (1988-1991) et de l'orchestre de Pittsburgh.

Mabillon *(Jean),* bénédictin français (Saint-Pierremont 1632 - Paris 1707), moine de la congrégation de Saint-Maur, à Paris. On lui doit le *De re diplomatica* (1681), qui fonda la diplomatique (science relative aux actes et documents officiels).

Mably *(Gabriel* Bonnot de*),* philosophe et historien français (Grenoble 1709 - Paris 1785). Hostile aux physiocrates, il critique la notion de propriété et montre son mépris à l'égard du développement de la manufacture en raison du rôle qu'elle serait censée jouer sur l'esprit de luxe (*De la législation ou Principes des lois,* 1776 ; *Principes de morale,* 1784).

Mabuse → **Gossart** *(Jean).*

McAdam *(John Loudon),* ingénieur britannique (Ayr, Écosse, 1756 - Moffat 1836). Il est l'inventeur du système de revêtement des routes à l'aide de pierres cassées, dit « macadam ».

Macao, territoire portugais sur la côte sud de la Chine ; 16 km² ; 285 000 hab. Port. Centre industriel et touristique. — Possession du Portugal depuis 1557, il doit être rétrocédé à la Chine en 1999.

Macapá, port du Brésil, ch.-l. de l'Amapá ; 179 609 hab.

MacArthur *(Douglas),* général américain (Fort Little Rock 1880 - Washington 1964). Commandant en chef allié dans le Pacifique (1944-45), il reçut la capitulation du Japon puis commanda les forces de l'O. N. U. en Corée (1950-51).

Macassar → **Ujungpandang.**

Macaulay *(Thomas Babington),* historien et homme politique britannique (Rothley Temple 1800 - Campden Hill, Londres, 1859). Il est l'auteur d'une *Histoire d'Angleterre* (1848-1861) qui connut un énorme succès et lui valut la pairie.

Macbeth (m. en 1057), roi d'Écosse (1040-1057). Il parvint au trône par l'assassinat du roi Duncan Ier, mais il fut tué par le fils de ce dernier, Malcolm III. Son histoire a servi de trame au *Macbeth* de Shakespeare (v. 1605).

Maccabée, surnom qui, en hébreu, signifie « le marteau » et qui, lors du soulèvement juif de 167 av. J.-C., fut donné à Judas, fils du prêtre Mattathias, puis étendu aux membres de sa famille et aux gens de son parti. Mattathias avait déclenché la guerre sainte contre la politique du roi séleucide Antiochos IV Épiphane, lequel, pour unifier ses États, voulait imposer aux Juifs la culture grecque. Pour ceux-ci, cela revenait à renier la loi mosaïque. À la mort de Mattathias, ses fils prirent sa relève : d'abord Judas, puis Jonathan et Simon, dont le fils, Jean Hyrcan, fonda la dynastie sacerdotale des Asmonéens. Les deux livres des Maccabées qui retracent l'histoire de cette révolte contre l'hellénisation ne sont admis que par l'Église catholique.

McCarey *(Leo),* cinéaste américain (Los Angeles 1898 - Santa Monica 1969). Scénariste pour Laurel et Hardy, il réalisa son premier long métrage en 1929 et devint rapidement un spécialiste de la comédie à gags visuels et verbaux, où l'émotion trouve cependant toujours sa place : *Soupe au canard* (1933), *l'Extravagant Mr Ruggles* (1935), *Place aux jeunes* (1937), *Cette sacrée vérité* (1937), *la Brune brûlante* (1958).

McCarthy *(Joseph),* homme politique américain (près d'Appleton, Wisconsin, 1908 - Bethesda, Maryland, 1957). Sénateur républicain, il mena une virulente campagne anticommuniste à partir de 1949 *(maccartisme).* Il fut désavoué par le Sénat en 1954.

Macchiaioli (« tachistes »), nom donné, à l'occasion d'une exposition florentine de 1862, à un groupe de peintres italiens parmi les plus notables du XIXe siècle, d'inspiration antiacadémique et utilisant en général une technique de touche large, de valeurs chromatiques contrastées. Les plus connus de ces artistes, influencés notamment par l'avant-garde française (école de Barbizon, réalisme), sont Giovanni Fattori (1825-1908), Silvestro Lega (1826-1895), Telemaco Signorini (1835-1901), Giuseppe Abbati (1836-1868).

McCormick *(Cyrus Hall),* inventeur et industriel américain (comté de Rockbridge, Virginie, 1809 - Chicago 1884). Il mit au point la première faucheuse fabriquée en grande série et fonda en 1847 un important établissement produisant des machines agricoles.

McCullers *(Carson Smith),* femme de lettres américaine (Columbus, Géorgie, 1917 - Nyack, État de New York, 1967). Son œuvre, marquée par les thèmes du voyeurisme, de la mutilation, de la solitude, est une méditation sur l'innocence trahie et l'impossibilité de toute réelle communication humaine *(Le cœur est un chasseur solitaire,* 1940 ; *Reflets dans un œil d'or,* 1941 ; *la Ballade du café triste,* 1951).

Macdonald *(Alexandre),* maréchal de France, *duc* de Tarente (Sedan 1765 - Courcelles, Loiret, 1840). Il se distingua à Wagram (1809) et à Leipzig (1813), mais, en 1814, il poussa Napoléon à abdiquer et se rallia à Louis XVIII.

MacDonald *(James Ramsay),* homme politique britannique (Lossiemouth, Écosse, 1866 - en mer 1937). Leader du Parti travailliste (1911-1914, 1922-1937), il se montra partisan d'un socialisme réformiste. Chef du premier cabinet travailliste (1924), de nouveau au pouvoir à partir de 1929, il préconisa le désarmement et la coopération internationale. L'aggravation de la crise économique le força à former en 1931 un gouvernement de coalition. Il démissionna en 1935.

Macdonald *(sir John Alexander),* homme politique canadien (Glasgow 1815 - Ottawa 1891). Après la formation du dominion canadien, il en présida le premier cabinet (1867-1873). De nouveau au pouvoir (1878-1891), il assura la colonisation des Territoires du Nord-Ouest.

Macé *(Jean),* écrivain français (Paris 1815 - Monthiers, Aisne, 1894), fondateur de la Ligue française de l'enseignement.

Macédoine, région des Balkans, partagée entre la Grèce et la République de Macédoine principalement, débordant en Bulgarie. Ses limites géographiques sont : au N., la Šar Planina ; au S., l'Olympe ; à l'O., le massif de Ghrámmos ; à l'É., la basse vallée du Néstos. HIST. Les tribus de Macédoine sont unifiées au sein d'un royaume qui atteint son apogée sous les règnes de Philippe II (356-336 av. J.-C.) et d'Alexandre le Grand (336-323). À la mort de ce dernier, ses lieutenants et successeurs se disputent la Macédoine. Antigonos Gonatas (v. 320-240/239 av. J.-C.) s'empare en 276 du pays, qui est désormais gouverné par les Antigonides (276-168 av. J.-C.). Puis la victoire romaine de Pydna (168 av. J.-C.) met un terme à l'indépendance macédonienne. En 148 av. J.-C., la Macédoine devient romaine ; elle est rattachée au IVe s. apr. J.-C.

à l'Empire romain d'Orient. Les Slaves s'y établissent au VIIᵉ siècle. La Macédoine est conquise par les Ottomans en 1371 et n'est libérée de la domination turque qu'à l'issue de la première guerre balkanique (1912-13). La question du partage de la Macédoine oppose la Serbie, la Grèce et la Bulgarie au cours de la seconde guerre balkanique (1913). À son issue, les côtes reviennent à la Grèce, l'intérieur à la Serbie, la Bulgarie vaincue n'obtenant que la vallée de la Strumica. De 1915 à 1918, la région est le théâtre d'une opération menée par les Alliés contre les forces austro-germano-bulgares. En 1945 est créée la République fédérée de Macédoine au sein de la Yougoslavie. Celle-ci déclare son indépendance en 1991.

Macédoine, État d'Europe, dans les Balkans ; 25 700 km² ; 1 900 000 hab. *(Macédoniens).* CAP. *Skopje.* LANGUE : *macédonien.* MONNAIE : *dinar.*

GÉOGRAPHIE
Souvent montagneuse et entaillée par le Vardar, mais cependant urbanisée, la région, enclavée (comportant une minorité d'Albanais), juxtapose les activités extractives (plomb, zinc, chrome, fer) aux complexes agro-industriels.

HISTOIRE
Longtemps considérée comme un pays barbare par les Grecs, la Macédoine s'intégra peu à peu au monde grec. Les tribus de Macédoine sont unifiées au sein d'un royaume qui atteint son apogée sous Philippe II (356-336 av. J.-C.) et Alexandre le Grand (336-323). À la mort de ce dernier, ses lieutenants et successeurs se disputent la Macédoine.
276-168. Les Antigonides, dynastie fondée par Antigonos Gonatas (v. 320 av. J.-C. - 240/239 av. J.-C.), règnent sur le pays.
168. La victoire romaine de Pydna met un terme à l'indépendance macédonienne.
En 148 av. J.-C., la Macédoine devient province romaine ; elle est rattachée au IVᵉ s. à l'Empire romain d'Orient. Les Slaves s'y établissent au VIIᵉ s.
1371. Elle est intégrée à l'Empire ottoman.
1912-13. La première guerre balkanique la libère des Turcs.
1913. La question du partage de la Macédoine oppose la Serbie, la Grèce et la Bulgarie au cours de la seconde guerre balkanique.
1945. La République fédérée de Macédoine est créée au sein de la Yougoslavie.
1991. Elle proclame son indépendance. La Grèce est hostile à la constitution d'un État indépendant portant le nom de Macédoine.

1993. En butte à l'opposition de la Grèce à la constitution d'un État indépendant portant ce nom, la Macédoine est admise à l'O.N.U.
1994-95. La Grèce impose à la Macédoine un blocus économique avant de parvenir à un compromis.

Macédonienne *(dynastie),* famille byzantine qui, de 867 à 1057, donna à Byzance huit empereurs et deux impératrices.

Maceió, port du Brésil, cap. de l'Alagoas, sur l'Atlantique ; 628 209 hab.

Mach *(Ernst),* physicien et philosophe autrichien (Chirlitz-Turas, auj. Chrlice-Tuřany, Moravie, 1838 - Haar, près de Munich, 1916). Il a mis en évidence le rôle de la vitesse du son en aérodynamique et fait une étude critique des principes de la mécanique newtonienne, montrant en particulier que l'interaction entre deux masses ne pouvait s'étudier en faisant abstraction du reste de l'Univers. Sa philosophie des sciences soutient que seul existe ce qui peut être exprimé dans les lois expérimentales ; elle a eu une grande influence sur les premiers travaux d'Einstein concernant la relativité restreinte.

Mácha *(Karel Hynek),* écrivain tchèque (Prague 1810 - Litoměřice 1836). Son poème romantique *Mai* (1836) marque le début de la littérature tchèque moderne.

Machado *(Antonio),* poète espagnol (Séville 1875 - Collioure 1939). Il a chanté l'Andalousie et la Castille dans des recueils qui unissent les thèmes décadents à l'inspiration folklorique *(Solitudes,* 1903 ; *les Paysages de Castille,* 1912 ; *Nouvelles Chansons,* 1924).

Machado de Assis *(Joaquim Maria),* écrivain brésilien (Rio de Janeiro 1839 - id. 1908). Poète parnassien, il est surtout connu pour ses romans ironiques *(Quincas Borba,* 1891 ; *Dom Casmurro,* 1900).

Machault d'Arnouville *(Jean-Baptiste de),* homme d'État et financier français (Paris 1701 - id. 1794). Il fut contrôleur général des Finances (1745-1754), garde des Sceaux (1750) et ministre secrétaire d'État de la Marine (1754-1757). Il essaya d'établir l'égalité devant l'impôt, en créant un impôt du vingtième sur tous les revenus, nobles et roturiers.

Machaut *(Guillaume de)* → **Guillaume de Machaut.**

Machel *(Samora Moises),* homme d'État mozambicain (Madragoa 1933 - dans un accident d'avion 1986), premier président de la République du Mozambique (1975-1986).

Machiavel, *en ital.* Niccolo Machiavelli, homme politique, écrivain et philosophe italien (Florence 1469 - *id.* 1527). Secrétaire de la République de Florence, il remplit de nombreuses missions diplomatiques (en Italie, en France et en Allemagne) et réorganisa l'armée. Le renversement de la république par les Médicis (1513) l'éloigna du pouvoir. Il mit à profit cette retraite forcée pour écrire la majeure partie de son œuvre d'historien et d'écrivain : *le Prince* (1513, publié en 1532), *Discours sur la première décade de Tite-Live* (1513-1519), *l'Histoire de Florence* (1525), les comédies *la Mandragore* (1520) et *la Clizia* (1525). Machiavel ne se préoccupe pas de concevoir le meilleur régime possible : démasquant les prétentions de la religion en matière politique, il part des réalités contemporaines pour définir un « ordre nouveau » (moral, libre et laïque) où la raison d'État a pour objectif l'amélioration de l'homme et de la société.

Machu Picchu, ancienne ville inca, à 2 045 m d'altitude au-dessus de la vallée du río Urubamba (Pérou), près de Cuzco. Ignorée des conquérants espagnols, elle fut découverte en 1911. Ses quartiers d'habitation, palais, temples, systèmes hydrauliques et cultures en terrasse furent en usage, semble-t-il, après 1450.

Macina, région du Mali, traversée par le Niger et mise en valeur (cultures du riz et du coton) par l'Office du Niger.

Mackensen *(August* von*),* maréchal allemand (Haus Leipnitz, près de Wittenberg, 1849 - Burghorn, près de Celle, 1945). Il commanda les troupes austro-allemandes en Galicie, en Serbie (1915) et en Macédoine (1916-1918), où il fut battu par Franchet d'Esperey.

Mackenzie *(le),* fl. du Canada ; 4 600 km. Il naît dans les montagnes Rocheuses sous le nom d'Athabasca, traverse le Grand Lac de l'Esclave et se jette dans l'océan Arctique par un immense delta.

Mackenzie *(William Lyon),* homme politique canadien (près de Dundee, Écosse, 1795 - Toronto 1861). Journaliste d'opposition, député républicain, il tenta en 1837 de soulever le Haut Canada (auj. Ontario).

Mackenzie King *(William Lyon)* → **King.**

McKinley *(mont),* point culminant de l'Amérique du Nord (Alaska) ; 6 194 m.

McKinley *(William),* homme d'État américain (Niles, Ohio, 1843 - Buffalo, État de New York, 1901). Élu président des États-Unis (1896), il renforça le protectionnisme (tarifs McKinley) et développa une politique impérialiste (annexion des îles Hawaii, guerre hispano-américaine). Réélu en 1900, il fut assassiné par un anarchiste.

Mackintosh *(Charles Rennie),* architecte et décorateur britannique (Glasgow 1868 - Londres 1928). Il fut le leader, à l'époque de l'Art nouveau, d'une « école de Glasgow » dont les productions se singularisent, notamment, par leur élégante sobriété (mobilier, etc.). Il a construit l'École d'art de la ville (1897 et suiv.).

McLaren *(Norman),* cinéaste canadien d'origine britannique (Stirling, Écosse, 1914 - Montréal 1987). Il a mis au point une technique du dessin animé qui consiste à dessiner directement sur la pellicule et a utilisé les procédés les plus divers dans ses films d'animation : *Là-haut sur les montagnes* (1946), *les Voisins* (1952), *Blinkity Blank* (1954), *Pas de deux* (1968).

Maclaurin *(Colin),* mathématicien écossais (Kilmodan 1698 - Édimbourg 1746). Son *Traité des fluxions* (1742) est le premier exposé systématique des méthodes de Newton. On y trouve la série qui porte son nom.

Macleod *(John),* médecin britannique (près de Dunkeld, Écosse, 1876 - Aberdeen 1935). Établi au Canada, il fit d'importants travaux de chimie physiologique et participa à la découverte de l'insuline avec F. G. Banting. (Prix Nobel 1923.)

McLuhan *(Herbert Marshall),* sociologue canadien (Edmonton, Alberta, 1911 - Toronto 1980). Spécialiste des mass media, il pense que chaque culture se caractérise principalement par ses techniques de diffusion et de reproduction (*la Galaxie Gutenberg,* 1962 ; *Pour comprendre les médias,* 1964).

Mac-Mahon *(Edme Patrice, comte* de*),* duc de Magenta, maréchal de France et homme d'État français (Sully, Saône-et-Loire, 1808 - château de La Forêt, Loiret, 1893). Sous le second Empire, il se signale pendant les guerres de Crimée (prise de Malakoff) et d'Italie (victoire de Magenta, 1859), et est gouverneur général de l'Algérie de 1864 à 1870. Fait prisonnier lors de la guerre de 1870, il est libéré pour former l'armée de Versailles, qui écrasa la Commune de Paris (mai 1871). Après la chute de Thiers (24 mai 1873), il est élu président de la République avec l'aide des monarchistes, résolus à restaurer, à terme, la royauté. Avec le duc de Broglie comme Premier ministre, il établit un régime d'ordre moral. Mais les élections d'octobre 1877 à la Chambre, celles de janvier 1879 au Sénat étant favorables à la République, Mac-Mahon démissionne (30 janv. 1879).

McMillan *(Edwin Mattison),* physicien américain (Redondo Beach, Californie, 1907 - El Cerrito, Californie, 1991). Après avoir obtenu un nouvel élément chimique, le neptunium, et isolé le plutonium (1941), il a découvert le principe du synchrocyclotron. (Prix Nobel de chimie 1951.)

Macmillan *(Harold),* homme politique britannique (Londres 1894 - Birch Grove 1986). Député conservateur (1924), chancelier de l'Échiquier (1955), il devint Premier ministre en 1957 et démissionna en 1963.

Mâcon, ch.-l. du dép. de Saône-et-Loire, sur la Saône, à 393 km au sud-est de Paris ; 38 508 hab. *(Mâconnais).* Port fluvial. Centre commercial. Constructions mécaniques. — Hôtel-Dieu et demeures du XVIIIᵉ siècle. Musée municipal des Ursulines et musée Lamartine.

Mâconnais, partie de la bordure orientale du Massif central ; 758 m. Viticulture.

Mac Orlan *(Pierre Dumarchey, dit Pierre),* écrivain français (Péronne 1882 - Saint-Cyr-sur-Morin 1970), évocateur de la bohème et de l'aventure quotidienne ou exotique *(le Quai des brumes,* 1927 ; *la Bandera,* 1931).

Macpherson *(James)* → Ossian.

Macrobe, *en lat.* Ambrosius Theodosius Macrobius, écrivain latin (v. 400 apr. J.-C.), auteur d'un commentaire sur *le Songe de Scipion,* de Cicéron, et d'un ouvrage de compilation, les *Saturnales.*

Madách *(Imre),* écrivain hongrois (Alsósztregova 1823 - Balassagyarmat 1864), auteur du poème dramatique *la Tragédie de l'homme* (1861).

Madagascar, État constitué par une grande île de l'océan Indien, séparée de l'Afrique par le canal de Mozambique ; 587 000 km² ; 12 400 000 hab. *(Malgaches).* CAP. *Antananarivo.* LANGUES : *malgache et français.* MONNAIE : *franc malgache.*

GÉOGRAPHIE

L'île, plus vaste que la France, est longue de 1 600 km et large d'environ 500 km. Elle est parcourue par un ensemble de hautes terres qui s'élèvent abruptement au-dessus de la plaine orientale et s'abaissent plus doucement vers la côte ouest, où aboutissent les principaux fleuves. Le climat tropical se nuance en fonction de l'altitude et de la situation par rapport aux alizés : la côte est, au vent, est très arrosée et la côte ouest, sous le vent, l'est beaucoup moins. La population a été constituée par vagues successives (asiatique, africaine, arabe, chinoise) ; elle a un taux de croissance élevé, qui handicape le développement économique.

L'agriculture occupe environ 80 % des Malgaches, les terres cultivées ne représentant toutefois que 5 % de la superficie de l'île. Le riz, base de l'alimentation, vient en premier, mais sa production reste insuffisante. Parmi les cultures commerciales, le café fournit la moitié des exportations en valeur. Il est complété par les clous de girofle, la vanille et le cacao. Le troupeau bovin est important, mais doit être amélioré en qualité. La pêche se développe. Le pays dispose de quelques ressources minières, graphite, chromite, mica, uranium, et l'on prospecte les hydrocarbures. Le secteur industriel est très modeste (alimentation, textile), l'énergie hydroélectrique fournissant la moitié de la production d'électricité. Soutenu par la Banque mondiale, Madagascar a engagé d'importants investissements pour l'amélioration des transports et des communications ainsi que pour le développement de l'agriculture et des secteurs énergétiques et miniers. Fortement endetté, avec une balance commerciale déficitaire et dans un contexte social agité, le pays s'efforce de réintégrer les circuits économiques régionaux (renforcement des liens avec l'Afrique du Sud) et internationaux.

HISTOIRE

La population de l'île est issue d'un mélange de Négro-Africains et de Polynésiens. Dès le XIIᵉ s., des commerçants arabes s'installent sur les côtes de l'île.

1500. Les Portugais sont les premiers Européens à découvrir l'île.

1643. Fondation de Fort-Dauphin par les Français, qui l'abandonnent dès 1674.

L'île est alors divisée en royaumes à base tribale.

1787. L'un d'eux, l'Imerina (capitale Antananarivo), unifie l'île à son profit.

1817. Les Britanniques confèrent à Radama Iᵉʳ le titre de roi de Madagascar. Sous l'influence des missions catholiques et surtout protestantes, la christianisation et la scolarisation progressent.

1885. Un traité impose le protectorat de la France.

1895-96. Une expédition militaire aboutit à la déchéance de la reine Ranavalona III et à l'annexion de l'île par la France.

1896-1905. Gallieni, gouverneur de l'île, travaille à sa pacification.

1947. Violente rébellion malgache, durement réprimée par la France.

1960. La République malgache, proclamée en 1958, obtient son indépendance.

Madagascar conserve avec la France des relations économiques et culturelles étroites, sous le gouvernement du président Tsiranana.

1972. Tsiranana se retire à la suite de troubles importants.

1975. Didier Ratsiraka devient président de la République démocratique de Madagascar. Après l'échec d'une expérience socialiste de plus de dix ans, le régime est confronté à une opposition croissante. Ne pouvant juguler la crise, Ratsiraka accepte un compromis avec l'opposition à la fin de 1991.

1993. Le leader de l'opposition, Albert Zafy, est élu président de la République.

Madame Bovary → Flaubert.

Madame Sans-Gêne, comédie en trois actes et un prologue, de V. Sardou et É. Moreau (1893), dont l'héroïne est la maréchale Lefebvre.

Madeira *(le),* riv. de l'Amérique du Sud, affl. de l'Amazone (r. dr.) ; 3 350 km.

Madeleine *(abri de la),* abri-sous-roche de la Dordogne, situé sur la commune de Tursac. De nombreux objets d'art mobilier y ont été recueillis, associés à tout un outillage lithique et osseux. C'est à partir de la stratigraphie de ce site, occupé pendant plus de mille ans, qu'Henri Breuil a établi la chronologie du faciès magdalénien.

Madeleine *(îles de la),* archipel du golfe du Saint-Laurent (Canada, prov. de Québec).

Madeleine *(sainte)* → Marie-Madeleine.

Madelon *(la),* chanson créée à Paris en 1914, popularisée par les soldats français et alliés pendant la Première Guerre mondiale.

Madère, en port. Madeira (« Île du bois »), île portugaise de l'Atlantique ; 740 km² ; 263 306 hab. Cap. *Funchal.* Principale île d'un petit archipel volcanique du même nom, Madère culmine à 1 861 m. Grâce à un climat très doux, elle produit du vin, du sucre de canne et des bananes. Le tourisme fournit d'importantes ressources, de même que les envois des émigrés.

Maderna *(Bruno),* compositeur et chef d'orchestre italien (Venise 1920 - Darmstadt 1973). Il fut nommé en 1971 à la tête de l'orchestre de la RAI à Milan. Il a joué un rôle essentiel dans la naissance de l'avant-garde italienne après la Seconde Guerre mondiale en exploitant les techniques sérielles et postsérielles : *Hyperion,* œuvre lyrique en forme de spectacle, d'après Hölderlin (1964) ; *Grande Aulodia* pour flûte, hautbois et orchestre (1970) ; *Satyricon,* opéra en un acte d'après Pétrone (1973).

Maderno *(Carlo),* architecte originaire du Tessin (Capolago 1556 - Rome 1629). Neveu de D. Fontana et précurseur du baroque romain, il a notamment construit l'église Ste-Suzanne et achevé la basilique St-Pierre.

Madhya Pradesh, État de l'Inde, dans le nord du Deccan ; 443 000 km² ; 66 135 862 hab. Cap. *Bhopal.* Il dispose d'importantes ressources minières.

Madison, v. des États-Unis, cap. du Wisconsin ; 191 262 hab. Université.

Madison *(James),* homme d'État américain (Port Conway, Virginie, 1751 - *id.* 1836), un des créateurs du Parti républicain, président des États-Unis (1809-1817).

Madonna di Campiglio, station de sports d'hiver (alt. 1 520-2 520 m) d'Italie, dans le Trentin.

Madras, v. de l'Inde, cap. du Tamil Nadu sur la côte de Coromandel ; 5 361 468 hab. Port très ancien, ville tamoule (75 % de la population) avec de fortes minorités musulmane et chrétienne, Madras est à dominante tertiaire (administration, commerce, université). L'industrie juxtapose activités traditionnelles (cuir, habillement) et modernes (matériel ferroviaire et automobile, raffinerie de pétrole et chimie, studios de cinéma, etc.). — Monuments anciens. Central Museum (riche collection archéologique).

Madre *(sierra),* nom des deux rebords montagneux qui limitent le plateau mexicain au-dessus du Pacifique et du golfe du Mexique.

Madrid, cap. de l'Espagne et de la *communauté autonome de Madrid* (8 028 km² ; 4 935 642 hab.), en Castille, au pied de la sierra de Guadarrama ; 3 010 492 hab. *(Madrilènes).* GÉOGR. La ville est d'abord un centre tertiaire important : administration, commerce, université, banques, tourisme. Les industries, récemment développées, sont localisées surtout dans les banlieues (métallurgie, constructions mécaniques et électriques, textile, chimie). HIST. Violents combats pendant la guerre civile (1936-1939). ARTS. Plaza Mayor du XVIIᵉ siècle ; églises et couvents classiques ou baroques ; Palais royal du XVIIIᵉ siècle (œuvres d'art ;

musée d'Armes). Nombreux musées, dont le Prado (→ **Prado**), le Musée archéologique national, le musée Lázaro Galdiano (beaux-arts et arts décoratifs), le Centre Reina Sofía (art moderne), la collection Thyssen (peintures du xivᵉ au xxᵉ s., dans le palais de Villahermosa, dépendance du Prado).

Madura, île d'Indonésie, au nord de Java ; 5 290 km².

Madurai, *anc.* Madura, v. de l'Inde (Tamil Nadu) ; 1 093 702 hab. Université. — C'est l'ancienne capitale des Pandya, évincés par les Nayak (v. 1525-1736), qui ont laissé de splendides édifices dont le grand temple de Minaksi (v. 1600), aux multiples enceintes rythmées de gopura monumentaux.

Maebashi, v. du Japon (Honshu) ; 286 261 hab. Industries textiles (soieries).

Maelström ou **Malstrom,** chenal de la mer de Norvège, où se produisent de rapides courants tourbillonnaires, près des îles Lofoten.

Maelzel ou **Mälzel** *(Johann),* mécanicien autrichien (Ratisbonne 1772 - en mer, au large du Panamá, 1838). Il construisit en 1816 le métronome, dont le principe était dû au mécanicien néerlandais D. N. Winkel (1776-1826).

Maeterlinck *(Maurice),* écrivain belge d'expression française (Gand 1862 - Nice 1949). Après des poèmes d'inspiration symboliste *(les Serres chaudes,* 1889), il entreprit d'évoquer, dans son théâtre, des personnages aux états d'âme mystérieux, en proie à des forces obscures et malveillantes *(la Princesse Maleine,* 1889 ; *Pelléas et Mélisande,* 1892) ou évoluant dans un monde de féerie *(Monna Vanna,* 1902 ; *l'Oiseau bleu,* 1909). [Prix Nobel 1911.]

Mafia *(la),* réseau d'associations secrètes siciliennes, initialement chargées d'assurer la justice par elles-mêmes et à empêcher ainsi l'exercice de la justice officielle. La Mafia se développa dans les années 1820-1848 et s'orienta, au xxᵉ siècle, vers le contrôle de diverses activités illicites dont le trafic de drogue, en liaison avec sa branche américaine, la Cosa Nostra. Sa collusion avec différents partis politiques italiens provoque de nombreux scandales dans les années 1990.

Magadan, v. de Russie, sur la mer d'Okhotsk ; 152 000 hab.

Magdalena *(le),* fl. de Colombie, tributaire de la mer des Antilles ; 1 550 km.

Magdebourg, v. d'Allemagne, cap. du Land de Saxe-Anhalt, sur l'Elbe ; 288 355 hab. Port fluvial. Métallurgie. — Siège d'un archevêché dès 968, Magdebourg fut une des principales villes hanséatiques et fut attribuée au Brandebourg en 1648. — Ancienne abbaye Notre-Dame, romane. Cathédrale entreprise vers 1210, premier grand monument construit en Allemagne d'après les modèles gothiques français ; importantes sculptures. Musée de l'Histoire de la civilisation.

Magellan *(détroit de),* bras de mer entre l'extrémité sud de l'Amérique et la Terre de Feu.

Magellan *(Fernand de),* en port. Fernão de Magalhães, navigateur portugais (Sabrosa, Trás-os-Montes, 1480 - îlot de Mactan, près de l'île de Cebu, Philippines, 1521). De petite noblesse, il participe en 1505 à une expédition vers les Indes. En 1511, il s'illustre lors de la prise de Malacca, qui ouvre le chemin des épices vers les Moluques (auj. Indonésie). Avec le cosmographe Ruy Faleiro, il projette d'atteindre ces îles par la voie de l'ouest, en contournant l'Amérique (1512), mettant à profit pour la première fois la rotondité de la Terre. Convaincus que les Moluques dépendent de l'Espagne et non du Portugal, en raison du partage du monde entre ces deux puissances (traité de Tordesillas, 1494), les deux hommes s'adressent au futur Charles Quint. Comprenant l'historiographe italien Antonio Pigafetta, l'expédition (5 navires, 265 hommes) part de Sanlúcar, près de Cadix, en septembre 1519. En janvier 1520, Magellan pénètre dans le Río de la Plata, hiverne sur la côte de Patagonie et, en novembre 1520, réussit à traverser le détroit qui portera bientôt son nom. Trois navires seulement parviennent aux Mariannes et aux Philippines (mars 1521). Magellan trouve la mort dans un combat (avr.). Le Basque Juan Sebastián Elcano prend le commandement de l'expédition et parvient aux Moluques avec deux navires en novembre 1521. Un seul, le *Victoria,* assure le retour en Espagne, à Séville, le 6 septembre 1522.

Magendie *(François),* physiologiste et neurologue français (Bordeaux 1783 - Sannois 1855). Il donna son essor à la méthode expérimentale (en pharmacologie, et surtout en physiologie) et accomplit ainsi, avec son élève C. Bernard, une des révolutions médicales du xixᵉ siècle. Ses vastes travaux de physiologiste portèrent particulièrement sur le système nerveux.

Magenta *(bataille de)* [4 juin 1859], victoire en Lombardie des Français de Mac-Mahon sur les Autrichiens.

Maghreb (« le Couchant »), ensemble des pays du nord-ouest de l'Afrique : Maroc, Algérie, Tunisie. Le *Grand Maghreb* (ou *Maghreb*) recouvre, outre ces trois pays, la Libye et la Mauritanie. En 1989, les pays du Grand Maghreb ont créé une union économique, l'Union du Maghreb arabe (U.M.A.).

Maginot *(ligne)*, système fortifié construit de 1927 à 1936 sur la frontière française du Nord-Est, à l'initiative d'**André Maginot** (Paris 1877 - *id.* 1932), ministre de la Guerre de 1922 à 1924 et de 1929 à 1932. Laissant la frontière belge sans protection, la ligne Maginot ne put jouer en 1940 le rôle escompté.

magistrature *(École nationale de la)* [E. N. M.], établissement public créé en 1970 (issu du Centre national d'études judiciaires, créé en 1958) et relevant du ministère de la Justice, chargé d'assurer la formation des futurs magistrats professionnels de l'ordre judiciaire.

Magnani *(Anna)*, actrice italienne (Alexandrie, Égypte, 1908 - Rome 1973). Elle débuta au théâtre vers 1930 et au cinéma en 1943. En 1945, *Rome ville ouverte*, de Rossellini, fit d'elle une vedette internationale. Elle tourna encore *Amore* (1948), *Bellissima* (1951), *le Carrosse d'or* (1953), *Mamma Roma* (1962).

Magnard *(Albéric)*, compositeur français (Paris 1865 - manoir des Fontaines, Baron, Oise, 1914), auteur de quatre symphonies, de poèmes symphoniques et de tragédies lyriques (*Guercœur,* 1900 ; *Bérénice,* 1909).

Magnasco *(Alessandro)*, peintre italien (Gênes 1667 - *id.* 1749). Influencé notamment par S. Rosa et Callot, il a campé, dans des ambiances sombres, d'une touche capricieuse et scintillante, des groupes de moines, de bohémiens, etc., qui composent autant de visions fantastiques ou macabres.

Magnelli *(Alberto)*, peintre italien (Florence 1888 - Meudon 1971), maître d'un art très épuré, voire abstrait à diverses reprises, installé en France en 1931 (*Paysan au parapluie,* 1919, M. N. A. M., Paris).

Magnésie du Méandre, colonie thessalienne d'Ionie, au sud d'Éphèse, près du village turc de Tekke. Puissante ville hellénistique, dont la plupart des monuments, du début du IIᵉ s. av. J.-C., illustrent de nouvelles conceptions architecturales : dégagement de l'espace, allègement des formes, recherche de l'effet plastique.

Magnésie du Sipyle, v. de Lydie où Antiochos III fut battu par les Romains en 189 av. J.-C. (Auj. *Manisa,* en Turquie.)

Magnitogorsk, v. de Russie, au pied de l'Oural méridional ; 440 000 hab. Gisement de fer. Sidérurgie.

Magnol *(Pierre)*, médecin et botaniste français (Montpellier 1638 - *id.* 1715). Il conçut l'idée du classement des plantes par familles.

Magnus, nom de plusieurs rois de Suède, de Danemark et de Norvège du XIᵉ au XIVᵉ siècle. Le plus célèbre est **Magnus VII Eriksson** (1316-1374), roi de Norvège (1319-1355) et de Suède (1319-1363), qui réalisa l'union de la péninsule.

Magny *(Olivier de)*, poète lyrique français (Cahors v. 1529 - v. 1561). Il imita le pétrarquisme et l'épicurisme de Ronsard (*les Gayetez,* 1554) et le nostalgie de Du Bellay (*les Soupirs,* 1557).

Magny-Cours, comm. de la Nièvre ; 1 774 hab. Circuit automobile.

Magritte *(René)*, peintre belge (Lessines 1898 - Bruxelles 1967). Exécutées avec une précision impersonnelle, les œuvres de ce surréaliste sont d'étranges « collages » visuels, des rébus poétiques qui scrutent les multiples rapports existant entre les images, la réalité, les concepts, le langage. Ainsi, la phrase « Ceci n'est pas une pipe. » est calligraphiée, au-dessous de la représentation de l'objet en question, sur la toile *la Trahison des images* (1929) du musée d'Art de Los Angeles. L'artiste est bien représenté au M. A. M. de Bruxelles et, surtout, dans la collection Ménil à Houston.

Mahabalipuram,   Mavalipuram ou **Mamallapuram,** *anc.* Seven Pagodas, site archéologique de l'Inde (Tamil-Nadu), sur la côte de Coromandel, à environ 50 km au S. de Madras. Ensemble brahmanique d'art pallava (VIIᵉ-VIIIᵉ s.) comprenant des sanctuaires excavés et monolithiques (les cinq *ratha*), des sculptures rupestres et trois temples construits (à l'E., le « Temple du rivage »).

Mahabharata, épopée sanskrite anonyme dont la composition s'étend du VIᵉ s. av. J.-C. au IVᵉ s. apr. J.-C. environ. Ses 18 chants retracent, en plus de 200 000 vers, la lutte des Kaurava contre les Pandava. Y sont mis en scène notamment le dieu Krishna et son compagnon Arjuna. Elle comprend l'épisode de la *Bhagavad-Gita.*

C'est une somme de concepts religieux et philosophiques, de légendes et traditions historiques, de règles morales et juridiques. Elle a exercé et exerce encore une influence considérable sur l'hindouisme et la civilisation indienne.

Mahan *(Alfred Thayer)*, amiral américain (West Point 1840 - Quogue, État de New York, 1914). Il prit part à la guerre de Sécession et commanda l'École de guerre navale à Newport (1866-1889 et 1892-93). Ses théories ont marqué l'évolution et la doctrine de la marine américaine à la veille de la Première Guerre mondiale. Considérant que l'introduction de la machine à vapeur réduit considérablement le caractère aléatoire des opérations sur mer, il dégage les principes fondamentaux d'une stratégie navale, où mers et océans sont découpés en théâtres d'opérations traversés de lignes stratégiques où les lignes de communication occupent la place principale. La puissance navale dépend donc du contrôle qui s'exerce sur elles.

Maharashtra, État de l'Inde, dans l'ouest du Deccan ; 307 500 km² ; 78 706 719 hab. *(Marathes)*. Cap. *Bombay*.

Mahaut → Mathilde.

Mahdi *(Muhammad Ahmad ibn Abd Allah, dit al-)* [près de Khartoum 1844 - Omdurman 1885]. S'étant proclamé mahdi (1881), il déclara la guerre sainte aux Britanniques et s'empara de Khartoum (1885). Le pouvoir anglo-égyptien ne fut rétabli au Soudan qu'en 1898.

Mahé, principale île des Seychelles, dans l'océan Indien.

Mahé, v. du sud de l'Inde, sur la côte de Malabar ; 33 425 hab. Établissement français des Indes (de 1721-1727 à 1954-1956.

Mahfuz ou **Mahfouz** *(Nadjib* ou *Naguib)*, romancier égyptien (Le Caire 1911). Les évocations de sa ville natale *(Rue du Pilon,* 1947 ; *le Voleur et les Chiens,* 1961 ; *les Fils de la médina,* 1967) forment une ample parabole de l'histoire des hommes. (Prix Nobel 1988.)

Mahler *(Gustav)*, compositeur et chef d'orchestre autrichien (Kalischt, Bohème, 1860 - Vienne 1911). Après de brillantes études à Vienne, où il est le disciple de Bruckner, il entreprend une longue carrière de chef d'orchestre qui culmine avec sa nomination à la tête de l'Opéra de la cour de Vienne (1897-1907). De 1907 à 1911, il séjourne quatre fois aux États-Unis. Son esthétique témoigne d'un lyrisme postro-mantique où se mêlent des styles variés. On lui doit dix symphonies (1884-1910) de vastes proportions, auxquelles s'ajoute pour certaines la voix d'un soliste ou d'un chœur, et portant parfois des titres évocateurs (n⁰ 1 « Titan », n⁰ 2 « Résurrection »...), et des lieder avec orchestre dont *Lieder aus die Knaben Wunderhorn* (le *Cor merveilleux de l'enfant,* 1888-1899), *Kindertotenlieder* (*Chants pour des enfants morts,* 1901-1904), d'un lyrisme intense, et *Das Lied von der Erde* (le *Chant de la terre,* 1908).

Mahmud II (Istanbul 1784 - *id.* 1839), sultan ottoman (1808-1839). Il massacra les janissaires (1826), dut faire face à la révolution grecque (1821-1830). Attaqué par Méhemet-Ali, il fut secouru par le tsar Nicolas Ier (1833).

Mahmud de Ghazni (971-1030), souverain ghaznévide (999-1030). Investi par le calife de Bagdad, il entreprit 17 expéditions en Inde et régna sur la majeure partie de l'Iran, de l'Afghanistan et du Pendjab.

Mahomet ou **Muhammad**, *en ar.* Muḥammad, prophète et fondateur de la religion musulmane (La Mecque v. 570/571 ou 580 - Médine 632). Orphelin pauvre de la tribu des Quraychites, il devient caravanier d'une riche veuve, Khadidja, qu'il épouse. Vers l'an 610, alors qu'il médite dans une caverne du mont Hira, l'ange Gabriel lui transmet la parole de Dieu. Sa prédication, recueillie dans le Coran, lui gagne quelques compagnons, dont Ali et Abu Bakr, mais lui attire bientôt l'hostilité des riches Quraychites. Passant un accord secret avec les représentants de l'oasis de Yathrib, aujourd'hui Médine, à 350 km environ de La Mecque, il émigre avec ses adeptes dans cette ville. On est en 622 : c'est l'*hégire*, l'événement qui sera le point de départ du calendrier musulman. À Médine, Mahomet, messager d'Allah, acquiert la stature d'un grand chef politique et militaire. Il organise un État et une société dans lesquels il substitue aux anciennes coutumes tribales de l'Arabie la loi de l'islam, la *charia,* et l'autorité du Coran, qui sert de guide à la communauté (*umma*) des croyants. La religion nouvelle, constitutivement arabe, se sépare des monothéismes du temps (judaïsme et christianisme) et se présente comme étant la seule religion, son fondateur étant le dernier des prophètes, celui qui a reçu la plénitude de la révélation divine. En 624, Mahomet change l'orientation de la prière : on ne se tournera plus vers Jérusalem, mais vers La Mecque. Il institue le principe de la guerre sainte *(djihad),* qui oblige à combattre tous ceux qui n'adhèrent pas à l'islam. Mahomet revient à La Mecque en 630, deux ans avant sa mort.

Mahomet, sultans ottomans → Mehmed.

mai 1877 *(crise du 16),* crise politique qui menaça les débuts de la IIIᵉ République et naquit de la volonté du président de la République, Mac-Mahon, de donner à sa charge une place prépondérante dans le pouvoir exécutif, afin de préserver la possibilité d'une restauration monarchique. Amorcée par la démission forcée du chef du gouvernement, Jules Simon (16 mai) et par la dissolution de la Chambre (25 juin), elle se termina par un nouveau succès des républicains aux élections d'octobre.

mai 1958 *(crise du 13),* insurrection déclenchée à Alger par les partisans de l'Algérie française ; elle provoqua le retour au pouvoir du général de Gaulle.

mai 1968 *(événements de),* vaste mouvement de contestation politique, sociale et culturelle parti des universités et qui se développa en France, en mai-juin 1968.

Maïakovski *(Vladimir Vladimirovitch),* écrivain soviétique (Bagdadi, auj. Maïakovski, Géorgie, 1893 - Moscou 1930). Après avoir participé au mouvement futuriste *(le Nuage en pantalon,* 1915), il se rallia à la révolution d'Octobre dont il célébra le triomphe *(150 000 000,* 1920 ; *Octobre,* 1927), tenta de réunir autour de sa revue *Lef* l'avant-garde artistique, avant de dresser dans son théâtre *(la Punaise,* 1929 ; *les Bains,* 1930) un tableau satirique du nouveau régime. Il se suicida.

Maïdanek → Majdanek.

Maidstone, v. de Grande-Bretagne, ch.-l. du comté de Kent ; 72 000 hab. — Église de style gothique perpendiculaire.

Maiduguri, v. du nord-est du Nigeria ; 168 000 hab.

Maigret, personnage de commissaire bonhomme mais perspicace, créé en 1929 par G. Simenon.

Maïkop, v. de Russie, dans le Caucase ; 149 000 hab. — Une riche sépulture sous kourgane témoigne de la brillante civilisation, en relation avec les mines bulgares et les centres d'Anatolie et d'Our, qui s'épanouit dans la région dès le IIIᵉ millénaire.

Mailer *(Norman Kingsley),* écrivain américain (Long Branch, New Jersey, 1923). Ses romans analysent avec humour la « névrose sociale de l'Amérique » *(les Nus et les Morts,* 1948 ; *Un rêve américain,* 1965 ; *le Prisonnier du sexe,* 1971).

Maillart *(Robert),* ingénieur suisse (Berne 1872 - Genève 1940). Novateur dans le domaine des ouvrages de génie civil en béton armé (ponts, entrepôts, etc.), il a mis au point l'arc-caisson à trois articulations (1901) et la dalle champignon (1908).

Maillet *(Antonine),* romancière canadienne d'expression française (Bouctouche, Nouveau-Brunswick, 1929), chantre de l'Acadie *(Pélagie la Charrette,* 1979).

Maillol *(Aristide),* peintre puis sculpteur français (Banyuls-sur-Mer 1861 - *id.* 1944). Son œuvre sculpté, presque entièrement fondé sur l'étude du corps féminin depuis *la Méditerranée* (1902-1905), allie la fermeté synthétique à la grâce. Ses statues et monuments sont érigés à Perpignan, Banyuls, Port-Vendres, Céret, Puget-Théniers, ainsi que dans le jardin des Tuileries à Paris. Musée à la fondation Dina Vierny (Paris, VIIᵉ arr.).

Mailly-le-Camp, comm. de l'Aube, dans la Champagne crayeuse ; 2 662 hab. — Camp militaire de 12 000 ha.

Maimonide *(Moïse),* médecin, théologien et philosophe juif (Cordoue 1138 - Fustat 1204). Obligé de quitter l'Espagne à la suite des persécutions des Almohades, il s'exile à Fès, puis en Palestine et s'installe enfin comme médecin des Ayyubides en Égypte. Son œuvre encyclopédique, rédigée en hébreu ou en arabe, comporte trois ouvrages principaux : le *Luminaire,* commentaire monumental de la Mishna (1168), qui contient notamment les *Treize Articles,* devenus ensuite partie intégrante de la liturgie synagogale ; le *Mishne Torah* (1180), traité de philosophie religieuse inspiré d'Aristote ; le *Guide des égarés* (ou « des indécis »), écrit en arabe (1190) à l'intention des intellectuels que leurs spéculations mettent en conflit avec leur foi. Maimonide a eu une grande influence sur la philosophie juive jusqu'au XIXᵉ siècle et sur les philosophes latins du Moyen Âge.

Main *(le),* riv. d'Allemagne (Bavière et Hesse), qui rejoint le Rhin (r. dr.) en face de Mayence ; 524 km. Né dans les Fichtelgebirge, le Main traverse Bayreuth, Schweinfurt, Würzburg, Francfort. Sa vallée s'encaisse dans les plateaux du bassin de Souabe et de Franconie, et décrit de très grandes sinuosités. Élément de la voie d'eau Rhin-Main-Danube, il est utilisé par la navigation.

Mainard *(François)* → Maynard.

Maine, un des États unis d'Amérique (Nouvelle-Angleterre) ; 1 227 928 hab. Cap. *Augusta.* Il occupe un plateau des Appalaches qui culmine à 1 604 m. La forêt couvre les trois quarts de l'État.

Maine *(le),* ancienne prov. de France, érigée en comté en 955. Duché, le Maine fut réuni à la Couronne en 1481 ; cap. *Le Mans.* — Le Maine s'étend sur les dép. de la Sarthe *(haut Maine)* et de la Mayenne *(bas Maine).*

Maine *(Louis Auguste de* Bourbon, *duc* du), fils légitimé de Louis XIV et de Mme de Montespan (Saint-Germain-en-Laye 1670 - Sceaux 1736). En 1714, il reçut rang immédiatement après les princes légitimes et fut reconnu apte à succéder au roi à défaut de ceux-ci ; mais le testament royal fut cassé après la mort de Louis XIV. Le duc participa alors à la conspiration dite « de Cellamare », qui s'acheva par son internement (1718-1720). Sa femme, **Louise de Bourbon-Condé** (Paris 1670 - *id.* 1753), petite-fille du Grand Condé, tint à Sceaux une cour brillante.

Maine de Biran *(Marie François Pierre* Gontier *de* Biran, dit*),* philosophe français (Bergerac 1766 - Paris 1824), de tendance spiritualiste. Maine de Biran fait de l'effort et de la volonté l'axe fondateur de sa philosophie.

Maine-et-Loire [49], dép. de la Région Pays de la Loire, formé presque exclusivement de l'Anjou ; ch.-l. de dép. *Angers* ; ch.-l. d'arr. *Cholet, Saumur, Segré* ; 4 arr., 41 cant., 364 comm. ; 7 166 km² ; 705 882 hab. Il est rattaché à l'académie de Nantes, à la cour d'appel d'Angers et à la région militaire Atlantique.

Mainichi Shimbun, le plus ancien quotidien japonais, créé en 1872.

Mainland, nom des principales îles des Shetland et des Orcades.

Maintenon *(Françoise* d'Aubigné, *marquise* de*),* seconde épouse de Louis XIV (Niort 1635 - Saint-Cyr 1719). Petite-fille d'Agrippa d'Aubigné, élevée dans la religion calviniste, elle se convertit au catholicisme et épouse le poète Scarron (1652). Veuve, elle est chargée de l'éducation des enfants de Louis XIV et de Mme de Montespan et, après la mort de Marie-Thérèse, épouse le roi secrètement (1683). Exerçant sur lui une influence notable, elle encourage la lutte contre le protestantisme et impose à la cour une étiquette austère. Après la mort du roi (1715), elle se retire dans la maison de Saint-Cyr, qu'elle a fondée pour l'éducation des jeunes filles nobles et pauvres.

Mainz → Mayence.

Mairet *(Jean),* poète dramatique français (Besançon 1604 - *id.* 1686). Il donna avec

Sophonisbe (1634) une des premières tragédies classiques régulières.

Maison *(Nicolas Joseph),* maréchal de France (Épinay-sur-Seine 1771 - Paris 1840). Il commanda en 1828 l'expédition de Grèce et devint ministre des Affaires étrangères (1830), puis de la Guerre (1835-36).

Maison-Blanche *(la),* nom donné depuis 1902 à la résidence des présidents des États-Unis à Washington, édifiée à partir de 1792.

Maisonneuve *(Paul* de Chomedey de*),* gentilhomme français (Neuville-sur-Vannes, Aube, 1612 - Paris 1676). En 1642, il fonda, au Canada, Ville-Marie, qui allait devenir Montréal.

Maisons-Alfort, ch.-l. de c. du Val-de-Marne, sur la Marne ; 54 065 hab. École vétérinaire. Biscuiterie.

Maisons-Laffitte, ch.-l. de c. des Yvelines, sur la Seine ; 22 553 hab. *(Mansonniens).* Hippodrome. — Château de Maisons, chef-d'œuvre de Mansart (1642) ; musée du Cheval de course.

Maistre *(Joseph, comte* de*),* homme politique et philosophe savoyard (Chambéry 1753 - Turin 1821). Il fut le théoricien de la contre-révolution et fit l'apologie de l'Église romaine. Ministre plénipotentiaire de Sardaigne en Russie de 1802 à 1817, il a notamment écrit : *Considérations sur la France,* 1796 ; *Du pape,* 1819 ; *les Soirées de Saint-Pétersbourg,* 1821). Son frère **Xavier** (Chambéry 1763 - Saint-Pétersbourg 1852) est l'auteur du *Voyage autour de ma chambre* (1795).

Maître Jacques, personnage de *l'Avare,* de Molière, cocher et cuisinier d'Harpagon. Son nom a passé dans la langue pour désigner un homme à tout faire.

Majdanek ou **Maïdanek,** camp de concentration et d'extermination allemand (1941-1944) [près de Lublin, Pologne].

Majeur *(lac), en ital.* Iago Maggiore, lac de la bordure sud des Alpes entre l'Italie et la Suisse ; 216 km². Il renferme les îles Borromées. Tourisme.

Major *(John),* homme politique britannique (Merton, banlieue de Londres, 1943). Chancelier de l'Échiquier en 1989, il succède, en 1990, à Margaret Thatcher à la tête du Parti conservateur et au poste de Premier ministre.

Majorelle *(Louis),* décorateur et ébéniste français (Toul 1859 - Nancy 1926). Il est, au sein de l'Art nouveau, un des représentants de l'école de Nancy. Ses meubles, à base de bois précieux, s'inspirent des formes de la nature.

Majorque, *en esp.* Mallorca, la plus vaste des îles de l'archipel espagnol des Baléares ; 3 640 km² ; 530 000 hab. *(Majorquins).* Cap. *Palma.* **GÉOGR.** L'île est encadrée, au N.-O. et au S.-E., par deux chaînons montagneux. La plaine centrale, irriguée, produit des céréales, des primeurs et des fruits. Le tourisme est de loin la principale ressource de l'île. **HIST.** Le royaume de Majorque, détaché de la Couronne d'Aragon, ne dura que de 1276 à 1343 : il comprenait les Baléares, les comtés de Roussillon et de Cerdagne, la seigneurie de Montpellier ; sa capitale était Perpignan.

Makal *(Mahmut),* écrivain turc (Demirci 1930), peintre réaliste des paysans anatoliens *(Notre village,* 1960).

Makalu *(le),* sommet de l'Himalaya central ; 8 515 m. Gravi par l'expédition française de J. Franco (1955).

Makarenko *(Anton Semenovitch),* pédagogue soviétique (Bielopolie, Ukraine, 1888 - Moscou 1939). Engagé dans la nouvelle société qui s'élabore après la révolution de 1917, il fut chargé en 1920 d'organiser une colonie pour mineurs grands délinquants.

Makários III, prélat et homme d'État cypriote (Anó Panaghiá 1913 - Nicosie 1977). Archevêque et ethnarque (chef de la communauté grecque de Chypre) à partir de 1950, il se fit le défenseur de l'*Enôsis* (union avec la Grèce) puis le champion de l'indépendance de l'île. Président de la République de Chypre de 1959 à 1977, il fut temporairement écarté du pouvoir en 1974.

Makavejev *(Dušan),* cinéaste yougoslave (Belgrade 1932). Il est l'auteur de films résolument non conformistes : *L'homme n'est pas un oiseau* (1966), *Innocence sans protection* (1968), *Sweet Movie* (1974), *Coca Cola Kid* (1985).

Makeïevka ou **Makeevka,** v. d'Ukraine ; 430 000 hab. Métallurgie.

Makhatchkala, v. de Russie, cap. de la République du Daguestan, sur la Caspienne ; 315 000 hab.

Makondé ou **Makonda,** peuple bantou, réparti de part et d'autre de la frontière séparant la Tanzanie du Mozambique.

Malabar *(côte de),* région littorale de l'Inde, sur la façade occidentale du Deccan.

Malabo, *anc.* Santa Isabel, cap. de la Guinée équatoriale, sur la côte nord de l'île Bioko ; 37 000 hab.

Malacca → Melaka.

Malacca *(presqu'île de)* ou **presqu'île Malaise,** presqu'île au sud de l'Indochine, entre la mer de Chine méridionale et l'océan Indien, unie au continent par l'isthme de Kra, et séparée de Sumatra par le *détroit de Malacca.*

Malachie *(livre de),* livre prophétique de l'Ancien Testament, formé de trois oracles (v. 460 av. J.-C.). Il dénonce les négligences apportées au culte de Yahvé.

Maladeta *(massif de la),* massif des Pyrénées espagnoles ; 3 404 m au pic d'Aneto (point culminant des Pyrénées). Le *pic de la Maladeta* a 3 312 m.

Málaga, port d'Espagne (Andalousie), ch.-l. de prov., sur la Méditerranée ; 522 108 hab. Vins. Raisins secs. — Double forteresse mauresque avec patios et jardins (musée archéologique). Cathédrale des XVIe-XVIIIe siècles. Musée des Beaux-Arts dans un palais Renaissance.

Malais, ensemble de peuples établis en Malaisie, en Indonésie, dans l'Insulinde et les îles de la Sonde. Les Malais forment l'une des plus anciennes populations d'Asie. Les Deutéro-Malais parlent des dialectes malais et sont généralement sunnites ou chafiites, tandis que les Proto-Malais, qui sont les plus anciens occupants du sol, ont une filiation linguistique non exclusivement malaise.

Malaise dans la civilisation, ouvrage de Freud (1930).

Malaisie, *en angl.* Malaysia, État fédéral de l'Asie du Sud-Est, formé de la Malaisie péninsulaire et de deux territoires de Bornéo (Sabah et Sarawak) ; 330 000 km² ; 18 300 000 hab. **CAP.** *Kuala Lumpur.* **LANGUE :** *malais.* **MONNAIE :** *dollar de la Malaisie.*
GÉOGRAPHIE
À une latitude équatoriale, possédant un climat constamment chaud et souvent humide, le pays est recouvert en majeure partie par la forêt. Hommes et activités se sont concentrés dans les plaines alluviales et les vallées bordant ou entaillant la montagne intérieure. La population, qui s'accroît à un rythme annuel rapide, compte une faible majorité de Malais (islamisés et qui détiennent le pouvoir politique) et des minorités indienne et surtout chinoise. Celle-ci représente le tiers de la population totale et possède un poids économique sectoriellement plus grand encore, ce qui provoque des tensions avec les Malais. L'agriculture occupe environ 30 % de la population active (et contribue pour 20 % au P.I.B.). Elle juxta-

pose cultures vivrières (riz) et plantations commerciales. La Malaisie est le premier producteur mondial d'huile de palme et de caoutchouc naturel. Le sous-sol fournit de la bauxite, de l'étain (premier rang mondial) et de plus en plus de pétrole. L'industrie, stimulée par l'abondance de main-d'œuvre à bon marché, de capitaux étrangers, s'est diversifiée : à la valorisation des produits du sol et du sous-sol se sont ajoutées notamment les constructions mécaniques et électriques. La part des produits manufacturés dans les exportations dépasse maintenant celle des matières premières. Le commerce extérieur s'effectue pour une part notable avec le Japon, les États-Unis et le voisin, Singapour. La balance commerciale est déficitaire, les importations s'étant accrues ces dernières années plus rapidement que les exportations, mais pour financer un développement prometteur.

HISTOIRE

La péninsule malaise subit très tôt l'influence de l'Inde. Puis l'islam y pénètre aux XIVᵉ-XVᵉ s.

1511. Les Portugais s'emparent de Malacca. Premiers Européens à atteindre la péninsule, ils sont supplantés par les Hollandais à partir de 1641.

1795. Les Britanniques remplacent les Hollandais à Malacca.

1819. Malacca forme avec Singapour et Penang le gouvernement des Détroits, érigé en colonie en 1867.

Tous les sultanats malais sont progressivement placés sous protectorat britannique.

1946. La fédération de Malaisie comprend toute la Malaisie à l'exception de Singapour.

1957. Elle devient un État indépendant.

1963. La nouvelle fédération de Malaisie est constituée par l'union de la fédération de Malaisie, de l'État de Singapour et des anciennes colonies britanniques de Sarawak et de Sabah (nord de Bornéo). Le nouvel État est membre du Commonwealth.

1965. Singapour quitte la fédération.

Malaisie occidentale, partie occidentale de l'État de la Malaisie, constituée par le sud de la péninsule de Malacca ; 131 000 km² ; 11 426 000 hab.

Malakoff, ch.-l. de c. des Hauts-de-Seine, au sud de Paris ; 31 135 hab. *(Malakoffiots).*

Malakoff *(ouvrage de),* point central de la défense de Sébastopol, enlevé par Mac-Mahon (8 sept. 1855).

Malamud *(Bernard),* écrivain américain (New York 1914 - *id.* 1986), l'un des romanciers les plus originaux de l'école juive nord-

américaine *(le Tonneau magique,* 1958 ; *l'Homme de Kiev,* 1966).

Malang, v. d'Indonésie (Java) ; 560 000 hab.

Malaparte *(Kurt Suckert, dit Curzio),* écrivain italien (Prato 1898 - Rome 1957). Il doit à sa vie aventureuse d'engagé volontaire (1914) et de correspondant de guerre le cynisme brutal et le réalisme qui animent ses récits *(Kaputt,* 1944 ; *la Peau,* 1949 ; *Ces sacrés Toscans,* 1956) et son théâtre *(Das Kapital,* 1949).

Mälaren *(lac),* lac de Suède, au débouché duquel est bâtie Stockholm ; 1 140 km².

Malatesta, famille de condottieri italiens, originaire de Rimini, qui contrôla du XIIᵉ au XIVᵉ siècle, outre cette ville, une grande partie de la marche d'Ancône et de la Romagne.

Malatya, v. de Turquie, près de l'Euphrate ; 281 776 hab. Malatya est l'ancienne *Mélitène,* au N. du site d'Arslan Tepe. Vestiges d'un palais hittite de la seconde moitié du IIᵉ millénaire (porte monumentale dite « porte des Lions », reliefs à Istanbul et au Louvre). À 9 km de la ville actuelle, l'*Eski Malatya* (« Vieux Malatya ») conserve une partie de son enceinte et surtout sa Grande Mosquée (1247-1273).

Malawi, *anc.* Nyassaland, État de l'Afrique orientale, sur la rive ouest du *lac Malawi ;* 118 000 km² ; 9 400 000 hab. CAP. *Lilongwe.* LANGUE : *anglais.* MONNAIE : *kwacha.*

GÉOGRAPHIE

Formé de hauts plateaux dans le Nord et le Centre, au relief plus contrasté dans le Sud, le pays s'étend sur 900 km du N. au S., surtout sur la rive ouest du *lac Malawi.* Le climat est tropical avec une saison sèche de mai à octobre. La population, en majeure partie bantoue, a un fort taux d'accroissement et se concentre surtout dans le Sud. Essentiellement rurale, elle a, comme base alimentaire, le maïs (la moitié des terres cultivées). Les plantations commerciales (tabac et thé surtout) fournissent 90 % des exportations. Les ressources minières reconnues ne sont pas exploitées et l'industrie est modeste. L'enclavement du pays alourdit le coût d'importations (pétrole et produits industriels) supérieures aux exportations et ce déficit du commerce est aggravé par celui des services.

HISTOIRE

Le pays est occupé par des populations bantoues, qui subissent à partir de 1840 les razzias des négriers de Zanzibar.

1859. Livingstone découvre le lac Malawi.

1907. Le protectorat britannique de l'Afrique centrale, créé en 1889, prend le nom de « Nyassaland ».

1953-1962. Le Nyassaland forme une fédération avec la Rhodésie.

1964. Le pays devient indépendant et prend le nom de « Malawi ».

1966. La république est proclamée.
Le pays est depuis lors dirigé par Hastings Banda. Le régime de parti unique est abandonné et le multipartisme instauré.

1994. Elson Bakili Muluzi, principal chef de l'opposition, devient président de la République à l'issue des premières élections pluralistes.

Malawi (lac), anc. lac Nyassa, grand lac de l'Afrique orientale, à l'ouest du Mozambique ; 30 800 km².

Malaysia → **Malaisie.**

Malcolm III (m. près d'Alnwick en 1093), roi d'Écosse (1058-1093). Sa victoire sur Macbeth lui restitua la Couronne. Il échoua dans ses campagnes contre l'Angleterre.

Maldives (îles), État insulaire de l'océan Indien, au sud-ouest de Sri Lanka ; 300 km² ; 200 000 hab. CAP. Male. LANGUE : divehi. MONNAIE : roupie maldive. Situées à 650 km environ à l'O. et au S.-O. de Colombo, émiettées en latitude de 7° 10' N. à 0° 40' S., les Maldives comptent plus de 1 000 petites îles coralliennes, dont 200 environ sont habitées. Le tourisme est la première source de revenus du pays, devant la pêche (dont les exportations s'accroissent) et l'agriculture (cocotiers, bananiers). Protectorat britannique à partir de 1887, indépendantes depuis 1965, les îles constituent une république depuis 1968.

Mâle (Émile), historien de l'art français (Commentry, Allier, 1862 - Chaalis, Oise, 1954), grand spécialiste de l'iconographie du Moyen Âge.

Malé [-le], île et cap. des Maldives ; 55 000 hab. Aéroport.

Malebo Pool, anc. Stanley Pool, lac formé par un élargissement du fleuve Zaïre. Sur ses rives sont établies les villes de Brazzaville et de Kinshasa.

Malebranche (Nicolas), oratorien et philosophe français (Paris 1638 - id. 1715). Il soutient que nous ne distinguons des causes que celles que Dieu veut bien nous laisser voir, les « causes occasionnelles » (De la recherche de la vérité, 1674-75 ; Entretiens sur la métaphysique et la religion, 1688). Il s'est également consacré à des études de géomé-

trie et de physique (optique ; nature de la lumière).

Malec (Ivo), compositeur français d'origine croate (Zagreb 1925). Élève de O. Messiaen et de P. Schaeffer, il a notamment composé Cantate pour elle (1966), Triola (1978), Ottava alta (1981).

Malegaon, v. de l'Inde (Maharashtra) ; 342 431 hab.

Malenkov (Gueorgui Maksimilianovitch), homme politique soviétique (Orenbourg 1902 - Moscou 1988). Il succéda à Staline comme président du Conseil (1953-1955).

Malesherbes (Chrétien Guillaume de Lamoignon de), magistrat et homme d'État français (Paris 1721 - id. 1794). Secrétaire de la Maison du roi (1775), il tenta quelques réformes mais dut démissionner dès 1776. Il défendit Louis XVI devant la Convention et fut exécuté sous la Terreur.

Malet (Claude François de), général français (Dole 1754 - Paris 1812). En octobre 1812, il tenta à Paris un coup d'État en annonçant la mort de Napoléon, alors en Russie. Il fut fusillé.

Maleville (Jacques, marquis de), homme politique et juriste français (Domme, Dordogne, 1741 - id. 1824). Membre du Conseil des Anciens (1795-1799), il fut l'un des rédacteurs du Code civil.

Malevitch (Kazimir), peintre et théoricien russe d'origine polonaise (près de Kiev 1878 - Leningrad 1935). Une tendance primitive caractérise ses toiles de 1909-10, comme les figures aux volumes géométrisés qui ouvrent, en 1911, sa période « cubo-futuriste » (le Bûcheron, Stedelijk Mus., Amsterdam). En 1913-14, sa propension spiritualiste le conduit au « suprématisme », expression la plus radicale de la démarche abstraite, consacrant la négation de l'objet (Carré blanc sur fond blanc, 1918, M. A. M., New York). Il passe vers 1923 à un stade d'études architectoniques visant à la transformation de l'environnement puis revient à la peinture après 1927 (sorte de synthèse de ses périodes figuratives antérieures). Son œuvre a exercé une grande influence sur l'art occidental du XXe siècle.

Malherbe (François de), poète français (Caen 1555 - Paris 1628). D'abord poète baroque (les Larmes de saint Pierre, 1587), il rompit avec la poésie savante de la Pléiade et imposa, comme poète de cour et chef d'école, un idéal de clarté et de rigueur qui est à l'origine du goût classique (Consolation à Du Périer, v. 1599).

Mali, État de l'Afrique occidentale, s'étendant sur l'ancien Soudan français ; 1 240 000 km² ; 8 900 000 hab. *(Maliens).* CAP. *Bamako.* LANGUE (officielle) : *français.* MONNAIE : *franc C. F. A.*

GÉOGRAPHIE

Vaste pays (plus du double de la superficie de la France), mais enclavé et, en majeure partie, dans la zone sèche sahélienne ou saharienne, le Mali est l'un des pays les plus pauvres du monde. Les terres cultivées couvrent moins de 2 % de la superficie totale et se concentrent dans le Sud, plus humide, parcouru par les fleuves, qui ont fixé les villes et permis l'irrigation. Les récentes sécheresses ont aggravé la situation des pasteurs du Nord (Maures et Touareg), détruisant une partie du cheptel bovin et ovin. Les rendements des cultures vivrières (riz, millet, etc.) et commerciales (coton et arachide) du Sud (peuplé de Soudaniens, sédentaires) en ont aussi souffert. Sans ressources minières exploitées, sous-industrialisé, avec un accroissement démographique annuel proche de 2,5 %, une balance commerciale toujours déficitaire, un fort endettement extérieur, le pays dépend largement de l'aide internationale.

HISTOIRE

Lieu de rencontre des peuples du nord de l'Afrique et de ceux de l'Afrique noire, le Mali est le berceau des grands empires médiévaux du Sahel.

VIIᵉ s. Formation de l'empire du Ghana.

XIᵉ s. Les Almoravides imposent l'islam et détruisent l'empire du Ghana.

XIIIᵉ-XIVᵉ s. Apogée de l'empire du Mali.

XVIᵉ s. Apogée de l'empire Songhaï, dont les deux principales cités sont Gao et Tombouctou.

À partir du XVIIᵉ s., le pouvoir passe successivement aux Marocains, aux Touareg puis aux Peuls.

1857. Les Français amorcent l'occupation du pays.

Ils empêchent ainsi la constitution dans le Sud d'un nouvel État à l'initiative de Samory Touré, fait prisonnier en 1898.

1904. Création de la colonie du Haut-Sénégal-Niger dans le cadre de l'Afrique-Occidentale française.

1920. Amputée de la Haute-Volta, la colonie devient le Soudan français.

1960. Pleinement indépendant, le pays prend le nom de République du Mali.

1968. Moussa Traoré prend le pouvoir. L'économie du pays est libéralisée.

1991. L'armée renverse Moussa Traoré.

1992. Le multipartisme est instauré.

Mali *(empire du),* empire de l'Afrique noire (XIᵉ-XVIIᵉ s.) dans la vallée du Niger. Sa puissance reposait sur le contrôle des mines d'or et du commerce transsaharien. À son apogée (XIIIᵉ-XIVᵉ s.), cet empire musulman s'étendait de l'embouchure du Sénégal à la ville de Gao. Il fut affaibli au XVᵉ siècle par l'empire du Songhaï.

Malia, site archéologique crétois de la côte nord, à l'est de Cnossos. Vestiges d'un complexe palatial des alentours de 1700-1600 av. J.-C. et d'une nécropole royale au riche mobilier funéraire (musée d'Héraklion).

Malibran *(María de la Felicidad* García, dite la*),* soprano dramatique d'origine espagnole (Paris 1808 - Manchester 1836). Célébrée par Musset, elle brilla dans l'interprétation des œuvres de Rossini.

Malines, *en néerl.* Mechelen, v. de Belgique, ch.-l. d'arr. de la prov. d'Anvers, sur la Dyle ; 75 313 hab. Archevêché créé en 1559, Malines partage ce titre avec Bruxelles depuis 1962. Dentelles renommées. Industries mécaniques et chimiques. — Belle cathédrale des XIIIᵉ-XVᵉ siècles (mobilier baroque, œuvres d'art) et autres monuments, du gothique au baroque. Maisons anciennes. Musées.

Malinké, peuple mandé habitant le Mali, occupant une partie de la plaine du Niger et le nord-ouest de la Côte d'Ivoire.

Malinovski *(Rodion Iakovlevitch),* maréchal soviétique (Odessa 1898 - Moscou 1967). Commandant le second front d'Ukraine (1933-44), il signa l'armistice avec les Roumains (1944) puis entra à Budapest et à Vienne (1945). Il fut ministre de la Défense de 1957 à sa mort.

Malinowski *(Bronisław),* anthropologue britannique d'origine polonaise (Cracovie 1884 - New Haven, Connecticut, 1942). Il est le principal représentant du fonctionnalisme *(la Sexualité et sa répression dans les sociétés primitives,* 1927).

Malinvaud *(Edmond),* économiste français (Limoges 1923). Directeur (1974-1987) de l'I. N. S. E. E., il fait porter ses recherches sur les procédures décentralisées de planification, sur les modèles de l'analyse macroéconomique, sur la croissance dans une perspective historique et sur les croissances optimales et le taux d'intérêt.

Malipiero *(Gian Francesco),* compositeur et musicologue italien (Venise 1882 - Trévise 1973), auteur de symphonies, de musique de chambre et d'œuvres religieuses, dont les oratorios *Saint François d'Assise* (1920) et *l'Énéide* de Virgile (1944). Il a édité Vivaldi et Monteverdi.

Mallarmé *(Stéphane),* poète français (Paris 1842 - Valvins, Seine-et-Marne, 1898). Professeur d'anglais par nécessité, il écrit, enthousiasmé par Baudelaire et Edgar Poe, *l'Azur* (1864) et *Brise marine* (1865). Dix de ses poèmes, publiés dans *le Parnasse contemporain* (1866), passent inaperçus ainsi qu'*Hérodiade* (1871), dans laquelle le poète livre la définition de sa poétique : « peindre non la chose, mais l'effet qu'elle produit ». Le même insuccès frappe son églogue *l'Après-Midi d'un faune* (1876), qu'avait précédé *Igitur ou la Folie d'Elbehnon,* conte allégorique commencé en 1867. Il lui faudra attendre les jugements de Verlaine, en 1880, dans ses *Poètes maudits,* et de Huysmans, en 1884, dans *À rebours,* pour accéder d'emblée à la notoriété. Son salon devient célèbre, fréquenté par les « espoirs » : J. Laforgue, L. Tailhade, G. Kahn, P. Louÿs, Gide, Valéry, Claudel, etc. Tous se passionnent pour son Grand Œuvre, qui ne verra pas le jour et que Mallarmé appelle « le Livre » (le premier mouvement de celui-ci, *Un coup de dés jamais n'abolira le hasard,* parut en 1897 dans la revue *Cosmopolis*). L'inconnu d'hier devient l'une des têtes du symbolisme naissant, le prophète de la poésie nouvelle, avant d'être élu prince des poètes à la mort de Verlaine. Son œuvre, malgré sa brièveté et son inachèvement, a été déterminante pour l'évolution de la littérature au cours du xxe siècle.

Malle *(Louis),* cinéaste français (Thumeries, Nord, 1932 - Los Angeles 1995). Il s'est voulu le témoin multiple de son temps : *Ascenseur pour l'échafaud* (1958), *Zazie dans le métro* (1960), *Lacombe Lucien* (1974), *Atlantic City* (1980), *Au revoir les enfants* (1987), *Milou en mai* (1990).

Mallet-Joris *(Françoise),* romancière française d'origine belge (Anvers 1930). Son œuvre fait de la famille le laboratoire de l'analyse des bouleversements sociaux et culturels modernes (*le Rempart des Béguines,* 1951 ; *la Maison de papier,* 1970 ; *le Rire de Laura,* 1985 ; *Divine,* 1991).

Mallet-Stevens *(Robert),* architecte français (Paris 1886 - id. 1945). Il est l'un de ceux qui luttèrent contre l'éclectisme dans les années 1925-1930, maniant de façon mouvementée les formes géométriques du style international.

Malmaison → **Rueil-Malmaison.**

Malmö, port de la Suède méridionale, sur le Sund ; 233 887 hab. Chantiers navals. — Musée dans la vieille forteresse.

Malory *(sir Thomas),* écrivain anglais (Newbold Revell 1408 - Newgate 1471), auteur de *la Mort d'Arthur* (1469), première épopée en prose anglaise.

Malot *(Hector),* écrivain français (La Bouille, Seine-Maritime, 1830 - Fontenay-sous-Bois 1907), auteur du roman *Sans famille* (1878).

Malouel *(Jean),* peintre néerlandais (Nimègue av. 1370 - Dijon 1415). Après un séjour à Paris, il passa en 1397 au service du duc de Bourgogne, travaillant pour la chartreuse de Champmol (œuvres perdues). On lui attribue la *Grande Pietà* ronde du Louvre (v. 1400 ?).

Malouines *(îles)* → **Falkland.**

Malpighi *(Marcello),* médecin et anatomiste italien (Crevalcore 1628 - Rome 1694). Pionnier de l'histologie, il découvrit notamment les capillaires pulmonaires (1661), ce qui confirmait les nouvelles connaissances sur la circulation (W. Harvey). Par ailleurs, il réalisa d'importants travaux sur l'anatomie des plantes et des animaux, dont la première description complète d'un arthropode.

Malplaquet *(bataille de)* [11 sept. 1709], bataille indécise qui se déroula au hameau de ce nom, près de Bavay, pendant la guerre de la Succession d'Espagne, entre les Français, commandés par le maréchal de Villars, et les forces du duc de Marlborough et du Prince Eugène.

Malraux *(André),* écrivain et homme politique français (Paris 1901 - Créteil 1976). Son œuvre romanesque (*la Voie royale,* 1930 ; *la Condition humaine,* 1933 [→ **Condition**] ; *l'Espoir,* 1937), critique (*les Voix du silence,* 1951 ; *l'Homme précaire et la littérature,* 1977) et autobiographique (*le Miroir des limbes,* 1967-1975) cherche dans l'art le moyen de lutter contre la corruption du temps et l'instinct de mort de l'homme. Écrivain engagé, il combattit aux côtés des républicains lors de la guerre d'Espagne et fut ministre des Affaires culturelles de 1959 à 1969.

Malte, île principale (246 km²) d'un petit archipel (comprenant aussi Gozo et Comino) de la Méditerranée, entre la Sicile et l'Afrique. L'État couvre 316 km² et compte 350 000 hab. *(Maltais).* CAP. *La Valette.* LANGUES : maltais et anglais. MONNAIE : livre maltaise.

GÉOGRAPHIE

Position stratégique au centre de la Méditerranée, l'île, calcaire, a un climat doux, favorable à l'agriculture et au tourisme.

HISTOIRE

IVe-IIe millénaire (du néolithique à l'âge du bronze). Malte est le centre d'une civilisation mégalithique (Mnajdra, Ggantija, Tarxien et l'île de Gozo) aux temples de plan complexe et aux décors sculptés évoquant la déesse mère. Dans l'Antiquité, l'île est d'abord occupée par les Phéniciens, les Grecs et les Carthaginois.

218 av. J.-C. Conquête de Malte par les Romains.

870 apr. J.-C. L'île est occupée par les Arabes, qui y diffusent l'islam.

1090. Annexion de l'île par les Normands de Sicile.

1530. L'île est cédée par Charles Quint à l'ordre de Saint-Jean de Jérusalem afin qu'il lutte contre l'avance ottomane.

1798. Bonaparte occupe l'île.

1800. La Grande-Bretagne s'y installe.
Pendant la Seconde Guerre mondiale, Malte joue ainsi un rôle déterminant en Méditerranée.

1964. Malte obtient son indépendance dans le cadre du Commonwealth.

1974. L'État devient une république.

1979. Les forces britanniques quittent l'île.

Malte *(ordre de)* → **Saint-Jean de Jérusalem** *(ordre souverain militaire et hospitalier de).*

Malte-Brun *(Konrad),* géographe danois (Thisted 1775 - Paris 1826). Il vécut en France. Auteur d'une Géographie universelle, et l'un des fondateurs de la Société de géographie en 1821.

Malthus *(Thomas Robert),* économiste britannique (près de Dorking, Surrey, 1766 - Claverton, près de Bath, 1834). Fils d'un gentilhomme ami de Jean-Jacques Rousseau et de Hume, il est ordonné pasteur anglican en 1788. Préoccupé par le nombre important de pauvres dans la société anglaise de la fin du XVIIIe siècle, il estime que la cause essentielle de cette situation réside dans le fait que la population croît plus vite que la production. Dans cet esprit, il publie également *De la nature et du progrès du revenu* (1815), *Principes d'économie politique* (1820), *Définitions en économie politique* (1827).

Malus *(Étienne Louis),* physicien français (Paris 1775 - *id.* 1812). Il a découvert la polarisation de la lumière et établi les lois de propagation des faisceaux lumineux.

Mälzel *(Johann)* → **Maelzel.**

Mamaia, station balnéaire de Roumanie, sur la mer Noire, au nord de Constanţa.

Mamelouks, dynastie qui régna sur l'Égypte et la Syrie (1250-1517) et dont les sultans étaient choisis parmi les milices de soldats esclaves (mamelouks). Ils arrêtèrent l'expansion mongole en Syrie (1260) et chassèrent les croisés du Levant (1250-1291). Après 1517, ils se rallièrent aux Ottomans.

Mamer, comm. du Luxembourg dont une section (Capellen) a donné son nom à un canton du grand-duché ; 6 268 hab.

Mamers, ch.-l. d'arr. de la Sarthe ; 6 424 hab. *(Mamertins).* Appareils ménagers. — Deux églises médiévales.

Mammon, mot araméen qui, dans la littérature judéo-chrétienne, personnifie les biens matériels dont l'homme se fait l'esclave.

Mamoré *(le),* l'une des branches mères du río Madeira ; 1 800 km.

Mamoulian *(Rouben),* cinéaste américain d'origine arménienne (Tiflis, auj. Tbilissi, Géorgie, 1897 - Los Angeles 1987). L'esthétique de ses plans-séquences est le moteur de ses films : Dr *Jekyll and Mr Hyde* (1932), *la Reine Christine* (1934), *le Signe de Zorro* (1940), *la Belle de Moscou* (1957).

Man *(île de),* île de la mer d'Irlande, dépendance de la Couronne britannique ; 570 km² ; 64 000 hab. V. princ. *Douglas.* Place financière.

Manado ou **Menado,** port d'Indonésie (Célèbes) ; 170 000 hab.

Managua, cap. du Nicaragua, sur le lac de Managua (1 234 km²), détruite par un tremblement de terre en 1972 puis reconstruite ; 682 000 hab.

Manama, cap. de l'État de Bahreïn, dans l'île de Bahreïn ; 152 000 hab.

Manaslu, sommet de l'Himalaya du Népal ; 8 156 m.

Manaus, anc. Manáos, port du Brésil, cap. de l'État d'Amazonas, sur le río Negro, près du confluent avec l'Amazone ; 1 010 558 hab.

Manche, mer peu profonde du nord-ouest de l'Europe, entre la France et l'Angleterre, aux caractères hydrologiques proches de ceux de l'Atlantique voisin (salinité de l'ordre de 35 ‰ ; températures moyennes vers 7-8 °C en hiver, 16-17 °C en été), marquée aussi par de fortes marées (baie du Mont-Saint-Michel). La pêche y est peu active ; en revanche, le trafic maritime (parfois de passage, vers Anvers et Rotterdam) est intense (marchandises et passagers). Southampton et surtout Le Havre sont les deux grands ports riverains. Le pas de Calais, à l'extrémité nord de la Manche, est franchi par un tunnel ferroviaire.

Manche *(la),* région dénudée et aride d'Espagne (→ Castille-La Manche).

Manche [50], dép. de la Région Basse-Normandie ; ch.-l. de dép. *Saint-Lô* ; ch.-l. d'arr. *Avranches, Cherbourg, Coutances* ; 4 arr., 52 cant., 602 comm. ; 5 938 km² ; 479 636 hab. Il est rattaché à l'académie et à la cour d'appel de Caen, à la région militaire Atlantique.

Manchester, v. de Grande-Bretagne, sur l'Irwell, à l'O. des Pennines ; 397 400 hab. Le *comté métropolitain du Grand Manchester,* comprenant la ville de Manchester et 9 autres districts, a 1 287 km² et 2 445 200 hab. Deuxième centre commercial et financier de Grande-Bretagne, la ville a presque perdu son industrie cotonnière, partiellement remplacée par les constructions mécaniques et électriques (matériel ferroviaire), l'électronique, la chimie. Université. — Cathédrale en partie du XVe siècle. Musées, dont la Galerie d'art de la Ville (peintures des préraphaélites).

Mancini, famille italienne. Les plus célèbres de ses représentants furent les nièces de Mazarin, qui avaient suivi celui-ci en France, parmi lesquelles : **Laure** (Rome 1636 - Paris 1657), duchesse de Louis de Vendôme, duc de Mercœur ; **Marie,** *princesse* **Colonna** (Rome v. 1640 - Pise 1715), sœur de la première, qui inspira une vive passion à Louis XIV ; **Hortense,** *duchesse* **de Mazarin** (Rome 1646 - Chelsea 1699), sœur des deux premières, célèbre pour sa beauté à la cour de Charles II d'Angleterre.

Mandalay, v. de la Birmanie centrale, sur l'Irrawaddy ; 533 000 hab. Aéroport. Centre commercial. Fondée en 1857, la ville fut, de 1860 à 1885, la capitale des derniers rois birmans. Monastères bouddhiques remarquables par le raffinement de leur architecture de bois.

Mandchoukouo *(le),* nom de la Mandchourie sous domination japonaise (1932-1945).

Mandchourie, ancien nom d'une partie de la Chine, formant aujourd'hui la majeure partie de la « Chine du Nord-Est ». (Hab. *Mandchous.*) V. princ. *Shenyang (Moukden), Harbin.* **HIST.** Les Mandchous, peuple de race toungouse, envahissent la Chine au XVIIe siècle et y fondent la dynastie des Qing, qui règne jusqu'en 1912. À cette même époque, de nombreux immigrés chinois s'établissent en Mandchourie. À la fin du XIXe siècle, la Mandchourie est convoitée à la fois par la Russie et par le Japon. La victoire du Japon dans la guerre russo-japonaise lui assure une influence prépondérante dans la région, qu'il occupe en 1931. La Chine récupère la région en 1945 (à l'exception de Port-Arthur et de Dairen, que l'U. R. S. S. lui rétrocède en 1954).

Mandé ou **Mandingues,** groupe de peuples comprenant notamment les Malinké, les Sarakolé, les Bambara, les Soninké, les Dioula et parlant des langues de la famille nigéro-congolaise.

Mandel *(Georges),* homme politique français (Chatou 1885 - Fontainebleau 1944). Chef de cabinet de Clemenceau (1917), ministre des P. T. T. (1934-1936) puis des Colonies (1938-1940), il fut assassiné par la Milice de Vichy.

Mandela *(Nelson),* homme d'État sud-africain (Mvezo, district d'Umtata, 1918). Chef historique de l'A. N. C. (African National Congress), organisateur de la lutte armée contre l'apartheid après l'interdiction de son mouvement en 1960, il est arrêté en 1962 et condamné à la détention à perpétuité en 1964. Libéré en 1990, il est nommé vice-président puis président (1991) de l'A. N. C. Il est élu en 1994 président de la République. (Prix Nobel de la paix 1993.)

Mandelbrot *(Benoît),* mathématicien français d'origine polonaise (Varsovie 1924). À partir de travaux d'analyse datant du début du siècle, il a développé, en 1975, la théorie des objets fractals. Il a construit sur ordinateur les ensembles qui portent son nom, qui trouvent des applications tant dans l'étude du « chaos déterministe » que dans le domaine des arts plastiques.

Mandelstam *(Ossip Emilievitch),* poète soviétique (Varsovie 1891- ? 1938). L'un des animateurs du mouvement acméiste (*Pierre,* 1913 ; *le Sceau égyptien,* 1928), il fut déporté dans l'Oural (*Cahiers de Voronej,* 1935-1937).

Mandingues → Mandé.

Mandrin *(Louis),* bandit français (Saint-Étienne-de-Saint-Geoirs 1724 - Valence 1755). Marchand ruiné, il devint chef de contrebandiers et s'attaqua aux fermiers de l'impôt. Arrêté et roué vif en 1755, il devint un héros populaire.

Manès → Mani.

Manessier *(Alfred)*, peintre français (Saint-Ouen, Somme, 1911 - Orléans 1993). Élève de Bissière, coloriste intense, il a abandonné la figuration afin de mieux traduire son sentiment intérieur du sacré ou de la nature.

Manet *(Édouard)*, peintre français (Paris 1832 - *id.* 1883). Formé en partie par la filière académique, mais surtout par les œuvres étudiées au Louvre, en Hollande, en Allemagne, en Italie, marqué par Velázquez et Hals, il se montre bientôt préoccupé plus par la transposition picturale de ce qu'il voit et par l'authenticité de la sensation que par le sujet. Critique et public sont choqués non seulement par la modernité de ses thèmes, mais aussi par son modelé plat, ses oppositions de noirs et de couleurs claires et sa liberté de touche. Le Salon refuse des œuvres qui, comme le *Déjeuner sur l'herbe* (1863, musée d'Orsay) ou le *Fifre* (1866, *ibid.*) — *Olympia (ibid.)*, sera acceptée en 1865 —, vont faire de l'artiste, contre son gré, un révolutionnaire et le chef de file des jeunes impressionnistes. S'il se rapproche de ceux-ci par son souci de la lumière de plein air et par le travail sur le motif (*Argenteuil*, 1874, Tournai), Manet ne s'engage pas sur la voie du morcellement de la touche colorée. De l'impressionnisme, il retient une palette plus claire (*Monet sur son bateau-atelier*, 1874, Munich), une vie plus frémissante (*Un bar aux Folies-Bergère*, 1882, Institut Courtauld, Londres).

Manéthon, prêtre et historien égyptien (Sébennytos IIIᵉ s. av. J.-C.). Il a écrit en grec une histoire d'Égypte, dont il reste des fragments. Les historiens ont adopté sa division en dynasties.

Manfred (1232 - Bénévent 1266), roi de Sicile (1258-1266), fils naturel légitimé de l'empereur Frédéric II. Il fut tué en défendant son royaume contre Charles d'Anjou.

Mangalore ou **Mangalur**, v. de l'Inde (Karnataka) ; 425 785 hab.

Mangin *(Charles)*, général français (Sarrebourg 1866 - Paris 1925). Membre de la mission Congo-Nil en 1898, il prit une part décisive à la victoire de Verdun (1916) et aux offensives de 1918.

Mangin *(Louis)*, botaniste français (Paris 1852 - Orly 1937). Il étudia les cryptogames.

Manguychlak *(presqu'île de)*, plateau désertique du Kazakhstan, à l'est de la Caspienne. Pétrole.

Manhattan, quartier de New York délimité par l'Hudson à l'O., la rivière de Harlem au N., l'East River à l'E. et se terminant face à l'Upper Bay au S. Partiellement dépeuplé (moins de 1,4 million d'habitants), Manhattan demeure le cœur de New York.

Mani ou **Manès**, prophète, fondateur du manichéisme (216-274 ou 277). Venant d'une secte baptiste de Mésopotamie, il se présenta comme le missionnaire d'une religion universelle de salut, le *manichéisme*. Lié au roi sassanide d'Iran Châhpuhr Iᵉʳ, qu'il suivait dans ses expéditions, il fit lui-même de multiples voyages, jusqu'en Inde, pour y fonder des communautés. Il tomba en disgrâce sous le nouveau roi, Barhâm Iᵉʳ, qui le fit mettre à mort.

Manicouagan *(la)*, riv. du Canada (Québec), qui rejoint l'estuaire du Saint-Laurent (r. g.) ; 500 km. Importants aménagements hydroélectriques.

Manifeste du parti communiste, ouvrage de Marx et Engels (publié en 1848).

Manifeste du surréalisme (1924), écrit d'A. Breton qui compose une théorie et une justification du surréalisme. Ce manifeste a été complété en 1929, 1930, 1942, 1962.

Manille, *en esp.* Manila, cap. et principale ville des Philippines, dans l'île de Luçon ; 1 598 918 hab., centre d'une agglomération de plus de 4 millions d'hab. (*Metro Manila*, ou *Greater Manila*, qui inclut Quezon City, capitale du pays de 1948 à 1979 et deuxième ville par sa population). Sur la *baie de Manille*, bordée de bidonvilles, l'agglomération a des fonctions commerciales, universitaires et d'accueil (congrès) qui s'ajoutent au trafic portuaire et aux activités industrielles.

Manin *(Daniele)*, avocat et patriote italien (Venise 1804 - Paris 1857). Président de la République de Venise en 1848, il dut capituler devant les Autrichiens l'année suivante.

Manipur, État du nord-est de l'Inde ; 1 826 714 hab. Cap. *Imphal*.

Manitoba, une des provinces des Prairies, au Canada ; 650 100 km² ; 1 091 942 hab. Cap. *Winnipeg*. Le Bouclier canadien occupe le Nord et l'Est, et une plaine sédimentaire, parsemée de grands lacs, le Sud-Ouest. Le climat continental est rigoureux et la forêt couvre près de la moitié du territoire. L'agriculture domine dans le Sud (céréales et élevage bovin), plus clément, tandis que, plus au nord, sont extraits le nickel, le zinc et le cuivre. La population est concentrée pour plus de la moitié à Winnipeg.

Manitoba *(lac)*, lac du Canada, donnant son nom à la *province du Manitoba ; 4 700 km²*. Il se déverse dans le lac Winnipeg.

Manitoulin, île canadienne (Ontario) du lac Huron ; 2 766 km².

Manizales, v. de Colombie, sur le Cauca ; 237 000 hab.

Mankiewicz *(Joseph Leo)*, cinéaste américain (Wilkes Barre, Pennsylvanie, 1909 - Mount Kisco, près de Bedford, État de New York, 1993). Il débute dans la mise en scène, en remplaçant Lubitsch à la dernière minute, avec *le Château du dragon* (1946). Tout en abordant les genres les plus divers, il reste fidèle à certains thèmes (le goût des « portraits de femmes », la tendance aux paradoxes satiriques) et à l'utilisation du dialogue comme moteur de l'action. Il s'efforce de saisir la vérité de la vie sous un angle pirandellien (*Chaînes conjugales* (1949), *Ève* (1950), *Jules César* (1953), *la Comtesse aux pieds nus* (1954), *Cléopâtre* (1963), *le Reptile* (1970), *le Limier* (1972).

Mann *(Emil Anton* Bundmann, dit **Anthony)**, cinéaste américain (San Diego 1906 - Berlin 1967). Il fut l'un des grands réalisateurs de westerns : *l'Appât* (1953), *Du sang dans le désert* (1957), *l'Homme de l'Ouest* (1958).

Mann *(Thomas)*, romancier allemand (Lübeck 1875 - Zurich 1955). Ses premières œuvres : *les Buddenbrook* (1901), *Tonio Kröger* (1903), *la Mort à Venise* (1912), mettent en lumière deux conceptions opposées de l'existence : l'une consacrée à la vie de l'esprit, l'autre à l'action. Ainsi en 1914, opposé aux idées de son frère Heinrich, il approuve le nationalisme allemand et la guerre. Après la Première Guerre mondiale, il change d'attitude, se réconcilie avec son frère et publie *la Montagne magique* (1924). À l'avènement de Hitler (1933), il s'exile et prend la nationalité américaine. Il se consacre alors à la défense des valeurs spirituelles et morales dans sa tétralogie *Joseph et ses frères* (1933-1942) et dans *le Docteur Faustus* (1947), donnant par l'étude de ses conflits intérieurs l'image même de l'ambiguïté et du déchirement de l'Allemagne moderne (Prix Nobel 1929). Son frère **Heinrich** (Lübeck 1871 - Santa Monica 1950) est l'auteur du roman *le Professeur Unrat* (1905), qui fournira le thème du film de J. Sternberg *l'Ange bleu*. Le fils aîné de Thomas, **Klaus**

(Munich 1906 - Cannes 1949), antifasciste et antinazi, a exprimé son désenchantement dans des romans (*Mephisto*, 1936) et une autobiographie (*le Tournant*, 1942-1952).

Mannar *(golfe de)*, golfe de l'océan Indien, entre l'Inde et Sri Lanka.

Mannerheim *(Carl Gustaf, baron)*, maréchal et homme d'État finlandais (Villnäs 1867 - Lausanne 1951). Après sa victoire sur les bolcheviks, il fut élu régent en 1918. Commandant en chef de l'armée finlandaise, il dirigea en 1939-40 la résistance de la Finlande à l'U. R. S. S., qu'il combattit aux côtés des Allemands (1941-1944). Il fut président de la République de 1944 à 1946.

Mannheim, v. d'Allemagne (Bade-Wurtemberg), au confluent du Rhin et du Neckar ; 305 974 hab. Port fluvial, centre industriel (matériel ferroviaire et électrique, chimie) et culturel (université). — Vaste château des princes électeurs du XVIIIe siècle. Musées de beaux-arts.

Mannoni *(Maud)*, psychanalyste française d'origine néerlandaise (Courtrai 1923). Disciple de Jacques Lacan, elle s'est intéressée aux enfants psychotiques, pour lesquels elle a créé l'École expérimentale de Bonneuil (1969).

Manon Lescaut, roman de l'abbé Prévost (1731). L'amour de la séduisante mais amorale Manon amènera le chevalier Des Grieux à une déchéance lucide.

Manosque, ch.-l. de c. des Alpes-de-Haute-Provence ; 19 537 hab. *(Manosquins)*. — Deux portes fortifiées et deux églises du Moyen Âge.

Manoury *(Philippe)*, compositeur français (Tulle 1952). Librement issu du postsérialisme, il a réalisé à l'I. R. C. A. M. *Zeitlauf* (1982), *Jupiter* (1987), *Pluton* (1989).

Man Ray *(Emmanuel* Rudnitsky, dit*)*, peintre et photographe américain (Philadelphie 1890 - Paris 1976). Il participe à l'activité dada à New York puis s'installe à Paris (1921). Ses *rayogrammes* (silhouettes d'objets, à partir de 1922) comptent parmi les premières photographies « abstraites ». L'influence du surréalisme marque ses quelques films de court métrage (*l'Étoile de mer*, sur un poème de Desnos, 1928), de même que ses peintures et ses assemblages, d'une libre fantaisie caustique ou poétique.

Manrique *(Jorge)*, poète espagnol (Paredes de Nava 1440 - près du château de Garci-Muñoz 1479), l'un des premiers poètes lyriques des cancioneros du XVe siècle.

Mans (Le), ch.-l. du dép. de la Sarthe, anc. cap. du Maine, à 211 km à l'O. -S. -O. de Paris ; 148 465 hab. *(Manceaux)*. [L'agglomération compte environ 200 000 hab.] Carrefour entre la Normandie, la vallée de la Loire, Paris et la Bretagne, Le Mans juxtapose fonctions industrielles (constructions mécaniques) et tertiaires. — À proximité immédiate, circuit de la course automobile des Vingt-Quatre Heures du Mans. — Enceinte gallo-romaine du Vieux Mans. Cathédrale romane et gothique (chœur du XIIIᵉ s., vitraux) et autres églises. Musée de Tessé (beaux-arts surtout) et musée « de la Reine Bérangère » (histoire, ethnographie, arts appliqués).

Mansart *(François)*, architecte français (Paris 1598 - id. 1666). Chez lui s'ordonnent toutes les qualités d'un classicisme affranchi de la tutelle des modèles antiques et italiens. Il travaille à Paris pour les congrégations (église devenue le temple Ste-Marie, 1632) et les particuliers (nombreuses demeures, dont peu subsistent, tel l'hôtel Guénégaud-des-Brosses, dans le Marais), élève l'aile Gaston-d'Orléans de Blois (1635), le château de Maisons (1642). Il entreprend en 1645 la chapelle du Val-de-Grâce, à Paris mais, trop lent par perfectionnisme, est remplacé par Lemercier, qui suivra ses plans. Son petit-neveu **Jules Hardouin**, dit Hardouin-Mansart (Paris 1646 - Marly 1708), premier architecte de Louis XIV, agrandit le château de Versailles à partir de 1678 (galerie des Glaces, chapelle, etc.). On lui doit encore la chapelle des Invalides, avec son dôme à deux coupoles emboîtées (d'après une idée de F. Mansart ; 1676-1706), les places Vendôme et des Victoires à Paris, le Grand Trianon, divers châteaux, des travaux pour Arles, pour Dijon. D'une grande diversité, incluant des dessins de fortifications aussi bien qu'un modèle nouveau de maison urbaine, son œuvre connaîtra pendant plus d'un siècle un rayonnement dépassant les frontières de la France.

Mansfield *(Kathleen Mansfield Beauchamp, dite Katherine)*, femme de lettres britannique (Wellington, Nouvelle-Zélande, 1888 - Fontainebleau 1923). Célèbre pour ses nouvelles *(la Garden Party, 1922)*, instants de vie poignants révélateurs de sa fragilité, elle a également laissé un *Journal* (1927) et des *Lettres* (1928).

Mansholt *(Sicco Leendert)*, homme politique néerlandais (Ulrum 1908 - Wapserveen, prov. de Drenthe, 1995). Vice-président (1967-1972) puis président (1972-73) de la

Commission exécutive de la Communauté économique européenne, il a préconisé la modernisation des agricultures européennes.

Mansourah, v. d'Égypte, près de la Méditerranée ; 259 000 hab. — Saint Louis y fut fait prisonnier en 1250.

Manstein *(Erich von Lewinski, dit Erich von)*, maréchal allemand (Berlin 1887 - Irschenhausen, Bavière, 1973). Chef d'état-major du groupe d'armées de Rundstedt, il est l'auteur du plan d'opérations contre la France en 1940. Il conquit la Crimée en 1942 puis commanda un groupe d'armées sur le front russe jusqu'en 1944.

Mansur *(Abu Djafar al-)* [m. en 775], deuxième calife abbasside (754-775), fondateur de Bagdad en 762.

Mansur *(Muhammad ibn Abi Amir, dit al-), en esp.* Almanzor, homme d'État et chef militaire du califat de Cordoue (Torrox, prov. de Málaga, v. 938 - Medinaceli 1002). Il combattit avec succès les royaumes chrétiens du nord de l'Espagne.

Mantegna *(Andrea)*, peintre et graveur italien (Isola di Carturo, Padoue, 1431 - Mantoue 1506). Formé à Padoue (au moment où Donatello y travaille), il fait l'essentiel de sa carrière à Mantoue (fresques de la *Camera degli Sposi* [Chambre des Époux] au palais ducal, achevées en 1474). Son puissant langage plastique (relief sculptural, effets de perspective, netteté d'articulation) et son répertoire décoratif antiquisant lui vaudront une grande influence dans toute l'Italie du Nord.

Mantes-la-Jolie, ch.-l. d'arr. des Yvelines, sur la Seine ; 45 254 hab. *(Mantais)*. Constructions mécaniques. Chimie. — Importante collégiale gothique (1170-XIVᵉ s.). Église romane de Gassicourt. Musée consacré au peintre Maximilien Luce (1858-1941).

Manteuffel *(Edwin, baron von)*, maréchal prussien (Dresde 1809 - Karlsbad 1885), gouverneur de l'Alsace-Lorraine de 1879 à 1885.

Mantinée *(bataille de)* [362 av. J.-C.], victoire, en Arcadie, du Thébain Épaminondas sur les Spartiates, au cours de laquelle il trouva la mort.

Mantoue, *en ital.* Mantova, v. d'Italie (Lombardie), ch.-l. de prov., entourée de trois lacs formés par le Mincio ; 52 948 hab. — La ville fut gouvernée de 1328 à 1708 par les Gonzague. — Vaste palais ducal des XIIIᵉ-XVIIᵉ siècles, rempli d'œuvres d'art (célèbres fresques de la Chambre des Époux par Mantegna). Deux églises sur plans de L. B. Alberti. Palais du Te, chef-d'œuvre de J. Romain.

Manuce, *en ital.* Manuzio, famille d'imprimeurs italiens, plus connus sous le nom de **Aldes. Tebaldo Manuzio,** dit Alde l'Ancien (Bassiano v. 1449 - Venise 1515), fonda à Venise une imprimerie que rendirent célèbre ses éditions princeps des chefs-d'œuvre grecs et latins. On lui doit le caractère italique (1500) et le format in-octavo. Son petit-fils, **Alde le Jeune** (Venise 1547 - Rome 1597), dirigea l'imprimerie vaticane.

Manuel Ier Comnène (v. 1118-1180), empereur byzantin (1143-1180). Il combattit les Normands de Sicile et lutta avec succès contre les Serbes mais se heurta aux Vénitiens et fut battu par les Turcs (1176).

Manuel II Paléologue (1348-1425), empereur byzantin (1391-1425). Il lutta vainement contre le sultan ottoman, dont il dut reconnaître la suzeraineté (1424).

Manuel Ier le Grand et **le Fortuné** (Alcochete 1469 - Lisbonne 1521), roi de Portugal (1495-1521). À son règne correspondent le début de l'essor colonial et l'essor de l'architecture manuéline.

Manuel Deutsch *(Niklaus),* peintre, graveur, poète et homme d'État suisse (Berne 1484 - id. 1530). Son œuvre peint participe à la fois de l'héritage gothique et de l'italianisme (*Décollation de saint Jean-Baptiste,* v. 1520, musée des Bx-A. de Bâle).

Manyo-shu, premier recueil officiel de poésies japonaises (808), qui rassemble des poèmes composés aux VIIe et VIIIe siècles.

Manytch *(le),* riv. de Russie, au nord du Caucase, à écoulement intermittent vers la mer d'Azov (par le Don) et vers la Caspienne (par la Koura).

Manzoni *(Alessandro),* écrivain italien (Milan 1785 - id. 1873). Auteur de poèmes d'inspiration religieuse et de drames patriotiques, il est célèbre pour un roman historique (*les Fiancés,* 1825-1827) qui fut un modèle pour le romantisme italien.

Mao Dun ou **Mao Touen,** écrivain et homme politique chinois (Wu, Zhejiang, 1896 - Pékin 1981). L'un des fondateurs de la Ligue des écrivains de gauche (1930), il fut ministre de la Culture de 1949 à 1965.

Maoris, population polynésienne de Nouvelle-Zélande, relativement bien intégrée dans la société néo-zélandaise mais qui a conservé une vigoureuse conscience de son identité culturelle.

Mao Zedong ou **Mao Tsö-tong** ou **Mao Tsé-toung,** homme d'État chinois (Shaoshan, Hunan, 1893 - Pékin 1976). Il participe à la fondation du Parti communiste chinois (P. C. C.) en 1921. Alors que la stratégie du P. C. C. est tout entière tournée vers le prolétariat des villes, Mao est un des rares dirigeants à percevoir le potentiel révolutionnaire des masses paysannes. Cependant, l'insurrection du Hunan (1927) qu'il dirige échoue, ce qui lui vaut d'être exclu du Bureau politique du P. C. C. Gagnant le Jiangxi, il fonde la République soviétique chinoise (1931), mais doit battre en retraite devant les nationalistes et gagner le Nord-Ouest du pays au cours de la Longue Marche (1934-35). Réintégré au Bureau politique (1935), il s'impose comme le chef du mouvement communiste chinois, tout en s'alliant avec Jiang Jieshi (Tchang Kaï-chek) contre les Japonais. Mao, installé dans les grottes de Yan'an, formule alors l'essentiel de sa pensée : dans le domaine militaire, *Problèmes stratégiques de la guerre révolutionnaire en Chine* (1936), *Problèmes stratégiques de la guerre de partisans contre le Japon* (1938), notamment ; dans le domaine philosophique : *De la contradiction, de la pratique* (1937) ; dans le domaine politique : *la Démocratie nouvelle* (1940). Au terme de la guerre civile, il proclame l'avènement de la République populaire, le 1er oct. 1949, sur la place Tian'anmen de Pékin. Rebelle, Mao est moins à l'aise dans la gestion du pays, qu'il assume en tant que président du Conseil (à partir de 1949), président de la République (1954-1959) et président du Parti. À deux reprises, en 1958 lors du Grand Bond en avant et en 1966 avec la Révolution culturelle, il cherche à imprimer au pays sa marque en le lançant dans une voie originale de développement et de construction du socialisme. Ce seront deux échecs très coûteux en hommes et en capacités de production. Accélération de l'évolution, volontarisme, manque de sens des réalités, brutalités et violences envers les individus sont les caractéristiques de ces périodes très « maoïstes » de l'histoire du pays. Mais le prestige du chef de la révolution et l'influence politique de sa femme, Jiang Qing, sont tels que ce n'est qu'après sa mort, le 9 sept. 1976, qu'on osera formuler publiquement de telles critiques à son encontre.

Maputo, *anc.* Lourenço Marques, cap. du Mozambique, sur l'océan Indien ; 1 007 000 hab. Relié par voie ferrée à l'Afrique du Sud, au Swaziland et au Zimbabwe, premier centre industriel du pays, port, ville universitaire et touristique.

Mar *(serra do)*, extrémité méridionale du Plateau brésilien.

Maracaibo, v. du Venezuela, sur le goulet qui relie la mer des Antilles au *lac de Maracaibo.* 1 249 670 hab. Deuxième ville du pays et centre pétrolier.

Maracay, v. du Venezuela, à l'ouest de Caracas ; 354 196 hab.

Marais *(le)*, ancien quartier de Paris (IIIe et IVe arr.). Hôtels particuliers des xvie-xviiie siècles (Lamoignon, Carnavalet, Sully, Guénégaud, Saint-Aignan, des Ambassadeurs de Hollande, Salé, Soubise, etc.), certains convertis en musées, bibliothèques, centres culturels.

Marais *(le)*, terme péjoratif désignant, à la Convention, le Tiers Parti (ou la Plaine), entre les Girondins et les Montagnards.

Marais *(Jean* Villain-Marais, dit Jean*)*, acteur français (Cherbourg 1913). Lancé au théâtre par Jean Cocteau, il devint après *l'Éternel Retour* (J. Delannoy, 1943) l'une des vedettes les plus populaires du cinéma français : *la Belle et la Bête* (J. Cocteau, 1946), *le Bossu* (A. Hunebelle, 1959), la série des *Fantômas* (1964-1966).

Marais *(Marin)*, violiste et compositeur français (Paris 1656 - *id.* 1728), auteur de pièces pour viole et d'ouvrages lyriques (*Alcyone,* 1706).

Marais breton ou **Marais vendéen,** région côtière de l'ouest de la France, sur l'Atlantique, couvrant environ 25 000 ha, comprise entre le pays de Retz (Loire-Atlantique) et la Vie (Vendée). Il est ouvert sur la baie de Bourgneuf. Élevage (bovins, canards) dans l'intérieur. Tourisme sur le littoral.

Marais poitevin, région de l'ouest de la France, sur l'Atlantique, couvrant environ 70 000 ha (Vendée, Charente-Maritime et Deux-Sèvres). À l'E. s'étend le marais mouillé (25 000 ha), la « Venise verte » ; au centre et à l'O. le marais desséché (plus étendu). L'élevage laitier est la ressource essentielle de l'ensemble. — Un *parc naturel régional du Marais poitevin-Val de Sèvre-Vendée* (couvrant environ 200 000 ha) a été créé en 1979.

Marajó, grande île du Brésil, située à l'embouchure de l'Amazone ; 40 000 km^2. — Riche région archéologique ayant livré les vestiges (habitat, céramiques, pipes et figurines) de communautés d'agriculteurs en activité de 500 av. J.-C. à 1500 apr. J.-C.

Maramureş, massif montagneux boisé des Carpates, en Roumanie ; 2 305 m.

Maranhão, État du nord-est du Brésil ; 4 922 339 hab. Cap. *São Luís do Maranhão.*

Marañón *(le)*, riv. du Pérou, l'une des branches mères de l'Amazone ; 1 800 km.

Marañón y Posadillo *(Gregorio)*, médecin et écrivain espagnol (Madrid 1887 - *id.* 1960). Il fut l'un des pionniers de l'endocrinologie. Par ailleurs, il effectua des études, notamment, sur Philippe II et sur Tolède. Député en 1931, il dut ensuite se réfugier un certain temps en France.

Marat *(Jean-Paul)*, homme politique français (Boudry, canton de Neuchâtel, 1743 - Paris 1793). Médecin, rédacteur de *l'Ami du peuple,* le journal des sans-culottes, membre actif du club des Cordeliers, il se fait l'avocat virulent des intérêts populaires. Deux fois exilé, son journal supprimé, il rentre en France en 1792 et joue un rôle déterminant dans la chute de la monarchie. Député de Paris à la Convention, où il est un des Montagnards les plus radicaux, il entre en conflit avec les Girondins, qu'il parvient à éliminer (2 juin 1793). Il est assassiné un mois suivant dans sa baignoire par Charlotte Corday.

Marathes, population du Maharashtra. Les Marathes créèrent un royaume hindou puissant (1674) et résistèrent aux Britanniques de 1779 à 1812.

Marathon *(bataille de)* [490 av. J.-C.], victoire remportée par le général athénien Miltiade sur les Perses de Darios Ier près du village de Marathon, à 40 km d'Athènes. Une légende affirme qu'un coureur, dépêché à Athènes pour annoncer la victoire, mourut d'épuisement à son arrivée.

Marbella, station balnéaire d'Espagne, sur la Costa del Sol ; 80 599 hab.

Marboré *(pic du)*, sommet des Pyrénées centrales, à la frontière espagnole ; 3 253 m.

Marburg, v. d'Allemagne (Hesse), sur la Lahn ; 72 656 hab. Université. — Château des landgraves, surtout des xiiie-xvie siècles. Église Ste-Élisabeth (xiiie s.), prototype de l'église-halle gothique à trois vaisseaux ; vitraux.

Marburg *(école de)*, groupe de philosophes néokantiens (H. Cohen, P. G. Natorp, E. Cassirer) [v. 1875-1933] qui se sont intéressés à la connaissance, au langage et à la logique.

Marc *(saint)*, un des quatre évangélistes. L'Évangile qu'on lui attribue est en réalité le plus ancien des quatre. Rédigé en grec vers 70 à l'intention de chrétiens convertis du paganisme (peut-être des chrétiens de la communauté de Rome), il a été utilisé par Luc et Matthieu. Le dénommé Marc, dont la tradition fait l'auteur de cet écrit, est un compagnon d'apostolat de Paul et serait devenu plus tard un proche de Pierre.

Marc *(Franz),* peintre allemand (Munich 1880 - près de Verdun 1916). Inspirée par la nature et les animaux, catalysée par l'esprit du Blaue Reiter, sa peinture évolue vers une simplification formelle assortie d'un chromatisme intense et symbolique (*Grands chevaux bleus,* 1911, Minneapolis), puis vers une fragmentation et interpénétration des formes (*Chevreuils dans la forêt,* 1914, Karlsruhe), pour aboutir à l'abstraction.

Marc Aurèle, *en lat.* Marcus Aurelius Antoninus (Rome 121 - Vindobona 180), empereur romain (161-180). Adopté par Antonin, il lui succéda. Son règne, durant lequel il renforça la centralisation administrative, fut dominé par les guerres : campagnes contre les Parthes (161-166) et contre les Germains qui avaient franchi le Danube et atteint l'Italie (168-175) puis à nouveau en 178-180. Il associa au pouvoir son fils Commode en 177. Empereur philosophe, il a laissé des *Pensées,* écrites en grec, où s'exprime son adhésion au stoïcisme.

Marceau *(François Séverin* Marceau-Desgraviers, dit*),* général français (Chartres 1769 - Altenkirchen 1796). Il commanda l'armée de l'Ouest contre les vendéens (1793), se distingua à Fleurus (1794) et battit les Autrichiens sur le Rhin, à Neuwied (oct. 1795).

Marceau *(Marcel* Mangel, dit Marcel*),* mime français (Strasbourg 1923). Créateur du personnage de *Bip,* bouffon lunaire, il a renouvelé l'art de la pantomime en exprimant la poésie des situations quotidiennes.

Marcel *(Étienne),* marchand drapier français (v. 1316 - Paris 1358). Prévôt des marchands de Paris à partir de 1355, il fut, aux états généraux de 1356 et 1357, le porte-parole de la riche bourgeoisie contre l'autorité monarchique. S'opposant au Dauphin Charles (Charles V), il organisa en février 1358 l'émeute de Paris et fit assassiner sous les yeux du Dauphin deux de ses conseillers. Il fut lui-même assassiné par un partisan du Dauphin (juill.).

Marcel *(Gabriel),* philosophe et écrivain français (Paris 1889 - *id.* 1973). Il se rattache au groupe de l'existentialisme chrétien (*Journal métaphysique,* 1914-1923). Il a aussi écrit des pièces de théâtre.

Marcello *(Benedetto),* compositeur italien (Venise 1686 - Brescia 1739), auteur de concertos, de sonates, d'opéras, de paraphrases de psaumes (*l'Estro Poetico-Armonico,* 8 vol., 1724-1726) et d'un écrit satirique, *le Théâtre à la mode* (1720).

Marcellus *(Marcus Claudius),* général romain (v. 268-208 av. J.-C.). Pendant la deuxième guerre punique, il prit Syracuse (212 av. J.-C.), où fut tué Archimède.

Marchais *(Georges),* homme politique français (La Hoguette, Calvados, 1920), secrétaire général du Parti communiste français (1972-1994).

Marchand *(Jean-Baptiste),* général et explorateur français (Thoissey 1863 - Paris 1934). Parti du Congo en 1897, il atteignit Fachoda, sur le Nil, mais dut l'évacuer peu après, sur ordre (7 nov. 1898), à la suite de l'arrivée des Britanniques de Kitchener.

Marche *(la),* ancienne province de France, réunie à la Couronne en 1527. Son territoire correspond au département de la Creuse et à une partie de la Haute-Vienne.

Marché commun, terme couramment employé pour désigner la Communauté économique européenne (devenue Communauté européenne en 1993).

Marches *(les), en ital.* Marche, région de l'Italie péninsulaire, sur l'Adriatique ; 9 692 km^2 ; 1 427 666 hab. V. princ. *Ancône.* Elles comprennent les provinces d'Ancône, de Ascoli Piceno, de Macerata, de Pesaro et d'Urbino. Région de transition entre l'Italie du Nord et le Mezzogiorno, encore largement rurale.

Marciano *(Rocco Francis* Marchegiano, dit **Rocky***),* boxeur américain (Brockton, Massachusetts, 1923 - près de Des Moines 1969), champion du monde des poids lourds (1952 à 1956), invaincu dans les rangs professionnels.

Marcion, docteur hétérodoxe chrétien (Sinope v. 85 - v. 160). Il vint à Rome vers 140 mais son enseignement provoqua son excommunication en 144.

Marco *(Tomás),* compositeur espagnol (Madrid 1942). Collaborateur de K. Stockhausen, P. Boulez et G. Ligeti, il a notamment composé *Anna Blume* (1967), *Quasi un Requiem* (1971), un cycle de symphonies inauguré en 1976 (*Symphonie n° 5 « Modelos de Universo »,* 1990).

Marcomans, ancien peuple germain apparenté aux Suèves. Installés d'abord en Bohême, ils envahirent l'Empire romain sous le règne de Marc Aurèle.

Marconi *(Guglielmo),* physicien et inventeur italien (Bologne 1874 - Rome 1937). Utilisant l'éclateur de Hertz, l'antenne de Popov et le cohéreur de Branly, il réussit à Bologne une transmission de télégraphie sans fil sur quelques centaines de mètres et déposa un brevet en 1896. N'ayant pas trouvé d'appuis en Italie, il continua ses expériences en Angleterre. Dès 1897, il réalisa une liaison sur 9 milles à travers le canal de Bristol et, en 1901, une liaison à travers l'Atlantique entre Poldhu (Cornwall) et Terre-Neuve. (Prix Nobel 1909.)

Marcos *(Ferdinand),* homme d'État philippin (Sarrat 1917 - Honolulu 1989). Président de la République (1965-1986), il combattit la guérilla communiste et musulmane. Il dut abandonner le pouvoir en 1986 et s'exila à Honolulu.

Marcq-en-Barœul, ch.-l. de c. du Nord ; 36 898 hab. Industries textiles et alimentaires.

Marcuse *(Herbert),* philosophe américain d'origine allemande (Berlin 1898 - Starnberg, près de Munich, 1979), l'un des principaux représentants du freudo-marxisme. Marcuse fait de la répression le fondement de la civilisation. On lui doit *Raison et Révolution* (1941), *Éros et la Civilisation* (1955), *l'Homme unidimensionnel* (1964).

Mar del Plata, port d'Argentine, sur l'Atlantique ; 407 000 hab.

Mardouk, dieu de la mythologie babylonienne qui, au temps d'Hammourabi, devint le dieu principal du panthéon. Il avait la forme d'un dragon à tête de serpent. Dans le poème babylonien de la création, il apparaît comme victorieux du chaos. Dans la Bible, il est souvent appelé **Bel.**

Maremme *(la),* région de l'Italie centrale, le long de la mer Tyrrhénienne.

Marengo *(bataille de)* [14 juin 1800], victoire de Bonaparte sur les Autrichiens grâce à l'intervention de Desaix près de cette localité piémontaise.

Marennes, ch.-l. de c. de la Charente-Maritime, près de la Seudre ; 4 664 hab. Parcs à huîtres. — Église à haut clocher gothique.

Maréotis *(lac)* → Mariout.

Marey *(Étienne Jules),* physiologiste et inventeur français (Beaune 1830 - Paris 1904). Il a perfectionné l'emploi des appareils graphiques pour l'étude des phénomènes physiologiques : il a ainsi étudié les mouvements du cœur, la contraction musculaire, la marche, le vol des oiseaux et créé, en 1882, la *chronophotographie,* d'où dérive le cinémato-

graphe. Il a attaché son nom à des lois régissant l'excitabilité du myocarde, en particulier la *loi de l'inexcitabilité périodique du cœur.*

Margate, v. de Grande-Bretagne (Kent) ; 49 000 hab. Station balnéaire.

Margeride *(monts de la),* massif granitique du sud-est de l'Auvergne ; 1 551 m au signal de Randon.

Marggraf *(Andreas),* chimiste allemand (Berlin 1709 - *id.* 1782). Il obtint le sucre de betterave à l'état solide et découvrit les acides formique et phosphorique.

Marguerite Bourgeoys *(sainte),* religieuse française (Troyes 1620 - Montréal 1700). Elle créa la première école à Montréal et fonda au Canada la congrégation de Notre-Dame, destinée à l'enseignement. Elle a été canonisée en 1982.

Marguerite d'Anjou, reine d'Angleterre (Pont-à-Mousson 1430 - château de Dampierre, Anjou, 1482). Fille de René le Bon, roi de Sicile, elle épousa (1445) Henri VI. Elle défendit avec énergie le parti des Lancastres pendant la guerre des Deux-Roses.

Marguerite Iʳᵉ Valdemarsdotter, reine de Danemark, de Norvège et de Suède (Søborg 1353 - Flensburg 1412). Fille de Valdemar IV de Danemark, elle épousa (1363) le roi de Norvège Haakon VI et devint reine à la mort de son fils Olav (1387). Elle imposa l'Union de Kalmar aux États de Danemark, de Norvège et de Suède (1397) au profit de son neveu Erik de Poméranie.

Marguerite de Provence, reine de France (1221 - Saint-Marcel, près de Paris, 1295). Elle épousa (1234) Louis IX, à qui elle donna 11 enfants. Elle chercha à jouer un rôle politique sous le règne de son fils Philippe III.

Marguerite Stuart (v. 1424 - Châlons, Champagne 1445). Fille de Jacques Iᵉʳ, roi d'Écosse, elle épousa en 1436 le Dauphin Louis, futur Louis XI.

Marguerite d'Angoulême, reine de Navarre (Angoulême 1492 - Odos, Bigorre, 1549). Fille de Louise de Savoie et de Charles d'Orléans, sœur aînée de François Iᵉʳ, veuve en 1525 de Charles IV, duc d'Alençon, elle épousa en 1527 Henri d'Albret, roi de Navarre. Elle protégea les protestants et fit de sa cour un foyer d'humanisme, où trouva refuge Clément Marot. Ses écrits les plus célèbres sont *les Marguerites de la Marguerite des princesses* (1547) et *l'Heptaméron* (publié en 1559). [→ Heptaméron.]

Marguerite de Valois, dite la Reine Margot, reine de Navarre, puis de France (Saint-Germain-en-Laye 1553 - Paris 1615). Fille d'Henri II, elle épousa Henri de Navarre (Henri IV) puis se sépara de son époux, qui la répudia en 1599. Elle a laissé des *Mémoires* et des *Poésies*.

PARME

Marguerite de Parme (Oudenaarde 1522 - Ortona, Abruzzes, 1586). Fille naturelle de Charles Quint, elle épousa le duc de Parme Octave Farnèse et fut gouvernante des Pays-Bas de 1559 à 1567.

SAVOIE

Marguerite d'Autriche, duchesse de Savoie (Bruxelles 1480 - Malines 1530). Fille de l'empereur Maximilien et de Marie de Bourgogne, elle épousa Philibert II le Beau, en l'honneur de qui elle fit élever l'église de Brou. Gouvernante des Pays-Bas (1507-1515, 1519-1530), elle joua un grand rôle diplomatique.

Marguerite-Marie Alacoque (sainte), religieuse française (Lautecourt, près de Verosvres, Saône-et-Loire, 1647 - Paray-le-Monial 1690). Visitandine à Paray-le-Monial, elle fut favorisée d'apparitions du Sacré-Cœur de Jésus (1673-1675), dont elle répandit le culte.

Mari, *auj.* Tell Hariri (Syrie), cité antique de la Mésopotamie sur le moyen Euphrate. Ce fut une des grandes villes de l'Orient ancien du IVe millénaire au XVIIIe s. av. J.-C. ; elle fut détruite par Hammourabi. Les fouilles ont confirmé l'importance de Mari entre le IVe millénaire et le IIIe s. av. J.-C. avec certains vestiges conservés sur une hauteur de 4 m et une résidence royale qui occupait 2,5 ha au début du IIe millénaire. Des milliers de tablettes inscrites en cunéiforme constituant les archives royales ont été recueillies ainsi que des statues (Louvre et musée d'Alep).

Maria Chapdelaine, roman de Louis Hémon (1916).

Mariage de Figaro (le) *ou la Folle Journée*, comédie en cinq actes et en prose de Beaumarchais (1784). Elle fait suite au *Barbier de Séville* et montre les vains efforts du comte Almaviva pour empêcher Figaro d'épouser Suzanne. Malgré les incartades de Chérubin, Figaro l'emportera sur le comte.

Mariana de la Reina (*Juan* de), jésuite espagnol (Talavera de la Reina 1536 - Tolède 1624), auteur d'une *Histoire générale d'Espagne* (1592) et du traité *Du roi et de la royauté* (1599).

Marianne, surnom de la République française, représentée par un buste de femme coiffée d'un bonnet phrygien. Elle apparut pour la première fois en 1792.

Mariannes (fosse des), fosse très profonde (— 11 034 m) du Pacifique, en bordure de l'archipel des Mariannes.

Mariannes (îles), archipel de la Micronésie, dans l'océan Pacifique, découvert par Magellan en 1521 et comprenant 15 îles volcaniques et montagneuses entre 14 et 20° de lat. N. Élevage bovin. Cultures de fruits et légumes.

Mariannes du Nord (Commonwealth des), partie de l'archipel des Mariannes qui, à l'exception de Guam, forme, depuis 1977, un État associé aux États-Unis ; 477 km² ; 45 200 hab. Cap. Saipan.

Mariánské Lázně, en all. Marienbad, v. de la République tchèque (Bohême) ; 15 378 hab. Station thermale.

Marib, localité du Yémen du Nord, à l'E. de Sanaa, ancienne capitale du royaume de Saba (IVe s. av. J.-C. - IVe s. apr. J.-C.). Un barrage en terre, long de 600 m, y fonctionna du Ve s. av. J.-C. au VIe s. apr. J.-C. Un nouveau barrage, construit à quelques kilomètres de l'ancien, a été inauguré en 1986.

Maribor, v. de Slovénie, sur la Drave ; 105 000 hab. Construction automobile. — Château des XVe et XVIIIe siècles (musée).

Marica ou **Maritza** (la), en gr. Evros, fl. né en Bulgarie, tributaire de la mer Égée et dont le cours inférieur sépare la Grèce et la Turquie ; 490 km. C'est l'*Hèbre* des Anciens.

SAINTES

Marie, mère de Jésus et épouse de Joseph. Cette Marie de Nazareth est connue principalement par les deux premiers chapitres des Évangiles de Matthieu et surtout de Luc, qu'on appelle « Évangiles de l'enfance ». Le point de vue de la foi l'a emporté très tôt sur les données historiques. Dès les premiers temps de l'Église, on croit à la conception virginale de Jésus en Marie par l'action du Saint-Esprit. Au cours des siècles suivants, on met en relief, d'abord peut-être en Orient, l'importance, dans l'œuvre du salut, de la Vierge Marie, que le concile d'Éphèse, en 431, proclame *Theotokos*, ou « Mère de Dieu ». Au XIe siècle se fait jour la croyance en l'Immaculée Conception tandis que va se développer la piété mariale, notamment avec Bernard de Clairvaux. La Réforme protestante s'en prend non seulement aux excès de celle-ci mais aussi à la théologie même qui la sous-tend. Dans l'Église catholique seront érigées en dogmes la doctrine de l'Immaculée Conception par Pie IX en 1854 et celle de l'Assomption par Pie XII en 1950.

Marie l'Égyptienne *(sainte)* [Égypte v. 345 - Palestine v. 422], courtisane repentie après une vision, elle passa le reste de sa vie retirée dans le désert.

ANGLETERRE, ÉCOSSE

Marie Iʳᵉ Stuart (Linlithgow 1542 - Fotheringay 1587), reine d'Écosse (1542-1567). Fille de Jacques V, reine à sept jours, elle épouse (1558) le futur roi de France François II. Veuve en 1560, elle revient en Écosse, où elle a à lutter à la fois contre la Réforme et contre les agissements secrets de la reine d'Angleterre Élisabeth Iʳᵉ. Elle épouse en 1565 Henri Stuart, lord Darnley, père du futur Jacques Iᵉʳ d'Angleterre. Son mariage avec Bothwell, assassin de lord Darnley, son autoritarisme et son catholicisme provoquent une insurrection et son abdication (1567). Réfugiée en Angleterre, elle se laisse impliquer dans plusieurs complots contre Élisabeth, qui la fait emprisonner et exécuter.

Marie Iʳᵉ Tudor (Greenwich 1516 - Londres 1558), reine d'Angleterre et d'Irlande (1553-1558). Fille d'Henri VIII et de Catherine d'Aragon, elle chercha à rétablir le catholicisme, persécuta les protestants et fut surnommée Marie la Sanglante. Son mariage avec Philippe II d'Espagne (1554) provoqua une guerre avec la France, à l'issue de laquelle l'Angleterre perdit Calais.

Marie II Stuart (Londres 1662 - id. 1694), reine d'Angleterre, d'Irlande et d'Écosse (1689-1694). Fille de Jacques II, elle épousa Guillaume III de Nassau, qui lui fut associé comme roi corégnant.

BOURGOGNE

Marie de Bourgogne (Bruxelles 1457 - Bruges 1482), duchesse titulaire de Bourgogne. Fille unique de Charles le Téméraire, elle épousa Maximilien d'Autriche (1477), ce qui fit des Pays-Bas et de la Franche-Comté des possessions des Habsbourg.

FRANCE

Marie de Médicis, reine de France (Florence 1573 - Cologne 1642). Fille du grand-duc de Toscane, elle épouse en 1600 le roi de France Henri IV. Au décès de celui-ci (1610), elle est reconnue régente par le Parlement. Elle renvoie les ministres du roi et accorde sa confiance à Concini. Elle mène une politique catholique et pro-espagnole et fait épouser à son fils Louis XIII l'infante Anne d'Autriche. Se heurtant à l'opposition des nobles, elle doit réunir les états généraux (1614-15). Privée du pouvoir après l'assassinat de Concini (1617), elle prend les armes contre son fils en 1619-20. Revenue à la cour grâce à la médiation de son conseiller, Richelieu, elle parvient à convaincre le roi de faire de ce dernier son principal ministre (1624). Elle cherche ensuite vainement à faire disgracier le cardinal (journée des Dupes, 1630) et doit finalement s'exiler.

Marie Leszczyńska, reine de France (Breslau 1703 - Versailles 1768). Fille du roi de Pologne Stanislas Leszczyński, elle épousa en 1725 le roi de France Louis XV et lui donna dix enfants.

Marie de France, poétesse française (1154-1189). Le premier écrivain femme de la littérature en langue vulgaire, elle est l'auteur de *Lais* et vraisemblablement d'un *Espurgatoire Saint Patrice*, récit d'un voyage visionnaire dans l'au-delà, et d'un *Ysopet*, recueil de fables antiques.

Marie de l'Incarnation *(bienheureuse)* [Barbe Avrillot, Mᵐᵉ Acarie], religieuse française (Paris 1566 - Pontoise 1618). Veuve de Pierre Acarie, elle entra dans l'ordre des Carmélites, qu'elle avait introduit en France en 1604.

Marie de l'Incarnation *(Marie Guyard, en religion Mère)*, religieuse française (Tours 1599 - Québec 1672). Elle implanta l'ordre des Ursulines au Canada (1639). Ses *Relations* et ses *Lettres* constituent un document important sur l'histoire de la Nouvelle-France.

Marie *(Pierre),* neurologue français (Paris 1853 - Cannes 1940). Élève de Charcot, il entreprit notamment des travaux sur des troubles du langage et de la motricité, des tumeurs du cerveau, des anomalies du squelette et des muscles.

Marie-Amélie de Bourbon, reine des Français (Caserte 1782 - Claremont 1866). Fille de Ferdinand Iᵉʳ de Bourbon-Sicile, elle épousa, en 1809, le duc d'Orléans, futur Louis-Philippe.

Marie-Antoinette, reine de France (Vienne 1755 - Paris 1793). Fille de François Iᵉʳ, empereur germanique, et de Marie-Thérèse, elle épouse en 1770 le Dauphin Louis, qui devient Louis XVI en 1774. Elle se rend impopulaire du fait de ses dépenses, de l'avidité de ses familiers et de la calomnie qui l'atteint injustement lors de l'affaire du Collier. Ennemie des réformes, elle pousse Louis XVI à résister aux révolutionnaires. Instigatrice de la fuite à Varennes (1791), elle communique des plans militaires à la cour de Vienne et s'attire la haine des patriotes. Incarcérée au Temple après le 10 août 1792, puis à la Conciergerie en 1793, elle est guillotinée le 16 octobre.

Marie-Christine de Bourbon, reine d'Espagne (Naples 1806 - Sainte-Adresse 1878). Fille de François Iᵉʳ des Deux-Siciles, elle épousa en 1829 Ferdinand VII. Régente pour sa fille Isabelle II en 1833, elle dut faire face à la première guerre carliste (1833-1839).

Marie-Christine de Habsbourg-Lorraine, reine d'Espagne (Gross-Seelowitz 1858 - Madrid 1929). Seconde femme d'Alphonse XII, elle fut régente de 1885 à 1902.

Marie-Galante, île des Antilles françaises, au sud-est de la Guadeloupe, dont elle dépend ; 157 km² ; 13 757 hab. Canne à sucre.

Marie-Louise *(les),* nom familier donné aux conscrits appelés en 1813 sous la régence de l'impératrice Marie-Louise.

Marie-Louise de Habsbourg-Lorraine, impératrice des Français (Vienne 1791 - Parme 1847). Fille de François II, empereur germanique, elle épousa en 1810 Napoléon Iᵉʳ et donna naissance au roi de Rome (1811). Régente en 1813, elle quitta Paris en mars 1814 avec son fils. Duchesse de Parme (1815), elle épousa successivement les Autrichiens Neipperg et Bombelles.

Marie-Madeleine ou **Marie de Magdala** *(sainte),* femme mentionnée dans l'Évangile comme étant de Magdala et ayant été « délivrée de sept démons » par Jésus. On l'a identifiée avec une pécheresse anonyme que Luc (VII, 36-50) nous montre arrosant de parfum les pieds de Jésus, ce qui explique que, dans la tradition, Marie-Madeleine soit vénérée et amplement représentée comme une pénitente. Aussi s'attache-t-on à distinguer trois Marie : la pécheresse évoquée par Luc, dont on ne peut être sûr qu'elle se soit appelée Marie ; Marie de Magdala, qui fut la première à voir Jésus ressuscité ; Marie de Béthanie, la sœur de Lazare et de Marthe.

Marienbad → **Mariánské Lázně.**

Marie-Thérèse (Vienne 1717 - *id.* 1780), impératrice d'Autriche, reine de Hongrie et de Bohême (1740-1780). Fille de Charles VI, elle devait, selon la pragmatique sanction (1713), recevoir la totalité des États des Habsbourg. Elle dut cependant mener, contre la Prusse et la Bavière aidées par la France, la guerre de la Succession d'Autriche (1740-1748), qui lui coûta la Silésie. Elle parvint cependant en 1745 à faire élire son époux, François de Lorraine, empereur germanique (sous le nom de François Iᵉʳ). Elle s'engagea contre Frédéric II dans la guerre de Sept Ans (1756-1763) mais ne put récupérer la Silésie. Elle entreprit d'importantes réformes centralisatrices et favorisa le développement économique de l'empire. À partir de 1765, elle associa au pouvoir son fils Joseph II, qui prit part au premier partage de la Pologne (1772). Elle eut dix filles, dont Marie-Antoinette.

Marie-Thérèse d'Autriche, reine de France (Madrid 1638 - Versailles 1683). Fille de Philippe IV, roi d'Espagne, elle épousa Louis XIV en 1660 et lui donna six enfants, parmi lesquels survécut seulement Louis de France, dit le Grand Dauphin.

Mariette *(Auguste),* égyptologue français (Boulogne-sur-Mer 1821 - Le Caire 1881). Fondateur du Service des antiquités de l'Égypte, il découvrit notamment les tombeaux des taureaux Apis dans le serapeum de Memphis. Il créa le Musée égyptien du Caire.

Marie-Victorin *(Conrad Kirouac, en religion frère),* religieux et naturaliste canadien (Kingsey Falls, Québec, 1885 - près de Sainte-Hyacinthe 1944), fondateur du jardin botanique de Montréal.

Marignan *(bataille de)* [13-14 sept. 1515], victoire de François Iᵉʳ à Marignan, Lombardie) sur les Suisses pendant les guerres d'Italie. Le roi de France se fit armer chevalier par Bayard sur le lieu de la bataille, qui ouvrit au Français la voie de la reconquête du Milanais.

Marignane, ch.-l. de c. des Bouches-du-Rhône, près de l'étang de Berre ; 32 542 hab. Aéroport de Marseille (Marseille-Provence). Construction aéronautique.

Marigny *(Enguerrand* de*),* homme d'État français (Lyons-la-Forêt v. 1260 - Paris 1315). Conseiller de Philippe IV le Bel, il tenta une réforme des finances. Après la mort du roi, il fut pendu à Montfaucon pour prévarication.

Marillac (*Michel de*), homme d'État français (Paris 1563 - Châteaudun 1632). Garde des Sceaux en 1629, il rédigea le *code Michau*, visant à abolir les vestiges de la féodalité, que le parlement ne voulut pas enregistrer. L'un des chefs du parti dévot, il conspira contre Richelieu et dut s'exiler après la journée des Dupes (1630).

Marine (*musée de la*), musée d'histoire maritime créé à Paris et installé au Louvre en 1827 puis transféré au palais de Chaillot en 1943. Il renferme de nombreuses maquettes de bateaux.

Marinetti (*Filippo Tommaso*), écrivain italien (Alexandrie, Égypte, 1876 - Bellagio 1944). Il fut l'initiateur du futurisme, dont il lança les premiers manifestes (1909-1912) et qu'il illustra dans ses drames satiriques et ses récits (*Mafarka le Futuriste,* 1909).

Marinides ou **Mérinides,** dynastie berbère qui régna au Maroc de 1269 à 1465.

Marin La Meslée (*Edmond*), officier aviateur français (Valenciennes 1912 - près de Dessenheim, Haut-Rhin, 1945). Premier chasseur français avec 20 victoires en 1940, il fut abattu en combat aérien lors de sa 105e mission.

Marino ou **Marini** (*Giambattista*), poète italien (Naples 1569 - *id.* 1625), connu en France sous le nom de Cavalier Marin. Premier poète de son temps, il est l'auteur d'une œuvre surchargée de métaphores et d'antithèses (*La Lira,* 1616 ; *Adonis,* 1623) qui influença profondément la littérature précieuse.

Mariotte (*Edme*), physicien français (? v. 1620 - Paris 1684). Il fut l'un des fondateurs de la physique expérimentale en France. Il étudia la déformation élastique des solides, découvrit le point aveugle de l'œil humain et énonça en 1676, peu après Boyle en Angleterre, la loi de compressibilité des gaz qui porte leur nom : « À température constante, le volume d'une masse gazeuse varie en raison inverse de sa pression. » Il s'intéressa également à l'optique et à l'hydrodynamique.

Marioupol, de 1948 à 1989 Jdanov, port d'Ukraine, sur la mer d'Azov ; 517 000 hab. Sidérurgie.

Mariout (*lac*), anc. Maréotis, lagune du littoral égyptien, séparée de la mer par une langue de terre sur laquelle s'élève Alexandrie.

Maris ou **Tchérémisses,** peuple finno-ougrien habitant, au N. de la Volga, la *République des Maris* (Russie) [750 000 hab. Cap. Iochkar-Ola].

Maritain (*Jacques*), philosophe et homme de lettres français (Paris 1882 - Toulouse 1973). Converti à un catholicisme exigeant et militant (1906), il devint le champion du néothomisme. Il joua un rôle majeur, entre les deux guerres, dans le mouvement de renouveau intellectuel et spirituel du catholicisme français avec, notamment, *Primauté du spirituel* (1927).

Maritza (*la*) → Marica.

Marius (*Caius*), général et homme politique romain (Cereatae, près d'Arpinum, 157 - Rome 86 av. J.-C.). Plébéien, il rompt avec Metellus, l'un des chefs aristocrates, et se pose en champion du peuple. Il obtient, en 107, le consulat et le commandement de l'armée d'Afrique ; il constitue une véritable armée de métier, grâce à laquelle il vient à bout de Jugurtha (105), des Teutons à Aix (102) et des Cimbres à Verceil (101). Mais le parti aristocratique reprend l'avantage avec Sulla, qui, vainqueur en Orient, marche sur Rome (88). Marius doit s'exiler en Afrique. Sulla étant reparti pour l'Orient, Marius rentre à Rome (86) avec l'aide de Cinna. Consul pour la septième fois, il meurt peu après.

Marivaux (*Pierre* Carlet de Chamblain de*), écrivain français (Paris 1688 - *id.* 1763). Partisan des Modernes, il s'exerce à la parodie et au pastiche avant d'aborder en 1720 le théâtre avec une comédie, *Arlequin poli par l'amour*. Ruiné par la banqueroute de Law, il se consacre entièrement à l'écriture. Rédacteur de journaux, il écrit deux grands romans inachevés, *la Vie de Marianne* (1731-1741) et *le Paysan parvenu* (1735-36), et surtout une quarantaine de comédies : utopies satiriques (*l'Île des esclaves,* 1725 ; *la Nouvelle Colonie,* 1729), comédies de mœurs (*le Petit-Maître corrigé,* 1734), comédies de caractère (*le Legs,* 1736) et comédies du sentiment (*la Surprise de l'amour,* 1722 ; *la Double Inconstance,* 1723 ; *le Jeu de l'amour et du hasard,* 1730 ; *l'Heureux Stratagème,* 1733 ; *les Fausses Confidences,* 1737 ; *l'Épreuve,* 1740 ; *la Dispute,* 1744). Dans ce type de pièce, l'intrigue ne sert qu'à rendre sensible l'évolution psychologique des personnages, qui constitue le thème central. D'où le rôle dévolu au langage, par quoi le « cœur » à la fois se dissimule, se révèle et s'exprime : ce qu'on a appelé le « marivaudage », devenu plus tard, à tort, synonyme de badinage amoureux et qui correspond au désir forcené de déceler par les mots sa propre vérité et celle d'autrui.

Markham, v. du Canada (Ontario) ; 137 591 hab.

Markov (*Andreï Andreïevitch*), mathématicien russe (Riazan 1856 - Petrograd 1922). En théorie des probabilités, il introduisit, pour étudier la loi des grands nombres, les chaînes d'événements, dites « chaînes de Markov », dont le futur, à partir d'un présent connu, est indépendant du passé.

Markowitz (*Harry*), économiste américain (Chicago 1927). Il a obtenu en 1990 le prix Nobel de sciences économiques avec Merton Miller et William Sharpe pour leurs travaux novateurs sur la théorie économique financière et le financement des entreprises.

Marlborough (*John* Churchill, *duc* de), général anglais (Musbury 1650 - Granbourn Lodge 1722). En 1688, il passa du camp de Jacques II au parti de Guillaume d'Orange. À l'avènement de la reine Anne (1702), il devint commandant en chef des troupes britanniques. Généralissime des armées alliées, il remporta de nombreuses victoires, dont celle de Malplaquet (1709), au cours de la guerre de la Succession d'Espagne. Il fut disgracié en 1710. Son nom est devenu légendaire grâce à la chanson populaire dont il est le héros sous le nom de Malbrough.

Marley (*Robert* Nesta, dit Bob), chanteur, guitariste et compositeur de reggae jamaïcain (Rhoden Hall, Saint Ann, 1945 - Miami, États-Unis, 1981). « Pape » du reggae, il combina, avec son groupe The Wailers, le ska jamaïcain, le rhythm and blues, le rock and roll des pionniers et tout l'acquis de la pop music.

Marlowe (*Christopher*), poète dramatique anglais (Canterbury 1564 - Deptford, Londres, 1593). Le plus grand des prédécesseurs de Shakespeare, il est l'auteur des drames et des tragédies, dont *la Tragique Histoire du docteur Faust* (1588) et *Édouard II* (v. 1592), la première tragédie historique du théâtre anglais. Son poème lyrique *Héro et Léandre* (1598) est un hymne à l'homosexualité malheureuse.

Marlowe (*Philip*), personnage de détective privé créé, en 1939, par Raymond Chandler.

Marly-le-Roi, ch.-l. de c. des Yvelines, près de la Seine ; 16 775 hab. (*Marlychois*). — Louis XIV y avait fait bâtir par J. Hardouin-Mansart un petit château accompagné de douze pavillons pour la cour, ensemble qui fut détruit sous la Révolution ; beau parc avec plans d'eau, moulages des *Chevaux* de Coustou et « Musée-promenade » de Marly-Louveciennes.

Marmande, ch.-l. d'arr. de Lot-et-Garonne, sur la Garonne ; 18 326 hab. (*Marmandais*). Centre de production maraîchère. Alimentation. Constructions mécaniques. — Église des XIIIᵉ-XVIᵉ siècles.

Marmara (*mer de*), mer intérieure du bassin de la Méditerranée, entre les parties européenne et asiatique de la Turquie ; env. 11 500 km². C'est l'anc. *Propontide.*

Marmolada (*la*), point culminant des Dolomites (Italie) ; 3 342 m.

Marmont (*Auguste* Viesse de), *duc* de Raguse, maréchal de France (Châtillon-sur-Seine 1774 - Venise 1852). Il commanda en Dalmatie (1806), au Portugal et en Espagne (1811-12) puis pendant la campagne de France (1814). Après entente avec les coalisés (4 avr.), il dirigea ses troupes sur la Normandie, décidant ainsi de l'abdication de Napoléon.

Marmontel (*Jean-François*), écrivain français (Bort-les-Orgues 1723 - Habloville, Eure, 1799). Protégé par Voltaire, il se fit connaître dans les salons philosophiques par ses *Contes moraux* (1755-1765). Il écrivit également des romans (*Bélisaire,* 1767 ; *les Incas,* 1777) et des *Mémoires.* (Acad. fr. 1763.)

Marne (*la*), riv. qui naît sur le plateau de Langres, passe à Chaumont, Saint-Dizier, Vitry-le-François, Châlons-en-Champagne, Épernay, Château-Thierry, Meaux et se jette dans la Seine (r. dr.) entre Charenton et Alfortville ; 525 km. Près de Saint-Dizier, une retenue (*réservoir Marne*) forme un lac de près de 5 000 ha. Le *canal de la Marne au Rhin* relie Vitry-le-François à Strasbourg.

Marne [51], dép. de la Région Champagne-Ardenne, formé d'une partie de la Champagne et traversé par la Marne ; ch.-l. de dép. *Châlons-en-Champagne* ; ch.-l. d'arr. *Épernay, Reims, Sainte-Menehould, Vitry-le-François* ; 5 arr., 44 cant., 619 comm. ; 8 162 km² ; 558 217 hab. (*Marnais*). Il est rattaché à l'académie et à la cour d'appel de Reims, à la région militaire Nord-Est.

Marne (*bataille de la*), ensemble des manœuvres et des combats victorieux dirigés par Joffre en septembre 1914, qui arrêtèrent l'invasion allemande et contraignirent Moltke à la retraite. Foch remporta dans la région une deuxième victoire en août 1918.

Marne (Haute-) [52], dép. de la Région Champagne-Ardenne ; ch.-l. de dép. *Chau-*

mont ; ch.-l. d'arr. *Langres, Saint-Dizier* ;
3 arr., 32 cant., 424 comm. ; 6 211 km² ;
204 067 hab. Il est rattaché à l'académie de
Reims, à la cour d'appel de Dijon et à la
région militaire Nord-Est.

Marne-la-Vallée, ville nouvelle aménagée à
l'E. de Paris, au S. de la vallée de la Marne,
aux confins des départements de Seine-et-
Marne (vers Lagny-sur-Marne), de la Seine-
Saint-Denis (vers Noisy-le-Grand) et du Val-
de-Marne. Desservie par le R. E. R et
l'autoroute de l'Est, elle doit être un pôle de
développement à l'E. de Paris. Technopole
(« cité scientifique Descartes ») et grand
parc d'attractions (Disneyland Paris).

Maroc, État de l'extrémité nord-ouest de
l'Afrique, sur l'Atlantique et la Méditerranée ; 710 000 km ² (avec l'ancien Sahara
espagnol) ; 26 200 000 hab. *(Marocains).*
CAP. *Rabat.* V. princ. *Casablanca, Marrakech,
Fès, Meknès.* LANGUE : *arabe.* MONNAIE :
dirham.

GÉOGRAPHIE

■ **Le milieu naturel.** Parmi les pays du
Maghreb, le Maroc se singularise par l'altitude élevée de ses montagnes et l'étendue
relative de ses plaines. Le Haut Atlas porte
le point culminant de l'Afrique du Nord,
mais les surfaces planes cultivables sont
beaucoup plus étendues qu'en Algérie ou en
Tunisie. Trois chaînes, orientées S.-O.-N.-E.
(Moyen Atlas, Haut Atlas et Anti-Atlas),
séparent des plateaux, prolongés par des
plaines sur le littoral atlantique, limités par
le Rif vers la Méditerranée, proches des hautes chaînes algériennes à l'est, appartenant
au domaine saharien au sud. Au nord d'une
ligne Agadir-Oujda, le climat est méditerranéen. En montagne, l'altitude rafraîchit les
températures. La pluviosité diminue vers
l'est et le sud, où règne le climat saharien.
■ **La population et l'économie.** La population est composée de Berbères et surtout
d'Arabes. Le taux d'accroissement naturel
est élevé. Les villes regroupent environ la
moitié de la population. L'agriculture
emploie encore près de 40 % des actifs,
juxtaposant céréaliculture et élevage (ovins
surtout) et des cultures spécialisées, produisant surtout des agrumes. Cependant, la
production vivrière (pêche incluse) ne satisfait pas entièrement des besoins croissants.
Sans ressources énergétiques, le Maroc dispose en revanche de grands gisements de
phosphates, dont il est le premier exportateur mondial. L'industrie, en dehors du traitement des phosphates, reste modeste (textile, biens de consommation). Le commerce

extérieur, effectué surtout avec la C. E.
(France en tête), est toujours déficitaire
(importations de pétrole, de produits industriels et de compléments alimentaires). Les
revenus du tourisme (deuxième source de
devises), les envois des Marocains émigrés
ne suffisent pas à équilibrer la balance des
paiements, et la situation économique
demeure difficile, d'autant que les dépenses
militaires sont importantes et l'endettement, aggravé, et que la pression démographique accroît le sous-emploi (chômage et
petits métiers peu productifs).

HISTOIRE

■ **Le Maroc antique.** Aux IXᵉ - VIIIᵉ s. av.
J.-C., les Phéniciens créent des comptoirs
sur le littoral, qui, au VIᵉ s., passent sous le
contrôle de Carthage. Les Maures, Berbères
qui habitent la région, y organisent le
royaume de Mauritanie, qui est annexé par
Rome en 40 apr. J.-C. Comme le reste de
l'Afrique romaine, la région est envahie par
les Vandales (435-442).

■ **Les dynasties marocaines depuis la
conquête arabe.**
700-710. Les Arabes conquièrent le pays.
Ils imposent l'islam aux tribus berbères,
chrétiennes, juives ou animistes.
789-985. La dynastie idriside gouverne le
pays.
1061-1147. Les Almoravides unifient le
Maghreb et l'Andalousie en un vaste
empire.
1147-1269. Sous le gouvernement des
Almohades, une brillante civilisation arabo-
andalouse s'épanouit.
1269-1420. Le Maroc est aux mains des
Marinides, qui doivent renoncer à l'Espagne
(1340).
1415. Les Portugais conquièrent Ceuta.
À la fin du XVᵉ s., la vie urbaine recule. Le
nomadisme, les particularismes tribaux et la
dévotion aux marabouts se développent.
1554-1659. Sous les Saadiens, les Portugais
sont défaits à Alcaçar Quivir (1578) par al-
Mansur.
1591. Tombouctou est conquise et le
Maroc contrôle pendant quelques années le
commerce saharien.
Le Maroc est gouverné depuis 1666 par la
dynastie alawite, fondée par Mulay Rachid.
Il connaît aux XVIIᵉ -XVIIIᵉ s. des querelles
successorales et une sévère décadence économique. Au XIXᵉ s., les puissances européennes (Grande-Bretagne, Espagne, France)
obligent les sultans à ouvrir le pays à leurs
produits. Mais leur rivalité permet au Maroc
de sauvegarder son indépendance.

1906-1912. Après les accords d'Algésiras, la France occupe la majeure partie du pays.
■ **Les protectorats français et espagnols.**
1912. Le traité de Fès établit le protectorat français. L'Espagne obtient une zone nord (le Rif) et une zone sud (Ifni).
1912-1925. Lyautey, résident général, entreprend la pacification du pays.
1921-1926. Abd el-Krim anime la guerre du Rif contre les Espagnols puis contre les Français.
1933-34. Fin de la résistance des Berbères du Haut Atlas. La France contrôle l'ensemble du pays. Le régime colonial laisse au sultan (Muhammad V de 1927 à 1961) un pouvoir purement religieux. La colonisation transforme l'économie ; 1/5 des terres utilisables sont attribuées à des Européens. Des manifestations en faveur des réformes sont organisées en 1934, puis en 1937, qui entraînent l'arrestation des chefs nationalistes, dont les idées se répandent. Après la défaite française de 1940, les partis puis le sultan Muhammad V demandent l'indépendance.
1953-1955. Le sultan Muhammad V est déposé et exilé par les autorités françaises.
■ **L'indépendance.**
1956. L'indépendance est proclamée.
1957. Le Maroc est érigé en royaume.
1961. Hassan II accède au trône.
Il instaure une politique autoritaire, suspendant la Constitution de 1965 à 1970 et faisant arrêter des syndicalistes et des opposants.
1971-72. Trois complots sont organisés contre le roi.
1975. Partage du Sahara occidental entre le Maroc et la Mauritanie, qui se heurtent aux nationalistes sahraouis.
1976. Rupture des relations diplomatiques avec l'Algérie.
1979. Le Maroc recouvre la zone saharienne à laquelle la Mauritanie renonce.
1988. Les relations diplomatiques avec l'Algérie sont rétablies.
1991. Signature d'un accord de cessez-le-feu au Sahara occidental.

Maroni *(le),* fl. séparant la Guyane française et le Suriname ; 680 km.

Maros → **Mureș.**

Marot *(Clément),* poète français (Cahors 1496 - Turin 1544). Valet de chambre du roi François Ier, il est soupçonné de sympathie pour la Réforme et doit s'exiler à plusieurs reprises. Formé à l'école des rhétoriqueurs, il subit simultanément l'influence de l'esthétique venue d'Italie. Dans l'*Adolescence clé-*

mentine (1532), il regroupe ses poèmes de jeunesse, où abondent rondeaux, ballades et autres pièces à forme fixe. Devenu poète de cour, il célèbre les événements officiels. Ses *Épigrammes,* ses *Épîtres* et ses *Élégies* témoignent de son style plein de verve et de naturel. Il a écrit le premier sonnet français.

Marquenterre *(le),* région de Picardie (Somme surtout) entre les estuaires de la Somme et de l'Authie.

Marquet *(Albert),* peintre français (Bordeaux 1875 - Paris 1947). Lié avec Matisse et Manguin, il participa aux recherches du fauvisme. Maître d'un style fluide et concis, qui éclate dans ses croquis à l'encre de Chine, il est surtout un peintre de paysages, dont la prédilection va aux vues de ports et de rivières.

Marquette *(Jacques),* missionnaire jésuite et voyageur français (Laon 1637 - sur les bords du lac Michigan 1675). Il découvrit le Mississippi (1673).

Marquises *(îles),* archipel montagneux et volcanique de la Polynésie française ; 1 274 km² ; 7 358 hab. *(Marquésans ou Marquisiens).*

Marrakech, v. du Maroc, ch.-l. de prov., dans la plaine du Haouz, à proximité de l'oued Tensift (à 400 m d'alt.) ; 549 000 hab. GÉOGR. Capitale régionale, elle comprend une ville ancienne (médina) et une ville moderne. Activités artisanales, commerciales et, surtout, touristiques (palmeraie, remparts, souks). HIST. Fondée en 1062, Marrakech fut, jusqu'en 1269, la capitale des Almoravides puis des Almohades. ARTS. La mosquée Kutubiyya (XIIe s.), dont le célèbre minaret est le prototype de la tour Hasan de Rabat et de la Giralda de Séville, est le monument le plus remarquable (magnifique minbar) ; medersa Ibn Yusuf et les tombeaux des Saadiens (XVIe s.) ; résidences princières du XIXe s., dont l'une abrite le musée des Arts décoratifs marocains.

Marrou *(Henri Irénée),* historien français (Marseille 1904 - Bourg-la-Reine 1977). Spécialiste du christianisme antique, il fut l'un des fondateurs de la revue *Esprit* et des *Études augustiniennes.*

Mars, dieu romain de la Guerre. Bien qu'identifié au Grec Arès, Mars était un dieu italique et aurait été primitivement une puissance agraire. D'ailleurs, il était vénéré à Rome non seulement comme dieu des Combats sous le nom de *Mars Gradivus* mais aussi comme dieu de la Nature et de la Végétation sous l'appellation de *Mars Silvanus*. Le mois qui lui était consacré ouvrait l'année romaine.

Mars, planète du système solaire, située entre la Terre et Jupiter (diamètre : 6 794 km). Sa surface, rocailleuse et désertique, offre une teinte rougeâtre caractéristique, due à la présence d'un oxyde de fer. Elle abrite les plus grands volcans (éteints) du système solaire. On présume que son sous-sol renferme d'importantes quantités d'eau sous forme de pergélisol. Elle est entourée d'une atmosphère ténue de gaz carbonique et possède deux petits satellites, Phobos et Deimos.

Mars (*Anne* Boutet, dite M^ae^), actrice française (Paris 1779 - *id.* 1847), interprète des grands drames romantiques.

Marsais (*César* Chesneau, *sieur* du) → **Dumarsais.**

Marsala, port d'Italie (Sicile), sur la Méditerranée ; 77 218 hab. Vins.

Marseillaise (la), chant patriotique devenu en 1795, puis en 1879, l'hymne national français. Composé en 1792 pour l'armée du Rhin, ce chant, dû à un officier du génie, Claude Joseph Rouget de Lisle, en garnison à Strasbourg, reçut le titre de *Chant de guerre pour l'armée du Rhin* ; mais, les fédérés marseillais l'ayant fait connaître les premiers à Paris, il prit le nom de *Marseillaise*.

Marseille, ch.-l. de la Région Provence-Alpes-Côte d'Azur et du dép. des Bouches-du-Rhône, à 774 km au S.-S.-E. de Paris et à 314 km au S. de Lyon 807 726 hab. (*Marseillais*). GÉOGR. Deuxième ville de France (avec une forte proportion d'immigrés) et centre de la troisième agglomération (plus de 1,2 million d'hab.). Marseille est aussi le premier port national et méditerranéen. Le port autonome de Marseille s'étend aujourd'hui vers l'O. jusqu'à l'embouchure du Rhône (installations du golfe de Fos). L'industrie est en partie liée à la fonction portuaire et est représentée notamment par la métallurgie (dont la réparation navale), l'agroalimentaire et la chimie. Mais le secteur tertiaire est devenu prépondérant : administration, commerce (foire internationale), enseignement (universités), etc. Équipée d'un métro, la ville est aussi bien desservie par le rail (T. G. V.), l'autoroute, la voie aérienne (aéroport à Marignane). HIST. Colonie fondée au VIᵉ s. av. J.-C. par les Phocéens sous forme de (*Massalia*) connut une longue prospérité au temps des Romains. Siège d'une vicomté dépendant du comte de Provence au IXᵉ siècle, la ville retrouva

son activité au temps des croisades (XIIᵉ-XIIIᵉ s.). Française en 1481, elle devint un grand centre d'affaires après l'ouverture du canal de Suez. ARTS. Vestiges hellénistiques et romains. Églises, notamment romanes. Hôtel de ville du XVIIᵉ siècle ; ancien hospice de la Charité, de la même époque (chapelle sur plans de P. Puget), abritant le musée d'Archéologie. Autres musées : d'Histoire de Marseille, des Beaux-Arts (palais Longchamp), des Arts décoratifs (château Borély), Cantini (art moderne), d'Art contemporain, d'Arts africains, océaniens et amérindiens.

Marshall, archipel et État de la Micronésie (Océanie) ; 181 km² ; 41 000 hab. CAP. *Uliga* (sur l'atoll de Majuro). LANGUES : *anglais* et *marshallais*. MONNAIE : *dollar*. Il est formé de deux groupes d'îles, les Ratak (îles « de l'Aurore » ou « du Soleil levant ») et les Ralik (îles du « Soleil couchant »), les principaux atolls sont Jaluit, Kwajalein, Eniwetok et Bikini. En dehors des bases militaires (Eniwetok et Bikini), les plantations de cocotiers (exportation de coprah) et la pêche constituent les ressources essentielles. Allemand de 1885 à 1914, sous mandat japonais jusqu'en 1944, puis sous celui des États-Unis de 1947 à 1986, l'archipel devient alors un État librement associé à ces derniers. En 1991, il entre à l'O.N.U.

Marshall (*Alfred*), économiste britannique (Londres 1842 - Cambridge 1924). Professeur à Cambridge, auteur des *Principes d'économie politique* (1890-1907), il est considéré comme le chef de file de l'école néoclassique et le premier représentant de l'école de Cambridge. Il utilisa les méthodes d'analyse des marginalistes. Il s'est également attaché à l'étude de l'équilibre partiel, plus sensible à court terme à la demande, et, en longue période, à l'offre.

Marshall (*George Catlett*), général et homme politique américain (Uniontown, Pennsylvanie, 1880 - Washington 1959). Chef d'état-major de l'armée (1939-1945), secrétaire d'État du président Truman (1947-1949), il a donné son nom au plan américain d'aide économique à l'Europe. Le *plan Marshall*, lancé en 1948, fut administré par l'Organisation européenne de coopération économique (O. E. C. E.), à laquelle 16 États adhérèrent dès sa création. (Prix Nobel de la paix 1953.)

Marsile de Padoue, théologien italien et théoricien politique (Padoue v. 1275/1280 - Munich v. 1343). Il prit la défense de l'empereur Louis IV de Bavière contre le pape Jean XXII et affirma dans son traité *Defensor pacis* (1324) l'indépendance de l'État vis-à-vis de l'Église.

Marston *(John),* poète dramatique anglais (Coventry v. 1575 - Londres 1634). Auteur d'un poème érotique (*la Métamorphose de l'image de Pygmalion,* 1598) et de satires, il écrivit également des tragi-comédies (*le Mécontent,* 1604) et des comédies (*la Courtisane hollandaise,* 1605), seul ou en collaboration avec Ben Jonson et Chapman.

Martaban, golfe de la Birmanie.

Martel *(Édouard),* spéléologue français (Pontoise 1859 - près de Montbrison 1938), fondateur de la spéléologie et auteur de *la France ignorée* (2 vol., 1928-1930).

Martel *(Thierry* de*),* chirurgien français (Maxéville 1875 - Paris 1940), l'un des créateurs de la neurochirurgie en France. Il se suicida à l'entrée des troupes allemandes à Paris.

Martellange *(Étienne Ange* Martel, dit*),* architecte et jésuite français (Lyon 1569 - Paris 1641). Il fut le principal constructeur, influencé par l'église du Gesù à Rome, des chapelles et collèges de son ordre (Avignon, Vienne, Lyon, La Flèche, Paris, etc.).

Martenot *(Maurice),* inventeur, pédagogue et compositeur français (Paris 1898 - Neuilly-sur-Seine 1980). Il présenta, en 1928 à Paris, un instrument électronique (les *ondes Martenot*) dont il enseigna le maniement au Conservatoire de Paris (1947-1970). Il mit au point une méthode d'enseignement fondée sur la pratique du chant et du jeu (*Méthode Martenot,* 1952).

Martens *(Wilfried),* homme politique belge (Sleidinge 1936). Président du Parti social-chrétien flamand de 1972 à 1979, il a été Premier ministre de 1979 à 1992.

Marthe *(sainte),* sœur de Lazare et de Marie de Béthanie (dite Marie-Madeleine), dans l'Évangile. La légende a fait d'elle la patronne de Tarascon (qu'elle débarrassa d'une bête malfaisante, la Tarasque).

Martí *(José),* écrivain et patriote cubain (La Havane 1853 - Dos Ríos 1895). Il milita pour l'indépendance de Cuba et devint, par ses écrits et son action, le symbole de la lutte de l'Amérique hispanique pour son unité et son indépendance.

Martial, en lat. Marcus Valerius Martialis, poète latin (Bilbilis, Espagne, v. 40 - *id.* v. 104). Le mordant de ses *Épigrammes* a fait prendre à ce type de poésies courtes le sens de raillerie satirique.

Martignac *(Jean-Baptiste* Gay, *comte* de*),* homme politique français (Bordeaux 1778 - Paris 1832), ministre de l'Intérieur et véritable chef du gouvernement de janvier 1828 à août 1829.

Martigues, ch.-l. de c. des Bouches-du-Rhône ; 42 922 hab. *(Martégaux).* Port pétrolier (Lavéra) près de l'étang de Berre. Raffinage du pétrole. — Trois églises du XVIIᵉ siècle. Musée.

Martin *(cap),* cap de la Côte d'Azur, entre Monaco et Menton. Tourisme.

Martin *(saint),* évêque et apôtre de la Gaule (Sabaria, Pannonie, v. 315 - Candes 397). Soldat romain, il aurait un jour partagé son manteau avec un pauvre. Ordonné prêtre par Hilaire de Poitiers, il entra comme moine à Ligugé puis fut élu évêque de Tours en 371. Parcourant la Gaule, il fit disparaître les rituels païens, fonda des monastères (dont celui de Marmoutier) et organisa les premières paroisses rurales. Son tombeau, à Tours, devint très tôt un centre de pèlerinage.

Martin V *(Oddone* Colonna*)* [Genazzano 1368 - Rome 1431], pape de 1417 à 1431. Son élection, au concile de Constance, mit fin au Grand Schisme et permit le retour du pouvoir pontifical à Rome. Se conformant au décret de Constance, il dut convoquer un concile à Sienne (1423), au cours duquel il tint tête à l'hostilité de la nation française.

Martin *(Frank),* compositeur suisse (Genève 1890 - Naarden, Pays-Bas, 1974), auteur d'œuvres symphoniques, d'oratorios (*Golgotha,* 1949 ; *le Mystère de la Nativité,* 1959) et de concertos.

Martin *(Pierre),* ingénieur et industriel français (Bourges 1824 - Fourchambault 1915). Entré en relation avec W. Siemens en 1862, il appliqua le principe de la récupération des gaz chauds au four à sole pour la fusion de l'acier (1 700 ºC env.) ; puis il mit au point, en 1865, le procédé — qui porte son nom — d'élaboration de l'acier sur sole par fusion de ferrailles avec addition de fonte.

Martin du Gard *(Roger),* écrivain français (Neuilly-sur-Seine 1881 - Sérigny, Orne, 1958). Peintre des crises intellectuelles et sociales de son temps (*Jean Barois,* 1913), il dressa dans *les Thibault* (1922-1940) [→ **Thibault**] le tableau d'une famille française au début du siècle. (Prix Nobel 1937.)

Martinet *(André),* linguiste français (Saint-Albans-des-Villards 1908), auteur de travaux importants en phonologie (*Économie des changements phonétiques,* 1955) et en linguistique générale (*Éléments de linguistique générale*, 1960).

Martínez Campos *(Arsenio)*, maréchal et homme politique espagnol (Ségovie 1831 - Zarauz 1900). Il contribua à l'écrasement de l'insurrection carliste (1870-1876). Il échoua dans sa tentative de pacification de Cuba (1895).

Martínez Montañés *(Juan)*, sculpteur espagnol (Alcalá la Real, Jaén, 1568 - Séville 1649). Il fut, à Séville, le grand maître de la sculpture religieuse en bois polychrome.

Martini *(Arturo)*, sculpteur italien (Trévise 1889 - Milan 1947). Novateur subtil par la voie « modérée » d'une tradition archaïsante, il a exercé une forte influence sur ses compatriotes, tels Marino Marini et Giacomo Manzu.

Martini *(Francesco* di Giorgio*)* → **Francesco di Giorgio Martini.**

Martini *(Padre Giovanni Battista)*, moine franciscain italien (Bologne 1706 - *id.* 1784). Compositeur et théoricien de la musique, il eut Jean-Chrétien Bach et Mozart pour disciples.

Martini *(Simone)*, peintre italien (Sienne v. 1284 - Avignon 1344). Maître d'un style gothique d'une grande élégance, actif à Sienne, à Naples, à Assise (fresques de la *Vie de saint Martin*), en Avignon, il exerça une influence considérable sur l'école siennoise, sur Matteo Giovannetti (actif en Avignon de 1343 à 1367), etc.

Martinique [972], département français d'outre-mer, ayant le statut de Région, constitué par une île des Petites Antilles ; 1 100 km² ; 359 572 hab. *(Martiniquais).* Ch.-l. *Fort-de-France ;* 3 arrond. *(Fort-de-France, Le Marin* et *La Trinité)* et 34 comm. GÉOGR. Volcanique, au relief accidenté, surtout dans la moitié nord (montagne Pelée, pitons du Carbet), la Martinique possède un climat tropical (températures moyennes oscillant autour de 25 °C). Celui-ci est plus humide dans l'est, exposé aux alizés (qui provoquent des pluies abondantes entre juin et décembre surtout), et sur les hauteurs, plus ensoleillé à l'O. et au S. Les zones rurales se dépeuplent au profit de l'agglomération de Fort-de-France, qui rassemble un tiers de la population. L'émigration vers la métropole a contribué à la chute de natalité, au ralentissement de la croissance démographique. Elle n'a pas empêché la montée du chômage. Le tourisme est devenu une ressource notable. L'agriculture a décliné : canne à sucre (en partie pour la production de

rhum) et bananiers surtout. L'industrialisation demeure modeste. La balance commerciale est lourdement déficitaire. L'île dépend largement de l'aide de la métropole, qui a déjà financé d'importants travaux d'infrastructure routière et aérienne, scolaire et sanitaire. HIST. Découverte par Christophe Colomb en 1502, l'île est colonisée par la France à partir de 1635. Elle fonde sa prospérité sur les cultures tropicales (canne à sucre) et sur le commerce des esclaves. En 1946, la Martinique devient un département d'outre-mer et, en 1982, elle se dote d'un conseil régional en vertu de la loi de décentralisation.

Martinson *(Harry)*, écrivain suédois (Jämshög 1904 - Stockholm 1978). Marin, autodidacte, poète et romancier réaliste, il s'inscrit dans le courant littéraire moderniste *(Les orties fleurissent,* 1935 ; *le Chemin de Klockrike,* 1948). [Prix Nobel avec Eyvind Johnson 1974.]

Martinů *(Bohuslav)*, compositeur tchèque (Polička, Bohême, 1890 - Liestal, Suisse, 1959). Il a subi l'influence des postromantiques allemands, puis d'Albert Roussel et de Stravinsky. L'impressionnisme le fascina autant que les rythmes de jazz. Il a composé des œuvres pour orchestre (6 symphonies), des concertos, des opéras *(Juliette ou la Clef des songes,* 1938), de la musique de chambre et des ballets.

Martonne *(Emmanuel* de*)*, géographe français (Chabris 1873 - Sceaux 1955), auteur d'un *Traité de géographie physique* (1909).

Marty *(André)*, homme politique français (Perpignan 1886 - Toulouse 1956). Il participa à une mutinerie en mer Noire au cours des opérations menées par l'armée française contre les bolcheviks (1919). Il adhéra au Parti communiste en 1923 et en fut exclu en 1953.

Martyrs canadiens *(les)*, missionnaires français massacrés par des Iroquois et un Huron entre 1642 et 1649. Ils furent canonisés en 1930.

Marvell *(Andrew)*, poète anglais (Winestead, Yorkshire, 1621 - Londres 1678). Adversaire de Dryden et défenseur de Milton, il est l'auteur de pastorales nostalgiques à la gravité sensuelle *(Miscellaneous Poems,* 1681).

Marx *(Karl)*, théoricien du socialisme et révolutionnaire allemand (Trèves 1818 - Londres 1883). Il soutient sa thèse en 1841, mais n'obtient pas de chaire d'enseignement. L'année suivante, il collabore à la *Gazette rhénane,* organe d'opposition. Mais, en octobre 1843, la *Gazette rhénane* est interdite et Marx doit quitter l'Allemagne. Il s'installe en France, où il collabore aux *Annales franco-allemandes*. Il y expose ses vues sur la lutte politique et pose comme principes de libération de l'humanité la suppression de l'État et celle de l'argent. À l'occasion d'une critique de la philosophie du droit de Hegel, il confère au prolétariat le rôle de force historiquement destinée à mettre un terme, par la révolution, aux rapports sociaux existants. En 1844 commencent l'amitié et la collaboration entre Marx et Engels. Leurs premiers textes communs paraissent : *la Sainte Famille* (1845). Mais Marx est expulsé et se réfugie à Bruxelles jusqu'en mars 1848. En avril 1845, Engels l'a rejoint ; ils posent, dans les *Thèses sur Feuerbach,* les bases du matérialisme historique. La même année, ils entreprennent *l'Idéologie allemande* (1845-46). Tout en étudiant, Marx et Engels multiplient les enquêtes, les contacts avec les milieux socialistes, sauf Proudhon, avec qui ils rompent rapidement. Ces contacts aboutissent à l'adhésion de Marx à la Ligue des justes (plus tard, Ligue des communistes). Mandaté par elle, Marx rédigera avec Engels le *Manifeste du parti communiste* (1848). La révolution de 1848 entraîne l'expulsion de Marx de Belgique. Le Gouvernement provisoire de la République française l'invite à rentrer à Paris, qu'il quitte pour retourner en Allemagne. Mais la contre-révolution triomphe et Marx est expulsé d'Allemagne. Il retourne en France, d'où il est de nouveau expulsé en août 1849. Il s'installe à Londres, définitivement. Il y fera le bilan des journées de 1848 : *les Luttes de classes en France* (1850). L'activité de Marx touche à tous les domaines : lutte politique, analyses historiques et politiques (*le 18-Brumaire de Louis Bonaparte,* 1852), analyses théoriques (*Fondements de la critique de l'économie politique* et, en 1859, *la Contribution à la critique de l'économie politique).* En 1864, Marx participe à la fondation de l'Association internationale des travailleurs (A. I. T.). Il publie le premier livre du *Capital* (1867). De Londres, il suit avec passion les événements de la Commune de Paris, dont il dresse le bilan dans *la Guerre civile en France.* En 1875, il rédige la critique du programme du Parti ouvrier allemand, qui vient d'être fondé à Gotha.

Marx Brothers, nom pris par un quatuor, puis trio, d'acteurs américains comptant **Leonard,** dit Chico (New York 1886 - Los Angeles 1961), **Adolph Arthur,** dit Harpo (New York 1888 - Los Angeles 1964), **Julius,** dit Groucho (New York 1890 - Los Angeles 1977), et **Herbert,** dit Zeppo (New York 1901 - Palm Springs 1979). Après avoir débuté au music-hall, ils triomphèrent à l'écran, où leurs gags impertinents, loufoques, tant verbaux que visuels, entraînèrent le cinéma burlesque vers les rivages de l'absurde et de l'anarchisme. Zeppo se sépara du groupe en 1935. Leurs meilleurs films sont *Noix de coco* (1929), *Monnaie de singe* (1931), *Soupe au canard* (1933), *Une nuit à l'Opéra* (1935), *Un jour aux courses* (1937), *Une nuit à Casablanca* (1946).

Mary *(puy),* sommet du massif du Cantal ; 1 787 m.

Maryland, un des États unis d'Amérique (Atlantique) ; 4 781 468 hab. Cap. *Annapolis.* V. princ. *Baltimore* (dont l'agglomération regroupe la moitié de la population de l'État).

Masaccio *(Tommaso* di Ser Giovanni, dit*),* peintre italien (San Giovanni Valdarno, prov. d'Arezzo, 1401 - Rome 1428). Égal de Brunelleschi et de Donatello, il a pratiqué un art caractérisé par les qualités spatiales, la plénitude des formes, le réalisme expressif et dont l'influence fut considérable. Ses œuvres conservées les plus célèbres se situent dans les années 1425-1428 : la *Vierge à l'Enfant avec des anges* (panneau de retable, Nat. Gal. de Londres) ; *la Trinité,* fresque à S. Maria Novella de Florence ; le cycle de fresques de la chapelle Brancacci à S. Maria del Carmine (même ville), où les scènes dues à Masaccio (*Adam et Ève chassés du paradis, le Tribut de saint Pierre,* etc.) se démarquent de celles, encore proches de la suavité gothique, dues à son aîné Masolino da Panicale (v. 1383-1440).

Masai ou **Massaï,** peuple du Kenya et de Tanzanie, constitué exclusivement de pasteurs nomades et de guerriers.

Masan, port de la Corée du Sud, sur le détroit de Corée ; 387 000 hab.

Masaniello *(Tommaso* Aniello, dit*),* tribun populaire napolitain (Naples 1620 - *id.* 1647). Chef d'une insurrection contre le vice-roi d'Espagne, il devint maître de Naples mais fut assassiné par ses amis.

Masaryk *(Tomáš),* homme d'État tchécoslovaque (Hodonín 1850 - château de Lány 1937). Nationaliste tchèque sous la monarchie austro-hongroise, il fonda, en 1918, la République tchécoslovaque, dont il fut le président jusqu'en 1935. Par son rayonnement intellectuel et moral, il joua un rôle beaucoup plus important que celui que lui conférait la Constitution. Son fils **Jan** (Prague 1886 - *id.* 1948), ministre des Affaires étrangères (1945-1948), se suicida après le coup d'État communiste de février 1948.

Masbate, île des Philippines, dans le groupe des Visayas.

Mascagni *(Pietro)*, compositeur italien (Livourne 1863 - Rome 1945). Chef de file du mouvement vériste, il est l'auteur d'ouvrages lyriques : *Cavalleria rusticana* (1890).

Mascareignes *(îles)*, ancien nom d'un archipel de l'océan Indien formé principalement par la Réunion (anc. île Bourbon) et l'île Maurice (anc. île de France).

Mascate, cap. de l'Oman, sur le golfe d'Oman ; 30 000 hab.

Mas-d'Azil (Le), ch.-l. de c. de l'Ariège, sur l'Arize, au pied du Plantaurel ; 1 314 hab. — Cette bastide, fondée en 1266, devint un important centre de la Réforme. Musée préhistorique. Gisement préhistorique, avec, dans l'une des grottes, des vestiges d'habitants magdaléniens et de l'outillage dit « azilien », constituant la transition avec les industries épipaléolithiques.

Maseru, cap. du Lesotho, en Afrique australe ; 45 000 hab.

Masina *(Giulia Anna, dite Giulietta)*, actrice de cinéma italienne (San Giorgio di Piano, Bologne, 1921 - Rome 1994). Épouse (1943) de Federico Fellini, elle débute au cinéma en 1946 dans *Païsa*. Elle obtient un triomphe dans *La Strada* (1954). Elle tourne ensuite *Il Bidone* (1955), *les Nuits de Cabiria* (1957), *Fortunella* (1958), *Juliette des esprits* (1965), *Ginger et Fred* (1985).

Masinissa ou **Massinissa**, roi de Numidie (v. 238 - Cirta 148 av. J.-C.). Il s'allia aux Romains lors de la deuxième guerre punique (218-201) et put ainsi constituer un royaume puissant. Ses empiétements amenèrent Carthage à lui déclarer la guerre (150). Ce fut pour Rome le prétexte de la troisième guerre punique.

Maskelyne *(Nevil)*, astronome britannique (Londres 1732 - Greenwich 1811). Il fonda le *Nautical Almanac* (1766). Par des mesures de la déviation du fil à plomb sur une montagne d'Écosse (1774), il s'efforça de déterminer la valeur de la constante de gravitation et put évaluer la densité moyenne de la Terre.

Maspero *(Gaston)*, égyptologue français (Paris 1846 - *id.* 1916). Professeur au Collège de France, il succéda à Mariette à la direction du musée du Caire et poursuivit l'œuvre de sauvegarde de celui-ci. Le premier, il recopia les textes des chambres de certaines pyramides royales et dégagea, notamment, le temple de Louqsor et le sphinx de Gizeh. Son fils **Henri**, sinologue (Paris 1883 - Buchenwald 1945), est l'auteur de nombreux ouvrages sur l'Asie du Sud-Est et les religions extrême-orientales (*la Chine antique*, 1927).

Masque de fer *(l'homme au)*, personnage demeuré inconnu (m. à Paris en 1703), enfermé dans la forteresse de Pignerol en 1679, puis à la Bastille. Il fut contraint, sa vie durant, de porter un masque.

Massa, v. d'Italie (Toscane), ch.-l. de la *province de Massa e Carrara* ; 65 287 hab. Carrières de marbre.

Massachusetts, un des États unis d'Amérique, en Nouvelle-Angleterre ; 21 500 km² ; 6 016 425 hab. Cap. *Boston*. État urbanisé à plus de 80 %.

Massada, forteresse de Palestine élevée sur la rive occidentale de la mer Morte par un descendant des Maccabées, le roi asmonéen Alexandre Jannée (103-76 av. J.-C.). C'est Hérode le Grand, en 30 av. J.-C., qui en fit un piton fortifié. Au cours de la première révolte des Juifs contre les Romains, en 66 apr. J.-C., Massada, occupée par les zélotes, les derniers résistants juifs, tint en échec jusqu'en 73 les légions de Rome. Ceux-ci, au nombre d'un millier, choisirent la mort plutôt que de se rendre.

Massagètes, peuple iranien nomade de l'est du Caucase. C'est au cours d'une expédition contre les Massagètes que Cyrus II trouva la mort (530 av. J.-C.).

Massaï → Masai.

Massalia → Marseille.

Massaoua, port de l'Érythrée, sur la mer Rouge ; 29 000 hab. Salines.

Masséna *(André)*, duc de Rivoli, prince d'Essling, maréchal de France (Nice 1758 - Paris 1817). Il participa à la victoire de Rivoli (1797), vainquit les Russes et les Autrichiens à Zurich (1799) et se distingua également à Essling et à Wagram (1809). Napoléon le surnomma « l'Enfant chéri de la Victoire ».

Massenet *(Jules)*, compositeur français (Montaud, près de Saint-Étienne, 1842 - Paris 1912). Professeur de composition au Conservatoire de Paris, il écrivit des mélodies et des oratorios mais s'intéressa surtout au théâtre lyrique. Sa mélodie raffinée, son orchestration soignée lui valurent la notoriété avec *Manon* (1884), *Werther* (1892),

Thaïs (1894), *le Jongleur de Notre-Dame* (1902).

Massey *(Vincent),* homme politique canadien (Toronto 1887 - Londres 1967). Premier gouverneur général du Canada d'origine canadienne (1952-1959).

Massif central, région naturelle du centre-sud de la France couvrant environ 80 000 km², culminant à 1 885 m au puy de Sancy, mais d'une altitude moyenne de 714 m. Le Massif central correspond à la majeure partie de l'Auvergne et du Limousin mais englobe aussi des parties de Midi-Pyrénées, du Languedoc-Roussillon, de Rhône-Alpes et de la Bourgogne. Il juxtapose des paysages variés, des plateaux et des moyennes montagnes, formés de roches diverses, volcaniques (massifs des monts Dore, des monts Dôme et du Cantal notamment), cristallines (Margeride, Limousin, partie des Cévennes), calcaires (Causses). Quelques vallées et bassins (dont les Limagnes) aèrent le relief et concentrent de plus en plus hommes et activités. Les hauteurs, dépeuplées, vidées par l'exode rural, vivent surtout de l'élevage (notamment dans la moitié occidentale, au climat de type océanique, plus humide, mais frais, que dans l'est, abrité) et, du tourisme.

Massignon *(Louis),* orientaliste français (Nogent-sur-Marne 1883 - Paris 1962). Il est l'auteur d'importants travaux sur la mystique de l'islam, notamment sur le soufisme.

Massillon *(Jean-Baptiste),* prédicateur français (Hyères 1663 - Beauregard-l'Évêque, Puy-de-Dôme, 1742). Oratorien, évêque de Clermont (1717), il prononça plusieurs oraisons funèbres, dont celles du prince de Conti (1709) et de Louis XIV (1715). Son chef-d'œuvre reste le *Petit Carême* de 1718. (Acad. fr. 1719.)

Massine *(Léonide),* danseur et chorégraphe russe, naturalisé américain (Moscou 1896 - Borken, Rhénanie-du-Nord-Westphalie, 1979). Il fut le collaborateur de Diaghilev et d'I. Rubinstein. La plupart de ses œuvres connurent un succès international (*le Tricorne,* 1919 ; *Choreartium,* 1933 ; la *Symphonie fantastique,* 1936, etc.). Il fut maître de ballet à l'Opéra-Comique (1957).

Massinger *(Philip),* écrivain anglais (près de Salisbury 1583 - Londres 1639 ou 1640). Partenaire de Thomas Dekker, de Fletcher et auteur de tragédies et de drames romanesques (*la Fille d'honneur,* 1621 ; *le Serf,* 1623), il est le plus virulent des grands poètes de l'époque élisabéthaine.

Masson *(André),* peintre et dessinateur français (Balagny-sur-Thérain, Oise, 1896 - Paris 1987). Il est l'un des pionniers et l'un des maîtres du surréalisme (*les Chevaux morts,* peinture de sable [1927], *le Labyrinthe* [1938], M. N. A. M.). Par son séjour aux États-Unis (1941-1945), il est de ceux qui ont influencé l'école américaine (Pollock, l'expressionnisme abstrait).

Massy, ch.-l. de c. de l'Essonne ; 38 972 hab. *(Massicois).* Ensemble résidentiel.

Massys *(Quinten)* → **Metsys.**

Mästlin *(Michael),* astronome et mathématicien allemand (Göppingen, Wurtemberg, 1550 - Tübingen 1631). Professeur de mathématiques à Heidelberg (1580) et à Tübingen (1584), il enseigna l'astronomie à Kepler, qu'il convertit aux idées coperniciennes.

Mastroianni *(Marcello),* acteur italien (Fontana Liri 1924). Il débuta au théâtre dans la troupe de Visconti avant de s'imposer au cinéma, jouant notamment avec F. Fellini (*La Dolce Vita,* 1960 ; *Huit et demi,* 1963 ; *Ginger et Fred,* 1985), M. Antonioni (*la Nuit,* 1961), E. Scola (*Une journée particulière,* 1977).

Masudi *(Abu al-Hasan Ali al-),* voyageur et encyclopédiste arabe (Bagdad v. 900 - Fustat, Le Caire, Égypte, v. 956). Il écrivit une chronique universelle, *les Prairies d'or,* et le *Livre de l'avertissement.*

Masuku, *anc.* Franceville, v. du sud-est du Gabon ; 16 500 hab.

Matabélé ou **Matabeleland,** région du Zimbabwe, formée de plateaux élevés et peuplée par les Matabélé, ou Ndébélé. V. princ. *Bulawayo.*

Matadi, port du Zaïre, sur le Zaïre ; 162 000 hab. Exportation de cuivre.

Mata Hari *(Margaretha Geertruida* Zelle, dite*),* danseuse et aventurière néerlandaise (Leeuwarden 1876 - Vincennes 1917). Convaincue d'espionnage en faveur de l'Allemagne, elle fut fusillée.

Matamore *(esp. Matamoros,* « tueur de Maures »*),* personnage de la comédie espagnole du XVIe siècle, pendant du Capitan de la comédie italienne, lui-même issu du *Miles gloriosus* de la comédie latine, fanfaron et hâbleur. Il fut introduit en France par Corneille dans l'*Illusion comique* (1636).

Matamoros, v. du Mexique, sur le río Grande del Norte ; 303 392 hab.

Matanza, banlieue de Buenos Aires ; 1 121 164 hab.

Matapan ou **Ténare** *(cap)*, cap du sud du Péloponnèse. Victoire navale britannique sur les Italiens (28 mars 1941).

Matera, v. d'Italie (Basilicate), ch.-l. de prov. ; 53 775 hab. — Ensemble d'habitations troglodytiques (les « Sassi ») et de sanctuaires rupestres. Cathédrale en partie romane.

Mathé *(Georges)*, médecin cancérologue français (Sermages, Nièvre, 1922). Spécialiste des leucémies, il fut l'auteur de la première greffe réussie de moelle osseuse (1957) et étudia les traitements par chimiothérapie (médicaments). Il fut directeur de l'Institut de cancérologie et d'immunogénétique de Villejuif (1965).

Mathias *(saint)* → **Matthias.**

Mathias (Vienne 1557 - *id.* 1619), empereur germanique (1612-1619), roi de Hongrie (1608) et de Bohême (1611), fils de Maximilien II.

Mathias Ier Corvin (Kolozsvár, auj. Cluj-Napoca, 1440 ou 1443 - Vienne 1490), roi de Hongrie (1458-1490). Il obtint en 1479 la Moravie et la Silésie, et s'établit en 1485 à Vienne. Il favorisa la diffusion de la Renaissance italienne dans son royaume.

Mathieu *(Georges)*, peintre, théoricien et décorateur français (Boulogne-sur-Mer 1921). Maître de l'abstraction lyrique, il a donné pour fondement à sa peinture le signe calligraphique jeté sur la toile à grande vitesse (*les Capétiens partout*, 1954, M. N. A. M., Paris).

Mathilde *(princesse)* → **Bonaparte.**

Mathilde ou **Mahaut de Flandre** (m. en 1083), reine d'Angleterre par son mariage en 1053 avec le futur Guillaume Ier le Conquérant. On lui a attribué à tort la broderie dite « tapisserie de Bayeux ».

Mathilde ou **Mahaut** (1046 - Bondeno di Roncore 1115), comtesse de Toscane (1055-1115). Soutenant la cause pontificale lors de la querelle des Investitures, elle reçut à Canossa le pape Grégoire VII et l'empereur Henri IV venu faire amende honorable (1077), et légua ses États à la papauté.

Mathilde ou **Mahaut** (Londres 1102 - Rouen 1167), impératrice du Saint Empire puis reine d'Angleterre. Elle épousa (1114) l'empereur germanique Henri V, puis (1128) Geoffroi V Plantagenêt, comte d'Anjou, dont elle eut un fils, le roi Henri II. Elle lutta contre Étienne de Blois pour la Couronne d'Angleterre.

Mathilde ou **Mahaut** (m. en 1329), comtesse d'Artois (1302-1329). Fille du comte Robert II d'Artois, elle lui succéda malgré les prétentions de son neveu Robert.

Mathura, v. de l'Inde (Uttar Pradesh) ; 233 235 hab. C'est une des sept villes saintes de l'hindouisme, considérée comme le lieu de naissance du dieu Krishna. L'impulsion des Kushana fera de Mathura l'un des principaux centres de sculpture des Ier-IIe s. apr. J.-C. à la fin du VIe siècle (thèmes décoratifs nouveaux, figures plus souples, images du Bouddha, du Jina, de divinités brahmaniques, effigies royales, etc.). Importants vestiges de stupas. Musée archéologique.

Mathusalem, personnage dont la Genèse fait un des patriarches d'avant le Déluge et qui aurait atteint la longévité, devenue proverbiale, de 969 ans.

Matignon *(accords)* [7 juin 1936], accords conclus entre le patronat français et la C. G. T. sous le Front populaire. Ils aboutirent à la reconnaissance du droit syndical, à l'institution de délégués du personnel, à l'octroi de la semaine de 40 heures et des congés payés.

Matignon *(hôtel)*, à Paris, rue de Varenne (VIIe arr.). Construit en 1721 (architecte Jean Courtonne), il abrite les services du Premier ministre.

Matisse *(Henri)*, peintre et sculpteur français (Le Cateau-Cambrésis 1869 - Nice 1954). Maître du fauvisme, qu'il dépasse amplement, utilisant de larges aplats de couleur sur un dessin savamment elliptique (*la Danse*, 1910, Moscou), il est un des plus brillants plasticiens du XXe s. Il ne cherche pas à décrire la nature, mais entend créer des états de sensibilité, simplifiant les formes, faisant naître des arabesques décoratives et poussant le coloris à sa plus haute intensité (série des « Odalisques »). Son œuvre comporte dessins, gravures, sculptures (*la Serpentine*, 1909), collages de papiers découpés de couleur (*la Tristesse du roi*, 1952, M. N. A. M., Paris), vitraux (chapelle des Dominicaines de Vence, 1950, dont il a réalisé le décor entier). Il est représenté dans les musées du monde entier ; deux lui sont consacrés en France, au Cateau et à Nice.

Mato Grosso, État du Brésil occidental ; 901 421 km² ; 2 020 581 hab. Cap. *Cuiabá.*

Mato Grosso do Sul, État du Brésil occidental ; 357 472 km² ; 1 178 434 hab. Cap. *Campo Grande.*

Mátra, massif de la Hongrie du Nord, le plus haut du pays ; 1 015 m.

Matsudo, v. du Japon (Honshu) dans le nord-est de l'agglomération de Tokyo ; 456 210 hab.

Matsue, v. du Japon (Honshu) entre le lac Shinji et la mer du Japon ; 142 956 hab. — Donjon du XVIIe siècle ; résidences anciennes et intéressant pavillon de thé (fin XVIIIe s.)

Matsumoto, v. du Japon (Honshu), au sud-est de Nagano ; 200 715 hab. — Donjon du XVIe siècle ; dans les environs, à Oniwa, musée de l'Estampe japonaise.

Matsushima, baie et archipel du Japon, sur la côte orientale de Honshu. Tourisme. — Temples d'époque Momoyama (XVIIe s.).

Matsuyama, v. du Japon (Shikoku), près de la mer Intérieure ; 443 322 hab. — Château du XVIIe, restauré au XIXe siècle.

Matta *(Roberto),* peintre chilien (Santiago 1911). Lié aux surréalistes, à Paris, dès 1934, il s'est livré à une exploration de l'inconscient et des pulsions primitives, qu'il transcrit dans un expressionnisme monumental.

Mattei *(Enrico),* homme d'affaires et homme politique italien (Acqualagne 1906 - Bascape, près de Pavie, 1962). Son influence fut déterminante dans l'élaboration de la politique énergétique et industrielle de l'Italie après 1945. Il périt dans un accident d'avion.

Matteotti *(Giacomo),* homme politique italien (Fratta Polesine 1885 - Rome 1924). Secrétaire général du Parti socialiste (1922), il fut assassiné par les fascistes.

Matterhorn → Cervin.

Mattheson *(Johann),* compositeur et théoricien allemand (Hambourg 1681 - id. 1764). Chanteur à l'Opéra de Hambourg (1690) et organiste réputé, il a composé des opéras, des oratorios et cantates, 12 suites pour clavecin, des sonates et a écrit de nombreux ouvrages théoriques.

Matthews *(Drummond Hoyle),* géologue britannique (Londres 1931). Il est à l'origine de l'un des arguments majeurs du modèle de la tectonique des plaques pour son interprétation de la symétrie des relevés magnétiques de part et d'autre de la ride médio-océanique, preuve de l'expansion des fonds marins.

Matthias ou **Mathias** *(saint),* disciple de Jésus (m. en 61 ou 64) désigné pour remplacer Judas dans le collège des Apôtres. Il aurait évangélisé la Cappadoce.

Matthieu *(saint),* apôtre de Jésus à qui la tradition attribue la rédaction d'un des quatre Évangiles. Il est un « publicain » de Capharnaüm lorsqu'il répond à l'appel de Jésus. L'Évangile selon Matthieu, que l'on a classé le premier et qui est le plus long, paraît avoir été rédigé après 80 et s'être appuyé sur une source araméenne. Il s'adresse à des chrétiens venant du judaïsme et leur présente Jésus comme le Messie annoncé par les prophètes.

Maturin *(Charles Robert),* écrivain irlandais (Dublin 1782 - id. 1824), l'un des maîtres du roman noir et du récit fantastique *(Melmoth, ou l'Homme errant,* 1820).

Matute *(Ana María),* femme de lettres espagnole (Barcelone 1926). Ses romans évoquent les fantasmes d'enfants ou d'adolescents aux prises avec les bouleversements de la guerre civile ou du monde moderne *(Fête au Nord-Ouest,* 1953 ; *la Trappe,* 1968).

Maubeuge, ch.-l. de c. du Nord, sur la Sambre ; 35 225 hab. *(Maubeugeois).* [Plus de 100 000 hab. dans l'agglomération.] Métallurgie. — Restes de fortifications de Vauban. Musée dans les bâtiments d'un ancien chapitre de chanoinesses.

Mauchly *(John William),* ingénieur américain (Cincinnati 1907 - Ambler, Pennsylvanie, 1980). Avec J. Eckert, il conçut et développa en 1946 l'un des premiers ordinateurs, l'ENIAC (Electronic Numerical Integrator And Calculator), destiné aux calculs d'artillerie de l'armée américaine, puis conçut l'Univac (Universal Automatic Computer), le premier ordinateur de gestion.

Mauduit *(Jacques),* compositeur français (Paris 1557 - id. 1627), auteur d'œuvres polyphoniques religieuses et de chansons « mesurées à l'antique ».

Mauer, village d'Allemagne (Bade-Wurtemberg), dans l'Odenwald. En 1907 y fut découverte une mandibule constituant l'un des plus anciens fossiles humains connus en Europe (pléistocène ancien). L'*homme de Mauer,* encore appelé « homme de Heidelberg », est actuellement rapporté à l'espèce *Homo erectus.*

Mauges *(les)* ou **Choletais,** partie sud-ouest de l'Anjou, au sud de la Loire. V. princ. *Cholet.*

Maugham *(William Somerset),* écrivain britannique (Paris 1874 - Saint-Jean-Cap-Ferrat 1965). Critique cinglant, notamment des institutions sociales, dans ses pièces *(le Cercle,* 1921), il reste surtout comme le maître du roman, peintre de la haute société anglaise et de l'Extrême-Orient *(Servitude humaine,* 1915).

Maulbertsch ou **Maulpertsch** *(Franz Anton)*, peintre autrichien (Langenargen, lac de Constance, 1724 - Vienne 1796). Il a donné pour les abbayes d'Autriche, de Moravie et de Hongrie des décors qui sont parmi les plus fougueux du baroque germanique (Piaristenkirche, Vienne, 1752 ; église de Sümeg, Hongrie, 1757). Il a été, plus tard, influencé par le néoclassicisme.

Maulnier *(Jacques Louis* Talagrand, dit **Thierry)*, écrivain et journaliste français (Alès 1909 - Marnes-la-Coquette 1988). Il se fit le défenseur d'un idéal classique (*Racine*, 1935). [Acad. fr. 1964.]

Maumusson *(pertuis de)*, passage entre l'île d'Oléron et la côte.

Mauna Kea, volcan éteint, point culminant de l'île d'Hawaii (4 208 m), au nord-est du Mauna Loa, volcan actif (4 170 m). Observatoire astronomique (télescopes Keck, les deux plus grands du monde [10 m de diamètre] ; le premier est entré en service en 1993).

Maunick *(Édouard)*, poète mauricien d'expression française (Flacq 1931). Chantre de la négritude mais ouvert à l'universalisme, il a publié *Manèges de la mer* (1964), *En mémoire du mémorable* (1979), *Saut dans l'arc-en-ciel* (1985), et, en hommage à A. Césaire, *Toi, laminaire* (1990).

Maunoury *(Joseph)*, maréchal de France (Maintenon 1847 - près d'Artenay 1923). Il prit, en 1914, une part déterminante à la victoire de la Marne.

Maupassant *(Guy de)*, écrivain français (château de Miromesnil, Tourville-sur-Arques, 1850 - Paris 1893). Encouragé par Flaubert, qui le présenta à Zola, il collabora aux *Soirées de Médan* en publiant *Boule-de-Suif* (1880), sa seule contribution au naturalisme. Il entreprit alors une carrière d'écrivain réaliste, partageant sa vie entre l'écriture, les mondanités, d'innombrables aventures féminines et les voyages. Il évoque dans ses contes et ses nouvelles la vie des paysans normands et des petits-bourgeois, narre des aventures amoureuses ou les hallucinations de la folie (*la Maison Tellier*, 1881 ; *les Contes de la bécasse*, 1883 ; *la Petite Roque*, 1886 ; *le Horla*, 1887). Parallèlement, il livre à travers ses romans et sous le masque de l'impersonnalité, transmis par Flaubert, sa conception désespérée de la vie (*Une vie*, 1883 ; *Bel-Ami*, 1885 ; *Pierre et Jean*, 1888 ; *Fort comme la mort*, 1889). Il mourut misérablement, dans la clinique du Dr Blanche, à Passy, victime de la folie qu'il sentait venir depuis longtemps.

Maupeou *(René Nicolas* de), chancelier de France (Montpellier 1714 - Le Thuit, Eure, 1792). Nommé chancelier par Louis XV en 1768, il constitua un triumvirat avec l'abbé Terray et le duc d'Aiguillon. Exilant le parlement de Paris en 1771, il réalisa alors une réforme judiciaire radicale, brisant le rôle politique du parlement. Mais il fut disgracié en 1774 par Louis XVI, qui rétablit le régime antérieur.

Maupertuis *(Pierre Louis* Moreau de), mathématicien français (Saint-Malo 1698 - Bâle 1759). En 1736, il fut chargé par l'Académie des sciences de diriger l'expédition envoyée en Laponie pour mesurer la longueur d'un arc de méridien de 1^0, afin de trancher entre diverses théories sur la forme de la Terre. Ses mesures confirmèrent l'hypothèse de l'aplatissement de la Terre aux pôles. On lui doit également le *principe de moindre action* (1744), selon lequel « Le chemin que tient la lumière est celui pour lequel la quantité d'action est moindre », principe qu'il érigea en loi universelle de la nature. Appelé par Frédéric le Grand, il fut directeur de l'Académie royale de Prusse. (Acad. fr. 1743.)

Maurepas *(Jean Frédéric* Phélypeaux, *comte de)*, homme d'État français (Versailles 1701 - id. 1781). Secrétaire d'État à la Marine et aux Colonies sous Louis XV (1723-1749), il devint ministre d'État (1774) sous Louis XVI, dont il fut le principal conseiller.

Maures, massif côtier de Provence (Var) ; 780 m au signal de la Sauvette. Massif primaire, gréseux et schisteux, injecté de porphyres et de basaltes, couvert de forêts (75 000 ha) en partie dévastées par des incendies. Stations balnéaires sur la côte : Sainte-Maxime, Saint-Tropez, Cavalaire, Le Lavandou, etc.

Maurétanie → Mauritanie.

Mauriac, ch.-l. d'arr. du Cantal, près de la Dordogne ; 4 776 hab. *(Mauriacois)*. — Basilique romane.

Mauriac *(François)*, écrivain français (Bordeaux 1885 - Paris 1970). Ses romans (*Genitrix*, 1923 ; *Thérèse Desqueyroux*, 1927 ; *le Nœud de vipères*, 1932 ; *la Pharisienne*, 1941) et son théâtre (*Asmodée*, 1938 ; *les Mal-aimés*, 1945) peignent la vie provinciale et évoquent les conflits de la chair et de la foi ; ils expriment aussi les souffrances du chrétien, troublé par les problèmes du monde moderne. Écrivain et journaliste engagé, F. Mauriac a publié des articles et des œuvres critiques et politiques (*Bloc-notes*,

1958-1961 ; *De Gaulle,* 1964) ainsi que des souvenirs (*Mémoires intérieurs,* 1959-1965). [Acad. fr. 1933 ; prix Nobel 1952.]

Maurice *(île), en angl.* Mauritius, État insulaire de l'océan Indien, à l'est de Madagascar ; 2 040 km² ; 1 100 000 hab. *(Mauriciens).* CAP. *Port-Louis.* LANGUE : *anglais.* MONNAIE : *roupie mauricienne.*

GÉOGRAPHIE

L'île, d'origine volcanique, humide, a une population d'origine indienne (numériquement dominante), européenne, africaine, chinoise. La densité (plus de 500 hab./km²) est très élevée. L'agriculture est dominée par la canne à sucre (plus de 80 % des terres cultivées, base des exportations), loin devant le thé et le tabac. La création de zones franches industrielles favorise un développement diversifié. Le tourisme reste important. L'Afrique du Sud devient un partenaire commercial important, à côté des pays de la C. E. et du Japon.

HISTOIRE

1507. L'île est découverte par les Portugais. Au XVIIᵉ s., les Hollandais s'y établissent et lui donnent son nom en l'honneur de Maurice de Nassau.

1715. Les Français les remplacent et lui donnent le nom de « île de France ».

La Grande-Bretagne s'en empare en 1810 et se la fait céder en 1814. Redevenue île Maurice, elle prospère grâce à la culture de la canne à sucre, confiée à la main-d'œuvre indienne, mais décline avec le percement du canal de Suez et la concurrence de la betterave sucrière.

1968. L'île constitue un État indépendant, membre du Commonwealth.

1982. Aneerood Jugnauth est nommé Premier ministre.

1992. L'île Maurice devient une république tout en restant au sein du Commonwealth.

1995. Navin Ramgoolam est nommé Premier ministre.

Maurice, *comte de Saxe,* dit le Maréchal de Saxe, général français (Goslar 1696 - Chambord 1750). Fils naturel d'Auguste II, Électeur de Saxe et roi de Pologne, il passe en 1720 au service de la France. Créé maréchal en 1744, il remporte de nombreuses et brillantes victoires, dont celle de Fontenoy, en 1745. Manœuvrier habile, grand improvisateur sur le champ de bataille, Maurice de Saxe incarne par excellence l'esprit de mesure qui, au XVIIIᵉ siècle, fait de la guerre limitée l'outil rationnel des politiques à buts modérés pratiquées par les monarchies européennes. Hostile à la bataille, qu'il juge ruineuse et trop aléatoire, comme au coû-

teux enlisement de la guerre de siège, il leur préfère une stratégie d'usure.

Maurice de Nassau (Dillenburg 1567 - La Haye 1625), stathouder (gouverneur) de Hollande et de Zélande (1585-1625), de Groningue et de Drenthe (1620-1625). Il combattit victorieusement la domination espagnole. Devenu prince d'Orange en 1618, il fit exécuter en 1619 le grand pensionnaire Johan Van Oldenbarnevelt, chef du pouvoir exécutif, et fut dès lors le seul maître des Provinces-Unies.

Mauricie, partie du Québec (Canada), entre Montréal et Québec, dans la région du Saint-Maurice. V. princ. *Trois-Rivières.*

Maurienne *(la),* région des Alpes, en Savoie, correspondant à la vallée de l'Arc. Aménagements hydroélectriques. Électrométallurgie et électrochimie en *basse Maurienne.* Tourisme en *haute Maurienne.*

Mauritanie ou **Maurétanie,** ancien pays de l'ouest de l'Afrique du Nord, habité par les Maures, tribus berbères qui formèrent vers le Vᵉ s. av. J.-C. un royaume passé au IIᵉ s. av. J.-C. sous la dépendance de Rome. Province romaine en 40 apr. J.-C., divisée, en 42, en *Mauritanie Césarienne* et *Mauritanie Tingitane,* la région, occupée par les Vandales au Vᵉ siècle puis par les Byzantins (534), fut conquise par les Arabes au VIIIᵉ siècle.

Mauritanie, État de l'Afrique occidentale ; 1 080 000 km² ; 2 100 000 hab. *(Mauritaniens).* CAP. *Nouakchott.* LANGUES : *arabe* et *français.* MONNAIE : *ouguiya.*

GÉOGRAPHIE

Le pays (près de deux fois grand comme la France) est pour sa plus grande partie saharien : les températures y sont élevées et les pluies n'atteignent pas 100 mm par an. Seul le tiers sud, sahélien, reçoit env. 500 mm d'eau par an. La population, musulmane, est composée surtout de Maures, d'origine berbère et arabe, souvent métissés de Noirs (qui dominent au S.) et de Soudanais. Elle est concentrée au sud du 18ᵉ parallèle.

Les sécheresses récentes ont accéléré la sédentarisation et l'urbanisation. Le cheptel bovin a diminué, de même que les productions agricoles (mil, riz, maïs, sorgho). Les importations agricoles et l'aide alimentaire internationale sont indispensables.

Le fer demeure la ressource minérale essentielle (devant le cuivre, le gypse) et constitue la base des exportations (essentiellement vers les pays de la C. E.). La pêche dans les eaux territoriales permet des exportations de poissons (moitié des exportations totales). Mais, avec une balance commerciale déficitaire et un lourd endettement, la situation économique reste fragile.

HISTOIRE

Pendant les treize premiers siècles de notre ère, les Berbères, Sanhadja règnent dans l'espace ouest-saharien sur une population de Noirs et de Berbères, et dominent le commerce transsaharien. Ces nomades créent, dans la seconde moitié du XIᵉ s., l'Empire almoravide, qui propage un islam austère. De la fin du XIIIᵉ au début du XVIIIᵉ s. arrivent des populations arabes qui assimilent ou soumettent les populations locales. Il en résulte un métissage dont est issue la population maure actuelle.

1900-1912. Conquête de la région par la France.

1920. La Mauritanie est érigée en colonie et rattachée à l'Afrique-Occidentale française (A.-O. F.).

1960. La République islamique de Mauritanie, proclamée en 1958, accède à l'indépendance.

Entraînée dans des difficultés croissantes par la décolonisation du Sahara occidental (à partir de 1974), elle renonce à la zone qui lui avait été attribuée (1979).

Depuis 1984, la Mauritanie est dirigée par le colonel Ould Taya.

1991. Le multipartisme est instauré.

Maurois *(André),* écrivain français (Elbeuf 1885 - Neuilly 1967). Il est l'auteur de souvenirs de guerre (*les Silences du colonel Bramble,* 1918), de romans (*Climats,* 1928), de biographies romancées (*Ariel ou la Vie de Shelley,* 1923). [Acad. fr. 1938.]

Mauroy *(Pierre),* homme politique français (Cartignies, Nord, 1928), Premier ministre de 1981 à 1984 puis premier secrétaire du Parti socialiste de 1988 à 1992.

Maurras *(Charles),* écrivain et homme politique français (Martigues 1868 - Saint-Symphorien 1952). Monarchiste et antidreyfusard, admirateur de Mistral, il collabore à partir de 1899 au journal *l'Action française,* dont il fait le fer de lance du nationalisme intégral et d'un néoroyalisme antiparlementaire et décentralisateur. Son influence est considérable dès avant 1914 et imprègne largement les milieux catholiques et conservateurs. Son mouvement, l'Action française, est condamné par Rome (1926-1928) pour l'utilisation politique qu'il fait de l'Église. Durant la Seconde Guerre mondiale, Maurras soutient le régime de Vichy et est condamné, en 1945, à la détention perpétuelle. Il a notamment publié *Enquête*

sur la monarchie, 1900-1909, et *l'Avenir de l'intelligence,* 1905.

Maurya, dynastie indienne fondée par Candragupta v. 320 av. J.-C. et renversée v. 185 av. J.-C.

Mausole (m. en 353 av. J.-C.), satrape de Carie (v. 377-353 av. J.-C.), célèbre par son tombeau à Halicarnasse (le *Mausolée*). Celui-ci, qui comptait parmi les Sept Merveilles du monde, a été réalisé par les artistes les plus fameux de l'époque, parmi lesquels Scopas, Bryaxis et Léocharès.

Mauss *(Marcel),* sociologue et anthropologue français (Épinal 1872 - Paris 1950). Il a étudié les phénomènes de prestation et de contre-prestation (*Essai sur le don,* 1925).

Mauthausen, camp de concentration allemand, près de Linz (Autriche), de 1938 à 1945 (env. 150 000 morts).

Mavrocordato ou **Mavrokordhátos** *(Aléxandros, prince),* homme politique grec (Constantinople 1791 - Égine 1865). Défenseur de Missolonghi (1822-23), principal leader du parti probritannique, il fut Premier ministre (1833, 1841, 1844, 1854-55).

Maxence, *en lat.* Marcus Aurelius Valerius Maxentius (v. 280 - pont Milvius 312), empereur romain (306-312), fils de Maximien, vaincu par Constantin au pont Milvius (312).

Maximien, *en lat.* Marcus Aurelius Valerius Maximianus (Pannonie v. 250 - Marseille 310), empereur romain (286-305 et 306-310). Associé à l'Empire par Dioclétien, il abdiqua avec lui en 305. Dans l'anarchie qui suivit, il reprit le pouvoir. Il entra en conflit avec son gendre Constantin, qui le fit disparaître.

BAVIÈRE

Maximilien Iᵉʳ (Munich 1573 - Ingolstadt 1651), duc (1597) puis Électeur (1623-1651) de Bavière. Allié de Ferdinand II dans la guerre de Trente Ans, il battit l'Électeur palatin à la Montagne Blanche (1620).

Maximilien Iᵉʳ Joseph (Mannheim 1756 - Nymphenburg, Munich, 1825), Électeur (1799) puis roi de Bavière (1806-1825). Il obtint de Napoléon le titre de roi (1806), Bayreuth et Salzbourg (1809). **Maximilien II Joseph** (Munich 1811 - *id.* 1864), roi de Bavière (1848-1864).

EMPIRE GERMANIQUE

Maximilien Iᵉʳ (Wiener Neustadt 1459 - Wels 1519), archiduc d'Autriche, empereur germanique (1508-1519). Ayant épousé Marie de Bourgogne (1477), il hérita de la

Bourgogne et des Pays-Bas mais perdit la Picardie et le duché de Bourgogne à l'issue d'une longue lutte contre Louis XI puis Charles VIII. S'il dut reconnaître l'indépendance des cantons suisses (1499), il unifia ses États héréditaires et les dota d'institutions centralisées. **Maximilien II** (Vienne 1527 - Ratisbonne 1576), empereur germanique (1564-1576), fils de Ferdinand Ier.

MEXIQUE

Maximilien (Vienne 1832 - Querétaro 1867), archiduc d'Autriche (Ferdinand Joseph de Habsbourg) puis empereur du Mexique (1864-1867). Frère cadet de l'empereur François-Joseph, choisi comme empereur du Mexique par Napoléon III en 1864, il ne put triompher du sentiment nationaliste incarné par Benito Juárez García. Abandonné en 1867 par la France, il fut pris et fusillé.

Maximilien ou **Max de Bade** *(prince)*, homme politique allemand (Baden-Baden 1867 - près de Constance 1929). Il fut nommé chancelier par Guillaume II (3 oct. 1918), mais il dut s'effacer devant Ebert (10 nov.).

Maxwell *(James Clerk)*, physicien britannique (Édimbourg 1831 - Cambridge 1879). Il contribue à l'élaboration de la théorie cinétique des gaz et de la thermodynamique, en étudiant la répartition des vitesses des molécules, et montre, en 1860, qu'à une même température l'énergie cinétique moyenne des molécules ne dépend pas de leur nature. Il tire de ses propres mesures sur le frottement interne la valeur du libre parcours moyen.

■ **Les lois de l'électromagnétisme.** Disciple de Faraday, il crée en 1862 les concepts de « déplacement » et de « courant de déplacement » apparaissant dans les diélectriques soumis à un champ électrique. Il établit la formule générale qui donne le travail électromagnétique lorsqu'un circuit se déplace dans un champ magnétique. Il donne les équations générales du champ électromagnétique. Son autre titre de gloire est sa théorie électromagnétique de la lumière (1865, qu'il développe en 1873). L'égalité entre la vitesse de la lumière et la propagation d'un ébranlement électromagnétique, qui en résulte, devait bientôt être vérifiée. On doit encore à Maxwell la découverte de la magnétostriction et des travaux sur la perception des couleurs. Il dirigea, à partir de 1871, le laboratoire Cavendish à Cambridge.

Mayapán, cité maya du Yucatán (Mexique) édifiée au postclassique (950-1500 apr. J.-C.) et qui a pris le relais de Chichén Itzá. Elle représente un nouveau modèle urbain, celui de la ville défensive protégée par un mur. Elle a été abandonnée vers 1450.

Mayas, groupe d'Amérindiens localisés au Guatemala, au Mexique (État de Chiapas et presqu'île du Yucatán) et à l'ouest du Honduras. Parmi les civilisations préhispaniques, celle des Mayas témoigne du raffinement d'une société fortement hiérarchisée, dominée par une aristocratie dirigeante de cités-États, régie par un système théocratique. Trois périodes principales définissent la chronologie maya : le préclassique (2000 av. J.-C. - 250 apr. J.-C.) ; le classique (250-950), ou l'apogée, marqué par la création d'une écriture hiéroglyphique, d'un calendrier solaire de 365 jours, par le développement de l'architecture et des pyramides, et celui de décorations peintes et sculptées dans les temples funéraires (Copán, Tikal, Palenque, Bonampak, Uxmal, etc.) ; le postclassique (950-1500), ou le déclin, malgré une certaine renaissance due aux Toltèques dans le Yucatán (Chichén Itzá, Mayapán). Principaux dieux mayas : Chac, le dieu de la Pluie, Kinich Ahau, le dieu du Soleil, qui, dans sa révolution nocturne, devient jaguar, Kukulcán, le héros civilisateur assimilé à Quetzalcóatl.

Mayence, *en all.* **Mainz,** v. d'Allemagne, cap. de l'État de Rhénanie-Palatinat, sur la rive gauche du Rhin ; 177 062 hab. — Cathédrale romane des XIIe-XIIIe siècles, à deux chœurs opposés (tombeaux, œuvres d'art) ; églises médiévales ou baroques. Musée Romain-Germanique, Musée régional (de la préhistoire à l'art du XXe s.) et musée Gutenberg (ou musée mondial de l'Imprimerie).

Mayenne *(la)*, riv. du Maine, qui se joint à la Sarthe pour former la Maine ; 185 km. Elle passe à Mayenne, à Laval, à Château-Gontier.

Mayenne, ch.-l. d'arr. de la Mayenne, sur la Mayenne ; 14 583 hab. *(Mayennais)*. Imprimerie. — Monuments anciens ; hôtels particuliers des places Hercé et Cheverus.

Mayenne [53], dép. de la Région Pays de la Loire ; ch.-l. de dép. *Laval* ; ch.-l. d'arr. *Mayenne, Château-Gontier* ; 3 arr., 32 cant., 261 comm. ; 5 175 km² ; 278 037 hab. *(Mayennais)*. Il est rattaché à l'académie de Nantes, à la cour d'appel d'Angers et à la région militaire Atlantique.

Mayenne (*Charles* de Lorraine, *marquis* puis *duc* de), prince français (Alençon 1554 - Soissons 1611). Chef de la Ligue à la mort de son frère Henri de Guise, il fut vaincu à Arques (1589) et à Ivry (1590) par Henri IV et fit sa soumission en 1595.

Mayer (*Robert* von), physicien et médecin allemand (Heilbronn 1814 - *id.* 1878). Il calcula l'équivalent mécanique de la calorie (1842) et énonça le principe de la conservation de l'énergie.

Mayerling, localité d'Autriche, à 40 km au sud de Vienne. L'archiduc Rodolphe et la baronne Marie Vetsera y furent trouvés morts dans un pavillon de chasse, le 30 janvier 1889.

Mayflower (« Fleur de mai »), vaisseau parti de Southampton le 16 septembre 1620 avec une centaine d'émigrants, qui fondèrent Plymouth en Nouvelle-Angleterre (26 déc.). Ces colons, en majorité des puritains anglais, sont connus depuis 1820 sous l'appellation de « Pères pèlerins » (*Pilgrim Fathers*).

Maynard ou **Mainard** (*François*), poète français (Toulouse 1582 - Aurillac 1646). Disciple de Malherbe, il excella dans l'épigramme et dans l'ode (*À la Belle Vieille*). [Acad. fr. 1634.]

Mayol (*Félix*), chanteur fantaisiste français (Toulon 1872 - *id.* 1941). Il devint propriétaire du Concert parisien (1909), auquel il donna son nom. Il créa quelque 500 chansons (*la Cabane Bambou, Viens Poupoule, Cousine*, etc.).

Mayotte [976], île française de l'océan Indien, partie de l'archipel des Comores, 374 km^2 ; 94 410 hab. (*Mahorais*). Ch.-l. *Mamoudzou*. Entre 12^0 et 13^0 de latitude sud, c'est une île volcanique, bordée de constructions coralliennes. Des plantations de cocotiers et de vanilliers ont largement relayé la canne à sucre. — En 1976, sa population s'est prononcée pour le maintien de l'île dans le cadre français.

Mazagan → Jadida (El-).

Mazamet, ch.-l. de c. du Tarn, au pied de la Montagne Noire ; 12 125 hab. (*Mazamétains*). Délainage. Constructions mécaniques. — Musée « Mémoire de la terre ».

Mazar-e Charif, v. de l'Afghanistan ; 110 000 hab. Principal centre du Turkestan afghan. — Important sanctuaire (xve s.) et centre de pèlerinage qui passe, depuis le xie siècle, pour abriter le tombeau d'Ali.

Mazarin (*Jules*), en ital. Giulio Mazarini, prélat et homme d'État français (Pescina,

Abruzzes, 1602 - Vincennes 1661). Issu d'une modeste famille sicilienne, officier, puis diplomate au service du pape, il passe au service de la France (1638) et est naturalisé français (1639). Il devient le principal collaborateur de Richelieu, qui le fait nommer cardinal (1641) et le recommande à Louis XIII, qui le nomme ministre d'État et chef du Conseil en décembre 1642. Après la mort du roi (1643), la régente Anne d'Autriche le maintient dans ses fonctions et lui apporte un soutien constant.

Attaché comme Richelieu à l'autorité de l'État, Mazarin préfère l'intrigue à la brusquerie de son prédécesseur pour faire face notamment aux difficultés intérieures. À l'extérieur, il parvient à conclure la paix avec l'Empire germanique (traités de Westphalie, 1648). Mais la Fronde éclate cette même année et Mazarin devient la cible d'attaques virulentes (les *mazarinades*). Il doit s'exiler en 1651 et 1652, et attend le moment où l'opinion, lasse de l'anarchie, souhaite un pouvoir fort. Alors, à la suite de Louis XIV et de sa mère, il rentre à Paris (1653), plus puissant que jamais.

■ **Un Premier ministre tout-puissant.** Ayant triomphé de la Fronde, il restaure l'autorité royale. Il rétablit les intendants, supprimés en 1648, surveille la noblesse, limite les droits du parlement et lutte contre le jansénisme. À l'extérieur, il poursuit la guerre contre l'Espagne. Après la victoire de Turenne aux Dunes (1658), des négociations difficiles s'engagent, conclues par la paix des Pyrénées (1659), qui marque les débuts de la prépondérance française en Europe.

Mazarin se constitue une immense fortune, acquise par des moyens souvent peu avouables. Mécène, il accumule les œuvres littéraires et artistiques dans son palais (auj. Bibliothèque nationale), fonde l'Académie royale de peinture et de sculpture, et introduit en France l'opéra italien.

Mazarine (*bibliothèque*), bibliothèque publique située dans l'aile gauche du palais de l'Institut, à Paris. Formée sur l'ordre de Mazarin, elle fut ouverte au public en 1643 et rattachée à la Bibliothèque nationale en 1930.

Mazatlán, port du Mexique, sur le Pacifique ; 312 429 hab.

Mazeppa ou **Mazepa** (*Ivan Stepanovitch*), hetman (chef) des Cosaques d'Ukraine orientale (1639 ou 1644 - Bendery, auj. Bender, 1709). Il servit d'abord le tsar Pierre le Grand, puis se tourna contre lui, s'alliant à

Charles XII de Suède, qui s'engageait à reconnaître l'indépendance de l'Ukraine. Défait à Poltava (1709), il se réfugia en pays tatar. Il est l'un des héros du nationalisme ukrainien.

Mazovie, région de Pologne, sur la Vistule moyenne, dont Varsovie est le centre. — La Mazovie fut duché héréditaire de 1138 à 1526, date de son rattachement au royaume de Pologne.

Mazowiecki *(Tadeusz),* homme politique polonais (Płock 1927). Membre influent de Solidarność, il est nommé Premier ministre en août 1989, devenant le premier chef de gouvernement non communiste de l'Europe de l'Est depuis quarante ans. En novembre 1990, après son échec à l'élection présidentielle, il démissionne de ses fonctions.

Mazurie, région du nord-est de la Pologne, autref. en Prusse-Orientale, formée de collines et de plaines parsemées de nombreux lacs.

Mazzini *(Giuseppe),* patriote italien (Gênes 1805 - Pise 1872). Militant pour la libération de tous les peuples d'Europe, il fonde, en exil, une société secrète, la Jeune-Italie (1831), qui vise à l'établissement d'une République italienne unitaire. Organisateur de complots et d'insurrections qui se soldent tous par des échecs, il mène une vie errante jusqu'à son retour en Italie, lors de la révolution de 1848. En mars 1849, il fait proclamer la République à Rome et participe à son gouvernement, mais l'expédition française (juill.) l'oblige à un nouvel exil.

Mazzola et Mazzola-Bedoli → **Parmesan** *(le).*

Mbabane, cap. du Swaziland ; 38 000 hab.

Mbandaka, *anc.* Coquilhatville, v. du Zaïre, sur le Zaïre ; 125 000 hab.

Mbini, *anc.* Río Muni, partie continentale de la Guinée équatoriale.

Mbuji-Mayi, v. du Zaïre (Kasaï) ; 423 000 hab. Diamants.

Mbuti → **Pygmées.**

Mead *(George Herbert),* philosophe et psychosociologue américain (Hadley, Massachusetts, 1863 - Chicago 1931). Pionnier de la psychologie sociale, il a cherché à démontrer la genèse de la conception de soi *(self)* et de la pensée *(mind).* Il a écrit *l'Esprit, le soi et la société* (1934).

Mead *(Margaret),* anthropologue américaine (Philadelphie 1901 - New York 1978). Ses thèses ont permis une grande avancée du culturalisme. *(Coming of Age in Samoa,* 1928 ; *L'un et l'autre sexe,* 1949).

Meade *(James Edward),* économiste britannique (Swanage, Dorset, 1907 — Cambridge 1995). Spécialiste des questions internationales, il a notamment étudié la croissance et l'échange international. Il a obtenu, en 1977, le prix Nobel de sciences économiques avec Bertil Ohlin.

Méandre → **Menderes.**

Meaux, ch.-l. d'arr. de Seine-et-Marne, sur la Marne ; 49 409 hab. *(Meldois).* Métallurgie. Produits chimiques. — Restes de remparts gallo-romains et médiévaux. Cathédrale, surtout du XIIIe siècle. Musée municipal « Bossuet », dans l'ancien évêché (XIIe-XVIIe s.).

Mécano de la « General » *(le),* film américain de B. Keaton et de C. Bruckman (1926).

Mécène, *en lat.* Caius Cilnius Maecenas, chevalier romain (Arezzo ? v. 69-8 av. J.-C.). Ami personnel d'Auguste, il encouragea les lettres et les arts. Virgile, Horace, Properce bénéficièrent de sa protection.

Méchain *(Pierre),* astronome et géodésien français (Laon 1744 - Castellón de la Plana 1804). Il mesura avec Delambre l'arc de méridien compris entre Dunkerque et Barcelone (1792-1799) pour déterminer l'étalon du mètre, découvrit une dizaine de comètes et compléta le catalogue de nébuleuses et d'amas stellaires de Messier.

Mechelen → **Malines.**

Mechhed ou **Machhad,** v. d'Iran (Khorasan) ; 1 120 000 hab. — Depuis sa fondation (IXe s.), le mausolée de l'imam Reza n'a cessé de se développer ; mosquée Gawhar Chad (XVe s.) ; riche musée. — Centre de pèlerinage chiite.

Mečiar *(Vladimir),* homme politique slovaque (Zvolen, Slovaquie, 1942). Nommé à la tête du gouvernement slovaque en 1990, il doit démissionner en 1991. Ayant retrouvé son poste en 1992, il négocie la partition de la Tchécoslovaquie et devient en 1993 Premier ministre de la Slovaquie indépendante.

Mecklembourg, *en all.* Mecklenburg, région historique d'Allemagne qui constitue une partie du Land de Mecklembourg-Poméranie-Occidentale. Intégré au domaine germanique au XIIe siècle, il est partagé en 1520 en deux duchés. Les deux Mecklembourgs furent réunis en 1934, puis intégrés à la R. D. A.

Mecklembourg-Poméranie-Occidentale, *en all.* Mecklenburg-Vorpommern, Land d'Allemagne, sur la Baltique ; 23 600 km^2 ; 1 963 909 hab. Cap. *Schwerin.*

Mecque (La), v. d'Arabie saoudite, cap. du Hedjaz ; 618 000 hab. — Patrie de Mahomet et ville sainte de l'islam. Le pèlerinage à La Mecque est obligatoire pour tout musulman, s'il en a la possibilité, une fois au cours de sa vie.

Médaille d'honneur, la plus haute décoration militaire des États-Unis, décernée par le Congrès depuis 1862.

Médaille militaire, décoration française créée en 1852, accordée pour actions d'éclat ou longs services aux sous-officiers et aux hommes du rang ainsi qu'à certains généraux ayant commandé en chef.

Medan, port de l'Indonésie, dans l'île de Sumatra, sur le détroit de Malacca ; 1 380 000 hab.

Medawar *(Peter Brian),* biologiste britannique (Rio de Janeiro 1915 - Londres 1987), auteur de travaux sur les greffes. (Prix Nobel 1960.)

Médecins du monde, association humanitaire privée, reconnue d'utilité publique, créée en 1980 à la suite d'une scission avec Médecins sans frontières.

Médecins sans frontières (M. S. F.), association humanitaire privée à vocation internationale, reconnue d'utilité publique, fondée en 1971, qui regroupe des bénévoles professionnels de la santé et aide les victimes des guerres et des catastrophes.

Médée, magicienne grecque qui joue un grand rôle dans le cycle des Argonautes. Fille du roi de Colchide, elle s'éprend de Jason, l'aide à s'emparer de la Toison d'or et s'enfuit avec les Argonautes. Jason l'épouse puis l'abandonne pour Créuse, fille du roi de Corinthe. Médée se venge en offrant à celle-ci une tunique qui la consume, mais aussi en égorgeant les enfants qu'elle avait eus elle-même avec Jason.

Medellín, v. de Colombie, au nord-ouest de Bogotá ; 1 480 000 hab. Métropole économique et deuxième ville du pays. Centre textile. — Quelques églises d'époque coloniale subsistent (fin XVIIᵉ-XVIIIᵉ s.).

Mèdes, peuple de l'Iran ancien, qui constitua un empire au VIIᵉ s. av. J.-C. Ils détruisirent Assour en 614 av. J.-C., puis Ninive (612). Le Perse Cyrus II mit fin à la puissance mède (v. 550 av. J.-C.).

Medicine Hat, v. du Canada (Alberta) ; 43 625 hab. Chimie.

Médicis, *en ital.* Medici, famille de banquiers florentins, qui domina Florence à

partir de 1434, avant d'en acquérir le titre ducal en 1532. Ses principaux membres furent : **Cosme l'Ancien** (Florence 1389 - Careggi 1464), banquier qui fit de Florence la capitale de l'humanisme ; **Laurent Iᵉʳ,** dit le Magnifique → **Laurent** ; **Julien** (Florence 1478 - Rome 1516), fait duc de Nemours par le roi de France François Iᵉʳ. Avec l'aide des troupes pontificales et espagnoles (1512), il restaura à Florence le pouvoir des Médicis, chassés depuis la révolution de Savonarole ; **Laurent II,** *duc* d'Urbino (Florence 1492 - id. 1519), père de Catherine de Médicis ; **Alexandre,** *premier duc* de Florence (Florence v. 1510 - id. 1537), assassiné par son cousin Lorenzino *(Lorenzaccio)* ; **Cosme Iᵉʳ** *(Cosimo)* [Florence 1519 - Villa di Castello, près de Florence, 1574], *duc* de Florence (1537-1569), *premier grand-duc* de Toscane (1569-1574), réorganisa l'État florentin et embellit la ville ; **Ferdinand Iᵉʳ** (Florence 1549 - id. 1609), *grand-duc* de Toscane (1587-1609) ; **Ferdinand II** (Florence 1610 - id. 1670), *grand-duc* de Toscane (1621-1670) ; **Jean-Gaston** (Florence 1671 - id. 1737), après qui le grand-duché de Toscane passa à la maison de Lorraine.

Médicis *(prix),* prix littéraire français fondé en 1958 et décerné à un roman ou à un recueil de nouvelles d'un auteur encore peu connu. Depuis 1970, il couronne également un écrivain étranger.

Médicis *(villa),* villa du XVIᵉ siècle, à Rome, occupée depuis 1803 par l'Académie de France ; beaux jardins. Après avoir hébergé les lauréats des prix de Rome (concours dans les différentes disciplines des beaux-arts, créés sous Louis XIV, supprimés en 1968), elle accueille aujourd'hui de jeunes artistes et des chercheurs choisis sur dossier.

Médie, région du nord-ouest de l'Iran ancien habitée par les Mèdes.

Médine, v. d'Arabie saoudite (Hedjaz) ; 500 000 hab. — Ville sainte de l'islam ; Mahomet s'y réfugia en 622 lors de l'*hégire*. — La Grande Mosquée abrite les tombeaux du prophète, de sa fille préférée et des deux premiers califes.

Médinet el-Fayoum, v. d'Égypte, dans le Fayoum ; 167 000 hab.

médiques *(guerres)* [490-479 av. J.-C.], conflits qui ont opposé les Grecs à l'Empire perse. L'origine de ces guerres est le soutien apporté par Athènes à la révolte des Ioniens (499), dont Darios vient à bout en 495. Pour assurer sa domination sur l'Égée, celui-ci s'attaque ensuite aux cités de la Grèce d'Europe. En 490 *(première guerre médi-*

que), Darios traverse l'Égée et, malgré des forces importantes, est vaincu à Marathon. En 481 *(seconde guerre médique),* Xerxès, reprenant la politique de son père, envahit la Grèce avec une formidable armée. Les Grecs tentent en vain de l'arrêter aux Thermopyles (août 480), et Athènes est prise et incendiée ; mais, grâce à Thémistocle, la flotte perse est détruite devant l'île de Salamine (sept. 480). Xerxès abandonne son armée, qui est vaincue à Platées (479). Les Grecs portent alors la guerre en Asie sous la direction d'Athènes et remportent les victoires du cap Mycale (479) et de l'Eurymédon (468). En 449, la paix de Callias entérine la liberté des cités grecques d'Asie.

Méditations métaphysiques, ouvrage de Descartes rédigé en latin (1641), puis en français (1647).

Méditerranée *(mer),* mer bordière de l'Atlantique, comprise entre l'Europe, l'Afrique et l'Asie, couvrant env. 2,5 millions de km² et communiquant avec l'Atlantique par le détroit de Gibraltar, avec la mer Noire par le Bosphore et les Dardanelles. GÉOGR. La Méditerranée est une mer intercontinentale profonde (moyenne : 1 500 m ; profondeur maximale : 5 093 m), dont la forme est l'aboutissement d'une évolution géologique introduite par le rapprochement des plaques Europe et Afrique. L'étranglement compris entre la Sicile et la Tunisie la divise en deux bassins : la *Méditerranée occidentale,* avec son annexe la mer Tyrrhénienne, et la *Méditerranée orientale,* plus ramifiée, avec ses dépendances (mer Ionienne, Adriatique et mer Égée). Les côtes sont surtout composées de falaises, coupées de rias et de calanques. Les côtes basses, à lagunes et à lidos, sont établies à la sortie des grands bassins tectoniques (Languedoc, golfe de Valence, plaine du Pô). La Méditerranée est une mer tiède (moyenne : 19 °C). La salinité croît de l'O. (37 ‰) à l'E. (39,5 ‰). L'isolement de la mer explique la faiblesse générale de la marée. Cette faiblesse, la forte salure, la tiédeur, la limitation des mouvements verticaux en font une mer peu fertile, sauf dans les zones peu profondes, plus intensément brassées. Traditionnelle voie d'échanges entre l'Orient et l'Occident, la Méditerranée est équipée de ports nombreux, aux activités souvent diversifiées au N. (Marseille, Barcelone, Gênes et Venise). La douceur du climat, des eaux et des rivages font de cette mer un domaine d'élection du tourisme balnéaire. HIST. Cette mer a été le centre vital de l'Antiquité. Elle perdit une partie de son importance à la suite des grandes découvertes des XVᵉ et XVIᵉ siècles ; mais elle redevint l'une des principales routes mondiales de navigation grâce au percement du canal de Suez (1869).

Méditerranée *(la),* œuvre de F. Braudel, parue en 1949 sous le titre *la Méditerranée et le monde méditerranéen à l'époque de Philippe II.*

Medjerda *(la),* fl. de l'Afrique du Nord, né en Algérie et débouchant dans le golfe de Tunis ; 365 km.

Médoc, région viticole du Bordelais, sur la rive gauche de la Gironde. Le *haut Médoc* groupe les crus les plus renommés, le *bas Médoc* produit des vins courants.

Méduse, une des trois Gorgones de la mythologie grecque, celle dont le regard était mortel. Persée, l'ayant découverte dans sa demeure au-delà du fleuve Océan, trancha sa tête hérissée de serpents et l'offrit à Athéna, qui en orna son bouclier.

Meerut, v. de l'Inde (Uttar Pradesh) ; 846 954 hab.

Méfano *(Paul),* compositeur français (Bassora, Iraq, 1937). Il a participé en 1971 à la création du Collectif musical international 2e2m. Il a composé *la Cérémonie* (1970), *Ondes/Espaces mouvants* (1975), *Micromégas,* opéra de chambre d'après Voltaire (1983-1987).

Mégare, v. de Grèce, sur l'isthme de Corinthe ; 26 562 hab. — Prospère aux VIIᵉ et VIᵉ s. av. J.-C., elle fonda de nombreuses colonies, dont Byzance. Ses démêlés avec Athènes déclenchèrent la guerre du Péloponnèse. Son école de philosophes, à la suite d'Aristote, contribua au développement de la logique.

Megève, comm. de la Haute-Savoie, près du massif du Mont-Blanc ; 4 876 hab. Station de sports d'hiver (alt. 1 113-2 040 m).

Meghalaya, État de l'Inde du Nord-Est ; 1 760 626 hab. Cap. *Shillong.*

Megiddo, cité cananéenne du nord de la Palestine. Située sur la route reliant l'Égypte à l'Assyrie, elle fut conquise par plusieurs pharaons (Thoutmosis III, Néchao II).

Méhémet-Ali (Kavála 1769 - Alexandrie 1849), vice-roi d'Égypte (1805-1848). Après s'être emparé du pouvoir et avoir reçu des Ottomans le titre de vice-roi, il massacre les Mamelouks (1811) et réorganise, avec le concours de techniciens européens, l'administration, l'économie et l'armée égyptiennes. Il apporte son soutien aux Ottomans en Arabie (1811-1819) puis en Grèce (1824-

1827), mais il conquiert le Soudan pour son propre compte (1820-1823) et, fort de l'alliance française, cherche à supplanter le sultan, que son fils Ibrahim Pacha vainc en Syrie (1831-32). Les puissances européennes lui imposent le traité de Londres (1840), qui ne lui laisse, à titre héréditaire, que l'Égypte et le Soudan.

Mehmed II, dit Fatih, « le Conquérant » (Edirne 1432 - Tekfur Çayiri 1481), sultan ottoman (1444-1446 et 1451-1481). Il s'empara de Constantinople (1453), dont il fit sa capitale, avant de conquérir la Serbie (1459), l'empire de Trébizonde (1461), la Bosnie (1463) et de vassaliser la Crimée (1475). Il accomplit aussi une œuvre législative et culturelle remarquable, affirmant le triomphe de l'islam dans Constantinople (transformation de la basilique Sainte-Sophie en mosquée) et y organisant la vie de ses vassaux grecs et arméniens. **Mehmed IV** (Istanbul 1642 - Edirne 1692), sultan ottoman (1648-1687). Il présida au redressement de l'empire grâce à l'œuvre des Köprülü. **Mehmed V Reşad** (Istanbul 1844 - id. 1918), sultan ottoman (1909-1918). Il laissa le pouvoir aux Jeunes-Turcs. **Mehmed VI Vahideddin** (Istanbul 1861 - San Remo 1926), sultan ottoman (1918-1922). Il fut renversé par Mustafa Kemal.

Mehrgarh, site archéologique du Baloutchistan pakistanais, reliant la vallée de l'Indus à l'Iran et à l'Asie centrale. Il offre sur plus de 200 hectares une séquence d'occupation d'environ 7000 à 2000 av. J.-C. Après les débuts de l'agriculture, on y observe, au cours des Ve et IVe millénaires, la mise en place des assises économiques et sociales, bases de la civilisation urbaine de l'Indus après 2500 av. J.-C.

Méhul *(Étienne),* compositeur français (Givet 1763 - Paris 1817). Auteur de sonates pour clavier, de symphonies et d'hymnes révolutionnaires *(le Chant du départ),* il a excellé dans l'opéra *(le Jeune Henri,* 1797 ; *Joseph,* 1807).

Mehun-sur-Yèvre, ch.-l. de c. du Cher ; 7 255 hab. *(Mehunois).* Porcelaine.

Meier *(Richard),* architecte américain (Newark 1934). Il puise aux sources du style international et de Le Corbusier, y adaptant une sensibilité contemporaine pour produire un impeccable classicisme (musée des Arts décoratifs de Francfort-sur-le-Main, 1980-1985 ; siège de Canal Plus à Paris, 1989-1992).

Meiji tenno, nom posthume de Mutsuhito (Kyoto 1852 - Tokyo 1912), empereur du Japon (1867-1912). Après que les fiefs du sud eurent mis fin au régime des shoguns (1867) et restauré l'autorité impériale, il inaugura l'ère Meiji (1868). Il proclama sa volonté de réforme et d'occidentalisation dans la charte des Cinq Articles. Il s'installa à Tokyo et donna en 1889 une Constitution au Japon. Il mena victorieusement les guerres sino-japonaise (1895) et russo-japonaise (1905) puis annexa la Corée (1910).

Meilhac *(Henri),* auteur dramatique français (Paris 1831 - id. 1897). Il composa, seul ou avec Ludovic Halévy, des opéras bouffes *(la Belle Hélène,* 1864 ; *la Vie parisienne,* 1866 ; *la Périchole,* 1868). On lui doit également le livret de *Carmen.* (Acad. fr. 1888.)

Meillet *(Antoine),* linguiste français (Moulins 1866 - Châteaumeillant 1936). Formé dans la tradition de la grammaire comparée, il est influencé par F. de Saussure et par É. Durkheim. Il a mis en valeur l'aspect social des faits linguistiques *(Introduction à l'étude comparative des langues indo-européennes,* 1903 ; *Linguistique historique et Linguistique générale,* 2 vol., 1921 et 1936).

Meilleur des mondes *(le),* roman d'A. Huxley (1932).

Mein Kampf (« Mon combat »), ouvrage écrit en prison (1923-24) par Adolf Hitler et publié en 1925. Il expose les principes du national-socialisme : antisémitisme, supériorité de la race germanique, qui a besoin pour s'épanouir d'un « espace vital », culte de la force.

Meir *(Golda),* femme politique israélienne (Kiev 1898 - Jérusalem 1978), Premier ministre de 1969 à 1974.

Meissen, v. d'Allemagne (Land de Saxe), sur l'Elbe ; 35 662 hab. — Cathédrale gothique (XIIIe-XVIe s. ; œuvres d'art) ; château, où fut installée, en 1710, la première manufacture européenne de porcelaine dure ; musée de la Porcelaine.

Meissonier *(Ernest),* peintre français (Lyon 1815 - Paris 1891), auteur de petits tableaux de genre à l'ancienne et de scènes militaires.

Meissonnier *(Juste Aurèle),* décorateur et orfèvre français (Turin v. 1693 - Paris 1750), un des plus brillants représentants du style rocaille.

Meitner *(Lise),* physicienne autrichienne (Vienne 1878 - Cambridge 1968). Elle a découvert le protactinium avec O. Hahn (1917) et étudié la fission de l'uranium (1939).

Méjean *(causse),* l'un des Grands Causses (Lozère), le plus élevé (souvent plus de 1 000 m) et le plus aride.

Meknès, v. du Maroc, au sud-ouest de Fès ; 320 000 hab. — Madrasa Bu Inaniyya (XIVe s.), imposants remparts et nombreux monuments anciens (XIVe-XVIIIe s.) qui rappellent son passé de capitale (1672 à 1727) d'un sultanat alawite.

Mékong *(le),* le plus long fleuve du Sud-Est asiatique (env. 4 200 km). Né dans le Tibet, à plus de 5 000 m d'altitude, il parcourt sur près de 2 000 km des gorges profondes et sauvages. À sa sortie de Chine, à 300 m d'altitude, il forme la frontière entre, successivement, la Chine et la Birmanie, la Birmanie et le Laos, la Thaïlande et le Laos. Il coule alors au Laos avant de servir encore, sur 820 km, de frontière entre la Thaïlande et le Laos. Il pénètre ensuite au Cambodge et se sépare en plusieurs branches. À Phnom Penh commence le delta, qui s'épanouit au Viêt Nam en deux bras principaux. Le Mékong est alimenté par la fonte des neiges dans son bassin supérieur et par la mousson en aval.

Melaka ou **Malacca,** port de Malaisie, cap. de l'*État de Melaka,* sur le *détroit de Malacca ;* 88 000 hab.

Melanchthon *(Philipp* Schwarzerd, dit*),* réformateur allemand (Bretten, Bade, 1497 - Wittenberg 1560). Professeur de grec à l'université de Wittenberg, il s'attache très tôt à Luther et publie en 1521 les *Loci communes rerum theologicarum,* premier traité dogmatique de la Réforme. Il prépare en 1530 le texte de la *Confession d'Augsbourg* et en rédige une *Apologie* (1530-31). À la mort de Luther (1546), il devient le chef principal du mouvement de la Réforme, dont il tente de faire s'accorder les diverses fractions.

Mélanésie, ensemble d'archipels et d'îles du sud-ouest du Pacifique, constitué essentiellement par la Papouasie-Nouvelle-Guinée, les îles Salomon, Vanuatu, les îles Fidji, la Nouvelle-Calédonie, auxquels il faut ajouter leurs dépendances. Les terres émergées couvrent environ 550 000 km[2] et regroupent plus de 4 millions d'hab., dont plus des trois quarts en Papouasie-Nouvelle-Guinée. Les îles, souvent volcaniques et montagneuses, possèdent un climat tropical fréquemment humide. Les habitants ont généralement la peau sombre, ce qui explique le nom de Mélanésiens (du gr. *melas,* noir) qui leur est donné. Des plantations (canne à sucre, café, cocotier) introduites par les Européens complètent les cultures de tuber-

cules. Le nickel (en Nouvelle-Calédonie) est la principale ressource minière.

Melbourne, port d'Australie, fondé en 1835, cap. de l'État de Victoria ; 3 002 300 hab. Centre commercial, industriel et culturel. — Musée d'art.

Melbourne *(William* Lamb, *vicomte),* homme politique britannique (Londres 1779 - près de Hatfield 1848). Premier ministre (1834, 1835-1841), il assura l'éducation politique de la jeune reine Victoria.

Melchior, nom de l'un des trois Rois mages, selon une tradition qui en fait un Africain.

Melchisédech, personnage figurant dans la Genèse comme prêtre-roi de Salem (nom de la Jérusalem primitive) et comme bénissant Abraham qui lui présente la dîme au nom de son Dieu. Dans le Nouveau Testament (Épître aux Hébreux), le sacerdoce royal de Melchisédech est l'image de celui de Jésus-Christ.

Méliès *(Georges),* cinéaste français (Paris 1861 - *id.* 1938). Prestidigitateur-illusionniste, pionnier de la mise en scène et du spectacle cinématographique, il fut l'inventeur des premiers trucages, le constructeur des premiers studios. Il réalisa entre 1896 et 1913 plus de 500 petits films, remarquables par la fantaisie poétique et ingénieuse, la féerie, le merveilleux qu'il fut le premier à exprimer au cinéma (*le Voyage dans la Lune,* 1902 ; *20 000 Lieues sous les mers,* 1907).

Melilla, port et enclave espagnols sur la côte méditerranéenne du Maroc ; 56 600 hab.

Méline *(Jules),* homme politique français (Remiremont 1838 - Paris 1925). Ministre de l'Agriculture (1883-1885 et 1915-16), il pratiqua une politique protectionniste. Il fut chef du gouvernement de 1896 à 1898.

Melk, v. d'Autriche (Basse-Autriche), sur le Danube ; 6 200 hab. — Abbaye bénédictine reconstruite au début du XVIIIe siècle par l'architecte Jakob Prandtauer (1660-1726), œuvre baroque grandiose.

Melloni *(Macedonio),* physicien italien (Parme 1798 - Portici 1854). Il inventa la pile thermoélectrique, qu'il employa pour étudier la chaleur rayonnante (rayonnement infrarouge).

Meloria *(batailles de la),* nom donné à deux batailles qui se déroulèrent auprès de l'île de Meloria, dans le golfe de Gênes, et au cours desquelles les forces navales génoises détruisirent les flottes pisane (1284) et angevine (1410).

Melpomène, muse de la Tragédie.

Melun, ch.-l. du dép. de Seine-et-Marne, sur la Seine, à 46 km au sud-est de Paris ; 36 489 hab. *(Melunais)* [plus de 100 000 hab. dans l'agglomération]. École des officiers de la gendarmerie. Constructions mécaniques. Industries alimentaires. — Églises Notre-Dame (en partie des XIᵉ et XIIᵉ s.) et St-Aspais (gothique des XVᵉ-XVIᵉ s.). Musée municipal et musée de la Gendarmerie.

Melun-Sénart, ville nouvelle du sud-est de la Région parisienne, entre Melun et la forêt de Sénart.

Mélusine, personnage fabuleux, fille d'une fée, qui pouvait se métamorphoser partiellement en serpent.

Melville, baie de la mer de Baffin, sur la côte du Groenland.

Melville *(Herman),* écrivain américain (New York 1819 - *id.* 1891). Quatre années à bord d'un baleinier, dans les mers du Sud, lui inspirèrent des romans situés en Polynésie *(Taïpi,* 1846 ; *Omoo,* 1847 ; *Moby Dick ou la Baleine blanche,* 1851), que suivront d'autres romans *(Israel Potter,* 1855 ; *le Grand Escroc,* 1857) révélèrent sa quête de la vérité et son désespoir spirituel, ainsi que des contes et son poème *Clarel* (1876).

Melville *(Jean-Pierre* Grumbach, dit Jean-Pierre*),* cinéaste français (Paris 1917 - *id.* 1973). Après *le Silence de la mer* (d'après Vercors, 1949), il s'imposa comme l'auteur de films noirs, rigoureux et dépouillés : *le Doulos* (1963), *le Deuxième Souffle* (1966), *le Samouraï* (1967), *le Cercle rouge* (1970).

Memel → **Klaipeda.**

Memling ou **Memlinc** *(Hans),* peintre flamand (Seligenstadt, Bavière, v. 1433 - Bruges 1494). Sa carrière s'est déroulée à Bruges, où sont conservées ses œuvres principales : compositions religieuses d'un style doux et calme, portraits dont le modèle est représenté dans son cadre familier *(Châsse de sainte Ursule,* avec six scènes de la légende de la sainte, musée de l'hôpital St-Jean, Bruges).

Memmi *(Albert),* écrivain tunisien d'expression française (Tunis 1920). Les thèmes majeurs de son œuvre, axée sur le Maghreb, sont liés à la tradition, l'affrontement culturel et la domination *(Portrait du colonisé...,* 1957 ; *Juifs et Arabes,* 1974 ; *la Dépendance,* 1979 ; *le Pharaon,* 1988).

Memnon, héros du cycle troyen tué par Achille. Les Grecs l'identifièrent à un des deux colosses du temple d'Aménophis III, à Thèbes. Cette statue, fissurée en 27 av. J.-C.

par une secousse tellurique, faisait entendre au lever du soleil une vibration, « le chant de Memnon », qui cessa après la restauration de Septime Sévère.

Mémoires d'outre-tombe, par Chateaubriand, publiés après sa mort dans *la Presse* (1848-1850).

Mémorial de Sainte-Hélène, ouvrage de Las Cases (1823). C'est le journal des entretiens de Napoléon Iᵉʳ avec son secrétaire durant son exil.

Memphis, v. de l'Égypte ancienne, sur le Nil, en amont du Delta, cap. de l'Ancien Empire. La concurrence d'Alexandrie, fondée en 331 av. J.-C., puis l'invasion des Arabes entraînèrent sa décadence.

Memphis, v. des États-Unis (Tennessee), sur le Mississippi ; 610 337 hab. Port de commerce, grand marché et centre industriel.

Menado → **Manado.**

Ménage *(Gilles),* écrivain français (Angers 1613 - Paris 1692). Auteur de poèmes latins et d'ouvrages de philologie *(Observations sur la langue française,* 1672), il fut raillé par Boileau et Molière.

Ménam *(le)* → **Chao Phraya.**

Ménandre, poète comique grec (Athènes v. 342 - *id.* v. 292 av. J.-C.). Il créa la « comédie nouvelle ». On lui attribue 108 pièces seulement connues jusqu'à la fin du XIXᵉ siècle par des imitations de Plaute et de Térence.

Menchikov *(Aleksandr Danilovitch, prince),* homme d'État et feld-maréchal russe (Moscou 1673 - Berezovo 1729). Il dirigea la construction de Saint-Pétersbourg. Il détint sous Catherine Iʳᵉ la réalité du pouvoir puis fut exilé en Sibérie (1728).

Menchikov *(Aleksandr Sergueïevitch, prince),* amiral russe (Saint-Pétersbourg 1787 - *id.* 1869). Commandant en chef en Crimée, il fut battu par les Franco-Britanniques (1854).

Mencius, *en chin.* Mengzi ou Mong-tseu, philosophe chinois (v. 371-289 av. J.-C.). Pour lui, l'homme est moralement *bon* lorsqu'il naît et c'est son éducation qui le corrompt. C'est la piété filiale qui constitue le fondement de la société chinoise. Il s'inscrit dans la ligne de Confucius.

Mende, ch.-l. du dép. de la Lozère, sur le Lot, à 576 km au sud de Paris ; 12 667 hab. *(Mendois).* Évêché. — Cathédrale gothique des XIVᵉ-XVIᵉ siècles. Pont gothique. Musées dans un hôtel particulier et dans l'ancienne chapelle des Pénitents, tous deux du XVIIᵉ siècle.

Mendé, peuple de Sierra Leone, parlant une langue du groupe mandé.

Mendel *(Johann,* en relig. **Gregor),** religieux et botaniste autrichien (Heinzendorf, Silésie, 1822 - Brünn, auj. Brno, 1884). Il a réalisé des expériences sur l'hybridation des plantes et l'hérédité chez les végétaux, et a dégagé les lois qui portent son nom.

Mendeleïev *(Dmitri Ivanovitch),* chimiste russe (Tobolsk 1834 - Saint-Pétersbourg 1907). Il a étudié la compression des gaz, l'air raréfié et l'isomorphisme, mais il est surtout l'auteur de la classification périodique des éléments chimiques (1869), dans laquelle il laissa des cases vides correspondant à des éléments qui ne furent découverts que par la suite.

Mendele Mocher Sefarim *(Chalom Jacob* Abramovitz, dit*),* écrivain russe d'expression yiddish et hébraïque (Kopyl, gouv. de Minsk, 1835 - Odessa 1917). L'un des fondateurs de la littérature hébraïque moderne, il dépeint, en yiddish, la vie des ghettos d'Europe orientale (*les Voyages de Benjamin III,* 1878).

Mendelssohn *(Moses),* philosophe allemand (Dessau 1729 - Berlin 1786). Il a cherché à penser en termes rationnels une solution de coexistence pour la communauté juive au sein de la société protestante prussienne et à obtenir la reconnaissance de la spécificité juive au sein d'un État chrétien. Disciple de Lessing, il se rattache à l'*Aufklärung.* Il a proposé une explication fondamentale du judaïsme, qui n'est pas, selon lui, une religion révélée, mais une « législation révélée » (*Jerusalem oder Über die religiöse Macht und Judentum,* 1783).

Mendelssohn-Bartholdy *(Felix),* compositeur allemand (Hambourg 1809 - Leipzig 1847), petit-fils du précédent. Il s'est fait connaître très jeune comme compositeur et comme pianiste, puis en dirigeant, pour la première fois depuis près d'un siècle, l'intégrale de *la Passion selon saint Matthieu* de Bach (1829). Directeur du Gewandhaus et fondateur du Conservatoire de Leipzig, il a laissé une œuvre considérable appuyée sur la tradition allemande, dont le romantisme est discret (*Concerto* pour violon, 1844 ; *Chansons sans paroles* pour piano, 1830-1850), l'écriture moderne (*Variations sérieuses,* 1841) et l'orchestration raffinée (*le Songe d'une nuit d'été* 1826-1843 ; cinq symphonies dont « la Réformation », 1832 ; « l'Italienne », 1833 ; « l'Écossaise » 1842).

Menderes *(le), anc.* **Méandre,** fl. de la Turquie d'Asie, qui rejoint la mer Égée ; 500 km.

Menderes *(Adnan),* homme politique turc (Aydin 1899 - île d'Imrali 1961). Premier ministre (1950-1960), il fut renversé par l'armée, condamné à mort et exécuté. Il a été réhabilité en 1990.

Mendès France *(Pierre),* homme politique français (Paris 1907 - *id.* 1982). Avocat, député radical-socialiste à partir de 1932, il fut président du Conseil en 1954-55 ; il mit alors fin à la guerre d'Indochine (accords de Genève) et accorda l'autonomie interne à la Tunisie.

Mendoza, v. d'Argentine, au pied des Andes ; 121 696 hab. Archevêché. Centre viticole.

Mendoza *(Diego* Hurtado de*)* → **Hurtado de Mendoza.**

Mendoza *(Iñigo* López de*), marquis* de Santillana → **Santillana.**

Ménélas, roi achéen qui, succédant à Tyndare, fonda Sparte et qui, selon la légende, poussa les Grecs à la guerre contre Troie pour reprendre sa femme Hélène, enlevée par Pâris.

Ménélik II (Ankober 1844 - Addis-Abeba 1913), négus d'Éthiopie. Il fonda Addis-Abeba dans son royaume du Choa. Négus en 1889, il signa la même année avec l'Italie un accord que celle-ci considéra comme un traité de protectorat. Dénonçant cet accord (1893), Ménélik écrasa les troupes italiennes à Adoua (1896). Il s'efforça par ailleurs de limiter l'influence française et anglaise. Il se retira en 1907.

Menem *(Carlos Saúl),* homme d'État argentin (Anillaco, prov. de La Rioja, Argentine, 1935), président de la République depuis 1989.

Menen, en fr. **Menin,** v. de Belgique (Flandre-Occidentale), sur la Lys ; 32 645 hab.

Menenius Agrippa, consul romain en 502 av. J.-C. Il aurait réconcilié la plèbe avec les patriciens par son apologue *les Membres et l'Estomac* (494 av. J.-C.).

Ménès, nom donné par les Grecs au pharaon Narmer.

Menger *(Carl),* économiste autrichien (Neusandez, auj. Nowy Sącz, Galicie, 1840 - Vienne 1921). Fondateur, avec L. Walras et S. Jevons, de l'école marginaliste (1871), il est le premier représentant de l'école psychologique autrichienne qui lie la valeur d'un bien à son utilité et à sa rareté relative (*Principes d'économie politique,* 1871).

Mengistu *(Hailé Mariam),* homme d'État éthiopien (région de Harar 1937). Il participe à la révolution de 1974 et devient vice-président (1974) puis président (1977) du Derg (Comité de coordination militaire), dissous en 1987. Élu à la présidence de la République en 1987, il doit abandonner le pouvoir en 1991.

Mengs *(Anton Raphael),* peintre et écrivain d'art allemand (Aussig, auj. Ústí nad Labem, Bohême, 1728 - Rome 1779). Une grande partie de sa carrière se déroula à Rome. Sa rencontre avec Winckelmann l'orienta vers le néoclassicisme et sa fresque du *Parnasse,* à la villa Albani (1761), le fit considérer en Europe comme le peintre novateur de cette époque. Il vint par deux fois travailler à Madrid (fresques pour le palais royal, portraits).

Mengzi → Mencius.

Menia (El-), *anc.* El-Goléa, oasis du Sahara algérien, en bordure du Grand Erg occidental ; 24 000 hab. Centre touristique.

Ménines *(les), en esp. las Meninas,* grande toile de Velázquez (v. 1606).

Ménippe, poète et philosophe grec de l'école des cyniques (Gadara IVᵉ-IIIᵉ s. av. J.-C. ?). Ses satires, vives et spirituelles, aujourd'hui perdues, inspirèrent Varron et Lucien.

Menotti *(Gian Carlo),* compositeur italien naturalisé américain (Cadegliano 1911). Il se rattache à la tradition de l'opéra vériste *(le Médium,* 1946 ; *le Consul,* 1950 ; *Goya,* 1986). Il a fondé le festival de Spolète.

Menton, ch.-l. de c. des Alpes-Maritimes, sur la Méditerranée ; 29 474 hab. *(Mentonnais).* Centre touristique. — Église et chapelle baroques de la place Saint-Michel. Musées.

Mentor, personnage de l'*Odyssée* auquel Ulysse confia l'administration de sa maison d'Ithaque lorsqu'il partit pour Troie. Athéna emprunte les traits de cet ami de la famille, par exemple pour accompagner Télémaque ou pour porter secours à Ulysse.

Menuhin *(sir Yehudi),* violoniste d'origine russe possédant la double nationalité américaine et britannique (New York 1916). Il a présidé le Conseil international de la musique à l'Unesco (1969-1975).

Menuires ou **Ménuires** *(les),* station de sports d'hiver de Savoie, dans le massif de la Vanoise (comm. de Saint-Martin-de-Belleville). Alt. 1 800-2 880 m.

Menzel *(Adolf* von*),* lithographe et peintre allemand (Breslau 1815 - Berlin 1905). Ses planches de l'histoire de la Prusse le rendirent célèbre. Mais c'est dans ses tableaux qu'il montre toutes ses qualités de peintre réaliste et, par certains côtés, préimpressionniste *(la Sœur de l'artiste avec une chandelle,* 1847, Nouvelle Pinacothèque de Munich ; paysages ; thèmes du travail industriel).

Menzel *(Jiří),* cinéaste tchèque (Prague 1938). Son premier long métrage, *Trains étroitement surveillés* (1966), d'après Hrabal, révèle un cinéaste ironique, caustique et poétique. Il tourne ensuite *Un été capricieux* (1967), *Retailles* (1981), *Mon cher petit village* (1986), *la Fin du bon vieux temps* (1989).

Méotide *(marais),* en lat. **Palus Maeotica,** nom antique de la mer d'Azov.

Méphistophélès, personnage de la légende de *Faust,* suppôt de Satan. Pour Goethe, il est le symbole du démon intellectuel qui procure à l'homme l'illusion de tout comprendre et de tout dominer.

Mépris *(le),* film français de J.-L. Godard (1963).

Mer *(la),* ensemble de trois « esquisses symphoniques » de Claude Debussy créées en 1905.

Mercantour *(le),* massif cristallin des Alpes-Maritimes, aux confins de l'Italie ; 3 143 m au mont Clapier. Parc national (72 000 ha).

Mercator *(Gerhard* Kremer*, dit* Gerard*),* mathématicien et géographe flamand (Rupelmonde 1512 - Duisburg 1594). Il a donné son nom à un système de projection qu'il élabora en 1552 et qui s'apparente à un développement cylindrique effectué le long de l'équateur. Les méridiens y sont représentés par des droites parallèles équidistantes, et les parallèles par des droites perpendiculaires aux méridiens. (Cette projection conserve les angles mais déforme les surfaces.)

Mercator *(Nikolaus* Kauffmann*, dit),* mathématicien allemand (Eutin v. 1620 - Paris 1687). Il fut l'un des premiers à utiliser les séries entières.

Mercenaires *(guerre des)* [241-238 av. J.-C.], guerre soutenue par Carthage après la première guerre punique, contre ses mercenaires révoltés.

Mercie, royaume angle fondé entre 632 et 654, qui s'effondra au IXᵉ siècle sous les coups des Danois.

Mercier *(Désiré Joseph),* prélat belge (Braine-l'Alleud 1851 - Bruxelles 1926). Professeur à l'université de Louvain, où il contribua au renouveau du thomisme, il devint archevêque de Malines en 1906 et cardinal en 1907 ; il acquit, durant la Première Guerre mondiale, un grand prestige par son courage face à l'occupant allemand. Les « conversations de Malines », qu'il organisa avec l'anglican lord Halifax, ont fait de lui un pionnier de l'œcuménisme.

Mercier *(Louis Sébastien)*, écrivain français (Paris 1740 - *id.* 1814). Auteur d'un récit d'anticipation *(l'An 2440, rêve s'il en fut jamais,* 1771) et d'une peinture de la société française à la fin de l'Ancien Régime *(Tableau de Paris,* 1781-1788), il s'est illustré au théâtre avec des drames populaires *(la Brouette du vinaigrier,* 1775) exemplaires de sa volonté de réforme politique et théâtrale *(Du théâtre ou Nouvel essai sur l'art dramatique,* 1773).

Merckx *(Eddy),* coureur cycliste belge (Meensel-Kiezegem, Brabant, 1945). Il a gagné notamment cinq Tours de France (1969 à 1972, 1974) et d'Italie (1968, 1970, 1972 à 1974), trois championnats du monde et a détenu le record de l'heure (49,431 km).

Mercœur *(Philippe Emmanuel* de Vaudémont, *duc* de) [Nomeny, Meurthe-et-Moselle, 1558 - Nuremberg 1602], beau-frère d'Henri III, chef ligueur.

Mercosur (MERcado COmún del SUR), marché commun du sud de l'Amérique. Il regroupe l'Argentine, le Brésil, le Paraguay et l'Uruguay, qui constituent, à partir de 1995, une zone de libre-échange.

Mercure, planète du système solaire, la plus proche du Soleil (diamètre : 4 878 km). Quasiment dépourvue d'atmosphère, elle possède, comme la Lune, une surface creusée d'innombrables cratères d'impacts de météorites et soumise à des écarts thermiques considérables, mais sa forte densité laisse présumer qu'elle renferme un volumineux noyau ferreux.

Mercure, dieu romain du Commerce et des Voyageurs. Il fut, à l'époque classique, identifié à l'Hermès grec et représenté comme le messager de Jupiter et son serviteur dans ses entreprises amoureuses. Comme Hermès, il a pour attributs le caducée, le chapeau à larges bords, les sandales ailées et la bourse, symbole des gains qu'on acquiert dans le commerce.

Mercure de France, revue littéraire (1889-1965) fondée par Alfred Vallette un groupe d'écrivains favorables au symbolisme. En 1894, A. Vallette fonda, sous le même nom, une maison d'édition qui publia des œuvres d'auteurs symbolistes et d'écrivains étrangers.

Méré *(Antoine* Gombaud, *chevalier* de), écrivain français (en Poitou v. 1607 - Baussay, Poitou, 1685). Dans ses essais, il définit les règles de conduite que doit respecter l'« honnête homme ».

Meredith *(George),* écrivain britannique (Portsmouth 1828 - Box Hill 1909). Il est l'auteur de romans psychologiques *(l'Épreuve de Richard Feverel,* 1859 ; *l'Égoïste,* 1879).

Merejkovski *(Dmitri Sergueïevitch),* écrivain russe (Saint-Pétersbourg 1866 - Paris 1941). Il publia le manifeste du symbolisme russe et tenta de concilier christianisme et paganisme *(Julien l'Apostat,* 1894).

Mergenthaler *(Ottmar),* inventeur américain d'origine allemande (Hachtel, Wurtemberg, 1854 - Baltimore 1899). Il conçut en 1884 le principe de la Linotype.

Méribel-les-Allues, station de sports d'hiver de Savoie (comm. des Allues), en Tarentaise (alt. 1 450-2 700 m).

Mérida, v. d'Espagne, cap. de l'Estrémadure et ch.-l. de prov., sur le Guadiana ; 49 284 hab. — Ensemble de ruines romaines (théâtre, amphithéâtre...) et autres souvenirs du passé. Musée national d'Art romain inauguré en 1987 (architecte Rafael Moneo).

Mérida, v. du Mexique, cap. du Yucatán ; 557 340 hab. Université. Textile.

Mérignac, ch.-l. de c. de la Gironde, banlieue de Bordeaux ; 58 684 hab. *(Mérignacais).* Aéroport.

Mérimée *(Prosper),* écrivain français (Paris 1803 - Cannes 1870). Auteur de supercheries littéraires *(Théâtre de Clara Gazul,* 1825 ; *la Guzla,* 1827), prétendues traductions de l'espagnol, de romans historiques *(Chronique du règne de Charles IX,* 1829), il doit sa célébrité à ses nouvelles *(Mateo Falcone,* 1829 ; *Tamango,* 1829, *la Vénus d'Ille,* 1837 ; *Colomba,* 1840 ; *Carmen,* 1845 ; *la Chambre bleue,* 1873). Inspecteur des monuments historiques, il fut, sous l'Empire, un des familiers des souverains. Il traduisait alors les écrivains russes. (Acad. fr. 1844.)

Merina, peuple établi à Madagascar, qui habite les hautes terres centrales (Imerina).

Mérinides → Marinides.

Mérite *(ordre national du),* ordre français créé en 1963 pour récompenser les mérites distingués acquis dans une fonction publique ou privée. Il a remplacé les anciens ordres particuliers du Mérite ainsi que ceux de la France d'outre-mer. Les ordres du *Mérite agricole* (créé en 1883) et du *Mérite maritime* (créé en 1930) sont seuls été maintenus.

Merle *(Robert),* écrivain français (Tébessa, Algérie, 1908). Son œuvre va du récit de guerre (*Week-end à Zuydcoote,* 1949) et de science-fiction (*Un animal doué de raison,* 1967) à l'histoire romancée (*Fortune de France,* 9 vol., 1978-1995).

Merleau-Ponty *(Maurice),* philosophe français (Rochefort 1908 - Paris 1961). Sa philosophie tourne autour d'une réflexion sur l'enracinement du corps propre dans le monde (*la Structure du comportement,* 1942 ; *Phénoménologie de la perception,* 1945).

Merlin, dit l'Enchanteur, personnage de la tradition celtique (Myrrdin) et du cycle d'Arthur, magicien et prophète, amoureux de la fée Viviane.

Merlin *(Philippe Antoine, comte), dit* **Merlin de Douai,** homme politique français (Arleux 1754 - Paris 1838). Député aux États généraux (1789) et à la Convention (1792), directeur en 1797, il dut se retirer en 1799. Il s'exila de 1815 à 1830. (Acad. fr. 1803.)

Mermoz *(Jean),* aviateur français (Aubenton 1901 - dans l'Atlantique sud 1936). Après avoir appartenu, de 1920 à 1924, à l'armée de l'air, il entra chez Latécoère et devint l'un des pilotes de l'Aéropostale, établissant la ligne Buenos Aires-Rio de Janeiro (1928) et franchissant la cordillère des Andes (1929). Le 12 mai 1930, il réussit la traversée de l'Atlantique sud sans escale, dans le sens est-ouest, puis, le 15 mai 1933, la traversée en sens inverse, de Natal à Saint-Louis du Sénégal. Il disparut en mer, au large de Dakar, à bord de l'hydravion *Croix-du-Sud.*

Méroé, v. du Soudan, sur le Nil, qui fut la capitale du royaume de Koush, au N. de la Nubie. Elle disparut sous la poussée du royaume éthiopien d'Aksoum au IVᵉ s. apr. J.-C. Palais, temple et nécropole témoignent des influences égyptienne et hellénistique mais aussi de caractères originaux.

Mérovée, chef franc (Vᵉ s.). Ce personnage plus ou moins légendaire a donné son nom à la première dynastie des rois de France *(les Mérovingiens).*

Mérovingiens, dynastie des rois francs qui régna sur la Gaule de 481 à 751.
■ **La puissance mérovingienne.** Fils de Childéric et, selon la tradition, petit-fils de Mérovée, Clovis (m. en 511) est le fondateur de la dynastie. Il unifie le peuple franc, puis conquiert la plus grande partie de la

Gaule, après s'être converti au christianisme non arien et avoir ainsi reçu le soutien de l'épiscopat et de l'aristocratie gallo-romaine. À sa mort, ses quatre fils se partagent ses conquêtes et poursuivent sa politique d'expansion, faisant du *regnum Francorum* la principale puissance de l'Occident chrétien. Des unités territoriales se constituent en son sein, déchirées par des rivalités permanentes : la Neustrie, l'Austrasie, la Burgondie et l'Aquitaine. À la mort de Clotaire Iᵉʳ, qui règne sur l'ensemble du royaume de 558 à 561, Chilpéric Iᵉʳ de Neustrie (561-584), mari de Frédégonde, et Sigebert Iᵉʳ d'Austrasie (561-575), mari de Brunehaut, sont à l'origine d'un conflit de quarante ans, qui affaiblit la royauté. Dagobert Iᵉʳ, seul roi de 629 à 638, est le dernier grand souverain mérovingien.
■ **L'ascension des maires du palais.** Appauvris par les concessions de terres, les Mérovingiens doivent, dès le milieu du VIIᵉ siècle, laisser gouverner les maires du palais, à l'origine simples chefs de l'intendance de la cour. En Austrasie s'impose la dynastie des Pippinides, dont l'un des représentants, Pépin de Herstal, remporte contre la Neustrie la victoire de Tertry (687). Son fils et successeur Charles Martel (715-741), vainqueur des Arabes à Poitiers en 732, est assez fort pour imposer son autorité sur toute la Gaule, et le fils de ce dernier, Pépin le Bref, parvient, avec le soutien du pape, à prendre la place du dernier roi mérovingien (751), fondant ainsi la dynastie carolingienne.
■ **L'organisation du royaume.** Le roi mérovingien demeure avant tout le chef d'une suite de guerriers qu'il conduit au combat. Représenté au niveau local par le comte, il dispose du pouvoir d'ordonner et d'interdire (ban), qu'il exerce sans limite. La dévolution de son royaume se fait comme pour n'importe quel patrimoine privé, par partage égal entre ses fils. Malgré quelques emprunts à l'ancienne administration romaine, l'administration mérovingienne, très embryonnaire, se caractérise par la confusion entre service domestique et activité politique ; le siège du palais change au gré des déplacements du roi.

Merseburg, v. d'Allemagne (Saxe-Anhalt), sur la Saale ; 44 367 hab. Centre industriel. — Cathédrale gothique des XIIIᵉ et XVIᵉ siècles (crypte romane) ; œuvres d'art).

Mers el-Kébir, *auj.* El-Marsa El-Kebir, port d'Algérie (wilaya d'Oran), dans une rade abritée ; 23 600 hab. **MIL.** Base navale sur le golfe d'Oran, créée par la France en 1935. Le 3 juillet 1940, une escadre française refusa la sommation des Britanniques de se joindre à eux pour continuer la lutte contre l'Axe ou d'aller désarmer en Grande-Bretagne (ou aux Antilles). Elle fut bombardée par le Royal Navy, ce qui causa la mort de 1 300 personnes. Les accords d'Évian (1962) concédèrent la jouissance de la base pendant quinze ans à la France, qui l'évacua en 1967.

Mersenne *(Marin)*, religieux, philosophe et savant français (près d'Oizé, Maine, 1588 - Paris 1648). En correspondance avec Descartes et de très nombreux autres savants (Torricelli, Pascal, Fermat...), il fut au centre de l'activité scientifique de son temps. Il mesura l'intensité de la pesanteur à l'aide du pendule (1644) et conçut le télescope à miroir parabolique. Il découvrit les lois des tuyaux sonores et des cordes vibrantes, détermina les rapports des fréquences des notes de la gamme et mesura la vitesse du son (1636). Son *Harmonie universelle* (1636) apparaît comme la somme de toutes les connaissances musicales de son époque.

Mersin, port de Turquie, en Cilicie, sur la Méditerranée ; 422 357 hab. Raffinage du pétrole.

Mertens *(Pierre),* écrivain belge d'expression française (Bruxelles 1939). Ses romans et nouvelles, à caractère intimiste, mettent en scène des héros déracinés (*le Niveau de la mer,* 1970 ; *les Bons Offices,* 1974 ; *Éblouissements,* 1987).

Merton *(Robert King),* sociologue américain (Philadelphie 1910). Les bases de sa méthodologie (le fonctionnalisme structuraliste) sont définies dans *Éléments de théorie et de méthode sociologiques* (1949).

Merz *(Mario),* artiste italien (Milan 1925). À partir d'éléments tels que des inscriptions au néon, des objets banals et des matériaux bruts, ce représentant de l'art pauvre développe dans ses installations, depuis les années 60, quelques thèmes privilégiés comme l'igloo (structure symbolique) ou la suite de Fibonacci.

Mesa Verde, plateau des États-Unis (Colorado). Musée archéologique. Cañons abritant d'imposants vestiges de la culture Anasazi à l'apogée de la phase pueblo dite « Grand Pueblo » (1100-1300) avec de remarquables *cliffs-dwellings,* à la fois habitat, forteresse et sanctuaire.

Meseta *(la),* socle hercynien rigide de l'Espagne centrale (Castille). La Meseta est constituée par les plateaux de la Vieille- et de la Nouvelle-Castille.

Mésie, ancienne région des Balkans, correspondant partiellement à la Bulgarie. Conquise par Rome (75-29 av. J.-C.), elle devint province romaine.

Mesmer *(Franz),* médecin allemand (Iznang 1734 - Meersburg 1815). Il commença à formuler en 1775 sa théorie sur le magnétisme animal, ou *mesmérisme.* À Paris, à partir de 1778, ses séances d'expériences et de guérisons collectives lui valurent un renom considérable.

Méso-Amérique, aire culturelle occupée par les hautes civilisations préhispaniques (Mexique, Guatemala, Belize, Salvador, ouest du Honduras, du Nicaragua et du Costa Rica).

Mésopotamie, région de l'Asie occidentale, entre le Tigre et l'Euphrate. La Mésopotamie fut, entre le VIe et le Ier millénaire av. J.-C., un des plus brillants foyers de civilisation.

IXe-VIIe millénaire. Néolithisation avec premiers villages d'agriculteurs (Mureybat).

VIe millénaire. Néolithique ; villages, systèmes d'irrigation, céramique.

V[e] millénaire. Floraison de cultures (Obeïd) avec parfois villages fortifiés, céramique peinte et outils en cuivre.

À partir de 3200 av. J.-C., la région entre dans l'histoire : au sud, en pays de Sumer, naissance des cités-États — grandes agglomérations de type urbain — qui créent un système d'écriture, le cunéiforme, et utilisent le cylindre-sceau (Nippour, Our, Ourouk et, au nord, Mari et Ebla).

Vers 2340. Hégémonie de Sargon d'Akkad puis de Naram-Sin (stèle de victoire au Louvre).

Fin du IIIe millénaire. IIIe dynastie d'Our et construction de la ziggourat.

IIe millénaire. Suprématie de Babylone (code d'Hammourabi).

Ier millénaire. Domination de l'Assyrie. Architecture palatiale (Nimroud, Ninive) ornée de décorations murales (orthostates).

612. Chute de Ninive.

539. Le Perse Cyrus II met fin à la souveraineté de Babylone. À cette date commence la décadence de la civilisation mésopotamienne.

Messager *(André),* compositeur et chef d'orchestre français (Montluçon 1853 - Paris 1929). Il a écrit des opérettes et des opéras-comiques de la plus séduisante facture (*Véronique,* 1898) et des ballets (*les Deux Pigeons,* 1886).

Messagier (*Jean*), peintre et graveur français (Paris 1920). Il est l'un des maîtres du paysagisme abstrait (*Haute Promenade*, 1954, musée des Beaux-Arts de Dijon), notamment sous la forme gestuelle de grands écheveaux de couleur lovés.

Messali Hadj (*Ahmed*), nationaliste algérien (Tlemcen 1898 - Paris 1974), fondateur du Parti populaire algérien (1937) puis du Mouvement national algérien (1954).

Messaline, en lat. Valeria Messalina (v. 25 apr. J.-C. - 48), femme de l'empereur Claude et mère de Britannicus et d'Octavie. Ambitieuse et dissolue, elle fut exécutée sur l'ordre de l'empereur.

Messène, en gr. Messini, v. de Grèce, dans le Péloponnèse ; 6 600 hab. Puissants remparts du IVᵉ s. av. J.-C. dus à Épaminondas.

Messénie, contrée ancienne du sud-ouest du Péloponnèse. Conquise par Sparte au VIIIᵉ s. av. J.-C., elle retrouva son indépendance après la victoire d'Épaminondas sur les Spartiates à Leuctres (371 av. J.-C.).

Messerschmitt (*Willy*), ingénieur allemand (Francfort-sur-le-Main 1898 - Munich 1978). Il conçut en 1938 le premier chasseur à réaction, engagé au combat en 1944.

Messiaen (*Olivier*), compositeur et pédagogue français (Avignon 1908 - Paris 1992). Titulaire à 20 ans de l'orgue de la Trinité, il commence par écrire des œuvres pour son instrument (*les Corps glorieux...*, 1939). En 1936, il participe avec André Jolivet, Yves Baudrier et Daniel Lesur à la fondation du mouvement Jeune-France. Prisonnier en 1940, il écrit et fait exécuter en captivité une de ses œuvres maîtresses, *le Quatuor pour la fin du temps* (1941). Nommé en 1942 professeur au Conservatoire de Paris, il forme la génération des compositeurs d'après-guerre. De 1943 datent les *Visions de l'Amen* pour deux pianos, de 1944 les *Trois Petites Liturgies de la présence divine*, de 1946-1948 la *Turangalîla-Symphonie*. Les *Quatre Études de rythme* pour piano sont écrites en 1949. Ensuite, le style de Messiaen synthétisera trois sources d'inspiration principales, sa foi catholique, les chants d'oiseaux, enfin, les rythmes et les modes des musiques traditionnelles de l'Inde, de Bali, du Japon et de l'Amérique andine : *Catalogue d'oiseaux* (1956-1958) ; *Vingt Regards sur l'Enfant Jésus* (1944) ; *Et exspecto resurrectionem mortuorum* (1964) ; *Des canyons aux étoiles* (1970-1974) ; un opéra, *Saint François d'Assise* (1983).

Messier (*Charles*), astronome français (Badonviller 1730 - Paris 1817). Il découvrit 16 comètes et en observa 41, mais il reste surtout célèbre pour son catalogue de 103 nébulosités galactiques ou extragalactiques (1781).

Messine, v. d'Italie (Sicile), ch.-l. de prov., sur le *détroit de Messine*, qui, séparant l'Italie péninsulaire et la Sicile, relie les mers Tyrrhénienne et Ionienne ; 272 461 hab. La ville tire son nom des Messéniens, Grecs chassés de leur patrie en 486 av. J.-C. Son alliance avec Rome (264 av. J.-C.) fut à l'origine de la première guerre punique. Messine fut détruite en 1908 par un tremblement de terre. — Cathédrale remontant à l'époque normande (XIIᵉ s.), mais plusieurs fois rebâtie. Musée régional.

Messmer (*Pierre*), homme politique français (Vincennes 1916), Premier ministre de 1972 à 1974.

Messner (*Reinhold*), alpiniste italien (Bolzano 1944). Il a gravi les 14 sommets de plus de 8 000 m entre 1970 et 1986.

Mestghanem, anc. Mostaganem, port d'Algérie, ch.-l. de wilaya ; 102 000 hab.

Métallifères (*monts*), nom de plusieurs massifs montagneux riches en minerais : en Toscane (1 059 m) ; en Slovaquie, au sud des Tatras (1 480 m) ; aux confins de l'Allemagne et de la République tchèque (Erzgebirge).

Métamorphose (*la*) → Kafka.

Métamorphoses (*les*), poème mythologique en 15 livres d'Ovide (an 1 ou 2 apr. J.-C.), rassemblant environ 250 fables, consacrées aux transformations de héros mythologiques en plantes, animaux ou minéraux.

Métastase (*Pierre*), nom francisé de Pietro Trapassi, dit Metastasio, poète, librettiste et compositeur italien (Rome 1698 - Vienne 1782). Ses livrets d'*opera seria*, plusieurs fois mis en musique, lui valurent une célébrité immense. Mozart en utilisa certains (*Il re pastore*, *La clemenza di Tito*).

Metaxás (*Ioánnis*), général et homme politique grec (Ithaque 1871 - Athènes 1941). Président du Conseil en 1936, il assuma, jusqu'à sa mort, des pouvoirs dictatoriaux.

Metchnikov ou **Metchnikoff** (*Ilia* ou *Élie*), zoologiste et microbiologiste russe (Ivanovka, près de Kharkov, 1845 - Paris 1916). Sous-directeur de l'Institut Pasteur, il a découvert le phénomène de la phagocytose et écrit *l'Immunité dans les maladies infectieuses* (1901). [Prix Nobel 1908.]

Météores, en gr. Metéora, cité monastique de Thessalie, dominant la vallée du Pénée, fondée au XIIᵉ siècle. Érigés au sommet de hauts pitons de tuf, difficiles d'accès, les monastères actuels remontent au XIVᵉ-XVᵉ siècle et perpétuent les traditions architecturales et picturales byzantines. (Collections d'icônes et de manuscrits.)

Métezeau, famille d'architectes français des XVIᵉ et XVIIᵉ siècles, qui furent associés aux grands chantiers royaux (Louvre, etc.). Le plus connu d'entre eux est **Clément II** (Dreux 1581 - Paris 1652), qui dessina la place Ducale de Charleville (1611), travailla à Paris au palais du Luxembourg, sous la direction de S. de Brosse, à la façade de St-Gervais, où se superposent les trois ordres classiques (1616-1621), à l'Oratoire (1621) et dirigea en 1627 la construction de la digue de La Rochelle.

Méthode (saint) → Cyrille et Méthode.

Methuen (traité de) [27 déc. 1703], traité anglo-portugais qui organisait le commerce du vin portugais et des textiles anglais. Ce traité, qui porte le nom du diplomate anglais John Methuen (1650-1706), servit de base aux relations commerciales anglo-portugaises jusqu'en 1836.

Métraux (Alfred), anthropologue français d'origine suisse (Lausanne 1902 - Paris 1963). Il s'est intéressé aux mythologies des Indiens d'Amérique du Sud.

Metro-Goldwyn-Mayer (MGM), firme américaine de production et de distribution de films, fondée en 1924 par fusion de la Metro Picture Corporation, de la Goldwyn Picture Corporation et de Louis B. Mayer Pictures. Sous la direction de Louis B. Mayer et de son assistant I. Thalberg, la MGM fut la plus puissante compagnie américaine de cinéma des années 30.

Metropolis, film allemand de F. Lang (1926).

Metropolitan Museum of Art, à New York, vaste musée consacré aux beaux-arts, à l'archéologie et aux arts décoratifs de tous pays. Il a pour complément le « musée des Cloîtres » (Moyen Âge européen).

Metsu (Gabriel), peintre néerlandais (Leyde 1629 - Amsterdam 1667). Formé probablement par G. Dou, il est un des meilleurs peintres de la vie hollandaise. Citons l'Enfant malade et le Repas (Rijksmuseum d'Amsterdam), le Marché aux herbes d'Amsterdam (Louvre).

Metsys, Metsijs ou **Massys** (Quinten ou Quentin), peintre flamand (Louvain v. 1466 - Anvers 1530). Installé à Anvers, auteur de grands retables, puis portraitiste et promoteur du sujet de genre (le Prêteur et sa femme, Louvre), il réalise un compromis entre l'art flamand du XVᵉ siècle et les influences italiennes. Il eut deux fils peintres, **Jan** (Anvers 1509 - id. v. 1573), qui s'imprégna d'esprit maniériste en Italie (Loth et ses filles, Bruxelles), et **Cornelis** (Anvers 1510 - ? apr. 1562), observateur de la vie populaire et des paysages ruraux.

Metternich-Winneburg (Klemens, prince von), homme d'État autrichien (Coblence 1773 - Vienne 1859). Ambassadeur à Paris (1806) puis ministre des Affaires extérieures (1809), il négocie le mariage de Marie-Louise avec Napoléon Iᵉʳ (1810). En 1813, il fait entrer l'Autriche dans la coalition contre la France. Âme du congrès de Vienne (1814-15), il restaure l'équilibre européen et la puissance autrichienne en Allemagne et en Italie. Grâce à la Quadruple-Alliance (1815) et au système des congrès européens, il peut intervenir partout où l'ordre établi est menacé par le libéralisme. Chancelier depuis 1821, il est renversé par la révolution de mars 1848.

Metz, ch.-l. de la Région Lorraine et du dép. de la Moselle, sur la Moselle, à 329 km à l'est-nord-est de Paris ; 123 920 hab. (Messins) [près de 200 000 hab. dans l'agglomération]. Évêché. Cour d'appel. Siège de la région militaire Nord-Est. Académie et université. Centre industriel (industrie automobile). HIST. Sous les Mérovingiens, Metz fut la capitale de l'Austrasie. Elle fut acquise par la France en fait en 1559 (traité du Cateau-Cambrésis), en droit en 1648 (traités de Westphalie). Bazaine y capitula en 1870. Metz fut annexée par l'Allemagne de 1871 à 1918 et de 1940 à 1944. ARTS. Ancienne église St-Pierre-aux-Nonnains (VIIᵉ s. ?) ayant pour origine une basilique civile romaine du début du IVᵉ siècle. Diverses églises romanes et gothiques. Vaste cathédrale reconstruite du XIIIᵉ au XVIᵉ siècle, pourvue de magnifiques vitraux (notamm. des XIVᵉ, XVIᵉ [Valentin Bousch] et XXᵉ s. [Villon, Chagall]). Place d'Armes du XVIIIᵉ siècle. Musée (collections archéologiques dans les restes de thermes romains, coll. médiévales au « Grenier de Chèvremont », du XVᵉ s. ; beaux-arts ; etc.).

Meudon, ch.-l. de c. des Hauts-de-Seine, au sud-ouest de Paris, en bordure de la forêt (ou bois) de Meudon ; 46 173 hab. (Meudonnais). Soufflerie aérodynamique (Chalais-Meudon). Agglomération résidentielle à Meudon-la-Forêt. Constructions mécaniques dans le bas Meudon. — Restes du château du XVIIIe siècle, abritant un observatoire d'astrophysique. Musée d'Art et d'Histoire et musée Rodin (villa des Brillants).

Meung *(Jean de)* → Jean de Meung.

Meunier *(Constantin)*, peintre et sculpteur belge (Etterbeek, Bruxelles, 1831 - Ixelles, *id.*, 1905). Ses toiles et surtout ses sculptures (à partir de 1885) constituent une sorte d'épopée naturaliste de l'homme au travail, souffrant, esclave ou révolté. L'univers de la Belgique industrielle lui a fourni les thèmes dont il a donné une synthèse, tant plastique que symbolique, avec son *Monument au Travail,* inauguré à Bruxelles bien après sa mort.

Meurthe *(la)*, riv. de Lorraine, affl. de la Moselle (r. dr.) ; 170 km. Née dans les Vosges, elle passe à Saint-Dié, à Lunéville et à Nancy.

Meurthe *(département de la)*, ancien département français, aujourd'hui partagé entre la Meurthe-et-Moselle et la Moselle, à laquelle ont été rattachés les arrondissements de Sarrebourg et de Château-Salins, cédés à l'Allemagne en 1871 et redevenus français en 1919.

Meurthe-et-Moselle [54], dép. de la Région Lorraine, formé en 1871 avec les deux fractions des dép. de la Meurthe et de la Moselle laissées à la France par le traité de Francfort ; ch.-l. de dép. *Nancy* ; ch.-l. d'arr. *Briey, Lunéville, Toul* ; 4 arr., 41 cant., 593 comm. ; 5 241 km² ; 711 822 hab. Il est rattaché à l'académie de Nancy-Metz, à la cour d'appel de Nancy et à la région militaire Nord-Est.

Meuse *(la)*, en néerl. **Maas**, fl. de France, de Belgique et des Pays-Bas ; 950 km. Née dans le Bassigny (au pied du plateau de Langres), elle passe à Verdun, à Sedan et à Charleville-Mézières, traverse l'Ardenne au fond d'une vallée encaissée. En Belgique, elle passe à Namur et à Liège. Son cours inférieur, à travers les Pays-Bas, s'achève par un delta dont les branches se mêlent à celui du Rhin. Fleuve international, c'est une importante voie navigable, accessible jusqu'à Givet (en amont) aux chalands de 1 350 t.

Meuse [55], dép. de la Région Lorraine ; ch.-l. de dép. *Bar-le-Duc* ; ch.-l. d'arr. *Commercy, Verdun* ; 3 arr., 31 cant., 499 comm. ; 6 216 km² ; 196 344 hab. *(Meusiens)*. Il est rattaché à l'académie de Nancy-Metz, à la cour d'appel de Nancy et à la région militaire Nord-Est.

Mexicali, v. du Mexique, cap. de la Basse-Californie du Nord, à la frontière des États-Unis ; 511 000 hab.

Mexico, cap. du Mexique et ch.-l. d'un district fédéral sur le haut plateau de l'Anáhuac, à 2 250 m d'altitude. GÉOGR. Avec 8 236 960 habitants dans la ville et 13 636 127 pour l'agglomération, Mexico est une des plus grandes cités du monde. Sa croissance tient à la fois à un taux de natalité élevé et à un fort exode rural. De grands bidonvilles se sont créés et les problèmes de circulation (malgré un métro), de pollution de l'air, d'alimentation en eau (captée à plus de 200 km), d'évacuation des détritus sont considérables. Du fait de la centralisation politique et économique, la ville regroupe la plupart des établissements universitaires, concentre la moitié de la production industrielle du pays et la majeure partie des emplois tertiaires. HIST. Fondée en 1325 (ou 1345), la ville a été capitale de l'Empire aztèque sous le nom de Tenochtitlán. L'essor de ce petit village lacustre est dû à la consolidation de l'État aztèque, particulièrement à partir du XVe siècle. Conquise par Cortés (1521), détruite, puis reconstruite selon un plan en damier, Mexico fut la métropole de la Nouvelle-Espagne avant de devenir la capitale du Mexique indépendant (1824). ARCHÉOL. La Tenochtitlán des Mexica (nom que se donnaient les Aztèques), installée sur quelques îlots d'une lagune, devint une énorme cité lacustre et verdoyante grâce aux *chinampas,* jardins flottants constitués de radeaux recouverts de terreau où poussaient fleurs, fruits et légumes. Un réseau de canaux, de chaussées et de ponts réunissait les îlots entre eux. La ville était dominée par la haute pyramide qui supportait le grand temple (le *Temple Mayor*) inauguré en 1370. Il était constitué de deux sanctuaires jumeaux consacrés l'un à Tlaloc, le dieu de la Pluie, l'autre à Huitzilopochtli, le dieu tribal des Mexica. Les fouilles archéologiques ont permis la mise en valeur du site du grand temple et la création d'un musée. Cet ensemble reste, avec la place des *Trois Cultures,* où se trouvent les vestiges de Tlatelolco, la ville satellite de Tenochtitlán, l'un des plus impressionnants de l'actuel Mexico. ARTS La ville est riche en monuments de l'époque coloniale : cathédrale (XVIe-XVIIIe s.) et son Sagrario churrigueresque (par Lorenzo Rodríguez, 1749) sur la grande place du Zócalo ; sanctuaire de Guadalupe (1695) et sa chapelle du Pocito (par Francisco Guerrero y Torres, 1777) admirablement décorée ; couvents, églises, palais, comme le palais National (anc. résidence des vice-rois) et le palais des Mines (1797, chef-d'œuvre néoclassique de Manuel Tolsá). Après l'éclectisme du XIXᵉ siècle, un renouveau s'affirme en architecture à partir de 1920-1930. En 1949 est entreprise la nouvelle Cité universitaire ; en 1963 est construit le musée national d'Anthropologie (au parc de Chapultepec), cadre remarquable conçu par Pedro Ramírez Vázquez pour de fabuleuses collections précolombiennes et indiennes. Autres musées, dont le musée national d'Histoire, la Pinacothèque vice-royale, le musée d'Art moderne.

Mexique, *en esp.* México, État d'Amérique, limitrophe des États-Unis ; 1 970 000 km² ; 90 000 000 d'hab. *(Mexicains).* CAP. *Mexico.* LANGUE : *espagnol.* MONNAIE : *peso mexicain.*

GÉOGRAPHIE

■ **Le milieu naturel.** Trois vastes régions s'individualisent. Au N., deux chaînes, la Sierra Madre occidentale et la Sierra Madre orientale, encadrent un plateau central. L'ensemble, couvrant plus de la moitié de la superficie du pays, se caractérise par un climat aride, sauf la bordure nord-est (pluies d'été). Le centre du pays est la partie vitale ; les bassins du plateau central y sont dominés par des volcans très élevés. L'étagement climatique dû à l'altitude offre des possibilités agricoles variées. Le Sud a un climat tropical humide avec un relief morcelé, juxtaposant montagnes, bassins, plaines littorales.

■ **La population.** Elle est en majorité métissée (75 à 80 %), les Indiens représentant à peine 30 % du total. La croissance démographique reste forte (plus de 2 millions d'hab. par an). L'émigration vers les États-Unis (en partie clandestine) freine à peine cette évolution. Les villes, grossies aussi par l'exode rural, regroupent plus de 70 % des Mexicains (20 % dans la seule agglomération de Mexico).

■ **L'économie.** Un début de décollage économique s'était amorcé avant la découverte des gisements de pétrole (1973-1976) et, plus tard, de gaz naturel qui ont procuré au pays d'importantes ressources.

L'agriculture emploie un peu plus de 20 % des actifs, mais procure moins de 10 % du P.I.B. La réforme agraire a été un échec, et les grandes propriétés privées, avec seulement 10 % des terres, fournissent plus de la moitié de la production. La moitié de la production provient de secteurs irrigués. Le maïs est, de loin, la principale céréale. Parmi les cultures commerciales émergent les agrumes, la canne à sucre, le café et le coton. Les pâturages couvrent un tiers du territoire, et l'élevage bovin est important. La forêt, qui en occupe plus de 30 %, est peu exploitée. La pêche a progressé. Mais l'ensemble de la production alimentaire ne satisfait pas des besoins croissants.

Le secteur secondaire (activités extractives incluses) assure plus de 30 % du P.I.B. et emploie 20 % environ de la population active. Outre les hydrocarbures, le sous-sol fournit argent, plomb, zinc et fer. Ce dernier alimente une sidérurgie déjà notable. La production industrielle s'est diversifiée, valorisant les matières premières locales et produisant pour le marché intérieur et de plus en plus pour l'exportation. Nombre d'entreprises sont établies le long de la frontière américaine. Les dernières années ont vu se développer les privatisations et les investissements extérieurs. Le secteur tertiaire (avec un tourisme important) fournit près de 60 % du P.I.B. et occupe environ la moitié de la population active.

La croissance économique (accompagnée d'une baisse de l'inflation et du déficit budgétaire) devrait être soutenue par l'accord de libre-échange avec les États-Unis, de loin le premier client et fournisseur du Mexique.

HISTOIRE

■ **L'époque préhispanique.** À l'époque préhispanique, le Mexique est le siège de civilisations brillantes, dont celle des Olmèques, qui s'épanouit au Iᵉʳ millénaire.

250 apr. J.-C.-950. Période classique, caractérisée notamment par les civilisations de Teotihuacán, des Zapotèques et des Mayas. Ces derniers sont alors à l'apogée de leur civilisation. Sur le plateau central, les Toltèques imposent leur hégémonie entre le Xᵉ et le XIᵉ s., avant d'être vaincus par des tribus nomades venues du nord. Au XIVᵉ s., les Aztèques, ou Mexica, créent un empire autour de Tenochtitlán (Mexico). Cet empire est cependant fragile, car la domination aztèque est mal acceptée par les autres tribus.

■ **La domination espagnole.**

1519. Le conquistador Hernán Cortés aborde les côtes du Mexique.

Allié aux tribus rivales, il soumet l'empereur aztèque Moctezuma II. Le centre et le sud du pays (notamment le Yucatán où résident les Mayas) sont conquis mais, dans le Nord, certaines tribus résisteront jusqu'à la fin du XIXᵉ s. La conquête va de pair avec la colonisation et la christianisation, tandis qu'une partie de la population indienne est réduite au travail forcé. Le Mexique devient une vice-royauté (Nouvelle-Espagne) à la société strictement hiérarchisée, qui exporte des matières premières, surtout de l'argent, vers l'Espagne. Les épidémies et le travail forcé déciment la population indienne, qui de 15 millions en 1520 tombe à 2 millions en 1600, tandis qu'immigrent de nombreux Espagnols.

1810-1815. La lutte d'indépendance, sous la direction de deux prêtres, Hidalgo (fusillé en 1811) puis Morelos (exécuté en 1815), échoue, car le soulèvement des Indiens effraie les créoles. Ceux-ci se rallieront à la cause de l'indépendance quand le général Iturbide, passé à l'insurrection, garantira le maintien des privilèges du clergé et des grands propriétaires.

1821. Proclamation de l'indépendance du Mexique.

■ **Les débuts de l'indépendance.**

1822. Iturbide se fait proclamer empereur.

1823. Le général Santa Anna instaure la république.

Celle-ci est marquée par une instabilité permanente, en raison des luttes entre centralistes et fédéralistes, cléricaux et anticléricaux.

1836. Le Texas fait sécession.

1846-1848. Guerre avec les États-Unis, à l'issue de laquelle le Mexique perd la Californie, le Nouveau-Mexique et l'Arizona. Le mécontentement populaire permet à l'avocat Juárez et aux libéraux de prendre le pouvoir en 1855. Les réformes entreprises entraînent l'opposition de l'Église, qui perd ses biens, puis la guerre civile et l'intervention étrangère.

1862. Début de l'intervention française au Mexique, où Napoléon III crée un empire catholique au profit de Maximilien d'Autriche (1864).

1867. Restauration de la république.

1876. Le général Porfirio Díaz s'empare du pouvoir.

Sa politique favorise l'essor économique du pays, avec l'appui des capitaux étrangers, mais accentue les inégalités sociales.

■ **La révolution mexicaine et le XXᵉ s.**

1911. Díaz est renversé par Francisco Madero, assassiné par les contre-révolutionnaires en 1913. Le pays est alors plongé dans une longue guerre civile. Les constitutionnalistes Carranza et Obregón l'emportent sur Pancho Villa (1915), tandis qu'au sud s'étend la révolution agraire d'Emiliano Zapata.

1917. Adoption d'une constitution progressiste. Après l'assassinat de Carranza, Obre-

gón, qui s'appuie sur les syndicats ouvriers, accède à la présidence, qu'il garde de 1920 à 1924. Ce régime consolide son pouvoir en amorçant une réforme agraire et en développant l'instruction. Cette politique, freinée sous Calles (1924-1928), reçoit une nouvelle impulsion sous le général Cárdenas (1934-1940), qui mène une politique économique plus nationaliste (nationalisation du pétrole en 1938).

Après la Seconde Guerre mondiale, la politique mexicaine, sous l'égide du Parti révolutionnaire institutionnel, se fait plus conservatrice, tandis que les capitaux des États-Unis affluent. L'agitation étudiante, particulièrement forte en 1968, amène le président Echeverría (1970-1976) à donner à la politique mexicaine une orientation plus libérale et plus nationaliste. La découverte d'immenses réserves pétrolières a permis une brève relance économique qui aboutit en 1982 à une crise lorsque le pays ne peut plus rembourser sa dette. Le président M. de la Madrid (1982-1988) adopte une politique de lutte contre la corruption et de modernisation. Son successeur, C. Salinas (1988-1994), approfondit la modernisation politique et procède à de nombreuses privatisations.

1994. L'accord de libre-échange avec les États-Unis et le Canada entre en vigueur.

Mexique *(guerre du)* [1862-1867], intervention militaire décidée par Napoléon III, avec l'appui initial de la Grande-Bretagne et de l'Espagne, pour obliger le Mexique à reprendre le paiement de sa dette extérieure et pour créer un empire équilibrant la puissance croissante des États-Unis, déchirés alors par la guerre de Sécession. Le président Juárez désintéressa rapidement Anglais et Espagnols et la France mena seule une coûteuse campagne (combats de Camerone, Puebla) et fit proclamer, en 1864, l'archiduc Maximilien d'Autriche empereur du Mexique. Mais la guérilla mexicaine, soutenue par les États-Unis, et la lassitude de l'opinion française contraignirent Napoléon III à abandonner Maximilien, qui fut fusillé à Querétaro le 19 juin 1867.

Mexique *(golfe du),* golfe à l'extrémité occidentale de l'océan Atlantique, entre les États-Unis, le Mexique et Cuba. Il communique avec la mer des Antilles par le détroit du Yucatán, avec l'Atlantique par le détroit de Floride. Hydrocarbures.

Meyer *(Conrad Ferdinand),* écrivain suisse d'expression allemande (Zurich 1825 - Kilchberg 1898). Il écrivit des nouvelles d'une grande rigueur formelle (*le Saint*, 1879). Ses poèmes expriment la hantise de la mort.

Meyer (*Viktor*), chimiste allemand (Berlin 1848 - Heidelberg 1897). Ses recherches concernent les densités des vapeurs et la chimie organique.

Meyerbeer (*Jakob* Beer, dit Giacomo*)*, compositeur allemand (Berlin 1791 - Paris 1864). Il vécut à Paris et se consacra au grand opéra historique. Il est l'auteur de *Robert le Diable* (1831), des *Huguenots* (1836), etc.

Meyerhof (*Otto*), physiologiste allemand (Hanovre 1884 - Philadelphie 1951). Il est connu pour ses découvertes dans le domaine de la biochimie du glucose et sur la production d'énergie dans le muscle. (Prix Nobel 1922.)

Meyerhold (*Vsevolod Emilievitch*), metteur en scène soviétique (Penza 1874 - Moscou 1940). Il débuta avec Stanislavski puis fut metteur en scène des théâtres impériaux avant de devenir le premier animateur du théâtre révolutionnaire, affirmant son constructivisme et sa conception « biomécanique » de la vie scénique.

Meyerson (*Émile*), philosophe français d'origine polonaise (Lublin 1859 - Paris 1933). Il affirme que le progrès scientifique repose sur la découverte de l'identité des phénomènes découverts (*Identité et Réalité*, 1908 ; *De l'explication dans les sciences*, 1921).

Meyerson (*Ignace*) psychologue français d'origine polonaise (Varsovie 1888 - Boulogne-Billancourt 1983), neveu d'Émile Meyerson. Révoqué en 1940, il entre dans la Résistance. Il s'est intéressé aux problèmes de la perception des œuvres d'art. Il est surtout à l'origine d'une voie nouvelle en psychologie, « la psychologie historique et comparative » (*les Fonctions psychologiques et les œuvres*, 1948).

Meyrink (*Gustav*), écrivain autrichien (Vienne 1868 - Starnberg 1932). Prague, et notamment son ghetto (*le Golem*, 1915), lui fournit la matière de son inspiration occultiste et fantastique (*la Nuit de Walpurgis*, 1917).

Mézenc (*mont*), massif volcanique, aux confins du Velay et du Vivarais ; 1 753 m.

Mezzogiorno, ensemble des régions continentales et insulaires de l'Italie du Sud. Commençant aux portes de Rome, il comprend le Latium méridional, les Abruzzes, le Molise, la Campanie, la Calabre, le Basilicate, la Pouille, la Sardaigne et la Sicile. Malgré d'importants investissements depuis les années 1950, ces régions (131 000 km^2 ; 20 millions d'hab.) ont en commun un sous-développement par rapport à l'Italie du Nord, avec un taux de sous-emploi de l'ordre de 20 %. Les infrastructures (routes, téléphone, périmètres irrigués) ont été améliorées, des progrès sociaux (lutte contre l'analphabétisme, amélioration de l'habitat) réalisés. Néanmoins, des zones rurales se sont vidées et les implantations industrielles, très localisées (Naples, Bari, Brindisi, Tarente), n'ont pas eu l'effet d'entraînement souhaité. Le revenu moyen demeure très inférieur à celui de l'Italie du Nord.

MGM, sigle de Metro-Goldwyn-Mayer.

Miaja Menant (*José*), général espagnol (Oviedo 1878 - Mexico 1958). Commandant en chef des forces républicaines pendant la guerre civile (1936-1939), il dirigea la défense de Madrid.

Miami, v. des États-Unis (Floride) ; 358 548 hab. (1 937 094 hab. dans l'agglomération). Grande station balnéaire et touristique d'hiver. Aéroport. — Musées.

Miao ou **Meo,** peuple de Chine, de Thaïlande, du Laos du Nord et du Viêt Nam, parlant une langue du groupe sino-tibétain.

Michalet (*Charles Albert*), économiste français (Dijon 1938). Son principal ouvrage, *le Capitalisme mondial* (1976, 2e éd., 1985), exprime la problématique de l'économie mondiale : la multinationalisation des firmes et des banques engendre un nouveau mode de fonctionnement des économies qui ne peut être analysé dans le cadre traditionnel des États-nations.

Michals (*Duane*), photographe américain (McKeesport, Pennsylvanie, 1932). Reflets, transparences, superpositions, textes, dessins, rehauts peints, « séquences » engendrent son univers onirique (*Vrais Rêves*, 1977).

Michaux (*Henri*), poète et peintre français d'origine belge (Namur 1899 - Paris 1984). Son expérience poétique est inséparable de la seule certitude possible, celle de la négativité du monde. La crise de l'identité, la volonté d'analyser l'être, l'attrait du voyage réel ou imaginaire marquent ses premiers recueils (*Qui je fus*, 1927 ; *Mes propriétés*, 1929 ; *Un barbare en Asie*, 1933 ; *Voyage en Grande Garabagne*, 1936 ; *Plume*, 1938). Mais d'autres formes de voyage se tentent : le dessin et la peinture, qui lui donnent la liberté et un moyen d'échapper aux mots (*Meidosems*, 1948), et la drogue, qui lui permet une plongée dans l'espace du dedans (*Misérable Miracle*, 1956 ; *l'Infini turbulent*, 1957 ; *Connaissance par les gouffres*, 1961) et à plus long terme un peu de paix (*le Jardin exalté*, 1983). Les dernières œuvres prolongent l'exploration singulière du poète et du peintre (*Par la voie des rythmes*, 1974 ; *Idéogrammes en Chine*, 1975 ; *Poteaux d'angle*, 1981).

Michaux *(Pierre)*, mécanicien français (Bar-le-Duc 1813 - Bicêtre 1883). Il conçut le principe du pédalier de la bicyclette ; son fils **Ernest** (1842-1882) réalisa en 1861 ce dispositif, créant ainsi le vélocipède.

Michée, prophète biblique, contemporain d'Isaïe. Exerçant son ministère entre 740 et 687 av. J.-C., il annonce pour Samarie et Jérusalem le jugement de Yahvé, qui châtiera les infidélités du peuple élu.

SAINT

Michel *(saint)*, un des anges de la littérature apocalyptique du judaïsme tardif et du Nouveau Testament (livre de Daniel et Apocalypse de Jean). Vainqueur de Satan, chef des armées célestes et protecteur d'Israël, il devient l'archange qui veille sur l'Église romaine. Son culte se répandra spécialement en Orient et en France.

EMPIRE BYZANTIN

Michel Ier Rangabé (m. apr. 840), empereur byzantin (811-813). Favorable au culte des images, il provoqua l'opposition du parti iconoclaste. Vaincu par les Bulgares, il fut déposé. **Michel II le Bègue** (Amorion ? -829), empereur byzantin (820-829), fondateur de la dynastie d'Amorion. **Michel III l'Ivrogne** (838-867), empereur byzantin (842-867). Il obtint la conversion des Bulgares. Son règne fut marqué par le schisme avec Rome (concile de Constantinople, 869-870). **Michel VIII Paléologue** (1224-1282), empereur byzantin à Nicée (1258-1261) puis à Constantinople (1261-1282). Il détruisit l'Empire latin de Constantinople (1261) et mit en échec les projets de restauration de cet empire par Charles Ier d'Anjou.

PORTUGAL

Michel ou **Dom Miguel** (Queluz 1802 - Brombach, Allemagne, 1866), roi de Portugal (1828-1834). Il fut contraint de s'exiler après deux ans de guerre civile.

ROUMANIE

Michel Ier (Sinaia 1921), roi de Roumanie (1927-1930 et 1940-1947).

RUSSIE

Michel Fedorovitch (Moscou 1596 - *id.* 1645), tsar de Russie (1613-1645), fondateur de la dynastie des Romanov, élu en 1613 par le *zemski sobor* (assemblée représentative).

VALACHIE

Michel le Brave (1557-1601), prince de Valachie (1593-1601). Il défit les Turcs (1595) et réunit sous son autorité la Moldavie et la Transylvanie (1599-1600).

Michel *(Louise)*, anarchiste française (Vroncourt-la-Côte, Haute-Marne, 1830 - Marseille 1905). Institutrice, membre de l'Internationale, elle prit part à la Commune (1871) et fut déportée en Nouvelle-Calédonie (1873-1880).

Michel-Ange *(Michelangelo Buonarroti, dit en fr.)*, sculpteur, peintre, architecte et poète italien (Caprese, près d'Arezzo, 1475 - Rome 1564). Nul n'a égalé la puissance de ses conceptions, et ses œuvres frappent par leur diversité et leur originalité autant que par leur caractère grandiose. On lui doit notamment plusieurs *Pietà*, le *David* de la place de la Seigneurie à Florence, les tombeaux de Laurent II et Julien de Médicis dans la nouvelle sacristie qu'il édifia pour S. Lorenzo (v. 1520-1533), les projets (réalisés à la fin du siècle) de l'escalier et du vestibule de la bibliothèque Laurentienne (Florence), les diverses statues destinées au tombeau de Jules II à Rome (pathétiques *Esclaves* du Louvre [1513-1515] ; *Moïse*, 1516, église S. Pietro in Vincoli, la *Victoire* à l'étonnante torsion (Palazzo Vecchio de Florence), les fresques de la chapelle Sixtine (v. ce mot), la partie sous coupole de la basilique Saint-Pierre de Rome (à partir de 1547) et d'autres travaux d'architecture dans la ville papale, dont l'ordonnance de la place du Capitole. Ses lettres et ses poèmes témoignent de sa spiritualité tourmentée.

Michelet *(Jules)*, historien français (Paris 1798 - Hyères 1874). Chef de la section historique aux Archives nationales (1831), professeur au Collège de France (1838), il fait de son enseignement une tribune pour ses idées libérales et anticléricales. Parallèlement, il amorce sa monumentale *Histoire de France* (1833-1846 ; 1855-1867) et son *Histoire de la Révolution française* (1847-1853). Suspendu en janvier 1848, privé de sa chaire et de son poste aux Archives après le coup d'État du 2 décembre, il complète son œuvre historique tout en multipliant les ouvrages consacrés aux mystères de la nature et à l'âme humaine (*l'Insecte*, 1857 ; *la Sorcière*, 1862).

Michelin, société française dont les origines remontent à 1863 et qui aborda dès 1894 la production de pneumatiques pour les automobiles. Elle est un des leaders sur le plan mondial des fabricants de pneumatiques.

Michelin *(les frères),* industriels français. **André** (Paris 1853 - *id.* 1931) et **Édouard** (Clermont-Ferrand 1859 - Orcines, Puy-de-Dôme, 1940) ont lié leur nom à l'application du pneumatique aux cycles et à l'automobile. Édouard inventa en 1891 le pneumatique démontable pour les bicyclettes, adapté en 1894 aux automobiles. André créa en 1900 le *Guide Michelin,* puis les cartes routières Michelin.

Michelozzo *(Michelozzo di Bartolomeo, dit),* architecte et sculpteur italien (Florence 1396 - *id.* 1472). Assistant de Ghiberti puis de Donatello, il fut ensuite un grand bâtisseur au service des Médicis à Florence : couvent de S. Marco (1437-1452), rénovation de S. Annunziata (avec une rotonde à l'antique en guise de chœur), construction du palais Médicis, prototype des palais toscans du quattrocento (1444), plusieurs villas. Il travailla aussi pour Pistoia, Milan, Dubrovnik, vulgarisant la leçon de Brunelleschi tout en élaborant une syntaxe décorative d'une grande élégance.

Michelson *(Albert Abraham),* physicien américain (Strelno, auj. Strzelno, Pologne, 1852 - Pasadena, Californie, 1931). Grâce à l'interféromètre très sensible qu'il mit au point, il montra dans des expériences célèbres (Berlin, 1881, puis Cleveland, 1887, en collaboration avec E. W. Morley [1838-1923]) qu'il était impossible de mettre en évidence le déplacement de la Terre par rapport à l'éther (milieu hypothétique où les ondes lumineuses étaient censées se propager), les vitesses relatives de la lumière dans différentes directions étant égales. Le résultat de ces expériences, longtemps inexpliqué, a joué un rôle dans l'élaboration de la théorie de la relativité. Michelson évalua aussi la dimension du mètre en longueurs d'onde lumineuse (1894) et effectua des mesures géophysiques et astronomiques par interférométrie. (Prix Nobel 1907.)

Michigan, un des cinq Grands Lacs d'Amérique du Nord ; 58 300 km². Il est pratiquement libre de glaces en hiver. Activité économique concentrée à Chicago et à Milwaukee.

Michigan, État du centre-nord-est des États-Unis ; 150 780 km² ; 9 295 297 hab. Cap. *Lansing.* V. princ. *Detroit.* L'État, coupé en deux par le lac Michigan, a un climat conti-

nental à hivers rigoureux. Les forêts couvrent la moitié de sa superficie. Les activités minières (fer surtout) et industrielles (automobile, chimie, bois, papier, alimentation) des villes (Detroit) dépassent de loin l'agriculture (céréales, soja, betterave, élevage), localisée dans le Sud.

Michoacán, État du Mexique, sur le Pacifique ; 3 281 000 hab. Cap. *Morelia.*

Mickey Mouse, personnage de dessin animé créé par Walt Disney en 1928 : petite souris anthropomorphe, espiègle et rusée, dont la carrière se poursuivit dans la bande dessinée.

Mickiewicz *(Adam),* poète polonais (Zaosie, auj. Novogroudok, 1798 - Constantinople 1855). Il fut le représentant le plus prestigieux du romantisme polonais (*Ode à la jeunesse,* 1820 ; *Pan Tadeusz,* 1834) et de la lutte pour l'indépendance nationale (*Konrad Wallenrod,* 1828).

Micronésie, ensemble d'archipels du Pacifique comprenant notamment les Mariannes, les Carolines, les Marshall, Palau, Nauru et Kiribati.

Micronésie *(États fédérés de),* archipel du Pacifique formé de 607 îles et regroupant 4 États (Yap, Kosrae, Chuuk, Ponhpei) ; 707 km² ; 100 000 hab. *(Micronésiens)* ; CAP. *Palikir.* LANGUE : *anglais.* MONNAIE : *dollar.*
HISTOIRE
Placé sous tutelle américaine de 1947 à 1986, l'archipel devient ensuite un « État librement associé » aux États-Unis et entre à l'O. N. U. en 1991.

Microsoft, firme américaine spécialisée dans la fabrication de logiciels pour micro-ordinateurs, fondée en 1975 par Bill Gates. On lui doit notamment le système d'exploitation *MS/DOS* et le logiciel *Windows.*

Midas, roi de Phrygie (738-696 ou 675 av. J.-C.), personnage de plusieurs légendes dont l'une veut qu'il ait reçu de Dionysos le pouvoir de changer en or tout ce qu'il touchait. D'autre part, choisi comme juge dans un concours musical où jouait Apollon, il aurait préféré la flûte à la lyre du dieu. Apollon, irrité, lui fit pousser des oreilles d'âne. Son royaume fut détruit par les Cimmériens.

Middelburg, v. des Pays-Bas, ch.-l. de la Zélande ; 39 617 hab. — Ancienne abbaye remontant au XIIᵉ siècle (musée de Zélande), bel hôtel de ville gothique des XVᵉ et XVIᵉ siècles, autres monuments et demeures anciennes.

Middlesbrough, port de Grande-Bretagne (Cleveland), sur l'estuaire de la Tees ; 141 100 hab. Métallurgie.

Middleton *(Thomas),* écrivain anglais (Londres v. 1570 - Newington Butts 1627). Il écrivit seul ou en collaboration avec W. Rowley (1585-1642) des comédies et des drames réalistes *(Que les femmes se défient des femmes,* v. 1621 ; *l'Innocent,* 1622).

Middle West → Midwest.

Midgley *(Thomas),* ingénieur chimiste américain (Beaver Falls, Pennsylvanie, 1889 - Worthington, Ohio, 1944). Il résout, en 1921, le problème du cliquetis des moteurs en découvrant le pouvoir antidétonant du plomb-tétraéthyle. En 1930, il découvre un C. F. C., le dichlorodifluorométhane (Fréon 12), puis d'autres composés organométalliques, utilisés comme réfrigérants ou comme gaz propulseurs d'aérosols.

Midi *(aiguille du),* sommet du massif du Mont-Blanc (Haute-Savoie), au nord du mont Blanc proprement dit ; 3 842 m. Téléphérique.

Midi *(canal du),* canal de navigation reliant par la Garonne (et le canal latéral à la Garonne) l'Atlantique à la Méditerranée. Il commence à Toulouse et aboutit, après Agde, à l'étang de Thau ; 241 km. Le canal du Midi fut creusé par Paul Riquet de 1666 à 1681.

Midi *(dents du),* massif des Alpes suisses, dans le Valais ; 3 257 m.

Midi *(pic du),* nom de deux sommets des Pyrénées : le pic du Midi de Bigorre (Hautes-Pyrénées) [2 865 m], où se trouve un observatoire, et le pic du Midi d'Ossau (Pyrénées-Atlantiques) [2 884 m].

Midi libre *(le),* quotidien régional français, créé à Montpellier en 1944.

Midi-Pyrénées, Région administrative groupant les dép. suivants : Ariège, Aveyron, Haute-Garonne, Gers, Lot, Hautes-Pyrénées, Tarn, Tarn-et-Garonne ; 45 348 km² ; 2 430 663 hab. ; Ch.-l. *Toulouse.* GÉOGR. La Région couvre plus de 8 % de la superficie mais compte moins de 5 % de la population de la France. Seule grande agglomération, Toulouse concentre environ le quart de la population régionale. La Région possède quelques villes « moyennes » (Tarbes, Montauban, Albi), mais beaucoup d'espaces, souvent périphériques, faiblement peuplés (causses du Quercy et de l'Aveyron, collines de Gascogne, montagne pyrénéenne), parfois revivifiés par le tourisme estival ou hivernal. La population s'est accrue récemment à un rythme proche de la moyenne nationale, mais en fait le dynamisme de la Haute-Garonne a masqué la persistance du dépeuplement dans l'Aveyron ou les Hautes-Pyrénées. L'agriculture, avec une proportion d'actifs supérieure à la moyenne nationale, est représentée par l'élevage (extrémités sud et nord de la Région) et la céréaliculture (blé et maïs essentiellement) ; le vignoble est localement présent. L'industrie (bâtiment inclus) n'emploie guère plus de 25 % des actifs. Elle est dominée par la métallurgie de transformation (aéronautique notamment), devant le textile et l'agroalimentaire, et concentrée surtout à Toulouse. Mais l'industrie et les services n'assurent pas le plein emploi, d'autant que beaucoup de branches (textile, mégisserie, petite métallurgie et même, au début des années 1990, construction aéronautique) sont en difficulté. La Région est encore largement enclavée, adossée aux Pyrénées, qui, ici, constituent toujours une frontière. Toulouse n'absorbe pas la totalité d'un exode rural, traditionnel, qui se poursuit. Déjà la population est vieillie et, pour l'ensemble de Midi-Pyrénées, les décès sont plus nombreux que les naissances.

Midlands, région du centre de l'Angleterre, entre les pays de Galles, la chaîne pennine et la région londonienne. V. princ. *Birmingham.*

Midway *(bataille de)* [3-5 juin 1942], victoire aéronavale américaine sur les Japonais au large de l'archipel des Midway, au N.-O. des îles Hawaii. La défaite de la flotte japonaise marqua un tournant de la guerre du Pacifique.

Midwest ou **Middle West,** vaste région des États-Unis, entre les Appalaches et les Rocheuses.

Miescher *(Johannes Friedrich),* biochimiste et nutritionniste suisse (Bâle 1844 - Davos 1895). On lui doit la découverte des acides nucléiques ; de plus, il pressentit le rôle de l'A. D. N. dans la transmission des caractères héréditaires.

Mies van der Rohe *(Ludwig),* architecte allemand (Aix-la-Chapelle 1886 - Chicago 1969), naturalisé américain en 1944. Organisateur en 1927 de l'exposition de logements du Weissenhof à Stuttgart, il en fait la première réalisation d'urbanisme du style international. Le principe de l'espace continu ainsi que le plan libre, dégagé de la contrainte des structures porteuses, trouvent leur meilleure expression dans le pavillon de l'Allemagne à l'Exposition internationale de Barcelone (1929), dont la perfection se retrouvera à la villa Tugendhat à Brno (1930), au musée d'Art moderne de Houston (1942) ou à la Galerie nationale de Berlin (1962). Après avoir dirigé le Bauhaus de 1930 à 1933, Mies émigre aux États-Unis (1937), où il est nommé directeur de la section d'architecture de l'Institut de technologie de l'Illinois (IIT). Il réalise alors quelques-unes des œuvres les plus significatives et influentes de l'architecture moderne, avec leur ossature de métal, leur façade de verre et leurs volumes très simples : Crown Hall de l'IIT (1950) à Chicago, Seagram Building (1958) à New York, etc. Par ailleurs, ses recherches sur le mobilier ont abouti, en 1926, à la première chaise en tube d'acier à porte-à-faux.

Mieszko Ier (m. en 992), duc de Pologne (v. 960-992). Par son baptême (966), il fit entrer la Pologne dans la chrétienté romaine. Il donna à son État les frontières que la Pologne a approximativement retrouvées en 1945.

Mi Fu ou **Mi Fou**, calligraphe, peintre et collectionneur chinois (1051-1107). Sa calligraphie héritée des Tang et son art subjectif et dépouillé du paysage ont été le ferment de la peinture dite « de lettrés ».

Mifune Toshiro, acteur de cinéma japonais (Jingdao, Chine, 1920). Révélé par Kurosawa (*Rashomon*, 1950 ; *l'Idiot*, 1951 ; *les Sept Samouraïs*, 1954), il est devenu l'un des plus célèbres acteurs japonais.

Migennes, ch.-l. de c. de l'Yonne ; 8 338 hab. Nœud ferroviaire, dit « de Laroche-Migennes », vers Auxerre.

Mignard (*Nicolas*), dit **Mignard d'Avignon**, peintre français (Troyes 1606 - Paris 1668). Il travailla surtout en Avignon puis fut appelé à décorer un appartement du roi aux Tuileries. Son frère **Pierre**, dit **le Romain** (Troyes 1612 - Paris 1695), travailla plus de vingt ans à Rome avant de s'installer à Paris. Il peignit la coupole du Val-de-Grâce (1663), devint un des portraitistes favoris de la noblesse et succéda à Le Brun dans toutes ses charges (1690).

Mihailović (*Draža*), officier serbe (Ivanjica 1893 - Belgrade 1946). Il lutta contre les Allemands après la défaite de 1941 en organisant le mouvement de résistance serbe des *tchetniks* et s'opposa aussi aux partisans de Tito. Accusé de trahison, il fut fusillé.

Mikhalkov (*Nikita*), cinéaste et acteur russe (Moscou 1945). Acteur dans de nombreux films, il s'est fait connaître internationalement dès son deuxième long métrage

(*l'Esclave de l'amour*, 1975). Il a réalisé ensuite des films d'inspiration intimiste ou des adaptations d'œuvres littéraires : *Partition inachevée pour piano mécanique* (1976), *Cinq Soirées* (1978), *Quelques jours de la vie d'Oblomov* (1979), *les Yeux noirs* (1987), *Urga* (1991), *Soleil trompeur* (1994).

Mikhalkov-Kontchalovski (*Andreï*), cinéaste russe (Moscou 1937), frère du précédent. Assistant de Tarkovski pour *l'Enfance d'Ivan*, et son scénariste pour *Andreï Roublev*, il met en scène son premier long métrage, *le Premier Maître*, en 1965, qui marque par son ton et sa facture le début de la « nouvelle vague » soviétique. Il tourne ensuite *le Bonheur d'Assia* (1967), *Oncle Vania* (1971), *Sibériade* (1978). À partir de 1984, il commence une nouvelle carrière aux États-Unis et signe *Maria's Lovers* (1984), *le Bayou* (1987), *le Cercle des intimes* (1992), *Riaba ma poule* (1994).

Milan, *en ital.* Milano, v. d'Italie, cap. de la Lombardie et ch.-l. de prov. ; 1 371 008 hab. (*Milanais*) [près de 4 millions d'hab. dans l'agglomération]. GÉOGR. Au cœur de la plaine du Pô, sur la voie de passage entre l'Europe du Nord et l'espace méditerranéen, Milan a été très tôt un centre d'échanges. Capitale régionale, elle est la métropole économique de l'Italie. C'est un grand centre commercial, financier, culturel (universités, théâtre de la Scala, édition) et surtout industriel (constructions mécaniques et électriques, textile et chimie). HIST. Fondée v. 400 av. J.-C. par les Gaulois, romaine dès 222 av. J.-C., Milan fut, au Bas-Empire, résidence impériale et métropole religieuse. Ravagée par les Barbares et par les luttes du Sacerdoce et de l'Empire, elle devint indépendante en 1183. Aux XIVe-XVIe siècles elle connut une grande prospérité sous les Visconti et les Sforza. L'occupation espagnole provoqua ensuite son déclin. Capitale du royaume d'Italie (1805-1814) puis du royaume lombard-vénitien (1815), elle entra en 1861 dans le royaume d'Italie. ARTS. Vaste cathédrale gothique entreprise à la fin du XIVe siècle, achevée au début du XIXe. Églises d'origine paléochrétienne (S. Ambrogio) ou médiévale. Ensemble de S. Maria delle Grazie, en partie de Bramante (*Cène* de Léonard de Vinci). Château des Sforza (XVe s. ; musées). Théâtre de la Scala (XVIIIe s.). Bibliothèque et pinacothèque Ambrosiennes. Riche pinacothèque de Brera et autres musées, dont celui d'Architecture moderne. Depuis la fin de la Seconde Guerre mondiale, la ville est un foyer du design international.

Milanais *(le),* région du nord de l'Italie, autour de Milan. Le domaine que se constitue Milan à partir du XIIe siècle, aux dépens des autres villes lombardes, s'affirme politiquement sous les Visconti (XIVe s.). Jean-Galéas Visconti reçoit de l'empereur le titre de duc de Lombardie en 1397. Les Sforza poursuivent au XVe siècle l'œuvre des Visconti (agrandissements territoriaux et unification de l'État). Après les échecs de Louis XII et de François Ier, le Milanais passe en 1540 aux Habsbourg d'Espagne. Cédé à l'Autriche en 1714, il est sous domination française de 1796 à 1814. En 1815, il forme, avec la Vénétie, le royaume lombard-vénitien, sous tutelle autrichienne.

Milanković *(Milutin),* astronome yougoslave (Dalj, Croatie, 1879 - Belgrade 1958). Il formule en 1941 la théorie, qui porte son nom, selon laquelle les fluctuations à long terme du climat sont liées à des variations cycliques de trois paramètres orbitaux de la Terre. Celles-ci, avec chacune une périodicité différente, se combineraient pour provoquer au cours du temps des modifications sensibles de l'ensoleillement, suffisantes pour déclencher les glaciations.

Milet, cité ionienne de l'Asie Mineure, qui fut, à partir du VIIIe s. av. J.-C., un important centre de commerce et un foyer de culture grecque (école philosophique). ARCHÉOL. Le cœur monumental de la cité témoigne d'un véritable souci d'urbanisme selon les théories d'Hippodamos. Imposants vestiges des époques hellénistique et romaine, dont certains, comme la grande porte de l'Agora sud, ont été reconstruits au musée de Berlin.

Milhaud *(Darius),* compositeur français (Marseille 1892 - Genève 1974). Membre du groupe des Six, il en illustre l'esthétique avec *le Bœuf sur le toit* (1920). Son œuvre prolifique aborde tous les genres : opéras (*Christophe Colomb,* 1930), cantates, ballets (*la Création du monde,* 1923), symphonies, musique de chambre et le célèbre *Scaramouche* pour deux pianos (1937).

Milice *(la),* formation paramilitaire créée par le gouvernement de Vichy en janvier 1943 et qui collabora avec les Allemands aux diverses opérations de répression et de lutte contre la Résistance.

Milieu *(empire du),* nom donné jadis à la Chine (considérée comme le centre du monde).

Milioukov *(Pavel Nikolaïevitch),* historien et homme politique russe (Moscou 1859 - Aix-les-Bains 1943). L'un des principaux leaders du Parti constitutionnel-démocrate, il fut ministre des Affaires étrangères (mars-mai 1917) du gouvernement provisoire.

Military Cross, Military Medal, décorations militaires britanniques créées respectivement en 1914 et en 1916.

Mill *(James),* philosophe et économiste britannique (Northwater Bridge, Écosse, 1773 - Londres 1836), continuateur de Hume et de Bentham (*Principes d'économie politique,* 1821).

Mill *(John Stuart),* philosophe et économiste britannique (Londres 1806 - Avignon 1873), fils de James Mill. Il considère la logique comme une science de la vérité et non comme une science de la déduction. Il est l'un des représentants les plus marquants de l'utilitarisme. En économie, il se rattache au courant libéral (*Principes d'économie politique,* 1848 ; *l'Utilitarisme,* 1863).

Millais *(sir John Everett),* peintre britannique (Southampton 1829 - Londres 1896). Précocement doué, membre de la confrérie préraphaélite, il devint l'une des personnalités les plus en vue de l'art victorien. Auteur de peintures de genre de tendance souvent moralisatrice et sentimentale, il a su parfois les enrichir d'un contenu émotionnel subtil (*Ophélie,* 1852, Tate Gallery).

Millardet *(Alexis),* botaniste français (Montmirey-la-Ville 1838 - Bordeaux 1902). On lui doit la première idée de l'hybridation des cépages français et américains ainsi que le traitement cuprique du mildiou.

Millau, ch.-l. d'arr. de l'Aveyron, sur le Tarn ; 22 458 hab. *(Millavois).* Mégisserie et ganterie. — Beffroi et église Notre-Dame, des XIIe-XVIIe siècles. Musée archéologique (poterie sigillée) ; maison de la Peau et du Gant.

mille *(an),* année que les historiens du XVIIe au XIXe siècle ont présentée comme ayant été attendue par les chrétiens d'Occident dans la terreur de la fin du monde et du Jugement dernier. Les historiens contemporains ont dénoncé cette légende. (On écrit aussi an mil.)

Mille (De) → De Mille.

Mille *(expédition des),* expédition menée, en 1860, par Garibaldi et ses compagnons, contre le royaume des Deux-Siciles, dont elle provoqua l'effondrement.

Mille et Une Nuits *(les),* recueil de contes arabes d'origine persane, traduits en français par A. Galland (1704-1717) et par J. C. Mardrus (1899-1904).

Mille-Îles, archipel du Canada, dans le Saint-Laurent, à sa sortie du lac Ontario.

Treize de ses îles constituent un parc national.

Miller *(Arthur)*, auteur dramatique américain (New York 1915). Ses drames, d'inspiration sociale, dénoncent l'illusion du rêve américain (*Mort d'un commis voyageur*, 1949) et décrivent sans indulgence les obsessions de la société américaine (*les Sorcières de Salem*, 1953 ; *Vu du pont*, 1955). Son scénario *les Désaxés* (*The Misfits*, 1961) fut inspiré par son mariage avec Marilyn Monroe.

Miller *(Henry)*, écrivain américain (New York 1891 - Los Angeles 1980). L'exil à Paris marque le début de la création, placée sous le signe du roman autobiographique et du refus de la culture américaine. Deux trilogies (*Tropique du Cancer* [1934], *Printemps noir* [1936], *Tropique du Capricorne* [1939] ; *la Crucifixion en rose*, qui rassemble *Sexus* [1949], *Plexus* [1952] et *Nexus* [1960]) dressent le portrait d'un écrivain obsédé du négatif, dont la référence sexuelle et ses métaphores constituent l'expression constante (*Big Sur et les Oranges de Jérôme Bosch*, 1956 ; *Virage à 80*, 1973).

Miller *(Merton)*, économiste américain (Boston 1923). Il a obtenu en 1990 le prix Nobel de sciences économiques avec Harry Markowitz et William Sharpe pour leurs travaux novateurs sur la théorie économique financière et le financement des entreprises.

Millerand *(Alexandre)*, chef d'État français (Paris 1859 - Versailles 1943). Député socialiste, il accomplit, comme ministre du Commerce et de l'Industrie (1899-1902), d'importantes réformes sociales. Ministre de la Guerre (1912-13, 1914-15), président du Conseil (1920), il fut président de la République (1920-1924), fonction dont il chercha à renforcer le rôle. Il démissionna devant l'opposition du Cartel des gauches.

Millet *(Jean-François)*, peintre, dessinateur et graveur français (Gruchy, près de Gréville-Hague, Manche, 1814 - Barbizon 1875). C'est un des maîtres de l'école de Barbizon, d'un réalisme plein de sensibilité. La puissance farouche de son *Semeur* du Salon de 1850 (Philadelphie, réplique à Boston) suscita une controverse de caractère politico-social. Au musée d'Orsay sont notamment conservés *les Glaneuses* et *l'Angélus* (1857), *la Grande Bergère* (1863), *le Printemps* (1868-1873).

Millevaches *(plateau de)*, haut plateau boisé ou couvert de landes, partie la plus élevée du Limousin, culminant à 977 m, où naissent la Vienne, la Creuse, la Vézère et la Corrèze.

Millevoye *(Charles Hubert)*, poète français (Abbeville 1782 - Paris 1816), auteur d'élégies (*la Chute des feuilles*, 1811).

Millikan *(Robert Andrews)*, physicien américain (Morrison, Illinois, 1868 - San Marino, Californie, 1953). Il mesura la charge de l'électron en 1911. En 1916, il détermina la constante de Planck en étudiant les électrons libérés dans l'effet photoélectrique puis mesura l'intensité du rayonnement cosmique à diverses altitudes. (Prix Nobel 1923.)

Milne *(Edward Arthur)*, astronome et mathématicien britannique (Hull 1896 - Dublin 1950). Ses travaux concernent surtout l'astrophysique théorique et la relativité. Il étudia la thermodynamique des étoiles, la structure de la matière stellaire, les variations des céphéides, qu'il expliqua par des pulsations régulières, et l'atmosphère solaire (1921).

Milne-Edwards *(Henri)*, naturaliste et physiologiste français (Bruges 1800 - Paris 1885), auteur de travaux sur les mollusques et les crustacés. Son fils **Alphonse**, naturaliste (Paris 1835 - *id.* 1900), a étudié les mammifères et la faune abyssale.

Milo, en gr. *Mílos*, île grecque de la mer Égée, une des Cyclades ; 161 km² ; 86 000 hab. Ch.-l. *Mílos*. — Près du chef-lieu, ruines antiques où l'on a découvert la Vénus de Milo, statue en marbre de la déesse Aphrodite, œuvre hellénistique du IIᵉ s. av. J.-C.

Milon, en lat. Titus Annius Papianus Milo, homme politique romain (Lanuvium v. 95 - Compsa 48 av. J.-C.). Gendre de Sulla, il contribua comme tribun (57) au retour d'exil de Cicéron. Accusé du meurtre de Clodius en 52, il fut défendu par Cicéron (*Pro Milone*).

Milon de Crotone, athlète grec (Crotone fin du VIᵉ s. av. J.-C.), disciple et gendre de Pythagore, célèbre pour ses nombreuses victoires aux jeux Olympiques. N'ayant pu dégager son bras de la fente d'un tronc d'arbre qu'il tentait d'arracher, il serait mort dévoré par des bêtes sauvages (sujet d'un marbre célèbre de Puget).

Milošević *(Slobodan)*, homme d'État yougoslave (Požarevac, Serbie, 1941). Membre de la Ligue communiste yougoslave à partir de 1959, il est élu à la présidence de la République de Serbie en 1990 et réélu en 1992.

Miłosz *(Czesław),* écrivain polonais naturalisé américain (Szetejnie, Lituanie, 1911). Exilé aux États-Unis depuis 1951, ce poète (*le Salut,* 1945) et romancier (*la Prise du pouvoir,* 1953) doit sa célébrité à ses essais, notamment *la Pensée captive* (1953), sur la position des intellectuels face au pouvoir communiste dans son pays. (Prix Nobel 1980.)

Milosz *(Oscar Vladislas* de Lubicz-Milosz, dit **O. V. de L.**)*,* écrivain français d'origine lituanienne (Tchereïa 1877 - Fontainebleau 1939). Auteur de poèmes d'inspiration élégiaque et mystique (*la Confession de Lemuel,* 1922), de drames (*Miguel Mañara,* 1911-12) et d'œuvres métaphysiques (*Ars magna,* 1924), il révéla au public occidental le folklore lituanien (*Contes et fabliaux de la vieille Lituanie,* 1930).

Miltiade, général athénien (540 - Athènes v. 489 av. J.-C.). Vassal de Darios Ier, il participa en 499 av. J.-C. à la révolte des villes grecques d'Ionie puis se réfugia à Athènes (492). Commandant les Athéniens, il fut vainqueur des Perses à Marathon.

Milton *(John),* poète, homme d'État et théologien anglais (Londres 1608 - Chalfont Saint Giles, Buckinghamshire, 1674). Partisan d'un humanisme sans compromission, il illustre sa foi dans des poèmes philosophiques (*Allegro, Il Penseroso,* 1631-32) et pastoraux (*Comus,* 1634 ; *Lycidas,* 1637). Après un voyage en Italie, il regagne Londres dès le début de la guerre civile et devient le polémiste attitré de la révolution (*Areopagitica,* 1644). Après la Restauration (1660), il revient à la poésie mais, aveugle depuis 1652, il dicte son épopée *le Paradis perdu* (1667), continuée par *le Paradis reconquis* (1671). [→ Paradis.]

Milvius *(pont),* pont sur le Tibre, à 3 km au N. de Rome, où Constantin battit Maxence (312 apr. J.-C.).

Milwaukee, port des États-Unis (Wisconsin), sur le lac Michigan ; 628 088 hab. (1 432 149 avec les banlieues). Il expédie les produits agricoles du Midwest. Milwaukee est également le centre de la culture allemande aux États-Unis. — Musées.

Minamoto, famille japonaise qui fonda en 1192 le shogunat de Kamakura.

Minas Gerais, État du Brésil oriental ; 587 172 km² ; 15 746 200 hab. Cap. *Belo Horizonte.* État de hautes terres tropicales au sud (d'où est issu notamment le São Francisco) et de plateaux à l'ouest et au nord, où le climat devient semi-aride. Il a été peuplé au XVIIIe siècle, au moment de la découverte de l'or et des diamants. C'est maintenant une région industrielle (sidérurgie, mécanique, raffinerie de pétrole) exploitant d'importantes mines de fer (à Itabira notamment). L'élevage bovin, les cultures du café et du manioc demeurent les principales activités agricoles.

Minatitlán, port du Mexique, sur le golfe de Campeche ; 199 840 hab. Raffinage du pétrole. Pétrochimie.

Mindanao, deuxième île de l'archipel des Philippines par la superficie (99 000 km²) et la population (10,4 millions d'hab., en majeure partie musulmans), à l'extrémité sud de celui-ci. C'est une île montagneuse, dont la population s'est accrue au XXe siècle par immigration. Les cultures vivrières sont complétées par des cultures d'exportation (cocotier, abaca, ananas, bananier). Extraction de charbon. Métallurgie. Les principales villes sont des ports : Davao, Zamboanga et Cagayan.

Minden, v. d'Allemagne (Rhénanie-du-Nord-Westphalie), sur la Weser ; 76 321 hab. — Cathédrale romane et gothique, autres monuments et maisons anciennes.

Mindoro, île montagneuse et volcanique des Philippines ; 10 000 km² ; 472 000 hab.

Minerve, déesse romaine, assimilée à l'Athéna grecque ; c'est par les Étrusques que son culte fut introduit à Rome, dont elle devint la protectrice. Avec Jupiter et Junon, elle fait partie de la triade à laquelle un temple est dédié sur le Capitole.

Minervois *(le),* région du Languedoc (Aude et Hérault) au pied méridional de la Montagne Noire. Vignobles.

Ming, dynastie impériale chinoise (1368-1644). Fondée par Zhu Yuanzhang (Hongwu de son nom posthume), qui régna de 1368 à 1398, elle installa sa capitale à Pékin (1409) et eut comme principaux représentants Yongle (1403-1424) et Wanli (1573-1620). Elle déclina après le règne de ce dernier et fut remplacée par la dynastie mandchoue des Qing.

Mingus *(Charles,* dit **Charlie**)*,* contrebassiste, compositeur et chef d'orchestre de jazz américain (Nogales, Arizona, 1922 - Cuernavaca, Mexique, 1979). Il participa à la révolution du be-bop. En 1956, il forma son premier « Jazz Workshop », un atelier musical qui vit éclore ou se développer de nombreux jeunes talents. Sa musique est fortement inspirée de l'âme du chant religieux noir.

Minho *(le), en esp.* Miño, fl. du nord-ouest de la péninsule Ibérique, qui constitue la frontière entre l'Espagne et le Portugal avant de rejoindre l'Atlantique ; 310 km.

Minkowski *(Alexandre),* médecin français (Paris 1915). Il a étudié la physiologie chez le nouveau-né normal, le prématuré et le fœtus. Il est aussi connu pour ses ouvrages de réflexion sur la médecine.

Minkowski *(Hermann),* mathématicien allemand (Kovno 1864 - Göttingen 1909). Sa conception de l'*espace-temps* quadridimensionnel, qui porte son nom, fournit une interprétation géométrique de la relativité restreinte de son ancien élève A. Einstein.

Minne *(George, baron),* sculpteur et dessinateur belge (Gand 1866 - Laethem-Saint-Martin 1941). Il est l'auteur d'ouvrages à la fois symbolistes et d'accent monumental (*Fontaine aux agenouillés* [1898], marbre au musée d'Essen, bronze à Bruxelles).

Minneapolis, v. des États-Unis (Minnesota), sur le Mississippi ; 368 383 hab. Université. Musées. Centre tertiaire et industriel. Avec Saint Paul, sur l'autre rive du fleuve, elle constitue (banlieues incluses) une agglomération de 2 464 124 hab. — Importants musées.

Minnelli *(Vincente),* cinéaste américain (Chicago v. 1910 - Los Angeles 1986). Venu du théâtre, il devient l'un des meilleurs spécialistes (avec Stanley Donen) de la comédie musicale : *Ziegfeld Follies* (1946), *Un Américain à Paris* (1951), *Tous en scène* (1953), *Brigadoon* (1954). On lui doit également d'autres films, comédies ou drames psychologiques (*la Femme modèle,* 1957 ; *le Chevalier des sables,* 1965).

Minnesota, État du centre-nord des États-Unis ; 217 735 km² ; 4 375 099 hab. Cap. *Saint Paul.* Les forêts du Nord sont parsemées de nombreux lacs tandis que le Sud et l'Ouest, colonisés par des Scandinaves et des Allemands, produisent des céréales (maïs, avoine, orge, soja) et fournissent des produits laitiers. Dans le Nord-Est, on extrait du minerai de fer.

Mino da Fiesole, sculpteur italien (Fiesole 1429 - Florence 1484). Maître d'une manière épurée et délicate, auteur de bustes et de tombeaux monumentaux, il a partagé son activité entre la Toscane et Rome (tombeau du comte Ugo, église de la Badia, Florence).

Minorque, *en esp.* Menorca, l'une des îles Baléares, séparée de Majorque par un étroit bras de mer ; 702 km² ; 60 000 hab. Ch.-l.

Mahón. Tourisme. — L'île fut britannique de 1713 à 1756 et de 1799 à 1802.

Minos, roi légendaire de Crète, fils de Zeus et d'Europe, époux de Pasiphaé et père d'Ariane. Ayant remporté une victoire contre les Athéniens, il leur impose d'envoyer chaque année sept jeunes gens et sept jeunes filles à donner en pâture au Minotaure. Son rôle civilisateur lui valut, après sa mort, d'être, avec Rhadamanthe et Éaque, l'un des trois juges des Enfers.

Minotaure, monstre de la mythologie grecque, né des amours de Pasiphaé, la femme de Minos, et d'un taureau envoyé par Poséidon. Minos l'enferma dans le Labyrinthe construit par Dédale. Le Minotaure fut tué par Thésée.

Minsk, cap. de la Biélorussie ; 1 589 000 hab. Cité marchande et vieux foyer culturel, Minsk est aussi un centre industriel (automobiles, tracteurs). — Rares monuments anciens ; musées.

Minsk *(bataille de)* [28 juin-3 juill. 1941], lors de l'offensive allemande contre l'U. R. S. S., combats au cours desquels le général von Bock s'empara de 300 000 prisonniers, de 3 000 chars et de 3 000 canons de l'Armée rouge.

Mique *(Richard),* architecte français (Nancy 1728 - Paris 1794). Il succéda à Gabriel comme premier architecte de Louis XVI et créa le Hameau de la reine (1783-1786) dans le parc du Petit Trianon, à Versailles.

Miquelon → Saint-Pierre-et-Miquelon.

Mirabeau *(Honoré Gabriel* Riqueti, *comte* de*),* homme politique français (Le Bignon, Loiret, 1749 - Paris 1791). Il eut une jeunesse orageuse qui lui valut plusieurs séjours en prison. Bien qu'appartenant à la noblesse, il fut élu député du tiers état d'Aix-en-Provence aux États généraux (1789). Orateur prestigieux, une célèbre phrase a été attribuée à la postérité : « Allez dire au roi que nous sommes ici par la volonté du peuple et que nous n'en sortirons que par la force des baïonnettes. » Il contribua à la nationalisation des biens du clergé. Partisan d'une monarchie constitutionnelle où le roi conserverait de grandes prérogatives, il entra secrètement au service de Louis XVI (mai 1790), qui le pensionna sans tenir grand compte de ses conseils.

Mirabeau *(Victor* Riqueti, *marquis* de*),* économiste français (Pertuis, Vaucluse, 1715 - Argenteuil 1789), père du précédent, disciple de Quesnay et de l'école physiocratique, auteur de *l'Ami des hommes ou Traité sur la population* (1756).

Mirabel, v. du Canada (Québec) ; 6 067 hab. Aéroport international de Montréal.

Miranda *(Francisco de),* général vénézuélien (Caracas 1750 - Cadix 1816). Il fit voter en 1811 la Déclaration d'indépendance. Battu par les Espagnols (1812), il fut emprisonné à Cadix.

Mirande, ch.-l. d'arr. du Gers, en Gascogne, sur la Baïse ; 3 940 hab. *(Mirandais).* Eaux-de-vie d'Armagnac. — Bastide du XIIIᵉ siècle, avec église du XVᵉ. Musée (peintures des écoles française, hollandaise, etc. ; céramiques).

Mirandole (Pic de La) → Pic de La Mirandole.

Mirbeau *(Octave),* écrivain français (Trévières 1848 - Paris 1917). Auteur de romans (*Journal d'une femme de chambre,* 1900) et de comédies réalistes (*Les affaires sont les affaires,* 1903), il créa le « roman de l'automobile » avec *la 628-E8* (1907).

Mircea le Vieux (m. en 1418), prince de Valachie (1386-1418). Grand chef militaire, il participa à la bataille de Nicopolis (1396) contre les Ottomans.

Miró *(Joan),* peintre, graveur et sculpteur espagnol (Barcelone 1893 - Palma de Majorque 1983). Surréaliste, il a mis au jour, par la pratique de l'automatisme, un monde d'une liberté, d'un dynamisme et d'un humour exemplaires. Il est bien représenté, notamment, au M. A. M. de New York (*Intérieur hollandais,* 1928), à la Fondation Miró, Barcelone (*Escargot, femme, fleur, étoile,* 1934) et ses sculptures des années 60 sont exposées à la Fondation Maeght à Saint-Paul-de-Vence.

Misanthrope *(le),* comédie de Molière (1666).

Misène, ancienne base navale de l'Empire romain, située à l'abri du cap Misène, promontoire italien fermant à l'ouest le golfe de Naples.

Misérables *(les)* → Hugo.

Mishima Yukio *(Hiraoka Kimitake, dit),* écrivain japonais (Tokyo 1925 - *id.* 1970). Romancier (*la Forêt tout en fleur,* 1944 ; *le Marin rejeté par la mer,* 1963 ; *la Mer de la fécondité,* 1970) et auteur dramatique (*Cinq No modernes,* 1956 ; *Madame de Sade,* 1966), il trouva dans la création artistique un moyen d'échapper au néant et à la destruction. Désireux de restaurer la tradition

nationale, il fonda la Société du bouclier et se suicida publiquement après une tentative de coup d'État avortée.

Mishna, compilation de commentaires rabbiniques sur la Torah. On lui a donné le nom de « loi orale » en la considérant comme faisant partie de la révélation mosaïque aux côtés de la « loi écrite » qu'est la Torah.

Miskito → Mosquito.

Miskolc, v. du nord-est de la Hongrie ; 196 442 hab. Métallurgie. — Monuments gothiques, baroques et néoclassiques.

Misnie, *en all.* Meissen, ancien margraviat allemand, intégré à la Saxe en 1423.

Mi Son, site archéologique du centre du Viêt Nam (prov. de Quang Nam). Entre 400 et 1402, il a été le centre religieux le plus important du Champa et reste célèbre pour ses sculptures des VIIᵉ et Xᵉ siècles. L'ensemble a beaucoup souffert pendant la guerre du Viêt Nam.

Misourata ou **Misurata,** port de Libye, à l'est de Tripoli ; 285 000 hab.

Mississauga, v. du Canada (Ontario), banlieue de Toronto ; 430 770 hab.

Mississippi, fl. drainant la partie centrale des États-Unis. Né au Minnesota, il coule vers le S., avec une faible pente et de nombreux méandres, passe à Minneapolis et Saint Paul, Saint Louis, Memphis, La Nouvelle-Orléans et se termine par un vaste delta dans le golfe du Mexique. Sa longueur est de 3 780 km ou de 6 210 km avec le Missouri, son principal affluent ; l'ensemble draine un bassin de 3 222 000 km² (6 fois la France). Il a un débit assez abondant (20 000 m³/s en moyenne à la tête du delta) avec des hautes eaux de fin d'hiver et de printemps. C'est, avec ses grands affluents (Missouri et Ohio), une importante artère fluviale.

Mississippi, État du sud des États-Unis, sur le golfe du Mexique, sur la rive gauche du fleuve du même nom ; 123 584 km² ; 2 573 216 hab. Cap. *Jackson.* Peuplé pour un tiers de Noirs, l'État est formé surtout de plaines, sous un climat subtropical. Aux ressources agricoles (coton, soja, maïs, riz, élevage bovin) s'ajoutent l'extraction et le raffinage du pétrole, et le gaz naturel.

Mississippi *(tradition du),* séquence culturelle des régions de l'est des États-Unis, qui s'étend de 700 à 1700 de notre ère. Elle est fortement influencée par le site mexicain de Teotihuacán, les tertres funéraires faisant place à de hautes pyramides en terre ; Cahokia (à l'est de l'actuelle Saint Louis), véritable métropole religieuse, témoigne de la période d'apogée, vers 1200-1300.

Missolonghi, v. de Grèce, sur la mer Ionienne (golfe de Patras) ; 12 674 hab. — Elle est célèbre par la défense héroïque qu'elle opposa aux Turcs en 1822-23 et en 1826.

Missouri *(le),* riv. des États-Unis, principal affl. du Mississippi (r. dr.), dont le cours est régularisé par des barrages ; 4 370 km.

Missouri, État du centre des États-Unis ; 180 486 km² ; 5 117 073 hab. Cap. *Jefferson City.* Agricole dans le Nord (soja, maïs, blé, coton, élevage), l'État est forestier et minier (plomb et zinc, notamment) dans le Sud (monts Ozark). Saint Louis et Kansas City concentrent les activités commerciales et industrielles.

Mistassini *(lac),* lac du Canada (Québec) ; 2 335 km². Il se déverse par le Rupert dans la baie James.

Misti, volcan du Pérou, près d'Arequipa ; 5 822 m.

Mistinguett *(Jeanne* Bourgeois, *dite),* actrice de music-hall française (Enghien-les-Bains 1875 - Bougival 1956). Elle triompha dans plusieurs revues au Moulin-Rouge, aux Folies-Bergère et au Casino de Paris. Elle interpréta de nombreuses chansons à succès (*Mon homme,* 1920 ; *la Java,* 1922 ; *C'est vrai,* 1935).

Mistra, village de Grèce (Péloponnèse), ancienne capitale du despotat de Mistra, qui conserve des monuments de l'époque des Paléologues, parmi lesquels des monastères et surtout des églises ornés de fresques (St-Démétrios, fin XIIIᵉ s., Afendikó, 1311 ; Péribleptos, début XIVᵉ s., Pantánassa, 1420). Vestiges du palais des Despotes.

Mistra *(despotat de)* ou **Despotat de Morée,** principauté formée en 1348 par l'empereur Jean VI Cantacuzène au profit de son fils cadet, Manuel, et qui comprenait tout le Péloponnèse byzantin. En 1383, le despotat tomba entre les mains des Paléologues, qui le gardèrent jusqu'en 1460, date de la prise de Mistra par Mehmed II.

Mistral *(Frédéric),* écrivain français d'expression occitane (Maillane, Bouches-du-Rhône, 1830 - *id.* 1914). Passionné par la langue et les traditions provençales, il fonde à Font-Ségugne, en 1854, avec six autres poètes provençaux, le félibrige, qu'il illustre par son chef-d'œuvre *Mireille* (1859) puis par

Calendal (1867) et *les Îles d'or* (1875). [Prix Nobel 1904.]

Mistral *(Lucila* Godoy Alcayaga, dite **Gabriela),** poétesse chilienne (Vicuña 1889 - Hempstead, près de New York, 1957), auteur de recueils d'inspiration chrétienne et populaire (*Sonnets de la mort,* 1914 ; *Desolación,* 1922). [Prix Nobel 1945.]

Mitanni, Empire hourrite qui, du XVIᵉ au XIVᵉ s. av. J.-C., domina la haute Mésopotamie et la Syrie du Nord. Il disparut sous les coups des Hittites et des Assyriens (XIIIᵉ s. av. J.-C.).

Mitchell *(mont),* point culminant des Appalaches (Caroline du Nord) ; 2 037 m.

Mitchell *(Margaret),* romancière américaine (Atlanta 1900 - *id.* 1949), auteur d'*Autant en emporte le vent* (1936). [→ Autant.]

Mitchum *(Robert),* acteur américain (Bridgeport, Connecticut, 1917). Il a imposé de film en film son personnage d'aventurier désabusé, fataliste ou cynique : *Feux croisés* (E. Dmytryk, 1947), *les Indomptables* (N. Ray, 1952), *la Nuit du chasseur* (C. Laughton, 1955), *la Fille de Ryan* (D. Lean, 1970).

Mithra, dieu de l'Iran ancien, dont on retrouve sous le nom de Mitra un équivalent dans le panthéon de l'Inde, à la période védique (v. 1300 av. J.-C.). Son culte, déjà très populaire dans l'Iran occidental, se répandit à l'époque hellénistique en Asie Mineure, d'où il passa, au Iᵉʳ s. av. J.-C., à Rome, pour y connaître un succès considérable. Mithra apparaît comme une divinité astrale plus ou moins identifiée au Soleil et ainsi au dieu Shamash ; il mène contre les forces du Mal un combat qui s'achèvera à la fin des temps par le triomphe du Bien. Les éléments essentiels du culte de Mithra sont l'initiation, qui comprend sept degrés en rapport avec les sept planètes, le banquet sacré et des sacrifices d'animaux, notamment d'un taureau, dont l'immolation était un gage d'immortalité.

Mithridate VI Eupator, dit **le Grand** (v. 132 - Panticapée 63 av. J.-C.), dernier roi du Pont (111-63 av. J.-C.). Le plus grand souverain du royaume du Pont, il lutta contre la domination romaine en Asie : ses trois guerres (88-85 ; 83-81 ; 74-66) furent des échecs ; il fut finalement défait par Pompée. Il tenta de s'empoisonner mais, accoutumé aux poisons, il dut se faire tuer par l'un de ses hommes.

Mitidja, plaine de l'Algérie centrale s'étirant en arrière des collines et du cordon littoral, au S. d'Alger (agrumes, tabac, fourrages).

Mitla, centre cérémoniel préhispanique du Mexique, à 40 km au S.-E. de Monte Albán (État de Oaxaca), construit par les Zapotèques au postclassique ancien (950-1250 apr. J.-C.). Murs extérieurs ornés de mosaïques de pierre.

Mito, v. du Japon (Honshu), au N.-E. de Tokyo ; 234 968 hab.

Mitre *(Bartolomé),* homme d'État argentin (Buenos Aires 1821 - *id.* 1906). Président de la République (1862-1868), il favorisa le développement économique.

Mitscherlich *(Alexander),* médecin et psychanalyste allemand (Munich 1908 - Francfort-sur-le-Main 1982). Il est l'un des fondateurs de la médecine psychosomatique. Il s'est intéressé aux liens entre l'individu et la société (*Vers la société sans pères,* 1963).

Mitscherlich *(Eilhard),* chimiste allemand (Neuende, Oldenburg, 1794 - Schöneberg, auj. dans Berlin, 1863). Il a énoncé la loi de l'isomorphisme, suivant laquelle deux corps possédant des formes cristallines semblables ont des structures chimiques analogues.

Mitsotákis *(Konstandínos),* homme politique grec (Khaniá 1918). Président de la Nouvelle Démocratie (1984-1993), il est Premier ministre de 1990 à 1993.

Mitsubishi, trust japonais créé en 1870, spécialisé dès son origine dans les transports, les mines et les chantiers navals. Reconstitué après la Seconde Guerre mondiale, il occupe dans l'industrie japonaise une place de premier plan (constructions mécaniques, navales et aéronautiques, chimie, automobiles, etc.).

Mittelland → Plateau.

Mitterrand *(François),* homme d'État français (Jarnac 1916 - Paris 1996). Plusieurs fois ministre sous la IVe République, il est en 1965 candidat de la gauche à la présidence de la République et met en ballottage le général de Gaulle. Premier secrétaire du Parti socialiste (1971) et l'un des instigateurs de l'union de la gauche, il est élu président de la République en mai 1981. Son premier septennat commence avec des gouvernements socialistes et s'achève par une période de cohabitation avec la droite (1986-1988). Réélu en 1988, il nomme de nouveau des Premiers ministres socialistes et s'engage, à partir de 1993, dans une seconde période de cohabitation, qui se termine avec la fin de son mandat en 1995.

Mixtèques, Indiens occupant le territoire situé au nord et à l'ouest de l'État d'Oaxaca (Mexique), estimés à 275 000 individus parlant les nombreux dialectes de la langue mixtèque, ainsi que l'espagnol. Ils se répandirent dans la vallée d'Oaxaca vers le XIIIe siècle et conquirent le territoire de leurs voisins Zapotèques et les villes de Monte Albán, puis Mitla.

Miyazaki, v. du Japon (Kyushu) ; 287 352 hab.

Mizoguchi Kenji, cinéaste japonais (Tokyo 1898 - Kyoto 1956). Considéré comme l'un des maîtres du cinéma japonais, ce réalisateur prolixe débute en 1922. Déjà apparaissent les thèmes de ses films : l'onirisme, l'humanisme social, la condition de la femme, la critique incisive du Japon contemporain. Avec un grand sens esthétique de l'image et du décor, il expérimente la technique du plan-séquence qui contribuera à sa renommée. Deux films de 1936, *l'Élégie de Naniwa/l'Élégie d'Osaka* et les *Sœurs de Gion,* plébiscités par le public et la critique, sont condamnés par le nouveau régime militaire. Le cinéaste réalise alors des œuvres à sujets historiques, tout en portant son style à la perfection : *les Contes des chrysanthèmes tardifs* (1939), *les 47 Ronin* (1941-42). Après la guerre, il revient à des films plus « engagés » socialement et politiquement, donnant à l'actrice Tanaka Kinuyo (1909-1977) ses plus beaux rôles, notamment dans *la Vie d'Oharu femme galante* (1952). Ce film, couronné à Venise, sera suivi d'œuvres tout aussi magistrales : *les Contes de la lune vague après la pluie* (1953) [→ **Contes**], *l'Intendant Sansho* (1954), *les Amants crucifiés* (id.), *l'Impératrice Yang Kwei-fei* (1955), *la Rue de la honte* (1956).

Mizoram, État du nord-est de l'Inde ; 21 000 km² ; 686 217 hab. Cap. *Aijal.*

Mjøsa, le plus grand lac de Norvège, au nord d'Oslo ; 360 km².

M le Maudit, film allemand de F. Lang (1931).

M. L. F. (Mouvement de libération des femmes), mouvement féministe français créé en 1968, qui lutte pour l'indépendance économique, sexuelle et culturelle des femmes.

Mnémosyne, déesse grecque de la Mémoire ; Titanide, fille d'Ouranos et de Gaia, elle eut de Zeus les neuf Muses.

Mnésiclès, architecte athénien (ve s. av. J.-C.). Il construisit les Propylées de l'Acropole d'Athènes de 437 à 432.

Mnouchkine *(Ariane),* actrice et directrice de théâtre française (Boulogne-sur-Seine 1939). Animatrice du Théâtre du Soleil, elle a renouvelé le rapport entre comédien et texte, public et scène *(1789,* 1971). Après un film sur Molière (1978), elle donne de nouvelles lectures des drames historiques de Shakespeare (1981-1984) et du cycle des Atrides (1990-1992).

Moabites, peuple nomade établi à l'est de la mer Morte (XIIIe s. av. J.-C.) et apparenté aux Hébreux, avec lesquels ils entrèrent souvent en conflit. Ils furent absorbés au IIIe-IIe s. av. J.-C. par les Nabatéens.

Mobile, port des États-Unis (Alabama), sur la baie de Mobile à l'E. de la Nouvelle-Orléans ; 196 278 hab. — Musées.

Möbius *(August Ferdinand),* astronome et mathématicien allemand (Schulpforta 1790 - Leipzig 1868). Il a enrichi la géométrie projective, surtout algébrique, grâce à son étude des transformations affines (1827). Pionnier de la topologie, il découvrit une surface à un seul côté *(bande* ou *ruban de Möbius).*

Mobutu *(lac),* anc. lac Albert, lac de l'Afrique équatoriale (Ouganda et Zaïre), à 618 m d'alt., traversé par le Nil ; 4 500 km².

Mobutu *(Sese Seko),* maréchal et homme d'État zaïrois (Lisala 1930). Colonel et chef d'état-major (1960), il prend le pouvoir lors d'un coup d'État (1965) et se proclame président de la République.

Mocenigo, famille noble vénitienne, qui a fourni cinq doges à la République de 1474 à 1778.

Moche ou **Mochica,** peuple préhispanique (200 av. J.-C. - 700 apr. J.-C.) du Pérou septentrional, dont la culture s'est principalement développée dans les vallées de la Moche et de la Chicama (actuelle province de La Libertad). Très hiérarchisée, la société moche est dominée par une aristocratie théocratique. La mythologie et la vie quotidienne inspirent la riche iconographie d'une belle poterie.

Mocky *(Jean-Paul* Mokiejewski, dit Jean-Pierre),* cinéaste et acteur français (Nice 1929). Excellent directeur d'acteurs, il est l'auteur de nombreuses comédies satiriques *(les Dragueurs,* 1959 ; *la Grande Lessive,* 1968 ; *le Miraculé,* 1986 ; *Ville à vendre,* 1992).

Model *(Elise* Seybert, dite Lisette),* photographe américaine d'origine autrichienne (Vienne 1906 - New York 1983). Fascinée par le « rêve américain », elle le démystifie en regardant, à la fois avec acuité et pudeur, les tares physiques des habitants de cette Amérique où vivre se confond souvent avec consommer.

Model *(Walter),* maréchal allemand (Genthin 1891 - près de Duisburg 1945). Commandant en chef du front ouest d'août à septembre 1944, puis d'un groupe d'armées de ce même front, il se suicida après avoir capitulé.

Modène, v. d'Italie (Émilie), ch.-l. de prov. ; 176 148 hab. *(Modénais).* Université. Constructions mécaniques. — Le *duché de Modène,* érigé en 1452, fut supprimé par Bonaparte en 1796. Reconstitué en 1814 au profit d'un Habsbourg, il vota sa réunion au Piémont en 1860. — Importante cathédrale romane (sculptures). Autres monuments, notamment du XVIIIe siècle. Musées, dont la Galleria Estense.

Modiano *(Patrick),* écrivain français (Boulogne-Billancourt 1945). Ses romans forment une quête de l'identité à travers un passé douloureux ou énigmatique *(la Place de l'Étoile,* 1968 ; *la Rue des boutiques obscures,* 1978 ; *Fleurs de ruine,* 1991 ; *Du plus loin de l'oubli,* 1996).

Modigliani *(Amedeo),* peintre et sculpteur italien de l'école de Paris (Livourne 1884 - Paris 1920). Son œuvre, vouée à la figure humaine, se distingue par la hardiesse et la pureté de la ligne *(Portrait de Paul Guillaume,* 1916, gal. d'Art mod., Milan ; *Hanka Zborowska,* 1917, gal. nat. d'Art mod., Rome ; *Grand Nu couché,* 1919, M. A. M., New York ; nombreux portraits de *Jeanne Hébuterne).*

Modigliani *(Franco),* économiste américain d'origine italienne (Rome 1918). On lui doit une contribution à la révision de la théorie keynésienne, ainsi que la théorie du cycle de vie de l'épargne et, avec Merton Miller, un théorème de politique financière de l'entreprise. (Prix Nobel de sciences économiques 1985.)

Mœris, lac de l'Égypte ancienne, dans le Fayoum.

Moero → Mweru.

Mogadiscio, Mogadishu → Muqdisho.

Mogador → Essaouira.

Moghols *(Grands),* dynastie musulmane, d'origine turque, qui régna sur l'Inde de 1526 à 1857. Fondée par Baber, la dynastie compta deux empereurs exceptionnels, Akbar (1556-1605) et Aurangzeb (1658-1707). Elle domina à son apogée tout le sous-continent indien, de Kaboul à l'Inde du

Sud. Son dernier empereur fut déposé par les Britanniques.

Mogods *(monts des),* région montagneuse et boisée de la Tunisie septentrionale.

Mogollon, tradition culturelle indienne (d'après un site du même nom à 270 km au S.-O. d'Albuquerque) qui s'est développée, de 300 av. notre ère à 1500 apr. J.-C., dans le S.-O. du Nouveau-Mexique et dans le S.-E. de l'Arizona. Cette culture reste célèbre pour l'architecture appareillée de ses villages aux vastes « kiva » et, dans sa phase finale, pour une céramique, dite « Mimbres », intentionnellement trouée avant de devenir offrande funéraire.

Mohács *(bataille de)* [29 août 1526], bataille au cours de laquelle Soliman le Magnifique anéantit les troupes de Louis II de Hongrie (tué au combat), à Mohács, ville de Hongrie, sur le Danube.

Mohammad Reza ou **Muhammad Riza** (Téhéran 1919 - Le Caire 1980), chah d'Iran (1941-1979), de la dynastie Pahlavi. Il établit un régime autoritaire et modernisa son pays avec l'aide des États-Unis. Il fut renversé par la révolution islamique (1979).

Mohammed → **Muhammad.**

Mohammedia, *anc.* Fédala, port du Maroc (prov. de Casablanca) sur la côte de la Chaouïa ; 105 000 hab. Raffinerie de pétrole.

Mohave ou **Mojave** *(désert),* région désertique des États-Unis, dans le sud-est de la Californie, en bordure du Mexique.

Mohave, peuple indien d'Amérique du Nord, parlant une langue uto-aztèque, habitant aujourd'hui des réserves en Californie et en Arizona.

Mohawk, Indiens d'Amérique du Nord, qui appartenaient à la confédération iroquoise.

Mohenjo-Daro, site protohistorique du Sind (Pakistan), sur l'Indus. C'est l'une des villes les plus importantes de la *civilisation de l'Indus* (env. 2300-1750 av. J.-C.). Édifiée en brique, elle comportait une citadelle et une vaste zone résidentielle avec un véritable urbanisme.

Mohican, Indiens Algonquins établis autrefois dans la région du Connecticut et aujourd'hui disparus en tant que tribus.

Moholy-Nagy *(László),* plasticien hongrois (Bácsborsód 1895 - Chicago 1946). Professeur au Bauhaus de 1923 à 1928, il fonda en 1939 l'Institute of Design de Chicago. Constructiviste, précurseur du cinétisme, il a utilisé toutes les techniques (dessin, peinture, photo, collage, assemblage, cinéma).

Mohorovičić *(Andrija),* géophysicien yougoslave (Volosko, près d'Opatija, 1857 - Zagreb 1936). Il a étudié la propagation des ondes sismiques et s'est attaché à préciser la localisation des épicentres. Il a découvert en 1909 l'existence d'une zone de transition entre la croûte et le manteau terrestres *(moho,* ou *discontinuité de Mohorovičić).*

Moi *(Daniel Arap),* homme d'État kenyan (Sacho 1924), président de la République depuis 1978.

Moï, peuple du Viêt Nam et du Laos. Habitants des montagnes et plateaux de la cordillère Annamitique, les Moï vivaient surtout de la culture itinérante sur brûlis, ou ray (riz, patates douces), et de l'élevage (porcs et volailles). Les guerres d'Indochine les ont décimés et ont ruiné les bases de leur culture.

Moili, *anc.* Mohéli, la plus petite île des Comores ; 290 km² ; 13 000 hab. Ch.-l. *Fomboni.*

Moire, *en gr.* Moira, personnification du Destin dans la mythologie grecque. Plutôt qu'une divinité anthropomorphique, elle représente une Loi, inconnue et incompréhensible. Les trois sœurs, Clotho, Lachésis et Atropos, qui président à la naissance, à la vie et à la mort des humains, sont aussi appelées les Moires ; elles correspondent aux Parques latines.

Moïse, libérateur et législateur des Hébreux (XIIIᵉ s. av. J.-C.). Transfigurée par le style épique de la Bible (les événements miraculeux de sa naissance, des plaies d'Égypte, du passage de la mer Rouge, de la traversée du désert), son histoire est celle d'un chef charismatique qui a donné aux Hébreux leur patrie, leur religion, leur loi et sans lequel leur existence même resterait inexplicable. Moïse est l'âme de la résistance à l'oppression que subissent ses frères dans l'Égypte des pharaons, le guide qui les fait sortir de ce pays, le chef qui unifie les divers groupes des descendants de Jacob, le médiateur enfin qui parle au nom de Yahvé et qui remet au peuple élu les éléments fondamentaux de sa Loi.

Moissac, ch.-l. de c. de Tarn-et-Garonne, sur le Tarn ; 12 213 hab. *(Moissagais).* Chasselas. Caoutchouc. **ARTS.** L'église St-Pierre, ancienne abbatiale des XIIᵉ et XVᵉ siècles, possède un célèbre portail sculpté de l'école romane languedocienne (v. 1130-1140, *Vision de l'Apocalypse* au tympan) et un cloître aux chapiteaux historiés précoces (fin du XIe s.), remanié au XIIIe siècle. Petit musée des Arts et Traditions populaires.

Moissan *(Henri),* pharmacien et chimiste français (Paris 1852 - *id.* 1907). Il obtint, grâce au four électrique, la fusion de nombreux oxydes métalliques, élabora le chrome et le titane, des carbures, hydrures, nitrures, siliciures et borures cristallisés. Il isola le fluor, le silicium et le bore. (Prix Nobel 1906.)

Moivre *(Abraham* de)*,* mathématicien britannique d'origine française (Vitry-le-François 1667 - Londres 1754). Il a précisé les principes du calcul des probabilités, qu'il appliqua à de nombreux problèmes. Il introduisit la trigonométrie des quantités imaginaires, énonçant implicitement la *formule de Moivre.*

Moka, *en ar.* al-Mukhã, port du Yémen, sur la mer Rouge ; 6 000 hab. Il exportait un café renommé aux XVIIe et XVIIIe siècles.

Mokpo, port de la Corée du Sud, sur la mer Jaune ; 222 000 hab.

Moldau → **Vltava.**

Moldavie, région historique de Roumanie, auj. partagée entre la Roumanie et la République de Moldavie. La marche de Moldavie, créée v. 1352-1354 par Louis Ier d'Anjou, roi de Hongrie, s'émancipe en 1359 de la tutelle de la Hongrie. Devenue en 1538 un État autonome vassal de l'Empire ottoman, la Moldavie est placée sous la protection de la Russie en 1774. L'Autriche annexe la Bucovine en 1775 et la Russie se fait céder la Bessarabie en 1812. L'union des principautés de Moldavie et de Valachie, réalisée en 1859, est proclamée définitive en 1862. Le nouvel État prendra le nom de Roumanie. De 1918 à 1940, la Bessarabie est rattachée à la Roumanie.

Moldavie, État d'Europe, enclavé entre l'Ukraine et la Roumanie ; 33 700 km[2] ; 4 300 000 hab. *(Moldaves).* CAP. Chişinău. LANGUE : *roumain.* MONNAIE : leu.
GÉOGRAPHIE
En bordure de la Roumanie, la Moldavie est peuplée pour deux tiers de Moldaves (avec de notables minorités, russe et ukrainienne) et bénéficie de bonnes conditions agricoles (chaleur, eau). Bien mise en valeur, elle produit notamment du blé, du maïs, de la canne à sucre, du vin et du tabac. L'élevage est intensif et l'agroalimentaire constitue le secteur industriel dominant.

HISTOIRE
La République socialiste soviétique de Moldavie est fondée en 1940 par les Soviétiques, qui viennent de reconquérir la Bessarabie. Le sud de la Bessarabie est rattaché à l'Ukraine ; le reste et une partie de la République autonome de Moldavie, créée en 1924 sur la rive gauche du Dniestr, constituent la R. S. S. de Moldavie, les Moldaves représentant 65 % de la population.
1991. La Moldavie proclame son indépendance.
1992. De violents combats se produisent en Transnistrie, peuplée de russophones séparatistes.
1994. Les Moldaves se prononcent par référundum pour le maintien d'un État indépendant, rejetant ainsi l'éventualité d'un rattachement de la Moldavie à la Roumanie. Une nouvelle constitution, qui prévoit un statut d'autonomie pour la Transnistrie et la minorité gagaouze, est adoptée.

Molé *(Louis Mathieu, comte),* homme politique français (Paris 1781 - Champlâtreux 1855). Un des chefs du parti de la Résistance, il fut ministre des Affaires étrangères (1830) puis président du Conseil (1836-1839). [Acad. fr. 1840.]

Molé *(Mathieu),* magistrat français (Paris 1584 - *id.* 1656). Président au parlement de Paris, garde des Sceaux, il joua le rôle de conciliateur entre la régente et le parlement pendant la Fronde.

Molenbeek-Saint-Jean, *en néerl.* Sint-Jans-Molenbeek, comm. de Belgique, banlieue ouest de Bruxelles ; 68 759 hab.

Molène *(île),* île et comm. du Finistère, entre Ouessant et la pointe Saint-Mathieu ; 330 hab.

Molfetta, port d'Italie (Pouille), sur l'Adriatique ; 66 658 hab. — Cathédrale Ancienne (XIIe-XIIIe s.).

Molière *(Jean-Baptiste* Poquelin, dit)*,* auteur dramatique français (Paris 1622 - *id.* 1673). Fils et petit-fils de tapissiers, il fait ses humanités chez les jésuites du collège de Clermont. Abandonnant ses études de droit (1642), il crée, en 1643, avec la famille Béjart, l'*Illustre Théâtre,* mais celui-ci fait faillite. Il parcourt alors, pendant plus de douze ans, la province, où il écrit et joue, inspiré par la farce italienne, l'*Étourdi* (1655) et le *Dépit amoureux* (1656). Après avoir joué des pièces de ses contemporains devant le roi (1658), il reçoit la salle du Petit-Bourbon, puis, en 1660, celle du Palais-Royal, qu'il gardera jusqu'à sa mort. Dégagé de l'emprise italienne, Molière affirme son originalité à partir des *Précieuses ridicules* (1659), peinture satirique des salons littéraires alors en vogue, qui lui assure la célébrité. Abandonnant la farce (*le Médecin volant* ; *Sganarelle ou le Cocu imaginaire*, 1660) pour le genre sérieux (*Dom Garcie de Navarre*, 1661), Molière échoue et revient avec succès à la comédie (*l'École des maris*, 1661 ; *les Fâcheux*, 1661 ; *l'École des femmes*, 1662 ; et, après la querelle qu'elle suscite, *la Critique de l'École des femmes* et *l'Impromptu de Versailles*, 1663). De 1664 à 1666, Molière écrit trois pièces à caractère moral ou religieux qui s'inscrivent parmi les chefs-d'œuvre de la littérature française : *Tartuffe* (1664), *Dom Juan* (1665) et *le Misanthrope* (1666), bien qu'à la cour, comme à la ville, on préfère *le Mariage forcé* et *la Princesse d'Élide* (1664), *l'Amour médecin* (1665) et *le Médecin malgré lui* (1666) où apparaît son horreur des médecins. Pour distraire la cour, il écrit alors des comédies-ballets : *Amphitryon* (1668), *l'Avare* (1668), puissante comédie de caractère, *George Dandin* (1668), *Monsieur de Pourceaugnac* (1669), *le Bourgeois gentilhomme* (1670), où il se moque des parvenus, *les Fourberies de Scapin* (1671), où il revient à la farce, et *les Femmes savantes* (1672). La querelle autour de *Tartuffe* et le demi-échec du *Misanthrope* obligent Molière à abandonner la comédie satirique. Très marqué par la préférence du roi pour Lully et terrassé par la maladie, il meurt quelques heures après la quatrième représentation du *Malade imaginaire* (17 févr. 1673).

Molière a su utiliser toute la gamme des effets comiques, de la farce la plus bouffonne à la psychologie la plus élaborée. En s'attaquant aux ridicules et aux contradictions du xviie s., il a campé des personnages enfermés dans leurs vices et leurs obsessions, qui forment des types éternels.

— **Tartuffe** ou **Tartufe** est une comédie en cinq actes et en vers. Victimes d'une cabale du parti dévot, les deux premières versions furent interdites (1664 et 1667), et la pièce ne fut autorisée qu'en 1669. Faux dévot, Tartuffe a gagné la confiance d'Orgon dont il obtient tout, y compris la promesse d'épouser sa fille. Démasqué, alors qu'il tente de séduire Elmire, femme d'Orgon, l'hypocrite essaie de nuire à ce dernier, mais la justice du roi met fin à l'imposture.

Molina *(Luis)*, théologien espagnol (Cuenca 1535 - Madrid 1601). Jésuite, il enseigna à Coïmbra, Evora et Madrid, et devint célèbre par les vives controverses que suscitèrent son ouvrage intitulé *Accord du libre arbitre avec la grâce* (*Concordia liberi arbitrii cum gra-*

tiae donis, 1588) et ses thèses sur la prédestination.

Molina *(Mario José)*, chimiste américain d'origine mexicaine (Mexico 1943). Les travaux de chimie atmosphérique qu'il a menés avec F.S. Rowland ont montré le rôle des C.F.C. dans la destruction de l'ozone stratosphérique. (Prix Nobel 1995.)

Molinos *(Miguel de)*, théologien espagnol (Muniesa, Teruel, 1628 - Rome 1696). Bénéficiant d'une grande réputation de directeur spirituel, il s'établit à Rome en 1663 et y devint le chef d'une école de spiritualité soupçonnée de tendances quiétistes. Son ouvrage principal, la *Guide spirituelle* (1675), fut condamné en 1688, et lui-même mourut emprisonné.

Molise, région de l'Italie péninsulaire, correspondant aux prov. de Campobasso et d'Isernia ; 4 438 km² ; 327 893 hab. Cap. *Campobasso*.

Molitor *(Gabriel Jean Joseph, comte)*, maréchal de France (Hayange 1770 - Paris 1849). Il défendit la Hollande en 1813, commanda en Espagne (1823) et fut fait maréchal par Louis XVIII.

Mollet *(Guy)*, homme politique français (Flers 1905 - Paris 1975). Secrétaire général de la S. F. I. O. de 1946 à 1969, il fut président du Conseil en 1956-57. Son gouvernement réalisa des réformes sociales et eut à faire face à l'aggravation de la situation en Algérie et à la crise de Suez. Ministre de De Gaulle (1958-59), il rentra ensuite dans l'opposition.

Mollien *(François Nicolas, comte)*, homme politique français (Rouen 1758 - Paris 1850), ministre du Trésor sous l'Empire (1806-1814 et mars-juin 1815).

Molnár *(Ferenc)*, écrivain hongrois (Budapest 1878 - New York 1952), auteur de romans réalistes (*les Garçons de la rue Pál*, 1907) et de comédies (*Liliom*, 1909).

Moloch, obscure divinité cananéenne mentionnée dans la Bible et liée à la pratique de sacrifices d'enfants. Les historiens croient aujourd'hui que ce nom désigne ces sacrifices mêmes plutôt qu'un dieu.

Molosses, peuple de l'Épire, au nord du golfe d'Ambracie. Leur centre était le sanctuaire de Dodone.

Molotov *(Viatcheslav Mikhaïlovitch Skriabine, dit)*, homme politique soviétique (Koukarki 1890 - Moscou 1986). Commissaire du peuple aux Affaires étrangères (1939-1949 et 1953-1957), il signa le pacte germano-soviétique (1939). Premier vice-président du Conseil (1941-1957), il fut écarté du pouvoir en 1957 après avoir participé à la tentative d'élimination de Khrouchtchev.

Molsheim, ch.-l. d'arr. du Bas-Rhin, sur la Bruche ; 8 055 hab. Industrie aéronautique. — Metzig, ancien hôtel de la corporation des bouchers (XVIe s. ; musée). Église construite par les jésuites en 1615.

Moltke *(Helmuth, comte von),* maréchal prussien (Parchim, Mecklembourg 1800 - Berlin 1891). Disciple de Clausewitz, chef du grand état-major de 1857 à 1888, il fut le créateur de la stratégie prussienne. Fortement influencé par les campagnes napoléoniennes et l'enseignement de Clausewitz, il est le premier grand stratège d'une époque où se combinent la maturité politique des États-nations et la maturité économique du capitalisme industriel. Sachant tirer le meilleur parti de l'organisation prussienne de l'état-major général, il fait porter l'accent sur la préparation des plans stratégiques et sur la logistique, recourant systématiquement aux possibilités nouvelles du chemin de fer. Stratège du temps plutôt que de l'espace, Moltke abandonne volontiers l'action sur le champ de bataille à l'initiative tactique des commandants des corps d'armée. Son action en 1864 lors de la guerre des Duchés, en 1866 durant la guerre austro-prussienne et en 1870-71 pendant la guerre franco-allemande, lui valut un prestige immense. Son neveu **Helmuth,** général (Gersdorff, Mecklembourg 1848 - Berlin 1916), chef de l'état-major allemand de 1906 à 1914, dirigea l'entrée en guerre des forces allemandes en 1914 mais fut battu sur la Marne.

Moluques *(îles),* archipel d'Indonésie, séparé de Célèbes par la mer de Banda et la mer des Moluques ; 75 000 km² ; 1 589 000 hab. Les îles sont montagneuses, très arrosées et couvertes de forêts. Les principales sont *Halmahera, Ceram* et *Amboine.*

Mombasa ou **Mombassa,** principal port du Kenya, dans la petite île de Mombasa, à 800 m de la côte ; 341 000 hab.

Mommsen *(Theodor),* historien allemand (Garding 1817 - Charlottenburg 1903). Par ses études d'épigraphie et de philologie, et par son *Histoire romaine* (1854-1885), il a renouvelé l'étude de l'Antiquité latine. (Prix Nobel de littérature 1902.)

Mon, île danoise, au sud-est de l'île de Sjaelland, à laquelle la relie un pont ; 12 400 hab.

Monaco, État et ville du littoral de la Méditerranée, enclavés dans le dép. français des Alpes-Maritimes ; 2 km² ; 28 000 hab. *(Monégasques).* CAP. *Monaco.* LANGUE : *français.* MONNAIE : *franc (français).*

GÉOGRAPHIE

La fonction touristique, fondée initialement sur le casino de Monte-Carlo, est également marquée par l'existence de musées originaux (océanographie, anthropologie), celle d'un grand prix automobile et d'un port de plaisance. Plus récente, la fonction industrielle et de services (bureaux d'études, laboratoire de recherches), favorisée par le régime fiscal, emploie environ 10 000 frontaliers français ou italiens.

HISTOIRE

Colonie phénicienne, elle passe sous la domination de la colonie grecque de Marseille et prend le nom de *Monoïkos.* Échue à la famille Grimaldi en 1297, enjeu des querelles génoises entre guelfes et gibelins, elle passe définitivement aux Grimaldi au début du XVe s.

1512. Son indépendance est reconnue par la France.

1793-1814. Les Français annexent la principauté.

1865. Monaco signe un traité d'union douanière avec la France.

1949. Rainier III devient prince de Monaco.

1962. Réforme de la Constitution.

Monastir, port de Tunisie, sur le golfe de Hammamet ; 27 000 hab. Station balnéaire et touristique. — Le ribat (couvent fortifié) de 796 est l'une des grandes œuvres de l'islam primitif ; Grande Mosquée (IXe-XIe s.) ; remparts.

Mönchengladbach, v. d'Allemagne (Rhénanie-du-Nord-Westphalie), dans le bassin de Cologne, à l'ouest de Düsseldorf ; 255 905 hab. Métallurgie. — Ancienne abbatiale St-Vitus, romano-gothique. Musée municipal Abteiberg (art moderne et contemporain, dans un édifice de l'architecte Hans Hollein, inauguré en 1982).

Moncton, v. du Canada (Nouveau-Brunswick) ; 54 841 hab. Archevêché catholique.

Monde *(le),* quotidien fondé en 1944 par Hubert Beuve-Méry avec d'anciens rédacteurs du *Temps.* Après Jacques Fauvet (déc. 1969), André Laurens (juill. 1982), André Fontaine (janv. 1985), Jacques Lesourne (févr. 1991), c'est le journaliste Jean-Marie Colombani qui en assure la direction depuis 1994. *Le Monde* publie, outre son édition quotidienne, plusieurs suppléments.

Mondor *(Henri),* chirurgien et écrivain français (Saint-Cernin, Cantal, 1885 - Neuilly-sur-Seine 1962). Professeur de clinique chirurgicale, il fut l'auteur de traités de chirurgie et d'ouvrages d'histoire de la médecine. On lui doit par ailleurs de nombreux livres d'histoire et de critique littéraire. (Acad. fr. 1946.)

Mondrian *(Pieter Cornelis* Mondriaan, dit **Piet),** peintre néerlandais (Amersfoort 1872 - New York 1944). L'exemple du cubisme analytique le fait passer d'une figuration héritée de Van Gogh et des fauves à une abstraction géométrique qui, à travers l'ascèse spirituelle du *néoplasticisme* et la fondation de De Stijl (→ Stijl [De]), parvient à une extrême rigueur : jeu des trois couleurs primaires, du blanc et du gris sur une trame orthogonale de lignes noires. Il vit à Paris de 1919 à 1938, puis à New York, où son style évolue par la suppression du noir et la multiplication allègre de bandes ou tiretés jaunes, rouges, bleus *(New York City I,* 1942, M. N. A. M., Paris).

Monet *(Claude),* peintre français (Paris 1840 - Giverny, Eure, 1926). Le travail en plein air, révélé par Boudin et développé avec ses camarades de l'atelier Gleyre (Renoir, Sisley, Bazille) comme avec les peintres de l'académie Suisse (Guillaumin, Cézanne, Pissarro), le porte, au-delà des influences reçues (Jongkind, Courbet, Manet...), à s'attacher au rendu de l'atmosphère et de la lumière, et à se fier à son seul sentiment instantané devant le « motif ». C'est le titre de son tableau *Impression, soleil levant* (1872, musée Marmottan, Paris) qui est venu le nom de l'école « impressionniste », dont il est le représentant le plus exemplaire : *Femmes au jardin* (1867), *la Pie* (v. 1868), *le Déjeuner* (v. 1873), *les Dindons* (1877), deux *Femme à l'ombrelle* (1886), musée d'Orsay ; paysages d'Argenteuil et de Vétheuil, de Hollande, vues de Londres ou de Venise ; séries des « Gare Saint-Lazare », des « Meules », « Peupliers » et « Cathédrale de Rouen », observés aux différentes heures du jour ; « Nymphéas » de son jardin de Giverny (Eure), commencés vers 1898 et dont une suite de grands formats, réduits à une pure vibration de couleur-lumière, a été donnée par l'artiste à l'État (v. 1914-1926, Orangerie des Tuileries, Paris).

Monfreid *(Henri* de*),* écrivain français (Leucate 1879 - Ingrandes 1974), fils du peintre et graveur Daniel de Monfreid, ami de Gauguin (Paris 1856 - Corneilla-de-Conflent 1929). Son œuvre est nourrie de ses aventures en Éthiopie et dans le golfe Persique *(les Secrets de la mer Rouge,* 1932 ; *Testament de pirate,* 1963).

Monge *(Gaspard),* comte de Péluse, mathématicien français (Beaune 1746 - Paris 1818). Son œuvre est centrée sur l'étude des figures de l'espace, les aspects analytiques et géométriques y étant intimement liés. On lui doit les théories les plus importantes de la géométrie analytique de l'espace, la création de la géométrie différentielle des courbes de l'espace et des contributions à la théorie des surfaces. Par ailleurs, il prit une part active à la création et à l'organisation de l'École normale supérieure et de l'École polytechnique. Partisan enthousiaste de la Révolution, il se lia ensuite avec Bonaparte, participa à la campagne d'Égypte et fut comblé d'honneurs sous l'Empire, avant de tomber en disgrâce sous la Restauration. Ses cendres ont été transférées au Panthéon en 1989.

Mongkut ou **Rama IV** (Bangkok 1804 - *id.* 1868), roi de Siam (1851-1868). Il ouvrit son pays à l'influence étrangère et évita la colonisation en renonçant au Cambodge, au Laos et à la Malaisie.

Mongolie, région de l'Asie centrale dont une partie forme aujourd'hui un État indépendant. Souvent aride, aux étés chauds mais aux hivers très rigoureux, elle correspond au désert de Gobi et à sa bordure montagneuse (Grand Khingan, Altaï, Tian Shan).

Mongolie *(République de),* anc. Mongolie-Extérieure, État de l'Asie centrale ; 1 565 000 km² ; 2 200 000 hab. *(Mongols).* CAP. *Oulan-Bator.* LANGUE : *khalkha.* MONNAIE : *tugrik.*

GÉOGRAPHIE

Enclavé, le pays a un climat continental accusé : très faibles précipitations, amplitudes thermiques annuelles élevées et fortes variations quotidiennes. Les massifs de la moitié occidentale (Khangaï, Altaï), séparés par des lacs, sont les parties les plus arrosées. Le Sud et l'Est, constitués de dépressions, plaines et plateaux semi-désertiques ou désertiques, forment une partie du désert de Gobi.

La population, peu nombreuse, est maintenant urbanisée à 50 %. En effet, l'élevage nomade, activité traditionnelle, est devenu semi-nomade, voire sédentaire. L'élevage des ovins et des caprins domine. Autour des villes s'est créée une agriculture céréalière et légumière. Des ressources minières (charbon, fer, cuivre, molybdène) sont exploitées. Les deux principaux centres urbains, Oulan-Bator et Darkhan, concentrent les activités industrielles.

HISTOIRE

Autonome en 1911, la Mongolie-Extérieure, aidée à partir de 1921 par la Russie soviétique, devient une république populaire en 1924 et accède à l'indépendance en 1945. Organisée sur le modèle soviétique, la vie politique et économique se libéralise à partir de 1990 (fin du parti unique).

Mongolie-Intérieure, région autonome de la Chine septentrionale dont l'altitude moyenne varie entre 800 et 1 100 m ; 1 200 000 km² ; 19 560 000 hab. Cap. *Houhehot.*

Mongols, peuple de haute Asie vivant aujourd'hui principalement en République de Mongolie, en Russie et en Chine. Avant la fondation de l'Empire mongol par Gengis Khan (XIIIᵉ s.), les peuples de langue mongole sont appelés « Proto-Mongols ». Parmi eux, les Xianbei (IIᵉ-IIIᵉ s.), les Ruanruan (Vᵉ-VIᵉ s.), les Kitan (Xᵉ-XIIᵉ s.) ont fondé des royaumes en Mandchourie ou en Chine. **1206.** Gengis Khan fédère l'ensemble des tribus mongoles.
Sous sa conduite, et celle de ses lieutenants et successeurs, les Mongols entreprennent des conquêtes sauvages et destructrices. **1211-1216.** Conquête de la Chine du Nord.
1221-22. Conquête de l'Iran oriental et de l'Afghanistan.
1236-1242. Campagnes de Batu Khan en Russie et en Hongrie.
1256-1260. Soumission de l'Iran, de l'Iraq et de la Syrie par Hulagu.
1236-1279. Conquête de la Chine du Sud, achevée par Kubilay Khan.
L'Empire ainsi constitué est gouverné par le grand khan. Il se transforme à la fin du XIIIᵉ s. en une fédération d'États dont les dirigeants (mongols) assimilent la civilisation de leurs sujets : Horde d'Or (1236, 1240-1502) qui domine la Russie, la Crimée et la Sibérie, Ilkhans d'Iran (1256-1335), Yuan de Chine (1279-1368). Après la dislocation de l'Empire, les tribus de Mongolie n'émergent de l'anarchie que sous le règne de quelques khans. Les Mongols orientaux (Khalkhas) se soumettent entre 1627 et 1691 aux Mandchous, fondateurs de la dynastie chinoise des Qing.
1754-1756. Les Chinois écrasent l'empire mongol de Dzoungarie (région située entre l'Altaï et le Tian Shan).

Le sud-est de la Mongolie (Mongolie-Intérieure) reste chinois après l'avènement de la république en Chine (1911). La Mongolie-Extérieure devient autonome la même année (→ Mongolie).

Mong-tseu → **Mencius.**

Monicelli *(Mario),* cinéaste italien (Viareggio 1915), auteur de comédies pleines de verve satirique : *le Pigeon* (1958), *la Grande Guerre* (1959), *Un bourgeois tout petit petit* (1977), *Pourvu que ce soit une fille* (1986).

Monique *(sainte)* [Thagaste v. 331 - Ostie 387]. Mère de saint Augustin, elle se consacra à la conversion de son fils ; celui-ci évoque dans les *Confessions* l'influence qu'elle eut sur lui.

Moniteur universel *(le)* ou **Gazette nationale,** journal lancé par Panckoucke en 1789 pour publier les débats de l'Assemblée constituante. En 1799, il publia les actes du gouvernement et devint, en 1848, le *Journal officiel de la République française.*

Moniz *(António Caetano Egas),* médecin portugais (Avanca 1874 - Lisbonne 1955). En 1911, il fut titulaire de la première chaire de neurologie à l'université de Lisbonne ; il réalisa des travaux sur la radiographie et sur la chirurgie du cerveau. Jusqu'en 1920, il eut aussi des activités politiques et devint notamment député et ministre. (Prix Nobel 1949.)

Monk *(George), duc* **d'Albemarle,** général anglais (Potheridge 1608 - White Hall 1670). Lieutenant de Cromwell, il combattit les royalistes. Maître du pays après la mort du lord-protecteur, il prépara le retour de Charles II (1660).

Monk *(Thelonious Sphere),* pianiste et compositeur de jazz américain (Rocky Mount, Caroline du Nord, 1917 - Englewood, New Jersey, 1982). Après avoir participé, dès 1941, à la révolution du be-bop, il a organisé un univers musical d'une grande rigueur, aux confins de la dissonance, et développé une originalité qui en a fait un créateur de premier plan. Il a donné toute sa mesure dans ses improvisations au piano solo.

Monluc ou **Montluc** *(Blaise de Lasseran Massencome, seigneur de),* maréchal de France (Saint-Puy, Gers, v. 1502 - Estillac, Lot-et-Garonne, 1577). Il lutta contre les Habsbourg dans les armées de François Iᵉʳ et d'Henri III, et combattit les huguenots (protestants) de Guyenne. Il est l'auteur de *Commentaires* (1592).

Monmouth *(James* Scott, *duc* de*)*, fils naturel de Charles II Stuart (Rotterdam 1649 - Londres 1685). Chef de l'opposition protestante après l'accession au trône de Jacques II (1685), il tenta vainement de le renverser et fut exécuté.

Monnaie *(hôtel de la)*, à Paris, quai de Conti (VIe arrond.), siège de l'administration française des Monnaies et Médailles ainsi que du Musée monétaire. C'est le chef-d'œuvre, typique du style Louis XVI, de J. D. Antoine.

Monnerville *(Gaston)*, homme politique français (Cayenne 1897 - Paris 1991), président du Conseil de la République de 1947 à 1958, puis du Sénat jusqu'en 1968.

Monnet *(Jean)*, administrateur français (Cognac 1888 - Bazoches-sur-Guyonne, Yvelines, 1979). Négociateur financier et politique international (1915-1944), ministre du Commerce du Gouvernement provisoire en 1944, il proposa l'adoption d'un « plan de modernisation et d'équipement » de l'économie française (1945) et devint premier commissaire général au Plan. L'un des promoteurs de l'idée européenne (on le surnomme le « père de l'Europe »), il présida, de 1952 à 1955, la Haute Autorité de la Communauté européenne du charbon et de l'acier. Ses cendres ont été transférées au Panthéon en 1988.

Monnier *(Henri)*, écrivain et caricaturiste français (Paris 1799 - id. 1877), créateur de Joseph Prudhomme, type de bourgeois inepte et sentencieux.

Monod *(Jacques)*, biochimiste français (Paris 1910 - Cannes 1976). Il étudia, avec ses collaborateurs, la synthèse cellulaire des protéines et sa régulation. Il devint directeur de l'Institut Pasteur en 1971. On lui doit des réflexions sur l'homme et la société, inspirées par la biologie. (Prix Nobel 1965.)

Monod *(Théodore)*, naturaliste français (Rouen 1902). Il a décrit la géologie, la faune et la flore de la partie la plus désertique du Sahara. Humaniste, protestant, défenseur de la nature, militant pacifiste, c'est aussi un écrivain scientifique, dans la lignée des encyclopédistes.

Monomotapa *(empire du)*, ancien État de la région du Zambèze qui s'est constitué au XVe siècle. Il avait Zimbabwe pour capitale et éclata en quatre territoires au XVIe siècle.

Monory *(Jacques)*, peintre français (Paris 1934). Ses compositions ont pris pour matériau, depuis 1965, des images photographiques qu'il interprète d'une touche neutre,

soit en monochromie bleue, soit dans une bichromie ou trichromie artificielle : esthétique froide ou clinquante qui dissimule la passion (séries telles que « Meurtres », 1968 ; « Opéras glacés », 1974-75 ; « la Voleuse », 1985-86).

Monory *(René)*, homme politique français (Loudun 1923). Centriste, ministre de l'Économie (1977-78), ministre de l'Éducation nationale (1986-1988), il est élu à la présidence du Sénat en 1992.

Monreale, v. d'Italie, en Sicile, au S.-O. de Palerme ; 25 537 hab. — Imposante cathédrale de l'époque normande (v. 1180), remarquable par son revêtement intérieur de mosaïques byzantines ; cloître à colonnes géminées, chef-d'œuvre de la sculpture romane dans l'île.

Monroe *(James)*, homme d'État américain (Monroe's Creek, Virginie, 1758 - New York 1831). Président républicain des États-Unis de 1817 à 1825, il établit un consensus politique (« ère des bons sentiments »). Son nom est resté attaché à la doctrine qu'il énonça en 1823 et qui condamne toute intervention européenne dans les affaires de l'Amérique comme de l'Amérique dans les affaires européennes.

Monroe *(Norma Jean* Baker ou Mortenson, dite *Marilyn)*, actrice américaine (Los Angeles 1926 - id. 1962). Elle incarna le mythe de la star hollywoodienne dans toute sa beauté et sa vulnérabilité : *Les hommes préfèrent les blondes* (H. Hawks, 1953), *Sept Ans de réflexion* (B. Wilder, 1955), *Certains l'aiment chaud* (B. Wilder, 1959), *The Misfits* (J. Huston, 1961).

Monrovia, cap. et principal port du Liberia, sur l'Atlantique ; 465 000 hab. Centre administratif et commercial. Port franc.

Mons, *en néerl.* Bergen, v. de Belgique, ch.-l. du Hainaut ; 91 726 hab. *(Montois)*. Centre administratif et commercial. Université. — Siège du SHAPE. — Nombreux monuments, dont la collégiale Ste-Waudru, de style gothique brabançon (XVe-XVIIe s. ; sculptures du Montois Jacques Dubrœucq, objets d'art), et l'hôtel de ville, en partie du XVe siècle. Ensemble de musées consacrés aux beaux-arts, aux arts appliqués, à l'histoire.

Mons-en-Barœul, comm. du Nord, dans la banlieue est de Lille ; 23 626 hab. Textile.

Monsieur *(paix de)*, dite aussi **paix de Beaulieu** ou **paix de Loches** (1576), paix signée au château de Beaulieu, par l'intermédiaire du duc d'Alençon, chef du parti catholique (les « politiques »). Henri III y accordait certains avantages aux protestants.

Monsieur Verdoux, film américain de C. Chaplin (1947).

Monsigny *(Pierre Alexandre),* compositeur français (Fauquembergues 1729 - Paris 1817), un des fondateurs de l'opéra-comique (*le Déserteur,* 1769).

Monsu Desiderio → **Nomé.**

Montagnais, Indiens Algonquins d'Amérique du Nord qui occupaient la zone de forêt subarctique située entre le Labrador et les montagnes Rocheuses. La plupart de leurs réserves se situent sur la rive gauche du Saint-Laurent.

Montagnards, députés de la Convention, membres du groupe de « la Montagne », qui siégeaient sur les gradins les plus élevés. Partisans d'un régime centralisateur et de réformes sociales, ils s'appuyaient tout à la fois sur la Commune de Paris, le club des Jacobins et le peuple des sans-culottes. Leurs principaux chefs furent Marat, Danton et Robespierre. Maîtres du pouvoir en 1793, ils imposèrent une politique de salut public (→ **Terreur**).

Montagne, groupe politique, né de la Révolution française (→ **Montagnards**).

Montagne *(la),* quotidien régional français créé à Clermont-Ferrand en 1919.

Montagne Blanche *(bataille de la)* [8 nov. 1620], défaite infligée, près de Prague, à l'armée des États de Bohême par l'empereur germanique Ferdinand II lors de la guerre de Trente Ans.

Montagne Noire, massif montagneux de la bordure méridionale du Massif central aux confins du Tarn et de l'Aude, culminant au pic de Nore (1 210 m). Elle est englobée dans le parc naturel régional du Haut-Languedoc.

Montagnier *(Luc),* médecin français (Chabris, Indre, 1932). Il a découvert en 1983, avec son équipe de l'Institut Pasteur, la première variété (V. I. H. 1) du virus du sida puis, en 1986, la deuxième variété (V. I. H. 2).

Montaigne *(Michel* Eyquem de*),* écrivain français (château de Montaigne, auj. comm. de Saint-Michel-de-Montaigne, Dordogne, 1533 - *id.* 1592). Issu d'une famille enrichie par le négoce et récemment anoblie, il étudie le droit et devient conseiller à la cour des aides de Périgueux (1554), puis au parlement de Bordeaux (1557), où il rencontre son « frère » d'élection, Étienne de La Boétie. Il fréquente la cour et, deux ans après la mort de son père (1568), il vend sa charge. En 1569, il publie une traduction de la *Theologia naturalis* du philosophe catalan Raymond Sebon et, en 1571, une édition d'œuvres de La Boétie. Retiré dans son domaine, il commence dans sa « librairie » (sa bibliothèque) ses *Essais* dont la première édition (deux premiers livres) paraît en 1580. Du 22 juin de la même année au 30 nov. 1581, il entreprend à travers l'Europe un long périple qu'il relate dans son *Journal de voyage.* Ayant appris à Lucques son élection à la mairie de Bordeaux, il remplit consciencieusement sa charge (1581-1585) et achève la deuxième édition de ses *Essais* qui paraissent, enrichis de nombreuses additions et d'un troisième livre (1588). Après un voyage à Paris, Montaigne consacre ses dernières années à préparer une nouvelle édition des *Essais* qui sera publiée par P. de Brach et Mlle de Gournay, sa « fille d'alliance » (1595). Né dans le siècle de l'humanisme, mais appartenant à une époque de crise politique et intellectuelle, Montaigne n'a pas l'enthousiasme encyclopédique qui animait Rabelais et démontre la faiblesse de la raison humaine. « Que sais-je ? », telle est la question éternellement ouverte qu'il s'est choisie pour devise. Il développe un « art de vivre » fondé sur une sagesse inspirée du bon sens et de la tolérance.

— **Les Essais** (1580 - 1585 - 1595) furent conçus à l'origine à partir de citations d'écrivains antiques, et portant sur les questions les plus diverses (*De la coutume, Du pédantisme, De l'amitié, Des cannibales,* etc.). Ils se transforment, au fil des éditions, en une vaste exploration intérieure où Montaigne cherche à découvrir « la forme entière de l'humaine condition ».

Montaigus *(les),* famille de Vérone célèbre au XVe siècle par sa rivalité avec les Capulets et popularisée par l'œuvre de Shakespeare, *Roméo et Juliette.*

Montale *(Eugenio),* poète italien (Gênes 1896 - Milan 1981). Son œuvre, à l'origine de l'« hermétisme », est une longue résistance à l'égard des conventions de la rhétorique et de la vie (*Os de seiche,* 1925 ; *les Occasions,* 1939 ; *Satura,* 1971). [Prix Nobel 1975.]

Montalembert *(Charles* Forbes, *comte* de*),* publiciste et homme politique français (Londres 1810 - Paris 1870). Devenu le chef des catholiques libéraux, il siège à partir de 1835 à la Chambre des pairs et y défend la liberté de l'enseignement secondaire. Député sous la IIᵉ République, il soutient l'adoption de la loi Falloux (1850). Favorable au coup d'État du 2 décembre 1851, membre de la Chambre des députés (le Corps législatif) de 1852 à 1857, il s'oppose rapidement au despotisme impérial.

Montalembert (*Marc René, marquis* de), général français (Angoulême 1714 - Paris 1800). Précurseur de la fortification du XIXᵉ siècle, il inaugura le tracé polygonal.

Montana, État du nord-ouest des États-Unis ; 381 086 km² ; 799 065 hab. Cap. *Helena.* V. princ. *Billings, Great Falls.* Les Rocheuses, grand site touristique, occupent le tiers ouest de l'État et les Grandes Plaines (vers 1 000 m d'alt.) la partie est. Les ressources sont agricoles (céréales, élevage) et minières (pétrole, charbon, cuivre).

Montand (*Ivo Livi, dit Yves),* chanteur et acteur français (Monsummano, Toscane, 1921 - Senlis 1991). Il a partagé sa carrière entre la chanson, le théâtre et le cinéma : *le Salaire de la peur* (1953), *le Milliardaire* (1960), *Z* (1969), *l'Aveu* (1970), *César et Rosalie* (1972), *Jean de Florette* (1986), *I. P. 5* (1992). Il a épousé l'actrice Simone Signoret en 1951.

Montanus ou **Montan,** prêtre phrygien de Cybèle converti au christianisme (IIᵉ s.). Se présentant comme la voix de l'Esprit saint, il prêchait un ascétisme rigoureux pour préparer l'humanité à la venue imminente du royaume de Dieu. Le montanisme, qu'on appelle aussi l'« hérésie phrygienne » et auquel adhéra Tertullien (v. 207), se répandit en Orient et en Occident. Il survécut jusqu'au IVᵉ siècle.

Montargis, ch.-l. d'arr. du Loiret, sur le Loing ; 16 570 hab. *(Montargois) ;* plus de 50 000 hab. dans l'agglomération, industrialisée. — Église des XIIᵉ-XVIᵉ siècles. Musée d'archéologie et musée « Girodet ».

Montauban, ch.-l. du dép. de Tarn-et-Garonne, sur le Tarn, à 629 km au sud de Paris ; 53 278 hab. *(Montalbanais).* Évêché. Centre administratif et commercial. Agroalimentaire. — Place de sûreté protestante en 1570, Montauban résista héroïquement aux troupes royales du duc de Luynes en 1621. — Pont et église du XIVᵉ siècle, en brique. Place Nationale et cathédrale des XVIIᵉ-XVIIIᵉ siècles. Musée Ingres (souvenirs et œuvres du peintre, dont 4 000 dessins ; salle Bourdelle ; histoire ; etc.).

Montausier (*Charles* de Sainte-Maure, *marquis,* puis *duc* de), général français (1610 - Paris 1690), gouverneur du Dauphin, fils de

Louis XIV. Pour sa future femme, **Julie d'Angennes** (Paris 1607 - *id.* 1671), il fit composer le recueil de madrigaux *la Guirlande de Julie.*

Montbard, ch.-l. d'arr. de la Côte-d'Or, au N. de l'Auxois ; 7 397 hab. *(Montbardois).* Métallurgie. — Petits musées, dont celui consacré à Buffon dans les restes du château ducal.

Montbéliard, ch.-l. d'arr. du nord du Doubs, dans la région de la porte d'Alsace ; 30 639 hab. *(Montbéliardais) ;* 130 000 hab. dans l'agglomération. Centre d'une importante agglomération industrielle (métallurgie). — Musée municipal dans le château, des XVᵉ-XVIIIᵉ siècles ; musée du Vieux-Montbéliard, dans un hôtel du XVIIIᵉ siècle.

Mont-Blanc (*massif du*) → **Blanc** *(mont).*

Montbrison, ch.-l. d'arr. de la Loire, au contact des monts et de la plaine du Forez ; 30 639 hab. *(Montbrisonnais).* Jouets. Constructions mécaniques. — Collégiale gothique (XIIIᵉ-XVIᵉ s.) ; salle de la Diana (XIIIᵉ s.). Petits musées.

Montcalm (*pic de),* sommet des Pyrénées ariégeoises, près de l'Espagne ; 3 078 m.

Montcalm de Saint-Véran (*Louis Joseph, marquis* de), général français (Candiac, près de Nîmes, 1712 - Québec 1759). Commandant des troupes françaises du Canada, lors de la guerre de Sept Ans, il fut tué au combat.

Montceau-les-Mines, ch.-l. de c. de Saône-et-Loire, sur la Bourbince ; 23 308 hab. *(Montcelliens).* Caoutchouc. Constructions mécaniques. Bonneterie.

Montchrestien (*Antoine de),* auteur dramatique et économiste français (Falaise v. 1575 - les Tourailles, près de Domfront, 1621). Auteur de tragédies (*l'Écossaise,* 1601), il a donné également un *Traité de l'économie politique* (1615), tableau de l'état économique de la France vers 1610, où il semble avoir créé l'expression d'« économie politique ».

Mont-de-Marsan, ch.-l. du dép. des Landes, au confl. du Midou et de la Douze, à 687 km au sud-ouest de Paris ; 31 864 hab. *(Montois).* Centre administratif et commercial. — Musée Despiau-Wlérick dans le donjon Lacataye (sculpture de la 1ʳᵉ moitié du XXᵉ s.). — Base aérienne militaire.

Montdidier, ch.-l. d'arr. de la Somme, sur une colline ; 6 506 hab. *(Montdidériens).* Articles de voyages.

Montdidier (*bataille de*) [1918], nom donné à l'offensive allemande du 21 mars (qui enfonça le front franco-anglais, créant la « poche de Montdidier ») et à la contre-offensive de Foch du 8 août qui amorça le repli général de l'armée allemande.

Mont-Dore *(massif du)* → **Dore** *(monts)*.

Monte *(Philippus de),* compositeur flamand (Malines 1521 - Prague 1603). Sa carrière débuta en Italie, puis il fut pendant trente-cinq ans maître de chapelle de l'empereur Maximilien II. Son œuvre très abondante (madrigaux, motets, messes) et d'une grande tenue technique et expressive en fait l'un des maîtres de la musique polyphonique.

Monte Albán, cité préhispanique de la vallée d'Oaxaca (Mexique). Occupée depuis le préclassique moyen (1000-300 av. J.-C.) jusqu'au postclassique (950-1500 apr. J.-C.), elle a été bâtie sur une colline arasée formant une esplanade où se dresse le centre cérémoniel (pyramides, palais et jeu de balle). Vers le début du Xe siècle, la ville, abandonnée, reste un lieu de sépulture pour les Zapotèques et les Mixtèques.

Monte-Carlo, quartier de la principauté de Monaco, au nord du vieux Monaco, où se trouvent le casino et les principaux hôtels. Il donne son nom à un célèbre rallye automobile annuel.

Monte-Carlo *(Radio-* et *Télé.),* société et stations de radiodiffusion et de télévision créées en 1942, dont les studios sont à Monaco et à Paris.

Montecristo, îlot italien, situé au sud de l'île d'Elbe, rendu célèbre par le roman d'Alexandre Dumas père : *le Comte de Monte-Cristo.*

Montecuccoli ou **Montecuculi** *(Raimondo, prince),* maréchal italien au service de l'Empire (près de Modène 1609 - Linz 1680). Il commanda les forces catholiques contre les Turcs (Saint-Gotthard, 1664) puis les impériaux lors de la guerre de Hollande.

Montego Bay, station balnéaire de la Jamaïque ; 43 000 hab. Aéroport.

Montélimar, ch.-l. de c. de la Drôme, près du Rhône ; 13 812 km² (*Montiliens*). Nougats. — Château fort.

Montemayor *(Jorge de),* poète espagnol d'origine portugaise (Montemor-o-Velho, Portugal, v. 1520 - au Piémont 1561), auteur de *la Diane* (1559), roman pastoral.

Monténégro, République fédérée de la Yougoslavie ; 13 812 km² ; 632 000 hab. (*Monténégrins*). CAP. *Podgorica.*
La région, appelée Dioclée puis Zeta, devient le centre d'un État au XIe s. ; elle est

incluse dans le royaume serbe aux XIIIe-XIVe s., avant de redevenir indépendante. En 1479, le Monténégro passe sous domination ottomane et le reste jusqu'en 1878, tout en se transformant en un État moderne. En 1918, il vote la déchéance de son roi et son rattachement à la Serbie. En 1945, il devient une des six Républiques fédérées de la Yougoslavie. Lors de l'éclatement de celle-ci (1991-92), le Monténégro aligne ses positions sur celles de la Serbie.

Montereau-Fault-Yonne, ch.-l. de c. de Seine-et-Marne, au confluent de la Seine et de l'Yonne ; 18 936 hab. (*Montérelais*). Centrale thermique sur la Seine. — Église des XIVe-XVIe siècles. Ancien prieuré St-Martin, avec parties romanes. Musée de la Faïence.

Monterrey, v. du Mexique septentrional, au pied de la sierra Madre orientale ; 2 521 679 hab. Sidérurgie. Chimie.

Montes → **Montez.**

Montespan *(Françoise Athénaïs de Roche-chouart, marquise de)* [Lussac-les-Châteaux, Vienne, 1640 - Bourbon-l'Archambault 1707], maîtresse (1667-1679) de Louis XIV, dont elle eut huit enfants.

Montesquieu *(Charles de Secondat, baron de La Brède et de),* écrivain français (château de La Brède, près de Bordeaux, 1689 - Paris 1755). Il est l'auteur des *Lettres persanes* (1721) [→ **Lettres**], des *Considérations sur les causes de la grandeur des Romains et de leur décadence* (1734) et de *De l'esprit des lois* (1748) dans lequel il montre les rapports qu'entretiennent les lois politiques avec la Constitution des États, les mœurs, la religion, le commerce, le climat et la nature des sols des pays. Ce dernier ouvrage inspira la Constitution de 1791 et fut à l'origine des doctrines constitutionnelles libérales, qui reposent sur la séparation des pouvoirs législatif, exécutif et judiciaire. (Acad. fr. 1727.)

Montessori *(Maria),* médecin et pédagogue italienne (Chiaravalle, près d'Ancône, 1870 - Noordwijk, Pays-Bas, 1952). Elle est l'auteur d'une méthode destinée à favoriser le développement des enfants par la manipulation d'objets, de matériels et par le jeu et la maîtrise de soi (*Pédagogie scientifique,* 1909).

Monteux *(Pierre),* chef d'orchestre et violoniste français naturalisé américain (Paris 1875 - Hancock, Maine, 1964). Il dirigea l'Orchestre symphonique de Paris. Il a créé *le Sacre du printemps* (1913) de Stravinski.

Monteverdi *(Claudio),* compositeur italien (Crémone 1567 - Venise 1643). Il apparaît comme l'un des plus grands créateurs en musique, ayant assuré la transition, comme aucun autre, entre la polyphonie et le style concertant. D'abord au service du duc de Mantoue, il devient (1613) maître de chapelle de Saint-Marc de Venise. Ses neuf livres de madrigaux (1582-1638 ; 1651, posthume), dont certains aboutissent au style de la cantate, l'ont engagé sur la voie de l'opéra, dont il fut l'un des promoteurs (*l'Orfeo*, 1607 ; *Arianna*, 1608 ; *le Retour d'Ulysse*, 1641 ; *le Couronnement de Poppée*, 1642). De ses partitions lyriques, il faut rapprocher *le Bal des ingrates* et *le Combat de Tancrède et de Clorinde*. Il a aussi innové dans le domaine de l'art sacré, évoluant de la polyphonie traditionnelle (messe) aux *Vêpres de la Vierge* (1610) et à la *Selva morale e spirituale* (1640), vastes fresques concertantes pour solistes, chœurs et orchestre, qui annoncent l'esprit du dialogue permanent propre au XVIIe s. européen.

Montevideo, cap. de l'Uruguay, sur le río de la Plata ; 1 346 000 hab. (presque la moitié de la pop. du pays). Exportation de viandes, laines, peaux. Industries alimentaires et textiles. — Musées nationaux et municipaux (d'histoire, des beaux-arts, etc.).

Montez ou **Montes** (*Maria Dolores Eliza Gilbert, dite Lola*), aventurière irlandaise (Limerick 1818 - New York 1861). Elle séduisit le roi Louis Ier de Bavière, dont elle provoqua l'abdication (1848). Sa vie a inspiré à Max Ophuls le film *Lola Montes*.

Montfaucon, localité située jadis hors de Paris, entre La Villette et les Buttes-Chaumont, où s'élevait un gibet construit au XIIIe siècle.

Montfaucon (*Bernard* de), bénédictin (Soulage, Languedoc, 1655 - Paris 1741). Membre de la congrégation bénédictine de Saint-Maur, qui se consacrait à des travaux d'érudition, il fut le fondateur de la paléographie.

Montfaucon-d'Argonne, *anc.* Montfaucon, ch.-l. de c. de la Meuse ; 320 hab. — Victoire franco-américaine (sept. 1918). Mémorial militaire américain.

Montferrat (*maison* de), famille lombarde, issue d'Aleran, premier marquis de Montferrat (m. v. 991) et qui joua un rôle important dans les croisades, avec **Boniface Ier de Montferrat** (m. en Anatolie en 1207), roi de Thessalonique (1204-1207), l'un des chefs de la 4e croisade.

Montfort (*Jean* de Bretagne, *comte* de) → Jean de Montfort.

Montfort (*Simon* IV le Fort, *sire* de), seigneur français (v. 1150 - Toulouse 1218), chef de la croisade contre les albigeois, tué au combat. **Simon de Montfort**, *comte* de Leicester (v. 1208 - Evesham 1265), 3e fils de Simon IV, fut le chef de la révolte des barons contre Henri III d'Angleterre (1258).

Montgolfier (*les frères* de), industriels et inventeurs français. **Joseph** (Vidalon-lès-Annonay, Ardèche, 1740 - Balaruc-les-Bains, Hérault, 1810) et **Étienne** (Vidalon-lès-Annonay 1745 - Serrières, Ardèche, 1799) inventèrent le ballon à air chaud, ou *montgolfière* (1783), et une machine servant à élever l'eau, dite « bélier hydraulique » (1792). Étienne rénova la technique française de la papeterie, introduisant en France les procédés hollandais ainsi que la fabrication du papier vélin.

Montgomery, v. des États-Unis, cap. de l'Alabama ; 187 106 hab.

Montgomery (*Gabriel, seigneur* de Lorges, *comte* de), homme de guerre français (v. 1530 - Paris 1574). Chef de la garde d'Henri II, il blessa mortellement le roi dans un tournoi (1559), devint un des chefs protestants et fut décapité.

Montgomery of Alamein (*Bernard* Law Montgomery, 1er *vicomte*), maréchal britannique (Londres 1887 - Isington Mill, Hampshire, 1976). À la tête de la VIIIe armée britannique en Égypte, il vainquit Rommel à El-Alamein (1942) et repoussa les forces de l'Axe jusqu'à Tunis (1943). Il commanda un groupe d'armées en Normandie, en Belgique et en Allemagne.(1944-45). Il fut l'adjoint au commandant suprême des forces atlantiques en Europe de 1951 à 1958.

Montherlant (*Henry* Millon de), écrivain français (Paris 1895 - *id*. 1972). Auteur de romans qui exaltent la vigueur physique et morale (*les Bestiaires*, 1926) ou expriment une vision de moraliste désabusé (*les Célibataires*, 1934 ; *les Jeunes Filles*, 1936-1939), il a tenté dans son théâtre de retrouver l'austérité de la tragédie classique (*la Reine morte*, 1942 [→ Reine] ; *le Maître de Santiago*, 1948 ; *Port-Royal*, 1954). [Acad. fr. 1960.]

Montholon (*Charles Tristan, comte* de), général français (Paris 1783 - *id*. 1853). Chambellan du palais, il accompagna Napoléon Ier à Sainte-Hélène (1815-1821). Il publia des *Mémoires* (1822-1825) et, en 1847, des *Récits sur la captivité de Napoléon*.

Monti (*Vincenzo*), poète italien (Alfonsine 1754 - Milan 1828). Principal représentant de l'esthétique néoclassique, il donna aussi de nombreuses traductions des poètes latins et grecs (dont *l'Iliade*).

Monticelli *(Adolphe)*, peintre français (Marseille 1824 - *id.* 1886), auteur de compositions d'une imagination souvent féerique, à la matière triturée et au riche coloris (*Don Quichotte et Sancho Pança*, v. 1865, musée d'Orsay), ainsi que de natures mortes et de portraits.

Montigny-le-Bretonneux, comm. des Yvelines, partie de la ville nouvelle de Saint-Quentin-en-Yvelines ; 31 744 hab. Agroalimentaire. Électronique.

Montjoie !, cri de ralliement des troupes du roi de France, apparu au XIIᵉ siècle.

Montlhéry, ch.-l. de c. de l'Essonne, 5 545 hab. L'autodrome dit « de Montlhéry » est situé sur la commune de Linas. — Bataille indécise entre Louis XI et la ligue du Bien public (1465). — Tour de l'ancien château fort.

Montluc → Monluc.

Montluçon, ch.-l. d'arr. de l'Allier, sur le Cher ; 46 660 hab. *(Montluçonnais).* Pneumatiques. Constructions mécaniques et électriques. Confection. — Château (musée) et deux églises du Moyen Âge.

Montmartre *(butte),* anc. comm. de la Seine, annexée à Paris en 1860, l'un des pôles touristiques de la capitale. — La *colline de Montmartre,* ou *butte Montmartre,* porte l'église St-Pierre (fondée en 1134) et la basilique du Sacré-Cœur (fin XIXᵉ s.). Musée du Vieux-Montmartre.

Montmaurin, comm. de la Haute-Garonne ; 225 hab. La grotte de la Terrasse a livré en 1949 une mandibule datée de la glaciation de Mindel. Ce vestige humain, attribué à un archanthropien, serait, avec l'homme de Tautavel, l'un des plus anciens de France. — Vestiges d'une importante villa gallo-romaine dans la vallée de la Save, au nord de Saint-Gaudens.

Montmirail, ch.-l. de c. de la Marne ; 3 826 hab. — Victoire de Napoléon sur les Prussiens (11 févr. 1814).

Montmorency, ch.-l. d'arr. du Val-d'Oise, en bordure de la *forêt de Montmorency* (3 500 ha), au nord de Paris ; 21 003 hab. *(Montmorencéens).* — Église du XVIᵉ siècle (vitraux). Maison qui fut habitée par J.-J. Rousseau (musée).

Montmorency, famille française dont les membres les plus célèbres furent : **Anne,** *duc* de Montmorency (Chantilly 1493 - Paris 1567), connétable (1537), conseiller des rois

François Iᵉʳ et Henri II. Il fut mortellement blessé dans un combat contre les calvinistes ; **Henri Iᵉʳ, duc** de Montmorency (Chantilly 1534 - Agde 1614), fils du précédent. Gouverneur du Languedoc allié aux protestants, il fut nommé connétable par Henri IV en 1593 ; **Henri II, duc** de Montmorency (1595 - Toulouse 1632), fils du précédent. Gouverneur du Languedoc, il se révolta avec Gaston d'Orléans contre Richelieu et fut décapité.

Montmorency-Bouteville *(François de),* gentilhomme français (1600 - Paris 1627), père du maréchal de Luxembourg. Il se battit en duel en plein midi, place Royale, malgré les édits de Richelieu, et fut décapité.

Montmorillon, ch.-l. d'arr. de la Vienne, sur la Gartempe ; 7 276 hab. *(Montmorillonnais).* — Ancienne maison-Dieu des Augustins (musée ; chapelle funéraire octogonale à deux étages). Église des XIIᵉ-XVIIᵉ siècles (peintures du XIIᵉ s. dans la crypte).

Montoire *(entrevue de)* [24 oct. 1940], entrevue entre Pétain et Hitler, au cours de laquelle les deux hommes tentèrent de définir la politique de collaboration franco-allemande, et qui eut lieu à Montoire-sur-le-Loir.

Montoire-sur-le-Loir, ch.-l. de c. de Loir-et-Cher ; 4 315 hab. *(Montoiriens).* — Chapelle St-Gilles, aux remarquables peintures murales romanes. Maisons Renaissance.

Montparnasse, quartier du sud de Paris (essentiellement sur le XIVᵉ arr.). Gare. Centre commercial et de services (tour Montparnasse).

Montpellier, ch.-l. de la Région Languedoc-Roussillon et du dép. de l'Hérault, sur le Lez, près de la Méditerranée, à 753 km au S. de Paris ; 210 866 hab. *(Montpelliérains)* [plus de 220 000 hab. avec les banlieues]. **GÉOGR.** Principale ville entre la vallée du Rhône et la Catalogne, bien desservie par l'autoroute, Montpellier a un traditionnel centre administratif, commercial et universitaire, où l'industrie (produits pharmaceutiques et surtout électronique) s'est plus récemment développée. Technopole de Montpellier Languedoc-Roussillon créée en 1985 sur une dizaine de sites d'agglomération. **HIST.** Possession du roi d'Aragon puis du roi de Majorque, elle devint française en 1349. **ARTS.** Bel ensemble urbain des XVIIᵉ-XVIIIᵉ siècles : hôtels particuliers, promenade et porte du Peyrou par Daviler et Jean Antoine Giral. Faculté de médecine ayant pour noyau les bâtiments de l'ancienne abbaye St-Benoît, fondée en 1564. Ensemble Antigone par R. Bofill. Musée archéologique dans un hôtel du XVIIᵉ siècle. Riche musée Fabre (peintures des écoles française et européennes) ; musée Atger (dessins).

Montpensier (*Anne Marie Louise d'Orléans, duchesse de*), *dite* la Grande Mademoiselle, princesse française (Paris 1627 - *id.* 1693). Elle prit part aux troubles de la Fronde et, lors de la bataille du faubourg Saint-Antoine, fit tirer le canon de la Bastille sur les troupes royales pour protéger la retraite de Condé (1652).

Montréal, v. du Canada (Québec) ; 1 017 666 hab. (2 905 695 hab. dans l'agglomération). [*Montréalais*]. **HIST. ET GÉOGR.** Fondée par des Français en 1642, sous le nom de Ville-Marie, à un endroit où le Saint-Laurent était aisément franchissable, la ville s'est développée comme carrefour et centre commercial (port). Au XIXᵉ siècle, elle devint le principal centre commercial, puis industriel, de l'E. du Canada. Au XXᵉ siècle, l'exode rural des Québécois, l'afflux d'immigrants, le commerce avec les provinces des Prairies ont stimulé la croissance de l'agglomération (600 000 hab. en 1921, 1 million en 1945, 2 millions en 1970), qui déborde alors sur la rive droite du Saint-Laurent et au-delà de la rivière des Mille-Îles. Deuxième agglomération canadienne après Toronto, Montréal regroupe plus de 40 % de la population québécoise et environ les deux tiers de l'activité industrielle de la province (métallurgie de transformation, raffinage de pétrole, matériel ferroviaire et aéronautique, construction électrique, chimie, alimentation, textile). L'agglomération dispose de deux aéroports (Mirabel et Dorval) et son port est le troisième du Canada. Place financière, centre commercial, Montréal, deuxième ville francophone du monde, est aussi une métropole culturelle (universités, centres de recherches, théâtres). **ARTS.** Musées des Beaux-Arts, du château Ramezay (histoire), McCord (ethnographie), d'Art contemporain, etc. ; Centre canadien d'Architecture.

Montreux, v. de Suisse (Vaud), sur le lac Léman ; 22 917 hab. Centre touristique (Riviera vaudoise) et culturel (festivals). — Une Convention internationale sur le régime juridique international du Bosphore et des Dardanelles y fut signée le 20 juillet 1936. — Église St-Vincent, du XVᵉ siècle.

Montrose (*James Graham, marquis de*), général écossais (Montrose 1612 - Édim-bourg 1650), partisan de Charles Iᵉʳ, puis de Charles II. Il fut exécuté.

Montrouge, ch.-l. de c. des Hauts-de-Seine, au sud de Paris ; 38 333 hab. (*Montrougiens*).

Monts (*Pierre du Gua, sieur de*), colonisateur français (en Saintonge v. 1568 - v. 1630), créateur avec Champlain du premier établissement français en Acadie (Port-Royal, 1604).

Mont-Saint-Michel (Le), comm. de la Manche ; 80 hab. C'est un îlot rocheux granitique, situé au fond de la *baie du Mont-Saint-Michel,* à l'embouchure du Couesnon, et relié à la côte par une digue depuis 1879. C'est l'un des grands sites touristiques de France. **ARTS.** Antique lieu druidique, l'îlot fut consacré à l'archange Michel en 709 et occupé par des moines bénédictins en 966. Les bâtiments de l'ancienne abbaye s'échelonnent et se superposent de l'époque de la fondation (N-D.-Sous-Terre) au XVIIIᵉ siècle (nouvelle façade de l'église abbatiale amputée), avec de remarquables parties romanes (nef de l'église) et gothiques (puissantes salles internes, réfectoire et cloître de la « Merveille » [XIIIᵉ s.] ; nouveau chœur de style flamboyant de l'église). Le village est ceint de fortifications des XIIIᵉ-XVᵉ siècles.

Montségur, comm. de l'Ariège ; 125 hab. Sur un piton, ruines du château qui fut la dernière place forte des albigeois (tombée en 1244).

Montserrat, une des Petites Antilles britanniques ; 106 km² ; 12 000 hab. Ch.-l. *Plymouth.*

Montserrat, petit massif montagneux de la Catalogne. Monastère bénédictin ; pèlerinage de la Vierge noire.

Montt (*Manuel*), homme d'État chilien (Petorca 1809 - Santiago 1880). Président de la République de 1851 à 1861, il modernisa le pays.

Monuments français (*musée des*), musée national, au palais de Chaillot, à Paris (XVIᵉ arr.). Remontant à 1937 sous sa forme actuelle, il comprend de nombreux moulages de sculpture monumentale (notamm. du Moyen Âge), des copies de peintures murales (Saint-Savin, etc.), ainsi que des maquettes révélant la structure d'édifices anciens.

Monza, v. d'Italie (Lombardie) ; centre industriel satellite de Milan. Circuit automobile. 121 151 hab. — Cathédrale des XIIᵉ-XVIIIᵉ siècles (trésor). Villa Royale, néoclassique (parc).

Moore *(Henry),* sculpteur et graveur britannique (Castleford, Yorkshire, 1898 - Much Hadham, Hertfordshire, 1986). À partir des années 30, son style, biomorphique et monumental, s'est distingué par le jeu des creux et des vides *(Composition en quatre éléments : Figure étendue,* albâtre, 1934, Tate Gallery ; *Groupe de famille,* bronze, 1946, Phillips Coll., New York).

Moore *(Thomas),* poète irlandais (Dublin 1779 - Sloperton, Wiltshire, 1852). Chantre de son pays natal *(Mélodies irlandaises,* 1807-1834), il composa un grand poème oriental, *Lalla Rookh* (1817).

Moorea, île de la Polynésie française, à 15 km à l'ouest de Tahiti ; 9 032 hab.

Moose Jaw, v. du Canada (Saskatchewan), à l'ouest de Regina ; 33 593 hab.

Mopti, v. du Mali, sur le Niger ; 54 000 hab. — Mosquée ancienne au cœur de la pittoresque ville indigène.

Moradabad, v. de l'Inde (Uttar Pradesh) ; 432 434 hab. Métallurgie. — Mosquée du xviie siècle.

Morais *(Francisco de),* écrivain portugais (Lisbonne v. 1500 - Évora 1572), auteur du roman de chevalerie *Palmerin d'Angleterre,* composé en 1544.

Morales *(Cristóbal de),* compositeur espagnol (Séville v. 1500 - Málaga ou Marchena 1553). Maître de chapelle à Salamanque puis à Tolède, il résida longtemps à Rome et devint le polyphoniste religieux le plus représentatif de l'école andalouse. Il est l'auteur de 25 messes *(Missarum Liber I et II,* Rome 1544), de 18 magnificat, de 91 motets.

Morand *(Paul),* écrivain français (Paris 1888 - id. 1976). Grand voyageur *(l'Homme pressé,* 1941), peintre de la société moderne dans ses romans et ses récits *(Ouvert la nuit,* 1922 ; *Papiers d'identité,* 1931 ; *Hécate et ses chiens,* 1954), il sait également évoquer le passé *(le Flagellant de Séville,* 1951 ; *Venises,* 1971). [Acad. fr. 1968.]

Morandi *(Giorgio),* peintre et graveur italien (Bologne 1890 - id. 1964). Prenant la nature morte (et parfois le paysage) comme prétexte dans sa période « métaphysique » (1918-19) puis dans tout le reste de sa discrète carrière, il a donné à ses œuvres un ton très personnel de contemplation silencieuse.

Morane *(les frères),* industriels et aviateurs français. **Léon** (Paris 1885 - id. 1918) et **Robert** (Paris 1886 - id. 1968) fondèrent en 1911, avec l'ingénieur Raymond Saulnier, la firme de construction aéronautique Morane-Saulnier. Léon Morane fut le premier aviateur à dépasser la vitesse de 100 km/h et à atteindre une altitude supérieure à 2 500 m (1910).

Morante *(Elsa),* femme de lettres italienne (Rome 1912 - id. 1985). Ses romans, qui font d'elle une des figures majeures de l'après-guerre, évoquent un univers cruel, voilé par des zones d'ombre où la violence impose sa fatalité *(Mensonge et Sortilèges,* 1948 ; *l'Île d'Arturo,* 1957 ; *la Storia,* 1974 ; *Aracoeli,* 1982).

Morat, *en all.* **Murten,** v. de Suisse (cant. de Fribourg), sur le *lac de Morat ;* 4 000 hab. — Victoire des Suisses au service de Louis XI sur Charles le Téméraire (22 juin 1476). — Remparts, maisons et monuments anciens ; petit musée historique.

Moratín *(Nicolás Fernández de),* poète dramatique espagnol (Madrid 1737 - id. 1780). Son fils **Leandro** (Madrid 1760 - Paris 1828), dit **Moratín le Jeune,** admirateur de Molière, fut le fondateur, dans son pays, de la comédie moderne *(le Oui des jeunes filles,* 1806).

Morava *(la),* nom de plusieurs rivières d'Europe centrale : l'une (République tchèque, Slovaquie et Autriche), affl. de g. du Danube (365 km) ; l'autre en Yougoslavie, affl. de dr. du Danube (220 km).

Moravia *(Alberto* Pincherle, *dit* Alberto*),* écrivain italien (Rome 1907 - id. 1990). Il use des techniques de la philosophie et de la psychologie modernes pour faire de ses romans des « raisonnements narratifs » à propos des problèmes intellectuels et sociaux contemporains *(les Indifférents,* 1929 ; *le Mépris,* 1954 ; *l'Ennui,* 1960 ; *l'Homme qui regarde,* 1985).

Moravie, région de la République tchèque, à l'est de la Bohême, traversée par la Morava, 26 085 km² ; 3 980 000 hab. *(Moraves).* V. princ. Brno. **HIST.** Habitée par des Celtes, refoulés au ier s. av. J.-C. par le peuple germain des Quades, la Moravie est occupée au ve s. apr. J.-C. par les Slaves. Au ixe siècle, elle est le centre de l'empire de Grande-Moravie, fondé par Mojmir Ier (m. en 846), et qui s'étend sur la Slovaquie occidentale, la Pannonie, la Bohême, la Silésie et une partie de la Lusace. Il est détruit en 902-908 par les Hongrois. En 1029, la Moravie est rattachée à la Bohême. Érigée en margraviat d'Empire en 1182, colonisée dans le Nord et dans les villes par les Allemands à partir du milieu du xiie siècle, elle passe en 1411 sous le gouvernement des rois de Bohême.

Morax *(René),* écrivain suisse d'expression française (Morges 1873 - *id.* 1963), créateur du théâtre populaire suisse.

Moray *(golfe de),* golfe du nord-est de l'Écosse.

Moray ou **Murray** *(Jacques* Stuart, *comte de),* prince écossais (v. 1531 - Linlithgow 1570). Fils naturel du roi Jacques V, il fut conseiller de sa demi-sœur Marie Stuart, puis régent d'Écosse (1567-1570).

Morbihan [56], dép. de la Région Bretagne ; ch.-l. de dép. *Vannes ;* ch.-l. d'arr. *Lorient, Pontivy ;* 3 arr., 42 cant., 261 comm. ; 6 823 km² ; 619 838 hab. *(Morbihannais).* Il est rattaché à l'académie et à la cour d'appel de Rennes, à la région militaire Atlantique.

Morbihan *(golfe du),* golfe de la côte du dép. du Morbihan barré par la presqu'île de Rhuys. Large de 15 km et profond de 12 km, il renferme de nombreuses îles.

Mordves, peuple finno-ougrien habitant, sur la Volga moyenne, la *République de Mordovie* (Russie) [964 000 hab. Cap. *Saransk*].

More *(Thomas)* → Thomas More.

Moréas *(Ioánnis* Papadiamandopoúlos, dit **Jean),** poète français (Athènes 1856 - Paris 1910). D'abord symboliste *(Cantilènes,* 1886), il fonda l'école romane et revint à un art classique *(Stances,* 1899-1901).

Moreau *(Gustave),* peintre français (Paris 1826 - *id.* 1898). Créateur d'une mythologie symbolique méticuleuse *(Jupiter et Sémélé,* 1895, musée Gustave-Moreau, Paris), beaucoup plus spontané et techniquement libre dans ses aquarelles, il fut le maître de Matisse, de Marquet, de Rouault à l'E. N. S. B. A.

Moreau *(Jeanne),* actrice française (Paris 1928). Comédienne de théâtre, elle s'est imposée au cinéma par sa présence et le modernisme de son jeu : *la Nuit* (M. Antonioni, 1961), *Jules et Jim* (F. Truffaut, 1962), *La mariée était en noir* (F. Truffaut, 1968), *la Vieille qui marchait dans la mer* (L. Heynemann, 1991).

Moreau *(Jean Victor),* général français (Morlaix 1763 - Laun, auj. Louny, Bohême, 1813). Il commanda l'armée de Rhin-et-Moselle (1796) et l'armée du Rhin (1800), avec laquelle il vainquit les Autrichiens à Hohenlinden. Ses intrigues avec les royalistes, sa rivalité avec Bonaparte amenèrent son arrestation en 1804 puis son exil aux États-Unis. Conseiller du tsar en 1813, il fut mortellement blessé à Dresde dans les rangs de l'armée russe.

Morée, nom donné au Péloponnèse après la 4ᵉ croisade.

Morelia, v. du Mexique, cap. de l'État de Michoacán, sur le plateau central ; 489 758 hab. — Bel ensemble urbain d'époque coloniale, en pierre rose (cathédrale des XVIIᵉ-XVIIIᵉ s., etc.). Musée du Michoacán.

Morellet *(François),* artiste français (Cholet 1926). Dissidente du constructivisme, son œuvre fonctionne selon les principes de juxtaposition, de superposition, d'interférence, de hasard et de fragmentation, appliqués à des jeux systématiques de la ligne dans le plan ou dans l'espace. (Au M. N. A. M., Paris : *Hexagones à côtés bleus et verts,* 1953 ; *Une seule droite traversant deux carrés dans deux plans différents,* 1978 ; etc.).

Morelos y Pavón *(José María),* patriote mexicain (Valladolid, auj. Morelia, 1765 - San Cristóbal Ecatepec, auj. Ecatepec Morelos, 1815). Curé métis, il fit proclamer l'indépendance du pays (1813). Iturbide le fit fusiller.

Morena *(sierra),* chaîne de l'Espagne méridionale ; 1 323 m. Rebord sud de la Meseta, dominant la plaine du Guadalquivir et formant un immense maquis pauvre.

Moreno *(Jacob Levy),* psychosociologue américain d'origine roumaine (Bucarest 1892 - Beacon, État de New York, 1974). Il a inventé le psychodrame et mis au point les techniques de la sociométrie *(Fondements de la sociométrie,* 1934).

Moreno *(Roland),* industriel français (Le Caire 1945). Il est l'inventeur de la carte à microcircuit (carte à puce) [1975].

Moreto y Cabaña *(Agustín),* poète dramatique espagnol (Madrid 1618 - Tolède 1669). Continuateur de Calderón, il est l'auteur de comédies *(Dédain pour dédain,* 1652 ; *le Beau Don Diègue,* 1654) et de pièces historiques.

Morgagni *(Giambattista),* anatomiste italien (Forlì 1682 - Padoue 1771). Ses recherches d'anatomiste, au cours d'autopsies, le conduisirent à fonder l'anatomie pathologique. De plus, il compara ces lésions aux signes du malade avant le décès et ébaucha ainsi la méthode anatomo-clinique, qui allait être mise au point par Laennec.

Morgan, famille de financiers américains. **John Pierpont,** industriel américain (Hartford, Connecticut, 1837 - Rome 1913), créa un gigantesque trust de la métallurgie et fonda de nombreuses œuvres philanthropiques. Son fils **John Pierpont** (Irvington, État de New York, 1867 - Boca Grande, Floride,

1943) soutint pendant la Première Guerre mondiale l'effort financier des Alliés. En 1924, il légua à la ville de New York la bibliothèque-musée de son père (Pierpont Morgan Library). **Anne Tracy** (New York 1873 - id. 1952), sœur du précédent, consacra sa fortune à des œuvres, notamment au profit des combattants français des deux guerres mondiales.

Morgan (*Lewis Henry*), anthropologue américain (près d'Aurora, État de New York, 1818 - Rochester 1881). Auteur d'une conception évolutionniste de l'anthropologie sociale, il s'est d'abord penché sur les systèmes de parenté. Il s'est ensuite intéressé à l'histoire de la famille, du mariage, de la propriété et de l'État (*la Société archaïque,* 1877).

Morgan (*Simone* Roussel, dite **Michèle**), actrice française (Neuilly-sur-Seine 1920). Sa beauté limpide et son jeu émouvant lui ont valu une grande popularité au cinéma : *le Quai des brumes* (M. Carné, 1938), *Remorques* (J. Grémillon, 1941), *la Symphonie pastorale* (J. Delannoy, 1946) *les Orgueilleux* (Y. Allégret, 1953).

Morgan (*Thomas Hunt*), biologiste américain (Lexington, Kentucky, 1866 - Pasadena 1945). Par ses expériences sur la drosophile, il fut le créateur de la théorie chromosomique de l'hérédité. (Prix Nobel 1933.)

Morgarten (*bataille du*) [15 nov. 1315], bataille qui se déroula au N. de Schwyz (Suisse) et au cours de laquelle les Suisses des Trois-Cantons résistèrent à Léopold Ier d'Autriche, assurant ainsi leur indépendance.

Morgenstern (*Oskar*), économiste américain d'origine autrichienne (Görlitz 1902 - Princeton 1977). Il est l'auteur, avec J. von Neumann, d'une théorie mathématique du comportement économique.

Móricz (*Zsigmond*), écrivain hongrois (Tiszacsécse 1879 - Budapest 1942), romancier et dramaturge réaliste (*Fange et Or,* 1910 ; *le Sanglier,* 1925), peintre de la vie paysanne.

Mörike (*Eduard*), écrivain allemand (Ludwigsburg 1804 - Stuttgart 1875), auteur de poèmes et de romans d'inspiration populaire et romantique (*le Peintre Nolten,* 1832).

Morin (*Edgar*), sociologue français (Paris 1921). Observateur des médias (*l'Esprit du temps,* 1962), il a aussi enquêté sur la réalité quotidienne (*la Rumeur d'Orléans,* 1970). Dans *le Paradigme perdu : la nature humaine* (1973) se profile la recherche d'une sociologie « événementielle », approfondie dans

la Méthode (1977-1991). Il réfléchit sur la crise de la morale dans les rapports de l'individu avec la société (*Science avec conscience,* 1982 ; *le Rose et le Noir,* 1984), notamment la société totalitaire. Il a publié également *Introduction à la pensée complexe* (1990), *Un nouveau commencement* (1991).

Morin (*Paul*), poète canadien d'expression française (Montréal 1889 - id. 1963), d'inspiration symboliste (*Poèmes de cendre et d'or,* 1922).

Morins, peuple celtique établi dans le Boulonnais, soumis par César (56-55 et 52 av. J.-C.).

Mori Ogai (Mori Rintaro, dit), écrivain japonais (Tsuwano 1862 - Tokyo 1922). Son œuvre romanesque (*l'Oie sauvage,* 1911-1913) est une réaction contre l'école naturaliste.

Morioka, v. du Japon (Honshu) ; 235 434 hab.

Morisot (*Berthe*), peintre français (Bourges 1841 - Paris 1895). Belle-sœur de Manet, elle prit une part importante au mouvement impressionniste (*le Berceau,* 1873, musée d'Orsay ; *Cousant dans le jardin,* 1881, Pau).

Moritz (*Karl Philipp*), écrivain allemand (Hameln 1756 - Berlin 1793). Ses essais critiques influencèrent le Sturm und Drang.

Morlaix, ch.-l. d'arr. du Finistère, sur la *rivière de Morlaix ;* 17 607 hab. (*Morlaisiens*). Constructions électriques. Cigares. — Églises médiévales, dont celle des Jacobins, aujourd'hui musée. Vieilles maisons.

Morley (*Thomas*), compositeur anglais (Norwich 1557 ou 1558 - id. 1602). Maître de la musique vocale, il introduisit le style italien en Angleterre et composa des madrigaux et des ballets.

Morne-à-l'Eau, comm. de la Guadeloupe, dans l'intérieur de la Grande-Terre ; 16 058 hab. Sucrerie.

Morny (*Charles, duc de*), homme politique français (Paris 1811 - id. 1865). Fils naturel de la reine Hortense et du général de Flahaut, et donc frère utérin de Napoléon III, il fut le principal instrument du coup d'État du 2 décembre 1851. Ministre de l'Intérieur jusqu'en 1852, puis président du Corps législatif (1854-1865), il participa à toutes les grandes opérations industrielles et financières du second Empire, et lança la station balnéaire de Deauville. Il poussa l'empereur à libéraliser le régime.

Moro, peuple des Philippines (Mindanao et Sulu), de religion musulmane.

Moro *(Aldo),* homme politique italien (Maglie 1916 - Rome 1978). Chef de la Démocratie chrétienne, il présida deux fois le gouvernement (1963-1968, 1974-1976) et fut deux fois ministre des Affaires étrangères (1969-70, 1973-74). Il fut enlevé et assassiné par un commando terroriste des « Brigades rouges ».

Moro *(Antoon* Mor Van Dashorst, dit Antonio*),* peintre néerlandais (Utrecht v. 1519 - Anvers 1576). Il fut un remarquable portraitiste de cour en Espagne ainsi qu'à Bruxelles, au Portugal, à Londres.

Moro-Giafferi *(Vincent* de*),* avocat et homme politique français (Paris 1878 - Le Mans 1956). Il plaida des affaires célèbres (Caillaux, Landru, etc.).

Morón, banlieue industrielle de Buenos Aires ; 641 541 hab.

Moroni, cap. des Comores, sur l'île de Ngazidja (anc. Grande Comore) ; 20 000 hab.

Moronobu (Hishikawa Moronobu, dit), peintre japonais (Hota, préfecture de Chiba, v. 1618 - Edo, auj. Tokyo, 1694). Formé dans les ateliers Kano et Tosa de Kyoto, il s'installa à Edo et devint l'un des créateurs les plus féconds de l'estampe japonaise.

Morosini *(Francesco),* noble vénitien (Venise 1619 - Nauplie 1694), célèbre par sa défense de Candie contre les Turcs (1667-1669), doge en 1688.

Morphée, l'un des mille enfants du Sommeil dans la mythologie grecque. Cette divinité des Songes se montre aux humains endormis sous des formes (son nom en grec signifie « forme ») représentant les êtres les plus variés.

Morricone *(Ennio),* compositeur italien (Rome 1928), célèbre pour ses musiques de film de S. Leone (*Pour une poignée de dollars,* 1964 ; *le Bon, la Brute et le Truand,* 1966).

Morris *(Robert),* artiste américain (Kansas City 1931). Pionnier de l'art minimal, utilisant des matériaux non esthétiques (séries de « Feutres », depuis 1967), il a, non sans un certain lyrisme, porté son attention sur les processus qui constituent l'œuvre ainsi que sur une poétique de l'espace (« Observatoires », 1971, « Labyrinthes », 1974) et sur l'écologie (*Restless Sleepers/Atomic Shroud,* 1981).

Morris *(William),* artiste et écrivain britannique (Walthamstow, Essex, 1834 - Hammersmith, près de Londres, 1896). Il a œuvré pour la renaissance des arts décoratifs (papiers de tenture, etc.) et du livre illustré. Militant pour le socialisme, il en a propagé l'idéal par des romans (*Nouvelles de nulle part,* 1890).

Morrison *(Toni),* écrivain américain (Lorain, Ohio, 1931). Ses romans (*Sula,* 1973 ; *Beloved,* 1987 ; *Jazz,* 1992) font entendre la voix d'une femme noire dans la société américaine et réservent une grande place aux relations mère-fille. Son écriture réaliste et onirique opère une reconstruction mythique de la mémoire culturelle afro-américaine. (Prix Nobel de littérature 1993.)

Morse *(Samuel),* peintre et inventeur américain (Charlestown, Massachusetts, 1791 - New York 1872). On lui doit l'invention du télégraphe électrique qui porte son nom, conçu en 1832 et breveté en 1840.

Mort *(vallée de la),* en angl. **Death Valley,** profonde dépression aride de Californie, entre les chaînes Panamint et Amargosa. Elle s'enfonce au-dessous du niveau de la mer jusqu'à − 85 m et connaît des températures très élevées en été.

Mortagne-au-Perche, ch.-l. d'arr. de l'Orne ; 4 943 hab. *(Mortagnais).* — Église de style gothique flamboyant. Musée percheron et musée Alain.

Mort aux trousses *(la),* film américain d'A. Hitchcock (1959). Cette course poursuite, rythmée par l'humour et le suspense, est devenue l'un des classiques du genre.

Mort à Venise *(la),* nouvelle de Thomas Mann, (1912). Cette nouvelle a été adaptée à l'écran par L. Visconti (1971).

Morte *(mer),* lac de Palestine, entre Israël et la Jordanie, où débouche le Jourdain ; 1 015 km² ; 390 m environ au-dessous du niveau de la mer. Salure exceptionnellement forte (de l'ordre de 30 %), peu compatible avec la vie animale (d'où son nom).

Morte *(manuscrits de la mer),* manuscrits rédigés en hébreu et en araméen, découverts entre 1946 et 1956 dans des grottes des rives de la mer Morte, près du site de Qumran. Ces documents, dont la rédaction s'échelonne entre le IIe s. av. J.-C. et le Ier siècle de notre ère, comprennent des textes bibliques et apocryphes juifs et des écrits propres à une secte religieuse juive vivant à Qumran et qui serait celle des esséniens. Ces manuscrits sont d'une grande importance pour l'histoire du judaïsme et des origines chrétiennes.

Mort-Homme *(le),* hauteurs dominant la rive gauche de la Meuse, au nord de Verdun. Violents combats en 1916 et 1917.

Mortier *(Adolphe),* duc de Trévise, maréchal de France (Le Cateau-Cambrésis 1768 - Paris

1835). Il servit en Espagne (1808-1811), commanda la Jeune Garde en Russie (1812) et défendit Paris (1814). Ministre de la Guerre (1834-35), il périt dans l'attentat de Fieschi.

Mortillet *(Gabriel de),* archéologue français (Meylan, Isère, 1821 - Saint-Germain-en-Laye 1898). Il put l'un des premiers à établir un cadre chronologique de la préhistoire et de sa terminologie.

Mortimer de Wigmore, importante famille galloise, dont le principal représentant fut **Roger,** *comte de* La Marche (1286 ou 1287 - Tyburn, Londres, 1330). Amant de la reine Isabelle, il prit la tête de l'insurrection qui aboutit à l'abdication et au meurtre du roi Édouard II (1327). Maître de l'Angleterre, il fut exécuté sous Édouard III.

Morton *(James Douglas, comte de)* [v. 1516 - Édimbourg 1581]. Ayant obligé Marie Stuart à abdiquer, il fut régent du jeune Jacques VI d'Écosse (1572-1578). Accusé de complicité dans le meurtre de Darnley, il fut décapité.

Morus → Thomas More *(saint).*

Morvan, massif montagneux formant l'extrémité nord-est du Massif central ; 901 m au Haut-Folin. Il est partagé entre les quatre départements (Côte-d'Or, Nièvre, Saône-et-Loire, Yonne) de la Région Bourgogne. *(Morvandiaux).* Grandes forêts exploitées (sapins de Noël). Parc naturel régional (174 000 ha).

Morzine, comm. de la Haute-Savoie ; 3 014 hab. Station de sports d'hiver (alt. 960-2 460 m).

Moscheles *(Ignaz),* pianiste et compositeur tchèque (Prague 1794 - Leipzig 1870). Auteur d'une œuvre didactique *(Méthode des méthodes),* il a composé 7 concertos et 24 études.

Moscou, *en russe* Moskva, cap. de la Russie ; 8 967 000 hab. *(Moscovites).*

GÉOGRAPHIE

Moscou s'est développée, au cœur de la plaine russe, sur la Moskova, en position de carrefour par rapport aux grandes voies fluviales de la Russie d'Europe : Volga, Dvina, Dniepr, Don. La situation géographique reste privilégiée, valorisée par le rail et l'air (plusieurs aéroports). La ville a une structure urbaine de type radioconcentrique. Le noyau historique, autour du Kremlin et de la place Rouge, est entouré d'une première couronne mêlant quartiers industriels et résidentiels, parcs de loisirs et stades. Une deuxième couronne est composée surtout

de grands ensembles résidentiels. L'ensemble, ceinturé par une zone forestière de loisirs, maintenant parsemée d'ensembles urbains et industriels, couvre 886 km². Métropole, Moscou détient toutes les fonctions. La centralisation politique a entraîné le développement économique. La ville est un grand centre culturel (universités, musées, théâtres) et commercial. L'industrie est caractérisée par l'essor des industries à forte valeur ajoutée (constructions mécaniques et électriques, chimie s'ajoutant au textile et à l'agroalimentaire). **HISTOIRE** Mentionnée pour la première fois en 1147, Moscou fut au début du XIIIᵉ siècle le centre d'une principauté apanagée du grand-prince de Vladimir. Elle devint la capitale religieuse de la Russie en 1326, lorsque le métropolite s'y établit. Ses princes, devenus grands-princes au XIVᵉ siècle, puis tsars de Russie en 1547, dirigèrent le rassemblement de la terre russe et jetèrent les bases d'un État centralisé. Moscou prétendit prendre la relève de Rome et de Constantinople, tombée aux mains des Turcs en 1453, et devenir la « troisième Rome ». Abandonnée par Pierre le Grand comme capitale au profit de Saint-Pétersbourg en 1712, elle fut incendiée lors de l'entrée des Français, en 1812. Après la victoire d'octobre 1917 à Petrograd, les bolcheviques en firent en 1918 le siège du gouvernement soviétique et le centre d'organisation de la révolution mondiale avec la création du Komintern, en 1919. Elle fut la capitale de l'U. R. S. S. de 1922 à 1991. En 1941, les Allemands échouèrent dans leur tentative de s'en emparer. **ARTS** Le centre de la capitale est marqué par l'ensemble monumental du Kremlin (→ **Kremlin**). Tout près se dresse l'église Basile-le-Bienheureux (1555), à pyramide centrale *(chater)* entourée de huit chapelles à pittoresques coupoles bulbeuses polychromes. Églises typiques du XVIIᵉ siècle, à chater et à cinq coupoles, très élancées, comme St-Nicolas-des-Tisserands. Église de l'Intercession-de-la-Vierge de Fili (1693), prototype du baroque moscovite, ou « style Narychkine », au riche décor, qui se retrouve par exemple aux monastères Novodevitchi et Donskoï, vastes ensembles pourvus d'une enceinte et de nombreuses églises (XVIᵉ-XVIIIᵉ s.). Hôtels urbains, châteaux et édifices civils classiques de la fin du XVIIIᵉ siècle et du début du XIXᵉ, à péristyle et à fronton, peints de couleurs pastel. Après l'incendie de 1812, aménagements du centre par Ossip Ivanovitch Bove, architecte du théâtre Bolchoï (1821). Bâtiments en style « vieux russe » à partir du milieu du siècle : Musée historique (1883), Galeries marchandes (1888), galerie Tretiakov, aujourd'hui vaste musée de la peinture russe. Nombreux autres musées : des Beaux-Arts Pouchkine (peinture occidentale, notamm. école française ; égyptologie...), du palais des Armures (arts décoratifs), Andreï Roublev (dans l'anc. monastère St-Antoine), de Kolomenskoïe, etc.

Moscovie, région historique de la Russie où s'est développée la grande-principauté de Moscou, dont les souverains devinrent les tsars de Russie (1547). On parle de Moscovie ou d'État moscovite jusqu'à la fondation de l'Empire russe (1721).

Moseley (*Henry Gwyn Jeffreys*), physicien britannique (Weymouth, Dorset, 1887 - Gallipoli, Turquie, 1915). En mesurant dans le domaine des rayons X la fréquence des raies d'émission des divers éléments, il montra en 1913 que la racine carrée de cette fréquence varie linéairement avec le nombre atomique Z de l'élément (*loi de Moseley*). Cette découverte a permis d'assimiler le nombre atomique à la charge du noyau.

Moselle (*la*), riv. de l'Europe occidentale ; 550 km. Née dans les Vosges, elle coule vers le nord, passant à Épinal et à Metz avant de former la frontière entre l'Allemagne fédérale et le Luxembourg. En aval de Trèves, elle s'encaisse dans le Massif schisteux rhénan et rejoint le Rhin (r. g.) à Coblence. La Meurthe et la Sarre sont ses principaux affluents. Aménagée jusqu'à Neuves-Maisons en amont, la Moselle facilite la liaison entre la Lorraine industrielle et les pays rhénans.

Moselle [57], dép. de la Région Lorraine ; ch.-l. de dép. *Metz* ; ch.-l. d'arr. *Boulay-Moselle, Château-Salins, Forbach, Sarrebourg, Sarreguemines, Thionville* ; 9 arr. (Metz et Thionville sont les ch.-l. de deux arr.), 51 cant., 727 comm. ; 6 216 km² ; 1 011 302 hab. (*Mosellans*). Le dép. est rattaché à l'académie de Nancy-Metz, à la cour d'appel de Metz et à la région militaire Nord-Est.

Moskova (*la*), riv. de Russie, qui passe à Moscou (à laquelle elle a donné son nom), affl. de l'Oka (r. dr.) ; 502 km. Elle est reliée par un canal à la haute Volga.

Moskova (*bataille de la*) [7 sept. 1812], bataille indécise livrée devant Moscou par l'armée de Napoléon et les troupes russes de Koutouzov. Les Russes lui donnent le nom de « bataille de Borodino ».

Mosquito ou **Miskito,** Indiens d'Amérique centrale parlant une langue chibcha et éta-

blis sur l'actuelle frontière Honduras-Nicaragua.

Mossadegh (*Mohammad* Hedayat, dit*)*, homme politique iranien (Téhéran 1881 - *id.* 1967). Fondateur du Front national (1949), il milita pour la nationalisation du pétrole. Premier ministre (1951), il s'opposa au chah, qui le fit arrêter (1953).

Mössbauer (*Rudolf*), physicien allemand (Munich 1929). Il a découvert un effet de résonance nucléaire qui a permis de préciser la structure des transitions nucléaires. (Prix Nobel 1961.)

Mossi, peuple du Burkina, habitant aussi la Côte d'Ivoire et le Ghana, parlant une langue nigéro-congolaise, le *mossi*.

Mossoul ou **Mosul**, v. du nord de l'Iraq, sur le Tigre ; 600 000 hab. Capitale des régions d'agriculture pluviale du nord de la Mésopotamie, contrôlant le passage du fleuve. — Musée. Mosquées et monuments anciens.

Mostaganem → Mestghanem.

Mostar, v. de Bosnie-Herzégovine ; 63 000 hab. — Monuments très endommagés par les combats du début des années 1990.

Motherwell (*Robert*), peintre américain (Aberdeen, Washington, 1915 - Provincetown, Massachusetts, 1991), un des principaux expressionnistes abstraits, également théoricien. (Série des « Élégies » dédiées à la République espagnole, commencée en 1948.)

Mots et les Choses (*les*), ouvrage de M. Foucault (1966).

Motta (*Giuseppe*), homme politique suisse (Airolo 1871 - Berne 1940). Plusieurs fois président de la Confédération entre 1915 et 1937, responsable des Affaires étrangères au sein du Conseil fédéral (1920-1940), il maintint la neutralité de la Suisse.

Mouaskar, *anc.* Mascara, v. de l'ouest de l'Algérie, ch.-l. de wilaya ; 62 000 hab.

Moubarak (*Hosni*), homme d'État égyptien (Kafr al-Musilha 1928). Vice-président de la République (1975), il a été élu à la tête de l'État égyptien après l'assassinat de Sadate (1981).

Mouchet (*mont*), sommet de la partie nord de la Margeride (Haute-Loire) ; 1 465 m. — Combat entre les Forces françaises de l'intérieur et les Allemands (juin 1944).

Mouchez (*Ernest*), officier de marine et astronome français (Madrid 1821 - Wissous, Essonne, 1892). Hydrographe, il établit plus de cent cartes côtières ou marines en Asie, en Afrique et en Amérique. Directeur de l'Observatoire de Paris (1878), il fut à l'origine de la réalisation de la Carte photographique du ciel (1887).

Mouchotte *(René),* officier aviateur français (Saint-Mandé 1914 - en combat aérien 1943), commandant un groupe de chasse dans la Royal Air Force. Ses *Carnets* ont été publiés en 1949-50.

Mouette *(la),* pièce en 4 actes de A. Tchekhov (1896).

Mouillard *(Louis),* ingénieur français (Lyon 1834 - Le Caire 1897). Il fut l'un des précurseurs de l'aviation, se basant sur l'observation du vol plané des oiseaux pour construire plusieurs planeurs, dont l'un parcourut une quarantaine de mètres en rasant le sol (1865).

Moukden *(bataille de)* [20 févr.-11 mars 1905], victoire remportée par le Japon sur la Russie, pendant la guerre russo-japonaise.

Moulin *(Jean),* administrateur et résistant français (Béziers 1899 - en déportation 1943). Préfet d'Eure-et-Loir (1940), il refusa de se plier aux exigences des Allemands lorsque ceux-ci occupèrent Chartres. Ayant gagné Londres, il favorisa l'union des différents mouvements de résistance et devint, en 1943, le premier président du Conseil national de la Résistance. Après son retour en France, trahi, il fut arrêté par la Gestapo (juin 1943), torturé et mourut au cours de son transfert en Allemagne.

Moulin de la Galette *(le),* grande toile de A. Renoir (1876).

Moulins, ch.-l. du dép. de l'Allier, dans le Bourbonnais, sur l'Allier, à 292 km au sud de Paris ; 23 353 hab. *(Moulinois).* Évêché. Constructions mécaniques et électriques. Chaussures. — Cathédrale des XVe et XIXe siècles (vitraux, œuvres d'art). Musées : d'Art et d'Archéologie ; de Folklore et du Vieux-Moulins.

Moulins *(le Maître de),* nom de commodité donné à un peintre actif dans le centre de la France à la fin du XVe siècle, auteur du célèbre triptyque de la *Vierge en gloire* à la cathédrale de Moulins, au style d'une élégante pureté, à la fois ferme et détendu (v. 1500). On rapproche de cette œuvre la *Nativité* du musée d'Autun (v. 1480) et divers portraits de donateurs (volets de triptyque avec les Bourbons, 1492, Louvre). Le Maître de Moulins pourrait être le Néerlandais Jean Hey, cité comme travaillant en France par des textes de l'époque et dont les Musées royaux de Bruxelles possèdent un *Ecce homo* signé et daté de 1494.

Moulmein, port de Birmanie, sur la Salouen ; 322 000 hab.

Moulouya *(la),* fl. du Maroc oriental, tributaire de la Méditerranée, près de la frontière algérienne, 450 km.

Moum ou **Bamoum,** peuple bantou du Cameroun.

Mounet-Sully *(Jean* Sully Mounet, dit*),* acteur français (Bergerac 1841 - Paris 1916). Il interpréta à la Comédie-Française les grands rôles du répertoire tragique.

Mounier *(Emmanuel),* philosophe français (Grenoble 1905 - Châtenay-Malabry 1950). Son aspiration à la justice et sa foi chrétienne sont à l'origine du personnalisme. Fondateur de la revue *Esprit,* il a écrit notamment *Révolution personnaliste et communautaire* (1935) et *Traité du caractère* (1948).

Mounier *(Jean-Joseph),* homme politique français (Grenoble 1758 - Paris 1806). Il provoqua la réunion à Vizille des états du Dauphiné (1788), prélude à la Révolution. Député du tiers aux États généraux, il proposa le serment du Jeu de paume (20 juin 1789) et fut un des créateurs du groupe des *monarchiens,* partisans d'une monarchie à l'anglaise. Découragé par l'évolution de la Révolution, il démissionna dès novembre 1789 et s'exila jusqu'en 1801.

Mountbatten of Burma *(Louis, 1er comte),* amiral britannique (Windsor 1900 - en mer 1979). Commandant à Ceylan les forces alliées du Sud-Est asiatique (1943), il conquit la Birmanie et reçut la capitulation des Japonais à Saigon en 1945. Dernier viceroi des Indes en 1947, il fut le premier chef d'état-major de la défense (1959-1965). Il périt sur son yacht, victime d'un attentat de l'IRA.

Mount Vernon, lieu-dit des États-Unis (Virginie), sur le Potomac. Ancien domaine et tombeau de Washington.

Mourad → Murad.

Mourmansk, port de Russie, sur la mer de Barents ; 468 000 hab. Sur un profond fjord, c'est un grand port de pêche. Exportation du minerai de fer de la presqu'île de Kola.

Mourmelon-le-Grand, comm. de la Marne ; 6 460 hab. Camp militaire (11 836 ha).

Mouscron, v. de Belgique (Hainaut), à la frontière française, face à Tourcoing ; 53 513 hab. Textile. — Château comtal du XIIIe siècle.

Moussorgski *(Modest Petrovitch),* compositeur russe (Karevo 1839 - Saint-Pétersbourg

1881). Il fut membre du groupe des Cinq et son nom est resté attaché à une centaine de mélodies — dont plusieurs constituent des cycles réalistes ou dramatiques (*les Enfantines*, 1868-1872 ; *Sans soleil*, 1874 ; *Chants et danses de la mort*, 1875-1877) —, à un grand ensemble pour piano (*Tableaux d'une exposition*, 1874) et à un célèbre poème symphonique (*Une nuit sur le mont Chauve*, 1867). Moussorgski a aussi donné toute sa mesure dans ses opéras *Boris Godounov* (1868-1872), *la Khovanchtchina* (1872-1880, terminé par Rimski-Korsakov), *la Foire de Sorotchintsy* (1874-1880). Chacune de ses fresques oppose au récitatif pathétique de grands chœurs colorés, qui entendent évoquer le peuple prenant part à une action historique.

Moustier (le), écart de la comm. de *Peyzac-le-Moustier* (Dordogne), sur la Vézère (r. dr.). Site préhistorique, éponyme du faciès moustérien.

Mouton (*Georges*), *comte* de Lobau, maréchal français (Phalsbourg 1770 - Paris 1838). Aide de camp de Napoléon (1805), il s'illustra à Friedland (1807) et dans l'île Lobau (1809). Commandant de la Garde nationale de Paris (1830), il fut fait maréchal par Louis-Philippe.

Mouton-Duvernet (*Régis Barthélemy, baron*), général français (Le Puy 1769 - Lyon 1816). Il servit en Espagne (1808-1812) et en Allemagne (1809). Rallié à Louis XVIII en 1814, il se joignit à Napoléon durant les Cent-Jours et fut fusillé.

Mouvement (*parti du*), tendance politique libérale qui, au début de la monarchie de Juillet, s'opposa au parti de la Résistance. Ses principaux chefs en étaient La Fayette, Laffitte et Odilon Barrot.

Mouvement de libération des femmes
→ M. L. F.

Mouvement républicain populaire
→ M. R. P.

Moyen Empire → Égypte.

Moyen-Orient, ensemble formé par l'Égypte et par les États d'Asie occidentale. L'expression englobe parfois aussi l'Afghanistan, le Pakistan et la Libye. Elle recouvre partiellement l'ensemble désigné sous le nom de *Proche-Orient*.

Moyen-Pays → Plateau.

Moynier (*Gustave*), juriste et philanthrope suisse (Genève 1826 - *id.* 1910), l'un des fondateurs de la Croix-Rouge (1863).

Mozambique, État de la côte est de l'Afrique ; 785 000 km² ; 16 100 000 hab. (*Mozam-* *bicains*). CAP. *Maputo*. LANGUE : *portugais*. MONNAIE : *metical*.

GÉOGRAPHIE
Vaste comme une fois et demie la France, disposant d'une vaste plaine côtière et généralement bien arrosé, le pays est devenu l'un des plus pauvres d'Afrique. Le départ des Portugais, l'échec de la réforme agraire, la sécheresse et la guérilla ont désorganisé une économie presque exclusivement rurale. Les principales cultures vivrières (maïs, manioc, sorgho) ne couvrent pas les besoins du pays. La canne à sucre, le coton, les noix de cajou, le thé assurent la majeure partie d'exportations bien inférieures aux importations. En dehors de l'agroalimentaire, l'industrie est faible. Au déficit commercial s'ajoute encore le poids de l'endettement extérieur. Le sous-sol est peu exploité, et la production hydroélectrique de Cabora Bassa (sur le Zambèze) reprend lentement. La population, plus dense au N. et au S. que dans la région centrale, s'accroît à un rythme rapide, ce qui accélère l'urbanisation, accrue encore en raison de la guerre civile. Maputo, Beira, Nampula et Quelimane, sur le littoral ou à proximité, sont les principales villes.

HISTOIRE
Avant l'arrivée des Européens, la région, peuplée de Bantous, connaît déjà une certaine prospérité ; la côte est en relation avec l'Asie, notamment la péninsule Arabique, par l'intermédiaire des marchands arabes, persans et, au XVe s., chinois.
1490. Les Portugais s'installent sur la côte. Ils supplantent les Arabes et se livrent essentiellement à la traite des esclaves. Menacés par les Britanniques, ils entreprennent la conquête du pays (1895-1913).
1964. Début d'une insurrection nationaliste.
1975. Indépendance du Mozambique.
Après le départ de la plupart des Portugais, Samora Machel, président de la République populaire, doit faire face, en plus de graves difficultés économiques, à une rébellion armée anticommuniste, soutenue par l'Afrique du Sud.
1984. Pacte de non-agression avec l'Afrique du Sud.
1986. Joaquim Chissano succède à S. M. Machel.
1990. Instauration du multipartisme.
1992. Accord de paix mettant fin à la guerre civile.
1994. La première élection présidentielle pluraliste confirme J. Chissano à la tête de l'État.

1995. Le Mozambique devient membre du Commonwealth.

Mozambique *(canal de* ou *du)*, bras de mer de l'océan Indien, entre l'Afrique (Mozambique) et Madagascar. L'archipel des Comores marque la limite nord du canal. Pêche active.

Mozart *(Wolfgang Amadeus)*, compositeur autrichien (Salzbourg 1756 - Vienne 1791). Malgré une vie très brève, Mozart a produit une œuvre extraordinairement riche et variée, souvent ignorée ou sous-estimée de son vivant, mais dont l'importance pour les créateurs tout comme le succès auprès du public ne se sont pas démentis depuis le début du XIXᵉ s. Avec Haydn et Beethoven, Mozart forme ce que l'on appelle souvent la « première école de Vienne », représentante du « classicisme » en musique.
Élevé par un père lui-même musicien, il manifeste un génie précoce comme interprète, puis comme compositeur. Les nombreux voyages qu'il effectue bientôt en France, en Angleterre, en Italie et en Allemagne vont exercer une influence déterminante sur son œuvre. Il passe plusieurs années au service de l'archevêque de Salzbourg, en tant que premier violon d'orchestre, puis en qualité d'organiste de la cour et de la cathédrale de Salzbourg, avant de s'installer définitivement à Vienne en 1781, comme musicien indépendant. Dans les œuvres très nombreuses et très variées qu'il compose alors, il assimile les influences les plus diverses : la musique allemande (Bach, Händel, Haydn), les tendances nouvelles de l'opéra italien et la musique française de son temps.
Derrière l'élégance du style, la clarté, l'ironie, se cache une âme inquiète, souvent tourmentée qui témoigne d'une force et d'un souffle annonçant le romantisme beethovénien.
Musique lyrique : *Idoménée* (1781), *l'Enlèvement au sérail* (1782), *les Noces de Figaro* (1786), *Don Giovanni* (1787), *Cosi fan tutte* (1790), *la Flûte enchantée* (1791).
Musique religieuse : motets, offertoires, 17 messes *(messe du Couronnement)*, vêpres, *Requiem* (pathétique).
Musique de chambre : sonates, fantaisies pour piano, pour piano et violon, trios, 23 quatuors à cordes, quintettes.
Autres : divertissements, cassations, sérénades, une cinquantaine de symphonies, 27 concertos pour piano, concertos pour flûte pour cor et pour clarinette.

Mozi ou **Mo-tseu,** philosophe chinois (v. 479 - v. 381 av. J.-C.). Il s'opposa à Confucius dont il critiqua la philosophie égoïste et les conséquences qu'elle engendre : guerres, richesses, goût du faste. Mozi prêcha l'amour universel, l'aide aux pauvres ; il s'efforça de mettre en garde ses disciples contre la guerre. En vertu de son idéal égalitaire et de son respect du travail manuel, il organisa ses disciples en groupes paramilitaires, qu'il appliqua à rendre ouverts aux aspirations populaires.

Mpumalanga, prov. d'Afrique du Sud, limitrophe du Swaziland et du Mozambique ; 81 816 km² ; 2 838 500 hab. Ch.-l. *Nelspruit*.

Mrožek *(Slawomir)*, écrivain polonais (Borzęcin 1930). Nouvelliste satirique *(l'Éléphant,* 1957), il use, dans son théâtre, du grotesque pour montrer le tragique de la condition humaine *(les Émigrés,* 1974).

M. R. P. (Mouvement républicain populaire), parti politique français créé en 1944 et qui regroupa les démocrates-chrétiens. Après avoir connu, dès 1945, un grand succès électoral au point de devenir le premier parti français, le M. R. P. fut abandonné par une partie de ses électeurs lors de la formation du R. P. F. (1947). Au cours de la IVᵉ République, il participa à la plupart des gouvernements. Rallié en 1958 au général de Gaulle, il s'effaça, à partir de 1967, devant le Centre démocrate.

M6 (Métropole 6), chaîne de télévision française. Issue de la chaîne thématique musicale (TV6) créée en 1986, elle a été attribuée en 1987 à un groupe piloté par la Compagnie luxembourgeoise de télédiffusion.

Muawiya Iᵉʳ (La Mecque v. 603-Damas 680), calife (661-680), fondateur de la dynastie omeyyade.

Mucha *(Alfons)*, peintre et dessinateur tchèque (Ivančice, Moravie, 1860 - Prague 1939). Établi à Paris de 1888 à 1904, il fut un des promoteurs de l'Art nouveau avec ses affiches de théâtre (notamm. pour Sarah Bernhardt) ou commerciales. Il travailla ensuite aux États-Unis puis s'installa à Prague (cycle de peintures de *l'Épopée slave*).

Mudanjiang, v. de Chine du Nord-Est (Heilongjiang) ; 251 000 hab. Centre industriel.

Muffat *(Georg)*, organiste et compositeur allemand d'origine savoyarde (Megève 1653 - Passau 1704). Il a écrit 15 suites instrumentales à cinq instruments (1695-1698) et 12 concertos grossos (1701), genre qu'il introduisit en Allemagne.

Mugabe *(Robert Gabriel),* homme d'État du Zimbabwe (Kutama 1924). Premier ministre depuis l'indépendance (1980), il est élu à la présidence de la République en décembre 1987.

Muhammad Abduh, réformateur musulman (en Égypte 1849 - Alexandrie 1905). Disciple de Djamal al-Din al-Afghani et mufti d'Égypte à partir de 1889, il insista sur le retour aux sources de l'islam et sur la nécessité de l'instruction.

Muhammad Ahmad ibn Abd Allah → Mahdi *(al-).*

Muhammad al-Saduq (Tunis 1812 - *id.* 1882), bey de Tunis (1859-1882). Il signa le traité du Bardo instituant le protectorat français en Tunisie (1881).

Muhammad ibn Abd al-Wahhab, fondateur du courant réformiste puritain wahhabite (dans le Nadjd 1703-1792). Il fonda avec les Saoudiens un État indépendant en Arabie (1744).

Muhammad V ibn Yusuf (Fès 1909 - Rabat 1961). Sultan du Maroc en 1927, déposé par la France en 1953, exilé jusqu'en 1955, il fut alors rétabli dans ses droits. Après la proclamation de l'indépendance du Maroc (1956), il devint roi.

Mühlberg *(bataille de)* [24 avr. 1547], victoire que Charles Quint remporta sur les protestants de la ligue de Smalkalde à Mühlberg an der Elbe.

Muisca ou **Chibcha,** peuple préhispanique des hautes terres de la Colombie qui a donné son nom à une civilisation qui s'est développée entre 1000 et 1550 apr. J.-C. Adorateurs du Soleil et de la Lune, auxquels ils ont consacré des temples, ils pratiquaient aussi des sacrifices humains. La plupart des vestiges muisca font partie du mobilier funéraire (perles de pierre, fusaïoles, figurines d'or ou d'alliage or/cuivre, céramique).

Mukalla (al-), port du Yémen, sur le golfe d'Aden ; 50 000 hab.

Mulhacén, point culminant de l'Espagne (Andalousie), dans la sierra Nevada ; 3 478 m.

Mülheim an der Ruhr, v. d'Allemagne (Rhénanie-du-Nord-Westphalie), dans la Ruhr ; 176 149 hab. Port fluvial. Métallurgie. — Monuments médiévaux et maisons à colombages de la vieille ville.

Mulhouse, ch.-l. d'arr. du Haut-Rhin, sur l'Ill ; 109 905 hab. *(Mulhousiens)* [plus de 220 000 hab. avec les banlieues]. Université. Centre industriel (industries mécaniques et textiles). Carrefour autoroutier (Colmar, Besançon, Bâle). **ARTS.** Musée historique dans l'hôtel de ville, de 1551. Musée des Beaux-Arts, maison de la Céramique et remarquable ensemble de musées techniques : de l'Impression sur étoffes (dont dépend le musée du Papier peint, en banlieue, à Rixheim), du Chemin de fer, de l'Automobile, de l'Énergie électrique (Électropolis) ; jardin zoologique.

Müller *(Heiner),* écrivain allemand (Eppendorf, Saxe, 1929 - Berlin 1995). Dramaturge dans la lignée de Brecht, il critique de l'intérieur le monde communiste (*le Chantier,* 1965) et transpose dans son époque, à fin d'élucidation, des bribes de mythes antiques ou shakespeariens (*Hamlet-machine,* 1977).

Müller *(Johannes* von), historien suisse (Schaffhouse 1752 - Kassel 1809), auteur de la première *Histoire de la Confédération suisse* (1786-1808).

Müller *(Karl Alexander),* physicien suisse (Bâle 1927). Spécialisé dans les céramiques à base d'oxydes densifiés, il a synthétisé, avec J. Bednorz (né en 1950), un oxyde de lanthane, baryum et cuivre, supraconducteur à une température de 35 K. Cette découverte leur vaut de partager le prix Nobel de physique en 1987, un an seulement après leur découverte.

Mulliken *(Robert Sanderson),* chimiste américain (Newburyport 1896 - Arlington, Virginie, 1986). Pour rendre compte de la structure électronique et de la liaison des molécules, il a introduit les notions d'orbitales atomiques et d'orbitales moléculaires. (Prix Nobel 1966.)

Mulroney *(Brian),* homme politique canadien (Baie-Comeau, Québec, 1939). Chef du Parti conservateur, il est Premier ministre de 1984 à 1993.

Multan, v. du Pakistan (Pendjab) ; 730 000 hab. Centre industriel.

Multatuli *(Eduard Douwes Dekker,* dit), écrivain néerlandais (Amsterdam 1820-Nieder-Ingelheim 1887). Son œuvre influença le renouveau littéraire de 1880 (*Max Havelaar,* 1860).

Mun *(Albert, comte de),* homme politique français (Lumigny, Seine-et-Marne, 1841 - Bordeaux 1914). Officier, initié au catholicisme social, il fonda les Cercles catholiques d'ouvriers (1871). Député à partir de 1876, il se fit le défenseur d'une législation sociale avancée et se rallia à la République, tout en luttant contre l'anticléricalisme. (Acad. fr. 1897.)

Munch *(Charles)*, chef d'orchestre français (Strasbourg 1891 - Richmond, Virginie, 1968). Il a dirigé les orchestres de la Société des concerts du Conservatoire, puis ceux de Boston et de Paris, et a diffusé l'œuvre de Berlioz et de Roussel.

Munch *(Edvard)*, peintre et graveur norvégien (Løten, Hedmark, 1863 - Ekely, près d'Oslo, 1944). Marquée par Van Gogh, Gauguin, Toulouse-Lautrec, etc., ainsi que par l'influence de Strindberg, sa peinture représente la première grande manifestation de l'expressionnisme moderne. L'angoisse, la difficulté de vivre, l'amour sont omniprésents dans ses toiles, aux couleurs contrastées, aux lignes en arabesques (*le Cri*, 1893, Galerie nationale, Oslo ; *Vigne vierge rouge*, 1900, musée Munch, *ibid.*), ainsi que dans ses gravures sur bois et ses lithographies. Il a fortement influencé l'expressionnisme allemand.

Münchhausen *(Karl Hieronymus, baron von)*, officier allemand (Gut Bodenwerder, Hanovre, 1720 - *id.* 1797). Ses fanfaronnades en ont fait un personnage de légende, dont les aventures inspirèrent en France celles du baron de Crac.

Munda, groupe de peuples de l'Inde centrale et orientale, parlant le munda.

Munia *(pic de la)*, sommet de la frontière franco-espagnole (Hautes-Pyrénées) ; 3 133 m.

Munich *(mynik), en all.* München, v. d'Allemagne, cap. du Land de Bavière, à 518 m d'alt., sur l'Isar ; 1 206 363 hab. *(Munichois).* GÉOGR. Métropole incontestée de la Bavière et même de l'ensemble de l'Allemagne du Sud, Munich, remarquablement desservie par la route, le rail et par air, est d'abord un grand centre tertiaire, culturel (universités, musées, théâtres, édition, etc.), commercial, touristique (fête de la bière, carnaval) et financier. L'industrie, active, est représentée principalement par les constructions électriques (siège de Siemens) et mécaniques, devant l'agroalimentaire (brasseries), la chimie. HIST. Fondée en 1158, Munich devint en 1255 la résidence des Wittelsbach. Capitale du royaume de Bavière à partir de 1806, elle fut dans les années 1920 l'un des principaux foyers du national-socialisme. ARTS. Cathédrale gothique (XVᵉ s.) et églises St-Michel (fin du XVIᵉ s.), St-Jean-Népomucène, des frères Asam, etc. La Résidence (palais royal), des XVᵉ-XIXᵉ siècles, renferme notamment le gracieux théâtre de la Cour (v. 1750), œuvre rococo de F. de Cuvilliés, également architecte du pavillon d'Ama-

lienburg (v. 1735), dans le parc de Nymphenburg. Le néoclassicisme triomphe dans l'urbanisme du début du XIXᵉ siècle et dans les monuments de L. von Klenze (Glyptothèque, Propylées...). Nombreux musées, dont ceux de la Résidence, les très riches Ancienne et Nouvelle Pinacothèques (chefs-d'œuvre des écoles européennes), la Glyptothèque (marbres d'Égine notamment), la galerie d'Art moderne, le Musée national bavarois, le Musée allemand des sciences et de la technique.

Munich *(accords de)* [29-30 sept. 1938], accords signés entre la France (Daladier), la Grande-Bretagne (Chamberlain), l'Allemagne (Hitler) et l'Italie (Mussolini), qui prévoyaient l'évacuation du territoire des Sudètes par les Tchèques et son occupation par les troupes allemandes. L'acceptation par les démocraties des exigences allemandes amena un soulagement dans l'opinion publique européenne, qui crut avoir échappé à la guerre, mais encouragea Hitler dans sa politique d'expansion.

Munk *(Andrzej)*, cinéaste polonais (Cracovie 1921 - Łowicz 1961). S'élevant contre le schématisme et le formalisme idéologiques, il a réalisé *Un homme sur la voie* (1956), *Eroïca* (1958), *De la veine à revendre* (1960), la *Passagère* (1961-1963, achevée après sa mort).

Munster, prov. du sud-ouest de la République d'Irlande ; 24 126 km² ; 1 008 443 hab. Cap. *Cork.*

Münster, v. d'Allemagne (Rhénanie-du-Nord-Westphalie), dans le bassin de Münster ; 253 123 hab. Université. — En 1644 s'y ouvrit un congrès réunissant les États catholiques engagés dans la guerre de Trente Ans (→ **Westphalie** [traités de]) — Hôtel de ville remontant au XIVᵉ siècle, cathédrale des XIᵉ-XIVᵉ siècles (très restaurée après 1945), église St-Lambert (XIVᵉ-XVᵉ s.) et autres monuments. Musée d'art et civilisation de Westphalie (art médiéval, etc.) et musée de plein air.

Muntaner *(Ramon)*, chroniqueur catalan (Perelada 1265 - Ibiza 1336), auteur d'une *Chronique* des règnes de Jacques Iᵉʳ, Pierre III, Alphonse III et Jacques II.

Munténie, région de Roumanie, à l'est de l'Olt, partie orientale de la Valachie. Cap. *Bucarest.*

Müntzer ou **Münzer** *(Thomas)*, réformateur allemand et l'un des fondateurs de l'anabaptisme (Stolberg, Harz, 1489 ? - Mühlhausen, Thuringe, 1525). Il rencontre Luther en 1519 mais, subissant l'influence des « prophètes de Zwickau » — partisans d'une sorte d'illuminisme de la révélation intérieure — il devient bientôt l'un des principaux adversaires du fondateur de la Réforme. Par sa prédication dans différents centres, d'où il finit généralement par être expulsé, Müntzer veut préparer le règne du Christ sous la forme d'une théocratie moyennant une double réforme sociale et religieuse. Devenu pasteur de la communauté anabaptiste de Mühlhausen, il y prend la tête en 1525, avec Heinrich Pfeiffer, d'une révolte des paysans. Battu par les princes, il est exécuté aussitôt.

Muqdisho, anc. Mogadishu et Mogadiscio, cap. de la Somalie, sur l'océan Indien ; 1 million d'hab.

Mur (la), riv. de l'Europe centrale (Autriche, Slovénie et Croatie), qui passe à Graz, affl. de la Drave (r. g.) ; 445 km. Aménagements hydroélectriques.

Murad Ier (v. 1326 - Kosovo 1389), sultan ottoman (1359-1389). Fils d'Orhan, il installa sa capitale à Andrinople, soumit la Thrace, la Macédoine, la Bulgarie et écrasa les Serbes et leurs alliés à la bataille du Kosovo (1389). **Murad II** (Amasya 1404 - Andrinople 1451), sultan ottoman (1421-1451). Il rétablit l'autorité ottomane dans les Balkans et en Asie Mineure.

Murad Bey, chef des Mamelouks (en Circassie v. 1750 - près de Talsta 1801). Il fut battu par Bonaparte aux Pyramides en 1798.

Murail (Tristan), compositeur français (Le Havre 1947). Son style révèle des processus formels, sans césures ni silences, s'inspirant souvent des manipulations électroacoustiques : Couleur de mer (1969), les Courants de l'espace (1979), Allégories (1990).

Muraille (Grande) ou **Muraille de Chine,** en chin. **Chang Cheng,** construction monumentale édifiée par tronçons par les États du Nord sous les Royaumes combattants. Ses différentes parties furent réunies par le premier empereur de Chine, Qin Shi Huangdi, pour se protéger contre les incursions barbares.

Murano, agglomération de la commune de Venise, sur une île de la lagune. Verreries. — Église du XIIe siècle. Musée de l'Art du verre.

Murasaki Shikibu, romancière japonaise (v. 978 - v. 1014), auteur du Genji monogatari. (→ Genji).

Murat (Joachim), maréchal de France (Labastide-Fortunière, auj. Labastide-Murat, 1767 - Pizzo, Calabre, 1815). Aide de camp de Bonaparte en Italie (1796), il épouse Caroline Bonaparte (1800). Fait maréchal en 1804, grand-duc de Berg et de Clèves (1806-1808), cavalier prestigieux, il commande en chef en Espagne (1808) puis devient, la même année, roi de Naples. À la tête de la cavalerie de la Grande Armée en Russie (1812), il tente, après la défaite française, de faire garantir ses États par les Alliés (1814). En 1815, il cherche à revenir dans son royaume, mais il est arrêté et fusillé.

Muratori (Lodovico Antonio), historien italien (Vignola, près de Modène, 1672 - Modène 1750), fondateur de l'historiographie médiévale italienne, notamment par la publication des Rerum Italicarum scriptores (25 vol., 1723-1751).

Murcie, v. du sud-est de l'Espagne (328 100 hab.), ch.-l. d'une province constituant une communauté autonome (1 046 561 hab.). Centre d'une très riche huerta. — Cathédrale des XVe, XVIe et XVIIIe siècles ; églises et couvents classiques et baroques. Musées, dont celui du sculpteur Francisco Salzillo (XVIIIe s.).

Mur des lamentations, vestiges de l'enceinte occidentale du temple bâti par Hérode à Jérusalem. Les Juifs viennent y pleurer la destruction du Temple et la dispersion d'Israël, et y prier.

Murdoch (Dame Iris), femme de lettres irlandaise (Dublin 1919). Ses récits décrivent les déchirements d'êtres qui n'aspirent cependant qu'à l'union (Dans le filet, 1954 ; la Gouvernante italienne, 1964 ; l'Élève du philosophe, 1983).

Murdoch (Rupert), homme d'affaires australien naturalisé américain (Melbourne 1931). Magnat de la presse britannique (The Sun, The Times, etc.), il possède entre autres de nombreux journaux américains et australiens, des chaînes de télévision, des maisons d'édition.

Mureaux (Les), comm. des Yvelines, sur la Seine ; 33 365 hab. (Muriautins). Industrie aérospatiale.

Mureş (le), en hongr. **Maros,** riv. de Roumanie et de Hongrie, affl. de la Tisza (r. g.) ; 803 km.

Muret, ch.-l. d'arr. de la Haute-Garonne, sur la Garonne ; 18 604 hab. (Murétains). — En 1213, pendant la croisade des albigeois, le comte Raimond VI de Toulouse et le roi Pierre II d'Aragon y furent vaincus par Simon de Montfort. — Église reconstruite au XIVe siècle en style gothique méridional.

Muret *(Marc-Antoine),* humaniste français (Muret 1526 - Rome 1585). Poète *(Juvenilia,* 1552) et professeur de rhétorique (il fut le maître du jeune Montaigne), il a été en Italie, à partir de 1554, un des maîtres de l'éloquence néolatine.

Mureybat, site archéologique de Syrie, recouvert par les eaux d'un barrage sur le cours du moyen Euphrate, où l'on a découvert la plus ancienne (v. 8000 av. J.-C.) activité agricole volontaire.

Murger *(Henri),* écrivain français (Paris 1822 - *id.* 1861), auteur des *Scènes de la vie de bohème* (1848).

Murillo *(Bartolomé Esteban),* peintre espagnol (Séville 1618 - *id.* 1682). Son œuvre comprend des compositions religieuses d'une dévotion tendre (grands cycles destinés aux couvents de Séville ; *Immaculées ; Saintes Familles*) et des tableaux réalistes (*les Mangeurs de pastèques,* pinacothèque de Munich).

Murnau *(Friedrich Wilhelm* Plumple, dit *F. W.),* cinéaste allemand (Bielefeld 1888 - Santa Barbara, Californie, 1931), un des grands maîtres du cinéma muet allemand. Formé à l'école de Max Reinhardt, il réalise son premier film *(Der Knabe in blau)* en 1919 et s'impose trois ans plus tard avec *Nosferatu le vampire.* Pour cette adaptation de *Dracula,* il choisit de suggérer « la symphonie de l'horreur » — sous-titre du film — par des décors naturels, en leur attribuant une valeur intemporelle, par de subtils jeux de lumière, qui font de lui l'un des magiciens du clair-obscur. Il tourne ensuite avec la même exigence technique *le Fantôme* (1922), *le Dernier des hommes* (1924), qui lui assure une réputation internationale. Il réalise encore en Allemagne *Tartuffe* (1926) et *Faust* (id.) avant de partir pour les États-Unis. Il tourne son chef-d'œuvre *l'Aurore* (1927), qui sera un échec commercial. Ce film retrace l'histoire d'un jeune paysan qui, séduit par une citadine, projette de noyer sa femme, mais, au lever du soleil, l'amour aura triomphé. Le cinéaste atteint ici au sublime, cette œuvre étant l'accomplissement parfait de son univers créateur (l'ombre et la lumière, la paix de la nature et les artifices de la vie urbaine, l'amour, la passion et la mort, etc.). En 1931, sur un scénario écrit en collaboration avec R. Flaherty, il dirige son dernier film, *Tabou,* qu'il documentera « romancé ».

Muromachi *(période de)* [1333-1582], période de l'histoire du Japon dominée par le gouvernement des shoguns Ashikaga, dont la cour était établie à Muromachi, faubourg de Kyoto.

Muroran, port du Japon (Hokkaido) ; 117 855 hab. Métallurgie.

Murphy *(Robert),* ornithologue américain (New York 1887 - *id.* 1973). Explorateur de tous les rivages du Pacifique, il a rassemblé à l'American Museum plus d'un million de spécimens.

Murray *(le),* principal fl. d'Australie, né dans la Cordillère australienne, drainant essentiellement les États de Victoria et de Nouvelle-Galles du Sud, et est tributaire de l'océan Indien austral ; 2 589 km (bassin de 1 073 000 km²). Irrigation. Hydroélectricité.

Murray *(Jacques* Stuart, *comte* de) → **Moray.**

Murray *(James),* général britannique (Ballencrief, Écosse, 1721 - Battle, Sussex, 1794). Premier gouverneur du Canada (1763-1766), il respecta les traditions des Canadiens français.

Murrumbidgee *(le),* riv. d'Australie (Nouvelle-Galles du Sud), affl. du Murray (r. dr.) ; 1 680 km. Irrigation.

Mururoa, atoll des îles Tuamotu (Polynésie française) à environ 1 500 km à l'E.-S.-E. de Tahiti. De 1966 à 1996, base française d'expérimentation de charges nucléaires.

Musala *(pic),* anc. pic Staline, point culminant de la Bulgarie et du Rhodope ; 2 925 m.

Muséum national d'histoire naturelle, établissement scientifique fondé à Paris en 1793 à partir du *Jardin du roi* (1635). Il comprend, au *Jardin des Plantes,* des laboratoires de recherche en sciences de la Terre, de la vie et de l'homme, des collections de sciences naturelles, une ménagerie et un vivarium et plusieurs galeries présentant des expositions. La Grande Galerie de l'Évolution est consacrée à la diversité du monde vivant et à l'action de l'homme sur la nature. Dépendent aussi du Muséum *le Parc zoologique de Paris* (zoo de Vincennes) et le *musée de l'Homme.*

Musil *(Robert),* écrivain autrichien (Klagenfurt 1880 - Genève 1942). Il analysa la crise sociale et spirituelle de la civilisation européenne à travers une perspective expressionniste (*les Désarrois de l'élève Törless,* 1906 ; *Trois Femmes,* 1924) et chercha dans la création littéraire à unir l'expérience vécue et la pensée critique au besoin mystique d'unité (*l'Homme sans qualités,* 1930-1943) [→ **Homme**].

Musschenbroek (*Petrus* Van) → **Van Muss-chenbroek.**

Musset (*Alfred* de), écrivain français (Paris 1810 - *id.* 1857). Il n'a pas 20 ans quand paraissent ses premiers *Contes d'Espagne et d'Italie* (1830). Au théâtre, ses essais sont malheureux, et il décide de composer des pièces destinées à la lecture (*Un spectacle dans un fauteuil*, 1832). Entre 1833 et 1838, période marquée par une brève et orageuse liaison avec George Sand, il publie de nombreuses pièces (*les Caprices de Marianne*, 1833 ; *Fantasio*, 1834 ; *On ne badine pas avec l'amour*, 1834 ; *Lorenzaccio*, 1834 ; *le Chandelier*, 1835 ; *Il ne faut jurer de rien*, 1836 ; *Un caprice*, 1837). Dans le même temps, il compose des poèmes (*Rolla*, 1833 ; *les Nuits*, 1835-1837), un roman autobiographique (*la Confession d'un enfant du siècle*, 1836) qui transpose son aventure personnelle en destin d'une génération désillusionnée, et une satire du romantisme : *les Lettres de Dupuis et Cotonet* (1836-37). Après 1838, malgré les excès et la maladie, le talent de l'écrivain continue à s'exercer dans des contes (*Mimi Pinson*, 1845), des pièces titrées sous forme de proverbe (*Il faut qu'une porte soit ouverte ou fermée*, 1845) et des fantaisies poétiques (*Une soirée perdue*, 1840 ; *Sur trois marches de marbre rose*, 1849). À la fin de sa vie, Musset a la satisfaction de voir porter à la scène certaines de ses pièces : le succès qu'elles remportent prouve alors les qualités dramatiques de son théâtre, qui mêle étroitement l'expression de la douleur à la fantaisie légère. (Acad. fr. 1852.) Son frère **Paul** (Paris 1804 - *id.* 1880) fut romancier et essayiste.

Mussolini (*Benito*), homme d'État italien (Dovia di Predappio, Romagne, 1883 - Giulino di Mezzegra, Côme, 1945).

■ **Du socialisme au fascisme.** Instituteur, Mussolini réside en Suisse de 1902 à 1905, où il se mêle aux réfugiés politiques. Rentré en Italie, il devient journaliste et milite d'abord dans les rangs socialistes, dont il dirige (1912-1914) le quotidien *Avanti !* Mais, abandonnant son antimilitarisme au début de la Première Guerre mondiale, il se fait exclure du parti. Après avoir participé aux opérations militaires, il fonde les Faisceaux italiens de combat, où il réunit les déçus de l'après-guerre (1919). En 1921, il transforme le mouvement en Parti national fasciste (P. N. F.), dont les formations armées sont appelées « Chemises noires ». À l'issue de la marche de celles-ci sur Rome (oct. 1922), Mussolini est choisi comme Premier ministre par Victor-Emmanuel III et

reçoit les pleins pouvoirs (nov.). Après le succès des fascistes aux élections de 1924, il élimine les opposants (assassinat du socialiste Giacomo Matteotti) et se fait octroyer des pouvoirs dictatoriaux (1925).

■ **La dictature.** Poursuivant une politique nationaliste qui veut restaurer la grandeur de la Rome antique, Mussolini fait entreprendre à partir de 1927 de grands travaux (assèchement des marais Pontins, industrialisation accélérée...). Il veut également donner à l'Italie un empire colonial. Mais l'opposition des démocraties à la conquête de l'Éthiopie (entreprise en 1935-36) pousse Mussolini à se rapprocher de l'Allemagne de Hitler, avec laquelle il s'allie pour créer un « axe Rome-Berlin » (1936). Ainsi, c'est sous l'influence du Führer que Mussolini, qui porte désormais le titre de « Duce » (chef), engage son pays dans la Seconde Guerre mondiale (juin 1940) aux côtés de l'Allemagne. Devant les échecs militaires, une opposition au sein du parti fasciste s'organise et un complot aboutit à sa destitution par le roi (juill. 1943). Interné, Mussolini est libéré par une opération des parachutistes allemands. Mais la République de Salo, qu'il constitue en Italie du Nord, n'est qu'un État fantoche aux mains des nazis. Quand les Allemands évacuent l'Italie, Mussolini tente de les suivre, mais il est reconnu puis fusillé par des partisans (1945).

Mustafa Kemal Paşa → **Atatürk.**

Müstair ou **Münster**, village de Suisse (cant. des Grisons), à l'E. du canton, près de la frontière italienne. — Couvent fondé à la fin du VIIIᵉ siècle : église aux remarquables peintures murales carolingiennes (dont une partie a été transférée au Musée national de Zurich) ; bâtiments conventuels et petit musée.

Mutanabbi (al-), poète arabe (Kufa 915 - près de Bagdad 965). Son *Divan* compte parmi les grandes œuvres poétiques classiques.

Muti (*Riccardo*), chef d'orchestre italien (Naples 1941). Il excelle dans l'opéra romantique italien et la musique symphonique contemporaine. Depuis 1986, il est directeur musical à la Scala de Milan.

Mutsuhito → **Meiji tenno.**

Muybridge (*Edward James* Muggeridge, dit Eadweard), photographe britannique (Kingston-on-Thames 1830 - *id.* 1904). C'est l'un des pionniers de la photographie du mouvement et du cinématographe. En 1878, il réussit à enregistrer par la photographie (sans retouches ultérieures) chaque phase des diverses allures du cheval. Ses travaux influencèrent des scientifiques comme Marey, mais aussi des peintres comme Degas ou les futuristes.

Mwanza, v. de Tanzanie, sur le lac Victoria ; 111 000 hab.

Mweru ou **Moero,** lac d'Afrique, entre le Zaïre (Shaba) et la Zambie ; 4 340 km² .

Mycale *(bataille du cap)* [479 av. J.-C.], victoire navale des Grecs sur les Perses en mer Égée, en face de Samos.

Mycènes, village de Grèce, dans le Péloponnèse (nome de l'Argolide) [*Mycéniens*]. Capitale légendaire des Atrides, Mycènes fut, à partir du XVIᵉ s. av. J.-C., le centre d'une civilisation historique dite « mycénienne ». La ville fut ruinée par l'invasion des Doriens (fin du IIᵉ millénaire). ARCHÉOL. La colline est entourée d'une formidable enceinte cyclopéenne qui s'élève encore jusqu'à 17 m de haut sur une épaisseur moyenne de 6 m. Entre deux bastions s'ouvre la porte des Lionnes. Le périmètre fortifié englobe, outre des maisons, le premier cercle des tombes et le palais. Le deuxième cercle de tombes est à l'extérieur, ainsi que les tombes à tholos (dites « de Clytemnestre » et, surtout, le trésor d'Atrée).

Myingyan, v. de Birmanie, sur l'Irrawaddy ; 220 000 hab.

Mykerinus ou **Mykérinos,** pharaon de la IVᵉ dynastie (v. 2600 av. J.-C.), constructeur de la troisième pyramide de Gizeh.

Mýkonos, île grecque de la partie nord-est des Cyclades ; 85,5 km² ; 3 000 hab. Centre touristique.

Myrdal *(Karl Gunnar),* économiste et homme politique suédois (Gustafs, Dalécarlie, 1898 - Stockholm 1987). Il a notamment étudié le problème des pays sous-développés et a consacré d'importants travaux à l'écart croissant (le « gap ») qui existe entre les pays riches et les pays pauvres. (Prix Nobel de sciences économiques 1974.)

Myrmidons, ancienne peuplade de Thessalie, qui prit part à la guerre de Troie. Ils apparaissent dans les poèmes homériques comme les sujets d'Ajax et d'Achille.

Myron, sculpteur grec du milieu du Vᵉ s. av. J.-C., originaire d'Éleuthères. Bronzier, il s'efforce de rendre la vie dans son mouvement. Son *Discobole* est connu par de nombreuses répliques (Rome, Londres).

Mysie, ancienne contrée du nord-ouest de l'Asie Mineure (auj. Turquie), où les Grecs fondèrent des colonies.

Mysore, ancien État de l'Inde qui a pris, en 1973, le nom de Karnataka.

Mysore ou **Maisur,** v. de l'Inde (Karnataka), dans le Deccan ; 652 246 hab. Textiles. — Ancienne capitale du Mysore. Palais de style indo-musulman tardif.

My Tho, v. du Viêt Nam méridional ; 120 000 hab.

Mytilène → **Lesbos.**

Myzeqe, plaine littorale de l'Albanie centrale. Ancien marécage assaini et drainé.

Mzab, groupe d'oasis du nord du Sahara algérien. (Hab. *Mzabites* ou *Mozabites*.) Plateau rocheux coupé de profonds ravins autour de la v. princ. *Ghardaïa.*

N-O

Nabatéens, peuple de l'Arabie septentrionale, dont la capitale était Pétra. Son royaume fut annexé à l'Empire romain en 106, par Trajan.

Nabeul, v. de Tunisie, sur la côte sud du cap Bon ; 30 000 hab. Poterie.

Nabokov *(Vladimir),* écrivain américain d'origine russe et d'expression anglaise et russe (Saint-Pétersbourg 1899 - Montreux, Suisse, 1977). Dans ses romans, il se fait le peintre ironique des obsessions, des ridicules ou des vices de son époque (*la Vraie Vie de Sébastien Knight,* 1941 ; *Lolita,* 1955 ; *Ada ou l'Ardeur,* 1969).

Nabonide, dernier roi de Babylone (556-539 av. J.-C.). Il fut vaincu par Cyrus.

Nabopolassar, roi de Babylone (626-605 av. J.-C.), fondateur de la dynastie chaldéenne. Allié aux Mèdes, il détruisit l'Empire assyrien (chute de Ninive en 612).

Nabucco, opéra en 4 actes de Giuseppe Verdi (1842) sur un livret de Temistocle Solera d'après l'histoire du roi Nabuchodonosor.

Nabuchodonosor II, roi de Babylone (605-562 av. J.-C.). La victoire de Karkemish (605) sur les Égyptiens et la prise de Jérusalem (587), dont il déporta les habitants, lui assurèrent la domination de la Syrie et de la Palestine. Il fit de Babylone, embellie, la capitale du monde oriental.

Nachtigal *(Gustav),* explorateur allemand (Eichstedt 1834 - dans le golfe de Guinée 1885). Il reconnut le Bornou et les abords du lac Tchad (1869-1875).

Nadar *(Félix* **Tournachon,** dit*),* photographe et caricaturiste français (Paris 1820 - *id.* 1910). Portraitiste perspicace, il publie, à partir de 1854, le *Panthéon de Nadar,* galerie des célébrités de son temps. L'un des premiers, il a utilisé la lumière artificielle (photographies des catacombes, 1861). Passionné par l'aérostation, il avait réalisé, dès 1858, les premières photographies aériennes prises en ballon.

Nadeau *(Maurice),* éditeur et critique français (Paris 1911). Directeur des *Lettres nouvelles* (1953-1957) puis de la *Quinzaine littéraire* (depuis 1966), il a édité de nombreux écrivains étrangers.

Nader *(Ralph),* économiste et avocat américain (Winsted, Connecticut, 1934). Dénonçant les abus de la société de consommation, il a notamment fait imposer de nouvelles normes de sécurité à l'industrie automobile américaine.

Nader Chah ou **Nadir Chah** (près de Kalat 1688 - Fathabad 1747), roi d'Iran (1736-1747). Après avoir chassé les Afghans et rétabli les Séfévides en Iran, il s'empara du pouvoir (1736). Il conquit l'Afghanistan et envahit l'Inde des Moghols (1739). Il fut assassiné.

Nadja, récit d'A. Breton (1928) accompagné de photographies. Des entretiens avec une jeune femme visionnaire illustrent la méthode surréaliste d'exploration du monde inconscient.

Nadjaf (al-), v. d'Iraq, près de l'Euphrate, au sud de Bagdad ; 128 000 hab. Pèlerinage chiite.

Nadjd ou **Nedjd** (« le Plateau »), anc. émirat, région constituant le cœur de l'Arabie saoudite. V. princ. *Riyad.* Le Nadjd a été au xviiie siècle le centre du mouvement wahhabite.

Naevius *(Cneius)*, poète latin (en Campanie v. 270 - Utique v. 201 av. J.-C.). Auteur d'une épopée sur la première guerre punique, il fut le créateur de la tragédie à sujet national.

NAFTA (North American Free Trade Agreement), *en fr.* A. L. E. N. A. (Accord de libre-échange nord-américain), accord signé en 1992 entre les États-Unis, le Canada et le Mexique, créant une zone de libre-échange entre ces trois pays. Il entre en vigueur en 1994.

Nagaland, État de l'Inde orientale ; 16 527 km² ; 1 215 573 hab. Cap. *Kohima.*

Nagano, v. du Japon (Honshu) ; 347 026 hab. — Temple Zenko-ji : imposant ensemble architectural en partie du xviiie siècle.

Nagano Osami, amiral japonais (Kochi 1880 - Tokyo 1947). Ministre de la Marine (1936), il fut le chef d'état-major de la marine pendant la Seconde Guerre mondiale.

Nagasaki, port du Japon (Kyushu), sur la mer de Chine ; 444 599 hab. Chantiers navals. Centre du catholicisme japonais. — Temples Kofuku-ji et Sofuku-ji, fondés au xviie siècle. — La deuxième bombe atomique y fut lancée par les Américains le 9 août 1945 et fit environ 36 000 victimes (décédées en 1945).

Nagelmackers *(Georges),* homme d'affaires belge (Liège 1845 - Villepreux, Yvelines, 1905). Il fonda à Bruxelles, en 1876, la Compagnie internationale des wagons-lits et des grands express européens.

Nagoya, port du Japon (Honshu), sur le Pacifique ; 2 154 793 hab. C'est le cœur de la troisième agglomération du pays. Métallurgie. Chimie. — Important sanctuaire shinto ; château du xviie siècle, reconstruit en 1959. Musées, dont le musée d'Art tokugawa.

Nagpur, v. de l'Inde (Maharashtra), dans le nord du Deccan ; 1 661 409 hab. Centre industriel.

Nagy *(Imre),* homme politique hongrois (Kaposvár 1896 - Budapest 1958). Communiste, Premier ministre (1953-1955), partisan d'une politique libérale, il se heurta aux staliniens Rákosi et Gerö, qui l'expulsèrent du parti (1956). Rappelé au pouvoir lors de l'insurrection d'octobre 1956, il fut arrêté et exécuté (1958). Il a été réhabilité en 1989.

Naha, cap. de l'archipel des Ryukyu, dans l'île d'Okinawa ; 304 836 hab.

Nahhas Pacha *(Mustafa* al-*),* homme politique égyptien (Samannud 1876 - Le Caire 1965). Chef du Wafd, il fut cinq fois Premier ministre entre 1928 et 1944.

Nahua, peuple d'Amérique centrale, formant le groupe ethnique le plus important du Mexique et parlant le nahuatl. Ils émigrèrent du territoire des États-Unis vers le Mexique entre le viie et le xiie siècle.

Nahuel Huapi, lac andin de l'Argentine, à 767 m d'alt. ; 544 km². Site touristique. Parc national.

Naipaul *(Vidiadhar Surajprasad),* écrivain britannique, originaire de la Trinité (Chaguanas 1932). De ses nombreux périples, il a tiré des essais-reportages (*l'Inde brisée,* 1977). Ses romans évoquent la double impossibilité, pour les Indiens et les Noirs, de l'intégration à la civilisation britannique et du retour aux origines (*l'Énigme de l'arrivée,* 1987).

Nairobi, cap. du Kenya, à 1 660 m d'alt., sur un plateau ; 1 104 000 hab. C'est la plus grande ville d'Afrique orientale. Aéroport. Université.

Naissance d'une nation *(la),* film américain de D. W. Griffith (1915).

Nakasone Yasuhiro, homme politique japonais (Takasaki 1918). Premier ministre de 1982 à 1987, il lance un plan de restructuration du capitalisme japonais (privatisation des entreprises publiques, démantèlement des syndicats ouvriers) visant à maintenir celui-ci pour longtemps au premier rang mondial.

Nakhitchevan, République autonome, dépendance de l'Azerbaïdjan ; 5 500 km² ; 295 000 hab. Cap. *Nakhitchevan ;* 37 000 hab.

Nakhodka, port de Russie, dans l'Extrême-Orient, sur la mer du Japon ; 165 000 hab.

Naltchik, v. de Russie, cap. de la République de Kabardino-Balkarie, au nord du Caucase ; 235 000 hab.

Namangan, v. d'Ouzbékistan ; 308 000 hab.

Namaqua, peuple hottentot de la Namibie *(Namaqualand).*

Namaqualand, région côtière aride du sud-ouest de l'Afrique, aux confins de l'Afrique du Sud et de la Namibie. Mines (diamants).

Nambicuara ou **Nambikwara,** peuple indien du Brésil (Mato Grosso).

Namib *(désert du),* région côtière aride de la Namibie (débordant en Angola et en Afrique du Sud). Elle s'étend sur 1 500 km du N. au S.

Namibie, *anc.* Sud-Ouest africain, État de l'Afrique australe, sur l'Atlantique ; 825 000 km² ; 1 800 000 hab. *(Namibiens).*

CAP. *Windhoek.* LANGUES : *afrikaans* et *anglais.* MONNAIE : *dollar namibien.*

GÉOGRAPHIE

Une haute muraille, le Grand Escarpement, sépare le désert côtier du Namib (largeur de 150 à 300 km) des hautes terres (plus de 1 350 m) de l'Est, occupant environ 80 % du territoire et s'abaissant doucement vers la cuvette du Kalahari. Parmi les multiples ethnies, les Ovambo sont les plus nombreux (environ 50 % de la population), alors que survivent des minorités aborigènes (Bochiman et Hottentots) ; la population blanche compte environ 50 000 personnes. Le pays est traversé par le tropique, et les pluies sont très modestes dans le Nord-Est (environ 400 mm), domaine cependant de l'élevage bovin. Elles décroissent encore ou disparaissent presque dans le Sud, parcouru par les ovins, en partie des agneaux caracals, dont les peaux sont exportées. La pêche demeure une ressource appréciable. Le secteur industriel est inexistant en dehors de l'extraction minière (diamants, uranium, argent, or, lithium, cuivre, zinc). Si la politique de « réconciliation nationale » progresse, plus de 30 % de la population active est sans emploi. Les principaux projets de développement se situent dans les secteurs de l'agriculture, de la construction et de l'éducation.

HISTOIRE

Le pays est d'abord occupé par les Bochiman et les Hottentots, refoulés par les Bantous (Herero).

1892. L'Allemagne établit un protectorat sur la région, qu'elle baptise Sud-Ouest africain.

1920. L'Union sud-africaine (auj. Afrique du Sud) reçoit de la Société des Nations un mandat sur le pays.

1949. La région est annexée par l'Union sud-africaine.

L'O. N. U. révoque le mandat de l'Afrique du Sud (1966) et entreprend une action visant à promouvoir l'indépendance de la région, rebaptisée Namibie en 1968. Des mouvements nationalistes s'y développent, les uns soutenus par l'Angola et Cuba, les autres par l'Afrique du Sud.

1988. Un accord est signé entre ces trois pays.

1990. Accession de la Namibie à l'indépendance.

Namur, v. de Belgique, cap. de la Région wallonne et ch.-l. de la *prov. de Namur,* au confl. de la Meuse et de la Sambre ; 103 443 hab. *(Namurois).* Centre administratif et commercial. Université. **ARTS.** Citadelle

reconstruite au XVIIe siècle. Église St-Loup, baroque du XVIIe siècle ; cathédrale de style classique du XVIIIe. Musées : des Arts anciens du Namurois ; d'Archéologie ; Groesbeek-de-Croix (arts décoratifs) ; Félicien-Rops ; trésor de la maison des sœurs de Notre-Dame (œuvres de l'orfèvre Hugo d'Oignies, XIIIe s.).

Namur *(province de),* prov. du sud de la Belgique ; 3 660 km2 ; 423 317 hab. ; ch.-l. *Namur.* Le sillon de la Sambre et de la Meuse (métallurgie) sépare l'avant-pays ardennais (exploitation forestière et élevage) de l'extrémité nord de la prov., plateau limoneux où dominent les cultures céréalières.

Nanaimo, v. du Canada (Colombie-Britannique), dans l'île de Vancouver ; 60 129 hab.

Nanchang, v. de Chine, cap. du Jiangxi ; 1 061 000 hab. Centre industriel. — Musée (riche coll. d'archéologie et de porcelaine).

Nanchong, v. de Chine (Sichuan) ; 206 000 hab.

Nancy, ch.-l. du dép. de Meurthe-et-Moselle, sur la Meurthe, à 306 km de Paris ; 102 410 hab. *(Nancéiens)* [près de 330 000 hab. (l'agglomération). **GÉOGR.** Nancy est l'une des deux métropoles lorraines. C'est un centre commercial, financier, culturel. L'industrie est surtout présente à la périphérie. Technopole de Nancy-Brabois au S.-O. de la ville. **HIST.** Capitale des ducs de Lorraine, Nancy fut convoitée par Charles le Téméraire, qui périt sous ses murs en 1477. Agrandie par Charles III (1588), elle connut une nouvelle période faste sous le roi-duc Stanislas Leszczyński (1738-1766). **ARTS.** Dans la Vieille-Ville, église des Cordeliers, de la fin du XVe siècle, et ancien palais ducal, du XVIe (Musée historique lorrain : œuvres de Callot, Bellange, G. de La Tour, etc. ; arts décoratifs, ethnographie, etc.). La Ville-Neuve, aménagée au XVIIIe siècle, offre les réalisations de l'architecte Héré : gracieuse place Stanislas (v. 1750) [hôtel de ville ; musée des Beaux-Arts], aux superbes grilles du ferronnier nancéien Jean Lamour, place de la Carrière et, au sud-est de la ville, église N.-D.-de-Bon-Secours. Petit musée consacré à l'*école de Nancy,* groupement de praticiens qui furent, à la fin du XIXe siècle, parmi les créateurs de l'Art nouveau (Gallé, Majorelle, V. Prouvé, les frères Daum [verriers], l'ébéniste Eugène Vallin...).

Nanda Devi *(la),* sommet de l'Himalaya, point culminant de l'Inde ; 7 816 m.

Nanga Parbat *(le)* [« le mont nu »], sommet de l'Himalaya occidental, dans le Cachemire pakistanais ; 8 126 m.

Nankin ou **Nanjing**, v. de la Chine centrale, cap. du Jiangsu, port sur le Yangzi Jiang ; 2 290 000 hab. Grand centre intellectuel et industriel (métallurgie, textile, chimie). **HIST.** Plusieurs fois capitale, la ville connut son apogée sous les Ming. Le traité de Nankin (29 août 1842) céda Hongkong aux Britanniques et ouvrit certains ports chinois au commerce européen. **ARTS.** Riches musées. Vestiges de l'enceinte ming. Aux environs, tombeau de l'empereur Ming Hongwu (1381) et falaise des Mille Bouddhas, ensemble monastique rupestre fondé au ve siècle.

Nanning, v. de Chine, cap. du Guangxi ; 876 000 hab.

Nansen *(Fridtjof)*, explorateur norvégien (Store-Fröen, près d'Oslo, 1861 - Lysaker 1930). Il traversa le Groenland (1888), explora l'Arctique et tenta d'atteindre le pôle en traîneau (1893-1896). Il joua un grand rôle dans les entreprises humanitaires de la S. D. N. et fit établir en 1922 le *passeport Nansen,* qui permettait aux réfugiés de s'installer dans le pays qui l'avait délivré. (Prix Nobel de la paix 1922.)

Nanterre, ch.-l. du dép. des Hauts-de-Seine, dans la banlieue ouest de Paris ; 86 627 hab. *(Nanterriens).* Évêché. Université. École de danse de l'Opéra de Paris. Hospice. Industries diverses.

Nantes, ch.-l. de la Région Pays de la Loire et du dép. de la Loire-Atlantique, à 383 km au S.-O. de Paris ; 252 029 hab. *(Nantais)* [près de 500 000 hab. dans l'agglomération]. **GÉOGR.** À 54 km de la côte atlantique et à 16 km de l'estuaire, Nantes est la principale agglomération de l'Ouest, entre Seine et Gironde. La fonction portuaire (grâce aux hydrocarbures) demeure notable (avec Saint-Nazaire et Donges). L'industrie (métallurgie de transformation [avec construction navale et aéronautique], agroalimentaire, chimie) lui est partiellement liée. Mais Nantes (reliée à Paris par autoroute) est surtout devenue un centre tertiaire, administratif, commercial et financier, universitaire. Technopole de Nantes-Atlanpole répartie en six sites. **HIST.** Seconde capitale des ducs de Bretagne, qui y résidèrent au xve siècle, française en 1491, Nantes atteignit son apogée au xviiie siècle avec le commerce triangulaire (France-Afrique-Antilles). Elle déclina au cours de la Révolution, pendant laquelle d'octobre 1793 à février 1794, elle fut livrée au régime de terreur imposé par Carrier (« noyades de Nantes »). **ARTS.** Château des ducs de Bretagne, forteresse rebâtie aux xv^e

et xvie siècles (musées d'Art populaire régional, des Arts décoratifs et « des Salorges »). Cathédrale pour l'essentiel des xve-xviie siècles (tombeau de François II par M. Colombe). Beaux ensembles d'architecture civile du xviiie siècle, rocaille (quai de la Fosse, anc. île Feydeau) ou néoclassique (place Graslin, Grand-Théâtre, place Royale). Importants musées des Beaux-Arts (des primitifs italiens au xxe s.) et Dobrée (archéologie, arts décoratifs...) ; Museum d'histoire naturelle ; musée Jules-Verne ; etc.

Nantes *(édit de),* édit signé par Henri IV à Nantes le 13 avril 1598, qui définit les droits des protestants en France et mit fin aux guerres de Religion. Du point de vue religieux, les protestants étaient libres de pratiquer leur culte dans deux localités par bailliage et pouvaient également tenir des assemblées. Du point de vue politique, l'État leur accordait des garanties juridiques (tribunaux moitié catholiques, moitié protestants, appelés « chambres mi-parties »), politiques (accès à toutes les charges) et militaires (une centaine de places de sûreté).

Nantes *(révocation de l'édit de)* [18 oct. 1685], édit signé par Louis XIV à Fontainebleau, qui supprima tous les droits accordés par Henri IV aux protestants. Cette révocation, précédée par une persécution (dragonnades), entraîna notamment la démolition des temples et priva la France de 200 000 à 300 000 sujets, qui émigrèrent en Suisse, en Allemagne, en Afrique du Sud, etc.

Nantong, v. de Chine (Jiangsu), sur le Yangzi Jiang ; 260 000 hab.

Nantua, ch.-l. d'arr. de l'Ain, sur le lac de Nantua (1,4 km²), dans une cluse qui traverse le Jura ; 3 678 hab. *(Nantuatiens).* Centre touristique. — Église en partie romane, remontant au xe siècle.

Nantucket, île des États-Unis (Massachusetts). Base de baleiniers jusqu'au xixe siècle.

Nao *(cap de la),* cap d'Espagne, sur la Méditerranée, entre Valence et Alicante.

Napata, ancienne ville du Soudan, en aval de la quatrième cataracte du Nil, d'où est issue la XXVe dynastie, dite « koushite », qui domina l'Égypte. — Nécropole royale. Vestiges de temples pharaoniques.

Napier ou **Neper** *(John, baron de Merchiston),* mathématicien écossais (Merchiston, près d'Édimbourg, 1550 - *id.* 1617). On lui doit l'invention des logarithmes (1614), destinés à simplifier les calculs de trigonométrie sphérique, alors essentiels pour l'astronomie et la navigation. Afin de substituer l'addition à la multiplication, il met en correspondance continue les termes d'une progression géométrique et ceux d'une progression arithmétique. Il avait, auparavant, trouvé un moyen de simplifier les multiplications par l'emploi de baguettes chiffrées (*réglettes de Neper*).

Naples, *en ital.* Napoli, v. d'Italie, cap. de la Campanie et ch.-l. de prov., au sud du *golfe de Naples,* à l'ouest du Vésuve ; 1 054 601 hab. *(Napolitains).* GÉOGR. Naples est le principal centre urbain du Mezzogiorno et la troisième ville italienne. La région urbaine et industrielle occupe tout le littoral du golfe de Naples. La métallurgie de transformation, le textile, l'agroalimentaire, la chimie sont les principales branches industrielles représentées. Mais la ville, où chômage et contrebande sont toujours présents, est d'abord un centre tertiaire (port, université, tourisme). HIST. Naples est fondée, au VIIe s. av. J.-C., par des colons grecs. En 326 av. J.-C., elle devient romaine. Capitale d'un duché byzantin en 1661, elle tombe aux mains des Normands de Sicile en 1139 et devient, en 1282, la capitale du royaume de Naples. De 1734 à 1860, les Bourbons d'Espagne, remplacés momentanément par les Français de 1806 à 1815, en font un centre culturel brillant. ARTS. Nombreuses églises, dont celles remontant à l'époque gothique et à la domination angevine, souvent remaniées à l'époque baroque. Près du port se dresse le Castel Nuovo, des XIIIe-XVe siècles, avec son « arc » d'Alphonse V d'Aragon (portail renaissant) ; Palais royal de D. Fontana (1600) ; théâtre San Carlo (1737), néoclassique. Musée de l'ancienne chartreuse de S. Martino (décors baroques), galerie de Capodimonte (peintures ; porcelaines ; etc.) et Musée national, qui abrite les prestigieuses collections d'art romain provenant d'Herculanum et de Pompéi.

Naples *(royaume de),* ancien royaume d'Italie, partie péninsulaire du royaume de Sicile, que la dynastie angevine conserva après son expulsion de la Sicile insulaire (1282). Ce royaume est conquis par l'Aragon (1442), déjà en possession de la Sicile insulaire. Après avoir subi l'invasion des armées françaises de Charles VIII et de Louis XII (à partir de 1495), le pays est définitivement rattaché à l'Aragon (1504). Il passe sous la domination des Bourbons en 1734. Prenant le nom de République Parthénopéenne en 1799, puis redevenu royaume de Naples, il est confié par Napoléon à Joseph Bonaparte (1806) puis à Murat (1808). Restauré en 1815, Ferdi-

nand IV rétablit l'union avec la Sicile (royaume des Deux-Siciles) en 1816.

Naplouse, *en ar.* Nābulus, v. de Cisjordanie, au N. de Jérusalem ; 50 000 hab.

Napoléon, film français d'Abel Gance (1927), interprété par Albert Dieudonné dans le rôle de Bonaparte. Reconstitution historique exubérante des principaux épisodes de la Révolution et du début de l'épopée de Bonaparte, ce film de visionnaire fut une date importante dans l'histoire du cinéma par ses innovations techniques (utilisation du triple écran à la projection, mobilité de la caméra et effets de surimpressions multiples).

Napoléon Ier (Ajaccio 1769 - Sainte-Hélène 1821), empereur des Français (1804-1814 et 1815), deuxième fils de Charles Bonaparte et de Letizia Ramolino. Issu de la petite noblesse corse ralliée à la France, il devient lieutenant d'artillerie en 1785. Jacobin déclaré en 1793, il joue un rôle décisif dans la reprise de Toulon aux royalistes, alliés aux Britanniques, mais il est, un temps, emprisonné après la chute de Robespierre. Grâce à Barras, qu'il aide à réprimer le soulèvement royaliste du 13-Vendémiaire (5 oct. 1795), il est nommé commandant en chef de l'armée d'Italie, peu de jours avant son mariage avec Joséphine de Beauharnais. Dans la brillante campagne d'Italie (1796-97), qui inaugure sa carrière de stratège, il s'impose aux vétérans ainsi qu'aux dirigeants du Directoire. Le régime préfère l'éloigner en lui confiant le soin d'une expédition (la campagne d'Égypte [1798-99]) destinée à couper la route anglaise vers l'Inde. Informé des difficultés intérieures et extérieures en France, il rentre à Paris, où il organise avec Sieyès un complot contre le Directoire. Par le coup d'État du 18-Brumaire, réussi de justesse (nov. 1799), Bonaparte impose au pays le régime du Consulat : Premier consul, puis consul à vie (1802), il rassure la bourgeoisie et stabilise les conquêtes de la Révolution. À l'intérieur, il assure la réconciliation nationale (fin de la chouannerie [févr. 1800], concordat avec le pape [juill. 1801], amnistie aux émigrés [avr. 1802]), réorganise dans un sens centralisateur l'administration, la justice et les finances, fait achever la rédaction du Code civil (Code Napoléon) et relance l'économie. À l'extérieur, il oblige l'Autriche à la paix (traité de Lunéville, 1801) et conclut avec la Grande-Bretagne la paix d'Amiens (1802), qui termine dix ans de guerre en Europe. Le complot royaliste de

Cadoudal (1804) lui fournit un prétexte pour se faire confier le titre d'empereur des Français par le Sénat, le pape Pie VII venant le couronner à Paris (déc. 1804). L'Empire prend très vite des allures monarchiques : réduisant au silence toute forme d'opposition, Napoléon s'entoure d'une nouvelle noblesse et installe les membres de sa famille sur les trônes des pays conquis. Reprenant alors sa politique de conquêtes, il affronte, à la tête de la Grande Armée, les grandes puissances européennes, dont la plus acharnée est la Grande-Bretagne. Ayant triomphé de la troisième et de la quatrième coalition à l'issue de victoires prestigieuses telles que celle d'Austerlitz (1805), il conclut une alliance avec la Russie et met en place le Blocus continental, destiné à ruiner le commerce britannique. Cette décision l'oblige à renforcer sa domination sur l'Europe, et particulièrement sa politique d'annexions. L'Autriche ayant signé la paix de Vienne (1809), il fait dissoudre son mariage avec Joséphine, dont il n'a pas d'enfant, pour épouser en 1810 l'archiduchesse autrichienne Marie-Louise. La naissance d'un fils, le roi de Rome (Napoléon II), en 1811, marque l'apogée de l'Empire. Napoléon est cependant dès cette époque confronté à des difficultés croissantes : soulèvement national en Espagne (2 mai 1808), crise économique, opposition du clergé après l'emprisonnement du pape (1809). La campagne de Russie constitue un tournant radical : engagée en 1812, elle s'achève par une retraite désastreuse. Napoléon doit alors faire face à une nouvelle coalition, qui lui impose la défaite de Leipzig (1813) et envahit la France. Contraint d'abdiquer une première fois (1814), il est relégué à l'île d'Elbe. Il s'en échappe et réussit, le 20 mars 1815, à reprendre le pouvoir pour cent jours. La bataille de Waterloo (18 juin 1815), qui l'oppose à nouveau à l'Europe coalisée, oblige l'Empereur à abdiquer définitivement. Exilé à l'île de Sainte-Hélène, il dicte ses souvenirs à Las Cases, qui en fait le *Mémorial de Sainte-Hélène* (1823). Ses cendres ont été ramenées en France en 1840 et déposées aux Invalides. Doté d'une extraordinaire puissance de travail, Napoléon a façonné les institutions juridiques et administratives de la France et rendu au pays une réelle stabilité économique et politique, après dix années d'une révolution, dont il a sauvegardé certains acquis, tout en confiscant le pouvoir. Stratège hors pair, il a un temps dominé

l'Europe. Mais son ambition démesurée explique en grande partie son échec final.

Napoléon II *(François Charles Joseph* Bonaparte*)*, fils de Napoléon Iᵉʳ et de Marie-Louise (Paris 1811 - Schönbrunn 1832). Proclamé roi de Rome lors de sa naissance et reconnu empereur par les Chambres lors de la seconde abdication de Napoléon Iᵉʳ (1815), il fut emmené à Vienne par sa mère et fut fait duc de Reichstadt (1818). Il mourut de tuberculose.

Napoléon III, empereur des Français *(Charles Louis Napoléon* Bonaparte*)* [Paris 1808 - Chislehurst, Kent, 1873], président de la IIᵉ République française (1848-1852), empereur des Français (1852-1870), fils d'Hortense de Beauharnais et de Louis Bonaparte, roi de Hollande. Après une jeunesse aventureuse en Suisse et en Italie, il tente, en 1836 à Strasbourg puis en 1840 à Boulogne, de se faire proclamer empereur et de renverser Louis-Philippe. Condamné à la détention perpétuelle, il est enfermé au fort de Ham, où il élabore une doctrine sociale (*l'Extinction du paupérisme,* 1844) et d'où il s'enfuit pour Londres (1846). Il revient en France après la révolution de 1848, est élu représentant dans plusieurs départements et arrive à la présidence de la République le 10 décembre 1848. Le 2 décembre 1851, il déclare l'Assemblée dissoute et fait réprimer le soulèvement qui se dessine à Paris ; un plébiscite ratifie le coup d'État et lui permet d'instaurer, en s'appuyant sur la Constitution du 14 janvier 1852, un régime autoritaire et centralisé qui se transforme en monarchie héréditaire, ratifiée, elle aussi, par plébiscite. Proclamé empereur des Français, le 2 décembre 1852, sous le nom de Napoléon III, il épouse, en 1853, Eugénie de Montijo (→ **Empire** [second]). Prisonnier lors du désastre de Sedan (2 sept. 1870), l'empereur est déclaré déchu, le 4 septembre à Paris. Il est emmené en captivité en Allemagne, puis qu'il quitte le 19 mars 1871 pour rejoindre l'impératrice en Angleterre.

Napoléon *(Eugène Louis)* → **Bonaparte.**

Naqsh-i Roustem, lieu-dit, à 7 km de Persépolis. Sépultures rupestres des souverains achéménides du vᵉ s. av. J.-C. Falaises ornées d'inscriptions et de reliefs sassanides évoquant les victoires de Châhpuhr Iᵉʳ, Châhpuhr II, l'investiture de Narsès, etc.

Nara, v. du Japon (Honshu) ; 349 349 hab. — Nara fut la première capitale fixe du Japon, de 710 à 784. Construite selon le plan de la capitale chinoise des Tang, Changan, elle conserve de nombreux temples qui abritent des trésors d'art des hautes époques japonaises ; citons le Kofuku-ji, le Yakushi-ji, le Todai-ji et son célèbre Bouddha de bronze ; enfin, dans les environs, le Horyu-ji.

Naram-Sin, roi d'Akkad (v. 2225-2185 av. J.-C.). Petit-fils de Sargon, il étendit son empire du Zagros à la Syrie du Nord. Une stèle (musée du Louvre) immortalise l'une de ses victoires.

Narasimha Rao *(P. V.),* homme politique indien (Karimnagar, Andhra Pradesh, 1921). Il est depuis 1991 le président du Parti du Congrès et le Premier ministre de l'Inde.

Narayanganj, port fluvial du Bangladesh ; 425 000 hab. Coton et jute.

Narbada *(la),* fl. de l'Inde, tributaire de la mer d'Oman, limite entre la plaine indo-gangétique et le Deccan ; 1 290 km.

Narbonnaise, province de la Gaule romaine, fondée à la fin du IIe s. av. J.-C. Province impériale (27 av. J.-C.), puis sénatoriale (22 av. J.-C.), elle s'étendait de la région de Toulouse au lac Léman, englobant la Savoie, le Dauphiné, la Provence et le Languedoc.

Narbonne, ch.-l. d'arr. de l'Aude ; 47 086 hab. *(Narbonnais).* Nœud autoroutier. Marché des vins. Raffinage de l'uranium (Malvési). Station balnéaire à *Narbonne-Plage.* — Important port de mer à l'époque romaine et au Moyen Âge. La modification du cours de l'Aude au XIVe siècle mit fin à son activité portuaire. — Cathédrale gothique de style septentrional, dont seul le chœur a été construit. Musée archéologique et musée d'Art et d'Histoire dans l'ancien archevêché.

Narcisse, personnage de la mythologie grecque. Fils du fleuve Céphise, il était célèbre pour sa beauté et fut l'objet de la passion d'un grand nombre d'adoratrices, dont la nymphe Écho ; mais il restait si insensible à celles-ci qu'elles demandèrent vengeance à la déesse Némésis. Un jour, Narcisse, se penchant vers une fontaine pour s'y désaltérer, fut séduit par sa propre image reflétée dans l'eau et se laissa mourir de langueur dans cette contemplation de lui-même. Là où il tomba, naquit la fleur qui porte son nom, le narcisse.

Narita, aéroport de Tokyo.

Narsès, général byzantin (v. 478 - Rome 568). Arménien d'origine et eunuque, il fit avorter la sédition Nika (532). Il chassa les Francs et les Alamans de l'Italie (555), dont il réorganisa l'administration.

Narva *(bataille de)* [30 nov. 1700], victoire de l'armée suédoise de Charles XII sur Pierre le Grand, qui eut lieu à Narva (Estonie) pendant la guerre du Nord.

Narváez *(Ramón María, duc de Valence),* général et homme politique espagnol (Loja 1800 - Madrid 1868). Partisan de la reine Marie-Christine, il renversa Espartero en 1843.

Narvik, port de la Norvège septentrionale ; 18 733 hab. Exportation du minerai de fer suédois. — Combats navals et terrestres entre Allemands et Franco-Britanniques (avr.-mai 1940).

NASA (National Aeronautics and Space Administration), organisme fondé en 1958, chargé de diriger et de coordonner les recherches aéronautiques et spatiales civiles aux États-Unis. Son siège est à Washington.

Nash *(John),* architecte et urbaniste britannique (Londres ? 1752 - île de Wight 1835), représentant du néoclassicisme et d'un éclectisme « pittoresque ».

Nashe ou **Nash** *(Thomas),* écrivain anglais (Lowestoft, Suffolk, 1567 - Yarmouth, Norfolk, 1601 ?). Son talent satirique s'est exercé dans ses pamphlets (*l'Anatomie de l'absurdité,* 1589) et ses pièces de théâtre. Il est le pionnier du roman picaresque élisabéthain (*le Voyageur malheureux,* 1594).

Nashville, v. des États-Unis, cap. du Tennessee ; 488 374 hab. Édition musicale et religieuse.

Nasik, v. de l'Inde (Maharashtra) ; 722 139 hab. — L'une des villes sacrées des hindous : nombreux temples.

Nasrides, dynastie arabe du royaume de Grenade (1238-1492).

Nassau, cap. des Bahamas dans l'île de New Providence ; 172 000 hab. Centre touristique.

Nassau *(famille de),* famille qui s'établit en Rhénanie au XIIe siècle et qui se subdivisa en plusieurs branches après 1255 : la *branche de Walram,* dont l'un des rameaux régna sur la Hesse-Nassau ; la *branche ottonienne* ; la *branche d'Orange-Nassau,* issue de la précédente au XVIe siècle, qui s'illustra à la tête des Provinces-Unies.

Nassau *(Frédéric-Henri de)* → **Frédéric-Henri.**

Nassau *(Guillaume Ier de)* → **Guillaume Ier de Nassau.**

Nassau *(Maurice de)* → **Maurice de Nassau.**

Nasser *(lac),* retenue formée sur le Nil en Égypte (et au Soudan) par le haut barrage d'Assouan.

Nasser *(Gamal Abdel),* homme d'État égyptien (Beni Mor 1918 - Le Caire 1970). Diplômé de l'Académie militaire, il organise dès 1943 le mouvement des officiers libres, hostiles à la monarchie, en association avec les Frères musulmans militaires. En 1952, il réussit le putsch contre le roi Farouk et porte au pouvoir le général Néguib. Il dissout les partis (1953) et les remplace par une nouvelle formation, qui deviendra l'Union nationale (1958) puis l'Union socialiste arabe (1962). Puis il élimine ses coéquipiers, en particulier les communistes, les Frères musulmans et le général Néguib (1954). Président de la République (1956), Nasser détient alors tous les pouvoirs. À l'intérieur, il effectue une réforme agraire puis nationalise les banques et les entreprises. À l'extérieur, il pratique une politique de non-alignement, caractérisée par un jeu de bascule entre l'Est et l'Ouest et affirme le rôle des pays du tiers-monde sur la scène internationale, notamment lors de la conférence afro-asiatique de Bandung (1955). La nationalisation de la Compagnie universelle du canal de Suez (1956) provoque l'offensive israélienne et franco-britannique. Mais l'arbitrage soviéto-américain contraint les Européens au cessez-le-feu et Nasser bénéficie alors d'un grand prestige. En 1957, il met en chantier le haut barrage d'Assouan avec l'aide soviétique. Désireux, par ailleurs, de constituer une vaste fédération arabe, Nasser crée en 1958 la République arabe unie regroupant jusqu'en 1961 l'Égypte et la Syrie. Il s'engage aux côtés des républicains dans la guerre civile au Yémen (1962-1967). Nasser subit une nouvelle défaite devant Israël dans la guerre israélo-arabe de 1967. Il démissionne, mais, acclamé par le peuple, qui refuse son départ, il demeure au pouvoir. Il accepte de concert avec la Jordanie la perspective de négociations de paix avec Israël (1970). Dans le même temps, il reçoit un soutien diplomatique et militaire accru de la part de l'U. R. S. S. Il meurt en sept. 1970. La doctrine de Nasser, une volonté d'engager la nation arabe dans la voie de l'unité et du développement économique, a joui d'une grande popularité tant au Proche-Orient qu'au Maghreb. En dépit de nombreux échecs, le *raïs* (le président) a su mobiliser la nation arabe.

Nat *(Yves),* pianiste et compositeur français (Béziers 1890 - Paris 1956). Interprète de Beethoven, de Schumann, de Brahms, de Chopin et de Schubert, il a écrit des œuvres pour le piano, dont un concerto (1954).

Natal, anc. prov. d'Afrique du Sud, ayant pris, en 1994, le nom de *Kwazulu-Natal.* HIST. Conquis par les Britanniques en 1843, le Natal devient une colonie séparée du Cap en 1856. Il adhère à l'Union sud-africaine en 1910. (Situé au Natal, le Kwazulu a formé un bantoustan au temps de l'apartheid.)

Natal, port du Brésil, sur l'Atlantique, cap. de l'État du Rio Grande do Norte ; 606 541 hab.

Nathan, prophète hébreu contemporain de David. Il fut chargé par Yahvé de réprimander le roi après son adultère avec Bethsabée.

National Gallery, à Londres, musée national britannique, l'un des plus importants musées de peinture occidentale, fondé en 1824 (achat par l'État de la collection d'un riche amateur) et installé en 1838 dans un édifice neuf, à Trafalgar Square.

Nations unies *(Organisation des)* → **O. N. U.**

NATO (North Atlantic Treaty Organization) → **O. T. A. N.**

Natoire *(Charles),* peintre français (Nîmes 1700 - Castel Gandolfo 1777). Décorateur dont les œuvres font preuve de fraîcheur et de virtuosité, il a travaillé à Paris (hôtel de Soubise), au château de Versailles, à Rome (voûte de St-Louis-des-Français) et a donné un cycle de *Don Quichotte* pour la tapisserie.

Natorp *(Paul),* philosophe allemand (Düsseldorf 1854 - Marburg 1924). Principal représentant de l'école néokantienne de Marburg, il a publié *la Religion dans les limites de l'humanité* (1894), *Philosophie, son problème et ses problèmes, introduction à l'idéalisme critique* (1911).

Natsume Soseki, écrivain japonais (Tokyo 1867 - id. 1916). Il est l'auteur de nombreux romans psychologiques (*Ombre et Lumière,* 1916).

Nattier *(Jean-Marc),* peintre français (Paris 1685 - id. 1766). Portraitiste brillant et sensible, il devint à partir des années 1740 le peintre attitré de la famille royale et, spécialement, des filles de Louis XV (portraits de *Madame Henriette* et de *Madame Adélaïde,* Versailles).

Naucratis, ancienne ville égyptienne du Delta. Devenue la seule résidence des étrangers, principalement des Grecs (VIe s. av. J.-C.), elle fut la métropole commerciale de l'Égypte jusqu'à la fondation d'Alexandrie, en 331 av. J.-C.

Naudin *(Charles)*, biologiste français (Autun 1815 - Antibes 1899), auteur de travaux sur les hybrides annonçant ceux de Mendel.

Nauman *(Bruce)*, artiste américain (Fort Wayne 1941). À travers une multiplicité de moyens d'expression (sculpture, performance, jeux de langage, néons, vidéo, installation) qui visent à impliquer personnellement le spectateur, il se livre à une exploration aiguë, voire dénonciatrice, des comportements humains.

Naumburg, v. d'Allemagne (Saxe-Anhalt), sur la Saale ; 30 706 hab. — Cathédrale romane et gothique riche de célèbres sculptures (jubé occidental, v. 1225 ; grandes statues de donateurs, d'un art réaliste et sévère, v. 1250). Autres monuments et musée.

Naundorff ou **Naundorf** *(Karl)*, aventurier d'origine allemande (m. à Delft en 1845). Horloger, condamné en Allemagne pour fabrication de fausse monnaie, il se fit passer pour Louis XVII, vint en France en 1833 puis en fut expulsé pour imposture en 1836.

Nauplie, v. de Grèce, dans le Péloponnèse (Argolide) ; 11 453 hab. Citadelle. Tourisme.

Nauru, atoll de Micronésie, au sud des Marshall, formant un État indépendant depuis 1968 ; 21 km² ; 8 000 hab. CAP. *Yaren*. LANGUES : *anglais* et *nauruan*. MONNAIE : *dollar australien*. L'exploitation des phosphates (principale exportation) a gravement endommagé l'environnement.

Nausée *(la)*, roman de J.-P. Sartre (1938).

Nausicaa, héroïne d'une des plus célèbres légendes de l'*Odyssée*. Fille du roi des Phéaciens, Alcinoos, et d'Arété, elle reçoit d'Athéna, dans un songe, une mission qui l'amène à secourir Ulysse naufragé et à lui permettre de regagner Ithaque.

Navaho ou **Navajo**, Indiens de l'Amérique du Nord (auj. dans l'Arizona et le Nouveau-Mexique). Ils ont été considérablement influencés par la culture des Pueblo.

Navarin → **Pýlos**.

Navarin *(bataille de)* [20 oct. 1827], défaite d'une flotte turco-égyptienne devant une escadre anglo-franco-russe au cours de la guerre d'indépendance grecque dans la rade de Navarin (Péloponnèse), au large de l'actuelle Pýlos.

Navarre, communauté autonome d'Espagne (10 400 km² et 521 940 hab.) correspondant à la province de Pampelune.

Navarre, ancienne région qui s'étendait sur la *Basse-Navarre*, ou *Navarre française*, pays de l'ancienne France (aujourd'hui dans les Pyré-

nées-Atlantiques), et la *Haute-Navarre*, ou *Navarre espagnole*, devenue une communauté autonome en 1982. La Navarre est à partir du Ve siècle un centre de résistance contre les envahisseurs wisigoths, francs, puis arabes. Le royaume de Navarre est fondé au IXe siècle (sa capitale est Pampelune). Après une domination éphémère sur l'Espagne chrétienne, sous le règne de Sanche III le Grand (v. 1000-1035), il recule devant les empiétements de la Castille et de l'Aragon. En 1284, la Navarre est unie à la France et passe ensuite à la maison d'Évreux, dont Charles le Mauvais est un des représentants, à celle de Foix, puis à la maison d'Albret en 1484. Ferdinand II d'Aragon annexe la Haute-Navarre en 1512, tandis qu'Henri IV, héritier de la Basse-Navarre, unit celle-ci à la France par son accession au trône (1589).

Navas de Tolosa *(bataille de Las)* [16 juill. 1212], victoire des rois d'Aragon, de Castille et de Navarre sur les Almohades, au pied de la sierra Morena (prov. de Jaén). Elle écarta définitivement la menace musulmane et prépara la reconquête de l'Andalousie.

Navez *(François Joseph)*, peintre belge (Charleroi 1787 - Bruxelles 1869). Élève de David, directeur de l'Académie de Bruxelles de 1835 à 1862, il fut peintre d'histoire et excellent portraitiste (*la Famille De Hemptinne*, 1816, Musées royaux de Bruxelles).

Náxos, la plus grande des îles Cyclades (Grèce) ; 428 km² ; 14 000 hab. V. princ. *Náxos* (3 000 hab.).

Nazareth, v. d'Israël, en Galilée ; 39 400 hab. *(Nazaréens)*. — Basilique de l'Annonciation, construite de 1962 à 1968 au-dessus des restes d'anciens sanctuaires.

Nazca, site archéologique du Pérou qui donne son nom à une culture préhispanique classique (200 av. J.-C.-600 apr. J.-C.) de la côte sud, qui possède des affinités avec celle, préclassique, de Paracas. L'agriculture intensive de terres irriguées est, comme chez les Mochica contemporains, la base économique de Nazca. Cette culture reste célèbre pour ses nécropoles, au matériel funéraire abondant (tissus polychromes et remarquables céramiques notamment), et pour d'énigmatiques lignes enchevêtrées tracées (500 m à 8 km) sur le sol.

Nazor *(Vladimir)*, écrivain yougoslave d'expression croate (Postire 1876 - Zagreb 1949). Poète et romancier (*Stoimena*, 1916), il fut un rénovateur de la littérature croate.

N'Djamena, *anc.* Fort-Lamy, cap. du Tchad, sur le Chari ; 303 000 hab. Université.

Ndola, v. de Zambie ; 282 000 hab. Cuivre.

Ndzouani, *anc.* Anjouan, l'une des îles des Comores ; 148 000 hab. Île volcanique (1 595 m). Cultures de sisal, de vanilliers et de plantes à parfum.

Neagh *(lough),* lac de l'Irlande du Nord ; 388 km².

Néarque, navigateur crétois, amiral de la flotte d'Alexandre le Grand (IVᵉ s. av. J.-C.). Il a laissé un récit de sa navigation *(Périple),* des bouches de l'Indus à la mer Rouge.

Nebbio *(le),* région du nord de la Corse. Élevage et vignes à l'intérieur, tourisme (Saint-Florent).

Nebraska, un des États unis d'Amérique, dans les Grandes Plaines ; 200 017 km² ; 1 578 385 hab. Cap. *Lincoln.* V. princ. *Omaha.* État essentiellement agricole (maïs, blé, sorgho, élevage bovin), avec des industries agroalimentaires (minoteries, abattoirs).

Néchao II (609-594 av. J.-C.), roi d'Égypte de la XXVIᵉ dynastie. Il vainquit Josias, roi de Juda, à Megiddo, mais, battu à Karkemish (605) par Nabuchodonosor, il dut renoncer à la Palestine et à la Syrie.

Neckar *(le),* riv. d'Allemagne, qui traverse Tübingen, Heidelberg et rejoint le Rhin (r. dr.) à Mannheim ; 371 km.

Necker *(Jacques),* financier et homme politique d'origine suisse (Genève 1732 - Coppet 1804). Banquier à Paris (1762), où sa femme dirige un salon fréquenté par les philosophes, il devient, sous Louis XVI, directeur général des Finances (1777). Il soulève l'opposition des parlements et de la cour en créant des assemblées provinciales chargées d'établir l'impôt et en recourant à l'emprunt. Ayant dénoncé les fortes sommes versées aux courtisans, il doit démissionner (1781), se créant une immense popularité auprès du tiers état. Rappelé en 1788, il ne peut rétablir la situation financière et hâte la réunion des États généraux. Son renvoi déclenche les troubles du 14 juillet 1789, au lendemain desquels il est rappelé. Ne pouvant maîtriser les événements, il quitte le pouvoir en 1790 et s'enfuit en Suisse avec sa fille, Mᵐᵉ de Staël.

Néel *(Louis),* physicien français (Lyon 1904). Il a découvert de nouveaux types de magnétisme, le *ferrimagnétisme* et l'*antiferromagnétisme,* complétant les théories de P. Curie, P. Weiss et P. Langevin. (Prix Nobel 1970.)

néerlandais *(Empire colonial),* ensemble des pays et des territoires colonisés par les Hollandais. (→ **Pays-Bas.**)

Neerwinden *(batailles de),* batailles qui eurent lieu à Neerwinden (Brabant), l'une, le 29 juillet 1693, où le maréchal de Luxembourg battit Guillaume d'Orange, l'autre, le 18 mars 1793, où Frédéric de Saxe-Cobourg vainquit Dumouriez, qui dut évacuer la Belgique.

Néfertiti, reine d'Égypte, épouse d'Aménophis IV Akhenaton (XIVᵉ s. av. J.-C.).

Nègre *(Charles),* photographe français (Grasse 1820 - id. 1880). Grâce au collodion et à l'instantané, il a été l'un des premiers à saisir la réalité quotidienne *(les Ramoneurs,* 1851 ; *les Terrassiers au repos sur un boulevard de Paris,* v. 1853).

Nègrepont → Eubée.

Négritos, nom donné à plusieurs populations, caractérisées par leur petite stature, de l'archipel malais : Aëta, Semang, habitants des îles Andaman.

Negro *(río),* riv. de l'Amérique du Sud, affl. de l'Amazone (r. g.) ; 2 000 km.

Negros, île montagneuse des Philippines, au nord-ouest de Mindanao, dans l'archipel des Visayas ; 13 000 km² ; 2 700 000 hab.

Negruzzi *(Costache),* écrivain roumain (Trifeşti 1808 - Iaşi 1868). Il fut l'un des initiateurs de la littérature nationale roumaine *(Nouvelles et Scènes historiques,* 1840).

Néguev, région désertique du sud d'Israël, sur le golfe d'Aqaba. Cultures irriguées.

Néhémie, Juif de Perse qui organisa (445 av. J.-C.) avec le prêtre Esdras la restauration de Jérusalem et de la communauté juive après l'Exil. Le livre biblique de Néhémie (IIIᵉ av. J.-C.) relate cette restauration.

Nehru *(Jawaharlal),* homme politique indien (Allahabad 1889 - New Delhi 1964). Avocat, disciple de Gandhi, président du Congrès national indien à partir de 1929, il fut l'un des artisans de l'indépendance de l'Inde. Premier ministre (1947-1964), il devint l'un des principaux dirigeants du mouvement des non-alignés et joua un rôle important lors des conférences internationales telles que Bandung (1955). Son prestige et sa popularité furent atteints par la défaite de l'Inde devant la Chine (1962).

Neige *(crêt de la),* point culminant du Jura (Ain) ; 1 718 m.

Neiges *(piton des),* point culminant de l'île de la Réunion ; 3 069 m.

Neill *(Alexander Sutherland)*, pédagogue britannique (Forfar 1883 - Aldeburgh, Suffolk, 1973). Il est le promoteur d'un courant pédagogique s'appuyant sur la psychanalyse. Il a écrit notamment *Libres Enfants de Summerhill* (1960).

Neipperg *(Adam Adalbert, comte von)*, général autrichien (Vienne 1775 - Parme 1829). Grand maître du palais et amant de Marie-Louise, il épousa en 1821 cette dernière, devenue duchesse de Parme.

Neisse de Lusace, *en polon.* Nysa Łużycka, riv. de l'Europe centrale, née en République tchèque, qui sert de frontière entre l'Allemagne et la Pologne, avant de rejoindre l'Oder (r. g.) ; 256 km.

Nékao → Néchao.

Nekrassov *(Nikolaï Alekseïevitch)*, poète et publiciste russe (Iouzvino 1821 - Saint-Pétersbourg 1877). Il dirigea des revues libérales (le Contemporain, les Annales de la patrie) qui exercèrent une grande influence sur l'évolution politique et littéraire de la Russie. Ses poésies, consacrées aux souffrances du peuple, aux idylles et aux tragédies paysannes (*Pour qui fait-il bon vivre en Russie ?*, 1866-1881) connurent une immense popularité.

Nélaton *(Auguste)*, chirurgien français (Paris 1807 - id. 1873). Il connut une certaine célébrité européenne pour les soins prodigués à Garibaldi et à Napoléon III. Par ailleurs, il fit progresser l'urologie.

Nelligan *(Émile)*, écrivain canadien d'expression française (Montréal 1879 - id. 1941). Ses poèmes révèlent l'influence de Rimbaud et des symbolistes (le Vaisseau d'or, 1903).

Nelson *(le)*, fl. du Canada central (Manitoba), émissaire du lac Winnipeg et tributaire de la baie d'Hudson (à Port Nelson) ; 650 km. Aménagement hydroélectrique.

Nelson *(Horatio, vicomte, duc de Bronte)*, amiral britannique (Burnham Thorpe 1758 - en mer 1805). Vainqueur des Français à Aboukir (1798), il fut nommé commandant de la flotte de Méditerranée (1803) et remporta une victoire totale à Trafalgar, où il fut tué.

Némésis, déesse grecque de la Vengeance qui, selon une version de la mythologie, se changea en oie pour échapper aux poursuites de Zeus. Celui-ci se métamorphosa en cygne et parvint à s'unir à elle. Némésis pondit un œuf que des bergers donnèrent à Léda et dont sortirent Hélène et les Dioscures. Némésis est la puissance chargée, comme les Érinyes, de châtier le crime,

mais, le plus souvent, elle abat la « démesure » dont fait preuve un mortel.

Nemeyri → Nimayri.

Nemours *(Louis Charles Philippe d'Orléans, duc de)*, prince français (Paris 1814 - Versailles 1896). Second fils de Louis-Philippe, il se distingua au siège d'Anvers (1832), puis comme lieutenant général en Algérie (1834-1842).

Nemrod, personnage légendaire présenté par le livre biblique de la Genèse comme « vaillant chasseur devant l'Éternel ».

Nenni *(Pietro)*, homme politique italien (Faenza 1891 - Rome 1980). Secrétaire général du Parti socialiste italien en exil (1931), il participe à la guerre d'Espagne (1936-1938). Vice-président du Conseil italien (1945), ministre des Affaires étrangères (1946-47), il dirige la majorité socialiste désireuse de maintenir l'union avec les communistes. De nouveau vice-président du Conseil (1963), il est élu, en 1966, président du Parti socialiste réunifié. Ministre des Affaires étrangères (1968-69), il ne peut éviter en 1969 une nouvelle scission du Parti socialiste.

NEP (sigle des mots russes signifiant « Nouvelle Politique Économique »), politique économique plus libérale établie en Russie soviétique en 1921 et poursuivie jusqu'en 1929.

Népal, État d'Asie, au nord de l'Inde ; 140 000 km² ; 19 600 000 hab. (*Népalais*). CAP. *Katmandou.* LANGUE : *népalais.* MONNAIE : *roupie népalaise.*

GÉOGRAPHIE

Du N. au S. se succèdent le haut Himalaya, où plus de 250 sommets dépassent 7 000 m (dont l'Everest, le Makalu, le Dhaulagiri, l'Annapurna), le moyen Himalaya, qui regroupe dans son étage tempéré (au-dessous de 2 000 m) la majeure partie de la population, et les plaines forestières du Terai, en partie défrichées et cultivées. La population (encore largement analphabète), composée d'une multitude d'ethnies, vit presque exclusivement d'agriculture (riz, maïs et blé surtout) et d'élevage (bovins et volailles principalement) sous un climat plus humide à l'est qu'à l'ouest. Le potentiel hydroélectrique est considérable, mais peu exploité. L'infrastructure routière s'est développée, partiellement en liaison avec le tourisme. Le déficit du commerce extérieur, effectué surtout avec l'Inde, est énorme.

HISTOIRE

Les Newar de la vallée de Katmandou adoptent la civilisation indienne entre le IVᵉ et le

VIII ᵉ s. Le reste du pays, sauf les vallées du Nord, occupées par des Tibétains, est peu à peu colonisé par des Indo-Népalais à partir du XIIᵉ s.

1744-1780. La dynastie de Gorkha unifie le pays.

1816. Elle doit accepter une sorte de protectorat de la Grande-Bretagne.

1923. La Grande-Bretagne reconnaît formellement l'indépendance du Népal.

1951. Le roi rétablit l'autorité royale détenue depuis plus d'un siècle par une dynastie de Premiers ministres.

1991. Organisation des premières élections multipartites.

Nepean, v. du Canada (Ontario), banlieue d'Ottawa ; 105 684 hab.

Neper *(John)* → Napier.

Nepos *(Cornelius)* → Cornelius Nepos.

Neptune, dieu romain de l'Eau, patron des pêcheurs et des bateliers. Ses fêtes, les *Neptunalia,* étaient célébrées le 23 juillet, au moment de la sécheresse. Par assimilation au dieu grec Poséidon, il deviendra plus tard le dieu de la Mer.

Neptune, planète située au-delà d'Uranus, découverte en 1846 par l'astronome allemand Galle, grâce aux calculs de Le Verrier. Elle présente de nombreuses similitudes avec Uranus, mais son atmosphère est beaucoup plus turbulente. Elle est entourée d'anneaux de matière. On lui connaît huit satellites.

Nérac, ch.-l. d'arr. de Lot-et-Garonne, sur la Baïse ; 7 571 hab. *(Néracais).* Eaux-de-vie d'Armagnac. — Restes du château (XIVᵉ-XVIᵉ s., musée) ; quartiers anciens et parc de la Garenne.

Néréides, divinités marines grecques, filles de Nérée, au nombre de cinquante. Elles venaient en aide aux marins.

Néri *(saint Philippe)* → Philippe Néri.

Nernst *(Walther),* physicien et chimiste allemand (Briesen, Prusse, auj. Wąbrzeźno, Pologne, 1864 - près de Muskau 1941). Il est l'inventeur d'une des premières lampes électriques à incandescence. En chimie physique, il a apporté une contribution fondamentale à la théorie des solutions. En physique, il a imaginé la méthode électrique de détermination des chaleurs spécifiques et montré, en 1906, qu'au voisinage du zéro absolu les chaleurs spécifiques et les coefficients de dilatation tendent vers zéro. Il a établi le « troisième principe de la thermodynamique », ou *principe de Nernst-Planck.* (Prix Nobel de chimie 1920.)

Néron, *en lat.* Lucius Domitius Tiberius Claudius Nero (Antium 37 apr. J.-C.-Rome 68), empereur romain (54-68). Fils de Domitius Ahenobarbus et d'Agrippine la Jeune, adopté par l'empereur Claude, il épouse sa fille, Octavie (53), et lui succède. Les débuts du règne sont prometteurs. Mais la tutelle de sa mère devient trop pesante et Néron, qui a déjà fait empoisonner le fils de Claude, Britannicus (55), fait périr Agrippine en 59. Après la disparition de ses conseillers (mort de Burrus, disgrâce de Sénèque en 62), Néron s'abandonne à un despotisme peut-être marqué par la folie : suicide d'Octavie (62), remplacée par Poppée ; condamnation à mort des riches citoyens, dont les fortunes viennent alimenter le trésor vidé par les extravagances impériales ; première persécution des chrétiens, accusés de l'incendie de Rome (64). Ce régime de terreur suscite de nombreux complots et, en 68, l'armée se soulève. Proclamé ennemi public par le sénat, Néron se donne la mort.

Neruda *(Neftalí Ricardo* Reyes, dit Pablo*),* poète chilien (Parral 1904 - Santiago 1973). Il a consacré l'essentiel de son œuvre à la terre chilienne et à la révolte contre les injustices qui ont accablé les Indiens Araucans, de l'époque des conquérants espagnols à celle des industriels américains (*le Chant général,* 1950 ; *Mémorial de l'île noire,* 1964). [Prix Nobel 1971.]

Nerva *(Marcus Cocceius)* [Narni v. 30 - Rome 98], empereur romain (96-98), fondateur de la dynastie des Antonins. Succédant à Domitien, il pratiqua une politique de collaboration avec le sénat, puis il adopta Trajan (97) pour lui succéder.

Nerval *(Gérard* Labrunie, dit Gérard de*),* écrivain français (Paris 1808 - *id.* 1855). Son enfance s'écoula dans le Valois, qu'il devait évoquer dans *Sylvie,* l'une des nouvelles de son recueil *les Filles du feu* (1854). Il acquiert une certaine notoriété par sa traduction du *Faust* de Goethe (1828). Il se rattache au romantisme par ses relations avec la plupart des grands écrivains du groupe (notamment Théophile Gautier) et par sa façon de vivre en marge de la société ; mais ses sonnets, *les Chimères* (1854), font de lui un précurseur de Baudelaire, de Mallarmé et du surréalisme, et son récit *Aurélia* (1855) retrace une expérience aux confins de la folie, celle de « l'épanchement du songe dans la vie réelle ». Sujet à des crises de démence, il fut trouvé pendu à une grille. Il avait rapporté d'un voyage en Égypte et en Turquie les récits pittoresques du *Voyage en Orient* (1851).

Nervi *(Pier Luigi)*, ingénieur et architecte italien (Sondrio, Lombardie, 1891 - Rome 1979). Utilisateur du béton et du métal, il a notamment construit l'audacieux palais des expositions de Turin (1948) et, avec Breuer et Zehrfuss, l'Unesco à Paris (1954-1958).

Ness *(loch)*, lac d'Écosse, au sud-ouest d'Inverness. Il doit sa célébrité à la présence dans ses eaux d'un monstre hypothétique.

Nesselrode *(Karl Robert, comte* von*)*, homme d'État russe (Lisbonne 1780 - Saint-Pétersbourg 1862). Ministre des Affaires étrangères (1816-1856), il servit brillamment Alexandre Ier et Nicolas Ier.

Nessos ou **Nessus**, un des Centaures de la mythologie grecque, tué par Héraclès pour avoir tenté de faire violence à Déjanire, femme de ce dernier. En mourant, il donna à Déjanire sa tunique trempée de son sang, comme un talisman qui devait lui assurer la fidélité de son époux. Héraclès s'en revêtit et en éprouva de telles souffrances qu'il mit fin à ses jours.

Nestlé, société suisse créée en 1867, spécialisée dans diverses productions alimentaires.

Nestor, roi de Pylos, qui, dans l'*Iliade* et l'*Odyssée*, apparaît comme le type du vieillard sage, encore vaillant dans les combats, mais surtout écouté pour ses conseils.

Nestorius, patriarche de Constantinople (Germanica Cesarea, *auj.* Kahramanmaraş, v. 380 - Kharguèh *apr.* 451). Appelé en 428 par l'empereur Théodose II pour occuper le siège patriarcal, il exposa, sur les rapports entre la divinité et l'humanité en Jésus-Christ, des thèses qui furent combattues par Cyrille, patriarche d'Alexandrie, et condamnées par les conciles d'Éphèse en 431 et de Chalcédoine en 451. Selon Nestorius, il y avait en Jésus-Christ deux personnes distinctes, l'une divine, l'autre humaine, qui étaient simplement conjointes, sans la véritable union « hypostatique ». Il s'ensuivait que Marie ne pouvait être appelée « Mère de Dieu » *(Theotokos)* et ne devait être considérée que comme la mère de l'homme Jésus. Nestorius, déposé en 431, mourut dans l'exil en Haute-Égypte.

Netanya, port d'Israël, sur la Méditerranée ; 93 000 hab.

Netchaïev *(Sergueï Guennadievitch)*, révolutionnaire russe (Ivanovo 1847 - Saint-Pétersbourg 1882). Il rédigea avec Bakounine le *Catéchisme révolutionnaire* (1869). Ayant fait

assassiner un membre d'une société secrète qu'il venait de fonder, il fut désavoué par la Ire Internationale (1871) et condamné à la détention perpétuelle (1873).

Neubrandenburg, v. d'Allemagne (Mecklembourg-Poméranie-Occidentale) 90 953 hab. — Enceinte du XIVe siècle.

Neuchâtel, *en all.* Neuenburg, v. de Suisse, ch.-l. du cant. de Neuchâtel (797 km² ; 163 985 hab.), sur le *lac de Neuchâtel* ; 33 579 hab. *(Neuchâtelois)*. Université. Horlogerie. Agroalimentaire. Tourisme. — La ville fut le siège d'une principauté qui, souveraine en 1648, appartint au roi de Prusse de 1707 à 1798 et de 1814 à 1857, tout en demeurant membre de la Confédération suisse. — Château des XIIe-XVIe siècles, collégiale en partie romane et beaux édifices d'époque classique. Musées d'Archéologie, d'Art et d'Histoire, d'Ethnographie (africaine surtout).

Neuchâtel *(lac de)*, lac de la Suisse, au pied du Jura. Long de 38 km sur 3 à 8 km de large ; 218 km². Ses rives, abritées, portent des vignobles.

Neuengamme, camp de concentration allemand, au sud-est de Hambourg (1938-1945).

Neue Zürcher Zeitung, quotidien suisse de langue allemande, créé en 1780.

Neufchâteau, v. de Belgique, ch.-l. d'arr. de la prov. de Luxembourg dans les Ardennes ; 5 937 hab.

Neufchâteau, ch.-l. d'arr. des Vosges, sur la Meuse ; 8 419 hab. *(Néocastriens)*. — Deux églises médiévales.

Neuhof ou **Neuhoff** *(Théodore, baron* de*)*, aventurier allemand (Cologne 1694 - Londres 1756). En 1736, il se fit proclamer roi de Corse sous le nom de *Théodore Ier*.

Neuilly *(traité de)* [27 nov. 1919], traité de paix conclu entre les Alliés et la Bulgarie, amputée de la Thrace occidentale, de la Dobroudja et de quelques provinces macédoniennes.

Neuilly-sur-Marne, ch.-l. de c. de la Seine-Saint-Denis ; 31 603 hab. *(Nocéens)*. Hôpitaux psychiatriques de Ville-Évrard et de Maison-Blanche. — Église gothique de la fin du XIIe siècle. Musée d'Art brut.

Neuilly-sur-Seine, ch.-l. de c. des Hauts-de-Seine, en bordure du bois de Boulogne ; 62 033 hab. *(Neuilléens)*. Agglomération résidentielle.

Neumann *(Johann* ou *John* von*)*, mathématicien américain d'origine hongroise (Budapest 1903 - Washington 1957). Il a surtout travaillé sur la théorie des ensembles, la théorie des jeux et les calculateurs électroniques. Dès la fin des années 1930, il a défini de façon théorique la structure possible d'une machine automatique de traitement de l'information à programme enregistré, structure qui correspond à celle de la plupart des ordinateurs actuels. Il a écrit avec Morgenstern *la Théorie des jeux et du comportement économique* (1944).

Neumann *(Johann Balthasar),* architecte et ingénieur allemand d'origine tchèque (Cheb 1687 - Würzburg 1753). Maître de savantes structures qui lui servent à traiter les espaces intérieurs selon une dynamique ascensionnelle, il a conduit l'art baroque aux limites de ses possibilités illusionnistes (résidence de Würzburg, à partir de 1720 env. ; escalier du château de Brühl, près de Cologne ; église de pèlerinage de Vierzehnheiligen [Bavière], 1743 et suiv. ; abbatiale de Neresheim [Bade-Wurtemberg], à partir de 1747).

Neumeier *(John),* danseur et chorégraphe américain (Milwaukee 1942). Il réalise ses premières chorégraphies à l'Opéra de Stuttgart. Directeur du Ballet de Francfort (1969-1972), il est appelé en 1973 à la tête du Ballet de Hambourg. Ses ouvrages, enchaînement d'images fortes destinées à créer l'émotion, témoignent d'un sens profond de la mise en scène. Il se livre à la relecture de classiques du répertoire (*le Sacre du printemps,* 1972 ; *Giselle,* 1983), se passionne pour les grands mythes littéraires (*le Songe d'une nuit d'été,* 1977 ; *Peer Gynt,* 1989) et pour les partitions de Mahler et de Bach, qu'il dramatise en les enrichissant de ses propres visions.

Neumünster, v. d'Allemagne (Schleswig-Holstein) ; 80 294 hab.

Neunkirchen, v. d'Allemagne (Sarre) ; 51 277 hab. Centre industriel.

Neurath *(Konstantin, baron von),* homme politique allemand (Kleinglattbach 1873 - Leinfelder Hof 1956). Ministre des Affaires étrangères (1932-1938), puis protecteur de Bohême-Moravie (1939-1941), il fut condamné à 15 ans de prison par le tribunal de Nuremberg.

Neusiedl *(lac), en hongr.* Fertö, lac de l'Europe centrale, aux confins de l'Autriche et de la Hongrie ; 350 km².

Neuss, v. d'Allemagne, sur le Rhin, face à Düsseldorf ; 145 665 hab. — Église romane du début du XIIIᵉ siècle (crypte du XIᵉ).

Neustrie, l'un des royaumes de la France mérovingienne, constitué au profit de Chil-

péric Iᵉʳ, lors du partage successoral de Clotaire Iᵉʳ en 561. La Neustrie groupait les régions du Nord et du Nord-Ouest, et fut en rivalité avec l'Austrasie. En 687, le maire du palais, Pépin de Herstal, réalisa l'unité des deux royaumes.

Neutra *(Richard Joseph),* architecte américain d'origine autrichienne (Vienne 1892 - Wuppertal 1970). Pionnier de la préfabrication métallique et attaché à la rigueur du style international, installé aux États-Unis en 1923, il a recherché, dans ses maisons individuelles, la continuité de l'espace et l'intégration dans le cadre naturel.

Neva *(la),* fl. de Russie. Elle sort du lac Ladoga, passe à Saint-Pétersbourg et se jette dans le golfe de Finlande par un vaste delta ; 74 km.

Nevada, un des États unis d'Amérique (montagnes Rocheuses) ; 295 023 km² ; 1 201 833 hab. Cap. *Carson City.* V. princ. *Las Vegas.* Le Nevada occupe la majeure partie du Grand Bassin, haute plaine de 1 000 à 1 500 m d'altitude. Par suite de sa position abritée, il possède un climat désertique (élevage extensif, agriculture irriguée), mais sa situation dans la « Sunny Belt », avec l'essor du tourisme (Las Vegas), a entraîné un fort accroissement récent de sa population (urbaine essentiellement).

Nevada *(sierra),* massif du sud de l'Espagne formant le relief le plus élevé des chaînes Bétiques ; 3 478 m au Mulhacén.

Nevada *(sierra),* chaîne de montagnes de l'ouest des États-Unis (Californie) ; 4 418 m au mont Whitney.

Nevado del Ruiz → *Ruiz (Nevado del).*

Nevers, anc. cap. du Nivernais, ch.-l. du dép. de la Nièvre, sur la Loire, à 238 km au sud-sud-est de Paris ; 43 889 hab. *(Nivernais).* Évêché. Constructions mécaniques. Faïencerie. — Église St-Étienne, ancienne abbatiale romane consacrée en 1097. Cathédrale des XIᵉ-XVIᵉ siècles, ancien palais ducal des XVᵉ-XVIᵉ, église St-Pierre du XVIIᵉ siècle. Musée archéologique et Musée municipal (faïences de Nevers).

Neveu de Rameau *(le),* roman de Diderot, composé en 1762.

Neville *(Richard), comte* de Warwick, dit le Faiseur de rois (1428 - Barnet 1471). Neveu de Richard d'York, il le poussa à revendiquer le trône d'Angleterre et contribua à la victoire de Saint Albans (1455). En juillet 1460, victorieux à Northampton, il captura le roi Henri VI. L'année suivante, il fit couronner roi Édouard IV, son cousin. Réconcilié avec les Lancastres, il rétablit Henri VI sur le trône (1470), mais fut vaincu par Édouard et tué.

Nevis, île des Petites Antilles (Leeward Islands) ; 93 km² ; 10 000 hab. Ch.-l. *Charlestown*. (→ **Saint Christopher and Nevis.**) — Elle forme avec Saint Christopher un État indépendant depuis 1983 dans le cadre du Commonwealth.

New Age, courant de religiosité, diffus et multiforme, né aux États-Unis vers 1970 et qui annonce l'entrée dans un *âge nouveau* de l'humanité, l'« ère du Verseau ». Il s'inspire de l'ésotérisme, de la théosophie, de croyances extraordinaires propres à d'autres groupes religieux contemporains.

Newark, port des États-Unis (New Jersey), sur la *baie de Newark* ; 275 221 hab. (1 966 000 hab. dans l'agglomération). Partie de la conurbation du Grand New York. — Musée.

Newcastle, port d'Australie (Nouvelle-Galles du Sud) ; 422 100 hab. Université. Sidérurgie.

Newcastle upon Tyne ou **Newcastle,** port de Grande-Bretagne (comté de Tyne and Wear) ; 280 000 hab. Université. Métallurgie. — Restes d'un château médiéval. Musées.

Newcomb *(Simon),* mathématicien et astronome américain (Wallace, Nouvelle-Écosse, 1835 - Washington 1909). Spécialiste de mécanique céleste, il a perfectionné la théorie et les tables des mouvements de la Lune et des planètes.

Newcomen *(Thomas),* mécanicien britannique (Dartmouth 1663 - Londres 1729). Il construisit vers 1712 la première machine à vapeur vraiment utilisable, comportant chaudière, cylindre et piston. La condensation se fait en injectant de l'eau froide à l'intérieur du cylindre, ce qui rend le fonctionnement peu économique. La machine est du type atmosphérique, l'effort moteur étant fourni par la pression de l'atmosphère.

New Deal (« Nouvelle Donne »), nom donné aux réformes mises en œuvre par Roosevelt aux États-Unis, à partir de 1933, afin de résoudre la crise économique. Le New Deal se caractérisa par une intervention de l'État dans les domaines économique et social.

New Delhi, cap. de l'Inde, englobée dans l'espace urbain de Delhi, au sud de la vieille ville.

Newfoundland → Terre-Neuve.

New Hampshire, un des États unis d'Amérique, en Nouvelle-Angleterre ; 24 097 km² ; 1 109 252 hab. Cap. *Concord*.

New Haven, port des États-Unis (Connecticut) ; 130 474 hab. Université Yale. — Importants musées de l'université (beaux-arts ; art anglais ; instruments de musique ; histoire naturelle...).

Newhaven, port de Grande-Bretagne, sur la Manche ; 10 000 hab. Liaisons maritimes avec Dieppe. Station balnéaire.

Ne Win *(Maung Shu Maung,* dit **Bo***),* général et homme d'État birman (Paungdale 1911). Premier ministre après le coup d'État de 1962, puis chef de l'État (1974-1981), il conserva jusqu'en 1988, avec la direction du parti unique, la réalité du pouvoir.

New Jersey, un des États unis d'Amérique, sur la côte atlantique ; 20 295 km² ; 7 730 188 hab. Cap. *Trenton*. V. princ. *Newark*. C'est un des États les plus petits, des plus peuplés (le septième), des plus densément occupés (plus de 360 hab./km²). Il comprend une partie de la chaîne appalachienne et un fragment de la plaine côtière. Les industries (chimie, matériel électrique et électronique, alimentation) sont concentrées autour de la baie de Newark et le long de la Passaic et de la Delaware.

Newman *(Barnett),* peintre américain d'origine polonaise (New York 1905 - *id.* 1970). Évoluant vers une rigueur toujours plus grande, son œuvre a été déterminante pour la nouvelle abstraction américaine et le minimal art. À travers le contraste des couleurs (posées en aplats), la sévérité des formes (quelques raies et bandes verticales) et la monumentalité dépouillée de ses toiles, il a atteint vers 1949 une peinture « absolue » qui est à elle-même sa propre réalité.

Newman *(John Henry),* théologien britannique (Londres 1801 - Birmingham 1890). Curé anglican de St Mary d'Oxford (1828), il réagit, à la tête du « mouvement d'Oxford », contre l'Église anglicane jugée trop soumise à un État sécularisé. Il se rapprocha lentement de l'Église catholique, dans laquelle il entra en 1845. Ordonné prêtre en 1847, il fonda la congrégation anglaise de l'Oratoire, devint recteur de l'université catholique de Dublin (1851-1858) et fut tardivement (1879) élevé au cardinalat. Ses ouvrages de spiritualité et d'apologétique, notamment *Apologia pro vita sua* (1864) et *Grammaire de l'assentiment* (1870), lui valurent un grand crédit auprès des théologiens catholiques et anglicans.

Newman *(Paul),* acteur et cinéaste américain (Cleveland, Ohio, 1925). Une des figures positives du cinéma américain, il a révélé sa personnalité, son pouvoir de séduction, son intelligence des ambiguïtés dans de nombreux films : *le Gaucher* (A. Penn, 1958), *l'Arnaqueur* (R. Rossen, 1961), *la Couleur de l'argent* (M. Scorsese, 1986). Il a réalisé notamment *Rachel, Rachel* (1968), *la Ménagerie de verre* (1987).

New Orleans → **Nouvelle-Orléans (La).**

Newport, port de Grande-Bretagne (pays de Galles), sur l'estuaire de la Severn ; 117 000 hab. — Église en partie romane, aujourd'hui cathédrale.

New Providence, île la plus peuplée (135 000 hab.) des Bahamas. V. princ. *Nassau,* capitale de l'archipel.

Newton *(sir Isaac),* physicien, mathématicien et astronome anglais (Woolsthorpe, Lincolnshire, 1642 - Londres 1727). Il donna, en 1669 une théorie de la composition de la lumière blanche, qu'il pensait formée de corpuscules, expliquant ainsi l'arc-en-ciel et les irisations produites par les lames minces ; en 1671, il réalisa le premier télescope. En 1687, il publia ses *Principes mathématiques de philosophie naturelle,* où il énonce la loi de l'attraction universelle, sans doute élaborée depuis longtemps ; cet ouvrage expose aussi les lois du choc, étudie le mouvement des fluides, calcule la précession des équinoxes, donne la théorie des marées, etc. On lui doit aussi un *Traité de la quadrature des courbes* (1704), où il pose les règles du calcul infinitésimal, au moment où Leibniz inventait le calcul différentiel. On raconte que c'est la chute d'une pomme qui, vers 1666, l'aurait mis sur la voie de la découverte de la gravitation, en l'amenant à penser que l'attraction de la Terre pouvait s'étendre jusqu'à la Lune, et celle du Soleil expliquer les lois de Kepler sur les planètes.

New Windsor → **Windsor.**

New York, un des États unis d'Amérique, dans le Nord-Est ; 128 401 km² ; 17 990 455 hab. Cap. *Albany.* L'État de New York offre une grande variété de paysages. Les régions montagneuses touristiques, Adirondack (partie du Bouclier canadien), Catskill (partie des Appalaches), y alternent avec les terres basses (bordure des Grands Lacs, sillon Hudson-lac Champlain), vouées à l'agriculture (produits laitiers, céréales, fruits). Outre la majeure partie de l'agglomération new-yorkaise, les centres industriels sont situés sur les axes de circulation,

dans la dépression Hudson-Mohawk et le long des Grands Lacs (Buffalo et Rochester).

New York, ville des États-Unis, dans l'État de New York ; 7 322 564 hab. pour la cité proprement dite et près de 20 millions d'hab. pour la région métropolitaine.

GÉOGRAPHIE

Le site de New York comprend l'île de Manhattan (lieu du premier établissement hollandais au XVIIᵉ s.), la partie ouest de Long Island (Brooklyn et Queens), l'isthme entre l'Hudson et l'East River (Bronx) et Richmond (Staten Island). Au-delà de ces cinq « boroughs », l'agglomération s'est étendue dans l'État voisin du New Jersey, dans le centre de Long Island, sur la rive nord du détroit de Long Island et le long de l'Hudson vers l'amont. La fonction portuaire et l'importance du nœud ferroviaire, à la base de la croissance de l'agglomération, demeurent. La ville est également un centre autoroutier, et trois aéroports (J. F. Kennedy, Newark, La Guardia) accueillent des dizaines de millions de passagers. Parmi les branches industrielles émergent les constructions mécaniques et électriques, la chimie, l'édition et la confection. Mais le tertiaire assure la majeure partie des emplois : commerce (de transit, de gros et de détail), administration (institutions nationales et internationales [siège de l'O. N. U.]), enseignement et activités culturelles ainsi que touristiques. La ville demeure la première place financière du monde (Bourse de Wall Street). L'importance de l'agglomération n'est pas sans contrepartie : difficultés de circulation, d'alimentation en eau, problèmes de pollution, délinquance et tensions sociales et raciales liées au chômage, à la constitution de ghettos ethniques (Noirs, Portoricains).

HISTOIRE

Achetée aux Indiens par les Hollandais en 1626, la colonie de La Nouvelle-Amsterdam devint New York (en l'honneur du duc d'York, le futur Jacques II) quand elle passa aux Anglais en 1664. L'indépendance des États-Unis et l'ouverture du canal Érié (1825) firent sa fortune. La ville est le siège de l'O. N. U. depuis 1946. ARTS Deux grands musées ont une vocation quasi universelle : le Metropolitan Museum (→ **Metropolitan Museum**) et le Brooklyn Museum (ethnographie mondiale, arts orientaux, arts décoratifs, peinture américaine, etc.). Les « Cloisters » (les Cloîtres), dépendance du Metropolitan Museum, regroupent des constructions médiévales européennes, la plupart monastiques, reconstituées à partir d'éléments authentiques. La Pierpont Morgan

Library et la Frick Collection sont des ensembles conservés dans leur cadre d'origine (la seconde est riche en art français du XVIIIᵉ s.). L'Hispanic Society of America présente des collections relatives aux civilisations ibériques, de la préhistoire au XXᵉ siècle. Le Museum of American Indian ne possède pas moins d'un million d'objets des civilisations amérindiennes, collectés depuis 1916. Le Cooper Hewitt Museum est consacré aux arts appliqués, le Museum of the City of New York, à l'histoire de la ville et de ses habitants.

L'art moderne et contemporain a sa place au Museum of Modern Art (MOMA), fondé en 1929 et riche en chefs-d'œuvre (tels *les Demoiselles d'Avignon* de Picasso, *les Marocains* de Matisse), au Solomon R. Guggenheim Museum (→ **Guggenheim**) et au Whitney Museum of American Art. Quant à l'American Museum of Natural History, c'est l'un des plus importants du monde dans sa catégorie (zoologie, anthropologie, minéralogie, environnement naturel, etc.).

New York Times, l'un des plus importants quotidiens américains, fondé en 1851.

Nexø *(Martin Andersen)* → **Andersen Nexø**.

Ney [nɛ] *(Michel), duc* d'Elchingen, *prince* de la Moskova, maréchal de France (Sarrelouis 1769 - Paris 1815). Surnommé **le Brave des braves,** il s'illustra dans les guerres de la Révolution et de l'Empire, notamment à Iéna et pendant les campagnes de Prusse (1806) et de Pologne (1807). Sa conduite glorieuse en Russie (1812) lui valut le titre de **prince de la Moskova.** Nommé pair de France par Louis XVIII, rallié à Napoléon durant les Cent-Jours, il combattit à Waterloo. Condamné à mort par la Cour des pairs, il fut fusillé.

Nezami ou **Nizami** *(Ilyas ibn Yusuf)*, poète persan (Gandja, *auj.* Kirovabad, v. 1140 - *id.* v. 1209). Il a développé l'épopée romanesque dans laquelle le destin universel d'un peuple cède la place au drame personnel d'un héros. Ses cinq grands poèmes *(Khamseh)* ont marqué toute la littérature persane.

Nezval *(Vítězslav)*, poète tchèque (Biskupovice 1900 - Prague 1958). Créateur du mouvement « poétiste » *(l'Acrobate,* 1927), annonciateur du surréalisme *(Edison,* 1928), qu'il abandonne en 1936 pour une période d'inspiration sociale et patriotique *(Tableau historique,* 1939 ; *le Chant de la paix,* 1950), il revient à un lyrisme personnel dans ses derniers recueils.

Ngazidja, *anc.* **Grande Comore,** île volcanique et montagneuse, la plus grande (1 148 km²) et la plus peuplée (env. 190 000 hab.) de l'archipel des Comores. V. princ. *Moroni* (cap. de l'archipel).

Ngô Dinh Diêm, homme d'État vietnamien (Quang Binh 1901 - Saigon 1963). Premier ministre du Viêt Nam du Sud (1954), il y proclama la république (1955). Chef de l'État (1956-1963), appuyé par les États-Unis, il établit un régime autoritaire. Il fut tué au cours d'un putsch.

Ngoni, ensemble de peuples habitant la Zambie, la Tanzanie et le Mozambique, et qui parlent une langue bantoue. Ils descendent des groupes zoulous qui fuirent les exactions du roi Chaka (1787-1828). Le groupe ngoni est en fait issu de peuples divers, comme les Sotho, les Swazi, etc.

Nguyên Thien Dao → **Dao**.

Nha Trang, port du Viêt Nam ; 216 000 hab.

NHK (sigle de Nippon Hoso Kyotai), service public japonais de radiotélévision. La NHK, qui propose quatre chaînes nationales, a été, en 1988, la première chaîne à utiliser la télévision directe et la TVHD pour ses programmes grand public.

Niagara *(le),* riv. de l'Amérique du Nord, séparant le Canada des États-Unis et unissant les lacs Érié et Ontario. Il est coupé par les *chutes du Niagara* (hautes d'env. 50 m), haut lieu touristique et site d'un grand aménagement hydroélectrique.

Niagara Falls, v. des États-Unis (État de New York), sur la rive droite du Niagara, en amont des chutes ; 73 077 hab.

Niamey, cap. du Niger, sur le moyen Niger ; 399 000 hab.

Niaux, comm. de l'Ariège, sur le Vicdessos, à 4 km au S. de Tarascon-sur-Ariège ; 230 hab. — Vaste grotte ornée de peintures préhistoriques magdaléniennes. Chevaux, bisons, bouquetins et cervidés constituent le remarquable ensemble dit « le Salon noir ».

Nibelung *(l'Anneau du)* → **Wagner**.

Nibelungen, nains de la mythologie germanique, possesseurs de grandes richesses souterraines. Leur roi est *Nibelung.* Les guerriers du héros Siegfried puis les Burgondes, dans les poèmes héroïques médiévaux, prirent le nom de « Nibelungen » après s'être emparés de leurs trésors.

Nibelungen *(Chanson des),* épopée germanique, écrite vers 1200 en moyen haut allemand.

Nicaragua, État de l'Amérique centrale, entre le Costa Rica et le Honduras ; 148 000 km² ; 3 900 000 hab. *(Nicara-*

guayens). CAP. *Managua*. LANGUE : *espagnol*.
MONNAIE : *córdoba*.

GÉOGRAPHIE

Relativement vaste, encore peu peuplé, malgré un fort accroissement récent, le pays est formé de trois régions. La façade pacifique, étroite, regroupe plus de la moitié de la population ; les lacs y sont dominés par des volcans récents, et les terres fertiles portent des cultures commerciales (coton et café, princ.). Le centre du pays (alt. moyenne : 700 m), domaine de l'élevage extensif, a aussi quelques plantations caféières. Les plaines caraïbes, chaudes et humides, forestières, sont presque vides. L'agriculture (riz et maïs formant les bases vivrières) emploie près de la moitié de la population active et fournit la majeure partie des exportations. Le secteur industriel, en dehors de l'agroalimentaire, est peu développé. Les erreurs des sandinistes, la guérilla, l'embargo américain ont abouti au délabrement de l'économie. Depuis 1990, le retour à l'économie de marché se fait dans des conditions très difficiles : forte extérieure, chômage important, monnaie faible et inflation très élevée.

HISTOIRE

1521. Le Nicaragua est reconnu par les Espagnols.

Il est alors rattaché à la capitainerie générale du Guatemala, circonscription administrative d'Amérique centrale.

1821. Le pays accède à l'indépendance.

Il s'intègre un temps au Mexique (1822-23), puis aux Provinces-Unies d'Amérique centrale (1826-1838) et devient une république (1838). Le XIXᵉ s. est marqué par les luttes entre conservateurs et libéraux et par la rivalité entre intérêts anglais et américains. Les Américains occupent le pays de 1912 à 1933, puis favorisent, face à la guérilla de Sandino, l'arrivée au pouvoir du chef de la garde nationale.

1936-1956. Somoza dirige le pays au profit de l'oligarchie locale et des intérêts américains.

Il est assassiné, mais le « clan Somoza » reste au pouvoir.

1979. Un soulèvement populaire conduit par le Front sandiniste au la dictature de Somoza et établit un régime de tendance socialiste, soutenu par Cuba.

Des commandos contre-révolutionnaires (contras), appuyés par les États-Unis, menacent le pays sur ses frontières.

1984. Daniel Ortega est élu à la présidence de la République.

1987. Le Nicaragua signe avec le Costa Rica, le Guatemala, le Honduras et le Sal-

vador un premier accord visant à rétablir la paix dans la région.

1990. La candidate de l'opposition, Violeta Barrios de Chamorro, est élue à la présidence de la République.

1995. Une nouvelle constitution est adoptée, qui consolide le processus de démocratisation.

Nice, ch.-l. du dép. des Alpes-Maritimes, sur la Côte d'Azur, à 933 km au S.-E. de Paris ; 345 674 hab. *(Niçois).* **GÉOGR.** Grâce à un ensoleillement exceptionnel et à des températures clémentes, Nice a d'abord développé un tourisme d'hiver. Bien desservie (aéroport gagné sur la mer) et possédant un port de voyageurs (vers la Corse), la ville est aujourd'hui un centre touristique international et les activités tertiaires (commerce, administration, université) dominent largement. **HIST.** Fondée au Vᵉ s. av. J.-C. par des Massaliotes (colons grecs venus de Marseille), annexée au comté de Provence (Xᵉ s.), ville libre (XIᵉ s.), Nice passa sous la domination des Angevins de Provence (1246), puis sous celle de la maison de Savoie (1388). Française de 1793 à 1814, elle fut définitivement cédée à la France par le Piémont en 1860. **ARTS.** Monuments des XVIIᵉ et XVIIIᵉ siècles de la vieille ville (églises et chapelles baroques). Musées des Beaux-Arts, Masséna, du palais Lascaris, d'Art naïf, d'Art moderne et contemporain. À Cimiez, vestiges romains, église avec panneaux des Brea, musée d'Archéologie, musées Matisse et Chagall (« Message biblique »). Au pied du mont Boron, site paléolithique et musée de Terra Amata.

Nicée, *auj.* Iznik, ville de Turquie, 1 200 hab. Ancienne ville d'Asie Mineure (Bithynie), où se tinrent deux conciles œcuméniques, l'un convoqué par Constantin en 325, qui condamna l'arianisme et élabora un symbole de foi, ou *symbole de Nicée,* l'autre, en 787, réuni à l'instigation de l'impératrice Irène, qui définit contre les iconoclastes la doctrine orthodoxe sur le culte des images. De 1204 à 1261, Nicée fut la capitale des empereurs byzantins dépossédés de Constantinople par les croisés. L'*empire de Nicée,* fondé par Théodore Iᵉʳ Lascaris, eut comme dernier titulaire Michel VIII Paléologue, qui reprit Constantinople. — Monuments byzantins et ottomans.

Nice Matin, quotidien régional français créé en 1945.

Nicéphore Iᵉʳ le Logothète (Séleucie, Pisidie *auj.* en Turquie, alors en Bulgarie, 811), empereur byzantin (802-811). Il restaura l'autorité byzantine dans les Balkans. Il fut battu par Harun al-Rachid puis par les Bulgares, qui le massacrèrent avec son armée.

Nicéphore II Phokas (en Cappadoce 912 - Constantinople 969), empereur byzantin (963-969). Il conquit la Cilicie, Chypre (964-965) et une partie de la Syrie (966 et 968). Il fut assassiné par Jean Tzimiskès.

Nichiren, moine bouddhiste japonais (Kominato 1222 - district d'Ikegami, *auj.* Tokyo, 1282), fondateur de la secte qui porte son nom. Prêchant le sutra du lotus, il voulait faire du bouddhisme une religion universelle. Sa pensée a exercé une assez forte influence nationaliste sur le Japon du XXᵉ siècle.

Nicholson *(William),* chimiste et physicien britannique (Londres 1753 - *id.* 1815). Il découvrit, avec Carlisle, l'électrolyse de l'eau et inventa un aréomètre.

Nicias, général athénien (v. 470 - Syracuse 413 av. J.-C.). Il se distingua pendant la guerre du Péloponnèse, négocia la paix avec Sparte (421) et périt dans l'expédition de Sicile, qu'il avait désapprouvée.

Nicobar *(îles),* archipel indien du golfe du Bengale (territoire des îles Andaman et Nicobar), entre les îles Andaman et Sumatra ; 1 645 km² ; 14 600 hab. *(Nicobarais).*

Nicodème *(saint)* [Iᵉʳ s.], notable juif, membre du sanhédrin. Pharisien, il fut secrètement le disciple de Jésus, duquel, avec Joseph d'Arimathie, il alla demander le corps à Pilate.

Nicol *(William),* physicien britannique (en Écosse v. 1768 - Édimbourg 1851). En 1828, il inventa le prisme polariseur qui porte son nom.

Nicola Pisano, sculpteur italien (m. entre 1278 et 1284), instigateur de la première Renaissance pisane (chaire du baptistère de Pise, d'esprit antiquisant, 1260). Son fils **Giovanni** (? v. 1248 - Sienne apr. 1314), sculpteur et architecte actif surtout à Pise et à Sienne, d'un tempérament non moins puissant, adhère largement à la culture gothique : statues de la cathédrale de Sienne, chaires de Pistoia (terminée en 1301) et de la cathédrale de Pise.

Nicolas *(saint),* évêque de Myra en Lycie (IVᵉ s.). De nombreuses légendes (enfants sauvés du saloir, jeunes filles pauvres pourvues soudain d'une dot, etc.) se sont greffées sur sa biographie d'évêque secourable. Ses reliques ont été transportées en 1087 à Bari, où son culte est très populaire, ainsi qu'en Grèce, en Russie et dans toute l'Europe du Nord et du Centre.

Nicolas de Flue *(saint),* ermite suisse (Flüeli ob Sachseln 1417 - Ranft 1487). Il quitta sa femme et ses enfants en 1467 pour vivre en solitaire dans la gorge de Ranft. Il ne quitta sa retraite que pour rétablir la paix entre les cantons helvétiques (convention de Stans, 1481), ce qui lui valut d'être déclaré patron de la Suisse et canonisé (1947).

Nicolas Iᵉʳ *(saint)* [Rome v. 800 - *id.* 867], pape de 858 à 867. Il affirma l'autorité prééminente de la papauté face aux grands dignitaires ecclésiastiques, notamment Hincmar, archevêque de Reims, et au roi Lothaire II. Tandis qu'il dénonçait l'élection de Photios comme patriarche de Constantinople, il accueillit les Bulgares dans l'Église romaine.

Nicolas Iᵉʳ (Tsarskoïe Selo 1796 - Saint-Pétersbourg 1855), empereur de Russie (1825-1855). Fils de Paul Iᵉʳ, successeur de son frère Alexandre Iᵉʳ, il se consacra à la défense de l'orthodoxie et de l'autocratie dans un esprit étroitement nationaliste. Il réprima la révolte polonaise de 1830-31 et écrasa la révolution hongroise en 1849, ce qui lui valut le surnom de « gendarme de l'Europe ». Voulant en finir avec l'Empire ottoman (1853), il se heurta à la France et à la Grande-Bretagne, qui s'engagèrent contre la Russie dans la guerre de Crimée (1854).

Nicolas II (Tsarskoïe Selo 1868 - Iekaterinbourg 1918), empereur de Russie (1894-1917). Fils et successeur d'Alexandre III. Avec son ministre Witte, il favorisa l'industrialisation du pays, renforça l'alliance franco-russe et engagea son pays dans la guerre contre le Japon (1904-05), qui se termina par la défaite russe. Contraint d'accorder, lors de la révolution de 1905, le manifeste d'octobre promettant la réunion d'une assemblée (douma d'État), il refusa, avec son ministre Stolypine, de transformer la Russie en une véritable monarchie constitutionnelle. Ayant engagé son pays dans la Triple-Entente, il prit en 1915 le commandement suprême des armées et laissa son épouse, Alexandra Fedorovna, soumise à l'influence de Raspoutine, jouer un rôle croissant dans le gouvernement. L'insurrection de Petrograd l'obligea à abdiquer (mars 1917). Transféré à Iekaterinbourg, il y fut massacré avec sa famille (17 juill. 1918).

Nicolas Nikolaïevitch Romanov *(grand-duc),* général russe (Saint-Pétersbourg 1856 - Antibes 1929). Oncle du tsar Nicolas II, généralissime des armées russes en 1914-15 puis commandant le front du Caucase

(1915-1917), il se retira en France après la révolution de 1917.

Nicolas de Cues *(Nikolaus* Krebs, dit*),* théologien allemand (Kues, diocèse de Trèves, 1401 - Todi 1464). Il soutint l'action des papes, défendit le principe de l'infaillibilité pontificale contre les conciles et œuvra en faveur de l'union des Églises grecques et de l'Église romaine. Nommé cardinal en 1448, il laissa une importante œuvre théologique et philosophique (notamment *De la docte Ignorance,* 1440), qui s'inspire du platonisme.

Nicolas de Verdun, orfèvre mosan qui a signé et daté l'ambon ou retable de Klosterneuburg (1181) ainsi que la châsse de Notre-Dame de Tournai (1205), et est sans doute l'auteur de la châsse des Rois mages de la cathédrale de Cologne : toutes œuvres d'un style antiquisant souple et puissant, concurrent du style gothique contemporain.

Nicole *(Pierre),* écrivain français (Chartres 1625 - Paris 1695). Janséniste et professeur à Port-Royal, il est l'auteur d'*Essais de morale* (1671-1678).

Nicolle *(Charles),* bactériologiste français (Rouen 1866 - Tunis 1936). Il dirigea l'institut Pasteur de Tunis et découvrit le mode de transmission de plusieurs maladies infectieuses. (Prix Nobel 1928.)

Nicollier *(Claude),* astronome et astronaute suisse (Vevey 1944). Sélectionné comme astronaute par l'Agence spatiale européenne (1978), il a effectué deux vols (1992, 1993) à bord de la navette américaine, jouant notamment un rôle majeur dans la mission de réparation du télescope spatial Hubble.

Nicomède, nom de quatre rois de Bithynie, dont **Nicomède IV** (v. 95-74 av. J.-C.), ennemi de Mithridate, qui légua son royaume à Rome en 74 av. J.-C.

Nicomédie, v. d'Asie Mineure *(auj.* Izmit), fondée v. 264 av. J.-C. Capitale du royaume de Bithynie, résidence impériale au temps de Dioclétien, elle fut au IVe siècle l'un des bastions de l'arianisme.

Nicopolis *(bataille de)* [25 sept. 1396], victoire de Bayezid Ier à Nicopolis *(auj.* Nikopol, en Bulgarie)* sur les croisés commandés par Sigismond de Luxembourg.

Nicosie, cap. de Chypre, dans l'intérieur de l'île ; 169 000 hab. — Enceinte vénitienne de 1567-1570. Cathédrale gothique du XIIIe siècle, aujourd'hui mosquée, et autres monuments. Important Musée archéologique.

Nicot *(Jean),* diplomate français (Nîmes v. 1530 - Paris 1600). Ambassadeur de Catherine de Médicis à Lisbonne, il introduisit le tabac en France.

Nidwald → **Unterwald.**

Niedermeyer *(Louis),* compositeur français (Nyon 1802 - Paris 1861). Il a fondé à Paris un institut de musique religieuse, baptisé par lui École Niedermeyer, et a composé des opéras et des mélodies, notamment sur des poèmes de Lamartine et de V. Hugo.

Niel *(Adolphe),* maréchal de France (Muret 1802 - Paris 1869). Ministre de la Guerre en 1867, il tenta de réorganiser l'armée et institua la garde nationale mobile.

Nielsen *(Carl),* compositeur danois (Nørre-Lyndelse 1865 - Copenhague 1931). On le considère comme le créateur de la musique moderne dans son pays et comme le plus grand compositeur scandinave du XXe siècle après Sibelius. Hors de tout système, il a composé 6 symphonies, 3 concertos, des pièces instrumentales (*Thème et Variations* pour piano, 1917 ; *Quintette à vent,* 1922), des opéras (*Saül et David,* 1898-1901 ; *Mascarade,* 1904-1906).

Niemcewicz *(Julian Ursyn),* patriote et écrivain polonais (Skoki, Lituanie, 1757 - Paris 1841), auteur des *Chants historiques* (1816).

Niémen *(le),* fl. de Biélorussie et de Lituanie, tributaire de la Baltique (lagune de Kourski) ; 937 km.

Niemeyer *(Oscar),* architecte brésilien (Rio de Janeiro 1907). Utilisant avec virtuosité les possibilités du béton armé (formes courbes), il a édifié le centre de loisirs de Pampulha, près de Belo Horizonte (v. 1943), les principaux monuments de Brasília et, à l'étranger, l'université de Constantine (1969), le siège du Parti communiste français à Paris (1971), la maison de la culture du Havre (1982).

Niepce *(Nicéphore),* inventeur français (Chalon-sur-Saône 1765 - Saint-Loup-de-Varennes 1833). Il est surtout connu pour l'invention de la photographie (1816 : reproduction du premier négatif ; 1822 : première image photographique, à l'origine de son association avec Daguerre (1829). Il réalisa notamment la première chambre noire photographique, le premier diaphragme à iris et une chambre munie d'une bobine pour l'enroulement du papier sensible. Son neveu **Abel Niepce de Saint-Victor** (Saint-Cyr, près de Chalon-sur-Saône, 1805 - Paris 1870) imagina un procédé de photographie sur verre.

Nietzsche *(Friedrich),* philosophe allemand (Röcken, près de Lützen, 1844 - Weimar

1900). Nietzsche établit une critique radicale des bases kantiennes de la connaissance et du rationalisme scientiste : pour lui, ce n'est pas l'amour de la vérité qui anime l'homme, ce sont les passions du vouloir-vivre. Les institutions, la religion cachent la vraie nature de l'homme, faite du combat entre la mort et la vie. L'unité de l'homme et du monde, bien comprise par les présocratiques, a été cassée par Socrate, qui a inventé la coupure entre l'essence et l'apparence, puis par le christianisme, qui a institué une « morale d'esclave » fondée sur la culpabilité et le dogme du péché originel. Nietzsche juge donc indispensable un « renversement des valeurs ». Contre le christianisme, le socialisme, le nihilisme, il établit la philosophie de la volonté de puissance, née de l'accroissement continu des forces vitales qui préconise le règne de surhomme. Nietzsche s'est exprimé par des aphorismes cinglants (*Gai Savoir*, 1882 ; *Par-delà bien et mal*, 1886), des dissertations d'un style étincelant (*la Naissance de la tragédie*, 1871 ; *le Crépuscule des idoles*, 1889), des poèmes (*Ainsi parlait Zarathoustra*, 1883).

Nieuport (*Édouard* de Niéport, dit **Édouard**), aviateur et constructeur français d'avions (Blida, Algérie, 1875 - sur l'aérodrome de Charny, près de Verdun, 1911). L'un des premiers constructeurs d'avions (1909), il exerça par ses recherches sur l'aérodynamique une influence décisive sur l'aviation. L'un de ses biplans, le *Nieuport 11*, fut très employé pendant la Première Guerre mondiale.

Nievo (*Ippolito*), écrivain italien (Padoue 1831 - en mer Tyrrhénienne 1861). Compagnon de Garibaldi, il décrit dans *Confessions d'un octogénaire* (1867) les combats pour l'unité italienne.

Nièvre [58], dép. de la Région Bourgogne ; ch.-l. de dép. *Nevers* ; ch.-l. d'arr. *Château-Chinon, Clamecy, Cosne-Cours-sur-Loire* ; 4 arr., 32 cant., 312 comm. ; 6 817 km² ; 233 278 hab. (*Nivernais*). Il est rattaché à l'académie de Dijon, à la cour d'appel de Bourges et à la région militaire Nord-Est.

Niger (*le*), principal fl. de l'Afrique occidentale. Né en Guinée, au pied du mont Loma, le Niger décrit une longue courbe, traversant le Mali (Bamako) puis le sud-ouest du Niger (Niamey) avant de rejoindre au Nigeria le golfe de Guinée, par un vaste delta ; 4 200 km (bassin de 1 100 000 km²). Navigable par biefs, il est aussi utilisé pour l'irrigation.

Niger, État de l'Afrique occidentale ; 1 267 000 km² ; 8 millions d'hab. (*Nigériens*). CAP. *Niamey*. LANGUE : *français*. MONNAIE : *franc C. F. A.*

GÉOGRAPHIE

Vaste pays (plus du double de la superficie française), aux horizons monotones (si l'on excepte les hauteurs de l'Aïr), enclavé, le Niger, malgré une récente croissance démographique de l'ordre de 3 % par an, est encore peu peuplé. La majeure partie du pays est désertique, torride, et les pluies ne sont relativement abondantes qu'au S. C'est là, surtout dans le S.-O., traversé par le fleuve Niger, que se concentre la majeure partie d'une population islamisée, formée d'ethnies variées (Songhaï au S. ; plus au N., Touareg et Peuls, encore souvent nomades). L'urbanisation est modeste et la capitale est la seule ville importante.

Plus des deux tiers de la population sont occupés par l'agriculture (millet, base de l'alimentation ; arachide, principale culture commerciale). L'élevage, malgré la sécheresse, tient toujours une place notable (bovins, ovins et caprins). Le sous-sol fournit surtout de l'uranium, exporté. L'industrie, à part l'agroalimentaire, est inexistante. Le Niger a bénéficié d'un réaménagement de sa dette extérieure mais reste tributaire de l'aide alimentaire et financière internationale. La France reste son premier partenaire commercial.

HISTOIRE

Dès le Ve millénaire av. J.-C., à la suite de la désertification, des Noirs se replient vers le Sud, où ils trouvent des pasteurs d'origine nilotique, alors que les Berbères remontent vers le Nord.

XVe-XVIe s. apr. J.-C. Apogée de l'empire des Songhaï constitué autour de Gao.

1591. Destruction de l'empire par les Marocains.

Le pays est, par la suite, contrôlé par les Touareg et les Berbères. La pénétration française s'affirme à la fin du XIXe s.

1922. Le Niger devient colonie de l'Afrique-Occidentale française.

1960. Indépendance du Niger.

Présidé par Hamani Diori jusqu'en 1974, le pays est, à partir de cette date, dirigé par les militaires.

1991-1993. Le processus de transition aboutit à la mise en place d'un régime démocratique.

1996. Coup d'État militaire.

Nigeria (*le*), État de l'Afrique occidentale, sur le golfe de Guinée, traversé par le Niger ; 924 000 km² ; 122 500 000 hab.

(*Nigérians*). CAP. *Abuja*. V. princ. *Lagos, Ibadan*. LANGUE : *anglais*. MONNAIE : *naira*.

GÉOGRAPHIE

Pays le plus peuplé d'Afrique, le Nigeria, à la différence de micro-États ou de vastes territoires désertiques ou enclavés du continent, dispose de divers atouts : façade maritime et une gamme de climats favorables aux cultures vivrières et commerciales, la présence de pétrole, une armature urbaine (dominée par Lagos et particulièrement dense au sud-ouest et au sud-est) et une bonne infrastructure de transports. En contrepartie, la pression démographique ne décroît pas : la population augmente de 3 millions de personnes par an. La multiplication des ethnies, les oppositions entre les plus importantes (Haoussa, Yoruba et Ibo) entre musulmans (majoritaires) et chrétiens rendent fragile l'unité de cette république fédérale. Le climat est presque uniformément chaud (plus de 25 °C en moyenne) mais beaucoup plus humide au S. (forêt dense) qu'au N. (forêt claire et même savanes). La forêt équatoriale a été éclaircie par des plantations fournissant cacao, arachide, huile de palme, caoutchouc, etc. Le millet, le sorgho, le manioc et le maïs sont les bases de l'alimentation. L'élevage est important (surtout au N.) : bovins, ovins et caprins. La pêche fournit un complément d'alimentation. Au total, l'agriculture occupe près de la moitié de la population active. Une part du P. I. B. plus importante est assurée par le secteur minier, c'est-à-dire presque exclusivement pétrolier. La production, en partie raffinée sur place, fournit 90 % en valeur des exportations. Le gaz naturel va également être exploité. L'industrie de transformation se limite pratiquement à l'agroalimentaire et à la fourniture de biens de consommation.

HISTOIRE

■ **Les origines.**

Ier millénaire av. J.-C. Épanouissement de la civilisation de Nok au nord du pays.

VIIe-XIe s. apr. J.-C. Les Haoussa s'installent dans le Nord et les Yoruba dans le Sud-Ouest.

À partir du XIe s., des royaumes, bientôt islamisés, s'organisent dans le Nord. Les plus brillants sont ceux du Kanem (apogée au XIVe s.) et du Kanem-Bornou (XVIe s.). Dans le Sud, Ifé constitue le centre religieux et culturel commun du royaume d'Oyo et de celui du Bénin, qui entre en relation avec les Portugais à la fin du XVe s.

■ **La colonisation.**

XVIe s. L'Angleterre élimine le Portugal et obtient le monopole de la traite des Noirs dans la région.

Début du XIXe s. Les Peuls musulmans, conduits par Ousmane dan Fodio, constituent un empire dans le nord du pays (Sokoto).

1851. Les Britanniques occupent Lagos. L'administration du pays est d'abord confiée à une compagnie à charte britannique, avant de dépendre du ministère des Colonies (1900).

■ **L'indépendance.**

1960. Le Nigeria accède à l'indépendance. La vie politique de cet État fédéral est marquée par des luttes entre civils et militaires (ces derniers accèdent au pouvoir en 1966) et par des luttes entre les différentes ethnies.

1967. Les Ibo du Sud-Est, en majorité chrétiens, font sécession, formant la république du Biafra, qui capitule en janvier 1970.

Depuis lors, en dehors d'une brève période de retour à la démocratie (1979-1983), les coups d'État militaires se sont succédé. À la tête du pays à partir de 1985, le général Babangida amorce en 1989 un processus de transition devant amener à la restauration d'un régime civil. Il démissionne en 1993 sans que le processus ait abouti. Après son retrait, les militaires reprennent le pouvoir.

1995. Après l'exécution de plusieurs opposants, le Nigeria, condamné par la communauté internationale, est suspendu du Commonwealth.

1996. Le pouvoir civil est renversé par un coup d'État militaire.

Niigata, port du Japon (Honshu), sur la mer du Japon ; 486 097 hab. Centre industriel.

Nijinska (*Bronislava*), danseuse et chorégraphe russe (Minsk 1891 - Pacific Palisades, Los Angeles, 1972), sœur de Nijinski. Elle s'est illustrée avec les Ballets russes, comme danseuse (1909-1913) puis comme chorégraphe, ouvrant la voie au ballet néoclassique (*les Noces*, 1923).

Nijinski (*Vaslav Fomitch*), danseur et chorégraphe russe d'origine polonaise (Kiev 1889 - Londres 1950). Danseur vedette de la compagnie de Diaghilev (1909-1913 et 1916-17), il possède une extraordinaire technique mais aussi une fascinante présence. Comme chorégraphe, il suscite le scandale en réalisant des œuvres novatrices, en rupture totale avec la tradition académique (*le Sacre du printemps*, 1913). En 1919, il sombre dans la folie. Il mourra sans avoir retrouvé la raison.

Nijni Novgorod, de 1932 à 1990 **Gorki,** v. de Russie, au confluent de la Volga et de l'Oka ; 1 438 000 hab. Port fluvial et centre industriel. — Vieux kremlin ; cathédrales et églises du XIIIᵉ au XIXᵉ siècle.

Nijni Taguil, v. de Russie, dans l'Oural ; 440 000 hab. Centre minier et métallurgique.

Nika *(sédition)* [532], soulèvement populaire de Constantinople sous Justinien Iᵉʳ. Elle fut réprimée par Narsès et Bélisaire, grâce à l'énergie de l'impératrice Théodora. Son nom vient du cri de ralliement des séditieux : *Nika !* (Victoire !).

Nikko, v. du Japon (Honshu), au N. de Tokyo ; 20 128 hab. Centre touristique. Parc national. — Grand centre de pèlerinage, Nikko est célèbre pour ses trésors architecturaux, dont le temple Rinno-ji et le sanctuaire Toshogu, mausolée de Ieyasu Tokugawa (1542-1616) rutilant d'or et de couleurs.

Nikolaïev, port d'Ukraine, sur la mer Noire ; 503 000 hab. Centre industriel.

Nikolais *(Alwin),* chorégraphe, compositeur et pédagogue américain (Southington, Connecticut, 1912 - New York 1993). À la tête de sa troupe fondée en 1956, il réalise des spectacles dont il est le maître d'œuvre tant du point de vue musical que chorégraphique et scénographique. Il s'attache au geste qui provoque l'émotion par lui-même au lieu d'en être l'illustration, et sa démarche le pousse à transformer ses interprètes (par les costumes, des accessoires et des projections photographiques) en d'étonnantes formes colorées. Il est l'auteur de nombreuses créations dont *Kaleidoscope* (1956), *Imago* (1963), *Schema* (1980).

Nikon *(Nikita* Minov, dit*),* prélat russe (Veldemanovo, près de Nijni Novgorod, 1605 - Iaroslavl 1681). Patriarche de Moscou (1652), partisan du retour de l'orthodoxie russe à ses sources grecques, il fit adopter des réformes qui provoquèrent le mouvement schismatique des vieux-croyants *(raskol).* Il fut déposé en 1666.

Nil *(le), en ar.* al-Nîl, fl. d'Afrique du Nord-Est, drainant un bassin d'environ 3 millions de km² et long de 6 700 km (5 600 km depuis le lac Victoria). L'origine du Nil est un cours d'eau du Burundi, la Kagera, tributaire du lac Victoria, dont il sort (en Ouganda) sous le nom de *Nil Victoria.* Celui-ci traverse le lac Kioga, puis le lac Mobutu, prend ensuite le nom de Bahr el-Gebel et pénètre au Soudan. Il coule alors dans une vaste région marécageuse et

s'appauvrit sous l'effet d'une évaporation intense. Il reçoit le Bahr el-Ghazal (r. g.) et le Sobat (r. dr.), prenant le nom de *Nil Blanc.* À Khartoum, il conflue avec le *Nil Bleu* (venu d'Éthiopie), puis reçoit l'Atbara dans la région des cataractes. Le Nil entre alors en Égypte, qu'il traverse du S. au N. rejoignant la Méditerranée par un vaste delta. Le Caire est situé à la tête du delta, partagé entre la branche de Rosette (1 076 m³/s) et celle de Damiette (500 m³/s). En Égypte, la crue du Nil a lieu entre juin et novembre, le maximum se situant en septembre. Ce régime résulte de tous les apports d'un bassin qui s'étend de l'équateur à la Méditerranée. Le Nil Bleu et l'Atbara y jouent un rôle essentiel. Ils fournissent en effet 90 % du débit du Nil (en moyenne 8 000 m³/s) en septembre. De grands aménagements ont été réalisés sur le cours du fleuve (en Égypte) depuis plus d'un siècle, visant à relever le plan d'eau à la tête des canaux et à accroître le débit du fleuve entre février et juillet. Le haut barrage d'Assouan est le dernier et le plus important de ces aménagements.

Nilgiri *(monts),* massif montagneux du sud de l'Inde ; 2 636 m. Plantations de thé, café et eucalyptus.

Nimayri *(Djafar* al-*)* ou **Nemeyri** *(Gaafar* el-*),* officier et homme d'État soudanais (Omdurman 1930). Chef de l'État depuis 1969, il est renversé en 1985.

Nimba *(monts),* massif d'Afrique, aux confins de la Côte d'Ivoire, de la Guinée et du Liberia ; 1 752 m. Gisements de fer.

Nimbus *(professeur),* héros de bande dessinée, type de savant distrait créé en 1934 par le Français André Daix.

Nimègue, *en néerl.* Nijmegen, v. des Pays-Bas (Gueldre), sur le Waal ; 145 782 hab. — Chapelle-baptistère du VIIIᵉ siècle. Hôtel de ville et *Waag* des XVIᵉ et XVIIᵉ siècles. Musées, dont le musée provincial G. M. Kam (archéologie romaine).

Nimègue *(traités de),* traités conclus en 1678 entre la France, les Provinces-Unies et l'Espagne, et en 1679 entre la France et le Saint Empire, à la fin de la guerre de Hollande. Donnant à la France la Franche-Comté, le Cambrésis et plusieurs villes du Hainaut, de l'Artois et de la Flandre, ces traités firent de Louis XIV l'arbitre de l'Europe.

Nîmes, ch.-l. du Gard, à 704 km au S.-S.-E. de Paris ; 133 607 hab. *(Nîmois).* Languedocienne mais proche de la vallée du Rhône, Nîmes est d'abord un centre tertiaire, administratif, commercial et touristique. **HIST.** Colonie au temps d'Auguste, Nîmes fut l'une des cités les plus brillantes de l'Empire romain. Elle fut rattachée au comté de Toulouse en 1185, puis à la France en 1229. Fief protestant, elle souffrit de la révocation de l'édit de Nantes (1685). **ARTS.** Magnifiques monuments de l'époque romaine, dont la Maison carrée (temple bâti par Agrippa), les arènes (amphithéâtre du Iᵉʳ siècle) pouvant abriter 23 000 spectateurs. Près du temple de Diane, jardin de la Fontaine, du XVIIIᵉ siècle. Cathédrale, en partie du XIᵉ siècle. Musées archéologique, du Vieux-Nîmes (dans l'anc. évêché du XVIIᵉ s.), des Beaux-Arts, d'Art contemporain (dans le « Carré d'Art » construit par N. Foster).

Nimier *(Roger),* écrivain français (Paris 1925 - dans un accident d'automobile, près de Paris, 1962). Témoin d'une génération désenchantée et hostile aux idéologies, chef de file des « hussards », il fut une personnalité provocante du monde littéraire parisien et l'auteur d'une œuvre romanesque au style étincelant (*les Épées,* 1948 ; *le Hussard bleu,* 1950 ; *les Enfants tristes,* 1951).

Nimitz *(William),* amiral américain (Fredericksburg, Texas, 1885 - San Francisco 1966). Commandant la flotte du Pacifique (1941), il vainquit la flotte japonaise et signa avec Mac Arthur l'acte de capitulation du Japon (2 sept. 1945).

Nimroud, site archéologique d'Iraq, sur le Tigre, près du confluent du Grand Zab. Fondée au XIIIᵉ siècle, elle a été la capitale de l'Assyrie (Calach) depuis Assournazirpal jusqu'à Salmanasar IV (727-722 av. J.-C.). Vestiges de temples et de palais ayant livré de nombreux orthostates, des ivoires et certains des bijoux des reines d'Assyrie.

Nin *(Anaïs),* femme de lettres américaine (Neuilly-sur-Seine 1903 - Los Angeles 1977). Ses romans (*les Miroirs dans le jardin,* 1946 ; *Séduction du Minotaure,* 1961) et son *Journal* (1966-1982) composent l'analyse d'une personnalité écartelée entre les cultures et les passions différentes.

Ningbo, port de Chine (Zhejiang) ; 240 000 hab. — Monuments anciens.

Ningxia, région autonome de la Chine du Nord-Ouest groupant surtout des Hui (musulmans chinois) ; 170 000 km² ; 3 896 000 hab. Cap. *Yinchuan.*

Ninive, v. de l'ancienne Mésopotamie, sur le Tigre. (Hab. *Ninivites.*) Fondée au VIᵉ millénaire, elle devint sous Sennachérib (705-680 av. J.-C.) la capitale de l'Assyrie. Sa destruc-

tion, en 612 av. J.-C., marque la fin de l'Empire assyrien. **ARCHÉOL.** Ninive a été explorée dès le XIXᵉ siècle. Les fouilles scientifiques y ont débuté avec l'expédition britannique de 1927-1932. Le site fut occupé dès le VIᵉ millénaire, mais son apogée est lié à son rôle de capitale. Temples et palais immenses ont livré de nombreuses œuvres d'art et près de 25 000 tablettes en cunéiforme, constituant la bibliothèque d'Assourbanipal.

Ninove, v. de Belgique (Flandre-Orientale) ; 33 489 hab. — Église, ancienne abbatiale des XVIIᵉ-XVIIIᵉ siècles (mobilier, boiseries).

Niort, ch.-l. du dép. des Deux-Sèvres, sur la Sèvre Niortaise, à 403 km au sud-ouest de Paris ; 58 660 hab. *(Niortais).* Siège de sociétés d'assurances mutuelles. Constructions mécaniques et électriques. Agroalimentaire. Ganterie. — Donjon double des XIIᵉ-XVᵉ siècles (Musée ethnographique poitevin). Église gothique Notre-Dame. Musée des Beaux-Arts.

Nippon, nom japonais du Japon.

Nippour, *auj.* Niffer, ville de la Mésopotamie antique, à 160 km au sud de Bagdad. Sur un site occupé depuis le VIᵉ millénaire se développa, après 3000, la ville sainte du dieu Enlil et de la déesse Inanna. Leurs temples ont été entretenus jusqu'à l'époque néobabylonienne. Métropole intellectuelle, Nippour a livré plus de 60 000 tablettes cunéiformes de toutes les époques.

Nis, *anc.* Nissa, v. de Yougoslavie (Serbie) ; 161 000 hab. — Vestiges antiques ; ancienne forteresse turque.

Nishinomiya, v. du Japon (Honshu), sur la baie d'Osaka ; 426 909 hab.

Niterói, port du Brésil, sur la baie de Guanabara ; 416 123 hab. Centre résidentiel et industriel, relié à Rio de Janeiro par un pont.

Nithard, historiographe franc (fin VIIIᵉ s.-844 ou 845). Abbé de Saint-Riquier, il écrivit sur ordre de Charles le Chauve une *Histoire des fils de Louis le Pieux.*

Niue ou **Savage,** île du Pacifique (259 km² et 3 300 hab.), territoire associé à la Nouvelle-Zélande, entre les archipels Tonga et Cook.

Nivelle *(Robert),* général français (Tulle 1856-Paris 1924). Commandant la IIᵉ armée à Verdun (1916), puis commandant les armées du Nord et du Nord-Est en 1917, il dirigea l'offensive du Chemin des Dames, dont l'échec entraîna son remplacement par Pétain.

Nivelles, v. de Belgique, ch.-l. d'arr. du Brabant wallon ; 23 217 hab. — Collégiale de style roman mosan (XIᵉ-XIIᵉ s.), très restaurée ; crypte archéologique (vestiges mérovingiens et carolingiens). Musées.

Niven *(David),* acteur de cinéma et de théâtre britannique (Kirriemuir, Écosse, 1910 - Château-d'Œx, Suisse, 1983). Il s'est imposé dans les personnages élégants et charmeurs : *la Huitième Femme de Barbe-Bleue* (E. Lubitsch, 1938), *les Hauts de Hurlevent* (W. Wyler, 1939), ainsi que dans le registre comique : *la Panthère rose* (B. Edwards, 1964).

Nivernais, ancienne province de France qui a formé la majeure partie du département de la Nièvre.

Nivers *(Guillaume Gabriel),* organiste et compositeur français (Paris 1632 - *id.* 1714). Organiste à la chapelle royale (1678-1708), il donna de nouvelles formes à la musique d'orgue (trois livres d'orgue, 1665, 1667, 1675) et écrivit plusieurs ouvrages de théorie musicale.

Nixon *(Richard),* homme d'État américain (Yorba Linda, Californie, 1913 - New York 1994). Républicain, vice-président des États-Unis (1953-1961), il fut élu président en 1968 et réélu en 1972. Il noua des relations avec la Chine populaire et mit fin à la guerre du Viêt Nam (1973). Il dut démissionner en 1974 à la suite de la révélation de son implication dans le scandale du Watergate, affaire d'espionnage politique dont furent victimes les démocrates.

Ni Zan ou **Ni Tsan,** peintre, calligraphe et poète chinois (Wuxi, Jiangsu, 1301-1374). Son détachement intérieur et son style dépouillé en firent l'un des brillants représentants de l'esthétique lettrée de l'époque Yuan.

Nizan *(Paul),* écrivain français (Tours 1905 - Audruicq 1940). Auteur de pamphlets (*Aden Arabie,* 1931 ; *les Chiens de garde,* 1932), d'articles de critique littéraire et de romans (*la Conspiration,* 1938), il rompit avec le communisme lors du pacte germano-soviétique.

Nkolé ou **Nkollé,** population bantoue du sud de l'Ouganda.

Nkrumah *(Kwame),* homme d'État ghanéen (Nkroful 1909 - Bucarest 1972). Il obtint en 1957 l'indépendance de la Gold Coast, colonie britannique, et présida la République du Ghana de 1960 à 1966. Partisan du panafricanisme, il joua un rôle important dans la création de l'O. U. A., Organisation de l'unité africaine (1963).

NKVD, sigle des mots russes signifiant « Commissariat du peuple aux Affaires intérieures », organisme auquel fut intégrée la Guépéou chargée des services spéciaux soviétiques (1934-1943/1946).

Noailles *(Anna, princesse* Brancovan, *comtesse* Mathieu de),* femme de lettres française (Paris 1876 - *id.* 1933). Elle est l'auteur de recueils lyriques (*le Cœur innombrable,* 1901).

Noailles *(maison de),* famille française originaire du Limousin, et dont les membres les plus notables sont : **Adrien Maurice,** maréchal de France (Paris 1678 - *id.* 1766). Il se distingua en Catalogne (1705-1712), lors de la guerre de la Succession d'Espagne, en Italie (1734-1735), pendant la guerre de la Succession de Pologne, et en Flandre (1744), lors de la guerre de la Succession d'Autriche. **Louis Marie,** *vicomte de Noailles* (Paris 1756 - La Havane 1804), petit-fils d'Adrien Maurice. Beau-frère de La Fayette, il combattit en Amérique. Député de la noblesse aux États généraux, il prit l'initiative de l'abolition des privilèges (nuit du 4 août 1789).

Nobel *(Alfred),* industriel et chimiste suédois (Stockholm 1833 - San Remo 1896). Il inventa la dynamite (1866) en imaginant de faire absorber de la nitroglycérine par une matière poreuse, la rendant ainsi plus maniable et moins dangereuse. Il fonda, par testament, cinq prix annuels au profit des auteurs de contributions particulièrement remarquables à la physique, la chimie, la physiologie et la médecine, la littérature et la paix ; en 1968, la Banque de Suède leur a adjoint un prix de sciences économiques.

Nobile *(Umberto),* général, aviateur et explorateur italien (Lauro, Avellino, 1885 - Rome 1978). En 1928, il explora le pôle Nord à bord d'un dirigeable ; perdu au large du Spitzberg, il fut recueilli par un aviateur suédois.

Nobunaga → Oda Nobunaga.

Nocard *(Edmond),* vétérinaire et biologiste français (Provins 1850 - Saint-Maurice, Val-de-Marne, 1903). Auteur de découvertes sur les maladies microbiennes des animaux domestiques (péripneumonie bovine, mammite, tuberculose aviaire), il a démontré la propagation de la tuberculose à l'homme par le lait ou la chair des bovins atteints.

Nodier *(Charles),* écrivain français (Besançon 1780 - Paris 1844). Ses œuvres, qui tiennent du roman noir et du conte fantastique (*Jean Sbogar,* 1818 ; *Trilby ou le Lutin d'Argail,* 1822 ; *la Fée aux miettes,* 1832), ont préparé la voie à Nerval et au surréalisme. Ses soirées de l'Arsenal, à Paris, réunissaient les écrivains romantiques. (Acad. fr. 1833.)

Noé, patriarche dont la Genèse fait le héros du Déluge. Type du juste sauvé du cataclysme par l'arche que Dieu lui a ordonné de construire, il échappe avec les siens au châtiment réservé à l'ensemble de l'humanité pécheresse et devient le garant d'une alliance (dont le signe est l'arc-en-ciel) entre Yahvé et une humanité rénovée. L'histoire de Noé est la transposition du mythe suméro-akkadien du Déluge.

Noël (*Marie* Rouget, dite Marie*)*, poétesse française (Auxerre 1883 - *id.* 1967). Sa foi chrétienne s'exprime dans une langue simple et émouvante (*les Chansons et les Heures,* 1922 ; *Chants d'arrière-saison,* 1961).

Noether (*Emmy*), mathématicienne allemande (Erlangen 1882 - Bryn Mawr, Pennsylvanie, 1935). Elle a joué, avec E. Artin, un rôle de premier plan dans la création de l'algèbre moderne.

Nogaret (*Guillaume* de*)*, légiste français (m. en 1313). Juge à la cour de Philippe le Bel (1296), il dirigea la politique du roi contre le pape Boniface VIII, qu'il humilia à Anagni, en Italie. Il joua un rôle capital dans la disparition de l'ordre des Templiers.

Nogent-le-Rotrou, ch.-l. d'arr. d'Eure-et-Loir, dans le Perche, sur l'Huisne ; 12 556 hab. (*Nogentais*). Constructions électriques. — Château des XIe-XVe siècles (Musée percheron).

Nogent-sur-Marne, ch.-l. d'arr. du Val-de-Marne, sur la Marne ; 25 386 hab. (*Nogentais*). — Maison nationale de retraite des artistes (beau parc) ; musée du Vieux-Nogent.

Nogent-sur-Seine, ch.-l. d'arr. de l'Aube ; 5 566 hab. Minoterie. Centrale nucléaire. — Église des XVe-XVIe siècles.

Noguès (*Charles*), général français (Monléon-Magnoac 1876 - Paris 1971). Disciple de Lyautey, résident général au Maroc (1936), il s'opposa au débarquement allié de novembre 1942 puis se rallia à Darlan et à Giraud, et démissionna (1943).

Noir (*causse*), l'un des Grands Causses, entre les gorges de la Jonte et de la Dourbie. Site de Montpellier-le-Vieux.

Noir (*Yvan* Salmon, dit Victor*)*, journaliste français (Attigny, Vosges, 1848 - Paris 1870). Il fut tué d'un coup de pistolet par Pierre Bonaparte. Ses funérailles donnèrent lieu à une manifestation républicaine.

Noire (*mer*), mer intérieure d'Europe et d'Asie, entre l'Ukraine, la Russie, la Géorgie, la Turquie, la Bulgarie et la Roumanie, communiquant avec la Méditerranée par le Bosphore et les Dardanelles ; 461 000 km² (dont 38 000 pour la mer d'Azov). La mer Noire (*Pont-Euxin* des Anciens) est un large bassin sédimentaire peu profond au nord mais qui atteint - 2 245 m vers le sud. Peu salée (16 à 18 ‰ en été), elle est alimentée par le Danube, le Dniestr, le Dniepr et le Don. Pêche et tourisme balnéaire.

Noirmoutier, île de l'Atlantique (48 km²), limitant au S. la baie de Bourgneuf et formant un cant. du dép. de la Vendée (9 170 hab.). Ch.-l. *Noirmoutier,* 5 353 hab. (*Noirmoutrins*). Depuis 1971, un pont relie l'île au continent. Tourisme. Cultures légumières et florales. Marais salants. Pêche. Aquaculture. — Château avec donjon du XIe siècle (musée). Sous l'église, crypte du VIIIe siècle.

Noisiel, ch.-l. de c. de Seine-et-Marne ; 16 544 hab. Bâtiments d'une ancienne chocolaterie (fin du XIXe s.).

Noisy-le-Grand, ch.-l. de c. de la Seine-Saint-Denis, dans la banlieue est de Paris, sur la Marne ; 54 112 hab. (*Noiséens*). — Architecture contemporaine des quartiers appartenant à la ville nouvelle de Marne-la-Vallée.

Noisy-le-Sec, ch.-l. de c. de la Seine-Saint-Denis ; 36 402 hab. Gare de triage. Métallurgie.

Nok, localité du Nigeria central, devenue site éponyme d'une culture africaine dont l'aire d'expansion s'étend sur près de 500 km d'ouest en est et sur plus de 300 km du nord au sud. La culture de Nok est caractérisée par des statuettes de personnages en terre cuite extrêmement stylisées. Il semble que l'on soit en présence d'une civilisation qui connaît l'usage des métaux, et dont les limites chronologiques se situent entre 900 av. J.-C. et 200 apr. J.-C.

Nolde (*Emil* Hansen, dit Emil*)*, peintre et graveur allemand (Nolde, Schleswig, 1867 - Seebüll, Frise du Nord, 1956), un des principaux expressionnistes (*Pentecôte* [1909], *Danseuses aux chandelles* [1912], *Marine claire* [1948], fondation Nolde, Seebüll).

Nollet (*abbé Jean Antoine*), physicien français (Pimprez, Oise, 1700 - Paris 1770). Vulgarisateur célèbre, il a découvert la diffusion des liquides, étudié la transmission du son dans l'eau et inventé l'électroscope (1747).

Nombres (*livre des*), quatrième livre du Pentateuque, qui raconte l'errance des Hébreux depuis le Sinaï jusqu'au début de la conquête de la Terre promise.

Nomé *(François de)*, peintre lorrain (Metz v. 1593 - Naples ? apr. 1644), dont toute la carrière s'est déroulée en Italie. On l'a longtemps associé, sous le nom de « Monsu Desiderio », avec un autre Lorrain établi comme lui à Naples, **Didier Barra** (Metz 1590 - Naples ? apr. 1647), spécialisé dans les vues de Naples. Nomé, quant à lui, est un artiste de l'imaginaire. Il s'est consacré à des représentations d'intérieurs de cathédrales, de cavernes ou de ruines grandioses, parsemées de petits personnages de fantaisie *(Destruction d'un temple,* musée Fitzwilliam, Cambridge).

Noms *(école des)*, courant de pensée philosophique chinoise (IVe-IIIe s. av. J.-C.), dont les deux grandes figures sont Hui Shi et Gong-sun Long. Son but était de faire coïncider les dénominations des choses avec les choses elles-mêmes, afin d'instaurer un ordre du discours en accord avec l'ordre politique, car, selon cette école, les dénominations commandent l'action.

Nono *(Luigi)*, compositeur italien (Venise 1924 - *id.* 1990). Adepte jusque dans les années 60 du sérialisme, il est l'auteur d'une œuvre marquée très tôt par un engagement politique et social (*Il Canto sospeso*, 1956 ; *Intolleranza*, action scénique, 1961 ; *Sul ponte di Hiroshima : Canti di vita e d'amore*, 1962). Il s'est ensuite consacré à la musique électroacoustique, pour pouvoir diffuser ses œuvres dans la rue, les usines, les meetings, etc., sans renoncer à son expressivité ou à son lyrisme lumineux et ensoleillé : *A floresta e jovem e cheja de vida* (1966), *Al gran sole carico d'amore*, action scénique (1975), *Diario polacco n° 2* (1982), *Prometeo*, opéra (1984), « *Hay que caminar* » *sognando* (1989).

non-prolifération *(traité de)*, traité élaboré en 1968, ratifié en 1970 et auj. signé par 180 pays s'engageant à refuser de fournir ou d'accepter des armements nucléaires.

Nontron, ch.-l. d'arr. du nord de la Dordogne dans le *Nontronnais* ; 3 665 hab. ; articles chaussants. — Musée des Poupées et des Jeux d'antan.

Nooteboom *(Cees)*, écrivain néerlandais (La Haye 1933). Traducteur, poète et romancier (*Rituels*, 1980), il s'est surtout imposé avec ses récits de voyage (*Une soirée à Ispahan,* 1978).

Nora *(Pierre)*, historien français (Paris 1931). Il publie en collaboration *les Lieux de mémoire* (7 vol. depuis 1984), inventaire des lieux autour desquels cristallise le poids du passé.

Norbert *(saint)* [Gennep ou Xanten, Rhénanie, v. 1080 - Magdebourg 1134], fondateur en 1120, à Prémontré, près de Laon, des Chanoines réguliers prémontrés et archevêque de Magdebourg.

Nord [59], dép. de la Région Nord-Pas-de-Calais, formé partiellement de la Flandre française ; ch.-l. de dép. *Lille* ; ch.-l. d'arr. *Avesnes-sur-Helpe, Cambrai, Douai, Dunkerque, Valenciennes* ; 6 arr., 79 cant., 652 comm. ; 5 742 km[2] ; 2 531 855 hab. *(Nordistes).* Il est rattaché à l'académie de Lille, à la cour d'appel de Douai et à la région militaire Nord-Est.

Nord *(cap)*, promontoire d'une île des côtes de la Norvège, le point le plus septentrional de l'Europe.

Nord *(guerre du)* [1700-1721], guerre entre la Suède, qui cherchait à contrôler la totalité des rives méridionales de la Baltique, et une coalition comprenant le Danemark, la Russie, la Saxe et la Pologne. La Suède, malgré les premières victoires de Charles XII, en sortit très affaiblie.

Nord *(île du)*, l'une des deux grandes îles de la Nouvelle-Zélande ; 114 600 km[2] ; 2 414 000 hab. V. princ. *Auckland* et *Wellington.*

Nord *(mer du)*, mer épicontinentale du N.-O. de l'Europe, limitée par les Shetland, le Skagerrak et le pas de Calais. Un peu plus vaste (575 000 km[2]) que la France, peu profonde au S., animée traditionnellement par la pêche et surtout le commerce (ports de Rotterdam, Anvers, Londres, Hambourg, Dunkerque, etc.), la mer du Nord recèle d'importants gisements d'hydrocarbures, exploités depuis 1965.

Nord *(province du)*, prov. de l'extrémité nord-est de l'Afrique du Sud ; 119 606 km[2] ; 5 120 600 hab. Ch.-l. *Pietersburg.*

Nord *(Territoire du)*, en angl. **Northern Territory**, territoire désertique de l'Australie ; 1 346 000 km[2] ; 175 253 hab. Cap. *Darwin.* Importantes exploitations minières.

Nordenskjöld *(Adolf Erik, baron)*, explorateur suédois (Helsinki 1832 - Dalbyö 1901). Il découvrit le passage du Nord-Est (1878-79). Son neveu **Otto** (Sjögelö 1869 - Göteborg 1928) explora la Patagonie et la Terre de Feu (1895-1897), puis dirigea une expédition dans l'Antarctique (1902-03).

Nord-Est *(passage du)*, route maritime de l'océan Arctique au nord de la Sibérie, conduisant de l'Atlantique au Pacifique par le détroit de Béring, découverte par

A. E. Nordenskjöld (1878-79) et ouverte à la navigation de juin à septembre.

Nordeste, région du Brésil, sur l'Atlantique, formée de 9 États : Alagoas, Bahia, Ceará, Maranhão, Paraíba, Pernambouc, Piauí, Rio Grande do Norte et Sergipe ; 1 549 000 km², soit 18 % de la superficie, et plus de 42 millions d'habitants, près de 30 % de la population du pays. Mise en valeur depuis l'époque coloniale, la zone côtière porte des plantations (canne à sucre). Dans l'intérieur, le vaste plateau du sertão est peuplé par les salariés des vastes domaines d'élevage bovin extensif. Les bas salaires et les aléas climatiques (qui font alterner sécheresses et inondations) entraînent un fort exode rural vers les grandes villes du littoral (Recife, Salvador, Fortaleza). Celles-ci, plus que millionnaires, n'ont guère que des industries agroalimentaires (sucre, cacao, tabac, textile). Les efforts menés depuis 1960 pour développer la région ont seulement amélioré les infrastructures (routes, barrages) et l'écart s'est creusé entre le Nordeste et les États du Sud-Est.

Nord-Ouest *(passage du),* route maritime reliant l'Atlantique au Pacifique à travers l'archipel Arctique canadien. Amundsen l'utilisa le premier fois (1903-1906).

Nord-Ouest *(province du),* prov. d'Afrique du Sud, limitrophe du Botswana. Ch.-l. *Mmabatho.*

Nord-Ouest *(Territoires du),* en angl. North-west Territories, division administrative du Nord canadien couvrant 3 380 000 km² (plus du tiers de la superficie du pays) et comptant seulement 57 649 hab. Cap. *Yellowknife.* Englobant l'archipel Arctique et la partie continentale à l'O. de la baie d'Hudson et au N. du 60e parallèle, l'ensemble a un climat très rude, aux sols et aux eaux fluviales et lacustres gelés la majeure partie de l'année. La population est composée pour moitié d'Indiens et d'Esquimaux. La chasse et la pêche traditionnelles sont en déclin, tandis qu'on exploite les ressources du sous-sol. L'avion y est le moyen de transport le plus utilisé. Yellowknife, Inuvik et Frobisher en sont les principaux centres de services.

Nord-Pas-de-Calais, Région groupant les dép. du Nord et du Pas-de-Calais ; 12 414 km² ; 3 965 058 hab. *(Nordistes) ;* ch.-l. *Lille.* La Région se classe au 18e rang pour la superficie, mais au 4e pour la population, avec une densité supérieure au triple de la moyenne nationale (le Nord est le département français le plus peuplé). Toutefois, aujourd'hui, la population stagne, l'émigration des jeunes et le chômage (avec un taux régional supérieur à la moyenne nationale) sévissent. La Région, comme la Lorraine, paie la rançon d'un précoce développement industriel. Les piliers traditionnels, l'industrie houillère et la sidérurgie, le textile sont, au moins localement, en crise ou même ont disparu (extraction du charbon) et les opérations de reconversion (notamment dans le secteur automobile) n'ont pas eu, dans un contexte de crise, le succès escompté. Des branches demeurent actives (agroalimentaire, chimie), mais les industries de pointe manquent toujours. L'ancien bassin houiller et le Hainaut ont été particulièrement touchés. Le littoral est (ponctuellement) plus dynamique.

La Région espère des retombées de l'achèvement du tunnel sous la Manche (s'ajoutant à une bonne desserte autoroutière, ferroviaire et même fluviale), valorisant encore une situation géographique favorable dans l'Union européenne, entre le Benelux, les régions londonienne et parisienne. L'agriculture, malgré des superficies réduites et une faible part de la population active (moins de 5 % contre env. 35 % dans l'industrie et déjà plus de 60 % dans les services), fournit d'importantes quantités de blé, de betteraves, de viande (porcins) et de lait (élevage bovin).

Nord-Sud *(relations),* relations économiques qui existent entre les pays industrialisés du Nord et les pays en développement du Sud, le critère géographique restant imprécis. La première conférence sur la coopération économique internationale, dite « conférence Nord-Sud », s'est ouverte à Paris en décembre 1975.

Norén *(Lars),* écrivain suédois (Stockholm 1944). Poète *(Lilas, neige,* 1963 ; *Travail de nuit,* 1976) et romancier, il est surtout connu pour son théâtre, inspiré de Strindberg *(la Veillée,* 1985).

Norfolk, port des États-Unis (Virginie) ; 261 229 hab. — Musée d'Art.

Norfolk, comté de Grande-Bretagne, sur la mer du Nord ; 686 000 hab. ; ch.-l. *Norwich.*

Norfolk *(Thomas Howard,* 4e *duc de),* seigneur anglais (1538 - Londres 1572). Il conspira contre Élisabeth Ire et fut décapité.

Norge *(Georges Mogin,* dit *Géo),* poète belge d'expression française (Bruxelles 1898 - Mougins 1990). Tour à tour lyrique, élégiaque, ironique, il transfigure la vie quotidienne *(27 Poèmes incertains,* 1923 ; *Joie aux âmes,* 1941 ; *les Râpes,* 1949 ; *les Oignons,* 1953).

Noriega *(Antonio),* général et homme politique panaméen (Panamá 1940). Commandant en chef des forces armées depuis 1983, homme fort du régime, il est renversé en 1989 par une intervention militaire des États-Unis. Extradé et jugé à Miami, il a été condamné en 1992 pour trafic de drogue.

Norique, ancienne province de l'Empire romain, entre le Danube et les Alpes orientales.

Norma, opéra de Bellini (1831). La cavatine et la prière de Norma à la déesse (Casta diva) figurent parmi les pages célèbres de cette partition.

Normandie, région géographique et historique du nord-ouest de la France, sur la Manche, divisée en cinq départements, regroupés en deux Régions administratives *(Basse-Normandie* et *Haute-Normandie)* [Hab. *Normands.*]

GÉOGRAPHIE

Dans son ensemble, la Normandie possède un climat humide, aux températures modérées, favorisant, sur une topographie dominante de plateaux et de collines, l'extension des herbages, expliquant donc l'importance de l'élevage (bovin). Mais la vie urbaine et (au moins localement) l'industrialisation sont également développées.

■ **La Haute-Normandie.** (Seine-Maritime et Eure). Elle possède une densité de population assez nettement supérieure à la moyenne nationale, du fait du développement de l'urbanisation (dominée par Rouen et Le Havre) et de l'industrie (raffinage du pétrole et pétrochimie sur la basse Seine, constructions mécaniques, textile [en déclin toutefois]). L'élevage pour le lait et la viande occupe une place notable (pays de Bray, pays d'Ouche), mais les cultures (céréales, betteraves à sucre) sont souvent présentes (pays de Caux, plaines de l'Eure). La façade littorale est jalonnée de ports (Dieppe, Fécamp et, surtout, Le Havre), de stations balnéaires (proches de Paris) mais aussi de centrales nucléaires (Paluel, Penly).

■ **La Basse-Normandie.** (Calvados, Manche et Orne). Elle est nettement moins peuplée, moins urbanisée (Caen et Cherbourg en sont les principales villes) et demeure encore largement rurale. En dehors de quelques plaines céréalières et betteravières (vers Caen, Argentan, Alençon), l'élevage bovin domine ici nettement, pour le lait (et ses dérivés) ou la viande (Cotentin, Bocage normand, pays d'Auge, etc.). L'industrie a été favorisée par des opérations de décentralisation (construction automobile près de

Caen), mais elle est encore insuffisamment développée (sauf l'agroalimentaire), sans rapport avec le milieu (implantations nucléaires du nord-ouest du Cotentin) et parfois fragile. La pêche et le commerce sont moins actifs sur le littoral que le tourisme, développé surtout sur la côte du Calvados, plus proche de Paris. L'extension du réseau autoroutier a stimulé également, comme en Haute-Normandie, l'achat de résidences secondaires.

L'évolution démographique récente montre une croissance rapide dans l'Eure, plus proche de la région parisienne, une émigration persistante dans l'Orne (à l'écart des grands axes de circulation et peu urbanisée), la population ayant augmenté modérément (de 2,5 à 5 % entre 1982 et 1990) dans les trois autres départements.

HISTOIRE

Conquise par les Francs au Ve siècle, la région est à partir du VIIe siècle un des centres du monachisme bénédictin (Jumièges, Mont-Saint-Michel). Elle est dévastée par les invasions normandes au IXe siècle. Charles III le Simple cède la région à Rollon, chef des Normands en 911. Après la conquête de l'Angleterre par le duc de Normandie Guillaume le Conquérant en 1066, la Normandie devient un fief du roi d'Angleterre. Philippe Auguste s'en empare en 1204. Pendant la guerre de Cent Ans, la Normandie est disputée entre Français et Anglais. Le traité de Troyes (1420) la donne à ces derniers, et elle n'est reconquise qu'en 1450. La province est rattachée au domaine royal en 1468.

Normandie (Basse-), Région formée des dép. du Calvados, de la Manche et de l'Orne ; 17 589 km^2 ; 1 391 318 hab. Ch.-l. *Caen.*

Normandie *(bataille de)* [6 juin-21 août 1944], bataille livrée par les forces alliées du général Eisenhower, qui débarquèrent entre Ouistreham et la région de Carentan, et parvinrent, en deux mois, à rompre le front allemand de l'Ouest (batailles de Caen, d'Avranches, de Mortain, de Falaise).

Normandie (Haute-), Région formée des dép. de l'Eure et de la Seine-Maritime ; 12 317 km^2 ; 1 737 247 hab. Ch.-l. *Rouen.*

Normandie *(pont de),* pont routier enjambant l'estuaire de la Seine, près d'Honfleur.

Normandie-Maine, parc naturel régional couvrant près de 90 000 ha aux confins des dép. de la Manche, de la Mayenne, de l'Orne et de la Sarthe.

Normands, nom donné, à l'époque carolingienne, aux peuples germains, originaires de

Scandinavie (Danois, Norvégiens, Suédois), qui se nommaient eux-mêmes Vikings et qui déferlèrent sur l'Europe à partir de la fin du VIIIe siècle (→ **Vikings**). Dotés d'un duché (Normandie) par le traité de Saint-Clair-sur-Epte (911), ils menèrent à partir du XIe siècle des expéditions en Méditerranée et fondèrent des principautés en Italie du Sud et en Sicile.

Norodom Sihanouk (Phnom Penh 1922), roi (1941-1955 ; et depuis 1993) et chef d'État (1960-1970) du Cambodge. Il fait reconnaître par la France l'indépendance de son pays (1953). Renversé en 1970 par un coup d'État militaire, il s'allie aux Khmers rouges (communistes prochinois) mais est écarté après leur prise du pouvoir (1975). Hostile à l'intervention vietnamienne au Cambodge (1979) et principal dirigeant du gouvernement en exil formé en 1982, il revient à Phnom Penh en 1991, à la tête du Conseil national suprême. La monarchie constitutionnelle étant restaurée en 1993, il redevient roi du Cambodge.

Norris (*Frank*), écrivain américain (Chicago 1870 - San Francisco 1902), le représentant le plus systématique du roman réaliste et social américain (*McTeague*, 1899 ; *la Pieuvre*, 1901).

Norrköping, port de Suède, sur la Baltique ; 120 522 hab. — Musée (archéologie, histoire, beaux-arts, etc.).

Norrland, partie septentrionale de la Suède qui s'élève lentement depuis le golfe de Botnie jusqu'à la chaîne des Scandes.

Northampton, v. de Grande-Bretagne, ch.-l. du Northamptonshire ; 156 000 hab. — Église en rotonde du XIIe siècle. Musées.

Northumberland, détroit séparant l'île du Prince-Édouard du Nouveau-Brunswick et de la Nouvelle-Écosse (Canada).

Northumberland, comté de Grande-Bretagne, en bordure de l'Écosse et de la mer du Nord ; ch.-l. *Newcastle upon Tyne.*

Northumbrie, royaume angle (VIe-IXe s.), dont la capitale était York ; il sombra sous les coups des envahisseurs scandinaves.

North York, v. du Canada (Ontario), banlieue de Toronto ; 562 564 hab.

Norton (*Thomas*), auteur dramatique anglais (Londres 1532 - Sharpenhoe 1584). Il composa, en collaboration avec T. Sackville, la première tragédie régulière anglaise, *Gorboduc ou Ferrex et Porrex* (1561).

Norvège, *en norv.* Norge, État de l'Europe septentrionale, sur la *mer de Norvège ;*

325 000 km^2 ; 4 300 000 hab. *(Norvégiens).* CAP. *Oslo.* LANGUE : *norvégien.* MONNAIE : *couronne.*

GÉOGRAPHIE

Traversée par le cercle polaire, étirée du S. au N. sur près de 1 500 km, la Norvège est un pays à la fois maritime et montagneux, dont l'économie traditionnelle a été, au moins sectoriellement et localement, renouvelée par l'exploitation des hydrocarbures de la mer du Nord.

L'extraction du pétrole a commencé au début des années 1970. S'y est ajoutée celle du gaz naturel. La Norvège dispose aussi de ressources hydroélectriques et son bilan énergétique est donc excédentaire. Les hydrocarbures constituent, et de loin, le principal poste d'exportation. Mais d'autres ressources sont notables, la pêche, l'électro-métallurgie (aluminium), activités liées à la présence d'une longue façade côtière, découpée de fjords. Les industries du bois (pâte à papier) bénéficient de l'extension de la forêt, favorisée (au S.) par un climat humide et adouci par la dérive nord-atlantique, moins développée au N. et dans l'intérieur, au climat durci par l'altitude et la latitude. Les conditions naturelles souvent rudes, l'étendue de la montagne ne favorisent pas l'agriculture. Celle-ci (sylviculture exclue) emploie moins de 5 % des actifs et ne satisfait que la moitié des besoins nationaux, fournissant surtout de l'avoine et de l'orge, des produits laitiers. Les échanges se font en majeure partie avec la C. E. L'excédent commercial est conforté par les revenus maritimes (la flotte est la troisième du monde). L'économie est toutefois menacée par une certaine dépendance à l'égard du poids des hydrocarbures. Le produit par habitant est l'un des plus élevés d'Europe.

HISTOIRE

Dans le Sud, de petits royaumes se forment dès le VIIe s. Au IXe et au Xe s., les Norvégiens, trop nombreux sur leurs terres mais excellents marins, colonisent l'Irlande, le nord de l'Écosse, l'Islande et même le Groenland. [→ **Vikings**.] Ces expéditions mettent la Norvège en contact avec la culture occidentale et contribuent à sa constitution en État. Au IXe s., Harald Ier à la Belle Chevelure (872-933) unifie la Norvège pour la première fois. L'unification, reprise par Olav Ier Tryggvesson (995-1000), s'accompagne de la diffusion du christianisme.

■ **Le Moyen Âge.**

1163. Magnus V Erlingsson est sacré roi de Norvège. L'Église donne ainsi une autorité spirituelle à la monarchie norvégienne. Les luttes avec le Danemark et l'Angleterre et les querelles dynastiques au XIIe s. affaiblissent le pays, dont le commerce passe aux mains des Allemands de la Hanse installés à Bergen et à Oslo. L'aristocratie et l'Église sont soumises par Haakon IV (1217-1263) et son fils Magnus le Législateur (1263-1280). Mais la situation économique se détériore au XIVe s., et la Peste noire frappe le pays en 1348-49.

■ **De l'Union à l'indépendance.**

1397. L'Union de Kalmar unit Norvège, Suède et Danemark sous un même monarque, Erik de Poméranie. La Suède retrouve son indépendance en 1523, mais la Norvège reste sous la dépendance du Danemark, qui lui impose le luthéranisme. Tandis que le commerce est désormais contrôlé par les Hollandais, la Norvège perd sa langue au profit du danois, et des territoires sont annexés par la Suède (milieu du XVIIIe s.). L'essor économique et la renaissance d'une marine au XVIIIe s. favorisent l'apparition d'une bourgeoisie commerçante, mais les défaites du Danemark, allié de la France napoléonienne, ruinent son économie.

1814. Par le traité de Kiel, le Danemark cède la Norvège à la Suède.

Les Norvégiens dénoncent aussitôt cet accord, mais l'invasion suédoise les oblige à accepter l'union. La Norvège obtient une Constitution propre, avec une Assemblée, ou Storting, qui garde l'essentiel du pouvoir pour des questions intérieures.

■ **La Norvège indépendante.**

1905. Après un plébiscite décidé par le Storting, la Norvège devient un royaume indépendant.

Haakon VII (1905-1957) instaure un régime démocratique et fait adopter une importante législation sociale.

9 avril 1940. L'Allemagne envahit la Norvège, qui, malgré une intervention franco-britannique à Narvik, capitule le 9 juin.

Occupée jusqu'en mai 1945, sous la direction du collaborateur Quisling, la Norvège connaît une résistance active. L'après-guerre voit revenir les travaillistes, au pouvoir depuis 1935.

1965-1971. Une coalition groupant conservateurs, libéraux et agrariens accède au pouvoir.

1972. Un référendum repousse l'entrée de la Norvège dans le Marché commun.

La vie politique est dominée par l'alternance des travaillistes et des conservateurs (au pouvoir de 1981 à 1986 et en 1989-90).

1994. Un référendum repousse l'entrée de la Norvège dans l'Union européenne.

Norwich, v. de Grande-Bretagne, ch.-l. du Norfolk ; 121 000 hab. — Cathédrale romane fondée en 1096, château au donjon d'environ 1120-1130 (musée), nombreux autres monuments (églises gothiques en silex et pierre) et maisons anciennes. Centre d'art Sainsbury, construit par N. Foster (1977).

Norwid (*Cyprian*), poète polonais (Laskowo-Głuchy 1821 - Paris 1883), dont le lyrisme exprime son désespoir de prophète incompris (*Rhapsodie funèbre à la mémoire de Bem,* 1850 ; *les Sibéries,* 1865).

Nosferatu le vampire, film allemand réalisé en 1922 par F. W. Murnau.

Nostradamus (*Michel de Nostre-Dame,* ou*),* médecin et poète rendu célèbre par ses prophéties (Saint-Rémy-de-Provence 1503 - Salon 1566). Célébré pour son dévouement lors des pestes qui frappèrent alors le Midi, il fut appelé à la cour par Catherine de Médicis et devint le médecin de Charles IX. Dans les quatrains de ses *Centuries astrologiques* (1555), on retrouve tous les thèmes du prophétisme poétique de l'époque.

Nosy Be, *anc.* Nossi-Bé, île volcanique de l'océan Indien, au nord-ouest de Madagascar, dont elle dépend ; 290 km^2 ; 27 600 hab.

Noto, v. d'Italie, en Sicile, près de la mer Ionienne ; 21 600 hab. — Monuments baroques insérés dans l'harmonieux plan de reconstruction de la ville après le séisme de 1693.

Notre-Dame de Paris, roman historique de V. Hugo (1831-1832).

Nottingham, v. de Grande-Bretagne, sur la Trent, ch.-l. du *Nottinghamshire ;* 261 500 hab. Centre industriel. — Musées (arts, industries...) dans le château, reconstruit vers 1670, et dans le manoir élisabéthain de Wollaton Hall (v. 1580).

Nouakchott, cap. de la Mauritanie, près de l'Atlantique ; 600 000 hab. Ville créée en 1958.

Nouer → Nuer.

Nougaro (*Claude*), auteur-compositeur et chanteur français (Toulouse 1929). Il se fait connaître au début des années 1960. Ses chansons sont fortement marquées par le jazz et par d'audacieux jeux de langage.

Nouméa, port et ch.-l. de la Nouvelle-Calédonie ; 65 110 hab. (soit presque la moitié de la population calédonienne). Centre administratif et commercial. Traitement du nickel. — Musée néo-calédonien.

Noureïev (*Rudolf Gametovitch*), danseur et chorégraphe d'origine soviétique naturalisé autrichien en 1982 (Razdolnaïa 1938 - Paris 1993). Danseur au théâtre Kirov de Leningrad, il passe à l'Ouest en 1961 et danse avec la plupart des grandes compagnies mondiales. Technicien remarquable, c'est aussi un artiste à la présence fascinante, qui s'intéresse à tous les styles. Il fait également une carrière de chorégraphe et est directeur de la danse à l'Opéra de Paris de 1983 à 1989.

Nourissier *(François),* écrivain français (Paris 1927). Le titre de la série *le Malaise général* (1958, 1963, 1965) peut s'appliquer à son œuvre romanesque, ponctuée par une lassitude de la vie (*la Crève,* 1970 ; *l'Empire des nuages,* 1981) et un retour ironique sur soi (*le Maître de maison,* 1968 ; *la Fête des pères,* 1986).

Nourritures terrestres *(les),* poème en prose d'A. Gide (1897). L'exaltation d'un être jeune qui se libère de toutes les contraintes et cherche le bonheur dans l'obéissance à tous les désirs.

Nouveau *(Germain),* poète français (Pourrières, Var, 1851 - id. 1920). Bohème vagabond et mystique (*Poésies d'Humilis,* 1904), ami de Verlaine et de Rimbaud, il inspira les surréalistes.

Nouveau-Brunswick, *en angl.* New Brunswick, une des provinces atlantiques du Canada ; 73 437 km² ; 723 900 hab. Cap. *Fredericton.* Hautes terres (au nord), collines et plaines forment la province la plus forestière (travail du bois, papier) du Canada, au climat froid et humide. La population, dont un tiers est francophone, est concentrée vers Moncton et Saint John, les villes les plus importantes. La pomme de terre est le principal produit agricole. La pêche se développe (poisson et crustacés), mais la sylviculture et les industries du bois (pâte) demeurent la ressource essentielle.

Nouveau-Mexique, *en angl.* New Mexico, État du sud-ouest des États-Unis ; 315 113 km² ; 1 515 069 hab. Cap. *Santa Fe.* En partie montagneux, possédant un climat chaud et aride, ensoleillé (ce qui a contribué à l'accroissement démographique récent), l'État associe cultures irriguées, élevage extensif et extraction minière (uranium surtout). L'industrie (agroalimentaire, constructions électriques) est notamment présente à Albuquerque, seule grande ville. — Il a fait partie du Mexique jusqu'en 1848.

Nouveau-Québec ou, parfois, **Ungava,** nom parfois donné à la partie nord du Québec, occupant notamment la péninsule d'Ungava et limitée à l'O. par la baie James et la baie d'Hudson, au N. par le détroit d'Hudson et la baie d'Ungava, à l'E. par la frontière de la partie terre-neuvienne de la péninsule du Labrador, au S. par la rivière Eastmain.

nouveau roman, mouvement littéraire français qui se développa entre 1955 et 1970 et qui rassembla divers écrivains qui manifestaient un refus commun à l'égard du roman traditionnel (auteur omniscient, personnages de type balzacien, analyse psychologique). Il a été illustré par N. Sarraute, A. Robbe-Grillet, C. Simon, R. Pinget, M. Butor, C. Ollier.

Nouvel *(Jean),* architecte français (Fumel 1945). Représentant du courant *high-tech,* il est coauteur de l'Institut du monde arabe à Paris (1983-1987), du Centre de documentation du C.N.R.S. à Vandœuvre-lès-Nancy (1985-1989), etc.

Nouvel Empire → **Égypte.**

Nouvelle-Amsterdam *(la)* ou **Amsterdam,** île française de l'océan Indien, à 37° 52′ de latitude S., partie des terres Australes et Antarctiques françaises ; 55 hab. Station scientifique (La Roche-Godon). Importantes rookeries.

Nouvelle-Amsterdam (La), nom que les Hollandais, en 1626, donnèrent à la future New York.

Nouvelle-Angleterre, nom donné aux six États américains qui correspondent aux colonies anglaises fondées au XVIIᵉ siècle sur la côte atlantique : Maine, New Hampshire, Vermont, Massachusetts, Rhode Island, Connecticut.

Nouvelle-Bretagne, *en angl.* New Britain, *anc. en all.* Neupommern *(Nouvelle-Poméranie),* île de Mélanésie, la plus importante de l'archipel Bismarck, formant deux provinces de la Papouasie-Nouvelle-Guinée ; 35 000 km² ; 223 000 hab. V. princ.–*Rabaul.* De climat équatorial, l'île, montagneuse, est couverte de forêts impénétrables. Petite production de coprah.

Nouvelle-Calédonie, territoire français d'outre-mer, du Pacifique, formé de la Nouvelle-Calédonie proprement dite, ou île de la *Grande Terre* (16 750 km²), mais comprenant aussi des îles voisines, l'île des Pins, les îles Bélep, les trois îles Loyauté (Lifou, Maré et Ouvéa) et quelques dépendances inhabitées. Au total, le territoire couvre 19 103 km² et compte 164 173 hab. *(Néo-Calédoniens).* Ch.-l. *Nouméa.*

GÉOGRAPHIE
Île montagneuse, au climat tropical salubre (températures modérées et précipitations

relativement faibles, du moins à l'O., abrité), la Nouvelle-Calédonie présente deux particularités : sa richesse en nickel (dont elle demeure l'un des grands producteurs mondiaux), la juxtaposition de trois principaux groupes humains. Les Mélanésiens, ou Kanak, indigènes, représentent 40 à 45 % de la population totale, face aux Européens (dont 35 à 40 %, les Caldoches, sont nés ici) et aux Océaniens (venus d'autres archipels du Pacifique). Plus de la moitié de la population est concentrée à Nouméa et dans ses environs. Mélanésiens et Européens se sont opposés d'abord sur les problèmes fonciers : l'appropriation et la mise en valeur de terres (plantations de caféiers, élevage bovin) ont été conduites par les Européens aux dépens des Mélanésiens, répartis en tribus et cantonnés dans des réserves. Plus récemment, ils se sont divisés à propos de l'avenir politique du territoire, dont la situation géographique offre une notable valeur stratégique. L'avenir économique est incertain, lié à l'évolution des cours du nickel et à celle de la situation politique. La balance commerciale est aujourd'hui largement déficitaire et l'écart est comblé, comme aux Antilles ou à la Réunion, par l'aide multiforme de la métropole.

HISTOIRE

Peuplée par les Kanak, l'île est découverte en 1774 par l'explorateur britannique Cook. Elle est officiellement rattachée à la France en 1853. De 1864 à 1896, un pénitencier est installé dans l'île, dont les condamnés servent de main-d'œuvre dans les plantations et les gisements de nickel. La Nouvelle-Calédonie devient territoire d'outre-mer en 1946. En 1984, un nouveau statut ouvre la voie à l'autodétermination. Des incidents meurtriers opposent les partisans de l'indépendance (Front de libération nationale kanak et socialiste, F. L. N. K. S.) aux anti-indépendantistes (notamment le Rassemblement pour la Calédonie dans la République, R. P. C. R.), en majorité d'origine européenne. Mais, en 1987, un référendum local — massivement boycotté par les Kanak — confirme le maintien du territoire au sein de la République française. Le F. L. N. K. S., le R. P. C. R. et le gouvernement français concluent en 1988 un accord sur un statut intérimaire et la tenue d'un scrutin d'autodétermination en 1998.

Nouvelle-Écosse, *en angl.* Nova Scotia, une des provinces atlantiques du Canada ; 55 490 km² ; 899 942 hab. Cap. *Halifax.* Formée d'une péninsule et d'une île (Cap-Breton), la province a un climat frais et humide. Les forêts (scieries, pâte à papier) sont remplacées sur les meilleures terres par la production fruitière (pommes), l'élevage bovin ou laitier et l'aviculture. La pêche est au premier rang canadien pour le tonnage, au deuxième pour la valeur. On y extrait également du charbon. Halifax (avec son satellite Dartmouth) et Sydney sont les principales villes.

Nouvelle-Espagne, *en esp.* Nueva España, nom donné au Mexique pendant l'époque coloniale.

Nouvelle-France, nom porté jusqu'en 1763 par les possessions françaises du Canada.

Nouvelle-Galles du Sud, *en angl.* New South Wales, État du sud-est de l'Australie ; 801 428 km² ; 5 731 926 hab. Cap. *Sydney.* Les hautes terres (2 228 m) de la Cordillère australienne séparent la région côtière des plaines drainées par le Murray et ses affluents. La population est surtout urbaine (Sydney en concentre 60 %).

Nouvelle-Grenade, ancien nom de la Colombie et, au XVIIIᵉ siècle, vice-royauté espagnole qui comprenait la Colombie, l'Équateur, Panamá et le Venezuela actuels.

Nouvelle-Guinée, *en angl.* New Guinea, grande île d'environ 800 000 km², en Océanie, au N. de l'Australie. La partie occidentale, ou Irian Jaya (env. 400 000 km²), ancienne colonie néerlandaise, est indonésienne ; la partie orientale constitue l'État de Papouasie-Nouvelle-Guinée (avec quelques îles voisines). **GÉOGR.** Proche de l'équateur, l'île a un climat chaud et humide expliquant l'extension de la forêt dense. La chaîne centrale (culminant à 5 039 m) est le refuge de populations papoues. Les basses terres du Sud, partiellement défrichées, portent quelques plantations (cocotiers, caféiers, cacaoyers). **HIST.** Sous influence malaise depuis le XIVᵉ siècle, l'île est découverte par les Espagnols et les Portugais au XVIᵉ siècle. Les Néerlandais l'occupent à partir de 1828. En 1884-85, l'île est partagée entre les Pays-Bas (partie occidentale), l'Allemagne (Nord-Est) et la Grande-Bretagne (Sud-Est). Le territoire britannique est attribué en 1906 à l'Australie, qui reçoit également un mandat sur le territoire allemand en 1921, tutelle confirmée par l'O. N. U. en 1946. La Nouvelle-Guinée néerlandaise est définitivement rattachée à l'Indonésie en 1969, tandis que la partie orientale de l'île obtient son indépendance sous le nom de Papouasie-Nouvelle-Guinée en 1978.

Nouvelle Héloïse *(la)* → Julie.

Nouvelle-Irlande, *en angl.* New Ireland, île de l'archipel Bismarck (Mélanésie), proche de la Nouvelle-Guinée ; 9 600 km² ; 66 000 hab. Ch.-l. *Kavieng.*

Nouvelle-Orléans (La), en angl. **New Orleans**, v. des États-Unis, principale agglomération de la Louisiane ; 496 938 hab. (1,2 million environ dans l'aire métropolitaine). GÉOGR. À la tête du delta du Mississippi, c'est un grand port, un important centre chimique (pétrole, sel, soufre). Ville cosmopolite, commerciale et touristique, c'est aussi le foyer culturel du Sud (université, musées). HIST. Fondée en 1718 par les Français, capitale de la Louisiane, La Nouvelle-Orléans fut espagnole de 1762 à 1800 ; en 1803, elle fut vendue (avec la Louisiane) par la France aux États-Unis. ARTS. Ensembles de maisons des XVIIIᵉ et XIXᵉ siècles du *Vieux Carré.* Musée d'Art.

Nouvelle République du Centre-Ouest (la), quotidien régional créé en 1944 à Tours.

Nouvelle Revue française (la) [N. R. F.], revue mensuelle, fondée en 1909 par J. Copeau et A. Gide, notamment. Consacrée à la littérature et à la critique, ouverte aux influences étrangères, interrompue de 1943 à 1953, elle reparut, jusqu'en 1959, sous le titre *Nouvelle Nouvelle Revue française* puis recouvra son ancien titre.

Nouvelles-Hébrides, anc. nom des îles Vanuatu.

Nouvelle-Sibérie, archipel des côtes arctiques de Russie, entre la mer des Laptev et la mer de Sibérie orientale.

nouvelle vague, dénomination appliquée, en 1957, par la critique à un certain nombre de jeunes cinéastes qui affirmaient la primauté du réalisateur sur le scénariste et défendaient un cinéma d'auteur, expression d'une esthétique et d'un regard singuliers. Ces réalisateurs (J.-L. Godard, F. Truffaut, C. Chabrol, E. Rohmer, J. Rivette, J. Demy, A. Varda, issus pour la plupart de la revue *les Cahiers du cinéma*) imposèrent un nouveau ton, un nouveau style, de nouvelles pratiques : petit budget, technique légère, tournage en décors réels, jeu plus naturel des comédiens. Phénomène mouvant et disparate, la nouvelle vague s'est rapidement dispersée, mais elle a ouvert la voie à toute une génération de cinéastes, tant en France qu'à l'étranger.

Nouvelle-Zélande, *en angl.* New Zealand, État de l'Océanie, membre du Commonwealth ; 270 000 km² ; 3 500 000 hab. (*Néo-Zélandais*). CAP. *Wellington.* V. princ. *Auckland.* LANGUE : *anglais.* MONNAIE : *dollar néo-zélandais.*

GÉOGRAPHIE

À 2 000 km au S.-E. de l'Australie, dans la zone tempérée de l'hémisphère Sud, ce qui lui vaut un climat à dominante océanique, le pays est formé de deux grandes îles. L'île du Nord concentre 75 % de la population (et les deux principales villes, Auckland et Wellington) sur 42 % de la superficie totale. L'île du Sud a un relief plus contrasté, dominé par les Alpes néo-zélandaises. La population, urbanisée à 80 %, est essentiellement d'origine britannique ; les indigènes (Maoris) en représentent cependant environ 12,5 %. Le climat, souvent humide surtout au S. et sur la façade occidentale, a favorisé l'extension de la forêt et aussi des terres de parcours. La Nouvelle-Zélande est d'abord un pays d'élevage : bovins et surtout ovins. Les produits de l'élevage (viande, laine, peaux, produits laitiers) constituent l'essentiel des exportations. L'agroalimentaire et le textile sont les principales branches industrielles. L'hydroélectricité reste la principale ressource énergétique nationale. L'entrée de la Grande-Bretagne dans la C. E. E. a stimulé la recherche de nouveaux clients (Japon) et la balance commerciale est demeurée presque équilibrée. Mais la balance des services est toujours déficitaire et l'endettement extérieur a imposé une politique d'austérité (le taux de chômage s'est élevé). Le pays souffre à la fois de son isolement géographique, de l'étroitesse du marché intérieur et de l'insuffisante diversification de son économie.

HISTOIRE

En 1642, le Hollandais Tasman découvre l'archipel, peuplé de Maoris. Explorée par Cook en 1769, la Nouvelle-Zélande est occupée par les Britanniques à partir de 1840, après des guerres sanglantes contre les Maoris.

1907. La Nouvelle-Zélande devient un dominion.

1914-1918. Elle participe aux combats de la Première Guerre mondiale.

L'immigration, importante depuis 1861, est freinée après 1929. En 1945, après avoir pris une part active à la défaite japonaise, la Nouvelle-Zélande prétend être un partenaire à part entière dans l'Asie du Sud-Est et dans le Pacifique. La vie politique est marquée par l'alternance des conservateurs et des travaillistes (au pouvoir de 1935 à 1949, de 1957 à 1960, de 1973 à 1975 et de 1984 à 1990).

1974. Après l'entrée de la Grande-Bretagne dans le Marché commun européen, la Nouvelle-Zélande doit diversifier ses activités et chercher des débouchés vers l'Asie, notamm. le Japon. À partir des années 1980, la Nouvelle-Zélande prend la tête du mouvement anti-nucléaire dans le Pacifique sud et se désengage de l'orbite militaire américaine.

Nouvelle-Zemble, *en russe* Novaïa Zemlia (« Terre nouvelle »), archipel des côtes arctiques de la Russie entre les mers de Barents et de Kara. Elle est formée par deux grandes îles disposées en arc et s'étendant sur plus de 83 000 km².

Nouvel Observateur *(le),* hebdomadaire français d'informations politiques et culturelles (newsmagazine), de gauche, créé en 1950.

Nova Iguaçu, v. du Brésil, près de Rio de Janeiro ; 1 286 337 hab.

Novalis *(Friedrich, baron* von Hardenberg, dit*),* écrivain allemand (Wiederstedt, Saxe, 1772 - Weissenfels 1801). Membre du groupe romantique d'Iéna, fortement influencé par l'idéalisme de Fichte, il unit l'exaltation mystique des *Hymnes à la nuit* (1800) à une méditation philosophique et allégorique sur les phénomènes de la nature (*les Disciples à Saïs,* 1802). Les *Cantiques* et *la Chrétienté ou l'Europe* (1799) témoignent de sa foi chrétienne. Il a laissé inachevé son roman *Henri d'Ofterdingen* (1802).

Novare, v. d'Italie (Piémont) ; 102 473 hab. Édition. — Monuments du Moyen Âge à l'époque néoclassique. Musées.

Noverre *(Jean Georges),* danseur, chorégraphe et théoricien de la danse (Paris 1727 - Saint-Germain-en-Laye 1810). Maître de ballet à succès, il travaille dans toute l'Europe et dirige la troupe de l'Opéra de Paris de 1776 à 1781. Partisan du ballet pantomime, ou ballet d'action, il s'illustre surtout dans le genre mythologique, héroïque et sérieux (*Médée et Jason,* 1763 ; *Apelles et Campaspe,* 1773 ; *les Horaces,* 1774) mais réalise aussi des créations dans un style plus léger (*les Fêtes chinoises,* 1754 ; *les Petits Riens,* 1778). Il est passé à la postérité grâce à ses *Lettres sur la danse* (1760).

Novgorod, v. de Russie, au sud de Saint-Pétersbourg, à la sortie du lac Ilmen ; 229 000 hab. **HIST.** Se libérant de la tutelle de Kiev au XIIᵉ siècle, Novgorod fut une cité marchande libre (1136-1478) où la Hanse fonda un comptoir (XIIIᵉ s.). Annexée par Ivan III (1478), elle fut ruinée par Ivan IV

(1570). **ARTS.** Dans l'enceinte du kremlin, cathédrale Ste-Sophie (v. 1050), inspirée de celle de Kiev. Nombreuses autres églises médiévales, dont celle de la Transfiguration, à la fin du XIVᵉ siècle, avec restes de fresques de Théophane le Grec. École d'icônes florissante du XIIᵉ au XVᵉ siècle (collection au Musée historique).

Novi Sad, v. de Yougoslavie, ch.-l. de la Vojvodine, sur le Danube ; 170 000 hab.

Novokouznetsk, de 1932 à 1961 Stalinsk, v. de Russie, en Sibérie, dans le Kouzbass ; 600 000 hab. Houille. Sidérurgie. Métallurgie (aluminium).

Novossibirsk, ville de Russie ; 1 436 000 hab. Métropole de la Sibérie occidentale, port fluvial au croisement du Transsibérien et de l'Ob, plaque tournante du réseau aérien intérieur. La ville date de la fin du XIXᵉ siècle. C'est un grand centre industriel (mécanique, chimie, alimentation), culturel et scientifique.

Nowa Huta (« Nouvelle Sidérurgie »), centre sidérurgique de Pologne, dans la banlieue de Cracovie.

Noyon, ch.-l. de c. de l'Oise ; 14 628 hab. *(Noyonnais).* Métallurgie. Biscuiterie. — Ancienne cathédrale gothique des XIIᵉ-XIIIᵉ siècles. Musée du Noyonnais et musée Calvin. Aux environs, restes de l'abbaye d'Ourscamps.

N. R. J., première radio locale privée en France, créée en 1981.

Nubie, région de l'Afrique du Nord-Est, de part et d'autre de la frontière égypto-soudanaise, comprenant la vallée du Nil, dans la zone des cataractes, et celle de l'Atbara. **HIST.** La Nubie, appelée par les Égyptiens « pays de Koush », commençait au sud de la première cataracte ; elle fut progressivement conquise par les pharaons. Au VIIIᵉ s. av. J.-C., une dynastie koushite domina l'Égypte. Au VIᵉ s. av. J.-C., les Nubiens fondèrent le royaume de Méroé, qui disparut v. 350 apr. J.-C. sous la poussée du royaume d'Aksoum.

Nuer, population nilotique du Soudan.

Nuevo Laredo, v. du Mexique (État de Tamaulipas), sur le río Grande ; 217 914 hab.

Nufud ou **Nefoud** *(le),* désert de sable du nord-ouest de l'Arabie saoudite, s'étendant sur plus de 50 000 km². Le *Grand Nufud* s'allonge entre le désert de Syrie et le djabal Chammar. Le *Petit Nufud* s'étend entre le Nadjd et le grand désert de Rub al-Khali.

Nuit et brouillard, *en all.* Nacht und Nebel, nom donné par les nazis à partir de décembre 1941 à certains déportés politiques destinés à périr dans les camps de concentration sans laisser de traces.

Nujoma *(Sam),* homme d'État namibien (Ongandjera, Ovamboland, 1929). Président de la SWAPO à partir de 1960, il devient, en 1990, le premier président de la République de la Namibie indépendante.

Nuku-Hiva, la plus grande des îles Marquises ; 482 km² ; 2 100 hab.

Numance, v. de l'ancienne Espagne, sur le haut Duero, près de Soria. Place forte des Celtibères, elle fut prise et détruite par Scipion Émilien après un long siège (134-133 av. J.-C.).

Numa Pompilius, deuxième roi légendaire de Rome (v. 715 - v. 672 av. J.-C.). Il est censé avoir organisé la religion romaine en la dotant de collèges, en créant le calendrier, en introduisant les dieux sabins. On lui attribuait une puissance magique, confortée par les conseils qu'il disait recevoir, dans une grotte, de la nymphe Égérie.

Numazu, v. du Japon (Honshu), sur la baie de Suruga ; 211 732 hab. Centre industriel.

Numéris, nom commercial du réseau numérique à intégration de services développé par France Télécom.

Numides, peuple berbère nomade qui a donné son nom à la Numidie, entre la Mauritanie et le pays de Carthage. Ils constituèrent au IIIᵉ s. av. J.-C. deux royaumes qui furent réunis en 203 av. J.-C. sous l'autorité de Masinissa, allié des Romains. Affaiblis par des querelles dynastiques, ils furent progressivement soumis par Rome (victoires de Marius en 105, de César en 46), et leur royaume devint une province romaine.

Numidie, contrée de l'ancienne Afrique du Nord qui allait du territoire de Carthage jusqu'à la Moulouya (est du Maroc). Devenue une province romaine (Iᵉʳ s. av. J.-C.), la région fut ruinée par l'invasion vandale (429) et par la conquête arabe (VIIᵉ-VIIIᵉ s.).

Nungesser *(Charles),* officier et aviateur français (Paris 1892 - Atlantique nord ? 1927). As de la chasse aérienne en 1914-1918 (45 victoires homologuées), il disparut avec Coli à bord de l'*Oiseau-blanc* lors d'une tentative de liaison Paris-New York sans escale.

Nur al-Din Mahmud (1118 - Damas 1174), haut dignitaire (atabek) d'Alep (1146-1174). Il réunifia la Syrie, lutta contre les Francs et envoya Chirkuh et Saladin conquérir l'Égypte (1163-1169).

Nuremberg, *en all.* Nürnberg, v. d'Allemagne (Bavière), sur la Pegnitz ; 485 717 hab. Centre industriel (constructions mécaniques et électriques, chimie), universitaire et culturel. **HIST.** Ville libre impériale en 1219, foyer actif de la Renaissance au XVᵉ-XVIᵉ siècle, elle souffrit beaucoup de la guerre de Trente Ans. Nuremberg fut le siège du procès des grands criminels de guerre nazis (1945-46). **ARTS.** Le centre historique, entouré d'une enceinte des XIVᵉ-XVIᵉ siècles, conserve une partie de son cachet ancien et de ses monuments, plus ou moins restaurés ou reconstruits après 1945 : château impérial remontant au XIᵉ-XIIᵉ siècle, églises médiévales St-Laurent et St-Sébald (œuvres d'art de la fin du gothique), maison de Dürer, etc. Musée national germanique (panorama de toutes les branches de la civilisation allemande) ; musée du Jouet.

Nurmi *(Paavo),* athlète finlandais (Turku 1897 - Helsinki 1973). Il a dominé la course à pied de fond entre 1920 et 1930, étant notamment champion olympique, en 1920, du 10 000 m, en 1924, du 1 500 m et du 5 000 m, en 1928, du 10 000 m.

Nuuk, *anc.* Godthåb, cap. du Groenland, sur un fjord de la côte occidentale ; 10 000 hab.

Nyassaland, nom porté par le Malawi avant son indépendance (1964).

Nyerere *(Julius),* homme d'État tanzanien (Butiama 1922). Président de la République du Tanganyika (1962), il négocia la formation de l'État fédéral de Tanzanie (1964), qu'il présida jusqu'en 1985 et orienta dans la voie d'un socialisme original.

Nyiragongo *(le),* volcan actif de l'est du Zaïre, dans les monts Virunga ; 3 470 m.

Nyíregyháza, v. de l'est de la Hongrie ; 114 152 hab.

Nyköping, port de Suède situé sur la Baltique ; 65 908 hab.

Nyon, comm. de Suisse (cant. de Vaud), sur le lac Léman ; 14 747 hab. — Vestiges romains (musée). Dans le château (XIIᵉ-XVIIᵉ s.), Musée historique et musée de la Porcelaine.

Nyons, ch.-l. d'arr. de la Drôme, dans les Baronnies, sur l'Eygues ; 6 570 hab. Industries alimentaires. — Pont du XIVᵉ siècle et pittoresque quartier des Forts.

Nystad *(paix de)* [10 sept. 1721], traité signé à Nystad (auj. **Uusikaupunki,** Finlande) et qui mit fin à la guerre du Nord. La Suède cédait à la Russie ses provinces baltiques.

Oahu, île de l'archipel américain des Hawaii ; 1 564 km² ; 763 000 hab. Terre volcanique, au climat humide et chaud mais assaini par les alizés. Site de la capitale de l'archipel, *Honolulu,* et du port de guerre de *Pearl Harbor.* Tourisme.

Oakland, port des États-Unis (Californie), sur la baie de San Francisco ; 372 242 hab. Base navale et centre industriel.

Oak Ridge, v. des États-Unis (Tennessee) ; 24 743 hab. Premier centre de recherches nucléaires.

O. A. S. (Organisation armée secrète), mouvement clandestin qui tenta par la violence de s'opposer à l'indépendance de l'Algérie après l'échec du putsch militaire d'Alger (1961-1963). Elle fut dirigée par les généraux Salan et Jouhaud jusqu'à leur arrestation.

Oates *(Joyce Carol),* femme de lettres américaine (Lockport, État de New York, 1938), peintre des violences et des injustices de l'Amérique contemporaine *(Eux,* 1969 ; *Belle Fleur,* 1980 ; *la Légende de Bloodsmoor,* 1982).

Oates *(Titus),* aventurier anglais (Oakham 1649 - Londres 1705). Il inventa en 1678 un complot papiste qui motiva la condamnation de nombreux catholiques.

Oaxaca, v. du Mexique méridional, capitale de l'État du même nom, à 1 650 m d'altitude ; 212 943 hab. — Monuments des XVIIᵉ-XVIIIᵉ siècles (églises baroques). Musée abritant de riches collections préhispaniques en provenance de Monte Albán.

Ob, fl. de Russie, issu de l'Altaï, qui draine la Sibérie occidentale (bassin de 2 990 000 km²) et se jette dans la mer de Kara en un estuaire *(golfe de l'Ob,* long d'environ 800 km) ; 4 345 km (5 410 avec son principal affluent, l'Irtych). En aval de Novossibirsk, il entre en plaine, où la débâcle printanière cause de vastes inondations.

Obeïd (El-), site archéologique de basse Mésopotamie, à 6 km à l'ouest d'Our, dont la nécropole donne son nom à la culture dite « d'Obeïd », florissante entre 4500 et 3500 av. J.-C. en Mésopotamie du Nord et dont l'économie était fondée sur l'agriculture irriguée, l'élevage et la pêche. L'influence d'Obeïd se retrouve sur la côte occidentale d'Arabie et au Qatar.

Obeïd (El-), v. du Soudan, ch.-l. de la prov. du Kordofan ; 140 000 hab.

Oberhausen, v. d'Allemagne (Rhénanie-du-Nord-Westphalie), dans la Ruhr, sur le Rhin ; 222 419 hab. Sidérurgie.

Oberkampf *(Christophe Philippe),* industriel français d'origine allemande (Wiesenbach, Bavière, 1738 - Jouy-en-Josas 1815). Il fonda à Jouy la première manufacture de toiles imprimées (1759) et à Essonnes l'une des premières filatures françaises de coton.

Oberland bernois (« haut pays de Berne »), région de Suisse (cant. de Berne) formée par les vallées affluentes de l'Aar, en amont de Thoune, et la haute vallée de la Sarine. De bonnes voies de communication et le voisinage de hauts sommets (Jungfrau, Finsteraarhorn, Mönch) en ont fait une région touristique.

Oberon, roi des elfes, dans les chansons de geste *(Huon de Bordeaux)* et dans les œuvres de Chaucer, Spenser, Shakespeare, Wieland.

Oberth *(Hermann),* ingénieur allemand (Hermannstadt, *auj.* Sibiu, Roumanie, 1894 - Nuremberg 1989). Théoricien des fusées et précurseur de l'astronautique, il a exposé ses idées dans deux ouvrages qui font référence : *la Fusée dans les espaces interplanétaires* (1923) et *la Route des voyages spatiaux* (1929).

Obodrites, tribu slave établie depuis les vᵉ-vIᵉ siècles entre l'Elbe inférieur et la côte balte, et dont le territoire fut conquis par le duc de Saxe, Henri le Lion, v. 1160.

Obradović *(Dositej),* écrivain serbe (Čakovo, Banat, v. 1739 - Belgrade 1811). Créateur de la prose serbe *(Recueil de morale,* 1793), il se fit l'apôtre de l'affranchissement et de l'instruction du peuple dans une Serbie libérée du joug turc.

Obrenović ou **Obrénovitch,** dynastie qui a régné en Serbie de 1815 à 1842 et de 1858 à 1903 et fut la rivale des Karadjordjević. Fondée par **Miloš Obrenović** (Dobrinja 1780 - Topčider 1860), prince de Serbie (1815-1839 ; 1858-1860), elle compta comme souverains : **Michel Obrenović** (Kragujevac 1829 - Topčider 1868), fils du précédent, prince de Serbie (1839-1842 et 1860-1868) ; **Milan Obrenović** (Mărăşeşti, Moldavie, 1854 - Vienne 1901), cousin de Michel, prince (1868-1882) puis roi de Serbie (1882-1889). La Serbie ayant obtenu son indépendance au congrès de Berlin (1878), il se proclama roi (1882) avec l'appui de l'Autriche.

O'Brien *(William Smith),* homme politique irlandais (Dromoland 1803 - Bangor 1864). Il s'associa, à partir de 1843, à la campagne de O'Connell pour l'abrogation de l'Union et tenta d'organiser un soulèvement en 1848.

Observatoire de Paris, établissement de recherche astronomique fondé en 1667 par Louis XIV, auquel ont été rattachés en 1926 l'observatoire d'astrophysique de Meudon et en 1954 la station de radioastronomie de Nançay. Il abrite l'horloge parlante et un musée.

Obwald → **Unterwald.**

O'Casey *(Sean),* auteur dramatique irlandais (Dublin 1880 - Torquay, Devon, 1964). Son théâtre, qui traite des problèmes politiques et sociaux de son pays *(la Charrue et les Étoiles,* 1926 ; *la Coupe d'argent,* 1929), s'oriente ensuite vers une représentation symbolique de la vie *(Roses rouges pour moi,* 1946).

Occam *(Guillaume d')* → **Guillaume d'Occam.**

Occident *(Empire d'),* partie occidentale de l'Empire romain, issue du partage de l'Empire à la mort de Théodose (395 apr. J.-C.). Cet Empire disparut en 476 avec la déposition de Romulus Augustule par Odoacre.

Occitanie, ensemble des pays de langue d'oc.

O. C. D. E. (Organisation de coopération et de développement économiques), groupe constitué à Paris en 1961 par des États européens, membres de l'ex-O. E. C. E. (Organisation européenne de coopération économique : Allemagne, Autriche, Belgique, Danemark, Espagne, Finlande, France, Grèce, Irlande, Islande, Italie, Luxembourg, Norvège, Pays-Bas, Portugal, Royaume-Uni, Suède, Suisse et Turquie), et par quelques pays non européens (Australie, Canada, États-Unis, Nouvelle-Zélande, puis Japon [1994] et Mexique [1994]) ou est-européen (Rép. tchèque [1995]), en vue de favoriser l'expansion des États membres et des États sous-développés.

Océanides, nymphes grecques de la mer et des eaux.

Océanie, une des cinq parties du monde, comprenant le continent australien et divers groupements insulaires situés dans le Pacifique, entre l'Asie à l'ouest et l'Amérique à l'est. L'Océanie se divise en trois grandes parties : la *Mélanésie,* la *Micronésie* et la *Polynésie* . Ces divisions sont plus ethnographiques que géographiques. L'Océanie compte environ 30 millions d'hab. *(Océaniens)* et a une superficie de près de 9 millions de km². En dehors de l'Australie, de la Nouvelle-Guinée, de la Nouvelle-Zélande, résultant de l'émergence du socle, souvent affecté de mouvements tectoniques récents, et des atolls, d'origine corallienne, la plupart des îles de l'Océanie doivent leur existence à des phénomènes volcaniques. Les archipels jouissent d'un climat tropical, influencé par l'insularité, qui explique aussi l'endémisme marqué de la flore et de la faune. Aux points de vue humain et économique, l'Australie et la Nouvelle-Zélande, au niveau de vie élevé, s'opposent au reste de l'Océanie, où les indigènes vivent surtout de la culture du cocotier et de la pêche. Le tourisme se développe localement.

Och, v. du Kirghizistan, au pied du Pamir ; 213 000 hab.

Ochs *(Pierre),* homme politique suisse (Nantes 1752 - Bâle 1821). Il fut chargé par Bonaparte de préparer la Constitution de la République helvétique (1797) et négocia l'alliance avec la France.

Ockeghem ou **Okeghem** *(Johannes),* compositeur flamand (Dendermonde ? v. 1410 - Tours 1497). Musicien des rois de France Charles VII, Louis XI et Charles VIII, il fut à leur service pendant quarante-trois ans. Il fut à la source d'une école polyphonique européenne qui s'étendit jusqu'à la fin du xviᵉ siècle et porta l'art du contrepoint à sa perfection. Il fut le maître de Josquin Des Prés. Parmi ses œuvres figurent 13 ordinaires de la messe, cycliques *(Ecce ancilla Domini, Au travail suis),* une dizaine de motets, mariaux pour la plupart (2 *Salve*

Regina), une vingtaine de chansons à 3 voix, très célèbres (*Ma bouche rit, Ma maîtresse*).

O'Connell *(Daniel),* homme politique irlandais (près de Cahirciveen, Kerry, 1775 - Gênes 1847). Élu député (1828), en dépit de son inéligibilité, il obtint en 1829 la promulgation de l'acte d'émancipation des catholiques, qui leur accordait des droits civils et politiques égaux à ceux des protestants. Militant à partir de 1840 pour l'abrogation de l'Union, il refusa cependant en 1843 l'épreuve de force avec le gouvernement de Londres.

O'Connor, clan irlandais qui régna sur le Connacht, et pratiquement sur l'Irlande, aux XIe et XIIe siècles. Le plus célèbre de ses membres, **Rory,** ou **Roderic** (1116 - 1198), dut reconnaître la suzeraineté du roi d'Angleterre (1175).

O'Connor *(Feargus),* chef chartiste irlandais (Connorville 1796 - Londres 1855). Ses talents d'orateur et ses qualités de journaliste lui conférèrent une grande popularité.

O'Connor *(Flannery),* femme de lettres américaine (Savannah, Géorgie, 1925 - Milledgeville, Géorgie, 1964). Ses romans et nouvelles allient l'inspiration catholique à l'imaginaire sudiste (*Les braves gens ne courent pas les rues,* 1955).

Octave, nom d'Auguste avant son adoption par César. (→ **Auguste.**)

Octavie, sœur d'Auguste (v. 70-11 av. J.-C.). Elle épousa en secondes noces Marc Antoine (40), qui la répudia en 32.

Octavie (? - 62 apr. J.-C.), fille de Claude et de Messaline et femme de Néron, qui la répudia en 62 pour épouser Poppée et l'exila, l'acculant au suicide.

Octavien, nom pris par Octave après son adoption par César. (→ **Auguste.**)

Octobre *(révolution d')* → **Révolution russe de 1917.**

octobre 1789 *(journées des 5 et 6),* journées révolutionnaires marquées par le soulèvement du peuple de Paris, qui marcha sur Versailles, et à la suite desquelles Louis XVI dut venir habiter les Tuileries. L'Assemblée nationale le suivit peu après.

Oda Nobunaga, homme d'État japonais (Owari 1534 - Kyoto 1582). Remplaçant le dernier Ashikaga au shogunat (1573), il unifia le Japon sous son inflexible autorité.

Odense, port du Danemark, dans l'île de Fionie ; 176 000 hab. — Cathédrale St-Knud, du XIIIe siècle. Musées.

Odenwald, massif d'Allemagne (Hesse), dominant le fossé du Rhin ; 626 m.

Odéon, monument de Paris dû aux architectes Charles De Wailly (1730-1798) et Marie Joseph Peyre (1730-1785), inauguré en 1782. Le théâtre de l'Odéon y fut fondé en 1797. Incendié et réédifié deux fois, il abrita diverses troupes puis devint, en 1841, le second théâtre national. Rattaché en 1946 à la Comédie-Française sous le nom de *Salle Luxembourg,* il reprit son autonomie en 1959 sous le nom de *Théâtre de France.* Devenu le *Théâtre national de l'Odéon* en 1971, il est de nouveau placé sous l'autorité de l'administrateur de la Comédie-Française de 1978 à 1983 et de 1986 à 1990. Lieu d'accueil de spectacles étrangers, l'Odéon est, à partir de 1990, occupé uniquement par le Théâtre de l'Europe (Odéon-Théâtre de l'Europe).

Oder, *en polon.* **Odra,** fl. né en République tchèque, qui traverse la Silésie polonaise (passant à Wrocław) et rejoint la Baltique dans le golfe de Szczecin ; 854 km. Son cours inférieur (sur lequel est établi Francfort-sur-l'Oder) sépare partiellement la Pologne de l'Allemagne.

Oder-Neisse *(ligne),* limite occidentale de la Pologne, le long de l'Oder et de son affluent la Neisse occidentale. Approuvée par les accords de Potsdam (1945), elle fut reconnue par la R. D. A. en 1950 puis par la R. F. A. en 1970 et entérinée par un traité germano-polonais en 1990.

Odessa, port d'Ukraine, sur la mer Noire ; 1 115 000 hab. Centre industriel et culturel. — Base navale et port fondés par les Russes en 1794, Odessa devint le centre de l'exportation des céréales et le deuxième port de l'Empire russe (fin du XIXe s.). Ce fut un foyer révolutionnaire en 1905. — Musées (archéologique, des Beaux-Arts, etc.).

Odile *(sainte),* moniale alsacienne (v. 660 - Hohenburg v. 720). D'après des récits tardifs (Xe s.) et en partie légendaires, Odile, fille d'un duc et aveugle de naissance, aurait recouvré la vue lors de son baptême. Il est établi qu'elle fonda le monastère de Hohenburg (mont Sainte-Odile) et que son culte se développa très tôt en Alsace, dont elle est la patronne.

Odilon *(saint),* cinquième abbé de Cluny (Mercœur 962 - Souvigny 1049). Véritable chef de la chrétienté médiévale à partir de son accession à l'abbatiat (994), il établit la « trêve de Dieu » et institua la fête des Morts, le 2 novembre.

Odin, Odinn ou **Wotan,** premier des dieux Ases des anciens Germains. Il règne sur la Guerre, la Sagesse et la Poésie (à ce titre, il est l'inventeur et le grand maître des runes). C'est lui qui décide de la fin glorieuse des guerriers dans les combats et de leur admission, sous la conduite des Walkyries, dans le Val-Hall *(Walhalla).*

Odoacre, roi des Hérules (v. 434 - Ravenne 493). Il détrôna Romulus Augustule (476), mettant fin à l'Empire romain d'Occident. L'empereur d'Orient Zénon, inquiet de sa puissance, envoya contre lui Théodoric. Assiégé dans Ravenne (490-493), il capitula et fut assassiné.

O'Donnell *(Leopoldo, duc de Tétouan),* général et homme politique espagnol (Santa Cruz, Tenerife, 1809 - Biarritz 1867). Chef du gouvernement en 1856, 1858-1863 et 1865-66, il défendit activement les idées libérales. Il dirigea une expédition au Maroc et s'empara de Tétouan (1860).

Odra → Oder.

Odyssée *(l')* **→** Homère.

O. E. A., sigle de Organisation des États américains.

Œben *(Jean-François),* ébéniste français d'origine allemande (Heinsberg, près d'Aix-la-Chapelle, v. 1720 - Paris 1763). Venu jeune à Paris, il travailla chez un fils d'A. C. Boulle et obtint la protection de Mme de Pompadour. Il est notamment l'auteur de nombreux meubles « mécaniques » (bureau de Louis XV, château de Versailles).

Œcolampade *(Johannes* Hausschein, dit *en fr.),* réformateur suisse allemand (Weinsberg 1482 - Bâle 1531). Professeur à Bâle, il y organisa l'Église selon les principes de la Réforme.

œcuménique des Églises *(Conseil)* [C. Œ. E.], organisme créé en 1948 en vue de coordonner l'action de la plupart des confessions protestantes et des chrétiens orientaux.

Œdipe, héros de la mythologie grecque, fils de Laïos, roi de Thèbes, et de Jocaste. Un oracle avait prédit à celui-ci que son fils le tuerait et épouserait sa femme. Œdipe, que par précaution on avait éloigné dès sa naissance, reçut un jour de l'oracle de Delphes le conseil de fuir pour échapper au malheur dont Laïos avait jadis été informé. En chemin, il se querella avec un voyageur et le tua : c'était son père. Puis il se rendit à Thèbes alors terrorisée par le Sphinx, qui dévorait les passants, incapables de résoudre ses énigmes. Œdipe ayant su y répondre, précipita la fin du monstre : les Thébains le prirent alors pour roi et lui donnèrent Jocaste comme épouse. Selon

Sophocle, quand Œdipe apprit qu'il était dans la situation incestueuse prédite par l'oracle, il se creva les yeux ; accompagné de sa fille Antigone, il se mit à errer et se fixa à Colone, où il mourut.

Oehlenschläger *(Adam Gottlob),* écrivain danois (Copenhague 1779 - *id.* 1850). Par ses poèmes et ses drames, il fut le principal représentant du romantisme danois *(les Cornes d'or,* 1802).

Oehmichen *(Étienne),* ingénieur français (Châlons-sur-Marne 1884 - Paris 1955). Constructeur de giravions, il en établit les lois du pilotage, imagina l'hélice anticouple et fut le premier à boucler un circuit de 1 km aux commandes d'un hélicoptère (1924).

Oe Kenzaburo, écrivain japonais (Ose, île de Shikoku, 1935). Ses essais *(l'Homme après la bombe atomique,* 1971), ses romans *(le Jeu du siècle,* 1979) et ses nouvelles témoignent de sa sensibilité aux problèmes de son époque. (Prix Nobel 1994.)

Œrsted ou **Ørsted** *(Hans Christian),* physicien danois (Rudkøbing 1777 - Copenhague 1851). En 1820, dans une célèbre expérience, il a découvert le champ magnétique créé par les courants électriques ; cette découverte est à l'origine de l'électromagnétisme. Il étudia, par ailleurs, la compressibilité des liquides et des solides (1822).

Offenbach, v. d'Allemagne (Hesse), près de Francfort-sur-le-Main ; 113 990 hab.

Offenbach *(Jacques),* compositeur allemand naturalisé français (Cologne 1819 - Paris 1880). Il est l'auteur d'opérettes qui reflètent avec humour la joie de vivre du second Empire *(Orphée aux Enfers,* 1858 et 1874 ; *la Belle Hélène,* 1864 ; *la Vie parisienne,* 1866) et d'un opéra fantastique, *les Contes d'Hoffmann* (1880).

Office des migrations internationales (O. M. I.), organisme ayant en France le monopole des opérations d'introduction et de recrutement des travailleurs étrangers. L'O. M. I. est en partie financé par les redevances obligatoirement versées par les employeurs de main-d'œuvre étrangère.

Offices *(palais des),* à Florence, édifice construit à partir de 1560 par G. Vasari. Il est occupé par une galerie de peintures et de sculptures créée par les Médicis, particulièrement riche en tableaux des écoles italiennes des XIIIe-XVIe siècles.

Ogaden, plateau steppique, constituant l'extrémité orientale de l'Éthiopie, aux confins de la Somalie, et parcouru par des pasteurs somalis de plus en plus rares.

Ogbomosho, v. du Nigeria, au N.-E. d'Ibadan ; 597 000 hab.

Ogino Kyusaku, médecin japonais (Toyohashi 1882 - Niigata 1975). Spécialiste de gynécologie, il inventa en 1920, avec l'Autrichien Hermann Knaus (1892-1970), une méthode de contraception par abstinence périodique (méthode « Ogino-Knaus »), basée sur des données statistiques et tombée en désuétude.

Ogoday (v. 1185-1241), souverain mongol (1229-1241). Troisième fils de Gengis Khan, il annexa la Corée, le nord de la Chine, l'Azerbaïdjan, la Géorgie et envoya Batu conquérir l'Occident.

Ogooué, fl. de l'Afrique équatoriale né au Congo et dont la majeure partie du cours est au Gabon. Il se jette dans l'Atlantique par un delta ; 1 170 km.

Ohana *(Maurice),* compositeur français (Casablanca 1914 - Paris 1992). Héritier de Manuel de Falla *(Études chorégraphiques),* il affirme un tempérament poétique et dramatique avec un langage postsériel mais au lyrisme méditerranéen *(Syllabaire pour Phèdre,* 1967 ; *Trois Contes de l'Honorable Fleur,* 1978 ; *la Célestine,* 1988).

O'Hare, aéroport de Chicago.

O'Higgins *(Bernardo),* homme d'État chilien (Chillán 1776 - Lima 1842). Lieutenant de San Martín, il proclama l'indépendance du Chili (1818) et exerça une dictature de 1817 à 1823.

Ohio, riv. des États-Unis, affl. du Mississippi (r. g.) ; 1 570 km (bassin de 528 100 km²). Formé à Pittsburgh par l'union de l'Allegheny et de la Monongahela, l'Ohio se dirige vers le S.-O. en décrivant de nombreux méandres, passant notamment à Cincinnati et Louisville. La régularisation du débit explique l'importance du trafic fluvial (charbon notamment).

Ohio, un des États unis d'Amérique, entre la rivière Ohio et le lac Érié ; 106 765 km² ; 10 847 115 hab. Cap. *Columbus.* L'État, fortement peuplé et possédant de grandes agglomérations (Cleveland, Columbus, Cincinnati, Toledo), juxtapose d'importantes activités agricoles (maïs et soja surtout, liés à un élevage diversifié) et industrielles (extraction du charbon, métallurgie [matériel de base], chimie).

Ohm *(Georg Simon),* physicien allemand (Erlangen 1789 - Munich 1854). Il a donné, en 1827, la loi fondamentale des courants électriques, précisant la relation qui existe, dans un circuit, entre le courant et la tension *(loi d'Ohm).* Il a défini de façon précise la quantité d'électricité, le courant électrique et la force électromotrice. Il a aussi étudié l'interférence des rayons lumineux polarisés dans les lames cristallines.

Ohře, *en all.* Eger, riv. de l'Europe centrale (Allemagne et République tchèque), affl. de l'Elbe (r. g.) ; 316 km.

Ohrid, v. de Macédoine, sur le *lac d'Ohrid* (367 km²), proche de la frontière albanaise ; 26 000 hab. — Églises byzantines ornées de fresques, dont l'ancienne cathédrale Ste-Sophie (XIᵉ-XIVᵉ s.) et l'église St-Clément (XIIIᵉ s.). Collections d'icônes à St-Clément et au Musée national.

Oisans, région des Alpes françaises (Dauphiné), correspondant à la haute et moyenne vallée de la Romanche (hydroélectricité) et aux montagnes (Meije et Pelvoux) qui l'encadrent (élevage et tourisme surtout hivernal [l'Alpe-d'Huez, les Deux-Alpes]).

Oise, riv. du nord de la France, née en Belgique ; 302 km. Elle passe à Compiègne, Creil et Pontoise avant de rejoindre la Seine (r. dr.) à Conflans-Sainte-Honorine. C'est une importante voie navigable.

Oise [60], dép. de la Région Picardie ; ch.-l. de dép. *Beauvais* ; ch.-l. d'arr. *Clermont, Compiègne, Senlis* ; 4 arr., 41 cant., 693 comm. ; 5 860 km² ; 725 603 hab. Il est rattaché à l'académie et à la cour d'appel d'Amiens ainsi qu'à la région militaire Nord-Est.

Oïstrakh *(David Fedorovitch),* violoniste soviétique (Odessa 1908 - Amsterdam 1974). Grand virtuose, il s'est illustré dans le répertoire russe contemporain.

O. I. T. → Organisation internationale du travail.

Oita, port du Japon (Kyushu) ; 408 501 hab. — À 61 km, à Usa, l'un des plus vénérables sanctuaires shintoïstes du pays.

O. J. D. (Office de justification de la diffusion des supports de publicité), association créée en 1922 et qui a pour but de calculer la diffusion réelle des organes de presse.

Ojibwa ou **Chippewa,** Indiens Algonquins d'Amérique du Nord, dispersés sur les territoires canadien et américain de la région des Grands Lacs.

Ojos del Salado, sommet des Andes, à la frontière de l'Argentine et du Chili ; 6 880 m.

Oka, riv. de Russie, principal affl. de la Volga (r. dr.) ; 1 480 km.

Okayama, v. du Japon (Honshu) ; 593 730 hab. Centre industriel. — Musées. Très beau jardin paysager fondé en 1700.

Okazaki, v. du Japon (Honshu) ; 306 822 hab.

O'Keeffe (*Georgia*), peintre américain (près de Sun Prairie, Wisconsin, 1887 - Santa Fe 1986). Elle a pris pour thèmes le paysage urbain et les gratte-ciel ainsi que des gros plans de fleurs traités à la limite de l'abstraction. Sa *Fenêtre sur le lac George* (1929, M. A. M., New York) anticipe sur les futures recherches minimalistes de l'art américain. En 1940, elle s'installa au Nouveau-Mexique, and d'une nature quasi désertique tira une œuvre visionnaire.

Okeghem (*Johannes*) → **Ockeghem**.

Okhotsk (*mer d'*), mer du nord-ouest du Pacifique, entre la côte orientale de la Sibérie (et la péninsule du Kamtchatka), l'île de Sakhaline et l'arc insulaire des Kouriles ; 1 579 000 km². Mer froide, relativement peu salée, poissonneuse et qui contribue à alimenter l'Oyashio.

Okinawa, principale île (1 183 km² ; 1 222 398 hab.) de l'archipel japonais des Ryukyu. V. princ. *Naha*. Volcanique, au climat chaud et humide, elle associe cultures subtropicales, pêche et tourisme. — En 1945, elle fut l'enjeu d'une lutte acharnée entre Japonais et Américains.

Oklahoma, un des États unis d'Amérique, au nord du Texas ; 181 090 km² ; 3 145 585 hab. Cap. *Oklahoma City* (444 719 hab.). Juxtaposant plaines, hauts plateaux et moyennes montagnes, aride à l'O., plus humide (et boisé) à l'E., l'État associe cultures (blé), élevage, extraction du pétrole et industries de transformation (implantées surtout dans la capitale et à Tulsa, de loin les principales villes).

OKW (Oberkommando der Wehrmacht), commandement suprême des armées allemandes de 1938 à 1945.

Olaf → **Olav, Olof**.

Öland, île de Suède, dans la Baltique, reliée au continent par un pont routier ; 1 344 km² ; 24 931 hab. V. princ. *Borgholm*.

Olav I er Tryggvesson (v. 969 - Svolder 1000), roi de Norvège (995-1000). Il contribua à implanter le christianisme dans son royaume. **Olav II Haraldsson le Saint** (v. 995 - Stiklestad 1030), roi de Norvège (1016-1028). Il restaura la royauté et imposa le christianisme. Attaqué par Knud le Grand, il dut s'exiler en 1028 et fut tué en tentant de reconquérir son royaume. Il fut,

dès 1031, considéré comme un saint et un héros national. **Olav V** (Appleton House, près de Sandringham, Angleterre, 1903 - Oslo 1991), régent en 1955, roi de Norvège de 1957 à sa mort.

Olbracht (*Kamil Zeman*, dit *Ivan*), écrivain tchèque (Semily 1882 - Prague 1952). Il évolua dans ses romans de l'analyse psychologique à l'engagement politique (*Nikola Šuhaj, bandit,* 1933).

Oldenbarnevelt (*Johan Van*), homme d'État hollandais (Amersfoort 1547 - La Haye 1619). Grand pensionnaire de Hollande (1586), il obtint de la France, de l'Angleterre (1596) puis de l'Espagne (1609) la reconnaissance des Provinces-Unies. Maurice de Nassau le fit exécuter.

Oldenburg, *en fr.* Oldenbourg, ancien État de l'Allemagne du Nord, situé entre la Weser et l'Ems. Le comté eut à sa tête Christian d'Oldenburg, élu en 1448 roi du Danemark (→ **Christian Ier**). Il s'accrut en 1777 de l'évêché de Lübeck et forma avec lui un duché. Érigé en grand-duché en 1815, il devint un État de l'Empire allemand en 1871.

Oldenburg, v. d'Allemagne (Basse-Saxe) ; 142 233 hab. Imprimerie. — Musée régional dans le château grand-ducal (xviie-xixe s.) ; musée de la Ville.

Oldenburg (*Claes*), artiste américain d'origine suédoise (Stockholm 1929). Pionnier du happening, puis figure majeure du pop art, il s'est consacré à un inventaire de la civilisation commerciale urbaine. Dès la fin des années 50, il a ainsi exécuté des simulacres d'objets usuels et de nourritures, en carton puis en plâtre coloré ou en vinyle (sculptures « molles » à partir de 1962). Vers 1965, son humour l'a conduit à opter pour des monuments en forme d'objets géants (*Giant Trowel,* 1971, musée Kröller-Müller, Otterlo).

Olduvai ou **Oldoway,** site de Tanzanie, près du lac Eyasi, riche en gisements préhistoriques dont les plus anciens remontent à plus d'un million d'années (horizon I). Leakey y a découvert, en 1959 et 1960, deux types d'australanthropiens, le zinjanthrope et l'*Homo habilis,* respectivement datés de 1 750 000 et 1 850 000 ans.

Olenek ou **Oleniok,** fl. de Russie (Sibérie), tributaire de la mer des Laptev ; 2 292 km (bassin de 222 000 km²).

Oléron (*île d'*), île des côtes françaises de l'Atlantique (Charente-Maritime), formant deux cantons (Le Château-d'Oléron et

Saint-Pierre-d'Oléron), à l'embouchure de la Charente, séparée du continent par le pertuis de Maumusson, et de l'île de Ré par celui d'Antioche ; 175 km² ; 18 452 hab. Un pont routier relie l'île au continent. Ostréiculture. Vigne. Pêche. Tourisme.

Olibrius → Olybrius.

Olier *(Jean-Jacques),* ecclésiastique français (Paris 1608 - *id.* 1657). Dans l'esprit du concile de Trente, il joua un rôle important comme pasteur et comme réformateur. Curé de la paroisse Saint-Sulpice de Paris (1642-1652), il y créa le séminaire et la congrégation de prêtres (les *Sulpiciens*) qui allaient pour quatre siècles servir d'instrument et de modèle à la formation du clergé catholique en France ainsi qu'en Amérique.

Olinda, v. du nord-est du Brésil (État de Pernambouc), banlieue de Recife ; 340 673 hab. Station balnéaire. — Ensemble de monuments religieux baroques, surtout de la fin du XVIIᵉ et du début du XVIIIᵉ siècle.

Olivares *(Gaspar* de Guzmán, *comte-duc* d'),* homme d'État espagnol (Rome 1587 - Toro 1645). Favori de Philippe IV, qui lui abandonna la réalité du pouvoir à partir de 1621, il s'efforça de défendre la place de l'Espagne en Europe. Il fut disgracié en 1643.

Oliveira *(Manuel* de*),* cinéaste portugais (Passamarinas 1908). Il débute en 1929 puis tourne avec beaucoup de difficultés (*Aniki Bobo,* 1942). À partir des années 70, il réalise plusieurs œuvres majeures, souvent d'inspiration littéraire : *le Passé et le Présent* (1971), *Amour de perdition* (1978), *Francisca* (1981), *le Soulier de satin* (1985), *Non ou la Vaine Gloire de commander* (1990), *le Val Abraham* (1993), *le Couvent* (1995).

Oliver *(Joe,* dit King*),* cornettiste, compositeur et chef d'orchestre de jazz américain (La Nouvelle-Orléans 1885 - Savannah, Géorgie, 1938). Il enregistra pour la première fois en 1923 à la tête de son Creole Jazz Band, où il engagea Louis Armstrong. Il a contribué à donner au jazz ses canons et représente le passage du jazz de La Nouvelle-Orléans vers Chicago.

Olivetti, société italienne, fondée en 1908, spécialisée à l'origine dans la production de machines à écrire, puis de machines à calculer. Elle est présente, depuis les années 1980, dans tous les domaines de l'informatique et de la bureautique.

Olivier, héros légendaire de *la Chanson de Roland.* Face à Roland, il est le symbole de la sagesse et de la modération.

Olivier *(Juste),* écrivain suisse d'expression française (Eysins 1807 - Genève 1876). Il fut lié avec Sainte-Beuve et publia notamment *Mouvement intellectuel de la Suisse* (1845).

Olivier *(sir Laurence),* acteur, metteur en scène de théâtre et cinéaste britannique (Dorking, Surrey, 1907 - Ashurst, Sussex, 1989). Brillant interprète de Shakespeare, directeur du National Theatre (1962-1973), il a joué dans de nombreux films et en a réalisé plusieurs : *Henri V* (1944), *Hamlet* (1948), *Richard III* (1955).

Oliviers *(mont des),* colline à l'est de Jérusalem, souvent mentionnée dans la Bible. C'est au pied de cette colline, dans le jardin de Gethsémani, que, selon l'Évangile, Jésus vécut son agonie.

Ollivier *(Émile),* homme politique français (Marseille 1825 - Saint-Gervais-les-Bains 1913). Avocat républicain, élu député en 1857, il prit en 1869 la direction du « tiers parti », qui acceptait l'Empire à condition qu'il fût libéral. Nommé Premier ministre en janvier 1870, il poursuivit la transformation du régime mais endossa la responsabilité de la guerre franco-allemande.

Olmèques, peuple ancien du Mexique dont la culture, née aux alentours du IIᵉ millénaire dans la région côtière du golfe, connut une période d'épanouissement entre 1200 et 600 av. J.-C. Des stèles gravées permettent de leur attribuer l'invention du calendrier méso-américain et celle d'une première écriture, perfectionnée par les Mayas. Tres Zapotes et La Venta témoignent de l'architecture de leurs centres cérémoniels, auxquels sont associées des têtes colossales, probables portraits dynastiques, ainsi que des statuettes en jade représentant l'enfant-jaguar, leur principale divinité. Il semble qu'une organisation économico-militaire ait été à la base de leur culture.

Olmi *(Ermanno),* cinéaste italien (Bergame 1931). Témoin attentif de la crise des valeurs morales, il a su garder, dans ses fictions, le regard documentaire qui fait de lui l'héritier le plus fidèle du « néoréalisme » : *Il Posto* (1961), *les Fiancés* (1963), *Un certain jour* (1969), *l'Arbre aux sabots* (1978), *Longue Vie à la Signora* (1987), *la Légende du saint buveur* (1988).

Olmütz *(reculade d')* [29 nov. 1850], conférence qui se tint à Olmütz (auj. Olomouc) et au cours de laquelle le roi de Prusse Frédéric-Guillaume IV dut s'incliner devant les exigences autrichiennes, renonçant provisoirement à ses visées hégémoniques en Allemagne.

Olof Skötkonung (m. en 1022), roi de Suède (994-1022). Il favorisa la pénétration du christianisme dans son pays.

Olomouc, *en all.* Olmütz, v. de la République tchèque (Moravie) ; 105 690 hab. — Monuments anciens (XIIᵉ-XVIIIᵉ s.).

Oloron-Sainte-Marie, ch.-l. d'arr. des Pyrénées-Atlantiques, au confluent des gaves d'Aspe et d'Ossau ; 11 770 hab. *(Oloronais).* Construction aéronautique. Chocolaterie. — Églises Ste-Marie, ancienne cathédrale (XIIᵉ-XIVᵉ s.), et Ste-Croix, romane (XIIᵉ s.).

O. L. P. (Organisation de libération de la Palestine), organisation de la résistance palestinienne, fondée en 1964 par le Conseil national palestinien réuni à Jérusalem. La Ligue arabe, qui la subventionne depuis sa création, lui a donné en 1976 le même statut qu'à un État membre. Présidée, depuis 1969, par Yasser Arafat, elle revendique depuis 1974 l'établissement, à côté d'Israël, d'un État palestinien en Cisjordanie et à Gaza.

Olsztyn, v. du nord-est de la Pologne, ch.-l. de voïévodie ; 164 800 hab. — Château fort et cathédrale gothiques.

Olt, riv. de Roumanie, affl. du Danube (r. g.) ; 690 km.

Olténie, région de Roumanie, en Valachie, à l'ouest de l'Olt, entre les Carpates et le Danube.

Olybrius *(Anicius)* [m. en 472], empereur romain. Il fut porté au pouvoir en 472 par son parent Geiséric et par Ricimer. — Il figurait dans certains mystères comme le type du fanfaron.

Olympe, *en gr.* Ólimbos, massif de la Grèce, aux confins de la Macédoine et de la Thessalie (alt. 2 917 m). Parc national. — Les Grecs en avaient fait la résidence des dieux.

Olympia, toile de É. Manet (1863).

Olympias (v. 375 - Pydna 316 av. J.-C.), reine de Macédoine, épouse de Philippe II et mère d'Alexandre le Grand. À la disparition de son fils (323), elle tenta de disputer le pouvoir aux diadoques et fut assassinée par Cassandre.

Olympie, ville de l'ancienne Grèce, centre religieux du Péloponnèse, célèbre par son sanctuaire de Zeus Olympien et par les jeux Olympiques qui y étaient célébrés tous les quatre ans en l'honneur de ce dieu. Vestiges du temple d'Héra (VIIᵉ-VIᵉ s. av. J.-C.), du Prytanée, du Bouleutêrion, du premier stade (VIᵉ s.), du stade monumental, de la terrasse des Trésors et, surtout, du temple de Zeus

(Vᵉ s.), dont l'architecture et la magnifique décoration sculptée (musée d'Olympie), parfaitement associées, portent l'empreinte de la rigueur dorienne. Temple de Métroon, la mère des dieux, du IVᵉ s. Portiques du IIIᵉ s. av. J.-C.

olympique *(Comité international)* ou **C. I. O.**, organisme fondé en 1894 à l'instigation de Pierre de Coubertin et assurant l'organisation des jeux Olympiques. Son siège est à Lausanne.

Olynthe, v. grecque de Chalcidique, détruite par Philippe II de Macédoine en 348 av. J.-C.

Omaha, v. des États-Unis (Nebraska), sur le Missouri ; 335 795 hab.

Oman, État de l'extrémité orientale de l'Arabie, sur le *golfe* et la *mer d'Oman* ; 212 000 km² ; 1 600 000 hab. *(Omanais).* CAP. *Mascate.* LANGUE : *arabe.* MONNAIE : *riyal d'Oman.*

GÉOGRAPHIE

Le pays est désertique dans sa plus grande partie. Seules les montagnes de l'Oman (3 000 m), au nord, et les collines du Zufar, au sud, reçoivent quelques pluies. Les dattes, les agrumes et l'élevage sont les seules ressources agricoles. La pêche est complète. Le pétrole, extrait depuis 1967 et dont la production augmente régulièrement, est devenu la richesse essentielle et a permis un excédent du commerce extérieur et un début de modernisation.

HISTOIRE

Du XVIIᵉ s. au XIXᵉ s., les sultans d'Oman gouvernèrent un empire maritime, acquis aux dépens du Portugal et dont le centre était Zanzibar.

1970. Le sultan Qabus ibn Saïd prend le pouvoir et entreprend la modernisation du pays.

1980. Une base américaine est établie sur l'île de Masira.

Oman *(mer d'),* partie nord-ouest de l'océan Indien, parfois appelée aussi « mer Arabique » ou « mer d'Arabie ». Le *golfe d'Oman,* en bordure du *sultanat d'Oman,* en forme la partie la plus resserrée et communique par le détroit d'Ormuz avec le golfe Persique.

Omar → Umar.

Ombrie, *en ital.* Umbria, région d'Italie, traversée par le Tibre, formée des provinces de Pérouse et de Terni ; 8 456 km² ; 804 054 hab. Sans accès à la mer, l'Ombrie reste à dominante rurale (blé, vigne, olivier, élevage ovin) avec des villes, centres commerciaux et touristiques (Pérouse, Assise, Orvieto), peu industrialisées (sauf Terni).

O. M. C. (Organisation mondiale du commerce), organisation internationale mise en place en janvier 1995. Elle est chargée de veiller à la bonne application des accords commerciaux internationaux (dont ceux conclus dans le cadre du GATT) et, en cas de non-respect, elle peut imposer des sanctions commerciales. Son siège est à Genève.

Omdurman ou **Omdourman,** v. du Soudan, sur le Nil, banlieue de Khartoum ; 526 000 hab. — Capitale du Mahdi, elle fut reconquise par les Anglo-Égyptiens de lord Kitchener en 1898.

Omeyyades ou **Umayyades,** dynastie de califes arabes qui régna à Damas de 661 à 750. Ils ajoutèrent à l'Empire musulman la Transoxiane (709-711), la plaine de l'Indus (710-713) et l'Espagne (711-714) mais furent refoulés par les Francs à Poitiers (732). Grands bâtisseurs, ils embellirent Damas, Jérusalem, Kairouan. Miné par des querelles intestines, par l'opposition chiite et par l'hostilité des musulmans non arabes à l'égard de l'aristocratie arabe, l'Empire omeyyade tomba sous les coups des Abbassides. Mais un rescapé de la famille, Abd al-Rahman Ier, fonda l'émirat de Cordoue (756-1031), érigé en califat rival de Bagdad (929).

O. M. I. → **Organisation maritime internationale.**

Omiya, v. du Japon (Honshu) ; 403 776 hab.

Omo, riv. du sud de l'Éthiopie, affl. du lac Turkana. Sa vallée a livré des gisements riches en fossiles d'hominidés (australopithèques).

O. M. P. I. → **Organisation mondiale de la propriété intellectuelle.**

O. M. S. (Organisation mondiale de la santé), organisation intergouvernementale créée en 1946 par la Convention de New York du 22 juillet 1946. Institution spécialisée des Nations unies depuis 1948, elle a pour but d'amener tous les peuples au niveau de santé le plus élevé possible. L'O. M. S., composée d'une Assemblée mondiale de la santé, d'un Conseil exécutif et d'un Secrétariat, a son siège à Genève, mais son administration est très décentralisée, en six régions (Afrique, Amérique, Asie du Sud-Est, Europe, Méditerranée orientale, Pacifique). L'action de l'O. M. S. dans la lutte contre les épidémies, par la suppression des foyers infectieux et la vaccination généralisée, a eu des résultats souvent remarquables (variole, paludisme notamment). L'O. M. S. a mis au point le « règle-

ment sanitaire international », qui organise la prévention des épidémies et des quarantenaires.

Omsk, v. de Russie, en Sibérie occidentale, au point où le Transsibérien franchit l'Irtych ; 1 148 000 hab. Centre industriel.

Onega (lac), lac du nord-ouest de la Russie, en Carélie, relié au lac Ladoga par la Svir et à la mer Blanche par le canal Baltique ; 9 900 km². C'est un des éléments du système de navigation intérieure de la Russie.

O'Neill, dynastie royale irlandaise qui, à partir de la seconde moitié du Ve siècle, conquit la majeure partie de l'Ulster. Elle compte parmi ses membres **Hugh O'Neill,** comte de Tyrone (v. 1540 - Rome 1616), qui, devenu le plus puissant chef de l'Ulster, vainquit les Anglais au Yellow Ford (1598), et **Owen Roe O'Neill** (v. 1590-1649), son neveu, chef du parti de l'Indépendance et commandant de l'armée de l'Ulster (1642).

O'Neill (Eugene), auteur dramatique américain (New York 1888 - Boston 1953). Son théâtre passe du réalisme (Anna Christie, 1922 ; le Désir sous les ormes, 1924) à une vision poétique de l'effort humain pour s'intégrer au monde (l'Empereur Jones, 1921), que dominent seulement des êtres d'exception capables d'assumer leur destin (Le deuil sied à Électre, 1931). [Prix Nobel 1936.]

Onetti (Juan Carlos), écrivain uruguayen (Montevideo 1909 - Madrid 1994). Son œuvre romanesque traduit l'inquiétude existentielle d'êtres désenchantés (le Puits, 1939).

Onsager (Lars), chimiste américain d'origine norvégienne (Christiania 1903 - Miami 1976). Il a jeté les bases de la thermodynamique des processus irréversibles, qui a, en particulier, des applications en biologie. (Prix Nobel 1968.)

Ontario (lac), le plus petit des Grands Lacs américains, partagé entre les États-Unis (État de New York) et le Canada (prov. de l'Ontario) ; 18 800 km². Séparé du lac Érié par les chutes du Niagara, doublées par le canal Welland, c'est un axe de navigation important. Toronto et Hamilton sur la rive canadienne, Rochester sur la rive américaine en sont les principaux centres urbains et industriels.

Ontario, province du Canada ; 1 068 582 km² ; 10 084 885 hab. Cap. Toronto. La province, la plus peuplée et la plus riche du Canada, a un climat continental de plus en plus froid vers le nord. La végétation y passe de la forêt à feuilles caduques (hêtres, chênes et érables) à la forêt mixte (avec des pins et des sapins) puis à la forêt de conifères, à la toundra et enfin aux tourbières entourant la baie d'Hudson. Le centre, qui correspond au Bouclier canadien, et les basses terres du Nord sont animés ponctuellement par les exploitations minières (or, argent, uranium et métaux usuels [cuivre, plomb, zinc, fer, nickel]).

La majeure partie (90 %) de la population se concentre dans le Sud-Est, entre le lac Huron et les lacs Érié et Ontario, site des principales villes : London, Hamilton, Ottawa et surtout Toronto. L'agriculture, très moderne, est axée sur l'élevage et les cultures associées. L'industrie, appuyée sur un bon réseau de transport, est très diversifiée. La sidérurgie, la métallurgie des non-ferreux, l'automobile et l'aéronautique, la chimie, l'agroalimentaire sont les principales branches.

O. N. U. (Organisation des Nations unies), organisation internationale constituée en 1945 (pour succéder à la Société des Nations, créée par le traité de Versailles en 1919) par les États qui ont accepté de remplir les obligations prévues par la Charte des Nations unies (signée à San Francisco le 26 juin 1945), en vue de sauvegarder la paix et la sécurité internationales, et d'instituer entre les nations une coopération économique, sociale et culturelle. L'O. N. U., dont le siège est à New York, commença à exister officiellement le 24 oct. 1945. La Chine, les États-Unis, la France, la Grande-Bretagne et la Russie ont un siège permanent et un droit de veto au Conseil de sécurité.

Organes principaux : — *l'Assemblée générale* (tous les États membres), principal organe de délibération qui émet les recommandations ; — *le Conseil de sécurité* (5 membres permanents et 10 élus tous les 2 ans par l'Assemblée générale), organe exécutif qui a pour but le maintien de la paix internationale ; — *le Conseil économique et social,* qui coordonne les activités économiques et sociales de l'O. N. U., sous l'autorité de l'Assemblée générale ; — *le Conseil de tutelle,* organe en déclin en raison de la décolonisation ; — *la Cour internationale de justice,* qui juge les différends entre États ; — *le Secrétariat,* qui assure les fonctions administratives de l'O. N. U. Il est dirigé par le *secrétaire général* nommé par l'Assemblée générale tous les 5 ans sur recommandation du Conseil de sécurité.

O. N. U. D. I. (Organisation des Nations unies pour le développement industriel),

institution spécialisée de l'O. N. U., créée le 1er janvier 1967. Elle agit en faveur de la promotion et de l'accélération de l'industrialisation des pays en développement et a pour mandat d'encourager le développement et la coopération industriels aux niveaux mondial, régional, national et sectoriel. Elle a son siège à Vienne, en Autriche.

Oort *(Jan Hendrik),* astronome néerlandais (Franeker 1900 - Wassenaar 1992). Il a mis en évidence la rotation (1927) et la structure spirale (1952) de notre galaxie. On lui doit aussi la théorie selon laquelle il existerait, aux confins du système solaire, une vaste concentration de noyaux cométaires *(nuage de Oort).*

Oparine *(Aleksandr Ivanovitch),* chimiste et biologiste soviétique (Ouglitch, Russie, 1894 - Moscou 1980). Il est l'auteur d'une théorie de l'origine de la vie à partir des composés chimiques de l'atmosphère terrestre primitive (1924).

Opava, *en all.* Troppau, v. de la République tchèque (Moravie) ; 63 601 hab. — Église gothique Ste-Marie et autres monuments. Musée silésien.

O. P. E. P. (Organisation des pays exportateurs de pétrole), organisme créé en septembre 1960 à l'initiative du Venezuela, initialement pour obtenir un arrêt de la tendance à la baisse des prix du pétrole brut. Aux cinq fondateurs (Venezuela, Iran, Iraq, Arabie saoudite et Koweït) se sont joints successivement d'autres pays producteurs (Émirats arabes unis, Qatar, Libye, Indonésie, Algérie, Nigeria, Gabon). À partir de 1973, les membres de l'O. P. E. P. obtinrent de considérables hausses du prix du pétrole, s'assurant par ailleurs le contrôle de la production. La solidité de l'O. P. E. P. est menacée depuis les années 80 par les divergences d'intérêts de ses membres, avivées par la baisse de la demande et des prix, la diversification géographique de la production. Alors qu'en 1973 la part de l'O. P. E. P. dans la production mondiale était de plus de 50 %, elle est aujourd'hui de l'ordre de 40 %.

Opéra *(théâtre de l'),* nom donné successivement à diverses salles parisiennes destinées aux représentations dramatiques. L'édifice dû à l'architecte C. Garnier, dit « Palais Garnier », fut commencé en 1862 et inauguré en 1875. La salle, de 5 étages, compte 2 156 places. Le grand escalier intérieur, en marbres blanc et rouge, constitue un luxueux exemple de l'architecture du second Empire. La scène est l'une des plus larges du monde. Le plafond de J. E. Lenepveu a été recouvert par celui de Chagall en 1962. La façade principale est ornée de bustes, de statues et de groupes sculptés, dont *la Danse* de Carpeaux (copie, original au Louvre). Haut lieu traditionnel de l'art lyrique, le théâtre de l'Opéra, qui appartient à l'administration de l'Opéra de Paris, est, depuis la saison 1989-90, voué quasi exclusivement à la danse (l'art lyrique étant transféré à l'Opéra de Paris Bastille). À l'avenir cette séparation ne semble pas devoir se maintenir. Les origines du Ballet de l'Opéra de Paris remontent à un petit groupe de danseurs de l'Académie royale de musique (1669). L'école de danse attachée à l'Opéra (transférée à Nanterre en 1987) forme les futurs danseurs du corps de ballet.

Opéra-Comique *(théâtre de l'),* théâtre construit en 1898 place Boïeldieu, à Paris, par l'architecte Bernier, avec des sculptures de Falguière. Il est aussi appelé « salle Favart ». Longtemps lié à l'Opéra de Paris, il est redevenu en 1990 un établissement autonome, essentiellement consacré à l'art lyrique mais produisant aussi des œuvres chorégraphiques et symphoniques.

Opéra de la Bastille, théâtre lyrique national, appartenant à l'administration de l'Opéra de Paris. Inauguré en juillet 1989 et ouvert définitivement en mars 1990, implanté sur la place de la Bastille, il est l'œuvre de l'architecte canadien Carlos Ott et comprend deux salles (une grande salle de 2 700 places et une salle modulable de 600 à 1 000 places), des équipements scénographiques perfectionnés, des locaux d'accueil et un foyer.

Opéra de quat' sous *(l'),* pièce de B. Brecht (1928), inspirée de *l'Opéra du gueux* (1728) de John Gay ; musique de Kurt Weill. (→ Brecht.)

Opéra national de Paris, établissement public placé sous la tutelle du ministère de la Culture. Il a pour mission de développer l'art lyrique et chorégraphique en France et de favoriser la création d'œuvres contemporaines. Il est dirigé par un directeur général et deux administrateurs généraux correspondant aux deux salles : le Palais Garnier (→ Opéra [théâtre de l']) et l'Opéra de la Bastille.

Ophuls *(Max Oppenheimer, dit Max),* cinéaste français d'origine allemande (Sarrebruck 1902 - Hambourg 1957). Il s'affirme rapidement avec *la Fiancée vendue* (1932) puis *Liebelei* (1933). Contraint de quitter l'Allemagne, il émigre en France, où il réalise *Divine* (1935), *la Tendre Ennemie*

(1936), *Werther* (1938), *De Mayerling à Sarajevo* (1940). En 1940, il s'exile aux États-Unis. Sa carrière ne recommence qu'en 1947 avec *l'Exilé* et surtout *Lettre d'une inconnue* (1948). Mais c'est de retour en France, en 1950, que son talent s'épanouit de nouveau : *la Ronde, le Plaisir* (1952), *Madame de...* (1953) et *Lola Montès* (1955), son chef-d'œuvre. Retraçant la vie tumultueuse de la favorite du roi Louis Ier de Bavière, cette œuvre flamboyante, où l'art du spectacle se trouve à la fois transfiguré et moralisé, reprend tous les thèmes du réalisateur. Son fils **Marcel** (Francfort-sur-le-Main 1927), documentariste français, est l'auteur de deux films d'un intérêt politique et historique exceptionnel : *le Chagrin et la Pitié,* « chronique d'une ville française sous l'Occupation » (1971) et *Hôtel Terminus* (1985-1988), document sur le procès de Klaus Barbie.

Opitz *(Martin),* poète allemand (Bunzlau 1597 - Dantzig 1639), réformateur de la métrique.

Opium *(guerre de l')* [1839-1842], conflit qui éclata entre la Grande-Bretagne et la Chine, qui avait interdit l'importation de l'opium. Les Britanniques occupèrent Shanghai et imposèrent à la Chine le traité de Nankin (1842), qui leur cédait Hongkong et ouvrait certains ports chinois au commerce européen.

Opole, v. de Pologne, ch.-l. de voïévodie, sur l'Odra ; 124 000 hab. — Monuments médiévaux.

Oppenheim *(Dennis),* artiste américain (Mason City, État de Washington, 1938). Pionnier du land art et de l'art corporel vers la fin des années 60, il s'est consacré à partir de 1972 à des installations qui, une fois éliminée la présence de l'artiste ou de ses substituts *(Attempt to Raise Hell,* 1974, M. N. A. M., Paris), ont évolué vers de complexes machineries *(factories),* en même temps structures mentales.

Oppenheimer *(Julius Robert),* physicien américain (New York 1904 - Princeton 1967). Auteur de travaux sur la théorie quantique de l'atome, il fut nommé en 1943 directeur du centre de recherches nucléaires de Los Alamos, où furent mises au point les premières bombes atomiques. Par la suite, il refusa de travailler à la bombe H, fut accusé de collusion avec les communistes puis fut réhabilité.

Opus Dei, institution catholique fondée en Espagne en 1928 par J. M. Escrivá de Balaguer, afin de donner à ses membres, laïques et ecclésiastiques, les moyens d'agir selon l'Évangile dans leur vie familiale, sociale, professionnelle ou politique.

Oradea, v. du nord-ouest de la Roumanie ; 206 000 hab. Centre industriel. — Monuments baroques du XVIIIᵉ siècle, dont le palais (musée) et la cathédrale catholique.

Oradour-sur-Glane, comm. de la Haute-Vienne ; 2 010 hab. — La population entière (642 hab.) fut massacrée par les SS le 10 juin 1944.

Oran, *en ar.* Wahrān, v. d'Algérie, ch.-l. de wilaya ; 664 000 hab. *(Oranais).* Université. Port sur la Méditerranée. Ville à prépondérance tertiaire (centre administratif, commercial) malgré une certaine industrialisation.

Oranais, région occidentale de l'Algérie, correspondant à l'ancien département d'Oran.

Orange, fl. de l'Afrique australe, né sur la frontière du Lesotho (qu'il traverse) et du Natal, tributaire de l'Atlantique ; 2 250 km. Aménagements pour l'hydroélectricité et l'irrigation.

Orange, ch.-l. de c. de Vaucluse, à la jonction de l'autoroute du Soleil et de la Languedocienne ; 28 136 hab. *(Orangeois).* — Base aérienne militaire. — Vestiges romains de l'époque d'Auguste, dont l'arc de triomphe, orné de reliefs, et le théâtre au puissant mur de scène. Cathédrale en partie romane. Musée.

Orange *(État libre d'),* anc. nom – jusqu'en 1995 – de la province de l'*État libre* (Afrique du Sud). Fondé par les Boers qui s'y sont établis lors du Grand Trek (1834-1839), l'État libre d'Orange est reconnu indépendant par les Britanniques (1854). Annexé par ces derniers en 1902, à l'issue de la guerre des Boers, il adhère à l'Union sud-africaine en 1910.

Orange-Nassau, famille noble d'Allemagne, dont sont issus les souverains des Pays-Bas. (→ Nassau.)

Oranienburg-Sachsenhausen, le premier des camps de concentration allemand, créé à 30 km environ au nord de Berlin (1933-1945).

Orbigny *(Alcide* Dessalines *d'),* naturaliste français (Couëron 1802 - Pierrefitte-sur-Seine 1857), disciple de Cuvier, auteur d'une *Paléontologie française.* Son frère **Charles** (Couëron 1806 - Paris 1876), botaniste et géologue, est l'auteur du *Dictionnaire universel d'histoire naturelle* (1839-1849).

Orcades, *en angl.* Orkney, archipel britannique, au nord de l'Écosse, comprenant

90 îles, dont la plus grande est Mainland. Élevage. Pêche. Les Orcades forment une région de 19 000 hab. ; ch.-l. *Kirkwall* (sur Mainland). Terminal pétrolier.

Orcades du Sud, archipel britannique de l'Atlantique sud ; 4 700 km².

Orcagna *(Andrea* di Cione, dit l'),* peintre, sculpteur et architecte italien, documenté à Florence de 1343 à 1368. En retrait par rapport aux innovations de Giotto, il apparaît dans son œuvre peint et sculpté comme le dernier grand représentant du gothique florentin. Il avait deux frères peintres, Nardo et Iacopo di Cione.

Orcières, ch.-l. de c. des Hautes-Alpes, dans le Champsaur ; 845 hab. *(Orciérois).* Sports d'hiver (alt. 1 820-2 665 m).

Ordjonikidze → **Vladikavkaz.**

Ordos, plateau aride de la Chine, dans la grande boucle du Huang He, en Mongolie méridionale, limité au sud par la Grande Muraille.

Ordre moral, nom donné à la politique conservatrice et cléricale définie par le duc de Broglie le 26 mai 1873 après la chute de Thiers. Incarné par Mac-Mahon, il avait pour but de préparer une restauration monarchique, qui ne put aboutir. Il prit fin après le succès électoral républicain d'octobre 1877.

Or du Rhin *(l'),* opéra de R. Wagner (1869).

Oréal *(l'),* entreprise française créée en 1907. À partir des colorants pour cheveux, le groupe dont elle fait partie est devenu le premier fabricant mondial de produits cosmétiques.

Örebro, v. de Suède, à l'ouest de Stockholm ; 120 944 hab. — Château reconstruit au XVIᵉ siècle. Musées.

Oregon, un des États unis d'Amérique (Pacifique) ; 251 180 km² ; 2 842 321 hab. Cap. *Salem.* Bordé au nord par le fleuve Columbia, l'État a un climat tempéré, arrosé à l'O., aride à l'E. de la chaîne des Cascades. Celle-ci culmine à près de 4 000 m et porte des forêts, première ressource de l'État. L'agriculture (élevage laitier, aviculture, cultures fruitières) est localisée surtout dans la vallée de la Willamette, où sont situés aussi les centres urbains et industriels, Eugene, Salem et, surtout, Portland, au confluent de la Columbia.

Orel, v. de Russie, sur l'Oka ; 337 000 hab. Aciérie.

Orenbourg, v. de Russie, sur l'Oural ; 547 000 hab. Gaz naturel.

Orénoque, *en esp.* Orinoco (de la langue des Indiens Guarauno *Ori-noko,* « l'endroit où l'on pagaie très fort »), fl. de l'Amérique du Sud ; 2 160 km. Bassin de 900 000 km². Né sur le bouclier guyanais aux confins du Venezuela et du Brésil, il coule d'abord vers le N.-O. puis vers le N. et forme la frontière avec la Colombie, d'où lui viennent le Guaviare, le Meta et l'Arauca. Suivant le rebord nord du bouclier guyanais, il s'oriente vers le N.-E. (reçoit l'Apure) puis l'E. Il reçoit enfin le Caroní avant d'atteindre l'Atlantique par un vaste delta devant l'île de la Trinité. La crue annuelle, progressive, élève le débit de 15 000 m³/s en mars à 40 000 ou 50 000 m³/s en août-septembre.

Orense, v. d'Espagne (Galice), ch.-l. de prov. ; 102 758 hab. — Cathédrale romano-gothique (portails sculptés ; œuvres d'art). Musée archéologique.

Oresme *(Nicole),* prélat et savant français (Normandie v. 1325 - Lisieux 1382). Évêque de Lisieux (1377), il a laissé des sermons et des ouvrages de théologie (mal connus). Mais il est surtout célèbre par les traités scientifiques qu'il a composés sur des problèmes mathématiques et astronomiques. On lui doit un traité des monnaies, d'autres destinés à combattre l'astrologie. Il a traduit en français plusieurs livres d'Aristote et certains de ses propres ouvrages.

Oreste, dans la mythologie grecque, fils d'Agamemnon, roi de Mycènes, et de Clytemnestre. Avec sa sœur Électre, il vengea son père en tuant Clytemnestre et son amant Égisthe. Mais il fut, pour cela, longtemps torturé par les Érinyes. Il aurait aussi délivré sa autre sœur, Iphigénie, qu'Artémis retenait en Tauride.

Orestie *(l'),* trilogie dramatique d'Eschyle, jouée à Athènes (458 av. J.-C.) et comprenant les trois tragédies *(Agamemnon, les Choéphores, les Euménides)* dont les aventures d'Oreste sont le sujet.

Øresund ou **Sund,** détroit reliant le Cattégat à la Baltique, entre l'île danoise de Sjaelland et le littoral suédois.

Orff *(Carl),* compositeur allemand (Munich 1895 - *id.* 1982), auteur de la cantate *Carmina burana* (1937) [→ **Carmina**]. Il mit au point une méthode d'éducation musicale fondée sur le rythme.

Orfila *(Mathieu),* médecin et chimiste français (Mahón, Minorque, 1787 - Paris 1853). Professeur de médecine légale et de chimie, il fut l'auteur de travaux de toxicologie et écrivit un célèbre *Traité des poisons* (1813-1815).

Organisation de coopération et de développement économiques → O. C. D. E.

Organisation de l'aviation civile internationale (O. A. C. I.), organisme créé par la convention de Chicago en 1944. Institution spécialisée de l'O. N. U. depuis 1947, elle a pour but notamment de développer et de réglementer les transports aériens internationaux et leur sécurité. L'O. A. C. I. a son siège à Montréal.

Organisation de libération de la Palestine → O. L. P.

Organisation de l'unité africaine → O. U. A.

Organisation des États américains (O. E. A.), *en angl.* Organization of American States (OAS), organisation intergouvernementale regroupant l'ensemble des États américains acceptant les principes de coopération pacifique posés par l'acte constitutif, la charte de Bogotá (adoptée le 30 avr. 1948). L'O. E. A. groupe tous les pays du continent américain, y compris les États des Caraïbes. Ses organes, d'après la nouvelle charte entrée en vigueur en 1970, sont une assemblée générale annuelle, les réunions de consultation des ministres des Affaires étrangères en cas d'urgence, trois conseils, dont le conseil permanent siégeant à Washington, un secrétariat général et divers organismes et conférences spécialisés. La crise des Falkland, au printemps de 1982, a provoqué un profond différend entre les pays latino-américains et les États-Unis, accusés d'avoir violé le traité d'assistance mutuelle de Rio de Janeiro en se rangeant aux côtés de la Grande-Bretagne contre l'Argentine.

Organisation des Nations unies → O. N. U.

Organisation des Nations unies pour l'alimentation et l'agriculture → FAO.

Organisation des Nations unies pour l'éducation, la science et la culture → Unesco.

Organisation des pays exportateurs de pétrole → O. P. E. P.

Organisation du traité de l'Atlantique Nord → O. T. A. N.

Organisation internationale de police criminelle (O. I. P. C.) → Interpol.

Organisation internationale du travail (O. I. T.), institution spécialisée de l'O. N. U., créée en 1946 et issue d'une agence créée en 1919 puis rattachée à la S. D. N. Chaque État membre dispose de

4 délégués au sein de l'organisation : 2 délégués représentant l'État, 1 délégué représentant les travailleurs et 1 délégué représentant les employeurs. Le secrétariat de l'O. I. T. est assuré par le Bureau international du travail (B. I. T.). L'activité principale de l'O. I. T. consiste en l'élaboration des conventions internationales du travail. Son action a été couronnée, en 1969, par le prix Nobel de la paix.

Organisation maritime internationale (O. M. I.), institution spécialisée de l'O. N. U. (depuis 1959), créée en 1948 sous le nom de Organisation maritime consultative intergouvernementale (O. M. C. I. jusqu'en 1982), qui a pour but d'assister les gouvernements dans leur réglementation des techniques de navigation, de perfectionner les règles de sécurité maritime, etc. Parmi ses tâches figure également la prévention de la pollution des eaux de mer par les hydrocarbures. Elle a son siège à Londres.

Organisation mondiale de la propriété intellectuelle (O. M. P. I.), organisation créée en 1967 — succédant au Bureau international réuni pour la protection de la propriété intellectuelle, fondé en 1893 — et institution spécialisée de l'O. N. U. depuis 1974. Elle a pour but de promouvoir la protection de la propriété intellectuelle dans le monde grâce à la coopération entre les États et avec d'autres organisations internationales. Elle siège à Genève.

Organisation mondiale de la santé → O. M. S.

Organisation mondiale du commerce → O. M. C.

Organisation pour la sécurité et la coopération en Europe → O. S. C. E.

Orhan Gazi (1281-1359 ou 1362), souverain ottoman (1326-1359 ou 1362). Il fit de Bursa sa capitale et prit pied en Europe (près de Gallipoli, 1354).

Oribase, médecin grec (Pergame v. 325 - Constantinople 403). Attaché à l'empereur Julien, qui le fit questeur de Constantinople, il rassembla les connaissances médicales de son époque et fut enseigné en Europe jusqu'au XVIIIe siècle.

Orient *(Églises chrétiennes d'),* églises qui se sont organisées en dehors de la zone d'influence de l'Empire romain d'expression latine et de la mouvance directe du siège apostolique de Rome.

Ces Églises comprennent trois groupes d'importance très inégale : les Églises orthodoxes, les Églises dites « monophysites » et l'Église dite « nestorienne ». En outre, un quatrième groupe s'est formé par le rattachement à l'Église romaine de communautés appartenant aux trois premiers. C'est le groupe des Églises catholiques de rite oriental, notamment *uniates,* ou *grecques catholiques.*

■ **Les Églises orthodoxes.** La communion orthodoxe repose principalement, au point de départ, sur un canon du concile de Chalcédoine qui définit la *pentarchie,* division de la chrétienté en cinq sièges patriarcaux (Rome, Constantinople et les trois patriarcats melkites d'Alexandrie, d'Antioche et de Jérusalem), et qui reconnaît l'autocéphalie de l'Église de Chypre. Sur cette répartition se sont superposés de nouveaux éléments de diversification qui ont été introduits, notamment, par l'évangélisation des Slaves, par la rupture avec Rome en 1054, par les histoires nationales et qui ont entraîné la création de nouveaux patriarcats et de nouvelles Églises autocéphales ou autonomes. *Les patriarcats orthodoxes.* C'est un siècle environ après la décision de leur roi, Boris Ier, d'embrasser le christianisme (864) que les Bulgares obtinrent un patriarcat, dont ils furent dépossédés à la fin du XIVe siècle avec l'occupation ottomane. Ils durent attendre 1870 pour avoir un exarque autonome, devenu patriarche en 1953. Les Serbes se donnèrent leur propre patriarcat, à Peć, en 1346 ; il subsista, avec une interruption (1459-1557), jusqu'en 1766, pour n'être rétabli qu'en 1920. La Russie de Kiev, devenue chrétienne par le baptême du prince Vladimir (989), resta soumise au patriarche de Constantinople, même après le transfert de son siège métropolitain à Moscou en 1325. Elle conquit cependant une autonomie de fait en 1448. En 1589 fut érigé le patriarcat de Moscou et de toutes les Russies, que Pierre le Grand supprima au profit d'une organisation synodale (1721) et qui fut rétabli en 1917. Sa juridiction fut bientôt récusée par une partie des émigrés russes, alors rattachés au patriarcat de Constantinople. Moscou, d'ailleurs, accorda l'autocéphalie à l'Église orthodoxe d'Amérique (1970). Le patriarcat de Bucarest a été créé en 1925, à la suite de la formation de la Grande Roumanie. Quant à l'Église grecque, elle a obtenu de Constantinople son autocéphalie en 1833, lorsque le pays eut recouvré son indépendance.

■ **Les Églises monophysites.** Ce sont quatre communautés — les *Églises copte, éthiopienne, jacobite* et *arménienne* — qui sont considérées comme étant « non chalcédoniennes » parce que, croyant à l'« unique nature incarnée du Verbe de Dieu », elles ont rejeté les formulations christologiques du concile de Chalcédoine (451). Pour cette raison, elles ne font pas partie de la communion orthodoxe.

L'Église copte d'Égypte et l'Église éthiopienne ont eu un destin commun du IVᵉ siècle à 1959, quand le patriarche copte d'Alexandrie reconnut l'indépendance du chef spirituel de la communauté éthiopienne, devenu lui-même patriarche. L'Église jacobite doit son nom à Jacques Baradée, qui lui donna son organisation propre au VIᵉ siècle. Elle se développa surtout en Syrie (avec son patriarche à Antioche), mais s'affaiblit beaucoup au cours des siècles. Elle a été rejointe en 1653 par une importante communauté de la côte de Malabar. L'Église arménienne, née de l'apostolat de saint Grégoire l'Illuminateur, au IVᵉ siècle, transporta son patriarcat en Cilicie en 1293, à la suite de l'invasion seldjoukide du XIᵉ siècle. Elle est aujourd'hui régie par deux catholicos, l'un à Etchmiadzine, l'autre dont le siège a été transféré de Cilicie au Liban en 1922.

■ **L'Église nestorienne.** Elle s'est constituée à partir de communautés de l'Empire perse sassanide qui avaient adopté la doctrine de Théodore de Mopsueste, maître de Nestorius. Après sa rupture avec l'orthodoxie au concile d'Éphèse (431), cette Église étendit sa juridiction aux chrétiens du sud de l'Inde, de l'Asie centrale et même de la Chine. Son catholicos, établi à Bagdad, était au XIIIᵉ siècle l'une des plus puissantes autorités du monde chrétien. Affaiblie par les invasions mongoles et coupée des communautés de l'Inde, qui se rattachèrent en grande majorité à Rome en 1599, l'Église nestorienne est réduite aujourd'hui à de petits groupes de fidèles, dont l'Église assyrienne, surtout implantée en Iraq, et une communauté au Malabar.

■ **Les Églises catholiques de rite oriental.** Les premières de ces Églises dites « uniates », ou « grecques catholiques », sont des rameaux détachés de la communion orthodoxe. Ainsi, avec l'Union de Brest (1596) et sous de fortes pressions politiques, les Ukrainiens et les Biélorusses du royaume de Pologne donnèrent naissance à l'*Église catholique ruthène*, qui garde le rite byzantin. Réintégrés de force en 1946 sous la tutelle du patriarche de Moscou, ses fidèles résidant en U. R. S. S. ne recouvré leur indépendance lors de l'effondrement du régime communiste.

Un autre courant uniate, plus spontané, prit forme à la fin du XVIIᵉ siècle au sein du patriarcat d'Antioche. Il aboutit en 1724 à la constitution d'un patriarcat « grec catholique », dont le titulaire porte le titre de patriarche d'Antioche et de tout l'Orient, d'Alexandrie et de Jérusalem. Des processus similaires se développèrent en Roumanie, en Grèce, en Bulgarie, en Hongrie, en Yougoslavie, en Italie du Sud, en Sicile, considérés, à chaque fois, par les Églises orthodoxes comme des provocations de la part de Rome.

D'autres Églises catholiques orientales se sont formées à partir des Églises monophysites : celle des *arméniens de Syrie* (1740), celle des *malabares jacobites* formant (1930) la communauté malankare de rite syrien ; celle des *coptes d'Égypte* (1899) ; celle des *catholiques de rite éthiopien* (1961). Par ailleurs, sont issues de l'Église nestorienne des communautés catholiques de rite oriental : celle des *chaldéens* dits « de Babylone », qui remonte à 1552, et l'*Église malabare de l'Inde*, unie à Rome depuis 1599.

Parmi les uniates, l'*Église maronite*, unie à Rome depuis la période des croisades, se distingue par son refus des usages byzantins.

■ **La spiritualité et les rites orientaux.** Les Églises orientales s'appuient sur une tradition qui s'exprime surtout à travers des textes et des rites liturgiques, sur l'unité d'une spiritualité monastique dont se nourrit aussi la dévotion des fidèles, sur une ecclésiologie selon laquelle l'Église est essentiellement le lieu de la vie sacramentelle et sur une spiritualité marquée par l'action de l'Esprit saint. Chacune des Églises d'Orient se considère comme une communauté de droit propre dont l'élément constitutif est, avec le pouvoir de se gouverner de manière autonome, la possession d'un rite spécifique. D'abord très variés, les rites orientaux se sont redistribués, à partir du Vᵉ siècle avec la constitution des quatre grands patriarcats, en trois rites principaux : *byzantin* (Constantinople), *syrien* (Antioche et Jérusalem) et *copte* (Alexandrie). À côté d'eux se distinguent, à partir du IVᵉ siècle, le rite *arménien* (issu de l'ancien rite de Césarée) et le rite *chaldéen* (issu de l'ancien rite d'Édesse). Le rite byzantin, adopté par les Slaves dès leur conversion puis étendu (XIIᵉ et XIIIᵉ siècles) aux trois patriarcats melkites, est ainsi devenu celui de l'orthodoxie.

■ **La situation actuelle.** Les statistiques sont très approximatives : les Églises orthodoxes compteraient, diaspora incluse, environ 160 millions de fidèles, les autres Églises orientales séparées de Rome 30 millions et les communautés « uniates » 10 millions.

Orient *(Empire romain d')*, partie orientale de l'Empire romain, qui s'organisa, à partir de 395, en État indépendant. (→ **Byzantin** [Empire].)

Orient *(forêt d')*, massif forestier de Champagne (Aube), à l'est de Troyes. Elle abrite un lac (2 300 ha), dit « réservoir Seine », destiné à régulariser le débit de la Seine. Forêt et lac d'Orient sont compris dans le *parc naturel régional de la forêt d'Orient.*

Orient *(question d')*, ensemble des problèmes posés, à partir du XVIIIe siècle, par le démembrement de l'Empire ottoman et la lutte des grandes puissances pour dominer l'Europe balkanique ainsi que la Méditerranée orientale.

Origène, théologien, Père de l'Église grecque (Alexandrie v. 185 - Césarée ou Tyr v. 252-254). Attaqué pour l'enseignement qu'il dispensait dans son école d'Alexandrie, il se réfugia à Césarée de Palestine, où il reconstitua cette école. Victime de la persécution de Decius (250), il mourut des suites des tortures endurées. Il a acquis, par son œuvre d'exégète de la Bible et de théologien *(Commentaires, Homélies, Hexaples, Sur les principes, Contre Celse)*, une place considérable dans la tradition patristique, en dépit de positions qui ont déchaîné parfois critiques et controverses.

origine des espèces par voie de sélection naturelle *(De l')*, livre de C. Darwin, démontrant le rôle de la lutte pour la vie et de la sélection naturelle dans l'évolution des faunes et des flores (1859).

Orion, chasseur géant de la mythologie grecque, tué par Artémis qu'il avait offensée. Il fut changé en constellation.

Orissa, État du nord-est de l'Inde, sur le golfe du Bengale ; 156 000 km² ; 31 512 070 hab. Cap. *Bhubaneswar.*

Orizaba, v. du Mexique, dominée par le volcan d'Orizaba, ou Citlaltépetl (5 700 m), point culminant du Mexique ; 115 000 hab.

Orkney → **Orcades.**

Orlando, v. des États-Unis (Floride) ; 164 693 hab. À proximité, parc d'attractions de Disney World.

Orlando *(Vittorio Emanuele)*, homme politique italien (Palerme 1860 - Rome 1952). Président du Conseil de 1917 à 1919, il représenta son pays à la conférence de Versailles (1919).

Orléanais, ancienne province de France, qui a formé les départements du Loiret, du Loir-et-Cher et de l'Eure-et-Loir. À plusieurs reprises et pour la dernière fois en 1661, il constitua un duché, apanage de la famille d'Orléans. Cap. *Orléans.*

Orléans, ch.-l. de la Région Centre et du dép. du Loiret, sur la Loire, à 115 km au S. de Paris ; 107 965 hab. *(Orléanais).* L'agglomération compte plus de 240 000 hab. Centre de services. Industries mécaniques et alimentaires. — Métropole religieuse dès le IVe siècle, ville capétienne, Orléans fut le principal foyer loyaliste durant la guerre de Cent Ans. Jeanne d'Arc la délivra des Anglais en 1429. — Très endommagée en 1940, la ville conserve cependant sa cathédrale gothique (XIIIe-XVIIIe s.) et plusieurs églises médiévales. Musée des Beaux-Arts ; Musée historique et archéologique de l'Orléanais, dans un hôtel Renaissance.

Orléans, nom de quatre familles princières de France. **La première maison (Orléans-Valois)** eut pour fondateur et unique membre Philippe Ier, fils du roi Philippe VI, mort sans héritier en 1375. **La deuxième maison (Orléans-Valois)** est représentée par Louis Ier, frère du roi Charles VI, mort en 1407, son fils Charles d'Orléans, le poète, mort en 1465, et son petit-fils Louis II, devenu en 1498 le roi Louis XII. **La troisième maison (Orléans-Bourbon)** eut pour chef et unique membre Gaston d'Orléans, frère du roi Louis XIII, mort en 1660. **La quatrième maison (Orléans-Bourbon)** commence avec Philippe Ier, frère du roi Louis XIV, mort en 1701. Ses principaux membres furent : Philippe II, le Régent, mort en 1723 ; Louis Philippe Joseph, dit Philippe Égalité, guillotiné en 1793 ; Louis-Philippe II, devenu en 1830 le roi Louis-Philippe Ier. Le représentant actuel en est Henri d'Orléans, comte de Paris, né en 1908. (→ **Bourbon** [maisons de].)

Orléans *(Charles d')*, poète français (Paris 1394 - Amboise 1465), fils de Louis d'Orléans, frère de Charles VI. Il fut fait prisonnier à Azincourt et resta captif en Angleterre pendant un quart de siècle. À son retour en France, il épousa, en troisièmes noces, Marie de Clèves, qui lui donna un fils, le futur Louis XII, et tint à Blois une cour raffinée. Son œuvre poétique, qui unit l'esprit chevaleresque, l'amour courtois et la nostalgie du temps enfui, comprend surtout des rondeaux et des ballades.

Orléans *(Gaston, comte d'Eu, duc d')*, prince français (Fontainebleau 1608 - Blois 1660).

Fils d'Henri IV et de Marie de Médicis, frère cadet de Louis XIII, il resta l'unique héritier du trône jusqu'à la naissance du futur Louis XIV. Il prit part aux complots contre Richelieu, puis contre Mazarin. Il fut exilé à Blois en 1652.

Orléans (*Louis Philippe Joseph, duc d'*), dit **Philippe Égalité** (Saint-Cloud 1747 - Paris 1793). Arrière-petit-fils du Régent, ouvert aux idées nouvelles, il fut député aux États généraux (1789) et intrigua contre Louis XVI. Devenu député à la Convention (1792), il prit le nom de Philippe Égalité et vota la mort du roi (1793). Lui-même périt sur l'échafaud. Il est le père de Louis-Philippe.

Orléans (*Philippe, duc d'*) [Saint-Germain-en-Laye 1640 - Saint-Cloud 1701]. Fils de Louis XIII et d'Anne d'Autriche, frère de Louis XIV, il épousa Henriette d'Angleterre (1661), puis Charlotte-Élisabeth, princesse Palatine (1671).

Orléans (*Philippe, duc d'*), dit **le Régent** (Saint-Cloud 1674 - Versailles 1723), régent de France (1715-1723). Fils de Philippe Ier d'Orléans et de la princesse Palatine, Charlotte-Élisabeth de Bavière, neveu de Louis XIV, il épouse en 1692 Mlle de Blois, fille légitimée de ce dernier et de Mme de Montespan. Devenu régent à la mort du roi (1715), il fait casser par le parlement le testament qui limitait ses pouvoirs. Sous son impulsion, la Régence se caractérise par une violente réaction contre l'austérité de la fin du règne de Louis XIV. Il tente de gouverner avec des conseils aristocratiques (polysynodie), qu'il supprime en 1718, et cherche à résoudre la crise financière avec l'aide de Law (1716-1720). Secondé par le cardinal Dubois, il conduit une politique étrangère opposée à celle du règne précédent, qui donne lieu à un conflit avec Philippe V d'Espagne.

Orléansville → **Chelliff** (Ech-).

Orlov (*Grigori Grigorievitch, comte*), feldmaréchal russe (1734 - Moscou 1783). Favori de la future Catherine II, il participa avec son frère **Alekseï Grigorievitch** (Lioublino 1737 - Moscou 1807) au complot contre Pierre III (1762). A. G. Orlov remporta sur les Ottomans la victoire navale de Çeşme (1770).

Orly, ch.-l. de c. du Val-de-Marne, au sud de Paris ; 21 824 hab. *(Orlysiens).* Aéroport.

Ormesson (*Lefèvre d'*), famille française issue de la magistrature. Elle compta parmi ses membres **Olivier III** (1617 - Paris 1686),

qui fut le rapporteur intègre du procès de Fouquet.

Ormesson (*Jean Lefèvre, comte d'*), écrivain et journaliste français (Paris 1925), dont les romans font revivre des êtres ou des périodes héroïques (*Au plaisir de Dieu,* 1974 ; *le Vent du soir,* 1985 ; *Histoire du juif errant,* 1991 ; *la Douane de mer,* 1993). [Acad. fr. 1973.]

Ormuz ou **Hormuz,** île iranienne du golfe Persique, sur le *détroit d'Ormuz,* qui relie le golfe Persique au golfe d'Oman.

Ormuzd → **Ahura-Mazda.**

Ornano (*famille d'*), famille d'origine corse qui s'illustra au service de la France dans l'art de la guerre. Elle compte parmi ses membres : **Sampiero d'Ornano** ou **Sampiero Corso** (Bastelica 1498 - La Rocca 1567), qui favorisa l'intervention française contre la domination génoise et mourut assassiné.

Orne, fl. côtier de Normandie, qui passe à Caen ; 152 km.

Orne [61], dép. de la Région Basse-Normandie ; ch.-l. de dép. Alençon ; ch.-l. d'arr. *Argentan, Mortagne-au-Perche ;* 3 arr., 40 cant., 507 comm. ; 6 103 km² ; 293 204 hab. *(Ornais).* Il est rattaché à l'académie et à la cour d'appel de Caen, à la région militaire Atlantique.

Oromo ou **Galla,** peuple vivant sur les hauts plateaux du sud de l'Éthiopie et au nord-ouest du Kenya. En partie islamisés, ils parlent une langue couchitique.

Oronte, *en ar.* Nahr al-'Āṣī (« le Fleuve rebelle »), fl. du Proche-Orient (Liban, Syrie, Turquie), tributaire de la Méditerranée ; 570 km (dont 325 en Syrie). Il traverse Homs et Antioche, et alimente des canaux d'irrigation.

Orphée, poète et musicien dans les légendes de la Grèce antique. Par son chant, il est le maître des créatures, charmant animaux, plantes et même minéraux. Ne pouvant supporter la mort de son épouse, Eurydice, il va la réclamer dans les Enfers à Hadès. Mais, sur le chemin du retour, avant d'être arrivé à la lumière, il se retourne, transgressant ainsi un interdit posé par le dieu. Eurydice lui est alors enlevée à jamais. Orphée aurait été foudroyé par Zeus ou, selon une autre tradition, mis en pièces par les Ménades, sa tête étant transportée par les flots jusqu'à Lesbos, où elle donnait des oracles. À sa personnalité se rattache un mouvement religieux qui, apparu dans la Grèce du VIe s. av. J.-C. et connu par des « poèmes orphiques », se caractérise par une contestation de l'ordre social et par une recherche mystique et ascétique du salut à travers des liturgies initiatiques et un système cosmogonique.

Orry *(Philibert),* homme d'État français (Troyes 1689 - La Chapelle, près de Nogent-sur-Seine, 1747). Contrôleur général des Finances (1730-1745), colbertiste convaincu, il mit à contribution les privilégiés et encouragea l'industrie nationale et le commerce extérieur.

Orsay, ch.-l. de c. de l'Essonne, sur l'Yvette ; 14 931 hab. *(Orcéens).* Établissements de recherche et d'enseignement scientifiques.

Orsay *(musée d'),* à Paris, musée national ouvert en 1986 dans l'ancienne gare d'Orsay (1898), sur la rive gauche de la Seine, face aux Tuileries. Chaînon entre le Louvre et le M. N. A. M., il réunit les œuvres des années 1848 à 1905 environ (fin du romantisme, académisme, réalisme, impressionnisme, symbolisme, nabis). Les collections et, surtout, les expositions temporaires (« dossiers ») ne se limitent pas à la peinture, à la sculpture et aux arts graphiques, mais abordent les arts appliqués, la photographie, l'architecture.

Orsini *(attentat d')* [14 janv. 1858], attentat commis à Paris par le patriote italien Felice Orsini (Meldola 1819-Paris 1858), membre du mouvement Jeune-Italie, contre la personne de Napoléon III, qu'il considérait comme traître à la cause italienne. Défendu par Jules Favre, Orsini fut condamné à mort et exécuté.

Orsk, v. de Russie, sur l'Oural ; 271 000 hab. Sidérurgie.

Orsted *(Christian)* → **Œrsted.**

ORSTOM (ancien Office de la recherche scientifique et technique outre-mer, devenu en 1984 Institut français de recherche scientifique pour le développement en coopération), établissement public national à caractère scientifique et technologique chargé de réaliser et de promouvoir des travaux susceptibles de contribuer au progrès économique, social et culturel des pays en voie de développement.

Ors y Rovira *(Eugenio* d'), écrivain espagnol (Barcelone 1882 - Villanueva y Geltrú 1954). Ses essais traitent du rapport entre baroque et classicisme, et cherchent à définir une philosophie de la culture (*l'Art de Goya,* 1928 ; *les Idées et les Formes,* 1928 ; *Du baroque,* 1936).

Ortega y Gasset *(José),* écrivain espagnol (Madrid 1883 - id. 1955). Fondateur de la

Revista de Occidente (1923) et de la maison d'édition du même nom, il contribua à renouveler la vie intellectuelle de son pays et à ouvrir ce dernier sur l'Europe.

Orthez [-tes], ch.-l. de c. des Pyrénées-Atlantiques, sur le gave de Pau ; 10 760 hab. *(Orthéziens).* — Donjon, église et beau pont fortifié des XIIIe-XVe siècles.

Ortler ou **Ortles,** massif des Alpes italiennes (Trentin) ; 3 899 m.

Oruro, v. de Bolivie, à 3 700 m d'altitude ; 183 194 hab. Centre minier et métallurgique (étain).

Orvieto, v. d'Italie (Ombrie) ; 21 362 hab. Cathédrale romano-gothique (fresques de Signorelli) et autres monuments. Musée municipal abritant les collections étrusques.

Orwell *(Eric Arthur Blair, dit George),* écrivain britannique (Motihari, Inde, 1903 - Londres 1950). Il a tenté de faire prendre conscience à ses contemporains de l'inhumanité croissante du monde moderne par une allégorie politique, *la Ferme des animaux* (1945), et par un roman d'anticipation, *1984* (1949), description d'un monde totalitaire.

Orzeszkowa *(Eliza),* femme de lettres polonaise (Milkowszczyzna 1841 - Grodno 1910). Elle est l'auteur de récits d'inspiration sociale et humanitaire *(Martha,* 1873).

Osaka, v. du Japon, dans l'île de Honshu, ch.-l. de la *préfecture d'Osaka,* à l'extrémité orientale de la mer Intérieure, sur la *baie d'Osaka ;* 2 623 801 hab. GÉOGR. Osaka est le centre d'une conurbation et le deuxième pôle économique du Japon. Établie dans une plaine deltaïque, la ville gagne des terrains industriels sur la baie (également site de l'aéroport). Tous les secteurs industriels sont représentés et l'ensemble portuaire (avec les ports de Kobe et de Sakai) est le deuxième après celui de Tokyo. ARTS. Château du XVIe siècle (musée historique), restauré après la Seconde Guerre mondiale ; temples et musées.

Osborne *(John),* auteur dramatique britannique (Londres 1929 - Shrewsbury, Shropshire, 1994). Chef de file des « Jeunes Gens en colère », il dénonça le conformisme et les préjugés nationaux ou privés *(Jeune Homme en colère,* 1956 ; *Témoignage irrecevable,* 1964) ainsi que l'immanquable récupération de toute révolte.

Oscar II (Stockholm 1829 - id. 1907), roi de Suède (1872-1907) et de Norvège (1872-1905). Frère et successeur de Charles XV, il dut accepter la rupture de l'union suédo-norvégienne (1905).

O. S. C. E. (Organisation pour la sécurité et la coopération en Europe), organisation issue en 1995 de l'ensemble des négociations tenues à partir de 1973 (sous l'appellation de C. S. C. E. [Conférence sur la sécurité et la coopération en Europe] jusqu'en 1994) entre les États européens, le Canada et les États-Unis, afin d'établir un système de sécurité et de coopération en Europe. Lors du sommet de 1975, la C. S. C. E. adopte l'Acte final d'Helsinki, qui précise les principes régissant les relations entre les États signataires (notamm. l'inviolabilité des frontières et le respect des droits de l'homme). Lors du deuxième sommet (Paris, 1990) est signée la Charte pour une nouvelle Europe. En 1991, l'Albanie et les trois pays Baltes rejoignent la C. S. C. E., suivis en 1992 par les autres Républiques de l'ex-U. R. S. S. et par les États indépendants nés de l'éclatement de la Yougoslavie (Croatie, Slovénie et Bosnie-Herzégovine, rejointes en 1995 par la Macédoine).

Osée, prophète biblique. Il exerce son ministère durant les années qui précèdent la chute de Samarie (722-721 av. J.-C.). L'évocation autobiographique de son mariage avec une prostituée sacrée lui inspire une réflexion sur l'affection de Yahvé, qui continue d'aimer son peuple en dépit de ses infidélités.

Oshawa, port du Canada (Ontario), sur le lac Ontario ; 127 082 hab. Industrie automobile.

Oshima Nagisa, cinéaste japonais (Kyoto 1932). Son cinéma d'auteur est représentatif de la « nouvelle vague » japonaise. Avec une crudité jamais vue, il dépasse la pornographie, explorant le sexe, l'éros et la mort avec le sens de l'absolu d'un Georges Bataille : *la Pendaison* (1968), *la Cérémonie* (1971), *l'Empire des sens* (1976), *Furyo* (1983), *Max mon amour* (1986).

Oshogbo, v. du sud-ouest du Nigeria (État d'Oyo) ; 282 000 hab.

Osiander *(Andreas* Hosemann, dit Andreas*),* théologien protestant et savant allemand (Gunzenhausen, Brandebourg, 1498 - Königsberg 1552). Chef des réformés de Nuremberg, il signa les articles de Smalkalde et devint professeur à Königsberg. Il publia l'astronomie de Copernic *(De revolutionibus),* à laquelle il ajouta une préface anonyme.

Osijek, v. de Croatie, sur la Drave ; 104 000 hab.

Osiris, dieu égyptien, frère et époux d'Isis. Il est jalousé par son frère Seth, qui le jette dans le Nil. Isis le retrouve à Byblos et le ramène. Mais Seth s'empare à nouveau d'Osiris, dont il dépèce le corps en 14 morceaux, les dispersant à travers l'Égypte. Isis se remet en quête de son époux, reconstitue son corps et lui redonne vie. Du dieu ainsi ressuscité, elle conçoit un fils, Horus, qu'elle élève en secret dans le Delta et qui héritera plus tard de la royauté terrestre de son père, tandis que ce dernier gouverne le royaume souterrain des Bienheureux. Sur ce mythe du dieu de la résurrection s'édifia, en Égypte puis dans le monde gréco-romain, toute une tradition de rites funéraires et de croyances dans la survie.

Ösling ou **Oesling,** *en luxembourgeois* E'Slek, partie septentrionale du grand-duché du Luxembourg, dont elle couvre près du tiers. L'Ösling s'étend sur les plateaux de l'Ardenne, découpés vers le sud par les vallées affluentes de la Moselle (prairies et cultures industrielles).

Oslo, cap. de la Norvège, à l'extrémité de l'*Oslofjord,* longue ramification du Skagerrak ; 458 000 hab. GÉOGR. Au cœur d'une région agricole fertile, Oslo est un nœud de communication, tant vers l'intérieur du pays, par les vallées de la Glomma et de la Vorma, que vers la mer (à 100 km). Très étendue, la ville est le centre d'une conurbation qui s'étire sur les rives du fjord en un urbanisme très aéré. Centre administratif et industriel, et deuxième port du pays. HIST. Incendiée au XVIIᵉ siècle, la ville fut rebâtie par Christian IV de Danemark sous le nom de *Christiania.* Capitale de la Norvège indépendante en 1905, elle reprit son nom d'Oslo en 1925. ARTS. Château d'Akershus (v. 1300 et XVIIᵉ s.). Nombreux musées, dont celui du peintre Munch et, dans la presqu'île de Bygdøy, le Musée folklorique national de plein air, celui de la Marine et celui des Bateaux vikings. Aux environs, à Høvikodden, Centre d'art contemporain Sonja Henie-Niels Onstad.

Oslo *(accord d')* → **Washington** *(accord de).*

Osman Iᵉʳ Gazi (Söğüt v. 1258- ? 1326), fondateur de la dynastie ottomane.

Osmond *(Floris),* métallurgiste français (Paris 1849 - Saint-Leu 1912). Avec Charpy et Le Chatelier, il est l'un des fondateurs de la métallographie en France. Il étudia le phénomène de trempe de l'acier.

Osnabrück, v. d'Allemagne (Basse-Saxe) ; 161 317 hab. — En 1644 s'y ouvrit un congrès réunissant les États protestants engagés dans la guerre de Trente Ans (→ **Westphalie** [traités de]). — Cathédrale, surtout des XIIᵉ-XIIIᵉ siècles. Hôtel de ville gothique (reconstruit).

Osques, peuple de l'Italie ancienne, dans l'Apennin central. Établis en Campanie vers la fin du vᵉ s. av. J.-C., les Osques furent soumis par les Samnites vers la fin du IIIᵉ s. av. J.-C. Leur langue a profondément influencé le latin.

Ossau *(vallée d'),* vallée des Pyrénées (Béarn), parcourue par le *gave d'Ossau* (branche mère du gave d'Oloron) [80 km].

Osservatore Romano *(L'),* quotidien du Vatican, fondé en 1861.

Ossètes, peuple de langue iranienne du Caucase central, habitant la *République d'Ossétie du Nord* (Russie) [637 000 hab. Cap. *Vladikavkaz*] et l'*Ossétie du Sud* (Géorgie) [99 000 hab. Cap. *Tskhinvali*]. Les ancêtres des Ossètes étaient les Alains, qui se mêlèrent aux autochtones ibéro-caucasiens. Une partie des Ossètes (les Digors) se convertirent à l'islam aux XVIIᵉ et XVIIIᵉ siècles. Depuis 1991, des combats opposent les Géorgiens aux Ossètes du Sud, qui aspirent à leur réunification avec les Ossètes du Nord.

Ossian, barde écossais légendaire du IIIᵉ siècle. Sous son nom, le poète James Macpherson (Ruthven, Inverness, 1736-Belville, Inverness, 1796) publia en 1760 des *Fragments de poésie ancienne,* traduits du gaélique et de l'erse, et dont l'influence fut considérable sur la littérature romantique.

Ostende, *en néerl.* Oostende, v. de Belgique, ch.-l. d'arr. de la Flandre-Occidentale, sur la mer du Nord ; 68 500 hab. *(Ostendais).* Station balnéaire et thermale. Port. — Musée des Beaux-Arts (expressionnisme flamand), musée provincial d'Art moderne, etc. Maison du peintre Ensor.

Ostiaks → Ostyaks.

Ostie, localité italienne, incluse dans la commune de Rome. Station balnéaire sur le site du port de la Rome antique (auj. comblé). — Importants vestiges (IVᵉ s. av. J.-C.-IVᵉ s. apr. J.-C.) qui témoignent de l'urbanisme romain.

Ostrava, v. de la République tchèque (Moravie), sur l'Odra ; 327 553 hab. Centre houiller et métallurgique.

Ostrogoths, ancien peuple germanique constituant l'une des grandes fractions des Goths. Le royaume qu'ils avaient constitué de part et d'autre du Dniepr fut détruit par les Huns vers 375. La mort d'Attila (453) fit renaître leur puissance. Fédérés à Rome, dominant une partie des Balkans, ils pénétrèrent en Italie avec Théodoric en 489. Devenu seul maître de l'Italie, roi en 493, celui-ci s'installa à Ravenne. Après sa mort (526), son royaume ne put résister à la reconquête byzantine et disparut en 555.

Ostrovski *(Aleksandr Nikolaïevitch),* auteur dramatique russe (Moscou 1823 - Chtchelykovo 1886). Auteur prolifique — plus de 50 pièces —, il a peint avec minutie une fresque sociale de la Russie (*l'Orage,* 1859 ; *la Forêt,* 1871).

Ostrovski *(Nikolaï Alekseïevitch),* écrivain soviétique (Vilia, Volhynie, 1904 - Moscou 1936). Il fut l'un des modèles du réalisme socialiste (*Et l'acier fut trempé,* 1932-1935).

Ostwald *(Wilhelm),* chimiste allemand (Riga 1853 - Grossbothen, près de Leipzig, 1932). Il obtint le prix Nobel en 1909 pour ses travaux sur les électrolytes et la catalyse.

Ostyaks ou **Ostiaks,** peuple finno-ougrien de la Sibérie occidentale.

Oświecim → Auschwitz.

Otakar II ou **Ottokar Přemysl** (1230 - près de Dürnkrut 1278), roi de Bohême (1253-1278). Il s'empara de l'Autriche (1251) et brigua la couronne impériale. Il fut évincé par Rodolphe de Habsbourg (1273), qui le vainquit et le tua.

O. T. A. N. (Organisation du traité de l'Atlantique Nord), traité d'alliance signé à Washington le 4 avril 1949 par la Belgique, le Canada, le Danemark, les États-Unis, la France, la Grande-Bretagne, l'Islande, l'Italie, le Luxembourg, la Norvège, les Pays-Bas et le Portugal, rejoints en 1952 par la Grèce (qui s'est retirée de son organisation militaire de 1974 à 1980) et la Turquie, en 1955 par l'Allemagne fédérale et en 1982 par l'Espagne. La France a quitté l'organisation militaire de l'O. T. A. N. en 1966. L'O. T. A. N. s'est ouvert à la coopération avec les pays d'Europe de l'Est ou issus de l'ex-U. R. S. S. dans le cadre du Conseil de coopération nord-atlantique (C. O. C. O. N. A.), créé en 1991, et du programme de « partenariat pour la paix », instauré en 1994. En 1995, l'Organisation est chargée du commandement de la force d'application de la paix (IFOR) dans l'ex-Yougoslavie.

O. T. A. S. E. (Organisation du traité de l'Asie du Sud-Est), alliance défensive conclue à Manille le 8 septembre 1954 entre l'Australie, les États-Unis, la France, la Grande-Bretagne, la Nouvelle-Zélande, le Pakistan, les Philippines et la Thaïlande. Elle fut dissoute en 1977.

Othe *(pays* ou *forêt d'),* région du Bassin parisien, à l'extrémité sud-ouest de la Champagne, aux confins de l'Aube et de l'Yonne. Massif argileux forestier, partiellement défriché (céréales, vergers, prairies).

Othello ou **le Maure de Venise,** drame de Shakespeare (v. 1604).

Othon → Otton.

Otrante, v. de l'Italie méridionale (Pouille), sur le *canal d'Otrante* (qui joint l'Adriatique et la mer Ionienne) ; 5 152 hab.

Otsu, v. du Japon (Honshu), sur le lac Biwa ; 260 018 hab.

Ottawa, cap. fédérale du Canada, en Ontario, à la frontière du Québec ; 313 987 hab. (750 710 hab. pour l'agglomération, ou « région de la capitale nationale », englobant notamm. Hull au Québec). À la confluence de la rivière Outaouais (ou Ottawa) et de la rivière Rideau, la ville est devenue la capitale du Canada en 1867. Elle regroupe les institutions fédérales (gouvernement, Parlement), des centres scientifiques et artistiques à rayonnement national et les services centraux de l'armée. L'industrie y est représentée par l'imprimerie, l'édition et des secteurs de pointe liés à la recherche (télécommunications). — Musées, dont le musée des Beaux-Arts du Canada.

Ottawa *(accords d')* [1932], série de traités commerciaux signés par le Royaume-Uni, les dominions et l'Inde, à la suite de la conférence d'Ottawa. Ils favorisaient, par le jeu des tarifs douaniers, les échanges commerciaux à travers les divers pays du Commonwealth.

Otterlo, section de la commune d'Ede (Gueldre, Pays-Bas). Dans le parc de la haute Veluwe, musée Kröller-Müller (peintures, notamm. de Van Gogh ; parc de sculptures modernes).

Otto *(Nikolaus),* ingénieur allemand (Holzhausen 1832 - Cologne 1891). En collaboration avec Langen, il mit au point, en 1864, un moteur à gaz à cycle atmosphérique. Puis, en 1876, il commercialisa les premiers moteurs à combustion interne à quatre temps à compression préalable. Le principe ayant été breveté en France dès 1862 par Beau de Rochas, les brevets d'Otto furent reconnus non valables dans ce pays à la suite d'un retentissant procès.

Otto *(Rudolf),* philosophe allemand (Peine, Basse-Saxe, 1869 - Marburg 1937). Il pratique une analyse phénoménologique, qui

place au centre du phénomène religieux le sentiment du sacré *(le Sacré,* 1917).

Ottobeuren, v. d'Allemagne (Bavière), dans les Préalpes de l'Allgäu ; 7 525 hab. —Abbaye bénédictine fondée au VIIIᵉ siècle, reconstruite en style baroque au XVIIIᵉ (abbatiale de J. M. Fischer, richement décorée).

Ottokar → Otakar.

ottoman *(Empire),* ensemble des territoires sur lesquels le sultan ottoman exerçait son autorité.

■ **Formation et apogée de l'Empire**
Vers 1299. Chef d'un clan turc, Osman se rend indépendant des Turcs Seldjoukides.
1326. Son fils Orhan conquiert Brousse (Bursa), au sud-est de la mer de Marmara, et en fait sa capitale. En 1354, il prend pied en Europe à Gallipoli. Sous son règne est créée l'armée régulière des janissaires, recrutés au sein des populations chrétiennes. Ses successeurs s'emparent d'Andrinople, de la Thrace, de la Bulgarie et de la Macédoine.
1402. La défaite du sultan Bayezid Iᵉʳ à Ankara contre Tamerlan donne un coup d'arrêt à l'expansion ottomane.
L'unité de l'Anatolie est reconstituée ; Murad II (1421-1451) poursuit la politique de conquêtes en Europe.
Mai 1453. Mehmed II (1451-1481) met fin à l'Empire byzantin en s'emparant de Constantinople, qui devient, sous le nom d'Istanbul, l'une des métropoles de l'islam. Ses successeurs se tournent vers le monde arabe et conquièrent la Syrie puis l'Égypte (1517). Le dernier calife abbasside se rend à Constantinople mais le titre ne sera porté par les sultans ottomans qu'au XVIIIᵉ s.
1520-1566. Règne de Soliman le Magnifique.
L'Empire connaît alors son apogée militaire et culturelle. Soliman s'empare de Bagdad, de l'est de la Hongrie (1526), après la bataille de Mohács, et de l'Afrique du Nord (à l'exception du Maroc), et assiège Vienne (1529). L'organisation administrative des pays conquis laisse aux peuples dominés leur langue et leur religion, les Turcs assurant la défense et prélevant les impôts. Assisté d'un grand vizir, le sultan est le maître absolu, tout à la fois chef civil, militaire et religieux.

■ **La stagnation et le déclin**
1571. Défaite de Lépante contre une coalition de princes chrétiens.
1699. Le traité de Karlowitz marque le premier recul des Ottomans (perte de la Hongrie).

1774. Le traité de Kutchuk-Kaïnardji (auj. en Bulgarie) donne à la Russie le droit de naviguer sur la mer Noire.

1826. Suppression du corps des janissaires.

1830. L'Empire doit reconnaître l'indépendance de la Grèce et la perte de l'Algérie.

1839. Début de l'ère des réformes (Tanzimat).

1840. L'Égypte devient autonome.

1856. Le traité de Paris place l'Empire sous la garantie des puissances européennes. L'endettement de l'Empire accroît l'influence de ces dernières.

1878. Le congrès de Berlin consacre la perte de la Roumanie et de la Serbie.

1908. Les Jeunes-Turcs, nationalistes partisans d'une modernisation de l'État, prennent le pouvoir.

1912-13. Guerres balkaniques à l'issue desquelles les Ottomans ne conservent plus en Europe que la Thrace orientale.

1914. L'Empire s'engage dans la Première Guerre mondiale, aux côtés de l'Allemagne.

1918-1920. L'Empire est morcelé et occupé par les Alliés qui imposent le traité de Sèvres.

1922. Mustafa Kemal abolit le sultanat.

Otton Ier le Grand (912 - Memleben 973), roi de Germanie (936-973), roi d'Italie (951/961-973), premier empereur du Saint Empire romain germanique (962-973), fils d'Henri Ier. Après avoir soumis les duchés allemands en s'appuyant sur l'Église, il se tourna vers l'Italie pour réaliser son idéal de reconstitution de l'Empire carolingien. Il arrêta les Hongrois au Lechfeld (955) et reçut la couronne impériale des mains de Jean XII (962), fondant ainsi le Saint Empire romain germanique. **Otton II** (955 - Rome 983), roi de Germanie (961-973), empereur germanique (973-983). Fils d'Otton Ier, il fut battu par les musulmans au cap Colonne (982). **Otton III** (980 - Paterno 1002), roi de Germanie (983), empereur germanique (996-1002). Fils d'Otton II, il transféra le siège de son gouvernement à Rome et, influencé par le savant français Gerbert, dont il fit le pape Sylvestre II, il rêva d'établir un empire romain universel et chrétien. **Otton IV de Brunswick** (en Normandie 1175 ou 1182 - Harzburg, Saxe, 1218), empereur germanique (1209-1218). Excommunié par Innocent III (1210), qui soutenait la candidature de Frédéric II de Hohenstaufen, il fut défait à Bouvines (juill. 1214) par Philippe Auguste et ne conserva en fait que le Brunswick.

Otton Ier (Salzbourg 1815 - Bamberg 1867), roi de Grèce (1832-1862). Fils de Louis Ier de Bavière, il dut abdiquer en 1862.

Otway (Thomas), auteur dramatique anglais (Trotton 1652 - Londres 1685). Il agit, dans une construction inspirée des classiques français, la puissance du théâtre élisabéthain (Venise sauvée, 1682).

O. U. A. (sigle de Organisation de l'unité africaine), organisation intergouvernementale destinée à renforcer l'unité, la solidarité et la stabilité des États africains indépendants, créée par la conférence d'Addis-Abeba (22-25 mai 1963). En 1994, elle regroupe 53 États, soit, après l'admission de l'Afrique du Sud, tous les États indépendants d'Afrique. En juin 1991, à l'occasion du 27e sommet de l'Organisation, les pays membres ont signé le traité constitutif de la Communauté économique africaine, qui prévoit une mise en place progressive de la Communauté sur une période de 34 ans.

Ouaddaï ou **Ouadaï**, région du Tchad, à l'est du lac Tchad.

Ouagadougou, cap. du Burkina ; 442 000 hab.

Ouargla → **Wargla.**

Ouarsenis, massif d'Algérie, au sud du Cheliff ; 1 985 m.

Ouarzazate, v. du Maroc méridional, ch.-l. de prov. ; 17 000 hab. Tourisme.

Oubangui, riv. de l'Afrique équatoriale, affl. du Zaïre (r. dr.) ; 1 160 km. Elle joue un rôle vital dans le désenclavement de la République centrafricaine vers Brazzaville et Pointe-Noire.

Oubangui-Chari, ancien territoire de l'Afrique-Équatoriale française, constituant aujourd'hui la République centrafricaine.

Ouche (pays d'), région de Normandie (Eure et Orne), parcourue par la Risle. Élevage bovin.

Oudenaarde, en fr. Audenarde, v. de Belgique, ch.-l. d'arr. de la Flandre-Orientale, sur l'Escaut ; 27 162 hab. Textile. Brasserie. — Défaite du duc de Vendôme devant le Prince Eugène et Marlborough (1708). — Hôtel de ville de 1526-1537, chef-d'œuvre du gothique tardif, et autres monuments. Musées.

Oudinot (Nicolas Charles), duc de Reggio, maréchal de France (Bar-le-Duc 1767 - Paris 1847). Il se distingua à Austerlitz, Friedland, Wagram et Bautzen. Son fils **Nicolas Charles Victor,** général (Bar-le-Duc 1791 - Paris 1863), rétablit le pouvoir du pape à Rome en 1849.

Oudmourtes ou **Votyaks,** peuple de Russie habitant la *République d'Oudmourtie,* à l'ouest de l'Oural, et parlant une langue finno-ougrienne du groupe permien. Ils sont passés sous la tutelle russe au milieu du XVIᵉ siècle.

Oudmourtie *(République d'),* république de la Fédération de Russie ; 42 100 km² ; 1 609 000 hab. (dont un tiers d'Oudmourtes ou Votyaks). Cap. *Ijevsk.*

Oudry *(Jean-Baptiste),* peintre et dessinateur français (Paris 1686 - Beauvais 1755). Principalement animalier, il devint peintre des chiens et des chasses du roi (1726). Directeur artistique des manufactures de Beauvais (1734) et des Gobelins, il influença l'évolution de la tapisserie. Il a donné des illustrations pour *le Roman comique* de Scarron (non éditées) et pour les *Fables* de La Fontaine.

Oued (El-) → **Wad** (El-).

Ouedraogo *(Idrissa),* cinéaste burkinabé (Banfora 1954). Formé à l'école du cinéma de Ouagadougou et à l'I. D. H. E. C., il se révèle par des courts métrages avant d'aborder le long métrage : *Yam daabo* (*le Choix,* 1986), *Yaaba* (*Grand-mère,* 1988), *Tilaï* (*Question d'honneur,* 1990); *le Cri du cœur* (1994), films dans lesquels les personnages de son pays, dépeints sans exotisme, sont des figures universelles.

Ouenza → **Wanza** (djebel El-).

Ouessant, île de Bretagne, constituant un canton du Finistère correspondant à la seule comm. d'Ouessant 15 km² ; 1 081 hab. *(Ouessantins).* Élevage ovin.

Ouest-France, quotidien d'informations générales créé à Rennes en 1944. Il est le premier quotidien français. Il dépend d'une association loi 1901, le groupe Ouest-France, qui est par ailleurs le deuxième groupe national de la presse gratuite.

Oufa, v. de Russie, ch.-l. de la Bachkirie, au confluent de la Bielaïa et de l'Oufa (918 km) ; 1 083 000 hab. Raffinage du pétrole.

Ouganda, État de l'Afrique orientale ; 237 000 km² ; 18 700 000 hab. *(Ougandais).* CAP. *Kampala.* LANGUE : *anglais.* MONNAIE : *shilling ougandais.*

GÉOGRAPHIE

Traversé par l'équateur, le pays est formé par un haut plateau (1 200 m d'altitude moyenne), dominé de hauts reliefs (Ruwenzori, Elgon). Il possède une partie des lacs Victoria, Édouard et Mobutu. L'altitude modère les températures. La savane domine, sauf dans le Nord-Est, steppique, et sur les massifs, boisés. La population est formée de Nilotiques et surtout de Bantous vivant essentiellement de l'agriculture. Les cultures vivrières (dont la banane) sont complétées par l'élevage (5 M de bovins). Le café (200 000 t) est la première culture commerciale et assure près de 90 % des exportations, loin devant le coton et le thé. L'industrie, en dehors de l'agroalimentaire et de quelques produits de consommation, est inexistante. Kampala, Jinja (près de la centrale hydroélectrique d'Owen Falls) et Bugembe sont les principales villes. Enclavé, en proie à des dissensions internes, sa balance commerciale dépendant des cours du café, connaissant un accroissement démographique rapide (3 % par an), l'Ouganda, dont près de la moitié de la population est analphabète, est l'un des pays les plus pauvres du monde.

HISTOIRE

Peuplé en majorité par les Bantous, le pays voit émerger au XIXᵉ s. le royaume du Buganda. Mutesa Iᵉʳ (1856-1884) accueille favorablement les Européens.

1894. Protectorat britannique.

1962. Indépendance de l'Ouganda dans le cadre du Commonwealth.

1966. Obote devient chef de l'État.

1971-1979. Régime dictatorial d'Idi Amin Dada.

1980-1985. Milton Obote est à nouveau chef de l'État.

Plusieurs coups d'État militaires se succèdent, sous-tendus par des rivalités tribales ; le dernier porte au pouvoir Yoweri Museveni (1986). À partir de 1993, le pays connaît un certain développement économique.

1995. Une nouvelle constitution est adoptée, qui maintient une démocratie autoritaire.

Ougarit ou **Ugarit,** cité antique de la côte syrienne, à 16 km au nord de Lattaquié, sur le tell de Ras Shamra. Ce fut un important centre commercial et culturel au IIᵉ millénaire, détruit vers le XIIᵉ s. av. J.-C. par les Peuples de la Mer. ARCHÉOL. Le premier habitat — un gros bourg fortifié — remonte au VIIIᵉ millénaire. L'influence de la Mésopotamie est présente dès le Vᵉ millénaire. L'urbanisation n'apparaît qu'à la fin du IIIᵉ millénaire, son épanouissement se situe au IIᵉ millénaire. Les maisons sont pourvues d'un caveau voûté en encorbellement, que l'on retrouve dans les deux immenses palais qui ont livré des dépôts d'archives et des textes littéraires, attestant une étonnante diversité de langues et cinq systèmes d'écriture, dont l'écriture alphabétique ougaritique.

Ouïgours, tribu turque qui domina l'empire de Mongolie de 745 environ à 840. Aujourd'hui, les Ouïgours constituent la population majoritaire du Xinjiang.

Oujda, v. du Maroc, ch.-l. de prov., près de la frontière algérienne ; 260 000 hab.

Oulan-Bator, *anc.* Ourga, cap. de la Mongolie, sur la Tola, au centre de la région la plus fertile de Mongolie ; 560 000 hab. Principal centre industriel du pays.

Oulan-Oude, v. de Russie, en Sibérie, à l'est du lac Baïkal. Cap. de la République de Bouriatie ; 353 000 hab.

Ouled Naïl *(monts des),* massif de l'Algérie méridionale, dans l'Atlas saharien, habité par des tribus du même nom ; 1 491 m au djebel el-Azreg.

Oulianovsk → Simbirsk.

Oulipo (OUvroir de LIttérature POtentielle), groupe d'écrivains créé par François Le Lionnais et Raymond Queneau en 1960, et qui constitue un atelier de littérature expérimentale.

Oullins, ch.-l. de c. du Rhône, banlieue de Lyon ; 26 400 hab.

Oulu, port de Finlande, sur le golfe de Botnie ; 100 000 hab. Exportation de bois.

Oum er-Rebia, fl. du Maroc occidental, tributaire de l'Atlantique ; 556 km. Coupé de barrages, il alimente en eau les périmètres irrigués et Casablanca.

Ouolof ou **Wolof,** peuple du Sénégal et de la Gambie, parlant une langue nigéro-congolaise. Au XVIe siècle, les Ouolof étaient organisés en plusieurs royaumes islamisés, qui disparurent avec la colonisation française.

Our, cité antique de la basse Mésopotamie sur l'Euphrate, dans le sud de l'Iraq, et, selon la Bible, patrie d'Abraham. La plus ancienne occupation du site paraît remonter à la fin du VIe millénaire. Mais la période historique commence au IIIe millénaire avec les deux premières dynasties d'Our, à la puissance desquelles viendra mettre fin l'empire d'Akkad (2325-2160). La IIIe dynastie d'Our (2111-2003) marque la période la plus brillante de la cité, qui étend son empire sur toute la Mésopotamie. Mais la puissance d'Our, minée par les infiltrations étrangères, s'effondre et la cité est enfin incorporée en 1762 av. J.-C. au royaume d'Hammourabi de Babylone. **ARCHÉOL.** Cette agglomération de 60 ha est encore en cours de dégagement. Le

premier habitat néolithique remonte au VIe millénaire ; la première urbanisation (3700-3000) n'a pas été véritablement atteinte par les fouilles. La première floraison du site correspond au dynastique archaïque (3000-2350) avec les tombes royales (chambres voûtées en encorbellement accessibles par un puits) du XXVe siècle. Celles-ci ont livré un riche mobilier funéraire (British Museum) et révèlent la pratique de sacrifices humains. De nombreux édifices religieux (dont la ziggourat, haute de 20 m) sont construits en briques crues sous la IIIe dynastie.

Oural, fl. de Russie, qui naît dans l'Oural et rejoint la Caspienne ; 2 428 km (bassin de 231 000 km²). Pêche.

Oural *(chaîne de l'),* ensemble montagneux de Russie, long de 2 000 km, de l'océan Arctique, au N., à la cuvette de la Caspienne, au S., et qui sépare la plate-forme russe de la plate-forme sibérienne, constituant une limite traditionnelle de l'Europe à l'E. Massif hercynien, en partie soulevé au tertiaire, l'Oural est plus élevé à ses extrémités (1 894 m au N., 1 640 m au S.) qu'en son centre, aisément franchissable. Les versants sont dissymétriques, en pente douce vers l'O., abrupts vers l'E. La richesse du sous-sol de la montagne et de sa bordure (fer, charbon, pétrole, etc.) a fait de la région, alimentée par de l'énergie importée, l'un des grands foyers industriels de la Russie, dominé par l'industrie lourde approvisionnant une notable métallurgie de transformation. Iekaterinbourg et Tcheliabinsk, villes millionnaires, en sont les centres urbains majeurs.

Ouralsk, v. du Kazakhstan, sur l'Oural ; 200 000 hab.

Ouranos, dieu qui, dans la mythologie grecque, selon Hésiode, personnifie le Ciel. Il est à la fois le fils et l'époux de Gaia, la Terre, qui lui donna une abondante postérité (Titans, Titanides, Cyclopes, Hécatonchires). L'un de ses fils, le Titan Cronos, se révolta contre lui et lui trancha les testicules avec une faucille. Le sang de la blessure, fécondant à nouveau la Terre, donna naissance aux Érinyes, aux Géants et aux Nymphes des Frênes. Puis un des fils de Cronos, Zeus, détrôna à son tour son père.

Ourartou, royaume de l'Orient ancien (IXe-VIIe s. av. J.-C.), dont le centre était le bassin du lac de Van, dans l'Arménie historique. **ARCHÉOL.** Plusieurs citadelles de l'Ourartou (Arinberd [VIIIe-VIIe s.] et Karmir-Blour [VIIe s.], près d'Erevan, Noemberian [VIIe-VIe s.]) ont été dégagées dans la République d'Arménie ; elles attestent le talent de leurs bâtisseurs, qui utilisent également le bois, la pierre et la brique crue. Malgré une forte influence assyrienne et une façon de traiter les thèmes animaliers proche de celle des Scythes, les objets recueillis témoignent d'une incontestable originalité.

Ourga → Oulan-Bator.

Ourmia, anc. Rezaye, v. du nord-ouest de l'Iran (Azerbaïdjan), sur le *lac d'Ourmia ;* 164 000 hab.

Ouro Preto, v. du Brésil (Minas Gerais) ; 62 483 hab. — Grâce à ses monuments nombreux, en particulier ses églises du XVIIIᵉ siècle (certaines par l'Aleijadinho), la ville est un véritable musée et un centre de tourisme.

Ourouk, ancienne ville de basse Mésopotamie, dont le site a été occupé du VIᵉ millénaire au IIIᵉ s. av. J.-C. (auj. *Warka*) dans le sud de l'Iraq. Le village qui apparut sur ce site au VIᵉ millénaire possédait un temple périodiquement reconstruit. La ville qui lui succéda vers la fin de l'époque d'Obeïd (4000 av. J.-C.) y ajouta un autre sanctuaire de nombreuses fois agrandi. C'est de l'époque sumérienne protodynastique (fin du IVᵉ-début du IIIᵉ millénaire) que datent les remparts attribués au roi légendaire Gilgamesh (vers 2700). Après la destruction de l'Empire akkadien (v. 2200), Ourouk fut la première cité à se libérer des envahisseurs ; mais, de la IIIᵉ dynastie d'Our (2111-2003) à l'époque perse, elle ne joua plus qu'un rôle secondaire tout en demeurant, jusqu'au IIIᵉ s. apr. J.-C., ville sainte. ARCHÉOL. Ourouk est constituée de trois tells, dont celui de la ziggourat, le plus riche, représente l'ensemble sacral le plus complet. Près d'une vingtaine de niveaux archéologiques se succèdent sans interruption, depuis l'habitat néolithique du VIᵉ millénaire jusqu'à celui des périodes séleucide et parthe. La pleine floraison du site commence à la fin du IVᵉ millénaire avec les premiers temples monumentaux aux colonnes ornées de mosaïques de terre polychrome et les premiers témoignages de la glyptique ; elle se poursuit avec l'ensemble sacral de la zone de l'Eana, les premières œuvres sculptées, les plus anciens pictogrammes et sceaux-cylindres. Durant l'époque dynastique, la ville est l'objet de grandes restaurations. Plus tard, les Kassites, les Néo-Babyloniens, les Séleucides et les Parthes y élèvent des temples et, jusqu'au IIIᵉ s. apr. J.-C., la cité demeure ville sainte.

Ouroumtsi, *en chin.* Wulumuqi, v. de Chine, cap. du Xinjiang, dans une oasis ; 947 000 hab.

Ours (*grand lac de l'*), lac du Canada septentrional (Territoires du Nord-Ouest) ; 31 100 km².

Ourse (*Grande* et *Petite*), nom de deux constellations boréales voisines du pôle céleste Nord, appelées aussi « Grand Chariot » et « Petit Chariot ». La Petite Ourse renferme l'étoile Polaire, très voisine du pôle ; cette étoile se trouve à peu près dans le prolongement d'une ligne joignant les deux étoiles qui représentent les roues arrière du Grand Chariot, et à une distance égale à cinq fois celle de ces deux étoiles.

Ourthe, riv. de Belgique, qui se jette dans la Meuse (r. dr.) à Liège ; 165 km.

Ousmane (*Sembene*) → Sembene.

Ousmane dan Fodio, lettré musulman (Marata 1754 - ? 1817), fondateur de l'Empire peul du Sokoto (auj. au nord-ouest du Nigeria). Il déclara, en 1804, la guerre sainte (*djihad*) et se rendit maître des cités haoussa.

Oussouri, riv. d'Asie orientale, affl. de l'Amour (r. dr.), long de 897 km, frontière entre la Chine et la Russie.

Oustacha, société secrète croate, fondée en 1929. Elle organisa l'attentat contre Alexandre Iᵉʳ (1934). Ses membres, les *Oustachi,* dirigèrent l'État croate indépendant (1941-1945), allié aux puissances de l'Axe.

Oustiourt, plateau désertique de l'Asie centrale (Kazakhstan), situé entre les mers Caspienne et d'Aral.

Oust-Kamenogorsk, v. du Kazakhstan ; 324 000 hab. Métallurgie.

Outaouais → Ottawa.

Outre-Mer (*France d'*), ensemble des régions françaises dispersées dans le monde et comprenant quatre *départements d'outre-mer,* ou *D. O. M.* (Guadeloupe, Guyane, Martinique, Réunion), quatre *territoires d'outre-mer,* ou *T. O. M.* (Polynésie française, Nouvelle-Calédonie, Wallis-et-Futuna, Terres australes et antarctiques françaises), les collectivités territoriales de Saint-Pierre-et-Miquelon et de Mayotte. On peut y ajouter les cinq îlots (ou groupes d'îlots) de l'océan Indien, autour de Madagascar : Bassas da India, Europa, îles Glorieuses, Juan de Nova et Tromelin.

La France d'outre-mer couvre un peu plus de 400 000 km² (mais la majeure partie en est constituée par la seule Terre-Adélie) et compte environ 1,5 million d'habitants, dont, approximativement, les trois quarts dans l'ensemble Guadeloupe, Martinique, Réunion, qui ne couvre guère plus de 5 000 km².

Ouvéa → Uvéa.

Ouyang Xiu ou **Ngeou-yang Sieou,** écrivain et haut fonctionnaire chinois (Luling 1007 - Yingzhou 1072), un des plus grands poètes de la dynastie Song.

Ouzbékistan, État d'Asie centrale ; 447 000 km² ; 21 700 000 hab. *(Ouzbeks).* CAP. *Tachkent.* V. princ. *Samarkand, Boukhara.* LANGUE : *ouzbek.* MONNAIE : *soum.*

GÉOGRAPHIE

Peuplé surtout d'Ouzbeks de souche (70 %), musulmans, avec une minorité russe présente dans les villes, le territoire est formé en majeure partie de déserts (dont le Kyzylkoum), mais possède 3,40 Mha irrigués (bassin du Fergana, oasis de Tachkent, du Zeravchan [Samarkand, Boukhara, etc.]) souvent consacrés au coton, ressource majeure, parfois aux vergers, aux légumes. L'élevage ovin demeure actif sur les terres arides. Le gaz naturel (en partie exporté) est la richesse essentielle du sous-sol.

HISTOIRE

L'Ouzbékistan réunit des territoires d'Asie centrale, conquis par les Russes à partir des années 1860 (Turkestan), et la majeure partie des anciens khanats de Boukhara et de Khiva.

1924. Création de la République socialiste soviétique d'Ouzbékistan.

1991. L'Ouzbékistan accède à l'indépendance et adhère à la C. E. I.

Ouzbeks ou **Uzbeks,** peuple turc d'Asie centrale, vivant en Ouzbékistan et en Afghanistan. Les Ouzbeks sont des musulmans sunnites. La nation ouzbek s'est constituée à partir d'éléments d'origine iranienne, de descendants des Turcs et des Mongols, qui se sont établis en Asie centrale entre le XIᵉ et le XVᵉ siècle, et des Ouzbeks à proprement parler, qui s'y sont installés au XVIᵉ siècle.

Overijssel, prov. de l'est des Pays-Bas ; 1 045 000 hab. ; ch.-l. *Zwolle.*

Ovide, *en lat.* Publius Ovidius Naso, poète latin (Sulmona 43 av. J.-C.-Tomes, auj. Constanța, Roumanie, 17 ou 18 apr. J.-C.). Auteur favori de la société mondaine des débuts de l'Empire, par ses poèmes légers, érotiques ou mythologiques *(l'Art d'aimer, les Héroïdes, les Métamorphoses* [→ **Métamorphoses**]*, les Fastes),* il fut banni pour une raison restée mystérieuse et mourut en exil malgré les supplications de ses dernières élégies *(les Tristes, les Pontiques).*

Oviedo, v. d'Espagne, cap. de la communauté autonome des Asturies ; 196 051 hab. Université. Centre administratif et industriel. — Sur le mont Naranco, monuments préromans de l'art asturien du IXᵉ siècle. Cathédrale gothique. Musée provincial.

Owen *(sir Richard),* naturaliste britannique (Lancaster 1804 - Londres 1892). Il étudia les animaux vertébrés actuels et fossiles.

Owen *(Robert),* théoricien socialiste britannique (Newtown 1771 - *id.* 1858). Riche manufacturier, il créa les premières coopératives et favorisa l'essor du syndicalisme anglais. Ses idées influencèrent le mouvement chartiste (1836-1848), qui lutta pour des réformes politiques et sociales.

Owens *(James* Cleveland, dit *Jesse),* athlète américain (Danville, Alabama, 1913 - Tucson 1980), quadruple champion olympique (100 m, 200 m, 4×100 m et longueur) à Berlin, en 1936.

Oxenstierna *(Axel),* comte de Södermöre, homme d'État suédois (Fånö 1583 - Stockholm 1654). Chancelier (1612), il fut le conseiller du roi Gustave-Adolphe et le chef du Conseil de régence de la reine Christine (1632). Il accrut les possessions territoriales de la Suède.

Oxford, v. de Grande-Bretagne (Angleterre), au confl. de la Tamise et du Cherwell, ch.-l. de l'*Oxfordshire* ; 109 000 hab. *(Oxoniens* ou *Oxfordiens).* Collèges universitaires. — L'université d'Oxford a été fondée au XIIᵉ siècle. — Cathédrale de Christ Church, de style roman normand, aux voûtes gothiques exubérantes. Musées, dont l'Ashmolean Museum, remontant au XVIIᵉ siècle (archéologie [Crète, Égypte, Grèce], arts orientaux, etc.). Bodleian Library, riche bibliothèque (fondée en 1602) conservant des manuscrits précieux.

Oxford *(mouvement d'),* mouvement ritualiste, né à l'université d'Oxford au XIXᵉ siècle et qui porta des clergymen à rénover l'Église anglicane établie. Les uns, comme Edward Pusey et John Keble, restèrent fidèles à celle-ci ; d'autres, comme Newman, passèrent à l'Église romaine.

Oxford *(provisions* ou *statuts d')* [10 juin 1258], conditions imposées à Henri III, à Oxford, par les barons anglais menés par Simon de Montfort. Elles confirmaient la Grande Charte et exigeaient la réunion du Parlement trois fois par an. Les provisions d'Oxford furent supprimées par Henri III dès 1266.

Oxus → Amou-Daria.

Oyama Iwao, maréchal japonais (Kagoshima 1842 - Tokyo 1916). Victorieux de la Chine à Port-Arthur (1894), il commanda en chef pendant la guerre russo-japonaise (1904-1905).

Oyapock ou **Oyapoc,** fl. de Guyane, tributaire de l'Atlantique, formant la frontière entre la Guyane française et le Brésil ; 370 km.

Oyashio, courant froid du Pacifique, longeant les côtes nord-est de l'Asie.

Oyonnax [ɔjɔna], ch.-l. de c. de l'Ain ; 23 992 hab. *(Oyonnaxiens).* Centre de l'industrie des matières plastiques et de la lunetterie.

Oz *(Amos),* écrivain israélien (Jérusalem 1939). Auteur de romans (*Mon Michael,* 1968) et de nouvelles (*Jusqu'à la mort,* 1971 ; *Un juste repos,* 1982), il est un des chefs de file de la jeune littérature israélienne.

Özal *(Turgut),* homme d'État turc (Malatya 1927 - Ankara 1993). Premier ministre de 1983 à 1989, il est président de la République de 1989 à sa mort (avril 1993).

Ozanam *(Frédéric),* historien et écrivain français (Milan 1813 - Marseille 1853). Auteur de travaux sur Dante et sur les *Poètes franciscains,* ainsi que d'*Études germaniques,* il fut, en 1833, le principal fondateur de la Société Saint-Vincent-de-Paul. Rallié à la république en 1848, il créa avec Lacordaire le journal démocrate-chrétien *l'Ère nouvelle* (1848-49).

Ozark *(monts),* massif des États-Unis (Missouri et Arkansas), à l'O. du Mississippi. Bauxite. Tourisme.

Ozu Yasujiro, cinéaste japonais (Tokyo 1903 - *id.* 1963). Après un premier « film d'époque » *(jidai-geki)* en 1927 *(le Sabre de pénitence),* il réalise avec le scénariste Noda Kogo (1893-1968) une série de comédies burlesques dont *la Citrouille* (1928), puis des œuvres plus personnelles (*La Vie d'un employé de bureau,* 1929). Il s'oriente vers la comédie sociale, où la contestation perce sous des dehors aimables (*le Chœur de Tokyo,* 1931), et vers une remise en question des valeurs morales de la société (*Gosses de Tokyo,* 1932). Fidèle à une thématique des rapports parents/enfants, il ne cessera d'en donner de subtiles variantes. Ozu se résout au parlant en 1936 (*Un fils unique*). Après la guerre, le cinéaste commence sa « renaissance » avec *Printemps tardif* (1949) puis *Été précoce* (1951). La description de la famille japonaise, parfois menacée par la rapide évolution des mœurs, sera menée à la perfection dans *Voyage à Tokyo* (1953), où il atteint un équilibre entre un réalisme supposé et les incidences de sa vision intérieure. Ses dernières œuvres sont marquées par une sérénité mêlée d'amertume, par le passage à la couleur avec *Fleurs d'équinoxe* (1958) et par la reprise de succès antérieurs (*Bonjour,* 1959 ; *Histoire d'herbes flottantes,* 1959 ; *Fin d'automne,* 1960). En 1962, il tourne son dernier film, *le Goût du saké.*

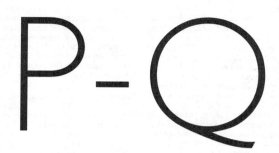

P-Q

Pablo *(Luis de),* compositeur espagnol (Bilbao 1930). Fondateur d'un studio de musique électronique à Madrid, il compose beaucoup en gardant cependant les formes et les instruments traditionnels *(Éléphants ivres I à IV,* 1973 ; opéras *Kiu* [1983] et *El viajero indiscreto* [1990]).

Pabst *(Georg Wilhelm),* cinéaste autrichien (Raudnitz, auj. Roudnice nad Labem, Bohême, 1885 - Vienne 1967). Par sa maîtrise technique, son aisance à aborder tous les genres, celui qui sut découvrir Greta Garbo s'imposa, dès 1925, avec *la Rue sans joie,* comme l'un des meilleurs réalisateurs allemands. Il tourna successivement *l'Amour de Jeanne Ney* (1927), *Loulou* (1929), *le Journal d'une fille perdue* (1929), *Quatre de l'infanterie* (1930), *la Tragédie de la mine* (1931) et son œuvre la plus célèbre, *l'Opéra de quat'sous* (1931). Ses films ultérieurs eurent moins de force et d'inspiration *(l'Atlantide,* 1932 ; *Don Quichotte,* 1933).

P. A. C. (abrév. de politique agricole commune), ensemble des dispositions prises par les institutions de la Communauté européenne en matière agricole (production et fonctionnement des marchés).

Paca, abrév. désignant la Région Provence-Alpes-Côte d'Azur.

Pachelbel *(Johann),* organiste et compositeur allemand (Nuremberg 1653 - *id.* 1706). Organiste à Eisenach, à Erfurt, à la cour de Stuttgart, à Gotha et à Nuremberg (1695-1706), il a écrit des œuvres liturgiques ou profanes (toccatas, ricercari, fantaisies, fugues, suites, etc.), pour orgue, pour clavecin, qui font de lui l'un des principaux représentants de l'école germanique avant J.-S. Bach.

Pacher *(Michael),* peintre et sculpteur autrichien (Bruneck, Haut-Adige, v. 1435 - Salzbourg 1498). Son chef-d'œuvre est le retable majeur de l'église de Sankt Wolfgang (Haute-Autriche), dont les volets peints, qui dénotent l'influence de la Renaissance italienne, encadrent un *Couronnement de la Vierge* de bois doré et polychromé, caractéristique de l'art gothique tardif (années 1470 et suiv.).

Pachto, Pachtou ou **Pathan,** peuple dont la majorité des représentants habitent l'Afghanistan, mais également le Pakistan. Les Pachto sont musulmans en majorité sunnites. Avant les bouleversements de la guerre soviéto-afghane (1979-1988), leur localisation était relativement stable, y compris les nomades.

Pacifique *(campagnes du)* [déc. 1941 - août 1945], ensemble des opérations aéronavales et amphibies qui ont opposé, après Pearl Harbor, le Japon et les États-Unis assistés de leurs alliés. Les épisodes les plus marquants en sont les batailles de la mer de Corail (mai 1942), des Midway (juin 1942), de Guadalcanal (août 1942), de Leyte (oct. 1944), d'Iwo Jima (févr. 1945) et les bombardements atomiques d'Hiroshima et de Nagasaki (6 et 9 août 1945).

Pacifique *(Centre d'expérimentation du),* centre aménagé en 1964 à Papeete et comprenant les sites de tir de Mururoa et de Fangataufa, où ont été réalisées, de 1966 à 1996, les expérimentations nucléaires françaises.

Pacifique *(Conseil du),* organisme réunissant les représentants de l'Australie, de la Nouvelle-Zélande et des États-Unis, dit aussi ANZUS (initiales de *Australia, New Zeland* et *United States*), chargé depuis septembre 1951 d'étudier l'évolution politique et les conditions de défense dans le Pacifique. La participation de la Nouvelle-Zélande est suspendue depuis 1985.

Pacifique *(océan)*, la plus grande division de l'océan mondial, comprise entre l'Asie et l'Australie à l'O., et l'Amérique à l'E.

Le Pacifique se distingue par : 1° ses dimensions exceptionnelles, 165,2 millions de km^2, presque la moitié de la superficie et du volume de l'océan mondial ; 2° sa profondeur moyenne élevée (4 282 m, soit 165 m de plus que la moyenne de l'océan mondial) ; 3° la présence des plus grandes fosses océaniques (fosse des Mariannes, 11 034 m) ; 4° son encadrement de marges actives (séisme, volcanisme) sous lesquelles s'enfonce une croûte océanique en expansion rapide ; 5° l'économie jeune et dynamique des pays riverains. Les régions océaniques sont formées par une dorsale qui, d'abord O.-E. et médiane dans la partie australe (entre l'Australie et l'Antarctique), se décale graduellement vers l'Amérique latine. Il s'agit d'une dorsale en expansion rapide (de 8,8 à 16,1 cm/an), sans fossé axial. Dans l'hémisphère boréal, la dorsale disparaît en pénétrant dans le golfe de Californie ; plus au N.-O., la dorsale de Juan de Fuca en est un élément isolé. Les fonds situés à l'E. de la dorsale appartiennent aux plaques Antarctique, Nazca et Cocos. Les trois plaques qui s'enfoncent sous le continent américain sont séparées par des dorsales jeunes (du Chili, des Galápagos). Tout le reste des grands fonds du Pacifique est porté par la plaque Pacifique. Le centre du Pacifique est occupé par des chaînes de montagnes sous-marines, dont les plus élevées forment des archipels coralliens (Société, Marshall, Carolines) ou volcaniques (Hawaii). Les bassins qui les encadrent sont recouverts par un mince tapis sédimentaire. Les masses d'eau sont, en moyenne, moins chaudes et moins salées que le reste de l'océan mondial. La salure moindre est due aux volumes des apports fluviaux, à la faible exportation de l'humidité atmosphérique au-delà des crêtes des montagnes riveraines et à la pénétration des eaux polaires. La transparence de l'eau et l'abondance en sels nutritifs assurent une productivité relativement élevée en matière vivante, comme en témoigne l'ancienneté des grandes civilisations de pêcheurs fixés dans les archipels du centre du Pacifique. Les eaux froides font figure de domaines privilégiés pour la pêche (pêche côtière et chalutage) et pour la chasse. Plus récemment, les eaux californiennes et surtout péruviennes sont devenues des domaines de pêche industrielle. Les rives du Pacifique ont vu se développer très tôt des civilisations profondément originales, mais privées de tout lien entre elles en raison des distances les séparant. Il a fallu le développement de la navigation et de l'industrie modernes pour que s'établissent des réseaux d'échanges intenses, surtout entre l'Amérique du Nord et le Japon.

Pacioli *(Luca),* mathématicien italien (Borgo San Sepolcro 1445 - Rome v. 1510). Algébriste, il a rassemblé l'ensemble des acquis arabes dans la *Summa* (1494), ouvrage qui exerça une grande influence. Dans *De divina proportione* (1509), dont Léonard de Vinci dessina les figures, il a étudié la section d'or et son intervention dans diverses constructions géométriques.

Pacôme *(saint)* [en Haute-Égypte 287 - *id.* 347], fondateur, avec saint Antoine, du monachisme communautaire, ou cénobitisme. Soldat converti au christianisme, il créa vers 325 le premier monastère de l'histoire de l'Église en Thébaïde, à Tabennisi, sur le Nil. Sa *Règle*, traduite en latin par saint Jérôme, constitua une des sources du monachisme occidental.

Pactole *(le),* rivière de Lydie, sur laquelle était bâtie Sardes. Il roulait des paillettes d'or, origine de la richesse de Crésus.

Padang, port d'Indonésie, sur la côte ouest de Sumatra ; 481 000 hab.

Paderborn, v. d'Allemagne (Rhénanie-du-Nord-Westphalie) ; 116 604 hab. — Cathédrale, surtout du XIIIe siècle, et autres monuments. Musée diocésain.

Paderewski *(Ignacy),* compositeur, pianiste et homme politique polonais (Kuryłowka 1860 - New York 1941). Il fut le premier président du Conseil de la République polonaise en 1919.

Padma *(la),* fleuve de l'Inde et du Bangladesh, principal bras du delta du Gange ; 300 km environ.

Padoue, *en ital.* Padova, v. d'Italie, en Vénétie, ch.-l. de prov. ; 215 025 hab. *(Padouans).* Évêché. Université (fondée en 1222). Centre commercial et industriel. **ARTS.** Basilique S. Antonio, dite « il Santo », du XIIIe siècle (œuvres d'art) et autres monuments. Statue équestre du *Gattamelata,* de Donatello. Célèbres fresques de Giotto dans la chapelle des Scrovegni, restes de celles de Mantegna dans l'église des Eremitani et fresques précoces de Titien à la Scuola del Santo. Musée et pinacothèque municipaux.

Paesiello → Paisiello.

Paestum, v. de l'Italie ancienne, sur le golfe de Salerne, à une centaine de kilomètres au S. de Naples. Colonie de Sybaris fondée au cours du VIIᵉ s. av. J.-C., l'antique *Poseidônia* tomba sous la domination des Lucaniens (fin Vᵉ s.). Elle devint en 273 av. J.-C colonie latine. ARCHÉOL. Ses monuments, construits entre le milieu du VIᵉ et le milieu du Vᵉ s. av. J.-C., représentent les plus belles réalisations de l'architecture religieuse de l'époque classique et la perfection de l'ordre dorique : temples d'Héra II et d'Héra I, dit la « basilique » ; agora ; imposante enceinte. Musée (peintures murales du Vᵉ et du IVᵉ s. av. J.-C. provenant de la nécropole grecque).

Páez (*José Antonio),* homme d'État vénézuélien (Acarigua 1790 - New York 1873). Dictateur (1826), il donna au Venezuela son indépendance effective (1830). Il fut trois fois président de la République, entre 1831 et 1863.

Pagan, site de Birmanie, sur le cours moyen de l'Irrawaddy, abritant l'ancienne capitale du royaume (XIᵉ-XIIIᵉ s.), fondée selon les chroniques en 108. Ses milliers de monuments, essentiellement bouddhiques, témoignent de la diversité des influences (Birmans, Môn, Pyu, de Bodh-Gaya) qui est à la base de l'originalité de l'art de Pagan, dont les stupas sont dits « pagodes ».

Paganini (*Niccolo),* violoniste et compositeur italien (Gênes 1782 - Nice 1840). De 1797 à 1828, il fit des tournées en Italie du Nord puis se produisit à Vienne, en Pologne, en Allemagne, en Bohême, à Paris (1831) et à Londres (1832). Il rentra en Italie en 1834. Sa technique du violon n'a jamais été dépassée et il a élargi considérablement les possibilités expressives de l'instrument. Il est notamment l'auteur de *24 Caprices* (1820).

Pagnol (*Marcel),* écrivain et cinéaste français (Aubagne 1895 - Paris 1974). Auteur de théâtre, il connaît le succès avec *Topaze* (1928), puis avec sa trilogie marseillaise adaptée à l'écran : *Marius* (1929, réalisé en 1931), *Fanny* (1931, réalisé en 1932) et *César* (1936) qu'il filme lui-même. Entouré d'acteurs complices (Raimu, Fernandel), il décrit, avec vérité et pittoresque, les tics, les coutumes, la spontanéité de langage de ses compatriotes provençaux. Il a adapté au cinéma l'œuvre de Giono (*Angèle,* 1934 ; *Regain,* 1937 ; *la Femme du boulanger,* 1938) et a encore donné *la Fille du puisatier* (1940), *Manon des sources* (1953). Il a également

publié ses souvenirs d'enfance (*la Gloire de mon père,* 1957 ; *le Château de ma mère,* 1958 ; *le Temps des secrets,* 1960). [Acad. fr. 1946.]

Pahlavi, dynastie qui régna sur l'Iran de 1925 à 1979. La dynastie fut fondée par Reza Chah (1925-1941) à qui succéda son fils Mohammad Reza (1941-1979).

Pahouins → Fang.

Paik (*Nam Jun-paek,* dit Nam June), artiste coréen (Séoul 1932). Des recherches musicales l'ont lié, en Allemagne (1956-1963), aux créateurs d'avant-garde (Stockhausen, Cage, groupe Fluxus). Ses actions et « concerts Fluxus » ont mêlé éléments musicaux, visuels et médias électroniques. Installé aux États-Unis en 1964, il y a été le pionnier de l'art vidéo, réalisant à partir de 1970 des « collages » électroniques de sons et d'images, environnements, etc. (*Video-Garden,* 1ʳᵉ version en 1974 ; *Moon Is the Oldest TV,* 1976 ; *Tricolor Video,* 1982).

Paimpont (*forêt de),* forêt de Bretagne (Ille-et-Vilaine), au nord-est de Ploërmel ; 6 500 ha. C'est la forêt de Brocéliande de la légende. (→ Brocéliande.)

Pain de Sucre, *en port.* Pão de Açúcar, relief granitique, à l'entrée de la baie de Guanabara à Rio de Janeiro ; 395 m.

Paine ou **Payne** (*Thomas),* publiciste américain d'origine britannique (Thetford 1737 - New York 1809). Après avoir lutté pour l'indépendance des États-Unis, il se réfugia en France et, naturalisé français, fut élu à la Convention (1792). Emprisonné sous la Terreur, il retourna aux États-Unis en 1802.

Painlevé (*Paul),* homme politique et mathématicien français (Paris 1863 - *id.* 1933). Spécialiste de l'analyse et de la mécanique, il étudia plus particulièrement le frottement. Théoricien de l'aviation, il fit voter en 1910 le premier crédit pour ce nouveau moyen de transport. Député républicain socialiste, il dirigea le ministère de la Guerre (1917) et, tout en le conservant, devint président du Conseil (sept.-nov. 1917). Fondateur du Cartel des gauches, il revint à la tête du gouvernement (avr.-nov. 1925). De nouveau ministre de la Guerre (1925-1929), il fut ensuite ministre de l'Air (1930-31 ; 1932-33). Son fils **Jean** (Paris 1902 - *id.* 1989), docteur en médecine, se consacra à partir de 1927 au documentaire scientifique, d'éducation et de culture, dont il fut un pionnier. Il fonda, en 1930, l'Institut du cinéma scientifique. On lui doit notamment *le Vampire* (1945), *Assassins d'eau douce* (1947) et de très nombreux courts-métrages sur les animaux.

País *(El),* quotidien espagnol créé à Madrid en 1976.

Paisiello ou **Paesiello** *(Giovanni),* compositeur italien (Tarente 1740 - Naples 1816). Rival de Cimarosa, il triompha dans toute l'Europe avec ses opéras bouffes *(Il Barbiere di Siviglia,* 1782). On lui doit quelques pages religieuses *(Messe du sacre,* 1804) et instrumentales.

Paisley, v. de Grande-Bretagne, dans les Lowlands d'Écosse ; 85 000 hab. Aéroport de Glasgow. — Église surtout du XVe siècle, ancienne abbatiale.

Paix *(rivière de la),* riv. du Canada (Colombie-Britannique et Alberta), affl. de la riv. de l'Esclave (r. dr.) ; 1 600 km env. Aménagement hydroélectrique.

Pajou *(Augustin),* sculpteur français (Paris 1730 - *id.* 1809). Artiste officiel, bon portraitiste, il perpétue jusqu'à une date tardive la grâce classique du milieu du XVIIIe siècle *(Psyché abandonnée,* marbre de 1790, Louvre).

Pa Kin → Ba Jin.

Pakistan, État de l'Asie méridionale ; 803 000 km² ; 122 400 000 hab. *(Pakistanais).* CAP. *Islamabad.* V. princ. *Karachi* et *Lahore.* LANGUES : *urdu* et *anglais.* MONNAIE : *roupie pakistanaise.*

GÉOGRAPHIE

Le nord du pays est formé de montagnes qui dépassent souvent 7 000 m (Hindu Kuch, Karakorum et Himalaya proprement dit). Puis la vallée de l'Indus unit le Pendjab au Sind (bordé vers l'est par le désert de Thar). L'Ouest est occupé par le Baloutchistan (partiellement iranien). La mousson (juin-sept.) apporte peu de pluies : le Sind reçoit moins de 200 mm par an et le Baloutchistan est aride et steppique. Seul le Nord, montagneux, est bien arrosé.

La population, islamisée (de rite sunnite) à plus de 95 %, est composée d'une mosaïque d'ethnies, nomades, semi-nomades ou sédentaires. Elle vit pour plus du tiers dans des villes situées surtout (en dehors de Karachi) au Pendjab (Islamabad, Lahore, Faisalabad, Rawalpindi, etc.). L'exode rural a accéléré leur croissance.

L'agriculture emploie encore la moitié de la population active. L'aridité du climat impose l'irrigation, pour laquelle de grands travaux ont été réalisés dès le XIXe s. Le blé et le riz sont, avec les bovins et les ovins, les bases de l'alimentation. Le coton est de loin la première culture commerciale, base de la principale industrie et des exportations. Le sous-sol fournit surtout du gaz naturel, mais, malgré le complément hydroélectrique, le bilan énergétique est déficitaire. Il en est de même du commerce extérieur. Ce déficit est en partie comblé par les envois effectués par les émigrés (essentiellement au Moyen-Orient). Mais le pays est lourdement endetté. De plus, il doit faire face à une surcharge démographique accélérée par la rapide croissance de la population. L'état des relations avec les pays voisins (Afghanistan et, surtout, Inde) demeure préoccupant.

HISTOIRE

L'histoire du Pakistan en tant qu'État ne commence qu'en 1947, mais la vallée de l'Indus et le delta du Gange ont connu dès 3500 av. J.-C. la civilisation de l'Indus et celles des empires Maurya (v. 320-v. 185 av. J.-C.) et Gupta (Ve s. apr. J.-C.). [→ Inde]. Du XVIe au XIXe s., sous l'Empire moghol, l'islamisation de l'Inde progresse. La conquête britannique entraîne une montée du sentiment national et, en 1906, est fondée la Ligue musulmane, qui adopte en 1940, sous la direction de Jinnah, le principe d'un État musulman séparé.

1947. Lors de l'indépendance et de la partition de l'Inde, le Pakistan est créé.

Le nouvel État, musulman, est constitué de deux provinces : le Pakistan occidental et le Pakistan oriental. La question du Cachemire provoque deux guerres avec l'Inde en 1947-1949 et en 1965.

1956. La Constitution établit la République islamique du Pakistan, fédération des deux provinces qui la constituent.

1958. La loi martiale est instaurée ; coup d'État du général Ayyub Khan. La loi martiale est levée en 1962. Mais, dans les deux provinces, le mécontentement croît. Au Pakistan oriental, le mouvement autonomiste, présidé par Mujibur Rahman, se développe.

1969. Le maréchal Yahya Khan succède au général Ayyub Khan.

1971. Le Pakistan oriental fait sécession et devient le Bangladesh. L'Inde intervient militairement pour le soutenir. Ali Bhutto arrive au pouvoir. Bhutto met en œuvre le « socialisme islamique » et se heurte aux partis conservateurs.

1977. Il est renversé par un coup d'État militaire.

1978. Le général Zia ul-Haq devient président de la République.

1979. Exécution d'Ali Bhutto.

En 1988, Zia ul-Haq meurt dans un accident d'avion. La fille d'Ali Bhutto, Benazir, devient Premier ministre, mais elle est destituée en 1990. Le Pakistan réintègre, en

1989, le Commonwealth (qu'il avait quitté en 1972). En 1993, B. Bhutto retrouve son poste. Farooq Legahri est élu à la présidence de la République.

Palacký *(František),* historien et homme politique tchèque (Hodslavice 1798 - Prague 1876). Son *Histoire de la Bohême* (1836-1867) contribua au réveil national tchèque. Il présida le congrès panslave en 1848.

Palafox *(José Rebolledo de), duc* de Saragosse, général espagnol (Saragosse 1776 - Madrid 1847) qui s'illustra par son héroïque défense de Saragosse (1808-09). Il rallia ensuite le parti de Marie-Christine.

Palaiseau, ch.-l. d'arr. de l'Essonne, sur l'Yvette ; 29 398 hab. *(Palaisiens).* École polytechnique. — Église romane et gothique.

Palais Garnier → **Opéra (théâtre de l').**

Palamas *(Grégoire),* théologien de l'Église grecque (Constantinople v. 1296 - Thessalonique 1359). Moine du Mont-Athos et archevêque de Thessalonique (1347-1359), il consacra l'essentiel de son œuvre à la défense et à un approfondissement théologique de l'hésychasme. Sous son influence, cette méthode d'invocation du nom de Jésus et de contemplation de la gloire divine entraîna, dès le XIVᵉ siècle, un important renouveau spirituel.

Palamás *(Kostís),* écrivain grec (Patras 1859 - Athènes 1943). Partisan de l'emploi littéraire de la langue populaire et de l'ouverture aux grands courants européens, il est une figure essentielle de la « génération de 1880 » *(la Vie immuable,* 1904 ; *la Flûte du roi,* 1910).

Palatin *(mont),* une des sept collines de Rome, la plus anciennement habitée (VIIIᵉ s. av. J.-C.). — Couvert jusqu'à la fin de la République de maisons privées (Cicéron, Marc Antoine), le Palatin devint à partir d'Auguste la colline impériale par excellence (maison de Livie, palais de Tibère, palais des Flaviens, *Domus Augustana).*

Palatinat, *en all.* Pfalz, région de l'Allemagne, située sur la rive gauche du Rhin, au N. de l'Alsace. Il constitue depuis 1946 une partie de l'État de *Rhénanie-Palatinat.* Dans le cadre du Saint Empire, ce terme désignait le domaine des comtes palatins puis, à partir du XIIᵉ siècle, celui du comte palatin du Rhin. Passé aux Wittelsbach de Bavière (1214), le Palatinat reçut la dignité électorale en 1356. En 1648, les traités de Westphalie amputèrent l'État du Haut-Palatinat au profit de la Bavière. Après les guerres de

la Révolution, il fut démembré au profit de la France (rive gauche) et des duchés de Bade et de Hesse-Darmstadt.

Palatine *(princesse)* → **Charlotte Élisabeth de Bavière.**

Palau ou **Belau,** État constitué par un archipel de la Micronésie, au N. de la Nouvelle-Guinée, indépendant depuis 1994, 487 km² ; 15 000 hab. *(Palauans)* CAP. *Koror.*

Palauan ou **Palawan,** île du sud-ouest de l'archipel des Philippines ; 14 000 km² env. (14 896 km² et 371 782 hab. pour la province de Palauan englobant quelques petites îles et archipels voisins). L'île, peu peuplée, est montagneuse et forestière.

Pale, v. de Bosnie-Herzégovine, à l'E. - S. - E. de Sarajevo ; env. 25 000 hab.

Palembang, port d'Indonésie, dans le sud de Sumatra ; 787 000 hab. Exportation du pétrole. Engrais.

Palencia, v. d'Espagne (Castille-León), ch.-l. de prov. ; 77 863 hab. — Églises gothiques, dont la cathédrale (XIVᵉ-XVIᵉ s. ; œuvres d'art, petit musée).

Palenque, important centre cérémoniel maya du Mexique (État de Chiapas), florissant pendant le classique récent (600-950). Parmi ses nombreux édifices civils et religieux, le temple dit « des Inscriptions », dressé au sommet d'une pyramide, abrite la sépulture (datée de 633) du souverain Pacal. Elle est accompagnée de riches offrandes.

Paléologue, famille de l'aristocratie byzantine qui reprit Constantinople aux croisés et régna sur l'Empire byzantin de 1258 à 1453. Les Paléologues donnèrent en outre des souverains, qui régnèrent dans le Péloponnèse à Mistra (1383-1460).

Palerme, port d'Italie, cap. de la Sicile et ch.-l. de prov., sur la côte nord de l'île ; 697 162 hab. *(Palermitains).* Archevêché. Université. Centre administratif et touristique. ARTS. Églises de l'époque normande présentant des caractères byzantins et arabes (chapelle Palatine, du XIIᵉ s. : mosaïques, riche voûte de bois ouvragé et peint). Cathédrale fondée vers 1170, avec additions de style gothique aragonais (XVᵉ s.) et habillage intérieur néoclassique. Église du Gesù (autour de 1600) ; oratoires garnis de stucs du palermitain Giacomo Serpotta (autour de 1700) ; palais baroques. Musée archéologique (métopes de Sélinonte, etc.), Galerie régionale, Musée ethnographique.

Palestine, région du Proche-Orient, entre le Liban au nord, la mer Morte au sud, la Méditerranée à l'ouest et le désert de Syrie à l'est.

HISTOIRE

Bande de terre étroite parcourue par le Jourdain, le pays était divisé au temps des Hébreux en royaumes de Juda et d'Israël. (→ **Hébreux**.) Au IVᵉ siècle, après la conversion de Constantin, la Palestine devient pour les chrétiens la Terre sainte.

634-640 : la conquête arabe arrache la région aux Byzantins et l'intègre à l'Empire musulman.

1516 : l'Empire ottoman établit pour quatre siècles sa domination sur la région.

1918-19 : la Grande-Bretagne occupe le pays.

En 1918, la Palestine est enlevée aux Ottomans, puis placée sous mandat britannique (1922) par la S. D. N., laquelle stipule l'établissement dans la région d'un foyer national juif, conformément à la déclaration Balfour de novembre 1917. L'immigration juive, commencée dès la fin du XIXᵉ siècle dans un pays qui comptait alors une grande majorité d'Arabes musulmans ou chrétiens et de Druzes, se développe. Mais, de 1935 à 1939, les Arabes, craignant d'être submergés par cette immigration, se révoltent à plusieurs reprises contre les Britanniques. Le refus de ces derniers d'accepter les recommandations du congrès sioniste de New York (1942) préconisant la fondation d'un État juif, la création de la Ligue arabe (1945) et l'organisation d'une immigration juive clandestine provoquent l'action terroriste de groupes juifs contre l'administration britannique.

1947 : l'O. N. U. décide le partage de la Palestine entre un État juif et un État arabe, partage rejeté par les Arabes.

1948 : l'État d'Israël est proclamé.

Les pays arabes interviennent aussitôt militairement. Après leur échec (1949), la Palestine est divisée en trois secteurs attribués à l'Égypte, à la Jordanie et à Israël. Les Palestiniens se réfugient massivement dans les pays limitrophes.

1967 : la Cisjordanie et la bande de Gaza sont occupées par Israël à la suite de la troisième guerre israélo-arabe.

Israël encourage l'implantation de colonies de peuplement juif dans les territoires occupés, où éclate en 1987 un important soulèvement populaire palestinien (*Intifada*).

1988 : le roi Husayn rompt (juill.) les liens entre la Jordanie et la Cisjordanie, ce qui conduit à faire de l'O. L. P. (Organisation de libération de la Palestine) le représentant unique et légitime du peuple palestinien. En novembre, l'O. L. P. proclame la création d'un État indépendant « en Palestine ».

1991-92 : les Palestiniens des territoires occupés (Cisjordanie, Gaza) sont représentés à la Conférence de paix sur le Proche-Orient.

1993 : l'accord de Washington entérine la reconnaissance mutuelle d'Israël et de l'O. L. P.

1994 : conformément à cet accord, un régime d'autonomie (retrait de l'armée et de l'administration israéliennes, à l'exception des colonies de peuplement juif) est mis en place à Gaza et à Jéricho. L'Autorité nationale palestinienne, présidée par Y. Arafat, s'installe à Gaza.

1995 : un nouvel accord est signé avec Israël, qui entérine l'extension de l'autonomie aux principales villes arabes de Cisjordanie et prévoit l'organisation d'élections palestiniennes (désignation d'un Conseil palestinien et de son président) en 1996.

Palestrina *(Giovanni Pierluigi* da*),* compositeur italien (Palestrina 1525 - Rome 1594). Après avoir occupé divers postes de maître de chapelle, il dirigea l'enseignement musical au séminaire romain (1566-1571), tout en organisant les concerts du cardinal Hippolyte d'Este. En 1571, il se fixa définitivement à Rome, où il entra en relation avec Philippe Neri, fondateur de l'Oratoire. Grand maître de la musique polyphonique, il est l'auteur de messes (*Messe du pape Marcel,* v. 1555), de motets, de recueils de madrigaux.

Palestro *(bataille de)* [30 et 31 mai 1859], victoire des Franco-Piémontais sur l'Autriche en Lombardie, près de Pavie.

Palikao, *en chin.* Baliqiao, bourg de Chine, à l'est de Pékin. — Victoire franco-britannique sur les Chinois, en 1860. Cette victoire ouvrit aux Européens les portes de Pékin.

Palissy *(Bernard),* potier émailleur, savant et écrivain français (Agen v. 1510 - Paris 1589 ou 1590), célèbre pour ses terres cuites émaillées, ornées d'animaux moulés au naturel, de plantes et de fruits, dites « rustiques figulines » dont il revêt des grottes (château d'Écouen et, v. 1566-1571, celle des jardins des Tuileries). On lui doit d'insignes progrès dans la variété des glaçures, avec ses poteries jaspées, décorées dans l'esprit de l'école de Fontainebleau.

Palk *(détroit de),* bras de mer séparant l'Inde et le Sri Lanka.

Palladio *(Andrea* di Pietro dalla Gondola, dit*),* architecte italien (Padoue 1508 - Vicence 1580). Il est d'abord sculpteur praticien. Vers 1540, l'humaniste Trissino le prend sous sa protection et l'envoie à Rome étudier les monuments antiques. En 1545, il est chargé de restaurer à Vicence le palais della Ragione, qui devient la « Basilique », enveloppée de deux étages d'arcades « serliennes » (un motif spécial diffusé par Serlio). Ayant étudié Vitruve, il en publie en 1556 une édition nouvelle. Il donne à Vicence des édifices d'une inspiration de plus en plus animée : le palais Thiene (1556), aux bossages massifs ; la Loggia del Capitanio (1571), à l'ordre corinthien géant ; le théâtre Olympique (construit après sa mort par Vincenzo Scamozzi). Il tente d'adapter la conception du temple antique aux églises qu'il bâtit à Venise (S. Giorgio Maggiore, 1566-1580 ; le Redentore, 1577-1580). Il est aussi le créateur de villas édifiées pour l'aristocratie le long de la Brenta ou dans la marche de Trévise. La symétrie des plans et l'heureuse adaptation au site caractérisent ces résidences, où l'architecte utilise les éléments classiques, frontons, ordres, portiques, avec une admirable variété (villa Thiene, 1550 ; la Malcontenta, 1560 ; la Rotonda, v. 1566-1569 ?). À partir de 1570, Palladio reprend l'analyse de Vitruve dans ses *Quatre Livres d'architecture,* ouvrage qui aura la plus grande influence sur le palladianisme anglais et sur les néoclassiques.

Pallava, dynastie de l'Inde qui régna (IIIᵉ-IXᵉ s.) dans le Deccan oriental.

Palma *(île de* La*),* île volcanique des Canaries ; 662 km² ; 65 000 hab. Ch.-l. *Santa Cruz de La Palma.* Au centre de l'île, la Caldera est un immense cratère qui atteint 2 426 m. Cultures fruitières pour l'exportation. Tourisme. Observatoire astronomique.

Palma *(Ricardo),* écrivain péruvien (Lima 1833 - Miraflores 1919), auteur des *Traditions péruviennes* (1872-1918).

Palma le Vieux *(Iacopo* Nigretti, dit *en fr.),* peintre italien (Serina, Bergame, v. 1480 - Venise 1528). Installé à Venise, attentif aux innovations de Giorgione et Titien, il a peint des scènes religieuses, des portraits et des nus d'une plénitude sereine. Son petit-neveu **Iacopo Nigretti,** dit **Palma le Jeune** (Venise 1544 - *id.* 1628), fut le plus actif des peintres décorateurs vénitiens de la fin du XVIᵉ siècle.

Palma de Majorque ou **Palma,** cap. de la communauté autonome des îles Baléares et ch.-l. de prov., dans l'île de Majorque ; 296 754 hab. Port, aéroport et centre touristique. — Anciens palais royaux, gothi-

ques, de l'*Almudaina* et de *Bellver.* Imposante cathédrale des XIIIᵉ et XVIᵉ siècles, Lonja (ancienne Bourse, XVᵉ s.) et autres monuments. Musée de Majorque (archéologie, beaux-arts [peintures gothiques], céramiques).

Palmas (Las), cap. de l'île de la Grande Canarie et grand centre touristique de l'archipel ; 354 877 hab.

Palme *(Olof),* homme politique suédois (Stockholm 1927 - *id.* 1986). Président du Parti social-démocrate, il fut Premier ministre de 1969 à 1976 et de 1982 à 1986, date à laquelle il fut assassiné.

Palmer *(péninsule de)* → **Graham (terre de).**

Palmerston *(Henry* Temple, *vicomte),* homme politique britannique (Broadlands 1784 - Brocket Hall 1865). Ministre des Affaires étrangères (1830-1834 ; 1835-1841 ; 1846-1851), il chercha à préserver l'équilibre européen ainsi que les intérêts stratégiques et commerciaux de la Grande-Bretagne. Il combattit l'influence de la France et de la Russie, notamment au cours du conflit turco-égyptien (1839-40), où il prit position en faveur de l'Empire ottoman, et mena contre la Chine la guerre de l'Opium (1839-1842). Premier ministre de 1855 à 1858 et de 1859 à 1865, il contribua à la défaite de la Russie lors de la guerre de Crimée, mais ne put empêcher Napoléon III d'intervenir en faveur de l'indépendance italienne.

Palmira, v. de Colombie ; 214 000 hab.

Palmyre (« Cité des palmiers »), site historique de Syrie, entre Damas et l'Euphrate. — Oasis du désert syrien et carrefour des caravanes, elle monopolisa, après la chute de Pétra (106 apr. J.-C.), la plus grande partie du commerce avec l'Inde. Sa domination fut brisée par l'empereur Aurélien et Palmyre, dévastée (273), fut détruite par les Arabes (634). — D'impressionnants vestiges hellénistiques et romains témoignent de la prospérité de la ville entre le Iᵉʳ et le IIᵉ siècle de notre ère. Dans la nécropole, on a recueilli nombre de reliefs et de bustes-stèles, caractérisés par une frontalité et un hiératisme tout oriental.

Palo Alto *(école de),* mouvement de pensée psychiatrique né à Palo Alto, banlieue de San Francisco, qui lie le comportement d'un schizophrène à son environnement familial. Elle est à l'origine des thérapies familiales.

Palomar *(mont),* montagne des États-Unis (Californie) ; 1 871 m. Observatoire astronomique (télescope de 5,08 m d'ouverture).

Palos, cap du sud-est de l'Espagne (prov. de Murcie), sur la Méditerranée.

Pamiers, ch.-l. d'arr. de l'Ariège, sur l'Ariège ; 14 731 hab. *(Appaméens).* Évêché. Métallurgie. — Cathédrale et église N.-D.-du-Camp, reconstruites après les guerres de Religion, au XVIIIᵉ siècle.

Pamir, massif montagneux d'Asie centrale, qui s'étend sur 400 km d'E. en O. et 225 km du N. au S. Il est partagé entre le Tadjikistan et le Kirghizistan, la Chine (qui possède le point culminant, le Kongur Shan [7 719 m]) et l'Afghanistan. Une chaîne, au milieu de hauts plateaux (de 4 000 à 5 000 m), constitue la ligne de partage des eaux entre l'Amou-Daria et le Tarim. Les glaciers y couvrent plus de 7 500 km². Seules quelques tribus d'éleveurs de yacks y nomadisent durant l'été.

Pampa (la), région d'Amérique du Sud s'étendant de l'Argentine (latitude de Bahia Blanca) au sud du Brésil (latitude de Porto Alegre) et allant vers l'intérieur jusqu'à l'ouest de Santa Fe en englobant la totalité du territoire de l'Uruguay. Dans la pampa humide, au nord-est, la mise en valeur (légumes et fourrages, élevage laitier) est plus intensive. Vers le piémont andin et la Patagonie (pampa sèche) domine l'élevage extensif des bovins et des ovins.

Pampelune, *en esp.* Pamplona, v. d'Espagne, ch.-l. de prov. et cap. de la communauté autonome de Navarre ; 180 372 hab. — Dans le quartier médiéval, importante cathédrale gothique du XVᵉ siècle (cloître plus ancien ; Musée diocésain). Musée de Navarre.

Pamphylie, contrée méridionale de l'Asie Mineure (auj. en Turquie), entre la Lycie et la Cilicie, entre la Méditerranée et le Taurus.

Pamukkale → Hierapolis.

Pan, dieu des bergers, des champs et des bois dans la mythologie grecque classique. Puissance grotesque et terrifiante, dont l'apparition déclenchait une peur « panique », il avait une queue, des jambes de bouc, une barbe, des cornes ; il hantait les montagnes et s'ébattait avec les Nymphes. Son nom *(pan,* en grec, signifie « tout ») lui était venu de la gaieté qu'il causait à *tous* les dieux. Les mythographes et philosophes ont fait de lui l'incarnation de l'Univers, du grand Tout.

Panamá, État de l'Amérique centrale ; 77 000 km² ; 2 500 000 hab. *(Panaméens).* CAP. *Panamá.* LANGUE : *espagnol.* MONNAIE : *balboa.*

GÉOGRAPHIE

La zone du canal, au cœur du pays, est la région vitale du Panamá. Les villes de Panamá et de Colón regroupent les rares industries (agroalimentaire surtout) ainsi que près de la moitié de la population. Celle-ci, en majeure partie métissée, a une croissance annuelle rapide. La fonction de liaison de l'isthme est complétée par le pipeline de brut qui traverse l'ouest du pays, doublant le canal (inaccessible aux gros navires) et la route panaméricaine.

Sous un climat subéquatorial, chaud et humide, les montagnes, pratiquement vides d'hommes, sont forestières. L'agriculture (maïs, riz, manioc pour l'alimentation, banane pour l'exportation) est implantée dans les bassins et les plaines littorales. La balance du commerce extérieur (essentiellement avec les États-Unis) est traditionnellement déficitaire. Les revenus procurés par le canal, le prêt du pavillon, le rôle de place financière (siège de sociétés), le tourisme tendent à combler l'écart.

HISTOIRE

La côte atlantique est abordée par les Espagnols en 1501 et la côte pacifique découverte en 1513.

1519. La fondation de la ville de Panamá est suivie d'un essor causé par la découverte du Pérou (1532), puis des Philippines.

Jusqu'au XVIIᵉ s., la colonie se développe, tandis que les marchandises de Manille et l'or du Pérou traversent l'isthme en convois de mules. L'intervention croissante des flibustiers français et surtout anglais contre les ports de l'isthme entraîne le déclin de la route au XVIIIᵉ s.

1739. Panamá est rattaché à la vice-royauté de la Nouvelle-Grenade.

La dépendance à l'égard de Bogotá continue après la proclamation de l'indépendance de la Colombie (1819). La découverte de l'or de Californie (1848) offre une nouvelle chance au pays et l'idée d'un canal interocéanique se précise. Son percement par F. de Lesseps échoue (1881-1889) et l'initiative est reprise par les États-Unis.

1903. Le Panamá proclame son indépendance et la république est établie, à la suite d'une révolte encouragée par les États-Unis. Souhaitant reprendre le projet du canal, ceux-ci se font concéder une zone large de 10 miles allant d'un océan à l'autre, où ils construisent, de 1904 à 1914, un canal à écluses. Le canal apporte une relative prospérité à Panamá, mais aussi une dépendance à l'égard des États-Unis, provoquant la montée du nationalisme ; des émeutes secouent le pays (1959, 1964, 1966). En 1973, le général Torrijos, au pouvoir de 1968 à 1978, réclame pour son pays la souveraineté sur la zone du canal.

1978. Ratification d'un traité reconnaissant la souveraineté panaméenne sur la zone du canal et sa restitution définitive par les États-Unis en 1999.

1984. N. Ardito Barletta est élu président de la République.

1985. Après sa démission, Eric Delvalle lui succède.

1988. Sous la pression de l'armée, commandée par le général Noriega, E. Delvalle est destitué.

Défiant les États-Unis, Noriega règne en maître sur le pays.

Déc. 1989. Une intervention militaire américaine évince Noriega et place à la tête de l'État Guillermo Endara, vainqueur de l'élection présidentielle de mai 1989.

Panamá, cap. de la République du Panamá, port sur le Pacifique *(golfe de Panamá)* ; 413 505 hab.

Panamá *(canal de),* canal interocéanique d'Amérique centrale, dans la *République du Panamá,* reliant l'Atlantique (mer des Antilles) au Pacifique *(golfe de Panamá).* Long de 79,6 km, coupé par 6 écluses, sa profondeur minimale oscille entre 12,5 et 13,7 m. Bien qu'il ne soit pas accessible aux gros bateaux, son trafic est supérieur à 150 Mt par an, constitué de pétrole, de charbon et autres minerais, et de céréales. HIST. Les travaux commencèrent en 1881 sur l'initiative de Ferdinand de Lesseps, mais ils furent arrêtés en 1888. La mise en liquidation de la Compagnie universelle du canal interocéanique (1889) fut suivie, en France, par un grave scandale financier et politique (1891-1893). Les travaux engagés en 1904 aboutirent à l'ouverture du canal en 1914. Après l'indépendance de la République du Panamá (1903), les États-Unis obtinrent par traité la concession de la zone du canal de Panamá, revenue sous souveraineté panaméenne en 1978, les États-Unis devant y conserver des bases militaires jusqu'en 1999.

Panamá *(isthme de),* langue de terre de l'Amérique centrale, qui unit l'Amérique du Nord et l'Amérique du Sud, entre la mer des Antilles et l'océan Pacifique. Long de 250 km, il s'appuie, à l'E., à la Colombie et, à l'O., à la presqu'île d'Azuero et au Costa Rica. Son altitude varie de 200 à 1 500 m. Au point le plus étroit de l'isthme (une cinquantaine de km), entre le golfe de Panamá et la baie de Limón, le massif de la Culebra

domine le col homonyme (87 m d'alt.), où fut entaillée la tranchée Gaillard du canal interocéanique.

Panay, île des Philippines, dans l'archipel des Visayas ; 12 300 km² env. ; 1 600 000 hab.

Panckoucke, famille d'éditeurs et de libraires français des XVIIIᵉ et XIXᵉ siècles, qui publia notamment, une, l'*Encyclopédie* de Diderot et créa le *Moniteur universel.*

Pandore, femme créée par les dieux, selon la mythologie grecque, pour punir les hommes de leurs prétentions. Devenue l'épouse d'Épiméthée, elle ouvrit un vase qu'elle possédait et d'où se répandirent sur la Terre tous les maux imaginables. Seule l'Espérance demeura au fond de la « boîte » de Pandore.

Pane *(Gina),* artiste italienne naturalisée française (Biarritz 1939 - Paris 1990). Elle a été par ses actions, à partir de 1968, un des principaux créateurs de l'art corporel (*Nourriture / actualités télévisées / feu,* Paris, 1971). Après 1980, ses travaux, intitulés « partitions », ont poursuivi une exploration suggestive de la culture et des comportements humains.

Panfilov *(Gleb),* cinéaste russe (Magnitogorsk 1934). Après un premier long métrage (*Pas de gué dans le feu,* 1967) au ton chaleureux, sincère et peu conformiste, il a confirmé son talent dans *Débuts* (1970), *Je demande la parole* (1975), le *Thème* (1979), *Vassa* (1982) et la *Mère* (1990).

Pangée, *en gr.* Pangaion, massif montagneux de Macédoine, à l'E. de Thessalonique, célèbre dans l'Antiquité pour ses mines d'or et d'argent.

Pangée *(la),* continent unique de la fin du paléozoïque qui regroupait toutes les terres émergées et s'est ensuite divisé entre le Gondwana au sud et la Laurasie au nord.

Panhard *(René),* constructeur automobile français (Paris 1841 - La Bourboule 1908). Il s'associa en 1886 avec É. Levassor pour fonder la société Panhard et Levassor, qui construisit en 1891 la première voiture automobile à essence et en 1899 la première automitrailleuse.

Panini, grammairien indien (né dans le N.-O. de l'Inde au vᵉ ou au ivᵉ s. av. J.-C.). Il est l'auteur de l'une des plus importantes grammaires du sanskrit, comprenant une classification très fine des éléments phoniques du langage et une remarquable analyse morphologique.

Pankhurst *(Emmeline* Goulden, *Mrs.),* suffragette britannique (Manchester 1858 -

Londres 1928). Fondatrice de l'Union féminine sociale et politique (1903), elle milita pour le vote des femmes.

Pankow, quartier de Berlin, sur la *Panke.* Ancien siège du gouvernement de la République démocratique allemande.

Panmunjom, localité de Corée, près de Kaesong, dans la zone démilitarisée créée à l'issue de la guerre de Corée, où eurent lieu les pourparlers (1951-1953) qui mirent fin à celle-ci.

Pannini ou **Panini** *(Giovanni Paolo),* peintre italien (Plaisance v. 1691 - Rome 1765). Élève des Bibiena, il devint, avant Canaletto, le premier des grands « vedutistes », dépassant la minutie topographique aux vues de Rome, ses arrangements imaginaires de ruines, ses fêtes et ses cortèges.

Pannonie, ancienne région de l'Europe centrale, sur le Danube moyen, correspondant à la Hongrie occidentale. Elle fut conquise par les Romains entre 35 av. J.-C. et 10 apr. J.-C.

pannonien *(Bassin),* ensemble de plaines, entre les Alpes orientales et les Carpates.

Panofsky *(Erwin),* historien d'art américain d'origine allemande (Hanovre 1892 - Princeton 1968). Il a développé la méthode iconologique, visant à la « lecture » de l'œuvre d'art dans son contexte de civilisation et selon ses différents « niveaux de signification » *(la Perspective comme forme symbolique,* 1925 ; *Essais d'iconologie,* 1939 ; *Albrecht Dürer,* 1943 ; *l'Œuvre d'art et ses significations,* 1953 ; *la Renaissance et ses avant-courriers dans l'art d'Occident,* 1960, etc.).

Pantagruel *(Horribles et Épouvantables Faits et Prouesses du très renommé),* roman de Rabelais (1532).

Pantalon, personnage de la comédie italienne. Il porte la culotte longue qui a pris son nom.

Pantelleria, île italienne entre la Sicile et la Tunisie ; 83 km² ; 7 316 hab.

Panthalassa *(la),* océan unique de la fin du paléozoïque qui entourait la Pangée.

Pantin, ch.-l. de c. de la Seine-Saint-Denis, au nord-est de Paris ; 47 444 hab. *(Pantinois).* Centre industriel. Triage ferroviaire. Cimetière parisien.

Panurge, personnage créé par Rabelais dans *Pantagruel.* Paillard, cynique, poltron, mais d'esprit fertile, il est le compagnon fidèle de Pantagruel.

Paoli *(Pascal),* patriote corse (Morosaglia 1725 - Londres 1807). Proclamé chef de l'île

en 1755, il ne laissa que le littoral au pouvoir des Génois, puis, après que Gênes eut cédé à la France ses droits sur la Corse au traité de Versailles (1768), il lutta contre les Français. Défait à Ponte-Novo en 1769, il se retira en Angleterre. Rentré en Corse en 1790, il fit une nouvelle tentative de sécession avec l'aide des Britanniques et regagna Londres en 1795.

Paoustovski *(Konstantine Gueorguievitch),* écrivain soviétique (Moscou 1892 - *id.* 1968). Il est l'auteur de nouvelles poétiques *(Jours d'été,* 1937), de romans d'aventures *(Nuages étincelants,* 1929) et de récits autobiographiques *(Histoire d'une vie,* 1945-1963).

Papadhópoulos *(Gheórghios),* officier et homme politique grec (Eleokhorion 1919). Instigateur du coup d'État militaire d'avril 1967, il devint le chef du « gouvernement des colonels ». En 1973, il fit proclamer la république, dont il fut président avant d'être renversé par une fraction de l'armée.

Papandhréou *(Gheórghios),* homme politique grec (Patras 1888 - Athènes 1968). Républicain, il fut le chef du gouvernement grec en exil (1944). Il fut président du Conseil de 1963 à 1965. Son fils, **Andhréas** (Chio 1919), homme politique socialiste, a été Premier ministre de 1981 à 1989, puis à nouveau de 1993 à 1996.

Papanine *(Ivan),* amiral et explorateur soviétique (Sébastopol 1894 - Moscou 1986). Il se laissa dériver, sur une banquise, du pôle Nord aux côtes du Groenland (1937-38).

Papeete, ch.-l. de la Polynésie française, sur la côte nord de l'île de Tahiti ; 23 555 hab. L'agglomération regroupe plus de 80 000 hab. (la majeure partie de la population tahitienne). Siège de la base arrière du Centre d'expérimentation du Pacifique (C. E. P.), Papeete est devenue, à partir de 1964, une base aéronavale. Centre administratif, commercial et touristique (desservi par l'aéroport voisin de Faaa).

Papen *(Franz von),* homme politique allemand (Werl 1879 - Obersasbach 1969). Député du Centre catholique, chancelier du Reich en 1932, vice-chancelier (1933-34), il soutint le nazisme, croyant pouvoir partager le pouvoir avec Hitler. Ambassadeur à Vienne (1934-1938) puis à Ankara (1939-1944), il fut jugé et acquitté à Nuremberg (1946).

Paphlagonie, ancienne région côtière du nord de l'Asie Mineure. (V. princ. *Sinope.)*

Papin *(Denis),* physicien et inventeur français (Chitenay, près de Blois, 1647 - Londres ? v. 1712). Il fut, en 1673, assistant de Huygens à Paris. En 1679, il imagina son *digesteur* d'aliments (ou *marmite de Papin*), ancêtre de l'autocuiseur, pour lequel il créa la soupape de sûreté. Après la révocation de l'édit de Nantes (1685), il abandonna, en tant que protestant, la France pour l'Angleterre. De 1690 date sa conception capitale, prototype de la *machine à vapeur à piston*. En 1707, Papin construisit un bateau mû par des roues à aubes, dont les roues étaient actionnées à bras.

Papineau *(Louis Joseph),* homme politique canadien (Montréal 1786 - Montebello 1871). Chef du parti patriote, il défendit les droits des Canadiens français et fut l'un des instigateurs de la rébellion de 1837.

Papini *(Giovanni),* écrivain italien (Florence 1881 - id. 1956). Polémiste et satiriste d'inspiration catholique (*Un homme fini,* 1912 ; *le Diable,* 1953), il fut l'un des principaux animateurs de la vie culturelle italienne à l'époque du futurisme.

Papinien, *en lat.* Aemilius Papinianus, un des plus grands jurisconsultes romains (m. à Rome en 212 apr. J.-C.). Préfet du prétoire, il fut mis à mort par Caracalla.

Papouasie, nom français de l'anc. territoire de Papua, partie sud-est de la Nouvelle-Guinée. Anc. dépendance de l'Australie, elle forme depuis 1975 avec la Nouvelle-Guinée orientale et quelques archipels, l'État de Papouasie-Nouvelle-Guinée.

Papouasie-Nouvelle-Guinée, État de l'Océanie, formé essentiellement par la moitié est de l'île de la Nouvelle-Guinée, à laquelle s'ajoutent plusieurs îles ; 463 000 km². 3 900 000 hab. CAP. *Port Moresby.* LANGUE : *néo-mélanésien.* MONNAIE : *kina.*

GÉOGRAPHIE
Le pays, au relief montagneux, a un climat subéquatorial, très chaud et humide. Les populations papoues qui vivent dans l'intérieur de la Nouvelle-Guinée conservent un mode de vie archaïque (cultures sur brûlis complétées par la chasse et la cueillette). Quelques plantations (cocotiers, palmiers à huile, cacaoyers, hévéas, caféiers, théiers), près de la mer, marquent cependant l'entrée dans l'économie monétaire. Le cuivre est la première ressource minière, mais la sécession proclamée de l'île de Bougainville a entraîné la fermeture de la mine et la perte de 40 % en valeur des exportations.

HISTOIRE
La partie orientale de la Nouvelle-Guinée, confiée à l'Australie par un mandat de la S. D. N. en 1921, accède à l'indépendance en 1975, dans le cadre du Commonwealth.

Papous ou **Papoua,** groupe de peuples mélanésiens et malais-polynésiens de la Nouvelle-Guinée et des îles voisines, dont les langues, très diverses, ne se rattachent pas au groupe mélanésien.

Pappus, mathématicien grec d'Alexandrie (ɪvᵉ s.). Sa *Collection mathématique* est une des sources les plus riches de notre connaissance des mathématiques grecques.

Pâques *(île de),* île du Pacifique, à l'ouest du Chili, dont elle dépend ; 162,5 km² ; 2 770 hab. *(Pascuans).* HIST. Vers le vᵉ siècle de notre ère, l'île a été colonisée par des populations d'origine polynésienne, dont la civilisation, qui se développe dans l'isolement, jusqu'à l'arrivée des Européens en 1722, a pour support le culte des ancêtres avec des sanctuaires *(ahu),* des statuettes en bois et, surtout, des statues géantes, monolithiques (les *moai*).

Pará, État de l'est de l'Amazonie brésilienne ; 1 250 000 km² ; 5 084 726 hab. Cap. *Belém.*

Paracas, culture préhispanique de la côte sud du Pérou. Elle s'est développée à partir du XIIIᵉ s. av. J.-C. et appartenait à une population agricole pratiquant l'irrigation et habitant de petits villages de maisons en terre sèche. Elle reste célèbre pour la qualité des textiles *(mantos)* qui enveloppaient les momies. Ces « *fardos* » funéraires ont été recueillis dans les nécropoles de *Paracas Cavernas* et *Paracas Necrópolis.* La phase de *Paracas Necrópolis* est sans doute à l'origine de la culture de Nazca.

Paracel *(îles),* groupe d'îlots de la mer de Chine méridionale, au large du Viêt Nam. Elles sont revendiquées par la Chine et le Viêt Nam.

Paracelse *(Theophrastus* Bombastus von Hohenheim, dit*),* médecin et alchimiste d'origine souabe (Einsiedeln v. 1493 - Salzbourg 1541). Il s'inscrit dans la Renaissance médicale du XVIᵉ siècle : il participa au rejet des dogmes du Moyen Âge, fournit quelques idées intéressantes en chirurgie et en chimie thérapeutique. Cependant, ce fut surtout un occultiste, qui faisait correspondre une planète à chaque organe et prétendait avoir découvert un élixir d'éternelle jeunesse.

Paradis (Grand), massif des Alpes occidentales italiennes entre la Doire Baltée et l'Orco ; 4 061 m. Parc national. Jardin alpin.

Paradis perdu *(le),* poème épique de Milton. Publié en dix chants en 1667 et en douze en 1674, il a pour sujet la chute d'Adam et Ève, et pour but de démontrer l'humanisme de Dieu et la beauté de sa création. *Le Paradis reconquis* (1671) est une suite où l'on voit Satan tenter le Christ.

Paradjanov *(Sarkis Paradjanian, dit Sergueï),* cinéaste arménien (Tbilissi 1924 - Erevan 1990). Il s'impose en 1965 avec *les Chevaux de feu. Sayat Nova ou la Couleur de la grenade* (1968-1971) lui vaut des démêlés avec la censure. Emprisonné de 1974 à 1978, il revient au cinéma en 1984 avec *la Légende de la forteresse de Souram* et le magnifique hymne poétique *Achik Kérib* en 1988. Il laisse inachevé son ultime film, *la Confession.*

Paraguay *(río),* rivière d'Amérique du Sud (2 500 km ; bassin de 1 097 000 km²). Né au Brésil, il traverse le Paraguay, qu'il sépare de l'Argentine avant de rejoindre le Paraná (r. dr.). Dans son cours moyen, la rivière, partagée en de multiples bras, traverse, sur plus de 1 000 km, le Pantanal (qu'elle inonde lors de ses hautes eaux). Navigable, le Paraguay a été une voie de pénétration de l'Amérique du Sud.

Paraguay, État de l'Amérique du Sud ; 407 000 km² ; 4 400 000 hab. *(Paraguayens).* CAP. *Asunción.* LANGUE : *espagnol.* MONNAIE : *guaraní.*

GÉOGRAPHIE

Le Chaco, vaste plaine semi-aride, très peu peuplée, occupe la moitié ouest. Le reste du pays, entre les ríos Paraguay et Paraná, plus humide (plus de 1 200 mm par an), est formé de plateaux, le long du Paraná, et de plaines, qui deviennent marécageuses près de la confluence des deux cours d'eau. La population (constituée essentiellement d'Indiens Guarani et de métis), en croissance rapide, est encore en majorité rurale. Aux productions agricoles traditionnelles (maïs, manioc, agrumes, canne à sucre, riz, élevage bovin) se sont ajoutés le coton et le soja (bases des exportations, avec les produits de l'élevage). Sans ressources minières reconnues, le pays dispose d'un potentiel hydroélectrique important : grands barrages d'Itaipú (en association avec le Brésil) et de Yaciretá (avec l'Argentine). Les industries, modestes (alimentation, cimenterie, textile), sont localisées autour d'Asunción, seule grande ville. L'Argentine et le Brésil, les voisins, sont les deux premiers partenaires commerciaux.

HISTOIRE

Peuplée d'Indiens Guarani, la région est explorée après 1520 par les Espagnols, qui fondent Asunción en 1537. Chargés d'évangéliser les Indiens, les Jésuites font de la région une province séparée.

1604. Ils fondent la première « réduction » (village indigène interdit aux colons).

Organisés en une trentaine de réductions, les Indiens sont sédentarisés, mènent une vie communautaire et connaissent une économie prospère. Mais leur autonomie est menacée par la convoitise des Portugais et des colons espagnols.

1767. L'expulsion des Jésuites de l'Amérique latine provoque la ruine des réductions. Malgré l'échec final, l'expérience a permis la survie d'une population indienne et de sa langue. Le Paraguay, qui depuis 1776 dépend du vice-royauté de La Plata, s'en sépare (1811) lors de la guerre civile pour l'indépendance de l'Argentine.

1813. Indépendance du Paraguay.

Rodríguez de Francia, au pouvoir de 1814 à 1840, ouvre la longue liste des dictateurs paraguayens.

1865-1870. Guerre opposant le Paraguay au Brésil, à l'Argentine et à l'Uruguay.

Le pays, qui en sort ruiné, est amputé territorialement. Les conflits entre conservateurs et libéraux provoquent une grande instabilité politique.

1932-1935. Guerre du Chaco. Ce conflit, dont le Paraguay sort victorieux, est suivi d'une série de dictatures militaires, dont celle du général Stroessner, à partir de 1954.

1989. Stroessner est renversé ; le nouveau régime organise les premières élections libres depuis 40 ans.

1993. Après l'adoption d'une Constitution (1992), les civils retrouvent le pouvoir.

Paraíba, État du nord-est du Brésil ; 56 372 km² ; 3 200 620 hab. Cap. *João Pessoa.*

Paramaribo, cap. et port du Suriname, sur le fl. Suriname ; 152 000 hab.

Paramount, société américaine de production cinématographique, issue des fusions successives de diverses sociétés (dont la Paramount) autour de la Famous Players, fondée en 1912 par A. Zukor. En 1949, en application de la législation antitrust, la Paramount fut mise dans l'obligation de se séparer de son importante branche exploitation.

Paraná *(le),* fl. d'Amérique du Sud, qui draine un bassin de près de 2 millions et demi de km² avant de rejoindre l'Atlantique dans l'estuaire du río de la Plata. La majeure partie du cours (env. 3 000 km) est au Brésil. Formé par le Paranaíba et le rio Grande, il délimite la frontière entre le Brésil et le Paraguay, et reçoit l'Iguaçu, puis coule entre l'Argentine et le Paraguay. Il reçoit le Paraguay et pénètre en Argentine, où il traverse une partie de la Pampa. Les navires de mer remontent jusqu'à Rosario (où le débit avoisine 15 000 m³/s). Aménagements hydroélectriques.

Paraná, État du Brésil méridional, entre l'Atlantique et le rio Paraná ; 199 554 km² ; 8 415 659 hab. Cap. *Curitiba.* Café.

Paray-le-Monial, ch.-l. de c. de Saône-et-Loire ; 10 568 hab. *(Parodiens).* Céramique. — Belle basilique romane d'influence clunisienne. Pèlerinage du Sacré-Cœur.

Parc des Princes, stade de Paris, au S. du bois de Boulogne, dont la reconstruction a été achevée en 1972.

Par-delà bien et mal, œuvre de Nietzsche (1886).

Pardubice, v. de la République tchèque, sur l'Elbe ; 94 857 hab. — Château reconstruit au début du XVIᵉ siècle dans le style italien. Églises et demeures de la même époque.

Paré *(Ambroise),* chirurgien français (Bourg-Hersent, près de Laval, v. 1509 - Paris 1590). Chirurgien des grands de son époque, notamment de Henri II, François II, Charles IX et Henri III, il œuvra également sur les champs de bataille. Il fit progresser le traitement des plaies. Il est considéré en France comme le père de la chirurgie moderne.

Pareto *(Vilfredo),* sociologue et économiste italien (Paris 1848 - Céligny, Suisse, 1923). Successeur de Walras à Lausanne, il fonda l'économie sur les méthodes mathématiques et approfondit le concept d'optimum économique.

Paricutín, volcan du Mexique (État de Michoacán), à l'ouest de Mexico (alt. 2 808 m). Il a surgi en février 1943.

Parini *(Giuseppe),* poète italien (Bosisio 1729 - Milan 1799). Il est l'auteur de *la Journée* (1763), satire de la noblesse milanaise.

Paris, cap. de la France, ch.-l. de la Région Île-de-France, sur la Seine, à 25 m d'altitude ; 2 152 423 hab. *(Parisiens).* La ville, qui couvre 105 km², constitue aussi un département, divisé en 20 cantons correspondant aux 20 arrondissements traditionnels.

GÉOGRAPHIE

Paris doit être envisagée comme ville et comme centre d'une agglomération beaucoup plus peuplée (plus de 9,3 millions d'habitants).

■ **La ville.** Depuis 1954, Paris intra-muros a perdu le quart de sa population. L'industrie y a beaucoup régressé. Le prix du terrain a favorisé l'extension des bureaux aux dépens du logement, celui-ci devenant de plus en plus onéreux, ce qui n'a toutefois pas uniformisé les coûts sur le territoire de la capitale. Paris est de plus en plus un centre de services. Sa prépondérance dans le cadre national demeure écrasante : administration, finance, commerce de luxe, tourisme, centre de congrès, sièges de société (rôle atténué par la création du pôle de la Défense), enseignement supérieur (malgré l'implantation d'universités et les transferts de grandes écoles en banlieue, parfois en province). La ville est le siège du commandement militaire de défense d'Île-de-France.

■ **L'agglomération.** Aujourd'hui, l'agglomération couvre près de 2 000 km² et concentre près du sixième de la population française (la densité moyenne y est de l'ordre de 4 500 hab./km², près de 50 fois la moyenne nationale). L'urbanisation est presque continue (coupée toutefois de massifs forestiers protégés), juxtaposant grands ensembles et pavillons. Tout comme Paris, la proche banlieue (départements limitrophes de Seine-Saint-Denis, des Hauts-de-Seine et du Val-de-Marne) voit son espace saturé ; l'habitat et l'industrie y ont aussi (plus modérément) reculé, et la population (encore exceptionnellement dense) y a parfois diminué. Le desserrement de l'agglomération a profité aux départements dits « de la Grande Couronne » (Seine-et-Marne, Yvelines, Essonne et Val-d'Oise), sites des cinq villes nouvelles (Évry, Melun-Sénart, Marne-la-Vallée, Cergy-Pontoise et Saint-Quentin-en-Yvelines), pôles de croissance devant juxtaposer emploi et habitat.

La banlieue concentre l'essentiel de l'important potentiel industriel (avec la construction automobile et aéronautique, les constructions électriques et électroniques, la chimie, l'agroalimentaire, etc.) et les grandes emprises (aéroports de Roissy et d'Orly, installations portuaires de Gennevilliers, nouveaux centres commerciaux et hospitaliers, établissement pénitentiaire de Fleury-Mérogis, etc.).

■ **Les problèmes.** Le poids de l'agglomération, même si sa croissance a été ralentie, pose plusieurs problèmes, celui des transports notamment (accru par le desserrement spatial déjà évoqué), plus localement celui de l'insertion d'une notable population d'origine étrangère (environ 15 % de la population de l'agglomération) et celui de la sécurité, problème que l'on retrouve dans toutes les grandes agglomérations.

HISTOIRE

■ **Paris jusqu'à la Révolution.** Principale agglomération des Parisii, Lutèce est conquise en 52 av. J.-C. par les Romains, qui en transfèrent le centre sur les pentes de la montagne Sainte-Geneviève. L'empereur Julien y réside de 356 à 360. À l'époque des invasions germaniques (IIIe s.), la ville se replie dans l'île de la Cité et prend le nom de Paris. Soutenue par sainte Geneviève, elle résiste aux Huns en 451. Résidence des rois Francs à partir du règne de Clovis (fin du Ve s.), elle est également celle du comte Eudes, qui repousse l'assaut des Normands en 886. L'avènement des Capétiens favorise l'essor de la ville, qui fonde sa prospérité sur le commerce fluvial. Le XIIe siècle voit la construction des premières Halles, de Notre-Dame et du Louvre, l'érection de l'enceinte de Philippe Auguste et la montée en puissance du prévôt des marchands, véritable maire de la capitale. Tandis que la rive droite se consacre aux activités économiques, la rive gauche héberge l'université, créée en 1215. Dotée d'une nouvelle enceinte sous Charles V, Paris poursuit son essor au profit d'une riche bourgeoisie et se rebelle à de nombreuses reprises contre l'autorité royale : révolte d'Étienne Marcel et alliance avec les Bourguignons (XIVe-XVe s.), guerres de Religion (XVIe s.), Fronde (XVIIe s.). Profondément transformée par la monarchie à l'époque moderne, la ville est un temps supplantée par Versailles, où Louis XIV s'installe en 1682. Elle constitue cependant au XVIIIe siècle l'un des premiers foyers culturels de l'Europe ; délimitée par le mur des Fermiers généraux, elle regroupe alors 600 000 habitants.

■ **L'époque contemporaine.** Théâtre principal de la Révolution française (prise de la Bastille, création de la Commune de Paris), la ville est également à l'origine des révolutions de 1830 et 1848. Entourée en 1845 d'une nouvelle enceinte (dite « de Thiers »), elle subit de profondes transformations sous Haussmann, préfet de la Seine (1853-1870) : celui-ci donne à la ville ses grandes perspectives et annexe les 11 communes périphériques au territoire parisien. La capitale voit ainsi ses arrondissements passer de 12 à 20 en 1860, tandis que les quartiers bourgeois se concentrent dans sa partie ouest. L'échec de la Commune de Paris (mars-mai 1871) transforme le statut municipal de la ville, la pri-

vant de son maire. Siège de nombreuses expositions universelles (1878, 1889, 1900), Paris s'affirme comme l'une des grandes capitales culturelles, forte de 2,5 millions d'habitants en 1900. De 1940 à 1944, elle subit l'occupation allemande. Devenue en 1975 une collectivité territoriale, à la fois commune et département, elle est dirigée à partir de 1977 par un maire élu et dotée, en 1983, de conseils d'arrondissements présidés chacun par un maire.

ARTS

■ **Des origines à la Renaissance.** De l'époque gallo-romaine subsistent principalement les thermes « de Cluny », de l'époque romane la structure essentielle de l'abbatiale de St-Germain-des-Prés. C'est avec l'art gothique que les réalisations parisiennes deviennent exemplaires de l'art français : cathédrale Notre-Dame (1163-1260 pour l'essentiel), chœur de St-Germain-des-Prés, Sainte-Chapelle, parties du XIVe siècle de la Conciergerie (restes du palais de l'île de la Cité). La fin du gothique (XVe-XVIe s.) se signale par les églises St-Germain-l'Auxerrois, St-Gervais, St-Séverin, St-Étienne-du-Mont, etc., et par l'hôtel des abbés de Cluny ; la Renaissance, par l'entreprise de l'église St-Eustache (1532) et du nouveau palais du Louvre.

■ **Les XVIIe et XVIIIe siècles.** Du XVIIe siècle subsistent des hôpitaux ou hospices (Val-de-Grâce, Invalides, etc.), le collège des Quatre-Nations (auj. Institut), les développements du Louvre (et l'idée d'axe est-ouest qui s'y relie), le Luxembourg, quatre « places royales », des églises et chapelles (façade de St-Gervais, St-Paul, St-Louis, St-Roch, Sorbonne, dôme des Invalides, etc.), de nombreux hôtels particuliers du Paris Saint-Louis et du Marais. Le XVIIIe siècle voit l'achèvement de la vaste église St-Sulpice (commencée en 1646), la création de la place Louis-XV (auj. de la Concorde), la construction de l'École militaire, du futur Panthéon, de l'hôtel de la Monnaie, du théâtre de l'Odéon, etc., tous édifices d'esprit classique ou néoclassique. La construction aristocratique est active, notamment au faubourg Saint-Germain et c'est là (ainsi qu'aux hôtels de Rohan et de Soubise) que l'on peut constater la vogue du décor rocaille dans la première moitié du siècle. À partir de la fin du XVIIIe siècle s'urbanise le secteur de la Chaussée-d'Antin, au nord des Grands Boulevards.

■ **Depuis Napoléon.** Après l'œuvre esquissée par Napoléon (rue de Rivoli, arcs de triomphe du Carrousel et de l'Étoile, église de la Madeleine), l'histoire de l'architecture parisienne se confond avec celle de l'éclectisme (Opéra de Garnier), ainsi qu'avec celle de l'emploi du fer (bibliothèques, gares, tour Eiffel), du béton (théâtre des Champs-Élysées de Perret, 1911 ; salle de conférences de l'Unesco, 1955 ; Grande Arche, hors de la capitale, à la Défense), de l'acier et du verre (Centre national d'art et de culture G.-Pompidou).

■ **Les principaux musées.** Musées d'art nationaux : du Louvre, d'Orsay, de Cluny, Guimet, des Arts de l'Afrique et de l'Océanie, Rodin, Picasso, d'Art moderne, des Arts et Traditions populaires. Musées municipaux : Carnavalet, du Petit Palais, Cernuschi, d'Art moderne. Musées à gestion semipublique : Jacquemart-André et Marmottan (qui dépendent de l'Institut), des Arts décoratifs. Musées scientifiques nationaux : Muséum d'histoire naturelle et musée de l'Homme, palais de la Découverte, Cité des sciences et de l'industrie du parc de la Villette, qui accueille également la Cité de la musique). La Bibliothèque nationale de France possède un fonds considérable de manuscrits, d'estampes, de monnaies et médailles et de photographies.

Paris *(école de),* appellation créée vers 1925 et désignant les artistes venus à Paris de différents pays pour s'associer à l'école française : Brancusi, Modigliani, Soutine, Chagall, Pascin, Foujita, Serge Poliakoff, Bram Van Velde, etc.

Paris *(Henri* d'Orléans, *comte de)* → **Orléans.**

Paris *(traités de),* traités signés à Paris, dont les plus importants sont ceux de 1229 (conclusion de la guerre des albigeois), 1259 (paix entre Louis IX et Henri III d'Angleterre), 1763 (fin de la guerre de Sept Ans ; ruine de l'Empire colonial français), 1814 et 1815 (fins des guerres napoléoniennes), 1856 (fin de la guerre de Crimée), 1898 (fin de la guerre hispano-américaine) et 1947 (traités signés par les puissances victorieuses avec les anciens alliés de l'Axe : Italie, Roumanie, Hongrie, Bulgarie, Finlande).

Pâris, fils de Priam, roi de Troie, et d'Hécube. Le célèbre jugement qu'il porta en faveur d'Aphrodite, au détriment d'Héra et d'Athéna, est à l'origine de la ruine de Troie. Pâris avait été choisi pour remettre une pomme d'or lancée par Éris (la Discorde) à celle des trois déesses qui était « la plus belle ». Le jeune homme la donna à Aphrodite, qui lui avait promis l'amour d'Hélène, femme de Ménélas, roi de Sparte. En dépit des mises en garde de sa sœur Cassandre, il

se rendit alors dans cette cité, où il enleva Hélène. Ainsi éclata la guerre de Troie.

Pâris [-ri] *(les frères),* financiers français : **Antoine** (Moirans 1668 - Sampigny 1733), **Claude** (Moirans 1670 - *id.* 1745), **Joseph,** dit **Duverney** (Moirans 1684 - Paris 1770), **Jean,** dit de **Montmartel** (Moirans 1690 - ? 1766). Ils firent fortune comme fournisseurs aux armées et jouèrent un grand rôle dans la chute de Law.

parisien *(Bassin),* unité géologique, couvrant environ 140 000 km², formée de sédiments, s'étendant entre le Massif central, les Vosges, l'Ardenne, l'Artois et le Massif armoricain. Il est drainé par quatre systèmes fluviaux : la Seine, la Loire, la Meuse et le Rhin (par la Moselle).

Parisien *(le),* quotidien français créé en 1944 *(le Parisien libéré),* premier quotidien national à avoir utilisé la couleur.

Parisis, ancien pays de l'Île-de-France, correspondant au comté féodal de Paris.

Parizeau *(Jacques),* homme politique canadien (Montréal 1930). Chef du Parti québécois (indépendantiste) de 1988 à 1996, il devient Premier ministre du Québec en 1994. N'ayant pu assurer la victoire des indépendantistes lors du référendum sur la souveraineté de la province (oct. 1995), il annonce immédiatement sa démission (qui prend effet en janv. 1996).

Park *(Mungo),* voyageur britannique (Foulshiels, près de Selkirk, Écosse, 1771 - Bussa, Nigeria, 1806). Il fit deux grands voyages d'exploration en Afrique. Il se noya dans le Niger.

Park Chung-hee, général et homme d'État sud-coréen (Sonsan-gun 1917 - Séoul 1979), président de la République de Corée de 1963 jusqu'à son assassinat.

Parker *(Charles,* dit *Charlie), surnommé Bird* ou *Yardbird),* saxophoniste et compositeur de jazz américain (Kansas City 1920 - New York 1955). Il s'imposa dès 1937 dans diverses formations. Installé à New York, il y déclencha la révolution du be-bop, à partir d'une exceptionnelle imagination rythmique, harmonique et mélodique, appuyée sur une grande maîtrise du saxophone alto. Il reste une figure majeure de l'histoire et de la mythologie du jazz moderne.

Parlement européen, organe de l'Union européenne composé de 567 parlementaires élus pour 5 ans, au suffrage universel direct (depuis 1979) dans chacun des États membres. Le Parlement participe à l'activité législative de la Communauté, arrête le budget après l'avoir établi conjointement avec le Conseil, exerce un contrôle général sur l'activité des institutions et a un rôle d'impulsion politique. C'est la seule institution communautaire qui se réunisse et délibère en public. Dans l'hémicycle, les députés siègent au sein de groupes politiques.

Parler *(Peter)*, architecte et sculpteur allemand (Schwäbisch Gmünd v. 1330-1335 - Prague 1399). Fils de Heinrich Parler (sans doute l'auteur du chœur en « halle » de Ste-Croix de Gmünd), il fut appelé par Charles IV à Prague en 1353. Succédant à Mathieu d'Arras à la tête du chantier de la cathédrale, il innova tant comme architecte (chœur relevant d'un dessein inédit d'unification de l'espace, opposée à la tradition française) que comme sculpteur (bustes du triforium, marqués par l'individualisation et l'expression de la vie psychique). Continuée par ses fils, l'œuvre de P. Parler eut une influence majeure sur les suites de l'art gothique dans toute l'Europe centrale (*Sondergotik* en architecture, « beau style » en sculpture).

Parme, v. d'Italie (Émilie), sur la Parma, ch.-l. de prov. ; 168 905 hab. *(Parmesans)*. Université (datant de 1423). **HIST.** Fondée par les Étrusques, la ville se développa à l'époque romaine. Possession des Visconti puis des Sforza au XIVe-XVe siècle, elle fut cédée au Saint-Siège en 1512. Parme en fut détachée en 1545 par Paul III, qui l'érigea en duché, possession des Farnèse jusqu'en 1731. En 1748, la ville et le duché passèrent à Philippe de Bourbon ; français en 1802, ils furent donnés en 1815, à titre viager, à l'ex-impératrice Marie-Louise. Ils furent réunis en 1860 au Piémont. **ARTS.** Ensemble romano-gothique de la cathédrale (coupole du Corrège) et du baptistère, œuvre du sculpteur et architecte Antelami (fin XIIe-début XIIIe s.). Églises du XVIe siècle : S. Giovanni Evangelista (coupole du Corrège) et la *Steccata* (fresques du Parmesan). Palais de la *Pilotta* (XVIe-XVIIe s.), abritant un musée national des Antiquités et une riche Galerie nationale (peinture).

Parménide, philosophe grec (Élée, Grande-Grèce, v. 515 - v. 440 av. J.-C.). Dans son poème *De la nature*, il formule la proposition qui fonde l'ontologie occidentale : « l'être est », ce qui veut dire « l'être est un ». Cette proposition n'a pas de sujet, ce qui constitue une critique radicale de la pensée d'Héraclite, selon laquelle l'« être est en devenir continuel ».

Parménion, général macédonien (v. 400 Ecbatane v. 330 av. J.-C.). Lieutenant de Philippe II puis d'Alexandre, il fut exécuté parce qu'il s'opposait à l'extension des conquêtes vers l'Orient.

Parmentier *(Antoine Augustin)*, pharmacien militaire français (Montdidier 1737 - Paris 1813). Il préconisa la culture de la pomme de terre pour lutter contre les disettes.

Parmesan *(Francesco Mazzola, dit en fr. le)*, peintre italien (Parme 1503 - Casalmaggiore, prov. de Crémone, 1540). Actif à Rome (1524), à Bologne (1527), à Parme (1531), élève du Corrège, il surenchérit sur le style de ce dernier dans une *manière* inventive, alambiquée, qui atteint une haute poésie (*Madone à la rose*, 1530, Gal. de Dresde ; *Amor*, v. 1534, Kunsthistorisches Mus., Vienne ; fresques de la coupole de la Steccata, Parme). — Il eut un continuateur en la personne de son cousin par alliance **Girolamo Mazzola-Bedoli** (m. Parme v. 1569).

Parnasse, *en gr.* Parnassós, massif montagneux calcaire et forestier de Grèce, au N. du golfe de Corinthe, au N.-E. de Delphes ; 2 457 m. Gisement de bauxite. — Comme Delphes, le Parnasse était consacré à Apollon. Montagne des Muses, c'était le lieu sacré des poètes.

Parnasse contemporain *(le)*, recueil de vers, édité en trois livraisons (1866, 1871, 1876), manifeste et illustration de l'école parnassienne, que suivit une *Anthologie* en quatre volumes.

Parnell *(Charles Stewart)*, homme politique irlandais (Avondale 1846 - Brighton 1891). Élu aux Communes (1875), il prit la direction du Parti nationaliste (1877) et pratiqua avec efficacité l'obstruction parlementaire. Chef de la Ligue agraire irlandaise (1879), il fit avancer, avec Gladstone, l'idée de Home Rule. Un drame privé arrêta sa carrière politique.

Parny *(Évariste Désiré de Forges, chevalier, puis vicomte de)*, poète français (île Bourbon, auj. la Réunion, 1753 - Paris 1814). Il est l'auteur de *Poésies érotiques* (1778) de sensibilité préromantique et d'un poème satirique (*la Guerre des dieux*, 1799). [Acad. fr. 1803.]

Paropamisus, *en afghan* Firuz koh, chaîne de montagnes de l'Afghanistan ; 3 135 m.

Páros, île grecque du groupe des Cyclades ; 195 km² ; 7 000 hab. Tourisme. — Ses carrières de marbre étaient célèbres dans tout le monde antique. Belles églises byzantines. Musée archéologique.

Parques *(les),* divinités romaines qui personnifiaient le Destin et que les Grecs appelaient les « Moires ». Elles étaient trois, Clotho, Lachésis et Atropos, chargées respectivement de filer, de dévider et de couper le fil de la destinée des humains, c'est-à-dire de présider successivement à leur naissance, à leur vie, à leur mort.

Parrhasios, peintre grec (Éphèse fin du ve s. av. J.-C.), rival de Zeuxis, connu seulement par des textes qui célèbrent la puissance expressive de ses œuvres.

Parrocel *(les),* famille de peintres français, dont les principaux sont : **Joseph**, dit Parrocel des Batailles (Brignoles 1646 - Paris 1704), artiste à la technique libre et vigoureuse, qui peignit des tableaux à sujets militaires pour la salle à manger du roi à Versailles ; son fils **Charles** (Paris 1688 - *id.* 1752), lui aussi peintre militaire (campagnes de Louis XV).

Parry *(îles),* partie de l'archipel arctique canadien (Territoires du Nord-Ouest), comprenant les îles Melville, Bathurst, Cornwallis, Prince Patrick et de nombreux îlots.

Parry *(sir* William Edward*),* marin et explorateur britannique (Bath 1790 - Bad Ems 1855). Il conduisit plusieurs expéditions dans l'Arctique.

Parsons *(sir* Charles*),* ingénieur britannique (Londres 1854 - Kingston, Jamaïque, 1931). Il réalisa la première turbine à vapeur (1884), fonctionnant par réaction.

Parsons *(Talcott),* sociologue américain (Colorado Springs 1902 - Munich 1979). Il considère, après Max Weber, que la sociologie est la science de l'action sociale (*The Structure of Social Action,* 1937). Il a développé une théorie structuro-fonctionnaliste (*The Social System,* 1951). Il a publié également *Politics and Social Structures* (1969), *Action Theory and the Human Condition* (1978).

Parthenay, ch.-l. d'arr. des Deux-Sèvres, sur le Thouet ; 11 163 hab. *(Parthenaisiens).* Foires (bovins). — Restes de fortifications du XIIIe siècle, églises ou parties d'églises romanes, maisons à colombages.

Parthénon, temple d'Athéna Parthénos, bâti sur l'Acropole d'Athènes, à l'initiative de Périclès, au ve s. av. J.-C. par Phidias assisté de nombreux artistes, dont les architectes Ictinos et Callicratès. L'édifice périptère, construit en marbre pentélique, constitue l'exemple le plus achevé de l'équilibre de l'ordre dorique. Réalisée sous la direction de Phidias, la décoration sculptée est surtout connue par le bandeau couronnant le mur du naos (frise occidentale sur place ; la majeure partie du reste a été partagée entre le musée de l'Acropole, le British Museum et le Louvre).

Parthes, ancien peuple apparenté aux Scythes, installé au IIIe s. av. J.-C. dans la région nord-est de l'Iran. Leur chef Arsace (v. 250 av. J.-C.), profitant de la faiblesse de l'Empire séleucide, constitua un royaume à la fin du IIe s. av. J.-C., qui s'étendait sur l'Iran et une partie de la Mésopotamie, et mit en échec les armées romaines. La dynastie parthe des Arsacides fut renversée par les Sassanides (224 apr. J.-C.).

Pasadena, v. des États-Unis (Californie), près de Los Angeles, au pied des San Gabriel Mountains ; 131 591 hab. Station balnéaire et centre résidentiel de Los Angeles. — Musée d'art Norton Simon. — Centre spatial (*Jet Propulsion Laboratory*). — Administration des observatoires du mont Wilson et du mont Palomar.

Pasargades, site archéologique de l'Iran, sur l'emplacement de l'une des capitales de l'Empire achéménide, fondée par Cyrus II après sa victoire sur les Mèdes (v. 550 av. J.-C.). Darios Ier (522-486) lui substituera Persépolis. Vestiges de palais attestant un raffinement architectural remarquable. Tombeau de Cyrus.

Pasay, v. des Philippines, banlieue sud de Manille ; 288 500 hab. Aéroport international.

Pascal *(Blaise),* mathématicien, physicien, philosophe et écrivain français (Clermont, auj. Clermont-Ferrand, 1623 - Paris 1662). À dix-huit ans, il invente une machine arithmétique. Jusqu'en 1652, il se livre à de nombreux travaux sur la pression atmosphérique et l'équilibre des liquides, la presse hydraulique, la géométrie et l'analyse combinatoire. Avec Fermat, il crée le calcul des probabilités. Dès 1646, Pascal est en relation avec les jansénistes. Le 23 nov. 1654, Pascal connaît une nuit d'extase mystique, à la suite de laquelle il décide de consacrer sa vie à la foi et la piété. Il prend alors le parti des jansénistes. Dans les *Provinciales* (1656-57), il attaque leurs adversaires, les jésuites. Il meurt avant d'avoir achevé une *Apologie de la religion chrétienne,* dont les fragments ont été publiés sous le titre de *Pensées.*
L'angoisse pascalienne peut se comprendre comme le déchirement d'un être profondément chrétien face au progrès irrésistible du savoir scientifique, dans le cadre d'un rationalisme qui risque de déboucher sur un

monde sans Dieu. Pour Pascal, c'est là un scandale ; et c'est pourquoi il va tout faire pour casser cette perspective. En s'adressant à l'« honnête homme », il va chercher à l'émouvoir en lui montrant le vertige de la création, l'homme égaré entre les deux infinis, l'infiniment grand et l'infiniment petit. Ce désarroi métaphysique vers lequel Pascal pousse l'incroyant n'est pas pour l'acculer au désespoir, mais pour l'inciter à une recherche, car « nous connaissons la vérité non seulement par la raison, mais aussi par le cœur ». L'incroyant est ainsi amené par Pascal vers la joie du croyant.

Pasch *(Moritz)*, mathématicien allemand (Wrocław 1843 - Bad Homburg 1930). Auteur d'une première axiomatisation de la géométrie, il a mis en évidence l'existence de concepts primitifs à partir desquels l'énoncé de postulats permet de démontrer logiquement les autres propositions, ou théorèmes (1882).

Pascin *(Julius* Pinkas, dit *Jules)*, peintre et dessinateur bulgare naturalisé américain (Vidin 1885 - Paris 1930). Il travailla en Allemagne, en France, aux États-Unis (1914). Il fut, à Paris, une personnalité bohème de l'après-guerre. Il se donna la mort. Pascin a peint des sujets bibliques, quelques grandes scènes d'un orientalisme bouffon et surtout des figures féminines à l'érotisme insinuant. Il a illustré Heine, Morand, Mac Orlan.

Pascoli *(Giovanni)*, écrivain italien (San Mauro di Romagna 1855 - Bologne 1912). Sa poésie, impressionniste et mystique (*Myricae,* 1891 ; *Canti di Castelvecchio,* 1903), a annoncé la poésie moderne italienne par la richesse de son invention lexicale et prosodique.

pas de Calais → Calais (pas de).

Pas-de-Calais [62], dép. de la Région Nord-Pas-de-Calais ; ch.-l. de dép. *Arras ;* ch.-l. d'arr. *Béthune, Boulogne-sur-Mer, Calais, Lens, Montreuil, Saint-Omer ;* 7 arr., 76 cant., 897 comm. ; 6 671 km² ; 1 433 203 hab. Il est rattaché à l'académie de Lille, à la cour d'appel de Douai et à la région militaire Nord-Est.

Pasdeloup *(Jules)*, chef d'orchestre français (Paris 1819 - Fontainebleau 1887), créateur des Concerts populaires de musique classique (1861), devenus en 1916 « concerts Pasdeloup ».

Pasiphaé, reine légendaire de Crète, épouse de Minos, dont elle eut comme enfants Ariane et Phèdre. D'une union monstrueuse, facilitée par Dédale, avec un taureau qui était sorti de la mer sur l'ordre de Poséidon et dont elle s'était éprise, Pasiphaé donna naissance à un être à demi-homme et à demi-taureau, le Minotaure, qui fut enfermé dans le Labyrinthe.

Paskevitch ou **Paskievitch** *(Ivan Fedorovitch)*, maréchal russe (Poltava 1782 - Varsovie 1856). Gouverneur en Pologne après avoir réprimé l'insurrection polonaise de 1831, il imposa aux insurgés hongrois la capitulation de Világos (1849).

Pasolini *(Pier Paolo)*, écrivain et cinéaste italien (Bologne 1922 - Ostie 1975). Poète pour qui la découverte de Marx fut déterminante (*les Cendres de Gramsci,* 1957 ; *Poésie en forme de rose,* 1964), il a décrit, dans ses romans, le sous-prolétariat de la banlieue de Rome (où il mourra assassiné) : *les Ragazzi* (1955), *Une vie violente* (1959). Il débuta au cinéma par une fable néoréaliste (*Accattone,* 1961), suivie d'un mélodrame freudien (*Mamma Roma,* 1962), puis d'une fresque lyrique et personnelle sur le Christ (*l'Évangile selon Matthieu,* 1964). Il a puisé son inspiration aussi bien dans la réalité que dans les mythes universels, les grands textes classiques ou les textes saints : *Uccellacci e uccellini* (1966), *Œdipe roi* (1967), *Théorème* (1968), *Médée* (1970), *le Décaméron* (1971), *les Contes de Canterbury* (1972), *les Mille et Une Nuits* (1974), *Salo ou les Cent Vingt Journées de Sodome* (1976).

Pasquier *(Étienne)*, juriste français (Paris 1529 - id. 1615). Il défendit la royauté contre la Ligue. Historien des lettres françaises et des traditions nationales, il écrivit les *Recherches de la France* (1560-1621).

Passamaquoddy *(baie de)*, golfe de la côte orientale des États-Unis (Maine) et du Canada (Nouveau-Brunswick).

Passarowitz *(paix de)* [21 juill. 1718], traité signé à Passarowitz (auj. Požarevac, en Serbie) et qui consacrait la victoire de l'Autriche et de Venise sur les Ottomans et l'expansion territoriale autrichienne en Valachie et en Serbie.

Passau, v. d'Allemagne (Bavière), sur le Danube ; 49 846 hab. Université. — Cathédrale reconstruite au XVIIᵉ siècle (fresques baroques), autres monuments et maisons anciennes. Musée régional dans la forteresse d'Oberhaus.

Passero, cap du sud-est de la Sicile, dans l'île de Capo Passero.

Passion de Jeanne d'Arc *(la),* film français de C. Dreyer (1928), reconstitution épurée du procès de Jeanne, réduit à une liturgie des gestes et des regards intensément dramatique.

Passy *(Hippolyte Philibert),* homme politique et économiste français (Garches 1793 - Paris 1880). Il milita en faveur du libre-échange. Son neveu **Frédéric,** économiste (Paris 1822 - Neuilly-sur-Seine 1912), fut un ardent pacifiste. (Prix Nobel de la paix 1901.)

Pasternak *(Boris Leonidovitch),* écrivain soviétique (Moscou 1890 - Peredelkino 1960). Poète d'inspiration futuriste (*Ma Sœur la vie,* 1922 ; *Seconde Naissance,* 1932), il fit paraître, hors d'U. R. S. S., en 1957, un roman, *le Docteur Jivago* (→ **Docteur**), qui déclencha contre lui une campagne de critiques et de tracasseries policières : il dut décliner le prix Nobel qui lui fut décerné en 1958. Exclu de l'Union des écrivains d'U. R. S. S. la même année, il a été réhabilité en 1987.

Pasteur *(Institut),* établissement scientifique français fondé en 1888, qui possède de nombreuses filiales en France et à l'étranger. Sa mission est l'étude et l'enseignement de la microbiologie, mais aussi de la biologie moléculaire, de la biochimie, de l'immunologie et de l'allergologie.

Pasteur *(Louis),* chimiste et biologiste français (Dole 1822 - Villeneuve-l'Étang, Marnes-la-Coquette, 1895), fondateur de la microbiologie. Ses premières recherches, portant sur la cristallographie, sont à l'origine de la *stéréochimie.* Puis il étudie les fermentations lactique, alcoolique et butyrique et décèle qu'elles sont dues chacune à un ferment spécifique. Il découvre les bactéries anaérobies, ce qui l'amène à établir sa doctrine de la non-spontanéité des germes. En 1865, ses travaux sur le ver à soie et sa maladie (pébrine) aboutissent au grainage cellulaire, qui sauve la sériciculture. Entre 1870 et 1886, il met en évidence de nombreux germes (vibrion septique, staphylocoque, streptocoque...), causes de maladies infectieuses, et découvre le moyen d'empêcher les vins de fermenter (pasteurisation). En 1879, avec Chamberland et Roux, en étudiant le choléra des poules, il énonce le principe de la sérothérapie préventive. En 1881, avec Roux, il commence ses études sur la rage, qui aboutissent, en 1885, à la mise au point d'un vaccin.

Pasteur Vallery-Radot *(Louis),* médecin et écrivain français (Paris 1886 - *id.* 1970). Petit-fils de Louis Pasteur, professeur de médecine clinique, il étudia surtout les maladies des reins et les affections allergi-

ques. Il mena par ailleurs des activités politiques. (Acad. fr. 1944.)

Pasture *(Rogier de La)* → Van der Weyden.

Pa-ta Chan-jen → Zhu Da.

Patagonie, région du sud du Chili et de l'Argentine, aux latitudes tempérées et subpolaires. V. princ. *Bahía Blanca.* La partie chilienne, exposée aux vents d'ouest, est forestière. Derrière la barrière andine, le côté argentin, sec (250 mm par an), est le domaine de l'élevage ovin, que complètent des vergers irrigués dans les vallées. On extrait du charbon, du fer et du pétrole.

Pataliputra → Patna.

Patan, ancienne capitale du Népal, près de Katmandou ; 80 000 hab. — Belle architecture royale bouddhique et brahmanique.

Patanjali, grammairien indien (IIe s. av. J.-C.), continuateur de Panini. Son œuvre contient aussi de précieux renseignements sur la vie de l'Inde ancienne.

Pataud, abri-sous-roche situé aux Eyzies-de-Tayac-Sireuil (Dordogne). Ses 14 niveaux archéologiques constituent, avec Laugerie-Haute et La Ferrassie, la référence chronologique du paléolithique supérieur.

Patay *(bataille de)* [18 juin 1429], bataille que Jeanne d'Arc remporta sur les Anglais à Patay (auj. dans le Loiret).

Patch *(Alexander),* général américain (Fort Huachuca, Arizona, 1889 - San Antonio, Texas, 1945). Il commanda la VIIe armée américaine, qui débarqua en Provence en août 1944 avec les forces françaises.

Patenier *(Joachim)* → Patinir.

Pater *(Jean-Baptiste),* peintre français (Valenciennes 1695 - Paris 1736). Élève de Watteau, il est, malgré une production parfois hâtive, son héritier le moins infidèle (*les Délassements de la campagne,* musée de Valenciennes ; *Femmes au bain,* diverses versions à Berlin, Grenoble, etc.).

Pathé *(Charles),* industriel et producteur français (Chevry-Cossigny, Seine-et-Marne, 1863 - Monte-Carlo 1957). Promoteur de l'industrie phonographique française, il fonda, en 1896, la société *Pathé Frères.* Abandonnant à son frère **Émile** (Paris 1860 - *id.* 1937) la direction de la branche « phonos », il s'intéressa au développement de la branche « cinéma », fabriquant de la pellicule et construisant des appareils, produisant des films, construisant des studios (à Montreuil) et des laboratoires (à Joinville), exploitant de nombreuses salles de cinéma. Il a édité le premier journal d'actualités cinématographiques et

chapeauté de nombreuses filiales dissémi-
nées dans le monde entier.

Pathelin (la Farce de Maître), farce composée entre 1461 et 1469, et qui établit en
France le modèle du genre. Elle met en
scène un avocat marron qui a extorqué une
pièce de drap à un marchand et qui est à
son tour berné par un simple berger.

Pathet Lao, mouvement nationaliste et progressiste laotien fondé en 1950 pour lutter
contre la France avec l'appui du Viêt-minh.

Patiala, v. de l'Inde (Pendjab), anc. cap.
d'une principauté sikh ; 268 521 hab. —
Riches palais du XVIIIe siècle.

Patinir ou **Patenier** (Joachim), peintre des
anciens Pays-Bas du Sud (Dinant ou Bouvi-
gnes v. 1480 - Anvers 1524). Inscrit à la
guilde d'Anvers en 1515, il fut le premier à
donner une importance majeure au paysage
dans ses tableaux, aux sujets le plus souvent
bibliques (au Prado : *Tentation de saint
Antoine,* figures peintes par Q. Metsys ; *Fuite
en Égypte ; Saint Jérôme ; le Passage du Styx*).

Patinkin (Don), économiste israélien (Chicago 1922). Il a présenté un modèle d'équilibre prenant en considération les marchés
du travail, des biens et des services, de la
monnaie, des titres.

Pátmos ou **Pathmos,** île grecque de la mer
Égée, dans le nord de l'archipel du Dodécanèse ; 35 km^2 ; 2 400 hab. Selon une tradition chrétienne fondée sur l'Apocalypse
(I, 9), un certain Jean, qui n'est pas nécessairement l'apôtre (en dépit d'une attribution courante), y aurait été exilé sous le
règne de Néron ou de Domitien. Il y aurait
composé le dernier livre du canon du Nouveau Testament, l'Apocalypse, à la faveur
des extases qui y sont mentionnées et qui
furent un des grands thèmes de la peinture
religieuse.

Patna, v. de l'Inde, cap. du Bihar, sur le
Gange ; 1 098 572 hab. Université. — Riche
musée. — À proximité, ruines de Pataliputra, ancienne capitale des Maurya, florissante au IIIe s. av. J.-C. sous le règne
d'Ashoka.

Patras, port de Grèce (Péloponnèse), sur le
golfe de Patras, formé par la mer Ionienne ;
155 180 hab.

Patrick ou **Patrice** (saint), apôtre et patron
de l'Irlande (fin du IVe s. - v. 461). Ordonné
évêque à Auxerre par saint Germain, il fit
un séjour à Rome entre 441 et 443 puis
s'établit en Irlande, à Armagh, d'où il
s'efforça de faire accepter par la chrétienté
de l'île les normes de l'Église latine. Sa fête,

le 17 mars, est en Irlande une solennité
nationale.

patrimoine mondial culturel et naturel
(Convention concernant la protection du),
convention adoptée en 1972 par la Conférence générale de l'Unesco et qui vise à
conjuguer l'action des États pour la sauvegarde et la mise en valeur des plus importantes richesses de la planète. À cet effet a
été mise sur pied une *Liste du patrimoine
mondial.* Cette liste s'allonge chaque année
par l'adhésion de nouveaux États et l'inscription de nouveaux biens culturels et
naturels à protéger en priorité (440 dans
100 États en janv. 1995).

Patrocle, héros grec, ami d'Achille, qu'il
accompagna à Troie. Lorsque Achille, dans
sa colère, se retira sous sa tente, il prêta ses
armes à Patrocle, mais celui-ci fut tué par
Hector. Achille reprit ses propres armes au
meurtrier et le tua, puis il fit des funérailles
solennelles à son ami Patrocle.

Patru (Olivier), avocat et écrivain français
(Paris 1604 - id. 1681), ami de Boileau. Élu
à l'Académie française en 1640, il prononça
un discours de remerciement si goûté que
cette tradition fut désormais suivie par tous
les académiciens.

Pattadakal, site archéologique de l'Inde,
près d'Aihole (Deccan). Ensemble de temples hindouistes du VIIIe siècle.

Patti (Adelina), soprano italienne (Madrid
1843 - Craig-y-Nos Castle, pays de Galles,
1919). Elle a triomphé à l'Opéra de Paris
dans Mozart, Rossini, Verdi et demeure le
symbole de la voix italienne.

Patton (George), général américain (San
Gabriel, Californie, 1885 - Heidelberg
1945). Spécialiste des blindés, il conduisit la
IIIe armée américaine d'Avranches à Metz
(1944) et du Rhin jusqu'en Bohême (1945).

Pau, ch.-l. des Pyrénées-Atlantiques, sur le
gave de Pau, à 751 km au sud-ouest de Paris ;
83 928 hab. (Palois) [plus de 140 000 hab.
dans l'agglomération]. Centre tertiaire (université, cour d'appel, armée). Anc. cap. du
Béarn. — Château des XIIIe-XVIe siècles,
aujourd'hui Musée national (appartements
de style « troubadour » Louis-Philippe ; souvenirs d'Henri IV ; collections de tapisseries ; Musée béarnais). Musée Bernadotte et
musée des Beaux-Arts (peintures).

Paul (saint), apôtre de Jésus-Christ (Tarse,
Cilicie, entre 5 et 15 - Rome 62-64 ou 67).
D'origine juive, mais citoyen romain, connu
alors sous le nom de Paul de Tarse, il est
d'abord un pharisien fervent et un farouche

adversaire des chrétiens. Une vision du Christ sur le chemin de Damas (v. 36) le transforme en « Apôtre des Gentils », c'est-à-dire des non-juifs, dont il refusera violemment qu'on les assujettisse aux observances mosaïques. L'impressionnante activité missionnaire de Paul s'est déployée autour de trois grands voyages (46-48, 49-52 et 53-58), qui lui ont fait visiter Chypre, l'Asie Mineure, la Macédoine, la Grèce et au cours desquels il a fondé des Églises dans les centres importants. En 58, il est arrêté à l'instigation des autorités juives et conduit à Rome pour y être jugé en qualité de citoyen romain. Le livre des Actes des Apôtres, principale source d'information à ce sujet, ne va pas au-delà. Selon les uns, Paul y aurait été mis à mort entre 62 et 64 ; selon d'autres, il y aurait été décapité en 67, sur la voie d'Ostie. Paul, dont l'importance a été si grande dans la première évangélisation que certains ont voulu faire de lui le second, sinon le véritable, fondateur du christianisme, est l'un des auteurs majeurs du Nouveau Testament par ses épîtres. La tradition en a retenu quatorze : aux Romains, aux Corinthiens (i et ii), aux Galates, aux Éphésiens, aux Philippiens, aux Colossiens, aux Thessaloniciens (i et ii), à Timothée (i et ii), à Tite, à Philémon et aux Hébreux. Mais l'authenticité de certaines d'entre elles (Tite, Timothée, Hébreux) est contestée.

Paul III (*Alessandro* Farnèse*) [Canino 1468 - Rome 1549], pape de 1534 à 1549. Comblé de faveurs par Alexandre VI et véritable pape de la Renaissance (y compris comme mécène, quand il confie à Michel-Ange la fresque du Jugement dernier de la chapelle Sixtine), il est un véritable promoteur de la Réforme catholique : il prépare et convoque le concile de Trente (1545), approuve de nouveaux ordres ou instituts religieux, dont les Jésuites (1540), nomme des cardinaux favorables à la Contre-Réforme et va jusqu'à rétablir l'Inquisition (1542) en vue de contenir l'infiltration du protestantisme.

Paul VI (*Giovanni Battista* Montini*) [Concesio, près de Brescia, 1897 - Castel Gandolfo 1978], pape de 1963 à 1978. Entré en 1924 à la secrétairerie d'État, G. B. Montini devient en 1952 le plus proche collaborateur de Pie XII. Archevêque de Milan en 1954, cardinal en 1958, il succède, en juin 1963, à Jean XXIII, dont il poursuit l'œuvre de réforme, d'abord au cours des trois dernières sessions du deuxième concile du Vatican (1963-1965). Il réforme la curie romaine en la démocratisant et en l'internationalisant. Il

inaugure une importante série de voyages et rencontre, en 1964, à Jérusalem, le patriarche de Constantinople Athênagoras, premier geste de cette importance depuis la rupture de 1054 avec l'Église orthodoxe. Parmi ses encycliques, les unes se situent dans une perspective fort traditionnelle, par exemple sur le célibat ecclésiastique ou sur la régulation des naissances *(Humanae vitae)* ; d'autres, notamment *Populorum progressio,* témoignent d'une réflexion approfondie sur les problèmes contemporains.

Paul Iᵉʳ (Saint-Pétersbourg 1754 - *id.* 1801), empereur de Russie (1796-1801), fils de Pierre III et de la future Catherine II. Il s'allia avec les Ottomans pour libérer les îles Ioniennes (1798-99). Après avoir envoyé Souvorov combattre en Italie du Nord aux côtés des Autrichiens (1799), il se rapprocha de la France. Il mourut assassiné.

Paul-Boncour (*Joseph*), homme politique français (Saint-Aignan 1873 - Paris 1972). Membre de la S. F. I. O. de 1916 à 1931, il fut ministre de la Guerre (1932), président du Conseil (déc. 1932-janv. 1933) et ministre des Affaires étrangères (1933-34 et 1938). Il signa, pour la France, la Charte des Nations unies (1945).

Paul Diacre (*Paul* Warnefried, connu sous le nom de*), historien et poète de langue latine (dans le Frioul v. 720 - Mont-Cassin v. 799), auteur d'une *Histoire des Lombards* et de l'hymne *Ut queant laxis.*

Paul Émile, général romain (m. en 216 av. J.-C.). Consul en 219 av. J.-C., puis en 216, il fut tué à la bataille de Cannes. Son fils **Paul Émile le Macédonique** (v. 228-160 av. J.-C.), consul en 182 et en 168, remporta sur Persée, dernier roi de Macédoine, la victoire de Pydna (168).

Paul et Virginie, roman de Bernardin de Saint-Pierre (1788) : innocente idylle de deux enfants de l'île de France (île Maurice), qui inaugura en France le genre exotique.

Paulhan (*Jean*), écrivain français (Nîmes 1884 - Boissise-la-Bertrand 1968). Son rôle littéraire fut important comme directeur de la *Nouvelle Revue française,* à partir de 1925, et comme critique et essayiste (*les Fleurs de Tarbes,* 1941 ; *Clefs de la poésie,* 1944). [Acad. fr. 1963.]

Pauli (*Wolfgang*), physicien américain et suisse d'origine autrichienne (Vienne 1900 - Zurich 1958). L'un des créateurs de la théorie quantique des champs, il a énoncé en 1925 le « principe d'exclusion », selon lequel deux électrons d'un atome ne peuvent avoir les mêmes nombres quantiques. En 1931, avec Fermi, il fit l'hypothèse de l'existence du neutrino. (Prix Nobel 1945.)

Paulin de Nola *(saint),* prélat et poète franc (Bordeaux 353 - Nola 431), évêque de Nola en Campanie. Ses poèmes témoignent d'un goût délicat et sa *Correspondance* est précieuse pour l'histoire de son temps.

Pauling *(Linus Carl),* chimiste américain (Portland, Oregon, 1901 - près de Big Sur, Californie, 1994). Il a introduit la mécanique quantique en chimie atomique, étudié les macromolécules organiques, la structure des molécules et les liaisons chimiques. Il a milité, dans les milieux scientifiques, pour le désarmement nucléaire. (Prix Nobel de chimie 1954 ; prix Nobel de la paix 1962.)

Paulus *(Friedrich),* maréchal allemand (Breitenau 1890 - Dresde 1957). Commandant la VIᵉ armée en Russie, il capitula à Stalingrad (31 janv. 1943). Prisonnier en U. R. S. S., libéré en 1953, il avait adressé au peuple allemand, en 1944, un appel contre Hitler.

Pausanias, prince lacédémonien (m. v. 467 av. J.-C.). Vainqueur des Perses à Platées (479), il occupa Chypre et Byzance (478). Revenu à Sparte, convaincu de collusion avec les Perses, il fut emmuré dans le temple d'Athéna, où il s'était réfugié.

Pausanias, écrivain grec (IIᵉ s. apr. J.-C.). Il visita toute la Grèce, l'Italie et une partie de l'Orient. Sa *Description de la Grèce* est une mine de renseignements sur la Grèce ancienne.

Pavarotti *(Luciano),* ténor italien (Modène 1935). Depuis ses débuts à la Scala de Milan, en 1965, il triomphe sur les plus grandes scènes du monde dans le répertoire romantique italien.

Pavelić *(Ante),* homme d'État croate (Bradina 1889 - Madrid 1959). Fondateur de l'organisation Oustacha (1929), il fut chef de l'État croate indépendant créé en 1941 sous contrôle allemand et italien. Il s'enfuit en 1945.

Pavese *(Cesare),* écrivain italien (Santo Stefano Belbo, Piémont, 1908 - Turin 1950). Il est l'auteur de romans (*la Plage,* 1942 ; *le Bel Été,* 1949) et d'un journal intime (*le Métier de vivre,* 1952), où le réalisme de l'observation s'allie à l'angoisse suscitée par l'évolution du monde contemporain.

Pavie, v. d'Italie (Lombardie), ch.-l. de prov., sur le Tessin ; 76 418 hab. Université fondée en 1361. — François Iᵉʳ y fut battu et fait prisonnier par les troupes de Charles

Quint (24 févr. 1525). — Églises, notamment de style roman lombard (XIIᵉ s.) ; château des Visconti (XIVᵉ-XVᵉ s. ; musées). La célèbre chartreuse de style Renaissance (XVᵉ s.) est à 9 km au N. de la ville.

Pavie *(Auguste),* diplomate et explorateur français (Dinan 1847 - Thourie, Ille-et-Vilaine, 1925). En poste au Laos de 1886 à 1895, il fit reconnaître par le Siam le protectorat français sur le Laos (1893) et fixa les frontières de ce territoire.

Pavillons-Noirs, soldats irréguliers chinois, combattus par la France au Tonkin, notamment en 1883-1885.

Pavlodar, v. du Kazakhstan ; 331 000 hab. Étape sur le Ioujsib, ligne dédoublant par le sud le Transsibérien dans son tronçon occidental.

Pavlov *(Ivan Petrovitch),* physiologiste et médecin russe (Riazan 1849 - Leningrad 1936). Ses découvertes de physiologie se basèrent sur l'expérimentation animale, dans la lignée de C. Bernard, et portèrent surtout sur le fonctionnement normal du système nerveux. Il découvrit ainsi le réflexe conditionné, une des bases de la physiologie et de la psychologie. (Prix Nobel 1904.)

Pavlova *(Anna),* danseuse russe (Saint-Pétersbourg 1881 - La Haye 1931). Formée à l'école de ballet de Saint-Pétersbourg, elle est engagée au Mariinski en 1899 et devient « prima ballerina » en 1906, s'illustrant dans le répertoire de Petipa. Elle participe aux deux premières saisons des Ballets russes de Diaghilev. Fixée à Londres, elle fonde en 1914 sa propre compagnie, avec laquelle elle parcourt le monde entier. Inoubliable interprète de *la Mort du cygne* (que Fokine avait réglée pour elle dès 1905), elle entre dans la légende en consacrant le triomphe de l'étoile se produisant seule en scène.

Paxton *(sir Joseph),* jardinier, ingénieur et architecte britannique (Milton Bryant, Bedfordshire, 1801 - Sydenham, près de Londres, 1865). Son expérience dans la construction de serres fit de lui un pionnier de l'architecture de fer et de la préfabrication, célèbre pour le *Crystal Palace* de l'Exposition de 1851, à Londres.

Payen *(Anselme),* chimiste français (Paris 1795 - *id.* 1871). Il identifia la cellulose comme le constituant essentiel des cellules végétales.

Payne *(Thomas)* → Paine.

Paysans *(guerre des)* [1524-1526], ensemble d'insurrections paysannes et urbaines qui agitèrent le Saint Empire. Dirigée par certains réformateurs radicaux (dont Müntzer en Thuringe), cette guerre fut réprimée par les princes catholiques et luthériens coalisés.

Pays-Bas, nom donné au cours de l'histoire à des territoires d'étendue variable du nord-ouest de l'Europe, situés entre l'Ems, la mer du Nord, les collines de l'Artois et le massif des Ardennes. Ils ont donné naissance au début du XIXe siècle aux États actuels de Belgique et des Pays-Bas.

■ **Des origines à l'époque bourguignonne.**
57 av. J.-C. Habitée par des tribus celtes et germaniques (Bataves, Frisons), la région est conquise par César.
L'œuvre romaine est détruite par les invasions franques et saxonnes, mais au VIIIe siècle les nombreux monastères participent à la renaissance carolingienne avant de subir les pillages normands (IXe s.).
843. Au traité de Verdun, la région est partagée entre Lothaire et Charles le Chauve. Le pays se morcelle en de multiples principautés féodales (duchés de Gueldre et de Brabant, comtés de Hollande, de Flandre et de Hainaut, évêchés de Liège et d'Utrecht) dans la mouvance française ou germanique.
XIIe-XIIIe siècle. Tandis que de nouvelles terres sont gagnées sur la mer, les villes connaissent un essor remarquable, notamment grâce au commerce du drap (Gand, Bruges).

■ **De l'époque bourguignonne aux débuts de la période espagnole.**
1369. Le duc de Bourgogne Philippe le Hardi épouse l'héritière du comté de Flandre.
Par achats, mariages, héritages, les ducs de Bourgogne incorporent peu à peu tous les Pays-Bas, dont ils tirent une grande partie de leur richesse.
1477. À la mort de Charles le Téméraire, le mariage de sa fille Marie de Bourgogne avec Maximilien d'Autriche fait passer les Pays-Bas sous la domination des Habsbourg.
Tandis qu'Anvers s'enrichit grâce au commerce atlantique, Charles Quint porte à 17 le nombre des provinces et érige l'ensemble en cercle d'Empire (subdivision administrative et judiciaire) [1548]. Dans les provinces septentrionales, dont le rôle maritime et commercial s'accroît, les idées de la Réforme se diffusent largement.

■ **De la révolte des Pays-Bas à la constitution d'un royaume.**
1555 : Philippe II succède à son père comme prince des Pays-Bas.
Sa politique absolutiste et hostile aux protestants provoque le soulèvement de la Flan-dre et du Hainaut puis des provinces du Nord (1566). La répression menée par le duc d'Albe provoque la révolte générale de la Hollande et de la Zélande sous la direction de Guillaume d'Orange, bientôt suivies des autres provinces.
1579. Les provinces du Sud, en majorité catholiques, se soumettent à l'Espagne (union d'Arras) ; celles du Nord, calvinistes, proclament l'union d'Utrecht, qui pose les bases des Provinces-Unies.
Après avoir répudié solennellement l'autorité de Philippe II (1581), les Provinces-Unies poursuivent la lutte contre l'Espagne.
1648. Leur indépendance est reconnue par l'Espagne, qui conserve cependant les provinces méridionales.
1714. Les Pays-Bas espagnols passent sous domination autrichienne.
1795. Ils sont annexés par la France ; les Provinces-Unies deviennent la République batave. Transformé en royaume de Hollande en 1806, au profit de Louis Bonaparte, puis annexé par la France en 1810, le pays se révolte contre la domination étrangère (1813).
1815. Le congrès de Vienne crée un royaume des Pays-Bas, réunissant l'ensemble des provinces.

Pays-Bas *(royaume des),* en néerl. **Nederland,** État de l'Europe, sur la mer du Nord ; 34 000 km^2 ; 15 millions d'hab. *(Néerlandais).* CAP. *Amsterdam.* Siège des pouvoirs publics et de la Cour : *La Haye.* LANGUE : *néerlandais.* MONNAIE : *florin.*

GÉOGRAPHIE
Petit pays, au marché intérieur étroit (malgré la très forte densité de population), compte tenu du volume de la production, les Pays-Bas demeurent une nation commerçante, largement ouverte sur l'économie mondiale (européenne surtout, aujourd'hui). Les exportations représentent en valeur près de 50 % du P. I. B.
L'agriculture n'emploie plus que 5 % de la population active. Elle bénéficie de conditions naturelles souvent favorables : platitude du territoire (dont près de la moitié se situe au-dessous des hautes eaux marines et fluviales), climat océanique assez doux (pour une latitude relativement élevée) avec des précipitations suffisantes (700 à 800 mm en moyenne), régulièrement réparties dans l'année. Elle profite d'un environnement humain stimulant, lié aux progrès de la technique, de la chimie et des structures de commercialisation. L'élevage (bo-

vin et porcin) domine (viande et produits laitiers), devant les céréales (blé) et les cultures spécialisées (florales, notamm.).

L'industrie emploie moins de 30 % des actifs, mais est diversifiée (constructions électriques et électroniques, chimie et pétrochimie, aéronautique, construction automobile, agroalimentaire). Plusieurs secteurs ont été touchés par la récession. L'important gisement de gaz naturel de Groningue équilibre (quantitativement) le bilan énergétique national et explique l'excédent commercial (exportations de gaz vers l'Allemagne, la Belgique et la France notamm.). Cependant, la majeure partie du P. I. B. provient du secteur tertiaire (employant les deux tiers des actifs). Les activités de transport, qui ont fondé historiquement la prospérité néerlandaise, restent au premier plan. L'ensemble portuaire Rotterdam-Europoort vient au premier rang mondial pour le trafic total et au quatrième rang pour celui des conteneurs. La voie rhénane et les autoroutes relient le pays à l'Allemagne. Par ailleurs, les activités de finance et de commerce (marché libre du pétrole) ont suscité de multiples fonctions de services (courtage, marketing, etc.). L'importance des services et de l'industrie explique la forte densité de population (avec un maximum dans le quadrilatère Amsterdam-Utrecht-Rotterdam-La Haye), le développement de l'urbanisation et les problèmes d'environnement qu'elle génère. Cette population ne s'accroît plus que modérément, en raison de la chute du taux de natalité. La croissance économique connaît un certain ralentissement, la dette publique est importante et le déficit budgétaire a entraîné une réduction des aides sociales.

HISTOIRE

■ Le royaume de 1815 à 1945

1815. Constitué des anciennes Provinces-Unies, des anciens Pays-Bas autrichiens et du grand-duché du Luxembourg, le royaume prend pour souverain Guillaume d'Orange (Guillaume Ier), qui accorde une Constitution au pays.

1830. La Belgique se révolte et proclame son indépendance.

Libéraux et conservateurs alternent au pouvoir. À partir de 1872, l'éventail politique se diversifie et se complique, notamment du fait de la question scolaire.

1887. Adoption d'une Constitution plus libérale.

Dès le début du règne de Wilhelmine (1890-1948), le pays connaît une démocratisation du régime, renforcée par une importante législation sociale.

Mai 1940. Les Pays-Bas, restés neutres pendant la Première Guerre mondiale, sont envahis par les Allemands, qui occuperont le pays jusqu'en 1945.

■ Depuis 1945

1944-1948. Le pays participe à la formation de l'union économique du Benelux.

1948. Wilhelmine abdique en faveur de sa fille Juliana.

1949. L'Indonésie, ancienne colonie néerlandaise, accède à l'indépendance.

1957. Les Pays-Bas entrent dans la C. E. E.

1980. Juliana abdique en faveur de sa fille Béatrice.

De 1982 à 1994, Rudolf Lubbers a dirigé des gouvernements de coalition.

Paz (La), cap. de la Bolivie, à 3 658 m d'alt. et à l'est du lac Titicaca ; 1 033 000 hab. Archevêché. Université. — Église S. Francisco, remontant au XVIe siècle. Musée national.

Paz *(Octavio),* écrivain mexicain (Mexico 1914). Il fonde plusieurs revues puis participe à la guerre civile en Espagne, séjourne aux États-Unis, en France, où il se lie aux surréalistes, au Japon et en Inde. Ses essais (*le Labyrinthe de la solitude,* 1950 ; *Courant alternatif,* 1967 ; *Point de convergence,* 1974) et ses poèmes (*Pierre de Soleil,* 1957) témoignent d'un talent à la fois ancré dans la réalité mexicaine et ouvert à toutes les formes de culture. (Prix Nobel 1990.)

Paz Estenssoro *(Víctor),* homme d'État bolivien (Tarija 1907). Président de la République de 1952 à 1956, il engagea une véritable révolution sociale, économique et politique. Il est à nouveau à la tête de l'État de 1960 à 1964 et de 1985 à 1989.

Pazzi, famille guelfe de Florence, rivale des Médicis. En 1478, deux de ses membres, **Iacopo** (m. à Florence en 1478) et **Franceschino** (Florence 1444 - *id.* 1478), ourdirent contre Laurent et Julien de Médicis la *conspiration* dite *des Pazzi.* Le meurtre de Julien de Médicis entraîna une répression immédiate : les Pazzi furent exécutés ou bannis.

P. C. C. → communiste chinois *(Parti).*

P. C. F. → communiste français *(Parti).*

P. C. I. → communiste italien *(Parti).*

P. C. U. S. → communiste de l'Union soviétique *(Parti).*

Peacock *(Thomas Love),* écrivain britannique (Weymouth 1785 - Lower Halliford 1866), peintre satirique des excès du romantisme (*l'Abbaye de Cauchemar,* 1818).

Péan *(Jules),* chirurgien français (Marboué, Eure-et-Loir, 1830 - Paris 1898). Il inventa plusieurs techniques opératoires et des instruments de chirurgie à une époque où la diffusion de l'anesthésie et de l'asepsie reculait les limites de la chirurgie.

Peano *(Giuseppe),* logicien et mathématicien italien (Cuneo 1858 - Turin 1932). Son *Formulaire de mathématique* (1895-1908), qui utilise un langage formalisé, est un exposé axiomatique et déductif de l'arithmétique, de la géométrie projective, de la théorie générale des ensembles, du calcul infinitésimal et du calcul vectoriel. Peano s'est également adonné à la recherche d'une langue internationale.

Pearl Harbor, rade des îles Hawaii (île d'Oahu). La flotte américaine du Pacifique y fut détruite, par surprise, par les Japonais le 7 décembre 1941, ce qui provoqua l'intervention des États-Unis dans la Seconde Guerre mondiale.

Pearson *(Karl),* mathématicien et statisticien britannique (Londres 1857 - *id.* 1936). Il est l'un des fondateurs de la science des statistiques. Promoteur du darwinisme social, c'est dans le cadre de recherches sur l'hérédité et la génétique qu'il développa les idées du généticien F. Galton sur la régression et la corrélation.

Pearson *(Lester Bowles),* homme politique canadien (Toronto 1897 - Ottawa 1972). Leader du Parti libéral (1958), il fut Premier ministre de 1963 à 1968. (Prix Nobel de la paix 1957.)

Peary *(Robert),* explorateur américain (Cresson Springs, Pennsylvanie, 1856 - Washington 1920). Il reconnut l'insularité du Groenland et fut le premier à atteindre le pôle Nord, en 1909.

Peau-d'Âne, conte de Perrault, en vers.

Peaux-Rouges, nom donné parfois aux Indiens de l'Amérique du Nord.

Pechiney, société française dont les origines remontent à 1855 et qui entreprit rapidement la production de l'aluminium. Cette industrie représente environ la moitié de son chiffre d'affaires, mais la production du groupe (nationalisé en 1982 et retourné au secteur privé en 1995) tend à se diversifier.

Pech-Merle, grotte préhistorique proche de Cabrerets (Lot), renfermant de nombreuses peintures préhistoriques attribuables au magdalénien. C'est une des plus importantes grottes ornées de France.

Peckinpah *(Sam),* cinéaste américain (Madera County, Californie, 1926 - Inglewood, Californie, 1984). Il a inauguré un nouveau genre de western, violent et dépouillé de l'optimisme conventionnel : *Coups de feu dans la Sierra* (1962), *Major Dundee* (1965), *la Horde sauvage* (1969), *Chiens de paille* (1971), *Pat Garrett et Billy le Kid* (1973).

P. E. C. O. *(les),* abréviation désignant les pays d'Europe centrale et orientale.

Pecquet *(Jean),* médecin et anatomiste français (Dieppe 1622 - Paris 1674). Ses travaux, complétant les découvertes anatomiques de ses prédécesseurs, permirent d'élucider la circulation de la lymphe.

Pecqueur *(Constantin),* économiste français (Arleux, Nord, 1801 - Taverny, Val-d'Oise, 1887). Il dénonça les conséquences de la propriété privée et de la concentration industrielle.

Pécs, v. de la Hongrie méridionale ; 170 039 hab. Université fondée en 1367. Centre industriel. — Monuments allant de l'époque paléochrétienne au baroque en passant par la cathédrale, romane, et les édifices de l'époque turque (XVIᵉ-XVIIᵉ s.). Musées.

Pedrell *(Felipe),* compositeur et musicologue espagnol (Tortosa 1841 - Barcelone 1922). Il a publié des anthologies d'œuvres classiques (Cabezón, Victoria) et folkloriques. Il a composé des opéras, des poèmes symphoniques et la trilogie catalane *Els Pireneus,* oratorio (1902).

Peel *(sir Robert),* homme politique britannique (Chamber Hall, près de Bury, 1788 - Londres 1850). Député tory (1809), deux fois ministre de l'Intérieur entre 1822 et 1830, il humanisa la législation criminelle et fit voter la loi d'émancipation des catholiques (1829), qui leur accordait des droits civils et politiques. Premier ministre (1834-35, 1841-1846), favorable au libre-échange, il fit adopter en 1846 la loi abolissant les droits de douane sur les blés, provoquant de ce fait l'éclatement de son parti.

Peenemünde, port d'Allemagne (Mecklembourg-Poméranie-Occidentale), sur l'estuaire de la *Peene* (tributaire de la Baltique ; 180 km). — Base d'expérimentation d'engins autoguidés (V1 et V2) pendant la Seconde Guerre mondiale.

Peer Gynt, drame lyrique et satirique d'Ibsen, musique de scène de Grieg (1867).

Pégase, cheval ailé qui, dans la mythologie grecque, était né du sang de Méduse tuée par Persée. Il fut d'abord la monture de ce dernier, puis celle de Bellérophon, qui put ainsi vaincre les Amazones. Mais, Bellérophon voulant s'élever jusqu'au ciel, Pégase le précipita à terre et devint ensuite la monture de Zeus.

Pégoud (*Adolphe*), aviateur français (Montferrat, Isère, 1889 - Petit-Croix, près de Belfort, 1915). Pionnier de l'aviation, il réussit, en 1913, le premier saut en parachute à partir d'un avion et le premier looping.

Pegu, v. de Birmanie, au N.-E. de Rangoon ; 150 000 hab. — Monuments bouddhiques, dont une colossale statue (xᵉ s.) du Bouddha couché.

Péguy (*Charles*), écrivain français (Orléans 1873 - Villeroy, Seine-et-Marne, 1914). Normalien, dreyfusard militant, membre du Parti socialiste, il fonde les *Cahiers de la quinzaine* (1900) [→ **Cahiers**], réfutant le marxisme et fustigeant le « parti intellectuel ». Profondément mystique, il revient à la foi catholique en 1908 et fait plusieurs pèlerinages à Notre-Dame de Chartres (1912-1914). Il tombe dès le début de la contre-offensive de la Marne (5 sept. 1914). Sa prose ample, ses vers redondants ont un mouvement épique et prophétique. Parmi ses œuvres en prose, on peut citer *Situations* (1906-1907) et *Notre jeunesse* (1910), *Victor-Marie, comte Hugo* (1911) ; *l'Argent* (1913), où le polémiste se déchaîne contre les mythes modernes. Son œuvre poétique, écrite en vers libres proches du verset (*le Mystère de la charité de Jeanne d'Arc*, 1910 ; *le Porche du mystère de la deuxième vertu*, 1911) ou en alexandrins rimés (*la Tapisserie de Notre-Dame*, 1913 ; *Ève*, 1913), forme une ample méditation sur les mystères de l'Incarnation et de la grâce.

Pei ou **Pei Ieoh Ming,** architecte et urbaniste américain d'origine chinoise (Canton 1917). Il a étudié à Harvard sous la direction de Gropius et a fondé son agence new-yorkaise en 1955. Adepte d'un modernisme assoupli, il est l'auteur des nouveaux locaux souterrains du Louvre, à Paris (cour Napoléon, 1986-1988), coiffés par une pyramide de verre, ainsi que d'autres aménagements du même musée.

Peïpous (*lac*) → **Tchoudes** (lac des).

Peirce (*Charles Sanders*), philosophe et logicien américain (Cambridge, Massachusetts, 1839 - Milford, Pennsylvanie, 1914). Il a contribué au développement du calcul des relations. Il est le principal créateur de la sémiotique et le fondateur du pragmatisme logique, qu'il a présenté comme une théorie de la signification (*Collected Papers*, 1931).

Pékin, *en chin.* Beijing (« Capitale du Nord »), cap. de la Chine, constituant une municipalité autonome (17 800 km²) ; 10 800 000 hab.

GÉOGRAPHIE

La ville est située en bordure des hauteurs qui limitent au nord la Grande Plaine, au contact du Nord-Est industriel, des steppes du Nord et du Nord-Ouest et des riches plaines de l'Est. Pékin juxtapose la Ville extérieure, ou chinoise, au S., et la Ville intérieure, ou « tartare », au N. Au centre de cette dernière se trouve la Ville impériale, qui renferme la Cité interdite. Un axe s'ouvre vers le S. sur la place Tian'anmen. Dans les arrondissements extérieurs, desservis par un métro, sont localisés les quartiers administratifs (ambassades), universitaires et industriels. Ce secteur s'est développé à partir des années 1950, en même temps que la ville connaissait un essor démographique. De nombreuses branches sont représentées (sidérurgie, mécanique, raffinage du pétrole, chimie, textile, électronique).

HISTOIRE

Située près de la capitale de l'État Yan (IVᵉ s. av. J.-C.), Pékin devient pour la première fois capitale de la Chine sous la domination mongole (XIIIᵉ s.). Elle reçoit alors le nom de Khanbalik (« Ville du Khan ») et est désignée comme Dadu (« la Grande Capitale ») par les Chinois. Les deux premiers empereurs Ming, après avoir fait de Nankin la nouvelle capitale (1368), baptisent Pékin Beiping (« la Paix du Nord »). Mais le troisième souverain, Yongle, s'y installe en lui donnant le nom de Beijing (« la Capitale du Nord ») et y fait construire la Cité interdite. Pékin est le théâtre d'événements marquants de l'histoire du pays : rébellions de la fin des Ming (1644), sac du palais d'Été (1860), révolte des Boxers (1900). Lorsque le Guomindang contrôle le gouvernement, Nankin redevient capitale (à partir de 1927). Le 1ᵉʳ octobre 1949, Mao Zedong proclame à Pékin la République populaire de Chine et rétablit la cité dans son rôle de premier plan. En 1989, la place Tian'anmen est le théâtre d'importantes manifestations, réprimées de façon sanglante. ARCHÉOLOGIE ET ARTS Au cœur de la Ville intérieure (la Ville tartare des Occidentaux) se trouve la Cité interdite (→ **Cité interdite**), cité-palais devenu un important musée. Parmi les temples impériaux, seul subsiste l'ensemble du temple du Ciel (1420). Citons encore le temple de Confucius, fondé en 1302 et restauré, et le temple-monastère des Lamas (XVIIIᵉ s.), de nouveau en activité. Célèbre jardin du parc Beihai. Aux environs palais d'Été, porte de la Passe de Juyong (1345) et tombeaux des Ming.

Péladan (*Joseph*, dit Joséphin ou le Sâr*)*, écrivain français (Lyon 1858 - Neuilly-sur-Seine 1918). Mêlant la mystique chrétienne à l'occultisme, il est l'auteur de romans, de drames et d'une « éthopée » en 19 volumes, *la Décadence latine* (1885-1907).

Pélage, roi des Asturies (m. à Cangas en 737). Il fonda son royaume avec des réfugiés wisigoths et remporta contre les musulmans la première victoire de la Reconquista (Covadonga, 718).

Pélage, moine britonnique (en Grande-Bretagne v. 360 - en Palestine 422), dont la doctrine fut condamnée par les conciles. Établi à Rome vers 384, il partit, après le sac de la ville par Alaric, en 410, pour l'Égypte, puis pour la Palestine. Dans son enseignement, ce moine minimisait le rôle de la grâce divine et insistait sur l'efficacité de l'effort personnel. Il niait la transmission du péché d'Adam à ses descendants. Sa doctrine (*pélagianisme*) a connu une forme atténuée, le *semi-pélagianisme*.

Pelé (*Edson* Arantes do Nascimento, dit*)*, footballeur brésilien (Três Corações, Minas Gerais, 1940), stratège et buteur, il a remporté deux finales de la Coupe du monde (1958 et 1970).

Pelée (*montagne*), sommet volcanique (1 397 m) de la Martinique, dans le nord de l'île. L'éruption de 1902 s'accompagna d'une « nuée ardente » qui détruisit Saint-Pierre, à l'époque la ville la plus peuplée de l'île (26 000 hab. ; auj. 5 045 hab.).

Pèlerinage à l'île de Cythère ou **l'Embarquement pour l'île de Cythère,** grande toile de Watteau (1717).

Pèlerin de Maricourt (*Pierre*), philosophe français (Maricourt, Somme, XIIIᵉ s.). Dans une lettre sur l'aimant (publiée en 1558), il donna les lois fondamentales du magnétisme et posa les bases de la méthode expérimentale.

Peletier du Mans (*Jacques* Peletier, dit*)*, humaniste français (Le Mans 1517 - Paris 1582). Partisan d'une réforme phonétique de l'orthographe et défenseur d'une poésie scientifique, il devint membre de la Pléiade (1555) et publia, la même année, son *Art poétique françois* et le recueil *l'Amour des Amours,* qu'avaient précédés, en 1547, ses *Œuvres poétiques.*

Pélissier (*Aimable, duc* de Malakoff*)*, maréchal de France (Maromme 1794 - Alger 1864). Il prit Sébastopol (1855) et fut ambassadeur à Londres (1858), puis gouverneur de l'Algérie (1860).

Pella, capitale du royaume de Macédoine de la fin du Vᵉ s. à 168 av. J.-C. Le dégagement du site a mis en valeur ses beaux pavements de galets à sujets de mosaïques mythologiques, qui permettent d'imaginer les grandes réalisations hellénistiques dans le domaine pictural.

Pellan (*Alfred*), peintre canadien (Québec 1906 - Laval, Québec, 1988). Il a travaillé à Paris de 1926 à 1940 puis a contribué, à Montréal, à l'essor de l'art canadien moderne.

Pelléas et Mélisande, drame lyrique de Debussy (1902).

Pellerin (*Jean Charles*), imprimeur français (Épinal 1756 - *id.* 1836). Il édita à partir de 1800 et sous l'Empire un grand nombre d'images populaires, diffusées dans toute la France par colporteurs.

Pelletan (*Camille*), homme politique français (Paris 1846 - *id.* 1915). Député radical (1881-1912), ministre de la Marine de Combes (1902-1905), il prit une part active à la politique anticléricale.

Pelletier (*Joseph*), chimiste et pharmacien français (Paris 1788 - Clichy 1842). Avec Caventou, il découvrit la strychnine (1818) et la quinine (1820), et mit au point un procédé de fabrication du sulfate de quinine.

Pelletier-Doisy (*Georges*), aviateur et général français (Auch 1892 - Marrakech 1953). Surnommé familièrement **Pivolo**, il fut un pionnier des grandes liaisons aériennes (notamment Paris-Tokyo, 1924).

Pellico (*Silvio*), écrivain italien (Saluces 1789 - Turin 1854). Le récit de son emprisonnement au Spielberg (*Mes prisons,* 1832) contribua à gagner l'opinion internationale à la cause des patriotes italiens.

Pelliot (*Paul*), sinologue français (Paris 1878 - *id.* 1945). Il découvrit d'importants manuscrits (VIᵉ-XIᵉ s.) dans les grottes de Dunhuang.

Pellisson (*Paul*), écrivain français (Béziers 1624 - Versailles 1693). Défenseur de Fouquet, il fut embastillé. Devenu historiographe de Louis XIV, il rédigea une *Histoire de l'Académie française.* (Acad. fr. 1653.)

Pelloutier (*Fernand*), syndicaliste français (Paris 1867 - Sèvres 1901). Il devint secrétaire de la Fédération nationale des Bourses du travail en 1895 et donna une grande impulsion à cette organisation.

Péloponnèse, *en gr.* **Péloponisos,** péninsule montagneuse du sud de la Grèce, rattachée au continent par l'isthme de Corinthe ; 21 500 km^2 ; 1 077 002 hab. L'émigration se poursuit malgré le poids local du tourisme. Les villes du Nord, Patras, Argos et Corinthe, restent les pôles les plus actifs. — Au IIe millénaire, le Péloponnèse fut le siège de la civilisation mycénienne. Son histoire, à l'époque classique, se confondit avec celle de Sparte et de la Grèce.

Péloponnèse *(guerre du)* [431-404 av. J.-C.], conflit qui opposa Sparte à Athènes pour l'hégémonie du monde grec. Dans un premier temps (431-421), les belligérants équilibrent succès et défaites et cette période confuse se termine par la paix de Nicias. Sous l'impulsion d'Alcibiade, Athènes monte une expédition en Sicile contre Syracuse (415). Mais Alcibiade trahit Athènes et se réfugie à Sparte. L'armée et la flotte athéniennes sont anéanties devant Syracuse (413). Sparte s'allie avec la Perse et prépare la révolte de l'Ionie contre la domination athénienne (412). Malgré les succès d'Alcibiade (410 et 408), réconcilié avec Athènes, et la victoire des îles Arginuses (406), la flotte athénienne est anéantie par Lysandre en 405 à l'embouchure de l'Aigos-Potamos. En 404, Athènes, assiégée, doit signer une paix qui la dépouille de son empire.

Pelotas, port du Brésil (Rio Grande do Sul) ; 289 494 hab.

Peltier *(Jean),* physicien français (Ham 1785 - Paris 1845). Il découvrit l'effet thermoélectrique dû au passage d'un courant électrique d'un métal dans un autre *(effet Peltier).*

Pelton *(Lester Allen),* ingénieur américain (Vermilion, Ohio, 1829 - Oakland, Californie, 1908). Il est l'inventeur d'une turbine hydraulique à action qui porte son nom, utilisée pour les chutes d'eau de grande hauteur et de faible débit.

Péluse, ancienne ville d'Égypte, sur la branche est du delta du Nil.

Pelvoux, massif cristallin des Alpes françaises, limitant l'Oisans vers le S. et vers l'E. ; 4 102 m à la *barre des Écrins.* Parfois appelé aussi *massif des Écrins,* il est englobé dans le parc national des Écrins. Le Pelvoux proprement dit culmine à 3 946 m (première ascension par V. Puiseux le 9 août 1848).

Pemba, île de l'océan Indien (Tanzanie), au nord de Zanzibar ; 984 km^2 ; 206 000 hab. Ch.-l. *Chake Chake.* Principal centre mondial de la culture du giroflier.

Penang, État de la Malaisie ; 1 033 km^2 ; 1 087 000 hab. Cap. *George Town.* Il comprend l'*île de Penang* (anc. Prince of Wales), séparée de la partie continentale de l'État par le détroit du même nom.

Penck *(Albrecht),* géographe allemand (Leipzig 1858 - Prague 1945). Auteur d'un important traité de géomorphologie, il a défini les quatre grandes glaciations des Alpes.

Penderecki *(Krzysztof),* compositeur polonais (Dębica 1933). Il se fait connaître en 1960 avec *Anaklasis,* pièce illustrant le style à la fois pointilliste et tachiste qui s'est développé par la suite en Pologne. Suivent notamment *Threnos « à la mémoire des victimes d'Hiroshima »* (1960) et *Fluorescences* (1962). Avec *la Passion selon saint Luc* (1963-1966), il s'oriente vers un style teinté de néoromantisme. La musique sacrée est un de ses domaines de prédilection (*Dies irae,* 1967 ; *Utrenja,* 1971). On lui doit aussi les opéras *les Diables de Loudun* (1968-69), *Paradise Lost* (1976-1978), *le Masque noir* (1986), *Ubu Rex* (1991).

Pendjab, région de l'Inde et du Pakistan, entre l'Himalaya, l'Indus, la haute plaine du Gange et le désert de Thar. C'est une vaste plaine parcourue par les affluents de l'Indus, les « cinq rivières » (Jhelum, Ravi, Sutlej, Chenab et Bias). L'irrigation, dont les débuts remontent à la fin du XIXe siècle, en a fait une riche région agricole. Le blé, introduit dès le IIIe millénaire av. J.-C., vient en tête des cultures, complété par le riz, le coton et la canne à sucre.

Pendjab, État de l'Inde ; 50 362 km^2 ; 16 789 000 hab. Cap. *Chandigarh.* Sa formation résulte du partage du Pendjab entre l'Inde et le Pakistan (1947), puis de la séparation du Haryana (1966). La rébellion autonomiste des sikhs (60 % de la population), qui y ont leur capitale religieuse, Amritsar, agite le Pendjab depuis 1981 et provoque de violents affrontements. L'agriculture (blé, riz, coton) y est la plus moderne de l'Union, et l'industrie très présente en de nombreux petits ateliers.

Pénélope, femme d'Ulysse et mère de Télémaque. Pendant l'absence d'Ulysse, qui dura vingt ans, elle repoussait les avances des prétendants installés dans son palais en leur déclarant qu'elle ne se remarierait pas avant d'avoir achevé sa tapisserie. Et cela dura jusqu'au retour d'Ulysse, car elle prenait soin de défaire la nuit ce qu'elle avait tissé le jour.

Pénicaud *(Léonard, dit Nardon),* émailleur français (m. v. 1542). Mentionné dès 1493, consul (magistrat) à Limoges en 1513, il est le premier peintre sur émail limougeaud identifié (*Couronnement de la Vierge*, panneau de triptyque, Louvre). Son atelier fut maintenu durant le XVIe siècle par ses parents Jean Ier, Jean II, Jean III et Pierre.

Penn *(Arthur),* cinéaste américain (Philadelphie 1922). Premier à rompre avec les schémas stylistiques et thématiques d'Hollywood, il impose une alternance de lyrisme et d'ironie dans les cadres traditionnellement virils du western et du policier en introduisant le déchirement, l'incertitude des personnages face à un univers où règne le chaos : *le Gaucher* (1958), *Miracle en Alabama* (1962), *Bonnie and Clyde* (1966), *Alice's Restaurant* (1969), *Little Big Man* (1970), *Georgia* (1981), *Froid comme la mort* (1987).

Penn *(William),* quaker anglais (Londres 1644 - Jordans, Buckinghamshire, 1718). Fondateur (1681) de la Pennsylvanie, il la dota d'une législation qui fut le modèle des institutions américaines. Il créa Philadelphie.

Pennines *(les),* chaîne de montagnes de Grande-Bretagne, longue de 280 km, de la frontière écossaise au fleuve Trent, large de 50 à 80 km. Elles culminent à 893 m, mais les cols, très bas (souvent moins de 200 m), les franchissent aisément. Élevage ovin sur les landes et les tourbières.

Pennsylvanie, *en angl.* Pennsylvania, État du nord-est des États-Unis ; 117 412 km² ; 11 881 643 hab. Cap. *Harrisburg* (53 264 hab.). Étendue sur les différentes parties des Appalaches où s'encaissent l'Ohio et la Susquehanna, elle est un État industriel, qui vient au 3e rang américain pour le fer et l'acier. On y extrait du pétrole et du gaz naturel, qui dépassent en valeur l'anthracite et le charbon. Philadelphie, Pittsburgh, Harrisburg, Scranton en sont les principaux ensembles urbains et industriels.

Pensées de Pascal, publiées en 1670.

Pentagone *(le),* édifice, ainsi nommé en raison de sa forme, qui abrite à Washington, depuis 1942, le secrétariat à la Défense et l'état-major des forces armées des États-Unis.

Pentateuque *(en grec « les cinq étuis »),* nom qui a été donné, vers le IIIe s. av. J.-C., aux cinq premiers livres de la Bible : la Genèse, l'Exode, le Lévitique, les Nombres et le Deutéronome. Les juifs appellent cet ensemble la Torah, « la Loi ». Selon leur tradition, l'auteur en aurait été Moïse lui-même. Mais on en est venu à considérer le Pentateuque comme résultant d'une fusion de quatre traditions (ou « documents ») hébraïques

d'âges différents (élaborées entre le IXe et le IVe s. av. J.-C.).

Pentélique, montagne de l'Attique, célèbre par ses carrières de marbre blanc.

Penthésilée, reine des Amazones, dans la mythologie grecque. Fille d'Arès, le dieu de la Guerre, elle se porta au secours de Troie et fut tuée par Achille, qui, séduit par sa beauté, pleura sa mort.

Penthièvre *(Louis* de Bourbon, *duc* de), prince français (Rambouillet 1725 - Bizy, près de Vernon, 1793). Fils du comte de Toulouse, lieutenant général (1743), il se distingua à la bataille de Fontenoy (1745). Il fut l'un des plus riches mécènes de son temps. .

Penza, v. de Russie, au sud-est de Moscou ; 543 000 hab.

Penzias *(Arno),* radioastronome américain (Munich 1933). En 1965, il découvrit fortuitement, avec R. Wilson, le rayonnement thermique du fond du ciel à 3 kelvins, confortant ainsi la théorie cosmologique de l'explosion primordiale (big-bang). Il a pris ensuite une part active au développement de la radioastronomie millimétrique et à l'étude des molécules interstellaires. (Prix Nobel de physique 1978.)

Pépin de Landen ou **l'Ancien** *(saint)* [v. 580-640]. Maire du palais d'Austrasie sous Clotaire II, Dagobert Ier et Sigebert III. Son petit-fils, **Pépin de Herstal** (Pépin le Jeune, dit) [v. 635/640 - Jupille 714], maire du palais d'Austrasie à partir de 680 battit à Tertry Thierry III, roi de Neustrie (687), et reconstitua l'unité du royaume franc.

Pépin, dit le Bref (Jupille v. 715 - Saint-Denis 768), maire du palais (741-751) puis roi des Francs (751-768). Fils de Charles Martel, maître de la Neustrie, de la Bourgogne et de la Provence en 741 avec le titre de maire du palais, il reçoit l'Austrasie après l'abdication de son frère Carloman (747). Avec l'accord du pape Zacharie, il dépose le dernier roi mérovingien, se fait proclamer roi des Francs et reçoit l'onction de saint Boniface (751), fondant ainsi la dynastie carolingienne. Il contraint les Lombards à remettre au pape Étienne II l'exarchat (gouvernement militaire) de Ravenne (756), à l'origine des États pontificaux. À sa mort, son royaume, agrandi de la Septimanie, est partagé entre ses deux fils : Charlemagne et Carloman.

Pépin (773 ou 777 - Milan 810), roi d'Italie (781-810), second fils de Charlemagne.

Pepusch *(Johann Christoph),* compositeur allemand (Berlin 1667 - Londres 1752). Son opéra-ballade *The Beggar's Opera* (l'Opéra des gueux) connut un immense succès en 1728. Il écrivit aussi des cantates, des odes, des anthems, des sonates et des concertos.

Pepys *(Samuel),* écrivain anglais (Londres 1633 - Clapham 1703). Il est l'auteur d'un *Journal,* écrit en caractères secrets, avec pour toile de fond la vie à Londres de 1660 à 1669.

Perak, État de la Malaisie, sur le détroit de Malacca ; 1 762 000 hab. Cap. *Ipoh.*

Percé *(rocher),* falaise, creusée d'arches naturelles, de la côte de Gaspésie (Canada, prov. de Québec).

Perceval ou **le Conte du Graal,** roman inachevé de Chrétien de Troyes (av. 1190). Malgré la résistance de sa mère, Perceval s'initie à la chevalerie et conquiert ses armes à la cour du roi Arthur. Arrivé au château du Graal, il assiste à un mystérieux rituel, qui le laisse silencieux, avant d'apprendre que sa timidité l'a conduit à échouer à ce qui était une épreuve. Le personnage deviendra un modèle de chevalerie. Une suite de ce roman a été écrite au XIIIe siècle par Gerbert de Montreuil, et le poète allemand Wolfram von Eschenbach a repris le sujet dans une perspective rédemptrice dans *Parzival,* qui inspira l'opéra de Richard Wagner.

Perche *(le),* région de France, aux limites de la Normandie, de l'Île-de-France et du Maine, partagée entre les départements de l'Orne, de la Sarthe et de l'Eure-et-Loir, et formée de collines humides et boisées. Autrefois spécialisé dans l'élevage du cheval de trait lourd, le percheron, le Perche est devenu un pays d'élevage bovin et de résidences secondaires. (Hab. *Percherons.*)

Percier *(Charles),* architecte et décorateur français (Paris 1764 - *id.* 1838). En collaboration avec Fontaine, il construisit à Paris l'arc de triomphe du Carrousel (1806-1808), les immeubles à arcades de la rue de Rivoli et fut chargé d'importants travaux au Louvre et aux Tuileries. C'est un des maîtres du style Empire.

Perdiccas, général macédonien (m. en 321 av. J.-C.). Il s'efforça de conserver l'unité de l'empire d'Alexandre. Il fut assassiné par les diadoques.

Perdiguier *(Agricol),* dit Avignonnais la Vertu*),* compagnon menuisier et homme politique français (Morières-lès-Avignon, Vaucluse, 1805 - Paris 1875). Il s'attacha à développer le compagnonnage en France. Député de 1848 à 1851, expulsé après le coup d'État du 2-Décembre, il est l'auteur

d'un *Livre du compagnonnage* (1839) et des *Mémoires d'un compagnon* (1855).

Perdu *(mont),* un des plus hauts sommets des Pyrénées espagnoles (Aragon), au S.-E. du cirque de Gavarnie ; 3 355 m.

Perec *(Georges),* écrivain français (Paris 1936 - *id.* 1982). Après *les Choses* (1965), où la technique du nouveau roman sert à une subtile critique de la société de consommation, il joue le jeu de la contrainte lipogrammatique avec *la Disparition* (celle de la lettre *e*) [1969], de l'onirisme avec *la Boutique obscure* (1973), du quotidien avec *Je me souviens* (1978) et de l'insolite avec *Un cabinet d'amateur* (1979). Son œuvre maîtresse, *la Vie mode d'emploi* (1978), est une fresque, ou plutôt une prolifération romanesque, cumulant de multiples contraintes consignées dans un cahier des charges. Membre de l'Oulipo et influencé par Raymond Queneau, il s'aventure dans la poésie métrique avec *Alphabets* (1976).

Père Duchesne *(le)* → Duchesne.

Père Goriot *(le),* personnage et titre d'un roman de Balzac (1834-35) : un père se voit peu à peu dépouillé de tous ses biens par ses filles, qu'il aime d'une tendresse aveugle.

Pereira, v. de Colombie ; 309 000 hab. Commerce du café.

Pereire, nom de deux frères : **Jacob Émile** (Bordeaux 1800 - Paris 1875) et **Isaac** (Bordeaux 1806 - Armainvilliers 1880), tous deux banquiers et parlementaires. Ils fondèrent en 1852 le Crédit mobilier, banque spécialisée dans les prêts à long terme aux industriels, et jouèrent un rôle important dans le développement des chemins de fer.

Perekop *(isthme de),* isthme, large de 8 km, qui unit la presqu'île de Crimée à la plaine ukrainienne.

Père-Lachaise *(cimetière du),* cimetière de Paris, ouvert en 1804, à Ménilmontant (auj. XXe arrond.), sur l'emplacement d'un ancien domaine du P. De La Chaise, confesseur de Louis XIV.

Peres *(Shimon),* homme politique israélien (en Pologne 1923). Président du Parti travailliste israélien (1977-1992), il est Premier ministre de 1984 à 1986. Ministre des Affaires étrangères (1986-1988), puis des Finances (1988-1990), il retrouve ensuite le portefeuille des Affaires étrangères (1992-1995). Il est l'un des principaux artisans de l'accord israélo-palestinien signé à Washington en 1993. Après l'assassinat de Y. Rabin (1995), il est nommé pour lui succéder au poste de Premier ministre. (Prix Nobel de la paix 1994.)

Péret *(Benjamin),* poète français (Rezé 1899 - Paris 1959). Un des plus ardents surréalistes, il a exploré, dans son chef-d'œuvre *le Grand Jeu* (1928), les possibilités du langage, sur le mode naïf, narquois ou subtil. Il consacra sa vie à la révolution et à la poésie (*le Déshonneur des poètes,* 1945).

Pérez de Ayala *(Ramón),* écrivain espagnol (Oviedo 1880 - Madrid 1962), évocateur pittoresque et satirique de la vie espagnole (*Belarmino y Apolonio,* 1921).

Pérez de Cuéllar *(Javier),* diplomate péruvien (Lima 1920), secrétaire général de l'O. N. U. de 1982 à 1991.

Pérez Galdós *(Benito),* écrivain espagnol (Las Palmas 1843 - Madrid 1920). Il est l'auteur des *Épisodes nationaux,* épopée romancée de l'Espagne du XIXᵉ siècle, et de romans de mœurs (*Doña Perfecta,* 1876).

Pergame, *en gr.* Pergamon, ancienne ville de Mysie (Asie Mineure), l'actuelle **Bergama** (prov. d'Izmir, Turquie). Ce fut la capitale du royaume des Attalides, dit aussi « royaume de Pergame » (v. 282-133 av. J.-C.). Attalos III légua le royaume à la République romaine. **ARTS.** La ville était célèbre pour sa bibliothèque de 400 000 volumes ; ses monuments, dont le grand autel de Zeus et sa frise sculptée (Pergamonmuseum, Berlin), comptent parmi les grandes réalisations de l'urbanisme et de la sculpture hellénistiques.

Pergaud *(Louis),* écrivain français (Belmont, Doubs, 1882 - Marchéville-en-Woëvre 1915), observateur savoureux de la vie des bêtes (*De Goupil à Margot,* 1910) et du monde de l'enfance (*la Guerre des boutons,* 1912).

Pergolèse *(Jean-Baptiste, en ital.* Giovanni Battista Pergolesi*),* compositeur italien (Iesi 1710 - Pouzzoles 1736), l'un des maîtres de l'école dramatique napolitaine. Son intermezzo bouffe *la Servante maîtresse* (1733), joué à Paris en 1752, fut à l'origine de la Querelle des bouffons.

Péri *(Gabriel),* homme politique français (Toulon 1902 - Paris 1941). Membre du comité central du Parti communiste (1929), député (1932) et journaliste à *l'Humanité,* il prit part à la Résistance. Il fut arrêté et fusillé par les Allemands.

Périandre → Sept Sages.

Péribonka *(la),* riv. du Canada (Québec), tributaire du lac Saint-Jean ; 480 km.

Périclès, homme d'État athénien (v. 495 - Athènes 429 av. J.-C.). Chef du parti démocratique en 461 av. J.-C., il dirige Athènes avec le titre de stratège, magistrature à laquelle il est réélu au moins quinze fois entre 443 et 429. Il achève la démocratisation de la vie politique à Athènes, mais il institue aussi les « procès d'illégalité » pour annuler les décisions de l'assemblée du peuple qui iraient à l'encontre des lois existantes. À partir de 454, il se prononce longtemps pour la guerre à outrance. Mais, après la paix de Callias avec les Perses (449) et la paix de Trente Ans avec Sparte (446), il ne compte plus que sur le prestige de ses réalisations culturelles et sociales pour imposer l'hégémonie athénienne aux cités grecques. Athènes atteint alors l'apogée de sa civilisation : c'est le temps de l'architecte Phidias, de Sophocle et d'Euripide, de l'enseignement des sophistes et de Socrate. Périclès fait réaliser de grands travaux : fortifications du Pirée, construction de cent trières supplémentaires, travaux de l'Acropole, monuments de l'Attique. Pour cela, il doit puiser dans la caisse de la Confédération athénienne, créée à l'origine pour lutter contre l'Empire perse, et faire peser l'impérialisme d'Athènes sur ses alliés grecs, chez qui il brise toute velléité d'indépendance. Prévoyant le conflit avec Sparte, Périclès y prépare Athènes. Après le déclenchement de la guerre du Péloponnèse (431), une opposition se manifeste ; des procès sont intentés à ses amis Phidias et Anaxagore, et même à sa maîtresse, Aspasie de Milet. Adoptant son plan de campagne, le peuple s'enferme derrière les murs d'Athènes. Mais la peste éclate, et ses adversaires le font condamner à une lourde amende. Les Athéniens, se reprenant, le réélisent stratège au printemps de 429, mais il succombe à l'épidémie (sept. 429).

Perier *(Casimir),* banquier et homme politique français (Grenoble 1777 - Paris 1832). Député et membre de l'opposition libérale sous la Restauration, rallié à Louis-Philippe, il devint président du Conseil en 1831. Il mit fin brutalement aux troubles politiques et sociaux (insurrection des canuts de Lyon) et, à l'extérieur, soutint la Belgique contre les Pays-Bas. Il fut emporté par le choléra.

Périer *(Odilon Jean),* poète belge d'expression française (Bruxelles 1901 - *id.* 1928), un des meilleurs représentants de la poésie française de Belgique (*Notre mère la ville,* 1922 ; *le Promeneur,* 1927). Sa pièce *les Indifférents* (1925) est un classique du répertoire belge.

Pérignon (*Dominique Catherine, marquis* de), maréchal de France (Grenade-sur-Garonne 1754 - Paris 1818). Il se distingua contre les Espagnols (1794) et fut ambassadeur à Madrid (1795). Maréchal en 1804, il commanda l'armée de Naples (1808).

Pérignon (*dom* Pierre), bénédictin français (Sainte-Menehould 1639 - abbaye d'Hautvillers, près d'Épernay, 1715). Il améliora les techniques de fabrication du champagne.

Périgord (*le*), région du Sud-Ouest (hab. *Périgourdins*), correspondant à la majeure partie de l'actuel dép. de la Dordogne. (On distingue parfois un *Périgord blanc* au N., autour de Périgueux, et un *Périgord noir*, initialement au moins plus boisé, au S., de Bergerac à Sarlat-la-Canéda.) Le Périgord est formé de plateaux arides, peu peuplés, entaillés par des vallées fertiles (Isle, Dordogne, Vézère), où se sont concentrées, depuis la préhistoire, populations et activités agricoles et urbaines. Tourisme.

Périgueux, ch.-l. du dép. de la Dordogne et anc. cap. du Périgord, sur l'Isle, à 473 km au sud-ouest de Paris ; 32 848 hab. (*Périgourdins*). [L'agglomération compte plus de 60 000 hab.] Évêché. Industries alimentaires. Chaussures. Atelier d'impression de timbres-poste. — Vestiges romains (« tour de Vésone »). Église St-Étienne et cathédrale St-Front (refaite au XIXᵉ s.), romanes à file de coupoles. Ensembles de maisons médiévales et Renaissance. Musée du Périgord (préhistoire, collections gallo-romaines, beaux-arts, etc.).

Perim, petite île volcanique et fortifiée du détroit de Bab al-Mandab (dépendance du Yémen).

Perkin (*sir William Henry*), chimiste britannique (Londres 1838 - Sudbury 1907). Il découvrit en 1856 la première couleur d'aniline (mauvéine).

Perm, de 1940 à 1957 Molotov, v. de Russie, dans l'Oural, sur la Kama ; 1 091 000 hab. Grand centre industriel (mécanique, pétrochimie).

Permeke (*Constant*), peintre et sculpteur belge (Anvers 1886 - Ostende 1952). Il fait partie avant 1914 du second groupe de Laethem-Saint-Martin et devient le chef de 1920, par son réalisme d'une puissance élémentaire (qui doit au cubisme et à l'art nègre), l'un des chefs de file de l'expressionnisme flamand (*la Kermesse*, 1921, musées royaux d'Anvers). Au cycle marin d'Ostende succède un cycle rustique lors de

son installation (1929) à Jabbeke, en Flandre-Occidentale, où son atelier est devenu un musée.

Permoser (*Balthasar*), sculpteur allemand (Kammer bei Traunstein, Bavière, 1651 - Dresde 1732). Après un long séjour en Italie, où il s'imprégna de l'art du Bernin, il devint en 1689 sculpteur de la cour de Dresde, dirigeant la fougueuse décoration du Zwinger. Il a donné d'intenses statues religieuses et, en 1721, le groupe tourmenté de l'*Apothéose du Prince Eugène* (musée du Baroque, Vienne).

Pernambouc, *en port.* Pernambuco, État du Brésil du Nord-Est ; 98 281 km² ; 7 109 626 hab. Cap. *Recife* (anc. Pernambouc). Une zone d'agriculture variée sépare l'intérieur, semi-aride, domaine de l'élevage extensif, de la frange littorale, chaude et humide (canne à sucre).

Pernik, de 1949 à 1962 Dimitrovo, v. de Bulgarie, au sud-ouest de Sofia ; 96 000 hab. Métallurgie.

Perón (*Juan Domingo*), homme d'État argentin (Lobos 1895 - Buenos Aires 1974). Officier, vice-président (1944), puis président de la République (1946), il met en application la doctrine du « justicialisme », qui allie les projets de justice sociale au dirigisme économique. Les premières mesures du régime (vote des femmes, nationalisation de certaines grandes industries) valent au président et à sa deuxième femme Eva Perón, épousée en 1945, une grande popularité. Mais l'opposition de l'Église et de l'armée, et les difficultés économiques l'obligent à démissionner (1955). La victoire de ses partisans aux élections de 1973 le ramènent à la présidence de la République, mais il meurt peu après. Sa deuxième épouse, **Eva Duarte** (Los Toldos 1919 - Buenos Aires 1952), se rendit populaire en prenant la défense des plus déshérités, les *descamisados*. Sa troisième femme, **María Estela Martínez**, dite Isabel (prov. de La Rioja 1931), épousée en 1961, lui succéda à la présidence (1974) mais fut déposée par l'armée en 1976.

Péronne, ch.-l. d'arr. de la Somme, sur la Somme ; 9 159 hab. (*Péronnais*). Textile. Agroalimentaire. — Charles le Téméraire et Louis XI y eurent une entrevue, et ce dernier dut y signer un traité humiliant (1468) qu'il ne respecta pas. Il reprit la ville après la mort du Téméraire (1477). — Château du XIIIᵉ siècle, très restauré, et restes des remparts des XVIᵉ-XVIIᵉ siècles. « Historial de la Grande-Guerre », de l'architecte Henri Ciriani (1992).

Pérotin, compositeur français dont l'activité se situe dans les années 1190-1200. Avec ses polyphonies fondées sur un thème de plain-chant (organums) *[Viderunt, Sederunt]*, il est le maître de l'école polyphonique de Notre-Dame de Paris.

Pérou, *en esp.* Perú, État de l'Amérique du Sud, sur l'océan Pacifique ; 1 285 000 km² ; 22 millions d'hab. *(Péruviens).* CAP. *Lima.* LANGUE : *espagnol.* MONNAIE : *sol.*

GÉOGRAPHIE

■ **Le milieu naturel.** Quatrième pays d'Amérique latine par la superficie, cinquième pour la population, le Pérou est formé de trois grandes régions : la plaine côtière, la montagne andine et la plaine amazonienne. Sous les influences conjuguées du courant froid de Humboldt et de la masse des Andes, altérant une situation tropicale, la plaine côtière est aride et fraîche (18 °C en moyenne à Lima). Les deux cordillères andines ont un climat tropical (influencé par l'altitude) et enserrent de hauts bassins et un vaste plateau (Altiplano) au sud. La plaine amazonienne, forestière, drainée par le haut Amazone et ses affluents, couvre plus de la moitié du pays.
■ **La population et l'économie.** 40 % des habitants ont moins de 15 ans, le taux d'accroissement naturel annuel se situant à 2,5 % environ. La plaine côtière regroupe plus de la moitié de la population totale (accueillant l'émigration rurale de la zone andine). Les villes, souvent ceinturées de bidonvilles, regroupent la majeure partie de la population (Lima seule concentre plus du quart des Péruviens).
L'agriculture présente de forts contrastes entre la plaine côtière, où les oasis irriguées produisent coton, canne à sucre, riz, café, agrumes, céréales, et la montagne andine, où les zones d'élevage extensif (ovins, bovins, alpagas) sont entrecoupées de cultures vivrières (pommes de terre et céréales). Le volume de la pêche reste important. Les ressources du sous-sol sont variées : cuivre, zinc, plomb, fer, argent et surtout pétrole (extrait dans la zone amazonienne et transporté jusqu'à la côte par pipeline). L'industrie est concentrée surtout à Lima, malgré les efforts de décentralisation (vers Arequipa et Trujillo). L'agroalimentaire, le textile, la chimie, la métallurgie, le montage mécanique et électrique sont les principales branches, partiellement destinées à l'exportation. L'économie (dont un secteur, lié notamment à la drogue, échappe à la statistique) est dans un état désastreux : inflation élevée, dette écrasante qui a été rééche-

lonnée ; en outre, les dépenses militaires (avec la lutte contre une guérilla active) pèsent lourdement. Un programme d'austérité a été mis en place. Mais plus de la moitié de la population vit au-dessous du seuil de la pauvreté.

HISTOIRE

■ **Les premières civilisations.** Le Pérou est le centre, dès le IIe millénaire avant notre ère, de nombreuses civilisations indiennes.
XIIe-XVIe s. apr. J.-C. Les Incas soumettent les autres peuples, fondant un empire autour de Cuzco.
La civilisation inca, remarquable par son organisation sociale et ses monuments, marquera durablement les peuples soumis.
■ **La domination espagnole.**
1532-1533. Le conquérant espagnol Pizarro s'empare de Cuzco et fait exécuter son chef, Atahualpa.
Après une révolte indienne et un conflit entre les conquérants, la colonie réorganisée par Charles Quint en vice-royauté du Pérou connaît une prospérité basée sur l'exploitation des mines d'argent de Potosí. Tandis que la population indigène, lourdement exploitée, diminue de manière drastique, la société européenne de Lima s'enrichit grâce au commerce colonial jusqu'au milieu du XVIIe s. (date du déclin du Potosí). Au XVIIIe s., la vice-royauté voit son territoire considérablement réduit.
■ **L'indépendance et le XIXe s.**
1821. San Martín proclame l'indépendance du Pérou. Celle-ci est consacrée par la victoire de Sucre, lieutenant de Bolívar, à Ayacucho (1824).
1836-1839. Éphémère union du Pérou et de la Bolivie.
Après de nombreux coups d'État militaires, la dictature de Ramón Castilla (1845-1851 et 1855-1862) redresse l'économie du pays grâce à l'exportation du nitrate et du guano.
1879-1883. La guerre du Pacifique oppose le Chili au Pérou. Battu, ce dernier perd une partie du littoral.
Le président Nicolás de Piérola dirige le Pérou (1879-1881, 1895-1899) avec l'appui de l'oligarchie commerçante.
■ **Le XXe s.** Augusto Bernardino Leguía impose sa dictature (1908-1912, 1919-1930) et poursuit la modernisation du pays. Les années 30 voient l'essor d'un mouvement populaire hostile aux États-Unis.
De 1939 à 1945 puis de 1956 à 1962, Prado y Ugarteche préside aux destinées de la nation.
1963-1968. Le réformiste F. Belaúnde Terry est au pouvoir.

1968-1980. Le régime, aux mains des généraux, effectue de nombreuses nationalisations.

1980. Belaúnde Terry remporte les élections.

Le régime doit alors faire face à la guérilla d'un mouvement d'extrême gauche implanté dans les zones rurales de la cordillère andine, le « Sentier lumineux ».

1985. Le leader social-démocrate Alan García devient président de la République.

1990. Alberto Fujimori lui succède à la présidence.

1993. Une nouvelle constitution est adoptée. Quelques succès sont remportés contre la guérilla.

1995. Un conflit frontalier oppose le Pérou et l'Équateur. A. Fujimori est réélu à la tête de l'État.

Pérou et du Chili *(courant du)* ou **courant de Humboldt,** courant froid du Pacifique remontant la côte sud-américaine. Les remontées d'eau froide entretiennent dans la zone côtière une stabilité de l'air (brumes), une aridité relative et une grande productivité en matière vivante.

Pérouse, *en ital.* Perugia, v. d'Italie, près du Tibre, cap. de l'Ombrie et ch.-l. de prov. ; 143 698 hab. *(Pérugins).* **ARTS.** Vestiges étrusques et romains. Importants monuments du Moyen Âge (palazzo dei Priori, XIIIᵉ-XVᵉ s.) et de la Renaissance (Collegio del Cambio, fresques du Pérugin, et oratoire S. Bernardino, tous deux du XVᵉ s.). Musée national archéologique et Galerie nationale de l'Ombrie (peinture).

Perpenna *(Marcus Ventus),* général romain (m. à Osca, auj. Huesca, en 72 av. J.-C.). Fidèle au parti de Marius, il se rallia à Sertorius, puis le fit assassiner. Pompée le fit exécuter.

Perpignan, ch.-l. des Pyrénées-Orientales, sur la Têt, à 915 km au S. de Paris ; 108 049 hab. *(Perpignanais).* Métropole du Roussillon, c'est un centre administratif, commercial, touristique, peu industrialisé. Université. Évêché. — Capitale du Roussillon, sous la dépendance de l'Aragon à partir du XIIᵉ siècle, réunie à cet État en 1344, la ville fut cédée à la France par l'Espagne en 1659. — Castillet des XIVᵉ et XVᵉ siècles (Musée catalan). Citadelle du XVIᵉ siècle englobant le palais des rois de Majorque, des XIIIᵉ-XIVᵉ siècles. Cathédrale de style gothique méridional (XIVᵉ-XVᵉ s., retables catalans). « Loge de mer », de la fin du XIVᵉ siècle. Musée « Hyacinthe-Rigaud ».

Perrault *(Charles),* écrivain français (Paris 1628 - *id.* 1703). Contrôleur général de la surintendance des Bâtiments, il entra en 1671 à l'Académie française, où il prit parti pour les Modernes *(le Siècle de Louis le Grand,* 1687 ; *Parallèle des Anciens et des Modernes,* 1688-1698). Sa célébrité vient des contes recueillis pour l'amusement des enfants *(Contes de ma mère l'Oye,* 1697) [→ **Contes**] et qu'il publia sous le nom de son fils Perrault d'Armancour.

Perrault *(Claude),* médecin, physicien et architecte français (Paris 1613 - *id.* 1688), frère du précédent. On lui attribue, peut-être en collaboration avec François D'Orbay, la façade orientale, dite « la colonnade », du palais du Louvre (1667), expression majeure du classicisme. Il a construit l'Observatoire de Paris et a publié, en 1673, une traduction illustrée de Vitruve.

Perrault *(Pierre),* poète et cinéaste canadien (Montréal 1927). L'un des pionniers du « cinéma direct » québécois, il a réalisé une trilogie : *Pour la suite du monde* (1963), *le Règne du jour* (1965), *les Voitures d'eau* (1969) ; puis *l'Acadie, l'Acadie* (1971), *le Pays de la terre sans arbre* (1980). Il a aussi publié des recueils poétiques.

Perréal *(Jean),* peintre, décorateur et poète français (connu à partir de 1483-1530). Il fut peintre en titre de trois rois de France, donna les dessins du tombeau de parents d'Anne de Bretagne (sculpté par M. Colombe, Nantes), fut conseiller de Marguerite d'Autriche dans son entreprise de Brou. Mais on ne possède de lui qu'une peinture certaine, miniature-frontispice pour son propre poème *Complainte de Nature à l'alchimiste errant* (1516, musée Marmottan, Paris).

Perreaux *(Louis Guillaume),* ingénieur français (Almenêches, Orne, 1816 - Paris 1889). Il inventa (1871) et réalisa un vélocipède à vapeur, premier ancêtre de la moto.

Perret *(les frères),* architectes et entrepreneurs français qui ont donné à l'architecture du béton armé ses lettres de noblesse, dans le sens d'un prolongement des traditions classiques. Tous trois sont nés à Ixelles, banlieue de Bruxelles (où leur père, entrepreneur, était réfugié comme communard), et morts à Paris. Collaborant avec **Gustave** (1876-1952) et **Claude** (1880-1960), c'est **Auguste** (1874-1954) qui a la responsabilité principale dans les créations de l'entreprise familiale : immeuble du 25 bis, rue Franklin, à Paris (1903) ; théâtre des Champs-Élysées (1911-1913, sur une composition esquissée par H. Van de Velde) ; église du Raincy (1922, œuvre lumineuse et élégante, aux éléments de structure préfabriqués) ; Garde-Meuble national (1934), à Paris, de même que le musée des Travaux publics (1937, auj. Conseil économique et social) ; reconstruction du Havre après 1945.

Perreux-sur-Marne (Le), ch.-l. de c. du Val-de-Marne, banlieue est de Paris. 28 540 hab.

Perrin *(Jean),* physicien français (Lille 1870 - New York 1942). Il montra en 1895 que les rayons cathodiques sont constitués de corpuscules d'électricité négative. Ses recherches sur les émulsions, les lames minces et le mouvement brownien l'amenèrent à déterminer de plusieurs façons le nombre d'Avogadro, donnant ainsi une preuve décisive de l'existence des atomes. Il étudia les phénomènes de fluorescence et expliqua le rayonnement émis par le Soleil par la différence de masse entre l'hydrogène et l'hélium formé dans les réactions thermonucléaires. Il fonda le palais de la Découverte en 1937. (Prix Nobel 1926.) Son fils **Francis** (Paris 1901 - *id.* 1992) est, lui aussi, physicien. Délégué à l'Assemblée consultative d'Alger en 1944, il est nommé en 1946 professeur de physique atomique et moléculaire au Collège de France. De 1951 à 1970, il est haut-commissaire à l'énergie atomique. Dès 1939, en collaboration avec F. Joliot et son équipe, il établit théoriquement la possibilité d'entretenir des réactions nucléaires en chaîne et d'en obtenir de l'énergie, et calcula les dimensions critiques nécessaires.

Perronet *(Jean Rodolphe),* ingénieur français (Suresnes 1708 - Paris 1794). Il conçut et fit exécuter de nombreux ponts : de Mantes, de Nogent et de Neuilly, sur la Seine (1768-1774) ; de Pont-Sainte-Maxence, sur l'Oise (1774-1785) ; de la Concorde, à Paris (1787-1791). Il créa, avec Trudaine, l'École des ponts et chaussées (1747).

Perronneau *(Jean-Baptiste),* peintre français (Paris 1715 - Amsterdam 1783). Portraitiste, il a usé largement du pastel, spécialité de La Tour, son aîné de dix ans. Coloriste plus subtil que ce dernier, il s'en distingua en outre par un intérêt plus marqué pour l'attitude du modèle et pour l'atmosphère ainsi que par un sens poussé des matières, tout cela conférant à ses effigies un grand accent de vérité.

Perros-Guirec, ch.-l. de c. des Côtes-d'Armor ; 7 582 hab. *(Perrosiens).* Station balnéaire. Thalassothérapie.

Perrot *(Jules Joseph),* danseur et chorégraphe français (Lyon 1810 - Paramé 1892). Un des plus grands danseurs de l'époque romantique, il débute à Paris en 1830 avec Maria Taglioni pour partenaire. Découvreur de Carlotta Grisi, il règle pour elle la plus grande partie de *Giselle* (1841), signée par le seul Jean Coralli. Il fait l'essentiel de sa carrière à Londres, où il crée ses chefs-d'œuvre *(Ondine,* 1843 ; *la Esmeralda,* 1844 ; *le Pas de quatre,* 1845), puis à Saint-Pétersbourg (1848-1858).

Perroux *(François),* économiste français (Lyon 1903 - Stains 1987). Fondateur de l'Institut de science économique appliquée (I. S. E. A.) en 1944, il a impulsé un remarquable renouvellement de la pensée économique française. Il a introduit notamment les notions d'inégalité des agents économiques, de pouvoir et de domination, ainsi que celle des pôles de croissance, remettant en cause la formulation traditionnelle des mécanismes de l'équilibre économique.

Perse, ancien nom de l'Iran.

Perse *(en lat.* **Aulus Persius Flaccus),** poète latin (Volterra 34 - Rome 62). Ses *Satires* s'inspirent de la morale stoïcienne.

Persée, héros de la mythologie grecque, fils de Zeus et de Danaé. Il coupa la tête de Méduse, du sang de laquelle naquit Pégase. En Éthiopie, il délivra Andromède qui, attachée sur un rocher, était menacée par un monstre marin, puis il l'épousa.

Persée (v. 212 - Alba Fucens v. 165 av. J.-C.), dernier roi de Macédoine (179-168 av. J.-C.). Il fut vaincu à Pydna par Paul Émile en 168 et mourut captif en Italie.

Perseigne *(forêt de),* forêt du Maine située entre Mamers et Alençon, dans la Sarthe ; 5 100 ha.

Perséphone, fille de Déméter, appelée aussi Coré, « la jeune fille ». Elle fut emportée par Hadès aux Enfers. Déméter, folle de chagrin, ayant cessé de féconder la terre, Zeus demanda à Hadès de laisser Perséphone revenir auprès de sa mère pendant une partie de l'année. C'est ce retour périodique de Coré que les mystères d'Éleusis célébraient. Chez les Romains, Perséphone était vénérée sous le nom de Proserpine.

Persépolis, nom grec de Parsa, résidence royale des Achéménides (à 60 km au N.-E. de Chiraz). Fondée par Darios Ier (522-486) au début de son règne, agrandie et embellie par ses successeurs, elle fut accidentellement incendiée en 330 av. J.-C., lors de la conquête d'Alexandre le Grand. — Grandiose complexe palatial, exemple le plus parfait de l'architecture achéménide, marquée par l'éclectisme des souverains et des variations sur un thème unique : celui de la salle hypostyle. Importante décoration sculptée.

Perses *(les),* tragédie d'Eschyle (472 av. J.-C.), tableau du désespoir de Xerxès à la suite du désastre de Salamine et célébration de la Grèce, qui a su abattre le Barbare.

Perses, peuple de langue aryenne apparu du IXe au VIIe s. av. J.-C. à l'O. de l'Iran. Les Perses constituèrent la base de deux empires, celui des Achéménides (VIe-IVe s. av. J.-C.) et celui des Sassanides (IIIe-VIIe s. apr. J.-C.), qui imposèrent leur culture à tout l'ensemble iranien.

Pershing *(John Joseph),* général américain (près de Laclede, Missouri, 1860 - Washington 1948). Après avoir dirigé l'expédition de 1915 contre le Mexique, il commanda en chef les troupes américaines engagées sur le front français en 1918.

Persigny *(Jean Gilbert Victor Fialin, duc de),* homme politique français (Saint-Germain-l'Espinasse, Loire, 1808 - Nice 1872). Partisan de Louis Napoléon dès 1834, il intervint dans les coups de main de Strasbourg (1836) et de Boulogne (1840). Il participa au coup d'État du 2 décembre 1851, fut ministre de l'Intérieur (1852-1854, 1860-1863) et ambassadeur à Londres (1855-1858, 1859-60).

Persique *(golfe),* parfois appelé **golfe Arabo-Persique** ou **Arabique,** mer épicontinentale peu profonde (30 m) du nord-ouest de l'océan Indien, située dans la zone de plongement de la plaque arabique sous la plaque asiatique et bordée par l'Iran, l'Iraq, le Koweït, l'Arabie saoudite et les Émirats arabes unis. Le golfe communique avec le golfe d'Oman par le détroit d'Ormuz. L'extraction du pétrole et sa commercialisation en sont les principales activités.

Perth, v. d'Australie, cap. de l'État de l'Australie-Occidentale ; 1 118 800 hab. Centre industriel (près du port de Fremanthe).

Perthois *(le),* région de la Champagne (Marne), entre les vallées de la Marne et de l'Ornain.

Perthus *[-tys] (col du),* passage des Pyrénées-Orientales, à 290 m d'alt., à la frontière franco-espagnole. Il est dominé par la forteresse de Bellegarde.

Pertinax *(Publius Helvius)* [Alba Pompeia 126 - Rome 193], empereur romain (193).

Successeur de Commode, il fut tué par les prétoriens après trois mois de règne.

Pertini *(Alessandro),* homme d'État italien (Stella, près de Gênes, 1896 - Rome 1990). Socialiste, il a été président de la République de 1978 à 1985.

Pérugin *(Pietro Vannucci, dit il Perugino, en fr. le),* peintre italien (Città della Pieve, Pérouse, v. 1448 - Fontignano, Pérouse, 1523). Élève, à Florence, de Verrocchio, il partage son activité entre Rome (fresque de la chapelle Sixtine, 1481), Florence (tableaux d'autels) et Pérouse, où il triomphe avec les fresques du Collegio del Cambio (1496-1500). Appelé de nouveau au Vatican, il y est bientôt supplanté par le jeune Raphaël, qui a appris de lui l'assouplissement des formes, le fondu des couleurs, l'amplification du paysage.

Peruzzi *(Baldassare),* architecte, ingénieur, peintre et décorateur italien (Sienne 1481 - Rome 1536). Sa carrière se déroula principalement à Rome, où il fut attaché en permanence (dès 1503) au chantier de St-Pierre et construisit la gracieuse et antiquisante villa Chigi *(la Farnésine,* 1508-1511) ainsi que le palais Massimo (1532), d'un maniérisme sobre.

Pervooralsk, v. de Russie, dans l'Oural ; 142 000 hab.

Pesaro, v. d'Italie (Marches), ch.-l. de prov., sur l'Adriatique ; 88 500 hab. Station balnéaire. — Palais et forteresse des Sforza (XVe s.). Musée communal (majoliques ; peintures) et musée d'Archéologie.

Pescadores *(« Pêcheurs »), en chin.* **P'eng-hu** ou **Penghu,** archipel volcanique du détroit de Taïwan (dépendance de Taïwan) ; 127 km².

Pescara, v. d'Italie (Abruzzes), ch.-l. de prov., sur l'Adriatique ; 121 367 hab. Station balnéaire.

Peshawar, v. du Pakistan, place forte à l'entrée de la passe de Khaybar, qui mène en Afghanistan ; 555 000 hab. — Musée riche en art du Gandhara.

Pessac, ch.-l. de c. de la Gironde, banlieue S.-O. de Bordeaux ; 51 424 hab. *(Pessacais).* Grands vins rouges (Haut-Brion). Atelier de frappe de la Monnaie. Centre universitaire. — Cité-jardin Frugès, de Le Corbusier (1925).

Pessoa *(Fernando António Nogueira),* poète portugais (Lisbonne 1888 - *id.* 1935). En s'adjoignant plusieurs « hétéronymes » : Ricardo Reis *(Odes,* 1946), Álvaro de Campos *(Poésies,* 1944), Bernardo Soarès *(le Livre de l'intranquillité,* 1982) et Alberto Caeiro

(*Poèmes,* 1946), auxquels il attribue une biographie, un physique et un style différents, Pessoa a donné une œuvre poétique inédite, pour la majeure partie, jusqu'à sa mort. Un des animateurs de la revue *Orpheu* (1915), qui marqua les débuts du modernisme portugais, il publia de son vivant *Lagunes,* qui donna naissance au « paulisme » en 1914, *Ultimatum* (1917), manifeste futuriste d'Álvaro de Campos, *Antinous* et *Trente-Cinq Sonnets* (1918), suivis d'*English Poems I, II, III* (1921) et de *Mensagem* (1933).

Pest, partie basse de Budapest, sur le Danube (r. g.).

Pestalozzi *(Johann Heinrich),* pédagogue suisse (Zurich 1746 - Brugg 1827). Sa pédagogie s'adresse aux enfants pauvres et reste fondée, d'une part, sur l'instruction agricole et l'instruction professionnelle, et, d'autre part, sur l'enseignement mutuel.

Peste *(la),* roman d'Albert Camus (1947). La ville d'Oran, envahie par une épidémie meurtrière, est une évocation symbolique de la condition humaine.

Peste noire ou **Grande Peste,** épidémie de peste qui ravagea l'Europe entre 1347 et 1351-52. Rapportée de Crimée par des navires génois, la peste frappa d'abord la Sicile (1347) et se répandit en 1348-49 en France, en Angleterre, en Italie, en Espagne et en Europe centrale. Elle gagna ensuite la Scandinavie et les confins polono-russes. Elle tua environ 25 millions de personnes en Europe occidentale, soit le tiers de sa population.

Petah-Tikva, v. d'Israël, près de Tel-Aviv-Jaffa ; 124 000 hab.

Pétain *(Philippe),* maréchal de France et homme d'État français (Cauchy-à-la-Tour 1856 - Port-Joinville, île d'Yeu, 1951). Sorti de Saint-Cyr en 1878, breveté d'état-major en 1890, il est professeur à l'École de guerre (1901-1910).
■ **Le vainqueur de Verdun.** Général au début de la Première Guerre mondiale, il participe à la bataille de la Marne, se distingue en Artois (mai 1915) puis en Champagne (sept. 1915) avant de prendre la direction des opérations de la bataille de Verdun (1916). Généralissime au lendemain de l'échec du Chemin des Dames, il parvient à redresser le moral des troupes en montant des opérations à objectifs limités, notamment dans les Flandres (juill. 1917). Sa conduite de la guerre lui vaut le bâton de maréchal (1918). Il devient ministre de la Guerre (1934) puis est envoyé comme ambassadeur de France en Espagne (1939).

■ **Le chef de l'État.** Pétain est nommé président du Conseil (16 juin 1940) après les premiers revers de la campagne de France et conclut l'armistice avec l'Allemagne et l'Italie (22 juin). Investi des pleins pouvoirs par l'Assemblée nationale, il devient chef de l'État français en juillet (→ Vichy [gouvernement de]). Après avoir rencontré Hitler à Montoire (oct.), il pratique une politique de collaboration avec l'Allemagne. Il met en œuvre la « Révolution nationale ». L'État français, qui se veut « national, autoritaire, hiérarchique et social », adopte la devise « Travail, Famille, Patrie ». Pétain cumule les fonctions de chef de l'État et de gouvernement jusqu'au rappel de P. Laval (avr. 1942). Après le débarquement allié en Afrique du Nord et l'occupation de la zone libre par les Allemands (nov. 1942), il préside à la dérive totalitaire du régime, qui culmine en 1944. Arrêté par les Allemands à Vichy (20 août 1944), conduit à Sigmaringen, il demande à regagner la France (avr. 1945) pour se présenter devant la Haute Cour de justice. Condamné à mort, il voit sa peine aussitôt commuée en détention perpétuelle.

Pétaud *(cour du roi),* maison où chacun veut commander. Jadis, les mendiants se nommaient un chef, appelé par plaisanterie le *roi Pétaud* et dénué de toute autorité.

Petchenègues, peuple turc qui s'établit à la fin du IXe siècle dans les steppes entre le Dniepr et le Danube. Ils furent écrasés en 1091 par les Byzantins, aidés des Coumans.

Petchora *(la),* fl. de Russie, originaire de l'Oural et se jetant dans la mer de Barents ; 1 790 km. Son bassin (322 000 km²), producteur de houille et de pétrole, est compris entre l'Oural septentrional et les hauteurs formant la chaîne de Timan, au N.-E. de la plaine russe.

Peterborough, v. de Grande-Bretagne (Cambridgeshire), au nord de Londres ; 115 000 hab. — Cathédrale romane et gothique, ancienne abbatiale (plafond de bois à décor peint, v. 1220).

Peterhof → Petrodvorets.

Petermann *(August),* géographe et cartographe allemand (Bleicherode 1822 - Gotha 1878), promoteur d'expéditions en Afrique et fondateur d'une revue, les *Petermanns Mitteilungen.*

Peters *(Carl),* voyageur et colonisateur allemand (Neuhaus an der Elbe 1856 - Woltorf, Basse-Saxe, 1918), l'un des fondateurs de l'Afrique-Orientale allemande.

Pétion (*Anne Alexandre* Sabès, dit*), homme d'État haïtien (Port-au-Prince 1770 - *id.* 1818). Ayant participé à la révolte contre les Blancs (1791), il proclama la république dans le sud de l'île (1807) et en fut le président jusqu'à sa mort.

Pétion de Villeneuve (*Jérôme*), homme politique français (Chartres 1756 - Saint-Émilion 1794). Maire de Paris (1791) et président de la Convention (1792), il soutint les Girondins. Proscrit en juin 1793, il tenta en vain de soulever la Normandie et se suicida.

Petipa (*Marius*), danseur, chorégraphe et pédagogue français (Marseille 1818 - Saint-Pétersbourg 1910). Arrivé en 1847 à Saint-Pétersbourg, il y fait l'essentiel de sa carrière. Professeur à l'École impériale de danse (1855-1887), il forme plusieurs générations de danseuses et de danseurs russes. Maître de ballet au Théâtre Marie (1859-1904), il règle de nombreux ouvrages, remontant ou les adaptant les grands chefs-d'œuvre romantiques (dont *Giselle* en 1884 et 1899) et créant une soixantaine de ballets originaux (*Don Quichotte,* 1869 ; *la Belle au bois dormant,* 1890 ; *le Lac des cygnes,* actes I et III, 1895). Ses ouvrages à grand spectacle, où alternent séquences dramatiques et danse pure, consacrent l'utilisation judicieuse des mouvements d'ensemble, morceaux de bravoure et soli. Petipa définit l'archétype du grand pas de deux classique (adage, variations et coda) et fait naître le style russe en réussissant à conjuguer le lyrisme slave avec la virtuosité italienne et l'élégance française.

Petit (*Alexis Thérèse*), physicien français (Vesoul 1791 - Paris 1820). Il fit, avec Dulong, des travaux sur les dilatations et les chaleurs spécifiques.

Petit (*Roland*), danseur et chorégraphe français (Villemomble 1924). Il anime les Ballets des Champs-Élysées (1945-1947) puis les Ballets de Paris (1948-1966) et dirige depuis 1972 le Ballet national de Marseille. À l'aise surtout dans le ballet narratif, il signe ses meilleures réalisations avec *les Forains* (1945), *le Jeune Homme et la mort* (1946), *Carmen* (1949), *le Loup* (1953), *Notre-Dame de Paris* (1965), *Nana* (1976), *le Fantôme de l'Opéra* (1980), *Debussy pour sept danseurs* (1990). Attiré par le music-hall, il a dirigé le Casino de Paris (1969-1975) avec sa femme Zizi Jeanmaire.

Petit Chaperon rouge (*le*), personnage et titre d'un conte de Perrault.

Petitpierre (*Max*), homme d'État suisse (Neuchâtel 1899 - *id.* 1994), président de la Confédération en 1950, 1955 et 1960.

Petit Poucet (*le*), principal personnage et titre d'un conte de Perrault.

Petit Prince (*le*), conte de Saint-Exupéry (1943). La poésie et les symboles mystérieux qui animent ce conte lui ont valu un succès immense auprès de tous les publics.

Petlioura (*Simon Vassilievitch*), homme politique ukrainien (Poltava 1879 - Paris 1926). Militant nationaliste, commandant en chef et président du directoire ukrainien (1919), il s'allia à la Pologne et fut battu par les bolcheviques (1920). Il fut assassiné.

Petöfi (*Sándor*), poète hongrois (Kiskörös 1823 - Segesvár 1849). Poète célèbre (*le Marteau du village,* 1844 ; *Nuages,* 1846), il déclencha la révolution hongroise de 1848 (*Debout, Hongrois !*) et devint le symbole de la lutte pour l'indépendance nationale.

Pétra, ancienne ville d'Arabie, au S. de la mer Morte, dans l'actuelle Jordanie. Capitale des Nabatéens, attestée depuis 312 av. J.-C., elle atteignit son apogée du Ier s. av. J.-C. au Ier s. apr. J.-C., puis fut annexée par les Romains sous Trajan. — Retrouvé au XIXe siècle, le site demeure célèbre pour ses tombeaux rupestres aux façades rythmées de colonnes, de pilastres et de niches, où influences hellénistiques et romaines s'allient à la tradition orientale.

Pétrarque, *en ital.* Francesco Petrarca, poète et humaniste italien (Arezzo 1304 - Arqua, Padoue, 1374). Historien, archéologue, chercheur de manuscrits anciens, il fut le premier des grands humanistes. Mais sa gloire repose surtout sur ses poèmes en toscan, les sonnets des *Rimes* et des *Triomphes,* composés en l'honneur de Laure de Noves et réunis dans le *Canzoniere,* publié en 1470. Dans ce modèle du recueil élégiaque, Pétrarque exprime son déchirement entre ses aspirations ascétiques et les séductions du monde, grâce à de multiples jeux d'antithèses qui resteront un des éléments fondamentaux du pétrarquisme.

Petrodvorets, *anc.* Peterhof, v. de Russie, sur le golfe de Finlande, près de Saint-Pétersbourg ; 43 000 hab. — Elle fut fondée par Pierre le Grand pour en faire sa résidence d'été. Palais agrandi par Rastrelli, sur le modèle de Versailles, pour Catherine II (v. 1750) ; petit palais de Monplaisir ; parc classique avec ses jeux d'eaux, statues et pavillons divers ; parc à l'anglaise créé pour Nicolas Ier en 1830. L'ensemble, reconstitué après la Seconde Guerre mondiale, est devenu musée.

Petrograd, nom porté de 1914 à 1924 par Saint-Pétersbourg.

Pétroles *(Compagnie française des)* → **C. F. P.**

Pétrone, *en lat.* Caius Petronius Arbiter, écrivain latin (m. à Cumes en 66 apr. J.-C.), auteur du *Satiricon* [→ **Satiricon**]. Compromis dans la conspiration de Pison, il s'ouvrit les veines.

Petropavlovsk, v. du Kazakhstan ; 241 000 hab. Station du Transsibérien.

Petropavlovsk-Kamtchatski, port de Russie (Sibérie), sur la côte sud-est du Kamtchatka ; 269 000 hab.

Petrópolis, v. du Brésil (Rio de Janeiro) ; 255 211 hab. — Palais impérial (xixᵉ s.), aujourd'hui musée.

Petrozavodsk, v. de Russie, cap. de la République de Carélie, sur le lac Onega ; 270 000 hab.

Petrucci *(Ottaviano),* imprimeur italien (Fossombrone 1466 - Venise 1539). Il publia en 1501 le premier livre de musique imprimé *(Odhecaton).*

Peugeot, famille d'industriels et d'ingénieurs français. Les deux frères **Jean-Pierre** (Hérimoncourt 1768-1852) et **Jean-Frédéric** (Hérimoncourt 1770-1822) créèrent une fonderie et furent à l'origine des industries Peugeot actuelles. L'un des petits-fils de Jean-Pierre, **Armand** (Valentigney 1849 - Neuilly-sur-Seine 1915), orienta les activités de sa famille vers le cycle et l'automobile. Après avoir réalisé avec Léon Serpollet un tricycle à vapeur (1889), il lança la première automobile Peugeot (1891), dotée d'un moteur Daimler, puis fonda la *Société anonyme des automobiles Peugeot* (1897).

Peugeot, société française dont les origines remontent aux implantations industrielles qu'exploita, dès 1810, la famille Peugeot dans la région de Montbéliard, et qui se spécialisa dans la production d'automobiles. Le groupe Peugeot s'adonne aussi à des activités de mécanique et de services (cycles et motocycles, outillages, aciers spéciaux, matériels militaires, sociétés financières).

Peul ou **Foulbé,** ensemble de peuples nomades et sédentarisés, dispersés en Afrique de l'Ouest, du Sénégal au Cameroun, et parlant le peul. Ils se sont islamisés depuis la fin du xviiiᵉ siècle.

Peuples de la Mer ou « Barbares du Nord », nom donné par les Égyptiens à des envahisseurs, comptant des groupes indo-européens

qui, venus de la zone de la mer Égée, déferlèrent sur le Proche-Orient au xiiiᵉ-xiiᵉ s. av. J.-C. Tous les États de la région furent bouleversés et certains détruits (Empire hittite, Ougarit). Par deux fois, les Égyptiens les repoussèrent.

Peur *(la Grande),* panique qui, après la révolution parisienne de juillet 1789, se répandit dans de nombreuses provinces entre le 20 juillet et les 6 et 7 août. À la nouvelle d'un prétendu « complot aristocratique », de nombreux paysans s'armèrent puis mirent à sac des châteaux et détruisirent les registres fonciers.

Peutinger *(Konrad),* humaniste allemand (Augsbourg 1465 - id. 1547). Il publia une copie médiévale de la carte des voies de l'Empire romain (iiiᵉ et ivᵉ s.), dite *Table de Peutinger* (auj. à Vienne).

Pevsner *(Anton* ou *Antoine),* sculpteur et peintre français d'origine russe (Orel 1886 - Paris 1962). Installé à Paris en 1923, il s'est notamment signalé par ses monumentales « surfaces développées » en cuivre ou en bronze. Il a été représenté au M. N. A. M. Son frère **Naoum,** dit Naum Gabo, sculpteur et peintre américain (Briansk 1890 - Waterbury, Connecticut, 1977), installé en Grande-Bretagne puis aux États-Unis, avait publié avec lui à Moscou, en 1920, un manifeste rejetant cubisme et futurisme au profit d'une appréhension de la réalité essentielle du monde par les « rythmes cinétiques » et le constructivisme. Il est célèbre en particulier pour ses sculptures à base de fils de Nylon.

Peyer *(Bernhard),* paléontologiste suisse (Schaffhouse 1885 - Zurich 1963). Il a découvert de nombreux reptiles marins fossiles sur les rives du lac de Lugano.

Peyo *(Pierre* Culliford, dit*),* dessinateur belge de bande dessinée (Bruxelles 1928 - id. 1992). Il créa, en 1958, dans *Spirou,* le monde des *Schtroumpfs.*

Peyrony *(Denis),* préhistorien français (Cussac, Dordogne, 1869 - Sarlat 1954). Instituteur aux Eyzies-de-Tayac, il découvrit les gravures pariétales des Combarelles, de Font-de-Gaume, de Teyjat. Ses travaux ont contribué à l'établissement de la chronologie des paléolithiques moyen et supérieur.

Pézenas, ch.-l. de c. de l'Hérault ; 7 921 hab. *(Piscénois).* — Ensemble de belles demeures des xvᵉ-xviiiᵉ siècles ; église St-Jean, reconstruite au xviiiᵉ siècle. Musée.

Pforzheim, v. d'Allemagne (Bade-Wurtemberg), au nord de la Forêt-Noire ;

110 865 hab. Horlogerie et bijouterie. — Musées, dont celui du Bijou.

Phaéton, fils d'Hélios, le Soleil, dans la mythologie grecque. Il s'empara du char de son père et faillit, par son inexpérience, provoquer l'embrasement de la Terre. Il fut foudroyé par Zeus.

Phaïstos, site archéologique du sud-ouest de la Crète, dont l'occupation remonte au néolithique et qui, vers 2000 av. J.-C., possédait déjà un palais, lequel connut ensuite plusieurs états jusqu'à sa démolition (xve s. av. J.-C.).

Phalange espagnole, *en esp.* Falange Española, groupement politique espagnol paramilitaire, fondé à Madrid (oct. 1933) par José Antonio Primo de Rivera avec un programme d'inspiration fasciste. La Phalange fusionna en 1937 avec différents mouvements de droite pour former le parti unique dont Franco fut le *caudillo.*

Phalanges libanaises, *en ar.* Kaṭa'ib, mouvement politique et militaire maronite fondé en 1936 par Pierre Gemayel.

Pham Van Dông, homme politique vietnamien (Mô Duc 1906), Premier ministre du Viêt Nam du Nord à partir de 1955, puis du Viêt Nam réunifié (1976-1987).

Phanar, quartier grec d'Istanbul. Il a donné son nom au groupe social grec des *Phanariotes,* particulièrement actif dans les Balkans sous domination ottomane du xviie siècle à la première moitié du xixe siècle.

Pharnace II, fils de Mithridate VI (v. 97-47 av. J.-C.), roi du Bosphore Cimmérien (63-47). Aidé par les Romains, il reconquit le royaume du Pont mais fut vaincu par César en 47.

Pharos, île de l'Égypte ancienne, près d'Alexandrie. Ptolémée II Philadelphe y fit ériger une tour de 135 m de haut, au sommet de laquelle brûlait un feu qui était visible en mer à grande distance ; elle s'écroula en 1302. C'était l'une des Sept Merveilles du monde antique.

Pharsale *(bataille de)* [août 48 av. J.-C.], bataille remportée en Thessalie par César sur Pompée. Peu après, Pompée fut assassiné en Égypte.

Phébus, nom donné, chez les Grecs, au dieu du Soleil, soit Hélios, soit Apollon. Ce nom vient de l'épithète hellénique *Phoibos* qui signifie « le Brillant ».

Phédon, dialogue de Platon qui traite de l'immortalité de l'âme.

Phèdre, héroïne de la mythologie grecque, fille de Minos et de Pasiphaé, sœur d'Ariane et femme de Thésée. Amoureuse de son beau-fils, Hippolyte, qui repoussa ses avances, elle l'accusa d'avoir voulu lui faire violence. Hippolyte exécuté, elle se pendit. Sa passion a inspiré notamment Sophocle, Euripide, Racine (→ **Racine**).

Phèdre, *en lat.* Caius Julius Phaedrus, fabuliste latin (en Macédoine v. 10 av. J.-C.-v. 54 apr. J.-C.). Affranchi d'Auguste, il a enrichi la poésie latine d'un genre nouveau en écrivant 123 fables imitées d'Ésope.

Phélypeaux → Maurepas et Pontchartrain.

Phénicie, région du littoral syro-palestinien, limitée au sud par le mont Carmel et au nord par la région d'Ougarit (auj. Ras Shamra, au nord de Lattaquié). Du IIIe millénaire au xiiie s. av. J.-C., l'aire côtière du couloir syrien fut occupée par des populations sémitiques, désignées du nom de « Cananéens ». Au xiie siècle, l'arrivée de nouveaux peuples (Araméens, Hébreux, Philistins) réduisit à une bande côtière le domaine cananéen auquel les Grecs donnèrent le nom de « Phénicie ». Celle-ci formait alors un ensemble de cités-États, parmi lesquelles Byblos, Tyr et Sidon exerçaient une influence prépondérante. Acculés à la mer, les Phéniciens devinrent, par nécessité vitale, navigateurs et fondèrent sur le pourtour méditerranéen, jusqu'à l'Espagne, de nombreux comptoirs et colonies, dont Carthage (ixe s.), qui s'imposa à l'Occident méditerranéen (→ **Carthage**). Les cités phéniciennes tombèrent sous la tutelle des Empires assyrien (743 av. J.-C.) et babylonien (à partir de 605 av. J.-C.), puis sous celle des Perses et des Grecs, mais elles continuèrent à jouer un rôle capital dans les échanges économiques de la Méditerranée orientale. Héritières de la culture cananéenne, elles conservèrent les cultes de Baal et d'Ashtart ; elles ont légué au monde antique l'usage de l'écriture alphabétique.

Phénix, oiseau fabuleux originaire d'Éthiopie et dont la mythologie égyptienne célèbre la mort et la renaissance. Selon les uns, l'oiseau renaît de ses propres cendres ; selon d'autres, il renaît de sa propre semence.

Phénoménologie de l'esprit *(la),* ouvrage de Hegel paru en 1807.

Phidias, sculpteur grec (v. 490-431 av. J.-C.), fils de l'Athénien Charmidès. Dès avant 470, en compagnie de Myron et de Polyclète, il aurait travaillé sous la direction d'Hégias. Connue grâce à des textes précis, la statue chryséléphantine du Zeus d'Olympie a contribué à la célébrité de Phidias. Une autre statue chryséléphantine, l'*Athéna Par-*

thénos (réplique du IIᵉ s. au Musée national d'Athènes), destinée à orner l'intérieur du Parthénon, fut achevée vers 438. Phidias avait été chargé par Périclès de la décoration du Parthénon. Avec génie, il confère à la figure humaine une beauté noble et sereine, et au marbre une souplesse et un mouvement encore inconnus.

Philadelphie, port des États-Unis (Pennsylvanie), sur la Delaware ; 1 685 577 hab. (près de 5 millions avec les banlieues). C'est un grand port et un centre industriel. Université. — La ville, fondée par William Penn en 1682, fut le siège du congrès où les colons américains, en 1776, proclamèrent l'indépendance de leur fédération. Le gouvernement fédéral y siégea entre 1790 et 1800. — Musées, dont un très important musée d'art.

Philae, île du Nil, en amont d'Assouan, important centre du culte d'Isis du IVᵉ s. av. J.-C. au Vᵉ siècle de notre ère. À la suite de la construction du barrage de Sadd al-Ali, ses monuments ptolémaïques (temples d'Isis, d'Hathor, mammisi [temple de la naissance] de Nectanebo Iᵉʳ, kiosque de Trajan) ont été transférés sur l'îlot voisin d'Agilkia.

Philémon et **Baucis**, couple légendaire de la Grèce antique célébré comme le symbole de l'amour conjugal. Ils avaient été récompensés par Zeus et Hermès pour leur hospitalité. À leur mort, ils furent métamorphosés en deux arbres qui mêlaient leurs branches.

Philibert II le Beau (Pont-d'Ain 1480 - *id.* 1504), duc de Savoie (1497-1504). Il s'allia aux Habsbourg et épousa en 1501 Marguerite d'Autriche, qui fit construire à sa mémoire l'église de Brou (Ain).

Philidor (*François André* Danican-*)*, compositeur français et célèbre joueur d'échecs (Dreux 1726 - Londres 1795), un des créateurs de l'opéra-comique en France (*Blaise le savetier*, 1759 ; *Tom Jones*, 1765 ; *Ernelinde*, 1767-1773).

Philipe (*Gérard* Philip, dit *Gérard)*, acteur français (Cannes 1922 - Paris 1959). Révélé par sa création de *Caligula*, de A. Camus (1945), il triompha au Théâtre national populaire, notamment dans *le Cid* et *le Prince de Hombourg*. Meilleur jeune premier de sa génération, il fut aussi vedette de l'écran (*le Diable au corps*, de C. Autant-Lara, 1947 ; *Fanfan la Tulipe*, de Christian-Jaque, 1952).

SAINTS

Philippe (*saint*), un des douze apôtres de Jésus, originaire, comme André et Jean, de la région du lac de Tibériade. L'Évangile de Jean signale qu'il parlait le grec et le fait intervenir dans deux dialogues de Jésus avec ses disciples.

Philippe (*saint*), un des sept premiers diacres (m. au Iᵉʳ s.). Il évangélisa la Samarie et baptisa l'eunuque de Candace, la reine d'Éthiopie.

Philippe Néri (*saint*), prêtre italien fondateur de l'Oratoire (Florence 1515 - Rome 1595). Très aimé du petit peuple de Rome, il restaura, en 1575, une église qui allait devenir le centre de la communauté séculière dite « de l'Oratoire ». Celle-ci joua un rôle important dans la Réforme catholique du XVIᵉ et du XVIIᵉ siècle.

BOURGOGNE

Philippe Iᵉʳ de Rouvres (Rouvres 1346 - *id.* 1361), duc de Bourgogne (1349-1361). À sa mort, ses possessions furent démembrées.

Philippe II le Hardi (Pontoise 1342 - Hal 1404), duc de Bourgogne (1363-1404). Fils du roi Jean II le Bon, il reçut en apanage le duché de Bourgogne (1363) et devint ainsi le chef de la deuxième maison de Bourgogne. Ayant épousé Marguerite de Flandre, il hérita, en 1384, de son beau-père les comtés de Flandre, d'Artois, de Nevers et de Bourgogne (Franche-Comté). Il prit part à la direction des affaires du royaume de France, pendant la minorité de Charles VI et lorsque celui-ci fut atteint de folie, et contribua à l'essor de la puissance bourguignonne.

Philippe III le Bon (Dijon 1396 - Bruges 1467), duc de Bourgogne (1419-1467). Fils de Jean sans Peur, il épouse Michelle de France, fille de Charles VI qui lui donne les villes de la Somme, le Boulonnais et la Picardie. Après le meurtre de son père (1419), il s'allie à Henri V d'Angleterre et contribue à faire reconnaître le fils de ce dernier comme héritier du trône de France par le traité de Troyes (1420). Il poursuit l'expansion territoriale des États bourguignons, par l'acquisition, de 1428 à 1432, du Hainaut, du Brabant, de la Hollande et du duché de Luxembourg (1441), ce qui fait de lui le « grand-duc du Ponant » (de l'Occident). Il dote ses États d'institutions puissantes et fonde l'ordre de la Toison d'or (1429). Il se réconcilie au traité d'Arras (1436) avec Charles VII qui le délie de tout lien de vassalité. Mécène fastueux, il protégea les grands artistes flamands.

ESPAGNE

Philippe Ier le Beau (Bruges 1478 - Burgos 1506), souverain des Pays-Bas (1482-1506), roi de Castille (1504-1506). Fils de Maximilien d'Autriche et de Marie de Bourgogne, il épousa Jeanne la Folle, fille des rois catholiques et eut pour enfants Charles Quint et Ferdinand Ier.

Philippe II (Valladolid 1527 - Escurial 1598), roi d'Espagne et de ses dépendances américaines et asiatiques (Philippines) [1556-1598], de Naples, de Sicile, de Portugal (1580-1598), duc de Milan, seigneur des Pays-Bas, comte de Bourgogne et de Charolais, maître des présides (postes fortifiés) d'Afrique du Nord (Oran, Tunis, etc.). Fils de Charles Quint et d'Isabelle de Portugal, il épousera successivement Marie de Portugal (1543), Marie Tudor (1554), Élisabeth de Valois (1559) et Anne de Habsbourg (1570). Son dernier fils, Philippe (1578), sera le seul à lui survivre.

Philippe II continue la politique de son père, mais sans l'empire germanique, qui revient à son oncle Ferdinand. Ses très vastes possessions le forcent à intervenir sur tous les théâtres d'opérations européens. Après avoir signé une paix favorable au Henri II de France (Le Cateau-Cambrésis, 1559), qui lui assure l'Italie, il rentre en Espagne, qu'il ne quitte plus, et fait de Madrid sa capitale. Il commence par renforcer les liens avec l'Amérique, dont l'argent va financer sa politique : Philippe II favorise la Réforme catholique et lutte implacablement contre l'islam et le protestantisme. En Méditerranée, le roi doit faire face à l'expansion de l'Empire ottoman. Les musulmans restés en Espagne (les morisques) se soulèvent à Grenade et ne sont soumis qu'après une dure guerre menée par le frère bâtard du roi, don Juan d'Autriche (1568-1571). La victoire navale de Lépante (1571) permet ensuite de contenir les Turcs dans les limites de la Méditerranée orientale et d'assurer les communications avec les possessions d'Italie (Naples, Sicile, Sardaigne, Elbe, présides de Toscane, Milan). Aux Pays-Bas, Philippe II mène une politique absolutiste et hostile aux protestants. Il tente de mâter à partir de 1566 le soulèvement du Nord qui adhère au calvinisme. Les gouverneurs se succèdent (le duc d'Albe, don Juan d'Autriche, Alexandre Farnèse), dans une guerre ponctuée de négociations qui aboutit à l'éclatement des Pays-Bas entre le Nord calviniste et le Sud catholique. Les pays du Nord concluent l'Union d'Utrecht (1579) et comptent sur l'aide de la France et de l'Angleterre. En France, Philippe II soutient la Ligue après la mort d'Henri III (1589) et ne signe la paix avec Henri IV qu'au traité de Vervins (1598). Il tente aussi de renverser Élisabeth Ire qui a rétabli le protestantisme en Angleterre. Il projette l'invasion de l'île, mais l'Invincible Armada est défaite (1588). À l'intérieur, Philippe II réorganise les structures administratives du royaume, avec des conseils spécialisés pour le gouvernement, des chancelleries et des audiencias pour la justice. En 1580, à l'extinction de la dynastie portugaise, il s'était fait proclamer roi de Portugal. Maître indiscutable de l'Occident, arbitre des guerres de Religion en France, Philippe II n'a pas réussi à s'imposer de façon définitive dans l'océan Atlantique où il a été contré par l'Angleterre.

Philippe III (Madrid 1578 - id. 1621), roi d'Espagne, de Portugal, de Naples, de Sicile, de Sardaigne, souverain des Pays-Bas (1598-1621), fils de Philippe II. Sous son règne, la décadence politique de l'Espagne s'accéléra tandis que se poursuivait le remarquable essor littéraire du Siècle d'or, période au cours de laquelle s'illustrèrent notamment Cervantès et Lope de Vega.

Philippe IV (Valladolid 1605 - Madrid 1665), roi d'Espagne, de Naples, de Sicile, de Sardaigne, souverain des Pays-Bas (1621-1665) et de Portugal (1621-1640). Dominé par son Premier ministre Olivares, il prend part à la guerre de Trente Ans, qui s'achève par la reconnaissance des Provinces-Unies par l'Espagne. En 1640, il est contraint de reconnaître l'indépendance du Portugal. Lors de la paix des Pyrénées (1659), il doit céder le Roussillon, l'Artois et plusieurs villes flamandes à la France, et accepter le mariage de sa fille Marie-Thérèse avec Louis XIV. Son règne fut cependant marqué par une remarquable floraison littéraire et artistique.

Philippe V (Versailles 1683 - Madrid 1746), roi d'Espagne (1700-1746). Petit-fils de Louis XIV, désigné par Charles II pour lui succéder, il est le fondateur de la dynastie des Bourbons d'Espagne. Confronté, dès son accession au trône, à la guerre de la Succession d'Espagne (1701-1714), il est contraint de céder les Pays-Bas, la Sicile, la Sardaigne, Minorque et Gibraltar. Sous l'influence de sa seconde femme, Élisabeth Farnèse, et de son ministre Alberoni, il tente vainement de reconquérir les anciens territoires espagnols en Italie. Il obtient cependant pour son fils Charles le trône de

Naples et de Sicile (1738). À l'intérieur, il centralise les institutions et introduit le despotisme éclairé. Son alliance avec la France (« pacte de famille », signé en 1733 et renforcé en 1743) entraîne l'Espagne dans les guerres de la Succession de Pologne (1733-1738) et de la Succession d'Autriche (1740-1748).

FRANCE

Philippe Iᵉʳ (v. 1053 - Melun 1108), roi de France (1060-1108). Fils d'Henri Iᵉʳ et d'Anne de Kiev, il règne d'abord sous la tutelle de Baudouin V, comte de Flandre. Il s'allie aux ducs d'Anjou et de Flandre, rivaux du duc de Normandie Guillaume le Conquérant, dont la puissance devient menaçante après sa conquête de l'Angleterre (1066), et se fait battre à Cassel lors de son expédition en Flandre (1071). En 1095, il est excommunié pour avoir répudié sa femme, Berthe de Hollande, et enlevé Bertrade de Montfort. Il associe son fils, le futur Louis VI, à la Couronne dès 1098.

Philippe II Auguste (Paris 1165 - Mantes 1223), roi de France (1180-1223), fils de Louis VII et d'Adèle de Champagne.
■ **La lutte contre l'empire des Plantagenêts.** Philippe Auguste acquiert au début de son règne l'Artois, Amiens et le Vermandois (région de Saint-Quentin) puis concentre ses efforts contre le puissant empire que possède en France la dynastie des Plantagenêts, régnant en Angleterre. Il appuie tout d'abord la révolte des fils du souverain anglais Henri II (1189). Lorsque Richard Cœur de Lion succède à son père sur le trône d'Angleterre, Philippe Auguste participe avec lui à la troisième croisade. Mais les deux souverains se brouillent. De retour en France (1191), Philippe intrigue contre Richard, qui le bat à deux reprises avant d'être tué en 1199. À l'avènement de Jean sans Terre, Philippe Auguste ne reconnaît son titre de roi d'Angleterre que contre des concessions territoriales (paix du Goulet, 1200). Puis, confisquant ses fiefs, il occupe la Normandie (prise de Château-Gaillard et de Rouen, 1204), le Maine, l'Anjou, la Touraine, une grande partie du Poitou, plus tard l'Auvergne. Il doit alors faire face à une alliance réunissant Jean sans Terre, l'empereur germanique Otton de Brunswick, le comte de Flandre et le comte de Boulogne. Après avoir battu le roi d'Angleterre à la Roche-aux-Moines (auj. dans le Maine-et-Loire), il écrase ses alliés à Bouvines (1214).
■ **Le gouvernement du royaume.** En politique intérieure, Philippe Auguste renforce

le pouvoir monarchique, s'appuyant sur la bourgeoisie urbaine et multipliant les chartes de franchises. À Paris, il accorde des privilèges aux marchands de l'eau et fait bâtir un mur d'enceinte. Il décide par ailleurs, vers 1190, la création des baillis et sénéchaux, officiers royaux qu'il dote de larges pouvoirs. La cour du roi, qui s'occupe de la justice et des finances, devient sous son règne une institution efficace. Enfin, le roi favorise la création de l'université de Paris (1215). Rassembleur de terres, il développe la suzeraineté royale sur le monde féodal.

Philippe III le Hardi (Poissy 1245 - Perpignan 1285), roi de France (1270-1285). Fils de Louis IX et de Marguerite de Provence, il réunit à la Couronne le comté de Toulouse (1271) et céda à la papauté le Comtat Venaissin (1274). Soutenant son oncle Charles d'Anjou contre le roi d'Aragon Pierre III, il intervint après le massacre des Vêpres siciliennes (1282) et mena une expédition malheureuse contre l'Aragon (1285).

Philippe IV le Bel (Fontainebleau 1268 - id. 1314), roi de France (1285-1314). Fils de Philippe III le Hardi et d'Isabelle d'Aragon, il acquiert la Champagne, que sa femme Jeanne de Navarre lui apporte en dot, et intervient en Flandre, en apparence en faveur des villes, mais provoque un soulèvement général. Battu à Courtrai (1302) par les milices urbaines, il parvient néanmoins à soumettre les cités en 1304. Il annexe par ailleurs une partie du Barrois ainsi que la ville de Lyon (1312).
■ **La querelle avec la papauté.** Politique réaliste et retors, il s'entoure d'un groupe d'hommes de loi, les « légistes » (Guillaume de Nogaret, Enguerrand de Marigny), qui tirent du droit romain l'idée de la toute-puissance royale. Cherchant à renforcer ses prérogatives, il s'oppose violemment au pape Boniface VIII. Le conflit commence en 1296 à propos des impôts (décimes) levés par le roi sur le clergé français et rebondit en 1301 avec l'arrestation de l'évêque de Pamiers, accusé par le roi de trahison. Sur le point d'excommunier le roi, Boniface VIII est victime à Anagni (1303) d'une conjuration ourdie par Nogaret. L'élection du pape français Clément V (1305), qui casse les décisions de Boniface VIII et s'installe à Avignon en 1309, marque la victoire complète du roi de France. La papauté elle-même se place ainsi sous la protection de celui qu'elle considère comme le souverain le plus puissant d'Europe.

■ **Les problèmes financiers.** À l'intérieur, la centralisation monarchique est renforcée. Marigny réorganise le Trésor mais, malgré des tentatives pour percevoir des impôts réguliers, le roi doit recourir à des emprunts, à des manipulations monétaires et à des mesures arbitraires (bannissement et spoliation des Juifs et des marchands ou banquiers flamands et lombards). L'alourdissement de la fiscalité oblige le roi à traiter avec des assemblées de notables (les états généraux de 1302 et de 1314). Ces problèmes financiers sont à l'origine de l'offensive lancée contre les Templiers, riches banquiers et créanciers de la Couronne. En 1307, leurs principaux chefs sont arrêtés sous les accusations les plus graves. Mal défendus par le pape Clément V, après un procès inique, nombre d'entre eux sont brûlés en 1310, les derniers en 1314.

Philippe V le Long (v. 1293 - Longchamp 1322), roi de France (1316-1322). Deuxième fils de Philippe IV le Bel, il devint régent du royaume à la mort de son frère Louis X le Hutin (1316) ; mais Jean Ier, son neveu, n'ayant vécu que quelques jours, il monta sur le trône (1316), écartant la fille de Louis X, Jeanne. Il fit confirmer par une assemblée de notables, qu'il réunit, l'exclusion des femmes de la couronne de France.

Philippe VI de Valois (1293 - Nogent-le-Roi 1350), roi de France (1328-1350). Fils de Charles de Valois (frère de Philippe le Bel), il succède au dernier Capétien direct, Charles IV le Bel, mort sans héritier mâle. L'assemblée de notables a en effet écarté Édouard III d'Angleterre, petit-fils de Philippe le Bel par sa mère. Philippe VI intervient en Flandre, où il écrase à Cassel les villes flamandes révoltées contre leur comte. En 1337, il confisque la Guyenne à Édouard III, qui revendique dès lors la Couronne de France, déclenchant ainsi la guerre de Cent Ans. Philippe est vaincu sur mer à L'Écluse (1340) et sur terre à Crécy (1346). Calais est prise en 1347 et la Peste noire s'étend en France (1347-48). L'achat du Dauphiné (1349) ne compense pas le bilan désastreux de son règne.

Philippe Égalité → Orléans (Louis Philippe Joseph, duc d').

Philippe de Grèce et de Danemark (*prince*), *duc* d'Édimbourg (Corfou 1921), fils du prince André de Grèce. Ayant renoncé à tous ses droits à la succession hellénique, il épousa (1947) la future reine Élisabeth II d'Angleterre.

Philippe le Magnanime (Marburg 1504 - Kassel 1567), landgrave de Hesse. Chef de la ligue de Smalkalde (1530-31), il fut vaincu par Charles Quint.

Philippe II (v. 382 - Aigai 336 av. J.-C.), régent (359) puis roi de Macédoine (356-336). Il rétablit l'autorité royale, développe l'économie et réorganise l'armée, basée sur un corps d'infanterie, la phalange. Ayant consolidé les frontières de son royaume, il se tourne vers la Grèce. Les Athéniens, malgré les avertissements de Démosthène, réagissent tardivement à la conquête de la Thrace (342-340). Devenu maître de Delphes, Philippe doit lutter contre la coalition d'Athènes et de Thèbes. Vainqueur à Chéronée (338), il établit pour deux siècles la tutelle macédonienne sur la Grèce. Il s'apprête à marcher contre les Perses, lorsqu'il est assassiné à l'instigation de sa femme Olympias ; son fils Alexandre lui succède.

Philippe V (v. 237-179 av. J.-C.), roi de Macédoine (221-179 av. J.-C.). Il fut battu par le consul romain Quinctius Flamininus à la bataille de Cynoscéphales (197) qui préluda au déclin de la Macédoine.

Philippe l'Arabe, en lat. **Marcus Julius Philippus** (en Trachonitide, auj. dans le sud de la Syrie, v. 204 - Vérone 249), empereur romain (244-249). Il célébra le millénaire de Rome (248), un an avant d'être vaincu et tué par Decius.

Philippe de Souabe (v. 1177 - Bamberg 1208), antiroi de Germanie (1198-1208). Dernier fils de Frédéric Barberousse, il mourut assassiné.

Philippe de Vitry (Philippus de Vitriaco), poète, compositeur, théoricien de la musique et prélat français (Vitry, Champagne, 1291 - Meaux ou Paris 1361). Évêque de Meaux (1351-1361), où il fit front à la révolte des Jacques (1358), il contribua à la diffusion des méthodes nouvelles de notation musicale proportionnelle et d'écriture en contrepoint (Ars nova). Il reste de lui une quinzaine de motets.

Philippes, v. macédonienne de Thrace. Antoine et Octave y vainquirent Brutus et Cassius en 42 av. J.-C. Saint Paul y séjourna en 50.

Philippeville → Skikda.

Philippeville, v. de Belgique, ch.-l. d'arr. de la prov. de Namur, dans les Ardennes ; 7 223 hab. — Ancienne place forte du XVIe siècle.

Philippines, État et archipel de l'Asie du Sud-Est ; 300 000 km² ; 64 900 000 hab. *(Philippins).* CAP. *Manille.* LANGUE : *tagalog (pilipino).* MONNAIE : *peso philippin.*

GÉOGRAPHIE

■ **Le milieu naturel.** L'archipel compte plus de 7 000 îles, parmi lesquelles Luçon et Mindanao sont les plus étendues. Avec une dizaine d'autres, elles occupent plus de 90 % du territoire. L'archipel est montagneux et volcanique, bordé de profondes fosses marines. Les plaines sont peu nombreuses et étroites. Entre 5⁰ et 20⁰ de latitude Nord, les Philippines ont un climat tropical, tempéré par la proximité de la mer. Les températures moyennes se situent entre 25 et 27 ⁰C. Aux pluies apportées par la mousson du sud-ouest (juin à septembre) s'ajoutent, l'hiver, sur les côtes orientales, les pluies apportées par l'alizé du nord-est. En fin d'année, les typhons sont fréquents.

■ **La population et l'économie.** La population, en majorité catholique (avec une minorité musulmane, les Moro, à Mindanao), connaît une très forte croissance et est très inégalement répartie (concentrée surtout dans les plaines). Des déplacements de population se font, non sans problèmes, vers Mindanao, encore relativement vide. Parmi la multitude des langues, le tagalog est devenu langue nationale. Mais l'anglais est compris partout. L'agriculture emploie près de la moitié de la population active. Les deux premières cultures vivrières, le riz et le maïs, occupent respectivement 40 et 30 % des superficies cultivées. Grâce aux variétés à fort rendement et à l'irrigation, le pays atteint pratiquement l'autosuffisance. Les cultures commerciales (coprah, ananas, canne à sucre, banane, chanvre et tabac), pratiquées le plus souvent dans de petites exploitations, fournissent près du tiers des exportations. L'élevage, presque exclusivement porcin, est déficitaire pour la viande bovine et les produits laitiers. Les richesses minières les plus importantes sont le cuivre, le fer, le nickel, le chrome, le manganèse et l'or. Les ressources en hydrocarbures sont minimes. Aussi développe-t-on l'hydroélectricité et la géothermie. Le secteur industriel s'est renforcé après 1960, concentré surtout dans la région de Manille. Sa part dans le P. I. B. dépasse maintenant celle de l'agriculture. Les productions sont variées, mais insuffisantes. Chômage et sous-emploi

endémique poussent à l'émigration. La situation économique est très dégradée (forte inflation, endettement important, déficit du commerce extérieur et de la balance des paiements). Les États-Unis sont le premier partenaire commercial, devant le Japon.

HISTOIRE

Le peuplement de l'archipel s'effectue entre le VIIIe millénaire et le XIIIe s. par vagues successives, en provenance de la Malaisie et de l'Indonésie. L'islam s'implante à partir de la fin du XIVe s. dans les îles du Sud.

1521. L'archipel est découvert par Magellan.

1565. Il passe sous la suzeraineté espagnole.

1571. Manille devient la capitale.

Le pays reçoit son nom actuel en 1543 en l'honneur du futur Philippe II. La colonisation espagnole s'accompagne de la christianisation. De vastes domaines sont concédés aux colons et au clergé. Un sentiment national philippin se développe.

1896. Une insurrection nationaliste éclate. L'écrivain José Rizal est fusillé.

1898. Les États-Unis, alliés aux insurgés, s'emparent de l'archipel à la faveur de la guerre hispano-américaine.

1901. E. Aguinaldo, chef de la guérilla anti-américaine, se soumet.

L'opposition nationaliste conteste la domination américaine. Les États-Unis accordent l'autonomie (1916) puis constituent le Commonwealth des Philippines, dont Manuel Quezón devient le président (1935).

1941-42. Le Japon occupe l'archipel.

1944-45. Les États-Unis reconquièrent le pays.

1946. L'indépendance est proclamée.

La guérilla communiste contrôle plusieurs provinces. Les États-Unis obtiennent la concession de bases militaires.

1965. Ferdinand Marcos est élu à la présidence de la République.

D'abord très populaire, Marcos, réélu en 1969, doit faire face au mécontentement croissant de la paysannerie et au développement d'un parti communiste d'obédience chinoise. La loi martiale est instaurée de 1972 à 1981.

1986. Corazón Aquino, leader de l'opposition, remporte les élections et Marcos doit s'exiler.

Les libertés démocratiques sont restaurées. C. Aquino doit faire face à plusieurs tentatives de coup d'État.

1991. Un accord prévoit l'évacuation de la dernière base américaine.

1992. Fidel Ramos devient président de la République. Les États-Unis évacuent leurs dernières bases militaires.

Philippines *(mer des),* partie du Pacifique tropical occidental, entre les Philippines, Taïwan, le Japon et les arcs insulaires de Bonin et des Mariannes. Superficie : 1 million de km² environ. Au S.-O., la *fosse des Philippines* atteint – 10 540 m.

Philippiques *(les),* harangues politiques de Démosthène contre Philippe de Macédoine (351-340 av. J.-C.), qui demeurent un modèle de la littérature polémique.

Philippopolis → Plovdiv.

Philips, société néerlandaise fondée en 1891 à Eindhoven. D'abord très important producteur de lampes électriques puis de tubes électroniques et d'appareils de radio, cette société est l'une des principaux fabricants mondiaux de matériels électriques, se diversifiant dans les télécommunications, l'électronique professionnelle et domestique et dans les composants. En 1991, Philips a entamé une importante restructuration.

Philistins, Indo-Européens qui participèrent au mouvement des Peuples de la Mer. Ils s'installèrent au XIIe s. av. J.-C. sur la côte de la Palestine, qui leur doit son nom (« le pays des Philistins »). Ennemis légendaires des Israélites, ils furent soumis par David (v. 1010-v. 970 av. J.-C.).

Philon d'Alexandrie, philosophe juif de la diaspora grecque (Alexandrie, entre 13 et 20 av. J.-C.-*id.* v. 50 apr. J.-C.). Il entreprit de montrer la complémentarité de la Bible et de la pensée platonicienne ; son commentaire allégorique de la Torah et de la loi de Moïse a influencé les premiers Pères de l'Église.

Philopœmen, réorganisateur de la ligue Achéenne (Megalopolis 253 - Messène 183 av. J.-C.). Champion de la liberté de la Grèce, contre l'hégémonie de Sparte puis de Rome, il mérita d'être appelé le « Dernier des Grecs ».

Phlégréens *(champs),* en ital. Campi Flegrei, région volcanique d'Italie, en Campanie, à l'ouest de Naples et dominant le golfe.

Phnom Penh, cap. du Cambodge, située au confluent des « Quatre Bras » (Mékong supérieur, Mékong inférieur, Tonlé Sap et Bassac) ; 800 000 hab. Port fluvial qui regroupe l'essentiel des activités industrielles et artisanales du Cambodge.

Phocée, ancienne ville d'Ionie (côte ouest de l'Asie Mineure) qui eut, dès le VIIe s. av. J.-C., une grande importance commerciale. Massalia (Marseille) fut un des comptoirs qu'elle fonda en Occident.

Phocide, région de la Grèce centrale, au nord du golfe de Corinthe. — C'est dans ce pays que s'élevait le sanctuaire d'Apollon de Delphes.

Phocion, général et homme d'État athénien (v. 402 - Athènes 318 av. J.-C.). Partisan d'une politique prudente à l'égard de la Macédoine, il fut l'adversaire de Démosthène. Après la mort d'Alexandre (323 av. J.-C.), son attitude pacifiste lui valut d'être condamné à mort.

Phœnix, v. des États-Unis, cap. de l'Arizona, dans une oasis irriguée par le Salt River ; 983 403 hab. Centre industriel, universitaire et touristique, regroupant environ un tiers de la population de l'État. — Musées d'art et d'anthropologie (Indiens du Sud-Ouest).

Phœnix *(îles),* petit archipel de Polynésie ; 55 km². Elles font partie de Kiribati.

Phokas, famille byzantine, originaire de Cappadoce, qui fournit deux empereurs : Nicéphore II Phokas (963-969) et Bardas Phokas (971 et 987-989).

Photios ou **Photius,** théologien et érudit byzantin (Constantinople v. 820- ? v. 895), patriarche de Constantinople de 858 à 867 et de 877 à 886. Il fit excommunier le pape Nicolas Ier, qui ne reconnaissait pas sa nomination. Ce conflit entre Rome et Constantinople ainsi que les conceptions théologiques développées par Photios sont à l'origine du schisme d'Orient (1054).

Phrygie, région occidentale de l'Asie Mineure, séparée de la mer Égée par la Lydie. Au XIIe s. av. J.-C., des envahisseurs venus des Balkans constituèrent dans cette région un royaume dont les souverains, résidant à Gordion, portaient alternativement les noms de Gordias et de Midas ; l'invasion des Cimmériens (VIIe s. av. J.-C.) détruisit le royaume, qui fut annexé au VIe siècle, par Crésus, à la Lydie.

Phryné, courtisane grecque (Thespies IVe s. av. J.-C.). Elle fut la maîtresse de Praxitèle, qui la prit souvent comme modèle. Accusée d'impiété, elle fut défendue par Hypéride, qui obtint l'acquittement de sa cliente en dévoilant sa beauté.

Phrynichos, poète grec (fin du VIe s. - en Sicile début du Ve s. av. J.-C.). Prédécesseur d'Eschyle, il est l'un des créateurs de la tragédie. On lui attribue l'invention du masque.

Phuket, île de Thaïlande, à l'entrée nord du détroit de Malacca ; 801 km². Ch.-l. *Phuket.* Étain. Tourisme.

Piaf *(Édith* Gassion, dite **Édith***),* chanteuse française (Paris 1915 - *id.* 1963). Interprète convaincante, d'une forte émotivité et d'une personnalité généreuse, elle est devenue très populaire en France et dans le monde, après avoir commencé à chanter dans les rues. Elle a composé quelques-unes de ses chansons *(la Vie en rose, l'Hymne à l'amour).* Elle a permis à plusieurs jeunes artistes de se faire connaître (C. Aznavour, les Compagnons de la chanson, Y. Montand, G. Moustaki).

Piaget *(Jean),* psychologue suisse (Neuchâtel 1896 - Genève 1980). Il a formulé une théorie des stades du développement intellectuel de l'enfant. L'une des idées motrices en est que l'adaptation de la connaissance du monde se fait chez l'enfant par l'action : un équilibre tend constamment à se reformer entre ce que l'enfant assimile et ce à quoi il s'adapte. La psychologie est pour Piaget l'étude des opérations cognitives propres aux différents niveaux de développement. Il a fondé l'*épistémologie génétique.* Piaget a écrit, notamment, *la Naissance de l'intelligence* (1936), *la Construction du réel* (1937), *la Formation du symbole* (1946).

Pialat *(Maurice),* cinéaste français (Cunlhat 1925). Il aborde de petits ou de grands sujets avec une égale probité, à la rencontre de l'émotion, qu'il traite de front, à vif : *l'Enfance nue* (1969), *la Maison des bois* (feuilleton pour la T. V., 1971), *Nous ne vieillirons pas ensemble* (1972), *Passe ton bac d'abord* (1979), *Loulou* (1980), *À nos amours* (1983), *Sous le soleil de Satan* (1987), *Van Gogh* (1991), *le Garçu* (1995).

Piano *(Renzo),* architecte italien (Gênes 1937). De son association avec le Britannique Richard Rogers (né à Florence en 1933) est né le Centre national d'art et de culture G.-Pompidou (1971-1976) à Paris, structure en acier exemplaire du courant *high-tech.* Une technologie économe et raffinée caractérise la Fondation Menil, à Houston (v. 1985). De 1991 à 1994 est construit, sur ses plans, l'immense aéroport du Kansai à Osaka.

Piast, dynastie qui fonda l'État polonais (v. 960) et présida à ses destinées jusqu'en 1370.

Piatra Neamţ, v. de Roumanie (Moldavie), dans la vallée de la Bistriţa ; 103 000 hab. —

Église de style byzantin moldave (1498). Musées.

Piauí, État du nord-est du Brésil ; 251 000 km² ; 2 581 054 hab. Cap. *Teresina.* Élevage extensif, culture du coton et du palmier à huile. Phosphates sur la côte.

Piave *(la ou le),* fl. d'Italie (Vénétie), né dans les Alpes, qui se jette dans l'Adriatique ; 220 km. — Combats entre Italiens et Autrichiens (1917).

Piazza Armerina, v. d'Italie, en Sicile (prov. d'Enna), sur le Gela ; 22 384 hab. Cathédrale reconstruite au XVIIᵉ siècle et autres monuments. — À 6 km, villa romaine de Casale (pavements de mosaïque du IVᵉ s.).

Piazzetta *(Giovanni Battista),* peintre et dessinateur italien (Venise 1682 - *id.* 1754). Formé en partie à Bologne auprès de G. M. Crespi, il a pratiqué au sein de l'école vénitienne un art d'une grande fermeté, au vigoureux clair-obscur *(la Devineresse,* musée de l'Accademia).

Piazzi *(Giuseppe),* astronome italien (Ponte in Valtellina 1746 - Naples 1826). Il a découvert le premier astéroïde, Cérès, le 1ᵉʳ janvier 1801.

Picabia *(Francis),* peintre français de père cubain (Paris 1879 - *id.* 1953). Après des débuts impressionnistes, il est attiré par le cubisme, puis devient un des pionniers de l'art abstrait *(Udnie,* ou *Jeune Fille américaine,* ou *la Danse,* 1913, M. N. A. M.) et l'un des principaux animateurs, à New York et à Paris, du mouvement dada (œuvres où l'humain est évoqué métaphoriquement par des dispositifs mécaniques de haute fantaisie). Il multiplie ensuite les manières, collages d'allure naïve, « Monstres », « Transparences », abstractions, figurations de styles divers.

Picard *(Émile),* mathématicien français (Paris 1856 - *id.* 1941). Il est l'auteur de travaux se rapportant à l'analyse mathématique. (Acad. fr. 1924.)

Picard *(abbé* Jean), astronome et géodésien français (La Flèche 1620 - Paris 1682). Il mesura un arc du méridien de Paris (1669-70) et, avec La Hire, détermina, par des opérations géodésiques, les coordonnées géographiques de plusieurs villes de France (1679-1682).

Picardie, ancienne province de France, dont les limites correspondent approximativement à la partie nord de la Picardie actuelle. Après avoir été l'enjeu des rivalités franco-anglaises, puis franco-bourguignonnes pendant la guerre de Cent Ans, elle fut réunie à la Couronne en 1482, après la mort de Charles le Téméraire.

Picardie, Région groupant les dép. de l'Aisne, de l'Oise et de la Somme ; 19 399 km² ; 1 810 687 hab. *(Picards)* ; ch.-l. *Amiens.* Elle ne correspond qu'approximativement à la Picardie historique, englobant aussi des parties de l'Île-de-France (au S.) et de la Champagne (au S.-E.).

Entre deux Régions fortement peuplées (le Nord-Pas-de-Calais et l'Île-de-France), la Picardie possède une densité voisine de 90 hab./km² , légèrement inférieure à la moyenne nationale, et n'a aucune grande ville, à l'exception d'Amiens. L'économie y est équilibrée. Le relief modéré, avec de fréquents placages de limons fertiles, un climat assez doux et égal ainsi que des structures agraires favorables ont stimulé la grande culture (blé, betterave sucrière, légumes de plein champ), dominante (Vermandois, Valois, etc.), associée à l'élevage bovin (Ponthieu, Vimeu, nord de la Brie) ou s'effaçant devant lui (Thiérache, pays de Bray).

L'industrie est dominée par la métallurgie de transformation, devant la chimie (avec la verrerie), s'ajoutant au traditionnel textile, en déclin, et à l'agroalimentaire. Le secteur tertiaire est moins développé, souffrant de l'attraction de Paris (notamment au sud de l'Oise), de Lille et même de Reims. La Région bénéficie toutefois d'une situation de passage, de bonnes dessertes routières (autoroute du Nord), ferroviaires (passage du T. G. V. Nord) et aussi fluviales (canaux du Nord et de Saint-Quentin, Oise).

La proximité de Paris explique l'évolution démographique récente : progression rapide de l'Oise (au moins de sa partie méridionale) contrastant avec la quasi-stagnation des deux autres départements.

Picasso *(Pablo Ruiz),* peintre, dessinateur, graveur et sculpteur espagnol (Málaga 1881 - Mougins 1973). Il s'installa à Paris en 1904. Son œuvre, qui a bouleversé l'art moderne, marque, à travers d'étonnantes métamorphoses graphiques et plastiques, la richesse de ses dons : émouvantes époques bleue et rose (1901-1905), cubisme *(les Demoiselles d'Avignon,* manifeste d'un primitivisme violent, 1906-1907, New York), néoclassicisme (v. 1920), tentations surréaliste et abstraite en sculpture — fer soudé — comme en peinture (1925-1936), expressionnisme *(Guernica,* grande toile en noir et blanc qui prend parti contre le franquisme, 1937, Madrid), thème inépuisable du « Peintre et son modèle », séries interprétant des

chefs-d'œuvre de la peinture à travers un éventail de manières (« les Femmes d'Alger » d'après Delacroix, hiver 1954-55 ; « les Ménines » d'après Velázquez, 1957). Deux musées sont consacrés à l'artiste, à Paris et à Barcelone.

Piccadilly, grande artère de Londres, entre Hyde Park et Regent Street.

Piccard *(Auguste),* physicien suisse (Bâle 1884 - Lausanne 1962). Professeur à l'université de Bruxelles, il fut le premier à explorer la stratosphère (1931), atteignant l'altitude de 16 000 m dans un ballon. Il plongea également dans les grandes profondeurs sous-marines, grâce à son bathyscaphe.

Piccinni *(Niccolo),* compositeur italien (Bari 1728 - Paris 1800). Auteur d'opéras *(Roland,* 1778 ; *Iphigénie,* 1781 ; *Didon,* 1783), sa rivalité avec Gluck donna lieu à la fameuse querelle des *gluckistes* (partisans de l'opéra en français et d'une musique sobre) et des *piccinnistes* (tenants de la virtuosité et de la langue italienne).

Piccoli *(Michel),* acteur français (Paris 1925). Il s'est imposé au cinéma dans des rôles tout à tour cyniques, tendres ou loufoques : *le Mépris* (J.-L. Godard, 1963), *Belle de jour* (L. Buñuel, 1967), *les Choses de la vie* (C. Sautet, 1969), *le Sucre* (J. Rouffio, 1978), *le Paltoquet* (M. Deville, 1986), *la Belle Noiseuse* (J. Rivette, 1991) ; mais aussi au théâtre *(Combat de nègres et de chiens* de B. M. Koltès, 1983 ; *John Gabriel Borkman,* d'Ibsen, 1993).

Piccolomini *(Ottavio),* prince du Saint Empire (Pise 1600 - Vienne 1656). Général italien au service des Habsbourg, il dévoila à l'empereur les projets de Wallenstein et contribua ainsi à l'assassinat de ce dernier (1634).

Pic de La Mirandole *(Giovanni* Pico Della Mirandola, dit en fr. Jean*),* humaniste italien (Mirandola, prov. de Modène, 1463 - Florence 1494). Il se forma à l'université de Bologne et se distingua par la hardiesse de ses thèses philosophiques et théologiques. Il bénéficia de la protection de Laurent le Magnifique.

Pichegru *(Charles),* général français (Arbois 1761 - Paris 1804). Commandant l'armée du Nord, il conquit les Pays-Bas (1794-95). Espérant jouer un rôle politique, il prit contact avec les émigrés et démissionna (1796). Président du Conseil des Cinq-Cents (1797), arrêté et déporté, il s'évada puis participa au complot royaliste de Cadoudal (1804). De nouveau arrêté, il fut trouvé étranglé dans la prison du Temple.

Pickering *(Edward),* astronome américain (Boston, Massachusetts, 1846 - Cambridge, Massachusetts, 1919). Directeur de l'observatoire de l'université Harvard de 1877 à sa mort, il fut un pionnier de l'astrophysique, s'illustrant par des travaux de photométrie, de photographie et de spectroscopie stellaires.

Pickford *(Gladys Mary* Smith, dite Mary*),* actrice américaine (Toronto 1893 - Santa Monica 1979). Elle se signalait par sa vivacité, un talent tout de grâce et de fraîcheur : *Un bon petit diable* (1913), *Cendrillon* (1915), *la Petite Princesse* (1917), *Papa longues jambes* (1919), *le Petit Lord Fauntleroy* (1921), *Coquette* (1929), *Kiki* (1931), *Secrets* (1933). Elle fonda en 1919, avec Chaplin, Griffith et Douglas Fairbanks, qu'elle allait épouser l'année suivante, les Artistes associés.

Pickwick *(les Aventures de M.),* roman de Dickens (1837). Autour de M. Pickwick et de son domestique Sam Weller, d'excentriques petits-bourgeois découvrent le vaste monde.

Picquigny *(traité de)* [29 août 1475], ensemble des conventions résultant de l'entrevue de Louis XI et d'Édouard IV, roi d'Angleterre, et qui mirent fin à la guerre de Cent Ans.

Pictes, peuple de l'Écosse ancienne.

Pictet *(Raoul),* physicien suisse (Genève 1846 - Paris 1929). Il a réussi la liquéfaction de l'azote et de l'oxygène (1877) par l'action simultanée d'une haute pression et d'une basse température.

Pie II *(Enea Silvio* Piccolomini*)* [1405 - Ancône 1464], pape de 1458 à 1464. D'abord évêque de Trieste, puis de Sienne, ce pontife humaniste a laissé une importante œuvre poétique et historique.

Pie V *(saint)* [Antonio Ghislieri] (Bosco Marengo 1504 - Rome 1572), pape de 1566 à 1572. Dominicain, inquisiteur général en 1558, il succède à Pie IV et travaille à rétablir la discipline ecclésiastique, exige l'application des décrets du concile de Trente, fait du thomisme la théologie privilégiée de l'Église et publie le bréviaire (1568) et le missel romains (1570). Adversaire acharné de la Réforme, il excommunie Élisabeth Ire d'Angleterre. Peu avant sa mort, la Sainte Ligue contre les Turcs, dont il est l'instigateur, remporta la victoire de Lépante (1571).

Pie VI *(Giannangelo* Braschi*)* [Cesena 1717 - Valence, France, 1799], pape de 1775 à 1799. Il combat le joséphisme viennois et condamne le jansénisme italien représenté par Scipione de Ricci, évêque de Pistoia. Affronté à la Révolution française, il condamne en 1791 la Constitution civile du clergé. Sous le Directoire, ses États sont envahis. Il est arrêté en 1798, tandis qu'est proclamée la République romaine. Pie VI est amené en France, où il meurt.

Pie VII *(Barnaba* Chiaramonti*)* [Cesena 1742 - Rome 1823], pape de 1800 à 1823. Bénédictin, il est élu à Venise pour succéder à Pie VI et rentre à Rome ; Bonaparte amorce aussitôt avec lui des pourparlers qui aboutissent au concordat français du 15 juillet 1801, complété par les articles organiques (1802). Le 2 décembre 1804, Pie VII vient à Paris conférer la couronne impériale à Bonaparte. Mais, comme Pie VII refuse d'entrer dans le système du Blocus continental, Napoléon Ier fait occuper Rome et les États pontificaux (1808), en attendant de les annexer (1810). Le pape, qui excommunie l'Empereur, est alors interné à Fontainebleau (1810). Rentré à Rome le 25 mai 1814 et ayant récupéré ses États, il rétablit la Compagnie de Jésus, condamne les sociétés secrètes et multiplie les concordats en Europe.

Pie IX *(Giovanni Maria* Mastai Ferretti*)* [Senigallia 1792 - Rome 1878], pape de 1846 à 1878. Successeur de Grégoire XVI, il adopte dans ses États des mesures libérales qui le rendent populaire. Mais, lors du mouvement révolutionnaire de 1848, son attitude provoque à Rome des troubles graves. Il se réfugie à Gaète, qui dépend du royaume de Naples, tandis qu'est proclamée la République romaine. Il est rétabli dans son pouvoir temporel par les troupes françaises (1849-50). Dominé par son secrétaire d'État, le cardinal Antonelli, il apparaît désormais comme le défenseur de l'ordre et de la religion. En 1864, il publie un *Syllabus* et une encyclique *(Quanta cura)* dénonçant les idées modernes. En 1870, l'entrée des Piémontais à Rome enlève à la papauté son pouvoir temporel. Pie IX, qui avait proclamé en 1854 le dogme de l'Immaculée Conception, voit néanmoins grandir son autorité spirituelle, notamment avec le premier concile du Vatican (1870), qui définit l'infaillibilité pontificale.

Pie X *(saint)* [Giuseppe Sarto] (Riese 1835 - Rome 1914), pape de 1903 à 1914. Patriarche de Venise (1893), il succède à Léon XIII et condamne en 1906 la rupture du concordat de 1801 par le gouvernement français. Au sein de l'Église même, il se bat contre le modernisme, représenté par R. Murri en Italie, G. Tyrrell en Grande-Bretagne, A. Loisy en France, et le condamne solennellement en 1907 par le décret *Lamentabili* et par l'encyclique *Pascendi.* Aussi le patronage de ce pontife, canonisé en 1954 pour son action dans le domaine de la dévotion, est-il invoqué par les groupes traditionalistes.

Pie XI *(Achille* Ratti) [Desio 1857 - Rome 1939], pape de 1922 à 1939. Archevêque de Milan en 1921, il succède l'année suivante à Benoît XV. Il signe des concordats avec 18 États, dont l'Allemagne, et règle avec Mussolini par les accords du Latran (1929) le contentieux de la souveraineté temporelle des papes. En matière doctrinale, il s'en prend à toutes les idéologies suspectes d'abaisser la personne humaine : l'Action française (1926), le fascisme (1931), le communisme athée (encyclique *Divini Redemptoris*) et le nazisme (encyclique *Mit brennender Sorge*) en 1937. Il favorisa les missions et l'Action catholique.

Pie XII *(Eugenio* Pacelli) [Rome 1876 - Castel Gandolfo 1958], pape de 1939 à 1958. Nonce apostolique à Berlin, il devient en 1929 le secrétaire d'État de Pie XI, auquel il succède en 1939. Durant la Seconde Guerre mondiale, bien qu'il eût donné asile à beaucoup de réfugiés, il n'apporta pas de condamnation des atrocités nazies. Pour la doctrine et la discipline, il se montra fidèle à la ligne traditionnelle de l'Église. En 1950, il a défini comme dogme l'Assomption de la Vierge Marie.

Piémont, *en ital.* Piemonte, région du nord-ouest de l'Italie ; 25 399 km² ; 4 290 412 hab. *(Piémontais).* Cap. *Turin.* **GÉOGR.** Limitrophe de la France et de la Suisse, le Piémont, au climat continental, comprend 6 provinces : Turin, Verceil, Novare, Cuneo, Asti et Alexandrie. C'est une région très dynamique, dont le centre, Turin, rassemble le tiers de la population piémontaise. Il est relayé par des villes moyennes (Novare, Verceil, Alexandrie) et de petits centres spécialisés (Ivrée, Biella, Asti). Montagnes (Alpes piémontaises) et collines forment l'essentiel des paysages, en dehors de la plaine du Pô. La production agricole est importante et variée : riz et autres céréales, légumes et fruits, vins, auxquels s'ajoute l'élevage bovin. Dans l'industrie, la construction automobile turinoise domine devant le textile et la confection, la chimie et le caoutchouc. Le secteur tertiaire (commerce, tourisme) s'est développé avec la fonction de circulation. — Centre des États de la maison de Savoie, le Piémont fut annexé par la France en 1799 et rendu à Victor-Emmanuel Ier en 1814-15. (→ Savoie [États de la maison de].)

Pierné *(Gabriel),* compositeur et chef d'orchestre français (Metz 1863 - Ploujean 1937), auteur de *Cydalise et le Chèvrepied* (1923), *Fragonard* (1934) et de nombreuses pages de musique de piano et de chambre, ainsi que d'oratorios (*l'An Mil,* 1897 ; *la Croisade des enfants,* 1902).

Piero della Francesca, peintre italien (Borgo San Sepolcro, prov. d'Arezzo, v. 1416 - *id.* 1492). Son œuvre est considérée comme la plus haute synthèse des recherches du quattrocento sur la forme, l'espace et la couleur (fresques de la *Légende de la Croix,* S. Francesco d'Arezzo ; *Madone de Senigallia,* Urbino).

Piero di Cosimo *(Piero* di Lorenzo, dit), peintre italien (Florence 1461/62 - *id.* 1521). Assistant du Florentin Cosimo Rosselli à la chapelle Sixtine (1481-82), il se rapprocha bientôt de Signorelli, de Léonard et des Flamands, se consacrant à des sujets religieux, au portrait ainsi qu'à des thèmes mythologiques traités avec une sensibilité tourmentée (*Persée délivrant Andromède,* Offices).

Piéron *(Henri),* psychologue français (Paris 1881 - *id.* 1964). Il est l'un des fondateurs en France de la psychologie appliquée (notamment de la psychologie différentielle). Il a défendu l'idée selon laquelle les individus diffèrent selon leurs *aptitudes :* celles-ci existent en fonction de leurs fondements génétiques, et l'éducation les transforme en *capacités.* Ses cours au Collège de France ont été réunis dans la *Sensation, guide de vie* (1945).

SAINTS

Pierre *(saint),* apôtre de Jésus, chef du collège apostolique et considéré par la tradition romaine comme le premier pape. Son nom primitif est Siméon, ou Simon, mais le Nouveau Testament le désigne habituellement par son surnom de « Pierre », qui fait de lui le « rocher » et souligne qu'il a mission d'« affermir » ses frères dans la foi. Il est très certainement venu à Rome et la tradition veut qu'il y soit mort martyr, entre 64 et 67, lors de la persécution de Néron. Des deux épîtres que la Tradition lui attribue, l'une serait de l'époque de Domitien (81-96), l'autre, qui dénonce les gnostiques, de la première moitié du IIe siècle.

Pierre Damien *(saint),* docteur de l'Église (Ravenne 1007 - Faenza 1072). Moine camaldule, cardinal-évêque d'Ostie, légat à Milan, il fut, en Italie du Nord, le promoteur de la réforme du clergé, aux côtés d'Hildebrand, le futur Grégoire VII.

ARAGON

Pierre Ier (v. 1070-1104), roi d'Aragon et de Navarre (1094-1104). **Pierre II** (v. 1176 - Muret 1213), roi d'Aragon (1196-1213), tué en combattant Simon de Montfort. **Pierre III le Grand** (v. 1239 - Villafranca del Panadés, Barcelone, 1285), roi d'Aragon (1276-1285) et de Sicile (Pierre Ier) [1282-1285], instigateur des Vêpres siciliennes (1282). Il fut excommunié. **Pierre IV le Cérémonieux** (Balaguer 1319 - Barcelone 1387), roi d'Aragon (1336-1387). Il reconquit Majorque et le Roussillon (1344).

BRÉSIL

Pierre Ier (Queluz, Portugal, 1798 - id. 1834), empereur du Brésil (1822-1831), roi de Portugal (1826) sous le nom de Pierre IV. Fils de Jean VI de Portugal, il suivit au Brésil sa famille chassée par l'invasion française (1807). Quand son père rentra à Lisbonne (1821), il devint prince-régent du Brésil, dont il proclama l'indépendance et devint l'empereur (1822). Roi de Portugal à la mort de son père (1826), il laissa ce royaume à sa fille, Marie II. Puis, après avoir renoncé à la Couronne brésilienne (1831), il reconquit au Portugal le pouvoir (1834) qu'avait confisqué son frère en 1828 et restaura sa fille Marie. **Pierre II** (Rio de Janeiro 1825 - Paris 1891), empereur du Brésil (1831-1889). Il abolit l'esclavage (1888) ; son libéralisme l'accula à l'abdication (1889).

BRETAGNE

Pierre Ier Mauclerc (m. en 1250), duc de Bretagne (1213-1237), de la maison capétienne de Dreux. Il fut l'auxiliaire dévoué de Philippe Auguste et de Louis VIII.

CASTILLE

Pierre Ier le Cruel ou le Justicier (Burgos 1334 - Montiel 1369), roi de Castille et de León (1350-1369), tué par son frère naturel Henri de Trastamare.

MONTÉNÉGRO

Pierre II Petrović Njegoš, prince-évêque et poète monténégrin (Njegoš 1813 - Cetinje 1851). Par son poème dramatique *les Lauriers de la montagne* (1847), il est l'un des créateurs de la littérature nationale de son pays.

PORTUGAL

Pierre Ier le Justicier (Coimbra 1320 - Estremoz 1367), roi de Portugal (1357-1367). Il affermit le pouvoir royal. **Pierre II** (Lisbonne 1648 - id. 1706), roi de Portugal (1683-1706). Régent, il obtint de l'Espagne la reconnaissance de l'indépendance portugaise (1668). Roi, il signa avec l'Angleterre un traité d'alliance et de coopération (1703). **Pierre III** (Lisbonne 1717 - id. 1786), roi de Portugal (1777-1786). Il épousa la fille de son frère (1760) et régna avec elle (Marie Ire). **Pierre IV**, roi de Portugal en 1826 → Pierre Ier, empereur du Brésil. **Pierre V** (Lisbonne 1837 - id. 1861), roi de Portugal (1853-1861). Il modernisa le pays.

Pierre Ier le Grand (Moscou 1672 - Saint-Pétersbourg 1725), tsar (1682-1725) et empereur (1721-1725) de Russie. Relégué à la campagne par la régente Sophie, Pierre investit Moscou avec ses troupes et oblige la régente à renoncer au pouvoir en 1689. Force de la nature, toujours avide de connaissances, il s'adonne avec des maîtres hollandais à la construction navale (1688-1693) et entreprend en 1697-98 un voyage en Europe occidentale. À son retour, il se consacre avec un enthousiasme et une énergie exceptionnels à la modernisation et à l'occidentalisation de la Russie. Pragmatique, il accorde la priorité aux impératifs imposés par la guerre avec la Suède (1700-1721). Après la défaite que lui inflige Charles XII à Narva (1700), il réorganise sa cavalerie et son artillerie. Il constitue une armée régulière grâce à la conscription, introduite en 1705, avec laquelle il vainc à Poltava (1709) Charles XII, allié à l'hetman d'Ukraine, Mazepa, et occupe en 1710 Vyborg, la Carélie, Revel et Riga. À l'issue de la guerre du Nord, la Russie conserve ses conquêtes sur le littoral de la Baltique (traité de Nystadt, 1721). À l'intérieur, Pierre impose une occidentalisation rapide des mœurs et de la culture, et réforme profondément les institutions politiques, sociales et économiques de la Russie. Pour mettre en œuvre sa politique, il impose à la population une pression fiscale accrue et la mobilise dans l'armée ou la réquisitionne pour la construction des villes et canaux ou l'exploitation minière. Il dote la Russie d'une nouvelle capitale, Saint-Pétersbourg (1712), qui devient le siège des institutions qu'il crée : le Sénat, les collèges spécialisés, dont le Saint-Synode, chargé des affaires religieuses. Il transforme la Russie en un empire (1721), dont le gouvernement est confié à sa mort à Catherine Ire, son épouse.

Pierre III Fedorovitch (Kiel 1728 - château de Ropcha, près de Saint-Pétersbourg, 1762), empereur de Russie (1762). Il fut assassiné à l'instigation de sa femme, Catherine II.

Pierre Ier Karadjordjević (Belgrade 1844 - id. 1921), roi de Serbie (1903-1918), puis des Serbes, Croates et Slovènes (1918-1921). **Pierre II Karadjordjević** (Belgrade 1923 - Los Angeles 1970), roi de Yougoslavie (1934-1945). Fils d'Alexandre Ier, réfugié à Londres en 1941, il ne put rentrer en Yougoslavie, où la république fut proclamée en 1945.

Pierre *(Henri* Grouès, dit **l'abbé)**, prêtre français (Lyon 1912). Capucin (1930), ordonné prêtre en 1938, il participe à la Résistance, où il prend le nom d'« abbé Pierre ». En 1949, il fonde l'association Emmaüs, afin d'aider les sans-logis. Il n'a cessé de se consacrer à la défense des déshérités.

Pierre de Cortone *(Pietro* Berrettini, dit Pietro da Cortona, *en fr.)*, peintre et architecte italien (Cortona, prov. d'Arezzo, 1596 - Rome 1669). Héritier du maniérisme, fixé à Rome en 1612, il devint le grand maître, baroque, des décors commandés par l'Église et la haute société (plafond du palais Barberini, 1636, voûtes de S. Maria in Vallicella, etc.). La façade mouvementée de S. Maria della Pace (1656) illustre son œuvre bâti.

Pierre de Montreuil, architecte français (m. à Paris en 1267). L'un des maîtres du gothique rayonnant, il apparut sur les chantiers de l'abbaye de St-Germain-des-Prés (réfectoire et chapelle de la Vierge, détruits), de Saint-Denis et dirigea, en 1265, l'œuvre de Notre-Dame de Paris (façade du croisillon sud, commencée par Jean de Chelles).

Pierre l'Ermite, d'Achères ou **d'Amiens,** prédicateur (Amiens v. 1050 - Neufmoustier, près de Huy, 1115). Il réussit par son éloquence à lancer une croisade populaire, qui, totalement inorganisée, fut anéantie par les Turcs en octobre 1096.

Pierre Lombard, théologien d'origine lombarde (Novare v. 1100 - Paris 1160). Professeur de théologie puis évêque de Paris (1159), il est l'auteur des *Quatre Livres des sentences,* qui serviront de texte de base pour l'enseignement de la théologie entre le XIIe et le XVIe siècle.

Pierrot, personnage de la comédie italienne (Pedrolino) puis des pantomimes, habillé de blanc et la figure enfarinée.

Pietermaritzburg, v. de l'Afrique du Sud, ch.-l. du Kwazulu-Natal ; 114 000 hab. Université. Centre industriel.

Pietro da Cortona → Pierre de Cortone.

Pieyre de Mandiargues *(André),* écrivain français (Paris 1909 - *id.* 1991). Romancier influencé par le surréalisme (*la Marge,*

1967), il mêle le fantastique au quotidien dans ses nouvelles (*Soleil des loups,* 1951) et sa poésie. Le mysticisme caractérise toute son œuvre, et notamment ses essais d'art (*Belvédère,* 1958-1971).

Pigalle *(Jean-Baptiste),* sculpteur français (Paris 1714 - *id.* 1785). Il a pratiqué un art équilibré entre baroquisme et tradition classique (*Mercure attachant sa talonnière,* marbre, son morceau de réception à l'Académie [1744] ; mausolée de Maurice de Saxe au temple St-Thomas à Strasbourg ; bustes).

Pigault-Lebrun *(Charles Antoine Guillaume* Pigault de l'Épinoy, dit*),* écrivain français (Calais 1753 - La Celle-Saint-Cloud 1835), auteur de comédies et de romans libertins (*Monsieur Botte,* 1803).

Pignerol, en ital. Pinerolo, v. d'Italie (Piémont) ; 35 112 hab. — Clef du Piémont, la ville a été française à diverses reprises. Forteresse où furent enfermés, notamm., Fouquet, Lauzun et l'homme au Masque de fer. — Cathédrale et église S. Maurizio, des XIVe-XVe siècles.

Pigou *(Arthur Cecil),* économiste britannique (Ryde, île de Wight, 1877 - Cambridge 1959). Élève de Marshall, il est considéré comme l'un des maîtres de l'école dite « de Cambridge », dans la lignée des néoclassiques. Il traita essentiellement de l'économie du bien-être et de la nécessité d'une certaine intervention de l'État au niveau de la répartition des revenus.

Pilat *(mont),* montagne de l'est du Massif central, à l'E.-S.-E. de Saint-Étienne ; 1 432 m au Crêt de la Perdrix. Sports d'hiver. — Il est englobé dans le *parc naturel régional du Pilat,* créé en 1974, qui couvre environ 65 000 ha et occupe le sud-est du département de la Loire.

Pilate *(Ponce),* procurateur romain de Judée de 26 à 36, mentionné dans les Évangiles comme ayant prononcé la sentence de mort contre Jésus. Son administration dure et maladroite lui valut d'être démis de ses fonctions en Judée. On le représente en train de se laver les mains en signe d'irresponsabilité.

Pilâtre de Rozier *(François),* chimiste et aéronaute français (Metz 1754 - Wimille, Pas-de-Calais, 1785). Il effectua le 21 novembre 1783, avec le marquis d'Arlandes, le premier vol humain dans l'atmosphère, en montgolfière, au-dessus de Paris.

Pilcomayo *(le),* riv. de l'Amérique du Sud, née dans les Andes de la Bolivie, affl. du Paraguay (r. dr.) ; 2 500 km. Il sépare l'Argentine et le Paraguay.

Pillnitz *(déclaration de)* [27 août 1791], déclaration commune signée à Pillnitz (Saxe) par l'empereur germanique Léopold II et le roi de Prusse Frédéric-Guillaume II afin de lutter contre la menace que la Révolution faisait peser sur le trône de Louis XVI.

Pilniak *(Boris Andreïevitch Wogau, dit Boris)*, écrivain soviétique (Mojaïsk 1894 - Moscou 1938). Il célébra la révolution d'Octobre (*l'Année nue*, 1921) et le réalisme socialiste avant de disparaître lors d'une purge stalinienne.

Pilon *(Germain)*, sculpteur français (Paris v. 1528 - *id.* 1590). Fils d'un sculpteur, il assiste Bontemps et obtient la consécration avec les *Trois Grâces*, très bellifontaines, du monument du cœur d'Henri II (marbre, 1561, Louvre). Le tombeau, avec gisants et priants, d'Henri II et de Catherine de Médicis, à Saint-Denis, est un de ses chefs-d'œuvre, de même que le priant de *René de Birague* (bronze, 1584, Louvre), d'un réalisme puissant et majestueux. La gamme expressive de Pilon, aussi diverse qu'est grande sa virtuosité, le mènera aux accents pathétiques, prébaroques, de la *Vierge de pitié* destinée à Saint-Denis (1586 ; église St-Paul-St-Louis, Paris). Nommé en 1572 contrôleur général des Monnaies, il a donné vers 1575 une admirable série de médaillons de bronze.

Pilsen → **Plzeň.**

Piłsudski *(Józef)*, maréchal et chef d'État polonais (Zułowo 1867 - Varsovie 1935). Il joua un rôle déterminant dans la restauration de la Pologne en tant que chef de l'État (1919-1922) et commandant en chef de l'armée. Il reprit le pouvoir en 1926 à la suite d'un coup d'État, et, véritable maître du pays, pratiqua à partir de 1930 une politique dictatoriale.

Pinard *(Adolphe)*, médecin français (Méry-sur-Seine 1844 - *id.* 1934). Professeur de clinique obstétricale, il contribua beaucoup à l'amélioration de la technique des accouchements. Député de la Seine, il fut l'un des initiateurs de la législation familiale.

Pinar del Río, v. de l'ouest de Cuba ; 95 000 hab.

Pinatubo, volcan des Philippines, dans l'île de Luçon. Éruption en 1991.

Pinay *(Antoine)*, homme politique français (Saint-Symphorien-sur-Coise, Rhône, 1891 - Saint-Chamond 1994). Président du Conseil et ministre des Finances (1952), il prit d'importantes mesures (dont l'émission d'un emprunt indexé sur l'or) pour stabiliser les prix. De nouveau ministre des Finances

(1958-1960), il dévalua le franc et procéda à l'institution du « franc lourd ».

Pincevent, site préhistorique de la vallée de la Seine (commune de Montereau, Seine-et-Marne), dont les fouilles ont été dirigées par A. Leroi-Gourhan. C'est l'un des principaux campements magdaléniens de l'Europe. Des chasseurs venaient y guetter les troupeaux de rennes qui franchissaient le gué de la Seine. Les ateliers de débitage des rognons de silex ont été retrouvés. L'organisation de l'espace et la vie quotidienne de ces groupes paléolithiques (Xᵉ millénaire) ont pu être reconstituées (traces des tentes et des foyers ; déchets osseux). Pincevent est devenu un centre de recherche archéologique.

Pincus *(Gregory Goodwin)*, médecin américain (Woodbine, New Jersey, 1903 - Boston 1967). Il mit au point, en 1956, le premier contraceptif oral (appelé couramment « pilule »).

Pindare, poète grec (Cynoscéphales 518 - Argos ? 438 av. J.-C.). De famille aristocratique, il fut l'hôte de plusieurs tyrans de Sicile et mourut comblé d'honneurs. Ses poésies appartiennent à tous les genres du lyrisme choral et développent, à travers des récits mythiques, une vérité religieuse et morale. Le seul recueil qui nous soit parvenu intact est celui des *Épinicies*, ou *Odes triomphales*. (→ **Épinicies.**)

Pinde *(le)*, massif montagneux et dépeuplé séparant la Grèce orientale de la Grèce occidentale ; 2 636 m.

Pinel *(Philippe)*, médecin français (près de Gibrondes, auj. Jonquières, Tarn, 1745 - Paris 1826). Il écrivit des ouvrages de médecine empreints de dogmatisme et de philosophie. À l'inverse, il révolutionna les attitudes à l'égard des aliénés, notamment grâce à ses conceptions humanistes, et devint le chef de file de la psychiatrie française.

Pingdong ou **P'ing-tung,** v. de Taïwan ; 250 000 hab. Pâte à papier.

Pinget *(Robert)*, écrivain français (Genève 1919). Il se situe à mi-chemin entre Michaux et le « nouveau roman ». Si le récit impossible marque ses premiers romans (*Graal Flibuste*, 1956), Pinget fait progressivement de l'écriture la seule réalité, dans ses récits (*l'Inquisitoire*, 1962 ; *Monsieur Songe*, 1982) comme dans son théâtre, proche de l'univers de Beckett, dont il est le traducteur (*Identité* et *Abel et Bela*, 1971 ; *la Manivelle*, 1986).

P'ing-tung → **Pingdong.**

Pink Floyd, groupe de pop music britannique, formé en 1966. Le groupe fut fondé à l'initiative de Roger Waters (basse, né en 1944) et Syd Barrett (guitare et chant, né en 1946), qui est remplacé par David Gilmour (guitare et chant, né en 1944). Rick Wright (né en 1945) tient les claviers, et Nick Mason (né en 1945) la batterie. Musique de climats, l'art du groupe est marqué par un côté sombre proche de l'esprit du blues (*Dark Side of the Moon*, 1973 ; *The Wall*, 1979).

Pinocchio, héros d'un roman pour la jeunesse (1883) de l'écrivain italien Collodi. Une marionnette se métamorphose en un jeune garçon espiègle.

Pinochet Ugarte *(Augusto),* général et homme politique chilien (Valparaíso 1915). Commandant en chef des forces armées (1973), il prend la tête de la junte militaire qui renverse Allende en septembre 1973 et instaure un régime dictatorial. Il est nommé président de la République en 1974. Il quitte le pouvoir au terme de son mandat, en 1990, mais il conserve ses fonctions de commandant en chef de l'armée de terre.

Pins *(île des),* île française de la Mélanésie, au sud-est de la Nouvelle-Calédonie, dont elle dépend ; 135 km² ; 1 287 hab.

Pinter *(Harold),* acteur, auteur dramatique et scénariste britannique (Londres 1930). Virtuose de l'absurde, il cherche à prouver, à travers son théâtre, la difficulté de communiquer avec autrui (*le Gardien,* 1960 ; *la Collection,* 1962 ; *le Retour,* 1965). À ces premières œuvres, créées à la radio et qui tiennent dans le mince épaisseur d'un présent par le langage et l'humour, succèdent des pièces prenant pour thème la mémoire (*C'était hier,* 1970 ; *No Man's Land,* 1974). Au cinéma, il a notamment écrit pour J. Losey *The Servant* (1963).

Pinzón *(Martín),* navigateur espagnol (Palos de Moguer 1440 - La Rábida 1493). Il commanda, en 1492, l'une des caravelles de Colomb, la *Pinta.* Son frère **Vicente** (m. en 1519) découvrit l'embouchure de l'Amazone (1500).

Piombo *(Sebastiano* del) → **Sebastiano del Piombo.**

Pirandello *(Luigi),* écrivain italien (Girgenti, auj. Agrigente, 1867 - Rome 1936). Son théâtre fut, avant celui de Brecht, l'entreprise la plus systématique de renouvellement de la dramaturgie moderne. Dans ses pièces étranges et tourmentées, il exprime la complexité de la personnalité humaine, sans cesse brisée en mille facettes, divisée en opinions contradictoires et finalement insaisissable (*Chacun sa vérité,* 1917 ; *Six Personnages en quête*

d'auteur, 1921 ; *Henri IV,* 1922 ; *Ce soir, on improvise,* 1930). [Prix Nobel 1934.]

Piranèse *(Giovanni Battista* Piranesi, dit *en fr.),* graveur et architecte italien (Mogliano Veneto, près de Venise, 1720 - Rome 1778). Formé à Venise comme bâtisseur et scénographe, il s'établit à Rome en 1745. Il a fort peu construit mais est l'auteur de plus de deux mille eaux-fortes (*Prisons,* quatre volumes d'*Antiquités de Rome,* etc.) d'un caractère souvent visionnaire.

Pirates *(Côte des),* nom français des Trucial States, auj. Émirats arabes unis.

Pirée (Le), *en gr. anc.* Peiraious, *en gr. mod.* Pireás, v. de Grèce, formant le port d'Athènes, à une dizaine de kilomètres du centre de la capitale ; 169 622 hab. Principal débouché commercial de la Grèce et centre industriel (constructions navales, textiles, industries chimiques, mécaniques et alimentaires). — Le Pirée devint à l'époque des guerres médiques (vᵉ s. av. J.-C.) le principal port d'Athènes, à laquelle il était relié par un système défensif, les *Longs Murs.*

Pirenne *(Henri),* historien belge (Verviers 1862 - Uccle 1935). Il traça des voies nouvelles pour l'histoire économique et sociale du Moyen Âge. Il a laissé une monumentale *Histoire de la Belgique* (1899-1932).

Piron *(Alexis),* écrivain français (Dijon 1689 - Paris 1773). Il est l'auteur de la comédie *la Métromanie* (1738) et de monologues pour le théâtre de la Foire.

Pirquet *(Clemens* von), médecin autrichien (Hirschstetten, près de Vienne, 1874 - Vienne 1929). Il créa en 1906 le terme d'« allergie » et étudia les phénomènes correspondants, notamment les modifications de la réaction cutanée à la tuberculine chez les tuberculeux.

Pisan *(Christine* de) → **Christine de Pisan.**

Pisanello *(Antonio* Pisano, dit), peintre et médailleur italien (Pise av. 1395- ? v. 1455). Formé à Vérone, il exécute diverses fresques (certaines avec Gentile da Fabriano, à Venise ou à Rome), aujourd'hui disparues à l'exception principale de *Saint Georges et la princesse* (Vérone, église S. Anastasia, v. 1437). Il y associe au raffinement courtois et à la virtuosité linéaire de l'art gothique tardif un sentiment de la nature dont témoignent aussi ses dessins. Les portraits peints, notamment pour la cour de Mantoue, conduisent au traitement large et franc, à la densité nouvelle des effigies métalliques (*Jean VIII Paléologue,* 1439).

Pisano *(Andrea et Nino)* → **Andrea Pisano.**

Pisano *(Nicola et Giovanni)* → **Nicola Pisano.**

Piscator *(Erwin),* metteur en scène et directeur de théâtre allemand (Ulm 1893 - Starnberg 1966). Directeur de la Volksbühne à Berlin, il usa d'innovations techniques (scène tournante, projections cinématographiques) pour montrer l'imbrication des problèmes esthétiques, sociaux et politiques. Émigré aux États-Unis, il revint en Allemagne fédérale après la Seconde Guerre mondiale.

Pise, *en ital.* Pisa, v. d'Italie (Toscane), ch.-l. de prov., sur l'Arno ; 98 006 hab. *(Pisans).* Archevêché. Université fondée en 1343. **HIST.** Grande puissance méditerranéenne à partir du XIe siècle, Pise déclina après la destruction de sa flotte par Gênes, en 1284. Elle fut annexée par Florence en 1406. **ARTS.** Célèbre ensemble, excentré, de la « place des Miracles », aux monuments décorés d'arcatures plaquées ou détachées, caractéristiques du style pisan : cathédrale surtout romane (XIe-XIIIe s., chaire de Giovanni Pisano), baptistère roman et gothique (XIIe-XIVe s., chaire de Nicola Pisano), campanile dit « Tour penchée » (XIIe-XIIIe s.) et Camposanto, cimetière à galeries gothiques décorées de fresques du XIVe siècle. Musée national.

Pisistrate, tyran d'Athènes (v. 600-527 av. J.-C.). Il établit la tyrannie en 560. Continuateur de l'œuvre de Solon, il encouragea le commerce et favorisa le développement de la petite paysannerie. Il donna à Athènes ses premiers grands monuments et développa les grandes fêtes religieuses en hommage à Athéna (Panathénées) et à Dionysos (Dionysies).

Pissarro *(Camille),* peintre et graveur de l'école française (Saint Thomas, Antilles, 1830 - Paris 1903). Installé en Île-de-France, un des principaux maîtres de l'impressionnisme, il s'est consacré à des paysages et à des thèmes ruraux ou urbains. Dans les années 1885-1890, il adopta la technique divisionniste de Seurat et de Signac.

Pistoia, v. d'Italie (Toscane), ch.-l. de prov., au pied de l'Apennin ; 87 275 hab. Centre industriel. — Monuments médiévaux, dont la cathédrale (XIIe-XIIIe s.) et d'autres églises de style roman pisan, souvent en marbres blanc et vert, riches en œuvres d'art. Musée dans le Palais communal, des XIIIe-XIVe siècles.

Pitcairn, petite île volcanique d'Océanie, dépendance de la Grande-Bretagne, au sud-est de Tahiti, en Polynésie ; 4,6 km² ; 60 hab.

Pite Älv *(le),* fl. de Suède, issu du massif du Sulitjelma et se jetant dans le golfe de Botnie, au port de Piteå (39 000 hab.) ; 370 km. Aménagements hydroélectriques.

Pitești, v. de Roumanie, en bordure des Carpates ; 150 000 hab. Centre industriel. — Musées d'histoire et d'art.

Pithiviers, ch.-l. d'arr. du Loiret, aux confins de la Beauce et du Gâtinais, sur l'Œuf, branche de l'Essonne ; 9 596 hab. *(Pithivériens).* Agroalimentaire. — Église paroissiale du XVIe siècle. Musée municipal (dans l'anc. hôtel-Dieu) et musée des Transports (ferroviaires).

Pitoëff *(Georges),* acteur et directeur de théâtre français d'origine russe (Tiflis 1884 - Genève 1939). Un des fondateurs du Cartel, il mit en scène et interpréta avec sa femme, **Ludmilla** (Tiflis 1895 - Rueil 1951), Tchekhov — qu'il fit connaître en France —, Ibsen, Anouilh, Pirandello, en fondant son esthétique sur la primauté de l'acteur.

Pitot *(Henri),* ingénieur et physicien français (Aramon, Languedoc, 1695 - *id.* 1771). On lui doit de nombreux ouvrages d'art ainsi que le *tube de Pitot,* qui permet de mesurer la pression dans un fluide en écoulement et, combiné avec une prise de pression statique, de calculer la vitesse de l'écoulement d'un fluide, notamment de l'air.

Pitt *(William),* 1er comte de Chatham, dit le Premier Pitt, homme politique britannique (Londres 1708 - Hayes, Kent, 1778). Député whig à partir de 1735, il devint le leader du nationalisme anglais face aux Bourbons français et espagnols et provoqua la chute du ministre Walpole (1742). Premier ministre et ministre de la Guerre (1756), au début de la guerre de Sept Ans, il conduisit le pays à la victoire. Contraint par George III à démissionner (1761), il fut rappelé au pouvoir de 1766 à 1768.

Pitt *(William),* dit le Second Pitt, homme politique britannique (Hayes, Kent, 1759 - Putney, près de Londres, 1806), fils du précédent.

■ **Les réformes intérieures.** Entré au Parlement comme « whig indépendant » (1781), il ne cesse de dénoncer la désastreuse guerre d'Amérique. Chancelier de l'Échiquier (1782-83), puis Premier ministre (1783-1801), il obtient une majorité triomphale aux élections de 1784. Se consacrant à la restauration des finances de l'État, ébranlé par la guerre de l'indépendance américaine, il crée un nouveau fonds d'amortissement de la dette publique et fait conclure un traité de commerce avec la France (1786). Il réorganise par ailleurs les colonies de l'Inde (1784).

■ **La lutte contre la France.** Au début de la Révolution française, il se montre plutôt favorable aux révolutionnaires et adopte une attitude de neutralité. Mais l'expansionnisme français l'inquiète. En 1793, il rompt avec la France et anime les coalitions qui se nouent successivement contre elle. Face au nationalisme irlandais, qui reçoit l'aide des Français et menace l'effort de guerre (soulèvement de 1798), Pitt obtient l'intégration politique de l'Irlande dans le royaume britannique (acte d'Union, 1800). Mais George III s'oppose à l'émancipation des catholiques, et Pitt démissionne (1801). Revenu au pouvoir (1804), il gouverne le pays avec la même vigueur et obtient contre Napoléon la victoire de Trafalgar (1805), qui assure au pays la maîtrise des mers.

Pittacos → Sages (les Sept).

Pitti, famille florentine, rivale des Médicis, qui perdit son influence au XVIᵉ siècle. — Le *palais Pitti,* à Florence, commencé en 1458, est aujourd'hui un musée riche en tableaux et objets d'art provenant en partie de la collection des Médicis (qui l'acquirent et l'agrandirent au XVIᵉ s.).

Pittsburgh, v. des États-Unis (Pennsylvanie), sur l'Ohio ; 369 879 hab. (2,3 millions dans l'agglomération). Centre sidérurgique et métallurgique. — Musée d'Art et musée d'Histoire naturelle de l'institut Carnegie ; musée Warhol.

Pixérécourt *(René Charles Guilbert* de*),* auteur dramatique français (Nancy 1773 - *id.* 1844). Surnommé « le Père du mélodrame », Pixérécourt en a fait le genre à succès au début du XIXᵉ siècle (*Victor ou l'Enfant de la forêt,* 1798 ; *Latude ou Trente-Cinq Ans de captivité,* 1834).

Pizarro *(Francisco),* en fr. François Pizarre, conquistador espagnol (Trujillo v. 1475 - Lima 1541), qui, avec l'aide de ses frères **Gonzalo** (Trujillo v. 1502 - près de Cuzco 1548) et **Hernando** (Trujillo v. 1478 ? - *id.* 1578), conquit l'empire des Incas à partir de 1531. Il s'empara de Cuzco et fit mettre à mort Atahualpa, empereur des Incas (1533). Mais le désaccord éclata entre les conquérants : Pizarro fut tué par les partisans de son rival Almagro.

Pla *(Josep),* journaliste et écrivain espagnol d'expression catalane et castillane (Palafrugell 1897 - Llofriu, Gérone, 1981). À travers une œuvre abondante et variée, il s'attacha à faire le récit de son époque (*le Cahier gris,* 1966).

Plagne (La), station de sports d'hiver (alt. 1 970-3 250 m) de Savoie, dans la Tarentaise.

Plaisance, *en ital.* Piacenza, v. d'Italie (Émilie), ch.-l. de prov., près du Pô ; 102 252 hab. — En 1545, Plaisance constitua, avec Parme, un duché, qui disparut au XIXᵉ siècle. — Cathédrale romane et gothique, ancien palais communal gothique et autres monuments. Musée municipal dans le palais Farnèse, du XVIᵉ siècle. Galerie Alberoni (peintures, tapisseries) et galerie d'Art moderne.

Plan Carpin *(Jean* du*),* en ital. Giovanni da Pian del Carpine, franciscain italien (Pian del Carpine, Ombrie, v. 1182 - Antivari, Monténégro, 1252), légat d'Innocent IV auprès du khan des Mongols (1245-46) et auteur de la plus ancienne description historico-géographique de l'Asie centrale.

Planche *(Gustave),* critique littéraire français (Paris 1808 - *id.* 1857). Il passa du romantisme au dogmatisme de *la Revue des Deux Mondes.*

Planchon *(Roger),* metteur en scène, directeur de théâtre et auteur dramatique français (Saint-Chamond 1931). Codirecteur, à partir de 1972, du Théâtre national populaire, il a réinterprété, dans une perspective politique et sociale, le répertoire classique (*George Dandin* et *Tartuffe,* de Molière).

Planck *(Max),* physicien allemand (Kiel 1858 - Göttingen 1947). Sa thèse (1879) porte sur l'étude de la deuxième loi de la thermodynamique. En 1885, Planck applique le concept d'entropie à l'interprétation de certains phénomènes physico-chimiques et thermoélectriques.

■ **L'hypothèse des quanta.** Professeur à l'université de Berlin en 1889, Planck entreprend l'étude des conditions d'équilibre thermique du rayonnement électromagnétique (rayonnement du « corps noir »), phénomène que la mécanique statistique classique était impuissante à expliquer. Il émet alors l'hypothèse, qui porte son nom, selon laquelle les échanges d'énergie entre les parois de la cavité du « corps noir » et le rayonnement qu'elles enferment ne peuvent s'effectuer que de façon discontinue, par « grains » d'énergie. Il introduit à cette occasion la constante h, dite « constante de Planck », qui a pour valeur $6,62610^{-34}$ J.s ; en tant que *quantum d'interaction,* elle correspond aussi à la limite inférieure de toute action envisageable.

Ainsi est posée avec cette théorie, présentée en 1900, la première base de la théorie quantique. En 1905, Planck reconnaît l'importance des idées d'Einstein sur le quantification de la lumière. Mais il n'admettra jamais l'interprétation probabiliste de la physique quantique. (Prix Nobel 1918.)

Planiol *(Marcel),* juriste français (Nantes 1853 - Paris 1931), auteur d'un *Traité élémentaire de droit civil* (1899-1901).

Plantagenêt, branche de la maison d'Anjou qui a régné sur l'Angleterre de 1154 à 1485. Elle doit son nom au comte d'Anjou Geoffroi V, surnommé « Plantagenêt », dont le fils Henri II devint roi d'Angleterre en 1154. L'histoire des Plantagenêts, maîtres d'une partie importante de l'Ouest français, fut d'abord dominée par le conflit entre la France et l'Angleterre puis, au XVᵉ siècle, par la rivalité entre les branches collatérales des Lancastres et des Yorks (guerre des Deux-Roses). Celle-ci aboutit, en 1485, à l'élimination des Plantagenêts par les Tudors.

Planté *(Gaston),* physicien français (Orthez 1834 - Bellevue 1889). En 1859, il inventa l'accumulateur électrique.

Plantes *(Jardin des),* jardin botanique de Paris, qui fait partie du Muséum national d'histoire naturelle.

Plantin *(Christophe),* imprimeur anversois d'origine française (Saint-Avertin, près de Tours, v. 1520 - Anvers 1589). Établi à Anvers, il édita en 1572, grâce au patronage de Philippe II, la célèbre *Biblia Regia,* édition scientifique des textes bibliques. On lui doit, au total, en 34 ans, la publication de plus de 1 500 ouvrages.

Planude *(Maximos),* écrivain byzantin (Nicomédie v. 1260 - Constantinople 1310), compilateur de l'*Anthologie grecque* et des *Fables d'Ésope.*

Plata (La), v. d'Argentine, ch.-l. de la prov. de Buenos Aires, près du Río de la Plata ; 542 567 hab. Centre administratif, culturel et industriel, formant une conurbation avec Buenos Aires. — Muséum d'histoire naturelle.

Plata *(Río de la),* estuaire d'Amérique du Sud, sur l'Atlantique, formé par les fleuves Paraná et Uruguay, est ouvert à l'Uruguay et à l'Argentine. Sur ses rives, Buenos Aires et Montevideo.

Plateau *(État du),* État du Nigeria central ; 3 076 000 hab. Cap. *Jos.*

Plateau ou **Mittelland** ou **Moyen-Pays,** région de Suisse, entre le Jura et les Alpes, partie vitale du pays, du lac Léman au lac de Constance.

Platées *(bataille de)* [août 479 av. J.-C.], victoire remportée sur les Perses par la Confé-

dération des Grecs dirigée par le Spartiate Pausanias sous les murs de Platées (Béotie) pendant la seconde guerre médique.

Platini *(Michel),* footballeur français (Jœuf, Meurthe-et-Moselle, 1955). Stratège et buteur (notamment remarquable tireur de coups francs), il a été surtout l'artisan de la victoire de l'équipe de France au championnat d'Europe des nations, en 1984.

Platon, philosophe grec (Athènes v. 427 - *id.* 348/347 av. J.-C.). Disciple de Socrate, il voyagea en Égypte, en Sicile, revint à Athènes, où il fonda v. 387 une école, l'*Académie,* puis tenta vainement de conseiller le tyran Denys de Syracuse. Son œuvre philosophique est constituée d'une trentaine de dialogues qui mettent en scène disciples et adversaires face à Socrate. Dans le dialogue, Socrate use de la dialectique, qui fait découvrir à ses interlocuteurs des idées qu'ils avaient en eux sans le savoir. L'amour et les mathématiques sont les voies royales qui les conduisent à la vérité. Socrate les fait progresser vers un idéal où le beau, le juste et le bien sont les vérités ultimes de l'existence terrestre de l'âme humaine, et dont l'homme n'aperçoit sur terre que les apparences. Il s'agit enfin de faire naître dans ce monde une cité idéale où l'ordre de justice sera garanti par les philosophes. Les principales œuvres de Platon sont : *le Banquet, Phédon, la République, Phèdre, Parménide, le Sophiste, Timée, les Lois.* Elles ont marqué la pensée occidentale, en passant par Aristote, les Pères de l'Église, la philosophie de l'islam, le Moyen Âge et la Renaissance, jusqu'à certains aspects de l'idéalisme logique contemporain.

Platonov *(Andreï Platonovitch* Klimentov, dit*),* écrivain soviétique (Voronej 1899 - Moscou 1951). Il est l'auteur de récits en marge du réalisme socialiste (*les Écluses d'Épiphane,* 1927).

Plaute, *en lat.* Maccius (ou Maccus) Plautus, poète comique latin (Sarsina, Ombrie, 254 - Rome 184 av. J.-C.). Des 130 pièces qu'on lui attribuait, Varron n'en reconnaissait que 21 comme authentiques. Les plus connues sont *Amphitryon, Aulularia, les Ménechmes, le Soldat fanfaron.* Plaute emprunte ses sujets aux auteurs grecs de la comédie nouvelle, donnant à ses pièces un rythme et une fougue qui font oublier au spectateur les invraisemblances ; l'action s'articule généralement autour d'un valet rusé qui dirige ses maîtres et dupe les vieillards ; les personnages, d'un pittoresque violent, annoncent déjà les types de la commedia dell'arte.

Pléiade *(la),* nom de deux groupes de poètes : le premier, au IIIᵉ s. av. J.-C., rassemblait, dans l'Alexandrie des Ptolémées, Lycophron de Chalcis, Alexandre l'Étolien, Philiscos de Corcyre, Sosiphanes de Syracuse, Homère de Byzance, Sosithée d'Alexandrie et Dionysiades de Tarse ; le second, le plus célèbre, celui de la Renaissance française, réunit, sous Henri II, autour des figures majeures de Ronsard et de Du Bellay, Rémi Belleau, Jodelle, Baïf, Pontus de Tyard et Peletier du Mans, qui fut remplacé à sa mort par Dorat. Le rôle de la Pléiade fut capital dans la constitution d'une littérature nationale.

Plekhanov *(Gueorgui Valentinovitch),* socialiste russe (Goudalovka 1856 - Terijoki 1918). Populiste puis marxiste, il fonda à Genève le groupe « Libération du travail » (1883). Principal divulgateur des idées marxistes en Russie, il rallia en 1903 les mencheviks, socialistes russes opposés aux thèses des bolcheviks.

Plesetsk ou **Plessetsk,** base de lancement d'engins spatiaux russe, au sud de la mer Blanche. Sa latitude élevée la rend particulièrement adaptée aux lancements vers des orbites polaires ou fortement inclinées par rapport au plan de l'équateur.

Plessis-Robinson (Le), ch.-l. de c. des Hauts-de-Seine, banlieue sud de Paris ; 21 349 hab. Constructions mécaniques.

Pleven, *anc.* Plevna, v. du nord de la Bulgarie ; 134 000 hab. Centre régional culturel, commercial et industriel.

Pleyel *(Ignaz),* compositeur autrichien (Ruppersthal, Basse-Autriche, 1757 - Paris 1831), principal élève de Haydn et fondateur à Paris d'une maison d'édition (1795) et d'une fabrique de pianos (1807). On lui doit des symphonies, des concertos et des quatuors.

Pleyel, manufacture française de pianos et de harpes, fondée en 1807 par I. Pleyel. En 1927, elle prit l'initiative de la construction de la grande salle de concerts de la rue du Faubourg-Saint-Honoré. Elle dut s'associer à Gaveau-Érard en 1961 puis fut rachetée par Schimmel en 1971.

Pline l'Ancien, naturaliste et écrivain latin (Côme 23 apr. J.-C.-Stabies 79). Il était amiral de la flotte de Misène quand survint, en 79, l'éruption du Vésuve, au cours de laquelle il périt. Parmi ses nombreux ouvrages, allant de la grammaire à l'art de la guerre, n'a été conservée que son *Histoire naturelle* en 37 livres.

Pline le Jeune, écrivain latin (Côme 61 ou 62 apr. J.-C.-v. 114), neveu du précédent.

Avocat célèbre, il fut consul. Il est l'auteur d'un *Panégyrique de Trajan* (100) et de *Lettres,* documents de valeur sur la société de son temps.

Plisnier *(Charles),* romancier belge d'expression française (Ghlin 1896 - Bruxelles 1952), auteur de récits de mœurs (*Faux Passeports,* 1937 ; *Meurtres,* 1939-1941 ; *Mères,* 1946-1950).

Plissetskaïa *(Maïa Mikhaïlovna),* danseuse russe (Moscou 1925). Formée à l'école du Bolchoï, elle est engagée dans la compagnie en 1943. Remarquable technicienne, grande tragédienne, elle s'impose comme une inoubliable interprète de *la Mort du cygne.* Elle est invitée par Petit et Béjart, qui lui dédient des créations (*la Rose malade,* 1972 ; *Isadora,* 1977), et signe pour le Bolchoï plusieurs chorégraphies.

Płock, v. de Pologne, ch.-l. de voïévodie, sur la Vistule ; 114 000 hab. Raffinerie de pétrole. Pétrochimie. — Cathédrale remontant au XIIᵉ siècle.

Ploieşti ou **Ploeşti,** v. de Roumanie, en Munténie, au nord de Bucarest ; 247 000 hab. Centre pétrolier et industriel. — Musées.

Plombières *(entrevue de)* [20-21 juill. 1858], rencontre entre Napoléon III et Cavour à Plombières (Vosges) au cours de laquelle furent fixées les conditions du soutien de la France au royaume de Sardaigne dans sa lutte pour l'unité italienne.

Plombs *(les),* prisons de Venise, sous les combles du palais ducal recouverts de lames de plomb.

Plotin, philosophe alexandrin (Lycopolis, auj. Assiout, Égypte, v. 205 - en Campanie 270). Il développe une philosophie de l'Un, appelée « monisme ». Cette philosophie néoplatonicienne influença les Pères de l'Église (*les Ennéades*).

Plovdiv, *anc.* Philippopolis, v. de Bulgarie, sur la Marica ; 357 000 hab. Centre agricole et industriel. Foire internationale. Université. Pittoresque Vieille Ville, avec des restes de fortifications romaines, une mosquée du XVᵉ siècle et des églises de style byzantin du XIXᵉ (belles iconostases). Musées, dont ceux d'Archéologie (préhistoire, civilisations thrace, gréco-thrace [trésor de Panagjurişte, fin du IVᵉ s. av. J.-C.] et romaine) et d'Ethnographie.

Plücker *(Julius),* mathématicien et physicien allemand (Elberfeld, auj. dans Wuppertal, 1801 - Bonn 1868). Il proposa une approche algébrique de la géométrie projective et étendit la notion de coordonnées.

Plutarque, écrivain grec (Chéronée v. 50 apr. J.-C. - *id.* v. 125). Il voyagea en Égypte, séjourna plusieurs fois à Rome et fit partie du collège sacerdotal de Delphes. Il écrivit un grand nombre de traités, que l'on divise, depuis l'Antiquité, en deux groupes : les *Œuvres morales* et les *Vies parallèles* (→ **Vies**). Plutarque, dont la traduction d'Amyot a fait l'auteur ancien le plus lu en France jusqu'au xixᵉ siècle, est un des derniers grands représentants de l'hellénisme.

Pluton, un des noms, dans la mythologie grecque et romaine, du dieu des Enfers Hadès. Cette appellation, plus tardive que celle d'Hadès, souligne l'aspect bienfaisant du dieu souterrain, duquel dépendait la richesse agricole.

Pluton, planète du système solaire, découverte en 1930 par l'Américain C. Tombaugh, dont l'orbite se situe principalement au-delà de celle de Neptune. Sa surface est recouverte de glaces (méthane, azote) et enveloppée d'une atmosphère ténue. Les particularités de son orbite (très elliptique et fortement inclinée sur le plan de l'écliptique) et ses faibles dimensions donnent à penser qu'il pourrait s'agir d'un ancien satellite de Neptune ayant échappé à l'attraction de cette planète à la suite d'une collision avec un autre corps. En 1978, on lui a découvert un satellite, Charon.

Plymouth, port de Grande-Bretagne (Devon), sur le *Plymouth Sound* ; 238 800 hab. Base militaire. Centre industriel.

Plzeň, *en all.* Pilsen, v. de la République tchèque (Bohême) ; 173 129 hab. Brasserie. Métallurgie. — Églises de l'époque gothique au baroque ; hôtel de ville Renaissance. Musées.

P. N. U. D. (Programme des Nations unies pour le développement), programme qui a pour missions la mobilisation de ressources financières, la coopération à des programmes ou à des projets opérationnels en collaboration avec les organisations des Nations unies et les États membres. Il coordonne aussi les activités de développement des Nations unies, en prenant notamment appui sur un réseau de « représentants-résidents » implantés dans 120 pays environ.

Pnyx *(la),* colline à l'ouest d'Athènes, où se tenait l'assemblée des citoyens.

Pô *(le), en ital.* Po, principal fleuve d'Italie, tributaire de l'Adriatique ; 652 km (bassin de 70 472 km²). Issu du mont Viso, dans les Alpes, le Pô traverse Turin et s'oriente vers l'E. Son cours, sinueux, a une faible pente. Il reçoit des affluents alpins et des rivières descendues de l'Apennin. D'énormes quantités d'alluvions, surélevant son lit, ont nécessité l'édification de digues de protection. Son delta, très vaste, a cinq embouchures principales. Le régime est généralement régulier, en dépit de rares crues catastrophiques. L'irrigation demeure l'utilisation la plus importante du fleuve.

Pô *(plaine du)* ou **plaine padane,** région du nord de l'Italie. La plus vaste plaine d'Italie (50 000 km²) formant un triangle drainé par le Pô entre les Alpes, l'Apennin et l'Adriatique. Voie de passage traditionnelle entre les Alpes et le monde méditerranéen, elle est jalonnée de villes et parcourue par un réseau dense d'autoroutes. Avec plus de 20 millions de personnes, elle constitue la région la plus riche et la plus active de l'Italie, dans les domaines agricole et industriel.

Pobedonostsev *(Konstantine Petrovitch),* homme politique russe (Moscou 1827 - Saint-Pétersbourg 1907). Précepteur du futur Alexandre III (1865), il exerça une forte influence sur l'empereur, qu'il incita à renforcer le régime autocratique. Il fut haut procureur du Saint-Synode (1880-1905).

Pobedy ou **Pobiedy** *(pic),* point culminant du Tian Shan, à la frontière entre la Chine et le Kirghizistan ; 7 439 m.

Poblet *(monastère Santa María de),* monastère cistercien d'Espagne, en Catalogne (comm. de Vimbodí, prov. de Tarragone), fondé en 1153. Bel ensemble roman et gothique des xiiᵉ-xvᵉ siècles.

Podgorica, *anc.* Titograd, v. de Yougoslavie, cap. du Monténégro ; 96 000 hab. Centre industriel.

Podolie, région boisée de l'ouest de l'Ukraine, bordée au sud par le Dniestr.

Podolsk, v. de Russie, au sud de Moscou ; 210 000 hab.

Poe *(Edgar Allan),* écrivain américain (Boston 1809 - Baltimore 1849). Enfant adopté, il connaît une jeunesse instable et va chercher fortune à New York. Il épouse (1836) sa jeune cousine Virginia Clemm, qui mourra en 1847, et, tout en collaborant à des revues, se réfugie dans l'alcool. Poète hostile aux effusions lyriques du romantisme (*le Corbeau,* 1845), il déploie dans ses nouvelles un monde fantastique et morbide, et donne le modèle de ces constructions paralogiques qu'imiteront par la suite les romans policiers (*les Aventures d'Arthur Gordon Pym,* 1838 ; *Histoires extraordinaires,* 1840 [→ **Histoires**] ; *Nouvelles Histoires extra-*

ordinaires, 1845). Méconnu de ses compatriotes, il fut révélé à l'Europe par les traductions de Baudelaire.

Pogge (Gian Francesco Poggio Bracciolini, dit *en fr.* **le**), humaniste italien (Terranuova, Florence, 1380 - Florence 1459). Il découvrit de nombreuses œuvres de l'Antiquité romaine. Il est l'auteur d'une *Histoire de Florence* de 1350 à 1455 et de *Facéties* (1438-1452), traduites sous le titre de *Contes de Pogge Florentin.*

Poggendorff *(Johann Christian),* physicien allemand (Hambourg 1796 - Berlin 1877). Il inventa la pile au bichromate et un dispositif à miroir permettant d'évaluer les faibles rotations.

Pohang, port de la Corée du Sud, sur le littoral oriental ; 261 000 hab. Sidérurgie.

Poher *(Alain),* homme d'État français (Ablon-sur-Seine 1909). Président du Sénat de 1968 à 1992, il a été président de la République par intérim après la démission du général de Gaulle (avr.-juin 1969) et après la mort de G. Pompidou (avr.-mai 1974).

Poincaré *(Henri),* mathématicien français (Nancy 1854 - Paris 1912). Polytechnicien, ingénieur au corps des Mines en 1877, il enseigna à la Sorbonne de 1881 à sa mort. Mathématicien dominant de la fin du XIXe siècle, Poincaré a publié près de 500 mémoires. Il fut un des premiers à étudier les fonctions analytiques à plusieurs variables complexes. À la suite de Riemann et de Weierstrass, il s'est également intéressé à la géométrie algébrique. Il a étudié les équations différentielles en relation avec la mécanique céleste et, notamment, le problème des trois corps. Ses recherches en physique mathématique l'ont conduit à des contributions importantes en algèbre et dans la théorie des équations aux dérivées partielles. Par ailleurs, Poincaré peut être considéré comme le véritable fondateur de la topologie algébrique, car, entre 1894 et 1904, il en a créé les outils modernes.

Dans la crise des fondements des mathématiques, ouverte au début du XXe siècle par la découverte des paradoxes de la théorie des ensembles, Poincaré a pris position contre les formalistes, critiqué l'approche logique de Russell, Peano et Hilbert et défendu un point de vue intuitionniste. Ses derniers livres sont consacrés à la philosophie des sciences : *la Science et l'Hypothèse* (1902), *Science et Méthode* (1909), etc. (Acad. fr. 1908.)

Poincaré *(Raymond),* homme d'État français (Bar-le-Duc 1860 - Paris 1934), cousin du précédent. Député à partir de 1887, puis séna-teur après 1903, il assume, de 1893 à 1906, différents postes ministériels. À la tête du gouvernement (1912-13), il se réserve les Affaires étrangères et adopte une politique de fermeté à l'égard de l'Allemagne. Président de la République de 1913 à 1920, il mène le pays à la victoire en faisant appel à Clemenceau. Président du Conseil et ministre des Affaires étrangères de 1922 à 1924, il fait occuper la Ruhr mais doit accepter une révision du traité sur les réparations dues par l'Allemagne (plan Dawes). À nouveau au pouvoir (1926-1929) après l'échec du Cartel des gauches, il forme un gouvernement d'Union nationale et dévalue le franc (1928).

Poinsot *(Louis),* mathématicien français (Paris 1777 - *id.* 1859). Après Monge, il est à l'origine du regain d'intérêt pour la géométrie.

Point *(le),* hebdomadaire français (newsmagazine) créé en 1972, contrôlé par Gaumont depuis 1982.

Point *(Fernand),* cuisinier français (Louhans 1897 - Vienne, Isère, 1955). Son restaurant « La Pyramide », à Vienne, a été le creuset de la majeure partie de la nouvelle école culinaire française de l'après-guerre.

Pointe-à-Pitre, ch.-l. d'arr. de la Guadeloupe, dans l'île de Grande-Terre ; 26 083 hab. *(Pointus).* Principal débouché maritime de la Guadeloupe (exportation de sucre et de bananes). Aéroport (Le Raizet). — Musée « Saint-John Perse ».

Pointe-Noire, port et centre économique du Congo ; 388 000 hab. Tête de ligne du chemin de fer Congo-Océan, la ville est le débouché de la voie transéquatoriale (Congo-Oubangui). Le port exporte du bois et du pétrole.

Poiret *(Paul),* couturier et décorateur français (Paris 1879 - *id.* 1944). Formé chez Doucet et Worth, et inspiré par un Orient fabuleux, il fut le premier à libérer la silhouette féminine de l'étranglement du corset.

Poirot *(Hercule),* personnage de détective de certains romans policiers de A. Christie (*la Mystérieuse Affaire de Styles,* 1920).

Poiseuille *(Jean-Louis),* médecin et physicien français (Paris 1799 - *id.* 1869). Il a donné les lois de l'écoulement laminaire des fluides visqueux (1844).

Poisons *(affaire des)* [1679-1682], série d'affaires d'empoisonnement à Paris dans lesquelles furent impliqués des membres de l'aristocratie versaillaise et qui nécessitèrent la création d'une *Chambre ardente* : elle eut notamment à juger la Brinvilliers et la Voisin.

Poisson *(Siméon Denis),* mathématicien français (Pithiviers 1781 - Paris 1840). Il est un des créateurs de la physique mathématique. Il a appliqué l'analyse mathématique à la mécanique céleste et à la théorie de l'attraction, à celle de la chaleur, à l'électricité, à l'élasticité, à la lumière, au magnétisme et au calcul des probabilités.

Poissons *(les),* constellation zodiacale. Douzième signe du zodiaque, que le Soleil quitte à l'équinoxe de printemps.

Poitiers, ch.-l. de la Région Poitou-Charentes et du dép. de la Vienne, dans le haut Poitou, dominant le Clain, à 329 km au S.-O. de Paris ; 82 507 hab. *(Poitevins).* Commandant une agglomération d'environ 110 000 hab., Poitiers est un centre administratif, commercial, culturel (université). **HIST.** Poitiers devint très tôt l'un des grands foyers religieux de la Gaule. La victoire que Charles Martel y remporta sur les musulmans d'Espagne en 732 brisa leur offensive en Occident. Près de Poitiers, à Maupertuis, le Prince Noir vainquit Jean le Bon et le fit prisonnier (1356). **ARTS.** Baptistère St-Jean, monument paléochrétien insigne, des IVe et VIIe siècles. Remarquables églises romanes, dont St-Hilaire et N.-D.-la-Grande (façade sculptée du milieu du XIIe s.). Cathédrale gothique (XIIe-XIIIe s.) à trois vaisseaux presque d'égale hauteur ; grande salle du palais des Comtes (XIIIe s., embellie pour Jean de Berry) ; hôtels de la Renaissance. Musée Ste-Croix (archéologie, beaux-arts).

Poitou, ancienne province française, partie de l'actuelle Région Poitou-Charentes. **GÉOGR.** La province constitue les départements de la Vienne, de la Vendée et la majeure partie des Deux-Sèvres et désigne le seuil reliant les Bassins aquitain et parisien. On y distingue un *bas Poitou,* à l'O. (en Vendée) et un *haut Poitou* (autour de Poitiers). Il est formé de plaines portant des céréales (sur les terres de groie) et consacrées à l'élevage (sur les terres de brandes). **HIST.** Duché à partir du IXe siècle, le Poitou passa en 1152 à l'Angleterre lors du mariage d'Aliénor d'Aquitaine avec Henri II Plantagenêt. Repris une première fois par Philippe II Auguste (1204), il fut annexé à la France par Charles V (1373).

Poitou- Charentes, Région formée des dép. de la Charente, de la Charente-Maritime, des Deux-Sèvres et de la Vienne ; 25 810 km² ; 1 595 081 hab. ; ch.-l. *Poitiers.* La Région, relativement peu peuplée (densité voisine de 60 hab. au km², guère supérieure à la moitié de la moyenne nationale), demeure encore souvent rurale. Les conditions naturelles (un relief modéré, un climat doux, assez régulier) ont favorisé les cultures des céréales, localement aussi celle de la vigne pour la production de cognac après distillation. Mais l'élevage (bovins surtout) assure aujourd'hui la majeure partie des revenus agricoles.

L'industrie est dominée par les constructions mécaniques et électriques ainsi que par l'agroalimentaire (lié au lait et au cognac). L'urbanisation est modérée, les quatre chefs-lieux de département sont d'importance comparable. Poitiers et Niort bénéficient du passage de l'autoroute Aquitaine. La Rochelle domine un littoral associant pêche, ostréiculture et, surtout, tourisme estival (développé particulièrement à Royan et dans les îles). La population ne s'accroît globalement que lentement, notamment en Charente et dans les Deux-Sèvres, où certaines régions comme le Confolentais ou la Gâtine continuent à se dépeupler, la Charente-Maritime, littorale, et la Vienne, plus proche de Paris, connaissant un relatif dynamisme démographique.

Poivilliers *(Georges),* ingénieur français (Draché, Indre-et-Loire, 1892 - Neuilly-sur-Seine 1968). Il a inventé de nombreux appareils pour la restitution photogrammétrique des photographies aériennes.

Pola → Pula.

Polabí, plaine de la République tchèque (Bohême), de part et d'autre du Labe (Elbe). C'est une région densément peuplée, agricole (grande plaine fertile) et industrielle.

Polaire *(étoile)* ou **la Polaire,** étoile la plus brillante de la constellation de la Petite Ourse. Elle doit son nom à sa proximité (moins de 1°) du pôle céleste Nord.

Polaires *(régions),* régions proches des pôles. On leur donne souvent pour limite l'isotherme de 10 °C pour le mois le plus chaud. La plus grande partie est occupée par la mer dans l'Arctique et par la terre dans l'Antarctique. — Parmi les principales expéditions vers le pôle Nord, l'on peut citer celles de Parry (1827), de Nordenskjöld (1879), de Nansen (1893-1896), de Peary (qui atteignit le pôle en 1909) et, vers le pôle Sud, celles de Dumont d'Urville (1840), de R. F. Scott (1902), de Shackleton (1909), d'Amundsen (qui atteignit le pôle en 1911, précédant Scott d'un mois).

Polanski *(Roman),* cinéaste polonais naturalisé français (Paris 1933). Il débuta en Pologne *(le Couteau dans l'eau,* 1962) avant d'entreprendre une carrière internationale, développant un univers à la fois ironique et inquiétant : *Répulsion* (1965), *Cul-de-sac*

(1966), *le Bal des vampires* (1967), *Rosemary's Baby* (1968), *Chinatown* (1974), *le Locataire* (1976), *Pirates* (1986), *Lunes de fiel* (1992), *la Jeune Fille et la mort* (1995).

Polanyi *(Karl),* économiste britannique d'origine hongroise (Vienne 1886 - Pickering, Ontario, Canada, 1964). Ses recherches ont porté, notamment, sur les systèmes économiques précapitalistes. Il a prôné une économie planifiée, inspirée par un humanisme socialiste.

Polésie, *en russe* Polessie (« Pays des forêts »), région commune à la Biélorussie et à l'Ukraine, traversée par le Pripiat.

Poliakoff *(Serge),* peintre russe naturalisé français (Moscou 1900 - Paris 1969). Installé à Paris en 1923, musicien converti à la peinture, il est parvenu vers 1950 à la manière qui l'a rendu célèbre : un découpage souple de grands secteurs d'une couleur-matière vibrante, aussi loin de la géométrie que de l'informel.

Polichinelle, personnage comique des théâtres de marionnettes. Bossu, il diffère du Pulcinella italien, dont il tire son nom ; celui-ci, vêtu de blanc, n'est pas difforme.

Polidoro da Caravaggio *(Polidoro* Caldara, dit*),* peintre italien (Caravaggio, Lombardie, v. 1490/1500 - Messine 1546 ?). Auteur de peintures décoratives (notamm. en grisaille, pour des façades de palais romains) et de tableaux d'église, ce fut un artiste tourmenté, d'orientation maniériste et expressionniste.

Polieri *(Jacques),* metteur en scène, scénographe et théoricien français (Toulouse 1928). On lui doit l'élaboration d'espaces scéniques ou de communication révolutionnaires (*Théâtre du mouvement total,* Osaka, 1970 ; *Jeu de communication vidéo,* Munich, 1972). Il a réalisé des spectacles (ballet *Gamme de sept,* musique de Xenakis, 1967), des films, des vidéotransmissions intercontinentales et a publié notamment *Scénographie-Sémiographie* (1971), *Scénographie : théâtre, cinéma, télévision* (1991).

Polignac *(Jules Auguste Armand, prince* de*),* homme politique français (Versailles 1780 - Paris 1847). Élevé dans l'émigration, pair de France appartenant au groupe des ultraroyalistes (1814), il fut ambassadeur à Londres (1823-1829). Président du Conseil en 1829, il fit entreprendre l'expédition d'Algérie et signa les ordonnances à l'origine de la révolution de Juillet 1830. Condamné à la prison perpétuelle, il fut amnistié (1836).

Polisario *(Front)* [abrév. de *Front pour la libération de la Saguía El-Hamra et del Río de Oro*],

mouvement armé, constitué en mai 1973, pour la création d'un État sahraoui indépendant dans l'ancien Sahara espagnol (Sahara occidental), aujourd'hui administré par le Maroc.

Politburo, bureau politique du Comité central du Parti communiste de la Russie (créé en 1917), puis de l'U. R. S. S.

Politien *(Angelo* Ambrogini, dit il Poliziano, appelé *en fr.* Ange*),* humaniste italien (Montepulciano 1454 - Florence 1494), auteur des *Stances pour le tournoi* (1478) et de la *Fable d'Orphée* (1480), premier exemple de théâtre de cour d'inspiration profane, qui inspira Monteverdi.

Politique, ouvrage d'Aristote, dans lequel l'auteur analyse trois formes de gouvernement (monarchie, aristocratie et démocratie) à partir desquelles il montre la supériorité d'une démocratie sans démagogie.

Politzer *(Georges),* philosophe français (Nagyvárad, auj. Oradea, 1903 - mont Valérien, Suresnes, 1942). Communiste, il proposa, contre les bergsoniens, une psychologie concrète. Arrêté comme résistant en 1942, il fut fusillé.

Polk *(James Knox),* homme d'État américain (comté de Mecklenburg, Caroline du Nord, 1795 - Nashville, Tennessee, 1849). Président démocrate des États-Unis (1845-1849), il réalisa le rattachement du Texas à l'Union (1845), provoquant la guerre contre le Mexique (1846-1848), qui se solda par d'importantes acquisitions territoriales.

Pollack *(Sydney),* cinéaste américain (South Bend, Indiana, 1934). Ses films perpétuent un cinéma humaniste et nostalgique : *Propriété interdite* (1966), *On achève bien les chevaux* (1969), *Jeremiah Johnson* (1972), *les Trois Jours du Condor* (1975), *Out of Africa* (1985), *Havana* (1990), *la Firme* (1993).

Pollaiolo *(Antonio* Benci, dit Antonio del*),* peintre, sculpteur, graveur et orfèvre italien (Florence v. 1432 - Rome 1498). Il s'est attaché aux recherches de mouvement et de précision anatomique, en peinture (*Hercule et Antée,* Offices), en sculpture (petits bronzes ; tombeaux de Sixte IV et d'Innocent VIII) et en gravure. Son frère **Piero** (Florence v. 1443 - Rome 1496) collabora avec lui.

Pollock *(Jackson),* peintre américain (Cody, Wyoming, 1912 - Springs, Long Island, 1956). Arrivé à New York en 1929, il évoluera grâce à l'influence des muralistes mexicains, à celle de Picasso, puis à la découverte de l'automatisme surréaliste (rencontre des artistes européens réfugiés, à la galerie de Peggy Guggenheim, à partir de 1942). Associant d'abord, vers 1943, une gestualité expressionniste à des sortes d'idéogrammes rituels, totémiques, il aboutit en 1947, à travers la méthode du *dripping*, à une abstraction dans laquelle la couleur, projetée sur de grandes toiles posées au sol, engendre un tissu continu (*all over*) de vibrantes calligraphies. Cette *action painting* fait de lui le plus illustre des artistes qui ont établi le prestige de l'école américaine après 1945.

Pollux → Castor et Pollux.

Polo (*Marco*), voyageur vénitien (Venise 1254 - *id.* 1324). Sa célébrité vient du récit de son voyage en Asie, *le Devisement du monde*, appelé aussi *Livre des merveilles* et *le Million* (*Il Milione*). Son père Niccolo et son oncle Matteo, négociants de Venise, s'aventurent avant lui jusqu'à Pékin (v. 1260-1269) et reviennent porteurs d'un message de l'empereur Kubilay Khan à destination du pape. Ils reprennent le chemin de Pékin en 1271 avec le jeune Marco, en suivant la route de la soie à travers l'Asie centrale, par Kachgar, Yarkand, Khotan. Ils s'arrêtent un an à Ganzhou, puis continuent leur route, sous la protection d'une escorte officielle, et arrivent en 1275 à Shangdu, résidence du khan (empereur). Tandis que son oncle et son père font des affaires, Marco accomplit diverses missions en Chine, pour le compte du khan. Ces voyages intérieurs lui permettront de faire plus tard son extraordinaire tableau de la Chine, décrivant son organisation administrative, son artisanat original, sa monnaie de papier et les richesses de sa capitale Cambaluc (Pékin). En 1292, les trois marchands quittent la Chine, par mer jusqu'à Ormuz, puis, par voie de terre jusqu'à Trébizonde, ils regagnent Venise en 1295. Prisonnier des Génois de 1296 à 1299, Marco Polo dicte ses souvenirs de voyage à un écrivain, Rustichello, qui rédigera *le Devisement du monde* en français.

Pologne, *en polon.* Polska, État de l'Europe centrale, sur la Baltique ; 313 000 km² ; 38 200 000 hab. (*Polonais*). CAP. *Varsovie*. LANGUE : *polonais*. MONNAIE : *zloty*.

GÉOGRAPHIE

■ **Les conditions naturelles.** Le pays a un climat continental avec le maximum des pluies en été. Les températures extrêmes oscillent entre + 39 °C et - 36 °C, mais des nuances existent entre l'ouest et l'est, où l'hiver est plus long et plus froid. L'été, les températures augmentent de la Baltique vers l'intérieur. Les paysages sont le plus souvent plats et l'altitude est inférieure à 200 m. La côte, basse, est échancrée par les deltas de l'Oder et de la Vistule. En arrière s'étendent des collines et des plaines (Mazovie-Podlasie, Grande Pologne). Puis, plus au sud, des plateaux (Petite Pologne, Lublin) forment le piémont de la frange montagneuse qui occupe le sud du pays.

■ **La population et l'économie.** La définition du nouveau territoire, après 1945, a entraîné d'importants mouvements de population. Celle-ci se concentre dans la moitié sud, souvent dans des villes dépassant 200 000 habitants, les deux agglomérations les plus importantes étant Varsovie et Katowice.

Devenue socialiste, la Pologne avait collectivisé son économie et mis en place une planification centralisée, en maintenant cependant la propriété privée dans le domaine agricole (75 % des terres cultivées, en petites exploitations très traditionnelles, et 70 % de la production). La pomme de terre et les céréales (seigle, blé, orge, avoine) viennent en tête, complétées par la betterave à sucre, les oléagineux et l'élevage (porcs et volailles). Mais c'est le secteur industriel qui emploie la majeure partie de la population active et assure 45 % du P. I. B. Le pays dispose de ressources énergétiques très importantes : charbon (extrait surtout en haute Silésie), lignite (utilisé dans les centrales thermiques) et gaz naturel. Le cuivre, le plomb, le zinc, le soufre et le sel gemme sont les autres ressources minières significatives. La vétusté des installations est la cause de pollutions préoccupantes. La sidérurgie et la métallurgie des non-ferreux sont représentées, mais le secteur dominant (un tiers des actifs de l'industrie) est celui de la métallurgie de transformation : matériel ferroviaire, camions, automobiles, constructions navales. S'y ajoutent la chimie, le textile, l'électroménager et l'alimentation. Depuis 1990, la Pologne a opté pour la conversion à l'économie de marché. Privatisation des entreprises d'État, liberté des prix et des salaires, réduction de l'intervention de l'État, appel aux capitaux étrangers sont les principales mesures mises en œuvre. Le taux d'inflation a diminué, le cours du zloty a été stabilisé et les exportations, augmentées. Mais le niveau de vie a baissé et le chômage s'est accru. L'aide internationale reste indispensable.

HISTOIRE

Au cours des migrations des Vᵉ-VIᵉ s., des tribus slaves s'établissent entre l'Oder et l'Elbe. L'ethnie polonaise se forme parmi les Slaves établis dans les bassins de l'Oder et de la Vistule entre le VIIᵉ et le Xᵉ s.

■ **Les Piast.** La dynastie des Piast est fondée v. 960 par le duc Mieszko Iᵉʳ.

966. Baptême du duc Mieszko Iᵉʳ et entrée de la Pologne dans la chrétienté romaine.

1025. Boleslas Iᵉʳ le Vaillant est couronné roi.

À partir du XIIᵉ s., les Germains mettent à profit le morcellement du pays, l'anarchie politique et sociale pour reprendre leur poussée vers le nord et l'est. Les chevaliers Teutoniques occupent le littoral de la Baltique : ils conquièrent la Prusse (1230-1283) puis s'emparent de la Poméranie orientale (1308-1309).

1333-1370. Casimir III le Grand lance l'expansion vers l'est (Galicie) et fonde l'université de Cracovie.

■ **Les Jagellons et la république nobiliaire.**

1385-86. Union personnelle entre la Lituanie et la Pologne : Jogaila, grand-duc de Lituanie, devient roi de Pologne sous le nom de Ladislas II et fonde la dynastie des Jagellons.

1410. Il remporte sur les chevaliers Teutoniques la victoire de Grunwald.

Les règnes de Sigismond Iᵉʳ le Vieux (1506-1548) et de Sigismond II Auguste (1548-1572) voient l'apogée de la Pologne, marqué par la diffusion de l'humanisme, la tolérance religieuse et l'essor économique.

1569. L'Union de Lublin assure la fusion de la Pologne et de la Lituanie en une « république » gouvernée par une Diète unique et un souverain élu en commun.

Après la mort de Sigismond II (1572), dernier des Jagellons, la noblesse impose un contrôle rigoureux de l'autorité royale.

1587-1632. Sigismond III Vasa mène des guerres ruineuses contre la Russie, les Ottomans et la Suède.

1648. Révolte des Cosaques (établis dans la vallée du Dniepr).

1667. La Pologne doit céder à la Russie la rive gauche du Dniepr (Ukraine orientale). Les années 1648-1667 sont appelées *le déluge (potop)*. La Pologne en sort ruinée.

1674-1696. Règne de Jean III Sobieski, qui repousse les Turcs devant Vienne (1683). Après son règne, l'anarchie se développe ; les puissances étrangères (France, Russie, Suède) interviennent dans les affaires intérieures du pays et se battent pour imposer leur candidat au trône de Pologne : l'Électeur de Saxe, Auguste II (1697-1733), soutenu par la Russie, Stanislas Iᵉʳ Leszczyński

(1704-1709, 1733-1736), appuyé par la Suède et la France, Auguste III (1733-1763).

1733-1738. Guerre de la Succession de Pologne.

■ **Les trois partages et la domination étrangère.**

1772. La Russie, l'Autriche et la Prusse procèdent au premier partage de la Pologne.

1791. Adoption par la Diète de la Constitution libérale du 3 mai 1793. La Russie et la Prusse procèdent au deuxième partage de la Pologne.

1794. L'insurrection de Kościuszko est écrasée.

1795. Le troisième partage supprime le pays.

1807-1813. Napoléon crée le grand-duché de Varsovie.

1815. Le congrès de Vienne crée un royaume de Pologne réuni à l'Empire russe.

1830. L'insurrection de Varsovie est sévèrement réprimée.

1863-64. Nouvelle insurrection, durement réprimée.

La partie prussienne et la partie russe de la Pologne sont soumises à une politique d'assimilation ; la Galicie-Ruthénie autrichienne sert de refuge à la culture polonaise. Lorsqu'éclate la Première Guerre mondiale, les Polonais sont enrôlés dans des armées opposées.

■ **La Pologne indépendante.**

1918. Piłsudski proclame à Varsovie la République indépendante de Pologne.

1918-1920. Dantzig est érigée en ville libre, la Silésie partagée entre la Tchécoslovaquie et la Pologne.

1920-21. À l'issue de la guerre polono-soviétique, la Pologne acquiert une partie de la Biélorussie et de l'Ukraine.

Dans la Pologne ainsi restaurée, les minorités nationales (Ukrainiens, Biélorusses, Allemands, Juifs) représentent un tiers de la population.

1926-1935. Revenu au pouvoir à la faveur d'un coup d'État, Piłsudski exerce un pouvoir dont l'autoritarisme grandit à partir de 1930.

1939. Refusant de céder Dantzig et son corridor, la Pologne est envahie par les troupes allemandes, qui franchissent la frontière le 1ᵉʳ sept. ; l'Allemagne et l'U. R. S. S. se partagent la Pologne, conformément au pacte germano-soviétique.

1940. Le gouvernement en exil, dirigé par Sikorski, s'établit à Londres, tandis que s'organise la résistance de l'AK (Armia Krajowa : armée de l'intérieur).

1943. Insurrection et anéantissement du ghetto de Varsovie.

1944. Un comité de libération, soutenu par Staline, se forme à Lublin.

1945. Le comité de Lublin s'établit à Varsovie et s'élargit en un gouvernement d'union nationale reconnu par les Alliés. Les frontières du pays sont fixées à Yalta et à Potsdam. L'organisation du pays s'accompagne de transferts massifs de population (les Polonais des régions annexées par l'U. R. S. S. sont dirigés sur les territoires enlevés à l'Allemagne).

1948. Gomułka, partisan d'une voie polonaise vers le socialisme, est écarté au profit de Bierut, qui s'aligne sur le modèle soviétique.

1953-1956. La lutte de l'État contre l'Église catholique culmine avec l'internement du cardinal Wyszyński.

1956. Après les émeutes ouvrières de Poznań, le parti fait appel à Gomułka pour éviter un soulèvement anticommuniste et antisoviétique.

À partir de 1970, Gierek, qui a remplacé Gomułka, veut remédier aux problèmes de la société polonaise en modernisant l'économie avec l'aide de l'Occident. L'élection de Karol Wojtyła, archevêque de Cracovie, à la papauté sous le nom de Jean-Paul II (1978) encourage les aspirations des Polonais à la liberté intellectuelle et politique.

1980. Le syndicat Solidarité (Solidarność) est créé avec à sa tête L. Wałęsa.

1981. Le général Jaruzelski instaure la loi martiale. Les dirigeants de Solidarité sont arrêtés.

1988. Nouvelles grèves massives.

1989. Des négociations entre le pouvoir et l'opposition aboutissent au rétablissement du pluralisme syndical et à la démocratisation des institutions. Tadeusz Mazowiecki, un des dirigeants de Solidarność, devient chef d'un gouvernement de coalition. Le rôle dirigeant du parti est aboli.

1990. L. Wałęsa est élu président de la République.

1993. La Diète est dissoute. Les élections sont remportées par les ex-communistes et le Parti paysan.

1994. La Pologne dépose une demande d'adhésion à l'Union européenne.

1995. Le social-démocrate (ex-communiste) Aleksander Kwaśniewski est élu à la présidence de la République.

Polonnaruwa, anc. cap. de Ceylan (Sri Lanka) au VIIIᵉ siècle et du XIᵉ au XIIIᵉ siècle. Nombreux temples bouddhiques des XIIᵉ-XIIIᵉ siècles, dont le Vatadage et les statues rupestres du Gal Vihara.

polono-soviétique *(guerre),* conflit qui, en 1920, opposa la Russie soviétique à la Pologne. Marqué par l'avance polonaise en Ukraine puis par la menace soviétique sur Varsovie, il se termina par le traité de Riga (1921), qui fixa jusqu'en 1939 la frontière orientale de la Pologne.

Pol Pot (Saloth Sar, dit), homme politique cambodgien (prov. de Kompong Thom 1928). Secrétaire général du Parti communiste khmer (1962), Premier ministre (1976-1979), il est le principal responsable des atrocités commises par les Khmers rouges.

Poltava, v. d'Ukraine, dans la zone des Terres Noires, au sud-ouest de Kharkov ; 315 000 hab. — Charles XII, roi de Suède, y fut vaincu le 8 juillet 1709 par Pierre le Grand.

Polybe, historien grec (Megalopolis, Arcadie, v. 200 - v. 120 av. J.-C.). Il fit partie, après la défaite grecque de Pydna (168), des otages livrés aux Romains. À Rome, il se lia avec Scipion Émilien et l'accompagna dans la plupart de ses campagnes. Ses *Histoires,* par le souci qu'il a d'analyser méthodiquement les faits et d'en rechercher les causes, le classent parmi les grands historiens grecs.

Polyclète, sculpteur grec du Vᵉ s. av. J.-C. Né à Sicyone ou à Argos, il a été formé par les bronziers argiens et travailla surtout entre 460 et 420. Il a appliqué à ses œuvres ses théories sur les proportions qu'il avait codifiées dans son traité de la *Canon.* Il reste célèbre pour l'équilibre harmonieux et le rythme souple de ses athlètes, que nous ne connaissons que par des répliques : le *Discophore* (petit bronze du Louvre), le *Doryphore,* dont on possède une belle copie antique au musée de Naples, ou le *Diadumène,* dont il reste près de 30 copies ; parmi les plus admirées, celle trouvée à Délos et conservée à Athènes au Musée national, et celle du British Museum.

Polycrate, tyran de Samos (m. à Magnésie du Méandre en 522 av. J.-C.). Samos connut sous son règne (533/532-522 av. J.-C.) une grande prospérité. Il attira à sa cour des artistes et des écrivains, dont Anacréon.

Polyeucte, drame de P. Corneille (1642).

Polyeucte *(saint),* officier romain, martyr (m. à Mélitène, Arménie, v. 250). Converti par Néarque, son ami, il fut supplicié pour avoir renversé les idoles, un jour de fête.

Polygnote, peintre grec (île de Thasos Vᵉ s. av. J.-C. - Athènes). Auteur de vastes compositions mythologiques connues par les descriptions qu'en ont faites Pausanias et Pline, il est considéré comme le fondateur de la peinture murale grecque.

Polymnie, dans la mythologie grecque, Muse de la Pantomime.

Polynésie, partie de l'Océanie formée par les îles et les archipels du Pacifique central peuplés de Polynésiens (500 000 env.), dans un triangle délimité par la Nouvelle-Zélande (mise à part en raison de sa population blanche), les îles Hawaii et l'île de Pâques ; 26 000 km² (dont les deux tiers pour les Hawaii). GÉOGR. Les îles forment soit des États indépendants (Samoa, Tonga, Tuvalu, Nauru), soit des territoires associés plus ou moins étroitement à une métropole. Les Polynésiens ont colonisé ces îles avant les Européens. Peu étendues, souvent volcaniques et coralliennes, celles-ci ont un climat tropical atténué par l'océan. Les ressources des plantations (cocotiers) et de la pêche sont parfois complétées par les mines et surtout le tourisme.

Polynésie française, territoire français d'outre-mer qui regroupe les îles de la Société (avec Tahiti), les Tuamotu, prolongées par les Gambier, les îles Marquises, les îles Australes et l'atoll isolé de Clipperton ; 188 814 hab. GÉOGR. Les 4 000 km² de terres émergées sont répartis dans une zone maritime de 5 millions de km², entre 7 et 28⁰ de latitude S. Le climat est tropical, chaud mais sain et éventé, bien arrosé (Papeete, 1 900 mm de pluies par an). La population se concentre surtout dans les îles de la Société, en particulier à Tahiti, site du centre administratif, Papeete. La principale exportation de la Polynésie française est le coprah. Le commerce est totalement déséquilibré, mais la balance des paiements est rétablie par les transferts de la métropole, les dépenses militaires du Centre d'expérimentation du Pacifique (jusqu'en 1996) et aussi les revenus du tourisme. HIST. Les différentes îles de la Polynésie française ont été occupées par la France dans le courant du XIXᵉ siècle (Tahiti et ses dépendances, 1843). Le statut de 1977 accorde au territoire (appelé jusqu'en 1957 *Établissement français de l'Océanie*) l'autonomie interne, renforcée par un nouveau statut en 1984, en 1990 et en 1996.

Polynice, fils d'Œdipe et frère d'Étéocle, d'Ismène et d'Antigone, dans la légende thébaine. Tué par Étéocle, qu'il tua à son tour en mourant, il fut laissé sans sépulture sur l'ordre de Créon. C'est contre cela que s'insurgea de manière tragique sa sœur Antigone.

polytechnique *(École),* appelée familièrement l'« X », école d'enseignement supérieur fondée à Paris en 1794 et relevant du ministère de la Défense. Aujourd'hui située à Palaiseau, elle forme des emplois de haute qualification dans les grands corps civils et militaires de l'État.

Pomaré, nom d'une dynastie qui régna à Tahiti à partir de la fin du XVIIIᵉ s. **Pomaré IV,** de son vrai nom Aïmata (1813-1877), reine de 1827 à 1877, dut accepter en 1847 le protectorat de la France, qu'elle avait vivement combattu. Son fils **Pomaré V** (1842-1891), roi de Tahiti en 1877, abdiqua en 1880 pour laisser la place à l'administration directe de la France.

Pombal *(Sebastião José de Carvalho e Melo, marquis de),* homme d'État portugais (Lisbonne 1699 - Pombal 1782). Secrétaire aux Affaires étrangères (1750) et à l'Intérieur, il mena les affaires du royaume sous le règne de Joseph Iᵉʳ (1750-1777) en appliquant les principes du despotisme éclairé. Il réforma l'administration, modernisa l'économie nationale et fit expulser les jésuites en 1759. À la mort du roi, il fut disgracié.

Poméranie, région historique, en bordure de la Baltique, partagée par l'Oder entre la Poméranie occidentale et la Poméranie orientale. La région est longtemps soumise aux influences rivales de la Pologne, du Brandebourg et de l'ordre Teutonique. En 1648, la majeure partie de la Poméranie occidentale devient suédoise. Puis, aux dépens de la Suède (1720) et de la Pologne (1772), le Brandebourg annexe toute la Poméranie. À partir de 1815, la Poméranie appartient à la Prusse, mais celle-ci doit céder en 1919 une partie de la Poméranie orientale à la Pologne. Depuis 1945, la Poméranie orientale appartient à la Pologne. La Poméranie occidentale a fait partie de la R. D. A. et elle constitue depuis 1990 une partie du Land de Mecklembourg-Poméranie-Occidentale.

Pomiane *(Edward Pomian Pożerski, dit Édouard de),* médecin et gastronome français (Paris 1875 - *id.* 1964). On lui doit des livres de cuisine où il allie diététique, raffinement et sens de l'humour.

Pompadour *(Jeanne Antoinette Poisson, marquise de),* favorite de Louis XV (Paris 1721 - Versailles 1764), épouse du fermier général Charles Le Normant d'Étiolles. Maîtresse déclarée du roi à partir de 1745, elle joua un rôle politique important. Elle contribua au renversement des alliances (1756) qui préluda à la guerre de Sept Ans et soutint Bernis Soubise et Choiseul. Elle eut aussi un rôle culturel, protégeant philosophes, artistes et écrivains.

Pompée, *en lat.* Cnaeus Pompeius Magnus, général et homme d'État romain (106 - Péluse 48 av. J.-C.). Il fait campagne en Sicile et en Afrique contre les fidèles de Marius (82) et rétablit l'ordre en Espagne, où il termine la guerre contre le lieutenant de Marius, Sertorius (77-72). Vainqueur de Spartacus, consul en 70 avec M. Licinius Crassus, il débarrasse la Méditerranée des pirates (67). Il achève la guerre contre Mithridate VI, roi du Pont (66), et conquiert l'Asie Mineure, la Syrie et la Palestine, où il prend Jérusalem (63). Rentré en Italie, mais bientôt en butte à la défiance du sénat, qu'inquiète son prestige, Pompée forme avec Crassus et César un triumvirat (60), renouvelé en 56 ; la mort de Crassus, en 53, le laisse face à face avec César. Alors que César est en Gaule, Pompée reçoit en 52 les pleins pouvoirs pour lutter contre l'anarchie qui s'installe à Rome. L'ambition des deux hommes rend inévitable la guerre civile. César franchit le Rubicon (janv. 49) et marche sur Rome. Abandonnant Rome, Pompée regroupe ses forces en Illyrie. Vaincu à Pharsale (48), il se réfugie en Égypte, où il est assassiné.

Pompéi, *en ital.* Pompei, ancienne ville d'Italie, en Campanie (prov. de Naples), au pied du Vésuve ; 23 000 hab. La ville, bâtie par les Osques au VIᵉ s. av. J.-C., tomba sous l'influence des Grecs puis des Samnites ; en 290, elle s'allia à Rome et, en 89, prise par Sulla, devint colonie romaine et bientôt lieu de villégiature idéal de riches Romains. L'éruption (24-28 août 79) du Vésuve l'ensevelit sous une nuée ardente, tuant de très nombreux habitants. ARCHÉOL. Pompéi s'organisait selon un plan en damier avec un réseau serré de rues, pavées de dalles et bordées de trottoirs, et de grands espaces où s'élevaient les édifices politiques, religieux et économiques. Les maisons patriciennes présentent l'heureuse combinaison de l'atrium, élément romain, et du péristyle entourant le jardin, élément hellénistique. Elles ont livré de nombreuses peintures murales, dont les divers styles (IIᵉ s. av. J.-C. à 79 apr. J.-C.) permettent de suivre l'évolution de la peinture romaine. Les nombreuses mosaïques et tout un ensemble de meubles et d'objets d'art font de Pompéi un reflet de la vie romaine au premier siècle de l'Empire.

Pompidou *(Centre)* → **Centre national d'art et de culture Georges-Pompidou.**

Pompidou *(Georges),* homme d'État français (Montboudif, Cantal, 1911 - Paris 1974). Premier ministre de De Gaulle (1962-1968), il fut confronté à la crise de Mai 1968. Il accéda en 1969 à la présidence de la République. Fidèle au gaullisme, il infléchit cependant la politique internationale en encourageant l'entrée de la Grande-Bretagne dans le Marché commun (1973). Il mourut au cours de son mandat.

Pompignan *(Jean-Jacques* Lefranc, marquis **de),** écrivain français (Montauban 1709 - Pompignan 1784). Auteur d'*Odes chrétiennes et philosophiques,* il fut un adversaire des philosophes. (Acad. fr. 1759.)

Pomponne *(Simon* Arnauld, *marquis* de), homme d'État français (Paris 1618 - Fontainebleau 1699). Fils de Robert Arnault d'Andilly, secrétaire d'État aux Affaires étrangères (1671) puis ministre d'État (1672), il dirigea la diplomatie française. Rappelé au Conseil en 1691, il seconda son gendre Torcy.

Poncelet *(Jean Victor),* général et mathématicien français (Metz 1788 - Paris 1867). Il exposa ses travaux dans son *Traité des propriétés projectives des figures* (1822). Ses méthodes de base sont l'emploi généralisé de la perspective et des sections planes, l'introduction systématique des éléments à l'infini avec celle des éléments imaginaires, etc. Il est aussi l'auteur d'un traité de mécanique. Représentant du peuple à l'Assemblée constituante (1848), il refusa de servir le second Empire et fut mis à la retraite en 1852.

Pondichéry, v. de l'Inde, ch.-l. du *territoire de Pondichéry,* anc. ch.-l. des Établissements français dans l'Inde, sur la côte de Coromandel (golfe du Bengale) ; 401 337 hab. — Acquise en 1674 par les Français, qui en firent le siège de la Compagnie des Indes orientales, elle fut conquise par les Britanniques et restituée à la France en 1815. Elle fut cédée à l'Inde en 1956.

Ponge *(Francis),* poète français (Montpellier 1899 - Le Bar-sur-Loup 1988). Saisir l'objet de l'intérieur et de l'extérieur et en rendre la « propreté », la « netteté » (*le Parti pris des choses,* 1942 ; *Proêmes,* 1949-50 ; *le Savon,* 1967), rendre l'existence et la spécificité du texte aussi évidentes que celles de l'objet (*le Grand Recueil,* 1961), décrire pour purifier, tels sont les principaux engagements du poète. On lui doit encore un *Nouveau Recueil* (1967), *Comment une figue de paroles et pour-*

quoi (1977), *Petite Suite vivaraise* (1983), *Pratiques d'écriture ou l'Inachèvement perpétuel* (1984).

Poniatowski *(Józef ou Joseph, prince),* général polonais et maréchal de France (Vienne 1763 - Leipzig 1813). Nommé par Napoléon ministre de la Guerre du grand-duché de Varsovie (1806), il commanda en 1809 les Polonais contre les Autrichiens puis, en 1812, le 5e corps de la Grande Armée en Russie et fut fait maréchal (1813).

Ponsard *(François),* écrivain français (Vienne, Isère, 1814 - Paris 1867). Il réagit contre le romantisme et tenta, dans ses tragédies, un retour aux règles classiques (*Lucrèce,* 1843). [Acad. fr. 1855.]

Ponson du Terrail *(Pierre Alexis, vicomte),* écrivain français (Montmaur, Hautes-Alpes, 1829 - Bordeaux 1871), un des maîtres du roman-feuilleton (*les Exploits de Rocambole,* 1859).

Pont, pays du nord-est de l'Asie Mineure, en bordure de la mer Noire. Devenu royaume (301 av. J.-C.), le Pont devint, sous Mithridate VI (111-63), l'État le plus puissant de l'Asie Mineure.

Ponta Delgada, port et cap. des Açores, dans l'île de São Miguel ; 22 000 hab. Port d'escale transatlantique et base navale.

Pontarlier, ch.-l. d'arr. du Doubs, sur le Doubs ; 18 884 hab. *(Pontissaliens).* Isolants acoustiques. Constructions mécaniques. — Musée municipal.

Pont-Aven *(école de),* nom donné, de façon très large, à plusieurs vagues de peintres venus travailler dans la petite ville de Pont-Aven (Finistère) vers la fin du XIXe siècle. Si Gauguin ne fut pas le premier que ce site breton attira, il fut le maître de l'« école », tandis qu'É. Bernard en était le théoricien. À Pont-Aven (de 1886 à 1894) ou au Pouldu (1889 et suiv.) se rencontrèrent, outre ces deux peintres, Sérusier (qui inspirera les nabis), Émile Schuffenecker, Charles Laval, Charles Filiger, Armand Seguin, des peintres étrangers comme le Néerlandais Jacob Meyer de Haan, etc. Dès juin 1889, à Paris, une « exposition du groupe impressionniste et synthétiste » réunissait au café Volpini, autour de Gauguin, certains de ces peintres. Leur esthétique *synthétiste* (ou *cloisonniste*) allait influencer une large part du symbolisme et de l'Art nouveau.

Pontchartrain *(Louis* Phélypeaux, *comte* de), homme d'État français (Paris 1643 - Pontchartrain 1727). Intendant (1687), contrôleur général des Finances (1689-1699), secré-taire d'État à la Marine et à la Maison du roi (1690-1699), chancelier (1699-1714), il créa la capitation (1695).

Pont-Euxin, ancien nom de la mer Noire.

Ponthieu *(le),* région de Picardie, entre les basses vallées de la Somme et de l'Authie.

Ponti *(Giovanni, dit* Gio*),* architecte et designer italien (Milan 1891 - *id.* 1979). Professeur d'architecture à l'École polytechnique de Milan, animateur de la triennale de cette ville, il a fondé la revue *Domus* (1928) et a participé à l'élaboration d'un design moderne du mobilier. Il est l'auteur, à Milan, de deux immeubles de la Montecatini (1936 et 1951) et, en collaboration, de la tour Pirelli (1956).

Pontiac, chef indien (dans l'Ohio v. 1720 - près de Saint Louis 1769). Allié des Français, il tenta de soulever l'ensemble des Indiens contre les Anglais (1763-1766).

Pontianak, port d'Indonésie (Bornéo), dans le delta du Kapuas ; 305 000 hab. Centre d'une région agricole.

Pontigny, comm. de l'Yonne ; 784 hab. Église romane et gothique du XIIe siècle, ancienne abbatiale cistercienne. — Siège de réunions culturelles (les *décades de Pontigny*) animées par P. Desjardins (1910-1914 ; 1922-1939), l'abbaye est occupée de nouveau par des religieux. La paroisse de Pontigny est, depuis 1954, le siège de la Mission de France.

Pontine *(plaine),* anc. **marais Pontins,** plaine d'Italie, dans le Latium. Agriculture et élevage. Elle a été assainie à partir de 1928.

Pontivy, ch.-l. d'arr. du Morbihan, sur le Blavet ; 14 512 hab. *(Pontivyens).* Agroalimentaire. — Château fort des Rohan (XVe s.) ; maisons anciennes.

Pontoise, ch.-l. du Val-d'Oise, sur l'Oise, à 27 km au N.-O. de Paris ; 28 463 hab. *(Pontoisiens).* Évêché. Cet ancien chef-lieu du Vexin est devenu le principal élément de la ville nouvelle de *Cergy-Pontoise.* — Église St-Maclou, romane, gothique et Renaissance, aujourd'hui cathédrale. Hôtel de ville dans un ancien couvent du XVIe siècle ; musée Tavet dans un hôtel d'époque gothique.

Pontoppidan *(Henrik),* écrivain danois (Fredericia 1857 - Copenhague 1943). Un des derniers grands écrivains naturalistes danois, il est l'auteur de sources romanesques (*Pierre le chanceux,* 1898-1904). [Prix Nobel 1917, avec Karl Gjellerup.]

Pontormo *(Iacopo* Carucci, *dit* [il], *en fr.* [le]*),* peintre italien (Pontormo, prov. de Florence, 1494 - Florence 1556). S'inspirant de Michel-Ange, voire de Dürer, il a élaboré un art tendu, contrasté, aux effets étranges, exemplaire du maniérisme florentin (*Déposition de Croix*, église S. Felicità).

Poole, port de Grande-Bretagne (Dorset) ; 130 900 hab. Station balnéaire. Yachting. — Maisons anciennes ; petits musées. Parc naturel de l'île de Brownsea.

Poona → Pune.

Poopó, lac de Bolivie, dans les Andes, à 3 686 m d'alt. ; 2 600 km² env.

Popard *(Irène),* pédagogue française (Paris 1894 - *id.* 1950), créatrice d'une méthode de danse rythmique, dite « eurythmie ».

Pope *(Alexander),* écrivain britannique (Londres 1688 - Twickenham 1744). Ses poèmes didactiques (*Essai sur la critique*, 1711 ; *Essai sur l'homme*, 1733), héroï-comiques (*la Boucle volée*, 1712) et satiriques (*la Dunciade*, 1728 et 1742) font de lui le théoricien et le meilleur représentant du classicisme.

Popocatépetl, un des principaux volcans actifs du Mexique, à 60 km de Mexico ; 5 452 m.

Popov *(Aleksandr Stepanovitch),* ingénieur russe (Tourinskie Roudniki, auj. Krasnoturinsk, près de Sverdlovsk, 1859 - Saint-Pétersbourg 1906). Ayant reproduit dès 1889 les expériences de Hertz, il observa que la sensibilité du cohéreur de Branly augmentait lorsqu'on le reliait à un fil conducteur, qu'il eut l'idée de suspendre à un cerf-volant, inventant ainsi l'antenne radioélectrique (1895).

Poppée, impératrice romaine (m. en 65 apr. J.-C.). Femme d'Othon puis maîtresse de Néron, qui l'épousa en 62. Néron la tua d'un coup de pied dans un accès de colère puis la fit diviniser.

Popper *(sir Karl Raimund),* philosophe britannique d'origine autrichienne (Vienne 1902 - Londres 1994). D'abord proche des néopositivistes du cercle de Vienne, Popper rompt avec eux en montrant la spécificité des théories scientifiques : elles procèdent en effet, selon lui, par essai et erreur et par conjectures et réfutations, non par induction (*la Logique de la découverte scientifique*, 1934). Le propre d'une théorie scientifique est d'être falsifiable, contrairement aux théories des sciences humaines. Il a retracé sa démarche épistémologique dans *la Quête inachevée* (1974).

Poquelin → Molière.

Pordenone *(Giovanni Antonio de' Sacchis, dit il, en fr. le),* peintre italien (Pordenone v.

1484 - Ferrare 1539). Actif à Trévise, Crémone, Plaisance, Venise, etc., c'est un peintre d'église au style robuste et impétueux, qui exerça une influence sur le Tintoret.

Pori, port de Finlande, sur le golfe de Botnie ; 76 000 hab. — Monuments des XIXᵉ et XXᵉ siècles. Musée de la province de Satakunta et musée d'Art.

Porphyre, philosophe grec (Tyr 234 - Rome 305). Platonicien, il édita les *Ennéades* de son maître Plotin et combattit les chrétiens.

Porpora *(Nicola Antonio),* compositeur italien (Naples 1686 - *id.* 1768). Son existence se partagea entre Venise, Naples, Dresde, Vienne. Il reste surtout un maître de l'opera seria, dont il a laissé au moins 50 spécimens (*Didone abbandonata*, 1725 ; *Arianna in Nasso*, 1733 ; *Il Trionfo di Camilla*, 1740). Il demeura attaché au style mélodique du bel canto napolitain et fut sans doute le plus grand professeur de chant de tous les temps.

Porsenna, roi étrusque du VIᵉ s. av. J.-C. Il tenta de rétablir les Tarquins à Rome.

Port (Le), port de la Réunion, sur la côte nord-ouest ; 34 806 hab. Débouché maritime de l'île.

Portal *(Antoine, baron),* médecin français (Gaillac 1742 - Paris 1832). Professeur d'anatomie et de médecine, médecin de Louis XVIII, à l'origine de la création de l'Académie royale de médecine, il laissa des ouvrages d'histoire de la médecine.

Portalis *(Jean),* jurisconsulte français (Le Beausset 1746 - Paris 1807). Instigateur du Concordat de 1801, ministre des Cultes sous l'Empire, il fut l'un des rédacteurs du Code civil. (Acad. fr. 1803.)

Port-Arthur, *en chin.* Lüshun, port de la Chine du Nord-Est (Liaoning), partie de la conurbation de Lüda. — Territoire cédé à bail à la Russie (1898), puis conquis par le Japon (1905), il passa sous administration sino-soviétique (1946) puis fut cédé à la Chine en 1954.

Port-au-Prince, cap. et principal port de la République d'Haïti, sur la *baie de Port-au-Prince* ; 1 144 000 hab. — Cathédrale du XVIIIᵉ siècle. Musées.

Port Blair, ch.-l. du territoire indien des îles Andaman et Nicobar, sur l'île de South Andaman ; 50 000 hab.

Port-Cros, une des îles d'Hyères ; 6,4 km². Parc national.

Porte ou **Sublime-Porte** *(la),* nom donné autrefois au gouvernement ottoman.

Porte-Glaive *(chevaliers),* ordre de chevalerie fondé en 1202 par l'évêque de Riga, Albert von Buxhœveden, pour mener la croisade contre les païens de Livonie. En 1237, ils fusionnèrent avec l'ordre Teutonique mais conservèrent leur grand maître. En 1561, l'ordre fut sécularisé.

Port Elizabeth, port de l'Afrique du Sud (prov. du Cap-Est) ; 652 000 hab. Centre industriel.

Porter *(Katherine Anne),* femme de lettres américaine (Indian Creek, Texas, 1890 - Silver Spring, Maryland, 1980). Ses nouvelles (*l'Arbre de Judée,* 1930) et ses romans (*la Nef des fous,* 1962) peignent le conflit entre valeurs sociales et valeurs spirituelles.

Portes de Fer, nom de plusieurs défilés, notamment de celui du Danube, à l'extrémité des Carpates, site d'un important aménagement hydroélectrique ; de ceux d'affluents de la Soummam, en Algérie.

Port-Gentil, port du Gabon, à l'embouchure de l'Ogooué ; 123 000 hab. Centre de la zone d'exploitation pétrolière.

Port Harcourt, port du Nigeria, sur le delta du Niger ; 336 000 hab. Raffinage et pétrochimie.

Portici, port d'Italie, en Campanie, au pied du Vésuve ; 67 824 hab. — Palais et villas du XVIIIe siècle.

Portier *(Paul),* physiologiste français (Bar-sur-Seine 1866 - Bourg-la-Reine 1962). Spécialiste des animaux marins, il découvrit en 1902 l'anaphylaxie (forme particulière d'allergie), avec C. Richet.

Portinari *(Cândido),* peintre brésilien (Brodósqui, État de São Paulo, 1903 - Rio de Janeiro 1962). Il est l'auteur de vastes décorations murales expressionnistes (ministère de l'Éducation, Rio, 1936-1945 ; *la Guerre et la Paix,* O. N. U., New York, 1955 ; etc.).

Portland, péninsule anglaise de la Manche (Dorset). Calcaire argileux ayant donné son nom à une variété de ciment.

Portland, port des États-Unis (Oregon) ; 437 319 hab. Centre culturel et industriel.

Port-Louis, cap. et port de l'île Maurice, sur la côte nord-ouest de l'île ; 144 000 hab. Centre commercial et agricole (canne à sucre).

Port Moresby, cap. de la Papouasie-Nouvelle-Guinée, sur la mer de Corail ; 144 000 hab. Port exportateur de cuivre, caoutchouc, noix de coco, bois et café.

Porto, port du Portugal ; 310 637 hab. (près de 1 million dans l'agglomération). Sur les pentes dominant le Douro, Porto, deuxième ville du pays et métropole du Nord, centre de commercialisation des vins de Porto, a des industries (métallurgie, chimie, traitement du poisson) surtout dans sa banlieue. — Cathédrale, romane, et église S. Francisco, gothique, toutes deux à riches décors baroques. Autres monuments. Musées.

Porto Alegre, v. du Brésil, cap. du Rio Grande do Sul ; 1 262 631 hab. (3 015 960 dans l'agglomération). Métropole économique du Brésil méridional. — Beau parc Farroupilha. Musées.

Port of Spain, v. de l'île de la Trinité, cap. de l'État de Trinité-et-Tobago, sur la côte nord du golfe de Paria ; 58 000 hab. — Jardin botanique tropical.

Porto-Novo, cap. du Bénin, sur le golfe de Guinée ; 208 000 hab.

Porto Rico ou **Puerto Rico,** une des îles des Grandes Antilles, à l'est d'Haïti ; 8 897 km² ; 3 522 000 hab. *(Portoricains).* Cap. *San Juan.* **GÉOGR.** Porto Rico est une île tropicale où la cordillère centrale sépare les terres du Nord, au vent, très arrosées, de celles du Sud, plus sèches. La population est très dense en raison d'un fort accroissement naturel. Malgré les nombreuses implantations industrielles (produits pharmaceutiques, pétrochimie, alimentation, textile, plastique, matériel électrique et électronique) qui font de Porto Rico un centre industriel, le taux de chômage est élevé, entraînant une forte émigration vers les États-Unis. Les superficies agricoles diminuent et l'élevage (lait et viande) dépasse les productions traditionnelles (tabac et surtout canne à sucre). Le tourisme se développe. **HIST.** L'île est découverte en 1493 par Christophe Colomb. En 1508, le nom de « Porto Rico » est donné à une baie où est fondée (1511) San Juan. En 1898, après la défaite des Espagnols, les États-Unis occupent l'île, dont les habitants reçoivent la nationalité américaine en 1917. En 1952, une nouvelle Constitution, approuvée par référendum, fait de Porto Rico un « État libre associé » aux États-Unis.

Port-Royal, abbaye cistercienne de femmes fondée au XIIIe siècle dans la vallée de Chevreuse et devenue célèbre au début du XVIIe siècle lorsque son abbesse, Jacqueline Arnauld, la « Mère Angélique », en entreprit la réforme sous l'influence du jansénisme et de son directeur spirituel, l'abbé de Saint-Cyran. Cette abbaye de Port-Royal des Champs, dédoublée en 1625 avec l'ouverture de Port-Royal de Paris, devint un foyer actif de vie religieuse et intellectuelle qui attira de nombreux « solitaires » (Pascal, les Arnauld). Plusieurs de ces « messieurs » se firent pédagogues dans les « Petites Écoles », pour lesquelles furent rédigées notamment la *Grammaire* et la *Logique* dites « de Port-Royal ». En 1656, la persécution s'abattit sur le groupe, devenu le noyau du jansénisme. Les religieuses qui, en 1664, refusèrent de souscrire à un « formulaire » de compromis furent séquestrées et frappées d'interdit. Après un temps de rémission, Louis XIV intensifia cette politique de persécutions jusqu'à l'expulsion des moniales et à la démolition du couvent (1710).

Port-Saïd, port d'Égypte, sur la Méditerranée, à l'entrée du canal de Suez ; 382 000 hab. Zone franche industrielle.

Portsmouth, port du sud de la Grande-Bretagne (Hampshire), sur l'île de Portsea, face à l'île de Wight ; 174 700 hab. Construction navale, civile et militaire. — Musées, dont celui de la maison natale de Dickens et le Musée naval (qui conserve le *Victory,* navire amiral de Nelson).

Port-Soudan, principal port du Soudan, sur la mer Rouge ; 207 000 hab.

Portugal, État de l'Europe méridionale, dans l'ouest de la péninsule Ibérique, sur l'Atlantique ; 92 000 km² ; 10 400 000 hab. *(Portugais).* CAP. Lisbonne. LANGUE : portugais. MONNAIE : escudo.

GÉOGRAPHIE

Largement ouvert sur l'Atlantique, le Portugal occupe l'extrémité sud-ouest de l'Europe et a l'Espagne pour seul voisin. Son climat devient plus chaud et plus sec du N. au S. et ses reliefs prolongent ceux de la Meseta espagnole ; le socle ancien est modelé en plateaux qui descendent en gradins vers l'Atlantique. Les altitudes les plus élevées sont dans le Nord : près de 2 000 m dans les serras da Lousã et da Estrela. Le pays n'a que le cours inférieur de ses trois grands fleuves : Douro, Tage et Guadiana. Ils fournissent environ la moitié de l'électricité du pays. La population est concentrée surtout dans les régions côtières (sauf dans le Sud, où les densités restent faibles), l'émigration ayant vidé l'intérieur.
L'agriculture, dont la productivité est faible, occupe environ 20 % des actifs. Les petites exploitations de polyculture (maïs, pomme de terre, vin) du Nord s'opposent à celles du Sud, très étendues (céréales, élevage ovin et bovin). Le pays exporte du vin, des légumes et des fruits, du bois et du liège, mais n'est pas autosuffisant. Le secteur industriel

se développe. Le textile vient en tête, suivi par la confection, la métallurgie, le montage automobile, l'électronique, le travail du cuir et du bois et l'agroalimentaire. Le tourisme, les envois des émigrés ne suffisent pas à équilibrer la balance des paiements. Les importations dépassent de loin les exportations, et le pays est endetté. L'entrée du Portugal (1986) dans la C. E. E. a pourtant eu un effet dynamisant sur l'économie. Les échanges avec ses partenaires (surtout l'Espagne) se sont développés, tandis que le Japon accroissait ses investissements.

HISTOIRE

■ **La formation de la nation.** Le pays est occupé par des tribus en rapport avec les Phéniciens, les Carthaginois et les Grecs. Au cours du IIᵉ s. av. J.-C., l'ouest de la péninsule Ibérique tente de résister à la conquête romaine. Créée sous Auguste, la province de Lusitanie est envahie au Vᵉ s. apr. J.-C. par les Suèves et les Alains, puis par les Wisigoths, qui s'y installent.
711. Les musulmans conquièrent le pays. La reconquête de la péninsule par les chrétiens se précise au XIᵉ s. En 1097, Alphonse VI, roi de Castille et de León, confie le comté de Portugal à son gendre, Henri de Bourgogne.
1139-1185. Alphonse Henriques, fils d'Henri de Bourgogne, prend le titre de roi de Portugal après sa victoire d'Ourique sur les Maures (1139) et fait reconnaître l'indépendance du Portugal.
La conquête du Sud, accélérée par la victoire de Las Navas de Tolosa (1212) et achevée en 1249, renforce l'indépendance. Pour assurer le repeuplement du pays, la monarchie accorde des avantages (chartes) à la paysannerie libre et limite le rôle de la noblesse et des ordres religieux. Quant aux juifs et aux morisques, malgré leur rôle économique, ils vivent en marge de la nation, où ils ne subsisteront que jusqu'en 1496. Les derniers rois de la dynastie bourguignonne, en particulier Denis Iᵉʳ (1279-1325), favorisent l'essor économique du pays et l'orientent vers le commerce maritime.
1383-1385. Une crise dynastique est dénouée par la victoire de Jean Iᵉʳ d'Aviz, soutenu par la bourgeoisie, sur Jean Iᵉʳ de Castille, candidat de la noblesse.
■ **L'âge d'or.** Le Portugal poursuit au XVᵉ s. et au début du XVIᵉ s. son expansion maritime et joue un grand rôle dans les voyages de découvertes sous l'impulsion d'Henri le Navigateur (1394-1460) et des rois Jean II (1481-1495) et Manuel Iᵉʳ (1495-1521). Les marins portugais progressent le long des

côtes d'Afrique, découvrent Madère (1419), les Açores (1432) et les îles du Cap-Vert (1460).

1487-88. Bartolomeu Dias double le cap de Bonne-Espérance.

1494. Le traité de Tordesillas établit une ligne de partage entre les possessions extra-européennes de l'Espagne et celles du Portugal.

Le voyage de Vasco de Gama en Inde (1497-98) ouvre la voie à un empire colonial qui s'étend de la Chine au Brésil. Le Portugal contrôle désormais le commerce des épices, du sucre et des esclaves. La période des découvertes est aussi celle de l'apogée artistique (art manuélin) et littéraire (Camões).

1580. La crise dynastique ouverte par la mort de Sébastien permet à Philippe II d'Espagne de s'emparer du Portugal.

Mais la politique du ministre espagnol Olivares et la perte de colonies au profit des Hollandais entraînent en 1640 une révolte qui donne le pouvoir au duc de Bragance, sous le nom de Jean IV. Les difficultés de l'Espagne et la guerre anglo-hollandaise (1652) lui permettent de reprendre le Brésil et les comptoirs africains.

■ **Les crises et le déclin.**

1668. L'Espagne reconnaît l'indépendance portugaise.

À la fin du XVIIe s., se résignant à l'effondrement de ses positions en Asie et à son recul en Afrique, le Portugal se consacre à l'exploitation du Brésil.

1703. Le traité de Methuen lie économiquement le Portugal et la Grande-Bretagne. Sous le règne de Jean V (1707-1750), l'or du Brésil ne parvient pas à stimuler l'économie métropolitaine.

1750-1777. Pendant le règne de Joseph Ier, le Portugal, sous l'autorité du marquis de Pombal, connaît un régime de « despotisme éclairé ».

La reconstruction de Lisbonne, détruite par le séisme de 1755, la laïcisation de la vie politique, marquée par l'expulsion des jésuites (1759), accompagnent une politique économique qui favorise d'abord le commerce, puis une ébauche d'industrialisation. Mais la réaction menée par les successeurs de Joseph Ier et l'alliance anglaise entraînent le Portugal dans les guerres de la Révolution française et de l'Empire.

1807. Jean VI s'enfuit au Brésil, tandis que les Anglo-Portugais, dirigés par le régent Beresford, luttent jusqu'en 1811 contre les Français, qui ont envahi le pays.

1822. Jean VI (1816-1826) revient à Lisbonne à la demande des Cortes et accepte une Constitution libérale. Son fils aîné, Pierre Ier, se proclame empereur du Brésil, dont l'indépendance est reconnue en 1825.

Au début du siècle, la vie politique est marquée par le conflit dynastique opposant Pierre IV, sa fille Marie II (1826-1853) et son frère Miguel, qui s'était proclamé roi sous le nom de Michel Ier.

1834-1853. La tension politique et les luttes civiles persistent entre chartistes (modérés) et septembristes (radicaux).

Après l'établissement du suffrage censitaire, le Portugal connaît sous les rois Pierre V (1853-1861), Louis Ier (1861-1889) et Charles Ier (1889-1908) un véritable régime parlementaire ; le pays tente d'entreprendre sa « régénération » et de se reconstituer un empire colonial autour de l'Angola et du Mozambique.

■ **La république.**

1910-11. La république est proclamée.

Le gouvernement provisoire décrète la séparation de l'Église et de l'État et accorde le droit de grève. Une grande instabilité politique sévit pendant la Ire République ; de plus, le Portugal ne retire pas d'avantages substantiels de sa participation, aux côtés des Alliés, à la Première Guerre mondiale.

1926. Le coup d'État du général Gomes da Costa renverse le régime. En 1928, Carmona, président de la République, appelle aux Finances Salazar, qui opère un redressement spectaculaire. Le Dr Salazar devient en 1932 président du Conseil. Une nouvelle Constitution (1933) instaure l'État nouveau, qui repose sur l'organisation sociale corporative, le nationalisme et la répression des oppositions. Pendant la Seconde Guerre mondiale, le Portugal reste neutre, puis facilite l'effort de guerre anglo-américain. Après la guerre, les structures sociales et agraires archaïques freinent le développement industriel ; l'émigration s'amplifie. Après avoir perdu ses comptoirs indiens (Goa), le Portugal lutte à partir de 1961 contre les mouvements nationalistes de ses provinces africaines. En 1968, Salazar est remplacé par Marcelo Caetano.

Avril 1974. Un coup d'État dirigé par le général de Spínola renverse le président Caetano. La junte entreprend une libéralisation du régime, mettant ainsi fin à 48 ans de dictature. Mais en septembre, sous la pression des forces de gauche, Spínola démissionne. La décolonisation est très rapidement réalisée.

■ **Le Portugal depuis 1974.** En 1976, A. Eanes est élu président de la République, tandis que se succèdent les gouvernements de M. Soares (socialiste, 1976-1978) puis de Sá Carneiro (centre droit, 1979-80), de F. Pinto Balsemão (social-démocrate, 1981-1983), de M. Soares (1983-1985), puis de A. Cavaco Silva. La nouvelle Constitution (1982) abolit la tutelle des militaires.

1986. M. Soares devient président de la République. Le Portugal entre dans la Communauté économique européenne.

Les élections de 1987 sont marquées par le succès du Parti social-démocrate, qui obtient la majorité absolue aux élections. Cavaco Silva renforce sa position de Premier ministre.

1991. Mario Soares est réélu à la présidence de la République.

1995. Le Parti socialiste remporte les élections ; son leader, António Guterres, devient Premier ministre.

1996. Le socialiste Jorge Sampaio est élu président de la République.

Port-Vila ou **Vila,** cap. de l'archipel de Vanuatu, sur l'île Vaté ; 19 000 hab.

Portzamparc *(Christian de),* architecte français (Casablanca 1944). Il est l'auteur de l'ensemble double de la Cité de la musique à Paris-la Villette (1985-1995), d'un modernisme harmonieux qui entend renouer avec la mesure humaine comme avec l'histoire.

Portzmoguer *(Hervé de),* dit Primauguet, marin breton (Plouarzel v. 1470 - en mer, près de Brest, 1512). Au service d'Anne de Bretagne, il mourut en protégeant la retraite de sa flotte contre les Anglais.

Posadas, v. d'Argentine, ch.-l. de la prov. des Misiones, sur le Paraná ; 219 824 hab. Port fluvial. — Aux environs, parc national des chutes de l'Iguazú et ruines des Missions jésuites auprès des Indiens Guarani (XVIIIᵉ s.).

Poséidon, dieu des Mers dans la mythologie grecque. Fils de Cronos et de Rhéa, il a reçu en partage la Mer tandis que son frère Zeus hérita du Ciel et Hadès des Enfers. Époux d'Amphitrite, il était armé d'un trident et avait un palais dans les profondeurs marines, d'où il faisait trembler la terre. Il était vénéré dans de nombreux lieux de culte, notamment Delphes, Athènes, Corinthe, les caps (Sounion, Ténare) et toutes les côtes de la mer.

Posidonius, historien et philosophe stoïcien grec (Apamée, Syrie, v. 135 - Rome 51 av. J.-C.). Il enseigna à Rhodes, où il eut comme auditeurs Cicéron et Pompée, puis à Rome. Son enseignement était un mélange de stoïcisme et de platonisme.

Posnanie, ancienne province de Prusse ayant pour capitale Poznań, qui fut attribuée au royaume de Prusse lors du deuxième partage de la Pologne (1793) et rendue à la Pologne en 1919.

Postel *(Guillaume),* humaniste français (Barenton, Normandie, 1510 - Paris 1581). Il voyagea en Orient, la première fois comme membre de l'ambassade de François Iᵉʳ à Constantinople, et prêcha la réconciliation avec les musulmans *(concordia mundi).* Il fut emprisonné par l'Inquisition.

Postumus *(Marcus Cassianius Latinius),* officier gaulois (m. en 268), qui se fit proclamer empereur des Gaules par ses troupes (258). Il réunit sous son autorité Gaules, Germanies, Bretagne et une partie de l'Espagne. Il fut tué par ses soldats.

Pot *(Philippe),* homme d'État bourguignon (1428 - Dijon 1494), un des conseillers de Charles le Téméraire, puis de Louis XI, grand sénéchal de Bourgogne. — Son monument funéraire est au Louvre.

Potala *(le),* palais du dalaï-lama, à Lhassa, évoquant le séjour divin d'Avalokiteshvara, le protecteur du Tibet. Fondé au VIIᵉ siècle, l'édifice actuel (auj. musée), de 13 étages et de 178 m de haut, a été construit vers 1645 et constitue une véritable ville forte qui abrite sanctuaires, pagodes funéraires, appartements, bibliothèques.

Potemkine, cuirassé de la flotte russe de la mer Noire, dont les marins se mutinèrent en juin 1905. Ces derniers gagnèrent Constantsa, où ils capitulèrent. — Cette révolte a été célébrée par Eisenstein dans le film *le Cuirassé Potemkine.*

Potemkine *(Grigori Aleksandrovitch, prince),* homme d'État et officier russe (près de Smolensk 1739 - près de Iași 1791). Favori de Catherine II, il joua un rôle actif dans le gouvernement et s'efforça d'étendre l'influence de la Russie autour de la mer Noire aux dépens des Turcs. Il réalisa l'annexion de la Crimée (1783) et commanda en chef les troupes de la guerre russo-turque (1787-1791).

Potenza, v. d'Italie, cap. du Basilicate et ch.-l. de prov. ; 65 603 hab. — Églises médiévales. Musée archéologique provincial.

Potez *(Henry),* ingénieur et constructeur aéronautique français (Méaulte, Somme, 1891 - Paris 1981). Après s'être associé à Marcel Dassault (1916) et avoir construit avec lui une hélice adoptée par tous les avions de chasse français pendant la

Première Guerre mondiale, il créa un ensemble industriel d'où sortirent plus de 7 000 avions.

Pothier *(dom Joseph),* musicologue et religieux français (Bouzemont 1835 - Conques 1923). Abbé de Saint-Wandrille, il contribua à la restauration du chant grégorien.

Pothier *(Robert Joseph),* jurisconsulte français (Orléans 1699 - *id.* 1772), dont les travaux (notamm. *la Théorie des contrats*) ont inspiré les auteurs du Code civil.

Potocki *(Jan),* voyageur et écrivain polonais (Pików 1761 - Uładówka 1815). Il étudia l'origine des civilisations slaves et écrivit en français un récit fantastique, *Manuscrit trouvé à Saragosse* (1804-05).

Potomac *(le),* fl. des États-Unis, issu des Appalaches, qui passe à Washington et se jette dans la baie de Chesapeake ; 460 km.

Potosí, v. de la Bolivie andine, à 4 000 m d'altitude env. ; 117 000 hab. Ancien centre minier. — Monuments, surtout du XVIIIe siècle : maison de la Monnaie (musée) et églises de style baroque « métis ».

Potsdam, v. d'Allemagne, cap. du Land de Brandebourg, au S.-O. de Berlin, sur la Havel ; 141 430 hab. **ARTS.** Autrefois surnommée *le Versailles prussien,* la ville conserve divers monuments (notamm. par Schinkel), des musées et, surtout, dans le parc de Sanssouci, le petit château du même nom (joyau de l'art rococo construit en 1745 par Georg Wenzeslaus von Knobelsdorff pour Frédéric II), une galerie de tableaux (ouverte en 1763) et l'immense Nouveau Palais (1763-1769).

Potsdam *(conférence de)* [17 juill.-2 août 1945], conférence qui réunit les représentants des États-Unis, de la Grande-Bretagne et de l'U. R. S. S. : Truman, Churchill (puis Attlee), Staline. Elle fixa les mesures d'application de l'occupation de l'Allemagne et de l'Autriche, délimita la zone d'occupation française et confia l'administration des territoires allemands situés à l'est de la ligne Oder-Neisse à la Pologne, ainsi qu'à l'U. R. S. S. pour une partie de la Prusse-Orientale.

Pott *(Percival),* chirurgien britannique (Londres 1713 - *id.* 1788). Il participa aux progrès de la chirurgie du XVIIIe siècle en décrivant de nouvelles maladies, parmi lesquelles une atteinte des vertèbres, dont on découvrira plus tard l'origine tuberculeuse (et que l'on appellera le « mal de Pott »).

Potter *(Paulus),* peintre et graveur hollandais (Enkhuizen 1625 - Amsterdam 1654).

Célèbre comme animalier, doué d'une grande précision réaliste (*le Taureau,* Mauritshuis, La Haye), il sait faire jouer la poésie des ciels, les effets de lumière.

Pouchkine *(Aleksandr Sergueïevitch),* écrivain russe (Moscou 1799 - Saint-Pétersbourg 1837). Conteur très apprécié (*Rouslan et Lioudmila,* 1817-1820), mais fonctionnaire impérial sanctionné pour ses idées libérales, il écrit en exil *le Prisonnier du Caucase* (1821) et *la Fontaine de Bakhtchissaraï* (1824). Récidiviste, mis en résidence surveillée durant deux ans, il travaille à ses deux chefs-d'œuvre, le drame *Boris Godounov* (1825, publié en 1831), le roman en vers *Eugène Onéguine* (1823-1830, publié de 1825 à 1833). Rentré en grâce auprès de Nicolas Ier, il écrit le récit *le Nègre de Pierre le Grand* (1827), puis un poème d'inspiration nationale *Poltava* (1828). Marié à la toute jeune Natalia Gontcharova, il donne encore des nouvelles et des contes en prose (*le Cavalier de bronze,* 1833 ; *la Dame de pique,* 1834 ; *la Fille du capitaine,* 1836). Il sera tué en duel.

Poudovkine *(Vsevolod),* cinéaste soviétique (Penza 1893 - Moscou 1953). Grand théoricien, il fit du montage le moteur du récit, dans lequel les métaphores transcrivent visuellement la psychologie et l'idéologie, tandis que la dramaturgie combine réalisme et épopée. Il illustra avec un lyrisme remarquable le thème révolutionnaire de la prise de conscience : *la Mère* (1926), *la Fin de Saint-Pétersbourg* (1927), *Tempête sur l'Asie* (1929), *la Moisson* (1953).

Pougatchev ou **Pougatchiov** *(Iemelian Ivanovitch),* chef de l'insurrection populaire russe de 1773-74 (Zimoveïskaïa v. 1742 - Moscou 1775). Se faisant passer pour le tsar Pierre III (assassiné à l'instigation de Catherine II en 1762), il rassembla des troupes nombreuses d'insurgés cosaques, de paysans et d'allogènes contre lesquelles Catherine II envoya l'armée. Il fut exécuté.

Pouille *(la)* ou **Pouilles** *(les),* en ital. Puglia, région de l'Italie méridionale, formée des prov. de Bari, de Brindisi, de Foggia, de Lecce et de Tarente ; 19 347 km² ; 3 986 430 hab. Cap. *Bari.* **GÉOGR.** Extrémité sud-est de la péninsule italienne, c'est une région de plaines et de collines au climat méditerranéen très sec. L'agriculture est variée : céréales, vignobles, oliviers, cultures fruitières. Des industries modernes (sidérurgie, chimie) se sont ajoutées aux branches traditionnelles (alimentation, extraction de la bauxite). Le commerce et le tourisme animent les chefs-lieux de province.

Pouillet *(Claude),* physicien français (Cusance, Doubs, 1790 - Paris 1868). Il a retrouvé les lois des courants (lois d'Ohm) par la méthode expérimentale, introduit les notions de force électromotrice et de résistance interne des générateurs, et inventé la boussole des tangentes, premier type de galvanomètre absolu.

Poulbot *(Francisque),* dessinateur français (Saint-Denis 1879 - Paris 1946). Caricaturiste (dans les périodiques *le Rire, l'Assiette au beurre*), il a créé le type, longtemps célèbre, du « poulbot », gamin des rues de Montmartre. Il a dessiné des affiches et illustré des livres.

Poulenc *(Francis),* compositeur et pianiste français (Paris 1899 - *id.* 1963). Soutenu à ses débuts par Erik Satie, il appartint au groupe des Six et se lia d'amitié avec Jean Cocteau. Son œuvre s'impose dans toute sa variété : compositions pour orchestre, dont le *Concert champêtre* pour clavecin et orchestre (1928), musique pour piano, quelque 80 mélodies sur des poèmes d'Apollinaire (*le Bestiaire,* 1919), de Cocteau, de P. Eluard, de García Lorca, de L. de Vilmorin, de Radiguet, d'Aragon ; des œuvres pour chœurs et orchestre comportant des pages religieuses (*Litanies à la Vierge noire,* 1936 ; *Stabat Mater* avec soprano solo, 1950). Il a aussi composé pour le théâtre (*Dialogues des carmélites,* 1957 ; *la Voix humaine,* 1959 ; *les Mamelles de Tirésias,* créé en 1947), pour le ballet (*les Biches,* 1924), ainsi que de la musique de scène.

Poulet *(Georges),* critique belge d'expression française (Chênée 1902 - Bruxelles 1991). Il a étudié, à travers la littérature, les catégories du temps et de l'espace ou les manifestations de formes privilégiées (*Études sur le temps humain,* 1950-1971 ; *les Métamorphoses du cercle,* 1961 ; *la Pensée indéterminée,* 1985).

Poulo Condor, *auj.* Côn Dao, archipel du sud du Viêt Nam, comprenant douze îles volcaniques, dont la principale est le site d'une colonie pénitentiaire.

Pound *(Ezra Loomis),* poète américain (Hailey, Idaho, 1885 - Venise 1972). Il vécut à Londres, à Paris et surtout en Italie, et chercha dans la réunion des cultures (*l'Esprit des littératures romanes,* 1910) et des langages l'antidote à l'usure et à la désagrégation que le monde moderne impose à l'homme. À l'avant-garde de la poésie américaine, son œuvre réside essentiellement dans ses *Cantos* (1919-1969), poèmes d'inspiration savante, chargés de symboles.

Pount, mot qui, dans l'Égypte ancienne, désignait la côte des Somalis.

Pourbus, famille de peintres flamands. **Pieter** (Gouda 1523 - Bruges 1584) est l'auteur de tableaux religieux italianisants et de portraits. Son fils **Frans,** dit l'Ancien (Bruges 1545 - Anvers 1581), élève de F. Floris à Anvers, fut surtout un bon portraitiste, de tendance maniériste. **Frans II,** dit le Jeune (Anvers 1569 - Paris 1622), fils du précédent, fit une carrière de portraitiste dans diverses cours d'Europe, dont Paris, où Marie de Médicis l'appela en 1609.

Pourrat *(Henri),* écrivain français (Ambert 1887 - *id.* 1959), peintre des paysages et de la vie ancestrale de l'Auvergne (*Gaspard des Montagnes,* 1922-1931 ; *Vent de mars,* 1941).

Pousseur *(Henri),* compositeur belge (Malmédy 1929). Il est directeur du Conservatoire royal de Liège. Parti de la technique sérielle, il s'est tourné vers l'électroacoustique (*Votre Faust,* 1967 ; *Procès du jeune chien,* 1978 ; *la Seconde Apothéose de Rameau,* 1981 ; *Nacht der Nächte,* 1985 ; *Leçons d'enfer,* 1991).

Poussin *(Nicolas),* peintre français (Villers, près des Andelys, 1594 - Rome 1665). Il passa la majeure partie de sa vie à Rome. Ses premières œuvres italiennes (*la Mort de Germanicus* [Minneapolis], *l'Inspiration du poète* [Louvre], des *Bacchanales,* etc.) reflètent l'influence, notamment, de Titien. Il évolua vers un classicisme érudit de plus en plus dépouillé, il s'est tourné (deux séries de *Sacrements ; Éliézer et Rébecca,* 1648, Louvre ; *les Bergers d'Arcadie,* v. 1650/1655, *ibid.*). Ses derniers paysages (*Orion aveugle,* New York ; *les Quatre Saisons,* Louvre) témoignent d'un lyrisme large et puissant. Son influence fut considérable sur la peinture classique des XVII e et XVIII e s.

P'ou-yi → Puyi.

Pouzzoles, *en ital.* Pozzuoli, port d'Italie (Campanie), sur le golfe de Naples ; 75 706 hab. Station thermale et balnéaire. — Vestiges antiques, dont l'amphithéâtre du I er siècle, l'un des mieux conservés du monde romain.

Powell *(Earl,* dit Bud*),* pianiste et compositeur de jazz américain (New York 1924 - *id.* 1966). Il a participé à la révolution du be-bop.

Powell *(Cecil Frank),* physicien britannique (Tonbridge 1903 - Casargo, Italie, 1969). Il a découvert le *méson* π, ou *pion,* grâce à l'emploi de la plaque photographique appliquée à l'étude des rayons cosmiques. (Prix Nobel 1950.)

Powell (*John Wesley*), géologue, ethnologue et linguiste américain (Mount Morris, État de New York, 1834 - Haven, Maine, 1902). Il participa à plusieurs expéditions au Colorado, dans l'Utah et dans l'Arizona, et reconnut le cours du Colorado sur 1 600 km (1869). Il organisa et dirigea, de 1881 à 1894, le Service géologique américain. Il est l'auteur de la première classification des langues indiennes d'Amérique du Nord (1891).

Powys (*John Cowper*), écrivain britannique (Shirley, Derbyshire, 1872 - Blaenau Ffestiniog, pays de Galles, 1963). Son œuvre, mystique et sensuelle, cherche à dégager le fonctionnement de la pensée au contact des êtres, des paysages, des objets (*les Enchantements de Glastonbury*, 1932 ; *Autobiographie*, 1934).

Poyang, lac de Chine, dans la vallée moyenne du Yangzi Jiang ; 2 700 km² à son extension maximale.

Poznań, v. de Pologne, anc. capitale de la Posnanie, ch.-l. de voïévodie, sur la Warta ; 586 000 hab. Centre commercial (foire internationale) et industriel. — Églises gothiques ou baroques (vestiges du X⁰ s. dans la crypte de la cathédrale). Hôtel de ville de construction italienne (XVI⁰ s.). Musées.

Pozzo di Borgo (*Charles André*), diplomate corse (Alata, près d'Ajaccio, 1764 - Paris 1842). Député de Corse à la Législative, il suivit Paoli dans sa rupture avec la France et s'allia aux Britanniques (1794). Passé au service du tsar Alexandre Iᵉʳ, il le poussa à exiger la déchéance de Napoléon (1814). Il fut ambassadeur de Russie à Paris (1815-1834), puis à Londres (1834-1839).

Prades, ch.-l. d'arr. des Pyrénées-Orientales, sur la Têt, au pied du Canigou ; 6 445 hab. (*Pradéens*). — Église du XVII⁰ siècle (clocher du XII⁰). — À 3 km, ancienne abbaye de Saint-Michel-de-Cuxa, des X⁰-XII⁰ siècles.

Prades (*Jean, abbé de*), écrivain français (Castelsarrasin 1720 - Glogau, auj. Głogów, 1782). Collaborateur de l'*Encyclopédie*, connu pour ses démêlés avec le pape et la Sorbonne, il passa en 1752 au service de Frédéric II de Prusse.

Pradier (*Jean-Jacques*, dit **James**), sculpteur genevois de l'école française (Genève 1790 - Rueil 1852). Il fit preuve de noblesse dans de nombreuses commandes monumentales (*Victoires* en marbre du tombeau de Napoléon aux Invalides), d'un charme parfois pimenté d'érotisme dans ses statues et statuettes féminines.

Pradines (*Maurice*), philosophe et psychologue français (Glovelier, Suisse, 1874 - Paris 1958). Il est l'auteur d'une philosophie de la sensation (*Problème de la sensation,* 1928) et d'une métaphysique religieuse (*Esprit de la religion,* 1941).

Prado (*musée national du*), à Madrid. Célèbre musée ouvert en 1819, riche notamment en œuvres de Bosch, du Greco, de Ribera, de Velázquez, de Murillo, de Goya, de Titien, du Tintoret, de Véronèse, de Rubens, de Van Dyck.

Praetorius (*Michael*), compositeur, organiste et théoricien allemand (Creuzburg an der Werra v. 1571 - Wolfenbüttel 1621). Représentant de l'orthodoxie luthérienne, il est l'un des auteurs les plus importants du XVII⁰ siècle allemand. Son œuvre se compose de motets, hymnes, psaumes, danses et chansons polyphoniques fortement teintés d'italianisme dont l'accompagnement instrumental évolua vers la basse continue.

pragmatique sanction de 1713, acte rédigé par l'empereur Charles VI, le 19 avril 1713, établissant l'indivisibilité de tous les royaumes et pays dont le souverain Habsbourg avait hérité et réglant la succession au trône par ordre de primogéniture pour les descendants directs, masculins ou féminins. Cet acte réservait la couronne à sa fille Marie-Thérèse, qui dut cependant soutenir la guerre de la Succession d'Autriche pour faire valoir ses droits.

pragmatique sanction de Bourges (7 juill. 1438), acte promulgué par Charles VII. La pragmatique sanction régla unilatéralement la discipline générale de l'Église de France et ses rapports avec Rome. Elle consacra, sous réserve de la confirmation pontificale, le principe électif pour les dignités ecclésiastiques ; elle interdit les annates. Le concordat de 1516 maintint les principales dispositions de la pragmatique sanction, qui resta jusqu'en 1790 la charte de l'Église gallicane.

Prague, *en tchèque* Praha, cap. de la République tchèque ; 1 212 010 hab. (*Pragois*). GÉOGR. La ville est renommée pour la beauté de ses quartiers anciens sur les deux rives de la Vltava. C'est une traditionnelle métropole politique, commerciale et culturelle, qui s'est industrialisée (métallurgie de transformation surtout, alimentation, textile, chimie). HIST. Résidence des ducs de Bohême (1061-1140), puis capitale d'Empire sous le règne de Charles IV (1346-1378), Prague déclina à partir de la guerre de Trente Ans (1618-1648). Elle fut de 1918 à 1993 la capitale de la Tchécoslovaquie. **ARTS.** Dans l'enceinte du Hradčany (palais royal), véritable ville haute, basilique romane St-Georges et cathédrale St-Gui, gothique, reconstruite à partir du XIVᵉ siècle (par Mathieu d'Arras puis par P. Parler), continuée à l'époque flamboyante. Au pied du Hradčany, et jusqu'à la rivière, quartier de Malá Strana, avec son ensemble baroque d'églises et de palais dus à des architectes italiens, puis, surtout, d'origine allemande (église St-Nicolas, 1ʳᵉ moitié du XVIIIᵉ s., par les Dientzenhofer). Le pont Charles (XIVᵉ s. ; statues baroques) conduit à Staré Město (vieil hôtel de ville, églises et maisons des époques gothique et baroque, palais baroques...). Autres monuments dans Nové Město. Nombreux musées, dont la riche Galerie nationale, dans le palais Šternberk (beaux-arts, notamment art tchèque, de la floraison du XIVᵉ s. à nos jours).

Prague *(cercle de),* groupe de linguistes, se rattachant au courant structuraliste (dont R. Jakobson et N. Troubetskoï, qui en furent les principales figures), actif de 1926 à 1939. La conception du langage qui est à la base de ses travaux met l'accent sur la notion de « fonction ».

Praguerie (févr. 1440), nom donné, par association avec la révolte des hussites de Prague, au soulèvement qui éclata en France contre Charles VII (dont les réformes supprimaient les armées privées), et que celui-ci étouffa ; le Dauphin, futur Louis XI, en fut l'instigateur.

Praia, cap. de l'archipel du Cap-Vert, dans l'île de São Tiago (îles Sous-le-Vent) ; 60 000 hab.

prairial an III *(journée du 1ᵉʳ)* [20 mai 1795], journée révolutionnaire parisienne. Le peuple des faubourgs Saint-Antoine et Saint-Marceau envahit la Convention en réclamant « du pain et la Constitution de l'an I », et tua le député Féraud. Le mouvement fut réprimé par les conventionnels.

Prairie *(la),* nom d'une formation végétale steppique d'Amérique du Nord, donné, par extension, aux régions des États-Unis comprises entre le Mississippi et les Rocheuses (elle correspond au Midwest). L'expression *provinces des Prairies,* ou *les Prairies,* s'applique aux provinces canadiennes d'Alberta, de Saskatchewan et de Manitoba. L'agriculture s'y diversifie et les ressources du sous-sol sont exploitées (pétrole, gaz, charbon, sel, potasse). Les villes (Winnipeg, Edmonton, Calgary) s'industrialisent. L'Alberta est la province la plus dynamique.

Prajapati, mot sanskrit signifiant « Seigneur de la création » et désignant dans le védisme la puissance créatrice identifiée avec les forces de la nature. Ce nom fut d'abord attribué à Brahma, Indra, Soma ou autres divinités, puis à plusieurs (dix ou sept) êtres célestes nés de l'esprit de Brahma et chargés de poursuivre l'œuvre de la création en devenant eux-mêmes « Seigneurs des créatures ».

Prandtl *(Ludwig),* physicien allemand (Freising, Bavière, 1875 - Göttingen 1953). Spécialiste de la mécanique des fluides, il introduisit, en 1904, la notion de couche limite dans l'écoulement d'un fluide autour d'un obstacle et étudia le mécanisme des phénomènes de décollement. Ses travaux aboutirent à une méthode de détermination des écoulements supersoniques. Enfin, il établit la théorie hydrodynamique de l'aile portante.

Praslin [pralɛ̃] *(Gabriel* de Choiseul-Chevigny, *duc* de*),* officier et diplomate français (Paris 1712 - *id.* 1785). Secrétaire d'État aux Affaires étrangères (1761-1770) et à la Marine (1766-1770), il réorganisa la marine française en vue d'une guerre contre la Grande-Bretagne.

Prato, v. d'Italie (Toscane), près de Florence ; 165 364 hab. Centre textile. — Cathédrale romano-gothique (fresques de Lippi ; œuvres d'art), église S. Maria delle Carceri, de G. da Sangallo, et autres monuments. Galerie communale dans le palazzo Pretorio, du XIIIᵉ siècle.

Pratolini *(Vasco),* écrivain italien (Florence 1913), auteur de romans sociaux (*Un héros de notre temps,* 1949).

Pratt *(Hugo),* créateur de bandes dessinées italien (Rimini 1927 - Pully, près de Lausanne, 1995). Il renoue avec la tradition du roman d'aventures dans ses séries qui ont pour héros *Corto Maltese.*

Pravaz *(Charles Gabriel),* médecin orthopédiste français (Le Pont-de-Beauvoisin 1791 - Lyon 1853), inventeur de la seringue.

Pravda (« la Vérité »), quotidien soviétique dont l'origine remonte à 1912, ancien organe central du Parti communiste.

Praxitèle, sculpteur grec, actif surtout à Athènes au IVᵉ s. av. J.-C. Ses œuvres *(Apollon Sauroctone, Aphrodite de Cnide, Hermès portant Dionysos enfant),* au rythme sinueux, à la grâce nonchalante, connues par des répliques, ont exercé une influence considérable sur les artistes de l'époque hellénistique.

Préalpes, ensemble de massifs montagneux, essentiellement calcaires, constituant la bordure occidentale et septentrionale des Alpes centrales. Elles comprennent : du S. au N., en France, les arcs de Nice, de Castellane et de Digne, le Diois et les Baronnies, le Vercors, la Chartreuse, les Bauges, les Bornes et le Chablais ; en Suisse, les Préalpes romandes ; en Autriche et en Allemagne, l'Allgäu, les Préalpes de Bavière et les Préalpes d'Autriche. Plus basses (altitude inférieure à 3 000 m) que les Alpes, les Préalpes, exposées en priorité aux influences océaniques, sont souvent humides et forestières. L'élevage y domine, localement relayé par le tourisme, stimulé par la facile pénétration d'axes de circulation).

Préault *(Auguste),* sculpteur français (Paris 1809 - id. 1879). Romantique ardent, il se fit connaître, en 1834, par son bas-relief *la Tuerie* (bronze, musée de Chartres), d'un accent pathétique. Il a exécuté notamment une *Clémence Isaure* pour le jardin du Luxembourg (1848).

Pré-aux-Clercs, prairie située devant Saint-Germain-des-Prés, qui servait de lieu de rendez-vous pour les duels des étudiants de l'ancienne Université de Paris.

Prem Cand *(Dhanpat* Ray, dit Nawab Ray, ou*),* écrivain indien d'expression ourdou, hindi et anglaise (Lamahi 1880 - Bénarès 1936). Il combattit le système des castes et soutint le mouvement nationaliste de Gandhi dans des récits influencés par le roman russe *(Godan,* 1936).

Preminger *(Otto),* cinéaste américain d'origine autrichienne (Vienne 1906 - New York 1986). Venu du théâtre, il a affirmé, tout au long d'une œuvre abondante et diverse, un constant souci d'objectivité allié à un style fluide et subtil : *Laura* (1944), *Rivière sans retour* et *Carmen Jones* (1954), *l'Homme au bras d'or* (1955), *Exodus* (1960), *Tempête à Washington* (1962).

Premyslides, dynastie tchèque qui régna sur la Bohême de 900 à 1306.

Préneste, anc. v. du Latium *(auj.* Palestrina*).* Ruines du temple de la Fortune (IIe-Ier s. av. J.-C.), aux terrasses étagées à flanc de colline. Ce vaste ensemble allie le sens de la mise en scène hérité de l'architecture hellénistique ainsi que l'audace et le goût du monumental typiquement romain. Dans le palais Barberini (1640), musée archéologique abritant le riche mobilier de tombes étrusques et le décor mosaïqué provenant du temple.

Presbourg, forme française de Pressburg, nom allemand de Bratislava.

Presbourg *(traité de)* [26 déc. 1805], traité imposé après la victoire d'Austerlitz par Napoléon à l'Autriche, qui cédait à la France la Vénétie, une partie de l'Istrie et la Dalmatie, à la Bavière, le Tyrol, le Voralberg et le Trentin.

Présence africaine, revue fondée en 1947 par un groupe d'intellectuels africains, antillais et européens, réunis autour d'Alioune Diop.

Presley *(Elvis),* dit « The King » (« le Roi »), chanteur de rock américain (Tupelo 1935 - Memphis 1977). Découvert en 1954, il devint très vite le pionnier du rock and roll. Au-delà de sa musique, il représentait l'arrivée d'une nouvelle génération, rebelle aux conventions sociales et désireuse d'une émancipation des mœurs. Il renforça encore sa popularité grâce à des films taillés sur mesure *(le Rock du bagne,* R. Thorpe, 1957).

Presse *(la),* quotidien fondé en 1836 par É. de Girardin, qui inaugura l'ère de la presse quotidienne à bon marché.

Presse *(la),* quotidien canadien fondé en 1884, l'un des plus forts tirages des quotidiens canadiens de langue française.

Presses de la Cité *(les),* groupe d'édition français créé en 1947 par S. Nielsen. En 1988, un rapprochement s'est opéré entre les activités d'édition de C. E. P. Communication et celles des Presses de la Cité (qui rassemble notamment les éditions Plon, Julliard, 10-18, Olivier Orban, Bordas, Dunod, Gauthier-Villars) pour former le Groupe de la Cité.

Preston, v. de Grande-Bretagne, ch.-l. du Lancashire ; 144 000 hab. Centre industriel.

prêt-bail *(loi du)* ou **Lend-Lease Act,** loi adoptée par le Congrès des États-Unis en mars 1941 et appliquée jusqu'en août 1945, qui autorisait le président à vendre, céder, échanger, prêter le matériel de guerre et toutes marchandises aux États en guerre contre l'Axe.

Preti *(Mattia),* peintre italien (Taverna, Calabre, 1613 - La Valette, île de Malte, 1699). Formé à Rome, mûri dans la confrontation de cultures différentes, caravagesque, vénitienne, classique (Le Guerchin), baroque enfin (L. Giordano), il élabora un langage personnel, aux vigoureux effets de clair-obscur, dramatique et passionné. Il a surtout travaillé à Rome, à Naples (toiles du plafond de l'église S. Pietro a Maiella, 1657-1660), puis à Malte.

Pretoria, cap. administrative (siège du gouvernement) de l'Afrique du Sud, dans la prov. de Gauteng ; 823 000 hab. (dont 432 000 Blancs, Pretoria étant la seule grande ville du pays où ils sont majoritaires). C'est un centre universitaire et industriel (sidérurgie, matériel ferroviaire, montage automobile). — Musées.

Pretorius *(Andries),* homme politique sud-africain (près de Graaff Reinet 1798 - Magaliesberg 1853), l'un des fondateurs de la République du Transvaal. Son fils **Marthinus** (Graaff Reinet 1819 - Potchefstroom 1901) fut président du Transvaal (1857-1871) et de l'Orange (1859-1863). Avec Kruger et Joubert, il forma le triumvirat (1880) qui fit reconnaître au Transvaal une large autonomie (1881).

Prévert *(Jacques),* poète français (Neuilly-sur-Seine 1900 - Omonville-la-Petite, Manche, 1977). Il participe à l'activité surréaliste puis, entre 1932 et 1936, écrit des textes poétiques et de courtes pièces politiques pour le groupe de théâtre d'avant-garde « Octobre ». Il mène une carrière de dialoguiste et de scénariste au cinéma, pour son frère Pierre (1906-1988) [*L'affaire est dans le sac,* 1932], pour Renoir (*le Crime de M. Lange,* 1936) et Carné (*Drôle de drame,* 1937 ; *le Quai des brumes,* 1938 ; *les Visiteurs du soir,* 1942 ; *les Enfants du paradis,* 1945). Son premier recueil de poèmes *Paroles* (1946) lui confère une immense popularité. Humour, tendresse et satire corrosive se conjuguent pour faire éclater le sens conventionnel du discours et défendre la révolte du cœur, la liberté et le bonheur. Suivront *Histoires* (1946), *Spectacle* (1951), *la Pluie et le beau temps* (1955), *Fatras* (1966) illustré de ses propres collages, *Choses et autres* et *Hebdromadaires* (1972), *Soleil de nuit* (1980). Plusieurs de ses poèmes ont été mis en musique par J. Kosma.

Prévost *(Antoine François Prévost d'Exiles,* dit l'abbé*),* écrivain français (Hesdin 1697 - Courteuil, Oise, 1763). Auteur de romans de mœurs et d'aventures, il est célèbre pour sa vie aventureuse et pour *Manon Lescaut* (1731) [→ **Manon**], un des chefs-d'œuvre du roman psychologique.

Priam, dernier roi de Troie. Il combattit les Amazones. De ses femmes, dont Hécube, il eut 50 fils, notamment Hector et Pâris, et plusieurs filles, dont Cassandre, Créüse et Polyxène. Pendant le siège de Troie, il assista à la mort d'Hector, dont il alla réclamer le corps à Achille. Il fut tué par Néoptolème.

Priape, petit dieu de la mythologie grecque dont l'attribut est un énorme membre viril en érection. Mais, pour ce dieu des Jardins, le sexe érigé est une infirmité congénitale ; il devait à la fois effrayer les voleurs et symboliser la pousse des plantations, mais, en cela même, Priape passe généralement pour malheureux et impuissant.

Pribilof *(îles),* archipel volcanique de la mer de Béring (dépendance de l'Alaska) ; env. 200 km² ; 600 hab.

Priène, v. anc. d'Ionie *(auj.* Samsun Kalesi, en Turquie*).* Vestiges (fin IVᵉ s. av. J.-C.) parmi les plus intéressants de l'urbanisme hellénistique sur plan orthogonal.

Priestley *(Joseph),* chimiste, philosophe et théologien britannique (Birstall Fieldhead, près de Leeds, 1733 - Northumberland, Pennsylvanie, 1804). Il isola un grand nombre de gaz : gaz chlorhydrique, gaz carbonique, etc. Il étudia ce dernier et découvrit la respiration des végétaux. Sa principale découverte fut celle de l'oxygène, qu'il isola en 1774. Avec Cavendish, il montra que l'eau est un corps composé, en réalisant sa synthèse.

Prieur-Duvernois *(Claude Antoine, comte),* dit **Prieur de la Côte-d'Or,** Conventionnel français (Auxonne 1763 - Dijon 1832). Il fit adopter l'unification des poids et mesures.

Prigogine *(Ilya),* chimiste et philosophe belge d'origine russe (Moscou 1917). Il a mis en lumière la valeur créative des phénomènes aléatoires et a proposé une nouvelle théorie, dite « des structures dissipatives ». Celle-ci décrit un système, qui, étant loin de son état initial, évolue spontanément vers un état dont l'entropie est inférieure à l'état initial. Prigogine a construit une nouvelle méthodologie pour la démarche scientifique (*la Nouvelle Alliance,* 1979). [Prix Nobel de chimie 1977.]

Primatice *(Francesco Primaticcio,* dit *en fr.* [le]), peintre, stucateur et architecte italien (Bologne 1504 - Paris 1570). Élève de J. Romain, il arrive en 1532 sur le chantier de Fontainebleau, qu'il dirigera après la mort du Rosso (décor de fresques de la salle de Bal, exécuté notamm. par N. Dell'Abate). Son rôle fut celui d'un véritable directeur des beaux-arts des Valois. Le Louvre conserve un ensemble de ses dessins, études d'une élégance précieuse pour des décors à sujets mythologiques.

Primauguet ou **Primoguet** *(Hervé* de Portzmoguer, dit*)* → **Portzmoguer.**

Primo de Rivera y Orbaneja *(Miguel),* général et homme politique espagnol (Jerez de la Frontera 1870 - Paris 1930). Capitaine général de Catalogne, il s'empara du pouvoir en 1923. Chef du gouvernement, il forma un directoire militaire qui supprima les libertés démocratiques. Au Maroc, avec l'aide de la France, il mit fin à la rébellion d'Abd el-Krim (1925). Face à l'opposition de l'armée et de l'Université, il dut démissionner en 1930. Son fils, **José Antonio** (Madrid 1903 - Alicante 1936), fut le fondateur de la Phalange espagnole (1933). Il fut fusillé par les républicains.

Prim y Prats *(Juan),* homme politique et général espagnol (Reus 1814 - Madrid 1870). Il commanda le corps expéditionnaire au Mexique (1862) et fut un des acteurs de la révolution de 1868, qui chassa la reine Isabelle II. Il périt victime d'un attentat.

Prince *(le),* œuvre de Machiavel (écrite en 1513, publiée en 1532).

Prince *(Roger Nelson, dit),* chanteur et compositeur de pop music américain (Minneapolis 1958). Musicien accompli sur presque tous les instruments, il apparut à la fin des années 1970, proposant une synthèse de nombreux courants de la musique populaire, mêlant le funk au psychédélisme.

Prince-de-Galles *(île du),* en angl. Prince of Wales Island, île de l'archipel arctique canadien (Territoires du Nord-Ouest), 33 230 km². À proximité se trouve le pôle magnétique.

Prince de Hombourg *(le),* drame de H. von Kleist (1810). Victorieux, mais au prix d'une désobéissance, le prince, condamné à mort, accepte son châtiment, mais trouve dans la gloire et l'amour la récompense de ses mérites.

Prince-Édouard *(île du),* en angl. Prince Edward Island, île et province maritime *(Île-du-Prince-Édouard)* du Canada, dans le golfe du Saint-Laurent ; 5 657 km² ; 129 765 hab. Cap. *Charlottetown.* Province anglophone, avec une minorité acadienne tirant ses ressources de la pêche, de l'agriculture, de l'élevage et du tourisme.

Prince-Édouard *(îles du), en angl.* Prince Edward Islands, anc. îles Froides, archipel du sud de l'océan Indien, dépendance de l'Afrique du Sud, formé par l'île Marion et l'*île du Prince-Édouard* proprement dite ; 41 km².

Prince Noir *(le)* → Édouard.

Prince Rupert, port du Canada (Colombie-Britannique), sur l'océan Pacifique ;

16 495 hab. Pêche. Terminus du Canadian National Railway.

Princesse de Clèves *(la),* roman de Mᵐᵉ de La Fayette (1678). Cette œuvre a inauguré l'ère du roman psychologique moderne.

Princeton, v. des États-Unis (New Jersey) ; 25 718 hab. Université fondée en 1746. — Musée d'Art (de l'université).

Principes de la philosophie, œuvre de Descartes (1644).

Principes de la philosophie du droit, œuvre de Hegel (1821).

Principes mathématiques de philosophie naturelle, ouvrage de I. Newton (1686-87), dans lequel il construit les concepts de base de la mécanique, expose la loi fondamentale de la dynamique, sa théorie du mouvement et son système du monde.

Printemps *(le),* grand panneau de Botticelli (v. 1478).

Pripiat ou **Pripet** *(le),* riv. de Biélorussie et d'Ukraine, affl. du Dniepr (r. dr.) ; 775 km (bassin de 114 300 km²).

Priština, v. de Yougoslavie, cap. du Kosovo ; 70 000 hab. — Partie ancienne de caractère oriental (mosquées turques).

Privas [-va], ch.-l. de l'Ardèche, sur l'Ouvèze, à 595 km au sud-sud-est de Paris ; 10 490 hab. *(Privadois).* Confiserie.

Prjevalski *(Nikolaï Mikhaïlovitch),* officier et voyageur russe (Kimborovo 1839 - Karakol, auj. Prjevalsk, 1888). Il dirigea de nombreuses expéditions dans l'Asie centrale et les confins tibétains. Il a découvert le cheval qui porte son nom *(cheval de Prjevalski),* petit cheval trapu, à la crinière courte et dressée, probablement disparu à l'état sauvage mais conservé dans les zoos, considéré comme le dernier représentant de l'espèce sauvage qui a donné le cheval domestique.

Probus *(Marcus Aurelius)* [Sirmium 232 - *id.* 282], empereur romain (276-282). Bon administrateur, il contint la poussée des Barbares. Il fut tué par ses soldats, lassés de la discipline qu'il imposait.

Procès *(le),* roman inachevé de F. Kafka, publié en 1925.

Proche-Orient, ensemble des pays riverains de la Méditerranée orientale (Turquie, Syrie, Liban, Israël, Égypte). On y inclut parfois la Jordanie et les pays du pourtour du golfe Persique (→ Moyen-Orient).

Proclus, philosophe grec (Constantinople 412 - Athènes 485). Ses commentaires de

Platon et d'Euclide et sa *Théologie platonicienne* le rattachent aux néoplatoniciens.

Procope, historien byzantin (Césarée, Palestine, fin du ve s. - Constantinople v. 562). Il fut le principal historien de l'époque de Justinien, dont il décrivit les conquêtes dans le *Livre des guerres.* Ses *Anecdota,* ou *Histoire secrète,* sont un libelle où il ne ménage ni l'empereur ni surtout l'impératrice Théodora.

Procuste ou **Procruste,** brigand légendaire de l'Attique qui torturait les voyageurs. Il les étendait sur un lit (il en avait deux, un court et un long) et raccourcissait ou étirait leurs membres à la mesure exacte du lit *(lit de Procuste).* Thésée lui fit subir le même supplice.

Progrès *(le),* quotidien régional créé en 1859 à Lyon.

Prokofiev *(Sergueï Sergueïevitch),* pianiste et compositeur russe (Sontsovka, Kharkov, 1891 - Moscou 1953). Il commence une carrière de pianiste et s'impose comme compositeur de tendance moderniste. Après la révolution d'Octobre, il s'exile d'abord aux États-Unis (1918-1922), où l'on représente son opéra *l'Amour des trois oranges,* puis en Europe (1922-1936), où il fait de Paris son port d'attache. C'est l'époque de la troisième symphonie, de *l'Ange de feu,* du troisième concerto pour piano, de la composition de ballets pour Diaghilev, enfin de sa rencontre avec les musiciens du groupe des Six. En 1936, il rentre définitivement en U. R. S. S., où il se soumet plus ou moins aux normes du réalisme socialiste tout en réussissant à se forger un style de tendance néoclassique dans lequel dominent l'élément rythmique, une orchestration chatoyante et un lyrisme très personnel. Son œuvre, considérable, aborde tous les genres, et le piano soliste y tient une place importante (9 sonates, 1907-1947). Sa musique de chambre compte des mélodies, des sonates. Pour l'orchestre, il a composé, entre autres, 7 symphonies. Il laisse 8 opéras, parmi lesquels *l'Amour des trois oranges* (1921), *l'Ange de feu* (1919-1927, créé en 1954), *Guerre et Paix* (1941-1952) ; 7 ballets, dont *Roméo et Juliette* (1938), *Cendrillon* (1945) ; des musiques de film pour Eisenstein *(Alexandre Nevski,* 1938 ; *Ivan le Terrible,* 1945) ; des œuvres de circonstance.

Prokopievsk, v. de Russie, dans le Kouzbass ; 274 000 hab. Centre houiller et industriel.

Prome, *en birman* Pyi, v. de Birmanie, sur l'Irrawaddy ; 148 000 hab.

Prométhée, personnage de la mythologie grecque. Fils de Japet, ce Titan fut l'initiateur de la civilisation originelle en dérobant aux dieux le feu sacré et en l'apportant aux hommes. Mais les dieux envoyèrent à ceux-ci Pandore avec tous les maux qu'elle tenait enfermés dans sa boîte et Zeus condamna Prométhée à rester enchaîné sur le Caucase, où un aigle lui rongeait le foie, celui-ci repoussant sans cesse. Héraclès tua l'oiseau d'une flèche et délivra le Titan. Outre le don du feu à l'humanité, on allait jusqu'à attribuer à Prométhée la création de l'homme, qu'il aurait façonné avec de l'argile et animé avec une parcelle du feu divin.

Prony *(Marie* Riche, *baron* de), ingénieur français (Chamelet, Rhône, 1755 - Asnières 1839). Il imagina le frein dynamométrique (1821) et mesura, avec Arago, la vitesse du son dans l'air (1822).

Properce, poète latin (Ombrie v. 47 - v. 15 av. J.-C.). Protégé de Mécène, il fut l'ami d'Ovide et de Virgile. Il est l'auteur d'*Élégies* imitées des poètes alexandrins, sur le thème de la passion amoureuse.

Propontide, nom grec ancien de la mer de Marmara. (→ Marmara.)

Propriano, comm. de la Corse-du-Sud, sur le golfe de Valinco ; 3 228 hab. Station balnéaire.

propriété industrielle *(Institut national de la)* [I. N. P. I.], établissement public, créé en 1951, où sont déposées les demandes de brevets d'invention et les marques.

Proserpine, déesse romaine de la Germination des plantes, assimilée à la divinité grecque Perséphone. Son culte devint officiel à Rome en 249 av. J.-C.

Prost *(Alain),* coureur automobile français (Lorette 1955), champion du monde des conducteurs (en 1985, 1986, 1989 et 1993) et recordman du nombre de victoires en Grand Prix (51).

Protagoras, philosophe grec (Abdère v. 486 - v. 410 av. J.-C.). Il affirme que « l'homme est la mesure de toute chose » ; il est l'auteur de *Sur l'être,* auj. perdu.

Protée, dieu grec marin qui avait reçu de Poséidon, son père, le don de changer de forme à volonté, ainsi que celui de prédire l'avenir à ceux qui pouvaient l'y contraindre.

Proudhon *(Pierre Joseph),* théoricien socialiste français (Besançon 1809 - Paris 1865). Il publie son premier mémoire en 1840, *Qu'est-ce que la propriété ?,* question à laquelle il répond : « C'est le vol ! » Proudhon énonce ensuite des thèses ouvriéristes et fédéralistes (*la Philosophie de la misère*, 1846). Son système est mutuelliste au plan économique et social, et fédéraliste au plan politique. Il propose la transformation des grandes unités de production en associations de travailleurs qui échangeraient librement entre eux leurs produits. La suppression de l'intérêt et l'instauration du crédit gratuit auraient pour effet la suppression des classes sociales.

Prousias ou **Prusias Ier** (m. v. 182 av. J.-C.), roi de Bithynie (v. 230/227-182 av. J.-C.). Pour obtenir l'appui de Rome, il voulut lui livrer Hannibal, qui avait cherché asile auprès de lui ; mais ce dernier s'empoisonna. Son fils **Prusias II** (m. à Nicomédie en 149 av. J.-C.), roi de Bithynie (v. 182-149 av. J.-C.) se mit sous la protection de Rome, mais il fut assassiné par son fils Nicomède II.

Proust *(Joseph Louis)*, chimiste français (Angers 1754 - *id.* 1826). Il fut l'un des fondateurs de l'analyse chimique et soutint, contre Berthollet, le principe de la fixité absolue de la composition des espèces chimiques. Il énonça en 1808 la loi des proportions définies, ou *loi de Proust*.

Proust *(Marcel)*, écrivain français (Paris 1871 - *id.* 1922). En 1896, il publie *les Plaisirs et les Jours* (préfacés par A. France et R. Hahn), puis il ébauche son roman *Jean Santeuil* (publié en 1952) et traduit les œuvres de Ruskin, qu'il a rencontré à Venise en 1900. Dans *Pastiches et Mélanges* (1919), il rend hommage, sur le mode de l'imitation, aux auteurs qu'il admire, et en particulier à Saint-Simon. Ses *Chroniques* (1927) et un essai critique intitulé *Contre Sainte-Beuve* (1954), où il refuse l'explication de l'œuvre littéraire par la vie de son auteur, ne paraîtront qu'à titre posthume. Après la mort de son père (1903) et de sa mère (1905), il se consacre, malgré son asthme, à la rédaction de *À la recherche du temps perdu* (*Du côté de chez Swann* paraît en 1913 ; *À l'ombre des jeunes filles en fleurs* en 1918). Hanté par la crainte de ne pouvoir terminer son œuvre, il travaille avec acharnement dans la solitude. Ainsi paraissent *le Côté de Guermantes* (1920), *Sodome et Gomorrhe* (1922) et, après sa mort, *la Prisonnière* (1923), *Albertine disparue* (ou *la Fugitive*) [1925] et *le Temps retrouvé* (1927).

— **À la recherche du temps perdu** représente un tournant décisif dans l'histoire du roman au XXe siècle. Cet ensemble romanesque repose sur une architecture complexe (Proust la comparait à une « cathédrale »). Le narrateur retrace le cheminement qui fut le sien dans sa jeunesse : sa vaine recherche du bonheur dans la fréquentation des snobs du faubourg Saint-Germain à l'époque de l'affaire Dreyfus, dans l'amour (sa relation possessive à Albertine) et dans la contemplation des œuvres d'art. Sa quête s'achève par la réalisation de son désir d'écrire, grâce à la découverte du pouvoir d'évocation de la mémoire involontaire, qui réunit le passé et le présent en une même sensation retrouvée (la célèbre petite madeleine trempée dans le thé, par le rappel d'une saveur oubliée, fait revivre toute son enfance). Le style de Proust se caractérise par des phrases souvent longues (ou périodes), suprêmement élégantes et équilibrées, qui révèlent les intentions cachées derrière les apparences sociales, et explorent le monde des désirs inconscients.

Prout ou **Prut**, affl. du Danube (r. g.), qui sert de frontière entre la Moldavie et la Roumanie ; 989 km.

Prouvé *(Jean)*, constructeur français (Nancy 1901 - *id.* 1984). Fils de Victor Prouvé (1858-1943), artiste décorateur de l'école de Nancy, il pratiqua d'abord la ferronnerie, puis se tourna vers les menuiseries métalliques, le design, et fut un pionnier de l'architecture industrialisée (préfabrication moderne : emploi des tôles pliées, murs-rideaux, etc.). Il a collaboré, notamment, avec les architectes Beaudouin et Lods (→ **Lods**).

Provençal *(le)*, quotidien régional de tendance socialiste créé en 1944 à Marseille, dirigé de 1951 à 1986 par Gaston Deferre et contrôlé depuis 1987 par Hachette.

Provence, ancienne province de France, dont la capitale était Aix-en-Provence et qui correspond approximativement aux départements des Bouches-du-Rhône, du Var et des Alpes-de-Haute-Provence. Le long des côtes, occupées très tôt par les Ligures, se développe au Ve s. av. J.-C. l'empire maritime de Massalia (Marseille), cité fondée par les Grecs de Phocée. La région est conquise par les Romains (125-121 av. J.-C.), qui en font la Provincia Romana, à l'origine du mot Provence. Appelée par la suite « Narbonnaise », elle est profondément romanisée et devient l'un des premiers foyers du christianisme. Au Ve s. apr. J.-C., la Provence est envahie par les Wisigoths, les Burgondes, les Ostrogoths, puis elle est incorporée en 537 au royaume des Francs. Lorsque les Arabes envahissent le Midi, Charles Martel doit soumettre les Provençaux qui ont pris leur parti (736-739). Après le partage de l'Empire carolingien (843), la Provence fait partie d'un royaume périodiquement uni à la Bourgogne et est victime des raids des pirates sarrasins. Ce royaume passe théoriquement à l'empereur germanique (1032) mais est en fait dominé par des familles comtales, particulièrement par les comtes de Barcelone à partir du XIIe siècle. Les croisades permettent le développement du commerce avec le Levant et l'enrichissement de la bourgeoisie. En 1246, le comté de Provence passe à la maison d'Anjou. Après la mort du roi René (1434-1480), la Provence est léguée à la France en 1481.

Provence (comte de) → **Louis XVIII.**

Provence-Alpes-Côte d'Azur *(PACA),* Région du sud-est de la France, regroupant six dép. (Alpes-de-Haute-Provence, Hautes-Alpes, Alpes-Maritimes, Bouches-du-Rhône, Var et Vaucluse) ; 31 400 km[2] ; 4 257 907 hab. ; ch.-l. *Marseille.* GÉOGR. Du Rhône à la frontière italienne, occupant le sud des Alpes et une partie du littoral méditerranéen, la Région correspond essentiellement à la Provence historique. On y distingue parfois une *haute Provence,* ensemble de la partie alpine et surtout préalpine, et une *basse Provence,* plaines, bassins et aussi massifs « littoraux » des Maures et de l'Esterel. La Région englobe encore les régions historiques du *Comtat Venaissin* et la *principauté d'Orange,* le sud du *Dauphiné* et le *comté de Nice.* Les plaines ne s'épanouissent qu'en bordure du Rhône (Crau et surtout Camargue).
Le climat, de type méditerranéen, constitue le meilleur facteur d'unité : très sec l'été, ensoleillé toute l'année, mais les hivers, qui peuvent être rudes et neigeux en montagne, ne sont réellement doux que sur le littoral ; la vallée du Rhône et une partie de la côte sont fréquemment balayées par le mistral. La Région est la troisième de France par la population et doit sa densité supérieure à la moyenne nationale aux agglomérations urbaines (Marseille, Toulon et Nice notamment) jalonnant le littoral, grande zone touristique (Côte d'Azur). L'intérieur juxtapose cultures dans les plaines et bassins, souvent irrigués, élevage bovin et surtout ovin sur les hautes terres, plus sèches, animées aussi localement par le tourisme estival, parfois hivernal. Les productions végétales (fruits, fleurs, légumes, primeurs) représentent plus de 50 % de la valeur de la production agri-

cole totale. L'industrie occupe une place relativement réduite, sauf dans l'agglomération marseillaise et sur le golfe de Fos.
La croissance récente de la population, plus rapide que la moyenne, résulte essentiellement de mouvements migratoires. Ceux-ci intéressent, en priorité, la façade maritime (ou sa proximité immédiate), qui concentre aujourd'hui plus de 80 % de la population régionale — bien que les trois départements de l'« intérieur » aient enregistré une progression sensible dans les années 1980.

Providence, port des États-Unis, cap. du Rhode Island, sur la *Providence River ;* 160 728 hab. — Maisons du XVIIIe siècle. Musée d'art.

Provinces des Prairies, ensemble formé par les provinces canadiennes de l'Alberta, de Saskatchewan et du Manitoba.

Provinces Maritimes, ensemble formé par les trois provinces canadiennes du Nouveau-Brunswick, de la Nouvelle-Écosse et de l'Île-du-Prince-Édouard.

Provinces-Unies, nom porté par la partie septentrionale des Pays-Bas de 1579 à 1795.
1579. L'Union d'Utrecht consacre la sécession des sept provinces calvinistes du Nord (Zélande, Overijssel, Hollande, Gueldre, Frise, Groningue, Utrecht).
1581. Ces provinces répudient solennellement l'autorité de Philippe II d'Espagne.
1609-1621. Trêve de Douze Ans entre l'Espagne et les Provinces-Unies.
1648. Par les traités de Westphalie, l'Espagne reconnaît l'indépendance des Provinces-Unies.
La direction des affaires est confiée, dès l'origine, à un grand pensionnaire (celui de Hollande), le commandement militaire appartenant au stathouder, choisi le plus souvent dans la maison d'Orange-Nassau. L'oligarchie commerçante arrive au pouvoir avec le grand pensionnaire Jean de Witt, en fonction de 1653 à 1672. Durant cette période, l'essor de l'Empire colonial néerlandais et les interventions des Provinces-Unies contre le Danemark (1646), la Suède (1655-1660) et l'Angleterre (1652-1654 et 1665-1667) assurent au pays la maîtrise des mers. Foyer d'une brillante civilisation (Rembrandt, Spinoza, ...), les Provinces-Unies sont aussi le refuge des intellectuels étrangers menacés dans leurs pays.
1672. L'invasion française, lors de la guerre de Hollande, provoque la chute de Jean de Witt. Guillaume III d'Orange est nommé stathouder.

1689. Guillaume III devient roi d'Angleterre et sacrifie désormais les intérêts du pays à sa politique anglaise.

À sa mort (1702), aucun stathouder n'est désigné pour lui succéder.

1747. En raison de la guerre de la Succession d'Autriche et de l'occupation française, la fonction de stathouder est restaurée au profit de la maison d'Orange.

Après une guerre désastreuse contre la Grande-Bretagne (1780-1784) et l'échec des réformes proposées par le stathouder, les Provinces-Unies sont secouées par des troubles révolutionnaires dirigés contre la maison d'Orange-Nassau.

1795. L'invasion française provoque la chute du régime. Les Provinces-Unies deviennent la République batave.

Constitué en royaume de Hollande en 1806, au profit de Louis Bonaparte, le pays est annexé au territoire français en 1810. Le Blocus continental, qui gêne son commerce, et la dureté de l'administration française entraînent une révolte en 1813.

1815. Le congrès de Vienne crée un royaume des Pays-Bas comprenant la future Belgique, au profit de Guillaume Ier de Nassau.

Provinces-Unies d'Amérique centrale *(Fédération des),* organisation politique inspirée des idées de Simón Bolívar et de son projet de création de la Grande-Colombie. Elle a regroupé de 1823 à 1838-39 le Costa Rica, le Honduras, le Nicaragua, le Guatemala et le Salvador.

Provins [-vɛ̃], ch.-l. d'arr. de Seine-et-Marne, dans la Brie ; 12 171 hab. *(Provinois).* Centre touristique et commercial. **ARTS.** Ville-Haute, avec ses remparts des XIIe-XIVe siècles, son donjon, dit « tour de César », sa grange aux dîmes et l'église St-Quiriace, commencée en 1160 ; musée dans une maison remontant au XIe siècle. Ville-Basse, aux deux églises des XIIe-XVIe siècles.

Proxima, étoile de la constellation australe du Centaure, la plus proche du système solaire (sa distance est de 4,22 années de lumière).

Prudence, poète latin chrétien (Calahorra 348 - v. 410). Conseiller de l'empereur Théodose, il créa avec la *Psychomachie,* combat entre les vices et les vertus, le poème allégorique.

Prudhoe Bay, baie de la côte nord de l'Alaska, sur la mer de Beaufort. Gisement de pétrole relié au port de Valdez (sur le golfe d'Alaska) par un oléoduc, le *Transalaska,* long de 1 280 km.

Prudhomme *(M. Joseph),* personnage créé par Henri Monnier pour caricaturer le petit-bourgeois conformiste, borné et satisfait de soi.

Prud'hon *(Pierre Paul),* peintre français (Cluny 1758 - Paris 1823). Son art jette un pont entre un classicisme plein de grâce, inspiré notamment du Corrège, et le romantisme. Pour le Palais de Justice de Paris, il peignit en 1808 *la Justice et la Vengeance divine poursuivant le Crime* (Louvre). Beaux dessins (souvent au fusain et à la craie sur papier bleuté) au Louvre, à Chantilly, au musée de Gray.

Prus *(Aleksander* Głowacki, dit **Bolesław),** écrivain polonais (Hrubieszów 1847 - Varsovie 1912). Subtil peintre de mœurs, romancier et nouvelliste engagé, il a analysé avec ironie et humour les anomalies sociales et économiques en Pologne *(la Poupée,* 1890 ; *le Pharaon,* 1897).

Prusse, ancien État de l'Allemagne du Nord.

■ **Des origines au royaume de Prusse.** Peuplée de Borusses, peuple balte païen, la Prusse est conquise au XIIIe siècle les chevaliers Teutoniques, ce qui ouvre une période d'essor économique dont profitent des villes rattachées à la Hanse (Dantzig, Toruń, etc.).

1410. Les Polono-Lituaniens remportent sur les chevaliers Teutoniques la victoire de Grunwald (Tannenberg).

1466. Par la paix de Toruń, l'ordre Teutonique reconnaît la suzeraineté de la Pologne.

1525. Son grand maître, Albert de Brandebourg, dissout l'ordre et fait de son territoire un duché héréditaire de la Couronne de Pologne.

Le duché passe en 1618 aux mains des Hohenzollern, princes-électeurs de Brandebourg qui, au cours de la guerre de Trente Ans, louvoient entre la Suède et la Pologne.

1660. Le Grand Électeur Frédéric-Guillaume obtient de la Pologne qu'elle renonce à sa suzeraineté sur la Prusse.

1701. Son fils, Frédéric III de Brandebourg, devient « roi en Prusse ».

1713-1740. Frédéric-Guillaume Ier, le « Roi-Sergent », dote le pays de l'armée la plus moderne d'Europe.

1740-1786. Règne de Frédéric II, le « Roi Philosophe », adepte du despotisme éclairé. Il fait de la Prusse, qu'il agrandit de la Silésie et des territoires qu'il reçoit lors du premier partage de la Pologne, une grande puissance européenne.

1806. La Prusse est défaite par Napoléon à Auerstedt et à Iéna.
Elle accomplit de 1806 à 1813 un spectaculaire « redressement moral » : abolition du servage ; création de l'université de Berlin, foyer du nationalisme allemand ; réorganisation de l'armée.
1813-14. La Prusse joue un rôle déterminant dans la lutte contre Napoléon.
■ **L'hégémonie prussienne en Allemagne.**
1814-15. La Prusse obtient au congrès de Vienne le nord de la Saxe, la Westphalie et les territoires rhénans au-delà de la Moselle. Par l'Union douanière (Zollverein) de 1834, elle prépare l'unité des États de l'Allemagne du Nord sous son égide. Celle-ci est mise en œuvre par Bismarck, que Guillaume Ier (1861-1888) appelle à la présidence du Conseil en 1862.
1866. L'Autriche est battue à Sadowa.
1871. À l'issue de sa victoire dans la guerre franco-allemande, Guillaume Ier est proclamé empereur d'Allemagne, à Versailles. La Prusse constitue dès lors un État de l'Empire allemand, puis de la République de Weimar. Le national-socialisme met fin à l'existence de cet État en 1933-1935.

Prusse-Occidentale, ancienne province allemande. Cap. *Dantzig.* Organisée en 1815, elle regroupait les territoires échus à la Prusse lors des deux premiers partages de la Pologne (1772, 1793). Elle fut attribuée à la Pologne en 1919, à l'exception de Dantzig.

Prusse-Orientale, ancienne province allemande partagée en 1945 entre l'U. R. S. S. et la Pologne. Cap. *Königsberg* (auj. Kaliningrad).

Prusse-Rhénane, ancienne province allemande constituée au sein du royaume de Prusse en 1824 et qui est aujourd'hui partagée entre les États de Rhénanie-du-Nord-Westphalie et de Rhénanie-Palatinat. V. princ. *Coblence.*

Prut → Prout.

P. S. (Parti socialiste), parti politique français né de la fusion entre 1969 et 1971 de la S. F. I. O. et de divers clubs. Il a été successivement dirigé par François Mitterrand (1971-1981), Lionel Jospin (1981-1988), Pierre Mauroy (1988-1992), Laurent Fabius (1992-1993), Michel Rocard (1993-1994) et Henri Emmanuelli (depuis 1994).

Psammétique, nom de plusieurs pharaons de la XXVIe dynastie égyptienne. **Psammétique Ier** (v. 663-609 av. J.-C.), fondateur de la dynastie, libéra l'Égypte des Assyriens.

Psaumes *(livre des),* livre biblique, recueil des 150 chants liturgiques (psaumes) de la religion d'Israël. Sa composition s'échelonne de la période monarchique à celle qui suit la restauration du Temple après l'Exil (xe-ive s. av. J.-C.).

Psellos *(Mikhail ou Michel),* homme d'État et écrivain byzantin (Constantinople 1018 - *id.* 1078). Conseiller d'Isaac Ier Comnène et de ses successeurs, il contribua à diffuser la philosophie platonicienne dans l'Empire byzantin. Sa *Chronographie,* chronique des événements survenus entre 976 et 1077, est une source historique importante.

Psichari *(Jean),* philologue et écrivain français d'origine grecque (Odessa 1854 - Paris 1929). Auteur d'*Études de philologie néogrecque* (1892), il fut l'ardent défenseur de la langue démotique, dont *Mon voyage* (1888) fut le manifeste.

P. S. U. (Parti socialiste unifié), parti politique français constitué en 1960 par des dissidents de la S. F. I. O. et du Parti communiste. Il a prononcé sa dissolution en 1989.

Psyché, jeune fille qui, dans la mythologie grecque, était d'une grande beauté et qui, grâce à l'amour que lui porta Éros, devint immortelle au terme d'une série d'épreuves suscitées notamment par la jalousie d'Aphrodite. Allégorie de l'âme en quête d'idéal, le mythe de Psyché, devenu un thème favori des auteurs platoniciens ou néoplatoniciens, a figuré ensuite le destin de l'âme déchue qui, après des épreuves purificatrices, s'unit à l'amour divin.

Ptah, dieu de l'Égypte ancienne, adoré à Memphis, considéré comme le Verbe créateur, et représenté sous forme humaine, le corps serré dans un linceul.

Ptolémaïs, nom de plusieurs villes fondées à l'époque hellénistique par ou en l'honneur des Ptolémées.

Ptolémée, nom des souverains grecs de la dynastie des Lagides, qui régnèrent sur l'Égypte après la mort d'Alexandre le Grand (323). Seize souverains ont porté ce nom. Les plus célèbres sont : **Ptolémée Ier Sôtêr** (« le Mainteneur ») [v. 367-283 av. J.-C.], fondateur de la dynastie, maître de l'Égypte après la mort d'Alexandre (323). Il conquit la Palestine, la Syrie, Chypre et la Cyrénaïque. En 305, il prit le titre de roi, successeur de fait des pharaons. Il fit d'Alexandrie une grande capitale. **Ptolémée II Philadelphe** (« qui aime sa sœur ») [309-246 av. J.-C.], roi d'Égypte (283-246 av. J.-C.). Il donna à l'Égypte l'hégémonie sur la Méditerranée orientale, mais dut abandonner l'Asie Mineure. Il fit construire le phare d'Alexandrie. **Ptolémée III Évergète (« le Bienfaiteur »)** [v. 280-221 av. J.-C.], roi d'Égypte (246-221 av. J.-C.). Il conduisit ses armées jusqu'aux abords de Babylone (245). Sous son règne, l'Égypte lagide atteignit son apogée. **Ptolémée VIII (ou VII) Évergète II** (m. en 116 av. J.-C.), roi d'Égypte (143-116 av. J.-C.). Son règne achève la grande période de l'Égypte lagide. — À la fin du IIe s. et au Ier s. av. J.-C., les Ptolémées sont soumis à la politique romaine. **Ptolémée XV (ou XVI) Césarion** (47-30 av. J.-C.), fils de César et de Cléopâtre VII, roi nominal d'Égypte de 44 à 30 av. J.-C., fut tué par Octavien après Actium.

Ptolémée *(Claude),* astronome, géographe et mathématicien grec (Ptolémaïs de Thébaïde ? v. 100 - Canope ? v. 170). Héritier de toute la tradition scientifique et philosophique grecque, il reprit, poursuivit et compléta les travaux de ses prédécesseurs. Sa *Syntaxe mathématique,* qui nous est parvenue dans sa traduction arabe, l'*Almageste,* renferme tout à la fois l'exposé des connaissances astronomiques et la description des instruments d'observation du ciel des Grecs ainsi qu'un traité complet de trigonométrie plane et sphérique. On y trouve présenté le célèbre système géocentrique du monde qui fit autorité jusqu'à la Renaissance : au centre de l'Univers trône la Terre, immobile ; autour d'elle se déploient les sphères célestes successives sur lesquelles se meuvent la Lune, le Soleil et les planètes ; la huitième sphère, très lointaine, à laquelle sont accrochées les étoiles, marque la limite de l'Univers. Aboutissement des efforts de toute une lignée d'astronomes, ce système ne prétend pas décrire la réalité mais constitue seulement une représentation cinématique conforme aux observations de l'époque et aux principes de la physique d'Aristote. L'œuvre de Ptolémée représente une véritable encyclopédie du savoir de l'Antiquité dans des domaines aussi variés que l'optique, l'acoustique, la géographie, la chronologie historique et même l'astrologie. Dans sa *Géographie,* il expose de nouvelles méthodes de projection cartographique et dresse les premières cartes, en calculant les coordonnées (latitude et longitude) d'environ 8 000 lieux.

Publicis, société française, fondée par M. Bleustein-Blanchet et dont l'origine remonte à 1927 : elle exerce ses activités dans la publicité, les médias et la distribution (drugstores).

Puccini *(Giacomo),* compositeur italien (Lucques 1858 - Bruxelles 1924). Il est à Milan l'élève de Ponchielli et y représente *Le Villi* (1884) et *Edgar* (1889), ses deux premiers opéras. Avec *Manon Lescaut* (Turin, 1893), qui connaît un vif succès, puis *la Bohème* (Turin, 1896), Puccini s'impose au public italien. La succession de Verdi est dès lors assurée, et, désormais célèbre, Puccini compose l'opéra *Tosca* qui, créé à Rome en 1900, est joué dans le monde entier avec succès, malgré son langage audacieux (→ **Tosca**), puis *Madame Butterfly* (Milan, 1904). Pour le public américain, il fait ensuite représenter à New York *La Fanciulla del West* (1910) et *Il Trittico,* qui regroupe trois opéras en un acte : *Il Tabarro, Suor Angelica* et *Gianni Schicchi* (1918), pour lequel il renoue avec la grande tradition comique. La maladie qui l'emporte l'empêche d'achever *Turandot,* partition qui, terminée par Alfano, est créée en 1926 à la Scala sous la direction de Toscanini. Également auteur d'une *Messe* (1880), d'un *Requiem* (1905), de pièces pour piano et orgue, d'un *Preludio sinfonico* (1876) et d'un *Capriccio sinfonico* (1883), Puccini, grand maître du vérisme, met en scène, dans le cadre d'un drame continu et essentiellement lyrique, des personnages d'un milieu souvent modeste. Son réalisme, son sens de l'action et des ambiances poétiques, son orchestration et ses audaces d'écriture *(La Fanciulla del West, Turandot)* le situent parmi les compositeurs de théâtre les plus marquants du siècle.

Pucelle *(Jean),* miniaturiste français (m. à Paris en 1334). Chef d'un important atelier, à Paris, vers 1320-1330, averti de l'art italien contemporain, il introduisit la mode des figurations naturalistes et anecdotiques dans les marges des manuscrits (*Bréviaire de Belleville,* B. N., Paris), ainsi que l'illusion de la troisième dimension (*Heures de Jeanne d'Évreux,* musée des Cloîtres, New York).

Puebla ou **Puebla de Zaragoza,** v. du Mexique, cap. de l'*État de Puebla,* à l'est du Popocatepetl ; 1 054 921 hab. Centre commercial et industriel. — Noyau de la ville historique, avec sa cathédrale des XVIe-XVIIe siècles et des églises baroques (XVIIe et XVIIIe s.), parfois revêtues extérieurement de faïences polychromes. Musées.

Pueblo, Indiens du sud-ouest des États-Unis. Les principaux sont les Hopi et les Zuñi.

Pueblo Bonito, site archéologique de la région de Chaco Canyon (Nouveau-Mexique). Imposants vestiges d'une cité indienne appartenant à la fin de la séquence Anasazi, et abandonnée v. 1300.

Puerto Rico → Porto Rico.

Pufendorf *(Samuel, baron von)*, juriste et historien allemand (Chemnitz 1632 - Berlin 1694). Dans son ouvrage fondamental *Du droit de la nature et des gens* (1672), reprenant et développant les idées de Grotius, il fonde le droit sur des bases rationnelles, un contrat social et affirme que la paix est l'état naturel. Son *Traité des devoirs de l'homme et du citoyen* eut une grande influence sur Rousseau.

Puget *(Pierre)*, sculpteur, peintre et architecte français (Marseille 1620 - *id.* 1694). Il a travaillé à Florence, Paris, Gênes, Toulon (où il a dirigé le chantier de sculpture des navires royaux). Baroque et réaliste, en contradiction avec l'art officiel de son temps, il est l'auteur des *Atlantes* de l'ancien hôtel de ville de Toulon, d'œuvres religieuses à Gênes, des groupes tumultueux de *Milon de Crotone* et *Persée délivrant Andromède* pour Versailles (auj. au Louvre). Comme architecte, il a donné les plans de la chapelle de l'hospice de la Charité, à Marseille.

Pula, port de Croatie, en Istrie ; 56 000 hab.
— Vaste amphithéâtre et autres monuments romains du Ier siècle. Cathédrale et forteresse, reconstruites au XVIIe siècle. Musée archéologique (de l'âge du fer au Moyen Âge).

Pulchérie [-ke-] *(sainte)*, impératrice d'Orient (Constantinople 399-453). Fille d'Arcadius, elle s'empara du pouvoir à la mort de son frère Théodose II (450). Elle défendit l'orthodoxie contre les nestoriens et les monophysites.

Pulci *(Luigi)*, poète italien (Florence 1432 - Padoue 1484). Il est l'auteur d'une épopée burlesque qui parodie les romans de chevalerie (*Morgant*, 1483).

Pulitzer *(prix)*, prix institués par le journaliste américain Joseph Pulitzer (1847-1911). Les prix récompensent des journalistes, des écrivains et des compositeurs de musique sont décernés chaque année, depuis 1917, par le conseil d'administration de l'université Columbia.

Pullman *(George Mortimer)*, industriel américain (Brocton, État de New York, 1831 - Chicago 1897). Avec son ami Ben Field, il créa les voitures-lits (1863-1865).

Punch (The) ou **The London Charivari,** journal satirique illustré anglais, fondé en 1841.

Pune ou **Poona,** v. de l'Inde (Maharashtra), sur le plateau du Deccan ; 2 485 014 hab. Centre universitaire, artisanal et industriel.

— Capitale de l'Empire marathe au XVIIIe siècle.

puniques *(guerres)*, long conflit (264-146 av. J.-C.) qui opposa Rome et Carthage, et qui aboutit à la ruine de cette dernière. La cause en fut la rivalité des deux cités se disputant l'hégémonie de la Méditerranée occidentale.

■ **La première guerre punique (264-241 av. J.-C.).** Elle a pour théâtre la Sicile, d'où les Romains tentent d'évincer les Carthaginois. Les Romains, forts des succès de leur flotte (Mylae, 260), débarquent en Afrique. Ils connaissent ensuite une série de revers : défaite et mort de Regulus (255) en Afrique, échecs de la flotte (Drepanum, 249) et de l'armée en Sicile contre Hamilcar Barca. Mais la victoire décisive de la flotte romaine aux îles Égates (241) amène Carthage à demander la paix ; la Sicile passe sous le contrôle de Rome.

■ **La deuxième guerre punique (218-201 av. J.-C.).** Elle est marquée par l'offensive du Carthaginois Hannibal. Partant d'Espagne (prise de Sagonte, 219), celui-ci traverse les Pyrénées et les Alpes puis entre en Italie, où il bat les Romains au Tessin et à la Trébie (218), au lac Trasimène (217), à Cannes (216) ; mais, ne recevant pas de renforts, il s'attarde à Capoue et doit renoncer à prendre Rome (211). Cependant, les Romains conquièrent la Sicile et l'Espagne. Hasdrubal, qui essaie de rejoindre son frère Hannibal, est vaincu et tué sur les bords du Métaure (207). En 204, Scipion l'Africain porte la guerre en Afrique, après avoir obtenu le soutien du roi numide Masinissa. Hannibal, rappelé d'Italie, est vaincu à Zama (202). La paix de 201 enlève à Carthage ses possessions d'Espagne, la prive de sa flotte ainsi que de ses éléphants. (→ Hannibal.)

■ **La troisième guerre punique (149-146 av. J.-C.).** Elle porte le coup de grâce à Carthage. Le sénat romain, mis en garde par Caton qui craint la renaissance de la cité (« *Delenda est Carthago* », Carthage doit être détruite), prend prétexte du conflit qui oppose les Carthaginois à Masinissa, allié de Rome, et envoie Scipion Émilien en Afrique. Après trois ans de siège, Carthage est prise et rasée. La puissance punique n'existe plus.

Punta Arenas, port du Chili, sur le détroit de Magellan ; 113 661 hab. Ville la plus méridionale du monde (en dehors d'Ushuaia, dans la Terre de Feu). Centre touristique (parc national de la cordillère du Paine).

Punta del Este, v. de l'Uruguay, sur l'Atlantique ; 10 000 hab. Station balnéaire.

Purana, épopées anonymes indiennes à caractère religieux (IVe-XVe s.), dont l'influence fut aussi considérable que celle des Veda pour la diffusion de l'hindouisme. Elles s'adressaient à tous et non aux seuls brahmanes.

Purcell *(Henry),* compositeur anglais (Londres 1659 - *id.* 1695). Il devient « compositeur ordinaire » pour les violons en 1677 et succède à J. Blow à l'orgue de Westminster en 1679. Vers 1680, avec ses fantaisies pour violes, il fait culminer un genre pratiqué en Angleterre depuis un siècle, alors qu'avec ses sonates en trio, parues en 1683, il illustre en maître le style italien « moderne » inauguré par Corelli. Il apparaît ainsi à la fois respectueux de la tradition nationale et ouvert à toutes les expériences de son temps.
Son génie lyrique triomphe au théâtre, pour lequel il compose un seul véritable opéra *Didon et Énée* (1689), symbole de l'opéra anglais. Il crée également de nombreuses musiques de scènes et, surtout, des « semiopéras », forme qui entrecoupe les épisodes chantés d'importants dialogues avec accompagnement instrumental : *Dioclétien* (1690), *King Arthur* (1691), *The Fairy Queen* (1692), *The Tempest* (1695), *The Indian Queen* (1695). Parallèlement à cette activité, il écrit une abondante musique liturgique (anthems, « services ») marquée par l'époque élisabéthaine et jacobéenne, tout en reprenant à son compte les exigences expressives nées en Italie. Il donne aussi des cantates et des odes dédiées aux rois Charles II et Jacques II, à la reine Marie *(Come ye, Sons of Art,* 1694), à sainte Cécile *(Hail Bright Cecilia,* 1692).

Purus *(rio),* riv. du Pérou et du Brésil, affl. de l'Amazone (r. dr.) ; 3 200 km env.

Purusha ou **Purusa,** mot sanskrit signifiant « homme » et désignant, dans les *Veda,* l'homme primordial, personnification du macrocosme, premier sacrificateur et premier sacrifié, dont les différentes parties du corps deviennent les éléments de la création. Dans certaines écoles hindoues, le Purusha désigne l'âme primordiale qui est conscience pure et qui, lorsqu'elle s'identifie avec la matière originelle *(prakriti),* inaugure l'évolution du monde physique.

Pusan, *en jap.* Fusan, principal port de la Corée du Sud, sur le détroit de Corée ; 3 517 000 hab. Centre industriel diversifié.

Pusey *(Edward Bouverie),* théologien britannique (Pusey, près d'Oxford, 1800 - Ascot Priory, Berkshire, 1882), un des créateurs du mouvement ritualiste, dit « mouvement d'Oxford », ou *puseyisme,* qui porta une fraction de l'Église anglicane vers le catholicisme. Lui-même resta fidèle à l'anglicanisme.

Puszta *(la),* nom donné en Hongrie, à la steppe pastorale de l'est du pays, par opp. à l'*Alföld,* cultivé. Parcourue jadis par des troupeaux de moutons, de chevaux et de bœufs, parsemée d'humbles exploitations *(tanya),* sa conquête pour l'irrigation a la limite aujourd'hui aux deux réserves naturelles du Hortobágy, parc national plat et nu de 60 000 ha, et du Kiskunság, ou Petite Cumanie (30 000 ha), plus riant dans son décor de dunes boisées (pins, peupliers, genévriers), de roselières et d'étangs.

Puteaux, ch.-l. de c. des Hauts-de-Seine, sur la Seine ; 42 917 hab. *(Putéoliens).* Centre résidentiel, industriel et tertiaire (quartier de la Défense). — Église achevée en 1523.

Putiphar, officier du pharaon à l'époque de Joseph. Selon la Genèse, sa femme voulut séduire ce dernier, qui la repoussa en lui abandonnant son manteau. Elle l'accusa alors de lui avoir fait violence et son mari emprisonna Joseph.

Putnik *(Radomir),* général serbe (Kragujevac 1847 - Nice 1917). Il commanda les forces serbes de 1912 à la fin de 1915.

Puvis de Chavannes [-vi-] *(Pierre),* peintre français (Lyon 1824 - Paris 1898). Influencé par Chassériau et par l'art italien médiéval et renaissant, il est surtout l'auteur de peintures murales d'esprit symboliste et de style sobrement classique (musées d'Amiens et de Lyon ; palais de Longchamp à Marseille ; Panthéon [*Vie de sainte Geneviève*], Sorbonne [*le Bois sacré*] et Hôtel de Ville à Paris).

Puy de Dôme, sommet volcanique d'Auvergne, atteint par la route, proche de Clermont-Ferrand ; 1 465 m. Observatoire météorologique et relais de télévision.

Puy-de-Dôme [63], dép. de la Région Auvergne ; ch.-l. de dép. *Clermont-Ferrand ;* ch.-l. d'arr. *Ambert, Issoire, Riom, Thiers ;* 5 arr., 61 cant., 470 comm. ; 7 970 km² ; 598 213 hab. Il est rattaché à l'académie de Clermont-Ferrand, à la cour d'appel de Riom et à la région militaire Méditerranée.

Puy-du-Fou *(château du),* château et domaine de la commune des Épesses (Vendée), siège de l'écomusée de la Vendée et d'un important spectacle historique estival.

Puy-en-Velay (Le), ch.-l. de la Haute-Loire, anc. cap. du Velay, à 519 km au sud-est de Paris ; 23 434 hab. *(Aniciens ou Ponots).* Évêché. Dans une dépression fertile, le *bassin du Puy,* ville pittoresque, accidentée de pitons volcaniques (rocher Corneille, mont Aiguilhe). **ARTS.** Chapelle St-Michel-d'Aiguilhe (fin Xᵉ-début XIIᵉ s.). Cathédrale romane à coupoles (fin XIᵉ-XIIᵉ s.), avec peintures murales (grand *Saint Michel* du XIᵉ s.), façade et cloître (XIᵉ-XIIIᵉ s.) à appareil polychrome. Autres églises ou chapelles, maisons anciennes. Musée Crozatier (archéologie, histoire, beaux-arts ; dentelles, arts populaires, machines, etc.).

Puyi ou **P'ou-yi** (Pékin 1906 - *id.* 1967), dernier empereur de Chine (1908-1912). Il fut nommé par les Japonais régent (1932) puis empereur (1934-1945) du Mandchoukouo. Capturé par les Soviétiques, interné de 1949 à 1959 à Fushun, il devint employé au Jardin botanique de Pékin puis dans un service des affaires culturelles.

Puymorens [-rɛ̃s] *(col de),* passage des Pyrénées conduisant d'Ax-les-Thermes (Ariège) en Andorre ou en Cerdagne ; 1 915 m.

Puys *(chaîne des)* → **Dôme** *(monts).*

Pydna *(bataille de)* [22 juin 168 av. J.-C.], victoire remportée par Paul Émile sur Persée à Pydna, ville de Macédoine, aujourd'hui en Grèce. Cette victoire mit fin à l'indépendance de la Macédoine.

Pygmalion, roi légendaire de Chypre, devenu amoureux d'une statue d'ivoire qui représentait son idéal de la femme et dont il était peut-être l'auteur. À sa demande, Aphrodite donna la vie à l'idole, qu'il décida alors d'épouser.

Pygmées, populations africaines, de petite taille, vivant dans la forêt équatoriale (Zaïre, sud de la République centrafricaine, Gabon, Cameroun). Ils comprennent les Mbuti (Est), les Twa et les Binga (République centrafricaine), et les Pygmées de l'Ouest (Gabon, Cameroun).

Pylos, v. de Grèce, sur la côte occidentale du Péloponnèse (Messénie) ; 3 000 hab. — Ruines d'un complexe palatial mycénien reconnu comme étant celui de Nestor, le héros homérique. Près d'un millier de tablettes inscrites en « linéaire B » y ont été recueillies.

Pym *(John),* homme politique anglais (Brymore 1584 - Londres 1643). Député aux Communes, principal auteur de la Pétition de droit (1628), il fut le chef de l'opposition parlementaire à l'arbitraire de Charles Iᵉʳ et au catholicisme.

Pyongyang, cap. de la Corée du Nord, à 45 km de la mer ; 2 640 000 hab. Centre administratif et industriel. — Ancienne capitale (Vᵉ-VIIᵉ s.) du royaume de Koguryo et, de 918 à 1392, l'une des capitales de la dynastie Koryo. Monuments anciens et riches musées.

Pyrame, jeune Babylonien célèbre, dans la mythologie grecque, pour ses amours avec Thisbé. Selon Ovide, celle-ci l'attend sous un mûrier blanc lorsque surgit une lionne à la gueule ensanglantée. Elle prend la fuite en abandonnant son voile à l'animal furieux. Pyrame, trouvant des lambeaux de l'étoffe tachés de sang, croit Thisbé morte et se tue. Thisbé refuse de lui survivre et se donne la mort. Les dieux auraient métamorphosé les deux héros en cours d'eau.

Pyramides *(bataille des)* [21 juill. 1798], victoire remportée par Bonaparte sur les Mamelouks près des pyramides de Gizeh. Cette victoire lui permit de s'emparer du Caire.

Pyrénées, chaîne de montagnes du sud-ouest de l'Europe, partagées entre la France et l'Espagne (avec le statut particulier d'Andorre). Les Pyrénées s'allongent sur plus de 500 km, du cap Cerbère et du cap de Creus, sur la Méditerranée, aux vallées de l'Oria et du río Zadorra (suivies par la route et la voie ferrée de Paris à Madrid), dans la région de Saint-Sébastien. **GÉOGR.** À l'O. du pic d'Anie, les Pyrénées basques, exposées aux vents d'ouest, humides, herbagères ou forestières ; ne dépassent 2 000 m qu'au pic d'Orhy ; les vallées sont profondément creusées et les cols peu élevés (Ibañeta ou Roncevaux, 1 057 m). Du pic d'Anie au Puymorens (Pyrénées centrales), la chaîne est une barrière imposante avec les plus hauts sommets (Aneto, 3 404 m ; Vignemale, 3 298 m) ; de profondes vallées remontent vers la frontière, où seuls le Somport (1 632 m) et le Puymorens (1 945 m) sont ouverts en permanence. Le climat y est rude, avec vent et neige sur le versant nord mais possède déjà des affinités méditerranéennes en Espagne (Aragon). À l'E. du Puymorens (Pyrénées orientales ou catalanes), d'importantes surfaces sont dominées par de hauts sommets (Carlitte, Puigmal, Canigou) et perchées au-dessus de hautes plaines (Capcir, Cerdagne) ou de profondes vallées (Conflent, Vallespir), où remontent même les cultures fruitières, favorisées par un climat plus doux, ensoleillé et relativement sec.

À l'élevage et, localement, à quelques cultures s'ajoutent une traditionnelle extraction minière (fer, talc, etc.) souvent en déclin, quelques usines électrochimiques ou électrométallurgiques liées à l'équipement hydraulique de la montagne, l'exploitation de sources thermales. Cela n'a pas suffi à enrayer l'émigration. Un renouveau a été ponctuellement enregistré avec l'essor du tourisme estival et, surtout, hivernal (Saint-Lary, la Mongie, Font-Romeu, etc.), dont, à des titres divers, Andorre et Lourdes demeurent les grands centres.

Pyrénées (Hautes-) [65], dép. de la Région Midi-Pyrénées ; ch.-l. de dép. *Tarbes ;* ch.-l. d'arr. *Argelès-Gazost, Bagnères-de-Bigorre ;* 3 arr., 34 cant., 474 comm. ; 4 464 km² ; 224 759 hab. Il est rattaché à l'académie de Toulouse, à la cour d'appel de Pau et à la région militaire Atlantique.

Pyrénées *(parc national des),* parc national créé en 1967, couvrant près de 50 000 ha, dans les Pyrénées françaises (Pyrénées-Atlantiques et Hautes-Pyrénées), le long de la frontière espagnole, de la haute vallée d'Aspe au massif du Néouvielle.

Pyrénées *(traité ou paix des)* [7 nov. 1659], traité signé dans l'île des Faisans, sur la Bidassoa, par Mazarin et Luis Méndez de Haro, mettant fin aux hostilités entre la France et l'Espagne. Celle-ci abandonnait à la France d'importants territoires, notamment le Roussillon, l'Artois et plusieurs places fortes du Nord. Il fut stipulé que Louis XIV épouserait la fille de Philippe IV, Marie-Thérèse, qui renonçait à ses droits sur la couronne d'Espagne moyennant une dot de 500 000 écus d'or.

Pyrénées-Atlantiques [64], dép. de la Région Aquitaine ; ch.-l. de dép. *Pau ;* ch.-l. d'arr. *Bayonne, Oloron-Sainte-Marie ;* 3 arr., 52 cant., 543 comm. ; 7 645 km² ; 578 516 hab. Il est rattaché à l'académie de Bordeaux, à la cour d'appel de Pau et à la région militaire Atlantique.

Pyrénées-Orientales [66], dép. de la Région Languedoc-Roussillon ; ch.-l. de dép. *Perpignan ;* ch.-l. d'arr. *Céret, Prades ;* 3 arr., 30 cant., 226 comm. ; 4 116 km² ; 363 796 hab. Il est rattaché à l'académie et à la cour d'appel de Montpellier, à la région militaire Méditerranée.

Pyrrhon, philosophe grec (Élis v. 365 - v. 275 av. J.-C.). Sa philosophie, le scepticisme, se fonde sur les arguments des sophistes, qui estiment qu'on ne peut rien connaître avec certitude, puisque tout change à chaque instant. Elle se caractérise par le refus de toute affirmation dogmatique.

Pyrrhos II, *en lat.* Pyrrhus (v. 318 - Argos 272 av. J.-C.), roi d'Épire (295-272). Appelé en Italie méridionale par les habitants de Tarente, il fut vainqueur contre Rome à Héraclée (280) et à Ausculum (279) grâce à ses éléphants (ces succès, obtenus au prix de très lourdes pertes, sont à l'origine de l'expression « victoire à la Pyrrhus »). Mais, vaincu par les Romains à Bénévent (275), il dut retourner en Épire.

Pythagore, mathématicien et philosophe grec (Samos v. 570 - Métaponte v. 480 av. J.-C.), fondateur d'une école mathématique et mystique. Les pythagoriciens, autour de lui et après lui, forment une secte scientifique, philosophique et religieuse. Pythagore admet la croyance en la transmigration des âmes *(métempsycose).* La morale des pythagoriciens consiste en une réglementation stricte des comportements et des tâches. Leur politique est théocratique, aristocratique et conservatrice. Le pythagorisme exerça une influence profonde jusque dans l'ésotérisme médiéval.

■ **« Tout est nombre. ».** Les pythagoriciens voient dans les entiers le principe des choses. Cette conception repose sur l'observation qu'on peut produire des ensembles harmoniques (notamment en musique) par diverses combinaisons de nombres. Ainsi, tout triangle de côtés proportionnels à 3, 4 et 5 est rectangle ; le *théorème de Pythagore* était cependant connu des Babyloniens un millénaire avant lui. On attribue aussi à Pythagore et à son école le théorème de la somme des angles du triangle, la construction de certains polyèdres réguliers, le début du calcul des proportions, la découverte de l'*incommensurabilité* de la diagonale et du côté du carré (leurs longueurs ne peuvent s'exprimer par des multiples entiers d'une mesure commune). Cette découverte, qui ouvre une crise profonde des mathématiques, met fin à l'adéquation du monde aux nombres entiers et ne sera réglée qu'à la Renaissance avec la création des *nombres irrationnels.*

Pythéas, navigateur et géographe grec de l'antique Marseille (IVᵉ s. av. J.-C.). Il détermina la latitude de Marseille et explora les côtes du nord de l'Europe.

Python, serpent monstrueux de la mythologie grecque, premier maître de Delphes. Il fut tué par Apollon, qui s'empara de l'oracle et fonda les *jeux Pythiques.*

Qadesh ou **Kadesh,** ville de la Syrie ancienne, près de Homs. Sous ses murs, Ramsès II livra une dure bataille aux Hittites (v. 1299 av. J.-C.).

Qadjar, dynastie qui régna sur l'Iran de 1796 à 1925, créée par Agha Mohammad Chah, chef d'une tribu turkmène.

Qatar ou **Katar,** État de l'Arabie, occupant une péninsule sur le golfe Persique ; 11 400 km² ; 500 000 hab. CAP. *al-Dawha.* LANGUE : *arabe.* MONNAIE : *riyal du Qatar.* L'économie repose sur l'extraction du pétrole et du gaz (dont les réserves sont plus importantes que celles du pétrole). Quelques implantations industrielles (sidérurgie, pétrochimie, engrais, ciment) et quelques ressources agricoles (cultures irriguées, élevage) s'y ajoutent. La majeure partie de la population active est immigrée.
Lié par le traité de 1868 à la Grande-Bretagne, le Qatar est devenu indépendant en 1971.

Qazin ou **Kazvin,** v. d'Iran, au sud de l'Elbourz ; 139 000 hab. — Ancienne capitale des Séfévides (XVIᵉ s.) ; belle mosquée du XIIᵉ siècle.

Qianlong ou **K'ien-long** (Pékin 1711 - *id.* 1799), empereur chinois (1736-1796) de la dynastie Qing. Il poursuivit l'expansion en Asie centrale, au Tibet et en Birmanie, et porta l'empire à son apogée.

Qing ou **Ts'ing,** dynastie chinoise d'origine mandchoue (1644-1911). Les Qing enlevèrent le pouvoir aux Ming et adoptèrent les coutumes chinoises. Ils donnèrent à l'empire sa plus grande extension (XVIIIᵉ s.) mais ne purent, au XIXᵉ siècle, juguler la récession économique et faire face à l'intrusion des Occidentaux. Ils furent renversés par la révolution de 1911.

Qingdao, port de Chine (Shandong) ; 1 500 000 hab. Centre culturel et industriel, dans la baie de Jiaozhou.

Qinghai ou **Ts'ing-hai,** prov. de l'Ouest de la Chine ; 720 000 km² ; 3 900 000 hab. Cap. *Xining.*

Qinghai, Kuku Nor ou **Koukou Nor,** vaste dépression marécageuse du centre-ouest de la Chine (Qinghai), à 3 200 m d'altitude.

Qinling, massif de la Chine centrale, entre les bassins du Huang He et du Yangzi Jiang ; 3 767 m.

Qin Shi Huangdi (259-210 av. J.-C.), empereur chinois (221-210), fondateur de la dynastie Qin (221-206). Il unifia les pays chinois et fonda l'empire en 221. À proximité de Xi'an, son armée en ordre de marche (archers, chars et fantassins) a été recréée, grandeur nature, en terre cuite et enterrée à la périphérie de son tumulus. Depuis 1974, plus de 1 000 statues d'un réalisme saisissant, toutes individualisées, ont été mises au jour.

Qiqihar → Tsitsihar.

Qom ou **Qum,** v. de l'Iran, au sud-sud-ouest de Téhéran ; 247 000 hab. Importante oasis et lieu de pèlerinage chiite très fréquenté. — La ville de Qom possède le mausolée de Fatima (sœur de l'imam Reza, morte en 816) et une importante école de théologie. — L'ensemble monumental, aux chatoyantes céramiques bleues, est surtout d'époque séfévide.

Quades, peuple germanique qui vivait dans l'actuelle Moravie et qui disparut au IVᵉ s. apr. J.-C.

Quantz (*Johann Joachim*), compositeur et flûtiste allemand (Oberscheden 1697 - Potsdam 1773). Flûtiste de la chapelle de Dresde, puis musicien de chambre et compositeur de la cour de Frédéric II de Prusse, il écrivit pour celui-ci de nombreux concertos, sonates, trios et quatuors. On lui doit un célèbre traité (*Art de jouer de la flûte traversière,* 1752).

Quartier Latin (*le*), partie de la rive gauche de Paris qui appartient au Vᵉ arrondissement (Panthéon) et au VIᵉ (Luxembourg), où, depuis le XIIᵉ siècle, se sont développées des activités universitaires.

Quarton, Charonton ou **Charreton** *(Enguerrand)*, peintre français originaire du diocèse de Laon, mentionné en Provence de 1444 à 1466. Il est l'auteur de la *Vierge de miséricorde* du musée Condé à Chantilly, du *Couronnement de la Vierge* peint pour la chartreuse de Villeneuve-lès-Avignon — à l'iconographie complexe dictée par le commanditaire — sans doute de la poignante *Pietà d'Avignon* du Louvre. Il a imprimé à l'école d'Avignon ses caractères de stylisation fortement plastique, de gravité et d'harmonie.

Quasimodo, personnage de *Notre-Dame de Paris,* de Victor Hugo. C'est le sonneur de Notre-Dame, dont la difformité cache la plus sublime délicatesse de sentiment.

Quasimodo *(Salvatore),* écrivain italien (Syracuse 1901 - Naples 1968). Un des principaux représentants de l'école « hermétiste », il s'est fait le chantre de la liberté (*la Terre incomparable,* 1958). [Prix Nobel 1959.]

Quatre Articles *(Déclaration des)* → **Déclaration du clergé de France.**

Quatre-Bras *(les),* hameau de Belgique (Brabant wallon). Défaite de Ney par les Anglais de Wellington (16 juin 1815).

Quatre-Cantons *(lac des),* en all. Vierwaldstättersee, appelé aussi *lac de Lucerne,* lac de Suisse, traversé par la Reuss, entre les cantons d'Uri, d'Unterwald, de Schwyz et de Lucerne ; 114 km². Tourisme.

Quatre Fils Aymon *(les),* nom parfois donné à la chanson de geste *Renaut de Montauban* (XIIᵉ s.) et au roman de chevalerie tiré de la même œuvre.

Quatre-Nations *(collège des),* établissement fondé à Paris par Mazarin en 1661, pour recevoir soixante « écoliers » originaires de quatre « nations » (Alsace, Pays-Bas, Roussillon, province de Pignerol) récemment réunies à la France. Mazarin lui légua sa bibliothèque : c'est là l'origine de la *bibliothèque Mazarine.* Le collège des Quatre-Nations fut supprimé par la Révolution et son palais (œuvre de Le Vau) affecté, en 1806, à l'Institut de France.

Quatrevingt-Treize, roman de V. Hugo (1874).

Québec, v. du Canada, cap. de la province du même nom ; 167 517 hab. (574 397 dans l'agglomération) [*Québécois*]. **GÉOGR.** Fondée par Champlain en 1608, Québec a été le berceau de la civilisation française en Amérique. Le site urbain comprend une colline élevée de 100 m au-dessus du Saint-Laurent et bordée de plaines et de terrasses. La ville a d'abord été un port de transbordement et une place militaire. Capitale provinciale, c'est aujourd'hui un centre culturel (université Laval ; musées), touristique, religieux. Elle est également industrialisée (alimentation, textile, bois, métallurgie, édition). Le port (céréales, pétrole, conteneurs) est accessible en hiver. **ARTS.** Place Royale, en partie des XVIIᵉ et XVIIIᵉ siècles. Musées du Québec (beaux-arts et arts appliqués).

Québec *(Acte de)* [22 juin 1774], loi britannique concernant le statut du Canada. Il délimitait la province de Québec, admettait les catholiques aux fonctions publiques et rétablissait les anciennes lois françaises, tout en maintenant le droit criminel anglais, plus libéral.

Québec *(province de* ou *du),* province du Canada ; 1 540 680 km² ; 6 895 963 hab. *(Québécois).* Cap. *Québec ;* v. princ. *Montréal.*
GÉOGRAPHIE
■ **Le milieu naturel.** La vallée du Saint-Laurent sépare la région appalachienne de plateaux et de collines, au sud, du Bouclier canadien, au nord. Celui-ci, qui occupe plus de 90 % du territoire de la province, est creusé d'une multitude de lacs ; les Laurentides en marquent la bordure sud. Le climat, continental, devient de plus en plus rude vers le nord. La neige est particulièrement abondante dans l'est et dans la vallée du Saint-Laurent, et les cours d'eau lui doivent leur abondance. Le Saint-Laurent est navigable l'hiver, à l'aide de brise-glace, jusqu'à Québec et Montréal.
■ **Les hommes et l'économie.** La forte natalité traditionnelle des Québécois a commencé à décroître dans les années 1960 ; le taux est maintenant voisin de la moyenne nationale, mais les francophones demeurent largement majoritaires (sans doute à environ 80 %). L'agglomération de Montréal rassemble près de la moitié d'une population très largement urbanisée (80 %). La vie économique est fondée sur l'industrie. Celle-ci bénéficie, avec les équipements tributaires de la baie James, d'un potentiel d'électricité hydraulique très important. Le sous-sol fournit notamment de l'amiante, du fer, du cuivre, de l'or, du zinc, du titane et du sélénium. La métallurgie (aluminium, cuivre et zinc), la chimie (raffinage du pétrole et pétrochimie), la construction aéronautique et automobile, la pâte à papier et l'imprimerie, le textile et la confection, les industries alimentaires sont les princi-

paux secteurs représentés, tournés surtout vers l'exportation. L'agriculture (5 % des actifs) concerne l'élevage bovin et les cultures spécialisées (tabac, fruits et légumes, produits de l'érable). La pêche joue un rôle assez faible. Le tourisme se développe. **HISTOIRE** Après la défaite de la France et le traité de Paris (1763), la Grande-Bretagne s'assure le contrôle des possessions françaises au Canada (Nouvelle-France) et crée la province de Québec. En 1791, l'arrivée des « loyalistes » fuyant les États-Unis indépendants aboutit à la séparation du Bas-Canada, francophone (avec Québec pour capitale), et du Haut-Canada, anglophone (actuel Ontario). En 1837, les parlementaires des deux Canadas réclament de réels pouvoirs. La rébellion éclate et est durement réprimée (1840). Les deux Canadas (auj. Ontario et Québec) sont réunis en une même province, le Canada-Uni. La province de Québec est restaurée dans le cadre de la Confédération canadienne, créée en 1867. La vie politique est alors marquée par la division entre libéraux et conservateurs cléricaux, qui se succèdent au pouvoir. Le courant indépendantiste se développe. Le Parti québécois (P. Q.) de René Lévesque, indépendantiste, remporte les élections de 1976. Mais, en 1980, les Québécois se prononcent par référendum contre le projet de « souveraineté-association » avec le reste du Canada. René Lévesque démissionne en 1985. Les libéraux, dirigés par Robert Bourassa (déjà Premier ministre de 1970 à 1976), reviennent au pouvoir. À partir de 1988, ils doivent faire face à une nouvelle crise linguistique doublée d'une crise constitutionnelle. Les propositions de réformes constitutionnelles de 1992 sont rejetées, la même année, par référendum. En 1994, R. Bourassa démissionne et le libéral Daniel Johnson devient Premier ministre. Après la victoire des indépendantistes aux élections législatives de septembre, Jacques Parizeau, chef du Parti québécois, lui succède à la tête du gouvernement. Le référendum sur la souveraineté du Québec organisé en octobre 1995 se solde par une très courte victoire des partisans du maintien de la province dans la Confédération canadienne. J. Parizeau démissionne.

Quechua ou **Quichua,** Indiens d'Amérique du Sud (Bolivie, Chili, Argentine). Ils parlent le quechua. C'est le groupe le plus important des Indiens d'Amérique du Sud. Ils sont aujourd'hui convertis au catholicisme.

Queens, borough de New York, dans le nord-ouest de Long Island ; 1 891 000 hab.

Queensland, État du nord-est de l'Australie ; 1 727 500 km^2 (plus du cinquième de la superficie du pays) ; 2 978 617 hab. Cap. *Brisbane.* Brisbane regroupe la moitié de la population de l'État, à la fois agricole (canne à sucre sur la côte, élevage dans l'intérieur), minier (charbon, nickel, cuivre, plomb, zinc, bauxite) et touristique (littoral).

Que faire ?, œuvre de Lénine (1902).

Que faire ?, roman (1863) de Nikolaï Tchernychevski, bible de la jeunesse révolutionnaire russe de l'époque.

Queipo de Llano *(Gonzalo),* général espagnol (Tordesillas 1875 - Séville 1951). Il fut l'un des principaux lieutenants de Franco pendant la guerre civile de 1936-1939.

Queirós *(José Maria* Eça de*),* écrivain portugais (Póvoa de Varzim 1845 - Paris 1900). Diplomate, grand voyageur, il est l'auteur de romans réalistes (*le Cousin Bazilio,* 1878).

Quellin, Quellien ou **Quellinus,** famille d'artistes flamands dont les plus importants sont : **Erasmus II** (Anvers 1607 - *id.* 1678), collaborateur et disciple de Rubens, peintre officiel à l'œuvre diverse et abondante ; **Artus Ier le Vieux** (Anvers 1609 - *id.* 1668), frère du précédent, qui, après avoir été élève de Duquesnoy à Rome, fut un des plus importants sculpteurs baroques d'Anvers (statues mythologiques et religieuses ; bustes) et travailla de 1650 à 1664 à la décoration de l'hôtel de ville d'Amsterdam.

Queneau *(Raymond),* écrivain français (Le Havre 1903 - Paris 1976). Lié un temps aux surréalistes, philologue aussi bien que mathématicien, pataphysicien et directeur de l'*Encyclopédie de la Pléiade,* il a poursuivi une réflexion sur le langage dans une œuvre abondante et variée, marquée par l'humour et la fantaisie verbale. Il est l'auteur de romans (*le Chiendent,* 1933 ; *Pierrot mon ami,* 1942 ; *Loin de Rueil,* 1945 ; *Zazie dans le métro,* 1959 ; *les Fleurs bleues,* 1965), de poèmes (*les Ziaux,* 1943 ; *le Chien à la mandoline,* 1958 ; *Battre la campagne,* 1968 ; *Morale élémentaire,* 1975), et des célèbres *Exercices de style* (1947) et *Cent Mille Milliards de poèmes* (1961).

Quental *(Antero Tarquínio de),* écrivain portugais (Ponta Delgada, Açores, 1842 - *id.* 1891), poète d'inspiration mystique (*Sonnets,* 1861-1890) et révolutionnaire (*Odes modernes,* 1865).

Quentin Durward, roman historique de Walter Scott, de 1823 : une intrigue amoureuse mêlée à la lutte de Louis XI contre Charles le Téméraire.

Quercia *(Jacopo della)* → **Jacopo della Quercia.**

Quercy, région du bassin d'Aquitaine, en bordure du Massif central. On distingue les *Causses du Quercy* (ou *haut Quercy*) et le *bas Quercy*. Les Causses (de Martel, au N. de la Dordogne ; de Gramat, au N. du Lot, dominant la Limargue ; de Limogne, au S., bordant la dépression de Villefranche-de-Rouergue) correspondent approximativement au département du Lot. Au S.-O., le bas Quercy (nord du Tarn-et-Garonne) est formé de plateaux étroits que séparent des vallées parallèles et, vers l'aval, de collines vouées à la polyculture.

Querétaro, v. du Mexique, cap. de l'État du même nom, au N.-O. de Mexico ; 545 049 hab. — Noyau urbain d'époque coloniale, bien conservé ; couvents et églises, surtout des XVIIe et XVIIIe siècles, aux décors intérieurs d'un baroque exubérant.

Quesnay *(François),* médecin et économiste français (Méré 1694 - Versailles 1774), inspirateur de l'école des physiocrates. Il publia en 1758 son œuvre maîtresse, le *Tableau économique,* où il compare la circulation des biens et services à la circulation du sang dans le corps humain. Le *Tableau* est la première représentation du circuit économique, de l'interdépendance des activités économiques, des relations entre la production des biens et la répartition des revenus. Quesnay montre comment l'agriculture fournit un « produit net » qui se répartit entre les classes de la société. Pour lui, la terre est la source première de la richesse. En économie, Quesnay défend le libre jeu des lois naturelles. L'école de Lausanne, avec Walras, retrouvera plus tard l'idée d'interdépendance des activités économiques ; la comptabilité nationale et l'analyse des relations industrielles au moyen de tableaux économiques chiffrés sortiront au XXe siècle de la méthode utilisée par Quesnay. L'étude de l'équilibre des quantités globales entre groupes sociaux sera reprise à partir de 1936 par les keynésiens.

Quesnel [ke-] *(Joseph),* écrivain canadien d'expression française (Saint-Malo 1749 - Montréal 1809), auteur de poésies champêtres et de comédies en vers.

Quesnel [ke-] *(Pasquier),* théologien français (Paris 1634 - Amsterdam 1719). Oratorien

(1657), prêtre (1659), il publia des livres de piété imprégnés d'esprit janséniste et dut pour cela s'exiler. Il passa, après la mort d'Arnauld (1694), pour le chef du jansénisme. Ses *Réflexions morales* (1671) furent condamnées par la bulle *Unigenitus* (1713).

Quételet *(Adolphe),* astronome, mathématicien et statisticien belge (Gand 1796 - Bruxelles 1874). Il est surtout connu pour l'application qu'il fit de la théorie des probabilités aux sciences morales et politiques, ainsi qu'en anthropométrie. Il posa, un des premiers, les principes de l'étude de l'homme en tant que membre de corps sociaux. Grâce à la statistique, il entendait étudier les lois de la natalité, de la croissance physique et intellectuelle, du comportement mental et de la mortalité.

Quetta, v. du Pakistan, ch.-l. du Baloutchistan ; 285 000 hab. Position stratégique commandant les passes de Bolan. — Des objets précieux des environs de 2000 av. notre ère ont été recueillis lors de travaux de construction. Ce dépôt funéraire correspond à la phase de transformation de la civilisation de l'Indus dans son extension occidentale.

Quetzalcóatl, dieu du Mexique préhispanique dont le nom signifie « serpent à plumes ». Régnant à Teotihuacán sur la végétation, à côté de Tlaloc, le dieu de la Pluie, il devint à l'époque aztèque le dieu des Prêtres, de la Pensée religieuse et des Arts. Topiltzin Quetzalcóatl, souverain de Tula, qui avait contribué à l'implantation des arts et des techniques, fut confondu avec son protecteur, ce même dieu Quetzalcóatl.

Queuille *(Henri),* homme politique français (Neuvic-d'Ussel, Corrèze, 1884 - Paris 1970). Radical-socialiste, plusieurs fois ministre entre 1924 et 1940 et notamment de l'Agriculture, il fut trois fois président du Conseil sous la IVe République.

Quevedo y Villegas *(Francisco Gómez de),* écrivain espagnol (Madrid 1580 - Villanueva de los Infantes 1645). Il est l'auteur de poésies, d'écrits politiques et satiriques, et d'un roman picaresque, *Don Pablo de Ségovie* (1626).

Queyras, région des Alpes françaises (Hautes-Alpes), correspondant à la haute et moyenne vallée du Guil et de ses affluents. C'est un pays élevé (1 500 à 2 000 m), aux vallées couvertes de forêts et de pâturages. Un *parc naturel régional du Queyras* (60 000 ha) a été créé en 1977.

Quezón *(Manuel),* homme d'État philippin (Baler 1878 - Saranac Lake, État de New

York, 1944). Président du Commonwealth des Philippines (1935), il s'exila aux États-Unis lors de l'occupation japonaise (1942).

Quezón City, v. fondée en 1948, à 16 km au N.-E. de Manille, cap. des Philippines jusqu'en 1976 ; 1 166 000 hab.

Quiberon, ch.-l. de c. du Morbihan, à l'extrémité de la presqu'île du même nom ; 4 647 hab. *(Quiberonnais).* Pêche. Thalasso-thérapie. — En 1795, une petite armée d'émigrés tenta un débarquement sur la presqu'île avec l'aide des Anglais, mais elle fut faite prisonnière par Hoche ; 748 émigrés furent fusillés près d'Auray.

Quiché, peuple amérindien du Guatemala parlant une langue maya.

Quierzy *(capitulaire de),* capitulaire promulgué en 877 à Quierzy (auj. dans l'Aisne) par Charles le Chauve, qui admettait l'hérédité de fait des charges comtales.

Quilmes, banlieue industrielle de Buenos Aires ; 509 445 hab.

Quimper, ch.-l. du Finistère, anc. cap. du comté de Cornouaille, sur l'Odet, à 551 km à l'ouest de Paris ; 62 541 hab. *(Quimpérois).* Évêché. Centre administratif et commercial. **ARTS.** Cathédrale gothique St-Corentin, en granite (XIIIᵉ-XVIᵉ et XIXᵉ s.). Église romane de Locmaria. Ensembles de maisons à pans de bois. Musée départemental breton et musée des Beaux-Arts (peinture ancienne, école de Pont-Aven, salle Max Jacob, etc.).

Quimperlé, ch.-l. de c. du Finistère, en Cornouaille, au confluent de l'Ellé et de l'Isole ; 11 417 hab. *(Quimperlois).* Papeterie.

Quinault *(Philippe),* poète français (Paris 1635 - *id.* 1688). Auteur de comédies *(les Rivales,* 1653), de féeries et de tragi-comédies *(Astrate, roi de Tyr,* 1665), il collabora avec Molière et Corneille à *Psyché* avant de connaître, à partir de 1672, un immense succès comme librettiste de Lully. (Acad. fr. 1670.)

Quinctius Cincinnatus *(Lucius)* → **Cincinnatus.**

Quinctius Flamininus *(Titus)* → **Flamininus.**

Quine *(Willard* Van Orman, dit Willard*),* logicien américain (Akron 1908). Il a critiqué la distinction entre propositions analytiques et propositions synthétiques ; il a également attaqué les thèses de l'empirisme logique et les thèses de Chomsky. Il est l'auteur d'une théorie sur les fondements de la logique et, plus particulièrement, sur ses aspects sémantiques *(Logic and the Reification of Universalia,* 1953).

Quinet *(Edgar),* historien et homme politique français (Bourg-en-Bresse 1803 - Paris 1875). Professeur au Collège de France, il fut suspendu en 1846 pour son anticléricalisme. Député en 1848, proscrit après le coup d'État de 1851, rentré en France en 1870, député en 1871, il fut le maître à penser de la république laïque. On lui doit notamment *les Révolutions d'Italie* (1852) et *l'Esprit nouveau* (1874).

Qui Nhon, port du sud du Viêt Nam, sur la *baie de Qui Nhon* ; 214 000 hab.

Quinte-Curce, historien latin (Iᵉʳ s. apr. J.-C.), auteur d'une *Histoire d'Alexandre,* plus pittoresque qu'empreinte d'exactitude.

Quintilien, rhéteur latin (Calagurris Nassica, auj. Calahorra, Espagne, v. 30 - v. 100 apr. J.-C.). Dans son ouvrage sur la formation de l'orateur *(De l'institution oratoire),* il réagit contre les tendances nouvelles représentées par Sénèque et proposa l'imitation de Cicéron.

Quintilius Varus *(Publius)* → **Varus.**

Quinton *(René),* physiologiste français (Chaumes-en-Brie 1866 - Paris 1925). Il est surtout connu par son grand ouvrage *l'Eau de mer, milieu organique* (1904).

Quinze-Vingts *(les),* hospice fondé à Paris par Saint Louis pour les aveugles (auj. services hospitaliers d'ophtalmologie).

Quirinal *(mont),* l'une des sept collines de Rome, au nord-ouest de la ville. À partir de 1574, les papes y firent construire le *palais du Quirinal,* actuelle résidence du président de la République italienne.

Quirinus, ancienne divinité romaine dont le culte était établi sur le Quirinal. Il faisait partie avec Jupiter et Mars de la plus antique triade divine vénérée comme protectrice de Rome. Par la suite, Quirinus fut associé à Romulus divinisé.

Quisling *(Vidkun),* homme politique norvégien (Fyresdal 1887 - Oslo 1945). Favorable au nazisme, chef du gouvernement après l'invasion allemande (févr. 1942), il fut condamné à mort et exécuté à la Libération.

Quito, cap. de l'Équateur ; 1 110 000 hab. **GÉOGR.** Située au cœur des Andes à environ 2 800 m d'alt., la ville a été longtemps concurrencée par Guayaquil. C'est un centre politique, financier (pétrole de l'Oriente), culturel (université) et industriel (biens de consommation), relié par rail au port de San Lorenzo. **ARTS.** Beaux monuments d'époque coloniale, reflétant, du XVIᵉ au XVIIIᵉ siècle, les influences espagnole, mudéjare, italienne, voire celle du maniérisme flamand. La ville connut dans la même période une importante production de sculpture et de peinture religieuse. Musées (archéologie, histoire, art équatorien, etc.).

Qumran, site archéologique, près de la rive ouest de la mer Morte. À la suite de la découverte, dans les grottes des alentours, des manuscrits de la mer Morte, on a mis au jour un ensemble de bâtiments, probables vestiges d'un couvent essénien.

Quotidien de Paris *(le),* quotidien libéral fondé en 1974 par Ph. Tesson et des jour-nalistes de *Combat.* Sa parution est suspendue en 1994.

Quotidien du peuple *(le),* quotidien chinois créé en 1948, organe du Parti communiste chinois.

Quo vadis ?, roman de Sienkiewicz (1896).

Quraychites ou **Koraïchites,** tribu arabe à laquelle appartenait Mahomet.

Qu Yuan ou **K'iu Yuan,** poète chinois (Chu v. 340 - v. 278 av. J.-C.). Il est l'auteur du premier poème signé de la littérature chinoise *(Lisao),* qui forme une grande partie de l'anthologie *Chuci (Élégies du pays de Chu).*

Râ → **Rê.**

Raabe *(Wilhelm),* écrivain allemand (Eschershausen, Brunswick, 1831 - Brunswick 1910). Dans la tradition du roman sentimental de Sterne et Jean Paul, il peignit, dans une tonalité pessimiste, des tableaux de genre de la vie provinciale allemande *(la Chronique de la rue aux Moineaux,* 1857).

Rab, île croate de l'Adriatique, en face du Velebit. Tourisme. — La localité de *Rab,* sur la côte occidentale, garde une cathédrale fondée au XIe siècle et remaniée du XIIe au XVIe, d'autres églises, des demeures d'influence vénitienne.

Rabah, souverain africain (prov. de Khartoum v. 1840 - Kousseri, Cameroun, 1900). Chef de guerre musulman, il se constitua un vaste royaume esclavagiste dans les savanes centrafricaines. Il fut défait et tué par les troupes françaises.

Rabat, cap. du Maroc, deuxième ville du pays par la population ; 520 000 hab. (plus de 800 000 pour l'agglomération), sur la rive gauche de l'oued Bou Regreg, en bordure de l'Atlantique. GÉOGR. Fondée en 1150 comme poste militaire, la ville est avant tout un centre politique et administratif. S'y ajoutent des fonctions universitaires, commerciales, et des activités artisanales et industrielles (textile, mécanique, alimentation). ARTS. Remarquables monuments d'époque almohade : tour Hasan (minaret de la mosquée Hasan) et la puissante enceinte avec ses célèbres portes, celle de la casbah des Oudaïa et Bab al-Ruwah. Dans les environs, nécropole marinide de Chella. Musée archéologique, musée des Oudaïa (arts décoratifs) et musée de l'Artisanat.

Rabaul, port de Papouasie-Nouvelle-Guinée, en Nouvelle-Bretagne ; 15 000 hab. — Base aéronavale japonaise de 1942 à 1945.

Rabearivelo *(Jean-Joseph),* écrivain malgache (Tananarive 1901 ou 1903 - *id.* 1937). Il a tenté d'unir dans ses recueils de poèmes les mythes de la culture européenne aux thèmes ancestraux de son pays *(Presque songes,* 1934 ; *Traduit de la nuit,* 1935).

Rabelais *(François),* écrivain français (La Devinière, près de Chinon, v. 1494 - Paris 1553). Cordelier à Fontenay-le-Comte où il étudie le grec (1520), Rabelais passe en 1524-25 dans l'ordre des Bénédictins de Maillezais. Renonçant à la vie monacale en 1527, il entreprend le tour de France des universités, qui le conduit à la faculté de médecine de Montpellier. Devenu médecin de l'hôpital du Pont-du-Rhône à Lyon, il publie en 1532 des ouvrages de droit et de médecine, et les *Horribles et Épouvantables Faits et Prouesses du très renommé Pantagruel* ainsi qu'un almanach facétieux, la *Pantagruéline Prognostication.* Il accompagne l'évêque de Paris, Jean du Bellay, dans sa mission à Rome et, de retour à Lyon, fait paraître la *Vie inestimable du Grand Gargantua, père de Pantagruel* (1534). Après plusieurs séjours à Rome, il se consacre de 1536 à 1546 à l'exercice de la médecine et dédie à Marguerite de Navarre le *Tiers Livre des faits et dicts héroïques du noble Pantagruel* (1546) qui est, comme les ouvrages précédents, condamné par la Sorbonne. Réfugié à Metz, puis à Rome, Rabelais publie, en passant par Lyon, les premiers chapitres du *Quart Livre de Pantagruel* (1548), dont l'ensemble paraît en 1552. Il devient en 1551 curé de

Meudon. L'édition complète du *Cinquième Livre* ne sera publiée qu'en 1564. L'« œuvre-univers » de Rabelais, résumé des aspirations de la première moitié du XVIe s., concilie culture savante et tradition populaire. Rabelais développe dans ses récits héroï-comiques la leçon de l'humanisme nouveau. Derrière le gros rire et la farce, il invite à lire l'appel à un renouveau de l'idéal philosophique et moral à la lumière de la pensée antique et une profession de foi dans la nature humaine et dans la science. Le génie rabelaisien réside dans un langage truculent, fait d'inventions verbales et servi par un vocabulaire riche, imagé, qui fait appel à la diversité des langues et des registres.

—Le roman **la Vie inestimable du grand Gargantua, père de Pantagruel** (1534), écrit postérieurement à *Pantagruel,* sera placé en tête des œuvres complètes. Gargantua, fils de Grandgousier, appartient à des légendes populaires que Rabelais utilisa pour exposer ses critiques contre les « Sorbonagres » (intellectuels attardés), les fanatiques et les conquérants. Les principaux épisodes de l'ouvrage sont ceux de la guerre contre Picrochole et de la fondation de l'abbaye de Thélème pour frère Jean des Entommeures.

Rabemananjara *(Jacques),* homme politique et écrivain malgache d'expression française (Maroantsetra, prov. de Toamasina, 1913). Poète lyrique *(Ordalies,* 1972), historien et essayiste, il a joué un rôle très actif dans le mouvement de la négritude.

Rabin *(Yitzhak),* général et homme politique israélien (Jérusalem 1922 - Tel-Aviv-Jaffa 1995). Chef d'état-major (1964-1967), Premier ministre à la tête d'un gouvernement travailliste (1974-1977), ministre de la Défense (1984-1990), il redevient chef du gouvernement en 1992. Il relance les négociations israélo-arabes, qui aboutissent à un accord avec l'O. L. P. (Washington, sept. 1993). Il est assassiné par un extrémiste israélien le 4 novembre 1995. (Prix Nobel de la paix 1994.)

Racan *(Honorat* de Bueil, *seigneur de),* poète français (Aubigné, auj. Aubigné-Racan, 1589 - Paris 1670). Disciple de Malherbe, il a pratiqué l'élégie dans les *Stances sur la retraite* (1618) et rénové la pastorale *(les Bergeries,* 1625). [Acad. fr. 1634.]

Rachel, l'une des deux épouses du patriarche biblique Jacob, et sa préférée. Mère de Joseph et de Benjamin, elle mourut en mettant au monde celui-ci, le dernier des fils de Jacob.

Rachel *(Élisabeth Rachel* Félix, dite Mlle*),* actrice française (Mumpf, Suisse, 1821 - Le Cannet 1858). Elle contribua à faire revivre la tragédie classique.

Rachi ou **Rashi** *(Salomon* ben Isaac, dit*),* rabbin, commentateur de la Bible et du Talmud (Troyes 1040 - *id.* 1105). Il fonda à Troyes une école talmudique *(yeshiva)* qui devint rapidement célèbre et attira de nombreux élèves. Les commentaires du « rabbin de Troyes » lui ont valu une réputation inégalée, même au-delà du monde juif.

Rachmaninov ou **Rakhmaninov** *(Sergueï Vassilievitch),* pianiste et compositeur russe (domaine d'Oneg, près de Novgorod, 1873 - Beverly Hills 1943). Directeur de l'orchestre du théâtre Bolchoï (1904-1906), il se fixa à Paris en 1917. Après un séjour en Suisse, il s'installa aux États-Unis (1936). Après le célèbre *Prélude* de 1891 qui fit sa gloire, il écrivit de multiples pages pour le piano, dont 4 concertos (de 1891 à 1926). Pour l'orchestre, il laisse 3 symphonies (1895, 1907, 1936), des poèmes symphoniques, dont *l'Île des morts* (1909), de la musique de chambre, environ 80 mélodies, des cantates et des services liturgiques orthodoxes *(Saint Jean Chrysostome,* 1910).

Racine *(Jean),* poète tragique français (La Ferté-Milon 1639 - Paris 1699). Orphelin, élevé par les religieuses de Port-Royal de 1645 à 1658, il suit des études de logique au collège d'Harcourt. En 1660, il écrit *la Nymphe de la Seine* et part pour Uzès à la vaine recherche d'un bénéfice ecclésiastique. De retour à Paris, il fait représenter sa première tragédie, *la Thébaïde* (1664), puis *Alexandre le Grand* (1665). Esprit hardi et souvent mordant, il entame une ascension rapide et une brillante carrière. Avec *Andromaque* (1667) s'ouvre la période des chefs-d'œuvre : *Britannicus* (1669), *Bérénice* (1670), *Bajazet* (1672), *Mithridate* (1673), *Iphigénie en Aulide* (1674), *Phèdre* (1677), auxquels il faut ajouter la comédie *les Plaideurs* (1668), spirituelle critique des mœurs judiciaires. En 1677, Racine abandonne le théâtre. Réconcilié avec ses maîtres de Port-Royal, il est nommé historiographe du roi par Louis XIV. Douze ans plus tard, à la demande de Mme de Maintenon, il écrit pour les élèves de Saint-Cyr deux pièces : *Esther* (1689) et *Athalie* (1691). Racine a non seulement réalisé la règle des trois unités de la tragédie classique, mais il a encore fait de la simplicité d'action l'un des ressorts de sa dramaturgie : en montrant des hommes confrontés non à des forces extérieures mais à des passions qui les détruisent, il a su organiser chacune de ses pièces autour d'une décision cruciale. Ses tragédies font une place majeure à la cruauté : la victime entre toujours dans le jeu du bourreau, et, loin de penser prévenir le crime en le défendant, accepte de se figer dans son innocence et précipite ainsi la crise. D'où le caractère rituel de ce théâtre qui s'inscrit, comme ses modèles grecs, dans un temps mythique et répétitif. Magnifié par une langue très pure, d'une grande recherche poétique dans ses rythmes et ses images, ce tragique dénudé s'accompagne de multiples effets d'atténuation (euphémismes et litotes) : les angoisses et les souffrances des personnages, suggérées plutôt qu'affirmées, en sont d'autant plus poignantes.

— **Phèdre** (1677). S'inspirant d'Euripide et de Sénèque, Racine retrouve le sens du sacré propre à la tragédie antique et met en relief le personnage de Phèdre, épouse de Thésée (roi d'Athènes), dévorée d'une passion adultère et dévastatrice pour son beau-fils Hippolyte.

Racine (*Louis*), fils du précédent (Paris 1692 - *id.* 1763), auteur de poèmes d'inspiration janséniste (*la Religion,* 1742) et de *Mémoires* sur son père.

Racoviţă (*Emil*), biologiste roumain (Iaşi 1868 - Bucarest 1947). Grand explorateur, il a créé la *biospéléologie,* ou étude scientifique des êtres vivants des grottes et des cavernes.

Radcliffe (*Ann* Ward, Mrs.*),* femme de lettres britannique (Londres 1764 - *id.* 1823). Elle est l'auteur de « romans noirs » à succès (*les Mystères d'Udolphe,* 1794).

Radcliffe-Brown (*Alfred Reginald*), anthropologue britannique (Birmingham 1881 - Londres 1955). Il a commencé par inventorier les systèmes de parenté, notamment chez les Australiens. Puis il a mis en évidence les rapports qui existent entre les systèmes de parenté et l'organisation sociale. Sa conception fonctionnaliste de l'anthropologie est à l'origine du structuralisme (*Structure et fonction dans les sociétés primitives,* 1952).

Radegonde (*sainte*), reine des Francs (en Thuringe v. 520 - Poitiers 587). Princesse germanique, elle épousa Clotaire Ier (538). Après l'assassinat de son frère par le roi, elle entra en religion et fonda le monastère de Sainte-Croix, à Poitiers.

Radetzky von Radetz (*Joseph, comte*), maréchal autrichien (Trebnitz, auj. Třebenice, 1766 - Milan 1858). Il vainquit les Piémontais à Custoza (1848) et à Novare (1849).

Il fut gouverneur de Lombardie-Vénétie jusqu'en 1857.

radical et radical-socialiste (*Parti*), parti politique français fondé en 1901, qui a joué un rôle politique de premier plan, principalement sous la IIIe République.

Radiguet (*Raymond*), écrivain français (Saint-Maur-des-Fossés 1903 - Paris 1923). Il tenta de retrouver la rigueur classique dans ses romans psychologiques (*le Diable au corps,* 1923 ; *le Bal du comte d'Orgel,* 1924).

Radio Andorre, station nationale de la principauté d'Andorre, inaugurée le 1er janvier 1990. Les programmes, diffusés en catalan, sont consacrés à l'information locale.

radiodiffusion (*Union européenne de*) [U. E. R.], organisation internationale non gouvernementale créée en 1950, qui gère, notamment, l'Eurovision et la Mondovision. (Siège : Genève).

Radio France, société nationale de programmes de radiodiffusion (France-Inter, France-Culture, France-Musique, France-Info, Radio bleue et radios locales décentralisées). Les programmes de Radio France Internationale (R. F. I., société autonome depuis 1987) sont émis, dans le monde entier, dans une dizaine de langues et ceux de la Société nationale de radio-télévision française d'outre-mer (R. F. O., également société autonome) sont destinés aux départements, territoires et collectivités territoriales d'outre-mer.

Radisson (*Pierre*), explorateur et marchand de fourrures français (Paris v. 1636 - en Grande-Bretagne v. 1710). Au service de la Couronne anglaise, il contribua à la fondation de la Compagnie de la baie d'Hudson.

Radom, v. de Pologne, ch.-l. de voïévodie, au sud de Varsovie ; 213 000 hab. Centre industriel.

Radulescu (*Horatiu*), compositeur français d'origine roumaine (Bucarest 1942), un des principaux chefs de file de la musique « spectrale » : *Lamento di Gesù* (1973-1975), *Astray* (1983), Sonate pour piano n° 2 « *Being and not being... create each other* » (1990-91).

Raeder (*Erich*), amiral allemand (Wandsbek, auj. dans Hambourg, 1876 - Kiel 1960). Commandant en chef de la marine de 1935 à 1943, il fut condamné en 1946 pour crimes de guerre et libéré en 1955.

RAF (*abrév. des mots anglais* Royal Air Force*),* nom donné depuis 1918 à l'armée de l'air britannique.

Rafsandjani *(Ali Akbar Hachemi),* homme d'État iranien (Bahraman, à 60 km au N.-O. de Rafsandjan, prov. de Kerman, 1934). Hodjatoleslam, il est élu président de la République en 1989.

Raglan *(James Henry* Somerset, *baron),* maréchal britannique (Badminton 1788 - devant Sébastopol 1855), commandant des troupes britanniques de Crimée (1854).

Raguse, en ital. Ragusa, v. d'Italie (Sicile), ch.-l. de prov. ; 64 195 hab. — Beaux monuments construits ou reconstruits en style baroque après le séisme de 1693.

Raguse → Dubrovnik.

Raguse *(duc de)* → Marmont.

Rahman *(Mujibur),* homme d'État du Bangladesh (Tongipara 1920 - Dacca 1975). Artisan de la sécession en 1971 du Pakistan oriental, qui devient le Bangladesh, il est alors incarcéré. Il forme le premier gouvernement bengali en 1972. Président de la République (1975), il est renversé par un coup d'État et assassiné.

Raïatea, une des îles de la Société (Polynésie française), au nord-ouest de Tahiti ; 8 560 hab. Ch.-l. Uturoa.

Raimond, nom de sept comtes de Toulouse, dont : **Raimond IV,** dit Raimond de Saint-Gilles (Toulouse 1042 - Tripoli 1105), *comte* de Toulouse (1093-1105), qui participa à la première croisade et entreprit (1102) la conquête du futur comté de Tripoli, État latin fondé en Syrie ; **Raimond VI** (1156 - Toulouse 1222), *comte* de Toulouse (1194-1222), protecteur des albigeois et adversaire de Simon de Montfort ; **Raimond VII** (Beaucaire 1197 - Millau 1249), *comte* de Toulouse (1222-1249). Après la croisade menée par Louis VIII contre les cathares, il fut contraint par Saint Louis de reconnaître la fin de l'indépendance du comté (1243).

Raimond Bérenger, nom de plusieurs comtes de Barcelone et de Provence (XIᵉ-XIIIᵉ s.). Le plus célèbre, **Raimond Bérenger III** (1082-1131), *comte* de Barcelone (1096-1131) et de Provence (1112/13-1131), étendit son État en Méditerranée (Baléares) et au-delà des Pyrénées.

Raimondi *(Marcantonio),* dit *en fr.* Marc-Antoine, graveur italien (Bologne 1480 - *id.* v. 1534). Buriniste, influencé notamment par Dürer, il s'installa à Rome vers 1510 et se mit à reproduire et à diffuser largement les œuvres de Raphaël puis celles de J. Romain, Bandinelli, etc. L'un des premiers, il a fait de la gravure de reproduction un métier et un art.

Raimondi *(Ruggero),* baryton italien (Bologne 1941). Sa voix colorée lui permet d'accepter les rôles de composition (Scarpia, Boris Godounov, Méphisto, Don Juan).

Raimu *(Jules* Muraire, dit*),* acteur français (Toulon 1883 - Neuilly-sur-Seine 1946). Célèbre après sa création de César dans la pièce de M. Pagnol *Marius* (1929), il a marqué de sa personnalité, mélange de naturel et de grandiloquence, de faconde et d'émotion, de nombreux rôles à la scène et à l'écran (*l'Étrange M. Victor,* de J. Grémillon, 1938 ; *la Femme du boulanger,* de M. Pagnol, 1938).

Raincy (Le), ch.-l. d'arr. de la Seine-Saint-Denis, banlieue est de Paris ; 13 672 hab. — Église de A. Perret (1922-23 ; vitraux de M. Denis).

Rainier *(mont),* sommet volcanique de la chaîne des Cascades, aux États-Unis (État de Washington) ; 4 392 m. Parc national.

Rainier III (Monaco 1923), prince de Monaco depuis 1949.

Raipur, v. de l'Inde (Madhya Pradesh) ; 461 851 hab. Centre industriel. — Monuments anciens.

Rais, Rays ou **Retz** *(Gilles de),* maréchal de France (v. 1400 - Nantes 1440). Compagnon de Jeanne d'Arc, il se retira dans ses terres v. 1435. Les crimes innombrables dont il fut accusé, commis sur des enfants conduisirent à son exécution. Sa culpabilité fait l'objet de controverses.

Raisins de la colère *(les),* roman de J. Steinbeck (1939), popularisé par un film de John Ford (1940) et qui a pour sujet la grande dépression américaine vécue par les paysans.

Rajahmundry, port de l'Inde (Andhra Pradesh) sur l'estuaire de la Godavari ; 403 781 hab. Barrage pour l'irrigation et l'hydroélectricité. Exportations de bois tropicaux et de tapis.

Rajasthan, État du nord-ouest de l'Inde ; 342 000 km² ; 43 880 640 hab. Cap. *Jaipur.*

Rajkot, v. de l'Inde (Gujerat) dans la presqu'île de Kathiawar ; 651 007 hab.

Rajput, peuple de l'Inde du Nord, habitant principalement le Rajasthan, formé de propriétaires fonciers qui se considèrent comme appartenant à la classe des *kshatriya* (guerriers).

Rajshahi, v. du Bangladesh, sur le Gange ; 172 000 hab.

Rakhmaninov → Rachmaninov.

Rákóczi, famille d'aristocrates hongrois, dont le représentant le plus célèbre fut **Ferenc,** ou **François II** (Borsi 1676 - Rodosto 1735). Porté en 1703 à la tête de la révolte des Hongrois contre les Habsbourg, il dut s'exiler après la signature de la paix (1711).

Rákosi *(Mátyás),* homme politique hongrois (Ada 1892 - Gorki 1971). Premier secrétaire du Parti communiste (1945-1956), il lutta après 1953 contre la ligne libérale d'I. Nagy. Il se réfugia en U. R. S. S. après l'insurrection de 1956.

Raleigh, v. des États-Unis, cap. de la Caroline du Nord ; 207 951 hab. Université. — Musée d'art.

Raleigh ou **Ralegh** *(sir Walter),* navigateur et écrivain anglais (Hayes v. 1554 - Londres 1618). Favori d'Élisabeth Ire, il tenta à partir de 1584 de fonder une colonie permanente dans une région d'Amérique du Nord qu'il baptisa Virginie (auj. Caroline du Nord). Tenant d'une stratégie navale offensive, il multiplia contre l'Espagne les expéditions et les raids d'interception (Cadix, 1596). Il fut en disgrâce, sous Jacques Ier, de 1603 à 1616. Son œuvre écrite est dominée par son *History of the World* (1614).

Rama, septième incarnation *(avatara)* du dieu hindou Vishnou et héros de l'épopée du *Ramayana.* Guerrier valeureux et pieux, il est représenté tenant un arc et des flèches, un carquois et une épée. Il est souvent accompagné de sa femme Sita, de son frère Lakshmana et du singe Hanumant.

Ramakrishna ou **Ramakrisna** *(Gadadhar* **Chattopadhyaya,** dit*),* brahmane bengali (Kamarpukur, Bengale-Occidental, 1836 - Calcutta 1886). Menant une vie d'ascèse et de retraite, il aurait contemplé dans des visions Jésus puis Mahomet et prêcha l'unité de toutes les religions.

Raman *(sir Chandrasekhara* **Venkata***),* physicien indien (Trichinopoly, auj. Tiruchirapalli, 1888 - Bangalore 1970). Il a découvert, en 1928, l'effet qui porte son nom, processus de diffusion inélastique de la lumière par les molécules, les ions, les atomes. Grâce à l'effet Raman, on peut remonter à la structure des composants d'une substance. (Prix Nobel 1930.)

Ramanuja, philosophe indien (m. v. 1137). Il a insisté sur le culte de Vishnou et préconisé la méditation et la dévotion, ou *bhakti.* Il eut une influence considérable sur l'hindouisme.

Ramat Gan, v. d'Israël, banlieue de Tel-Aviv-Jaffa ; 120 000 hab.

Ramayana, épopées sacrées hindoues (ve s. av. J.-C. - IIIe s. apr. J.-C.) qui relatent la vie de Rama, roi d'Ayodhya, incarnation de Vishnou.

Rambouillet, ch.-l. d'arr. des Yvelines, dans la *forêt de Rambouillet* (13 200 ha) ; 25 293 hab. *(Rambolitains).* Ferme nationale créée par Louis XVI ; école des bergers (élevage de mérinos). Électronique. — Château composite (XIVe-XIXe s.) appartenant à l'État (présidence de la République) ; beaux appartements ; vaste parc avec la laiterie de la Reine (Marie-Antoinette), néoclassique (1785). Hôtel de ville, ancien bailliage, de 1787.

Rambouillet *(hôtel de),* hôtel construit à Paris, rue Saint-Thomas-du-Louvre, sur les plans de la marquise de Rambouillet (1588-1665), qui y réunissait une société choisie, modèle de la préciosité.

Rambuteau *(Claude Philibert* **Barthelot,** *comte de),* administrateur français (Mâcon 1781 - Champgrenon, près de Charnay-lès-Mâcon, 1869). Préfet de la Seine (1833-1848), il entreprit, à Paris, d'importants travaux d'assainissement et d'urbanisme.

Rameau *(Jean-Philippe),* compositeur français (Dijon 1683 - Paris 1764). Après un court séjour en Italie, il est organiste dans plusieurs villes de France (Avignon, Paris, Dijon, Lyon, Clermont-Ferrand). Il publie alors son *Premier Livre de pièces de clavecin* (1706), compose quelques grands motets *(Quam dilecta, In convertendo,* v. 1718-1720) et rédige le premier de ses ouvrages théoriques *(Traité de l'harmonie réduite à ses principes naturels,* 1722). En 1723, il se fixe à Paris et écrit un second recueil de *Pièces pour clavecin avec une méthode* (1724) puis des *Nouvelles Suites de pièces de clavecin* (v. 1728). Il fait la connaissance du fermier général Le Riche de La Pouplinière, qui lui ouvre les portes de l'Opéra. En 1733 est donnée la première de ses 6 tragédies lyriques, *Hippolyte et Aricie.* Suivront *Castor et Pollux* (1737), *Dardanus* (1739), *Zoroastre* (1749), *Linus* (1752, perdu) et *les Boréades* (1764). Il produit aussi pour la scène des opéras-ballets *(les Indes Galantes,* 1735 [→ **Indes**] ; *les Fêtes d'Hébé,* 1739 ; *le Temple de la Gloire,* 1745), des comédies lyriques *(Platée,* 1745 ; *les Paladins,* 1760), des pastorales héroïques *(Zaïs,* 1748), des actes de ballet *(Pygmalion,* 1748), une comédie-ballet *(la Princesse de Navarre,* 1745). Il compose aussi ses *Pièces de clavecin en concerts* (1741) et poursuit ses recherches théoriques. Louis XV le nomme en 1745 compositeur de la musique de la Chambre. Lors de la querelle des bouffons (1752-1754), il subit les critiques des partisans des Italiens, défendus par Jean-Jacques Rousseau. Avec Bach et Händel, Rameau domine la première moitié du XVIIIe siècle. Grâce à une orchestration colorée au service de l'expression dramatique et de la danse, il plaça l'opéra français à son plus haut niveau.

Ramillies *(bataille de)* [23 mai 1706], victoire de Marlborough sur le maréchal de Villeroi à Ramillies, près de Louvain, dans l'actuelle Belgique.

Ramire, nom de deux rois d'Aragon et de trois rois de León (IXe-XIIe s.).

Ramon *(Gaston),* biologiste et vétérinaire français (Bellechaume, Yonne, 1886 - Garches 1963). Il a transformé les toxines microbiennes en anatoxines et fut le précurseur des vaccinations associées.

Ramón y Cajal *(Santiago),* médecin et histologiste espagnol (Petilla de Aragón, Navarre, 1852 - Madrid 1934). Améliorant les techniques inventées par ses prédécesseurs, tel Golgi, il étudia la structure au microscope (histologie) de l'ensemble du tissu nerveux. Il prouva que l'organisation du système nerveux est basée sur un type de cellule, le neurone. (Prix Nobel 1906.)

Rampal *(Jean-Pierre),* flûtiste français (Marseille 1922). Il fait une brillante carrière internationale de soliste virtuose dans un répertoire ancien et contemporain, tout en poursuivant l'enseignement de son instrument.

Rampur, v. de l'Inde (Uttar Pradesh), à l'est de Delhi ; 242 752 hab.

Ramsay *(sir William),* chimiste britannique (Glasgow, Écosse, 1852 - High Wycombe, Buckinghamshire, 1916). Il expliqua en 1879 le mouvement brownien comme résultant des chocs moléculaires et participa aux découvertes de l'argon (1894) [avec Rayleigh], de l'hélium (1895) puis des autres gaz rares de l'air. (Prix Nobel 1904.)

Ramsden *(Jesse),* physicien britannique (Salterhebble 1735 - Brighton 1800), inventeur du théodolite et d'une machine électrostatique.

Ramsès ou **Ramessès,** *en égyptien* « le dieu Rê l'a mis au monde », nom porté par 11 pharaons des XIXe et XXe dynasties. **Ramsès Ier** (v. 1314-1312 av. J.-C.), fondateur de la XIXe dynastie. **Ramsès II** (1301-1235 av. J.-C.), fils de Seti Ier, qui est l'un des grands pharaons de l'histoire d'Égypte. Pour dissocier le pouvoir politique de la puissance grandissante du clergé thébain d'Amon, et pour se rapprocher de la Syrie, menacée par les Hittites, qui préparent alors une coalition contre l'Égypte, il installe sa capitale à Pi-Ramsès (Qantir, près de Tanis) et développe considérablement l'armée. En l'an 5 du règne, une bataille entre Ramsès II et Mouwattali (souverain hittite) a lieu à Qadesh, sur l'Oronte : il semble que Ramsès II l'ait emporté, à la suite d'un exploit personnel. Après avoir pacifié Canaan, où Mouwattali a fomenté une révolte (an 7), il remonte vers le nord et défait de nouveau son adversaire. En 1295, la mort de Mouwattali ouvre une crise dynastique qui affaiblit alors le royaume hittite. La puissance assyrienne devenant de plus en plus menaçante, Ramsès II conclut, en 1283, un traité d'alliance (dont le texte a été conservé) avec le nouveau roi hittite Hattousili III. Cette alliance est confirmée par un mariage entre Ramsès II et une fille du souverain hittite, qui vient en visite officielle en Égypte. Cette entente ouvre une ère de prospérité ; l'Égypte apparaît alors comme le pays le plus riche de la Méditerranée orientale. En témoignent notamment les constructions gigantesques entreprises par Ramsès II : salle hypostyle du grand temple d'Amon-Rê à Karnak, temples d'Abou-Simbel en Nubie, temple funéraire à Thèbes-Ouest (Ramesseum). Mais la fin du règne est marquée par de graves événements extérieurs : l'expansion assyrienne en Mésopotamie et celle des Peuples de la Mer, en quête de terres nouvelles, qui forment une vaste ligue et se dirigent vers le sud. C'est le fils et successeur de Ramsès II, Mineptah, qui les refoulera pour la première fois. **Ramsès III** (1198-1166 av. J.-C.), premier pharaon de la XXe dynastie. Il sauva l'Égypte des tentatives d'invasion des Peuples de la Mer, mais perdit une bonne partie de ses possessions d'Asie. Des difficultés intérieures et des complots de palais marquèrent la fin du règne.

Ramus *(Pierre de la Ramée, dit),* humaniste, mathématicien et philosophe français (Cuts, Oise, 1515 - Paris 1572). Il critiqua Aristote, ce qui lui valut une condamnation de la Sorbonne. Il fut réhabilité par Henri II en 1547 et obtint une chaire au Collège royal (Collège de France), devenant ainsi le premier professeur de mathématiques au Collège de France. L'adhésion aux idées de la Réforme lui valut une suspension momentanée. Il reprit sa chaire de 1563 à 1567. Il fut assassiné lors de la Saint-Barthélemy.

Ramuz *(Charles-Ferdinand),* écrivain suisse d'expression française (Lausanne 1878 - Pully 1947). Il est l'auteur de romans exprimant la poésie de la nature et de la vie vaudoises (*la Grande Peur dans la montagne,* 1926 ; *Derborence,* 1934). Son *Histoire du soldat* (1920) a été mise en musique par Stravinsky.

Ranakpur, site archéologique du Rajasthan, en Inde, à 95 km d'Udaipur. C'est l'un des hauts lieux du jaïnisme, célèbre pour son temple dit « d'Adinath ». Édifié au XVe siècle, il est une colossale évocation architecturale de la conception ésotérique du monde selon Mahavira, l'un des prophètes fondateurs du jaïnisme.

Ranavalona III (Tananarive 1862 - Alger 1917), reine de Madagascar (1883-1897). Sur l'initiative de Gallieni, elle fut déposée et exilée en 1897 par les Français, qui venaient d'établir leur protectorat sur le pays (1895).

Rancagua, v. du Chili, dans la Vallée centrale ; 187 134 hab.

Rance *(la),* fl. de Bretagne qui passe à Dinan et se jette dans la Manche ; 100 km. Usine marémotrice sur son estuaire.

Rancé *(Armand Jean* Le Bouthillier de*),* religieux français réformateur de l'ordre cistercien (Paris 1626 - Soligny, Orne, 1700). Prêtre en 1654, il mena une vie dissolue puis se convertit (1660) et se retira en 1664 à l'abbaye cistercienne de la Grande-Trappe, en Normandie, dont il était l'abbé commendataire. Il y introduisit une réforme très rigoureuse, qui donna naissance à l'ordre des trappistes, ou cisterciens de la stricte observance.

Ranchi, v. de l'Inde (Bihar) ; 614 454 hab. Centre agricole et industriel.

Randers, port du Danemark (Jylland), sur le *fjord de Randers ;* 62 000 hab. — Noyau urbain ancien.

Randon *(Jacques César, comte),* maréchal de France (Grenoble 1795 - Genève 1871). Collaborateur de Bugeaud, il fut ministre de la Guerre (1851, 1859-1867).

Randstad Holland, région de l'ouest des Pays-Bas, englobant notamment les villes d'Amsterdam, de La Haye, de Rotterdam et d'Utrecht. Densément peuplée, elle regroupe la majeure partie des activités du pays.

Rangoon, cap. de la Birmanie, près de l'embouchure de l'Irrawaddy ; 2 459 000 hab. GÉOGR. Établie autour de la pagode de Shwedagon, haut lieu du bouddhisme, la ville est le principal centre économique du pays, les activités commerciales du port étant complétées par des industries variées (raffinerie de pétrole et pétrochimie, aciérie, travail du coton, alimentation). ARTS. Riche Musée national.

Ranjit Singh, fondateur de l'empire des sikhs (au Pendjab 1780 - Lahore 1839). Il annexa Lahore (1799), Amritsar (1802) et le Cachemire (1819), mais fut arrêté dans son expansion vers le sud-est par les Britanniques.

Rank *(Otto* Rosenfeld, dit Otto*),* psychanalyste autrichien (Vienne 1884 - New York 1939). Un des premiers disciples de S. Freud, il publia, en 1924, *le Traumatisme de la naissance,* qui marque le début de ses divergences avec l'orthodoxie freudienne. Il y récuse en effet la fonction centrale du complexe d'Œdipe au profit de l'angoisse de la naissance.

Ranke *(Leopold* von*),* historien allemand (Wiehe 1795 - Berlin 1886). De confession luthérienne et de tendance conservatrice, il est l'auteur des *Papes romains* (1834-1836) et d'une *Histoire d'Allemagne au temps de la Réforme* (1839-1847).

Rankine *(William),* ingénieur et physicien britannique (Édimbourg 1820 - Glasgow 1872). Il a créé l'énergétique, en distinguant les énergies mécanique, potentielle et cinétique.

Ranvier *(Louis),* histologiste français (Lyon 1835 - Vendranges, Loire, 1922). Il fut l'auteur de traités d'anatomie et d'histologie qui firent autorité, et s'intéressa aussi à la physiologie.

Raoul ou **Rodolphe** (m. à Auxerre en 936), duc de Bourgogne (921-923) et roi de France (923-936). Successeur par élection du roi Robert Ier, dont il était le gendre, il vint à bout des incursions normandes en 930.

Raoult *(François),* chimiste et physicien français (Fournes-en-Weppes, Nord, 1830 - Grenoble 1901). Il créa, en 1882, la cryoscopie, la tonométrie et l'ébulliométrie.

Rapallo *(traité de)* [16 avr. 1922], traité signé à Rapallo (prov. de Gênes) entre l'Allemagne et la Russie soviétique, qui prévoyait le rétablissement des relations diplomatiques et économiques entre les deux pays.

Raphaël, l'un des sept anges qui, selon la Bible, « se tiennent devant Dieu » ; il apparaît dans le livre de Tobie, où, sous le nom d'Azarias, il accompagne le jeune homme en son voyage, et dans l'écrit apocryphe juif d'Hénoch.

Raphaël (*Raffaello* Sanzio ou Santi, dit *en fr.*), peintre italien (Urbino 1483 - Rome 1520). Élève du Pérugin, il travailla à Pérouse, Florence, Rome et fut, à la cour des papes Jules II et Léon X, architecte en chef et surintendant des édifices (villa Madama, 1517, etc.). L'art de ce maître du classicisme allie précision du dessin, harmonie des lignes, délicatesse du coloris avec une ampleur spatiale et expressive toute nouvelle. Parmi ses chefs-d'œuvre, outre des portraits et des madones célèbres, signalons : *le Mariage de la Vierge* (1504, Brera, Milan), *le Triomphe de Galatée* (1511, Farnésine, Rome), *la Transfiguration* (1518-1520, Pinacothèque vaticane) et une partie des fresques des « chambres » du Vatican (*le Triomphe de l'eucharistie, l'École d'Athènes, le Parnasse, Héliodore chassé du Temple,* etc.) [1509-1514], le reste de la décoration (comme celle des « loges ») étant exécuté par ses élèves. On lui doit encore les cartons de tapisserie des *Actes des apôtres*.

Rapp (*Jean, comte*), général français (Colmar 1772 - Rheinweiler, Bade, 1821). Gouverneur de Dantzig, il défendit la ville pendant un an en 1813.

Ras al-Khayma, l'un des Émirats arabes unis, sur le golfe Persique ; 1 625 km² ; 74 000 hab. Cap. *Ras al-Khayma.*

Rashomon, film japonais de Kurosawa Akira (1950).

Rask (*Rasmus Christian*), linguiste danois (Brøndekilde, près d'Odense, 1787 - Copenhague 1832). Son mémoire *Recherches sur l'origine du vieux norrois ou islandais* (1814, publié en 1818) fonde la grammaire comparée : il y démontre en effet, avant Bopp, la parenté des langues germaniques, du grec, du latin, du lituanien, du slave et de l'arménien.

Rasmussen (*Knud*), explorateur danois (Jakobshavn, Groenland, 1879 - Copenhague 1933). Il dirigea plusieurs expéditions dans l'Arctique et étudia la vie des Esquimaux.

Raspail (*François*), chimiste et homme politique français (Carpentras 1794 - Arcueil 1878). Vulgarisateur d'une médecine populaire, gagné aux idées républicaines, il prit part aux journées de 1830. Son activité d'opposant, sous la monarchie de Juillet, lui valut la prison. Fondateur de *l'Ami du peuple* (1848), il fut candidat socialiste à l'élection présidentielle (déc. 1848). Banni en 1849, il vécut en Belgique. De retour en France, il fut député en 1869, puis de 1876 à 1878.

Raspoutine (*Grigori Iefimovitch*), aventurier russe (Pokrovskoïe 1864 ou 1865 - Petro-

grad 1916). Ayant acquis une réputation de saint homme et de guérisseur, il sauva le fils du tsar, Alexis, atteint d'hémophilie. Protégé par l'impératrice Aleksandra Fedorovna, il contribua à jeter le discrédit sur la cour, en raison de sa vie débauchée, et fut assassiné par le prince Ioussoupov.

Rassemblement du peuple français → R. P. F.

Rassemblement pour la République → R. P. R.

Ras Shamra → Ougarit.

Ras Tannura, port pétrolier d'Arabie saoudite, sur le golfe Persique.

Rastatt ou **Rastadt,** v. d'Allemagne (Bade-Wurtemberg), au nord de Baden-Baden ; 41 322 hab. —Le *traité de Rastatt* (6 mars 1714), qui mit fin à la guerre de la Succession d'Espagne, y fut signé. Louis XIV conservait l'Alsace, mais restituait les places tenues sur la rive droite du Rhin. L'empereur Charles VI s'assurait la Sardaigne, Naples, le Milanais, les présides de Toscane et les Pays-Bas espagnols.

Rastignac, personnage créé par Balzac dans *le Père Goriot.* Type de l'arriviste élégant, il reparaît dans la plupart des romans de Balzac qui se déroulent dans la société parisienne.

Rastrelli (*Bartolomeo Francesco*), architecte d'origine italienne (Paris ? v. 1700 - Saint-Pétersbourg 1771), dont la carrière s'est déroulée en Russie. Il a élaboré pour la tsarine Élisabeth, à partir de 1741, une architecture brillante et animée (cathédrale Smolnyï et palais d'Hiver à Saint-Pétersbourg ; Grand Palais à Tsarskoïe Selo, près de la capitale).

Rateau (*Auguste*), ingénieur français (Royan 1863 - Neuilly-sur-Seine 1930). Spécialiste des turbomachines, il conçut la turbine multicellulaire (1901) à laquelle son nom est resté attaché.

Rathenau (*Walther*), industriel et homme politique allemand (Berlin 1867 - *id.* 1922). Ministre des Affaires étrangères en 1922, il signa le traité de Rapallo. Grand industriel juif, partisan d'un accord négocié avec les Alliés sur la question des réparations, il fut assassiné.

Rätikon (*le*), massif des Alpes, aux confins de la Suisse, du Liechtenstein et de l'Autriche ; 2 965 m.

Ratisbonne, *en all.* Regensburg, v. d'Allemagne (Bavière), sur le Danube ; 120 006 hab. Université. Centre commercial. — Ville libre impériale en 1245, Ratisbonne devint en 1663 le siège permanent de la diète d'Empire *(Reichstag).* Elle fut annexée à la Bavière en 1810. — Cité historique assez bien conservée. Cathédrale gothique entreprise au XIIIe siècle, église St-Emmeram, romane à décor baroque, ancien hôtel de ville gothique, avec grande salle de la Diète *(Reichsaal),* et autres monuments. Musées.

R. A. T. P. (Régie autonome des transports parisiens), établissement public industriel et commercial, fondé en 1948, exploitant le métro, le R. E. R. conjointement avec la S. N. C. F., et les transports de surface en région parisienne.

Ratsiraka *(Didier),* homme d'État malgache (Vatomandry 1936). Il devient en 1975 président du Conseil suprême de la révolution puis de la République de Madagascar. Confronté à la montée des oppositions à partir de 1991, il n'est pas réélu en 1993.

Ratzinger *(Joseph),* prélat allemand (Marktl, Bavière, 1927). Archevêque de Munich et cardinal (1977), préfet de la Congrégation romaine pour la doctrine de la foi (depuis 1981), il impose le strict respect de la tradition. Il a présidé à la rédaction du « catéchisme universel » publié en 1992.

R. A. U., sigle de République arabe unie.

Rauschenberg *(Robert),* peintre, assemblagiste et lithographe américain (Port Arthur, Texas, 1925). Il a fait la liaison entre expressionnisme abstrait et pop art (« combine paintings », à partir de 1953), a utilisé les matériaux de rebut (assemblages néo-dadaïstes des années 1959-1961), ainsi que le report photographique par sérigraphie, et s'est intéressé aux rapports de l'art et de la technologie *(Oracle,* environnement sonorisé de 1962-1965, M. N. A. M., Paris).

Ravachol *(François Claudius Kœnigstein, dit),* anarchiste français (Saint-Chamond 1859 - Montbrison 1892). Auteur de nombreux attentats, il fut guillotiné.

Ravaillac *(François),* domestique français au service d'un couvent (Touvre, près d'Angoulême 1578 - Paris 1610). Il assassina Henri IV et mourut écartelé.

Ravaisson-Mollien *(Félix* Lacher*),* philosophe et archéologue français (Namur 1813 - Paris 1900). Il est l'auteur d'une thèse sur *l'Habitude* (1839).

Ravel *(Maurice),* compositeur français (Ciboure 1875 - Paris 1937), le plus classique des créateurs modernes français. On lui doit un célèbre ballet *(Daphnis et Chloé,* 1912) et des partitions lyriques : *l'Heure espagnole* (1911), *l'Enfant et les sortilèges* (1920-1925). Attiré par la musique symphonique *(la Valse,* 1919-20 ; *Boléro,* 1928), il a également écrit des œuvres pour piano seul *(Jeux d'eau,* 1901 ; *Gaspard de la nuit,* 1908), deux concertos pour piano, dont *Concerto pour la main gauche* (1931), ainsi que des cycles de mélodies *(Shéhérazade,* 1903). Son œuvre est remarquable par la précision de son dessin mélodique et la richesse de son orchestration.

Ravenne, v. d'Italie (Émilie), ch.-l. de prov., près de l'Adriatique ; 135 435 hab. **HIST.** Centre de l'Empire romain d'Occident de 402 à 476, Ravenne fut ensuite la capitale du roi des Ostrogoths Théodoric Ier (493). Reprise par Byzance (540), elle devint en 584 le siège d'un exarchat qui groupait les possessions byzantines d'Italie. Conquise par les Lombards (751), elle fut donnée au pape par Pépin le Bref (756). Ravenne fut rattachée au Piémont en 1860. **ARTS.** Ville riche en monuments byzantins des Ve et VIe siècles. La sobriété extérieure des édifices, construits en brique, contraste avec le faste de leur décor intérieur : mosaïque pour les parties hautes et revêtement de marbre polychrome dans les parties basses. Tombeau de Dante.

Ravensbrück, camp de concentration allemand réservé aux femmes (1939-1945), dans le Brandebourg.

Ravi *(la),* l'une des cinq grandes rivières du Pendjab, affl. de la Chenab (r. g.) ; 725 km. Elle forme la frontière indo-pakistanaise avant de pénétrer au Pakistan et alimente de nombreux canaux d'irrigation.

Rawalpindi, v. du Pakistan septentrional, sur le piémont himalayen (Pendjab) ; 928 000 hab. Ancienne capitale du pays, c'est un centre universitaire et touristique avec quelques industries.

Rawa Ruska, camp de représailles allemand pour prisonniers de guerre (1940-1945), au nord de Lvov.

Rawlings *(Jerry),* militaire et homme politique ghanéen (Accra 1947). Ayant pris une première fois le pouvoir en 1979, il dirige le pays, à la suite d'un second coup d'État, depuis 1981.

Rawls *(John),* philosophe américain (Baltimore 1921). Il est l'auteur d'une analyse des rapports difficiles entre la justice sociale et l'efficacité économique, et il a conçu une importante théorie permettant de les explorer *(Théorie de la justice,* 1971).

Ray ou **Wray** *(John),* naturaliste anglais (Black-Notley, Essex, 1627 - id. 1705). Il a distingué entre plantes monocotylédones et dicotylédones, et classé les oiseaux, les poissons et les insectes.

Ray *(Man)* → Man Ray.

Ray *(Raymond Nicholas* **Kienzle**, dit Nicholas*)*, cinéaste américain (Galesville, Wisconsin, 1911 - New York 1979). Dès son premier film, *les Amants de la nuit* (1949), il se révèle par son romantisme fiévreux, son non-conformisme, son goût de la révolte. Une œuvre éminemment personnelle (*les Indomptables*, 1952 ; *Johnny Guitare*, 1954 ; *la Fureur de vivre*, 1955 ; *Derrière le miroir*, 1956 ; *la Forêt interdite*, 1958 ; *Traquenard*, 1958) se clôt avec quelques grosses productions hollywoodiennes (*les 55 jours de Pékin*, 1963).

Ray *(Satyajit)*, cinéaste indien (Calcutta 1921 - *id.* 1992). Il se lance dans le cinéma en 1947 après avoir rencontré Jean Renoir et découvert le néoréalisme italien à travers *le Voleur de bicyclette*. Son premier film, *Pather Panchali* (1955), tranche avec les films musicaux ou mythologiques de la production commerciale indienne. La littérature bengali exerce également une grande influence sur lui. Il adapte plusieurs œuvres de R. Tagore (*Trois Femmes*, 1961 ; *Charulata*, 1964 ; *la Maison et le monde*, 1984), est l'éditeur, à partir de 1961, d'une revue pour enfants fondée par son grand-père et se met à écrire des nouvelles, en adaptant certaines à l'écran. La même année, il décide d'écrire la musique de tous ses films, peu de temps après avoir filmé les fastes de la musique classique indienne (*le Salon de musique*, 1958) et collaboré avec Ravi Shankar pour la trilogie d'Apu (*Pather Panchali*, 1955 ; *Aparajito*, 1956 ; *le Monde d'Apu*, 1959). Son œuvre cinématographique, composée de 36 films, alterne les témoignages sur la réalité du présent (le monde du travail et de la corruption : *la Grande Ville*, 1963 ; *les Branches de l'arbre*, 1990) et les reconstitutions des splendeurs passées. Il consacre à Calcutta une nouvelle trilogie qui prolonge les thèmes de la première (*l'Adversaire*, 1970 ; *Company Limited*, 1971 ; *l'Intermédiaire*, 1975). s'il arrive à S. Ray de dénoncer l'obscurantisme religieux (*la Déesse*, 1960 ; *Ganashatru*, 1989), son cinéma restera celui qui a su peindre de la manière la plus juste le monde de l'enfance et faire des portraits de femmes inoubliables. Son dernier film, *le Visiteur* (1991), est un autoportrait.

Rayleigh *(John William* **Strutt**, 3ᵉ baron*)*, physicien britannique (Langford Grove, près de Maldon, Essex, 1842 - Terling Place, Witham, Essex, 1919). Il a déterminé les dimensions de certaines molécules, grâce à l'étude des couches minces monomoléculaires, donné une valeur du nombre d'Avogadro, découvert l'argon avec Ramsay (1894) et étudié la diffusion de la lumière et le bleu du ciel. (Prix Nobel 1904.)

Raymond de Peñafort *(saint)*, religieux espagnol (près de Barcelone v. 1175 - Barcelone 1275). Maître général des dominicains (1238), il fonda l'ordre de Notre-Dame-de-la-Merci (mercédaires), pour le rachat des chrétiens captifs des musulmans. Il fut le plus grand canoniste de son temps.

Raynal *(abbé* Guillaume*)*, historien et philosophe français (Lapanouse-de-Sévérac, Aveyron, 1713 - Paris 1796). Dans son *Histoire philosophique et politique des établissements et du commerce des Européens dans les deux Indes* (1770), il s'élève contre la colonisation et le clergé.

Raynaud *(Jean-Pierre)*, artiste français (Colombes 1939). Froide et obsessionnelle, son œuvre poursuit une exploration des rapports du monde mental et du monde réel (« psycho-objets », assemblages des années 1963-1970 env. ; environnements en carrelages blancs à joints noirs, depuis 1973).

Raynouard *(François)*, linguiste et écrivain français (Brignoles, Var, 1761 - Paris 1836). Auteur de tragédies historiques (*Caton d'Utique*, 1794), il est surtout connu pour son œuvre philologique, qui inaugure la grammaire comparée des langues romanes. (Acad. fr. 1807.)

Rays *(Gilles de)* → Rais.

Raysse *(Martial)*, peintre et sculpteur français (Golfe-Juan 1936). L'un des nouveaux réalistes, il a donné à partir de 1959, dans ses panneaux, ses assemblages ou ses environnements avec néons, une image à la fois clinquante et lyrique de la « société de consommation » et de la culture des « mass media ». Mais les années 70 l'ont vu renouer avec une culture du passé (mythologies) ou de l'intemporel, traduite dans de petites peintures libres et chatoyantes, puis dans de grands formats teintés de symbolisme.

Raz [ra] *(pointe du)*, cap granitique de Bretagne (Finistère), à l'extrémité de la Cornouaille, en face de l'île de Sein. Passage dangereux pour la navigation (baie des Trépassés).

Razilly *(Isaac de)*, administrateur français (Oisseaumelle, près de Chinon, 1587 - La Hève, Acadie, 1635). L'un des fondateurs de la compagnie des Cent-Associés (1627), gouverneur de l'Acadie (1632-1635), il développa la colonisation jusqu'aux rives du Saint-Laurent.

Razine *(Stephan Timofeïevitch, dit Stenka),* cosaque du Don (Zimoveïskaïa v. 1630 - Moscou 1671), chef de la révolte paysanne de 1670-71. Capturé, il fut écartelé.

R. D. A., sigle de République démocratique allemande.

Ré *(île de),* île française de l'Atlantique (Charente-Maritime), entre le pertuis Breton et le pertuis d'Antioche ; 85 km² ; 13 969 hab. *(Rétais).* Cette île basse, séparée de la côte d'Aunis par un détroit de 2,5 km, est longue de 28 km et large en moyenne de 3 à 5 km (avec 70 m seulement dans l'isthme du Martray). L'agriculture (céréales, primeurs, asperges, vignes), l'ostréiculture et le tourisme estival en sont les ressources essentielles. L'île est reliée au continent par un pont routier.

Rê, dieu solaire dans la religion de l'Égypte ancienne. Son culte et sa théologie se développèrent principalement à Héliopolis. Dénommé aussi communément « Râ », il était représenté avec une tête de faucon portant le disque solaire. Il domina le panthéon égyptien au point que les dieux dynastiques, tel Amon de Thèbes, durent accepter de s'associer avec lui et de revêtir l'aspect solaire et que la réforme d'Amarna, à l'initiative d'Aménophis IV devenu Akhénaton, donna à son culte l'allure d'un véritable monothéisme. Depuis l'Ancien Empire jusqu'à la fin de la royauté pharaonique, les souverains d'Égypte se sont proclamés « fils de Rê ».

Reade *(Charles),* écrivain britannique (Ipsden, Oxfordshire, 1814 - Londres 1884). Les chroniques des tribunaux lui fournirent les thèmes de ses romans et nouvelles réalistes *(Tentation terrible,* 1871).

Reading, v. de Grande-Bretagne, ch.-l. du Berkshire, au sud des Chiltern Hills ; 122 600 hab. Université. Centre européen de météorologie. — Musées.

Reagan *(Ronald Wilson),* homme d'État américain (Tampico, Illinois, 1911). Acteur de cinéma, puis gouverneur républicain de la Californie (1967-1974), il est président des États-Unis de 1981 à 1989. Il applique en économie un programme ultralibéral et fait preuve de fermeté dans sa politique étrangère (Moyen-Orient, Amérique centrale). Réélu en 1984, il est contesté, en 1987, à l'occasion du scandale créé par la livraison d'armes à l'Iran. En décembre de la même année, il signe avec M. Gorbatchev un

accord sur l'élimination des missiles à moyenne portée en Europe.

Réaumur *(René Antoine* Ferchault *de),* physicien et naturaliste français (La Rochelle 1683 - Saint-Julien-du-Terroux 1757). Il fut le premier à utiliser le microscope pour examiner la structure des métaux, fondant ainsi la métallographie (1722), et étudia la préparation de l'acier (à partir de la fonte) et le phénomène de trempe. Il construisit un thermomètre à alcool, pour lequel il utilisait l'échelle 0-80 (v. 1730). Il observa la vie et les mœurs des insectes, des mollusques, des crustacés, des oiseaux, etc.

Rébecca, épouse d'Isaac, d'après le livre biblique de la Genèse. Mère des jumeaux Ésaü et Jacob, elle manifeste une nette partialité pour ce dernier et réussit à lui faire obtenir de la part d'Isaac une bénédiction destinée à Ésaü.

Rebel *(Jean Ferry),* compositeur et violoniste français (Paris 1666 - *id.* 1747), un des créateurs de la sonate pour violon et l'un des maîtres de la symphonie chorégraphique *(les Caractères de la danse,* 1715).

Reber *(Grote),* ingénieur américain (Wheaton, Illinois, 1911). Il a construit le premier radiotélescope (1936) et a été un pionnier des recherches en radioastronomie.

Récamier *(Jeanne Françoise Julie Adélaïde* Bernard, Mme *),* femme de lettres française (Lyon 1777 - Paris 1849). Amie de Mme de Staël et de Chateaubriand, elle tint sous la Restauration, à l'Abbaye-aux-Bois, un salon célèbre. Ses *Souvenirs* et une *Correspondance* ont été publiés (1859).

Reccared Ier (m. à Tolède en 601), roi des Wisigoths d'Espagne (586-601). Il abjura l'arianisme et se convertit au catholicisme (587).

recherche du temps perdu *(À la)* → Proust.

Recht, v. de l'Iran, près de la Caspienne ; 190 000 hab. Centre commercial.

Recife, *anc.* Pernambuco, port du Brésil, cap. de l'État de Pernambouc, sur l'Atlantique ; 1 290 149 hab. Longtemps centre commercial, la ville s'est industrialisée. — Églises baroques du xviiie siècle. Musées.

Recklinghausen, v. d'Allemagne (Rhénanie-du-Nord-Westphalie), dans la Ruhr ; 123 528 hab. Centre industriel et commercial. Ville de congrès. — Musée consacré aux icônes.

Reclus *(Élisée),* géographe français (Sainte-Foy-la-Grande 1830 - Thourout, près de Bruges, 1905), auteur d'une *Géographie univer-*

selle (1875-1894). Son frère **Élie** (Sainte-Foy-la-Grande 1827 - Bruxelles 1904), républicain convaincu, participa avec lui à la Commune.

Reconquista, mot espagnol désignant la reconquête de la péninsule Ibérique par les chrétiens sur les musulmans. Cette entreprise débuta au milieu du VIIIe siècle dans les Asturies. Conçue comme une croisade, elle progressa dès la fin du XIe siècle et s'intensifia au XIIIe, après la victoire de Las Navas de Tolosa (1212). Elle s'acheva par la prise de Grenade (1492).

Redgrave (sir Michael), acteur britannique (Bristol 1908 - Denham, Buckinghamshire, 1985). Au théâtre, il excella à camper aussi bien les personnages shakespeariens que des héros plus modernes et connut une brillante carrière au cinéma : Une femme disparaît (1938), Le deuil sied à Électre (1947), Mr Arkadin (1955), la Solitude du coureur de fond (1962), le Messager (1971).

Redon, ch.-l. d'arr. d'Ille-et-Vilaine, sur la Vilaine ; 10 452 hab. (Redonnais). Briquets. Constructions mécaniques. — Église St-Sauveur, romane et gothique.

Redon (Odilon), peintre, dessinateur et graveur français (Bordeaux 1840 - Paris 1916). Élève de Bresdin, il a pratiqué un art visionnaire et symboliste, créant un monde mystérieux, onirique dans ses « Noirs » (fusains [l'Araignée souriante, 1881, Louvre], lithographies, eaux-fortes), puis, après 1890, dans ses pastels et ses peintures, aux accords chromatiques d'une irradiation inusitée (Portrait de Gauguin, musée d'Orsay ; série des Chars d'Apollon).

Redoute (la), entreprise française de distribution par correspondance créée en 1922. Leader français dans ce domaine, elle pratique la vente par catalogue et exploite des réseaux de magasins spécialisés.

Redouté (Pierre Joseph), peintre de fleurs et lithographe français d'origine wallonne (Saint-Hubert, près de Liège, 1759 - Paris 1840). Il a publié la Famille des liliacées (1802-1816), Monographie des roses (1817-1824) et a exécuté, pour les collections du Muséum d'histoire naturelle, plus de 6 000 aquarelles.

Red River, fl. des États-Unis (Texas et Louisiane), tributaire du golfe du Mexique ; 1 638 km.

Reed (sir Carol), cinéaste britannique (Londres 1906 - id. 1976). Il a réalisé ses meilleurs films sur le thème de l'homme traqué (Sous le regard des étoiles, 1939 ; Huit

Heures de sursis, 1947 ; Première Désillusion, 1948 ; le Troisième Homme, 1949).

Reed (John), homme politique et écrivain américain (Portland 1887 - Moscou 1920). Journaliste socialiste, il est l'auteur de deux reportages devenus des classiques : le Mexique insurgé (1914), Dix Jours qui ébranlèrent le monde (1919).

Reeves (Hubert), astrophysicien canadien (Montréal 1932). Spécialiste d'astrophysique nucléaire et de cosmologie, il contribue aussi très largement à la vulgarisation de l'astronomie.

Réforme (la), mouvement religieux qui, au XVIe s., a soustrait une partie de l'Europe à l'obédience du catholicisme romain et donné naissance aux Églises protestantes. L'initiateur de ce mouvement fut Martin Luther ; sa doctrine se répandit dans les pays germaniques et scandinaves, où se constituèrent de puissantes Églises d'État. Deux autres foyers principaux apparurent avec Zwingli à Zurich et avec Bucer à Strasbourg. La Réforme se répandit dans les pays francophones avec Jean Calvin, qui implanta en France et en Suisse un autre style de protestantisme ; le calvinisme atteindra la Pologne, la Bohême, la Hongrie, les îles Britanniques, où, avec l'anglicanisme, le mouvement prendra une voie encore différente, moins éloignée du catholicisme. En marge de ces trois grands courants, qui se constituèrent en Églises organisées, se développèrent, dès le XVIe s. et surtout par la suite, depuis les anabaptistes jusqu'aux méthodistes, des courants parallèles généralement moins institutionnalisés et se présentant explicitement comme issus de la Réforme.

Réforme catholique ou **Contre-Réforme,** ensemble des réformes entreprises, dès le milieu du XVIe siècle, par l'Église catholique face aux progrès de la Réforme protestante. Comme ce mouvement ne se borna pas à une réaction défensive et qu'il eut une efficacité positive, on préfère aujourd'hui, pour le caractériser, l'expression de Réforme catholique. Les étapes principales en sont les suivantes : reconstitution du tribunal de l'Inquisition (1542) ; création de la congrégation de l'Index (1543) ; réunion (sur la convocation du pape Paul III) du concile de Trente (1545-1563), dont les décisions eurent une importance capitale, à la fois doctrinale et disciplinaire, pour l'époque et pour les siècles suivants. L'action du concile se traduisit notamment par la création de séminaires diocésains pour la formation des prêtres ; par la parution et l'extension à toute l'Église du catéchisme romain (1566) ; par la publication du bréviaire romain (1568) et du missel romain (1570) ; par les initiatives rénovatrices de nombreux évêques, dont Charles Borromée, archevêque de Milan ; par la création de plusieurs congrégations ou ordres religieux ; par la réforme ou l'essor de certains ordres anciens ou récents (telle la Compagnie de Jésus, fondée en 1540) ; par le renouveau spirituel et mystique, qui s'est épanoui notamment en France au XVIIᵉ siècle avec Bérulle, Vincent de Paul, Rancé, J.-J. Olier. La Réforme catholique fut animée, après le concile, par les papes Pie V, Grégoire XIII, Sixte V et Clément VIII.

Régence (la) [1715-1723], gouvernement de Philippe d'Orléans pendant la minorité de Louis XV. Cette période est caractérisée par une réaction contre l'austérité qui avait marqué la fin du règne de Louis XIV. La cour quitte Versailles pour Paris, où triomphent licence, hardiesse dans la pensée, goûts nouveaux dans les arts. Cependant, un retour à la tradition se dessine à partir de 1720.
Des conseils dominés par la haute noblesse remplacent les ministres en 1715 mais ce système de la polysynodie est progressivement abandonné à partir de 1718. Les secrétariats d'État sont rétablis et le cardinal Dubois est nommé Premier ministre en 1722. L'expérience de Law (1716-1720), tentée pour résoudre la crise des finances de l'État, se solde par un échec. Sur le plan extérieur, le Régent se rapproche des puissances ennemies de Louis XIV, notamment de l'Angleterre. Et, pour se garantir contre les prétentions de Philippe V d'Espagne, la France, l'Angleterre, les Provinces-Unies et l'Autriche forment la Quadruple-Alliance (1718).

Régence (style), style français de transition entre le « Louis XIV » et le « Louis XV ». Il est caractérisé par une architecture plus gracieuse (de Cotte, Boffrand...) et par un décor d'une élégante souplesse (Claude III Audran, meubles de Cressent).

Régences barbaresques, nom donné du XVIᵉ au XIXᵉ siècle aux États musulmans du nord-ouest de l'Afrique : régences d'Alger, de Tunis et de Tripoli.

Regensburg → Ratisbonne.

Reger (Max), compositeur allemand (Brand, Bavière, 1873 - Leipzig 1916). Grand contrapuntiste, il a adapté les formes classiques (chorals, sonates, suites, quatuors, pièces d'orgue) au langage postromantique.

Reggan, anc. Reggane, oasis du Sahara algérien, dans le Touat ; 22 700 hab. Ancien centre d'expérimentation nucléaire français, maintenu à la France par les accords d'Évian jusqu'en 1967 (la première bombe atomique française y explosa le 13 févr. 1960).

Reggio di Calabria, v. d'Italie (Calabre), ch.-l. de prov. sur le détroit de Messine ; 169 709 hab. — Dans le musée, riches collections d'archéologie italo-grecque.

Reggio nell'Emilia, v. d'Italie (Émilie), ch.-l. de prov. ; 131 419 hab. Nœud de communications et centre commercial et industriel, sur la voie Émilienne. — Monuments du XIIIᵉ au XIXᵉ siècle. Musées.

Régie autonome des transports parisiens → R. A. T. P.

Regina, v. du Canada, cap. de la Saskatchewan ; 179 178 hab. Archevêché. Université. Raffinage du pétrole. Métallurgie.

Regiomontanus (Johann Müller, dit), astronome et mathématicien allemand (Königsberg 1436 - Rome 1476). On lui doit un commentaire de l'Almageste de Ptolémée, des tables trigonométriques et des éphémérides astronomiques.

Règle du jeu (la), film français de J. Renoir (1939).

Regnard (Jean-François), auteur dramatique français (Paris 1655 - château de Grillon, près de Dourdan, 1709). Après une vie aventureuse (il fut esclave à Alger et voyagea en Laponie), il écrivit pour le Théâtre-Italien et le Théâtre-Français des comédies restées célèbres (le Joueur, 1696 ; le Légataire universel, 1708).

Regnault (Victor), physicien français (Aix-la-Chapelle 1810 - Paris 1878). Ses travaux, d'une grande précision, portent sur la compressibilité et la dilatation des fluides, les densités et les chaleurs spécifiques des gaz.

Régnier (Henri de), écrivain français (Honfleur 1864 - Paris 1936). Il passa de la poésie parnassienne au symbolisme (les Jeux rustiques et divins, 1897), revint au Parnasse (les Médailles d'argile, 1900) et écrivit des contes et des romans (la Double Maîtresse, 1900 ; la Pécheresse, 1920). [Acad. fr. 1911.]

Régnier (Mathurin), poète français (Chartres 1573 - Rouen 1613). Neveu de Philippe Desportes, il entra dans l'Église pour hériter des bénéfices ecclésiastiques de son oncle. Vigoureux satiriste, excellant dans le portrait (Macette), il défendit, contre Malherbe, la libre inspiration (Satire à Rapin). De 1608 à 1613, il publia 5 élégies, 3 épîtres et 19 Satires. Il mourut subitement alors qu'il était devenu l'un des poètes officiels de la cour.

Régnier-Desmarais *(François)*, écrivain français (Paris 1632 - *id.* 1713). Auteur d'une *Grammaire*, destinée à compléter le *Dictionnaire de l'Académie*, il est l'un des représentants du purisme. (Acad. fr. 1670.)

Regulus *(Marcus Atilius)*, général romain, célèbre pour sa fidélité à la foi jurée. Pris par les Carthaginois (256 av. J.-C.) lors de la première guerre punique, il fut envoyé à Rome, sur parole, pour négocier un rachat des prisonniers et la paix. Il dissuada le sénat d'accepter les conditions de l'adversaire et retourna à Carthage, où il mourut dans les tortures.

Rehe → **Jehol.**

Reich, mot all. signif. « *empire* ». On distingue le *I*ᵉʳ *Reich*, ou Saint Empire romain germanique (962-1806), le *II*ᵉ *Reich* (1871-1918), fondé par Bismarck, et le *III*ᵉ *Reich* (1933-1945), ou régime national-socialiste.

Reich *(Steve)*, compositeur américain (New York 1936). Inventeur de la musique répétitive, il a écrit des œuvres fondées en général sur l'emboîtement, la superposition de motifs plus ou moins brefs en s'inspirant des musiques africaines, balinaises ou hébraïques ; *Drumming,* 1971 ; *The Desert Music,* 1985 ; *Different Trains,* 1988 ; *The Cave* (1993).

Reich *(Wilhelm)*, médecin et psychanalyste autrichien (Dobrzcynica, Galicie autrichienne, 1897 - pénitencier de Lewisburg, Pennsylvanie, 1957). Il chercha à justifier la psychanalyse par rapport à la théorie marxiste. Pour lui, le refoulement et la sublimation ne servent qu'à maintenir en place le système capitaliste. Il critiqua la morale conjugale et la famille (*la Lutte sexuelle des jeunes,* 1932). Il analysa le fascisme (*Psychologie de masse du fascisme,* 1933). En 1934, il fut exclu du mouvement analytique et, à la même date, du Parti communiste. Il émigra alors aux États-Unis, où, accusé d'escroquerie, il fut arrêté et mourut en prison.

Reicha *(Anton)*, compositeur et théoricien tchèque, naturalisé français (Prague 1770 - Paris 1836). Professeur de contrepoint et de fugue au Conservatoire, il eut pour élèves Gounod, C. Franck, Berlioz, Liszt.

Reichenbach *(Hans)*, logicien et philosophe allemand (Hambourg 1891 - Los Angeles 1953). Il est l'un des principaux représentants du positivisme logique (*Wahrscheinlichkeitslogik,* 1932).

Reichshoffen *(charges de)* [6 août 1870], nom donné improprement aux charges de cuirassiers français exécutées sur les villages

voisins de Morsbronn et d'Elsasshausen lors de la bataille de Frœschwiller.

Reichsrat, Conseil d'Empire (1848-1861) puis Parlement (1861-1918) de l'Empire d'Autriche. — En Allemagne, sous la République de Weimar, Conseil d'Empire (1919-1934).

Reichstadt *(duc de)* → **Napoléon II.**

Reichstag, Diète du Saint Empire romain germanique jusqu'en 1806. — Chambre législative allemande (1867-1933). Siégeant à Berlin, elle eut des pouvoirs limités sous le IIᵉ Reich puis un rôle prépondérant sous la République de Weimar. Le Reichstag subsista sous le régime nazi jusqu'en 1942 mais n'eut qu'un rôle purement formel. L'incendie du palais du Reichstag (1933) servit de prétexte aux nazis pour interdire le Parti communiste allemand.

Reichswehr, mot all. signif. « *défense de l'Empire* ». Appellation donnée, de 1921 à 1935, à l'armée de 100 000 hommes concédée à l'Allemagne par le traité de Versailles.

Reid *(Thomas)*, philosophe britannique (Strachan, Grampian, 1710 - Glasgow 1796). Il est l'auteur d'une philosophie du sens commun, qui s'oppose au scepticisme de Hume.

Reid *(Thomas Mayne)*, écrivain britannique (Ballyroney 1818 - Londres 1883). Il est l'auteur de récits d'aventures qui ont pour héros les Indiens (*les Chasseurs de scalp,* 1851).

Reille *(Honoré, comte)*, maréchal de France (Antibes 1775 - Paris 1860). Il se distingua à Wagram et à Waterloo, et fut fait maréchal en 1847.

Reims, ch.-l. d'arr. de la Marne, sur la Vesle, à 142 km à l'E.-N.-E. de Paris ; 185 164 hab. *(Rémois).* GÉOGR. Cour d'appel. Archevêché. Académie et université. Centre commercial et financier, Reims reste spécialisée dans la préparation et la commercialisation du vin de Champagne. HIST. Métropole de la province romaine de Gaule Belgique, Reims fut le siège d'un évêché dès 290. Clovis y fut baptisé (v. 498) et la plupart des rois de France y furent sacrés. À Reims fut signée le 7 mai 1945 la capitulation de l'armée allemande. ARTS. Cathédrale reconstruite pour l'essentiel au XIIIᵉ siècle, de type chartrain ; ensembles majeurs de sculpture gothique monumentale à la façade nord du transept et aux portails de la façade principale. Abbatiale St-Remi, à vaste basilique romane du XIᵉ siècle, façade et chœur du premier art gothique. Vestiges romains (« porte de Mars »), place Royale (Louis XV) et autres monuments. Musées du Tau (dans l'anc. archevêché, du XVIIᵉ s.), des Beaux-Arts, Archéologique et Historique (dans l'anc. abbaye St-Remi), de l'hôtel Le Vergeur et du Vieux-Reims.

Reims *(Montagne de),* plateau calcaire de Champagne (Marne), entre Reims et Épernay, culminant à 287 m. Vignobles sur les pentes. Parc naturel régional.

Reine-Charlotte *(îles de la),* archipel canadien (Colombie-Britannique) du Pacifique. Env. 150 îles, couvrant 13 215 km².

Reine-Élisabeth *(îles de la),* partie de l'archipel arctique canadien, au N. des détroits de Lancaster et de Melville, comprenant la terre d'Ellesmere, l'île Devon, les îles Parry, l'archipel Sverdrup.

Reine morte *(la),* drame en trois actes de Montherlant (1942). Le roi Ferrante fait périr Inés de Castro, que le prince héritier don Pedro a épousée secrètement. Mais Ferrante meurt et Pedro couronne une reine morte.

Reinhardt *(Jean-Baptiste, dit Django),* guitariste et compositeur de jazz français (Liverchies, Belgique, 1910 - Samois-sur-Seine 1953). D'origine tsigane, il créa, en 1934, avec le violoniste Stéphane Grappelli, le quintette à cordes du Hot Club de France. Bien qu'il ne sût pas lire la musique, et malgré sa main droite amputée de deux doigts, il était doué d'un swing éblouissant. Il reste un grand modèle pour tous les guitaristes.

Reinhardt *(Max Goldmann, dit Max),* metteur en scène de théâtre autrichien (Baden, près de Vienne, 1873 - New York 1943). Directeur notamment du Deutsches Theater de Berlin (1905), il fut un des grands novateurs de la technique théâtrale. Il émigra aux États-Unis (1933), où il se consacra au cinéma.

Reiser *(Jean Marc),* dessinateur humoriste français (Réhon, Meurthe-et-Moselle, 1941 - Paris 1983). Chez ce collaborateur de *Hara-Kiri,* de *Charlie Hebdo,* la simplicité autant que la verve du trait ont servi un humour anarchisant, une observation aiguë de la bêtise.

Reisz *(Karel),* cinéaste britannique d'origine tchèque (Ostrava 1926). Il est avec T. Richardson et L. Anderson l'un des auteurs marquants du « free cinema » *(Samedi soir, dimanche matin,* 1960). Il réalise ensuite *Morgan* (1966), *les Guerriers de l'enfer* (1978), *la Maîtresse du lieutenant français* (1981), *Sweet Dreams* (1985).

Rej *(Mikołaj),* écrivain polonais (Żórawno 1505 - Rejowiec 1569). Considéré comme le père de la littérature nationale, il a donné, dans *le Miroir des états* (1568), un tableau de la Pologne ancienne.

Réjane *(Gabrielle* Réju, *dite),* actrice française (Paris 1856 - *id.* 1920). Elle contribua au succès d'un grand nombre de pièces *(Madame Sans-Gêne,* de V. Sardou, 1893).

Religion *(guerres de)* [1562-1598], conflits armés qui, en France, opposèrent catholiques et protestants. Cette longue période de troubles fut l'aboutissement d'un état de tension dû aux progrès des idées de la Réforme et à leur répression systématique à partir du règne d'Henri II. Huit guerres confuses se succèdent alors, qui ont pour motif autant l'ambition politique de grandes maisons (Guises, Bourbons) que le différend religieux proprement dit. C'est le massacre de protestants à Wassy (1562) qui déclencha la révolte armée des protestants. Les épisodes les plus marquants de cette longue suite de guerres furent le massacre de la Saint-Barthélemy (24 août 1572), l'assassinat du duc de Guise (1588) et celui d'Henri III (1589). Converti au catholicisme en 1593, Henri IV mit fin à ces guerres par la paix de Vervins et l'édit de Nantes (1598), instituant une tolérance religieuse (d'ailleurs mal acceptée par les catholiques) presque unique en Europe.

Remarque *(E. Paul* Remark, *dit Erich Maria),* écrivain allemand, naturalisé américain (Osnabrück 1898 - Locarno 1970). Il est célèbre pour ses romans de guerre *(À l'Ouest, rien de nouveau,* 1929 ; *Arc de triomphe,* 1946).

Rembrandt *(Rembrandt Harmenszoon* Van Rijn, *dit),* peintre et graveur néerlandais (Leyde 1606 - Amsterdam 1669), fixé à Amsterdam v. 1631. La force expressive de ses compositions comme de ses portraits, servie par sa science du clair-obscur, et la valeur universelle de sa méditation sur la destinée humaine le font considérer comme un des plus grands maîtres de la peinture. Parmi ses chefs-d'œuvre, citons : au Rijksmuseum d'Amsterdam, *le Prophète Jérémie* (1630), *la Ronde de nuit* (portrait collectif d'une formation de la milice bourgeoise, 1642), *le Reniement de saint Pierre* (1660), *les Syndics des drapiers* (1662), *la Fiancée juive* (v. 1665) ; au Louvre, *les Pèlerins d'Emmaüs* (deux versions), *Bethsabée* (1654), *Saint Matthieu et l'ange* (1661), *le Bœuf écorché* (1655), *Autoportrait au chevalet* (1660). Rembrandt est, en outre, un dessinateur prestigieux, et sans doute l'aquafortiste le plus célèbre qui soit *(les Trois Arbres, la Pièce aux cent florins, Jésus prêchant).*

Remi ou **Remy** *(saint)* [Laon v. 437 - Reims v. 530]. Évêque de Reims vers 459, Remi fut très lié à Clovis, roi des Francs ; il joua un rôle prépondérant dans la conversion de ce dernier et le baptisa, probablement à Reims en 498.

Remington *(Philo),* industriel américain (Litchfield, État de New York, 1816 - Silver Springs, Floride, 1889). Il mit au point un fusil à chargement par la culasse et réalisa la machine à écrire de Sholes et de Carlos Glidden, dont il entreprit la fabrication en série.

Remscheid, v. d'Allemagne (Rhénanie-du-Nord-Westphalie), dans la Ruhr ; 121 786 hab.

Remus → Romulus.

Rémusat *(Claire Élisabeth* Gravier de Vergennes, *comtesse* de*),* femme de lettres française (Paris 1780 - *id.* 1821). Dame d'honneur de Joséphine, elle est l'auteur de *Mémoires* (1879-80) sur la cour de Napoléon Ier et d'un *Essai sur l'éducation des femmes* (1824).

Renaissance, grand mouvement littéraire artistique et scientifique qui se développe en Europe aux XVe et XVIe s. Le terme de *Rinascita* apparaît seulement en 1568, dans la seconde édition des *Vite* de Vasari, mais pour exprimer un phénomène qui remonte au siècle précédent : la rénovation des arts sous l'influence de l'Antiquité retrouvée, qui a permis à ceux-ci d'échapper à une prétendue « barbarie » du style gothique. L'histoire de l'art du XXe s. a relativisé cette vision, d'une part en mettant l'accent sur la vitalité du gothique, hors d'Italie, jusqu'au XVIe s., d'autre part en étudiant *les renaissances* (carolingienne, romane...) qui, outre celle de Giotto (point de départ de Vasari), ont précédé la Renaissance des XVe-XVIe s. Celle-ci va cependant beaucoup plus loin : le retour aux sources antiques se traduit par un système cohérent d'architecture et de décoration (régularité des plans, tracés modulaires, systèmes d'ordres), un répertoire nouveau de thèmes mythologiques et allégoriques, où le nu trouve une place importante. Il s'accompagne d'aspirations esthético-scientifiques (rendu de l'espace, en peinture, par, notamm., une étude approfondie de la perspective), d'une tentative de mettre fin au cloisonnement entre les arts, les techniques, la pensée, d'un cli-

mat général qui est celui de l'humanisme (v. ce mot).

C'est à Florence, dès la première moitié du quattrocento, que ces éléments se conjuguent dans l'art des Brunelleschi, Donatello, Masaccio, et dans la pensée d'un L. B. Alberti. Cette *première Renaissance,* robuste et savoureuse dans la fraîcheur de sa révolution, gagne rapidement l'ensemble de l'Italie, trouvant de nouveaux élans dans les cours princières d'Urbino, Ferrare, Mantoue, Milan, etc.

En 1494, l'arrivée des troupes françaises bouleverse l'équilibre italien, et Rome recueille le flambeau du modernisme, jusqu'à la dispersion des artistes qui suit le pillage de la ville papale en 1527 : c'est la *seconde Renaissance.* Elle est l'œuvre d'artistes d'origines diverses rassemblés par les papes, et qui réalisent au plus haut degré les aspirations florentines d'universalisme, de polyvalence, de liberté créatrice : Bramante, Raphaël, Michel-Ange (Léonard de Vinci étant, lui, contraint à une carrière nomade). D'autres foyers contribuent à cet apogée classique de la Renaissance : Parme, avec le Corrège ; Venise, surtout, avec Giorgione, puis avec le long règne de Titien (qu'accompagnera bientôt celui de Palladio en architecture). Cette époque voit le début de la diffusion du nouvel art en Europe. Dürer s'imprègne de la première Renaissance vénitienne (Giovanni Bellini), et le voyage de J. Gossart à Rome (1508) prépare, pour la peinture des Pays-Bas, la voie du « romanisme ». L'Espagne et la France sont d'abord touchées, surtout, par le biais du décor : grotesques et rinceaux, médaillons, pilastres et ordres apposés sur une architecture traditionnelle tendent à remplacer le répertoire gothique.

Dans le deuxième tiers du XVIe s., environ, se situe la phase de la Renaissance généralement qualifiée de *maniériste,* que caractérise une exaspération des acquis antérieurs, en peinture et en sculpture surtout ; elle coïncide souvent, en architecture, avec l'acquisition progressive du vocabulaire classique (Lescot et Delorme en France). Le désir d'égaler la « manière » des grands découvreurs du début du siècle conduit, dans une atmosphère de crise (crise politique de l'Italie, crise religieuse de la Réforme), à l'irréalisme fiévreux d'un Pontormo, à la grâce sophistiquée d'un Parmesan, à l'emphase d'un J. Romain, aux développements subtils de l'art de cour à Fontainebleau. À la fin du siècle, Prague sera un autre centre du maniérisme.

Une dernière phase se joue en Italie avec la conclusion du concile de Trente, en 1563. La réforme de l'art religieux est portée au premier plan, avec le retour d'un classicisme de tendance puriste en architecture (Vignole ; style grandiose de l'Escurial en Espagne), naturaliste en peinture (les Carrache).

Renan (*Ernest*), écrivain et historien des religions français (Tréguier 1823 - Paris 1892). Élève au séminaire Saint-Sulpice (1843-1845), il abandonne la voie de la prêtrise et se consacre totalement à l'étude des langues sémitiques et à l'histoire des religions. Nommé en 1861 professeur d'hébreu au Collège de France (chaire qu'il ne put occuper qu'en 1870 à cause de l'opposition de Napoléon III), il exprime ses positions dans l'*Avenir de la science* (publié en 1890) et dans l'*Histoire des origines du christianisme* (1863-1881), dont le premier volume, la *Vie de Jésus*, eut un grand retentissement. Avec l'*Histoire du peuple d'Israël* (1887-1894) s'achève son œuvre historique. Il avait publié en 1883 ses *Souvenirs d'enfance et de jeunesse*.

Renard (*Charles*), officier et ingénieur militaire français (Damblain, Vosges, 1847 - Meudon 1905). Il construisit le premier ballon dirigeable qui ait pu réaliser un parcours en circuit fermé (1884). Il imagina une série de nombres (*série de Renard*) qui devint l'une des bases de la normalisation.

Renard (*Jules*), écrivain français (Châlons, Mayenne, 1864 - Paris 1910). Auteur de récits réalistes (*l'Écornifleur*, 1892) et de pièces à succès (*le Pain de ménage*, 1898), il créa le type de l'enfant souffre-douleur dans *Poil de carotte* (1894), dont il a tiré une pièce à la scène en 1900. Cofondateur du *Mercure de France*, il a laissé de précieux renseignements sur la vie littéraire de son époque dans son *Journal* (1925-1927).

Renaud (*Renaud* Séchan, dit*), parolier et chanteur français (Paris 1952). Reprenant une tradition populaire de la chanson à texte contestataire, il exprime une sensibilité de la jeunesse, où la tendresse se mêle à la révolte.

Renaud (*Madeleine*), actrice française (Paris 1900 - Neuilly-sur-Seine 1994). Elle a appartenu à la Comédie-Française (1921-1947) avant de fonder avec son mari J.-L. Barrault la compagnie « Renaud-Barrault ». Interprète du répertoire traditionnel et moderne (Beckett), elle a également tourné de nombreux films.

Renaud de Châtillon (m. à Hattin en 1187), prince d'Antioche (1153-1160), seigneur d'Outre-Jourdain (1177-1187). Il fut capturé par Saladin à la bataille de Hattin et exécuté.

Renaudot (*Théophraste*), médecin et journaliste français (Loudun 1586 - Paris 1653). Il a créé *la Gazette* (1631), qui marqua le début de la presse en France.

Renaudot (*prix Théophraste*), prix littéraire français. Fondé en 1925 et décerné chaque année, le même jour que le prix Goncourt, il récompense un ouvrage en prose combinant talent et originalité.

Renault (*professeur Louis*), ingénieur et industriel français (Paris 1877 - *id.* 1944). Pionnier de l'industrie automobile, avec ses frères **Fernand** (1865-1909) et **Marcel** (1872-1903), il construisit sa première voiture en 1898. Pendant la Première Guerre mondiale, ses usines travaillèrent pour l'aviation, fabriquèrent des munitions et mirent au point en 1918 le tank Renault. En 1945, son entreprise fut nationalisée.

Renault (*Régie nationale des usines*), société française issue des usines fondées en 1898 par les frères Renault. Nationalisée en 1945, la *Régie nationale des usines Renault* a vu l'État se désengager largement de son capital (n'en conservant qu'un peu plus de 50 %) en 1994. L'entreprise, qui a repris le nom de *Renault* en 1995, fabrique des voitures, des véhicules industriels et des matériels agricoles.

René, roman de Chateaubriand, publié en 1802 dans *Génie du christianisme*.

René Iᵉʳ le Bon (Angers 1409 - Aix-en-Provence 1480), duc d'Anjou et comte de Provence (1434-1480), duc de Lorraine (1431-1453), roi effectif de Naples (1438-1442) et roi titulaire de Sicile (1434-1480). Après avoir été vaincu par les Bourguignons (1431), il fut chassé de Naples par les Aragonais (1442) et se retira, après 1453, à Angers puis à Aix-en-Provence. Il écrivit des traités et des poésies, et s'entoura de gens de lettres et d'artistes. Sous la pression de Louis XI, il prépara la réunion de ses possessions à la Couronne de France.

René II (1451 - Fains 1508), duc de Lorraine (1473-1508) et de Bar (1480-1508). Petit-fils du précédent, chassé de ses États par Charles le Téméraire, il s'allia avec les villes alsaciennes et les cantons suisses (1474). Il fut frustré de l'héritage de son grand-père maternel (Provence) par Louis XI.

Renée de France, duchesse de Ferrare (Blois 1510 - Montargis 1575). Fille de

Louis XII, épouse du duc de Ferrare Hercule II d'Este, elle tint une cour brillante, se convertit à la Réforme, et, rentrée en France après la mort de son époux (1559), protégea les protestants.

Renger-Patzsch *(Albert),* photographe allemand (Würzburg 1897 - Wamel, Westphalie, 1966). Une écriture froide très précise, qu'il voulait parfaitement objective, un point de vue inattendu accentué par le gros plan en font l'un des précurseurs du langage photographique contemporain.

Reni *(Guido),* parfois dit *en fr.* le Guide, peintre italien (Bologne 1575 - *id.* 1642). Actif à Rome et surtout à Bologne, influencé par les Carrache mais fasciné par Raphaël, il porta le classicisme à un haut degré de raffinement et de lyrisme *(Samson victorieux, le Massacre des Innocents,* pinacothèque de Bologne ; *Atalante et Hippomène,* galerie de Capodimonte, Naples ; quatre toiles de l'*Histoire d'Hercule,* Louvre).

Renier de Huy, fondeur (et orfèvre ?) mosan du début du XIIᵉ siècle, auteur des fonts baptismaux de laiton aujourd'hui à St-Barthélemy de Liège (v. 1107-1118 ; cuve entourée de remarquables scènes en haut relief d'un style antiquisant).

Rennequin *(René Sualem, dit),* mécanicien wallon (Jemeppe-sur-Meuse 1645 - Bougival 1708). Il construisit la machine hydraulique de Marly (1676-1682) pour l'alimentation en eau du château de Versailles.

Renner *(Karl),* homme d'État autrichien (Untertannowitz, Moravie, 1870 - Vienne 1950). Social-démocrate, il fut chancelier (1918-1920), puis président de la République (1945-1950).

Rennes, anc. cap. du duché de Bretagne, ch.-l. de la Région Bretagne et du dép. d'Ille-et-Vilaine, au confl. de l'Ille et de la Vilaine, dans le *bassin de Rennes,* à 344 km à l'ouest de Paris ; 203 533 hab. *(Rennais).* Archevêché. Cour d'appel. Académie et université. Siège de la IIIᵉ région militaire et de l'École supérieure d'électronique de l'armée de terre. La ville, longtemps centre commercial et culturel, s'est industrialisée (construction automobile, imprimerie et édition, électronique), bénéficiant de rapides liaisons ferroviaires et routières avec Paris. **HIST.** Capitale des ducs de Bretagne au Xᵉ siècle, la ville devint le siège du parlement de Bretagne en 1554. **ARTS.** Vieilles demeures autour de la cathédrale (reconstruite en style néoclassique à la fin du XVIIIᵉ s.). Palais de justice du XVIIᵉ siècle, sur plans de S. de Brosse (incendié en 1994), hôtel de ville du XVIIIᵉ, par

J. V Gabriel, et autres monuments. Musée des Beaux-Arts, musée de Bretagne et écomusée de la ferme de la Bintinais.

Reno, v. des États-Unis (Nevada) ; 254 667 hab. Centre touristique (jeux, divorces rapides).

Renoir *(Auguste),* peintre français (Limoges 1841 - Cagnes-sur-Mer 1919). Parmi les maîtres de l'impressionnisme, il est celui qui a exécuté le plus d'œuvres d'après la figure humaine et les scènes d'une vie contemporaine heureuse (*À la Grenouillère,* 1869, Winterthur ; *la Balançoire* et *le Moulin de la Galette,* 1876, musée d'Orsay ; *Mᵐᵉ Charpentier et ses enfants,* 1878, New York). Par-delà la phase « ingresque » ou « acide » des années 1884-1887, qui reflète son attachement aux maîtres anciens (l'*Après-Midi des enfants à Wargemont,* Berlin), sa vitalité sensuelle s'est particulièrement affirmée dans ses portraits féminins et ses nus (*Jeunes Filles au piano,* diverses versions [1892] ; *Gabrielle à la rose* [1911], *les Baigneuses* [v. 1918], musée d'Orsay).

Renoir *(Jean),* cinéaste français (Paris 1894 - Beverly Hills, Californie, 1979).

■ **Un art qui se cherche.** Fils du peintre Auguste Renoir, il se lance dans la réalisation en 1923, produisant lui-même ses premiers films (*la Fille de l'eau,* 1924 ; *Nana,* 1926), qui seront des échecs commerciaux. Il aborde chaque œuvre comme un essai, une expérience. Ainsi, les films se suivent et ne se ressemblent guère : *la Petite Marchande d'allumettes* (1928), *Tire au flanc* (1928), *la Chienne* (1931), *Boudu sauvé des eaux* (1932), *Toni* (1935), *le Crime de M. Lange* (1936), *Une partie de campagne* (réalisé en 1936), œuvres tour à tour cruelles et tendres, lyriques et drôles, dont le mélange des genres et des tons déconcerte.

■ **Vérité et illusion.** En se rapprochant du Front populaire, Renoir aggrave le malentendu : *les Bas-Fonds* (1936), *la Marseillaise* (1938), *la Bête humaine* (1938) ont passé pour des œuvres militantes ou partisanes. Aujourd'hui leur honnêteté frappe, ainsi que la justesse et l'équité du regard du réalisateur, trop lucide pour accepter les œillères d'une idéologie. Deux œuvres majeures marquent ces années d'avant-guerre. L'une est un succès mondial (*la Grande Illusion,* 1937) [→ **Grande Illusion**]. L'autre, un échec (*la Règle du jeu,* 1939), qui sera reconnu plus tard comme l'un des films les plus importants du cinéma français : l'œuvre est une tragi-comédie où les couples se font et se défont, où l'amoureux sincère doit être sacrifié à « la règle du jeu » social (l'illusion, le trompe-l'œil).

■ **Paris et Hollywood.** Avec le début de la Seconde Guerre mondiale s'ouvre une période difficile pour Renoir, qui s'exile aux États-Unis : l'*Étang tragique* (1941), l'*Homme du Sud* (1945), le *Journal d'une femme de chambre* (1946), la *Femme sur la plage* (1946). Il retarde son retour en France pour tourner en Inde son premier film en couleurs (le *Fleuve*, 1951), puis il réalise à Rome le *Carrosse d'or* (1953). De retour à Paris, il s'efforce de renouer avec le public populaire sans rien perdre de son exigence : *French-Cancan* (1955), *Éléna et les hommes* (1956), le *Testament du Dr Cordelier* (1959), le *Déjeuner sur l'herbe* (1959), le *Caporal épinglé* (1962). Il tourne son dernier film (pour la télévision) en 1969 (le *Petit Théâtre de Jean Renoir*) avant de se retirer aux États-Unis.

réparations *(question des)*, ensemble des problèmes posés par le paiement des dommages de guerre imposé à l'Allemagne par le traité de Versailles en 1919. L'article 231 du traité de Versailles énonçait le principe de réparations, une « commission des réparations » devant évaluer les montants et les modalités. En 1920, une conférence fixa les répartitions : 52 % pour la France, 22 % pour la Grande-Bretagne, 10 % pour l'Italie, 8 % pour la Belgique... L'Allemagne demanda régulièrement des moratoires et les alliés se divisèrent sur le sujet, Britanniques et Américains étant soucieux de ne pas affaiblir l'économie allemande. Le plan Dawes adopté en 1924 sous l'autorité du président de la commission, l'Américain Charles G. Dawes (1865-1951), entraîna l'évacuation de la Ruhr que les troupes franco-belges avaient occupée en janvier 1923. Il fut remplacé en 1930 par le plan Young, adopté en 1929 et inspiré par l'expert américain Owen D. Young (1874-1962), qui prévoyait un échelonnement des paiements jusqu'en 1988. Les réparations furent supprimées en raison de la crise économique par la conférence de Lausanne (1932). Au total, l'Allemagne paya entre 1919 et 1931 moins de 30 % du montant fixé. La question des réparations fut habilement exploitée, en Allemagne, par les adversaires de la République de Weimar.

Repine *(Ilia Iefimovitch)*, peintre russe (Tchougouiev, Ukraine orientale, 1844 - Kuokkala, auj. Repino, Carélie, 1930). Membre de la société des Ambulants, qui se donnait pour but de toucher l'ensemble du peuple, il est connu pour ses œuvres à sujet historique ou social (*les Haleurs de la Volga*, 1873, Musée russe, Saint-Pétersbourg) et pour ses portraits.

Repubblica *(La)*, quotidien italien de gauche, créé à Rome en 1976.

républicain *(Parti)*, un des deux grands partis qui dominent la vie politique aux États-Unis, fondé à Pittsburgh en 1856 sur un programme antiesclavagiste et protectionniste. L'issue de la guerre de Sécession consacra la supériorité des républicains sur les démocrates et leur maintien au pouvoir, pratiquement sans interruption de 1861 à 1913 puis de 1921 à 1933. Le Parti républicain a depuis lors donné plusieurs présidents aux États-Unis : Einsenhower (1953-1961), Nixon (1969-1974), G. Ford (1974-1977), R. Reagan (1981-1989), G. Bush (1989-1993).

Républicain lorrain *(le)*, quotidien régional d'informations créé en 1919 à Metz. Avec 12 éditions, ce quotidien occupe la première place en Lorraine et est le premier journal en langue française du grand-duché de Luxembourg.

République *(la)*, dialogue de Platon.

République *(Ire)*, régime politique de la France du 21 septembre 1792 au 18 mai 1804. Mise en place après l'abolition de la royauté (10 août 1792), la Ire République s'acheva à la proclamation de l'Empire.

République *(IIe)*, régime politique de la France du 25 février 1848 au 2 décembre 1852. Issue de la Révolution de 1848, qui met fin à la monarchie de Juillet, elle est proclamée par un gouvernement provisoire qui instaure le suffrage universel, la liberté de presse et de réunion, et s'oriente d'abord vers des réformes sociales (organisation des Ateliers nationaux, chantiers destinés aux ouvriers sans travail). Les élections d'avril donnent cependant à l'Assemblée constituante une majorité de modérés.
juin 1848. La fermeture des Ateliers nationaux provoque une grande insurrection populaire (journées de Juin), écrasée par Cavaignac.
La Constitution de novembre confie le pouvoir législatif à une seule assemblée, indissoluble, et l'exécutif à un président élu pour 4 ans et non rééligible ; mais rien n'est prévu en cas de désaccord entre les deux pouvoirs.
déc. 1848. Bénéficiant de la division des républicains et de l'appui des monarchistes, le prince Louis Napoléon est élu à la présidence de la République.

L'Assemblée législative élue en mai 1849 est dominée par le parti de l'Ordre, regroupant les légitimistes et les orléanistes, et organise la « République sans les républicains » (Thiers). Après avoir envoyé les troupes françaises à l'assaut de la République romaine, la droite monarchiste toute-puissante réprime l'opposition démocrate (juin), dirigée par Ledru-Rollin, et promulgue une série de lois réactionnaires.

mars 1850. Loi Falloux, qui avantage l'enseignement catholique.

mai 1850. Une loi électorale restreint le suffrage universel. L'échec de la fusion entre légitimistes et orléanistes au lendemain de la mort de Louis-Philippe (août 1850) favorise les ambitions du prince-président, qui détourne le mécontentement populaire à son profit. Il tente en vain d'obtenir une révision de la Constitution qui lui aurait permis de se faire réélire.

2 déc. 1851. Coup d'État de Louis Napoléon Bonaparte.

Un décret dissout l'Assemblée et rétablit le suffrage universel. Le coup d'État est approuvé par un plébiscite.

janv. 1852. Une nouvelle Constitution organise un régime de transition vers l'Empire. L'Empire sera restauré le 2 décembre 1852.

République *(IIIe)*, régime politique de la France du 4 sept. 1870 au 10 juill. 1940. Bien qu'elle soit la troisième du nom, cette république est la première à avoir fondé en France une véritable culture républicaine, inculquée à l'ensemble des Français.

■ **La fondation de la République (1870-1879).**

4 sept. 1870. Proclamation de la République à la suite de la capitulation de Sedan (chute du second Empire).

Un gouvernement de la Défense nationale est constitué (→ **Défense nationale**), contraint de signer un armistice avec la Prusse (janv. 1871).

févr. 1871. Élection d'une Assemblée nationale à majorité royaliste.

Thiers, élu chef du pouvoir exécutif, négocie la paix avec l'Allemagne. La décision de l'Assemblée de s'installer à Versailles et les maladresses du gouvernement provoquent l'insurrection de la Commune de Paris. Après la démission de Thiers (1873), remplacé par Mac-Mahon à la présidence de la République, l'Assemblée nationale échoue dans sa tentative de restauration de la royauté en raison des dissensions entre légitimistes et orléanistes.

1875. Adoption des lois constitutionnelles organisant la IIIe République.

Le pouvoir législatif est partagé entre la Chambre des députés, élue pour 4 ans au suffrage universel, et le Sénat. Le président de la République, élu pour 7 ans par les deux Chambres, n'a que des pouvoirs limités. Le président du Conseil est le chef du gouvernement. Au début de 1876, si la nouvelle Chambre est à forte majorité républicaine, la présidence et le Sénat restent acquis aux monarchistes.

1877. Mac-Mahon dissout la Chambre avec l'accord du Sénat mais la victoire des républicains aux élections d'octobre l'oblige à nommer un chef de gouvernement issu de leurs rangs. Après la démission de Mac-Mahon (1879), remplacé par Jules Grévy, les républicains sont maîtres du régime.

■ **La République modérée (1879-1899).**
Les républicains sont divisés entre opportunistes, partisans de réformes progressives, et radicaux. Si Gambetta est l'un des chefs républicains les plus populaires, c'est Jules Ferry qui réalise en 1881-82 les principales réformes : liberté de presse et de réunion, liberté municipale et syndicale, école primaire gratuite, laïque et obligatoire. Le régime doit cependant faire face à de graves crises : l'agitation antiparlementaire du général Boulanger (1887-1889), le scandale financier de Panamá (1892-93) et une vague d'attentats anarchistes, culminant avec l'assassinat du président de la République Sadi Carnot (1894). Touchée par la dépression économique mondiale, la France a recours aux grands travaux (plan Freycinet, 1878) et surtout au protectionnisme (tarif Méline, 1892). Le ralliement de certains catholiques à la République, encouragé par le pape Léon XIII (1892), contribue à l'apaisement de la politique anticléricale. Mais l'affaire Dreyfus, qui, à partir de 1897, déchire le pays, remet tout en cause et permet l'accession au pouvoir des radicaux. À l'extérieur, la République fonde un puissant empire colonial, et la conclusion de l'alliance franco-russe (1891-92) sort le pays de vingt ans d'isolement.

■ **La République radicale (1899-1914).**
Les radicaux, un temps soutenus par les socialistes, mettent en œuvre une politique anticléricale, dont É. Combes est l'un des artisans.

1905. Séparation des Églises et de l'État. La question sociale passe au premier plan. Les socialistes, qui, grâce à Guesde et à Jaurès, ont réalisé leur unité dans la S. F. I. O. (1905), et la C. G. T., créée en 1895 et où domine le courant anarcho-syndicaliste (charte d'Amiens, 1906), organisent de multiples grèves, brutalement réprimées par

Clemenceau. Sur le plan extérieur, la France resserre son alliance avec la Russie et réalise l'Entente cordiale avec la Grande-Bretagne (1904), tandis que le Maroc est le théâtre de graves crises franco-allemandes. Sous la direction de Poincaré, la République se prépare à la guerre.

■ **De la Première à la Seconde Guerre mondiale (1914-1940).**

1914-1918. Lors de la Première Guerre mondiale, l'« Union sacrée » regroupe tous les partis.

1919. Après la victoire, les élections donnent le pouvoir à la droite, déterminée à appliquer le traité de Versailles sans concessions.

1920. Au congrès de Tours, la scission au sein de la S. F. I. O. entraîne la création du Parti communiste français.

1923. Poincaré, président du Conseil, fait occuper militairement la Ruhr.

1924. La droite est battue aux élections par l'opposition, regroupée dans le Cartel des gauches et animée par Herriot.

La France s'engage dans une politique plus conciliante à l'égard de l'Allemagne, dont le principal instigateur est Briand.

1926-1929. Poincaré dirige un gouvernement d'Union nationale et restaure la situation financière. La crise économique mondiale atteint la France vers 1931-32.

1932. Socialistes et radicaux remportent les élections. Mais l'instabilité ministérielle, les scandales financiers (affaire Stavisky, 1933) développent dans le pays un vaste courant antiparlementaire, qui se traduit par l'essor des ligues d'extrême droite.

6 févr. 1934. Une manifestation antiparlementaire provoque la démission du gouvernement.

Au gouvernement d'union nationale formé par G. Doumergue succèdent des gouvernements de droite, dont celui de Laval.

1936. Les partis de gauche s'unissent en un Front populaire qui l'emporte aux élections de mai. Devenu président du Conseil, L. Blum parvient à faire accepter de nombreuses lois sociales (accords Matignon, juin 1936).

avr. 1938. L'expérience du Front populaire s'interrompt avec la chute du second gouvernement Blum.

sept. 1938. Daladier signe les accords de Munich.

sept. 1939. La France déclare la guerre à l'Allemagne, qui a envahi la Pologne.

22 juin 1940. Le maréchal Pétain signe l'armistice avec l'Allemagne.

10 juill. 1940. L'Assemblée lui accorde les pleins pouvoirs, mettant fin à la IIIe République, à laquelle succède le gouvernement de Vichy.

République *(IVe)*, régime politique de la France du 13 octobre 1946 au 4 octobre 1958. Affaibli par une forte instabilité ministérielle, ce régime ne put faire face à l'insurrection algérienne, qui entraîna sa chute.

■ **L'installation d'un nouveau régime (1944-1946).**

3 juin 1944. Formation à Alger du Gouvernement provisoire de la République française (G. P. R. F.), présidé par le général de Gaulle. Après la libération de Paris (août), le G. P. R. F. s'installe à Paris et est officiellement reconnu par les Alliés.

oct. 1945. Élection d'une Assemblée constituante, à forte majorité socialiste et communiste.

janv. 1946. Hostile au projet de Constitution de l'Assemblée, le général de Gaulle démissionne.

mai 1946. Référendum rejetant le projet de Constitution. Une deuxième Assemblée constituante est élue. Les socialistes, les communistes et les démocrates-chrétiens (M. R. P.) élaborent un texte de compromis qui, tout en maintenant la prépondérance de l'Assemblée, fait quelques concessions aux partisans du renforcement de l'exécutif.

13 oct. 1946. Adoption par référendum de la Constitution.

■ **Des gouvernements aux prises avec les institutions.**

1947. Vincent Auriol est élu président de la République. Ramadier, président du Conseil, exclut du gouvernement les communistes, en désaccord avec sa politique. Face à l'opposition des communistes, que radicalise la guerre froide, et à celle des gaullistes, réunis au sein du R. P. F., fondé en 1947, se constitue une coalition du centre, la troisième force, qui regroupe, jusqu'en 1952, le M. R. P., les socialistes, les radicaux et les modérés. Mais les gouvernements successifs ne peuvent rassembler une solide majorité. À l'instabilité ministérielle s'ajoutent les problèmes liés à l'inflation et à la guerre d'Indochine. Le pays achève cependant sa reconstruction et amorce son développement économique, entrepris par le commissariat au Plan (J. Monnet) et mené grâce à l'aide américaine (plan Marshall).

1949. La France signe le pacte de l'Atlantique Nord.

1951. Création de la C. E. C. A., premier pas vers la construction de l'Europe.

1952. Formation d'un gouvernement de centre droit, dirigé par A. Pinay, qui parvient à freiner l'inflation.

1953. R. Coty est élu à la présidence de la République.

1954. Nommé président du Conseil, P. Mendès France met fin à la guerre d'Indochine (accords de Genève, 21 juill.), mais doit faire face à l'insurrection des nationalistes algériens (début de la guerre d'Algérie).

1955. E. Faure, successeur de P. Mendès France (renversé en févr.), dissout l'Assemblée nationale.

1956. Le Front républicain, constitué par les radicaux et les socialistes, remporte les élections. Le gouvernement de Guy Mollet (1956-57) applique alors un programme de réformes sociales et de décolonisation : le Maroc et la Tunisie obtiennent leur indépendance (mars 1956), tandis que les territoires français d'Afrique reçoivent un statut d'autonomie. Mais la situation se détériore en Algérie et l'expédition de Suez (1956) est un échec.

25 mars 1957. Signature du traité de Rome instituant la Communauté économique européenne.

■ **Vers la fin du régime.** Après le renversement de Guy Mollet (mai 1957), les gouvernements successifs, sans majorité stable, ne parviennent pas à résoudre le problème algérien.

1958. La crise gouvernementale et l'aggravation de la situation en Algérie (émeute du 13 mai à Alger) provoquent le retour au pouvoir du général de Gaulle, nommé président du Conseil le 1er juin.

La IVe République prend officiellement fin le jour de la promulgation de la nouvelle Constitution (4 oct. 1958).

République (Ve), régime politique de la France depuis le 4 oct. 1958. Longtemps liée à la personnalité du général de Gaulle, ce régime n'a pas vu ses institutions remises en cause par les gouvernements socialistes qui ont accédé au pouvoir à partir de 1981.

■ **La république gaullienne (1958-1969).** Rappelé au gouvernement à la suite de la crise du 13 mai 1958 et investi des pleins pouvoirs, le général de Gaulle établit une Constitution approuvée par référendum (28 sept.). Celle-ci renforce les pouvoirs de l'exécutif au profit du président de la République. L'Assemblée nationale élue en novembre est dominée par les gaullistes.

déc. 1958. De Gaulle est élu président de la République. Le gouvernement, dirigé par M. Debré, s'emploie à rétablir la stabilité

monétaire (dévaluation, création d'un nouveau franc) et à mettre fin à la guerre d'Algérie. Le ralliement du chef de l'État à une politique d'« autodétermination » du peuple algérien (sept. 1959) provoque une violente opposition de la population européenne d'Algérie et des tentatives d'insurrection (putsch des généraux, avr. 1961 ; création de l'O. A. S., qui commet de nombreux attentats). Des négociations aboutissent aux accords d'Évian (mars 1962), qui ouvrent la voie à l'indépendance de l'Algérie. Après la nomination de G. Pompidou comme Premier ministre (avr.), le caractère présidentiel du pouvoir s'accentue.

oct. 1962. Référendum approuvant le principe de l'élection du président de la République au suffrage universel.

À l'extérieur, le gouvernement pratique une politique d'indépendance nationale et poursuit la création d'une force de frappe nucléaire. Les difficultés économiques et sociales provoquent la montée de l'opposition de gauche.

1965. De Gaulle est réélu à la présidence de la République, mais cette fois au suffrage universel et après avoir été mis en ballottage au premier tour.

1966. La France se retire de l'organisation militaire de l'O. T. A. N.

mai 1968. Mouvement de contestation étudiant et grèves qui entraînent des réformes sociales et culturelles. Le gouvernement doit signer les accords de Grenelle portant sur le droit syndical et les conditions de travail, mais les élections législatives de juin marquent un net recul de l'opposition au profit des gaullistes. M. Couve de Murville remplace G. Pompidou.

avr. 1969. Un projet sur la régionalisation et la réforme du Sénat est repoussé par référendum. De Gaulle démissionne.

■ **Le quinquennat de Georges Pompidou (1969-1974).**

juin 1969. Georges Pompidou est élu président de la République. J. Chaban-Delmas, nommé Premier ministre, met en place un projet de « nouvelle société », fondé sur la concertation entre les groupes sociaux et sur l'amélioration des conditions de travail. Sur le plan international, le président encourage l'élargissement du Marché commun, notamment à la Grande-Bretagne (référendum d'avr. 1972). Dans l'opposition, le nouveau Parti socialiste, dirigé par F. Mitterrand, élabore un « programme commun de gouvernement » avec le Parti communiste. Au gouvernement de J. Chaban-Delmas succèdent à partir de 1972 ceux de

P. Messmer, confronté à la crise monétaire internationale et au premier choc pétrolier.

■ **Le septennat de Valéry Giscard d'Estaing (1974-1981).**
mai 1974. Après la mort de Pompidou, Valéry Giscard d'Estaing est élu à la présidence de la République. Il nomme au gouvernement J. Chirac et procède à des réformes libérales, dont le droit de vote à 18 ans et la loi sur l'interruption volontaire de grossesse. À partir de 1976, les gouvernements de R. Barre s'emploient à juguler la crise économique. Les partis de la majorité se réorganisent : J. Chirac rassemble les gaullistes dans le R. P. R. (1976) tandis que l'U. D. F. (1978) regroupe le Parti républicain, les centristes et la majorité des radicaux.
mars 1978. La majorité présidentielle remporte les élections législatives.
■ **La présidence de François Mitterrand (1981-1995).**
mai 1981. François Mitterrand est élu président de la République.
Victorieux aux élections législatives (juin), le gouvernement socialiste de P. Mauroy (auquel participent les communistes) met en œuvre des réformes fondamentales sur les plans juridique (abolition de la peine de mort), institutionnel (décentralisation), économique (nationalisation de banques et de grands groupes industriels) et social (droit du travail). Mais, à partir de 1983, des mesures de rigueur économique doivent être adoptées pour tenter de réduire l'inflation et le déficit commercial. En 1984, L. Fabius est nommé à la tête d'un gouvernement auquel les communistes refusent de s'associer.
mars 1986. L'opposition remporte les élections législatives et régionales.
En nommant J. Chirac Premier ministre, F. Mitterrand inaugure la première gouvernement de « cohabitation ». Un programme libéral est mis en œuvre.
mai 1988. F. Mitterrand est réélu président de la République. Le nouveau Premier ministre, M. Rocard, organise les élections législatives de juin 1988, marquées par la défaite de la majorité sortante, et obtient le retour de la paix en Nouvelle-Calédonie. Il est remplacé à la tête du gouvernement par É. Cresson (1991) puis P. Bérégovoy (1992).
sept. 1992. Le traité de Maastricht est approuvé par référendum.
mars 1993. Après la victoire écrasante de l'opposition aux élections législatives, F. Mitterrand ouvre une deuxième période de cohabitation en nommant É. Balladur

Premier ministre. Depuis les années 80, la vie politique est marquée par l'effondrement du Parti communiste et par l'émergence du Front national et des partis écologistes (Verts). Sur le plan économique, les politiques suivies ont permis de lutter efficacement contre la hausse des prix et de maintenir la valeur du franc, mais elles se traduisent par une aggravation inquiétante du chômage (plus de 12 % de la population active). À cette crise sociale s'ajoute une sensibilité nouvelle aux problèmes de l'immigration.
■ **La présidence de Jacques Chirac (depuis 1995).**
mai 1995. Jacques Chirac est élu président de la République. Il nomme Alain Juppé au poste de Premier ministre. L'annonce de la poursuite d'une politique de rigueur et le plan de réforme de la Sécurité sociale présenté par le gouvernement en novembre suscitent (en particulier dans le secteur public) un vaste mouvement de protestation, révélateur d'une crise sociale plus profonde.

Requesens y Zúñiga (Luis de), général et homme d'État espagnol (Barcelone 1528 - Bruxelles 1576). Gouverneur des Pays-Bas en 1573, il ne put mettre fin à l'insurrection des provinces du Nord.

Rerum novarum (15 mai 1891), encyclique promulguée par Léon XIII et relative à la condition des ouvriers, véritable charte du catholicisme social.

Résistance, nom donné à l'action clandestine menée, au cours de la Seconde Guerre mondiale, par des organisations civiles et militaires de plusieurs pays d'Europe, qui se sont opposées à l'occupation de leur territoire par l'Allemagne. Les objectifs de la Résistance débordent du cadre militaire (libération du territoire) car ils prévoient, une fois la victoire acquise, la prise du pouvoir et de nouvelles institutions de l'État. En Europe occidentale, elle est surtout caractérisée par la prédominance de la guerre psychologique et sa dépendance à l'égard de la Grande-Bretagne. En France, les mouvements de résistance sont fédérés en 1943 par le Conseil national de la Résistance (C. N. R.). Par son activité (informations transmises aux Alliés, maquis, sabotages, etc.), la Résistance a contribué fortement à la libération du territoire. En Europe orientale, elle s'affirme davantage dans les maquis et dans la guérilla, opérant parfois en liaison avec l'Armée rouge. Plus qu'ailleurs, elle a revêtu un caractère populaire.

Résistance *(médaille de la),* décoration française, créée à Alger en 1943 pour récompenser les services rendus dans la Résistance.

Résistance *(parti de la),* nom donné, sous la monarchie de Juillet, aux orléanistes de tendance conservatrice, menés par Guizot, de Broglie et Casimir Périer, et dont les idées triomphèrent auprès de Louis-Philippe, contre celles du parti du Mouvement, de 1831 à 1848.

Resistencia, v. d'Argentine, ch.-l. de prov., sur le Paraná ; 144 761 hab. Centre commercial et agricole.

Reşiţa, v. de l'ouest de la Roumanie ; 102 000 hab.

Resnais *(Alain),* cinéaste français (Vannes 1922). Sa carrière professionnelle commence avec des courts métrages, dont un bouleversant requiem sur l'horreur des camps nazis, *Nuit et Brouillard* (1955). Son style va s'affirmer dans ses longs métrages : *Hiroshima mon amour* (1959) film flambeau de la « nouvelle vague », *l'Année dernière à Marienbad* (1961), *Muriel* (1963), *La guerre est finie* (1966), *Je t'aime, je t'aime* (1968). Attentif aux scénarios des écrivains qui ont collaboré avec lui (M. Duras, A. Robbe-Grillet, J. Cayrol, par ex.), il accorde un soin tout particulier au montage, au jeu des acteurs et au contrepoint audiovisuel. Il tourne ensuite *Stavisky* (1974), *Providence* (1976), *Mon oncle d'Amérique* (1980), *La vie est un roman* (1983), *l'Amour à Mort* (1984), *Mélo* (1986), *Smoking/No Smoking* (1993).

Respighi *(Ottorino),* compositeur italien (Bologne 1879 - Rome 1936). Directeur de l'Académie Sainte-Cécile à Rome, il a notamment composé des poèmes symphoniques *(les Fontaines de Rome,* 1916 ; *les Pins de Rome,* 1924) et des œuvres lyriques.

Restauration, nom donné au régime de la France sous les règnes de Louis XVIII et de Charles X, de 1814 à 1830.

avr. 1814. À l'instigation de Talleyrand, le Sénat impérial appelle au trône Louis XVIII.
mai 1814. Louis XVIII s'établit à Paris (première Restauration). Il signe avec les Alliés le premier traité de Paris, qui rétablit la paix et reconnaît à la France ses frontières de 1792.
juin 1814. Le roi octroie une charte constitutionnelle.
mars-juin 1815. Épisode des Cent-Jours qui s'achève par l'exil de Napoléon et le retour de Louis XVIII (seconde Restauration). Défini par la Charte de 1814, le régime est une monarchie constitutionnelle : une Chambre des pairs, héréditaire, est nommée par le roi ; une Chambre des députés, renouvelable par cinquième chaque année, est élue au suffrage censitaire ; mais les pouvoirs du roi restent prépondérants.
août 1815. Les ultraroyalistes, nostalgiques de l'Ancien Régime, triomphent aux élections et forment la Chambre introuvable. Dans le Midi, des royalistes se livrent à des massacres contre les bonapartistes : c'est la Terreur blanche (juill.-oct.).
nov. 1815. La France, occupée par les Alliés, signe le second traité de Paris.
sept. 1816. Louis XVIII, poussé par les Alliés, dissout la Chambre introuvable.
oct. 1816. Les élections sont favorables aux modérés, appelés « constitutionnels ».
La bonne gestion financière permet le règlement des indemnités de guerre et, par suite, la libération du territoire (1818). Après la démission de Richelieu (déc. 1818), le roi fait appel à Decazes, instigateur d'une politique libérale.
1820. Assassinat du duc de Berry. Cet assassinat met fin à la tentative libérale lancée par Louis XVIII. Les ultras sont au pouvoir dans le ministère Richelieu (févr. 1820-déc. 1821), puis dans celui du comte de Villèle (déc. 1821-janv. 1828).
1823. La France intervient en Espagne pour rétablir l'absolutisme royal.
1824. Mort de Louis XVIII ; avènement de Charles X. Villèle accentue sa politique de réaction. L'emprise grandissante du clergé sur le roi et sur l'Université est dénoncée par les libéraux. À partir de 1826, l'opposition s'élargit et s'exprime légalement : bourgeoisie anticléricale, catholiques gallicans et même royalistes dissidents (Chateaubriand).
nov. 1827. Dissolution de la Chambre et succès des libéraux aux élections. Après la démission de Villèle (janv. 1828), Charles X forme un gouvernement proche des modérés.
août 1829. Le roi appelle au pouvoir le prince de Polignac, qui s'entoure d'ultras affirmés.
mars 1830. Hostile à Polignac, la Chambre est dissoute.
juill. 1830. De nouvelles élections renforcent l'opposition. Dans le même temps, Alger est conquise. Charles X tente alors de résoudre le conflit entre son pouvoir et la souveraineté du peuple, représenté par la

Chambre, par un coup d'État. Le 25 juillet, il signe quatre ordonnances suspendant la liberté de la presse, prévoyant la dissolution de la nouvelle Chambre et modifiant la loi électorale en faveur des grands propriétaires. Ces mesures provoquent la révolution de juillet 1830. Charles X abdique et doit s'exiler.

Restif (ou **Rétif**) **de la Bretonne** (*Nicolas* Restif, dit*), écrivain français (Sacy, Yonne, 1734 - Paris 1806). Il se révéla, dans plus de 200 ouvrages qu'il imprima lui-même, un observateur aigu des mœurs de la fin du XVIIIᵉ siècle (*le Paysan perverti ou les Dangers de la ville,* 1775 ; *la Vie de mon père,* 1779 ; *Monsieur Nicolas ou le Cœur humain dévoilé,* 1794-1797).

Restout ou **Retout,** famille de peintres français, dont le plus connu est **Jean II** (Rouen 1692 - Paris 1768), neveu et élève de J. Jouvenet. L'essentiel de son œuvre est d'inspiration religieuse : vastes compositions à la manière de son oncle, aux figures animées parfois d'un frémissement mystique (ainsi l'immense *Pentecôte,* 1732, Louvre).

Rethel, ch.-l. d'arr. des Ardennes, sur l'Aisne ; 8 639 hab. *(Rethélois).* — Église des XIIIᵉ-XVIIᵉ siècles.

Rethondes *(armistices de),* armistices signés dans une clairière de la forêt de Compiègne proche de Rethondes (Oise). Le premier, demandé par les armées allemandes face aux Alliés, marquait la fin de la Première Guerre mondiale (11 nov. 1918). Le second fut demandé à Hitler par la France après la défaite de son armée (22 juin 1940).

Retz (*Gilles de*) → **Rais.**

Retz [re] (*Jean-François Paul de Gondi, cardinal* de*),* homme politique et écrivain français (Montmirail 1613 - Paris 1679). Coadjuteur (adjoint) de son oncle, l'archevêque de Paris, rival malheureux de Mazarin, il joua un rôle important dans les troubles de la Fronde. Prisonnier au château de Vincennes puis à Nantes, il s'échappa et ne rentra en France qu'après avoir démissionné de l'archevêché de Paris, dont il était titulaire depuis 1654. Il a laissé un récit de la *Conjuration de Fiesque* et des *Mémoires,* l'un des premiers chefs-d'œuvre de la prose classique.

Retz *(pays de),* région de l'ouest de la France, au sud de l'estuaire de la Loire.

Reubell (*Jean-François*) → **Rewbell.**

Reuchlin (*Johannes*), humaniste allemand (Pforzheim 1455 - Bad Liebenzell ou Stutt-gart 1522). Un des promoteurs des études hébraïques et grecques en Occident, il fut inquiété par l'Inquisition.

Réunion [974], île de l'océan Indien, à l'est de Madagascar, formant un département français d'outre-mer ; 2 511 km² ; 597 823 hab. *(Réunionnais).* Ch.-l. *Saint-Denis.* 4 arrond. *(Saint-Benoît, Saint-Denis, Saint-Paul* et *Saint-Pierre)* et 24 comm. **GÉOGR.** La Réunion, d'origine volcanique, a un relief accidenté (3 069 m au piton des Neiges). L'Est « au vent » est beaucoup plus humide que l'Ouest, abrité, mais l'ensemble peut être affecté par des cyclones. Les températures restent constamment élevées (modérées localement par l'altitude). La population est dense (près de 240 hab. au km²) avec une croissance toutefois ralentie par l'émigration et un début de contrôle des naissances. La canne à sucre représente la ressource essentielle, base des exportations (complétées par du rhum), qui ne représentent guère en valeur que le dixième des importations. La Réunion est étroitement dépendante de l'aide financière de la métropole, qui a favorisé l'extension du réseau routier, l'amélioration de l'infrastructure scolaire et hospitalière ; le sous-emploi reste cependant important et les inégalités sociales, sources de tensions, notables. **HIST.** Découverte par les Portugais en 1528, l'île est occupée par les Français en 1638. Elle prend le nom d'« île Bourbon », qu'elle abandonne en 1793 pour son nom actuel. Elle est administrée par la Compagnie des Indes orientales de 1664 à 1767. L'esclavage y est aboli en 1848. Devenue un département français d'outre-mer (1946), l'île est dotée depuis 1983 d'un conseil régional élu.

Réunions *(politique des)* [1679-1684], politique d'annexions menée par Louis XIV, en pleine paix, au lendemain des traités de Nimègue, dans le but de renforcer la frontière du nord-est de la France. La trêve de Ratisbonne (1684) reconnut pour vingt ans les annexions françaises, mais, à l'issue de la guerre de la Ligue d'Augsbourg (1688-1697), la France ne conserva de ces réunions que Sarrelouis, Strasbourg et l'Alsace.

Reuters, agence de presse britannique créée en 1851 à Londres par Julius Reuter (Kassel 1816 - Nice 1899). Diffusant ses nouvelles dans plus de 180 pays, Reuters est l'une des 5 grandes agences de presse mondiales. Son siège à Paris a pour dénomination *Reuter.*

Reval ou **Revel** → **Tallinn.**

Rêve dans le Pavillon rouge *(le),* roman chinois de Cao Xueqin (XVIIIᵉ s.), chef-d'œuvre du genre, où l'intrigue amoureuse s'inscrit dans une vaste fresque sociale de l'époque.

Réveil *(le),* ensemble des mouvements religieux qui, avec pour foyer principal Genève, marquèrent le renouveau protestant dans les pays de langue française (France, Suisse) au début du XIXᵉ siècle.

Reverdy *(Pierre),* poète français (Narbonne 1889 - Solesmes 1960). Lié avec les artistes de Montmartre, il a publié des poèmes qui seront à l'origine du surréalisme : *la Lucarne ovale* (1916), *les Épaves du ciel* (1924). Il se retira dès 1925 près de l'abbaye de Solesmes.

Rêveries du promeneur solitaire *(les),* ouvrage posthume de J.-J. Rousseau (1782).

Revermont *(le),* rebord occidental du Jura, au-dessus de la Bresse.

Revers *(Georges),* général français (Saint-Malo 1891 - Saint-Mandé 1974). Chef de l'état-major de Darlan (1941-42), puis de l'Organisation de résistance de l'armée (1943-44), il fut chef d'état-major général de l'armée (1947-1950).

Révolution culturelle [1966-1976], période de l'histoire de la Chine pendant laquelle les autorités administratives et politiques traditionnelles (tel Deng Xiaoping) furent évincées, alors que les jeunes des écoles et des universités (fermées de 1966 à 1972) s'organisaient en associations de gardes rouges, se réclamant de la pensée de Mao Zedong. Marquée par le déplacement massif de ruraux vers les villes et citadins vers les campagnes, par des affrontements sanglants dans les provinces, l'incarcération ou la mise à mort d'artistes et d'intellectuels, la destruction d'œuvres d'art traditionnelles (monuments et livres), la Révolution culturelle prit fin avec la mort de Mao (1976).

Révolution française (1789-1799), ensemble de mouvements révolutionnaires qui mirent fin, en France, à l'Ancien Régime. À la fin du XVIIIᵉ s., la bourgeoisie, dont le rôle économique s'est accru, désire accéder au pouvoir ; les idées de philosophes comme Montesquieu, Voltaire, Diderot, Rousseau, qui combattent l'absolutisme, se propagent rapidement. D'autre part, à la suite de mauvaises récoltes, le pays connaît une crise économique, tandis que le déficit de l'État rend indispensable une réforme fiscale.

■ **Les États généraux et l'Assemblée constituante.** Une assemblée de notables, convoquée en 1787 par Calonne, refuse un impôt foncier qui pèserait sur tous, y compris sur les aristocrates.

Elle demande la convocation des États généraux.

5 mai 1789. Réunion des États généraux.
9 juill. 1789. Les États généraux se proclament Assemblée nationale constituante, après le ralliement à la cause du tiers état de nombreux membres de la noblesse et du clergé.
14 juill. 1789. Prise de la Bastille.
4 août 1789. Les députés abolissent les privilèges.
26 août 1789. L'Assemblée vote la Déclaration des droits de l'homme et du citoyen. L'Assemblée instaure la monarchie constitutionnelle, organise l'administration locale (création des départements), la justice et les finances (création des assignats) et vote la Constitution civile du clergé. Mais ces transformations ne sont acceptées par le roi que sous la pression du peuple de Paris (journées des 5 et 6 oct. 1789).
Juin 1791. Fuite du roi, arrêté à Varennes.
Sept. 1791. Le roi accepte la Constitution.
■ **L'Assemblée législative.**
1ᵉʳ oct. 1791. Ouverture de l'Assemblée législative.
Elle adopte une série de décrets contre les émigrés et les prêtres réfractaires, auxquels le roi oppose son veto.
20 avril 1792. La France déclare la guerre à l'Autriche.
Cette décision a été prise sous l'impulsion des Girondins, au gouvernement depuis mars, afin de combattre la contre-révolution. Mais les premiers échecs de la guerre et la politique trop modérée des Girondins, issus pour la plupart de la bourgeoisie d'affaires, creusent un fossé entre ceux-ci et les sans-culottes parisiens.
10 août 1792. Une insurrection renverse le royauté.
La réalité du pouvoir passe aux mains de la Commune de Paris. Parallèlement à l'élection de la Convention, le mouvement révolutionnaire s'amplifie (massacres de Septembre).
20 sept. 1792. Victoire de Valmy, qui arrête l'invasion étrangère.
■ **La Convention nationale.**
22 sept. 1792. La Convention proclame la république.
6 nov. 1792. La victoire de Jemmapes permet la conquête de la Belgique.
21 janv. 1793. Louis XVI est exécuté.
Cette exécution consomme la rupture entre les Montagnards et les Girondins, qui n'ont pas voté la mort du roi. D'autre part, elle

provoque la formation de la première coalition européenne contre la France. Aux échecs militaires s'ajoute l'opposition intérieure, notamment la révolte des vendéens.
juin 1793. Arrestation des Girondins.
Les Montagnards, animés par Danton et Robespierre, font du Comité de sûreté générale et du Comité de salut public les instruments essentiels de leur gouvernement. Sous la pression des sans-culottes et devant les difficultés créées par la guerre, le Comité prend une série de mesures dites *de salut public* : levée en masse, mise en place de la Terreur, loi contre les suspects, loi du maximum des prix et des salaires, impôts sur les riches.
mars-avril 1794. Hébert, Danton et leurs partisans sont exécutés.
La Terreur permet d'arrêter les révoltes intérieures de Vendée et de Provence et d'obtenir les premières victoires sur la coalition (Fleurus, 26 juin 1794).
9 thermidor an II (27 juill. 1794). Chute de Robespierre et de ses partisans.
La Convention thermidorienne supprime les mesures de Terreur. Confrontée à une grave crise économique, elle doit faire face au réveil des royalistes dans le Midi (Terreur blanche) ainsi qu'à des émeutes sociales. Les traités de Bâle et de La Haye accordent à la France des avantages territoriaux.
août 1795. La Constitution de l'an III est ratifiée par référendum.
26 oct. 1795. La Convention thermidorienne se sépare, laissant la place au Directoire.
■ **Le Directoire.**
mai 1797. Exécution de Babeuf, chef de la conspiration des Égaux.
oct. 1797. Traité de Campoformio, signé à l'issue de la campagne d'Italie.
La vie politique est marquée par des coups d'État successifs contre les Jacobins et les royalistes.
mai 1798. Début de la campagne d'Égypte. La France doit faire face à une nouvelle coalition.
18 brumaire an VIII (9 nov. 1799). Coup d'État de Bonaparte.
La mise en place du Consulat sonne le glas de la Révolution.
■ **Les acquis de la Révolution.**
Certaines innovations de la Révolution (calendrier révolutionnaire, culte de l'Être suprême) ne durent que quelques années. D'autres sont abolies pour de nombreuses années soit par la Terreur, soit par les régimes autoritaires et centralisateurs du Consulat et de l'Empire. Cependant, les

principes fondamentaux de la Révolution demeurent : la liberté et l'égalité, proclamées dans la Déclaration des droits de l'homme et du citoyen. Ainsi sont instaurées la liberté individuelle, les libertés d'opinion et d'expression. L'égalité, en revanche, se heurte aux limites que lui impose la bourgeoisie. Principale bénéficiaire de la Révolution, c'est elle qui acquiert la moitié, et parfois plus, des terres du clergé et d'une partie de la noblesse. Enfin, de nombreuses institutions créées par la Révolution ne seront pas remises en cause : organisation des départements, système métrique, Code civil (dont la rédaction est terminée en 1804). Par ailleurs, la Révolution française joue un rôle important dans l'histoire des idées politiques en mettant en évidence le rôle de la révolution elle-même, du processus révolutionnaire.

révolution française de 1830 (27, 28, 29 juill. 1830), mouvement révolutionnaire étendu sur trois journées, appelées les « Trois Glorieuses », qui aboutit à l'abdication de Charles X et à l'instauration de la monarchie de Juillet, avec pour roi Louis-Philippe Ier. (→ Juillet [monarchie de].)

revolutionibus orbium coelestium *(De),* ouvrage de Copernic, publié en 1543, dans lequel il expose sa conception héliocentrique de l'Univers.

révolution russe de 1905, ensemble des manifestations qui ébranlèrent la Russie en 1905. À la fin de 1904, l'agitation lancée par les zemstvos (assemblées territoriales assurant l'administration locale) gagne les milieux ouvriers qui réclament une Constitution. Le 9 (22) janv. 1905, l'armée tire sur les manifestants (Dimanche rouge). Les grèves se multiplient, des mutineries éclatent, dont celle du cuirassé Potemkine en juin, et la crise est aggravée par les défaites de la guerre russo-japonaise. Contraint d'accorder des concessions, Nicolas II promulgue le manifeste du 17 (30) octobre 1905, qui garantit les principales libertés et promet la réunion d'une douma d'État élue au suffrage universel. Les soviets (conseils) de députés ouvriers tentent une insurrection qui est écrasée (déc. 1905-janv. 1906). L'ordre rétabli, Nicolas II promulgue en mai 1906 les lois fondamentales, brisant ainsi la prétention des libéraux de transformer la douma en assemblée constituante.

révolution russe de 1917, ensemble des mouvements révolutionnaires qui, en Russie, amenèrent l'abdication de Nicolas II, la prise du pouvoir par les bolcheviques et la création de la République socialiste soviétique fédérative de Russie.

■ **De la guerre à la révolution.** Au cours de l'hiver 1915-16, l'armée russe doit évacuer la Pologne, la Galicie et la Lituanie, et subit de lourdes pertes. Le peuple perd alors confiance dans le gouvernement. Un mouvement de grèves se développe en 1916 et une certaine agitation gagne l'armée (fraternisations). Les graves problèmes de ravitaillement des villes durant l'hiver 1916-17 exaspèrent la population.

■ **La révolution de février.** Une manifestation contre la vie chère est organisée le 23 février (8 mars 1917). La grève devient générale le 25 février (10 mars) à l'appel des bolcheviques. Les soldats qui ont dû tirer sur les manifestants se mutinent contre leurs officiers dans la nuit du 26 au 27 février (11 au 12 mars). Le 27 février (12 mars), ouvriers et soldats s'emparent de l'Arsenal et des bâtiments publics, libèrent les révolutionnaires emprisonnés et arrêtent les ministres. Le 2 (15 mars), la douma décide de former un comité provisoire, dont le soviet des députés ouvriers et soldats de Petrograd reconnaît la légitimité. Le même jour, Nicolas II abdique.

■ **Le double pouvoir et l'échec des gouvernements de coalition.** La révolution gagne toutes les régions de l'Empire russe, où se constituent, au cours du mois de mars, 600 soviets plus ou moins mencheviks, des sociaux-révolutionnaires ou des travaillistes. Les soviets se dotent en juin d'un organe permanent, le Comité exécutif central panrusse (le VTsIK). Le gouvernement provisoire, dominé par les libéraux constitutionnels-démocrates (KD) et octobristes, veut poursuivre la guerre jusqu'à la victoire et confier à la future Assemblée constituante la tâche d'opérer les réformes de structure. De retour à Petrograd, Lénine préconise dans ses *Thèses d'avril* de n'apporter aucun soutien au gouvernement provisoire. Voulant poursuivre la guerre, conformément aux engagements contractés par l'Empire tsariste, le gouvernement provisoire s'oppose au soviet de Petrograd, partisan d'une paix « sans annexions ni contributions ». À la suite des manifestations contre la guerre des 20-21 avril (3-4 mai), des représentants du soviet entrent au gouvernement. Les ouvriers s'exaspèrent des résistances du patronat et, avec le retour des soldats qui se démobilisent d'eux-mêmes, les désordres paysans se multiplient. Ouvriers et soldats réclament l'application du slogan lancé par Lénine lors des journées

d'avril : « Tout le pouvoir aux soviets. » Après la manifestation du 4 (17) juillet, le gouvernement lance un mandat d'arrêt contre Lénine, accusé d'être à la solde des Allemands. Kerenski forme un nouveau gouvernement de coalition le 24 juillet (6 août), mais les grèves révolutionnaires se développent. Kornilov tente un putsch (28 août [10 sept.]) que les KD soutiennent mais qu'ouvriers et soldats font échouer.

■ **La révolution d'Octobre.** Staline et I. M. Sverdlov font adopter les thèses de Lénine (réfugié en Finlande) sur la préparation de l'insurrection armée au VIᵉ Congrès du Parti ouvrier social-démocrate de Russie (26 juill.-3 août [8-16 août]). Les bolcheviques rallient à leur politique le soviet de Petrograd, présidé par Trotski, et celui de Moscou (sept.). Lénine, rentré clandestinement à Petrograd, parvient à imposer ses vues. L'insurrection, dirigée depuis l'institut Smolnyï, commence le 24 octobre (6 nov.). La garde rouge, appuyée par le croiseur *Aurore*, donne l'assaut au palais d'Hiver puis arrête les membres du gouvernement provisoire. Le 25 oct. (7 nov.), Petrograd est prise, Moscou le sera le 2 (15) novembre. Le IIᵉ Congrès des soviets, réuni le 25 octobre, approuve l'insurrection et élit le premier gouvernement soviétique : le soviet des commissaires du peuple (Sovnarkom), constitué uniquement de bolcheviques et présidé par Lénine. Le IIIᵉ Congrès panrusse des soviets instaure la République socialiste fédérative de Russie (18 [31] janv. 1918).

révolutions d'Angleterre, révolutions qui aboutirent au renversement de deux souverains Stuarts en Angleterre au XVIIᵉ siècle.

■ **La première révolution d'Angleterre (1642-1649).** Cette révolution violente entraîna la chute puis l'exécution de Charles Iᵉʳ et l'établissement d'une république sous la direction de Cromwell, qui prit le titre de lord-protecteur. Ses causes sont liées au progrès de l'absolutisme royal sous les deux premiers Stuarts, à l'opposition du Parlement — soucieux de préserver ses privilèges en matière financière et constitutionnelle —, et à la politique religieuse de Charles Iᵉʳ, suspect d'indulgence envers les catholiques. La tentative d'étendre à l'Écosse presbytérienne (hostile aux évêques) la politique épiscopalienne de l'archevêque de Canterbury W. Laud amène les Écossais à s'unir pour défendre leurs libertés religieuses (National Covenant, 1638). Afin d'obtenir l'argent nécessaire pour vaincre l'Écosse, le roi convoque d'abord le « Court Parlement » (avr. 1640), qu'il dissout, puis le « Long Parlement » (nov.), qui refuse au roi tout subside, lui impose l'exécution de son ministre Strafford et vote la « Grande Remontrance » (1641). Ne pouvant obtenir l'arrestation des chefs de l'opposition (dont John Pym) [janv. 1642], le roi se retire à York, déclenchant la première guerre civile (1642-1646) opposant les royalistes, ou « cavaliers », aux partisans du Parlement, ou « têtes rondes ».

Les ressources des parlementaires, maîtres des principaux ports et des riches régions de l'Angleterre du Sud et de l'Est, dépassent largement celles du roi, qui occupe les districts essentiellement ruraux du Nord et de l'Ouest. Le tournant décisif des opérations est la victoire des parlementaires à Marston Moor (juill. 1644). L'« armée nouveau modèle », organisée suivant l'exemple des « Côtes de Fer » de Cromwell, écrase les royalistes à Naseby (14 juin 1645). Charles Ier se réfugie en Écosse (1646) et tente de rétablir son autorité. Mais, ayant refusé de jurer le Covenant, il est livré au Parlement anglais (1647). Espérant tirer parti du conflit qui oppose le Parlement (en majorité presbytérien) et l'armée (favorable aux puritains) il se réfugie dans l'île de Wight. Une seconde guerre civile, brève mais violente, éclate alors (1648). Victorieuse, l'armée de Cromwell marche sur Londres et épure le Parlement, prêt à négocier avec le roi. Ainsi amputé, le Parlement « croupion » vote la mise en accusation du roi, qui est exécuté en janvier 1649. Cromwell est dès lors le maître du pays. (→ Cromwell.)

■ **La seconde révolution d'Angleterre (1688-89).** Cette révolution pacifique, également appelée « glorieuse révolution », entraîna le départ de Jacques II Stuart et l'avènement de Guillaume III d'Orange. Les causes en sont la conversion au catholicisme du duc d'York, Jacques Stuart, puis son avènement au trône (1685) sous le nom de Jacques II. Celui-ci favorise les Églises dissidentes et les catholiques (Déclaration d'indulgence), et se rapproche de la papauté et de Louis XIV. La naissance du prince héritier Jacques Édouard (1688) permet l'établissement d'une dynastie catholique et éloigne l'accession au trône de la princesse Marie, fille de Jacques II, et de son époux Guillaume III d'Orange, stathouder de Hollande et animateur d'une vaste coalition européenne contre Louis XIV. À l'appel de quelques notables, Guillaume III débarque en Angleterre (nov. 1688), provoquant le départ de Jacques II en France. En février 1689, une convention réunie par

Guillaume III, en accord avec le Parlement, reconnaît conjointement comme nouveaux souverains Marie II et Guillaume III, après leur avoir fait signer la Déclaration des droits. Cette révolution aboutit à instaurer en Angleterre une véritable monarchie constitutionnelle. Dans le même temps, l'Acte de tolérance, adopté en mai 1689, accorde la liberté de culte aux églises dissidentes, liberté dont les catholiques restent privés.

révolutions de 1848, ensemble des mouvements libéraux et nationaux qui agitèrent l'Europe en 1848 et en 1849.

janv. 1848. Insurrection de Palerme.

févr. 1848. Promulgation de constitutions à Naples et en Toscane ; proclamation de la République de Rome.

mars 1848. Le Piémont, qui a déclaré la guerre à l'Autriche, se donne une constitution. Les révolutions éclatent à Vienne, Venise, Berlin, Milan et Munich.

L'empereur accorde une constitution et reconnaît le statut hongrois tandis qu'un congrès panslave se réunit à Prague. En mai, un Parlement est réuni à Francfort pour doter l'Allemagne d'une constitution unitaire. La réaction est déclenchée à partir du mois de juin. L'Autriche bat le Piémont (Custoza, juill.) et réprime la révolution en octobre, quelques mois avant la Prusse.

févr. 1849. Proclamation de la République romaine.

mars 1849. La nouvelle défaite de Charles-Albert devant les Autrichiens sonne le glas des révolutions italiennes.

juin 1849. Le Parlement de Francfort est dispersé.

août 1849. Les Hongrois capitulent devant une coalition austro-russe.

En dépit de leurs échecs, les révolutions de 1848 ont aboli les derniers liens servils en Europe centrale et accéléré le processus de formation d'ensembles nationaux.

révolutions démocratiques de 1989, ensemble des événements qui aboutirent à la chute des régimes communistes en Europe du Centre et de l'Est. L'U. R. S. S. ne s'y opposa pas, acceptant ainsi la perte du contrôle qu'elle exerçait sur cette partie de l'Europe. Initiés par la Pologne (victoire de Solidarité aux élections de juin), poursuivis par la Hongrie (qui ouvre le rideau de fer en mai), par la R. D. A. (démantèlement du mur de Berlin en novembre) et par la Tchécoslovaquie, les mouvements de contestation des régimes en place et de lutte pour l'instauration de la démocratie furent dans l'ensemble pacifiques. Des évolutions plus confuses conduisirent au renversement des gouvernements communistes de Bulgarie et de Roumanie.

Revue blanche *(la)*, recueil bimensuel illustré fondé à Liège et à Paris en 1889, et qui défendit le mouvement symboliste.

Revue des Deux Mondes *(la)*, revue fondée en 1829 par Mauroy et Ségur-Dupeyron avec F. Buloz comme rédacteur en chef dès 1831. Si la littérature domine à l'origine (A. Dumas, Balzac, Vigny, Sainte-Beuve...), la *Revue* aborde ensuite la politique, l'économie, les beaux-arts, etc.

Rewbell ou **Reubell** *(Jean-François)*, homme politique français (Colmar 1747 - *id.* 1807). Conventionnel, élu directeur en 1795, il fut l'un des auteurs du coup d'État du 18-Fructidor (1797). Il fut remplacé au Directoire par Sieyès en 1799.

Rey *(Jean)*, chimiste et médecin français (Le Bugue v. 1583-1645). Il observa en 1630 que l'étain et le plomb augmentent de masse quand on les calcine et attribua cette action à l'air, énonçant le principe de conservation de la matière avant Lavoisier. Il avait également mis en évidence la pesanteur de l'air.

Reybaud *(Louis)*, économiste et homme politique français (Marseille 1799 - Paris 1879). On lui doit notamment un roman satirique et social : *Jérôme Paturot à la recherche d'une position sociale* (1843), et des ouvrages sur l'industrie. Député libéral en 1846, élu à la Constituante (1848), puis à la Législative (1849), il se retira de la vie politique après le coup d'État du 2 décembre 1851.

Reyes *(Alfonso)*, écrivain mexicain (Monterrey 1889 - Mexico 1959). Il est revenu aux sources de l'inspiration nationale et de la civilisation aztèque (*Vision de l'Anáhuac*, 1917).

Reykjavík, cap. de l'Islande ; 120 000 hab. (la moitié de la population du pays) dans l'agglomération. Principal port, centre culturel et industriel du pays. — Musée national (archéologie, histoire, beaux-arts, arts et traditions populaires).

Reymont *(Władysław Stanisław)*, écrivain polonais (Kobiele Wielkie 1867 - Varsovie 1925). Il est l'auteur de romans sur la campagne polonaise (*les Paysans*, 1902-1909) et de récits historiques. (Prix Nobel 1924.)

Reynaud *(Émile)*, inventeur et dessinateur français (Montreuil-sous-Bois 1844 - Ivry-sur-Seine 1918). Créateur du « praxinoscope » (1876) et du « théâtre optique », avec lequel il assura de 1892 à 1900 plus de

10 000 projections publiques, il fut l'un des pionniers du dessin animé.

Reynaud *(Paul)*, homme politique français (Barcelonnette 1878 - Neuilly 1966). Plusieurs fois ministre sous la IIIᵉ République, il succéda à Daladier comme président du Conseil en mars 1940. Opposé à l'armistice, il laissa sa place au maréchal Pétain (16 juin). Interné en septembre, il fut déporté en Allemagne (1942-1945). Il fut député sous la IVᵉ et la Vᵉ République.

Reynolds *(sir Joshua)*, peintre britannique (Plympton, Devon, 1723 - Londres 1792). Portraitiste fécond, admirateur des grands Italiens et de Rembrandt, il fut en 1768 cofondateur et président de la Royal Academy (où il prononça, de 1769 à 1790, quinze *Discours sur les arts*).

Reynolds *(Osborne)*, ingénieur et physicien britannique (Belfast 1842 - Watchet, Somerset, 1912). Il étudia les régimes d'écoulement des fluides visqueux, montra l'existence d'une vitesse critique et souligna l'importance, en particulier pour les phénomènes de convection, d'un coefficient sans dimension, le « nombre de Reynolds ».

Reynosa, v. du nord du Mexique, sur le río Bravo ; 206 000 hab.

Reza Chah Pahlavi (Sevad Kuh 1878 - Johannesburg 1944), chah d'Iran (1925-1941). Colonel du régiment iranien des Cosaques, Reza Khan organisa le coup d'État de 1921 et se fit proclamer chah en décembre 1925. S'inspirant des réformes de Mustafa Kemal, il imposa la modernisation et l'occidentalisation de l'Iran. Il dut abdiquer en 1941.

Rezé, ch.-l. de c. de la Loire-Atlantique, banlieue sud de Nantes, sur la Loire ; 33 703 hab. *(Rezéens)*. — Unité d'habitation de Le Corbusier (1953).

Rezonville, comm. de la Moselle ; 288 hab. —Bataille du 16 août 1870 entre Français et Allemands.

R. F., sigle de République française.

R. F. A., sigle de République fédérale d'Allemagne.

R. F. O. → Société nationale radiodiffusion et télévision française pour l'outre-mer.

R. G. (Renseignements généraux), service de la Police nationale chargé de procéder à la recherche et à la centralisation des renseignements d'ordre politique et social à l'échelon national.

Rhab → Ghab.

Rhadamante, héros de la mythologie grecque. Crétois, fils de Zeus et d'Europe, frère de Minos, il acquit une réputation de sagesse et de justice qui lui valut de devenir, après sa mort, l'un des trois juges des Enfers avec Minos et Éaque.

Rhadamès → Ghadamès.

Rharb → Gharb.

Rhaznévides → Ghaznévides.

Rhéa, titanide de la mythologie grecque, fille d'Ouranos et de Gaia. Elle épousa Cronos et fut la mère des dieux olympiens, que celui-ci dévorait au fur et à mesure de leur naissance. C'est à Rhéa que le plus jeune, le petit Zeus, dut d'échapper à ce sort.

Rhea Silvia, mère de Romulus et de Remus, dans la mythologie romaine.

Rhee *(Syngman)*, homme d'État coréen (prov. de Hwanghae 1875 - Honolulu 1965), président de la République de Corée du Sud de 1948 à 1960.

rhénan *(Massif schisteux)*, massif ancien d'Allemagne, de part et d'autre du Rhin, dans le prolongement de l'Ardenne. Il est composé de plateaux boisés, bien individualisés, entaillés de vallées (Rhin, Moselle, Lahn) qui portent des cultures et des vignobles. Tourisme.

Rhénanie, *en all.* Rheinland, région d'Allemagne, sur le Rhin, de la frontière française à la frontière néerlandaise. HIST. Envahie au VIe siècle par les Francs du Rhin, la région entre progressivement dans la mouvance germanique et fait partie du Saint Empire à partir de 925. Intégrée au XIXe siècle au domaine prussien, elle connaît un remarquable essor industriel. Démilitarisée à la suite du traité de Versailles (1919), elle est remilitarisée par Hitler en 1936. Son territoire est partagé en 1946 entre la Rhénanie-du-Nord-Westphalie et la Rhénanie-Palatinat.

Rhénanie-du-Nord-Westphalie, *en all.* Nordrhein-Westfalen, État (Land) d'Allemagne ; 34 065 km² ; 17 103 588 hab. Cap. *Düsseldorf.* Le plus peuplé des Länder allemands vient aussi en tête pour la production industrielle. Traversé par l'artère majeure que constitue le Rhin, il se compose de plusieurs régions. Le sud-sud-est appartient au Massif schisteux rhénan et juxtapose zones rurales (forêts, élevage) et centres industriels. Cologne sépare le bassin charbonnier en deux parties : bassin d'Aix-la-Chapelle (lignite) à l'O., Ruhr houillère à l'E. Charbon et sidérurgie sont à l'origine des activités et de la croissance de nombreuses villes de la Ruhr. L'extraction s'est déplacée maintenant vers le N. (vallée de la Lippe). Les reconversions et mutations industrielles ont restructuré la région, qui dispose d'un réseau de transport exceptionnel et d'équipements culturels récents. Dans le nord, le bassin de Münster, traditionnellement agricole, s'industrialise. Les petits massifs de l'est (Teutoburgerwald), surtout agricoles (céréales, betteraves à sucre, élevage), ont des stations thermales et de petits centres industriels.

Rhénanie-Palatinat, *en all.* Rheinland-Pfalz, État (Land) d'Allemagne, frontalier avec la Belgique, le Luxembourg et la France ; 19 848 km² ; 3 701 661 hab. Cap. *Mayence.* Le Land est formé essentiellement de moyennes montagnes. À l'ouest, l'Eifel et le Hunsrück, agricoles et forestiers, encadrent la vallée de la Moselle, occupée par des vignobles. Au confluent de la Moselle et du Rhin, Coblence est un centre commercial important. Au sud-est, le Palatinat est la partie la plus industrialisée, dominée par Ludwigshafen (chimie). La vallée du Rhin porte des vignobles ; elle est jalonnée de villes, dont Mayence.

Rhétie, ancienne région des Alpes centrales correspondant au Tyrol et au S. de la Bavière, soumise aux Romains par Tibère et Drusus en 15 av. J.-C.

Rhin, *en all.* Rhein, en néerl. Rijn, fl. de l'Europe occidentale, né dans les Alpes suisses et tributaire de la mer du Nord ; 1 320 km. Torrent alpin jusqu'au lac de Constance, le Rhin traverse le Jura (chutes de Schaffhouse) et sert de frontière entre la Suisse et l'Allemagne, puis coule dans la plaine d'Alsace entre la France et l'Allemagne (doublé par le grand canal d'Alsace). Dans la plaine de Bade, il reçoit le Neckar et le Main avant de pénétrer dans le Massif schisteux rhénan, vallée encaissée pittoresque et touristique, qui est le « Rhin héroïque ». La Moselle conflue à Coblence. Dans la Ruhr, le trafic est très important, favorisé par un débit régulier. Le fleuve pénètre aux Pays-Bas, où il rejoint la mer du Nord par trois bras principaux, dont le plus important, le Lek, se dirige vers Rotterdam, où il est prolongé par le Nieuwe Waterweg, voie d'eau artificielle accessible aux gros bâtiments de mer.

Voie de communication majeure utilisée dès le Moyen Âge, le Rhin est la plus importante artère navigable de l'Europe occidentale, desservant la Suisse, la France de l'Est, une partie de l'Allemagne (dont la Ruhr) et les Pays-Bas. La liaison Rhin-Main-Danube est en service depuis 1992. Accessible aux convois poussés de 5 000 t jusqu'à Bâle, le fleuve est jalonné de ports actifs, dont les principaux, mis à part Rotterdam, sont Duisburg, Mannheim et Ludwigshafen, Strasbourg et Bâle. Le Rhin alimente aussi des centrales hydroélectriques et fournit l'eau de refroidissement des centrales nucléaires. La pollution, originaire de la Suisse, de l'Alsace et de la Ruhr, crée des problèmes aigus pour les Pays-Bas, dont le fleuve est la principale source d'approvisionnement en eau.

Rhin [67], dép. de la Région Alsace ; ch.-l. de dép. *Strasbourg* ; ch.-l. d'arr. *Haguenau, Molsheim, Saverne, Sélestat, Wissembourg* ; 7 arr. (Strasbourg est le ch.-l. de deux arr.), 44 cant., 522 comm. ; 4 755 km² ; 953 053 hab. *(Bas-Rhinois)*. Il est rattaché à l'académie de Strasbourg, à la cour d'appel de Colmar et à la région militaire Nord-Est.

Rhin (Haut-) [68], dép. de la Région Alsace ; ch.-l. de dép. *Colmar* ; ch.-l. d'arr. *Altkirch, Guebwiller, Mulhouse, Ribeauvillé, Thann* ; 6 arr. 31 cant., 377 comm. ; 3 525 km² ; 671 319 hab. *(Haut-Rhinois)*. Il est rattaché à l'académie de Strasbourg, à la cour d'appel de Colmar et à la région militaire Nord-Est.

Rhode Island, État du nord-est des États-Unis ; 3 144 km² (le plus petit des États américains) ; 1 003 464 hab. Cap. *Providence*. Densément peuplé, c'est un État très urbanisé, où l'agglomération de Providence-Pawtucket-Warwick rassemble 95 % de la population totale. L'industrie (métallurgie, joaillerie) prédomine.

Rhodes, *en gr.* Ródhos, île grecque de la mer Égée (Dodécanèse), près de la Turquie ; 1 400 km² ; 67 000 hab. Ch.-l. *Rhodes.* Important tourisme. **HIST.** Escale commerciale importante entre l'Égypte, la Phénicie et la Grèce, Rhodes connut dans l'Antiquité une grande prospérité, à partir du IVᵉ s. av. J.-C., et devint province romaine sous Vespasien. En 1309, les hospitaliers de Saint-Jean-de-Jérusalem, chassés de Chypre, s'y installèrent. Devenue turque après le long siège de 1522, l'île passa à l'Italie en 1912 et à la Grèce en 1947. **ARTS.** La ville de Rhodes conserve une enceinte des XIVᵉ-XVIᵉ siècles, l'ancien hôpital des Chevaliers (XVᵉ s. ; musée archéologique) ainsi que les « auberges » des différentes provinces de l'ordre de Saint-Jean.

Rhodes *(Cecil),* homme politique britannique (Bishop's Stortford 1853 - Muizenberg, près du Cap, 1902). Homme d'affaires établi en Afrique du Sud, il fonda la British South Africa Company, qui obtint de la couronne (1889) l'exploitation et l'administration d'une partie du bassin du Zambèze, berceau des futures Rhodésies. Premier ministre du Cap (1890), il échoua dans une opération contre les Boers (1895) et dut démissionner.

Rhodes *(Colosse de),* une des Sept Merveilles du monde antique. Cette statue d'Hélios, en bronze, haute de 32 m, à l'entrée du golfe de Rhodes, commémorait la victoire des Rhodiens sur Démétrios Poliorcète (304 av. J.-C.). Elle fut renversée par un séisme en 227 av. J.-C.

Rhodésie, région de l'Afrique australe, dans le bassin du Zambèze. Elle avait constitué deux territoires du Commonwealth, qui, en 1953, furent intégrés en une fédération avec le Nyassaland. En 1964, la Rhodésie du Nord est devenue indépendante sous le nom de Zambie et le Nyassaland a pris le nom de Malawi ; la Rhodésie du Sud constitue le Zimbabwe depuis 1980.

Rhodes-Intérieures et Rhodes-Extérieures, subdivisions du canton suisse d'Appenzell.

Rhodope *(le)* ou **Rhodopes** *(les),* massif des Balkans, partagé entre la Grèce et la Bulgarie, dont il forme les plus hautes montagnes (2 925 m au pic Musala). Ressources minières.

Rhône, fleuve de Suisse et de France ; 812 km (dont 522 km en France). Principal fleuve issu des Alpes (après le Rhin), le Rhône naît à 1 750 m d'altitude dans le massif de l'Aar-Gothard. Il draine le couloir du Valais, où il est alimenté par de grands glaciers. Au sortir du lac Léman, il reçoit l'Arve (r. g.), traverse le Jura français, se grossit de l'Ain (r. dr.). En aval de Lyon (où conflue la Saône), la vallée, orientée du nord au sud, est un grand axe de circulation routière (autoroute du Soleil) et ferroviaire. Elle unifie un espace rhodanien communiquant avec le Nord (Bourgogne) et l'Est (Italie) par les vallées de ses principaux affluents : la Saône, l'Isère et la Durance. Ceux-ci (et les torrents cévenols) peuvent encore provoquer des crues, sextuplant un débit moyen du cours inférieur relativement modeste. À partir d'Arles commence le delta.

L'aménagement de la section française, à objectifs multiples, a été mené pendant un demi-siècle, essentiellement par la C. N. R. (Compagnie nationale du Rhône). Le Rhône est devenu ici un important producteur d'hydroélectricité (près du tiers du total national), une artère électronucléaire (usines de Bugey, Creys-Malville, Saint-Maurice-l'Exil, Cruas, Marcoule-Pierrelatte et Tricastin), un support de navigation (plus modeste) en aval de Lyon, un fournisseur d'eau pour l'irrigation (sur les rives et aussi dans le Languedoc).

Rhône [69], dép. de la Région Rhône-Alpes ; ch.-l. de dép. *Lyon* ; ch.-l. d'arr. *Villefranche-sur-Saône ;* 2 arr., 51 cant., 293 comm. ; 3 249 km² ; 1 508 966 hab. *(Rhodaniens).* Il est rattaché à l'académie et à la cour d'appel de Lyon, à la région militaire Méditerranée.

Rhône *(Côtes du),* coteaux de la vallée du Rhône, au sud de Lyon. Vignobles.

Rhône-Alpes, Région administrative groupant les dép. suivants : Ain, Ardèche, Drôme, Isère, Loire, Rhône, Savoie, Haute-Savoie ; 43 698 km² ; 5 350 701 hab. ; ch.-l. *Lyon.* Deuxième Région par la superficie et la population (avec une densité supérieure à la moyenne nationale), Rhône-Alpes juxtapose ensembles montagneux, largement dominants (majeure partie de l'est du Massif central, Jura méridional et surtout Préalpes [des Baronnies au Chablais] et Grandes Alpes [du Dévoluy au massif du Mont-Blanc]), et basses terres (plaines de la Saône et du Rhône, bas Dauphiné).
La vallée du Rhône constitue un axe unificateur, site de la métropole régionale, qui s'appuie sur deux agglomérations notables (Grenoble et Saint-Étienne) et un réseau de villes moyennes (comme Annecy, Chambéry, Valence, Roanne). L'industrie régionale est dominée par la métallurgie de transformation, diversifiée (industrie automobile, constructions mécaniques et électriques), loin devant la chimie (liée au raffinage du pétrole) et le textile (celui-ci en déclin), l'agroalimentaire. La Région fournit près du tiers de l'électricité produite en France (électricité hydraulique et surtout d'origine nucléaire).
La population s'est concentrée dans les vallées, axes de circulation (la vallée du Rhône en particulier, support fluvial et surtout ferroviaire et autoroutier), mais le tourisme estival et hivernal a localement, surtout dans les Alpes, revivifié la montagne, où l'élevage bovin demeure important. L'agriculture, toutefois, emploie aujourd'hui à peine 5 % de la population active, beaucoup moins que l'industrie, qui en occupe près de 35 %, et surtout que le secteur tertiaire, plus de 60 %.
La population, dans les années 1980, a continué à s'accroître plus rapidement que la moyenne nationale, la progression étant surtout sensible à l'E. de l'axe Saône-Rhône (essentiellement dans le nord-est : Ain et Haute-Savoie), beaucoup plus lente à l'O. (en Ardèche et surtout dans la Loire, où l'industrie est, depuis longtemps, en difficulté).

Rhône-Poulenc, société française née du rapprochement, en 1928, des établissements Poulenc frères et de la Société chimique des usines du Rhône. Rhône-Poulenc, privatisée en 1993, est un des leaders de la chimie française avec Elf Aquitaine.

Rhurides → Ghurides.

Riabouchinski *(Dimitri Pavlovitch),* aérodynamicien russe (Moscou 1882 - Paris 1962). Il fonda à Koutchino, près de Moscou, le premier institut d'aérodynamique d'Europe (1904).

Riazan, v. de Russie, au sud-est de Moscou ; 515 000 hab. Métallurgie. Chimie. Bois. — Anciens monastères du kremlin (musées).

Ribbentrop *(Joachim von),* homme politique allemand (Wesel 1893 - Nuremberg 1946). Ministre des Affaires étrangères du IIIe Reich (1938-1945), il fut condamné à mort par le tribunal de Nuremberg et exécuté.

Ribeauvillé, ch.-l. d'arr. du Haut-Rhin, en bordure des collines sous-vosgiennes ; 4 882 hab. *(Ribeauvilléens).* Textile. Vins. Électronique. — Ensemble urbain ancien, avec deux églises en partie gothiques, un hôtel de ville du XVIIIe siècle (petit musée : impression sur étoffes ; hanaps d'argent).

Ribeirão Preto, v. du Brésil (São Paulo) ; 430 805 hab.

Ribera *(José* ou *Jusepe* de*),* dit en ital. lo Spagnoletto, peintre et graveur espagnol (Játiva, prov. de Valence, 1591 - Naples 1652). Il travailla surtout à Naples, où son art, interprétation riche et nuancée du caravagisme, fit école *(Apollon et Marsyas,* 1637, musée de S. Martino. Le Prado conserve le *Martyre de saint Barthélemy, Archimède ;* le Louvre, le *Pied-Bot* (1642), type de gueux picaresque.

Ribera *(Pedro* de*),* architecte espagnol (Madrid 1683 - *id.* 1742). C'est le grand maître de l'art churrigueresque à Madrid : élégante « ermita » de la Virgen del Puerto (terminée en 1718), célèbre façade-retable de l'hospice S. Fernando (1722-1726), pont de Tolède (terminé en 1734), etc.

Ribot *(Alexandre),* homme politique français (Saint-Omer 1842 - Paris 1923). Un des chefs du Parti républicain modéré, ministre des Affaires étrangères (1890-1893), artisan de l'alliance franco-russe, il fut cinq fois président du Conseil entre 1892 et 1917. (Acad. fr. 1906.)

Ribot *(Théodule)*, psychologue français (Guingamp 1839 - Paris 1916). Il est l'un de ceux qui ont introduit en France la psychologie expérimentale. Il a écrit *les Maladies de la mémoire* (1881).

Ricardo *(David)*, économiste britannique (Londres 1772 - Gatcomb Park, Gloucestershire, 1823). Chef de file de l'école classique anglaise, il énonça notamment une théorie de la valeur fondée sur le travail et la théorie des coûts comparatifs, mettant en lumière l'intérêt du libre-échange. En 1817, il publia *Des principes de l'économie politique et de l'impôt* (traduit en français et publié avec des notes de J.-B. Say en 1819). Tant par ses rapports personnels et épistolaires avec Malthus, Jean-Baptiste Say et Sismondi que par son œuvre publiée, Ricardo a exercé une influence considérable sur la pensée économique de son temps.

Ricci *(Matteo)*, savant et missionnaire italien (Macerata 1552 - Pékin 1610). Jésuite, fondateur de la mission catholique en Chine, astronome et mathématicien de l'empereur, il adopta, en lettré qu'il était, une méthode évangélisatrice fondée sur l'adaptation à la culture locale et qui fut à l'origine de la querelle des rites chinois.

Ricci *(Sebastiano)*, peintre italien (Belluno, Vénétie, 1659 - Venise 1734). Il est à Venise, au début du XVIIIᵉ siècle, le créateur (avec Giovanni Antonio Pellegrini) d'une nouvelle peinture décorative, lumineuse, animée, qui influencera tout le rococo européen. Son neveu **Marco**, peintre et graveur (Belluno 1676 - Venise 1730), est, avec ses paysages composés, l'initiateur de la peinture vénitienne de paysage du XVIIIᵉ siècle.

Ricciarelli *(Daniele)*, dit aussi **Daniele da Volterra**, peintre et sculpteur italien (Volterra 1509 - Rome 1566). Il travailla, à Rome, sous l'influence à la fois de Michel-Ange et de Raphaël (décors de la Salle royale, au Vatican, avec d'importants stucs, 1547-1549).

Ricci-Curbastro *(Gregorio)*, mathématicien italien (Lugo 1853 - Bologne 1925). Il créa, avec son élève Levi-Civita, le calcul tensoriel. Einstein y reconnut l'instrument adapté à la formulation de la théorie de la relativité.

Riccoboni *(Luigi)*, acteur et écrivain italien (Modène 1676 - Paris 1753). Il reconstitua la Comédie-Italienne à l'hôtel de Bourgo-

gne, où il assura le succès de pièces italiennes et des premières œuvres de Marivaux.

Richard Iᵉʳ Cœur de Lion (Oxford 1157 - Châlus, Limousin 1199), roi d'Angleterre (1189-1199). Troisième fils d'Henri II et d'Aliénor d'Aquitaine, investi du duché d'Aquitaine en 1168, il se rebelle à plusieurs reprises contre son père. Devenu roi, il participe à la croisade en 1190, conquiert Chypre et s'empare de Saint-Jean-d'Acre (1191). Mais les intrigues nouées entre son frère Jean sans Terre et Philippe II Auguste l'amènent à quitter la Palestine (1192). À son retour, il devient l'otage de l'empereur germanique Henri VI. Libéré contre la promesse d'une rançon, Richard n'est de retour qu'en 1194. Entreprenant de récupérer les territoires dont Philippe Auguste s'est emparé sur le continent (notamment la Normandie), il fait montre d'une écrasante supériorité militaire. Mais il est mortellement blessé lors du siège de Châlus.

Richard II (Bordeaux 1367 - Pontefract 1400), roi d'Angleterre (1377-1399). Fils d'Édouard, le Prince Noir, il subit d'abord la régence de son oncle, Jean de Lancastre. En 1381, il dut faire face à la révolte paysanne et à l'hérésie de Wycliffe. Exerçant seul le pouvoir à partir de 1389, il adopta une politique pacifique à l'égard de la France, qui provoqua l'hostilité des grands féodaux. Gouvernant en souverain absolu, il fut contraint d'abdiquer (1399) par son cousin Henri de Lancastre (futur Henri IV) et mourut en prison.

Richard III (Fotheringhay 1452 - Bosworth 1485), roi d'Angleterre (1483-1485). Devenu roi à la suite du meurtre des enfants de son frère Édouard IV, dont il était le tuteur, il régna par la terreur et fut vaincu et tué par Henri Tudor à la bataille de Bosworth.

Richard III, drame historique de Shakespeare (v. 1592).

Richard *(François)*, dit **Richard-Lenoir**, industriel français (Épinay-sur-Odon 1765 - Paris 1839). Associé avec le négociant J. Lenoir-Dufresne (1797), il fonda la première filature de coton en France.

Richard's Bay, port et centre industriel d'Afrique du Sud (Kwazulu-Natal), sur l'océan Indien.

Richardson *(sir Owen)*, physicien britannique (Dewsbury, Yorkshire, 1879 - Alton, Hampshire, 1959), prix Nobel en 1928 pour sa découverte des lois de l'émission des électrons par les métaux incandescents.

Richardson *(Samuel)*, écrivain anglais (Macworth, Derbyshire, 1689 - Parson's

Green 1761). Ses romans, qui allient le réalisme à une sentimentalité moralisante, enchantèrent toute l'Europe du XVIIIᵉ siècle (*Paméla ou la Vertu récompensée*, 1740 ; *Clarisse Harlowe*, 1747-48) [→ **Clarisse**].

Richardson (*Tony*), cinéaste britannique (Shipley 1928 - Los Angeles 1991). L'un des fondateurs, avec L. Anderson et K. Reisz, du mouvement Free Cinema, il a réalisé *Un goût de miel* (1961), *la Solitude du coureur de fond* (1962), *Tom Jones* (1963).

Richelet (*César Pierre*), lexicographe français (Cheminon, près de Châlons, Champagne, 1626 - Paris 1698). Il est l'auteur du premier *Dictionnaire français* (1680).

Richelieu, ch.-l. de c. d'Indre-et-Loire, aux confins de la Touraine et du Poitou ; 2 296 hab. Ville construite sur plan régulier pour le cardinal.

Richelieu (*Armand Emmanuel* du Plessis, *duc de*), homme politique français (Paris 1766 - *id.* 1822). Appartenant à la famille du cardinal de Richelieu, il émigra en 1789 et servit le tsar, qui lui confia le gouvernement de la province d'Odessa. Devenu Premier ministre à la Restauration (1815), il procéda à la dissolution de la « Chambre introuvable », aux mains des ultra-royalistes (1816), et s'appuya sur les partisans de la Constitution. Après avoir obtenu l'évacuation anticipée du territoire (1818), il put faire entrer la France dans la Quadruple-Alliance. Démissionnaire en décembre 1818, il fut rappelé au pouvoir en 1820-21.

Richelieu (*Armand Jean* du Plessis, *cardinal de*), prélat et homme d'État français (Paris 1585 - *id.* 1642). Il entre dans les ordres afin de conserver à sa famille les revenus de l'évêché de Luçon, en Vendée (1606). Député remarqué aux états généraux de 1614, il gagne la faveur de Marie de Médicis, qui le fait nommer secrétaire d'État à la Guerre et aux Affaires étrangères (1616). Il partage sa disgrâce après l'assassinat de Concini mais réussit à réconcilier Louis XIII et sa mère, ce qui donne un nouveau départ à sa carrière. Cardinal (1622), il entre au Conseil du roi (1624) et en devient le chef et principal ministre. Il gouvernera la France pendant dix-huit ans en accord profond avec Louis XIII qui, sans abandonner ses prérogatives, se ralliera constamment à ses vues. On appellera ce système de gouvernement le *ministériat*. Son programme de redressement, réalisé par étapes avec un remarquable opportunisme, vise la sécurité et l'indépendance du royaume, la puissance

du roi et de la France et le renforcement de l'absolutisme monarchique.

Après la journée des Dupes (1630), ayant triomphé du parti dévot, hostile aux réformes et à la guerre contre les Habsbourg, il s'attache à supprimer toute forme d'opposition. Il s'attaque ainsi à la noblesse (édits contre les duels [1626], démantèlement des châteaux forts, exécution des désobéissants). La lourde fiscalité qu'il impose répand la misère dans les campagnes et provoque des révoltes (Limousin, 1637 ; Normandie, 1639-40), qui sont durement brisées. La multiplication des intendants et la soumission des parlements contribuent à assurer l'autorité monarchique. Pourtant, jusqu'au bout, Richelieu devra déjouer des complots (Cinq-Mars, 1642). Pour vaincre les protestants et les couper de l'aide anglaise, il assiège La Rochelle, qui capitule (1628). La paix d'Alès (1629) marque la défaite finale du protestantisme politique français (liberté de culte, mais perte des places fortes et des garanties militaires). La politique économique, strictement mercantiliste, se caractérise par la rénovation de la marine, la fondation de manufactures et la création de compagnies de commerce extérieur, qui jettent les bases de la colonisation française (Canada, Sénégal, Madagascar). Il fait par ailleurs construire la chapelle de la Sorbonne et le Palais-Cardinal (Palais-Royal), contribue à la fondation de l'Académie française (1634).

Aussi longtemps qu'il le peut, Richelieu évite une participation directe à la guerre de Trente Ans. Ses premiers succès sont une alliance avec l'Angleterre, dirigée contre l'Espagne (mariage d'Henriette de France et de Charles Iᵉʳ), et une expédition dans le nord de l'Italie (Valteline) [1625], destinée à couper les communications des impériaux avec le Milanais. Après avoir soutenu par des subsides les ennemis de l'empereur (Gustave-Adolphe, ligue des princes protestants), il doit se résoudre à la guerre (1635). Après des revers (invasion espagnole jusqu'à Corbie, 1636), une partie de l'Alsace (1638) et de l'Artois (1640), puis le Roussillon sont occupés (1642).

À la mort du cardinal s'annonce l'avènement de la puissance française en Europe : les progrès de l'Espagne et l'encerclement du royaume par les Habsbourg sont arrêtés tandis que, à l'intérieur, les fondements de l'absolutisme monarchique sont définitivement établis.

Richelieu (*Louis François Armand* de Vignerot du Plessis, *duc de*), maréchal de France

(Paris 1696 - *id.* 1788). Petit-neveu du cardinal, il se distingua à Fontenoy (1745), fut nommé maréchal (1748) et obtint la reddition du duc de Cumberland à Kloster Zeven (1757). Ami de Voltaire, il incarna le libertin du XVIIIᵉ siècle. (Acad. fr. 1720.)

Richepin *(Jean)*, écrivain français (Médéa, auj. Lemdiyya, Algérie, 1849 - Paris 1926). Franc-tireur en 1870, il publia des poèmes (*Mes paradis*, 1894), des romans influencés par Jules Vallès (*la Glu*, 1881) et des drames. (Acad. fr. 1908.)

richesse des nations *(Recherches sur la nature et les causes de la)*, œuvre d'Adam Smith parue en 1776, qui fonda définitivement l'économie politique en l'érigeant en science des richesses. L'auteur y développe l'idée que l'intérêt personnel est le moteur principal de l'activité économique, conduisant à l'intérêt général.

Richet *(Charles)*, physiologiste français (Paris 1850 - *id.* 1935). Professeur de physiologie à Paris (1887), il a étudié la chaleur animale, les sérums et a découvert avec P. Portier le phénomène de l'anaphylaxie. Il a eu également une activité littéraire. (Prix Nobel 1913.)

Richet *(Charles)*, médecin français (Paris 1882 - *id.* 1966). Spécialiste de physiologie alimentaire, il a laissé d'importants travaux sur la pathologie de la déportation et étudié la faim dans le monde.

Richier *(Germaine)*, sculpteur français (Grans, Bouches-du-Rhône, 1904 - Montpellier 1959). Élève de Bourdelle à son arrivée à Paris, en 1925, elle parvint vingt ans plus tard, avec ses figures hybrides au modelé expressionniste, à la constitution d'un univers personnel, sorte de poème cosmogonique issu de l'informel, du déchirement et de la métamorphose (bronzes : *l'Araignée*, 1946, *l'Orage*, 1948, *la Tauromachie*, 1953, *la Montagne*, 1956).

Richier *(Ligier)*, sculpteur français (Saint-Mihiel, Meuse, v. 1500 ? - Genève 1567). Son chef-d'œuvre est la statue funéraire, dressée et décharnée, de René de Chalon (1547, église St-Étienne, Bar-le-Duc) ; dans le *Sépulcre* de Saint-Mihiel se manifeste une influence de l'art italien. Son fils **Gérard** (Saint-Mihiel 1534 - *id.* v. 1600) et deux de ses petits-fils furent également sculpteurs.

Richmond, v. des États-Unis, cap. de la Virginie, sur la James River ; 203 056 hab. Centre commercial et industriel. — Capitale des sudistes pendant la guerre de Sécession, elle fut conquise par Grant en 1865. — Capitole en partie sur plans de Jefferson (1785). Musées.

Richmond, v. du Canada (Colombie-Britannique), banlieue de Vancouver ; 126 624 hab.

Richter *(Charles Francis)*, géophysicien américain (Butler County, près de Hamilton, Ohio, 1900 - Pasadena, Californie, 1985). Professeur de géophysique au California Institute of Technology, il créa en 1935 une échelle logarithmique numérotée de 1 à 9, qui porte son nom, mesurant la magnitude des séismes.

Richter *(Hans Werner)*, écrivain allemand (Bansin, près de Rostock, 1908). Fondateur du Groupe 47, il est l'auteur de romans pacifistes (*les Vaincus*, 1949) et de satires sociales.

Richter *(Jeremias Benjamin)*, chimiste allemand (Hirschberg, Silésie, 1762 - Berlin 1807). Il découvrit la loi des nombres proportionnels.

Richter *(Johann Paul Friedrich)*, dit Jean Paul, écrivain allemand (Wunsiedel 1763 - Bayreuth 1825). Devenu célèbre grâce à ses récits (*Hesperus*, 1795 ; *Siebenkäs*, 1796-97), il a uni dans ses romans (*le Titan*, 1800-1803 ; *Levana*, 1807) l'idéalisme sentimental hérité de Jean-Jacques Rousseau à une ironie qui fait de son œuvre baroque l'une des plus originales du romantisme allemand.

Richter *(Sviatoslav)*, pianiste soviétique (Jitomir 1915). Il a enregistré l'intégrale du *Clavier bien tempéré* de J.-S. Bach. Spécialiste de Prokofiev, il ne néglige pas la musique contemporaine.

Richthofen *(Ferdinand, baron von)*, géographe allemand (Carlsruhe, haute Silésie, 1833 - Berlin 1905). Il voyagea en Asie orientale et publia des études sur la Chine.

Ricimer, général romain d'origine suève (m. en 472). Il fut de 456 à 472 le maître de l'Italie, nommant et déposant à son gré les empereurs.

Ricœur *(Paul)*, philosophe français (Valence 1913). Marqué par la phénoménologie, il définit le bon usage de Nietzsche et de Freud dans la perspective morale d'un humanisme chrétien. (*Finitude et culpabilité*, 1960 ; *De l'interprétation. Essai sur Freud*, 1965 ; *Temps et récit*, 1983-1985.)

Ricord *(Philippe)*, chirurgien français (Baltimore 1800 - Paris 1889). Il se consacra à l'étude de la syphilis, notamment de son traitement.

Ridgway *(Matthew)*, général américain (Fort Monroe, Virginie, 1895 - Fox Chapel, banlieue de Pittsburgh, 1993). Il commanda les forces de l'O. N. U. en Corée (1951-52) puis les forces alliées du Pacte atlantique en Europe (1952-53).

Riego *(Rafael* del*)*, général espagnol (Santa María de Tuñas 1785 - Madrid 1823). Après avoir combattu Napoléon, il dirigea le soulèvement militaire de Cadix (1820) puis lutta contre l'expédition française (1823). Battu, il fut livré aux royalistes et pendu.

Riel *(Louis)*, métis canadien (Saint-Boniface 1844 - Regina 1885). Il dirigea la résistance des métis de la région de la rivière Rouge (Manitoba) [1869-1873], opposés au lotissement des terres, puis participa à un nouveau soulèvement de l'Ouest (1884-85). Vaincu, il fut pendu.

Riemann *(Bernhard)*, mathématicien allemand (Breselenz, Hanovre, 1826 - Selasca, sur le lac Majeur, 1866). Sa thèse sur la théorie des fonctions de variables complexes (1851) a bouleversé complètement cette théorie. Sa conception de surfaces associées à toute équation algébrique fonda la théorie des fonctions algébriques et marqua la naissance de la topologie. En théorie des nombres, il entreprit les premières recherches sur la répartition asymptotique des nombres premiers. En 1854, il développa une théorie de l'intégration plus générale que celle de Cauchy. Enfin, il a été l'un des premiers à envisager une géométrie non-euclidienne fondée sur l'hypothèse selon laquelle, par un point n'appartenant pas à une droite, on ne peut mener aucune parallèle à cette droite.

Riemenschneider *(Tilman)*, sculpteur allemand (Heiligenstadt ?, district d'Erfurt, v. 1460 - Würzburg 1531). Installé à Würzburg, c'est un maître de la dernière floraison gothique, d'une vigueur et d'un lyrisme apaisés (retable de la Vierge, en bois de tilleul, à Creglingen, au sud de Würzburg).

Rienzo ou **Rienzi** → **Cola di Rienzo.**

Riesener [rjesner] *(Jean-Henri)*, ébéniste français d'origine allemande (Gladbeck, près d'Essen, 1734 - Paris 1806). Formé dans l'atelier parisien d'Œben, personnel et raffiné, il est l'un des principaux maîtres du style Louis XVI.

Riesengebirge → **Karkonosze.**

Rif, chaîne de montagnes du nord du Maroc, en bordure de la Méditerranée. Peu élevée, sauf en son centre (2 452 m au djebel Tidighine), elle s'étire sur une longueur de 350 km avec une largeur variant de 50 à 100 km. La céréaliculture, l'arboriculture et l'élevage sont pratiqués dans l'Ouest, arrosé, tandis que l'Est, plus sec, se dépeuple. Les villes sont à la périphérie du massif : Tanger, Tétouan, Chechaouen, Al-Hoceima, Nador. L'Espagne possède les deux enclaves de Ceuta et de Melilla. (Hab. *Rifains.*)

Rif *(campagnes du)*, opérations menées dans le Rif marocain par les Espagnols (1921-1924) puis par les Français (1925-26) contre la révolte d'Abd el-Krim. Abandonné par les tribus, ce dernier se rendit en 1926.

Rifbjerg *(Klaus)*, écrivain danois (Copenhague 1931). Il enregistre les crises sociales et esthétiques de son temps, pratiquant tous les genres : poèmes (*l'Arbre qui se balance*, 1984), romans (*l'Amateur d'opéra*, 1966), pièces (*Ça marche*, 1985), comédies musicales.

Rift Valley, nom donné par les géologues à une série de fossés d'effondrement (partiellement occupés par des lacs) correspondant à un accident majeur de l'écorce terrestre que l'on peut suivre depuis la vallée du Jourdain jusqu'au cours inférieur du Zambèze. — Importants gisements paléontologiques et préhistoriques, dont celui d'Olduvai.

Riga, cap. de la Lettonie, port sur la Baltique, au fond du golfe de Riga ; 915 000 hab. Centre industriel (chantiers navals, constructions mécaniques, électriques et électroniques, confection). — Belle cathédrale remontant à 1211, aux styles allant du roman au baroque. Château fort (XIVᵉ s., musées), maison de la Grande Guilde, d'origine gothique (auj. salle de concerts), et nombreux autres monuments.

Rigaud *(Hyacinthe* Rigau y Ros, dit *Hyacinthe)*, peintre français (Perpignan 1659 - Paris 1743). Il vint en 1681 à Paris, où Le Brun l'engagea à se consacrer au portrait. Il entra en 1687 à l'Académie, dont il fut recteur en 1733 après avoir reçu le titre de peintre des rois Louis XIV (1694) et Louis XV (1727). Maître du portrait d'apparat, admirateur de Van Dyck et de Rembrandt, il satisfit, grâce à un important atelier, à la demande de tous les grands personnages du temps.

Rigi ou **Righi,** montagne isolée de Suisse, entre les lacs des Quatre-Cantons et de Zoug ; 1 798 m. Tourisme.

Rigveda, le plus ancien des recueils d'hymnes sacrés du védisme.

Rihm *(Wolfgang)*, compositeur allemand (Karlsruhe 1952). Néoromantique, il a évolué vers un expressionnisme original et violent. Sa production est très abondante : quatuors à cordes, symphonies, opéras : *Jakob Lenz* (1979), *Œdipus* (1987), *la Conquête du Mexique* (1992).

Rijeka, *anc.* Fiume, principal port de Croatie, sur l'Adriatique, assurant la fonction de transit vis-à-vis de la Hongrie et de l'Autriche ; 158 000 hab. — Monuments du Moyen Âge à l'époque baroque. Musées.

Rila *(le),* montagne de l'ouest de la Bulgarie, prolongeant le Rhodope ; 2 925 m. Célèbre monastère médiéval, reconstruit au XIXᵉ siècle.

Riley *(Terry),* compositeur américain (Colfax, Californie, 1935). L'un des initiateurs de la musique répétitive, il fut ensuite influencé par la musique indienne.

Rilke *(Rainer Maria),* écrivain autrichien (Prague 1875 - sanatorium de Val-Mont, Montreux, 1926). Poète romantique *(Couronné de rêve,* 1897) puis symboliste *(la Légende d'amour et de mort du cornette Christophe Rilke,* 1899 ; *le Livre des images,* 1902), il voyagea en Russie, rencontra Tolstoï, séjourna à Paris, parcourut l'Europe et devint le secrétaire de Rodin à Meudon (1905-1906). De nouveaux voyages, au cours desquels s'épanouit son génie, révélèrent son angoisse latente et sa soif de la vie avec le *Livre d'heures* (1905), les *Poésies nouvelles* (1907-1908) et les *Cahiers de Malte Laurids Brigge* (1910), roman autobiographique où revivent surtout les souvenirs parisiens de l'écrivain. Malade, il se fixa au château de Muzot, en Suisse, où il essaya, à travers la méditation poétique, de dominer l'angoisse de la mort *(Élégies de Duino,* 1923 ; *Sonnets à Orphée,* 1923).

Rillieux-la-Pape, ch.-l. de c. du Rhône ; 31 149 hab. Services bancaires.

Rimailho [rimajo] *(Émile),* officier et ingénieur français (Paris 1864 - Pont-Érambourg, Calvados, 1954). Il conçut en 1904 un matériel d'artillerie lourde à tir rapide.

Rimbaud *(Arthur),* poète français (Charleville 1854 - Marseille 1891). Virtuose en vers latins et lauréat, à quinze ans, du concours académique, il compose, à seize ans, des poèmes qui révèlent un génie d'une rare précocité (« le Bal des pendus », « le Bateau ivre ») ; il les présente à Verlaine, qu'il rencontre en 1871 à Paris et qu'il suivra en Angleterre et en Belgique. Blessé à Bruxelles (1873) d'un coup de revolver par Verlaine, qu'il veut quitter, il écrit, la même année, les poèmes en prose d'*Une saison en enfer,* où il exprime ses « délires », puis il entre dans le silence, ayant choisi l'aventure, qui le mène en Allemagne, en Italie, aux îles de la Sonde (1877), à Chypre (1879) et en Éthiopie, où il devient trafiquant d'armes. De retour en France, blessé au genou, il est amputé et meurt à l'hôpital, à Marseille. Entre-temps, en 1886, la revue *la Vogue* a publié son recueil d'*Illuminations,* composé de proses poétiques et de vers libres. La poésie hallucinatoire de Rimbaud se fonde sur un travail de déconstruction syntaxique et sur la recherche d'une langue nouvelle (« Alchimie du verbe ») capable de « fixer des vertiges ». Nourrie de révolte, auréolée de légendes, revendiquée par le surréalisme, son œuvre a profondément influencé la poésie moderne.
— *Illuminations* (recueil paru en 1886 mais composé entre 1871 et 1875). Le titre joue sur le sens anglais (« enluminures », « images colorées ») et sur le sens français d'inspiration soudaine. Il s'agit avant tout de fragments, d'aphorismes, d'où jaillissent des images insolites, violentes et bariolées.

Rimini, v. d'Italie (Émilie), sur l'Adriatique ; 128 119 hab. Station balnéaire. — Arc d'Auguste. « Temple Malatesta », église du XIIIᵉ siècle rhabillée au XVᵉ par L. B. Alberti. Musées.

Rimouski, v. du Canada (Québec), sur l'estuaire du Saint-Laurent ; 29 538 hab. Université. Centre d'océanologie.

Rimski-Korsakov *(Nikolaï Andreïevitch),* compositeur russe (Tikhvine 1844 - Lioubensk, près de Saint-Pétersbourg, 1908). Il révéla l'école russe à Paris au cours de l'exposition de 1889. Ses pages orchestrales *(Ouverture de la Grande Pâque russe,* 1890 ; *Shéhérazade,* 1889) témoignent d'une grande maîtrise des sonorités. Hormis son concerto pour piano (1882) et quelques œuvres de musique de chambre, il excella dans l'opéra, où, attaché aux mythes de la Russie païenne, il recherche cependant le réalisme populaire cher au groupe des Cinq, dont il faisait partie *(la Fiancée du tsar,* 1898-99 ; *Kitège,* 1907 ; *le Coq d'or,* 1909).

Ringuet *(Philippe Panneton, dit),* écrivain canadien d'expression française (Trois-Rivières 1895 - Lisbonne 1960). Il est l'auteur de contes et de romans réalistes qui évoquent la vie des paysans *(30 Arpents,* 1938).

Rintala *(Paavo),* écrivain finlandais d'expression finnoise (Viipuri 1930). Il est l'auteur de romans sociaux et de « romans-documents » où la reconstitution épique d'un événement s'unit aux procédés de l'enquête journalistique ou scientifique *(Sur la ligne des tanneurs,* 1976-1979).

Rio de Janeiro, v. du Brésil, cap. de l'État du même nom, sur l'Atlantique ; 6 011 181 hab. *(Cariocas)* dans la ville même (plus de 9 millions dans l'agglomération).

GÉOGR. La ville s'étend sur les rives et les îles de la baie de Guanabara. Des reliefs granitiques en forme de pitons, dont le plus célèbre est le Pain de Sucre, la végétation tropicale, les rivages bordés de plages composent un paysage d'une grande beauté. Au N., le port est entouré de quartiers où se mêlent industries et résidences ouvrières ; le Sud regroupe les quartiers résidentiels aisés près des plages célèbres (Copacabana). Les bidonvilles (favelas), grossis par l'exode rural, s'accrochent souvent à des pentes abruptes. Le secteur tertiaire domine (administration, commerce et tourisme [culminant avec le carnaval], universités). Le secteur industriel est diversifié (textile, alimentation, tabac, chimie, métallurgie, constructions mécaniques et électriques, meubles, papier, etc.). Deux aéroports, un port de voyageurs et de commerce montrent l'importance de sa fonction de carrefour national et international. ARTS. Vieux quartiers et monuments anciens (notamm. du XVIIIᵉ s.). Musées (national des Beaux-Arts, d'Art moderne, etc.).

Río de la Plata → **Plata (río de la).**

Río de Oro, ancien protectorat espagnol du Sahara, sur l'Atlantique, qui constitue la partie sud du Sahara occidental.

Rio Grande ou **Río Bravo,** fl. d'Amérique du Nord, long de 3 060 km, qui sert de frontière entre les États-Unis et le Mexique (en aval d'El Paso) avant de rejoindre le golfe du Mexique.

Rio Grande do Norte, État du nord-est du Brésil, sur l'Atlantique ; 53 000 km² ; 2 413 618 hab. Cap. *Natal.*

Rio Grande do Sul, État du Brésil ; 282 000 km² ; 9 127 611 hab. Cap. *Porto Alegre.* C'est l'État le plus méridional du Brésil (aux confins de l'Argentine et de l'Uruguay), juxtaposant cultures du riz et du soja. Mais la majeure partie de la population est urbanisée.

Rioja (la), région historique et actuelle communauté autonome de l'Espagne, correspondant à la province de Logroño, et occupant la partie occidentale du bassin de l'Èbre ; 254 000 hab. Vignobles.

Riom, ch.-l. d'arr. du Puy-de-Dôme, dans la Limagne, au pied des monts Dôme *(Riomois).* Cour d'appel. — Sainte-Chapelle de Jean de Berry (fin du XIVᵉ s.), deux églises en partie médiévales et nombreuses demeures anciennes (XIVᵉ-XVIIIᵉ s.). Musée d'Auvergne et musée Mandet (beaux-arts et arts décoratifs).

Riom (procès de) [févr.-avr. 1942], procès, exigé par les Allemands, qui se déroula à Riom (Puy-de-Dôme), afin de juger les hommes politiques de la IIIᵉ République considérés comme responsables de la défaite de 1940 (L. Blum, É. Daladier, le général Gamelin...). Tournant au détriment du régime de Vichy, il fut interrompu à la demande de Hitler.

Rioni ou **Rion (le),** fl. de Géorgie, qui descend du Caucase et se jette dans la mer Noire ; 327 km. Son bassin inférieur constitue l'ancienne Colchide. Hydroélectricité.

Riopelle (Jean-Paul), peintre canadien (Montréal 1923). Proche de Borduas et des « automatistes », il se lia à Paris, après 1945, avec les pionniers de l'abstraction lyrique. Colorée *(Chevreuse,* 1954, M. N. A. M.), très structurée (« Icebergs » en noir et blanc, 1977), sa peinture puise librement dans le répertoire des formes de la nature.

Riourik, chef varègue, maître de Novgorod à partir de 862.

Riourikides, dynastie issue de Riourik, qui régna en Russie de 882 à 1598.

Ripert (Georges), juriste français (La Ciotat 1880 - Paris 1958). On lui doit d'importantes contributions au droit maritime et commercial ainsi qu'un *Traité pratique de droit civil* qui ont marqué profondément ces trois branches du droit. Il a dégagé les traits fondamentaux des institutions juridiques et mis en exergue l'influence des facteurs moraux, sociaux et économiques dans la formation du droit *(les Forces créatrices du droit,* 1955).

Riquet (Pierre Paul de), ingénieur français (Béziers 1604 - Toulouse, 1680), constructeur du canal du Midi (1666-1681).

Riquet à la houppe, conte en prose, de Perrault. Le prince Riquet, intelligent mais laid, épouse une princesse belle, mais bête. L'amour aidant, il lui trouvera de l'esprit et elle le verra beau.

Risi (Dino), cinéaste italien (Milan 1916). Il est l'auteur de comédies caustiques et grinçantes *(Une vie difficile,* 1961 ; *le Fanfaron,* 1962 ; *les Monstres,* 1963 ; *Parfum de femme,* 1974 ; *Fantôme d'amour,* 1981 ; *le Fou de guerre,* 1985).

Risorgimento, mot italien signifiant « Renaissance », appliqué au mouvement idéologique et politique qui a permis l'unification et la démocratisation de l'Italie, entre la seconde moitié du XVIIIᵉ siècle et 1860.

Rist (Charles), économiste français (Lausanne 1874 - Versailles 1955), auteur d'ouvrages sur l'histoire des doctrines éco-nomiques et sur les problèmes monétaires. Professeur, sous-gouverneur de la Banque de France (1926-1929), il se montra partisan de l'économie libérale.

rites chinois (querelle des) [1610-1742], grand débat qui opposa les dominicains et aux pouvoirs ecclésiastiques les jésuites français et italiens de Chine, qui voulaient qu'on permît aux Chinois convertis de continuer à pratiquer certains rites tradition-nels. La querelle dura de la mort de Matteo Ricci, qui avait autorisé la pratique de ces rites, à la condamnation de celle-ci par le pape Benoît XIV.

Ritsos (Ghiánnis), poète grec (Malvoisie 1909). Il réinterprète les mythes antiques à la lumière des luttes sociales et politiques modernes (Épitaphe, 1936 ; Hélène, 1972 ; Erotica, 1981).

Ritter (Carl), géographe allemand (Que-dlinburg 1779 - Berlin 1859). Un des fon-dateurs de la géographie moderne, il a étu-dié les rapports entre les phénomènes physiques et humains.

Rittmann (Alfred), géologue suisse (Bâle 1893 - Catane, Sicile, 1980). Il a consacré l'essentiel de ses recherches aux volcans et peut être considéré comme le fondateur de la volcanologie en Europe (les Volcans et leur activité, 1936).

Rivalz (Antoine), peintre français (Toulouse 1667 - id. 1735). Peintre de la ville de Tou-louse (comme son père, **Jean-Pierre** [1625-1706]), formé en partie à Rome, il s'est distingué dans la peinture d'histoire autant que dans le portrait (Raymond de Saint-Gilles, comte de Toulouse, prenant la croix, musée des Augustins).

Rivarol (Antoine Rivarol, dit le Comte de), écrivain et journaliste français (Bagnols-sur-Cèze 1753 - Berlin 1801), auteur d'un Dis-cours sur l'universalité de la langue française (1784).

Rivas (Ángel de Saavedra, duc de), homme politique et écrivain espagnol (Cordoue 1791 - Madrid 1865). Il ouvrit la voie au romantisme en Espagne avec son drame Don Álvaro ou la Force du destin (1835).

Rivera (Diego), peintre mexicain (Guana-juato 1886 - Mexico 1957). Formé à Madrid et à Paris, adepte du cubisme, il découvre ensuite l'art mural italien (Giotto), qui l'oriente au Mexique, à partir de 1921, vers le muralisme. Ses grandes compositions, à tendance sociale, de style à la fois moderne et primitiviste, se trouvent à Mexico et aux

environs (Secrétariat à l'Éducation publi-que, 1923-1929 ; etc.).

Rivet (Paul), anthropologue français (Wasi-gny, Ardennes, 1876 - Paris 1958). Médecin, il fut l'un des fondateurs du musée de l'Homme (1937).

Rivette (Jacques), cinéaste français (Rouen 1928). Critique aux Cahiers du cinéma et à Arts, il est considéré dès son premier film (Paris nous appartient, 1961) comme l'un des auteurs de la « nouvelle vague ». Il poursuit de film en film ses recherches sur le récit, la durée, l'improvisation, le thème du com-plot : la Religieuse (1966), l'Amour fou (1967-68), Céline et Julie vont en bateau (1974), l'Amour par terre (1984), la Bande des Quatre (1989), la Belle Noiseuse (1991), Jeanne la pucelle (1994), Haut Bas Fragile (1995).

Riviera (la), nom donné au littoral italien du golfe de Gênes, de la frontière française à La Spezia (on a étendu parfois ce nom à la Côte d'Azur française). On distingue la Riviera di Ponente, à l'ouest de Gênes, et la Riviera di Levante, à l'est.

Rivière (Henri), marin français (Paris 1827 - Hanoi 1883). Capitaine de vaisseau, il com-manda la division navale de Saigon. Il prit et défendit la citadelle de Hanoi (1882) mais fut tué lors d'une sortie.

Rivière (Jacques), écrivain français (Bor-deaux 1886 - Paris 1925). Directeur de la Nouvelle Revue française de 1919 à 1925, il revint à la foi sous l'influence de Paul Claudel. Il entretint une importante Corres-pondance avec Claudel, avec son beau-frère Alain-Fournier et avec Marcel Proust.

Rivoli (bataille de) [14 janv. 1797], victoire de Bonaparte et de Massena sur les Autrichiens en Vénétie, sur l'Adige. Cette victoire fut suivie peu après de la capitulation de Man-toue.

Riyad ou **Riad**, cap. de l'Arabie saoudite ; 1 308 000 hab. Centre politique, adminis-tratif, commercial et industriel.

RKO (sigle de Radio Keith Orpheum), firme américaine de production cinématographi-que, née en 1928 de la fusion de plusieurs sociétés. Une des grandes compagnies de Hollywood pendant les années 30 et 40, elle passa en 1948 sous le contrôle de Howard Hughes, déclina puis disparut en tant que firme cinématographique.

R. M. C., sigle de Radio Monte-Carlo.

Roanne, ch.-l. d'arr. de la Loire, sur la Loire, dans la plaine de Roanne, ou Roannais (entre les monts de la Madeleine et du Beaujo-lais) ; 42 848 hab. (Roannais). Musée. Textile. Métallurgie. Travail du bois. — Musée J.-Déchelette (archéologie ; beaux-arts ; céramiques).

Robbe-Grillet *(Alain),* écrivain et cinéaste français (Brest 1922). Sa trilogie *les Gommes* (1953), *le Voyeur* (1955) et *la Jalousie* (1957), fondatrice du « nouveau roman », dont il se fera le théoricien *(Pour un nouveau roman,* 1963), fait de lui le montreur d'un univers immobile, sans message ni mode d'emploi, où le réel est une série d'interprétations juxtaposées ou entrecroisées, méticuleusement rapportées *(Dans le labyrinthe,* 1959 ; *Topologie d'une cité fantôme,* 1976 ; *Souvenirs du triangle d'or,* 1978). Scénariste du film de A. Resnais *l'Année dernière à Marienbad* (1961), il est aussi réalisateur *(l'Immortelle,* 1963 ; *Trans-Europ-Express,* 1966 ; *Glissements progressifs du plaisir,* 1974).

Robbins *(Jerome),* danseur et chorégraphe américain (New York 1918). Créateur d'un style où voisinent le plus pur académisme et le jazz, il s'est imposé avec Fancy Free en 1944. Engagé (1949) au New York City Ballet, où il affirme ses dons de chorégraphe, il reprend sa liberté pour travailler à Broadway et au cinéma *(West Side Story,* 1957 et 1961). Il fonde une troupe (les Ballets USA, 1958-1962) puis revient au New York City Ballet (1969-1989). Lyrique et sensible, passionné par les rapports entre les êtres, il signe de nombreuses créations *(Dances at a Gathering,* 1969 ; *Ives Song,* 1988).

SAINT

Robert Bellarmin *(saint),* théologien, docteur de l'Église et cardinal italien (Montepulciano 1542 - Rome 1621). Jésuite, archevêque de Capoue (1602), il fut un des théologiens les plus marquants de la Réforme catholique. Lors du premier procès de Galilée, il fut l'intermédiaire entre celui-ci et les autorités de l'Église.

ARTOIS

Robert III (1287-1342), comte d'Artois (1302-1309). Débouté de ses droits par sa tante Mathilde (1309), il ne put reconquérir son comté, malgré les révoltes qu'il y provoqua et l'appui qu'il chercha auprès du roi d'Angleterre, contre le roi de France Philippe VI, son beau-frère, qui ne l'avait pas soutenu.

ÉCOSSE

Robert Iᵉʳ Bruce (Turnberry 1274 - château de Cardross, près de Dumbarton, 1329), roi d'Écosse (1306-1329). Ayant pris la tête de la résistance écossaise (1306), il anéantit l'armée anglaise à Bannockburn (1314).

EMPIRE LATIN DE CONSTANTINOPLE

Robert de Courtenay (m. en Morée en 1228), empereur latin de Constantinople (1221-1228).

FRANCE

Robert le Fort (m. à Brissarthe, Maine-et-Loire, en 866), comte d'Anjou et de Blois, marquis de Neustrie. Fondateur de la dynastie des Robertiens, il lutta contre les Normands.

Robert Iᵉʳ (v. 866 - Soissons 923), roi de France (922-23). Second fils de Robert le Fort, élu par les grands du royaume à Reims, il fut tué en combattant Charles III le Simple.

Robert II le Pieux (Orléans v. 972 - Melun 1031), roi de France (996-1031). Fils et successeur d'Hugues Capet, il fut, malgré sa piété, excommunié pour avoir répudié sa femme (Rozala) et épousé sa cousine (Berthe). Il se maria par la suite avec Constance de Provence. Il lutta contre l'anarchie féodale, agrandit le domaine royal et conquit le duché de Bourgogne, qu'il laissa à son fils.

NAPLES

Robert le Bon ou **le Sage** (1278 - Naples 1343), roi de Naples (1309-1343). Chef du parti guelfe, il s'opposa avec succès à l'empereur Henri VII (1310-1313). Nommé vicaire impérial par le pape Clément V (1314), il fut jusqu'en 1324 maître de l'Italie.

NORMANDIE

Robert Iᵉʳ le Magnifique ou **le Diable** (v. 1010 - Nicée, Asie Mineure, 1035), duc de Normandie (1027-1035). Il fit reconnaître comme son héritier son bâtard Guillaume (le futur Conquérant). Au XVᵉ siècle, il fut assimilé au héros légendaire Robert le Diable.

Robert II Courteheuse (v. 1054 - Cardiff 1134), duc de Normandie (1087-1106). Fils aîné de Guillaume Iᵉʳ le Conquérant contre lequel il se révolta, il participa à la première croisade. Il chercha en vain à s'emparer de la couronne d'Angleterre.

SICILE

Robert Guiscard (v. 1015-1085), comte (1057-1059) puis duc de Pouille, de Calabre et de Sicile (1059-1085). D'origine normande, il obtint du pape Nicolas II l'investiture ducale, chassa les Byzantins d'Italie (1071) et enleva la Sicile aux sarrasins avec son frère Roger.

Robert *(Hubert),* peintre français (Paris 1733 - id. 1808). Ses vues de ruines ou de monuments romains librement regroupés s'agrémentent de scènes familières (*le Port de Ripetta*, E. N. S. B. A., Paris). Il s'occupa d'aménagement de parcs (Méréville, Versailles...) et fut conservateur du musée du Louvre sous le Directoire.

Robert *(Paul),* lexicographe et éditeur français (Orléansville, auj. Ech-Cheliff, Algérie, 1910 - Mougins 1980). Auteur d'un *Dictionnaire alphabétique et analogique de la langue française,* il créa, en 1951, sa propre maison d'édition, pour réaliser l'ouvrage (6 vol. entre 1953 et 1964, nouv. éd. 1985), ainsi que *le Petit Robert* (1967).

Robert-Houdin *(Jean Eugène),* prestidigitateur français (Blois 1805 - Saint-Gervais-la-Forêt 1871), également connu pour ses automates.

Robertiens, dynastie française issue de Robert le Fort, ancêtre de celle des Capétiens, et qui régna par intermittence avec les Carolingiens de 888 à 936.

Roberts of Kandahar *(Frederick Sleigh, lord),* maréchal britannique (Cawnpore 1832 - Saint-Omer 1914). Il se distingua en Afghanistan (1880) et commanda, en 1899, les forces engagées contre les Boers.

Robertson *(sir William Robert),* maréchal britannique (Welbourn 1860 - Londres 1933). Il fut chef de l'état-major impérial britannique de 1916 à 1918.

Roberval *(Gilles* Personne ou Personier *de),* mathématicien et physicien français (Roberval 1602 - Paris 1675). Il étudia la quadrature des surfaces et le volume des solides, fut un précurseur de l'analyse infinitésimale, donna la règle de composition des forces et imagina une balance à deux fléaux et plateaux libres (1670). Il participa à tous les grands débats scientifiques de son temps.

Robespierre *(Augustin* de) [Arras 1763 - Paris 1794]. Conventionnel, il mourut sur l'échafaud avec son frère Maximilien.

Robespierre *(Maximilien* de*),* homme politique français (Arras 1758 - Paris 1794). Issu d'une famille de petite noblesse, orphelin, il est d'abord avocat à Arras. Député aux États généraux, orateur influent puis principal animateur du club des Jacobins, il est acclamé comme l'« incorruptible » défenseur du peuple. Il prend position contre la guerre, jugée imprudente tant que survivent les ennemis intérieurs. Membre de la Commune de Paris après l'insurrection du 10 août 1792, puis député de Paris à la Convention, il devient le chef des Monta-

gnards. Il se prononce pour la condamnation du roi, contribue à l'institution du gouvernement révolutionnaire, accuse les Girondins et provoque leur chute (juin 1793).

■ **Le chef du Comité de salut public.** Entré au Comité de salut public (juill. 1793), il devient l'âme de la dictature instaurée par les Montagnards, affirmant que le ressort de la démocratie est à la fois terreur et vertu. Il se débarrasse des « hébertistes », extrémistes dirigés par Hébert (mars 1794) puis des « indulgents », révolutionnaires plus modérés dont Danton est le chef de file (avr.), et inaugure la Grande Terreur (juin 1794). Il cherche l'appui du peuple, tentant de réaliser un commencement d'égalité sociale (impôt sur la fortune, aide aux indigents, loi du maximum limitant notamment le prix de certaines denrées). Enfin, il impose le culte de l'Être suprême, dont la fête le 20 prairial (8 juin 1794) se déroule sous sa présidence.

■ **La chute de Robespierre.** Tandis que les victoires remportées contre les ennemis de la Révolution (notamment à Fleurus le 26 juin 1794) retirent à la dictature sa raison d'être, l'opposition à Robespierre se renforce. Le 8 thermidor, à la Convention, celui-ci menace ses ennemis d'une vaste épuration. Affolés, ceux-ci s'assurent l'appui du centre et, le 9 thermidor (27 juill.), demandent et obtiennent sa mise en accusation. Il est emprisonné. La Commune le fait délivrer par la foule qui l'amène à l'Hôtel de Ville, mais, celui-ci étant cerné par les gardes nationaux, Robespierre a la mâchoire fracassée par une balle. Le même jour, il est guillotiné sur la place de la Révolution.

Robin Hood (« Robin des bois »), héros légendaire du Moyen Âge anglais, qui symbolise la résistance des Saxons aux envahisseurs normands.

Robinson *(Joan),* économiste britannique (Camberley 1903 - Cambridge 1983). Elle fut la principale représentante de la nouvelle école de Cambridge. Disciple de Keynes, elle procéda à une critique interne de la théorie néoclassique, étudia Ricardo à travers Marx et approfondit la théorie de la répartition et de l'accumulation.

Robinson *(Walker* Smith, dit Ray Sugar*),* boxeur américain (Detroit 1920 - Culver City, banlieue de Los Angeles, 1989). Styliste élégant mais redoutable frappeur, il a été plusieurs fois champion du monde (dans les poids welters et moyens).

Robinson *(sir Robert)*, chimiste britannique (Bufford, près de Chesterfield, 1886 - Great Missenden, près de Londres, 1975). Prix Nobel (1947) pour sa synthèse de la pénicilline.

Robinson Crusoé *(la Vie et les Étranges Aventures de)*, roman de Daniel Defoe (1719), inspiré par l'histoire du marin écossais Alexander Selkirk, abandonné pendant cinq ans sur une des îles Juan Fernández.

Roboam Ier, fils et successeur de Salomon, premier souverain du royaume de Juda (931-913 av. J.-C.). Son manque de sens politique provoqua la sécession des tribus du Nord et la division de la Palestine en deux royaumes distincts : celui d'Israël au Nord et celui de Juda au Sud.

Rob Roy *(Robert MacGregor, dit)*, héros écossais (Buchanan 1671 - Balquhidder 1734), célèbre par ses brigandages.

Roca *(cabo da)*, cap du Portugal, à l'O. de Lisbonne, promontoire le plus occidental de l'Europe.

Rocamadour, comm. du Lot, dans le haut Quercy ; 631 hab. *(Amadouriens).* — Dans un site escarpé et pittoresque, restes de fortifications, sanctuaires divers et maisons anciennes. — Célèbre pèlerinage à la Vierge.

Rocambole, héros, aux aventures extraordinaires, d'une trentaine de romans de Ponson du Terrail.

Rocard *(Michel)*, homme politique français (Courbevoie 1930). Secrétaire général du Parti socialiste unifié (P. S. U.) de 1967 à 1973, il adhère au P. S. (Parti socialiste) en 1974. Ministre du Plan et de l'Aménagement du territoire (1981-1983), puis de l'Agriculture (1983-1985), il est Premier ministre de 1988 à 1991. Il dirige le P. S. d'avril 1993 à juin 1994.

Roch [rok] *(saint)* [Montpellier v. 1295 - id. v. 1327]. On l'invoque contre la peste et les maladies contagieuses.

Rocha *(Glauber)*, cinéaste brésilien (Vitória da Conquista, Bahia, 1938 - Rio de Janeiro 1981). *Le Dieu noir et le Diable blond* (1964) fait de lui l'un des fondateurs du « Cinema nôvo », qui montre le Brésil dans sa réalité politique et sociale. Il tourne ensuite *Terre en transe* (1967), puis *Antônio das Mortes* (1969), *le Lion à sept têtes* (1970), *Têtes coupées* (1970), *l'Âge de la terre* (1980).

Rochambeau *(Jean-Baptiste* de Vimeur, *comte* de)*, maréchal de France (Vendôme 1725 - Thoré 1807). Il commanda les troupes royales pendant la guerre de l'Indépen-

dance américaine. Placé à la tête de l'armée du Nord en 1790, il fut arrêté pendant la Terreur.

Rochdale, v. de Grande-Bretagne (Lancashire) ; 93 000 hab.

Rochechouart, ch.-l. d'arr. de la Haute-Vienne, dans l'ouest du Limousin ; 4 053 hab. *(Rochechouartais).* Travail du cuir. — Château reconstruit à la fin du XVIe siècle (peintures murales du XVIe) abritant, outre des collections archéologiques, le musée d'Art contemporain du département.

Rochefort, ch.-l. d'arr. de la Charente-Maritime, sur la Charente ; 26 949 hab. *(Rochefortais).* Centre école de l'aéronautique navale et siège de l'École technique de l'armée de l'air de Rochefort. Ancienne base navale, devenue port de commerce. Constructions aéronautiques. — La base navale, créée en 1666 par Colbert et fortifiée par Vauban, demeura importante jusqu'à la fin de la marine à voile. — Ville construite sur un plan en damier, avec des édifices des XVIIe (Corderie royale) et XVIIIe siècles. Musée d'Art et d'Histoire, musée de la Marine, maison de P. Loti.

Rochefort *(Henri, marquis* de Rochefort-Luçay, *dit Henri)*, journaliste et homme politique français (Paris 1831 - Aix-les-Bains 1913). Adversaire de l'Empire, contre lequel il fonda l'hebdomadaire *la Lanterne,* il prit part à la Commune et fut déporté en Nouvelle-Calédonie. Rallié au général Boulanger, il milita en faveur d'un nationalisme intransigeant.

Rochelle (La), ch.-l. de la Charente-Maritime, sur l'Atlantique, à 466 km au sudouest de Paris ; 73 744 hab. *(Rochelais).* Port de commerce et de pêche, ville touristique, La Rochelle est surtout un centre administratif et commercial. **HIST.** Grâce à son port, La Rochelle se développa durant la guerre de Cent Ans puis après la découverte de l'Amérique. Gagnée au protestantisme au XVIe siècle, la ville fut assiégée par Richelieu (1627-28) qui triompha de l'opiniâtre résistance du maire Guiton et de la flotte anglaise venue à son secours. **ARTS.** Tours du vieux port, des XIVe-XVe siècles. Hôtel de ville achevé au temps d'Henri IV, autres édifices et belles demeures des XVIe-XVIIIe siècles. Musées, dont celui des Beaux-Arts, celui du Nouveau-Monde (colonisation française en Amérique), le musée d'Orbigny-Bernon (histoire locale, faïences de La Rochelle...) et le musée Lafaille d'Histoire naturelle et d'Ethnologie.

Rochester, v. des États-Unis (État de New York) ; 231 636 hab. Centre industriel utilisant l'énergie du Niagara. Industrie photographique. — Musée de la Photographie.

Roche-sur-Yon (La), ch.-l. de la Vendée, à 419 km au sud-ouest de Paris ; 48 518 hab. *(Yonnais).* Constructions électriques. — Cette ville, créée par Napoléon Iᵉʳ et appelée *Napoléon,* a porté le nom de *Bourbon-Vendée* sous le gouvernement de la Restauration et celui de *Napoléon-Vendée* sous le second Empire. — Édifices néoclassiques, dont l'église St-Louis (v. 1820). Musée (archéologie ; utilisation de la photographie dans l'art contemporain).

Rochet *(Waldeck),* homme politique français (Sainte-Croix, Saône-et-Loire, 1905 - Nanterre 1983), secrétaire général du Parti communiste français de 1964 à 1972.

Rocheuses *(montagnes),* partie orientale de la Cordillère nord-américaine, dominant les Grandes Plaines. Les Rocheuses s'étendent sur 3 500 km, au Canada et aux États-Unis. Atteignant presque 4 000 m dans leur partie canadienne, elles dépassent cette altitude dans les monts Uinta et le Front Range du Colorado. Le cuivre, le plomb, le zinc et l'uranium sont les principales ressources minières.

Rockefeller *(John Davison),* industriel américain (Richford, État de New York, 1839 - Ormond Beach, Floride, 1937). L'un des premiers à avoir pressenti l'avenir du pétrole, il fonda la Standard Oil (1870) et acquit l'une des plus grosses fortunes du monde, dont il distribua une partie à plusieurs institutions, notamment à l'université de Chicago.

Rocroi *(bataille de)* [10-19 mai 1643], victoire du duc d'Enghien sur l'armée espagnole devant la ville de Rocroi (Ardennes), qui fit perdre à l'infanterie *(tercios)* de Philippe IV sa réputation d'invincibilité.

Rod *(Édouard),* écrivain suisse d'expression française (Nyon 1857 - Grasse 1910). Il évolua de l'observation naturaliste à l'analyse psychologique *(L'ombre s'étend sur la montagne,* 1907).

Rodenbach *(Georges),* écrivain belge d'expression française (Tournai 1855 - Paris 1898). Il est l'auteur de recueils symbolistes *(la Jeunesse blanche,* 1886) et de romans *(Bruges-la-Morte,* 1892).

Rodez, ch.-l. de l'Aveyron, sur l'Aveyron, à 615 km au sud de Paris ; 26 794 hab. *(Ruthénois).* Évêché. Centre administratif et commercial. — Cathédrale gothique des XIIIᵉ-

XVIᵉ siècles, hôtels et maisons des XVᵉ-XVIIᵉ s. Musée Fenaille (statues-menhirs, céramiques de la Graufesenque, etc.) et musée des Beaux-Arts.

Rodière *(René),* juriste français (Alger 1907 - Paris 1981). Auteur de plusieurs ouvrages et études en droit civil, en droit commercial, en droit comparé et en droit maritime, il a été l'inspirateur des lois qui, de 1966 à 1969, ont réformé le droit maritime.

Rodin *(Auguste),* sculpteur français (Paris 1840 - Meudon 1917). Le choc reçu de Michel-Ange en Italie (1875), combiné avec sa connaissance de l'Antiquité et de la sculpture gothique, le libère d'une première formation qui a fait de lui un exécutant impeccable. Il est dès lors l'auteur, à la fois romantique et puissamment réaliste, de figures ou de monuments d'une expression fiévreuse, qui le font considérer comme un des maîtres de la sculpture de tous les temps : *Fugit amor* (1885-1887) ; *le Baiser* (1886), marbre ; *Saint Jean-Baptiste* (1878-1880) ; *les Bourgeois de Calais* (1884-1895) ; *Balzac* (1891-1898), bronze ; *le Penseur* (1880), une des nombreuses figures de la *Porte de l'Enfer,* commande de l'État qui ne fut jamais entièrement achevée. La dernière résidence parisienne du sculpteur, l'hôtel Biron (VIIᵉ arrond.), est devenue le musée Rodin (annexe à la « villa des Brillants », Meudon).

Rodolphe *(lac)* → Turkana.

Rodolphe Iᵉʳ de Habsbourg (Limburg an der Lahn 1218 - Spire 1291), roi des Romains (1273-1291). Il étendit son domaine (Basse-Autriche, Styrie) au détriment d'Otakar II, roi de Bohême, et fonda ainsi la puissance des Habsbourg. **Rodolphe II** (Vienne 1552 - Prague 1612), empereur germanique (1576-1612), roi de Hongrie (1572-1608) et de Bohême (1575-1611). Fils de Maximilien II, il favorisa la Réforme catholique. Il résida à Prague, entouré de savants et d'artistes, et fut peu à peu évincé par son frère Mathias, qui ne lui laissa que le titre impérial.

Rodolphe de Habsbourg, archiduc d'Autriche (Laxenburg 1858 - Mayerling 1889). Fils unique de François-Joseph Iᵉʳ, il se suicida avec Marie Vetsera dans le pavillon de chasse de Mayerling.

Rodrigue ou **Rodéric,** dernier roi des Wisigoths d'Espagne (710-711), tué par les Arabes lors de la conquête de l'Espagne.

Rodtchenko *(Aleksandr),* peintre, sculpteur et photographe russe (Saint-Pétersbourg

1891 - Moscou 1956). Constructiviste, il participe à partir de 1920 à l'animation des nouveaux instituts d'art de Moscou. Bientôt, il se consacre au design et à la photographie, pour laquelle il crée un style réaliste rehaussé d'inhabituelles perspectives dynamiques.

Roeselare, *en fr.* Roulers, v. de Belgique, ch.-l. d'arr. de la Flandre-Occidentale ; 52 872 hab. Centre commercial et industriel.

Roettiers ou **Roëttiers,** famille allemande qui donna à la France et aux pays voisins, à la fin du XVIIᵉ et au XVIIIᵉ siècle, des graveurs en monnaies et médailles ainsi que des orfèvres.

Roger Iᵉʳ (Normandie 1031 - Mileto, Calabre, 1101), comte de Sicile (1062-1101). D'origine normande, il conquit avec son frère Robert Guiscard la Calabre (1061) puis la Sicile (1091). **Roger II** (v. 1095 - Palerme 1154), fils du précédent, fut le premier roi de Sicile (1130-1154).

Rogers *(Carl Ransom),* psychopédagogue américain (Oak Park, Illinois, 1902 - La Jolla, Californie, 1987). Il a défini une méthode psychothérapique, le *non-directivisme.*

Rogers *(Virginia Katherine McMath,* dite **Ginger),** actrice et danseuse américaine (Independence, Missouri, 1911 - près de Los Angeles 1995). Excellente danseuse, première partenaire de Fred Astaire à l'écran, elle forme avec lui un couple légendaire dans une série de comédies musicales à succès *(la Joyeuse Divorcée,* 1934 ; *l'Entreprenant Monsieur Petrov,* 1937 ; *Entrons dans la danse,* 1949).

Rogier *(Charles Latour),* homme politique belge (Saint-Quentin, France, 1800 - Bruxelles 1885). Libéral, chef du gouvernement de 1847 à 1852 et de 1857 à 1868, il pratiqua une politique économique favorable au libre-échange.

Rohan *(Henri, duc* de*),* général français (Blain 1579 - Königsfelden, Argovie, 1638). Gendre de Sully, chef des calvinistes, il défendit Montauban puis Montpellier contre les troupes de Louis XIII. Il fut vaincu en 1629. Rentré en France après un exil en Italie, il commanda les troupes françaises en Suisse, puis se mit au service des impériaux. Il est l'auteur de *Mémoires.*

Rohan *(Louis René Édouard, prince* de*),* cardinal français et grand aumônier de France (Paris 1734 - Ettenheim, Bade, 1803). Évêque de Strasbourg (1779), il fut compromis dans l'affaire du Collier de la reine (1785-86).

Róheim *(Géza),* psychanalyste hongrois (Budapest 1891 - New York 1953). Il est considéré comme le premier anthropologue psychanalyste. Il s'appuya sur ses études sur le terrain pour affirmer le caractère universel de l'œdipe.

Röhm *(Ernst),* officier et homme politique allemand (Munich 1887 - *id.* 1934). Créateur en 1921 des Sections d'assaut (SA) du parti nazi, il fut assassiné sur l'ordre de Hitler lors de la « Nuit des longs couteaux ».

Rohmer *(Jean-Marie Maurice Schérer,* dit **Eric),** cinéaste français (Nancy 1920). Rédacteur en chef des *Cahiers du cinéma* (1957-1963), il tourne d'abord pour la télévision, puis réalise en 1959 son premier long métrage, *le Signe du lion* (1962), considéré comme l'un des essais de la « nouvelle vague ». Son œuvre — série de variations sur les comportements affectifs et sociaux de ses contemporains — s'organise autour d'un premier cycle de « Six Contes moraux » (1962-1972), qui comprend, entre autres, *la Collectionneuse* (1967), *Ma nuit chez Maud* (1969), *le Genou de Claire* (1970). Il signe ensuite deux adaptations littéraires, *la Marquise d'O* (1976, d'après Kleist) et *Perceval le Gallois* (1978, d'après Chrétien de Troyes), avant d'engager le cycle de six « Comédies et Proverbes » (1981-1987). En 1990, il débute une nouvelle série, les « Contes des quatre saisons ». Il tourne *les Rendez-vous de Paris* en 1995.

Rohrer *(Heinrich),* physicien suisse (Buchs, cant. de Saint-Gall, 1933). Avec G. Binnig, il conçoit au centre de recherches d'IBM, à Zurich, le premier microscope à balayage utilisant l'*effet tunnel* (1981). Cela leur vaut, en 1986, le prix Nobel, qu'ils partagent avec E. Ruska, pionnier de la microscopie électronique.

Roh Tae-woo, homme d'État sud-coréen (Dalsung, prov. de Kyongsang du Nord, 1932), président de la République de 1988 à 1992.

roi de Rome → Napoléon II.

Roi-Guillaume *(terre du),* île de l'archipel arctique canadien (Territoires du Nord-Ouest).

Roi Lear *(le),* drame de Shakespeare (v. 1606).

Rois *(livres des),* nom donné à deux livres bibliques rédigés entre le VIIᵉ s. et la fin du VIᵉ s. av. J.-C., qui retracent l'histoire de Salomon et des royaumes d'Israël et de

Juda, avec des éléments légendaires et hagiographiques.

Rois *(Vallée des),* vallon d'Égypte, sur la rive occidentale du Nil, en face de Louqsor. Site choisi comme lieu de sépulture par les souverains du Nouvel Empire. Un important mobilier funéraire, dont celui de Toutankhamon, a été tiré de ses hypogées.

Roissy-en-France, comm. du Val-d'Oise, au nord-est de Paris ; 2 149 hab. Aéroport Charles-de-Gaulle, mis en service en 1974, le plus important de France.

Rojas *(Fernando* de*),* écrivain espagnol (Puebla de Montalbán v. 1465 - Talavera de la Reina 1541). Il est l'auteur de la tragi-comédie *la Célestine* (1499) [→ **Célestine**], première source importante du théâtre espagnol du Siècle d'or.

Rojas Zorrilla *(Francisco* de*),* poète dramatique espagnol (Tolède 1607 - Madrid 1648). Ses drames *(Hormis le roi, personne* ou *García del Castañar,* 1640) et ses comédies influencèrent le théâtre français du XVIIe siècle.

Rokossovski *(Konstantine Konstantinovitch),* maréchal soviétique (Velikie Louki, près de Poltava, 1896 - Moscou 1968). Commandant de groupe d'armées de 1942 à 1945, il fut ministre de la Défense de Pologne de 1949 à 1956, puis vice-ministre de la Défense d'U. R. S. S. (1958-1962).

Roland, héros des chansons de geste évoquant la bataille de Roncevaux *(Chanson de Roland),* immortalisé par Boiardo, l'Arioste et Berni, modèle du chevalier chrétien. Préfet des Marches de Bretagne, tué à Roncevaux (778) selon Eginhard, neveu de Charlemagne selon la légende.

Roland amoureux, poème inachevé de Boiardo (1495), mais poursuivi par l'Arioste *(Roland furieux),* qui s'inspire à la fois de l'épopée carolingienne et des romans bretons.

Roland de La Platière *(Jean-Marie),* homme politique français (Thizy, Rhône, 1734 - Bourg-Beaudouin, Eure, 1793). Nommé ministre de l'Intérieur en 1792, il fut proscrit en 1793. Il se donna la mort en apprenant la condamnation de sa femme, **Jeanne-Marie** ou **Manon Phlipon, M**[me] **Roland de La Platière** (Paris 1754 - id. 1793), qui fut l'égérie des Girondins et périt sur l'échafaud.

Roland furieux, poème héroï-comique de l'Arioste (publié en 1516 puis sous sa forme définitive en 1532), qui prolonge le poème de Boiardo ; une des œuvres les plus représentatives de la Renaissance italienne.

Roland-Garros, stade de tennis de Paris, au sud du bois de Boulogne, site des Internationaux de France.

Rolland *(Eugène),* ingénieur français (Metz 1812 - Paris 1885). Inventeur de machines pour l'industrie des tabacs qui placèrent la France au premier rang mondial de la technique, il fut aussi un homme préoccupé de justice sociale (création de caisses de retraites, de crèches, de cours de perfectionnement).

Rolland *(Romain),* écrivain français (Clamecy 1866 - Vézelay 1944). Vouant un culte aux êtres d'exception *(Beethoven,* 1903 ; *Tolstoï,* 1911), il crée un héros reflet de ses préoccupations, *Jean-Christophe* (10 vol., 1904-1912) [→ **Jean-Christophe**]. Après un appel à la paix *(Au-dessus de la mêlée,* 1915) mal accueilli, il publie avec succès *Colas Breugnon* (1919), fonde la revue *Europe* (1922), dans laquelle paraît un autre roman-fleuve, *l'Âme enchantée* (1922-1934), et s'intéresse aux penseurs de l'Inde et aux expériences de la Russie soviétique. On lui doit encore un *Péguy* (1944) et une autobiographie *(le Voyage intérieur,* 1942). [Prix Nobel 1915.]

Rolle *(Michel),* mathématicien français (Ambert 1652 - Paris 1719). Sa *méthode des cascades* est utilisée pour séparer les racines des équations algébriques.

Rollin *(Charles),* pédagogue français (Paris 1661 - id. 1741). Ardent janséniste, il fut partisan d'un enseignement humaniste *(Traité des études,* 1726-1728).

Rolling Stones, groupe vocal de rock britannique, formé en 1962, composé de Mick Jagger (né en 1943), chanteur, parolier et leader, Keith Richard (né en 1943), guitariste et compositeur, Brian Jones (1942-1969), guitariste, Bill Wyman (né en 1941, bassiste (jusqu'en 1993), et Charlie Watts (né en 1941), batteur. À sa mort, Brian Jones fut remplacé par Mick Taylor (né en 1949), puis par Ron Wood (né en 1947) en 1974.

Rollins *(Theodore Walter,* dit Sonny*),* saxophoniste ténor de jazz américain (New York 1929). Personnalité solitaire et inquiète, il représente le passage du be-bop au hard bop, dans les années 1950. Il a puisé son inspiration dans le son rauque et tendre de Coleman Hawkins. Fils d'une Antillaise, il a gardé un attachement pour les rythmes caribéens, auxquels il donne une grande expressivité.

Rollon, chef normand (m. v. 930/932 ?). Il reçut de Charles III le Simple une partie de la Neustrie, déjà occupée par les Normands et qui prit le nom de Normandie (traité de Saint-Clair-sur-Epte, 911).

Romagne, ancienne province d'Italie, sur l'Adriatique, qui forme, avec l'Émilie, la région d'*Émilie-Romagne.* Donnée à la papauté par Pépin le Bref (756), elle fut annexée au Piémont en 1860.

Romain Ier Lécapène (m. à Proti en 944), empereur byzantin (920-944). Il fut renversé par ses fils. **Romain II** (939-963), empereur byzantin (959-963). Il laissa gouverner sa femme, Théophano. **Romain III Argyre** (v. 970-1034), empereur byzantin (1028-1034). **Romain IV Diogène** (m. en 1072), empereur byzantin (1068-1071). Il fut battu et aveuglé par Michel VII.

Romain (Giulio Pippi, dit Giulio Romano, en fr. Jules), peintre et architecte italien (Rome 1499 - Mantoue 1546). Élève de Raphaël, maniériste, il a notamment construit et décoré le palais du Te, à Mantoue (1525-1534), caractérisé par de subtils détournements des règles architecturales classiques et par le style emphatique de ses fresques (salle « des Géants »).

romaine *(Question)* → **États de l'Église.**

Romains *(Jules),* écrivain français (Saint-Julien-Chapteuil 1885 - Paris 1972). Principal représentant de l'unanimisme, il est l'auteur de poèmes (*la Vie unanime,* 1908), d'essais, de pièces de théâtre (*Knock,* 1923) et de la série romanesque *les Hommes de bonne volonté* (1932-1947). [Acad. fr. 1946.]

Romainville, ch.-l. de c. de la Seine-Saint-Denis ; 23 615 hab. Produits pharmaceutiques. Parc départemental. — Église néoclassique (1787) par Brongniart.

Romanches, population de la Suisse (Grisons), parlant le romanche.

Roman de la Rose, chef-d'œuvre de la poésie allégorique, en deux parties. La première, datée de 1230-1235 et composée de 4 058 vers, est attribuée à Guillaume de Lorris. C'est un art d'aimer résumant les grands principes de la *fine amor* des troubadours. La seconde partie (17 723 vers) a été écrite entre 1270 et 1275 par Jean de Meung et est inspirée de *l'Art d'aimer* d'Ovide et de la philosophie d'Alain de Lille.

Roman de Renart, série de 28 contes à rire, ou « branches » en vers, dont les plus anciens remontent à la fin du XIIe siècle. Parodie des chansons de geste et des romans courtois à l'aide de figures animales — le goupil (Renart), le loup (Ysengrin), le lion (Noble), l'ours (Brun), le chat (Tibert),

l'âne (Baudouin), etc. —, ces contes évoluèrent vers la satire sociale et politique (*Renart le Bestourné* de Rutebeuf, 1270).

Romandie, partie francophone de la Suisse correspondant à l'ouest du pays, du Valais au canton du Jura.

Romania, ensemble des pays de langue latine, puis romane, résultant du démembrement de l'Empire romain.

Romano *(Giulio)* → **Romain (Jules).**

Romanov, dynastie qui régna sur la Russie de 1613 à 1917. Famille de boyards russes (nobles de haut rang), elle accéda au trône de Russie avec Michel Fedorovitch (1613-1645) et y fut relayée par la branche des Holstein-Romanov, de Pierre III à Nicolas II (1762-1917).

Romans-sur-Isère, ch.-l. de c. de la Drôme, sur l'Isère ; 33 546 hab. *(Romanais).* Industrie de la chaussure. — Collégiale des XIIe-XIVe siècles. Vieilles maisons. Important musée de la Chaussure.

Rome, *en ital.* Roma, cap. de l'Italie, ch.-l. de prov. et de la région du Latium ; 2 693 383 hab. *(Romains).*

GÉOGRAPHIE

Établie primitivement sur la rive gauche du Tibre, sur le site des sept collines, la ville, devenue capitale en 1870, a eu un développement démographique rapide, lié pour une grande part à l'exode rural. Mais, depuis les années 1960, son accroissement, dû au seul excédent naturel, s'est ralenti, en même temps que se développaient surtout les communes périphériques. Dans le centre-ville sont localisées les activités administratives, financières et commerciales. La ville, en effet, est surtout tertiaire : c'est un centre politique, intellectuel, artistique (cinéma), touristique, religieux (cité du Vatican), abritant des organismes internationaux (FAO). L'industrie ne concerne guère que les biens de consommation et se localise dans l'est de la ville. Entre le centre et la rocade autoroutière qui entoure l'agglomération s'étendent des quartiers variés, résidentiels, aisés ou populaires, administratifs et ouvriers. Malgré l'existence d'un métro, la circulation dans la ville reste difficile.

HISTOIRE

Rome est née au VIIIe s. av. J.-C. du regroupement de plusieurs villages latins et sabins établis sur des collines, sept selon la tradition. Les Étrusques contribuèrent largement (VIIe-VIe s. av. J.-C.) à faire de Rome une cité bien organisée, pourvue de remparts et de monuments. La ville devint bientôt la capitale d'un empire immense ; sous les empe-

reurs, elle compta un million d'habitants. L'apparition des Barbares l'amena à organiser sa défense (IIIᵉ s. apr. J.-C.) et à se replier dans l'enceinte fortifiée d'Aurélien. Constantin lui porta un coup fatal en faisant de Constantinople une seconde capitale (330). Privée de la présence impériale, Rome déclina avant d'être mise à sac par les Barbares (en 410, 455, 472). Centre du christianisme, capitale des États pontificaux et siège de la papauté (sauf à l'époque de la papauté d'Avignon et du Grand Schisme, entre 1309 et 1420), elle connut ensuite un regain de prestige. Mais ce ne fut qu'à partir du XVᵉ siècle que les papes renouvelèrent son visage, Rome devenant le rendez-vous des grands artistes de la Renaissance. Au XIXᵉ siècle, à partir de 1848, se posa la Question romaine, à savoir l'existence d'États souverains de l'Église dans une Italie en voie d'unification puis dans un État italien (→ États de l'Église). ARCHÉOLOGIE ET ART
■ **La Rome antique.** La Rome républicaine laisse peu de vestiges en dehors des temples de Vesta et de la Fortune, au pied du Capitole. La Rome impériale s'épanouit autour des forums, avec les diverses basiliques (Aemilia, Julia, de Maxence), les arcs de triomphe de Septime Sévère, de Titus et de Constantin, l'immense Colisée et, non loin, le théâtre de Marcellus. Citons encore le Panthéon, les thermes de Dioclétien (église Ste-Marie-des-Anges et Musée national), ceux de Caracalla, aux belles mosaïques et, parmi plusieurs demeures, la *Domus aurea* de Néron, dont les peintures murales ont pour parentes celles des débuts de l'art paléochrétien dans les catacombes (de saint Callixte, de saint Sébastien, de sainte Priscille, etc.).
■ **La Rome chrétienne du IVᵉ au XIVᵉ siècle.** Les premières basiliques chrétiennes (en général très remaniées par la suite) demeurent imprégnées de la grandeur impériale : St-Jean-de-Latran, Ste-Marie-Majeure (mosaïques des IVᵉ, Vᵉ et XIIIᵉ s.), St-Paul-hors-les-Murs, St-Laurent-hors-les-Murs (décors « cosmatesques », cloître roman). S. Clemente (mosaïques et fresques). Beaucoup de petites églises associent les traditions antique, paléochrétienne et byzantine : S. Sabina (Vᵉ s.), S. Maria in Cosmedin (campanile du XIIᵉ s.), S. Maria Antiqua (fresques des VIᵉ-VIIIᵉ s.), S. Prassede (IXᵉ s.), S. Maria in Trastevere (XIIᵉ s. ; mosaïques, certaines dues à P. Cavallini), etc.
■ **La Renaissance.** La première manifestation de la Renaissance est la construction du palais de Venise (v. 1455), suivie des décors initiaux de la chapelle Sixtine. Les entreprises du pape Jules II, confiées au génie de Bramante, de Raphaël ou de Michel-Ange, font de Rome le grand foyer de la Renaissance classique : travaux du Vatican, début de la reconstruction de la basilique Saint-Pierre, esquisse d'un nouvel urbanisme où s'insèrent églises et demeures nobles (palais Farnèse). Entreprise en 1568 par Vignole, l'église du Gesù sera le monument typique de la Contre-Réforme.
■ **Le baroque.** C'est à Rome que le style baroque se dessine avec les œuvres de Maderno, puis explose dans celles de Bernin, de Borromini et de P. de Cortone (le palais Barberini, 1625-1639, doit aux quatre artistes). Un des lieux caractéristiques de l'expression baroque est la piazza Navona (ancien cirque de Domitien), avec les fontaines de Bernin et l'église S. Agnese. Le XVIIIᵉ siècle et le début du XIXᵉ font écho aux créations antérieures en multipliant fontaines, perspectives, façades et escaliers monumentaux : fontaine de Trevi, 1732 ; piazza del Popolo, au pied des jardins du Pincio, 1816.
■ **Les principaux musées.** Outre ceux du Vatican, on peut citer : musées de l'ensemble du Capitole, conçu par Michel-Ange (antiques) ; musée national des Thermes de Dioclétien (antiques) ; musée de la villa Giulia (art étrusque) ; galerie Borghèse (peinture et sculpture) ; galerie nationale d'Art ancien, dans les palais Barberini et Corsini ; galerie Doria-Pamphili.

Rome, un des principaux États de l'Antiquité, issu de la ville du même nom.
HISTOIRE
■ **Rome : les origines et la royauté (753-509 av. J.-C.).** Aux VIIIᵉ ᵉ-VIIᵉ s. av. J.-C. s'effectuent les premiers établissements sur le mont Palatin (753, date légendaire de la fondation de Rome par Romulus), qui s'étendent au VIIᵉ s. sur les sept collines. Les villages latins et sabins se transforment en cité sous la domination des rois étrusques, qui lui donnent ses premiers monuments.
■ **La République romaine (509-27 av. J.-C.).** L'élaboration progressive du *régime républicain* se fait au travers de magistratures, généralement collégiales (préture, consulat, censure), tandis que le sénat, composé des chefs patriciens, assure la continuité de la république. Le reste de la population, la plèbe, n'a ni droits politiques ni statut juridique. Les nécessités de la guerre (conquête du Latium) favorisent la lutte des plébéiens, qui obtiennent l'égalité juridique et la désignation de nouveaux magistrats, les tribuns de la plèbe.

IIIe s. av. J.-C. Après plusieurs siècles de lutte, les plébéiens obtiennent l'égalité avec les patriciens, y compris l'accès au sénat. L'apparence démocratique des assemblées du peuple (comices) cache cependant une prédominance des riches (plébéiens ou patriciens) aussi effective qu'au sénat.

V^e-IIIe s. av. J.-C. Rome conquiert l'Italie méridionale.

264-146 av. J.-C. Les guerres puniques lui permettent d'anéantir sa grande rivale, Carthage.

IIe-Ier s. av. J.-C. Elle réduit la Grèce en province romaine puis conquiert l'Asie Mineure, la Judée, la Syrie, l'Espagne et la Gaule.

La conquête va faire de Rome l'héritière des civilisations du bassin méditerranéen et transformer la société romaine : la noblesse sénatoriale et les chevaliers s'enrichissent tandis que le déclin de la petite propriété entraîne l'essor d'une nouvelle plèbe, qui forme la « clientèle » des riches. L'échec des tentatives de réformes des Gracques (133-123) permet à des généraux ambitieux d'utiliser les luttes sociales pour établir leur dictature. Les luttes intestines ne tardent pas à affaiblir la République.

107-86. Marius puis Sulla (82-79) gouvernent avec l'appui de l'armée.

60. Pompée, Crassus et Jules César imposent une alliance à trois (triumvirat), renouvelée en 55.

Après une période de guerre civile, Pompée est vaincu par César à Pharsale (48). César, dictateur, est assassiné aux ides de mars 44.

43. Second triumvirat : Antoine, Octavien, Lépide.

27 av. J.-C. Après sa victoire sur Antoine à Actium (31 av. J.-C.), Octavien s'arroge tous les pouvoirs sous des apparences républicaines.

■ **Le Haut-Empire.** Sous le titre d'Auguste, il dispose du pouvoir militaire *(imperium),* civil (magistratures) et religieux (grand pontife). Il réorganise l'armée, l'administration centrale et celle des provinces, et fixe les frontières de l'Empire au Rhin et au Danube. Quatre dynasties vont se succéder.

14-68 apr. J.-C. Les Julio-Claudiens poursuivent son œuvre.

Sous Tibère, l'Empire s'étend par la conquête de la Bretagne, mais les relations entre l'empereur et le sénat sont difficiles. Elles vont se dégrader sous Caligula et sous Néron.

69-96. Les Flaviens (Vespasien, Titus, Domitien) consolident le pouvoir impérial, stabilisent les frontières.

96-235. L'Empire est à son apogée territoriale, économique et culturelle sous les Antonins (96-192) et les premiers Sévères. La stabilité politique assurée par les Antonins (Nerva, Trajan, Hadrien, Antonin, Marc Aurèle et Commode) favorise la prospérité agricole, industrielle et commerciale. Une classe dirigeante où se mêlent sénateurs, chevaliers et bourgeoisie municipale s'enrichit, tandis que les villes, foyers de romanisation, se couvrent de monuments. L'unité de civilisation s'affirme dans tout l'Empire.

212. L'édit de Caracalla donne le droit de cité à tous les hommes libres de l'Empire.

■ **L'Empire tardif, ou Bas-Empire.**

235-284. Pressé par les Germains et par les Perses, l'Empire manque de se disloquer. Cette période est marquée par la ruine de la paysannerie devant l'essor des grands domaines, l'appauvrissement des villes, l'arrêt des conquêtes profitables et la menace extérieure. Le poids croissant de l'armée entraîne une période d'anarchie militaire (235-268), puis l'arrivée au pouvoir d'empereurs originaires d'Illyrie (268-284), qui vont restaurer provisoirement l'ordre romain avec Aurélien puis Dioclétien (284-305). Celui-ci, pour faciliter l'administration et la défense de l'Empire, établit le régime de la tétrarchie (293), système collégial de gouvernement par deux Augustes et deux Césars.

313-337. Constantin reconstitue l'unité de l'Empire et crée une nouvelle capitale, Constantinople, désormais rivale de Rome. Il accorde également aux chrétiens le droit de pratiquer leur religion (313).

395. À la mort de Théodose, l'Empire romain est définitivement partagé entre l'Empire d'Occident (cap. Rome) et l'Empire d'Orient (cap. Constantinople). Au ve s., les invasions barbares touchent durement l'Empire d'Occident. En 476, le roi barbare Odoacre dépose le dernier empereur, Romulus Augustule ; c'est la fin de l'Empire d'Occident. En Orient, l'Empire byzantin va durer jusqu'en 1453.

RELIGIONS

Les antiques religions romaines comprennent l'ensemble des cultes en vigueur non seulement dans la cité de Rome, mais aussi dans les autres régions de l'Empire. Elles débordaient largement la sphère du culte public romain et étaient extrêmement diverses, notamment du fait de l'entrée progressive de nombreux rites et croyances d'origine étrangère. À l'époque où les religions proprement romaines font preuve d'une certaine stabilité (du IIe s. av. J.-C. au IIIe s. apr. J.-C.), elles se caractérisent principalement par le polythéisme et par le ritualisme. Un Romain adorait à la fois les dieux de sa famille (mânes, lares, pénates), ceux de son quartier, ceux de sa profession, enfin ceux de la cité. Ces derniers, qui avaient pour souverain Jupiter, étaient répartis en divers groupements dont le plus ancien était la triade précapitoline (Jupiter, Mars et Quirinus), relayée à partir du Ve s. av. J.-C. par la triade dite *capitoline* parce qu'elle était installée dans le temple du Capitole (Jupiter, Junon et Minerve). Les dieux de la cité étaient classés en deux catégories : les divinités traditionnelles, ou indigènes (Jupiter, Junon, Mars, Vesta...), et les divinités nouvellement installées (Apollon, Esculape, Cybèle, Isis...). La seconde caractéristique de la religion romaine tenait au fait que le culte était toujours une affaire communautaire et devait s'exprimer par des rites parfaitement définis, soit dans le cadre domestique, soit au niveau de la cité. L'exécution méticuleuse du rite était alors plus importante que l'idée plus ou moins orthodoxe qu'on pouvait se faire des dieux. C'est d'abord par ce ritualisme qu'un lien (*religio* ayant le sens de « ce qui relie ») était établi avec la divinité. Du fait que les collèges de prêtres, simples fonctionnaires du culte public, se préoccupaient plus des aspects rituels et matériels du culte que des croyances elles-mêmes, la religion romaine devenait très perméable à l'introduction de doctrines nouvelles. Ainsi s'explique la rapidité avec laquelle le christianisme put se répandre à Rome et dans tout l'Empire.

Rome *(club de)*, réunion d'économistes et de savants réfléchissant sur les problèmes de l'avenir de l'humanité, dont la première rencontre eut lieu à Rome en 1968.

Rome *(concours de)*, concours organisé annuellement pour les jeunes artistes français par les autorités académiques, de 1664 à 1968 exclu. Le premier grand prix, dans chaque discipline, devenait pensionnaire pour trois ans de l'Académie de France à Rome (à la villa Médicis depuis 1803).

Rome *(convention de)*, convention internationale sur la protection des artistes interprètes ou exécutants, des producteurs de phonogrammes et des organismes de radiodiffusion, signée à Rome en 1961, entrée en vigueur en 1964. La France l'a ratifiée en 1987 après s'être dotée d'une législation sur les droits voisins (loi du 3 juillet 1985).

Rome *(sac de)* [mai 1527], conquête et pillage de Rome, accompli par les troupes impériales de Charles Quint menées par le connétable de Bourbon, à la suite de l'engagement du pape Clément VII contre l'empereur aux côtés du roi de France, François Ier.

Rome *(traité de)* [25 mars 1957], traité qui a créé la Communauté économique européenne (C. E. E.).

Romé de l'Isle *(Jean-Baptiste)*, minéralogiste français (Gray 1736 - Paris 1790). Il publia, en 1772, un *Essai de cristallographie*. Il énonça la première loi de la cristallographie, celle de la constance des angles, qui a conservé son nom. Ces travaux en font, avec R. J. Haüy, l'un des fondateurs de cette discipline.

Römer *(Olaus)*, astronome danois (Århus 1644 - Copenhague 1710). Grâce à ses observations des satellites de Jupiter, il établit, en 1676, à l'Observatoire de Paris, que la lumière se propage à une vitesse finie et fournit la première évaluation de cette vitesse. Il perfectionna l'instrumentation de l'astrométrie avec l'invention de la lunette méridienne (vers 1685).

Romilly *(Jacqueline* de*)*, universitaire française (Chartres 1913). Spécialiste de la civilisation grecque (*Pourquoi la Grèce ?*, 1992), elle a été professeur au Collège de France (1973-1984). [Acad. fr. 1988.]

Romilly-sur-Seine, ch.-l. de c. de l'Aube, dans la vallée de la Seine ; 15 838 hab. *(Romillons)*. Industries mécaniques. Bonneterie.

Rommel *(Erwin)*, maréchal allemand (Heidenheim, Wurtemberg, 1891 - Herrlingen, près d'Ulm, 1944). Commandant le quartier général de Hitler en 1939, il se distingua en France (1940) et, à la tête de l'Afrikakorps, en Libye (1941-1943), où, après avoir menacé l'Égypte, il fut battu par le général Montgomery à El-Alamein (1942). Il commanda, en 1944, le front de Normandie, mais sa sympathie pour les conjurés du 20 juillet entraîna son arrestation et son suicide sur ordre de Hitler. Rommel est l'un des plus brillants représentants de l'école allemande de la guerre éclair *(Blitzkrieg)*. Esprit offensif et manœuvrier habile, il démontre dans les opérations de France, puis en Afrique du Nord, les principales qualités du commandant d'unités blindées motorisées sur un théâtre d'opérations : hardiesse de conception, rapidité de l'exécution par surprise, sens de la feinte, extrême mobilité. Ses réflexions sur la guerre dans le désert contiennent des principes généraux, étudiés et appliqués durant la seconde moitié du xxᵉ siècle.

Romney *(George),* peintre britannique (Dalton in Furness, Lancashire, 1734 - Kendal, Westmorland, 1802). Portraitiste au talent ferme et direct, il a notamment donné de nombreuses effigies d'Emma Hart (la future lady Hamilton), rencontrée en 1782.

Romorantin-Lanthenay, ch.-l. d'arr. de Loir-et-Cher, en Sologne, sur la Sauldre ; 18 472 hab. *(Romorantinais).* Construction automobile. — Restes du château royal (xvᵉ-xvIᵉ s.). Musée d'Archéologie dans une demeure du xvᵉ siècle, musée de Sologne et musée municipal de la Course automobile.

Romuald *(saint),* moine italien (Ravenne v. 950 - Val di Castro, près de Fabriano, 1027), fondateur de la congrégation des Camaldules.

Romulus, fondateur légendaire et premier roi de Rome, descendant d'Énée, fils de Mars et de Rhea Silvia. Celle-ci étant vestale, son oncle Amulius, le roi d'Albe, exposa dans une corbeille sur le Tibre Romulus et son frère jumeau, Remus. Les deux enfants furent recueillis par une louve qui les allaita. Après une période de brigandage, ils décidèrent de fonder une ville, dont Romulus traça l'enceinte en creusant un sillon sur le Palatin (21 avr. 753 av. J.-C.). Romulus, qui avait tué son frère au cours d'une querelle, accueillit, pour peupler la ville, des fugitifs qui enlevèrent de jeunes Sabines. Il régna 33 ans et disparut mystérieusement au cours d'un orage. Les Romains le vénérèrent sous le nom du dieu Quirinus.

Romulus Augustule (né v. 461), dernier empereur romain d'Occident (475-476), déposé par Odoacre.

Ronarc'h *(Pierre),* amiral français (Quimper 1865 - Paris 1940). Il se distingua à la tête des fusiliers marins à Dixmude (1914).

Roncevaux *(bataille de)* [15 août 778], bataille qui eut lieu, selon la tradition, près du col de Roncevaux ou d'Ibañeta, dans les Pyrénées (Navarre), où l'arrière-garde de l'armée de Charlemagne, avec le comte Roland, fut surprise et détruite par les montagnards basques (Vascons) alliés aux sarrasins.

Ronde de nuit *(la),* titre donné à tort à la célèbre toile de Rembrandt (1642) représentant la sortie du capitaine Frans Banning Cocq et de son lieutenant.

Rondônia, État de l'ouest du Brésil ; 243 000 km² ; 1 130 400 hab. Cap. *Porto Velho.*

Ronsard *(Pierre de),* poète français (château de la Possonnière, Couture-sur-Loir, 1524 - prieuré de Saint-Cosme-en-l'Isle, près de Tours, 1585). Une surdité précoce lui fait abandonner la carrière des armes. Il s'adonne alors à l'étude des lettres latines et grecques, et se propose, avec le groupe de la Pléiade, de renouveler l'inspiration et la forme de la poésie française. D'abord érudite *(Odes,* 1550-1552) puis lyrique *(Amours,* 1552-1555), sa poésie se fait épique dans les *Hymnes* (1555-56). Poète de la cour de Charles IX, hostile à la Réforme *(Discours des misères de ce temps,* 1562-63), il laisse inachevée son épopée de *la Franciade* (1572). Critiquée par Malherbe, oubliée, son œuvre fut réhabilitée par Sainte-Beuve.

Ronse, *en fr.* Renaix, v. de Belgique (Flandre-Orientale), au pied des monts de Flandres. 23 998 hab. Textile. — Église gothique sur vaste crypte romane. Musée de Folklore et d'Histoire.

Röntgen *(Wilhelm Conrad),* physicien allemand (Lennep, Rhénanie, 1845 - Munich 1923). Il a découvert les rayons X (1895), étudié leur propagation, leur pouvoir de pénétration, et observé qu'ils produisaient une ionisation de l'air. (Prix Nobel 1901.)

Roon *(Albrecht, comte von),* maréchal prussien (Pleushagen, près de Kołobrzeg, 1803 - Berlin 1879). Ministre de la Guerre de 1859 à 1873, il fut avec Moltke le réorganisateur de l'armée prussienne.

Roosevelt *(Franklin Delano),* homme d'État américain (Hyde Park, État de New York, 1882 - Warm Springs 1945). Cousin et neveu par alliance de Theodore Roosevelt, il est élu sénateur démocrate de l'État de New York (1910), devient secrétaire adjoint à la Marine (1913-1921) et renforce la flotte américaine. En 1921, une attaque de poliomyélite interrompt son activité. Gouverneur de l'État de New York (1929-1933), il accède à la présidence des États-Unis en pleine crise économique mondiale (1933). Entouré d'intellectuels libéraux, il fait voter les lois du New Deal (« Nouvelle Donne »), qui visent à relancer l'économie par l'augmentation de la consommation, la réorganisation du crédit et le contrôle de la concurrence. S'appuyant sur l'opinion publique, il réforme les banques, supprime la prohibition, abandonne l'étalon-or (avr. 1933) et dévalue le dollar (1934). Enfin, il cherche à faire reculer le chômage par une politique de grands travaux et s'efforce de réglementer les conditions de travail (1935) et les salaires (1938). Certaines de ces lois sont annulées par la Cour suprême, où se retranche l'opposition conservatrice, mais Roosevelt est réélu triomphalement (1936) et impose sa législation.

À l'extérieur, Roosevelt pratique une politique de bon voisinage avec les États latino-américains. À partir de sept. 1939, allant à l'encontre d'une opinion américaine majoritairement isolationniste, il accorde une aide militaire aux adversaires de l'Allemagne et de l'Italie (loi prêt-bail, 1941). En 1940, il est réélu pour un troisième mandat. Après l'attaque japonaise contre Pearl Harbor (déc. 1941), suivie de la déclaration de guerre au Japon, à l'Allemagne et à l'Italie, Roosevelt dirige avec énergie l'effort de guerre des États-Unis, décide la fabrication de la bombe atomique et, par une diplomatie active, prépare l'après-guerre. En 1943, il accepte l'idée d'une Organisation des nations unies, dont il fait élaborer le plan (1944). Il participe avec Churchill et Staline aux conférences de Téhéran (1943) et de Yalta (1945), où son attitude conciliatrice permet d'éviter la rupture avec l'U. R. S. S. Réélu pour un quatrième mandat en nov. 1944, il meurt à la veille de la victoire.

Roosevelt *(Theodore),* homme d'État américain (New York 1858 - Oyster Bay, État de New York, 1919). Républicain, il participa à la guerre hispano-américaine (1898) et contribua à l'annexion des Philippines. Gouverneur de l'État de New York (1898), il devint vice-président des États-Unis en 1900, puis président en 1901, après l'assassinat de McKinley, et fut réélu en 1904. Il renforça la législation fédérale qui s'attaqua au monopole des trusts. À l'extérieur, il pratiqua une politique impérialiste et interventionniste (Panamá, Cuba, Saint-Domingue). [Prix Nobel de la paix 1906.]

Ropartz *(Guy),* compositeur français (Guingamp 1864 - Lanloup, Côtes-d'Armor, 1955), élève de Franck. On lui doit de la musique de chambre, des mélodies, cinq symphonies, un *Requiem* (1938) et l'opéra *le Pays* (1910).

Rops *(Félicien),* peintre et graveur belge (Namur 1833 - Essonnes, France, 1898). Ami de Baudelaire, de Guys, de Péladan, il évolue entre un symbolisme fantastique (*la Mort au bal,* 1870, musée Kröller-Müller, Otterlo) et un réalisme impressionniste qui annonce Toulouse-Lautrec. Il a illustré (1886) *les Diaboliques* de Barbey d'Aurevilly.

Roquepertuse, site des Bouches-du-Rhône, dans la vallée de l'Arc. Vestiges d'un sanctuaire celto-ligure du IIIe s. av. J.-C., à la statuaire hiératique et expressive.

Roquette ou **Grande-Roquette** *(la),* ancienne prison de Paris (1837-1900). Elle servit de dépôt pour les condamnés à mort. La **Petite-Roquette** fut destinée aux jeunes, puis aux femmes (1832-1974).

Roraima, territoire du nord du Brésil, frontalier du Guyana et du Venezuela ; 230 104 km² ; env. 215 790 hab. Ch.-l. *Boa Vista.*

Rorschach *(Hermann),* psychiatre suisse (Zurich 1884 - Herisau 1922). Il créa, en 1921, un test psychologique de personnalité, au cours duquel le sujet doit indiquer ce qu'évoquent pour lui les « taches d'encre » (taches sans forme précise) qui lui sont présentées.

Rosa *(Salvator),* peintre et graveur italien (Arenella, Naples, 1615 - Rome 1673). D'abord influencé par Van Laer et par Ribera (batailles, bambochades...), il fut touché par le classicisme vers 1640 (paysages composés, marines, mais aussi sujets ésotériques et de sorcellerie) et anima ses œuvres d'accents préromantiques à partir de 1650.

Rosario, v. de l'Argentine (prov. de Santa Fe), sur le Paraná ; 1 078 374 hab. Centre commercial et industriel.

Rosas *(Juan Manuel de),* militaire et homme politique argentin (Buenos Aires 1793 - Southampton, Angleterre, 1877). Gouverneur de Buenos Aires (1829-1832), puis dictateur de l'Argentine (1835-1852), il fut renversé par une coalition sud-américaine.

Roscelin, philosophe français (Compiègne v. 1050 - Tours ou Besançon v. 1120), l'un des fondateurs du nominalisme et l'un des maîtres d'Abélard.

Roscher *(Wilhelm),* économiste allemand (Hanovre 1817 - Leipzig 1894). Contestant les lois économiques naturelles proposées par les « classiques », il fonda l'école historique allemande. Il soutenait que les émigrants apportaient à leur pays d'adoption un capital supérieur à celui qu'ils enlevaient à leur patrie.

Rose *(mont),* en ital. Monte Rosa, massif des Alpes Pennines, partagé entre la Suisse et l'Italie. De nombreux sommets dépassent 4 000 m (Cervin ou Matterhorn, Breithorn, Lyskamm), dont les neuf cimes du mont Rose proprement dit la plus élevée, la pointe Dufour, culminant à 4 638 m.

Rose-Croix *(fraternité de la),* mouvement mystique dont le fondateur présumé est Christian Rosencreutz (xvᵉ s.) et dont émanent plusieurs sociétés, toujours vivantes aujourd'hui. En France, à la fin du xixᵉ siècle, le Sâr Péladan a tenté de favoriser le développement d'une Rose-Croix catholique, qui, selon lui, devait renouveler l'art et la philosophie.

Rosegger *(Peter),* écrivain autrichien (Alpl, Styrie, 1843 - Krieglach 1918). Il est l'auteur de romans sur la vie et les mœurs de l'Autriche *(les Récits du maître d'école de la forêt,* 1875).

Rosenberg *(affaire),* affaire judiciaire américaine qui déclencha une campagne d'opinion internationale en faveur des époux Julius et Ethel Rosenberg, accusés d'avoir livré des secrets atomiques à l'U. R. S. S. Condamnés à mort en 1951, ils furent exécutés en 1953.

Rosenberg *(Alfred),* théoricien nazi et homme politique allemand (Revel 1893 - Nuremberg 1946). L'un des principaux idéologues du national-socialisme *(le Mythe du XXᵉ siècle,* 1930), il fut condamné à mort par le tribunal de Nuremberg et exécuté.

Rosenzweig *(Franz),* philosophe allemand (Kassel 1886 - Francfort-sur-le-Main 1929). Son œuvre principale, *l'Étoile de la Rédemption* (1921), assigne deux places concurrentes et complémentaires aux religions juive et chrétienne.

Roses *(vallée des),* partie de la vallée de la Tundža, en Bulgarie, autour de Kazanlăk (culture intensive de roses).

Rosette, *en ar.* Rachīd, port d'Égypte, en Basse-Égypte, à l'embouchure du bras occidental du Nil ; 37 000 hab. — C'est ici que fut découvert, en 1799, lors de la Campagne de Bonaparte, le fragment de stèle (British Museum) désormais nommé « pierre de Rosette ». Le texte gravé en hiéroglyphes, en démotique et en grec, qui reproduit un décret de Ptolémée V, est à l'origine du déchiffrement (1822) des hiéroglyphes par Champollion.

Rosi *(Francesco),* cinéaste italien (Naples 1922). Spécialiste d'un cinéma d'analyse politique et sociale, il a réalisé *Salvatore Giuliano* (1961), *Main basse sur la ville* (1963), *l'Affaire Mattei* (1972), *Cadavres exquis* (1975), *Carmen* (1984), *Chronique d'une mort annoncée* (1987), *Oublier Palerme* (1990).

Roskilde, v. du Danemark (île de Sjaelland) ; 49 000 hab. Capitale du pays du xᵉ au xvᵉ siècle. — Cathédrale romane et gothique (tombeaux royaux). Musée des Bateaux vikings.

Rosny *(Joseph Henri* et son frère *Séraphin Justin* Boex, dits J.-H.*),* écrivains français. Le premier, dit **Rosny aîné** (Bruxelles 1856 - Paris 1940), est l'auteur de *la Guerre du feu* (1911) ; le second, dit **Rosny jeune** (Bruxelles 1859 - Ploubazlanec 1948), écrivit avec son frère des romans réalistes ou fantastiques *(les Xipéhuz,* 1888).

Rosny-sous-Bois, ch.-l. de c. de la Seine-Saint-Denis, à l'est de Paris ; 37 779 hab. *(Rosnéens).* Centre national d'information routière.

Ross *(barrière de),* falaises de glace de l'Antarctique, en bordure de la mer de Ross, limitées par l'île de Ross (qui porte les volcans Erebus et Terror).

Ross *(sir John),* marin britannique (Dumfries and Galloway, Écosse, 1777 - Londres 1856). Il découvrit l'extrémité nord du continent américain. Son neveu **sir James Clarke** (Londres 1800 - Aylesbury 1862) localisa le pôle magnétique de l'hémisphère Nord (1831), longea la mer qui porte son nom et découvrit la terre Victoria (1841).

Ross *(sir Ronald),* médecin britannique (Almora, Inde, 1857 - Putney Heath, Londres, 1932). Médecin militaire, il montra que la transmission du paludisme est due à des moustiques, ce qui fut le point de départ de la prophylaxie de cette maladie. (Prix Nobel 1902.)

Rossbach *(bataille de)* [5 nov. 1757], bataille que remporta Frédéric II sur les Français et les impériaux à Rossbach (Saxe).

Rossellini *(Roberto),* cinéaste italien (Rome 1906 - *id.* 1977). Il est révélé par *Rome, ville ouverte* (1945) et *Paisà* (1946), films phares du néoréalisme, qui témoignent de la souffrance d'un peuple humilié, et qui expriment un message d'espoir et de fraternité sous la forme sèche du constat social. En marge du néoréalisme, il veut ensuite réconcilier l'esthétique et la morale, dans une attitude d'humilité chrétienne : *Allemagne, année zéro* (1947), *Onze Fioretti de François d'Assise* (1950). Les films qu'il tourne avec Ingrid Bergman sont des radiographies d'un couple moderne, des pages d'un journal intime, de *Stromboli* (1949) à *la Peur* (1954) en passant par *Europe 51* (1952) et *Voyage en Italie* (1954). Après une période de tâtonnements (*India,* 1959 ; *le Général Della Rovere,* 1959 ; *Vanina Vanini,* 1961), il abandonne le cinéma pour la télévision où il réalise : *la Prise du pouvoir par Louis XIV* (1967), *les Actes* *des Apôtres* (1969), *Socrate* (1971), films dans lesquels il tente de conjuguer une approche matérialiste du réel et la spiritualité chrétienne. En 1975, il tourne son dernier film, qui constitue un point de convergence de toute son œuvre : *le Messie.*

Rossellino *(Bernardo),* architecte et sculpteur italien (Settignano, près de Florence, 1409 - Florence 1464). Disciple d'Alberti, il construisit le palais Rucellai à Florence (1446-1450) et travailla à Pienza (prov. de Sienne) pour Pie II. Son frère et élève **Antonio** (Settignano 1427 - Florence 1479), sculpteur, est l'auteur de la chapelle funéraire « du cardinal de Portugal » à S. Miniato de Florence, chef-d'œuvre de raffinement.

Rossetti *(Dante Gabriel),* peintre et poète britannique d'origine italienne (Londres 1828 - Birchington-on-Sea, Kent, 1882). Un des initiateurs du mouvement préraphaélite, il s'est inspiré de légendes médiévales et de la poésie ancienne anglaise et italienne (*la Damoiselle élue,* poème de 1847 et tableau de 1875-1879 [Musée de Port Sunlight, près de Liverpool]).

Rossi *(Aldo),* architecte et théoricien italien (Milan 1931). Il défend un concept d'architecture non pas *fonctionnelle,* mais *rationnelle,* incluant des composantes historiques, régionales et symboliques, ce qui fait de lui une des figures du postmodernisme.

Rossi *(Luigi),* compositeur italien (Torremaggiore, près de Foggia, v. 1598 - Rome 1653), un des maîtres de la cantate, de l'oratorio et de l'opéra naissant (*Orfeo,* 1647).

Rossi *(Pellegrino, comte),* homme politique italien naturalisé français (Carrare 1787 - Rome 1848). Ambassadeur de France à Rome (1845), il contribua à l'élection de Pie IX, influença celui-ci par ses idées libérales et milita pour une fédération italienne sous la présidence pontificale. Appelé à former à Rome un gouvernement constitutionnel (sept. 1848), il fut assassiné.

Rossi *(Constantin,* dit Tino*),* chanteur de charme français (Ajaccio 1907 - Neuilly-sur-Seine 1983). Son succès populaire ne s'est pas démenti depuis son triomphe au Casino de Paris en 1934.

Rossini *(Gioacchino),* compositeur italien (Pesaro 1792 - Paris 1868). Ses premiers opéras, *Tancredi, l'Italienne à Alger* (Venise, 1813) et *le Barbier de Séville* (Rome, 1816) [→ **Barbier**], le font considérer comme le plus grand compositeur lyrique italien de l'époque. De 1815 à 1823, il produit chaque année deux opéras nouveaux à Milan,

Venise, Rome et Naples. Parmi ceux-ci : *Otello, La Cenerentola (Cendrillon), Il Califfo di Bagdad, Semiramide.* À l'occasion du sacre de Charles X, il écrit *le Voyage à Reims* (1825), transformé sous le titre de *Comte Ory,* et suivi des opéras *le Siège de Corinthe* (1826) et *Moïse* (1827). Directeur du Théâtre-Italien, intendant de la musique royale jusqu'à la révolution de Juillet, il écrit un dernier opéra, *Guillaume Tell* (1829), et ne compose ensuite que le *Stabat Mater* (1832-1841), quelques pièces religieuses, des cantates et des pages pour piano.

■ **L'art de Rossini.** Rossini excelle dans l'expression de la bonne humeur, de la gaieté, de la vivacité et de l'esprit, et réussit une synthèse entre les genres seria, semiseria et buffa, introduisant le tragique dans les structures de l'opera buffa. Doté d'un sens remarquable du théâtre et de ses effets, il fait preuve d'une technique consommée et d'une inspiration mélodique exceptionnelle.

Rosso *(Giovanni Battista* de Rossi, dit le*),* peintre italien (Florence 1494 - Paris 1540). François Ier confia à ce grand artiste maniériste, en 1531, la direction des travaux de décoration du château de Fontainebleau. Ses fresques et stucs de la *galerie François-Ier* composent une glorification alambiquée du souverain.

Rostand *(Edmond),* écrivain français (Marseille 1868 - Paris 1918). Il débuta par un recueil de vers (*les Musardises,* 1890), avant de réussir au théâtre (*Cyrano de Bergerac,* 1897 [→ **Cyrano**] ; *l'Aiglon,* 1900 ; *Chantecler,* 1910). [Acad. fr. 1901.]

Rostand *(Jean),* biologiste (Paris 1894 - Ville-d'Avray 1977), fils d'Edmond Rostand. Il est l'auteur d'importants travaux sur la parthénogenèse expérimentale et de livres sur la place de la biologie dans la culture humaniste, dont il se réclamait. (Acad. fr. 1959.)

Rostock, port d'Allemagne, sur la Warnow ; 252 956 hab. (avec son avant-port Warnemünde, sur la Baltique). Centre universitaire et industriel. — Église Notre-Dame (XIIIe-XVe s.) et autres monuments.

Rostopchine *(Fedor Vassilievitch, comte),* général et homme politique russe (dans le gouvern. d'Orel 1763 - Moscou 1826). Gouverneur de Moscou en 1812, il se défendit d'avoir été l'instigateur des incendies qui ravagèrent la ville lors de l'occupation napoléonienne. Il est le père de la comtesse de Ségur.

Rostov-sur-le-Don, v. de Russie, près de la mer d'Azov ; 1 020 000 hab. Port fluvial. Centre administratif, culturel et industriel.

Rostow (*Walt Whitman*), économiste américain (New York 1916). Il distingue, dans *les Étapes de la croissance économique* (1960), cinq stades dans toute société en voie d'industrialisation : la société traditionnelle, les conditions préalables au démarrage, le démarrage, les progrès vers la maturité et l'ère de la consommation de masse. On lui doit le concept de *take-off* (« décollage »), appliqué aux processus du développement économique.

Rostropovitch (*Mstislav*), violoncelliste et chef d'orchestre russe (Bakou 1927). Interprète remarquable, il a inspiré les compositeurs contemporains (Chostakovitch, Dutilleux, Britten, Lutosławski).

rotary clubs, clubs répandus notamment en Amérique et en Europe, et dont les membres portent comme insigne une roue dorée, à la boutonnière. Le premier de ces clubs, fondé par Paul Harris à Chicago, remonte à 1905. Les rotary clubs se groupent en une sorte d'association internationale qui a pour objet de faire régner l'ordre moral dans le commerce, l'industrie, les professions libérales et de promouvoir l'amitié entre les peuples.

Roth (*Joseph*), journaliste et écrivain autrichien (Brody, Galicie, 1894 - Paris 1939). Influencé par la tradition juive et le réalisme russe, il a peint le déclin de l'Autriche-Hongrie (*la Marche de Radetzky*, 1932 ; *la Crypte des capucins*, 1938).

Roth (*Philip*), écrivain américain (Newark, New Jersey, 1933). Représentant de l'« école juive » américaine, il dresse le portrait social et psychologique de l'Amérique d'aujourd'hui (*Goodbye Colombus*, 1959 ; *Portnoy et son complexe*, 1969 ; *le Sein*, 1972 ; *la Leçon d'anatomie*, 1983).

Rothenburg ob der Tauber, v. d'Allemagne (Bavière), à l'O. de Nuremberg ; 11 350 hab. — Vieille ville bien conservée : enceinte, monuments et maisons de l'époque gothique et de la Renaissance. *Kriminalmuseum* (musée de la Jurisprudence).

Rothko (*Mark*), peintre américain d'origine russe (Dvinsk, auj. Daugavpils, Lettonie, 1903 - New York 1970). Il débuta par des thèmes sociaux, puis passa par une phase surréaliste avant de parvenir, vers 1950, à l'abstraction chromatique qui l'a rendu célèbre. Composées de larges rectangles de couleur aux contours flous, ses toiles investissent le spectateur pour l'incliner à la méditation ; la couleur s'assombrit à partir de 1958.

Rothschild (*Meyer Amschel*), banquier allemand (Francfort-sur-le-Main 1743 - *id.* 1812), fondateur d'une puissante dynastie financière de rayonnement international.

Rotrou (*Jean de*), dramaturge français (Dreux 1609 - *id.* 1650). Son œuvre abondante comprend des comédies, des tragi-comédies (*la Sœur*, 1647 ; *Venceslas*, 1647) et des tragédies (*Bélisaire*, 1644 ; *le Véritable Saint Genest*, 1647 ; *Cosroès*, 1649). C'est, après Corneille, le deuxième des tragiques français du xviiᵉ siècle.

Rotsé → **Lozi.**

Rotterdam, port des Pays-Bas (Hollande-Méridionale), sur la « Nouvelle Meuse » (Nieuwe Maas), branche du delta commun au Rhin et à la Meuse ; 582 266 hab. (1 040 000 hab. dans l'agglomération). Premier port du monde (transit vers l'Allemagne et la Suisse) et centre industriel (raffinage du pétrole et chimie principalement), commercial, financier et culturel. Rotterdam prit son essor au xixᵉ siècle avec l'aménagement du Rhin pour la navigation et le développement industriel de la Ruhr. — Musée Boymans-Van Beuningen (vastes collections de peinture, néerlandaise, flamande, etc. ; art moderne et contemporain ; arts décoratifs).

Rouault (*Georges*), peintre français (Paris 1871 - *id.* 1958). Après un apprentissage de peintre verrier puis des études dans l'atelier de Gustave Moreau à l'E. N. S. B. A., il s'affirme à travers une ferveur religieuse et une haine de l'hypocrisie bourgeoise qui animent sa révolte (portraits à l'aquarelle, sombres et caricaturaux, de prostituées, de clowns, de juges). Mais la méditation apaise sa virulence : ses gravures atteignent l'intensité la plus épurée (*Miserere*, 1922-1927), tandis que sa peinture allie une matière riche et des couleurs somptueuses, cernées de noir, à un dépouillement rigoureux dans les figures (*Ecce Homo, Pierrot...*) ou les paysages (*Nocturne chrétien*, 1952, M. N. A. M.).

Roubaix, ch.-l. de c. du Nord, au nord-est de Lille ; 98 179 hab. (*Roubaisiens*). Centre textile (laine surtout), vente par correspondance.

Roublev ou **Roubliov** (*Andreï*), peintre russe (? v. 1360 - Moscou 1427 ou 1430). Grand représentant de l'école médiévale moscovite, il est surtout célèbre pour son icône de la *Trinité* (les trois anges à la table d'Abraham) [galerie Tretiakov]. Il a été canonisé par l'Église orthodoxe russe en 1988.

Rouch *(Jean)*, cinéaste français (Paris 1917). Ethnographe, il utilise le cinéma comme instrument de recherche, d'abord dans des courts-métrages (*les Maîtres-Fous*, 1955 ; *Jaguar*, 1956-1967), puis dans des longs-métrages (*Moi un Noir*, 1958 ; *la Pyramide humaine*, 1959). Pionnier du cinéma-vérité, il a marqué la « nouvelle vague » : *Chronique d'un été* (1961), *la Punition* (1963), *la Chasse au lion à l'arc* (1965). Il a été président de la Cinémathèque française de 1987 à 1991.

Rouen, ch.-l. de la Région Haute-Normandie et du dép. de la Seine-Maritime, sur la Seine, à 123 km au nord-ouest de Paris ; 105 470 hab. *(Rouennais)* [l'agglomération compte près de 400 000 hab.]. GÉOGR. Agglomération la plus peuplée de Normandie, Rouen est d'abord un centre tertiaire (cour d'appel, archevêché, académie et université), mais aussi le noyau d'une agglomération industrielle (métallurgie, textile, produits chimiques et alimentaires), dont l'activité est liée à celle du port (trafic d'hydrocarbures, céréales, produits tropicaux). ARTS. La ville conserve de remarquables monuments : la cathédrale gothique (XIIᵉ-XVIᵉ s.), les églises St-Ouen (vitraux des XIVᵉ-XVIᵉ s.) et St-Maclou (flamboyante), le Gros-Horloge (XVIᵉ s.), le palais de justice (en gothique flamboyant, très restauré), etc. Église Ste-Jeanne-d'Arc (1979, vitraux du XVIᵉ s.) sur la place du Vieux-Marché. Riches musées des Beaux-Arts, départemental des Antiquités, de la Céramique (faïences de Rouen), Le Secq des Tournelles (ferronnerie) ; Muséum.

Rouergue, ancien pays du midi de la France, correspondant approximativement à l'actuel département de l'Aveyron. Cap. *Rodez*. Le Rouergue a été réuni à la couronne en 1607 par Henri IV.

Rouffignac *(grotte de)*, grotte située à Rouffignac-Saint-Cernin-de-Reilhac (Dordogne). Ensemble de figures pariétales datant du magdalénien.

rouge *(Armée)*, nom usuel de « Armée rouge des ouvriers et paysans », appellation des forces armées soviétiques de 1918 à 1946.

Rouge *(fleuve)*, en vietnamien **Sông Hong** ou **Sông Nhi Ha**, fl. du Viêt Nam, né au Yunnan (Chine), qui rejoint le golfe du Tonkin en un vaste delta (riziculture) ; 1 200 km.

Rouge *(mer)*, anc. **golfe Arabique** ou **mer Érythrée**, long golfe de l'océan Indien, entre l'Arabie et l'Afrique, relié à la Méditerranée par le canal de Suez. C'est un rift, fossé d'effondrement envahi par les eaux, dont les cuvettes les plus profondes (plus de 2 000 m) sont occupées par des saumures chaudes. Les rives, dominées par des escarpements de failles, sont bordées de récifs coralliens, faillés et soulevés.

Rouge *(place)*, place principale de Moscou, en bordure du Kremlin. — Mausolée de Lénine.

Rouge et le Noir *(le)* → Stendhal.

Rougemont *(Denis de)*, écrivain suisse d'expression française (Neuchâtel 1906 - Genève 1985). Il a analysé certaines des composantes de la civilisation européenne (*l'Amour et l'Occident*, 1939) et s'est fait le défenseur du fédéralisme européen.

Rouget de Lisle *(Claude Joseph)*, officier et compositeur français (Lons-le-Saunier 1760 - Choisy-le-Roi 1836). Capitaine du génie à Strasbourg, il y écrivit les six strophes (paroles et peut-être musique) du *Chant de guerre pour l'armée du Rhin* (1792), qui devint *la Marseillaise*.

Rougon-Macquart *(les)*, série de 20 romans de É. Zola publiés de 1871 à 1893.

Rouher *(Eugène)*, homme politique français (Riom 1814 - Paris 1884). Avocat, député républicain (1848-49), il se rallia à Louis Napoléon. Plusieurs fois ministre, il exerça une influence prépondérante sous le second Empire mais s'opposa à la libéralisation du régime. De 1872 à 1881, il fut le véritable chef du parti bonapartiste.

Roulers → Roeselare.

Roumanie, État de l'Europe orientale ; 237 500 km² ; 23 400 000 hab. *(Roumains)*. CAP. *Bucarest*. LANGUE : *roumain*. MONNAIE : *leu*.

GÉOGRAPHIE

Les Carpates constituent les principaux reliefs. La chaîne forme un arc de cercle qui entoure la Transylvanie, d'où émergent les monts Apuseni. À la périphérie de cet ensemble se succèdent plateaux et plaines : Moldavie roumaine au nord-est, Munténie et Dobroudja à l'est, Valachie au sud. Le climat est continental, relativement peu arrosé (de 500 à 600 mm de précipitations par an).

La population, qui compte plusieurs minorités (dont la principale est constituée par les Hongrois), est urbanisée à plus de 50 %. La gestion marxiste a conduit le pays à une situation désastreuse. La Roumanie possède toutefois quelques ressources énergétiques (gaz naturel, pétrole, lignite, hydroélectricité). La métallurgie (acier, aluminium), la pétrochimie, la mécanique (matériel agricole, ferroviaire, aéronautique, automobile) sont les principaux secteurs industriels, suivis par le textile, l'alimentation, le bois et le papier. En général, la vétusté des installations est la principale cause d'une productivité très faible.

Dans le domaine agricole, plus de 90 % des terres cultivées dépendaient de l'État, fournissant essentiellement du maïs, du blé et des betteraves à sucre.

Le nouveau pouvoir a attribué les terres aux paysans, qui disposent maintenant d'exploitations de 3 ha environ. Il a exprimé le projet d'introduire l'économie de marché, entreprise freinée par la modestie de l'aide occidentale.

HISTOIRE

Si la Roumanie en tant que nation indépendante n'apparaît qu'au XIXᵉ s., la formation de son peuple et de sa langue est liée à la romanisation de l'État dace après sa conquête par Trajan et sa transformation en province de Dacie (106 apr. J.-C.).

271. La Dacie est évacuée par les Romains.

VIᵉ s. Les Slaves s'établissent dans la région.

XIᵉ s. Le christianisme s'y répand ; l'Église adopte la liturgie slavonne.

■ **Les principautés de Moldavie, de Valachie et de Transylvanie.** Du Xᵉ au XIIIᵉ s., les invasions turco-mongoles perturbent la région, tandis que les Hongrois conquièrent la Transylvanie (XIᵉ s.). Les principautés de Valachie et de Moldavie sont créées au XIVᵉ s. ; elles s'émancipent de la suzeraineté hongroise, la première v. 1330 sous Basarab Iᵉʳ, la seconde v. 1359 sous Bogdan Iᵉʳ.

1386-1418. Sous Mircea le Grand, la Valachie doit accepter de payer un tribut aux Ottomans.

1455. La Moldavie est également soumise au tribut.

1526. Les Turcs, victorieux à Mohács, vassalisent la Transylvanie.

1691. La Transylvanie est annexée par les Habsbourg.

1711. Après l'échec de D. Cantemir, qui s'était allié à la Russie contre les Ottomans, les Turcs imposent un régime plus dur à la Moldavie et à la Valachie.

1775. La Bucovine est annexée par l'Autriche.

1812. La Bessarabie est cédée à la Russie.

1859. Les principautés de Moldavie et de Valachie élisent un seul prince, Alexandre-Jean Cuza, et Napoléon III soutient leur union.

■ **La Roumanie contemporaine.**

1866. Le pays prend le nom de *Roumanie*. Le pouvoir est confié au prince Charles de Hohenzollern-Sigmaringen (Charles Iᵉʳ).

1878. L'indépendance du pays est reconnue.

1881. Charles Iᵉʳ devient roi de Roumanie.

1916. La Roumanie s'engage dans la Première Guerre mondiale aux côtés des Alliés.

1918. Les troupes roumaines pénètrent en Transylvanie.

Les traités de Neuilly, de Saint-Germain, de Trianon et de Paris (1919-20) attribuent à la Roumanie la Dobroudja, la Bucovine, la Transylvanie, le Banat et la Bessarabie.

Dans les années 1930 se développe un mouvement fasciste, encadré par la Garde de fer.

1940. Antonescu instaure la dictature.

Bien qu'alliée de l'Allemagne, la Roumanie est dépouillée de la Bessarabie et de la Bucovine du Nord (annexées par l'U. R. S. S.), d'une partie de la Transylvanie (récupérée par la Hongrie), de la Dobroudja méridionale (donnée à la Bulgarie).

1941. La Roumanie entre en guerre contre l'U. R. S. S.

1944. Antonescu est renversé. Un armistice est signé avec l'U. R. S. S.

1947. Le traité de Paris entérine l'annexion de la Bessarabie et de la Bucovine du Nord par l'U. R. S. S.

Le roi Michel (1927-1930 ; 1940-1947) abdique et une république populaire est proclamée à la fin de 1947. Un régime de type soviétique est instauré.

1965. Ceauşescu devient secrétaire général du Parti communiste roumain.

1968. Il refuse de participer à l'invasion de la Tchécoslovaquie.

1974. Ceauşescu est président de la République.

Le pays connaît des difficultés économiques et de graves pénuries qui engendrent un climat social d'autant plus sombre que le régime demeure centralisé et répressif.

1987. La contestation se développe (émeutes ouvrières de Braşov).

1989. Une insurrection (déc.) renverse le régime.

Ceauşescu et son épouse sont arrêtés et exécutés. Un Conseil du Front de salut national, présidé par Ion Iliescu, assure la direction du pays. La République socialiste de Roumanie devient officiellement la République de Roumanie.

1990. Les premières élections libres sont remportées par le Front de salut national ; Iliescu est élu à la présidence de la République.

1992. Iliescu est réélu à la présidence de la République. À l'issue des élections législatives, de nombreuses formations politiques sont représentées au Parlement, au sein duquel le parti du président Iliescu ne détient plus la majorité.

Roumanille *(Joseph),* écrivain français d'expression provençale (Saint-Rémy-de-Provence 1818 - Avignon 1891). Il fut l'un des fondateurs du félibrige *(les Contes provençaux et les bavardages,* 1884).

Roumélie, nom donné par les Ottomans à l'ensemble de leurs provinces européennes jusqu'au milieu du XVIᵉ siècle. Le congrès de Berlin (1878) créa une province de Roumélie-Orientale qui s'unit en 1885 à la Bulgarie.

Rourkela, v. de l'Inde (Orissa) ; 398 692 hab. Sidérurgie.

Rousseau *(Henri,* dit le Douanier*),* peintre français (Laval 1844 - Paris 1910). Les tableaux, au dessin naïf, de cet autodidacte sont souvent d'une invention poétique étrange (par ex. dans les sujets exotiques) et d'une grande sûreté plastique : *la Guerre* ou *la Chevauchée de la discorde* (1894), *la Charmeuse de serpents* (1907), musée d'Orsay ; *la Bohémienne endormie* (1897) et *le Rêve* (1910), musée d'Art moderne, New York. Apollinaire, Delaunay, Picasso reconnurent ses dons.

Rousseau *(Jean-Jacques),* écrivain et philosophe de langue française (Genève 1712 - Ermenonville 1778). De famille protestante, orphelin de mère et abandonné à dix ans par son père, il connaît une enfance difficile avant d'être pris en charge par Mᵐᵉ de Warens (1728). Précepteur un temps à Lyon et après un voyage à Venise (1743), il se fixe à Paris (1744), où il commence une longue liaison avec une servante, Thérèse Levasseur, qui lui donnera cinq enfants, tous déposés aux Enfants-Trouvés. Remarqué grâce à son opéra *les Muses galantes* (1745), il écrit, à la demande de son ami Diderot, des articles sur la musique pour l'*Encyclopédie.* Rejetant la célébrité que lui vaut le couronnement, par l'Académie de Dijon, de son *Discours sur les sciences et les arts* (1750), Rousseau décide de vivre en conformité avec ses principes ; redevenu citoyen de Genève et calviniste, il étonne par son *Discours sur l'origine de l'inégalité* (1755), où il démontre que le passage de l'état de nature à l'état de société détruit l'harmonie entre les hommes, la propriété, protégée par les lois, engendrant l'inégalité et les injustices sociales. Un séjour à l'Ermitage (forêt de Montmorency), interrompu par une passion malheureuse pour Mᵐᵉ d'Houdetot, belle-sœur de son hôtesse, Mᵐᵉ d'Épinay, des désaccords avec les Encyclopédistes pré-

figurent la période la plus féconde de sa vie, passée dans le domaine du maréchal de Luxembourg, à Montmorency. Il publie la *Lettre à d'Alembert sur les spectacles* (1758), que suivent le roman à succès *Julie ou la Nouvelle Héloïse* (1761), aux accents préromantiques, et le traité politique *Du contrat social* (1762), où il décrit le principe et les conditions d'une vie communautaire harmonieuse et établit le peuple souverain comme la seule origine possible d'un gouvernement légitime. La condamnation de son roman pédagogique *Émile* (1762) l'oblige à passer en Suisse (1763-1765), où il se défend notamment contre Voltaire *(Lettre sur la Providence,* 1764). Il gagne ensuite l'Angleterre (1766) mais, s'étant brouillé avec le philosophe Hume, il repart pour la France en 1767. De retour à Paris (1770), il peaufine les *Confessions,* écrites (1765-1770) en réponse à l'hostilité persistante des Encyclopédistes et publiées en 1782-1789, et rédige les *Dialogues (Rousseau juge de Jean-Jacques)* [1772-1776], publiés en 1789. Renonçant à polémiquer, il se livre à ses *Rêveries du promeneur solitaire* (1776-1778), publiées en 1782. Fatigué, malade, il accepte l'hospitalité du marquis de Girardin mais meurt peu de temps après. Chantre de la liberté individuelle et théoricien de l'État tout-puissant, Rousseau a renouvelé les idées en éducation et en politique, préparé les grands changements de la Révolution et influencé la philosophie de Kant ; il a créé des thèmes nouveaux en littérature, ouvert les sources du lyrisme et préparé l'avènement du romantisme.

— **Les Confessions.** Désireux de « tout dire » dans cette autobiographie, offrant l'« histoire de son âme » en réponse aux calomnies et aux attaques personnelles, Rousseau recherche par un effort de la mémoire les « chaînes d'affection secrètes » qui constituent la trame d'une vie. Tandis que les premiers livres reposent sur un retour en forme d'évasion au temps heureux de l'enfance et de la jeunesse, l'amertume du présent assombrit la fin de l'ouvrage.

Rousseau *(Théodore),* peintre français (Paris 1812 - Barbizon 1867). Interprète des beautés sauvages, notamment de la forêt de Fontainebleau, à la fois réaliste et romantique, il fut une personnalité dominante de l'école de Barbizon *(Sortie de forêt à Fontainebleau, soleil couchant,* 1850, Louvre).

Roussel *(Albert),* compositeur français (Tourcoing 1869 - Royan 1937). Élève de Vincent d'Indy, influencé par Debussy et par l'impressionnisme (*Évocations,* 1910-11), il se distingua ensuite par l'âpreté de son harmonie et l'austérité de sa pensée (opéra-ballet *Padmâvatî,* 1914-1918, créé en 1923). À partir de 1926 naquirent ses chefs-d'œuvre, tantôt rudes ou graves, tantôt truculents ou d'une langueur insinuante (*Suite en « fa »,* 1926 ; symphonies nº 3 et nº 4 [1930, 1934] ; ballet *Bacchus et Ariane,* 1931 ; ballet *Aeneas,* 1935).

Roussel *(Raymond),* écrivain français (Paris 1877 - Palerme 1933). Son œuvre, saluée par les surréalistes pour l'exubérance de ses fantasmes et par les adeptes du « nouveau roman » pour sa combinatoire formelle, constitue une exploration systématique du mécanisme de la création littéraire (*Impressions d'Afrique,* 1910 ; *Locus solus,* 1914).

Rousses (Grandes), massif des Alpes françaises (Isère et Savoie) entre l'Arc et la Romanche ; 3 468 m au pic de l'Étendard.

Roussillon, ancienne province française correspondant à la majeure partie du dép. des Pyrénées-Orientales. Cap. *Perpignan.* Occupée successivement par les Romains, les Wisigoths et les Arabes, la province fut rattachée au royaume franc par les Carolingiens au VIIIᵉ siècle. Devenue possession aragonaise en 1172, elle fut un des enjeux de la lutte entre Français et Espagnols. Le traité des Pyrénées (1659) la rattacha définitivement à la France.

Roussillon, région des Pyrénées-Orientales, dont elle constitue la partie vitale. Autour de Perpignan, la capitale, c'est une plaine juxtaposant cultures fruitières, maraîchères (liées à l'irrigation, à partir du Tech, de la Têt et de l'Agly) et vignobles, alors que le littoral est gagné par l'urbanisation et le tourisme. (Hab. *Roussillonnais.*) [→ **Languedoc-Roussillon.**]

Roussin *(André),* auteur dramatique français (Marseille 1911 - Paris 1987). Il est l'auteur de pièces à succès (*la Petite Hutte,* 1947 ; *Lorsque l'enfant paraît,* 1952). [Acad. fr. 1973.]

Roussy *(Gustave),* médecin et anatomopathologiste français (Vevey, Suisse, 1874 - Paris 1948). Médecin-chef de l'hôpital Paul-Brousse à Villejuif (1913), il fonda l'Institut du cancer (auj. Institut Gustave-Roussy). Il est l'auteur d'importants travaux de cancérologie.

Roustavi, v. de Géorgie ; 159 000 hab. Métallurgie.

Rouvier *(Maurice),* homme politique français (Aix-en-Provence 1842 - Neuilly 1911).

Président du Conseil (1887), ministre des Finances (1889-1892, 1902-1905), il fut mis en cause dans le scandale des décorations, puis dans celui de Panamá. À nouveau président du Conseil en 1905-06, il imposa la démission de Delcassé.

Rouvray *(forêt du),* forêt de la rive gauche de la Seine, en face de Rouen ; 3 240 ha.

Roux *(Émile),* médecin français (Confolens 1853 - Paris 1933). Il étudia avec Pasteur, à partir de 1878, les maladies infectieuses animales et humaines, et la vaccination. Il découvrit la toxine diphtérique (1889) et réalisa la sérothérapie (1894). Il fut directeur de l'Institut Pasteur de 1904 à sa mort.

Rouyn-Noranda, v. du Canada (Québec) ; 23 811 hab. Centre minier et métallurgique.

Rovigo, v. d'Italie (Vénétie), dans la basse plaine de l'Adige ; 52 058 hab. — Monuments et musées.

Rovno, v. d'Ukraine ; 228 000 hab.

Rowland *(Frank Sherwood),* chimiste américain (Delaware, Ohio, 1927). Il a découvert et expliqué, en 1974, avec M. J. Molina, les mécanismes chimiques qui conduisent à la destruction de l'ozone stratosphérique par les C.F.C. (Prix Nobel 1995).

Rowland *(Henry Augustus),* physicien américain (Honesdale, Pennsylvanie, 1848 - Baltimore 1901). Il construisit des réseaux de diffraction qu'il employa à l'étude du spectre solaire et montra qu'une charge électrique mobile crée un champ magnétique.

Rowlandson *(Thomas),* peintre, dessinateur et graveur britannique (Londres 1756 - *id.* 1827). Moins moralisateur que Hogarth, moins politicien que Gillray, graphiste plein de truculente aisance, il est le grand maître du dessin satirique et humoristique, alors florissant à Londres (séries comme le *Microcosme de Londres, les Voyages du docteur Syntax, la Danse de mort anglaise*).

Roxane ou **Rhôxane,** épouse d'Alexandre le Grand (m. à Amphipolis v. 310 av. J.-C.), mise à mort avec son fils par ordre de Cassandre.

Roxelane (v. 1505 - Edirne v. 1558), épouse préférée de Soliman II.

Roy *(Mᵍʳ Camille),* prélat et écrivain canadien d'expression française (Berthier-en-Bas, Québec, 1870 - Québec 1943). Il est l'auteur d'essais critiques prônant une langue épurée et une littérature à l'image des classiques français.

Roy *(Gabrielle),* femme de lettres canadienne d'expression française (Saint-Boniface,

Manitoba, 1909 - Québec 1983). Elle est l'auteur de romans psychologiques (*Bonheur d'occasion*, 1945) et de terroir (*la Route d'Altamont*, 1966).

Roy *(Maurice)*, prélat canadien (Québec 1905 - Montréal 1985). Archevêque de Québec de 1947 à 1981, primat du Canada depuis 1956, cardinal en 1965, il fut président, après le IIe concile du Vatican, du Conseil des laïques et de la commission pontificale Justice et Paix.

Royal Dutch-Shell, groupe pétrolier international (2e rang mondial) dont les origines remontent à la création aux Pays-Bas en 1890 de la Royal Dutch Company, unie en 1907 à la société britannique Shell Transport and Trading Co. Ses activités, outre le pétrole (exploration, raffinage, transport, distribution), sont l'extraction de charbon et de métaux, et l'industrie chimique.

Royan, ch.-l. de c. de la Charente-Maritime, à l'entrée de la Gironde ; 17 500 hab. *(Royannais).* Importante station balnéaire. La ville, bombardée par erreur lors de sa libération en 1945 et reconstruite selon des conceptions modernes, est une grande station balnéaire. — Église Notre-Dame (1956), par l'architecte Guillaume Gillet, couverte d'une voûte à double courbure en voile mince de béton.

Royaumes combattants, période de l'histoire de Chine (481-221 av. J.-C.) pendant laquelle celle-ci était morcelée en principautés qui se faisaient la guerre.

Royaume-Uni de Grande-Bretagne et d'Irlande du Nord, nom officiel de l'État britannique depuis le 1er janvier 1923. (→ Grande-Bretagne.) Formé en 1707 par l'union de l'Angleterre et de l'Écosse, le royaume de Grande-Bretagne prit en 1801 le nom de Royaume-Uni de Grande-Bretagne et d'Irlande, après la réunion de la Grande-Bretagne et de l'Irlande (1800). Il reçut son nom actuel après la sécession de la majeure partie de l'Irlande en 1922.

Royer-Collard *(Pierre Paul),* homme politique français (Sompuis 1763 - Châteauvieux, Loir-et-Cher, 1845). Avocat, député (1815), il fut sous la Restauration le chef des doctrinaires, partisans d'une libéralisation du régime laissant toutefois de grandes prérogatives au roi.

Rozebeke *(bataille de)* [1382], victoire remportée près d'Oudenaarde (Belgique), par Charles VI sur les Gantois, révoltés contre le comte de Flandre. Leur chef, Filips Van Artevelde, trouva la mort dans la bataille.

Różewicz *(Tadeusz),* écrivain polonais (Radomsko 1921). Il a exprimé le désarroi moral de sa génération à travers sa poésie (*Angoisse,* 1947). Son théâtre poursuit une entreprise de démystification par l'alternance du grotesque et de l'ironie mordante (*les Spaghetti et le glaive,* 1967 ; *le Mariage blanc,* 1975).

R. P. F. (Rassemblement du peuple français), mouvement fondé en avril 1947 par le général de Gaulle et qui joua un rôle politique important sous la IVe République, jusqu'en 1953.

R. P. R. (Rassemblement pour la République), formation politique française, issue de l'U. D. R., fondée par Jacques Chirac en décembre 1976 ; elle se présente comme l'héritière du gaullisme. Jusqu'en 1994, le R. P. R. a été dirigé par J. Chirac.

R. T. L. (Radio-Télé-Luxembourg), station de radiodiffusion de la Compagnie luxembourgeoise de télédiffusion (C. L. T.) fondée en 1931, dont le capital est détenu essentiellement par des groupes français et belges. La C. L. T. exploite également R. T. L.-Télévision. Elle est aussi l'opérateur principal de la chaîne française M6.

Ruanda → Rwanda.

Rub al-Khali *(le),* désert du sud de la péninsule arabique.

Rubbia *(Carlo),* physicien italien (Gorizia 1934). Il a été à l'origine de la réalisation du grand anneau de collision du Cern où il a conduit les expériences menant à la découverte en 1983 des bosons intermédiaires W et Z. [Prix Nobel 1984.]

Rubens *(Petrus Paulus),* peintre flamand (Siegen, Westphalie, 1577 - Anvers 1640). Il travailla pour les Gonzague à Mantoue, pour l'archiduc Albert, gouverneur des Pays-Bas, pour Marie de Médicis (galerie du Luxembourg, 1622-1625, transférée au Louvre), pour Philippe IV d'Espagne, etc. Chef d'un important atelier à Anvers, il a affirmé sa personnalité dans un style fougueux et coloré, aussi expressif dans la plénitude sensuelle que dans la violence. Exemplaire du courant baroque, son œuvre réalise une synthèse du réalisme flamand et de la grande manière italienne : *la Descente de Croix* (1612, cathédrale d'Anvers), *la Mise au tombeau* (1616, église St-Géry, Cambrai), *le Combat des Amazones* (1617, Munich), *l'Adoration des Mages* (versions de Bruxelles, Malines, Lyon, Anvers), *l'Enlèvement des filles de Leucippe* (1628, Munich), *le Coup de lance* (1620, Anvers), *le Jardin d'amour* (1635, Prado), *la*

Kermesse (1636, Louvre), les divers portraits de sa seconde femme, *Hélène Fourment*.

Rubicon (*le*), rivière séparant l'Italie de la Gaule Cisalpine. César le franchit avec son armée en 49 av. J.-C., dans la nuit du 11 au 12 janvier, sans l'autorisation du sénat : ce fut le commencement de la guerre civile. « Franchir le Rubicon » signifie prendre une décision grave et en accepter les conséquences.

Rubinstein (*Anton Grigorievitch*), pianiste et compositeur russe (Vykhvatintsy, près de Podolsk, 1829 - Peterhof 1894). Il fut un des plus brillants pianistes de son temps et fonda le conservatoire de Saint-Pétersbourg. Sa production comporte des pièces pour piano ainsi que de nombreuses mélodies, parmi lesquelles des *Chants persans* (1854).

Rubinstein (*Artur*), pianiste polonais, naturalisé américain (Łódź 1887 - Genève 1982). Virtuose réputé, il a interprété la musique romantique (Chopin).

Rubroek, Ruysbroek ou **Rubruquis** (*Guillaume de*), franciscain flamand (Rubroek v. 1220 - apr. 1293). Envoyé par Saint Louis en mission en Mongolie auprès du grand khan qu'il rencontra en 1254, il a laissé une intéressante relation de voyage.

Rückert (*Friedrich*), poète et orientaliste allemand (Schweinfurt 1788 - Neuses, près de Cobourg, 1866). Il composa des poèmes patriotiques, puis adapta au lyrisme allemand les rythmes de la poésie persane. On lui doit aussi les *Kindertotenlieder* (1872), mis en musique par G. Mahler.

Rudaki (*Abu Abd Allah Djafar*), poète persan (m. en 940). Il est le premier grand lyrique persan. Il ne reste que quelques fragments de son œuvre rares.

Ruda Śląska, v. de Pologne, en haute Silésie ; 163 000 hab. Houille. Métallurgie.

Rude (*François*), sculpteur français (Dijon 1784 - id. 1855). Un des maîtres de l'école romantique, bien que nourri de tradition classique, il est l'auteur du puissant haut-relief dit « *la Marseillaise* » (arc de triomphe de l'Étoile, à Paris), d'une statue de Ney, d'un *Napoléon s'éveillant à l'immortalité* (Fixin, Côte-d'Or).

Rudnicki (*Adolf*), écrivain polonais (Varsovie 1912 - id. 1990). Auteur de romans psychologiques (*les Rats*, 1932), il consacra l'essentiel de son œuvre, après la guerre, au martyre des Juifs polonais (*le Marchand de Lodz*, 1963 ; *Têtes polonaises*, 1981).

Rueff (*Jacques*), économiste et financier français (Paris 1896 - id. 1978), auteur d'ouvra-ges sur les problèmes monétaires, où il se montre adepte d'un régime foncièrement libéral, par ailleurs soucieux de l'instauration d'un véritable ordre monétaire international. (Acad. fr. 1964.)

Rueil-Malmaison, ch.-l. de c. des Hauts-de-Seine, au pied du mont Valérien ; 67 323 hab. (*Ruellois*). Institut français du pétrole. Église des XVIᵉ et XVIIᵉ siècles (tombeau de l'impératrice Joséphine, cénotaphe de la reine Hortense). Château de Malmaison, aujourd'hui musée national, qui fut le séjour préféré du Premier consul, puis de Joséphine après son divorce ; il a pour annexe le château de Bois-Préau (musée : captivité et mort de Napoléon, légende napoléonienne).

Ruffié (*Jacques*), médecin français (Limoux 1921). Professeur au Collège de France en 1972, il a étudié l'hématologie, l'immunologie, la génétique et créé l'« hémotypologie », destinée à étudier les facteurs héréditaires du sang.

Rufin, en lat. Flavius Rufinus, homme politique romain (Elusa, auj. Eauze, v. 335 - Constantinople 395). Préfet du prétoire de Théodose Iᵉʳ et régent d'Arcadius, il fut le rival de Stilicon, qui le fit assassiner.

Rugby, v. de Grande-Bretagne (Warwickshire), sur l'Avon ; 59 000 hab. — Collège célèbre (où naquit le rugby en 1823).

Rügen, île allemande de la Baltique, reliée au continent par une digue ; 926 km². Tourisme.

Ruhlmann (*Jacques Émile*), décorateur français (Paris 1879 - id. 1933). Son mobilier, exemplaire du style Arts déco et d'une grande élégance, est traité dans des bois et des matières rares (ivoire, écaille...).

Ruhmkorff (*Heinrich Daniel*), mécanicien et électricien allemand (Hanovre 1803 - Paris 1877). Il réalisa, en 1851, la bobine d'induction qui porte son nom.

Ruhr, région d'Allemagne (Rhénanie-du-Nord-Westphalie), traversée par la *Ruhr*, fortement industrialisée (houille, métallurgie, chimie), avec un développement plus récent de services, et urbanisée (Essen, Duisburg, Düsseldorf, Dortmund). La Ruhr fut occupée par la France et la Belgique (1923-1925) à la suite de la non-exécution des clauses du traité de Versailles.

Ruisdael ou **Ruysdael** (*Jacob Van*), peintre néerlandais (Haarlem 1628/29 - id. 1682). Son œuvre marque à la fois un sommet de l'école paysagiste hollandaise et le dépassement de celle-ci par la force d'une vision dramatique ou lyrique qui préfigure le romantisme (*le Cimetière juif*, versions de Dresde et de Detroit ; *le Coup de soleil*, Louvre). Il était le neveu d'un autre paysagiste, **Salomon Van Ruysdael** (Naarden v. 1600 - Harlem 1670).

Ruiz *(Nevado del)*, volcan des Andes de Colombie ; 5 400 m. — Éruption meurtrière en 1985.

Ruiz *(Juan)*, plus souvent nommé l'Archiprêtre de Hita, écrivain espagnol (Alcalá de Henares ? v. 1285 - v. 1350). Il est l'auteur d'un poème autobiographique (*Libro de buen amor*, 1330 et 1343), mêlé de légendes, d'allégories et de satires sur la société du temps.

Ruiz de Alarcón y Mendoza *(Juan)*, poète dramatique espagnol (au Mexique 1581 - Madrid 1639). Il est l'auteur de comédies (*la Vérité suspecte*, 1630 ; *l'Examen des maris*, 1632) et d'un drame, *le Tisserand de Ségovie* (1634), qui font de lui l'un des grands noms du « Siècle d'or ».

Rulfo *(Juan)*, écrivain mexicain (Sayula, prov. de Jalisco, 1918 - Mexico 1986). Il a peint en un style dépouillé le monde des paysans de sa province natale (*Pedro Páramo*, 1955).

Rumford *(Benjamin Thompson, comte)*, physicien et chimiste américain (Woburn, Massachusetts, 1753 - Auteuil 1814). Il vécut en Bavière puis s'installa en France, où il épousa la veuve de Lavoisier. Il imagina le calorimètre à eau, le thermoscope et étudia les chaleurs de combustion et de vaporisation. En montrant la constance de masse de la glace fondante, il détruisit la théorie du calorique.

Rumi *(Djalal al-Din)* → Djalal al-Din Rumi.

Rummel *(le)*, fl. d'Algérie, tributaire de la Méditerranée, dont les gorges entourent Constantine et qui prend plus en aval le nom d'*oued el-Kebir* ; 250 km.

Rundstedt *(Gerd von)*, maréchal allemand (Aschersleben 1875 - Hanovre 1953). Il commanda un groupe d'armées en Pologne, en France et en Russie (1939-1941). En décembre 1944, il dirigea l'ultime offensive de la Wehrmacht dans les Ardennes.

Runeberg *(Johan Ludvig)*, écrivain finlandais d'expression suédoise (Pietarsaari 1804 - Porvoo 1877). Nommé « poète national de la Finlande » pour ses poèmes lyriques et patriotiques (*le Roi Fjalar*, 1844 ; *Récits de l'enseigne Staal*, 1848-1860), il est l'un des plus grands poètes romantiques scandinaves.

Rungis, comm. du Val-de-Marne ; 2 939 hab. Important marché-gare (produits alimentaires), desservant en priorité l'agglomération parisienne.

Ruolz-Montchal *(comte Henri de)*, savant français (Paris 1808 - Neuilly-sur-Seine 1887). Avec le Britannique Elkington, il découvrit un procédé de dorure de l'argent par galvanoplastie (1840) ainsi que l'alliage qui porte son nom.

Rupert *(le)*, fl. du Canada (Québec), tributaire de la baie James ; 610 km.

Rupert *(Robert, comte palatin, dit le Prince)*, amiral anglais (Prague 1619 - Londres 1682). Lors de la première révolution anglaise, il fut placé à la tête de la cavalerie royale puis de la flotte chargée de soulever l'Irlande (1648-1650). À la Restauration, il fut Premier lord de l'Amirauté (1673-1679).

Rusafa, site de Syrie, au S.-E. du lac Asad. Vestiges (basiliques, martyrium, etc.) élevés au VIe siècle en ce lieu de pèlerinage à saint Serge.

Ruse, v. de Bulgarie, sur le Danube ; 179 000 hab. Premier port fluvial du pays et centre industriel.

Rushdie *(Salman)*, écrivain britannique d'origine indienne (Bombay 1947). Magicien du verbe, il place l'imagination au centre de ses récits (*les Enfants de minuit*, 1981 ; *Haroun et la mer des histoires*, 1990 ; *le Dernier Soupir du Maure*, 1995). Les autorités religieuses iraniennes ont prononcé contre lui une condamnation à mort pour blasphème contre l'islam à cause de son roman *les Versets sataniques* (1988).

Ruska *(Ernst August Friedrich)*, physicien allemand (Heidelberg 1906 - Berlin 1988). S'appuyant sur la « mécanique ondulatoire » de De Broglie et la dualité onde/corpuscule, il est l'un des premiers à concevoir, en 1928, un microscope où le rayon lumineux est remplacé par un faisceau d'électrons. [Prix Nobel 1986.]

Ruskin *(John)*, critique et historien de l'art, sociologue et écrivain britannique (Londres 1819 - Brantwood, Cumberland, 1900). Alliant la prédication morale et les initiatives pratiques à la réflexion sur l'art, il exalta l'architecture gothique et soutint le mouvement préraphaélite ainsi que la renaissance des métiers d'art. Il a notamment écrit *les Sept Lampes de l'architecture* (1849), *les Pierres de Venise* (1851-1853), *l'Économie politique de l'art* (1857).

Russell *(Bertrand, 3e comte)*, philosophe et logicien britannique (Trelleck, pays de Galles, 1872 - Penrhyndeudraeth, pays de Galles, 1970). Il commença par élaborer une critique des relations telles qu'elles sont définies par Leibniz, responsable, selon lui, des aberrations du monisme et de l'idéalisme : son premier texte, *The Principles of Mathematics* (1903), constitue ainsi une première formulation de sa théorie, le « logicisme ». Celle-ci admet l'existence d'objets imaginaires ou fantastiques (par ex. les chimères) au même titre que celle des nombres. L'autre contribution de Russell à la logique est la théorie des types, qui cherche à éliminer les paradoxes logiques relatifs aux classes : par exemple, le paradoxe du Crétois menteur. À cet effet, Russell distingue plusieurs niveaux de langage, qu'il appelle « types ». Il a donné à ses théories leur forme définitive dans les *Principia mathematica,* écrits en collaboration avec A. N. Whitehead (1910-1913). [Prix Nobel de littérature 1950.]

Russell *(Henry Norris),* astronome américain (Oyster Bay, New York, 1877 - Princeton, New Jersey, 1957). Ses travaux de physique stellaire l'amenèrent à établir, indépendamment de Hertzsprung, une classification des étoiles en fonction de leur luminosité et de leur type spectral, qui se traduit par le diagramme dit *de Hertzsprung-Russell* (1913), universellement utilisé à présent.

Russell *(John, comte),* homme politique britannique (Londres 1792 - Pembroke Lodge, Richmond Park, 1878). Chef du parti whig, Premier ministre (1846-1852 ; 1865-66) et ministre des Affaires étrangères (1852-1855 ; 1860-1865), il lutta contre l'influence russe en Europe (guerre de Crimée, 1854) et compléta l'œuvre libre-échangiste de Peel.

Russell *(Ken),* cinéaste britannique (Southampton 1927). Spécialiste de la biographie filmée, il impose dès ses premiers films un style outrancier et baroque : *Love* (1969) ; *Music Lovers* (1971) ; *Tommy* (1975), premier opéra rock sur une musique des Who ; *les Jours et les nuits de China Blue* (1984).

Russie *(Fédération de),* État de l'Europe orientale et de l'Asie, 17 075 400 km² ; 150 000 000 hab. *(Russes).* CAP. *Moscou.* LANGUE : *russe.* MONNAIE : *rouble.*

GÉOGRAPHIE

■ **Le milieu naturel.** La Russie, le plus vaste État du monde, est bordée au nord par l'océan Arctique et à l'est par le Pacifique, elle s'étend sur la majeure partie de l'Europe orientale et surtout le nord de l'Asie. D'ouest en est, on distingue quatre ensembles : la plaine russe de l'Europe orientale, les hau-

teurs de l'Oural, la plaine de Sibérie occidentale et la Sibérie orientale, où les plateaux (entre Ienisseï et Lena) sont bordés de chaînes et d'arcs montagneux (monts de Verkhoïansk, du Kamtchatka, chaîne de Sikhote-Aline). Sous des latitudes froides et tempérées, le climat devient de plus en plus continental vers l'est, où l'on relève les températures les plus froides du globe (— 48 °C en moyenne en janvier à Verkhoïansk). La toundra borde le littoral arctique et est remplacée par la taïga au sud du cercle polaire. La forêt de feuillus assure ensuite la transition avec la steppe, aux terres noires très fertiles, qui occupe la Russie méridionale et le sud de la plaine de Sibérie occidentale.

■ **La population.** La population, majoritairement russe (plus de 80 %), compte plusieurs minorités, qui totalisent environ 30 millions de personnes. Un nombre à peu près égal de Russes vit en dehors des frontières de la Fédération (notamment en Ukraine, au Kazakhstan, en Estonie). La partie occidentale (Russie d'Europe et Oural) est peuplée, avec un réseau urbain dense : Moscou, Kazan, Saint-Pétersbourg, Nijni Novgorod, Samara, Iekaterinbourg, Rostov-sur-le-Don, Volgograd. Dans la partie orientale au contraire, les centres de peuplement sont plus petits et clairsemés.

■ **L'économie.** La Russie dispose d'importantes ressources. L'agriculture fournit céréales, pommes de terre, lait et viande, mais les rendements sont très faibles. Quant aux ressources énergétiques (pétrole et gaz naturel, charbon) et minières, elles sont très inégalement réparties, souvent très éloignées des centres de consommation. En effet, la Russie d'Europe et l'Oural, qui disposent de l'essentiel de la puissance industrielle, sont maintenant dépourvus de ressources énergétiques et minières (sauf de fer), alors que la partie asiatique, dont les productions s'accroissent (charbon, pétrole, gaz naturel, cuivre, fer), n'a encore qu'une production industrielle limitée (métallurgie, chimie lourde, bois et pâte à papier).

La Russie a hérité de la majeure partie de l'espace et des ressources de l'ancienne Union soviétique. Elle a aussi hérité des problèmes qui ont provoqué la désintégration de l'U. R. S. S., une économie ruinée par la gestion bureaucratique, le gaspillage et la corruption, la médiocre productivité. Le passage à l'économie de marché accroît encore tensions sociales et régionales, l'inflation est alarmante, en même temps qu'augmente le chômage. Les tensions ethniques sont, régionalement, vives et les relations avec les autres anciennes républiques soviétiques parfois tendues. La Russie dépend en partie de l'aide internationale, multiforme.

HISTOIRE

À partir du V° s. apr. J.-C., des tribus slaves s'installent sur le Dniepr. Elles entrent en contact avec les Varègues scandinaves, mi-pillards, mi-marchands, qui vont les domi-ner et, au IX° s., fonder des principautés dont les chefs sont semi-légendaires (Askold à Kiev, Riourik à Novgorod).

■ **Les premiers États russes.**

882. Oleg le Sage unifie les terres russes autour de Kiev.

L'État kiévien, qui dure jusqu'en 1240, contrôle le commerce de la Baltique à la mer Noire. La pénétration du christianisme y est suivie du baptême de Vladimir I°' v. 988.

1019-1054. Sous le règne de Iaroslav le Sage, la Russie voit se développer une civi-lisation urbaine influencée par Byzance.

1169. Un second État russe est fondé dans le Nord-Est (région de Vladimir-Souzdal).

1238-1240. Les Mongols (Tatars) conquiè-rent presque tout le pays.

1242. Le grand-prince de Novgorod, Alexandre Nevski, élimine à l'O. la menace germanique en battant les chevaliers Porte-Glaive.

Tandis que le commerce de Novgorod passe sous le contrôle des marchands de la Hanse, s'affirme progressivement la préémi-nence de Moscou, qui devient capitale poli-tique et religieuse. Mais les princes mosco-vites, qui ont obtenu des Mongols en 1328 la dignité de « grand-prince », doivent dis-puter l'hégémonie à l'État lituanien, en pleine expansion.

■ **L'ascension de la Moscovie.**

1380. Dimitri Donskoï (1362-1389) se dresse contre les Mongols et les bat à Kou-likovo.

Cette victoire n'est pas décisive, mais l'affranchissement de la Moscovie va être facilité par le déclin de la Horde d'Or.

1480. Ivan III (1462-1505) se proclame autocrate (qui gouverne par lui-même, indé-pendant).

Il se fait reconnaître « souverain de toutes les Russies » et, mettant à profit la chute de Constantinople (1453), il proclame Moscou héritière de celle-ci, et donc « troisième Rome ».

1533-1584. Ivan IV le Terrible, qui prend le titre de tsar, essaie de moderniser le pays et recourt à la terreur.

Il lutte contre la noblesse traditionnelle, les boyards, au profit d'une aristocratie de fonctionnaires, et entreprend de fixer les paysans à la terre en leur interdisant de se déplacer (1581), mesure qui est à l'origine du servage. Il reconquiert sur les Tatars la vallée de la Volga (Kazan, Astrakhan) et lance la conquête de la Sibérie.

1598-1613. Des troubles politiques et sociaux, liés à la famine, se produisent dès le règne de Boris Godounov (1598-1605). Après sa mort, l'anarchie se développe, mise à profit par les Suédois et les Polonais, qui font couronner leur candidat au trône de Russie (1610).

1613. Une assemblée nationale (zemski sobor) dénoue la crise en élisant Michel III Romanov.

Ses successeurs luttent contre leurs puis-sants voisins (Pologne, Suède) et affrontent révoltes paysannes et troubles religieux (ras-kol, ou schisme des vieux-croyants).

1682-1725. Pierre le Grand mène de façon autoritaire une politique de réformes inspi-rée de l'Occident.

Il renforce son pouvoir, réorganise l'armée et les Finances, fonde Saint-Pétersbourg et crée l'Empire russe (1721).

■ **L'Empire russe.** L'œuvre de Pierre le Grand ne touche qu'une minorité de la population ; elle est partiellement abandon-née par ses successeurs, sous le règne des-quels se suivent révolutions de palais et ministres allemands.

1741-1762. Sous le règne d'Élisabeth (fille de Pierre le Grand), la Russie, alliée de la France et de l'Autriche pendant la guerre de Sept Ans, bat Frédéric de Prusse, qui est sauvé de la défaite par l'avènement de Pierre III.

1762-1796. Catherine II, après avoir éli-miné son mari Pierre III, règne en despote éclairé.

Liée aux philosophes (Voltaire, etc.), la « Grande Catherine » fait des réformes qui visent essentiellement au renforcement du pouvoir impérial, centralisant l'Administra-tion et favorisant le développement écono-mique. S'appuyant sur la noblesse, elle ren-force le servage, ce qui provoque des révoltes. Enfin, elle agrandit la Russie aux dépens de l'Empire ottoman (1768-1792) et de la Pologne (partages de 1772, 1793 et 1795).

1796-1815. La Russie joue un rôle actif en Europe.

Paul I°' (1796-1801) participe aux coalitions contre la France, puis s'oppose à l'Angle-terre. Alexandre I°' (1801-1825), vaincu par

Napoléon, s'allie avec lui (Tilsit, 1807), puis prend une part active à sa chute (campagne de Russie, 1812). Il participe au congrès de Vienne (1815), et, instigateur de la Sainte-Alliance, il se fait le gardien de l'ordre établi.

1825-1855. Nicolas Iᵉʳ mène une politique autoritaire en matant la conspiration « décabriste » (1825) et la révolte polonaise (1831). Il poursuit l'expansion russe dans le Caucase.

Mais les ambitions russes devant la faiblesse ottomane inquiètent l'Angleterre, et la guerre de Crimée est un échec pour la Russie.

1855-1881. Alexandre II modernise son empire : il abolit le servage (1861), crée des assemblées élues, les « zemstvos », et réforme la justice. Il aide les peuples des Balkans à se libérer des Turcs et commence la conquête de l'Asie centrale.

Ses réformes sont jugées insuffisantes et les libéraux se tournent vers l'action révolutionnaire. Le tsar est assassiné.

1881-1894. Alexandre III mène une politique de réaction autocratique qui accentue le divorce avec un pays en pleine évolution économique et sociale.

Il impose une russification systématique et traque les opposants. Si l'industrie progresse, la misère paysanne s'accroît, sauf pour une minorité : les *koulaks*.

1894-1917. La même politique est poursuivie par Nicolas II, mais les oppositions s'amplifient (particulièrement parmi les ouvriers, touchés par le marxisme).

La défaite militaire contre le Japon favorise la révolution de 1905. Après avoir fait des concessions libérales, Nicolas revient à l'autocratisme. La participation de la Russie à la Première Guerre mondiale et les difficultés qui en découlent accroissent le mécontentement et entraînent la révolution de 1917. Le succès de celle-ci est suivi de la chute du tsarisme.

■ **La Russie soviétique.**

1918. Création de la République socialiste fédérative soviétique de Russie.

1922. La R.S.F.S.R. adhère à l'U.R.S.S. (→ U.R.S.S.) Constituant dès lors le centre de l'Union soviétique, la Russie joue un rôle fédérateur à l'égard des républiques périphériques (14 depuis la Seconde Guerre mondiale), dans lesquelles l'emploi de la langue russe et l'établissement des Russes sont considérés comme les vecteurs de la consolidation des valeurs soviétiques. Cependant, après 1985, les aspirations à la démocratie

se développent rapidement, entraînant une rupture avec le système soviétique.

1990. Le Soviet suprême issu des premières élections républicaines libres élit Boris Ieltsine à sa présidence.

1991. Ieltsine, élu président de la République de Russie, s'oppose au putsch tenté contre Gorbatchev (août).

■ **La Fédération de Russie.**

Après la dissolution de l'U.R.S.S. (déc.), la Russie adhère à la C.E.I., au sein de laquelle elle cherche à jouer un rôle prépondérant. Elle succède à l'U.R.S.S. comme membre permanent du Conseil de sécurité de l'O.N.U. et prend le nom officiel de « Fédération de Russie ». Celle-ci est confrontée en 1992 à des troubles, notamment en Ossétie, en Ingouchie et en Tchétchénie. Le passage à l'économie de marché entraîne l'aggravation de la pauvreté et de la corruption.

1993. B. Ieltsine dissout le Soviet suprême (sept.) et brise sa résistance en le faisant assaillir par les forces armées. À l'issue du référendum et des élections législatives de décembre, une nouvelle Constitution entre en vigueur.

1994. Les forces armées interviennent contre la Tchétchénie sécessionniste.

1995. Les élections législatives (déc.) sont marquées par un retour en force des communistes qui, avec leurs alliés, contrôlent près de la moitié de la Douma.

Russie *(campagne de)* [24 juin-30 déc. 1812], expédition menée en Russie par les armées de Napoléon allié à la Prusse et à l'Autriche (600 000 hommes dont 300 000 Français). Après avoir remporté la bataille de la Moskova (7 sept.) et pénétré dans Moscou (14 sept.), ces armées durent entamer une longue et désastreuse retraite, marquée par le passage de la Berezina (25-29 nov.).

Russie Blanche → **Biélorussie.**

russo-japonaise *(guerre)* [févr. 1904 - sept. 1905], guerre entre la Russie et le Japon, qui se termina par la victoire de ce dernier. Le conflit fut marqué par le siège de Port-Arthur sur les Japonais, qui défirent les Russes à Moukden et, sur mer, à Tsushima. Le traité de Portsmouth contraignit les Russes à évacuer la Mandchourie et établit le protectorat japonais sur la Corée.

russo-polonaise *(guerre)* → **polono-soviétique (guerre).**

russo-turques *(guerres),* guerres que se livrèrent les Empires ottoman et russe, principalement au XVIIIᵉ et au XIXᵉ siècle. Les guerres de 1736-1739, 1768-1774, 1787-1791 permirent à la Russie d'acquérir le littoral septentrional de la mer Noire. Le traité de Kutchuk-Kaïnardji (auj. en Bulgarie), signé le 21 juillet 1774, donnait à la Russie la plaine entre le Boug et le Dniepr, le droit de naviguer dans la mer Noire et les Détroits et la protection des chrétiens orthodoxes de l'Empire ottoman. Les guerres de 1828-29 (intervention en faveur de l'indépendance grecque), de 1853/54-1856 (guerre de Crimée) et de 1877-78 (intervention dans les Balkans) contribuèrent à la libération des Balkans de la domination ottomane.

Rustenburg, centre minier d'Afrique du Sud, dans la prov. du Nord-Ouest (platine, chrome).

Rutebeuf, poète français du XIIIe siècle, peut-être d'origine champenoise. Il est l'auteur de complaintes, de poèmes satiriques, de *Renart le Bestourné* (1270) et d'un des plus anciens miracles de Notre-Dame (le *Miracle de Théophile,* v. 1260).

Ruth, femme du pays de Moab, héroïne du livre biblique qui porte son nom. Jeune veuve, elle suivit sa belle-mère, la Juive Noémi, qui avait décidé de revenir dans sa ville natale de Bethléem. Elle y rencontra un riche propriétaire, Booz, qui l'épousa et auquel elle donna un fils, Obed, ancêtre de David et, selon une tradition évangélique, de Jésus lui-même. L'histoire de ce mariage, ainsi glorifié dans sa descendance, d'un Israélite avec une étrangère a le sens d'une contestation des mesures qui, au retour de l'Exil, tendaient à isoler le peuple juif de son entourage.

Ruthénie subcarpatique → Ukraine subcarpatique.

Rutherford of Nelson *(Ernest, lord),* physicien britannique (Nelson, Nouvelle-Zélande, 1871 - Cambridge 1937). Il découvrit en 1899 la radioactivité du thorium et donna avec Soddy, en 1903, la loi des transformations radioactives. Il distingua les rayons β et α, montrant que ces derniers sont constitués de noyaux d'hélium. Grâce aux rayons α du radium, il réalisa en 1919 la première transmutation provoquée, celle de l'azote en oxygène. Il détermina enfin la masse du neutron et proposa un modèle d'atome composé d'électrons satellites et d'un noyau central, dont il donna l'ordre de grandeur de la dimension. (Prix Nobel de chimie 1908.)

Rütli ou **Grütli** *(le),* prairie de la Suisse (canton d'Uri), sur la bordure sud-est du lac des Quatre-Cantons, célèbre par le serment prêté, probablement le 1er août 1291, par les patriotes des cantons d'Uri, de Nidwald et

de Schwyz, qui voulaient se débarrasser de la tyrannie d'Albert d'Autriche.

Rutules, ancien peuple du Latium.

Ruwenzori, massif montagneux de l'Afrique, entre le Zaïre et l'Ouganda ; 5 119 m au pic Marguerite.

Ruysbroeck *(Jan Van)* → Van Ruusbroec.

Ruysbroek *(Guillaume de)* → Rubroek.

Ruysdael → Ruisdael.

Ruyter *(Michiel Adriaanszoon de),* amiral néerlandais (Flessingue 1607 - près de Syracuse 1676). Il remonta la Tamise et incendia les navires anglais aux portes de Londres (1667), arrêta la flotte anglo-française en Zélande (1673) et fut vaincu par Duquesne en 1676 devant le port sicilien d'Augusta.

Ružička *(Leopold),* chimiste suisse d'origine croate (Vukovar, Croatie, 1887 - Zurich 1976), auteur de recherches sur les terpènes et les hormones stéroïdes. (Prix Nobel 1939.)

Ruzzante ou **Ruzante** *(Angelo* Beolco, dit*),* écrivain, acteur et metteur en scène italien (Padoue v. 1500 - *id.* 1542). Il est l'auteur de comédies en dialecte padouan (*Pastoral,* 1518-1520 ; *La Moscheta,* 1528 ; *La Piovana,* 1532). Ses types paysans annoncent les « masques » de valets de la commedia dell'arte.

Rwanda *(anc. Ruanda).* État de l'Afrique centrale ; 26 338 km² ; 7 500 000 hab. *(Rwandais).* CAP. *Kigali.* LANGUES : *français* et *rwanda.* MONNAIE : *franc rwandais.*

GÉOGRAPHIE
Petit pays enclavé, le Rwanda, qui a l'une des densités de population les plus élevées d'Afrique, fait partie des pays les moins avancés. L'altitude à proximité de l'équateur modère les températures. La population, Hutu et Tutsi, est rurale à plus de 90 %. L'agriculture vivrière (patates douces, haricots, bananes) occupe la majorité des terres cultivables. Les cultures commerciales, café et thé, fournissent l'essentiel des exportations. Les communications se font par le Kenya et la Tanzanie. Les principaux partenaires commerciaux sont, après la Belgique, les autres pays de la C. E., le Japon et le Kenya. Le pays, soutenu par l'aide internationale, doit faire face à deux problèmes majeurs, la pression démographique et l'érosion des sols.

HISTOIRE
Peuplé par les Tutsi, pasteurs, et les Hutu, agriculteurs, le pays est difficilement contrôlé par les Allemands à la fin du XIXe s.

1923. La Belgique reçoit de la S. D. N. un mandat sur le Rwanda et le Burundi (Ruanda-Urundi).
1962. Indépendance de la République rwandaise.
La vie politique est marquée par la lutte entre les Hutu et les Tutsi, dont une partie a trouvé refuge en Ouganda.
1973. Coup d'État militaire de Juvénal Habyarimana.
1991. Une nouvelle Constitution instaure le multipartisme.
1992-93. Les négociations entre le gouvernement et les rebelles tutsi, qui ont envahi le nord du pays, aboutissent à un accord de paix.
1994. Après la mort de J. Habyarimana, sans doute victime d'un attentat, le Rwanda est ravagé par des massacres ethniques. Le Front patriotique du Rwanda prend le contrôle du pays, qui reste le théâtre d'affrontements interethniques permanents.

Rybinsk, v. de Russie, sur la Volga ; 252 000 hab. Aménagement hydroélectrique (retenue et centrale).

Rybnik, v. de Pologne, en haute Silésie ; 144 800 hab. Centre houiller.

Rydberg *(Johannes Robert),* physicien suédois (Halmstad 1854 - Lund 1919). Il établit une relation entre les spectres des divers éléments chimiques, mettant en évidence l'existence d'une constante, qui porte son nom, d'une importance capitale dans les théories sur la structure de l'atome.

Rydz-Śmigły *(Edward),* maréchal polonais (Brzeżany, auj. Berejany, Ukraine, 1886 - Varsovie 1941). Inspecteur général des armées après la mort de Piłsudski (1935), il commanda en chef les forces polonaises en 1939.

Ryle *(Gilbert),* philosophe et logicien britannique (Brighton 1900 - Whitby, North Yorkshire, 1976). Il préconise une analyse conceptuelle rigoureuse pour lever les ambiguïtés du langage (*la Notion d'esprit,* 1949).

Ryle *(sir Martin),* astrophysicien britannique (Brighton 1918 - Cambridge 1984). Par ses observations et les perfectionnements qu'il a apportés à l'instrumentation, il a fourni une contribution fondamentale au développement de la radioastronomie. (Prix Nobel de physique 1974 avec A. Hewish.)

Ryswick *(traités de)* [1697], traités signés à Ryswick, près de La Haye, mettant fin à la guerre de la Ligue d'Augsbourg. Le premier fut signé le 20 septembre entre la France, les Provinces-Unies, l'Angleterre et l'Espagne ; le deuxième, le 30 octobre, entre la France et le Saint Empire. Louis XIV restituait les territoires occupés (Lorraine, Palatinat, Catalogne) ou annexés grâce à sa politique des Réunions, sauf Strasbourg et Sarrelouis (dans la Sarre), et reconnaissait Guillaume III comme roi d'Angleterre.

Ryukyu, archipel japonais du Pacifique, d'origine volcanique et corallienne, entre Kyushu et Taïwan ; 2 250 km² ; 1 222 398 hab. Ch.-l. *Naha* (dans l'île d'Okinawa, la plus grande de l'archipel).

Rzeszów, v. du sud-est de la Pologne, ch.-l. de voïévodie ; 138 000 hab. — Monuments anciens.

S

SA (abrév. de Sturmabteilung, section d'assaut), formation paramilitaire de l'Allemagne nazie, créée en 1921 par Ernst Röhm. Comptant environ 3 millions de membres en 1933, les SA jouèrent un rôle essentiel dans l'accession de Hitler au pouvoir. Après l'élimination de Röhm (« Nuit des longs couteaux », 1934), elles perdirent leur importance.

Saadi → Sadi.

Saale *(la),* riv. d'Allemagne, affl. de l'Elbe (r. g.) ; 427 km. Elle traverse Iéna et Halle.

Saaremaa, île d'Estonie, fermant le golfe de Riga ; 2 714 km². Élevage.

Saariaho *(Kaija),* compositrice finlandaise (Helsinki 1952). Élève de Heininen à Helsinki et de Ferneyhough à Fribourg, elle travaille régulièrement à l'I. R. C. A. M. et s'est installée à Paris (*Lichtbogen,* 1986 ; *Io,* 1987 ; *Maa,* 1991).

Saarinen *(Eero),* architecte et designer américain d'origine finlandaise (Kirkkonummi 1910 - Ann Arbor, Michigan, 1961). Avec son père, **Eliel** (1873-1950), établi aux États-Unis en 1923, il joua un rôle important dans l'évolution de l'architecture américaine moderne. Il s'est livré à des recherches structurelles et plastiques d'une grande variété, délaissant progressivement l'angle droit au profit de formes sculpturales, à l'occasion symboliques (aérogare TWA à Idlewild, New York, 1956).

Saba, ancien royaume de l'Arabie du Sud-Ouest, qui connut dès le VIIIᵉ siècle une brillante civilisation. La Bible relate le voyage de la reine de Saba à Jérusalem avec une riche caravane et sa visite au roi Salo-

mon. Cette souveraine, mentionnée dans le Coran et que les musulmans connaissent sous le nom de Balkis, ne régnait sans doute pas sur le pays même de Saba mais plutôt sur une des colonies sabéennes établies en Arabie du Nord. La tradition abyssine fait de la reine de Saba l'ancêtre de la dynastie des empereurs d'Éthiopie par un fils qu'elle aurait eu de Salomon. Ce royaume fut très prospère entre le VIIIᵉ et le Iᵉʳ s. av. J.-C.

Saba *(Umberto* **Poli,** dit Umberto*),* écrivain italien (Trieste 1883 - Gorizia 1957). Son expérience de la persécution raciste et de la psychanalyse a inspiré son œuvre poétique, attentive aux rêves de l'adolescence et aux faits quotidiens (*Il Canzoniere,* 1921, 1945, 1961).

Sabadell, v. d'Espagne (prov. de Barcelone) ; 189 404 hab. Textile. — Musée.

Sabah, *anc.* Bornéo-Septentrional, État de la Malaisie ; 73 700 km² ; 1 323 000 hab. CAP. *Kota Kinabalu.* — Colonie britannique de 1877 à 1963.

Sabatier *(Paul),* chimiste français (Carcassonne 1854 - Toulouse 1941). En collaboration avec J.-B. Senderens (1856-1937), il a découvert les propriétés du nickel réduit relativement aux hydrogénations catalytiques et a réalisé ainsi la synthèse de nombreux hydrocarbures. (Prix Nobel 1912.)

Sabatier *(Robert),* écrivain français (Paris 1923). Connu pour une saga autobiographique commencée en 1969 avec *les Allumettes suédoises,* il est aussi l'auteur d'une *Histoire de la poésie française* (1975-1982) et de recueils de poèmes.

Sábato *(Ernesto),* écrivain argentin (Rojas 1911). Physicien, il est l'auteur d'essais socio-politiques et de romans qui unissent le rythme du roman policier à la méditation philosophique (*Alejandra*, 1967 ; *l'Ange des ténèbres*, 1974).

Sabellius, hérésiarque du IIIe siècle, initiateur d'une doctrine tendant à réduire la distinction des trois personnes de la Trinité (sabellianisme, modalisme ou monarchianisme).

Sabin *(Albert Bruce)*, médecin américain d'origine russe (Białystok 1906 - Washington 1993). Spécialiste de virologie, il a mis au point le vaccin antipoliomyélitique oral.

Sabins, ancien peuple d'Italie centrale. Mêlés aux Latins, les Sabins ont formé la première population de Rome. Selon la légende, deux rois sabins y ont régné après Romulus : Numa Pompilius (v. 715-672 av. J.-C.) et Ancus Martius (v. 640-616 av. J.-C.).

Sabins *(monts)*, en ital. **monti Sabini**, massif d'Italie (Latium) ; 1 365 m au monte Pellechia.

Sablé *(Madeleine de Souvré, marquise de)*, femme de lettres française (en Touraine 1599 - Port-Royal 1678). Elle tint un salon célèbre et lança la mode des portraits et des maximes.

Sables-d'Olonne (Les), ch.-l. d'arr. de la Vendée, sur l'Atlantique ; 16 245 hab. *(Sablais)*. Station balnéaire, port de pêche et de plaisance. — Église romane en 1646. Musée régional et d'art contemporain dans l'abbaye Ste-Croix.

Sabunde, Sebond, Sebonde ou **Sibiuda** *(Ramon)*, médecin et philosophe espagnol (Barcelone ? -Toulouse 1436). Sa *Théologie naturelle* fut traduite par Montaigne, qui consacra à son *Apologie* un chapitre des *Essais*.

Sá-Carneiro *(Mário de)*, écrivain portugais (Lisbonne 1890 - Paris 1916). D'abord symboliste, son œuvre poétique aboutit à la dispersion de l'être et à l'anéantissement du moi (*Dispersão*, 1914 ; *Poesias*, 1964). Il se suicida.

Sacchetti *(Franco)*, écrivain italien (Raguse, Dalmatie, v. 1330 - San Miniato 1400). Il est l'auteur d'un recueil pittoresque et réaliste de *Trois Cents Nouvelles*, composé entre 1385 et 1397, sur la société de son temps.

Sacchini *(Antonio Gaspare)*, compositeur italien (Florence 1730 - Paris 1786), auteur de la tragédie lyrique *Œdipe à Colone* (Paris, 1786).

Sacco et Vanzetti *(affaire)*, affaire judiciaire américaine. L'exécution, en 1927, de deux anarchistes italiens immigrés, Nicola Sacco (né en 1891) et Bartolomeo Vanzetti (né en 1888), condamnés à mort (1921) pour un double assassinat, sans preuves certaines, provoqua de vives protestations dans le monde.

S. A. C. E. M. (Société des auteurs, compositeurs et éditeurs de musique), organisme professionnel fondé en France en 1851, qui a pour objet principal de percevoir les droits d'exécution publique et de représentation des œuvres de ses membres.

Sacerdoce et de l'Empire *(lutte du)*, conflit qui opposa, en Allemagne et en Italie, l'autorité pontificale (Sacerdoce) et le pouvoir impérial (1157-1250). Aux prétentions théocratiques de la papauté, les empereurs de la famille des Hohenstaufen (Frédéric Ier Barberousse, Henri VI et Frédéric II), ainsi qu'Otton IV de Brunswick, répondirent par leur volonté de domination de l'Italie. À son paroxysme, la lutte du Sacerdoce et de l'Empire est marquée par un cycle d'excommunications des empereurs (Otton IV en 1210, Frédéric II en 1227 puis en 1239), de formation de ligues urbaines en Italie (Ligue lombarde) et de lutte entre les guelfes et les gibelins. À la mort de Frédéric II, le pape Innocent IV fait figure de vainqueur. Mais, en fait, la papauté et le Saint Empire sont l'un et l'autre affaiblis par leur querelle.

Sacher *(Paul)*, chef d'orchestre et mécène suisse (Bâle 1906). Fondateur de l'Orchestre de chambre de Bâle (1926), il a commandé des œuvres à Bartók, Honegger, Stravinsky et bien d'autres.

Sacher-Masoch *(Leopold, chevalier von)*, écrivain autrichien (Lemberg 1836 - Lindheim, Hesse, 1895). Il est l'auteur de contes et de romans (*Vénus à la fourrure*, 1870) où s'exprime un érotisme dominé par la volupté de la souffrance (le *masochisme*).

Sachs *(Hans)*, poète allemand (Nuremberg 1494 - id. 1576). Il est l'auteur de pièces lyriques (le *Rossignol de Wittenberg*, 1523), de *Farces de Carnaval* et de drames qui se rattachent à la tradition médiévale. Wagner en a fait le héros de ses *Maîtres chanteurs de Nuremberg*.

Sachs *(Leonie, dite Nelly)*, femme de lettres suédoise d'origine allemande (Berlin 1891 - Stockholm 1970). Elle a témoigné du martyre des Juifs à travers sa poésie (*Dans les habitations de la mort*, 1947) et son théâtre (*Signe sur le sable*, 1962). [Prix Nobel 1966.]

Sackville *(Thomas)*, *baron de Buckhurst et comte de Dorset*, homme d'État et poète anglais (Buckhurst, Sussex, v. 1536 - Londres 1608). Il est l'auteur, avec Thomas Norton, de la première tragédie anglaise en vers blancs, *Gorboduc ou Ferrex et Porex* (1561).

Saclay, comm. de l'Essonne, sur le plateau qui domine la Bièvre ; 2 897 hab. Centre d'études nucléaires.

Sacramento, v. des États-Unis, cap. de la Californie, sur le *Sacramento* (620 km) ; 369 365 hab. Centre d'une riche région agricole.

Sacré *(mont),* colline au nord-est de Rome, où les plébéiens firent sécession en 494 av. J.-C., jusqu'à la création des tribuns de la plèbe.

Sacre du printemps *(le),* ballet en deux parties, musique de I. Stravinsky, chorégraphie de Nijinski, créé par les Ballets russes (1913). Version de M. Béjart (1959).

sacrées *(guerres),* nom donné à quatre guerres entre les cités grecques, qui eurent lieu entre 590 et 339 av. J.-C. Déclenchées par l'amphictyonie de Delphes pour défendre les droits du temple d'Apollon, elles avaient pour véritable but de s'assurer le contrôle des richesses du sanctuaire. Elles se terminèrent par l'intervention de Philippe de Macédoine, qui soumit les cités grecques à son pouvoir.

Sadate *(Anouar* el-*),* homme d'État égyptien (gouvernorat de Ménoufièh 1918 - Le Caire 1981). Après avoir participé au coup d'État de 1952, il devint président de l'Assemblée nationale (1960-1969). Il succéda à Nasser à la tête de l'État en 1970. Après la quatrième guerre israélo-arabe (1973), il rompit totalement avec l'U. R. S. S. (1976) et se rapprocha d'Israël, avec qui il signa en 1979 le traité de Washington. Il fut assassiné en 1981. (Prix Nobel de la paix 1978.)

Sade *(Donatien Alphonse François, comte* de Sade, dit le Marquis de*),* écrivain français (Paris 1740 - Charenton 1814). Écrite en prison, où il passa la majeure partie de sa vie pour ses débauches, son œuvre n'a pas été reconnue avant Apollinaire et les surréalistes. Détournant dans ses récits les valeurs du siècle des Lumières (culte de la Nature, droit au bonheur), Sade amplifie par l'écriture perversions et fantasmes sexuels, faisant alterner les scènes libertines et les discours philosophiques prononcés par ses personnages (*les Cent Vingt Journées de Sodome,* 1782-1785 ; *Justine ou les Malheurs de la vertu,* 1791 ; *la Philosophie dans le boudoir,* 1795).

Sá de Miranda *(Francisco* de*),* humaniste et écrivain portugais (Coimbra v. 1480 -

Quinta de Tapada 1558). Son œuvre théâtrale et poétique est marquée par l'influence italienne (*les Étrangers,* 1527).

Sadi ou **Saadi** *(Mocharrafoddin),* poète persan (Chiraz v. 1213 - *id.* 1292). Il a composé les recueils lyriques et didactiques le *Golestan (Jardin des roses,* traduit en français en 1634) [→ **Golestan**] et le *Bustan,* qui ont initié l'Occident à la poésie persane.

Sadiens ou **Saadiens,** dynastie qui régna sur le Maroc de 1554 à 1659.

Sadolet *(Jacques), en ital.* Iacopo Sadoleto, cardinal et humaniste italien (Modène 1477 - Rome 1547). Il prôna la conciliation à l'égard des protestants.

Sadoul *(Georges),* journaliste et historien du cinéma français (Nancy 1904 - Paris 1967). Surréaliste de 1925 à 1932, il adhéra au Parti communiste et fut un ardent défenseur du cinéma soviétique (*Histoire du cinéma mondial des origines à nos jours,* 1949 ; *Histoire générale du cinéma,* 1946-1954, 6 vol.).

Sadoveanu *(Mihail),* écrivain roumain (Paşcani, Moldavie, 1880 - Bucarest 1961). Son œuvre de romancier se développe comme une vaste fresque du peuple roumain (*l'Auberge d'Ancoutza,* 1928).

Sadowa *(bataille de)* [3 juill. 1866], victoire de l'armée prussienne de Frédéric-Charles sur les Autrichiens à Sadowa (en tchèque *Sadová*) en Bohême orientale, lors de la guerre austro-prussienne.

Saenredam *(Pieter Jansz.),* peintre et dessinateur néerlandais (Assendelft, Hollande-Septentrionale, 1597 - Haarlem 1665). Peintre d'architecture, il a surtout pris pour thème des intérieurs d'église, remarquables par la limpidité de l'atmosphère, la netteté du langage formel, la finesse d'une palette de beiges, de blancs et de gris.

Safi, port du Maroc, sur l'Atlantique ; 197 000 hab. Centre commercial et industriel. — Monuments anciens, dont la forteresse portugaise (XVIe s.).

Sagamihara, v. du Japon (Honshu) ; 531 542 hab.

Sagan *(Carl),* astrophysicien américain (New York 1934). Spécialiste de planétologie et d'exobiologie, il a joué un rôle majeur dans la mise au point des programmes américains de sondes planétaires.

Sagan *(Françoise Quoirez,* dite Françoise*),* femme de lettres française (Cajarc, Lot, 1935). Ses romans (*Bonjour tristesse,* 1954 ; *la Femme fardée,* 1981) et ses pièces de théâtre (*Château en Suède,* 1960) font le portrait désinvolte d'une société aisée et désabusée.

Sagar ou **Saugor,** v. de l'Inde (Madhya Pradesh) ; 256 878 hab.

Sagasta *(Práxedes Mateo),* homme politique espagnol (Torrecilla en Cameros, Logroño, 1825 - Madrid 1903). Républicain rallié à la monarchie, plusieurs fois Premier ministre de 1881 à 1902, il instaura le suffrage universel et dut liquider l'empire colonial après la guerre contre les États-Unis (1898).

Sages *(les Sept),* nom donné par la tradition grecque à sept personnages, philosophes ou hommes d'État, du VIᵉ s. av. J.-C. : Bias de Priène, Chilon de Lacédémone, Cléobule de Lindos, Myson de Khênê, qui sont souvent remplacé par Périandre de Corinthe, Pittacos de Mytilène, Solon d'Athènes et Thalès de Milet.

Sagesse *(livre de la),* livre de l'Ancien Testament rédigé en grec v. 50 av. J.-C. par un Juif d'Alexandrie, exhortation à la recherche de la véritable sagesse qui vient de Dieu.

Sagittaire *(le),* constellation zodiacale dont la direction correspond à celle du centre de la Galaxie. — Neuvième signe du zodiaque, que le Soleil quitte au solstice d'hiver.

Sagonte, v. de l'Espagne ancienne, auj. **Sagunto** (prov. de Valence) ; 55 457 hab. — Le siège de Sagonte, alliée de Rome, par Hannibal (219 av. J.-C.) déclencha la deuxième guerre punique.

Saguenay *(le),* riv. du Canada (Québec), affl. du Saint-Laurent (r. g.) ; 200 km. Installations hydroélectriques.

Sahara *(le), en ar.* al-Ṣaḥrā', le plus grand désert du monde, couvrant plus de 8 millions de km², entre l'Afrique du Nord méditerranéenne et l'Afrique noire, l'Atlantique et la mer Rouge. Au N., l'Atlas saharien marque la limite septentrionale du désert, qui atteint la mer en Libye et en Égypte. Au S., la limite méridionale est la bordure sahélienne, où apparaît le cramcram, graminée qui nécessite des pluies d'été relativement régulières.

GÉOGRAPHIE

■ **Le milieu naturel.** De part et d'autre du tropique du Cancer, le Sahara s'étend sur une dizaine d'États : Maroc, Algérie, Tunisie, Libye, Égypte, Soudan, Tchad, Niger, Mali et Mauritanie. C'est un désert zonal, lié aux hautes pressions subtropicales, responsables du faible volume des précipitations (moins de 100 mm d'eau par an). Les températures maximales peuvent atteindre 50 °C, même 55 °C, et l'amplitude thermique quotidienne (15 à 30 °C) est souvent supérieure à l'amplitude annuelle. En dehors des deux massifs du Hoggar et du Tibesti (qui approchent ou dépassent 3 000 m), les paysages sont le plus souvent plats, pierreux (regs) ou sableux (ergs). Les cours d'eau sont des oueds temporaires, dont l'écoulement peut être souterrain.

■ **La population et les ressources.** Environ un million et demi de personnes vivent au Sahara. Le nomadisme, qui était le mode de vie de la moitié de la population, recule progressivement au fur et à mesure de l'emprise administrative et économique sur ce territoire. Des cultures sont pratiquées dans les oasis, qui, outre une importante production de dattes, fournissent des céréales et des légumes. Les ressources minières sont notables : pétrole et gaz naturel en Algérie et en Libye, phosphates au Sahara occidental, uranium au Niger, fer en Mauritanie. Elles constituent le principal facteur d'intégration économique des zones sahariennes.

HISTOIRE

L'abondance des fossiles et de l'outillage néolithique atteste une ère de vie foisonnante. Dans l'Antiquité, la sécheresse imposa l'abandon du cheval et son remplacement par le dromadaire à partir du Iᵉʳ s. av. J.-C. Les Arabes s'infiltrèrent au Sahara à partir du VIIᵉ siècle, implantant l'islam. À la fin du XIXᵉ siècle, le Sahara fut, dans sa majeure partie, conquis par la France, qui prit Tombouctou en 1894. L'Espagne organisa à partir de 1884 sa colonie du Sahara occidental et l'Italie s'établit en Cyrénaïque et en Tripolitaine en 1911-12.

Saharanpur, v. de l'Inde (Uttar Pradesh) ; 373 904 hab. Centre commercial et industriel.

Sahara occidental, territoire correspondant à l'anc. Sahara espagnol ; 266 000 km² ; 165 000 hab. Phosphates. Il est administré aujourd'hui par le Maroc (auquel s'est opposé le Front Polisario). Un référendum sur l'autodétermination de ses habitants est envisagé.

Sahel *(le)* [ar. *Sāḥil,* rivage], en Afrique, au S. du Sahara, zone de transition entre le désert et le domaine tropical humide soudanien. Selon l'O. N. U., le Sahel concerne la Mauritanie, le Sénégal, le Mali, le Burkina, le Niger, le Tchad. On peut y ajouter le Soudan. Les pluies qui tombent de juin à septembre y passent de 600 mm au sud à 100 mm au nord, en même temps que la savane arborée ou arbustive est progressivement remplacée par la steppe. Dans le Sud, des agriculteurs cultivent mil et arachide ;

vers le nord, des pasteurs pratiquent l'élevage (bovins, caprins, chameaux), nomade ou semi-nomade. Le milieu, très fragile, est soumis à l'alternance de périodes sèches et humides. Les sécheresses récentes, aggravées souvent par le surpâturage, ont provoqué une extension du désert.

Saïan, ensemble montagneux de Russie, dans le sud de la Sibérie occidentale.

Saida, v. d'Algérie, ch.-l. de wilaya, au pied des *monts de Saida ;* 62 000 hab.

Saïda, v. du Liban → Sayda.

Saïd Pacha *(Muhammad)* [Le Caire 1822 - Alexandrie 1863], vice-roi d'Égypte (1854-1863). Fils de Méhémet-Ali, il soutint le projet français du canal de Suez.

Saigon → Hô Chi Minh-Ville.

Saikaku *(Ihara* Saikaku, dit*),* écrivain japonais (Osaka 1642 - id. 1693). Il créa dans son pays le roman de mœurs réaliste et satirique *(Vie d'une femme libertine,* 1686).

Sailer *(Toni),* skieur autrichien (Kitzbühel 1935), triple champion olympique (descente, slalom spécial et slalom géant) en 1956.

Saint-Acheul, faubourg d'Amiens. Église du XVIIIe siècle, ancienne abbatiale. Station préhistorique, éponyme du faciès acheuléen (paléolithique inférieur).

Saint-Amand-Montrond, ch.-l. d'arr. du Cher, sur le Cher ; 12 377 hab. *(Saint-Amandois).* Imprimerie. — Église romane. Musée. — Aux environs, ancienne abbaye cistercienne de Noirlac (XIIe-XIVe s.) et château de Meillant (XIVe-XVIe s.).

Saint-Amant *(Marc Antoine* Girard, *sieur* de*),* poète français (Quevilly 1594 - Paris 1661). Passant de poèmes bachiques *(les Goinfres)* à des poèmes d'inspiration satirique *(la Pluie* ou *Solitude,* 1618 ; *la Rome ridicule,* 1643) ou fantastique *(les Visions),* il inventa le vocabulaire poétique burlesque. (Acad. fr. 1634.)

Saint-André, comm. du nord-est de la Réunion ; 35 375 hab. Sucrerie.

Saint Andrews, v. de Grande-Bretagne (Écosse), sur la mer du Nord ; 12 000 hab. Université. Golf. Tourisme. — Ruines de la cathédrale (XIIe-XIVe s.).

Saint-Aubin (de), artistes parisiens du XVIIIe siècle, dont les plus connus sont trois frères, fils d'un brodeur du roi : **Charles Germain** (1721-1786), dessinateur en broderie et graveur, auteur de dessins de fleurs et du recueil plein de fantaisie *Essai de papillonneries humaines ;* **Gabriel** (1724-1780), peintre, dessinateur et graveur, auteur de vivants tableaux à l'eau-forte de la vie parisienne ; **Augustin** (1736-1807), dessinateur et graveur, qui excella dans la vignette, l'ornement, le portrait.

Saint-Barthélemy, une des Antilles françaises, dépendant de la Guadeloupe ; 25 km[2] ; 5 043 hab. Ch.-l. *Gustavia.* Port franc. Tourisme. — Suédoise de 1784 à 1876.

Saint-Barthélemy *(la)* [nuit du 23-24 août 1572], massacre des protestants perpétré, à Paris et en province, à l'instigation de Catherine de Médicis et des Guises, inquiets de l'ascendant pris par l'amiral de Coligny sur le roi Charles IX et de sa politique de soutien aux Pays-Bas, en révolte contre l'Espagne. Il y eut environ 3 000 victimes. Le roi de Navarre (le futur Henri IV), qui venait d'épouser Marguerite de Valois, sauva sa vie en abjurant. Affaire politique, la Saint-Barthélemy, célébrée comme une victoire par le roi d'Espagne Philippe II et le pape Grégoire XIII, est restée le symbole de l'intolérance religieuse.

Saint-Benoît, ch.-l. d'arr. de la Réunion, sur l'océan Indien ; 26 457 hab. Sucrerie.

Saint-Benoît-sur-Loire, comm. du Loiret ; 1 893 hab. — Abbaye, fondée vers 650, où fut déposé le corps de saint Benoît. Une communauté bénédictine s'y est réinstallée en 1947. L'église comprend clocher-porche et chœur romans du XIe siècle.

Saint-Bernard (Grand-), col des Alpes, entre la Suisse (Valais) et l'Italie (Val d'Aoste), à 2 469 m d'alt., franchi par une route. Tunnel routier à 1 915 m d'alt. (5 826 m de longueur). — Bonaparte franchit le col en 1800. — Hospice monastique reconstruit au XIXe siècle (église du XVIIe).

Saint-Bernard (Petit-), col des Alpes, entre la France (Tarentaise) et l'Italie (Val d'Aoste), à 2 188 m d'alt.

Saint-Bertrand-de-Comminges, comm. de la Haute-Garonne ; 217 hab. Vestiges de la ville romaine de *Lugdunum Convenarum.* Dans la ville haute, ancienne cathédrale romane (XIIe s. : portail sculpté, narthex, cloître), gothique (XIVe s. : partie de la nef et chœur) et Renaissance (riche chœur liturgique avec stalles sculptées). Musée archéologique départemental. — Aux environs, église St-Just de Valcabrère, des XIe-XIIe siècles, cathédrale primitive du Comminges.

Saint-Blaise, site des Bouches-du-Rhône, dominant la Crau (comm. de Saint-Mitreles-Remparts). Comptoir étrusque dès le VIIe s. av. J.-C., l'oppidum fut très fréquenté au IVe s. av. J.-C. Vestiges paléochrétiens.

Saint-Brieuc, ch.-l. des Côtes-d'Armor, sur la Manche, à 443 km à l'ouest de Paris ; 47 370 hab. *(Briochins).* Évêché. Métallurgie. Chauffe-eau. Brosserie. — Cathédrale surtout des XIVe-XVe siècles. Musée historique et ethnographique des Côtes-d'Armor.

Saint Catharines, v. du Canada (Ontario), au sud de Toronto, sur le canal Welland ; 129 300 hab. Centre commercial. Industries. Universités.

Saint-Chamond, ch.-l. de c. de la Loire ; 39 262 hab. *(Saint-Chamonais* ou *Couramiauds).* Industrie métallurgique, textile, chimique.

Saint Christopher and Nevis, État insulaire des Antilles ; 261 km² ; 50 000 hab. CAP. *Basseterre.* LANGUE : *anglais.* MONNAIE : *dollar des Caraïbes orientales.* Il est formé des îles de Saint Christopher (168 km²), ou Saint Kitts, et de Nevis. Le tourisme s'est ajouté à l'agriculture (canne à sucre, banane, coton). Mais, conséquence du sous-emploi, l'émigration reste importante.

Saint Clair, fl. et lac (1 270 km²) de l'Amérique du Nord, séparant le Canada (Ontario) des États-Unis (Michigan).

Saint-Clair-sur-Epte *(traité de)* [911], traité signé dans la commune de l'actuel Val-d'Oise qui porte le nom et par lequel Charles III le Simple donnait en fief la Normandie au chef normand Rollon.

Saint-Claude, ch.-l. d'arr. du Jura, sur la Bienne ; 13 265 hab. *(Sanclaudiens).* Évêché. Centre français de la fabrication des pipes. Matières plastiques. — Cathédrale, ancienne abbatiale, des XIVe-XVIIIe siècles. Musée de la Pipe, du Diamant et du Lapidaire.

Saint-Cloud, ch.-l. de c. des Hauts-de-Seine, sur la Seine ; 28 673 hab. *(Clodoaldiens).* Hippodrome. École normale supérieure. Bureau international des poids et mesures. — Ancienne résidence royale et impériale, détruite en majeure partie en 1870 ; beau parc. Musées.

Saint-Cyran *(abbé de)* → Du Vergier de Hauranne.

Saint-Cyr-Coëtquidan, appellation courante donnée à l'ensemble des écoles militaires installées, depuis la Libération, au camp de Coëtquidan (Morbihan). L'École spéciale militaire des officiers de l'armée de Terre eut son siège à Saint-Cyr (Yvelines) de 1808 à 1940.

Saint-Cyr-l'École, ch.-l. de c. des Yvelines, à l'ouest de Versailles ; 15 838 hab. *(Saint-*

Cyriens). Siège d'une base de l'armée de l'air. Collège militaire.

Saint-Denis, ch.-l. de c. de la Seine-Saint-Denis, sur le canal de Saint-Denis, au nord de Paris ; 90 806 hab. *(Dionysiens).* Évêché. Centre industriel. Université. Stade de France en construction (pour la Coupe du monde de football de 1998). HIST. L'histoire de l'abbaye de Saint-Denis est étroitement liée à celle des rois de France depuis le second sacre de Pépin le Bref et de ses fils qui s'y tint en 754. L'importance de l'abbaye, déjà grande sous les Carolingiens et les Robertiens, se développa sous les Capétiens. Son abbé, Suger, assuma la régence du royaume de 1147 à 1149. Nécropole royale, l'abbaye abritait les insignes de la royauté : la couronne et l'oriflamme. Ses moines rédigèrent l'histoire officielle des rois de France *(Chroniques de Saint-Denis).* La Convention ordonna en 1793 la destruction des tombes de l'abbaye. Les gisants et les statues furent sauvés grâce à l'intervention de l'archéologue Alexandre Lenoir. ARTS L'ancienne abbatiale, aujourd'hui cathédrale, est le premier monument de l'art gothique par ce qui en demeure du temps de Suger : façade (1140 ; mutilée), crypte et rez-de-chaussée du chœur (1144), à double déambulatoire et chapelles rayonnantes (vitraux). La construction, reprise en 1231, poursuivie dans le style rayonnant avec un ample transept fait pour recevoir les sépultures royales, fut achevée en 1281. Y est présenté un ensemble unique de monuments funéraires, des gisants médiévaux et du tombeau adossé de Dagobert (XIIIe s.) au riche groupe de la Renaissance, comprenant, entre autres, les ensembles architecture-sculpture des tombeaux de Louis XII et Anne de Bretagne, François Ier et Claude de France, Henri II et Catherine de Médicis. Reconstruits au XVIIIe siècle, les bâtiments monastiques abritent depuis 1809 la maison d'éducation des jeunes filles de la Légion d'honneur. — Musée d'Art et d'Histoire dans l'ancien carmel (XVIIe-XVIIIe s.).

Saint-Denis, ch.-l. de la Réunion, sur la côte nord de l'île ; 122 875 hab. Cour d'appel. Évêché. Industries agroalimentaires. — Musée Léon-Dierx (peintures, dessins).

Saint Denis *(Ruth* Dennis, dite Ruth*),* danseuse, chorégraphe et pédagogue américaine (Newark, New Jersey, v. 1877 - Hollywood 1968). Elle signe des créations inspirées par les mythologies hindoue, égyptienne japonaise, balinaise *(Radha,* 1906 ; *O-mika,* 1913) et présente dans des églises des danses d'inspiration religieuse (*Ritual of the Masque of Mary,* 1934). Avec son partenaire Ted Shawn, qu'elle épousa (1914), elle fonda la Denishawn School, à Los Angeles (1915-1931), où furent formés les chefs de file de la modern dance.

Saint-Dié, ch.-l. d'arr. des Vosges, sur la Meurthe ; 23 670 hab. *(Déodatiens).* Évêché. Constructions mécaniques. — Cathédrale en partie romane, cloître gothique et église de style roman rhénan. Musée.

Saint-Dizier, ch.-l. d'arr. de la Haute-Marne, sur la Marne ; 35 558 hab. *(Bragards).* Matériel agricole. — Musée municipal.

Saint-Domingue, ancien nom de l'île d'Haïti.

Saint-Domingue, *en esp.* Santo Domingo, anc. Ciudad Trujillo, cap. de la République Dominicaine, sur la côte méridionale de l'île d'Haïti ; 1 318 000 hab. (1 556 000 hab. dans l'agglomération). Centre administratif, commercial, universitaire. — Noyau urbain d'époque coloniale (cathédrale du XVI⁰ s.).

Sainte-Anne-d'Auray, comm. du Morbihan, près d'*Auray* ; 1 758 hab. Pèlerinage.

Sainte-Baume *(la),* chaîne calcaire de la Provence, à l'est de Marseille, culminant à 1 147 m.

Sainte-Beuve *(Charles Augustin),* écrivain français (Boulogne-sur-Mer 1804 - Paris 1869). Il fit d'abord partie du cénacle romantique, publia des recueils de poésies (*Vie, poésies et pensées de Joseph Delorme,* 1829) et un roman (*Volupté,* 1834), puis il se consacra à la critique et à l'histoire littéraires en saisissant les écrivains dans leur milieu biologique, historique et social (*Port-Royal,* 1840-1859 ; *Portraits littéraires,* 1836-1839 ; *Causeries du lundi,* 1851-1870). Il fut longtemps le critique de référence de l'Université française. (Acad. fr. 1843.)

Sainte-Claire Deville *(Henri),* chimiste français (île Saint Thomas, Antilles, 1818 - Boulogne-sur-Seine 1881). Il étudia les dissociations thermiques des gaz et inventa le premier procédé de fabrication industrielle de l'aluminium (1854). En 1857, il étendit ce procédé au magnésium. Son frère **Charles,** géologue français (île Saint Thomas, Antilles, 1814 - Paris 1876), fut l'un des fondateurs de la Société météorologique de France (1852) et créa l'observatoire météorologique du parc de Montsouris.

Sainte-Croix, *en angl.* Saint Croix, la plus grande des îles Vierges américaines ;

217 km² ; 50 000 hab. Ch.-l. *Christiansted.* Port pétrolier.

Sainte-Geneviève-des-Bois, ch.-l. de c. de l'Essonne ; 31 372 hab. *(Génovéfains).* — Donjon (XIV⁰ s.). Église russe (1939).

Sainte-Hélène, *en angl.* Saint Helena Island, île de l'Atlantique sud, à 1 850 km des côtes d'Afrique ; 122 km² ; 5 300 hab. Ch.-l. *Jamestown.* — L'île est célèbre par la captivité de Napoléon Iᵉʳ de 1815 à sa mort, en 1821.

Saint Elias, *en fr.* Saint-Élie, massif d'Amérique du Nord, aux confins du Canada et de l'Alaska ; 6 050 m au mont Logan, le point culminant du Canada.

Sainte-Lucie, *en angl.* Saint Lucia, État insulaire des Antilles ; 616 km² ; 145 000 hab. CAP. *Castries.* LANGUE : *anglais.* MONNAIE : *dollar des Caraïbes orientales.* L'île est indépendante, dans le cadre du Commonwealth, depuis 1979. Production de bananes (plus de la moitié des exportations). Tourisme.

Sainte-Marthe (de), famille d'humanistes et d'érudits français, dont les plus célèbres sont : **Charles** (Fontevrault 1512 - Alençon 1555), théologien, hébraïsant et helléniste, ennemi de Rabelais ; **Gaucher II,** dit Scévole Iᵉʳ, son neveu, poète et administrateur (Loudun 1536 - *id.* 1623) ; et **Gaucher III,** dit Scévole II, fils du précédent (Loudun 1571 - Paris 1650), qui publia, avec son frère jumeau **Louis** (Loudun 1571 - Paris 1656), le *Gallia christiana,* histoire des évêchés et des abbayes de France.

Sainte-Menehould, ch.-l. d'arr. de la Marne, sur l'Aisne ; 5 410 hab. *(Ménehildiens).* Cimetière militaire. Mécanique de précision. — Église des XIII⁰-XIV⁰ siècles dans la ville haute, ensemble urbain du XVIII⁰ siècle dans la ville basse.

Saint-Mère-Église, ch.-l. de c. de la Manche ; 1 564 hab. — Une division aéroportée américaine y fut larguée le 6 juin 1944.

Saint-Émilion, comm. de la Gironde, près de Libourne ; 2 845 hab. *(Saint-Émilionnais).* Centre du vignoble du Saint-Émilionnais (vins rouges). — Monuments médiévaux, dont une église rupestre des XI⁰-XII⁰ siècles.

Saint Empire romain germanique, empire fondé par Otton Iᵉʳ le Grand (962) et comprenant à l'origine les royaumes de Germanie et d'Italie. Il fut dissous en 1806. La région située à l'est du Rhône et de la Saône (Bourgogne puis Franche-Comté) demeure dans sa mouvance de 1032 au XVII⁰ s.

■ **L'Empire et la papauté.** Sacré empereur en 962, Otton Iᵉʳ le Grand se veut l'héritier d'une antique tradition qui a survécu à la chute de l'Empire romain d'Occident (476 apr. J.-C.) et à la désagrégation de l'Empire carolingien au xᵉ s. Associant l'idéal de l'universalisme impérial à celui de l'unité chrétienne, les empereurs accentuent, jusqu'au milieu du xıᵉ s., leur mainmise sur la papauté et font élire les papes à leur dévotion. Puis s'affirme le renouveau religieux inspiré du monachisme clunisien. Les papes entendent s'affranchir de la tutelle impériale. Les deux pouvoirs (les « deux glaives ») s'engagent alors dans une lutte acharnée pour la suprématie : querelle des Investitures (1076-1122), lutte du Sacerdoce et de l'Empire (1157-1250), à l'issue de laquelle l'Allemagne plonge dans l'anarchie du Grand Interrègne (1250-1273).

■ **Les institutions.** L'Empire n'a jamais été doté d'institutions centralisées ; seuls les princes, ecclésiastiques et laïques, exercent, dans les limites de leurs territoires, un pouvoir politique et un contrôle social réels. Le roi de Germanie (ou le « roi des Romains ») est élu par ses vassaux immédiats. Par la Bulle d'or (1356), Charles IV institue un collège de sept princes électeurs, véritables arbitres du pouvoir. Le pape accorde la couronne impériale au roi des Romains et, au Moyen Âge, nul ne lui conteste ce droit.

■ **Le repli sur l'Allemagne et le déclin.** L'expansion capétienne au xıvᵉ s. et l'affranchissement des marches orientales du royaume d'Italie (xıvᵉ-xvᵉ s.) entraînent un repli de l'Empire sur le domaine germanique. À partir de 1438, il a presque toujours à sa tête un Habsbourg, chef de la maison d'Autriche. La Réforme et la guerre de Trente Ans (1618-1648) ruinent le Saint Empire, dont les traités de Westphalie (1648) sanctionnent le morcellement territorial et la division religieuse. Dans la seconde moitié du xvııᵉ s., l'Empire contient les derniers assauts des Ottomans en Europe orientale. Mais il se fait dépouiller de ses marches occidentales par Louis XIV. Il combat en vain l'ascension de la Prusse au xvıııᵉ s. Institution devenue désuète, l'Empire ne résiste pas aux conquêtes napoléoniennes et est aboli en 1806.

Sainte-Pélagie, ancienne prison de Paris, ouverte en 1792 et démolie en 1898.

Saintes, ch.-l. d'arr. de la Charente-Maritime, sur la Charente ; 27 546 hab. (Saintais). Matériel téléphonique. École technique de l'armée de l'air. — Vestiges romains.

Églises romanes St-Eutrope (beaux chapiteaux ; importante crypte de la fin du xıᵉ s.) et Ste-Marie-des-Dames (portail sculpté). Musées d'Archéologie (gallo-romaine), des Beaux-Arts, Dupuy-Mestreau (folklore et arts régionaux, dans un hôtel du xvıııᵉ s.).

Saintes (îles des), îlots des Antilles françaises, dépendant de la Guadeloupe ; 15 km² ; 3 050 hab. (Saintois). Pêche. Tourisme.

Saintes-Maries-de-la-Mer, ch.-l. de c. des Bouches-du-Rhône, en Camargue ; 2 239 hab. (Saintois). — Église romane fortifiée. — Pèlerinages (en particulier, celui des gitans autour du tombeau de Sara, servante noire des saintes Marie Jacobé et Marie Salomé).

Sainte-Sophie, église de Constantinople, dédiée à la Sagesse divine, chef-d'œuvre de l'architecture byzantine avec son immense coupole centrale de 31 m de diamètre, à 55 m du sol, unique en son genre. Bâtie (532-537), sur l'ordre de Justinien, par Anthémios de Tralles et Isidore de Milet, elle a été transformée en mosquée par les Turcs. Auj. musée.

Saint-Esprit (ordre du), le plus illustre des ordres de chevalerie de l'ancienne France, créé par Henri III en 1578, supprimé en 1791, rétabli de 1815 à 1830.

Saint-Étienne, ch.-l. du dép. de la Loire, sur le Furan, à 517 m d'alt., à 462 km au sud-est de Paris ; 201 569 hab. (Stéphanois) [env. 310 000 hab. dans l'agglomération]. Malgré la crise ayant frappé l'extraction houillère, la sidérurgie et le textile, la ville demeure un centre actif grâce à certaines reconversions (métallurgie, chimie) et au développement tertiaire (université, commerce). — Musées d'Art et d'Industrie et d'Art moderne.

Saint-Étienne-du-Rouvray, ch.-l. de c. de la Seine-Maritime, dans la vallée de la Seine, banlieue sud de Rouen ; 31 012 hab. Métallurgie. Papeterie.

Sainte-Victoire (chaîne de la), massif calcaire de Provence, à l'est d'Aix-en-Provence ; 1 011 m au pic des Mouches. — Motif de nombreuses œuvres de Cézanne.

Saint-Évremond (Charles de Marguetel de Saint-Denis de), écrivain français (Saint-Denis-le-Gast, Manche, v. 1614 - Londres 1703). Compromis dans le procès de Fouquet, il dut s'exiler à Londres. Il est l'auteur de la satire Comédie des académistes (1643, éditée en 1650) et d'essais qui témoignent de son indépendance d'esprit, de son scepticisme religieux et de son sens de l'histoire.

Saint-Exupéry (*Antoine* de), aviateur et écrivain français (Lyon 1900 - disparu en mission en 1944). Ses romans (*Vol de nuit*, 1931 ; *Terre des hommes*, 1939 ; *Pilote de guerre*, 1942) et ses récits symboliques (*le Petit Prince*, 1943) cherchent à définir le sens de l'action et des valeurs morales dans la société moderne vouée au progrès technique.

Saint-Flour, ch.-l. d'arr. du Cantal ; 8 347 hab. (*Sanflorains*). Évêché. Centre commercial et touristique. — Cathédrale du xve siècle. Deux musées dans des édifices anciens.

Saint-Gall, *en all.* Sankt Gallen, v. de Suisse, ch.-l. du cant. du même nom ; (2 014 km² ; 427 501 hab.) ; 75 237 hab. Renommée pour son textile, la ville est un centre commercial (foire agricole annuelle) et industriel. — Cathédrale, ancienne abbatiale, reconstruite de 1755 à 1769 par l'architecte autrichien Peter Thumb (riches décors rococo) ; somptueuse bibliothèque de l'abbaye, de la même époque. Maisons anciennes. Musées, dont l'un consacré aux productions textiles et à la broderie.

Saint-Gaudens, ch.-l. d'arr. de la Haute-Garonne, dans le Comminges, sur la Garonne ; 11 888 hab. (*Saint-Gaudinois*). Industries du bois. — Église romane du type de St-Sernin de Toulouse (chapiteaux). Musée (passé de la ville et du Comminges ; faïences de Martres-Tolosane).

Saint-Gelais (*Mellin* de), poète français (Angoulême 1491 - Paris 1558). Poète de cour, il fut l'ami de Clément Marot et l'adversaire de Ronsard et de Du Bellay.

Saint George ou **Saint-Georges** (*canal*), détroit entre la Grande-Bretagne et l'Irlande, et qui unit la mer d'Irlande à l'océan Atlantique.

Saint-Georges (*Joseph* Boulogne, *chevalier* de), violoniste et compositeur français (la Guadeloupe v. 1739 - Paris 1799). Il mena une vie aventureuse avant d'entreprendre une carrière militaire. On lui doit deux recueils de quatuors (1777, 1785) et dix symphonies concertantes (1775-1782), qui en font un représentant important de l'école française.

Saint-Germain (*Claude Louis*, *comte* de), général et homme d'État français (Vertamboz, Jura, 1707 - Paris 1778). Secrétaire d'État à la Guerre de Louis XVI (1775-1777), il réorganisa l'armée.

Saint-Germain (*comte* de), aventurier d'origine inconnue (1707 ? - Eckernförde,

Schleswig-Holstein, 1784). Prétendant vivre depuis plusieurs siècles et posséder un élixir de longue vie, il eut un vif succès à Paris et dans les diverses cours européennes.

Saint-Germain (*traité* de) [10 sept. 1919], traité signé à Saint-Germain-en-Laye entre les Alliés et l'Autriche ; il consacrait l'effondrement de la monarchie austro-hongroise.

Saint-Germain-en-Laye, ch.-l. d'arr. des Yvelines sur la rive gauche de la Seine ; 41 710 hab. (*Saint-Germanois*). Centre résidentiel. Forêt de 3 650 ha, bordée par la terrasse de Le Nôtre. — Château Vieux reconstruit par P. Chambiges pour le roi François Ier, englobant la chapelle de Louis IX et le donjon de Charles V ; très restauré, il est devenu en 1867 le musée des Antiquités nationales (riche collection d'outillage et d'art préhistoriques). Vestiges du Château Neuf, construit au-dessus de la Seine pour Henri II. Musée municipal et musée départemental du Prieuré (M. Denis, école de Pont-Aven, nabis).

Saint-Gilles, *en néerl.* Sint-Gillis, comm. de Belgique, banlieue sud de Bruxelles ; 42 684 hab.

Saint-Girons, ch.-l. d'arr. de l'Ariège, sur le Salat ; 7 065 hab. (*Saint-Gironnais*). Papeterie. Fromages. — Église St-Valier (xiie-xve s.).

Saint-Gobain (*Compagnie* de), société française de production de glaces dont les origines remontent à 1665. Abordant la chimie au xixe siècle, Saint-Gobain fusionne, en 1970, avec Pont-à-Mousson. C'est un des premiers producteurs mondiaux de vitrages, de flacons, de tuyaux en fonte, de produits isolants, de matériaux de construction.

Saint-Gond (*marais* de), anc. marais au pied de la côte de l'Île-de-France, aux confins de la Champagne et de la Brie, drainés par le Petit Morin. Culture du maïs. — Combat victorieux de l'armée commandée par Foch pendant la bataille de la Marne (1914).

Saint-Gothard, *anc.* Gothard, *en all.* Sankt Gotthard, massif des Alpes suisses, percé par un tunnel ferroviaire long de 15 km emprunté par la ligne Bâle-Milan et par un tunnel routier long de 16,9 km. Une route touristique utilise, en été, le col du Saint-Gothard (2 112 m).

Saint Helens, v. de Grande-Bretagne (Angleterre), près de Liverpool ; 99 000 hab. Verrerie.

Saint Helens (*mont*), volcan actif du nord-ouest des États-Unis (Washington), dont la première éruption historique eut lieu en 1980.

Saint Helier, cap. de l'île anglo-normande de Jersey ; 28 000 hab. Tourisme. — Château fort Élisabeth (xvie-xviie s.).

Saint-Herblain, ch.-l. de c. de la Loire-Atlantique, banlieue ouest de Nantes ; 43 439 hab. *(Herblinois).* Agroalimentaire.

Saint-Honorat *(île),* île du groupe des Lérins (Alpes-Maritimes), au large de Cannes. — Monastère avec vestiges du haut Moyen Âge.

Saint-Hubert, v. du Canada (Québec), près de Montréal ; 74 027 hab. Base aérienne.

Saint-Jacques-de-Compostelle, *en esp.* Santiago de Compostela, v. d'Espagne, cap. de la Galice ; 87 807 hab. Artisanat lié au pèlerinage et au tourisme. **ARTS.** Célèbre cathédrale construite pour l'essentiel de 1078 à 1130, sœur de St-Sernin de Toulouse (sculptures de la porte des Orfèvres, v. 1100, et du porche de la Gloire, 1188, ce dernier intégré dans la grande façade churrigueresque de 1738). Palais archiépiscopal en partie du xiie siècle (musées) et cloître gothique du xvie. Hôpital royal par E. Egas (début du xvie s.) et autres monuments de la vieille ville. — L'un des pèlerinages les plus fréquentés de la chrétienté occidentale, autour de la dépouille de saint Jacques le Majeur, qui aurait été déposée là miraculeusement.

Saint-Jean, *en angl.* Saint John, port du Canada (Nouveau-Brunswick), au fond de la baie de Fundy, à l'embouchure du *fleuve Saint-Jean ;* 68 254 hab. Port de pêche, terminal pétrolier, centre industriel.

Saint-Jean, v. du Canada (Québec), au sud-est de Montréal ; 37 607 hab.

Saint-Jean *(lac),* lac du Canada (Québec), qui se déverse dans le Saint-Laurent par le Saguenay ; 1 000 km² env.

Saint-Jean-d'Acre → Acre.

Saint-Jean-d'Angély, ch.-l. d'arr. de la Charente-Maritime, sur la Boutonne ; 8 687 hab. *(Angériens).* Centre commercial. Biscuiterie. Industrie du bois. — Porte-beffroi médiévale (tour de l'Horloge), ancienne abbaye reconstruite aux xviie et xviiie siècles et nombreuses maisons anciennes. Musée.

Saint-Jean-de-Jérusalem *(ordre souverain de),* ordre issu des Frères de l'hôpital Saint-Jean de Jérusalem, fondés v. 1070, réfugiés à Rhodes en 1309, puis à Malte de 1530 à 1798. Reconstitué après la Révolution, l'ordre, qui a été doté d'un nouveau statut en 1961, dirige des œuvres hospitalières.

Saint-Jean-de-Luz, ch.-l. de c. des Pyrénées-Atlantiques, dans le Pays basque, sur la

Nivelle ; 13 181 hab. *(Luziens).* Vieux port de pêche. Station balnéaire. — Église basque typique (xiiie-xviie s.) et nombreuses maisons anciennes.

Saint-Jean-de-Maurienne, ch.-l. d'arr. de la Savoie, sur l'Arc ; 9 830 hab. Aluminium. Centrale hydroélectrique. — Ancienne cathédrale surtout des xiie-xve siècles.

Saint-John Perse *(Alexis* Léger, dit Alexis Saint-Léger Léger, puis*),* diplomate et poète français (Pointe-à-Pitre 1887 - Giens 1975). Ses premières œuvres *(Éloges,* 1911) annoncent un poète soucieux d'appréhender la création dans sa totalité. L'audace des images, la conquête d'un nouveau langage se retrouvent dans la suite de ses recueils *(Anabase,* 1924 ; *Exil,* 1942 ; *Vents,* 1946 ; *Amers,* 1957 ; *Chronique,* 1960 ; *Oiseaux,* 1963), méditation sur le destin de l'homme et ses rapports à une nature sacralisée. (Prix Nobel 1960.)

Saint John's, cap. de l'État d'Antigua-et-Barbuda, sur l'île d'Antigua (Antilles) ; 30 000 hab.

Saint John's, v. du Canada, cap. de la prov. de Terre-Neuve ; 95 770 hab.

Saint-Joseph, comm. de la Réunion ; 25 852 hab.

Saint-Julien-en-Genevois, ch.-l. d'arr. de la Haute-Savoie, près de Genève ; 8 048 hab. *(Juliénois).*

Saint-Junien, ch.-l. de c. de la Haute-Vienne, sur la Vienne ; 10 962 hab. *(Saint-Juniauds).* Ganterie. Feutre. Carton. — Belle église romane (tombeau sculpté).

Saint-Just *(Louis Antoine),* homme politique français (Decize 1767 - Paris 1794). Député à la Convention (1792), admirateur de Robespierre, membre de la Montagne et du club des Jacobins, il demande l'exécution sans jugement du roi et prône une république centralisatrice, égalitaire et vertueuse. Membre du Comité de salut public (mai 1793), il précipite la chute des Girondins. « Archange » de la Terreur, il mène une lutte implacable contre les « ennemis de la République ». Représentant en mission, il contribue à la victoire de Fleurus (26 juin 1794). Entraîné dans la chute de Robespierre (9-Thermidor), il est guillotiné.

Saint Kilda, petite archipel britannique de l'Atlantique, au large des Hébrides, inhabité depuis 1930.

Saint-Kitts-et-Nevis → Saint Christopher and Nevis.

Saint-Lambert *(Jean François* de*),* écrivain français (Nancy 1716 - Paris 1803). Ami de

Voltaire et des Encyclopédistes, il est l'auteur du poème descriptif *les Saisons* (1769). [Acad. fr. 1770.]

Saint-Laurent, fl. d'Amérique du Nord, émissaire du lac Ontario. Drainant le sud-est du Canada, il passe à Montréal et à Québec. Son cours, long de 570 km, est prolongé par un estuaire qui s'ouvre sur le *golfe du Saint-Laurent*. Son bassin comprend celui des Grands Lacs et ceux de ses affluents, Saint-Maurice et Outaouais : au total plus d'un million de km². Quoique pondéré par les lacs, le régime comporte un maximum en mai (fonte des neiges) et un minimum en février (rétention nivale). De grands travaux l'ont rendu accessible au-delà de Montréal aux navires de 25 000 tonnes huit mois par an (le fleuve étant pris par les glaces en amont, l'hiver). Le trafic porte sur les céréales et le soja vers l'aval, sur le minerai, la pâte à papier et le papier vers l'amont.

Saint-Laurent *(Louis Stephen),* homme politique canadien (Compton, Québec, 1882 - Québec 1973). Leader du Parti libéral (1948-1958), Premier ministre (1948-1957), il obtint pour le Canada le droit de modifier sa Constitution en toute souveraineté (1949).

Saint Laurent *(Yves),* couturier français (Oran 1936). Il s'est imposé par ses interprétations tout à la fois originales et sobres du vêtement quotidien (caban, tailleur-pantalon, etc.), par la rigueur de son style et par son talent de coloriste.

Saint-Laurent-du-Maroni, ch.-l. d'arr. de la Guyane française ; 13 894 hab. Port sur le Maroni. Anc. établissement pénitentiaire.

Saint-Lazare *(enclos,* puis *prison),* léproserie attestée à Paris dès le XIIᵉ siècle, donnée en 1632 aux prêtres de la Mission *(lazaristes),* devenue maison de détention en 1779 et réservée aux femmes depuis la fin de la Révolution jusqu'à sa disparition, en 1935.

Saint-Léon *(Arthur),* violoniste, danseur, chorégraphe et maître de ballet français (Paris 1821 - *id.* 1870). Artiste aux talents multiples, il présente à l'Opéra de Paris plusieurs ballets créés à l'attention de son épouse, Fanny Cerrito. Maître de ballet à Saint-Pétersbourg (1859-1869), il travaille régulièrement à l'Opéra de Paris, où il signe *Coppélia* (1870). Il est aussi l'inventeur d'un système de notation : la *Sténochorégraphie ou Art d'écrire promptement la danse* (1852).

Saint-Léonard, v. du Canada (Québec), banlieue nord de Montréal ; 76 000 hab.

Saint-Lô, ch.-l. du dép. de la Manche, dans le Bocage normand, sur la Vire, à 286 km à l'ouest de Paris ; 22 819 hab. *(Saint-Lois).* Marché. Électroménager. La ville avait été détruite lors de la bataille de Normandie en 1944. — Musée (histoire, beaux-arts, tapisseries).

Saint Louis, v. des États-Unis (Missouri), près du confluent du Mississippi et du Missouri ; 453 000 hab. (2 444 099 hab. dans l'agglomération). Port fluvial, nœud ferroviaire, centre commercial et industriel. — Musée d'art.

Saint-Louis, comm. du Haut-Rhin, près de Bâle ; 19 728 hab. *(Ludoviciens).* Constructions mécaniques. Aéroport commun à Mulhouse et à Bâle.

Saint-Louis, comm. de la Réunion ; 37 798 hab. Sucrerie.

Saint-Louis, port du Sénégal ; 88 000 hab. Centre résidentiel original en raison de son ancienneté. Point de transit avec la Mauritanie.

Saint-Louis *(île),* île de la Seine, à Paris, en amont de l'île de la Cité. — Maisons, hôtels (Lambert, Lauzun, etc.) et église du XVIIᵉ siècle.

Saint-Maixent, école militaire d'infanterie (1874-1940) et, depuis 1963, École nationale des sous-officiers de l'armée de terre, installée à Saint-Maixent-l'École (Deux-Sèvres).

Saint-Malo, ch.-l. d'arr. d'Ille-et-Vilaine, à l'embouchure de la Rance, sur une presqu'île ; 49 274 hab. *(Malouins).* Petit port et centre touristique. Saint-Malo fut, au XVIᵉ siècle, le point de départ d'expéditions vers le Nouveau Monde. Aux XVIIᵉ et XVIIIᵉ siècles, la ville s'enrichit dans le commerce lointain et dans la course. — En grande partie reconstruite après 1945, la vieille ville conserve des remparts surtout du XVIIIᵉ siècle, une ancienne cathédrale des XIIᵉ-XVIIIᵉ siècles et un château du XVᵉ (Musée municipal).

Saint-Marc Girardin *(Marc* Girardin, dit*),* écrivain et homme politique français (Paris 1801 - Morsang-sur-Seine 1873). Son *Cours de littérature dramatique* (1843) est un réquisitoire contre le romantisme. (Acad. fr. 1844.)

Saint-Marin, en *it.* San Marino, État d'Europe enclavé dans le territoire italien, à l'est de Florence ; 61 km² ; 22 700 hab. CAP. *Saint-Marin* (5 000 hab.). LANGUE : *italien.* MONNAIE : *lire.* L'activité principale est le tourisme. La ville fut autonome dès le

IXe s. Son territoire devint *république* au XIIIe s. Celle-ci, dont les rapports avec l'Italie sont régis par diverses conventions, est dirigée par un Grand Conseil (60 membres) et deux capitaines-régents élus par lui pour six mois.

Saint-Martin, une des Petites Antilles, partagée entre la France (53 km^2 ; 28 524 hab. ; ch.-l. *Marigot*) et les Pays-Bas (34 km^2 ; ch.-l. *Philipsburg*).

Saint-Martin *(canal),* canal de navigation (4 500 m) qui traverse Paris, de la Villette à la Seine (près du pont d'Austerlitz).

Saint-Martin *(Louis Claude de),* écrivain et philosophe français (Amboise 1743 - Aulnay-sous-Bois 1803). Il contribua à répandre l'illuminisme et surtout le martinisme.

Saint-Martin-d'Hères, ch.-l. de c. de l'Isère, dans la banlieue est de Grenoble ; 34 501 hab. Centre universitaire.

Saint-Maur *(congrégation bénédictine de),* congrégation créée à Paris en 1618 et dont le premier supérieur général fut dom Tarrisse. Ses membres, les mauristes, se consacrèrent à des travaux d'érudition, notamment à Saint-Germain-des-Prés, qui devint, en 1631, le centre de la congrégation. Elle disparut en 1790.

Saint-Maur-des-Fossés, ch.-l. de c. du Val-de-Marne, dans une boucle de la Marne ; 77 492 hab. *(Saint-Mauriens).* Commune résidentielle. Centre universitaire. — Église St-Nicolas (XIIe-XIVe s.). Musée.

Saint-Maurice *(le),* riv. du Canada (Québec), affl. du Saint-Laurent (r. g.), à Trois-Rivières ; 520 km. Hydroélectricité.

Saint-Maurice, comm. du Val-de-Marne, au sud-est de Paris ; 11 195 hab. *(Mauriciens).* Studios de cinéma. Hôpital psychiatrique « de Charenton ».

Saint-Michel *(ordre de),* ordre de chevalerie français, créé en 1469, supprimé par la Révolution, rétabli de 1815 à 1830.

Saint-Michel-l'Observatoire ou **Saint-Michel-de-Provence,** comm. des Alpes-de-Haute-Provence ; 851 hab. — Observatoire d'astrophysique du C. N. R. S.

Saint-Moritz, *en all.* Sankt Moritz, en romanche San Murezzan, grande station d'altitude et de sports d'hiver (alt. 1 856-3 303 m) de Suisse (Grisons), dans la haute Engadine, au bord du lac de Saint-Moritz ; 5 426 hab.

Saint-Nazaire, ch.-l. d'arr. de la Loire-Atlantique, à l'embouchure de la Loire ; 66 087 hab. *(Nazairiens).* Avant-port de Nantes et principal centre français de constructions navales. Constructions aéronautiques. — Écomusée du sous-marin *Espadon.*

Saint-Nicolas → Sint-Niklaas.

Saint-Office, congrégation romaine créée en 1542 par le pape Paul III, sous l'appellation de « Congrégation de la Suprême Inquisition », pour lutter contre les progrès du protestantisme. Elle prit le nom de *Saint-Office* en 1908 et, en 1917, se vit adjoindre la *Congrégation de l'Index.* En 1965, elle fut remplacée par la *Congrégation pour la doctrine de la foi,* qui, bien qu'avec des procédures plus souples, a la même mission de vigilance doctrinale.

Saint-Omer, ch.-l. d'arr. du Pas-de-Calais, en Flandre, sur l'Aa ; 15 304 hab. *(Audomarois).* Constructions mécaniques. Textile. — Ruines de l'abbatiale St-Bertin. Basilique des XIIIe-XVe siècles (œuvres d'art). Musée municipal dans l'hôtel Sandelin, du XVIIIe siècle.

Saintonge, ancienne province de l'ouest de la France (cap. *Saintes*), constituant le sud de l'actuelle *Charente-Maritime.* Elle fut réunie à la Couronne en 1375.

Saint-Ouen, ch.-l. de c. de la Seine-Saint-Denis, sur la Seine ; 42 611 hab. *(Audoniens).* Centre industriel. — Musée dans le château, reconstruit en 1821.

Saint Paul, v. des États-Unis, cap. du Minnesota, sur le Mississippi ; 272 235 hab. Elle forme avec Minneapolis une conurbation de plus de 2 millions d'hab.

Saint-Paul, île française du sud de l'océan Indien, 7 km^2. Formée par un volcan, elle est inhabitée.

Saint-Paul ou **Saint-Paul-de-Vence,** comm. des Alpes-Maritimes, au sud de Vence ; 2 936 hab. Site pittoresque. Centre de séjour. — Fondation Maeght, consacrée à l'art du XXe siècle (Miró, Braque, Chagall, Kandinsky, Giacometti, Calder, etc.).

Saint-Pétersbourg, de 1914 à 1924, Petrograd, et, de 1924 à 1991, **Leningrad,** port et anc. cap. de la Russie, à l'embouchure de la Neva ; 5 020 000 hab. Centre industriel (constructions mécaniques, industries textiles et chimiques, etc.), culturel (université, théâtres, musées) et touristique. Deuxième ville de la Russie, c'est (plus que Kaliningrad, aujourd'hui enclavée) le débouché du pays sur la Baltique. **HIST.** Saint-Pétersbourg, fondée par Pierre le Grand en 1703, devint la capitale de la Russie en 1712 et fit l'objet d'un prestigieux développement urbanistique. La ville fut le théâtre principal des révolutions de 1905 et de 1917. Le Conseil des commissaires du peuple l'évacua (1918) pour s'établir à Moscou. Elle soutint un dur siège contre les Allemands de 1941 à 1943. **ARTS.** Italiens et Français ont joué un rôle majeur. Après l'œuvre de Domenico Trezzini (forteresse Pierre et Paul, 1703), la première grande époque est le règne d'Élisabeth, avec les édifices baroques de B. Rastrelli (palais d'Hiver, couvent Smolnyï), auxquels succède sous Catherine II le classicisme du palais de Marbre d'Antonio Rinaldi, de l'institut Smolnyï de Giacomo Quarenghi, de l'Ermitage (noyau initial) de Jean-Baptiste Vallin de La Mothe. Dans le premier quart du XIXᵉ siècle, sous Alexandre Iᵉʳ, le style Empire impose sa marque : Bourse de Jean-François Thomas de Thomon, Amirauté d'Adrian Zakharov, palais Michel (auj. Musée russe) et place du Sénat (avec la statue de Pierre le Grand, par Falconet) de Karl Rossi, cathédrale St-Isaac, commencée en 1819 par Auguste Ricard de Montferrand, etc. Richissime musée de l'Ermitage (→ **Ermitage**), Musée russe, musée d'Ethnographie, musée historique de la Ville, etc.

Saint Petersburg, port des États-Unis (Floride), sur la baie de Tampa ; 239 000 hab. Centre touristique.

Saint Phalle (*Marie Agnès,* dite Niki de*),* peintre et sculpteur français (Neuilly-sur-Seine 1930). Membre du groupe des Nouveaux Réalistes dans les années 60, elle est notamment connue pour ses « Nanas » opulentes et hautes en couleur.

Saint-Pierre, ch.-l. d'arr. de la Réunion, sur la côte sud ; 59 645 hab.

Saint-Pierre, ch.-l. de l'archipel de Saint-Pierre-et-Miquelon, dans l'île Saint-Pierre ; 5 580 hab. Port de pêche (morue).

Saint-Pierre, basilique de Rome (Vatican), le plus vaste des temples chrétiens. Des fouilles (1940-1949) ont décelé dans ses fondations une tombe qui pourrait être celle de saint Pierre. Consacrée en 326 sous Constantin, la basilique a été reconstruite à partir de 1506 sur les plans grandioses de Bramante, puis de Michel-Ange (édifice en croix grecque sous coupole) et enfin de Maderno au début du XVIIᵉ siècle (nef prolongée en croix latine et façade). Baldaquin de Bernin et nombreuses œuvres d'art. Place avec la colonnade de Bernin.

Saint-Pierre (*Charles Irénée* Castel, *abbé de),* théoricien politique français (Saint-Pierre-Église 1658 - Paris 1743). Il est l'auteur d'un *Projet de paix perpétuelle* (1713), où il propose la création d'une confédération des États européens, et d'un *Discours sur la polysynodie* (1718), attaque contre l'absolutisme de Louis XIV. (Acad. fr. 1695, exclu en 1718.)

Saint-Pierre (*Eustache* de) → **Eustache de Saint-Pierre.**

Saint-Pierre-et-Miquelon, archipel français voisin de Terre-Neuve ; 242 km² ; 6 277 hab. L'archipel est formé de l'*île Saint-Pierre* (26 km² ; 5 580 hab.) et de *Miquelon* (216 km² ; 697 hab.), qui est constituée en fait de deux îles : Miquelon, ou Grande Miquelon, et Langlade, ou Petite Miquelon, reliées par un isthme sableux. Ch.-l. *Saint-Pierre,* sur l'île Saint-Pierre. Le climat est froid, humide et venteux en permanence. Pêcheries et conserveries. Importants échanges avec le Canada. **HIST.** Fréquenté par les pêcheurs français dès le XVIᵉ siècle, âprement disputé entre Français et Anglais, l'archipel fut rendu à la France en 1814. Département d'outre-mer après 1976, il est devenu en 1985 une collectivité territoriale à statut particulier.

Saint-Pol Roux (*Paul* Roux, dit*),* poète français (Saint-Henry, près de Marseille, 1861 - Brest 1940). Considéré par les surréalistes comme un précurseur de la poésie moderne, il conserve une part de l'héritage romantique et symboliste (*la Dame à la faulx,* 1899 ; *Féeries intérieures,* 1907).

Saint-Priest, ch.-l. de c. du Rhône, banlieue de Lyon ; 42 131 hab.

Saint-Quentin, ch.-l. d'arr. de l'Aisne, sur la Somme ; 62 085 hab. (*Saint-Quentinois).* Industries mécaniques, électriques et textiles. — La ville fut prise d'assaut et ravagée en 1557 par les Espagnols. — Belle église collégiale (XIIIᵉ-XVᵉ siècle). Au musée, collection de pastels de La Tour.

Saint-Quentin-en-Yvelines, ville nouvelle de la région parisienne (dép. des Yvelines) entre Versailles et Rambouillet.

Saint-Raphaël, ch.-l. de c. du Var, au pied de l'Esterel, sur la Méditerranée ; 26 799 hab. (*Raphaélois).* Station balnéaire et hivernale. Port de plaisance. Thalassothérapie. — Musée (archéologie sous-marine). — Un des lieux du débarquement franco-américain du 15 août 1944. Mémorial de l'armée française d'Afrique. (1975).

Saint-Sacrement (*Compagnie du),* congrégation de laïques et de prêtres, fondée vers 1630 par Henri de Lévis, duc de Ventadour, dans un dessein de charité et pour réagir contre le libertinage ambiant. Ses excès de zèle provoquèrent sa disparition en 1665.

Saint-Saëns (*Camille*), compositeur français (Paris 1835 - Alger 1921). Organiste de St-Merri (1853), puis de la Madeleine (1858-1877), il enseigna le piano à l'école Niedermeyer et parcourut le monde entier comme virtuose du piano et de l'orgue. Il est l'auteur d'ouvrages lyriques (*Samson et Dalila,* 1877), de 5 symphonies, dont la dernière avec orgue, de poèmes symphoniques (*Danse macabre),* du *Carnaval des animaux* (1886), de 5 concertos pour piano, de pages pour orgue et de musique de chambre. L'œuvre de cet improvisateur-né, partisan de la « musique pure » vaut par la clarté et la perfection de la forme.

Saint-Savin, ch.-l. de c. de la Vienne, dans le haut Poitou, sur la Gartempe ; 1 099 hab. *(Saint-Savinois).* Ancienne abbatiale (2ᵉ moitié du XIᵉ s.) à trois vaisseaux d'égale hauteur, offrant le plus important ensemble de peintures pariétales romanes conservé en France. La voûte en berceau du vaisseau principal, notamment, est ornée de scènes de l'Ancien Testament réparties en quatre registres linéaires (v. 1100).

Saint-Sébastien, *en esp.* San Sebastián, v. d'Espagne, ch.-l. de la province basque de Guipúzcoa ; 171 439 hab. Port et station balnéaire.

Saint-Sépulcre, le plus important sanctuaire chrétien de Jérusalem, élevé à l'endroit où, selon la tradition, Jésus aurait été enseveli ; à l'emplacement de l'actuel édifice, qui a conservé certains éléments de l'époque des croisés, l'empereur Constantin avait fait construire une magnifique basilique (IVᵉ s.).

Saint-Simon (*Claude Henri* de Rouvroy, *comte* de*),* philosophe et économiste français (Paris 1760 - *id.* 1825). En 1816 et dans les années qui suivent, il met au point son système. Il accorde à l'industrie et à la « classe industrielle » une place prépondérante, où il comprend les meilleurs physiciens, chimistes, banquiers, industriels, agriculteurs ; puis, de 1820 à 1823, il se préoccupe des moins favorisés et préconise l'amélioration de la classe la plus pauvre et la plus nombreuse *(Du système industriel).* Se fondant sur une religion de la science et sur la constitution d'une nouvelle classe d'industriels, il a cherché à définir un socialisme planificateur et technocratique (*le Catéchisme des industriels,* 1823-24), qui eut une influence sur certains industriels du second Empire (les frères Pereire, F. de Lesseps).

Saint-Simon (*Louis* de Rouvroy, *duc* de*),* écrivain français (Paris 1675 - *id.* 1755). Ses *Mémoires,* qui vont de 1694 à 1723, relatent,

dans un style imagé et elliptique, les incidents de la vie à la cour de Louis XIV, les efforts de l'auteur pour défendre les prérogatives des ducs et pairs, et fait le portrait des grands personnages de son temps.

Saint Thomas (*île*), la plus peuplée des îles Vierges américaines (Antilles) ; 44 000 hab. Cap. *Charlotte Amalie.* Centre touristique.

Saint-Trond, *en néerl.* Sint-Truiden, v. de Belgique (Limbourg) ; 36 994 hab. — Collégiale Notre-Dame, gothique, et autres monuments. Ancien béguinage. Petits musées.

Saint-Tropez, ch.-l. de c. du Var, sur le *golfe de Saint-Tropez ;* 5 790 hab. *(Tropéziens).* Importante station balnéaire et touristique. Port de pêche. Armement. — Citadelle (XVIᵉ et XVIIᵉ s.) abritant un musée naval. Musée de l'Annonciade (peinture moderne).

Saint-Vincent (*cap*), en port. São Vicente, cap du Portugal (Algarve), à l'extrémité sud-ouest de la péninsule Ibérique.

Saint-Vincent-de-Paul (*Société),* organisation internationale de laïques catholiques, vouée à l'action charitable, fondée à Paris, en 1833, par Frédéric Ozanam et six autres jeunes gens.

Saint-Vincent-et-les Grenadines, État des Antilles, indépendant depuis 1979 dans le cadre du Commonwealth ; 388 km² ; 128 000 hab. CAP. *Kingstown.* LANGUE : *anglais.* MONNAIE : *dollar des Caraïbes orientales.* Le tourisme est l'activité principale.

Saint-Vulbas, comm. de l'Ain, sur le Rhône ; 712 hab. Centrale nucléaire, dite « du Bugey ».

Saint-Yorre, comm. de l'Allier, en amont de Vichy ; 3 033 hab. Eaux minérales.

Saïs, v. ancienne de la Basse-Égypte, sur le delta du Nil. À partir de la XXVIᵉ dynastie (663-525 av. J.-C.), elle fut résidence royale et foyer de civilisation.

Sakai, v. du Japon (Honshu), sur la baie d'Osaka ; 807 765 hab. Centre industriel.

Sakalaves ou **Sakalava,** peuple de l'ouest de Madagascar, parlant une langue malayo-polynésienne.

Sakarya (le), fl. de Turquie, qui se jette dans la mer Noire ; 790 km. Aménagement hydroélectrique.

Sakhaline (*île*), île montagneuse de Russie, dans le Pacifique, entre la mer d'Okhotsk et celle du Japon, séparée du continent par la Manche de Tartarie ; 87 100 km² ; 693 000 hab. Pêcheries. Houille et pétrole. — Partagée en 1905 entre la Russie, qui l'occupait depuis les années 1850, et le Japon, elle appartient entièrement à l'U. R. S. S. depuis 1945, à la Russie depuis 1991.

Sakharov *(Andreï Dmitrievitch),* physicien soviétique (Moscou 1921 - *id.* 1989). Il a joué un grand rôle dans la mise au point de la bombe H soviétique et est l'auteur de contributions importantes en physique des particules et en cosmologie théorique. Défenseur des droits de l'homme en U. R. S. S., il fut, de 1980 à 1986, assigné à résidence à Gorki. (Prix Nobel de la paix 1975.)

Sakkarah → Saqqarah.

Salaberry-de-Valleyfield, *anc.* Valleyfield, v. du Canada (Québec), sur le Saint-Laurent ; 27 598 hab. Centre industriel.

Salacrou *(Armand),* auteur dramatique français (Rouen 1899 - Le Havre 1989). Vaudeville ou drame métaphysique, son théâtre se veut une « méditation dramatique sur la condition humaine » *(l'Inconnue d'Arras,* 1935 ; *l'Archipel Lenoir,* 1948).

Saladin Ier, *en ar.* Ṣalāḥ al-Dīn Yūsuf (Takrit, Mésopotamie, 1138 - Damas 1193), sultan ayyubide (1171-1193).

Vizir des Fatimides depuis 1169, il supprime leur califat en 1171 en plaçant de nouveau l'Égypte dans l'obédience du califat abbasside de Bagdad. Ainsi, le sunnisme est-il officiellement restauré en Égypte, pays qui n'a que très superficiellement adhéré au chiisme de ses souverains fatimides. Respectueux de l'autorité califale, le sultan Saladin agit à sa guise dans ses États. Il réunit sous son autorité l'Égypte, le Hedjaz, la Syrie et la Mésopotamie. Champion de la guerre sainte, il remporte sur les Latins la bataille de Hattin et s'empare de Jérusalem (1187), ce qui entraîne la formation de la troisième croisade (1189-1192). Après que les croisés ont repris Acre, Jaffa et Ascalon, Saladin conclut avec Richard Ier Cœur de Lion une paix de compromis. Saladin conserve la Syrie et la Palestine intérieures, y compris Jérusalem, et presque toute la côte revient aux Francs, qui obtiennent le droit de visiter les Lieux saints. Cette paix ouvre une période d'une cinquantaine d'années de coexistence pacifique au Levant. Saladin a forcé l'estime de ses contemporains, et il est à l'origine, tant en chrétienté qu'en islam, d'un cycle de légendes.

Salado *(río),* nom de deux riv. d'Argentine, longues de 2 000 km chacune, dont l'une rejoint le Paraná (r. dr.) et l'autre le Colorado (r. g.) en saison humide.

Salam *(Abdus),* physicien pakistanais (Jhang 1926). Ayant proposé en 1967 une théorie qui permet d'unifier l'interaction électromagnétique, responsable de la cohésion des atomes, et l'interaction faible, qui explique les désintégrations spontanées, il a partagé en 1979 le prix Nobel de physique avec les Américains Glashow et Weinberg.

Salamanque, *en esp.* Salamanca, v. d'Espagne, ch.-l. de prov., en Castille-León ; 162 888 hab. Université. Centre touristique. **ARTS.** C'est l'une des villes d'Espagne les plus riches en monuments du Moyen Âge roman et gothique, de la Renaissance, des époques classique et baroque : Vieille Cathédrale et Cathédrale Neuve, église S. Esteban, ensemble de la *Clerecía* (collège des jésuites), bâtiments universitaires (avec une célèbre façade plateresque), *Plaza Mayor* (sur plans d'A. de Churriguera), palais et belles demeures. Musée provincial.

Salamine, ancienne v. de Chypre. Elle fut au Ier millénaire la cité la plus importante de l'île. — Nécropole des VIIIe-VIIe s. av. J.-C. et ruines du IIe s. au VIe s. apr. J.-C.

Salamine *(bataille de)* [sept. 480 av. J.-C.], victoire décisive de Thémistocle, à la tête de la flotte grecque, sur la flotte du Perse Xerxès Ier (deuxième guerre médique), non loin des côtes de l'île de Salamine, dans le golfe d'Égine.

Salammbô, roman de G. Flaubert (1862).

Salan *(Raoul),* général français (Roquecourbe, Tarn, 1899 - Paris 1984). Commandant en chef en Indochine (1952-53), puis en Algérie (1956-1958), il joua un rôle important dans l'appel au général de Gaulle (1958), puis s'opposa à sa politique algérienne. En 1961, il participa au putsch d'Alger, puis fonda l'O. A. S. Arrêté en 1962 et condamné à la détention perpétuelle, il fut libéré en 1968 et amnistié en 1982.

Salang *(col du),* col de l'Afghanistan, au N. de Kaboul. Tunnel routier de 3 km.

Salazar *(António de Oliveira),* homme politique portugais (Vimieiro, près de Santa Comba Dão, 1889 - Lisbonne 1970). Professeur d'économie politique, ministre des Finances (1928), président du Conseil en 1932, il institua, à partir de 1933, l'« État nouveau », régime autoritaire fondé sur le nationalisme et le catholicisme, et organisé de façon corporatiste. Après 1953, il dut compter avec une opposition intérieure grandissante et, à partir de 1960, avec les mouvements nationaux en Afrique. Il démissionna en 1968.

Saldanha *(João Carlos* de Saldanha Oliveira e Daun, *duc* de*)*, homme politique et maréchal portugais (Azinhaga 1790 - Londres 1876). Il fut en 1835-36, puis de 1846 à 1849 et de 1851 à 1856, le véritable maître du pays.

Salé, v. du Maroc, à l'embouchure du Bou Regreg, faubourg de Rabat ; 290 000 hab. Aéroport. — Fortifications du XIIIe siècle.

Salem, v. des États-Unis, cap. de l'Oregon ; 107 786 hab. Université. — Maisons anciennes. Musées.

Salem, v. de l'Inde (Tamil Nadu) ; 515 000 hab. Centre industriel.

Salerne, v. d'Italie (Campanie), ch.-l. de prov., sur le *golfe de Salerne ;* 153 436 hab. Centre commercial, industriel et touristique. — Cathédrale entreprise v. 1080 (somptueux ambons du XIIe s.). Musée provincial.

Salerne *(école de),* école de médecine qui prospéra pendant tout le Moyen Âge. Grâce à son enseignement et à ses textes, elle acquit une célébrité à l'échelle de l'Europe.

Salette-Fallavaux (La), comm. de l'Isère ; 87 hab. — Pèlerinage à la basilique *Notre-Dame-de-la-Salette,* construite sur le lieu où la Vierge serait apparue à deux jeunes bergers en 1846.

Salieri *(Antonio),* compositeur italien (Legnago 1750 - Vienne 1825). Compositeur et maître de chapelle de la cour, et directeur des théâtres de Vienne, il a écrit de la musique religieuse et des opéras *(les Danaïdes,* 1784 ; *Falstaff,* 1799).

Salinas de Gortari *(Carlos),* homme d'État mexicain (Mexico 1948), président de la République de 1988 à 1994.

Salinger *(Jerome David),* écrivain américain (New York 1919). Ses récits et son roman *(l'Attrape-cœur,* 1951) expriment les obsessions et les préoccupations de la jeunesse américaine.

Saliout, famille de stations orbitales soviétiques satellisées entre 1971 et 1982.

Salisbury, ville de Grande-Bretagne (Wiltshire), sur l'Avon ; 36 000 hab. — Cathédrale de style gothique primitif (1220-1265) et ses dépendances. Musée.

Salisbury *(Robert* Cecil, *marquis* de*)*, homme politique britannique (Hatfield 1830 - *id.* 1903). Chef du Parti conservateur après la mort de Disraeli (1881), ministre des Affaires étrangères et Premier ministre (1885-1892, 1895-1902), il combattit le nationalisme irlandais et eut à faire face à la crise franco-anglaise de Fachoda (1898). Il mena la guerre contre les Boers (1899-1902).

Sallé *(Marie),* danseuse et chorégraphe française (? 1707 - Paris 1756). C'est l'une des plus célèbres danseuses de son époque. Ses tentatives réformatrices, qui annoncent les théories de Noverre, furent peu comprises en France, et c'est à Londres qu'elle créa *Pygmalion* (1734), ballet-pantomime qu'elle interpréta sans les traditionnels masque, perruque et robe à panier.

Salluste, *en lat.* Caius Sallustius Crispus, historien romain (Amiternum, Sabine, 86 av. J.-C. - v. 35 av. J.-C.). Protégé de César, gouverneur de Numidie (46), où il fit fortune, il se fit construire à Rome, sur le Quirinal, une riche demeure *(Horti Sallustiani).* À la mort du dictateur, en 44, Salluste se retira de la vie politique et se consacra aux études historiques.

Salmanasar III (858-823 av. J.-C.), roi d'Assyrie. Continuant l'œuvre de son père Assournazirpal II (883-858), auquel il succéda, il mena de nombreuses campagnes en Ourartou et en Syrie, mais ne put vaincre les rois araméens.

Salo *(République de)* ou **République sociale italienne** (sept. 1943 - avr. 1945), régime politique établi par Mussolini après sa libération par les Allemands et qui avait pour centre la ville de Salo, sur la rive occidentale du lac de Garde.

Salomé, nom hébreu féminin qui, d'après les Évangiles, fut celui d'une des saintes femmes présentes au pied de la croix de Jésus et celui de la fille d'Hérode Philippe et d'Hérodiade. La jeune princesse suivit sa mère auprès de son oncle Hérode Antipas et, à l'instigation de celle-ci, obtint, en récompense d'une danse, la tête du prophète Jean-Baptiste, qui avait dénoncé la nouvelle union d'Hérodiade.

Salomon *(îles),* en angl. Solomon Islands, archipel de la Mélanésie ; 30 000 km² ; 300 000 hab. CAP. *Honiara.* LANGUE : *anglais.* MONNAIE : *dollar des Salomon.*

GÉOGRAPHIE

Les îles principales s'alignent en deux rangées : Choiseul, Santa Isabel, Malatia au N.-E. ; Vella, Lavella, Nouvelle-Géorgie, Guadalcanal, Russel, Florida et San Cristobal au S.-O. Les pluies sont très abondantes (2 à 4 m). La majorité de la population se concentre sur les littoraux (pêche). Malgré quelques exportations (bois, coprah, épices, huile de palme), la balance commerciale reste déficitaire.

HISTOIRE

L'archipel a été partagé, en 1899, entre la Grande-Bretagne (partie orientale) et l'Allemagne (Bougainville et Buka). Aujourd'hui, l'ancienne partie allemande, sous tutelle australienne depuis 1921, dépend de la Papouasie-Nouvelle-Guinée. Les Salomon ont été, de 1942 à 1945, le théâtre de violents combats entre Américains et Japonais. La partie britannique a accédé à l'indépendance en 1978.

Salomon, troisième roi des Hébreux (v. 970-931 av. J.-C.). Fils de David et de Bethsabée, il dut aux intrigues de celle-ci d'hériter du royaume, auquel il donna la prospérité en le dotant d'une bureaucratie de type égyptien, d'une puissante armée, d'un commerce florissant. Il entreprit des constructions prestigieuses, notamment celles de son propre palais et du Premier Temple de Yahvé. Salomon est considéré comme le père du mouvement et de la littérature hébraïques de sagesse. Son règne fastueux n'en est pas moins marqué par les signes de dégénérescence. L'accroissement des corvées et des impôts, l'édification d'un harem somptueux, les coûts d'une diplomatie ambitieuse et les compromissions idéologiques qu'elle entraînait suscitèrent des mouvements de révolte puis entraînèrent la division politique du royaume et un véritable schisme religieux.

Salomon (Erich), photographe allemand (Berlin 1886 - Auschwitz 1944). Père du reportage moderne, en utilisant l'appareil de petit format, il a laissé des instantanés d'une cruelle franchise.

Salon-de-Provence, ch.-l. de c. des Bouches-du-Rhône ; 35 041 hab. (Salonnais). École de l'air et École militaire de l'air. Centrale hydroélectrique sur la Durance canalisée. — Monuments médiévaux et classiques. Musées.

Salone ou **Salona,** auj. Solin, ancienne capitale de la province romaine de Dalmatie, dans la banlieue de l'actuelle Split. Vestiges romains et paléochrétiens.

Salonique → **Thessalonique.**

Salouen (la ou le), fl. de l'Asie du Sud-Est, né au Tibet, qui sépare la Birmanie et la Thaïlande, et rejoint l'océan Indien par un delta ; 2 800 km.

SALT (Strategic Arms Limitation Talks), négociations menées de 1969 à 1979 entre les États-Unis et l'U. R. S. S. sur la limitation des armements stratégiques.

Salt Lake City, v. des États-Unis, cap. de l'Utah, près du Grand Lac Salé ; 159 936 hab. Elle a été fondée en 1847 par les mormons, dont elle demeure le centre religieux. Imposants monuments des XIXe et XXe siècles.

Saltykov-Chtchedrine (Mikhaïl Ievgrafovitch Saltykov, dit), écrivain russe (Spas-Ougol 1826 - Saint-Pétersbourg 1889). Il critiqua les défauts de la société russe dans des récits satiriques, à la tonalité sombre et pessimiste (la Famille Golovlev, 1880).

Salut (Armée du), association religieuse d'origine méthodiste, qui joint le prosélytisme à l'action charitable et sociale et dont le fonctionnement est de type militaire. Elle fut fondée par W. Booth, à Londres, en 1865.

Salut (îles du), petit archipel de la Guyane française, au nord de Cayenne, comprenant les îles Royale, Saint-Joseph et du Diable, autrefois utilisées par l'administration pénitentiaire.

Salvador, en esp. El Salvador, République de l'Amérique centrale ; 21 000 km² ; 5 400 000 hab. (Salvadoriens). CAP. San Salvador. LANGUE : espagnol. MONNAIE : colón.

GÉOGRAPHIE

C'est le plus petit mais le plus densément peuplé (plus de 250 hab./km²) des États d'Amérique centrale. Ouvert seulement sur le Pacifique, c'est un pays montagneux et volcanique. Le climat, chaud et humide, a toutefois une saison sèche de 4 à 5 mois. La population, urbanisée pour plus de 40 %, a encore un taux de croissance élevé (plus de 2,5 % par an). L'agriculture juxtapose un secteur vivrier (maïs) pauvre et une agriculture commerciale en grandes exploitations : café sur les hautes terres, coton dans les plaines côtières, fournissant l'essentiel des exportations. Le sucre et l'élevage ne concernent que le marché intérieur. Le secteur industriel, sans être négligeable, ne fonctionne pas à sa pleine capacité. Une longue guerre civile a désorganisé l'économie. Les États-Unis restent le premier partenaire commercial du Salvador.

HISTOIRE

Le pays est conquis par les Espagnols à partir de 1524.

1821. Proclamation de l'indépendance.

1822. Le pays est rattaché de force au Mexique.

1823-1838. Il constitue une des Provinces-Unies d'Amérique centrale.

La vie politique est marquée par l'opposition entre conservateurs et libéraux puis par la succession de gouvernements autoritaires (Martínez, 1931-1944) ou plus libéraux (Oscar Osorio, 1950-1956).

1969. Guerre avec le Honduras.

En 1972, les militaires imposent à la tête de l'État leur candidat, face à celui de l'oppo-

sition, le démocrate-chrétien José Napoleón Duarte. Des conflits sanglants opposent dès lors les diverses factions du pays.
La junte installe Duarte à la tête de l'État (1980-1982).
1984-1989. Présidence de Duarte à l'issue des élections présidentielles.
À partir de 1987, des accords sont signés avec les pays voisins en vue de rétablir la paix dans la région.
1992. Signature d'un accord de paix entre le gouvernement salvadorien et la guérilla.

Salvador, *anc.* Bahia, port du Brésil, cap. de l'État de Bahia ; 2 056 013 hab. (2 472 131 hab. dans l'agglomération). Centre industriel, commercial et touristique. — Églises baroques (XVIIᵉ-XVIIIᵉ s.) de la ville haute. Musées.

Salzbourg, *en all.* Salzburg, v. d'Autriche, ch.-l. de la *province de Salzbourg,* au pied des Préalpes de Salzbourg, sur la Salzach ; 139 000 hab. Archevêché. Centre culturel (université) et touristique. — Importants monuments médiévaux (vieille forteresse, église des Franciscains) et baroques (cathédrale, Résidence, château Mirabell). Maison natale de Mozart (festival de musique annuel). Musées.

Salzgitter, v. d'Allemagne (Basse-Saxe) ; 112 689 hab. Métallurgie.

Sam *(Oncle)* ou **Uncle Sam,** personnification ironique des États-Unis, dont le nom est tiré des lettres *U. S. Am (United States of America).*

Samanides, dynastie iranienne, qui régna en Transoxiane et au Khorasan de 874 à 999.

Samar, île des Philippines ; 13 130 km² ; 470 000 hab.

Samara, de 1935 à 1990 **Kouïbychev,** v. de Russie ; 1 257 000 hab. Port fluvial. Centrale hydroélectrique. Centre industriel.

Samarie, région de la Palestine centrale, entre la Galilée au N. et la Judée au S. (Hab. *Samaritains.*)

Samarie, ancienne ville de Palestine, fondée v. 880 av. J.-C., capitale du royaume d'Israël. Elle fut prise et détruite en 721 av. J.-C. par l'Assyrien Sargon II, et sa population déportée. Sa chute marqua la fin du royaume d'Israël.

Samarinda, port d'Indonésie, dans l'est de Bornéo ; 265 000 hab.

Samarkand, v. d'Ouzbékistan, en Asie centrale (oasis du Zeravchan) ; 366 000 hab. Agroalimentaire. Tourisme. — Elle fut conquise par les Russes en 1868. — Vestiges (nécropole Chah-e Zendeh, mausolées,

mosquées, etc.) de son passé de capitale de l'empire de Tamerlan, à la fin du XIVᵉ siècle.

Samarra, v. d'Iraq, sur la rive gauche du Tigre. — Vestiges de la capitale des califes abbassides (836-892), dont la Grande Mosquée, au minaret (al-Malwiyya) en spirale.

Sambin *(Hugues),* menuisier, sculpteur, décorateur et architecte français (Gray 1518 - Dijon v. 1601), un des principaux protagonistes de la Renaissance en Bourgogne (au musée des Beaux-Arts de Dijon : porte sculptée [1573], d'un goût exubérant, provenant du parlement de la ville).

Sammartini *(Giovanni Battista),* compositeur italien (Milan 1700 ou 1701 - *id.* 1775). Il a grandement contribué au développement de l'art instrumental classique (sonates, symphonies, concertos).

Samnites, peuple italique établi dans le Samnium. Les Samnites furent soumis par Rome au IIIᵉ s. av. J.-C., après trois longues guerres, de 343 à 290 ; c'est au cours de cette lutte que les Romains subirent l'humiliante défaite des fourches Caudines (321 av. J.-C.).

Samnium, dans l'Antiquité, région montagneuse de l'Italie centrale, habitée par les Samnites.

Samoa, archipel d'Océanie, en Polynésie, au S. de l'équateur, partagé politiquement entre l'*État indépendant des Samoa,* ou *Samoa occidentales,* et les *Samoa américaines* (dites parfois *Samoa orientales*). **HIST.** Découvert en 1722 par les Hollandais, l'archipel est partagé en 1900 entre les Américains *(Samoa orientales)* et les Allemands *(Samoa occidentales).* En 1920, les Samoa occidentales passent sous tutelle néo-zélandaise ; elles deviennent indépendantes en 1962, entrent dans le Commonwealth en 1970 et sont membres de l'O. N. U. depuis 1976. Les Samoa orientales sont, depuis 1951, administrées par un gouverneur dépendant de Washington.

Samoa ou **Samoa occidentales** (État indépendant des), État insulaire d'Océanie, en Polynésie, formé essentiellement des îles Savaii et Upolu, et de quelques îlots. 2 842 km² ; 170 000 hab. *(Samoans).* **CAP.** Apia. **LANGUES :** anglais, samoan. **MONNAIE :** tala (dollar des Samoa).
GÉOGRAPHIE
C'est un archipel volcanique, montagneux, portant une forêt dense. Les collines et les plaines littorales sont bien mises en valeur : cultures vivrières (taro) et plantations (noix de coco, cacao). Le sous-développement

économique, aggravé par l'isolement, et la croissance démographique expliquent la persistance d'un courant d'émigration.

Samoa américaines, partie orientale de l'archipel des Samoa, appelée parfois *Samoa orientales,* et dépendance des États-Unis. 197 km² ; 32 000 hab. Ch.-l. *Fagatogo* (siège du gouvernement). Principale localité *Pago Pago.* Les plantations, la pêche et le tourisme sont les principales ressources.

Samory Touré, chef malinké (Manyambaladougou, Guinée, v. 1830 - N'Djolé, Gabon, 1900). Il se constitua à partir de 1861 un empire à l'est du Niger, mais sa politique d'islamisation forcée provoqua l'insurrection de 1888-1890. Après la reprise de l'offensive française (1891), il abandonna son domaine et conquit une partie de la Côte d'Ivoire et du Ghana. Il fut arrêté par les Français en 1898.

Samos, île grecque de la mer Égée, dans les Sporades ; 472, 5 km² ; 7 828 hab. *(Samiens* ou *Samiotes).* Ch.-l. *Samos.* Vins doux. — Importants vestiges grecs, dont le tunnel qui alimentait la ville en eau. Riche musée archéologique.

Samothrace, île grecque de la mer Égée, près des côtes de la Thrace ; 178 km² ; 3 000 hab. — En 1863 y fut mise au jour la *Victoire,* marbre du IIe s. av. J.-C. (Louvre) représentant une femme ailée posée sur la proue d'un navire.

Samoyèdes, peuple de Russie de langue finno-ougrienne, habitant les régions du cours inférieur de l'Ob et de l'Ienisseï. Ils ont été classés en quatre groupes dont le plus nombreux est celui des Nenets. Ils possèdent une riche littérature orale.

Sampiero d'Ornano ou **Sampiero Corso** → Ornano.

Samson, un des « juges » d'Israël (XIIe s. av. J.-C.), célèbre par sa force herculéenne, par ses exploits contre les Philistins et par sa trahison de la part d'une femme du camp ennemi qu'il avait épousée, Dalila. (→ Dalila.) Exhibé un jour comme une sorte de trophée dans le temple de Dagan, Samson, qui avait retrouvé sa force avec la pousse de ses cheveux, ébranla les colonnes de l'édifice, écrasant avec lui un grand nombre de Philistins.

Samsun, port de Turquie, sur la mer Noire ; 303 979 hab.

Samuel, le dernier des « juges » d'Israël (XIe s. av. J.-C.). Il joua un rôle déterminant dans l'institution de la monarchie. C'est lui qui donna l'onction royale à Saül et à David. Les deux livres bibliques qui portent son nom couvrent la période qui va des débuts de la monarchie à la fin du règne de David. Formant un ensemble de traditions légendaires et historiques rédigées au VIIe s. av. J.-C., ils ont reçu leur forme définitive au temps de l'Exil (VIe s.).

Samuelson *(Paul Anthony),* économiste américain (Gary, Indiana, 1915). Tout en adoptant certaines des thèses keynésiennes, il s'attache à la défense des théories néoclassiques. Il fait un large appel à la formalisation mathématique. (Prix Nobel de sciences économiques 1970.)

Sanaa, cap. du Yémen, à 2 350 m d'alt. ; 500 000 hab. Important bazar et centre artisanal. — Pittoresque vieille ville, aux maisons à plusieurs étages en terre et briques.

Sanaga, principal fl. du Cameroun, tributaire du golfe du Biafra ; 520 km. Aménagements hydroélectriques.

San Andreas *(faille de),* fracture de l'écorce terrestre allant du golfe de Californie au nord de San Francisco.

San Antonio, v. des États-Unis (Texas) ; 935 933 hab. Centre touristique et industriel. Université et instituts de recherche. — Vieux quartiers et musées.

San-Antonio, pseudonyme de l'écrivain Frédéric Dard et, dans ses romans ainsi signés, personnage de policier truculent et peu conformiste.

San Bernardino, col des Alpes suisses, entre la haute vallée du Rhin postérieur et un affl. du Tessin, la Moesa ; 2 060 m. Tunnel routier (7 km) à 1 600 m d'alt., reliant Coire à Lugano.

Sanche, nom porté (XIe-XIIIe s.) par de nombreux souverains d'Aragon, de Castille, de León, de Navarre et de Portugal. Les plus célèbres sont : **Sanche Ier Ramírez** (1043 - Huesca 1094), roi d'Aragon (1063-1094) et de Navarre (Sanche V) [1076-1094] ; il mena vigoureusement la Reconquista ; **Sanche III Garcés el Grande** ou **el Mayor** (v. 992-1035), roi de Navarre (v. 1000-1035), comte de Castille (1028-29) ; dominant presque toute l'Espagne chrétienne, il prit, le premier, le titre de *rex Iberorum* ; **Sanche Ier o Povoador** (Coimbra 1154 - id. 1211), roi de Portugal (1185-1211). Il colonisa et organisa les territoires du Sud (Algarve) pris sur les Almohades.

Sancho Pança, écuyer de Don Quichotte, dont le bon sens s'oppose aux folles imaginations de son maître.

Sanci, site archéologique de l'Inde centrale (Madhya Pradesh), haut lieu de l'art bouddhique indien. Ses stupas — dont le plus ancien est une fondation d'Ashoka — sont parmi les mieux conservés du pays (1ᵉʳ s. av.-1ᵉʳ s. apr. J.-C.). Les portes monumentales et la grande balustrade qui accompagnent le plus grand d'entre eux sont décorées d'une parure sculptée célèbre. Musée.

Sancy *(puy de),* sommet volcanique, point culminant du Massif central, dans les monts Dore ; 1 885 m. Téléphérique.

Sand *(Aurore Dupin, baronne Dudevant, dite George),* femme de lettres française (Paris 1804 - Nohant 1876). Sa vie indépendante et passionnée, marquée par plusieurs liaisons (Jules Sandeau, Musset, Pierre Leroux, Chopin), fit scandale. Ses premiers romans, d'inspiration sentimentale, revendiquent plus de liberté pour les femmes *(Indiana,* 1832 ; *Lélia,* 1833). Elle s'orienta ensuite vers un socialisme idéaliste *(le Compagnon du tour de France,* 1840 ; *Consuelo,* 1842-43) puis exalta dans une trilogie rustique la vie et le travail des paysans berrichons *(la Mare au diable,* 1846 ; *François le Champi,* 1847-48 ; *la Petite Fadette,* 1849). Elle a laissé une importante *Correspondance.*

Sandage *(Allan Rex),* astrophysicien américain (Iowa City 1926). Auteur de travaux sur les amas globulaires, l'évolution des étoiles, la structure de la Galaxie et les galaxies, il a effectué la première identification optique d'un quasar (1960).

Sandburg *(Carl),* poète américain (Galesburg, Illinois, 1878 - Flat Rock, Caroline du Sud, 1967). Son œuvre trouve son inspiration dans la civilisation urbaine et industrielle de l'Amérique moderne *(Fumée et acier,* 1920).

Sandeau *(Julien, dit Jules),* écrivain français (Aubusson 1811 - Paris 1883). Il publia avec la future George Sand un roman, *Rose et Blanche* (1831), signé Jules Sand. On lui doit des romans *(Mademoiselle de La Seiglière,* 1848 ; *Jean de Thommeray,* 1873). [Acad. fr. 1858.]

Sander *(August),* photographe allemand (Herdorf, Rhénanie-Palatinat, 1876 - Cologne 1964). Le rendu réaliste, parfois féroce, de la personnalité est le support de son infaillible témoignage sur toutes les couches sociales de l'Allemagne prénazie.

Sandhurst *(école militaire de),* école militaire britannique interarmes créée en 1801 à Sandhurst et transférée en 1947 à Camberley (auj. *Frimley Camberley).*

San Diego, port des États-Unis (Californie), sur le Pacifique (baie de San Diego) ; 1 110 549 hab. (2 498 016 hab. dans l'agglomération). Base navale et port de pêche (thon). Constructions aéronautiques. Institut océanographique. — Musée des Beaux-Arts et musées scientifiques (Histoire naturelle, etc.) dans le parc Balboa.

Sandwich *(îles)* → Hawaii.

San Francisco, v. des États-Unis, en Californie, sur la *baie de San Francisco* ; 723 959 hab. (1 603 678 dans l'agglomération). Sur la rive sud de la Golden Gate, franchie par un célèbre pont, la ville s'est développée dans un site pittoresque de collines. Au débouché de l'Ouest américain, c'est un port important, un centre industriel (raffinage du pétrole, construction navale et automobile) et tertiaire (finance, tourisme). — Importants musées d'art (européen, américain, asiatique ; art moderne...) et d'histoire naturelle.

San Francisco *(conférence de)* [25 avr.-26 juin 1945], réunion internationale qui établit la charte des Nations unies.

San Francisco *(traité de)* [8 sept. 1951], traité de paix signé entre le Japon et les Alliés de la Seconde Guerre mondiale.

Sangallo *(les),* architectes florentins, maîtres de la Renaissance classique. **Giuliano Giamberti,** dit Giuliano da Sangallo (Florence v. 1443 - id. 1516), a donné les deux édifices les plus représentatifs de la fin du XVᵉ siècle, la villa de Poggio a Caiano (entre Florence et Pistoia), qui annonce Palladio, et l'église S. Maria delle Carceri de Prato. **Antonio,** dit Antonio da Sangallo l'Ancien (Florence v. 1453 - id. v. 1534), frère du précédent, collabora avec celui-ci (par ex. à St-Pierre de Rome), réalisa des forteresses puis construisit, en 1518, l'église S. Biagio à Montepulciano (prov. de Sienne). **Antonio Cordini,** dit **Antonio da Sangallo le Jeune** (Florence 1484 - Rome 1546), neveu des précédents, développa l'agence familiale au service des papes Médicis. Son palais Farnèse, à Rome, montre une maîtrise totale des leçons antiques.

Sangha *(la),* riv. de l'Afrique équatoriale (Congo), affl. du Zaïre (r. dr.) ; 1 700 km. env.

San Gimignano, v. d'Italie (prov. de Sienne) ; 7 043 hab. Cité médiévale bien conservée, que dominent 13 tours sévères de palais. Cathédrale remontant au XIIᵉ siècle ; églises, dont S. Agostino (fresques de Gozzoli). Musées.

Sangli, v. de l'Inde (Maharashtra) ; 363 728 hab.

Sangnier *(Marc),* journaliste et homme politique français (Paris 1873 - *id.* 1950). Il développa dans le *Sillon,* mouvement créé en 1894, les idées d'un catholicisme social et démocratique. Désavoué par Pie X (1910), il fonda la Jeune République (1912). Il fut le créateur de la Ligue française des auberges de la jeunesse (1929).

Sanguinaires *(îles),* îlots granitiques de la Corse, à l'entrée du golfe d'Ajaccio.

San Jose, v. des États-Unis (Californie), au sud de la baie de San Francisco ; 782 248 hab. (1 497 577 hab. dans l'agglomération). — Musées, dont celui de la Technologie et de l'Innovation.

San José, cap. du Costa Rica, à plus de 1 100 m d'alt. (bassin central) ; 500 000 hab. — Musées, dont le Musée national (collections préhispaniques).

San Juan, cap. de Porto Rico ; 435 000 hab. (plus de 800 000 hab. dans l'agglomération). — Noyau urbain ancien de caractère, avec d'intéressants monuments, dont la vieille forteresse en partie du XVIe siècle. Musées.

Sankt Anton am Arlberg, station de sports d'hiver d'Autriche (Tyrol) [alt. 1304-2811 m] ; 2 100 hab.

Sankt Florian, v. d'Autriche (Haute-Autriche), au S.-E. de Linz ; 15 000 hab. — Célèbre abbaye reconstruite en style baroque (1686-1751) par Carlo Antonio Carlone et Jakob Prandtauer.

San Luis Potosí, v. du Mexique, cap. de l'État du même nom sur le plateau intérieur ; 525 819 hab. Métallurgie. — Cathédrale baroque.

San Martín *(José de),* général et homme politique argentin (Yapeyú 1778 - Boulogne-sur-Mer 1850). Après avoir participé à l'indépendance de l'Argentine (1816), il libéra le Chili (1817-18) et contribua à l'indépendance du Pérou, dont il devint Protecteur (1821). En désaccord avec Bolívar, il démissionna (1822) et s'exila en Europe.

San Miguel de Tucumán, v. du nord-ouest de l'Argentine ; 473 014 hab. Université. Tourisme. — Vieux quartiers d'époque coloniale. Musées.

Sannazzaro *(Iacopo),* poète et humaniste italien (Naples 1455 - *id.* 1530). Son roman en prose et en vers, *l'Arcadie* (1504), eut une influence capitale sur la formation du roman pastoral et sur la littérature baroque en Europe.

San Pedro Sula, v. du nord-ouest du Honduras ; 151 000 hab.

San Remo ou **Sanremo,** v. d'Italie (Ligurie), sur la Méditerranée ; 55 786 hab. Station touristique et balnéaire de la Riviera di Ponente. Commercialisation des fleurs.

San Remo *(conférence de)* [19-26 avr. 1920], réunion du conseil suprême allié à San Remo pour discuter de l'exécution du traité de Versailles et préparer le traité de Sèvres avec l'Empire ottoman.

San Salvador, cap. du Salvador, au pied du volcan San Salvador ; 1 million d'hab. environ. Plusieurs fois ravagée par des séismes, la ville est le principal centre industriel du pays.

Sanson, famille de bourreaux parisiens, d'origine florentine, dont les membres furent, de 1688 à 1847, exécuteurs des hautes œuvres dans la capitale. Le plus célèbre d'entre eux est **Charles** (Paris 1740- ? 1806), qui guillotina Louis XVI.

Sansovino *(Andrea* Contucci, dit il*),* sculpteur et architecte italien (Monte San Savino, Arezzo, 1460 - *id.* 1529). Pureté formelle et délicate idéalisation caractérisent son *Baptême du Christ* du baptistère de Florence (bronze, v. 1503) et se retrouvent dans les bas-reliefs de la *Vie de la Vierge* à la Santa Casa de Lorette, dont l'artiste dirigea le chantier, dans l'esprit de Bramante, à partir d'environ 1510.

Sansovino *(Jacopo* Tatti, dit il*),* sculpteur et architecte italien (Florence 1486 - Venise 1570), disciple du précédent. Après avoir travaillé à Rome, il passa en 1527 à Venise, où, comme premier architecte de la ville, il allait adapter l'art à la seconde Renaissance à la tradition vénitienne : palais Corner, puissamment modelé, à partir de 1537 ; ensemble fastueux de la *loggetta* du campanile et de la *Libreria,* sur la Piazzetta ; nombreuses sculptures, dont *Mars* et *Neptune,* les « Géants » de l'escalier de la cour du palais ducal.

San Stefano *(traité de)* [3 mars 1878], traité conclu à San Stefano (auj. Yeşilköy, près d'Istanbul) entre la Russie victorieuse et l'Empire ottoman vaincu, à l'issue de la guerre russo-turque (1877-78). Il fut révisé au congrès de Berlin.

Santa Ana, v. des États-Unis (Californie), au pied de la sierra de Santa Ana ; 293 742 hab.

Santa Ana, v. du Salvador, au pied du volcan homonyme (2 386 m) ; 208 000 hab.

Santa Anna *(Antonio* López de*),* général et homme d'État mexicain (Jalapa 1794 - Mexico 1876). Président de la République (1833), battu et fait prisonnier par les Texans (San Jacinto, 1836), il dut reconnaître l'indépendance du Texas. Après une nouvelle défaite (1847), il se retira avant la signature du traité consacrant la perte du Nouveau-Mexique et de la Californie (1848). Il se proclama, en 1853, dictateur à vie mais fut évincé en 1855.

Santa Catarina, État du Brésil méridional ; 96 000 km² ; 4 536 433 hab. Cap. *Florianópolis.*

Santa Cruz, archipel du Pacifique, en Mélanésie, dépendance des îles Salomon ; 1 938 km² ; 3 000 hab.

Santa Cruz, v. de Bolivie, à l'est des Andes, à 420 m d'altitude ; 694 616 hab.

Santa Cruz de Tenerife, port et ch.-l. de l'archipel des Canaries (Tenerife) ; 186 000 hab. Raffinerie de pétrole. Tourisme.

Santa Fe, v. d'Argentine, sur un affl. du Paraná ; 442 214 hab. — Églises des XVIIe et XVIIIe siècles.

Santa Fe, v. des États-Unis, cap. du Nouveau-Mexique ; 55 859 hab. — Musées, dont celui du Nouveau-Mexique.

Santa Isabel → **Malabo.**

Santa Marta, v. de Colombie, sur la mer des Antilles, au pied de la sierra de Santa Marta ; 152 000 hab. Port bananier.

Santa Monica, v. des États-Unis (Californie), sur l'océan Pacifique près de Los Angeles ; 88 000 hab. Station balnéaire. Constructions aéronautiques.

Santander, port et station balnéaire d'Espagne, ch.-l. de la Cantabrique, sur le golfe de Gascogne ; 191 079 hab. — Musée provincial de préhistoire et d'archéologie.

Santander *(Francisco* de Paula*),* homme d'État colombien (Rosario de Cúcuta 1792 - Bogotá 1840). Vice-président de la Grande-Colombie (1821-1828), il conspira contre Bolívar et dut s'exiler. Il fut ensuite président de la République de la Nouvelle-Grenade (1833-1837). On le considère comme le fondateur de la Colombie moderne.

Santarém, port fluvial du Brésil (État de Pará), au confluent de l'Amazone et du Tapajós ; 265 105 hab. — Musée archéologique.

Santer *(Jacques),* homme politique luxembourgeois (Wasserbillig 1937). Premier ministre du Luxembourg (1984-1995), il devient président de la Commission européenne en janvier 1995.

Santiago, cap. du Chili ; 4 233 060 hab. (avec les banlieues). Fondée en 1541 par Pedro de Valvidia, à 140 km du Pacifique, dans une vallée affluente de celle de l'Aconcagua qui mène aux cols vers l'Argentine, la ville a été la capitale du Chili colonial. Après l'indépendance, elle s'est imposée et a dominé Valparaíso et Concepción. Depuis les années 30, elle a connu un fort accroissement démographique, dû à la fois à la croissance naturelle et aux migrations rurales. Elle regroupe plus du tiers de la population chilienne, fournit plus de la moitié de la production industrielle et des emplois tertiaires du pays. La ville est cernée de bidonvilles. — Beaux parcs. Musées.

Santiago, port de Cuba ; 345 000 hab. Monuments d'époque coloniale.

Santiago ou **Santiago de los Caballeros,** v. de la République Dominicaine, au pied de la Cordillère septentrionale ; 279 000 hab. Centre commercial et industriel.

Santillana *(Íñigo* López de Mendoza, *marquis* de*),* homme de guerre et écrivain espagnol (Carrión de los Condes 1398 - Guadalajara 1458). Il introduisit le sonnet dans la poésie espagnole.

Säntis *(le),* sommet des Alpes suisses, à la frontière des cantons d'Appenzell et de Saint-Gall ; 2 502 m. Téléphérique. Observatoire météorologique.

Santo André, v. du Brésil, banlieue industrielle de São Paulo ; 613 672 hab.

Santorin, archipel grec de la partie méridionale des Cyclades, dont l'île principale est *Santorin,* ou *Thíra ;* 76 km² ; 8 000 hab. Ch.-l. *Thíra.* Volcan actif. Tourisme. — Importants vestiges de la ville cycladique détruite v. 1500 av. J.-C. par une éruption volcanique. Musée archéologique.

Santos, port du Brésil (São Paulo) ; 428 526 hab. Exportation du café.

Santos-Dumont *(Alberto),* aéronaute et aviateur brésilien (Palmyra, auj. Santos Dumont, 1873 - São Paulo 1932). Venu très jeune en France, il créa, de 1898 à 1905, plusieurs modèles de dirigeables. Il effectua, le 23 octobre 1906, le premier vol propulsé homologué en Europe. Ses avions du type *Demoiselle,* créés à partir de 1909, sont les précurseurs des avions légers modernes.

SAO, ancienne population africaine non musulmane, constituée de groupes distincts par leur langue et leur mode de vie, qui, à partir du Ier siècle, s'établit au S. du lac Tchad et dont les tumulus ont livré des statuettes d'argile et des bronzes.

São Bernardo do Campo, banlieue industrielle de São Paulo (Brésil) ; 565 171 hab.

São Francisco *(le),* fl. du Brésil, né dans le Minas Gerais ; 2 624 km. Il draine la vaste région semi-aride du Sertão avant de rejoindre l'Atlantique. Voie de navigation. Aménagements hydroélectriques.

São Gonçalo, v. du Brésil, banlieue de Rio de Janeiro ; 747 891 hab.

São João de Meriti, v. du Brésil, banlieue de Rio de Janeiro ; 425 038 hab.

São José dos Campos, v. du Brésil, entre São Paulo et Rio ; 442 728 hab. École aéronautique et centre d'études aérospatiales.

São Luís ou **São Luís do Maranhão,** port du Brésil septentrional, cap. de l'État de Maranhão, sur l'Atlantique ; 695 780 hab. — Vieux quartiers pittoresques, avec des monuments des XVIIe et XVIIIe siècles.

São Miguel, la plus grande (747 km^2) des îles des Açores ; 150 000 hab. Ch.-l. *Ponta Delgada.* Tourisme.

Saône *(la),* riv. de l'est de la France. Nee dans le dép. des Vosges, elle passe à Chalon-sur-Saône et Mâcon et se jette dans le Rhône (r. dr.) à Lyon ; 480 km (bassin de près de 30 000 km^2). Traversant surtout des régions basses (plaine de la Saône), elle est utilisée pour la navigation et régularise le régime du Rhône grâce à ses hautes eaux hivernales. Le Doubs est son principal affluent.

Saône (Haute-) [70], dép. de la Région Franche-Comté ; ch.-l. de dép. *Vesoul ;* ch.-l. d'arr. *Lure ;* 2 arr., 32 cant., 546 comm. ; 5 360 km^2 ; 229 650 hab. Il est rattaché à l'académie et à la cour d'appel de Besançon, à la région militaire Nord-Est.

Saône-et-Loire [71], dép. de la Région Bourgogne ; ch.-l. de dép. *Mâcon ;* ch.-l. d'arr. *Autun, Chalon-sur-Saône, Charolles, Louhans ;* 5 arr., 57 cant., 574 comm. ; 8 575 km^2 ; 559 413 hab. Il appartient à l'académie et à la cour d'appel de Dijon, à la région militaire Nord-Est.

São Paulo, v. du Brésil, cap. de l'État du même nom ; 9 480 427 hab. *(Paulistes)* [15 199 423 hab. dans sa région métropolitaine].

GÉOGR.
C'est la plus grande ville du Brésil et le premier centre industriel. Fondée en 1554, le jour de la Saint-Paul, à 800 m d'alt., dans un bassin drainé par le Tietê et ses affluents, la ville ne s'est développée que très lentement jusqu'à l'accroissement démographique phénoménal des années du café : 240 000 hab. en 1900 ; 1 326 000 en 1940. L'agglomération, entourée de bidonvilles, s'est considérablement étendue. Malgré le métro, la circulation est difficile et la pollution importante. Le centre, hérissé de gratte-ciel, est essentiellement tertiaire : sièges de sociétés, établissements financiers, commerces. Tous les secteurs industriels sont représentés, en particulier le textile, la métallurgie, les constructions mécaniques et électriques, la chimie, l'alimentation, l'édition. Universités. **ARTS.** Nombreux musées, dont le musée d'Art, ceux d'Art sacré, d'Art contemporain, d'Art populaire, d'Archéologie et d'Ethnographie. Biennale d'arts plastiques.

São Paulo, État du sud-est du Brésil, le plus peuplé du pays, sur l'Atlantique ; 248 000 km^2 ; 31 192 818 hab. Cap. *São Paulo.*
GÉOGR.
Les hauteurs de la serra do Mar séparent les plaines côtières alluviales de hautes terres drainées vers l'ouest par le Paraiba do Sul et le Tietê. Plus à l'ouest, des plateaux descendent doucement vers le Paraná. Le climat, tropical à l'ouest, est plus sec dans le nord et dans le sud. La mise en valeur, longtemps très circonscrite, a connu un essor considérable avec la culture du café à partir de 1870. Des milliers d'immigrants (Italiens, Espagnols, Portugais) ont alors peuplé l'État et développé villes et voies de communication. La crise des années 30 a entraîné le développement de l'élevage et de nouvelles cultures : coton, riz, canne à sucre, arachides, agrumes. L'État est maintenant en majorité urbain et tient la première place dans le pays pour la production industrielle : pétrochimie, sidérurgie, métallurgie, chimie, textile, agroalimentaire.

São Tomé et Príncipe, État insulaire du golfe de Guinée, formé des îles de *São Tomé* (836 km^2) et de *Príncipe* (ou *île du Prince ;* 128 km^2) ; 120 000 hab. **CAP.** *São Tomé.* LANGUE : *portugais.* MONNAIE : *dobra.* Ancienne colonie portugaise, indépendante depuis 1975. Des réformes soutenues par le F. M. I. ont été engagées pour moderniser l'agriculture, qui fournit ses principales ressources (cacao, café, coprah) à l'archipel.

Sapir *(Edward)*, linguiste américain (Lauenberg, Allemagne, 1884 - New Haven, Connecticut, 1939). Il a proposé une nouvelle typologie des langues fondée sur des critères formels. Son idée fondamentale est que toute langue est porteuse d'une conception spécifique du monde. C'est un des initiateurs du courant structuraliste. Il a écrit notamment *le Langage. Une introduction à l'étude de la parole* (1921).

Sapor → **Châhpuhr.**

Sappho ou **Sapho,** poétesse grecque (Lesbos fin du VIIe-*id.* VIe s. av. J.-C.). Son œuvre, dont il ne reste que 650 vers, connut dans l'Antiquité un succès considérable. Chantre de l'amour et de la beauté, elle a créé dans ses poèmes des rythmes et des mètres nouveaux : la strophe *saphique.*

Sapporo, v. du Japon, ch.-l. de l'île de Hokkaido ; 1 671 742 hab. Nœud routier et ferroviaire. Centre administratif, commercial, culturel et industriel. — Jardin botanique ; musée Aïnou.

Saqqarah ou **Sakkarah,** site archéologique d'Égypte (prov. de Gizeh), faubourg de l'ancienne Memphis, dont il abrite la nécropole (7 km de long). Celle-ci, grâce aux mastabas et aux pyramides des premières dynasties, grâce aussi au complexe funéraire de Djoser (XXVIIIe s. av. J.-C.), permet de suivre l'évolution de l'architecture égyptienne et de constater, dès l'origine, la présence d'éléments décoratifs essentiels. Nombreux bas-reliefs de l'Ancien Empire.

Saragat *(Giuseppe)*, homme d'État italien (Turin 1898 - Rome 1988). Fondateur du Parti socialiste démocratique italien (1947), il fut président de la République de 1964 à 1971.

Saragosse, *en esp.* Zaragoza, v. d'Espagne, cap. de la communauté autonome d'Aragon et anc. cap. du royaume d'Aragon, sur l'Èbre ; 594 394 hab. Archevêché (1317). Université (1474). Centre administratif, militaire, universitaire, commercial et industriel. — La ville soutint un siège héroïque contre les Français (1808-1809). — Aljafería, ancien palais des souverains arabes, puis des Rois Catholiques. Cathédrale des XIIe-XVIe siècles, riche en œuvres d'art ; tours d'églises de style mudéjar (XIVe s.) ; vaste basilique du Pilar (XVIIe-XVIIIe s.). Palais du XVIe siècle. Musée provincial.

Sarah ou **Sara,** femme d'Abraham et mère d'Isaac. Les traditions bibliques évoquent sa maternité comme une guérison miraculeuse, par Yahvé, de sa stérilité.

Sarajevo, cap. de la Bosnie-Herzégovine ; 448 000 hab. Université. — La ville, aux vieux quartiers turcs, a été ravagée par la guerre qui a affecté le pays de 1992 à 1995.

Sarajevo *(attentat de)* [28 juin 1914], attentat perpétré par le Serbe Gavrilio Princip contre l'archiduc François-Ferdinand, qui préluda à la Première Guerre mondiale.

Sarakollé, Sarakolé ou **Soninké,** peuple du Sénégal, de Mauritanie et principalement du Mali.

Saransk, v. de Russie, cap. de la République autonome de Mordovie, à l'ouest de la Volga ; 312 000 hab.

Sarasate *(Martín Melitón* Sarasate y Navascués, dit **Pablo de***)*, violoniste espagnol (Pampelune 1844 - Biarritz 1908). De nombreux compositeurs écrivirent à son intention : Lalo *(Symphonie espagnole),* Bruch *(Concerto n° 2, Fantaisie écossaise),* Saint-Saëns *(Concertstück, Rondo capriccioso, Concerto en si mineur).*

Sarasin *(Jean-François)*, poète français (Caen v. 1615 - Pézenas 1654). Rival de Voiture, il fut un des meilleurs poètes de la société précieuse.

Saratoga Springs ou **Saratoga,** v. des États-Unis (État de New York), au nord d'Albany ; 23 906 hab. Station thermale. — Capitulation du général britannique Burgoyne, qui assura l'indépendance des États-Unis (17 oct. 1777).

Saratov, v. de Russie, sur la Volga ; 905 000 hab. Port fluvial et centre industriel. — Monuments des XVIIe-XIXe siècles. Musées.

Sarawak, État membre de la Fédération de Malaisie, dans le nord-ouest de Bornéo ; 125 000 km^2 ; 1 633 000 hab. Cap. *Kuching.* La majorité de la population vit dans les plaines littorales, les reliefs de l'intérieur étant recouverts par la forêt équatoriale.

Sarcelles, ch.-l. de c. du Val-d'Oise ; 57 121 hab. *(Sarcellois).* Vaste ensemble résidentiel. — Église des XIIe-XVIe siècles.

Sardaigne, *en ital.* Sardegna, île et région d'Italie, au S. de la Corse ; 24 089 km^2 ; 1 637 705 hab. *(Sardes).* Cap. *Cagliari.* Elle est formée de 4 provinces *(Cagliari, Nuoro, Oristano* et *Sassari).*
GÉOGR.
À la différence de la Sicile, la Sardaigne est relativement peu peuplée. C'est un quadrilatère de 270 km sur 110 km, situé à 200 km à l'ouest des côtes italiennes, où dominent les plateaux et les montagnes aux formes lourdes, la principale plaine étant

celle du Campidano, au sud-ouest de l'île. Le climat méditerranéen est altéré par l'altitude, la fréquence des vents et l'humidité. Bien que les campagnes se dépeuplent, la vie rurale reste importante ; élevage, agriculture (céréales, vigne, cultures fruitières et maraîchères) surtout irriguée et chêne-liège fournissent les principales ressources. Malgré des implantations industrielles (papeterie, métallurgie, pétrochimie) et le développement du tourisme, le retard économique subsiste et l'émigration se poursuit.

HIST.

Grâce à ses mines (fer, plomb, argent), la Sardaigne connaît une grande prospérité à l'âge du bronze et au début de l'âge du fer (civilisation des nuraghi). L'île est conquise par Rome en 238 av. J.-C. Occupée par les Vandales au Vᵉ siècle, la Sardaigne est reprise par les Byzantins puis subit les incursions sarrasines. Aux XIᵉ-XIIIᵉ siècles, Gênes et Pise se disputent l'île, qui est conquise par le royaume d'Aragon en 1323-24. Hispanisée et coupée du reste de l'Italie sous la domination espagnole, elle passe en 1718 à la maison de Savoie, dont les possessions prennent le nom d'« États sardes ». Son histoire se confond désormais avec celle du Piémont et, en 1861, elle est intégrée au royaume d'Italie. L'île reçoit en 1948 le statut de région autonome.

Sardanapale, roi légendaire d'Assyrie, selon les traditions grecques. Il aurait été le dernier souverain de ce pays. Assiégé par les Mèdes et se voyant perdu, il mit le feu à son palais et périt dans l'incendie avec ses femmes et ses trésors. Cette légende serait inspirée par deux événements : la mort du frère d'Assourbanipal dans son palais en flammes (648 av. J.-C.) et l'incendie de Ninive par les Mèdes en 612.

Sardes, ancienne ville de l'Asie Mineure, dans la vallée du Pactole, résidence des rois de Lydie puis capitale d'une satrapie. Vestiges helléstiques du temple d'Artémis ; bel ensemble romain.

Sardou *(Victorien),* auteur dramatique français (Paris 1831 - *id.* 1908). Il écrivit des comédies et des pièces historiques (*la Tosca,* 1887 ; *Madame Sans-Gêne,* 1893). [Acad. fr. 1877.]

Sargasses *(mer des),* vaste région de l'Atlantique, au nord-est des Antilles (Bermudes), couverte d'algues brunes.

Sargodha, v. du Pakistan ; 294 000 hab.

Sargon d'Akkad, fondateur de l'empire d'Akkad (début du XXIIIᵉ s. av. J.-C.).

Sargon II, roi d'Assyrie (722/721-705 av. J.-C.). Il prit Samarie en 721, conquit Israël, la Syrie et l'Ourartou et rétablit l'autorité assyrienne sur Babylone.

Sarh, *anc.* Fort-Archambault, v. du Tchad méridional ; 37 000 hab. Textile.

Sarlat-la-Canéda, *anc.* Sarlat, ch.-l. d'arr. de la Dordogne, dans le Périgord noir ; 10 648 hab. *(Sarladais).* Important marché agricole (noix, truffes, foie gras). — Vieille ville pittoresque (maisons et hôtels du Moyen Âge et de la Renaissance). Musée-aquarium.

Sarmates, peuple nomade d'origine iranienne, qui occupa le pays des Scythes et atteignit le Danube (Iᵉʳ s. av. J.-C.). Ils ont été ensuite submergés par les Goths, puis, au IVᵉ siècle, par les Huns.

Sarmiento *(Domingo Faustino),* homme d'État et écrivain argentin (San Juan 1811 - Asunción, Paraguay, 1888). Premier civil élu président de la République (1868-1874), il mit fin à la guerre du Paraguay (1870). Il est l'auteur du roman *Facundo* (1845), pamphlet politique où il oppose la « barbarie » des gauchos à la « civilisation » des centres urbains en Argentine.

Sarnath, l'un des hauts lieux du bouddhisme (Inde, au nord de Bénarès), où le Bouddha effectua sa première prédication. À partir de la dynastie gupta, siège (IVᵉ-Vᵉ s.) d'une école de sculpture qui conféra son classicisme à l'image du Bouddha. Riche musée.

Sarney *(José),* homme d'État brésilien (São Luís 1930), vice-président, puis président de la République (1985-1990) après la mort de Tancredo Neves.

Sarnia, port du Canada (Ontario), sur le lac Huron ; 56 000 hab. Pétrochimie.

Saroyan *(William),* écrivain américain (Fresno 1908 - *id.* 1981). Il est l'auteur de romans et de pièces de théâtre (*Voilà vous savez qui,* 1962), d'inspiration à la fois romantique et ironique.

Sarrail [-raj] *(Maurice),* général français (Carcassonne 1856 - Paris 1929). Commandant de la IIIᵉ armée lors de la bataille de la Marne (1914), puis des forces françaises d'Orient (1915-1917), il fut haut-commissaire en Syrie en 1924.

Sarraut *(Albert),* homme politique français (Bordeaux 1872 - Paris 1962). Député et sénateur radical-socialiste, il fut gouverneur général de l'Indochine (1911-1914 et 1916-1919), ministre de l'Intérieur (1926-1928 et

1934-35) et président du Conseil (oct.-nov. 1933 et janv.-juin 1936).

Sarraute *(Nathalie),* femme de lettres française (Ivanovo, Russie, 1900). Refusant à la fois la théorisation formaliste et le roman traditionnel *(Tropismes,* 1939 ; *Ici,* 1995), elle donne au « nouveau roman » l'un de ses manifestes : *l'Ère du soupçon* (1956). Ses personnages tentent en vain, au milieu des banalités des objets et du langage quotidiens, d'établir une communication authentique *(le Planétarium,* 1959 ; *les Fruits d'or,* 1963 ; *Enfance,* 1983). On lui doit aussi des pièces de théâtre *(Pour un oui ou pour un non,* 1982).

Sarre *(la), en all.* Saar, riv. de France et d'Allemagne, née dans les Vosges, au pied du Donon, qui passe à Sarrebourg, Sarreguemines, Sarrebruck et Sarrelouis avant de rejoindre la Moselle (r. dr.) ; 246 km.

Sarre, *en all.* Saarland, Land d'Allemagne, au nord. de la Lorraine ; 2 567 km² ; 1 064 906 hab. *Sarrois.* Cap. *Sarrebruck.* **GÉOGR.** Région de contact entre le Bassin parisien et le Massif schisteux rhénan, la Sarre est constituée de plateaux entaillés de vallées (Blies, Fischbach, Sarre). Le bassin houiller, à l'origine, axe la sidérurgie, du développement de la région, est une partie d'un gisement qui s'étend de Pont-à-Mousson (France) à Bad Kreuznach. La production a atteint son maximum en 1956. Depuis, elle a considérablement baissé de même que celle de l'acier. Le secteur industriel est très diversifié : mécanique, électrotechnique, chimie, agroalimentaire, industries graphiques. La production agricole est représentée par la pomme de terre et la betterave à sucre. **HIST.** La région devint en grande partie française sous Louis XIV, puis prussienne en 1814-15. Les gisements houillers y furent exploités à partir de 1871. À la suite du traité de Versailles de 1919, elle fut séparée pendant 15 ans de l'Allemagne et confiée à la S. D. N., la propriété des gisements houillers étant transférée à la France. En 1935, un plébiscite décida son retour à l'Allemagne. En 1947, la Sarre, autonome, fut rattachée économiquement à la France, mais elle fit retour à l'Allemagne le 1er janvier 1957 à la suite d'un référendum (oct. 1955).

Sarrebourg, ch.-l. d'arr. de la Moselle, sur la Sarre ; 14 523 hab. Verrerie. — Musée régional.

Sarrebruck, *en all.* Saarbrücken, v. d'Allemagne, sur la Sarre, cap. de la Sarre ; 359 056 hab. *(Sarrebruckois).* Très tôt indus-

trialisée (sidérurgie), la ville est un centre administratif, bancaire, universitaire, culturel et industriel. — Musées.

Sarreguemines, ch.-l. d'arr. de la Moselle, sur la Sarre ; 23 684 hab. *(Sarregueminois).* Pneumatiques. Faïencerie. — Musée (archéologie ; faïences).

Sarrette *(Bernard),* musicien français (Bordeaux 1765 - Paris 1858), capitaine de la Garde nationale. Il fonda en 1795 le Conservatoire national de musique.

Sartène, ch.-l. d'arr. de la Corse-du-Sud ; 3 649 hab. *(Sartenais).* Centre viticole.

Sarthe *(la),* riv. de l'ouest de la France, née dans le Perche, qui passe à Alençon, au Mans et se joint à la Mayenne, peu en amont d'Angers, pour former la Maine ; 285 km.

Sarthe [72], dép. de la Région Pays de la Loire ; ch.-l. de dép. *Le Mans* ; ch.-l. d'arr. *La Flèche, Mamers* ; 3 arr., 40 cant., 375 comm. ; 6 206 km² ; 513 654 hab. *(Sarthois).* Il est rattaché à l'académie de Nantes, à la cour d'appel d'Angers et à la région militaire Atlantique.

Sartine *(Antoine de), comte* d'**Alby,** homme politique français (Barcelone 1729 - Tarragone 1801). Lieutenant général de police (1759-1774), il améliora la sécurité de Paris puis, comme secrétaire d'État à la Marine (1774-1780), réorganisa la marine.

Sarto *(Andrea* del) → **Andrea del Sarto.**

Sartre *(Jean-Paul),* philosophe et écrivain français (Paris 1905 - *id.* 1980). Les héros des nouvelles et romans *(la Nausée,* 1938 ; *le Mur,* 1939), ceux du théâtre de Sartre *(Huis clos,* 1944 ; *les Mains sales,* 1948) sont obsédés par la recherche de l'authentique. La première période philosophique de Sartre est marquée par Heidegger ; s'y rattachent *Esquisse d'une théorie des émotions* (1939), *l'Imagination* (1936), *l'Imaginaire* (1940). La deuxième, « existentialiste », est celle où la liberté est placée comme le fondement de l'« être-au-monde », l'homme *(l'Être et le Néant,* 1943). La troisième s'inspire de Marx et préconise l'engagement comme le seul comportement authentique de l'homme *(Critique de la raison dialectique,* 1960-1985). Sartre a aussi développé ses idées dans des essais *(Situations,* 1947-1976), un récit autobiographique *(les Mots,* 1964), une étude sur Flaubert *(l'Idiot de la famille,* 1971-72). Des textes ont été publiés après sa mort *(les Carnets de la drôle de guerre,* 1983). Simone de Beauvoir partagea sa vie. (Prix Nobel de littérature 1964, que Sartre refusa.)

Sartrouville, ch.-l. de c. des Yvelines ; 50 440 hab.

Sasebo, port du Japon (Kyushu) ; 244 677 hab. Chantiers navals. Base militaire.

Saskatchewan *(la),* riv. de la Prairie canadienne, formée par l'union de la Saskatchewan du Nord (1 220 km) et de la Saskatchewan du Sud (880 km). Elle traverse les provinces d'Alberta, de Saskatchewan et de Manitoba pour rejoindre le lac Winnipeg.

Saskatchewan, une des provinces de la Prairie, au Canada ; 652 000 km² ; 988 928 hab. Cap. *Regina.* La province, dont la partie nord appartient au Bouclier canadien, a un climat froid aux hivers très rigoureux. Les ressources sont agricoles (céréales, plantes fourragères, élevage bovin et porcin) et minières (pétrole, gaz naturel, charbon, uranium, potasse). La population, dont les origines sont très variées, est maintenant en majorité urbaine.

Saskatoon, v. du Canada (Saskatchewan) ; 186 058 hab. Évêché. Université.

Sasolburg, v. d'Afrique du Sud (État libre) ; 30 000 hab. Centre chimique.

Sassanides, dynastie iranienne qui régna sur un empire qui s'étendait de la Mésopotamie à l'Indus, de 224/226 à la conquête arabe (651).

Sassari, v. d'Italie (Sardaigne), ch.-l. de prov. ; 116 989 hab. — Musée (archéologie, ethnographie, etc.).

Sassetta *(Stefano di Giovanni, dit),* peintre italien (Sienne v. 1400 - *id.* 1450). Il adopta certains principes de la Renaissance tout en conservant le sentiment religieux et le goût précieux de la fin du Moyen Âge.

Satan, nom qui en hébreu signifie « adversaire » ou « accusateur » (traduit en grec par *diabolos,* « le diable ») et qui désigne dans la tradition juive et chrétienne le prince des démons. Dans le Nouveau Testament, où il est personnifié sous des noms variés (le Diable, le Malin, l'Ennemi, l'Ange apostat, Bélial, le Prince des ténèbres ou de ce monde), il est celui qui tente Jésus dans le désert, qui inspire à Judas le dessein de livrer son maître et qui, selon l'Apocalypse, lutte contre l'Agneau sous les traits de l'Antéchrist.

Satie *(Erik),* musicien français (Honfleur 1866 - Paris 1925). Précurseur du dadaïsme et du surréalisme (ballet *Parade,* 1917), il est inspiré, dans ses premières œuvres (pour piano), par une volonté de dépouillement « médiéval et mystique », (3 *Gymnopédies,* 1888 ; 3 *Gnossiennes,* 1890 ; *Trois Morceaux en forme de poire,* 1890-1903 ; *Pièces froides,* 1897). Catholique et socialiste, attiré par la philosophie du sâr Peladan, il compose de la musique à connotation religieuse (*Messe des pauvres,* 1895). À Arcueil, il reçoit à partir de 1923 des « disciples », qui constituent l'école d'Arcueil. Niant l'art, il expérimente la « musique d'ameublement » et aborde la « technique éclatée » et « répétitive » (ballet instantanéiste *Relâche* de Picabia en 1924, avec la musique du film *Entr'acte* de René Clair). Satie laisse également des mélodies, un *Socrate,* drame symphonique d'après Platon (1918), et des pages pour orchestre.

Satire Ménippée, pamphlet politique (1594) rédigé par plusieurs auteurs, prosateurs et poètes, pour se moquer des chefs ligueurs et soutenir la légitimité d'Henri IV.

Satiricon, roman de Pétrone, mêlé de prose et de vers (rer s. apr. J.-C.). À travers les aventures tragi-comiques de deux jeunes nobles, l'auteur dépeint les mœurs de l'époque néronienne, avec réalisme et pittoresque, et pastiche les genres littéraires en vogue.

Satledj *(la)* → Sutlej.

Satolas, aéroport de Lyon, à 27 km à l'est de la ville.

Satory, plateau au sud-ouest de Versailles (Yvelines). Établissement d'expériences des armements terrestres (notamment blindés). Les chefs de la Commune y furent fusillés en 1871.

Satpura *(monts),* massif de l'Inde, au nord du plateau du Deccan ; 1 350 m env.

Satu Mare, v. de Roumanie, en bordure de la plaine pannonienne, sur le Someş ; 131 859 hab.

Saturne, divinité italique et romaine identifiée au Cronos des Grecs. Regardé comme l'ancêtre lointain des rois du Latium, il avait son temple sur le Forum. En dehors des saturnales, les manifestations de son culte à Rome étaient rares, alors que ce dieu était très populaire en Afrique, où il était en réalité un Baal.

Saturne, planète du système solaire située au-delà de Jupiter. Comme Jupiter, elle est constituée principalement d'hydrogène et d'hélium. Elle est entourée d'un vaste système d'anneaux formés d'une multitude de blocs de glace mêlée à des poussières et à des fragments minéraux. On lui connaît 18 satellites.

Sauerland *(le),* région d'Allemagne, au sud-est de la Ruhr.

Sauguet *(Henri* Poupard, dit Henri*),* compositeur français (Bordeaux 1901 - Paris 1989). Il fit partie en 1923 de l'école d'Arcueil. En 1927, Diaghilev créa son ballet *la Chatte.* Suivirent, notamment, des opéras et des ballets écrits pour les compagnies Roland Petit et Cuevas, dont *les Forains* (1945). Sauguet écrivit également de la musique de chambre, des symphonies et des ouvrages lyriques, dont *la Chartreuse de Parme* (1936), *les Caprices de Marianne* (1954), *la Dame aux camélias* (1959).

Saül, premier roi des Hébreux (v. 1030-1010 av. J.-C.). Désigné comme roi et oint par Samuel, résidant à Gibea, il combat les ennemis d'Israël et assure par là son autorité sur les tribus. Il se constitue une armée autour de son fils Jonathan, de son général, Abner, et du chef des gardes, le futur roi David. Mais il est défait par les Philistins à Gelboé dans une bataille au cours de laquelle il se donne la mort.

Sault-Sainte-Marie, nom de villes jumelles situées de part et d'autre de la *rivière Sainte-Marie :* l'une, canadienne (rive gauche), centre sidérurgique de l'Ontario (72 822 hab.), l'autre, américaine (rive droite), dans l'État du Michigan (14 000 hab.). Le *canal de Sault-Sainte-Marie,* ou *Soo Canal,* relie le lac Supérieur au lac Huron.

Saumur, ch.-l. d'arr. de Maine-et-Loire, dans le Saumurois, au confluent du Thouet et de la Loire ; 31 894 hab. *(Saumurois).* Vins blancs mousseux. — Château des ducs d'Anjou (xive-xvie s.) abritant les musées des Arts décoratifs et du Cheval. Églises N.-D.-de-Nantilly (en partie romane ; tapisseries), St-Pierre (gothique) et N.-D.-des-Ardilliers (rotonde du xviie s.). — École nationale d'équitation ; école d'application de l'arme blindée et cavalerie (musée des blindés).

Saura *(Carlos),* cinéaste espagnol (Huesca 1932). Disciple de Buñuel, il s'est imposé comme un observateur corrosif de la société franquiste. De 1967 à 1980, il a réalisé pour sa femme, Géraldine Chaplin, ses plus beaux films : *le Jardin des délices* (1970), *Ana et les loups* (1972), *Cría Cuervos* (1975), *Elisa vida mía* (1977). Depuis, il a tourné avec le chorégraphe A. Gades *Noces de sang* (1981), *Carmen* (1983), *l'Amour sorcier* (1986) ; et, en 1989, une évocation de saint Jean de la Croix *(la Nuit obscure).*

Saussure *(Ferdinand* de*),* linguiste suisse (Genève 1857 - Vufflens, canton de Vaud, 1913). Après des études à Leipzig, où il soutient une thèse sur *l'Emploi du génitif absolu en sanskrit* (1880), il enseigne la grammaire comparée à Paris puis à Genève. C'est là que, de 1907 à 1911, il donne un cours de linguistique générale, dont les éléments seront publiés après sa mort d'après des notes d'étudiants *(Cours de linguistique générale,* 1916). Contrairement à tout le courant philologique du xixe siècle, il privilégie l'étude synchronique de la langue (perspective du sujet parlant) par rapport à la perspective diachronique, ou historique. La langue est considérée comme une structure constituée de signes qui entretiennent entre eux des rapports d'opposition et de complémentarité. La linguistique est pour lui un système de signes parmi d'autres, dont l'étude doit être l'objet de la sémiologie. Saussure est considéré comme le fondateur de la linguistique structurale moderne.

Saussure *(Horace Bénédict* de*),* naturaliste et physicien suisse (Conches, près de Genève, 1740 - *id.* 1799). Il réalisa, avec J. Balmat, la deuxième ascension du mont Blanc, en 1787. On lui doit la découverte de nombreux minéraux, les premières notions sur l'ordre de succession des couches du globe et les causes qui en ont modifié la disposition primitive. Saussure a imaginé de nombreux instruments de physique, dont l'hygromètre à cheveu. Il a posé les principes d'une météorologie rationnelle.

Sautet *(Claude),* cinéaste français (Montrouge 1924). Il est l'auteur de films doux-amers où se reflètent les incertitudes de la société contemporaine *(les Choses de la vie,* 1970 ; *César et Rosalie,* 1972 ; *Vincent, François, Paul et les autres,* 1974 ; *Quelques jours avec moi,* 1988 ; *Un cœur en hiver,* 1991 ; *Nelly et M. Arnaud,* 1995).

Sauvage *(Frédéric),* inventeur français (Boulogne-sur-Mer 1786 - Paris 1857). Il eut l'idée d'utiliser l'hélice pour la propulsion des navires (1832) mais c'est le constructeur Augustin Normand (1792-1871) qui concrétisa cette idée en substituant une hélice à trois pales à l'hélice à spirale entière qu'il préconisait.

Sauveur *(Joseph),* mathématicien et physicien français (La Flèche 1653 - Paris 1716). Créateur de l'acoustique musicale, il donna l'explication du phénomène d'ondes stationnaires, imaginant la notion de nœuds et de ventres, découvrit le phénomène des battements (1700) et observa l'existence des harmoniques.

Sauvy *(Alfred),* démographe et économiste français (Villeneuve-de-la-Raho, Pyrénées-

Orientales, 1898 - Paris 1990). Il fut le chef de file des démographes français. Ses travaux d'économie, fondés sur une observation statistique scrupuleuse, lui confèrent, en outre, une place originale parmi les économistes français contemporains. Il a écrit d'importants ouvrages sur la population et sur la croissance économique.

Savaii, île de Polynésie, la plus vaste des îles Samoa ; 1 715 km^2 ; 43 150 hab.

Savard *(Félix Antoine),* prélat et écrivain canadien d'expression française (Québec 1895 - *id.* 1982). Ses romans peignent la vie des paysans *(Menaud, maître-draveur,* 1937 ; *l'Abatis,* 1943).

Savart *(Félix),* physicien français (Mézières 1791 - Paris 1841). Il étudia les cordes vibrantes et, avec Biot, les champs magnétiques créés par les courants.

Savary *(Anne), duc* de Rovigo, général français (Marcq, Ardennes, 1774 - Pau 1833). Il se distingua à Iéna et à Wismar (1806) et fut ministre de la Police de 1810 à 1814.

Save *(la),* riv. de Slovénie, de Croatie, de Bosnie-Herzégovine et de Yougoslavie, affl. du Danube (r. dr.) à Belgrade ; 945 km.

Savenay, ch.-l. de c. de la Loire-Atlantique ; 5 353 hab. — Victoire de Kléber sur les vendéens (22 déc. 1793).

Saverne, ch.-l. d'arr. du Bas-Rhin, sur la Zorn, près de l'autoroute de l'Est ; 10 448 hab. *(Savernois).* Constructions mécaniques. — Somptueux palais Rohan, d'époque Louis XVI (musée municipal dans une aile : archéologie, art et histoire, etc.). Église des XIIe-XVe siècles.

Savery *(Thomas),* mécanicien anglais (Shilstone, Devon, v. 1650 - Londres 1715). Il inventa en 1698, pour le pompage des eaux de mine, une machine utilisant la pression de la vapeur d'eau comme force motrice. Il travailla ensuite avec Newcomen.

Savigny *(Friedrich Karl* von), juriste allemand (Francfort-sur-le-Main 1779 - Berlin 1861). Il fut chargé de la révision du droit prussien et créa l'école historique allemande *(Traité de droit romain,* 1840-1849).

Savigny-sur-Orge, ch.-l. de c. de l'Essonne ; 33 651 hab. *(Saviniens).*

Savoie, région du sud-est de la France, à la frontière de l'Italie, anc. prov. des États sardes ; cap. *Chambéry.* Elle correspond aux deux départements de la Savoie et de la Haute-Savoie.

Savoie [73], dép. de la Région Rhône-Alpes, formé de la partie sud du duché de Savoie ;

ch.-l. de dép. *Chambéry* ; ch.-l. d'arr. *Albertville, Saint-Jean-de-Maurienne* ; 3 arr., 37 cant., 305 comm. ; 6 028 km^2 ; 348 261 hab. Il est rattaché à l'académie de Grenoble, à la cour d'appel de Chambéry et à la région militaire Méditerranée.

Savoie (Haute-) [74], dép. de la Région Rhône-Alpes, formé de la partie nord du duché de Savoie ; ch.-l. de dép. *Annecy* ; ch.-l. d'arr. *Bonneville, Thonon-les-Bains, Saint-Julien-en-Genevois* ; 4 arr., 33 cant., 292 comm. ; 4 388 km^2 ; 568 286 hab. Il est rattaché à l'académie de Grenoble, à la cour d'appel de Chambéry et à la région militaire Méditerranée.

Savoie *(États de la maison* de), États issus du rassemblement de divers territoires par les comtes de Savoie. Occupant les deux versants des Alpes méridionales, ils virent leur centre se déplacer de la Savoie au Piémont et furent à l'origine de l'unité italienne.

■ **Les origines.** Implantée au sud du lac Léman, la famille des comtes de Savoie remonte au Xe siècle. Les successeurs d'Humbert Ier aux Blanches Mains (1003-v. 1048) accroissent le patrimoine familial au XIe siècle en devenant marquis de Turin. Au XIIIe siècle, Chambéry devient la capitale, tandis que les États acquièrent le pays de Gex puis la Bresse. Mais la progression territoriale est freinée par la puissance de la France et de l'Empire habsbourgeois. Après la signature avec le roi Jean II le Bon des traités de Paris (1354-55), fixant la frontière à l'ouest, l'expansion savoyarde s'oriente vers l'Italie. L'achat du comté de Nice (1388) donne aux États un débouché maritime. Amédée VIII obtient de l'empereur l'érection du comté de Savoie en duché (1416) et incorpore définitivement le Piémont à ses États en 1419.

■ **Les conflits avec Genève et la France (XVe siècle-1718).** La pression française s'accentue au temps de Louis XI et l'orientation de la dynastie vers l'Italie entraîne la création d'un parti savoyard et d'un parti piémontais. Presque entièrement occupée par la France lors des guerres d'Italie (1536-1559), la Savoie revient, en 1559, à Emmanuel-Philibert (1553-1580). La capitale est définitivement transférée à Turin en 1562. Dans le même temps, le développement de la Contre-Réforme provoque une guerre avec Genève, dont la Savoie reconnaît officiellement l'indépendance (1603). Les conflits avec la France se poursuivent au XVIIe siècle. Après l'annexion par Henri IV des pays entre Saône et Rhône (Bresse,

Bugey et pays de Gex) [1601], la Savoie abandonne à la France la forteresse de Pignerol (1631) et le pays, entré dans les coalitions formées contre Louis XIV, est occupé à deux reprises (1690-1696 et 1703-1713) par les Français.

■ **Les États sardes (1718-1861).** Le traité d'Utrecht (1713) attribue à Victor-Amédée II la couronne de Sicile, échangée contre la Sardaigne en 1718. La Savoie prend alors le nom d'« États sardes ». Duc de Savoie, prince de Piémont et roi de Sardaigne (1720-1730), le souverain modernise les institutions et entreprend des réformes libérales. Mais le despotisme éclairé prend fin avec Victor-Amédée III (1773-1796), qui redoute la contagion de la Révolution française. La Savoie est occupée et annexée par les Français (1792-93), puis officiellement cédée à la France (1796) quand le Piémont est envahi par les troupes de la campagne d'Italie. Victor-Emmanuel Ier (1802-1821) recouvre la totalité de ses États en 1815, et le congrès de Vienne lui attribue la République de Gênes. Mais une insurrection révolutionnaire l'oblige à abdiquer en 1821. Charles-Albert (1831-1849) accorde une Constitution libérale et entre en lutte avec l'Autriche. Mais, battu à Custozza et Novare (1848-49), il abdique en faveur de Victor-Emmanuel II (1849-1878). Celui-ci s'appuie sur Cavour pour réaliser l'unité italienne. Le Piémont s'empare de la Lombardie avec l'aide de Napoléon III et cède en contrepartie Nice et la Savoie à la France (1860). Le plébiscite de mars 1860 rattache l'Émilie, Parme, Modène et la Toscane au royaume, et Victor-Emmanuel II est proclamé roi d'Italie par le premier Parlement élu dans le royaume, confondant la destinée des États sardes avec celle de l'Italie (1861).

Savonarole (*Jérôme), en ital.* Girolamo Savonarola, prédicateur italien (Ferrare 1452 - Florence 1498). Dominicain à Bologne, prieur du couvent Saint-Marc de Florence en 1491, il gagne soudain par son éloquence la faveur du public. Ayant annoncé des événements qui se réalisent effectivement, il prédit l'arrivée d'un nouveau Cyrus, que le peuple croit voir dans l'envahisseur français Charles VIII. Consulté par la seigneurie, il exerce alors une véritable dictature sur Florence (1494-1497). Il met en œuvre des projets très rigoristes de réforme morale et religieuse, qui divisent l'opinion. Excommunié par Alexandre VI en 1497, il demande la convocation d'un concile. Ses ennemis, conduits par les franciscains, se déchaînent contre lui : Savonarole est emprisonné,

condamné à mort, pendu, brûlé et ses cendres jetées dans l'Arno.

Savone, port d'Italie (Ligurie), ch.-l. de prov., sur le golfe de Gênes (Riviera di Ponente) ; 67 137 hab. — Cathédrale d'environ 1600. Musée (pinacothèque ; collection de céramiques de la région).

Savonnerie (*la*), manufacture parisienne de tapis, créée en 1604 avec privilège royal, transportée dans une ancienne savonnerie de la colline de Chaillot en 1627, réunie aux Gobelins en 1826.

Sax (*Antoine-Joseph, dit Adolphe), facteur* d'instruments de musique belge (Dinant 1814 - Paris 1894). Clarinettiste, il inventa le saxophone en 1841 et créa de nouveaux instruments, dont la famille des saxhorns.

Saxe, en all. Sachsen, Land d'Allemagne ; 18 300 km² ; 4 900 675 hab. *(Saxons).* Cap. *Dresde.* GÉOGR. Densément peuplée, s'étendant sur le versant nord-ouest de l'Erzgebirge et sur son avant-pays, la Saxe est parsemée de grands centres urbains (Leipzig, Dresde, Chemnitz, Zwickau), dont les industries se sont développées à partir des ressources du sous-sol, aujourd'hui partiellement épuisées. HIST. Incorporée à l'Empire franc sous Charlemagne, constituée en duché au IXe siècle, la Saxe est intégrée au royaume de Germanie en 843. La dynastie saxonne règne sur le Saint Empire de 962 à 1024. Le duché est partagé entre Haute- et Basse-Saxe en 1260 ; le duc de Haute-Saxe devient Électeur d'Empire en 1356. À nouveau partagée au XVe siècle, la Saxe devient au XVIe un des bastions du luthéranisme. De 1697 à 1763, les Électeurs de Saxe sont en même temps rois de Pologne. Érigée en royaume (1806), la Saxe est amputée au profit de la Prusse (1815) et est intégrée dans l'Empire allemand (1871). La république y est proclamée en 1918. De 1949 à 1990, la Saxe est intégrée à la R. D. A. et divisée à partir de 1952 entre différents districts.

Saxe (Basse-), en all. Niedersachsen, État (Land) d'Allemagne, sur la mer du Nord ; 47 424 km² ; 7 283 795 hab. Cap. *Hanovre.* Le Sud est occupé par les massifs du Mittelgebirge, traversés par les vallées de la Weser et de la Peine, et bordés au N. par des régions limoneuses (céréales, betterave à sucre, élevage). Le Nord est couvert de landes et de tourbières, mises en culture après amendements ou drainages. Des polders (Marschen) bordent les fleuves et le littoral. Le Land dispose d'un bon réseau de communications, qui a favorisé, avec quelques ressources énergétiques, les activités industrielles, d'où émerge la construction automobile.

Saxe *(Maurice, comte* de*)* → **Maurice,** *comte* de Saxe.

Saxe-Anhalt, *en all.* Sachsen-Anhalt, Land d'Allemagne ; 20 600 km² ; 2 964 971 hab. Cap. *Magdebourg.* Moins densément peuplé que la Saxe, le Land demeure à vocation largement agricole (céréales et élevage), occupant des terres basses, inégalement mises en valeur. L'industrie (métallurgie de transformation, chimie) est implantée à Magdebourg et Dessau notamment.

Saxe-Cobourg *(Frédéric Josias, prince* de*)* → Cobourg.

Saxe-Weimar *(Bernard, duc* de*)* → **Bernard,** *duc* de Saxe-Weimar.

Saxons, peuple germanique qui habitait la Frise et les pays de l'embouchure de l'Elbe. Au vᵉ siècle, les Saxons envahirent le sud de l'actuelle Grande-Bretagne, où ils fondèrent des royaumes. En Germanie, ils s'étendirent jusqu'aux abords de l'Elbe. Charlemagne les soumit (772-804) et leur imposa le christianisme.

Say *(Jean-Baptiste),* économiste français (Lyon 1767 - Paris 1832). Un des maîtres de la doctrine libre-échangiste, auteur du premier traité d'économie politique, Say est considéré comme un vulgarisateur d'Adam Smith, dont il clarifie, précise et corrige les théories. Son apport personnel peut se résumer en trois points : le principe selon lequel la valeur n'est pas le travail mais l'« utilité » ; la « loi des débouchés » ; le rôle fondamental de l'entrepreneur. Son influence a été considérable durant la seconde partie du xixᵉ siècle.

Sayda ou **Saïda,** *anc.* Sidon, port du Liban, sur la Méditerranée ; 70 000 hab. — Ruines d'un château des croisés (xiiiᵉ s.).

S. B. F. *(Société des Bourses françaises),* institution instaurée par la loi sur la réforme boursière du 22 janvier 1988, qui succède à la Chambre syndicale des agents de change et est responsable du bon fonctionnement du marché boursier. Son capital est détenu pour l'essentiel par les sociétés de Bourse.

Scala ou **Scaligeri** *(Della)* → Della Scala.

Scaliger *(Jules César), en ital.* Giulio Cesare Scaligero, philologue et médecin italien (Riva del Garda 1484 - Agen 1558). Il a cherché à concilier aristotélisme et humanisme chrétien, et a ébauché dans sa *Poétique* (1561) les règles du classicisme.

Scamandre ou **Xanthe,** fl. côtier de la Troade.

Scanderbeg → Skanderbeg.

Scandinavie, région du nord de l'Europe, qui correspond le plus souvent à l'ensemble constitué par la Suède, la Norvège, le Danemark, la Finlande auxquels on ajoute parfois l'Islande.

GÉOGR.

Les conditions naturelles rudes, en raison de la latitude, les fonctions maritimes, la présence de la forêt, une faible densité de population, des régimes politiques libéraux sont autant de traits communs aux pays scandinaves. Les paysages ont été marqués par les glaciers quaternaires, qui ont recouvert le bouclier ancien et la chaîne calédonienne des Scandes (Alpes scandinaves) ; les glaciers ont raboté les hauts plateaux, élargi les vallées et, en reculant, entraîné un relèvement du continent. Les argiles glaciaires, mêlées aux dépôts marins, fournissent des sols très favorables à l'agriculture. L'industrie, développée dès le xixᵉ siècle, utilise les ressources locales en bois, en hydroélectricité et maintenant en pétrole et gaz de la mer du Nord. Elle est localisée pour sa plus grande part dans les ports et les plus grandes agglomérations.

Scanie, extrémité méridionale de la Suède. Des sols fertiles et un climat relativement doux en font le grenier à blé du pays. Les villes sont des centres commerciaux et maritimes, et des stations balnéaires.

Scapa Flow, base de la flotte britannique, aménagée en 1914 dans l'archipel des Orcades, au nord de l'Écosse ; la flotte allemande y fut rassemblée après la victoire alliée de 1918 puis s'y saborda le 21 juin 1919.

Scapin, valet de la comédie italienne repris par Molière dans *les Fourberies de Scapin.*

Scaramouche, personnage de la comédie italienne, tout de noir vêtu, tenant du capitan et de l'arlequin, créé par l'acteur Tiberio Fiorilli (Naples v. 1600-Paris 1694).

Scarborough, v. du Canada (Ontario), banlieue de Toronto ; 524 598 hab.

Scarlatti *(Alessandro),* compositeur italien (Palerme 1660 - Naples 1725), un des fondateurs de l'école napolitaine, maître de chapelle à la cour. Auteur d'opéras (*La Griselda,* 1721) remarquables par leurs ouvertures et la qualité mélodique de leurs airs, il laissa également beaucoup de cantates, d'oratorios et de pièces pour clavecin. Son fils **Domenico** (Naples 1685 - Madrid 1757), claveciniste réputé et compositeur, vécut à la cour de Lisbonne, puis à Madrid. Il écrivit, outre des opéras, quelque 600 *Essercizi per gravicembalo,* ou sonates pour clavecin, qui constituent à la fois son plus précieux message et un des sommets du répertoire pour cet instrument.

Scarpa *(Antonio),* chirurgien et anatomiste italien (Motta di Livenza, Vénétie, 1752 - Pavie 1832). Il étudia des maladies oculaires, des anomalies artérielles et décrivit des éléments d'anatomie auxquels il laissa son nom.

Scarron *(Paul),* écrivain français (Paris 1610 - *id.* 1660). Il lança la mode du burlesque *(le Virgile travesti,* 1648-1652), puis donna des comédies imitées du théâtre espagnol *(Dom Japhet d'Arménie,* 1653). Mais il reste surtout l'auteur du *Roman comique* (1651 et 1657), récit inachevé des aventures d'une troupe de comédiens ambulants. Il épousa la petite-fille d'Agrippa d'Aubigné, future Mme de Maintenon.

Scelsi *(Giacinto),* compositeur italien (La Spezia 1905 - Rome 1988). Remarqué lors de la création de *Rotative* pour orchestre (1929), il étudie les techniques dodécaphoniques, puis s'oriente vers des solutions radicales marquées par l'ésotérisme et le mysticisme ainsi que par l'exploration du son plutôt que des notes *(Hurqualja,* 1960 ; *O-ho-i,* 1966 ; *Pranam,* 1972).

Scève *(Maurice),* poète français (Lyon v. 1501 - *id.* v. 1560). Célèbre dans la société lyonnaise dès ses *Blasons* (1536), où la sentimentalité précieuse remplace une expression plus gauloise, il donna son chef-d'œuvre avec *Délie, objet de plus haute vertu* (1544) [→ **Délie**]. En 1562, enfin, parut *Microcosme,* épopée de la connaissance et poème scientifique.

Schacht *(Hjalmar),* financier et homme politique allemand (Tingleff, Schleswig, 1877 - Munich 1970). Président de la Reichsbank de 1924 à 1930 puis de 1933 à 1939, ministre de l'Économie du Reich (1934-1937). Incarcéré (1944-45), il fut acquitté au procès de Nuremberg (1946).

Schaeffer *(Pierre),* compositeur français (Nancy 1910 - Les Milles, comm. d'Aix-en-Provence, 1995). Il fonda le Groupe de recherches musicales de la Radio (1958) et, à ce titre, reste l'initiateur de la musique concrète *(Traité des objets musicaux,* 1966). Il anima ensuite le Service de la recherche, devenu en 1975 l'I. N. A. (Institut national de l'audiovisuel). Il a écrit de la musique concrète *(Études de bruits,* 1948), des pièces

à base de sons électroniques *(le Trièdre fertile,* 1975) et plusieurs ouvrages théoriques.

Schaerbeek, *en néerl.* Schaarbeek, comm. de Belgique, banlieue nord-est de Bruxelles ; 102 702 hab.

Schaffhouse, *en all.* Schaffhausen, v. de Suisse, ch.-l. du cant. du même nom (298 km² et 72 160 hab.), en amont de l'endroit où le Rhin forme une chute ; 34 225 hab. — Cathédrale romane, ancienne abbatiale, et autres témoins de la ville médiévale. Riche musée.

Scharnhorst *(Gerhard* von*),* général prussien (Bordenau, Hanovre, 1755 - Prague 1813). Avec le maréchal Gneisenau, il réorganisa l'armée prussienne de 1807 à 1813. Chef d'état-major de Blücher, il fut mortellement blessé à Lützen.

Schatzman *(Evry),* astrophysicien français (Neuilly-sur-Seine, 1920). Auteur d'importantes contributions à la théorie des étoiles, il a créé en 1954 la première chaire d'astrophysique en France (à la Sorbonne).

Scheele *(Carl Wilhelm),* chimiste suédois (Stralsund 1742 - Köping 1786). Il isola l'hydrogène en 1768, découvrit l'oxygène en 1773, peu de temps avant Priestley, et obtint le chlore. Il montra que le graphite est du carbone et découvrit l'acide fluorhydrique (1771), la glycérine (1779) et l'acide cyanhydrique (1782). Enfin, il isola divers acides organiques, dont l'acide lactique.

Schéhadé *(Georges),* écrivain libanais d'expression française (Alexandrie 1907 - Paris 1989). Poète d'inspiration surréaliste *(Étincelles,* 1928), il a également créé un « théâtre de poésie » teinté d'humour *(Monsieur Bob'le,* 1951 ; *l'Émigré de Brisbane,* 1965).

Schéhérazade ou **Shéhérazade,** personnage des *Mille et Une Nuits.*

Scheidt *(Samuel),* compositeur allemand (Halle 1587 - *id.* 1654). Élève de Sweelinck à Amsterdam, il a écrit des œuvres de musique vocale *(Cantiones sacrae,* 1620) et des pages pour orgue *(Tabulatura nova,* 3 recueils, 1624).

Schein *(Johann Hermann),* compositeur allemand (Grünhain, Saxe, 1586 - Leipzig 1630). Cantor de St-Thomas et directeur de la musique à Leipzig de 1616 à sa mort, influencé par la musique italienne, il a laissé plusieurs recueils de musique vocale profane *(Venus Kränztlein,* 1609) et religieuse *(Israelis Brünlein,* 1623).

Scheiner *(Christoph),* jésuite et astronome allemand (Wald, Souabe, 1575 - Neisse,

Silésie, 1650). Il fut l'un des premiers à observer les taches solaires à la lunette. Son ouvrage *Rosa Ursina* (1626-1630) renferme des cartes du Soleil indiquant l'évolution et le mouvement de ses taches, et montrant que l'astre tourne sur lui-même. On lui doit la construction du pantographe (1603). Il a aussi montré, sur un œil de bœuf, la formation de l'image rétinienne et indiqué le rôle du cristallin dans l'accomodation.

Scheler *(Max),* philosophe allemand (Munich 1874 - Francfort 1928). Il affirme l'indépendance des valeurs éternelles et immuables. Son œuvre essentielle est *Nature et forme de la sympathie* (1923) ; il a écrit également *Du renversement des valeurs* (1919), qui l'a fait regarder comme un « Nietzsche christianisé », bien qu'il se soit éloigné du catholicisme en 1925.

Schelling *(Friedrich Wilhelm Joseph* von*),* philosophe allemand (Leonberg, Wurtemberg, 1775 - Bad Ragaz, Suisse, 1854). Sa philosophie de la nature est construite sur l'opposition des forces (par ex. attraction/répulsion). Sa conception panthéiste a eu une grande influence sur le romantisme (*Idées pour une philosophie de la nature,* 1797 ; *Philosophie de la mythologie,* 1842).

Schelling *(Thomas),* économiste américain (Oakland 1921). Il propose une théorie des conflits, des menaces, des compromis, ensemble de comportements qu'il veut expliquer en s'inspirant de la théorie des jeux (*Micromotives and Macrobehavior,* 1978).

Schengen *(accords de),* accords signés en 1985 — et complétés en 1990 — à Schengen (Luxembourg) par l'Allemagne, la Belgique, la France, le Luxembourg et les Pays-Bas, auxquels se sont joints par la suite l'Italie, l'Espagne, le Portugal, la Grèce et l'Autriche. Ils visent à supprimer progressivement les contrôles aux frontières pour permettre la libre circulation des personnes à l'intérieur de l'espace communautaire ainsi défini (dit espace Schengen). Ils entrent en vigueur en 1995, sauf, pour des raisons techniques, en Grèce, en Italie et en Autriche.

Scherchen *(Hermann),* chef d'orchestre allemand (Berlin 1891 - Florence 1966), promoteur de la musique contemporaine (Schönberg, Berg, Webern, Dallapiccola, Xenakis).

Schiaparelli *(Giovanni),* astronome italien (Savigliano 1835 - Milan 1910). Il est resté célèbre pour la découverte qu'il crut faire de canaux sur Mars (1877). Il a montré que les essaims de météorites sont formés de débris cométaires (1866).

Schickard ou **Schickhardt** *(Wilhelm),* savant allemand (Herrenberg 1592 - Tübingen 1635). Il inventa une machine à calculer (1623).

Schiele *(Egon),* peintre et dessinateur autrichien (Tulln, près de Vienne, 1890 - Vienne 1918). Proche de Klimt et de l'Art Nouveau, il s'est affirmé vers 1910 par un style personnel, d'un graphisme aigu et nerveux, d'une intensité qui le rattache à l'expressionnisme.

Schiller *(Friedrich* von*),* écrivain allemand (Marbach 1759 - Weimar 1805). Auteur d'une *Histoire de la guerre de Trente Ans* (1791-1793) et de poésies lyriques (*l'Hymne à la joie,* 1785 ; *Ballades,* 1798), il a surtout écrit des drames historiques où il dénonce la tyrannie et les préjugés sociaux (*les Brigands,* 1782 ; *la Conjuration de Fiesque,* 1783 ; *Don Carlos,* 1787), et entreprend de saisir la marche de l'histoire à travers de grands personnages (*Wallenstein,* 1799 ; *Marie Stuart,* 1800 ; *la Pucelle d'Orléans,* 1801 ; *la Fiancée de Messine,* 1803 ; *Guillaume Tell,* 1804). Ami de Goethe, influencé par Rousseau et Kant, il a cherché dans son théâtre un compromis entre la tragédie classique et le drame shakespearien.

Schiltigheim, ch.-l. de c. du Bas-Rhin, banlieue de Strasbourg, sur l'Ill ; 29 330 hab. *(Schilikois).* Brasserie. Métallurgie.

Schiner *(Matthäus),* prélat suisse (Mühlebach, Valais, v. 1465 - Rome 1522). Prince évêque de Sion et cardinal, il engagea les Suisses aux côtés de l'empereur Maximilien et du pape Jules II, mais, après Marignan, il ne put empêcher ses compatriotes de conclure avec François Ier la paix perpétuelle de 1516.

Schinkel *(Karl Friedrich),* architecte, décorateur de théâtre et peintre allemand (Neuruppin, Mecklembourg, 1781 - Berlin 1841). Élève des architectes David et Friedrich Gilly, il fut, à partir de 1810, le grand responsable de l'architecture berlinoise (Corps de garde, 1816 ; théâtre royal, 1818 ; Musée ancien, 1822). Néoclassique mais aussi romantique, il évolua vers un éclectisme sensible à l'art gothique comme à celui de la Renaissance.

Schipa *(Raffaele* Tito, dit Tito*),* ténor italien (Lecce 1889 - New York 1965). Il fit surtout carrière aux États-Unis, au Civic Opera de Chicago (1920-1932) et au Metropolitan Opera, jusqu'en 1941.

Schiphol, aéroport d'Amsterdam, au S.-O. de la ville.

Schirmeck, camp de concentration allemand établi dans le Bas-Rhin pendant la Seconde Guerre mondiale.

schisme d'Occident *(grand),* conflit religieux qui divisa l'Église de 1378 à 1417 et pendant lequel la chrétienté eut simultanément plusieurs papes. À l'élection d'Urbain VI s'opposent la plupart des cardinaux non italiens. Ceux-ci élisent le Français Clément VII, qui, établi en Avignon, a le soutien de la France des Valois, de l'Écosse et des États ibériques. La « voie de fait » (les armes) n'ayant pas abouti, on recourt à la voie conciliaire. Mais, tandis qu'au concile de Pise on élit Alexandre V (1409), remplacé à sa mort par Jean XXIII (1410-1415), les deux papes, de Rome et d'Avignon, déclarés déchus, restent en place. Finalement, le concile de Constance (1415-1417) dépose ces trois pontifes et convoque un conclave, qui aboutit à l'élection d'un pape unique, Martin V (1417).

schisme d'Orient, rupture, effective en 1054, entre l'Église romaine et l'Église byzantine. Trois causes principales expliquent cette séparation : 1° la volonté des empereurs d'Orient d'exercer un contrôle sur le pouvoir spirituel de l'église (césaropapisme), qui isole l'Église grecque de la chrétienté occidentale ; 2° les efforts des patriarches de Constantinople pour faire de leur siège un pôle ecclésial ayant sur l'Orient une primauté égale à celle de Rome sur l'Occident ; 3° l'éloignement mutuel puis les divergences entre les Grecs et les Latins dans les domaines canonique, liturgique, théologique et psychologique.
La rupture s'est faite en deux phases : au IXe siècle, c'est le schisme (863-886) de Photios et l'affaire du *Filioque,* relative à la Trinité ; au XIe siècle, sous le patriarche Michel Keroularios (1043-1059), la séparation est irrévocable, avec les excommunications mutuelles de celui-ci et du pape Léon IX. D'autres patriarcats d'Orient suivront Constantinople. Des tentatives de rapprochement (conciles de Lyon de 1274, de Ferrare et de Florence en 1439) n'aboutiront pas à désarmer une hostilité réciproque. En décembre 1965, le patriarche Athénagoras Ier et le pape Paul VI déclareront « abolie » la mémoire des anciens anathèmes.

Schlegel *(August Wilhelm* von*),* écrivain allemand (Hanovre 1767 - Bonn 1845). Avec les poètes Tieck et Novalis, les philosophes Fichte et Schelling, il forme le premier groupe romantique allemand. Théoricien plus que poète, il s'est opposé au classicisme français et à l'idéalisme de Schiller. Son frère **Friedrich** (Hanovre 1772 - Dresde 1829), écrivain et orientaliste, fonda avec lui la revue *Athenäum* (1798).

Schleicher *(August),* linguiste allemand (Meiningen 1821 - Iéna 1868). Auteur d'un *Abrégé de grammaire comparée des langues indogermaniques* (1861-62), il a tenté de reconstruire l'indo-européen primitif. Influencé par Hegel, puis par Darwin, il concevait la langue comme un organisme naturel qui naît, se développe et meurt, et auquel on peut appliquer les méthodes des sciences naturelles.

Schleiermacher *(Friedrich),* théologien protestant allemand (Breslau 1768 - Berlin 1834). Sa théologie de l'expérience religieuse, fondée sur le sentiment et l'intuition, a influencé les courants théologiques modernes, tant catholiques que protestants.

Schleswig-Holstein, Land d'Allemagne, frontalier avec le Danemark. Il est limité au sud par l'Elbe, à l'exclusion de l'enclave concernant Hambourg ; 15 720 km² ; 2 594 606 hab. Cap. *Kiel.*
GÉOGRAPHIE.
Occupant une partie de la grande plaine d'Allemagne du Nord, le Land tire ses ressources de l'industrie (constructions navales, mécaniques et électriques, alimentation) et d'une agriculture très intensive (céréales, betterave à sucre), qui n'occupe pourtant que 3 % des actifs. Le tourisme y est important (côtes atlantique et baltique, îles frisonnes). Kiel et Lübeck sont les deux villes principales.
HISTOIRE.
Le duché de Schleswig (ou Slesvig) devint propriété personnelle du roi de Danemark, en 1460, ainsi que le comté de Holstein (duché en 1474). En 1815, le congrès de Vienne donna les duchés de Holstein et de Lauenburg au roi de Danemark, à titre personnel, en compensation de la perte de la Norvège. Ils furent dans le même temps intégrés dans la Confédération germanique. Les tentatives faites à partir de 1843-1845 par le Danemark pour annexer les duchés aboutirent à la guerre des Duchés (1864), puis à la guerre austro-prussienne (1866). La Prusse, victorieuse, annexa les duchés. En 1920, le nord du Schleswig fut rendu au Danemark après plébiscite.

Schlick *(Moritz),* philosophe allemand (Berlin 1882 - Vienne 1936). Sous l'influence de Wittgenstein et de Carnap, il adhéra aux thèses du positivisme logique et devint un des membres les plus influents du cercle de Vienne. Il a écrit *Allgemeine Erkenntnislehre* (1918). Il est mort assassiné par un étudiant.

Schlieffen *(Alfred, comte* von*)*, maréchal allemand (Berlin 1833 - *id.* 1913). Chef de l'état-major de 1891 à 1906, il donna son nom au plan de campagne appliqué par l'Allemagne en 1914, et qui consistait à contenir l'armée russe et à détruire l'armée française grâce à un large mouvement tournant à travers la Belgique jusqu'à Paris. Ce plan échoua lors de la bataille de la Marne.

Schliemann *(Heinrich)*, archéologue allemand (Neubukow 1822 - Naples 1890). Il découvrit les ruines de Troie et de Mycènes.

Schloesing *(Jean-Jacques Théophile)*, chimiste et agronome français (Marseille 1824 - Paris 1919). Il a élucidé la fixation de l'azote du sol par les végétaux.

Schlöndorff *(Volker)*, cinéaste allemand (Wiesbaden 1939). Révélé par *les Désarrois de l'élève Törless* (1966), qui affirmait le renouveau du cinéma allemand, il se partage ensuite entre des films à large audience et des films plus intimistes qui sont des témoignages politiques : *Feu de paille* (1972), *l'Honneur perdu de Katharina Blum* (1975), *le Tambour* (1979), *Mort d'un commis voyageur* (1985), *The Voyager* (1991).

Schlucht *(col de la)*, col des Vosges (1 139 m). Sports d'hiver.

Schlumberger *(Conrad)*, physicien et industriel français (Guebwiller 1878 - Stockholm 1936) et son frère **Marcel**, ingénieur et industriel français (Guebwiller 1884 - Le Val Richer 1953). En 1927, ils montrèrent qu'il est possible d'identifier par leur résistivité électrique les formations géologiques traversées par un sondage, notamment celles productrices d'hydrocarbures. Ils fondèrent une société, portant leur nom, pour exploiter cette technique.

Schlüter *(Poul)*, homme politique danois (Tønder 1929). Président du Parti conservateur (1974-1993), il est Premier ministre de 1982 à 1993.

Schmidt *(Bernhard)*, opticien allemand (Naissaar, Estonie, 1879 - Hambourg 1935). Il est l'inventeur d'un télescope photographique à grand champ (1930).

Schmidt *(Helmut)*, homme politique allemand (Hambourg 1918). Social-démocrate, ministre de la Défense (1969 à 1972) puis des Finances (1972), il fut chancelier de la République fédérale de 1974 à 1982.

Schmitt *(Florent)*, compositeur français (Blâmont, Meurthe-et-Moselle, 1870 - Neuilly-sur-Seine 1958), auteur du *Psaume XLVII* (1904), d'un quintette avec piano (1908), du ballet *la Tragédie de Salomé* (1907).

Schnabel *(Artur)*, pianiste autrichien naturalisé américain (Lipnik 1882 - Morschach, Suisse, 1951), réputé pour ses interprétations de Beethoven (dont il fut le premier à enregistrer l'intégrale des sonates), de Schubert et de Brahms.

Schnebel *(Dieter)*, compositeur et théoricien allemand (Lahr 1930). Il impose des moyens de composition très personnels (participation collective, matériaux optiques, libération de la voix) : *Glossalalie*, 1961 ; *Mo-No*, 1969 ; *Maulwerke*, 1974 ; *Metamorphosen*, 1986-87 ; *Chili-Musik und Bilder zu Kleist*, 1991.

Schneider *(famille)*, dynastie d'industriels français qui dirigea, à partir de 1836, les usines métallurgiques du Creusot. Son fondateur fut **Eugène**, industriel et homme politique (Bidestroff 1805 - Paris 1875), ministre du Commerce et de l'Agriculture en 1851, président du Corps législatif de 1867 à 1870. Il dirigea les usines du Creusot avec son frère **Adolphe** (Nancy 1802 - Le Creusot 1845).

Schneider *(Hortense)*, mezzo-soprano française (Bordeaux 1833 - Paris 1920). Elle fut remarquée par Offenbach, qui écrivit pour elle *la Belle Hélène*, *la Périchole*, *la Grande Duchesse de Gerolstein*.

Schneider *(Rosemarie* Albach-Retty, dite **Romy***)*, actrice autrichienne (Vienne 1938 - Paris 1982). Révélée au cinéma par la série des *Sissi* (1955-1958), elle s'imposa ensuite comme une grande comédienne et une vedette internationale (*le Procès*, de O. Welles, 1962 ; *les Choses de la vie*, de C. Sautet, 1970 ; *la Mort en direct* de B. Tavernier, 1980).

Schnittke *(Alfred)*, compositeur russe (Engels, région de Saratov, 1934). Après une période sérielle, il a adopté un style éclectique, (trois quatuors à cordes, 1966, 1980, 1983 ; série de concertos grossos et de symphonies ; *Faust-Cantate « Seid nüchtern und wachet »*, 1982-83 ; *Ritual*, 1984-85).

Schnitzler *(Arthur)*, écrivain autrichien (Vienne 1862 - *id.* 1931). Médecin spécialiste de l'hypnose, il vient au théâtre pour y dépeindre la Vienne fin de siècle dans une veine réaliste et satirique (*Amourette*, 1895 ; *la Ronde*, 1900 ; *le Chemin solitaire*, 1901 ; *le Professeur Bernhardi*, 1912). Le scandale soulevé par ses pièces et la montée de l'antisémitisme l'amènent à se retirer du théâtre. Il est aussi l'auteur de poésies, de romans et de nouvelles (*Mademoiselle Else*, 1924).

Schobert (*Johann*), compositeur allemand (Silésie v. 1735 - Paris 1767), auteur de sonates et d'œuvres de chambre avec clavier. Il influença le jeune Mozart.

Schœlcher (*Victor*), homme politique français (Paris 1804 - Houilles 1893). Député de la Martinique et de la Guadeloupe, sous-secrétaire d'État à la Marine en 1848, il prépara le décret d'abolition de l'esclavage dans les colonies (avr. 1848). Il s'opposa au coup d'État du 2 décembre 1851 et fut proscrit.

Schoendoerffer (*Pierre*), cinéaste et romancier français (Chamalières 1928). Ancien reporter et cameraman des armées pendant la guerre d'Indochine, il a tourné, parmi d'autres œuvres de fiction (*Ramuntcho*, 1959), les meilleurs films de guerre français : *la 317ᵉ Section* (1965), *la Section Anderson* (T. V., 1967), *le Crabe-tambour* (1977), *l'Honneur d'un capitaine* (1982), *Diên Biên Phu* (1992).

Schöffer (*Nicolas*), plasticien et théoricien français d'origine hongroise (Kalocsa 1912 - Paris 1992), tenant de l'art cinétique et « luminodynamique ».

Schöffer (*Peter*), imprimeur allemand (Gernsheim, Hesse-Darmstadt, v. 1425 - Mayence 1502 ou 1503). Associé de Fust et de Gutenberg, il perfectionna avec eux l'imprimerie.

Schola cantorum, école de musique fondée à Paris, en 1894, par C. Bordes en collaboration avec A. Guilmant et V. d'Indy. D'abord spécialisée dans l'étude du chant liturgique et dans celle de la musique religieuse, elle devint une école supérieure d'enseignement musical.

Scholastique (*sainte*), sœur de saint Benoît (Nursie v. 480 - Piumarola, près du mont Cassin, v. 543 ou 547). Elle fonda un monastère de femmes près du monastère du Mont-Cassin.

Scholem (*Gershom Gerhard*), philosophe israélien (Berlin 1897 - Jérusalem 1982). Il est l'un des plus importants philosophes qui aient édité, expliqué et diffusé les grands textes de la Kabbale (*les Grands Courants de la mystique juive*, 1941).

Schönberg (*Arnold*), compositeur autrichien (Vienne 1874 - Los Angeles 1951). Dès ses premières œuvres, il s'inspire de Wagner (*Nuit transfigurée*, 1899 ; *Gurrelieder*, 1900-1911). Puis son écriture évolue vers l'atonalité, avec *Erwartung*, op. 17 (*l'Attente*, 1909).

Il écrit un *Traité d'harmonie* (1911) et se lie avec ses élèves A. von Webern et A. Berg ainsi qu'avec les peintres Kandinsky, Klee et Kokoschka. Il compose le *Pierrot lunaire* (1912), pour voix et petit ensemble instrumental. De 1912 à 1921, son cercle d'élèves s'élargit et il met au point le dodécaphonisme sériel (*Suite pour piano*, op. 25, 1923 ; *Variations pour orchestre*, op. 31, 1928). Professeur de composition à Berlin (1925), il travaille à l'opéra *Moïse et Aaron*. À l'avènement du nazisme, il se réfugie aux États-Unis. Professeur à New York et à Boston (1936 à 1944), il compose alors de grandes œuvres sérielles (concerto pour violon, 1936 ; 4ᵉ quatuor à cordes, 1936). Parmi ses ultimes créations se détachent un *Trio à cordes* (1946), *Un survivant de Varsovie* (1947) et un *De profundis* (1950).

Schongauer (*Martin*), graveur et peintre alsacien (Colmar v. 1450 - Brisach 1491). Il est l'auteur de célèbres burins caractéristiques du gothique tardif (séries de la *Passion*, de la *Vie de la Vierge*, etc.), que Dürer admira. Son panneau de la *Vierge au buisson de roses* (1473) est à l'église St-Martin de Colmar.

Schopenhauer (*Arthur*), philosophe allemand (Dantzig 1788 - Francfort-sur-le-Main 1860). Il considère que le monde n'est qu'une macabre représentation à laquelle il convient de n'opposer qu'un pessimisme actif. Sa philosophie est marquée par la découverte, en Europe, des philosophies et des religions de l'Inde, l'hindouisme et le bouddhisme (*le Monde comme volonté et comme représentation*, 1818).

Schribaux (*Émile*), agronome et botaniste français (Richebourg, Haute-Marne, 1857 - Paris 1951). Auteur de travaux sur le contrôle et l'essai des graines, il fut à l'origine de la création de plusieurs variétés de blé et d'avoine.

Schrödinger (*Erwin*), physicien autrichien (Vienne 1887 - id. 1961). Dans quatre mémoires, publiés en 1926, Schrödinger a donné une contribution essentielle à l'établissement définitif de la théorie quantique ; il y formule, en particulier, l'équation fondamentale qui porte son nom et qui est à la base de tous les calculs de la spectroscopie. Il s'est aussi penché sur les problèmes épistémologiques de la physique moderne, notamment dans ses rapports avec la biologie. (Prix Nobel 1933.)

Schroeter (*Werner*), cinéaste allemand (Georgenthal, Thuringe, 1945). Cet esthète baroque poursuit une œuvre singulière, où les sujets les plus divers servent de prétexte à une recherche formelle : *Salomé* (1971), le *Règne de Naples* (1978), *Concile d'amour* (1982), *Malina* (1991).

Schubert *(Franz),* compositeur autrichien (Vienne 1797 - id. 1828). Son œuvre est marquée par un romantisme de la désillusion et de la solitude.

■ **Un génie précoce.** Fils d'un maître d'école, il étudie avec Salieri au séminaire impérial et royal (1808-1813), puis est l'adjoint de son père (1813-1818). En 1818, il a déjà composé plus de 600 œuvres, dont plusieurs quatuors à cordes et sonates pour piano, ses six premières symphonies (la n° 6 est influencée par Rossini) et beaucoup de ses plus grands lieder, dont *Gretchen am Spinnrad* (Marguerite au rouet, 1814) et *Erlkönig* (le Roi des Aulnes, 1815) d'après Goethe. La période 1818-1822 est en revanche marquée par une crise créatrice concrétisée notamment par plusieurs œuvres inachevées (*Quartettsatz,* 1820 ; symphonie n° 7, non orchestrée ; symphonie n° 8 « Inachevée », 1822) et par le long travail sur la messe n° 5 en *la* bémol (1819-1822).

■ **Une extraordinaire floraison.** Les 6 dernières années de la vie de Schubert virent dans tous les domaines, sauf l'opéra (*Alfonso e Estrella,* 1823), une extraordinaire floraison de chefs-d'œuvre : cycles de lieder la *Belle Meunière* (1823) et *le Voyage d'hiver* (1827), musique de scène pour *Rosamunde* (1823), *Octuor* (1824), trois derniers quatuors à cordes (n° 13 *Rosamunde,* 1824 ; n° 14 *la Jeune Fille et la Mort,* 1824 ; n° 15 en *sol,* 1826), symphonie n° 9, ou « Grande Symphonie », en *ut* majeur (1826), sonates, *Moments musicaux* (1823-1828) et *Impromptus* (1827-28) pour piano ainsi que, pour l'ultime année 1828, les trois dernières sonates pour piano, le quintette à cordes en *ut* (celui avec piano, *la Truite,* est de 1819), la messe en *mi* bémol n° 6, *le Pâtre sur le rocher,* et les lieds (dont plusieurs d'après Heine), regroupés sous le titre de *Schwanengesang* (Chant du cygne).

Schulz *(Charles Monroe),* dessinateur humoristique américain (Minneapolis 1922). Il est le créateur (1948) de la célèbre série de bande dessinée *Peanuts.*

Schuman *(Robert),* homme politique français (Luxembourg 1886 - Scy-Chazelles, Moselle, 1963). Principal dirigeant démocrate-chrétien, ministre des Finances (1946), président du Conseil (1947-48), ministre des Affaires étrangères (1948-1953), il fut l'auteur du plan de la Communauté européenne du charbon et de l'acier (1951), et l'initiateur de la réconciliation franco-allemande. Président du Parlement européen (1958-1960), il est considéré comme l'un des « pères de l'Europe ».

Schumann *(Clara),* née Wieck, pianiste allemande (Leipzig 1819 - Francfort-sur-le-Main 1896), femme de Robert Schumann. Elle se consacra à l'interprétation des œuvres de Beethoven, de Chopin, de Liszt, de Schumann. Elle a composé des pièces pour piano et, surtout, de remarquables lieder.

Schumann *(Robert),* compositeur allemand (Zwickau 1810 - Endenich, près de Bonn, 1856). Il étudie le piano à Leipzig, où il finit par s'installer, et fonde en 1834 la *Neue Zeitschrift für Musik,* pour laquelle il écrit sous les pseudonymes d'Eusebius et Florestan.

■ **Les grandes œuvres pour piano.** Pendant une dizaine d'années, il ne compose pratiquement que pour piano seul, souvent des ensembles de courtes pièces : *Papillons* d'après Jean-Paul (1831), *Carnaval* (1835), *Études symphoniques* (1837), *Danses des compagnons de David* (1837). Fiancé à la pianiste Clara Wieck, il écrit pour elle trois sonates (1835, 1836, 1838) et plusieurs pièces (*Phantasiestücke,* 1837 ; *Scènes d'enfants,* 1838 ; *Kreisleriana,* 1838) où s'affirment son sentiment poétique et romantique. Il l'épouse en 1840 malgré l'opposition du père de la jeune femme.

■ **La marche vers la folie.** L'année de mariage de Schumann voit naître une première vague de lieder : environ 130, dont les deux célèbres cycles *l'Amour et la vie d'une femme* (d'après Chamisso) et *les Amours du poète* (d'après Heine). En 1841, il aborde l'orchestre avec la symphonie n° 1 et la version originale de la symphonie n° 4, et, en 1842, la musique de chambre avec trois quatuors à cordes, le quintette en *mi* bémol et le quatuor avec piano. En 1844, il s'installe à Dresde, où, l'année suivante, est achevé le concerto pour piano et composée la symphonie n° 2. Il accepte en 1850 un poste de chef d'orchestre à Düsseldorf où il écrit la symphonie n° 3, dite « Rhénane », le concerto pour violoncelle, la version définitive de la symphonie n° 4 (1851), suivis, notamment, des deux sonates pour piano et violon (1851), du troisième trio avec piano (1851) et des *Chants de l'aube* pour piano (1853), sa dernière œuvre. Il a écrit aussi de grandes œuvres chorales (*le Paradis et la Péri,* 1843 ; *Scènes de Faust,* 1844-1853 ; *Requiem pour Mignon,* 1849) et l'opéra *Genoveva* (créé en 1850). Le 27 février 1854, peu après avoir reçu la visite du jeune Brahms, Schumann, atteint d'une crise de folie, se jette dans le Rhin. Interné dans un asile, il y meurt deux ans plus tard.

Schumpeter *(Joseph)*, économiste et sociologue autrichien (Třešť' Moravie, 1883 - Salisbury, Connecticut, 1950). Il a donné de très importantes contributions sur le rôle de l'entrepreneur, agent, par l'innovation de la croissance économique. On lui doit ainsi une analyse du processus d'évolution de l'économie capitaliste, où il perçoit l'arrivée du socialisme.

Schuschnigg *(Kurt* von*)*, homme politique autrichien (Riva, lac de Garde, 1897 - Muters 1977). Chancelier d'Autriche en 1934, il s'opposa à l'annexion de son pays par l'Allemagne (Anschluss) en 1938 et fut emprisonné de 1938 à 1945.

Schütz *(Heinrich)*, compositeur allemand (Köstritz, Saxe, 1585 - Dresde 1672). Il domina au XVIIᵉ siècle la musique en Allemagne, où, en disciple de Monteverdi, il imposa les nouveautés venues d'Italie. Musicien allemand, protestant, baroque et humaniste, il séjourna à Venise (1609-1612), où paraît son *Premier Livre de madrigaux* (1611). En 1617, il devient maître de chapelle de la cour de Dresde et compose son *Magnificat latin*. Suivent les 26 *Psaumes de David* (1619), l'oratorio *Histoire de la Résurrection* (1623), les 40 *Cantiones sacrae* (1625). Après un second séjour à Venise auprès de Monteverdi (1628-29), il donne son premier livre de *Symphoniae sacrae* (1629).

Durant la guerre de Trente Ans, Schütz effectue trois séjours au Danemark (entre 1633 et 1644) et compose le *Requiem* (1636), les *Petits Concerts spirituels* (1639, à effectifs réduits), les *Sept Paroles du Christ en croix* (1645), les *Symphoniae sacrae II* (1647) et *III* (1652), ainsi que les 29 motets de la *Geistliche Chormusik* (1648), orientés rétroactivement vers la polyphonie des élèves de Lassus. Il prend sa retraite en 1657 mais compose encore *l'Histoire de la Nativité* (1664), les *Passions selon saint Luc* (1653), *selon saint Jean* (1666) et *selon saint Matthieu* (1666), et le *Magnificat allemand* (1671).

Schwann *(Theodor)*, biologiste allemand (Neuss am Rhein 1810 - Cologne 1882). Il est l'auteur de la théorie cellulaire (1839).

Schwartz *(Laurent)*, mathématicien français (Paris 1915). Ses travaux d'analyse fonctionnelle lui ont valu la médaille Fields (1950). Il est le fondateur de la théorie des distributions.

Schwarz *(Berthold)*, moine allemand (Fribourg-en-Brisgau v. 1310 - Venise 1384). On lui a attribué, à tort, l'invention de la poudre à canon. Il fondit les premiers canons de bronze des Vénitiens.

Schwarzenberg *(Karl Philipp, prince* zu*)*, général et diplomate autrichien (Vienne 1771 - *id.* 1820). Il commanda les armées alliées qui vainquirent Napoléon à Leipzig (1813) et envahirent la France (1814). Son neveu **Felix** (Krumau 1800 - Vienne 1852), chancelier d'Autriche (1848-1852), organisa la réaction contre les révolutions de 1848 et rétablit l'autorité des Habsbourg.

Schwarzkopf *(Elisabeth)*, soprano allemande naturalisée britannique (Jarotschin, Posnanie, 1915). Elle s'est distinguée aussi bien dans l'interprétation des lieder romantiques de Schubert à Hugo Wolf que dans celle des opéras (en particulier ceux de Mozart et de R. Strauss).

Schwarzkopf *(Norman)*, général américain (Trenton, New Jersey, 1932), commandant de la force multinationale coalisée contre l'Iraq durant la guerre du Golfe (1990-91).

Schwechat, aéroport de Vienne (Autriche), au S.-E. de la ville.

Schweinfurt, v. d'Allemagne (Bavière), sur le Main ; 53 636 hab. Centre industriel.

Schweinfurth *(Georg)*, voyageur allemand (Riga 1836 - Berlin 1925). Il explora les pays du Nil, l'Érythrée, l'Arabie du Sud et fonda l'Institut égyptien du Caire.

Schweitzer *(Albert)*, médecin, théologien protestant et musicologue français (Kaysersberg 1875 - Lambaréné 1965). Il fonda en 1913 l'hôpital de Lambaréné, au Gabon, et devint un symbole du colonialisme à visage humain. Il laissa des œuvres de théologie et de musicologie. (Prix Nobel de la paix 1952.)

Schwerin, v. d'Allemagne, cap. du Land de Mecklembourg — Poméranie-Occidentale ; 129 492 hab. Centre industriel. — Cathédrale gothique. Musée des Beaux-Arts.

Schwitters *(Kurt)*, peintre, sculpteur et écrivain allemand (Hanovre 1887 - Ambleside, Angleterre, 1948). Sa contribution essentielle à l'avant-garde et, notamment, à dada, réside dans ses collages et assemblages (objets les plus quotidiens et déchets), dont il transposa le principe dans la poésie phonétique. Il a donné à toutes ses œuvres le nom, fourni par le hasard, de « Merz »

(jusqu'au *Merzbau*, assemblage-environne-
ment à l'échelle de sa propre maison à
Hanovre). Il s'associa dans les années 30 au
groupe Abstraction-Création.

Schwyz, v. de Suisse, ch.-l. du cant. de
Schwyz (908 km² ; 111 964 hab.) ;
12 872 hab. (Le nom de la « Suisse » dérive
de celui du canton.) — Maisons et monuments, surtout des XVIIe et XVIIIe siècles.

Sciascia *(Leonardo),* écrivain italien (Racal-
muto 1921 - Palerme 1989). Son œuvre
compose, dans le registre historique (*les
Oncles de Sicile*, 1958 ; *le Cliquet de la folie*,
1970), romanesque (*Todo Modo*, 1974) ou
dramatique (*l'Évêque, le Vice-roi et les Pois chi-
ches*, 1970), une analyse satirique des
oppressions sociales et politiques à travers
l'exemple de l'histoire de la Sicile.

Science chrétienne, *en angl.* Christian
Science, Église fondée en 1879, à Boston,
par Mary Baker-Eddy (1821-1910), et qui
s'attache à guérir les maladies par des
moyens spirituels. Elle s'est répandue rapidement dans le monde.

Scilly, *en fr.* Sorlingues *(îles),* îles anglaises,
au S.-O. de la Grande-Bretagne ; 2 400 hab.
Ch.-l. *Hugh Town.* Cultures florales. Tourisme.

Scipion, famille de la Rome antique, de la
gens Cornelia. Ses deux membres les plus
illustres sont : **Scipion l'Africain,** général
romain (235 - Liternum 183 av. J.-C.). Proconsul en 211, il mit un terme à la domination de Carthage en Espagne (prise de
Carthagène, 209). Consul en 205, il débarqua en Afrique et, par sa victoire de Zama
(202) sur Hannibal, mit fin à la deuxième
guerre punique. **Scipion Émilien** (185 ou
184 - Rome 129 av. J.-C.), fils de Paul Émile
et petit-fils adoptif du précédent. Consul en
147, il acheva la troisième guerre punique
par la destruction de Carthage (146). En
134, à nouveau consul, il fit capituler
Numance (133), en Espagne. Aristocrate, il
s'opposa aux lois agraires des Gracques.
Grand lettré, adepte du stoïcisme et de la
culture grecque, il entretint un cercle
brillant, où figurèrent Polybe et Térence.

Scola *(Ettore),* cinéaste italien (Trevico, Campanie, 1931). Il concilie la comédie et la
critique sociale (*Drame de la jalousie*, 1970 ;
Nous nous sommes tant aimés, 1974 ; *Une journée particulière*, 1977 ; *Passion d'amour*, 1981 ;
le Bal, 1983 ; *la Famille*, 1987 ; *Splendor*,
1989).

Scopas, architecte et sculpteur grec, actif
vers le milieu du IVe s. av. J.-C. Il a travaillé

à Némée, à Halicarnasse et à Tégée, dont le
fronton ouest du temple est probablement
l'une des rares créations de sa main subsis-
tant de nos jours. Le rythme nouveau et
l'intensité d'expression de ses œuvres ont
profondément marqué l'art hellénistique.

Scorpion *(le),* constellation zodiacale, située
entre la Balance et le Sagittaire. — Huitième
signe du zodiaque, que le Soleil traverse du
23 octobre au 22 novembre.

Scorsese *(Martin),* cinéaste américain (New
York 1942). Il situe la plupart de ses actions
dans l'Amérique urbaine des marginaux
(*Taxi Driver*, 1976 ; *New York New York*,
1977 ; *la Couleur de l'argent*, 1986). La sortie
en 1988 de *la Dernière Tentation du Christ* a
suscité de vives polémiques. Il réalise
ensuite *les Affranchis* (1990), *les Nerfs à vif*
(1992), *le Temps de l'innocence* (1993).

Scot *(John Duns)* → Duns Scot.

Scot Érigène *(Jean),* théologien irlandais (en
Irlande v. 810 - v. 877). Son œuvre est à
l'origine d'un courant qui détache la philosophie de la théologie, notamment par sa
réflexion sur les rapports de Dieu et de la
nature. On lui doit un traité *De divisione
naturae* (v. 865).

Scotland, nom angl. de l'Écosse.

Scotland Yard, siège de la police londonienne, le long de la Tamise, près de Westminster Bridge. L'appellation « Scotland
Yard » est tirée du nom de la propriété où
le roi d'Écosse, en visite en Angleterre, trouvait jadis l'hospitalité. L'organisation de
cette police en 1829 est due au ministre
R. Peel.

Scots, nom générique des pirates et des
aventuriers irlandais du haut Moyen Âge,
plus particulièrement des colons irlandais
établis en Écosse au VIe siècle, qui donnèrent
leur nom au pays *(Scotland).*

Scott *(Robert Falcon),* explorateur britannique (Devonport 1868 - dans l'Antarctique
1912). Il dirigea deux expéditions dans
l'Antarctique (1901-1904 et 1910-1912) et
périt au retour d'un raid au cours duquel il
avait, peu après Amundsen, atteint le pôle
Sud.

Scott *(sir Walter),* écrivain britannique (Édimbourg 1771 - Abbotsford 1832). Avocat, puis
poète passionné de légendes écossaises (*le
Lai du dernier ménestrel*, 1805 ; *la Dame du lac*,
1810), il devint célèbre dès la parution de
Waverley (1814) pour ses romans historiques
qui exercèrent une profonde influence sur
les écrivains romantiques (*la Fiancée de
Lammermoor*, 1819 ; *Ivanhoé*, 1819 ; *Quentin*

Durward, 1823 [→ **Quentin**] ; *la Jolie Fille de Perth,* 1828).

Scriabine ou **Skriabine** *(Aleksandr Nikolaïevitch),* pianiste et compositeur russe (Moscou 1872 - *id.* 1915). Ses œuvres pour piano (concertos, sonates, préludes, etc.) et pour orchestre, chargées d'un message mystique, dénotent d'intéressantes recherches d'ordre harmonique : symphonie n° 3 *le Divin Poème* (1902-1904), *Prométhée ou le Poème du feu* (1908-1910).

Scribe *(Eugène),* auteur dramatique français (Paris 1791 - *id.* 1861). Ses comédies *(l'Ours et le Pacha,* 1820) et ses vaudevilles *(le Mariage d'argent,* 1827 ; *le Verre d'eau,* 1840) s'inspirent des conflits sociaux et moraux de la bourgeoisie de son temps. Il fut également librettiste d'opéras et d'opéras-comiques. (Acad. fr. 1834.)

Scudéry *(Madeleine de),* femme de lettres française (Le Havre 1607 - Paris 1701). Elle écrivit des romans précieux, très goûtés à l'époque : *Artamène ou le Grand Cyrus* (1649-1653) et *Clélie* (1654-1660) [→ **Clélie**]. **Georges,** son frère, écrivain français (Le Havre 1601 - Paris 1667), fit paraître sous son nom des romans qui sont presque entièrement dus à sa sœur. Auteur de pièces de théâtre, il fut un adversaire de Corneille. (Acad. fr. 1649.)

Scutenaire *(Louis),* écrivain et critique d'art belge d'expression française (Ollignies 1905 - Bruxelles 1987). Ami du peintre Magritte, il a été un chef de file du surréalisme belge *(Mes inscriptions,* 4 vol. [1945, 1976, 1981, 1984] ; *Textes automatiques,* 1977).

Scylla, écueil du détroit de Messine, en face de Charybde.

Scythes, peuple de langue iranienne établi entre le Danube et le Don à partir du XIIᵉ s. av. J.-C. Mentionnés dans les annales assyriennes au VIIIᵉ s. av. J.-C., les Scythes ravagèrent la Syrie et menacèrent l'Égypte. Les Achéménides se heurtèrent aux cavaliers scythes, qui les tinrent en échec. Les Scythes disparurent au IIᵉ s. av. J.-C. **ARCHÉOL. ET ARTS.** Les créations artistiques des Scythes présentent de nombreux éléments empruntés aux civilisations voisines, avant de subir fortement l'influence hellénique à partir du Vᵉ s. av. J.-C. Leur orfèvrerie en nombre dans les sépultures sous tumulus, ou *kourganes)* était rehaussée d'un décor poinçonné, ciselé, filigrané ou incrusté. La variété des techniques qui s'épanouissent entre le VIIᵉ et le IIIᵉ s. av. J.-C. s'allie à la richesse du répertoire décoratif animalier,

d'un réalisme complexe. Les pièces de harnachement et les armes de bronze confirment le talent de métallurgistes des Scythes.

S. D. E. C. E. → D. G. S. E.

S. D. N. ou **Société des Nations,** organisme créé en 1919 (mise en vigueur en 1920) entre les États signataires du traité de Versailles, pour développer la coopération entre les nations et garantir la paix et la sécurité. Affaiblie par le départ de l'Allemagne et du Japon (1933) puis par l'inefficacité des mesures qu'elle prit contre l'invasion de l'Éthiopie par l'Italie (1935-36), elle assista sans réagir aux crises qui précédèrent le déclenchement de la Seconde Guerre mondiale. Elle fut remplacée en 1946 par l'O. N. U., créée l'année précédente. Son siège était à Genève.

Seaborg *(Glenn Theodore),* chimiste américain (Ishpeming, Michigan, 1912). Il a découvert le plutonium en 1941, en collaboration avec E. M. McMillan, et mis au point les méthodes d'extraction de ce métal. Par la suite, il obtint l'américium, le curium et, en 1950, le berkélium et le californium. (Prix Nobel 1951.)

Searle *(John Rogers),* philosophe américain (Denver, Colorado, 1932), auteur d'une théorie des actes du discours *(les Actes de langage,* 1969 ; *Sens et expression,* 1979).

Seattle, v. des États-Unis (État de Washington), au pied du mont Rainier ; 516 259 hab. (1 972 961 hab. dans l'agglomération). Port en relation avec l'Alaska et le Japon. Constructions navales et aéronautiques. — Musées scientifiques et artistiques.

Sebastiano del Piombo *(Sebastiano Luciano, dit),* peintre italien (Venise ? v. 1485 - Rome 1547). Installé à Rome (1511), ce disciple de Giorgione et ami de Michel-Ange se signale par la puissance monumentale de son style (portraits, tableaux religieux).

Sébastien *(saint),* martyr chrétien de Rome au IIIᵉ siècle. Chef d'une cohorte prétorienne et dénoncé pour sa conversion au christianisme, il fut percé de flèches puis laissé pour mort. Soigné par une coreligionnaire, il fut repris et flagellé à mort. Son corps est enseveli dans la catacombe romaine qui porte son nom.

Sébastien (Lisbonne 1554 - Alcaçar-Quivir 1578), roi de Portugal (1557-1578). Il chercha à se constituer un grand domaine maghrébin et fut tué en combattant les Maures.

Sébastopol, port d'Ukraine, en Crimée ; 341 000 hab. Constructions navales. — Après un long siège, la ville fut prise par les Franco-Britanniques en 1855. Elle le fut de nouveau par les Allemands en 1942.

Sébillet *(Thomas),* poète français (Paris v. 1512 - *id.* 1589). Il est l'auteur d'un *Art poétique français* (1548).

Sebond *(Raymond)* → **Sabunde.**

Sebou *(oued),* fl. du Maroc, né dans le Moyen Atlas, qui rejoint l'Atlantique ; 458 km. Il alimente la riziculture irriguée.

Secchi *(Angelo),* jésuite et astronome italien (Reggio Emilia 1818 - Rome 1878). Pionnier de la spectroscopie stellaire, il est l'auteur de la première classification spectrale des étoiles (1868). On lui doit des observations astronomiques (du Soleil, notamment) ainsi que des recherches intéressant le géomagnétisme et la météorologie.

Sécession *(guerre de),* conflit intérieur des États-Unis d'Amérique, qui, à propos de la question noire, opposa, de 1861 à 1865, une confédération d'États du Sud aux États du Nord, et qui se termina par la victoire de ces derniers.

Dès 1850, la vie politique de l'Union est dominée par la question de l'esclavage des Noirs, qui oppose aux intérêts des planteurs du Sud ceux des industriels du Nord et des colons des nouveaux États de l'Ouest. À la suite de l'élection à la présidence de l'antiesclavagiste Lincoln (1860), la Caroline du Sud, suivie de 10 États, rappelle ses représentants au Congrès, fait sécession de l'Union et forme à Richmond, sous la direction de Jefferson Davis, une confédération autonome. Il en résulte une longue guerre, opposant les fédéraux, ou « nordistes », (22 millions) de Lincoln, aux confédérés, ou « sudistes » (9 millions, dont 4 millions de Noirs), qui veulent éviter la ruine qu'entraînerait l'abolition de l'esclavage.

■ **Les forces en présence.** De part et d'autre, des armées sont improvisées. 2 millions d'hommes sont mobilisés en 4 ans par les nordistes qui, à partir de 1863, auront constamment 900 000 hommes en campagne. Les sudistes compensent la faiblesse relative de leurs effectifs (850 000 hommes) par la qualité de leurs troupes.

■ **Les opérations militaires.** Les hostilités sont ouvertes par les sudistes, en avril 1861, à Fort Sumter, qui défend la ville de Charleston. Utilisant le chemin de fer, leur offensive menace Washington.

21 juill. 1861. Victoire sudiste à Bull Run (Virginie).

Beaucoup plus puissante que celle du Sud, la flotte nordiste commence un blocus efficace des côtes sudistes. En 1862, le général sudiste Lee déploie tous ses efforts dans le Maryland.

25 juin-1er juill. 1862. Victoire de Lee, à Richmond sur les troupes nordistes de McClellan. La même année, les nordistes entreprennent dans l'ouest une manœuvre de grande envergure, visant le Mississippi et ses affluents. La chute de La Nouvelle-Orléans (mai) puis de Baton Rouge (août) amorce l'encerclement des troupes confédérées. En 1863, la menace que fait peser Lee sur Washington n'est levée que par sa défaite à la dure bataille de Gettysburg (1er-3 juill. 1863).

4 juill. 1863. Après la chute de Vicksburg, les nordistes du général Grant et de l'amiral Farragut opèrent leur jonction à Port Hudson. Le contrôle du Mississippi permet à Grant de revenir dans le Tennessee.

25 nov. 1863. Grant remporte une importante victoire sur les confédérés à Chattanooga et obtient la rupture avec la confédération des États indécis situés à l'ouest du Mississippi.

1864. Le commandement nordiste unifié est confié à Grant, qui charge Sherman des opérations à l'ouest et fait pencher la balance en faveur des fédéraux.

2 sept. 1864. Sherman s'empare d'Atlanta, capitale de la Géorgie.

Il atteint en 24 jours, par une marche devenue célèbre, l'Atlantique, près de Savannah, qui tombe le 21 décembre. Désormais, les États du Sud sont coupés en deux. Remontant vers le nord, il s'attaque aux troupes de Johnston, qu'il empêche de rejoindre celles de Lee. Les sudistes sont attaqués d'abord au sud par Sherman, qui, après la chute de Charleston et la prise de Columbia (févr. 1865), vainc Johnston à Bentonville (mars). Les troupes de Grant enlèvent Petersburg (avr.), investi depuis plus de 9 mois.

9 avr. 1865. Épuisé, Lee capitule à Appomattox. Ce conflit préfigure déjà le combat moderne, tant par l'importance des effectifs que par le rôle du potentiel industriel, notamment par l'utilisation du chemin de fer et du télégraphe. Sur le plan naval, la guerre voit les premiers combats entre navires à vapeur, fortement cuirassés et armés, et le premier emploi des torpilles et des mines. Elle préfigure également, par le nombre des victimes (617 000 morts), les conflits sanglants du XXe siècle.

Second *(Jan* Everaerts, dit Jean*),* humaniste flamand (La Haye 1511 - Tournai 1536). Il est l'auteur des *Baisers,* petits poèmes érotiques en latin, qui furent souvent imités au XVIᵉ siècle.

Secours catholique, organisation caritative française, créée en 1946, qui a pour but de lutter contre la pauvreté et d'organiser des secours d'urgence en cas de catastrophe.

Secours populaire français (S. P. F.), association de solidarité (issue du Secours populaire de France et des colonies fondé en 1936). Son action humanitaire s'exerce en France et dans le monde.

Secrétan *(Charles),* philosophe suisse (Lausanne 1815 - *id.* 1895). Il a tenté un rapprochement entre le christianisme et la pensée rationaliste *(la Philosophie de la liberté,* 1848-49).

Section française de l'Internationale ouvrière → S. F. I. O.

Sedaine *(Michel Jean),* auteur dramatique français (Paris 1719 - *id.* 1797). Il est l'auteur de drames historiques et de livrets d'opéras-comiques *(Richard Cœur de Lion,* 1784), ainsi que du chef-d'œuvre de la comédie sérieuse telle que la définit Diderot, *le Philosophe sans le savoir* (1765). [Acad. fr. 1786.]

Sedan, ch.-l. d'arr. des Ardennes, sur la Meuse ; 22 407 hab. *(Sedanais).* Textile. Métallurgie. Brasserie. — Vaste forteresse des XVᵉ-XVIIᵉ siècles (musée).

Sedan *(bataille de)* [1ᵉʳ sept. 1870], défaite et capitulation des troupes françaises devant les Prussiens, qui entraîna la capture et la chute de Napoléon III puis la proclamation de la république à Paris.

Sédécias, dernier souverain du royaume de Juda (597 - Babylone 587 av. J.-C.). Après la destruction de Jérusalem (587) par Nabuchodonosor, il fut déporté à Babylone.

Sée *(Camille),* homme politique français (Colmar 1847 - Paris 1919). Il fut l'initiateur de la loi instituant les lycées pour les jeunes filles (1880) et le créateur de l'École normale supérieure de Sèvres (1881).

Seebeck *(Thomas Johann),* physicien allemand (Reval, auj. Tallinn, 1770 - Berlin 1831). Il découvrit la thermoélectricité en 1821 et inventa un polariscope.

Seeckt *(Hans* von*),* général allemand (Schleswig 1866 - Berlin 1936). Chef de la Reichswehr de 1920 à 1926, il reconstitua l'armée allemande.

Séféris *(Gheórghios* Seferiádhis, dit Georges*),* diplomate et poète grec (Smyrne 1900 - Athènes 1971). Il unit les mythes antiques aux problèmes du monde moderne *(Strophe,* 1931 ; *Journal de bord,* 1940-1955). [Prix Nobel 1963.]

Séfévides, dynastie qui régna sur l'Iran de 1501 à 1736. Fondée par Ismaïl Iᵉʳ, chef de la confrérie safawi, cette dynastie imposa le chiisme duodécimain à l'Iran. Elle parvint à limiter la poussée des Ottomans à l'ouest et à contenir celle des Ouzbeks à l'est.

Ségala *(le),* plateaux du sud-ouest du Massif central, entre les vallées du Tarn et de l'Aveyron, autref. très pauvres (« pays du seigle »).

Segalen *(Victor),* écrivain français (Brest 1878 - Huelgoat 1919). Si Tahiti et Gauguin lui inspirèrent son roman *les Immémoriaux* (1907), c'est la Chine, où il découvrit les monuments funéraires des Han et le mysticisme oriental, qui inspira ses poèmes *(Stèles,* 1912 ; *Peintures,* 1916) et son roman *René Leys* (1922).

Segantini *(Giovanni),* peintre italien (Arco, prov. de Trente, 1858 - Schafberg, Engadine, 1899). Il est passé d'un naturalisme paysan au néo-impressionnisme et au symbolisme.

Seghers *(Netty* Radványi, dite Anna*),* femme de lettres allemande (Mayence 1900 - Berlin-Est 1983). Adversaire du nazisme, elle s'établit après la guerre en R. D. A., où elle fut une des figures littéraires les plus importantes *(la Septième Croix,* 1942 ; *la Traversée,* 1970).

Seghers *(Hercules),* peintre et graveur néerlandais (Haarlem 1589/90 - Amsterdam v. 1633-1638). L'un des grands paysagistes de son temps, il eut une vie misérable et très peu de ses toiles sont conservées. Aquafortiste, il a mêlé les procédés et utilisé des rehauts de couleur jusqu'à obtenir des planches d'un caractère dramatique et visionnaire.

Segovia *(Andrés),* guitariste espagnol (Linares, Andalousie, 1893 - Madrid 1987). Il est à l'origine du renouveau de la guitare classique et remit en honneur le répertoire ancien.

Ségovie, en esp. Segovia, v. d'Espagne, ch.-l. de prov., en Castille-León, à 1 000 m d'altitude ; 54 375 hab. — Aqueduc romain. Alcazar royal (très restauré). Riche ensemble d'églises, de couvents et de palais médiévaux ; cathédrale gothique du XVIᵉ siècle. Musée provincial (archéologie, beaux-arts, ethnologie).

Segrais *(Jean* Regnault de*),* écrivain français (Caen 1624 - *id.* 1701). Il signa *la Princesse de Montpensier* (1662) et *Zayde* (1669-1671), écrits avec Mᵐᵉ de Lafayette, ainsi que la première édition de *la Princesse de Clèves* (1678). Poète pastoral (*Églogues,* 1723), il est aussi l'auteur des *Nouvelles françaises* (1656), qui marquent une date dans la formation du roman classique. (Acad. fr. 1662.)

Segré, ch.-l. d'arr. de Maine-et-Loire, dans le Segréen, en Anjou ; 7 078 hab. *(Segréens).*

Segrè (Emilio), physicien américain d'origine italienne (Tivoli 1905 - Lafayette, Californie, 1989). Il a découvert le technétium , l'astate et a réalisé, à Berkeley, la production de l'antiproton. (Prix Nobel 1959.)

Séguier (famille), dynastie de parlementaires français, originaire du Bourbonnais. Elle compte notamment parmi ses membres **Pierre** (Paris 1588 - Saint-Germain-en-Laye 1672), garde des Sceaux (1633), chancelier (1635) et de nouveau garde des Sceaux (1656). Il instruisit le procès de Cinq-Mars puis celui de Fouquet. Son portrait d'apparat a été peint par Le Brun (musée du Louvre). [Acad. fr. 1635.]

Seguin (Édouard), médecin américain d'origine française (Clamecy 1812 - New York 1880). Élève d'Itard et d'Esquirol, il fonda en 1839 à Paris le premier établissement éducatif pour enfants arriérés. Sa pédagogie est fondée sur le développement des sens par le jeu et l'exercice.

Seguin (Marc), ingénieur français (Annonay 1786 - id. 1875). Neveu de J. de Montgolfier, il conçut avec son frère **Camille** (Annonay-Toulon 1852) le principe des ponts suspendus à câbles, dont il construisit le premier à Tournon sur le Rhône (1824). Il adopta la chaudière tubulaire (à tubes de fumée) pour les locomotives (1827) et obtint avec ses frères, en 1826, une concession pour construire le chemin de fer de Saint-Étienne à Lyon, substituant les rails en fer aux rails en fonte et les traverses en bois aux dés en fer.

Ségur (Philippe Henri, marquis de), maréchal de France (Paris 1724 - id. 1801). Secrétaire d'État à la Guerre (1780-1787), il créa un corps permanent d'officiers d'état-major.

Ségur (Sophie Rostopchine, comtesse de), femme de lettres française (Saint-Pétersbourg 1799 - Paris 1874). Fille du comte Rostopchine, gouverneur de Moscou, et épouse du comte Eugène de Ségur, elle écrivit pour ses petits-enfants des romans qui sont devenus des classiques de la littérature enfantine (*les Petites Filles modèles,* 1858 ; *les Mémoires d'un âne,* 1860 ; *les Malheurs de Sophie,* 1864 ; *le Général Dourakine,* 1866).

Seifert (Jaroslav), poète tchèque (Prague 1901 - id. 1986). Poète prolétarien, devenu

avec Nezval le chef de file de l'avant-garde « poétiste », il refusa toute compromission après 1948 et fut signataire de la Charte 77. Il est l'auteur de recueils lyriques (*Mozart à Prague,* 1946 ; *le Concert en l'île,* 1965) et de *Mémoires.* (Prix Nobel 1984.)

Seignelay (Jean-Baptiste Colbert, marquis de), homme d'État français (Paris 1651 - Versailles 1690), fils de Colbert, qu'il remplaça à la Marine (1669) et à la Maison du roi (1683), et dont il poursuivit l'œuvre novatrice.

Seignobos (Charles), historien français (Lamastre 1854 - Ploubazlanec 1942), auteur d'ouvrages sur l'histoire contemporaine, en particulier française.

Seikan, tunnel ferroviaire du Japon, en partie sous-marin, reliant les îles de Honshu et de Hokkaido ; 54 km.

Sein (île de), île et comm. du Finistère, séparée du continent par le *raz de Sein* ; 358 hab. *(Sénans).* Pêche.

Seine (la), fl. de France, drainant la majeure partie du Bassin parisien ; 776 km (bassin de 78 650 km²). Née sur le plateau de Langres à 471 m d'altitude, au N.-E. de Saint-Seine-l'Abbaye, la Seine draine d'abord la Champagne (passant à Troyes), longe, au S., la Brie (par Melun), traverse Paris et sa banlieue, puis atteint la Normandie (passant à Rouen), avant de rejoindre la Manche par un estuaire sur lequel est établi Le Havre. L'Aube, l'Yonne, le Loing, la Marne, l'Oise et l'Eure sont, d'amont en aval, ses principaux affluents. La navigation commence au confluent de l'Yonne mais devient surtout active en aval de Paris (premier port fluvial français). Son régime est, dans l'ensemble, régulier. Le débit moyen à Paris avoisine 300 m³/s. Les crues (en hiver) parfois redoutables (en 1910) ont été combattues par la construction de grands réservoirs sur le bassin de l'Yonne, puis sur le fleuve lui-même, la Marne et l'Aube.

Seine (basse), région située de part et d'autre de la Seine en aval de Rouen, caractérisée par une navigation intense sur le fleuve et la présence de nombreuses industries dans la vallée : raffineries de pétrole et chimie ; usines métallurgiques et textiles.

Seine (département de la), anc. dép. du Bassin parisien, correspondant à la ville de Paris et à sa proche banlieue. La loi de 1964 a amené sa subdivision en quatre nouveaux départements (Hauts-de-Seine, Paris, Seine-Saint-Denis et Val-de-Marne).

Seine-et-Marne [77], dép. de la Région Île-de-France ; ch.-l. de dép. *Melun ;* ch.-l. d'arr.,

Fontainebleau, Meaux, Provins ; 4 arr., 43 cant., 514 comm. ; 5 915 km² ; 1 078 166 hab. Il est rattaché à l'académie de Créteil, à la cour d'appel de Paris et au commandement militaire d'Île-de-France.

Seine-et-Oise *(département de),* anc. dép. du Bassin parisien (préf. *Versailles*), partagé, par la loi de 1964, entre les trois dép. de l'Essonne, du Val-d'Oise et des Yvelines.

Seine-Maritime [76], dép. de la Région Haute-Normandie ; ch.-l. de dép. *Rouen ;* ch.-l. d'arr. *Dieppe, Le Havre ;* 3 arr., 69 cant., 745 comm. ; 6 278 km² ; 1 223 429 hab. Il est rattaché à l'académie et à la cour d'appel de Rouen, à la région militaire Atlantique.

Seine-Saint-Denis [93], dép. créé par la loi de 1964 et s'étendant sur le nord-est de l'anc. dép. de la Seine et sur des comm. de l'anc. Seine-et-Oise ; ch.-l. de dép. *Bobigny ;* ch.-l. d'arr. *Le Raincy, Saint-Denis ;* 3 arr., 40 cant., 40 comm. ; 236 km² ; 1 381 197 hab. Il est rattaché à l'académie de Créteil, à la cour d'appel de Paris et au commandement militaire d'Île-de-France.

Seipel *(Ignaz),* prélat et homme politique autrichien (Vienne 1876 - Pernitz 1932). Président du Parti chrétien-social (1921), il fut chancelier d'Autriche de 1922 à 1924 et de 1926 à 1929.

Sei Shonagon, femme de lettres japonaise (v. 965-1020 env.). Elle a laissé une sorte de journal, le *Makura no Soshi (Notes de chevet),* premier chef-d'œuvre du genre *zuihitsu* (« écrits au fil du pinceau »).

Séistan → Sistan.

S. E. I. T. A. (Société d'exploitation industrielle des tabacs et allumettes), entreprise chargée de la production, de l'importation et de la commercialisation des tabacs et allumettes, dont la création remonte à 1926. Elle est privatisée en 1995.

Séjan, *en lat.* Lucius Aelius Seianus, préfet du prétoire et favori de Tibère (Volsinies, auj. Bolsena, entre 20 et 16 av. J.-C.-31 apr. J.-C.). Il intrigua pour être le successeur de Tibère, qui le fit mettre à mort.

Séjourné *(Paul),* ingénieur français (Orléans 1851 - Paris 1939). Il conçut des formes et des procédés d'exécution nouveaux pour la construction des ponts en maçonnerie.

Sekondi-Takoradi, port du Ghana ; 255 000 hab.

Selangor, un des États de la Malaisie, 7 960 km² ; 1 467 000 hab. Cap. *Shah Alam.*

Seldjoukides ou **Saldjuqides,** dynastie turque qui domina l'Orient musulman du XIᵉ

au XIIIᵉ siècle. Adeptes de l'islam sunnite, ils conquièrent l'Iran (à partir de 1038) puis Bagdad, où le calife donna à leur chef le titre de sultan (1055). Ils dominèrent l'Iran, l'Iraq, la Syrie, l'Arménie et l'Asie Mineure, région qu'ils enlevèrent aux Byzantins. Leur puissance s'effrita au XIIᵉ siècle et seul le sultanat de Rum, en Anatolie, survécut jusqu'en 1308, victime, dès le XIIIᵉ siècle, des raids mongols.

Sélestat, ch.-l. d'arr. du Bas-Rhin, sur l'Ill ; 15 896 hab. *(Sélestadiens).* Métallurgie. Textile. — Église Ste-Foy, de style roman rhénan, et autres monuments. Demeures du XVIᵉ siècle. « Bibliothèque humaniste » (incunables et manuscrits).

Séleucides, dynastie hellénistique, fondée par Séleucos Iᵉʳ, qui régna de 312/305 à 64 av. J.-C. Leur empire, né des conquêtes d'Alexandre et qui s'étendit de l'Indus à la Méditerranée, se réduisit finalement à la Syrie, annexée à Rome par Pompée en 64 av. J.-C.

Séleucie, nom de diverses villes de l'Orient hellénistique fondées par Séleucos ; dont les plus importantes sont *Séleucie de Piérie,* port d'Antioche, et *Séleucie du Tigre,* qui éclipsa Babylone.

Séleucos Iᵉʳ Nikatôr (« le Vainqueur »), général macédonien (Europos v. 355 - près de Lysimacheia 280 av. J.-C.). Lieutenant d'Alexandre, roi fondateur de la dynastie des Séleucides en 305, il reconstitua l'empire d'Alexandre, à l'exception de l'Égypte et de la Grèce. Il établit sa capitale à Antioche, qu'il fonda en 300.

Selim Iᵉʳ le Terrible (Amasya 1466 - Çorlu 1520), sultan ottoman (1512-1520). Il conquit la Syrie, la Palestine et l'Égypte (1516-17), et se fit reconnaître protecteur des villes saintes d'Arabie. Selon la tradition, le calife abbasside d'Égypte lui aurait cédé son titre de calife.

Sélinonte, ancienne ville grecque de la Sicile occidentale. Très prospère jusqu'au Vᵉ s. av. J.-C., elle fut détruite par les Carthaginois en 409 av. J.-C. et souffrit des guerres puniques. Important ensemble de temples grecs (certains encore debout) dont le riche décor sculpté (musée de Palerme) présente au milieu du VIᵉ s. av. J.-C. une étonnante et libre adaptation de la rigueur dorique.

Selkirk *(monts),* chaîne de montagnes du Canada occidental (Colombie-Britannique) ; 3 533 m au mont Sir Sanford.

Selkirk *(Alexander),* marin écossais (Largo, Fife, 1676 - en mer 1721). S'étant querellé avec son capitaine, il fut débarqué dans l'île inhabitée de Más á Tierra (archipel Juan Fernández), où il survécut pendant quatre ans (1704-1709). Son aventure inspira le *Robinson Crusoé* de Defoe.

Selye *(Hans)*, médecin canadien d'origine autrichienne (Vienne 1907 - Montréal 1982). Il a découvert le stress, réaction de l'organisme à une agression physique ou psychique, ou à une situation nouvelle.

Sem, un des trois fils de Noé, d'après la Genèse, qui fait de lui l'ancêtre des peuples dits « sémites » (Élamites, Assyriens, Araméens, Hébreux).

Semang, Menik ou **Meni,** population négrito de la péninsule malaise, apparentée au groupe môn-khmer. En Thaïlande, les Semang ont aussi le nom de « Ngok ».

Semarang, port d'Indonésie, sur la côte nord de Java ; 1 027 000 hab.

Sembene *(Ousmane)*, cinéaste et écrivain sénégalais (Ziguinchor 1923). Chef de file du cinéma africain, il a réalisé notamment *la Noire de...* (1966), *le Mandat* (1968), *Emitaï* (1971), *Xala* (1974), *Ceddo* (1977), *le Camp de Thiaroye* (1988) et *Guelwaar* (1992). Il a publié des romans à caractère politique et des recueils de nouvelles.

Semblançay *(Jacques* de Beaune, *baron de),* financier français (Tours v. 1445 - Paris 1527). Banquier de Louis XII puis de François Ier et membre du conseil des Finances, il fut accusé d'avoir dilapidé l'argent réservé aux armées d'Italie et fut pendu au gibet de Montfaucon.

Semeru, volcan actif de Java (Indonésie), point culminant de l'île (3 676 m).

Semipalatinsk, v. du Kazakhstan, sur l'Irtych ; 334 000 hab. Centre industriel.

Sémiramis, reine légendaire assyrienne à qui la tradition grecque attribue la fondation de Babylone et de ses fameux jardins suspendus, puis la conquête de la majeure partie de l'Orient.

Semmelweis *(Ignác Fülöp)*, médecin hongrois (Buda 1818 - Vienne 1865). Il préconisa l'hygiène au cours de l'accouchement, en prévention des infections, souvent mortelles. Rejeté par le monde médical, il devint fou.

Semmering *(le)*, col des Alpes autrichiennes, emprunté par la route et la voie ferrée de Vienne à Trieste et Zagreb ; 980 m.

Sempach *(bataille de)* [9 juill. 1386], victoire que remportèrent à Sempach (canton de Lucerne) les Suisses de la Confédération des huit cantons sur le duc Léopold d'Autriche.

Sempé *(Jean-Jacques)*, dessinateur d'humour français (Bordeaux 1932). D'un graphisme détendu, son œuvre scrute avec acuité, mais aussi tendresse, notre mode de vie compliqué et absurde.

Semprun *(Jorge)*, écrivain espagnol d'expression castillane et française (Madrid 1923). Militant du Parti communiste espagnol, déporté en 1943 à Buchenwald, il nourrit de son expérience engagée une œuvre de mémoire (*la Deuxième Mort de Ramón Mercader,* 1969 ; *l'Écriture ou la Vie,* 1994). Il est aussi scénariste (*Z* et *l'Aveu* de Costa-Gavras). Il a été ministre de la Culture de 1988 à 1991.

Sen *(Mrinal)*, cinéaste indien (Faridpur, auj. au Bangladesh, 1923). À l'origine de la « nouvelle vague » indienne avec *Mr. Shome* (1969), il s'est livré à une critique radicale de la société indienne (*Calcutta 71,* 1972 ; *les Marginaux,* 1977 ; *les Ruines,* 1984 ; *Soudain, un jour,* 1988 ; *Antyeshti,* 1991).

Senanayake *(Don Stephen)*, homme politique cinghalais (Colombo 1884 - *id.* 1952). Premier ministre (1947), il demeura à ce poste (1948-1952) après l'accession de Ceylan à l'indépendance.

Senancour *(Étienne* Pivert de*)*, écrivain français (Paris 1770 - Saint-Cloud 1846). Il est l'auteur d'*Oberman* (1804), roman autobiographique dont le héros étudie son inadaptation à la vie en analyste idéologue.

Sénat, assemblée qui, avec l'Assemblée nationale constitue le Parlement français. Elle comprend 321 membres élus au suffrage indirect pour neuf ans et renouvelables par tiers tous les trois ans.

Sénart *(forêt de)*, forêt du dép. de l'Essonne, entre les vallées de la Seine et de l'Yerres ; 2 500 ha.

Sendai, v. du Japon (Honshu) ; 918 398 hab. (1 million env. dans l'agglomération). Vieux centre artisanal et métropole du nord de l'île. — Temple du XVIIe siècle ; à 90 km, à Hisaizumi : temples fondés en 850 et embellis au XIIe siècle par les Fujiwara.

Senderens *(Alain)*, cuisinier français (Hyères 1939). Il a travaillé notamment à *la Tour d'Argent* avant d'ouvrir (1968) son *Archestrate* et d'y créer un art culinaire original et savoureux, que l'on retrouve depuis 1985 chez *Lucas Carton,* qu'il dirige.

Senefelder *(Alois)*, inventeur autrichien (Prague 1771 - Munich 1834). On lui doit la technique de la lithographie (1796-1799).

Sénégal *(le)*, fl. de l'Afrique occidentale, tributaire de l'océan Atlantique ; 1 700 km. Formé à Bafoulabé (Mali) par deux cours d'eau venus de Guinée, le Bafing et le Bakoy, le fleuve sert de frontière entre le Sénégal et la Mauritanie avant de se jeter dans l'Atlantique en une embouchure dangereuse (courants). La crue a lieu de juin à octobre.

Sénégal, État de l'Afrique occidentale, au sud du fleuve *Sénégal* ; 197 000 km² ; 7 500 000 hab. *(Sénégalais)*. CAP. *Dakar*. LANGUE : *français*. MONNAIE : *franc C. F. A.*
GÉOGRAPHIE
En dehors du sud-est du pays, contrefort du Fouta-Djalon, le pays est formé de plateaux peu élevés, entaillés au N. par le fleuve Sénégal, au S. par la Gambie et la Casamance. La côte est sableuse, interrompue par les seuls reliefs de la presqu'île du Cap-Vert. Les températures, élevées dans l'intérieur (28 °C en moyenne), s'abaissent sur le littoral (24 °C). Les pluies passent de 1 550 mm au sud, avec une saison humide de sept mois, à 330 mm au nord, répartis sur trois mois. De grandes forêts au sud font place à la savane au centre et au sud-est, puis à la steppe au nord.
Les Ouolof forment l'ethnie la plus nombreuse parmi la vingtaine que compte le pays. Leur langue est comprise et parlée par la majorité de la population, de même que le français, langue de l'administration et de l'enseignement. Les Sénégalais sont musulmans à plus de 80 %. Le tiers ouest du pays concentre la majorité de la population, dont le taux de croissance annuel est de 2,5 %. L'agriculture occupe près de 70 % des actifs, mais les productions vivrières (mil, riz) restent insuffisantes. L'arachide (750 000 t) est la principale culture commerciale, devant le coton, la canne à sucre, les fruits et légumes. L'élevage et une pêche active (première place aux exportations) complètent les ressources alimentaires. Par ailleurs, on extrait des phosphates et un peu de sel. Le secteur industriel (environ le tiers du P.I.B.) est concentré dans la région du Cap-Vert, autour de Dakar. L'agroalimentaire, la chimie, le raffinage du pétrole, les constructions mécaniques et électriques sont les principaux secteurs représentés. Le déficit commercial n'est pas comblé par le revenus du tourisme. La France est de loin le premier partenaire commercial.
HISTOIRE
Le pays, peuplé dès la préhistoire, a connu le passage de populations successives et des métissages.

IXᵉ s. Formation du royaume de Tekrour, progressivement islamisé et vassalisé par l'Empire du Mali.
XIVᵉ s. Constitution du royaume Dyolof.
XVᵉ s. Les Portugais installent des comptoirs sur la côte.
XVIᵉ s. Le royaume Dyolof se morcelle en plusieurs États.
1659. Les Français fondent Saint-Louis.
1697. Ils enlèvent Gorée aux Hollandais.
1854-1865. Le général Faidherbe mène une politique d'expansion. La conquête est achevée par ses successeurs vers 1890.
1895. Le siège de l'Afrique-Occidentale française est fixé à Dakar. Le Sénégal est doté d'un statut privilégié.
La colonisation favorise la production de l'arachide.
1958. Le Sénégal devient république autonome au sein de la Communauté.
1959-60. Il forme avec le Mali une éphémère fédération.
1960. Le Sénégal devient indépendant.
Son président, Léopold Senghor, instaure en 1963 un régime à parti unique, remplacé par un régime tripartite en 1976.
1981. Abdou Diouf succède à L. S. Senghor et institue le multipartisme.
1982-1989. Le pays forme avec la Gambie la confédération de Sénégambie.
Un mouvement séparatiste se développe depuis les années 1980 en Casamance, partie méridionale du pays.

Sénégambie, nom donné à l'union confédérale formée en 1982 entre le Sénégal et la Gambie (suspendue en 1989).

Sénèque, *en lat.* Lucius Annaeus Seneca, dit **Sénèque le Père** ou **le Rhéteur**, écrivain latin (Cordoue v. 60 av. J.-C.-Rome v. 39 apr. J.-C.). Il est l'auteur de *Controverses*, précieux documents sur l'éducation oratoire au Iᵉʳ siècle.

Sénèque, *en lat.* Lucius Annaeus Seneca, dit **Sénèque le Philosophe**, philosophe latin (Cordoue v. 2 av. J.-C.-65 apr. J.-C.). Précepteur de Néron (49-62), consul en 57, il fut compromis dans la conjuration de Pison et reçut l'ordre de s'ouvrir les veines. Sénèque fit l'apologie de l'ascétisme stoïcien et du renoncement aux biens terrestres dans une œuvre dont il ne reste que des *Consolations*, des traités de direction morale *(De la tranquillité de l'âme, De la clémence, De la brièveté de la vie* ou *Des bienfaits)*, les *Lettres à Lucilius*, un traité scientifique *(Quaestiones naturales)*, ainsi que des tragédies, dont *les Troyennes, Médée, Phèdre, Œdipe*.

Senghor (*Léopold Sédar*), homme d'État et écrivain sénégalais (Joal 1906). Agrégé de l'université, député à l'Assemblée nationale française (1946), il participe au gouvernement d'Edgar Faure (1955-56). Élu président de la République du Sénégal lors de l'indépendance (1960), il quitte volontairement le pouvoir en 1980. Défenseur de la francophonie, il a publié des essais, où il définit la notion de « négritude », et des recueils de poèmes (*Éthiopiques,* 1956 ; *Nocturnes,* 1961). [Acad. fr. 1983.]

Senlis, ch.-l. d'arr. de l'Oise, entre la forêt d'Halatte et la forêt de Chantilly, sur la Nonette ; 15 226 hab. *(Senlisiens).* Constructions mécaniques. — Vestiges du château royal médiéval. Importante église gothique Notre-Dame, ancienne cathédrale, des XIIᵉ-XVIᵉ siècles. Musée d'Art et d'Archéologie et musée de la Vénerie.

Senna (*Ayrton),* coureur automobile brésilien (São Paulo 1960 - Bologne 1994). Champion du monde des conducteurs en 1988, 1990 et 1991, il décède des suites d'un accident survenu lors du Grand Prix de Saint-Marin, à Imola.

Sennachérib, roi d'Assyrie (705-680 av. J.-C.). Il maintint contre les Mèdes et les Araméens l'hégémonie assyrienne et rasa Babylone (689), qui avait repris son indépendance. Il entreprit à Ninive, sa capitale, de grands travaux.

Sennett (*Michael* Sinnott, dit Mack*),* cinéaste américain (Richmond, Québec, 1880 - Hollywood 1960). Fondateur de la Keystone en 1912, il y impose un style burlesque ravageur, la « slapstick comedy », fondé sur l'absurde tout en restant enraciné dans le quotidien : poursuites (filmées en accéléré), gags en cascade, délire de destruction. Sennett lance la plupart des vedettes comiques du muet : Charlie Chaplin, Harry Langdon, W. C. Fields. Après avoir dirigé plus de 1 100 films, il abandonne le cinéma en 1935.

Senones, Sénons ou **Sénonais,** peuple de la Gaule établi dans le bassin supérieur de l'Yonne. V. princ. *Agedincum,* ou *Senones* (auj. *Sens*). Ils participèrent avec Vercingétorix à la grande offensive contre César.

Sénoufo, peuple de la Côte d'Ivoire, du Mali et du Burkina, parlant une langue voltaïque. Agriculteurs et éleveurs, les Sénoufo sont organisés en chefferies.

Senousis ou **Sanusi,** confrérie musulmane fondée en 1837 par Muhammad ibn Ali al-Sanusi, qui lutta contre l'Italie en Libye (de 1919-20 à sa dissolution, en 1930).

Sénousret → **Sésostris.**

Sens, ch.-l. d'arr. de l'Yonne, sur l'Yonne ; 27 755 hab. *(Sénonais).* Archevêché. Constructions mécaniques et électriques. Signalisation routière. ARTS. Cathédrale gothique précoce, construite de 1130 à la fin du XIIᵉ siècle ; transept du XVIᵉ siècle (dû à M. Chambiges) ; trésor. Autres monuments. Musée dans l'ancien archevêché et le palais synodal (préhistoire, archéologie gallo-romaine [stèles funéraires], etc.).

Seo de Urgel, v. d'Espagne (Catalogne) ; 10 374 hab. L'évêque d'Urgel est coprince de l'Andorre avec le président de la République française. — Cathédrale romane du XIIᵉ siècle.

Séoul, cap. de la Corée du Sud, en amont de l'embouchure de la Han ; 8 400 000 hab. environ pour l'agglomération. La ville, très développée, s'étend à la fois vers le sud et dans la direction du port d'Inchon. Aux fonctions politiques et administratives, l'agglomération joint un rôle industriel important : engrais, ciment, pétrochimie, matériel de transport, biens de consommation. — Musée national.

Sept Ans (*guerre de),* guerre qui vit s'affronter, de 1756 à 1763, la Grande-Bretagne et la Prusse d'un côté, l'Autriche, la France et leurs alliés (Russie, Suède, Espagne) de l'autre. Ses causes résident dans la volonté de Marie-Thérèse d'Autriche de récupérer la Silésie, cédée à la Prusse (1742), et dans la rivalité franco-anglaise sur mer et dans les colonies. Aussi, les opérations se déroulèrent-elles dans les colonies et en Allemagne. En 1757, Frédéric II de Prusse écrase les Français à Rossbach et les Autrichiens à Leuthen. Une offensive russe permet cependant aux coalisés de s'emparer de Berlin, mais Frédéric est sauvé par la mort de la tsarine Élisabeth. Entre 1759 et 1761, les Français sont défaits par les Britanniques au Canada (prise de Québec) et en Inde (prise de Pondichéry). Par le traité de Paris (10 févr. 1763), la France perd le Canada, l'Inde et la Louisiane. Par le traité de Hubertsbourg (15 févr. 1763), la Prusse garde la Silésie.

Septante (*version des),* la plus ancienne des versions grecques de la Bible hébraïque. Écrite entre 250 et 130 av. J.-C. environ par les juifs d'Alexandrie pour leurs coreligionnaires de la Diaspora hellénique, elle fut utilisée pour l'Église chrétienne ancienne. Son appellation vient d'une légende selon laquelle 72 (ou 70) traducteurs juifs firent chacun un travail identique en 72 (ou 70)

jours pour le compte du roi d'Égypte Ptolémée Philadelphe.

Sept-Arte *(La)*, société européenne de programmes de télévision. Créée en 1986, *La
Sept* a été diffusée à partir de 1989 par
T.D.F. Depuis 1992, elle est l'un des deux
pôles d'édition des programmes d'Arte. Elle
a pris sa dénomination actuelle en 1993.

Septembre *(massacres de)* [2-6 sept. 1792],
exécutions sommaires qui eurent lieu dans
les prisons de Paris et en province et dont
furent principalement victimes les aristocrates et les prêtres réfractaires (plus d'un
millier de personnes). Ces massacres furent
provoqués par la nouvelle de l'invasion
prussienne.

Septembre 1870 *(révolution du 4-)*, journée
révolutionnaire qui suivit l'annonce du
désastre de Sedan (2-3 sept. 1870) et qui
détermina la chute du second Empire.
L'invasion du Palais-Bourbon par la foule
permit aux députés républicains (Gambetta,
J. Favre et J. Ferry notamm.) de faire accla-
mer les mesures suivantes : déchéance de la
dynastie impériale, proclamation de la république et instauration du gouvernement de
la Défense nationale.

Sept-Îles *(les)*, petit archipel breton de la
Manche (Côtes-d'Armor), au large de Perros-Guirec. Réserve ornithologique.

Septimanie, ancienne région côtière de la
Gaule méridionale, entre le Rhône et les
Pyrénées, où se maintinrent les Wisigoths
après la bataille de Vouillé (507). Elle fut
rattachée au royaume franc en 759.

Septime Sévère, *en lat.* Lucius Septimius
Severus Pertinax (Leptis Magna 146 - Ebu-
racum, auj. York, 211), empereur romain
(193-211). Porté au pouvoir par les légions
d'Illyrie, Sévère gouverna en monarque
absolu. Il enleva aux Parthes la Mésopotamie et fortifia la frontière nord de la Bretagne (auj. Angleterre). Son règne fut favorable à l'extension des cultes orientaux.

Sept Samouraïs *(les)*, film japonais de Kurosawa Akira (1954).

Séquanes, **Séquanais** ou **Séquaniens**
[-kwa-], peuple de la Gaule, habitant le pays
arrosé par la Saône et le Doubs ; leur capitale était *Vesontio* (Besançon).

Seraing, comm. de Belgique (Liège), sur la
Meuse ; 60 838 hab. Sidérurgie.

Sérapis, dieu égyptien dont le culte fut
introduit par Ptolémée Ier Sôtêr (305-283
av. J.-C.). Celui-ci, selon une antique tradition, vit en songe un dieu jeune et de taille
surhumaine. Il s'agissait d'un Hadès grec

adoré à Sinope, qu'on fit venir à Alexandrie,
où il prit le nom de Sérapis, synthèse des
noms d'Osiris et d'Apis. Ce dieu, principalement vénéré à Memphis, répondait au
souci de trouver un culte pouvant unir les
Grecs et les Égyptiens. Il eut ensuite une
grande popularité dans le monde gréco-romain.

Serbie, anc. royaume de l'Europe méridionale, sur la rive droite du Danube, qui constitue auj. l'une des deux républiques fédérées de la Yougoslavie ; 55 968 km² ;
5 831 000 hab. *(Serbes)* [88 361 km² et
9 775 000 hab. en englobant les territoires
dépendant de la Vojvodine et du Kosovo].
CAP. *Belgrade.*

GÉOGRAPHIE
C'est un pays de collines et de moyennes
montagnes dont la partie la plus active,
outre Belgrade, est la vallée de la Morava,
riche région agricole (céréales, vergers, élevage), passage vers la Macédoine, la Grèce
et la Bulgarie, et qui est jalonnée de centres
industriels (Nis, Kragujevac). La population
est (presque) ethniquement homogène en
Serbie proprement dite, mais compte une
forte minorité hongroise en Vojvodine et
une nette majorité albanaise au Kosovo.

HISTOIRE
■ **La Serbie médiévale et ottomane.** La
région, peuplée d'Illyriens, de Thraces puis
de Celtes, est intégrée au IIe s. av. J.-C. à
l'Empire romain, avant d'être submergée
par les Slaves (VIe-VIIe s.). Dans la seconde
moitié du IXe s., sous l'influence de
Byzance, les Serbes sont christianisés.
V. 1170-1196, Étienne-Nemanja émancipe
les terres serbes de la tutelle byzantine. Son
fils Étienne Ier lui succède (1217) et crée une
Église serbe indépendante. Au XIVe s., la Serbie devient la principale puissance des Balkans. Elle domine la Macédoine et la Thessalie. En 1389, les Serbes sont défaits par les
Turcs à Kosovo. Une principauté de Serbie,
vassale des Ottomans, subsiste grâce au soutien des Hongrois avant d'être intégrée à
l'Empire ottoman (1459). Sous le joug ottoman (XVe- XIXe s.), l'Église serbe maintient la
culture nationale.

■ **La libération et l'indépendance.** Les Serbes se révoltent sous la conduite de Karageorges (1804-1813). En 1815, Miloš Obrenović est reconnu prince de Serbie par les
Ottomans, avant d'obtenir l'autonomie
complète du pays (1830). Des luttes violentes opposent les familles princières des
Karadjordjević et des Obrenović, qui détiennent tour à tour le pouvoir.

En 1867, les dernières troupes turques évacuent le pays. La Serbie obtient son indépendance au congrès de Berlin (1878), mais le roi Pierre Karadjordjević doit accepter l'annexion de la Bosnie-Herzégovine par l'Autriche (1908). La Serbie participe aux deux guerres balkaniques (1912-13) et obtient la majeure partie de la Macédoine. À la suite de l'attentat de Sarajevo (1914), la Serbie rejette l'ultimatum autrichien, déclenchant ainsi la Première Guerre mondiale. Elle est occupée de 1915 à 1918 par les forces des puissances centrales et de la Bulgarie.

■ **La Serbie au sein de la Yougoslavie.** En 1918, le royaume des Serbes, Croates et Slovènes est créé et prend le nom de Yougoslavie en 1929. En 1945, la Serbie constitue une des républiques fédérées de la Yougoslavie. De nombreux Serbes vivent en dehors de la république de Serbie, particulièrement en Croatie et en Bosnie-Herzégovine. En 1989, une révision de la Constitution réduit l'autonomie du Kosovo et de la Vojvodine. Toujours gouvernée par le Parti socialiste serbe, continuateur de la Ligue communiste, qui a remporté les premières élections libres de 1990, la Serbie s'oppose en 1991 à l'indépendance de la Croatie et de la Slovénie. Elle fait intervenir l'armée fédérale aux côtés des Serbes de Croatie. En 1992, elle crée avec le Monténégro un nouvel État, la République fédérale de Yougoslavie qui n'est pas reconnue par la communauté internationale et qui soutient les milices des Serbes bosniaques engagées dans la guerre de Bosnie-Herzégovine. En 1995, au lendemain de l'accord de Dayton sur la Bosnie-Herzégovine (le président Milošević ayant négocié au nom des Serbes de Bosnie), l'embargo imposé à la République fédérale de Yougoslavie est levé.

Sercq, *en angl.* Sark, une des îles Anglo-Normandes, à l'E. de Guernesey ; 5,2 km² ; 400 hab. Tourisme.

Serer ou **Sérères,** peuple du Sénégal, du groupe atlantique occidental.

Serge de Radonège, saint orthodoxe russe (près de Rostov v. 1321 - monastère de la Trinité-St-Serge, Serguiev Possad, 1391). Il fit du monastère de la Trinité-St-Serge le cœur de l'orthodoxie russe.

Sergents de La Rochelle *(les Quatre).* On désigne ainsi quatre sous-officiers du 45ᵉ de ligne en garnison à La Rochelle qui, suspects d'avoir des réunions de carbonari dans leur garnison, furent guillotinés sans preuve en 1822.

Sergipe, État du Brésil oriental ; 21 994 km² ; 1 492 400 hab. Cap. *Aracaju.*

Serguiev Possad, de 1930 à 1991 Zagorsk, v. de Russie, au nord de Moscou ; 107 000 hab. — Vaste et prestigieux ensemble du monastère de la Trinité-St-Serge, fondé au XIVᵉ siècle (édifices des XVᵉ-XVIIIᵉ s.).

Serlio *(Sebastiano),* architecte italien (Bologne 1475 - Lyon ou Fontainebleau 1554/55). Élève de Peruzzi, actif à Rome et à Venise, il vint en 1541 travailler à Fontainebleau et donna peut-être les plans du château d'Ancy-le-Franc (Yonne). Surtout, il exerça une influence considérable par son traité *l'Architettura* (six livres, dont deux publiés à Venise en 1537, deux à Paris en 1545, etc.), qui fut traduit en plusieurs langues.

Serpa Pinto *(Alexandre Alberto* da Rocha*),* explorateur portugais (Tendais 1846 - Lisbonne 1900). Il voyagea dans les régions du cours supérieur du Zambèze et développa la colonisation au Mozambique et en Angola.

Serpollet *(Léon),* industriel français (Culoz 1858 - Paris 1907). Après avoir construit la première chaudière à vaporisation instantanée (1881) et un tricycle à vapeur que l'on peut considérer comme l'ancêtre de la voiture automobile (1887), il mit au point un nouveau moteur à vapeur (1891) utilisant l'huile de paraffine comme carburant, qui rivalisa longtemps avec le moteur à essence.

Serrano y Domínguez *(Francisco), duc* de la Torre, maréchal et homme politique espagnol (Isla de León, auj. San Fernando, Cadix, 1810 - Madrid 1885). Il contribua à la chute d'Isabelle II (1868) et fut régent du royaume (1869-1871) puis président du Conseil (1874).

Serre *(Jean-Pierre),* mathématicien français (Bages, Pyrénées-Orientales, 1926). Il étudie surtout la théorie des nombres et la topologie algébrique. Il a obtenu la médaille Fields (1954) pour ses travaux sur les espaces analytiques complexes.

Serre-Ponçon, site de la vallée de la Durance, en aval du confluent de l'Ubaye. Grand barrage en terre formant un lac (env. 3 000 ha). Centrale hydroélectrique.

Serres *(Michel),* philosophe français (Agen 1930). Il s'intéresse à l'histoire des sciences *(Hermès,* 1969-1980). M. Serres a voulu aussi définir une philosophie qui s'adresse autant à la sensibilité qu'à l'intelligence conceptuelle *(les Cinq Sens,* 1985 ; *Statues,* 1987 ; *le Contrat naturel,* 1990 ; *le Tiers instruit,* 1991). [Acad. fr. 1990.]

Serres *(Olivier* de*),* agronome français (Villeneuve-de-Berg 1539 - Le Pradel, près de Villeneuve-de-Berg, 1619). Il est l'auteur d'un *Théâtre d'agriculture et mesnage des champs* (1600). Il contribua à l'amélioration de la productivité de l'agriculture en faisant connaître les assolements comprenant des prairies artificielles et des plantes à racines pour l'alimentation du bétail. Il introduisit en France le mûrier, le houblon, la garance, le maïs.

Sertorius *(Quintus),* général romain (Nursia v. 123 - en Espagne 72 av. J.-C.). Lieutenant de Marius, il se tailla en Espagne un véritable État. D'abord vainqueur de Pompée, il s'allia à Mithridate (75 av. J.-C.) mais fut assassiné par son lieutenant Perpenna.

Sérurier *(Jean Philibert, comte),* maréchal de France (Laon 1742 - Paris 1819). Il prit part aux guerres révolutionnaires avant d'être gouverneur des Invalides (1804) puis commandant général de la Garde nationale de Paris (1809).

Sérusier *(Paul),* peintre et théoricien français (Paris 1864 - Morlaix 1927). Il a assuré la liaison entre les idées de Gauguin, qu'il rencontra à Pont-Aven, et le groupe des *nabis*.

Servandoni *(Giovanni Niccolò),* architecte, décorateur scénographe et peintre italien (Florence 1695 - Paris 1766). Il se fixa à Paris vers 1728. Proche du style rocaille dans ses décors, il fut, en architecture, un des premiers à en prendre le contre-pied (façade de l'église St-Sulpice, 1733 et suiv.).

Servante maîtresse *(la),* opéra bouffe en deux actes de Pergolèse (1733) sur un livret italien de Nelli (traduction française de Baurans). Il provoqua en 1752 une polémique entre partisans et adversaires de l'italianisme (querelle, ou guerre, des Bouffons).

Servanty *(Lucien),* ingénieur aéronautique français (Paris 1909 - Toulouse 1973). Il a été à l'origine du *Triton,* premier avion à réaction français (1946), du *Trident,* monoplace supersonique (1953) et du long-courrier supersonique *Concorde* (1969).

Servet *(Michel),* médecin et théologien espagnol (Tudela, Navarre, ou Villanueva de Sigena, Huesca, 1511 - Genève 1553). Adepte de la Réforme, il publia deux ouvrages, *Des erreurs de la Trinité* (1531) et *De la restitution chrétienne* (1553), jugés inacceptables par les protestants comme par les catholiques. Échappant à l'Inquisition, il se rendit à Genève, où il fut arrêté et brûlé à la suite d'un procès dans lequel Calvin joua un rôle déterminant.

Service du travail obligatoire → S. T. O.

Servius Tullius, sixième roi de Rome (traditionnellement 578-535 av. J.-C.). On lui attribuait l'organisation du peuple en centuries et les remparts qui enserraient les sept collines de Rome.

Servranckx *(Victor),* peintre, décorateur, architecte et écrivain belge (Diegem, près de Bruxelles, 1897 - Vilvoorde 1965). Il fut un pionnier de l'art abstrait en Belgique avec des phases constructivistes, mécanistes (*Opus 47,* 1923, M. A. M., Bruxelles), géométriques ou surréalisantes.

Sésostris ou **Sénousret,** nom de trois pharaons de la XIIe dynastie (xxe-xixe s. av. J.-C.), dont le plus marquant est **Sésostris III** (1887-1850), qui fit campagne en Syrie et en Nubie, où il fonda des installations égyptiennes jusqu'à la 3e cataracte.

Sesshu, moine peintre japonais (région de Bitchu, prov. d'Okayama, 1420 - Yamaguchi 1506). Il a conféré à la peinture monochrome d'origine chinoise un accent personnel teinté du lyrisme proprement nippon. Son séjour en Chine (1467-1469) lui révéla les bases spirituelles du paysage chinois, auquel il associe un certain réalisme, comme dans le *Paysage d'Amano-hashidate* — site fameux de la mer du Japon —, qui représente l'aboutissement de son art.

Sesto San Giovanni, v. d'Italie (Lombardie), banlieue industrielle de Milan ; 94 000 hab.

Sestrières, *en ital.* Sestriere, station d'été et de sports d'hiver d'Italie (Piémont), près du col de Montgenèvre ; 760 hab.

Sète, ch.-l. de c. de l'Hérault ; 41 916 hab. *(Sétois).* École d'hydrographie. Port sur la Méditerranée et l'étang de Thau. Chimie. — Musée municipal « Paul-Valéry ».

Seth, patriarche biblique, troisième fils d'Adam, né après le meurtre d'Abel par Caïn.

Seth, dieu égyptien personnifiant les forces du mal, opposées à Maât, la déesse de l'ordre, de l'équilibre et de la justice. Les Grecs l'assimilèrent à Typhon et les Asiatiques à Baal.

Seti ou **Sethi,** nom de deux pharaons de la XIXe dynastie. Le plus important, **Seti Ier** (1312-1298 av. J.-C.), reconquit la Syrie et fut le père de Ramsès II.

Sétif → Stif.

Setúbal, port du Portugal, sur l'estuaire du Sado ; 83 548 hab. — Ancien couvent de Jésus : église gothique et manuéline de la fin du xve siècle ; musée.

Seurat (*Georges*), peintre français (Paris 1859 - *id.* 1891). La lecture des travaux de Chevreul sur la couleur ainsi que d'ouvrages d'optique, l'étude de Delacroix et la fréquentation de l'atelier de Puvis de Chavannes déterminent ses recherches, qui débouchent sur le néo-impressionnisme. Il soumet la composition (qu'elle soit hiératique ou animée d'obliques et de courbes) et la technique picturale à une organisation systématique ; les couleurs sont employées sans mélange, mais par juxtaposition des touches, qui se synthétisent optiquement dans la rétine du spectateur. Seurat présente à l'exposition des Indépendants, en 1886, *Un dimanche après-midi à la Grande Jatte* (Art Institute, Chicago), en 1888 *les Poseuses* (Fondation Barnes, Merion, Pennsylvanie) et la *Parade* (Metropolitan Mus., New York), en 1890 *le Chahut* (musée Kröller-Müller, Otterlo), en 1891 *le Cirque* (musée d'Orsay). Ses dessins au crayon atteignent, dans leurs effets saisissants d'ombre et de lumière, une rigueur dont on a pu trouver l'équivalent littéraire chez Mallarmé.

Sevan (*lac*), lac d'Arménie, dans une cuvette à 2 000 m d'altitude ; 1 416 km². Aménagement hydroélectrique.

Séverac (*Déodat* de), compositeur français (Saint-Félix-de-Caraman 1872 - Céret 1921). Il a composé des œuvres inspirées par le Roussillon, notamment des pièces pour piano souvent groupées en recueils : *le Chant de la terre* (1901), *En Languedoc* (1904), *Baigneuses au soleil* (1908), *Cerdaña* (1908-1911).

Sévère, en lat. Flavius Valerius Severus (en Illyrie-Rome 307), empereur romain (306-307). Nommé César par Dioclétien (305) puis Auguste par Galère, il fut vaincu par Maxence et mis à mort.

Sévère, en lat. Libius Severus (en Lucanie-Rome 465), empereur romain d'Occident (461-465), désigné par Ricimer.

Sévère Alexandre, en lat. Marcus Aurelius Severus Alexander (Arca Caesarea, Phénicie, 205 ou 208 - Germanie 235), empereur romain (222-235). Partisan du syncrétisme religieux, il toléra le christianisme. Il fut tué au cours d'une sédition militaire.

Sévères (*les*), dynastie romaine (193-235), qui compta les empereurs Septime Sévère, Caracalla, Geta, Élagabal et Sévère Alexandre. À leur règne succéda l'anarchie militaire (235-270).

Severini (*Gino*), peintre italien (Cortona, prov. d'Arezzo, 1883 - Paris 1966). Adepte du divisionnisme, il s'installa en 1906 à Paris, où il devint le principal représentant du futurisme (*Hiéroglyphe dynamique du bal Tabarin*, 1912, M. A. M., New York), également attiré par le cubisme. Dans les années 20 et 30, il fit retour à un certain classicisme.

Severn (*la*), fl. de Grande-Bretagne, qui naît dans le centre du pays de Galles et se jette par un estuaire dans le canal de Bristol (Atlantique) ; 290 km.

Severnaïa Zemlia (« Terre du Nord »), archipel arctique de Russie, entre la mer de Kara et la mer des Laptev, dont les îles les plus septentrionales sont presque entièrement recouvertes de glace ; 37 000 km² env.

Severodvinsk, v. de Russie, sur la mer Blanche ; 249 000 hab.

Seveso, v. d'Italie (Lombardie), au nord de Milan ; 17 672 hab. Importante pollution chimique (dioxine) en 1976.

Sévigné (*Marie* de Rabutin-Chantal, *marquise* de), femme de lettres française (Paris 1626 - Grignan 1696). Elle écrivit, pendant plus de trente ans, des *Lettres*, qui forment un témoignage pittoresque sur les mœurs du temps et qui, par leur style impressionniste, rompent avec le formalisme rhétorique du genre.

Séville, en esp. Sevilla, v. d'Espagne, cap. de la communauté autonome d'Andalousie et ch.-l. de prov., sur le Guadalquivir ; 683 028 hab. Archevêché. Centre administratif, commercial et touristique. **HIST.** Cité ibère puis romaine, Séville fut une des villes les plus florissantes de l'Espagne arabe. Après avoir appartenu au califat omeyyade (712-1031), la ville devint la capitale des Abbadides et connut une grande prospérité à l'époque almohade (XIIᵉ s.). Conquise par Ferdinand III de Castille (1248), elle obtint au XVIᵉ siècle le monopole du commerce avec le Nouveau Monde. **ARTS.** Alcazar, surtout du XIVᵉ siècle (art mudéjar ; beaux décors et jardins). Cathédrale du XVᵉ siècle (nombreuses œuvres d'art) avec sa tour dite la « Giralda », minaret de l'ancienne Grande Mosquée surélevé au XVIᵉ siècle. Autres édifices civils, palais et églises de l'époque mudéjare au baroque. Pavillons, jardins et audacieux ponts (sur le Guadalquivir) créés pour l'Exposition universelle de 1992. Musée archéologique provincial (vaste section romaine) et musée des Beaux-Arts (Zurbarán, Murillo, Valdés Leal, Martínez Montañés, etc.).

Sevran, ch.-l. de c. de la Seine-Saint-Denis ; 48 564 hab. *(Sevranais).* Industrie photographique. Parc forestier.

Sèvres, ch.-l. de c. des Hauts-de-Seine, sur la Seine ; 22 057 hab. *(Sévriens).* Pavillon de Breteuil, siège du Bureau international des poids et mesures. École nationale supérieure de céramique. — Manufacture royale, puis nationale, de porcelaine, installée en 1756 dans le parc de Saint-Cloud (elle fonctionnait avant cette date à Vincennes). Musée national de Céramique.

Sèvres (Deux-) [79], dép. de la Région Poitou-Charentes ; ch.-l. de dép. *Niort* ; ch.-l. d'arr. *Bressuire, Parthenay* ; 3 arr., 33 cant. 307 comm. ; 5 999 km² ; 345 965 hab. Il est rattaché à l'académie et à la cour d'appel de Poitiers, à la région militaire Atlantique.

Sèvres *(traité de)* [10 août 1920], traité signé entre l'Empire ottoman et les Alliés qui réduisait considérablement le territoire ottoman ; il fut révisé en 1923 par le traité de Lausanne, consécutif aux victoires turques.

Sextus Empiricus, *en gr.* **Sekstos ho Empeirikos,** philosophe, médecin et astronome grec (Mytilène ? IIe-IIIe s. apr. J.-C.). Il est partisan de l'observation et de l'analyse expérimentale dans la pathologie et a poursuivi l'œuvre de Pyrrhon entreprise au sein de l'école sceptique.

Seychelles *(les),* État insulaire de l'océan Indien, au nord-est de Madagascar, constitué par un archipel volcanique ; 410 km² ; 70 000 hab. CAP. *Victoria* (dans l'île Mahé). LANGUES : *créole, français et anglais.* MONNAIE : *roupie des Seychelles.* De la trentaine d'îles et de la soixantaine d'îlots volcaniques et coralliens, Mahé est l'île la plus étendue et la plus peuplée. Le tourisme représente la moitié du P. I. B. ; il est complété par la pêche (conserveries) et l'agriculture. Découvertes par les Portugais (XVIe s.), ces îles furent cédées à la France (1756), puis passèrent sous le contrôle britannique en 1814. Depuis 1976, elles forment une république indépendante, membre du Commonwealth.

Seymour *(Edward), duc* de Somerset (v. 1500 - Londres 1552), frère de Jeanne Seymour. Il fut protecteur d'Angleterre (régent) durant une partie de la minorité d'Édouard VI (1547-1549). Il consolida la Réforme protestante et s'efforça de soulager les classes populaires. Il fut renversé par Dudley, puis emprisonné et exécuté.

Seymour *(Jeanne)* → **Jeanne Seymour.**

Seyne-sur-Mer (La), ch.-l. de c. du Var, sur la rade de Toulon ; 60 567 hab. *(Seynois).* Chantiers navals.

Sfax, port de Tunisie, sur le golfe de Gabès ; 232 000 hab. Deuxième ville du pays, c'est un centre administratif, commercial et industriel (chimie, exportation de phosphates). — Rempart du IXe siècle. Grande Mosquée (IXe-XIe s.).

S. F. I. O., sigle de Section française de l'Internationale ouvrière, qui a désigné le Parti socialiste français de 1905 à 1971.

Sforza, dynastie ducale de Milan (1450-1535). Elle est issue de **Muzio** (ou **Giacomo**) **Attendolo** (Cotignola 1369 - près de Pescara 1424), condottiere italien. Ses descendants les plus célèbres sont : **François Ier** (San Miniato 1401 - Milan 1466), premier des Sforza à recevoir le titre de duc (1450), fils de Muzio ; **Ludovic** → **Ludovic Sforza le More** ; **Maximilien** (1493 - Paris 1530), fils de Ludovic, duc en 1512, qui fut battu à Marignan (1515) et dut céder ses États au roi de France François Ier, et **François II** (1495-1535), deuxième fils de Ludovic le More, qui récupéra son duché grâce à Charles Quint, à qui il le légua en mourant.

S. F. P. (Société française de production et de créations audiovisuelles), société chargée de reproduire des œuvres et des documents audiovisuels, notamment pour le compte des sociétés nationales de programmes de radiodiffusion et de télévision.

Sganarelle, personnage comique créé par Molière. Il apparaît en des rôles assez différents : mari jaloux *(Sganarelle ou le Cocu imaginaire),* tuteur *(l'École des maris),* valet *(Dom Juan),* père *(l'Amour médecin),* fagotier *(le Médecin malgré lui).*

Shaanxi ou **Chen-si,** prov. de la Chine du Nord ; 200 000 km² ; 28 904 000 hab. Cap. *Xi'an.*

Shaba, *anc.* Katanga, région du sud du Zaïre ; 497 000 km² ; 3 874 000 hab. Ch.-l. *Lubumbashi.* Importantes ressources minérales : cuivre, manganèse, plomb et uranium.

Shackle *(George L.),* économiste britannique (Cambridge 1903). Il se place dans la filiation keynésienne en insistant sur l'incertitude comme donnée essentielle dans les anticipations effectuées par les acteurs économiques. Il s'oppose ainsi à l'hypothèse dite « des anticipations rationnelles ».

Shaftesbury *(Anthony Ashley Cooper, comte de),* homme d'État anglais (Wimborne 1621 - Amsterdam 1683). Chef de l'opposition whig à Charles II et partisan de Monmouth, il dut fuir en Hollande en 1682.

Shahar *(David),* écrivain israélien (Jérusalem 1926). Son œuvre de poète et de romancier *(le Palais des vases brisés,* 1969-1985) mêle souvenirs d'enfance et nostalgie d'un paradis perdu.

Shahjahanpur, v. de l'Inde (Uttar Pradesh) ; 260 260 hab.

Shāhpur → Chāhpuhr.

Shakespeare *(William),* poète dramatique anglais (Stratford-on-Avon 1564 - *id.* 1616). On possède si peu de renseignements précis sur sa vie que certains lui ont dénié la paternité de son œuvre immense, extraordinaire par sa richesse et sa diversité. On sait, cependant, qu'il était fils d'un commerçant ruiné, qu'il se maria à dix-huit ans et qu'en 1594 il était acteur et actionnaire de la troupe du Lord Chambellan. En 1598, il s'installe au théâtre du Globe et, en 1613, il se retire à Stratford.
Auteur de poèmes et d'un recueil de *Sonnets,* Shakespeare a surtout écrit pour la scène. Son théâtre comprend des pièces historiques, des comédies, des drames et des tragédies. On peut y distinguer trois époques. Durant la première, celle de la jeunesse (1590-1600), Shakespeare compose de grandes fresques historiques qui flattent l'orgueil national du public élisabéthain *(Henri VI, Richard III, Jules César),* des comédies légères *(la Mégère apprivoisée, le Songe d'une nuit d'été, le Marchand de Venise, les Joyeuses Commères de Windsor, la Nuit des rois)* ainsi qu'un drame, *Roméo et Juliette,* qui met en scène l'amour de deux jeunes gens de Vérone bravant la haine qui déchire leurs familles. La deuxième période (1600-1608), marquée par des déceptions politiques et personnelles liées à la fin du règne d'Élisabeth et au début de celui de Jacques Ier, correspond aux grandes tragédies sombres *(Hamlet ; Othello,* tragédie de la jalousie ; *Macbeth,* drame sanglant dominé par le thème de la culpabilité ; *le Roi Lear,* tragédie de l'absurde et de la perte de pouvoir ; *Antoine et Cléopâtre ; Coriolan).* La dernière période (à partir de 1608) est celle du retour à l'apaisement avec les pièces romanesques *(Cymbeline ; Conte d'hiver ; la Tempête,* comédie-féerie et utopie politique).
Shakespeare se veut le défenseur du respect de la hiérarchie, des êtres, des choses, des biens, mais il montre aussi que l'ordre est fragile, le désordre contagieux et la passion dévastatrice : c'est l'arrière-plan spirituel de l'action, du pouvoir et de la passion qui le

fascine. Quoique férocement hostile à la théologie puritaine, sa hantise est bien celle du salut collectif : le mal, c'est la trahison, la défection, l'usurpation, la transgression du statut de l'hôte ; le bien, c'est l'accueil retrouvé. Peintre de la violence de son époque, dominant le théâtre élisabéthain, Shakespeare a su jouer mieux que tout autre sur l'imbrication du tragique et du grotesque, sur la puissance d'évocation de la métaphore, sur la diversité sociale et psychologique de ses personnages. Sa maîtrise de la construction dramatique, son art du tissage verbal et scénique ont assuré à son théâtre une densité hallucinante et inégalée.
— **Hamlet,** drame en 5 actes (v. 1601) a pour cadre le château d'Elseneur, au Danemark. Prince rêveur et velléitaire, Hamlet apprend par le spectre de son père que ce dernier a été assassiné. Pour le venger, il doit tuer son oncle devenu roi et qui a épousé sa mère, la reine Gertrude, complice du meurtre. Hamlet simule la démence et n'est convaincu de la culpabilité du couple royal qu'après avoir mis en scène devant lui la représentation théâtrale du crime. Délaissant sa fiancée, Ophélie, qui devient folle et se noie, Hamlet finit par accomplir sa vengeance en y laissant sa propre vie.

Shakyamuni ou **Sakyamuni** → Bouddha.

Shamir *(Yitzhak),* homme politique israélien (en Pologne 1915). Ministre des Affaires étrangères (1980-1986), il est Premier ministre en 1983-84 et de 1986 à 1992.

Shandong ou **Chan-tong,** prov. de la Chine orientale ; 150 000 km² ; 74 840 000 hab. Cap. *Jinan.*

Shanghai ou **Chang-hai,** premier port de Chine, sur le Huangpu, au débouché du Yangzi Jiang. La ville forme un district municipal qui dépend directement du gouvernement central ; 6 000 km² ; 11 860 000 hab. Shanghai est le premier centre industriel de la Chine. Tous les secteurs sont représentés : raffinage du pétrole et pétrochimie, métallurgie, constructions mécaniques (chantiers navals, matériel ferroviaire, automobile, cycles), électriques et électroniques, textile, alimentation, biens de consommation variés.

Shankar *(Ravi),* compositeur et joueur de sitar indien (Bénarès 1920). Il composa notamment des concertos pour sitar, des ballets et de la musique de film (trilogie de S. Ray).

Shannon *(le),* principal fleuve d'Irlande ; 368 km. Il traverse la plaine centrale en formant plusieurs lacs et se termine par un long estuaire à partir de Limerick.

Shannon *(Claude Elwood),* mathématicien américain (Gaylord, Michigan, 1916). Il est, avec W. Weaver, à l'origine de la théorie de l'information qui fait appel, notamment, à la théorie du codage et à la statistique. Ils ont publié *Théorie mathématique de la communication* (1949). Leurs travaux ont trouvé des applications importantes en intelligence artificielle.

Shantou, dit aussi Swatow, port de Chine (Guangdong) ; 500 000 hab.

Shanxi ou **Chan-si,** prov. de la Chine du Nord ; 156 000 km² ; 25 291 000 hab. Cap. *Taiyuan.* Mines de fer et de charbon.

Shape (Supreme Headquarters Allied Powers Europe), quartier général européen des forces alliées du pacte de l'Atlantique Nord, installé en 1951 à Rocquencourt (Yvelines) et, depuis 1967, sur le territoire des anciennes communes de Casteau et de Maisières (auj. intégré dans la comm. de Mons), en Belgique.

Shapley *(Harlow),* astrophysicien américain (Nashville, Missouri, 1885 - Boulder, Colorado, 1972). Il calibra la relation période-luminosité des céphéides, mise en évidence par H. Leavitt, et put ainsi déterminer la distance de nombreux amas globulaires et préciser la structure de la Galaxie. Après que Hubble eut établi l'existence de galaxies extérieures à la nôtre, il découvrit photographiquement des milliers de galaxies nouvelles, dont il montra la distribution fréquente en amas.

Sharaku ou **Toshusai Sharaku,** dessinateur d'estampes japonais, actif en 1794 et 1795, célèbre pour ses portraits d'acteurs, dont la sobriété technique accuse la richesse psychologique.

Sharpe *(William),* économiste américain (Cambridge, Massachusetts, 1934). Spécialiste des problèmes financiers, il obtient en 1992 le prix Nobel de sciences économiques pour ses travaux sur la théorie de la formation des prix pour les avoirs financiers.

Shaw *(George Bernard),* écrivain irlandais (Dublin 1856 - Ayot Saint Lawrence, Hertfordshire, 1950). Il est l'auteur de romans, d'essais et de pièces de théâtre (*le Héros et le Soldat,* 1894 ; *Pygmalion,* 1913 ; *Sainte Jeanne,* 1923), où se révèlent son humour et son pessimisme. (Prix Nobel 1925.)

Shawn *(Edwin* Myers Shawn, dit Ted*),* danseur, chorégraphe et pédagogue américain (Kansas City, Missouri, 1891 - Orlando, Floride, 1972). Cofondateur avec son épouse, Ruth Saint-Denis, de la Denishawn School (1915), il se préoccupa de mettre en valeur la danse masculine : *Kinetic Molpai* (1935), *O Libertad* (1937), *Dance of the Ages* (1938). Il écrivit plusieurs ouvrages (dont *Every Little Movement,* 1954) qui contribuèrent à la compréhension de la modern dance.

Sheffield, v. de Grande-Bretagne (South Yorkshire), sur le Don ; 536 000 hab. Grand centre industriel (métallurgie). — Musées.

Shelley *(Mary* Wollstonecraft, dite Mary*),* femme de lettres britannique (Londres 1797 - id. 1851). Fille de William Godwin, elle épousa Shelley en 1818. Elle est l'auteur du célèbre roman de terreur *Frankenstein ou le Prométhée moderne* (1818) et publia des œuvres posthumes de Shelley.

Shelley *(Percy Bysshe),* poète anglais (Field Place, Horsham, Sussex, 1792 - en mer, La Spezia, 1822). Exclu d'Oxford pour un pamphlet, *la Nécessité de l'athéisme* (1811), renié par son père, il part pour Londres, où il enlève Harriet Westbrook, qu'il épouse. Il écrit au pays de Galles son premier grand poème : *la Reine Mab* (1813). Séparé de Harriet, il enlève Mary Godwin, rencontre Byron en Suisse et s'établit définitivement en Italie après le suicide de Harriet et son remariage avec Mary. C'est là qu'il compose *Alastor ou l'Esprit de la solitude* (1816), *Prométhée délivré* (1820), le drame *les Cenci* (1819), des poèmes lyriques (*Ode à l'alouette ; Ode au vent d'ouest ; la Sensitive,* 1818), œuvres où l'inspiration romantique, marquée par le désir de lier l'homme et la nature en un même rythme vital, s'unit à l'influence de Platon.

Shenyang, *anc.* Moukden, v. de Chine, cap. du Liaoning ; env. 4,5 millions d'hab. Métropole de la Chine du Nord-Est, centre administratif, universitaire et industriel.

Shenzhen, v. de Chine (Guangdong), près de Hongkong ; 300 000 hab. Zone franche industrielle.

Shen Zhou ou **Chen Tcheou,** peintre chinois (Suzhou 1427-1509). Il est le plus important de l'école Wu (l'école des amateurs lettrés de Suzhou).

Shepp *(Archie),* saxophoniste, pianiste, chanteur et compositeur de jazz américain (Fort Lauderdale, Floride, 1937). Il est un des initiateurs de la révolution du free jazz, dans la lignée de Coltrane. À partir de 1972, il est revenu au répertoire classique du jazz.

Sherbrooke, v. du Canada (Québec), dans les cantons de l'Est ; 76 429 hab. Archevêché. Université. Centre commercial et industriel.

Sheridan *(Richard Brinsley),* auteur dramatique et homme politique britannique (Dublin 1751 - Londres 1816). Auteur de comédies *(les Rivaux,* 1775 ; *l'École de la médisance,* 1777), il abandonna les lettres pour la politique et fit partie de plusieurs ministères whigs.

Sherman *(William),* général américain (Lancaster, Ohio, 1820 - New York 1891). Un des meilleurs chefs nordistes de la guerre de Sécession, il reste célèbre par sa « Grande Marche vers la mer » (1864) de Chattanooga (Tennessee) à Atlanta (Géorgie).

Sherpa, peuple montagnard du Népal, habitant la haute vallée du Khumbu. C'est en compagnie du Sherpa Tenzing Norgay qu'E. Hillary gravit l'Everest en 1953.

Sherrington *(sir Charles Scott),* physiologiste britannique (Londres 1857 - Eastbourne 1952). Un des fondateurs de la neurologie moderne, avec J. H. Jackson. Il étudia la sensibilité, la motricité, les réflexes, les fonctions supérieures de l'encéphale. (Prix Nobel 1932.)

Shetland *(îles),* archipel de Grande-Bretagne, au nord de l'Écosse, comprenant une centaine d'îles au climat humide et frais ; 1 425 km² ; 23 000 hab. Ch.-l. *Lerwick.* Important terminal pétrolier (Sullom Voe).

Shetland du Sud, archipel britannique, au S. des Falkland, dont il dépend ; 4 662 km².

Shiji ou **Che-ki** *(Mémoires historiques),* histoire de la Chine rédigée par Sima Qian vers la fin du IIᵉ et le début du Iᵉʳ s. av. J.-C., qui se compose d'*Annales,* de *Tableaux chronologiques,* de monographies et de biographies.

Shijiazhuang, v. de Chine, cap. du Hebei ; 1 070 000 hab. Carrefour ferroviaire et centre industriel.

Shijing ou **Cheking** (« Classique de la poésie » ou « Livre des odes » ou « Classique des vers »), première anthologie de poèmes chinois. Il comprend 311 poèmes écrits entre le VIᵉ et le IIᵉ s. av. J.-C. Le choix en est traditionnellement attribué à Confucius.

Shikoku (« les Quatre Pays »), la moins étendue des quatre grandes îles du Japon (18 778 km²) et la moins peuplée (4 194 069 hab.). C'est une île montagneuse, réunie à la région de Kobe par deux ponts.

Shillong, v. de l'Inde, cap. du Meghalaya, sur le *plateau de Shillong* ; 222 273 hab.

Shilluk ou **Chillouk,** population nilotique du Soudan méridional.

Shimazaki Toson, écrivain japonais (Magome 1872 - Oiso 1943). D'abord poète romantique, il devint le chef du mouvement naturaliste avec la publication de son roman *Hakai (Transgression)* [1906].

Shimizu, port du Japon (Honshu), sur la baie de Tsuruga ; 241 523 hab. — Dans les environs, à Okitsu, le Seiken-ji, temple fondé au VIᵉ siècle avec jardin paysager du XVIIᵉ siècle.

Shimonoseki, port du Japon (Honshu), sur le *détroit de Shimonoseki,* qui sépare Honshu de Kyushu (à laquelle il est relié par un tunnel) ; 262 635 hab.

Shimonoseki *(traité de)* [17 avr. 1895], traité signé entre le Japon et la Chine à la fin de la guerre sino-japonaise (1894-95), aux termes duquel la Chine dut reconnaître l'indépendance de la Corée et céder Formose au Japon.

Shi Tao ou **Che T'ao,** peintre calligraphe, poète et théoricien chinois (prov. du Guangxi 1641 - v. 1720), le plus inventif des « individualistes » de l'époque Qing, qui laisse aussi de célèbres *Propos sur la peinture.*

Shiva, Siva ou **Çiva,** troisième dieu de la trinité *(trimurti)* hindoue, qui représente la destruction de l'univers, alors que ses deux partenaires, Brahma et Vishnou, assument respectivement la création et la conservation de celui-ci. Shiva est représenté communément par la pierre phallique du *linga* (symbole du *purusha,* principe spirituel masculin) émergeant d'un disque évidé, la *yoni* (symbole de la *prakriti,* principe matériel féminin). Shiva prend souvent la primauté dans la dévotion d'une multitude de fidèles, et de nombreux temples lui sont dédiés, en même temps qu'à son épouse, Parvati ou Kali, et à ses enfants, dont Ganesha. Un shivaïsme de type sectaire fait de Shiva un principe absolu qui, transcendant les autres divinités, à l'image d'un dieu bienveillant et dispensateur de la grâce.

Shizuoka, v. du Japon (Honshu) ; 472 196 hab. Centre commercial (thé), industriel et universitaire. — Dans un joli jardin, temple (XVIᵉ s.) décoré par Kano Tanyu (XVIIᵉ s.).

Shkodër ou **Shkodra,** v. de l'Albanie septentrionale, sur le *lac de Shkodër ;* 62 000 hab. — Citadelle médiévale.

Shlonsky *(Abraham),* écrivain israélien (Krementchoug, Ukraine, 1900 - Tel Aviv 1973). Poète expressionniste, il fut un innovateur de génie de la langue hébraïque *(Pierres de la désolation,* 1934 ; *le Livre des échelles,* 1972).

Shoah *(la)*, mot hébreu signifiant « anéantissement » et par lequel on désigne l'extermination par les nazis d'environ cinq millions de Juifs. Ce terme, qui a tendance à se substituer à celui d'*holocauste*, rappelle à la mémoire juive et à la mémoire universelle un événement dont le caractère paroxystique s'est exprimé à différents niveaux : la volonté délibérée d'éliminer un peuple pour des motifs typiquement racistes et idéologiques ; l'inscription de ce crime dans le contexte du monde occidental et chrétien sans que ni la culture ni la religion de celui-ci y ait fait barrage ; la place centrale faite par les nazis à l'antijudaïsme dans leur idéologie, et jusqu'à la forme la plus haineuse, qui vise à avilir, dépersonnaliser, défigurer, anéantir.

Shockley *(William Bradford)*, physicien et technicien américain (Londres 1910 - Palo Alto 1989). Ses études sur les semi-conducteurs et sa mise au point des transistors lui ont valu en 1956 le prix Nobel de physique avec ses collaborateurs J. Bardeen et W. H. Brattain.

Sholapur, v. de l'Inde (Maharashtra) ; 620 499 hab.

Sholes *(Christopher Latham)*, inventeur américain (Mooresburg, Pennsylvanie, 1819 - Milwaukee, Wisconsin, 1890). Il mit au point avec Samuel Soulé et Carlos Glidden la première machine à écrire (1867).

Shoshone, Indiens uto-aztèques d'Amérique du Nord, principalement établis dans l'Idaho ainsi qu'au nord du Nevada et au nord de l'Utah.

Shotoku Taishi (573-622), nom donné au prince Umayado, régent du Japon de 600 à 622. Il favorisa la propagation du bouddhisme et fit entrer le Japon dans l'orbite culturelle de la Chine.

Shreveport, v. des États-Unis (Louisiane) ; 198 525 hab. Centre d'une riche région agricole, forestière et pétrolière.

Shumway *(Norman Edward)*, chirurgien américain (Kalamazoo, Michigan, 1923). Il fut l'un des précurseurs de la transplantation cardiaque et de la chirurgie à cœur ouvert, en particulier des interventions sur les valvules.

Sialkot, v. du Pakistan, près du Cachemire ; 296 000 hab.

Siam → Thaïlande.

Siam *(golfe de* ou *du)*, anc. nom du golfe de Thaïlande.

Sian → Xi'an.

Sibelius *(Johan Julius Christian, dit* Jean*)*, compositeur finlandais (Hämeenlinna 1865 - Järvenpää 1957). La symphonie *Kullervo*, d'après le *Kalevala* (Helsinki, 1892), fonde sa renommée en Finlande. Il participe aux revendications nationalistes de son pays. Naissent alors la *Suite de Lemminkaimen* (1896), dont fait partie le célèbre *Cygne de Tuonela, Finlandia* (1899), puis les symphonies n° 1 et 2 (1899 ; 1902). Après 1904, ses œuvres tendent vers l'universalité et le classicisme. Il compose alors le concerto pour violon (1903, révisé en 1905), le quatuor à cordes *Voces intimae* (1909), les symphonies n° 3 à 7 (1907-1924), les poèmes symphoniques *le Barde* (1913), *les Océanides* (1914), *Tapiola* (1926).

Sibérie, la plus grande des régions géographiques de Russie. Au sens traditionnel du terme, la Sibérie s'étend de l'Oural à l'océan Pacifique, entre l'océan Arctique au N., le Kazakhstan et la frontière avec la Mongolie et la Chine au S. (près de 13 millions de km², environ 25 fois la France). Au sens restreint, la Sibérie comprend les régions économiques de *Sibérie occidentale* et de *Sibérie orientale*, les régions bordières de l'océan Pacifique formant l'Extrême-Orient russe.

GÉOGRAPHIE

La mise en valeur de l'espace sibérien, qui recèle d'importantes ressources énergétiques et minérales, est rendue difficile par son éloignement et par la rigueur de son climat. Celui-ci, continental froid, se caractérise par de fortes amplitudes thermiques et des hivers très longs (4 à 9 mois). Des trois milieux biogéographiques, la toundra, au N. du cercle polaire et sur les hauteurs, offre le moins de ressources, tandis que la taïga représente les trois quarts des réserves de bois du pays. Quant au sud de la Sibérie occidentale, il appartient à la zone de la steppe boisée et de la steppe aux sols moins favorables à l'agriculture. Trois grands fleuves, l'Ob, l'Ienisseï et la Lena, drainent la Sibérie vers l'océan Arctique. La région, très peu peuplée (env. 25 millions d'hab.), fournit matières premières et énergie.

■ **La Sibérie occidentale.** C'est la plus peuplée. C'est une vaste plaine marécageuse, drainée par l'Ob, bordée au sud-est par le massif de l'Altaï. Ses ressources sont agricoles : céréales sur les terres vierges des steppes semi-arides, et énergétiques : charbon dans le Kouzbass, pétrole et gaz naturel dans le bassin de l'Ob moyen, importante zone de production d'hydrocarbures. Outre le couloir de peuplement le long du Transsibérien, de grands centres, urbains et industriels, se sont développés : Novossibirsk, Omsk, Tomsk.

■ **La Sibérie orientale.** Elle est beaucoup plus étendue. S'y succèdent, du nord au sud, la presqu'île de Taïmyr, montagneuse, le plateau de Sibérie centrale et des hauteurs, les monts Saïan et les monts entourant le lac Baïkal. L'agriculture n'est possible que dans le Sud, autour du Baïkal et sur le haut Ienisseï. La mise en valeur s'organise autour de l'hydroélectricité (métallurgie de l'aluminium, traitement du bois), de l'exploitation des minerais non-ferreux (Norilsk) et du lignite (Kansk-Atchinsk) à partir des deux centres d'Irkoutsk et de Krasnoïarsk.

PRÉHISTOIRE ET HISTOIRE

Progressivement libérée des glaces, la Sibérie a été le foyer de nombreuses cultures préhistoriques avec au paléolithique une production, entre 24000 et 22000 av. J.-C., de statuettes féminines en ivoire. À l'est, les cultures du Baïkal participent à l'élaboration du néolithique chinois. Au nord de l'Altaï, des sépultures princières (VIe s. av. J.-C.) ont livré un riche mobilier funéraire au répertoire décoratif proche de celui des Scythes. À partir de la fin du IIIe s. av. J.-C., des populations mongoles et turques se substituent aux anciennes populations autochtones. Cependant, les Toungouses organisent un royaume dans les régions proches du Pacifique (VIIe-Xe s.). Au XVe siècle se constitue le khanat mongol de Sibérie, détruit en 1598 par les Cosaques. Vers 1582 débute la colonisation russe, qui atteint la mer d'Okhotsk en 1639. En 1860, la Chine reconnaît la domination russe sur les territoires de l'Amour et de l'Oussouri. La construction du Transsibérien (1891-1916) permet alors la mise en valeur de la Sibérie méridionale.

Sibiu, v. de Roumanie, en Transylvanie ; 169 696 hab. — Restes d'enceintes et autres souvenirs médiévaux. Musées.

Sica *(Vittorio De)* → **De Sica.**

Sicambres, peuple germanique établi dans le bassin de la Ruhr. Une partie s'installa en Gaule, où, à partir du IIIe siècle, elle se mêla aux Francs.

Sicanes, population primitive de la Sicile occidentale, depuis le IIIe millénaire av. J.-C.

Sichem, ville cananéenne de la Palestine centrale, où s'établirent les Hébreux et où se trouvait le tombeau de Joseph. Première capitale du royaume d'Israël avant Samarie, elle devint, au retour de l'Exil, la métropole religieuse des Samaritains. Elle fut détruite en 128 av. J.-C. par Hyrcan Ier ; il n'en resta qu'un village, à côté duquel Vespasien fonda, en 72 apr. J.-C., Flavia Neapolis (auj. Naplouse).

Sichuan ou **Sseu-tch'ouan,** province la plus peuplée de la Chine ; 569 000 km² ; 99 731 000 hab. Cap. *Chengdu.* Agriculture riche et variée. Importantes ressources du sous-sol.

Sicile, *en ital.* Sicilia, île de la Méditerranée, constituant une région d'Italie qui comprend 9 provinces : Agrigente, Caltanissetta, Catane, Enna, Messine, Palerme, Raguse, Syracuse et Trapani ; 25 708 km² ; 4 961 383 hab. *(Siciliens).* Cap. *Palerme.*

GÉOGRAPHIE

Séparée de l'Italie péninsulaire par le détroit de Messine (5 km), l'île, de forme triangulaire, est la plus grande et la plus peuplée des îles méditerranéennes. Elle est dominée par des montagnes au nord et par l'Etna (3 345 m) à l'est. Des collines occupent le Centre et des plateaux, le Sud. La densité de population, malgré l'émigration, reste élevée (de l'ordre de 200 hab./km²), et l'agriculture, active : céréales, vignes, amandiers, cultures maraîchères, agrumes. Le secteur industriel est dominé par la chimie. Le tourisme, culturel et balnéaire, est important.

HISTOIRE

■ **L'Antiquité.** Peuplée à l'origine par les Sicanes et les Sicules, la Sicile est d'abord colonisée par les Phéniciens au IXe s. av. J.-C., suivis à partir du VIIIe siècle par les Grecs, qui fondent sur le littoral des comptoirs commerciaux et des colonies de peuplement. Aux Ve et IVe siècles, la cité grecque de Syracuse exerce son hégémonie sur l'île. À l'issue de la première guerre punique, Rome conquiert la Sicile (212 av. J.-C.), qui devient l'un de ses greniers à blé.

■ **Le Moyen Âge.** Au Ve s. apr. J.-C., l'île subit successivement les incursions des Vandales et des Ostrogoths. En 535, Bélisaire reconquiert la Sicile pour le compte de Byzance. La conquête arabe la transforme en un émirat prospère et fait de Palerme un centre brillant de la culture islamique (IXe-Xe s.). Roger de Hauteville, frère de Robert Guiscard, établit la domination normande sur l'ensemble de l'île (1061-1091). La Sicile devient le centre d'une puissante monarchie, qui étend sa domination hors de l'île et voit s'épanouir une civilisation brillante. En 1194, le royaume passe à la dynastie impériale des Hohenstaufen, dont Frédéric II est le principal représentant. En 1266, Charles Ier d'Anjou, frère de Saint Louis, devient roi de Sicile. Mais la révolte des

Vêpres siciliennes (1282) fait passer la Sicile sous la domination aragonaise. En 1442, les royaumes de Naples et de Sicile sont réunis et forment le royaume des Deux-Siciles.

■ **L'époque moderne et contemporaine.** En 1458, la Sicile est séparée du royaume de Naples. Elle suit pendant plusieurs siècles les destinées de l'Aragon, puis de l'Espagne, avant d'être attribuée à la maison de Savoie (1713), qui la cède aux Habsbourg contre la Sardaigne (1718). Elle est ensuite attribuée à une branche des Bourbons d'Espagne (1734). En 1816, le royaume des Deux-Siciles est reconstitué. Après l'invasion de l'île par les troupes de Garibaldi et le soulèvement qu'elle suscite, la Sicile est incorporée au royaume d'Italie (1860). En 1948, la Sicile reçoit un statut particulier d'autonomie. L'une des régions les plus pauvres de l'Italie, elle est encore affaiblie par la lutte entre l'État et la Mafia.

Sicules, ancien peuple de l'est de la Sicile, qui s'y établit vers la fin de l'âge du bronze.

Sidi Bel Abbes, v. d'Algérie, ch.-l. de wilaya, sur l'oued Mekerra ; 116 000 hab. — Garnison de base de la Légion étrangère française de 1843 à 1962.

Sidi-Brahim *(combats de)* [23-25 sept. 1845], célèbres combats livrés par le 8e bataillon de chasseurs contre les guerriers d'Abd el-Kader. Leur anniversaire est la fête de tradition des chasseurs à pied.

Sidney *(sir Philip),* diplomate et écrivain anglais (Penshurst 1554 - Arnhem 1586). Il est l'auteur de sonnets pétrarquistes et d'un roman pastoral *(l'Arcadie,* 1590).

Sidoine Apollinaire *(saint),* évêque de Clermont (Lyon v. 431 - Clermont-Ferrand v. 487). D'abord préfet de Rome, il défendit l'Auvergne contre les Wisigoths après son retour en Gaule. Il a laissé une œuvre poétique et épistolaire importante.

Sidon, auj. Sayda, v. de Phénicie, capitale d'un royaume cananéen (xve s. av. J.-C.), elle devint la rivale de Tyr et fut à son apogée du xiie au xe s. av. J.-C. Elle fut détruite par les Assyriens (677) puis par les Perses (343). Importantes nécropoles.

Siegbahn *(Manne),* physicien suédois (Örebro 1886 - Stockholm 1978). Il étudia les spectres de rayons X et découvrit leur réfraction. (Prix Nobel 1924.)

Siegen, v. d'Allemagne (Rhénanie-du-Nord-Westphalie), sur la Sieg ; 107 039 hab. — Château en partie du xiiie siècle (musée).

Siegfried (de *Sieg,* victoire, et *Friede,* paix), héros mythique des peuples germaniques

(Chanson des Nibelungen), le même que le Scandinave Sigurd.

Siegfried *(ligne),* position fortifiée construite par l'Allemagne de 1938 à 1940 sur sa frontière occidentale. Elle fut conquise par les Alliés au cours de l'hiver de 1944-45.

Siemens, société allemande de constructions électriques fondée à Berlin en 1847. Elle est l'un des principaux producteurs de matériels électriques du monde.

Siemens *(von),* famille d'ingénieurs et d'industriels allemands. **Werner** (Lenthe, près de Hanovre, 1816 - Berlin 1892) établit la première grande ligne télégraphique européenne entre Berlin et Francfort (1848-49) et réalisa la première locomotive électrique (1879). **Wilhelm** (Lenthe 1823 - Londres 1883), frère du précédent, émigré en 1844 en Grande-Bretagne, perfectionna le procédé d'élaboration de l'acier. **Friedrich** (Menzendorf 1826 - Dresde 1904), frère des précédents, imagina avec Wilhelm le four à récupérateur de chaleur pour la fonte de l'acier et du verre (1856).

Sienkiewicz *(Henryk),* écrivain polonais (Wola Okrzejska 1846 - Vevey, Suisse, 1916). Il est l'auteur de *Quo Vadis ?* (1896), roman sur les persécutions des chrétiens du Ier siècle, à Rome. (Prix Nobel 1905.)

Sienne, v. d'Italie (Toscane), ch.-l. de prov. ; 56 969 hab. *(Siennois).* Archevêché. Centre touristique. **ARTS.** Le visage de la vieille ville demeure celui qu'ont modelé les xiiie et xive siècles. Cathédrale (xiie-xive s.) avec chaire de Nicola Pisano, dallage historié et nombreuses œuvres d'art. Sur la célèbre place en éventail du *Campo,* Palais public du xive siècle, au campanile élancé (fresques de S. Martini et de A. Lorenzetti ; reliefs de la *Fonte Gaia* de Jacopo della Quercia). Églises et palais. Musée de l'Œuvre de la cathédrale *(Maestà* de Duccio). Pinacothèque installée dans un palais gothique (école siennoise de peinture : Duccio, les Lorenzetti, Giovanni di Paolo, Sassetta, Francesco di Giorgio, Pinturicchio, le Sodoma, etc.).

Sierpiński *(Wacław),* mathématicien polonais (Varsovie 1882 - id. 1969). Il fut l'un des fondateurs de l'école mathématique polonaise moderne, qui a largement contribué au progrès de la théorie des ensembles, de la topologie et des fondements logiques des mathématiques. Il a également fait des travaux importants en théorie des nombres.

Sierra Leone *(la),* État de l'Afrique occidentale ; 72 000 km² ; 4 100 000 hab. **CAP.** Freetown. LANGUE : *anglais.* MONNAIE : *leone.*

GÉOGRAPHIE

Plat, en dehors des hauteurs de l'Est, où le pic Bintimane (1 948 m) est le point culminant de l'Afrique de l'Ouest, le pays est très arrosé, surtout au sud. La population est en majorité agricole. Riz, mil, arachide, manioc sont les principales ressources vivrières, complétées par des cultures commerciales (café, cacao et amandes de palmiste). L'industrie est peu développée. Les diamants (malgré la contrebande) et la bauxite constituent les principales ressources.

HISTOIRE

La côte de la Sierra Leone est explorée dans la deuxième moitié du XVᵉ s. par les Portugais, qui s'y livrent au commerce (or, esclaves). Ils sont supplantés par les Anglais au XVIIᵉ s.

1787. La société antiesclavagiste britannique achète la zone côtière et y accueille des Noirs affranchis venus d'Amérique et des Caraïbes.

1808. Le littoral devient une colonie britannique.

1896. Les Britanniques imposent leur protectorat à l'intérieur du pays.

1961. La Sierra Leone accède à l'indépendance dans le cadre du Commonwealth.

1971-1985. Siaka Stevens dirige le pays en y instaurant un système de parti unique.

1991. Le multipartisme est rétabli.

1992. Coup d'État militaire. Le nouveau pouvoir, sous la conduite du capitaine Valentine Strasser, doit faire face à une rébellion qui se développe dans l'est du pays, à la frontière du Liberia.

1996. Le capitaine Strasser est écarté par un coup d'État militaire.

Sieyès (*Emmanuel Joseph*), homme politique français (Fréjus 1748 - Paris 1836). Vicaire de l'évêque de Chartres, il publie en 1789 une brochure, *Qu'est-ce que le tiers état ?*, qui lui vaut une grande popularité. Député du tiers aux États généraux, il se montre partisan d'une monarchie constitutionnelle mais, élu à la Convention en 1792, il vote la mort du roi. De nouveau député sous le Directoire (1795), puis Directeur (mai 1799), il prépare avec Bonaparte le coup d'État de Brumaire (nov. 1799), qui fait de lui l'un des consuls provisoires. Mais, ayant rédigé un projet de Constitution qui déplaît à Bonaparte, il est écarté du pouvoir, bien que comblé d'honneurs.

Sigebert Iᵉʳ (535 - Vitry-en-Artois 575), roi d'Austrasie (561-575), fils de Clotaire Iᵉʳ et époux de Brunehaut. Il fut assassiné par ordre de Frédégonde. **Sigebert III** (631-656), roi d'Austrasie (634-656), fils de Dago-

bert Iᵉʳ. Il régna en fait sous la tutelle du maire du palais Grimoald.

Siger de Brabant, théologien brabançon (v. 1235 - Orvieto 1281 ou 1284). Son enseignement (à la faculté de Paris), profondément empreint d'aristotélisme, le fit taxer d'averroïsme par Thomas d'Aquin. Il mourut sans doute assassiné.

Sigiriya, site archéologique de Sri Lanka (Province centrale). Forteresse royale, dont les salles rupestres sont ornées de fresques (Vᵉ s.).

Sigismond (*saint*) [m. près d'Orléans en 523], roi des Burgondes (516-523). Fils de Gondebaud, il fut tué par ordre de Clodomir. Converti de l'arianisme au catholicisme, il fonda le monastère de Saint-Maurice d'Agaune.

Sigismond de Luxembourg (Nuremberg 1368 - Znaim 1437), roi de Hongrie (1387-1437), roi des Romains (1411-1433), empereur germanique (1433-1437) et roi de Bohême (1419-1437). Fils de l'empereur Charles IV, il convoqua le concile de Constance (1414) qui mit fin au grand schisme d'Occident et y laissa condamner le réformateur tchèque Jan Hus. Il ne fut reconnu roi de Bohême qu'en 1436.

Sigismond Iᵉʳ Jagellon le Vieux (Kozienice 1467 - Cracovie 1548), grand-duc de Lituanie et roi de Pologne de 1506 à 1548. **Sigismond II Auguste Jagellon** (Cracovie 1520 - Knyszyn 1572), grand-duc de Lituanie et roi de Pologne de 1548 à 1572. Il prépara l'Union de Lublin (1569) qui réunit la Pologne et le grand-duché de Lituanie. **Sigismond III Vasa** (Gripsholm, Suède, 1566 - Varsovie 1632), roi de Pologne de 1587 à 1632 et roi de Suède de 1592 à 1599.

Sigmaringen, ville d'Allemagne (Bade-Wurtemberg) ; 15 827 hab. — Elle fut la résidence de Pétain de septembre 1944 à avril 1945 et le siège d'une commission gouvernementale, composée d'anciens membres du gouvernement de Vichy.

Signac (*Paul*), peintre français (Paris 1863 - *id.* 1935). Ami de Seurat, il a publié *D'Eugène Delacroix au néo-impressionnisme* (1899). La même recherche de la lumière caractérise ses toiles, divisionnistes à grosses touches mosaïquées, et ses aquarelles, d'une facture plus libre. Il fut l'un des fondateurs de la Société des artistes indépendants et de son Salon.

Signorelli (*Luca*), peintre italien (Cortona, prov. d'Arezzo, v. 1445 - *id.* 1523). Héritier de Piero della Francesca mais aussi de A. del

Pollaiolo, il élabora un style d'une puissante tension, qui fait de lui le grand fresquiste toscan de son époque (chapelle Sixtine, à Rome, 1481 ; cloître de Monte Oliveto Maggiore, près de Sienne ; chapelle S. Brizio de la cathédrale d'Orvieto, 1499-1504).

Signoret (Simone Kaminker, dite Simone), actrice française (Wiesbaden 1921 - Autheuil-Authouillet, Eure, 1985). De Casque d'or (J. Becker, 1952) à la Vie devant soi (M. Mizrahi, 1977) en passant par Thérèse Raquin (M. Carné, 1953) ou la Veuve Couderc (P. Granier-Deferre, 1971), elle s'est imposée comme l'une des personnalités marquantes du cinéma français. Elle était l'épouse d'Yves Montand.

Sigurd, héros des légendes germaniques et scandinaves, l'un des principaux personnages de l'Edda et des Nibelungen (où il apparaît sous le nom de « Siegfried »).

Sikelianós (Ángelos), poète grec (Leucade 1884 - Athènes 1951). L'un des plus grands poètes de la Grèce moderne, il unit la richesse de la langue et celle des images (le Visionnaire, 1909 ; Mater Dei, 1920 ; la Voie sacrée, 1935).

Sikhote-Aline, massif de l'Extrême-Orient russe, s'étendant sur près de 1 000 km, parallèlement à la côte ; 2 078 m. Exploitation des forêts dont le bois est expédié par flottage jusqu'au Transsibérien.

Sikkim, État de l'Inde, dans l'Himalaya oriental ; 7 300 km² ; 403 612 hab. Cap. Gangtok. Il est depuis 1975 un État de l'Union indienne.

Sikorski (Władysław), général et homme politique polonais (Tuszów Narodowy 1881 - Gibraltar 1943). Après la défaite de 1939, il dirigea le gouvernement polonais réfugié en France, puis à Londres (1940), mais il se heurta au gouvernement soviétique. Il périt dans un accident aérien.

Silène, divinité grecque qui fut le père nourricier de Dionysos. Il appartenait à un groupe de divinités des bois, proches des satyres.

Silésie, en polon. Śląsk, en all. Schlesien, région du sud-ouest de la Pologne (débordant sur la République tchèque), à l'E. du rebord oriental du massif de Bohême, drainée par le cours supérieur et moyen de l'Odra et ses affluents. GÉOGR. Elle associe de riches activités agricoles, d'abondantes ressources minières et une exceptionnelle concentration industrielle autour des bassins charbonniers de Katowice-Rybnik (bassin de haute Silésie) et de Wałbrzych (bassin de basse Silésie). HIST. Conquise par la Pologne à la fin du Xᵉ siècle, la Silésie est mise en valeur par des colons allemands à partir du XIIIᵉ. Passée sous la suzeraineté de la Bohême au XIVᵉ siècle, elle entre avec cette dernière dans l'État autrichien des Habsbourg en 1526. En 1742, la quasi-totalité de la Silésie est conquise par la Prusse, l'Autriche ne conservant jusqu'en 1918 que la partie méridionale de la haute Silésie. En 1921, un plébiscite aboutit au partage de l'ancienne Silésie autrichienne entre la Tchécoslovaquie et la Pologne. En 1939, l'ensemble de la Silésie est occupé par Hitler. En 1945, la fixation de la frontière Oder-Neisse inclut la Silésie dans le territoire administré par la Pologne ; la population allemande (3 millions de personnes) en est expulsée.

Silhouette (Étienne de), homme politique français (Limoges 1709 - Bry-sur-Marne 1767). Contrôleur général des finances de Louis XV, il voulut réduire les finances en taxant les privilégiés et les riches (1759). Ses ennemis donnèrent son nom à des dessins le représentant en quelques traits, pour symboliser ainsi l'état auquel ses mesures réduisaient ceux qu'elles touchaient.

Sillanpää (Frans Eemil), écrivain finlandais (Hämeenkyrö 1888 - Helsinki 1964). Il est l'auteur de nouvelles et de romans qui peignent la vie et la nature finlandaises (Sainte Misère, 1919 ; Silja, 1931). [Prix Nobel 1939.]

Sillery (Nicolas Brulart, marquis de), diplomate français (Sillery, Marne, 1544 - id. 1624). Il négocia la paix de Vervins (1598) avant d'être garde des Sceaux (1604), puis chancelier (1607-1624).

Sillitoe (Alan), écrivain britannique (Nottingham 1928). L'un des écrivains les plus représentatifs du groupe des « Jeunes Gens en colère », il dénonce l'autorité sous toutes ses formes dans ses romans (Samedi soir, dimanche matin, 1958), ses poèmes et ses nouvelles (la Solitude du coureur de fond, 1959).

Sillon (le), mouvement social d'inspiration chrétienne fondé en 1894 par Marc Sangnier et qui, condamné par Pie X, disparut en 1910. Il prépara la voie à la démocratie chrétienne.

Siloé (Gil de), sculpteur flamand, actif à Burgos dans le dernier quart du XVᵉ siècle, auteur, à la chartreuse de Miraflores, d'un retable et de tombeaux d'un style gothique exubérant. Son fils **Diego,** architecte et sculpteur (Burgos v. 1495 - Grenade 1563), séjourna en Italie, travailla à Burgos, puis se fixa à Grenade, où, à partir de 1528, il fit triompher le style de la Renaissance classique dans la construction de la cathédrale. Ce style sera repris aux cathédrales d'Almería, de Málaga, de Guadix, de Jaén, œuvres de D. de Siloé ou de ses continuateurs.

Silone (*Secondo Tranquilli, dit Ignazio*), écrivain italien (Pescina Aquila 1900 - Genève 1978). Un des fondateurs du Parti communiste italien, avec lequel il rompit en 1930, il est l'auteur de romans réalistes (*le Pain et le Vin,* 1936 ; *le Grain sous la neige,* 1942 ; *le Renard et les Camélias,* 1960) évoquant les luttes antifascistes et la condition paysanne.

Silverstone, circuit automobile de Grande-Bretagne, au S.-O. de Northampton.

Silvestre (*Israël*), dessinateur et graveur français (Nancy 1621 - Paris 1691). Il travailla en Italie, puis fut au service de la cour, à Paris, à partir de 1662.

Silvestre de Sacy (*Antoine Isaac*), orientaliste français (Paris 1758 - *id.* 1838). Il fut un initiateur dans l'étude des langues sémitiques (*Grammaire arabe,* 1810). Il enseigna au Collège de France (1806). Il a donné une remarquable traduction de la Bible.

Sima (*Joseph*), peintre tchèque naturalisé français (Jaroměř, Bohême-Orientale, 1891 - Paris 1971). Formé à Prague dans l'esprit des recherches fauves et cubistes, proche, à Paris (où il arriva en 1921), des expériences de l'avant-garde, il orienta son œuvre vers une expression poétique de l'imaginaire et participa au groupe le Grand Jeu (Daumal).

Sima Qian ou **Sseu-ma Ts'ien,** historien chinois (v. 145 - v. 86 av. J.-C.). Grand historien de l'empereur, il est l'auteur de Mémoires historiques *(Shiji)* en 130 volumes. (→ Shiji.)

Sima Xiangru ou **Sseu-ma Siang-jou,** poète chinois (Chengdu 179 - Muling 117 av. J.-C.). Un des auteurs les plus célèbres du genre *fu,* poésie aristocratique et savante, il décrit, dans ses œuvres majeures, le *Fu de Zixu* et le *Fu de Shanglin,* les parcs et les chasses impériales.

Simbirsk, de 1924 à 1991 Oulianovsk, v. de Russie, sur la Volga ; 625 000 hab. Patrie de Lénine.

Simenon (*Georges*), écrivain belge d'expression française (Liège 1903 - Lausanne 1989). Auteur, dès 1932, de romans policiers où il crée la figure du commissaire Maigret (*Maigret,* 1934 ; *les Inconnus dans la maison,* 1940 ; *Maigret et le marchand de vin,* 1970), il a publié des romans d'aventures et de

mœurs, des pièces de théâtre (*La neige était sale,* 1950), des nouvelles (*le Bateau d'Émile,* 1954) et des récits autobiographiques.

Siméon (*saint*), personnage de l'Évangile de Luc, qui, lors de la présentation de Jésus au Temple, le proclama comme le Messie prédit par les Prophètes.

Siméon Ier (m. en 927), khan des Bulgares (893-927). Il investit Constantinople (913) pour s'y faire sacrer empereur (basileus) puis envahit la Thrace et la Macédoine, et soumit la Serbie (924).

Siméon Stylite (*saint*), dit l'Ancien, ascète syrien (Sis, Cilicie, v. 390 - v. 459). Il vécut de longues années au sommet d'une colonne, partageant sa vie entre la prière et la prédication.

Simferopol, v. d'Ukraine, en Crimée ; 344 000 hab.

Simiand (*François*), sociologue et économiste français (Gières 1873 - Saint-Raphaël 1935). Il enseigna l'histoire du travail au Collège de France (1932-1935). Son principal ouvrage, *le Salaire, l'évolution sociale et la monnaie* (1932) tente d'expliquer objectivement les faits réels de salaire.

Simon (*saint*), dit le Zélote, apôtre de Jésus-Christ. La tradition le fait mourir martyr en Perse avec saint Jude.

Simon (*Antoine*), cordonnier français (Troyes 1736 - Paris 1794). Membre du conseil général de la Commune, il fut désigné comme gardien du Dauphin Louis XVII au Temple (1793-94). Il fut guillotiné après le 9-Thermidor.

Simon (*Claude*), écrivain français (Tananarive 1913), un des représentants du « nouveau roman ». Il brise le moule classique du récit sans pour autant s'attacher à la disparition des « histoires » (*la Route des Flandres,* 1960 ; *l'Acacia,* 1989). Des romans tels que *la Bataille de Pharsale* (1969), *Leçon de choses* (1975), *les Géorgiques* (1981) et des essais (*Orion aveugle,* 1970) forment à la fois la théorie et l'illustration d'une nouvelle pratique de l'espace littéraire, où la réalité fragmentée se recompose suivant un rythme proche de l'écriture picturale. (Prix Nobel 1985.)

Simon (*Herbert*), économiste américain (Milwaukee 1916). Ses travaux ont porté, notamment, sur le mécanisme de la prise de décision économique. (Prix Nobel 1978.)

Simon (*Jules Suisse, dit Jules*), homme politique français (Lorient 1814 - Paris 1896). Professeur de philosophie à la Sorbonne, suspendu en 1851, député de l'opposition républicaine (1863-1870), ministre de l'Instruction publique (1870, 1871-1873), il devint président du Conseil en 1876, mais Mac-Mahon le contraignit à démissionner en mai 1877. (Acad. fr. 1875.)

Simon *(François, dit Michel),* acteur français d'origine suisse (Genève 1895 - Bry-sur-Marne 1975). Il débuta au théâtre *(Jean de la Lune,* de M. Achard, 1929) et triompha au cinéma, imposant son anarchisme goguenard et sa sensibilité : *la Chienne* (J. Renoir, 1931), *Boudu sauvé des eaux* (id., 1932), *l'Atalante* (J. Vigo, 1934), *Drôle de drame* (M. Carné, 1937).

Simon *(Richard),* historien et oratorien français (Dieppe 1638 - *id.* 1712), véritable fondateur de l'exégèse biblique *(Histoire critique du Vieux Testament,* 1678). Ses travaux se heurtèrent à l'incompréhension des théologiens de son temps.

Simonide de Céos, poète lyrique grec (Iulis, île de Céos, v. 556 - Syracuse 467 av. J.-C.), un des créateurs du thrène et de l'ode triomphale.

Simon le Magicien, personnage des Actes des Apôtres. Magicien converti au christianisme, il voulut acheter à saint Pierre les pouvoirs de l'Esprit-Saint : d'où le nom de « simonie » donné au trafic d'objets saints. Les anciens auteurs ont vu en lui l'initiateur du gnosticisme.

Simonov *(Kirill Mikhaïlovitch), dit Konstantine),* écrivain soviétique (Petrograd 1915 - Moscou 1979). Il est l'auteur de poèmes, de romans *(les Jours et les Nuits,* 1943-44) et de pièces de théâtre sur la Seconde Guerre mondiale.

Simplicius Simplicissimus *(la Vie de l'aventurier),* roman picaresque de H. J. C. von Grimmelshausen (1669), qui, sur fond de guerre de Trente Ans, retrace les aventures d'un personnage d'intelligence simple.

Simplon, passage des Alpes occidentales suisses, entre le Valais et le Piémont, à 2 009 m d'alt. La route, praticable toute l'année, est complétée par un tunnel ferroviaire de 19,8 km (à 700 m d'alt. de moyenne). C'est une voie importante entre l'Europe du Nord-Ouest et l'Europe du Sud-Est.

Sinaï, péninsule montagneuse et désertique d'Égypte, entre les golfes de Suez et d'Aqaba ; 2 641 m au mont Sainte-Catherine. Gisements de pétrole. — Une tradition ancienne y a localisé la « montagne de Dieu », où Moïse reçut de Yahvé le Décalogue. Au Ve siècle, le Sinaï fut un centre du monachisme chrétien. — La région a été l'enjeu de violents combats pendant les guerres israélo-arabes de 1967 et de 1973. Occupée par Israël, elle a été restituée à l'Égypte en 1982.

Sinan *(Mimar),* architecte turc (près de Kayseri 1489 - Istanbul 1588). Une œuvre abondante révèle son génie créatif mais aussi son esprit de synthèse, sachant allier la grande tradition architecturale du Proche-Orient ancien à celle de Byzance. De subtils jeux de coupoles confèrent à ses œuvres une majesté et une élégance typiques de l'architecture classique ottomane. Citons la mosquée Süleymaniye (1550-1557) et celle de Rüstem Paşa (v. 1555-1561) à Istanbul, la Selimiye (1569-1574) à Edirne.

Sinatra *(Frank),* chanteur américain (Hoboken, New Jersey, 1915). Doté d'une grande voix, il interprète les standards du jazz avec beaucoup de rigueur. À partir des années 1960, son travail devient plus commercial, modèle du style « crooner ». Il fut acteur dans de nombreux films *(Tant qu'il y aura des hommes,* 1953 ; *l'Homme au bras d'or,* 1955).

Sinclair *(sir John),* économiste britannique (Thurso Castle, Highland, Écosse, 1754 - Édimbourg 1835), un des fondateurs de la statistique.

Sinclair *(Upton),* écrivain américain (Baltimore 1878 - Bound Brook, New Jersey, 1968). Il est l'auteur de romans sociaux, dans lesquels il dénonce le capitalisme *(la Jungle,* 1906 ; *le Pétrole,* 1927 ; *la Fin d'un monde,* 1940).

Sind *(le),* province à l'extrémité sud-est du Pakistan ; 140 000 km² ; 19 029 000 hab. V. princ. *Karachi.* Région très aride et très chaude, partiellement mise en culture (riz, coton) grâce à l'irrigation.

Singapour, *en angl.* Singapore, État insulaire de l'Asie du Sud-Est, à l'extrémité sud de la péninsule Malaise ; 618 km² ; 2 700 000 hab. CAP. *Singapour.* LANGUES : anglais, chinois, malais et tamoul. MONNAIE : *dollar de Singapour.*

GÉOGRAPHIE

Sous un climat équatorial (2 400 mm de pluies par an), la forêt est encore présente sur les collines centrales. L'île est reliée à la péninsule par un viaduc routier et ferroviaire et par un aqueduc qui assure son alimentation en eau. Il s'agit d'un État-ville, dont la population est majoritairement d'origine chinoise. L'industrie se spécialise dans des activités à haute technicité. Les services fournissent la plus grande partie du

P. I. B., les activités du port (premier rang mondial par les conteneurs) et le raffinage du pétrole venant en tête. Le rôle financier est également important.

L'île, britannique à partir de 1819 et occupée par les Japonais de 1942 à 1945, devint un des quatorze États de la Malaisie (1963), puis se transforma en république indépendante (1965). Depuis les années 1960, l'île connaît un brillant essor économique.

Singer (Isaac Bashevis), écrivain américain d'expression yiddish (Radzymin, près de Varsovie, 1904 - Miami 1991). Ses romans font revivre la Pologne de son enfance sur le rythme des conteurs juifs traditionnels (la Corne du bélier, 1935 ; le Magicien de Lublin, 1960 ; Amour tardif, 1980). [Prix Nobel 1978.]

Singer (Isaac Merrit), inventeur américain (Pittstown, New York, 1811 - Torquay, Devon, 1875). Il perfectionna en 1851, à Boston, une machine à coudre et fonda à New York une usine qui devait devenir la Singer Company.

Sin-kiang → **Xinjiang.**

Sinnamary (le), fl. côtier de la Guyane française, tributaire de l'Atlantique ; 260 km.

Sinn Féin, mouvement nationaliste et républicain irlandais. Organisé à partir de 1902, il fomenta l'insurrection de 1916, obtint un triomphe total aux élections de 1918 et constitua un gouvernement républicain provisoire, dirigé par De Valera. Opposé à la création en 1921 d'un État libre d'Irlande, amputé de l'Ulster, il ne prit plus part aux campagnes électorales de 1927 à 1957. Il constitue la tribune politique de l'IRA et participe depuis 1982 aux élections en Irlande du Nord.

sino-japonaises (guerres), conflits qui opposèrent le Japon et la Chine en 1894-95, puis de 1937 à 1945.

Sinop, anc. Sinope, port de Turquie, sur la mer Noire ; 25 537 hab. — Défaite navale infligée aux Turcs par les Russes (1853).

Sint- Martens-Latem → **Laethem-Saint-Martin.**

Sint-Niklaas, en fr. Saint-Nicolas, v. de Belgique, ch.-l. d'arr. de la Flandre-Orientale ; 68 203 hab. — Musée.

Sinuiju, v. de Corée du Nord, à la frontière chinoise ; 165 000 hab.

Sion, nom primitif d'une des collines de Jérusalem, distincte de la montagne du Temple, sur laquelle était bâtie la citadelle prise par David. Dans la Bible, ce nom évoque l'espérance d'Israël et la foi du peuple dans la présence divine. Il est, par là, devenu synonyme de Jérusalem.

Sion, en all. Sitten, v. de Suisse, sur le Rhône, ch.-l. du Valais ; 25 336 hab. Évêché catholique. — Cathédrale et église de Valère, toutes deux romanes et gothiques. Musées, dont le Musée historique.

Sioux, ensemble de peuples de l'Amérique du Nord (Crow, Hidatsa, Winnebago, Iowa, Omaha, Osage, Dakota, etc.), parlant des langues voisines et qui occupaient les plaines s'étendant de l'Arkansas aux Rocheuses, principalement à l'époque où vivaient encore les bisons.

Siqueiros (David Alfaro), peintre mexicain (Santa Rosalía de Camargo, État de Chihuahua, 1896 - Cuernavaca 1974). Tôt engagé dans le mouvement révolutionnaire mexicain, communiste, il participa dans les années 20 à la conception d'un art national et populaire qui allait s'incarner dans le muralisme. Son œuvre est jalonnée de compositions monumentales, notamment à Mexico, de l'École nationale préparatoire (1922) au Polyforum culturel (la Marche de l'humanité, inaugurée en 1972).

Siret (le), riv. de Roumanie, née dans les Carpates, qui draine la Moldavie et rejoint le Danube (r. g.) ; 700 km. Hydroélectricité.

Sirey (Jean-Baptiste), jurisconsulte français (Sarlat 1762 - Limoges 1845), auteur en 1791 d'un Recueil des lois et arrêts dont la publication s'est poursuivie sous le titre Recueil Sirey, puis Recueil Dalloz-Sirey.

Sirius, étoile α de la constellation du Grand Chien, la plus brillante du Ciel.

Sirven (affaire) [1764-1771], affaire judiciaire due à l'intolérance religieuse, dont la victime fut le protestant français Pierre Paul **Sirven** (Castres 1709 - en Suisse 1777). Il fut accusé, à tort, d'avoir tué sa fille pour l'empêcher de se convertir au catholicisme. Condamné à mort, il se réfugia en Suisse, où il sollicita l'aide de Voltaire, qui obtint sa réhabilitation en 1771.

Sisley (Alfred), peintre britannique de l'école française (Paris 1839 - Moret-sur-Loing, Seine-et-Marne, 1899). Influencé par Corot, puis par Monet et Renoir, il est l'un des maîtres du paysage impressionniste. Le musée d'Orsay conserve notamment de lui des œuvres des années 1870-1892 : le Chemin de la Machine, Louveciennes ; les Régates à Molesey ; la Forge à Marly-le-Roi ; l'Inondation à Port-Marly ; la Neige à Louveciennes ; Cour de ferme à Saint-Mammès ; le Canal du Loing, Moret-sur-Loing.

Sismondi *(Jean Charles Léonard* Simonde de*)*, historien et économiste suisse (Genève 1773 - *id.* 1842). Dans *De la richesse commerciale* (1803), il dénonce l'erreur des économistes libéraux classiques qui prônent avant tout la richesse. Il défend l'intervention de l'État dans les mécanismes économiques en vue de protéger les travailleurs contre les conséquences néfastes d'un laisser-faire absolu. Auteur de *Nouveaux Principes d'économie politique* (1819), il a influencé Marx et les théoriciens socialistes.

Sissonne, ch.-l. de c. de l'Aisne ; 3 651 hab. *(Sissonnais).* Camp militaire. Câbles.

Sistan ou **Séistan**, région aride d'Iran et d'Afghanistan, en partie occupée par des lacs marécageux qui alimentent les eaux du Helmand.

Sisyphe, roi mythique de Corinthe, fils d'Éole, célèbre pour sa ruse et pour le châtiment qu'il encourt « à cause de son impiété ». Ayant tenté d'enchaîner Thanatos, le dieu de la Mort, il fut condamné dans les Enfers à rouler éternellement sur la pente d'une montagne un rocher qui retombait à chaque fois avant d'avoir atteint le sommet.

Sitting Bull (« Taureau assis »), surnom donné à Tatanka Iyotake, chef des Sioux du Dakota (Grand River, Dakota du Sud, v. 1831 - *id.* 1890), adversaire des colons américains dans la conquête de l'Ouest.

Sittwe, *anc.* Akyab, port de Birmanie, sur le golfe du Bengale ; 143 000 hab.

Siva → **Shiva.**

Sivas, *anc.* Sébaste, v. de Turquie, sur le Kızıl Irmak ; 221 512 hab. Centre industriel. — Monuments seldjoukides dont la Gök medrese (1271).

Siwalik *(chaîne des),* montagnes de l'Inde, formant une ligne d'avant-monts presque continue de l'Himalaya. Altitude variant de 600 à 1 200 m.

Six *(groupe des),* nom attribué en 1920 à un groupe de six compositeurs français comprenant L. Durey, A. Honegger, D. Milhaud, F. Poulenc, G. Auric et G. Tailleferre qui, en réaction contre l'influence de Debussy, prirent E. Satie comme chef de file. Le groupe se manifesta par une œuvre collective : *les Mariés de la tour Eiffel* (1921).

Six Personnages en quête d'auteur, pièce de L. Pirandello (1921).

Sixte IV *(Francesco* Della Rovere*)* [Celle Ligure, près de Savone, 1414 - Rome 1484], pape de 1471 à 1484. Il combattit les Turcs.

Mécène, humaniste, il embellit Rome et commença notamment la décoration de la chapelle Sixtine.

Sixte V ou **Sixte Quint** *(Felice* Peretti*)* [Grottammare, Marches, 1520 - Rome 1590], pape de 1585 à 1590. Il travailla à la réforme de l'Église dans l'esprit du concile de Trente, intervint dans les querelles religieuses de la France (il soutint la Ligue et excommunia Henri de Navarre), finança contre l'Angleterre l'Invincible Armada (1588). Il donna au Sacré Collège sa forme définitive, partagea l'administration romaine entre 15 congrégations et fit éditer la Vulgate (1588).

Sixtine *(chapelle),* chapelle du Vatican, construite sur l'ordre de Sixte IV et décorée de fresques par Botticelli, Ghirlandaio, Signorelli, le Pérugin, Cosimo Rosselli (1481-82), ainsi que par Michel-Ange (célèbres scènes de la *Création* à la voûte, dans un complexe dispositif en trompe-l'œil, 1508-1512 ; pathétique *Jugement dernier* sur le mur du fond, 1536-1541).

Siyad Barre *(Muhammad),* officier et homme d'État somalien (région du Haut-Djouba 1919 - Abuja, Nigeria, 1995). Il s'empara du pouvoir en 1969 et fut renversé en 1991.

Sjaelland, *en all.* Seeland, la plus grande des îles danoises, dans la Baltique. Elle couvre le sixième de la superficie du pays, dont elle concentre près de la moitié de la population. V. princ. *Copenhague.*

Sjöström *(Victor),* cinéaste suédois (Silbodal 1879 - Stockholm 1960). Acteur, il est déjà célèbre comme interprète du répertoire classique quand il aborde le cinéma en réalisant *le Jardinier* (1912). Il tourne, dès lors, de nombreux films dont *Ingeborg Holm* (1913) et, surtout, *les Proscrits* (1917) et *la Charette fantôme* (1920), deux des œuvres les plus importantes du cinéma muet suédois. Il part, en 1923, pour Hollywood, où il signe *Larmes de clown* (1924), *la Lettre écarlate* (1926), *le Vent* (1928), *la Femme divine* (1928), avec Greta Garbo. Il se consacre ensuite à l'interprétation (il est, en 1957, l'acteur principal des *Fraises sauvages* de Bergman).

Skagerrak ou **Skagerak,** détroit entre le Jylland danois et la Norvège, qui unit la mer du Nord au Cattégat. C'est un bras de mer très profond (plus de 700 m), large de 120 km.

Skanderbeg ou **Scanderbeg** *(Georges* Castriota, dit*),* prince albanais (1405 - Allessio 1468). Chef de la lutte contre les Ottomans, il bénéficia du soutien de la papauté, de Naples et de Venise.

Skikda, *anc.* Philippeville, port de l'Algérie orientale, ch.-l. de wilaya ; 108 000 hab. Raffinerie de pétrole et pétrochimie. Liquéfaction et exportation du gaz naturel.

Skinner *(Burrhus Frederic),* psychologue américain (Susquehanna, Pennsylvanie, 1904 - Cambridge, Massachusetts, 1990). Il réalise chez le rat, chez le pigeon, puis chez l'homme une série d'apprentissages *(conditionnements opérants)* suscités par la réaction même du sujet et où le stimulus ne dépend pas de l'expérimentateur. Cette conception a permis de faire de nouvelles découvertes *(Science and Human Behavior,* 1953 ; *Contingencies of Reinforcement : a Theoretical Analysis,* 1969).

Skolem *(Albert Thoralf),* logicien et mathématicien norvégien (Sandsvaer 1887 - Oslo 1963). En 1923, il a jeté les bases d'une démonstration aux termes de laquelle l'analyse et l'arithmétique doivent être construites à l'aide de fonctions récursives. Il est surtout connu pour avoir généralisé un théorème établi par Löwenheim, connu désormais sous le nom de « théorème de Löwenheim-Skolem ».

Skolimowski *(Jerzy),* cinéaste polonais (Varsovie 1938). Il s'impose internationalement avec son premier long-métrage *Signes particuliers : néant* (1964), puis *Walkover* (1965). *La Barrière* (1966), *Haut les mains* (1967), le *Départ* (1967) font de lui le chef de file du nouveau cinéma polonais. Émigré en Grande-Bretagne puis aux États-Unis, il tourne notamment *Deep End* (1970), *le Cri* (1978), *Travail au noir* (1982), *le Bateau-phare* (1985), *Eaux printanières* (1989).

Skopje ou **Skoplje,** cap. de la Macédoine, sur le Vardar ; 406 000 hab. Ville moderne reconstruite après le séisme de 1963. Université. Sidérurgie. — La ville fut la capitale de l'Empire macédonien de Samuel (Xe s.). — Aux environs, monastères byzantins, dont, à Nerezi, celui de S. Pantelejmon (XIIe s., fresques remarquables).

Skriabine → Scriabine.

Skye, une des îles Hébrides (Grande-Bretagne) ; 135 km² ; 7 500 hab. Ch.-l. *Portree.* Élevage. Tourisme.

Skylab, station spatiale américaine placée en orbite autour de la Terre en 1973 et retombée dans l'atmosphère en 1979, après avoir été occupée en 1973-74 par trois équipages successifs d'astronautes.

Skýros, île grecque de la mer Égée, la plus importante des Sporades du Nord ; 208 km² ; 2 300 hab. Ch.-l. *Skýros.*

Slánský *(Rudolf),* homme politique tchécoslovaque (Nezvěstice, Plzeň, 1901 - Prague 1952). Secrétaire général du Parti communiste (1945-1951), il fut accusé d'être le chef d'une conspiration contre l'État et le parti. Il fut exécuté (1952). Il a été réhabilité en 1968.

Slauerhoff *(Jan Jacob),* écrivain néerlandais (Leeuwarden 1898 - Hilversum 1936). Il est l'auteur de romans et de poèmes d'inspiration romantique *(Clair-obscur,* 1927).

Slavejkov *(Penčo),* écrivain bulgare (Trjavna 1866 - Brunate 1912). Un des plus grands poètes de la littérature bulgare, il fut influencé par Nietzsche dans ses essais et ses recueils lyriques *(Hymne sanglant,* 1911-1913).

Slaves, groupe ethnolinguistique de la branche orientale de la famille indo-européenne parlant des langues de même origine (des langues slaves) et occupant la majeure partie de l'Europe centrale et orientale. Comptant environ 270 millions de personnes, les Slaves sont différenciés en *Slaves orientaux* (Russes, Ukrainiens, Biélorusses), *Slaves occidentaux* (Polonais, Tchèques, Slovaques, Sorabes de Lusace) et *Slaves méridionaux* (Serbes, Croates, Bulgares, Slovènes, Macédoniens).

Slavonie, région de Croatie, entre la Save et la Drave. V. princ. *Osijek.*

Slesvig → Schleswig-Holstein.

Slipher *(Vesto Melvin),* astronome américain (Mulberry, Indiana, 1875 - Flagstaff, Arizona, 1969). Il appliqua la spectrographie à l'étude des planètes et des nébuleuses, et fut le premier à déterminer la vitesse radiale de galaxies (1912-1914).

Slodtz, sculpteurs français d'origine flamande. **Sébastien** (Anvers 1655 - Paris 1726) fut de ceux qui, à la fin du XVIIe siècle, tendirent à donner à l'art officiel plus de mouvement et d'expression. Il eut trois fils sculpteurs, dont le plus connu est **René Michel,** dit **Michel-Ange Slodtz** (Paris 1705 - id. 1764). Pensionnaire de l'Académie de France, celui-ci fut retenu à Rome, où le succès, près de vingt ans. Rentré à Paris en 1747, il fut nommé dessinateur des Menus-Plaisirs (décors éphémères pour la cour) et composa le mausolée, baroque, de Languet de Gergy à l'église St-Sulpice (marbre, 1750-1757).

Slovaquie, *en slovaque* Slovensko, État de l'Europe centrale ; 49 025 km² ; 5 300 000 hab. *(Slovaques)* Cap. *Bratislava.* LANGUE : *slovaque.* MONNAIE : *couronne slovaque.* Occupant l'extrémité nord-ouest des Carpates, la Slovaquie est longtemps demeurée presque exclusivement forestière et pastorale. L'industrie s'y est localement développée (vers Bratislava et Košice). La population compte une notable minorité hongroise.

HISTOIRE

Les Hongrois détruisent au Xᵉ s. l'État slave de Grande-Moravie et annexent la Slovaquie, qui constitue dès lors la Haute-Hongrie.

1526. Celle-ci entre avec le reste de la Hongrie dans le domaine des Habsbourg.

Après 1540, la plaine hongroise étant occupée par les Ottomans, le gouvernement hongrois s'établit à Presbourg (auj. Bratislava) et y demeure jusqu'en 1848. Le mouvement national slovaque se développe.

1918. La Slovaquie est intégrée à l'État tchécoslovaque.

1939. Un État slovaque séparé, sous protectorat allemand et gouverné par Mᵍʳ Tiso, est créé.

1945-1948. La région est réintégrée dans la Tchécoslovaquie et la centralisation rétablie.

1969. La Slovaquie est dotée du statut de république fédérale.

Depuis 1990, les Slovaques militent pour une nouvelle définition des rapports entre la Slovaquie et la République tchèque. Le processus de partition est engagé en 1992.

1993. Accession de la Slovaquie à l'indépendance.

Slovénie, État d'Europe ; 20 226 km² ; 1 943 000 hab. *(Slovènes).* CAP. *Ljubljana.* LANGUE : *slovène.* MONNAIE : *tolar.*

GÉOGRAPHIE

La Slovénie concentre sur le piémont alpin la majeure partie de sa population et de ses activités agricoles (polyculture et élevage) et industrielles (extraction du charbon, centrale nucléaire, métallurgie, électronique, textile). Le Karst, au sud-ouest, a quelques centres miniers. Le tourisme et l'exploitation forestière animent les Alpes.

HISTOIRE

Les tribus slaves (Slovènes) s'établissent dans la région au VIᵉ s.

1278. Celle-ci passe sous la domination des Habsbourg. Un mouvement culturel et national se développe au XIXᵉ s.

1918. La Slovénie entre dans le royaume des Serbes, Croates et Slovènes.

1929. Ce royaume prend le nom de *Yougoslavie.*

1941-1945. Il est partagé entre l'Allemagne, l'Italie et la Hongrie.

1945. La Slovénie devient une des républiques fédérées de Yougoslavie.

1991. Elle proclame son indépendance.

1992. Celle-ci est reconnue par la communauté internationale.

Słowacki *(Juliusz),* écrivain polonais (Krzemieniec 1809 - Paris 1849). Auteur de poèmes lyriques (*le Roi-esprit,* 1847) et de drames historiques (*Kordian,* 1834), incompris de son vivant, il est reconnu aujourd'hui comme le plus émouvant des poètes du romantisme polonais.

Sluter *(Claus),* sculpteur néerlandais (Haarlem v. 1340/1350 - Dijon 1405/06). Installé à Dijon en 1385, il succède à Jean de Marville (m. en 1389) comme imagier du duc Philippe le Hardi. La plus célèbre de ses œuvres conservées est l'ensemble des six prophètes du calvaire dit *Puits de Moïse* (anc. chartreuse de Champmol), sans doute achevé par son neveu Claus de Werve (v. 1380-1439). Le génie de Sluter se signale par une puissance dramatique et un réalisme qui exerceront une influence notable sur l'art européen du XVᵉ siècle.

Smalkalde *(articles de),* confession de foi rédigée par Luther en 1537, un des textes fondamentaux du luthéranisme.

Smalkalde *(ligue de)* [1531-1547], ligue religieuse et politique formée par des villes et des princes protestants d'Allemagne. Elle fut dissoute après la victoire de Charles Quint à Mühlberg.

S. M. E., abrév. de système monétaire européen.

Smetana *(Bedřich),* compositeur et pianiste tchèque (Litomyšl 1824 - Prague 1884). Il fonda le premier théâtre tchèque de Prague, pour lequel il écrivit la plupart de ses drames lyriques. Son œuvre est marquée par le folklore (danses de Bohême pour piano), par un sentiment patriotique (le cycle de 6 poèmes symphoniques *Ma patrie,* comprenant la *Moldau,* 1874-1879) et par la création d'un opéra tchèque avec notamment *la Fiancée vendue* (1866 ; dernière version, 1870).

Smith *(Adam),* économiste britannique (Kirkcaldy, Écosse, 1723 - Édimbourg 1790). Auteur des *Recherches sur la nature et les causes de la richesse des nations* (1776), il pense que la recherche par les hommes de leur intérêt personnel mène à la réalisation de l'intérêt général : il prône donc la liberté. Il approfondit la notion de valeur en distinguant valeur d'usage et valeur d'échange. Smith condamne le mercantilisme, les réglementations et entraves corporatistes et préconise la non-intervention de l'État en matière économique.

Smith *(Elizabeth,* dite *Bessie),* chanteuse de blues américaine (Chattanooga, Tennessee, 1894 - Clarksdale, Mississippi, 1937). Surnommée « l'Impératrice du blues », elle fut une grande vedette jusqu'en 1930 avant de sombrer dans la misère.

Smith *(David),* sculpteur américain (Decatur, Indiana, 1906 - Bennington, Vermont, 1965). Il a abordé en 1933 la sculpture en métal soudé et a atteint, après 1945, une rigueur abstraite annonciatrice de l'art minimal.

Smith *(Ian Douglas),* homme politique rhodésien (Selukwe 1919). Premier ministre de Rhodésie (1964-1979), il proclama unilatéralement l'indépendance de son pays (1965), rompant ainsi avec Londres.

Smith *(James),* chimiste sud-africain (Graaff Reinet 1897 - Grahamstown 1968). Il identifia le cœlacanthe, seule espèce vivante de poissons crossoptérygiens.

Smith *(Joseph),* fondateur de la secte des mormons (Sharon, Vermont, 1805 - Carthage, Illinois, 1844). Accusé de favoriser la polygamie, il mourut lynché par la foule.

Smith *(William Eugene),* photographe américain (Wichita, Kansas, 1918 - New York 1978). Sa démarche intellectuelle et son regard humaniste, jamais voyeur, malgré sa force expressive restent l'un des exemples les plus accomplis du photojournalisme *(Pittsburgh,* 1955, *Minamata,* 1972-1975).

Smolensk, v. de Russie, sur le Dniepr ; 341 000 hab. Centre industriel. — Églises du XIIᵉ siècle. Restes d'enceinte fortifiée.

Smollett *(Tobias George),* écrivain britannique (Dalquhurn, comté de Dumbarton, Écosse, 1721 - Livourne, Italie, 1771). Auteur de comédies, il adapta le roman picaresque à l'Angleterre *(les Aventures de Roderick Random,* 1748).

Smuts *(Jan Christiaan),* homme politique sud-africain (Bovenplaats 1870 - Irene 1950). Après avoir combattu contre les Britanniques dans les rangs des Boers (1899-1902), il participa à l'unification des colonies britanniques d'Afrique du Sud (1910). Il fut Premier ministre de 1919 à 1924 et de 1939 à 1948.

Smyrne → **Izmir.**

Snake River, riv. des États-Unis, affl. de la Columbia (r. g.) ; 1 600 km. Aménagements pour la production d'électricité et l'irrigation.

S. N. C. F. (Société nationale des chemins de fer français), établissement public industriel et commercial, soumis au contrôle de l'État et dont les origines remontent à 1937. Elle est chargée de gérer l'ensemble du réseau ferroviaire français.

Snel Van Royen *(Willebrord),* dit Willebrordus Snellius, astronome et mathématicien hollandais (Leyde 1580 - *id.* 1626). Il découvrit, avant Descartes, la loi de la réfraction de la lumière (1620) et introduisit en géodésie la méthode de triangulation.

Snijders ou **Snyders** *(Frans),* peintre flamand (Anvers 1579 - *id.* 1657). Ses natures mortes de victuailles, avec ou sans personnages, ont une ampleur décorative et un dynamisme qui doivent à l'exemple de Rubens *(le Garde-manger,* musées royaux de Bruxelles).

Snoilsky *(Carl, comte),* poète suédois (Stockholm 1841 - *id.* 1903). Il est l'auteur de *Sonnets* (1871) et de poèmes historiques *(Images suédoises,* 1886).

Snorri Sturluson, poète islandais (Hvammur v. 1179 - Reykjaholt 1241). Auteur de l'*Edda prosaïque* et d'une vaste collection de sagas de rois de Norvège *(Heimskringla),* il est l'un des écrivains les plus importants de l'Islande médiévale par sa grande érudition et une rare maîtrise de la langue islandaise.

Snowdon, massif de Grande-Bretagne, point culminant du pays de Galles (1 085 m). Il fait partie d'un parc national.

Soares *(Mário),* homme d'État portugais (Lisbonne 1924). Secrétaire général du Parti socialiste (1973-1986), il est ministre des Affaires étrangères (1974-75), puis Premier ministre (1976-1978 et 1983-1985). Il est président de la République de 1986 à 1996.

Sobibór, camp d'extermination allemand au nord de Lublin (1942-43), où périrent 150 000 Juifs.

Sochaux, ch.-l. de c. du Doubs, banlieue est de Montbéliard ; 4 443 hab. *(Sochaliens).* Grande usine d'automobiles. — Musée Peugeot.

social-chrétien belge *(Parti)* [P. S. C.], parti démocrate-chrétien de Belgique. En 1968, il s'est divisé entre une branche wallonne (Parti social-chrétien, ou P. S. C.) et une branche flamande (Christelijke Volkspartij, ou CVP).

social-démocrate allemand *(Parti)* ou SPD, parti politique allemand fondé en 1875. Mis hors la loi par Hitler (1933), il se reconstitue en 1945. À l'Est, il fusionne avec le Parti communiste pour former, en 1946, le SED (Parti socialiste unifié d'Allemagne). À l'Ouest, le SPD, anticommuniste, élimine progressivement toute référence au marxisme et est au pouvoir de 1969 à 1982. Le Parti social-démocrate est-allemand renaît en 1989 et fusionne en 1990 avec son homologue de R. F. A.

social-démocrate de Russie *(Parti ouvrier)* ou P. O. S. D. R., parti politique russe fondé en 1898. Il se scinda en 1903 en bolcheviques et en mencheviks. Les bolcheviques lui donnèrent en mars 1918 le nom de Parti communiste (bolchevique) de Russie.

sociale *(guerre)* [du lat. *bellum sociale,* guerre des Alliés] (91-89/88 av. J.-C.), insurrection des cités fédérées italiennes contre la domination romaine. Les Italiens, alliés *(socii)* de Rome, ne jouissaient pas du droit de cité romaine, mais ils supportaient des mêmes charges que les citoyens. Ils formèrent une confédération et obtinrent, malgré leur défaite, la citoyenneté romaine.

socialiste *(Parti)* → P. S.

socialiste unifié *(Parti)* → P. S. U.

social-révolutionnaire *(Parti)* → S.-R.

Société *(îles de la),* principal archipel de la Polynésie française (Océanie) [1 647 km² ; 162 573 hab.]. **GÉOGR.** On peut distinguer 2 groupes d'îles : les *îles du Vent,* avec notamment Tahiti et Moorea ; les *îles Sous-le-Vent,* avec Raïatea, Tahaa, Huahine, Bora-Bora, Maupiti et quelques atolls. Les grandes îles sont d'anciens volcans entaillés par de profondes vallées. L'activité humaine se rassemble dans d'étroites plaines littorales (plantations de cocotiers, cultures de tubercules et d'arbres à pain, pêche dans le lagon). Papeete concentre une part croissante de la population. Le tourisme s'est développé non seulement à Tahiti mais aussi à Moorea et à Bora-Bora. **HIST.** Découvertes par Wallis (1767) et Cook (1769), ces îles furent d'abord placées sous protectorat français (1843), puis annexées par la France (1880-1888).

Société de compensation des marchés conditionnels → S. M. C.

Société des Bourses françaises → S. B. F.

Société des Nations → S. D. N.

Société générale, banque française fondée en 1864. Nationalisée en 1946, la Société générale, qui revient au secteur privé en 1987, se classe parmi les premiers groupes bancaires européens et même mondiaux.

Société nationale des chemins de fer français → S. N. C. F.

Société nationale d'exploitation industrielle des tabacs et allumettes → S. E. I. T. A.

Société nationale Radiodiffusion et Télévision Française d'Outre-Mer (R. F. O.), société nationale de radio et de télévision pour l'outre-mer créée en 1983. Elle a son siège à Paris.

Socin *(Lelio Sozzini* ou *Socini, dit en fr.),* réformateur religieux italien (Sienne 1525 - Zurich 1562). Il niait la divinité de Jésus-Christ et le dogme de la Trinité, les estimant contraires au monothéisme.

Socotora ou **Suqutra,** île de l'océan Indien, à 250 km au large du cap Guardafui et à 400 km au sud de la péninsule arabique, dépendance du Yémen ; 3 580 km² ; 15 000 hab.

Socrate, philosophe grec (Alôpekè, Attique, 470 - Athènes 399 av. J.-C.). Fils d'un sculpteur et d'une sage-femme, Socrate est à lui seul un problème philosophique. Il n'a rien écrit, alors que la production littéraire était abondante de son temps ; il n'a pas fait métier d'enseignant, alors que nombre de ses contemporains, tels les sophistes, tiraient profit de leur talent pédagogique. Socrate nous est connu par Aristophane, qui le dénigre, par Xénophon, qui nous en donne une image simpliste et par Platon, qui lui a conféré une stature historique. Platon, son disciple principal, a-t-il fait de Socrate un portrait fidèle ou a-t-il été égaré par sa dévotion à l'égard du maître et lui a-t-il insufflé son propre génie ? La question est insoluble. Socrate parle, il n'écrit pas et il enseigne en interrogeant : c'est l'*ironie socratique.* Ce qu'il dit en dialoguant avec tel ou tel procède d'une méthode radicalement nouvelle : elle écarte toute certitude qui ne proviendrait pas de ce qu'on a en soi : c'est ce que Platon appelle la « dialectique ». Enfin, Socrate interroge et fait découvrir à son interlocuteur une vérité que celui-ci ne savait pas qu'il connaissait : c'est la *maïeutique,* l'art d'accoucher les esprits. Accusé « d'honorer d'autres dieux que ceux de la cité », c'est-à-dire, sans doute, de tout mesurer à l'aune de la pensée humaine, la sienne, accusé de « corrompre la jeunesse », c'est-à-dire, sans doute, de libérer des fausses croyances les jeunes à qui il s'adressait, il est arrêté, jugé, condamné à boire la ciguë. La vie et le destin de Socrate ont fasciné tous les philosophes de l'Occident. Il a suscité l'admiration de J.-J. Rousseau, de E. Kant et de F. Hegel, et la haine de F. Nietzsche, qui a fondé toute sa philosophie contre lui à partir des « présocratiques ».

Soddy *(sir Frederick),* chimiste britannique (Eastbourne, Sussex, 1877 - Brighton 1956). Ses recherches sur la radioactivité lui permirent d'expliquer le mécanisme de la désintégration des atomes et de donner la loi de filiation (1902). Il découvrit en 1903 le phénomène d'isotopie. (Prix Nobel 1921.)

Sodoma *(Giovanni Antonio Bazzi, dit il, en fr. le),* peintre italien (Verceil 1477 - Sienne 1549). Il est l'auteur de fresques au couvent de Monte Oliveto Maggiore (succédant à Signorelli), à Rome (villa Farnésine) et à Sienne.

Sodome, ancienne ville cananéenne (auj. Sedom) qui fut, avec Gomorrhe et d'autres cités du sud de la mer Morte, détruite par un cataclysme au XIXᵉ s. av. J.-C. La Bible rapporte cet épisode, dont elle fait une punition de Dieu contre les habitants de ces villes, infidèles et immoraux.

Soekarno → Sukarno.

Sofia, cap. de la Bulgarie, dans une plaine fertile, au pied du massif de la Vitoša ; 1 183 000 hab. La ville commande l'un des plus importants carrefours des Balkans. C'est un centre administratif et industriel. — Églises et mosquées anciennes. Musées d'Archéologie, d'Art sacré, etc. ; muséum d'Histoire naturelle.

Sofres, société française de sondages et d'études de marché créée en 1963.

Sogdiane, ancienne contrée d'Asie centrale, au N. de la Bactriane. Elle correspond à l'Ouzbékistan. V. princ. *Samarkand.*

Sognefjord, le plus long fjord de Norvège, au nord de Bergen ; 200 km environ. Sa profondeur varie entre 930 et 1 308 m.

Soho, quartier du centre de Londres, au N.-O. de Charing Cross, au caractère cosmopolite.

soie *(route de la),* voie de commerce qui reliait la région des capitales chinoises (proches de l'actuelle Xi'an) à l'Europe. Ouverte au IIᵉ s. av. J.-C., elle fut abandonnée à la fin du XIIIᵉ siècle. Les caravanes empruntaient divers itinéraires à travers l'Asie centrale. Elle a été le lieu d'échanges culturels réciproques entre les traditions hellénistiques (Aï-Khanoum) et celles du monde bouddhi-que, où elle était jalonnée de monastères (Bamiyan, Taxila, Yungang, etc.).

Soignies, *en néerl.* Zinnik, v. de Belgique, ch.-l. d'arr. du Hainaut ; 23 793 hab. — Collégiale romane St-Vincent (surtout des Xᵉ-XIᵉ s.).

Soïouz ou **Soyouz,** type de vaisseau spatial piloté utilisé pour la desserte des stations orbitales russes.

Soir *(le),* quotidien belge de langue française fondé à Bruxelles en 1887.

Soissons, ch.-l. d'arr. de l'Aisne, sur l'Aisne, dans le Soissonnais ; 32 144 hab. *(Soissonnais).* Évêché. Constructions mécaniques. Caoutchouc. **HIST.** En 486, Clovis y vainquit le Romain Syagrius. Cette victoire est à l'origine de l'anecdote célèbre dite du « vase de Soissons » : Clovis ayant réclamé à un soldat, en surplus de sa part de butin, un vase pris dans une église afin de le remettre à l'évêque de Reims, le soldat brisa le vase, rappelant au roi l'égalité des guerriers dans le partage des dépouilles. L'année suivante, alors qu'il passait en revue les troupes, le roi fendit le crâne du soldat en disant « Ainsi as-tu fait du vase de Soissons. » **ARTS.** Belle cathédrale gothique, surtout du XIIIᵉ siècle (très restaurée après 1918), ruines de St-Jean-des-Vignes et autres monuments. Musée dans l'ancienne abbaye St-Léger.

Sokolovski *(Vassili Danilovitch),* maréchal soviétique (Kozliki 1897 - Moscou 1968). Commandant les forces soviétiques en Allemagne (1946-1949), il fut chef d'état-major général (1952-1960).

Sokoto, v. du Nigeria, sur la *rivière Sokoto,* cap. de l'*État de Sokoto* ; 118 000 hab. — Elle fut au XIXᵉ siècle le centre de l'Empire peul du Sokoto, fondé par Ousmane dan Fodio, à partir de 1804.

Solario ou **Solari** *(Cristoforo),* sculpteur et architecte italien, actif entre 1489 et 1520. D'origine lombarde, il travailla à Venise, à la chartreuse de Pavie (tombeaux) et au dôme de Milan. Son frère **Andrea,** peintre, actif de 1495 à 1520 environ, combine des influences vénitiennes et florentines à la tradition lombarde *(Vierge au coussin vert,* Louvre).

Soldat inconnu *(le),* soldat français d'identité inconnue, tombé pendant la guerre de 1914-1918 et inhumé en 1921 sous l'Arc de triomphe, à Paris, pour honorer en lui les 1 390 000 morts français de la Première Guerre mondiale.

Soleil *(autoroute du),* autoroute reliant Paris à Marseille par Lyon.

Soler *(Antonio),* compositeur et organiste espagnol (Olot, prov. de Gérone, 1729 - l'Escurial 1783). Maître de chapelle à l'Escurial, disciple de Domenico Scarlatti, il a laissé 120 sonates pour clavier, un *Fandango,* 6 quintettes pour cordes et orgue, 6 concertos pour 2 orgues et de nombreuses œuvres religieuses.

Solesmes, ch.-l. de c. du Nord, dans le Cambrésis ; 5 060 hab. Métallurgie.

Solesmes [solem], comm. de la Sarthe ; 1 284 hab. — Abbaye bénédictine fondée v. 1010 par Geoffroi de Sablé, vendue en 1790 comme bien national, et reconstituée en 1833 par dom Guéranger. Elle est, depuis 1837, l'abbaye mère de la congrégation bénédictine de France. Foyer de plain-chant grégorien. — Célèbres groupes sculptés dits « les Saints de Solesmes » (xvᵉ-xviᵉ s.).

Soleure, *en all.* Solothurn, v. de Suisse, ch.-l. du cant. du même nom (791 km² ; 231 746 hab.), sur l'Aar ; 15 748 hab. — Le canton a été admis dans la Confédération en 1481. — Cathédrale reconstruite au xviiiᵉ siècle en style baroque italien (trésor), et autres monuments. Musée des Beaux-Arts (peintures des écoles suisse et européennes) ; Musée historique au château Blumenstein.

Solferino *(bataille de)* [24 juin 1859], victoire française de Napoléon III sur les Autrichiens à Solferino (Lombardie), lors de la campagne d'Italie. Le caractère sanglant de cette bataille fut à l'origine de la fondation de la Croix-Rouge.

Solidarność *(en fr., Solidarité),* union de syndicats polonais, constituée à Gdańsk en 1980. Indépendant et autogéré, Solidarność est mis hors la loi en 1982 et passe alors entièrement dans la clandestinité. Relégalisé en 1989, il joue un rôle important dans les révolutions démocratiques de 1989. Il a été présidé par Lech Wałęsa de 1981 à 1990.

Solihull, v. de Grande-Bretagne (West Midlands), près de Birmingham ; 112 000 hab.

Soliman Iᵉʳ, *en turc* Süleyman Iᵉʳ Kanunî « le Législateur », surnommé **le Magnifique** par les Occidentaux (Trébizonde 1494 - Szigetvár, Hongrie, 1566), 10ᵉ sultan ottoman (1520-1566). Fils de Selim Iᵉʳ, il succède à celui-ci avec une expérience des affaires acquise comme gouverneur de province. « Législateur », il crée un ensemble de lois et d'institutions pour administrer son immense empire. C'est également un conquérant, qui porte les armes de l'islam dans plus de dix campagnes, la plupart couronnées de succès.

En 1521, il enlève Belgrade et s'empare de Rhodes en 1522, bat le roi de Hongrie à Mohács (1526) et entre dans Buda. En 1529, il assiège Vienne sans succès. Il attaque la Perse, prend Tabriz et Bagdad (1534). Au début des années 1550, il lance presque simultanément des opérations en Europe et en Orient, contre la Perse. Les corsaires Khayr al-Din Barberousse, Piyale Paşa et Dragut mènent également de fructueuses opérations en mer (occupation passagère de Tunis, prise de Nice, de Djerba). La paix signée en 1550 avec le chah d'Iran consacre la suprématie des Ottomans. Homme politique avisé, arbitre de nombreux conflits en Europe (« capitulations » signées avec le roi de France, François Iᵉʳ, qu'il soutient contre les Habsbourg), le *padişah* (« souverain des souverains ») domina son époque, à la tête du plus puissant État d'alors.

Solimena *(Francesco),* peintre italien (Canale di Serino, prov. d'Avellino, 1657 - Barra, près de Naples, 1747), une des principales figures, avec L. Giordano, du baroque napolitain (fougueuses fresques pour les églises, allégories, portraits).

Solingen, v. d'Allemagne (Rhénanie-du-Nord-Westphalie), dans la Ruhr ; 162 928 hab. Coutellerie.

Soljenitsyne *(Aleksandr Issaïevitch),* écrivain russe (Kislovodsk 1918). Son œuvre, qui dénonce le régime de Staline et le système de pensée sur lequel il est fondé, lui valut d'être expulsé d'U. R. S. S. (*Une journée d'Ivan Denissovitch,* 1962 ; *le Pavillon des cancéreux,* 1968 ; *l'Archipel du Goulag,* 1973-1976) [→ **Archipel**]. Il a entrepris une gigantesque fresque romanesque et historique de son pays : *la Roue rouge* (*Août 14,* 1971 et 1983 ; *Novembre 16,* 1984 ; *Mars 17,* 1986). Il retourne en Russie en 1994, après vingt ans d'exil. (Prix Nobel 1970.)

Sollers *(Philippe),* écrivain français (Talence 1936). Il entreprend une double réflexion sur le langage et sur les rapports du langage avec le réel (*le Parc,* 1961 ; *Nombres,* 1968 ; *H,* 1973). Animateur de la revue *Tel quel* de 1960 à 1982, il a adopté ensuite dans *Femmes* (1983), *Portrait du joueur* (1984) ou *le Secret* (1993) un ton plus romanesque.

Sologne *(la),* région sableuse et argileuse du sud du Bassin parisien, dans la boucle de la Loire, longtemps marécageuse et insalubre, aujourd'hui assainie. Partiellement boisée, la Sologne est surtout aujourd'hui une terre de chasse.

Solomós *(Dionýsios, comte),* poète grec (Zante 1798 - Corfou 1857). Après avoir écrit d'abord en italien, il adopta sa langue maternelle, le grec, dès le début de la guerre de l'Indépendance (1821). Son *Hymne à la liberté* (1823) est devenu l'hymne national grec. Solomós est le premier grand poète de la Grèce moderne.

Solon, homme d'État athénien (v. 640 - v. 558 av. J.-C.). Son nom est attaché à la réforme sociale et politique qui amena l'essor d'Athènes. Ayant accédé au pouvoir (594-593), il partage les citoyens en quatre classes censitaires. Les riches ont accès aux magistratures, les pauvres (les *thètes*) participent aux réunions de l'ecclésia (assemblée des citoyens) et siègent désormais à l'héliée (tribunal populaire). Il semble que Solon ait eu le souci de développer en Attique l'artisanat (en obligeant les pères à apprendre un métier à leur fils) et le commerce. Il figure au nombre des Sept Sages de la Grèce.

Solothurn → **Soleure.**

Solow *(Robert Merton),* économiste américain (New York 1924). Il a étudié les rapports de la croissance et du progrès technique. (Prix Nobel de sciences économiques 1987.)

Solutré, écart de la commune de Solutré-Pouilly (Saône-et-Loire). Gisement paléolithique éponyme du faciès solutréen (paléolithique supérieur). Musée de Préhistoire.

Solvay *(Ernest),* industriel belge (Rebecq-Rognon 1838 - Bruxelles 1922). De 1861 à 1865, il réalisa la fabrication industrielle du carbonate de sodium (« soude Solvay »). Il fut à l'origine, à partir de 1911, de conseils scientifiques internationaux (les « congrès Solvay »), auxquels participèrent les plus grands physiciens et chimistes du siècle.

Soma, dans l'Inde védique, breuvage obtenu à partir d'une plante mal déterminée et représentant le sperme comme source de vie. Il avait des effets hallucinogènes et était particulièrement utilisé lors des sacrifices. Dans l'hindouisme classique, Soma est aussi un des noms de la Lune, que l'on comparait alors à une coupe pleine de « soma ».

Somalie, État occupant la Corne orientale de l'Afrique ; 638 000 km² ; 8 200 000 hab. *(Somaliens).* CAP. *Muqdisho (Mogadiscio).* LANGUE : *somali.* MONNAIE : *shilling.*

GÉOGRAPHIE

Au N., des montagnes dominent le golfe d'Aden tandis que la large plaine côtière de l'océan Indien se raccorde dans l'intérieur à un plateau. Le pays est semi-aride (de 250 à 400 mm de pluies par an) sauf dans le Sud, que traversent deux fleuves, le Chébéli et le Djouba, issus des hautes terres éthiopiennes, et où les pluies atteignent 600 mm par an, ce qui permet des cultures irriguées de sorgho, sésame, maïs, canne à sucre, coton, bananes (2e produit d'exportation). Le nomadisme pastoral (dromadaires, bovins, ovins et caprins) fournit le premier poste d'exportation (viande en conserve et sur pied). Le secteur industriel est modeste : alimentation, textile, cimenterie. La guerre civile a entraîné le gel de l'aide internationale, pourtant indispensable, la Somalie se classant parmi les pays les plus pauvres.

HISTOIRE

Les commerçants musulmans entrent très tôt en contact avec la population noire du littoral. À partir du Xe s., les Somalis, venus du Yémen et de l'Arabie, s'y installent par vagues successives.

XIVe-XVIe s. Les royaumes musulmans combattent l'Éthiopie, chrétienne.

1887. Les Britanniques créent le protectorat de Somaliland le long du littoral septentrional.

1889. Les Italiens imposent leur protectorat sur la côte orientale et méridionale.

Devenue colonie en 1905, la Somalie italienne (Somalia) s'agrandit de l'Ogaden à l'issue de la campagne d'Éthiopie (1935-36).

1941. Après avoir dû évacuer le Somaliland, la Grande-Bretagne reconquiert l'ensemble de la région.

Elle l'administre jusqu'en 1950, date à laquelle l'Italie reçoit de l'O. N. U. la tutelle sur son ancienne colonie (hormis l'Ogaden, restitué à l'Éthiopie).

1960. La république est proclamée. Son territoire regroupe les anciens Somaliland et Somalia.

1969. Le général Siyad Barre s'empare du pouvoir et instaure la République démocratique de Somalie.

1977-78. Un conflit oppose l'Éthiopie, soutenue par l'U. R. S. S., à la Somalie, qui revendique l'Ogaden.

1988. Un accord de paix met fin à la guerre larvée entre les deux pays.

1991. Le général Siyad Barre est renversé. Une guerre civile déchire le pays, frappé d'une terrible famine.

1992. Intervention d'une force multinationale à prépondérance américaine sous l'égide de l'O. N. U.

1993. Les forces de l'O.N.U. qui prennent le relais de cette opération ne parviennent pas à désarmer les factions rivales. La famine est cependant pratiquement jugulée.

1994. Les forces de l'O.N.U. se désengagent.

Somalis, peuple parlant une langue couchitique et vivant en Somalie, en Éthiopie et à Djibouti. Ils sont très fortement islamisés.

Somalis (*Côte française des*) → **Djibouti** (*République de*).

Sombart (*Werner*), économiste allemand (Ermsleben, distr. de Halle, 1863 - Berlin 1941), l'un des principaux partisans de réformes sociales en faveur des ouvriers et l'un des fondateurs des cercles d'études sociales dans les universités allemandes. On lui doit, notamment, *le Capitalisme moderne* (1902) et, surtout, *le Socialisme et le mouvement social au XIXe siècle* (1896).

Somerset, comté du sud-ouest de l'Angleterre ; 436 000 hab. Ch.-l. *Taunton*.

Someş ou **Szamos** (*le*), riv. de Roumanie et de Hongrie, affl. de la Tisza (r. g.) ; 411 km. Hydroélectricité.

Somme (*la*), fl. de Picardie, qui se jette dans la Manche (baie de Somme) ; 245 km. Née dans l'Aisne, elle passe à Saint-Quentin, Péronne, Amiens, Abbeville. — Théâtre, de juillet à novembre 1916, d'une offensive franco-britannique victorieuse qui soulagea le front de Verdun.

Somme [80], dép. de la Région Picardie ; ch.-l. de dép. *Amiens* ; ch.-l. d'arr. *Abbeville, Montdidier, Péronne* ; 4 arr., 46 cant., 783 comm. ; 6 170 km² ; 547 825 hab. Il est rattaché à l'académie et à la cour d'appel d'Amiens, à la région militaire Nord-Est.

Sommerfeld (*Arnold*), physicien allemand (Königsberg 1868 - Munich 1951). Appliquant à l'atome, dès 1915, la mécanique relativiste conjointement avec la théorie des quanta, il réussit à expliquer la « structure fine » des raies spectrales. Il introduisit les orbites elliptiques dans les atomes et développa la théorie des électrons libres dans les métaux.

Somosierra (*col de*), passage de la sierra de Guadarrama (Espagne), à 1 430 m d'alt., reliant les deux Castilles et les deux bassins du Tage et du Duero.

Somport (*col du* ou *de*), col routier des Pyrénées-Atlantiques à la frontière espagnole entre la vallée de l'Aragón et la vallée d'Aspe, à 1 632 m d'alt.

Sonde (*archipel de la*), îles d'Indonésie, prolongeant la presqu'île de Malacca jusqu'aux Moluques. Les principales sont Sumatra et Java, séparées par le détroit de la Sonde des petites îles de la Sonde (Bali, Timor, etc.).

Sonderbund (*le*), ligue des 7 cantons suisses catholiques, formée en 1845 contre le gouvernement fédéral. Elle fut dissoute après l'intervention de l'armée fédérale, commandée par le général Dufour (1847).

Song, dynastie qui régna sur la Chine de 960 à 1279. Les Song gouvernèrent un territoire considérablement réduit par rapport à celui des périodes précédentes (Tang) et constamment menacé par des populations du Nord et du Nord-Est ; ils durent se réfugier dans le Sud en 1127. La Chine connut sous cette dynastie une grande avance technologique. Les Song furent éliminés par les Mongols.

Songhaï ou **Sonrhaï,** peuple du Niger et du Mali, sur les deux rives du Niger, parlant une langue nilo-saharienne.

songhaï (*Empire*), empire qui, lors de son apogée (XVIe s.), s'étendit du Sénégal à la boucle du Niger et disparut après l'occupation marocaine (1591). Ses souverains les plus illustres furent Sonni Ali (1464-1492) et Askia Mohammed (1492-1528).

Sonnini de Manoncourt (*Charles*), naturaliste français (Lunéville 1751 - Paris 1812), auteur des volumes *Poissons* et *Cétacés* de l'*Histoire naturelle* de Buffon, continuée par Lacepède, et d'une *Histoire naturelle des reptiles*.

Sophia-Antipolis (nom déposé), complexe culturel et scientifique situé sur le *plateau de Valbonne,* au N. de Cannes.

Sophie Alekseïevna (Moscou 1657 - id. 1704), régente de Russie (1682-1689). S'étant fait confier la régence de son frère Ivan V (1682), elle fut écartée du pouvoir par son demi-frère Pierre le Grand (1689).

Sophocle, poète tragique grec (Colone, près d'Athènes, entre 496 et 494 av. J.-C.-Athènes 406 av. J.-C.). Ami de Périclès et d'Hérodote, citoyen accompli, il remporta au cours d'une carrière exceptionnelle plus de vingt « victoires », sans jamais descendre au-dessous du second rang. Sept tragédies, sur plus d'une centaine, et des fragments d'un drame satyrique, *les Limiers,* sont parvenus jusqu'à nous : *Ajax* (v. 445), *les Trachiniennes* (v. 445 ?), *Antigone* (v. 442), *Œdipe roi* (v. 425), *Électre* (v. 415), *Philoctète* (409), *Œdipe à Colone* (401). Il donna à la tragédie sa figure définitive : portant de 12 à 15 le nombre des choreutes, il ajouta un troisième acteur et substitua à la trilogie liée (trois épisodes du même mythe) la trilogie libre (chaque drame est autonome). L'action de ses tragédies est menée à son terme par la volonté et les passions du héros, individu exceptionnel qui, en lutte contre le destin demeure libre.

Sophonisbe, reine de Numidie (Carthage 235 av. J.-C.-203). Épouse de Masinissa, elle s'empoisonna pour ne pas être livrée aux Romains.

Sopot, v. de Pologne, sur la côte ouest du golfe de Gdańsk ; 45 800 hab. Station balnéaire.

Sor *(Fernando)* → Sors *(Fernando).*

Sorabes, groupe ethnique slave d'Allemagne (Brandebourg et Saxe). Ils sont les descendants des Slaves de Lusace, tombés au Xe siècle sous la domination des Allemands, qui les appelaient *Wendes.*

Sorbon *(Robert* de*),* théologien français (Sorbon, près de Rethel, 1201 - Paris 1274). Chanoine de Paris (1258), maître de théologie et clerc de Saint Louis, il fonda le collège qui devint la Sorbonne (1253-1257). Il a laissé plusieurs traités.

Sorbonne *(la),* établissement public d'enseignement supérieur, à Paris (entre le Panthéon et la place Saint-Michel), abritant aujourd'hui plusieurs universités de lettres, sciences humaines et droit. Elle a pris le nom de son fondateur, Robert de Sorbon, dont le but avait été de créer un établissement pour faciliter aux écoliers pauvres les études théologiques (1257). Dès 1554, cette institution devint le lieu des délibérations générales de la faculté de théologie, que l'on désigna dès lors sous le nom de « Sorbonne ». Hostile aux jésuites au XVIe siècle, elle condamna les jansénistes au XVIIe siècle. Elle intervenait en tant que tribunal ecclésiastique de la censure. — Richelieu fit rebâtir la Sorbonne sur plans de Lemercier ; la chapelle, édifiée de 1635 à 1653, abrite le tombeau du cardinal par Girardon (1694). Les bâtiments des facultés ont été de nouveau reconstruits, de 1885 à 1901, par l'architecte Paul Nénot.

Sorel *(Agnès),* favorite de Charles VII (Fromenteau, Touraine, ou Froidmantel, Somme, v. 1422 - Anneville, Normandie, 1450). Elle fut surnommée la **Dame de Beauté,** du nom de la seigneurie de Beauté-sur-Marne, que lui avait donnée le roi. Elle fut la première maîtresse officielle d'un roi de France.

Sorel *(Charles),* sieur de Souvigny, écrivain français (Paris 1582 - id. 1674). On lui doit des romans de mœurs où le réalisme s'allie au pittoresque (*la Vraie Histoire comique de Francion,* 1622-1633) et une satire du romanesque traditionnel (*le Berger extravagant,* 1627).

Sorel *(Georges),* philosophe et sociologue français (Cherbourg 1847 - Boulogne-sur-Seine 1922). Polytechnicien, il se tourne d'abord vers les socialistes, puis, après la lecture de Marx et de Proudhon, voit dans la pratique syndicaliste révolutionnaire le socialisme véritable. Hostile à la démocratie parlementaire, il est attiré un moment par la droite monarchiste. Il a écrit *Réflexions sur la violence* (1908).

Sorel *(Julien),* héros du roman de Stendhal *le Rouge et le Noir.*

Sørensen *(Søren Peter Lauritz),* chimiste danois (Havrebjerg 1868 - Copenhague 1939). Il est l'auteur de travaux sur la théorie des ions ; il préconisa, en 1909, l'emploi de l'indice connu sous le nom de pH, pour évaluer l'acidité d'un milieu. Il a étudié la synthèse des acides aminés.

Sorocaba, v. du Brésil (État de São Paulo) ; 377 270 hab.

Sorrente, v. d'Italie (Campanie), célèbre par la beauté de son site, sur le golfe de Naples ; 17 015 hab. Tourisme. — Musée dans un palais du XVIIIe siècle.

Sors ou **Sor** *(Fernando),* guitariste et compositeur espagnol (Barcelone 1778 - Paris 1839). Il est connu pour la méthode (1830), les études et diverses compositions qu'il laissa pour la guitare.

Soseki → Natsume Soseki.

Sosie, valet d'Amphitryon dans les pièces de Plaute et de Molière. Mercure, qui a pris les traits de Sosie, réussit à faire douter ce dernier de sa propre identité.

Sosnowiec, v. de Pologne, en haute Silésie, appartenant à la conurbation de Katowice ; 259 000 hab.

Sotatsu, peintre japonais (Kyoto, 1re moitié du XVIIe s.). Une inspiration puisée dans la tradition de l'époque Heian, le sens de la couleur et du décor en font le précurseur de l'art décoratif des Tokugawa.

Sotchi, v. de Russie, sur la mer Noire, au pied du Caucase ; 337 000 hab. Centre touristique. — *Dendrarium,* jardin botanique aux espèces subtropicales.

Sotheby and Co. ou **Sotheby's,** la plus importante entreprise mondiale de vente aux enchères, fondée à Londres en 1733. Spécialisée dans les œuvres d'art, elle est aujourd'hui sous contrôle américain.

Sotho ou **Bassouto,** ensemble de peuples de l'Afrique méridionale, comprenant notamment les Pedi, ou Sotho du Nord, que l'on distingue parfois des Sotho proprement dits. Les Sotho parlent une langue bantoue. Ils vivent dans de petits hameaux que les Afrikaners appellent des kraals.

Soto *(Hernando* de*)*, conquistador espagnol (Barcarrota 1500 - sur les rives du Mississippi 1542). Compagnon de Pizarro, il explora à partir de 1539 la Floride, puis la région du Mississippi.

Sotteville-lès-Rouen, ch.-l. de c. de la Seine-Maritime, banlieue sud de Rouen, sur la Seine ; 29 957 hab. *(Sottevillais)*. Gare de triage. Produits cellulosiques. Métallurgie.

Sottsass *(Ettore)*, designer italien (Innsbruck 1917). Il a manifesté pour les formes ludiques et gratuites un goût qui fait de lui un des maîtres du « nouveau design ». Il a été l'un des fondateurs, à Milan, en 1981, du groupe international Memphis, dont les créations se souviennent du pop art et présentent des affinités avec le postmodernisme architectural.

Souabe, *en all.* Schwaben, région historique d'Allemagne, aux confins de la Bavière et du Bade-Wurtemberg. Cap. *Augsbourg*. Constituée en duché au Xe siècle, la Souabe fut aux mains des Hohenstaufen de 1079 à 1268. Elle fut démantelée aux traités de Westphalie en 1648.

Souabe-Franconie *(bassin de)*, bassin sédimentaire de l'Allemagne (englobant le Jura souabe et franconien), au nord du Danube, entre la Forêt-Noire et le massif de Bohême, partagé entre la Bavière, le Bade-Wurtemberg et la Hesse. Région agricole.

Soubise *(Charles* de Rohan, *prince* de*)*, maréchal de France (Versailles 1715 - Paris 1787). Il contribua à la victoire de Fontenoy (1745) mais fut vaincu à Rossbach par Frédéric II (1757).

Soubise *(hôtel de)*, à Paris, résidence historique située dans le Marais, aujourd'hui occupée par les Archives nationales et le musée de l'Histoire de France. François de Rohan, prince de Soubise, en fit construire les bâtiments actuels par Pierre Alexis Delamair, puis Boffrand (1705-1745, beaux décors intérieurs). L'hôtel de Rohan, contigu et également de Delamair, appartient lui aussi aux Archives nationales (parmi d'autres dépendances, dont un moderne Centre d'accueil et de recherche).

Sou Che → **Su Shi**.

Soudan, zone climatique de l'Afrique boréale, intermédiaire entre le Sahel au N. et la zone équatoriale au S., caractérisée par le passage, du nord au sud, de la steppe à la savane, résultat de l'allongement de la saison des pluies (été).

Soudan, État de l'Afrique orientale, qui occupe la région du haut Nil ;

2 506 000 km² ; 24 900 000 hab. *(Soudanais)*. CAP. *Khartoum*. LANGUE : *arabe*. MONNAIE : *livre soudanaise*.

GÉOGRAPHIE

Le Soudan vient au premier rang de l'Afrique pour sa superficie, mais seulement au 8e rang pour la population. Celle-ci, dont l'accroissement naturel approche 3 % par an, est localisée majoritairement dans le nord du pays. Elle se compose de plus de 500 ethnies, partagées entre des populations blanches, islamisées et arabophones, dans le Nord, et des populations noires, animistes ou chrétiennes, sans unité linguistique, dans le Sud. Le pays est généralement plat, les hauteurs se situant à la périphérie, en dehors des monts Nuba (1 400 m), et le Nil le traverse du sud au nord. Les précipitations, estivales, permettent de distinguer trois régions. Le Sud, qui reçoit entre 600 et 1 500 mm de pluies, est isolé du reste du pays par les zones marécageuses du Sadd, où les populations vivent de cultures (sorgho) sur les bourrelets alluviaux, d'élevage et de pêche. Entre les 10e et 15e parallèles se situe le cœur du pays, qui reçoit entre 300 et 600 mm de pluies. Dans la Gezireh, entre le Nil Blanc et le Nil Bleu, grâce à des barrages, des périmètres irrigués produisent du coton ainsi que des cultures diversifiées (sorgho, blé, canne à sucre). À l'ouest, les cultures pluviales sont possibles (coton, sorgho, millet, arachide, sésame, acacia dont on tire la gomme arabique), complétées en altitude (Darfour) par le blé et l'élevage. Dans le Nord s'étend le domaine saharien, parcouru par des nomades (chameaux, bovins), sauf au nord-ouest, pratiquement vide. L'agriculture n'est possible que dans les oasis et le long de la vallée du Nil, densément peuplée.

L'agriculture emploie plus des trois quarts de la population active, mais ne satisfait pas la demande intérieure. La disponibilité en eau reste le problème crucial, et seulement 8 % des terres cultivables sont utilisées. Par ailleurs, les régions sahéliennes, fragiles, se désertifient par endroits. Le coton, l'élevage, avec un des troupeaux les plus importants d'Afrique (bovins, ovins, caprins, camélidés), le sorgho, l'arachide, le sésame et la gomme arabique fournissent l'essentiel des exportations du pays. Les ressources minières sont modestes (un peu de pétrole). Les industries concernent le traitement du coton, l'alimentation, les cimenteries et le raffinage du pétrole ; elles sont localisées dans la région de Khartoum, Atbara et Port-

Soudan. Endetté et dépendant de l'aide internationale, le pays doit faire face à de graves dissensions internes.

HISTOIRE

Dans l'Antiquité, l'histoire du Soudan se confond avec celle de la Nubie, qui en couvre la partie septentrionale. Appelée pays de Koush par les Égyptiens, elle est conquise par les Pharaons au début du IIe millénaire.

VIe s. av. J.-C. Fondation du royaume de Méroé, capitale de la Nubie.

v. 350 apr. J.-C. Méroé est détruite par les Éthiopiens.

Des royaumes chrétiens s'y succèdent à partir du VIe s., progressivement soumis par les Arabes, qui y diffusent l'islam. À partir du XVe s. se constituent des sultanats. De vastes zones sont dépeuplées par la traite.

1820-1840. Méhémet-Ali, vice-roi d'Égypte, conquiert la région, dont Khartoum devient la capitale.

1881. Début de l'insurrection du Mahdi, chef musulman qui proclame la guerre sainte contre les Britanniques.

1898. Le général Kitchener rétablit le pouvoir anglo-égyptien, qui prend la forme d'un condominium (1899).

1956. La République indépendante du Soudan est proclamée.

La révolte séparatiste du Sud, en majorité animiste et chrétien, est à l'origine d'une forte et permanente instabilité politique.

1969-1985. Le général Nimayri dirige le pays, où il instaure un régime à parti unique.

1989. Les militaires au pouvoir accentuent l'orientation islamiste du pays, tandis que la rébellion du Sud se poursuit.

1992. L'armée remporte d'importants succès sur la rébellion sudiste. Les populations du Sud sont touchées par la famine.

Soudan français, nom qu'a porté le Mali avant l'indépendance, de 1920 à 1958.

Soufflot *(Germain),* architecte français (Irancy, près d'Auxerre, 1713 - Paris 1780). Après un séjour à Rome (1731-1738), il se fait connaître par son hôtel-Dieu de Lyon. En 1749, il accompagne en Italie le marquis de Marigny, directeur des Bâtiments royaux, voyage (jusqu'à Herculanum et Paestum) qui est le prélude du néoclassicisme français. Le Panthéon de Paris (église Ste-Geneviève à l'origine), qui l'occupe de 1755 à sa mort, tend à combiner la solennité et la régularité antiques avec une légèreté et un sens structural inspirés des bâtisseurs gothiques ; les recherches techniques auxquelles l'édifice donna lieu font de Soufflot un précurseur du rationalisme.

Soufrière *(la),* volcan actif constituant le point culminant de la Guadeloupe ; 1 467 m.

Soukhoumi, port de Géorgie, cap. de l'Abkhazie, sur la mer Noire ; 121 000 hab. — Musée ethnographique. Jardin botanique aux nombreuses espèces subtropicales.

Soulages *(Pierre),* peintre et graveur français (Rodez 1919). Des balafres immenses, associant le noir et la couleur, ont longtemps échafaudé le puissant clair-obscur de ses toiles *(Peinture 1957,* M. N. A. M.). Depuis 1979 environ, il élabore des monochromes noirs animés de légers reliefs, d'une composition rigoureuse *(Peinture, 29 juin 1979,* ibid.).

Soule *(pays de),* ancienne province du Pays basque ; cap. *Mauléon.*

Soulier de satin *(le),* drame de P. Claudel, publié en 1929, représenté en 1943. L'impossible amour du conquistador espagnol don Rodrigue pour doña Prouhèze prend une valeur symbolique, qui met en question la destinée totale de l'homme.

Soulouque *(Faustin)* [Petit-Goâve 1782 - *id.* 1867], empereur d'Haïti (1849-1859). Ancien esclave noir, président de la République à partir de 1847, il devint empereur sous le nom de **Faustin Ier.** Son despotisme provoqua sa chute.

Soult *(Jean de Dieu Nicolas),* duc de Dalmatie, maréchal de France (Saint-Amans-la-Bastide, auj. Saint-Amans-Soult, 1769 - *id.* 1851). Il prit part aux guerres de la Révolution, s'illustra à Austerlitz (1805) et commanda en Espagne (1808-1811 et 1814). Il se rallia à Louis XVIII en 1814 mais combattit aux côtés de l'Empereur pendant les Cent-Jours. Banni en 1816, il fut sous Louis-Philippe ministre de la Guerre (1830-1832), puis président du Conseil à plusieurs reprises. En 1847, il reçut le titre de maréchal général de France.

Soumarokov *(Aleksandr Petrovitch),* auteur dramatique russe (Saint-Pétersbourg 1717 - Moscou 1777). Sa pièce *Khorev* (1749) inaugura l'ouverture du premier théâtre russe.

Soumgaït, v. d'Azerbaïdjan, au N. de Bakou ; 231 000 hab. Centre industriel.

Soumy, v. d'Ukraine ; 291 000 hab.

Soungari *(le), en chin.* Songhua Jiang, riv. de la Chine du Nord-Est, affl. de l'Amour (r. dr.) ; 1 800 km.

Sounion ou **Colonne** *(cap),* promontoire de l'extrémité sud-est de l'Attique (Grèce). —

Ruines monumentales du temple de Poséidon (milieu du ve s. av. J.-C.).

Soupault *(Philippe),* écrivain français (Chaville 1897 - Paris 1990). Lié au mouvement dada (1918-1920), il fonde en 1919 avec Breton et Aragon la revue *Littérature,* où il publie, en collaboration avec Breton, *les Champs magnétiques,* premier texte surréaliste qui fait appel à l'écriture automatique. S'éloignant du mouvement, il se consacre ensuite à de longs voyages et à une œuvre multiple de journaliste, d'essayiste (*William Blake,* 1928 ; *Charlot,* 1930), de romancier (*le Bon Apôtre,* 1923) et de poète (*Poèmes et Poésies, 1917-1973,* 1981).

Souphanouvong *(prince),* homme d'État laotien (Luang Prabang 1909 - Vientiane 1995). Fondateur du Pathet Lao (1950), il fut président de la République populaire du Laos, de 1975, année où fut abolie la monarchie, à 1986.

Sourgout, v. de Russie, en Sibérie occidentale ; 248 000 hab. Centre pétrolier.

Sous-le-Vent *(îles),* en angl. Leeward Islands, chapelet d'îles des Antilles, s'étendant le long de la côte du Venezuela et comprenant Curaçao, Aruba et Bonaire (néerlandaises), et Nueva Esparta, dépendance du Venezuela.

Sous-le-Vent *(îles),* partie nord-ouest de l'archipel de la Société (Polynésie française), au nord de Tahiti, comprenant les îles Bora Bora, Huahine, Maupiti, Raïatea et Tahaa ; 474 km² ; 22 232 hab.

Sousse, *en ar.* Susa, port de Tunisie, sur le golfe de Hammamet ; 84 000 hab. Centre commercial (olives) et touristique. — Monuments anciens, dont le ribat (couvent fortifié) fondé au $vIII^e$ siècle. Musée.

Southampton, port de Grande-Bretagne (Hampshire), sur la Manche ; 194 400 hab. Port de commerce et de voyageurs. Centre industriel. — Musées.

Southend-on-Sea, station balnéaire de Grande-Bretagne (Essex), à l'embouchure de la Tamise ; 153 700 hab.

Southey *(Robert),* écrivain britannique (Bristol 1774 - Keswick 1843). Il est l'auteur de poèmes lyriques, épiques (*Jeanne d'Arc,* 1796) ou narratifs (*Roderick, le dernier des Goths,* 1814).

Southport, station balnéaire de Grande-Bretagne (Merseyside), sur la mer d'Irlande ; 90 000 hab.

South West Africa People's Organization → SWAPO.

Soutine *(Chaïm),* peintre français d'origine lituanienne (Smilovitchi, près de Minsk, 1893 - Paris 1943). Il a pratiqué, non sans raffinement de palette, un expressionnisme qui désarticule le motif avec virulence. Au musée de l'Orangerie, à Paris (coll. Walter-Guillaume) : *Paysage* (Cagnes, autour de 1920), *le Petit Pâtissier* (1922 ?), *Bœuf et tête de veau* (1925 ?), *Enfant de chœur* (1928 ?), etc.

Sou Tong-p'o → Su Shi.

Souvorov *(Aleksandr Vassilievitch, comte,* puis *prince),* général russe (Moscou 1729 ou 1730 - Saint-Pétersbourg 1800). Plusieurs fois vainqueur des Turcs (1787-1789), il réprima l'insurrection polonaise (1794) et fut nommé feld-maréchal par Catherine II. Lors de la deuxième coalition, il lutta avec succès contre les Français en Italie, mais fut arrêté par Masséna à Zurich (1799).

Souzdal, v. de Russie, au nord-est de Moscou ; 10 000 hab. Un des foyers de civilisation de *la principauté de Vladimir-Souzdal* (églises des xII^e-$xVIII^e$ s.).

Soweto, banlieue et cité-dortoir de Johannesburg (Afrique du Sud), comptant environ 2 millions de Noirs. De graves émeutes s'y produisirent en 1976.

Soyinka *(Wole),* écrivain nigérian d'expression anglaise (Abeokuta 1934). Son théâtre, ses poèmes, ses romans et son autobiographie (*Aké, les années d'enfance,* 1981) brossent un tableau satirique de l'Afrique décolonisée et évoquent la disparition de la culture ancestrale. (Prix Nobel 1986.)

Spa, comm. de Belgique (prov. de Liège), dans les Ardennes ; 10 140 hab. Station thermale et centre de villégiature. — Beaux parcs et jardins. Musée de la Ville d'eau.

S. P. A. (Société protectrice des animaux), association fondée en 1845, qui a pour but d'apporter assistance aux animaux trouvés, abandonnés ou maltraités.

Spaak *(Paul Henri),* homme politique belge (Schaerbeek 1899 - Bruxelles 1972). Député socialiste, il fut plusieurs fois ministre des Affaires étrangères et Premier ministre entre 1936 et 1949. Président de l'Assemblée consultative du Conseil de l'Europe (1949-1951), puis de la C. E. C. A. (1952-1954), il revint aux Affaires étrangères (1954-1957). Secrétaire général de l'O. T. A. N. (1957-1961), il fut encore vice-Premier ministre (1961-1965) et ministre des Affaires étrangères (1961-1966).

Spacelab, laboratoire spatial européen modulaire conçu pour fonctionner dans la soute des orbiteurs de la navette spatiale américaine. Sa première mission a eu lieu en 1983.

S. P. A. D. E. M. (Société de la propriété artistique et des dessins et modèles), association créée en 1954 pour la défense des intérêts des créateurs dans les arts graphiques, plastiques, photographiques et appliqués.

Spallanzani *(Lazzaro),* biologiste italien (Scandiano 1729 - Pavie 1799). Il étudia la circulation du sang, la digestion, la fécondation et les animaux microscopiques.

Spandau, quartier de Berlin, sur la Spree. Lieu de détention (jusqu'à la mort de R. Hess, en 1987) des criminels de guerre allemands condamnés en 1946 par le tribunal de Nuremberg.

Spartacus, chef des esclaves révoltés contre Rome (m. en Lucanie en 71 av. J.-C.). Esclave devenu gladiateur, il mena la plus grande révolte des esclaves de l'Antiquité et tint en échec l'armée romaine pendant deux ans (73-71) ; il fut vaincu et tué par Crassus.

Sparte ou **Lacédémone,** v. de la Grèce ancienne dans le sud du Péloponnèse.

■ **La formation de la puissance spartiate.** À la fin du IXᵉ s. av. J.-C., Sparte est constituée par la fusion de quatre villages doriens.
La tradition fait de Lycurgue, personnage mythique, le fondateur de ses institutions. La cité des Lacédémoniens est composée de citoyens de plein droit, les égaux *(homoioi),* qui reçoivent de l'État un lot de terre *(cléros)* cultivé par des *hilotes* (vaincus asservis). À la périphérie du territoire, des *périèques,* également soumis aux égaux, mais pouvant posséder des terres, vivent dans leurs cités selon leurs propres coutumes. Deux rois commandent l'armée ; une assemblée de notables, la *gerousia,* domine la vie politique ; l'assemblée des citoyens, ou *apella,* a peu de pouvoirs ; cinq *éphores* surveillent la vie publique.
VIIIᵉ s. Une crise sociale (manque de terres) entraîne la conquête de la Messénie.
Entre 650 et 620. La révolte des hilotes de Messénie limite les interventions hors du Péloponnèse, tandis que les institutions se figent.
■ **L'apogée de Sparte.** Avec les autres cités du Péloponnèse, Sparte établit une politique d'alliance qui aboutit à la constitution de la ligue Péloponnésienne (symmachie).
464-459/458 av. J.-C. Sparte réprime une nouvelle révolte en Messénie.

Au moment des guerres médiques, Sparte laisse à Athènes la gloire de sauver l'Hellade puis s'efface devant l'essor de la puissance athénienne sur mer. Mais l'affrontement devient inévitable quand Athènes prétend arbitrer les affaires de la Grèce.
431-404 av. J.-C. La guerre du Péloponnèse oppose Athènes et Sparte.
Victorieuse, Sparte hérite de l'Empire athénien, mais ne sait pas le gérer. Affaiblie par la guerre, elle voit se dresser contre son despotisme une coalition animée par Athènes (394) et doit accepter l'arbitrage perse (« paix du Roi », 387-386).
371 av. J.-C. Sa défaite à Leuctres, devant les Thébains, marque la fin de sa puissance.
■ **Le déclin.** Sparte, en proie à une grave crise sociale, ne peut s'opposer à l'ascension de la Macédoine. Dès lors, réduite à la Laconie par Philippe II, elle décline après l'échec de tentatives de réformes.
146 av. J.-C. Sparte est intégrée à l'Empire romain.
Les invasions barbares du IVᵉ s. apr. J.-C. la ramènent au rang d'une simple bourgade.

SPD → social-démocrate allemand *(Parti).*

Spearman *(Charles),* psychologue et mathématicien britannique (Londres 1863 - *id.* 1945). Il a introduit l'analyse factorielle en psychologie en se référant à l'hypothèse qu'il existerait un facteur commun à tous les tests et un facteur spécifique à chaque test.

Spectator *(The),* périodique publié par Addison et Steele de 1711 à 1714, tableau de mœurs de la société anglaise.

Speke *(John Hanning),* voyageur britannique (Bideford, Devon, 1827 - près de Corsham, Wiltshire, 1864). Parti avec Burton (1855), il explora le centre de l'Afrique, où il découvrit le lac qu'il nomma « Victoria » (1858).

Spencer *(Herbert),* philosophe et sociologue britannique (Derby 1820 - Brighton 1903), auteur d'une philosophie fondée sur le processus de l'évolution et qui met en avant le passage de l'homogène à l'hétérogène comme facteur principal de cette évolution au niveau individuel *(Principes de sociologie,* 1876-1896). Son premier ouvrage, *Principe de psychologie* (1855), a marqué les débuts de la psychologie.

Spengler *(Oswald),* philosophe allemand (Blankenburg, Harz, 1880 - Munich 1936). Dans son ouvrage le *Déclin de l'Occident* (1918-1922), il compare les civilisations, prises au sens large, à des êtres vivants qui naissent, se développent puis meurent inexorablement.

Spenser *(Edmund),* poète anglais (Londres 1552 - id. 1599). Il est l'auteur du poème pastoral *le Calendrier du berger* (1579) et de l'épopée allégorique *la Reine des fées* (1590-1596).

Spezia (La), port d'Italie (Ligurie), ch.-l. de prov., sur le *golfe de La Spezia,* principale ville de la Riviera di Levante ; 101 701 hab. Construction navale.

Spielberg *(le),* en tchèque **Špilberk,** citadelle de la ville de Brno, en Moravie. Il servit aux Habsbourg de prison d'État (1742-1855), où furent détenus, notamment, des patriotes italiens.

Spielberg *(Steven),* cinéaste américain (Cincinnati 1946). Il concilie les exigences d'un public populaire et certaines recherches originales dans le traitement de ses thèmes favoris : le suspense et la terreur *(Duel,* 1971 ; *les Dents de la mer,* 1975), la bouffonnerie débridée *(1941,* 1979), la science-fiction *(Rencontres du troisième type,* 1977 ; *E. T. l'extra-terrestre,* 1982 ; *Jurassic Park,* 1993), le fantastique *(Twilight Zone,* 1983), le film d'aventure *(les Aventuriers de l'arche perdue,* 1981 ; *Hook,* 1991), le mélodrame *(la Couleur pourpre,* 1985). Avec *la Liste de Schindler* (1994), adaptation du roman sur l'Holocauste de T. Keneally, il remporte 7 Oscars.

Spinola *(Ambrogio, marquis de),* homme de guerre italien (Gênes 1569 - Castelnuevo Scrivia 1630). Commandant en chef de l'armée espagnole aux Pays-Bas, il s'empara de la ville de Breda (1625).

Spinoza *(Baruch),* philosophe hollandais (Amsterdam 1632 - La Haye 1677). Il étudia pour devenir rabbin. Descartes exerça sur lui une influence prépondérante. Mais l'esprit du doute l'atteignit au point de remettre en question les valeurs politiques et religieuses de tous les dogmes. Aussi fut-il exclu de la communauté juive en 1656, renié de ses parents. Il vécut quarante années d'ostracisme et cinq ans d'exil volontaire. Il devint artisan pour vivre (il polissait des verres de lunettes) et fut toute sa vie en butte aux persécutions des autorités après la publication des *Principes de la philosophie de Descartes* (1663) et du *Tractatus theologico-politicus* (1670). Ses autres œuvres paraîtront après sa mort : l'*Éthique,* le *Traité de la réforme de l'entendement,* le *Traité politique.* Spinoza s'est assigné comme objectif fondamental la transmission d'un message libérateur à l'égard de toutes les servitudes, et porteur de la joie que donne la connaissance (béatitude). Pour arriver à la connaissance de la nature, c'est-à-dire de Dieu, il faut accéder à celle des causes qui donnent à chaque être, dont l'homme, sa spécificité. De cette nature, dite substance, l'homme ne peut percevoir que deux attributs : l'étendue et la pensée *(Éthique).*

Il existe trois modes de connaissance : la croyance, le raisonnement, l'intuition rationnelle *(Traité de la réforme de l'entendement).* La vie en société ne peut se concevoir autrement que comme la réunion d'êtres qui se sont mutuellement acceptés ; il existe donc un droit à l'insurrection quand la liberté publique est bafouée.

Spire, en all. Speyer, v. d'Allemagne (Rhénanie-Palatinat), sur le Rhin ; 45 674 hab.
— Ville libre impériale en 1294, Spire accueillit plusieurs diètes, dont celle de 1529, où les princes réformés « protestèrent » contre la décision de Charles Quint restreignant la liberté religieuse. — Prestigieuse cathédrale romane, remontant au XIe siècle, et autres monuments.

Spitteler *(Carl),* poète suisse d'expression allemande (Liestal 1845 - Lucerne 1924). Il est l'auteur de poèmes épiques et allégoriques *(Printemps olympien,* 1900-1905). [Prix Nobel 1919.]

Spitz *(Mark),* nageur américain (Modesto, Californie, 1950). Aux jeux Olympiques de Munich, en 1972, il a remporté 7 médailles d'or (100 m et 200 m nage libre, 100 m et 200 m papillon ; 4 × 100 m et 4 × 200 m nage libre, 4 × 100 m quatre nages).

Spitz *(René Arpad),* médecin et psychanalyste américain d'origine austro-hongroise (Vienne 1887 - Denver, Colorado, 1974). Il a montré les conséquences sur le développement psychique et somatique des carences affectives précoces (hospitalisme, dépression anaclitique).

Spitzberg ou **Spitsberg,** principale île de l'archipel du Svalbard ; 39 400 km². Les glaces, recouvrant plus de la moitié de l'île, ont façonné des crêtes et ouvert des fjords.

Split, en ital. Spalato, port de Croatie, sur l'Adriatique ; 169 000 hab. — Dioclétien y fit construire au début du IVe siècle un vaste ensemble palatial rectangulaire, dont les anciens habitants de Salone firent à partir du VIIe siècle le noyau d'une nouvelle ville. Petites églises préromanes (IXe-XIe s.). Palais gothiques du XVe siècle. Musées. Aux environs, ruines de la ville romaine de Salona (auj. Solin).

Spoerri *(Daniel),* artiste suisse d'origine roumaine (Galați 1930). « Tableaux-pièges », « Conserves de magie à la noix », « Objets ethnosyncrétiques » sont parmi les principales séries d'assemblages, ironiques et corrosifs, de ce signataire, en 1960, du manifeste des Nouveaux Réalistes.

Spohr *(Louis),* violoniste, chef d'orchestre et compositeur allemand (Brunswick 1784 - Kassel 1859). Il fit des tournées à travers toute l'Europe et fut directeur de la musique à Kassel (1822-1857). D'esprit romantique, son œuvre comprend des opéras, des oratorios, des lieder, des concertos et des symphonies.

Spokane, v. des États-Unis (Washington) ; 177 196 hab. — Musée d'ethnographie et de folklore.

Spolète, *en ital.* Spoleto, v. d'Italie (Ombrie) ; 37 057 hab. — Siège d'un duché lombard fondé en 571, sur lequel le Saint-Siège établit son autorité au XIIIe siècle. — Cathédrale romane (remaniée aux XVIe-XVIIe s.) et autres monuments.

Sponde *(Jean* de*),* humaniste et poète français (Mauléon 1557 - Bordeaux 1595). Outre des commentaires savants d'Homère, d'Hésiode et d'Aristote, il a composé avec ses sonnets l'une des œuvres les plus éclatantes de la poésie baroque (*Essai de quelques poèmes chrétiens,* 1588).

Spontini *(Gaspare),* compositeur italien (Maiolati, Ancône, 1774 - *id.* 1851). À Paris, il connut un grand succès lyrique avec *la Vestale* (1807), qui marqua les débuts du « grand opéra », puis avec *Fernand Cortez* (1809). Il s'établit ensuite à Berlin.

Sporades, îles grecques de la mer Égée. On distingue les *Sporades du Nord,* voisines de l'île d'Eubée, et les *Sporades du Sud,* ou Dodécanèse, proches de la Turquie et comprenant notamment Samos et Rhodes.

Sporades équatoriales → Line islands.

SPOT (Satellite pour l'observation de la Terre), famille de satellites français, lancés depuis 1986 et destinés à l'observation civile et scientifique (cartographie, géologie, prospection minière, inventaire des cultures, gestion des forêts, hydrologie, etc.) de la Terre.

Spoutnik, nom donné aux premiers satellites artificiels soviétiques. Spoutnik 1, placé sur orbite le 4 oct. 1957, fut le premier satellite artificiel de la Terre.

Spranger *(Bartholomeus),* peintre flamand (Anvers 1546 - Prague 1611), naturalisé tchèque en 1593. Actif à Rome, à Vienne, puis à la cour de Prague (1581), il contribua, par son génie précieux et sensuel, à faire de cette dernière ville une capitale du maniérisme tardif.

Spratly *(îles),* archipel de la mer de Chine méridionale, entre les Philippines et le Viêt Nam. Elles sont revendiquées par ces deux pays, ainsi que par le Brunei, la Chine, la Malaisie et Taïwan.

Spree, riv. d'Allemagne qui traverse Berlin et se jette dans la Havel (r. dr.) ; 403 km. Elle est unie à l'Oder par un canal.

Springer Verlag, groupe de presse et d'édition fondé, en 1945, par Axel Caesar Springer (1912-1985).

Springs, v. d'Afrique du Sud, près de Johannesburg ; 154 000 hab. Mines d'or. Centre industriel.

Squaw Valley, station de sports d'hiver des États-Unis (Californie), dans la sierra Nevada.

S.-R. ou **social-révolutionnaire** *(Parti),* parti politique russe (1901-1922), né du rassemblement de divers groupes populistes. Après octobre 1917, il se scinda en S.-R. de gauche, qui soutint les bolcheviques, et S.-R. de droite, qui les combattit.

Sraffa *(Piero),* économiste italien (Turin 1898 - Cambridge 1983). Représentant de la nouvelle école de Cambridge, il a renouvelé l'étude de la formation des prix et diffusé la pensée de Ricardo.

Sri Lanka, jusqu'en 1972 Ceylan, État insulaire de l'Asie méridionale au sud-est de l'Inde ; 66 000 km² ; 17 400 000 hab. *(Ceylanais* ou *Sri Lankais).* CAP. *Colombo* (ou *Kolamba).* LANGUE : *cinghalais.* MONNAIE : *roupie de Sri Lanka.*

GÉOGRAPHIE

Les plaines littorales et les plateaux de l'île, située dans le domaine équatorial, sont dominés au sud par le massif cinghalais, qui culmine à 2 524 m (Pidurutalagala). Celui-ci arrête la mousson du sud-ouest, si bien que le sud de l'île reçoit plus 2,5 m de pluies (avec un maximum d'été) tandis que le nord, plus sec (1,5 m de pluie par an), est arrosé surtout en automne, avec une saison sèche variant de 4 à 8 mois.

La population, dont la croissance naturelle s'est ralentie (1,5 % par an environ), est en majorité rurale et concentrée surtout dans le quart sud-ouest de l'île. C'est là que sont localisées les principales plantations commerciales fournissant thé et caoutchouc. Dans le reste de l'île domine la riziculture irriguée, principale culture vivrière. Outre les pierres précieuses, on extrait du graphite et de l'ilménite. L'industrie, localisée dans la région de Colombo, reste modeste (raffinerie de pétrole, réparation navale, cimenterie, textile, alimentation). La situation économique, déjà difficile (déficit de la balance commerciale, dette extérieure), a empiré en raison du conflit meurtrier qui oppose les deux principales ethnies : Cinghalais (70 % de la population) et Tamouls (20 %).

HISTOIRE

IIIe s. av. J.-C. Le bouddhisme est introduit à Ceylan dans le royaume d'Anuradhapura.

Xe s. apr. J.-C. L'État passe sous la domination d'un royaume tamoul de l'Inde.

XIe s. L'île est reconquise par un prince cinghalais.

À partir du XIVe s., les Cinghalais refluent progressivement vers le sud tandis que, au nord, les Tamouls constituent un royaume indépendant.

XVIe s. Le Portugal occupe la côte.

1658. Les Hollandais évincent les Portugais.

1796. La Grande-Bretagne annexe l'île.

Les Britanniques soumettent le royaume de Kandy, État cinghalais situé à l'intérieur du pays, et développent une économie de plantation (thé, café).

1948. Ceylan devient un État indépendant, dans le cadre du Commonwealth.

Les conservateurs et la gauche alternent au pouvoir.

1972. Ceylan devient la République du Sri Lanka.

À partir de 1974, des organisations armées militent pour la création, dans le Nord, d'un État indépendant regroupant la minorité tamoule. Depuis 1983, les affrontements ethniques menacent l'unité du pays.

1987-1990. En accord avec le Sri Lanka, les troupes indiennes interviennent dans l'île, sans pouvoir résoudre le conflit intérieur.

Srinagar, v. de l'Inde, à plus de 1 500 m d'altitude, cap. (avec Jammu) de l'État de Jammu-et-Cachemire ; 588 000 hab. Principale station touristique de l'Himalaya. — Musée. Monuments anciens, dont la mosquée Madani (XVe s.) ; jardins fondés par les empereurs moghols.

SS (sigle de Schutzstaffel, échelon de protection), organisation paramilitaire et policière nazie créée en 1925 comme garde personnelle de Hitler. Dirigée par Himmler (1929), elle permit à Hitler de briser Röhm et les SA en 1934. À cette époque, les SS furent chargés de la sécurité intérieure du Reich puis, à partir de 1939, du contrôle des territoires occupés. Ils assurèrent également la gestion et la garde des camps de concentration (SS « tête de mort »). Ils constituèrent en outre, à partir de 1940, des unités militaires, dites *Waffen SS,* troupes de choc engagées dans toutes les offensives et contre-offensives décisives et qui encadrèrent les volontaires étrangers de l'armée allemande.

Sseu-ma Siang-jou → Sima Xiangru.

Sseu-ma Ts'ien → Sima Qian.

Sseu- Tch'ouan → Sichuan.

Staal de Launay (*Marguerite Jeanne* Cordier, *baronne* de*),* femme de lettres française (Paris 1684 - Gennevilliers 1750). Ses *Mémoires* (publiés en 1755) et ses *Lettres* offrent un tableau caustique de la Régence.

Stabies, ville de la Campanie ancienne, voisine de Pompéi, et détruite en 79 apr. J.-C. par l'éruption du Vésuve. (Auj. **Castellammare di Stabia** ; peintures murales au musée.)

Stace, *en lat.* **Publius Papinius Statius,** poète latin (Naples v. 40 - *id.* 96). Il est l'auteur d'épopées (*la Thébaïde, l'Achilléide*) et de poésies de circonstance (*les Silves*).

Staël (*Germaine* Necker, *baronne* de Staël-Holstein, *dite* Mme de*),* femme de lettres française (Paris 1766 - *id.* 1817). Fille de Necker, elle épouse le baron de Staël-Holstein, ambassadeur de Suède à Paris. Au début de la Révolution, elle ouvre son salon à des hommes de tendances politiques différentes, puis émigre et fait la connaissance de B. Constant en 1794. Suspecte au Directoire, elle doit s'exiler à Coppet lorsque Bonaparte témoigne son hostilité à B. Constant. Elle parcourt alors l'Europe. Elle est l'auteur de romans (*Delphine,* 1802 ; *Corinne,* 1807) et du livre *De l'Allemagne* (1810), qui créa l'image d'une Allemagne mystique et eut une grande influence sur le romantisme français.

Staël (*Nicolas* de*),* peintre français d'origine russe (Saint-Pétersbourg 1914 - Antibes 1955). Plasticien audacieux et coloriste raffiné, il est passé de l'abstraction (1943) à une stylisation très personnelle du monde visible à partir de 1951 (*les Toits,* 1952, M. N. A. M. ; *les Musiciens, souvenir de Sidney Bechet,* 1953, *ibid.* ; série des *Agrigente,* 1953-54).

Stahl (*Georg Ernst),* médecin et chimiste allemand (Ansbach 1660 - Berlin 1734). Il fut le fondateur de la théorie de l'*animisme,* qui étend le concept d'âme jusqu'à recouvrir toutes les parties du corps de l'être vivant (cette doctrine s'oppose à la théorie de l'animal-machine). En chimie, il proposa la théorie du *phlogistique,* fluide hypothétique (et, en définitive, inexistant) expliquant la combustion.

Stains, ch.-l. de c. de la Seine-Saint-Denis, au nord de Saint-Denis ; 35 068 hab. *(Stanois).*

Staline *(Iossif Vissarionovitch* Djougachvili, dit Joseph)*, homme d'État soviétique (Gori, gouvern. de Tiflis, 1879 - Moscou 1953). Ancien élève du séminaire orthodoxe de Tiflis, il prend le parti des bolcheviks et fait la connaissance de Lénine en 1905. Arrêté en 1913 et déporté, il revient à Petrograd en mars 1917 où il est l'un des principaux organisateurs de la révolution d'octobre 1917. Commissaire du peuple aux nationalités (1917-1922), il met en œuvre la politique bolchevique d'autodétermination nationale et de centralisation. Il devient en avr. 1922 secrétaire général du parti. Lénine, malade, dicte en déc. 1922-janv. 1923 les notes (que l'on appelle son « testament ») dans lesquelles il propose d'étudier un moyen pour démettre Staline, trop brutal, du poste de secrétaire général. En mai 1924, le Comité central en prend connaissance et décide de ne pas en informer les délégués au XIII⁰ congrès du parti. De 1924 à 1929, Staline élimine les autres candidats à la succession de Lénine. En avr. 1929, rompant avec la droite du parti, il annonce l'abandon de la NEP. Il engage alors l'U. R. S. S. dans une révolution totale imposant, à la fin de 1929, un projet de collectivisation immédiate et totale, et faisant décréter, en janv. 1930, la « liquidation des koulaks en tant que classe ». Des millions de koulaks sont déportés dans les camps du Goulag. Le développement de l'industrie lourde et les grands travaux de transformation de la nature sont menés à bien grâce aux mesures disciplinaires pesant sur la classe ouvrière, à l'émulation socialiste et au travail forcé. Staline s'appuie sur un appareil politique très puissant et renforce les institutions étatiques. Démasquant d'innombrables complots et réseaux de sabotage, réels ou imaginaires, il fait procéder à une vague de purges massives qui débute au lendemain de l'assassinat de Kirov (déc. 1934) et atteint son paroxysme après la nomination de Iejov aux Affaires intérieures (sept. 1936). L'épuration se poursuit jusqu'en 1938, liquidant la majorité des anciens dirigeants du parti, du Komintern et de l'Armée rouge.
Malgré la conclusion du pacte germano-soviétique (août 1939) qui permet à l'U. R. S. S. d'annexer les pays Baltes, un

partie de la Pologne et la Bessarabie, l'Union soviétique est attaquée par l'Allemagne (22 juin 1941). Staline parvient à redresser une situation initialement compromise. Il fait appel aux sentiments nationaux et patriotiques, laissant renaître l'Église orthodoxe et l'islam soviétique. Il mobilise la population au service de la « grande guerre patriotique ». Lors des conférences de Téhéran (nov.-déc. 1943), Yalta (févr. 1945) et Potsdam (juill.-août 1945), il défend avec habileté et ténacité les acquisitions de l'U. R. S. S. La guerre a accru le prestige de Staline, « petit père des peuples » dont le culte est célébré avec une intensité croissante tant en U. R. S. S. que dans les démocraties populaires et les partis communistes. Pourtant, Staline durcit de nouveau sa politique. Une nouvelle vague de répression touche tous ceux qui sont déclarés « traîtres à la patrie » et déferle sur les régions annexées en 1939-40. Organisant la mise en place des régimes communistes dans l'Europe orientale et centrale, Staline crée le Kominform (1947). Après la rupture avec Tito (1949), il fait procéder à des purges massives dans les démocraties populaires. Il s'en prend en janv. 1953 au « complot des blouses blanches », lié à une organisation d'assistance juive. Il meurt le 5 mars suivant.
Le stalinisme a marqué si profondément l'Union soviétique qu'en dépit des campagnes de déstalinisation lancées par Khrouchtchev celle-ci a conservé certaines pratiques staliniennes jusqu'à leur remise en cause par la perestroïka de Gorbatchev.

Stalingrad *(bataille de)* [sept. 1942 - févr. 1943], ensemble de combats qui se déroulèrent devant Stalingrad (auj. Volgograd) et au cours desquels les forces allemandes qui assiégeaient la ville furent encerclées et contraintes à la capitulation (reddition du général von Paulus le 2 févr.) par les Soviétiques. Cette victoire marqua le tournant de la guerre sur le front russe.

Stamitz ou **Stamic** *(Johann Wenzel)* ou *(Jan Václav)*, compositeur tchèque (Německý Brod, Bohême, 1717 - Mannheim 1757), chef de l'école de Mannheim, un des principaux lieux d'apparition de la symphonie en Europe.

Stampa *(la),* quotidien italien de tendance libérale progressiste, créé à Turin en 1894.

Stamp Act (1765), loi britannique, qui frappa d'un droit de timbre les actes publics dans les colonies de l'Amérique du Nord.

Très impopulaire, elle fut à l'origine de la guerre de l'Indépendance.

Standaard *(De),* quotidien belge de tendance catholique, créé en 1914 à Anvers.

Stanhope *(James, 1ᵉʳ comte de),* homme politique britannique (Paris 1673 - Londres 1721). L'un des chefs du parti whig, secrétaire d'État (1714-1721), il dirigea la politique étrangère, privilégiant l'alliance avec la France.

Stanislas *(saint),* martyr polonais (Szczepanow, près de Tarnów, 1030 - Cracovie 1079). Évêque de Cracovie (1072), il fut tué par le roi Boleslas II, qu'il avait excommunié. — Il est le patron de la Pologne.

Stanislas Iᵉʳ Leszczyński (Lwów 1677 - Lunéville 1766), roi de Pologne en titre de 1704 à 1766, en fait de 1704 à 1709 et de 1733 à 1736. Beau-père de Louis XV, il dut abdiquer à la fin de la guerre de la Succession de Pologne (1733-1738) et reçut le duché de Bar et la Lorraine (1738). Il embellit ses capitales, Nancy et Lunéville.

Stanislas II Auguste Poniatowski (Wołczyn 1732 - Saint-Pétersbourg 1798), dernier roi de Pologne (1764-1795). Ancien favori de Catherine II, imposé par la Russie (1764), il dut accepter le premier partage de la Pologne (1772). Il se consacra au relèvement du pays, interrompu par le deuxième partage de la Pologne (1793), puis abdiqua lors du troisième partage (1795).

Stanislavski *(Konstantine Sergueïevitch Alekseïev, dit),* acteur et metteur en scène de théâtre russe (Moscou 1863 - *id.* 1938). Fondateur et animateur du Théâtre d'art de Moscou, pédagogue et théoricien *(Ma vie dans l'art,* 1925), il entreprit une rénovation systématique de la pratique théâtrale et de l'art dramatique, fondant sa méthode sur la prise de conscience intérieure, par l'acteur, de son personnage.

Stanković *(Borisav),* écrivain serbe (Vranja 1875 - Belgrade 1927). Il est l'auteur de romans *(le Sang impur,* 1910) et de drames qui peignent les régions du sud de la Serbie, sous la domination turque.

Stanley *(John Rowlands, puis sir Henry Morton),* explorateur britannique (Denbigh, pays de Galles, 1841 - Londres 1904). Journaliste, il fut envoyé en Afrique à la recherche de Livingstone, qu'il retrouva (1871). Au cours d'un deuxième voyage (1874-1877), il traversa l'Afrique équatoriale d'est en ouest, découvrant le cours du Congo. Il se mit, en 1879, au service du roi des Belges Léopold II, créant pour lui l'État indépendant du Congo (1885).

Stanleyville → Kisangani.

Stanovoï *(monts),* chaîne de montagnes de la Sibérie orientale (Russie) ; 2 412 m. Gisement d'or et de fer.

Starck *(Philippe),* designer et architecte d'intérieur français (Paris 1949). Créateur de séries de meubles et d'objets d'une structure simple, mais inventive, il est attaché à l'expression symbolique des formes comme de l'espace. Son succès est international.

Stark *(Johannes),* physicien allemand (Schickenhof 1874 - Traunstein 1957). Il a découvert le dédoublement des raies spectrales sous l'influence d'un champ électrique. Sous le régime nazi, il défendit l'idée d'une « science allemande » contre une « science juive ». (Prix Nobel 1919.)

Starobinski *(Jean),* critique suisse de langue française (Genève 1920). Une formation de psychiatre et une vision philosophique, fondée sur la « sympathie » pour l'auteur, soustendent sa méthode critique *(Jean-Jacques Rousseau, la transparence et l'obstacle,* 1958).

START (STrategic Arms Reduction Talks), négociations menées de 1982 à 1991 (START I) entre les États-Unis et l'U. R. S. S. sur la réduction des armements stratégiques. (Après la dissolution de l'U. R. S. S., la Russie [1992], puis le Kazakhstan, la Biélorussie et l'Ukraine [1993] adhèrent à START I.) En 1992, de nouvelles négociations sont menées entre les États-Unis et la Russie. Elles aboutissent en 1993 à un nouveau traité (START II), où les deux pays s'engagent à procéder à de nouvelles et importantes réductions de leurs arsenaux dans les dix années à venir.

Staten Island, île des États-Unis, constituant un borough de New York, au S.-O. de Manhattan ; 155 km² ; 295 500 hab.

Staudinger *(Hermann),* chimiste allemand (Worms 1881 - Fribourg-en-Brisgau 1965). Il a été le premier à établir de façon irréfutable l'individualité des macromolécules. Il a relié la masse molaire des polymères à certaines de leurs caractéristiques physiques et établi l'existence de réseaux. (Prix Nobel 1953.)

Staudt *(Karl Georg Christian von),* mathématicien allemand (Rothenburg ob der Tauber 1798 - Erlangen 1867). Il essaya de reconstituer l'ensemble de la géométrie projective, indépendamment de toute relation métrique.

Stauffenberg *(Claus, comte Schenk von),* officier allemand (Jettingen 1907 - Berlin 1944). Chef d'état-major de l'armée de réserve, il prépara et exécuta l'attentat du

20 juillet 1944, auquel échappa Hitler. Il fut fusillé.

Stavanger, port de Norvège, sur l'Atlantique ; 93 000 hab. Port de pêche, de commerce, de voyageurs et pétrolier. Centre industriel de l'exploitation pétrolière en mer du Nord. — Cathédrale romane et gothique.

Stavisky (affaire) [1933-34], scandale financier qui toucha le Crédit municipal de Bayonne et fut dévoilé en décembre 1933. Elle contribua à la chute du ministère Chautemps, au réveil de l'extrême droite et aux émeutes du 6 février 1934. À son origine se trouvait **Alexandre Stavisky** (Slobodka, Ukraine, 1886 - Chamonix 1934), dont la mort, suicide ou assassinat, ne fut pas éclaircie.

Stavropol, v. de Russie, au N. du Caucase ; 318 000 hab. Centre industriel. Gaz naturel et pétrole dans la région.

Steele (sir Richard), écrivain et journaliste irlandais (Dublin 1672 - Carmathen, pays de Galles, 1729). Avec Addison, il fonda The Tatler (le Babillard), puis The Spectator.

Steen (Jan), peintre néerlandais (Leyde v. 1626 - id. 1679). Il est le plus prolifique et le plus varié des peintres de genre hollandais du XVIIe siècle. Ses scènes populaires, vivantes sont parfois empreintes d'intentions moralisantes.

Stefan (Josef), physicien autrichien (Sankt Peter, près de Klagenfurt, 1835 - Vienne 1893). Il a donné la loi du rayonnement du corps noir, reliant la puissance rayonnée à la température.

Steichen (Edward), photographe américain (Luxembourg 1879 - West Redding, Connecticut, 1973). Après avoir fait partie du pictorialisme, il devint un adepte de la photographie directe, sans manipulations. C'est en partie grâce à l'action qu'il mena à la tête du département photographique du Museum of Modern Art, à New York, que la photographie a été reconnue comme un moyen d'expression artistique autonome.

Stein (Gertrude), femme de lettres américaine (Allegheny, Pennsylvanie, 1874 - Neuilly-sur-Seine 1946). Établie à Paris et mêlée au mouvement littéraire et pictural d'avant-garde, elle a eu une grande influence sur les romanciers de la « génération perdue » (Autobiographie d'Alice B. Toklas, 1933).

Stein (Karl, baron vom und zum), homme politique prussien (Nassau 1757 - Kappenberg 1831). Ministre d'État (1804-1808), il procéda à d'importantes réformes libérales,

notamment l'abolition du servage. Napoléon obtint son renvoi (1808).

Steinbeck (John), écrivain américain (Salinas, Californie, 1902 - New York 1968). Écrivain réaliste et régionaliste, il a décrit les êtres simples et même primitifs de la Californie agricole (Tortilla Flat, 1935 ; Des souris et des hommes, 1937 ; les Raisins de la colère, 1939) avant de pratiquer la fable psychologique ou politique (À l'est d'Eden, 1952) et de devenir le juge sentencieux de la crise du monde occidental (Mon caniche, l'Amérique et moi, 1962). [Prix Nobel 1962.]

Steinberg (Saul), dessinateur américain d'origine roumaine (Rîmnicu Sărat, Munténie, 1914). Installé aux États-Unis en 1942 et collaborateur, notamment, de l'hebdomadaire The New Yorker, il a renouvelé l'humour et la satire par son exceptionnelle invention plastique, nourrie aussi bien d'anciennes traditions calligraphiques que de l'influence du cubisme.

Steiner (Jakob), mathématicien suisse (Utzenstorf 1796 - Berne 1863). Il a diffusé les idées de Poncelet en Allemagne et promu le développement synthétique de la géométrie projective.

Steiner (Rudolf), philosophe et pédagogue autrichien (Kraljević, Croatie, 1861 - Dornach, près de Bâle, 1925), auteur d'un système, l'anthroposophie, et d'une pédagogie nouvelle, fondée sur le décloisonnement des matières traditionnelles, sur le travail par thèmes, sur des activités artisanales et professionnelles.

Steinert (Otto), photographe allemand (Sarrebruck 1915 - Essen 1978). Les expositions qu'il organisa à Essen, son œuvre et ses théories sur la photographie subjective (objectivité illusoire, irréalité partout présente et perceptible) sont à l'origine du renouveau de la créativité photographique.

Steinitz (Ernst), mathématicien allemand (Laurahütte 1871 - Kiel 1928). Il fonda la théorie algébrique des corps (1910), ouvrant la voie à l'algèbre abstraite.

Steinkerque, auj. Steenkerque, ancienne comm. de Belgique, rattachée à Braine-le-Comte. — Le maréchal de Luxembourg y vainquit Guillaume III, le 3 août 1692.

Steinlen (Théophile Alexandre), dessinateur, graveur et peintre français d'origine suisse (Lausanne 1859 - Paris 1923). Il a représenté, dans un esprit libertaire, le peuple de Montmartre et la vie ouvrière.

Stella (Frank), peintre et sculpteur américain (Malden, Massachusetts, 1936). Parti d'un strict minimalisme, puis travaillant les formes et les bandes de couleur de ses « toiles découpées » des années 60, il est parvenu au baroque débridé des reliefs métalliques polychromes de la fin des années 70.

Stelvio *(col du),* col routier des Alpes italiennes, à l'O. du massif de l'Ortler, entre Milan et Innsbruck ; 2 757 m. Parc national.

Stendhal *(Henri Beyle,* dit*),* écrivain français (Grenoble 1783 - Paris 1842). Marqué par la mort de sa mère, puis par la tyrannie d'une famille bourgeoise bigote et réactionnaire, il cherche à quitter Grenoble qu'il exècre. En 1799, il vient à Paris, et devient le secrétaire de son cousin Daru (le futur ministre de Napoléon), qui l'emmène à Milan (1800). La découverte de l'Italie marquera profondément sa sensibilité. Entraîné par le tourbillon napoléonien, il part pour l'Allemagne et l'Autriche comme intendant militaire (1806-1808), puis pour la Russie comme auditeur au Conseil d'État (1812). À la chute de l'Empire, il va vivre à Milan (1814-1821) et commence à écrire des opuscules sur la peinture et la musique. Il fait paraître à Paris, sous le pseudonyme de Stendhal, un récit de voyage : *Rome, Naples et Florence* (1817). Il revient en France en 1821 avec un livre, inspiré d'une de ses liaisons malheureuses, *De l'amour* (1822), où il décrit les étapes de la *cristallisation* amoureuse, et un essai sur le romantisme, *Racine et Shakespeare* (1823 et 1825). En 1827, il publie son premier roman, *Armance ;* en 1829, *les Promenades dans Rome,* et, en 1830, *le Rouge et le Noir.* Envoyé sous la monarchie de Juillet comme consul à Trieste puis, peu après, à Civitavecchia, il écrit alors infatigablement, se racontant dans les *Souvenirs d'égotisme* (1892) et la *Vie de Henri Brulard* (1890), qui, comme ses deux romans inachevés, *Lamiel* (1889) et *Lucien Leuwen* (1894), ne paraîtront qu'après sa mort. Profitant d'un congé à Paris, il publie les *Mémoires d'un touriste* (1838), les principales *Chroniques italiennes* et son roman *la Chartreuse de Parme* (1839), récit des aventures de Fabrice del Dongo, jeune aristocrate épris de liberté, qui illustrent la conception stendhalienne de la « chasse au bonheur ».

— **Le Rouge et le Noir** *(1830).* Dans ce roman, Stendhal décrit le fonctionnement de la société de la Restauration, dans laquelle la gloire militaire étant interdite (le Rouge), le Noir s'impose (l'Église et toute forme d'opportunisme carriériste). Le héros, Julien Sorel, jeune paysan instruit et ambitieux, met toute son énergie à dominer ses faibles-

ses pour conquérir sa place dans le monde. Il devient l'amant de Mme de Rênal, mère des enfants dont il est le précepteur, puis va à Paris, où il est secrétaire du marquis de La Môle. Il conquiert sa fille Mathilde. Sur le point de l'épouser, il est dénoncé par Mme de Rênal et tire sur elle deux coups de pistolet.

Sténon *(Nicolas),* en dan. Niels Steensen, en lat. Nicolaus Steno, naturaliste danois (Copenhague 1638 - Schwerin 1686). Il découvrit le canal excréteur de la glande parotide, qui porte son nom. Il a posé les bases de la stratigraphie, en observant les fossiles, ainsi que celles de la tectonique.

Stephenson *(George),* ingénieur britannique (Wylam, près de Newcastle, 1781 - Tapton House, Chesterfield, 1848). Il est le créateur de la traction à vapeur sur voie ferrée. Il comprit, le premier, le principe de l'adhérence des roues lisses sur une surface lisse (1813), augmenta le tirage du foyer des locomotives en faisant déboucher le tuyau d'échappement de la vapeur dans la cheminée et utilisa pour la chaudière le chauffage tubulaire. Son œuvre capitale fut l'établissement du chemin de fer de Liverpool à Manchester (1826-1830).

Sterlitamak, v. de Russie (Bachkirie) au sud d'Oufa ; 248 000 hab. Centre industriel.

Stern *(Isaac),* violoniste russe naturalisé américain (Kremenets, près de Ternopol, 1920). Il a fondé en 1960 avec Eugène Istomin (né en 1925) et Leonard Rose (1918-1984) un trio qui s'est largement consacré au répertoire romantique.

Stern *(Otto),* physicien américain d'origine allemande (Sohrau, auj. Żory, 1888 - Berkeley 1969). Il a découvert, avec W. Gerlach (1889-1979), les propriétés magnétiques des atomes et vérifié le concept, introduit par de Broglie, d'onde associée à une particule. (Prix Nobel 1943.)

Sternberg *(Josef* von*),* cinéaste américain d'origine autrichienne (Vienne 1894 - Los Angeles 1969). Il débute à Hollywood en 1923 et tourne, notamment, *les Nuits de Chicago* (1927), œuvre qui marque les débuts du film de gangster. Rentré en Allemagne, il réalise en 1930 *l'Ange bleu,* qui l'impose internationalement. Dans ce film, un professeur s'éprend d'une chanteuse de cabaret et, par amour et soumission, glisse dans une profonde déchéance morale. C'est avec la vedette de ce film, Marlene Dietrich, que ce peintre des passions violentes et des atmosphères troubles, ce magicien de l'image et de la lumière, tourne ensuite aux États-Unis plusieurs films romanesques, insolites et baroques (*Morocco*, 1930 ; *X27*, 1931 ; *Shanghai-Express*, 1932 ; *Blonde Vénus*, id. ; *l'Impératrice rouge*, 1934 ; *la Femme et le Pantin*, 1935). On lui doit également *Shanghai Gesture* (1941) et *Fièvre sur Anatahan* (1953).

Sterne *(Laurence)*, écrivain britannique (Clonmel, Irlande, 1713 - Londres 1768). Pasteur, il devint célèbre lors de la publication de *la Vie et les Opinions de Tristram Shandy, gentleman* (1759-1767) [→ Tristram]. D'un séjour en France, il rapporta *le Voyage sentimental* (1768). Après sa mort ont été publiées notamment les *Lettres de Yorick à Eliza* (1775). Il a exercé une influence notable sur Diderot.

Stésichore, poète lyrique grec (v. 640 - v. 550 av. J.-C.). Son œuvre, dont il ne reste que d'infimes fragments, eut une grande influence sur le lyrisme choral en créant la triade (strophe, antistrophe, épode).

Stettin → Szczecin.

Stevens *(John)*, industriel américain (New York 1749 - Hoboken, New Jersey, 1838). Il créa la première législation fédérale sur les brevets en Amérique (1790) et construisit (1808) le *Phœnix*, premier bateau à vapeur à parcourir l'Atlantique, de New York à Philadelphie.

Stevens *(Stanley Smith)*, psychologue américain (Ogden 1906 - Vail, Colorado, 1973). Ses travaux ont permis de construire différentes échelles de tests en psychophysique.

Stevenson *(Robert Louis Balfour)*, écrivain britannique (Édimbourg, Écosse, 1850 - Vailima, îles Samoa, 1894). Auteur à succès de romans d'aventures (*l'Île au trésor*, 1883) et de récits fantastiques (*Docteur Jekyll et Mister Hyde*, 1886), il a également publié des romans historiques et des récits pour les enfants.

Stevin *(Simon)*, dit **Simon de Bruges**, mathématicien et ingénieur flamand (Bruges 1548 - Leyde ou La Haye 1620). En arithmétique, il reconnaît les irrationnels comme nombres à part entière et introduit les fractions décimales en Europe (1585). On trouve dans *Tafelen van interest* (1582) les premières grandes tables d'intérêts publiées. En mécanique, il discute la théorie du levier et l'équilibre d'un corps sur un plan incliné, ce qui le conduit à démontrer l'impossibilité du mouvement perpétuel (1586).

Stewart → Stuart.

Stewart *(James)*, acteur de théâtre et de cinéma américain (Indiana, Pennsylvanie, 1908). L'un des acteurs favoris de Frank Capra (*Vous ne l'emporterez pas avec vous*, 1938), il s'illustra à partir de 1945 dans des films dramatiques ou des westerns : *Winchester 73* (1950), *Fenêtre sur cour* (1954), *Sueurs froides* (1958), *Autopsie d'un meurtre* (1959), *l'Homme qui tua Liberty Valance* (1962), *les Cheyennes* (1964).

Stieglitz *(Alfred)*, photographe américain (Hoboken 1864 - New York 1946). Jusqu'à l'âge de quarante ans, il subit fortement l'influence du pictorialisme puis découvrit la « photographie pure » et devint un véritable pionnier en adoptant une écriture dépouillée et très nette, seulement exaltée par la lumière. La galerie qu'il fonda (1905) et dirigea à New York a été le creuset de l'art moderne aux États-Unis.

Stiernhielm *(Georg)*, poète suédois (Vika 1598 - Stockholm 1672). Il donna une forme savante à la poésie suédoise, qui lui valut le titre de « Père de la poésie suédoise ».

Stif, *anc.* Sétif, v. d'Algérie orientale, ch.-l. de wilaya, à 1 100 m d'altitude, sur les Hautes Plaines constantinoises ; 144 000 hab. Centre commercial et industriel. Université.

Stifter *(Adalbert)*, écrivain autrichien (Oberplan, auj. Horní Planá, Bohême, 1805 - Linz 1868). Ses romans, qui témoignent de son optimisme moral, offrent une transposition poétique de la réalité quotidienne (*l'Été de la Saint-Martin*, 1857).

Stigler *(George Joseph)*, économiste américain (Renton, État de Washington, 1911 - Chicago 1991). Ses travaux, fondés sur l'analyse microéconomique, concernent les modes de fonctionnement et les structures des marchés. On lui doit notamment une *Théorie des prix* (1972). [Prix Nobel 1982.]

Stijl *(De)*, revue et groupe artistiques néerlandais fondés en 1917 par Mondrian et par un autre peintre, Theo Van Doesburg (1883-1931), sur les bases théoriques d'une abstraction strictement construite, dite « néoplasticisme ». Ont notamment participé au mouvement (qui se désagrège à la mort de Van Doesburg) les architectes Jacobus Johannes Pieter Oud (1890-1963) et Gerrit Thomas Rietveld (1888-1964), le peintre et sculpteur belge Georges Vantongerloo (1886-1965).

Stilicon, général romain d'origine vandale (v. 360 - Ravenne 408). Maître de la milice (385), beau-père et régent d'Honorius, il défendit avec succès l'Italie contre les Barbares. Les troupes romaines, révoltées contre lui, obtinrent sa tête de l'empereur.

Stiller *(Mauritz)*, cinéaste suédois (Helsinki 1883 - Stockholm 1928). Il fut, avec Sjöström, un des maîtres de l'école suédoise, à l'époque du muet : *le Trésor d'Arne* (1919), *À travers les rapides* (1921), *le Vieux Manoir* (1922), *la Légende de Gösta Berling* (1924), qui révéla Greta Garbo.

Stilwell *(Joseph)*, général américain (Palatka, Floride, 1883 - San Francisco 1946). Chef d'état-major de Jiang Jieshi (Tchang Kaïchek) de 1941 à 1945, il fut adjoint de Mountbatten au commandement allié du théâtre d'opérations Inde-Chine-Birmanie.

Sting *(Gordon* Sumner, *dit)*, chanteur et auteur-compositeur de pop music britannique (Newcastle 1951). Après avoir été le leader du groupe new wave *The Police*, de 1977 à 1983, il a développé une carrière solo. Ses textes sont marqués par un souci pour les problèmes du monde contemporain.

Stirner *(Johann Kaspar* Schmidt, dit Max*)*, philosophe allemand (Bayreuth 1806 - Berlin 1856). Anarchiste radical, il écrivit *l'Unique et sa propriété* (1845), qui le situe comme précurseur de l'existentialisme athée.

S. T. O. (Service du travail obligatoire), service institué par une loi du gouvernement Laval (16 févr. 1943), pour fournir de la main-d'œuvre à l'effort de guerre allemand. Malgré les nombreux réfractaires qui gagnèrent le maquis, le S. T. O. concerna plus de 1,5 million de Français, dont 875 000 furent envoyés en Allemagne.

Stockhausen *(Karlheinz)*, compositeur allemand (Mödrath, près de Cologne, 1928). Il débute au Studio de musique électronique de Cologne (*Klavierstücke*, 1952-1962) et réalise la première utilisation simultanée de la bande magnétique et des instruments traditionnels (*Kontakte*, 1960). Avec *Gruppen*, pour 3 orchestres (1958), il s'oriente vers la musique aléatoire. *Stimmung* (1968) est typique de sa période méditative, influencée par les musiques de l'Inde. Il fait également appel à la danse : *Inori* (1974). Depuis l'achèvement de *Sirius* (1977), il n'envisage plus qu'une seule œuvre : *Licht*, dont l'exécution durera une semaine (*Donnerstag*, 1981 ; *Samstag*, 1984 ; *Montag*, 1988 ; *Dienstag*, 1992).

Stockholm, cap. de la Suède ; 674 452 hab. (1 410 000 hab. dans l'agglomération). GÉOGR. La ville est située au débouché du lac Mälaren, à l'extrémité de la dépression centrale, axe vital du pays. Elle s'est développée dès la fin du XIXᵉ siècle, avec l'industrialisation, surtout vers l'O. et le S.-O., dans un paysage coupé de plans d'eau et de parcs. L'agglomération regroupe environ le sixième de la population du pays. Centre administratif, commercial et culturel, c'est aussi un pôle industriel diversifié (constructions mécaniques, électriques et électroniques, raffinerie de pétrole, alimentation, produits de luxe) et un port notable. HIST. Fondée vers 1250, Stockholm eut un rôle politique croissant à partir de 1523, avec l'affranchissement du royaume par Gustave Iᵉʳ Vasa. ARTS. Église de Riddarholmen, remontant à la fin du XIIIᵉ siècle (tombeaux des rois) ; *Storkyrkan*, cathédrale reconstruite du XVᵉ au XVIIIᵉ siècle. Beaux édifices civils élevés à partir du milieu du XVIIᵉ siècle, dont le *Riddarhuset* (palais de la noblesse). Château royal reconstruit par N. Tessin le Jeune après 1697. Aux environs, somptueux château de Drottningholm, œuvre des Tessin. Musées consacrés aux antiquités nationales, au folklore (Musée nordique, musée de plein air de Skansen), aux arts suédois et européens (Musée national), au sculpteur Carl Milles, à l'art moderne, aux Antiquités méditerranéennes et aux arts de l'Extrême-Orient.

Stockholm *(école de)* ou **école suédoise,** une des principales écoles du marginalisme, créée en 1900, qui eut parmi ses représentants K. Wicksell, G. Myrdal, B. Ohlin, E. Lindahl et E. Lundberg.

Stockport, v. de Grande-Bretagne, sur la Mersey ; 136 000 hab.

Stockton-on-Tees, port de Grande-Bretagne (Cleveland), sur les Tees ; 155 000 hab.

Stodola *(Aurel)*, ingénieur suisse d'origine slovaque (Liptovský Mikuláš 1859 - Zurich 1942). Il contribua largement au développement des turbines à vapeur et à gaz.

Stofflet *(Jean)*, chef vendéen (Bathelémont, Meurthe-et-Moselle, 1753 - Angers 1796). Il participa à la prise de Cholet (1793), commanda en Anjou, fut capturé puis exécuté.

Stoke-on-Trent, v. de Grande-Bretagne, près de Manchester ; 252 000 hab. Céramiques. — Musées, dont plusieurs consacrés aux céramiques du Staffordshire.

Stokes *(sir George)*, physicien irlandais (Skreen 1819 - Cambridge 1903). Outre ses travaux d'hydrodynamique *(loi de Stokes)*, il a étudié la fluorescence et les rayons X.

Stokowski *(Leopold)*, chef d'orchestre britannique naturalisé américain (Londres 1882 - Nether Wallop, Hampshire, 1977). Il a dirigé longtemps l'orchestre de Philadelphie (1912-1938), avec lequel il révéla Stravinsky, Ives, Varèse.

Stolypine *(Petr Arkadievitch),* homme d'État russe (Dresde 1862 - Kiev 1911). Président du Conseil à partir de 1906, il réprima durement l'opposition, fit dissoudre la deuxième douma (assemblée parlementaire) en 1907 et favorisa le démantèlement de la commune rurale *(mir)* afin de lutter contre le paupérisme paysan. Il fut assassiné par un révolutionnaire.

Stone *(sir John Richard Nicholas),* économiste britannique (Londres 1913). Ses principaux travaux, qui portent sur la technique du calcul du revenu national, sont à l'origine des systèmes de comptabilité nationale. (Prix Nobel 1984.)

Stonehenge, site archéologique de Grande-Bretagne (Wiltshire). Impressionnant monument mégalithique dont le premier état remonte au néolithique (v. 2500 av. J.-C.), et qui subit ensuite plusieurs modifications jusqu'à l'âge du bronze (v. 1500 av. J.-C.). L'orientation du monument (lever du soleil au solstice d'été dans l'axe d'entrée) laisse supposer qu'il s'agissait d'un sanctuaire solaire.

Stoph *(Willi),* homme d'État allemand (Berlin 1914). Il fut chef du gouvernement de la R. D. A. de 1964 à 1973, puis de 1976 à 1989 et président du Conseil d'État de 1973 à 1976.

Stoppard *(Thomas Straussler, dit Tom),* auteur dramatique et scénariste britannique (Zlín, Tchécoslovaquie, 1937). Il a renouvelé le langage du théâtre anglais *(Rosencrantz et Guildenstern sont morts,* 1967 ; version filmée, 1987) et a participé en tant que scénariste à plusieurs films *(Brazil,* de T. Gilliam, 1985).

Storm *(Theodor),* écrivain allemand (Husum 1817 - Hademarschen 1888). Il est l'auteur de poèmes et de nouvelles qui célèbrent le Schleswig et analysent la difficulté d'être *(Immensee,* 1850 ; *l'Homme au cheval blanc,* 1888).

Stoss *(Veit),* en polon. Wit Stwosz, sculpteur allemand (Horb am Neckar ? v. 1448 - Nuremberg 1533). Son chef-d'œuvre, gothique, est le colossal retable en bois polychrome de Notre-Dame de Cracovie (autour de 1480, *Dormition de la Vierge* au centre), d'une expression intense et tourmentée.

Strabon, géographe grec (Amasya v. 58 av. J.-C. - entre 21 et 25 apr. J.-C.). Sa *Géographie* est une présentation du monde antique au début de l'Empire romain.

Strada *(la),* film italien de F. Fellini (1954).

Stradella *(Alessandro),* chanteur et compositeur italien (Rome 1644 - Gênes 1682). Il a composé des oratorios, des opéras, des cantates, des symphonies, des concertos, des sonates qui le classent parmi les musiciens particulièrement novateurs de l'école italienne du XVIIᵉ siècle.

Stradivari *(Antonio),* dit Stradivarius, célèbre luthier italien (Crémone ? 1644 - *id.* 1737). Ses plus beaux violons sont sortis de son atelier de Crémone entre 1700 et 1725. Il reste environ 650 des instruments qu'il produisit.

Strafford *(Thomas* Wentworth, *comte* de*),* homme d'État anglais (Londres 1593 - *id.* 1641). Lord-député d'Irlande (1632-1639), il y pratiqua une politique arbitraire et brutale. De retour en Angleterre en 1639, il fut, avec Laud, le conseiller de Charles Iᵉʳ. Mis en accusation par le Parlement, il fut exécuté.

Straits Settlements → Détroits *(Établissement des).*

Stralsund, port d'Allemagne (Mecklembourg-Poméranie-Occidentale), sur la Baltique ; 74 566 hab. — Églises et hôtel de ville gothiques imposants. Maisons anciennes. Musée océanographique.

Strand *(Paul),* photographe et cinéaste américain (New York 1890 - Orgeval, France, 1976). Pionnier de l'abstraction, qu'il pratique dès 1916, il reste par sa lucidité et la puissance de son langage hiératique l'un des principaux maîtres du XXᵉ siècle. Il a notamment réalisé, en collaboration avec Fred Zinnemann et E. Gomez Muriel, le film *les Révoltés d'Alvarado* (1935).

Strasbourg, ch.-l. de la Région Alsace et du dép. du Bas-Rhin, sur l'Ill, à 457 km à l'E. de Paris ; 255 937 hab. *(Strasbourgeois)* [env. 400 000 hab. dans l'agglomération]. **GÉOGR.** La ville est le siège d'un archevêché dépendant directement de Rome (régime concordataire), d'une cour d'appel, de plusieurs universités et d'une académie, du Conseil de l'Europe (depuis 1949) et de l'Assemblée européenne (depuis 1979). Elle possède un aéroport international (Strasbourg-Entzheim). Strasbourg, bien desservie par le rail et la route qui la relient à Paris et à l'Allemagne voisine, est donc d'abord un centre tertiaire (commerce, tourisme), un port fluvial notable. L'industrie est représentée notamment par l'agroalimentaire et la métallurgie de transformation (automobiles). Strasbourg Technopole (parc d'innovation d'Illkirch), située au sud de l'agglomération, a été créée en 1987. **HIST.** D'abord intégrée à la Lotharingie (843), allemande en 870, Strasbourg fut dominée par ses évêques jusqu'en 1201, où elle devint ville libre d'Empire. Foyer intense d'humanisme dès le XVe siècle, atteinte par la Réforme religieuse (Calvin) au XVIe siècle, siège d'une université (1621), la ville fut annexée par Louis XIV en 1681. Prise par les Allemands en 1870, capitale du Reichsland d'Alsace-Lorraine à partir de 1871, elle revint à la France en 1918. Réoccupée par les Allemands pendant la Seconde Guerre mondiale, elle fut libérée par Leclerc en 1944. **ARTS.** Belle cathédrale en grès rose, reconstruite à partir du dernier quart du XIIe siècle (chœur et transept) ; au style gothique rayonnant appartiennent la nef (XIIIe s.) ainsi que la façade, dotée d'une célèbre tour de 142 m achevée en 1439 ; sculptures du XIIIe siècle, vitraux des XIIe-XIVe. Autres monuments et ensembles de maisons anciennes. Palais Rohan (R. de Cotte), du XVIIIe siècle, abritant le Musée archéologique, les musées des Beaux-Arts et des Arts décoratifs (faïences et porcelaines de Strasbourg, etc.). Autres musées.

Strasbourg (serment de) [842], serment prononcé par Louis le Germanique et Charles le Chauve, ligués contre leur frère Lothaire, pour confirmer leur alliance. Les formules de ce serment sont les plus anciens témoins des langues française et allemande.

Strassmann (Fritz), physicien et chimiste allemand (Boppard 1902 - Mayence 1980). Il a, dès 1938, mis en évidence avec O. Hahn la fission de l'uranium.

Stratford-upon-Avon ou **Stratford-on-Avon,** v. d'Angleterre, au sud-est de Birmingham ; 20 000 hab. — Shakespeare Memorial Theatre. Vieilles maisons, dont celle où naquit le dramaturge (musée).

Strauss, famille de compositeurs et violonistes autrichiens. **Johann I** (Vienne 1804 - id. 1849), directeur des bals de la cour (1846), fit de la valse une danse de société indissociable de la bourgeoisie viennoise du XIXe siècle. Son fils **Johann II** (Vienne 1825 - id. 1899), d'abord concurrent de son père, est considéré comme le « roi de la valse », avec près de 200 compositions, dont le Beau Danube bleu (1867), Vie d'artiste (1867), Sang viennois (1873), Valse de l'Empereur (1889). Il laisse également des mazurkas, des polkas, des quadrilles et 16 opérettes, dont la Chauve-souris (1874) et le Baron tzigane (1885).

Strauss (David Friedrich), théologien et exégète allemand (Ludwigsburg 1808 - id. 1874). Sa Vie de Jésus (1835), dont l'idée centrale est que les Évangiles sont des prédications, les éléments narratifs n'ayant qu'un rôle symbolique ou mythique, causa un immense scandale.

Strauss (Richard), compositeur et chef d'orchestre allemand (Munich 1864 - Garmisch-Partenkirchen 1949). Il fut successivement chef d'orchestre de l'Opéra de Munich (1886), maître de chapelle adjoint de la cour de Weimar (1889), chef d'orchestre de l'Opéra de la cour de Berlin (1898), directeur général de la musique (1908) puis directeur de l'Opéra de Vienne, avec Franz Schalk, de 1919 à 1924. Son abondante production débuta avec des poèmes symphoniques, dont Don Juan (1889), Mort et Transfiguration (1890), Till Eulenspiegel (1895), Ainsi parla Zarathoustra (1896), Don Quichotte (1897), Une vie de héros (1899). Il s'orienta ensuite vers l'opéra avec Salomé (1905) et Elektra (1909), ouvrages très violents en un acte, puis avec le Chevalier à la rose (1911) et Ariane à Naxos (1912), où revit le XVIIIe siècle baroque. Foncièrement traditionaliste, il parvint en fin de carrière à un classicisme épuré, avec Capriccio (1942), son dernier opéra, Métamorphoses pour 23 instruments à cordes et les Quatre Derniers Lieder, son testament artistique.

Stravinsky (Igor), compositeur russe, naturalisé français, puis américain (Oranienbaum, près de Saint-Pétersbourg, 1882 - New York 1971). Autodidacte, il devient célèbre avec trois ballets représentés à Paris par la compagnie des Ballets russes : l'Oiseau de feu (1910), Petrouchka (1911) et le Sacre du printemps (1913). Il écrit ensuite Renard (1916), l'Histoire du soldat (1918), qui marque sa rupture avec l'école orchestrale russe, et Noces (1917-1923), cantate dansée. Avec Pulcinella, d'après Pergolèse (1919), débute la période néoclassique marquée par le Concerto pour piano et orchestre d'harmonie (1924), la Symphonie de psaumes (1930), The Rake's Progress (1951). Vers 1950, face à l'impact grandissant de l'école de Vienne et de Varèse, il se tourne vers la musique sérielle : Canticum sacrum (1956), le ballet Agon (1957). Dans cette ultime période créatrice, l'inspiration religieuse occupe une place prépondérante (Threni, 1958).

Strawson (Peter Frederick), logicien britannique (Londres 1919). Il s'est intéressé aux rapports de la logique et de la grammaire naturelle (les Individus, 1959) et a développé une logique de la présupposition. Strawson est l'un des principaux représentants de la philosophie analytique britannique.

Strehler *(Giorgio),* acteur et metteur en scène de théâtre italien (Barcola, près de Trieste, 1921). Cofondateur (1947) et directeur du Piccolo Teatro de Milan puis directeur du Théâtre de l'Europe à Paris, de 1983 à 1990, il s'est attaché, à travers notamment Brecht, Goldoni, Shakespeare, à renouveler les formes du spectacle théâtral.

Stresa, v. d'Italie (Piémont), sur le lac Majeur ; 4 636 hab. Centre touristique. — Conférence internationale au cours de laquelle la France, la Grande-Bretagne et l'Italie manifestèrent leur opposition au réarmement allemand (11-14 avr. 1935). Elle resta sans lendemain, à la suite du refus par la France et par la Grande-Bretagne de reconnaître la conquête italienne de l'Éthiopie.

Stresemann *(Gustav),* homme politique allemand (Berlin 1878 - *id.* 1929). Ministre des Affaires étrangères (1923-1929), il accepta le plan Dawes (1924), qui réglait la question des réparations de guerre dues par l'Allemagne, obtint l'évacuation de la Ruhr par la France (1925) et, après la reconnaissance, à Locarno, des frontières issues de la Première Guerre mondiale (1925), l'admission de l'Allemagne à la S. D. N. (Prix Nobel de la paix 1926.)

Strindberg *(August),* écrivain suédois (Stockholm 1849 - *id.* 1912). Après une enfance difficile, qu'il décrit dans *le Fils de la servante* (1886-1909), il publie quelques pièces et *la Chambre rouge* (1879), premier roman naturaliste de la littérature suédoise, des *Poèmes* (1883) et des nouvelles. Marié, il s'établit à Paris en 1883, y compose *Nuits d'un somnambule* (1884), puis gagne la Suisse. Son recueil de nouvelles, *Mariés* (1884-1886), lui vaut un procès qui aboutira à une méfiance maladive à l'égard des femmes, dont témoigne *le Plaidoyer d'un fou* (1887-88). Excellent prosateur (*Gens de Hemsö,* 1887), c'est pourtant dans son œuvre dramatique qu'il s'exprime le plus complètement. Avec *Père* (1887) et *Mademoiselle Julie* (1888), qui triompheront à Paris en 1893, il atteint le sommet du drame naturaliste. Divorcé puis remarié (1893), Strindberg frôle la folie (*Inferno,* 1897), mais en sort, gagné au mysticisme. Après la trilogie du *Chemin de Damas* (1898-1904), qui retrace son évolution spirituelle, il écrit des drames historiques (*Eric XIV,* 1899) et, dans la lignée naturaliste, *la Danse de mort* (1901), tandis que *le Songe* (1902) marque l'entrée du symbo-

lisme en Suède. Au Théâtre-Intime, qu'il dirige, il fait jouer les « kammarspel » (*le Pélican,* 1907). L'œuvre de Strindberg est une des plus importantes de la littérature suédoise et du théâtre moderne. Sa technique et son style ont marqué, notamment, les expressionnistes allemands.

Stroheim *(Erich* von), cinéaste et acteur américain d'origine autrichienne (Vienne 1885 - Maurepas, France, 1957). Assistant et interprète de D. W. Griffith pour *Naissance d'une nation* et *Intolérance,* il réalisa son premier film, *la Loi des montagnes,* en 1918. Ses productions suivantes, où apparaît une vision cruelle (parfois même féroce) de l'humanité, furent traitées avec un art fastueux et audacieux de la mise en scène qui lui attira les foudres des producteurs hollywoodiens (*Folies de femmes,* 1921 ; *les Rapaces,* 1923 ; *la Veuve joyeuse,* 1925 ; *la Symphonie nuptiale,* 1927 ; *Queen Kelly,* 1928). Il se consacra à partir de 1932 à la carrière d'acteur (*la Grande Illusion,* de Renoir, 1937 ; *les Disparus de Saint-Agil,* de Christian-Jaque, 1938 ; *Boulevard du crépuscule,* de Wilder, 1950).

Stromboli, île de la mer Tyrrhénienne, la plus septentrionale des îles Éoliennes. Elle est formée par un volcan actif (926 m).

Strömgren *(Bengt),* astronome suédois (Göteborg 1908 - Copenhague 1987). Spécialiste d'astrophysique stellaire, il s'est particulièrement intéressé aux nébuleuses d'hydrogène ionisé qui enveloppent des étoiles chaudes.

Strozzi, famille florentine rivale des Médicis (xve-xvie s.) et qui, comme elle, bâtit sa fortune sur la banque. À partir du xvie siècle, elle passa au service de la France. Ses principaux représentants furent : **Filippo il Vecchio** (Florence 1428 - *id.* 1491). Il fonda une banque à Naples après la confiscation de la fortune de son père par les Médicis (1434) et revint à Florence, où il fit construire le palais Strozzi ; son fils **Filippo** (Florence 1489 - *id.* 1538) s'opposa à Laurent le Magnifique lors de la révolution de 1527. Il se rebella à nouveau en 1537, fut emprisonné et se suicida.

Strozzi *(Bernardo),* peintre et graveur italien (Gênes 1581 - Venise 1644). Il subit l'influence flamande (*la Cuisinière,* palazzo Rosso, Gênes), puis, fixé à Venise en 1630, s'orienta vers une manière plus claire et plus brillante, d'esprit baroque (décors monumentaux, portraits).

Struma *(la)*, fl. de Bulgarie et de Grèce, tributaire de la mer Égée ; 430 km. (Anc. *Strymon*.)

Struthof, camp de concentration établi par les Allemands de 1941 à 1944 dans un écart de la commune de Natzwiller (Bas-Rhin). Nécropole nationale des victimes du système concentrationnaire nazi (1950).

Struve ou **Strouve**, famille d'astronomes russes d'origine allemande. **Friedrich Georg Wilhelm von Struve** (Altona, Holstein, 1793 - Saint-Pétersbourg 1864) se consacra à l'étude des étoiles doubles et multiples, fut l'un des premiers astronomes à déterminer des parallaxes stellaires et supervisa la construction de l'observatoire de Poulkovo avant d'en être le premier directeur (1839-1862). Son fils **Otto Wilhelm** (Dorpat 1819 - Karlsruhe 1905) collabora avec lui avant de poursuivre ses travaux. Le petit-fils de ce dernier, **Otto** (Karkov 1897 - Berkeley 1963), naturalisé américain en 1927, s'est illustré par des travaux de spectroscopie et d'astrophysique stellaires.

Stuart, dynastie écossaise qui a régné sur l'Écosse à partir de 1371 et dont les souverains furent également rois d'Angleterre de 1603 à 1714. Elle est issue de l'ancienne famille écossaise des Stewart, dont le nom est orthographié Stuart depuis 1542.

Studenica *(monastère de)*, en Serbie, dans la *vallée de la Studenica*. Église byzantino-romane de la Vierge, de la fin du XIIᵉ siècle (peintures murales, trésor) ; petite église royale, du début du XIVᵉ siècle, aux peintures murales remarquables *(Dormition de la Vierge,* notamm.).

Sture, nom de deux familles suédoises d'origine danoise illustré par : **Sten Gustafsson**, dit **l'Ancien** (1440 - Jönköping 1503), régent à partir de 1470, qui lutta victorieusement contre Christian Iᵉʳ puis Jean Iᵉʳ de Danemark ; **Sten Svantesson**, dit **le Jeune** (1493 ? - près de Stockholm 1520), régent à partir de 1512, qui vainquit les Danois en 1518.

Sturges *(John)*, cinéaste américain (Oak Park, Illinois, 1911 - San Luis Obispo, Californie, 1992). Maître du film d'action, en particulier des westerns, il a réalisé *Fort Bravo* (1953), *Un homme est passé* (1955), *Règlement de comptes à O. K. Corral* (1957), *le Dernier Train de Gun Hill* (1959), *les Sept Mercenaires* (1960), *la Grande Évasion* (1963).

Sturges *(Edmund P. Biden, dit Preston)*, auteur dramatique et cinéaste américain (Chicago 1898 - New York 1959). D'abord scénariste, il s'imposa en maître de la comé-

die américaine dès son premier film en 1940 : *Gouverneur malgré lui*. Il tourna ensuite *le Gros Lot* (1940), *les Voyages de Sullivan* (1941), *Miracle au village* (1944), *Infidèlement vôtre* (1948). Il vint ensuite en France et mit en scène *les Carnets du major Thompson* (1955).

Sturm und Drang *(Tempête et Élan,* titre d'une tragédie de Klinger*)*, mouvement littéraire qui exerça une puissante influence sur la littérature allemande entre 1770 et 1790 par réaction contre le rationalisme et le classicisme *(Aufklärung)*. Il fut notamment illustré par Lenz, Klinger, Herder ainsi que Goethe et Schiller à l'époque de leur jeunesse.

Sturzo *(Luigi)*, prêtre et homme politique italien (Caltagirone, Sicile, 1871 - Rome 1959). Fondateur du Parti populaire italien (1919), il dut s'exiler en 1924. Rentré en Italie (1946), il fut l'âme et le théoricien de la Démocratie chrétienne.

Stuttgart, v. d'Allemagne, cap. du Bade-Wurtemberg ; 570 699 hab. GÉOGR. Métropole de l'Allemagne du Sud-Ouest, industrielle (automobile et électrotechnique), tertiaire (commerces, banques, aéroport international) et culturelle (radio, télévision, opéra, théâtre, édition, université technique). — Monuments, très restaurés : collégiale gothique, Château Vieux, Nouveau Château, etc. Galerie d'État (peinture allemande et des écoles européennes ; art du XXᵉ s.) et Galerie de la Ville (peinture allemande, XIXᵉ-XXᵉ s.).

Stutthof, *en polon.* Sztutowo, près de Gdańsk (Pologne). Camp de concentration allemand (1939-1944).

Stwosz *(Wit)* → **Stoss** (**Veit**).

Stymphale *(lac)*, lac de la Grèce ancienne (Arcadie). Sur ses bords, Héraclès aurait tué de ses flèches des oiseaux qui se nourrissaient de chair humaine.

Styrie, *en all.* Steiermark, prov. du sud-est de l'Autriche ; 16 387 km² ; 1 184 000 hab. Ch.-l. *Graz*. Province montagneuse, ouverte vers les Balkans par les vallées de la Mur et de la Drave. — Duché en 1180, la Styrie passa aux Habsbourg en 1278. Elle a été amputée en 1919 de ses zones de peuplement slovène.

Styron *(William)*, écrivain américain (Newport News 1925). Ses romans et ses nouvelles (*Un lit de ténèbres*, 1951 ; *les Confessions de Nat Turner*, 1967 ; *le Choix de Sophie*, 1979) décrivent un monde brutal, traumatisant pour les individus. *Face aux ténèbres* (1990) est la chronique d'une folie.

Styx, nom donné dans la mythologie grecque à un des fleuves des Enfers. Ses eaux, dans lesquelles se déversait une source d'Arcadie portant le même nom, passaient pour avoir des propriétés magiques. Elles constituaient une sorte de garantie d'inviolabilité dans le cas d'un serment prononcé par un dieu ; si celui-ci se parjurait ensuite, il était soumis à de longues et terribles épreuves.

Suarès *(André)*, écrivain français (Marseille 1868 - Saint-Maur-des-Fossés 1948). Son œuvre est une suite d'ardentes et curieuses méditations empreintes de mysticisme (le *Voyage du Condottiere,* 1910-1932).

Suárez *(Adolfo)*, homme politique espagnol (Cebreros, prov. d'Ávila, 1932). Président du gouvernement de 1976 à 1981, il assura la transition du système franquiste à un régime démocratique.

Suárez *(Francisco)*, théologien jésuite espagnol (Grenade 1548 - Lisbonne 1617). Il s'imposa, par ses nombreux ouvrages, comme un penseur marquant de la Compagnie de Jésus. Opérant un véritable tournant par rapport à la théologie et à la philosophie scolastiques, il intervint aussi dans les problèmes politiques et éthiques posés à la conscience espagnole par la conquête de l'Amérique.

Subiaco, v. d'Italie (Latium) ; 8 981 hab. — Monastère du XIIIᵉ siècle et fresques siennoises des XIIIᵉ-XIVᵉ siècles. Benoît de Nursie s'y réfugia dans la grotte du Sacro Speco et y fonda l'ordre des Bénédictins à la fin du Vᵉ siècle. En 1872, Subiaco est devenu le centre d'une congrégation bénédictine.

Subleyras *(Pierre)*, peintre français (Saint-Gilles-du-Gard 1699 - Rome 1749). D'un classicisme raffiné, surtout peintre religieux et portraitiste, il fit l'essentiel de sa carrière à Rome, où son grand prix de l'Académie royale de Paris (1727) l'avait envoyé.

Subotica, v. de Yougoslavie (Vojvodine) ; 100 000 hab.

Succession d'Autriche *(guerre de la)* [1740-1748], conflit qui opposa, en Europe, la Prusse, la France, la Bavière, la Saxe et l'Espagne à l'Autriche et qui fut doublé par une guerre, en partie maritime et coloniale, opposant l'Angleterre, alliée de l'Autriche, à la France, alliée de la Prusse. L'origine de ce conflit est la contestation de la pragmatique sanction de 1713 qui assurait le trône à Marie-Thérèse, fille de l'empereur Charles VI (m. en 1740).
1742. L'Autriche cède la Silésie à la Prusse.

1745. Marie-Thérèse accorde la paix à la Bavière, vaincue, et parvient à faire élire empereur germanique son mari, François de Lorraine. La France remporte la victoire de Fontenoy, qui lui livre les Pays-Bas.
1748. La paix d'Aix-la-Chapelle consacre la reconnaissance de la pragmatique sanction et la cession de la Silésie ; en dépit de sa victoire, Louis XV renonce à toutes ses conquêtes.

Succession de Pologne *(guerre de la)* [1733-1738], conflit qui opposa la France, alliée de l'Espagne, de la Sardaigne et de la Bavière, à la Russie et à l'Autriche à propos de la succession d'Auguste II, roi de Pologne. La Russie et l'Autriche soutenaient l'Électeur de Saxe, Auguste III, tandis que Stanislas Leszczyński était proclamé roi de Pologne par la diète de Varsovie, avec l'appui de son gendre Louis XV.
1733. Auguste III chasse Stanislas.
Tandis que la Pologne passe sous l'autorité austro-russe, la France occupe la Lorraine.
1738. Signature de la paix de Vienne. Auguste III est reconnu roi de Pologne, Stanislas obtenant en compensation les duchés de Lorraine et de Bar. Naples et la Sicile échoient à une branche des Bourbons d'Espagne.

Succession d'Espagne *(guerre de la)* [1701-1714], conflit qui opposa la France et l'Espagne à une coalition européenne, formée à la suite du testament de Charles II de Habsbourg, qui assurait la couronne d'Espagne à Philippe d'Anjou (Philippe V), petit-fils de Louis XIV, lequel prétendait maintenir ses droits à la couronne de France. La France dut combattre à la fois l'Autriche, l'Angleterre et les Provinces-Unies.
1702-03. Victoires françaises en Allemagne.
1705. L'archiduc Charles, fils de Léopold Iᵉʳ, est proclamé roi d'Espagne.
1708. Les armées françaises sont défaites à Oudenaarde, dans les Flandres.
1709. L'invasion de la France est arrêtée par Villars à la bataille de Malplaquet.
1711. Élection de l'archiduc Charles à l'empire sous le nom de Charles VI.
1712. Victoire de Villars à Denain.
Les traités d'Utrecht (1713) et de Rastatt (1714) mettent fin au conflit. Philippe V conserve la couronne d'Espagne mais il renonce à ses prétentions à la couronne de France et abandonne à l'Autriche et à la Savoie ses territoires européens extérieurs à l'Espagne. La France garde ses frontières de 1700 mais Louis XIV reconnaît la succes-

sion protestante en Angleterre. Celle-ci reçoit plusieurs bases maritimes (Gibraltar, Minorque, Terre-Neuve, Acadie).

Suceava, v. du nord-est de la Roumanie, en Bucovine ; 114 355 hab. — Église (XVIe s.) du couvent St-Georges, typique de l'art de la Bucovine ; aux environs, église peinte d'Arbore (XVIe s.), couvent de Dragomirna (début du XVIIe s.), etc.

Suchet *(Louis), duc* d'**Albufera,** maréchal de France (Lyon 1770 - Marseille 1826). Il se distingua en Italie (1800), à Austerlitz (1805) et en Espagne, où il commanda l'armée de Catalogne (1813).

Sucre, *anc.* Chuquisaca, cap. constitutionnelle de la Bolivie, dans les Andes, à plus de 2 700 m d'alt. ; 130 952 hab. Université fondée en 1624. Siège de la Cour suprême de Bolivie. — Cathédrale du XVIIe siècle et autres vieilles églises. Musées.

Sucre *(Antonio José de),* patriote vénézuélien (Cumaná 1795 - Berruecos, Colombie, 1830). Lieutenant de Bolívar, il remporta la victoire d'Ayacucho (1824). Élu président de la Bolivie (1826), il abdiqua en 1828 et défendit la Colombie contre les Péruviens. Il fut assassiné.

Sud *(île du),* la plus vaste (154 000 km^2 avec les dépendances) mais la moins peuplée (900 000 hab.) des deux grandes îles constituant la Nouvelle-Zélande.

Sud-Africaine *(Union)* → **Afrique du Sud** *(République d').*

Sudbury, v. du Canada (Ontario) ; 89 255 hab. (150 000 hab. dans l'agglomération). Centre minier (nickel et cuivre).

Süddeutsche Zeitung, quotidien libéral allemand créé à Munich en 1945.

Sudètes, *en polon.* et *en tchèque* Sudety, ensemble de massifs de la Pologne et de la République tchèque formant, sur 300 km de long et 50 de large, la bordure nord-est du « quadrilatère de Bohême » et culminant à 1 602 m. Importantes ressources minières (or, nickel, arsenic, étain, lignite et surtout charbon). — Sur le plan historique, le nom de *Sudètes* s'est appliqué à toute la bordure de la Bohême (où les Allemands constituaient une partie importante du peuplement) et à sa population allemande. La *région des Sudètes* fut annexée par l'Allemagne de 1938 à 1945. Lors de sa restitution à la Tchécoslovaquie, en 1945, la population d'origine allemande a été expulsée vers l'Allemagne.

Su Dongpo → **Su Shi.**

Sud-Ouest, quotidien régional français fondé à Bordeaux en 1944.

Sud-Radio, station de radiodiffusion périphérique créée en 1961, vendue en 1987 par la Sofirad à un groupement d'intérêt économique du Sud-Ouest et dont l'émetteur est situé en Andorre.

Sue *(Marie-Joseph, dit* Eugène*),* écrivain français (Paris 1804 - Annecy 1857). Ses romans *(les Mystères de Paris,* 1842-43 ; *le Juif errant,* 1844-45), parus en feuilletons dans les journaux de l'époque, remportèrent un grand succès.

Suède, *en suéd.* Sverige, État de l'Europe septentrionale ; 450 000 km ^{2} ; 8 600 000 hab. *(Suédois).* CAP. *Stockholm.* LANGUE : *suédois.* MONNAIE : *couronne suédoise.*

GÉOGRAPHIE

■ **Les conditions naturelles.** Les altitudes décroissent de la frontière norvégienne au golfe de Botnie, bordé de basses plaines littorales. De nombreux fleuves coulent vers la Baltique ; leurs hautes vallées, barrées par des moraines, ont formé des lacs, utilisés par l'hydroélectricité. Le Norrland occupe près de la moitié nord du pays ; presque vide, il a des ressources naturelles (bois, mines) et une vocation touristique. La Suède centrale correspond à une dépression traversée par la ligne de partage des eaux entre le Skagerrak et la Baltique. Dominée par les deux plus grandes villes, Göteborg et Stockholm, cette région a été le premier foyer industriel du pays et a également de bonnes capacités agricoles. La partie méridionale est bordée par les îles Gotland et Öland, les forêts y alternent avec les zones agricoles, et elle ouvre les communications, avec le Danemark, par Malmö et Hälsingborg et, avec l'Allemagne, par Trälleborg. Dans le nord, les températures moyennes de février varient entre – 6 ^{0}C et – 12,5 ^{0}C, tandis que, plus au sud, les perturbations venues de la mer de Norvège adoucissent le climat. Néanmoins, la majorité des précipitations tombent durant l'été. La forêt, de pins et de sapins (les feuillus ne poussant que dans le sud), couvre plus de 50 % du territoire.

■ **La population et l'économie.** La population, urbanisée à 84 %, est concentrée dans le tiers sud du pays. Son accroissement naturel est infime et son vieillissement s'accentue. Dans des conditions naturelles difficiles, l'agriculture utilise environ 7 % de la superficie du pays, emploie 4 % de la population active et satisfait la plus grande partie des besoins du pays. L'élevage, bovin (surtout laitier) et porcin, repose en grande partie sur les céréales : orge, avoine et blé. La betterave à sucre, les oléagineux, les légumes sont les autres productions notables auxquelles s'ajoutent les revenus de la pêche. L'exploitation forestière, ancienne, a été restructurée. Les parts de l'hydroélectricité et du nucléaire sont prépondérantes dans la production électrique. La principale ressource minière est le fer, dont la production est en baisse.

Le secteur industriel emploie environ le tiers de la population active. Si certaines branches traditionnelles ont reculé (chantiers navals, acier, textiles), les secteurs à haute technologie se sont développés, en particulier l'électroménager, l'automobile, la robotique, l'électronique et les télécommunications. En raison de l'étroitesse du marché intérieur, plus de la moitié de la production industrielle est exportée. Viennent en tête les produits du bois et la pâte à papier, suivis par le matériel mécanique, le fer, l'acier et les produits chimiques. La Suède, qui se situe parmi les premiers pays du monde pour le produit par habitant, est confrontée à des difficultés économiques consécutives à une baisse de la demande interne et externe. Les échanges se font pour plus de la moitié avec les pays de la C. E.

HISTOIRE

■ **Les origines.** Peuplée dès le néolithique, la Suède établit au IIe millénaire des relations avec les pays méditerranéens. Aux IXe et XIe s., tandis que les Danois et les Norvégiens écument l'Ouest européen, les Suédois, connus sous le nom de Varègues, commercent avec les pays de la mer Noire et de la Caspienne. La christianisation du pays progresse après le baptême du roi Olof Skötkonung (1008).

■ **Formation de la nation suédoise.** L'extinction de la dynastie crée une anarchie politique qui dure jusqu'en 1222 et favorise l'émancipation de l'Église. Celle-ci, qui obtient d'importants privilèges, pousse Erik IX le Saint (1156-1160) à entreprendre une croisade contre les Finnois païens, prélude à la conquête de la Finlande (1157).

1164. Création de l'archevêché d'Uppsala, qui devient la capitale religieuse de la Suède.

1250. Birger Jarl fonde la dynastie des Folkung et établit sa capitale à Stockholm.

Les institutions féodales s'introduisent dans le pays. La monarchie s'affaiblit au profit de la noblesse, tandis que la Hanse, à partir de Visby, renforce son rôle commercial.

1319-1363. La dynastie des Folkung unit la Suède et la Norvège.

Mais la peste de 1346, la sécession de la Norvège, la mainmise de Lübeck sur le commerce et les luttes dynastiques affaiblissent le pays, dont s'empare Marguerite, régente de Norvège et du Danemark, en 1389.

1397. Par l'Union de Kalmar, son héritier, Erik de Poméranie, reçoit les trois Couronnes. L'opposition nationale suédoise crée une régence, confiée à partir de 1470 à la famille des Sture. En 1520, Christian II de Danemark triomphe de cette opposition, mais le « bain de sang de Stockholm » suscite un soulèvement général dirigé par Gustave Vasa.

■ **L'époque de la Réforme.**

1523-1560. Élu roi, Gustave Ier Vasa supprime les privilèges commerciaux de la Hanse et fait reconnaître l'hérédité de la Couronne (1544) ; le luthéranisme devient religion d'État.

Son successeur, Erik XIV, tente de contrôler le commerce russe, mais, battu au cours d'une guerre de sept ans (1563-1570), il est déposé par la noblesse au profit de son frère Jean III, qui continue une politique de conquête à l'Est. Sigismond Vasa, roi de Pologne, qui veut rétablir le catholicisme, est évincé à son tour.

■ **La période de grandeur.**

1611-1632. Gustave II Adolphe pose les bases de la puissance suédoise.

Il réorganise les institutions et l'armée, développe l'économie (mines et métallurgie), poursuit la conquête de la côte baltique russe, puis occupe la Prusse polonaise et intervient victorieusement dans la guerre de Trente Ans. Le régent Oxenstierna, puis la reine Christine (1632-1654) poursuivent la même politique, et la Suède obtient le contrôle de la Baltique après les traités de Brömsebro (1645), Westphalie (1648) et Roskilde (1658).

1697-1718. Charles XII gouverne en souverain absolu. Entraîné dans la guerre du Nord (1700-1721), le roi épuise son pays dans de coûteuses campagnes.

■ **L'ère de la liberté et l'épopée gustavienne.** Au XVIIIe s., sous l'influence des idées nouvelles, l'économie se développe et la vie culturelle atteint son apogée avec Celsius, Linné, Swedenborg. Le Parlement *(Riksdag),* contrôlé par la noblesse, s'empare du pouvoir. La victoire du parti des Chapeaux, soutenu par la France, sur le parti pacifiste des Bonnets entraîne la Suède dans la guerre de Sept Ans et dans une guerre contre la Russie, qui lui fait perdre le sud-est de la Finlande.

1771-1792. Gustave III restaure l'absolutisme.

1808. Gustave IV Adolphe perd la Finlande et est renversé en 1809.

1809-1818. Charles XIII poursuit la politique antifrançaise de Gustave IV et adopte (1810) comme successeur le maréchal français Bernadotte, qui s'allie (1812) avec l'Angleterre et la Russie contre Napoléon.

■ **L'union avec la Norvège.**

1814. Par le traité de Kiel, la Norvège est unie à la Suède.

1818-1844. Roi sous le nom de Charles XIV, Bernadotte mène une politique absolutiste et doit accepter des réformes libérales en 1840. L'évolution libérale se poursuit pendant tout le XIXᵉ s., en même temps que la modernisation économique du pays, accélérée par l'adoption du libre-échange (1888). Le développement de l'industrie, s'il favorise l'apparition du Parti social-démocrate (1889), ne peut absorber l'excédent de population rurale, qui émigre vers les États-Unis.

1905. La Norvège se sépare de la Suède.

■ **La démocratie moderne.** Sous le règne de Gustave V (1907-1950), la Suède connaît une période de prospérité économique sans précédent et conserve sa neutralité durant les deux guerres mondiales.

Les progrès de la social-démocratie entraînent l'adoption du suffrage universel (1907) et des réformes sociales (assurance vieillesse, journée de huit heures, vote des femmes) qui s'amplifient à partir de 1920 (premier gouvernement social-démocrate, dirigé par Branting). Monarchie constitutionnelle, la Suède est, de 1932 à 1976, gouvernée sans interruption par le Parti social-démocrate (« socialisme à la suédoise »).

1976-1982. Gouvernements conservateurs (centristes et libéraux).

1982. Retour des sociaux-démocrates au pouvoir, avec Olof Palme.

1986. Olof Palme est assassiné. Le social-démocrate Ingvar Carlsson lui succède au poste de Premier ministre.

1991. Après la défaite du Parti social-démocrate, les conservateurs reviennent au pouvoir.

1994. Retour des sociaux-démocrates au pouvoir avec Ingvar Carlsson.

1995. La Suède entre dans l'Union européenne.

1996. I. Carlsson démissionne ; Göran Persson lui succède à la tête du Parti démocrate et du gouvernement.

Suess *(Eduard),* géologue autrichien (Londres 1831 - Vienne 1914). Il a donné, sous le titre *la Face de la Terre* (1885-1909), la première géologie générale du globe, œuvre monumentale qui exerça une énorme influence.

Suétone, *en lat.* Caius Suetonius Tranquillus, historien latin (fin du Iᵉʳ s.-IIᵉ s.). Protégé par Pline le Jeune, archiviste de l'empereur Hadrien, il fut disgracié et se consacra à la rédaction des *Vies des douze Césars* et du *De viris illustribus.*

Suèves, ensemble de populations germaniques habitant entre la Baltique et le Danube. Ils se fixèrent surtout en Souabe (ou pays des Suèves). Lors des grandes invasions, ils atteignirent l'Espagne, où ils fondèrent un royaume en Galice (409), détruit en 585 par les Wisigoths.

Suez, port d'Égypte, sur la mer Rouge, au fond du *golfe de Suez,* à l'entrée sud du canal interocéanique qui coupe l'isthme de Suez ; 264 000 hab. Centre industriel.

Suez *(canal de),* canal mettant en relation la Méditerranée orientale et la mer Rouge à travers le territoire égyptien. **GÉOGR.** Le canal, qui ne compte pas d'écluses, a une longueur de 195 km, y compris les chenaux en mer Rouge et en Méditerranée. Large de 170 m, profond de 20 m, il est doublé sur 67 km. Des travaux en cours doivent le rendre accessible aux navires de 400 000 t à vide et 220 000 t en charge. Le canal de Suez abrège de près de moitié le trajet entre le golfe Persique et la mer du Nord. **HIST.** Le canal de Suez fut réalisé de 1859 à 1869 sous la direction de Ferdinand de Lesseps. La Grande-Bretagne en devint le principal actionnaire (1875) et en conserva le contrôle militaire jusqu'en 1954-1956. La nationalisation de la Compagnie du canal par Nasser (juill. 1956) provoqua (oct.-nov.) une guerre menée conjointement par Israël, la France et la Grande-Bretagne, que fit cesser l'intervention de l'U. R. S. S., des États-Unis et de l'O. N. U. Le canal a été fermé à la navigation de 1967 à 1975 à la suite des guerres israélo-arabes.

Suffolk, comté de l'Angleterre, sur la mer du Nord ; 3 800 km² ; 596 000 hab. Ch.-l. *Ipswich.*

Suffren de Saint-Tropez *(Pierre André* de), dit le *bailli de Suffren,* marin français (Saint-Cannat, près d'Aix-en-Provence,

1729 - Paris 1788). Commandeur et bailli de l'ordre de Malte, il servit dans la marine royale française. Après avoir participé à la guerre de l'Indépendance américaine, il remporta aux Indes une série de victoires contre les Anglais (1782-83).

Suger, abbé et homme d'État français (Saint-Denis ou Argenteuil v. 1081 - Saint-Denis 1151). Abbé de Saint-Denis (1122), conseiller des rois Louis VI et Louis VII, il fut régent du royaume (1147-1149) lors de la deuxième croisade. Se faisant de la royauté une conception très élevée, tout inspirée de l'idéal chrétien, il a assigné au souverain, placé au sommet de la pyramide féodale, une mission de défense de l'Église, des pauvres et de la paix au sein du royaume. Il est également à l'origine de la reconstruction de l'abbatiale de Saint-Denis, considérée comme le premier chef-d'œuvre de l'architecture gothique. Il est l'auteur de *Lettres* et d'une *Histoire de Louis le Gros.* On lui attribue en outre l'*Histoire de Louis VII.*

Suharto, général et homme d'État indonésien (près de Jogjakarta 1921). Il évinça progressivement Sukarno en 1966-67 et devint président de la République en 1968.

Suhrawardi, philosophe mystique de l'islam (v. 1155 - Alep 1191). Il a intégré la gnose, l'hermétisme et le néoplatonisme dans la philosophie de l'islam et a exercé une forte influence.

Suippes, ch.-l. de c. de la Marne ; 5 043 hab. Camp militaire (13 380 ha).

Suisse, *en all.* Schweiz, en ital. Svizzera, État d'Europe ; 41 293 km^2 ; 7 000 000 d'hab. *(Suisses).* CAP. Berne. Villes princ. *Zurich, Genève, Bâle* et *Lausanne.* LANGUES : *allemand, français, italien, romanche.* MONNAIE : *franc suisse.* La Suisse est formée de 23 cantons : Appenzell (constitué de deux demi-cantons : Rhodes-Extérieures et Rhodes-Intérieures), Argovie, Bâle (constitué de deux demi-cantons : Bâle-Ville et Bâle-Campagne), Berne, Fribourg, Genève, Glaris, Grisons, Jura, Lucerne, Neuchâtel, Saint-Gall, Schaffhouse, Schwyz, Soleure, Tessin, Thurgovie, Unterwald (constitué de deux demi-cantons : Obwald et Nidwald), Uri, Valais, Vaud, Zoug et Zurich.

GÉOGRAPHIE

■ **Les conditions naturelles.** Essentiellement montagneux, le pays se compose de trois ensembles orientés S.-O.-N.-E. : le Jura, le Plateau suisse, ou Mittelland, et les Alpes. Celles-ci occupent environ 60 % du territoire. Leur partie ouest est divisée en deux ensembles par les hautes vallées du Rhône

et du Rhin. Au sud de ce sillon, les Alpes Pennines dominent la plaine du Pô. Au nord, des massifs cristallins (Alpes de Glaris, massif de l'Aar-Gothard) précèdent les massifs sédimentaires. À l'est de la partie méridienne de la vallée du Rhin, les Alpes grisonnes prolongent les Alpes Pennines et sont bordées de massifs sédimentaires. Entre les Alpes et le Jura, le Plateau est plutôt un ensemble de collines et de vallées qui s'abaisse du sud (1 000 m) au nord (400 m). Zone agricole (céréales, betterave à sucre, vergers), la région concentre plus des deux tiers de la population et la plupart des grandes villes. Le nord du pays est occupé par les parties est et nord-est du Jura, région de forêts, d'élevage et d'artisanat, au climat froid et humide, qui se dépeuple.

■ **La population.** La population se partage selon la langue : allemand (65 %), français (18 %, surtout à l'ouest), italien (10 %), romanche (1 %). Urbanisée à 60 %, son accroissement naturel annuel est très faible (0,2 %). En dehors des travailleurs frontaliers, la population active immigrée représente plus de 20 % de l'ensemble de la population active totale.

■ **L'économie.** La vie économique a des caractéristiques spécifiques : taux relativement élevé d'actifs dans l'agriculture (largement soutenue par les pouvoirs publics), industrie à très fort taux de valeur ajoutée, secteur tertiaire dominé par les activités bancaires, par celles des nombreux sièges de sociétés transcontinentales et d'organismes internationaux et par celles du tourisme, d'été et d'hiver. En outre, au cœur de l'Europe, le pays joue le rôle de carrefour routier, ferroviaire et aérien. Le port de Bâle lui donne, par le Rhin, un accès à la mer. L'agriculture occupe moins de 10 % de la superficie du pays et près de la moitié des agriculteurs ont une autre activité. Le blé, l'orge, la pomme de terre et la betterave à sucre viennent en tête des productions, suivies par les fruits et légumes, le tabac et la vigne. L'élevage bovin, de grande qualité, se maintient. La production d'électricité, d'origine hydraulique et nucléaire, est exportée partiellement. L'industrie importe des matières premières, des produits semi-finis, des hydrocarbures. Certaines branches traditionnelles ont perdu de leur importance comme le textile, l'habillement et, surtout, l'horlogerie et la bijouterie, concurrencées par les productions asiatiques. Les trois secteurs dominants sont la mécanique (moteurs, matériel ferroviaire, machines-outils), la chimie (avec un important secteur pharmaceutique) et l'alimentation. La Suisse, qui n'est pas membre de l'Union européenne, effectue avec celle-ci plus de la moitié de ses échanges.

HISTOIRE

■ **Les origines et la Confédération.** À l'âge du fer, les civilisations de Hallstatt et de La Tène se développent. Habité par des Celtes, les Helvètes, le pays est conquis par César (58 av. J.-C.) et romanisé.

Les invasions barbares du Ve s. (Burgondes et Alamans) germanisent le Nord et le Centre en refoulant les parlers romans, qui se diversifient (français à l'O., italien au S. et romanche à l'E.).

888. L'Helvétie entre dans le royaume de Bourgogne, puis est intégrée avec celui-ci dans le Saint Empire romain germanique (1032). Mais l'affaiblissement du pouvoir impérial facilite la naissance de principautés féodales comme celle des Zähringen, dont les possessions tombent, par héritage, après 1218, aux mains des Habsbourg. Ceux-ci étendent leur influence et menacent, par l'intermédiaire de leurs baillis, les libertés traditionnelles des communautés paysannes, en particulier lorsque Rodolphe de Habsbourg est élu en 1273 au trône impérial.

À la fin du XIIIe s., dans des circonstances devenues légendaires (Guillaume Tell), les cantons défendent leurs libertés.

1291. À la mort de Rodolphe les trois cantons forestiers (Uri, Schwyz, Unterwald) se lient en un pacte perpétuel ; c'est l'acte de naissance de la Confédération suisse.

Leurs droits confirmés par l'empereur (1309), ils résistent aux Habsbourg, qu'ils défont à Morgarten (1315). D'autres cantons les rejoignent (Lucerne, Zurich, Glaris, Zoug et Berne), dont l'indépendance est reconnue par les Habsbourg après de nouvelles défaites (Sempach, 1386 ; Näfels, 1388). En 1415, la Confédération annexe l'Argovie et, en 1460, la Thurgovie.

1474. Par la « paix perpétuelle », la Confédération est définitivement émancipée dans le cadre de l'Empire, dont elle ne s'affranchira qu'en 1499 après avoir battu Maximilien Ier ; le Saint Empire n'exerce plus qu'une suzeraineté nominale.

L'atténuation de la menace autrichienne et l'affirmation de la valeur militaire des Suisses, après les victoires sur Charles le Téméraire (Grandson, Morat en 1476), laissent réapparaître des dissensions entre cantons ; un compromis permet le rattachement de Fribourg et Soleure (1481). Bâle et Schaffhouse (1501) puis Appenzell (1513) rejoi-

gnent la Confédération, dont les ambitions en Italie s'opposent à celles de François Ier. Battus par celui-ci à Marignan, les Suisses signent la paix de Fribourg (1516) qui, transformée ensuite en alliance, va permettre aux rois de France de lever des mercenaires en Suisse jusqu'en 1789.

XVIe **s.** La Réforme se répand grâce aux humanistes bâlois, puis à l'action de Zwingli (qui est tué en 1531 après une défaite contre les cantons catholiques à Kappel) et enfin à celle de Calvin qui fait de Genève, en 1536, la « Rome du protestantisme ». Un équilibre s'établit entre les cantons : sept sont catholiques, quatre réformés et deux mixtes.

1648 : les traités de Westphalie reconnaissent l'indépendance totale de la Suisse. L'immigration de protestants français stimule l'activité industrielle (textiles, horlogerie), tandis que le commerce et les activités bancaires se développent aux XVIIe et XVIIIe s. Cet essor économique profite aux classes privilégiées et accentue les tensions sociales.

■ **L'époque contemporaine.** La France révolutionnaire annexe des territoires jurassiens puis, sous le Directoire, impose une *République helvétique* unitaire (1798). Devant la réaction fédéraliste, Bonaparte impose l'*Acte de médiation* (1803) qui lui laisse le contrôle du pays (jusqu'en 1813) tout en reconstituant l'organisation confédérale. Mais l'économie suisse souffre du Blocus continental.

1815. Un nouveau pacte confédéral entre 22 cantons est ratifié par le congrès de Vienne, qui reconnaît la neutralité suisse. À partir de 1831, la bourgeoisie libérale impose des réformes à 12 cantons (suffrage universel), mais les cantons montagnards gardent des gouvernements conservateurs. L'essor du radicalisme anticlérical entraîne même les 7 cantons catholiques à signer un pacte, le *Sonderbund,* en 1845, mais ils sont vaincus deux ans après.

1848. Une nouvelle Constitution instaure un État fédératif, doté d'un gouvernement central siégeant à Berne.

1874. Le droit de référendum est introduit. L'expansion économique est favorisée à la fin du XIXe s. par le percement de tunnels (Saint-Gothard, Simplon) et l'essor industriel s'accompagne du renforcement de la social-démocratie qui prend après 1918 une orientation très modérée. Neutre durant les deux guerres mondiales, la Suisse est le siège de conférences pacifistes pendant la Première Guerre mondiale, et abrite, de 1920 à 1946, la Société des Nations.

1979. Création du nouveau canton du Jura, regroupant une partie des francophones de cette région.

1992. Les Suisses rejettent par référendum l'entrée de leur pays dans l'Espace économique européen.

Suisse normande, nom de la partie sud-orientale du Bocage normand, la plus élevée de cette région et entaillée par l'Orne.

Suisse saxonne, région d'Allemagne et de la République tchèque, de part et d'autre de l'Elbe.

Suita, v. du Japon (Honshu) ; 345 206 hab.

Suk *(Josef),* violoniste et compositeur tchèque (Křečovice 1874 - Benišov 1935). Il étudia la composition avec Dvořák, fonda le Quatuor tchèque et fut, avec son ami Vítězslav Novák, le véritable fondateur de l'école tchèque moderne.

Sukarno ou **Soekarno,** homme d'État indonésien (Surabaya, Java, 1901 - Jakarta 1970). Fondateur du parti national indonésien (1927), il proclama en 1945 l'indépendance de la République indonésienne, dont il fut le premier président. Il imposa après 1948 une forme de gouvernement autoritaire et chercha à s'imposer comme chef de file de l'Asie du Sud-Est révolutionnaire. Il fut dépossédé de ses titres et fonctions par Suharto (1966-67).

Sukhothai, v. du nord de la Thaïlande ; 15 000 hab. Anc. cap. du premier royaume thaï (XIIIe-XVe s.). Musée. Nombreux monuments.

Sukkur, v. du Pakistan, sur l'Indus ; 159 000 hab. Barrage pour l'irrigation.

Sulawesi → Célèbes.

Sulla ou **Sylla** *(Lucius Cornelius),* général et homme d'État romain (138 - Cumes 78 av. J.-C.). Lieutenant de Marius, qu'il rejoignit en Afrique, il se fit livrer Jugurtha par le roi de Mauritanie Bocchus (105). Consul en 88 av. J.-C., il mit fin à la guerre sociale. Dépossédé illégalement de son commandement par Marius, il s'empara de Rome avec son armée, tandis que Marius, mis hors la loi par le sénat, s'exilait en Afrique. Vainqueur de Mithridate VI Eupator, roi du Pont (96), il devint le chef du parti aristocratique et écrasa le parti de Marius (82). Il proscrivit ses opposants, renforça les pouvoirs du sénat et se fit attribuer une dictature à vie (82). Parvenu à l'apogée de sa puissance, il renonça brusquement à ses pouvoirs et se retira en Campanie (79 av. J.-C.).

Sullivan *(Louis),* architecte et théoricien américain (Boston 1856 - Chicago 1924). Son Wainwright Building de Saint Louis (avec l'ingénieur Dankmar Adler, 1890) a apporté la solution type des problèmes du gratte-ciel. Des œuvres comme les magasins Carson, Pirie et Scott de Chicago (1899) associent au fonctionnalisme un décor d'esprit Art nouveau.

Sully *(Maximilien de Béthune, baron de Rosny, duc-pair de),* ministre d'Henri IV (Rosny-sur-Seine 1559 - Villebon, Eure-et-Loir, 1641). Protestant, il devint, après avoir combattu aux côtés d'Henri IV (1576-1590), surintendant des Finances (1598) avec rang de principal ministre. Il assainit les Finances de l'État, créant en 1604 la paulette, droit versé par les détenteurs d'un office. Il assura le redressement économique du pays, en favorisant notamment l'agriculture et la construction de routes et de canaux. Surintendant des Fortifications, il prit également une part active à la diplomatie. Après l'assassinat d'Henri IV (1610), il se consacra à ses Mémoires *(Économies royales,* 1638).

Sully Prudhomme *(René François Armand Prudhomme, dit),* poète français (Paris 1839 - Châtenay-Malabry 1907). Collaborateur au *Parnasse contemporain,* il chercha après ses premiers recueils *(Solitudes,* 1869) à dépasser l'idéal plastique des parnassiens pour exprimer son message philosophique *(la Justice,* 1878 ; *le Bonheur,* 1888). [Acad. fr. 1881 ; prix Nobel 1901.]

Sulpice Sévère, historien chrétien d'expression latine (en Aquitaine v. 360 - v. 420), auteur d'une *Vie de saint Martin* à laquelle il doit sa renommée.

Sulu *(îles),* archipel des Philippines, entre Bornéo et Mindanao ; ch.-l. *Jolo,* dans l'île du même nom.

Sumatra, la plus occidentale des grandes îles d'Indonésie ; 473 600 km² ; 28 016 000 hab. (avec les petits archipels voisins). V. princ. *Medan.* L'île, au climat équatorial (de 2 à 4 m de pluies par an), est allongée sur 1 650 km du N.-O. au S.-E. Sa côte ouest est bordée de volcans actifs culminant à 3 801 m (mont Kerinci). Des collines font la transition avec la plaine alluviale, souvent inondée, qui occupe la côte orientale. L'île est inégalement peuplée. Le pays Batak, près du lac Toba, est le plus densément peuplé. Le riz, principale culture vivrière, est complété par des cultures commerciales : cocotiers, épices, café, hévéas, palmier à huile. Les gisements de charbon fournissent la moitié de la production indonésienne, mais c'est le pétrole (raffiné sur place) et le gaz naturel (exporté liquéfié) qui constituent les principales ressources.

Sumava, *en all.* **Böhmerwald,** massif montagneux et boisé de la République tchèque, formant le rebord sud-ouest de la Bohême ; 1 380 m.

Sumba, île d'Indonésie, dans le groupe des petites îles de la Sonde, dans l'océan Indien ; 11 153 km² ; 251 100 hab. V. princ. *Waingapu.*

Sumbawa ou **Sumbava,** île d'Indonésie, dans le groupe des petites îles de la Sonde, à l'est de Java ; 15 448 km². V. princ. *Raba.*

Šumen, *anc.* Kolarovgrad, v. du nord-est de la Bulgarie ; 100 000 hab. — Mosquée ottomane Tombul, du XVIIIᵉ siècle.

Sumer, région de la basse Mésopotamie antique, près du golfe Persique.

Sumériens, peuple d'origine mal déterminée, établi au IVᵉ millénaire en basse Mésopotamie. Les Sumériens fondèrent les premières cités-États (Lagash, Larsa, Ourouk, Our, Nippour, etc.), où s'épanouit la première architecture religieuse avec la création de la ziggourat, la statuaire, la glyptique et où fut inventée l'écriture à la fin du IVᵉ millénaire. L'établissement des Sémites en Mésopotamie (fin du IIIᵉ millénaire) élimina les Sumériens de la scène politique ; mais leur culture littéraire et religieuse a survécu dans toutes les cultures du Proche-Orient.

Sun (The), quotidien populaire conservateur, issu du *Daily Herald* en 1966, qui a le plus fort tirage des quotidiens britanniques.

Sund → Øresund.

Sunderland, port de Grande-Bretagne, sur la mer du Nord, à l'embouchure de la Wear, 196 000 hab.

Sundgau *(le),* petite région du sud de l'Alsace (Haut-Rhin), au sud de Mulhouse. V. princ. *Altkirch.*

Sundsvall, port de Suède, sur le golfe de Botnie ; 93 808 hab.

Sun Tse → Sun Zi.

Sun Yat-sen ou **Sun Zhongshan,** homme d'État chinois (Xiangshan, Guangdong, 1866 - Pékin 1925). Il fonda la Société pour la régénération de la Chine (1894) puis la Ligue jurée (1905), dont le programme politique est à l'origine de celui du Guomindang, qu'il créa en 1912. Lors de la révolution de 1911, il fut élu président de la République à Nankin mais dut abandonner le pouvoir en 1912. Élu de nouveau président de la République (1921), il s'imposa à Pékin en 1925, après avoir réalisé l'alliance du Guomindang et du Parti communiste chinois (1923-24).

Sun Zi, dit aussi **Sun Tse,** théoricien militaire chinois (VIᵉ-Vᵉ s. av. J.-C.). Fondant l'art de la guerre sur la connaissance de soi et de l'ennemi, Sun Zi privilégie le renseignement, la surprise et les stratagèmes, de préférence à l'usage de la force brute. Son *Art de la guerre* constitue le plus ancien traité de stratégie militaire connu.

Suomi → Finlande.

Supérieur *(lac),* le plus étendu (82 700 km²) et le plus profond (406 m) des Grands Lacs de l'Amérique du Nord. Il communique avec les lacs Huron et Michigan par le détroit de Sault-Sainte-Marie (dénivellation de 6 m). Le lac Supérieur gèle tous les hivers et est sujet à des tempêtes. Les principaux ports sont ceux de Duluth-Superior et de Two Harbors, aux États-Unis, de Thunder Bay (Fort William et Port Arthur), au Canada.

Superman, héros d'une bande dessinée créée aux États-Unis en 1938 par le dessinateur Joe Shuster et le scénariste Jerry Siegel.

Supervielle *(Jules),* écrivain français (Montevideo, Uruguay, 1884 - Paris 1960). Influencé par Laforgue et Valery Larbaud (*Débarcadères,* 1922 ; *Gravitations,* 1925), il est d'abord le poète de la transparence avant d'évoluer vers une expression plus sensible (*Oublieuse Mémoire,* 1949 ; *le Corps tragique,* 1959). Son théâtre (*la Belle au bois,* 1932) et ses nouvelles (*l'Homme de la pampa.* 1923) révèlent une fantaisie ironique et illustrent le thème des métamorphoses.

Supports/Surfaces ou **Support/Surface,** nom adopté en 1970 par un groupe de jeunes artistes français dont l'action organisée couvre surtout les années 1969-1971. Ces artistes (dont les peintres Louis Cane, Daniel Dezeuze, Claude Viallat, le sculpteur Toni Grand), s'inspirant notamment de Matisse, de l'art minimal américain (et de formes d'abstraction qui lui sont liées), de Français tels que Simon Hantaï et D. Buren, ont développé, sur un fond d'engagement politique, des expériences et des théories relatives à la matérialité de l'art.

Suprématie *(Acte de)* [1534], loi anglaise que fit voter Henri VIII, faisant du roi le chef suprême de l'Église d'Angleterre. (Cette loi ayant été abolie par Marie Iʳᵉ Tudor, Élisabeth Iʳᵉ fit voter, en 1559, une loi analogue.)

Surabaya ou **Surabaja,** port d'Indonésie (Java) ; 2 028 000 hab. Principal port et métropole de la partie orientale de l'île. Centre industriel.

Surakarta, *anc.* Solo, v. d'Indonésie (Java) ; 470 000 hab.

Surat, port de l'Inde (Gujerat), sur le golfe de Cambay ; 1 517 076 hab. — Monuments anciens (XVIe-XVIIIe s.).

Surcouf *(Robert),* marin français (Saint-Malo 1773 - id. 1827). Corsaire, il mena dans l'océan Indien une redoutable guerre au commerce britannique (1795-1801 et 1807-1809) et devint un riche armateur de Saint-Malo.

Suresnes, ch.-l. de c. des Hauts-de-Seine, sur la Seine ; 36 950 hab. *(Suresnois).* Fort du mont Valérien.

Suriname ou **Surinam** (le), *anc.* Guyane hollandaise, État du nord de l'Amérique du Sud ; 163 265 km² ; 420 000 hab. *(Surinamiens).* CAP. Paramaribo. LANGUE : néerlandais. MONNAIE : guinée de Suriname.

GÉOGRAPHIE

Une plaine côtière, large de 20 à 90 km, précède une pénéplaine et des hauteurs formées par le bouclier des Guyanes. Le climat est équatorial, chaud (26 °C en moyenne), avec des pluies abondantes qui alimentent notamment la Courantyne, le Suriname et le Maroni et expliquent la présence de la forêt (95 % du territoire). Les Indiens (35 %), les créoles (30 %) et les Indonésiens sont les groupes les plus importants de populations variées, qui ont toutes une croissance démographique élevée. Par ailleurs, l'émigration vers les Pays-Bas et la Guyane française a été accrue par la guerre civile. L'agriculture est localisée sur la côte. Le riz, la canne à sucre, les bananes et les fruits tropicaux sont les principales productions, partiellement exportées, ainsi que les crevettes. La ressource essentielle est la bauxite. Elle est en partie traitée sur place, grâce à l'hydroélectricité, et exportée sous forme d'alumine ou d'aluminium.

HISTOIRE

1667. Occupée par les Anglais, la région est cédée aux Hollandais, qui y cultivent la canne à sucre.

1796-1802 ; 1804-1816. Le pays est de nouveau occupé par les Britanniques.
Après l'abolition de l'esclavage (1863), la région se peuple d'Indiens et d'Indonésiens.
1948. Le pays prend le nom de Suriname.
1975. Il accède à l'indépendance.

Surrey, comté d'Angleterre, au sud de Londres ; 1 012 000 hab. Ch.-l. *Kingston-upon-Thames.*

Surrey *(Henry* Howard, *comte* de), homme politique et poète anglais (v. 1518 - Londres 1547). Il introduisit l'usage du vers blanc

dans la poésie anglaise et créa la forme anglaise du sonnet (trois quatrains et un distique).

Suse, ancienne capitale de l'Élam depuis le IVe millénaire, détruite en 639 av. J.-C. par Assourbanipal. À la fin du VIe s. av. J.-C., Darios Ier en fit la capitale de l'Empire achéménide. — En plus d'impressionnants vestiges achéménides conservés dans les musées (Louvre), les fouilles témoignent des 5 000 ans de civilisation qui s'y sont déroulés.

Su Shi ou **Sou Che,** dit aussi **Su Dongpo** ou **Sou Tong-p'o,** poète chinois (près du Sichuan 1036 - Changzhou 1101). Le plus grand poète de la dynastie des Song *(la Falaise rouge),* il énonça les principes de la peinture de lettré et affranchit l'art pictural de la figuration formelle pour en faire l'expression spontanée de l'élan intérieur du peintre.

Susiane, nom grec de la satrapie perse, puis séleucide, qui avait Suse pour capitale, correspondant au Khuzestan actuel.

Suso *(bienheureux* Heinrich Seuse, dit **Heinrich),** théologien mystique allemand, disciple de Maître Eckart (Constance ou Überlingen v. 1295 - Ulm 1366). Poète autant que théologien, il est le chantre de l'abandon à la volonté divine et du total dépouillement dans la dévotion à Jésus crucifié. Il est l'auteur du *Livre de vérité,* du *Livre de la sagesse éternelle,* du *Grand Livre des lettres* et de *Sermons.*

suspects *(loi des)* [17 sept. 1793], loi votée par la Convention et abrogée en 1795 (oct.). Cette loi, qui définit les suspects (partisans du fédéralisme, ennemis de la liberté, nobles, parents d'émigrés) et qui ordonne leur arrestation, est à l'origine de la Terreur.

Susquehanna *(la),* fl. des États-Unis (État de New York et Pennsylvanie), tributaire de l'océan Atlantique (baie de Chesapeake) ; 715 km.

Sussex, région d'Angleterre, au sud de Londres, sur la Manche, partagée en deux comtés *(East Sussex* et *West Sussex).* — Le royaume saxon du Sussex, fondé au Ve siècle, fut conquis par le royaume du Wessex, qui l'annexa définitivement vers la fin du VIIIe siècle.

Sutherland *(Graham),* peintre britannique (Londres 1903 - id. 1980), maître d'une tendance néoromantique teintée de surréalisme.

Sutlej ou **Satledj** *(la),* riv. de l'Inde et du Pakistan, la plus méridionale et la plus longue des cinq rivières du Pendjab ; 1 600 km.

Suva, cap. et principal port des îles Fidji, sur l'île de Viti Levu ; 71 000 hab. Université.

Suwon, v. de la Corée du Sud ; 310 000 hab.

Suzanne, héroïne du livre biblique de Daniel, type de l'innocence calomniée et reconnue grâce à l'intervention divine. L'épisode principal de son histoire, Suzanne au bain épiée par deux vieillards, a souvent été représenté par les artistes.

Suzhou ou **Sou-tcheou,** v. de Chine (Jiangsu), sur le Grand Canal ; 670 000 hab. Centre industriel. — De fondation très ancienne, elle est célèbre pour le charme de ses canaux et de ses jardins, dont certains ont été créés sous les Song. Musées.

Svalbard, archipel norvégien de l'océan Arctique, au nord-est du Groenland, comprenant l'île du Spitzberg, Nordaustlandet, l'île de Barents, l'île du Prince-Charles, l'île du Roi-Charles, Kvitøya et l'île aux Ours ; 62 700 km² ; 3 500 hab. V. princ. *Longyearbyen.*

Svealand, partie centrale de la Suède comprenant la Dalécarlie et les plaines autour des lacs Vättern, Vänern et Mälaren.

Sven ou **Svend,** nom de plusieurs rois de Danemark, parmi lesquels **Sven Iᵉʳ Tveskägg,** ou **Svend Iᵉʳ Tveskaeg** (« Barbe fourchue ») [v. 960 - Gainsborough 1014], qui s'empara de toute l'Angleterre (1013).

Sverdlovsk → **Iekaterinbourg.**

Sverdrup (*Harald Ulrik*), géophysicien et océanographe norvégien (Sogndal 1888 - Oslo 1957). Il est l'auteur de travaux de climatologie, de météorologie et d'océanographie effectués au cours de campagnes en mer et de plusieurs expéditions dans les régions polaires, en particulier avec R. Amundsen.

Svevo (*Ettore Schmitz, dit Italo*), écrivain italien (Trieste 1861 - Motta di Livenza, Trévise, 1928). Il s'imposa comme l'un des maîtres de la littérature introspective et intimiste avec son roman *la Conscience de Zeno* (1923).

Swammerdam (*Jan*), naturaliste hollandais (Amsterdam 1637 - *id.* 1680), auteur de travaux sur les insectes.

Swan (*sir Joseph Wilson*), chimiste britannique (Sunderland 1828 - Warlingham 1914). Reprenant, en 1878, des recherches commencées dans les années 1850, il réalisa une lampe à incandescence à filament de carbone, à la même époque que Edison. On lui doit aussi l'invention de plusieurs papiers photographiques.

Swansea, port de Grande-Bretagne (pays de Galles), sur le canal de Bristol ; 168 000 hab. — Ruines du château médiéval. Musées.

SWAPO (**South West Africa People's Organization**), mouvement de libération de la Namibie, fondé en 1958 et engagé à partir de 1966 dans la lutte armée contre le gouvernement sud-africain. Il est arrivé au pouvoir avec l'accession de la Namibie à l'indépendance.

Swatow → **Shantou.**

Swaziland, État de l'Afrique australe, 17 363 km² ; 800 000 hab. CAP. *Mbabane.* LANGUE : *anglais.* MONNAIE : *lilangeni.*

GÉOGRAPHIE

Quatre régions s'étendent d'ouest en est : le Highveld (1 300 m d'alt. environ) ; le Middleveld, qui, vers 700 m, regroupe près de la moitié de la population ; le Lowveld (200 m d'altitude moyenne), longtemps insalubre ; et le mont Lebombo (600 m). La population, composée à plus de 90 % de Swazi, s'accroît de plus de 3 % par an. Une partie travaille en Afrique du Sud. Des plantations forestières (pins et eucalyptus) s'ajoutent à l'élevage et aux cultures (canne à sucre, maïs, coton, riz, agrumes). L'amiante, le charbon et les diamants sont les principales ressources minières. L'essentiel des échanges se fait avec l'Afrique du Sud.

HISTOIRE

1815. Fondation d'un royaume indépendant.

1902. Il passe sous le protectorat britannique.

1968. Il redevient indépendant.

Swedenborg (*Emanuel*), théosophe suédois (Stockholm 1688 - Londres 1772). Savant et ingénieur de renommée européenne, conseiller et ami du roi Charles XII, il eut en 1743-44 des visions par lesquelles il était persuadé d'entrer en contact intime avec le monde surnaturel. Il abandonna alors ses recherches pour rédiger de nombreux et volumineux ouvrages, dont les *Arcanes célestes* (1749-1756) et les *Merveilles du ciel et de l'enfer* (1758), et pour diffuser en Europe sa doctrine sur le monde des esprits et sur le sens spirituel de toutes choses. En 1788, une société swedenborgienne fut constituée sous le nom de Nouvelle Église.

Sweelinck (*Jan Pieterszoon*), organiste et compositeur néerlandais (Deventer 1562 - Amsterdam 1621). Il a enrichi la littérature de l'art vocal (psaumes, chansons) mais surtout celle du clavecin et de l'orgue de perspectives qui aboutiront à Bach.

Swift *(Jonathan),* écrivain irlandais (Dublin 1667 - id. 1745). Secrétaire d'un diplomate, puis précepteur d'une jeune fille à qui il adressa le *Journal à Stella* (1766-1768), il entra dans le clergé anglican et prit parti dans les luttes littéraires (*la Bataille des livres,* 1704), religieuses (*le Conte du tonneau,* 1704) et politiques (*Lettres de M. B., drapier,* 1724). Ses ambitions déçues lui inspirèrent une violente satire de la société anglaise et de la civilisation de son époque, *les Voyages de Gulliver* (1726) [→ Gulliver].

Swinburne *(Algernon Charles),* poète britannique (Londres 1837 - id. 1909). Poète érudit, héritier de la tradition romantique (*Atalante en Calydon,* tragédie, 1865 ; *Poèmes et ballades,* 1866, 1878, 1899), il évolua vers un idéal humanitaire (*Chants d'avant l'aube,* 1871). Il a laissé une œuvre critique importante.

Swindon, v. de Grande-Bretagne, à l'ouest de Londres ; 91 000 hab.

Syagrius *(Afranius),* chef gallo-romain (v. 430-486). Il gouverna l'étroit territoire qui restait en Gaule aux Romains entre la Somme et la Loire. Vaincu par Clovis à Soissons (486), il lui fut livré peu après.

Sybaris, ancienne ville grecque de l'Italie péninsulaire, sur le golfe de Tarente. Elle fut l'une des plus riches cités de la Grande-Grèce. Ses habitants, les *Sybarites,* étaient réputés proverbialement vivre dans le luxe et le raffinement. Sa rivale Crotone la détruisit en 510 av. J.-C. — Ruines grecques et romaines.

Sydenham *(Thomas),* médecin anglais (Wynford Eagle 1624 - Londres 1689). Il a étudié l'usage du quinquina dans les accès de paludisme, l'usage du laudanum et une maladie neurologique infectieuse de l'enfant (chorée de Sydenham, ou « danse de Saint-Guy »).

Sydney, principale ville d'Australie, cap. de la Nouvelle-Galles du Sud ; 3 596 000 hab. Elle a pour origine un camp de bagnards établi en 1788. Le port, avec Botany Bay, reste le premier d'Australie pour la valeur des marchandises exportées (laine, viande, blé ; importation de produits manufacturés et de pétrole). Les industries, très variées, se localisent surtout au sud (vers l'aéroport) et à l'ouest (Parramatta). — Galerie d'art de la Nouvelle-Galles du Sud.

Sydney, port du Canada, dans l'île du Cap-Breton (Nouvelle-Écosse) ; 26 063 hab.

Sydow *(Max von),* acteur suédois (Lund 1929). Acteur favori d'Ingmar Bergman (*le Septième Sceau,* 1957 ; *les Communiants,* 1963 ; *le Lien,* 1971), il poursuit parallèlement une carrière internationale.

Sykes-Picot *(accord)* [16 mai 1916], accord secret franco-britannique relatif au démembrement et au partage entre les Alliés des provinces non turques de l'Empire ottoman (Syrie, Palestine, Mésopotamie [Iraq]).

Syktyvkar, v. de Russie, cap. de la République des Komis, à l'ouest de l'Oural ; 233 000 hab.

Sylhet, v. du Bangladesh ; 167 000 hab.

Sylla → Sulla.

Syllabus, document publié, par ordre du pape Pie IX, à la suite de l'encyclique *Quanta cura,* le 8 décembre 1864. Il condamnait 80 propositions représentant aux yeux du pape les grandes erreurs du temps : panthéisme, naturalisme, rationalisme, socialisme, franc-maçonnerie, gallicanisme, etc. Le *Syllabus,* qui dénonçait en somme toutes les formes, même religieuses, du libéralisme moderne, suscita une grande émotion dans le monde et mit de nombreux catholiques dans l'embarras.

Sylphide *(la),* premier ballet romantique, chorégraphie de F. Taglioni, musique de Schneitzhöffer, créé à Paris en 1832 par Maria Taglioni.

Sylt, île d'Allemagne, à l'ouest de la côte du Schleswig-Holstein, à laquelle elle est reliée par une digue ; 99 km². Tourisme balnéaire.

Sylvester *(James Joseph),* mathématicien britannique (Londres 1814 - id. 1897). Il fonda avec A. Cayley la théorie des invariants algébriques et celle des déterminants. Il découvrit une méthode d'élimination d'une inconnue entre deux équations.

Sylvestre Ier *(saint)* [m. à Rome en 335], pape de 314 à 335. Sous son pontificat, le christianisme accéda avec Constantin Ier au statut de religion d'Empire. **Sylvestre II** (Gerbert d'Aurillac) [en Auvergne v. 938 - Rome 1003], pape de 999 à 1003. Célèbre pour son érudition (notamment en mathématiques), il enseigna à Reims et eut pour élève le futur Otton III. Il joua un rôle important dans la désignation d'Hugues Capet comme roi de France. Archevêque de Reims (991), puis de Ravenne (998), il fut le pape de l'an 1000.

Symphonie fantastique : Épisode de la vie d'un artiste, de Berlioz (1830), grande fresque dans laquelle l'auteur a cherché à évoquer sa passion pour Harriet Smithson. C'est la partition orchestrale capitale du romantisme français.

Synge (*John Millington*), auteur dramatique irlandais (Rathfarnham 1871 - Dublin 1909). Ses drames mêlent les thèmes folkloriques irlandais à l'observation réaliste de la vie quotidienne de province (*le Baladin du monde occidental,* 1907).

Syra → *Sýros.*

Syracuse, port d'Italie (Sicile), ch.-l. de prov. ; 126 136 hab. *(Syracusains).* — Colonie corinthienne fondée v. 734 av. J.-C., Syracuse imposa au ve s. av. J.-C. son hégémonie sur la Sicile en refoulant les Carthaginois. Avec Denys l'Ancien (405-367 av. J.-C.), son influence s'étendit aux cités grecques de l'Italie méridionale. Elle fut conquise par Rome au cours de la deuxième guerre punique. — Vestiges grecs et romains (temples, théâtre, amphithéâtre, latomies), monuments du Moyen Âge et de l'époque baroque. Musées. — Dans les environs, château de l'Euryale : rempart grec (ive s. av. J.-C.).

Syr-Daria (le), *anc.* Iaxarte, fl. d'Asie centrale ; 3 019 km. Né au Kirghizistan (sous le nom de *Naryn*), il se jette dans la mer d'Aral par un delta. Il est utilisé pour l'irrigation.

Syrie, région historique de l'Asie occidentale, englobant les États actuels de la Syrie, du Liban, d'Israël et de Jordanie.

HISTOIRE

■ **La Syrie antique.** Au IIe millénaire av. J.-C., la région est envahie successivement par les Cananéens (dont les Phéniciens sont un rameau), les Amorrites, les Hourrites, les Araméens (auxquels appartiennent les Hébreux) et les Peuples de la Mer.

539 av. J.-C. La prise de Babylone par Cyrus II met fin à la domination assyro-babylonienne. La Syrie est incorporée à l'Empire perse.

332 av. J.-C. Le pays est conquis par Alexandre. La Syrie est alors intégrée au royaume séleucide, dont la capitale, Antioche, est fondée en 301.

64-63 av. J.-C. La Syrie devient une province romaine. Antioche devient un important foyer du christianisme.

395 apr. J.-C. La Syrie est intégrée à l'Empire romain d'Orient (byzantin).

■ **La Syrie musulmane.**

636 : les Arabes, vainqueurs des Byzantins sur la rivière Yarmouk, conquièrent le pays.

661-750. Sous les Omeyyades, la Syrie et Damas deviennent le centre de l'Empire musulman.

VIIIe **siècle.** Les Abbassides transfèrent la capitale de l'Empire de Damas à Bagdad.

1076-77. Les Turcs Seldjoukides prennent Damas puis Jérusalem.

À partir du XIe siècle, les croisés organisent la principauté d'Antioche (1098-1268), le royaume de Jérusalem (1099-1291) et le comté de Tripoli (1109-1289). Ils entretiennent des rapports pacifiques avec Saladin (1171-1193) et ses successeurs.

1260-1291. Les Mamelouks arrêtent les Mongols, reconquièrent les dernières possessions franques de Palestine et de Syrie et imposent leur autorité sur la région.

1516. Les Ottomans conquièrent la Syrie, qu'ils conserveront plus de quatre siècles.

1831-1840. Ils sont momentanément chassés du pays par Méhémet-Ali et Ibrahim Pacha.

1860. La France intervient au Liban en faveur des maronites.

1916. La Grande-Bretagne et la France délimitent leurs zones d'influence au Moyen-Orient (accord Sykes-Picot).

1920-1943. La France exerce le mandat que lui a confié la S. D. N. sur le pays.

Syrie, État de l'Asie occidentale, sur la Méditerranée ; 185 000 km^2 ; 13 500 000 hab. *(Syriens).* CAP. *Damas.* LANGUE : *arabe.* MONNAIE : *livre syrienne.*

GÉOGRAPHIE

La Syrie est une voie de passage traditionnelle entre l'Orient et l'Occident. En dehors des ports (Lattaquié, Baniyas, Tartous), les grandes villes (Alep, Hama, Homs, Damas) sont situées dans des bassins en limite des régions steppiques et du désert qui occupe l'est du pays. Au nord-ouest, le djebel Ansariyya isole une plaine côtière chaude et humide, domaine de la polyculture méditerranéenne. Vers l'est, la zone du « Croissant fertile » reçoit entre 200 et 400 mm de pluies. Steppe herbeuse à l'état naturel, elle est localement irriguée et produit des céréales, du coton et des fruits. La vallée de l'Euphrate fait l'objet de grands travaux d'irrigation, à partir du barrage de Tabqa. La population a un fort taux d'accroissement. Concentrée dans l'ouest du pays, elle est aujourd'hui en majeure partie urbanisée. Le secteur agricole emploie environ le quart de la population active. Les cultures (blé, orge, coton, fruits et légumes, tabac) sont complétées par l'élevage ovin. Puis ce sont les ressources du sous-sol, pétrole et gaz essentiellement, qui constituent les principales ressources finançant l'industrie (sidérurgie, coton, engrais).

Les tensions internationales et régionales ont un fort impact sur la vie économique du pays et les dépenses militaires pèsent fortement sur le budget.

HISTOIRE

1941. Le général Catroux, au nom de la France libre, proclame l'indépendance du pays.

1943-44. Le mandat français sur la Syrie prend fin.

1946. Les dernières troupes françaises et britanniques quittent le pays.

1948. La Syrie participe à la première guerre israélo-arabe.

1949-1956. Des putschs portent au pouvoir des chefs d'État favorables ou hostiles aux Hachémites.

1958-1961. L'Égypte et la Syrie forment la République arabe unie.

1963. Le parti Baath, nationaliste et révolutionnaire, prend le pouvoir.

1967. La troisième guerre israélo-arabe s'achève par l'occupation du Golan par Israël.

1970. Hafiz al-Asad accède au pouvoir.

1973. La Syrie s'engage dans la quatrième guerre israélo-arabe.

À partir de 1976, elle intervient militairement au Liban et renforce, en 1985, son contrôle sur le pays, consacré en 1991 par un traité de fraternité syro-libanais.

1991. Lors de la guerre du Golfe, la Syrie participe à la force multinationale engagée contre l'Iraq. Depuis 1994, des négociations se déroulent entre la Syrie et Israël sur la restitution du Golan et sur la normalisation des relations entre les deux pays.

Syrie *(désert de),* région aride de l'Asie, aux confins de la Syrie, de l'Iraq et de la Jordanie.

Syrinx, nymphe d'Arcadie qui, pour échapper à l'amour de Pan, obtint d'être changée en roseau ; de ce roseau, Pan fit une flûte.

Sýros ou **Syra,** une des îles Cyclades (Grèce) ; 86 km². Ch.-l. *Ermoúpolis.*

Syrte *(golfe de),* échancrure du littoral de la Libye, entre Benghazi et Misourata.

Szczecin, *en all.* Stettin, important port de Pologne en Poméranie occidentale, sur l'Odra ; 391 000 hab. Centre industriel. — Églises gothiques et château de la Renaissance, très restaurés.

Szeged, v. de Hongrie, au confluent de la Tisza et du Maros (Mureş) ; 175 301 hab. Université.

Szilard *(Leo),* physicien américain d'origine hongroise (Budapest 1898 - La Jolla, Californie, 1964). Collaborateur de Fermi, il a réalisé la réaction des rayons γ sur le béryllium et participé à la construction de la première pile atomique.

Szymanowski *(Karol),* compositeur polonais (Tymoszówka, auj. en Ukraine, 1882 - Lausanne 1937). Après avoir participé (1905) à la fondation du groupe Jeune-Pologne avec Szeluto, Karlowicz, Różycki et Fitelberg, il se passionne pour la musique arabe et la culture musulmane ; leur influence transparaît dans des œuvres comme les *Chants d'amour de Hafiz* (1914) et la symphonie n° 3 dite « le Chant de la nuit ». Il a notamment composé *Mythes* pour violon et piano (1915), 4 symphonies (entre 1906 et 1932) et deux opéras, une opérette, des ballets, un *Stabat Mater* (1925-26), des *Litanies de la Vierge Marie* (1930-1933).

T

Table ronde (cycle de la) → **Arthur.**

Taborites, hussites intransigeants qui se groupèrent autour de Jan Žižka dans la ville tchèque de Tábor (d'où leur nom) et qui furent vaincus à Lipany en 1434 par les catholiques et les hussites modérés.

Tabqa (al-), site d'un important barrage de Syrie, sur l'Euphrate.

Tabriz, *anc.* Tauris, v. de l'Iran, principal centre de l'Azerbaïdjan iranien, à 1 350 m d'alt.; 600 000 hab. — Malgré son délabrement, la mosquée Bleue conserve un beau décor (xvᵉ s.) de faïence émaillée.

Tabucchi (*Antonio*), écrivain italien (Pise 1943). Traducteur de Pessoa, il transpose les jeux de miroir et les ambiguïtés du poète portugais dans l'univers cosmopolite et raffiné de ses nouvelles (*la Femme de Porto Pim et autres histoires,* 1983).

Tachkent, cap. de l'Ouzbékistan, en Asie centrale ; 2 073 000 hab. Nœud ferroviaire, centre administratif, culturel et industriel.

Tacite, *en lat.* Publius Cornelius Tacitus, historien latin (v. 55 - v. 120). Tout en remplissant les charges d'une carrière qu'il acheva comme proconsul d'Asie (v. 110-113), il écrivit les *Annales,* les *Histoires, la Vie d'Agricola* (qui était son beau-père), *la Germanie* et le *Dialogue des orateurs.* Historien bien documenté, il s'exprime avec un style expressif, dense et concis qui fait de lui un maître de la prose latine.

Tademaït (*plateau du*), région du Sahara algérien, au nord d'In Salah et au sud du Grand Erg occidental.

Tadjikistan, État de l'Asie centrale, à la frontière de la Chine et de l'Afghanistan ; 143 000 km² ; 5 100 000 hab. CAP. *Douchanbe.* LANGUE : *tadjik.* MONNAIE : *rouble.*

GÉOGRAPHIE

C'est un pays de hautes montagnes (particulièrement dans l'Est), où vivent principalement des Tadjiks (62 %) et des Ouzbeks (23 %), qui se caractérisent par une forte croissance démographique. L'élevage transhumant, les cultures dans les bassins et les vallées (coton) sont les activités principales. En dehors de Douchanbe et de petits centres urbains, le seul site industriel notable est la centrale de Nourek (aluminium).

HISTOIRE

Formé d'une région de l'Asie centrale conquise par les Russes à partir de 1865 et d'une partie de l'ancien khanat de Boukhara, le Tadjikistan devient en 1929 une république fédérée de l'U. R. S. S.

1991. Il accède à l'indépendance.

1992. Une guerre oppose les forces islamodémocratiques et procommunistes, à l'issue de laquelle un gouvernement procommuniste est établi.

Tadjiks, peuple de langue iranienne, musulman, habitant principalement au Tadjikistan.

Tadj Mahall ou **Taj Mahal,** mausolée de marbre blanc incrusté de pierres de couleur, élevé au xviiᵉ siècle, près d'Agra, par l'empereur Chah Djahan à la mémoire de son épouse, Mumtaz Mahall. L'une des plus belles réussites de l'architecture moghole.

Tadla, plaine du Maroc occidental, bordée au S.-E. par le Moyen Atlas.

Taegu, v. de Corée du Sud ; 1 607 000 hab. Centre commercial et industriel.

Taejon, v. de Corée du Sud ; 652 000 hab.

Tafilalet ou **Tafilelt,** région du Sahara marocain, au sud du Haut Atlas.

Taft *(William Howard),* homme d'État américain (Cincinnati 1857 - Washington 1930), président républicain des États-Unis de 1909 à 1913.

Taft-Hartley *(loi),* loi adoptée en 1947 aux États-Unis, limitant le droit de grève. L'un de ses instigateurs fut **Robert Alfonso Taft** (Cincinnati 1889-New York 1953), sénateur républicain, fils de William Howard Taft.

Tagal ou **Tagalog,** peuple des Philippines, principal groupe de l'île de Luçon, parlant le tagal.

Taganrog, port de Russie, sur la mer d'Azov ; 291 000 hab.

Tage, *en esp.* Tajo, en port. Tejo, le plus long fleuve de la péninsule Ibérique qu'il traverse d'E. en O. ; 1 120 km, dont 275 au Portugal (bassin de 80 947 km²). Il passe à Tolède et à Lisbonne avant de se jeter dans l'Atlantique. Son principal affluent est le Zêzere et ses hautes eaux se situent en hiver. Importants aménagements hydrauliques (électricité et irrigation).

Taglioni *(Filippo),* danseur et chorégraphe italien (Milan 1777 - Côme 1871). Pygmalion de sa fille Maria, il régla pour elle *la Sylphide,* premier ballet romantique, créé en 1832 à Paris, ainsi que de nombreux ouvrages tels *la Fille du Danube* (1836), *la Gitane* (1838) et *l'Ombre* (1839). Son fils **Paul** (Vienne 1808 - Berlin 1884) fit une carrière de chorégraphe. **Maria** (Stockholm 1804 - Marseille 1884) fut la première danseuse à maîtriser la technique des pointes pour lui donner une signification poétique dans *la Sylphide.* Applaudie dans toute l'Europe, elle figura dans le *Pas de quatre* (1845), que Perrot régla à l'attention des meilleures ballerines de l'époque. Elle a signé la chorégraphie d'un seul ballet : *le Papillon* (1860).

Tagore *(Rabindranath),* écrivain indien (Calcutta 1861 - Santiniketan 1941). Le plus grand écrivain bengali, il est l'auteur d'une œuvre considérable, d'inspiration mystique ou patriotique, comptant de nombreux poèmes *(Gitanjali,* 1910, traduit par Gide sous le titre de *l'Offrande lyrique),* des romans *(Gora,* 1910 ; *la Maison et le Monde,* 1916) et des nouvelles, des drames *(Kacha et Devayani,* 1894), des essais et des souvenirs. Familier de la littérature et de la musique européennes comme des plus anciennes traditions de l'Inde, il a fondé en 1921, à San-tiniketan, l'université internationale Visva Bharati. (Prix Nobel 1913.)

Tahiti, île principale du territoire d'outremer de la Polynésie française et de l'archipel de la Société, dans le Pacifique, par 17° de latit. sud ; 1 042 km² ; 131 309 hab. *(Tahitiens).* V. princ. *Papeete.* **GÉOGR.** L'île, volcanique et montagneuse, frangée d'un récif-barrière corallien, a un climat chaud et humide (relativement sec de juillet à septembre), favorable aux cocoteraies sur les plaines littorales. Mais l'urbanisation est envahissante (Papeete avec ses banlieues regroupe plus des deux tiers de la population), liée au développement du tourisme (aéroport de Faaa) et à la présence (depuis 1964) du Centre d'expérimentation du Pacifique. **HIST.** Découverte par S. Wallis en 1767, dirigée par la dynastie des Pomaré au début du XIXe siècle, l'île devint protectorat français en 1843, puis colonie française en 1880. En 1959, elle a été intégrée au territoire d'outremer de la Polynésie française.

Taibei → **Taipei.**

Taichung ou **Taizhong,** v. de Taïwan ; 626 000 hab. Zone franche industrielle.

Taif, v. d'Arabie saoudite, dans le Hedjaz, sur un plateau à 1 630 m d'alt. ; 205 000 hab.

Taifas *(royaumes de),* petits États musulmans de l'Espagne médiévale formés après la disparition du califat de Cordoue (1031).

Taïmyr, péninsule de l'Arctique sibérien, bordée à l'ouest par la mer de Kara et à l'est par la mer des Laptev.

Tainan, port et anc. cap. de l'île de Taïwan ; 614 000 hab.

Taine *(Hippolyte),* philosophe, historien et critique français (Vouziers 1828 - Paris 1893). S'inspirant du positivisme, il a essayé d'expliquer les œuvres artistiques par la triple influence de la race, du milieu et de l'époque. Il s'intéressa à des domaines variés : critique littéraire *(Essai de critique et d'histoire,* 1858 ; *Histoire de la littérature anglaise,* 1864-1872) ; philosophie *(De l'intelligence,* 1870) ; histoire *(Origines de la France contemporaine,* 1875-1894) et esthétique *(Philosophie de l'art,* 1882). [Acad. fr. 1878.]

Taipei ou **Taibei,** cap. de Taïwan ; 2 445 000 hab. (env. 5 millions d'hab. dans l'agglomération). Centre commercial et industriel. — Musée national (l'une des plus riches collections de peinture chinoise ancienne).

Taiping, mouvement politique et religieux qui agita la Chine de 1851 à 1864. Fondé par Hong Xiuquan (1814-1864), qui voulait sauver la Chine de la décadence, il fut appuyé par les sociétés secrètes hostiles à la dynastie des Qing. Il fut anéanti en 1864, avec l'aide des Occidentaux.

Taïrov (*Aleksandr Iakovlevitch* **Kornblit,** dit*),* acteur et metteur en scène de théâtre soviétique (Romny, Poltava, 1885 - Moscou 1950). Fondateur du « Théâtre de chambre », inspiré du Kammerspiel allemand, il associa à la technique dramatique la danse, la musique, cinéma.

Taïwan, *anc.* Formose, État insulaire de l'Asie orientale, séparé de la Chine continentale par le *détroit de Taïwan* ; 36 000 km² ; 20 500 000 hab. CAP. *Taipei.* LANGUE : *chinois.* MONNAIE : *dollar de Taïwan.*

GÉOGRAPHIE

L'île est dominée à l'E. par un ensemble de montagnes dont les plus élevées approchent 4 000 m. Des collines séparent cet ensemble de la plaine alluviale de l'O. Le climat est tropical, chaud et arrosé, mais les précipitations varient en fonction du relief et de l'exposition, passant de 1 500-2 000 mm dans la plaine à 6 m sur la côte orientale, hauteur qui explique la présence de la forêt sur plus de la moitié de l'île. La population, constituée essentiellement de Chinois, s'accroît de 1 % par an environ. Elle est concentrée sur le tiers ouest de l'île, où les densités sont très élevées. L'agriculture prospère : canne à sucre, riz, légumes et fruits (bananes, ananas), thé. Un peu de houille et de gaz sont les seules ressources notables du sous-sol. L'électricité est fournie pour un tiers environ par les centrales nucléaires. Le secteur industriel, fondement de la puissance économique, importe ses matières premières et produits de base et exporte des produits élaborés. Dominé autrefois par les industries de main-d'œuvre (délocalisées, en Chine populaire notamm.), il concerne maintenant de plus en plus les secteurs de la technologie de pointe. Aux exportations, les matériels électriques et électroniques précèdent les textiles synthétiques, les jouets et objets de plastique. Les investissements à l'étranger sont notables, vers la Thaïlande, l'Indonésie, les Philippines et la Malaisie, mais aussi vers la Chine, l'Europe et les États-Unis. Ces derniers et le Japon sont les premiers partenaires commerciaux de Taïwan.

HISTOIRE

Fréquentée depuis des siècles par des pirates et des marchands chinois, l'île est massivement peuplée par des immigrants chinois au XVIIᵉ s. À la même époque, Hollandais et Espagnols s'établissent dans l'île.
1683. Elle passe sous le contrôle des empereurs Qing.
1895. L'île est cédée au Japon au traité de Shimonoseki, qui met fin à la guerre sino-japonaise.
1945. Elle est restituée à la Chine.
1949. Après la victoire des communistes sur le continent, l'île sert de refuge au gouvernement nationaliste du Guomindang. Dirigée par Jiang Jieshi (Tchang Kaï-chek), Taïwan représente la Chine au Conseil de sécurité de l'O. N. U. jusqu'à l'admission de la Chine populaire à cette organisation en 1971.
1975. Jiang Jingguo succède à son père. Depuis, Taïwan refuse l'« intégration pacifique » que lui propose la Chine.
1979. Les États-Unis reconnaissent officiellement la Chine populaire et mettent fin à leurs relations diplomatiques avec Taïwan.
1988. Mort de Jiang Jingguo. Lee Tenghui lui succède à la tête de l'État.
1991. L'état de guerre avec la Chine est levé.
1995. La Chine accentue très fortement sa pression sur Taïwan.

Taiyuan, v. de Chine, cap. du Shanxi ; 1 053 000 hab. Sidérurgie. Chimie.

Taizé (*communauté de),* communauté chrétienne de type monastique fondée en 1940, à Taizé (Saône-et-Loire), par le protestant suisse Roger Schutz. Interconfessionnelle depuis 1969, elle joue un rôle marquant au sein du mouvement œcuménique. La communauté de Taizé est devenue un lieu d'accueil pour les jeunes chrétiens de tous les continents à partir des années 1960.

Taizhong → **Taichung.**

Taïzz, v. du Yémen ; 120 000 hab.

Tajín (El), centre religieux des Totonaques (Mexique, État de Veracruz). Florissant du Iᵉʳ s. av. J.-C. au VIᵉ s. apr. J.-C., il connaît un renouveau vers le Xᵉ siècle, sous l'influence toltèque, avant d'être abandonné (XIIIᵉ s.). Nombreux vestiges, dont la pyramide aux 365 niches.

Takamatsu, port du Japon (Shikoku), sur la mer Intérieure ; 329 684 hab. — Célèbre jardin du XVIIIᵉ siècle dans le parc de Ritsurin.

Takasaki, v. du Japon (Honshu) ; 236 461 hab.

Takatsuki, v. du Japon (Honshu) ; 359 867 hab. Centre industriel.

Takis (*Panayiótis* Vassilákis, dit*), artiste grec (Athènes 1925). Installé en France, il s'est orienté vers une poétique fondée sur les ressources de la technologie : « Sculptures électromagnétiques », « Télélumières », etc.

Takla- Makan ou **Taklimakan,** désert de Chine, dans le sud du Xinjiang ; env. 400 000 km².

Takoradi, principal port du Ghana ; 250 000 hab. (avec Sekondi). Port d'exportation (cacao, bois, manganèse).

Talat Paşa (*Mehmed*) → **Jeunes-Turcs.**

Talbot (*John*), 1ᵉʳ *comte* de Shrewsbury, gentilhomme anglais (v. 1384 - Castillon 1453). Il combattit en Normandie et s'empara de Bordeaux. Il fut tué à la bataille de Castillon.

Talbot (*William Henry Fox*), physicien britannique (Lacock Abbey, près de Chippenham, 1800 - *id.* 1877). Membre de la Chambre des communes, il s'occupe d'études littéraires, archéologiques et scientifiques. Le premier, il met au point, de 1835 à 1841, la photographie sur papier *(calotype,* ou *talbotypie),* alors que Daguerre obtenait l'image sur des plaques métalliques. En 1851, il imagine un procédé de photographie instantanée.

Talcahuano, port du Chili central ; 246 566 hab. Pêche et traitement du poisson. Chantiers navals.

Talence, ch.-l. de c. de la Gironde, banlieue de Bordeaux ; 36 172 hab. *(Talençais).* Centre universitaire.

Ta-lien → **Dalian.**

Talking Heads, groupe de rock américain (formé en 1976) représentatif du courant new wave.

Tallahassee, v. des États-Unis, cap. de la Floride ; 124 773 hab. Université.

Tallemant des Réaux (*Gédéon*), mémorialiste français (La Rochelle 1619 - Paris 1692), dont les *Historiettes* forment un témoignage savoureux sur son époque.

Talleyrand-Périgord (*Charles Maurice* de*), homme politique français (Paris 1754 - *id.* 1838). Devenu boiteux dans son enfance, il est destiné, malgré son droit d'aînesse, à une carrière ecclésiastique et devient évêque d'Autun (1788). Député du clergé aux États généraux, il joue un rôle de premier plan sous la Constituante en faisant voter la mise

à disposition de la nation des biens du clergé (nov. 1789). Après l'adoption de la constitution civile du clergé, il devient le chef du clergé constitutionnel, dont il sacre les premiers évêques : condamné par le pape, il rompt alors avec l'Église. Soupçonné de compromission avec le roi, il est porté sur la liste des émigrés et voyage aux États-Unis (1794-1796).

Nommé ministre des Relations extérieures (1797) sous le Directoire, il participe au complot du 18-Brumaire. Passé au service de Napoléon, il négocie les traités de Lunéville, d'Amiens, de Presbourg et de Tilsit, et reçoit les plus hautes dignités (grand chambellan, 1804 ; prince de Bénévent, 1806). Mais, cherchant à freiner les ambitions impériales, il perd son ministère (1807). Resté conseiller de l'Empereur, il pousse cependant le tsar Alexandre Iᵉʳ à tenir tête à Napoléon, lors de l'entrevue d'Erfurt (1808) et est disgracié (1809). En avril 1814, il forme un gouvernement provisoire, fait voter par le Sénat la déchéance de Napoléon et la proclamation de Louis XVIII. Ministre des Affaires étrangères, il représente la France au congrès de Vienne et parvient, en divisant les Alliés, à modérer leurs exigences. Le retour de Napoléon (mars 1815) détruit son œuvre. Il ne joue plus, après la seconde Restauration, qu'un rôle de second plan. Nommé ambassadeur à Londres (1830-1835) par Louis-Philippe, il négocie le rapprochement franco-anglais et le règlement de la question belge.

Tallien (*Jean Lambert*), homme politique français (Paris 1767 - *id.* 1820). Député à la Convention, il fit partie des Montagnards. Sous l'influence de Thérésa Cabarrus, qu'il épousa par la suite, il revint à des positions plus modérées et fut l'un des organisateurs du 9-Thermidor. Sa femme, **Mᵐᵉ Tallien** *(Thérésa Cabarrus), marquise* de Fontenay (Carabanchel Alto, près de Madrid, 1773 - Chimay 1835), surnommée *Notre-Dame de Thermidor,* fut la plus célèbre des merveilleuses.

Tallinn, anc. Reval ou Revel, cap. de l'Estonie, à l'entrée sud du golfe de Finlande ; 482 000 hab. Port et centre industriel. Université. — Citadelle médiévale et restes d'enceinte. Cathédrale et hôtel de ville gothiques ; parc et palais Kadriorg, baroque du xviiiᵉ siècle (musée).

Tallis (*Thomas*), compositeur anglais (v. 1505 - Greenwich 1585). Organiste de la chapelle royale, il composa de la musique sacrée pour les cultes anglican et catholique. Avec Byrd, il publia en 1575 un recueil de *Cantiones sacrae.*

Tallon *(Roger),* designer français (Paris 1929). Ses réalisations concernent l'ensemble de la production industrielle (équipement ménager ; luminaires ; téléphones ; métro de Mexico [1969] ; T. G. V. Atlantique [1986-1988]).

Talma *(François Joseph),* acteur français (Paris 1763 - *id.* 1826). Il fut l'acteur tragique préféré de Napoléon Ier. Soucieux de vérité historique des costumes et les décors, il rendit la diction plus naturelle.

Talmud, vaste compilation de commentaires sur la loi mosaïque qui constitue l'œuvre la plus importante du judaïsme postbiblique. Considéré comme l'interprétation authentique de la Torah, ou Loi écrite, et reflétant l'enseignement des grandes écoles rabbiniques des premiers siècles de notre ère, le Talmud est composé de la Mishna, rédigée en hébreu (fin du IIe-IIIe s.), et de la Gemara, écrite en araméen. Celle-ci s'étant élaborée dans deux milieux différents (dans les écoles juives de Palestine au IVe s. et dans celles de Babylonie aux VIe-VIIe s.), il s'en forma donc deux rédactions distinctes, qui aboutirent, sur la base de la Mishna, à deux Talmud : le Talmud palestinien (appelé improprement « de Jérusalem ») et le Talmud babylonien, plus approfondi.

Talon *(Jean),* administrateur français (Châlons, Champagne 1625-1694). Premier intendant de la Nouvelle-France (1665-1668 et 1670-1672), il amorça l'essor du Canada.

Talon *(Omer),* magistrat français (Paris 1595 - *id.* 1652). Avocat général au parlement de Paris (1631), il défendit les droits du parlement contre Mazarin et la royauté.

Tamatave → **Toamasina.**

Tamayo *(Rufino),* peintre mexicain (Oaxaca 1899 - Mexico 1991), auteur de toiles et de décors muraux d'une riche invention symbolique et chromatique (*Prométhée,* 1958, maison de l'Unesco à Paris).

Tambov, v. de Russie, au nord-est de Moscou ; 305 000 hab. Centre industriel.

Tamenghest, *anc.* Tamanrasset, v. d'Algérie, ch.-l. de wilaya, dans le Hoggar ; 23 000 hab. Oasis.

Tamerlan ou **Timur Lang** (« le Seigneur de fer boiteux »), [Kech, près de Samarkand, Ouzbékistan, 1336 - Otrar, sur le Syr-Daria,

1405], émir de Transoxiane (1370-1405). Se déclarant l'héritier et le continuateur de Gengis Khan, il instaure un immense et éphémère Empire turc (Transoxiane, Kharezm, Iran, Iraq et Pendjab), fondé sur la force militaire, sur la terreur et sur un système juridico-religieux alliant les lois mongole et islamique. Musulman dévot, il ruine tous les empires musulmans de l'époque. À partir de 1380, il mène plusieurs campagnes en Iran et en Afghanistan, y ravageant les villes et y décimant les populations. Puis, de 1391 à 1395, il pourchasse Tuktamich, autre chef mongol, à travers les steppes en Crimée et en Transcaucasie. Il abat en Inde le sultanat musulman de Delhi (1398-99), dévaste Alep, Damas et Bagdad au cours de la campagne de 1400-1401 puis vainc et capture Bayezid Ier, sultan ottoman, près d'Ankara (1402). Tamerlan s'était entouré de lettrés, de savants, d'artistes et d'artisans, parfois déportés des villes conquises, qui firent de Samarkand un grand centre intellectuel et artistique.

Tamil Nadu, *anc.* État de Madras, État de l'Inde bordé par le golfe du Bengale et l'océan Indien ; 130 000 km2 ; 55 638 318 hab. Cap. *Madras.*

Tamise *(la), en angl.* Thames, principal fleuve anglais ; 338 km. La Tamise draine une partie du bassin de Londres, passe à Reading, à Windsor, et s'élargit à Londres en un grand estuaire remonté par la marée. Un barrage mobile construit à l'est de Londres protège la basse vallée contre d'éventuelles inondations d'origine marine.

Tammerfors → **Tampere.**

Tammouz, dieu suméro-akkadien du Printemps et de la Fertilité. Il fut très populaire en Phénicie et en Syrie sous le nom d'*Adoni* (« mon Seigneur »), dont les Grecs firent *Adonis.*

Tamoul ou **Tamil,** peuple de l'Inde méridionale et de Sri Lanka, parlant le tamoul. Dans l'île de Sri Lanka, les Tamoul habitent le nord et constituent une forte minorité hindouiste à laquelle s'opposent les Sri lankais de religion bouddhiste.

Tampa, port des États-Unis (Floride), au fond de la *baie de Tampa,* sur le golfe du Mexique ; 280 015 hab.

Tampere, *en suéd.* Tammerfors, v. de Finlande ; 167 000 hab. Centre industriel. — Monuments des XIXe et XXe siècles. Musées.

Tampico, port du Mexique, sur l'Atlantique ; 271 638 hab. Raffinage et exportation du pétrole. — Dans la ville satellite de Ciudad Madero, musée consacré à la culture des Indiens Huaxtèques.

Tampon (Le), comm. de la Réunion ; 48 436 hab.

Tana *(la)* ou **Teno** *(le),* fl. de Laponie, tributaire de l'océan Arctique, séparant la Finlande et la Norvège ; 310 km.

Tana *(lac),* le plus grand lac d'Éthiopie (env. 3 000 km²), qui donne naissance au Nil Bleu.

Tanagra, village de Grèce (Béotie). Centre de production d'élégantes statuettes de terre cuite, principalement au ᴵᵛᵉ s. av. J.-C.

Tanaïs, nom ancien du Don.

Tanaka *(plan),* plan japonais de domination mondiale rédigé par le général Tanaka (1863-1929) et partiellement réalisé pendant la Seconde Guerre mondiale.

Tananarive ⟶ Antananarivo.

Tancrède de Hauteville (m. à Antioche en 1112), prince de Galilée (1099-1112), prince d'Antioche (1111-12). Petit-fils de Robert Guiscard, il administra la principauté d'Antioche en l'absence de son oncle Bohémond Iᵉʳ (à partir de 1101), avant de lui succéder.

Tanegashima, île du Japon, au S. de Kyushu. Au sud-est, centre spatial et base de lancement d'engins spatiaux.

Tanezrouft *(en berbère « Pays de la soif »),* région très aride du Sahara, algérien à l'ouest du Hoggar.

Tang, dynastie qui a régné sur la Chine de 618 à 907. Fondée par Tang Gaozu (618-626), elle étendit le territoire de l'empire en Asie centrale (ᴠɪɪᵉ s.), au Viêt Nam, en Mongolie et en Mandchourie méridionale. La civilisation des Tang exerça une influence déterminante sur la Corée, le Viêt Nam et le Japon, qui empruntèrent de nombreux traits de la civilisation chinoise (bouddhisme, écriture, urbanisme).

Tanganyika, nom que prit la partie de l'Afrique-Orientale allemande (colonie allemande de l'est de l'Afrique) qui passa sous tutelle britannique en 1920. Le territoire correspond à l'actuelle partie continentale de la Tanzanie.

Tanganyika *(lac),* lac d'Afrique orientale, le deuxième du continent par sa superficie (32 000 km²), qui s'étend sur 650 km entre le Burundi, la Tanzanie, la Zambie et le Zaïre. À 774 m d'altitude, il a une profondeur maximale de 1 470 m. Alimenté par plusieurs rivières, dont la Ruzizi (déversoir

du lac Kivu), il s'écoule dans le bassin du Zaïre par la Lukuga. Bujumbura, Kigoma et Kalémié en sont les principaux ports.

Tange Kenzo, architecte et urbaniste japonais (Imabari, Shikoku, 1913). Utilisateur audacieux du béton armé et adepte d'une architecture « additive », expansible au sein de l'organisme urbain, il a exercé une influence internationale (centre de la Paix à Hiroshima, 1955 ; stade olympique de Tokyo, 1960-1964).

Tanger, *en ar.* Ṭandja, port du Maroc, ch.-l. de prov., sur le détroit de Gibraltar ; 312 000 hab. — Tanger fut ville internationale de 1923 à 1956, sauf pendant l'occupation espagnole (1940-1945). C'est un port franc depuis 1962. — Dans la vieille ville, ancien palais des sultans, des ᴠɪɪɪᵉ-ᴠɪᴠᵉ siècles ; musées (antiquités, arts appliqués marocains).

Tangshan, v. de Chine (Hebei), à l'est de Pékin ; détruite par un tremblement de terre en 1976, elle est en cours de reconstruction ; 400 000 hab.

Tang Taizong ou **T'ang T'ai-tsong,** nom posthume de **Li Shimin,** deuxième empereur Tang (627-649). Il étendit considérablement l'Empire chinois.

Tanguy *(Yves),* peintre français naturalisé américain (Paris 1900 - Woodbury, Connecticut, 1955). Autodidacte, l'un des plus purs « rêveurs » du surréalisme, il s'installa aux États-Unis en 1939 (*À quatre heures d'été, l'espoir,* 1929 ; *le Palais aux rochers de fenêtres,* 1942, N. M. A. M., Paris).

Tanis, ville de l'Égypte ancienne, dans le Delta. Elle devint capitale sous la XXIᵉ dynastie (1085-950 av. J.-C.). Elle a été identifiée à Avaris, la capitale des Hyksos, sur les ruines de laquelle fut édifiée Pi-Ramsès, résidence de la dynastie des Ramsès. Vestiges du grand temple d'Amon, édifié par Ramsès II, qui a livré des œuvres sculptées, et, surtout, les tombes, inviolées, de plusieurs pharaons des XXIᵉ et XXIIᵉ dynasties (riche mobilier funéraire).

Tanit, importante divinité du panthéon carthaginois, déesse de la Fertilité.

Tanizaki Junichiro, écrivain japonais (Tokyo 1886 - Yugarawa 1965). Influencé par le réalisme occidental, il retrouva les formes d'expression traditionnelles dans des romans qui peignent les conflits du monde moderne et de la civilisation ancestrale (*les Quatre Sœurs,* 1943-1948 ; *la Confession impudique,* 1956).

Tanjung Karang-Teluk Betung, port d'Indonésie (Sumatra) ; 284 000 hab.

Tannenberg *(bataille de)* → **Grunwald** *(bataille de).*

Tannenberg *(bataille de)* [26-29 août 1914], victoire décisive des Allemands de Hindenburg sur l'armée russe, remportée en Prusse-Orientale, à Tannenberg (auj. Stębark).

Tanner *(Alain),* cinéaste suisse (Genève 1929). Il fonde en 1962 l'Association suisse des réalisateurs. En 1969, *Charles mort ou vif* marque le point de départ du nouveau cinéma suisse. *La Salamandre* (1971) confirme son talent. Il réalise ensuite *le Milieu du monde* (1974), *les Années-lumière* (1981), *Dans la ville blanche* (1983), *la Vallée fantôme* (1987), *la Femme de Rose Hill* (1989), *le Journal de Lady M.* (1994).

Tannhäuser, poète allemand (Tannhausen ? v. 1205 - v. 1268). Chanteur errant, auteur de poèmes lyriques et de chansons, il est devenu le héros légendaire de récits populaires.

Tantah ou **Tanta,** v. d'Égypte, au centre du delta du Nil ; entre Le Caire et Alexandrie ; 285 000 hab. Carrefour routier et ferroviaire.

Tantale, personnage de la mythologie grecque. Admis à la table des dieux, il avait dérobé le nectar et l'ambroisie pour les faire goûter aux mortels, et servi à ses hôtes la chair de son fils Pélops qu'il venait d'égorger. Précipité dans les Enfers, Tantale fut condamné à un supplice éternel. Plongé dans un lac sous des arbres chargés de fruits, il est tourmenté par la soif et la faim : l'eau échappe sans cesse à ses lèvres et les branches se relèvent quand sa main veut saisir les fruits.

Tanzanie, État de l'Afrique orientale ; 940 000 km² ; 26 900 000 hab. *(Tanzaniens).* CAP. *Dar es-Salaam.* CAP. DÉSIGNÉE *Dodoma.* LANGUE : *swahili.* MONNAIE : *shilling.*

GÉOGRAPHIE

La majeure partie du pays est constituée par un plateau s'abaissant au N. vers le lac Victoria. Il est bordé à l'O. par la Rift Valley, où se logent les lacs Tanganyika, Rukwa et Malawi, et à l'E. par la Rift Valley orientale, occupée par les lacs Natron, Manyara et Eyasi. Le Kilimandjaro (5 895 m) et le mont Meru les dominent vers le N.-E. Cet ensemble est bordé au S. et à l'E. par des monts et des hauts plateaux qui surplombent les basses terres du littoral de l'océan Indien. Le climat est chaud, aride dans le nord-est du pays (steppe masaï), plus humide ailleurs (côtes, îles) selon l'exposition et l'altitude. La population, en majorité bantoue, est répartie très inégalement ; les rives du lac Victoria, les basses pentes du Kilimandjaro, la partie nord du littoral sont les zones les plus peuplées. La majorité de la population est rurale, regroupée dans des villages communautaires. Le manioc, le maïs, la patate douce et le mil sont les principales cultures vivrières, tandis que le café, le coton, le sisal, le thé, les noix de cajou et les clous de girofle (Zanzibar et Pemba) fournissent, avec le bois, l'essentiel des exportations. Les ressources minières (diamants, or, étain, phosphates, charbon, fer) sont très inégalement exploitées. Le secteur industriel reste très modeste. En dehors de la voie ferrée et de la route reliant la Zambie à Dar es-Salaam, les voies de communication sont insuffisantes. Le pays reste dépendant de l'aide internationale.

HISTOIRE

Peuplé de Bantous, le pays est très tôt intégré au commerce arabe. Installés sur le littoral sans doute à partir du IXe s., des Arabes d'Oman et du golfe Persique et des Persans s'unissent aux Bantous pour former le peuple et la civilisation swahilo.

XIIe s. Les ports de Kilwa et de Zanzibar prospèrent grâce au commerce de l'or, de l'ivoire et des esclaves.

1498. Vasco de Gama atteint le pays.

1652. Les Arabes chassent les Portugais de Zanzibar.

Au XIXe s., le sultanat d'Oman contrôle l'île et le littoral jusqu'aux années 1880, où Britanniques et Allemands se disputent la région.

1891. Les Allemands imposent leur protectorat sur le pays, appelé Afrique-Orientale allemande.

1920. Amputée de la région nord-ouest, l'ancienne colonie allemande, rebaptisée territoire du Tanganyika, est confiée par la S. D. N. à la Grande-Bretagne.

1961. Proclamation de l'indépendance du Tanganyika.

Le leader nationaliste Julius Nyerere en est le président.

1964. Zanzibar s'unit au Tanganyika pour former la Tanzanie.

Le nouvel État s'oriente vers un socialisme africain.

1985. Nyerere abandonne le pouvoir. Ali Hassan Mwinyi, élu président de la République, lui succède.

1992. Ali Hassan Mwinyi engage le pays sur la voie du multipartisme et du libéralisme économique. À Zanzibar, un mouvement indépendantiste de tendance islamiste se développe.
1995. Benjamin Mkapa est élu à la présidence de la République.

Tao Qian ou **T'ao Ts'ien,** dit aussi Tao Yuanming, poète chinois (au Jiangxi v. 365 - *id.* 427). Dans un style lumineux et transparent, il a célébré l'union entre la nature et l'homme. Il est un des poètes les plus aimés de la littérature chinoise.

Taormina, station touristique d'Italie (Sicile), au pied de l'Etna ; 9 979 hab. — Ruines antiques (théâtre) dans un site magnifique, sur la mer Ionienne.

Tao-tö-king ou **Daodejing** (*le Livre de la Voie et de la Vertu),* ouvrage chinois attribué à Laozi, principal texte du taoïsme.

T'ao Ts'ien, Tao Yuanming → Tao Qian.

Tapajós, riv. du Brésil, affl. de l'Amazone (r. dr.) ; 1 992 km (avec le Teles Pires).

Tàpies (*Antoni),* peintre espagnol (Barcelone 1923). Son œuvre oscille d'une sorte de mystique du dépouillement (la nudité du mur) à la paraphrase ironique du réel (objets banals piégés dans l'épaisseur de la matière), en passant par l'intensité vitale des graffitis et des lacérations (*Grand Blanc horizontal* [1962], *les Jambes* [1975], M. N. A. M., Paris).

Taranis, dieu du Ciel et de la Foudre chez les Celtes. Assimilé au Jupiter romain, il est représenté, sur le chaudron de Gundestrup (Danemark), barbu et tenant une grande roue, qui symbolise sans doute les roulements du tonnerre.

Tarascon, ch.-l. de c. des Bouches-du-Rhône, sur le Rhône ; 11 158 hab. *(Tarasconnais).* — Église Ste-Marthe, des XIIᵉ-XIVᵉ siècles, château fort reconstruit durant la 1ʳᵉ moitié du XVᵉ siècle.

Tarbes, ch.-l. du dép. des Hautes-Pyrénées, sur l'Adour, à 771 km au sud-ouest de Paris ; 50 228 hab. *(Tarbais)* [près de 80 000 hab. dans l'agglomération]. Anc. ch.-l. de la Bigorre. Évêché. Constructions mécaniques et électriques. — Cathédrale en partie romane. Jardin et musée Massey.

Tarde (*Gabriel* de), sociologue français (Sarlat 1843 - Paris 1904). Ses travaux ont porté sur la psychologie sociale et la criminologie. Il a expliqué la vie sociale par la conjugaison de deux forces : l'imitation et l'invention (*les Lois de l'imitation,* 1890).

Tardi (*Jacques),* dessinateur français de bandes dessinées (Valence 1946). Il est connu pour ses évocations de la Belle Époque et de la Grande Guerre (*les Aventures extraordinaires d'Adèle Blanc-Sec,* 1976 ; *la Véritable Histoire du soldat inconnu,* 1975 ; *C'était la guerre des tranchées : 1914-1918,* 1993).

Tardieu (*André),* homme politique français (Paris 1876 - Menton 1945). Appartenant à la droite, plusieurs fois ministre, président du Conseil (1929-30, 1932), il s'efforça d'appliquer une politique économique et sociale novatrice.

Tardieu (*Jean),* poète et auteur dramatique français (Saint-Germain-de-Joux, Ain, 1903 - Créteil 1995). Il conduit une recherche de l'identité à travers une recomposition cocasse du langage et la fascination pour la peinture (*Formeries,* 1976 ; *Théâtre de chambre,* 1955-1960 et 1975 ; *Margeries,* 1986).

Tarentaise, région des Alpes françaises (Savoie), formée par la vallée supérieure de l'Isère (en amont d'Albertville). V. princ. *Bourg-Saint-Maurice* et *Moûtiers.* Élevage de bovins (race « tarine »). Aménagements hydroélectriques. Tourisme en amont (la Plagne, les Arcs, Tignes, Val d'Isère).

Tarente, port d'Italie (Pouille), ch.-l. de prov., sur le *golfe de Tarente,* formé par la mer Ionienne ; 232 200 hab. Archevêché. Centre industriel. — Fondée v. 708 av. J.-C. par des colons venus de Sparte, ce fut une des villes les plus illustres de la Grèce d'Occident. Elle fut conquise par les Romains en 272 av. J.-C. Ralliée à Hannibal, elle fut reprise par Rome en 209. — Cathédrale des XIᵉ-XVIIIᵉ siècles. Riche musée archéologique.

Târgoviște → Tirgoviște.

Târgu Mureș → Tirgu Mureș.

Tarim (*le),* fl. de Chine, dans le Xinjiang ; 2 179 km. Il descend du Karakorum et s'achève dans la dépression du Lob Nor.

Tariq ibn Ziyad, chef d'origine berbère. Lieutenant du gouverneur de l'Ifriqiya Musa ibn Nusayr, il conquit l'Espagne, après avoir franchi le détroit de Gibraltar (auquel il donna son nom *djabal al-Tariq)* et vaincu, en 711, le roi wisigoth Rodrigue.

Tarkovski (*Andreï),* cinéaste russe, naturalisé suisse (Moscou 1932 - Paris 1986). Fils du poète Arseni Tarkovski, il tourne *l'Enfance d'Ivan* (1962), qui reçoit le Lion d'or au festival de Venise. Son film suivant, *Andreï Roublev* (1965-66), lui attire quelques difficultés avec la censure, mais le rend célèbre dans le monde entier. En 1972, il aborde la science-fiction avec *Solaris* et réalise, ensuite, *le Miroir* (1974), *Stalker* (1979), *Nostalghia* (1983). Avec *le Sacrifice* (1986), ce poète mystique a laissé son testament spirituel.

Tarn *(le),* riv. du sud de la France ; 375 km (bassin de plus de 12 000 km²). Né au sud du mont Lozère, il traverse les Grands Causses (Sauveterre, Méjean) en de pittoresques cañons, passe à Millau, à Albi et à Montauban et se jette dans la Garonne (r. dr.).

Tarn [81], dép. de la Région Midi-Pyrénées ; ch.-l. de dép. *Albi ;* ch.-l. d'arr. *Castres ;* 2 arr., 43 cant., 324 comm. ; 5 758 km² ; 342 723 hab. *(Tarnais).* Il est rattaché à l'académie et à la cour d'appel de Toulouse, à la région militaire Atlantique.

Tarn-et-Garonne [82], dép. de la Région Midi-Pyrénées ; ch.-l. de dép. *Montauban ;* ch.-l. d'arr. *Castelsarrasin ;* 2 arr., 30 cant., 195 comm. ; 3 718 km² ; 200 220 hab. Il est rattaché à l'académie de Toulouse, à la cour d'appel d'Agen, à la région militaire Atlantique.

Tarnier *(Stéphane),* chirurgien obstétricien français (Aiserey, Côte-d'Or, 1828 - Paris 1897). Il inventa un modèle de forceps, mais, surtout, il appliqua aux accouchements les nouvelles notions d'asepsie, découvertes par Semmelweis et Lister.

Tarpeia, jeune vestale romaine qui, selon la légende, livra la citadelle de Rome aux Sabins, avant d'être tuée par eux.

Tarpéienne *(roche),* extrémité sud-ouest du Capitole, d'où l'on précipita jusqu'au Ier s. apr. J.-C. certains condamnés à mort.

Tarquin l'Ancien, *en lat.* Lucius Tarquinius Priscus, cinquième roi de Rome (616-579 av. J.-C.), selon la tradition semi-légendaire. Premier roi étrusque de Rome, il aurait mené de grands travaux (Grand Cirque, temple de Jupiter Capitolin).

Tarquin le Superbe, *en lat.* Lucius Tarquinius Superbus, septième et dernier roi de Rome (534-509 av. J.-C.), que la tradition présente comme un tyran. Après le viol de Lucrèce par son fils Sextus, les Romains révoltés le chassèrent et la république fut instaurée.

Tarquinia, v. d'Italie (Latium) [prov. de Viterbe] sur un éperon, dans la vallée de la Marta ; (13 784 hab.). Ce fut l'une des plus anciennes et des plus importantes cités étrusques. En dehors des ruines d'un grand temple et d'une enceinte du IVe s. av. J.-C., on a dégagé de vastes nécropoles, aux modes de sépulture variés et aux chambres

souterraines ornées de fresques (tombes des Augures, des Lionnes, VIe s. ; des Léopards, du Chasseur, Ve s.). L'ensemble permet de suivre l'évolution (VIe s. av. J.-C.) de l'art pictural étrusque.

Tarraconaise, province septentrionale de l'Espagne romaine.

Tarragone, *en esp.* Tarragona, port d'Espagne (Catalogne), ch.-l. de prov., sur la Méditerranée ; 110 153 hab. Centre universitaire, touristique et industriel. — Vestiges romains et paléochrétiens. Cathédrale, surtout romane (fin XIIe-XIIIe s.), conservant son cloître. Musée archéologique.

Tarrasa, v. d'Espagne (Catalogne) ; 158 063 hab. — Églises d'origine wisigothique, restaurées ou reconstruites aux IXe et XIIe siècles. Musée.

Tarski *(Alfred),* logicien et mathématicien américain d'origine polonaise (Varsovie 1902 - Berkeley 1983). Il s'est installé aux États-Unis à partir de 1939. Il est à l'origine de la sémantique moderne et a contribué à répandre les idées du cercle de Vienne (*le Concept de vérité dans les langages des sciences déductives,* 1933).

Tarsus, v. de Turquie, à l'ouest d'Adana ; 187 508 hab.

Tartaglia *(Niccolo* Fontana, dit*),* mathématicien italien (Brescia v. 1499 - Venise 1557). À la résolution de l'équation du 3e degré $x^3 + mx^2 = n$, il trouva une solution qu'il étendit à l'équation $x^3 + px = q$. Il a traité également de la balistique, du levé de plans et des règles d'arithmétique commerciale.

Tartare, région qui, dans la mythologie grecque, est la plus profonde du monde, au-dessous des Enfers eux-mêmes. C'est là que les premières générations divines jetaient leurs ennemis ou leurs propres enfants. Peu à peu, le Tartare fut confondu avec les Enfers proprement dits et on y situait le lieu où étaient suppliciés les grands criminels.

Tartarie *(détroit de* ou *manche de),* détroit du Pacifique, entre l'Extrême-Orient russe et l'île de Sakhaline.

Tartarin de Tarascon *(les Aventures prodigieuses de),* roman de A. Daudet (1872). Pour mériter la réputation que lui valent d'illusoires récits de chasse, un naïf Tarasconnais part pour l'Algérie, où il finit par tuer un lion. Ses aventures se continuent dans *Tartarin sur les Alpes* (1885) et *Port-Tarascon* (1890).

Tartini *(Giuseppe),* violoniste et compositeur italien (Pirano 1692 - Padoue 1770). Son œuvre, considérable, comporte des concertos et des sonates pour son instrument (*le Trille du Diable,* v. 1745) et des traités. Sa technique eut une profonde influence.

Tartu, *anc.* Dorpat, v. d'Estonie, à l'ouest du lac des Tchoudes ; 104 000 hab. Université.

Tartuffe ou **Tartufe** *(le)* → **Molière.**

Tarvis *(col de),* en ital. Tarvisio, col des Alpes orientales, reliant l'Italie (Frioul) à l'Autriche (Carinthie) ; 812 m.

Tarzan, personnage du roman de E. R. Burroughs (1914), popularisé par les bandes dessinées et le cinéma.

Taschereau *(Louis Alexandre),* avocat et homme politique canadien (Québec 1867 - *id.* 1952). Libéral, il fut Premier ministre de la province de Québec de 1920 à 1936.

Tasman *(Abel Janszoon),* navigateur néerlandais (Lutjegast, Groningue, 1603 - Batavia 1659). Il découvrit la Tasmanie, la Nouvelle-Zélande et les îles Fidji (1642-43).

Tasmanie, *en angl.* Tasmania, île située au S. de l'Australie et séparée du continent par le détroit de Bass. Elle constitue un État du Commonwealth australien ; 68 000 km² ; 452 847 hab. *(Tasmaniens).* Cap. *Hobart.* GÉOGR. Des massifs forestiers, à l'O., très arrosés, encadrent un plateau central (pâturages d'été) et un couloir de plaines où les cultures (fourrage, pommes de terre, vergers) s'ajoutent à l'élevage. Les ressources minières (cuivre, zinc, plomb, tungstène) et l'hydroélectricité ont permis l'implantation de la métallurgie et de la chimie. La pêche est active. HIST. Peuplée de Mélanésiens, l'île fut abordée par A. Tasman en 1642. Occupée par les Britanniques au début du XIXᵉ siècle, elle entra en 1901 dans le Commonwealth australien.

Tass (initiales des mots russes Telegrafnoïe Aguentstvo Sovietskogo Soïouza), agence de presse soviétique organisée en 1925. Elle a fusionné, en 1992, avec l'agence russe RIA-Novosti pour former l'Agence d'information télégraphique de Russie (ITAR-Tass). C'est l'une des plus grandes agences mondiales. Son siège est à Moscou.

Tasse *(Torquato* Tasso, en fr. le*),* poète italien (Sorrente 1544 - Rome 1595). Auteur de la pastorale *Aminta* et du poème épique *la Jérusalem délivrée* (1581), où se mêlent les épisodes héroïques et romanesques, il est

aussi l'auteur de *Lettres,* document capital sur l'esprit du temps et sur les crises de conscience de leur auteur. Il mourut dans un état voisin de la folie.

Tassilon III (v. 741 - apr. 794), duc de Bavière (748-788). Il voulut s'affranchir de la tutelle franque, mais Charlemagne le battit et s'empara de son duché.

Tassoni *(Alessandro),* poète italien (Modène 1565 - *id.* 1635). Il est l'auteur du poème héroï-comique *le Seau enlevé* (1622), qui a inspiré Boileau dans *le Lutrin.*

Tata *(Jamsetji Nasarwanji),* industriel indien (Navsari, Gujerat, 1839 - Bad Nauheim 1904). Il contribua fortement à l'industrialisation de son pays.

Tatarka *(Dominik),* écrivain slovaque (Drienov 1913 - Bratislava 1989). Il fut la figure de proue de la dissidence littéraire slovaque (*la République des curés,* 1948 ; *le Démon du consentement,* 1963).

Tatars, nom donné par les Russes à partir du XIIIᵉ siècle aux populations d'origine mongole ou turque qui les dominèrent du XIIIᵉ au XVᵉ-XVIᵉ siècle, puis qui furent refoulées sur la moyenne Volga et en Crimée. Depuis la révolution de 1917, on appelle officiellement « Tatars » des groupes ethniques de musulmans de langue turque : les *Tatars de Kazan,* ou *Tatars de la Volga,* les *Tatars de Crimée,* ces derniers étant privés depuis 1945 de territoire national.

Tatarstan ou **Tatarie,** république de la fédération de Russie ; 68 000 km² ; 3 640 000 hab. Cap. *Kazan.* Peuplée de Tatars (48 %) et de Russes (44 %), la République du Tatarstan est centrée sur la vallée moyenne de la Volga. Elle connaît un essor économique fondé sur ses ressources agricoles (céréales et élevage), énergétiques (pétrole [principale zone du Second-Bakou] et hydroélectricité) et industrielles.

Tate Gallery, musée national de Londres (Chelsea), fondé en 1897 à partir de la collection de l'industriel sir Henry *Tate.* Ce musée abrite de riches collections de peinture anglaise (dont le fonds Turner dans la Clore Gallery), d'art moderne (depuis l'impressionnisme et Rodin) et d'art contemporain. Musées annexes à Liverpool et à Saint Ives (Cornwall).

Tati *(Jacques* Tatischeff, dit Jacques*),* cinéaste français (Le Pecq 1908 - Paris 1982). Il s'imposa, après avoir été l'interprète de courts-métrages, comme le meilleur réalisateur comique français. Ses gags, scrupuleusement élaborés, font preuve d'un étonnant sens de l'observation et soulignent les côtés saugrenus du monde contemporain (*Jour de fête*, 1949 ; *les Vacances de M. Hulot*, 1953 ; *Mon oncle*, 1958 ; *Play Time*, 1967 ; *Trafic*, 1971).

Tatien, apologiste syrien (en Syrie v. 120 - m. apr. 173). Disciple de saint Justin et adepte d'un ascétisme extrême (il fonda la secte des encratites), il fusionna dans son *Diatessaron* les quatre Évangiles.

Tatline *(Vladimir Ievgrafovitch),* peintre, sculpteur et architecte russe (Moscou 1885 - id. 1953). Il est l'un des principaux maîtres du constructivisme, qu'il inaugura avec ses « contre-reliefs » en matériaux non orthodoxes de 1914 et 1915. De 1920 date sa maquette pour un *Monument à la Troisième Internationale.*

Tatras ou **Tatry** *(les),* partie la plus élevée des Carpates, aux confins de la Pologne et de la Slovaquie ; 2 655 m. Parc national.

Tatum *(Arthur, dit Art),* pianiste de jazz américain (Toledo, Ohio, 1910 - Los Angeles 1956). Pratiquement aveugle depuis sa naissance, il débuta en 1932. Son jeu extrêmement virtuose, véloce, d'une invention harmonique inépuisable, annonce les pianistes be-bop.

Tauern *(les),* massif des Alpes autrichiennes qui s'étend du col du Brenner, à l'O., jusqu'à la vallée de la Mur, à l'E. On y distingue les *Hohe Tauern* (culminant au Grossglockner, à 3 796 m), à l'O., et les *Niedere Tauern,* à l'E. Hydroélectricité. Tourisme.

Tauler *(Jean),* mystique alsacien (Strasbourg v. 1300 - id. 1361). Dominicain, disciple et continuateur de Maître Eckart, il fut, par ses sermons, un des maîtres de la spiritualité chrétienne.

Taunus, partie du Massif schisteux rhénan, au nord-ouest de Francfort-sur-le-Main ; 880 m au Feldberg.

Taupo *(lac),* lac le plus vaste (606 km²) de la Nouvelle-Zélande.

Taureau *(le),* constellation zodiacale, dont l'étoile la plus brillante est *Aldébaran.* Deuxième signe du zodiaque.

Tauride, ancien nom de la **Crimée.**

Taurus, système montagneux de Turquie, dominant la Méditerranée ; 3 734 m à l'Aladağ.

Tausug, peuple des Philippines (archipel Sulu). Ils sont d'origine proto-malaise et parlent une langue indonésienne. Ils sont islamisés depuis le XIVᵉ siècle, ce qui a entraîné jusqu'au XXᵉ siècle de nombreux conflits avec les Philippins christianisés.

Tautavel, comm. des Pyrénées-Orientales ; 654 hab. — La « caune » (grotte) de l'Arago a servi de campement saisonnier à des chasseurs du paléolithique inférieur. Vingt couches d'habitats y sont superposées et, parmi les restes d'une cinquantaine d'individus, on a recueilli un crâne humain daté de 400 000 ans, qui pourrait être à l'origine de la lignée qui aboutit à l'homme de Neandertal. Musée.

Tavernier *(Bertrand),* cinéaste français (Lyon 1941). Alternant les sujets contemporains et les films historiques, il a réalisé *l'Horloger de Saint-Paul* (1974), *Que la fête commence* (1975), *le Juge et l'Assassin* (1976), *Coup de torchon* (1981), *Un dimanche à la campagne* (1984), *la Vie et rien d'autre* (1989), *Daddy Nostalgie* (1990), *L. 627* (1992), *l'Appât* (1995).

Tavernier *(Jean-Baptiste),* voyageur français (Paris 1605 - Smolensk ? 1689), auteur de récits de voyages en Turquie, en Perse et aux Indes.

Taverny, ch.-l. de c. du Val-d'Oise, en bordure de la forêt de Montmorency ; 25 191 hab. *(Tabernaciens).* — Église gothique du XIIIᵉ siècle. — Siège du commandement de la défense aérienne et des forces aériennes stratégiques.

Taviani *(Paolo* et *Vittorio),* cinéastes italiens (San Miniato 1931 et 1929). Auteurs à la fois lyriques et rigoureux, s'intéressant aux problèmes sociaux de l'Italie du Sud, les deux frères ont réalisé *Sous le signe du scorpion* (1969), *Allonsanfan* (1974), *Padre padrone* (1977), *Kaos* (1984), *Good Morning Babilonia* (1987), *le Soleil même la nuit* (1990), *Fiorile* (1993).

Tavoliere *(le),* plaine d'Italie, dans la Pouille, entre l'Apennin et le massif du Gargano. V. princ. *Foggia.*

Tay, fl. d'Écosse, aboutissant à la mer du Nord par un large estuaire *(Firth of Tay)* et dont le bassin constitue la *région du Tayside* (v. princ. *Dundee)* ; 193 km.

Taygète, montagne du sud du Péloponnèse (Grèce) ; 2 404 m.

Taylor *(Brook),* mathématicien anglais (Edmonton 1685 - Londres 1731). C'est un des fondateurs du calcul des différences finies, qu'il utilise dans l'interpolation et la sommation des séries. Il aborde aussi la détermination des solutions singulières des équations différentielles, le problème du changement de variable, etc. Son nom est resté attaché à un développement en série d'une fonction, faisant intervenir les dérivées successives de celle-ci.

Taylor *(Elizabeth),* actrice américaine d'origine britannique (Londres 1932). Débutant au cinéma à l'âge de dix ans (*Fidèle Lassie,* 1943), elle s'est imposée comme l'une des dernières grandes stars de Hollywood (*Géant,* 1956 ; *la Chatte sur un toit brûlant,* 1958 ; *Soudain l'été dernier,* 1959 ; *Qui a peur de Virginia Woolf ?* 1966).

Taylor *(Frederick Winslow),* ingénieur américain (Philadelphie 1856 - *id.* 1915). Promoteur de l'organisation scientifique du travail, il réalisa des recherches qui aboutirent à un ensemble de principes et de procédés appelé « taylorisme ». Il découvrit (1900) des aciers à coupe rapide, plus communément dénommés « aciers rapides ». Il a étudié, en outre, de nombreuses techniques, comme le pelletage, les transmissions par courroies, etc.

Taylor *(Paul),* danseur et chorégraphe américain (Allegheny, Pennsylvanie, 1930). Formé auprès des grands maîtres de la modern dance ainsi qu'à la danse classique, il est soliste dans la troupe de M. Graham (1955-1961). Il crée sa compagnie en 1954 pour laquelle il réalise des œuvres profondément musicales dans un style où transparaissent l'exaltation des corps et un humour souvent corrosif (*Aureole,* 1962 ; *Esplanade,* 1975 ; *Danbury Mix,* 1988).

Taza, v. du Maroc, ch.-l. de prov. entre le Rif et le Moyen Atlas, dans le *couloir de Taza ;* 77 000 hab.

Tazieff *(Haroun),* géologue français (Varsovie 1914). Spécialisé dans la volcanologie, il est l'auteur de nombreux films et ouvrages documentaires.

Tbilissi, *anc.* Tiflis, cap. de la Géorgie sur la haute Koura ; 1 260 000 hab. Centre administratif, culturel et scientifique et principal pôle industriel de la Géorgie. — Cathédrale de Sion et basilique d'Antchiskhati, remontant au VIᵉ siècle. Riches musées.

Tchad, État de l'Afrique centrale, à l'est du *lac Tchad ;* 1 284 000 km² ; 5 200 000 hab. (*Tchadiens*). CAP. *N'Djamena.* LANGUES : *français* et *arabe.* MONNAIE : *franc C. F. A.*

GÉOGRAPHIE

Une partie de la cuvette tchadienne occupe le centre-ouest du pays. Elle est entourée de massifs anciens à l'E. et au N., où le Tibesti culmine à 3 415 m. Dans le Sud s'étendent les plaines drainées par le Chari et le Logone. Le climat est chaud et les pluies passent de 1 200 mm au S. à 50 mm au N., tandis qu'à la forêt claire se substituent les savanes et les steppes de plus en plus clairsemées. Les populations du Sud sont animistes ou christianisées, celles du Nord, islamisées. Près de la moitié de la population est installée à l'ouest du Chari, principale région de cultures, vivrières et commerciales (mils, manioc, sorgho, arachide, riz, coton [principale exportation], canne à sucre). La zone sahélienne est le domaine de l'élevage transhumant (bovin, ovin et caprin), qui permet des exportations. La pêche (lac Tchad surtout) fournit environ 100 000 t par an. On extrait du sel (natron) près du lac Tchad, mais les autres ressources minières ne sont pas exploitées. Le secteur industriel très modeste (alimentation, traitement du coton) a été en grande partie désorganisé. La guerre, l'insuffisance des moyens de communication, la sécheresse des années 70 et 80 expliquent la stagnation économique du pays. Celui-ci, dont la France reste le premier partenaire pour les importations, demeure tributaire de l'aide internationale.

HISTOIRE

Pendant la préhistoire, la région est peuplée par des chasseurs et des éleveurs, qui ont laissé des gravures rupestres. Ils en sont chassés après 7000 av. J.-C. par l'assèchement du climat. Le royaume du Kanem, fondé au nord-est du lac Tchad à la fin du IXᵉ s., est islamisé. Il tire sa richesse du commerce transsaharien. Après un premier apogée au XIIIᵉ s., il renaît au XVIᵉ s. avec pour centre le Bornou. À l'est du lac Tchad se consolide le royaume musulman du Baguirmi.

Au XIXᵉ s., le lac Tchad est le point de convergence des explorateurs européens. Les frontières du Tchad sont fixées par les puissances européennes entre 1884 et 1899. Les Français parviennent à soumettre Rabah (1900), qui a cherché à créer un vaste empire autour du lac Tchad.

1920. Le Tchad devient colonie française. Le Nord reste fidèle à l'islam tandis que le Sud est christianisé et scolarisé.

1940. Sous la direction de son gouverneur, le Noir Félix Éboué, le Tchad se rallie à la France libre.

1960. L'indépendance est proclamée.

1962. François Tombalbaye, qui représente les intérêts du Sud, devient président de la République.

1968. Le Nord islamisé fait sécession.

La France apporte son aide au gouvernement tchadien contre la rébellion soutenue par la Libye. Le pays connaît alors une forte instabilité politique, accentuée par les rivalités entre les chefs rebelles Hissène Habré et Goukouni Oueddeï, aidé par la Libye.

1982. Hissène Habré impose son autorité sur le pays.

1983. La France reporte son aide sur Hissène Habré.

1984. Les forces françaises se retirent en vertu d'un accord franco-libyen, que la Libye ne respecte pas.

1986. La France met en place un dispositif de protection militaire au nord du pays.

1987. Hissène Habré reconquiert le nord du Tchad.

1988. Le Tchad et la Libye rétablissent leurs relations diplomatiques.

1991. Hissène Habré est renversé par Idriss Déby.

1994. Un jugement de la Cour internationale de justice de La Haye réaffirme la souveraineté du Tchad sur la bande d'Aozou, occupée par la Libye depuis 1973.

Tchad *(lac),* grand lac, marécageux et peu profond, de l'Afrique centrale, aux confins du Nigeria, du Niger, du Cameroun et du *Tchad.* Sa superficie varie entre 13 000 et 26 000 km².

Tchaïkovski *(Petr Ilitch),* compositeur russe (Votkinsk 1840 - Saint-Pétersbourg 1893). Il se tourne vers la musique après avoir commencé une carrière juridique et produit ses premières œuvres dès sa nomination comme professeur d'harmonie au conservatoire de Moscou (1866). À partir de 1878, il se consacre à la composition de ses plus grandes œuvres, puis commence à se produire comme chef d'orchestre en 1886. Tchaïkovski a composé des pièces pour piano, quelques pages de musique de chambre, 6 symphonies (dont la *Pathétique,* 1893), des fantaisies-ouvertures (*Roméo et Juliette,* 1870), des ballets (*le Lac des cygnes,* 1876 ; *la Belle au bois dormant,* 1890 ; *Casse-noisette,* 1892), un concerto pour violon (1877) et des *Variations sur un thème rococo* pour violoncelle et orchestre (1876). Outre des mélodies, il a aussi écrit 10 opéras (*Eugène Onéguine* [→ **Eugène**], 1879 ; *la Dame de pique,* 1890 ; tous deux d'après Pouchkine) dans lesquels on retrouve le thème central de ses œuvres tant symphoniques que lyriques : le destin de l'homme, sa lutte pour le maîtriser et son échec. Nourri d'art vocal italien, de Mozart, de Beethoven, de Schumann et de Liszt, Tchaïkovski, par son romantisme exacerbé, se situe en marge du nationalisme russe incarné par le groupe des Cinq.

Tchang Kaï-chek → Jiang Jieshi.

Tchao Mong-fou → Zhao Mengfu.

Tcheboksary, v. de Russie, cap. de la République de Tchouvachie sur la Volga ; 420 000 hab.

Tchebychev *(Pafnouti Lvovitch),* mathématicien russe (Okatovo 1821 - Saint-Pétersbourg 1894). Fondateur d'une importante école mathématique, il s'intéressa aux problèmes d'approximation, aux fonctions elliptiques et à la théorie des nombres.

Tchécoslovaquie, *en tchèque* Československo, ancien État de l'Europe centrale, formé de l'union de la Bohême, de la Moravie (qui constituent la République tchèque) et de la Slovaquie. Cap. *Prague.*

HISTOIRE

1918. La République de Tchécoslovaquie, réunissant les Tchèques et les Slovaques de l'ancienne Autriche-Hongrie, est créée.

1919-20. L'Ukraine subcarpatique lui est rattachée ; les traités de Saint-Germain et de Trianon fixent les frontières de l'État tchécoslovaque. Celui-ci est présidé de 1918 à 1935 par T. Masaryk puis de 1935 à 1938 par E. Beneš. La Constitution de 1920 établit un régime parlementaire, qui n'est pas modifié jusqu'en 1938, à la différence de ceux de tous les États voisins.

1938. Le pays doit accepter les décisions de la conférence de Munich et céder les Sudètes à l'Allemagne.

1939. L'Allemagne occupe la Bohême-Moravie et y instaure son protectorat ; la Slovaquie forme un État séparé.

1940. Beneš constitue à Londres un gouvernement en exil.

1945. Prague est libérée par l'armée soviétique. L'U. R. S. S. se fait céder l'Ukraine subcarpatique.

1947. Elle oblige la Tchécoslovaquie à renoncer au plan Marshall.

févr. 1948. Les communistes s'emparent du pouvoir (« coup de Prague »).

1948-1953. Le communiste Klement Gottwald préside à l'alignement sur l'U. R. S. S. La fronde des intellectuels et le mécontentement slovaque apparaissent à partir de 1962-63.

1968. Lors du printemps de Prague, le parti, dirigé par Dubček, tente de s'orienter vers un « socialisme à visage humain ». L'intervention soviétique, en août, met un terme au cours novateur.

1969. La Tchécoslovaquie devient un État fédéral formé des Républiques tchèque et slovaque. G. Husák remplace Dubček à la tête du parti. C'est le début de la « normalisation ».

1989. D'importantes manifestations (nov.) contre le régime entraînent la démission des principaux dirigeants (Husák), l'abolition du rôle dirigeant du parti et la formation d'un gouvernement d'entente nationale où les communistes sont minoritaires. Le dissident Václav Havel est élu à la présidence de la République. Le rideau de fer entre la Tchécoslovaquie et l'Autriche est démantelé.

1990. Les premières élections libres sont remportées par les mouvements démocratiques.

1991. Les troupes soviétiques achèvent leur retrait du pays.

Les revendications slovaques amènent les autorités fédérales à engager en 1992 un processus devant aboutir à la partition.

1er janv. 1993. Partition de la Tchécoslovaquie en deux États, la République tchèque et la Slovaquie.

Tcheka commission extraordinaire chargée de combattre la contre-révolution et le sabotage en Russie soviétique (fin 1917-1922).

Tchekhov *(Anton Pavlovitch),* écrivain russe (Taganrog 1860 - Badenweiler, Allemagne, 1904). Petit-fils d'un serf libéré, il publie, pour subsister, quelques contes tout en poursuivant ses études de médecine. Une pièce de théâtre, *Ivanov* (1887), et une nouvelle, *la Steppe* (1888), lui assurent la gloire. Tchekhov se consacre dès lors à l'écriture, malgré la tuberculose qui l'oblige à de fréquents séjours à l'étranger et en Crimée. Après *l'Île de Sakhaline* (1893-94), récit sur les conditions de détention au bagne, il voyage et publie quelques-unes de ses meilleures nouvelles, *la Salle n° 6* (1892), *le Moine noir* (1894), *la Maison à mezzanine* (1896) ; mais, en 1896, sa pièce *la Mouette* connaît un échec retentissant. En 1899, il se fixe à Yalta, où il renoue avec le genre de la nouvelle et donne quelques-uns de ses chefs-d'œuvre *(Groseilles à maquereaux,* 1898 ; *la Dame au petit chien,* 1899 ; *la Fiancée,* 1903). C'est dans les dernières années de sa vie qu'il écrit ses trois grandes pièces, *Oncle Vania* (1897), *les Trois Sœurs* (1901), *la Cerisaie* (1904), toutes créées par Stanislavski au Théâtre d'art de Moscou. Le temps qui détruit les êtres, le temps qu'il faut tuer est le personnage principal de l'œuvre de Tchekhov.

Tcheliabinsk, v. de Russie, dans l'Oural ; 1 143 000 hab. Métallurgie.

Tcheou-k'eou-tien → Zhoukoudian.

tchèque *(République),* État de l'Europe centrale ; 79 000 km² ; 10 400 000 hab. CAP. *Prague.* LANGUE : *tchèque.* MONNAIE : *couronne tchèque.*

GÉOGRAPHIE

Le pays est formé de la Bohême (quadrilatère de hautes terres entourant la plaine du Polabí ouvert par l'Elbe [Labe]) et de la Moravie, couloir de terres drainées par la Morava et l'Oder supérieur (au N. dans la Silésie tchèque). Prague, Brno et Ostrava (en Moravie) sont les principales villes.La population est dense. L'industrialisation est ancienne (verrerie, brasserie, textile, sidérurgie liée en partie à la richesse en charbon, chimie), mais la productivité est souvent médiocre. Le passage à l'économie de marché est largement dépendant des investissements étrangers.

HISTOIRE

Les Tchèques, après avoir créé des États, la Bohême et la Moravie, sont dominés par les Habsbourg d'Autriche. En 1918, ils forment avec les Slovaques la République de Tchécoslovaquie.

1969. Après l'entrée en vigueur du statut fédéral de la Tchécoslovaquie, la République tchèque est dotée de ses institutions propres.

1993. Après la partition de la Tchécoslovaquie (1er janv.), Václav Havel est élu à la présidence de la République tchèque.

1996. La République tchèque dépose une demande d'adhésion à l'Union européenne.

Tchérémisses → Maris.

Tcherenkov *(Pavel Alekseïevitch),* physicien soviétique (Tchigla, région de Voronej, 1904 - Moscou 1990). Il a découvert, en 1934, l'effet qui porte son nom, relatif à l'émission de lumière par des particules chargées se déplaçant dans un milieu à une vitesse supérieure à celle qu'aurait la lumière dans ce même milieu. (Prix Nobel 1958.)

Tcherepovets, v. de Russie, à l'est de Saint-Pétersbourg ; 310 000 hab. Centre industriel.

Tcherkassy, v. d'Ukraine, sur le Dniepr ; 290 000 hab. Centre industriel.

Tcherkesses ou **Circassiens,** peuple habitant la partie centrale et occidentale du Caucase du Nord. Ils sont islamisés depuis le XVIe siècle (rite sunnite). Ils parlent une langue du groupe caucasien. Depuis la fin du XIXᵉ siècle, on peut distinguer trois groupes : les Tcherkesses proprement dits (→ **Karatchaïs**), les Kabardes (Tcherkesses orientaux) et les Adyguéens (Tcherkesses occidentaux).

Tchernenko *(Konstantine Oustinovitch),* homme d'État soviétique (Bolchaïa Tes, gouvern. de l'Ienisseï, 1911 - Moscou 1985). Il est secrétaire général du P. C. U. S. et président du Praesidium du Soviet suprême en 1984-85.

Tchernigov, v. d'Ukraine ; 296 000 hab. Centre industriel. — Cathédrales et églises des XIᵉ-XIIIᵉ siècles.

Tchernikhovsky *(Saül),* poète israélien (Mikhaïlovka, Ukraine, 1875 - Jérusalem 1943). Son œuvre lyrique allie l'héritage culturel juif aux principes esthétiques de la culture occidentale *(Visions et mélodies,* 1898 ; *Livre des idylles,* 1922).

Tchernobyl, v. d'Ukraine. Centrale nucléaire. En 1986, l'explosion d'un réacteur a provoqué une pollution radioactive, importante et étendue, de l'environnement.

Tchernovtsy, *en roum.* Cernăuți, v. d'Ukraine, sur le Prout ; 257 000 hab. Centre industriel.

Tchernychevski *(Nikolaï Gavrilovitch),* écrivain russe (Saratov 1828 - id. 1889). Concevant la littérature comme moyen d'action sociale, il écrivit son roman *Que faire ?* (1863), qui devint la bible de la jeunesse révolutionnaire russe.

Tcherski *(monts),* massif de la Sibérie orientale ; 3 147 m au pic Pobeda.

Tchétchènes, peuple musulman du Caucase du Nord et parlant une langue caucasienne. — Déportés en 1943-44, les Tchétchènes purent regagner après 1957 la *République autonome des Tchétchènes-Ingouches* (R. S. F. S. de Russie ; 980 000 hab. Cap. *Groznyi).* En rébellion contre le pouvoir central, ils proclament en 1991 une république indépendante de Tchétchénie. Ils opposent une forte résistance à l'armée russe, qui intervient, à partir de décembre 1994, pour réintégrer la Tchétchénie dans la Fédération de Russie.

Tchicaya u Tam'si *(Gérald),* écrivain congolais (Mpili 1931 - Bazancourt, Oise, 1988). Poète exigeant *(le Mauvais Sang,* 1955) et dramaturge acerbe *(le Bal de N'Dinga,* 1988), il a renouvelé l'écriture romanesque

à travers ses romans *(les Cancrelats,* 1980) et ses nouvelles *(les Phalènes,* 1984).

Tchimkent, v. du Kazakhstan ; 393 000 hab. Centre industriel.

Tchita, v. de Russie, à l'est du lac Baïkal ; 366 000 hab. Centre industriel.

Tchitcherine *(Gueorgui Vassilievitch),* homme politique soviétique (Karaoul 1872 - Moscou 1936). Commissaire du peuple aux Affaires étrangères (1918-1930), il signa le traité de Rapallo (1922).

Tchouang-tseu → **Zhuangzi.**

Tchoudes *(lac des)* ou **lac Peïpous,** lac partagé entre la Russie et l'Estonie, qui se déverse par la Narva dans le golfe de Finlande ; 2 670 km².

Tchou Hi → **Zhu Xi.**

Tchouktches, peuple de Russie, à l'extrémité orientale de la Sibérie. Ils sont principalement répartis entre la Lena et le détroit de Bering. Ils parlent une langue paléosibérienne. Les uns sont sédentaires, culturellement proches des Inuit, vivant de chasse et de pêche, les autres sont nomades et éleveurs de rennes. Ils furent colonisés par les Russes au XIXᵉ siècle.

Tchouvaches, peuple de Russie dont la moitié vit dans la *République de Tchouvachie* (1 336 000 hab. Cap. *Tcheboksary),* sur la moyenne Volga. On en trouve en Sibérie. Ils parlent le tchouvache, langue turque.

Tectosages, ancien peuple de la Gaule Narbonnaise.

Tedder *(Arthur),* maréchal britannique (Glenguin, Central, Écosse, 1890 - Banstead, près de Londres, 1967). Commandant l'aviation alliée en Tunisie et en Italie (1943), il fut l'adjoint d'Eisenhower dans le commandement des forces qui libérèrent l'Europe occidentale (1944-45).

Téglath-Phalasar, nom de trois rois d'Assyrie dont le plus notable est **Téglath-Phalasar III** (745-727 av. J.-C.). Il fit de l'Assyrie un empire fortement organisé. Vainqueur de l'Empire mède, de l'Ourartou, d'Israël et de Damas, il réprima la révolte de Babylone.

Tegnér *(Esaias),* poète suédois (Kyrkerud 1782 - près de Växjö 1846). Il est l'auteur de poèmes patriotiques et de la populaire *Saga de Frithiof* (1820-1825).

Tegucigalpa, cap. du Honduras, à 1 000 m d'altitude ; 533 000 hab. — Cathédrale de la fin du XVIIIᵉ siècle.

Téhéran, cap. de l'Iran (depuis 1788), à 1 100 m d'altitude, au sud de la chaîne de l'Elbourz ; 5 734 000 hab. Centre administratif, commercial et industriel. — Conférence (nov. 1943) entre Staline, Roosevelt et Churchill. — Palais et jardin du Golestan (XVIIIe-XIXe s.). Musées.

Tehuantepec, isthme du Mexique, large de 210 km, entre le golfe du Mexique et le Pacifique, traditionnelle limite entre l'Amérique du Nord et l'Amérique centrale.

Teilhard de Chardin *(Pierre),* jésuite, paléontologiste et théologien français (Sarcenat, Puy-de-Dôme, 1881 - New York 1955). S'appuyant sur une œuvre scientifique qu'il développa principalement en Asie (fouilles de Zhoukoudian et découverte du sinanthrope en 1929, notamment), il a cherché à adapter le catholicisme à la science contemporaine et élaboré une conception de l'évolution au terme de laquelle l'homme est censé atteindre un stade de spiritualité parfaite, nommé « point Oméga » (royaume de Dieu). Ses ouvrages (*le Phénomène humain,* 1955) ont été interdits par l'Église de son vivant et, pour la plupart, publiés après sa mort.

Teissier *(Georges),* zoologiste français (Paris 1900 - Roscoff 1972). Il a promu la biométrie et dirigé le laboratoire maritime de Roscoff.

Tekakwitha *(Catherine),* jeune Iroquoise (Ossernenon, auj. Auriesville, État de New York, 1656 - Montréal 1680). Convertie à vingt ans, elle fit vœu de virginité. Elle a été béatifiée en 1980.

Téké ou **Batéké,** populations bantoues du Congo.

Tel-Aviv-Jaffa, principale ville d'Israël, sur la Méditerranée ; 400 000 hab. (1 200 000 hab. dans l'agglomération). Bien que la capitale ait été officiellement transférée à Jérusalem, la ville demeure un grand centre administratif, culturel et industriel. — Tel-Aviv a été la capitale de l'État d'Israël (jusqu'en 1980). Fondée en 1909, elle a été le centre du mouvement d'immigration juive en Palestine. — Musée (art moderne).

Télécommunications *(Union internationale des)* [U. I. T.], institution spécialisée de l'O. N. U. depuis 1947, dont l'origine remonte à 1865, chargée d'établir la réglementation internationale des télécommunications. Siège : Genève.

Telemann *(Georg Philipp),* compositeur allemand (Magdebourg 1681 - Hambourg 1767). Sa production abondante, vocale

(cantates, oratorios, passions, opéras) et instrumentale (suites, sonates, concertos, ouvertures), témoigne d'un style où se rejoignent les esthétiques italienne, française et germanique.

Télémaque, héros, dans la mythologie grecque, du cycle troyen. Fils d'Ulysse et de Pénélope, il était encore enfant quand son père partit pour le siège de Troie et son éducation fut confiée à Mentor. Il aida son père à lutter contre les prétendants et à récupérer le trône d'Ithaque.

Tell *(le),* ensemble des régions humides d'Afrique du Nord, dominant les plaines littorales et où la culture non irriguée des céréales est possible.

Tell *(Guillaume)* → Guillaume Tell.

Tellier *(Charles),* ingénieur français (Amiens 1828 - Paris 1913). Spécialiste de l'étude et de l'utilisation du froid industriel, il fut également l'un des premiers à s'intéresser à l'emploi thérapeutique de l'oxygène.

Tel quel, revue littéraire (1960-1982) animée par Philippe Sollers, unissant la pratique littéraire à la réflexion théorique.

Temesvár → Timişoara.

Temin *(Howard),* biochimiste américain (Philadelphie 1934 - Madison 1994). Il découvrit, avec D. Baltimore, la transcriptase inverse, enzyme des virus dont le matériel génétique est l'A. R. N. (virus cancérigènes, virus du sida). Cela ouvrit la voie à une meilleure compréhension des infections. Il a reçu en 1975 le prix Nobel de physiologie et de médecine, avec D. Baltimore et R. Dalbecco.

Temirtaou, v. du Kazakhstan, dans le bassin de Karaganda ; 212 000 hab. Métallurgie.

Témiscamingue *(lac),* lac du Canada, aux confins de l'Ontario et du Québec, expansion de l'Outaouais ; 310 km².

Temné ou **Timné,** population de Sierra Leone appartenant au groupe atlantique occidental.

Tempelhof, agglomération de la banlieue sud de Berlin ; 162 500 hab. Aéroport.

Temple *(le),* ancien monastère fortifié des Templiers, à Paris, construit au XIIIe siècle, rasé en 1808. L'enclos jouissait du droit d'asile. Louis XVI et sa famille y furent emprisonnés. Pichegru, Moreau, Cadoudal y furent aussi captifs.

Temple *(sir William),* diplomate et écrivain anglais (Londres 1628 - près de Farnham

1699). Ambassadeur à La Haye (1668-1671, 1674-1679), il négocia notamment la Triple-Alliance avec les Provinces-Unies et la Suède (1668) et le mariage de Marie II Stuart avec Guillaume III d'Orange (1677). Ses essais politiques font de lui un maître de la prose anglaise.

Templiers ou **Chevaliers du Temple,** ordre militaire et religieux fondé à Jérusalem en 1119, et dont les membres se distinguèrent particulièrement en Palestine. Ils acquirent d'importantes richesses et devinrent les banquiers de la papauté et de nombreux princes. Philippe le Bel, désirant s'emparer de leurs biens et détruire leur puissance, fit arrêter en 1307 cent trente-huit templiers. À la suite d'un long procès (1307-1314), il fit périr sur le bûcher un grand nombre d'entre eux ainsi que leur grand maître, Jacques de Molay. Dès 1312, le pape Clément V avait, à l'instigation du roi de France, supprimé l'ordre.

Temps *(le),* quotidien de tendance libérale fondé à Paris en 1861, qui eut une grande influence sous la IIIᵉ République. Il cessa de paraître en 1942. Sa formule fut reprise par *le Monde.*

Temps modernes *(les),* revue mensuelle, politique et littéraire, fondée en 1945 par Jean-Paul Sartre, avec la collaboration notamment de R. Aron, S. de Beauvoir, M. Leiris, M. Merleau-Ponty, J. Paulhan, R. Étiemble.

Ténare *(cap),* anc. nom du cap Matapan.

Tenasserim *(le),* prov. méridionale de la Birmanie ; 43 328 km² ; 918 000 hab. Ch.-l. *Tavoy.*

Tende, ch.-l. de c. des Alpes-Maritimes, au sud du *col de Tende* ; 2 045 hab. *(Tendasques).* — Cédé par l'Italie à la France en 1947, à la suite d'un référendum. — Église des xvᵉ-xviᵉ siècles.

Tène (La), village de Suisse, sur la rive du lac de Neuchâtel, qui a donné son nom au deuxième âge du fer (450 av. J.-C.-début de notre ère). L'ensemble des découvertes (commencées en 1858) a fourni les éléments caractéristiques de cette civilisation celtique, un habitat rustique et une nécropole aux modes de sépulture divers : incinération ou inhumation en fosse avec mobilier plus ou moins riche, mais abondant et souvent accompagné d'importations italo-grecques dans les inhumations de chefs, dites « tombes à char », le défunt y reposant dans son char de combat à deux roues.

Ténéré *(le),* région du Sahara nigérien, plaine sableuse entre l'Aïr et les hauts plateaux du Nord-Est nigérien.

Tenerife ou **Ténériffe** *(île de),* la plus vaste et la plus peuplée des îles Canaries ; 1 919 km² ; 500 000 hab. Ch.-l. *Santa Cruz de Tenerife.* Volcanique, très accidentée (3 718 m au pic de Teide), l'île porte des cultures (fruits, vigne, céréales) parfois irriguées. Raffinage du pétrole. Tourisme.

Teniers, famille de peintres flamands dont le plus célèbre est **David II,** dit **le Jeune** (Anvers 1610 - Bruxelles 1690). Fécond, raffiné, il excelle notamment dans la scène de genre populaire ou bourgeoise associée au paysage (*le Festin de l'enfant prodigue,* 1644, Louvre ; *Kermesse flamande,* 1652, musées royaux de Bruxelles ; *Joueurs de boules,* milieu des années 60, National Gal. de Londres).

Tennessee *(le),* riv. de l'est des États-Unis, affl. de l'Ohio (r. g.) ; 1 600 km. Son bassin a été mis en valeur par la Tennessee Valley Authority (TVA) : équipement hydroélectrique, irrigation, etc.

Tennessee, État du centre-est des États-Unis ; 109 412 km² ; 4 877 185 hab. Cap. *Nashville.* De la vallée du Mississippi aux Appalaches, c'est un État du Sud par le climat subtropical, les cultures de plantations (coton, tabac). L'industrie est liée aux productions agricoles et à l'aménagement de la rivière *Tennessee.* Memphis, Nashville, Knoxville et Chattanooga sont les villes principales.

Tennyson *(Alfred, lord),* poète britannique (Somersby 1809 - Aldworth 1892). Auteur des *Idylles du roi* (1859-1885), d'*Enoch Arden* (1864), il est le poète aristocratique et national de l'ère victorienne.

Tenochtitlán, cap. des Aztèques, fondée en 1325 (ou 1345), prise par les Espagnols de Cortés en 1521. Mexico est située à son emplacement.

Tênos → Tinos.

Tensift *(oued),* fl. du Maroc, qui rejoint l'Atlantique ; 260 km.

Teotihuacán, localité du Mexique, au nord-est de Mexico, à l'emplacement d'une métropole religieuse préhispanique fondée au ivᵉ s. av. notre ère et dont l'apogée se situe à l'époque classique (250-650 apr. J.-C.). Véritable ville, elle a compté plus de 200 000 habitants. Son urbanisme rigoureux et géométrique s'organise autour du cœur de la cité, formé par un axe comprenant pyramide du Soleil, allée des morts, pyramide de la Lune et résidences palatiales.

Terauchi Hisaichi, maréchal japonais (Tokyo 1879 - Saigon 1946). Il commanda les armées japonaises en Chine (1938), puis dans le Pacifique (1942-1945). Il capitula à Saigon (1945).

Terborch ou **Ter Borch** *(Gerard),* peintre néerlandais (Zwolle 1617 - Deventer 1681). D'abord portraitiste, il a principalement donné, à partir des années 1650, des scènes d'intimité bourgeoise d'une poésie raffinée *(les Soins maternels,* Mauritshuis, La Haye).

Terbrugghen ou **Ter Brugghen** *(Hendrik),* peintre néerlandais (Deventer 1588 - Utrecht 1629). Installé à Utrecht après avoir travaillé en Italie, c'est un caravagesque adepte de la « manière claire » *(le Duo,* Louvre).

Terceira, île volcanique des Açores. 400 km² ; 120 400 hab. Ch.-l. *Angra do Heroísmo.*

Tercio *(le),* nom de la Légion étrangère de l'armée espagnole, créée en 1920.

Terechkova *(Valentina Vladimirovna),* cosmonaute russe (Maslennikovo, près de Iaroslavl, 1937). Première femme lancée dans l'espace, elle a effectué 48 révolutions autour de la Terre (16-19 juin 1963).

Térence, *en lat.* Publius Terentius Afer, poète comique latin (Carthage v. 190-159 av. J.-C.). Esclave affranchi, membre du cercle de Scipion Émilien, il composa six comédies *(l'Andrienne, l'Eunuque, l'Hécyre, l'Heautontimoroumenos, Phormion, les Adelphes)* imitées des auteurs grecs et basées sur l'analyse psychologique.

Teresa *(Agnes* Gonxha Bajaxhiu, dite Mère*),* religieuse indienne d'origine albanaise (Üsküp, auj. Skopje, 1910). Son action en faveur des déshérités lui a valu le prix Nobel de la paix (1979).

Teresina, v. du Brésil, cap. de l'État de Piauí, sur le Parnaíba ; 598 449 hab.

Termier *(Pierre),* géologue français (Lyon 1859 - Grenoble 1930). Il a contribué à la compréhension de la géologie des Alpes, en y décrivant les nappes de charriage, et fait œuvre de vulgarisateur.

Termonde → Dendermonde.

Terni, v. d'Italie (Ombrie), ch.-l. de prov. ; 107 333 hab. Métallurgie. — Monuments anciens et musées.

Terpandre, poète et musicien grec (né à Antissa, Lesbos, v. 710 av. J.-C.). On lui

attribue la fondation de l'école citharédique de Sparte et des inventions musicales (lyre à 7 cordes).

Terpsichore, dans la mythologie grecque, muse de la Poésie légère et de la Danse. Son attribut est la lyre.

Terray *(Joseph Marie),* ecclésiastique et homme d'État français (Boën, Loire, 1715 - Paris 1778). Contrôleur général des Finances de 1769 à 1774, il forma avec Maupeou et d'Aiguillon un triumvirat qui se rendit impopulaire par ses mesures fiscales.

Terre *(la),* film soviétique de A. Dovjenko (1930).

Terrebonne, v. du Canada (Québec), banlieue de Montréal ; 39 014 hab.

Terre de Feu, *en esp.* Tierra del Fuego, *anc.* archipel de Magellan, archipel montagneux au sud de l'Amérique méridionale, séparé du continent par le détroit de Magellan et partagé entre le Chili et l'Argentine. On réserve parfois le nom de Terre de Feu à la principale île de l'archipel. V. princ. *Ushuaia* (Argentine).

Terre-Neuve, *en angl.* Newfoundland, prov. de l'est du Canada, formée de l'*île de Terre-Neuve* (112 299 km² avec les îlots voisins) et de l'est de la péninsule du Labrador ; 406 000 km² ; 568 474 hab. *(Terre-Neuviens).* Cap. *Saint John's (Saint-Jean).* **GÉOGR.** L'île, qui regroupe plus de 90 % de la population provinciale, est un plateau basculé vers le N.-E. (l'altitude s'abaisse de 700-800 m à l'O. à 100 m). Le climat est froid et neigeux en hiver, sans été réel, souvent embrumé. Terre-Neuve vit surtout de l'exploitation de la forêt (papier) et de la pêche (morue, homard), sur les *bancs de Terre-Neuve* notamment. Le sous-sol recèle de grands gisements de fer, aux confins du Québec. **HIST.** Découverte en 1497 par Jean Cabot, l'île fut disputée dès le xvi⁰ siècle entre colons français et anglais. Elle fut cédée à la Grande-Bretagne par le traité d'Utrecht (1713), mais la France conserva le monopole de la pêche sur la côte nord jusqu'en 1904. Dominion (à partir de 1917) auquel fut rattachée la côte nord-est du Labrador en 1927, l'île est devenue la dixième province du Canada en 1949.

Terreur *(la),* nom donné à deux périodes de la Révolution française. La *première Terreur* (10 août-20 sept. 1792), provoquée par la menace de l'invasion prussienne, se manifesta par la mise en place d'une justice expéditive, par l'arrestation du roi et par les massacres de Septembre. La *seconde Terreur* (5 sept. 1793-28 juill. 1794) suivit le renversement des Girondins par les Montagnards. Visant à assurer la défense de la France contre les ennemis de l'extérieur et de l'intérieur, elle se solda par l'incarcération d'environ 500 000 suspects, dont 40 000 environ furent guillotinés. Elle s'accompagna d'une politique de déchristianisation, de mesures de contrôle économique et de la redistribution des biens des suspects aux indigents. La dernière période, la *grande Terreur*, qui fut instituée le 10 juin 1794 et supprima les garanties judiciaires aux accusés, s'acheva avec la chute de Robespierre, le 9 Thermidor. Le Tribunal révolutionnaire, tribunal criminel d'exception, fut l'un des instruments de la Terreur.

Terreur blanche *(la)*, nom donné aux mouvements contre-révolutionnaires français dirigés par les royalistes contre leurs adversaires. La *première Terreur blanche* (mai-juin 1795) consista en représailles sanglantes contre les anciens partisans de Robespierre. La *seconde Terreur blanche* eut lieu après Waterloo, durant l'été 1815. Exercée contre les bonapartistes et les républicains, elle fut l'œuvre des royalistes du midi de la France. Elle prit une forme légale après l'élection de la première Chambre des députés de la Restauration, dissoute en 1816.

Tertullien, premier des écrivains chrétiens de langue latine (Carthage v. 155 - *id.* v. 222). Païen converti, il exerça en Afrique du Nord un véritable magistère doctrinal. Son œuvre est à la fois une critique du paganisme *(Aux nations)* et une défense du christianisme *(Apologétique)*, plus précisément dirigée contre les gnostiques *(Contre Marcion)*. Son ascétisme, qui avait fini par tourner à un rigorisme intransigeant *(Sur la toilette des femmes, De la pudeur,* etc.), le fit dévier vers l'hérésie montaniste, mais il s'en détacha par la suite. Il a inauguré avec Cyprien de Carthage la théologie latine et contribué à la formation du latin chrétien.

Teruel, v. d'Espagne (Aragon), ch.-l. de prov. ; 27 000 hab. — Combats pendant la guerre civile, de 1936 à 1938. — La ville a été un centre de l'art mudéjar de la fin du XIIᵉ à la fin du XVᵉ siècle : tours de brique à décors incrustés des églises ; cathédrale à plafond de bois sculpté et peint *(artesonado).*

Tesla *(Nikola),* ingénieur électricien et physicien yougoslave naturalisé américain (Smiljan, Croatie, 1856 - New York 1943).

Il fonda à New York une société de construction d'alternateurs (1887). Il réalisa le premier moteur asynchrone à champ tournant et inventa les courants polyphasés, les commutatrices, le montage en étoile. En 1889, il imagina le couplage de deux circuits par induction mutuelle, qui servit dans les premiers générateurs industriels d'ondes hertziennes.

Tessai, peintre japonais (Kyoto 1836 - *id.* 1924). Inspiré par les textes anciens, ce lettré, qui n'ignore pas l'art occidental, renouvelle l'art pictural japonais de son temps.

Tessin *(le), en ital.* Ticino, riv. de Suisse et d'Italie, qui traverse le lac Majeur, passe à Pavie et se jette dans le Pô (r. g.) ; 248 km. — Hannibal battit P. Cornelius Scipio sur ses bords (218 av. J.-C.).

Tessin, cant. de Suisse, sur le versant méridional des Alpes ; 2 811 km² ; 282 181 hab. *(Tessinois).* Ch.-l. *Bellinzona.* Tourisme (lac Majeur et Lugano). — C'est en 1803 que le canton du Tessin fut formé par l'union des cantons de Bellinzona et de Lugano.

Tessin, famille d'architectes et d'hommes d'État suédois. **Nicodemus l'Ancien** (Stralsund 1615 - Stockholm 1681), architecte, a donné son chef-d'œuvre avec le château de Drottningholm, de destinée baroque (entrepris en 1662, achevé par son fils v. 1700). **Nicodemus Tessin le Jeune** (Nyköping 1654 - Stockholm 1728), fils du précédent, fut influencé par les Mansart et par Bernin ; il est l'auteur du somptueux palais royal de Stockholm, entrepris en 1697. Son fils **Carl Gustav,** *comte* Tessin (Stockholm 1695-Åkerö 1770), dirigea en tant qu'intendant général la décoration, en style rococo français, du palais royal ; il fut un grand collectionneur par ses commandes à Chardin ou à Boucher et par ses achats de dessins à Paris (où il fut ambassadeur).

Test Act (1673), loi votée par le Parlement anglais, imposant à tout candidat à un office public l'appartenance à la religion anglicane. Elle fut abrogée en 1828-29.

Testament *(le),* poème de Villon (1461), composé de legs burlesques que l'auteur fait à ses amis et à ses ennemis, de méditations lyriques et de ballades.

Téthys, la plus jeune des Titanides. Fille d'Ouranos et de Gaia, elle personnifiait la fécondité de la mer. De son union avec Océanos naquirent les fleuves et les Océanides.

Téthys (la), mer séparant le Gondwana de la Laurasie à partir du mésozoïque et pendant la majeure partie du cénozoïque.

Tétouan, v. du Maroc, anc. cap. de la zone espagnole, près de la Méditerranée ; 365 000 hab.

Tétralogie (la), cycle d'opéras de R. Wagner, composés de 1869 à 1874.

Teutatès, dieu celte qui protégeait la tribu contre la guerre (c'est pourquoi il y avait beaucoup de Teutatès locaux) et qui présidait à la guerre elle-même. À ce titre, on l'assimila souvent au Mars romain.

Teutonique (ordre), ordre hospitalier puis ordre militaire, fondé en Terre sainte (1198) et recrutant ses membres dans l'aristocratie allemande. Ayant absorbé en 1237 les chevaliers Porte-Glaive, l'ordre propagea la culture germanique en Prusse et se constitua un vaste État. Sa puissance fut brisée par les Polonais à Tannenberg (1410). Après 1466, l'ordre ne conserva plus que la Prusse-Orientale, sous suzeraineté polonaise. Il fut sécularisé en 1525 par son grand maître, Albert de Brandebourg.

Teutons, peuple de Germanie, qui envahit la Gaule avec les Cimbres et fut vaincu par Marius près d'Aix-en-Provence (102 av. J.-C.).

Texas, État du sud des États-Unis ; 690 000 km² ; 16 986 510 hab. (Texans). Cap. Austin. GÉOGR. C'est le plus grand des États de l'Union, Alaska exclu. L'Ouest, aride, appartient aux Grandes Plaines, formées ici de plateaux étagés (Llano Estacado, plateau d'Edwards, plateau Comanche). L'Est, humide, comprend une partie de la plaine côtière. Des deltas forment une plaine marécageuse bordée de lagunes fermées par des cordons littoraux. La population a plus que triplé depuis 1920, progression liée à l'essor économique. À l'agriculture (céréales, coton, fruits), parfois irriguée, et surtout à l'élevage (bovins) et à l'exploitation du sous-sol (pétrole et gaz naturel) se sont ajoutées des branches de transformation (chimie, agroalimentaire) et des industries de pointe (aéronautique, électronique), implantées notamment dans les deux métropoles majeures, Dallas et Houston. HIST. Possession espagnole puis mexicaine (1821), le Texas devint une république indépendante de fait en 1836. Il fut incorporé aux États-Unis en 1845.

Texel, île néerlandaise de la mer du Nord, séparée du Helder par un bras de mer large de 3 km ; 183 km² ; 12 800 hab. V. princ. Den Burg.

Teyjat, comm. de la Dordogne ; 364 hab. La grotte de la Mairie possède de remarquables gravures pariétales (magdalénien).

Tezcatlipoca, divinité guerrière préhispanique arrivée dans le Mexique central avec les Toltèques et dont l'animal emblématique était le jaguar.

TF 1 (Télévision Française 1), chaîne de télévision française. Héritière de la première chaîne, constituée en société nationale de programmes (1974), elle a été privatisée en 1987.

Thabit ibn Qurra, savant arabe (Harran, Turquie, 836 - Bagdad 901). Mathématicien astronome, réformateur du système de Ptolémée, médecin réputé, il commente et traduit certains traités d'Archimède, Euclide, Apollonios. Dans ses écrits, il anticipe des théorèmes généraux de géométrie analytique, de trigonométrie sphérique, de théorie des nombres, et prépare l'extension aux réels positifs du concept de nombre.

Thabor (mont), sommet des Alpes françaises, au sud-ouest de Modane (Savoie) ; 3 181 m.

Thackeray (William Makepeace), écrivain britannique (Calcutta 1811 - Londres 1863). Journaliste et caricaturiste, il fustige les hypocrisies et les ridicules de la société britannique (Livre des snobs, 1846-47). Après Barry Lindon (1844), qui entreprend de démystifier le criminel-héros, la Foire aux vanités (1847-48) célèbre, avec le sentimentalité de Dickens, la lucidité « réaliste ».

Thaïlande, anc. Siam, État de l'Asie du Sud-Est ; 514 000 km² ; 58 800 000 hab. (Thaïlandais). CAP. Bangkok. LANGUE : thaï. MONNAIE : baht (ou tical).
GÉOGRAPHIE
Occupant l'ouest de la péninsule indochinoise, la Thaïlande a une superficie et une population comparables à celles de la France. Mais la répartition spatiale de cette population est très inégale. La partie vitale, peuplée par les Thaïs (80 % des Thaïlandais), est la plaine centrale, drainée par le Ménam (ou Chao Phraya). Sous un climat chaud, arrosée par la mousson d'été, cette région est le domaine de la culture intensive : riz, base vivrière devant le manioc, canne à sucre, maïs, etc. Les régions périphériques, où vivent les minorités, sont souvent montagneuses, notamment au N. et à l'O. (abondamment arrosés et forestiers [exploitation du teck], peuplés surtout de Karen) ; sur le plateau de Korat, à l'E., les Lao associent cultures (riz) et élevage bovin.

Au S. de l'isthme de Kra, le climat devient presque équatorial, la forêt est trouée de plantations d'hévéas, cependant que le sous-sol fournit de l'étain et du tungstène. La population augmente d'un peu plus de 1 % par an. Elle demeure en majeure partie rurale (malgré la croissance démesurée de Bangkok), situation liée à la prépondérance de l'agriculture qui emploie encore les deux tiers des actifs. La pêche est aujourd'hui très active. L'industrie s'est développée (pétrochimie, textile, électronique, bijouterie) et a bénéficié d'investissements étrangers. Le tourisme procure également des revenus appréciables et la croissance est soutenue (avec une balance commerciale déficitaire). Le Japon est le premier fournisseur de la Thaïlande, tandis que les États-Unis sont le premier client, suivi par la C. E.

HISTOIRE

■ Des royaumes thaïs à la monarchie Chakri.

À la suite d'une longue infiltration parmi les Môn, peuple qui a adopté la culture bouddhique, et parmi les Khmers qui ont conquis la région, aux XIe-XIIe s., les Thaïs fondent les royaumes de Sukhothai et de Lan Na (cap. Chiangmai). Les Thaïs sont également connus sous le nom de Syam (Siamois).

Vers 1350. Ils créent le royaume d'Ayuthia.

1592. Le pays qu'avaient occupé les Birmans est libéré. Aux XVIe-XVIIIe s., le Siam entretient des relations avec l'Occident, notamment avec la France de Louis XIV.

1782. Rama Ier est couronné à Bangkok, la nouvelle capitale, et fonde la dynastie Chakri. De 1782 à 1851, Rama Ier, Rama II, Rama III dominent en partie le Cambodge, le Laos et la Malaisie. À la fin du XIXe s. et au début du XXe s., la Thaïlande parvient à rester indépendante, mais elle recule ses frontières en faveur de l'Indochine française et des possessions britanniques de Malaisie.

■ La Thaïlande contemporaine.

1938. Le maréchal Pibul Songgram prend le pouvoir.

1941-1944. Il s'allie au Japon.

1948. Il revient au pouvoir.

1950. Bhumibol Adulyadej est couronné roi sous le nom de Rama IX.

1957. Pibul Songgram est renversé.

Le pouvoir demeure dominé par les militaires de 1957 à 1973 puis de 1976 à 1980. La guérilla communiste se développe à partir de 1962. Le pays sert de refuge aux réfugiés

khmers après l'invasion du Cambodge par le Viêt Nam (1979), à laquelle est opposée la Thaïlande.

1980-1988. Le général Prem Tinsulanond, Premier ministre, parvient à maintenir un régime civil. Son successeur, Chatichai Choonhavan, est renversé en 1991 par un coup d'État militaire.

1992. Après des manifestations violemment réprimées, des élections sont remportées par l'opposition démocratique et un gouvernement civil est constitué.

1995. Le Chart Thaï remporte les élections ; son leader, Banharn Silpaarcha, devient Premier ministre.

Thaïlande (golfe de), anc. golfe du ou de Siam, golfe de l'Asie du Sud-Est formé par la mer de Chine méridionale et bordant notamment la Thaïlande.

Thaïs, groupe de peuples de l'Asie du Sud-Est : Chine du Sud, Viêt Nam, Laos, Thaïlande et Birmanie. Les Thaïs constituent la majorité de la population qui habite la Thaïlande et la Birmanie du Nord (État des Chan). Venus de Chine en Asie du Sud-Est, les Thaïs sont bouddhistes.

Thaïs, courtisane grecque du IVe s. av. J.-C., amie de Ménandre, d'Alexandre, puis de Ptolémée Ier.

Thaïs (sainte), courtisane égyptienne repentie (IVe s.). Elle aurait été convertie par un anachorète.

Thalès, astronome, mathématicien et philosophe grec (Milet, v. 625 av. J.-C. - v. 547 av. J.-C.). Il aurait rapporté de Babylone et d'Égypte les éléments d'algèbre et de géométrie. On lui attribue certaines connaissances sur les rapports des angles avec les triangles auxquels ils appartiennent, l'affirmation, sinon la démonstration, de l'égalité des angles opposés par le sommet. Il aurait déterminé la hauteur d'un objet au moyen de son ombre, effectué la première mesure exacte du temps à l'aide du gnomon et indiqué comment mesurer la distance d'un navire au rivage. Il dut sa célébrité à la prédiction d'une éclipse de Soleil, vraisemblablement celle de 585 av. J.-C.

Sa doctrine philosophique est fondée sur l'eau, élément premier qui donne naissance aux autres éléments. Elle constitue l'ébauche d'une science de la nature systématisée et donne, pour la première fois, une forme rationnelle aux croyances des vieilles cosmogonies orientales.

Thalie, une des neuf Muses de la mythologie grecque. Elle présidait à la Comédie.

Thames → Tamise.

Thana, v. de l'Inde (Maharashtra) ; 389 000 hab.

Thanjavur ou **Tanjore,** v. de l'Inde (Tamil Nadu) ; 200 216 hab. — Elle connut son apogée sous le roi Rajaraja Iᵉʳ (985-1014), de la dynastie Cola, qui en fit sa capitale. — Monuments anciens, dont le grandiose sanctuaire shivaïte de Brihadisvara, élevé vers l'an 1000 et comportant un vimana de 13 étages (musée).

Thann, ch.-l. d'arr. du Haut-Rhin, au pied des Vosges, sur la Thur ; 7 783 hab. *(Thannois).* Industries mécaniques, textiles et chimiques. — Belle collégiale gothique des XIIIᵉ-XVIᵉ siècles et autres monuments.

Thant *(Sithu U),* homme politique birman (Pantanaw 1909 - New York 1974). Il a été secrétaire général de l'O. N. U. de 1961 à 1971.

Thaon di Revel *(Paolo),* amiral italien (Turin 1859 - Rome 1948). Commandant les forces navales alliées dans l'Adriatique (1917-18), grand amiral (1924), il fut le ministre de la Marine de Mussolini.

Thapsus *(bataille de)* [46 av. J.-C.], victoire décisive de J. César sur les partisans de Pompée, en Afrique proconsulaire.

Thar *(désert de),* région aride du Pakistan et de l'Inde, entre l'Indus et les monts Aravalli ; env. 250 000 km².

Thássos, île grecque du nord de la mer Égée ; 378 km² ; 13 300 hab. Ch.-l. *Thássos.* Île grecque du nord de la mer Égée. Nombreux vestiges antiques.

Thatcher *(Margaret),* femme politique britannique (Grantham 1925). Successeur de E. Heath à la tête du parti conservateur en 1975, elle remporte les élections de 1979 et devient Premier ministre. Elle mène une politique de rigueur fondée sur un libéralisme strict, combat avec succès l'invasion des Falkland par l'Argentine et s'oppose à un renforcement de l'intégration européenne. Réélue en 1983 et 1987, elle est désavouée par une partie des conservateurs et démissionne en 1990 de la présidence du parti et du poste de Premier ministre.

Thau *(étang de),* lagune du bas Languedoc (Hérault), communiquant avec la Méditerranée par le canal de Sète ; 7 400 ha. Bassin industriel du port de Sète.

Théâtre-Libre, théâtre créé en 1887 par André Antoine, afin de rénover le spectacle par une mise en scène réaliste et par l'interprétation de jeunes auteurs naturalistes (Zola, F. de Curel, E. Brieux) et de dramaturges étrangers (Ibsen, Strindberg). En 1897, il prit le nom de *Théâtre-Antoine.*

Théâtre national populaire *(T. N. P.),* théâtre subventionné, fondé par l'État en 1920 à l'instigation de Firmin Gémier, qui en fut le premier directeur. Installé au Trocadéro, puis au palais de Chaillot, le T. N. P. a connu une large audience sous la direction de Jean Vilar (1951-1963), puis sous celle de G. Wilson (jusqu'en 1972). Depuis 1972, son siège est à Villeurbanne.

Thébaïde, partie méridionale de l'Égypte ancienne, qui avait Thèbes pour capitale. — Elle fut aux premiers siècles un centre important du monachisme.

Thèbes, v. de l'Égypte ancienne. HIST. Des princes thébains réunifièrent l'Égypte et fondèrent la XIᵉ dynastie, au XXIIᵉ s. av. J.-C. De même, les princes thébains de la XVIIIᵉ dynastie chassèrent les Hyksos (v. 1580). Au Nouvel Empire, Thèbes fut la capitale de l'Égypte et une grande métropole religieuse grâce au puissant clergé du dieu Amon. Elle fut détruite en 663 av. J.-C. lors de l'invasion assyrienne. ARTS. Ville des vivants sur la rive orientale avec ses palais, ses bâtiments administratifs et ses temples, dont Louqsor et Karnak sont les imposants vestiges, elle était, sur la rive occidentale, une vaste nécropole avec les temples funéraires de Deir el-Bahari, les hypogées de la Vallée des Rois, des Reines, des Nobles, etc.

Thèbes, v. de Grèce, en Béotie. À partir du VIIᵉ siècle, la ville domina une confédération des villes de Béotie. Durant les guerres médiques, Thèbes s'allia aux Perses. Grâce à Épaminondas et à Pélopidas, elle eut un moment l'hégémonie sur les cités grecques (371-362 av. J.-C.). Alexandre la détruisit en 336 av. J.-C.

Thélème *(abbaye de),* communauté laïque imaginée par Rabelais dans *Gargantua,* contre-pied exact de l'institution monacale et dont la règle est « Fais ce que voudras ».

Thémis, déesse grecque de la Justice. Ses attributs sont le glaive et la balance.

Thémistocle, général et homme d'État athénien (Athènes v. 528 - Magnésie du Méandre v. 462 av. J.-C.). Après avoir pris une part brillante à la victoire de Marathon (490 av. J.-C.), il fit d'Athènes la grande puissance navale du monde hellénique, aménageant Le Pirée et réorganisant la flotte. Par la victoire de Salamine (480), il délivra la Grèce du péril perse (guerres médiques). En butte à la malveillance de ses adversaires politiques et aux intrigues de Sparte, il fut banni, à l'instigation de Cimon (partisan d'un partage de l'hégémonie entre Sparte et Athènes), et se réfugia auprès d'Artaxerxès Ier.

Thenard *(Louis Jacques, baron),* chimiste français (La Louptière, Aube, 1777 - Paris 1857). Il découvrit un colorant de la porcelaine, le bleu de Thenard (1799) ; le bore, avec Gay-Lussac (1808) ; l'eau oxygénée (1818) ; étudia les esters (1807) et établit une classification des métaux fondée sur leur résistance à l'action de l'eau et de l'oxygène. Successeur de Vauquelin au Collège de France (1802), il fut député (1827-1832) et pair de France (1832).

Théocrite, poète grec (Syracuse ? v. 310 - v. 250 av. J.-C.). Créateur de la poésie bucolique *(Idylles),* il exprime, au milieu d'une civilisation raffinée, la nostalgie de l'« état de nature ».

théodicée *(Essais de),* ouvrage de Leibniz (1710).

Théodora (Constantinople début VIe s. - *id.* 548), impératrice byzantine (527-548). Femme de Justinien Ier, elle fut l'âme de son gouvernement. Elle sauva l'empire en décidant Justinien à briser une révolution populaire, la sédition Nika (532).

Théodora (m. en 867), impératrice régente de Byzance (842-856) pendant la minorité de son fils Michel III. Elle convoqua un concile qui rétablit définitivement le culte des images (843).

Théodore Ier Lascaris (m. en 1222), empereur byzantin de Nicée (1204, en fait 1208-1222). Il fonda l'empire de Nicée au lendemain de la prise de Constantinople par les croisés (1204). **Théodore II Doukas Lascaris** (1222-1258), empereur byzantin de Nicée (1254-1258), petit-fils du précédent.

Théodoric Ier (m. en 451), roi des Wisigoths (418-451). Il fut tué en combattant Attila aux champs Catalauniques. Son fils, **Théodoric II** (m. en 466), roi des Wisigoths (453-466), fut le maître d'une partie de la Gaule et de l'Espagne.

Théodoric le Grand (en Pannonie v. 454 - Ravenne 526), roi des Ostrogoths (493-526). Élevé à Constantinople, imprégné de culture gréco-romaine, il fit renaître quelques années l'Empire d'Occident. L'empe-

reur Zénon l'ayant envoyé reprendre l'Italie à Odoacre (493), Théodoric se rendit maître de la péninsule et des côtes dalmates. Aidé par deux ministres de valeur, Cassiodore et Boèce, il encouragea sans succès la fusion des Romains et des Goths. Il enleva la Provence aux Francs (508-509).

Théodose Ier, en lat. Flavius Theodosius, dit **le Grand** (Cauca, Espagne, v. 347 - Milan 395), empereur romain (379-395). Après le désastre d'Andrinople (378) qui voit la mort de l'empereur Valens, Gratien nomme Théodose à la tête de l'armée, puis le proclame auguste (379) en lui remettant l'Orient. Établi à Constantinople (380), le nouvel empereur installe les Goths comme fédérés en Mésie inférieure (382), introduit un grand nombre de Barbares dans l'armée et leur confie la majorité des commandements. Il laisse par ailleurs les Sassanides annexer la majeure partie de l'Arménie. Partisan de la foi de Nicée (édit du 28 févr. 380) et ayant édicté des mesures contre les ariens et contre les manichéens, il convoque à Constantinople le 2e concile œcuménique, qui achève d'insérer la hiérarchie ecclésiastique dans les cadres civils (381). Luttant contre le paganisme, il interdit les sacrifices païens, les oracles et la fréquentation des temples. Les jeux Olympiques seront même supprimés en 394. Malgré lui, Théodose est obligé d'intervenir en Occident. En mauvais rapports avec Gratien, il proclame auguste son fils aîné Arcadius (383), puis reconnaît l'usurpateur Maxime, qui a provoqué la mort de Gratien. Mais, Maxime ayant chassé d'Italie Valentinien II, frère de Gratien (387), Théodose le combat et l'élimine (388). Ayant envoyé Valentinien II en Gaule, l'empereur se réserve le gouvernement de l'Italie et séjourne à Milan. Il est excommunié par saint Ambroise jusqu'à ce qu'il ait fait pénitence pour avoir fait massacrer les habitants de Thessalonique, à la suite d'une émeute (390). Après la mort de Valentinien II (392), Théodose donne la dignité d'auguste à son second fils, Honorius (393). Il laisse à sa mort l'empire partagé entre ses deux fils : l'Orient à son fils aîné Arcadius et l'Occident à Honorius, tandis que le christianisme, associé à l'État impérial, triomphe définitivement du paganisme prohibé. **Théodose II** (401-450), empereur d'Orient (408-450). Petit-fils du précédent, il donna son nom au *Code théodosien.*

théodosien *(Code),* code de lois rédigé sur l'ordre de Théodose II de 435 à 438, et qui réunit les Constitutions impériales promulguées depuis Constantin.

Théogonie ou **Généalogie des dieux,** poème mythologique d'Hésiode en 1 022 hexamètres (VIIIᵉ s. av. J.-C.). Le poème fait le récit de la création du monde, depuis le chaos initial, décrivant, à travers les règnes successifs des dieux Ouranos, Cronos et Zeus, le passage d'un univers fondé sur la violence à un monde de justice et d'harmonie. L'épisode consacré au mythe de Prométhée établit la fonction du sacrifice dans la séparation des deux domaines divin et humain.

Théophraste, philosophe grec (Eresos, Lesbos, v. 372 - Athènes 287 av. J.-C.). Il suivit les leçons de Platon puis d'Aristote. Il succéda à ce dernier en 322 av. J.-C. à la tête du Lycée. Il préféra s'exiler en 318, quand Démétrios Iᵉʳ Polyorcète proscrivit les philosophes. Il a composé des ouvrages importants sur les plantes ; mais il est surtout l'auteur des *Caractères,* recueil d'études morales et de portraits pittoresques, dont La Bruyère a emprunté la manière et le style.

Théorie de la relativité restreinte et générale *(la),* œuvre de A. Einstein, parue en 1916, revue et rééditée à plusieurs reprises.

Théorie générale de l'emploi, de l'intérêt et de la monnaie, ouvrage de J. M. Keynes (1936). L'auteur y introduit l'idée d'un sous-emploi permanent et met en valeur le rôle de l'État, seul capable d'élever la demande au niveau requis pour la réalisation du plein emploi.

Théramène, homme d'État athénien (Céos av. 450 - Athènes 404 av. J.-C.). Il contribua au renversement de la démocratie en 411. Membre du gouvernement des Trente, il s'opposa aux excès de Critias et fut condamné à mort.

Thérèse d'Ávila *(sainte),* mystique espagnole (Ávila 1515 - Alba de Tormes, prov. de León, 1582). Entrée au carmel d'Ávila en 1535, elle entreprit, à partir de 1554, la réforme de son ordre avec l'aide de Jean de la Croix et ouvrit une quinzaine de monastères. Ses écrits sont des chefs-d'œuvre de la langue castillane et de la mystique chrétienne. Le plus caractéristique est *le Livre des demeures* ou *Château intérieur* (1577-1588), qui synthétise sa doctrine de l'oraison comme moyen privilégié pour rencontrer le Christ. Canonisée en 1622, Thérèse d'Ávila a été proclamée docteur de l'Église en 1970.

Thérèse de l'Enfant-Jésus *(sainte)* [*Thérèse* Martin], religieuse française (Alençon 1873 - Lisieux 1897). D'une famille de petite bourgeoisie normande, elle entra (1888), comme trois de ses sœurs, au carmel de Lisieux, où elle mourut à l'âge de 24 ans. Elle y mena une vie sans relief, à la recherche, pour aller vers Dieu, d'une « petite voie » d'abandon et d'amour. Son autobiographie, *Histoire d'une âme,* a fait connaître au monde son message spirituel. Très populaire, la « petite sainte de Lisieux » a été canonisée en 1925.

Thermidor an II *(journées des 9 et 10)* [27-28 juill. 1794], journées révolutionnaires qui entraînèrent la chute de Robespierre. Marquées par l'arrestation de Robespierre et de ses amis (notamment Saint-Just), puis, après l'intervention manquée de la Commune de Paris, par leur exécution, ces journées consacrèrent la défaite des Montagnards à la Convention et mirent fin à la Terreur.

Thermopyles *(combat des)* [480 av. J.-C.], bataille de la deuxième guerre médique où Léonidas et 300 Spartiates se firent massacrer sans parvenir à arrêter l'armée perse de Xerxès Iᵉʳ au défilé des Thermopyles, sur la côte sud du golfe de Lamia (S. de la Thessalie).

Thésée, personnage de la mythologie grecque, célèbre pour avoir, en tuant le Minotaure, délivré Athènes du joug de Minos et du tribut humain que la ville devait payer chaque année à celui-ci. Il parvint à sortir du Labyrinthe avec le secours d'Ariane, fille de Minos, qu'il abandonna à Naxos. Il gagna alors Athènes, dont il devint le roi et dont il aurait mis sur pied les premières institutions. On lui attribue aussi l'organisation de l'Attique.

Thespis, poète tragique grec (près de Marathon VIᵉ s. av. J.-C.). Il est considéré comme le créateur de la tragédie.

Thessalie, région de Grèce, au sud de l'Olympe, sur la mer Égée ; 13 929 km² ; 731 230 hab. *(Thessaliens).* V. princ. *Lárissa, Vólos* et, autref., *Pharsale, Phères.*

Thessalonique ou **Salonique,** *en gr.* Thessaloníki, port de Grèce (Macédoine), au fond du golfe de Thessalonique, formé par la mer Égée ; 377 951 hab. (739 998 hab. dans l'agglomération, la deuxième du pays). Centre industriel, commercial et universitaire. — De 1204 à 1224, Thessalonique fut la capitale d'un royaume latin. Sous la domination ottomane (1430-1913), elle s'appela *Salonique.* Elle servit de base d'opérations des forces alliées d'Orient (1915-

1918). — Belles églises byzantines, dont celle de Ste-Sophie (VIIIᵉ s.).

Thiais, ch.-l. de c. du Val-de-Marne, au sud de Paris ; 27 933 hab. Cimetière parisien. Centre commercial. — Église des XIIᵉ-XVᵉ siècles.

Thibaud, nom de plusieurs comtes de Champagne, dont **Thibaud IV le Chansonnier** (Troyes 1201 - Pampelune 1253), roi de Navarre de 1234 à 1253 sous le nom de Thibaud Iᵉʳ, ennemi, puis allié de Blanche de Castille. Il est l'auteur de *Jeux partis* et de chansons qui comptent dans la poésie courtoise du XIIIᵉ siècle.

Thibaud *(Jacques),* violoniste français (Bordeaux 1880 - dans un accident d'avion près de Barcelonnette 1953). Son style et sa technique lui valurent une renommée mondiale. Il forma (1905) avec Cortot et Casals un trio célèbre. Il est un des fondateurs du concours Marguerite Long-Jacques Thibaud.

Thibaudet *(Albert),* critique littéraire français (Tournus 1874 - Genève 1936). Influencé par Bergson et rejetant tout dogmatisme, il fut un collaborateur de *la Nouvelle Revue française* (1911-1936).

Thibault *(les),* cycle romanesque de R. Martin du Gard (1922-1940). L'ouvrage dépeint la vie d'une famille française dans les vingt premières années du XXᵉ siècle, à travers une suite romanesque qui oppose deux frères, Jacques, insurgé sentimental, et Antoine, médecin énergique, tous deux fils d'Oscar Thibault, grand bourgeois attaché à toutes les conventions religieuses et sociales.

Thiérache, région occupant principalement l'extrémité nord-est du dép. de l'Aisne. Élevage bovin laitier. V. princ. *Hirson, Fourmies.*

Thierry III (m. en 690 ou 691), roi de Neustrie et de Bourgogne (673 et 675-690/691). Détrôné par Childéric II, il remonta sur le trône en 675, mais fut vaincu à Tertry (v. 687) par Pépin de Herstal.

Thierry *(Augustin),* historien français (Blois 1795 - Paris 1856). L'un des créateurs de l'histoire moderne, il est l'auteur notamment des *Lettres sur l'histoire de France,* des *Récits des temps mérovingiens* (1835-1840), de l'*Essai sur la formation et les progrès de l'histoire du tiers état.*

Thiers, ch.-l. d'arr. du Puy-de-Dôme, sur la Durolle (affl. de la Dore) ; 15 407 hab. *(Thiernois).* Centre de la coutellerie. — Pittoresque Vieille Ville avec des maisons anciennes et la vaste église St-Genès (XIᵉ-XVIᵉ s.), en partie romane. Musée de la Coutellerie.

Thiers *(Adolphe),* homme d'État, journaliste et historien français (Marseille 1797 - Saint-Germain-en-Laye 1877). Avocat à Aix puis à Paris, il se fait connaître comme journaliste et historien (*Histoire de la Révolution,* 10 volumes, 1823-1827). Fondateur du journal d'opposition *le National,* où il se fait l'apôtre d'une monarchie parlementaire, il joue un rôle décisif lors de la révolution de 1830.

■ **Le ministre de Louis-Philippe.** Ministre de l'Intérieur (1832-1834), il réprime le complot légitimiste de la duchesse de Berry et les insurrections républicaines de Lyon et de Paris. Il est à la tête du gouvernement en 1836 et en 1840 mais, acceptant l'éventualité d'une guerre avec la Grande-Bretagne, il est désavoué par le roi et doit céder la place à Guizot. Il entreprend alors la rédaction de l'*Histoire du Consulat et de l'Empire* (1845-1862).

■ **Le chef des monarchistes.** Député et chef des monarchistes sous la IIᵉ République, il soutient la candidature à l'élection présidentielle de Louis Napoléon, qu'il pense pouvoir contrôler. Mais, hostile au rétablissement de l'empire, il est proscrit après le coup d'État du 2 décembre 1851. Rentré en France dès 1852, élu député de Paris en 1863, il stigmatise la politique impériale.

■ **La transition vers la IIIᵉ République.** Après la chute de Napoléon III, l'Assemblée nationale le désigne comme chef du pouvoir exécutif (févr. 1871). Confronté à l'insurrection de Paris, il choisit d'évacuer la ville. Il signe le traité de Francfort avec la Prusse puis assiège la capitale et réprime la Commune (mai 1871). Il fait ajourner le choix définitif du régime tout en devenant, à titre provisoire, président de la République (août 1871). Il se consacre au relèvement du pays, accélère la libération du territoire (achevée en 1873), fait voter des lois fiscales et réformer le service militaire. Mais, prenant parti pour la République, il s'aliène la majorité monarchiste de l'assemblée et doit démissionner (mai 1873).

Thiès, v. du Sénégal, au nord-est de Dakar ; 150 000 hab. Industries mécaniques et textiles.

Thill *(Georges),* ténor français (Paris 1897 - Lorgues 1984). Il chanta les rôles de premier plan du répertoire français et italien.

Thimbu ou **Timphu,** cap. du Bhoutan ; 20 000 hab.

Thimonnier *(Barthélemy),* inventeur français (L'Arbresle 1793 - Amplepuis 1857). Il réalisa un prototype de machine à coudre, qu'il fit breveter en 1830.

Thionville, ch.-l. d'arr. de la Moselle, sur la Moselle ; 40 835 hab. *(Thionvillois).* Métallurgie (auj. en crise). — Ancienne place forte. Musée d'archéologie et d'histoire dans la tour aux Puces, des XIe-XIIe siècles.

Thiry *(Marcel),* écrivain belge d'expression française (Charleroi 1897 - Fraiture-en-Condroz 1977). Il est l'auteur de recueils lyriques de facture réaliste *(Plongeantes Proues,* 1925) et de nouvelles et de romans qui témoignent de sa passion de l'insolite *(Nouvelles du Grand Possible,* 1960).

Thom *(René),* mathématicien français (Montbéliard 1923). Créateur de la théorie des catastrophes, il a reçu la médaille Fields (1958) pour ses travaux de topologie différentielle.

Thomas *(saint),* surnommé Didyme, un des douze Apôtres de Jésus (Ier s.). Une tradition veut qu'il ait évangélisé les Perses, les Mèdes, les Parthes et qu'il soit allé jusqu'en Inde, y fondant la communauté du Malabar, dont les fidèles s'appellent « chrétiens de saint Thomas ». On lui a attribué plusieurs écrits gnostiques des trois premiers siècles, dont l'*Évangile de Thomas.* En raison de son attitude dubitative lorsqu'on lui annonça la résurrection du Christ (Jean, XX, 24-29), on fait de ce Thomas le modèle de quiconque ne croit que ce qu'il voit.

Thomas *(Albert),* homme politique français (Champigny-sur-Marne 1878 - Paris 1932). Député socialiste (1910), ministre de l'Armement (1916-17), il organisa et présida le B. I. T. (1920-1932).

Thomas *(Ambroise),* compositeur français (Metz 1811 - Paris 1896), auteur d'opéras comiques, parmi lesquels *Mignon* (1866) et *Hamlet* (1868), ses plus grands succès.

Thomas *(Dylan Marlais),* poète britannique (Swansea 1914 - New York 1953). Il est l'auteur, outre ses recueils *(Morts et initiations,* 1946), d'un drame radiophonique *(Au bois de lait,* 1953) et de récits *(Aventures dans le commerce des peaux,* 1955). Il a évoqué ses expériences littéraires, ainsi que Freud, Hopkins et Joyce, dans son *Portrait de l'artiste en jeune chien* (1940).

Thomas *(Sidney Gilchrist),* inventeur britannique (Londres 1850 - Paris 1885). Il découvrit, en collaboration avec son cousin Percy Gilchrist, le procédé d'affinage des fontes phosphoreuses (1876) par soufflage d'air éventuellement enrichi en oxygène *(procédé Thomas),* technique abandonnée aujourd'hui.

Thomas a Kempis *(Thomas Hemerken, dit),* écrivain mystique allemand (Kempen, Rhénanie, 1379 ou 1380 - monastère de Sint Agnietenberg, près de Zwolle, 1471). Auteur d'une quarantaine d'écrits spirituels, il est le principal représentant de la *Devotio moderna,* mouvement de spiritualité caractérisé par un souci de réforme religieuse et par un retour aux sources évangéliques. On lui attribue la rédaction de l'*Imitation de Jésus-Christ.*

Thomas Becket *(saint),* évêque anglais (Londres 1118 - Canterbury 1170). Ami d'Henri II Plantagenêt, qui fit de lui le chancelier d'Angleterre (1155), puis l'archevêque de Canterbury (1162), il en vint, pour défendre les droits de l'Église, à rompre avec son protecteur, refusant que la justice ecclésiastique fût subordonnée à la justice royale. De France, où il s'était exilé, il excommunia Henri II. Rentré en Angleterre, il fut assassiné dans sa cathédrale par quatre chevaliers du roi.

Thomas d'Angleterre, trouvère anglo-normand du XIIe siècle, dont le *Tristan,* écrit en français, contient le récit de la mort du héros.

Thomas d'Aquin *(saint),* théologien italien (Roccasecca, Aquino, prov. de Frosinone, 1225 - abbaye de Fossanova, prov. de Latina, 1274). Dominicain, il vint étudier en 1245 à l'université de Paris, où il eut comme maître Albert le Grand. Il suivit celui-ci à Cologne, puis revint à Paris, où son enseignement s'étendit sur deux périodes (1252-1259, 1269-1272), y provoquant une opposition de la part des théologiens de tradition augustinienne. Son souci fut de défendre, à la lumière d'Aristote, une certaine autonomie de la philosophie par rapport à la foi et à la théologie. En 1277, plusieurs de ses positions furent condamnées, mais le thomisme devint un des courants majeurs (et parfois le plus officiel) de la pensée chrétienne. Outre des commentaires d'Aristote, de Pierre Lombard ou de l'Écriture, Thomas a composé la *Somme contre les Gentils* (1258-1264) et la *Somme théologique* (1266-1273).

Thomas More ou *Morus (saint),* chancelier d'Angleterre (Londres 1478 - id. 1535). Étudiant à Oxford puis à Londres, il s'initia au mouvement humaniste et devint juriste. Il fréquenta John Colet et Érasme. Henri VIII le nomma chancelier du royaume (1529). Resté catholique dans le début de la Réforme, il désavoua Henri VIII lors de son divorce. Disgracié (1532), emprisonné (1535), il fut exécuté. Il a écrit l'*Utopie* (1516), ouvrage fondamental dans l'histoire des idées politiques. Il imagine une terre inconnue, « qui n'existe nulle part », selon l'étymologie du nom, sur laquelle vivrait une société idéale. Dans la première partie, l'auteur attaque l'absolutisme de l'Angleterre et des autres pays européens, dans tous ses aspects : despotisme, servilité des gens de cour, vénalité des charges. La deuxième partie propose un monde où tous les maux décrits dans la première n'existeraient pas et où, en conséquence, le bonheur des hommes serait total.

Thomire (*Pierre Philippe*), fondeur et ciseleur français (Paris 1751 - id. 1843), maître du bronze d'ameublement sous l'Empire.

Thomson, société française créée en 1893 pour l'application des brevets d'Elihu Thomson et Edwin Houston. Le groupe est spécialisé dans la production de matériels électriques et électroniques, l'électroménager, les matériels militaires, etc.

Thomson (*Elihu*), ingénieur américain d'origine britannique (Manchester 1853 - Swampscott, Massachusetts, 1937). Il est l'auteur de nombreuses inventions dans le domaine des applications industrielles de l'électricité : soudage électrique par résistance, moteurs à répulsion, alternateurs à haute fréquence, compteurs électriques, etc. Il fut l'un des fondateurs de la Thomson-Houston Company (1883).

Thomson (*James*), poète britannique (Ednam, Écosse, 1700 - Richmond 1748). Il contribua à la renaissance de la poésie européenne (*Saisons,* 1726-1730) et composa le *Rule Britannia,* qui devint un hymne célèbre.

Thomson (*sir Joseph John*), physicien britannique (Cheetham Hill, près de Manchester, 1856 - Cambridge 1940). Élève de Maxwell, il détermina lors d'une expérience célèbre, en 1897, le quotient *e/m* de la charge par la masse de l'électron et, l'année suivante, la valeur de cette charge. Il inventa le spectrographe de masse, qui permet de mesurer la masse des atomes et a servi à la découverte des isotopes. (Prix Nobel 1906.) — Son fils, **sir George Paget Thomson,** physicien (Cambridge 1892 - id. 1975), a découvert, en 1927, avec Davisson, la diffraction des électrons rapides dans les cristaux, confirmant ainsi le principe fondamental de la mécanique ondulatoire. (Prix Nobel 1937.)

Thomson (*William*), **lord Kelvin,** physicien britannique (Belfast 1824 - Netherhall, Strathclyde, 1907). Il a découvert, en 1852, le refroidissement provoqué par la détente des gaz *(effet Joule-Thomson).* Ses travaux de thermodynamique ont permis l'introduction de la température thermodynamique (ou absolue). En électrostatique, il a imaginé le galvanomètre à aimant mobile (1851) et donné la théorie des circuits oscillants ; en géophysique, ses études sur les marées terrestres sont restées fondamentales. En 1876, il a inventé le premier dispositif mécanique d'intégration des équations différentielles.

Thonburi, anc. cap. de la Thaïlande, auj. banlieue de Bangkok (695 000 hab.). Temples (XVIIᵉ-1ʳᵉ moitié du XIXᵉ s.).

Thonon-les-Bains, ch.-l. d'arr. de la Haute-Savoie, sur le lac Léman ; 30 667 hab. *(Thononais).* Station estivale et thermale (affections urinaires). — Église des XVIᵉ-XVIIᵉ siècles avec crypte romane. Restes du château de Ripaille (XIVᵉ-XVIIIᵉ s.).

Thor ou **Tor,** dieu nord-germanique qui préside aux activités guerrières. Fils d'Odin, il est la divinité du Tonnerre, des Éclairs et des Pluies bienfaisantes. Comme tous les dieux, il succombe dans le Ragnarök, mais en vainqueur, après avoir écrasé le serpent qui enserrait la terre entière. Son emblème, le marteau, figure sur les pierres runiques.

Thora → Torah.

Thorbecke (*Johan Rudolf*), homme politique néerlandais (Zwolle 1798 - La Haye 1872). Député libéral, il dirigea le gouvernement de 1849 à 1853, de 1862 à 1866 et en 1871-72. Partisan du libre-échange, il poursuivit aussi une politique de laïcisation.

Thoreau (*Henry*), écrivain américain (Concord, Massachusetts, 1817 - id. 1862). Disciple d'Emerson, influencé par les mystiques hindous et les idéalistes allemands, il créa une prose qui fait appel à la langue populaire (*Walden ou la Vie dans les bois,* 1854).

Thorez (*Maurice*), homme politique français (Noyelles-Godault, Pas-de-Calais, 1900 - en mer Noire 1964). Mineur, membre du Parti communiste en 1920, il devint secrétaire général du P. C. F. en 1930. Élu député en 1932, il fut un des artisans du Front populaire. Réfugié en U. R. S. S. (1939-1944) après avoir quitté son régiment, condamné pour désertion (1939), il fut amnistié à son retour en France et devint ministre d'État (1945-46) puis vice-président du Conseil (1946-47).

Thorndike *(Edward Lee)*, psychologue américain (Williamsburg, Massachusetts, 1874 - Montrose, New York, 1949). Ses travaux dans le domaine du comportement (*Animal Intelligence*, 1898-1901) et de l'apprentissage ont beaucoup contribué au développement de la psychologie expérimentale.

Thorvaldsen *(Bertel)*, sculpteur danois (Copenhague 1770 - *id.* 1844). Fixé à Rome, il fut un maître du néoclassicisme (*Jason* [1803], *Ganymède et l'aigle* [1817], marbres, musée Thorvaldsen à Copenhague).

Thot, dieu égyptien représenté comme un homme à tête d'ibis ou un cynocéphale. Honoré surtout à Hermopolis, c'était un dieu lunaire, le démiurge créateur, le maître du savoir, l'inventeur de l'écriture, un juge chargé de peser les âmes et un magicien. Les Grecs l'assimilèrent à Hermès et, entre le IIe et le IIIe s. apr. J.-C., il devint Hermès Trismégiste.

Thou *(Jacques* de*)*, historien et magistrat français (Paris 1553 - *id.* 1617). Conseiller de Henri IV, il collabora à la rédaction de l'édit de Nantes. Il publia en latin une *Histoire universelle* (1604-1608), traduite en français (1734). Son fils **François**, magistrat (Paris 1607 - Lyon 1642), fut décapité avec Cinq-Mars, dont il n'avait pas révélé le complot.

Thoune, en all. Thun, v. de Suisse (Berne), près du *lac de Thoune* (48 km^2) formé par l'Aar ; 38 211 hab.

Thoutmosis ou **Thoutmès** (transcription grecque du nom égyptien *Djehoutimes,* « le dieu Thot l'a mis au monde »), nom de quatre pharaons de la XVIIIe dynastie, dont **Thoutmosis III** (1505/1484-1450 av. J.-C.). D'abord tenu à l'écart du pouvoir par sa tante Hatshepsout, régente du royaume, il conquit la Palestine et la Syrie jusqu'à l'Euphrate et même la Nubie.

Thrace, région du sud-est de l'Europe, occupant l'extrémité nord-est de la Grèce *(Thrace occidentale),* la Turquie d'Europe *(Thrace orientale)* et le sud de la Bulgarie. Le partage de la région eut lieu en 1919 et en 1923.

Thrasybule, général athénien (v. 445 - Aspendos 388 av. J.-C.). Avec l'aide des Thébains, il chassa les Trente d'Athènes (403 av. J.-C.) et rétablit la démocratie.

Thucydide, historien grec (Athènes v. 460 - apr. 395 av. J.-C.). Auteur de l'*Histoire de la*

guerre du Péloponnèse (inachevée), il relate les faits avec rigueur et cherche à en expliquer les causes. À la différence de son prédécesseur Hérodote, il donne aux faits économiques et sociaux leur importance véritable.

Thuin, v. de Belgique, ch.-l. d'arr. du Hainaut, sur la Sambre ; 14 000 hab. Tourisme. — Restes de fortifications médiévales et maisons anciennes.

Thulé, nom donné par les Anciens à une île du nord de l'Europe (l'Islande ou l'une des Shetland ou des Féroé).

Thulé, station du nord-ouest du Groenland. Base aérienne stratégique américaine.

Thulin *(Ingrid),* actrice de cinéma et de théâtre suédoise (Sollefteå 1929). Elle acquiert la renommée dans les films d'Ingmar Bergman (notamm. *les Fraises sauvages,* 1957) et poursuit depuis une carrière internationale (*la Guerre est finie,* de A. Resnais, 1966 ; *les Damnés,* de L. Visconti, 1969 ; *Cris et chuchotements,* 1972, et *Après la répétition,* 1984, de I. Bergman).

Thunder Bay, v. du Canada (Ontario), sur le lac Supérieur, formée par la fusion de Port Arthur et de Fort William ; 109 333 hab. Entrepôts de céréales.

Thuret *(Gustave Adolphe),* botaniste français (Paris 1817 - Nice 1875). Il a décrit, le premier, la fécondation chez les algues. Il a fondé le jardin botanique d'Antibes.

Thurgovie, en all. Thurgau, cant. de Suisse, sur le lac de Constance ; 1 013 km^2 ; 209 362 hab. Ch.-l. *Frauenfeld.*

Thuringe, en all. Thüringen, Land d'Allemagne ; 16 200 km^2 ; 2 683 877 hab. Cap. *Erfurt.* Il est constitué de deux unités naturelles : le *bassin de Thuringe,* région sédimentaire portant des gisements de sel et de potasse, et le *Thüringerwald* (« forêt de Thuringe »), massif boisé où se juxtaposent tourisme, sylviculture et industries traditionnelles (porcelaine, verrerie, jouets, armes). — Incorporée à la Germanie à la fin de l'époque carolingienne, la Thuringe fut dirigée par des landgraves à partir de 1130. Son histoire se confondit longtemps avec celle de la Saxe. L'État de Thuringe fut reconstitué en 1920. Son territoire fit partie de la R. D. A. de 1949 à 1990.

Thurrock, v. de Grande-Bretagne (Essex), sur l'estuaire de la Tamise ; 126 000 hab. Centre industriel de la banlieue est de Londres.

Thurstone *(Louis Leon),* psychologue américain (Chicago 1887 - Chapel Hill, Caroline du Nord, 1955). Il est le premier à avoir eu recours à l'analyse factorielle en psychologie. (*The Vectors of Mind,* 1935).

Thyeste, dans la mythologie grecque, fils de Pélops, frère d'Atrée et père d'Égisthe. La haine qui l'opposa à son frère marque le début du drame des Atrides.

Thymerais ou **Thimerais,** partie nord-ouest de l'Eure-et-Loir.

Thyssen *(August),* industriel allemand (Eschweiler 1842 - château de Landsberg, auj. dans Essen, 1926). Il fonda à Mülheim, en 1871, une société qui fut à l'origine d'un important konzern sidérurgique.

Tiahuanaco, site de la rive bolivienne du lac Titicaca. Entre le Ve s. av. J.-C. et le XIIe s. apr. J.-C., il fut le centre d'une civilisation originale qui a laissé d'imposants vestiges, dont les monolithes de la porte du Soleil.

Tian-Chan → Tian Shan.

Tianjin ou **T'ien-tsin,** principal port de la Chine du Nord, à l'embouchure du Hai He ; 5 130 000 hab. (7 764 000 hab. dans l'agglomération). Centre commercial et industriel. — Le traité qui y fut signé en 1858 ouvrit la Chine aux Européens. Celui du 9 juin 1885, conclu entre la France et la Chine, reconnut le protectorat français sur l'Annam et le Tonkin.

Tian Shan, *en russe* Tian-Chan, chaîne montagneuse partagée entre la Chine (Xinjiang) et le Kirghizistan, et s'étendant d'E. en O. sur env. 3 000 km ; 7 439 m au pic Pobedy.

Tibère, *en lat.* Tiberius Julius Caesar (Rome v. 42 av. J.-C. - Misène 37 apr. J.-C.), empereur romain (14-37 apr. J.-C.). Fils de Livie, remariée en 38 av. J.-C. avec Auguste, il fut adopté par ce dernier (4 apr. J.-C.), et lui succéda. Il transforma alors la magistrature extraordinaire de son beau-père en institution permanente. Il exerça une rigoureuse administration financière. En politique extérieure, il ramena la frontière de l'Empire sur le Rhin (17). Mais, en 27, malade et aigri, il se retira à Capri, laissant au préfet du prétoire Séjan la direction des affaires. Le règne de Tibère, après l'exécution de Séjan (31), qui convoitait le trône, a été présenté par les partisans du sénat comme une époque de terreur.

Tibériade, v. de Galilée, fondée v. 18 apr. J.-C., près du lac de Génésareth, dit « lac de Tibériade » ou mer de Galilée. C'est autour de cette ville que se déroula une grande partie de la prédication de Jésus. Après la ruine de Jérusalem, en 70, elle devint un centre de la vie intellectuelle et nationale juive.

Tibesti, massif montagneux (3 415 m) du Sahara, dans le nord du Tchad. Pays de pasteurs, les Teda.

Tibet, *en chin.* Xizang, une des cinq régions autonomes de la Chine ; 1 221 000 km² ; 1 892 000 hab. *(Tibétains).* Cap. *Lhassa.*

GÉOGRAPHIE
Aux trois quarts situé à plus de 3 500 m d'altitude, le Tibet est entouré de hautes chaînes (Kunlun, Alpes du Sichuan, Pamir, Karakorum et surtout Himalaya). Le climat y est souvent rude, adouci seulement dans les hautes vallées orientales (Salouen, Mékong et Yangzi Jiang) et dans le Sud (la haute vallée du Brahmapoutre, où, à proximité, Lhassa a une moyenne de janvier proche de 0 ºC). Dans les vallées se concentrent les hommes et les cultures, le haut Tibet étant le domaine de l'élevage transhumant (mouton, yack, chèvre). Longtemps isolé, le Tibet est aujourd'hui relié par la route au Sichuan, au Qinghai et au Xinjiang.

HISTOIRE
Le Tibet constitue un État unifié à partir du VIIe siècle. Le roi Srong-btsan Sgam-po lui donne une organisation centralisée et fonde Lhassa. Des sectes lamaïques y sont créées après l'arrivée à Lhassa (1042) du bouddhiste indien Atisha. En 1207, le pays se soumet aux Mongols. Au XVe-XVIe siècle, l'Église tibétaine est organisée sous l'autorité du dalaï-lama et du panchen-lama, supérieur du monastère de Tashilhunpo et seconde autorité religieuse du Tibet. En 1642, le dalaï-lama recouvre le pouvoir temporel et instaure un régime théocratique. Mais, en 1751, les empereurs Qing établissent la domination de la Chine sur le pays. Les Tibétains chassent les Chinois en 1912 avec l'aide des Britanniques, mais le Tibet est occupé par la République populaire de Chine en 1950 et le dalaï-lama doit partir en exil en 1959. L'installation de nombreux colons chinois réduit les Tibétains à n'être plus qu'une minorité dans leur propre pays, qui reçoit en 1965 le statut de région autonome. Mais la résistance tibétaine reste vive (jacquerie en 1970, émeutes en 1987 et en 1989).

Tibre *(le), en lat.* Tiberis, en ital. Tevere, fl. d'Italie, tributaire de la mer Tyrrhénienne ; 396 km. Il traverse la Toscane, l'Ombrie, le Latium et Rome.

Tibulle, *en lat.* Albius Tibullus, poète latin (v. 50-19 ou 18 av. J.-C.). Les trois femmes qu'il aima, Délie, Glycéra et Némésis, lui inspirèrent ses *Élégies,* nostalgiques ou sensuelles, célébrant la nature et la vie rurale.

Tidikelt, groupe d'oasis du Sahara algérien, au sud du Tademaït. V. princ. *In Salah.*

Tieck *(Ludwig),* écrivain allemand (Berlin 1773 - *id.* 1853). Membre, parmi ses amis les frères Schlegel et Novalis, des « romantiques d'Iéna », il orienta le romantisme allemand vers le fantastique (*Phantasus,* 1812-1816).

Tienen → **Tirlemont.**

T'ien-tsin → **Tianjin.**

Tiepolo *(Giovanni Battista* ou *Giambattista),* peintre et graveur italien (Venise 1696 - Madrid 1770). Fresquiste virtuose, aimant le mouvement et le faste, doué d'un sens raffiné de la couleur claire, il fut le dernier des grands décorateurs baroques italiens (travaux à Udine, à Venise et en Vénétie, à la Résidence de Würzburg, au Palais royal de Madrid). Aquafortiste, il est l'auteur des suites des *Capricci* et des *Scherzi di fantasia.* Son fils **Giovan Domenico** ou **Giandomenico** (Venise 1727 - *id.* 1804) fut son collaborateur et se montra un observateur sensible et ironique de la vie vénitienne.

Tiffany *(Louis Comfort),* décorateur et verrier américain (New York 1848 - *id.* 1933), fils de l'orfèvre Charles Lewis Tiffany (1812-1902). D'abord peintre, il fonda en 1878 sa firme d'arts décoratifs et de verrerie. À partir de 1890, il exerça une influence sur l'Art nouveau européen par ses vitraux et surtout par des vases en verre soufflé d'inspiration végétale, aux coloris et aux irisations variés.

Tiflis → **Tbilissi.**

Tignes, comm. de Savoie, la plus haute d'Europe (2 100 m), dans la haute vallée de l'Isère (Tarentaise) ; 2 006 hab. *(Tignards).* Sports d'hiver (jusqu'à 3 500 m).

Tigrane II le Grand (v. 121 - v. 54 av. J.-C.), roi d'Arménie (95-54 av. J.-C.). Allié de Mithridate, il conquit la Syrie, le nord de la Mésopotamie et une partie de l'Asie Mineure. Battu par Pompée, il devint vassal de Rome (66).

Tigre, fl. de l'Asie occidentale, né dans le Taurus, qui draine les confins sud-orientaux de la Turquie, pays qu'il sépare sur quelques kilomètres de la Syrie avant de traverser l'Iraq et d'aboutir au Chatt al-Arab, embouchure commune avec l'Euphrate dans le golfe Persique ; 1 950 km. Le Tigre passe à Mossoul, Samarra, Bagdad et Amara. Il joue un rôle majeur dans la mise en valeur de la Djézireh et, avec l'Euphrate, de la Mésopotamie. Les deux grands barrages de Samarra et de Kut ont permis la mise en culture d'un million d'hectares.

Tigré *(le),* région du nord de l'Éthiopie ; 65 900 km[2] ; 1 917 000 hab. Ch.-l. *Maqalié.*

Tijuana, v. du Mexique (Basse-Californie) ; 742 686 hab. Centre touristique et industriel.

Tikal, centre cérémoniel maya du Guatemala (forêt du Petén). Hérissée de temples, c'est l'une des plus importantes métropoles mayas, peut-être la capitale politique de la période classique (250 à 950 apr. J.-C.).

Tilburg, v. des Pays-Bas (Brabant-Septentrional) ; 158 846 hab. Centre industriel.

Tilden *(William Tatem),* joueur de tennis américain (Philadelphie 1893 - Hollywood 1953), qui a remporté trois fois le tournoi de Wimbledon (1920, 1921, 1930) et sept fois la coupe Davis (1920 à 1926).

Tilimsen, *anc.* Tlemcen, v. de l'ouest de l'Algérie, ch.-l. de wilaya ; 109 000 hab. Centre artisanal et industriel. — Tlemcen fut la capitale du Maghreb central du XIIIe au XVIe siècle. — Grande Mosquée (XIe-XIIe s.).

Till Eulenspiegel → **Uilenspiegel.**

Tillich *(Paul),* théologien protestant américain d'origine allemande (Starzeddel, Prusse, 1886 - Chicago 1965). Dans sa *Théologie systématique* (1951-1966), il propose une pensée dépouillée de son dogmatisme et de ses symboles incompréhensibles pour l'homme contemporain.

Tilly *(Jean t'Serclaes, comte de),* général wallon au service du Saint Empire (château de Tilly, Brabant, 1559-Ingolstadt 1632). Commandant l'armée de la Ligue catholique pendant la guerre de Trente Ans, il gagna la bataille de la Montagne Blanche (1620) sur les Tchèques et celle de Lutter (1626) sur les Danois. Successeur de Wallenstein à la tête des troupes impériales (1630), il fut battu (Breitenfeld, 1631) et tué par les Suédois.

Tilsit *(traités de),* traités signés à Tilsit (Prusse-Orientale), entre la France et la Russie, le 7 juillet 1807, et entre la France et la Prusse le 9 juillet. Mettant fin à la quatrième coalition, ils consacraient la défaite de la Prusse, et créaient une alliance secrète de la France et de la Russie contre l'Angleterre.

Times *(The),* quotidien britannique conservateur modéré, fondé en 1785, qui jouit d'une grande notoriété. Il a été racheté en 1981 par R. Murdoch.

Timgad, v. d'Algérie, à l'est de Batna ; 8 838 hab. Colonie romaine fondée en 100 apr. J.-C., sous Trajan, la cité fut ruinée par les Maures au VIe siècle. — Ses vestiges sont l'un des meilleurs exemples des conceptions architecturales et urbaines des Romains : stricte géométrie du plan, voies principales bordées de portiques, nombreux édifices publics et riches quartiers d'habitation, qui ont livré de très belles mosaïques.

Timişoara, *en hongr.* Temesvár, v. de la Roumanie occidentale (Banat) ; 334 278 hab. Centre industriel. — Églises du XVIIIᵉ siècle. Musée du Banat, dans l'ancien château.

Timmermans *(Felix),* écrivain belge d'expression néerlandaise (Lier 1886 - *id.* 1947). Il est l'auteur de contes et de romans sur les mœurs flamandes (*Pallieter,* 1916).

Timochenko *(Semen Konstantinovitch),* maréchal soviétique (Fourmanka 1895 - Moscou 1970). Compagnon de Staline et de Vorochilov (1919), il devint commissaire à la Défense en 1940, dirigea en 1943-44 la reconquête de l'Ukraine, puis entra en Roumanie et en Hongrie.

Timoléon, homme d'État grec (Corinthe v. 410 - Syracuse v. 336 av. J.-C.). Envoyé à Syracuse pour chasser le tyran Denys le Jeune, il vainquit ensuite les Carthaginois (341 ou 339 av. J.-C.). Son œuvre accomplie, il renonça au pouvoir (337-336).

Timor, île montagneuse d'Indonésie (archipel de la Sonde), au nord de la *mer de Timor* ; 30 000 km² ; 1 600 000 hab. **HIST.** L'île est partagée à partir du XVIIᵉ s. entre les Portugais et les Hollandais. La République indépendante d'Indonésie englobe la partie hollandaise en 1950 et occupe la partie portugaise (Timor-Oriental) en 1975. Un mouvement de guérilla s'oppose depuis lors à cette annexion.

Timothée *(saint),* disciple de saint Paul (m. à Éphèse en 97 ?). La tradition en fait le premier évêque d'Éphèse, où il serait mort martyrisé. Deux Épîtres de saint Paul, dites *Épîtres à Timothée,* concernent la vie spirituelle et matérielle des Églises ; leur authenticité est mise en doute par de nombreux historiens.

Timurides ou **Timourides,** dynastie issue de Timur Lang (Tamerlan), qui régna sur le Khorasan et la Transoxiane de 1405 à 1507. Sa capitale, Harat, fut un brillant foyer de culture.

Timur Lang → Tamerlan.

Tinbergen *(Jan),* économiste néerlandais (La Haye 1903 - *id.* 1994), un des fondateurs de l'économétrie. Il a reçu, en 1969, avec Ragnar Frisch, le prix Nobel des sciences économiques.

Tinbergen *(Nikolaas),* éthologiste britannique d'origine néerlandaise (La Haye 1907 - Oxford 1988). Ses recherches sur les comportements instinctifs d'animaux dans leur milieu naturel en font un des fondateurs de l'éthologie moderne. (Prix Nobel 1973.)

Tindemans *(Léo),* homme politique belge (Zwijndrecht 1922). Social-chrétien, plusieurs fois ministre, Premier ministre de 1974 à 1978, il a été ministre des Affaires étrangères de 1981 à 1989.

Tindouf, oasis du Sahara algérien, aux confins du Maroc.

Tinguely *(Jean),* sculpteur suisse (Fribourg 1925 - Berne 1991). L'un des Nouveaux Réalistes, il est l'auteur de machines d'esprit dadaïste, dérisoires et inquiétantes (« Metamatics », robots dessinateurs, 1955-1959 ; « Rotozazas », ludiques ou destructeurs, 1967 et suiv. ; *Mengele,* idole macabre, 1986). Avec Niki de Saint Phalle, il a notamment composé la *Fontaine Stravinsky* (1982-83) près du Centre G.-Pompidou, à Paris.

Tinos ou **Tênos,** île grecque de l'archipel des Cyclades ; 195 km² ; 10 000 hab. Ch.-l. *Tinos.* Extraction du marbre.

Tintin, héros de bande dessinée, créé en 1929 par Hergé. Avec son chien Milou, le capitaine Haddock, grand amateur de whisky, le savant sourd et distrait Tournesol et les policiers farfelus Dupond(t), il connaît toutes sortes d'aventures.

Tintoret *(Iacopo Robusti, dit il Tintoretto, en fr. le),* peintre italien (Venise 1518 - *id.* 1594). Son œuvre, abondante, fut entièrement réalisée à Venise, ponctuée notamment par le vaste cycle religieux de la Scuola di San Rocco (en trois campagnes, à partir de 1564) et par les décors pour le palais des Doges, que couronne l'immense *Paradis* de 1588 (collaboration massive de l'atelier). Admirateur de Michel-Ange, le Tintoret était doué d'une étonnante virtuosité, usant de raccourcis audacieux, faisant jouer dramatiquement l'ombre et la lumière, dans une palette grave, pour créer une vision impétueuse et poétique, proche du maniérisme et annonciatrice du baroque.

Tioumen, v. de Russie, en Sibérie occidentale ; 477 000 hab. Centre industriel d'une région pétrolière.

Tiouratam, v. du Kazakhstan, au N.-E. de la mer d'Aral. — À 40 km au N., cosmodrome officiellement désigné sous le nom de Baïkonour jusqu'en 1992.

Tippett *(sir Michael),* compositeur britannique (Londres 1905). Directeur du Morley College jusqu'en 1951, il se fait connaître avec le *Concerto pour double orchestre à cordes*

(1939) et l'oratorio *A Child of our Time* (1941), véhémente dénonciation du nazisme. Il développe ensuite un style plus dynamique (opéra *King Priam*, 1962 ; cantate *The Vision of Saint Augustine*, 1965). Un des sommets de sa carrière est l'oratorio *The Mask of Time* (1983), d'après Milton et Shelley. Il a écrit également 4 sonates pour piano, 3 concertos, 5 quatuors à cordes (de 1935 à 1991), 4 symphonies (de 1945 à 1977) et 4 autres opéras, dont *The Midsummer Marriage* (1955) et *New Year* (1989).

Tippoo Sahib ou **Tipu Sahib**, sultan du Mysore (Devanhalli 1749 - Seringapatam 1799). Allié de la France, il chassa les Anglais du Mysore (1784) et mourut au combat.

Tiran *(détroit de),* détroit entre le golfe d'Aqaba et la mer Rouge.

Tirana, cap. de l'Albanie ; 206 000 hab. — Musée d'archéologie et d'ethnographie ; galerie des Beaux-Arts.

Tiraspol, v. de Moldavie, sur le Dniestr ; 162 000 hab.

Tirésias, devin de Thèbes, qui était aveugle et vécut très vieux. C'est lui qui conseilla d'offrir au vainqueur du Sphinx le trône de Thèbes et la main de Jocaste, et qui aida Œdipe à découvrir le mystère de sa naissance. Son tombeau était le siège d'un oracle réputé.

Tîrgoviște ou **Târgoviște,** v. de Roumanie (Munténie) ; 82 000 hab. Églises typiques (XVIe-XVIIe s.)

Tîrgu Mureș ou **Târgu Mureș,** v. de Roumanie (Transylvanie), sur le *Mureș* ; 163 625 hab. Centre culturel. — Constructions de style baroque du XVIIIe siècle.

Tiridate, nom porté par des souverains parthes arsacides et par des rois d'Arménie.

Tirlemont, *en néerl.* Tienen, v. de Belgique (Brabant flamand) ; 31 567 hab. — Églises médiévales.

Tirpitz *(Alfred* von*),* amiral allemand (Küstrin 1849 - Ebenhausen, Bavière, 1930). Ministre de la Marine à partir de 1898, il créa la flotte de haute mer allemande et dirigea la guerre sous-marine de 1914 jusqu'à sa démission, en 1916.

Tirso de Molina *(Fray* Gabriel Téllez, dit*),* auteur dramatique espagnol (Madrid v. 1583 - Soria 1648). Entré en 1601 dans l'ordre de la Merci, il combattit le gongorisme et créa le théâtre de mœurs espagnol. Parmi ses quelque 300 pièces, publiées entre 1621 et 1635, s'inscrivent des comédies

d'intrigue *(Don Gil aux chausses vertes),* des drames historiques *(la Sagesse d'une femme),* romanesques *(les Amants de Teruel* et surtout *le Trompeur de Séville,* v. 1625-1630, qui lui conféra la célébrité) et religieux *(le Damné par manque de foi).* Tirso écrivit aussi des contes à la manière italienne *(les Jardins de Tolède,* 1621) et des contes édifiants *(Amuser et être utile,* 1635).

Tiruchirapalli, v. de l'Inde méridionale (Tamil Nadu) ; 711 120 hab. Centre industriel et universitaire. — Sanctuaires rupestres shivaïtes (VIIe s.). Non loin, à Srirangam, immense temple vishnouiste de Ranganatha Swami (Xe-XVIe s.), aux nombreuses enceintes scandées de gopura, qui est un célèbre lieu de pèlerinage.

Tirynthe, ancienne ville du N.-E. du Péloponnèse (Argolide), un des centres de la civilisation mycénienne, célèbre par ses puissantes fortifications en appareil cyclopéen, vestiges du complexe palatial du XIIIe s. av. J.-C.

Tissandier *(Gaston),* aéronaute et savant français (Paris 1843 - *id.* 1899). Il effectua plusieurs ascensions en ballon au-delà de 5 000 m d'altitude pour étudier l'atmosphère. Le 15 avril 1875, accompagné de J. E. Crocé-Spinelli et de H. Sivel, il atteignit 8 600 m à bord du *Zénith,* mais ses deux compagnons succombèrent, victimes du manque d'oxygène. En 1883, avec son frère Albert, il appliqua l'électricité à la navigation aérienne en expérimentant avec succès un dirigeable muni d'une hélice entraînée par un moteur électrique.

Tissapherne, satrape perse (m. à Colosses en 395 av. J.-C.). Sous Artaxerxès II, il déjoua les intrigues de Cyrus le Jeune, qu'il vainquit en 401. Mais il fut exécuté à la suite de ses échecs contre le roi de Sparte Argésilas II.

Tisserand *(Félix),* astronome français (Nuits-Saint-Georges 1845 - Paris 1896). Ses principaux travaux concernent la mécanique céleste : théorie de la Lune, théorie des perturbations planétaires, etc. Son *Traité de mécanique céleste* (1889-1896) constitue une remarquable mise à jour de l'œuvre de Laplace.

Tisza *(la),* riv. d'Europe centrale, née en Ukraine subcarpatique et qui traverse la Hongrie (où elle est utilisée pour l'irrigation) avant de rejoindre le Danube (r. g.) en Yougoslavie ; 966 km.

Tisza *(Kálmán),* homme politique hongrois (Geszt 1830 - Budapest 1902). Chef du parti libéral hongrois, il dirigea le gouvernement de 1875 à 1890. Son fils **István** (Budapest 1861 - *id.* 1918), chef du gouvernement de 1903 à 1905 et de 1913 à 1917, fut assassiné.

Titanic, paquebot transatlantique britannique qui, lors de son premier voyage, coula dans la nuit du 14 au 15 avril 1912, après avoir heurté un iceberg au sud de Terre-Neuve. Plus de 1 500 personnes périrent dans ce naufrage. Localisée en 1985 par 4 000 m de fond, son épave a été visitée en 1986-87 par une expédition franco-américaine mettant en œuvre une nouvelle technologie d'exploration sous-marine.

Titans, divinités primitives de la Grèce qui gouvernaient le monde avant l'apparition de Zeus et des dieux olympiens. Enfants d'Ouranos et de Gaia, ils étaient douze, six mâles et six femelles, ces dernières étant appelées aussi Titanides. Le plus jeune d'entre eux est Cronos.

Tite *(saint),* disciple de saint Paul (Ier s.). La lettre de Paul, dite *Épître à Tite,* est considérée comme apocryphe.

Tite-Live, *en lat.* Titus Livius, historien latin (Padoue 59 av. J.-C.-Rome 17 apr. J.-C.). Familier de la cour d'Auguste, il se consacra dès 27 av. J.-C. à son *Histoire de Rome* (des origines jusqu'à 9 av. J.-C.), inachevée, en 142 livres, dont 35 à peine sont conservés. Dans ce chef-d'œuvre, l'auteur utilise, outre les travaux des historiens antérieurs, les anciennes annales de Rome et fait revivre dans un style vivant le passé romain.

Titelouze *(Jehan),* compositeur français (Saint-Omer 1563 ? -Rouen 1633), organiste de la cathédrale de Rouen. Par ses versets et ses « recherches » sur des thèmes de plain-chant, il créa l'école d'orgue française classique.

Titicaca *(lac),* grand lac des Andes (à 3 812 m d'alt.), entre la Bolivie et le Pérou ; 8 340 km². Tourisme actif.

Titien *(Tiziano* Vecellio, dit *en fr.),* peintre italien (Pieve di Cadore, Vénétie, 1488 ou 1489 - Venise 1576). Après une première période influencée par son maître Giorgione, il devient un artiste international, travaillant pour les papes, pour François Ier et surtout pour Charles Quint et Philippe II. Sa manière évolue vers une libération de la touche, une atténuation des contours, la réalisation d'une ambiance tonale plus subtile. À la fin de sa vie, son art atteint un haut degré de lyrisme, allié à l'audace de ses innovations techniques. Son influence sera immense sur l'art européen. Parmi ses toiles, les nombreux portraits mis à part, citons : *l'Amour sacré et l'Amour profane,* d'une sérénité classique (v. 1515-16, Rome), *l'Assomption* (1518, église des Frari, Venise), *Bacchanale* (1518-19, Prado), *la Mise au tombeau* (1523-1525, Louvre), *le Vénus d'Urbino* (1538, Offices), *Danaé* (versions de Naples et du Prado), *la Nymphe et le Berger* (v. 1570, Vienne), la *Pietà,* à l'ambiance crépusculaire striée d'étincelles de lumière (achevée par Palma le Jeune, Venise).

Tito *(Josip* Broz, dit*),* homme d'État yougoslave (Kumrovec, Croatie, 1892 - Ljubljana 1980). Sous-officier croate de l'armée austro-hongroise, il est fait prisonnier par les Russes en 1915.

■ **Le révolutionnaire et le résistant.** Il s'échappe en 1917 et s'engage dans la guerre civile aux côtés des gardes rouges. De retour en Croatie, il adhère en 1920 au Parti communiste yougoslave et en devient le secrétaire général en 1936. Durant la Seconde Guerre mondiale, il organise dès 1941 des détachements de partisans, qui vont former, à la fin de la guerre, une armée de libération populaire forte de près d'un million d'hommes. En 1943, il prend la direction du Comité antifasciste de libération nationale, avec lequel il élabore un projet d'organisation fédérale de la Yougoslavie libérée. En cela aussi, il s'oppose au gouvernement en exil à Londres, représentant d'un régime où les Serbes jouent un rôle prépondérant. C'est alors qu'il est nommé maréchal. Il est reconnu comme chef de la résistance, tant par les Britanniques que par les Soviétiques.

■ **Le socialisme de Tito.** Après la libération, il fait proclamer la déchéance de la monarchie et la création de la République fédérale populaire de Yougoslavie (nov. 1945). Instaurant un régime communiste autoritaire, il met en œuvre la collectivisation des terres et lance un ambitieux projet d'industrialisation. Mais, n'acceptant pas le contrôle soviétique sur son parti ou sur les organes de sécurité, il entre en conflit avec Staline. Lui opposant une réaction ferme et ne cédant pas à ses pressions, il est mis au ban du monde socialiste (1948). Ce n'est qu'à partir de 1950 qu'il se résout à se rapprocher des puissances occidentales et des États-Unis. Il s'éloigne alors du modèle centralisé soviétique et lance l'autogestion. Il prône le non-alignement et devient l'un des principaux leaders du mouvement des non-alignés. Président de la République élu en 1953, il est constamment réélu et nommé président à vie en 1974. Chef charismatique, Tito a réussi à maintenir sous sa férule une Yougoslavie où les particularismes sont dominés. Cette paix ethnique est cependant fragile. Pour mettre un terme aux querelles nationales et assurer sa succession, Tito fait adopter en 1971-1974 un système de présidence collégiale au sein de laquelle les six républiques yougoslaves sont paritairement représentées. Ce système entrera en vigueur à sa mort, en 1980.

Titograd → Podgorica.

Titus, *en lat.* Titus Flavius Vespasianus (Rome 39 apr. J.-C.-Aquae Cutiliae, Sabine, 81), empereur romain (79-81). Fils de Vespasien, il s'empara de Jérusalem (70). Son règne, très libéral, fut marqué par de grandes constructions (Colisée, arc de Titus) et par l'éruption du Vésuve (79), qui détruisit Pompéi, Herculanum et Stabies.

Tiv, population bantoïde du Nigeria central.

Tivoli, *anc.* Tibur, v. d'Italie (Latium), au-dessus de la campagne romaine ; 50 559 hab. — Ce fut un des principaux lieux de villégiature des Romains, où Mécène, Horace, Catulle eurent leurs villas, ainsi qu'Hadrien (→ Hadriana [villa]). Deux petits temples des derniers temps de la République. Église romane S. Silvestro ; villa d'Este, aux célèbres jardins (jeux d'eaux) aménagés à partir de 1550.

Tizi Ouzou, v. d'Algérie, ch.-l. de wilaya, en Grande Kabylie ; 73 000 hab.

Tlaloc, dieu de la Pluie et de la Végétation dans le Mexique préhispanique. Il a les yeux cernés de serpents et la bouche pourvue de crocs. Connu chez les Mayas sous le nom de Chac, Tlaloc est une divinité très ancienne du panthéon mexicain et règne sur le monde de ceux qui sont morts noyés ou foudroyés.

T. N. P. → Théâtre national populaire.

Toamasina, *anc.* Tamatave, port de Madagascar, sur l'océan Indien ; 83 000 hab.

Toba *(lac),* lac d'Indonésie (Sumatra) ; 1 240 km².

Tobago, l'une des Petites Antilles ; 301 km² ; 40 000 hab. (→ Trinité-et-Tobago.)

Tobie *(livre de),* livre de l'Ancien Testament composé aux IIIᵉ-IIᵉ s. av. J.-C. Ce roman édifiant d'une famille juive déportée à Babylone (Tobie est le nom du père, aveugle, et du fils, qui part en voyage chercher le remède à sa cécité) évoque la vie religieuse des communautés juives en exil.

Tobin *(James),* économiste américain (Champaign, Illinois, 1918). Se rattachant au courant keynésien, J. Tobin a été notamment conseiller économique du président Kennedy. Ses travaux renouvellent la théorie monétaire. (Prix Nobel 1981.)

Tobrouk, port de Libye, en Cyrénaïque, qui fut un enjeu stratégique majeur pendant la guerre du désert entre les Britanniques et les forces de l'Axe (1941-42). La ville fut libérée par Montgomery en novembre 1942.

Tocantins *(le),* fl. du Brésil, tributaire de l'Atlantique près de Belém ; 2 700 km.

Tocantins, État du Brésil ; 287 000 km² ; 920 133 hab. Cap. *Palmas.*

Tocqueville *(Charles Alexis Clérel de),* historien et homme politique français (Paris 1805 - Cannes 1859). Magistrat, il étudia aux États-Unis le système pénitentiaire et en revint avec un ouvrage politique capital, *De la démocratie en Amérique* (1835-1840), livre de référence pour les penseurs du libéralisme politique. Après avoir été ministre des Affaires étrangères (1849), il publia en 1856 *l'Ancien Régime et la Révolution,* où il mit en valeur les éléments de continuité existant entre la Révolution et la monarchie française.

Todt *(Fritz),* général et ingénieur allemand (Pforzheim 1891 - Rastenburg 1942). Constructeur des autoroutes (1933-1938), puis de la ligne Siegfried (1938-1940), il donna son nom à une organisation paramilitaire qui, avec l'appoint forcé de travailleurs étrangers, réalisa le mur de l'Atlantique.

Toepffer *(Rodolphe),* dessinateur et écrivain suisse d'expression française (Genève 1799 - id. 1846). Il est l'auteur des *Voyages en zigzag* (1825-1843), des *Nouvelles genevoises* (1841) et d'albums de dessins comiques (*Voyages et aventures du Dʳ Festus,* 1829 ; etc.).

Togliatti *(Palmiro),* homme politique italien (Gênes 1893 - Yalta 1964). Il contribua à la création du Parti communiste italien (1921), dont il fut le secrétaire général de 1927 à sa mort. Exilé au temps du fascisme, il fut vice-président du Conseil en 1944-45 et ministre de la Justice en 1945-46.

Tognazzi *(Ugo),* acteur et cinéaste italien (Crémone 1922 - Rome 1990). D'abord meneur de revues comiques, il est devenu l'une des figures les plus populaires du cinéma international (*le Lit conjugal,* 1963 ; *les Monstres,* 1963 ; *Porcherie,* 1970 ; *la Grande Bouffe,* 1973 ; *Mes chers amis,* 1975 ; *la Tragédie d'un homme ridicule,* 1981).

Togo, État de l'Afrique occidentale, sur le golfe de Guinée ; 56 600 km² ;

3 800 000 hab. *(Togolais).* CAP. *Lomé.* LAN-
GUE : *français.* MONNAIE : *franc C. F. A.*

GÉOGRAPHIE

Étiré sur 600 km du N. au S., large seulement d'une centaine de kilomètres, le Togo
demeure un pays rural, employant plus des
trois quarts des actifs dans l'agriculture,
régionalement conditionnée par les nuances
du climat toujours chaud, mais plus humide
au S. (proche de l'équateur), avec une saison sèche bien marquée au N. Le manioc, le
maïs et le mil sont les bases vivrières ; le
café, le cacao, le coton, le palmiste, les cultures commerciales, les bases des exportations, loin toutefois derrière les phosphates,
ressources exclusives du sous-sol. L'élevage
et surtout la pêche demeurent modestes, et
l'industrie est inexistante. La population
s'accroît d'environ 3 % par an. Lomé, la
seule ville importante, a ouvert une zone
franche industrielle. La balance commerciale est traditionnellement et lourdement
déficitaire. Celle des services est un peu allé-
gée par le tourisme, mais la dette extérieure,
a conduit le F. M. I. à faire appliquer une
politique budgétaire rigoureuse.

HISTOIRE

La région, dont le peuplement reste très
mêlé, est découverte et exploitée par les Portugais et les Danois aux XVᵉ-XVIᵉ s. Au commerce des esclaves succède, au début du
XIXᵉ s., celui de l'huile de palme.

1884. L'Allemagne impose son protectorat
sur la région, qui reçoit le nom de Togo.

1914. Britanniques et Français conquièrent
le pays, qu'ils se partagent.

1922. La S. D. N. leur octroie un mandat
sur le Togo.

1956. Le nord du Togo britannique est rattaché à la Côte-de-l'Or, qui devient l'État
indépendant du Ghana.

1960. Le reste du pays obtient son indépendance.

1967. Le général Eyadéma s'empare du
pouvoir.

1991. Sous la pression de l'opposition, le
président Eyadéma doit restaurer le multipartisme, mais la démocratisation du
régime reste limitée.

1994. L'opposition au président Eyadéma
remporte les élections législatives.

Togo Heihachiro, amiral japonais (Kagos-
hima 1847 - Tokyo 1934). Il bloqua Port-
Arthur et anéantit l'escadre russe à
Tsushima (1905).

Toison d'or, dans la mythologie grecque,
toison merveilleuse d'un bélier divin pour la
conquête de laquelle fut organisée l'expédition de Jason et des Argonautes. Ce bélier

avait emporté dans les airs Phrixos et sa
sœur Hellé, que leur père, Athamas, roi de
Béotie, voulait immoler. Hellé tomba dans
la mer ; son frère, parvenu en Colchide
auprès du roi Aiétès, remit à celui-ci la toison après avoir offert le bélier en sacrifice à
Zeus. Le roi la cloua à un chêne dans un
bois sacré dédié à Arès. Elle y était gardée
par un dragon, jusqu'à ce que Jason pût s'en
emparer, avec la complicité de Médée, fille
d'Aiétès.

Toison d'or *(ordre de la),* ordre chevaleresque et nobiliaire fondé en 1429 par Philippe
le Bon, duc de Bourgogne, et destiné à propager la foi catholique. Il est passé aux
Habsbourg après le mariage de Marie de
Bourgogne, fille de Charles le Téméraire,
avec l'archiduc Maximilien d'Autriche
(1477), puis à l'Espagne sous Charles
Quint.

Tojo Hideki, général et homme politique
japonais (Tokyo 1884 - *id.* 1948). Chef du
gouvernement de 1941 à 1944, il décida
l'attaque de Pearl Harbor (7 déc. 1941). Il
fut exécuté comme criminel de guerre par
les Américains.

Tokugawa, clan aristocratique japonais, issu
de la dynastie des Minamoto et qui constitua la troisième, la dernière et la plus importante des dynasties des shoguns
(1603-1867). Ils établirent leur capitale à
Edo (auj. Tokyo).

Tokugawa Ieyasu (1542-1616), fondateur
de la dynastie des Tokugawa. Il se proclama
shogun héréditaire (1603) après avoir
vaincu les fidèles de Toyotomi Hideyoshi.

Tokushima, v. du Japon (Shikoku) ;
263 356 hab. Centre industriel. — Jardin au
pied des ruines du château (XVIᵉ s.).

Tokyo (« Capitale de l'Est »), cap. du Japon,
dans l'île de Honshu, sur l'océan Pacifique,
au N.-O. de la baie de Tokyo. Ville à l'histoire relativement courte, mais deux fois
ravagée (séisme de 1923 et bombardements
de 1944-45), c'est aujourd'hui l'une des 4
ou 5 grandes métropoles mondiales, le centre de la deuxième puissance économique
mondiale, le siège de la deuxième Bourse
des valeurs. GÉOGRAPHIE Les 23 arrondissements du centre couvrent 577 km² et comptent 8 354 000 hab. Le district métropolitain porte ces chiffres à 2 156 km² et
11 855 563 hab. Enfin, la Région métropolitaine de Tokyo, qui lui adjoint les trois
préfectures voisines de Saitama, Kanagawa
(Yokohama) et Chiba, élève ces totaux à
13 495 km² et environ 30 millions de personnes. Un Japonais sur quatre habite dans

l'orbite de sa capitale, peut-être l'agglomération urbaine la plus vaste et la plus peuplée du monde (avec Mexico). La ville est
l'incontestable métropole japonaise pour
l'administration, l'enseignement (le tiers
des universités et grandes écoles), le commerce (30 % des ventes intérieures, un trafic maritime très important avec les annexes
portuaires de Chiba et de Kawasaki), un
notable centre industriel où toutes les branches sont représentées. Tokyo est enfin une
plaque tournante autoroutière, ferroviaire et
aérienne (aéroports d'Haneda et de Narita).
Ce poids n'est pas sans contreparties : difficultés de circulation et de logement, pollution, etc. HISTOIRE Tokyo, à mi-chemin
des extrémités N. et O. de l'archipel, ne
commence à se développer qu'après que les
shoguns Tokugawa y ont installé le centre
de leur administration. Mentionnée pour la
première fois à la fin du XIIᵉ siècle sous le
nom d'*Edo* (« Porte de l'estuaire »), elle est
dotée en 1457 d'un château. En 1868, la
révolution de Meiji chasse les Tokugawa, et
l'empereur, quittant Kyoto, vient résider à
Edo, rebaptisée Tokyo. La ville est ravagée
par le séisme de 1923 puis en grande partie
détruite par les bombardements de 1944-45,
qui font passer la population de 11 à 5 millions d'habitants. Mais, dès 1956, la ville
recouvre sa population d'avant-guerre. ARTS
Beaux jardins paysagers traditionnels ; intéressants exemples d'architecture contemporaine. Nombreux musées, dont le riche
Musée national.

Tolbiac, ville de l'ancienne Gaule (auj. Zülpich, à l'ouest de Bonn). Les Francs du Rhin
y vainquirent les Alamans en 496.

Tolboukhine *(Fedor Ivanovitch),* maréchal
soviétique (Androniki 1894 - Moscou
1949). Il se distingua à Stalingrad (1942),
entra à Sofia et à Belgrade (1944), puis en
Autriche (1945).

Tolède, *en esp.* Toledo, v. d'Espagne, cap.
de Castille-La Manche et ch.-l. de prov., sur
le Tage ; 59 802 hab. Centre touristique.
Archevêché. HIST. Capitale des Wisigoths
(v. 554), siège de nombreux conciles,
Tolède fut conquise par les Arabes en 711.
Reprise par Alphonse VI de León et Castille
en 1085, elle resta un foyer culturel intense,
point de rencontre de savants chrétiens,
juifs et arabes. Elle fut la capitale des rois
castillans, puis de l'Espagne jusqu'en 1561.
ARTS. Fortifications mauresques et chrétiennes, avec parties wisigothiques. Cathédrale
gothique entreprise vers 1225, riche en
œuvres d'art ; églises ou anciennes synago-

gues de style mudéjar, aux appareils de brique ornementaux, aux plafonds de bois tra-
vaillés *(artesonados)* ; église et cloître de
S. Juan de los Reyes, chefs-d'œuvre du
gothique tardif (fin du XVᵉ s.). Palais et édifices civils, dont la maison du Greco
(œuvres du peintre) et l'ancien hôpital de la
Santa Cruz, somptueux monument de la
première moitié du XVIᵉ siècle et
aujourd'hui riche Musée provincial.

Toledo, port des États-Unis (Ohio), sur le
Maumee ; 332 943 hab. Centre industriel,
université. — Musée d'Art.

Toliatti ou **Togliatti,** *anc.* Stavropol, v. de
Russie, sur la Volga ; 630 000 hab. Construction automobile.

Tolima *(Nevado del),* volcan des Andes de
Colombie ; 5 215 m. Parc national.

Tolkien *(John Ronald Reuel),* écrivain britannique (Bloemfontein, Afrique du Sud,
1892 - Bournemouth 1973). Il est l'auteur
d'une épopée fantastique, qui est une
démystification du genre *(le Seigneur des
anneaux,* 1954-55).

Tollan → **Tula.**

Tolman *(Edward Chace),* psychologue américain (West Newton, Massachusetts, 1886 -
Berkeley 1959). Il perfectionna le béhaviorisme *(Purposive Behavior in Animals and Men,*
1932).

Tolstoï *(Alekseï Nikolaïevitch),* écrivain soviétique (Nikolaïevsk 1883 - Moscou 1945). Il
est l'auteur de récits qui peignent la vie des
intellectuels russes pendant la révolution *(le
Chemin des tourments,* 1920-1941) et de
romans historiques *(le Pain,* 1937 ; *Ivan le
Terrible,* 1942-43).

Tolstoï *(Lev [en fr.* Léon*] Nikolaïevitch,
comte),* écrivain russe (Iasnaïa Poliana, gouvern. de Toula, 1828 - Astapovo, gouvern.
de Riazan, 1910). Il s'engage dans l'armée
pendant la guerre de Crimée et participe au
siège de Sébastopol. En 1852, il obtient un
succès considérable avec sa première nouvelle, *Enfance,* que complètent *Adolescence*
(1854) et *Jeunesse* (1857). Après un voyage
en Europe, il fonde une école modèle pour
les paysans lors de leur émancipation par le
tsar et assume les fonctions de juge arbitre
du district. En 1862, il épouse Sofia
Andreïevna Bers, dont il aura 13 enfants.
C'est dans le calme d'une vie familiale qu'il
publie *les Cosaques* (1863) et rédige *Guerre et
Paix* (1865-1869). Mais son roman *Anna
Karenine* (1875-1877) témoigne du début
d'une crise de conscience *(Confession,* 1882),
qui aboutira à la conversion de Tolstoï.

Après un séjour dans un monastère, il cherche à se rapprocher du christianisme primitif et se montre partisan de la non-violence et de l'abolition de la propriété. Il écrit alors *la Mort d'Ivan Ilitch* (1886), *la Sonate à Kreutzer* (1890). Excommunié (1901) par le Saint-Synode pour son livre *Résurrection* (1899), Tolstoï devient l'idole de la jeunesse intellectuelle russe. Excédé par cette gloire, il quitte secrètement sa famille mais meurt à la gare d'Astapovo.

Toltèques, peuple indien qui s'installa vers le milieu du xe siècle au N. de l'actuelle Mexico et domina tout le Mexique central avec, jusqu'aux alentours de 1160, Tula pour capitale. Ses vestiges participent de conceptions architecturales neuves : temple vaste où est accueilli le guerrier, glorifié par une sculpture austère et rigide.

Toluca ou **Toluca de Lerdo,** v. du Mexique, cap. de l'État de Mexico ; 487 630 hab. Centre industriel.

Tomar, v. du Portugal (Estrémadure) ; 14 003 hab. Ancien couvent du Christ : église avec rotonde des Templiers, romane (fin du XIIe s.), et chœur de style gothique manuélin (début du XVIe s.) ; cloîtres, dont l'un, à deux étages, de style palladien (autour de 1560).

Tombaugh (*Clyde*), astronome américain (Streator, Illinois, 1906). Il a découvert la planète Pluton (1930).

Tombouctou, v. du Mali, près du Niger ; 20 000 hab. Centre commercial. — Fondée probablement v. 1100, la ville devint aux XVe-XVIe siècles un important centre religieux et intellectuel. Elle fut visitée par R. Caillié en 1828. — Mosquée de Djinguereber, fondée au XIIIe siècle et plusieurs fois remaniée.

Tomsk, v. de Russie, en Sibérie occidentale, sur le Tom (827 km, affl. de droite de l'Ob) ; 502 000 hab. Université. Pétrochimie.

Tonga, *anc.* îles des Amis, État insulaire de Polynésie ; 700 km^2 ; 110 000 hab. CAP. *Nukualofa.* LANGUES : *anglais* et *tongan.* MONNAIE : *pa'anga.* L'archipel, d'origine volcanique ou corallienne, est localement surpeuplé. La population, polynésienne, protestante, s'accroît rapidement. Les productions agricoles (coprah, bananes, fruits exotiques), les revenus du tourisme et les envois des émigrés sont les principales ressources, auxquelles s'ajoute l'aide internationale. Découvertes en 1616, les îles Tonga, monarchie polynésienne, protectorat britannique en 1900, sont devenues, en 1970, indépendantes dans le cadre du Commonwealth.

Tongres, *en néerl.* Tongeren, v. de Belgique, ch.-l. d'arr. du Limbourg ; 29 451 hab. *(Tongriens).* — Importante basilique Notre-Dame, gothique pour l'essentiel (XIIIe-XVe s.) ; cloître roman ; riche trésor. Musées.

Tong Yuan → **Dong Yuan.**

Tonkin ou **Bac Bô,** région du nord du Viêt Nam. Le Tonkin correspond à la plaine du Sông Hông (fleuve Rouge) et aux montagnes qui l'entourent. Ses limites sont celles du rayonnement historique des Vietnamiens à partir du delta du fleuve Rouge. La partie vitale est le delta, très peuplé et intensément mis en valeur grâce à des travaux d'endiguement (depuis le xe s.) et d'irrigation (développée par la France). Le riz occupe les deux tiers des surfaces cultivées de la plaine. Les montagnes périphériques souvent forestières, sont le domaine de peuples non vietnamiens (Man, Miao).

Tonlé Sap, lac du Cambodge, qui s'écoule vers le Mékong (dont il reçoit des eaux lors des crues). Sa superficie varie de 2 700 km^2 à 10 000 km^2. Pêche.

Tönnies (*Ferdinand*), sociologue allemand (Riep, auj. dans Oldenswort, Schleswig, 1855 - Kiel 1936). Selon lui, la « communauté », effet de la tonalité affective de l'âme humaine, se joint à la « société », effet de la volonté réfléchie, pour donner naissance à la forme moderne de la socialité. La communauté était la forme de la vie humaine ancienne ; l'urbanisation a fait évoluer les hommes vers la *société* (*Communauté et Société,* 1887).

Topelius (*Zacharias*), écrivain finlandais d'expression suédoise (Kuddnäs 1818 - Sipoo 1898). Adversaire du naturalisme, il est l'auteur de poèmes (*Fleurs de la lande,* 1845, 1850, 1853) et de contes (*Lectures pour les enfants,* 1865-1896).

Topkapı, palais des sultans ottomans construit (XVe-XIXe s.) à Istanbul, devenu l'un des plus riches musées d'art islamique.

Topor (*Roland*), dessinateur et écrivain français d'origine polonaise (Paris 1938). Dans ses dessins et ses albums (*Panic,* 1965 ; *Toporland,* 1977 ; etc.), il développe un humour fondé sur le fantasme et l'absurde.

Torah, Tora ou **Thora,** mot hébreu désignant la Loi ou les lois prescrites par la Bible. Le judaïsme du IIe s. av. J.-C. donna plus spécialement le nom de « Torah » à la révélation mosaïque consignée dans le Pentateuque. Puis, à l'époque rabbinique, ce mot en vint à désigner l'ensemble des doctrines et prescriptions enseignées par le judaïsme. Celui-ci ne cessant (avec la Mishna puis le Talmud) d'interpréter et d'amplifier les documents écrits, on appela la masse de ces commentaires « Loi orale ».

Torbay, station balnéaire de la Grande-Bretagne (Devon), sur la Manche ; 116 000 hab.

Torcy (Jean-Baptiste Colbert, *marquis* de), homme d'État et diplomate français (Paris 1665 - id. 1746). Fils de Charles Colbert de Croissy, à qui il succéda comme secrétaire d'État aux Affaires étrangères (1696), il prit une grande part aux négociations qui précédèrent l'ouverture de la guerre de la Succession d'Espagne puis à celles du traité d'Utrecht (1713). Le Régent l'écarta en 1715.

Tordesillas (*traité de*) [7 juin 1494], traité signé à Tordesillas (Vieille-Castille) entre l'Espagne et le Portugal, fixant la ligne de démarcation séparant les possessions coloniales des deux pays à 370 lieues à l'ouest des îles du Cap-Vert.

Torelli (Giuseppe), compositeur et violoniste italien (Vérone 1658 - Bologne 1709). Violoniste à San Petronio de Bologne, chef de l'école bolonaise, il innova dans le domaine de la sonate et du concerto grosso (*Sonate a tre*, 1686 ; *Concerti musicali*, 1698).

Torgau, v. d'Allemagne (Saxe), sur l'Elbe ; 22 742 hab. — Point de jonction entre les armées soviétique et américaine (25 avril 1945). — Château surtout de la Renaissance (musée).

Torne (le), fl. de Laponie, qui rejoint le golfe de Botnie ; 510 km. Il sépare la Suède et la Finlande.

Toronto, v. et principale agglomération du Canada, cap. de la prov. d'Ontario ; 635 395 hab. (3 550 733 hab. avec les banlieues). Établie dans une plaine au bord du lac Ontario, et au contact d'une région américaine active, Toronto est un centre financier, commercial, culturel (universités) et le principal centre industriel de la province. — Architecture moderne. Musées.

Torquemada (Juan de), cardinal et dominicain espagnol (Valladolid 1388 - Rome 1468), auteur d'une *Summa de Ecclesia* (1448-49), apologie du pouvoir pontifical. Son neveu **Tomás de Torquemada,** dominicain espagnol (Valladolid 1420 - Ávila 1498), inquisiteur général pour toute la péninsule Ibérique (1483), est resté célèbre pour son intolérance et sa rigueur. Son *Instruction* (1484) servit de base au droit propre de l'Inquisition.

Torre del Greco, v. d'Italie (Campanie), sur le golfe de Naples, au pied du Vésuve ; 101 456 hab.

Torremolinos, station balnéaire d'Espagne, sur la Costa del Sol ; 27 543 hab.

Torreón, v. du nord du Mexique ; 459 809 hab.

Torres (détroit de), bras de mer entre l'Australie et la Nouvelle-Guinée, reliant le Pacifique (mer de Corail) à l'océan Indien (mer d'Arafura).

Torres Quevedo (Leonardo), ingénieur et mathématicien espagnol (Santa Cruz, près de Santander, 1852 - Madrid 1936). Il est l'auteur de travaux sur les machines à calculer et les automates. L'un des premiers, il utilisa les ondes hertziennes pour la télécommande.

Torricelli (Evangelista), physicien et mathématicien italien (Faenza 1608 - Florence 1647). Il fut l'un des élèves de Galilée. Ses études sur le mouvement des corps pesants l'amenèrent à énoncer implicitement, en 1641, le principe de conservation de l'énergie. En 1643, il mit en évidence la pression atmosphérique, au moyen d'un tube à mercure, puis il énonça la loi qui porte son nom sur l'écoulement des liquides.

Torrington (George Byng, *vicomte* de), amiral anglais (Wrotham 1663 - Southill 1733). Il détruisit la flotte espagnole au large du cap Passero (1718).

Torstensson (Lennart), *comte* d'Ortala, maréchal suédois (château de Torstena 1603 - Stockholm 1651). Il s'illustra dans la guerre de Trente Ans (victoires de Breitenfeld [1642] et de Jankowitz [1645]).

Tortue (île de la), île au nord d'Haïti, ancienne base des boucaniers, française de 1665 à 1804.

Toruń, v. de Pologne, ch.-l. de voïévodie, sur la Vistule ; 186 000 hab. — Nombreux monuments et maisons d'époque gothique. Musée poméranien.

Tosa, lignée de peintres japonais dont l'origine remonte au XIVe siècle et qui maintint (avec brio pendant les XVe et XVIe s. puis avec formalisme jusqu'au XIXe s.) la tradition de la peinture profane nipponne, ou *yamato-e*, à la cour de Kyoto. Son principal représentant, **Tosa Mitsunobu** (v. 1430-1522), fut le créateur de ce style nouveau, dû à l'association de coloris vifs et de jeux d'encre.

Tosca, opéra en 3 actes de Giacomo Puccini, sur un livret de G. Giacosa et L. Illica (Rome, 1900), d'après la pièce de V. Sardou (représentée en 1887). Par son étonnante concision dramatique, la violence des situations et par son lyrisme soumis à une écriture musicale fort audacieuse, cet opéra est considéré comme l'un des plus marquants de toute l'histoire du théâtre lyrique.

Toscane, *en ital.* Toscana, région de l'Italie centrale ; 23 000 km² ; 3 510 114 hab. Cap. *Florence.* Elle est divisée en neuf provinces (Arezzo, Florence, Grosseto, Livourne, Lucques, Massa e Carrara, Pise, Pistoia, Sienne). **GÉOGR.** La Toscane, avec des paysages variés de montagnes (Apennin, Alpes apuanes) et de collines (zone du Chianti), est une région de transition entre le nord et le sud de l'Italie. L'agriculture se spécialise (vin, légumes, fleurs) et l'industrie est très diversifiée. Les entreprises, souvent de taille moyenne, sont installées autant dans les petits centres que dans les grandes villes : Florence (mécanique), Pise (verre), Piombino (métallurgie), Livourne, Prato. Le commerce et le tourisme (balnéaire et culturel) sont très actifs. **HIST.** Son territoire correspond à celui de l'antique Étrurie. Occupée par les Lombards puis par les Francs, elle est érigée en marquisat au IXᵉ siècle. Contestant la validité du testament léguant en 1115 la Toscane à la papauté, les empereurs germaniques entament contre elle un long conflit, à la faveur duquel la Toscane se morcelle au profit de républiques urbaines (Florence, Sienne, Pise, Lucques). Les Médicis parviennent cependant à constituer au XVᵉ siècle un vaste État florentin, érigé en grand-duché en 1569. Attribuée à François de Lorraine, époux de Marie-Thérèse, la Toscane passe en 1737 dans la mouvance autrichienne. Occupée par les Français sous la Révolution, elle est réunie à la France en 1807 par Napoléon Iᵉʳ, qui la confie à sa sœur Élisa. En 1814, la Toscane constitue de nouveau un grand-duché, lié à l'Autriche. Théâtre d'une révolution nationaliste et libérale (1848-49) matée par les Autrichiens, elle se rattache au Piémont en 1860.

Toscanini *(Arturo),* chef d'orchestre italien (Parme 1867 - New York 1957). Directeur de la Scala de Milan (1898-1903 ; 1920-1929), du Metropolitan Opera de New York puis de l'Orchestre symphonique de New York, il assura la création de beaucoup d'œuvres lyriques de son temps, notamment de deux opéras de Puccini (*la Fille du Far West,* 1910 ; *Turandot,* 1926).

Total, société française dont les origines remontent à la création, en 1924, de la Compagnie française des pétroles (C. F. P.,

dont Total était la marque de distribution depuis 1954). Un des principaux groupes pétroliers et gaziers mondiaux, Total a des activités qui couvrent tous les secteurs de cette industrie et s'étendent également à la chimie.

Totila ou **Baduila** (m. à Caprara en 552), roi des Ostrogoths (541-552). Il s'opposa aux Byzantins, s'installa à Rome (549) et étendit sa domination sur l'Italie du Sud, la Sicile, la Sardaigne et la Corse. Mais il fut battu par Narsès en 552.

Toto *(Antonio de Curtis Gagliardi Ducas Comneno di Bisanzio, dit),* acteur italien (Naples 1898 - Rome 1967). Il fut, à la scène et sur l'écran, l'un des acteurs comiques les plus populaires d'Italie.

Totonaques, peuple indien anciennement établi dans la région du golfe du Mexique, actuellement localisé dans celle d'Oaxaca et dans les États de Veracruz et de Puebla (Mexique). La civilisation totonaque atteignit son apogée à l'époque classique (250-900 apr. J.-C.) avec le centre cérémoniel d'El Tajín. Dominés par les Aztèques, les Totonaques s'allièrent aux colons espagnols mais, affaiblis, ils déclinèrent après la conquête.

Touareg, populations de langue berbères, islamisées, habitant principalement le Niger et le Mali, ainsi que le sud de l'Algérie, la Libye et le Burkina. De tradition nomade, durement atteints par la sécheresse des années 1970-1985, les Touareg, qui entendent préserver leur mode de vie et revendiquent leur droit à l'autonomie, se heurtent à l'hostilité des gouvernements. Depuis 1990, ils soutiennent au Niger et au Mali une lutte armée, qui, de soulèvements en accords non respectés, a pris la tournure d'un véritable conflit.

Touat *(le),* groupe d'oasis du Sahara algérien. Ch.-l. *Adrar.*

Toubkal *(djebel),* sommet du Haut Atlas (Maroc), point culminant de l'Afrique du Nord ; 4 165 m. Parc national.

Toubou, ensemble politique et religieux regroupant des éléments de plusieurs peuples musulmans nomadisant dans l'Aïr et le Tibesti.

Toucouleur, peuple de la vallée du Sénégal, islamisé depuis le XIᵉ siècle. Les Toucouleur parlent une langue peul.

Touen-houang → Dunhuang.

Tou Fou → Du Fu.

Touggourt, oasis du Sahara algérien ; 76 000 hab. Centre commercial et touristique.

Toukhatchevski *(Mikhaïl Nikolaïevitch),* maréchal soviétique (Aleksandrovskoïe, gouvern. de Smolensk, 1893 - Moscou 1937). Ancien officier tsariste rallié à la révolution, il commanda le front ouest contre les Polonais (1920). Chef d'état-major général (1925-1928), adjoint au commissaire du peuple à la Défense (1931), fait maréchal en 1935, il fut un des créateurs de l'Armée rouge. Accusé de trahison en 1937, il fut fusillé. Il a été réhabilité en 1961.

Toul, ch.-l. d'arr. de Meurthe-et-Moselle, sur la Moselle et le canal de la Marne au Rhin ; 17 702 hab. *(Toulois).* Pneumatiques. — Toul fut, avec Metz et Verdun, l'un des *Trois-Évêchés* lorrains qu'Henri II occupa en 1552. Il fut acquis par la France en fait en 1559 (traité du Cateau-Cambrésis), en droit en 1648 (traités de Westphalie). — Enceinte du XVIIe siècle. Ancienne cathédrale et église St-Gengoult, toutes deux gothiques (XIIIe-XVe s.). Musée municipal.

Toula, v. de Russie, au sud de Moscou ; 540 000 hab. Centre industriel.

Toulon, ch.-l. du dép. du Var, à 840 km au sud-est de Paris, sur la Méditerranée *(rade de Toulon) ;* 170 167 hab. [plus de 430 000 hab. dans l'agglomération] *(Toulonnais).* Siège de région maritime. Base navale. Centre administratif et commercial. — En 1793, les royalistes livrèrent le port aux Anglais, mais Bonaparte le leur reprit. Le 27 novembre 1942, la flotte française s'y saborda pour ne pas tomber entre les mains des Allemands. — Ancienne cathédrale en partie romane et gothique. Musées, dont le Musée de Toulon (peinture provençale ; art contemporain ; photographie).

Toulouse, ch.-l. de la Région Midi-Pyrénées et du dép. de la Haute-Garonne, sur la Garonne, à 679 km au S. de Paris et à 250 km au S.-E. de Bordeaux ; 365 933 hab. *(Toulousains).* GÉOGR. Siège d'académie et d'universités, d'une cour d'appel, d'un archevêché, surtout centre administratif (régional et départemental), commercial, avec une notable fonction militaire, Toulouse est le noyau d'une agglomération avoisinant 650 000 habitants. C'est, avec Bordeaux, la métropole du Sud-Ouest, industrialisée surtout après la Première Guerre mondiale (aéronautique et chimie, branches toujours dominantes, devant les constructions électriques et l'agroalimentaire) et bien desservie aujourd'hui par le rail, la route (sur l'autoroute des Deux-Mers) et l'avion (aéroport de Blagnac). Écoles aéronautiques, base aérienne. Techno-

pole de Labège-Innopole. HIST. Romaine à partir de 120/100 av. J.-C., Toulouse fut la capitale du royaume wisigothique (ve s.) puis du royaume franc d'Aquitaine et enfin du comté de Toulouse, fondé par Raimond Ier au IXe siècle. Au XIIe siècle, ses magistrats municipaux, les *capitouls,* assureront son émancipation vis-à-vis des comtes. Elle eut à souffrir lors de la croisade des albigeois (1208-1244). L'ordre des Dominicains ainsi qu'une université (1229) y furent fondés pour combattre l'hérésie. Le puissant comté de Toulouse, qui atteignit au XIIe siècle les confins de la Provence, fut incorporé au domaine royal en 1271. ARTS. Basilique romane St-Sernin, vaste église de pèlerinage consacrée en 1096 (sculptures, restes de peintures murales, trésor) ; cathédrale gothique ; églises gothiques en brique, dont celle de l'ancien couvent des Jacobins, à deux vaisseaux élancés (XIIIe-XIVe s.), et l'église du Taur, à nef unique et caractéristique clocher-mur de façade (XIVe-XVe s.). Hôtels de la Renaissance ainsi que des XVIIe-XVIIIe siècles ; Capitole (mairie et théâtre) d'environ 1750. Importants musées, parmi lesquels celui des Augustins (sculpture languedocienne ; peinture, dont la production toulousaine des XVIIe et XVIIIe s.), le musée Saint-Raymond (archéologie gauloise et romaine), celui du Vieux-Toulouse, les musées Georges-Labit (arts orientaux) et Paul-Dupuy (arts décoratifs).

Toulouse *(Louis Alexandre de Bourbon, comte de),* prince français (Versailles 1678 - Rambouillet 1737). Troisième fils de Louis XIV et de Mme de Montespan, amiral de France (1683), il fut chef du conseil de la Marine pendant la Régence et tint un salon brillant dans son château de Rambouillet.

Toulouse-Lautrec *(Henri de),* peintre et lithographe français (Albi 1864 - château de Malromé, Gironde, 1901). Une maladie osseuse et deux chutes le laissent infirme à quatorze ans. Venu à Paris en 1881, il reçoit l'enseignement traditionnel de l'E. N. S. B. A., mais c'est dans les cabarets et les bals de Montmartre, dans les maisons closes, au cirque ou aux courses qu'il prend ses modèles *(Au Moulin-Rouge,* 1892, Institut d'Art de Chicago ; *Au salon de la rue des Moulins,* 1894, musée d'Albi). Les influences de Degas, des estampes japonaises, de l'impressionnisme sont sensibles dans son œuvre, unique toutefois par la qualité d'un dessin aussi sobre qu'incisif et fulgurant. Rénovateur de l'art de la lithographie (suite *Elles,* 1896), Lautrec a aussi été un des pères de l'affiche lithographiée moderne (*la Goulue au Moulin-Rouge*, 1891 ; *Aristide Bruant*, 1892 et 1893 ; *Jane Avril*, 1893 ; etc.).

Toungouses, peuple d'Asie orientale, disséminé à travers toute la Sibérie orientale, de l'Ienisseï au Pacifique (Russie et Chine du Nord-Est). Ils parlent une langue du groupe altaïque. Ils vivaient traditionnellement de la chasse et du commerce des fourrures. Leur religion était fondée sur le chamanisme. Ils ont été christianisés au XIXe siècle et alphabétisés au XXe. Un noyau important des Toungouses s'est détaché et vit en Chine et en Mongolie.

Toungouska, nom de trois riv. de la Sibérie, affl. de l'Ienisseï (r. dr.) : la *Toungouska inférieure* (2 989 km), la *Toungouska moyenne*, ou *pierreuse* (1 865 km), la *Toungouska supérieure*, ou *Angara*.

Toungouska (*cataclysme de la*), cataclysme survenu le 30 juin 1908 dans la région de la Toungouska pierreuse, en Sibérie centrale, à 800 km au nord-ouest du lac Baïkal. Il semble avoir été provoqué par l'explosion dans la haute atmosphère d'un fragment de noyau cométaire.

Touquet-Paris-Plage (Le), comm. du Pas-de-Calais ; 5 863 hab. (*Touquettois*). Station balnéaire. Thalassothérapie. Aérodrome.

Touraine, ancienne province de France et région du sud-ouest du Bassin parisien, de part et d'autre de la vallée de la Loire, ayant formé le dép. d'Indre-et-Loire. (Hab. *Tourangeaux*.) Cap. *Tours*. La Touraine fut incorporée au domaine royal en 1259.

Touraine (*Alain*), sociologue français (Hermanville-sur-Mer, Calvados, 1925). Il s'est intéressé à la sociologie du travail puis à la politologie. Il a écrit : *Sociologie de l'action* (1965), *la Conscience ouvrière* (1966), *Production de la société* (1973), *la Parole et le Sang. Politique et société en Amérique latine* (1988).

Tourcoing, ch.-l. de c. du Nord relié à Lille et à Roubaix en une vaste conurbation ; 94 425 hab. (*Tourquennois*). Centre textile. — Musée municipal.

Tour de France, course cycliste annuelle par étapes, qui, à l'origine, suivait approximativement le contour de la France, créée en 1903.

Tour-du-Pin (La), ch.-l. d'arr. de l'Isère, dans le bas Dauphiné, sur la Bourbre ; 6 926 hab. (*Turripinois*). Chaussures. Textile.

Touré (*Sékou*), homme d'État guinéen (Faranah 1922 - Cleveland, Ohio, 1984). Président de la Confédération générale des travailleurs d'Afrique noire (1956), il refusa

l'entrée de la Guinée dans la Communauté et la fit accéder à l'indépendance (1958). Il exerça un pouvoir dictatorial jusqu'à sa mort.

Tourfan, v. de Chine (Xinjiang). Centre d'une oasis à 165 m au-dessous du niveau de la mer, ancienne étape sur la route de la soie. — Mosquée (XVIIIe s.). Dans les environs, grottes des Mille Bouddhas, ensemble monastique (VIe-Xe s.) et vestiges des anciennes cités caravanières de Yar (Jiahoe) et de Kotcho (Gaochang).

Tourgueniev (*Ivan Sergueïevitch*), écrivain russe (Orel 1818 - Bougival 1883). Auteur de romans et de nouvelles (*Récits d'un chasseur*, 1852 ; *Pères et fils*, 1862 ; *les Eaux printanières*, 1872), de pièces de théâtre (*Un mois à la campagne*, 1879), il est l'écrivain russe le plus influencé par la pensée occidentale.

Tourmalet (*col du*), col routier des Pyrénées françaises, au S. du pic du Midi de Bigorre, reliant la vallée de Campan à celle de Gavarnie ; 2 115 m.

Tournai, en néerl. **Doornik,** v. de Belgique ch.-l. d'arr. du Hainaut, sur l'Escaut ; 67 732 hab. (*Tournaisiens*). Centre industriel. HIST. Capitale des rois mérovingiens au Ve siècle, Tournai eut un évêché dès le VIe. Elle connut une grande prospérité durant tout le XVe siècle grâce à la tapisserie de haute lisse (que la porcelaine viendra relayer au XVIIIe s.). ARTS. Imposante cathédrale romane et gothique (jubé Renaissance ; riche trésor). Beffroi des XIIe et XIIIe siècles ; églises et maisons médiévales. Riches musées des Beaux-Arts, d'Archéologie, d'Histoire et d'Arts décoratifs, de Folklore.

Tournefort (*Joseph* Pitton de), botaniste et voyageur français (Aix-en-Provence 1656 - Paris 1708). Sa classification du règne végétal fait de lui le précurseur de Linné.

Tournemire (*Charles*), compositeur et organiste français (Bordeaux 1870 - Arcachon 1939). Élève de Franck, il a laissé de la musique de chambre, 8 symphonies (1900-1924) et un important recueil de musique pour orgue (*l'Orgue mystique*, 1927-1932).

Tourneur (*Cyril*), auteur dramatique anglais (v. 1575 - Kinsale, Irlande, 1626). Ses célèbres *Tragédie du vengeur* (1607) et *Tragédie de l'athée* (1602 ou 1603) sont des méditations baroques sur la mort et l'autodestruction.

Tournier (*Michel*), écrivain français (Paris 1924). Le mythe, la gémellité, la pureté, la signification qui est connaissance du signe, le bouleversement de l'ordre des choses forment les thèmes principaux de ses romans (*Vendredi ou les Limbes du Pacifique*, 1967 ; *le Roi des aulnes*, 1970 ; *les Météores*, 1975 ; *Gaspard, Melchior et Balthazar*, 1980 ; *la Goutte d'or*, 1986) et de ses nouvelles. Il écrit aussi des récits pour enfants.

Tournon (*François de*), prélat et homme d'État français (Tournon 1489 - Paris 1562). Cardinal en 1530, il joua un rôle politique important sous le règne de François Iᵉʳ, fut un adversaire de la Réforme et le fondateur du collège de Tournon (1536) dont il confia la direction aux jésuites (1560).

Tournon-sur-Rhône, *anc.* Tournon, ch.-l. d'arr. de l'Ardèche, sur le Rhône ; 10 165 hab. (*Tournonais*). Château des xivᵉ-xviᵉ siècles (musée) et autres monuments.

Tournus, ch.-l. de c. de Saône-et-Loire, sur la Saône ; 7 036 hab. (*Tournusiens*). Remarquable église romane Saint-Philibert, ancienne abbatiale, avec narthex à étages des environs de l'an mille et vaisseau central couvert de berceaux transversaux (v. 1070). Vestiges de l'abbaye (Musée bourguignon) et autres monuments. Musée municipal « Greuze ».

Tours, anc. cap. de la Touraine, ch.-l. du dép. d'Indre-et-Loire, sur la Loire, à 225 km au sud-ouest de Paris ; 133 403 hab. (plus de 280 000 hab. avec les banlieues) [*Tourangeaux*]. Archevêché. Université. Industries mécaniques, électriques et chimiques. HIST. Évêché au iiiᵉ siècle, Tours devint un grand centre religieux grâce à ses évêques saint Martin (371-397) et saint Grégoire de Tours (573-594). La ville fut (du 12 sept. au 9 déc. 1870) le siège de la délégation du gouvernement de la Défense nationale. ARTS. La ville conserve des églises, des maisons médiévales, de vieux hôtels et la cathédrale St-Gatien (gothique des xiiiᵉ-xvᵉ s.). Riche musée des Beaux-Arts dans l'ancien archevêché (rebâti aux xviiᵉ et xviiiᵉ s.) ; musées du Compagnonnage et des Vins de Touraine dans l'abbaye St-Julien ; l'hôtel Gouin abrite les collections de la Société archéologique de Touraine.

Tours (*congrès de*) [25-30 déc. 1920], congrès qui marqua la scission entre les socialistes (L. Blum, M. Sembat, minoritaires) et les communistes français (motion Cachin-Frossard).

Tourville (*Anne* de Cotentin, *comte* de*), maréchal de France (Tourville, Manche, 1642 - Paris 1701). Vice-amiral, il vainquit la flotte anglo-hollandaise en 1690, fut chargé d'un débarquement en Angleterre mais essuya un échec près de la Hougue (1692).

Toussaint Louverture, homme politique et général haïtien (Saint-Domingue 1743 - fort de Joux, près de Pontarlier, 1803). Après avoir rallié le gouvernement français qui venait d'abolir l'esclavage (1794), il tenta d'établir une république noire. Maître de l'île en 1801, il capitula devant une expédition de reconquête envoyée par Napoléon Bonaparte (1802) et mourut interné en France.

Toutankhamon, pharaon de la XVIIIᵉ dynastie (v. 1354-1346 av. J.-C.). Gendre d'Aménophis IV Akhenaton, il dut, sous la pression du clergé, rétablir le culte du dieu Amon. Son tombeau, découvert inviolé, en 1922, dans la Vallée des Rois, abritait un riche mobilier funéraire.

Toutatis → Teutatès.

Touva, république de la Fédération de Russie, en Sibérie orientale, dans le bassin supérieur de l'Ienisseï ; 170 500 km² ; 309 000 hab. Cap. *Kyzyl.*

Townes (*Charles Hard*), physicien américain (Greenville, Caroline du Sud, 1915). En 1954, il a réalisé la première émission maser. (Prix Nobel 1964.)

Toyama, v. du Japon (Honshu), près de la *baie de Toyama* (mer du Japon) ; 321 254 hab. Centre commercial et industriel.

Toynbee (*Arnold*), historien britannique (Londres 1889 - York 1975). Il est l'auteur d'ouvrages sur les civilisations, dont il a établi une théorie cyclique (*Study of History,* 12 vol., 1934-1961).

Toyohashi, v. du Japon (Honshu) ; 337 982 hab.

Toyonaka, v. du Japon (Honshu), banlieue d'Osaka ; 409 837 hab.

Toyota, v. du Japon (Honshu), près de Nagoya ; 332 336 hab. Automobiles.

Toyotomi Hideyoshi, général et homme d'État japonais (Nakamura 1536 - Fushimi 1598). Successeur d'Oda Nobunaga (1582), Premier ministre (1585-1598), il pacifia et unifia le Japon mais échoua dans ses expéditions en Corée (1592 ; 1597).

Tractatus logico-philosophicus, œuvre de Wittgenstein (1921).

Tractatus theologico-philosophicus, traité de Spinoza (publié en 1670).

Trafalgar (*bataille de*) [21 oct. 1805], victoire navale décisive de Nelson sur une flotte franco-espagnole sous les ordres de Villeneuve, au large du cap de Trafalgar (nord-ouest du détroit de Gibraltar). Nelson y perdit la vie.

Trajan, *en lat.* Marcus Ulpius Traianus (Italica 53 - Sélinonte de Cilicie 117), empereur romain (98-117). Par la conquête de la Dacie (101-102 et 105-107), il assura la sécurité des frontières sur le Danube et, en Orient (114-116), il lutta contre les Parthes et étendit l'Empire jusqu'à l'Arabie Pétrée, l'Arménie et la Mésopotamie. Il se montra excellent administrateur et fut un grand bâtisseur (forum de Trajan, marché, basilique...).

Trakl *(Georg),* poète autrichien (Salzbourg 1887 - Cracovie 1914). Influencé par Rimbaud, Hölderlin et les expressionnistes, il est le poète de l'angoisse, de la mort et du regret de l'innocence (*Poèmes,* 1919).

Tranchée des baïonnettes *(la),* près de Douaumont, élément d'une tranchée française de la bataille de 1916 où seules émergèrent, après bombardement, les baïonnettes de ses défenseurs.

Transalaï, partie septentrionale, la plus élevée, du Pamir (Tadjikistan), portant le pic du Communisme (7 495 m).

Transamazoniennes *(routes),* nom donné aux routes ouvertes dans la partie amazonienne du Brésil depuis 1970 et, particulièrement, à celle qui relie Imperatriz à la frontière péruvienne.

Transcaucasie, région située au sud de la chaîne du grand Caucase et composée de trois États : la Géorgie, l'Arménie et l'Azerbaïdjan.

Transjordanie, anc. État du Proche-Orient. — Émirat créé en 1921 et placé sous mandat britannique en 1922, la Transjordanie fut érigée en royaume en 1946. Elle devint le royaume de Jordanie en 1949.

Transkei *(le),* anc. bantoustan d'Afrique du Sud.

Transleithanie, partie de l'Autriche-Hongrie (1867-1918) située à l'est de la Leitha (par opp. à la *Cisleithanie*). Elle comprenait la Hongrie, la Transylvanie et la Croatie-Slavonie.

Transnistrie, région de la République de Moldavie située sur la rive gauche du Dniestr. Elle est peuplée majoritairement de russophones.

Transoxiane, nom ancien de la région d'Asie centrale située au nord-est de l'Oxus (Amou-Daria), dont la ville principale fut Samarkand.

Transsibérien *(Chemin de fer)* ou **Transsibérien** *(le),* chemin de fer transcontinental long de 9 297 km, reliant Moscou à Vladivostok à travers l'Oural et la Sibérie. Construit entre 1891 et 1916, élément déterminant dans la mise en valeur de la Russie asiatique, il permet le transport vers ces régions d'équipements et de produits manufacturés, et, dans le sens inverse, celui des produits énergétiques et des matières premières qu'elles fournissent. Le B.-A. M. (Baïkal-Amour Magistral) est l'une des principales branches créées à partir de la ligne principale.

Transvaal, anc. prov. d'Afrique du Sud, partie nord-est du pays (v. pr. *Johannesburg* et *Pretoria*), ayant formé en 1994 les provinces de Transvaal-Est (ch.-l. *Nelspruit*), Transvaal-Nord (ch.-l. *Pietersburg*), Pretoria-Witwatersrand-Vereeniging (Gauteng) et une partie de la province du Nord-Ouest. **HIST.** Le Transvaal, où les Boers s'installent lors du Grand Trek (1834-1839), obtient son indépendance, reconnue par les Britanniques en 1852. Un État afrikaner, appelé « République d'Afrique du Sud », y est organisé en 1857. Annexée temporairement par les Britanniques (1877-1881), cette république conserve son indépendance jusqu'à la victoire anglaise dans la guerre des Boers (1902). Devenu alors une colonie britannique, le Transvaal adhère à l'Union sud-africaine en 1910.

Transylvanie, *en roumain* Transilvania ou **Ardeal,** en hongr. **Erdély,** région de Roumanie située à l'intérieur de l'arc formé par les Carpates et constituée de plateaux, de collines et de vallées (hab. : *Transylvaniens*). Cap. *Cluj-Napoca.* **HIST.** Intégrée au royaume de Hongrie au XIe siècle, la Transylvanie devient en 1526 une principauté vassale des Ottomans. Annexée par les Habsbourg en 1691, elle est rattachée à la Hongrie en 1867 puis réunie à la Roumanie en 1918. Ce rattachement est entériné par le traité de Trianon (1920). Le nord de la région est rattaché à la Hongrie de 1940 à 1945. La communauté hongroise est l'objet d'une politique d'assimilation, particulièrement offensive dans les années 1970 et 1980.

Transylvanie *(Alpes de),* partie méridionale des Carpates, entre la Transylvanie et la Valachie ; 2 543 m au Moldoveanul, point culminant de la Roumanie.

Trapani, port de Sicile, ch.-l. de prov. ; 69 273 hab. C'est l'antique *Drepanum.* — Églises anciennes du gothique au baroque. Musée (sculptures, peintures, arts appliqués...).

Trappe *(Notre-Dame de la),* abbaye cistercienne fondée en 1140 à Soligny, dans le

Perche. En 1664, l'abbé Armand de Rancé en fit le berceau de la branche des cisterciens de la stricte observance, connus dès lors sous le nom de « trappistes ».

Trappes, ch.-l. de c. des Yvelines, près de Versailles ; 30 938 hab. *(Trappistes).* Gare de triage. Centre météorologique.

Trasimène *(lac),* lac d'Italie (Ombrie), à l'ouest de Pérouse ; 128 km². — Victoire d'Hannibal (217 av. J.-C.) sur le consul romain Caius Flaminius.

Trauner *(Alexandre),* décorateur de cinéma et de théâtre français d'origine hongroise (Budapest 1906 - Omonville-la-Petite, Manche, 1993). Il a créé les décors de nombreux classiques du cinéma : *le Quai des brumes, les Enfants du paradis, Irma la Douce, Monsieur Klein.*

travailliste *(Parti)* [*Labour Party*], parti socialiste britannique. Fondé en 1893, il prit son nom actuel en 1906. Il fut pour la première fois au pouvoir en 1924. Ses principaux leaders ont été : J. Ramsay MacDonald, C. Attlee, H. Gaitskell, H. Wilson, J. Callaghan, M. Foot, Neil Kinnock, John Smith et depuis 1994 Tony Blair.

Travancore, région historique de l'Inde, dans le sud de l'État de Kerala.

Traviata *(la),* opéra de Giuseppe Verdi (1853), sur un livret de Piave, adaptation de *la Dame aux camélias* d'Alexandre Dumas fils.

Trébie *(la), en ital.* Trebbia, riv. d'Italie, affl. du Pô (r. dr.) ; 115 km. Victoires d'Hannibal sur le consul romain Sempronius Longus (218 av. J.-C.) et, en 1799, de Souvorov sur les troupes françaises de Macdonald.

Trébizonde, *en turc* Trabzon, port de Turquie, sur la mer Noire ; 143 941 hab. — Elle fut la capitale d'un empire grec (1204-1461) fondé par Alexis et David Comnène, et qui fut en lutte contre les Latins, l'empire de Nicée et les Turcs Seldjoukides. La ville fut conquise par les Ottomans en 1461. — Monastères et églises (transformées en mosquées) de style byzantin des XIIIᵉ-XIVᵉ siècles.

Treblinka, camp d'extermination allemand (1942-1945) situé à 80 km de Varsovie. Près de 750 000 Juifs y périrent.

Třeboň *(le Maître de),* peintre tchèque, actif à Prague v. 1380-1390. Il est la figure majeure de l'art gothique de son temps (« beau style ») en Europe centrale et principalement connu par trois volets, conservés à Prague *(Christ au mont des Oliviers, Mise*

au tombeau, Résurrection), d'un retable provenant de Třeboň (Bohême-Méridionale).

Tréfouël *(Jacques),* chimiste et bactériologiste français (Le Raincy 1897 - Paris 1977). Il a été directeur de l'Institut Pasteur (1940-1964). Ses travaux ont permis la découverte de nombreux antibiotiques.

Trégorrois, région de Bretagne (Côtes-d'Armor), à l'ouest de la baie de Saint-Brieuc. V. princ. *Lannion, Paimpol.*

Trek *(le Grand)* [1834-1839], mouvement d'émigration des Boers du Cap vers le Vaal et l'Orange à la suite de la poussée des Britanniques en Afrique du Sud.

Tremblay *(Gilles),* compositeur canadien (Arvida, Québec, 1932). Parmi ses œuvres, qui font une large part aux instruments à vent et à percussion, citons *Phases et Réseaux* (1958), *Fleuves* (1976), *Vêpres de la Vierge* (1986).

Tremblay *(Michel),* écrivain canadien d'expression française (Montréal 1942). Inaugurant avec *les Belles-Sœurs* (1968) un théâtre contestataire qui adopte le « joual », la langue des faubourgs de Montréal, il est revenu au français dans ses romans (*la Cité dans l'œuf,* 1985).

Tremblay-en-France, anc. Tremblay-lès-Gonesse, ch.-l. de c. de la Seine-Saint-Denis ; 31 432 hab. *(Tremblaysiens).* Circuit pour motos. — Grange aux dîmes du XVIᵉ siècle, église en partie de la même époque.

Trenet *(Charles),* auteur-compositeur et chanteur français (Narbonne 1913). À partir d'une inspiration surréalisante pour les textes et jazzique pour la musique, il a donné une impulsion décisive à la chanson francophone moderne. Son interprétation expressive, où la fantaisie se mêle à la tendresse, lui a valu le surnom de « Fou chantant » *(Y a d'la joie, Douce France, la Mer).*

Trent *(la),* riv. d'Angleterre, qui s'unit à l'Ouse pour former le Humber ; 270 km.

Trente, *en ital.* Trento, v. d'Italie, cap. du Trentin-Haut-Adige et ch.-l. de prov., sur l'Adige ; 101 430 hab. *(Trentins, Tridentins).* — Cathédrale romano-gothique des XIIIᵉ-XVIᵉ siècles. Demeures et palais de la Renaissance. Château du Buonconsiglio (XIIIᵉ-XVIIᵉ s.) abritant le musée provincial d'Art.

Trente *(les),* nom donné aux trente membres d'un conseil oligarchique imposé par les Spartiates aux Athéniens (404 av. J.-C.). Ils se signalèrent par leur despotisme et de nombreuses exécutions. Critias en fut l'animateur. Thrasybule les chassa (déc. 404 ou janv. 403), et la démocratie fut rétablie.

Trente (*combat des*) [27 mars 1351], combat entre Français et Anglais, qui se déroula près de Ploërmel, lors de la guerre de la Succession de Bretagne. Il opposa en combat singulier, à la suite du défi lancé aux Anglais par Jean de Beaumanoir, trente combattants désignés pour chaque armée. Les Français furent victorieux.

Trente (*concile de*), concile œcuménique qui se tint à Trente de 1545 à 1547, à Bologne de 1547 à 1549, puis de nouveau à Trente en 1551-52 et en 1562-63, et dont l'histoire fut mouvementée. Convoqué par Paul III en 1545 et clos par Pie IV, il fut la pièce maîtresse de la Réforme catholique (ou Contre-Réforme), par laquelle l'Église romaine opposa aux protestants une révision complète de sa discipline et une réaffirmation solennelle de ses dogmes.

Trente Ans (*guerre de*) [1618-1648], grand conflit religieux et politique qui ravagea l'Europe et surtout le Saint Empire. Opposant une grande partie des pays européens, la guerre eut pour causes essentielles l'antagonisme des protestants et des catholiques ainsi que les inquiétudes nées en Europe des ambitions de la maison d'Autriche.

1618. Le conflit éclate en Bohême, où les protestants se rebellent contre l'autorité des Habsbourg (défenestration de Prague).

La période palatine (1618-1623). Le roi de Bohême, Ferdinand de Habsbourg, partisan d'une restauration catholique, est déposé au profit de l'Électeur palatin Frédéric V, calviniste.

1620. Les Tchèques sont battus à la Montagne Blanche par Ferdinand, devenu empereur sous le nom de Ferdinand II, et par les troupes de la Ligue, catholique, dirigée par Tilly. La Bohême perd ses libertés, et l'Électeur palatin ses terres (1621) puis son titre, donné à la Bavière (1623).

La période danoise (1625-1629).

1625. Christian IV de Danemark reprend les hostilités contre Ferdinand II, avec l'appui des princes protestants.

Il intervient au nom de la défense du protestantisme et pour enrayer l'avance des Habsbourg vers ses États. Battu par Wallenstein en 1629, il signe la paix de Lübeck. Ferdinand II proclame l'édit de Restitution, qui vise à reprendre aux protestants les biens ecclésiastiques confisqués après la paix d'Augsbourg (1555).

La période suédoise (1630-1635).

1630-31. Richelieu, qui a déjà occupé la Valteline pour prévenir une jonction des Habsbourg d'Espagne et d'Autriche, incite la diète de Ratisbonne à refuser à Ferdinand l'hérédité du titre impérial, puis finance l'intervention du roi de Suède Gustave II Adolphe, protestant. La victoire de ce dernier à Breitenfeld (1631) ouvre aux Suédois la route de l'Allemagne du Sud.

1632. Wallenstein est défait par les Suédois à Lützen, bataille où Gustave Adolphe trouve la mort. Après l'assassinat de Wallenstein (qui a pactisé avec l'ennemi), les Suédois, conduits par Bernard de Saxe-Weimar, sont battus à Nördlingen (1634) et signent la paix avec les Habsbourg.

La période française (1635-1648).

1635. Richelieu décide d'intervenir directement contre les Habsbourg d'Espagne et d'Autriche en s'alliant à la Suède, aux Pays-Bas et aux protestants allemands.

D'abord menacée sur la Somme, la France occupe l'Alsace, s'empare d'Arras puis de Perpignan.

1643. Victoire de Condé à Rocroi.

Les victoires franco-suédoises poussent l'Empire germanique à engager des négociations qui aboutissent, en 1648, aux traités de Westphalie. Ceux-ci donnent aux princes allemands la liberté de religion, le droit d'alliance avec l'étranger (à la condition qu'elle ne soit pas dirigée contre l'empereur). La France y gagne l'Alsace et se voit confirmer la possession des Trois-Évêchés ; la Suède, elle, reçoit la Poméranie occidentale. Ces traités reconnaissent l'entière souveraineté des Provinces-Unies et l'indépendance de la Confédération suisse. Le conflit se prolonge encore dix années entre la France et l'Espagne, qui devra accepter le traité des Pyrénées (1659).

La guerre a précipité la ruine — encore incomplète mais désormais irréversible — du Saint Empire et fait perdre à l'Allemagne, presque totalement ravagée, 40 % de sa population.

Trente Glorieuses (*les*), nom donné, d'après un ouvrage de J. Fourastié (1979), aux trente années de croissance de l'économie française entre la fin de la Seconde Guerre mondiale et 1975.

Trentin, en ital. Trentino, région de l'Italie continentale correspondant à l'actuelle province de Trente et formant, avec le Haut-Adige, la région historique de la Vénétie Tridentine. Cet ensemble constitue la région du Trentin-Haut-Adige.

Trentin-Haut-Adige, *en ital.* Trentino-Alto Adige, petite région du nord de l'Italie, comprenant les provinces de Trente et de Bolzano ; 13 620 km² ; 886 914 hab. Cap. *Trente.* **GÉOGR.** Entièrement alpine, de climat rude, la région a des massifs élevés (plus de 3 000 m), coupés de vallées glaciaires (Adige). Les activités agricoles sont secondaires face à l'industrie (hydroélectricité, métallurgie, chimie, alimentation), aux fonctions de commerce et de passage vers l'Autriche (col du Brenner), et au tourisme d'été et d'hiver.

Trépassés *(baie des),* baie des côtes de Bretagne (Finistère), entre les pointes du Raz et du Van.

Tréport (Le), comm. de la Seine-Maritime, sur la Manche ; 6 287 hab. Station balnéaire. Église des XIVᵉ-XVIᵉ siècles.

Tres Zapotes, important centre religieux des Olmèques (Mexique, au sud de l'État de Veracruz). On y a découvert plusieurs têtes colossales et la plus ancienne stèle gravée (31 av. J.-C.).

Trèves, *en all.* Trier, v. d'Allemagne (Rhénanie-Palatinat), sur la Moselle ; 96 721 hab. — Fondée par Auguste (v. 15 av. J.-C.), la ville fut intégrée au Saint Empire au Xᵉ siècle, et ses archevêques en devinrent princes électeurs en 1257. — Remarquables vestiges romains (Porta nigra ; thermes ; Aula palatina, vaste salle, reconstruite, du palais de Constantin). Cathédrale avec parties des IVᵉ, XIᵉ, XIIᵉ et XIIIᵉ siècles (trésor). Autres édifices, surtout religieux, romans, gothiques ou baroques. Musées.

Trévires, peuple gaulois, établi dans la vallée inférieure de la Moselle.

Trévise, v. d'Italie (Vénétie), ch.-l. de prov. ; 83 222 hab. *(Trévisans).* — À l'intérieur d'une enceinte bastionnée des XVᵉ-XVIᵉ siècles, la ville conserve des palais, l'église gothique S. Nicolo, une cathédrale composite à coupoles (œuvres d'art ; crypte, baptistère et campanile remontant au XIᵉ-XIIᵉ s.). Musées.

Trevithick *(Richard),* ingénieur britannique (Illogan, Cornwall, 1771 - Dartford, Kent, 1833). Il fut le pionnier de l'emploi de la haute pression dans les machines à vapeur. Il construisit et fit fonctionner, en 1803, la première locomotive digne de ce nom.

Triangle d'or, nom parfois donné à la région de l'Asie du Sud-Est aux confins de la Birmanie, de la Thaïlande et du Laos, grande productrice d'opium.

Trianon *(le Grand* et *le Petit),* nom de deux châteaux bâtis dans le parc de Versailles, le premier par J. Hardouin-Mansart en 1687, le second par J. A. Gabriel en 1762.

Trianon *(traité de)* [4 juin 1920], traité ratifié le 13 novembre, qui régla le sort de la Hongrie au lendemain de la Première Guerre mondiale. La Hongrie se trouvait réduite au centre de la plaine moyenne du Danube, ses anciens territoires étant attribués à la Roumanie, à la Tchécoslovaquie et au royaume des Croates, des Serbes et des Slovènes.

Tribonien, jurisconsulte et homme d'État byzantin (m. en Pamphylie v. 545). Il présida à la rédaction du *Code Justinien,* du *Digeste* et des *Institutes.*

Triboulet *(Février* ou Le Feurial, dit*)* [Blois v. 1498 - v. 1536], bouffon de Louis XII puis de François Iᵉʳ.

Tribune de Genève *(la),* quotidien suisse de langue française, fondé en 1879.

Trieste, port d'Italie, cap. du Frioul-Vénétie Julienne et ch.-l. de prov., sur l'Adriatique, dans le *golfe de Trieste ;* 229 216 hab. Centre industriel (raffinage du pétrole, notamment). — Trieste, ville irrédente et principal débouché maritime de l'Autriche, fut cédée à l'Italie en 1919/20. Elle fut prise par les Yougoslaves en 1945. Le traité de paix de 1947 créa le *Territoire libre de Trieste,* puis la ville revint à l'Italie en 1954. — Vestiges romains ; cathédrale avec parties du XIᵉ et du XIVᵉ siècle, château des XVᵉ-XVIIᵉ siècles. Musée d'Histoire et d'Art.

Trinil, localité de l'est de Java (Indonésie), près de laquelle fut découverte en 1891 la première calotte crânienne d'un pithécanthrope de type *Homo erectus.*

Trinité, ch.-l. d'arr. de la Martinique ; 11 392 hab.

Trinité-et-Tobago, *en angl.* Trinidad and Tobago, État des Antilles, à proximité du Venezuela ; 5 128 km² ; 1 300 000 hab. CAP. *Port of Spain.* LANGUE : *anglais.* MONNAIE : *dollar de la Trinité.*

GÉOGRAPHIE

L'État est composé de deux îles, la Trinité (4 827 km² et 96 % de la population totale) et Tobago. Sous un climat tropical humide, plus arrosé à l'est qu'à l'ouest, la Trinité a un relief plat en dehors d'une chaîne montagneuse au nord. La population est très variée, les Noirs et les Indiens constituant les groupes les plus nombreux. La vie économique est dominée par l'extraction du pétrole et du gaz naturel, le raffinage (concernant aussi du pétrole importé) et la pétrochimie. Des industries (cimenterie, mécanique, électroménager, alimentation) et le tourisme complètent ces activités, tandis que l'agriculture (canne à sucre, cacao, café, agrumes) a reculé. Le Venezuela est le principal partenaire commercial du pays.

HISTOIRE

Découverte par Christophe Colomb en 1498, la Trinité fut disputée par les grandes puissances avant d'être cédée à la Grande-Bretagne en 1802. Depuis 1962, elle constitue avec Tobago un État indépendant, membre du Commonwealth.

Trintignant *(Jean-Louis),* acteur de cinéma français (Piolenc, Vaucluse, 1930). Révélé dans *Et Dieu créa la femme* (1956), il s'impose ensuite dans de nombreux films, notamment *Un homme et une femme* (1966), *Ma nuit chez Maud* (1969), le *Conformiste* (1970), *la Banquière* (1980), *Vivement dimanche* (1983), *Trois Couleurs : Rouge* (1994).

Triolet *(Elsa),* femme de lettres française d'origine russe (Moscou 1896 - Saint-Arnoult-en-Yvelines 1970). Belle-sœur de Maïakovski et épouse d'Aragon, elle est l'auteur de romans et de nouvelles (*Le premier accroc coûte deux cents francs,* 1943 ; *Le rossignol se tait à l'aube,* 1970).

tripartite *(pacte)* [27 sept. 1940], pacte signé entre l'Allemagne, l'Italie et le Japon, et qui prévoyait l'instauration d'un ordre nouveau en Europe et en Extrême-Orient. La Hongrie, la Roumanie et la Slovaquie y adhérèrent en novembre, la Bulgarie en mars 1941.

Triplice → **Alliance** (Triple-).

Tripoli, port du nord du Liban ; 240 000 hab. *(Tripolitains).*

Tripoli, cap. et principal centre économique de la Libye, sur la Méditerranée (côte de Tripolitaine) ; 980 000 hab. — Vieille ville pittoresque avec ses souks, ses madrasas (plusieurs du XIVᵉ s.), ses mosquées. Château Saint-Gilles, élevé par les croisés au début du XIIᵉ siècle, souvent remanié ensuite.

Tripoli *(comté de),* État latin fondé en Syrie par les comtes de Toulouse entre 1102 et 1109. Il fut reconquis par les musulmans de 1268 à 1289.

Tripolitaine, ancienne province du nord-ouest de la Libye. V. princ. *Tripoli,* sur la Méditerranée. Sous la domination de Carthage (Vᵉ s. av. J.-C.), puis de Rome (106 av. J.-C.), elle fut conquise par les Arabes (643). Ancienne régence turque de *Tripoli,* cédée par les Ottomans à l'Italie au traité d'Ouchy (1912), elle fut réunie à la Cyré-naïque pour constituer la *Libye italienne* (1934). Sous contrôle britannique à partir de 1943, elle fut intégrée au royaume de Libye, indépendant en 1951.

Tripura, État du nord-est de l'Inde ; 10 477 km² ; 2 744 827 hab. Cap. *Agartala.*

Trissino *(Gian Giorgio), en fr.* le Trissin, écrivain italien (Vicence 1478 - Rome 1550). Il est l'auteur de la première tragédie régulière (*Sophonisbe,* 1524).

Tristan *(Flore* Tristan-Moscoso, dite Flora), femme de lettres française (Paris 1803 - Bordeaux 1844). Elle fut l'initiatrice française du féminisme (*Pérégrinations d'une paria,* 1838).

Tristan da Cunha, archipel britannique de l'Atlantique sud, à 2 850 km à l'ouest du cap de Bonne-Espérance, découvert en 1506. (L'île principale porte aussi le nom de *Tristan da Cunha.*)

Tristan et Iseut, légende du Moyen Âge, connue par de nombreuses versions, en vers ou en prose, aux XIIᵉ et XIIIᵉ siècles. D'inspiration celtique, elle fut développée par les poètes Béroul et Thomas, dès la fin du XIIᵉ siècle.

Tristan l'Hermite *(François,* dit), écrivain français (château de Soliers, Marche, v. 1601 - Paris 1655). Poète de l'amour, de la nuit et de la nature (*les Amours,* 1638), il écrivit des tragédies (*Marianne,* 1636 ; *Panthée,* 1637) et une comédie (*le Parasite,* 1654), et composa une amusante autobiographie romanesque (*le Page disgracié,* 1643). [Acad. fr. 1649.]

Tristram Shandy *(la Vie et les Opinions de),* roman (1759-1767) de L. Sterne, suite de digressions et de tableaux humoristiques, où la parodie est envisagée comme philosophie de l'écriture et de la vie.

Trivandrum, v. de l'Inde, cap. du Kerala ; 825 682 hab.

Trnka *(Jiří),* cinéaste d'animation et dessinateur tchécoslovaque (Plzeň 1912 - Prague 1969). Il fonda, en 1936, un théâtre consacré aux marionnettes puis, en 1945, se consacra au cinéma et prit la direction de studios d'animation. Son œuvre se partage entre le dessin animé pur et le film de marionnettes. Parmi ses nombreux films, il faut citer le *Rossignol de l'empereur de Chine* (1948), *Vieilles Légendes tchèques* (1952), le *Brave Soldat Švejk* (1955), le *Songe d'une nuit d'été* (1959), *la Main* (1965).

Troade, ancienne contrée du nord-ouest de l'Asie Mineure, dont la ville principale était *Troie.*

Trocadéro, bourg fortifié, sur la baie de Cadix, pris d'assaut par l'armée française en 1823.

Trochu (*Louis*), général français (Le Palais, Belle-Île, 1815 - Tours 1896). Gouverneur militaire de Paris en 1870, il présida le gouvernement de la Défense nationale (sept. 1870-janv. 1871).

Troie ou **Ilion,** cité antique de l'Asie Mineure, située à l'emplacement de l'actuelle Hisarlik, près des Dardanelles. Déjà florissante au IIIe millénaire, elle subit plusieurs dévastations provoquées par des guerres ou des catastrophes naturelles jusqu'à sa destruction à la fin du XIIIe ou au début du XIIe s. av. J.-C. Découverte au XIXe siècle par Schliemann, Troie comprend neuf couches archéologiques superposées, depuis le simple village fortifié du IVe millénaire jusqu'à la bourgade de Troie IX, qui disparaît vers 400 apr. J.-C., en passant par Troie II, véritable ville ceinte de remparts (2500-2100) et dont la prospérité est attestée par les nombreux objets précieux. La ville correspondrait à l'époque homérique serait celle du niveau VII b.

Troie (*cheval de*), gigantesque cheval de bois que les Grecs auraient abandonné devant Troie. Les Troyens introduisirent avec lui dans leur ville les guerriers grecs qui s'y étaient cachés. Ce stratagème permit aux Grecs de s'emparer de la ville.

Troie (*guerre de*), guerre légendaire qui conserve le souvenir des expéditions des Achéens sur les côtes d'Asie Mineure, au XIIIe s. av. J.-C. Elle a été racontée, sous une forme poétique, dans l'*Iliade* d'Homère.

Trois-Évêchés (*les*), gouvernement de l'ancienne France, constitué, en territoire lorrain, par les trois villes de Verdun, de Metz et de Toul. Appartenant au Saint Empire germanique, ils furent conquis sur Charles Quint par Henri II en 1552. Leur appartenance à la France fut reconnue en fait au traité du Cateau-Cambrésis (1559), en droit aux traités de Westphalie (1648).

Troisgros (*Pierre*), cuisinier français (Chalon-sur-Saône 1928). Formé ainsi que son frère **Jean** (Chalon-sur-Saône 1926 - *id.* 1983) chez Lucas-Carton et Point, tous deux font de l'hôtel familial, à Roanne, un haut lieu gastronomique inspiré par la grande tradition.

Trois Mousquetaires (*les*), roman de A. Dumas père (1844). Les mousquetaires Athos, Porthos et Aramis, à qui se joint un cadet de Gascogne, d'Artagnan, se dévouent

à la cause de la reine Anne d'Autriche, que Richelieu veut compromettre. Ce roman a pour suite *Vingt Ans après* et *le Vicomte de Bragelonne.*

Trois-Rivières, v. du Canada (Québec), au confluent du Saint-Laurent et du Saint-Maurice ; 49 426 hab. (111 393 hab. dans l'agglomération) [*Trifluviens*]. Université. Papier journal.

Trois-Vallées, région de la Tarentaise (Savoie), possédant plusieurs stations de sports d'hiver (Courchevel, Méribel-les-Allues, les Menuires).

Trojahn (*Manfred*), compositeur allemand (Cremlingen, Brunswick, 1949). Issu du courant « nouvelle simplicité », il a écrit des pièces pour orchestre et l'opéra *Enrico quarto* (1991).

Trollope (*Anthony*), écrivain britannique (Londres 1815 - *id.* 1882). Ses romans peignent avec humour la province imaginaire du Barsetshire (*les Tours de Barchester,* 1857).

Tromp (*Maarten*), amiral hollandais (Brielle 1598 - Ter Heijde 1653). Il écrasa la flotte espagnole au large du comté de Kent (1639). Son fils **Cornelis** (Rotterdam 1629 - Amsterdam 1691) battit la flotte anglaise de Monk à Dunkerque (1666) et les Suédois à l'île d'Öland (1676).

Tronchet (*François*), juriste français (Paris 1726 - *id.* 1806). Il fut l'un des défenseurs de Louis XVI devant la Convention et participa à la rédaction du Code civil.

Trondheim, port de la Norvège centrale, sur le fjord *Trondheim ;* 139 630 hab. Université. Métallurgie. — Fondée au Xe siècle, Trondheim fut la capitale de la Norvège jusqu'au XIVe siècle. — Cathédrale gothique des XIIe-XIVe siècles. Musées, dont celui de la Société royale des sciences.

Trotski (*Lev Davidovitch* Bronstein, dit*), homme politique soviétique (Ianovka, Ukraine, 1879 - Coyoacán, Mexique, 1940). Membre du Parti ouvrier social-démocrate russe, il adhère en 1903 à la fraction menchevik, opposée à Lénine. Il préside le soviet de Saint-Pétersbourg pendant la révolution de 1905. Arrêté, il s'échappe et vit en exil à partir de 1907, principalement à Vienne. De retour en Russie (mai 1917), il rallie les bolcheviks et est l'un des organisateurs de la révolution d'Octobre. Commissaire du peuple à la Guerre (1918-1925), il crée l'Armée rouge et la dirige pendant la guerre civile (1918-1920). À partir de 1925, il dénonce le pouvoir grandissant de Staline et s'oppose à la « construction du socialisme dans un seul pays » au nom de « la révolution permanente ». Il est exclu du parti (1927) puis expulsé du territoire soviétique (1929). Il s'installe en France (1933-1935), en Norvège puis au Mexique (1936). Il fonde en 1938 la IVᵉ Internationale, qui entend s'opposer à la IIIᵉ Internationale, mais il est assassiné en août 1940, à l'instigation de Staline.

Troubetskoï *(Nikolaï Sergueïevitch),* linguiste russe (Moscou 1890 - Vienne 1938). Il participa au cercle linguistique de Prague. Il définit rigoureusement la notion de *phonème* et établit la distinction entre la *phonétique* et la *phonologie.* Il a eu une grande influence sur le structuralisme. On a publié après sa mort *Principes de phonologie* (1939).

troubles *(temps des),* période troublée de l'histoire de Russie qui débute, pour certains historiens, en 1598 (mort de Fedor Iᵉʳ), pour d'autres en 1605 (mort de Boris Godounov) et s'achève à l'avènement de Michel III Fedorovitch (1613).

Trousseau *(Armand),* médecin français (Tours 1801 - Paris 1867). Élève de Bretonneau, il occupa à Paris la chaire de thérapeutique (1839), puis la clinique médicale (1852). Il a publié trois volumes des *Cliniques médicales de l'Hôtel-Dieu.*

Troyat *(Lev* Tarassov*, dit Henri),* écrivain français (Moscou 1911). Il est l'auteur de cycles romanesques qui évoquent l'histoire de la France et de la Russie (*Tant que la terre durera,* 1947-1950 ; *les Semailles et les Moissons,* 1953-1956 ; *les Eygletière,* 1965-1967). On lui doit aussi des biographies. (Acad. fr. 1959.)

Troyes, anc. cap. de la Champagne, ch.-l. du dép. de l'Aube, sur la Seine, à 158 km au sud-est de Paris ; 60 755 hab. (env. 125 000 hab. dans l'agglomération) [*Troyens*]. Évêché. Centre de la bonneterie. Constructions mécaniques. — Cathédrale (XIIIᵉ-XVIᵉ s.), église St-Urbain (XIIIᵉ s.) et autres églises gothiques riches en sculptures et en vitraux de l'école troyenne (du XVIᵉ s. surtout). Musées des Beaux-Arts, de l'hôtel de Vauluisant, d'Art moderne (dans l'anc. évêché) ; maison de l'Outil et de la Pensée ouvrière.

Troyes *(traité de)* [21 mai 1420], traité signé à Troyes entre Henri V d'Angleterre et Charles VI, avec la complicité de la reine Isabeau de Bavière et l'appui du duc de Bourgogne. Il faisait du souverain anglais l'héritier et le régent de France, à la mort de Charles VI, au détriment du Dauphin, le futur Charles VII.

Trucial States → Émirats arabes unis.

Trudaine *(Daniel Charles),* administrateur français (Paris 1703 - *id.* 1769). Intendant en Auvergne (1730), directeur des Ponts et Chaussées (1743), il fonda l'École des ponts et chaussées (1747) et le corps des ingénieurs des Ponts et Chaussées (1750).

Trudeau *(Pierre Elliott),* homme politique canadien (Montréal 1919). Président du Parti libéral et Premier ministre du Canada de 1968 à 1979 et de 1980 à 1984, il a œuvré pour le renforcement de la souveraineté canadienne.

Truffaut *(François),* cinéaste français (Paris 1932 - Neuilly-sur-Seine 1984). Critique aux *Cahiers du cinéma,* il réalise son premier film, *les Quatre Cents Coups,* en 1959, et devient l'un des auteurs de la nouvelle vague. Justesse de ton, sensibilité, vérité des personnages, lyrisme des mouvements de caméra caractérisent alors son cinéma. Après *Tirez sur le pianiste* (1960), il adopte une facture plus classique, portant toute son attention aux acteurs et aux personnages : *Jules et Jim* (1962), *la Peau douce* (1964), *Fahrenheit 451* (1966), *la mariée était en noir* (1968), *Baisers volés* (1968), *Domicile conjugal* (1970), *l'Enfant sauvage* (1970), *les Deux Anglaises et le continent* (1971), *la Nuit américaine* (1973), *l'Histoire d'Adèle H.* (1975), *la Chambre verte* (1978), *le Dernier Métro* (1980), *la Femme d'à côté* (1981), *Vivement dimanche* (1983).

Trujillo, port du Pérou septentrional ; 355 000 hab. Centre commercial, industriel et touristique. — Noyau urbain d'époque coloniale.

Trujillo y Molina *(Rafael),* homme d'État dominicain (San Cristóbal 1891 - Ciudad Trujillo, auj. Santo Domingo, 1961). Président de 1930 à 1952, il établit une dictature policière. Il conserve la réalité du pouvoir jusqu'à son assassinat en 1961.

Truman *(Harry S.),* homme d'État américain (Lamar, Missouri, 1884 - Kansas City 1972). Sénateur démocrate (1935), vice-président de F. D. Roosevelt, il fut président des États-Unis de 1945 à 1953. Il mit fin à la Seconde Guerre mondiale en utilisant la bombe atomique contre le Japon (1945). Afin de limiter l'expansion du communisme, il créa la CIA (1947), favorisa l'aide à l'Europe occidentale (plan Marshall, 1947), contribua à la fondation de l'O. T. A. N. (1949) et engagea les États-Unis dans la guerre de Corée (1950-1953).

Ts'ao Ts'ao → Cao Cao.

Tselinograd → Akmola.

Ts'eu-hi → Cixi.

Tsiganes ou **Tziganes,** ensemble de peuples comptant plus de 10 millions de personnes parlant le tsigane, et comprenant essentiellement trois grands groupes : les *Rom,* vivant en Europe centrale et de l'Ouest, mais aussi au Canada, en Afrique du Sud et en Australie ; les *Manouches,* vivant en Italie et en France ; les *Kalé,* ou *Gitans,* vivant en Espagne, au Portugal, en France, en Allemagne. Les Tsiganes français sont également appelés « Bohémiens ». Leur peuple a été victime d'une tentative de destruction systématique par les nazis pendant la Seconde Guerre mondiale. Par ailleurs, la politique des différents États qu'ils traversent a souvent oscillé entre le rejet et le fichage policier. Les divers groupes tsiganes entretiennent, malgré leur diversité, des relations liées aux échanges matrimoniaux, aux cérémonies funéraires, etc. La conversion d'une part importante des Tsiganes au pentecôtisme, les progrès de la scolarisation sont autant de facteurs qui contribuent à faire évoluer leur société.

Ts'ing → Qing.

Tsiolkovski *(Konstantine Edouardovitch),* savant russe (Ijevskoïe 1857 - Kalouga 1935), l'un des principaux précurseurs et théoriciens de l'astronautique. Dès 1883, il exprima la conviction que seule la propulsion par réaction permettrait de réaliser des vols dans le cosmos. En 1903, il publia son ouvrage majeur, *Exploration des espaces cosmiques par des engins à réaction,* où se trouvent énoncées pour la première fois les lois du mouvement d'une fusée. On lui doit aussi l'idée du moteur-fusée à hydrogène et à oxygène liquides, les concepts de fusées à étages, de stations orbitales, etc.

Tsiranana *(Philibert),* homme d'État malgache (Anahidrano 1910 - Antananarivo 1978), président de la République de Madagascar de 1959 à 1972.

Tsitsihar ou **Qiqihar,** v. de la Chine du Nord-Est (Heilongjiang) ; 1 200 000 hab. Carrefour ferroviaire et grand centre industriel.

Tsonga ou **Thonga,** population bantoue du Mozambique.

Tsu, v. du Japon (Honshu), sur la baie d'Ise ; 157 117 hab.

Tsubouchi Shoyo, écrivain japonais (Ota 1859 - Atami 1935). Théoricien du réalisme *(la Moelle du roman,* 1885), il est également un des fondateurs du théâtre japonais moderne.

Tsugaru *(détroit de),* détroit qui sépare les îles Honshu et Hokkaido, et relie la mer du Japon à l'océan Pacifique. Il est traversé par un tunnel ferroviaire sous-marin.

Tsushima, archipel japonais, entre la Corée et le Japon, séparé de l'île de Kyushu par le *détroit de Tsushima ;* 709 km² ; 58 700 hab.

Tswana, population bantoue du Botswana.

Tuamotu *(îles),* archipel du Pacifique sud, entre 15 et 22⁰ de lat. sud, partie du territoire d'outre-mer de la Polynésie française ; 880 km² ; 11 754 hab. (Polynésiens appelés *Paumotu).* Découvert en 1606 par l'Espagnol P. Fernández de Quirós, placé sous protectorat français en 1842 et annexé en 1880, l'archipel est constitué de 76 atolls (une quarantaine sont habités) alignés du N.-O. au S.-E. sur 1 500 km et prolongés par les îles Gambier. Les plus vastes anneaux de corail sont ceux de Rangiroa et de Fakarava.

Tubiana *(Maurice),* cancérologue français (Constantine 1920). Directeur de l'Institut du cancer de Villejuif de 1982 à 1988, élève de R. Debré, il a créé en 1949, à l'hôpital Necker, le premier laboratoire français pour l'emploi des radio-isotopes. Ses travaux portent sur les cancers et leur traitement par radiothérapie.

Tübingen, v. d'Allemagne (Bade-Wurtemberg), sur le Neckar ; 78 643 hab. Université fondée en 1477. — Monuments médiévaux, maisons anciennes. Collections d'antiquités (céramiques, etc.) de l'Institut archéologique.

Tubuaï, une des îles Australes (Polynésie française) ; 124 km² ; 1 846 hab.

Tuby ou **Tubi** *(Jean-Baptiste),* sculpteur français d'origine italienne (Rome v. 1635 - Paris 1700). Collaborateur de Le Brun, il a notamment réalisé le groupe d'*Apollon sur son char du bassin d'Apollon* à Versailles, plein de force et d'élégance (plomb doré, 1668-1670).

Tucson, v. des États-Unis (Arizona) ; 405 390 hab. Centre touristique et industriel. — Musées.

Tudjman *(Franjo),* homme politique croate (Veliko Trgovišče, nord de la Croatie, 1922). Leader de la Communauté démocratique croate, à la tête de la République depuis 1990, il est le premier président de la Croatie indépendante, élu au suffrage universel en 1992. En 1995, il cosigne l'accord de paix sur la Bosnie-Herzégovine.

Tudor, famille anglaise, originaire du pays de Galles, qui, de 1485 à 1603, donna 5 souverains à l'Angleterre : Henri VII (1485-

1509), Henri VIII (1509-1547), Édouard VI (1547-1553), Marie Ire (1553-1558) et Élisabeth Ire (1558-1603).

Tudor *(William* Cook, dit Antony*),* danseur, chorégraphe et pédagogue britannique (Londres 1909 - New York 1987). Il signe ses premières réalisations en Grande-Bretagne *(Jardin aux lilas,* 1936 ; *Dark Elegies,* 1937). Il part pour les États-Unis en 1939, devient le principal chorégraphe de l'American Ballet Theatre, où il crée son chef-d'œuvre *Pillar of Fire* (1942). Il devient en 1974 directeur associé à l'American Ballet Theatre.

Tu Duc *(Hoang Nham,* dit*)* [1830-1883], empereur du Viêt Nam (1848-1883). Il dut céder à la France la Cochinchine (1862-1867) et ne put pas résister à l'intervention française en Annam et au Tonkin (1882-83).

Tugendbund (« ligue de la Vertu »), association patriotique que formèrent à Königsberg, en 1808, les étudiants de l'Allemagne pour l'expulsion des Français. Dissoute en 1809 par Napoléon, elle influença le mouvement libéral naissant.

Tuileries *(palais des),* ancien palais de Paris, à l'ouest du Louvre. Commencé en 1564 par Delorme pour Catherine de Médicis, l'édifice fut continué et modifié, notamment, sous Henri IV et au début du règne personnel de Louis XIV. Abandonnées cependant par ce dernier, comme le Louvre, au profit de Versailles, les Tuileries furent, sous la Révolution, le siège du pouvoir exécutif et, depuis l'Empire, la résidence des souverains. Incendié en 1871, le palais a été démoli en 1882. Les jardins, en partie dus à Le Nôtre, subsistent (statuaire) ; musée de l'Orangerie et galerie du Jeu de Paume.

Tula ou **Tollan,** ancienne métropole de la civilisation toltèque, située près de l'actuel village de Tula au Mexique (État de Hidalgo). Pyramide dominée par des atlantes en basalte.

Tulle, ch.-l. du dép. de la Corrèze, sur la Corrèze, à 463 km au sud de Paris ; 18 685 hab. *(Tullistes).* Évêché. Manufacture d'armes. Fabrication d'accordéons. — Cathédrale des XIIe-XIVe siècles ; musée dans le cloître.

Tullius Hostilius, troisième roi de Rome, que la tradition fait régner d'environ 673 à 640 av. J.-C. Il conquit Albe (combat légendaire des Horaces et des Curiaces) et fit construire la Curie.

Tulsa, v. des États-Unis (Oklahoma), sur l'Arkansas ; 367 302 hab. Centre pétrolier.

Tulsi Das, poète indien d'expression hindi (Rajpur ? v. 1532 - Bénarès ? v. 1623). Il est l'auteur d'une épopée mystique, le *Rama-ritmanas,* restée très populaire.

Tulunides, dynastie de gouverneurs autonomes de l'Égypte et de la Syrie (868-905), fondée par Ahmad ibn Tulun (m. en 884), officier du gouverneur abbasside d'Égypte.

Tumb *(Grande* et *Petite),* îles du détroit d'Ormuz, dans le golfe Persique. — Occupées par l'Iran en 1971.

Tunis, *en ar.* Tunus, cap. de la Tunisie ; 774 000 hab. *(Tunisois)* [plus de un million dans l'agglomération]. **GÉOGR.** Établie à l'origine sur des collines en bordure d'un lac séparé de la mer par un cordon littoral, la ville s'est développée vers le lac (quartier des affaires) et vers l'est (port), et s'est entourée de banlieues. C'est le centre politique, commercial, culturel et industriel de la Tunisie. **HIST.** Tunis se développa à partir du faubourg de *Tynes,* après la conquête arabe de Carthage (v. 698), et devint la brillante métropole économique de l'Ifriqiya (Tunisie et Algérie orientale). Capitale de la dynastie musulmane des Hafsides (1229-1574), assiégée vainement par Saint Louis en 1270, elle demeura la capitale de la Tunisie sous les dominations ottomane, puis française et après l'indépendance (1956). **ARTS.** Monuments anciens, dont la Grande Mosquée al-Zaytuna (du IXe au XVIIe s.). Musée du Bardo.

Tunisie, État de l'Afrique du Nord, sur la Méditerranée ; 164 000 km² ; 8 400 000 hab. *(Tunisiens).* CAP. *Tunis.* LANGUE : *arabe.* MONNAIE : *dinar tunisien.*

GÉOGRAPHIE

Le plus oriental des trois États du Maghreb, la Tunisie en est le pays le moins étendu et le moins peuplé. Au N., des massifs forestiers, orientés S.-O.-N.-E., prolongent de part et d'autre de la Medjerda les hauteurs du Tell et de l'Atlas. Au-delà de cet ensemble, les plaines et les plateaux, qui couvrent les trois quarts du pays, reçoivent de moins en moins de pluies vers le sud, saharien (oasis). La majorité de la population se concentre dans la zone côtière, entre Bizerte et Sfax. Très homogène, pratiquant l'islam sunnite, elle est urbaine à plus de 50 %, autant par tradition que du fait d'un fort exode rural. L'accroissement démographique reste élevé. Le secteur agricole emploie 30 % des actifs, mais contribue seulement pour 18 % du P. I. B. L'agriculture juxtapose un secteur moderne, en partie irrigué (blé, betterave à sucre, fourrage, agrumes, primeurs, élevage bovin), et un secteur traditionnel (céréales, arbres fruitiers, élevage ovin et caprin). La Tunisie, parmi les premiers producteurs mondiaux de dattes et d'huile d'olive, ne satisfait pas ses besoins alimentaires et doit recourir aux importations. Le pétrole et les phosphates constituent les principales exportations. Les industries sont localisées pour plus de la moitié dans la région de Tunis avec en tête l'alimentation et les textiles suivis par la construction, la mécanique (assemblage automobile) et les constructions électriques. S'y ajoutent la chimie, le bois et le papier, les peintures, le cuir. Les envois des travailleurs émigrés et les revenus du tourisme complètent les ressources. Le déficit de la balance commerciale, une dette extérieure importante, un sous-emploi élevé traduisent les difficultés économiques. Les principaux partenaires commerciaux sont la France, l'Italie et l'Allemagne.

HISTOIRE

■ **La Tunisie antique.**
Vers 814 av. J.-C. Les Phéniciens fondent Utique et Carthage.
146 av. J.-C. Carthage est détruite et la province romaine d'Afrique organisée.
L'Afrique romaine connaît une grande prospérité sous le règne des Sévères (193-235 apr. J.-C.) ; le christianisme est florissant aux IIIe-IVe s.
429-533. Les Vandales occupent le pays.
533. Les Byzantins rétablissent leur domination sur la région de Carthage.
■ **La Tunisie musulmane.**
669-705. Les Arabes conquièrent le pays. Ils fondent Kairouan, où résident les gouverneurs des Omeyyades de Damas puis des Abbassides de Bagdad. Ces derniers font de nouveau de l'Ifriqiya (Tunisie et Est de l'Algérie actuels) une province prospère.
909. Les Fatimides (dynastie chiite) instaurent leur pouvoir.
969. Ils conquièrent l'Égypte et laissent l'Ifriqiya à leurs vassaux *zirides* (dynastie berbère). Dans la seconde moitié du XIe s., les invasions des Banu Hilal ruinent le pays.
1160-1229. Règne des Almohades.
1229-1574. Règne des Hafsides.
Tunis se développe grâce au commerce et aux établissements qu'y fondent diverses nations chrétiennes. Conquise par Charles Quint en 1535, elle est reprise en 1556-1558 par les corsaires turcs.
1574. La Tunisie est intégrée à l'Empire ottoman. Elle constitue la régence de Tunis, gouvernée par un dey, puis, à partir du XVIIIe s., par un bey.

1869. L'endettement conduisant à la banqueroute, une commission financière anglo-franco-italienne est créée.
■ **Le protectorat français.**
1881. Le traité du Bardo établit le protectorat français.
1920. Le Destour, parti nationaliste, est créé.
1934. Le Néo-Destour de Habib Bourguiba s'en sépare.
Nov. 1942-mai 1943. Le pays est occupé par les Allemands.
■ **La Tunisie indépendante.**
1956. La Tunisie accède à l'indépendance. Bourguiba promulgue le code du statut personnel, moderniste et laïque.
1957. Il proclame la république et en devient le président, régulièrement réélu.
1963. La France évacue Bizerte.
Dans les années 1970, l'opposition syndicale et étudiante au régime de parti unique de Bourguiba, président à vie depuis 1975, se développe.
1983. Le multipartisme est instauré officiellement.
1987. Le gouvernement doit faire face à la montée de l'islamisme. Bourguiba est destitué par son Premier ministre, Zine el Abidine Ben Ali, qui le remplace à la tête de l'État.
1989. Ben Ali est élu à la présidence de la République.

Túpac Amaru II (*José Gabriel* Condorcanqui, dit), noble péruvien (Tungasuca, Pérou, v. 1740 - Cuzco 1781). Descendant direct de l'Inca Túpac Amaru, il souleva les Indiens contre l'administration coloniale (1780-81) et fut exécuté.

Tupi, groupe ethnolinguistique de l'Amazonie, comprenant les Tupinamba, les Tupi-Guarani, les Siriono et les Guayaki. Les Tupi de l'Amazonie comptent un très grand nombre de groupes dispersés.

Tupolev ou **Toupolev** (*Andreï Nikolaïevitch*), constructeur aéronautique soviétique (Poustomazovo, région de Tver, 1888 - Moscou 1972). Plus de 120 types d'avions civils et militaires ont été conçus et réalisés sous sa direction, notamment le bombardier supersonique TU-22 Blinder et le TU-104 (1955).

Tura (*Cosme*), peintre italien (Ferrare v. 1430 - *id.* 1495). Acuité graphique et puissance du modelé concourent au caractère hallucinant de son art, influencé par Mantegna, Donatello, Van der Weyden, Piero della Francesca (*Pietà*, musée Correr, Venise ; volets d'orgue avec *Saint Georges* et l'*Annonciation,* Ferrare). Il fut le chef de file de l'école ferraraise (Ercole de Roberti, F. Del Cossa...).

Turati *(Filippo),* homme politique italien (Canzo 1857 - Paris 1932). Il fut en 1892 l'un des leaders du Parti socialiste, au sein duquel il joua un rôle considérable. Exclu de ce parti en 1922, il fonda le Parti socialiste unifié et, opposé au fascisme, s'exila en France en 1926.

Turbigo, localité d'Italie (Lombardie), sur le Tessin ; 7 276 hab. — Victoire des Français de Bonaparte sur les Autrichiens de Melas (1800). Victoire de Mac-Mahon sur les Autrichiens de Clam-Gallas (3 juin 1859).

Turckheim, comm. du Haut-Rhin ; 3 583 hab. — Victoire de Turenne sur les impériaux (1675).

Turcs, peuples parlant des langues turques. Sans doute originaires de l'Altaï, les Turcs vivent auj. en Turquie, en Azerbaïdjan, au Turkménistan, en Ouzbékistan et au Kirghizistan ainsi qu'en Russie et en Chine (Xinjiang). Dans le passé, les principaux Empires turcs furent ceux des Tujue (VIᵉ-VIIIᵉ s.), des Ouïgours (v. 745-840), des Seldjoukides (XIᵉ-XIIIᵉ s.) et des Ottomans, qui régnèrent du début du XIVᵉ s. à 1922. De nos jours, Turcs et turcophones, disséminés du Sinkiang chinois à la Turquie, du nord de l'Iran à l'Asie centrale et au Caucase, sont tous musulmans. Les Turcs se sont en effet islamisés à partir du VIIIᵉ siècle. Esclaves *(mamelouks)* et mercenaires des Abbassides, ils jouèrent un rôle de plus en plus important dans le monde musulman. Les Seldjoukides, qui déferlèrent au XIᵉ siècle sur l'Iran, la Mésopotamie, la Syrie et l'Anatolie, furent suivis par une masse de tribus turques qui allaient transformer l'Asie Mineure et l'Azerbaïdjan en terres turques et musulmanes. Ensuite, à partir du XIIIᵉ siècle, la conquête mongole établit ou renforça la langue et la culture turques sur de vastes territoires. Enfin, les Ottomans implantèrent l'islam dans l'Europe balkanique.

Turenne *(Henri* de La Tour d'Auvergne, *vicomte* de*),* maréchal de France (Sedan 1611 - Sasbach 1675). Commandant de l'armée d'Allemagne pendant la guerre de Trente Ans, maréchal de France (1643), il hâta par ses victoires la conclusion des traités de Westphalie (1648). Pendant la Fronde, il fut d'abord entraîné dans le parti hostile à Mazarin, puis, battu à Rethel (1650), se rallia à la cour et vainquit Condé aux portes de Paris (1652). Il décida par sa victoire des Dunes (1658) de la signature de la paix des Pyrénées (1659), ce qui lui valut le titre de maréchal général des camps et armées du roi (1660). Commandant l'armée française pendant les guerres de Dévolution (1667) et de Hollande (1672), il envahit les Provinces-Unies et conquit l'Alsace après avoir écrasé les impériaux à Turckheim (1675), mais il fut tué la même année à Sasbach. Protestant, il avait été converti au catholicisme par Bossuet.

Turgot *(Anne Robert Jacques), baron* de **Laulne,** homme d'État et économiste français (Paris 1727 - *id.* 1781). Intendant de la région de Limoges (1761), il transforme le Limousin. Imprégné des idées des physiocrates, il écrit ses *Réflexions sur la formation et la distribution des richesses* (1766). Nommé par Louis XVI au poste de contrôleur général des Finances (1774), il supprime les douanes intérieures et cherche à établir la liberté du commerce et de l'industrie par la suppression des corporations. En 1776, il présente un projet d'impôt en argent, payé par tous les propriétaires fonciers (sauf les ecclésiastiques), et suscite ainsi une telle opposition des parlementaires que Louis XVI le disgracie.

Turin, *en ital.* Torino, v. d'Italie, cap. du Piémont et ch.-l. de prov. ; 961 916 hab. *(Turinois)* [env. 1,5 million dans l'agglomération]. GÉOGR. Au confluent du Pô et de la Doire Ripaire, qui ouvre sur les voies alpines, la ville a eu longtemps des fonctions politiques et militaires. Depuis la création de la Fiat (1899), elle est devenue un grand centre industriel (automobile, matériel ferroviaire, aéronautique, carrosserie, constructions électriques, pneumatiques, plastique, peinture, confection, alimentation, imprimerie) en même temps qu'un centre administratif, financier, culturel (université) et touristique. ARTS. La ville s'est développée sur un ample plan en damier à partir du XVIᵉ siècle. Cathédrale de la Renaissance (fin du XVᵉ s.). Sobre palais Ducal, puis Royal, du XVIIᵉ siècle ; monuments baroques par Guarini (chapelle du Saint-Suaire à la cathédrale) et Juvarra (façade du palazzo Madama). Importants musées, dont le Musée égyptien, ceux des palais Madama et Carignano, la galerie Sabauda (peinture), la galerie d'Art moderne.

Turing *(Alan Mathison),* mathématicien britannique (Londres 1912 - Wilmslow, Cheshire, 1954). Dans une de ses plus importantes contributions à la logique mathématique (en 1936-1938), il a élaboré le concept théorique d'une machine à cal-

culer « universelle » (la *machine de Turing*).
Après la Seconde Guerre mondiale, il reprit
ses recherches sur la conception des machines à calculer. À partir de 1950, il s'intéressa
à l'intelligence artificielle. En butte à des
poursuites pour son homosexualité, il se
serait suicidé.

Turkana *(lac),* anc. lac Rodolphe, lac du
nord du Kenya ; 8 500 km².

Turkestan, dénomination historique des
territoires d'Asie centrale peuplés majoritairement de Turcs. Sa partie occidentale correspond à l'ensemble formé par le sud du
Kazakhstan, le Kirghizistan, l'Ouzbékistan,
le Tadjikistan et le Turkménistan (ancien
Turkestan russe). Sa partie orientale correspond à l'actuel Xinjiang (ancien *Turkestan
chinois*).

Turkmènes, peuple turc de langue turkmène, qui vit dans le Turkménistan, en
Afghanistan et en Iran. Les Turkmènes sont
musulmans sunnites.

Turkménistan, État d'Asie sur la Caspienne ; 488 100 km² ; 4 000 000 d'hab.
(Turkmènes). Cap. *Achkhabad* (ou *Achgabat*).
LANGUE : *turkmène.* MONNAIE : *manat.*
GÉOGRAPHIE
Le désert ou semi-désert de la dépression
aralo-caspienne couvre 90 % du territoire.
La population (72 % de Turkmènes) se
concentre dans le piémont du Kopet-Dag,
dans les oasis du Tedjen, de la Mourgab et
de l'Amou-Daria. Le canal du Karakoum
(815 km) a permis l'extension de l'irrigation. Le coton occupe plus de la moitié des
superficies cultivées, l'élevage ovin fournissant par ailleurs laine et peaux (astrakan). Le
sous-sol fournit du pétrole et du gaz naturel.
Le chemin de fer transcaspien, qui relie le
port de Krasnovodsk à l'Amou-Daria, dessert notamment la capitale.
HISTOIRE
Formé de territoires conquis par les Russes
de 1863 à 1885, le Turkménistan devient en
1924 une république fédérée de l'U. R. S. S.
1991. Il accède à l'indépendance.

Turks et Caicos, archipel britannique des
Antilles, au nord d'Haïti (430 km² ;
10 000 hab.). Ch.-l. *Cockburn Town.*

Turku, *en suéd.* **Abo,** port de Finlande, sur la
Baltique ; 163 000 hab. Centre culturel (uni-
versité finnoise et suédoise) et industriel. —
Cathédrale et puissant château remontant à
la fin du XIIIᵉ siècle. Urbanisme des XIXᵉ et
XXᵉ siècles. Musées.

Turlupin *(Henri* Le Grand, dit Belleville ou*),*
acteur français (Paris 1587 - *id.* 1637). Far-

ceur sur les tréteaux de la Foire, il fit partie
de la troupe de l'Hôtel de Bourgogne.

Turnèbe *(Adrien* Tourneboug, dit*),* humaniste français (Les Andelys 1512 - Paris
1565). **Odet,** son fils (Paris 1552-1581), est
l'auteur de la comédie *les Contents* (v. 1581).

Turner *(William),* peintre britannique (Londres 1775 - *id.* 1851). Essentiellement paysagiste, il tendit de plus en plus, surtout
après les voyages en Italie (1819 et 1828), à
dissoudre les formes dans le frémissement
de l'atmosphère et de la lumière, jusqu'aux
limites du fantastique (*l'Incendie du Parlement,* 1835, versions de Philadelphie et de
Cleveland ; *Pluie, vapeur, vitesse,* 1844, National Gallery de Londres). Il s'est inspiré, au
début de sa carrière, de Claude Lorrain et,
en retour, a influencé les impressionnistes.
Une annexe de la Tate Gallery (Londres),
conserve son immense fonds d'atelier.

Turnhout, v. de Belgique (Anvers), dans la
Campine ; 37 874 hab. — Monuments
anciens. Musées, dont celui du Jeu de cartes.

Turquie, État de l'Asie occidentale (englobant l'extrémité sud-est de la péninsule balkanique) ; 780 000 km² ; 58 500 000 hab.
(Turcs). CAP. *Ankara.* V. princ. *Istanbul.* LAN-
GUE : *turc.* MONNAIE : *livre turque.*
GÉOGRAPHIE
■ **Les conditions naturelles.** Bordé au
nord par les chaînes pontiques, difficilement franchissables, et au sud par les chaînes du Taurus et de l'Anti-Taurus (chaînes
tauriques), le plateau anatolien occupe la
majeure partie de la Turquie. D'une altitude
moyenne de 1 132 m, accidenté, coupé de
bassins parfois occupés par des lacs (lac de
Van), le plateau est basculé de l'est, où il
culmine au mont Ararat, vers l'ouest où il
plonge dans la mer Égée.
L'été est très chaud dans tout le pays, mais
le régime des pluies est varié. Les côtes de la
mer Noire sont arrosées en toutes saisons,
tandis que les bordures égéennes et méditerranéennes reçoivent leurs pluies, abondantes, en hiver. Vers l'est, les nuances
continentales s'accentuent. Les pluies de
printemps et d'été diminuent sur le plateau
intérieur qui reçoit le plus souvent moins de
400 mm, en même temps que les hivers
deviennent froids. La végétation arbustive
méditerranéenne et les forêts des chaînes
pontiques et tauriques s'opposent à l'aridité
des hautes terres de l'Anatolie intérieure.
■ **La population.** Les nomades turcs venus
d'Asie centrale ont submergé les populations sédentaires grecques, arméniennes et

kurdes. Depuis le massacre des Arméniens en 1915, les Kurdes constituent la seule minorité importante (12 millions de personnes environ semi-nomades). La population, islamisée, vit surtout dans l'Ouest et est urbanisée pour moitié environ, du fait d'un fort exode rural depuis les années 1950. Son accroissement naturel demeure élevé, voisin de 2 % par an.

■ **L'économie.** L'agriculture emploie 50 % des actifs, essentiellement dans de petites exploitations familiales. Les céréales (orge, blé) occupent environ la moitié des terres cultivées ; celles-ci se localisent surtout sur le plateau anatolien où elles sont juxtaposées à l'élevage des moutons et des chèvres. Les rivages de la mer de Marmara et de la mer Noire sont le domaine des arbres fruitiers, du tabac et de la betterave à sucre auxquels s'ajoutent vers l'E. les théiers et les noisetiers. Sur les côtes méditerranéennes se cultivent le coton, les agrumes, les bananiers, le raisin et le riz. Le pays est autosuffisant et exportateur. Mais la part relative des produits agricoles dans le total des exportations a baissé et se situe actuellement autour de 20 %. Les ressources minières sont variées : houille et lignite, fer, cuivre, bauxite, chrome, manganèse, pétrole. La production d'électricité est assurée à 40 % par l'hydroélectricité, qui devrait progresser avec les barrages sur l'Euphrate. Le secteur industriel est tourné en partie vers l'exportation. Le textile et la confection viennent en tête avec le tiers de la main-d'œuvre industrielle, suivis par l'alimentation, la construction automobile, les travaux publics, la métallurgie, les constructions électriques, la chimie, le tabac et le cuir. Le tourisme, les envois des travailleurs émigrés complètent les ressources de la Turquie, qui occupe une situation de carrefour entre l'Europe, le Moyen-Orient et l'Asie centrale. Le chômage, l'endettement extérieur, une forte inflation, des tensions sociales et politiques, le déséquilibre entre l'Ouest et l'Est fragilisent le pays, toujours candidat à l'entrée dans l'Union européenne.

HISTOIRE

Après la défaite de l'Empire ottoman (1918), qui est occupé par les Alliés, Mustafa Kemal entreprend de construire un État national turc à partir de l'Anatolie.

1920. La Grande Assemblée nationale d'Ankara l'élit président (avril). Les Grecs, soutenus par la Grande-Bretagne, débarquent en Asie Mineure (juin). Le sultan Mehmed VI signe le traité de Sèvres (août).

1922. Les Grecs, battus, signent l'armistice de Mudanya. Mustafa Kemal abolit le sultanat.

1923. Le traité de Lausanne fixe les frontières de la Turquie.
Arméniens et Kurdes sont abandonnés par les Alliés qui les soutenaient. La république est instaurée ; Mustafa Kemal en devient le président. Il entreprend la révolution nationale afin de faire de la Turquie un État laïc, moderne et occidentalisé.

1924. Le califat est aboli.

1938. À la mort de Mustafa Kemal, dit *Atatürk,* Ismet Inönü devient président de la République.
Restée neutre pendant la Seconde Guerre mondiale, la Turquie bénéficie du plan Marshall à partir de 1947.

1950. Adnan Menderes accède au pouvoir. Il rompt avec le dirigisme étatique et tolère le retour aux traditions islamiques.

1952. La Turquie devient membre de l'O. T. A. N.

1960. Le général Gürsel prend le pouvoir.

1961-1971. Des gouvernements de coalition sont formés par Inönü (1961-1965), puis par S. Demirel (1965-1971).

1970-1972. Des troubles graves éclatent ; l'ordre est restauré par l'armée.

1974. B. Ecevit, Premier ministre, fait débarquer les forces turques à Chypre.
Demirel et Ecevit alternent au pouvoir de 1975 à 1980. L'aggravation des troubles, causés par l'agitation des marxistes et des intégristes musulmans, ainsi que par les séparatistes kurdes, provoque un coup d'État militaire (1980).

1983. Les partis politiques sont à nouveau autorisés et un gouvernement civil est formé par Turgut Özal.

1991. Demirel est à nouveau Premier ministre.
Les Kurdes accentuent leurs revendications.

1993. Après la mort de Turgut Özal, Demirel est élu président de la République. Mme Tansu Ciller est nommée à la tête du gouvernement.

1995. Les islamistes, qui avaient déjà réussi une percée lors des élections locales de 1994, arrivent en tête aux élections législatives.

1996. L'union douanière conclue entre la Turquie et l'Union européenne entre en vigueur. Les deux partis conservateurs forment un gouvernement d'alliance avec alternance au poste de Premier ministre de Mesut Yilmaz et de Tansu Ciller.

Tuticorin, port de l'Inde (Tamil Nadu) ; 284 193 hab.

Tutsi, peuple du Burundi et du Rwanda.

Tutu *(Desmond),* évêque noir sud-africain (Klerksdorp, Transvaal, 1931). Évêque de Johannesburg (1985-86), chef de l'Église anglicane d'Afrique australe et archevêque du Cap (depuis 1986), il lutte, activement mais pacifiquement, contre l'apartheid. (Prix Nobel de la paix 1984.)

Tuvalu *(îles),* anc. îles Ellice, État insulaire de Micronésie (24 km² ; 8 000 hab.), au nord des Fidji, indépendant depuis 1978. CAP. *Funafuti.* LANGUES *anglais* et *tuvaluan.* MONNAIE *dollar australien.* Les ressources limitées de cet archipel, très petit (9 atolls) et très pauvre, l'ont poussé à rechercher l'aide internationale.

Tuyên Quang *(siège de)* [1884-85], siège que soutint contre les Chinois une garnison française, aux ordres du commandant Dominé (1848-1921), à Tuyên Quang, ville du Viêt Nam (Tonkin), sur la rivière Claire, et au cours duquel se distingua le sergent Bobillot.

TV 5 Satellimages, chaîne francophone utilisant le satellite et le câble, créée en 1986. Groupement d'intérêt économique composé des télévisions publiques francophones française, suisse, belge et canadienne, TV 5 est devenue en 1991 une société anonyme.

Tver, de 1933 à 1990 Kalinine, v. de Russie, sur la Volga ; 451 000 hab. Centrale nucléaire.

Twain *(Samuel Langhorne* **Clemens,** dit **Mark),** écrivain américain (Florida, Missouri, 1835 - Redding, Connecticut, 1910). Premier grand écrivain de l'ouest des États-Unis, il fut le maître des romanciers qui voulurent « découvrir » l'Amérique à travers ses paysages et son folklore (*les Aventures de Tom Sawyer,* 1876 ; *les Aventures de Huckleberry Finn,* 1884).

Tweed *(la),* riv. tributaire de la mer du Nord, entre l'Angleterre et l'Écosse ; 156 km.

Twentieth Century Fox → Fox.

Twickenham, agglomération de la banlieue sud-ouest de Londres, sur la Tamise. Stade de rugby.

Tyard ou **Thiard** *(Pontus de),* poète français (château de Bissy, Mâconnais, 1521 - Bragny-sur-Saône 1605), évêque de Chalon-sur-Saône. Philosophe et poète (*Livre des vers lyriques,* 1555), il fut membre de la Pléiade, mais se situe davantage dans la lignée de Maurice Scève et de l'école lyonnaise.

Tyler *(John),* homme d'État américain (Charles City County, Virginie, 1790 - Richmond 1862). Président des États-Unis de 1841 à 1845, il fit voter la réunion du Texas au territoire américain (1845).

Tyler *(Wat* ou *Walter),* agitateur anglais (m. en 1381). L'un des meneurs des paysans révoltés du Kent (1381), il obtint de Richard II d'importantes mesures sociales. Mais, les insurgés ayant commis pillages et meurtres, il fut tué par le maire de Londres.

Tylor *(sir Edward Burnett),* anthropologue britannique (Camberwell, Londres, 1832 - Wellington, Somerset, 1917). Il a exposé une théorie de l'évolutionnisme et considéré l'animisme comme le phénomène religieux fondamental (*la Civilisation primitive,* 1871).

Tyndall *(John),* physicien irlandais (Leighlin Bridge 1820 - Hindhead 1893). Il a découvert le phénomène de regel de la glace ainsi que l'effet qui porte son nom.

Tyndare, roi légendaire de Sparte, époux de Léda, aimée de Zeus. Père des Dioscures et d'Hélène, il eut Ménélas pour successeur.

Tyne *(la),* fl. d'Angleterre, qui passe à Newcastle upon Tyne et se jette dans la mer du Nord ; 100 km.

Tyr, auj. Sour, au Liban. Port de Phénicie, Tyr fonda (à partir du XIᵉ s. av. J.-C.) sur les rives de la Méditerranée de nombreux comptoirs, dont Carthage (814, selon la tradition). Rivale de Sidon, elle fut sujette de l'Égypte du XVᵉ au XIIIᵉ s. av. J.-C. Elle lutta longuement contre les Empires assyrien et babylonien. Soumise par Alexandre (332 av. J.-C.), elle fut disputée par les Lagides et les Séleucides. Malgré la concurrence d'Alexandrie, elle demeura un centre culturel et commercial important jusqu'à l'invasion arabe (638 apr. J.-C.). — Ruines phéniciennes, hellénistiques et romaines.

Tyrol, province d'Autriche ; 12 649 km² ; 594 000 hab. *(Tyroliens)* ; cap. *Innsbruck.* Le Tyrol s'étend sur la haute vallée de l'Inn dont le tourisme d'été et d'hiver est la principale activité. HIST. Soumise aux Romains en 15 av. J.-C., la région est colonisée à partir du VIᵉ siècle par les Alamans et les Bavarois. Devenu partie intégrante du patrimoine héréditaire des Habsbourg en 1363, le Tyrol est cédé à la Bavière en 1805, puis rendu à l'Autriche en 1814. En 1919, le traité de Saint-Germain attribue à l'Italie, outre le Trentin, la province tyrolienne de Bolzano. Les revendications de la population allemande de cette province sont à l'origine de la question du Haut-Adige. Les accords signés en 1946 et 1969 entre l'Autriche et l'Italie assurent une large autonomie à la région et l'égalité des droits des deux groupes ethniques. Les deux États reconnaissent en 1992 que leur différend sur le Haut-Adige est définitivement réglé.

Tyrrhénienne *(mer)*, partie de la Méditerranée comprise entre la péninsule italienne, la Corse, la Sardaigne et la Sicile.

Tyrtée, poète lyrique grec (en Attique VIIe s. av. J.-C.). Il ranima par ses chants le courage des Spartiates dans la deuxième guerre de Messénie.

Tzara *(Tristan)*, écrivain français d'origine roumaine (Moineşti 1896 - Paris 1963). L'un des fondateurs à Zurich, en 1916, du mouvement dada, il proclama sa volonté de détruire la société et le langage (*le Cœur à gaz*, 1921 ; *l'Antitête*, 1923 ; *l'Homme approximatif*, 1931). Il témoigna ensuite de préoccupations morales, soucieux de défendre l'homme contre toutes les puissances d'asservissement (*la Fuite*, 1947 ; *le Fruit permis*, 1956 ; *la Rose et le Chien*, 1958).

Ubu, personnage né de l'imagination de quelques étudiants rennais parmi lesquels Alfred Jarry, qui en fit le héros de sa pièce *Ubu roi,* farce extravagante et choquante, d'abord animée par des marionnettes (1888), puis créée à Paris au théâtre de l'Œuvre en 1896. Le père Ubu demeure le symbole de la bêtise alliée au totalitarisme.

Ucayali, riv. du Pérou, l'une des branches mères de l'Amazone ; 1 600 km.

Uccello *(Paolo di Dono, dit Paolo),* peintre italien (Florence ? 1397 - *id.* 1475). Son traitement de la figure et de la perspective revêt un caractère de jeu intellectuel aigu et complexe (fresques de la *Vie de Noé,* cloître Vert de S. Maria Novella, Florence ; trois grands panneaux de la *Bataille de San Romano,* Offices, Louvre et National Gallery de Londres ; prédelle avec le *Miracle de l'hostie,* Urbino ; *la Chasse,* Oxford).

Uccle, *en néerl.* Ukkel, comm. de Belgique, banlieue sud de Bruxelles ; 73 721 hab.

Udaipur, v. de l'Inde (Rajasthan) ; 307 682 hab. — Ancienne capitale rajput. Nombreux monuments, dont l'immense palais royal (XVIᵉ-XVIIIᵉ s.). Musée.

U. D. F. (Union pour la démocratie française), formation politique, née en 1978, regroupant aujourd'hui le Parti radical, le Parti républicain, Force démocrate (structure issue de la refondation du Centre des démocrates sociaux avec, pour allié, le Parti social-démocrate), le Parti populaire pour la démocratie française et le groupe des Adhérents directs.

Udine, v. d'Italie, anc. cap. du Frioul, ch.-l. de prov. ; 99 157 hab. — Ensemble architectural de la place de la Liberté, avec le palais communal du XVᵉ siècle. Fresques de Tiepolo dans le palais archiépiscopal. Musées dans le château, reconstruit au XVIᵉ siècle.

U. D. R., sigle de Union pour la défense de la République (de 1968 à 1971), puis de Union des démocrates pour la République (de 1971 à 1976) → **U. N. R.**

U. E. (Union européenne) → **Union.**

Ueda Akinari → **Akinari.**

Uélé ou **Ouellé,** riv. du Zaïre, branche mère de l'Oubangui (r. g.) ; 1 300 km.

U. E. M. (Union économique et monétaire). → **UNION.**

U. E. O. (Union de l'Europe occidentale) → **Union.**

UFA (Universum Film Aktiengesellschaft), société allemande de production et de distribution de films, constituée en 1917 sous le patronage de Hindenburg et de Ludendorff.

Ugarit → **Ougarit.**

U. G. C. (sigle de Union générale cinématographique), firme cinématographique française, initialement société d'État (société privée depuis 1971) regroupant les entreprises cinématographiques placées sous séquestre à la Libération.

Ugolin *(Ugolino* della Gherardesca, dit*)* → **Gherardesca.**

Uhland *(Ludwig),* poète allemand (Tübingen 1787 - *id.* 1862). Il est l'auteur de poésies populaires, inspirées des légendes souabes (*le Château au bord de la mer,* 1805).

Uilenspiegel ou **Uylenspiegel,** puis **Eulenspiegel** *(Till)* [textuellement « Miroir aux chouettes »], personnage légendaire d'origine allemande (XIVe s.), célèbre pour ses facéties. C'est un paysan, qui exécute à la lettre les ordres qu'on lui donne, sans chercher à en comprendre l'intention. Charles de Coster, dans *la Légende d'Ulenspiegel et de Lamme Goedzak* (1867), en a fait le symbole de la résistance du peuple des Pays-Bas contre la domination espagnole.

Uji, v. du Japon (Honshu) ; 177 010 hab. Byodo-in : ancienne résidence impériale devenue (1053) sanctuaire bouddhique, l'un des rares exemples conservés de l'élégante architecture médiévale et de sa parfaite intégration au paysage. Le Hoo-do (pavillon du Phénix) abrite la célèbre statue d'Amida sculptée par Jocho.

Ujjain, v. de l'Inde (Madhya Pradesh) ; 367 154 hab. Université. — C'est l'une des villes saintes de l'Inde. — Monuments anciens, dont un observatoire du XVIIIe siècle.

Ujungpandang, *anc.* Macassar, port d'Indonésie, dans le sud de Célèbes, sur le *détroit d'Ujungpandang* (qui sépare les îles de Bornéo et de Célèbes) ; 709 000 hab.

UK, sigle de *United Kingdom.*

Ukraine, État de l'Asie occidentale, bordé au sud par la mer Noire et la mer d'Azov ; 604 000 km² ; 51 700 000 hab. *(Ukrainiens).* CAP. *Kiev.* LANGUE : *ukrainien.* MONNAIE : *khrivna.*

GÉOGRAPHIE

Plus vaste que la France et presque aussi peuplée, comptant une dizaine de villes dépassant 500 000 hab., l'Ukraine avait un poids économique important dans l'Union soviétique. Sous un climat continental modéré, à tendance aride vers le sud, les sols noirs fertiles portent des cultures variées (maïs, blé, betterave à sucre, tournesol, lin, houblon, pomme de terre, fruits et légumes). L'élevage bovin et porcin est développé. Le secteur est complété par une puissante industrie agroalimentaire. Le fer (Krivoï-Rog et presqu'île de Kertch) et le charbon (Donbass) ont permis le développement de l'industrie lourde. Ses deux pôles principaux sont le Donbass et l'axe du Dniepr, de Dniepropetrovsk à Krivoï-Rog. Le littoral de la mer Noire est le site de grands ports (Sébastopol, Odessa) et de stations balnéaires (Yalta). Le passage à l'économie de marché, le desserrement des liens (échanges commerciaux notamm.) avec les autres anciennes Républiques soviétiques, la présence d'une importante minorité russe (plus de 10 millions de personnes, notamm.

de Crimée) sont les principaux problèmes du nouvel État, au potentiel économique, tant agricole qu'industriel, indéniable.

HISTOIRE

IXe-XIIe s. L'État de Kiev, premier État russe, se développe.

1238-1240. La conquête mongole ruine la région de Kiev.

À partir des XIIIe-XIVe s. se forme une nationalité ukrainienne qui se différencie des autres Slaves de l'Est (Russes et Biélorusses) dans des territoires qu'annexent la Lituanie et la Pologne, à l'exception de la Ruthénie subcarpatique (sous domination hongroise depuis le XIe s.). Des communautés cosaques s'organisent sur le Don et le Dniepr aux XVe-XVIe s.

1654. L'hetman (chef) des Cosaques, Bogdan Khmelnitski, se place sous la protection de la Moscovie.

1667. L'Ukraine est partagée entre la Pologne et la Russie.

1709. Pierre le Grand écrase à Poltava l'hetman Mazeppa, qui avait tenté de constituer une Ukraine réunifiée et indépendante.

À la suite des partages de la Pologne (1793-1795), toute l'Ukraine se trouve sous la domination des Empires russe et autrichien. L'Ukraine devient au XIXe s. la région industrielle la plus riche de l'Empire russe. Les communautés juives, qui représentent 30% de la population des villes et des bourgs, sont victimes de nombreux pogroms de 1881 à 1921.

Fin de 1917-début de 1918. Une république soviétique est créée à Kharkov par les bolcheviks, et une république indépendante est proclamée à Kiev par les nationalistes.

1919-20. Les armées russes blanches puis les Polonais interviennent en Ukraine.

1922. La République soviétique d'Ukraine adhère à l'Union soviétique.

1932-33. Une grave famine fait plusieurs millions de victimes.

1939-40. L'U. R. S. S. annexe les territoires polonais peuplés d'Ukrainiens et la Bucovine du Nord, qui sont réunis à l'Ukraine, ainsi qu'une partie de la Bessarabie.

1941-1944. Un régime d'occupation très rigoureux est imposé par les nazis.

1945. L'Ukraine s'agrandit de la Ruthénie subcarpatique.

1954. La Crimée lui est rattachée.

1991. L'Ukraine accède à l'indépendance et adhère à la C. E. I. Le communiste Leonid Kravtchouk est élu à la présidence de la République. Des conflits d'intérêts opposent l'Ukraine et la Russie, notamment sur le statut de la Crimée et sur le contrôle de la flotte de la mer Noire.

1994. Leonid Koutchma est élu président de la République.

Ukraine subcarpatique ou **Ruthénie subcarpatique**, région d'Europe orientale réunie à l'Ukraine depuis 1945. Annexée à la Hongrie au XIᵉ siècle, elle fut rattachée à la Tchécoslovaquie de 1919 à 1938, puis cédée à l'U. R. S. S. (1945).

Ulbricht (*Walter*), homme d'État allemand (Leipzig 1893 - Berlin 1973). L'un des fondateurs du Parti communiste allemand (1919), premier secrétaire du Parti socialiste unifié (SED) de 1950 à 1971, il fut président du Conseil d'État de la République démocratique allemande de 1960 à sa mort.

Ulfilas, Ulfila ou **Wulfila,** évêque et apôtre des Goths (v. 311 - Constantinople 383). Il fut marqué par l'arianisme et traduisit en gotique le Nouveau Testament.

Ulhasnagar, v. de l'Inde (Maharashtra) ; 648 000 hab.

Ulis (Les), ch.-l. de c. de l'Essonne ; 27 207 hab. (*Ulissiens*).

Ullmann (*Liv*), actrice de cinéma et de théâtre norvégienne (Tokyo 1938). Elle s'est imposée dans les films de I. Bergman : *Persona* (1966), *la Honte* (1968), *Cris et Chuchotements* (1972), *Sonate d'automne* (1978).

Ulm, v. d'Allemagne (Bade-Wurtemberg), sur le Danube ; 108 930 hab. Centre industriel. — Cathédrale gothique entreprise à la fin du XIVᵉ siècle, à la tour colossale (œuvres d'art, dont les stalles exécutées autour de 1470 par le sculpteur Jörg Syrlin l'Ancien). Vieilles maisons. Musée.

Ulm (*capitulation d'*) [20 oct. 1805], capitulation de l'armée autrichienne commandée par Mack, qui, après avoir pénétré en Bavière, alors l'alliée de Napoléon, fut coupée de Vienne par les armées impériales. Après le combat d'Elchingen, elle fut bloquée dans Ulm (Bade-Wurtemberg) et dut capituler devant les Français.

Ulsan, port de Corée du Sud ; 418 000 hab. Centre industriel.

Ulster, région du nord de l'Irlande, entre la baie de Donegal et la mer d'Irlande. Elle est partagée entre l'Irlande du Nord britannique et la *province d'Ulster* (8 011 km², 232 012 hab.) de la République d'Irlande, composée de trois comtés (Cavan, Donegal, Monaghan). — D'âpres conflits y opposent la majorité protestante aux catholiques.

Ulysse, *en gr.* Odusseus, héros de la mythologie grecque qui a eu un rôle important lors de la guerre de Troie et dont Homère a retracé les vicissitudes. Roi d'Ithaque, époux de Pénélope et père de Télémaque, il est présenté par *l'Iliade* comme un diplomate et un guerrier lucide, un homme « aux mille ruses », comme en témoigne son invention du stratagème du cheval de bois qui permit l'assaut victorieux contre Troie. Son retour dans sa patrie, au prix d'une errance de dix années et de multiples épreuves, est le sujet de *l'Odyssée*. (→ Homère.)

Ulysse, roman de J. Joyce (1922).

U. M. A. (Union du Maghreb arabe). → Union.

Umar Iᵉʳ ou **Omar Iᵉʳ** (La Mecque v. 581 - Médine 644), deuxième calife des musulmans (634-644). Il conquit la Syrie, la Perse, l'Égypte et la Mésopotamie.

Ume Älv, fl. de Suède qui se jette dans le golfe de Botnie, peu en aval d'Umeå (82 000 hab.) ; 460 km.

Unamuno (*Miguel de*), écrivain espagnol (Bilbao 1864 - Salamanque 1936). Romancier, il est surtout un philosophe (*le Sentiment tragique de la vie,* 1913 ; *l'Agonie du christianisme,* 1924), un essayiste s'intéressant à tous les problèmes de son temps. Recteur de l'université de Salamanque, il fut destitué en 1924, déporté aux Canaries puis exilé en France. Il y écrivit le *Romancero de l'exil* (1928). Rentré en Espagne, il prit part à l'instauration de la république et mourut au début de la guerre civile.

Undset (*Sigrid*), romancière norvégienne (Kalundborg, Danemark, 1882 - Lillehammer 1949). Sur un fond historique, elle a pris pour thème de ses romans l'éternelle confrontation de l'homme et de la femme (*Kristin Lavransdatter,* 1920-1922). Ses convictions religieuses (elle se convertit au catholicisme) s'expriment notamment dans *le Buisson ardent* (1930). [Prix Nobel 1928.]

Unesco, sigle de United Nations Educational Scientific and Cultural Organization (Organisation des Nations unies pour l'éducation, la science et la culture), institution spécialisée de l'O. N. U. créée en 1946, dans le but, notamment, de contribuer au maintien de la paix et de la sécurité internationales, en resserrant par l'éducation, la science, la culture et la communication la collaboration entre nations afin d'assurer le respect des droits de l'homme et des libertés fondamentales. Les États-Unis se sont retirés de l'Unesco en 1984, la Grande-Bretagne et Singapour en 1985. Son siège, à Paris, est l'œuvre des architectes Breuer, Nervi et Zehrfuss.

Ungaretti *(Giuseppe),* poète italien (Alexandrie, Égypte, 1888 - Milan 1970). Considéré comme le chef de file de l'hermétisme, il retrouve la tradition de Pétrarque et de Leopardi, et utilise souvent le vers de onze syllabes (hendécasyllabe) : *Sentiment du temps* (1933), *Un cri et des paysages* (1952-1954).

Ungava, baie de la côte du Québec (Canada). Elle donne parfois son nom à la région du Nouveau-Québec, partie nord de la province du Québec.

Unicef, sigle de United Nations International Children's Emergency Fund (Fonds des Nations unies pour l'enfance), organisme à but humanitaire de l'O. N. U. institué en 1946, pour promouvoir une aide à l'enfance dans les pays du tiers-monde. Son siège est à New York. (Prix Nobel de la paix 1965.)

Unigenitus *(bulle),* constitution promulguée le 8 septembre 1713 par Clément XI et condamnant comme hérétiques ou suspectes d'hérésie 101 propositions tirées d'un ouvrage de l'oratorien Quesnel, *Réflexions morales sur le Nouveau Testament,* qui reprenait les doctrines de Jansénius. Plusieurs prélats français, dont l'archevêque de Paris, refusèrent de recevoir la bulle sous cette forme, ce qui entraîna de longues polémiques entre jansénistes et jésuites.

union *(Actes d'),* nom porté par deux lois qui établirent, la première, l'union de l'Angleterre et de l'Écosse (1707), formant le royaume de Grande-Bretagne, la seconde, l'union de la Grande-Bretagne et de l'Irlande (1800), formant le Royaume-Uni de Grande-Bretagne et d'Irlande.

Union de l'Europe occidentale (U. E. O.), organisation politique et militaire, créée en 1954 et regroupant aujourd'hui l'Allemagne, les pays du Benelux, l'Espagne, la France, la Grande-Bretagne, la Grèce, l'Italie et le Portugal.

Union des républiques socialistes soviétiques ou **Union soviétique** → U. R. S. S.

Union du Maghreb arabe (U. M. A.), organisation régionale arabe créée en 1989 et regroupant 5 États : l'Algérie, la Libye, le Maroc, la Mauritanie et la Tunisie. L'U. M. A. a pour principale mission de promouvoir l'harmonisation des systèmes économiques et sociaux des pays membres en vue de créer progressivement un marché commun.

Union économique et monétaire (U. E. M.), processus d'unification en trois étapes des politiques monétaires et économiques des pays membres de la C. E. La première étape, entrée en vigueur en 1990, « représente l'engagement du processus de création de l'Union économique et monétaire » (libération complète des mouvements de capitaux à l'intérieur de la C. E., achèvement du marché intérieur, etc.). La deuxième, qui a pour objectif la poursuite de l'effort de convergence, s'est ouverte en 1994 avec la création de l'Institut monétaire européen (I. M. E.). La troisième étape, qui doit débuter en 1997 ou en 1999, prévoit la création de la Banque centrale européenne, remplaçant l'I. M. E., et la conversion des monnaies en une monnaie unique.

Union européenne (U. E.), union entre plusieurs États européens, instituée par le traité de Maastricht (févr. 1992) et entrée en vigueur en novembre 1993. Ayant pour cadre institutionnel unique la Communauté européenne (C. E.), elle a pour objectifs de parachever l'union économique et monétaire, de mettre en œuvre une politique étrangère et de sécurité commune ainsi qu'une coopération dans les domaines de la justice et des affaires intérieures, avec la perspective, à terme, d'une union politique entre les États membres. En 1995, l'Union européenne regroupe quinze pays (Allemagne, Autriche, Belgique, Danemark, Espagne, Finlande, France, Grande-Bretagne, Grèce, Irlande, Italie, Luxembourg, Pays-Bas, Portugal, Suède).

Union française, nom donné, de 1946 à 1958, à l'ensemble formé par la République française et les territoires et États associés d'outre-mer.

Union Jack, drapeau du Royaume-Uni, unissant la croix de Saint-Georges anglaise (rouge sur fond blanc), la croix de Saint-André écossaise (blanche sur fond bleu) et la croix de Saint-Patrick irlandaise (rouge sur fond blanc).

Union postale universelle (U. P. U.), institution spécialisée de l'O. N. U. depuis 1948 dont l'origine remonte à 1874, chargée d'assurer les relations postales entre les États membres et de favoriser la coopération internationale en matière postale. Son siège est à Berne.

Union pour la démocratie française → U. D. F.

Union pour la Nouvelle République → U. N. R.

Union sud-africaine → Afrique du Sud *(République d').*

U. N. I. T. A. (Union nationale pour l'indépendance totale de l'Angola), organisation créée par J. Savimbi en 1965 et qui a mené, depuis 1975, des actions de guérilla contre le gouvernement angolais. Soutenue jusqu'en 1988-89 par l'Afrique du Sud, elle s'engage dans des négociations qui aboutissent à un traité de paix (1991), mais elle reprend les hostilités à la fin de 1992.

United Artists, nom anglais de la firme de production Artistes associés.

United States of America ou **USA,** nom amér. des États-Unis d'Amérique.

Universal, société américaine de production et de distribution de films, constituée en 1912 par Carl Laemmle.

Unkei, sculpteur japonais (Kyoto v. 1148- ? 1223). Il est à l'origine du renouveau de la sculpture de l'époque Kamakura et de l'épanouissement du réalisme.

U. N. R. (Union pour la Nouvelle République), formation politique française. Ce parti gaulliste fondé en 1958 donna naissance en 1968 à l'*Union pour la défense de la République* (U. D. R.), qui se transforma, en 1971, en *Union des démocrates pour la République.* À cette dernière succède en 1976 le *Rassemblement pour la République* (R. P. R.).

Unterwald, *en all.* Unterwalden (c'est-à-dire « Sous les forêts »), cant. de Suisse, dans la région des collines, au sud du lac des Quatre-Cantons, l'un des trois premiers de la Confédération. Il est divisé en deux demi-cantons : *Obwald* (491 km² ; 29 025 hab. ; ch.-l. *Sarnen*) et *Nidwald* (276 km² ; 33 044 hab. ; ch.-l. *Stans*).

Upanishad, mot sanskrit désignant les textes sacrés hindous considérés comme révélés et qui datent de la fin de la période védique (entre 700 et 300 av. J.-C.). Ces textes visent à libérer l'homme du cycle des renaissances.

Updike *(John),* écrivain américain (Shillington, Pennsylvanie, 1932). Ses nouvelles et ses romans peignent les fantasmes et les mythes de la société américaine (*Cœur de lièvre,* 1960 ; *Couples,* 1968 ; *les Sorcières d'Eastwick,* 1984).

UPI (United Press International), agence de presse américaine.

Upolu, île des Samoa occidentales (Polynésie) ; 1 127 km² ; 108 600 hab. V. princ. *Apia.*

Uppsala, v. de Suède, sur un tributaire du lac Mälaren ; 167 508 hab. Université fondée en 1477. — L'une des anciennes capitales de la Scandinavie. Siège de l'archevêque primat du royaume. — Cathédrale

gothique entreprise à la fin du XIIIᵉ siècle ; château des XVIᵉ-XVIIIᵉ siècles, fondé par Gustave Vasa. Musées.

Uqba ibn Nafi, général arabe (v. 630-683). Il conquit la Tunisie (670), fonda Kairouan puis soumit le Maghreb central.

Ur → Our.

Uranie, une des neuf Muses de la mythologie grecque. Elle présidait à l'Astronomie.

Uranus, planète du système solaire, découverte par W. Herschel en 1781, au-delà de Saturne. Uranus possède une épaisse atmosphère d'hydrogène, d'hélium et de méthane et elle est entourée de fins anneaux de matière sombre. On lui connaît 15 satellites.

Urawa, v. du Japon (Honshu), dans la banlieue de Tokyo ; 418 271 hab.

Urbain II *(bienheureux)* [Odon ou Eudes de Lagery] (Châtillon-sur-Marne v. 1042 - Rome 1099), pape de 1088 à 1099. Ancien moine de Cluny, il poursuivit l'œuvre réformatrice de ses prédécesseurs, notamment au concile de Melfi (1089), où il condamna la simonie et l'investiture laïque, et à celui de Clermont (1095), où, en outre, il lança la première croisade. **Urbain VI** *(Bartolomeo* **Prignano)** [Naples v. 1318 - Rome 1389], pape de 1378 à 1389. Élu sous la pression du peuple romain, qui voulait un pontife italien, il se rendit, par son intransigeance, insupportable à son entourage, qui lui opposa un rival, Robert de Genève (Clément VII). Ainsi éclata le Grand Schisme d'Occident. **Urbain VIII** *(Maffeo* **Barberini)** [Florence 1568 - Rome 1644), pape de 1623 à 1644. Son pontificat fut marqué par la condamnation de Galilée (1633), par celle de l'*Augustinus* de Jansénius (1642-43) et par une activité de mécénat (baldaquin de Bernin à la basilique Saint-Pierre).

Urbino, v. d'Italie, dans les Marches ; 15 125 hab. Archevêché. — Palais ducal transformé au XVᵉ siècle par L. Laurana, qui en a fait un chef-d'œuvre de la Renaissance ; il abrite la Galerie nationale des Marches (peintures de Piero della Francesca, de Berruguete, d'Uccello, de Barocci, etc.

Urey *(Harold Clayton),* chimiste américain (Walkerton, Indiana, 1893 - La Jolla, Californie, 1981). Il découvrit l'eau lourde et le deutérium. (Prix Nobel 1934.)

Urfa, *anc.* Édesse, v. de Turquie, près de la frontière syrienne ; 276 528 hab. Barrage.

Urfé *(Honoré d'),* écrivain français (Marseille 1567 - Villefranche-sur-Mer 1625). Il doit sa célébrité à un roman où la prose et les vers sont mêlés, *l'Astrée* (1607-1628), qui retrace les amours contrariées puis triomphantes du berger Céladon et de la bergère Astrée.

Uri, canton suisse, drainé par la Reuss ; 1 076 km² ; 34 208 hab. Ch.-l. *Altdorf.* C'est l'un des trois cantons primitifs de la Confédération.

Urnes, localité de Norvège, à l'extrémité orientale du Sognefjord, au N.-E. de Bergen. Église de bois *(stavkirke)* typique du XIIᵉ siècle, de plan basilical, aux chapiteaux sculptés unissant les traditions décoratives irlandaise et scandinave (viking) ; portail remployé du XIᵉ siècle, montrant d'extraordinaires entrelacs d'animaux stylisés.

Urraque, *en esp.* Urraca (1081 - Saldaña 1126), reine de Castille et de León (1109-1122). Fille d'Alphonse VI, elle épousa Raimond de Bourgogne (dont elle eut Alphonse VII) puis Alphonse Iᵉʳ d'Aragon (1109). Son mariage ayant été annulé, elle entra en guerre contre ce dernier (1110), qui dut reconnaître l'indépendance de la Castille.

Ursins *(Marie-Anne* de La Trémoille, *princesse* des*)* [Paris 1642 - Rome 1722]. Elle joua un grand rôle dans les intrigues de la cour du roi d'Espagne, Philippe V, jusqu'à sa disgrâce, en 1714.

U. R. S. S. (Union des républiques socialistes soviétiques), *en russe* S. S. S. R. (Soïouz Sovietskikh Sotsialistitcheskikh Respoublik), ancien État d'Europe et d'Asie (1922-1991). Elle était constituée, après la Seconde Guerre mondiale, de quinze Républiques : Arménie, Azerbaïdjan, Biélorussie, Estonie, Géorgie, Kazakhstan, Kirghizistan, Lituanie, Lettonie, Moldavie, Ouzbékistan, Russie, Tadjikistan, Turkménistan, Ukraine. CAP. *Moscou.*

HISTOIRE

■ **Les débuts du régime soviétique.**
1917. Au lendemain de la révolution d'Octobre est formé le Conseil des commissaires du peuple, composé uniquement de bolcheviks et présidé par Lénine.
1918. La République socialiste fédérative soviétique de Russie est proclamée. L'Allemagne lui impose le traité de Brest-Litovsk. La guerre civile oppose l'Armée rouge et les armées blanches. Le « communisme de guerre » est instauré et les nationalisations généralisées.
1919. L'Internationale communiste est fondée à Moscou.
1920. La Russie soviétique reconnaît l'indépendance des États baltes. La dernière armée blanche évacue la Crimée.

1921. L'Armée rouge occupe l'Arménie et la Géorgie ; la paix est signée avec la Pologne. La nouvelle politique économique (NEP) est adoptée.
1922. Staline devient secrétaire général du Parti communiste. L'U. R. S. S. est créée.
1924. Lénine meurt.
1925-1927. Staline élimine de la direction du parti Zinoviev, Kamenev et Trotski.

■ **La période stalinienne.**
1929. La NEP est abandonnée. Le premier plan quinquennal donne la priorité à l'industrie lourde et la collectivisation massive des terres est entreprise.
1934. L'U. R. S. S. est admise à la S. D. N.
1936-1938. La police politique envoie dans les camps du Goulag de nombreux déportés et fait disparaître la vieille garde du parti.
1939. Le pacte germano-soviétique est conclu.
1939-40. L'U. R. S. S. annexe la Pologne orientale, les États baltes, la Carélie, la Bessarabie et la Bucovine du Nord.
1941. Elle est attaquée par l'Allemagne.
1943. Elle remporte la bataille de Stalingrad.
1944-45. Les forces soviétiques progressent en Europe orientale et, conformément aux accords de Yalta (févr. 1945), occupent la partie orientale de l'Allemagne. L'U. R. S. S. a perdu vingt millions d'hommes pendant la guerre. Elle en sort cependant agrandie et elle contrôle des régimes calqués sur le sien, instaurés dans l'ensemble de l'Europe de l'Est de 1947 à 1949. La guerre froide se développe.
1950. Un traité d'amitié est signé avec la Chine populaire.
1953. Staline meurt.

■ **Les limites de la déstalinisation et de la détente.**
1953. Khrouchtchev est élu premier secrétaire du parti.
1955. L'U. R. S. S. signe avec sept démocraties populaires le pacte de Varsovie.
1956. Le XXᵉ Congrès dénonce certains aspects du stalinisme. L'armée soviétique écrase la tentative de libéralisation de la Hongrie.
1957. Le premier satellite artificiel (Spoutnik I) est lancé.
1962. L'installation à Cuba de missiles soviétiques provoque une grave crise avec les États-Unis.
1964. Khrouchtchev est destitué ; Brejnev le remplace à la tête du parti.
1968. L'U. R. S. S. intervient militairement en Tchécoslovaquie.
1969. La tension avec la Chine s'accroît.

1972-1979. L'U. R. S. S. signe les accords SALT I et SALT II qui tentent de limiter la course aux armements nucléaires.

1979. Les troupes soviétiques occupent l'Afghanistan.

1982. À la mort de Brejnev, Andropov devient secrétaire général du parti.

1984. Tchernenko lui succède.

■ **La perestroïka.** À partir de 1985, Gorbatchev assume la direction du parti et entreprend le renouvellement de ses cadres. Il met en œuvre la restructuration (perestroïka), promouvant des réformes en vue d'une plus grande efficacité économique et d'une démocratisation des institutions et relance la déstalinisation. Il renoue le dialogue avec les États-Unis, avec lesquels il signe (1987) un accord sur l'élimination des missiles de moyenne portée en Europe.

1989. L'U. R. S. S. achève le retrait de ses troupes d'Afghanistan. Les premières élections à candidatures multiples ont lieu.

Les revendications nationales se développent notamment dans les pays Baltes et au Caucase. Les tensions entre les nationalités s'aggravent et s'exacerbent en Arménie et en Azerbaïdjan. Par ailleurs, l'U. R. S. S. ne s'oppose pas à l'évolution démocratique de l'Europe de l'Est.

1990. Le rôle dirigeant du parti est aboli et Gorbatchev est élu à la présidence de la Fédération. L'U. R. S. S. accepte l'unification de l'Allemagne.

■ **La dissolution de l'Union soviétique.** La désorganisation économique et les tensions entre le gouvernement central et les Républiques fédérées menacent la survie de la Fédération.

1991. La tentative de coup d'État (août) contre Gorbatchev échoue grâce à la résistance de B. Eltsine. Les pays Baltes accèdent à l'indépendance. L'U. R. S. S. est dissoute en décembre ; Gorbatchev démissionne.

La Russie, l'Ukraine, la Biélorussie, la Moldavie, les Républiques d'Asie centrale et celles du Caucase proclament, à leur tour, leur indépendance. Elles créent la Communauté d'États indépendants (C. E. I.).

U. R. S. S. A. F. (Unions de recouvrement des cotisations de Sécurité sociale et d'Allocations familiales), organismes en principe départementaux, obligatoires depuis 1960, chargés du recouvrement des cotisations de sécurité sociale et d'allocations familiales.

Ursule, martyre (IIIᵉ s. ?). Cette sainte connut une grande popularité pour avoir entraîné onze — puis onze mille — vierges

qui auraient été martyrisées avec elle à Cologne.

Uruguay, fl. de l'Amérique du Sud, séparant le Brésil et l'Uruguay de l'Argentine et formant, avec le Paraná, le Río de la Plata ; 1 580 km (bassin de 350 000 km²).

Uruguay, État de l'Amérique du Sud, entre le Brésil, l'Atlantique et l'Argentine ; 177 500 km² ; 3 100 000 hab. *(Uruguayens).* CAP. *Montevideo.* LANGUE : *espagnol.* MONNAIE : *peso uruguayen.*

GÉOGRAPHIE

Plaines et collines constituent l'essentiel des paysages du pays, largement ouvert sur l'Atlantique. Le climat est tempéré et les pluies plus abondantes au nord (1 300 mm) qu'au sud (900 mm). La population, vieillie, est urbaine à 85 %. Montevideo, à elle seule, regroupe environ 50 % de la population totale et concentre la majorité des industries. Celles-ci dépendent largement du secteur agricole, fondamental dans l'économie et dominé par les grandes propriétés d'élevage bovin et ovin. Néanmoins se développent les cultures des agrumes et de la canne à sucre, la riziculture et le maraîchage. Le pays a mis en valeur son potentiel hydraulique qui fournit les deux tiers de la production d'électricité. Le chômage et l'inflation persistent, tandis que les importations de pétrole et la dette extérieure pèsent sur l'équilibre économique. Les principaux partenaires commerciaux sont le Brésil et l'Argentine.

HISTOIRE

XVIᵉ s. La côte est explorée par les Espagnols.

Vers 1726. Ils fondent la forteresse de Montevideo.

La région se peuple de *gauchos,* qui pratiquent l'élevage.

1821. Après l'échec du soulèvement du gaucho Artigas, le pays est annexé par le Brésil.

1828. Il accède à l'indépendance.

1839-1851. Une guerre civile oppose les libéraux aux conservateurs, soutenus par l'Argentine.

1865. Les libéraux s'imposent à la tête du pays avec l'aide du Brésil et de l'Argentine. Les institutions de l'Uruguay se démocratisent dans les premières décennies du XXᵉ s.

1933-1942. Frappé par la crise économique, le pays connaît la dictature du président Terra. Après un retour au pouvoir des libéraux, l'Uruguay est confronté dans les années 1960 à une dégradation de la situation économique et sociale qui favorise

l'essor d'une guérilla urbaine, dirigée par les Tupamaros.
1976. Les militaires s'emparent du pouvoir.
1984. Le pouvoir civil est rétabli.

Uruguay Round, huitième série de négociations commerciales multilatérales tenue sous les auspices du GATT, engagée en septembre 1986 et qui s'est achever en décembre 1993.

USA, sigle amér. de United States of America (États-Unis d'Amérique).

USA Today, quotidien créé en 1982 par le groupe Gannett Newspapers, l'un des plus forts tirages des quotidiens américains.

Ushuaia, v. d'Argentine, ch.-l. de la prov. de la Terre de Feu ; 29 696 hab. Base navale. Tourisme. C'est l'agglomération la plus méridionale du monde.

Usinger *(Robert),* entomologiste américain (Fort Bragg, Californie, 1912 - San Francisco 1968). Il a évité l'expansion de la fièvre jaune dans le Pacifique pendant la Seconde Guerre mondiale, sauvegardé la faune des îles Galápagos et publié de nombreux travaux.

Ussel, ch.-l. d'arr. de la Corrèze ; 11 988 hab. *(Ussellois).* Métallurgie. — Maisons anciennes. Musée du Pays d'Ussel.

Ústi nad Labem, v. de la République tchèque (Bohême), sur l'Elbe ; 99 739 hab. Centre industriel. — Château fort de Střekov (XIVe-XVIe s.).

Utah, État de l'ouest des États-Unis ; 219 932 km² ; 1 722 850 hab. Cap. *Salt Lake City.* Des plateaux au climat quasi désertique y encadrent de hautes montagnes dépassant 4 000 m. Les richesses minières (cuivre, or, pétrole, plomb, argent, zinc) constituent les principales ressources devant l'agriculture irriguée (fourrages, fruits, betterave à sucre), développée par les colons mormons au pied des monts Wasatch. — L'Utah est peuplé en majeure partie par les mormons, qui l'ont colonisée à partir de 1847.

Utamaro Kitagawa, graveur et peintre japonais (1753 - Edo 1806), l'un des grands maîtres de l'estampe japonaise, célèbre pour la sensualité et l'élégance de ses représentations féminines.

Uthman ibn Affan (m. à Médine en 656), troisième calife (644-656). Il fit établir la version définitive du Coran. Il fut assassiné lors du conflit entre les Omeyyades et les partisans d'Ali.

Utique, ancienne ville d'Afrique du Nord, au N.-O. de Carthage. Elle prit parti pour Rome lors de la 3e guerre punique et devint la capitale de la province romaine d'Afrique.

Utopie, essai de T. More (1516).

Utrecht, v. des Pays-Bas, ch.-l. de la prov. d'Utrecht (936 000 hab.), au sud du Zuiderzee ; 231 231 hab. (500 000 hab. dans l'agglomération). Université. Centre administratif, commercial (foire) et industriel. **HIST.** Au début du XVIIIe siècle, la diffusion du jansénisme y provoqua un schisme et la formation de l'Église des vieux-catholiques (1723). **ARTS.** Cathédrale gothique (XIIIe-XVIe s.) et autres monuments. Musée Central, aux collections riches et diverses, incluant les œuvres des peintres de l'école d'Utrecht (Van Scorel, Terbrugghen, Van Honthorst, etc.) ; musée national des Religions.

Utrecht *(traités d')* [1713-1715], ensemble de traités qui, avec ceux de Rastatt, mirent fin à la guerre de la Succession d'Espagne. Philippe V conservait la Couronne d'Espagne mais renonçait à la Couronne de France. L'intégrité du territoire français était préservée, mais Louis XIV abandonnait plusieurs places (Tournai, Ypres, etc.) aux Provinces-Unies ; il reconnaissait la succession protestante en Angleterre et l'Électeur de Brandebourg comme roi de Prusse. L'Angleterre recevait d'importantes bases maritimes (Gibraltar, Minorque, Terre-Neuve, Acadie).

Utrecht *(Union d')* [23 janv. 1579], union des 7 provinces protestantes des Pays-Bas contre l'Espagne, en réponse à l'Union d'Arras (6 janv. 1579), formée par les provinces catholiques.

Utrillo *(Maurice),* peintre français (Paris 1883 - Dax 1955). Fils du peintre et modèle Suzanne Valadon (1865-1938), il exécute à partir de 1903 de nombreuses vues de Montmartre et de la banlieue parisienne. Son style devient personnel, à la fois naïf et raffiné, avec son « époque blanche » (v. 1909-1915), qui caractérise une âpre mélancolie dans l'interprétation des sites montmartrois. À partir de 1923, cloîtré par sa famille, qui redoute son comportement d'alcoolique, il se livre à une intense production d'après des cartes postales.

Utsunomiya, v. du Japon (Honshu) ; 426 795 hab.

Uttar Pradesh, État le plus peuplé de l'Inde, situé dans la plaine du Gange ; 294 400 km² ; 138 760 417 hab. Cap. *Luck-*

now. V. princ. *Kanpur, Bénarès, Agra* et *Alla-habad.*

Uvéa ou **Ouvéa,** la principale des îles Wallis (Polynésie) ; 96 km² ; 8 084 hab. Ch.-l. *Mata-Utu.*

Uxellodunum, oppidum de la Gaule, dans le pays des Cadurques (Quercy), pris par César en 51 av. J.-C. Son nom est le symbole de l'ultime résistance gauloise. Plusieurs sites du midi de la France, dont le Puy-d'Issolud, près de Vayrac (Lot), préten-dent correspondre à la description de la for-teresse gauloise.

Uxmal, site archéologique du Mexique (Yucatán), à 80 km au sud de Mérida. Les édifices de cet ancien centre cérémoniel maya, florissant durant le classique final — palais du Gouverneur, quadrilatère des Nonnes (complexe palatial articulé autour d'une vaste cour), maison des Tortues —, sont parmi les plus typiques de l'architec-ture maya.

Vaal *(le)*, riv. de l'Afrique du Sud, affl. de l'Orange (r. dr.) ; 1 200 km.

Vaccarès *(étang de)*, le plus grand étang (6 000 ha) de Camargue (Bouches-du-Rhône). Une longue digue le sépare de la Méditerranée. Réserve botanique et zoologique.

Vadodara, *anc.* Baroda, v. de l'Inde (Gujerat) ; 1 115 265 hab. Chimie. — Musée.

Vaduz, cap. du Liechtenstein, sur le Rhin ; 5 000 hab. Tourisme. — Château princier d'origine médiévale (riches collections de peinture, dont certains spécimens sont exposés dans un autre local, en ville). Musée national et Musée postal.

vague *(nouvelle)* → **nouvelle.**

Vailland *(Roger)*, écrivain français (Acy-en-Multien, Oise, 1907 - Meillonnas, Ain, 1965). Fondateur d'une revue surréaliste *(le Grand Jeu)*, il s'affirma dans ses romans *(325 000 Francs, 1955 ; la Loi, 1957)* et son théâtre comme un moraliste ironique.

Vaillant *(Auguste)*, anarchiste français (Mézières v. 1861 - Paris 1894). Il lança une bombe à la Chambre des députés (déc. 1893). Condamné à mort, il fut exécuté.

Vaillant *(Édouard)*, homme politique français (Vierzon 1840 - Saint-Mandé 1915). Responsable de l'Éducation publique durant la Commune (1871), proche de Blanqui, il dut se réfugier en Angleterre. Revenu en France en 1880, député socialiste de 1893 à sa mort, il fut un actif propagandiste.

Vaillant-Couturier *(Paul)*, journaliste et homme politique français (Paris 1892 - *id.*

1937), rédacteur en chef de *l'Humanité* (1928-1937).

Vair *(Guillaume du)*, homme d'État et philosophe français (Paris 1556 - Tonneins 1621). Conseiller au parlement en 1584, il fit partie des politiques qui se rallièrent à la candidature d'Henri de Navarre. Il devint évêque de Lisieux en 1616. Dans ses traités de morale, il tente de concilier stoïcisme et morale chrétienne. Il fut un grand orateur *(Exhortation à la paix,* 1592).

Vaison-la-Romaine, ch.-l. de c. de Vaucluse ; 5 701 hab. Tourisme. Ruines romaines importantes. Ancienne cathédrale romane et maisons médiévales.

Valachie, ancienne principauté danubienne qui a formé avec la Moldavie le royaume de Roumanie. La principauté de Valachie se constitua dans la première moitié du xivᵉ siècle. Soumise à un tribut par les Ottomans en 1396, elle passa sous la protection de la Russie en 1774. En 1859, Alexandre Cuza fut élu prince de Moldavie et de Valachie. L'union des deux principautés fut proclamée définitive en 1862.

Valais, *en all.* Wallis, canton suisse, dans la haute vallée du Rhône ; 5 226 km² ; 249 817 hab. *(Valaisans)*, en grande majorité catholiques et de langue française (le reste de langue allemande). Ch.-l. *Sion.* GÉOGR. Bordé au sud par les massifs cristallins des Alpes Pennines (Cervin, mont Rose) et au nord par de puissants massifs calcaires, le couloir constitué par la haute vallée du Rhône ouvre sur les grands passages transalpins du Grand-Saint-Bernard et du Simplon. Le tourisme est très important. En amont de Brigue, le haut Valais est le domaine des forêts et des alpages tandis que vers l'aval, sous un climat plus chaud, domine une polyculture intensive et irriguée (vergers, maïs, légumes, vignobles). Le secteur industriel (aluminium, chimie) est né des aménagements hydroélectriques (Grande Dixence). **HIST.** Possession des évêques de Sion depuis 999, le Valais appartint à la République helvétique (1799) puis fut annexé à la France (1810) pour former le département du Simplon. Il entra dans la Confédération suisse en 1815.

Valberg *(col de)*, col des Alpes-Maritimes, dominé par la Croix de Valberg (1 829 m). Station de sports d'hiver (alt. 1 600-2 100 m).

Valbonne *(plateau de)*, site d'un complexe culturel et scientifique des Alpes-Maritimes, au N. de Cannes, dit « de Sophia-Antipolis ».

Valdaï, plateau du nord-ouest de la Russie, où naissent la Volga et le Dniepr ; alt. 343 m.

Val de Loire → Loire (fl.).

Valdemar Ier le Grand (Slesvig 1131 - Vordingborg 1182), roi de Danemark (1157-1182). Il restitua au Danemark sa puissance et son unité. **Valdemar II Sejr** (1170 - Vordingborg 1241), roi de Danemark (1202-1241). Il fit codifier les lois et établir un inventaire fiscal du royaume.

Val-de-Marne [94], dép. de la Région Île-de-France ; ch.-l. de dép. *Créteil* ; ch.-l. d'arr. *L'Hay-les-Roses, Nogent-sur-Marne* ; 3 arr., 49 cant., 47 comm. ; 245 km² ; 1 215 538 hab. Il appartient à l'académie de Créteil, à la cour d'appel de Paris et au commandement militaire d'Île-de-France.

Val-de-Reuil, ch.-l. de c. de l'Eure ; 11 882 hab. Ville récemment développée.
— Église en partie romane N.-D.-du-Vaudreuil (vitraux du XVIe s.).

Valdés *(Juan de)*, humaniste espagnol (Cuenca v. 1499 - Naples 1541). Il est l'auteur d'un *Dialogue de la langue* (v. 1536), relatif au castillan de l'époque.

Valdés Leal *(Juan de)*, peintre espagnol (Séville 1622 - id. 1690). Il est le dernier maître andalou du « siècle d'or » de l'art hispanique et le plus résolument baroque.

Val-d'Isère, comm. de Savoie, en Tarentaise ; 1 702 hab. Station de sports d'hiver (alt. 1 850-3 650 m).

Valdivia, port du Chili méridional ; 120 706 hab.

Valdivia *(Pedro de)*, conquistador espagnol (La Serena, prov. de Badajoz, 1497 - Tucapel, Chili, 1553). Compagnon de Pizarro, il réalisa la conquête du Chili, où il fonda Santiago (1541).

Valdo ou **Valdès** *(Pierre)*, dit Pierre de Vaux, fondateur du mouvement vaudois (Lyon 1140 - en Bohême ? v. 1217). Riche marchand lyonnais, il se convertit en 1176 à la pauvreté absolue et fonda le groupe dit « des pauvres du Christ » ou « des pauvres de Lyon ».

Val-d'Oise [95], dép. de la Région Île-de-France ; ch.-l. de dép. *Pontoise* ; ch.-l. d'arr. *Argenteuil, Montmorency* ; 3 arr., 39 cant., 185 comm. ; 1 246 km² ; 1 049 598 hab. Il appartient à l'académie et à la cour d'appel de Versailles, au commandement militaire d'Île-de-France.

Valée *(Sylvain Charles, comte)*, maréchal de France (Brienne-le-Château 1773 - Paris 1846). Il réorganisa l'artillerie (1822), prit Constantine (1837) et fut gouverneur général de l'Algérie (1837-1840).

Valence, *en esp.* Valencia, port d'Espagne, à l'embouchure du Guadalaviar, sur la Méditerranée, cap. d'une communauté autonome et troisième ville du pays ; 752 909 hab. Entourée d'une riche huerta (agrumes ; primeurs ; riz), c'est un centre industriel diversifié. **HIST.** Elle fut la capitale d'un royaume arabe indépandant de 1021 à 1238, sauf au moment du règne du Cid Campeador (1094-1099), puis fut annexée par l'Aragon. **ARTS.** Cathédrale des XIIIe-XVIIIe siècles et autres monuments religieux, riches en œuvres d'art. *Lonja de la seda* (halle de la soie), gothique de la fin du XVe siècle. Palais de *Dos Aguas*, au portail d'un baroque exacerbé (1740), abritant un musée de la Céramique. Musée du Collège du Patriarche ; riche musée des Beaux-Arts ; Institut d'art moderne.

Valence, ch.-l. du dép. de la Drôme, sur le Rhône, à 560 km au sud-est de Paris ; 65 026 hab. *(Valentinois)*. Évêché. Constructions mécaniques et électriques. — Cathédrale romane en partie de la fin du XIe siècle. « Pendentif », édicule de la Renaissance. Musée (sanguines de H. Robert).

Valence ou **Région de Valence**, *en esp.* Valencia ou País Valenciano, communauté autonome d'Espagne, sur la Méditerranée, regroupant les provinces d'Alicante, de Castellón de la Plana et de Valence, dont le statut est entré en vigueur en 1982 ; 23 305 km² ; 3 898 241 hab. Limitée au N. par les monts Ibériques et au S. par la chaîne Bétique, la région est peuplée et mise en valeur, surtout dans les plaines côtières (agrumes, cultures maraîchères). Ailleurs sont cultivés les oliviers, la vigne et les céréales. L'industrie est ponctuelle en dehors de l'agroalimentaire. Le tourisme se développe surtout au S. du cap de la Nao.

Valencia, v. du Venezuela, à l'ouest de Caracas ; 903 621 hab. — Cathédrale du XVIIIe siècle.

Valenciennes, ch.-l. d'arr. du Nord, sur l'Escaut ; 39 276 hab. *(Valenciennois)* [plus de 333 000 hab. dans l'agglomération]. Métallurgie. Chimie. — Riche musée des Beaux-Arts (écoles flamande et française, fonds Carpeaux).

Valenciennes *(Achille),* zoologiste français (Paris 1794 - *id.* 1865). Il a écrit une *Histoire naturelle des poissons,* en 22 volumes.

Valens *(Flavius)* [Cibalae, Pannonie, v. 328 - Hadrianopolis 378], empereur romain (364-378). Associé à son frère Valentinien Ier, il gouverna les provinces orientales de l'Empire. Il se rallia à l'arianisme et fut vaincu et tué par les Wisigoths.

Valentia ou **Valencia,** île des côtes occidentales de l'Irlande, reliée à la côte par un pont. Tête de ligne de câbles transatlantiques. Station météorologique.

Valentin *(Valentin* de Boulogne, dit*),* peintre français (Coulommiers 1590/91 - Rome 1632). Installé à Rome, il a interprété la leçon du Caravage avec une noblesse grave *(Judith,* musée des Beaux-Arts de Toulouse ; *la Diseuse de bonne aventure,* deux *Concert,* etc., Louvre).

Valentinien Ier, en lat. Flavius Valentinianus (Cibalae, Pannonie, 321 - Brigetio, Pannonie, 375), empereur romain (364-375). Associé à son frère Valens, il s'installa à Milan. Il contint les Barbares hors de l'empire, dont il fortifia les frontières, et s'efforça d'améliorer la condition des classes populaires. **Valentinien II** (v. 371 - Vienne 392), fils du précédent, empereur romain (375-392). Il régna sur l'Occident ; son tuteur, Arbogast, le fit peut-être assassiner. **Valentinien III** (Ravenne 419 - Rome 455), empereur romain d'Occident (425-455). La Gaule, l'Espagne et l'Afrique lui échappèrent. Il assassina Aetius (454), qui avait longtemps gouverné à sa place, puis fut lui-même assassiné.

Valentino *(Rodolfo* Guglielmi, dit **Rudolph***),* acteur américain d'origine italienne (Castellaneta 1895 - New York 1926). Incarnation du séducteur latin ou exotique, il fut l'une des premières grandes stars hollywoodiennes *(les Quatre Cavaliers de l'Apocalypse,* 1921 ; *le Cheikh,* 1921 ; *Arènes sanglantes,* 1922).

Valera *(Eamon* de*)* → De Valera.

Valère Maxime, historien latin (Ier s. av. J.-C. - Ier s. apr. J.-C.). Il a laissé neuf livres de *Faits et dits mémorables,* dédiés à Tibère, compilation d'anecdotes morales.

Valérien, en lat. Publius Licinius Valerianus (m. en 260), empereur romain (253-260). Il associa à l'Empire son fils Gallien, auquel il confia l'Occident. Il persécuta les chrétiens (édits de 257 et 258) et fut vaincu par les Perses à Édesse. Fait prisonnier par le roi sassanide Châhpuhr Ier, il fut mis à mort.

Valérien *(mont),* butte de la banlieue ouest de Paris ; 161 m. Fort où de nombreux Français furent fusillés par les Allemands lors de la Seconde Guerre mondiale. Un mémorial et une crypte des martyrs de la Résistance y sont édifiés.

Valéry *(Paul),* écrivain français (Sète 1871 - Paris 1945). Disciple de Mallarmé et ami de Gide, il rêve de « jouir sans fin de son propre cerveau », rompt avec ses idoles (amour, amitié, symbolisme) et s'intéresse un temps aux mathématiques. Décidé à établir l'unité créatrice de l'esprit, il publie une *Introduction à la méthode de Léonard de Vinci* (1895) et se crée un mentor en la personne de *Monsieur Teste* (1896). Après une période consacrée à la politique et à l'économie, Valéry revient à la poésie *(la Jeune Parque,* 1917), où il unit abstraction et volupté, puis il publie *Charmes* (1922), où figure le *Cimetière marin.* Ensuite, il compose des essais sur la langue, la peinture, les sciences *(Variété,* 1924-1944 ; *Regards sur le monde actuel,* 1931 ; *Tel quel,* 1941-1943) et des dialogues de forme socratique *(Eupalinos ou l'Architecte,* 1923 ; *l'Âme et la Danse,* 1923). Également auteur de ballets-mélodrames *(Amphion,* 1931 ; *Sémiramis,* 1934), professeur au Collège de France (1937), Valéry a laissé plusieurs œuvres posthumes *(Mon Faust,* son testament spirituel) et surtout ses *Cahiers.* (Acad. fr. 1925.)

Valette (La), cap. et port de l'île de Malte, sur la Méditerranée ; 14 000 hab. Tourisme. — Monuments anciens.

Valeur militaire *(croix de la),* décoration militaire française créée en 1956 à l'occasion de la guerre d'Algérie pour récompenser les actions d'éclat dans les opérations de sécurité et de maintien de l'ordre.

Valkyries → **Walkyries.**

Valla ou **Della Valle** *(Lorenzo), en lat.* Laurentius Vallensis, humaniste, philologue et philosophe italien (Rome 1407 - Naples 1457). Il chercha, à travers une critique de l'aristotélisme médiéval, à concilier sagesse antique et foi chrétienne.

Valladolid, v. d'Espagne, cap. de la communauté autonome de Castille-León ; 330 700 hab. Archevêché. Centre industriel. — Église S. Pablo et collège S. Gregorio, aux façades-retables tapissées d'un fantastique décor sculpté (fin du xve s.). Cathédrale du style de la Contre-Réforme, sur plans de J. de Herrera. Musées, dont le riche musée national de Sculpture.

Vallauris, ch.-l. de c. des Alpes-Maritimes, près du golfe Juan ; 24 406 hab. *(Vallauriens).* — Peintures murales et sculpture de Picasso (années 1950). Petit musée de Céramique et d'Art moderne (A. Magnelli).

Valle-Inclán *(Ramón María* del*),* écrivain espagnol (Villanueva de Arosa 1866 - Saint-Jacques-de-Compostelle 1936). Après des romans et des comédies de facture moderniste *(Sonates,* 1902-1905 ; *le Marquis de Bradomín,* 1907), il évolua vers un art plus réaliste avec ses *Comédies barbares* (1907-1922) et ses *esperpentos,* qui mettent en scène des personnages affligés de difformités physiques et morales.

Vallejo *(César),* poète péruvien (Santiago de Chuco 1892 - Paris 1938). Son œuvre marque un bouleversement du lyrisme hispano-américain *(les Hérauts noirs,* 1918 ; *Trilce,* 1922 ; *Poèmes humains,* 1939).

Vallès *(Jules),* écrivain et journaliste français (Le Puy 1832 - Paris 1885). Journaliste engagé *(l'Argent,* 1857 ; *la Rue,* 1866), il fit paraître *le Cri du peuple* et fut membre de la Commune : toutes ces expériences se retrouvent dans son cycle romanesque autobiographique de Jacques Vingtras, en trois parties *(l'Enfant, le Bachelier, l'Insurgé,* 1879-1886).

Vallespir *(le),* région des Pyrénées orientales, parcourue par le Tech. Stations climatiques et thermales (Amélie-les-Bains).

Vallonet *(le),* site proche de Roquebrune-Cap-Martin (Alpes-Maritimes). Grotte qui a livré les vestiges d'une faune villafranchienne et un outillage lithique daté de 900 000 ans.

Vallon-Pont-d'Arc, ch.-l. de c. de l'Ardèche ; 1 990 hab. — Aux environs (La Combe d'Arc), grotte ornée de peintures préhistoriques (v. 30000 av. J.-C.).

Vallotton *(Félix),* peintre et graveur français d'origine suisse (Lausanne 1865 - Paris 1925). Lié aux nabis, il est l'auteur de mor-

dantes gravures sur bois et de toiles à la fois réalistes et audacieusement stylisées *(le Bain au soir d'été,* 1893, musée des Beaux-Arts, Zurich ; *la Source* et *Portrait de Thadée Natanson,* 1897, Petit Palais, Genève ; *le Dîner, effet de lampe,* 1899, musée d'Orsay).

Valmiki, sage de l'Inde antique qui aurait vécu au ive s. av. J.-C. et à qui l'on attribue le *Ramayana.*

Valmy *(bataille de)* [20 sept. 1792], victoire remportée par les Français, commandés par Dumouriez et Kellermann, sur les Prussiens, commandés par le duc de Brunswick, près de Sainte-Menehould (Marne). Simple canonnade (pertes françaises : 300 hommes ; prussiennes : 184), Valmy marqua l'arrêt de l'invasion et rendit confiance à l'armée française.

Valois, pays de l'ancienne France, sur la rive gauche de l'Oise, incorporé au domaine royal en 1213.

Valois, dynastie de rois qui régnèrent sur la France de 1328 à 1589. À la mort de Charles IV le Bel (1328), dernier Capétien direct, son cousin Philippe, comte de Valois, lui succède sous le nom de Philippe VI. La dynastie commence par les Valois directs **Philippe VI** (1328-1350), **Jean II le Bon** (1350-1364), **Charles V le Sage** (1364-1380), **Charles VI le Bien-Aimé** (1380-1422), **Charles VII** (1422-1461), **Louis XI** (1461-1483), **Charles VIII** (1483-1498). Charles VIII étant mort sans postérité, accède alors au trône la branche *Valois-Orléans,* issue de Louis Ier, duc d'Orléans, deuxième fils de Charles V. Elle est représentée par le seul **Louis XII** (1498-1515). Après lui, faute d'héritier mâle direct, règnent les *Valois-Angoulême,* branche cadette de la maison des Valois-Orléans, issue du troisième fils de Louis Ier d'Orléans, **Jean** (1399-1467). Ses représentants sont **François Ier** (1515-1547), **Henri II** (1547-1559), **François II** (1559-1560), **Charles IX** (1560-1574) et **Henri III** (1574-1589), mort sans postérité. Parvenus au pouvoir en négociant avec les grands barons, les Valois eurent à l'origine une autorité limitée. Puis ils bénéficièrent du développement du sentiment national à la faveur de la guerre de Cent Ans et ils parvinrent, au xvie siècle, à faire progresser considérablement l'unification territoriale et la centralisation politique de la France. À la mort d'Henri III, le trône revint à Henri de Bourbon (Henri IV), descendant de Louis IX et cousin au 21e degré du dernier Valois.

Valparaíso, principal port du Chili ; 276 737 hab. (600 000 hab. dans l'agglomération). Centre industriel.

Valtat *(Louis),* peintre français (Dieppe 1869 - Paris 1952). Influencé par Toulouse-Lautrec, par Gauguin, par le néo-impressionnisme, il prélude dès 1895 au fauvisme (*Chez Maxim's,* Petit Palais, Genève ; *les Porteuses d'eau à Arcachon,* 1897, *ibid.*). Son œuvre comprend paysages (par ex. de l'Esterel), figures et natures mortes.

Valteline, *en ital.* Valtellina, région d'Italie, formée par la haute vallée de l'Adda. V. princ. *Sondrio.* — Pendant la guerre de Trente Ans, Richelieu l'occupa (1635-1637) pour empêcher la jonction entre les possessions des Habsbourg d'Espagne et celles des Habsbourg d'Autriche.

Van, lac de Turquie orientale, à 1 646 m d'alt., dominé par des sommets volcaniques dépassant 3 000 m ; 3 700 km².

Van Acker *(Achille),* homme politique belge (Bruges 1898 - *id.* 1975). Socialiste, il fut Premier ministre en 1945-46 et de 1954 à 1958.

Van Allen *(James Alfred),* physicien américain (Mount Pleasant, Iowa, 1914). Il a découvert les ceintures de rayonnement entourant la Terre, auxquelles on a donné son nom.

Van Artevelde *(Jacob),* bourgeois de Gand (Gand v. 1290 - *id.* 1345). Chef des Flamands révoltés contre le comte de Flandre, partisan de l'alliance avec le roi d'Angleterre Édouard III contre Philippe VI de Valois, il se heurta au particularisme des villes flamandes et périt dans une émeute. Son fils **Filips** (Gand 1340 - Rozebeke 1382), capitaine des Gantois, écrasa l'armée du comte de Flandre (1382) mais fut tué à la bataille de Rozebeke, remportée par le roi de France.

Van Beneden *(Édouard),* zoologiste belge (Louvain 1846 - Liège 1910). Il a découvert la réduction chromatique, ou méiose, des cellules reproductrices.

Vanbrugh *(sir John),* architecte et auteur dramatique anglais (Londres 1664 - *id.* 1726). À la fois palladien et baroque, il a notamment élevé le palais de Blenheim (1705), à Woodstock (Oxfordshire).

Van Campen *(Jacob),* peintre et architecte néerlandais (Haarlem 1595 - Randenbroek, Amersfoort, 1657). Architecte du prince d'Orange, il a notamment donné les plans du Mauritshuis, à La Haye, et du majes-tueux ancien hôtel de ville d'Amsterdam (1648-1655), au style inspiré de Palladio.

Van Cleve *(Joos),* peintre flamand (Clèves ? v. 1490 - Anvers v. 1541). Maître à Anvers en 1511, auteur de tableaux religieux (deux retables de *la Mort de Marie,* musées de Munich et de Cologne), il fut aussi un excellent portraitiste.

Van Coehoorn *(Menno, baron),* ingénieur militaire néerlandais (Britsum, près de Leeuwarden, 1641 - La Haye 1704). Surnommé *le Vauban hollandais,* il dessina les fortifications de Nimègue, de Breda et de Bergen op Zoom.

Vancouver, troisième agglomération du Canada et métropole de la Colombie-Britannique ; 1 409 361 hab. L'établissement, en 1886, du terminus du Canadian Pacific Railway, le peuplement de la Prairie, le développement des pays du Pacifique, l'ouverture du canal de Panamá ont marqué le développement de la ville. Premier port canadien (exportations de blé et de charbon), c'est un centre administratif, universitaire, industriel (bois, construction navale, mécanique, alimentation) et touristique (architecture moderne, parcs, musées).

Vancouver *(George),* navigateur britannique (King's Lynn 1757 - Richmond 1798). Il fit le premier relevé exact de la côte ouest du Canada (1791-1795).

Vancouver *(île),* île canadienne de l'océan Pacifique, dépendant de la Colombie-Britannique, dont elle est séparée par d'étroits bras de mer ; 32 137 km² ; 375 000 hab. V. princ. *Victoria.*

Vandales, peuple germanique établi au sud de la Baltique au Iᵉʳ s. apr. J.-C. Au début du Vᵉ siècle, avec d'autres peuples barbares, ils envahirent la Gaule (407), l'Espagne (409) puis, sous la conduite de Geiséric (428-477), l'Afrique romaine, où ils créèrent un royaume qui s'étendit à la Sicile. Cet État, disparut en 533, lors de la conquête byzantine de l'Afrique.

Van Dam *(José),* chanteur belge (Bruxelles 1940). Il poursuit une carrière internationale dans un répertoire qui s'étend de Monteverdi à Messiaen, embrassant avec une même aisance les emplois de baryton et de basse.

Van de Graaff *(Robert Jemison),* physicien américain (Tuscaloosa, Alabama, 1901 - Boston 1967). Il a réalisé les premières grandes des machines électrostatiques destinées à l'accélération des particules et qui portent aujourd'hui son nom.

Vandenberg, base américaine de lancement d'engins spatiaux, en Californie du Sud, sur la côte du Pacifique.

Van den Berghe *(Frits),* peintre belge (Gand 1883 - *id.* 1939). Membre (1904-1914) de la seconde école de Laethem-Saint-Martin, influencé ensuite par l'expressionnisme allemand, il a donné à partir de 1925-26 une version bien flamande du surréalisme, hallucinante et sarcastique.

Van den Bosch *(Johannes, comte),* administrateur néerlandais (Herwijnen, Gueldre, 1780 - La Haye 1844). Gouverneur des Indes néerlandaises (1830-1833), il y imposa un système de cultures forcées, obligeant les paysans javanais à consacrer une partie de leurs terres à des cultures fixées par le gouvernement. Il fut ministre des Colonies de 1835 à 1839.

Van den Vondel *(Joost),* poète hollandais (Cologne 1587 - Amsterdam 1679). Il est l'auteur de poésies lyriques et satiriques et de 24 tragédies avec chœurs, d'inspiration chrétienne *(Lucifer,* 1654 ; *Adam exilé,* 1664).

Van der Goes *(Hugo),* peintre flamand (m. en 1482 au monastère d'Auderghem, en forêt de Soignes), maître à Gand en 1467. Grâce à ses œuvres monumentales et pathétiques, il a imprimé au réalisme flamand la marque de son esprit angoissé (« Triptyque Portinari » [*Adoration des bergers*], v. 1475, Offices ; deux autres *Adoration,* Berlin ; *la Mort de la Vierge,* Bruges).

Van der Meulen *(Adam Frans),* peintre flamand (Bruxelles 1632 - Paris 1690), appelé en France par Le Brun (1664). Ses tableaux panoramiques relatent l'histoire militaire du règne de Louis XIV.

Vandervelde *(Émile),* homme politique belge (Ixelles 1866 - Bruxelles 1938). Député socialiste (1894), président de la IIe Internationale (1900-1914), il fut notamment ministre des Affaires étrangères (1925-1927) et signa le pacte de Locarno (1925).

Van der Waals *(Johannes Diderik),* physicien néerlandais (Leyde 1837 - Amsterdam 1923). Il a donné une équation d'état des fluides, découvert la loi des états correspondants et étudié les forces d'attraction d'origine électrostatique entre molécules, les *forces de Van der Waals.* (Prix Nobel 1910.)

Van der Weyden *(Rogier* de La Pasture, ou *Rogier),* peintre des Pays-Bas du Sud (Tournai v. 1400 - Bruxelles 1464). Il devint peintre officiel de la ville de Bruxelles en 1435. Influencé par R. Campin et par Van Eyck, son art apporte une vision encore impré-

gnée de la linéarité gothique, souvent dramatique, mais fixée dans une construction rigoureuse, tout intellectuelle *(Descente de Croix,* v. 1435 ?, Prado ; *Saint Luc peignant la Vierge,* plusieurs versions ; retable du *Jugement dernier,* v. 1445-1450, hôtel-Dieu de Beaune ; « Triptyque Braque », Louvre ; portrait de *l'Homme à la flèche,* Bruxelles).

Van de Velde, famille de peintres paysagistes néerlandais du XVIIe siècle, dont les plus connus sont **Esaias** (Amsterdam v. 1590 - La Haye 1630), qui inaugure la vision réaliste du paysage hollandais, et **Willem le Jeune** (Leyde 1633 - Greenwich 1707), son neveu, peintre de marines.

Van de Velde *(Henry),* architecte et artiste décorateur belge (Anvers 1863 - Zurich 1957). À la fois attaché à un Art nouveau retenu et au fonctionnalisme, il se consacra à partir de 1890 aux métiers d'art, devenant un des principaux animateurs du mouvement moderniste en Europe. Directeur, en 1906, de l'École des arts appliqués de Weimar, il tenta, au sein du *Werkbund* (association allemande d'architectes et de designers), de résister au courant qui conduisait à la standardisation industrielle. Il a notamment construit le musée Kröller-Müller, à Otterlo (1921 et 1935-1953).

Van de Woestijne *(Karel),* écrivain belge d'expression néerlandaise (Gand 1878 - Zwijnaarde 1929). Ses poèmes et ses récits témoignent d'une lutte constante entre le mysticisme et la sensualité *(Janus au double visage,* 1908 ; *l'Ombre dorée,* 1910). Son frère **Gustaaf** (Gand 1881 - Uccle 1947) fut un des peintres du premier groupe de Laethem-Saint-Martin.

Van Diemen *(Anthony),* administrateur néerlandais (Culemborg 1593 - Batavia 1645). Gouverneur général de la Compagnie des Indes néerlandaises (1636-1645), il étendit son influence à Ceylan et à Malacca.

Vandœuvre-lès-Nancy, ch.-l. de c. de Meurthe-et-Moselle, banlieue de Nancy ; 34 420 hab.

Van Dongen *(Kees),* peintre français d'origine néerlandaise (Delfshaven, près de Rotterdam, 1877 - Monte-Carlo 1968). L'un des fauves, grand coloriste, il exécuta des scènes de la vie contemporaine et des portraits d'un caractère synthétique percutant.

Van Dyck ou **Van Dijck** *(Anton, Antoon* ou *Anthonie),* peintre flamand (Anvers 1599 - Londres 1641). Collaborateur de Rubens d'environ 1618 à 1621, il travailla ensuite à Gênes puis de nouveau à Anvers (peintures religieuses, portraits) ; en 1632, il devint le peintre de Charles Iᵉʳ et de la cour d'Angleterre. Le succès de ses portraits, pleins de virtuosité et de distinction, fut immense.

Vanel *(Charles)*, acteur français (Rennes 1892 - Cannes 1989). Au cours d'une carrière exceptionnellement longue et prolifique, il a joué notamment dans *le Grand Jeu* (J. Feyder, 1934), *la Belle Équipe* (J. Duvivier, 1936), *Le ciel est à vous* (J. Grémillon, 1944), *le Salaire de la peur* (H. G. Clouzot, 1953), *Trois Frères* (F. Rosi, 1981).

Vänern, le plus grand lac de Scandinavie (Suède), se déversant dans le Cattégat par le Göta älv ; 5 585 km².

Vanes, divinités constituant une des deux grandes familles du panthéon nord-germanique à côté de celle des Ases. Les Vanes, représentatifs d'une culture agraire, président à la Fertilité et à la Prospérité. On compte parmi eux Njörd et ses enfants, Freyr et Freyja.

Van Eyck *(Jan)*, peintre flamand (? v. 1390 - Bruges 1441). Il passe du service de Jean de Bavière, futur comte de Hollande (miniatures des *Très Belles Heures de Notre-Dame,* Turin), à celui de Philippe le Bon (1425), est chargé de missions diplomatiques et se fixe à Bruges vers 1430. Sa renommée grandit avec l'inauguration en 1432, à Gand, du retable de *l'Agneau mystique* (qu'avait entrepris, semble-t-il, un Hubert Van Eyck, son frère aîné). Associant diverses techniques (dont l'huile en glacis légers) pour donner à la matière picturale un pouvoir de suggestion inédit, dégagé, au profit d'un réalisme attentif, du maniérisme ornemental du style gothique international, il est, avec le Maître de Flémalle, le fondateur de la grande école flamande, tant par ses tableaux religieux (*Vierge du chancelier Rolin,* Louvre) que par ses portraits, dont celui d'*Arnolfini et sa femme* (1434, Londres), premier exemple de scène intimiste bourgeoise dans la peinture occidentale.

Van Gennep *(Arnold* Kurr, dit Arnold*)*, ethnographe et folkloriste français (Ludwigsburg 1873 - Épernay 1957). Il est l'auteur du monumental *Manuel de folklore français contemporain* (1937-1958) et a créé une méthode de recueil et de classement des faits folkloriques.

Van Gogh *(Vincent)*, peintre néerlandais (Zundert, Brabant, 1853 - Auvers-sur-Oise, Val-d'Oise, 1890). Sa vie, marquée d'inquiétude spirituelle, fut brève et tragique. Après des séjours dans le Borinage belge et à Nuenen (Brabant septentrional), il vécut à Paris (1886-87) puis gagna la Provence. Interné un moment (1889) à l'asile psychiatrique de Saint-Rémy-de-Provence, il s'installa ensuite à Auvers-sur-Oise (1890), où il mit fin à ses jours. Il a cherché à obtenir le maximum d'intensité et de vibration chromatique dans ses natures mortes et ses bouquets (*Tournesols)* , ses portraits, ses paysages (les *Pont de Langlois,* les *Champ de blé aux cyprès,* la *Nuit étoilée* [New York]), et fut ainsi le grand précurseur des fauves et des expressionnistes. Il est bien représenté au musée d'Orsay (*Campement de Bohémiens, la Chambre, l'Église d'Auvers, le Docteur Gachet,* deux autoportraits), mais mieux encore au musée national Van Gogh d'Amsterdam et au musée Kröller-Müller d'Otterlo.

Van Goyen *(Jan)*, peintre néerlandais (Leyde 1596 - La Haye 1656). L'un des meilleurs paysagistes de son pays, il est renommé pour ses vues fluviales aux miroitements argentés ou dorés, avec de petits personnages dans des barques en contre-jour (*Vue du Rhin vers la colline d'Elten,* Mauritshuis, La Haye).

Van Heemskerck *(Maarten)*, peintre et dessinateur néerlandais (Heemskerk, près de Haarlem, 1498 - Haarlem 1574). Italianisant, il est l'auteur de grands retables d'un expressionnisme tourmenté ainsi que de portraits.

Van Helmont *(Jan Baptist)*, médecin et chimiste flamand (Bruxelles 1579 - Vilvoorde 1644). Disciple de Paracelse, il est l'exemple que la doctrine alchimiste peut conduire à de nouvelles pratiques expérimentales. Ainsi, il découvrit le gaz carbonique qui se dégage lorsqu'on brûle une substance naturelle et montra que celui-ci n'entretient pas la combustion. Il imagina le terme même de « gaz ». Il reconnut également le rôle du suc gastrique dans la digestion.

Van Honthorst *(Gerrit)*, peintre et graveur néerlandais (Utrecht 1590 - id. 1656). Marqué par la leçon du Caravage, qu'il assimila lors d'un séjour à Rome (1610-1620), il s'illustra par de nombreuses scènes nocturnes à la bougie (*le Reniement de saint Pierre,* musée de Rennes). Il s'est consacré surtout à la scène de genre, traitée avec un réalisme expressif (*l'Entremetteuse,* 1625, musée d'Utrecht).

Vanikoro, île de la Mélanésie, au nord de Vanuatu, dépendance des Salomon, où, probablement, La Pérouse et son équipage périrent dans un naufrage (1788).

Vanini *(Giulio Cesare)*, philosophe italien (Taurisano, Lecce, 1585 - Toulouse 1619).

Prêtre et docteur en théologie, il décida paradoxalement de prêcher une doctrine nouvelle, proche de l'athéisme. Il voyagea à travers toute l'Europe pour rencontrer catholiques, libertins, anabaptistes, etc., et controverser avec eux. Il proposait une philosophie rationnelle et naturaliste, qui rend compte de l'homme autant comme être physiologique que comme être possédant une âme. Heurtant ainsi la foi chrétienne, il fut plusieurs fois emprisonné. De Paris, après la condamnation par la Sorbonne du *Discours sur les secrets de la nature* (1616), il se réfugia à Toulouse, où il fut arrêté, torturé et brûlé vif.

Van Laer ou **Van Laar** *(Pieter),* dit (il) Bamboccio, peintre néerlandais (Haarlem 1599 - *id.* 1642). Installé à Rome, il excella à représenter des scènes de la vie populaire, qu'on appela, d'après son surnom, « bambochades ».

Van Leeuwenhoek *(Antonie),* naturaliste hollandais (Delft 1632 - *id.* 1723). Avec les microscopes qu'il fabriqua, il décrivit les spermatozoïdes, de nombreux protistes, la circulation des globules du sang et bien d'autres structures microscopiques.

Van Loo ou **Vanloo,** famille de peintres français d'origine néerlandaise, dont le principal est **Charles André,** dit **Carle** (Nice 1705 - Paris 1765). Formé en Italie, professeur à l'Académie royale de Paris en 1737, il représente le « grand style » au sein de l'esthétique rococo (tableaux religieux ou mythologiques, « turqueries », panneaux décoratifs). Il fut nommé premier peintre du roi en 1762.

Van Mander *(Carel),* peintre et écrivain d'art flamand (Meulebeke, Flandre-Occidentale, 1548 - Amsterdam 1606), cofondateur, avec Goltzius, de l'académie de Haarlem (1587). Son *Livre de peinture* (Haarlem, 1604) est un témoignage sur les peintres flamands, hollandais et allemands des XVᵉ et XVIᵉ siècles.

Van Musschenbroek *(Petrus),* physicien néerlandais (Leyde 1692 - *id.* 1761). Il est l'inventeur de la « bouteille de Leyde », premier condensateur électrique (1745).

Vannes, ch.-l. du dép. du Morbihan, près de l'Atlantique, à 450 km à l'O.-S.-O. de Paris ; 48 454 hab. *(Vannetais).* Évêché. Tréfilerie. — Remparts, cathédrale des XIIIᵉ-XVIIIᵉ siècles et ensembles de maisons anciennes. Musées d'Archéologie, de la Cohue (anc. halle : Beaux-Arts ; musée du Golfe du Morbihan) et de Sciences naturelles.

Vanoise *(massif de la),* massif des Alpes, en Savoie, entre les vallées de l'Arc et de l'Isère ; 3 852 m à la pointe de la Grande Casse. Parc national (52 800 ha) créé en 1963.

Van Orley *(Barend* ou *Bernard),* peintre et décorateur des Pays-Bas du Sud (Bruxelles v. 1488 - *id.* 1541), artiste officiel au style de transition, auteur de retables, de portraits ainsi que de cartons pour des vitraux et des tapisseries *(Chasses de Maximilien,* Louvre).

Van Ostade *(Adriaen),* peintre néerlandais (Haarlem 1610 - *id.* 1685), auteur de scènes d'intérieur dans l'esprit de Brouwer. Son frère **Isaac** (Haarlem 1621 - *id.* 1649) subit son influence puis se spécialisa dans le paysage.

Van Ruisdael ou **Ruysdael** → Ruisdael.

Van Ruusbroec ou **Van Ruysbroeck** *(Jan),* dit l'Admirable, théologien et écrivain brabançon (Ruusbroec, près de Bruxelles, 1293 - Groenendaal, près de Bruxelles, 1381). Son enseignement et ses écrits, dont les plus célèbres sont les *Noces spirituelles,* le *Miroir du salut éternel,* les *Sept Degrés de l'amour spirituel,* et qui comptent parmi les premiers chefs-d'œuvre de la langue néerlandaise, marquèrent profondément le courant mystique de la *Devotio moderna.*

Van Schendel *(Arthur),* romancier néerlandais (Batavia 1874 - Amsterdam 1946), peintre de la province hollandaise *(la Frégate « Jeanne-Marie »,* 1930).

Van Scorel *(Jan),* peintre néerlandais (Schoorl, près d'Alkmaar, 1495 - Utrecht 1562). Installé à Utrecht, vers 1525, après avoir voyagé (séjours à Venise et, surtout, à Rome...), il fut l'un des premiers à introduire l'influence italienne aux Pays-Bas. Réalisme nordique et expressionnisme n'en marquent pas moins son œuvre (retables, tel le *Polyptyque de Marchiennes* du musée de Douai ; portraits).

Van't Hoff *(Jacobus Henricus),* chimiste néerlandais (Rotterdam 1852 - Berlin 1911). Il est, avec Le Bel, le créateur de la stéréochimie. Il formula la théorie du carbone asymétrique et posa, en 1884, les fondements de la cinétique chimique. En 1886, il signala l'analogie entre les solutions et les gaz et donna une théorie de la pression osmotique d'où se déduisent les lois de la tonométrie, de l'ébulliométrie et de la cryométrie. (Prix Nobel 1901.)

Vantongerloo *(Georges),* peintre et sculpteur belge (Anvers 1886 - Paris 1965). Cofondateur du mouvement De Stijl en

1917, d'Abstraction-Création en 1931, il donna à la rigueur du néoplasticisme des fondements mathématiques, qu'il appliqua à ses peintures puis à ses œuvres tridimensionnelles.

Vanua Levu, une des îles Fidji ; 5 535 km² ; 94 000 hab.

Vanuatu, *anc.* Nouvelles-Hébrides, État de la Mélanésie, au nord-est de la Nouvelle-Calédonie, indépendant depuis 1980 ; 14 760 km² ; 150 000 hab. CAP. *Port-Vila.* LANGUES : *bichlamar, anglais* et *français.* MONNAIE : *vatu.*
De la soixantaine d'îles montagneuses et forestières qui composent l'archipel, Vaté, Espíritu Santo et Mallicolo regroupent la moitié de la population. Sous un climat chaud (26 °C en moyenne) et très humide (2 à 4 m de pluies), les plantations de cocotiers (exportations de coprah) et la pêche sont les seules ressources commerciales de ce jeune État qui bénéficie de l'aide de ses deux anciennes puissances de tutelle, la France et la Grande-Bretagne.

Van Velde *(Bram),* peintre et lithographe néerlandais (Zoeterwoude, près de Leyde, 1895 - Grimaud, Var, 1981). L'orientation de son œuvre, depuis 1945 surtout, a fait de lui un des représentants les plus originaux de l'abstraction lyrique européenne. Son frère **Geer** (Lisse, près de Leyde, 1898 - Cachan 1977) fut également peintre, dans une veine abstraite moins subjective, géométrisante.

Vanves, ch.-l. de c. des Hauts-de-Seine, au sud de Paris ; 26 160 hab. Centre national d'enseignement à distance.

Van Zeeland *(Paul),* homme politique belge (Soignies 1893 - Bruxelles 1973). Membre du Parti catholique, il fut Premier ministre de 1935 à 1937 puis ministre des Affaires étrangères de 1949 à 1954.

Var *(le),* fl. de la Provence orientale, qui s'écoule presque entièrement dans les Alpes-Maritimes et rejoint la Méditerranée ; 120 km.

Var [83], dép. de la Région Provence-Alpes-Côte d'Azur ; ch.-l. de dép. *Toulon ;* ch.-l. d'arr. *Brignoles, Draguignan ;* 3 arr., 41 cant., 153 comm. ; 5 973 km² ; 815 449 hab. *(Varois).* Il est rattaché à l'académie de Nice, à la cour d'appel d'Aix-en-Provence, à la région militaire Méditerranée.

Varanasi → **Bénarès.**

Varda *(Agnès),* cinéaste française (Ixelles, Belgique, 1928). Après *la Pointe courte* (1955), film qui annonçait la nouvelle vague, elle a réalisé notamment *Cléo de 5 à 7* (1962), *le Bonheur* (1965), *L'une chante, l'autre pas* (1977), *Sans toit ni loi* (1985), *Jacquot de Nantes* (1991), un hommage à son mari Jacques Demy.

Vardar *(le),* fl. de Macédoine et de Grèce qui se jette dans la mer Égée ; 420 km, dont 300 en Macédoine.

Varègues, Vikings qui, pendant la seconde moitié du ixᵉ siècle, pénétrèrent en Russie et pratiquèrent un commerce actif entre la Baltique, la mer Noire et la Caspienne.

Varennes *(la fuite à)* [20-25 juin 1791], épisode de la Révolution française, au cours duquel le roi Louis XVI et sa famille furent arrêtés, à Varennes-en-Argonne (Meuse), alors qu'ils cherchaient à gagner l'étranger. Cet événement fit naître les premières convictions républicaines.

Varèse *(Edgard),* compositeur français naturalisé américain (Paris 1883 - New York 1965). Se considérant comme compositeur et acousticien, il a renouvelé le matériel orchestral (*Amériques,* 1921 ; *Arcana,* 1927) et bouleversé l'usage des instruments, auxquels il fut le premier à ajouter des bruits de machine (*Intégrales,* 1925 ; *Ionisation,* 1931). Après une période de silence, il aborda l'électroacoustique (*Déserts,* 1952 ; *Poème électronique,* 1958).

Vargas *(Getúlio),* homme d'État brésilien (São Borja, Rio Grande do Sul, 1883 - Rio de Janeiro 1954). Il s'empara du pouvoir en 1930 et devint président de la République en 1934. Il promulgua une Constitution autoritaire et réalisa d'importantes réformes sociales. Déposé en 1945, il fut réélu en 1950. Aux prises avec une violente campagne d'opposition, il se suicida en 1954.

Vargas Llosa *(Mario),* écrivain possédant la double nationalité péruvienne (d'origine) et espagnole (Arequipa 1936). Ses romans forment une peinture ironique et satirique de la société péruvienne (*la Ville et les Chiens,* 1962 ; *Qui a tué Palomino Molero ?,* 1986). Il fut en 1990 un candidat malheureux aux élections présidentielles. Il a acquis la nationalité espagnole en 1993.

Varignon *(Pierre),* mathématicien français (Caen 1654 - Paris 1722). Il énonça la règle de composition des forces concourantes et fut un des premiers, en France, à adopter le calcul infinitésimal.

Varin ou **Warin** *(Jean),* médailleur et sculpteur français d'origine wallonne (Liège 1604 - Paris 1672). Artiste et technicien d'une égale valeur, il fut graveur général des Monnaies (1646).

Varlin *(Louis Eugène),* socialiste et syndicaliste français (Claye-Souilly 1839 - Paris 1871). Ouvrier relieur, secrétaire de la section française de la Iʳᵉ Internationale, membre de la Commune et délégué aux Finances (1871), il fut fusillé par les versaillais.

Varna, port, station balnéaire et centre industriel de Bulgarie, sur la mer Noire ; 295 000 hab. — Ruines de thermes romains. Musées, dont le Musée archéologique, qui abrite les riches parures d'or d'une nécropole néolithique.

Varna *(bataille de)* [10 nov. 1444], bataille remportée par les Ottomans sur les forces chrétiennes conduites par Ladislas III Jagellon et Jean Hunyadi.

Varron, *en lat.* Terentius Varro, consul romain. Il livra et perdit la bataille de Cannes contre Hannibal, en 216 av. J.-C.

Varron, *en lat.* Marcus Terentius Varro, écrivain latin (Reate, auj. Rieti, 116-27 av. J.-C.). Lieutenant de Pompée pendant la guerre civile, il se réconcilia avec César, qui le chargea d'organiser la première bibliothèque publique de Rome. De son œuvre encyclopédique, nous ne possédons que les trois livres d'un traité d'économie rurale, une partie d'un traité de philosophie et des fragments d'ouvrages historiques.

Vars *(col de),* route routier des Alpes, au sud de Guillestre ; 2 111 m. À proximité, station de sports d'hiver (alt. 1 670-2 580 m).

Varsovie, *en polon.* Warszawa, cap. de la Pologne, ch.-l. de voïévodie, sur la Vistule ; 1 653 300 hab. *(Varsoviens)* [1 850 000 hab. dans l'agglomération]. **GÉOGR.** Carrefour sur les axes Berlin-Moscou et Baltique-Danube, Varsovie occupe une position relativement centrale en Pologne. La ville ne regroupe guère que 5 % de la population du pays, mais elle en demeure la métropole politique, culturelle, commerciale et, aujourd'hui, industrielle (métallurgie de transformation, textile, agroalimentaire, chimie). Le centre, autour de la vieille ville, minutieusement reconstruite au lendemain de la Seconde Guerre mondiale, est parsemé de grands édifices publics. La périphérie est formée de grands ensembles résidentiels, aérés mais de qualité médiocre. **HIST.** Capitale de la Pologne en 1596, cédée à la Prusse en 1795, capitale du grand-duché de Varsovie (1807), du royaume de Pologne (1815), dont le souverain était l'empereur de Russie, Varsovie se révolta en 1830 et en 1863. Capitale de la République polonaise en 1918, elle fut occupée par les Allemands dès 1939. Elle subit d'énormes destructions et pertes humaines lors de l'anéantissement du *ghetto de Varsovie* (1943) et de l'écrasement de l'insurrection de 1944. La ville fut libérée par les forces polono-soviétiques en janvier 1945. **ARTS.** Monuments, surtout des XVIIᵉ-XIXᵉ siècles, la plupart reconstruits après 1945. Musée national (archéologie méditerranéenne ; beaux-arts) ayant pour dépendances le palais de Wilanów, baroque, et le palais « des Bains » (Łazienki), néoclassique.

Varsovie *(pacte de),* alliance militaire qui regroupait autour de l'Union soviétique l'Albanie (jusqu'en 1968), la R. D. A., la Bulgarie, la Hongrie, la Pologne, la Roumanie et la Tchécoslovaquie. Créé en 1955 pour faire pièce à l'entrée de l'Allemagne fédérale dans l'O. T. A. N., il fut dissous en 1991.

Varus, *en lat.* Publius Quintilius Varus, général romain (v. 46 av. J.-C.-Teutoburger Wald 9 apr. J.-C.). Les Germains d'Arminius massacrèrent ses légions dans le Teutoburger Wald.

Vasa → Gustave Iᵉʳ Vasa.

Vasaloppet, célèbre course de ski nordique, disputée chaque année en Suède et longue de 85,8 km.

Vasarely *(Victor),* peintre français d'origine hongroise (Pécs 1908). Il fut l'un des principaux promoteurs de l'art cinétique « virtuel » (op art), tant par son *Manifeste jaune* (1955) que par ses œuvres plastiques.

Vasari *(Giorgio),* peintre, architecte et historien d'art italien (Arezzo 1511 - Florence 1574). Figure importante du courant maniériste, il est l'auteur d'un précieux recueil de *Vies* d'artistes qui privilégie l'école florentine.

Vascons, ancien peuple d'Espagne qui occupait la Navarre actuelle et une partie des provinces voisines. Ils sont les ancêtres des Basques. Certains d'entre eux s'installèrent dans la région qui prit le nom de *Vasconia* (Gascogne).

Vassilevski *(Aleksandr Mikhaïlovitch),* maréchal soviétique (Novaïa Goltchikha 1895 - Moscou 1977). Il fut chef d'état-major de l'Armée rouge de 1942 à 1947 puis ministre adjoint et ministre de la Défense (1947-1953).

Vassili Iᵉʳ (1371-1425), grand-prince de Vladimir et de Moscou (1389-1425). **Vassili II l'Aveugle** (1415-1462), grand-prince de Vladimir et de Moscou (1425-1462). Il affirma son pouvoir au terme d'une longue lutte et refusa l'union de l'Église russe avec Rome souscrite en 1439. **Vassili III** (1479-1533), grand-prince de Vladimir et de Moscou (1505-1533), fils d'Ivan III et de Zoé (Sophie) Paléologue.

Vassili Chouïski (1552 - Gostynin, près de Varsovie, 1612), tsar de Russie (1606-1610). Il fut renversé lors de l'invasion polonaise.

Västerås, v. de la Suède, près du lac Mälaren ; 119 761 hab. Centre industriel. — Cathédrale du XIIIe siècle, château remontant au XIVe, maisons anciennes.

Vaté, île de l'archipel de Vanuatu (Mélanésie), où se trouve la capitale, Port-Vila ; 915 km².

Vatel, maître d'hôtel du Grand Condé (m. à Chantilly en 1671). Lors d'un dîner que Condé offrait à Louis XIV à Chantilly, le poisson n'ayant pas été livré à temps, Vatel se crut déshonoré et se suicida.

Vatican (État de la Cité du), État d'Europe, à Rome, dont le pape est le chef, constitué à la suite des accords du Latran entre le Saint-Siège et Mussolini (11 févr. 1929) « pour assurer au Saint-Siège l'indépendance absolue et visible, avec une souveraineté indiscutable, garantie même dans le domaine international ». Ce petit État (44 ha et 700 hab.) comprend essentiellement la place et la basilique Saint-Pierre, les jardins et le palais qui s'étagent sur la colline. Le pape y exerce le pouvoir exécutif et législatif par l'intermédiaire d'une commission cardinalice présidée par le cardinal secrétaire d'État.

Vatican (premier concile du), concile œcuménique qui fut convoqué par Pie IX et se tint dans la basilique Saint-Pierre de Rome du 8 décembre 1869 au 18 juillet 1870. Il eut pour aboutissement la définition de l'infaillibilité pontificale. Cette décision, qui avait provoqué des déchirements au sein même de l'assemblée, entraîna le schisme, assez limité, des vieux-catholiques mais, surtout, alimenta un long débat qui amena le concile suivant à mettre l'accent sur l'idée de collégialité dans le gouvernement de l'Église.

Vatican (deuxième concile du), concile œcuménique dont le pape Jean XXIII avait annoncé la convocation en 1959 et qui se tint dans la basilique Saint-Pierre en quatre sessions, de 1962 à 1965. Il se donna comme objectif le renouveau de l'Église au sein du monde moderne. Par l'importance des décisions pastorales qui y furent adoptées — en présence d'observateurs non catholiques, qui pour la première fois étaient invités à un concile —, il a profondément modifié la mentalité des catholiques, les incitant notamment à être plus ouverts vis-à-vis des autres chrétiens, des adeptes d'autres religions et des non-croyants. L'un des prolongements les plus importants de ce concile fut l'institution d'un synode épiscopal, sorte de structure permanente de réflexion et de gouvernement collégial aux côtés du pape.

Vatnajökull, région englacée du sud-est de l'Islande, entre 1 300 et 1 700 m d'altitude.

Vättern, lac de la Suède centrale, se déversant dans la Baltique ; 1 912 km².

Vauban (Sébastien Le Prestre de), maréchal de France (Saint-Léger-de-Foucheret, auj. Saint-Léger-Vauban, Yonne, 1633 - Paris 1707). Commissaire général des fortifications (1678), il fortifia de nombreuses places des frontières françaises et dirigea plusieurs sièges (Lille, 1667 ; Namur, 1692). Ses critiques de la politique de Louis XIV lui firent perdre la faveur du roi, et son Projet d'une dîme royale, préconisant un impôt sur le revenu, fut saisi peu avant sa mort. L'œuvre militaire de Vauban est marquée par la recherche constante de l'innovation et par un effort d'adaptation permanent. Ses trois « systèmes de fortification », pour achevés qu'ils soient, relèvent d'abord de ce souci d'évolution efficace. Le polygone régulier classique s'étire pour s'adapter au terrain et tirer un meilleur parti des capacités nouvelles de l'artillerie. Le principe de la défense en profondeur se dégage progressivement de ces transformations successives, soigneusement contrôlées par Louis XIV lui-même, pour les faire servir à une stratégie d'ensemble.

Vaucanson (Jacques de), mécanicien français (Grenoble 1709 - Paris 1782). Il établit d'abord sa réputation de mécanicien en construisant trois automates demeurés célèbres : le Joueur de flûte traversière (1737), le Tambourinaire provençal (1738) et le Canard (1738). À partir de 1741, il fut chargé par le gouvernement de réorganiser l'industrie française de la soie, ce qui l'amena à la création de nombreuses machines ainsi que d'un outillage perfectionné destiné à les fabriquer. On lui doit notamment le premier métier à tisser entièrement automatique, le premier tour à charioter et une perceuse dont les divers dispositifs devinrent les organes essentiels de la machine-outil.

Vaucluse (fontaine de), source abondante, jaillissant à la comm. de Fontaine-de-Vaucluse, à 25 km d'Avignon, et donnant naissance à la Sorgue.

Vaucluse [84], dép. de la Région Provence-Alpes-Côte d'Azur ; ch.-l. de dép. *Avignon ;* ch.-l. d'arr. *Carpentras, Apt ;* 3 arr., 24 cant., 151 comm. ; 3 567 km² ; 467 075 hab. *(Vauclusiens).* Il est rattaché à l'académie d'Aix-en-Provence-Marseille, à la cour d'appel de Nîmes et à la région militaire Méditerranée.

Vaucouleurs *(le capitaine de)* → **Baudricourt.**

Vaud, en all. Waadt, canton de Suisse, sur la rive nord du lac Léman ; 3 219 km² ; 601 816 hab. *(Vaudois,* de langue française et de religion protestante pour plus des trois quarts). Ch.-l. *Lausanne.* D'ouest en est se succèdent la partie sud du Jura (1 679 m au mont Tendre), au climat humide et frais, puis les plateaux et collines du Mittelland, qui tombent doucement sur le Léman à l'O. de Lausanne, plus abruptement à l'est, et au S.-E. une partie des Préalpes (Diablerets). Les céréales, les cultures industrielles et la vigne dominent dans le Mittelland, où s'est développé l'agroalimentaire. La mécanique et les arts graphiques autour de Lausanne, la chimie dans la vallée du Rhône complètent les industries du canton, qui a, par ailleurs, un rôle de passage et des fonctions commerciales (Lausanne) et touristiques importantes.

Vaudreuil *(Philippe de Rigaud, marquis de),* administrateur français (en Gascogne 1643 - Québec 1725), gouverneur du Canada de 1703 à 1725. Son fils **Pierre de Rigaud de Cavagnal,** *marquis* de Vaudreuil (Québec 1698 - Muides-sur-Loire 1778), fut le dernier gouverneur de la Nouvelle-France (1755-1760).

Vaugelas *(Claude* Favre, *seigneur de),* grammairien français (Meximieux, Ain, 1585 - Paris 1650). Il participe à la fondation de l'Académie française et dirige les travaux de mise en route du *Dictionnaire.* Ses *Remarques sur la langue française* (1647) ont pour but de donner le « bon usage », celui de l'élite sociale et intellectuelle ; elles ont joué un rôle important dans la constitution du français standard. (Acad. fr. 1634.)

Vaughan *(Sarah),* chanteuse de jazz américaine (Newark, New Jersey, 1924 - Los Angeles 1990). Douée d'une voix de registre étendu et de fortes capacités techniques, celle que l'on surnommait « Sassy » ou la « Divine » accomplit des performances dans un registre troublant et grave, parfois sophistiqué. Elle fut proche du courant be-bop.

Vaughan, v. du Canada (Ontario), banlieue de Toronto ; 103 535 hab.

Vaughan Williams *(Ralph),* compositeur britannique (Down Ampney, Gloucestershire,

1872 - Londres 1958). Sa personnalité se révéla au contact des chansons populaires de son pays ainsi que de la musique élisabéthaine *(Fantaisie sur un thème de Thomas Tallis,* 1910). Il coupa les ponts avec les traditions musicales germaniques et italiennes, et, sans tomber dans le provincialisme, devint, après Elgar, le principal artisan du renouveau musical anglais. Il a laissé notamment 9 symphonies (de 1910 à 1958), des concertos, le ballet *Job* (1931), des œuvres chorales, dont l'oratorio *Sancta Civitas* (1925), des mélodies, dont *On Wenlock Edge* (1909), et 5 opéras, dont *Riders to the Sea* d'après Synge (1925-1932, créé en 1937) et *The Pilgrim's Progress* d'après Bunyan (1951).

Vaulx-en-Velin, ch.-l. de c. du Rhône ; 44 535 hab. Verrerie.

Vauquelin *(Nicolas), seigneur* des Yveteaux, écrivain français (La Fresnaye-au-Sauvage, Orne, 1567 - Brianval, Seine-et-Marne, 1649), fils de Vauquelin de La Fresnaye, considéré comme le maître des libertins.

Vauquelin *(Nicolas Louis),* chimiste français (Saint-André-d'Hébertot, Calvados, 1763 - id. 1829). Il découvrit le chrome (1797), le lithium (1817) et étudia les sels de platine. Il est l'auteur de nombreux travaux de chimie organique et minérale.

Vauquelin de La Fresnaye *(Jean),* poète français (La Fresnaye-au-Sauvage, Orne, 1536 - Caen 1606), auteur d'un *Art poétique français* (1605), qui rend hommage à la poésie du Moyen Âge.

Vautrin, personnage des romans de H. de Balzac. Forçat évadé, il mène contre la justice et la société une lutte gigantesque, réalisant ses rêves de puissance par l'intermédiaire de jeunes gens (Rastignac, Rubempré) qu'il pousse dans les sphères du pouvoir et de l'argent. Il finit par devenir chef de la Sûreté. Vidocq a en partie inspiré ce personnage.

Vauvenargues *(Luc* de Clapiers, *marquis de),* écrivain français (Aix-en-Provence 1715 - Paris 1747), auteur d'une *Introduction à la connaissance de l'esprit humain* (1746), accompagnée de *Réflexions,* de *Caractères* et de *Dialogues,* où il réhabilite l'homme contre le pessimisme de La Rochefoucauld et réprouve l'esprit de salon et la grandiloquence.

Vaux *(fort de),* fort situé sur un éperon des hauts de Meuse, au sud du village de *Vaux-devant-Damloup* dominant Verdun. Il succomba après une héroïque résistance le 7 juin 1916, mais il fut réoccupé par les Français de Mangin le 2 novembre suivant.

Vaux-le-Vicomte, château de la comm. de Maincy (Seine-et-Marne), près de Melun, bâti par Le Vau pour le surintendant Fouquet et décoré par Le Brun, avec des jardins de Le Nôtre (1656-1661). Il annonce l'art de Versailles.

Vazov *(Ivan),* écrivain bulgare (Sopot, auj. Vazovgrad, 1850 - Sofia 1921). Fondateur du roman moderne bulgare *(Sous le joug,* 1890), il est l'auteur de poèmes et de drames historiques *(Borislav,* 1909).

Vázquez Montalbán *(Manuel),* romancier espagnol (Barcelone 1939). Il a créé pour de nombreuses fictions policières le personnage de Pepe Carvalho, détective privé philosophe et gourmet *(Meurtre au Comité central,* 1981 ; *la Rose d'Alexandrie,* 1984).

Veblen *(Thorstein),* économiste et sociologue américain (Manitowoc, Wisconsin, 1857 - près de Menlo Park, Californie, 1929). Il met en lumière le désir d'émulation sociale qui engendre une consommation ostentatoire et éclaire sous l'angle économique le phénomène du loisir, consommation de temps (culturelle, humaniste, artistique ou sportive) qui exprime le dédain à l'égard du travail productif et qui suppose l'accès à la propriété *(Théorie de la classe de loisir,* 1899).

Vecellio *(Tiziano)* → **Titien.**

Veda, mot sanskrit qui signifie « le savoir » et qui désigne un ensemble de quatre longs écrits sacrés, considérés comme les textes fondamentaux du brahmanisme et de l'hindouisme. Composés en sanskrit entre 1800 et 1200 av. J.-C., ces livres sont essentiellement des recueils de prières, d'hymnes, de formules rituelles se rapportant au sacrifice et à l'entretien du feu. Ils ont été prolongés par une littérature de commentaires, comprenant notamment les *Upanishad,* qui est désignée du nom de « vedanta » (« fin des Veda »).

Vedel *(Georges),* juriste français (Auch 1910). Professeur de droit, membre du Conseil constitutionnel (1980-1989), il a joué un grand rôle dans l'élaboration doctrinale du droit public, surtout en matière administrative et constitutionnelle *(Traité de droit administratif,* 1959).

Védrines *(Jules),* aviateur français (Saint-Denis 1881 - Saint-Rambert-d'Albon 1919). Il participa à de nombreuses courses aériennes, notamment à la course « Paris-Madrid », qu'il remporta en 1911, accomplit des missions audacieuses pendant la Première Guerre mondiale et réussit en 1919 à atterrir sur le toit des Galeries Lafayette, à Paris.

Vega Carpio *(Félix Lope de),* écrivain espagnol (Madrid 1562 - *id.* 1635). Il a écrit 1 800 pièces profanes, 400 drames religieux, de nombreux intermèdes, un roman pastoral *(l'Arcadie,* 1598), des poèmes mystiques *(le Romancero spirituel,* 1619) et burlesques. Son génie dramatique est nourri de toutes les traditions historiques, religieuses et populaires de l'Espagne : *l'Alcade de Zalamea* (1600), *Peribáñez et le Commandeur d'Ocaña* (1614), *le Chien du jardinier* (1618), *Fuenteovejuna* (1618), *le Chevalier d'Olmedo* (1641). Il a créé la formule de la tragi-comédie *(Nouvel Art de faire de la comédie,* 1609).

Vehme ou **Sainte-Vehme,** nom donné aux tribunaux secrets qui, apparus en Westphalie au XIe siècle, pour condamner malfaiteurs et chevaliers-brigands, se répandirent dans le Saint Empire au XIIIe siècle et disparurent au XVIe.

Véies, en lat. Veii, en ital. Veio, cité étrusque qui connut son apogée au VIIIe-VIe s. av. J.-C. Elle fut soumise définitivement par Rome après un long siège (405-395 ou 396-386 av. J.-C.). — Importante nécropole aux tombes archaïques ornées de peintures murales. Parmi plusieurs temples, celui de Minerve oraculaire, à Portonaccio, a révélé l'existence d'une école de sculpture sur terre cuite qui s'épanouit au VIe s. av. J.-C. Vestiges des quartiers d'habitation et des remparts du Ve s. av. J.-C.

Veil *(Simone),* femme politique française (Nice 1927). Ministre de la Santé (1974-1979), elle fait voter la loi sur l'interruption volontaire de grossesse (1975). Présidente de l'Assemblée européenne (1979-1982), elle est ministre des Affaires sociales, de la Santé et de la Ville de 1993 à 1995.

Veksler *(Vladimir Iossifovitch),* physicien soviétique (Jitomir 1907 - Moscou 1966). Il a donné le principe du synchrotron.

Velate ou **Belate** *(col de),* col routier des Pyrénées espagnoles, entre Pampelune et Bayonne ; 847 m.

Velay, région du Massif central, entre l'Allier supérieur et le Vivarais. (Hab. *Vellaves.)* Il est formé de massifs et de plateaux, parfois volcaniques *(monts du Velay),* encadrant le bassin du Puy drainé par la Loire.

Velázquez *(Diego de Silva),* en fr. Vélasquez, peintre espagnol (Séville 1599 - Madrid 1660). Artiste préféré du roi Philippe IV (qui se l'attache, à Madrid, dès 1623), il est considéré comme un des plus grands coloristes de tous les temps. Parti du caravagisme de l'école sévillane, il a élaboré sa manière propre grâce à l'exemple, notamment, des Italiens (Titien) et de Rubens. La plupart de ses chefs-d'œuvre sont au musée du Prado : scènes de genre (*les Buveurs* ou *le Triomphe de Bacchus*, 1629) ; remarquables portraits (reines et infantes, nains de la Cour) ; œuvres profanes neuves par l'iconographie et la composition (*la Forge de Vulcain*, v. 1630 ; *la Reddition de Breda*, 1635) et qui, en dernier lieu, parviennent à une virtuosité unique dans le traitement de la lumière et de l'espace (*les Ménines* et *les Fileuses*, v. 1656-57).

Vél' d'Hiv' *(rafle du)* [16-17 juill. 1942], arrestation de 8 000 Juifs, internés dans le Vél' d'Hiv' (vélodrome d'Hiver) à Paris avant leur déportation à l'Est. Cette opération, menée dans le cadre de la politique nazie d'extermination des Juifs de toute l'Europe, fut exécutée en collaboration avec la police française.

Vélez de Guevara *(Luis),* écrivain espagnol (Écija 1579 - Madrid 1644). Auteur de pièces de théâtre dont les sujets l'apparentent à Lope de Vega et la technique à Calderón, il est célèbre pour son roman satirique *le Diable boiteux* (1641), imité par Lesage.

Vélizy-Villacoublay, ch.-l. de c. des Yvelines ; 22 034 hab. *(Véliziens).* Industrie aéronautique. Base aérienne militaire. Siège de la région aérienne Nord-Est.

Velléda, prophétesse germanique qui contribua à la révolte de Civilis et des Bataves contre les Romains en 69-70. Elle fut plus tard capturée et figura dans le triomphe de Domitien. Son personnage a inspiré à Chateaubriand un épisode des *Martyrs.*

Vellur ou **Vellore,** v. de l'Inde (Tamil Nadu) ; 304 713 hab. — Forteresse du XVIe siècle enchâssant un temple du style de Vijayanagar.

Velpeau *(Alfred),* chirurgien français (Parçay, Indre-et-Loire, 1795 - Paris 1867). Il enseigna l'anatomie et la chirurgie. Chirurgien de la Pitié en 1830, il devint en 1834 professeur de clinique chirurgicale. Il a écrit de nombreux ouvrages. Une bande de contention porte son nom.

Veluwe *(la),* région de collines boisées des Pays-Bas, au nord du Rhin. Parc national.

Venaissin *(Comtat)* → Comtat Venaissin.

Venance Fortunat *(saint),* poète latin (Trévise v. 530 - Poitiers v. 600), évêque de Poitiers en 597. On le considère comme le dernier poète latin de l'Antiquité.

Venarey-lès-Laumes, ch.-l. de c. de la Côte-d'Or ; 3 620 hab.

Venceslas *(saint)* [v. 907 - Stará Boleslav 935], duc de Bohême (924-935). Assassiné par son frère Boleslav le Cruel, il est le saint patron de la Bohême.

Venceslas IV (Nuremberg 1361 - Prague 1419), roi de Bohême (1378-1419), roi des Romains (1376-1400), de la maison de Luxembourg. Déposé par les princes allemands (1400), il adopta en Bohême une attitude bienveillante à l'égard du mouvement hussite naissant.

Venda, *anc.* bantoustan d'Afrique du Sud.

Vendée [85], dép. de la Région Pays de la Loire, formé de l'anc. bas Poitou ; ch.-l. de dép. *La Roche-sur-Yon* ; ch.-l. d'arr. *Fontenay-le-Comte, Les Sables-d'Olonne* ; 3 arr., 31 cant., 283 comm. ; 6 720 km² ; 509 356 hab. *(Vendéens).* Il est rattaché à l'académie de Nantes, à la cour d'appel de Poitiers et à la région militaire Atlantique.

Vendée *(guerre de)* [1793-1796], insurrection contre-révolutionnaire qui bouleversa les départements de Vendée, de Loire-Inférieure (auj. Loire-Atlantique) et de Maine-et-Loire. Elle a pour origine l'opposition de la population à la levée de 300 000 hommes, décidée par la Convention le 23 février 1793. Les insurgés, en majorité paysans, se donnent pour chefs Cathelineau, Charette, Stofflet, Lescure, Bonchamps et La Rochejaquelein, et forment l'« armée catholique et royale ». Ils connaissent d'abord quelques succès à Cholet (mars), à Fontenay (mai) et à Saumur (juin). La Convention décide de détruire la Vendée et y envoie une armée commandée par Kléber et Marceau. Défaits à Cholet (sept.), les vendéens franchissent la Loire et gagnent Granville, où ils espèrent recevoir de l'aide des Anglais. À leur retour, ils subissent les désastres du Mans et de Savenay (déc.). Cruautés et massacres de part et d'autre font de ce combat une guerre sans merci. Les républicains poursuivent l'extermination des vendéens (massacres des colonnes infernales de Turreau de janv. à avr. 1794). Calmée un temps par les thermidoriens, l'insurrection reprend provisoirement lors du débarquement de Quiberon (juin 1795). En 1796, Hoche réussit à pacifier le pays.

vendémiaire an IV *(journée du 13)* [5 oct. 1795], journée révolutionnaire parisienne marquée par le soulèvement des royalistes. Elle fut provoquée par le décret « des deux tiers » visant à maintenir dans la future assemblée deux tiers d'anciens conventionnels. Les insurgés furent dispersés par les forces de Barras et de Bonaparte.

Vendôme, ch.-l. d'arr. de Loir-et-Cher, sur le Loir ; 18 359 hab. *(Vendômois).* Constructions mécaniques et électriques. Imprimerie. Ganterie. — Ruines du château médiéval. Église de la Trinité (xiᵉ-xviᵉ s.), ancienne abbatiale, avec clocher roman isolé et façade flamboyante. Musée dans les bâtiments abbatiaux du xviiiᵉ siècle.

Vendôme *(César de Bourbon, duc de),* prince français (Coucy-le-Château-Auffrique 1594 - Paris 1665). Fils légitimé d'Henri IV et de Gabrielle d'Estrées, il participa à plusieurs complots, puis, rentré en grâce, battit la flotte espagnole devant Barcelone (1655) ; son petit-fils **Louis Joseph de Bourbon,** *duc de* Penthièvre, puis *duc de* Vendôme (Paris 1654 - Vinaroz 1712), lieutenant général (1688), prit Barcelone (1697), fut défait à Oudenaarde (1708), puis remporta la victoire de Villaviciosa (1710), qui consolida le trône de Philippe V ; **Philippe de Bourbon,** dit **le Prieur de Vendôme,** frère du précédent (Paris 1655 - *id.* 1727), chevalier de Malte (1666), fut nommé grand prieur de France et lieutenant général (1693). Disgracié, il résida au Temple après 1715, où il mena la vie d'un libertin. Avec lui s'éteignit la maison de Vendôme.

Vénètes, nom porté, dans l'Antiquité, par des peuples divers. Au Iᵉʳ millénaire av. J.-C., un groupe s'installa en Italie du Nord (actuelle Vénétie) et un autre en Gaule dans l'Armorique (région de Vannes).

Vénétie, *en ital.* Veneto, région de l'Italie du Nord, englobant les provinces de Belluno, Padoue, Rovigo, Trévise, Venise, Vérone et Vicence ; 18 364 km² ; 1 366 000 hab. Cap. *Venise.* Entre le lac de Garde, le Pô, les Alpes et l'Adriatique, la région s'étend sur les Alpes (Dolomites), les collines et la plaine du Pô. Elle associe une agriculture diversifiée (blé, maïs, betterave, vigne, fruits et légumes) à des industries traditionnelles (carrières, coton, meubles) et modernes (laine, métallurgie, pétrochimie), et au tourisme, balnéaire et culturel (Venise, Vérone, Padoue, Vicence). HIST. Ancien territoire de la République de Venise, elle comprenait, en outre, la *Vénétie Tridentine* (Trentin-Haut-Adige) et la *Vénétie Julienne.* Elle fut cédée à l'Autriche par le traité de Campoformio en 1797, intégrée au royaume d'Italie en 1805, rendue aux Habsbourg en 1815, réunie à l'Italie en 1866.

Vénétie Julienne, *en ital.* Venezia Giulia, petite région d'Italie (prov. de Trieste et Gorizia), partie de l'ensemble Frioul-Vénétie Julienne ; 678 km² ; 418 000 hab.

Venezuela, État de l'Amérique du Sud, sur la mer des Antilles ; 912 050 km² ; 20 100 000 hab. *(Vénézuéliens).* CAP. *Caracas.* LANGUE : *espagnol.* MONNAIE : *bolívar.*

GÉOGRAPHIE

■ **Le milieu naturel.** Les Andes forment deux cordillères qui culminent au pic Bolívar (5 007 m) et encadrent le golfe de Maracaibo. Le centre est constitué par les Llanos, bassin sédimentaire drainé par les affluents de gauche de l'Orénoque, et bordé au nord par les chaînes Caraïbes, parallèles à la côte. L'Orénoque longe le rebord du massif guyanais, partie est du pays. Entre 1⁰ et 12⁰ de latitude Nord, le pays a un climat tropical : saison humide de mai à décembre, saison sèche de janvier à mai. Les pluies sont plus importantes au sud, domaine de la forêt amazonienne.

■ **La population et l'économie.** La population, dont la croissance est encore forte (plus de 2 % par an), est inégalement répartie. La région de Caracas regroupe près de 20 % d'une population urbanisée à 90 %. L'économie est dominée par l'extraction des hydrocarbures (pétrole et gaz naturel), provenant encore en partie de la région du lac de Maracaibo. En outre, les réserves sont très importantes. Le fer, l'or et la bauxite sont les autres ressources du sous-sol. La métallurgie du fer et de l'aluminium est en essor, de même que la pétrochimie. Dans les autres domaines, l'industrialisation reste modeste. L'agriculture, longtemps négligée, est en expansion, mais ne couvre pas les besoins du pays ; le maïs et le riz sont les principales cultures vivrières, complétées par l'élevage (surtout bovin). La réduction de l'inflation et une croissance plus soutenue n'ont pas résolu les graves problèmes sociaux (pauvreté, malnutrition, analphabétisme).

La grande dépendance par rapport au pétrole et une forte dette extérieure compromettent la lutte contre le chômage et les inégalités régionales. Les États-Unis restent le premier partenaire commercial.

HISTOIRE

1498. La contrée est découverte par C. Colomb.

Le pays est appelé Venezuela (« petite Venise ») par les conquérants espagnols, qui développent la culture du caféier et du cacaoyer.

1811. Miranda proclame l'indépendance du pays.

Après l'échec de ce dernier, Simon Bolívar reprend la lutte contre les Espagnols et fonde la « Grande Colombie » (Colombie, Venezuela) en 1819.

1821. Les Espagnols sont vaincus à Carabobo.

1830. Le Venezuela quitte la fédération de Grande Colombie.

1858-1870. Le pays est confronté à une guerre civile.

1870-1887. A. Guzmán Blanco laïcise et modernise l'État.

1910-1935. Dictature de J. V. Gómez, qui bénéficie de l'essor de la production pétrolière.

Sous la présidence de López Contreras (1935-1941) s'amorce un processus de démocratisation.

1948-1958. L'armée impose le général M. Pérez Jiménez comme président.

1959-1964. R. Betancourt consolide les institutions démocratiques, restaurées malgré l'opposition des militaires conservateurs et d'une guérilla révolutionnaire.

1974-1979. Présidence de C. A. Pérez Rodríguez, qui nationalise l'industrie pétrolière (1975).

1989. C. A. Pérez Rodríguez est de nouveau président de la République.

1993. Il est destitué. Rafael Caldera Rodríguez (déjà chef de l'État de 1969 à 1974) est élu président de la République. Accusé de corruption, il est destitué.

1994. R. Caldera Rodríguez retrouve la présidence de la République ; il doit faire face à une grave crise financière.

Venise, *en ital.* Venezia, v. d'Italie, ch.-l. de prov. et cap. de la Vénétie ; 308 717 hab. *(Vénitiens).*

GÉOGRAPHIE

La ville est établie dans un site exceptionnel, sur un archipel au milieu d'une lagune (dépendance du *golfe de Venise)* séparée de la mer par un cordon littoral à 4 km de la terre ferme (pont ferroviaire et routier). Elle doit à son histoire et au patrimoine monumental qui lui est lié son actuel attrait touristique et commercial. S'y ajoutent un rôle administratif et culturel (Biennale d'art, festival cinématographique annuel) et des activités industrielles non négligeables (artisanat d'art, métallurgie, pétrochimie). La pollution et l'affaissement de la ville font peser sur cet ensemble de sérieuses menaces.

HISTOIRE

Les îlots de la lagune sont le refuge provisoire des populations côtières contre les envahisseurs barbares. Les invasions lombardes (VIe s.) en font un lieu de peuplement permanent, sous l'autorité des Byzantins. Au IXe siècle, le duc de Venise (qui prendra le nom de « doge ») se rend indépendant en fait de Byzance. Intermédiaire entre les États

occidentaux, l'Empire byzantin, qui lui octroie en 1082 d'importants privilèges, et le monde musulman, Venise fonde sa richesse sur le commerce. La création du Grand Conseil, en 1143, consacre le caractère aristocratique de la République. En 1204, Venise détourne la quatrième croisade sur Constantinople et prend le contrôle de nombreuses îles (Crète), principales escales sur les routes du Levant. Maîtresse des côtes de l'Adriatique et des routes méditerranéennes, elle est, au XIIIe-XIVe siècle, à l'apogée de sa puissance, en dépit de ses conflits avec ses rivales, Pise et Gênes. Sa monnaie, le ducat, devient la principale monnaie européenne. Conquérant l'arrière-pays, la « Terre ferme », Venise constitue, au XVe siècle, un puissant État continental. Mais, affaiblie par la prise de Constantinople par les Turcs ainsi que par l'intervention des puissances étrangères à l'occasion des guerres d'Italie, Venise voit son commerce ruiné par le développement de nouvelles routes maritimes. Conquis par Bonaparte, le territoire de Venise est cédé aux Autrichiens sous le nom de « Vénétie », puis intégré en 1815 dans le royaume lombard-vénitien, constitué au profit de l'Autriche. Théâtre de la révolution de 1848-49, conduite par Daniele Manin, et matée par les Autrichiens, Venise est rattachée au royaume d'Italie en 1866.

ARTS

Venise, l'une des villes les plus captivantes du monde, conserve un tissu urbain ancien original (canaux, ruelles, places), avec de magnifiques monuments et ensembles architecturaux : la basilique St-Marc (reconstruite selon une conception byzantine à partir du XIe s. ; mosaïques, œuvres d'art) et la place du même nom, le campanile, le palais des Doges (XIVe-XVe s. ; riches décors peints), la *Libreria* (de Sansovino) sur la *Piazzetta,* 90 églises (dont celles, gothiques, des dominicains [S. Giovanni et Paolo] et des franciscains [les *Frari*], le *Redentore,* de Palladio, la *Salute,* de Longhena), les palais du Grand Canal (notamment de la grande période allant du gothique au baroque), le pont du Rialto, etc. Elle possède de riches musées (dont l'*Accademia,* le musée Correr, le musée du XVIIIe s. au palais Rezzonico...), où brille l'école vénitienne de peinture (les Bellini et Carpaccio ; Giorgione, Titien, Véronèse, le Tintoret ; Canaletto et F. Guardi, Piazzetta, les Tiepolo, les Ricci...). Célèbre théâtre de la Fenice. Biennale d'art. Festival annuel de cinéma.

L'histoire de la célèbre verrerie vénitienne peut s'étudier au musée de l'Art du verre de l'île de Murano, son principal centre de production. Mais la lagune a encore d'autres attraits, dont l'antique cathédrale de Torcello.

Vénissieux, ch.-l. de c. du Rhône, banlieue de Lyon ; 60 744 hab. *(Vénissians).* Véhicules lourds.

Venizélos *(Eleuthérios),* homme politique grec (La Canée, Crète, 1864 - Paris 1936). Après avoir dirigé l'émancipation de la Crète, il devint Premier ministre (1910), accordant au pays une Constitution libérale et obtenant, à l'issue des guerres balkaniques (1912-13), d'importants avantages territoriaux. Partisan de l'Entente, il dut démissionner (1915) mais forma à Thessalonique un gouvernement dissident (1916) et déclara la guerre aux empires centraux (1917). Après un exil en France (1920-1923), il fut à nouveau président du Conseil (1928-1932). Il dut s'exiler à la suite d'un coup d'État organisé en Crète par ses partisans (1935).

Vent *(îles du),* partie orientale des Antilles, directement exposée à l'alizé, formant un chapelet d'îles entre Porto Rico et la Trinité, et englobant les Antilles françaises. Les Britanniques appellent « îles du Vent » *(Windward Islands)* les États membres du Commonwealth qui forment la partie sud de cet archipel, et qui sont constitués par l'île de Grenade, Saint-Vincent-et-les Grenadines, Sainte-Lucie, la Dominique.

Venta (La), site du Mexique (État de Tabasco). Métropole de la civilisation olmèque, entre 1000 et 600 av. notre ère. Imposants vestiges dont des têtes colossales monolithiques.

Ventoux *(mont),* montagne calcaire des Préalpes du Sud, près de Carpentras (Vaucluse) ; 1 909 m.

Venturi *(Giovanni Battista),* physicien italien (Bibbiano, près de Reggio Emilia, 1746 - Reggio Emilia 1822). Il a construit la tuyère à cônes divergents qui porte son nom et étudié l'étendue des sons audibles.

Vénus, déesse italique des Jardins et du Charme (magique ou amoureux), qui devint à Rome, par son assimilation, vers le IIe s. av. J.-C., à l'Aphrodite des Grecs, la déesse de l'Amour et de la Beauté. Ayant adopté le caractère érotique et les légendes de la divinité hellénique, elle eut à Rome de nombreux sanctuaires et fut associée au culte officiel par César, dont la *gens* prétendait descendre d'elle.

Vénus, planète du système solaire, située entre Mercure et la Terre. Visible tantôt dès le coucher du soleil, tantôt avant son lever, elle est souvent appelée l'*étoile du Berger.* Elle est entourée d'une épaisse atmosphère de gaz carbonique. À sa surface règnent des températures voisines de 450 °C.

Vêpres siciliennes (30 mars-fin avril 1282), insurrection menée par les Siciliens contre Charles Ier d'Anjou. Déclenchées à Pâques, à l'heure des vêpres, elles aboutiront au massacre des Français et au remplacement de la maison d'Anjou par celle d'Aragon sur le trône de Sicile.

Veracruz, port et station balnéaire du Mexique, dans l'*État de Veracruz,* sur le golfe du Mexique ; 327 522 hab. Centre industriel.

Verbruggen, famille de sculpteurs flamands, dont les plus connus, nés et morts à Anvers, sont **Pieter le Vieux** (1615-1686) et ses fils **Pieter le Jeune** (v. 1640-1691) et **Hendrik Frans** (1655-1724), tous représentants de l'art baroque religieux (confessionnaux de Grimbergen [Brabant], à la statuaire de bois mouvementée, par Hendrik Frans).

Verceil *(bataille de)* [101 av. J.-C.], victoire de Marius sur les Cimbres, à Verceil, dans le Piémont.

Verchères *(Madeleine Jarret de),* héroïne canadienne (Verchères, Québec, 1678 - La Pérade 1747). En 1692, aidée de deux soldats, elle lutta bravement contre les Iroquois qui attaquaient le fort de Verchères.

Vercingétorix, chef gaulois (en pays arverne v. 72 av. J.-C.-Rome 46 av. J.-C.). Issu d'une noble famille arverne, il fut un moment un ami de César. Mais quand, en 52, éclate la grande révolte de la Gaule, Vercingétorix parvient à persuader les Gaulois, malgré l'opposition de nombreux chefs, de réaliser leur union. Après quelques insuccès, il adopte la tactique de la terre brûlée. César cherche à lui livrer bataille, mais Vercingétorix s'esquive et s'enferme dans Gergovie. Après de pénibles assauts, le général romain doit lever le siège. Vercingétorix se fait confirmer dans son commandement par l'assemblée gauloise de Bibracte (mont Beuvray) puis, près de Dijon, se résigne à livrer bataille. Vaincu, il se replie sur Alésia, où César le bloque tout en faisant face à une importante armée de secours gauloise. Tout espoir de succès perdu, Vercingétorix se livre afin de sauver les siens. Prisonnier à Rome, il orne le triomphe de César six ans plus tard, avant d'être exécuté, en 46. Le XIXe siècle a fait de lui un héros national. Il reste un personnage historique peu connu : on ne sait que ce qu'en a dit son adversaire, César, qui a peut-être exagéré son importance pour rendre plus grande sa propre victoire.

Vercors *(le),* massif calcaire, d'accès difficile, le plus vaste des Préalpes françaises du Nord, dans les dép. de la Drôme et de l'Isère ; 2 341 m au Grand-Veymont. Parc naturel régional (236 000 ha). [Hab. *Vertacomiriens.*] — Durant l'été 1944, 3 500 maquisards français y résistèrent pendant deux mois aux assauts des Allemands, qui se livrèrent ensuite à de sanglantes représailles.

Vercors *(Jean* Bruller, dit*),* écrivain et dessinateur français (Paris 1902 - *id.* 1991). Célèbre pour *le Silence de la mer,* récit sur la Résistance écrit dans la clandestinité (1942), il a poursuivi une méditation amère sur la condition humaine (*Zoo ou l'Assassin philanthrope,* 1963).

Verdaguer i Santaló *(Jacint),* poète espagnol d'expression catalane (Folgarolas 1845 - Vallvidrera 1902). Son poème *l'Atlàntida* (1877) et son épopée *le Canigou* (1886) mêlent les légendes locales au merveilleux chrétien et antique.

Verdi *(Giuseppe),* compositeur italien (Le Roncole, près de Busseto, 1813 - Milan 1901). Il compose son premier opéra, *Oberto,* en 1839 et obtient son premier grand succès en 1842 avec son troisième opéra, *Nabucco.* Sa renommée dépasse Milan, atteignant Venise avec *Ernani* (1844), puis Rome (*I Due Foscari ;* 1844), Naples (*Alzira ;* 1845), Florence (*Macbeth ;* 1847) et, en même temps, Paris et Londres. Avec la « trilogie populaire », constituée de *Rigoletto* (1851), du *Trouvère* (1853) et de *la Traviata* (1853), il devient le compositeur vivant le plus célèbre d'Italie. Jusqu'à *Aida* (1871, Le Caire), les opéras se succèdent régulièrement : *les Vêpres siciliennes* (Paris 1855), *Simon Boccanegra* (1857), où la profondeur psychologique l'emporte sur le chant pur, *Un bal masqué* (1859), qui triomphe à Rome au moment où Verdi, élu député, devient un héros du Risorgimento, *la Force du destin* (Saint-Pétersbourg 1862), *Don Carlos* (Paris 1867). Après un quatuor à cordes (1873) et le *Requiem* (1874), la carrière de Verdi semble terminée. Mais il donne encore, très âgé, deux opéras d'après Shakespeare, témoignant d'un extraordinaire esprit de renouveau, *Otello* (1887) et *Falstaff* (1893), avant de terminer en 1898 ses *Quatre Pièces sacrées.* Très exigeant envers ses librettistes, Verdi, loin de sacrifier au pur bel canto, s'attacha aux situations dramatiques efficaces et, surtout, à la dimension humaine de ses personnages, mus aussi bien par l'amour que par la politique.

Verdon *(le),* riv. des Alpes du Sud, qui passe à Castellane et se jette dans la Durance (r. g.) ; 175 km. Gorges longées par une route touristique. Aménagements pour la production hydroélectrique et surtout l'irrigation.

Verdun, ch.-l. d'arr. de la Meuse ; 23 427 hab. *(Verdunois).* Évêché. — Il fut un des Trois-Évêchés lorrains occupés par Henri II en 1552, acquis par la France en fait en 1559 (traité du Cateau-Cambrésis), en droit en 1648 (traités de Westphalie). — Cathédrale de tradition carolingienne, en partie des XIe et XIIe siècles, et autres monuments. Musée municipal dans l'hôtel de la Princerie (Renaissance).

Verdun *(bataille de)* [févr.-déc. 1916], bataille de la Première Guerre mondiale, où les Français résistèrent victorieusement aux plus violentes offensives allemandes menées en direction de Verdun sur les deux rives de la Meuse (Douaumont, Vaux, cote 304, Mort-Homme). Cette bataille, la plus sanglante de la guerre, provoqua de lourdes pertes (tués et blessés : 362 000 Français, 336 000 Allemands).

Verdun *(traité de)* [843], traité signé à Verdun par les trois fils de Louis le Pieux, qui partagea l'Empire carolingien en trois ensembles territoriaux. Louis le Germanique reçut la partie orientale (future Allemagne), Charles le Chauve, la partie occidentale (futur royaume de France), et Lothaire, la zone intermédiaire s'étendant de la mer du Nord à l'Italie, ainsi que le titre impérial et les capitales (Aix-la-Chapelle et Rome).

Vereeniging *(traité de)* [31 mai 1902], traité qui mit fin à la guerre des Boers par l'annexion des Républiques d'Orange et du Transvaal à l'Empire britannique. Négocié à Vereeniging (au S. de Johannesburg), il fut signé à Pretoria.

Verga *(Giovanni),* écrivain italien (Catane 1840 - *id.* 1922). Il est le meilleur représentant du vérisme. Son projet d'un vaste cycle romanesque sur l'apparition de la vie moderne en Italie se limitera aux deux premiers tomes (*les Malavoglia,* 1881 ; *Maître Don Gesualdo,* 1889).

Vergennes *(Charles* Gravier, *comte de),* homme d'État et diplomate français (Dijon 1719 - Versailles 1787). Ambassadeur à Constantinople (1754-1768), puis à Stockholm, ministre des Affaires étrangères de Louis XVI (1774-1787), il fut l'un des artisans de l'indépendance des États-Unis (1783) et signa un traité de commerce avec l'Angleterre (1786).

Vergniaud (*Pierre Victurnien*), homme politique français (Limoges 1753 - Paris 1793). Député à la Législative et à la Convention, il fut un des chefs des Girondins. Il fut exécuté par les Montagnards.

Verhaeren (*Émile*), poète belge d'expression française (Sint-Amands 1855 - Rouen 1916). Auteur de contes, de critiques littéraires, de pièces de théâtre, il évolua du naturalisme (*les Flamandes*, 1883) au mysticisme et connut une crise spirituelle (*les Flambeaux noirs*, 1891). Puis il célébra la foule et les cités industrielles (*les Villes tentaculaires*, 1895 ; *les Rythmes souverains*, 1910) aussi bien que les paysages de son pays natal (*Toute la Flandre*, 1904-1911).

Veritas ou **Bureau Veritas** (*le*), société française de classification des navires fondée en 1828 à Anvers et qui siège à Paris depuis 1832.

Verkhoïansk, localité de Russie, en Sibérie orientale. Un des points les plus froids du globe, où l'on a relevé des températures proches de − 70 ⁰C.

Verlaine (*Paul*), poète français (Metz 1844 - Paris 1896). D'abord athée, républicain convaincu, déjà possédé, comme Baudelaire, par l'alcool, il cherche à vaincre ses démons à travers la poésie. La mort de sa cousine, qu'il aime, accentue sa fragilité nerveuse. Si les *Poèmes saturniens* (1866), de facture parnassienne, révèlent un poète authentique mais encore réduit aux tâtonnements, les *Fêtes galantes* (1869) et *la Bonne Chanson* (1870), inspirées par son mariage heureux avec Mathilde Mauté de Fleurville (1870), confirment avec éclat l'écrivain véritable. Mais Rimbaud ne s'installant chez le jeune ménage le brisera. En juillet 1872, Verlaine et Rimbaud s'enfuient en Belgique, puis à Londres, où leurs brouilles et leurs réconciliations aboutissent au drame de Bruxelles : le 10 juillet 1873, Verlaine tire sur Rimbaud, qui veut le quitter, et le blesse. Il purge deux ans de prison à Mons, où s'épanouit son génie poétique (*Romances sans paroles*, 1874). Libéré, il publie *Sagesse* (1881), recueil d'inspiration catholique composé en prison. Après des allers et retours de France en Angleterre, Verlaine, qui a de nouveau sombré dans l'alcool, se fixe en France (1880) et publie encore *Jadis et Naguère* (1884), qui comporte quelques chefs-d'œuvre comme « l'Art poétique », de 1874. Devenu, malgré lui, le chef de l'école « décadente », il fait connaître *les Poètes maudits* (1884), puis erre de garnis en hôpitaux en publiant des petits recueils de circonstance (*Parallèlement*, 1889 ; *Invectives*, 1896).

Vermandois (*le*), anc. pays de la France du Nord, réuni à la Couronne en 1213 ; ch.-l. *Saint-Quentin*.

Vermeer (*Johannes*), dit Vermeer de Delft, peintre néerlandais (Delft 1632 - *id*. 1675). Longtemps oublié, il est considéré comme l'un des plus grands peintres du XVIIᵉ s. Son œuvre, peu abondante, comprend des scènes d'intérieur, quelques portraits et deux paysages urbains qui témoignent d'une des visions les plus intériorisées qui soient. Son goût pour l'essence silencieuse des choses est servi par la rigueur d'une technique aussi subtile dans les jeux de la lumière et de l'espace que dans le rendu des matières et les accords chromatiques (*Gentilhomme et dame buvant du vin*, Berlin-Dahlem ; *Vue de Delft*, *Jeune Fille au turban*, La Haye ; *la Dentellière*, Louvre ; *la Ruelle*, *la Laitière*, *Dame en bleu lisant une lettre*, Amsterdam ; *l'Atelier*, Vienne ; *Dame debout à l'épinette*, National Gallery de Londres).

Vermont, État des États-Unis, en Nouvelle-Angleterre ; 24 887 km² ; 562 758 hab. Cap. *Montpelier*.

Verne (*Jules*), écrivain français (Nantes 1828 - Amiens 1905). Il créa le genre du roman scientifique d'anticipation (*Cinq Semaines en ballon*, 1863 ; *Voyage au centre de la Terre*, 1864 ; *De la Terre à la Lune*, 1865 ; *Vingt Mille Lieues sous les mers*, 1870 ; *le Tour du monde en quatre-vingts jours*, 1873 ; *Michel Strogoff*, 1876).

Verneau (*Jean*), général français (Vignot, Meuse, 1890 - Buchenwald 1944). Successeur du général Frère à la tête de l'Organisation de résistance de l'armée (1943), il fut arrêté par la Gestapo et mourut en déportation.

Vernet (*Joseph*), peintre français (Avignon 1714 - Paris 1789). Il a exécuté, notamment en Italie, de nombreux paysages, et surtout des marines, tantôt d'une harmonie classique, tantôt d'une veine préromantique. Le musée de la Marine (Paris) et le Louvre conservent ses quinze *Ports de France* (1753-1765), commande de Louis XV. Son fils **Antoine Charles Horace**, dit **Carle Vernet** (Bordeaux 1758 - Paris 1836), fut peintre et lithographe (scènes de chasse, de courses, de la vie élégante ou populaire). **Horace** (Paris 1789 - *id*. 1863), fils et petit-fils des précédents, fut peintre de batailles.

Vernon, ch.-l. de c. de l'Eure, sur la Seine ; 24 943 hab. (*Vernonnais*). — Église des XIᵉ-

XVIᵉ siècles. Musée (peintures de Monet et des artistes de Giverny, non loin de Vernon ; etc.).

Vérone, v. d'Italie (Vénétie), ch.-l. de prov., sur l'Adige ; 252 689 hab. Centre commercial et touristique. **HIST.** La ville, république indépendante aux XIIIᵉ et XIVᵉ siècles, passa en 1405 sous la domination de Venise. Elle se révolta contre Bonaparte (Pâques véronaises, 17-23 avr. 1797). Elle fut rattachée au royaume d'Italie en 1866. **ARTS.** Vastes arènes du Iᵉʳ siècle. Église romane S. Zeno et autres églises médiévales importantes. Monuments gothiques et Renaissance des places delle Erbe et dei Signori. Musée dans le Castelvecchio, château du XIVᵉ siècle (peinture des écoles véronaise et vénitienne).

Véronèse *(Paolo Caliari, dit il Veronese, en fr.),* peintre italien (Vérone 1528 - Venise 1588), un des maîtres de l'école vénitienne. Ses tableaux, souvent ornés d'architectures somptueuses, brillent par leur mouvement, leur ampleur harmonieuse, la richesse de leur coloris clair. Les plus spectaculaires sont d'immenses toiles peintes pour des réfectoires de communautés, tels *les Noces de Cana* (1563, au Louvre), *le Repas chez Lévi* (1573, Accademia, Venise), *le Repas chez Simon* (1576, château de Versailles). Véronèse a également donné des compositions allégoriques pour plusieurs plafonds du palais ducal de Venise et décoré de fresques en trompe l'œil la villa Barbaro, à Maser (prov. de Vicence, 1562).

Verrazano *(Giovanni de)* ou **Verrazane** *(Jean de),* explorateur d'origine italienne (Val di Greve, près de Florence, ou Lyon ? 1485 - Antilles 1528). Au service de François Iᵉʳ, il explore, en 1524, la côte atlantique des États-Unis actuels (des Carolines au Maine) et reconnaît le site de New York. Il fait un deuxième voyage au Brésil en 1526-27 puis un troisième aux Antilles, où il est tué et dévoré par des cannibales.

Verres *(Caius Licinius),* homme politique romain (Rome v. 119 - 43 av. J.-C.). Propréteur en Sicile (73-71), il s'y rend odieux par ses malversations ; à sa sortie de charge, il fut accusé de concussion par les Siciliens, et Cicéron se fit l'avocat de l'accusation (*Verrines*). Verres s'exila avant même d'être condamné (70). Cette affaire demeure le symbole du pillage des provinces à la fin de la République.

Verrocchio *(Andrea di Cione, dit [il]),* sculpteur, peintre et orfèvre italien (Florence 1435 - Venise 1488). À partir de 1465, il

dirigea à Florence un important atelier (*le Christ et saint Thomas,* groupe à la façade de l'église Orsammichele). Sa statue équestre du condottiere B. Colleoni à Venise, fondue après sa mort, est célèbre. Léonard de Vinci fut son élève.

Versailles, ch.-l. du dép. des Yvelines, à 14 km au sud-ouest de Paris ; 91 029 hab. *(Versaillais).* Évêché. Cour d'appel. Académie. Écoles nationales supérieures d'horticulture et du paysage. **HIST.** C'est à Versailles, devenue cité royale à partir de 1662, que fut signé, en 1783, le traité qui mettait fin à la guerre d'Amérique. Dans le palais, transformé par Louis-Philippe en musée (1837), l'Empire allemand fut proclamé (18 janv. 1871), et l'Assemblée nationale puis le Parlement français siégèrent de 1871 à 1879. **ARTS.** Le château royal, dû à la volonté de Louis XIV, construit par Le Vau, François D'Orbay, J. H.-Mansart, puis J. A. Gabriel et décoré initialement sous la direction de Le Brun, fut l'un des foyers de l'art classique français. Ses jardins (« bosquets » divers) et ses plans d'eau, dessinés par Le Nôtre, furent enrichis de toute une statuaire élaborée sous la direction de Coyzevox et de Girardon. Le château comporte, outre ses grands et petits appartements des XVIIᵉ et XVIIIᵉ siècles, sa chapelle, son opéra, un musée de peintures et de sculptures relatives à l'histoire de France (fondé par le roi Louis-Philippe). Dans le parc se trouvent le Grand et le Petit Trianon. Dans la ville, cathédrale Saint-Louis et église Notre-Dame, nombreux hôtels particuliers des XVIIᵉ et XVIIIᵉ siècles, musée Lambinet.

Versailles *(traité de)* [28 juin 1919], traité qui mit fin à la Première Guerre mondiale, conclu entre l'Allemagne et les puissances alliées et associées. Ses principales clauses étaient : la restitution de l'Alsace-Lorraine à la France ; l'administration de la Sarre par la S. D. N. ; l'organisation d'un plébiscite au Slesvig en Silésie ; la création du « couloir de Dantzig » donnant à la Pologne un accès à la mer ; l'abandon par l'Allemagne de ses colonies ; la limitation du potentiel militaire allemand ; le versement par l'Allemagne de 20 milliards de marks-or au titre d'une avance sur les réparations (→ **réparations** [question des]).

Verseau *(le),* constellation zodiacale. — Onzième signe du zodiaque, que le Soleil traverse du 20 janvier au 19 février.

Vert *(cap),* promontoire de la côte du Sénégal, le plus occidental de l'Afrique.

Vertov *(Denis Arkadevitch Kaufman, dit Dziga),* cinéaste soviétique (Białystok

1895 - Moscou 1954). Après avoir été opérateur d'actualités pendant la guerre civile (1918-1921), il fonda le groupe de tendance futuriste des « kinoki » et la revue filmée *Kinopravda* (« Cinéma-Vérité »). En 1924, il publia le manifeste du « ciné-œil » *(Kinoglaz)* sur la « vie à l'improviste », où il définit ses théories cinématographiques. Il réalisa dans cet esprit *Soviet en avant !* (1926), *l'Homme à la caméra* (1929), *la Symphonie du Donbass* (1930), *Trois Chants sur Lénine* (1934). Ses théories sur le montage ont influencé de très nombreux cinéastes (école documentariste anglaise, néoréalisme italien).

Verts *(les)*, nom de plusieurs partis écologistes de l'Europe occidentale (en Allemagne [*Die Grünen*], parti fondé en 1980 ; en France, parti fondé en 1984).

Verus *(Lucius)* [Rome 130-169], empereur romain (161-169). Associé à l'empire par Marc Aurèle, il conduisit victorieusement la campagne contre les Parthes (161-166).

Verviers, v. de Belgique, ch.-l. d'arr. de la prov. de Liège, sur la Vesdre ; 53 482 hab. *(Verviétois)*. Centre industriel. — Monuments des XVIIe-XIXe siècles. Musées.

Vervins, ch.-l. d'arr. de l'Aisne, anc. cap. de la Thiérache ; 2 923 hab. *(Vervinois)*. — Henri IV et Philippe II d'Espagne y signèrent un traité (2 mai 1598) à l'issue des guerres de Religion. — Église des XIIIe-XVIe siècles.

Vesaas *(Tarjei)*, écrivain norvégien (Ytre Vinje 1897 - Oslo 1970). Poète, auteur dramatique, il peint dans ses romans la vie paysanne (*le Grand Jeu*, 1934), puis évolue vers un mysticisme allégorique (*Kimen*, 1940) et lyrique (*les Oiseaux*, 1957 ; *les Ponts*, 1966).

Vésale *(André)*, en néerl. Andries Van Wesel, anatomiste flamand (Bruxelles 1514 ou 1515 - île de Zante 1564). Il publia des ouvrages d'anatomie tels que *De humani corporis fabrica libri septem* (1543), où il critique l'opinion des Anciens, et il pratiqua la dissection du corps humain, ce qui lui valut une condamnation par l'Inquisition (1561).

Vesontio, nom gaulois de Besançon.

Vesoul, ch.-l. du dép. de la Haute-Saône, sur le Durgeon, à 362 km au sud-est de Paris ; 19 404 hab. *(Vésuliens)*. Constructions mécaniques. — Église du XVIIIe siècle. Musée.

Vespasien, *en lat.* Titus Flavius Vespasianus (près de Reate, auj. Rieti, 9 - Aquae Cutiliae, Sabine, 79), empereur romain (69-79). Son règne mit fin à la guerre civile qui avait suivi la mort de Néron. Issu de la bourgeoisie italienne, il entreprit la pacification de la Judée, mit de l'ordre dans l'Administration, rétablit les finances, commença la construction du Colisée, ou amphithéâtre Flavien, et reconstruisit le Capitole. Il réprima le soulèvement gaulois, envoya Agricola en Bretagne (actuelle Angleterre) [77-84] et entreprit la conquête des champs Décumates. Il affaiblit l'opposition de l'aristocratie en favorisant l'entrée des provinciaux au sénat. Il instaura le système de la succession héréditaire en faveur de ses fils Titus et Domitien, qui formèrent avec lui la dynastie des Flaviens.

Vespucci *(Amerigo)*, en fr. Améric Vespuce, navigateur italien (Florence 1454 - Séville 1512). Il fit plusieurs voyages vers le Nouveau Monde (1499 et 1501-02). Le géographe Waldseemüller lui attribua la découverte du Nouveau Continent, désigné d'après son prénom.

Vesta, déesse romaine du Foyer domestique. Son culte était régi par le grand pontife, assisté par les vestales, qu'il choisissait lui-même et qui habitaient près du temple de la déesse, au Forum. Vesta fut assimilée à l'Hestia des Grecs.

Vestdijk *(Simon)*, écrivain néerlandais (Harlingen 1898 - Utrecht 1971). Il est célèbre pour ses romans psychologiques (*Anton Wachter*, 1934-1960) et historiques (*le Cinquième Sceau*, 1937).

Vesterålen, archipel norvégien, au nord des îles Lofoten ; 2 400 km² ; 35 000 hab.

Vésuve *(le)*, en ital. Vesuvio, volcan actif, de 1 277 m de hauteur, à 8 km au sud-est de Naples. — L'éruption de l'an 79 apr. J.-C. ensevelit Herculanum, Pompéi et Stabies.

Veuillot *(Louis)*, journaliste et écrivain français (Boynes, Loiret, 1813 - Paris 1883). Rédacteur en chef (1848) de *l'Univers*, il fit de ce journal l'organe du catholicisme ultramontain et intransigeant.

Veurne, *en fr.* Furnes, v. de Belgique, ch.-l. d'arr. de la Flandre-Occidentale ; 11 175 hab. — Grand-Place des XVe-XVIIe siècles, deux églises médiévales.

Vevey, v. de Suisse (Vaud), sur le lac Léman ; 15 968 hab. *(Veveysans)*. Centre touristique et industriel. — Temple St-Martin, ancienne église des XIIe et XVe siècles. Musées.

Vexin, riche région agricole constituée de plateaux calcaires, souvent limoneux, située entre les pays de Bray, la Seine et l'Oise, et divisée par l'Epte en un *Vexin normand*, à l'ouest, et en un *Vexin français*, (parc naturel régional), à l'est.

Vézelay, ch.-l. de c. de l'Yonne ; 575 hab. *(Vézeliens).* — C'est à Vézelay que saint Bernard prêcha la deuxième croisade (Pâques 1146). — Remarquable basilique romane de la Madeleine, ancienne abbatiale, à chœur gothique. Chapiteaux historiés ; sculptures des baies intérieures du narthex, avec, au tympan principal, un Christ en gloire envoyant les apôtres évangéliser les peuples de la terre (apr. 1120). Musée lapidaire.

Vézère *(la),* affl. de la Dordogne (r. dr.), née sur le plateau de Millevaches ; 192 km. — Sur ses bords, stations préhistoriques des Eyzies, de La Madeleine, etc. Gorges.

Viala *(Joseph Agricol),* jeune patriote français (Avignon 1780 - près d'Avignon 1793). Il fut tué par les royalistes alors qu'il défendait le passage de la Durance.

Vian *(Boris),* écrivain français (Ville-d'Avray 1920 - Paris 1959). Ingénieur, trompettiste de jazz et auteur de chansons, signant parfois ses romans **Vernon Sullivan** (*J'irai cracher sur vos tombes,* 1946), il fut l'une des personnalités les plus originales de Saint-Germain-des-Prés après la Seconde Guerre mondiale. La contestation, la parodie, l'invention verbale, l'amour fou furent les ingrédients de ses poèmes (*Cantilènes en gelée,* 1950 ; *Je voudrais pas crever,* 1962), de son théâtre (*le Goûter des généraux,* 1951) et de ses romans (*l'Écume des jours,* 1947 ; *l'Automne à Pékin,* 1947 ; *l'Arrache-cœur,* 1953).

Vianden, ch.-l. de c. du Luxembourg ; 1 471 hab. Centrale hydroélectrique sur l'Our.

Viardot-García *(Pauline),* soprano française (Paris 1821 - *id.* 1910), sœur de la Malibran. Elle créa des opéras de Gounod (*Sapho,* 1851) et de Meyerbeer (*le Prophète,* 1849), écrits à son intention.

Viareggio, station balnéaire d'Italie (Toscane), sur la côte tyrrhénienne ; 57 099 hab.

Viatka, de 1934 à 1991 **Kirov,** v. de Russie, sur la *Viatka ;* 441 000 hab. Métallurgie.

Viatka *(la),* riv. de Russie, qui passe à *Viatka,* affl. de la Kama (r. dr.) ; 1 314 km.

Viau *(Théophile de),* poète français (Clairac 1590 - Paris 1626). Huguenot mais libertin, il doit s'exiler à la suite de la parution du *Cabinet satirique.* Converti au catholicisme, il publie ses œuvres poétiques (3 vol., 1621-1626) qui contiennent sa tragédie *les Amours tragiques de Pyrame et Thisbé,* jouée avec succès en 1621. Condamné et emprisonné pour l'audace de ses récits (le *Parnasse des poètes satiriques,* 1622), il est gracié. Théo-

phile de Viau a, par son influence, rivalisé avec Malherbe.

Vicat *(Louis),* ingénieur français (Nevers 1786 - Grenoble 1861). Spécialiste de l'étude des chaux et des mortiers, il détermina la composition des ciments naturels et indiqua le moyen d'en fabriquer d'artificiels.

Vicence, v. d'Italie (Vénétie), ch.-l. de prov. ; 107 076 hab. — Églises et palais, surtout du XIIᵉ au XVIᵉ siècle. Édifices de Palladio, dont la « Basilique », le palais Chiericati (Musée municipal), la villa *Rotonda.*

Vicente *(Gil),* auteur dramatique portugais (Guimarães v. 1465 - v. 1537). Il écrivit également en espagnol. Ses pièces sont tantôt d'esprit aristocratique (*l'Exhortation à la guerre,* 1514), tantôt de caractère populaire (*Inês Pereira,* 1523), tantôt d'inspiration religieuse (*la Trilogie des barques,* 1516-1519). Il est le créateur du théâtre national portugais.

Vichy, ch.-l. d'arr. de l'Allier, sur l'Allier ; 28 048 hab. *(Vichyssois).* Station thermale (maladies du foie et des voies biliaires, de l'estomac et de l'intestin). Bibliothèque et musée du Centre culturel Valéry-Larbaud.

Vichy *(gouvernement de),* gouvernement de l'État français (juill. 1940 - août 1944).

■ **La « Révolution nationale ».** Nommé président du Conseil le 16 juin 1940, Pétain signe l'armistice le 22 juin et installe le gouvernement à Vichy, en zone libre. Investi des pleins pouvoirs par l'Assemblée nationale (10 juill.), Pétain promulgue une nouvelle Constitution, qui met fin à la IIIᵉ République, et institue l'État français, dont il devient le chef. Bénéficiant alors d'une grande popularité, il s'attribue les pouvoirs exécutif et législatif, ajourne les assemblées parlementaires et proclame l'instauration d'un « ordre nouveau », dont la devise est « Travail, Famille, Patrie » et l'emblème, la francisque. Autoritaire, hostile à la démocratie parlementaire et au libéralisme, corporatiste et antisémite, le régime prône la « Révolution nationale » et l'ordre moral. D'abord présidé par Laval (de juill. à déc. 1940) puis par l'amiral Darlan (de févr. 1941 à avr. 1942), le nouveau gouvernement restreint les libertés publiques, institue des juridictions exceptionnelles, organise le procès de Riom, et pratique une politique d'exclusion qui frappe particulièrement les francs-maçons, les communistes et les Juifs (mesures d'oct. 1940, excluant les Juifs de la fonction publique et des professions dirigeantes de la presse et de l'industrie, aggravées par celles de juin

1941 : internement des Juifs étrangers dans des camps). Hauts fonctionnaires, magistrats et officiers doivent prêter serment au maréchal. Sur le plan économique et social, le gouvernement, qui a supprimé les syndicats, met en place un système corporatif contrôlé par l'État (Charte du travail, 1941), développe les mouvements de jeunesse, encourage le retour à la terre et, dans un contexte de pénurie, s'efforce de rétablir la situation économique du pays. Il bénéficie alors de soutiens divers : de l'extrême droite, incarnée par l'Action française, mais aussi des milieux modérés et de certains hommes de gauche, ainsi que de nombreux technocrates, dont une partie des réformes sera reprise après 1945 (salaire minimum garanti).

■ **La collaboration.** Amorcée par l'entrevue de Montoire entre Pétain et Hitler (oct. 1940), la politique de collaboration se donne pour but de défendre les intérêts français dans une Europe dominée par l'Allemagne. État souverain, disposant de la flotte et de l'Empire colonial, le gouvernement de Vichy choisit de se tenir résolument en dehors du conflit, rompant ses relations avec la Grande-Bretagne en guerre, où de Gaulle, chef de la France libre, s'efforce d'organiser la résistance. Différentes conceptions de la collaboration inspirent les responsables de l'État français : pour certains, la France doit opérer son redressement afin d'entrer à nouveau en guerre, le moment venu ; pour d'autres, la collaboration d'État à État doit être appliquée loyalement ; pour d'autres encore, elle implique l'adoption de l'idéologie nazie.

■ **La dérive du régime.** Le gouvernement de Vichy connaît une profonde évolution à partir d'avril 1942, lorsque les Allemands imposent le retour de Laval au gouvernement. Le débarquement en Afrique du Nord, désavoué par Pétain qui refuse le risque d'un conflit avec Hitler, entraîne l'occupation de la zone libre par les Allemands. Ces derniers contrôlent alors totalement le régime, qui s'aligne désormais sur l'Allemagne : soutien apporté à la politique d'extermination menée contre les Juifs (rafles et déportations massives), entrée au gouvernement de collaborateurs ultras (J. Darnand en déc. 1943, M. Déat en mars 1944). Dans le même temps, les mouvements de résistance se renforcent. Le débarquement en Normandie sonne le glas du régime de Vichy, qui s'effondre avec la défaite allemande.

Repères chronologiques.
10 juill. 1940. Pétain obtient les pleins pouvoirs de l'Assemblée nationale (a l'exception de 80 députés).
24 oct. 1940. Entrevue de Montoire.
1941. Création de la Légion des volontaires français contre le bolchevisme.
févr. 1942. Début du procès de Riom.
avr. 1942. Retour de Laval au gouvernement.
16 juill. 1942. Rafle du Vel d'Hiv.
11 nov. 1942. Occupation de la zone libre par les Allemands.
janv.-févr. 1943. Création de la Milice et du Service du travail obligatoire en Allemagne.
6 juin 1944. Débarquement en Normandie.
août 1944. Les Allemands contraignent Laval et Pétain à gagner Belfort puis Sigmaringen. Le Gouvernement provisoire de la République française, présidé par le général de Gaulle, s'installe à Paris.

Vico *(Giambattista),* historien et philosophe italien (Naples 1668 - *id.* 1744). Ses *Principes de la philosophie de l'histoire* (1725) distinguent dans l'histoire cyclique de chaque peuple trois âges : l'âge divin, l'âge héroïque et l'âge humain.

Vicq d'Azyr *(Félix),* médecin français (Valognes 1748 - Paris 1794). Il fonde avec Joseph Marie de Lassone (1717-1788) la Société royale de médecine (1776). Il a étudié la médecine, l'art vétérinaire et l'anatomie comparée. (Acad. fr. 1788.)

Victor *(Claude* Perrin, dit*), duc* de Bellune, maréchal de France (Lamarche, Vosges, 1764 - Paris 1841). Il se distingua à Friedland (1807) et pendant la campagne de France (1814). Il fut ministre de la Guerre de Louis XVIII (1821-1823).

Victor *(Paul-Émile),* explorateur français (Genève 1907 - Bora Bora 1995). Il a dirigé de nombreuses expéditions au Groenland, en Laponie et en terre Adélie et a créé en 1947 les Expéditions polaires françaises.

Victor-Amédée Iᵉʳ (Turin 1587 - Verceil 1637), duc de Savoie de 1630 à 1637. Il dut céder Pignerol à la France (1630). **Victor-Amédée II** (Turin 1666 - Rivoli 1732), duc de Savoie en 1675, roi de Sicile (1713-1720), puis de Sardaigne (1720-1730). Le traité d'Utrecht (1713) lui donna la couronne de Sicile, qu'il put échanger contre la Sardaigne en 1720. Il abdiqua en 1730. **Victor-Amédée III** (Turin 1726 - Moncalieri 1796), roi de Sardaigne (1773-1796). Il lutta contre la Révolution française et dut abandonner la Savoie et Nice à la France (1796).

Victor-Emmanuel Iᵉʳ (Turin 1759 - Moncalieri 1824), roi de Sardaigne (1802-1821). Les traités de 1815 lui rendirent tous ses États, mais l'insurrection de 1821 l'obligea à abdiquer. **Victor-Emmanuel II** (Turin 1820 - Rome 1878), roi de Sardaigne (1849-1861), puis roi d'Italie (1861-1878). Fils de Charles-Albert, qui abdiqua sa faveur, roi constitutionnel, il soutint la politique de son ministre Cavour visant à l'unification de l'Italie, dont il reçut la couronne en 1861. Il s'établit à Rome en 1870. **Victor-Emmanuel III** (Naples 1869 - Alexandrie, Égypte, 1947), roi d'Italie (1900-1946). Fils d'Humbert Iᵉʳ, il chargea Mussolini de former le gouvernement en 1922. Il favorisa ainsi le développement du régime fasciste qui le nomma empereur d'Éthiopie (1936) et roi d'Albanie (1939) mais lui enleva tout rôle politique. En 1943, il fit arrêter Mussolini en accord avec le Grand Conseil fasciste mais ne put rallier les partis politiques. Il abdiqua en faveur de son fils Humbert II (1946) avant de s'exiler.

Victoria, un des États d'Australie ; 228 000 km² (3 % de la superficie du pays) ; 4 243 719 hab. Cap. *Melbourne.* Limité au N. par le Murray et traversé par l'extrémité de la Cordillère australienne, l'État est agricole (élevage bovin et ovin, vergers, vignes) mais concentre plus des deux tiers de sa population dans l'agglomération de Melbourne. Extraction du lignite et d'hydrocarbures marins.

Victoria, grande île de l'archipel arctique canadien (Territoires du Nord-Ouest) ; 212 000 km².

Victoria, port du Canada, cap. de la Colombie-Britannique, dans l'île Vancouver ; 71 228 hab. Université. Musée provincial.

Victoria, cap. de Hongkong ; 675 000 km². Métallurgie et textile.

Victoria *(chutes),* chutes du Zambèze, hautes de 108 m, aux confins du Zimbabwe et de la Zambie.

Victoria *(lac),* anc. Victoria Nyanza, grand lac de l'Afrique équatoriale, partagé entre l'Ouganda, la Tanzanie et le Kenya, d'où sort le Nil ; 68 100 km².

Victoria Iʳᵉ (Londres 1819 - Osborne, île de Wight, 1901), reine de Grande-Bretagne et d'Irlande (1837-1901) et impératrice des Indes (1876-1901). Petite-fille de George III, elle accède au trône après la mort de son oncle Guillaume IV, qui est sans héritiers.

Habilement conseillée par son oncle Léopold Iᵉʳ de Belgique puis par Albert de Saxe-Cobourg-Gotha (qu'elle épouse en 1840), Victoria redonne rapidement dignité et prestige à une Couronne britannique fort discréditée. La conscience aiguë de sa fonction, son application, son austérité et la dignité de sa vie permettent notamment aux classes moyennes de reconnaître en elle leurs idéaux.

Victoria suit toutes les affaires du pays et se trouve plus d'une fois en conflit avec ses ministres, notamment lord Palmerston, en charge des affaires étrangères, auxquelles elle accorde un intérêt tout particulier. La mort du prince Albert, en 1861, la frappe d'autant plus que le prince héritier (le futur Édouard VII) développe une personnalité contraire à ses aspirations. La déférence de Disraeli, ministre conservateur, parvient cependant à faire renaître les intérêts de la reine, dont il fait une impératrice des Indes (1876). Le sens impérial et le conservatisme politique et social qu'elle développe, tandis que le pays se démocratise, se heurtent au libéralisme de Gladstone. Mais les deux jubilés de la reine (1887 et 1897) manifestent pleinement l'attachement que lui portent les Britanniques.

Cette protestante puritaine et très sensible aux gloires nationales a restitué toute sa valeur à la Couronne. Tout en respectant scrupuleusement les limites d'une monarchie constitutionnelle, elle a été le dernier souverain à marquer de son empreinte personnelle la vie politique de la Grande-Bretagne, qui connut, sous son règne, l'apogée de sa puissance économique et politique.

Victoria *(Tomás Luis de),* compositeur espagnol (Ávila 1548 - Madrid 1611). Il vécut une grande partie de sa vie à Rome et fut un des plus grands maîtres de la polyphonie religieuse (messes, motets, *Office pour les défunts* [1605], magnificats).

Victoria and Albert Museum, riche musée londonien d'arts décoratifs et de beaux-arts, fondé sous sa première forme en 1852 et installé en 1909 dans un édifice neuf du quartier de South Kensington.

Victoria Cross, la plus haute distinction militaire britannique, instituée par la reine Victoria en 1856.

Vidocq *(François),* aventurier français (Arras 1775 - Paris 1857). Ancien bagnard, il fut, sous l'Empire et la Restauration, chef de la brigade de sûreté, recrutée parmi les forçats libérés. Balzac s'est inspiré de lui dans le personnage de Vautrin.

Vidor *(King),* cinéaste américain d'origine hongroise (Galveston, Texas, 1894 - Paso Robles, Californie, 1982). Il s'impose avec *la Grande Parade* (1925) et *la Foule* (1928) comme l'un des plus grands réalisateurs de Hollywood. Son œuvre témoigne d'une vigueur épique dans la célébration de l'aventure collective et d'un grand lyrisme dans l'exaltation de l'énergie individuelle : *Hallelujah !* (1929), *Notre pain quotidien* (1934), *Romance américaine* (1944), *Duel au soleil* (1947), *l'Homme qui n'a pas d'étoile* (1955).

Viedma, v. d'Argentine, sur le río Negro, site projeté de la nouvelle capitale du pays ; 24 000 hab.

Vie d'Oharu femme galante *(la),* film japonais de Mizoguchi Kenji (1952).

Vieira *(António),* écrivain et homme politique portugais (Lisbonne 1608 - Bahia 1697). Jésuite, il mena au Brésil un combat pour l'évangélisation et la défense des Amérindiens. Ses *Sermons* (1697) et sa *Correspondance* en font un des classiques des lettres portugaises.

Vieira da Silva *(Maria Elena),* peintre français d'origine portugaise (Lisbonne 1908 - Paris 1992). Son graphisme aigu, ses perspectives fragmentées et rythmées engendrent un espace frémissant, souvent labyrinthique (*la Bibliothèque,* 1949, M. N. A. M. ; *Landgrave,* 1966, fondation Gulbenkian, Lisbonne).

Vielé-Griffin *(Francis),* poète français d'origine américaine (Norfolk, Virginie, 1864 - Bergerac 1937). Adepte du vers libre, dont il se fit le théoricien, il subit l'influence de Mallarmé (*Joies,* 1889 ; *la Clarté de la vie,* 1897).

Vien *(Joseph Marie),* peintre français (Montpellier 1716 - Paris 1809). Prix de Rome, il fut l'un des initiateurs de la mode « à la grecque » et donc du néoclassicisme en peinture. David fut son élève.

Vienne *(la),* affl. de la Loire (r. g.), né sur le plateau de Millevaches, qui passe à Limoges, Châtellerault et Chinon ; 350 km (bassin de plus de 20 000 km²).

Vienne, ch.-l. d'arr. de l'Isère, sur le Rhône ; 30 386 hab. *(Viennois).* Constructions électriques. Chimie. — Vestiges gallo-romains (temple d'Auguste et de Livie, grand théâtre, etc.). Dans les environs, vestiges de Saint-Romain-en-Gal. — Églises médiévales, dont St-Pierre (VIᵉ et IXᵉ-XIIᵉ s., auj. Musée lapidaire), St-André-le-Bas (surtout IXᵉ et XIIᵉ s.), St-Maurice (XIIᵉ-XVIᵉ s., anc. cathédrale). Musée des Beaux-Arts et d'Archéologie.

Vienne, *en all.* Wien, cap. de l'Autriche et ch.-l. de la prov. de Basse-Autriche ; 1 512 000 hab. *(Viennois).* GÉOGR. Site de ponts sur le Danube, la ville est au carrefour de la voie N.-S., qui joint la Baltique à l'Adriatique, et de la voie O.-E., qui relie l'Europe de l'Ouest aux Balkans. La ville atteint son apogée à la fin du XIXᵉ siècle. Vienne est alors, avec 2 200 000 hab., la première ville germanique, un pôle culturel, un port fluvial, un centre commercial et industriel relié aux pays tchèques. Après une période de déclin, dû aux deux guerres mondiales et à l'occupation de la ville jusqu'en 1955, Vienne retrouve de nouvelles fonctions : centre commercial en relation avec les pays de l'Est, terre d'asile, centre universitaire, culturel et touristique, qui accueille congrès et conférences internationales, avec un secteur industriel diversifié : (électrotechnique, mécanique, alimentation, métallurgie, confection, chimie, textile, bois et papier). Elle regroupe actuellement le cinquième de la population autrichienne. HIST. Forteresse romaine à la frontière de la Pannonie, la ville se développa au Moyen Âge grâce aux Babenberg, puis aux Habsbourg, qui l'acquirent en 1276. Résidence des empereurs du Saint Empire (la plupart du temps après 1438, définitivement à partir de 1611), elle fut assiégée par les Turcs (1529, 1683). De nombreux traités y furent signés, notamment celui de 1738 qui mit fin à la guerre de la Succession de Pologne, et le congrès de Vienne s'y tint en 1815 (→ **Vienne** [*congrès de*]). Elle fut au XIXᵉ siècle l'un des principaux foyers culturels de l'Europe. Après l'effondrement de l'Empire austro-hongrois (1918), elle devint la capitale de la République autrichienne. De 1945 à 1955, elle fut divisée en quatre secteurs d'occupation alliés. ARTS. Cathédrale, reconstruite en style gothique au XIVᵉ-XVIᵉ siècle. Beaux édifices baroques dus notamment aux Fischer von Erlach (église St-Charles-Borromée, à partir de 1716 ; bibliothèque de la Hofburg...) et à Hildebrandt (les deux palais du Belvédère, 1714-1723). Œuvres de O. Wagner et de ses élèves, dont J. Hoffmann (fin XIXᵉ-début XXᵉ s.). Nombreux musées, dont ceux de la Hofburg (Trésor, ancien palais impérial (Trésor, musée d'Éphèse, Armes et armures, Albertina...), le Kunsthistorisches Museum (archéologie, arts décoratifs et richissime galerie de peinture des écoles flamande, allemande, hollandaise, italienne, etc.), le musée du Baroque dans le Belvédère inférieur.

Vienne [86], dép. de la Région Poitou-Charentes ; ch.-l. de dép. *Poitiers* ; ch.-l. d'arr. *Châtellerault, Montmorillon* ; 3 arr., 38 cant.,

281 comm. ; 6 990 km² ; 380 005 hab. Il est rattaché à l'académie et à la cour d'appel de Poitiers, à la région militaire Atlantique.

Vienne *(cercle de),* groupe d'intellectuels, qui se donnèrent comme mission, dans les années 1920, la constitution d'un savoir organisé à partir des découvertes de la science (Einstein) et formalisé selon les principes de Russell et de Wittgenstein. Il adopta le positivisme logique, ce qui se traduit par l'application de la logique symbolique aux modes de pensée courants, le refus de construire des systèmes philosophiques « définitifs » et le rejet de la métaphysique. Ses principaux membres furent les mathématiciens Hans Hahn (1879-1934), fondateur du mouvement, et Friedrich Waismann (1896-1959), les logiciens Moritz Schlick (1882-1936), Kurt Gödel (1906-1978), Rudolf Carnap (1891-1970) et Alfred Tarski (1902-1983), l'économiste Otto Neurath (1882-1945). Le groupe se disloqua avec l'Anschluss et ses membres émigrèrent. L'influence du cercle de Vienne a été considérable.

Vienne *(congrès de)* [1814-1815], congrès prévu par le premier traité de Paris (mai 1814) et réuni à Vienne (Autriche) afin de réorganiser l'Europe après la chute de Napoléon. Les décisions y furent prises par les quatre grands vainqueurs et leurs représentants : Autriche (Metternich), Russie (Nesselrode), Grande-Bretagne (Castlereagh), Prusse (Hardenberg). Talleyrand y représentait la France de Louis XVIII. L'acte final, signé en juin 1815, s'inspirait des principes du droit monarchique et de l'équilibre européen, et ignorait le principe des nationalités. La Russie s'agrandissait de la Finlande, de la Bessarabie et de la majeure partie de la Pologne. La Prusse, dont le territoire polonais était réduit, recevait la Poméranie suédoise, le tiers de la Saxe, la Westphalie, une partie de la rive gauche du Rhin. L'Autriche renonçait aux Pays-Bas et aux duchés souabes, mais prenait ou reprenait le Tyrol, Salzbourg, la Galicie, la côte dalmate, le Royaume lombard-vénitien. Le royaume des Pays-Bas (Hollande, Belgique, Luxembourg) était créé et le royaume de Piémont-Sardaigne annexait Gênes. Au nord, le Danemark cédait la Norvège à la Suède. L'Allemagne et l'Italie restaient morcelées. La Confédération germanique, présidée par l'empereur d'Autriche, réunissait trente-huit États souverains. Sur les sept États italiens, un appartenait à l'Autriche, trois avaient à leur tête des princes autrichiens. La Grande-Bretagne gagnait Malte et

les îles Ioniennes, la Guyane et quelques Antilles, Le Cap, l'île Maurice, Ceylan. L'œuvre du congrès de Vienne, consacrée par des alliances européennes, allait assurer à l'Europe 40 ans de paix relative. Mais les mouvements nationaux, malgré l'échec des révolutions de 1848-49, devait entraîner sa ruine.

Vienne *(école de),* groupe formé par le compositeur A. Schönberg et ses deux disciples, A. Berg et A. Webern. Elle s'est libérée de l'emprise wagnérienne et a dépassé les fonctions harmoniques de la tonalité, parvenant à l'atonalité puis au dodécaphonisme sériel. Elle a exercé une influence primordiale, après 1945, sur la génération de Boulez et de Stockhausen.

Vienne (Haute-) [87], dép. de la Région Limousin ; ch.-l. de dép. *Limoges ;* ch.-l. d'arr. *Bellac, Rochechouart ;* 3 arr., 42 cant., 201 comm. ; 5 520 km² ; 353 593 hab. Il est rattaché à l'académie et à la cour d'appel de Limoges, à la région militaire Atlantique.

Viennoise *(la),* diocèse de la Gaule romaine, qui s'étendait de l'Aquitaine aux Alpes ; cap. *Vienne.*

Vientiane, cap. du Laos, sur le Mékong ; 377 000 hab. Port fluvial.

Vierge *(la),* constellation zodiacale. — Sixième signe du zodiaque, que le Soleil quitte à l'équinoxe d'automne.

Vierges *(îles),* en angl. Virgin Islands, archipel des Petites Antilles, situé à l'E. de Porto Rico, entre l'Atlantique et la mer des Antilles. Les îles Sainte-Croix (217 km²), Saint Thomas (83 km²) et Saint John (52 km²) ont été achetées en 1917 par les États-Unis au Danemark ; 110 800 hab. (ch.-l. *Charlotte Amalie,* dans l'île Saint Thomas). Les autres îles (Tortola, Anegada, Virgin Gorda, etc.) forment une colonie britannique (153 km² ; 14 786 hab. ; ch.-l. *Road Town,* dans l'île Tortola). Le tourisme est l'activité principale de l'archipel.

Vierne *(Louis),* compositeur et organiste français (Poitiers 1870 - Paris 1937). Organiste de Notre-Dame de Paris (1900-1937), improvisateur réputé, il a écrit 6 symphonies, *24 Pièces en style libre* (1913), *24 Pièces de fantaisie* (1926-27).

Vierzon, ch.-l. d'arr. du Cher, sur le Cher ; 32 900 hab. *(Vierzonnais).* Centre ferroviaire et industriel (constructions mécaniques). — Église des XIIe et XVe siècles.

Vies parallèles (communément *Vies des hommes illustres),* par Plutarque (Ier s. apr. J.-C.), récits biographiques consacrés aux grands hommes de la Grèce et de Rome, et groupés deux par deux (Démosthène-Cicéron, Alexandre-César, etc.). L'œuvre fut popularisée en France par la traduction d'Amyot.

Viêt-cong *(du viet.* Viêt Nam *et* công-san, *rouge),* nom donné pendant la guerre du Viêt Nam aux communistes et à leurs alliés regroupés en 1960 dans le Front national de libération du Viêt Nam du Sud.

Viète *(François),* mathématicien français (Fontenay-le-Comte 1540 - Paris 1603). Avocat de formation, son œuvre scientifique fut capitale pour la symbolisation de l'algèbre et son application à la géométrie. Il introduisit l'usage systématique des lettres pour représenter à la fois quantités connues (consonnes) et inconnues (voyelles) dans les problèmes algébriques. Il donna également une méthode d'approximation des racines des équations numériques, les relations entre coefficients et racines des équations, ainsi que la solution géométrique de l'équation du 3e degré.

Viêt-minh (« Front de l'indépendance du Viêt Nam »), formation politique vietnamienne, issue en 1941 de la réunion du Parti communiste indochinois et d'éléments nationalistes. Le Viêt-minh dirigea le premier gouvernement vietnamien en 1945 et composa d'abord avec la France (1946), avant de prendre la tête de la lutte armée contre les forces françaises et leurs alliés vietnamiens. Il s'imposa dans le Viêt Nam du Nord avec Hô Chi Minh.

Viêt Nam, État de l'Asie du Sud-Est ; 335 000 km² ; 67 600 000 hab. *(Vietnamiens).* CAP. *Hanoi.* LANGUE : *vietnamien.* MONNAIE : *dông.*

GÉOGRAPHIE

Le pays, où dominent montagnes et hauts plateaux, comprend, du nord au sud, trois régions : le Tonkin (Bac Bô), l'Annam (Trung Bô) et la Cochinchine (Nam Bô).

■ **Le milieu naturel.** Après la dépression qui longe la frontière chinoise, les reliefs, orientés N.-O.-S.-E., culminent au Fan Si Pan (3 142 m). Massifs et plateaux, très arrosés, sont coupés de vallées, notamment celles du Sông Koi (fleuve Rouge) et du Sông Da (rivière Noire), qui se terminent en deltas très peuplés dans le golfe du Tonkin. Ensuite, la cordillère Annamitique, peu peuplée, orientée N.-O.-S.-E., forme la frontière avec le Laos et tombe en versants raides sur la plaine côtière. De hauts plateaux, peu peuplés lui succèdent jusqu'au delta du Mékong, qui occupe la partie sud du pays.

■ **La population et l'économie.** Les Vietnamiens originaires de la Chine méridionale représentent 84 % de la population, le reste se partagent en une soixantaine d'ethnies vivant surtout dans les montagnes. Celles-ci s'opposent fortement aux plaines, qui, sur moins de la moitié du territoire, regroupent plus des trois quarts de la population. L'accroissement naturel annuel dépasse 2 %. L'agriculture occupe 70 % de la population active. Elle est dominée par la riziculture, très intensive dans le delta du Sông Koi et de ses bras (moins intensive dans le delta du Mékong). Des plantations d'hévéas sont situées au nord et à l'est du delta du Mékong, tandis que les plaines littorales du Viêt Nam central, jalonnées de ports de pêche, associent le riz à la canne à sucre et que les hauts plateaux produisent du thé et du café. Le seul élevage notable est celui des porcs.

Les ressources minières traditionnelles (charbon, phosphates) sont maintenant complétées par le pétrole. Le secteur industriel, peu développé (sidérurgie, engrais, ciment, textile), est localisé surtout au nord, où il a été reconstruit après la guerre. Le sous-emploi est important, les infrastructures sanitaires et scolaires déficientes et la production d'électricité insuffisante. Cependant, les petites entreprises se multiplient et le pays tente d'attirer les investisseurs étrangers et devrait bénéficier de l'amélioration des relations avec ses voisins (Chine et Thaïlande, notamment).

HISTOIRE

■ **Les origines.** Au néolithique, le brassage des Muong, des Viêt et d'éléments chinois dans le bassin du fleuve Rouge donne naissance au peuple vietnamien.

IIIe-IIe s. av. J.-C. Le pays est conquis par la Chine des Qin puis des Han.

Vers 543-603. Indépendance du Viêt Nam sous la dynastie des Ly antérieurs.

VIIe-Xe s. La Chine des Tang établit son protectorat sur l'Annam.

968. Dinh Bô Linh établit l'empire sous le nom de Dai Cô Viêt.

1010-1225. La dynastie des Ly postérieurs affermit l'empire, où se poursuit l'essor du confucianisme et du bouddhisme.

1225-1413. La dynastie des Trân poursuit l'œuvre des Ly et tient tête aux Mongols.

1428-1789. Après une période de troubles, la dynastie des Lê consacre le triomphe du confucianisme et assure l'essor des arts.

Au XVIIe s., le pays voit s'affronter deux clans seigneuriaux : les Nguyên (qui gouvernent le Sud et contrôlent le delta du

Mékong) et les Trinh, au nord. Les jésuites diffusent le catholicisme et mettent au point la latinisation de la langue vietnamienne.

1789. Le dernier empereur Lê est déposé par un soulèvement populaire dirigé par les trois frères Tây Son.

■ **L'empire du Viêt Nam et la domination française.** Nguyên Anh, survivant de la famille Nguyên, reconquiert la Cochinchine, la région de Huê et celle de Hanoi avec l'aide des Français.

1802. Devenu empereur sous le nom de Gia Long, il fonde la dynastie des Nguyên et l'empire du Viêt Nam.

1859-1867. La France conquiert la Cochinchine.

1884. Elle impose son protectorat à l'Annam et au Tonkin, dont les conquêtes sont reconnues par la Chine.

1887. Le pays est intégré avec le Cambodge et le Laos dans l'Union indochinoise.

1930. Hô Chi Minh crée le Parti communiste indochinois.

1941. Le Front de l'indépendance du Viêt Nam (Viêt-minh) est fondé.

1945. Les Japonais mettent fin à l'autorité française. Une république indépendante est proclamée. La France reconnaît le nouvel État mais refuse d'y inclure la Cochinchine.

1946. Déclenchement de la guerre d'Indochine, opposant le Viêt-minh à la France.

1954. La perte de Diên Biên Phu conduit aux accords de Genève, qui partagent le pays en deux suivant le 17e parallèle.

■ **Nord et Sud Viêt Nam.** Dans le Sud est instaurée en 1955 la République du Viêt Nam (cap. Saigon), présidée par Ngô Dinh Diêm. Elle bénéficie de l'aide américaine. Dans le Nord, la République démocratique du Viêt Nam (cap. Hanoi), dirigée par Hô Chi Minh, bénéficie de l'aide soviétique et chinoise.

1963. Assassinat de Ngô Dinh Diêm.

1965. Les États-Unis interviennent directement dans la guerre du Viêt Nam aux côtés des Sud-Vietnamiens.

1969. À la mort d'Hô Chi Minh, Pham Van Dông devient Premier ministre.

1973-1975. En dépit des accords de Paris et du retrait américain, la guerre continue.

1975. Les troupes du Nord prennent Saigon.

■ **Le Viêt Nam réunifié.**

1976. Le Viêt Nam devient une république socialiste, que tentent de fuir des milliers d'opposants (*boat people*).

1978. Le Viêt Nam signe un traité d'amitié avec l'U. R. S. S. et envahit le Cambodge,

dont le régime des Khmers rouges était soutenu par la Chine.

1988. Do Muoi devient Premier ministre.

1989. Les troupes vietnamiennes se retirent totalement du Cambodge.

1991. Vo Van Kiet devient Premier ministre. Le pays normalise ses relations avec la Chine et opère un rapprochement diplomatique avec les États-Unis.

1992. La nouvelle constitution maintient l'idéologie socialiste et le système du parti unique tout en garantissant les droits de l'économie privée.

1994. L'embargo commercial, imposé par les États-Unis depuis 1975, est levé.

1995. Le Viêt Nam devient membre de l'ASEAN.

Viêt Nam *(guerre du)* → **Indochine** *(guerres d').*

Vieux de la montagne, nom donné par les croisés et par les historiens occidentaux aux chefs de la secte chiite ismaélienne des Assassins.

Vigan (Le), ch.-l. d'arr. du Gard, dans les Cévennes ; 4 637 hab. *(Viganais).* Bonneterie. — Musée cévenol.

Vigée-Lebrun *(Élisabeth Vigée, Mme),* peintre français (Paris 1755 - *id.* 1842). Elle a exécuté de nombreux portraits délicats et flatteurs, notamment ceux de la reine Marie-Antoinette.

Vigneault *(Gilles),* auteur-compositeur et interprète canadien (Natashquan, Québec, 1928). Il évoque à travers de nombreuses chansons les diverses facettes de son patrimoine culturel.

Vignemale *(le),* point culminant des Pyrénées françaises, à la frontière espagnole, au sud de Cauterets ; 3 298 m.

Vignole *(Iacopo* Barozzi, dit il Vignola, *en fr.),* architecte italien (Vignola, Modène, 1507 - Rome 1573). Formé à Bologne, travaillant surtout à Rome, il a réalisé une œuvre considérable, de transition entre Renaissance maniériste et baroque : villa Giulia (Rome), palais Farnèse de Caprarola, etc., et église du Gesù (Rome, commencée en 1568), œuvre type de la Contre-Réforme, à large nef unique, qui sera le modèle le plus suivi pendant deux siècles dans l'Occident catholique. Son traité intitulé *Règle des cinq ordres* (1562), interprétation de Vitruve, n'aura pas moins de succès.

Vignoles *(Charles Blacker),* ingénieur britannique (Woodbrook, Irlande, 1793 - Hythe, Hampshire, 1875). Il introduisit en Grande-Bretagne le rail à patin, dû à l'Américain

Robert Stevens et qui, depuis, porte à tort son nom.

Vignon *(Claude)*, peintre et graveur français (Tours 1593 - Paris 1670). Ayant fréquenté à Rome les caravagesques, connaissant la peinture vénitienne, audacieux et varié, il s'installa à Paris vers 1627 et enseigna à l'Académie royale à partir de 1651 (*Adoration des Mages* et *Décollation de saint Jean-Baptiste*, église St-Gervais, Paris).

Vigny *(Alfred, comte de)*, écrivain français (Loches 1797 - Paris 1863). Déçu par la vie militaire, il quitte l'armée en 1827 et fréquente les cénacles romantiques, catholiques et légitimistes. Il publie ses premiers *Poèmes* (1822), les *Poèmes antiques et modernes* (1826) et un roman historique, *Cinq-Mars* (1826), dont le succès l'encourage dans la voie du récit en prose ; il écrit alors deux ouvrages à thèse : *Stello* (1832) et *Servitude et Grandeur militaires* (1835). Au théâtre, il participe à la bataille romantique (*Othello*, 1829) et fait représenter un drame en prose, *la Maréchale d'Ancre* (1831), et, surtout, *Chatterton* (1835). Après 1837, date de la mort de sa mère et de sa rupture avec l'actrice Marie Dorval, Vigny s'éloigne des milieux littéraires et publie quelques grands poèmes dans la *Revue des Deux Mondes*. Il est d'abord enthousiasmé par la révolution de 1848, mais ensuite déçu : il se rallie à l'Empire et se fige dans une attitude hautaine et solitaire. Après sa mort ont paru *les Destinées* (1864), une suite de *Stello, Daphné* (1912), et le *Journal d'un poète* (1867-1948). [Acad. fr. 1845.]

Vigo, port d'Espagne, en Galice, sur l'Atlantique ; 276 109 hab. Pêche. Construction automobile. — Églises et maisons anciennes. Musée (peintres galiciens ; archéologie).

Vigo *(Jean)*, cinéaste français (Paris 1905 - *id.* 1934). Quatre films auront suffi à Jean Vigo pour affirmer une vision du monde profondément personnelle, toute de révolte, d'amour et de poésie (*À propos de Nice*, 1930 ; *Taris*, 1931 ; *Zéro de conduite*, 1933 ; *l'Atalante*, 1934).

Viipuri → **Vyborg.**

Vijayanagar, cap., auj. en ruine, d'un grand empire du même nom (1336-1565), située sur l'actuel village de *Hampi*, dans le Karnataka. L'empire lutta pour la défense de l'hindouisme et atteignit son apogée au début du XVIe siècle. — Remarquables exemples d'architectures du XVIe siècle aux décors sculptés.

Vijayavada ou **Bezwada**, v. de l'Inde (Andhra Pradesh), sur la Krishna ; 845 305 hab.

Vikings, nom donné aux peuples germains, originaires de Scandinavie (Danois, Norvégiens, Suédois), connus en Occident sous le nom de *Normands* (« hommes du Nord ») et qui menèrent des expéditions en Europe à partir de la fin du VIIIe s. Poussés hors de chez eux par la surpopulation et par la recherche de débouchés commerciaux et de butins, ils progressèrent en deux étapes.
La première période s'étendit de la fin du VIIIe au début du Xe s. Les Norvégiens colonisèrent le nord de l'Écosse et l'Irlande, et atteignirent l'Islande v. 860. Sous le nom de *Varègues*, les Suédois occupèrent, vers le milieu du IXe s., la vallée supérieure du Dniepr et poussèrent même jusqu'à la mer Noire et la mer Caspienne, devenant ainsi les intermédiaires entre Byzance et l'Occident, entre chrétiens et musulmans. Les Danois s'installèrent dans le nord-est de l'Angleterre (IXe s.), où les rois anglo-saxons durent leur verser un tribut *(danegeld)*. Dans l'Empire carolingien, ils multiplièrent leurs incursions après la mort de Charlemagne. Organisés en petites bandes, montés sur des flottilles de grandes barques, les *snekkja* (ou *drakkar*), ils menèrent des raids dévastateurs dans l'arrière-pays. Charles le Chauve dut acheter plus d'une fois leur retraite. En 885-886, ils assiégèrent Paris, défendue par le comte Eudes. En 911, au traité de Saint-Clair-sur-Epte, Charles III le Simple abandonna à leur chef, Rollon, le pays actuellement connu sous le nom de *Normandie* ; ils furent baptisés et reconnurent la suzeraineté du roi.
La deuxième période s'étendit de la fin du Xe à la fin du XIe s. Elle fut marquée par la découverte du Groenland (v. 985) et probablement du Labrador par les Norvégiens. Elle vit également culminer la poussée danoise en Angleterre avec la création de l'empire, éphémère, de Knud le Grand, avant la conquête de l'île par le duc de Normandie, Guillaume le Conquérant, en 1066. C'est également du duché de Normandie que partirent les expéditions normandes qui fondèrent, à partir du XIe s., des principautés en Italie du Sud et en Sicile.

Vila → **Port-Vila.**

Vilaine *(la)*, fl. de la Bretagne orientale, qui passe à Vitré, à Rennes, à Redon et rejoint l'Atlantique ; 225 km. Barrage à Arzal.

Vila Nova de Gaia, v. de Portugal, sur le Douro ; 67 992 hab. Commerce de vins (porto).

Vilar *(Jean)*, acteur et metteur en scène de théâtre français (Sète 1912 - *id.* 1971). Élève de Charles Dullin, excellent comédien, il créa en 1947 le festival d'Avignon et dirigea de 1951 à 1963 le Théâtre national populaire (T. N. P.). Il donna une vie nouvelle à des œuvres classiques françaises et étrangères, initiant un large public notamment à Brecht, à O'Casey et à Kleist.

Viliouï, riv. de Russie, en Iakoutie, affl. de la Lena (r. g.) ; 2 650 km (bassin de 454 000 km²).

Villa *(Doroteo* Arango, dit Francisco Villa et surnommé **Pancho***),* révolutionnaire mexicain (San Juan del Río 1878 - Parral 1923). Paysan pauvre devenu voleur de bétail, il fut l'un des principaux chefs de la révolution mexicaine, déclenchée en 1911. Vaincu en 1915, il se rallia au président mexicain Obregón en 1920. Il mourut assassiné.

Villafranca *(armistice* et *préliminaires de)* [8-11 juillet 1859], armistice et préliminaires de paix qui, après la victoire française de Solferino, furent conclus à Villafranca (Vénétie) par Napoléon III et l'empereur d'Autriche François-Joseph, et mirent fin à la campagne d'Italie.

Villahermosa, v. du Mexique, cap. de l'État de Tabasco ; 390 161 hab. — Parc archéologique rassemblant des monuments et sculptures provenant du site olmèque de La Venta (→ Venta). Musée du Tabasco (archéologie olmèque, maya, etc.).

Villa-Lobos ou **Vila-Lobos** *(Heitor),* compositeur brésilien (Rio de Janeiro 1887 - *id.* 1959). Autodidacte, il se passionne pour les traditions musicales de son pays et donne dès 1915 des concerts de ses œuvres, à l'écriture pittoresque. En 1945, il fonde l'Académie brésilienne de musique. C'est avec la série des *14 Choros* (1920-1929), où se combinent les thèmes populaires, les rythmes des danses brésiliennes, la richesse des timbres et des harmonies, et avec les *9 Bachianas brasileiras* (1930-1945) que Villa-Lobos a pris rang parmi les maîtres du Nouveau Continent.

Villard *(Paul),* physicien français (Lyon 1860 - Bayonne 1934). Il a découvert en 1900 le rayonnement gamma des corps radioactifs.

Villard de Honnecourt, architecte (?) français du début du XIIIᵉ siècle. Son carnet de croquis (B. N., Paris) constitue une source précieuse de connaissance sur les conceptions artistiques et les techniques de son temps.

Villars *(Claude Louis Hector, duc* de*),* maréchal de France (Moulins 1653 - Turin 1734).

Lieutenant général (1693), il s'illustra brillamment contre les Autrichiens lors de la guerre de la Succession d'Espagne, durant laquelle il fut nommé maréchal (1703). Il obtint dans les Cévennes la soumission de Cavalier, chef des camisards (1704). Après la défaite de Malplaquet, où il résista vaillamment (1709), il remporta la victoire de Denain (1712), qui facilita les négociations d'Utrecht et de Rastatt (1713-14).

Villaviciosa *(bataille de)* [10 déc. 1710], victoire du duc de Vendôme sur les impériaux au cours de la guerre de la Succession d'Espagne.

Villefranche-de-Rouergue, ch.-l. d'arr. de l'Aveyron, sur l'Aveyron ; 13 301 hab. *(Villefranchois).* Agroalimentaire. — Bastide du XIIIᵉ siècle, avec de beaux monuments religieux, dont une ancienne chartreuse du XVᵉ siècle.

Villefranche-sur-Saône, ch.-l. d'arr. du Rhône, anc. cap. du Beaujolais ; 29 889 hab. *(Caladois).* Industries métallurgiques, textiles et chimiques. — Église des XIIᵉ-XVIᵉ siècles, maisons anciennes.

Villehardouin, famille française d'origine champenoise, dont une branche s'illustra en Orient à partir du XIIIᵉ siècle. Son plus célèbre représentant fut **Geoffroi,** chroniqueur et maréchal de Champagne (1148 - en Thrace v. 1213). Il participa à la quatrième croisade, qui aboutit à la prise de Constantinople (1204), et devint le principal conseiller du roi de Thessalonique. Son *Histoire de la conquête de Constantinople* est une chronique de la croisade et des établissements latins.

Villejuif, ch.-l. de c. du Val-de-Marne ; 48 671 hab. *(Villejuifois).* Hôpital psychiatrique. Institut du cancer.

Villèle *(Jean-Baptiste Guillaume Joseph, comte* de*),* homme d'État français (Toulouse 1773 - *id.* 1854). Chef des royalistes intransigeants (ultras) sous la Restauration, il fut nommé président du Conseil en 1822 et se rendit impopulaire en faisant voter des lois réactionnaires. Ayant dissous la Garde nationale puis la Chambre (1827), il dut démissionner après la victoire électorale des libéraux (1828).

Villemain *(Abel François),* critique et homme politique français (Paris 1790 - *id.* 1870), ministre de l'Instruction publique de 1839 à 1844. Il fut un des pionniers de la littérature comparée. (Acad. fr. 1821.)

Villemin *(Jean Antoine),* médecin militaire français (Prey, Vosges, 1827 - Paris 1892). Il a démontré en 1865 la transmissibilité de la tuberculose.

Villemomble, ch.-l. de c. de la Seine-Saint-Denis, à l'est de Paris ; 27 000 hab. *(Villemomblois).*

Villena *(Enrique* de Aragón, dit *marquis* de*),* poète aragonais (Torralba 1384 - Madrid 1434). Il écrivit des *Coplas* pour les fêtes de Saragosse et traduisit Virgile et Dante.

Villeneuve *(Pierre Charles* de*),* marin français (Valensole 1763 - Rennes 1806). Commandant l'escadre de Toulon, il fut pris après avoir été battu par Nelson à Trafalgar (1805). Libéré, il se suicida.

Villeneuve-d'Ascq, ch.-l. de c. du Nord, banlieue est de Lille ; 65 695 hab. — Musée d'Art moderne du Nord, construit en 1982 (peintures de la donation Masurel : Picasso, Braque, Léger, Modigliani, etc.).

Villeneuve-lès-Avignon, ch.-l. de c. du Gard, sur le Rhône, en face d'Avignon ; 10 785 hab. — Résidence d'été des papes au XIVᵉ siècle. Fort St-André ; ancienne chartreuse, fondée en 1356, aujourd'hui centre culturel ; musée *(Couronnement de la Vierge* de E. Quarton).

Villeneuve-Saint-Georges, ch.-l. de c. du Val-de-Marne, sur la Seine ; 27 476 hab. *(Villeneuvois).* Gare de triage. — Église des XIIIᵉ-XVIᵉ siècles.

Villeneuve-sur-Lot, ch.-l. d'arr. de Lot-et-Garonne, sur le Lot ; 23 760 hab. *(Villeneuvois).* Agroalimentaire. Centrale hydroélectrique. — Musée.

Villepinte, ch.-l. de c. de la Seine-Saint-Denis, au nord-est de Paris ; 30 412 hab. *(Villepintois).* Parc des expositions.

Villermé *(Louis),* médecin français (Paris 1782 - *id.* 1863). Ses enquêtes, notamment son *Tableau de l'état physique et moral des ouvriers dans les fabriques de coton, de laine et de soie* (1840), ont été à l'origine de la loi de 1841 limitant le travail des enfants. Elles ont également servi de modèles aux monographies de la sociologie du travail.

Villers-Cotterêts, ch.-l. de c. de l'Aisne ; 8 904 hab. *(Cotteréziens).* — En 1539, le roi y signa une ordonnance qui imposait le français dans les actes officiels et de justice. — De la *forêt de Villers-Cotterêts* déboucha la première contre-offensive victorieuse de Foch le 18 juillet 1918. — Château reconstruit pour François Iᵉʳ.

Villersexel, ch.-l. de c. de la Haute-Saône ; 1 560 hab. — Bourbaki y battit les Prussiens le 8 janvier 1871.

Villette *(parc de la),* établissement public créé en 1979, à Paris, dans le quartier du même nom (XIXᵉ arr.). Sur le site de l'ancien marché national de la viande sont aménagés la *Cité des sciences et de l'industrie,* la *Cité de la musique* (inaugurée en 1990, pour la partie abritant notamm. le Conservatoire national supérieur de musique, et en 1995), la *Grande Halle,* la salle de concert *le Zénith* et un parc de près de 35 ha. (→ **Cité.)**

Villeurbanne, ch.-l. de c. du Rhône, banlieue est de Lyon ; 119 848 hab. *(Villeurbannais).* Centre industriel. Institut national de physique nucléaire et de physique des particules. I. N. S. A. de Lyon. — Musée d'art contemporain. Théâtre national populaire.

Villiers de L'Isle-Adam *(Auguste, comte* de*),* écrivain français (Saint-Brieuc 1838 - Paris 1889). Auteur de vers romantiques, de romans *(Isis,* 1862 ; *l'Ève future,* 1886) et de drames *(Axel,* 1890), il exprime dans ses contes son désir d'absolu et son dégoût de la vulgarité quotidienne *(Contes cruels,* 1883 ; *Tribulat Bonhomet,* 1887 ; *Histoires insolites,* 1888).

Villiers de L'Isle-Adam *(Philippe* de*),* grand maître de l'ordre de Saint-Jean-de-Jérusalem (Beauvais 1464 - Malte 1534). Il soutint dans Rhodes (1522) un siège fameux contre Soliman le Magnifique. En 1530, il obtint de Charles Quint l'installation de son ordre à Malte.

Villon *(François),* poète français (Paris 1431 - apr. 1463). Il mena une vie aventureuse et risqua plusieurs fois la potence. Le poète a fait de sa vie, à laquelle la légende s'est vite mêlée, le thème de ses plaisanteries. Ses deux chefs-d'œuvre sont le *Lais* (1456) et le *Testament* (1461) [→ **Testament**], suite de poèmes écrits en huitains et entrecoupée de ballades *(Ballade des dames du temps jadis).* Virtuose du vers, doué d'une imagination qui surprend par la vivacité du trait et la vraisemblance de la caricature, Villon apparaît comme le premier en date des grands poètes lyriques français modernes.

Villon *(Gaston Duchamp,* dit *Jacques),* peintre, dessinateur et graveur français (Damville, Eure, 1875 - Puteaux 1963). Proche du cubisme dans les années 1911-12, il s'est ensuite attaché à exprimer l'espace, les formes, parfois le mouvement, par un agencement de plans subtilement colorés *(Écuyère de haute école,* 1951, musée des Beaux-Arts de Lyon).

Vilnius, cap. de la Lituanie, dans le sud-est du pays ; 582 000 hab. Centre administratif et industriel. — Elle fit partie de la Pologne de 1920 à 1939 puis de l'U. R. S. S. jusqu'en 1991. — Noyau monumental ancien, de l'époque gothique au néoclassique en passant par le baroque (cathédrale St-Pierre-et-St-Paul). Musées.

Vilvoorde, *en fr.* Vilvorde, comm. de Belgique, ch.-l. d'arr. (avec Halle) du Brabant flamand ; 32 894 hab. Centre industriel. — Église gothique Notre-Dame (stalles baroques).

Vimeu *(le),* région de Picardie, entre la Somme et la Bresle. Serrurerie et robinetterie.

Viminal *(mont),* l'une des sept collines de Rome, au nord-est de la ville.

Vimy, ch.-l. de c. du Pas-de-Calais ; 4 594 hab. Monument commémorant les violents combats de 1915 et de 1917, où s'illustrèrent les Canadiens.

Viña del Mar, v. du Chili, sur le Pacifique, près de Valparaíso ; 302 765 hab. Station balnéaire.

Vincennes, ch.-l. de c. du Val-de-Marne, à l'est de Paris, au nord du *bois de Vincennes ;* 42 651 hab. *(Vincennois).* — Château fort quadrangulaire du XIVe siècle (puissant donjon [musée] ; sainte-chapelle achevée au XVIe siècle ; pavillons du XVIIe s.) qui fut résidence royale, abrita une manufacture de porcelaine et dans les fossés duquel le duc d'Enghien fut fusillé (1804). Le château abrite le Service historique de l'armée de terre (1946), de l'armée de l'air et de la marine (1974). — Le *bois de Vincennes* (appartenant à la Ville de Paris) englobe notamment un parc zoologique, un parc floral, un hippodrome, l'Institut national du sport et de l'éducation physique.

Vincent *(saint),* diacre et martyr (Huesca ?-Valence 304). Son culte fut très populaire en Espagne puis en France, où il devint le patron des vignerons.

Vincent de Lérins *(saint),* écrivain ecclésiastique (m. à Saint-Honorat v. 450). Moine de Lérins, adversaire de la pensée de saint Augustin sur la grâce, il se fit le défenseur d'une forme adoucie du pélagianisme *(semi-pélagianisme).*

Vincent *(Hyacinthe),* médecin militaire français (Bordeaux 1862 - Paris 1950). Professeur de bactériologie et d'épidémiologie du Val-de-Grâce (1902), il fut professeur au collège de France. Il a découvert l'angine fusospirillaire et contribué à la prévention de la fièvre typhoïde et au traitement de la gangrène gazeuse.

Vincent de Paul *(saint),* prêtre français (Pouy, auj. Saint-Vincent-de-Paul, Landes, 1581 - Paris 1660). Il fut nommé aumônier

général des galères (1619). La misère matérielle et spirituelle du temps l'amena à fonder un institut missionnaire pour les campagnes, les Prêtres de la Mission (appelés aussi « lazaristes » parce qu'ils s'installèrent au prieuré parisien de Saint-Lazare), et à multiplier les fondations de charité : l'œuvre des Enfants trouvés, les Dames de charité et, surtout, la congrégation des Filles de la Charité, qu'il créa en 1633 avec Louise de Marillac. Lié notamment à François de Sales et au cardinal de Bérulle, il est aussi l'un des principaux représentants du mouvement spirituel du XVIIe siècle.

Vinci *(Léonard de)* → **Léonard de Vinci.**

Vindhya *(monts),* hauteurs de l'Inde continentale, dans le Deccan, au-dessus de la Narbada ; 850 m.

Vinland, le plus occidental des pays découverts par les Vikings vers 1000 apr. J.-C., situé sans doute en Amérique du Nord, peut-être à Terre-Neuve.

Vinnitsa, v. d'Ukraine ; 374 000 hab. Centre industriel.

Vinogradov *(Ivan Matveievitch),* mathématicien soviétique (Milolioub 1891 - Moscou 1983). Il est le principal représentant de l'école soviétique en théorie des nombres.

Vinson *(mont),* point culminant de l'Antarctique, dans la partie occidentale du continent ; 4 897 m.

Vintimille, *en ital.* Ventimiglia, v. d'Italie (Ligurie), sur le golfe de Gênes, à l'embouchure de la Roya ; 25 221 hab. Gare internationale entre la France et l'Italie. Fleurs.

Viollet-le-Duc *(Eugène),* architecte et théoricien français (Paris 1814 - Lausanne 1879). Il restaura un grand nombre de bâtiments du Moyen Âge, notamment l'abbatiale de Vézelay, Notre-Dame de Paris et d'autres cathédrales, la cité de Carcassonne, le château de Pierrefonds (Oise), reconstitué à partir de ruines. Il est l'auteur, entre autres ouvrages, du monumental *Dictionnaire raisonné de l'architecture française du XIe au XVIe siècle* (1854-1868) et des *Entretiens sur l'architecture* (1863 et 1872), qui ont défini les bases d'un nouveau rationalisme, incluant l'emploi du métal.

Viotti *(Giovanni Battista),* violoniste et compositeur piémontais (Fontanetto Po 1755 - Londres 1824). Il fut directeur de l'Opéra de Paris et l'un des créateurs, par ses concertos, de l'école moderne du violon.

Virchow *(Rudolf),* médecin et homme politique allemand (Schivelbein, Poméranie, 1821 - Berlin 1902). Auteur d'importants travaux d'anatomie pathologique, il est le créateur de la pathologie cellulaire. Il combattit Bismarck, mais le soutint dans la lutte contre les catholiques, et lança l'expression de « Kulturkampf ».

Vire, ch.-l. d'arr. du Calvados, dans le Bocage normand, sur la Vire ; 13 869 hab. (Virois). Marché. Laiterie. Articles de table. — Restes de fortifications. Église des XIIIe-XVIe siècles. Musée.

Viret (Pierre), réformateur suisse (Orbe 1511 - Orthez 1571). Pasteur à Lausanne, il en est chassé par les autorités bernoises en 1559. La reine de Navarre l'appela en Béarn pour enseigner au collège d'Orthez.

Virgile, en lat. Publius Vergilius Maro, poète latin (Andes, auj. Pietole, près de Mantoue, 70 av. J.-C. - Brindes 19 av. J.-C.). Né dans une famille modeste, il fait ses études à Crémone, à Milan et à Rome. De retour dans sa patrie, il fréquente le cercle littéraire d'Asinius Pollio, dont la protection lui permet d'obtenir la restitution de ses terres, confisquées au profit des vétérans d'Octave. Le succès des Bucoliques (→ Bucoliques), qu'il compose entre 42 et 39 av. J.-C., l'amitié de Mécène et du futur empereur Auguste font alors du poète un des écrivains les plus estimés du nouveau régime. C'est près de Naples, où il passera presque toute sa vie, qu'il compose, entre 39 et 29, une grande fresque de la vie rustique, les Géorgiques (→ Géorgiques), et, à partir de 29, une vaste épopée nationale, l'Énéide (→ Énéide). Cette dernière œuvre n'est pas entièrement achevée lorsque Virgile meurt, au retour d'un voyage en Grèce. Il aurait voulu que l'on détruise l'Énéide, qu'il jugeait imparfaite, mais, sur l'ordre d'Auguste, l'épopée est publiée et immédiatement considérée comme l'œuvre la plus importante de la latinité. Quant au poète, sa renommée ne cessa de grandir et tout un cycle de légendes se forma autour de sa mémoire.

Virginia Beach, v. des États-Unis (Virginie) ; 393 069 hab. Station balnéaire.

Virginie, en angl. Virginia, État de la façade atlantique des États-Unis ; 105 176 km² ; 6 187 358 hab. Cap. Richmond. L'État, qui s'étend des Appalaches à la plaine côtière, fut le plus riche colonie aux XVIIe et XVIIIe siècles. Les activités y sont diversifiées : agriculture (maïs, arachide, fourrage, tabac), élevage bovin et ovin, pêche et ostréiculture, industries (alimentation, textile, tabac, travail du bois et des métaux, construction navale, raffinage du pétrole).

Virginie-Occidentale, en angl. West Virginia, État de l'est des États-Unis, détaché de la Virginie lorsque celle-ci fit sécession en 1862 ; 62 629 km² ; 1 793 477 hab. Cap. Charleston. Les forêts couvrent les trois quarts de l'État. Le travail du bois, le charbon, la production de coke et la métallurgie en sont les principales ressources.

Viriathe, chef des Lusitains révoltés contre la domination romaine (m. en 139 av. J.-C.). Il tint les troupes romaines en échec de 148 à 143 av. J.-C. et Rome ne triompha de lui qu'en le faisant assassiner.

Virton, v. de Belgique, ch.-l. d'arr. de la prov. de Luxembourg ; 10 720 hab. Tourisme. — Musée régional dans un ancien couvent.

Virunga (chaîne des), massif volcanique aux confins du Rwanda, de l'Ouganda et du Zaïre ; 4 507 m au Karisimbi.

Viry-Châtillon, ch.-l. de c. de l'Essonne, sur la Seine ; 30 738 hab. (Castelviris).

Vis, anc. Lissa, île de la côte de Croatie ; 90 km² ; 6 800 hab. Ch.-l. Vis.

Visakhapatnam ou **Vishakhapatnam,** port de l'Inde (Andhra Pradesh), sur le golfe du Bengale ; 1 051 918 hab. Centre industriel.

Visaya ou **Bisayan,** population malaise des Philippines.

Vischer, famille de fondeurs et de sculpteurs de Nuremberg des XVe-XVIe siècles. **Peter l'Ancien** (v. 1460-1529) et ses quatre fils eurent une importante production de sculptures funéraires, dont le style, décoratif et animé, évolua par une adhésion progressive à l'italianisme (mausolée ou « châsse » de saint Sebald [1488-1519], en laiton, Nuremberg).

Visconti, famille italienne dont la branche la plus connue domina Milan de 1277 à 1447. Le membre le plus illustre fut **Jean-Galéas** (1351 - Melegnano 1402), qui obtint de l'empereur le titre de duc de Milan (1395) et de Lombardie (1397). **Philippe-Marie** (1392-1447), duc de Milan de 1412 à 1447, dernier représentant de la branche ducale, donna sa fille naturelle au condottiere François Sforza, qui dirigea Milan à partir de 1450.

Visconti (Louis Tullius Joachim) → **Lefuel.**

Visconti (Luchino), metteur en scène de théâtre et de cinéma italien (Milan 1906 - Rome 1976). Issu d'une grande famille de l'aristocratie, Visconti débute au cinéma en France avec J. Renoir. De retour en Italie, il réalise en 1942 le film qui donnera le coup d'envoi au néoréalisme, Ossessione. Dans cette lignée, La terre tremble (1950) et Rocco et ses frères (1960) dressent un portrait sociologique de l'Italie des pauvres. Parallèlement à sa carrière cinématographique, Visconti aborde le théâtre dès 1945, renouvelant le répertoire et le rapport acteur/metteur en scène. Sa rencontre avec Maria Callas (1955) marque ses débuts de metteur en scène lyrique. Visconti a donné au cinéma, en plus d'une magistrale leçon d'esthétique, une galerie de figures exemplaires, un regard poétique posé sur la civilisation et sur les hommes : *le Guépard* (1963) [→ **Guépard**], *Sandra* (1965), *les Damnés* (1969), *Mort à Venise* (1971) [→ **Mort à Venise**], adaptation bouleversante de la nouvelle de Thomas Mann et probablement l'œuvre la plus accomplie du réalisateur, *le Crépuscule des dieux* ou *Ludwig* (1re version 1973, version intégrale 1983), *Violence et Passion* (1974), *l'Innocent* (1976).

Vishnou ou **Vishnu,** l'une des grandes divinités de l'hindouisme. Mentionné dans le *Rigveda* comme le grand dieu solaire qui parcourut l'univers en trois pas, il devient ensuite, avec Brahma et Shiva, l'un des trois dieux de la *trimurti,* au sein de laquelle il a pour fonction d'assurer la conservation de l'univers. Il s'y manifeste, chaque fois que le bon ordre *(dharma)* en est perturbé, par des *avatara,* dont les principaux sont au nombre de dix. Très populaire, Vishnou a pour monture l'oiseau Garuda et il est représenté debout, assis ou couché sur le serpent d'éternité. Le culte dont il est l'objet constitue, avec le shivaïsme et le shaktisme, un des grands courants de l'hindouisme.

Visigoths → **Wisigoths.**

Visitation Sainte-Marie *(ordre de la),* ordre de moniales, fondé à Annecy par saint François de Sales et par sainte Jeanne de Chantal en 1610.

Viso *(mont),* montagne des Alpes occidentales, entre la France et l'Italie, dominant la plaine piémontaise ; 3 841 m.

Vistule *(la),* en polon. Wisła, principal fl. de Pologne, qui naît dans les Carpates à 1 106 m d'altitude, passe à Cracovie et à Varsovie, et rejoint la Baltique dans le golfe de Gdańsk ; 1 068 km (bassin de 194 000 km²).

Vita nuova, œuvre de Dante (v. 1294).

Vitebsk, port de Biélorussie, sur la Dvina occidentale ; 350 000 hab. Centre industriel. — Monuments médiévaux.

Vitellius *(Aulus)* [15 apr. J.-C. - Rome 69], empereur romain (69). Proclamé empereur par les légions de Germanie, il battit Othon mais, vaincu par les partisans de Vespasien à Crémone, il fut massacré par le peuple.

Viterbe, v. d'Italie (Latium), ch.-l. de prov. ; 58 353 hab. — Quartier médiéval et nombreux monuments, dont l'ancien palais des papes, du XIIIe siècle. Musée.

Vitez *(Antoine),* metteur en scène de théâtre et acteur français (Paris 1930 - *id.* 1990). Directeur du Théâtre national de Chaillot (1981-1988), puis administrateur général de la Comédie-Française (1988-1990), il a contribué à renouveler la formation et le travail de l'acteur.

Viti Levu, la plus grande des îles Fidji ; 10 400 km² ; 395 000 hab. Elle est le site de la capitale de l'archipel, Suva.

Vitim, riv. de Russie (Sibérie), affl. de la Lena (r. dr.) ; 1 837 km (bassin de 225 000 km²).

Vitoria, v. d'Espagne, cap. du Pays basque et ch.-l. de la prov. d'Álava ; 206 116 hab. Centre industriel. — Églises et belles demeures de la vieille ville. Musées, dont celui des Beaux-Arts. — Victoire des Anglo-Espagnols de Wellington sur les Français (21 juin 1813).

Vitória, port du Brésil, sur l'île Vitória, cap. de l'État d'Espírito Santo ; 208 000 hab.

Vitrac *(Roger),* écrivain français (Pinsac, Lot, 1899 - Paris 1952). Il fut le représentant le plus caractéristique du surréalisme au théâtre *(les Mystères de l'amour,* 1924 ; *Victor ou les Enfants au pouvoir,* 1928).

Vitruve, *en lat.* Vitruvius, ingénieur militaire et architecte romain du Ier s. av. J.-C., auteur du traité *De architectura,* dont les copies et les adaptations, à partir du XVe siècle, ont nourri l'évolution du classicisme européen.

Vitry *(Philippe de)* → **Philippe de Vitry.**

Vitry-le-François, ch.-l. d'arr. de la Marne, sur la Marne ; 17 483 hab. *(Vitryats).* Industrie du bois. Métallurgie. — En 1545, François Ier bâtit cette ville pour les habitants de Vitry-en-Perthois, appelé « Vitry-le-Brûlé », que Charles Quint avait détruit en 1544. — Église classique, surtout des XVIIe-XVIIIe siècles.

Vitry-sur-Seine, ch.-l. de c. du Val-de-Marne, sur la Seine ; 82 820 hab. *(Vitriots).* Centre industriel. — Église des XIIIe-XIVe siècles.

Vittel, ch.-l. de c. des Vosges ; 6 340 hab. *(Vittellois).* Station thermale (lithiases et affections urinaires). Eaux minérales. — Église des XIIe-XVIe siècles. Casino de 1930 et beau parc.

Vittorini *(Elio),* écrivain italien (Syracuse 1908 - Milan 1966). Ses romans forment une analyse sociologique et dramatique des classes déshéritées *(Conversation en Sicile,* 1941 ; *les Femmes de Messine,* 1949).

Vittorio Veneto *(bataille de)* [24 oct. 1918], victoire décisive des Italiens de Diaz sur les Autrichiens. Elle entraîna la signature de l'armistice italo-autrichien.

Vivaldi *(Antonio)*, dit **Il prete rosso** (« le Prêtre roux »), violoniste et compositeur italien (Venise 1678 - Vienne 1741). Ordonné prêtre, il n'exerça pas complètement son ministère et fut nommé maître de violon à l'Ospedale della Pietà de Venise. Il écrivit des œuvres à l'intention des orphelines recueillies dans cette institution. Célèbre virtuose, il a marqué de sa personnalité l'écriture du violon. Il fixa également la forme du concerto en trois parties (allégro, adagio, allégro). Il écrivit des opéras et de la musique religieuse, mais sa réputation lui vient surtout de sa musique instrumentale (sonates, concertos pour un ou plusieurs solistes, dont certains regroupés en recueils [*L'Estro armonico,* 1712 ; *Il Cimento dell'armonia,* v. 1725, qui comporte « les Quatre Saisons »]).

Vivarais, région de la bordure orientale du Massif central, entre la Loire et le Rhône, correspondant à l'actuel dép. de l'Ardèche.

Vivarini, peintres vénitiens du XVᵉ siècle, originaires de Murano. **Antonio** (documenté à Venise de 1440 env. à 1470) se situe à la charnière du style gothique international et de la sensibilité de la Renaissance (trois retables de l'église S. Zaccaria, en collab. avec son beau-frère Giovanni d'Alemagna, 1443-44). **Bartolomeo** (Murano v. 1430- ? apr. 1491), son frère, a signé avec lui, en 1450, le polyptyque de la chartreuse de Bologne. Il est sensible comme lui à l'énergie d'un Mantegna, qu'il associe à une couleur brillante, semblant vitrifiée. **Alvise** (Venise v. 1445 - *id.* v. 1505), fils d'Antonio, reflète les influences de son oncle, d'Antonello de Messina et de Giovanni Bellini.

Viviani *(René)*, homme politique français (Sidi-bel-Abbès 1863 - Le Plessis-Robinson 1925). Un des chefs du Parti socialiste, il fut le premier ministre du Travail (1906-1910). Président du Conseil (1914-15), il ordonna la mobilisation générale et forma un gouvernement d'union, ouvert aux socialistes.

Viviani *(Vincenzo)*, mathématicien italien (Florence 1622 - *id.* 1703). Il fut, à partir de 1639, le collaborateur et le disciple de Galilée, dont il recueillit les souvenirs, rédigea la biographie et tenta, sans succès, de publier une édition complète des œuvres. Passionné par la géométrie de la Grèce ancienne, Viviani édita les *Éléments* d'Euclide (1690) et découvrit, entre autres, le principe de cons-

truction géométrique d'un élément de volume de sphère, la *fenêtre de Viviani*.

Vivier *(Robert)*, écrivain belge d'expression française (Chênée-lès-Liège 1894 - La Celle-Saint-Cloud 1989). Romancier populiste (*Mesures pour rien,* 1947), il fut aussi un poète symboliste, attiré par le surréalisme (*S'étonner d'être,* 1978).

Vix, comm. de la Côte-d'Or ; 95 hab. — À proximité, le mont Lassois, point stratégique dominant la vallée de la Seine, a été le siège d'un oppidum du premier âge du fer. L'apogée de cette civilisation de Hallstatt a été confirmé par la découverte (1953) de la tombe à char d'une princesse du Vᵉ s. av. J.-C., dont le riche mobilier funéraire (bijoux, vases grecs et surtout remarquable cratère de bronze) est conservé à Châtillon-sur-Seine.

Vizille, ch.-l. de c. de l'Isère, sur la Romanche ; 7 268 hab. *(Vizillois)*. Papeterie. Chimie. Métallurgie. — Château de Lesdiguières (auj. musée de la Révolution française), reconstruit de 1611 à 1620, où se tinrent en juillet 1788 les états du Dauphiné, qui préludèrent à la convocation des États généraux de 1789.

Vlaardingen, port des Pays-Bas (Hollande-Méridionale), sur la Meuse, banlieue de Rotterdam ; 73 719 hab. Centre industriel.

Vladikavkaz, de 1954 à 1990 Ordjonikidze, v. de Russie, dans le Caucase, cap. de la République d'Ossétie du Nord ; 300 000 hab. Centre industriel.

Vladimir, v. de Russie, au nord-est de Moscou ; 350 000 hab. Centre industriel. — Remarquables églises du XIIᵉ siècle.

Vladimir Iᵉʳ le Saint ou **le Grand** (v. 956-1015), grand-prince de Kiev (980-1015). Il reçut le baptême et imposa à son peuple le christianisme de rite byzantin (v. 988). **Vladimir II Monomaque** (1053-1125), grand-prince de Kiev de 1113 à 1125. Il a laissé une *Instruction* qui est l'une des premières œuvres de la littérature russe.

Vladimir-Souzdal *(principauté de)*, État russe qui se développa au XIIᵉ siècle, quand le prince André Bogolioubski (1157-1174) délaissa Kiev pour Vladimir. Son essor fut interrompu en 1238 par la conquête mongole.

Vladivostok, port de Russie, en Extrême-Orient, sur la mer du Japon, au terminus du Transsibérien ; 648 000 hab. Centre industriel. — La ville fut fondée en 1860.

Vlaminck *(Maurice de)*, peintre français (Paris 1876 - Rueil-la-Gadelière, Eure-et-Loir,

1958). Surtout paysagiste, cet autodidacte au fort tempérament fut l'un des instigateurs et des maîtres du fauvisme dans les années 1902-1908. Il renonça ensuite à l'extrême virulence de la couleur, privilégiant l'emportement du geste et la richesse de la matière.

Vlassov (*Andreï Andreïevitch*), général soviétique (Lomakino, prov. de Nijni Novgorod, 1900 - Moscou 1946). Après avoir combattu dans l'Armée rouge, il fut fait prisonnier par les Allemands, passa à leur service (1942) et leva une armée dite « de la libération russe ». Capturé par les Américains en 1945, remis aux Soviétiques, il fut pendu en 1946.

Vlissingen → Flessingue.

Vlorë ou **Vlora,** port d'Albanie ; 55 000 hab.

Vltava (*la*), *en all.* **Moldau,** riv. de la République tchèque (Bohême), affl. du Labe (Elbe), passant à Prague ; 434 km. Hydroélectricité.

Vogoul ou **Mansi,** peuple d'origine finno-ougrienne de Russie, établi principalement dans la vallée de l'Ob.

Vogüé (*Eugène Melchior, vicomte* de), écrivain français (Nice 1848 - Paris 1910). Il révéla au public français la littérature russe (*le Roman russe,* 1886 ; *Maxime Gorki,* 1905). [Acad. fr. 1888.]

Voisard (*Alexandre*), écrivain suisse d'expression française (Porrentruy 1930). Il a chanté son pays dans des poèmes (*Liberté à l'aube,* 1973) et écrit des récits fantastiques (*l'Année des treize lunes,* 1984).

Voisin (*Catherine* Monvoisin, née Deshayes, dite la), aventurière française (Paris v. 1640 - *id.* 1680). Sage-femme, avorteuse et devineresse, se livrant à des pratiques de sorcellerie, elle fut compromise dans l'affaire des Poisons (1679), condamnée et brûlée vive en place de Grève.

Voisin (*les frères*), ingénieurs et industriels français. **Gabriel** (Belleville-sur-Saône 1880 - Ozenay, Saône-et-Loire, 1973) tenta, dès 1902, d'équiper les planeurs d'un moteur à explosion. Il fut le premier en France, avec son frère Charles, à construire industriellement des avions (1908). À partir de 1918, il se consacra à la construction automobile. **Charles** (Lyon 1882 - mort dans un accident d'automobile à Corselles, Rhône, 1912) fut l'un des premiers aviateurs français (Bagatelle, 30 mars 1907).

Voiture (*Vincent*), écrivain français (Amiens 1597 - Paris 1648). Par ses madrigaux et ses sonnets, il souleva de véritables querelles littéraires à l'hôtel de Rambouillet. Il apparaît comme le grand maître du jeu littéraire et mondain de la société précieuse. (Acad. fr. 1634.)

Voix du Nord (*la*), journal et mouvement de la Résistance créés à Lille en 1941. Le journal est aujourd'hui le plus important quotidien du nord de la France.

Vojvodine, *en serbo-croate* Vojvodina, région du nord de la Yougoslavie ; 21 506 km² ; 2 049 000 hab. Ch.-l. *Novi Sad.* La population, d'origines variées, est à majorité serbe mais compte une forte minorité hongroise. Région de plaines et de bas plateaux, coupée de grandes vallées (Danube, Tisza et Save), la Vojvodine possède de bonnes terres agricoles (céréales, tournesol, betterave à sucre et élevage). L'agroalimentaire est complété par la chimie et la production de gaz naturel.

Volcans d'Auvergne (*parc naturel régional des*), parc régional, créé en 1977, englobant les massifs des monts Dôme, des monts Dore et du Cantal ; env. 350 000 ha.

Voleur de bicyclette (*le*), film italien de V. De Sica (1948) qui, par la simplicité du sujet (un chômeur romain cherche avec son fils la bicyclette qu'on lui a volée) et la justesse de la peinture sociale, demeure l'un des chefs-d'œuvre du néoréalisme.

Volga (*la*), fl. le plus long d'Europe, 3 690 km. Bassin de 1 360 000 km². Issue des hauteurs du Valdaï, la Volga coule selon une direction O.-E., reçoit l'Oka à Nijni Novgorod, puis la Kama. Elle s'oriente ensuite selon une direction N.-N.-E./S.-S.-O. Après avoir traversé Samara et Volgograd, elle se divise en deux bras et se jette dans la Caspienne par un delta de 10 000 km². Sous un climat continental, le fleuve est pris par les glaces de trois à quatre mois l'hiver. Artère navigable majeure, il est la pièce maîtresse du système des Cinq-Mers (liaison avec la mer Blanche et la Baltique [canal Volga-Baltique], avec la mer d'Azov et la mer Noire [canal Volga-Don]) et réalise plus de la moitié du trafic fluvial russe (bois, produits pétroliers, matériaux de construction). La Volga a été équipée de nombreux barrages et centrales électriques, ce qui a entraîné des perturbations des équilibres naturels et une baisse sensible du niveau de la Caspienne.

Volgograd, *anc. Tsaritsyne,* puis de 1925 à 1961 Stalingrad, v. de Russie, sur la Volga (r. dr.) ; 999 000 hab. Centre industriel. Aménagement hydroélectrique sur la Volga. (→ Stalingrad.)

Volhynie, *en polon.* Wołyń, région du nord-ouest de l'Ukraine. Rattachée à la Lituanie (XIVᵉ s.) puis à la Pologne (1569), elle fut annexée par la Russie en 1793-1795. De nouveau partagée entre l'U. R. S. S. et la Pologne (1921), elle revint tout entière à l'Union soviétique en 1939.

Voljski, v. de Russie, sur la Volga, en face de Volgograd ; 269 000 hab.

Volkswagen, société allemande de construction automobile, fondée en 1937 à Wolfsburg pour la production d'une voiture populaire. Elle figure parmi les principaux producteurs européens.

Vollard *(Ambroise),* marchand de tableaux et éditeur d'estampes français (Saint-Denis de la Réunion 1868 - Paris 1939). Il s'intéressa notamment à Cézanne (qu'il exposa en 1895), Gauguin, Bonnard, Picasso, Rouault. Il a publié un volume de *Souvenirs* (1937).

Volney *(Constantin François* de Chasseboeuf, *comte de),* philosophe français (Craon, Anjou, 1757 - Paris 1820). Son oeuvre maîtresse, *les Ruines ou Méditation sur les révolutions des empires* (1791), marque un tournant entre l'esprit encyclopédiste du XVIIIᵉ siècle et le romantisme. (Acad. fr. 1803.)

Vologda, v. de Russie ; 283 000 hab. Centre industriel.

Vologèse, nom de cinq rois parthes arsacides, dont le plus important est **Vologèse Iᵉʳ,** qui régna de 50 ou 51 à 77 environ. Il donna la Couronne d'Arménie à son frère Tiridate.

Volonne, ch.-l. de c. des Alpes-de-Haute-Provence ; 1 399 hab. *(Volonnais).*

Vólos, port de Grèce (Thessalie), au fond d'un large golfe *(golfe de Vólos)* ; 77 907 hab. — Musée archéologique.

Volpone ou **le Renard,** comédie en 5 actes et en vers de Ben Jonson (1606). Sur le conseil de son parasite, un vieillard feint de mourir pour se faire couvrir de cadeaux par de faux amis intéressés. Jules Romains et Stefan Zweig ont donné au théâtre, sous le titre de *Volpone* (1928), une libre adaptation de cette oeuvre, qui fut portée à l'écran par Maurice Tourneur (1941), avec Charles Dullin, Harry Baur et Louis Jouvet.

Volsques, peuple de l'Italie ancienne, dans le sud-est du Latium. Ennemis acharnés de Rome, ils ne furent soumis qu'au cours du IVᵉ s. av. J.-C.

Volta *(la),* fl. du Ghana, formé par la réunion du Mouhoun (anc. *Volta Noire),* du Nakambe (anc. *Volta Blanche)* et du Nazi-non (anc. *Volta Rouge),* issus du Burkina. Le barrage d'Akosombo a créé le *lac Volta* (plus de 8 000 km²).

Volta *(Alessandro, comte),* physicien italien (Côme 1745 - *id.* 1827). Il imagina l'électro-phore (1774), l'électroscope condensateur (1782) et l'eudiomètre. Reprenant les expériences de Galvani, il découvrit la pile électrique en 1800. Bonaparte l'appela à Paris un an plus tard et le nomma comte et sénateur du royaume d'Italie.

Volta (Haute-) → Burkina.

Voltaire *(François Marie* Arouet, *dit),* écrivain français (Paris 1694 - *id.* 1778). Il est, avec Rousseau, le plus célèbre des écrivains-philosophes du siècle des Lumières. Fils d'un notaire parisien, il fait de brillantes études chez les jésuites, au collège de Clermont. Des vers irrévérencieux contre le Régent le font jeter à la Bastille (1717-18) ; il y commence la tragédie d'*OEdipe* (1817). Bientôt riche et célèbre, il connaît un nouvel emprisonnement et se voit contraint à l'exil en Angleterre (1726-1728). Il publie à Londres un poème épique, *la Henriade* (1728). À son retour, il écrit une *Histoire de Charles XII* (1731) et triomphe avec sa tragédie *Zaïre* (1732). En 1734, il publie les *Lettres philosophiques,* où il critique le despotisme français, opposé à la monarchie libérale anglaise. Hôte de la marquise du Châtelet à Cirey, il cherche à rajeunir la tragédie *(la Mort de César,* 1735 ; *Mérope,* 1743). En 1746, il parvient à l'Académie et à la Cour, où il devient historiographe du roi. Peu satisfait de sa demi-faveur, il publie un conte philosophique d'inspiration orientale, *Zadig ou la Destinée* (1747), où il s'interroge sur la liberté humaine et fait l'apologie d'une monarchie éclairée. Invité par Frédéric II en Prusse, il s'établit à Berlin (1750-1753) où il compose *le Siècle de Louis XIV* (1751), ouvrage historique majeur, et le conte *Micromégas* (1752), récit d'un voyage cosmique porteur d'une leçon de relativisme. Devenu aussi indésirable à Berlin qu'à Paris, il s'établit près de Genève en 1755. Mais il choque les protestants avec son *Essai sur les moeurs* (1756) et se fait un ennemi de Rousseau *(Poème sur le désastre de Lisbonne,* 1756). Voltaire relance cette dispute avec un conte, *Candide ou l'Optimisme* (1759), et se réfugie à Ferney, où il reçoit l'élite européenne dont il est devenu la « conscience ». Il joue ses tragédies *(Tancrède),* poursuit ses contes philosophiques dirigés contre les parvenus *(Jeannot et Colin),* les abus politiques *(l'Ingénu),* la corruption et l'inégalité des richesses

(l'*Homme aux quarante écus*), les mœurs (*la Princesse de Babylone*), dénonce le fanatisme clérical et les insuffisances de la justice, obtient la réhabilitation du protestant Calas (1765), et prêche pour le triomphe de la raison (*Traité sur la tolérance,* 1763 ; *Dictionnaire philosophique,* 1764). Si, dans une œuvre aussi diversifiée, Voltaire a préféré sa production épique et tragique, ce sont surtout ses contes qui se sont imposés par leur ironie et leurs tableaux satiriques. Le déisme de Voltaire, son hostilité envers l'Église et son esprit de tolérance ont eu une grande influence sur les idées du XIXe s.
— **Candide ou l'Optimisme** (1759). Ce conte picaresque et polémique retrace le voyage du jeune Candide à travers l'Europe et le Nouveau Monde. Les guerres et les tragédies humaines (comme le tremblement de terre de Lisbonne), dont il est le spectateur et la victime, le poussent à remettre en cause le système philosophique de Leibniz caricaturé par le professeur Pangloss : adepte d'un optimisme aveugle, ce dernier ne cesse d'affirmer que « tout est pour le mieux dans le meilleur des mondes possibles ».

Volterra, v. d'Italie (Toscane) ; 12 885 hab.
— Puissante cité étrusque (Velathri, en lat. *Volaterrae*), prise par les Romains en 81-80 av. J.-C. — Vestiges étrusques, porte de l'Arc, enceinte et nécropole. Monuments médiévaux, dont la cathédrale. Musées.

Volterra (*Vito*), mathématicien italien (Ancône 1860 - Rome 1940). Il fut l'un des créateurs de l'analyse fonctionnelle, qu'il appliqua à des problèmes de biologie et de physique.

Volubilis, site archéologique du Maroc, au N. de Meknès, au pied du djebel Zerhoun, où a été dégagée une imposante ville romaine (forum, capitole, basilique, thermes, arc de Caracalla, temple, *mithraeum*, marché, etc.).

Vo Nguyên Giap, général vietnamien (An Xa 1912). Il commanda les forces du Viêt-minh contre les Français (1947-1954). Ministre de la Défense du Viêt Nam du Nord à partir de 1954 (et, de 1976 à 1980, du Viêt Nam réunifié), il dirigea l'effort de guerre contre les Américains pendant la guerre du Viêt Nam (1964-1975). Membre du Comité central, il fut vice-Premier ministre de 1976 à 1991.

Voragine (*Jacques* de) → Jacques de Voragine.

Vorarlberg, prov. d'Autriche, à l'ouest du col de l'Arlberg ; 2 601 km² ; 307 000 hab. ; ch.-l. *Bregenz.*

Vorochilov (*Kliment Iefremovitch),* maréchal soviétique (Verkhnïe, Ukraine, 1881 - Moscou 1969). Défenseur de Tsaritsyne (auj. Volgograd) contre les Russes blancs (1918), il devint commissaire du peuple pour la Défense (1925-1940) puis président du Praesidium du Soviet suprême de l'U. R. S. S. (1953-1960).

Vorochilovgrad → Lougansk.

Voronej, v. de Russie, près du Don ; 887 000 hab. Centre industriel.

Voroneţ (*église de),* célèbre église d'un ancien monastère de Bucovine (Roumanie). Construite en 1488, c'était une fondation princière d'Étienne III le Grand ; peintures murales internes, de la fin du XVe siècle, et, surtout, externes, du XVIe (immense Jugement dernier de la façade ouest, chef-d'œuvre de l'interprétation moldave des modèles byzantins).

Vörösmarty (*Mihály),* poète hongrois (Kápolnásnyék 1800 - Pest 1855). Auteur de drames romantiques et de poèmes épiques (*la Fuite de Zalán,* 1825), du poème lyrique *Appel* (1837), devenu le chant national, il est l'un des créateurs de la poésie hongroise moderne.

Vorster (*Balthazar Johannes),* homme d'État sud-africain (Jamestown 1915 - Le Cap 1983). Premier ministre (1966-1978), président de la République (1978-79), il a mené une rigoureuse politique d'apartheid.

Vosges, région de l'est de la France, formée par un massif dissymétrique, souvent boisé, dont le versant occidental, long et en pente douce, appartient à la Lorraine et le versant oriental, court et abrupt, à l'Alsace ; 1 424 m au Grand Ballon. (Hab. *Vosgiens.*) Primitivement unies à la Forêt-Noire, les Vosges en ont été séparées par la formation du fossé rhénan. Les hautes Vosges, au sud, aux sommets (« ballons ») parfois arrondis et aux cols élevés (Bussang, Schlucht), s'opposent aux basses Vosges, au nord, aux formes tabulaires, plus aisément franchissables (col de Saverne). La population et les activités se concentrent dans les vallées (Meurthe, Moselle, Thur, Fecht, etc.), sites des principales villes (Saint-Dié, Remiremont, Thann).

Vosges [88], dép. de la Région Lorraine ; ch.-l. de dép. *Épinal* ; ch.-l. d'arr. *Neufchâteau, Saint-Dié* ; 3 arr., 31 cant., 516 comm. ; 5 874 km² ; 386 258 hab. (*Vosgiens).* Il est rattaché à l'académie de Nancy-Metz, à la cour d'appel de Nancy et à la région militaire Nord-Est.

Vosges du Nord *(parc naturel régional des),* parc régional créé en 1976, englobant l'extrémité nord du massif des Vosges (Bas-Rhin et Moselle), à la frontière de l'Allemagne ; env. 120 000 ha.

Voss *(Johann Heinrich),* poète allemand (Sommersdorf, Mecklembourg, 1751 - Heidelberg 1826). Il est l'auteur de l'épopée paysanne et bourgeoise *Louise* (1795).

Votyaks → **Oudmourtes.**

Vouet *(Simon),* peintre français (Paris 1590 - *id.* 1649). Après une période romaine (1614-1627), il fit à Paris, grâce à son style aisé et décoratif (coloris, mouvement), une carrière officielle brillante. Parmi ses œuvres conservées : deux toiles de la *Vie de saint François* (v. 1624), église S. Lorenzo in Lucina, Rome ; *les Apôtres au tombeau de la Vierge* (1629), St-Nicolas-des-Champs, Paris ; allégories de *la Vertu,* de *la Charité,* de *la Richesse* (v. 1634), Louvre ; *Saturne vaincu par l'Amour, Vénus et l'Espérance* (1646), Bourges.

Vougeot, comm. de la Côte-d'Or ; 176 hab. Vins rouges du clos Vougeot. — Anciennes installations viticoles (dans des locaux monastiques du XIIᵉ s.) et château (XVIᵉ s.) du *Clos Vougeot ;* cadre des festivités de la confrérie des chevaliers du Tastevin.

Vouglans, aménagement hydroélectrique sur l'Ain : barrage et lac de retenue (env. 1 500 ha), centrale.

Vouillé, ch.-l. de c. de la Vienne ; 2 610 hab. — Clovis y vainquit et tua Alaric II, roi des Wisigoths (507).

Vouvray, ch.-l. de c. d'Indre-et-Loire, sur la Loire ; 2 973 hab. *(Vouvrillons).* Vins blancs et vins mousseux.

Vouziers, ch.-l. d'arr. des Ardennes, sur l'Aisne ; 5 081 hab. *(Vouzinois).* — Église au beau portail du XVIᵉ siècle.

Voyage au bout de la nuit, roman de L.-F. Céline (1932). Cette histoire d'un médecin anarchiste et voyageur, Bardamu, écrite dans un style disloqué, débordant d'inventions verbales, a profondément influencé la littérature française contemporaine.

Voyer d'Argenson (de) → **Argenson** *(de Voyer d').*

Vrangel ou **Wrangel** *(île),* île russe, dans la mer de Sibérie orientale, près du détroit de Béring ; 7 300 km².

Vrangel *(Petr)* → **Wrangel.**

Vranitzky *(Franz),* homme politique autrichien (Vienne 1937), chancelier de la République d'Autriche depuis 1986.

Vredeman de Vries *(Hans),* dessinateur, peintre et architecte néerlandais (Leeuwarden 1527- ? v. 1604). Il publia à Anvers des traités d'architecture et de perspective ainsi que des recueils gravés d'ornements de style maniériste italien et bellifontain, qui furent très suivis en Europe du Nord.

Vries *(Hugo de)* → **De Vries.**

Vuelta, Tour d'Espagne cycliste.

Vuillard *(Édouard),* peintre français (Cuiseaux, Saône-et-Loire, 1868 - La Baule 1940). La peinture de ce nabi, d'abord en aplats vibrants (*Au lit,* 1891, musée d'Orsay), a évolué vers des tons rapprochés et rompus, convenant à l'évocation pleine de sensibilité de l'atmosphère familiale, dans laquelle il a puisé l'essentiel de son inspiration.

Vulcain, dieu romain du Feu et du Travail des métaux, fils de Jupiter et de Junon, père de Cacus. Il était une très ancienne divinité italique, vénérée aussi par les Étrusques. Son culte a été adopté très tôt à Rome, où il fut par la suite identifié à l'Héphaïstos des Grecs.

Vulgate, nom qui, venant du latin *vulgus,* signifie « d'usage courant » et qui désigne la traduction latine de la Bible adoptée officiellement par l'Église catholique. Elle est l'œuvre de saint Jérôme, qui y travailla entre 391 et 405 en partant de l'original hébreu. Cette version ne réussit à s'imposer qu'au VIIᵉ siècle. Elle fut déclarée « authentique », c'est-à-dire normative, par le concile de Trente en 1546. Le pape Paul VI avait confié à une commission le soin d'élaborer, moyennant la prise en compte des acquis récents de la science biblique, une « néo-Vulgate », dont le texte a été promulgué par Jean-Paul II en 1979.

Vulpian *(Alfred),* médecin français (Paris 1826 - *id.* 1887). Doyen de la faculté de médecine (1875), il a surtout étudié la physiologie du système nerveux.

Vyborg, *en finnois* Viipuri, v. de Russie, sur le golfe de Finlande ; 65 000 hab. — La ville a été cédée par la Finlande à l'U. R. S. S. en 1947.

Waas ou **Waes**, région de Belgique (Flandre-Orientale), sur l'Escaut (r. g.), à la frontière néerlandaise.

Wace, poète anglo-normand (Jersey v. 1100 - v. 1175). Il est l'auteur du *Roman de Brut* (1155), première œuvre en langue vulgaire, qui raconte les aventures du roi Arthur, et du *Roman de Rou*, ou *Geste des Normands* (1155-1170), histoire de la Normandie jusqu'en 1106.

Wackenroder *(Wilhelm Heinrich),* poète allemand (Berlin 1773 - *id.* 1798). Dans ses *Effusions sentimentales d'un moine ami des arts* (1797), il fait de l'art l'expression même du divin et exalte la Renaissance italienne et allemande. Ses conceptions exercèrent une notable influence sur les romantiques d'Iéna.

Wad (El-), *anc.* El-Oued, oasis du Sahara algérien (wilaya de Beskra), dans le Souf ; 72 000 hab.

Wadden *(mer des)* ou **Waddenzee,** partie de la mer du Nord comprise entre le continent et l'archipel de la Frise occidentale (Pays-Bas). Elle est couverte par des sables vaseux émergeant à marée basse.

Wafd, parti nationaliste égyptien fondé en 1918-1923, qui milita pour l'indépendance de l'Égypte et l'abolition de la monarchie. Interdit en 1953, il fut reconstitué en 1977 et légalisé en 1983.

Wagner *(Otto),* architecte autrichien (Penzing, près de Vienne, 1841 - Vienne 1918). D'abord éclectique, il est nommé professeur à l'académie de Vienne en 1894 et son style évolue spectaculairement des confins de l'Art nouveau (stations du métro de Vienne, 1894-1899) au rationalisme de la Caisse d'épargne postale (1904, avec son hall d'acier et de verre) et à l'élégance retenue de l'église *Am Steinhof* (1905).

Wagner *(Richard),* compositeur allemand (Leipzig 1813 - Venise 1883). Tout d'abord chef des chœurs à Würzburg (1833), puis directeur musical à Magdeburg, il voyage ensuite et compose *le Vaisseau fantôme* (1841). Il rencontre Berlioz qui l'influencera, ainsi que Heine et surtout Liszt (dont il épousera la fille Cosima). En 1843, maître de chapelle de la cour de Dresde, il compose *Tannhäuser* (1845). Mais ses idées révolutionnaires l'obligent à fuir à Weimar, puis en Suisse. Il conçoit alors l'idée de *l'Anneau du Nibelung,* dont le texte est achevé en 1852 et dont la composition s'échelonnera de 1853 à 1874. En 1857, il écrit *Tristan et Isolde.* Amnistié en 1861, il regagne l'Allemagne, puis s'établit à Vienne et entreprend la composition des *Maîtres chanteurs de Nuremberg.* Sa rencontre inespérée avec Louis II de Bavière (1864) lui permet de faire représenter à Munich *Tristan et Isolde* (1865), *les Maîtres chanteurs* (1868), *l'Or du Rhin* (1869) et *la Walkyrie* (1870). À la même époque, il découvre Bayreuth, où sera construit son théâtre. En 1876, le cycle complet de *la Tétralogie* (*l'Or du Rhin, la Walkyrie, Siegfried* et *le Crépuscule des dieux*) y est créé pour l'inauguration de la salle. Sa dernière œuvre est *Parsifal* (1882).

Héritier de la grande tradition germanique de Bach et de Beethoven, mais aussi tributaire de Liszt et de Berlioz, le génie de Wagner s'épanouit dans le domaine du théâtre. Partant du modèle italien ou de Meyerbeer, il évolue vers une conception du drame qu'il veut art total, synthèse de la poésie, de la musique, de la danse et de la mise en scène.

Wagram *(bataille de)* [6 juill. 1809], victoire de Napoléon sur les Autrichiens de l'archiduc Charles, au nord-est de Vienne. Après avoir reçu le renfort de l'armée d'Italie, les troupes françaises contraignirent l'archiduc Charles à battre en retraite et à se replier en Moravie. Le 11 juillet, celui-ci se décida à demander l'armistice.

Wajda *(Andrzej)*, cinéaste polonais (Suwałki 1926). Dominée par le thème national, son œuvre allie une grande lucidité critique à un art baroque et romantique : *Cendres et diamant* (1958), *le Bois de bouleaux* (1970), *la Terre de la grande promesse* (1975), *l'Homme de marbre* (1976), *l'Homme de fer* (1981), *Chronique des événements amoureux* (1986), *les Possédés* (1988), *Korczak* (1990), *l'Anneau de crin* (1994).

Wakayama, port du Japon (Honshu) ; 396 553 hab. Centre industriel.

Wake *(île de),* atoll du Pacifique, au N.-N.-O. des îles Marshall. Base aérienne sur le trajet Hawaii-Philippines, l'île fut occupée par les Japonais de 1941 à 1945.

Wakhan, extrémité nord-est de l'Afghanistan.

Waksman *(Selman Abraham)*, microbiologiste américain d'origine russe (Prilouki, près de Kiev, 1888 - Hyannis, Massachusetts, 1973). Il fit des recherches sur les antibiotiques et, en particulier, à découvert avec A. Schutz la streptomycine. (Prix Nobel 1952.)

Wałbrzych, v. de Pologne, en basse Silésie ; 138 000 hab. Houille. Centre industriel.

Walburge *(sainte)* → **Walpurgis.**

Waldeck-Rousseau *(Pierre)*, homme politique français (Nantes 1846 - Corbeil 1904). Ministre de l'Intérieur (1881-82, 1883-1885), il fit voter la loi autorisant les syndicats (1884). Président du Conseil de 1899 à 1902, il fit gracier Dreyfus (1899) et fut le maître d'œuvre de la loi de 1901 sur les associations.

Waldheim *(Kurt)*, diplomate et homme d'État autrichien (Sankt Andrä-Wördern 1918). Secrétaire général de l'O. N. U. de 1972 à 1981, il est président de la République autrichienne de 1986 à 1992.

Wales, nom angl. du pays de Galles.

Wałęsa *(Lech)*, homme d'État polonais (Popowo 1943). Il est le principal leader des mouvements revendicatifs de 1980, qui ont abouti à la création du syndicat Solidarność

(qu'il préside de 1981 à 1990). Arrêté en 1981, il est libéré en 1982. Il est président de la République de 1990 à 1995. (Prix Nobel de la paix 1983.)

Walewski *(Alexandre Joseph* Colonna, *comte),* homme politique français (Walewice, Pologne, 1810 - Strasbourg 1868). Fils naturel de Napoléon Ier et de la comtesse Walewska, il fut ministre des Affaires étrangères de Napoléon III (1855-1860) et présida le congrès de Paris (1856).

Walhalla, Val-hall ou **Valhöll,** demeure paradisiaque qui, dans la mythologie nord-germanique, est réservée aux guerriers morts en héros et dont le souverain est Wotan (ou Odin), le dieu des Combats. Ces défunts valeureux, qui y sont conduits puis servis, dans des festins sacrés, par les Walkyries, forment, en cet édifice d'une architecture fantastique, les cohortes destinées à lutter, le jour du Ragnarök, aux côtés des dieux contre les forces du désordre.

Walkyrie *(la),* opéra de R. Wagner (1870).

Walkyries ou **Valkyries,** divinités féminines de la mythologie nord-germanique qui sont les messagères d'Odin (ou Wotan) et les figures du Destin. Connues d'abord comme de farouches esprits femelles au service du dieu de la Guerre, elles en sont venues — proches en cela de ces Parques nordiques que sont les Nornes — à représenter des femmes ailées chargées de choisir, sur les ordres d'Odin, les guerriers dignes de mourir en héros sur le champ de bataille et de les conduire dans le Walhalla, où elles leur servent les breuvages sacrés.

Wallace *(Alfred Russel),* naturaliste britannique (Usk, Monmouthshire, 1823 - Broadstone, Dorset, 1913), un des fondateurs de la géographie zoologique et de la doctrine de la sélection naturelle, qu'il énonça en même temps que Darwin.

Wallace *(sir Richard),* philanthrope britannique (Londres 1818 - Paris 1890). Il dota Paris de cinquante petites fontaines d'eau potable. Sa collection de tableaux et d'objets d'art, léguée à l'Angleterre, est riche en pièces du XVIIIe siècle français (*Wallace Collection,* Londres).

Wallace *(sir William),* héros de l'indépendance écossaise (près de Paisley 1270 - Londres 1305). En 1297, il prit la tête de la résistance au roi d'Angleterre Édouard Ier. Capturé, il fut décapité.

Wallasey, v. de Grande-Bretagne (Merseyside), sur la mer d'Irlande ; 90 000 hab.

Wallenstein ou **Waldstein** *(Albrecht Wenzel Eusebius* von*)*, général d'origine tchèque (Hermanič 1583 - Eger, auj. Cheb, 1634). Catholique, il mit, en 1618, une armée à la disposition de l'empereur germanique et combattit avec succès pendant la guerre de Trente Ans. Mais les princes de la Ligue, réunie autour de l'empereur Ferdinand II, contraignirent ce dernier à le congédier (1630). Rappelé en 1631, vaincu à Lützen par les Suédois (1632), il entama des négociations secrètes avec les protestants. Révoqué par l'empereur, il fut assassiné.

Wallenstein, trilogie dramatique de Schiller, comprenant *le Camp de Wallenstein* (1798), *les Piccolomini* (1799) et *la Mort de Wallenstein* (1799), qui fut mise en musique par V. d'Indy (1873-1881).

Waller *(Thomas,* dit Fats*)*, pianiste, organiste, chanteur et compositeur de jazz américain (New York 1904 - Kansas City 1943). Doué d'un sens aigu de l'amusement et de la bonhomie, il était surtout un grand technicien du piano, par son jeu « stride », où la main gauche apporte un commentaire ironique à la mélodie. Ses compositions forment une grande part du patrimoine des standards du jazz.

Wallis *(John),* mathématicien anglais (Ashford 1616 - Oxford 1703). Membre fondateur de la Royal Society, il a libéré l'arithmétique et l'algèbre de la représentation géométrique, et reconnu les notions alors contestées de nombre négatif, irrationnel, de fraction continue, de limite. Il a obtenu un développement de $\pi/2$ en produit infini :

$$\frac{\Pi}{2} = \frac{2 \times 2 \times 4 \times 4 \times 6 \times 6 \times 8....}{1 \times 3 \times 3 \times 5 \times 5 \times 7 \times 7 \times 9....}$$

Wallis-et-Futuna, territoire français d'outre-mer, dans le Pacifique, au N.-E. des îles Fidji ; 255 km² ; 13 705 hab. Ch.-l. *Mata-Utu.* GÉOGR. Entre 13 et 15⁰ de latitude sud., le territoire comprend deux groupes d'îles : au S.-O., Futuna (64 km² ; 4 324 hab.) et Alofi (51 km² ; inhabitée) [appelées « îles de Horn » par le Hollandais Schouten en 1617] ; au N.-E., les îles Wallis (159 km² ; 8 084 hab. [*Wallisiens*], avec l'île d'Uvéa et 22 îlots enserrés dans le même récif corallien. Le climat est humide (de 2,5 à 3 m de pluies par an) mais salubre. Malgré quelques cultures, un peu de pêche, la population est dense et l'émigration vers la Nouvelle-Calédonie est intense (env. 12 000 Wallisiens et Futuniens y vivent). Les envois des émigrés, les subventions de la métropole, la vente des timbres de collection et un peu d'artisanat équilibrent les importations. HIST. L'archipel, découvert en 1767 par le Britannique Samuel Wallis, devint protectorat français en 1886 et territoire français d'outre-mer en 1959.

Wallon *(Henri),* historien et homme politique français (Valenciennes 1812 - Paris 1904). Professeur à la Sorbonne, député de 1871 à 1875, il fit adopter à une voix de majorité, le 30 janvier 1875, l'amendement aux lois constitutionnelles qui, en évoquant l'élection du « président de la République », instaurait le régime républicain. Ministre de l'Instruction publique en 1875-76, il contribua au vote de la loi instaurant la liberté de l'enseignement supérieur (1875).

Wallon *(Henri),* psychologue français (Paris 1879 - id. 1962). Il est l'auteur d'importants travaux sur le développement de l'enfant (*l'Évolution psychologique de l'enfant,* 1941). Partisan des thèses du darwinisme et du marxisme, il a notamment mis en lumière le rôle de l'émotion chez le tout-petit. Il est également l'auteur d'un projet de réforme de l'enseignement avec Langevin.

Wallonie ou **Région wallonne,** Région de la Belgique, de langue française (avec une minorité germanophone d'à peine 70 000 hab.), formée de cinq provinces (Brabant wallon, Hainaut, Liège, Luxembourg et Namur) ; 16 847 km² ; 3 255 711 hab. *(Wallons).* Cap. *Namur.* HIST. La Wallonie s'est affirmée à partir de la fin du XIXᵉ s. comme une entité culturelle dans les régions de Belgique où sont traditionnellement parlés le français et des dialectes romans, principalement le wallon. Elle est devenue une région partiellement autonome (1970), puis l'une des trois Régions de l'État fédéral de Belgique (1993).

Wall Street, rue de New York, dans le sud de Manhattan, où est située la Bourse.

Wall Street Journal *(The),* quotidien américain économique et financier, créé en 1889 à New York par H. Dow et E. D. Jones.

Walpole *(Robert), 1ᵉʳ comte d'Orford,* homme politique britannique (Houghton 1676 - Londres 1745). L'un des chefs du parti whig, chancelier de l'Échiquier (1715-1717 ; 1721-1742), il contrôla la vie politique du pays et jeta les bases du régime parlementaire britannique. Soucieux de préserver la paix en Europe, il fut contraint par le roi et l'opposition d'entrer en guerre contre la France (1740) et démissionna en 1742. Son fils **Horace** (Londres 1717 - id. 1797) fut un des initiateurs du « roman noir » (*le Château d'Otrante,* 1764).

Walpurgis ou **Walburge** *(sainte),* religieuse anglaise (dans le Wessex v. 710 - Heidenheim, Allemagne, 779). Appelée en Allemagne par saint Boniface, elle devint abbesse du monastère bénédictin de Heidenheim. Son tombeau dans l'église d'Eichstätt, où son corps fut transporté au IXe siècle, devint un centre de pèlerinage. Sa fête, qui était célébrée le 1er mai, fut associée au folklore païen du retour du printemps, créant ainsi la légende selon laquelle, durant la « nuit de Walpurgis » (30 avril-1er mai), les sorcières et les démons se donnaient rendez-vous sur le Brocken, point culminant du Harz.

Walras *(Léon),* économiste français (Évreux 1834 - Clarens, Suisse, 1910). Partant des travaux de Cournot et de ceux de son père, Auguste Walras (1801-1866), il créa l'économie mathématique, contribua à introduire le calcul à la marge et est considéré, avec son successeur Pareto, comme le chef de l'école de Lausanne (école qui met en place un modèle d'*équilibre général*).

Walsall, v. de Grande-Bretagne, dans les Midlands ; 179 000 hab. Métallurgie. Chimie. — Musée d'art.

Walschap *(Gerard),* écrivain belge d'expression néerlandaise (Londerzeel 1898 - Anvers 1989). Poète mystique, le romancier s'est fait l'adepte d'un vitalisme matérialiste et de la tolérance (*Alter ego,* 1964 ; *l'Enfant,* 1982).

Walser *(Martin),* écrivain allemand (Wasserburg 1927). Ses romans (*Au-delà de l'amour,* 1976) et son théâtre, qui inaugure un nouveau réalisme engagé (*Chêne et lapins angora,* 1962 ; *le Cygne noir,* 1964), dénoncent l'absurdité du monde contemporain.

Walser *(Robert),* écrivain suisse d'expression allemande (Bienne 1878 - Herisau 1956). Interné en 1929, il abandonne l'écriture en 1933 et ne sera reconnu comme l'un des plus grands écrivains suisses qu'après sa mort (*les Enfants Tanner,* 1907 ; *l'Homme à tout faire,* 1908 ; *l'Institut Benjamenta,* 1909).

Walsh *(Raoul),* cinéaste américain (New York 1887 - Simi Valley, Californie, 1980). Machiniste puis acteur, il signe son premier film comme réalisateur en 1915 et s'impose plus particulièrement dans les westerns et les films de guerre et d'aventure : *le Voleur de Bagdad* (1924), *la Piste des géants* (1930), *Gentleman Jim* (1942), *Aventures en Birmanie* (1945), *les Nus et les Morts* (1958).

Waltari *(Mika),* écrivain finlandais d'expression finnoise (Helsinki 1908 - id. 1979). Il est l'auteur de romans policiers, historiques (*Sinouhé l'Égyptien,* 1945) et sociaux (*Un inconnu vint à la ferme,* 1937).

Walter *(Bruno Walter* Schlesinger, dit **Bruno),** chef d'orchestre allemand natura-

lisé américain (Berlin 1876 - Hollywood 1962). Disciple de Mahler, il fut un grand interprète de Mozart.

Walter ou **Walther** *(Johann),* compositeur allemand (Kahla, Thuringe, 1496 - Torgau 1570). Il est l'auteur du plus ancien recueil polyphonique de chants protestants : *Geystlich Gesangk-Buchleyn* (1524).

Walther von der Vogelweide, poète allemand (v. 1170 - Würzburg v. 1230). Premier des minnesänger à faire de ses poésies une arme politique, il accabla la papauté d'invectives.

Walvis Bay, port de Namibie sur l'Atlantique ; 22 000 hab. Base de pêche. Zone franche.

Wang Meng ou **Wang Mong,** peintre chinois (Wuxing, Zhejiang, v. 1308-1385), l'un des plus réputés de la dynastie Yuan. Rochers, arbres et torrents envahissent ses paysages à la touche énergique, leur conférant puissance et intensité dramatique.

Wang Wei, peintre, calligraphe et poète chinois (Taiyuan, Shanxi, 699-759). Créateur probable de la peinture monochrome à l'encre, son œuvre de paysagiste (connue par des copies) a été à l'origine de la peinture lettrée chinoise.

Wankel *(Felix),* ingénieur allemand (Lahr 1902 - Lindau 1988). On lui doit le moteur à piston rotatif qui porte son nom, développé à partir de 1951 pour la firme NSU et testé en 1957. Le *moteur Wankel,* assez léger, contient peu de parties mobiles ; il est totalement équilibré, ce qui permet d'adopter des régimes élevés sans craindre l'apparition de vibrations.

Wanza *(djebel* El-*)* ou **Ouenza** *(djebel),* montagne de l'est de l'Algérie ; 1 289 m. Minerai de fer.

Warangal, v. de l'Inde (Andhra Pradesh) ; 466 877 hab. — Temple de Hanamkonda (XIIe s.).

Warburg *(Otto),* physiologiste allemand (Fribourg-en-Brisgau 1883 - Berlin 1970). Ses travaux ont été surtout consacrés aux phénomènes d'oxydation cellulaire. Il est l'un des fondateurs de l'enzymologie. (Prix Nobel 1931.)

Waremme, comm. de Belgique, ch.-l. d'arr. de la prov. de Liège ; 12 640 hab.

Wargla, *anc.* Ouargla, oasis du Sahara algérien, ch.-l. de wilaya ; 77 000 hab.

Warhol *(Andy),* peintre et cinéaste américain d'origine slovaque (Pittsburgh 1929 - New York 1987). Comme plasticien, un des représentants du pop art, il a procédé par multiplication d'une même image à base photographique (boîte de soupe, portrait de Marilyn Monroe, cliché de la chaise électrique, etc.) avec permutations de coloris. Exaltant ainsi la banalité de la société de consommation et de médiatisation, il fut un des chefs de file de la contre-culture.

Warin (Jean) → Varin.

Warner Bros, société américaine de production et de distribution de films créée en 1923 par les quatre frères Warner, **Harry** (1881-1958), **Albert** (1884-1967), **Samuel** (1888-1927) et **Jack** (1892-1978), d'origine polonaise. La firme absorba en 1925 la Vitagraph et reprit en 1929 la production de la First National. Elle joua un rôle décisif dans l'avènement du film parlant.

Warren (Robert Penn), écrivain américain (Guthrie, Kentucky, 1905 - Stratton, Vermont, 1989). Ses romans et ses poèmes (le Grand Souffle, 1950) posent le problème fondamental de la liberté humaine.

Warrington, v. de Grande-Bretagne, sur la Mersey, fusionnée avec Runcorn ; 205 000 hab. Centre industriel.

Warta (la), riv. de Pologne, affl. de l'Odra (r. dr.) ; 808 km.

Wartburg (Walther von), linguiste suisse (Riedholz, Soleure, 1888 - Bâle 1971). Il a conçu et dirigé le Französisches etymologisches Wörterbuch (FEW), dictionnaire étymologique du français, en 25 volumes, publié entre 1922 et sa mort.

Warwick (Richard Neville, comte de) → Neville.

Wasatch, chaîne montagneuse de l'ouest des États-Unis (Utah) ; 3 750 m.

Wash (le), golfe formé par la mer du Nord, sur la côte orientale de l'Angleterre, sur les rivages du Lincolnshire et du Norfolk.

Washington, État du nord-ouest des États-Unis ; 176 617 km² ; 4 866 692 hab. Cap. Olympia. Se succèdent, d'O. en E., les chaînes côtières, la dépression du Puget Sound, la chaîne des Cascades (plus de 4 000 m) et un vaste plateau intérieur. L'agriculture (blé, pommes, cerises, houblon), la pêche, le bois sont complétés par de puissantes industries : aéronautique (Boeing à Seattle), aluminium.

Washington, capitale fédérale des États-Unis, constituant le district de Columbia ; 606 900 hab. (3 923 574 hab. dans l'agglomération). La ville a été édifiée de 1800 à 1871, selon le plan du major L'Enfant, en

damier coupé de diagonales avec le Capitole et la Maison-Blanche (résidence du président des États-Unis depuis 1800) comme pôles symboliques. Les fonctions administratives, financières, militaires, intellectuelles et résidentielles prédominent dans l'agglomération, qui déborde le district fédéral. — Importants musées, dont la National Gallery of Art (peintures des écoles européennes et américaine), la Freer Gallery (arts surtout de la Chine et du Japon), le musée Hirshhorn (arts américain et européens depuis la fin du XIXᵉ s., sculpture), le musée d'Art africain, le musée national d'Histoire, celui de l'Air et de l'Espace.

Washington (accord de) ou **Oslo** (accord d') [13 sept. 1993], accord israélo-palestinien conclu après la reconnaissance mutuelle d'Israël et de l'O. L. P. Les deux parties souscrivent à la déclaration de principe sur des arrangements intérimaires d'autonomie s'appliquant à une période de cinq ans, au terme de laquelle doit entrer en vigueur le statut définitif, préalablement négocié, des territoires occupés. Il concerne, dans un premier temps, la bande de Gaza et la zone de Jéricho, y prévoyant l'instauration d'un régime d'autonomie administrative et le retrait de l'armée israélienne, à l'exclusion des colonies de peuplement.

Washington (George), général et homme d'État américain (comté de Westmoreland 1732 - Mount Vernon 1799), premier président des États-Unis (1789-1797). Propriétaire d'un grand domaine en Virginie, il est durant la guerre de Sept Ans commandant en chef des troupes de Virginie, qu'il conduit à la victoire (1755-1758). D'opinion modérée, il s'élève cependant contre les abus de la puissance coloniale. Envoyé par la Virginie aux 1ᵉʳ et 2ᵉ Congrès de Philadelphie (1774 et 1775), il y prend position en faveur de l'indépendance.
Commandant en chef de l'armée américaine en 1775, il chasse les Anglais de Boston (1776) mais subit de nombreux revers et défend le principe de l'alliance avec la France, conclue en 1778. En 1781, avec Rochambeau, il obtient à Yorktown la capitulation de l'armée britannique, qui met fin à la guerre de l'Indépendance.
Retiré en 1783, il est de nouveau délégué par la Virginie à la Convention de Philadelphie (1787) et, élu président de l'Assemblée, il favorise le vote de la Constitution des États-Unis. Élu président de la Fédération (1789) et réélu en 1792, il soutient la politique de Hamilton, secrétaire au Trésor, partisan du

renforcement du pouvoir fédéral. Il se heurte ainsi à l'opposition des républicains, menée par Jefferson. À l'extérieur, Washington refuse de participer aux guerres européennes et proclame la neutralité des États-Unis en 1793. En butte aux critiques, il refuse de briguer un troisième mandat en 1797. Héros de la guerre d'Indépendance, premier président des États-Unis, il a adopté des positions, en politique extérieure notamment, que son pays conservera au xixᵉ s. et dans la première partie du xxᵉ s.

Washington Post (The), quotidien américain, créé en 1877, de tradition libérale. Il a joué un rôle déterminant dans le scandale du Watergate (→ Watergate).

Wasiti *(Yahya ibn Mahmud, dit* al-*),* calligraphe et miniaturiste arabe, originaire d'Iraq. Actif au début du xiiiᵉ siècle, il est l'un des principaux représentants de l'école de Bagdad.

Wasserman *(August von),* médecin allemand (Bamberg 1866 - Berlin 1925). Il a mis au point une réaction sérologique pour le diagnostic de la syphilis, qui fut utilisée pendant de nombreuses années.

Wassy, ch.-l. de c. de la Haute-Marne ; 3 566 hab. — Le 1ᵉʳ mars 1562, le massacre d'une soixantaine de protestants dans cette ville par les gens du duc de Guise déclencha les guerres de Religion. — Église avec parties romanes.

Wat ou **Walter Tyler** → Tyler.

Waterbury, v. des États-Unis (Connecticut) ; 108 961 hab.

Waterford, *en gaélique* Port Láirge, port de la République d'Irlande (Munster) ; 40 345 hab. Verrerie.

Watergate *(scandale du),* affaire d'espionnage politique américaine qui eut lieu en 1972 dans le Watergate, immeuble de Washington utilisé par le Parti démocrate. Les enquêtes du *Washington Post* conduisirent à l'inculpation de cinq collaborateurs du président Nixon. Le scandale qui en résulta contraignit ce dernier à démissionner (1974).

Waterloo *(bataille de)* [18 juin 1815], victoire remportée par les Anglais de Wellington et les Prussiens de Blücher sur Napoléon, au sud de Waterloo (Belgique). La pluie diluvienne ayant empêché l'Empereur d'attaquer le 17, la bataille ne s'engagea que le lendemain. Napoléon ne put déloger les Anglais du plateau où ils s'étaient retranchés. Les troupes françaises, découragées par cet échec et par l'arrivée de Blücher

alors qu'elles attendaient Grouchy, durent reculer, sous la protection de la Vieille Garde, formée en carrés. Ce désastre allait provoquer la chute de l'Empereur.

Watson *(James Dewey),* biologiste américain (Chicago 1928). Il découvrit avec Crick et Wilkins la structure de l'A. D. N. (Prix Nobel 1962.)

Watson *(John Broadus),* psychologue américain (Greenville, Caroline du Sud, 1878 - New York 1958). Il est à l'origine de la psychologie du comportement, ou béhaviorisme *(Comportement,* 1914).

Watson-Watt *(sir Robert Alexander),* physicien britannique (Brechin, district d'Angus, Écosse, 1892 - Inverness 1973). Il conçut le système de détection et de mesure de la distance d'un obstacle au moyen d'ondes hertziennes, ou radar.

Watt *(James),* ingénieur britannique (Greenock, Écosse, 1736 - Heathfield, près de Birmingham, 1819). Il créa, à partir de la machine atmosphérique de Newcomen, la machine à vapeur utilisable industriellement, en imaginant : le condenseur (1769), pour une meilleure utilisation de la chaleur ; le tiroir (1785), pour distribuer automatiquement la vapeur de chaque côté du piston (machine à double effet) ; le parallélogramme déformable, pour relier la tige du piston, animée d'un mouvement rectiligne, au balancier, dont chaque extrémité décrivait un arc de cercle ; le volant, pour uniformiser le mouvement de la machine ; le régulateur à boules (1784), pour parer aux inégalités de production de la vapeur.

Watteau *(Antoine),* peintre français (Valenciennes 1684 - Nogent-sur-Marne 1721). Il se forme dans l'atelier du peintre et décorateur Claude Gillot, qui lui donne le goût du dessin et de la comédie italienne, puis chez Claude III Audran. Rubens et les Vénitiens influencent son style, en rupture avec l'académisme du xviiᵉ siècle. Après des toiles d'inspiration militaire peintes à Valenciennes, il développe son art des scènes de comédie *(l'Amour au Théâtre-Français,* musée de Berlin-Dahlem) et surtout des « fêtes galantes » *(Pèlerinage à l'île de Cythère,* 1717, Louvre ; *les Champs-Élysées,* Wallace Collection), genre nouveau qui assure sa célébrité. Dans des paysages qui tiennent à la fois du décor et du cadre naturel, il offre une évasion vers un univers poétique évoqué, avec une extrême sensibilité, une lumière vaporeuse et des tons dorés ; à l'« illusion comique » se superpose une mélancolie que symbolise le *Pierrot* (ou *Gilles,* Louvre), un des derniers chefs-d'œuvre — avec l'*Enseigne de Gersaint*, peinte en 1720 pour un marchand de tableaux ami (Berlin) — d'une carrière brève, mais brillante, qu'illustre encore une admirable production dessinée. L'amateur Jean de Jullienne a fait graver l'ensemble de son œuvre en deux recueils. Watteau eut peu d'émules (Lancret, Pater), mais de nombreux plagiaires. Son neveu **Louis Joseph** (Valenciennes 1731 - Lille 1798) ainsi que le fils de ce dernier, **François Louis Joseph** (Valenciennes 1758 - Lille 1823), furent également peintres.

Wattignies-la-Victoire, comm. du Nord ; 226 hab. — Victoire de Jourdan sur les Autrichiens (16 oct. 1793).

Wattrelos, comm. du Nord, près de Roubaix ; 43 784 hab. *(Wattrelosiens).*

Waugh *(Evelyn),* écrivain britannique (Londres 1903 - Taunton 1966). Humoriste et satiriste dans ses premiers romans (*Grandeur et Décadence*, 1928 ; *Diablerie*, 1932), il adopte un ton plus grave après la guerre (*Retour à Brideshead*, 1945 ; *Officiers et Gentlemen*, 1955). On lui doit aussi des récits de voyage et des biographies.

Wavell *(Archibald Percival, 1er comte),* maréchal britannique (Colchester 1883 - Londres 1950). Commandant au Moyen-Orient en 1939, il vainquit les Italiens en Libye (1941) et fut vice-roi des Indes de 1943 à 1947.

Wavre, v. de Belgique, ch.-l. du Brabant wallon ; 28 565 hab. — Église des XVe-XVIIe s.

Wayne *(Marion Michael Morrison, dit John),* acteur américain (Winterset, Iowa, 1907 - Los Angeles 1979). L'un des acteurs les plus populaires du western, il a tourné notamment sous la direction de J. Ford (*la Chevauchée fantastique*, 1939 ; *l'Homme tranquille*, 1952) et de H. Hawks (*la Rivière rouge*, 1948 ; *Rio Bravo*, 1959).

Waziristan, région du nord-ouest du Pakistan.

Weald *(le),* région humide et boisée du sud-est de l'Angleterre, entre les North Downs et les South Downs.

Weaver *(Warren),* mathématicien américain (Reedsburg, Wisconsin, 1894 - New Milford 1978). Il est l'auteur, avec C. Shannon, de la *Théorie mathématique de la communication* (1949), dont il élargit l'objet à la communication sociale.

Webb *(Sidney),* baron **Passfield,** homme politique et économiste britannique (Londres 1859 - Liphook 1947). Partisan d'un socialisme réformiste, il fut l'un des fondateurs de la Fabian Society (1884) et marqua pro-

fondément le mouvement travailliste. Il avait épousé en 1892 **Beatrice Potter** (près de Gloucester 1858 - Liphook 1943), qui collabora à ses travaux.

Weber *(Carl Maria* von), compositeur, pianiste et chef d'orchestre allemand (Eutin 1786 - Londres 1826). Tour à tour maître de musique à Stuttgart, à Darmstadt, à Prague, puis directeur de l'Opéra de Dresde, il mourut à Londres peu après la création dans cette ville de son opéra *Oberon* (1826). Créateur du grand opéra romantique allemand (*Der Freischütz*, 1821 [→ **Freischütz**] ; *Euryanthe*, 1823), il a excellé dans le maniement de l'orchestre. On lui doit, en outre, des pages intimes ou brillantes pour piano (*Invitation à la valse*, 1819) et des ouvrages avec clarinette.

Weber *(Max),* économiste, sociologue et philosophe allemand (Erfurt 1864 - Munich 1920). Il publie en 1901 un article qui fera date : « L'éthique protestante et l'esprit du capitalisme », où il démontre que les comportements des individus ne sont intelligibles que si l'on prend en compte leurs conceptions du monde, dont font partie les convictions religieuses. S'il y a homologie entre l'éthique protestante et le capitalisme, c'est le puritain qui la réalise, lui qu'on ne retrouve que dans la civilisation occidentale. Weber a ainsi défini la notion d'« idéal-type » et intégré la sociologie religieuse à la sociologie générale. Toutefois, son œuvre la plus importante est *Économie et Société*, publiée après sa mort (1922). Pour lui, le monde politique est une lutte sans merci entre deux modèles de fonctionnement : la morale de la conviction, forme d'idéalisme, et la morale de la responsabilité, où apparaît le lien avec l'action. C'est de Max Weber que date la sociologie moderne comme science de la compréhension.

Weber *(Wilhelm Eduard),* physicien allemand (Wittenberg 1804 - Göttingen 1891). Il réalisa avec Gauss, en 1833, un télégraphe électrique, puis donna en 1846 la loi fondamentale concernant les forces exercées par les particules électrisées en mouvement. Avec R. Kohlrausch, il mesura le rapport des deux unités d'intensité électrostatique et électromagnétique, rapport sensiblement égal à la vitesse de la lumière. De ce calcul devait naître la théorie électromagnétique de la lumière.

Webern *(Anton* von), compositeur autrichien (Vienne 1883 - Mittersill, près de Salzbourg, 1945). Élève de Schönberg, il fut l'un des pionniers du dodécaphonisme sériel. Il utilisa l'atonalité de façon originale, se forgeant un style personnel caractérisé par l'abandon du développement, la rigueur, la concision, l'absence de redites et de virtuosité. En témoignent notamment les œuvres très brèves de la période 1910-1914 : *4 Pièces* pour violon et piano (1910), *6 Bagatelles* pour quatuor à cordes et *5 Pièces* pour orchestre (1913), *3 Petites Pièces* pour violoncelle et piano (1914). À partir de 1924, il tira du principe sériel les conséquences les plus radicales : *Symphonie* (1928), *Concerto pour neuf instruments* (1934), *Variations* pour piano (1936), *Quatuor à cordes* (1938). Après 1945, sa production fut, plus encore que celle de Schönberg, érigée en modèle par la jeune génération sérielle (Boulez, Stockhausen).

Webster *(John)*, auteur dramatique anglais (Londres v. 1580 - *id.* v. 1624). Le réalisme de ses tragédies, qui confine à l'atroce, en fait un des dramaturges les plus cruels du théâtre élisabéthain (*la Duchesse de Malfi*, 1614).

Webster *(Noah)*, publiciste, grammairien et lexicographe américain (West Hartford, Connecticut, 1758 - New Haven 1843). Il publie en 1783, à l'intention des écoles américaines, *The American Spelling Book*, dont le succès considérable ne s'est jamais démenti. Il est aussi l'auteur de l'*American Dictionary of the English Language* (1828).

Wedekind *(Frank)*, auteur dramatique allemand (Hanovre 1864 - Munich 1918). Son œuvre, qui mêle le sublime au grotesque, est une des plus caractéristiques incarnations de l'expressionnisme au théâtre (*l'Éveil du printemps*, 1891 ; *la Boîte de Pandore*, 1902).

Wedgwood *(Josiah)*, céramiste et industriel britannique (Burslem, Staffordshire, 1730 - *id.* 1795). Créateur, vers 1760, de la faïence fine, il rencontra un tel succès qu'il put fonder en 1768, à Burslem, la manufacture *Etruria*, où il produisit des modèles de style néoclassique. Son nom reste attaché à des grès fins et mats ornés de bas-reliefs à l'antique se détachant en blanc sur un fond coloré.

Weenix *(Jan Baptist)*, peintre néerlandais (Amsterdam 1621 - près d'Utrecht 1663), auteur de paysages dans le goût italien, de bambochades et de natures mortes de gibier. Son fils **Jan** (Amsterdam v. 1640 - *id.* 1719) a traité des sujets voisins.

Wegener *(Alfred)*, géophysicien et météorologiste allemand (Berlin 1880 - au Groenland 1930). Il participa en qualité de météorologiste aux expéditions polaires danoises au Groenland. On lui doit surtout *Die Entstehung der Kontinente und Ozeane* (1915), où il expose sa théorie de la « dérive des continents », que la tectonique des plaques a confortée en donnant une explication globale du mécanisme de la mobilité de la lithosphère.

Wehnelt *(Arthur)*, physicien allemand (Rio de Janeiro 1871 - Berlin 1944). Auteur de travaux sur l'émission thermoélectronique, il perfectionna les tubes électroniques par l'invention du dispositif qui porte son nom.

Wehrmacht *(en all. « force de défense »)*, nom donné de 1935 à 1945 à l'ensemble des forces armées allemandes de terre, de mer et de l'air, à l'exclusion des formations armées du Parti nazi (SS, par ex.). De 1939 à 1945, près de 18 millions d'hommes passèrent dans ses rangs.

Weierstrass *(Karl)*, mathématicien allemand (Ostenfelde, Westphalie, 1815 - Berlin 1897). Chef de file d'une brillante école d'analystes, il réussit à construire une fonction continue qui n'est dérivable en aucun point. Pour pallier l'absence de fondement logique de l'arithmétique, il élabora une théorie des nombres réels. Il développa considérablement la théorie des fonctions analytiques.

Weil *(André)*, mathématicien français (Paris 1906). Théoricien des nombres, il fut l'un des membres fondateurs du groupe Bourbaki.

Weil *(Simone)*, philosophe et écrivain français (Paris 1909 - Londres 1943), sœur du précédent. Agrégée de philosophie, elle travailla en usine, participa à la guerre d'Espagne aux côtés des républicains, découvrit la foi chrétienne sans se convertir et rejoignit les gaullistes à Londres. Elle est l'auteur d'une philosophie spiritualiste fondée sur une dialectique du renoncement aux croyances qui dépossèdent l'homme de lui-même (*la Pesanteur et la Grâce*, 1947).

Weill *(Kurt)*, compositeur américain d'origine allemande (Dessau 1900 - New York 1950). Élève de Busoni, il se tourna vers le « contemporain » *(Zeitnähe)* et la critique sociale, dont témoignèrent surtout ses œuvres écrites en collaboration avec B. Brecht (*l'Opéra de quat'sous* (1928) [→ **Opéra**], *Grandeur et décadence de la ville de Mahagonny*, singspiel 1927, opéra 1930 ; *Berliner Requiem*, 1928). Aux États-Unis, il composa de nombreuses comédies musicales.

Weimar, v. d'Allemagne, en Thuringe ; 61 583 hab. Centre universitaire, touristique et industriel. — La ville fut, sous le règne de Charles-Auguste (1775-1828), un foyer intellectuel autour de Goethe. — Monuments surtout du XVIIIe siècle, dont le château princier (musée d'art : peinture allemande, notamment). Musée de préhistoire et de protohistoire de Thuringe. Maisons-musées Goethe, Schiller, Franz-Liszt ; musée Herder.

Weimar *(République de),* régime de l'Allemagne après la Première Guerre mondiale (1919-1933). Après l'effondrement du régime impérial, les sociaux-démocrates proclament la première république allemande (nov. 1918). Celle-ci ne prend forme qu'en 1919, après l'écrasement (janv.) de la révolution spartakiste et la promulgation de la Constitution, élaborée à Weimar, première Constitution démocratique de l'Allemagne. L'Allemagne devient un État fédéral, le IIe Reich, composé de 17 États *(Länder)* autonomes. Soumise à d'importantes pressions extérieures (traité de Versailles, problème des réparations dues à la France, question des frontières), la République de Weimar est affaiblie par l'opposition des nationalistes et des communistes.
Les premières années de la présidence du social-démocrate Ebert (1919-1925) sont fortement troublées : crise économique, occupation de la Ruhr par la France (1923), mouvements séparatistes, attentats nationalistes.
1923. Tentative de putsch de Hitler, à Munich.
Le régime bénéficie par la suite d'un redressement de la situation économique et d'une détente dans les relations internationales.
1925. Élection du maréchal Hindenburg à la présidence de la République.
1925-26. Le ministre des Affaires étrangères G. Stresemann obtient, après les accords de Locarno, l'évacuation des zones occupées et l'admission de l'Allemagne à la S. D. N. Les nazis mettent à profit la crise économique qui frappe sévèrement l'Allemagne à partir de 1929 et obtiennent d'importants succès électoraux (1932).
1933 : Hindenburg appelle Hitler à la Chancellerie.

Weinberg *(Steven),* physicien américain (New York 1933). Il a proposé, en 1967, la « théorie électrofaible », qui permet d'unifier l'interaction électromagnétique et l'interaction faible. (Prix Nobel 1979.)

Weipa, port d'Australie (Queensland). Extraction, traitement et exportation de la bauxite.

Weismann *(August),* biologiste allemand (Francfort-sur-le-Main 1834 - Fribourg-en-Brisgau 1914). Il a établi l'indépendance précoce de la lignée cellulaire germinale dans l'embryon.

Weiss *(Peter),* écrivain suédois d'origine allemande (Nowawes, près de Berlin, 1916 - Stockholm 1982). Il est un auteur de théâtre engagé dans les luttes sociales et politiques contemporaines *(Marat-Sade,* 1964 ; *Hölderlin,* 1971).

Weiss *(Pierre),* physicien français (Mulhouse 1865 - Lyon 1940). Il est le créateur de la théorie du ferromagnétisme.

Weisshorn, sommet des Alpes suisses (Valais), au-dessus de Zermatt ; 4 505 m.

Weissmuller *(John,* dit Johnny), nageur américain (Winbar, Pennsylvanie, 1904 - Acapulco 1984). Premier homme à nager le 100 m nage libre en moins de une minute, cinq fois champion olympique (1924 et 1928), il fut l'interprète de Tarzan à l'écran.

Weizmann *(Chaïm),* homme d'État israélien (Motyl, Biélorussie, 1874 - Rehovot, Israël, 1952). L'un des représentants du mouvement sioniste moderne, il fut le premier président de l'État d'Israël (1949-1952).

Weizsäcker *(Richard, baron* von), homme d'État allemand (Stuttgart 1920). Démocrate-chrétien, il a été président de la République fédérale de 1984 à 1994.

Welhaven *(Johan Sebastian),* écrivain norvégien (Bergen 1807 - Christiania 1873). Chantre de la nature et du folklore norvégiens, il s'opposa cependant au « norvégianisme » de Henrik Wergeland.

Welland *(canal),* canal (44 km) de la province canadienne de l'Ontario, qui relie les lacs Érié et Ontario en évitant à la navigation les chutes du Niagara.

Welles *(Orson),* cinéaste et acteur américain (Kenosha, Wisconsin, 1915 - Los Angeles 1985). Il débute au théâtre en Irlande en 1931. Rentré aux États-Unis, il joue le répertoire shakespearien, fait ses débuts à la radiodiffusion en 1934 et, bientôt, réalise des émissions, dont l'une, *la Guerre des mondes,* en 1938, provoque une panique, les auditeurs croyant à l'irruption des Martiens sur la Terre. Il reprend son rôle d'animateur du Mercury Theatre, qu'il a créé en 1937. Son insolite exploit radiophonique lui vaut en 1939 un contrat sans équivalent dans l'histoire de Hollywood. Il écrit, réalise et interprète alors *Citizen Kane* (1941), film-enquête brossant le portrait d'un magnat de la presse, Charles Foster Kane. L'œuvre s'inspire de l'enfance du réalisateur mais aussi de la carrière de W. R. Hearst, qui tentera d'interdire le film. Par l'audace de son montage et la complexité de ses mouvements de caméra, le film déroute les professionnels conservateurs de Hollywood. Mais, si le succès critique est énorme, le film est un désastre financier. Les ennuis et la légende d'Orson Welles commencent. En 1942, *la Splendeur des Amberson* connaît les mêmes problèmes. Poursuivant son œuvre malgré les réticences des producteurs à s'accommoder d'une telle personnalité, à la fois exigeante, insolite et désordonnée, il réalise en 1948 *la Dame de Shanghai* et démontre dans ce thriller flamboyant sa capacité à bâtir une œuvre forte sur un canevas mince. La même année, il filme *Macbeth* avec le Mercury Theatre et porte à son sommet le genre du « théâtre cinématographique ». Sa carrière de réalisateur se poursuit en Europe avec *Othello* (1952), *Monsieur Arkadin* (1955), *la Soif du mal* (1958), *le Procès* (1962), *Falstaff* (1966), *Une histoire immortelle* (1968), *Vérités et Mensonges* (1975), *Filming Othello* (1978). Il a également joué dans de très nombreux films, notamment les siens, et est resté célèbre pour son interprétation du *Troisième Homme* (Carol Reed, 1949).

Wellesley *(Richard* Colley [ou Cowley] Wellesley, *marquis),* homme politique britannique (château de Dangan, près de Trim, Irlande, 1760 - Londres 1842). Il fut gouverneur général de l'Inde (1797-1805), où il étendit la suzeraineté britannique. Après sa démission, il devint ministre des Affaires étrangères (1809-1812) puis lord-lieutenant d'Irlande (1821-1828, 1833-34).

Wellington, cap. et port de la Nouvelle-Zélande, dans l'île du Nord, sur le détroit de Cook ; 343 000 hab. Centre industriel.

Wellington *(Arthur* Wellesley, *duc* de*),* général britannique (Dublin 1769 - Walmer Castle, Kent, 1852). Commandant les troupes britanniques au Portugal et en Espagne, il battit les Français à Vitoria (1813), puis envahit le sud de la France jusqu'à Toulouse (1814). Délégué au congrès de Vienne, il commanda les forces alliées aux Pays-Bas, remporta la victoire de Waterloo (1815), puis commanda les forces d'occupation en France (1815-1818). Il fut Premier ministre de 1828 à 1830. Il commanda en chef les troupes britanniques en 1827-28 et de 1842 à 1852.

Wells *(Herbert George),* écrivain britannique (Bromley 1866 - Londres 1946). Il débuta comme vulgarisateur scientifique et journaliste. Le succès de son roman d'anticipation scientifique *la Machine à explorer le temps* (1895) l'encouragea à exploiter cette veine (*l'Île du docteur Moreau,* 1896 ; *l'Homme invisible,* 1897 ; *la Guerre des mondes,* 1898). Son œuvre s'est achevée sur l'aspect suicidaire des « civilisations » (*l'Esprit au bout du rouleau,* 1945).

Wels, v. d'Autriche (Haute-Autriche) ; 51 000 hab. Centre commercial. — Ensemble de maisons du gothique au baroque.

Welt *(Die),* quotidien allemand de tendance conservatrice, créé en 1946 et contrôlé par le groupe A. Springer depuis 1953.

Wembley, agglomération de la banlieue nord-ouest de Londres. Stade de football.

Wendel (de), famille de maîtres de forges français. En 1704, **Jean-Martin Wendel** acquiert en Lorraine les forges d'Hayange, qu'il remet en activité. Son fils **Charles** (1708-1784) crée de nouvelles installations et livre à l'État des fournitures d'artillerie. **Ignace** (1741-1795), fils de Charles, procède, dès 1769, à des essais de substitution du coke au charbon de bois et, avec J. Wilkinson, fonde Le Creusot en 1781. Pendant la Terreur, les forges d'Hayange sont mises sous séquestre. En 1803, les installations sont rachetées par le fils d'Ignace, **François** (1778-1825), qui, en 1811, achète également les forges de Moyeuvre. Puis la firme est dirigée par **Charles de Wendel** (1809-1870) et son beau-frère **Théodore de Gargan.** En 1879, **Henri** et **Robert de Wendel** font l'acquisition du procédé Thomas. L'essor de la société sera considérable sous la direction des trois fils d'Henri. Après la Seconde Guerre mondiale, le groupe participe à la constitution des grands ensembles sidérurgiques français.

Wenders *(Wim),* cinéaste allemand (Düsseldorf 1945). Dès son premier film, *l'Angoisse du gardien de but au moment du penalty* (1971), il s'impose comme l'un des chefs de file du nouveau cinéma allemand : *Alice dans les villes* (1973), *Faux Mouvement* (1975), *Au fil du temps* (1976), *l'Ami américain* (1977), *Paris, Texas* (1984), *Tokyo-Ga* (1983), *les Ailes du désir* (1987), *Jusqu'au bout du monde* (1991) et *Si loin, si proche* (1993) confirment l'originalité d'un style qui refuse les principes narratifs habituels en tentant de créer une atmosphère « existentielle ».

Wendes, ancien nom donné au Moyen Âge par les Allemands à tous les Slaves établis entre l'Oder et l'Elbe.

Wengen, station d'été et de sports d'hiver (alt. 1 300-3 454 m) de Suisse, dans l'Oberland bernois, au pied de la Jungfrau. Célèbre descente du Lauberhorn.

Wenzhou, port de Chine (Zhejiang) ; 200 000 hab. — Pittoresque vieille cité dans un site remarquable, beau jardin.

Weöres *(Sándor),* poète hongrois (Szombathely 1913 - Budapest 1989). Une virtuosité formelle, des aspirations métaphysiques élevées caractérisent son œuvre (*la Tour du silence,* 1956).

Werfel *(Franz),* écrivain autrichien (Prague 1890 - Beverly Hills, Californie, 1945). Ami de Max Brod et de Kafka, il est l'auteur de poèmes (*l'Ami de l'univers,* 1912), de drames et de romans expressionnistes, qui reflètent son idéal humaniste.

Wergeland *(Henrik),* poète norvégien (Kristiansand 1808 - Christiania 1845). Il est considéré comme le père du romantisme en Norvège, partisan d'une culture spécifiquement norvégienne (*la Création, l'Homme et le Messie,* 1830).

Werner *(Abraham Gottlob),* naturaliste allemand (Wehrau, Saxe, 1749 - Dresde 1817). Il a été l'un des créateurs de la minéralogie et le principal défenseur de la théorie du neptunisme, qui attribuait à toutes les roches une origine marine.

Werner *(Alfred),* chimiste suisse (Mulhouse 1866 - Zurich 1919). Il est l'auteur de travaux sur les complexes organiques de divers métaux (les *organométalliques*). [Prix Nobel 1913.]

Wernicke *(Carl),* neurologue allemand (Tarnowitz 1848 - Thüringer Wald 1905). Ses travaux constituent une étape capitale dans le développement des recherches neurologiques sur les troubles du langage. Il a décrit notamment l'aphasie sensorielle.

Wertheimer *(Max),* psychologue allemand (Prague 1880 - New York 1943). Il est l'une des figures marquantes du gestaltisme.

Werther *(les Souffrances du jeune),* roman épistolaire de Goethe (1774).

Weser *(la),* fl. de l'Allemagne, réunion de la Werra et de la Fulda. Elle passe à Minden, à Brême et se jette dans la mer du Nord par un long estuaire ; 440 km.

Wesley *(John),* réformateur anglais (Epworth, Lincolnshire, 1703 - Londres 1791). Prêtre de l'Église anglicane, il se détacha de celle-ci sous l'influence des Frères moraves et, avec son frère **Charles** (1707-1788), fonda en Angleterre le méthodisme, en réaction contre le formalisme et les compromissions politiques de la religion officielle. Les œuvres des frères Wesley (sermons et hymnes) sont les grands classiques de ce mouvement de retour aux sources de la Réforme.

Wessex, royaume saxon, fondé à la fin du Ve siècle. Au IXe siècle, son roi Alfred le Grand et ses successeurs réalisèrent l'unité anglo-saxonne.

West *(Morris),* écrivain australien (Melbourne 1916). Il se fait le romancier des passions sourdes et des déchirements de la conscience (*l'Avocat du diable,* 1959 ; *les Bouffons de Dieu,* 1981).

West Bromwich, v. de Grande-Bretagne, près de Birmingham ; 155 000 hab.

Westinghouse *(George),* inventeur et industriel américain (Central Bridge, New York, 1846 - *id.* 1914). Il fut le véritable créateur du frein à air comprimé (1872), adopté par les chemins de fer du monde entier. L'un des premiers, il préconisa l'électricité sur les voies ferrées tant pour la traction que pour la signalisation. Il introduisit, aux États-Unis, le système de transport de l'électricité par courant alternatif monophasé à haute tension. À sa mort, il laissa plus de 400 brevets.

Il créa, en 1886, la *Westinghouse Electric Corporation,* firme de construction électromécanique. Développant son activité dans le domaine de l'énergie atomique, le groupe a construit plus de 50 centrales nucléaires aux États-Unis et dans le monde (filière des centrales à eau pressurisée).

Westminster, borough du centre de Londres, autour de *Westminster Abbey,* dont il subsiste l'église (surtout des XIIIe-XVe s.), qui renferme les tombeaux des rois et de divers grands hommes de la Grande-Bretagne. — Le *palais de Westminster* a été construit à partir de 1840 sur plans de Charles Barry, en style néogothique, pour servir de siège au Parlement.

Westminster *(statut de)* [11 déc. 1931], statut qui rendit effective la complète indépendance des dominions britanniques, librement associés au sein du Commonwealth.

Weston *(Edward),* photographe américain (Highland Park, Illinois, 1886 - Carmel, Californie, 1958). Adepte du pictorialisme et du flou artistique, il découvre l'extrême précision de l'objectif rectilinéaire et oriente ses recherches vers le rendu de la matière et le réalisme (il est l'un des membres fondateurs du Groupe f. 64). Cette quête de la vérité, alliée à une conception rigoureuse, contribue à la puissance émotionnelle de son œuvre.

Westphalie, *en all.* Westfalen, région historique d'Allemagne. Érigée en duché en 1180, la région devint en 1807 le centre d'un royaume créé par Napoléon Ier et comprenant les territoires de la Hesse électorale, du Hanovre et du Brunswick. Confié à Jérôme Bonaparte, ce royaume disparut en 1813. La région fut intégrée à la province prussienne de Westphalie en 1815. Elle contribua à former le Land de Rhénanie-du-Nord-Westphalie (1946).

Westphalie *(traités de)* [1648], traités qui mirent fin à la guerre de Trente Ans. Ils furent signés à Münster (où étaient réunies les délégations catholiques) entre l'Espagne et les Provinces-Unies et entre l'Empire germanique et la France, à Osnabrück (délégations protestantes) entre l'Empire et la Suède. Ils donnèrent aux princes allemands la liberté de religion et le droit d'alliance avec l'étranger (à la condition qu'elle ne fût pas dirigée contre l'empereur) et contribuèrent ainsi à l'affaiblissement du Saint Empire. La France reçut l'Alsace et se vit confirmer la possession des Trois-Évêchés, la Suède gagna la Poméranie occidentale. Ces traités reconnurent par ailleurs l'entière souveraineté des Provinces-Unies et l'indépendance de la Confédération suisse.

West Point, terrain militaire des États-Unis (New York), sur l'Hudson. École de formation des officiers américains des armées de terre et de l'air, créée en 1802.

Weygand *(Maxime),* général français (Bruxelles 1867 - Paris 1965). Chef d'état-major de Foch de 1914 à 1923, il anima la résistance des Polonais à l'Armée rouge pendant la guerre polono-soviétique de 1920. Haut-commissaire en Syrie (1923), chef d'état-major de l'armée (1930), il reçut au milieu de la débâcle le commandement de tous les théâtres d'opération (mai 1940) et recommanda l'armistice. Délégué général en Afrique du Nord (1940), il fut rappelé sur l'ordre de Hitler (1941), puis arrêté par la Gestapo et interné en Allemagne (1942-1945). Libéré par les Alliés (1945) et traduit en Haute Cour, il obtint, en 1948, un non-lieu sur tous les chefs d'accusation. (Acad. fr. 1931.)

Wharton *(Edith* Newbold Jones, Mrs.*),* romancière américaine (New York 1862 - Saint-Brice, Seine-et-Marne, 1937). Ses romans dépeignent les mœurs de la haute société new-yorkaise (*l'Âge de l'innocence,* 1920) et les rapports entre l'Amérique et l'Europe (*Madame de Treymes,* 1907).

Wheatstone *(sir Charles),* physicien britannique (Gloucester 1802 - Paris 1875). Il inventa le stéréoscope (1838) puis un télégraphe électrique à cadran et imagina l'emploi des relais en télégraphie. Il inventa, en 1844, un appareil de mesure des résistances électriques connu sous le nom de *pont de Wheatstone.*

Wheeler *(sir Robert Eric Mortimer),* archéologue britannique (Édimbourg 1890 - Leatherhead 1976). Il est devenu mondialement célèbre grâce à sa méthode de fouilles archéologiques, dont le principe essentiel est de généraliser l'information stratigraphique à l'ensemble d'un chantier et de la préserver pendant l'ensemble des travaux.

Whipple *(George Hoyt),* médecin américain (Ashland, New Hampshire, 1878 - Rochester 1976). Il a étudié les protéines plasmatiques, le fer et les anémies. (Prix Nobel 1934.)

Whistler *(James Abbott* McNeill*),* peintre et graveur américain (Lowell, Massachusetts, 1834 - Londres 1903). Installé à Londres après quelques années parisiennes (1855-1859), admirateur de l'art japonais et de Manet, il a poussé jusqu'à un extrême raffinement l'étude des harmonies chromatiques (*Jeune Fille en blanc,* 1862, National Gallery de Washington ; *Nocturne en bleu et argent,* 1872, Tate Gallery).

White *(Kenneth),* écrivain britannique (Glasgow 1936). Poète et romancier, il cherche un nouvel art de vivre dans le contact direct avec la nature et le retour sur soi (*les Limbes incandescents,* 1976).

White *(Minor),* photographe américain (Minneapolis 1908 - Cambridge, Massachusetts, 1976). L'acuité d'un regard qui transcende le réel, le respect absolu des hautes et basses lumières, mais aussi la spiritualité de sa démarche, qu'il matérialise par des séquences, font de lui l'un des initiateurs de l'abstraction en photographie. Par ses écrits théoriques mais aussi par ses talents de pédagogue, il compte parmi les plus influents créateurs de cette seconde moitié du XXe siècle.

White *(Patrick),* écrivain australien (Londres 1912 - Sydney 1990). Il est l'auteur de romans et de drames sociaux et politiques (*l'Enterrement au jambon,* 1947 ; *le Mystérieux Mandala,* 1966 ; *Netherwood,* 1983). [Prix Nobel 1973.]

Whitehall, avenue de Londres, entre Trafalgar Square et Westminster, siège des principaux ministères. Elle fut percée sur l'emplacement d'un palais qui portait ce nom et dont un bâtiment conservé, *Banqueting House*, a été construit par I. Jones (plafond de Rubens).

Whitehead *(Alfred North)*, philosophe et mathématicien britannique naturalisé américain (Ramsgate, Kent, 1861 - Cambridge, Massachusetts, 1947). Il collabora avec B. Russell aux *Principia mathematica* (1910-1913) puis s'efforça de constituer une philosophie de la nature, plus orientée vers la métaphysique après 1930.

Whitehead *(Robert)*, ingénieur britannique (Bolton-Le-Moors, Lancashire, 1823 - Beckett Park, Berkshire, 1905). Spécialiste des constructions navales, il inventa les torpilles automobiles (1867) puis les perfectionna en les dotant d'un servomoteur (1876).

Whitehorse, v. du Canada, ch.-l. du Yukon ; 16 335 hab.

Whitman *(Walt)*, poète américain (West Hills, Long Island, New York, 1819 - Camden, New Jersey, 1892). Il est tenu pour le plus grand poète américain grâce à son recueil de vers, *Feuilles d'herbe* (1855-1892). D'inspiration autobiographique, son œuvre — qui déroule dans de longs versets très libres une langue populaire directe, voire crue — exalte le corps d'une façon que ses contemporains tinrent pour obscène. Le lyrisme optimiste et violent de Whitman est représentatif de la sensibilité américaine.

Whitney *(mont)*, point culminant des États-Unis (en dehors de l'Alaska), dans la sierra Nevada (Californie) ; 4 418 m.

Whittle *(sir Frank)*, ingénieur britannique (Coventry 1907). Après avoir apporté de nombreux perfectionnements à la turbine à gaz, qu'il souhaitait utiliser pour la propulsion des avions, il a mis au point le premier turboréacteur, réalisé en 1941 par Rolls-Royce et expérimenté sur un *Gloster*.

Whitworth *(sir Joseph)*, ingénieur et industriel britannique (Stockport, Cheshire, 1803 - Monte-Carlo 1887). Il préconisa un système uniforme de filetage pour les vis (1841) et remplaça le marteau par la presse hydraulique pour le forgeage de l'acier (1870).

Whorf *(Benjamin Lee)*, linguiste américain (Winthrop, Massachusetts, 1897 - Wethersfield, Connecticut, 1941). Disciple de E. Sapir, il a émis l'hypothèse que le langage est en relation causale avec le système de représentation du monde.

Whymper *(Edward)*, alpiniste britannique (Londres 1840 - Chamonix 1911). Il effectua la première ascension du Cervin (1865).

Wichita, v. des États-Unis (Kansas) ; 304 011 hab. Centre commercial et industriel. — Musées.

Wicksell *(Knut)*, économiste suédois (Stockholm 1851 - Stocksund, près de Stockholm, 1926), auteur de travaux sur l'équilibre monétaire. Il annonce Keynes.

Widal *(Fernand)*, médecin français (Dellys, auj. Delles, Algérie, 1862 - Paris 1929). Il est l'auteur d'importants travaux sur la fièvre typhoïde, pour laquelle il inventa le sérodiagnostic. Il étudia aussi les maladies des reins, pour lesquelles il institua la mesure de l'urée sanguine (qui resta longtemps l'examen de référence) et le régime désodé.

Widerøe *(Rolf)*, physicien et ingénieur norvégien (Oslo 1902). Il a établi le principe du synchrocyclotron et, après 1945, s'est spécialisé dans la construction et les applications d'accélérateurs.

Widor *(Charles-Marie)*, organiste et compositeur français (Lyon 1844 - Paris 1937). Organiste de St-Sulpice à Paris, successeur de Franck au Conservatoire, il est l'initiateur de l'« orgue symphonique » (10 symphonies pour orgue, 1876-1900).

Wiechert *(Ernst)*, écrivain allemand (Kleinort, Prusse-Orientale, 1887 - Uerikon, canton de Zurich, 1950). Son hostilité au nazisme lui valut d'être interné au camp de Buchenwald. Ses nouvelles et ses récits sont marqués d'une inquiétude et d'une générosité romantiques (*les Enfants Jéromine*, 1945-1947).

Wieland *(Christoph Martin)*, écrivain allemand (Oberholzheim 1733 - Weimar 1813). Il fonda *le Mercure allemand*. Surnommé « le Voltaire allemand », il exerça par ses poèmes (*Oberon*, 1780-81), ses essais et ses récits (*les Abdéritains*, 1774-1781) une influence profonde sur Goethe et les écrivains allemands.

Wien *(Wilhelm)*, physicien allemand (Gaffken 1864 - Munich 1928). Il a donné la loi relative au maximum d'émission du corps noir à une température donnée. (Prix Nobel 1911.)

Wiene *(Robert)*, cinéaste allemand d'origine tchèque (en Saxe 1881 - Paris 1938). Il est l'auteur du *Cabinet du docteur Caligari* (1919), film manifeste du courant expressionniste, de *Raskolnikov* (1923) et des *Mains d'Orlac* (1925).

Wiener *(Norbert),* mathématicien américain (Columbia, Missouri, 1894 - Stockholm 1964). Il enseigna de 1919 à 1960 au Massachusetts Institute of Technology (MIT). Il étudia d'abord les processus aléatoires, en particulier le mouvement brownien. Pendant la Seconde Guerre mondiale, il participa à l'élaboration de systèmes de défense antiaérienne et fut ainsi conduit à s'intéresser aux problèmes de communication et de commande. Élargissant ensuite ses réflexions à des domaines tels que la neurophysiologie, la régulation biochimique ou les ordinateurs, il fonda la cybernétique (1948).

Wiertz *(Antoine),* peintre belge (Dinant 1806 - Bruxelles 1865), principal représentant du romantisme dans son pays *(la Belle Rosine,* 1847, musée Wiertz, Bruxelles).

Wies, village d'Allemagne (Bavière), près d'Oberammergau. Église de pèlerinage, un des chefs-d'œuvre du rococo bavarois, construite de 1745 à 1754 par D. Zimmermann, décorée de stucs et de peintures par son frère, J. B. Zimmermann.

Wiesbaden, v. d'Allemagne, cap. de la Hesse, anc. cap. du duché de Nassau ; 256 885 hab. Station thermale. Ville de congrès, centre administratif et industriel. — Musée (œuvres de Jawlensky, un des peintres du Blaue Reiter).

Wiesel *(Élie),* écrivain américain d'expression française (Sighet, Roumanie, 1928). Survivant des camps d'Auschwitz et de Buchenwald, il a fait de son œuvre un mémorial de l'holocauste juif *(le Mendiant de Jérusalem,* 1968). [Prix Nobel de la paix 1986.]

Wight *(île de),* île et comté anglais de la Manche ; 381 km² ; 126 600 hab. V. princ. *Newport.* Navigation de plaisance. Tourisme.

Wigman *(Marie* Wiegmann, *dite* Mary), danseuse, chorégraphe et pédagogue allemande (Hanovre 1886 - Berlin 1973). Élève et assistante de R. von Laban, elle fonde son propre institut à Dresde en 1920. Obligée par les nazis d'interrompre ses activités, elle rouvre après la guerre une école à Berlin-Ouest. Elle entraîne dans son sillage plusieurs générations d'adeptes de cette nouvelle « Ausdruckstanz », danse d'expression, qu'elle libère du support musical *(Hexentanz I,* 1914 ; *Totentanz II,* 1926 ; *Die Feier,* 1928 ; *Das Totenmahl,* 1930).

Wild *(Heinrich),* ingénieur suisse (Bilten 1877 - Baden 1951). Il créa, pour la maison Zeiss, les instruments modernes de géodésie et de photogrammétrie.

Wilde *(Oscar),* écrivain irlandais (Dublin 1854 - Paris 1900). Adepte fervent de la théorie de « l'art pour l'art », il publie à Paris un recueil de *Poèmes* (1881). De retour à Londres, il publie des contes *(le Prince heureux,* 1888 ; *le Crime de lord Arthur Saville,* 1891), des essais et son unique roman, *le Portrait de Dorian Gray* (1891), qui lui attire de violentes critiques. Célèbre tant à cause de son personnage que de ses écrits, il s'affirme aussi comme auteur dramatique *(l'Éventail de lady Windermere,* 1892 ; *De l'importance d'être constant,* 1895). Emprisonné pendant deux ans pour son homosexualité, il écrit la *Ballade de la geôle de Reading* (1898) et se retire en France.

Wilder *(Billy),* cinéaste américain d'origine autrichienne (Vienne 1906). Journaliste puis scénariste, il signa quelques films dramatiques *(Assurance sur la mort,* 1944 ; *le Poison,* 1945 ; *Boulevard du Crépuscule* [Sunset Boulevard], 1950) et s'imposa dans la comédie légère, ironique et satirique en héritier d'Ernst Lubitsch : *Sept Ans de réflexion* (1955), *Certains l'aiment chaud* (1959), *la Garçonnière* (1960), *Irma la Douce* (1963), *Spéciale Première* (1974).

Wilder *(Thornton Niven),* écrivain américain (Madison, Wisconsin, 1897 - Hamden, Connecticut, 1975). Esprit cosmopolite, il est l'auteur de romans et de pièces de théâtre *(Notre petite ville,* 1938) qui analysent la nature et le destin des valeurs spirituelles.

Wilhelmine (La Haye 1880 - château de Het Loo 1962), reine des Pays-Bas de 1890 à 1948. Fille de Guillaume III, elle régna d'abord sous la régence de sa mère, Emma (1890-1898). Elle dut se réfugier à Londres de 1940 à 1945. En 1948, elle abdiqua en faveur de sa fille, Juliana.

Wilhelm Meister, roman de Goethe, en deux parties : *les Années d'apprentissage de Wilhelm Meister* (1796) et *les Années de voyage de Wilhelm Meister* (1821).

Wilhelmshaven, v. d'Allemagne (Basse-Saxe), sur la mer du Nord ; 90 051 hab. Port pétrolier. Centre industriel.

Wilkins *(Maurice Hugh Frederick),* biophysicien britannique (Pongaroa, Nouvelle-Zélande, 1916). Il découvrit avec Crick et Watson la structure de l'acide désoxyribonucléique (A. D. N.). [Prix Nobel 1962.]

Wilkinson *(John),* industriel britannique (Little Clifton, Cumberland, 1728 - Bradley, Staffordshire, 1808). On lui doit le premier pont en fonte (1776-1779) et le premier navire en fer (1787).

Willaert *(Adriaan),* compositeur flamand (Bruges ou Roulers v. 1485 - Venise 1562). Maître de chapelle de la basilique St-Marc, il est tenu pour le fondateur de l'école vénitienne. Son œuvre comprend de grands motets à double chœur, des madrigaux expressifs, des chansons françaises et des ricercari.

Willemstad, ch.-l. des Antilles néerlandaises, dans l'île de Curaçao ; 50 000 hab. Raffinerie de pétrole.

Williams *(Thomas Lanier,* dit **Tennessee),** auteur dramatique américain (Columbus, Mississippi, 1911 - New York 1983). Il a décrit dans ses pièces de théâtre des marginaux, proies des frustrations et des excès de la société *(Un tramway nommé désir,* 1947 ; *la Rose tatouée,* 1950 ; *la Chatte sur un toit brûlant,* 1955 ; *Soudain l'été dernier,* 1958 ; *la Nuit de l'iguane,* 1961).

Wilson *(mont),* sommet des États-Unis (Californie), au N.-E. de Los Angeles ; 1 740 m. Observatoire d'astrophysique.

Wilson *(Angus Frank* Johnstone-Wilson, dit **Angus),** écrivain britannique (Bexhill 1913). Il est l'auteur de pièces de théâtre, de nouvelles et de romans d'inspiration satirique *(la Ciguë et après,* 1952 ; *Comme par magie,* 1973).

Wilson *(Robert,* dit **Bob),** metteur en scène américain (Waco, Texas, 1941). Il recherche dans son théâtre, où la parole est souvent détournée et le temps distendu *(le Regard du sourd,* 1971 ; *Einstein on the Beach,* 1976 ; *Orlando,* 1993), une nouvelle forme de « spectacle total ».

Wilson *(Charles Thomson Rees),* physicien britannique (Glencorse, Écosse, 1869 - Carlops, Borders, 1959). Il a inventé en 1912 la chambre humide à condensation qui porte son nom et où l'ionisation produite par une particule chargée traversant un gaz sursaturé en vapeur provoque la formation de gouttelettes le long de la trajectoire, permettant sa visualisation. (Prix Nobel 1927.)

Wilson *(Colin),* écrivain britannique (Leicester 1931). Porte-drapeau théorique des « Jeunes Gens en colère » *(l'Homme en dehors,* 1956), il se tourna vers l'exploration de la puissance de l'occulte *(la Pierre philosophale,* 1969).

Wilson *(Edmund),* écrivain américain (Red Bank, New Jersey, 1895 - Talcottville, État de New York, 1972). Il se posa en témoin de la culture et des problèmes américains *(Mémoires du comté d'Hécate,* 1946).

Wilson *(Edward Osborne),* biologiste américain (Birmingham, Alabama, 1929). Ses études sur les insectes sociaux l'ont conduit à élaborer une vaste synthèse unissant l'écologie, la génétique et l'éthologie et à fonder la théorie de la sociobiologie.

Wilson *(sir Harold),* homme politique britannique (Huddersfield 1916 - Londres 1995). Leader du Parti travailliste (1963-1976), il fut Premier ministre de 1964 à 1970. De nouveau au pouvoir en 1974, il démissionna en 1976.

Wilson *(Henry Maitland, baron),* maréchal britannique (Stowlangtoft Hall 1881 - près d'Aylesbury 1964). Commandant les forces britanniques en Grèce (1941) puis au Moyen-Orient (1943), il remplaça Eisenhower en 1944 à la tête des opérations en Méditerranée.

Wilson *(John Tuzo),* géophysicien canadien (Ottawa 1908 - Toronto 1993). Il a fourni deux grandes contributions à la théorie de la tectonique des plaques : il suggéra que des « points chauds » fixes dans le manteau forment, par remontée de magma, des chapelets d'îles volcaniques à travers les plaques mobiles et montra l'existence des failles transformantes.

Wilson *(Thomas Woodrow),* homme d'État américain (Staunton, Virginie, 1856 - Washington 1924). Leader du Parti démocrate, il fut élu en 1912 président des États-Unis et appliqua un programme réformiste et hostile aux trusts. Réélu en 1916, il engagea son pays dans la guerre aux côtés des Alliés (1917). À l'issue du conflit, il imposa aux négociateurs des traités son programme en « quatorze points », fondé sur le droit des peuples et la sécurité collective. Mais il ne put obtenir ni la ratification par le Sénat du traité de Versailles ni l'adhésion des États-Unis à la Société des Nations, qu'il avait contribué à créer. (Prix Nobel de la paix 1919.)

Wiltshire, comté de l'Angleterre méridionale. Ch.-l. *Trowbridge.*

Wimbledon, quartier de la banlieue sud-ouest de Londres. Site d'un championnat international de tennis, créé en 1877.

Winchester, v. de Grande-Bretagne (Angleterre), ch.-l. du Hampshire ; 31 000 hab. — Vaste cathédrale romane et gothique. Centre monastique d'enluminure de manuscrits aux Xe-XIIe siècles.

Winckelmann *(Johann Joachim),* historien de l'art et archéologue allemand (Stendal, Brandebourg, 1717 - Trieste 1768). Après avoir écrit ses *Réflexions sur l'imitation des œuvres d'art grecques dans la peinture et la sculpture,* une des principales sources du courant néoclassique (1755), il partit pour Rome, où il devint préfet des antiquités (1763) et bibliothécaire du Vatican. Son *Histoire de l'art dans l'Antiquité* (1764) a posé les bases de l'histoire de l'art (développement historique de styles correspondant à des catégories esthétiques).

Windhoek, cap. de la Namibie ; 96 000 hab.

Windischgrätz *(Alfred, prince* zu*),* maréchal autrichien (Bruxelles 1787 - Vienne 1862). Il réprima, en 1848, les insurrections de Prague et de Vienne mais fut battu par les Hongrois en 1849.

Windsor, v. du Canada (Ontario), sur la rivière Detroit ; 191 435 hab. Port et centre de l'industrie automobile canadienne.

Windsor ou **New Windsor,** v. de Grande-Bretagne (Berkshire), sur la Tamise ; 30 000 hab. — La maison royale britannique de Hanovre-Saxe-Cobourg-Gotha a pris en 1917 le nom de *maison de Windsor.* — *Château royal construit et remanié du XII*e *au XIX*e *siècle* (mobilier, œuvres d'art).

Windsor *(duc de)* → **Édouard VIII.**

Windward Islands → **Vent** *(îles du).*

Winnicott *(Donald Woods),* pédiatre et psychanalyste britannique (Plymouth 1896 - Londres 1971). Il a montré que le développement le plus précoce du nourrisson dépend notamment des liens corporels entre la mère et l'enfant, qui traduisent leurs états affectifs. L'enfant passe ensuite au monde extérieur par l'intermédiaire d'« objets transitionnels », constituant une sorte de prolongement de lui-même (*Jeu et réalité,* 1971).

Winnipeg, v. du Canada, cap. du Manitoba, en bordure des Prairies ; 610 773 hab. Nœud ferroviaire et centre industriel et commercial. — Musées.

Winnipeg *(lac),* lac du Canada (Manitoba), à 216 m d'altitude, s'écoulant vers la baie d'Hudson par le Nelson ; 24 500 km².

Winnipegosis, lac du Canada (Manitoba), à l'ouest du lac Winnipeg ; 5 440 km².

Winogrand *(Gary),* photographe américain (New York 1928 - Mexico 1984). À partir de 1969, il enseigne dans plusieurs universités américaines et marque ainsi toute une génération de créateurs en tant que théoricien, mais aussi par sa pratique révolutionnaire, en reportage, du petit format (non reconnu par le monde professionnel de ses

débuts), sa totale liberté d'expression et son écriture franche, où dynamique et invention se font écho.

Winterhalter *(Franz Xaver),* peintre allemand (Menzenschwand, Forêt-Noire, 1805 - Francfort-sur-le-Main 1873). Installé en France en 1834, il y a exécuté d'élégants portraits et des scènes de cour, dont la plus fameuse est *l'Impératrice Eugénie entourée de ses dames d'honneur* (1855, château de Compiègne).

Winterthur, v. de Suisse (Zurich), sur un affl. du Rhin, la Töss ; 86 959 hab. Centre industriel. Noyau urbain ancien. — Riches ensembles de peinture du musée des Beaux-Arts ainsi que de la fondation et de la collection Oskar Reinhart.

Wisconsin *(le),* riv. des États-Unis, affl. du Mississippi (r. g.) ; 690 km.

Wisconsin, État de la région des Grands Lacs, aux États-Unis ; 145 438 km² ; 4 891 769 hab. Cap. *Madison.* Le nord de l'État, partie du Bouclier canadien, est forestier, tandis que le sud est agricole (produits laitiers). L'industrie est représentée par l'automobile, les machines agricoles et l'alimentation.

Wise *(Robert),* cinéaste américain (Winchester, Indiana, 1914). Il débute dans la réalisation en 1943 et, depuis cette époque, dirige de nombreux films, dont *Marqué par la haine* (1956), *West Side Story* (1961), *la Mélodie du bonheur* (1965), *Star Trek* (1979).

Wisigoths ou **Visigoths,** branche des Goths (« Goths sages » ou « Goths vaillants »), installée au IV e siècle entre Dniepr et Danube, et convertie à l'arianisme (IV e siècle). Vainqueurs de Valens à Andrinople en 378, ils prirent Rome en 410 sous la conduite de leur chef Alaric. Installés comme fédérés dans le sud-ouest de la Gaule (v. 418), ils conquirent une bonne partie de l'Espagne (412-476). Ils combattirent Attila aux champs Catalauniques (451), mais Clovis les chassa de Gaule après 507 et ils firent de Tolède leur capitale. Leur roi Reccared (586-601) se convertit au catholicisme. Quand les musulmans débarquèrent en Espagne, leur royaume s'effondra rapidement (711-714).

Wismar, port d'Allemagne, sur la Baltique ; 57 173 hab. Centre industriel. — Église gothique St-Nicolas ; maisons anciennes.

Wissembourg, ch.-l. d'arr. du Bas-Rhin, sur la Lauter ; 7 533 hab. *(Wissembourgeois).* — Importante église gothique (chapelle et clocher romans). Ensembles de maisons anciennes. Musée.

Wissembourg *(bataille de)* [4 août 1870], première bataille de la guerre franco-allemande, qui se solda par la retraite des Français de Mac-Mahon.

Witkiewicz *(Stanisław Ignacy),* dit Witkacy, peintre et écrivain polonais (Varsovie 1885 - Jeziory 1939). Son œuvre affirme « l'inadaptation absolue de l'homme à la fonction de l'existence » (*l'Inassouvissement,* 1930). Il est le principal représentant du « catastrophisme » polonais.

Witt *(Johan, en fr. Jean de),* homme d'État hollandais (Dordrecht 1625 - La Haye 1672). Pensionnaire de Hollande (1653-1672), il dirigea la politique extérieure des Provinces-Unies. Il conclut la paix avec Cromwell (1654) et fit voter l'Acte d'exclusion contre la maison d'Orange (1667). Après avoir mené une guerre contre les Anglais (1665-1667), il s'allia à l'Angleterre et à la Suède contre la France, mais l'invasion victorieuse de Louis XIV (1672) lui fut imputée par les orangistes, qui le laissèrent assassiner, ainsi que son frère **Cornelis** (Dordrecht 1623 - La Haye 1672) par la population de La Haye.

Witte *(Sergueï Ioulievitch, comte),* homme politique russe (Tiflis 1849 - Petrograd 1915). Ministre des Finances de 1892 à 1903, il favorisa l'industrialisation grâce aux capitaux étrangers, français notamment. Rappelé par Nicolas II lors de la révolution de 1905, il fut limogé quand l'ordre fut rétabli (1906).

Wittelsbach, famille princière de Bavière. Elle régna de 1180 à 1918 sur la Bavière.

Witten, v. d'Allemagne, dans la Ruhr ; 104 701 hab. Centre industriel.

Wittenberg, v. d'Allemagne, sur l'Elbe ; 51 754 hab. — C'est sur les portes de l'église du château que Luther afficha, le 31 octobre 1517, ses 95 thèses, déclenchant ainsi le mouvement de la Réforme.

Wittgenstein *(Ludwig),* philosophe autrichien naturalisé britannique (Vienne 1889 - Cambridge 1951). Sa première théorie, celle du *Tractatus logico-philosophicus* (1921), pose qu'il existe une relation biunivoque entre les mots et les choses, et que les propositions qui enchaînent les mots constituent des « images » de la réalité. On arriverait ainsi à un langage totalement désambiguïsé. Cette théorie *(atomisme logique)* eut une certaine influence sur le cercle de Vienne. Elle a été ensuite abandonnée par Wittgenstein lui-même, comme en témoignent *les Investigations philosophiques,* écrites entre 1936 et 1945 et entre 1947 et 1949. Dans cet ouvrage, l'auteur (« le second Wittgenstein ») abandonne la thèse logiciste, met en lumière l'aspect humain du langage et procède à une délimitation rigoureuse entre logique et grammaire.

Witwatersrand *(en abrégé Rand),* région d'Afrique du Sud (autour de Johannesburg), partie de la province de Pretoria-Witwatersrand-Vereeniging (ou Gauteng). Importantes mines d'or.

Witz *(Konrad),* peintre d'origine souabe installé à Bâle en 1431 (m. v. 1445 à Bâle ou à Genève). Sous l'influence des arts bourguignon et flamand, il a composé des panneaux de retables remarquables par la puissance plastique et par l'attention portée au réel (musées de Bâle, Berlin, Dijon, Strasbourg... ; *Pêche miraculeuse,* musée d'Art et d'Histoire, Genève).

Woëvre *(la),* région de la Lorraine (Meuse et Meurthe-et-Moselle), au pied des Côtes de Meuse ; composée de forêts et d'étangs, elle est en partie cultivée.

Wöhler *(Friedrich),* chimiste allemand (Eschersheim, près de Francfort-sur-le-Main, 1800 - Göttingen 1882). Il a isolé l'aluminium (1827), le bore et réalisé en 1828 la première synthèse de chimie organique, celle de l'urée. Il a mis au point la préparation de l'acétylène par action de l'eau sur le carbure de calcium.

Wolf *(Christa),* femme de lettres allemande (Landsberg 1929). Ses romans évoquent les problèmes politiques et culturels de l'Allemagne de l'Est (*Cassandre,* 1983).

Wolf *(Hugo),* compositeur autrichien (Windischgraz 1860 - Vienne 1903), le plus grand maître du lied après Schubert et Schumann. Très attaché à la vérité psychologique, il ne mit en musique que des textes de grande qualité (Goethe, Mörike, Eichendorff). Son existence créatrice se limita presque à quatre années (1888-1891) ; à partir de 1897, il sombra dans la folie.

Wolfe *(James),* général britannique (Westerham 1727 - Québec 1759). Il vainquit Montcalm devant Québec (bataille des plaines d'Abraham) mais fut mortellement blessé au cours du combat.

Wolfe *(Thomas Clayton),* écrivain américain (Asheville, Caroline du Nord, 1900 - Baltimore 1938). Il est l'auteur de romans lyriques et autobiographiques (*Ange, regarde de ce côté,* 1929 ; *la Toile et le Roc,* 1939).

Wolfe *(Tom),* écrivain et journaliste américain (Richmond 1931). Son œuvre critique et romanesque (*Acid Test,* 1968 ; *l'Étoffe des* *héros,* 1979 ; *le Bûcher des vanités,* 1987) offre une peinture acerbe de l'Amérique contemporaine.

Wolff ou **Wolf** *(Christian* von*),* juriste, mathématicien et philosophe allemand (Breslau 1679 - Halle 1754). Disciple de Leibniz, il a proposé un système *(rationalisme dogmatique)* qui a eu une forte influence au XVIIIe siècle et a fait l'objet de violentes critiques de la part de Kant. Il a écrit *Philosophie première* (1729), *Philosophie pratique* (1738).

Wolff *(Étienne),* biologiste français (Auxerre 1904). Il s'est illustré dans la tératologie expérimentale. (Acad. fr. 1971.)

Wölfflin *(Heinrich),* historien de l'art suisse (Winterthur 1864 - Zurich 1945). Professeur à Bâle, à Berlin, à Munich et à Zurich, il a renouvelé les fondements de sa discipline dans ses *Principes fondamentaux de l'histoire de l'art* (1915) : analysant les œuvres de grands artistes, de Dürer à Bernin, il étudie les motivations internes des styles et l'opposition classique-baroque à travers des couples de catégories tels que le linéaire et le pictural, la forme fermée et la forme ouverte, etc.

Wolfram von Eschenbach, poète allemand (Eschenbach, Bavière, v. 1170 - v. 1220). Il est l'auteur de poèmes épiques *(Parzival)* et lyriques *(Titurel).*

Wolfsburg, v. d'Allemagne (Basse-Saxe) ; 126 708 hab. Automobiles.

Wolin, île polonaise qui ferme le golfe de Szczecin ; 265 km². Parc national.

Wolinski *(Georges),* dessinateur et humoriste français (Tunis 1934). Son œuvre se caractérise par une satire cinglante des mœurs et des opinions *(Je ne veux pas mourir idiot,* 1968 ; *C'est dur d'être patron,* 1977 ; *À bas l'amour copain,* 1980 ; *J'hallucine,* 1991).

Wollaston *(William Hyde),* physicien et chimiste britannique (East Dereham, Norfolk, 1766 - Londres 1828). Il découvrit le palladium, le rhodium et perfectionna la pile de Volta.

Wollongong, *anc.* Greater Wollongong, v. d'Australie (Nouvelle-Galles du Sud) ; 235 300 hab. Centre houiller et industriel. Université.

Wolof → Ouolof.

Wols *(Wolfgang* Schultze, dit*),* dessinateur et peintre allemand (Berlin 1913 - Paris 1951). Installé à Paris en 1932, d'abord photographe, il fut un des créateurs, vers 1945-46, de la peinture informelle.

Wolseley *(sir Garnet Joseph, vicomte),* maréchal britannique (Golden Bridge, comté de Dublin, 1833 - Menton 1913). Il se distingua dans de nombreuses campagnes coloniales, administra notamment le Transvaal (1879) et prit Khartoum (1884). Il fut commandant en chef de l'armée britannique de 1895 à 1901.

Wolsey *(Thomas),* prélat et homme politique anglais (Ipswich v. 1475 - Leicester 1530). Archevêque d'York (1514), cardinal et lord-chancelier du roi Henri VIII (1515), il dirigea pendant près de 15 ans la politique anglaise et voulut faire de l'Angleterre un arbitre des conflits entre François Ier et Charles Quint. N'ayant pu obtenir du pape le divorce du roi, il fut disgracié en 1529.

Woluwe-Saint-Lambert, *en néerl.* Sint-Lambrechts-Woluwe, comm. de Belgique, banlieue est de Bruxelles ; 47 963 hab.

Woluwe-Saint-Pierre, *en néerl.* Sint-Pieters-Woluwe, comm. de Belgique, banlieue est de Bruxelles ; 38 160 hab.

Wolverhampton, v. de Grande-Bretagne, dans les Midlands ; 239 800 hab. Métallurgie.

Wonder *(Steveland* Morris, dit Litlle Stevie, puis Stevie*),* pianiste, harmoniciste, chanteur et compositeur de soul music américain (Saginaw, Michigan, 1950). Sa musique dégage une joie, un élan des plus intenses, une luminosité qui semble être la compensation à sa cécité congénitale. Ses textes sont inspirés par des valeurs de paix et de compréhension universelles.

Wonsan, port de Corée du Nord, sur la mer du Japon ; 215 000 hab. Centre industriel.

Wood *(Robert Williams),* physicien américain (Concord, Massachusetts, 1868 - Amityville, New York, 1955). Il étudia certaines radiations ultraviolettes *(lumière de Wood* ou *lumière noire)* capables d'induire des fluorescences qui trouvent des applications notamment en dermatologie *(lampe de Wood).*

Woolf *(Virginia),* romancière britannique (Londres 1882 - Lewes, Sussex, 1941). Influencée par Proust et Joyce, elle tenta de rendre sensible la vie mouvante de la conscience et de saisir les impressions fugitives et quotidiennes dans ses romans, où l'action et l'intrigue ne jouent presque aucun rôle *(la Traversée des apparences,* 1915 ; *la Chambre de Jacob,* 1922 ; *Mrs Dalloway,* 1925 ; *la Promenade au phare,* 1927 ; *les*

Vagues, 1931 ; *les Années,* 1937). Elle fut également éditeur (K. Mansfield et T. S. Eliot) et critique littéraire (*The Common Reader,* 1925-1932).

Worcester, v. de Grande-Bretagne, sur la Severn ; 81 000 hab. — Charles Ier y fut battu par Cromwell (1651). — Cathédrale, surtout des XIIIe-XIVe siècles (crypte romane), autres monuments et demeures anciennes. Musées, dont un consacré à la porcelaine de Worcester.

Wordsworth *(William),* poète britannique (Cockermouth 1770 - Rydal Mount 1850). Auteur, avec son ami Coleridge, des *Ballades lyriques* (1798), véritable manifeste du romantisme, il rejeta la phraséologie des poètes du XVIIIe siècle au profit du pittoresque de la langue quotidienne (*l'Excursion, Peter Bell*).

Worms, v. d'Allemagne (Rhénanie-Palatinat), sur le Rhin ; 75 326 hab. — Un concordat y fut conclu en 1122 entre Calixte II et l'empereur Henri V, mettant fin à la querelle des Investitures. Là se tint, en 1521, une diète qui mit Luther au ban de l'Empire. — Cathédrale romane, à deux absides opposées, des XIIe et XIIIe siècles. Musée.

Worth *(Charles Frédéric),* couturier français (Bourn, Lincolnshire, 1825 - Paris 1895). Couturier de l'impératrice Eugénie, il fut le premier à présenter ses modèles sur des mannequins vivants puis à délivrer la femme de la crinoline.

Worthing, station balnéaire de Grande-Bretagne (West Sussex), sur la Manche ; 94 100 hab.

Wotan → **Odin.**

Wouters *(Rik),* peintre et sculpteur belge (Malines 1882 - Amsterdam 1916), principal représentant du « fauvisme brabançon ».

Wouwerman *(Philips),* peintre néerlandais (Haarlem 1619 - *id.* 1668), spécialisé dans les scènes de genre où intervient le cheval (chasses, escarmouches, haltes devant une auberge).

Wozzeck, opéra d'Alban Berg (1925), d'après le drame de G. Büchner, une des œuvres les plus originales du début du siècle, utilisant le *Sprechgesang* (parlé/chanté).

Wrangel ou **Vrangel** *(Petr Nikolaïevitch, baron),* général russe (Novo-Aleksandrovsk 1878 - Bruxelles 1928). Successeur de Denikine à la tête des armées blanches de la Russie du Sud (1920), il combattit l'Armée rouge en Ukraine et en Crimée.

Wray *(John)* → **Ray.**

Wren *(sir Christopher),* architecte anglais (East Knoyle, Wiltshire, 1632 - Hampton Court, près de Londres, 1723). Scientifique de formation, il commença par des travaux en astronomie, en mathématiques (étude de la cycloïde) et en mécanique (loi des chocs). Newton le considérait comme l'un des grands géomètres de son temps. Il aborde l'architecture en 1663 et s'y consacre entièrement après l'incendie de Londres (1666), puisqu'il est chargé de reconstruire une cinquantaine d'églises ainsi que la cathédrale St Paul (1675-1710). « Surveyor general » des bâtiments royaux de 1669 à 1718, il réalise les hôpitaux de Chelsea (1682) et de Greenwich. Empruntant aussi bien au palladianisme qu'au classicisme français et au baroque hollandais, Wren n'en a pas moins élaboré un style personnel, fait de grandeur et de rigueur, dont se souviendront les maîtres néoclassiques.

Wright *(Frank Lloyd),* architecte américain (Richland Center, Wisconsin, 1867 - Taliesin West, Arizona, 1959). Après de brèves études d'ingénieur, il travaille avec Sullivan à Chicago, puis affirme rapidement sa personnalité. Adoptant des conceptions très en avance sur son temps, il développe dès 1895 le type des « maisons de la prairie », maisons basses caractérisées par un plan « en ailes de moulin », un nouveau rapport intérieur-extérieur et une volonté d'intégration dans le paysage. À un moment où son influence pénètre en Europe grâce à une publication (1910) de l'éditeur allemand Wasmuth, il va travailler au Japon (Imperial Hotel de Tokyo, 1916). Il connaît dans son pays une éclipse de réputation, suivie, en 1936, d'un retour décisif à l'avant-garde de l'architecture mondiale avec, d'une part, la « Maison sur la cascade » (Kaufmann House, Bear Run, Pennsylvanie), qui a servi de point de départ au théoricien italien Bruno Zevi pour définir l'architecture *organique,* et, d'autre part, les bâtiments administratifs de la compagnie Johnson Wax (Racine, Wisconsin), avec leur trait dominant de diffusion de la lumière par en haut. Après 1945, il réalise des maisons dites « usoniennes », fondées sur la spirale, thème qui trouve sa consécration au Solomon R. Guggenheim Museum de New York (1943-1959).

Wright *(les frères),* **Wilbur** (Millville, Indiana, 1867 - Dayton, Ohio, 1912) et **Orville** (Dayton 1871 - *id.* 1948), précurseurs de l'aviation américains. Dès 1902, ils se livrèrent à des essais de vol plané. Le 17 décembre

1903, à bord du *Flyer,* un avion doté d'un moteur de 16 ch et de deux hélices, Orville réussit, à Kitty Hawk, le premier vol propulsé et soutenu d'un appareil plus lourd que l'air. En septembre 1904, Wilbur effectua le premier virage en vol, puis réussit le premier vol en circuit fermé.

Wright *(Richard),* écrivain américain (Natchez, Mississippi, 1908 - Paris 1960). Il traita dans ses romans des problèmes sociaux et psychologiques des hommes de couleur *(les Enfants de l'oncle Tom,* 1938 ; *Black Boy,* 1945).

Wrocław, *en all.* Breslau, v. de Pologne, en basse Silésie, ch.-l. de voïévodie, sur l'Odra ; 636 000 hab. Centre administratif, culturel et industriel. — Cathédrale et hôtel de ville gothiques ; autres monuments. Musée de Silésie.

Wuhan ou **Wou-han,** conurbation de la Chine centrale, cap. du Hubei ; 3 200 000 hab. Carrefour ferroviaire et centre industriel. — Monuments anciens restaurés. — Musée provincial du Hubei (riches coll. archéologiques).

Wuhu, port de Chine (Anhui), sur le Yangzi Jiang ; 350 000 hab.

Wulfila → Ulfilas.

Wulumuqi → Ouroumtsi.

Wundt *(Wilhelm),* philosophe et psychologue allemand (Neckarau, auj. dans Mannheim, 1832 - Grossbothen, près de Leipzig, 1920). Il est l'un des fondateurs de la psychologie expérimentale *(Éléments de psychologie physiologique,* 1873-74). Il a également jeté les bases d'une psychologie sociale *(Völkerpsychologie,* 1904-1923).

Wuppertal, v. d'Allemagne (Rhénanie-du-Nord-Westphalie), près de la Ruhr, sur le *Wupper ;* 378 312 hab. Centre industriel. Université.

Wurtemberg, *en all.* Württemberg, ancien État de l'Allemagne du Sud-Ouest, qui s'étendait sur la bordure nord-est de la Forêt-Noire et sur la partie méridionale du bassin de Souabe-Franconie, aujourd'hui partie du Bade-Wurtemberg. Issu du duché de Souabe, le Wurtemberg fut érigé en comté en 1135. Transformé en duché (1495), il fut érigé en royaume en 1805 et adhéra à la Confédération germanique en 1815. Il fut intégré à l'Empire allemand en 1871.

Wurtz *(Charles Adolphe),* chimiste français (près de Strasbourg 1817 - Paris 1884). Il a découvert les amines (1849), le glycol (1855), l'aldol (1872) et a établi la constitu-

tion de la glycérine. Il a imaginé une méthode de synthèse générale en chimie organique, grâce à l'emploi du sodium (1854). Il fut le promoteur de la théorie atomique en France.

Würzburg, v. d'Allemagne (Bavière), sur le Main ; 127 000 hab. Centre commercial, universitaire et industriel. — Églises des XIIᵉ-XIVᵉ siècles. Somptueuse résidence des princes-évêques, construite à partir de 1719 par J. B. Neumann (fresques de Tiepolo). Musée régional.

Wuxi, v. de Chine (Jiangsu) ; 799 000 hab. — Vieille ville traversée par le Grand Canal aménagé dès le VIIᵉ siècle ; musée. Jardin Jichang, fondé au XVIᵉ siècle ; beau paysage sur le lac.

Wu Zhen ou **Wou Tchen,** peintre, calligraphe et poète chinois (Jiaxing, Zhejiang, 1280-1354) de l'époque Yuan, inspiré par le taoïsme et célèbre pour ses représentations de bambous.

Wuzhou, v. de Chine (Guangxi), sur le Xi Jiang ; 200 000 hab.

WWF (sigle de World Wildlife Fund, *en fr.* Fonds mondial pour la nature), organisation internationale privée de protection de la nature. Le WWF collecte des capitaux et finance des projets de sauvegarde des espèces et de protection de l'environnement.

Wyat ou **Wyatt** *(sir Thomas),* poète et diplomate anglais (Allington Castle, Kent, v. 1503 - Sherborne 1542). Il introduisit le sonnet dans la poésie anglaise.

Wycherley *(William),* écrivain anglais (Clive 1640 - Londres 1716). Il est l'auteur de comédies satiriques inspirées de Molière *(l'Homme sans détours,* 1676).

Wycliffe ou **Wyclif** *(John),* théologien anglais, précurseur de la Réforme (North Riding of Yorkshire v. 1330 - Lutterworth, Leicestershire, 1384). Chef d'un mouvement hostile au pape et au clergé, il passa par la suite à une attitude proche de celle des vaudois, voyant dans une Église pauvre la seule institution qui soit conforme à l'Évangile. Il rejeta la théorie de la transsubstantiation eucharistique et mit l'accent sur l'autorité exclusive de la Bible. Le concile de Constance (1415) le condamna, après sa mort, comme hérétique.

Wyler *(William),* cinéaste américain d'origine suisse (Mulhouse 1902 - Los Angeles

1981). Spécialiste des drames psychologiques et des adaptations littéraires, il a réalisé *la Vipère* (1941), *les Plus Belles Années de notre vie* (1946), *Ben Hur* (1959), *l'Obsédé* (1965).

Wyoming, État de l'ouest des États-Unis ; 253 596 km² ; 453 588 hab. Cap. *Cheyenne.* Le Wyoming est formé de parties des Rocheuses boisées et bien arrosées (Bighorn, Wind River, Yellowstone) encadrant de hauts bassins arides. État peu peuplé (2 hab./km²).

dont les ressources sont l'élevage (extensif) et les mines (charbon, pétrole, uranium).

Wyspiański *(Stanisław),* auteur dramatique et peintre polonais (Cracovie 1869 - *id.* 1907). Il exerça une influence profonde sur l'esprit national et la littérature polonaise (*la Varsovienne,* 1898 ; *les Noces,* 1901).

Wyss *(Johann David),* pasteur suisse (Berne 1743 - *id.* 1818). Il est connu par son *Robinson suisse* (1812-1827), adaptation enfantine du thème du roman de Defoe.

Xaintrailles ou **Saintrailles** *(Jean* Poton de*),* maréchal de France (v. 1400 - Bordeaux 1461). Grand écuyer de Charles VII, compagnon de Jeanne d'Arc, il continua, en Normandie et en Guyenne, la lutte contre l'Angleterre.

Xanthe, *en gr.* Xanthos, autre nom du Scamandre.

Xánthi ou **Xante,** v. de Grèce (Thrace) ; 37 462 hab.

Xenakis *(Iannis),* compositeur grec naturalisé français (Brăila, Roumanie, 1922). Il fait en Grèce des études musicales et scientifiques, puis s'établit à Paris en 1947 et travaille avec Le Corbusier (1947-1960). Il crée en 1972 le CÉMAMU (Centre d'études de mathématique et automatique musicales). Sous le nom de « musique stochastique », Xenakis applique à des ensembles complexes d'événements sonores les connaissances et les techniques scientifiques (*Metastasis,* 1954). À partir de *ST/10,* pour 10 instruments (1956-1962), il utilise un ordinateur. Sous le nom de « musique stratégique », il introduit également la théorie des jeux : *Stratégie* (1962). À l'aide de la théorie des ensembles, de la logique mathématique et de la théorie des cribles, Xenakis en arrive à la « musique symbolique », illustrée par *Herma* pour piano (1961) ou encore *Nomos Alpha* pour violoncelle seul (1966). Il évolue ensuite vers un lyrisme plus direct avec, notamment, *Nuits* pour 12 voix mixtes (1967), *Nomos Gamma* pour orchestre de

98 musiciens éparpillés dans le public (1968), *Ata* pour orchestre (1988), *Roaï* pour orchestre (1991), *Pu wijnuej we fyp* pour chœur d'enfants (1992).

Xénocrate, philosophe grec (Chalcédoine v. 400 av. J.-C.-314). Disciple de Platon, il s'efforça de concilier la philosophie de son maître et les doctrines du pythagorisme.

Xénophane, philosophe grec (Colophon fin du VIᵉ s. av. J.-C.), fondateur de l'école d'Élée, qui faisait de l'Être un éternel absolu.

Xénophon, écrivain, philosophe et homme politique grec (Erkhia, Attique, v. 430 - v. 355 av. J.-C.). Il fut un des disciples de Socrate. Il dirigea la retraite des Dix Mille, dont il fit le récit dans l'*Anabase.* On lui doit des traités relatifs à Socrate (*les Mémorables*), des récits historiques (*les Helléniques*), des ouvrages d'économie domestique et de politique (*l'Économique, la Constitution des Lacédémoniens*), un roman historique (*la Cyropédie*).

Xeres → Jerez de la Frontera.

Xerxès Iᵉʳ, roi perse achéménide (486-465 av. J.-C.). Fils de Darios Iᵉʳ, il réprima avec brutalité les révoltes de l'Égypte et de Babylone, qu'il détruisit (482). Mais il ne put venir à bout des cités grecques au cours de la seconde guerre médique (480-479). Victime d'intrigues de palais, il mourut assassiné.

Xhosa ou **Xosa,** peuple de l'Afrique australe, parlant une langue bantoue à clicks (groupe khoisan) et rattaché linguistiquement au groupe des Ngoni. Ils forment un des groupes les plus défavorisés de l'Afrique du Sud.

Xia Gui ou **Hia Kouei,** peintre chinois originaire de Qiantang (Zhejiang), actif vers 1190-1225. Son écriture à la fois elliptique et expressive en fait l'un des principaux paysagistes des Song du Sud.

Xi'an, v. de Chine, cap. du Shaanxi ; 2 180 000 hab. Centre industriel. — Capitale de la Chine, sous les Zhou, et, sous le nom de *Changan,* sous les Han et les Tang, elle garde de cette époque sa configuration urbaine. Riche musée. Monuments anciens, dont la Grande Pagode des oies sauvages (Dayanta), d'époque Tang. Aux environs, nombreuses et riches nécropoles avec des tumulus impériaux, tel celui de Qin Shi Huangdi (→ Qin Shi Huangdi).

Xiangtan, port de Chine (Hunan), sur le Xiang Jiang ; 281 000 hab. Centre industriel.

Xianyang, v. de Chine (Shaanxi), sur le Wei He ; 70 000 hab. —Ancienne capitale de Qin Shi Huangdi. Important site archéologique ; nécropoles où ont été recueillis de riches mobiliers funéraires, conservés au musée municipal.

Xichang, base chinoise de lancement d'engins spatiaux, dans le Sichuan, au sud-ouest de Chengdu.

Xi Jiang ou **Si-kiang,** fl. de la Chine méridionale ; 2 000 km. Il se termine en un delta à plusieurs branches, sur l'une desquelles s'est établie Canton.

Xingu *(le),* riv. du Brésil, affl. de l'Amazone (r. dr.) ; 1 980 km.

Xining, v. de Chine, cap. du Qinghai, dans une oasis ; 300 000 hab. Centre commercial et industriel.

Xinjiang ou **Sin-kiang** *(région autonome ouigoure du),* région du nord-ouest de la Chine ; 1 646 800 km² ; 13 082 000 hab. Cap. *Ouroumtsi.* Région aride, vide en dehors des oasis (sur l'ancienne route de la soie). Élevage ovin. Extraction du pétrole.

Xinzhu → Hsinchu.

Xixabangma ou **Gosainthan,** sommet de l'Himalaya (Tibet) ; 8 012 m.

Xuzhou, v. de Chine (Jiangsu), 1 100 000 hab. Centre d'une région charbonnière. — Monastère rupestre (ve s.).

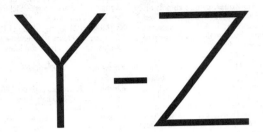

Y-Z

Yacine *(Kateb)* → **Kateb.**

Yaciretá, barrage sur le Paraná, à la frontière de l'Argentine et du Paraguay.

Yafo → **Jaffa.**

Yahvé, nom qu'Israël a privilégié pour désigner son Dieu. Il est transcrit dans la Bible par les quatre consonnes, ou « tétragramme », YHWH. (→ Jéhovah.)

Yale *(université),* université américaine, fondée en 1701 à New Haven (Connecticut). Elle doit son nom à Elihu *Yale,* l'un de ses bienfaiteurs. Musée.

Yalong Jiang ou **Ya-long-kiang,** riv. de la Chine centrale, affl. du Yangzi Jiang (r. g.) ; 1 100 km.

Yalta ou **Ialta,** v. d'Ukraine, en Crimée, sur la mer Noire ; 77 000 hab. Station balnéaire. Musée ethnographique et musée Tchekhov.

Yalta *(conférence de)* [4-11 févr. 1945], conférence qui réunit Churchill, Roosevelt et Staline en vue de régler les problèmes posés par la proche défaite de l'Allemagne. Elle admit le principe d'une amputation de la Pologne orientale au bénéfice de l'U. R. S. S., qui s'engagea en outre à attaquer le Japon. Elle prévoyait la formation de gouvernements démocratiques dans l'Europe libérée.

Yalu, fl. d'Asie orientale, suivi par la frontière entre la Chine et la Corée du Nord ; 790 km.

Yamagata, v. du Japon (Honshu) ; 249 487 hab. Centre industriel.

Yamamoto Isoroku, amiral japonais (Nagaoka 1884 - dans les îles Salomon 1943). Commandant en chef de la flotte japonaise (1939), il dirigea les opérations navales contre les Américains de 1941 à 1943.

Yamoussoukro, cap. de la Côte d'Ivoire (depuis 1983), au centre du pays ; 85 000 hab. Université. — Basilique Notre-Dame-de-la-Paix (1990), inspirée de St-Pierre de Rome.

Yamuna, Jumna ou **Jamna,** riv. de l'Inde, qui passe à Delhi et à Agra, affluent du Gange (r. dr.) ; 1 370 km. C'est l'une des rivières sacrées de l'hindouisme.

Yan'an, v. de Chine, dans le nord du Shaanxi. Siège du gouvernement communiste chinois après la Longue Marche (1935).

Yanaon, un des anciens établissements français dans l'Inde, sur la côte de Coromandel. Rattaché à l'Inde en 1954.

Yang Shangkun, homme d'État chinois (dans le Sichuan 1907), président de la République de 1988 à 1993.

Yangzhou, v. de Chine (Jiangsu) ; 200 000 hab. — Musée. Monuments anciens d'époque Tang et Song. Jardins jalonnés de pavillons (XVIIIe et XIXe s.).

Yangzi Jiang ou **Yang-tseu-kiang,** le plus long fleuve de Chine ; 5 980 km (bassin de 1 830 000 km^2 où vivent plus de 200 millions de Chinois). Issu du Tibet et coulant d'abord en gorges, mais partiellement régularisé en aval de Yichang, il devient la principale voie navigable de Chine, jalonnée de grands centres urbains, Wuhan, Nankin et, surtout, Shanghai, développée au sud de son estuaire, qui s'ouvre sur la mer de Chine orientale. C'est l'ancien *fleuve Bleu.*

Yanomami ou **Yanomani,** Indiens d'Amérique du Sud qui occupent les régions frontalières entre le Venezuela et le Brésil.

Yantai, port de Chine (Shandong) ; 200 000 hab. Pêche. Centre industriel.

Yao, v. du Japon (Honshu), banlieue d'Osaka ; 277 568 hab.

Yaoundé, cap. du Cameroun, à environ 700 m d'altitude ; 500 000 hab. Centre administratif et commercial. Université.

Yapurá ou **Japurá,** riv. de Colombie et du Brésil, affl. de l'Amazone (r. g.) ; 2 800 km.

Yarkand, v. de Chine (Xinjiang) ; 100 000 hab. Oasis.

Yarmouth → Great Yarmouth.

Yaşar Kemal (*Kemal Sadık* Gökçeli, dit*),* écrivain turc (Osmaniye, près d'Adana, 1923). Ses poèmes et ses romans évoquent les paysans d'Anatolie (*Mémed le Mince,* 1955 ; *Terre de fer, ciel de cuivre,* 1963 ; *le Retour de Mémed le Mince,* 1984).

Yazilikaya, lieu-dit de Turquie, à 3 km de Boğazköy (l'anc. Hattousa). Sanctuaire rupestre hittite (XIIIᵉ s. av. J.-C.) à ciel ouvert et dont les diverses chambres sont ornées de reliefs rupestres représentant les principaux dieux du panthéon hittite.

Yeats *(William Butler),* écrivain irlandais (Sandymount 1865 - Roquebrune-Cap-Martin 1939). Devenu l'âme, avec lady Gregory, de la renaissance irlandaise, cofondateur (1904) de l'Abbey Theatre, il est l'auteur d'essais, de poèmes et de drames d'inspiration nationale et mystique (*la Comtesse Kathleen,* 1892 ; *Deirdre,* 1907). [Prix Nobel 1923.]

Yedo → Edo.

Yellowknife, v. du Canada, ch.-l. des Territoires du Nord-Ouest, sur la rive nord du Grand Lac de l'Esclave ; 11 860 hab. À proximité, gisements aurifères.

Yellowstone (le*),* riv. des États-Unis, affl. du Missouri (r. dr.), qui traverse le *parc national de Yellowstone* (Wyoming), aux nombreux geysers ; 1 080 km (bassin de 181 300 km²).

Yémen, État du sud de l'Arabie, sur la mer Rouge et le golfe d'Aden ; 485 000 km² ; 11 300 000 hab. *(Yéménites.)* . CAP. Sanaa. LANGUE : *arabe.* MONNAIES : *rial* et *dinar.*

GÉOGRAPHIE

Le Yémen occupe la partie sud de la péninsule arabique, sur une superficie presque égale à celle de la France. Les plaines côtières arides, Tihama en bordure de la mer Rouge et littoral du golfe d'Aden, sont dominées par le rebord du socle arabique, hautes terres bien arrosées à l'ouest, désertiques à l'est, coupées de vallées irriguées et d'oasis. En dehors de quelques ports (pêche) et d'Aden, longtemps site stratégique, les villes sont situées dans la « montagne » : Taizz et surtout Sanaa, la capitale, ville la plus peuplée aujourd'hui. L'agriculture occupe la majeure partie de la population active. Céréales, coton, café, fruits et légumes sont complétés par l'élevage (ovins et caprins). L'extraction pétrolière s'est développée récemment. Les difficultés économiques du pays se sont encore accrues lors de la guerre du Golfe (1990-91), celle-ci ayant provoqué la suspension de l'aide de l'Arabie saoudite ainsi que le retour des émigrés qui y travaillaient.

HISTOIRE

Peuplé dès le IIIᵉ millénaire, le Yémen est divisé en royaumes, dont celui de Saba. Pénétré par le judaïsme puis par le christianisme, ce royaume est à son apogée au IIIᵉ s. av. J.-C. Mais, conquis en 525, il devient une vice-royauté éthiopienne et, v. 570, une satrapie perse.

VIIᵉ s. L'islam s'y répand, sous la forme du chiisme. Les principautés musulmanes retrouvent leur autonomie à l'égard des califes au IXᵉ s., et prospèrent grâce au commerce.

1570-1635. Le Yémen est intégré à l'Empire ottoman qui, après 1635, n'a plus d'autorité réelle.

Le déclin du pays permet aux Britanniques de s'emparer d'Aden (1839) et à l'Arabie saoudite d'annexer une principauté du Nord (1926). Le Yémen, sous le régime patriarcal et autoritaire des Zaydites, stagne.

1963. Aden et la plupart des sultanats du protectorat britannique forment la fédération d'Arabie du Sud.

1967. Celle-ci accède à l'indépendance.

■ **Les deux Républiques.**

■ **Yémen du Nord (Sanaa).**

1962. Un coup d'État instaure un régime républicain. Appuyé par l'Égypte, celui-ci lutte jusqu'en 1969 contre les royalistes soutenus par l'Arabie saoudite et la Grande-Bretagne. Un accord entre les combattants favorise l'arrivée au pouvoir, en 1972, des éléments les plus conservateurs. Cette évolution politique accroît la tension avec la République démocratique du Yémen.

1974. Une junte militaire s'empare du pouvoir.

1977-78. Période de grande instabilité politique. Assassinat du chef de l'État.

1978. Le lieutenant-colonel Ali Abdallah al-Salih est élu président.
1979. Un processus d'unification est relancé.
■ **Yémen du Sud (Aden).**
1970. Ali Rubayyi instaure une République démocratique et populaire d'inspiration marxiste-léniniste.
1978. Assassinat d'Ali Rubayyi.
1980. Ali Nasir Muhammad devient chef de l'État.
1986. Abu Bakr al-Attas le renverse et prend le pouvoir.
■ **L'unification.** À la suite des accords signés en 1988 et 1989 entre les deux Yémens, l'unification est proclamée en 1990. La nouvelle République est présidée par Ali Abdallah al-Salih. De graves dissensions conduisent à un conflit armé entre nordistes et sudistes en 1994.

Yersin (*Alexandre*), microbiologiste français d'origine suisse (Aubonne, cant. de Vaud, Suisse, 1863 - Nha Trang, Viêt Nam, 1943). Il découvrit le bacille de la peste (1894).

Yeu (*île d'*), île de la côte française de l'Atlantique (Vendée), formant une commune et un canton de *L'Île-d'Yeu* ; 23 km² ; 4 951 hab. ; ch.-l. *Port-Joinville.*

Yichang, port de Chine (Hubei), sur le Yangzi Jiang ; 200 000 hab.

Yijing ou **Yi-king** (*« Livre des mutations »*), l'un des cinq classiques chinois, constituant essentiellement une cosmologie.

Yinchuan, v. de Chine, cap. de la région autonome du Ningxia ; 200 000 hab. Centre administratif et industriel.

Yingkou, port de Chine (Liaoning), 200 000 hab.

yin/yang (*école du*), école philosophique chinoise (IVᵉ-IIIᵉ s. av. J.-C.) qui établissait une opposition dialectique entre deux principes de la réalité : le yin (femme, passivité, ombre, absorption, Terre) et le yang (mâle, activité, lumière, pénétration, Ciel).

Yoccoz (*Jean-Christophe*), mathématicien français (Paris 1957). Spécialiste de la théorie des systèmes dynamiques, on lui doit aussi, dans le cadre de l'étude des fractales de Mandelbrot, l'invention des « puzzles de Yoccoz ». [Médaille Fields, 1994].

Yokkaichi, port du Japon (Honshu) ; 274 180 hab. Centre industriel.

Yokohama, port du Japon (Honshu), sur la baie de Tokyo ; 3 220 331 hab. Centre industriel (pétrochimie, sidérurgie, chantiers navals, automobile). — Parc de Sankei.

Yokosuka, port du Japon (Honshu), sur la baie de Tokyo ; 433 358 hab. Centre industriel.

Yomiuri Shimbun, quotidien japonais créé en 1874, qui a le plus fort tirage mondial des quotidiens.

Yonne, riv. du Bassin parisien, descendue du Morvan, qui passe à Auxerre et à Sens, et rejoint la Seine (r. g.) à Montereau ; 293 km (bassin de près de 11 000 km²).

Yonne [89], dép. de la Région Bourgogne ; ch.-l. de dép. *Auxerre ;* ch.-l. d'arr. *Avallon, Sens ;* 3 arr., 42 cant., 451 comm. ; 7 427 km² ; 323 096 hab. *(Icaunais).* Il est rattaché à l'académie de Dijon, à la cour d'appel de Paris et à la région militaire Nord-Est.

Yoritomo (1147-1199), membre du clan Minamoto, premier shogun (1192-1199) de l'histoire du Japon.

York, v. du Canada (Ontario), banlieue de Toronto ; 140 525 hab.

York, v. de Grande-Bretagne (North Yorkshire), sur l'Ouse ; 100 600 hab. — Capitale de la Bretagne romaine puis du royaume angle de Northumbrie (VIᵉ s.), évêché puis archevêché dès le VIIᵉ siècle, York fut un important établissement danois (IXᵉ s.). Elle fut la deuxième ville du royaume durant tout le Moyen Âge. — Prestigieuse cathédrale gothique des XIIIᵉ-XVᵉ siècles (vitraux) et autres monuments.

York, dynastie anglaise appartenant à une branche de la famille des Plantagenêts, issue d'**Edmond de Langley** (King's Langley 1341 - *id.* 1402), fils d'Édouard III, duc d'York en 1385. Elle disputa le trône aux Lancastres lors de la guerre des Deux-Roses, fournit trois rois à l'Angleterre (Édouard IV, Édouard V, Richard III) et fut supplantée par les Tudors en 1485.

Yorkshire, ancien comté du nord-est de l'Angleterre, sur la mer du Nord, aujourd'hui divisé en *North Yorkshire, South Yorkshire* et *West Yorkshire.* V. princ. *Leeds* et *Bradford.*

Yorktown, village des États-Unis (Virginie), au sud-est de Richmond ; 400 hab. — Le 19 octobre 1781, les Franco-Américains de Rochambeau et de Washington y firent capituler l'armée de Cornwallis. Cette victoire marqua pratiquement la fin de la guerre de l'Indépendance américaine.

Yoruba ou **Yorouba,** peuple du sud-ouest du Nigeria, également installé au Togo et au Bénin, et parlant une langue du groupe kwa. Ils constituent l'un des peuples les plus nombreux d'Afrique. Ils avaient fondé des royaumes dès le XIIIᵉ siècle (Ife, Nupe, Bénin). Ils ont fourni un des plus importants contingents d'esclaves pour l'Amérique du Sud.

Yosemite National Park, parc national des États-Unis (Californie), créé en 1890, sur le versant occidental de la sierra Nevada. Sites pittoresques, dont la *Yosemite Valley*. Tourisme.

Yougoslavie, ancien État de l'Europe méridionale constitué, de 1945-46 à 1992, de six Républiques fédérées (Bosnie-Herzégovine, Croatie, Macédoine, Monténégro, Serbie, Slovénie). CAP. *Belgrade.*

HISTOIRE

Le royaume des Serbes, Croates et Slovènes est créé en 1918. Il réunit les Slaves du Sud, qui, avant la Première Guerre mondiale, étaient divisés entre la Serbie et l'Empire austro-hongrois (Croatie et Slovénie).

1919-20. Les traités de Neuilly-sur-Seine, de Saint-Germain-en-Laye, de Trianon et de Rapallo fixent ses frontières.

1921-1934. Alexandre Iᵉʳ établit un régime autoritaire et centralisé.

Le royaume prend le nom de Yougoslavie en 1929. Les Croates s'opposent au centralisme serbe. Ils créent la société secrète Oustacha (1929) et recourent au terrorisme.

1934. Alexandre Iᵉʳ est assassiné par un extrémiste croate. Son frère Paul assume la régence au nom de Pierre II.

1941. Paul, qui s'est rapproché davantage de l'Allemagne nazie, est renversé par une révolution à Belgrade. La Serbie est occupée par l'Allemagne. En Croatie est créé un État indépendant sous contrôle allemand et italien.

La résistance est organisée, d'une part, par D. Mihailović, de tendance royaliste et nationaliste, d'autre part, par le communiste J. Broz (Tito). Pierre II se réfugie à Londres. Avec le Comité national de libération qu'il dirige, Tito libère Belgrade (1944) et Zagreb (1945).

1945. La réplique est proclamée et une Constitution fédérative élaborée. Tito dirige le gouvernement.

1948-49. Staline exclut la Yougoslavie du monde socialiste.

1950. L'autogestion est instaurée.

1955. Khrouchtchev normalise les relations entre l'U.R.S.S. et la Yougoslavie.

1961. Une conférence des pays non-alignés se réunit à Belgrade.

1974. Une nouvelle Constitution renforce les droits des républiques.

1980. Mort de Tito.

Les fonctions présidentielles sont désormais exercées collégialement. À partir de 1988, les tensions interethniques se développent (notamm. au Kosovo) et la situation économique, politique et sociale se détériore.

1990. La Ligue communiste yougoslave renonce au monopole politique du pouvoir. Les premières élections libres sont remportées par l'opposition démocratique en Croatie et en Slovénie.

1991. La Croatie et la Slovénie proclament leur indépendance. Des combats meurtriers opposent les Croates à l'armée fédérale et aux Serbes de Croatie. La Macédoine se déclare indépendante.

1992. La communauté internationale reconnaît l'indépendance de la Croatie, de la Slovénie et de la Bosnie-Herzégovine.

La Serbie et le Monténégro créent un nouvel État yougoslave (avr. 1992), qui n'est pas reconnu par la Communauté internationale. En Bosnie-Herzégovine la guerre oppose les Croates, les Musulmans (nationalité) et les Serbes.

Yougoslavie, *en serbe* Jugoslavija, État de l'Europe méridionale, formé des républiques fédérées de Serbie (englobant les territoires du Kosovo et de la Vojvodine) et du Monténégro ; 102 200 km² ; 10 400 000 hab. *(Yougoslaves).* CAP. *Belgrade.* LANGUE : *serbe.* MONNAIE : *dinar.*

GÉOGRAPHIE

Du bassin pannonien à l'Adriatique, la Yougoslavie juxtapose une partie septentrionale appartenant aux plaines du Danube et de la Save, et une partie méridionale (plus étendue), au relief plus accidenté, formée de moyennes montagnes, en partie boisées, et appartenant réellement à la péninsule balkanique. La densité moyenne de la population est de l'ordre de celle de la France. Cette population est globalement formée d'une nette majorité de Serbes (auxquels on peut associer les Monténégrins), mais avec une notable minorité de Hongrois de souche en Vojvodine et une très large prépondérance numérique des Albanais (musulmans) dans le Kosovo. En revanche, des minorités serbes sont présentes en Croatie et surtout en Bosnie-Herzégovine. Belgrade est la seule grande ville.

L'agriculture conserve une place importante occupant sans doute environ 25 % des actifs. Les plaines du Nord sont propices aux céréales (maïs et blé) ; l'élevage (bovins et ovins), l'exploitation du bois dominent plus au sud.

L'hydroélectricité est la principale source énergétique, bien qu'il existe quelques modestes gisements de charbon et d'hydrocarbures (également de bauxite et de cuivre). Le secteur industriel est diversifié, mais dépend largement d'importations des pays développés. De plus, l'éclatement de l'ancienne Yougoslavie prive à la fois le nouvel État de clients et de fournisseurs obligés. Le développement économique reste tributaire de l'évolution de la situation politique. Celle-ci est particulièrement complexe et de nombreux problèmes internes et externes restent à résoudre.

HISTOIRE

avr. 1992. La Serbie et le Monténégro proclament la République fédérale de Yougoslavie qui n'est pas reconnue par la communauté internationale.

Young (*Arthur*), agronome britannique (Londres 1741 - *id.* 1820). Ses *Voyages en France* (1792) constituent une remarquable description de la vie des Français à la veille de la Révolution.

Young (*Edward*), poète anglais (Upham 1683 - Welwyn 1765). Il est l'auteur des *Plaintes ou Pensées nocturnes sur la vie, la mort et l'immortalité* (1742-1745), poème connu sous le nom de *Nuits*.

Young (*Lester*), surnommé **President** ou **Prez**, saxophoniste et clarinettiste de jazz américain (Woodville, Mississippi, 1909 - New York 1959). Soliste dans l'orchestre de Count Basie entre 1936 et 1940, puis indépendant, il a développé un jeu très personnalisé, d'une grande relaxation, très libre rythmiquement et inventif harmoniquement, qui a annoncé à la fois le be-bop et le jazz cool.

Young (*plan*) → **réparations** (*question des*).

Young (*Thomas*), médecin, physicien et philologue britannique (Milverton 1773 - Londres 1829). Tout en apprenant plusieurs langues anciennes et modernes, il étudia la botanique, la philosophie, la chimie et la médecine. Il découvrit la propriété d'accommodation du cristallin de l'œil ainsi que le phénomène des interférences lumineuses (expérience des *fentes de Young*, 1801), qu'il attribua à une nature ondulatoire de la lumière. En égyptologie, il fut l'un des premiers à déchiffrer les hiéroglyphes en supposant que les mots enfermés dans les « cartouches » étaient écrits avec des signes à valeur phonétique.

Yourcenar (*Marguerite* de Crayencour, dite **Marguerite**), femme de lettres de nationalité française et américaine (Bruxelles 1903 - Mount Desert, Maine, États-Unis, 1987). Parvenue à la notoriété par ses *Mémoires d'Hadrien* (1952), elle a publié des romans (*l'Œuvre au noir*, 1968), des *Nouvelles orientales* (1938), des poèmes, des essais (*Sous bénéfice d'inventaire,* 1978), des souvenirs familiaux (*Souvenirs pieux,* 1973) dominés par les mythes de l'Antiquité, la mort et la fugacité des choses (*le Temps, ce grand sculpteur,* 1984). Elle a été, en 1980, la première femme élue à l'Académie française.

Ypres, *en néerl.* **Ieper,** v. de Belgique, ch.-l. d'arr. de la Flandre-Occidentale ; 35 235 hab. (*Iprois*). — Fondée au Xe siècle, Ypres fut l'un des grands centres drapiers du monde occidental du XIIe au XIVe et participa aux grandes révoltes du XIVe siècle contre le pouvoir comtal. — En saillant sur le front allié, la ville fut de 1914 à 1918 l'objet de violentes attaques allemandes. Les Allemands y utilisèrent pour la première fois des gaz asphyxiants (mai 1915). — Monuments gothiques (halle aux draps, cathédrale), reconstruits après 1918.

Ypsilanti, famille phanariote qui donna à la Moldavie et à la Valachie plusieurs princes entre 1774 et 1806. **Alexandre** (Istanbul 1792 - Vienne 1828) présida l'Hétairie (1820-21) et prépara la révolte des peuples des Balkans contre les Ottomans.

Ys ou **Is,** cité légendaire bretonne, sur les bords de la baie de Douarnenez, qui aurait été engloutie par les flots au IVe ou au Ve siècle, lors des folies d'un banquet que la fille du roi offrait à un amant.

Ysaye (*Eugène*), compositeur et violoniste belge (Liège 1858 - Bruxelles 1931). Il créa la sonate de Frank, le *Poème* de Chausson, le quatuor de Debussy.

Yser, fl. côtier, né en France, qui entre en Belgique et rejoint la mer du Nord ; 78 km. — Sa vallée fut, de Nieuport à Dixmude, le théâtre d'une bataille acharnée au cours de laquelle les troupes belges et alliées arrêtèrent les Allemands en octobre et en novembre 1914.

Yssingeaux, ch.-l. d'arr. de la Haute-Loire, dans le nord-est du Velay ; 6 689 hab. (*Yssingelais*).

Yuan, dynastie mongole qui régna en Chine de 1279 à 1368. Fondée par Kubilay Khan, qui poursuivit la conquête de la Chine du Sud, elle mit fin à la dynastie des Song. Elle s'aliéna la population chinoise en maintenant de fortes discriminations ethniques.

Yuan Shikai ou **Yuan Che-k'ai,** homme d'État chinois (Xiangcheng, Henan, 1859 - Pékin 1916). Chef de l'armée et Premier ministre (1911), il fut président de la République (1913-1916) et gouverna en dictateur. Il tenta, sans succès, de se faire reconnaître empereur en 1915-16.

Yucatán *(le),* péninsule du Sud-Est du Mexique, entre le golfe du Mexique et la mer des Antilles. V. princ. *Mérida.* Il est constitué de bas plateaux calcaires, forestiers, peu peuplés, qui furent l'un des centres de la civilisation des Mayas.

Yukawa Hideki, physicien japonais (Tokyo 1907 - Kyoto 1981). En 1935, il émit l'hypothèse de l'existence du méson pour expliquer l'interaction entre nucléons, particule qui fut découverte l'année suivante dans les rayons cosmiques. (Prix Nobel 1949.)

Yukon *(le),* fl. de l'Amérique du Nord, tributaire de la mer de Béring ; 2 554 km. Il donne son nom à une division administrative de l'Alaska et à un territoire du Canada.

Yukon, territoire fédéral du nord-ouest du Canada ; 482 515 km² ; 27 797 hab. Cap. *Whitehorse.* Le Yukon comprend essentiellement un haut plateau (1 200 à 1 500 m d'altitude) encadré de montagnes culminant à plus de 6 000 m. À l'exception du littoral et des hautes montagnes, le territoire est couvert par la forêt boréale, une de ses richesses majeures. Le Yukon a surtout des ressources minérales en partie exploitées (or, argent, plomb, zinc, cuivre, amiante, charbon) et maintient une industrie de la fourrure. Le chemin de fer *White Pass and Yukon* relie le réseau routier à Skagway ; Whitehorse est la seule ville notable.

Yumen, centre pétrolier de Chine (Gansu).

Yun *(Isang),* compositeur coréen (Tongyong 1917). Il a tenté une synthèse entre les musiques extrême-orientale et occidentale (opéra *Sim Tjong,* 1972 ; cinq symphonies).

Yungang, monastères rupestres bouddhiques de la Chine, près de Datong (Shanxi), aux grottes ornées de sculptures (milieu du Ve s.-VIIe s.).

Yunnan, prov. de la Chine méridionale, au nord du Tonkin ; 436 200 km² ; 32 554 000 hab. Cap. *Kunming.*

Yunus Emre, poète turc (v. 1238 - v. 1320). Son style populaire et son inspiration mystique ont fait de lui l'une des grandes références de la poésie turque moderne, en réaction contre le classicisme ottoman.

Yvain ou le Chevalier au lion, roman de Chrétien de Troyes, composé vers 1177. Un chevalier qui a délaissé la promesse pour l'amour se lance dans de folles aventures pour reconquérir l'estime de sa dame.

Yvelines [78], dép. de la Région Île-de-France ; ch.-l. de dép. *Versailles* ; ch.-l. d'arr. *Mantes-la-Jolie, Rambouillet, Saint-Germain-en-Laye ;* 4 arr., 40 cant., 262 comm. ; 2 284 km² ; 1 307 150 hab. Il est rattaché à l'académie et à la cour d'appel de Versailles, au commandement militaire d'Île-de-France.

Yves *(saint),* prêtre et juriste (Kermartin, Bretagne, 1253 - Louannec 1303), patron des gens de loi. Son tombeau, à Tréguier, fait l'objet d'un pèlerinage.

Yves de Chartres *(saint)* [en Beauvaisis v. 1040 - Chartres 1116], théologien et canoniste, évêque de Chartres.

Z

Zaanstad, v. des Pays-Bas, banlieue d'Amsterdam ; 130 705 hab.

Zab *(Grand* et *Petit),* nom de deux rivières de l'Iraq, le Grand Zab (430 km) et le Petit Zab (370 km), affluents du Tigre (r. g.).

Zab *(monts du)* ou **Monts des Ziban,** montagnes d'Algérie, entre les Ouled Nail et les Aurès ; 1 313 m. Les oasis du Zab ou des

Ziban s'allongent au S. des monts du Zab et des Aurès.

Zabrze, v. de Pologne, en haute Silésie ; 198 000 hab. Centre minier (charbon) et industriel.

Zacharie *(saint),* prêtre juif (Ier s.), époux de sainte Élisabeth et père de saint Jean-Baptiste.

Zachée, personnage de l'Évangile de saint Luc, publicain ou chef des collecteurs d'impôts de Jéricho, converti par le Christ. On l'a confondu avec saint Amadour, fondateur du pèlerinage de Rocamadour, site où il aurait été enterré.

Zadar, port de Croatie, en Dalmatie, sur l'Adriatique ; 43 000 hab. — Église St-Donat, rotonde du IXᵉ siècle, cathédrale romane des XIIᵉ-XIIIᵉ siècles (fresques, trésor) et autres monuments. Musées.

Zadig ou la Destinée, conte de Voltaire (1747).

Zadkine *(Ossip),* sculpteur français d'origine russe (Vitebsk 1890 - Neuilly-sur-Seine 1967). Il a pratiqué une sorte de cubisme de tendance tantôt baroque et décorative, tantôt expressionniste (*la Ville détruite,* 1947-1953, Rotterdam). Musée dans son atelier, à Paris.

Zaffarines *(îles),* en esp. **Chafarinas,** îles espagnoles de la côte méditerranéenne du Maroc.

Zagazig, v. d'Égypte, sur le delta du Nil ; 203 000 hab.

Zagorsk → **Serguiev Possad.**

Zagreb, cap. de la Croatie, sur la Save ; 763 000 hab. Centre administratif, commercial (foire internationale), culturel et industriel. — Cathédrale gothique (XIIIᵉ-XVᵉ s.) et autres monuments. Nombreux musées.

Zagros *(le),* chaîne de montagnes du S.-O. de l'Iran dominant la Mésopotamie irakienne et le golfe Persique. Large de 250 km en moyenne, il s'étire sur près de 1 800 km du N.-O. au S.-E. et atteint 4 500 m d'altitude dans sa partie centrale.

Zaher Chah *(Mohammad)* [Kaboul 1914], roi d'Afghanistan (1933-1973). Il fut renversé par un coup d'État et dut s'exiler.

Zaïre, *anc.* **Congo,** fl. de l'Afrique centrale, long de 4 700 km (bassin de 3 800 000 km²). Né sur le plateau du Shaba, il porte le nom de Lualaba jusqu'à Kisangani. Il reçoit l'Oubangui et le Kasaï avant de déboucher dans le Pool Malébo (anc. Stanley Pool), site de Kinshasa et de Brazzaville. Vers l'aval, Matadi est accessible aux navires de haute mer. Navigable par biefs, le Zaïre a un régime assez régulier. La pêche est active.

Zaïre *(République du),* anc. **Congo belge** et **Congo-Kinshasa,** État de l'Afrique centrale ; 2 345 000 km² ; 37 800 000 hab. *(Zaïrois).* CAP. *Kinshasa.* LANGUE : *français.* MONNAIE : *zaïre.*

GÉOGRAPHIE
Le bassin du fleuve Zaïre, correspondant à une cuvette, occupe le centre du pays. Autour s'étendent des plateaux dont l'altitude est voisine de 1 000 m. Ils sont dominés à l'est par de hauts massifs (Ruwenzori, monts Virunga) entrecoupés par des lacs d'effondrement (Tanganyika, Kivu). Le climat est équatorial dans le Centre, qui reçoit plus de 1 500 mm de pluies par an, ce qui explique la présence de la forêt dense. Le Nord et le Sud sont tropicaux, avec une saison sèche de 3 à 7 mois, et portent des savanes et des forêts claires. Dans l'Est, l'altitude modifie le climat et la végétation. La population compte plus de 500 tribus, qui, outre le français, utilisent plusieurs langues véhiculaires. Sa répartition est très inégale et son accroissement naturel important. Par ailleurs, un fort exode rural a entraîné un accroissement de la population urbaine (35 % de la population totale).
La majeure partie des actifs se consacre à l'agriculture, largement vivrière (manioc, maïs, banane plantain). L'élevage se développe. Des plantations fournissent de l'huile de palme et des palmistes, du café et du caoutchouc, qui sont exportés, mais la production est en baisse. Le pays ne satisfait d'ailleurs pas à ses besoins alimentaires et doit importer. Les ressources minières sont abondantes et variées : le cuivre vient en tête, extrait au Shaba, de même que le cobalt, le zinc, l'argent, le manganèse et l'étain. S'y ajoutent l'or, les diamants et le pétrole. L'électricité est d'origine hydraulique (Inga), mais le potentiel hydroélectrique est encore largement sous-utilisé. Le secteur industriel comprend la métallurgie, l'agroalimentaire, le textile, le travail du bois et la chimie. Il est concentré dans les trois pôles de Kinshasa (près de la moitié), Lubumbashi et Kisangani. Le pays exporte des matières premières, aux cours fluctuants. L'endettement est très important et la situation économique s'est détériorée, avec un fort sous-emploi, de flagrantes inégalités sociales, régionales et ethniques.
HISTOIRE
■ **Les origines et l'époque coloniale.** La région est occupée par deux groupes ethniques : les Pygmées, qui peuplent la forêt équatoriale, et les Bantous, établis à l'embouchure du Congo et sur les plateaux du Katanga. Vers 1500, le cours inférieur du Congo est dominé par plusieurs États dont le royaume du Kongo, dont les Portugais diffusent le christianisme. Au sud, dans la région du Shaba, se forment plusieurs

États : le royaume louba (qui apparaît avant 1490), l'Empire lunda (à son apogée aux XVIIᵉ-XVIII ᵉ s.) et le royaume kouba (constitué à la fin du XVI ᵉ s.). Ils s'enrichissent grâce au commerce du cuivre et du sel et à la traite des Noirs.

1876-77. L'explorateur Stanley traverse le bassin du Congo d'est en ouest. Il passe au service de Léopold II de Belgique, fondateur de l'Association internationale africaine, qui étend son contrôle sur la région.

1885. La conférence de Berlin reconnaît à Léopold la propriété personnelle de l'État indépendant du Congo.
La colonie est intensément exploitée grâce au travail forcé des indigènes.

1908. La Belgique assume l'héritage de Léopold II.

■ **L'indépendance.**
1960. Après des années d'agitation nationaliste, le Congo-Kinshasa accède à l'indépendance. Le nouvel État connaît une profonde crise politique marquée par la sécession du Katanga, l'opposition entre le président J. Kasavubu et son Premier ministre, P. Lumumba (assassiné en 1961), l'intervention des forces de l'O. N. U. et des troupes belges (1961-1964) permet la reconquête du Katanga et le maintien des intérêts occidentaux dans les pays.

1965. L'armée installe au pouvoir le général Mobutu.

1971. Le pays prend le nom de Zaïre.

1977-78. Des troubles au Shaba amènent une intervention des parachutistes français. Tandis que les problèmes économiques et financiers du pays s'aggravent, le régime doit faire face à une opposition croissante. Malgré la légalisation de certains partis en 1990, de graves troubles se produisent en 1991 mais le régime refuse une démocratisation complète des institutions.

1993. Alors que l'opposition durcit son attitude, de nouvelles émeutes éclatent au sein de l'armée.

Zakopane, v. de Pologne, dans les Tatras ; 30 000 hab. Centre touristique et principale station de sports d'hiver du pays.

Zákros, site archéologique de Crète orientale. Vestiges d'une ville et d'un palais minoens du XVIᵉ s. av. J.-C.

Zákynthos ou **Zante,** île grecque, la plus méridionale des îles Ioniennes. Ch.-l. *Zákynthos* ou *Zante.*

Zama *(bataille de)* [202 av. J.-C.], bataille, en Numidie, au cours de laquelle Scipion l'Africain vainquit Hannibal ; cette victoire mit fin à la deuxième guerre punique.

Zambèze *(le),* fl. de l'Afrique australe, qui se jette dans l'océan Indien en un grand delta, après un cours semé de rapides et de chutes (Victoria Falls) ; 2 260 km. Importants barrages (Kariba et Cabora Bassa).

Zambie, État de l'Afrique australe ; 746 000 km² ; 8 400 000 hab. *(Zambiens).* CAP. *Lusaka.* LANGUE : *anglais.* MONNAIE : *kwacha.*

GÉOGRAPHIE
Les collines et les plateaux de ce pays de hautes terres (1 200 à 1 500 m) se relèvent dans l'Est (monts Muchinga) et le Sud-Est (escarpement du Zambèze). L'Ouest (plaine du Barotseland) est recouvert de dépôts sableux. Le climat est tropical et les pluies, qui tombent de novembre à avril, passent de 700 mm dans le Sud à 1 500 mm dans le Nord. Le Zambèze et ses affluents drainent la majeure partie du pays, seul le Nord-Nord-Est appartient au bassin du Zaïre. La végétation naturelle est la forêt claire, souvent dégradée en savane. La population, qui comprend plus de 70 groupes ethniques, est très inégalement répartie. Elle est urbanisée à 50 %.
Près de 60 % des actifs vivent de l'agriculture. Les cultures vivrières (maïs, manioc, haricots) sont complétées notamment par le coton, la canne à sucre, le café. Mais les productions ne suffisent pas à couvrir les besoins alimentaires du pays, qui doit importer. L'essentiel des ressources du pays est fourni par les mines. Le cuivre vient en tête, associé au cobalt, à l'or et à l'argent. Il fournit 90 % des exportations en valeur, mais sa production a reculé. L'électricité est surtout d'origine hydraulique. Le secteur industriel est dominé par la métallurgie, complétée par le textile, la chimie et l'agroalimentaire. Les communications intérieures restent médiocres et les liaisons extérieures compliquées par l'enclavement du pays. Endettée, la Zambie fait appel à l'aide internationale. Ses premiers partenaires commerciaux sont la Grande-Bretagne et l'Afrique du Sud pour les importations, le Japon pour les exportations.

HISTOIRE
Peuplée par des Bantous, la région est explorée par Livingstone entre 1853 et 1868.

1899. Le pays est entièrement occupé par les Britanniques, à l'initiative de Cecil Rhodes, placé à la tête de la British South Africa Chartered Company.

1911. Les territoires occupés par Cecil Rhodes sont divisés en Rhodésie du Nord (actuelle Zambie) et Rhodésie du Sud (actuel Zimbabwe).

L'exploitation du cuivre connaît une forte expansion dans les années 1920.

1953-1963. La Rhodésie du Nord fait partie de la Fédération de Rhodésie et du Nyassaland.

1964. Sous le nom de « Zambie », la Rhodésie du Nord obtient l'indépendance, dans le cadre du Commonwealth.

Dirigée par le président Kenneth Kaunda, qui met en place un régime à parti unique, elle cherche à obtenir l'indépendance économique à l'égard du Zimbabwe, en se rapprochant de la Tanzanie (construction d'une voie ferrée qui désenclave le pays).

1991. Après le rétablissement du multipartisme, Kenneth Kaunda perd les élections, abandonne le pouvoir et F. Chiluba est élu président.

Zamboanga, port des Philippines (Mindanao) ; 344 000 hab.

Zamenhof (*Lejzer Ludwik*), linguiste polonais (Białystok 1859 - Varsovie 1917). Il est le créateur de l'espéranto.

Zamiatine (*Ievgueni Ivanovitch*), écrivain russe (Lebedian, gouv. de Tambov, 1884 - Paris 1937). Auteur de récits défendant la liberté de l'homme et de l'artiste, il décrit dans son roman d'anticipation *Nous autres* (1924) l'univers totalitaire du futur.

Zamość, v. du sud-est de la Pologne, ch.-l. de voïévodie ; 63 100 hab. — Ensemble urbain reconstruit à la fin du XVIe siècle sur un plan en damier ; monuments de style Renaissance.

Zandé, population répartie entre la République Centrafricaine, le Soudan et le Zaïre.

Zangwill (*Israel*), écrivain britannique (Londres 1864 - Midhurst 1926). Il se fit le propagandiste de la cause sioniste, à travers ses récits (*le Roi des mendigots,* 1894) et ses pièces de théâtre.

Zante → **Zákynthos.**

Zanussi (*Krzysztof*), cinéaste polonais (Varsovie 1939). Représentant de la génération des années 1970, il concilie dans son œuvre la réflexion critique et la mise en accusation de la société : *la Structure du cristal* (1969), *la Vie de famille* (1971), *les Chemins de la nuit* (1979), *Au-delà du vertige* (1989).

Zanzibar, île de l'océan Indien, à 36 km du continent africain ; 1 658 km² ; 310 000 hab. Ch.-l. *Zanzibar* (125 000 hab.). Zanzibar et l'île voisine de Pemba forment la Tanzanie insulaire. **HIST.** En 1503, les Portugais s'installent à Zanzibar. Au XVIIe siècle, ils sont remplacés par les sultans d'Oman, qui donnent à Zanzibar un grand essor, brisé en 1873 par la suppression du marché d'esclaves. En 1890, les îles de Zanzibar et de Pemba passent sous protectorat britannique. Le sultanat accède à l'indépendance (1963) ; l'année suivante, la république est proclamée et Zanzibar s'unit au Tanganyika pour constituer la République unie de Tanzanie.

Zao Wou-ki, peintre français d'origine chinoise (Pékin 1921), installé à Paris en 1948. D'un lyrisme intense, ses toiles tiennent du « paysagisme » abstrait, tandis que ses encres exaltent la tradition chinoise du lavis et de la calligraphie.

Zapata (*Emiliano*), révolutionnaire mexicain (Anenecuilco, Morelos, v. 1879 - hacienda de Chinameca, Morelos, 1919). Paysan métis, il participa à la révolution mexicaine de 1911 et prit la tête d'une révolution agraire, mais fut assassiné.

Zaporogues, cosaques établis au-delà des rapides du Dniepr (XVIe-XVIIIe s.).

Zaporojie, v. d'Ukraine ; 884 000 hab. Port fluvial sur le Dniepr et centre industriel.

Zapotèques, peuple de la vallée d'Oaxaca (Mexique), fondateur d'une civilisation théocratique qui fut à son apogée à l'époque classique (300-900). Leur principal centre était Monte Albán, dont l'architecture grandiose (terrasses étagées, pyramides...) et de nombreux vestiges (inscriptions, mobilier funéraire) témoignent d'une religion complexe et d'un art raffiné.

Zappa (*Francis* Vincent, dit Frank), guitariste, chanteur et compositeur de pop music américain (Baltimore 1940 - Los Angeles 1993). Il a fondé en 1964 le groupe Mothers of Invention, qui mélangeait une inspiration dada provocatrice à des pastiches de l'univers conformiste américain. Il s'est montré sensible aussi à l'influence de la musique contemporaine (Varèse, Boulez). Il a mené une carrière solo depuis le début des années 1970.

Zarathushtra, Zarathoustra ou **Zoroastre,** réformateur du mazdéisme, l'ancienne religion de l'Iran, qui prit ainsi le nom de « zoroastrisme ». Prophète mystérieux ou « mage » selon l'acception orientale, Zarathushtra a vécu à une époque difficile à déterminer (de 660 à 583 av. J.-C. d'après les spécialistes contemporains). En butte à l'opposition du clergé dépositaire de la révélation d'Ahura-Mazda, il eut à subir de grandes épreuves, mais la protection du roi Vishtaspa assura le succès de sa doctrine.

Zaria, v. du Nigeria ; 224 000 hab. — Ancienne capitale d'un royaume haoussa.

Zarlino (*Gioseffo*), théoricien et compositeur italien (Chioggia 1517 - Venise 1590), auteur d'importants traités, notamment en matière de contrepoint (*Istituzioni harmoniche*, 1558).

Zarqa, v. de Jordanie, au nord-est d'Amman ; 270 000 hab. Raffinage du pétrole.

Zarqali (al-) ou **Arzachel,** astronome et mathématicien arabe (? v. 1029 - Cordoue 1100). On lui doit des tables astronomiques (*tables de Tolède*) et des instruments d'observation du ciel.

Zátopek (*Emil*), athlète tchèque (Kopřivnice 1922). Champion olympique du 10 000 m en 1948, triple champion olympique en 1952 (5 000 m, 10 000 m et marathon), il a aussi été le premier homme à dépasser les 20 km dans l'heure (20,052 km en 1951).

Zeami Motokiyo, acteur et écrivain japonais (1363-1443). Avec son père, **Kanami** (1333-1384), il fut acteur de nô. Il écrivit plus de la moitié des pièces du répertoire actuel et des traités de doctrine théâtrale, transmis de père en fils jusqu'à nos jours (*Kadensho*).

Zédé (*Gustave*), ingénieur français (Paris 1825 - *id.* 1891). Il établit les plans du premier sous-marin français, le *Gymnote* (1887).

Zedillo Ponce de León (*Ernesto*), homme politique mexicain (Mexico 1951), président de la République depuis 1994.

Zeebrugge, port de Bruges, sur la mer du Nord, relié à Bruges par un canal de 10 km. Port pétrolier et centre industriel. — Pendant la Première Guerre mondiale, les Allemands y aménagèrent une base navale, qui fut attaquée en 1918 par les Britanniques.

Zeeman (*Pieter*), physicien néerlandais (Zonnemaire, Zélande, 1865 - Amsterdam 1943). Il a découvert en 1896 la modification du spectre de raies d'émission d'un corps soumis à un champ magnétique (*effet Zeeman*) et étudié la propagation de la lumière dans les milieux en mouvement, confirmant ainsi les théories relativistes. (Prix Nobel 1902.)

Zehrfuss (*Bernard*), architecte français (Angers 1911). Il est l'un des auteurs du C. N. I. T. à la Défense (1958) et des édifices de l'Unesco à Paris.

Zeiss (*Carl*), mécanicien et opticien allemand (Weimar 1816 - Iéna 1888). Il fonda en 1846 les ateliers d'optique d'Iéna, qui prirent leur essor surtout après l'entrée de E. Abbe dans l'entreprise.

Zélande, *en néerl.* Zeeland, prov. des Pays-Bas, à l'embouchure de l'Escaut et de la Meuse ; 1 785 km² ; 355 000 hab. (*Zélandais*). Ch.-l. *Middelburg.*

Zelentchouk, localité russe, dans la République des Karatchaïs-Tcherkesses, au nord du Caucase. À proximité, à 2 070 m d'altitude, observatoire astronomique (télescope de 6 m de diamètre).

Zeman (*Karel*), cinéaste tchécoslovaque (Ostroměř 1910 - Gottwaldov 1989). Ses films d'animation combinent les marionnettes, le jeu d'acteur et le dessin animé (*Aventures fantastiques,* 1958 ; *le Baron de Crac,* 1961).

Zemlinsky (*Alexander* von), compositeur et chef d'orchestre autrichien (Vienne 1871 - Larchmont, État de New York, 1942). Maître de Schönberg, chef d'orchestre à Vienne, à Prague et à Berlin, il émigra aux États-Unis en 1938. Redécouvert dans les années 1970, il a laissé notamment 4 quatuors à cordes (de 1897 à 1936), des mélodies, une *Symphonie lyrique* d'après Tagore (1923) et d'importants opéras, dont *Une tragédie florentine* (1917) et *le Nain* (1922) d'après Oscar Wilde.

Zénètes ou **Zenata,** Berbères de l'Afrique du Nord (Aurès et Maroc oriental).

Zénobie (m. en Italie v. 274), reine de Palmyre (267-272). Elle gouverna après la mort de son époux, Odenath, et étendit son autorité de l'Asie Mineure à l'Égypte. L'empereur Aurélien la vainquit après deux ans de campagne (271-272). Amenée captive à Rome, elle figura au triomphe d'Aurélien.

Zénon (v. 426-491), empereur romain d'Orient (474-491). Son *Édit d'union* avec les monophysites, ou *Henotikon* (482), provoqua avec Rome un schisme qui dura jusqu'à Justinien.

Zénon de Kition, philosophe grec (Kition, Chypre, v. 335 - v. 264 av. J.-C.), fondateur du stoïcisme.

Zénon d'Élée, philosophe grec (Élée entre 490 et 485 - m. v. 430 av. J.-C.). Il a proposé des paradoxes (antinomies), tels qu'« Achille ne rattrape pas la tortue », « la flèche vole et est immobile », paradoxes qui posent la question de la divisibilité de l'espace et du mouvement, et dont la fécondité est toujours actuelle pour les logiciens du xxᵉ siècle.

Zeppelin (*Ferdinand, comte* von), officier puis industriel allemand (Constance 1838 - Berlin 1917). À partir de 1890, après diverses affectations militaires ou diplomatiques, il se consacra à la construction de dirigeables rigides.

Zeravchan (*chaîne du*), montagnes d'Ouzbékistan, en Asie moyenne, dont les torrents alimentent en eau les oasis de Samarkand et de Boukhara.

Zermatt, comm. de Suisse (Valais), à 1 616 m d'altitude, au pied du Cervin ; 3 500 hab. Grand centre touristique ; sports d'hiver. — Musée alpin.

Zermatten (*Maurice*), écrivain suisse d'expression française (Saint-Martin, près de Sion, 1910). Il est l'un des romanciers les plus représentatifs de la littérature du Valais (*la Colère de Dieu*, 1940 ; *À l'est du grand couloir*, 1983).

Zermelo (*Ernst*), mathématicien et logicien allemand (Berlin 1871 - Fribourg-en-Brisgau 1953). Disciple de Cantor, il a démontré le théorème du bon ordre : « Tout ensemble peut être bien ordonné » et a donné, en 1908, une première axiomatisation de la théorie des ensembles, qui fut complétée dans les années 1920 par Fraenkel et Skolem.

Zernike (*Frederik*), physicien néerlandais (Amsterdam 1888 - Naarden 1966). Il imagina le microscope à contraste de phase. (Prix Nobel 1953.)

Zeromski (*Stefan*), écrivain polonais (Strawczyn 1864 - Varsovie 1925). Il est l'auteur de drames et de romans où il combat les oppressions politiques et sociales (*les Cendres*, 1904).

Zeroual (*Liamine*), militaire et homme politique algérien (Batna 1941). Ministre de la Défense depuis 1993, il est nommé à la tête de l'État en 1994. Il est confirmé dans ses fonctions par une élection présidentielle en 1995.

Zetkin (*Clara*), révolutionnaire allemande (Wiederau 1857 - Arkhanguelskoïe, près de Moscou, 1933). Membre du Parti social-démocrate depuis 1878, elle participa au mouvement spartakiste, puis adhéra au Parti communiste allemand (1919). Elle fut député au Reichstag de 1920 à 1933.

Zeus, dieu suprême du panthéon grec. Fils de Cronos et de Rhéa, il se révolte contre son père et le détrône à son profit. Inaugurant ainsi, à la suite de celle des Ouraniens, la génération des Olympiens, Zeus devient le maître du Ciel et le souverain des dieux ; il fait régner sur la Terre l'ordre et la justice. Même si les mythes lui prêtent toutes les faiblesses humaines, notamment dans ses innombrables aventures avec les mortelles, il est vénéré comme la divinité éminente qui se penche avec bienveillance et équité sur la condition des hommes. Son attribut est le foudre. Il a pour épouses Métis, Thémis, Déméter, Mnémosyne, Aphrodite, Latone et enfin Héra, sa sœur. Ses sanctuaires les plus célèbres sont, en Grèce, Dodone et Olympie. Les Romains l'assimilèrent à Jupiter.

Zeuxis, peintre grec de la seconde moitié du ve s. av. J.-C. Connu par les auteurs anciens, il a été, comme Polygnote, l'un des novateurs de son temps.

Zhanghua → Changhua.

Zhao Mengfu ou **Tchao Mong-fou,** peintre chinois (Huzhou, Zhejiang, 1254-1322), célèbre pour son style archaïsant et ses représentations de chevaux très réalistes.

Zhejiang, prov. du sud-est de la Chine, sur la mer de Chine orientale ; 101 000 km² ; 38 885 000 hab. Cap. *Hangzhou.*

Zhengzhou, v. de Chine, cap. du Henan ; 1 400 000 hab. Centre industriel. — Ancienne capitale de la dynastie Shang, dont elle conserve une nécropole (mobilier funéraire au musée) et vestiges de l'enceinte de la ville du IIe millénaire.

Zhou Enlai, dit aussi **Chou En-lai,** homme politique chinois (Huai'an, Jiangsu, 1898 - Pékin 1976). Il participa à la fondation du Parti communiste chinois (1920-21). Ministre des Affaires étrangères (1949-1958) et Premier ministre (1949-1976), il conserva un rôle prépondérant en politique extérieure et prépara le rapprochement sino-américain (1972).

Zhoukoudian ou **Tcheou-k'eou-tien,** village de Chine, au sud-ouest de Pékin. Site préhistorique où fut découvert le sinanthrope en 1921.

Zhuangzi ou **Tchouang-tseu,** ouvrage fondamental du taoïsme dit « philosophique ». Son auteur, *Zhuangzi,* vivait à la fin du IVe s. av. J.-C.

Zhu Da, peintre chinois (Nanchang 1625 ? - ? 1705) connu aussi sous son pseudonyme **Bada Shanren** (ou **Pa-ta Chan-jen**). Apparenté à la dynastie Ming, il refusa sa vie durant la domination des Mandchous en se réfugiant dans l'ivresse et en devenant l'un des plus féconds parmi les peintres individualistes.

Zhu De, dit aussi **Chou Teh,** homme politique et maréchal chinois (Manchang, Sichuan, 1886 - Pékin 1976). Compagnon de Mao Zedong, il commanda l'armée rouge à partir de 1931. Il collabora avec Jiang Jieshi contre les Japonais (1937-1941), puis mena séparément une guerre contre ceux-ci (1941-1945). Il conquit la Chine continentale (1946-1949) en éliminant les nationalistes et devint commandant suprême.

Zhu Xi ou **Tchou Hi,** philosophe chinois (You Xi, Fujian, v. 1130-1200), à l'origine d'une importante école confucianiste, auteur d'une histoire de la Chine.

Zia ul-Haq *(Mohammad),* officier et homme d'État pakistanais (Jullundur 1924 - dans un accident d'avion, près de Bahawalpur, 1988). Chef d'état-major de l'armée en 1976, il dirigea le coup d'État militaire de juillet 1977. Il fut président de la République de 1978 à sa mort.

Ziban → **Zab** *(monts du).*

Zibo, v. de Chine (Shandong) ; 1 200 000 hab. Centre industriel.

Zielona Góra, v. de Pologne (Silésie) ; 114 900 hab. Centre industriel.

Zigong, v. de Chine (Sichuan) ; 300 000 hab. Pétrole et gaz naturel.

Ziguinchor, port du Sénégal, sur l'estuaire de la Casamance ; 105 000 hab. Pêche.

Zimbabwe, site d'une ancienne ville du sud de l'actuel Zimbabwe. Fondée vers le ve s. apr. J.-C., elle s'est développée à partir des xe-xie siècles. Elle fut la capitale d'un État qui devint au xve siècle, l'empire du Monomotapa. Son apogée se situe du xiiie au xve siècle. Ruines imposantes.

Zimbabwe, État de l'Afrique australe ; 390 000 km^2 ; 10 100 000 hab. *(Zimbabwéens).* CAP. *Harare.* LANGUE : *anglais.* MONNAIE : *dollar du Zimbabwe.*

GÉOGRAPHIE

Le pays, enclavé, n'a pas d'unité géographique. Sa partie centrale, le haut Veld (plus de 1 400 m d'altitude), est parcourue par le Great Dyke, affleurement de roches basiques riches en minerais. Elle se raccorde aux hautes terres de l'Est qui culminent à 2 600 m. Le moyen Veld, au N.-O. et au S.-O. du pays, se situe entre 700 et 1 400 m d'altitude, tandis que les vallées du Zambèze et du Limpopo constituent le bas Veld. La population comprend deux groupes principaux : les Shona (77 % de la population) et les Ndébélé (18 %). La population blanche, métis et asiatique, représente environ 3 % du total. L'accroissement naturel est de 3 % par an environ. Le pays se démarque progressivement des structures héritées de la colonisation, en particulier dans le domaine agricole. Le maïs vient en tête, suivi du millet et de l'arachide. S'y ajoutent

l'élevage et des cultures commerciales (tabac, coton, canne à sucre, café et thé) qui fournissent environ le quart des exportations. Le chrome, l'or et le nickel sont les principaux minerais extraits, mais la production stagne. L'industrie est la plus développée de l'Afrique australe après celle de l'Afrique du Sud. La métallurgie vient en tête, suivie par l'agroalimentaire, la chimie et la pétrochimie, le textile, la confection, le cuir et le tabac. Par ailleurs, le tourisme progresse.

La Grande-Bretagne et l'Afrique du Sud sont les deux premiers partenaires commerciaux du pays.

HISTOIRE

Aux premiers occupants, les Bochiman, viennent se mêler des populations bantoues, qui exploitent l'or et le cuivre de la région.

xive-xve s. Des constructions en pierre sont élevées sur des nombreux sites, notamment à Zimbabwe.

xve s. Fondation de l'empire du Monomotapa.

xvie s. Les Portugais étendent leur influence sur le Monomotapa, dont l'empire se morcelle.

Dans le dernier quart du xixe s., Cecil Rhodes occupe la région pour le compte de la Grande-Bretagne, à la tête de la British South Africa Chartered Company.

1911. Les territoires conquis sont divisés en Rhodésie du Nord (actuelle Zambie) et Rhodésie du Sud (actuel Zimbabwe).

1953-1963. Une fédération unit le Nyassaland et les deux Rhodésies.

1965. Chef de la minorité blanche, le Premier ministre Ian Smith proclame unilatéralement l'indépendance de la Rhodésie du Sud.

1970. Instauration de la république.

Le gouvernement, rejeté par la communauté internationale, en raison de sa politique raciale et confronté à une guérilla grandissante, doit composer avec l'opposition noire modérée.

1979. Constitution d'un gouvernement multiracial.

1980. Des élections portent au pouvoir R. Mugabe, leader nationaliste noir. L'indépendance du Zimbabwe est reconnue.

Le nouveau pouvoir met en place un régime socialiste.

1987. À la suite de l'établissement d'un régime présidentiel, R. Mugabe devient chef de l'État.

Zimmermann *(Bernd Alois),* compositeur allemand (Bliesheim, près de Cologne,

1918 - Königsdorf, auj. dans Cologne, 1970), auteur de l'opéra *les Soldats* (créé en 1965), d'œuvres électroniques (*Tratto I,* 1967), de *Photoptosis* pour orchestre (1968), de *Requiem pour un jeune poète* (1969), d'une *Action ecclésiastique* (1970).

Zimmermann *(Dominikus),* architecte allemand (Gaispont, près de Wessobrunn, Bavière, 1685 - Wies 1766). Ses chefs-d'œuvre, d'un baroque original (interpénétration d'espaces ovales en plan), sont les églises de pèlerinage de Steinhausen, en Souabe (1727), et de Wies (1746). Son frère **Johann Baptist** (1680-1758), peintre et stucateur, a participé à la réalisation de l'allègre décor de celles-ci.

Zinoviev *(Grigori Ievseïevitch* Radomylski, dit*),* homme politique soviétique (Ielizavetgrad, 1883- ? 1936). Proche collaborateur de Lénine à partir de 1902-03, membre du bureau politique du Parti (1917-1926), il dirigea le Comité exécutif de l'Internationale communiste (1919-1926). Il rejoignit Trotski dans l'opposition à Staline (1925-1927). Jugé lors des procès de Moscou (1935-36), il fut exécuté. Il a été réhabilité en 1988.

Zinzendorf *(Nikolaus Ludwig, comte* von*),* chef religieux allemand (Dresde 1700 - Herrnhut 1760), restaurateur de l'Église des Frères moraves, qui à sa suite s'implantèrent en Hollande, dans les États Baltes et en Amérique du Nord.

Zirides, dynastie berbère, dont une branche régna dans l'est de l'Afrique du Nord de 972 à 1167 et une autre en Espagne (Grenade) de 1025 à 1090.

Zita de Bourbon-Parme (Villa Pianore 1892 - abbaye de Zizers, Grisons, 1989), impératrice d'Autriche (1916-1918). Elle épousa en 1911 le futur Charles Ier.

Živkov *(Todor),* homme d'État bulgare (Pravec 1911). Premier secrétaire du Parti communiste depuis 1954, président du Conseil de 1962 à 1971, chef de l'État depuis 1971, il démissionne de toutes ses fonctions en 1989.

Žižka *(Jan),* patriote tchèque (Trocnov, v. 1360 ou 1370 - près de Přibyslav 1424). Chef de l'insurrection tchèque qui éclata en 1419, après le martyre de Jan Hus, il devint aveugle, mais poursuivit la lutte contre l'empereur Sigismond.

Zlatooust, v. de Russie, dans l'Oural ; 208 000 hab. Métallurgie.

Zlín, *anc.* Gottwaldov, v. de la République tchèque (Moravie) ; 84 634 hab. Chaussures.

Zohar, livre majeur de la kabbale juive, généralement attribué à Moïse de León (v. 1240-1305). L'influence de cet ouvrage de la mystique juive sera considérable.

Zola *(Émile),* écrivain français (Paris 1840 - id. 1902). Chef de l'école naturaliste, il voulut appliquer à la description des faits humains et sociaux la rigueur scientifique. En 1867, il donne avec *Thérèse Raquin* sa première « tranche de vie ». Influencé par les recherches de l'époque sur les lois de l'hérédité et la physiologie des passions, il entreprend, sur le modèle de *la Comédie humaine* de Balzac, le cycle des *Rougon-Macquart, histoire naturelle et sociale d'une famille sous le second Empire,* à la cadence d'un roman par an (il y en aura 20). Le septième volume (*l'Assommoir,* 1877), qui peint le Paris populaire, fait de Zola le romancier le plus lu et le plus discuté de la fin du siècle. Ses meilleurs romans insèrent un drame violent, animé par des personnages au relief accusé, dans un univers bien défini et dépeint avec précision, couleur et puissance : la mine et les mineurs (*Germinal,* 1885), la paysannerie (*la Terre,* 1887), les chemins de fer (*la Bête humaine,* 1890), la guerre (*la Débâcle,* 1892). Mais plusieurs s'attachent à l'étude de drames plus intimes (amours contrariées, douleur physique, angoisse devant la mort) [*la Faute de l'abbé Mouret,* 1875].
Autour de Zola se groupent les écrivains de l'école naturaliste, dont Maupassant et Huysmans (*les Soirées de Médan,* 1880).
Il participe activement à l'affaire Dreyfus et publie, dans *l'Aurore,* « J'accuse » (1898), manifeste qui déclenche la campagne d'opinion en faveur du capitaine. Condamné à un an de prison, il doit s'exiler en Angleterre (1898-1899). Rentré en France, de plus en plus influencé par les théories socialistes de Fourier et de Guesde, il entame un nouveau cycle (*les Quatre Évangiles*) où il se veut le prophète des valeurs humanitaires.

Zollverein *(Deutscher)* [Union douanière allemande], association douanière entrée en vigueur en 1834 sous l'impulsion de la Prusse. De 1834 à 1867, elle engloba l'ensemble des États allemands, jouant ainsi un rôle déterminant dans la formation de l'unité allemande.

Zonguldak, port de Turquie, sur la mer Noire ; 116 725 hab. Centre houiller.

Zorn *(Anders),* peintre et graveur suédois (Mora, Dalécarlie, 1860 - *id.* 1920). Grand voyageur, il eut comme points d'attache Paris (1888-1896), puis sa province natale. Le même style fluide et animé caractérise ses peintures (surtout paysages suédois, intérieurs rustiques, nus) et ses eaux-fortes, aux larges hachures (portraits, notamment).

Zorrilla y Moral *(José),* poète espagnol (Valladolid 1817 - Madrid 1893). Il est l'auteur de poésies et de drames romantiques, dont les thèmes sont empruntés aux légendes et aux traditions populaires de l'Espagne (*Don Juan Tenorio,* 1844).

Zoug, *en all.* Zug, v. de Suisse, ch.-l. du cant. du même nom, sur le *lac de Zoug ;* 21 705 hab. Centre commercial, touristique et industriel. Noyau ancien monumental et pittoresque.

Zoug *(canton de),* canton de Suisse, en bordure des Alpes, autour du *lac de Zoug ;* 240 km² ; 85 546 hab. Ch.-l. *Zoug.* La route et la voie ferrée de Zurich au Saint-Gothard traversent le canton, dont les ressources sont agricoles (élevage, polyculture, vergers) et industrielles (mécanique, textile, alimentation). — Il est entré dans la Confédération suisse en 1352.

Zoug *(lac de),* lac de Suisse, entre les cantons de Zoug, de Lucerne et de Schwyz ; 38 km².

Zoulouland ou **Zululand,** région d'Afrique du Sud, partie de la prov. du Kwazulu-Natal.

Zoulous ou **Zulu,** peuple bantou de l'Afrique australe, établi principalement au Kwazulu-Natal, en Afrique du Sud. Il rassemble différents groupes Ngoni. Des populations Ngoni mirent progressivement au point à partir du xviᵉ siècle une organisation sociale guerrière pour accroître les terres du groupe. Puis Chaka, roi de 1816 à 1828, s'affirma comme le véritable fondateur de la nation zouloue en prenant la tête d'une confédération dans la région du Natal. Des groupes imposèrent l'organisation zouloue dans une zone s'étendant sur plus de 3 000 km dans la direction du lac Victoria. La nation zouloue opposa une forte résistance à la colonisation des Boers puis lutta contre le protectorat britannique établi en 1887 ; elle se révolta encore en 1906-1908. En 1972, la réserve tribale des Zoulous fut érigée en un bantoustan autonome appelé Kwazulu. Celui-ci a été aboli par la nouvelle Constitution de l'Afrique du Sud, entrée en vigueur en 1994.

Zsigmondy *(Richard),* chimiste autrichien (Vienne 1865 - Göttingen 1929). Il a imaginé l'ultramicroscope, qui permet, grâce à un éclairement latéral, de déceler des objets invisibles au microscope ordinaire. (Prix Nobel 1925.)

Zuccari *(Taddeo),* peintre italien (Sant' Angelo in Vado, Urbino, 1529 - Rome 1566). Meilleur représentant, comme fresquiste, du maniérisme tardif, il réalisa de nombreux décors monumentaux à Rome (églises, palais du Vatican...) et dans la région (palais Farnèse de Caprarola). Son frère **Federico,** peintre et théoricien (Sant' Angelo in Vado v. 1540 - Ancône 1609), collabora avec lui et évolua vers un éclectisme académique.

Zug → Zoug.

Zugspitze, sommet des Alpes (massif du Wetterstein), à la frontière de l'Autriche et de l'Allemagne ; 2 963 m.

Zuiderzee, anc. golfe des Pays-Bas fermé par une digue et constituant auj. un lac intérieur *(IJsselmeer* ou *lac d'IJssel),* sur lequel ont été reconquis de grands polders. Ce fut autrefois le *lac Flevo,* qu'un raz de marée réunit à la mer du Nord au xiiiᵉ siècle.

Zulia, État du Venezuela, sur le lac de Maracaibo ; 2 235 305 hab. Cap. *Maracaibo.* Pétrole.

Zülpich, localité d'Allemagne, à l'ouest de Bonn, considérée comme l'ancienne *Tolbiac.*

Zuñi, Indiens Pueblo vivant aujourd'hui dans les réserves des États-Unis (Nouveau-Mexique, Arizona).

Zurbarán *(Francisco de),* peintre espagnol (Fuente de Cantos, Badajoz, 1598 - Madrid 1664). Peintre religieux surtout — ce qui n'exclut ni les natures mortes ni les portraits —, il a notamment travaillé pour les couvents de Séville, a donné de grands ensembles pour la chartreuse de Jerez (musées de Cadix, de Grenoble, etc.) et pour le monastère de Guadalupe (Estrémadure). Ses qualités plastiques (statisme monumental, beauté du coloris), sa spiritualité alliée à une simplicité rustique l'ont fait particulièrement apprécier au xxᵉ siècle.

Zurich, *en all.* Zürich, v. de Suisse, ch.-l. du *canton de* Zurich (1 729 km² ; 1 179 044 hab.), sur la Limmat, qui sort à cet endroit du *lac de Zurich ;* 357 000 hab. (plus de 800 000 hab. dans l'agglomération) [*Zurichois*]. Université. Zurich est la plus grande ville de la Suisse et le principal centre industriel de la Confédération, son grand centre financier. HIST. Ville impériale libre en 1218, Zurich adhéra à la Confédération en 1351 ; Zwingli en fit un des centres de la Réforme (1523). Pendant les guerres de la Révolution, Masséna y remporta en 1799 deux victoires, l'une sur les autrichiens, l'autre sur les Russes. En 1830, la ville se dota d'une Constitution libérale qui supprima l'antagonisme entre elle et le reste du canton. **ARTS.** Cathédrale romane des XIIe-XIIIe siècles (tours du XVIIIe) et autres monuments. Importants musées : national suisse, des Beaux-Arts (écoles européennes du Moyen Âge à nos jours), Rietberg (archéologie et arts extra-européens), etc.

Zurich *(canton de),* canton de Suisse, dans le N.-E. du Mittelland ; 1 729 km² ; 1 179 044 hab. Ch.-l. *Zurich.* Dans un paysage de collines entrecoupées de lacs, le secteur agricole (élevage et vergers) est de loin dépassé par les industries, qui ont gagné la campagne à partir de Zurich et de Winterthur : textile (coton, laine, soie), mécanique, agroalimentaire, chimie.

Zurich *(lac de),* lac de Suisse, à 409 m d'altitude, entre les cantons de Zurich, de Schwyz et de Saint-Gall ; 90 km².

Zweig *(Stefan),* écrivain autrichien (Vienne 1881 - Petrópolis, Brésil, 1942). Sensible à toutes les manifestations de la culture européenne, adaptateur de *Volpone* avec J. Romains, auteur dramatique (*la Maison au bord de la mer,* 1912 ; *la Brebis du pauvre,* 1930), il s'attacha dans ses romans et ses nouvelles à explorer les profondeurs de la conscience (*Amok,* 1922 ; *la Confusion des sentiments,* 1926). Désespéré de voir l'Europe asservie à Hitler, il se suicida.

Zwickau, v. d'Allemagne, au sud de Leipzig ; 118 914 hab. Centre industriel. — Cathédrale gothique du XVe siècle.

Zwicky *(Fritz),* astrophysicien suisse d'origine bulgare (Varna 1898 - Pasadena 1974). Il a étudié les supernovae, prédit l'existence des étoiles à neutrons (1935), étudié la répartition des galaxies dans l'Univers, découvert les galaxies compactes et dressé un catalogue photographique de galaxies.

Zwijndrecht, comm. de Belgique (prov. d'Anvers) ; 18 239 hab. Chimie.

Zwingli *(Ulrich),* réformateur suisse (Wildhaus, cant. de Saint-Gall, 1484 - Kappel 1531). Curé de Glaris, il subit l'influence d'Érasme, puis, vers 1520, adhère au mouvement de la Réforme, qu'il introduit à Zurich, y développant ses positions en 67 thèses. Avec l'appui du Conseil de cette ville, il entreprend la réforme du culte et de l'institution ecclésiale, avec le souci de n'en rien conserver qui ne trouve sa justification dans l'Écriture. Il entreprend, parallèlement, de constituer un véritable État chrétien, selon des perspectives qui seront reprises à Genève par Calvin. Zwingli trouva la mort à la bataille de Kappel.

Zwolle, v. des Pays-Bas, ch.-l. de la prov. d'Overijssel, sur l'IJssel ; 88 000 hab. Centre administratif, commercial et industriel. — Grande Église gothique (XIVe-XVIe s.).

Zworykin *(Vladimir),* ingénieur américain d'origine russe (Mourom 1889 - Princeton 1982). Auteur de travaux d'optique électronique, il reste surtout connu pour son invention de l'*iconoscope* (1934), premier d'une longue lignée de tubes électroniques analyseurs d'images utilisés en télévision.

physique

1901	W.C. Röntgen (All.)
1902	H.A. Lorentz (P.-B.)
	P. Zeeman (P.-B.)
1903	H. Becquerel (Fr.)
	P. Curie (Fr.)
	M. Curie (Fr.)
1904	J.W.S. Rayleigh (G.-B.)
1905	P. Lenard (All.)
1906	J.J. Thomson (G.-B.)
1907	A.A. Michelson (É.-U.)
1908	G. Lippmann (Fr.)
1909	G. Marconi (It.)
	K.F. Braun (All.)
1910	J.D. Van der Waals (P.-B.)
1911	W. Wien (All.)
1912	G. Dalén (Suède)
1913	H. Kamerlingh Onnes (P.-B.)
1914	M. von Laue (All.)
1915	W.H. Bragg (G.-B.)
	W.L. Bragg (G.-B.)
1916	Non attribué
1917	C.G. Barkla (G.-B.)
1918	M. Planck (All.)
1919	J. Stark (All.)
1920	C.E. Guillaume (Suisse)
1921	A. Einstein (All.)
1922	N. Bohr (Dan.)
1923	R.A. Millikan (É.-U.)
1924	K.M.G. Siegbahn (Suède)
1925	J. Franck (All.)
	G. Hertz (All.)
1926	J. Perrin (Fr.)
1927	A.H. Compton (É.-U.)
	C.T.R. Wilson (G.-B.)
1928	O.W. Richardson (G.-B.)
1929	L.V. de Broglie (Fr.)
1930	C.V. Raman (Inde)
1931	Non attribué
1932	W. Heinsenberg (All.)
1933	E. Schrödinger (Autr.)
	P.A.M. Dirac (G.-B.)
1934	Non attribué
1935	J. Chadwick (G.-B.)
1936	V.F. Hess (Autr.)
	C.D. Anderson (É.-U.)
1937	C.J. Davisson (É.-U.)
	G.P. Thomson (G.-B.)
1938	E. Fermi (It.)
1939	E.O. Lawrence (É.-U.)
1940	Non attribué
1941	Non attribué
1942	Non attribué
1943	O. Stern (É.-U.)
1944	I.I. Rabi (É.-U.)
1945	W. Pauli (Suisse)
1946	P.W. Bridgman (É.-U.)
1947	E.V. Appleton (G.-B.)
1948	P.M.S. Blackett (G.-B.)
1949	Yukawa Hideki (Jap.)
1950	C.F. Powel (É.-U.)
1951	J.D. Cockcroft (G.-B.)
	E.T.S. Walton (Irl.)
1952	F. Bloch (É.-U.)
	E.M. Purcell (É.-U.)
1953	F. Zernike (P.-B.)
1954	M. Born (G.-B.)
	W. Bothe (R.F.A.)
1955	W.E. Lamb (É.-U.)
	P. Kusch (É.-U.)
1956	W. Shockley (É.-U.)
	J. Bardeen (É.-U.)
	W.H. Brattain (É.-U.)
1957	C.N. Yang (Chine-É.-U.)
	T.D. Lee (Chine-É.-U.)
1958	P.A. Tcherenkov (U.R.S.S.)
	I.M. Frank (U.R.S.S.)
	I.E. Tamm (U.R.S.S.)
1959	E. Segrè (É.-U.)
	O. Chamberlain (É.-U.)
1960	D.A. Glaser (É.-U.)
1961	R. Hofstadter (É.-U.)
	R. Mössbauer (R.F.A.)
1962	L. Landau (U.R.S.S.)
1963	E. Wigner (É.-U.)
	M. Goeppert-Mayer (É.-U.)
	J. Hans D. Jensen (R.F.A.)
1964	Ch. H. Townes (É.-U.)
	N.G. Bassov (U.R.S.S.)
	A.M. Prokhorov (U.R.S.S.)
1965	Tomonaga Shinichiro (Jap.)
	J. Schwinger (É.-U.)
	R. Feynman (É.-U.)
1966	A. Kastler (Fr.)
1967	H. Bethe (É.-U.)
1968	L. Alvarez (É.-U.)
1969	M. Gell-Mann (É.-U.)
1970	H. Alfvén (Suède)
	L. Néel (Fr.)
1971	D. Gabor (G.-B.)
1972	J. Bardeen (É.-U.)
	L. Cooper (É.-U.)
	J. Schrieffer (É.-U.)
1973	Esaki Leo (Jap.)
	I. Giaever (É.-U.)
	B. D. Josephson (G.-B.)
1974	M. Ryle (G.-B.)
	A. Hewish (G.-B.)
1975	J. Rainwater (É.-U.)
	A. Bohr (Dan.)
	B. Mottelson (Dan.)
1976	B. Richter (É.-U.)
	S. Ting (É.-U.)
1977	P. Anderson (É.-U.)
	N. Mott (G.-B.)
	J.H. Van Vleck (É.-U.)
1978	P.L. Kapitsa (U.R.S.S.)
	A.A. Penzias (É.-U.)
	R.W. Wilson (É.-U.)
1979	S. Glashow (É.-U.)
	A. Salam (Pakistan)
	S. Weinberg (É.-U.)
1980	J.W. Cronin (É.-U.)
	V.L. Fitch (É.-U.)
1981	N. Bloembergen (É.-U.)
	A.L. Schawlow (É.-U.)
	K.M. Siegbahn (Suède)
1982	K.G. Wilson (É.-U.)
1983	S. Chandrasekhar (É.-U.)
	W.A. Fowler (É.-U.)
1984	C. Rubbia (It.)
	S. Van der Meer (P.-B.)
1985	K. von Klitzing (R.F.A.)
1986	G. Binnig (R.F.A.)
	H. Rohrer (Suisse)
	E. Ruska (R.F.A.)
1987	J.G. Bednorz (R.F.A.)
	K.A. Müller (Suisse)
1988	L. Lederman (É.-U.)
	M. Schwartz (É.-U.)
	J. Steinberger (É.-U.)
1989	H.G. Dehmelt (É.-U.)
	W. Paul (R.F.A.)
	N.F. Ramsey (É.-U.)
1990	J.I. Friedman (É.-U.)
	H.W. Kendall (É.-U.)
	R.E. Taylor (Can.)
1991	P.-G. de Gennes (Fr.)
1992	G. Charpak (Fr.)
1993	R.A. Hulse (É.-U.)
	J.H. Taylor (É.-U.)
1944	B.N. Brockhouse (Can.)
	C.G. Shull (É.-U.)
1995	M.L. Perl (É.-U.)
	F. Reines (É.-U.)

chimie

1901	J.H. Van't Hoff (P.-B.)
1902	E. Fischer (All.)
1903	S.A. Arrhenius (Suède)
1904	W. Ramsay (G.-B.)
1905	A. von Baeyer (All.)
1906	H. Moissan (Fr.)
1907	E. Buchner (All.)
1908	E. Rutherford (G.-B.)
1909	W. Ostwald (All.)
1910	O. Wallach (All.)
1911	M. Curie (Fr.)
1912	V. Grignard (Fr.)
	P. Sabatier (Fr.)
1913	A. Werner (Suisse)
1914	T.W. Richards (É.-U.)
1915	R.M. Wiullstätter (All.)
1916	Non attribué
1917	Non attribué
1918	F. Haber (All.)
1919	Non attribué
1920	W. Nernst (All.)
1921	F. Soddy (G.-B.)
1922	F.W. Aston (G.-B.)
1923	F. Pregl (Autr.)
1924	Non attribué
1925	R. Zsigmondy (Autr.)
1926	T. Svedberg (Suède)
1927	H. Wieland (All.)
1928	A. Windaus (All.)
1929	A. Harden (G.-B.)
	H. von Euler-Chelpin (Suède)

1930	H. Fischer (All.)
1931	C. Bosch (All.)
	F. Bergius (All.)
1932	I. Langmuir (É.-U.)
1933	Non attribué
1934	H.C. Urey (É.-U.)
1935	F. Joliot-Curie (Fr.)
	I. Joliot-Curie (Fr.)
1936	P.J.W. Debye (P.-B.)
1937	W.N. Haworth (G.-B.)
	P. Karrer (Suisse)
1938	R. Kuhn (All.)
1939	A.F.J. Butenandt (All.)
	L. Ružička (Suisse)
1940	Non attribué
1941	Non attribué
1942	Non attribué
1943	G. Hevesy de Heves (Suède)
1944	O. Hahn (All.)
1945	A.I. Virtanen (Finl.)
1946	J.B. Sumner (É.-U.)
	J.H. Northrop (É.-U.)
	W.M. Stanley (É.-U.)
1947	R. Robinson (G.-B.)
1948	A.W.K. Tiselius (Suède)
1949	W.F. Giauque (É.-U.)
1950	O. Diels (R.F.A.)
	K. Alder (R.F.A.)
1951	E.M. McMillan (É.-U.)
	G.T. Seaborg (É.-U.)
1952	A.J.P. Martin (G.-B.)
	R.L.M. Synge (G.-B.)
1953	H. Staudinger (R.F.A.)
1954	L.C. Pauling (É.-U.)
1955	V. Du Vigneaud (É.-U.)
1956	C.N. Hinshelwood (G.-B.)
	N.N. Semionov (U.R.S.S.)
1957	A.R. Todd (G.-B.)
1958	F. Sanger (G.-B.)
1959	J. Heyrovský (Tchécosl.)
1960	W.F. Libby (É.-U.)
1961	M. Calvin (É.-U.)
1962	J.C. Kendrew (G.-B.)
	M.F. Perutz (G.-B.)
1963	G. Natta (It.)
	K. Ziegler (R.F.A.)
1964	D.M.C. Hodgkin (G.-B.)
1965	R.B. Woodward (É.-U.)
1966	R.S. Mulliken (E.-U.)
1967	M. Eigen (R.F.A.)
	R.G.W. Norrish (G.-B.)
	G. Porter (G.-B.)
1968	L. Onsager (É.-U.)
1969	D.H.R. Barton (G.-B.)
	O. Hassel (Norv.)
1970	L.F. Leloir (Arg.)
1971	G. Herzberg (Can.)
1972	C. Anfinsen (É.-U.)
	S. Moore (É.-U.)
	W. Stein (É.-U.)
1973	E.O. Fischer (R.F.A.)
	G. Wilkinson (G.-B.)
1974	P.J. Flory (É.-U.)
1975	V. Prelog (Suisse)
	J. Cornforth (Austr.)
1976	W.N. Lipscomb (É.-U.)

1977	I. Prigogine (Belg.)
1978	P. Mitchell (G.-B.)
1979	H.C. Brown (É.-U.)
	G. Wittig (R.F.A.)
1980	F. Sanger (G.-B.)
	P. Berg (É.-U.)
	W. Gilbert (É.-U.)
1981	R. Hoffmann (É.-U.)
	Fukui Kenishi (Jap.)
1982	A. Klug (G.-B.)
1983	H. Taube (É.-U.)
1984	B. Merrifield (É.-U.)
1985	H. Hauptman (É.-U.)
	J. Karle (É.-U.)
1986	D.R. Herschbach (É.-U.)
	J. Ch. Polanyi (Can.)
	Yuan Tseh Lee (É.-U.)
1987	D.J. Cram (É.-U.)
	J.-M. Lehn (Fr.)
	Ch. J. Pedersen (É.-U.)
1988	J. Deisenhofer (R.F.A.)
	R. Huber (R.F.A.)
	H. Michel (R.F.A.)
1989	S. Altman (É.-U.)
	T. Cech (É.-U.)
1990	E.J. Corey (É.-U.)
1991	R. Ernst (Suisse)
1992	R.A. Marcus (É.-U.)
1993	K.B. Mullis (É.-U.)
	M. Smith (Can.)
1994	G.A. Olah (É.-U.)
1995	P. Crutzen (P.-B.)
	M.J. Molina (É.-U.)
	F.S. Rowland (É.-U.)

physiologie ou médecine

1901	E.A. von Behring (All.)
1902	R. Ross (G.-B.)
1903	N.R. Finsen (Dan.)
1904	I.P. Pavlov (Russ.)
1905	R. Koch (All.)
1906	C. Golgi (It.)
	S. Ramón y Cajal (Esp.)
1907	A. Laveran (Fr.)
1908	P. Ehrlich (All.)
	E. Metchnikov (Russ.)
1909	T. Kocher (Suisse)
1910	A. Kossel (All.)
1911	A. Gullstrand (Suède)
1912	A. Carrel (Fr.)
1913	C. Richet (Fr.)
1914	R. Bárány (Autr.-Hongr.)
1915	Non attribué
1916	Non attribué
1917	Non attribué
1918	Non attribué
1919	J. Bordet (Belg.)
1920	A. Krogh (Dan.)
1921	Non attribué
1922	A.V. Hill (G.-B.)
	O. Meyerhof (All.)
1923	F.G. Banting (Can.)
	J.J.R. Macleod (Can.)
1924	W. Einthoven (P.-B.)
1925	Non attribué
1926	J. Fibiger (Dan.)

1927	J. Wagner-Jauregg (Autr.)
1928	C. Nicolle (Fr.)
1929	C. Eijkman (P.-B.)
	F.G. Hopkins (G.-B.)
1930	K. Landsteiner (Autr.)
1931	O. Warburg (All.)
1932	C.S. Sherrington (G.-B.)
	E.D. Adrian (G.-B.)
1933	T.H. Morgan (É.-U.)
1934	G.H. Whipple (É.-U.)
	W.P. Murphy (É.-U.)
	G.R. Minot (É.-U.)
1935	H. Spemann (All.)
1936	H.H. Dale (G.-B.)
	O. Loewi (All.)
1937	A. Szent-Cyörgyi (Hongr.)
1938	C. Heymans (Belg.)
1939	G. Domagcl (All.)
1940	Non attribué
1941	Non attribué
1942	Non attribué
1943	E.A. Doisy (É.-U.)
	H. Dam (Dan.)
1944	J. Erlanger (É.-U.)
	H.S. Gasser (É.-U.)
1945	A. Fleming (G.-B.)
	E.B. Chain (G.-B.)
	H. Florey (Austr.)
1946	H.J. Muller (É.-U.)
1947	C.F. Cori (É.-U.)
	G.T. Cori (É.-U.)
	B.A. Houssay (Arg.)
1948	P.H. Müller (Suisse)
1949	A.C. de Abreu Freire Egas Moniz (Port.)
	W.R. Hess (Suisse)
1950	P.S. Hench (É.-U.)
	E.C. Kendall (É.-U.)
	T. Reichstein (Suisse)
1951	M. Theiler (Un. sud-afr.)
1952	S.A. Waksman (É.-U.)
1953	H.A. Krebs (G.-B.)
	F.A. Lipmann (É.-U.)
1954	J.F. Enders (É.-U.)
	T.H. Weller (É.-U.)
	F.C. Robbins (É.-U.)
1955	A.H.T. Theorell (Suède)
1956	A.F. Cournand (É.-U.)
	W. Forssmann (R.F.A.)
	D.W. Richards Jr. (É.-U.)
1957	D. Bovet (It.)
1958	G.W. Beadle (É.-U.)
	E.L. Tatum (É.-U.)
	J. Lederberg (É.-U.)
1959	S. Ochoa (É.-U.)
	A. Kornberg (É.-U.)
1960	F.M. Burnet (Austr.)
	P.B. Medawar (G.-B.)
1961	C. von Bekesy (É.-U.)
1962	M.H.F. Wilkins (G.-B.)
	F.H.C. Crick (G.-B.)
	J.D. Watson (É.-U.)
1963	A.L. Hodgkin (G.-B.)
	A.F. Huxley (G.-B.)
	J.C. Eccles (Austr.)

1964	K.E. Bloch (É.-U.)
	F. Lynen (R.F.A.)
1965	F. Jacob (Fr.)
	A. Lwoff (Fr.)
	J. Monod (Fr.)
1966	F.P. Rous (É.-U.)
	C.B. Huggins (É.-U.)
1967	R. Granit (Suède)
	H.K. Hartline (É.-U.)
	G. Wald (É.-U.)
1968	R. Holley (É.-U.)
	G. Khorana (É.-U.)
	M. Nirenberg (É.-U.)
1969	M. Delbruck (É.-U.)
	A. Hershey (É.-U.)
	S. Luria (É.-U.)
1970	J. Axelrod (É.-U.)
	B. Katz (G.-B.)
	U. von Euler (Suède)
1971	E. Sutherland (É.-U.)
1972	G. Edelman (É.-U.)
	R. Porter (G.-B.)
1973	K. Lorenz (Autr.)
	K. von Frisch (Autr.)
	N. Tinbergen (P.-B.)
1974	A. Claude (Belg.)
	C. De Duve (Belg.)
	G. Palade (É.-U.)
1975	H.M. Temin (É.-U.)
	R. Dulbecco (É.-U.)
	D. Baltimore (É.-U.)
1976	D.C. Gajdusek (É.-U.)
	B.S. Blumberg (É.-U.)
1977	R. Guillemin (É.-U.)
	A.V. Schally (É.-U.)
	R. Yalow (É.-U.)
1978	W. Arber (Suisse)
	D. Nathans (É.-U.)
	H. Smith (É.-U.)
1979	A.M. Cormack (Afr. du S.)
	G .N. Hounsfield (G.-B.)
1980	J. Dausset (Fr.)
	G.D. Snell (É.-U.)
	B. Benacerraf (É.-U.)
1981	D.H. Hubel (É.-U.)
	R.W. Sperry (É.-U.)
	T.N. Wiesel (Suède)
1992	S.K. Bergström (Suède)
	B.I. Samuelsson (Suède)
	J.R. Vane (G.-B.)
1983	B. McClintock (É.-U.)
1984	N. Jerne (Dan.)
	G. Köhler (R.F.A.)
	C. Milstein (Arg. et G.-B.)
1985	M.S. Brown (É.-U.)
	J.-L.-Goldstein (É.-U.)
1986	S. Cohen (É.-U.)
	R. Levi-Montalcini (It. et É.-U.)
1987	Tonegawa Susumu (Jap.)
1988	J. Black (G.-B.)
	G.B. Elion (É.-U.)
	G.H. Hitchings (É.-U.)
1989	M. Bishop (É.-U.)
	H. Varmus (É.-U.)
1990	J.E. Murray (É.-U.)
	E.D. Thomas (É.-U.)

1991	E. Neher (All.)
	B. Sakmann (All.)
1992	E.H. Fischer (É.-U.)
	E.G. Krebs (É.-U.)
1993	R.J. Roberts (G.-B.)
	P.A. Scharp (É.-U.)
1994	A.G. Gilman (É.-U.)
	M. Rodbell (É.-U.)
1995	E.B. Lewis (É.-U.)
	C. Nuesslein-Volhard (All.)
	E.F. Wieschaus (É.-U.)

littérature

1901	R. Sully Prudhomme (Fr.)
1902	T. Mommsen (All.)
1903	B. Bjørnson (Norv.)
1904	F. Mistral (Fr.)
	J. Echegaray (Esp.)
1905	H. Sienkiewicz (Pol.)
1906	G. Carducci (It.)
1907	R. Kipling (G.-B.)
1908	R. Eucken (All.)
1909	S. Lagerlöf (Suède)
1910	P. von Heyse (All.)
1911	M. Maeterlinck (Belg.)
1912	G. Hauptmann (All.)
1913	Rabindranath Tagore (Inde)
1914	Non attribué
1915	Romain Rolland (Fr.)
1916	V. von Heidenstam (Suède)
1917	K. Gjellerup (Dan.)
	H. Pontoppidan (Dan.)
1918	Non attribué
1919	C. Spitteler (Suisse)
1920	K. Hamsun (Norv.)
1921	A. France (Fr.)
1922	J. Benavente (Esp.)
1923	W.B. Yeats (Irl.)
1924	W. Reymont (Pol.)
1925	G.B. Shaw (Irl.)
1926	G. Deledda (It.)
1927	H. Bergson (Fr.)
1928	S. Undset (Norv.)
1929	T. Mann (All.)
1930	S. Lewis (É.-U.)
1931	E.A. Karlfeldt (Suède)
1932	J. Galsworthy (G.-B.)
1933	I.A. Bounine (Russ.)
1934	L. Pirandello (It.)
1935	Non attribué
1936	E. O'Neill (É.-U.)
1937	R. Martin du Gard (Fr.)
1938	Pearl Buck (É.-U.)
1939	F.E. Sillanpää (Finl.)
1940	Non attribué
1941	Non attribué
1942	Non attribué
1943	Non attribué
1944	J.V. Jensen (Dan.)
1945	G. Mistral (Chili)
1946	H. Hesse (Suisse)
1947	A. Gide (Fr.)
1948	T.S. Eliot (G.-B.)
1949	W. Faulkner (É.-U.)
1950	B. Russel (G.-B.)

1951	Pär Lagerkvist (Suède)
1952	F. Mauriac (Fr.)
1953	W.L.S. Churchill (G.-B.)
1954	E. Hemingway (É.-U.)
1955	H. Laxness (Isl.)
1956	J.R. Jiménez (Esp.)
1957	A. Camus (Fr.)
1958	B. Pasternak (U.R.S.S.) [décline le prix]
1959	S. Quasimodo (It.)
1960	Saint-John Perse (Fr.)
1961	Ivo Andric (Yougosl.)
1962	J. Steinbeck (É.-U.)
1963	G. Séféris (Grèce)
1964	J.-P. Sartre (Fr.) [décline le prix]
1965	M.A. Cholokhov (U.R.S.S.)
1966	N. Sachs (Suède)
1966	S.J. Agnon (Isr.)
1967	M.A. Asturias (Guat.)
1968	Kawabata Yasunari (Jap.)
1969	S. Beckett (Irl.)
1970	A. Soljenitsyne (U.R.S.S.)
1971	P. Neruda (Chili)
1972	H. Böll (R.F.A.)
1973	P. White (Austr.)
1974	E. Johnson (Suède)
	H. Martinson (Suède)
1975	E. Montale (It.)
1976	S. Bellow (É.-U.)
1977	V. Aleixandre (Esp.)
1978	I.B. Singer (É.-U.)
1979	O. Elytis (Grèce)
1980	C. Milosz (Pol.)
1981	E. Ganetti (G.-B.)
1982	G. Garcia Marquez (Colomb.)
1983	W. Golding (G.-B.)
1984	J. Seifert (Tchécosl.)
1985	C. Simon (Fr.)
1986	W. Soyinka (Nigeria)
1987	J. Brodsky (É.-U.)
1988	N. Mahfûz (Égypte)
1989	C.J. Cela (Esp.)
1990	O. Paz (Mex.)
1991	N. Gordimer (Afr. du S.)
1992	D. Walcott (Sainte-Lucie)
1993	T. Morrison (É.-U.)
1994	Ôe Kenzaburô (Jap.)
1995	S. Heaney (Irl.)

paix

1901	H. Dunant (Suisse)
	F. Passy (Fr.)
1902	E. Ducommun (Suisse)
	A. Gobat (Suisse)
1903	W.R. Cremer (G.-B.)
1904	Institut de droit international
1905	B. von Suttner (Austr.)
1906	T. Roosevelt (É.-U.)
1907	L. Renault (Fr.)
	E.T. Moneta (It.)

1908 K.P. Arnoldson (Suède)
F. Bajer (Dan.)
1909 A.M.F. Beernaert (Belg.)
P.H.B. Balluet d'Estour-
nelles de Constant (Fr.)
1910 Bureau international de
la paix, à Berne
1911 T.M.C. Asser (P.-B.)
A.H. Fried (Autr.)
1912 E. Root (É.-U.)
1913 H. La Fontaine (Belg.)
1914 Non attribué
1915 Non attribué
1916 Non attribué
1917 Comité international de
la Croix-Rouge, à
Genève
1918 Non attribué
1919 T.W. Wilson (É.-U.)
1920 L. Bourgeois (Fr.)
1921 K.H. Branting (Suède)
C.L. Lange (Norv.)
1922 F. Nansen (Norv.)
1923 Non attribué
1924 Non attribué
1925 J.A. Chamberlain (G.-B.)
C.G. Dawes (É.-U.)
1926 A. Briand (Fr.)
G. Stresemann (All.)
1927 F. Buisson (Fr.)
L. Quidde (All.)
1928 Non attribué
1929 F.B. Kellogg (É.-U.)
1930 Nathan Söderblom
(Suède)
1931 J. Addams (É.-U.)
N.M. Butler (É.-U.)
1932 Non attribué
1933 N. Angell (G.-B.)
1934 A. Henderson (G.-B.)
1935 C. von Ossietzky (All.)
1936 C. Saavedra Lamas
(Argent.)
1937 Vicomte E. Cecil
of Chelwood (G.-B.)
1938 Comité Nansen
1939 Non attribué
1940 Non attribué
1941 Non attribué
1942 Non attribué
1943 Non attribué
1944 Comité international de
la Croix-Rouge, à
Genève
1945 C. Hull (É.-U.)
1946 E.G. Balch (É.-U.)
J.R. Mott (É.-U.)
1947 The Friends Service
Council (G.-B.)
The American Friends
Service Committee
(É.-U.)

1948 Non attribué
1949 J. Boyd Orr (G.-B.)
1950 R. Bunche (É.-U.)
1951 L. Jouhaux (Fr.)
1952 A. Schweitzer (Fr.)
1953 G.C. Marshall (É.-U.)
1954 Haut-Commissariat des
nations unies pour les
réfugiés, à Genève
1955 Non attribué
1956 Non attribué
1957 L.B. Pearson (Can.)
1958 D. Pire (Belg.)
1959 P. Noel-Baker (G.-B.)
1960 A. Luthuli (Union sud-
afr.)
1961 D. Hammarskjöld
(Suède)
1962 Linus C. Pauling (É.-U.)
1963 Comité international de
la Croix-Rouge
Ligue internationale des
sociétés de la Croix-
Rouge
1964 M.L. King (É.-U.)
1965 Unicef
1966 Non attribué
1967 Non attribué
1968 R. Cassin (Fr.)
1969 Organisation internationale du travail
1970 N.E. Borlaug (É.-U.)
1971 W. Brandt (R.F.A.)
1972 Non attribué
1973 H. Kissinger (É.-U.)
Le Duc Tho (Viêt-nam)
[refuse le prix]
1974 Satō Eisaku (Jap.)
S. MacBride (Irl.)
1975 A. Sakharov (U.R.S.S.)
1976 M. Corrigan (Irl.)
B. Williams (Irl.)
1977 Amnesty International
1978 M. Begin (Isr.)
A. el-Sadate (Égypte)
1979 Mère Teresa (Inde)
1980 A. Pérez Esquivel
(Argent.)
1981 Haut-Commissariat de
l'O.N.U. pour les réfu-
giés
1982 A. Myrdal (Suède)
A. García Robles (Mexi-
que)
1983 L. Walesa (Pol.)
1984 D. Tutu (Afr. du S.)
1985 Internationale des médecins pour la prévention
de la guerre nucléaire
1986 E. Wiesel (É.-U.)
1987 Ó. Arias Sánchez (Costa
Rica)

1988 Forces de l'O.N.U. pour
le maintien de la paix
1989 dalaï-lama (Tibet)
1990 M. Gorbatchev
(U.R.S.S.)
1991 Aung San Suu Kyi
(Birm.)
1992 R. Menchú (Guat.)
1993 F. De Klerk (Afr. du S.)
N. Mandela (Afr. du S.)
1994 Y. Arafát (Palest.)
S. Peres (Isr.)
Y. Rabin (Isr.)
1995 J. Rotblat (G.-B.) et les
Conférences Pugwash
(mouvement antinu-
cléaire)

sciences économiques

1969 J. Tinbergen (P.-B.)
R. Frisch (Norv.)
1970 P. Samuelson (É.-U.)
1971 S. Kuznets (É.-U.)
1972 J.R. Hicks (G.-B.)
K.J. Arrow (É.-U.)
1973 W. Leontief (É.-U.)
1974 F. von Hayek (G.-B.)
K.G. Myrdal (Suède)
1975 T.C. Koopmans (É.-U.)
L. Kantorovitch
(U.R.S.S.)
1976 M. Friedman (É.-U.)
1977 B. Ohlin (Suède)
J.E. Meade (G.-B.)
1978 H.A. Simon (É.-U.)
1979 Sir A. Lewis (G.-B.)
T.W. Schultz (É.-U.)
1980 L. Klein (É.-U.)
1981 J. Tobin (É.-U.)
1982 G. Strigler (É.-U.)
1983 G. Debreu (É.-U.)
1984 R. Stone (G.-B.)
1985 F. Modigliani (É.-U.)
1986 J.M. Buchanan (É.-U.)
1987 R.M. Solow (É.-U.)
1988 M. Allais (Fr.)
1989 T. Haavelmo (Norv.)
1990 H. Markowitz (É.-U.)
M. Miller (É.-U.)
W. Sharpe (É.-U.)
1991 R. Coase (É.-U.)
1992 G.S. Becker (É.-U.)
1993 R.W. Fogel (É.-U.)
D.C. North (É.-U.)
1994 J.C. Harsanyi (É.-U.)
J.F. Nash (É.-U.)
R. Selten (All.)
1995 R.E. Lucas (É.-U.)